Steiner (Hg.) · Besonderes Verwaltungsrecht

Besonderes Verwaltungsrecht

Ein Lehrbuch

Herausgegeben von
Professor Dr. Udo Steiner

Bearbeitet von
Prof. Dr. Hans-Wolfgang Arndt, Mannheim
Staatssekretär a.D. Dr. Klaus Köpp, Bonn
Prof. Dr. Martin Oldiges, Leipzig
Prof. Dr. Wolf-Rüdiger Schenke, Mannheim
Prof. Dr. Otfried Seewald, Passau
Prof. Dr. Udo Steiner, Regensburg

7., neu bearbeitete Auflage

C. F. Müller Verlag
Heidelberg

Bibliografische Information der Deutschen Bibliothek

Die Deutsche Bibliothek verzeichnet diese Publikation in der Deutschen Nationalbibliografie; detaillierte bibliografische Daten sind im Internet über http://dnb.ddb.de abrufbar.

Gedruckt auf säurefreiem, alterungsbeständigem Papier aus 100% chlorfrei gebleichtem Zellstoff (DIN-ISO 9706).

© 2003 C. F. Müller Verlag, Hüthig GmbH & Co. KG, Heidelberg
Satz: Textservice Zink, Schwarzach
Druck und Bindung: Gulde-Druck, Tübingen
ISBN 3-8114-1829-7

Vorwort

Die Kerngebiete des Besonderen Verwaltungsrechts sind seit der 6. Auflage in starker Bewegung geblieben. Eine Woche ist nicht nur im Steuer- und Sozialrecht eine lange Zeit. Die Neuauflage trägt Rechnung, was an Gesetzgebung, Rechtsprechung und Schrifttum seit der letzten Auflage hinzugekommen ist. Ein Lehrbuch des Besonderen Verwaltungsrechts, das in die 7. Auflage geht, scheint sich bewährt zu haben. Der Leser, dem es dienen soll, ist gleichwohl unverändert herzlich um Anregungen, Hinweise und Kritik gebeten.

Im Juli 2003 *Hans-Wolfgang Arndt/Klaus Köpp/Martin Oldiges/*
Wolf-Rüdiger Schenke/Otfried Seewald/Udo Steiner

Vorwort zur 1. Auflage

Aus der Fülle des Besonderen Verwaltungsrechts greift das Buch die für den Studenten wichtigsten Rechtsmaterien heraus. Behandelt sind das Kommunalrecht, das Polizei- und Ordnungsrecht, das öffentliche Dienstrecht, das Baurecht, das Straßen- und Wegerecht sowie das Wirtschaftsverwaltungsrecht. Die Art der Darstellung verfolgt das Ziel, dem Benutzer den Weg zu selbständigem Denken und Argumentieren nicht mit Einzelproblemen zu versperren, sondern die Strukturen und Grundlagen der behandelten Rechtsgebiete herauszuarbeiten. Sie soll aber auch die Entfaltung der wichtigsten juristischen Fähigkeit fördern, Entscheidungen anhand des Gesetzes zu treffen und zu begründen. Diese Fähigkeit – und nicht gespeichertes „Schubladen-Wissen" – macht letztlich die juristische Qualifikation aus und ist im Übrigen auch für den Examenserfolg maßgebend.

Für Anregungen und Hinweise sind wir jederzeit dankbar.

Bielefeld/Hennef/Konstanz/Mannheim und Regensburg,
im September 1984 *Die Verfasser*

Inhalt

Vorwort V
Abkürzungsverzeichnis VIII

I. Kommunalrecht
Von Professor Dr. Otfried Seewald 1

II. Polizei- und Ordnungsrecht
Von Professor Dr. Wolf-Rüdiger Schenke 185

III. Öffentliches Dienstrecht
Von Staatssekretär a.D. Dr. Klaus Köpp 407

IV. Baurecht
Von Professor Dr. Martin Oldiges 531

V. Straßen- und Wegerecht
Von Professor Dr. Udo Steiner 745

VI. Raumordnungs- und Landesplanungsrecht
Von Professor Dr. Udo Steiner 829

VII. Wirtschaftsverwaltungsrecht
Von Professor Dr. Hans-Wolfgang Arndt 875

VIII. Umweltrecht
Von Professor Dr. Hans-Wolfgang Arndt 997

Stichwortverzeichnis 1115

Abkürzungsverzeichnis

AAVO	Ausgleichsabgabenverordnung
AbfG	Abfallgesetz
AbfG-Bund	Abfallgesetz des Bundes
AbgG	Gesetz über die Rechtsverhältnisse der Mitglieder des Deutschen Bundestages (Abgeordnetengesetz)
ABl.	Amtsblatt
AbwAG	Abwasserabgabengesetz
AEPolG	Alternativentwurf zum Polizeigesetz
a.F.	alte Fassung
AFG	Ausbildungsförderungsgesetz
AG	Aktiengesellschaft/Amtsgericht
AGGVG	Bayerisches Ausführungsgesetz zum Gerichtsverfassungsgesetz
AK	Alternativkommentar zum Grundgesetz
ALR	Allgemeines Landrecht für die Preußischen Staaten
AltölG	Gesetz über Maßnahmen zur Sicherung der Altölbeseitigung (Altölgesetz)
Anm.	Anmerkung, Fußnote
AO	Abgabenordnung
AöR	Archiv des öffentlichen Rechts
AP	Arbeitsrechtliche Praxis
ArbuR	Arbeit und Recht (Zeitschrift)
ArchPT	Archiv für Post und Telekommunikation
AS	Amtliche Sammlung
ASOG	Allgemeines Gesetz zum Schutz der öffentlichen Sicherheit und Ordnung in Berlin
AsylVfG	Gesetz über das Asylverfahren
AtomG	Gesetz über die friedliche Verwendung der Kernenergie und den Schutz gegen ihre Gefahren (Atomgesetz)
AtomAnl.VO	Atomanlagenverordnung
AtVfV	Verordnung über das Verfahren bei der Genehmigung von Anlagen nach § 7 des Atomgesetzes (Atomrechtliche Verfahrensordnung)
AufenthG/EWG	Gesetz über Einreise und Aufenthalt von Staatsangehörigen der Mitgliedstaaten der EWG
AVBWasserVO	Verordnung über allgemeine Bedingungen für die Versorgung mit Wasser
AWG	Außenwirtschaftsgesetz
BAG	Bundesarbeitsgericht
BAG AP	Bundesarbeitsgericht – Arbeitsgerichtliche Praxis
BAGE	Entscheidungssammlung des Bundesarbeitsgerichts
BAT	Bundes-Angestelltentarifvertrag
BauGB	Baugesetzbuch

BauNVO	Verordnung über die bauliche Nutzung der Grundstücke (Baunutzungsverordnung)
BauO	Bauordnung
BauO Bln.	Bauordnung für Berlin
BauO NW	Bauordnung für das Land Nordrhein-Westfalen
BauR	Baurecht (Zeitschrift)
Bay/bay	Bayern/bayerisch
BayAbfG	Bayerisches Abfallgesetz
BayBestattungsG	Bayerisches Bestattungsgesetz
BayBezO	Bayerische Bezirksordnung
BayBG	Bayerisches Beamtengesetz
BayBO	Bayerische Bauordnung
BayEBV	Bayerische Eigenbetriebsverordnung
BayEUG	Bayerisches Gesetz über das Erziehungs- und Unterrichtswesen
BayFAG	Bayerisches Gesetz über den Finanzgleich zwischen Staat, Gemeinden und Gemeindeverbänden (Finanzausgleichsgesetz)
BayFwG	Bayerisches Feuerwehrgesetz
BayGO	Bayerische Gemeindeordnung
BayGT	Bayerischer Gemeindetag
BayGWG	Bayerisches Gesetz über die Wahl der Gemeinderäte und der Bürgermeister (Gemeindewahlgesetz)
BayHO	Bayerische Haushaltsordnung
BayJAG	Bayerisches Jugendamtsgesetz
BayKAG	Bayerisches Kommunalabgabengesetz
BayKG	Bayerisches Kostengesetz
BayKommZG	Bayerisches Gesetz über die kommunale Zusammenarbeit
BayKWBG	Bayerisches Gesetz über kommunale Wahlbeamte
BayLKrO	Bayerische Landkreisordnung
BayLPlG	Bayerisches Landesplanungsgesetz
BayLStVG	Bayerisches Landesstraf- und Verordnungsgesetz
BayNatSchG	Bayerisches Naturschutzgesetz
BayObLG	Bayerisches Oberstes Landesgericht
BayObLGSt	Entscheidungen des Bayerischen Obersten Landesgerichtes in Strafsachen
BayPAG	Gesetz über die Aufgaben und Befugnisse der Bayerischen Staatlichen Polizei (Polizeiaufgabengesetz)
BayPOG	Bayerisches Polizeiorganisationsgesetz
BayPolKV	Bayerische Polizeikostenverordnung
BaySchFG	Bayerisches Schulfinanzierungsgesetz
BayStiftungsG	Bayerisches Stiftungsgesetz
BayStrWG	Bayerisches Straßen- und Wegegesetz
BayVBl.	Bayerische Verwaltungsblätter
BayVerf	Bayerische Verfassung
BayVerfGH	Bayerischer Verfassungsgerichtshof
BayVGemO	Verwaltungsgemeinschaftsordnung für den Freistaat Bayern
BayVGH	Bayerischer Verwaltungsgerichtshof
BayVwVfG	Bayerisches Verwaltungsverfahrensgesetz
BB	Der Betriebs-Berater (Zeitschrift)
BBahnG	Bundesbahngesetz
BBankG	Gesetz über die Deutsche Bundesbank
BBauBl.	Bundesbaublatt

Abkürzungsverzeichnis

BBauG	Bundesbaugesetz
BBesG	Bundesbesoldungsgesetz
BBG	Bundesbeamtengesetz
BDHE	Entscheidungssammlung des Bundesdisziplinarhofs
BDO	Bundesdisziplinarordnung
BDSG	Gesetz zum Schutz vor Missbrauch personenbezogener Daten bei der Datenverarbeitung (Bundesdatenschutzgesetz)
BeamtVG	Beamtenversorgungsgesetz
Berl/berl	Berlin/berlinisch
BerlASOG	Allgemeines Gesetz zum Schutz der öffentlichen Sicherheit und Ordnung für Berlin
BerlDVO-ASOG	Durchführungsverordnung zur Berl ASOG
BerlLBG	Landesbeamtengesetz für Berlin
BerlStrG	Straßengesetz für Berlin
BerlUZwG	Gesetz über die Anwendung unmittelbaren Zwangs bei der Ausübung öffentlicher Gewalt durch Vollzugsbeamte des Landes Berlin
BesGr.	Besoldungsgruppe
BFHE	Sammlung der Entscheidungen und Gutachten des Bundesfinanzhofs
BGB	Bürgerliches Gesetzbuch
BGBl.	Bundesgesetzblatt
BGG	Bonner Grundgesetz
BGH	Bundesgerichtshof
BGHSt	Amtliche Sammlung der Entscheidungen des Bundesgerichtshofs in Strafsachen
BGHZ	Entscheidungssammlung des Bundesgerichtshofs in Zivilsachen
BGSG	Gesetz über den Bundesgrenzschutz (Bundesgrenzschutzgesetz)
BHO	Bundeshaushaltsordnung
BImSchG	Gesetz zum Schutz vor schädlichen Umwelteinwirkungen durch Luftverunreinigung, Geräusche, Erschütterungen und ähnliche Vorgänge (Bundes-Immissionsschutzgesetz)
BImSchV	Verordnung zur Durchführung des Bundesimmissionsschutzgesetzes
BinSchAufgG	Gesetz über die Bundesaufgaben auf dem Gebiet der Binnenschifffahrt
BK	Bonner Kommentar
BKAG	Gesetz über die Einrichtung eines Bundeskriminalamtes (Bundeskriminalamtsgesetz)
BLV	Bundeslaufbahnverordnung
BMF	Bundesminister der Finanzen
BMinG	Bundesministergesetz
BMT-G	Bundesmanteltarifvertrag für Arbeiter gemeindlicher Verwaltungen und Betriebe
BMV	Bundesminister für Verkehr
BNatSchG	Gesetz über Naturschutz und Landschaftspflege (Bundesnaturschutzgesetz)
BNtVO	Bundesnebentätigkeitsverordnung
BNVO	Baunutzungsverordnung
BPersVG	Bundespersonalvertretungsgesetz
BPolBG	Bundespolizeibeamtengesetz
Brand/brand	Brandenburg/brandenburgisch
BrandBO	Brandenburgische Bauordnung
BrandGKG	Gesetz über kommunale Gemeinschaftsarbeit im Land Brandenburg
BrandGO	Gemeindeordnung für das Land Brandenburg

BrandKrO	Landkreisordnung für das Land Brandenburg
BrandLPlG	Landesplanungsgesetz und Vorschaltgesetz zum Landesentwicklungsprogramm für das Land Brandenburg
BrandOBG	Ordnungsbehördengesetz des Landes Brandenburg
BrandPolG	Brandenburgisches Polizeigesetz
BrandPOG	Gesetz über die Organisation und die Zuständigkeit der Polizei im Land Brandenburg
BrandStrG	Brandenburgisches Straßengesetz
BrandVerf	Verfassung des Landes Brandenburg
BrandVGPolG	Vorschaltgesetz zum Polizeigesetz des Landes Brandenburg
BRAO	Bundesrechtsanwaltsordnung
Brem/brem	Bremen/bremisch
BremLBG	Bremisches Landesbeamtengesetz
BremLBO	Landesbauordnung für Bremen
BremLStrG	Landesstraßengesetz für Bremen
BremPolG	Polizeigesetz für Bremen
BremStGH	Staatsgerichtshof Bremen
BremVerf	Landesverfassung der Freien Hansestadt Bremen
BRRG	Beamtenrechtsrahmengesetz
BRS	Baurechtssammlung
BSeuchG	Gesetz zur Verhütung und Bekämpfung übertragbarer Krankheiten bei Menschen (Bundes-Seuchengesetz)
BSG	Bundessozialgericht
BSGE	Entscheidungssammlung des Bundessozialgerichts
BSHG	Bundessozialhilfegesetz
BT-Drucks.	Bundestags-Drucksachen
Buchholz	Sammel- und Nachschlagewerk der Rechtsprechung des BVerwG
BVerfG	Bundesverfassungsgericht
BVerfGE	Entscheidungssammlung des Bundesverfassungsgerichts
BVerfGG	Bundesverfassungsgerichtsgesetz
BVerwG	Bundesverwaltungsgericht
BVerwGE	Entscheidungssammlung des Bundesverwaltungsgerichts
BW/bw	Baden-Württemberg/baden-württembergisch
BWaldG	Gesetz zur Erhaltung des Waldes und zur Förderung der Forstwirtschaft (Bundeswaldgesetz)
BWaStrG	Bundeswasserstraßengesetz
BWDSG	Datenschutzgesetz für Baden-Württemberg
BWGKZ	Gesetz über Kommunale Zusammenarbeit des Landes Baden-Württemberg
BWGO	Gemeindeordnung für Baden-Württemberg
BWGZ	Baden-Württembergische Gemeindezeitung
BWKrO	Landkreisordnung für Baden-Württemberg
BWLAbfG	Landesabfallgesetz für Baden-Württemberg
BWLBG	Landesbeamtengesetz für Baden-Württemberg
BWLBO	Landesbauordnung für Baden-Württemberg
BWLplG	Landesplanungsgesetz für Baden-Württemberg
BWLVwG	Landesverwaltungsgesetz für Baden-Württemberg
BWLWG	Wassergesetz für Baden-Württemberg
BWMeldeG	Meldegesetz für Baden-Württemberg
BWPolG	Polizeigesetz für Baden-Württemberg
BWStGH	Staatsgerichtshof für das Land Baden-Württemberg

Abkürzungsverzeichnis

BWStrG	Straßengesetz für Baden-Württemberg
BWVerf	Verfassung des Landes Baden-Württemberg
BWVGH	Verwaltungsgerichtshof Baden-Württemberg
BWVollstrKO	Vollstreckungskostenordnung für Baden-Württemberg
BWVPr	Baden-Württembergische Verwaltungspraxis (Zeitschrift)
BWVwVG	Verwaltungsvollstreckungsgesetz für Baden-Württemberg
ChemG	Gesetz zum Schutz vor gefährlichen Stoffen
COCOM	Coordination Committee of East-West-Trade/Coordination Committee for Multilaterial Export Controls
DAG	Deutsche Angestelltengewerkschaft
DAR	Deutsches Autorecht
DB	Der Betrieb (Zeitschrift)
DBG	Deutsches Beamtengesetz
ddz	Der Deutsche Zollbeamte (Zeitschrift)
DGO	Deutsche Gemeindeordnung
Difu	Deutsches Institut für Urbanistik
Diss.	Dissertation
DJT	Deutscher Juristentag
DLRG	Deutsche Lebensrettungsgesellschaft
DÖD	Der öffentliche Dienst (Zeitschrift)
DÖV	Die öffentliche Verwaltung (Zeitschrift)
DRiG	Deutsches Richtergesetz
DRiZ	Deutsche Richterzeitung
DRK	Deutsches Rotes Kreuz
DST	Deutscher Städtetag
DStR	Deutsches Steuerrecht (Zeitschrift)
Düss.	Düsseldorf
DV	Deutsche Verwaltung (Zeitschrift)
DVAuslG	Verordnung zur Durchführung des Ausländergesetzes
DVBayBO	Durchführungsverordnung zur Bayerischen Bauordnung
DVBl.	Deutsches Verwaltungsblatt
DVP	Deutsche Verwaltungspraxis (Zeitschrift)
E	Amtliche Entscheidungssammlung
EALR	Einführungsgesetz zum preußischen Allgemeinen Landrecht
EBauGB	Regierungsentwurf eines Baugesetzbuches
EBO	Eisenbahn-Bau- und Betriebsordnung
EG	Europäische Gemeinschaft
EGGVG	Einführungsgesetz zum Gerichtsverfassungsgesetz
EGStPO	Einführungsgesetz zur Strafprozessordnung
EMRK	Europäische Menschenrechtskonvention
EnergG	Gesetz zur Förderung der Energiewirtschaft
EnergWG	(Reichs-)Energiewirtschaftsgesetz
ErstG	Erstattungsgesetz
EStDV	Einkommensteuer-Durchführungsverordnung
EStG	Einkommensteuergesetz
ESVGH	Entscheidungssammlung des Hessischen und des Württembergisch-Badischen Verwaltungsgerichtshofs
EUG	Bayerisches Gesetz über das Erziehungs- und Unterrichtswesen

Abkürzungsverzeichnis

EuGH	Gerichtshof der Europäischen Gemeinschaft
EuGH Slg	Sammlung der Rechtsprechung des Gerichtshofes der Europäischen Gemeinschaften
EuGRZ	Europäische Grundrechtszeitschrift
EurUm	Europäische Umwelt (Zeitschrift)
EWG	Europäische Wirtschaftsgemeinschaft
EWGV	Vertrag zur Gründung der EWG
fdGO	freiheitlich demokratische Grundordnung
FluglärmG	Gesetz zum Schutz gegen Fluglärm
Fn.	Fußnote
FS	Festschrift (für)
FStrG	Bundesfernstraßengesetz
G	Gesetz
GABl.	Gemeinsames Amtsblatt
GastG	Gaststättengesetz
GATT	General Agrement on Tariffs and Trade
GemFinRefG	Gemeindefinanzreformgesetz
GemHVO	Gemeindehaushaltsverordnung
GeschlKrG	Gesetz zur Bekämpfung der Geschlechtskrankheiten
GewArch	Gewerbearchiv
GewO	Gewerbeordnung
GG	Grundgesetz
GKöD	Gesamtkommentar öffentliches Dienstrecht
GmbH	Gesellschaft mit beschränkter Haftung
GMBl.	Gemeinsames Ministerialblatt der Bundesministerien des Inneren, für Vertriebene, für Wohnungsbau, für gesamtdeutsche Fragen und für Angelegenheiten des Bundesrates
GO	Gemeindeordnung
GrStG	(Bundes-)Grundsteuergesetz
GVBl.	Gesetz- und Verordnungsblatt
GVG	Gerichtsverfassungsgesetz
GVNW	Gesetz- und Verordnungsblatt für Nordrhein-Westfalen
GVOBl.	Gesetz und Verordnungsblatt
GWB	Gesetz gegen Wettbewerbsbeschränkungen
Hamb.	Hamburg
HambBG	Hamburgisches Beamtengesetz
HambDVPolG	Hamburgisches Gesetz über die Datenverarbeitung der Polizei
HambSOG	Hamburgisches Gesetz zum Schutz der öffentlichen Sicherheit und Ordnung
HambWG	Hamburgisches Wegegesetz
Hann.	Hannover
HBauO	Hamburgische Bauordnung
HBG	Hessisches Beamtengesetz
HdbKommWPr	Handbuch der kommunalen Wissenschaft und Praxis
Hess	Hessen/hessisch
HessAbfG	Gesetz über die Vermeidung, Verminderung, Verwertung und Beseitigung von Abfällen und die Sanierung von Altlasten (Hessisches Abfall-, Wirtschafts- und Altlastengesetz)

XIII

Abkürzungsverzeichnis

HessBO	Hessische Bauordnung
HessGO	Hessische Gemeindordnung
HessKGG	Hessisches Gesetz über Kommunale Gemeinschaftsarbeit
HessKrO	Hessische Landkreisordnung
HessLplG	Hessisches Landesplanungsgesetz
HessSOG	Hessisches Gesetz über die öffentliche Sicherheit und Ordnung
HessStGH	Hessischer Staatsgerichtshof
HessStrG	Hessisches Straßengesetz
HessUZwG	Hessisches Gesetz über die Anwendung unmittelbaren Zwangs bei Ausübung öffentlicher Gewalt
Hess.Verf.	Hessische Verfassung
HessVGH	Hessischer Verwaltungsgerichtshof
Hg.	Herausgeber
HGB	Handelsgesetzbuch
HGrG	Gesetz über die Grundsätze des Haushaltsrechts des Bundes und der Länder
HöD	Handwörterbuch des öffentlichen Dienstes
HöV	Handbuch für die öffentliche Verwaltung
HPflG	Haftpflichtgesetz
HRG	Hochschulrahmengesetz
HwO	Gesetz zur Ordnung des Handwerks
JA	Juristische Arbeitsblätter (Zeitschrift)
JöR N.F.	Jahrbuch des öffentlichen Rechts der Gegenwart, Neue Folge
jPdöR	juristische Person des öffentlichen Rechts
JSchÖG	Gesetz zum Schutz der Jugend in der Öffentlichkeit
JURA	Juristische Ausbildung (Zeitschrift)
JuS	Juristische Schulung (Zeitschrift)
JWG	Jugendwohlfahrtsgesetz
JZ	Juristenzeitung
JZ-GD	Juristenzeitung – Gesetzgebungsdienst
KAG	Kommunalabgabengesetz
KDZ	Kommunalwissenschaftliches Dokumentationszentrum
KG	Kammergericht; Kirchengesetz; Kommanditgesellschaft
KGSt	Kommunale Gemeinschaftsstelle für Verwaltungsvereinfachung
KJ	Kritische Justiz
KO	Kommunalordnung
KPrüfMW	Kommunalprüfungsgesetz (Mecklenburg-Vorpommern)
KraftStG	Kraftfahrzeugsteuergesetz
KStZ	Kommunale Steuer-Zeitung
KunstUrhG	Gesetz betreffend dem Urheberrecht an Werken der bildenden Künste und der Photographie (Kunsturhebergesetz)
LAbfG	Landesabfallgesetz
LadenschlG	Gesetz über den Ladenschluss
LAG	Landesarbeitsgericht
Landes-BauO	Landesbauordnung
LandschaftsG	Landschaftsgesetz für das Land Nordrhein-Westfalen
LBG	Landesbeamtengesetz
Lbg.	Lüneburg Landgericht

Abkürzungsverzeichnis

LHO	Landeshaushaltsordnung
LKV	Landes- und Kommunalverwaltung (Zeitschrift)
LMBG	Gesetz über den Verkehr mit Lebensmitteln, Tabakerzeugnissen, kosmetischen Mitteln und sonstigen Bedarfsgegenständen
LPersVG	Landespersonalvertretungsgesetz (für Rheinland-Pfalz)
LPlG	Landesplanungsgesetz
LS	Leitsatz
LuftVG	Luftverkehrsgesetz
LWG	Landeswassergesetz
MBO	Musterbauordnung
MDR	Monatsschrift für Deutsches Recht
MEPolG	Musterentwurf eines einheitlichen Polizeigesetzes des Bundes und der Länder
MinBl	Ministerialblatt
MinBlFin	Ministerialblatt des Bundesministers der Finanzen und des Bundesministers für Wirtschaft
MinölStG	Mineralölsteuergesetz
Mstr	Münster
MTB	Manteltarifvertrag für die Arbeiter des Bundes
MTL	Manteltarifvertrag für die Arbeiter der Länder
MuSchV	Verordnung über den Mutterschutz für Beamtinnen Mecklenburg-Vorpommern
MVKommVerf	Kommunalverfassung für das Land Mecklenburg-Vorpommern
MVLBauO	Landesbauordnung des Landes Mecklenburg-Vorpommern
MVLPlG	Gesetz über Raumordnung und Landesplanung des Landes Mecklenburg-Vorpommern
MVSOG	Gesetz über die öffentliche Sicherheit und Ordnung in Mecklenburg-Vorpommern
MVStrWG	Straßen- und Wegegesetz des Landes Mecklenburg-Vorpommern
MVVerf	Verfassung des Landes Mecklenburg-Vorpommern
MW	Megawatt
m.w.N.	mit weiteren Nachweisen
NatSchG	Bundesnaturschutzgesetz
NBauO	Niedersächsische Bauordnung
NBG	Niedersächsisches Beamtengesetz
NBPAG	Polizeiaufgabengesetz der neuen Bundesländer
Nds/nds	Niedersachsen/niedersächsisch
NdsGefAG	Niedersächsisches Gefahrenabwehrgesetz
NdsGO	Niedersächsische Gemeindeordnung
NdsKrO	Niedersächsische Landkreisordnung (NLO)
NdsPolGO	Niedersächische Polizeigebührenordnung
NdsROG	Niedersächischisches Gesetz über Raumordnung und Landesplanung
NdsStrG	Niedersächsisches Straßengesetz
NdsVBl.	Niedersächsische Verwaltungsblätter
NdsVerf	Niedersächsische Verfassung
NdsZweckVG	Niedersächsisches Zweckverbandsgesetz
NJW	Neue Juristische Wochenschrift
NJW-RR	Neue Juristische Wochenschrift – Rechtsprechungsreport
NROG	Niedersächsisches Gesetz über Raumordnung und Landesplanung

Abkürzungsverzeichnis

NRW	Nordrhein-Westfalen
NStrG	Niedersächsisches Straßengesetz
NuL	Natur und Landschaft (Zeitschrift)
NuR	Natur und Recht (Zeitschrift)
NVwZ	Neue Zeitschrift für Verwaltungsrecht
NW/nw	Nordrhein-Westfalen/nordrhein-westfälisch
NWAbfVerbG	Gesetz über die Gründung des Abfallentsorgungs- und Altlastensanierungsverbandes Nordrhein-Westfalen
NWGKG	Gesetz über Kommunale Gemeinschaftsarbeit des Landes Nordrhein-Westfalen
NWGO	Gemeindeordnung für das Land Nordrhein-Westfalen
NW GV	Gesetz- und Verordnungsblatt für das Land Nordrhein-Westfalen. Ausgabe A
NWKAG	Kommunalabgabengesetz für das Land Nordrhein-Westfalen
NWKostO	Kostenordnung zum Verwaltungsvollstreckungsgesetz für das Land Nordrhein-Westfalen
NWKrO	Kreisordnung für das Land Nordrhein-Westfalen
NWLAbfG	Landesabfallgesetz für Nordrhein-Westfalen
NWLG	Landschaftsgesetz Nordrhein-Westfalen
NWLPlG	Landesplanungsgesetz für das Land Nordrhein-Westfalen
NWMeldeG	Meldegesetz für das Land Nordrhein-Westfalen
NWOBG	Ordnungsbehördengesetz des Landes Nordrhein-Westfalen
NWPOG	Polizeiorganisationsgesetz des Landes Nordrhein-Westfalen
NWPolG	Polizeigesetz des Landes Nordrhein-Westfalen
NWSchVG	Schulverwaltungsgesetz für das Land Nordrhein-Westfalen
NWStrWG	Straßen- und Wegegesetz für das Land Nordrhein-Westfalen
NWVBl.	Nordrhein-Westfälische Verwaltungsblätter (Zeitschrift)
NWVerf	Verfassung für das Land Nordrhein-Westfalen
NWVerfGH	Verfassungsgerichtshof des Landes Nordrhein-Westfalen
NWVerfGHG	Gesetz über den Verfassungsgerichtshof des Landes Nordrhein-Westfalen
NWWG	Wassergesetz für das Land Nordrhein-Westfalen
ÖTV	Gewerkschaft öffentliche Dienste, Transport und Verkehr
OHG	Offene Handelsgesellschaft
OLG	Oberlandesgericht
OVG	Oberverwaltungsgericht
OVGE	Amtliche Sammlung der Entscheidungen der Oberverwaltungsgerichte Münster und Lüneburg
OVG NW	Oberverwaltungsgericht für das Land Nordrhein-Westfalen
OWiG	Gesetz über Ordnungswidrigkeiten
ParlStG	Gesetz über die Rechtsverhältnisse der parlamentarischen Staatssekretäre
PersBefG	Personenbeförderungsgesetz
PersV	Die Personalvertretung (Zeitschrift)
PFB	Planfeststellungsbeschluss
Planzeichen-VO	Planzeichenverordnung
PlVereinfG	Planvereinfachungsgesetz
PolG	Polizeigesetz
PostverwG	Gesetz über die Verwaltung der Deutschen Bundespost

PreußALR	Allgemeines Landrecht für die preußischen Staaten
PreußOVG	Preußisches Oberverwaltungsgericht
PreußOVGE	Entscheidungssammlung des Preußischen Oberverwaltungsgerichts
PreußPVG	Preußisches Polizeiverwaltungsgesetz
ProdHaftG	Gesetz über die Haftung für fehlerhafte Produkte (Produkthaftungsgesetz)
PStG	Personenstandsgesetz
RdA	Recht der Arbeit (Zeitschrift)
RdL	Recht der Landwirtschaft
Rdnr.	Randnummer
Rdschr.	Rundschreiben
RG	Reichsgericht
RGBl	Reichsgesetzblatt
RhPf/rhpf	Rheinland-Pfalz/rheinland-pfälzisch
RhPfGO	Gemeindeordnung für Rheinland-Pfalz
RhpfLBauO	Landesbauordnung für Rheinland-Pfalz
RhpfLBG	Landesbeamtengesetz für Rheinland-Pfalz
RhPfLKO	Landkreisordnung für Rheinland-Pfalz
RhPfLPlG	Landesgesetz für Raumordnung und Landesplanung des Landes Rheinland-Pfalz
RhPfLStrG	Landesstraßengesetz für Rheinland-Pfalz
RhPfOVG	Oberverwaltungsgericht von Rheinland-Pfalz
RhPfPOG	Polizei- und Ordnungsbehördengesetz für Rheinland-Pfalz
RhPfVerf	Rheinland-Pfälzische Verfassung
RhPfVerfGH	Rheinland-Pfälzischer Verfassungsgerichtshof
RhPfZwVG	Rheinland-Pfälzisches Gesetz über Zweckverbände und andere Formen der kommunalen Zusammenarbeit (Zweckverbandsgesetz)
RiA	Das Recht im Amt
ROG	Raumordnungsgesetz
RoV	Raumordnungsverordnung
Rspr.	Rechtsprechung
RuStG	Reichs- und Staatsangehörigkeitsgesetz
RVO	Reichsversicherungsordnung, Rechtsverordnung
Saarl	Saarland/saarländisch
SaarlKSG	Saarländisches Kommunalselbstverwaltungsgesetz
SaarlLBO	Landesbauordnung für das Saarland
SaarlLOG	Saarländisches Gesetz über die Organisation der Landesverwaltung
SaarlLPG	Saarländisches Landesplanungsgesetz
SaarlPolG	Saarländisches Polizeigesetz
SaarlPVG	Saarländisches Polizeiverwaltungsgesetz
SaarlStrG	Saarländisches Straßengesetz
SaarlUZwG	Gesetz über den unmittelbaren Zwang bei Ausübung öffentlicher Gewalt durch Vollzugsbeamte des Saarlandes
SaarlVerf	Verfassung des Saarlandes
SaarlVerfGHG	Verfassungsgerichtshofsgesetz des Saarlandes
Sächs	sächsisch
SächsBO	Sächsische Bauordnung
SächsGO	Gemeindeordnung für den Freistaat Sachsen
SächsKommZG	Sächsisches Gesetz über kommunale Zusammenarbeit

Abkürzungsverzeichnis

SächsKrO	Landkreisordnung für den Freistaat Sachsen
SächsLPlG	Gesetz zur Raumordnung und Landesplanung des Freistaates Sachsen
SächsPolG	Polizeigesetz des Freistaates Sachsen
SächsStrG	Straßengesetz für den Freistaat Sachsen (Sächsisches Straßengesetz)
SächsSWEG	Sächsisches Sicherheitswachterprobungsgesetz
SächsVBl.	Sächsische Verwaltungsblätter
SachsAnh	Sachsen-Anhalt
SachsAnhBauO	Gesetz über die Bauordnung des Landes Sachsen-Anhalt
SachsAnhGKG	Gesetz über kommunale Gemeinschaftsarbeit des Landes Sachsen-Anhalt
SachsAnhGO	Gemeindeordnung für das Land Sachsen-Anhalt
SachsAnhLKO	Landkreisordnung für das Land Sachsen-Anhalt
SachsAnhLPlG	Landesplanungsgesetz des Landes Sachsen-Anhalt
SachsAnhSOG	Gesetz über die öffentliche Sicherheit und Ordnung des Landes Sachsen-Anhalt
SachsAnhStrG	Straßengesetz für das Land Sachsen-Anhalt
SachsAnhVerf	Verfassung des Landes Sachsen-Anhalt
SachsAnhVROG	Vorschaltgesetz zur Raumordnung und Landesplanung des Landes Sachsen-Anhalt
SBG	Saarländisches Beamtengesetz
SchlH/schlh	Schleswig-Holstein/schleswig-holsteinisch
SchlHGkZ	Gesetz über die kommunale Zusammenarbeit für Schleswig-Holstein
SchlHGO	Gemeindeordnung für Schleswig-Holstein
SchlHKAG	Kommunalabgabengesetz des Landes Schleswig-Holstein
SchlHKrO	Kreisordnung für Schleswig-Holstein
SchlHLBG	Landesbeamtengesetz für Schleswig-Holstein
SchlHBO	Landesbauordnung für das Land Schleswig-Holstein
SchlHLPlG	Gesetz über die Landesplanung des Landes Schleswig-Holstein
SchlHPOG	Polizeiorganisationsgesetz für das Land Schleswig-Holstein
SchlHStrWG	Straßen- und Wegegesetz des Landes Schleswig-Holstein
SchlHVwG	Landesverwaltungsgesetz für Schleswig-Holstein
SchlPflG	Gesetz über Naturschutz und Landschaftspflege (Schleswig-Holstein)
SchulVG	Schulverwaltungsgesetz
SeeSchAufgG	Gesetz über die Bundesaufgaben auf dem Gebiet der Seeschifffahrt
SGb	Die Sozialgerichtsbarkeit (Zeitschrift)
SLPG	Saarländisches Landesplanungsgesetz
SRü	Seerechtsübereinkommen der Vereinten Nationen
StabG	Gesetz zur Förderung der Stabilität und des Wachstums der Wirtschaft
StBauFB	Gesetz über städtebauliche Sanierungsmaßnahmen in den Gemeinden (Städtebauförderungsgesetz)
StGB	Strafgesetzbuch
StGH	Staatsgerichtshof
StPO	Strafprozessordnung
StRK	Steuerrechtskommentar
st.Rspr.	Ständige Rechtsprechung
StT	Städtetag (Zeitschrift)
StuW	Steuer und Wirtschaft (Zeitschrift)
StVG	Straßenverkehrsgesetz
StVO	Straßenverkehrsordnung
StVollzG	Strafvollzugsgesetz
StVZO	Straßenverkehrszulassungsordnung

SUrlVO	Sonderurlaubsverordnung
SZ	Süddeutsche Zeitung
TA Lärm	Technische Anleitung zum Schutz gegen Lärm
TA Luft	Technische Anleitung zur Reinhaltung der Luft
TBG	Teilbetriebsgenehmigung
Thür/thür	Thüringen/thüringisch
ThürBO	Thüringer Bauordnung
ThürGKG	Thüringisches Gesetz über die Kommunale Gemeinschaftsarbeit
ThürKO	Thüringer Gemeinde- und Landkreisordnung (Thüringer Kommunalordnung)
ThürLPlG	Thüringer Landesplanungsgesetz
ThürLVO	Thüringische Landesverordnung
ThürOBG	Thüringisches Ordnungsbehördengesetz
ThürPAG	Thüringisches Polizeiaufgabengesetz
ThürPOG	Thüringisches Polizeiorganisationsgesetz
ThürStrG	Thüringer Straßengesetz
ThürVBl.	Thüringer Verwaltungsblätter
ThürVerf	Verfassung des Freistaates Thüringen
TKG	Telekommunikationsgesetz
UmweltHG	Umwelthaftungsgesetz
UPR	Umwelt- und Planungsrecht (Zeitschrift)
UVP	Umweltverträglichkeitsprüfung
UVPG	Gesetz über die Umweltverträglichkeitsprüfung
UVR	Umsatzsteuer- und Verkehrssteuerrecht (Zeitschrift)
UZwG	Gesetz über die Anwendung unmittelbaren Zwangs bei Ausübung öffentlicher Gewalt
VA	Verwaltungsakt
VBl.BW	Verwaltungsblätter für Baden-Württemberg (Zeitschrift)
VBl.NW	Verwaltungsblätter für Nordrhein-Westfalen (Zeitschrift)
VD	Verkehrsdienst
Verf.	Verfassung
VerfGH NW	Verfassungsgerichtshof Nordrhein-Westfalen
VerfSchutzG	Gesetz über die Zusammenarbeit des Bundes und der Länder in Angelegenheiten des Verfassungsschutzes
VersG	Versammlungsgesetz
VerwArch.	Verwaltungsarchiv
VG	Verwaltungsgericht
VGH	Verwaltungsgerichtshof
VGH BW	Verwaltungsgerichtshof Baden-Württemberg
VGHE	Entscheidungen des Verwaltungsgerichtshofes
vgl.	vergleiche
VKBl.	Verkehrsblatt
VO	Verordnung
VOB	Verdingungsordnung für Bauleistungen
VOP	Verwaltungsführung, Organisation, Personal (Zeitschrift)
VRS	Verkehrsrecht-Sammlung
VStR	Vermögensteuer-Richtlinien
VVDStRL	Veröffentlichungen der Vereinigung der Deutschen Staatsrechtslehrer

Abkürzungsverzeichnis

VwGO	Verwaltungsgerichtsordnung
VwR	Verwaltungsrecht
VwRspr.	Verwaltungsrechtsprechung in Deutschland (Sammlung obergerichtlicher Entscheidungen aus dem Verfassungs- und Verwaltungsrecht)
VwVfG	Verwaltungsverfahrensgesetz des Bundes
WaldG	Waldgesetz
WaStrG	Bundeswasserstraßengesetz
WehrpflG	Wehrpflichtgesetz
WHG	Gesetz zur Ordnung des Wasserhaushalts (Wasserhaushaltsgesetz)
WiVerw.	Wirtschaft und Verwaltung (Vierteljahresbeilage zum Gewerbearchiv)
WM	Wertpapiermitteilungen (Zeitschrift)
WoBauG	Wohnungsbaugesetz
WpflG	Wehrpflichtgesetz
WRV	Weimarer Reichsverfassung
WUR	Wirtschaftsverwaltungs- und Umweltrecht (Zeitschrift)
z.A.	zur Anstellung
ZBR	Zeitschrift für Beamtenrecht
ZfBR	Zeitschrift für deutsches und internationales Baurecht
ZfU	Zeitschrift für Umweltpolitik und Umweltrecht
ZfWasserrecht	Zeitschrift für Wasserrecht
ZfZ	Zeitschrift für Zölle und Verbrauchsteuern
ZögU	Zeitschrift für öffentliche und gemeinwirtschaftliche Unternehmen
ZPO	Zivilprozessordnung
ZRP	Zeitschrift für Rechtspolitik
z.T.	zum Teil
ZUR	Zeitschrift für Umweltrecht

I. Kommunalrecht

Von Otfried Seewald

Inhalt

	Rdnr.	Seite
A. Einleitung	1	6
I. Begriff und Bedeutung des Kommunalrechts	1	6
II. Die gesetzlichen Grundlagen der gemeindlichen Tätigkeit	6	7
1. Bundesrecht	8	7
a) Die Bestimmungen des Grundgesetzes	9	8
b) „Einfach-gesetzliches" Bundesrecht	22	13
2. Landesrecht	25	14
a) Landesverfassungsrecht	25	14
b) „Einfach-gesetzliches" Landesrecht	28	15
3. Kommunales Recht	31	16
III. Die Kommunalwissenschaften	33	17
1. Allgemeines	33	17
2. Wissenschaftliche Beratung der Gemeinden	37	18
B. Die Gemeinden	43	19
I. Wesen und Rechtsstellung der Gemeinden	43	19
1. Gemeinden als Institutionen freier Selbstverwaltung	45	19
2. Gemeinden als Grundlage des demokratischen Staates	49	21
3. Gemeinden als Gebietskörperschaften des öffentlichen Rechts	54	22
4. Die „klassischen" Elemente der gemeindlichen Selbstverwaltung	60	25
a) Die Aufgabenallzuständigkeit (Universalität)	61	25
b) Personalhoheit	64	27
c) Finanzhoheit und Haushaltshoheit	65	27
d) Planungshoheit	67	28
e) Satzungsgewalt (Autonomie)	73	30
f) Organisationshoheit	89	35
5. Grundrechtsfähigkeit von Gemeinden	92	36
II. Die Aufgaben der Gemeinden	95	37
1. Das System der gemeindlichen Aufgaben	96	38
a) Die freiwilligen Selbstverwaltungsaufgaben	97	38

I Kommunalrecht

    b) Pflichtige Selbstverwaltungsaufgaben 101   40
    c) Die gemeindliche Auftragsverwaltung 108   41
    d) Pflichtaufgaben zur Erfüllung nach Weisung
       (Weisungsaufgaben) 110   42
    e) Gegenstände des übertragenen Wirkungsbereichs 113   43
    f) Finanzierung der übertragenen Aufgaben 114   44
  2. „Gemeinschaftsaufgaben" von kommunalen
    Körperschaften und Staat 115   44
  3. Aufgabenwahrnehmung in der Gemeinde durch
    ein staatlich geliehenes Organ 117   45
  4. Aufgabenbestand und Gemeinde-Arten 118   46
  5. Gemeindeaufgaben und „Funktionalreform" 120   47
III. Das Gemeindegebiet 121   49
  1. Die Regelung der Gemeindeordnungen 121   49
  2. Optimale Größe von Gemeinden 125   49
  3. Die kommunale Gebietsreform 128   51
  4. Rechtsprobleme bei Gebietsänderungen 131   52
IV. Die Gemeindeangehörigen 133   53
  1. Die kommunalrechtlich erfassten Personengruppen 134   54
  2. Rechte der Gemeindebewohner 139   56
    a) Anspruch auf Benutzung der öffentlichen
       Einrichtungen 139   56
    b) Petitions- und Beschwerderecht; Bürgerantrag;
       Bürgerbegehren; Bürgerentscheid 163   68
  3. Pflichten der Gemeindebewohner 165   69
    a) Die Verpflichtung zur Tragung der Gemeindelasten ... 165   69
    b) Die einzelnen Abgaben 167   70
    c) Anschluss- und Benutzungszwang 170   72
    d) Übernahme und Ausübung ehrenamtlicher Tätigkeit .. 179   78
    e) Duldung des Betretens von Grundstücken 180   78
  4. Ausländer in den Gemeinden 181   78
V. Die Verfassung der Gemeinde 184   80
  1. Die Gemeindevertretung (die Bürgerschaft) 188   81
    a) Wahl 188   81
    b) Amtszeit; Auflösung 189   82
    c) Rechtsstellung; Verhältnis zur übrigen
       Gemeindeverwaltung 190   83
    d) Die Zuständigkeiten der Gemeindevertretung 191   83
    e) Die Ausschüsse 194   85
    f) Fraktionen 197   87
    g) Beiräte 198   89
    h) Die Rechtsstellung der Mitglieder
       der Gemeindevertretung 199   89
    i) Verfahrensfragen 209   93

j) Kontrollbefugnisse	218	97
k) Haftungsfragen	219	98
2. Der „Gemeindevorstand"	223	100
a) Der monokratische Gemeindevorstand (Gemeindevorsteher)	224	101
b) Der kollegiale Gemeindevorstand	234	106
3. Bezirks- und Ortschaftsverfassungen	237	107
4. Organstreitigkeiten (sog. Kommunalverfassungsstreitigkeiten)	242	108
VI. Die Finanzierung der gemeindlichen Aufgaben	245	109
1. Gebühren und Beiträge (spezielle Entgelte)	247	111
2. Privatrechtliche Erträge und Entgelte	248	111
3. Steuern	249	112
a) Realsteuern (Grundsteuer und Gewerbesteuer)	250	112
b) Örtliche Verbrauch- und Aufwandsteuern	254	113
c) Einkommensteuer (Anteil)	255	114
d) Finanzzuweisungen	256	115
4. Kreditaufnahmen	263	116
VII. Die wirtschaftliche und die nichtwirtschaftliche Betätigung der Gemeinden	264	117
1. Abgrenzung zwischen wirtschaftlicher und nichtwirtschaftlicher Tätigkeit	268	118
a) Abgrenzungsmerkmal „Erzielung von Einnahmen"?	269	119
b) Abgrenzungsmerkmal „Erzielung von Gewinnen"	270	119
c) Abgrenzungsprobleme	273	120
2. Die wirtschaftlichen Unternehmen	283	123
a) Zulässigkeitsvoraussetzungen	283	123
b) Organisationsformen	289	126
c) Rechtsschutz gegen wirtschaftliche Tätigkeit der Gemeinden	293	128
3. Die nichtwirtschaftlichen Unternehmen	300	129
a) Zulässigkeitsvoraussetzungen	301	130
b) Organisationsformen	303	130
4. Das Wirtschaftlichkeitsprinzip	305	131
5. Die Privatisierung kommunaler Tätigkeit	307	132
a) Formelle Privatisierung	307	132
b) Materielle Privatisierung	309	133
VIII. Kommunale Wirtschaftsförderung	310	134
IX. Kommunales Haushaltsrecht; Prüfungswesen	312	135
1. Haushaltswirtschaft	315	135
a) Der Haushaltsplan	316	136
b) Die „mittelfristige" Finanzplanung	328	139
c) Die Haushaltssatzung	329	140

I *Kommunalrecht*

d) Haushaltsgrundsätze	332	141
e) Bewirtschaftung des Haushaltes	335	142
f) Das Kreditwesen	337	142
2. Das Gemeindevermögen	340	143
3. Das Kassenwesen	341	144
4. Finanzkontrollen	344	145
a) Jahresrechnung (Rechnungslegung)	345	145
b) Rechnungsprüfung	346	145
c) Entlastung	349	146
X. Kommunale Selbstverwaltung und Aufsicht	351	147
1. Rechtsgrundlagen und Begriff der Aufsicht	351	147
2. Rechtsaufsicht	355	149
a) Aufsichtsbehörden	355	149
b) Informationsrecht der Aufsichtsbehörde	356	149
c) Aufsichtsmaßnahmen	357	150
3. Fachaufsicht	361	152
4. Einzel-Aufsichtsbefugnisse; Mitwirkungsrechte	363	153
5. Rechtsschutz der Gemeinde gegen Aufsichtsmaßnahmen	365	155
a) Aufsichtsmaßnahmen im eigenen Wirkungskreis	366	155
b) Aufsichtsmaßnahmen im übertragenen Wirkungsbereich	367	155
c) Aufsichtsmaßnahmen durch „Mitwirkung"	369	156
d) Vorverfahren	370	157
6. Amtshaftung der Kommunalaufsicht	370a	157
7. Rechtsbeziehungen zwischen Bürger und Aufsichtsbehörde	371	157
C. Die Landkreise (Kreise)	373	159
I. „Wesen" und Rechtsstellung der Landkreise	376	159
II. Aufgaben; Selbstverwaltung	378	160
III. Die staatliche Verwaltung im Landkreis	386	162
IV. Das Kreisgebiet	391	166
V. Die Kreiseinwohner (Kreisangehörige)	393	166
VI. Die Kreisverfassung	394	167
1. Der Kreistag	395	167
2. Der Kreisausschuss	398	167
3. Der Kreisvorsteher (Landrat)	399	168
4. Die Konferenz der Gemeindevorsteher	402	169
VII. Finanzierung der Kreisaufgaben	403	169
VIII. Aufsicht	405	170
D. Kooperation im kommunalen Bereich	407	171
I. Öffentlich-rechtliche Zusammenarbeit	408	172
1. Die kommunale Arbeitsgemeinschaft	409	172

2. Der Zweckverband 410   173
3. Die öffentlich-rechtliche Vereinbarung 415   174
II. Privatrechtliche Formen kommunaler Zusammenarbeit 418   175

E. Die Kommunalverbände 419   176
   I. Die „Gesamtgemeinden" 419   176
   II. Stadt-Umland-Verbände 422   177
   III. Die höheren Gemeindeverbände 423   178

F. Die kommunalen Spitzenverbände 429   180

G. Geschichte des Kommunalrechts 431   181

Literatur (Auswahl)   183

I *Kommunalrecht*

A. Einleitung

I. Begriff und Bedeutung des Kommunalrechts

1 Zum Kommunalrecht gehören die Rechtssätze, die sich generell mit der Rechtsstellung, der Organisation, den Aufgaben sowie den Handlungsformen der kommunalen Körperschaften befassen. Kommunale Körperschaft wiederum ist ein Oberbegriff für die Gemeinden[1], die Landkreise[2], die Kommunalverbände[3] und weitere Organisationsformen, insbesondere die kommunalen Zweckverbände[4].

Es gibt **kein einheitliches**, für den Bereich der Bundesrepublik Deutschland geltendes **Kommunalrecht**. Dieses Recht besteht vielmehr aus einer im Einzelnen bunten Vielfalt landesrechtlicher Regelungen.

2 Es handelt sich bei dieser Rechtsmaterie überwiegend um **organisationsrechtliche** Bestimmungen. Für den „Anfänger" im Kommunalrecht ist zu bedenken, dass in der juristischen Ausbildung das öffentliche Organisationsrecht eine stiefmütterliche Behandlung erfährt und dass dem Studierenden dementsprechend eine Vorstellung von der Bedeutung des Organisationsrechts für die Entstehung und Verwirklichung von Rechten zumeist fehlt.

3 Nur in wenigen anderen Rechtsgebieten lässt sich in gleicher Weise zeigen, wie durch wissenschaftliche Durchdringung komplexer Teilregelungen verallgemeinerungsfähige Erkenntnisse herausgeschält werden, deren Wert vor allem dann ersichtlich wird, wenn es einmal nötig erscheint, nicht nur die eigene **landesrechtliche Regelung** kennen zu lernen, sondern sich darüber hinaus mit den Regelungen in anderen Bundesländern zu befassen.

4 Außerdem ist die Beschäftigung mit dem Kommunalrecht aus einem weiteren Grund ertragreich: Man wird sagen können, dass es sich bei dem Kommunalrecht um den wichtigsten und wohl auch populärsten **Prototyp** des Rechts der so genannten **mittelbaren Staatsverwaltung** handelt. Das bedeutet, dass bei der Lösung grundsätzlicher Probleme, aber auch spezieller Einzelfragen häufig ein gedanklicher Transfer möglich ist, sodass eine vorausgegangene Beschäftigung mit den Problemen des Kommunalrechts in der Regel zu einer gewissen Kreativität bei der Lösung von Rechtsproblemen in anderen Bereichen der mittelbaren (z.B. Kranken-, Renten-, Unfallversicherung; Handwerks-, Ärzte-, Rechtsanwalts-Kammern usw.) Staatsverwaltung befähigt.

5 Schließlich sollte zur Befassung mit dem Kommunalrecht auch die Tatsache anregen, dass es im Bereich der Kommunalverwaltung sowie in den übrigen Bereichen der

---

1 Vgl. Rdnr. 43 ff.
2 Vgl. Rdnr. 373 ff.
3 Vgl. Rdnr. 419 ff.
4 Vgl. Rdnr. 410 ff.

mittelbaren Staatsverwaltung zahlreiche Tätigkeitsfelder gibt, die nach wie vor den Juristen vorbehalten sind und wegen ihrer vielfältigen Anforderungen interessante und reizvolle berufliche Aussichten bieten.

II. Die gesetzlichen Grundlagen der gemeindlichen Tätigkeit

Das Wesen der gemeindlichen Tätigkeiten und insbesondere die **Bedeutung der kommunalen Selbstverwaltung** lässt sich zutreffend nur dann erfassen, wenn man sämtliche gesetzlichen Grundlagen in Betracht zieht, die unmittelbar oder mittelbar für diesen Verwaltungsbereich maßgebend sind. Darunter befinden sich im Übrigen auch Regelungen mit organisatorischem Inhalt, ohne dass man insoweit von Kommunalrecht zu sprechen pflegt[5].

Die folgende **Übersicht über die gesetzlichen Grundlagen** zeigt, dass die kommunale Selbstverwaltung nicht staatsfreie Verwaltung im gesellschaftlichen Raume ist und ausschließlich auf die örtlichen Angelegenheiten bezogen ist. Vielmehr zeigt bereits Art und Ausmaß der gesetzlichen Regelungen, dass die Kommunalverwaltung zunehmend in die gesamte öffentliche Administration hineingewachsen ist und dass das **Verhältnis zwischen Staatsverwaltung und Kommunalverwaltung** nicht durch die Trennung beider Bereiche, sondern durch einen fortdauernden Prozess der Verflechtung gekennzeichnet ist. Eine andere Frage ist die, ob man diesen Wandel in den Beziehungen zwischen Staats- und Kommunalverwaltung in Richtung auf eine stärkere Verzahnung der örtlichen Verwaltung mit überregionalen Entscheidungsträgern sowie auch die stärkere Steuerung der kommunalen Selbstverwaltung durch Bundes- und Landesgesetze und durch **zentrale Planungen** sowie schließlich die zunehmende **finanzielle Abhängigkeit** vom Staat als „**schleichende Aushöhlung**" der kommunalen Selbstverwaltung und damit als verfassungsrechtlich bedenklich kritisiert, oder ob man hierin einen irreversiblen Entwicklungsprozess sieht, der angesichts der Forderung nach der Herstellung gleichwertiger Lebensverhältnisse im gesamten Bundesgebiet (vgl. Art. 72 Abs. 2 GG) und angesichts der gesteigerten Ansprüche der Bürger auf öffentliche Daseinsvorsorge hingenommen werden sollte[6].

1. Bundesrecht

An bundesrechtlichen Regelungen, die für die kommunale Selbstverwaltung maßgebend sind, fällt zunächst der Blick auf Art. 28 GG. Dort wird die kommunale Selbstverwaltung für die **Gemeinden** sowie die **Gemeindeverbände** in differenzierter Weise geregelt. Daneben enthält das Grundgesetz eine Reihe weiterer Bestimmun-

---

5 Z.B. Bestimmung der Zuständigkeit gemäß § 3 Abs. 2 AbfG, beispielsweise in Art. 2 BayAbfG; oder: Normierung des Verfahrensablaufs eines „besonderen" Verwaltungsverfahrens, beispielsweise in § 3 BauGB.
6 Vgl. hierzu den Schlussbericht der Enquête-Kommission Verfassungsreform, BT-Drucks. 7/5924, S. 221, sowie Rdnr. 10.

gen, die das Kommunalrecht prägen; weiterhin enthält das „einfache" Bundesrecht zahlreiche Bestimmungen, die sich unmittelbar an die Gemeinden wenden oder mittelbar die gemeindliche Tätigkeit prägen.

a) **Die Bestimmungen des Grundgesetzes**

9 aa) **Art. 28 Abs. 2 GG:** Eine unbefangene Lektüre des Art. 28 Abs. 2 GG mag zu der Annahme führen, dass die kommunale Selbstverwaltung „ihrem Wesen und ihrer Intention nach Aktivierung der Beteiligten für ihre eigenen Angelegenheiten, die die in der örtlichen Gemeinschaft lebenden Kräfte des Volkes zur eigenverantwortlichen Erfüllung öffentlicher Aufgaben der engeren Heimat zusammenschließt mit dem Ziel, das Wohl der Einwohner zu fördern und die geschichtliche und heimatliche Eigenart zu wahren", bedeutet[7]. Dieses Bild von der kommunalen Selbstverwaltung entspricht nicht mehr der heutigen Realität. Es berücksichtigt nicht die zahlreichen Veränderungen im Aufgabenbestand der Gemeinden und die tatsächlichen und rechtlichen Verflechtungen zwischen gemeindlicher und staatlicher Verwaltung. Verfassungsrechtlichen Bedenken angesichts derartiger Entwicklungen ist zu entgegnen, dass das Recht der Selbstverwaltung lediglich „im Rahmen der Gesetze" gewährleistet ist. Somit ist der **historischen Entwicklung** bei der Bestimmung dessen Rechnung zu tragen, was unter dem Wesen der Selbstverwaltung zu verstehen ist[8]. Weiterhin muss man bedenken, dass die Bezugnahme der Rechtsprechung auf die historisch begründete Gestaltung des Selbstverwaltungswesens nicht bedeutet, dass alles beim Alten bleiben müsse und dass eine neue Einrichtung schon deshalb nicht hingenommen werden könne, weil sie ohne Vorbild sei. Vielmehr ist auch nach der Rechtsprechung des BVerfG eine Fortbildung des überkommenen Systems, besonders im Bereich des ständigen Veränderungen ausgesetzten Finanzausgleichs, nicht ausgeschlossen. Allerdings muss es sich bei einer solchen Fortbildung um Änderungen des überkommenen Systems handeln, die „in der Linie einer vernünftigen Fortentwicklung" liegen und „nicht zu einer Aushöhlung der Selbstverwaltung" führen[9].

10 Freilich sind **Beschränkungen der Selbstverwaltung** nicht unbegrenzt mit Art. 28 Abs. 2 GG vereinbar; nach der Rechtsprechung des BVerfG muss vielmehr der „Kernbereich" der Selbstverwaltungsgarantie bei Einschränkungen der kommunalen Selbstverwaltung beachtet sein. Was diesen „Kernbereich" im Einzelnen ausmacht, lässt sich allerdings kaum allgemein-abstrakt festlegen. Auch die Rechtsprechung des BVerfG bietet insoweit keine sicheren Aussagen[10]. Das Gleiche gilt für den nachfolgend zitierten Versuch einer allgemein-abstrakten Festlegung des absolut geschützten Kernbereichs der kommunalen Selbstverwaltungsgarantie: Danach wird mit dem Kernbereich der Wesensgehalt bezeichnet und damit das Essentiale, das man aus einer Institution nicht entfernen kann, ohne deren Struktur und Typus zu verändern. Damit sind die typusbestimmenden Bestandteile, die essenziell und nicht akzi-

---

7 So noch BVerfGE 11, 266 (275 f).
8 Vgl. BVerfGE 1, 167 (178); OVG NW in OVGE 9, 74 (83) und 11, 149 (150).
9 BVerfGE 23, 353 (367).
10 Vgl. E 11, 266 (274); 17, 172 (182); 22, 180 (205); 26, 172 (180 f); 38, 258 (278 f)

dentiell die kommunale Selbstverwaltung prägen, geschützt[11]. Man mag bezweifeln, ob eine derartige Formulierung einen praktikablen Maßstab für die Frage abgibt, in welcher Weise man bei gesetzgeberischer „Salamitaktik"[12] zu einem absolut geschützten Bereich kommunaler Selbstverwaltung gelangt.

Zu bedenken ist ferner, dass Art. 28 Abs. 2 GG **nicht „europafest"** ist, sondern dass sich – nach der Rechtsprechung des Europäischen Gerichtshofes – das Gemeinschaftsrecht uneingeschränkt auch gegenüber Art. 28 Abs. 2 GG durchsetzt. Die Zukunftschancen der Kommunalen Selbstverwaltung im Hinblick auf die Konsequenzen der europäischen Integrationsbemühungen werden intensiv diskutiert[13], insbesondere mit dem Ziel einer Verankerung der Selbstverwaltungsgarantie in einer zukünftigen europäischen Verfassung.

11

Die **Europäische Charta der Kommunalen Selbstverwaltung** – sie gilt als Bundesrecht[14] – definiert in Art. 2 Abs. 1: „Kommunale Selbstverwaltung bedeutet das Recht und die tatsächliche Fähigkeit der Kommunalen Gebietskörperschaften, im Rahmen der Gesetze einen wesentlichen Teil der öffentlichen Angelegenheiten in eigener Verantwortung zum Wohl ihrer Einwohner zu regeln und zu gestalten".

Europarechtliche Vorschriften berühren das Selbstverwaltungsrecht der Gemeinden in vielfältiger Weise[15]; ein förmliches **Beteiligungsrecht** beim Zustandekommen dieser Regelungen existiert nicht; die Interessen der Gemeinden sind durch die Länder über **Art. 23 GG (n.F.)** zu wahren.

Seit einiger Zeit gibt es Ansätze zu einer **Neubestimmung der kommunalen Selbstverwaltungsgarantie** im Schrifttum; es handelt sich hierbei um Versuche, die zu beobachtende Minderung von letztverantwortlichen Entscheidungszuständigkeiten in der Gemeinde auch verfassungsrechtlich zu legitimieren. Zu nennen wäre hier zunächst die Bemühung um eine Ablösung des herkömmlichen Selbstverwaltungsverständnisses zu Gunsten eines „modernen", funktionalen Verständnisses der „Angelegenheit der örtlichen Gemeinschaft". Danach bilden kommunale Selbstverwaltung und staatliche Verwaltung keine Gegensätze, sondern sollten sich ergänzen in der gemeinsamen Erfüllung öffentlicher Aufgaben, die lediglich zwischen verschiedenen Gliedern der staatlichen Verwaltung arbeitsteilig organisiert sind (*Roters*). Eine andere Meinung im Schrifttum betrachtet die Unterscheidung von örtlichen und überörtlichen Angelegenheiten sowie die entsprechende Aufteilung des gemeindlichen Aufgabenkreises in kommunale Eigen- und staatliche Fremdverwaltung als „Relikte einer anders strukturierten Verfassungslage ..., denen bei der Eingliederung der Kommunen in den staatlichen Verwaltungsapparat und der Überwindung des qualitativen Gegensatzes zwischen staatlichen Funktionen und gemeindlichen (i.S. von nicht-staatlichen) Aufgaben der Boden entzogen wurde" (*Burmeister*).

12

---

11 *Stern*, BK Art. 28 Rdnr. 123.
12 *Stern*, HdbKommWPr, Bd. 1, 1981, S. 206 und dort Fn. 12.
13 Vgl. *Stüer*, *Hauschild* und *Rengeling* in DVBl. 1990, 518, 741, 893.
14 Seit 1.9.1988 (G. v. 22.1.1987, BGBl. II, 65).
15 Vgl. *Gern*, Rdnr. 99 ff sowie *Kaltenborn*, Der Schutz der Kommunalen Selbstverwaltung im Recht der Europäischen Union, 1996; *v. Zimmermann-Wienhues*, Kommunale Selbstverwaltung in einer Europäischen Union, 1997.

I *Kommunalrecht*

Beide Auffassungen wenden sich scharf von den mehr historisch orientierten Interpretationen (insbesondere auch des BVerfG) ab und lassen sich wohl auch als eine gewisse Resignation angesichts der bisherigen Entwicklung begreifen.

13 Die Rechtsprechung versucht, trotz der bestehenden Verflechtungen zwischen Staat und Gemeinden diesen zusätzlichen verfassungsrechtlich fundierten Schutz zu geben; das **BVerwG**[16] hat Folgendes festgestellt: Art. 28 Abs. 2 Satz 1 GG gewährleistet nicht nur einen unantastbaren Kernbereich, eine absolute Grenze, jenseits derer der Gesetzgeber völlig ungebunden den Gemeinden Aufgaben auferlegen oder entziehen darf; vielmehr schützt Art. 28 Abs. 2 Satz 1 GG auch vor einem sachlich ungerechtfertigten Aufgabenentzug nach Maßgabe des **Verhältnismäßigkeitsgrundsatzes**: Jede den **Kernbereich** nicht antastende Bestimmung des Aufgabenbestandes muss „verhältnismäßig" sein[17]. Das Gericht weist allerdings auch auf die Anforderungen hin, die an die Art und Weise des Aufgabenvollzuges im Hinblick auf die Notwendigkeit des modernen Sozial- und Leistungsstaates, der ökonomischen Entwicklung und der ökologischen Vorsorge zu stellen seien; die darin liegende Dynamik begünstige „eine **stille Aufgabenwanderung** von unten nach oben"[18]. Das BVerwG geht offensichtlich davon aus, dass Aufgabenverlagerungen stets dann verfassungsrechtlich unbedenklich sind, wenn sie den Kernbereich nicht antasten und „zureichende Gründe in dem Sinne haben, dass sie im Hinblick auf die Funktion (Selbstverwaltungs-)Garantie ausreichend legitimiert und damit verhältnismäßig" erscheinen[19]. Somit dürften die neueren Ansätze des Schrifttums (s.o. Rdnr. 12) eine weitgehende Bestätigung gefunden haben.

Die Entscheidung des **BVerfG** in der gleichen Sache[20] wird unterschiedlich bewertet: Die Feststellung des BVerfG, der Gesetzgeber habe auch außerhalb des (wohl eingriffsfesten) Kernbereiches Eingriffsgrenzen zu beachten (Pflicht zur Beachtung des **Aufgabenverteilungsprinzips zu Gunsten der örtlichen Gemeinschaft**; keine Rechtfertigung von Aufgaben-„Hochzonung" allein aus Gründen der Wirtschaftlichkeit und Sparsamkeit, Verwaltungsvereinfachung oder Zuständigkeitskonzentration) hat gewisse Hoffnungen zu Gunsten einer Stärkung der Kommunalen Selbstverwaltungsgarantie erweckt, zumal entsprechende gesetzgeberische Zuständigkeitsentscheidungen der gerichtlichen Prüfung nicht nur im Hinblick auf das Fehlen sachfremder Erwägungen unterliegen, sondern einer **Vertretbarkeitsprüfung** unterzogen werden[21].

Auf der anderen Seite darf die Zuweisung besonders ausgabenträchtiger Aufgaben an die Kommunen nicht deren finanzielle **Leistungsfähigkeit** gefährden. Vielmehr ist

---

16 E 67, 321 – Rastede.
17 Vgl. *Brodersen*, JuS 1984, 479 f m.w.N.
18 aaO., S. 323.
19 aaO., S. 323.
20 BVerfGE 79, 127 ff – Rastede; dieser Entscheidung folgend: NWVerfGH NVwZ 1991, 467 – Verlagerung der Zuständigkeit für die Abwasserbeseitigung von den Gemeinden auf Gemeindeverbände.
21 Z.B. *Ullrich*, VwRundschau 1989, 279 und *Clemens* NVwZ 1990, 834; von einer neuerlichen Entwertung des Kernbereichsschutzes bis hin zur Bedeutungslosigkeit spricht *Schlink*, VerwArch. 1990, 385 (395).

der Staat auf Grund des Selbstverwaltungsrechts der Gemeinden dazu verpflichtet, den **Finanzausgleich** so zu gestalten, dass die eigenverantwortliche Aufgabenerfüllung durch die Kommunen sichergestellt ist[22].

Literatur: Kommentierungen zu Art. 28 GG; *Brohm*: Die Selbstverwaltung der Gemeinden im Verwaltungssystem der Bundesrepublik Deutschland, DVBl. 1984, 293 ff; *Burmeister*: Verfassungstheoretische Neukonzeption der kommunalen Selbstverwaltungsgarantie, 1977; *Roters*: Kommunale Mitwirkung an höherstufigen Entscheidungsprozessen, 1975; *Stern*: Die Verfassungsgarantie der kommunalen Selbstverwaltung, HdbKommWPr, Bd. 1, 1981, S. 206 ff.

Übungsfälle: *v.Mutius*: Grundfälle zum Kommunalrecht, JuS 1977, 455 ff (Fälle 11-14).

bb) Kommunale Verfassungsbeschwerde: Art. 93 Abs. 1 Nr. 4b GG (i.V.m. § 91 BVerfGG) gibt den Gemeinden und Gemeindeverbänden die Möglichkeit, durch die **kommunale Verfassungsbeschwerde** Verletzungen der kommunalen Selbstverwaltungsgarantie zu rügen[23]. Prüfungsmaßstab ist in diesem Verfahren zunächst lediglich Art. 28 GG. Daneben können die Gemeinden die justitiellen Grundrechte geltend machen, da sie als juristische Personen des öffentlichen Rechts Verfahrensbeteiligte sein können. Ob die Gemeinden sich darüber hinaus auch auf Grundrechte berufen können, war lange umstritten[24].

14

Im Rahmen einer kommunalen Verfassungsbeschwerde besteht lediglich die Möglichkeit, die Unvereinbarkeit eines Gesetzes mit einer Norm des Grundgesetzes dann zu rügen, wenn diese Norm ihrem Inhalt nach das verfassungsrechtliche Bild der Selbstverwaltung mitzubestimmen geeignet ist[25]. Dies wurde bislang vom BVerfG für Art. 120 Abs. 1 GG bejaht[26]; für Art. 33 Abs. 2 GG wurde diese Möglichkeit verneint[27]. Daneben gelten die Grundsätze des Übermaßverbots und das verfassungsrechtliche Willkürverbot „als Element des objektiven Gerechtigkeitsprinzips"[28].

15

Literatur: *Bethge*: Die Kompetenzabgrenzung zwischen Bundes- und Landesverfassungsgerichtsbarkeit bei der kommunalen Verfassungsbeschwerde, DÖV 1972, 336 ff; *Burmeister*: Die kommunale Verfassungsbeschwerde im System der verfassungsgerichtlichen Verfahrensarten, JA 1980, 17 ff; *Litzenburger*: Die kommunale Verfassungsbeschwerde in Bund und Ländern, 1985.

Übungsfälle: *v.Mutius*: Grundfälle …, JuS 1977, 319 ff (Fall 9).

cc) Weitere verfassungsrechtliche Vorgaben: Neben Art. 28 sind im Grundgesetz eine Reihe weiterer Vorschriften enthalten, die über die einschlägige **Bundesgesetzgebung** auch das Kommunalrecht prägen. Dazu gehören Art. 33 GG (staatsbürgerliche Rechte, öffentlicher Dienst), Art. 34 GG (Staatshaftung), Art. 35 Abs. 1 GG (Rechts- und Amtshilfe), Art. 75 Nr. 1 GG (allgemeine beamtenrechtliche Angele-

16

---

22 BayVerfGH, DVBl. 1996, 1385; enger: NWVerfGH, DVBl. 1993, 1205.
23 Zur Kommunalen Verfassungsbeschwerde nach Landesrecht s. Rdnr. 27.
24 Vgl. im Einzelnen Rdnr. 92 ff.
25 BVerfGE 1, 167 (181).
26 BVerfGE 1, 167 (183).
27 BVerfG ebenda, 184.
28 Vgl. Rdnr. 13 sowie BVerfGE 23, 353 (372); 35, 263 (271 f) und BVerfGE 23, 12 (24) – vgl. auch Rdnr. 135, 136.

I *Kommunalrecht*

genheiten); auf dem Gebiet der Besoldung und Versorgung haben die Gesetze zur Vereinheitlichung und Neuregelung des Besoldungsrechts in Bund und Ländern (von 1971 und 1975/1979) die konkurrierende Gesetzgebung des Bundes auf diesen Gebieten begründet und durch entsprechende Bundesgesetze zu einer weitgehenden Harmonisierung der Besoldung der insbesondere in einem Beamtenverhältnis stehenden Personen geführt – dazu zählen auch die Beamten der Gemeinden und Gemeindeverbände, für die insoweit ein nennenswerter besoldungsrechtlicher Entscheidungsspielraum nicht mehr besteht; betroffen ist damit die **Personalhoheit** der Gemeinde[29].

17 Weiterhin wären Art. 84 Abs. 1 und Art. 85 Abs. 1 GG zu nennen. Diese Bestimmungen geben dem Bundesgesetzgeber die Möglichkeit, (mit Zustimmung des Bundesrates) die Einrichtung der Behörden zu regeln und somit auch in den Bereich der kommunalen Organisation hinein zu regeln; betroffen ist somit die **Organisationshoheit**[30]. Dies ist z.B. in verschiedenen Bundesgesetzen über die Zivilverteidigung geschehen. Ob und in welchem Umfang ein derartiger Durchgriff des Bundes auf das Kommunalrecht oder die kommunale Organisation zulässig ist, wurde vom BVerfG dahingehend entschieden, dass es sich bei der Einschaltung der Gemeinden in den Vollzug der Bundesgesetze durch den Bundesgesetzgeber immer nur um punktuelle Annexregelungen zu einer materiellen Regelung handeln dürfe, die zur Zuständigkeit des Bundesgesetzgebers gehöre. Andernfalls und insbesondere dann, wenn die Annexregelung für den wirksamen Vollzug der materiellen Bestimmungen des Gesetzes nicht notwendig sei, liege ein unzulässiger Eingriff in die Verwaltungskompetenz der Länder vor[31].

18 Besonders bedeutsam sind die verfassungsrechtlichen Vorgaben für das Kommunalrecht aus dem **Bereich des Finanzwesens**[32]. Insbesondere ist zu nennen Art. 106 Abs. 5 (i.V.m. Abs. 3 Satz 1) GG; danach erhalten die Gemeinden einen Anteil an dem Aufkommen der Einkommensteuer, der von den Ländern an ihre Gemeinden entsprechend den Einkommensteuerleistungen ihrer Einwohner weiterzuleiten ist. Weiterhin ist Art. 106 Abs. 6 GG zu nennen, der den Gemeinden ein verfassungsrechtlich abgesichertes Recht einräumt, die Hebesätze der Realsteuern festzusetzen. Dies geschieht jährlich in der Haushaltssatzung der Gemeinde.

19 Durch die Grundgesetzänderung von 1969 wurde den Gemeinden weiterhin das **Aufkommen der örtlichen Verbrauch- und Aufwandsteuern**[33] zugewiesen, welche nach Art. 105 Abs. 2a GG der ausschließlichen **Landesgesetzgebung** unterliegen (Art. 106 Abs. 6 Satz 1 GG). Die Finanzkraft und der Finanzbedarf der Gemeinden (Gemeindeverbände) ist auch im Rahmen des Finanzausgleichs unter den Ländern zu berücksichtigen (Art. 107 Abs. 2 Satz 1 GG). Weiterhin kann gemäß Art. 108 Abs. 4 Satz 2 GG für die den Gemeinden (Gemeindeverbänden) allein zufließenden Steuern

---

29 Vgl. Rdnr. 64.
30 Vgl. Rdnr. 89.
31 BVerfGE 22, 180 (210).
32 Vgl. hierzu *Fischer-Menshausen*, in: *v.Münch* (Hrsg.) GG-Komm, Bd. 3, 2. Aufl. 1983, Art. 106 Rdnr. 32 ff sowie Rdnr. 64 – Finanzhoheit – und 164, 251 ff.
33 Vgl. auch Rdnr. 253.

die den Finanzbehörden zustehende Verwaltung durch die Länder ganz oder zum Teil den Gemeinden (Gemeindeverbänden) übertragen werden.

Eine mittelbare Einflussnahme des Bundes auf die Gemeinden wird durch Art. 104a Abs. 4 GG ermöglicht; danach können den Ländern **Finanzhilfen** für besonders bedeutsame Investitionen der Länder und Gemeinden (Gemeindeverbände) gewährt werden, und zwar zur Abwehr einer Störung des gesamtwirtschaftlichen Gleichgewichtes oder zum Ausgleich unterschiedlicher Wirtschaftskraft im Bundesgebiet oder zur Förderung des wirtschaftlichen Wachstums. An diesem Finanzhilfeverfahren sind unmittelbar beteiligt jedoch nur „Bund und Länder, nicht Bund und Gemeinden, auch wenn die geförderten Investitionsprojekte von den Gemeinden durchgeführt werden"[34].

20

Schließlich gibt es noch für den Bereich der **Haushaltswirtschaft** bundesverfassungsrechtliche Vorgaben für die Gemeinden. Durch Art. 109 Abs. 2 GG ist die haushaltswirtschaftliche Selbstständigkeit von Bund und Ländern eingeschränkt.

21

Außerdem ermächtigen Art. 109 Abs. 3 und Abs. 4 GG den Bund zum Haushaltsgrundsätzegesetz (HGrG) von 1969 sowie zum Gesetz zur **Förderung der Stabilität und des Wachstums der Wirtschaft** (StabG) von 1969. § 48 Abs. 1 HGrG schreibt vor, dass dieses Gesetz auf landesunmittelbare juristische Personen des öffentlichen Rechts entsprechend anzuwenden ist – und hierzu zählen auch die Gemeinden und Gemeindeverbände. Außerdem haben nach § 16 Abs. 1 StabG die Gemeinden und Gemeindeverbände bei ihrer Haushaltswirtschaft den Zielen des § 1 StabG Rechnung zu tragen. Die Länder müssen darauf hinwirken, dass die Haushaltswirtschaft der Gemeinden den konjunkturpolitischen Erfordernissen entspricht (§ 16 Abs. 2 StabG). Dazu dient u.a. die Möglichkeit, nachträglich die Kreditbeschaffung durch Rechtsverordnung der Bundesregierung (mit Zustimmung des Bundesrates) auch für Gemeinden, Gemeindeverbände und Zweckverbände zu beschränken (vgl. §§ 19-21 StabG).

Literatur: *Geske*: Gemeinden und Kreise im Finanzsystem der Bundesrepublik Deutschland, HdbKommWPr, Bd. 6, 1985, S. 29 ff; *Meis*: Verfassungsrechtliche Beziehungen zwischen Bund und Gemeinden, 1989.

b) „Einfach-gesetzliches" Bundesrecht

Der Bundesgesetzgeber hat **keine Regelungskompetenz für das Kommunalrecht**. Gleichwohl wird die Selbstverwaltung durch eine Vielzahl von „einfachen" Bundesgesetzen betroffen[35]. Die **Kommunalverwaltung** führt eine Vielzahl weiterer bundesrechtlicher Regelungen aus. Man kann wohl davon ausgehen, dass die Gemeinden und Kreise als **Teile der Landesverwaltung** etwa 70 bis 80% aller Bundesgesetze ausführen. Eine erste Vorstellung in dieser Hinsicht und damit ein Eindruck von der

22

---

34 BVerfGE 39, 96 (122); 41, 291 (313).
35 Neben den oben in Rdnr. 6 Fn. 5 genannten Beispielen: Die umfassende Zuweisung von Aufgaben und Befugnissen mit noch zahlreicheren Bindungen und Einschränkungen durch das BauGB (vgl. IV. Rdnr. 26 ff).

I *Kommunalrecht*

Vielfältigkeit der auf der Gemeindeebene wahrzunehmenden Aufgaben vermittelt ein Blick in den Aufgabengliederungsplan einer Gemeinde und eines Landkreises.

23 In diesem Zusammenhang seien auch diejenigen Bundesgesetze erwähnt, die den Gemeinden nicht nur unmittelbar Aufgaben zur Erledigung übertragen[36], sondern die auf andere Weise eine teils umfassende Einflussnahme auf die kommunale Verwaltungstätigkeit ermöglichen. Für den Bereich der städtebaulichen Entwicklungen sind es in erster Linie die Raumordnungspläne, die nach Maßgabe des **Bundesraumordnungsgesetzes** in Verbindung mit den jeweiligen **Landesplanungsgesetzen** planerische Vorgaben machen, die die Planungshoheit der Gemeinden erheblich einschränken (s. §§ 1 Abs. 4, 35 Abs. 3 Satz 3 BauGB)[37].

24 Daneben gibt es zahlreiche Fachplanungen, von denen insbesondere die sog. **privilegierten Fachplanungen** (vgl. § 38 BauGB) das gemeindliche Selbstverwaltungsrecht im Sinne einer erheblichen Beschränkung konkretisieren. Für die Gemeinden (und Gemeindeverbände) besteht lediglich die Mitwirkung an dem Planungsprozess, der zu derartigen vorrangigen planerischen Festsetzungen führt[38]. Weitere Einschränkungen der gemeindlichen Planungshoheit können z.B. bewirkt werden durch die wasserwirtschaftliche Rahmenplanung gem. § 36 WHG in Verbindung mit den jeweiligen Landeswassergesetzen, die Luftreinhaltepläne gem. § 47 BImSchG, die forstwirtschaftliche Rahmenplanung nach §§ 6-8 WaldG und den entsprechenden Landeswaldgesetzen sowie die Landschaftsplanung gem. §§ 5-7 BNatSchG in Verbindung mit den Naturschutz- und Landschaftspflegegesetzen der Länder (durch Landschaftsprogramme, Landschaftsrahmenpläne, Landschaftspläne). Dabei ist allerdings zu beachten, dass in den Ländern die Landschaftspläne zuweilen von den Trägern der Bauleitplanung, also regelmäßig von den Gemeinden, aufgestellt werden; etwas anderes gilt z.B. für den Landschaftsplan in Nordrhein-Westfalen (vgl. § 10 Abs. 2 LandschaftsG) sowie für die Landschaftsrahmenpläne in Bayern[39]. Rechtswidrige Planungsergebnisse braucht die Gemeinde freilich nicht hinzunehmen[40].

2. Landesrecht

a) Landesverfassungsrecht

25 Die kommunale Selbstverwaltungsgarantie ist auch in den Flächenstaaten **(landes-) verfassungsrechtlich** gewährleistet, wobei zuweilen diese Garantien über Art. 28 Abs. 2 GG hinausgehen. Daneben finden sich in den **Landesverfassungen** teilweise noch zusätzliche Vorschriften über Gemeinden und Gemeindeverbände[41].

---

36 Beispiel: BauGB §§ 1 Abs. 3; 140 ff.
37 S. unten VI. Rdnr. 38 ff.
38 Z.B. gem. § 16 Abs. 1 FStrG, § 6 LuftVG; vgl. dazu unten VI. Rdnr. 3, 50-51 sowie BVerwG NVwZ – RR 1990, 292 – Unvereinbarkeit einer Festsetzung im Bebauungsplan mit den vorrangigen Zweckbestimmungen der Fachplanung der Bundesbahn gem. BundesbahnG.
39 Vgl. Art. 3 BayNatSchG.
40 Vgl. unten Rdnr. 68 a.E.
41 Abgedruckt bei *Schmitt-Eichstaedt/Stade/Borchmann*: Die Gemeindeordnungen und Kreisordnungen in der Bundesrepublik Deutschland (Loseblatt).

In Berlin und Hamburg werden staatliche und kommunale Angelegenheiten nicht getrennt; das Land Bremen hingegen besteht aus zwei Gemeinden, nämlich den Städten Bremen und Bremerhaven.

26

In diesem Zusammenhang sei auch hingewiesen auf die landesrechtlichen Normen, in denen eine **kommunale Verfassungsbeschwerde** wegen Verletzung des Rechts auf Selbstverwaltung **beim Landesverfassungsgericht** erhoben werden kann; in diesen Fällen ist die Verfassungsbeschwerde gemäß Art. 93 Abs. 1 Nr. 4b GG, § 91 Satz 2 BVerfGG unzulässig[42]. Diese Möglichkeit einer Verfassungsbeschwerde ist teilweise in der Landesverfassung geregelt (so z.B. in Baden-Württemberg, Bayern[43], Bremen und Rheinland-Pfalz); teilweise ist die kommunale Verfassungsbeschwerde lediglich in einem „einfachen" Landesgesetz vorgesehen[44].

27

b) „Einfach-gesetzliches" Landesrecht

Ein Blick in die Vorschriftensammlungen des Landesrechts zeigt die Vielfältigkeit landesrechtlicher Regelungen, deren Ausführung zu einem Großteil den Gemeinden obliegt (z.B. Schulwesen, Feuerwehrangelegenheiten, Bestattungswesen). Zu derartigen inhaltlichen landesrechtlichen Vorgaben gehören auch die Rechtsverordnungen auf Grund der einschlägigen Landesgesetze, in denen die kommunale Tätigkeit geregelt wird[45]. Entsprechendes gilt im Übrigen auch für Rechtsverordnungen auf Grund von Bundesgesetzen[46].

28

Im Mittelpunkt der Betrachtung des Kommunalrechts pflegen allerdings die **Gemeindeordnungen** und **(Land-)Kreisordnungen der Bundesländer** zu stehen. Es handelt sich hierbei um Landesgesetze. Alle Flächenstaaten haben ihre eigene Gemeindeordnung und eine eigene Kreisordnung (oder Landkreisordnung). Zu diesen Bestimmungen treten Regelungen über „Samtgemeinden", „Verbandsgemeinden" oder „Ämter" hinzu; diese Regelungen sind teils auf einzelne Gesetze verteilt, teils in Gesetzwerken zusammengefasst[47]. Weiterhin sind die Bestimmungen für die „höheren Gemeindeverbände" zu nennen[48]. Außerdem gibt es Landesgesetze über kommunale Zusammenarbeit, über Zweckverbände und Sonderverbände[49]. Diese Regelungen werden ergänzt durch die Kommunalwahlgesetze und Kommunalwahlordnungen; außerdem existieren eine Reihe weiterer kommunalrechtlicher Vorschriften[50].

29

Die Erfassung dieser Vielfalt von Regelungen wird allerdings dadurch erleichtert, dass die Gemeindeordnungen und Kreisordnungen weitgehend nach dem **Schema**

30

---

42 Vgl. oben Rdnr. 14, 15.
43 Über Art. 98 Abs. 4 BayVerf – Popularklage – i.V.m. Art. 11 BayVerf – subjektives, grundrechtsähnliches Recht.
44 Vgl. z.B. Nordrhein-Westfalen, § 50 NWVerfGHG.
45 Z.B. Bay. 2. VO zur Durchführung des Bestattungsgesetzes auf Grund der Art. 15 und 16 BayBestattungsG.
46 Z.B. BauNVO und Planzeichen VO auf Grund § 2 Abs. 5 BauGB.
47 Vgl. z.B. unten Rdnr. 419 ff.
48 Vgl. unten Rdnr. 423 ff.
49 Vgl. unten Rdnr. 407 ff.
50 Vgl. hierzu die Hinweise bei *Schmitt-Eichstaedt/Stade/Borchmann*, aaO.

gegliedert sind, das im Jahre 1935 für die damals in Kraft getretene (reichseinheitlich geltende) **deutsche Gemeindeordnung** (DGO) zu Grunde gelegt worden ist. Demnach finden sich in den Gemeindeordnungen jeweils folgende Abschnitte:

Grundlagen der Gemeindeverfassung (oder Wesen und Aufgaben der Gemeinden); Namen, Bezeichnungen und Hoheitszeichen; Gemeindegebiet; Einwohner und Bürger; Verfassung und Verwaltung der Gemeinde; Gemeindewirtschaft (Haushaltswirtschaft; Sondervermögen, Treuhandvermögen; wirtschaftliche Betätigung und privatrechtliche Beteiligung; Prüfungswesen); Aufsicht.

Die größten Unterschiede bestehen unter den verschiedenen Gemeindeordnungen bezüglich des kommunalen Verfassungsrechts; eine weitgehende Vereinheitlichung ist hingegen im Bereich des Gemeindehaushaltsrechts erreicht worden, und zwar im Anschluss an das neue Haushaltsrecht des Bundes und der Länder (vgl. Art. 109 Abs. 3 GG). Eine weitere Vereinheitlichung ist auch im Kommunalrecht dadurch bewirkt worden, dass durch Verweisungen in den Kommunalabgabengesetzen der Länder bestimmte Vorschriften der Abgabenordnung (AO 1977) entsprechend anzuwenden sind.

3. Kommunales Recht

31 Typisch für die kommunale Selbstverwaltung ist die Befugnis, in ihren eigenen Angelegenheiten Recht zu setzen. Dieses autonome Recht heißt bei den Gemeinden (sowie Kreisen und Bezirken) allgemein „**Satzung**"; es handelt sich hierbei also um „Rechtsvorschriften, die von einer dem Staat eingeordneten juristischen Person des öffentlichen Rechts im Rahmen der ihr gesetzlich verliehenen Autonomie (**Rechtssetzungsgewalt, Satzungsbefugnis**) mit Wirksamkeit für die ihr angehörigen und unterworfenen Personen erlassen werden"[51].

32 Die Gemeinden (Kreise, Bezirke) sind zuweilen auch zum Erlass von **Rechtsverordnungen** ermächtigt; insoweit handeln sie (bei der Wahrnehmung weisungsgebundener Aufgaben) in gleicher Weise wie sonstige Stellen, die zum Erlass von Rechtsverordnungen ermächtigt worden sind; das ist insbesondere im Bereich des Sicherheits- und Ordnungswesens geschehen, in dem der Kreis (oder die Gemeinde) als an staatliche Weisungen gebundene **Ordnungsbehörde** tätig wird[52].

Literatur: *Blümel*: Die Rechtsgrundlagen der Tätigkeit der kommunalen Selbstverwaltungskörperschaften, HdbKommWPr, Bd. 1, 1981, S. 229 ff; *Blümel/Grawert*: Gemeinden und Kreise vor den öffentlichen Aufgaben der Gegenwart, VVDStRL 36 (1978), S. 171 ff/277 ff.

Übungsfälle: *Bethge/Rozek*: Der praktische Fall – …: Ein Kulturforum mit Defiziten (Examensklausur), JuS 1997, 831 ff.

---

51 BVerfGE 10, 20 (49 f); 33, 125 (156); vgl. zum Satzungsrecht im Näheren Rdnr. 73 ff.
52 Z.B. Art. 25-29, 42, 46 BayLStVG.

III. Die Kommunalwissenschaften

1. Allgemeines

Mit den Gemeinden befasst sich nicht nur die Rechtswissenschaft. Die Gemeinde ist vielmehr auch Gegenstand einer Reihe weiterer wissenschaftlicher Disziplinen, die – von ihrem jeweiligen Forschungsinteresse ausgehend – zu Erkenntnissen gelangt sind oder Erkenntnisse anstreben, die letztlich auch für den Juristen von Bedeutung sind, der sich umfassend mit dem Geschehen in der Gemeinde auseinander setzen möchte. Man fasst diese verschiedenen Disziplinen zum Begriff der **Kommunalwissenschaften** zusammen. Es handelt sich hierbei um wissenschaftsspezifische Ansätze, die ihre Gemeinsamkeit von dem beobachteten Gegenstand gewinnen.

Ein beträchtliches Interesse an den gemeindlichen Problemen hat die **Verwaltungswissenschaft** gezeigt[53]; außerdem befassen sich Finanz- und Wirtschaftswissenschaft zu einem Teil mit diesem Gebiet, wobei das kommunale Finanz- und Steuerwesen sowie die wirtschaftliche Betätigung der Verwaltung erforscht und mit Anregungen versehen wird. In der zur Zeit zu beobachtenden Privatisierungseuphorie hat insbesondere die Betriebswissenschaft ein weites Betätigungsfeld gefunden.

Außerdem gibt es eine Reihe von Wissenschaftsbereichen, die in den jeweiligen speziellen Aufgabengebieten der Gemeinde ihre Wirksamkeit entfalten. Zu nennen wäre u.a. die **Medizin**, die teils städtebaulich, teils ökonomisch orientierten Disziplinen der **Stadtforschung** und Stadtplanung, die Verkehrs- und Ingenieurswissenschaften, die **Geographie** in ihrer Teildisziplin **Stadtgeographie**, die Agrar- und Forstwirtschaft, die Garten- und Landschaftspflege sowie auch die **Ökologie**. Außerdem befassen sich **Politologen** und **Soziologen** mit ihrer Wissenschaftsdisziplin entsprechenden Fragestellungen in der gemeindlichen Ebene.

Die kommunalwissenschaftlich ausgerichteten Bereiche der genannten Wissenschaftsgebiete erstrecken ihr Interesse auf die Wahrnehmung bestimmter Aufgaben, auch in dem Sinne, dass nicht nur die rechtlichen, sondern auch die finanziellen **Rahmenbedingungen** sowie die organisatorischen, personellen und räumlichen Voraussetzungen zur **Wahrnehmung der Aufgaben** betrachtet werden. Insbesondere dort, wo die Gemeinden einen **Ermessensspielraum** bei der Wahrnehmung ihrer Aufgaben haben (z.B. bei der Gesundheitspflege, der Sozial- und Jugendarbeit, der Wirtschaftsförderung), werden auch die Bedürfnisse und Verhaltensweisen der betroffenen Bevölkerungsgruppen untersucht. Diese Betrachtungsweise ist gerade in neuerer Zeit nützlich geworden angesichts der zunehmenden Neigung zu **bürgerschaftlichen Initiativen** und zu dem zuweilen geäußerten Bedürfnis, statt der verwaltungsmäßigen Betreuung zur Selbsthilfe greifen zu können. In diesen Bereichen tut die Verwaltung gut daran, Entwicklungen registrieren und bewerten zu können – und zwar auch dort, wo der Gesetzgeber derartigen Bemühungen um **Partizipation** an Verwaltungsentscheidungen nicht bereits nachgekommen ist (wie beispielsweise in der weitgehenden und zuweilen leer laufenden Beteiligungsmöglichkeit der Bürger beim Zustandekommen von Bebauungsplänen nach dem BauGB).

---

53 Z.B. *Thieme*, Verwaltungslehre, 4. Aufl. 1984, §§ 55-62.

I *Kommunalrecht*

36 Ein gewisser Druck auf die Kommunen, sich kommunalwissenschaftlich kompetent zu machen, wird auch dadurch ausgeübt, dass in den **staatlichen Fachbehörden** eine zunehmende **Spezialisierung** und damit Professionalisierung zu beobachten ist; dieser Vorsprung an Sachkunde mag zuweilen die Durchsetzbarkeit von Vorstellungen aus der Gemeindeebene erschweren.

Literatur: *Banner*: Kommunale Steuerung zwischen Gemeindeordnung und Parteipolitik – am Beispiel der Haushaltspolitik, DÖV 1984, 364 ff; *Frey* (Hrsg.): Kommunale Demokratie, 1976; *Kühn*: Kommunale Sozialplanung, 1975; *Kevenhörster* (Hrsg.): Kommunalpolitische Praxis und lokale Politikforschung, 1978; *Spiegel*: Die Kommunalwissenschaften und ihre Pflege, HdbKommWPr, Bd. 1, 1981, S. 24 ff; *J.J. Hesse* (Hrsg.): Kommunalwissenschaften in der Bundesrepublik Deutschland, 1989.

2. Wissenschaftliche Beratung der Gemeinden

37 Die notwendige wissenschaftliche **Beratung der Kommunen** erfolgt derzeit durch eine Reihe von Institutionen, die im Folgenden stichwortartig vorgestellt werden sollen:

38 Neben der Beratung der Kommunalverwaltungen durch die kommunalen Spitzenverbände (vgl. hierzu unten F.) ist die „**Kommunale Gemeinschaftsstelle** für Verwaltungsvereinfachung (KGSt)" zu nennen. Die KGSt wird von Gebietskörperschaften aller Größenklassen getragen und entwickelt in Zusammenarbeit mit Praktikern aus ihren Mitgliedergemeinden Gutachten, die insbesondere fundierte **Rationalisierungsvorschläge** für die tägliche Arbeit der Gemeinden enthalten.

39 Das „**Deutsche Institut für Urbanistik** (Difu)" hat es sich zur Aufgabe gemacht, Grundprobleme der Kommunen interdisziplinär zu erforschen, kommunale Forschung anzuregen sowie Forschungsergebnisse zur praktischen Verwertbarkeit aufzuarbeiten und an die Praxis zu vermitteln.

40 Das „Kommunalwissenschaftliche Dokumentationszentrum (KDZ)" ist eine Dienstleistungseinrichtung für die österreichischen Gemeinden; fast alle großen, aber auch kleinere österreichische Gemeinden sind Mitglieder dieses Vereins.

41 Weiterhin ist die „**Hochschule für Verwaltungswissenschaften Speyer**" zu nennen, derzeit das Zentrum der Verwaltungswissenschaften in Ausbildung, Fortbildung und Forschung in der Bundesrepublik Deutschland (Schwerpunkte: „Verwaltungsorganisation", „Öffentliche Planung", „Verwaltungspersonal" und „Öffentliche Finanzen").

An **Hochschulinstituten** sind zu nennen das „Institut für Kommunalwissenschaften und Umweltschutz in Linz" (Österreich), das „Kommunalwissenschaftliche Institut an der Universität Münster" und das „Kommunalwissenschaftliche Forschungszentrum Würzburg".

42 In zunehmendem Umfang werden private **Unternehmen** in die **Beratung** der Gemeinden einbezogen, die mit betriebswirtschaftlichem Sachverstand zur Lösung der Probleme in den Gemeinden beitragen; das damit dokumentierte Fehlen von „eigener" Problemlösungskompetenz in den Gemeinden ist u.a. auf eine zu enge, allein auf

juristische Fragestellungen ausgerichtete Ausbildung des Verwaltungspersonals zurückzuführen.

Literatur: *Siepmann*: Wissenschaftliche Beratung der Kommunen, HdbKommWPr, Bd. 1, 1981, S. 37 ff.

B. Die Gemeinden

I. Wesen und Rechtsstellung der Gemeinden

Die **Gemeindeordnungen** eröffnen ihren „Ersten Teil" („Wesen und Aufgaben der Gemeinde", „Grundlagen der Gemeindeverfassung", „Grundlagen der Gemeinden" oder schlicht „Grundlagen") im Wesentlichen übereinstimmend mit der Vorschrift, in der die **Gemeinden als öffentlich-rechtliche Gebietskörperschaften** mit dem Recht, die örtlichen Angelegenheiten im Rahmen der Gesetze zu regeln, definiert werden. Weiterhin wird erklärt, dass die Gemeinde ihre Angelegenheiten (im Rahmen der Gesetze) in eigener Verantwortung verwaltet mit dem Ziel, das Wohl ihrer Einwohner – und auch das gesellschaftliche Zusammenleben[54] – zu fördern. Schließlich wird festgestellt, dass die Gemeinden „Grundlage und Glied des demokratischen Staates" sind, also „die Grundlagen des Staates und des demokratischen Lebens" oder „die Grundlage des demokratischen Staates" bilden – um einige Formulierungen in den Gemeindeordnungen wiederzugeben[55].

43

Eine abschließende Vorstellung vom Wesen und der Rechtsstellung der Gemeinden bedarf einer Gesamtschau der für die Gemeinde maßgeblichen Regelungen. Die Eingangsbestimmung lässt sich demnach lediglich als eine Regelung begreifen, mit der den Gemeinden die bereits in Art. 28 Abs. 2 GG (und häufig zusätzlich in den Landesverfassungen)[56] garantierte **Selbstverwaltungsgarantie** nochmals (deklaratorisch) zugesprochen und den Gemeinden eine Funktion als „Grundlage des demokratischen Staates" zuerkannt wird.

44

1. Gemeinden als Institutionen freier Selbstverwaltung

Wenn man in der Gemeindeordnung liest, dass den Gemeinden „das Recht der **freien Selbstverwaltung in eigenen Angelegenheiten**" gewährleistet wird, „als eines der

45

---

54 § 1 Abs. 2 Satz 2, 3 BrandGO.
55 Vgl. § 1 Abs. 1 BWGO; Art. 1 S. 2 BayGO; § 1 Abs. 1 BrandGO; §§ 1, 2 BrhVerf; § 1 Abs. 1 Satz 1 HessGO; § 1 Abs. 1 MVKommVerf; § 1 Abs. 1 Satz 1 NdsGO; § 1 Abs. 1 Satz 1 NWGO; § 1 Abs. 1 RhPfGO; § 1 SächsGO; § 1 Abs. 1 S. 1 SachsAnhGO; § 1 Abs. 1 ThürKO.
56 Z.B. in Art. 71 BWVerf; Art. 11 BayVerf; Art. 97 BrandVerf; Art. 137 HessVerf; Art. 72 MVVerf; Art. 57 NdsVerf; Art. 49 RhPfVerf; Art. 117-119 SaarlVerf; Art. 87 SachsAnhVerf; Art. 46 SchlHVerf; Art. 91 ThürVerf.

I   Kommunalrecht

Grundrechte demokratischer Staatsgestaltung"[57], dann kann diese Formulierung zu einem ähnlichen **Missverständnis** führen wie die Bestimmung des Art. 28 Abs. 2 Satz 1 GG. Wie auch bereits die jeweils folgenden Bestimmungen in den Gemeindeordnungen deutlich machen, lässt sich die Tätigkeit der Gemeinde heutzutage nur zu einem geringen Teil als „freie Selbstverwaltung"[58] ... „in eigener Verantwortung"[59] begreifen.

46   Allerdings sollten die Befugnisse einer **öffentlich-rechtlichen Körperschaft**, die mit dem Recht auf Selbstverwaltung ausgestattet ist, typischerweise andersartig sein als die Befugnisse einer Organisationseinheit, die ohne ein derartiges Recht in die Staatsverwaltung integriert ist. Somit lässt sich von **Selbstverwaltung** an sich nur insoweit sprechen, als einem Verwaltungsträger ein wesentlich größerer **Entscheidungsspielraum** belassen wird, vor allem durch die Einräumung von **Ermessen**. Das gilt nicht nur für Aufgaben, die die Gemeinden freiwillig und in eigener Verantwortung wahrnehmen können, sondern auch für die den Gemeinden zur eigenverantwortlichen Wahrnehmung übertragenen staatlichen Aufgaben, auch wenn die Staatsverwaltung die Erledigung dieser Aufgaben durch fachliche Weisungen (insbesondere im Wege der Fachaufsicht)[60] steuern kann[61]. Typisch für eine „Selbstverwaltung" ist weiterhin, dass diese Verwaltungsbereiche staatlicher Aufsicht unterliegen; diese Aufsicht erstreckt sich im Bereich der freiwilligen oder pflichtigen Selbstverwaltungsaufgaben[62] nur auf die Frage, ob das für die Selbstverwaltungsträger geltende Recht zutreffend angewendet wird (**Rechtsaufsicht**); im Bereich der übertragenen Aufgaben übt der Staat zusätzlich eine – häufig generell begrenzte – Fachaufsicht aus[63].

47   Da die Gemeinden in vielen Bereichen eigenverantwortlich tätig werden und nicht einer totalen Zweckmäßigkeits-Aufsicht, sondern nur einer Rechts- oder gesetzlich begrenzten Zweckmäßigkeits-Aufsicht unterliegen, handelt es sich bei den Gemeinden um **dezentralisierte** Glieder der **Staatsverwaltung**. Somit lässt sich die Gemeindeverwaltung auch als „**mittelbare Staatsverwaltung**" begreifen[64].

48   Einer neuen Herausforderung gegenübergestellt sieht sich die kommunale Selbstverwaltung nicht nur durch eine Vielzahl europarechtlicher Normen, sondern vor allem auch durch die Übertragung ehemals kommunaler Aufgaben an die **Europäische Union**. Ein gewisser Schutz der Gemeinden gegen den dadurch bedingten Aufgabenentzug lässt sich aus dem Grundsatz der **Subsidiarität** herleiten[65].

---

57 So § 1 Abs. 1 SchlHGO.
58 Vgl. § 1 Abs. 1 Satz 2 NWGO.
59 Vgl. § 1 Abs. 1 Satz 2 NdsGO.
60 Vgl. unten Rdnr. 108 ff sowie Rdnr. 351 ff.
61 Vgl. *Seewald*, Gemeinden und „atomwaffenfreie Zone", Die Verwaltung 1992, 175 ff.
62 Vgl. unten Rdnr. 95-107.
63 Vgl. z.B. Art. 109 Abs. 2 BayGO sowie unten Rdnr. 351 ff.
64 Z.B. *Wolff/Bachof/Stober*, § 84 Rdnr. 12; a.A. wohl *Knemeyer*, Rdnr. 8.
65 *Erlenkämper*, NVwZ 94, 440, m.w.N.; *ders.*, NVwZ 97, 547.

2. Gemeinden als Grundlage des demokratischen Staates

Die Landesgesetzgeber verstehen ihre Gemeinden offensichtlich als eine der Grundlagen des demokratischen Staates. Im Schrifttum wurde demgegenüber zuweilen die Auffassung vertreten, dass Demokratie und kommunale Selbstverwaltung „unverwechselbar geschieden" seien, „weil sich die Selbstverwaltung nicht wie die Demokratie in der Ausübung eines Wahl- oder Stimmrechts erschöpft, sondern die **aktive Mitarbeit der Gemeindebürger** bei der Durchführung der kommunalen Verwaltungsaufgaben mit umfasst"; die Gemeinden seien „administrative Gebilde. Sie nehmen an der politischen Willensbildung nicht teil. Die Übertragung spezifisch-staatsrechtlicher Begriffe auf die Gemeinden ist deshalb unzulässig"[66].

49

Die heute wohl überwiegende Meinung geht davon aus, dass sich die kommunale Selbstverwaltung ihrer Funktion nach als eine Form besonderer integrativer **örtlicher Demokratie** begreifen lässt[67]. Kommunale Selbstverwaltung ist ein Gliederungselement bei der „stufenweisen Verwirklichung demokratischer Strukturen"[68]. Es wird zu Recht darauf hingewiesen, dass **Kommunalpolitik** Bestandteil der **Politik im Staate** sei. Die Tatsache, dass sich auf der Gemeindeebene das Engagement und die Sachkunde von Bürgern auch **außerhalb der Parteien** in wirksamerer Weise artikulieren lässt als auf der Staatsebene, ändert nichts an dieser Einschätzung der kommunalen Selbstverwaltung als eine **wichtige politische Funktionsebene** in der modernen Demokratie. Überdies werden auf der Gemeindeebene eine Reihe von Konflikten im Verhältnis von Bürger zu Staat aufgefangen und verarbeitet; dies geschieht in Gremien und Verfahren, die analog den staatlichen Bedingungen konstruiert sind[69].

50

Auch das BVerfG hat unter Berufung auf *v. Unruh*[70] ausgeführt, dass Bestandteil des GG auch das **Prinzip der „gegliederten Demokratie"** sei, das in den Gebietskörperschaften zu der Forderung nach einer Volksvertretung führe, die von den Mitgliedern dieser Gebietskörperschaft in unmittelbarer Wahl gewählt worden sei[71].

51

In welcher Weise Willensbildungs- und Entscheidungsprozesse auf der Gemeindeebene nach demokratischen Vorstellungen zugelassen und organisiert sind, ergibt sich zum einen aus den Regelungen der Gemeindeordnungen, insbesondere aus der Konstruktion der **Gemeindeverfassung**[72].

Hinzuweisen ist insbesondere auf die Elemente einer unmittelbaren Demokratie, die sich in der Gemeinde verhältnismäßig vielfältig auffinden lassen; man denke z.B. an die unmittelbare „Volkswahl" des (ersten) **Bürgermeisters**[73]. Weiterhin ist zu nennen der gemeinderatsinitiierte **Bürgerentscheid**, das bürgerbeantragte **Bürgerbegeh-**

---

66 *Forsthoff*, 500, 501.
67 *Scheuner*, HdbKommWPr, Bd. 1, 1981, S. 14.
68 *Laux*, Gutachten „Thieme-Kommission", S. 9.
69 Vgl. hierzu Gutachten „Thieme-Kommission", S. 9.
70 DVBl. 1975, 1, 2.
71 E 52, 95 ff.
72 Vgl. hierzu unten Rdnr. 184 ff.
73 S. unten Rdnr. 224.

I *Kommunalrecht*

ren[74] oder das Mitberatungsrecht durch die **Bürgerversammlung**[75], die stimmberechtigte Mitgliedschaft in **Ratsausschüssen** und zwar entweder in beratenden Ausschüssen[76] oder in beschließenden Ausschüssen[77]. Ein neuartiges Instrument zur stärkeren Bürgerbeteiligung im kommunalpolitischen Entscheidungsprozess ist das „**Petitionsrecht auf Gemeindeebene**" (*Schmidt-Jortzig*), das als sog. **Bürgerantrag** weiterentwickelt worden ist[78].

52 Daneben befinden sich in der Gemeinde weitere Möglichkeiten der **Partizipation** an Verwaltungsentscheidungen auf der Grundlage spezial-gesetzlicher Regelungen; hier ist in erster Linie an die „Beteiligung der Bürger an der **Bauleitplanung**" gem. § 3 BauGB zu denken.

53 Bemerkenswert ist in diesem Zusammenhang auch, dass verschiedene Formen **unmittelbarer Demokratie** die Möglichkeit bieten, **auch ausländische Gemeindeeinwohner** an Entscheidungen auf der Gemeindeebene partizipieren zu lassen[79].

Übungsfälle: *v.Mutius*: Grundfälle ..., JuS 1976, 653 ff (Fälle 1 und 2).

3. Gemeinden als Gebietskörperschaften des öffentlichen Rechts

54 Unter einer „**Körperschaft**" versteht man die „organisatorische Zusammenfassung einer kraft Zurechnung willens- und handlungsfähigen Personenmehrheit, die – **unabhängig vom Wechsel der einzelnen Mitglieder** – eine rechtliche Einheit bildet"[80]. „Gebietskörperschaften sind solche Körperschaften des öffentlichen Rechts, bei denen sich die **Mitgliedschaft** aus dem **Wohnsitz** im Gebiet der Körperschaft ergibt und die mit **Gebietshoheit** ausgestattet sind. Sie werden von allen Bewohnern eines abgegrenzten Teils des Staatsgebiets getragen. Die Mitgliedschaft wird durch den Wohnsitz – evtl. in Verbindung mit dessen Dauer und der Staatsangehörigkeit – begründet. Jedermann, der sich auf ihrem Gebiet aufhält, wird der Herrschaftsgewalt der Körperschaft unterworfen. Wesentlich ist mithin das unmittelbare Verhältnis, welches zwischen Personen, Fläche und hoheitlicher Gewalt besteht"[81].

Eine Gebietskörperschaft liegt beispielsweise **nicht** vor, wenn die Vertretung nicht unmittelbar von den Bürgern gewählt worden ist (Beispiel: die **Ämter** in Schleswig-Holstein[82] – die Verwaltungsgemeinschaften, **Zweckverbände** sowie zumeist die höheren Kommunalverbände)[83].

---

74 S. unten Rdnr. 163.
75 § 20a BWGO; Art. 18 BayGO; § 17 BrandGO; § 8a HessGO; § 6b NWGO; § 16 RhPfGO; § 20 Abs. 1 Satz 2 SaarlKSG; § 22 SächsGO; § 27 SachsAnhGO; § 16b SchlHGO; § 15 Abs. 1 ThürKO; auch Ortsfremde können – mit Nachrang gegenüber den Gemeindebürgern – zugelassen werden: VGH NVwZ-RR 1990, 210 – München.
76 § 41 Abs. 1 Satz 3 BWGO; § 46 Abs. 2 SchlHGO.
77 § 58 Abs. 3 NWGO; § 44 Abs. 1 Satz 2 RhPfGO.
78 S. unten Rdnr. 163.
79 Vgl. hierzu insgesamt: *Schmidt-Jortzig*, § 6 II sowie unten Rdnr. 181 ff.
80 *Wolff/Bachof/Stober*, § 84: „Begriff und Arten der öffentlichen Körperschaften"
81 BVerfGE 52, 95 (117 f).
82 Vgl. BVerfGE 52, 95 (118) mit zahlreichen Nachweisen.
83 Vgl. hierzu unten Rdnr. 410 ff, 423 ff sowie *Wolff/Bachof/Stober*, § 84 III 4 a).

Die Gemeinden **I B**

Die Bezeichnung von Gemeinden als „ursprüngliche Gebietskörperschaften"[84] entfaltet keine zusätzliche rechtliche Bedeutung, sondern soll lediglich die Eigenständigkeit der Gemeinden betonen.

55

Als Gebietskörperschaften sind die Gemeinden auch **juristische Personen des öffentlichen Rechts**. Das bedeutet zum einen, dass sie **Zurechnungssubjekt** der einschlägigen öffentlich-rechtlichen Normen sind, also der Bestimmungen, in denen Gemeinden eigene **Rechte** eingeräumt und **Pflichten** auferlegt werden. Entsprechend dieser Bestimmungen ergeben sich die öffentlich-rechtlichen Hoheitsrechte der Gemeinde, z.B. die Organisations-, Satzungs-, Personal- oder Finanzhoheit[85]. Andererseits folgt aus dem Status der juristischen Person auch die privatrechtliche Rechts-, Geschäfts-, Partei- und Prozessfähigkeit.

56

Wesentlich ist für die Gemeinden als juristische Personen des öffentlichen Rechts weiterhin Folgendes: Sie verdanken ihre rechtliche Existenz einem **Hoheitsakt**; in der Regel werden Gemeinden durch ein Gesetz oder durch einen Staatsakt auf Grund eines Gesetzes gegründet. Es handelt sich demnach um „**rechtlich notwendige Gebilde**"[86]. Die rechtliche Notwendigkeit von Gemeinden ergibt sich nach deutschem (Bundes-)**Verfassungsrecht** vor allem aus Art. 28 Abs. 1 Satz 2, Abs. 2 Satz 1 GG, das im Übrigen auch die **abstrakte Verbandskompetenz** (Befugnis, alle Angelegenheiten der örtlichen Gemeinschaft in eigener Verantwortung zu regeln; **Allzuständigkeit, Universalität des Wirkungskreises**) sowie als zwingende kommunalverfassungsrechtliche Vorgabe eine Volksvertretung vorschreibt, die von den Bürgern der Gemeinde in allgemeiner, unmittelbarer, freier, gleicher und geheimer Wahl gewählt worden ist (**Prinzip der „gegliederten Demokratie"**)[87]; das heißt freilich **nicht**, dass jede Gemeinde individuell in ihrer **Existenz** gewährleistet ist[88].

57

Weiterhin ist zu beachten, dass den Gemeinden ihre Verbandskompetenz lediglich „**im Rahmen der Gesetze**" zusteht (**konkrete Verbandskompetenz**); somit werden die Gemeinden durch die zahlreichen gesetzlichen Aufgabenzuweisungen in dem verfassungsrechtlich gewährleisteten Selbstverwaltungsrecht beschränkt; das wird in den bereits erwähnten Grenzen[89] für zulässig erachtet. Diese Beschränkung der Gemeinden auf den gesetzlich zugewiesenen Tätigkeitsbereich (**Verbandsgemeindekompetenz**[90]) kann auch nicht dadurch überwunden werden, dass die Gemeinde sich bei ihrer Tätigkeit privatrechtlicher Formen bedient. Auch die der Gemeinde eingeräumte Befugnis zum Erlass von Ortsrecht (Satzungsautonomie) räumt ihr nicht die Möglichkeit ein, die durch Gesetz eingeräumten Kompetenzen zu überschreiten oder zu ändern. Die Beschränkung der gemeindlichen Tätigkeit auf **Angelegenheiten der örtlichen Gemeinschaft** (so alle GOen) bedeutet: Es muss sich um solche Aufgaben handeln, „die in der örtlichen Gemeinschaft wurzeln oder auf die örtliche Gemein-

58

---

84 Art. 1 S. 1 BayGO.
85 Vgl. im Einzelnen unten Rdnr. 64 ff.
86 *Wolff/Bachof/Stober*, § 84 II 2 a).
87 BVerfG, aaO., wie Fn. 71.
88 Vgl. unten Rdnr. 132.
89 S. oben Rdnr. 10, 13.
90 Ausführlich dazu *Oldiges*, DVBl. 1989, 873 ff.

schaft einen spezifischen Bezug haben"[91]. Die verfassungsunmittelbare Begrenzung hat vor allem dort Bedeutung, wo gemeindliche Aufgaben nicht gesetzlich „vorprogrammiert" sind; weiterhin handelt es sich um eine **generelle Grenze** auch bei der Wahrnehmung von Aufgaben, zu deren Wahrnehmung die Gemeinden durch Gesetze verpflichtet sind.

59 Die Verbandskompetenz der Gemeinde wird im Hinblick auf verschiedenste sachliche Aufgabenkomplexe diskutiert; z.B. hinsichtlich der Zuständigkeit für die **Energieversorgung**[92], den **Umweltschutz**[93], die **Entwicklungshilfe**[94].

Das BVerwG hat die Zuständigkeit von Gemeinden für einen vorbeugenden Immissionsschutz mit Mitteln der standortbezogenen gewerblichen **Investitionsförderung** bejaht[95].

Es ist den Gemeinden und ihren Amtsträgern untersagt, in amtlicher Eigenschaft und unter Ausnutzung der Amtsautorität **Einfluss auf die Wahlentscheidungen** ihrer Bürger zu nehmen[96]; Entsprechendes gilt im Hinblick auf einen Volksentscheid, auch wenn der davon betroffene Gesetzentwurf gemeindeeigene Angelegenheiten betrifft[97].

Auch die **Versorgung** der auf dem Gebiet einer Gemeinde lebenden **Asylbewerber** mit einer Unterkunft ist keine Aufgabe des örtlichen Wirkungskreises; Schuldner der (jetzt) aus Art. 16a GG (früher: Art. 16 Abs. 2 Satz 2) GG herzuleitenden Leistungspflichten ist der Staat[98].

Die Grenzen der Verbandskompetenz und die Tatsache, dass Gemeinden **kein sog. allgemeinpolitisches Mandat** haben[99], haben sich vor allem im Hinblick auf **militärische Angelegenheiten** gezeigt. Dass eine amtliche, örtliche Volksbefragung mit dem Ziel, eine Änderung bundespolitischer Entscheidungen auf dem Gebiete des Verteidigungswesens herbeizuführen, nicht in den Aufgabenbereich der Gemeinden fällt, hat das BVerfG schon frühzeitig festgestellt[100]. Die in jüngerer Zeit diskutierte Berechtigung von Gemeinden, sich mit militärischen Belangen (einschließlich der Festlegung von sog. **atomwaffenfreien Zonen**) zu befassen[101] (**Befassungskompetenz**) und entsprechende Beschlüsse (einschließlich sog. Vorratsbeschlüsse) zu fassen (**Beschlusskompetenz**), wird durch höchstrichterliche Entscheidungen differenziert betrachtet: Zur kommunalen Befassung z.B. mit Fragen der Stationierung und Lagerung atomarer Waffen bedarf es eines spezifischen örtlichen Bezuges („**örtlich radizierte**"

---

91 BVerfGE 8, 122 (134) LS 3; 50, 195 (201); 52, 92 (120); 79, 127 – Rastede.
92 *Püttner*, DÖV 1990, 461 ff.
93 *Hoppe*, DVBl. 1990, 609 ff.
94 *Heberlein*, DÖV 1990, 374 ff.
95 BVerwG DVBl. 1990, 376 ff.
96 BVerfGE 44, 125; 63, 230; OVG München NWBl. 1969, 16.
97 BayVGH DVBl. 1991, 1003.
98 BVerwG NVwZ 1990, 1173.
99 Vgl. *Lehnguth*, DÖV 1989, 655 ff; BVerfGE 79, 127 (147).
100 BVerfGE 8, 122 (135, 137).
101 Vgl. z.B. *Göttrup*, DÖV 1987, 714 ff; *Ladeur*, DuR 1983, 30 ff; *Süß*, DVBl. 1983, 513 ff; *Schmitt-Kammler*, DÖV 1983, 869 ff.

Gründe); auch sog. **Vorratsbeschlüsse** sind **zulässig**; Beschlüsse zur überörtlich wirkenden, verteidigungsbezogenen Politik sind ihr verschlossen, da insoweit die Zuständigkeit des Bundes gem. Art. 73 Nr. 1, 87a und 87b GG gegeben ist[102].

Literatur: Niedersächsische Sachverständigenkommission zur Fortentwicklung des Kommunalverfassungsrechts, Bericht 1978 (zit.: Thieme-Kommission); *Süß:* Beschlüsse der Gemeinden zu verteidigungspolitischen Fragen, BayVBl. 1983, 513 ff; *Seewald:* Gemeinden und „atomwaffenfreie Zone", Die Verwaltung 1992, 175 ff.

Übungsfälle: *v.Mutius:* Grundfälle ..., JuS 1977, 99 ff (Fälle 3-8); *v.Bargen,* Examensklausur-Fall, VBlBW 1993, 318, 356 ff.

4. Die „klassischen" Elemente der gemeindlichen Selbstverwaltung

Der Begriff der Selbstverwaltung ist ein Rechtsbegriff nicht nur des „einfachen" Gesetzesrechts, sondern auch des Landes- und Bundesverfassungsrechts. Man hat diesen Begriff als „elastisch und substanzschwach"[103] bezeichnet. Diese Schwäche wird jedoch in gewissem Umfang durch ein von Rechtswissenschaft und Rechtsprechung entwickeltes **System von Hoheitsbefugnissen**, die in ihrer Gesamtheit die gemeindliche Selbstverwaltung ausmachen, überwunden. Damit wird zum einen zu einer inhaltlichen **Konkretisierung des Verfassungsbegriffs** „Recht der Selbstverwaltung" (vgl. auch Art. 28 Abs. 2 Satz 2 GG) beigetragen; zum anderen wird dadurch eine verfassungsrechtlich geleitete **Ordnung der** zahlreichen gesetzlichen **Aufgabenzuweisungen** ermöglicht; schließlich wird damit ein Urteil darüber ermöglicht, in welchen Handlungsfeldern und mit welcher Intensität der verfassungsrechtlich abstrakt vorgegebene **Handlungsspielraum** der Gemeinden in Wahrheit (**konkret**) noch besteht, was sowohl für die kommunalpolitische als auch für die verfassungsrechtliche Bewertung von Bedeutung ist.

60

a) Die Aufgabenallzuständigkeit (Universalität)

Die Gemeinden haben für ihr Gebiet die universale sachliche Kompetenz für „alle Angelegenheiten der örtlichen Gemeinschaft" (**Aufgabenallzuständigkeit**, Art. 28 Abs. 2 Satz 1 GG). Das wird dadurch zum Ausdruck gebracht, dass die Gemeinden „in ihrem Gebiet die ausschließlichen Träger der gesamten öffentlichen Aufgaben, soweit die Gesetze nicht ausdrücklich etwas anderes bestimmen", sind[104]. Dazu gehören nicht nur die „Existenzaufgaben", sondern auch die Schaffung wirtschaftlicher, sozialer und kultureller Einrichtungen – man könnte von einem gemeindlichen „**Aufgaben-Erfindungsrecht**" sprechen[105]. M.a.W.: Art. 28 Abs. 2 Satz 1 GG gibt der Ge-

61

---

102 BVerwGE 87, 228 – atomwaffenfreie Zone; vgl. auch BVerwG 87, 237 – Solidarität Hiroshima/Nagasaki sowie BayVGH NVwZ RR 1990, 211 ff – ABC-Waffen, S. 497 ff – militärische Planung; BVerfG NVwZ 1990, 355 ff – kernwaffenfreie Zone.
103 *Maunz*, in *Maunz/Dürig u.a.*, GG-Kommentar, Art. 28 – 1977 – Rdnr. 42.
104 So z.B. § 2 Abs. 1 Satz 1 NdsGO.
105 Kritisch *Mohn*, Die Kommunalverfassung in Nordrhein-Westfalen, DVBl. 1978, 131 ff; dazu *Thiele*, Allzuständigkeit im örtlichen Wirkungsbereich – ein politisch hochstilisiertes, praktisch unbrauchbares Dogma?, DVBl. 1980, 10 ff.

meinde die Befugnis, sich aller Angelegenheiten der örtlichen Gemeinschaft, die nicht durch Gesetz bereits anderen Trägern öffentlicher Gewalt überantwortet sind, ohne besonderen Kompetenztitel anzunehmen[106].

62 **Grenzen** sind den Gemeinden in mehrfacher Weise gesetzt: Die Zuständigkeit zur Wahrnehmung selbstgesetzter Aufgaben ist dort eingeschränkt, möglicherweise eingehend geregelt oder gar ausgeschlossen, wo **vorrangiges Recht** besteht. Solche Regelungen können zum einen den Gemeinden bestimmte Aufgaben zur Pflicht machen (**sog. pflichtige Selbstverwaltungsaufgaben** und **Auftragsangelegenheiten**[107]). Weiterhin können bestimmte Aufgaben anderen Verwaltungsträgern vorbehalten sein (Bsp.: sämtliche **Aufgaben der** unmittelbaren **Staatsverwaltung**). Aber auch in dem verbleibenden Bereich der sog. freiwilligen Selbstverwaltungsaufgaben[108] darf die Gemeinde nur Aufgaben übernehmen und entsprechende Einrichtungen schaffen, wenn sie über ein entsprechende **Leistungsfähigkeit** verfügt[109]; weiterhin unterliegt sie Bindungen, wenn die Erledigung ihrer – insb. der selbstgestellten – Aufgaben als „**wirtschaftliche Betätigung**" i.S.d. einschlägigen Bestimmungen des Kommunalrechts zu bewerten ist[110], die Gemeinden also (zumindest potenziell) in Konkurrenz zur privaten Wirtschaft treten. Weiterhin sind bei allem, was die Gemeinde tut, stets auch die gleichsam parallel zu den materiell-rechtlichen Regelungen wirkenden haushaltsrechtlichen Gebote der **Wirtschaftlichkeit** und **Sparsamkeit** zu beachten[111]. Außerdem spielt die **Größe** einer Gemeinde eine maßgebliche Rolle für die Frage, welche Aufgaben sie zusätzlich zu denen wahrnehmen kann, die ihr bereits durch vorrangige Rechtsnormen übertragen worden sind; denn die **Verwaltungs- und Leistungskraft** der Gemeinden ist (unabhängig von aktuellen Finanznöten) auch von der Größe der Gemeinde abhängig und bildet – ausdrücklich oder als ungeschriebener Grundsatz nach allen GOen[112] – auch von Rechts wegen eine (allgemeine) Grenze bei der Frage der Erledigung neuer Aufgaben.

63 Schließlich sind die Gemeinden bei der „Erfindung" und Durchführung von Aufgaben an sich nur insoweit zuständig, als sich diese Aufgabenwahrnehmung auf das **Gemeindegebiet** sowie die **Gemeindeeinwohner** und -bürger auswirkt.

Problematisch wird die Beachtung dieses Grundsatzes insoweit, als es eine Reihe von Aufgaben und Einrichtungen der Gemeinde (z.B. Schulen, Theater und Opernhäuser) gibt, die über die Gemeindegrenzen hinaus wirken. Gemäß dem landesplanerischen **System** der sogenannten **zentralen Orte**[113] wird in der Regel eine solche gemeindegebietsüberschreitende Wirkung sogar ausdrücklich gefordert. Dahinter steht

---

106 BVerfGE 79, 127 (146).
107 Vgl. unten Rdnr. 101 ff, 108 ff.
108 Vgl. unten Rdnr. 97-100.
109 § 10 Abs. 2 S. 1 BWGO; Art. 57 Abs. 1 S. 1 BayGO; § 19 Abs. 1 HessGO; § 2 Abs. 1 MVKomm-Verf; 2 Abs. 1 S. 2 NdsGO; § 18 Abs. 1 NWGO; § 5 Abs. 1 SaarlKSG; § 2 Abs. 1 SächsGO; § 2 Abs. 1 SchlHGO; § 1 Abs. 4 ThürKO.
110 Vgl. im Einzelnen unten Rdnr. 264 ff.
111 § 6 Abs. 1 HGrG; vgl. unten Rdnr. 315.
112 Z.B. „... *in den Grenzen ihrer Leistungsfähigkeit* ...", vgl. Rdnr. 97.
113 Vgl. Rdnr. 126, 149 und VI. Rdnr. 19.

der Gedanke, dass auch den Bewohnern kleinerer Gemeinden in angemessener Entfernung Leistungen geboten werden, für deren Erbringung die eigene Gemeinde überfordert wäre. Entsprechende Pflichten leistungsfähiger Gemeinden (und ihnen korrespondierende Rechte von Nicht-Gemeindeangehörigen) können spezialgesetzlich geregelt werden, z.B. der Zugang zu einer Schule für „Ortsfremde"[114].

b) Personalhoheit

Unter „**Personalhoheit**" wird das Recht der **Gemeinde** verstanden, ihre **Bediensteten** frei auszubilden, anzustellen, zu befördern und zu entlassen. Hinsichtlich dieser Befugnisse ist die Gemeinde insoweit frei, als sie im konkreten Fall eine Personalentscheidung treffen kann. Sie ist allerdings insoweit gebunden, als bei derartigen Entscheidungen nicht nur die dienstrechtlichen (**Beamtenrecht, Tarifrecht**), sondern teilweise auch besondere kommunalrechtliche Vorschriften beachtet werden müssen[115]. Auch in der Frage der **Besoldung** von Kommunalbeamten unterliegt die Gemeinde zahlreichen Bindungen, insbesondere durch das BBesG und die Verordnungen auf Grund dieses Gesetzes[116].

64

c) Finanzhoheit und Haushaltshoheit

Die Eigenverantwortlichkeit der Aufgabenwahrnehmung und somit die Selbstverwaltung im Rahmen einer dezentralisierten Verwaltung wäre von vornherein unmöglich ohne eine ausreichende Versorgung mit eigenen Finanzmitteln; dazu gehören nicht nur eine eigene Haushaltsführung, Rechnungslegung und Vermögensverwaltung, sondern an sich auch die selbstständige Erschließung von Einnahmen und die selbstständige Entscheidung über die Verwendung der Finanzmittel (**Finanzhoheit**). Auch insoweit ist jedoch die Gemeinde durch zahlreiche gesetzliche, teils sogar verfassungsrechtliche Vorgaben eingebunden in die Belange des Landes und des Bundes[117]. Die Gemeindeordnungen regeln Teilaspekte der Haushalts- und Finanzhoheit in dem Teil „**Gemeindewirtschaft**"[118].

65

Weiterhin sind Bindungen durch das materielle **Verfassungsrecht** zu beachten:

66

Die finanzielle Zuwendung von Gemeinden an Jugendorganisationen politischer Parteien bedeutet dann keine verfassungsrechtlich bedenkliche Beeinflussung des **freiheitlich-demokratischen Meinungs- und Willensbildungsprozesses**, wenn solche **Zuschüsse** einen „bescheidenen Rahmen" nicht übersteigen und „zweckgebunden für die eigene Bildungsarbeit" zugewandt werden[119].

---

114 Vgl. Art. 21 Abs. 3 BayEUG.
115 Vgl. z.B. Art. 34 Abs. 5 BayGO.
116 Vgl. *Scheffler*, Der höhere Dienst in kleineren Gemeinden nach den Stellenobergrenzenverordnungen, DÖV 1983, 618 ff sowie BVerfGE 1, 175 ff – Eingriff in Personalhoheit der Gemeinde durch Art. 131 GG – sowie entsprechende Verweisungen, z.B. in Art. 34 Abs. 6 und Art. 35 Abs. 3 BayGO.
117 Vgl. oben Rdnr. 18-21.
118 Vgl. hierzu unten Rdnr. 245 ff.
119 OVG Münster NJW 1990, 1684 ff, mit Einbeziehung von BVerfGE 20, 56 ff – Parteienfinanzierung.

I *Kommunalrecht*

d) Planungshoheit

67 Unbestritten ist, dass zum Wesen der Selbstverwaltung auch ein Recht auf eigenverantwortliche Planung der in den **Kompetenzbereich der Gemeinden** fallenden Aufgaben gehört[120]. Dies gilt grundsätzlich für alle planungsfähigen Aufgaben. Die Ergebnisse dieser Planung schlagen sich beispielsweise nieder in der (ein- oder zweijährigen) **Haushaltsplanung**, in der mittelfristigen **Finanzplanung** oder in längerfristig angelegten Aufgaben- und Finanzplanungen. Auch in diesem Bereich der kommunalen „Planungshoheit" ist eine Durchdringung und Überlagerung dieser grundsätzlichen Befugnis der Gemeinde durch vorrangiges Recht festzustellen.

68 Beispielhaft hierfür sind die Regelungen auf dem Gebiet des **Städtebaus**. Der Bundesgesetzgeber hat insoweit die Befugnis der Gemeinde im BauGB sowie in der BauNutzVO[121] eingehend konkretisiert. Er geht dabei im Übrigen davon aus, dass die Gemeinde eine nicht nur für den Städtebau erhebliche „**Stadtentwicklungs-Planung**" betreibt und sich insoweit selbst Bindungen für die städtebauliche Entwicklung schafft[122]. Erhebliche inhaltliche Restriktionen städtebaulicher Vorstellungen und somit **Einschränkungen der Bauplanungshoheit** ergeben sich schließlich aus der Tatsache, dass die Gemeinden in höherstufige Entwicklungsplanungen allgemeiner oder fachspezifischer Art eingebunden sind[123] und dass die Angleichung an derartige Planungen durch bauaufsichtliche Genehmigungen von Bausatzungen (**Bebauungsplänen**) oder einzelnen Baugenehmigungen durchgesetzt werden kann[124]. Die Gemeinde hat einen aus ihrem Selbstverwaltungsrecht – Planungshoheit – abzuleitenden **Anspruch auf eine verfahrensmäßige Beteiligung an überörtlichen Planungen** mit Auswirkungen auf den örtlichen Bereich[125].

Eine gesetzliche Einschränkung der Planungshoheit ist dem Staat nur dann erlaubt, „wenn und soweit sich bei der vorzunehmenden **Güterabwägung** ergibt, dass **schutzwürdige überörtliche Interessen** diese Einschränkung erfordern"[126]. Verletzt wird die Planungshoheit der Gemeinde, wenn die einem anderen Rechtsträger (z.B.

---

120 Vgl. oben Rdnr. 22 ff.
121 S. unten IV. Rdnr. 26 ff.
122 So früher ausdrücklich § 1 Abs. 5 BauGB.
123 S. oben Rdnr. 23, 24; zum Verhältnis von Bauleitplanung zu überörtlicher Planung vgl. IV., Rdnr. 26 ff.
124 OVG Münster NWVBl. 1992, 246 (= NVwZ-RR 1992, 536): Ziele der Landesplanung dürfen – allerdings nur ausnahmsweise – auch „parzellenscharf" detailliert festgelegt werden; generell gilt das Prinzip der gestuften Planungsintensität, das den nachgeordneten Zielebenen eigenverantwortliche Planungsspielräume offen halten muss.
125 BVerwGE 31, 263 f (264) – Zum Rechtsschutz einer Gemeinde gegen eine Planfeststellung nach dem Bundesbahngesetz, die ihre Planungshoheit für die Planung des örtlichen Verkehrsnetzes nachhaltig berühren kann; BVerwG NJW 1992, 256 (= DÖV 1992, 533) – Wird eine Gemeinde (hier: durch den Ausbau einer Bundeswasserstraße) nicht in ihren materiellen Rechten beeinträchtigt, so kann sie den Planfeststellungsbeschluss nicht wegen mangelhafter Beteiligung am Verwaltungsverfahren anfechten.
126 BVerfGE 56, 298 ff LS 1 – Zur Zulässigkeit der Festsetzung von Lärmschutzbereichen gem. § 4 FluglärmG; hierzu *Weyreuther*, DÖV 1982, 173 ff und *Blümel*, VerwArch. 1982, 329 ff.

dem Regierungspräsidium) angehörende Widerspruchsbehörde ein Bauvorhaben entgegen den Festsetzungen des Bebauungsplans ohne Rechtfertigung zulässt[127].

Wird die Gemeinde durch rechtswidrige Feststellungen von **Fachplänen**[128] in ihrer Planungs- (und Finanz-)hoheit unmittelbar betroffen (z.B. durch einen Wege- und Gewässerplan i.S.d. § 41 FlurbG), so kann sie einen solchen Plan u.U. mit der Anfechtungsklage gerichtlich beseitigen lassen[129]. **69**

Die Planungshoheit einer Gemeinde wird durch einen **Planfeststellungsbeschluss** der Bundespost, der auf dem – bis Mitte 1996 geltenden – TelwegG beruht und die **Breitbandverkabelung** eines Stadtteils ermöglicht, nicht grundsätzlich verletzt, grundsätzlich hat diejenige Planung (z.B. die Bauleitplanung der Gemeinde) **Rücksicht auf die konkurrierende Planung** (z.B. Fernstraßenausbauplanung) zu nehmen, die den zeitlichen Vorsprung hat (sog. **Prioritätsgrundsatz**)[130]. **70**

Auch in folgendem Fall fehlt es an einer Verletzung des Art. 28 Abs. 2 GG: Auf der Grundlage des gesetzlich festgelegten **Landesraumordnungsprogramms** hatte die Landesregierung ein Drittel einer Gemeinde[131] als „**Vorrangstandort** für großindustrielle Anlagen" bestimmt und die Gemeinde verpflichtet, die für die Ansiedlung von Großindustrie erforderlichen Flächen bereitzustellen. Das BVerfG hat hierin **keinen Eingriff in den Kernbereich** der kommunalen **Planungshoheit** gesehen[132].

Generell wird man als Voraussetzung für eine Beeinträchtigung (und möglicherweise Verletzung) der gemeindlichen Planungshoheit durch die (überörtliche) Fachplanung das Vorhandensein einer hinreichend bestimmten gemeindlichen Entwicklungsplanung fordern müssen, die allerdings nicht notwendigerweise in der Form der Bauleitplanung vorliegen muss[133]. **71**

Eine vergleichsweise stärkere Rechtsposition entfaltet die Planungshoheit aufgrund des **interkommunalen Abstimmungsgebots**[134] gegenüber benachbarten Gemeinden. **72**

Literatur: *Kistenmacher*: Die kommunale Entwicklungsplanung im Spannungsfeld zwischen überörtlichen Planungen und örtlichen Entwicklungserfordernissen; *Schmidt-Aßmann*: Die

---

127 BVerwG DÖV 1982, 283 ff = ZfBR 1982, 43 ff – Weiterführung der Rechtsprechung BVerwGE 45, 207 (211).
128 Vgl. oben Rdnr. 24 sowie unten VI., Rdnr. 3, 50-51.
129 BVerfG DÖV 1986, 744 ff; vgl. auch Fn. 125.
130 BVerfG NJW 1987, 2096 (= DÖV 1987, 778 = DVBl. 1987, 845) – Schutz der gemeindlichen Interessen (nur) durch Beteiligung am (fernmelderechtlichen) Planfeststellungsverfahren; BVerwG NVwZ 2003, 207.
131 Vgl. unten VI., Rdnr. 20, 21.
132 BVerfG DVBl. 1988, 41 (= NVwZ 1988, 47); vgl. auch Fn. 123.
133 Vgl. VGH BW NVwZ 1990, 487 ff; BVerwG NVwZ 1990, 464 ff; BVerwG NVwZ 1993, 364 (= DVBl. 1992, 1233) – Auch bei der abfallrechtlichen Planfeststellung vermittelt die gemeindliche Planungshoheit eine wehrfähige, in die Abwägung einzubeziehende Rechtsposition, wenn eine hinreichend bestimmte Planung nachhaltig gestört oder wesentliche Teile des Gemeindegebiets einer Planung entzogen werden.
134 § 2 Abs. 2 BauGB; vgl. *Brand*, OVG NVwZ 1999, 434 (sowie *Otting*, DVBl. 1999, 595) – Abwehranspruch einer Nachbargemeinde im Hinblick auf Factory-Outlet-Center.

I *Kommunalrecht*

Stellung der Gemeinden in der Raumplanung, VerwArch 1980, 117 ff; *Niemeier*: Regionalplanung und Eigentumsordnung, Festschrift für Ernst, 1980, S. 35 ff.

e) Satzungsgewalt (Autonomie)

73 Ebenfalls zur gemeindlichen Selbstverwaltung gehört die Befugnis, in eigenen Angelegenheiten Recht zu setzen (Autonomie, Satzungsgewalt)[135].

In den Gemeindeordnungen ist dieses Recht ausdrücklich geregelt. Dort finden sich auch Bestimmungen, die das Satzungsverfahren bindend regeln[136].

74 **aa) Rechtsgrundlagen und Voraussetzungen; Rang:** Diese Satzungsgewalt lässt sich aus Art. 28 Abs. 2 Satz 1 GG herleiten; denn mit dem dort gebrauchten Ausdruck „regeln" wird nicht nur zum Erlass von Verwaltungsakten ermächtigt, sondern auch zum Erlass generell abstrakter Regelungen[137]. Die **Einräumung von Satzungshoheit** durch die Gemeinde- und Kreisordnungen der Länder hat angesichts des Art. 28 Abs. 2 Satz 1 GG im Verhältnis zwischen Gemeinden und Staat demnach nur deklaratorische Bedeutung.

75 Ein wesentlicher Unterschied zwischen **Satzungsrecht** und Rechtsverordnungen besteht im Folgenden: Die Ermächtigung zum Erlass von Satzungen bedarf generell, auch im Bereich des Kommunalrechts, nicht der Bestimmtheit, die durch Art. 80 GG oder durch die entsprechenden Bestimmungen der Landesverfassungen für eine Delegation rechtsetzender Gewalt an die Verwaltung gefordert wird[138]; denn Satzungen werden von demokratisch gewählten Organen (hier: Gemeinderat) beschlossen, die im Bereich ihrer Organisation (hier: Gemeinde) gewissermaßen die Rolle des (hier: Orts-) Gesetzgebers einnehmen. Demnach wurden die generalklauselartig formulierten **Ermächtigungen der Gemeindeordnungen** zur Regelung „eigener", „örtlicher" oder „weisungsfreier" Angelegenheiten für verfassungsrechtlich unbedenklich erachtet[139]. Legt man die Grundsätze der sog. **Wesentlichkeitstheorie des BVerfG**[140] für die Frage der Notwendigkeit einer hinreichend bestimmten Ermächtigung auch im Hinblick auf den kommunalen Normgeber zu Grunde, so muss der Gesetzgeber „in grundlegenden normativen Bereichen, zumal im Bereich der Grundrechtsausübung, soweit diese staatlicher Regelung zugänglich ist, alle wesentlichen Entscheidungen selbst ... treffen"[141].

76 Die Einräumung der Satzungsbefugnis ohne nähere gesetzgeberische Bestimmung ermächtigt die Gemeinden somit nicht zu **Grundrechtseingriffen**, also insbesondere

---

135 Vgl. oben Rdnr. 31 f.
136 § 4 BWGO; Art. 22 ff BayGO; §§ 5, 6 BrandGO; § 3 BrhVerf; §§ 5, 6 HessGO; § 5 MVKommVerf, §§ 6-8 NdsGO; § 7 NWGO; §§ 24-27 RhPfGO; § 12 SaarlKSG; § 4 SächsGO; §§ 6-8 Sachs-AnhGO; § 4 SchlHGO; §§ 19-21 ThürKO.
137 BVerwGE 6, 247 (252).
138 BVerfGE 21, 54 (62 f); 33, 125 (157 f); *Spanner*, BayVBl. 1986, 225 ff.
139 Z.B. BVerwGE 6, 247 ff, LS 2.
140 E 33, 125 (157 ff) – Facharzt-Beschluss (zur Frage des Gesetzesvorbehalts im Bereich berufsständischer Selbstverwaltung der Ärzte).
141 So auch E 61, 260 (275).

nicht zu Eingriffen in Freiheit und Eigentum. Insoweit erfordern im Übrigen auch bereits der rechtsstaatliche Grundsatz des Vorbehalts des Gesetzes (Art. 20 Abs. 3 GG) und die den einzelnen Grundrechten beigefügten speziellen Gesetzesvorbehalte jeweils besondere **Ermächtigungsgrundlagen** für grundrechtsbeschränkende Regelungen[142]. Bedeutung erlangt dieses Problem z.b. bei der Frage der Benutzungsregelungen für gemeindliche Einrichtungen[143] – insb. den **Anschluss- und Benutzungszwang** betreffend[144] –, weiterhin im **Bauplanungsrecht**[145] und vor allem im Zusammenhang mit der Erhebung von **Abgaben** nach dem kommunalen Abgabenrecht[146] oder speziellen Regelungen (z.B. Erschließungsbeitrag gem. § 127 ff BauGB).

Bestätigt worden sind diese Grundsätze durch Entscheidungen, in denen die Satzungsautonomie allein nicht als ausreichende Grundlage für Eingriffe in die Freiheit der Berufsausübung bewertet wurde[147].

Auch der Erlass von Satzungen im übertragenen (weisungsgebundenen) Wirkungsbereich bedarf einer besonderen Ermächtigungsgrundlage[148].

Dem Range nach steht das autonom gesetzte Recht der Gemeinden unter dem staatlichen Recht. Gemäß dem rechtsstaatlichen Grundsatz vom „Vorrang des Gesetzes" (Art. 20 Abs. 3 GG) darf sich die Gemeinde nicht den Bindungen durch höherrangiges Recht entziehen; das folgt auch bereits aus Art. 28 Abs. 2 Satz 1 GG: „... im Rahmen der Gesetze ...". 77

So wäre es beispielsweise unzulässig, wenn eine Gemeinde sich durch Satzung von einer zwingenden und ausnahmslos geltenden Haftung nach bundesrechtlichen Regelungen oder Grundsätzen freizeichnen wollte. Für hoheitliches Handeln wird die Gemeinde die sie treffende **Staatshaftung** nicht abbedingen können[149]; für verwaltungsprivatrechtliches Handeln sowie für fiskalische Tätigkeiten der Gemeinde ist eine Freizeichnung von der (dann nach schuldrechtlichen Grundsätzen zu beurteilenden) Haftung wohl bei Vorsatz und grober Fahrlässigkeit unwirksam[150]. 78

bb) Verfahren: Die **kommunalen Satzungen** zielen in der Regel nicht nur auf verwaltungsinterne Wirkungen ab, sondern sollen – anders als die „**Innenrechtssätze**", z.B. organisationsrechtliche Satzungen[151] – **Außenwirkung** entfalten (im Hinblick auf die Gemeindebürger, -einwohner, ortsansässige Vereinigungen oder Betriebe). Dementsprechend gelten für das Satzungsverfahren besondere Regelungen, die den Regelungen für das Zustandekommen staatlicher Gesetze ähnlich sind: Zuständig für 79

---

142 Vgl. auch BVerfGE 32, 346 (362); 38, 373 (381).
143 Vgl. dazu unten Rdnr. 143 ff.
144 Vgl. unten Rdnr. 169 ff.
145 Vgl. §§ 10, 1 Abs. 3 BauGB.
146 Vgl. unten Rdnr. 166-168, 247, 249 ff.
147 BayVGH NVwZ 1992, 1004 (= DVBl. 1992, 717), BVerwG NJW 1993, 411 – Verbot von Einwegerzeugnissen; VG Kassel NVwZ 1992, 1016 – Untersagung von Einweggeschirr; BayVGH NVwZ 1992, 1002 – Errichten und Betreiben eines Wertstoffhofes; dazu *Drygala*, NJW 1993, 359.
148 S. unten Rdnr. 108 ff, 112.
149 Vgl. BGHZ 61, 7 ff; a.A.: BayVGH BayVBl. 1985, 407 ff.
150 Vgl. z.B. BayVerfGH DÖV 1970, 488.
151 S. unten Rdnr. 82.

I *Kommunalrecht*

den Satzungsbeschluss ist i.d.R. das **kommunale Repräsentativorgan** (**Gemeinderat** oder **Kreistag**); eine Übertragung dieser Befugnis auf andere Gemeindeorgane ist bedenklich und z.T. ausdrücklich untersagt[152]. Allerdings kann der sog. Ferienausschuss[153] Satzungen erlassen[154]. Zweifelhaft ist, ob die Satzungsbefugnis im Rahmen der Eilzuständigkeit auf den Gemeinde- oder Kreisvorsteher übergehen kann. Eine derartige **Zuständigkeitsverlagerung** wird man allenfalls in Ausnahmefällen annehmen können[155]; die gesetzlich vorgeschriebenen Voraussetzungen (z.B.: „in Fällen äußerster Dringlichkeit"[156]) dürften kaum je vorliegen.

80   Für ihre Wirksamkeit bedürfen die kommunalen Satzungen der öffentlichen **Bekanntmachung**. Der Zeitpunkt des In-Kraft-Tretens kann in der Satzung selbst bestimmt werden; andernfalls tritt die Satzung am Tage (oder in Bayern: eine Woche) nach ihrer Bekanntmachung in Kraft[157]. Kommunalsatzungen gelten grundsätzlich zeitlich unbeschränkt, falls nicht ausdrücklich etwas anderes festgelegt worden ist. Wird eine frühere Satzung durch eine spätere ersetzt, verliert die alte Satzung ihre Rechtswirkung allein dadurch, dass sie von der neuen verdrängt wird. Ist die neue Satzung unwirksam, gilt die alte unverändert fort, es sei denn, die alte Satzung wurde durch einen selbstständigen Aufhebungsbeschluss beseitigt[158].

81   cc) **Aufsicht:** Satzungen unterliegen inhaltlich und verfahrensrechtlich – so wie alle Akte der Gemeinde – der staatlichen **Aufsicht**[159]. Das bedeutet jedoch nicht, dass sie grundsätzlich genehmigungsbedürftig sind. Vielmehr gilt der „Grundsatz der Genehmigungsfreiheit"; demzufolge bedürfen Satzungen einer aufsichtlichen Genehmigung nur, soweit dies gesetzlich vorgeschrieben ist[160]. Ist die aufsichtsbehördliche Genehmigung erteilt worden und die Satzung in Kraft getreten, kann die Aufsichtsbehörde die erteilte Genehmigung nicht mehr zurücknehmen oder sonst die Ungültigkeit der Satzung feststellen[161].

---

152 Z.B. Art. 32 Abs. 2 Satz 2 Nr. 2 BayGO; Art. 30 Abs. 1 Ziff. 9 BayLKrO; Art. 29 Nr. 1 BayBezO; § 41 Abs. 1 Satz 1 f NWGO.
153 Gem. Art. 32 Abs. 4 BayGO.
154 Vgl. im Einzelnen *Widtmann/Grasser*, BayGO, Art. 32 Anm. 1c, 5.
155 Vgl. hierzu *v.Mutius*, JuS 1978, 181 (183), Fn. 28.
156 Vgl. im Einzelnen unten Rdnr. 228.
157 § 4 Abs. 3 Satz 2 BWGO; Art. 26 Abs. 1 Satz 1 BayGO; § 5 Abs. 5 BrandGO; § 3 Abs. 2 Satz 2 BrhVerf; § 5 Abs. 3 Satz 2 HessGO; § 5 Abs. 4 Satz 4 MVKommVerf; § 6 Abs. 5 NdsGO; § 7 Abs. 4 Satz 2 NWGO; § 24 Abs. 3 Satz 2, 3 RhPfGO; § 12 Abs. 4 SaarlKSG; § 4 Abs. 3 Satz 2 SächsGO; § 6 Abs. 5 SachsAnhGO; § 21 Abs. 2 Satz 1 ThürKO; wird die Satzung mit einem anderen als dem vom Rat beschlossenen Wortlaut bekannt gemacht, ist sie nichtig: OVG Münster NWVBl. 1992, 288.
158 BVerwG NVwZ 1991, 673 (= DVBl. 1990, 1182) – Bebauungspläne.
159 Näheres dazu unten Rdnr. 351 ff.
160 Z.B. für manche Bebauungspläne gem. § 10 Abs. 2 Satz 1 i.V.m. § 8 Abs. 2 Satz 2, Abs. 3 Satz 2 und Abs. 4 BauGB: andernfalls reicht die Vorlage bei der Aufsichtsbehörde zum Zwecke der rechtlichen Überprüfung aus, vgl. § 4 Abs. 3 Satz 2 BWGO; Art. 25 BayGO; § 5 Abs. 1 Satz 3 und Abs. 3 Satz 2 BrandGO; § 5 Abs. 1 Satz 2 HessGO; § 5 Abs. 2 Satz 4, Abs. 4 Satz 5 MVKommVerf; § 6 Abs. 3 Satz 2 NdsGO; § 7 Abs. 1 Satz 2 NWGO; § 119 RhPfGO; § 12 Abs. 2 SaarlKSG; § 4 Abs. 3 Satz 3 SächsGO; § 6 Abs. 2 SachsAnhGO; § 4 Abs. 1 Satz 3 SchlHGO; § 21 Abs. 3 ThürKO.
161 OVG Saarlouis DÖV 1992, 673.

dd) Anwendungsbereiche: Die von der Gemeinde erlassenen Satzungen lassen sich 82
unterscheiden in solche Satzungen, die obligatorisch sind („**Pflichtsatzungen**") und
solche Satzungen, deren Erlass den Gemeinden freigestellt ist.

Die folgende Aufzählung soll einen Eindruck vermitteln, in welchen Bereichen die
Gemeinden typischerweise von ihrer Satzungsautonomie Gebrauch machen müssen:
Die **Hauptsatzung**, mit der die Gemeinde im Rahmen der staatlich vorgegebenen Gemeindeordnung weitere organisatorische Regelungen trifft[162], die Haushaltssatzung[163],
mit der die grundlegenden Entscheidungen über die Einnahmen und Ausgaben des
Haushaltsplanes, die Kredit- und Verpflichtungsermächtigungen, die Steuersätze und
der Höchstbetrag der Kassenkredite getroffen werden, die sog. **Betriebssatzung**, mit
der Einzelheiten der gemeindlichen Eigenbetriebe[164] geregelt werden. Für die Regelung der **Außenrechtsbeziehungen** zwischen der Gemeinde und insbesondere ihren
Einwohnern sind zu nennen die Satzungen über **Anschluss- und Benutzungszwang**[165], die Satzungen über **Abgaben** und Dienstleistungen (Steuern, Gebühren,
Beiträge, insbesondere Erschließungsbeiträge), **baurechtliche Satzungen** (insbesondere die Bebauungspläne nach § 10 BauGB), Veränderungssperren (§ 16 BauGB),
Satzungen zur Festlegung von Sanierungsgebieten (§ 142 Abs. 3 BauGB) sowie Satzungen aufgrund der Landesbauordnungen[166], straßenrechtliche Satzungen (z.B. betreffend Straßenreinigung oder straßenrechtliche Sondernutzung)[167].

Zulässig ist auch eine sog. **Bewehrung von Satzungen**; dabei handelt es sich um die 83
Möglichkeit, Geldbußen für den Fall der Nichtbeachtung von Satzungsbestimmungen zu verhängen, also um die Ermächtigung zur Normierung von Tatbeständen, mit
denen sog. **Verwaltungsunrecht** normiert und nach den Regelungen des Gesetzes
über **Ordnungswidrigkeiten** verfolgt und geahndet wird – und da es sich hierbei um
zusätzliche Belastungen der Satzungsadressaten handelt, bedarf es insoweit **besonderer Ermächtigungen**. Eine derartige zusätzliche Befugnis wird den Gemeinden
überwiegend eingeräumt[168]. Im Übrigen können auch die Anordnungen der Gemeinden und Gemeindeverbände nach den allgemeinen Vorschriften der Verwaltungsvollstreckung durchgesetzt werden.

Hinsichtlich des Bereichs, in dem den Gemeinden nicht die Satzung als Handlungsform zwingend vorgeschrieben ist, können die Gemeinden i.d.R. zugleich auch wählen, ob sie überhaupt öffentlich-rechtlich tätig werden wollen; das gilt vor allem für
die Regelung der Benutzung ihrer öffentlichen Einrichtungen[169].

---

162 Überwiegend obligatorisch, vgl. § 4 Abs. 2 BWGO; § 6 BrandGO; § 6 Abs. 1 Satz 1 HessGO; § 5
  Abs. 2 MVKommVerf; § 7 Abs. 1 Satz 1 NdsGO; § 7 Abs. 3 Satz 1 NWGO; § 25 RhPfGO; § 7
  SachsAnhGO; § 4 Abs. 1 Satz 2 SchlHGO; § 20 Abs. 1 Satz 1 ThürKO.
163 Vgl. unten Rdnr. 329 ff.
164 Vgl. unten Rdnr. 272 ff.
165 Vgl. unten Rdnr. 170 ff.
166 Z.B. Art. 98 BayBauGO.
167 Vgl. z.B. Art. 18 Abs. 2a, 22a, 23 Abs. 4, 54 Abs. 3 BayStrWG.
168 So gem. Art. 24 Abs. 2 Satz 2 BayGO; § 5 Abs. 2 Satz 1 BrandGO; § 5 Abs. 2 Satz 1 HessGO; § 5
  Abs. 3 Satz 2 MVKommVerf, § 6 Abs. 2 Satz 2 NdsGO; § 7 Abs. 2 NWGO; § 24 Abs. 5 RhPfGO;
  § 6 Abs. 7 Satz 2 SachsAnhGO; § 20 Abs. 3 Satz 1, 2 ThürKO.
169 *Knemeyer*, Rdnr. 83 – sowie unten Rdnr. 145, 148 ff.

I *Kommunalrecht*

Neue, bereits in tatsächlicher Hinsicht schwer zu beurteilende **Probleme** (insb. im **Umweltschutz**/Wasser- und Abwasserbereich) führen zu rechtlichen Schwierigkeiten, die von den Gemeinden kaum bewältigt werden können (Bsp.: Festlegung von **Grenzwerten** für gefährliche Stoffe in Entwässerungssatzungen für Direkteinleiter in das kommunale Kanalnetz).

84 ee) **Gerichtliche Kontrolle:** Die **Adressaten** der Satzung (die „Normunterworfenen") können eine Satzung auf verschiedene Weise gerichtlich überprüfen lassen. Zum einen besteht gegen Satzungen nach dem BauGB die Möglichkeit eines **Normenkontrollverfahrens** beim OVG (oder VGH) – vgl. § 47 Abs. 1 Nr. 1 VwGO. Soweit das betreffende Bundesland allgemein das Normenkontrollverfahren gem. § 47 Abs. 1 Nr. 2 VwGO zulässt, können in gleicher Weise auch die anderen Kommunalsatzungen einer sog. abstrakten Normenkontrolle unterzogen werden.

Weiterhin ist eine **Verfassungsbeschwerde** zulässig, wenn der Beschwerdeführer „selbst, unmittelbar und gegenwärtig" betroffen ist[170]. Das BVerfG hat eine **unmittelbare Grundrechtsbetroffenheit** durch einen **Bebauungsplan** bejaht[171].

In Bayern kann eine Grundrechtsverletzung auch im Wege der Popularklage geltend gemacht werden[172].

85 Daneben besteht die Möglichkeit, die Rechtmäßigkeit einer Satzung **inzidenter** überprüfen zu lassen, beispielsweise im Rahmen einer verwaltungsgerichtlichen **Anfechtungsklage** gegen einen Verwaltungsakt auf der Grundlage der betreffenden Satzung. Während die als rechtswidrig erkannte Satzung im Verfahren nach § 47 VwGO allgemein als unwirksam erklärt wird, wirkt die Feststellung der Gesetzwidrigkeit einer Satzung (z.B. im Anfechtungsprozess) rechtlich allerdings nur hinsichtlich des konkreten Rechtsstreites und seiner Parteien; faktisch sind die Wirkungen einer solchen Entscheidung allerdings weitergehend.

Weiterhin ist die Rechtmäßigkeit einer Satzung im **Haftungsprozess** als verwaltungsrechtliche **Vorfrage** zu überprüfen; eine eingeschränkte Kontrolldichte – etwa unter Zugrundelegung eines lediglich „laienhaften Ermessens" und einer entsprechenden geringeren Verschuldensfähigkeit von Ratsmitgliedern – wird in Rechtsprechung und Schrifttum zu Recht abgelehnt[173].

86 Der **Rechtsschutz gegenüber Satzungen** nach dem BauGB ist neuerdings formell und inhaltlich erheblich eingeschränkt durch die Regelungen in §§ 214, 215, 215a BauGB[174]. In vergleichbarer Weise werden Verletzungen von Verfahrens- oder Formvorschriften bei Satzungen allgemein als unerheblich bewertet[175].

---

170 BVerfG, st. Rspr. seit E 1, 95 (97).
171 E 70, 35 (52 f) unter Aufgabe der früheren Rechtsprechung, BVerfGE 31, 364 (368 f)
172 Über den Wortlaut von Art. 98 Satz 4 BayVerf hinaus können auch Satzungen überprüft werden: BayVGH E 34, 135.
173 Vgl. BGH NVwZ 1986, 504 (505); BGHZ 92, 34 (54); 106, 323 (330); NJW 1990, 381 (382 ff), 1038 (1039); *Schoch*, NVwZ 1990, 804 ff sowie unten Rdnr. 219 ff.
174 Vgl. IV. Rdnr. 85 f.
175 § 4 Abs. 4, 5 BWGO; § 5 Abs. 4 BrandGO; § 5 Abs. 4 HessGO; § 5 Abs. 5 MVKommVerf, § 6 Abs. 4 NdsGO; § 7 Abs. 6 NWGO; § 24 Abs. 6 RhPfGO; § 12 Abs. 5 SaarlKSV; § 4 Abs. 4, 5 SächsGO; § 6 Abs. 4, 8 SachsAnhGO; § 21 Abs. 4, 6 ThürKO.

ff) **Kontrolle durch Verwaltung:** Die Frage, ob Behörden bei der Anwendung von 87
Satzungen eine Prüfungs- und (ggf.) Verwerfungskompetenz im Hinblick auf Satzungen haben, ist umstritten. Das BVerwG hat lediglich die Kompetenz zur Feststellung
der Nichtigkeit eines Bebauungsplans durch die Rechtsaufsichtsbehörde oder die
Gemeinde verneint, jedoch ausdrücklich offen gelassen, wie eine Behörde sich im
Einzelfall zu verhalten hat[176]. Der VGH Kassel hat eine **Prüfungskompetenz von
Bauaufsichtsbehörden** gegenüber Satzungsrecht bejaht und zur Nichtanwendung
rechtswidriger Satzungen verpflichtet[177].

gg) **Streitigkeiten zwischen Gemeinde und Aufsichtsbehörden**[178]**:** Ist die Auf- 88
sichtsbehörde der Auffassung, dass eine Satzung (oder der Satzungsbeschluss)
rechtswidrig ist, wird sie das beanstanden (oder die ggf. erforderliche Genehmigung
verweigern). Eine rechtswidrig nicht erteilte Genehmigung verletzt die Gemeinde in
ihrem Selbstverwaltungsrecht und kann erforderlichenfalls mit der verwaltungsgerichtlichen **Verpflichtungsklage** eingeklagt werden[179].

Literatur: *Badura*: Rechtsetzung durch Gemeinden, DÖV 1963, 561 ff; *Bethge*: Parlamentsvorbehalt und Rechtssatzvorbehalt für die Kommunalverwaltung, NVwZ 1983, 577 ff;
Schmidt-Aßmann: Die kommunale Rechtsetzung im Gefüge der administrativen Handlungsformen und Rechtsquellen, 1981; *Morlok*: Die Folgen von Verfahrensfehlern am Beispiel von
kommunalen Satzungen, 1988; *Maurer*: Rechtsfragen kommunaler Gesetzgebung, DÖV
1993, 184 ff.
Übungsfälle: *v.Mutius*: Grundfälle ..., JuS 1978, 33 f (Fall 22), 181 ff (Fälle 23-27); Aufgabe
6 der 1. Jur. Staatsprüfung 1995/1, BayVBl. 1997, 29, 58 ff.

f) Organisationshoheit

Bestandteil des Selbstverwaltungsrechts ist weiterhin die **Organisationshoheit der** 89
Gemeinden im Rahmen der Gesetze. Darunter fallen eine große Anzahl einzelner
Maßnahmen der **Aufbauorganisation**: Die Errichtung von Ausschüssen, die Gestaltung des Zuständigkeitsgefüges im Einzelnen, vor allem auch die Errichtung von Eigenbetrieben, von anderen nicht-rechtsfähigen Anstalten, die Beteiligung an Verwaltungsgemeinschaften und Zweckverbänden und die Entscheidung für privatrechtlich
organisierte Verwaltungseinheiten; weiterhin fällt hierunter die Entscheidung für eine
Bezirksverfassung (soweit die Einrichtung von Stadtbezirken nicht zwingend vorgeschrieben ist) oder für eine Ortschaftsverfassung sowie die Bildung von „Gesamtgemeinden"[180].

Schließlich fallen darunter Festlegungen zur **Ablauforganisation** (genereller Art 90
oder auch für den Einzelfall). Für das Verfahren im Rat gibt es eine **Geschäftsord-**

---

176 BVerwGE 75, 142 ff.
177 VGH Kassel NVwZ 1990, 885 f; vgl. auch SaarlOVG NVwZ 1990, 172 ff – Keine Inzident-Verwerfungskompetenz einer Stadtverwaltung im Hinblick auf städtische Satzungen. Zur diesbezüglichen Haftungsproblematik: BGH NVwZ 1987, 168 ff.
178 Vgl. dazu auch unten Rdnr. 365 ff.
179 Z.B. OVG Münster, OVGE 19, 192 ff; a.A. noch BayVGH, VGHE 7, 139 (141) – Anspruch auf fehlerfreie Ermessensentscheidung.
180 S. unten Rdnr. 419 ff.

nung, die insbesondere Bestimmungen über die Aufrechterhaltung der Ordnung, die Ladung und das Abstimmungsverfahren enthält[181]. Daneben bedarf es für die Tätigkeit der laufenden Verwaltung einer Vielzahl von Geschäftsanordnungen, Dienstanweisungen, Geschäftsverteilungsplänen, internen Verfügungen u. ä. Anweisungen.

91 Die Organisationshoheit der Gemeinden ist insoweit eingeschränkt, als zwingendes Recht eine Gestaltungsfreiheit nicht (mehr) zulässt. Beispiele: Die Bestimmungen der Gemeindeordnungen über die Gemeindeorgane und deren Kompetenzen[182] einschließlich der ablauforganisatorischen Regelungen für den Willensbildungsprozess in der gemeindlichen Führungsebene[183]; dazu zählen aber z.B. auch die spezialgesetzlichen verfahrensrechtlichen Vorgaben für die Erstellung von **Bauleitplänen** gem. den Regelungen des BauGB[184].

Nach der Rechtsprechung des NWVerfGH unterliegt ein **Eingriff in die Organisationshoheit** der Gemeinden strengeren Legitimationsanforderungen als ein Eingriff in den verfassungsrechtlich nur begrenzt geschützten Bestand[185] einer Gemeinde[186].

Literatur: *Scheuner*: Grundbegriffe der Selbstverwaltung, HdbKommWPr, Bd. 1, 1981, S. 7 ff; *Schmidt-Jortzig*: Kommunale Organisationshoheit, 1979; Bericht der „Niedersächsischen Sachverständigenkommission zur Fortentwicklung des Kommunalrechts" („Thieme-Kommission") 1978; *v.Unruh*: Die verfassungsrechtliche Stellung der kommunalen Selbstverwaltung nach dem Grundgesetz, JA 1992, 110 ff.

Übungsfälle: *v. Mutius*: Grundfälle ..., JuS 1977, 460 (Fall 15), JuS 1977, 592 ff (Fälle 16-18).

5. Grundrechtsfähigkeit von Gemeinden

92 Die Gemeinden besitzen eine – bundesverfassungsrechtliche – Grundrechtsfähigkeit i.S.d. Art. 19 Abs. 3 GG weder bei der Wahrnehmung öffentlicher Aufgaben[187] noch bei der Wahrnehmung nicht-hoheitlicher Tätigkeit, da sie sich **nicht** in einer „**grundrechtstypischen Gefährdungslage**"[188] befinden und durch staatliche Hoheitsakte nicht in gleicher Weise wie eine Privatperson „gefährdet", also nicht „grundrechtsschutzbedürftig" sind[189].

---

181 § 36 Abs. 2 BWGO; Art. 45 Abs. 1 BayGO; § 35 Abs. 2 Nr. 2 BrandGO; § 31 Abs. 1 BrhVerf; § 60 Abs. 1 Satz 1 HessGO; § 29 Abs. 2, 3 MVKommVerf; § 50 NdsGO; § 37 RhPfGO; § 39 SaarlKSG; § 38 Abs. 2 SächsGO; § 44 Abs. 3 Nr. 2 SachsAnhGO; § 34 Abs. 2 SchlHGO; § 34 ThürKO; in Nordrhein-Westfalen wird eine Geschäftsordnung nur in verschiedenen Vorschriften vorausgesetzt, z.B. §§ 48 Abs. 1 Satz 2, 51 Abs. 2, 3 NWGO.
182 Vgl. im Einzelnen unten Rdnr. 184 ff.
183 Vgl. z.B. Rdnr. 209 ff, 223 ff.
184 Gem. §§ 3, 4, 10-13 BauGB; vgl. auch unten VI. Rdnr. 59 ff.
185 Vgl. unten Rdnr. 131 f.
186 DÖV 1979, 637 ff m. Anm. *Wagener* = DVBl. 1979, 668 ff m. Anm. *Püttner*.
187 BVerfGE 21, 362 (369 f), 372 – std. Rspr., vgl. E 68, 193 (206).
188 BVerfGE 45, 63 (79); vgl. *Bleckmann/Helm* DVBl. 1992, 9 ff.
189 BVerfGE 61, 82 (103 f, 105); 70, 1 (21); a.A. – hinsichtl. Art. 14 GG – *Stern,* HdbKommWPr, Bd. 1, 1981, S. 226.

Eine Grundrechtsfähigkeit der Gemeinde kann auch **nicht** dadurch abgeleitet werden, dass diese die Grundrechte ihrer Bürger gleichsam wie ein **Treuhänder**, wie ein gesetzlicher Vertreter geltend machen kann; sie ist nicht Sachwalterin der grundrechtlichen Belange ihrer Bürger[190]. 93

Allerdings sollen Gemeinden Rechte aus dem Eigentum geltend machen können, die ihnen durch die einfach-gesetzliche Rechtsordnung (z.B. § 30 Abs. 1 LuftVG i.V.m. § 6 LuftVO) gewährt werden[191].

Ebenso wie die Gemeinden selbst sind ihre **Einrichtungen** grundrechtsunfähig, auch 94 wenn sie in privatrechtlichen Formen betrieben werden, wenn dabei gesetzlich zugewiesene und geregelte öffentliche Aufgaben (insb. auch der Daseinsvorsorge) wahrgenommen werden[192].

Damit ist eine Berufung auf das sowohl in Art. 3 Abs. 1 i.V.m. Art. 1 Abs. 3 GG als auch im Rechtsstaatsprinzip gegründete „**Willkürverbot**"[193] nicht ausgeschlossen, allerdings nicht im Rahmen einer allein auf Grundrechte geprüften Verfassungsbeschwerde; lediglich die grundgesetzlichen **Verfahrensgrundrechte** (Art. 101 Abs. 1 Satz 2, 103 Abs. 1 GG)[194] **sowie das Abwägungsgebot i.R.d. Art. 28 Abs. 2 S. 1 GG**[195] stehen den Gemeinden zu.

In **Bayern** wird den Gemeinden nicht nur das Recht auf Selbstverwaltung als grundrechtsähnliches Recht zugestanden[196], sondern auch das (landesverfassungsrechtliche) **Grundrecht auf Eigentum** zuerkannt[197].

II. Die Aufgaben der Gemeinden

Bei der Betrachtung der Aufgaben in der Gemeindeebene kann man sich von verschiedenen Betrachtungsweisen leiten lassen. Zunächst sollen die **kommunalen Aufgaben** als Bestandteil eines z.T. etwas kompliziert gestalteten „**Aufgabensystems**" dargestellt werden. Ein weiterer Aspekt ergibt sich aus der Frage, inwieweit die **unterschiedliche Größe** von Gemeinden zu unterschiedlichen Aufgabenzuweisungen und damit zu unterschiedlichen **Gemeindearten** führt. Schließlich lassen sich die „Wanderungsprozesse" zwischen den verschiedenen Aufgabenträgern beobachten – und das führt zu der Frage, inwieweit die gesetzliche Aufgabenverteilung angesichts der heutigen Bedürfnisse der Gemeindebürger sowie der unterschiedlichen Größenordnungen der Gemeinden noch zweckmäßig erscheint[198]. 95

---

190 BVerfGE 61, 82 (102 f)
191 VG Oldenburg NJW 1989, 1942 ff.
192 BVerfG NJW 1990, 1783 – dagegen *Pieroth,* NWVBl. 1992, 85.
193 BVerfGE in st. Rspr., seit E 1, 14, 52; zuletzt E 89, 132, 141.
194 BVerfGE 21, 362 (372 f); zuletzt BVerfGE 68, 193 (205).
195 BVerwG NVwZ 95, 905.
196 Zuletzt: BayVerfGH NVwZ 1987, 213 ff.
197 Art. 103 Abs. 1, 159 BayVerf; BayVerfGH st. Rspr.: E 29, 1 (5); 105, 119; zuletzt BayVBl. 1984, 655 ff; *Knemeyer,* BayVBl. 1988, 129 ff; dagegen: *Badura*, Grundrecht der Gemeinde?, BayVBl. 1989, 1 ff.
198 Stichwort: Funktionalreform, vgl. unten Rdnr. 120.

I *Kommunalrecht*

1. Das System der gemeindlichen Aufgaben

96 Unter dem Gesichtspunkt, ob und inwieweit die Gemeinden eigenverantwortlich handeln können, lassen sich vier Arten von gemeindlichen Aufgaben feststellen. Sie unterscheiden sich voneinander deutlich hinsichtlich der Frage, inwieweit der Staat auf die gemeindliche Tätigkeit Einfluss nehmen kann[199].

System der Aufgaben von kommunalen Körperschaften

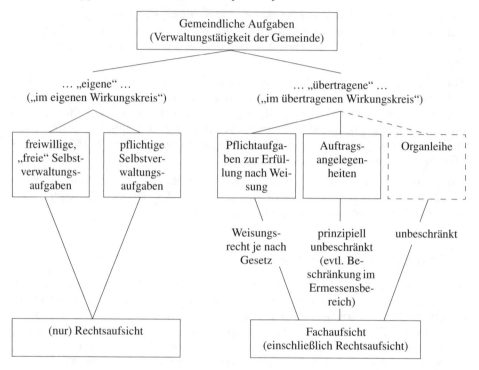

a) Die freiwilligen Selbstverwaltungsaufgaben

97 Keiner unmittelbaren staatlichen Einflussmöglichkeit unterliegen die Gemeinden im Hinblick auf die so genannten **freien (freiwilligen) Selbstverwaltungsaufgaben**. Darunter versteht man diejenigen Aufgaben, für die es keinerlei inhaltliche Vorgaben durch staatliche Rechtsvorschriften gibt, für deren Wahrnehmung sich also eine Gemeinde freiwillig, eigenverantwortlich entschlossen hat; man kann aber insoweit gleichsam sowohl von einem **Entschließungs-** als auch einem **Auswahlermessen** hinsichtlich einer Betätigung der Gemeinde sprechen.

Begrenzt ist die Zuständigkeit der Gemeinde in diesem Bereich durch die **allgemein geltenden Grenzen** jeglicher gemeindlicher Tätigkeit: Es muss sich um eine „Ange-

---

199 Zum Verhältnis von Aufgabe zur Art (und damit zum Maß) der Rechtsaufsicht s. unten Rdnr. 352 ff.

legenheit der **örtlichen Gemeinschaft**" handeln[200]; die Wahrnehmung dieser Aufgabe darf die „**Leistungsfähigkeit**" der Gemeinde nicht überfordern[201]; die Aufgabenwahrnehmung darf nicht gegen das Recht (einschließlich des Haushaltsrechts)[202] verstoßen.

Diese „freien" Selbstverwaltungsaufgaben können vom Staat allerdings gleichwohl faktisch beeinflusst werden. Die Entscheidung für die Durchführung einer neuen, „freien" Selbstverwaltungsaufgabe kann z.B. dadurch initiiert werden, dass der Staat durch **zweckgebundene Finanzzuweisungen** die Gemeinden finanziell zur Durchführung dieser Aufgabe in die Lage versetzt. Je größer der Anteil einer derartigen staatlichen Zuweisung an den tatsächlich entstehenden Kosten für die Durchführung dieser Aufgabe ist, desto weniger wird sich die Gemeinde einer Übernahme dieser Aufgabe entziehen können. Diese Einflussmöglichkeit, die allgemein auch als Lenkung durch den „**Goldenen Zügel**" bezeichnet wird, steht im Widerspruch zur Eigenverantwortlichkeit der Gemeinde bei ihrer Verwaltungstätigkeit – insbesondere dann, wenn (wie es in der Regel der Fall ist) eine derartige Zweckzuweisung mit zahlreichen **Auflagen** versehen ist, sodass sich die staatliche Einflussnahme letztlich auch auf die Durchführung der Aufgabe im Einzelnen erstrecken kann.

98

Beispiele für den Bereich der „freien Selbstverwaltungsangelegenheiten" (und zugleich Beispiele für mögliche Einflussnahmen über Zweckzuweisungen) sind folgende Bereiche: Kommunale **Wirtschaftsförderung**[203], indirekt durch verbilligte Grundstücksverkäufe und direkt durch Subventionen; der Betrieb von **öffentlichen Einrichtungen** im Sportbereich (Unterhaltung von öffentlichen Badeanstalten und Sportplätzen); öffentliche Einrichtungen im kulturellen Bereich (Bibliotheken, Museen, Theater); Betrieb öffentlicher Einrichtungen der Daseinsvorsorge (kommunale Verkehrsbetriebe, kommunale Versorgungsunternehmen für die Wasser-, Strom- und Gasversorgung)[204]; die Einrichtung von kommunalen **Sparkassen** (gem. den Sparkassengesetzen der Länder); Begründung von **Städtepartnerschaften**.

99

Ausweislich des Wortlauts der GOen sollen die Gemeinden die „erforderlichen" Leistungen erbringen[205], insbesondere entsprechende „öffentliche Einrichtungen"[206] schaffen und unterhalten[207]. Damit ist noch keine rechtlich (insb. auch im Wege der Rechtsaufsicht) durchsetzbare, „dem Grunde nach" bestehende Pflicht der Gemeinde normiert.

---

200 Vgl. oben Rdnr. 58 f.
201 Vgl. oben Rdnr. 62 und unten Rdnr. 285.
202 Dazu näher unten Rdnr. 312 ff.
203 Vgl. unten Rdnr. 310 f.
204 Zweifelnd hinsichtlich der Kompetenz zur Stromerzeugung und Stromverteilung *Löwer*, DVBl. 1991, 132 ff.
205 § 10 Abs. 2 Satz 1 BWGO; Art. 57 Abs. 1 BayGO; § 19 Abs. 1 HessGO; § 2 Abs. 1 MVKommVerf, § 2 Abs. 1 NdsGO; § 18 Abs. 1 NWGO; § 5 Abs. 1 SaarlKSG; § 2 Abs. 1 SächsGO; § 2 Abs. 1 Satz 2 SachsAnhGO; § 2 Abs. 1 SchlHGO; § 1 Abs. 4 ThürKO.
206 Vgl. dazu unten Rdnr. 140 ff.
207 Angelegenheit der gemeindlichen Selbstverwaltung ist auch die Entscheidung über Zulassung und Ausschluss von Volksfestbewerbern: BayVGH NVwZ 1993, 912.

100 In diesem Bereich können die Gemeinden ihre Aufgabenwahrnehmung durch Satzungen, also durch generelle Regelungen, festschreiben; fraglich ist, ob hierfür als **Ermächtigung** die allgemeine Ermächtigung in den Gemeindeordnungen zum Erlass von Satzungen ausreicht[208]; entsprechendes gilt für den **Erlass von Verwaltungsakten** und den Abschluss **öffentlich-rechtlicher Verträge**. Die notwendige Legitimation wird man wohl nicht mehr in jedem Fall allein aus dem Selbstverwaltungsrecht entnehmen können (Art. 28 Abs. 2 GG und entsprechende Vorschriften der jeweiligen Landes-Verf.). Fraglich ist diese Ermächtigung vor allem auch in den Fällen, in denen eine Leistung mit Auflagen verbunden wird[209].

b) Pflichtige Selbstverwaltungsaufgaben

101 Weiterhin gibt es die so genannten pflichtigen Selbstverwaltungsaufgaben, auch „**weisungsfreie Pflichtaufgaben**" genannt. Bei diesen Aufgaben ist gesetzlich und damit für die Gemeinde bindend lediglich festgelegt, dass diese Aufgabe von der Gemeinde zu erledigen ist; die Art und Weise der Durchführung bleibt hingegen grundsätzlich in eigener Verantwortung der Gemeinde. Insbesondere können bei der Durchführung dieser Aufgaben wie bei den freien Selbstverwaltungsaufgaben **keine fachlichen Weisungen** erteilt werden. Die Gemeinde hat somit kein Entschließungsermessen, jedoch ein **Ermessen** hinsichtlich der „**Auswahl**" der einzelnen Aktivitäten zur Erledigung der betreffenden Aufgabe, in das die staatliche Aufsicht grundsätzlich nicht eingreifen darf.

102 Allerdings bestehen auch hinsichtlich dieser Aufgaben die gleichen – **faktischen** – staatlichen **Einflussmöglichkeiten** wie bei den freien Selbstverwaltungsaufgaben.

103 Dass die Gemeinden diesen Pflichtaufgaben gleichsam „dem Grunde nach" gerecht werden, wird durch die **Kommunalaufsicht** gewährleistet; denn diese kann als **Rechtsaufsicht** einen Zwang zur Erledigung der pflichtigen Selbstverwaltungsaufgaben ausüben[210].

104 Die für die Gemeinden „pflichtigen Selbstverwaltungsaufgaben" werden regelmäßig durch **Gesetz oder Rechtsverordnung** begründet; das ist generell zugelassen durch die Gemeindeordnungen, die insoweit einen ausdrücklichen Gesetzesvorbehalt kennen[211]. Grundsätzlich erfolgt die Auferlegung von pflichtigen Selbstverwaltungsaufgaben durch **Landesgesetz**. Außerdem ist es Angelegenheit des Landes, eine bundesrechtlich begründete Aufgabe den Gemeinden zur Erledigung zu übertragen und dabei Art und Weise der Einflussnahme auf die Aufgabenerledigung zu bestimmen[212]. Der Bund kann jedoch insoweit mittelbar in der gleichen Weise steuern, als er gem. Art. 84 Abs. 1 und 85 Abs. 1 GG für den eigenständigen oder auftragsweisen **Landesvollzug von Bundesgesetzen** das Verwaltungsverfahren selbst regeln darf

---

208 Vgl. oben Rdnr. 74, insb. zur „Wesentlichkeitstheorie" des BVerfG.
209 Insoweit wohl überholt: *Wolff/Bachof* III, § 154 V b Rdnr. 21.
210 Vgl. unten Rdnr. 357.
211 Z.B. § 2 Abs. 2 Satz 1 BWGO; § 2 Abs. 3 Satz 1 ThürKO.
212 Vgl. z.B. § 44 Abs. 1 StVO; Art. 2, 6 Bay G über Zuständigkeiten im Verkehrswesen.

und somit den Ländern auch vorschreiben kann, eine bundesrechtlich geregelte Angelegenheit den Gemeinden als pflichtige Selbstverwaltungsaufgabe zuzuweisen. Verfassungsrechtlich ist dieses jedoch nur insoweit zulässig, als eine solche Einschränkung landesrechtlicher Zuständigkeiten – im Übrigen ein seltener Fall – „für den wirksamen Vollzug der materiellen Bestimmungen des Gesetzes notwendig" erscheint[213].

Beispiele für derartige pflichtige Selbstverwaltungsaufgaben (weisungsfreie Pflichtaufgaben) auf Grund von **Landesrecht** sind heute die Trägerschaft von Grundschulen, die Straßenbaulast (bezüglich Ortsstraßen, Gemeindeverbindungsstraßen und sonstiger öffentlicher Straßen sowie Ortsdurchfahrten), Gewässerunterhaltung oder Feuerschutz.

105

Beispiele für pflichtige Selbstverwaltungsaufgaben auf Grund von **Bundesrecht** sind: die Bauleitplanung und die Baulanderschließung, die städtebauliche Sanierung, die Abfall- und Abwasserbeseitigung, bestimmte Aufgaben innerhalb des Wehrpflicht-, Wehrersatz- und Zivilschutzwesens[214], Förderung des Wohnungsbaus z.B. durch Beschaffung von Bauland, insbesondere für den sozialen Wohnungsbau[215], die Jugend- und Sozialhilfe[216].

106

Zu beachten ist, dass Gesetzgeber und – ihn ergänzend – Verordnungsgeber die Möglichkeit haben, bei der Normierung einer pflichtigen Selbstverwaltungsaufgabe zugleich auch **ins Einzelne gehende Maßstäbe** für die Durchführung dieser Aufgabe festzulegen; insoweit wird die Eigenverantwortlichkeit der Aufgabendurchführung durch die Gemeinde beträchtlich reduziert; für die Praxis kann dabei die **Grenze zur** gemeindlichen „**Fremdverwaltung**" **fließend** werden. Ein bundesrechtliches Beispiel: die eingehenden Regelungen der Sozialhilfe im BSHG i.V.m. den dazu ergangenen Rechtsverordnungen[217]. Ein Beispiel aus dem Landesrecht: das bay. Kindergartengesetz[218]; vgl. auch die detaillierten rechtlichen Bindungen im Hinblick auf Kinderspielplätze[219].

107

c) Die gemeindliche Auftragsverwaltung

Bund und Länder bedienen sich der Gemeinden auch zur Erfüllung staatlicher Angelegenheiten; rechtstechnisch geschieht das dadurch, dass der Staat den Gemeinden Aufgaben zuweist und sich zugleich das Recht vorbehält, die Erledigung dieser Aufgaben ins Einzelne durch fachliche Anordnungen zu steuern, sodass die Gemeinden hinsichtlich dieser Aufgaben fast wie untere staatliche Behörden funktionieren; die

108

---

213 BVerfGE 22, 180 (210) u. LS 2 – Organisationsrechtliche Bestimmungen hinsichtlich des (früheren) JWG (jetzt: KJHG = SGB VIII) und des BSHG.
214 *Schmidt-Jortzig*, Rdnr. 533.
215 §§ 1, 89 II WoBauG
216 Z.B. Art. 3 BayKJHG i.V.m. SGB VIII (KJHG).
217 Z.B. die Regelsatzverordnung zu § 22 BSHG.
218 V. 25.7.1972 (BayRS 2231-1-K).
219 Z.B. Art. 8 BayBO; Art. 1 DVBayBO oder besondere Kinderspielplatzgesetze, vgl. *Feldmann*, Recht und Spiel, 1980, 80 ff.

I *Kommunalrecht*

damit bewirkte Unterstellung der Gemeinden unter die **Fachaufsicht** des Staates[220] gibt diesem das Recht, seine eigenen Vorstellungen nicht nur von der **Rechtmäßigkeit**, sondern auch von der **Zweckmäßigkeit** der Ausführung einer Verwaltungsaufgabe durchzusetzen, berechtigt also zu Eingriffen in die **Ermessensfreiheit** (bis hin zu deren Beseitigung), die durch die jeweilige Norm an sich primär der Gemeinde eingeräumt ist.

Derartige „**Auftragsangelegenheiten**" dienen der Einsparung eigener staatlicher Behörden und konzentrieren staatliche Aufgaben und Selbstverwaltungsaufgaben bei der Gemeindebehörde. Auftragsangelegenheiten waren früher im ganzen Bundesgebiet bekannt[221]. In dieser Form gibt es übertragene Angelegenheiten als „Auftragsangelegenheiten" (oder „**Aufgaben des übertragenen Wirkungskreises**") als „Regeltyp"[222] in Bayern[223], in Rheinland-Pfalz[224] und im Saarland[225]; die Fachaufsicht kann freilich[226] eingeschränkt sein, sodass sich in solchen Fällen die Auftragsangelegenheit der Pflichtaufgabe zur Erfüllung nach Weisung (s.u.) weitgehend annähert.

109 Daneben gibt es in allen Bundesländern noch Auftragsangelegenheiten auf Grund einzelner (Bundes-)Gesetze (z.B. die **Wehrerfassung** gem. § 15 Abs. 3 WehrpflG als **Bundesauftragsverwaltung**)[227]. Wird die Erledigung dieser Aufgabe nicht der Gemeinde, sondern dem Leitungsorgan (Bürgermeister) übertragen, so liegt **keine gemeindliche Auftragsverwaltung** vor; in diesen Fällen spricht man von **Organleihe** (Institutionsleihe), weil der Staat sich zur Erledigung einer (staatlichen) Aufgabe allein dieses Organs bedient[228]. Derartige, bundes- oder landesrechtlich begründete Aufgaben werden auch als „**rein staatliche Aufgaben**" bezeichnet[229].

d) Pflichtaufgaben zur Erfüllung nach Weisung (Weisungsaufgaben)

110 Die meisten Bundesländer haben nach 1945 die Auftragsangelegenheiten in sog. Pflichtaufgaben zur Erfüllung nach Weisung umgewandelt. Das ist auch dort geschehen, wo diese Aufgaben noch unter dem früheren Titel „Aufgaben des übertragenen Wirkungskreises" firmieren[230]. Für diesen Aufgabentyp ist kennzeichnend, dass zwar ebenso wie bei den „Auftragsangelegenheiten" staatliche Aufgaben von den Gemeinden wie von einer unteren staatlichen Verwaltungsbehörde wahrgenommen werden, dass aber die staatlichen Weisungsbefugnisse im Rahmen der Fachaufsicht mehr oder weniger beschränkt werden. Im Einzelnen wird das Maß dieser **Beschränkung der Fachaufsicht in dem jeweiligen Gesetz** festgelegt.

---

220 Vgl. näheres unten Rdnr. 352, 354 ff.
221 Vgl. § 2 Abs. 3 DGO.
222 Als Ausnahme in § 3 Abs. 7 BrandGO genannt.
223 Art. 8 BayGO; deutlicher die entsprechende Regelung für die Kreise in Art. 6 BayLKrO.
224 § 2 Abs. 2 und § 6 Abs. 2 RhPfGO.
225 § 6 SaarlKSG.
226 S. unten Rdnr. 111, Fn. 233.
227 Diese Aufgaben gehören zum „übertragenen Wirkungskreis", so ausdrücklich § 5 Abs. 2 NdsGO; § 5 Abs. 2 SachsAnhGO.
228 *Erichsen,* § 7 A 2 b; vgl. auch Rdnr. 117 m.w.N.
229 Z.B. in Art. 37 Abs. 1 Satz 2 BayLKrO.
230 Z.B. § 5 NdsGO.

Soweit ein derartiges **Weisungsrecht** gesetzlich nicht beschränkt ist[231], unterscheiden sich diese Pflichtaufgaben zur Erfüllung nach Weisung nicht von den („reinen") Auftragsangelegenheiten. Ist das Weisungsrecht beschränkt[232], so handelt es sich gleichwohl nicht um Selbstverwaltung, sondern um (mittelbare) **Staatsverwaltung**; denn Selbstverwaltung läge nur dann vor, wenn die Aufgabe zu einer eigenen Angelegenheit der Gemeinde gemacht wäre und wenn sich das Weisungsrecht dementsprechend allein auf die Rechtsaufsicht beschränkte.

111

„Auftragsverwaltung" ist der Wahrnehmung von „Weisungsaufgaben" – wie gesagt – dann angenähert, wenn die Fachaufsicht in Auftragsangelegenheiten generell eingeschränkt ist[233].

Die Einführung der Pflichtaufgaben zur Erfüllung nach Weisung führt nicht zu einem gänzlichen sog. Aufgabenmonismus in der Gemeinde; Bundesauftragsverwaltung[234] oder Auftragsverwaltung auf Grund früheren Rechts ist daneben möglich[235]; weiterhin soll die Existenz von Pflichtaufgaben zur Erfüllung nach Weisung die Übertragung neuer Aufgaben als Auftragsangelegenheiten offensichtlich nicht ausschließen (str.[236]).

Rechtsverordnungen oder – praktisch wohl sehr selten – **Satzungen**[237] können die Gemeinden in allen Angelegenheiten der „gemeindlichen Fremdverwaltung" (sowohl in Auftragsangelegenheiten als auch in Angelegenheiten, die zur Erfüllung nach Weisung durchgeführt werden) nur aufgrund besonderer Ermächtigung erlassen[238]; auch insoweit steht die Ermessensbetätigung der Gemeinde – insoweit durch den Gemeinderat handelnd – unter dem Vorbehalt fachaufsichtlicher Korrekturen.

112

e) Gegenstände des übertragenen Wirkungsbereichs

Als Bereiche der **Auftrags-** oder **Weisungsverwaltung** seien beispielhaft genannt: die Aufgaben der **Ordnungsverwaltung** auf den Gebieten des Rettungs-, Gewerbe-, Verkehrs-, Wege- und Wasserwesens sowie des Feuerschutzes; die Lebensmittelüberwachung; Melde-, Pass-, Staatsangehörigkeits-, Personenstands- und Namenssachen; Mitwirkung in der Wehrüberwachung; Schulangelegenheiten; Veterinärsachen und Tierkörperverwertung; Rettungswesen, (z.T.) Katastrophenschutz, ziviler Bevölkerungsschutz, örtliches Straßenverkehrswesen, Lastenausgleich, Flüchtlingsbetreuung; z.T. stehen derartige Auftragsangelegenheiten im Verbund mit Selbstverwaltungsangelegenheiten – so z.B. im Bereich des Bauwesens angesichts des Nebeneinanders von Bauplanungsrecht (BauGB) und Bauordnungsrecht (Landes-BauO), hinsichtlich dessen zumindest eine Mitwirkung vorgesehen ist.

113

---

231 Z.B. gem. § 51 PStG und in § 129 Abs. 3 und 4 BWGO.
232 Z.B. im § 9 Abs. 2 NWOBG.
233 Z.B. Art. 109 Abs. 2 Satz 2 BayGO.
234 Z.B. gem. § 15 Abs. 3 WpflG i.V.m. § 8 NWMeldeG.
235 Z.B. gem. § 116 NWGO.
236 Vgl. *Rauball/Pappermann/Roters*, § 116 Rdnr. 6 m.w.N.
237 Z.B. Gem. Art. 91 BayBO.
238 Vgl. z.B. Art. 42 Abs. 1, Art. 12 ff, 23 ff BayLStVG.

I *Kommunalrecht*

Die **kreisfreien Gemeinden** sowie die mit Sonderstatus versehenen kreisangehörigen Gemeinden[239] erledigen zusätzlich die generell den Landkreisen in ihrer Funktion als untere staatliche Verwaltungsbehörde obliegenden (rein) **staatlichen Aufgaben**[240] in ihrem „übertragenen Wirkungskreis"[241].

Der Rechtsschutz der Gemeinde gegenüber staatlichen Maßnahmen im Rahmen der Auftragsverwaltung ist im Einzelnen umstritten[242].

f) Finanzierung der übertragenen Aufgaben

114 Der Anteil der gemeindlichen Fremdverwaltung an der gesamten Tätigkeit der Gemeinden ist sehr beträchtlich, kann aber quantitativ zutreffend wohl kaum geschätzt werden. Finanziert wird die „Fremdverwaltung"[243] durch **Verwaltungsgebühren**, die bei der Wahrnehmung dieser Aufgaben anfallen sowie durch pauschale **staatliche Finanzzuweisungen**, durch **Zweckzuweisungen** oder durch eigene **Deckungsmittel der Gemeinde**. Die staatlichen Zuweisungen pflegen nur einen Teil der tatsächlichen Ausgaben zu decken; man bezeichnet deshalb die kommunale Fremdverwaltung als „die billigste Form der Staatsverwaltung"[244].

Beispielsweise führt – in Nordrhein-Westfalen – die **Übertragung der Apotheken- und Arzneimittelaufsicht** auf die Kreise und kreisfreien Städte (als **Pflichtaufgabe** zur Erfüllung nach Weisung; zuvor war der Regierungspräsident zuständig gewesen) zur Regelung der **Kosten**. Der Landesgesetzgeber, der diese Kostenregelung im Rahmen des jährlichen **Finanzausgleichs** zwischen Land und Gemeinden trifft, soll dabei allerdings **nicht** verpflichtet sein, sich die in den Finanzausgleich einzubeziehenden Aufgaben und ihre Kosten **im Einzelnen** zu vergegenwärtigen[245].

2. „Gemeinschaftsaufgaben" von kommunalen Körperschaften und Staat

115 In der Praxis des Zusammenwirkens staatlicher und kommunaler Verwaltungen werden zahlreiche Aufgaben gemeinsam bewältigt.

Vielfach sehen gesetzliche Regelungen ein solches Zusammenwirken vor, insb. im Planungsrecht (vgl. z.B. § 36 BauGB), durch Genehmigungsvorbehalte[246] und insgesamt im Recht der staatlichen Aufsicht[247]. Lediglich dort, wo ein sog. staatliches Mitwirkungsrecht anerkannt wird, spricht man von sog. res mixtae (oder einem staatlich-kommunalen „**Kondominium**"[248]) im Sinne einer gemeinsamen Zuständigkeit zur Erledigung einer Aufgabe.

---

239 Vgl. unten Rdnr. 118, 119.
240 Vgl. oben Rdnr. 109 und unten Rdnr. 386, 400.
241 Z.B. gem. Art. 9 BayGO i.V.m. Art. 6 BayLKrO; s. auch unten Fn. 261.
242 S. unten Rdnr. 365 ff.
243 Sammelbegriff für „Auftragsangelegenheiten" und „Pflichtaufgaben zur Erfüllung nach Weisung".
244 *Wolff/Bachof/Stober*, § 86 X d.
245 OVG Münster NWVBl. 1987, 16 ff.
246 Vgl. unten Rdnr. 330, 363.
247 Vgl. unten Rdnr. 351 ff.
248 Vgl. *W. Weber*, 130 (135 ff)

Daneben ist ein i.d.R. **projektbezogenes Zusammenwirken** staatlicher und kommunaler Stellen denkbar, üblich und notwendig (z.B. Papstbesuch, Fußballweltmeisterschaft)[249], ohne dass damit – unter Zuständigkeitsverlusten für die Gemeinde – von einer neuen Aufgabenkategorie gesprochen werden sollte.

Zu beachten ist freilich, dass sich eine Gebietskörperschaft außerhalb ihrer Aufgabenzuständigkeit nicht an Kosten beteiligen darf, die einer anderen Gebietskörperschaft (der anderen Ebene!) bei Erfüllung derer Aufgaben entstehen. Der insoweit einschlägige Art. 104a Abs. 1 GG verbietet jedoch nicht die **Zusammenarbeit von Bund und Ländern einschließlich der Gemeinden** in einem Aufgabenbereich der Leistungsverwaltung, in dem sich die Kompetenzen zur Aufgabenwahrnehmung überschneiden[250]. 116

3. Aufgabenwahrnehmung in der Gemeinde durch ein staatlich geliehenes Organ

Der Staat greift bei Tätigkeit in der Gemeinde zuweilen auf den Bürgermeister oder Gemeindedirektor (Gemeindevorstand[251]) als sog. geliehenes Organ zurück[252]. Es werden also nicht die Gemeinden als solche, sondern eines ihrer Organe in Anspruch genommen. Dieses Organ (Bürgermeister/Oberbürgermeister oder Stadtdirektor/Oberstadtdirektor) funktioniert dann als untere staatliche Verwaltungsbehörde. Teilweise wird diese Möglichkeit in Landesverfassungen ausdrücklich bestätigt[253]. Soweit der „Hauptverwaltungsbeamte" der Gemeinde im Wege der **Organleihe** (oder **Institutionsleihe** oder **Organwalterleihe**[254]) in Anspruch genommen wird, unterliegt er – als Organ des Staates – keinen Vorgaben oder Kontrollen durch den Gemeinderat[255]; er handelt insoweit im Namen des Staates; allerdings haftet für eine Amtspflichtverletzungen u.U. die Gemeinde[256]. 117

Besondere Bedeutung hat die Organleihe bei der Verwaltung in den Landkreisen[257]; in den meisten Bundesländern wird der „Hauptverwaltungsbeamte" des Landkreises[258] im Wege der Organleihe als **untere staatliche Verwaltungsbehörde** zur Erledigung der „rein" staatlichen Aufgaben tätig[259]. Dementsprechend werden in manchen Ländern in den kreisfreien Städten[260] dem Oberbürgermeister generell als vom

---

249 Zu den vielfältigen Möglichkeiten der Kooperation s. unten Rdnr. 367 ff.
250 BVerwGE 81, 312 ff – Schülerbeförderung durch Gemeinde und Bundesbahn.
251 Vgl. unten Rdnr. 223, 232 ff.
252 Zum Rechtsinstitut der „Organleihe" vgl. *Maurer*, § 21 Rdnr. 54 ff, § 22 Rdnr. 30; vgl. weiter unten Rdnr. 232.
253 Art. 137 Abs. 4 HessVerf. u. Art. 49 Abs. 4 RhPfVerf.
254 *Wolff/Bachof/Stober*, § 86, Rdnr. 197 und § 93 Rdnr. 57. Vgl. unten Rdnr. 232 und 400.
255 Vgl. z.B. Art. 37 Abs. 1 Nr. 2 BayGO; §§ 62 Abs. 1 Nr. 4, Abs. 4 i.V.m. 5 Abs. 3 NdsGO.
256 Gem. der „Amtsübertragungstheorie", vgl. dazu *Maurer*, § 25 Rdnr. 42; anders – für den Landkreis – z.B. Art. 35 Abs. 3 BayLKrO.
257 Vgl. unten Rdnr. 373 ff, insb. 386 ff.
258 Vgl. unten Rdnr. 399 ff.
259 Z.B. Art. 37 Abs. 1 Satz 2 BayLKrO; §§ 48f. NWKrO.
260 Vgl. unten Rdnr. 118.

Staat geliehenem Organ die Aufgaben der unteren staatlichen Verwaltungsbehörde übertragen[261].

Eine **andere Regelungsmöglichkeit** zur Erledigung von Staatsaufgaben in der unteren Verwaltungsstufe besteht darin, diese Aufgaben dem Kreis zu übertragen und sie damit dem Bereich des **„übertragenen Wirkungskreises"** zuzuordnen; damit richtet sich die Wahrnehmungszuständigkeit nach der kommunalverfassungsrechtlichen Zuständigkeitsverteilung[262]; zugleich unterliegt die staatliche Einflussnahme den allgemeinen Regelungen der Fachaufsicht, ist also ggf. gewissen Einschränkungen unterworfen[263].

Beispiele für die Fälle einer **Organleihe** in der Gemeinde sind die Inanspruchnahme für die Erledigung von Angelegenheiten der staatlichen Sicherheit, Verteidigung und von Geheimhaltungsbelangen sowie die Zuständigkeit als Gemeindewahlleiter bei staatlichen Wahlen.

4. Aufgabenbestand und Gemeinde-Arten

118   Die Gemeindeordnungen kennen verschiedene Gemeinde-Arten; die Unterschiede ergeben sich aus einem unterschiedlichen Umfang von gesetzlich zugewiesenen Aufgaben. Grundsätzlich wird zunächst unterschieden zwischen **kreisangehörigen** und **kreisfreien Gemeinden**[264]: Alle Gemeinden, die nicht die Stellung einer kreisfreien Gemeinde (kreisfreien Stadt) haben, gehören danach einem **Landkreis** an. Die kreisfreien Städte erfüllen neben ihren Aufgaben als Gemeinden in ihrem Gebiet alle Aufgaben, die den Landkreisen obliegen; sie heißen in Baden-Württemberg dementsprechend „Stadtkreise"[265].

119   Daneben gibt es Abweichungen gleichsam in beiden Richtungen: Einen Sonderstatus haben die so genannten **großen Kreisstädte** (in Bayern, Baden-Württemberg, Rheinland-Pfalz, Sachsen, Sachsen-Anhalt und Thüringen: große kreisangehörige Stadt), die „selbstständigen" und „großen selbstständigen" Städte (in Niedersachsen), die Mittelstädte im Saarland, die Gemeinden über zehn-, zwanzig- oder dreißigtausend Einwohner in Hessen oder Schleswig-Holstein sowie die „großen kreisangehörigen Städte" und die „mittleren kreisangehörigen Städte" (ab 60 000/25 000 Einwohner) in Nordrhein-Westfalen: Diese nehmen außer ihren Aufgaben als kreisangehörige

---

261 § 13 Abs. 2 BW LVwG; § 8 Abs. 2 Satz 2 SaarlLOG.
262 Damit wird die Gemeindevertretung oder – bei „laufenden" Angelegenheiten – der Gemeindevorsteher zuständig, es sei denn, die Zuständigkeit des Repräsentativorgans ist ausdrücklich ausgeschlossen.
263 Vgl. z.B. Art. 9 Abs. 1 Satz 1, 109 Abs. 2 Satz 2 BayGO.
264 § 3 Abs. 1 BWGO; Art. 9 BayGO; § 2 Abs. 2 BrandGO; § 146a HessGO; § 7 Abs. 2 MVKommVerf, § 10 Abs. 1, 3 NdsGO; § 13 NWGO; § 7 RhPfGO; § 4 Abs. 1, 4 SaarlKSG; § 3 SächsGO; § 10 Abs. 1 SachsAnhGO; § 6 Abs. 3 ThürKO.
265 § 3 Abs. 1 BWGO.

Gemeinden mehr oder weniger vollständig die Aufgaben der Landkreise und außerdem der unteren staatlichen Verwaltungsbehörden als übertragene Aufgaben wahr[266].

Auf der anderen Seite nehmen eine Sonderstellung diejenigen Gemeinden ein, die einem „untersten Gemeindeverband" angehören, nämlich einer bay., sachs.-anh. oder thüring. **Verwaltungsgemeinschaft**, einer nds. **Samtgemeinde**, einer rhpf. **Verbandsgemeinde**, eines hess. oder sächs. **Verwaltungsverbandes** oder einem brandenburgischen, meckl.-vorpomm. oder schl.-holst. **Amt**. Bei diesen Ortsgemeinden sind die Kassen- und Rechnungsgeschäfte, zahlreiche andere Selbstverwaltungsangelegenheiten (z.B. die Aufstellung von Flächennutzungsplänen und der Straßenbau) sowie sämtliche den Gemeinden sonst obliegenden staatlichen Angelegenheiten (des „übertragenen Wirkungskreises") auf die „Gesamtgemeinde" übertragen[267].

5. Gemeindeaufgaben und „Funktionalreform"

Die rechtliche Betrachtung der kommunalen Aufgaben zeigt ein vielfältig differenziertes, gleichwohl aber statisches Bild. Bei dieser Aufgabenverteilung handelt es sich um ein gewachsenes System, das unter dem Gesichtspunkt der Verwaltungseffizienz wie angesichts des Zieles, allen Bürgern gleichwertige Lebensbedingungen zu sichern, einem ständigen Wandlungsprozess unterliegt. Es handelt sich hierbei auch um „**Wanderungsprozesse**"[268], bei denen bisher zumeist Aufgaben aus der gemeindlichen Ebene in die überörtliche oder in die staatliche Ebene verlagert worden sind; die Rastede-Entscheidungen haben die verfassungsrechtlichen Bedenken einer solchen Aufgabenverlagerung nicht beseitigt[269].

120

Soweit diese Verlagerungsprozesse auf eine unzureichende Leistungsfähigkeit der Gemeinden zurückgeführt werden konnten, hat die **kommunale Gebietsreform** als territoriale Neuordnung der Gemeinden[270] zu neuen Verhältnissen geführt. Daran hat sich der Versuch angeschlossen, die angedeuteten Wanderungsprozesse nicht nur aufzuhalten, sondern möglichst umzukehren. Entsprechende Reformbemühungen, die sich auch bereits in einer Reihe von gesetzlichen Vorschriften niedergeschlagen haben, werden zusammenfassend als „**Funktionalreform**" bezeichnet. Hierzu wird kritisch vermerkt, dass es sich hierbei zum größten Teil um eine autoritative Aufgabenverlagerung „von oben nach unten" handele, die bislang zu keiner spürbaren Belebung der Selbstverwaltung geführt hat, zumal diese (Rück-)Verlagerung sich auf verhältnismäßig unwichtige Dinge beschränkt habe[271].

---

266 Vgl. oben Rdnr. 113; nicht in allen GOen ist für diese Gemeinde eine besondere Status-Bezeichnung vorgesehen, vgl. im Einzelnen § 3 Abs. 2 BWGO; Art. 5a Abs. 4 BayGO; § 3 Abs. 5 BrandGO; § 4a HessGO; § 10 Abs. 2 NdsGO; § 4 Abs. 1 NWGO; § 6 RhPfGO; § 4 Abs. 3 SaarlKSG: Mittelstädte, § 3 Abs. 2 SächsGO; § 10 SachsAnhGO; § 6 Abs. 1 ThürKO.
267 Vgl. hierzu auch unten Rdnr. 419 ff.
268 *Schmidt-Jortzig*, Rdnr. 491.
269 Vgl. oben Rdnr. 12.
270 Vgl. hierzu unten Rdnr. 128 ff.
271 Vgl. dazu auch oben Rdnr. 95.

I *Kommunalrecht*

Literatur: *Richter*: Verfassungsprobleme der kommunalen Gebietsreform, 1977; *Stüer*: Funktionale Gebietsreform und kommunale Selbstverwaltung, 1980; *Petz:* Aufgabenübertragung und kommunales Selbstverwaltungsrecht, DÖV 1991, 320 ff; *Vietmeier:* Die Rechtsstellung der Kommunen im übertragenen Wirkungskreis, DVBl. 1993, 190 ff; *Siedentopf*: Funktionalreform in Sachsen, 1998.

Übungsfälle: *v.Mutius*: Grundfälle …, JuS 1978, 28 ff (Fall 20).

Verwaltungsgliederungsplan für Gemeinden

1	2	3	4	5	6	7	8
Allgemeine Verwaltung	Finanz- und Ordnungsverwaltung	Rechts- und Sicherheitsverwaltung	Schul- und Kulturverwaltung	Gesundheits-, Sozial- und Arbeitsamt	Bauverwaltung und Verkehrsamt, Stadtplanung	Verwaltung für öffentliche Einrichtungen	Verwaltung für Wirtschaft
10 Hauptamt	20 Kämmerei	30 Rechtsamt	40 Schulverwaltungsamt	50 Sozialamt	60 Bauverwaltungsamt	70 Stadtreinigungsamt	80 Amt für Wirtschafts- und Verkehrsförderung
11 Personalamt	21 Kasse	31	41 Kulturamt[1]	51 Jugendamt	61 Stadtplanungsamt	71 Schlacht- und Viehhof	81
12	22	32 Ordnungsamt	42	52 Sportamt	62	72	82 Forstamt[3]
13	23 Liegenschaftsamt	33	43	53 Gesundheitsamt[2]	63 Bauordnungsamt[1]		
14 Rechnungsprüfungsamt	24 Amt für Verteidigungslasten	34 Standesamt	44	54 Krankenhäuser	64 Wohnungsförderungsamt		
		35 Versicherungsamt	45	55 Ausgleichsamt	65 Hochbauamt		
		36	46		66 Tiefbauamt		
		37 Feuerwehr	47		67 Grünflächenamt		
		38					

1 Soweit Aufgaben übertragen.
2 Soweit Aufgaben wahrgenommen werden.
3 Je nach örtlichen Verhältnissen.

III. Das Gemeindegebiet

1. Die Regelung der Gemeindeordnungen

Wenn auch das – mitgliedschaftliche – Fundament der Gemeinden letztlich die Bürger sind, so ist doch auch die Frage nach dem räumlichen Umfang der Gemeinde wesentlich, nämlich für den räumlichen Umfang der „**Gebietshoheit**". Diese Gebietshoheit ist ein wesentliches Merkmal der kommunalen Körperschaften und qualifiziert sie als „Gebietskörperschaften"[272]; das bedeutet, dass „jedermann, der sich auf ihrem Gebiet aufhält, der Herrschaftsgewalt der Körperschaft unterworfen wird"[273]. Diese Gebietshoheit erfasst alle Personen, die sich im Gemeindegebiet aufhalten, sowie alle Gegenstände, die sich dort befinden.

121

In den meisten Gemeindeordnungen ist – teils obligatorisch, teils fakultativ – eine Untergliederung des Gemeindegebietes auf **Gemeindebezirke** vorgesehen; außerdem wird teilweise die Möglichkeit eröffnet, so genannte **Ortschaften** mit direkt gewähltem **Ortschaftsrat** und einem Ortsvorsteher zu bilden[274].

122

Grundsätzlich soll jedes **Grundstück** zu einer Gemeinde gehören. Aus „Gründen des öffentlichen Wohles" können Grundstücke außerhalb einer Gemeinde verbleiben oder aus ihr ausgegliedert werden[275]. Die Verwaltung dieser **gemeindefreien** („ausmärkischen") **Grundstücke** kann auf Grund einschlägiger Regelungen (i.d.R. Verordnungen des Innenministers) auf Eigentümer und Landratsamt als untere staatliche Behörde aufgeteilt werden[276].

123

Derartige „Gründe des öffentlichen Wohles" kann man regelmäßig dann annehmen, wenn es sich um unbewohnbare Gebiete handelt (z.B. Wald-, Wasser-, Moor- und Hochgebirgsflächen sowie die Truppenübungsplätze). Die Gemeinden sind in der Regel an einer derartigen Ausgliederung zumeist interessiert; denn für diese Gebiete steht den **Lasten** (z.B. Wegebaulasten) keine entsprechende Einnahmequelle gegenüber[277].

124

2. Optimale Größe von Gemeinden

Das Gebiet der Gemeinde soll so bemessen sein, dass **die örtliche Verbundenheit der Einwohner** gewahrt und die **Leistungsfähigkeit** der Gemeinde zur Erfüllung

125

---

272 So z.B. auch Art. 109 Abs. 4 Nr. 1 GG.
273 BVerfGE 52, 95 (117 f).
274 Vgl. näher unten Rdnr. 237-239.
275 § 7 Abs. 3 Satz 2 BWGO; Art. 10a BayGO; §§ 8 Satz 2, 9 Abs. 1 BrandGO; § 15 Abs. 2 Satz 2-4 HessGO; § 10 Abs. 2 Satz 2 MVKommVerf; § 16 Abs. 3 Satz 2 NdsGO; § 16 NWGO erwähnt dies nicht mehr ausdrücklich; nicht gem. SaarlKSG; § 7 Abs. 2 Satz 2 SächsGO; § 15 Abs. 3 SachsAnhGO; §§ 13 Abs. 2, 14 Abs. 1 SchlHGO; vgl. auch § 8 ThürKO.
276 Vgl. z.B. Art. 10a BayGO; oder allein Aufgabe der Grundstückseigentümer; so z.B. § 8 Abs. 2, 3 ThürKO.
277 Anders im Fall OVG Lüneburg DVBl. 1981, 876 ff – Streit zwischen zwei Gemeinden um „ursprünglich gemeindefreie Gebiete" (des Wattenmeeres).

ihrer Aufgaben gesichert ist[278]; auch dort, wo eine entsprechende Regelung ausdrücklich fehlt, werden bei der Ermittlung der „Gründe des öffentlichen Wohls", die bei der Bemessung des Gemeindegebiets maßgeblich sein müssen[279], wohl ebenfalls diese Teilmaßstäbe angelegt; in diesen Fällen werden diese Gesichtspunkte als (bundes- oder landesverfassungs-)rechtlich verbindliche **Auslegungsregeln** der kommunalen **Selbstverwaltungsgarantie** verstanden, die für die Entscheidungen im Hinblick auf die Gebietsreform[280] sowie auf die Funktionalreform letztlich maßgeblich ist.

Die Gemeinden müssen so leistungsfähig sein, dass sie ihre Aufgaben erfüllen können (Grundsatz der **Effektivität der Aufgabenwahrnehmung**). Das ist nur dann der Fall, wenn eine gewisse Größenordnung erreicht ist; denn eine personelle Ausstattung mit qualifizierten Bediensteten sowie eine finanzielle Ausstattung, die kommunale Investitionen von einem gewissen Umfang und somit eine entsprechende Versorgung der Bürger mit gemeindlichen Leistungen ermöglicht, ist größeren und großen Gemeinden vorbehalten. Würde man nur diesen Gesichtspunkt bei der Bemessung des Gemeindegebietes berücksichtigen sowie weiterhin davon ausgehen, dass die Gemeinden in dem Bereich der „freien Selbstverwaltung" theoretisch unbegrenzt tätig sein können, dann würde eine Gemeinde letztlich nie groß genug sein. Der zweite Maßstab für die Bemessung des Gemeindegebietes (**Wahrung der örtlichen Verbundenheit der Einwohner**) steht der Entwicklung zu kommunalen Zusammenballungen entgegen. Dieser Teilmaßstab erschöpft sich nicht in seiner Funktion als emotionaler Aufruf an einen Bürgersinn; er führt vielmehr zu der Forderung, dass gewisse gebietliche Größenordnungen beim Zuschnitt der Gemeinden nicht überschritten werden dürfen; denn andernfalls besteht die Gefahr, dass die Gemeindebürger sich nicht mehr hinreichend mit dem Geschehen „ihrer" Gemeinde identifizieren mögen – das würde praktisch zu einer Verweigerung der Teilnahme an der kommunalen Verwaltung in den Formen führen, die von der Gemeindeverfassung vorgesehen worden sind. Und das heißt weiterhin, dass unter derartigen Umständen die Gemeinde ihre Funktion als Grundlage des demokratischen Staates nicht mehr wahrnehmen könnte.

126 Der Ausgleich der Spannungslage zwischen Effektivität (und im Übrigen auch Effizienz) der Aufgabenwahrnehmung einerseits und der örtlichen Verbundenheit der Einwohner andererseits führt in der Praxis dazu, dass für bestimmte **Gemeindegrößen** standardisierte **Aufgabenkataloge** verschiedenen Umfangs entwickelt worden sind. Danach nehmen kleinere Gemeinden eine geringere Anzahl von Aufgaben wahr als größere Gemeinden. Das insoweit entstehende **Defizit** bei der Versorgung mit kommunalen Leistungen für Bürger **kleinerer Gemeinden** wird in verschiedener Weise gedeckt: Zum einen ist denkbar, dass durch die Leistungen der benachbarten Gemeinden der nächsten und der übernächsten Größenordnung das Leistungsdefizit kleinerer Gemeinden ausgeglichen wird. Die größeren Orte sollen also mit den

---

278 So ausdrücklich § 7 Abs. 2 BWGO; § 16 Abs. 1 NdsGO; § 15 NWGO; § 13 Abs. 3 SaarlKSG; § 15 Abs. 2 SachsAnhGO; § 5 SchlHGO.
279 Z.B. Art. 11 Abs. 1 Satz 1 BayGO; § 9 Abs. 1 BrandGO; § 16 Abs. 1 HessGO; § 11 Abs. 1 MV-KommVerf; § 9 Abs. 1 ThürKO.
280 Vgl. dazu im Einzelnen unten Rdnr. 131 ff.

„Mehr-Leistungen" nicht nur ihre eigenen Bürger, sondern auch die Bürger benachbarter Gemeinden in ihrem **Einzugsbereich** versorgen. Im Einzelnen ergibt sich hieraus ein System von kommunalen Leistungen, das letztlich zu partiell überlappenden Zuständigkeiten für die Versorgung der Gemeindebürger führt. Rechtlich ist dieses System, das den **„Bedeutungsüberschuss" größerer Gemeinden** für die Versorgung der kleineren Gemeinden nutzt und somit zu **„zentralen Orten** und deren Verflechtungsbereichen" führt, in den **Landesplanungsgesetzen** und Entwicklungsprogrammen (**Landesentwicklungsplänen**) der Bundesländer festgeschrieben worden[281].

Traditionell wird eine unzureichende Leistungsfähigkeit kleinerer Gemeinden dadurch ausgeglichen, dass ihnen in mehr oder weniger großem Umfang Aufgaben entzogen und zur Erledigung auf **Kommunalverbände** übertragen werden[282]; für die gemeinsame Erledigung einzelner Aufgaben durch mehrere Gemeinden kommen verschiedene Regelungsinstrumente in Betracht, z.B. der (kommunale) Zweckverband; der Staat kann diese Formen kommunaler Kooperation zwangsweise anordnen[283].

127

Vor allem sind die **Landkreise** u.a. für die Erfüllung der Aufgaben zuständig, die über das Leistungsvermögen der kreisangehörigen Gemeinden hinausgehen[284].

3. Die kommunale Gebietsreform

Eine territoriale Neugliederung auf der Gemeindeebene hat in den Jahren zwischen 1968 und 1978 in den „alten" Ländern der Bundesrepublik Deutschland stattgefunden. Ziel dieser Neugliederung war es, die Selbstverwaltung durch einen größeren gebietlichen Zuschnitt der einzelnen Gemeinden zu stärken und damit eine Rationalisierung und Leistungssteigerung der Gemeinden aus eigener Kraft zu ermöglichen. Die Gebietsreform war somit gekennzeichnet durch den Übergang von historisch gewachsenen Einheiten zu **Versorgungskörperschaften**, die möglichst effektiv und effizient arbeiten können. Die Notwendigkeit dieser **kommunalen Gebietsreform** mag man daraus ersehen, dass im Jahre 1966 von rund 24 500 Gemeinden der (seinerzeitigen) Bundesrepublik Deutschland fast 95% weniger als 5000 Einwohner hatten – und somit sicherlich nicht in der Lage gewesen waren, Einrichtungen der Daseinsvorsorge entsprechend den heutigen Anforderungen der Bürger vorzuhalten. Durch die kommunale Gebietsreform sank die Zahl der Gemeinden von 24 282 (im Jahre 1968) um 15 761 auf eine Anzahl von 8515 (im Jahre 1978); in den neuen Bundesländern ist die Zahl der Kommunen seit 1991 um 1500 auf 6113 (Mitte 1997) gesunken.

128

Die Kritik an dieser Gebietsreform richtete sich im Wesentlichen gegen kommunale Zusammenfassungen in den Ballungszentren der Länder. Eine abschließende Bewertung lässt sich wohl erst nach Jahren oder gar Jahrzehnten treffen; dabei sind zugleich

129

---

281 S. unten VI. Rdnr. 19.
282 Vgl. unten Rdnr. 419 ff.
283 Vgl. unten Rdnr. 407 ff.
284 Vgl. unten Rdnr. 336, 374.

I *Kommunalrecht*

die Auswirkungen der parallel zur gebietlichen Neugliederung vorgenommenen „Funktionalreform"[285] ins Auge zu fassen.

130 Die kommunale Gebietsreform wurde überwiegend durch **Neugliederungsgesetze** vorgenommen; denn nach den Gemeindeordnungen geschieht die Neubildung und Auflösung von Gemeinden (z.B. durch Zusammenlegung mehrerer Gemeinden) durch Gesetz[286]. In einigen Ländern genügt allerdings für bestimmte Maßnahmen (z.B. die Änderung der Grenzen von Gemeinden – in Fällen geringerer Bedeutung – oder gemeindefreier Gebiete) eine **Rechtsverordnung** des zuständigen Landesministers[287]. In den „neuen" Bundesländern ist die kommunale Gebietsreform in Angriff genommen worden, wobei Vorrang einer freiwilligen Lösung auf vertraglicher Basis gewährt wird[288].

4. Rechtsprobleme bei Gebietsänderungen

131 Zahlreiche Gemeinden haben sich gegen **Gebietsänderungsgesetze** gewandt, insbesondere gegen solche Gesetze, mit denen diese Gemeinden aufgelöst wurden. Rechtsschutz wurde zumeist auf dem Wege über die **kommunale Verfassungsbeschwerde** gesucht, mit der das jeweilige Landes-VerfG (StGH) oder (subsidiär) das BVerfG gem. Art. 93 Abs. 1 Nr. 4b GG angegangen wurde[289]. Für die Durchführung eines derartigen Verfahrens gilt eine – an sich durch das angegriffene Gesetz bereits aufgelöste – Gemeinde als fortbestehend[290]. Prüfungsmaßstab ist die Garantie der kommunalen Selbstverwaltung (Art. 28 Abs. 2 GG und entsprechende Vorschriften in den Landesverfassungen). Die verfahrensrechtlichen sowie inhaltlichen Maßstäbe, die von dem Neugliederungs-Gesetzgeber zu beachten sind und z.T. in entsprechenden Vorschriften der Gemeindeordnungen normiert sind[291], sind von den Gerichten zutreffend in die Gewährleistung der Selbstverwaltungsgarantie „hineingelesen" worden. Das gilt insbesondere für die Regelung der Gemeindeordnung, wonach Ge-

---

285 Vgl. oben Rdnr. 120.
286 Art. 12 Abs. 1 BayGO; § 9 Abs. 7 BrandGO; § 11 Abs. 2 Var. 2 MVKommVerf; § 18 Abs. 1 Satz 1 NdsGO; § 19 Abs. 3 Satz 1 NWGO; § 11 Abs. 2 RhPfGO; § 15 Abs. 1 Satz 1 Alt. 1 SchlHGO; § 9 Abs. 3 ThürKO; zum Teil ist ein Gesetz nur bei Neugliederung gegen den Willen der beteiligten Gemeinden erforderlich, z.B. § 8 Abs. 3 BWGO; § 17 Abs. 3 HessGO; § 15 Abs. 3 SaarlKSG; § 8 Abs. 3 SächsGO; § 17 Abs. 2 SachsAnhGO.
287 Art. 12 Abs. 1 Satz 2 BayGO; § 9 Abs. 6 BrandGO; § 17 Abs. 2 HessGO; § 11 Abs. 2 Satz 1 MV-KommVerf; § 18 Abs. 1 Satz 2, Abs. 2, 3 NdsGO; § 18 NWGO; § 11 Abs. 3 RhPfGO; § 17 Abs. 4 SachsAnhGO.
288 Z.B. §§ 9 Abs. 2-5, 10, 10a BrandGO; §§ 8 Abs. 2, 9 SächsGO; Vgl. dazu *Gern*, Rdnr. 214 ff (insb. zur Gemeinde- sowie zur Kreisreform in Sachsen); *Grünewald* LKV 2001, 493 (zur Gemeindereform in Brandenburg).
289 Vgl. auch oben Rdnr. 15.
290 NWVerfGH OVGE 14, 277; BayVerfGH DVBl. 1975, 28 (29); allerdings gilt diese Fiktion nicht zeitlich unbegrenzt: SaarlVerfGH NVwZ 1994, 481.
291 (Dringende) Gründe des öffentlichen Wohls/des Gemeinwohls, vgl. § 8 Abs. 1 BWGO; Art. 11 BayGO; § 9 Abs. 1 BrandGO; § 16 Abs. 1 Satz 1 HessGO; § 11 Abs. 1 Satz 1 MVKommVerf; § 17 Abs. 1 NdsGO; § 17 Abs. 1 NWGO; § 10 RhPfGO; § 14 Abs. 1 SaarlKSG; § 8 Abs. 1 Satz 1 SächsGO; § 16 Abs. 1 SachsAnhGO; § 14 Abs. 1 SchlHGO; § 9 Abs. 1 ThürKO.

bietsänderungen nur „aus Gründen des öffentlichen Wohles" unter Beachtung von Effektivität und örtlicher Verbundenheit vorgenommen werden dürfen[292].

Im Einzelnen haben die Verfassungsgerichte in unterschiedlicher „Dichte" und z.T. auch mit wechselnder Strenge entschieden. Letztlich wurde dem Gesetz- oder Verordnungsgeber ein weiter Einschätzungsspielraum zugestanden. Gebietsänderungsmaßnahmen wurden nur selten verworfen, und dann i.d.R. nur bei formellen oder Verfahrensmängeln (insbesondere Mängeln der Anhörung) oder dann, wenn sie erweislich falsch begründet oder völlig ungeeignet zur Erreichung des Zweckes waren. Weiterhin ist klargestellt worden, dass es für die einzelne Gemeinde **keine absolute Bestandsgarantie** gibt. Art. 28 Abs. 2 GG sichert nur das Selbstverwaltungsrecht als solches, nicht jedoch auch den Bestand einer individuellen Gemeinde als solcher[293] und ebenfalls nicht die Belassung einzelner bisher wahrgenommener Aufgaben[294]. Demnach widersprechen **Zwangseingemeindungen** (und Grenzänderungen) nicht „automatisch" dem Art. 28. Abs. 2 GG. **132**

Da jedoch zumindest überwiegende Gründe des öffentlichen Wohles unter Berücksichtigung des Willens der Bevölkerung erforderlich sind, ergibt sich somit eine „**relative Bestandsgarantie**" für die einzelne Gemeinde[295].

Literatur: *Hoppe/Rengeling*: Rechtsschutz bei der kommunalen Gebietsreform, 1973; *Seewald*: Juristische und verwaltungswissenschaftliche Maßstäbe in der kommunalen Gebietsreform, Die Verwaltung 1973, 389 ff; *Thieme*: Die magische Zahl 200 000, DÖV 1973, 442 ff; *Derlien/v.Queis*: Kommunalpolitik im geplanten Wandel, 1986; *Engelhard*: Finanzwirtschaftliche Folgen kommunaler Gebiets- und Verwaltungsreform, 1986.

Übungsfälle: Aufg. 7 der 1. Jur. Staatsprüfung 1977/I, BayVBl. 1980, 223 f, 251 ff; *Bethge/Rozek*: Ein kommunaler Neugliederungsstreit (Examensklausur), Jura 1993, 545 ff.

IV. Die Gemeindeangehörigen

Die Gemeindeordnungen regeln (häufig in einem besonderen Abschnitt) die **Rechtsbeziehungen** zwischen der Gemeinde und den Personen, denen die gemeindliche Tätigkeit letztlich zugute kommen soll; dies geschieht unter dem Titel „Einwohner und Bürger", „Gemeindebevölkerung" oder – deutlicher – „Rechte und Pflichten der Gemeindeangehörigen"[296]. Diese Bestimmungen werden durch eine Vielzahl weiterer Bestimmungen ergänzt und konkretisiert. Außerdem werden nicht nur die „Gemeindeangehörigen", sondern auch diejenigen erfasst, die sich im Gemeindegebiet aufhal- **133**

---

292 Vgl. zuletzt BVerfG NVwZ 1993, 262 (= DVBl. 1992, 960) sowie die vorangegangene Eilentscheidung in E 82, 310 (= NVwZ 1991, 259).
293 BVerfGE 50, 50 – lediglich institutionelle Garantie; VerfGH NW DÖV 1969, 568.
294 Vgl. oben Rdnr. 13.
295 NWVerfGHE 25, 310 ff; BWStGH DÖV 1975, 385 ff; zur Bestandsgarantie des Landkreises bei Eingliederung einer kreisangehörigen Gemeinde in eine kreisfreie Stadt vgl. OVG Bautzen DÖV 96, 882.
296 §§ 10 ff BWGO; Art. 15 ff BayGO; §§ 13 ff BrandGO; §§ 4, 9 ff BrhVerf; §§ 8 ff HessGO; §§ 13 ff MVKommVerf; §§ 21 ff NdsGO; §§ 21 ff NWGO; §§ 13 ff RhPfGO; §§ 18 ff SaarlKSG; §§ 10 ff SächsGO; §§ 20 ff SachsAnGO; §§ 6, 16a ff SchlHGO; §§ 10 ff ThürKO.

I *Kommunalrecht*

ten und betätigen, z.B. als Gewerbetreibende oder Besucher öffentlicher Einrichtungen.

1. Die kommunalrechtlich erfassten Personengruppen

134 Das Gemeinderecht unterscheidet bei den „Gemeindeangehörigen" zunächst zwischen „**Einwohnern**" und „**Bürgern**" einer Gemeinde. Dass diese Unterscheidung wohl doch nicht „historisch überholt und heute auch juristisch ohne Eigenwert" ist[297], zeigt die Ausländer-Problematik in den Gemeinden[298]. Einwohner ist, wer in einer Gemeinde seinen **Wohnsitz** oder ständigen Aufenthalt hat[299].

Einwohner erlangen den Status des Bürgers regelmäßig dann, wenn sie volljährig und geschäftsfähig sind, deutsche **Staatsangehörigkeit** und die bürgerlichen Ehrenrechte besitzen und seit mindestens drei (oder sechs) Monaten ihren Haupt-Wohnsitz in der Gemeinde haben[300]. Daneben erwerben zuweilen hauptamtliche Bürgermeister und Beigeordnete mit ihrem Amtsantritt oder mit ihrer Ernennung das **Bürgerrecht**[301].

Im Vergleich mit den Rechten der Einwohner haben die Bürger zusätzlich das Recht der Teilnahme an den **Wahlen** des kommunalen Repräsentativorganes (Rat, Gemeinderat, Gemeindevertretung, Stadtverordnetenversammlung)[302] und ggf. auch des Gemeindevorstandes[303] und in manchen Bundesländern zusätzlich ein **Mitberatungsrecht** in Bürgerversammlungen[304], teils auch ein Recht zu Bürgerinitiativen oder ein Bürgerantragsrecht sowie ein Recht zur Stimmabgabe bei **Bürgerbegehren** und Bürgerentscheiden[305]. Weiterhin kann Bürgern zuweilen eine Ehrenbezeichnung verliehen werden, wenn sie eine gewisse Zeit lang im Repräsentationsorgan gewirkt haben oder ehrenamtlich tätig gewesen sind[306].

---

297 So etwas voreilig *Ossenbühl* HdbKommWPr, Bd. 1, 1981, S. 378.
298 Vgl. unten Rdnr. 181 ff.
299 § 10 Abs. 1 BWGO; Art. 15 Abs. 1 BayGO; § 13 Abs. 1 BrandGO; § 4 Abs. 1 BrhVerf; § 8 Abs. 1 HessGO; § 13 Abs. 1 MVKommVerf; § 21 Abs. 1 NdsGO; § 21 Abs. 1 NWGO; § 13 Abs. 1 RhPfGO; § 18 Abs. 1 SaarlKSG; § 10 Abs. 1 SächsGO; § 20 Abs. 1 SachsAnhGO; § 6 Abs. 1 SchlHGO; § 10 Abs. 1 ThürKO.
300 § 12 Abs. 1 Satz 1 BWGO; Art. 15 Abs. 2 BayGO; § 13 Abs. 2 BrandGO; § 4 Abs. 2 BrhVerf; § 8 Abs. 2 HessGO; § 13 Abs. 2 MVKommVerf; § 21 Abs. 2 NdsGO; § 6 Abs. 2 NWGO; § 13 Abs. 2 RhPfGO; § 18 Abs. 2 SaarlKSG; § 15 Abs. 1 SächsGO; § 20 Abs. 2 SachsAnhGO; § 6 Abs. 2 SchlHGO; § 10 Abs. 2 ThürKO.
301 § 12 Abs. 1 Satz 3 BWGO; § 13 Abs. 2 Satz 3 RhPfGO.
302 Vgl. Rdnr. 189 ff.
303 Bei „Direktwahl", vgl. unten Rdnr. 224 ff und die in Fn. 661 genannten Regelungen sowie u.U. Regelungen des Kommunalwahlrechts.
304 Ggf. auch „Einwohner"-Versammlungen!; vgl. § 20a Abs. 1 Satz 4 BWGO; Art. 18 BayGO; § 17 BrandGO; § 8a Abs. 2 Satz 3 HessGO; § 16 RhPfGO; § 22 SächsGO; § 27 SachsAnhGO; § 16b SchlHGO.
305 § 21 BWGO; § 20 BrandGO; § 8b HessGO; § 18 MVKommVerf; § 22b NdsGO; § 26 NWGO; § 17 RhPfGO; § 21a SaarlKSG; § 24, 25 SächsGO; § 25, 26 SachsAnhGO; § 16g SchlHGO; § 17 ThürKO.
306 § 22 BWGO; Art. 16 BayGO; § 31 BrandGO; § 14 BrhVerf; § 28 HessGO; § 30 NdsGO; § 34 NWGO; § 23 RhPfGO; § 23 SaarlKSG; § 26 SächsGO; § 34 SachsAnhGO; § 26 SchlHGO; § 11 ThürKO.

Die Gemeinden **I B**

Neben den Pflichten der Einwohner haben die Bürger zusätzlich die Pflicht, ein **Ehrenamt** anzunehmen; von dieser Pflicht sind sie nur durch einen wichtigen Grund befreit[307].

Den Status als „Einwohner" erlangt eine Person dadurch, dass sie im öffentlich-rechtlichen Sinne in einer Gemeinde wohnt oder sich dort ständig aufhält. Einwohner – und nicht Bürger – sind Kinder, Ausländer[308], Staatenlose und sonstige **Nichtwahlberechtigte**[309]. Die Berechtigung zur Benutzung der öffentlichen Einrichtungen der Gemeinde und die Verpflichtung, die **Gemeindelast** zu tragen, gilt sowohl für Bürger und Einwohner[310]. Auch die ggf. vorgesehene „Hilfe bei Verwaltungsangelegenheiten" wird allen Einwohnern gegenüber gewährt[311]. **135**

Die Gemeindeordnung kennt weiterhin die Personen, die Grundbesitz in der Gemeinde haben oder in der Gemeinde ein Gewerbe betreiben, ohne dort ihren Wohnsitz zu haben; sie sind ebenso wie die Einwohner berechtigt, die öffentlichen Einrichtungen zu benutzen – ausweislich des Wortlautes der Gemeindeordnungen aber nur insoweit, als diese Einrichtungen für die **Grundbesitzer** und **Gewerbetreibende** (sog. Forensen) bestehen[312]. Dementsprechend begrenzt ist für diese Personenkreise auch ihre Pflicht, zu den Gemeindelasten beizutragen. Nicht zu diesen Gruppen gehören die so genannten Pendler, also die Arbeitnehmer, die im Gebiet der Gemeinde beschäftigt sind, aber nicht dort wohnen. **136**

Für juristische Personen gelten die Vorschriften über die Rechte und Pflichten der Einwohner sowie der Grundbesitzer und Gewerbetreibenden entsprechend[313]. **137**

In eine besondere Beziehung zu der Gemeinde können schließlich noch beliebig andere Personen treten, wenn sie sich um die Gemeinde besonders verdient gemacht haben und ihnen das **Ehrenbürgerrecht** verliehen wird[314]. Auch an Ausländer kann das **138**

---

307 Für Einwohner kommt allerdings die – praktisch wohl gleiche – Pflicht zur ehrenamtlichen Tätigkeit in Frage, vgl. insgesamt §§ 15, 16 BWGO; Art. 19 BayGO; § 26 BrandGO; §§ 10 ff BrhVerf; §§ 21, 23 HessGO; § 19 Abs. 2-4 MVKommVerf; §§ 23, 24 NdsGO; §§ 28, 29 NWGO; § 18 RhPfGO; § 24 Abs. 2 SaarlKSG; §§ 17 ff SächsGO; §§ 28 ff SachsAnhGO; §§ 19, 20 SchlHGO; § 12 ThürKO.
308 Ein Wahlrecht für Ausländer verstößt gegen das GG: BVerfG NJW 1991, 159 ff; 162 ff sowie bereits BVerfGE 81, 53 ff; vgl. aber auch Art. 28 Abs. 1 Satz 3 GG.
309 Vgl. hierzu die wahlrechtlichen Bestimmungen in manchen Gemeindeordnungen und/oder in den Kommunalwahlgesetzen.
310 Dazu im Einzelnen unten Rdnr. 139 ff.
311 Gem. § 22 BrandGO; § 14 Abs. 4 MVKommVerf; § 22e NdsGO; § 22 NWGO; § 13 SächsGO; § 23 SachsAnhGO; § 16d SchlHGO; § 15 Abs. 2 ThürKO.
312 § 10 Abs. 3 BWGO; Art. 21 Abs. 3 BayGO; § 14 Abs. 2 BrandGO; § 15 Abs. 2 BrhVerf; § 20 Abs. 2 HessGO; § 14 Abs. 3 MVKommVerf; § 22 Abs. 2 NdsGO; § 8 Abs. 3 NWGO; § 14 Abs. 3 RhPfGO; § 19 Abs. 2 SaarlKSG; § 10 Abs. 3 SächsGO; § 22 Abs. 2 SachsAnhGO; § 18 Abs. 2 SchlHGO; § 14 Abs. 2 ThürKO.
313 § 10 Abs. 4 BWGO; Art. 21 Abs. 4 BayGO; § 14 Abs. 3 BrandGO; § 15 Abs. 3 BrhVerf; § 20 Abs. 3 HessGO; § 14 Abs. 3 MVKommVerf; § 22 Abs. 3 NdsGO; § 8 Abs. 4 NWGO; § 14 Abs. 4 RhPfGO; § 19 Abs. 2 SaarlKSG; § 10 Abs. 5 SächsGO; § 22 Abs. 3 SachsAnhGO; § 18 Abs. 3 SchlHGO; § 14 Abs. 3 ThürKO.
314 § 22 BWGO; Art. 16 BayGO; § 31 BrandGO; § 14 BrhVerf; § 28 HessGO; § 30 NdsGO; § 34 NWGO; § 23 RhPfGO; § 23 SaarlKSG; § 26 SächsGO; § 34 SachsAnhGO; § 26 SchlHGO; § 11 ThürKO.

I *Kommunalrecht*

Ehrenbürgerrecht, zuweilen aber nur mit Genehmigung der obersten Kommunalaufsichtsbehörde, verliehen werden[315].

2. Rechte der Gemeindebewohner

a) Anspruch auf Benutzung der öffentlichen Einrichtungen

139 Die Einwohner der Gemeinde sind – im Rahmen der bestehenden Vorschriften – berechtigt, die öffentlichen Einrichtungen der Gemeinde zu benutzen[316]. Zuweilen wird dieses Recht „jedermann" eingeräumt insoweit, als die Einrichtung dem Gemeingebrauch[317] dient[318] oder deren Widmung den Kreis der Berechtigten dementsprechend erweitert.

140 aa) Mit dem **Begriff der öffentlichen Einrichtungen** wird eine Vielzahl im Einzelnen recht heterogener Erscheinungen erfasst: Betriebe, Unternehmen, Anstalten und sonstige Leistungsapparaturen von tatsächlich und rechtlich unterschiedlicher Konstruktion. Gemeinsam ist diesen Einrichtungen lediglich, dass sie innerhalb der Verbandskompetenz der Gemeinde dem wirtschaftlichen, sozialen und kulturellen Wohl der Einwohner dienen sollen, also zum Zwecke der **„Daseinsvorsorge** und **Daseinsfürsorge"** errichtet und unterhalten werden. Beispiele hierfür sind: Versorgungs- und Verkehrsbetriebe, Schulen, Bäder, Theater, Museen, Bibliotheken, Märkte, Friedhöfe, Krankenhäuser, Jugend-, Alters- und Pflegeheime, Sportanlagen, Stadt- und Kongresshallen, Schlachthöfe.

Zuweilen werden auch die gemeindlichen Straßen als öffentliche Einrichtung betrachtet[319]; das ist begrifflich-systematisch zutreffend, wird aber ganz überwiegend abgelehnt unter Hinweis auf die speziellen Regelungen des Straßen- und Wegerechts der Länder[320]. Darüber hinaus wird z.T. – wohl überflüssigerweise – gefordert, sämtliche Sachen in Gemeingebrauch aus dem Begriff der öffentlichen Einrichtungen herauszuhalten[321].

141 In welcher **Rechtsform** eine derartige Einrichtung errichtet und betrieben wird, ist **nicht wesentlich** für ihre Qualifikation als „öffentliche Einrichtung". Das bedeutet, dass zu den öffentlichen Einrichtung nicht nur die öffentlich-rechtlich verfassten Einrichtungen der Gemeinden zählen (z.B. die sogenannten Regiebetriebe, Eigenbetriebe[322] oder öffentlich-rechtlichen Anstalten), sondern auch die Einrichtungen, die in privatrechtlicher Form betrieben werden (z.B. Aktiengesellschaft, GmbH oder einge-

---

315 § 30 Abs. 1 Satz 2 a.F. NdsGO.
316 § 10 Abs. 2 Satz 2 BWGO; Art. 21 Abs. 1 Satz 1 BayGO; § 14 Abs. 1 BrandGO; § 15 Abs. 1 BrhVerf; § 20 Abs. 1 HessGO; § 14 Abs. 2 MVKommVerf; § 22 Abs. 1 NdsGO; § 8 Abs. 2 NWGO; § 14 Abs. 2 RhPfGO; § 19 Abs. 1 HS. 1 SaarlKSG; § 10 Abs. 2 SächsGO; § 22 Abs. 1 SachsAnhGO; § 18 Abs. 1 Satz 1 SchlHGO; § 14 Abs. 1 ThürKO.
317 Vgl. unten V. Rdnr. 25, 95 f, 155-157.
318 Art. 21 Abs. 5 BayGO.
319 So z.B. *Lange* HdbKommWPr, Bd. 3, 1983, S. 163 f.
320 S. unten V. Passim.
321 So *Frotscher* HdbKommWPr, Bd. 3, 1983, S. 138 f; dagegen *Lange*, aaO. (Fn. 252).
322 Vgl. unten Rdnr. 303 m.w.N. in Fn. 863.

Überblick über die Gegenstände und Einrichtungen der Kommunalverwaltung

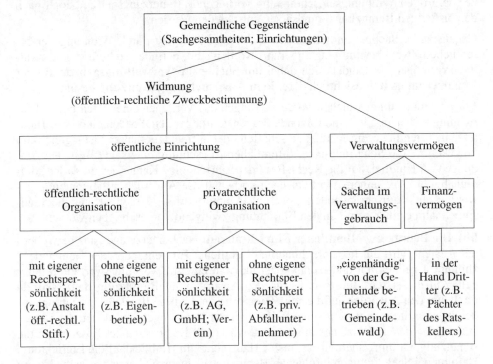

tragener Verein). Nach der wohl überwiegenden Meinung hat die Gemeinde eine **Wahlfreiheit** bei der Frage, ob sie eine öffentliche Einrichtung in den Formen des öffentlichen Rechts oder des Privatrechts betreiben will[323].

Die „**Öffentlichkeit**" einer kommunalen Einrichtung wird durch die **Widmung** bewirkt; dadurch wird zugleich die **Zweckbestimmung** der Einrichtung (**Widmungszweck**) festgelegt. Dies kann in Form einer Gemeindesatzung oder eines Beschlusses des Repräsentationsorganes geschehen; es kann sich aber auch aus den Umständen des Einzelfalles ergeben[324]. Schließlich kann auch eine Vermutung dafür sprechen, dass eine der Allgemeinheit tatsächlich zur Verfügung stehende Einrichtung „öffentlich" im Sinne des Gemeinderechts ist[325]. Eine – u.U. auch teilweise – Beseitigung der Zweckbestimmung (**Entwidmung**) ist möglich.

142

Zulässig sind auch Änderungen des Widmungszweckes („**Umwidmungen**")[326] einer öffentlichen Einrichtung; eine solche Maßnahme (z.B. eine Teil-Entwidmung) darf

---

323 BGH NJW 1975, 106 ff m.w.N.; *Frotscher*, Die Ausgestaltung kommunaler Benutzungsverhältnisse bei Anschluss- und Benutzungszwang, 1974, 10.
324 Vgl. VGH BW BWVPr 1979, 133 (134) sowie unten V. Rdnr. 20-32 (Bsp.: Straßenrecht).
325 Vgl. OVG Münster OVGE 24, 175 ff; NJW 1976, 820 (821).
326 Vgl. unten V. Rdnr. 33 (37 ff) (Bsp.: Straßenrecht).

nicht als gleichheitswidrige Manipulation funktionieren; insbesondere müssen vor einer derartigen Widmungseinschränkung vorliegende Benutzungsanträge noch nach den bisherigen Benutzungsgrundsätzen entschieden werden[327].

Gegenstände, Sachgesamtheiten, Einrichtungen, die nicht durch Widmung der öffentlichen Zweckbestimmung zugeführt worden sind, befinden sich im sog. Verwaltungsvermögen; es handelt sich dabei um **Sachen im Verwaltungsgebrauch** oder **Finanzvermögen**, hinsichtlich derer **kein Anspruch auf Benutzung** besteht.

Von der Frage, unter welchen Voraussetzungen das Vorliegen einer öffentlichen Einrichtung zu bejahen ist, sind folgende Fragen zu trennen: Ist die Gemeinde verpflichtet, eine öffentliche Einrichtung zu schaffen oder aufrechtzuerhalten? Ist – gleichsam umgekehrt – die Schaffung einer öffentlichen Einrichtung untersagt? Bestehen Bindungen im Hinblick auf die Rechtsform der Einrichtung? Kann oder muss der kommunalrechtliche, seinem Wortlaut nach vorbehaltlose Anspruch auf Benutzung gewissen, auch einschränkenden Regelungen unterworfen werden? Kann die Inanspruchnahme einer kommunalen Einrichtung zwingend vorgeschrieben werden?

143 **bb) Die Benutzung öffentlicher Einrichtungen:** Nach heutzutage ganz herrschender Ansicht wird die Inanspruchnahme öffentlicher Einrichtungen der Gemeinde[328] zumindest gedanklich und rechts-konstruktiv in einem Zweistufen-Verfahren geregelt: Auf der ersten Stufe geht es um den Anspruch auf **Benutzung dem Grunde nach**, um den Anspruch auf die sog. **Zulassung** zu der betreffenden Einrichtung; auf der zweiten Stufe geht es um eine Reihe weiterer Regelungen, mit denen das Benutzungsverhältnis im Einzelnen ausgestaltet wird (z.B. Bemessung des Entgelts für die Benutzung, Ordnungsbefugnisse, insb. „Hausrecht" im Hinblick auf die Einrichtung, Haftung bei Schädigungen infolge der Benutzung) – insoweit handelt es sich also um die Regelung der Benutzung im ursprünglichen Wortsinn (**Benutzung im engeren Sinne**). Die Rechtsprobleme der Benutzung kommunaler öffentlicher Einrichtungen betreffen beide Stufen.

Die Notwendigkeit eines derartigen Zweistufen-Modells beruht letztlich auf der allgemein anerkannten **Wahlfreiheit** der Gemeinde hinsichtlich der Rechtsformen, in denen sie ihre Einrichtungen – nämlich öffentlich-rechtliche oder privatrechtliche Organisationsformen – betreiben will; möglich sind folgende organisatorische Regelungen:

144 (1) Dort, wo die Gemeinde sich ausschließlich öffentlich-rechtlicher Regelungen bedient, also eine **öffentlich-rechtliche Organisationsform** ihrer öffentlichen Einrichtung gewählt hat (Anstalt, Eigenbetrieb), die Regelung der Benutzung durch Satzung vorgenommen hat und auch jede einzelne Inanspruchnahme der Einrichtung öffentlich-rechtlich regelt, wirft die Frage der Qualifizierung der Zulassung und Benutzung (i.e.S.) **keine grundsätzlichen Probleme** auf; denn in diesem Fall sind beide Aspekte der (u.U. zunächst begehrten) Inanspruchnahme dem öffentlichen Recht mit allen seinen spezifischen Bindungen (!) zuzuordnen.

---

327 BVerfGE 31, 368 ff = DÖV 1969, 430 (431).
328 „Benutzung" i.S.d. einschlägigen Bestimmungen, s. oben Fn. 313.

(2) Als grundsätzlich zulässig wird auch erachtet, dass die Gemeinde die Benutzung **145**
ihrer öffentlichen Einrichtung durchweg in **privatrechtlichen Formen** regelt (z.B.
Wasserversorgung oder Theaterveranstaltungen durch eine GmbH; konkrete Ausgestaltung durch privatrechtliche Benutzungsverträge). In diesen Fällen stellt sich die
Frage, ob – und inwieweit – die Gemeinde durch die Wahl der Rechtsform für Einrichtung und Betrieb ihrer öffentlichen Einrichtung den (öffentlich-kommunalrechtlichen) Anspruch des Bürgers auf Benutzung relativieren, u.U. völlig entfallen lassen
kann mit dem Hinweis darauf, dass diese Rechtsbeziehungen allein dem vom Grundsatz der Privatautonomie beherrschten Privatrecht unterstehen. Hier entfaltet die
Zweistufen-Lehre ihre Wirkung: Der **Anspruch auf Zulassung** zu der öffentlichen
Einrichtung, die Frage des „Ob" der Benutzung, gehört stets dem **öffentlichen Recht**
an, auch wenn die Einrichtung sowie das Benutzungsverhältnis („i.e.S.") – nicht
öffentlich-rechtlich, sondern privatrechtlich geregelt sind[329]. Demnach erfolgt die Zulassung dort, wo eine entsprechende Einzelfall-Regelung seitens der Gemeinde erforderlich ist, durch einen Verwaltungsakt[330].

(3) Die Zweistufen-Lehre ist hilfreich auch in dem Fall, in dem die Gemeinde öffent- **146**
liche und private **Gestaltungsmöglichkeiten** miteinander **kombiniert** und ihre Einrichtung in öffentlich-rechtlicher Organisationsform (z.B. Regiebetrieb oder Eigenbetrieb) betreibt, bei der Leistungsgewährung sich jedoch bürgerlich-rechtlicher
Handlungsformen bedient (z.B. Miet-, Werkvertrag oder gemischter Vertrag).

Betreibt die Gemeinde die öffentliche Einrichtung (im Sinne des Kommunalrechts) **147**
hingegen in **privatrechtlicher Organisationsform** (z.B. GmbH, AG, e.V.), dann
muss auch das Benutzungsverhältnis zivilrechtlich abgewickelt werden. Die Zulassung ist bei dieser Konstellation der einzige „rein" öffentlich-rechtliche „Bestandteil"
des komplexen Nutzungsverhältnisses. Geht es um die somit stets nach öffentlichem
Recht zu beurteilende „**Zulassung**" zu einer Einrichtung (z.B. Begehren eines Kabarettisten, in einer von einer GmbH betriebenen Stadthalle – Alleingesellschafter:
diese Stadt – auftreten zu können), so kann die Stadt „auf Verschaffung der Zulassung" vor dem **Verwaltungsgericht** verklagt werden; für Rechtsstreitigkeiten wegen
der Benutzung bleibt das Zivilgericht zuständig. Möglich ist auch die direkte Inanspruchnahme des (privatrechtlichen) Betreibers hinsichtlich der Zulassung vor dem
Zivilgericht; für die Beurteilung des Anspruchs bleibt das **öffentliche Recht maßgeblich** als Bestandteil des Verwaltungsprivatrechts, nach dem das Zivilgericht den
Streit zu entscheiden hätte; Voraussetzung für diese Möglichkeit ist, dass die Einrichtung (z.B. die Betriebs-GmbH der Stadthalle) unter dem beherrschenden Einfluss der
Gemeinde steht[331].

---

329 OVG Münster NJW 1969, 1077 f – betr. städtisches Theater; anders die ältere Rechtsprechung, z.B.
RGZ 133, 388 ff, wo die Versagung der Zulassung eines Theaterkritikers zu einem städtischen Theater rein bürgerlich-rechtlich beurteilt worden ist; BVerwG NJW 1990, 134 ff – öffentlich-rechtliche Streitigkeit, wenn Gemeinde Einrichtung durch juristische Person des Privatrechts betreibt.
330 „Privatrechtsgestaltender Verwaltungsakt" – *Badura*, JuS 1966, 17 (19), oder: „Verwaltungsakt mit
nachfolgendem Kontrahierungszwang" – OVG Münster E 24, 175 ff.
331 BVerwG NVwZ 1991, 59 m.w.N (= DÖV 1990, 977).

I *Kommunalrecht*

148 Dieses Zweistufen-Modell hat **Kritik** erfahren[332]. Als Alternative zu der herrschenden dualistischen Doktrin ist die „Theorie" der einheitlichen Deutung der Leistungsabwicklung entwickelt worden. Danach ist die Erbringung von Leistungen durch öffentliche Einrichtungen der Gemeinde durchgehend nach öffentlich-rechtlichen Maßstäben zu beurteilen; eine besondere Rolle spielt hierbei die Möglichkeit, öffentlich-rechtliche Verträge abzuschließen (vgl. hierzu § 57 VwVfG); konstruierbar ist auch ein durch konkludente Zulassung zu Stande gekommenes verwaltungsrechtliches Schuldverhältnis. Gegen diese Alternative eines „öffentlich-rechtlichen Einheitsmodells" wird auf die tatsächlich vorzufindende und rechtlich als solche nicht zu beanstandende Typenvielfalt öffentlicher Einrichtungen hingewiesen[333] – ein Einwand, der logischer Stringenz entbehrt und von der gerichtlichen Praxis mittlerweile teilweise überholt sein dürfte.

149 **cc) Der Anspruch auf Zulassung:** Eine Reihe von gerichtlichen Entscheidungen befasst sich mit Fragen des Zuganges zu öffentlichen Einrichtungen, insbesondere mit dem **Kreis der Anspruchsberechtigten** sowie den rechtlichen und den tatsächlichen Grenzen dieses Anspruchs.

(1) Ausweislich des Wortlauts der jeweiligen kommunalrechtlichen Anspruchsgrundlage sind zunächst die **Einwohner**[334] sowie – gegenständlich beschränkt – die Nicht-Einwohner, die im Gemeindegebiet ein Grundstück besitzen oder einen Gewerbebetrieb unterhalten („Forensen") anspruchsberechtigt; andere Personen haben demnach grundsätzlich kein Nutzungsrecht. Das ist vor allem deshalb bedenklich, weil – wie bereits oben angedeutet[335] – eine Reihe von Einrichtungen von vornherein so konzipiert sind und ggf. auch durch landesrechtliche Finanzzuweisungen gefördert werden, dass sie über das Gebiet ihrer Standort-Gemeinde hinauswirken sollen. Spezialgesetzliche Anspruchsgrundlagen bieten insofern nur einen teilweisen Ersatz[336].

Angesichts des „**zentralörtlichen Gliederungsprinzips**"[337] bedarf es somit einer Erweiterung des **Zulassungsanspruchs** auf die Personen, die im **Einzugsbereich** einer öffentlichen Einrichtung ihren Wohnsitz haben[338]. Dem kann auch nicht entgegengehalten werden, dass der Anspruch auf Benutzung der öffentlichen Einrichtungen der Gemeinde mit der Verpflichtung zur Tragung der Gemeindelasten korrespondiert; jedenfalls ist dieses Argument insoweit nicht überzeugend, als die Einrichtung nach dem Kostendeckungsprinzip arbeiten kann – wenn also die Leistungen durch die **Benutzungsgebühren** und -entgelte ausgeglichen werden. Soweit dies faktisch nicht möglich ist (z.B. bei öffentlichen Theatern und Schwimmbädern), muss dieses Problem im Rahmen des übergemeindlichen **Finanzausgleichs**[339] gelöst werden.

---

332 Vgl. *Ossenbühl*, DVBl. 1973, 289 ff.
333 Vgl. *Schmidt-Aßmann*, Rdnr. 110.
334 Rechtsanspruch, nicht lediglich Anspruch auf ermessensfehlerfreie Entscheidung: BayVGH NJW 1969, 1078 f.
335 S. oben Rdnr. 63, 126.
336 Z.B. § 6 EnergWG, § 22 PersBefG, § 9 NW SchulVwG usw.
337 S. oben Rdnr. 63, 126 und unten VI. Rdnr. 19.
338 *Pagenkopf*, Bd. 1, S. 145.
339 Vgl. unten Rdnr. 245, 255.

(2) Hinsichtlich der öffentlichen Einrichtungen im **Gemeingebrauch** ist **jedermann** **150**
zur Benutzung berechtigt[340]; dem Gemeingebrauch unterliegen jedoch traditionell
nur öffentliche Straßen (hier: Gemeindestraßen) und oberirdische Gewässer; er ist
seinem Wesen nach unentgeltlich; weiterhin existieren insoweit umfassende Regelungen (z.B. Straßen- und Wegerecht, Straßenverkehrsrecht); zusätzliche personenbezogene Nutzungsbeschränkungen sind wohl schwerlich zu rechtfertigen.

(3) Auch **juristische Personen** und **Personenvereinigungen** sind in der gleichen **151**
Weise wie natürliche Personen anspruchsberechtigt[341].

Probleme ergeben sich für Personenvereinigungen (oder juristische Personen), die ihren Sitz nicht im Gebiet der Gemeinde haben. Das hat praktische Bedeutung beispielsweise für die Frage der Benutzung von Stadthallen durch **Parteien** zum Zwecke der Veranstaltung von Parteitagen oder Wahlkampfversammlungen, wenn diese Partei in der Gemeinde keinen Ortsverband hat[342]. In diesen Fällen kann ein Benutzungsanspruch aus § 5 Abs. 1 (Bundes-)Parteiengesetz abgeleitet werden[343]. Hierzu sind eine Reihe von Entscheidungen ergangen[344].

(4) Auch die **Bewerber für Standplätze auf Volksfesten** u. Ä. sind häufig nicht Gemeindeangehörige oder haben keine gewerbliche **Niederlassung im Gemeindegebiet**; nur unter dieser letzten Voraussetzung haben sie den gleichen Anspruch auf Zulassung wie die Gemeindeeinwohner[345]. **152**

Im Übrigen hängt der **Anspruch auswärtiger Schausteller** zunächst davon ab, ob es sich um eine **festgesetzte Veranstaltung** i.S.d. § 69 Abs. 2 i.V.m. § 60b Abs. 2 GewO handelt. Ist diese Voraussetzung gegeben, so ist jedermann, der zum **Teilnehmerkreis** der festgesetzten Veranstaltung – z.B. einem „Volksfest" gem. § 60b Abs. 1 GewO – gehört, nach Maßgabe der für alle Teilnehmer geltenden Bestimmungen zur Teilnahme berechtigt, § 70 Abs. 1 GewO – Grundsatz der **Marktfreiheit**[346].

Handelt es sich nicht um eine gewerberechtlich „festgesetzte" Veranstaltung (z.B. das Münchener „Oktoberfest"), so bestimmt sich der Anspruch nach den kommunalrechtlichen Vorschriften i.V.m. den allgemeinen öffentlich-rechtlichen Rechtskri-

---

340 So ausdrücklich Art. 21 Abs. 5 BayGO.
341 § 10 Abs. 4 BWGO; Art. 21 Abs. 4 BayGO; § 14 Abs. 3 BrandGO; § 15 Abs. 3 BrhVerf; § 20 Abs. 3 HessGO; § 14 Abs. 3 MVKommVerf; § 22 Abs. 3 NdsGO; § 8 Abs. 4 NWGO; § 14 Abs. 4 RhPfGO; § 19 Abs. 3 SaarlKSG; § 10 Abs. 5 SächsGO; § 22 Abs. 3 SachsAnhGO; § 18 Abs. 3 SchlHGO; § 14 Abs. 3 ThürKO.
342 Vgl. *Pappermann*, JZ 1966, 485 ff.
343 *Ossenbühl*, DVBl. 1973, 289 (296): BVerwG NVwZ 1992, 263 – zur Abstufung der Leistungsgewährung nach der Bedeutung einer Partei.
344 Z.B. BVerwGE 31, 368 ff – Zur Vergabe von Räumen einer Gemeinde an eine politische Partei für eine öffentliche Parteiveranstaltung; BVerwGE 47, 280 ff – Wahlsichtwerbung auf Plakatwänden; VGH BW DÖV 1980, 105 – Benutzung öffentlicher Einrichtungen durch nicht im Gemeinderat vertretene politische Parteien außerhalb von Wahlkampfzeiten; – VGH BW NVwZ 1985, 679 f – zur Neutralitätspflicht der Gemeinde bei der Überlassung von kommunalen Räumen im Wahlkampf.
345 Anspruch der Forensen siehe oben Fn. 312.
346 Vgl. hierzu OVG Lüneburg, NVwZ 1983, 49 ff.

I *Kommunalrecht*

terien[347]; in der Sache handelt es dabei praktisch wohl um dieselben Maßstäbe, die für „festgesetzte Veranstaltungen" gesetzlich festgelegt sind, insbesondere durch § 70 Abs. 2 und 3 GewO: Die **Auswahl** des Veranstalters unter den Bewerbern hat nach **sachlich gerechtfertigten Gründen** zu erfolgen unter Beachtung des **Gleichheitssatzes**.

153 (5) Soweit der Zugang zu einer öffentlichen Einrichtung der Aufnahme oder Ausnützung einer selbstständigen Erwerbstätigkeit i.S.d. Art. 52 EG-Vertrags dient, darf die Zulassung für **EG-Ausländer** nicht von der Staatsangehörigkeit abhängig gemacht werden[348].

154 dd) Bei der Beantwortung von Rechtsfragen anlässlich der **Benutzung (i.e.S.)** stellt sich angesichts der diesbezüglichen Wahlfreiheit der Gemeinde[349] zunächst die Frage, ob das „**Benutzungsverhältnis**" öffentlich-rechtlich oder privatrechtlich geregelt worden ist. In Zweifelsfällen ist auf gewisse äußere Anzeichen (**Indizien**) zurückzugreifen; so spricht die Erhebung von „Gebühren" (an Stelle eines privatrechtlich geschuldeten „Nutzungsentgelts") sowie die Androhung oder der Einsatz öffentlich-rechtlicher Zwangsmittel im Falle der Nichtbefolgung der Verpflichtungen aus dem Nutzungsverhältnis für eine öffentlich-rechtliches Benutzungsverhältnis. Im Falle eines privatrechtlichen Benutzungsverhältnisses stehen der Gemeinde jedoch **nicht** sämtliche aus der **Privatautonomie** ableitbaren Gestaltungsmöglichkeiten offen; es gilt für sie nicht allein das Privatrecht (einschließlich z.B. der AGB-Gesetze oder des Wettbewerbsrechts), sondern das sog. **Verwaltungsprivatrecht**[350] mit seinen spezifischen, zusätzlichen öffentlich-rechtlichen Bindungen; so ist beispielsweise eine Straßenbahn-AG, deren Anteile der Gemeinde gehören, unmittelbar an Art. 3 Abs. 1 GG gebunden[351].

Im **Zweifelsfall** soll eine **Vermutung** für eine öffentlich-rechtliche Organisationsform sowie für ein **öffentlich-rechtliches Benutzungsverhältnis** sprechen[352]. Beispiel: Stellt eine Gemeinde Asylbewerbern Wohnraum zur Verfügung, so ist in der Regel zu vermuten, dass eine öffentlich-rechtliche Gebrauchsüberlassung vorliegt; allein die Bezeichnung des zu entrichtenden Entgelts als „Mietzins" rechtfertigt es nicht, von einem privatrechtlichen Mietverhältnis zwischen Ausländer und der Gemeinde als Eigentümer der Wohnung auszugehen[353].

Bei der Regelung des Benutzungsverhältnisses im Einzelnen wird den – zumeist wohl als kommunale Satzungsgeber tätig werdenden – Gemeinden ein weiterer Gestaltungsspielraum zuerkannt; solange der grundsätzliche Zulassungsanspruch erhalten bleibt, soll die Gemeinde die ihr zweckmäßig erscheinenden Regelungen treffen können, solange sie sich im **Rahmen des Einrichtungszweckes** hält und die **Grund-**

---

347 BayVGH NVwZ 1982, 120 (121) – Oktoberfest.
348 Vgl. EuGH U. v. 18.6.1985 – Rs 197/84 – EZAR 800 Nr. 2 sowie Rdnr. 181.
349 Vgl. oben Rdnr. 141, 143.
350 Vgl. *Maurer*, § 17 Rdnr. 1 ff sowie VII. Rdnr. 125 f.
351 Vgl. BGHZ 52, 325 ff – Vergünstigung für Schüler bei der Tarifgestaltung.
352 VGH BW NJW 1979, 1900 ff – Bademützen; OVG Münster OVGE 24, 175 (179 f) – städtisches Theater; *Schulze-Osterloh*, JuS 1979, 826 m.w.N. in Fn. 7.
353 VGH BW NVwZ 1993, 203.

rechte aller Beteiligten beachtet; u.U. auftretende grundrechtliche Spannungslagen müssen sachgerecht gelöst werden[354].

ee) Grenzen des Anspruchs auf Benutzung können sich aus rechtlichen sowie aus tatsächlichen Gründen ergeben.

(1) Der gleichsam äußere **rechtliche Rahmen** des Benutzungsanspruchs ergibt sich aus der **Widmung**. Die darin vorgenommene Zweckbestimmung enthält also zugleich **auch** eine **rechtsverbindliche Begrenzung** der zulässigen Inanspruchnahme einer öffentlichen Einrichtung; daraus ergeben sich Grenzen sowohl im Hinblick auf die Benutzung (i.w.S.)[355] als auch hinsichtlich des Anspruchs auf Zulassung. Beispielsweise kann die Gemeinde die Benutzung eines Wiesengeländes auf Erholungszwecke oder auf nach Art, Zahl und Größe bestimmte Veranstaltungen beschränken[356].

(2) Häufig ergibt sich eine **tatsächliche Grenze** des Anspruchs auf Benutzung angesichts der **begrenzten Kapazität** einer öffentlichen Einrichtung der Gemeinde. Hier gilt zunächst der – für „festgesetzte Veranstaltungen" normierte[357] – Grundsatz, dass einzelne Interessenten (z.B. Besucher, Aussteller, Bewerber) von der Benutzung ausgeschlossen werden können, wenn z.B. der zur Verfügung stehende Platz nicht ausreicht; allerdings muss ein derartiger Ausschluss auf **sachlichen Gründen** beruhen[358].

Hierzu hat die Rechtsprechung im Hinblick auf den Anspruch von Volksfest- und Jahrmarktbeschickern eine Reihe von Gesichtspunkten als zulässige Auswahlkriterien anerkannt: Maßgeblich darf sein die **Zuverlässigkeit** (i.S. „erprobter Eignung") sowie die **Attraktivität eines Schaustellerbetriebes** (im Hinblick auf die gewünschte Ausgewogenheit eines Volksfestangebotes)[359]; vor allem ist der **Bekanntheits- und Bewährungsgrad** als Kriterium anerkannt worden, das das aus dem Gleichheitssatz fließende Gebot einer „Orientierung an materiell-inhaltlicher Gerechtigkeit" wahrt (str.)[360]. Auch das **Prioritätsprinzip** kann nicht von vornherein als ein sachwidriges Kriterium bewertet werden[361].

---

354 BayVGH NJW 1985, 1663 f – Benutzungsvorschriften für kommunale Archive; vgl. auch BVerfG JuS 1980, 141 (= NJW 1980, 581) – Verbot der Verteilung von Flugblättern in gemeindlichen Marktordnungen; BayVGH NVwZ 1991, 906 – Pflicht der Gemeinde, für einen Sportplatz neben dem „Hauptbenutzer" auch einen „mitbenutzenden" Sportverein zuzulassen.
355 Vgl. oben Rdnr. 139 sowie 141.
356 OVG Münster E 33, 270 ff – UZ-Pressefest der DKP auf den Rheinwiesen; OVG Münster NJW 1980, 901 – zum Ausschluss politischer Parteien von der Benutzung eines Schulhofs zu außerschulischen Veranstaltungen.
357 S. oben Rdnr. 150.
358 Vgl. § 70 Abs. 3 GewO.
359 OVG Lüneburg NVwZ 1983, 49 (50).
360 BayVGH BayVBl. 1980, 403 f – Augsburger Plärrer – sowie NVwZ 1982, 120 ff – Münchener Oktoberfest; BVerwG DÖV 1982, 82 f = NVwZ 1982, 194 f – Augsburger Plärrer; vgl. allerdings OVG Münster WUR 1991, 105 f – Verwaltungsübung allein nach den Kriterien „bekannt und bewährt" wird dem Grundsatz der Marktfreiheit gem. § 70 Abs. 1 GewO nicht gerecht – mit zahlr. Nachw.
361 Vgl. BayVGH GewA 1982, 236; OVG Lüneburg GewA 1983, 304.

I *Kommunalrecht*

(3) Der **Anspruch auf die Benutzung** einer öffentlichen Einrichtung **kann** – ganz oder teilweise – dann **entfallen**, wenn es sich um eine „gefahren- oder **schadensgeneigte Veranstaltung**" handelt, der Veranstalter keine angemessene Sicherheit (Kaution, Bürgschaft, Versicherung) für die zu erwartenden Schäden an der öffentlichen Einrichtung bieten kann und wenn es der Gemeinde unmöglich ist, diese Schäden auf andere Weise abzuwenden[362]. Beispiele: Popmusikveranstaltungen, bei denen es erfahrungsgemäß zur Demolierung von Einrichtungen kommt; Wahlkampfveranstaltungen, bei denen mit tätlichen Auseinandersetzungen durch das Auftreten militanter politischer Gegner zu rechnen ist. Der Veranstalter darf mit der Haftung für Schäden durch Dritte belastet werden[363]; die Zulassung darf jedoch nicht so mit Bedingungen versehen werden, dass ein bestehender Zulassungsanspruch faktisch aufgehoben wird[364].

Unzulässig ist es außerdem, eine **nicht** i.S.d. Art. 21 GG **verbotene Partei** wegen ihrer politischen Richtung bei der Vergabe von Versammlungsörtlichkeiten zu benachteiligen[365].

(4) Das Recht auf Benutzung der kommunalen öffentlichen Einrichtungen enthält grundsätzlich **keinen Anspruch auf Fortführung** bisheriger Einrichtungen[366] oder auf die Errichtung neuer Einrichtungen; eine **Ausnahme** ist für die Fälle zu machen, in denen eine solche Einrichtung zum Schutz eines grundrechtlich erfassten Freiheitsraumes unerlässlich ist[367], m.a.W., wenn die vom Bürger begehrte und der Behörde mögliche Leistung **zum Schutz des grundrechtlich gesicherten Freiheitsraumes unabdingbar** ist[368]. Bedeutsam kann insoweit sein, welche Art von Aufgaben betroffen ist: Ein Anspruch des einzelnen Gemeindeangehörigen auf Aufrechterhalten bisheriger (oder auf Schaffung neuer), von ihm für „erforderlich" gehaltener öffentlicher Einrichtungen besteht im Aufgabenbereich der freiwilligen Selbstverwaltungsaufgaben nicht[369]; hinsichtlich der Einrichtungen zur Erfüllung von Pflichtaufgaben soll der Verpflichtung der Gemeinde ein entsprechender Anspruch korrespondieren[370].

156 ff) Für die Inanspruchnahme der öffentlichen Einrichtungen, die nicht im Gemeingebrauch stehen, können die Gemeinden ein (privatrechtliches) **Benutzungsentgelt**, eine **Vergütung** oder eine öffentlich-rechtliche **Gebühr**[371] erheben.

Eine Benutzungsgebühr kann nur von denjenigen Benutzern erhoben werden, die die gemeindliche Einrichtung aufgrund öffentlichen Rechts benutzen[372]; sie kann außer-

---

362 BVerwGE 32, 33 f, 337.
363 VGH BW DÖV 1990, 792.
364 VGH BW DÖV 1991, 804.
365 Vgl. hierzu die Rechtsprechungsübersicht bei *März*, BayVBl. 1992, 97 ff.
366 VGH Kassel NJW 1979, 886 ff – Kindertagesstätten mit kollegialer Arbeitsform.
367 Vgl. BVerfGE 35, 79 ff, 114 ff.
368 Vgl. BayVGH BayVBl. 1983, 374 m.w.N.
369 BGH DVBl. 1970, 145 ff, = DÖV 1969, 430 (431).
370 BayVGH NJW 1969, 1078 f, str., vgl. *Pappermann*, Öffentliche Einrichtungen nach nordrhein-westfälischem Gemeinderecht, VwR 1981, 84 (85).
371 Vgl. unten Rdnr. 169, 247.
372 OVG Münster E 14, 81 ff LS 1.

dem nur für eine solche Inanspruchnahme einer öffentlichen Einrichtung erhoben werden, die dem Zweck der Einrichtung entspricht[373].

Bei der Bemessung der Benutzungsgebühr dürfen die Gemeinden zwischen Einwohnern und Nicht-Gemeindeangehörigen differenzieren[374].

gg) Die **Gemeinde** trifft eine **Haftung** bei rechtswidrigem **Ausschluss** eines Bewerbers[375] sowie für **mangelhafte Leistungen** ihrer öffentlichen Einrichtungen, insbesondere bei **Schädigungen** anlässlich der Inanspruchnahme der Einrichtungen. Art und Umfang der Haftung der Gemeinde richten sich grundsätzlich nach der Natur der Rechtsbeziehungen zum geschädigten Benutzer; angesichts der Wahlfreiheit der Gemeinde kommen somit öffentlich-rechtliche und privatrechtliche Anspruchsgrundlagen in Betracht.

157

(1) Soweit das Benutzungsverhältnis (einschließlich der Zulassung) nach **öffentlichem Recht** zu beurteilen ist, die Gemeinde also **hoheitlich** tätig wird, haftet sie nach den Grundsätzen der **Amtshaftung** (Art. 34 GG i.V.m. § 839 BGB). Eine **Beschränkung** dieser Haftung durch eine entsprechende Regelung in einer kommunalen Satzung ist **nicht möglich**, da es insoweit an einer ausdrücklichen gesetzlichen Ermächtigung fehlt[376].

Zu beachten ist weiterhin, dass die Verletzung der **Verkehrssicherungspflicht**[377] nach **Privatrecht** zu beurteilen ist; das soll auch für die öffentlichen Einrichtungen gelten, die von der Gemeinde in Erfüllung der ihr obliegenden Aufgabe der Daseinsvorsorge geschaffen worden und der Öffentlichkeit zur Verfügung gestellt worden sind[378].

Denkbar ist jedoch, dass die Gemeinde die Verkehrssicherungspflicht ausdrücklich zur **hoheitlichen Aufgabe** erklärt[379], so wie es der (Landes-)Gesetzgeber hinsichtlich der Verkehrssicherungspflicht auf den Straßen getan hat[380].

(2) Ist das **Nutzungsverhältnis** nach **Privatrecht** zu beurteilen, so bestimmt sich die **gesetzliche Haftung** der Gemeinde nach § 823, und zwar für leitende Bedienstete i.V.m. §§ 31, 89 BGB, für die übrigen Bediensteten nach § 831 BGB. Unterschiede

158

---

373 OVG Münster DÖV 1980, 843 f.
374 BVerwG E 104, 60 ff; vgl. auch OVG Münster NJW 1979, 565 ff. – Zur Unzulässigkeit von Auswärtigenzuschlägen bei Friedhofsgebühren.
375 OLG Hamm NVwZ 1993, 506 – Cranger-Kirmes.
376 BGHZ 61, 7 ff LS 2 – kommunaler Schlachthof; a.A. *Rüfner*, DÖV 1973, 808 ff, der eine Beschränkung der Amtshaftung auch durch Satzung in gewissen Grenzen für zulässig erachtet; ebenso: BayVGH DVBl. 1985, 407 ff; zur Amtspflicht im Hinblick auf die „richtige" Dimensionierung der Regenwasserkanalisation zur Vermeidung von Rückstaus: OLG München NVwZ 1992, 1124 – jährliche Überschwemmungen müssen, seltene Regenereignisse müssen nicht kalkuliert werden; BGH NJW 1992, 39 (= DVBl. 1992, 368) – Haftung für Planung, Herstellung und Betrieb unabhängig davon, ob der Geschädigte auch Anschlussnehmer der Kanalisation ist.
377 OLG Karlsruhe FamRZ 1992, 1289 – Verkehrssicherungspflicht auch hinsichtlich Schäden aus unbefugtem und missbräuchlichem Verhalten (Schwimmbadeinrichtung).
378 BGH st. Rspr., vgl. BGHZ 60, S. 54 ff; 66, 398 ff; a.A. die h.M. im Schrifttum, vgl. für alle *Maurer*, § 25, Rdnr. 23.
379 Z.B. im Fall BGHZ 61, 7 ff.
380 Z.B. § 10 Abs. 1 NStrG; Art. 72 BayStrWG; dies bestätigt OLG Frankfurt NVwZ 1992, 917.

I *Kommunalrecht*

bestehen hinsichtlich der **Eigenhaftung der Bediensteten** insoweit, als Beamte gem. § 839 BGB, Angestellte und Arbeiter gem. § 823 BGB haften. Die Subsidiaritätsklausel des § 839 Abs. 1 Satz 2 BGB kommt im privatrechtlichen Bereich dem Beamten selbst zugute[381]; für Arbeiter und Angestellte besteht eine subsidiäre Haftung nicht.

Der **Umfang** dieser Haftung bestimmt sich nach den allgemeinen Grundsätzen: Gemäß § 823 i.V.m. §§ 31, 89 BGB ist die Gemeinde z.B. auch verantwortlich, wenn die Schädigung auf einem **Organisationsmangel** (Organisationsverschulden) beruht[382]. Das **Maß der** von der Gemeinde zu beachtenden **Sorgfalt** im Hinblick auf die Verhütung von Schäden ergibt sich weiterhin auch aus dem **Zweck der Einrichtung**[383]. In der Praxis hat die Verkehrssicherungspflicht auf **öffentlichen Spielplätzen** und im Hinblick auf dort installierte **Spielgeräte** Probleme aufgeworfen[384].

Bei einer Benutzung der Einrichtung auf der Grundlage eines privatrechtlichen **Vertrages** kommt eine (privatrechtliche) Vertragshaftung in Frage; dann haftet die Gemeinde auch für das Verhalten ihrer **Erfüllungsgehilfen** (§§ 276, 278 BGB) sowie für Organisationsverschulden nach den Grundsätzen der sog. **positiven** Forderungs-(**Vertrags-)Verletzung**[385].

159 Weiterhin sieht § 276 Abs. 2 BGB die Möglichkeit einer **Haftungsmilderung** vor, die sich im Übrigen auch auf die gesetzliche Haftung erstrecken kann[386]. Fraglich ist, ob die Gemeinde von der Möglichkeit eines derartigen Haftungsausschlusses uneingeschränkt Gebrauch machen kann. Zunächst gilt, dass derartige Haftungsmilderungen (**Freizeichnungsklauseln**) im Zweifel eng auszulegen sind[387]; im Zweifel fallen nur solche Schäden in die Haftungsmilderung, die trotz einer ordnungsgemäß eingerichteten und betriebenen Einrichtung aufgetreten sind[388]. Im Übrigen sind nach der Rechtsprechung des BGH Haftungsmilderungen an **§§ 138, 242 BGB** zu messen[389]. Im Schrifttum wird angesichts der zumeist faktischen **Monopolstellung** der Gemeinde gefordert, dass ein privatrechtlicher Haftungsausschluss nur bei leichter Fahrlässigkeit möglich sein soll[390]. Haftungsmilderungen in **Allgemeinen Geschäftsbedingungen** sind nach §§ 307, 309 Nr. 7 BGB zu beurteilen; die frühere Rechtsprechung des BGH ist damit kodifiziert worden; die Zulässigkeit von Freizeichnungsklauseln ist somit weitgehend beschränkt[391].

---

381 Vgl. BGHZ 89, 263 (273 f) – Behandlung von Privatpatienten durch beamteten Arzt.
382 OLG Karlsruhe, NJW 1975, 597 ff.
383 Vgl. im Einzelnen BGH DVBl. 1978, 707 (708) – zur Verkehrssicherungspflicht von Gemeinden auf einem sog. Abenteuerspielplatz.
384 OLG Düsseldorf VersR 1982, 77; OLG Celle NJW-RR 1987, 283; BGH NJW 1988, 48 – „Rundlaufdrehpilz".
385 BGH NJW 1972, 2300 ff.
386 *Palandt-Heinrichs*, § 276, Rdnr. 57.
387 St. Rspr., Nachw. bei *Palandt-Heinrichs*, § 276 Rdnr. 58.
388 Vgl. BGHZ 54, 299 (305); NJW 1977, 197; NVwZ 1983, 571; ÖVG Münster NVwZ 1987, 1105.
389 BGHZ 22, 90 ff; NJW 1971, 1036 ff.
390 *Schneider*, NJW 1962, 706 ff; *Zuleeg*, JuS 1973, 37 ff; vgl. auch *Rüfner*, DÖV 1973, 811 ff.
391 Vgl. *Palandt-Heinrichs* AGBG § 9 Rdnr. 36 ff.

(3) Das Leistungs- und Nutzungsverhältnis im Hinblick auf eine öffentliche Einrichtung der Gemeinde ist u.U. als sog. **verwaltungsrechtliches Schuldverhältnis** zu bewerten. Es handelt sich dabei um öffentlich-rechtliche **Sonderverbindungen**[392], hinsichtlich derer neben den allgemeinen öffentlich-rechtlichen Regelungen besondere Bestimmungen des **BGB-Schuldrechts entsprechend** angewendet werden, soweit schuldrechtsähnliche Pflichten begründet worden sind und die Eigenart des öffentlichen Rechts nicht entgegensteht[393]. Das betrifft insbesondere auch die Haftung; der BGH hat die Möglichkeit einer **vertragsähnlichen Haftung** anerkannt, die insoweit gebotene sinnvolle Anwendung der §§ 276, 278 BGB rechtfertigt es, auch die im privatrechtlichen Schuldverhältnis geltenden Grundsätze der Haftungsbeschränkung entsprechend anzuwenden[394].

(4) Angesichts der Wahlmöglichkeit der Gemeinde hinsichtlich der rechtlichen Ausgestaltung der Benutzung ihrer öffentlichen Einrichtungen ist auch die Frage der Rechtsgrundlage für die **Abwehr von Störungen** u.U. schwierig zu bestimmen. So kann sich z.b. ein **Hausverbot** sowohl aus privatrechtlichen Besitz- und Eigentumsrechten (§§ 859 f, 903, 1004 BGB) als auch aus der öffentlichen Sachherrschaft (sog. **Anstaltsgewalt**) ergeben. Die von der **Rechtsprechung** im Hinblick auf Besucher von Verwaltungsgebäuden vorgenommene Unterscheidung nach dem **Zweck des Besuches**[395] wird im Schrifttum ganz überwiegend abgelehnt[396]; die **Literatur** stellt stattdessen auf den **Zweck des Hausverbots** ab, nämlich die Sicherung der Erfüllung öffentlicher Aufgaben, und beurteilt es durchweg als **öffentlich-rechtliche Angelegenheit**[397].

Die Ansicht des Schrifttums ist auch allgemein für die Frage der Abwehr von Störungen öffentlicher Einrichtungen insgesamt vorzugswürdig; vor allem muss das in den Fällen gelten, in denen ein Hausverbot zugleich die Zulassung zur öffentlichen Einrichtung (faktisch) verhindert; denn eine derartige Maßnahme ist nach öffentlichem Recht zu beurteilen[398].

(5) Für die Frage des **Rechtswegs** gilt zunächst, dass für den Anspruch auf **Zulassung** in jedem Fall – unabhängig von der Rechtsform der gemeindlichen Einrichtung – der Verwaltungsrechtsweg eröffnet ist[399]. Ist eine kommunale öffentliche Einrichtung unter maßgeblichem Einfluss der Gemeinde durchweg privatrechtlich organisiert, besteht alternativ auch die Möglichkeit, die Zulassung vor dem Zivilgericht einzuklagen[400].

---

392 Vgl. BGHZ 21, 214 ff; NJW 1963, 1828 ff.
393 St. Rspr., vgl. Nachweise bei *Palandt-Heinrichs*, § 276 BGB, Rdnr. 130-133.
394 Vgl. im Einzelnen BGHZ 61, 7 (12 f) – Kommunaler Schlachthof.
395 Privatrechtlich beurteilt wurde z.B. die Tätigkeit des Fotografen im Standesamt – BGH Z 33, 230 ff – und die Vergabe von Entwicklungs- und Forschungsaufträgen durch ein Bundesministerium – BVerwGE 35, 103 ff.
396 Z.B. *Ronellenfitsch*, Das Hausrecht der Behörden, VerwArch. Bd. 73, 1982, 465 (469 ff).
397 *Maurer*, § 3 Rdnr. 24 m.w.N.
398 Vgl. oben Rdnr. 145.
399 Str., vgl. *Kopp/Schenke*, § 40 Rdnr. 16 ff.
400 S. oben Rdnr. 147 a.E. und Fn. 331.

Hinsichtlich des **Benutzungsverhältnisses** (i.e.S.) kommt es auf die konkrete Ausgestaltung im Einzelnen an; die Frage der zuständigen Gerichtsbarkeit wird kontrovers beurteilt[401]. Umstritten ist insbesondere der Rechtsweg für Schadenersatzansprüche aus verwaltungsrechtlichem Schuldverhältnis[402].

Fraglich ist schließlich auch, welcher Rechtsweg für Klagen gegen Anordnungen von Bediensteten öffentlicher Einrichtungen in Ausübung ihres **Hausrechts** zur Wahrung und zum Schutz der Zweckbestimmung der jeweiligen Einrichtung gegeben ist[403].

Literatur: *Ossenbühl*: Rechtliche Probleme der Zulassung zu öffentlichen Stadthallen, DVBl. 1973, 289 ff; *Pappermann*: Prozessuale Fragen im Rechtsstreit politischer Parteien auf Überlassung gemeindlicher Räume, JZ 1969, 485 ff; *Scholz*: Das Wesen und die Einrichtung der gemeindlichen öffentlichen Einrichtungen, 1967; *Hitzler*: Die Vergabe von Standplätzen auf Märkten und Volksfesten durch Gemeinden – Eine Frage des Verwaltungsrechts oder des Kartellrechts? Gew Arch 1981, 360 ff; *Zundel*: Die Zulassung politischer Parteien zu kommunalen öffentlichen Einrichtungen, JuS 1991, 472 ff; *Gassner*: Grenzen des Zulassungsanspruchs politischer Parteien zu kommunalen öffentlichen Einrichtungen, VerwArch 1994, 533 ff.

Übungsfälle: *v.Mutius*: Grundfälle ..., JuS 1978, 400 f (Fall 31); *Gornig-Jahn*: Der praktische Fall – Der Parteitag in der Stadthalle, JuS 1992, 857 ff.

b) Petitions- und Beschwerderecht; Bürgerantrag; Bürgerbegehren; Bürgerentscheid

163 Als Elemente unmittelbarer Demokratie haben (nur) die Bürger in manchen Gemeindeordnungen die Möglichkeit, den **Gemeinderat** und den **Bürgermeister** unmittelbar mit ihren Problemen zu befassen[404].

Das „jedermann" (also auch Einwohnern) zustehende **Petitionsrecht** gem. Art. 17 GG war auch im gemeindlichen Bereich niemals umstritten. Streitig war lediglich, ob Bürger und Einwohner sich unmittelbar an den Gemeinderat wenden dürfen oder ob die Behandlung einer Petition als „Geschäft der laufenden Verwaltung" zu qualifizieren ist und demnach dem „Hauptverwaltungsbeamten" (Bürgermeister oder Stadtdirektor) als „zuständige Stelle" i.S. des Art. 17 GG obliegt. Die Lösung dieses Problems hängt davon ab, ob der Gemeinderat als „Volksvertretung" i.S. des Art. 17 GG angesehen werden kann[405]. In zahlreichen Gemeindeordnungen hat inzwischen eine ausdrückliche Regelung diese Frage positiv-rechtlich beantwortet[406].

Eine unmittelbare Beteiligung der Bürger am Geschehen in der Gemeinde wird durch weitere Mitwirkungsmöglichkeiten ermöglicht, nämlich durch Bürgerantrag, Bürgerbegehren und Bürgerentscheid.

---

401 Nachweise bei *Kopp/Schenke*, § 40 Rdnr. 16 ff, 72.
402 Vgl. einerseits BGHZ 59, 305 ff, andererseits *Kopp/Schenke*, § 40 Rdnr. 72 m.w.N.
403 Nachw. bei *Kopp/Schenke*, § 40 Rdnr. 22, § 55 Rdnr. 6.
404 Vgl. oben Rdnr. 51.
405 Zustimmend OVG Münster DVBl. 1978, 895.
406 Art. 56 Abs. 3 BayGO; § 21 BrandGO; § 24 NWGO (früher: „Bürgerantrag", jetzt: „Anregungen und Beschwerden") vgl. dazu BVerwG NJW 1981, 700: Petitionsrecht gilt auch für Pflichtaufgaben zur Erfüllung nach Weisung –, § 16b RhPfGO; § 12 SächsGO; § 16e SchlHGO.

Mit dem **Bürgerantrag** (oder **Einwohnerantrag**) können die Bürger nur durchsetzen, dass der Rat bestimmte Angelegenheiten berät – und zwar nur Angelegenheiten, für die der Rat zuständig ist und die zum eigenen Wirkungskreis der Gemeinde gehören[407], nicht jedoch Angelegenheiten des „übertragenen Wirkungskreises"[408] und solche Aufgaben, die dem Bürgermeister ausdrücklich vorbehalten sind[409].

Mit dem **Bürgerbegehren** können die Bürger die Zuständigkeit zur Entscheidung über eine „wichtige Gemeindeangelegenheit" (z.B. Errichtung oder Schließung einer öffentlichen Einrichtung für alle Einwohner, Änderung von Gemeindegrenzen) an sich ziehen. Hat das Bürgerbegehren Erfolg, dann wird die betreffende Angelegenheit der Entscheidung der Bürger unterstellt (**Bürgerentscheid**); einen solchen Bürgerentscheid kann auch der Gemeinderat mit qualifizierter Mehrheit (und ohne vorangegangenes Bürgerbegehren) beschließen[410]. **164**

In der Praxis hat sich hierdurch eine **Vielzahl von Problemstellungen**, v.a. hinsichtlich einer aufschiebenden Wirkung des Bürgerbegehrens bzw. der Möglichkeit einer darauf gerichteten einstweiligen Anordnung, ergeben[411]. So wird teilweise die aufschiebende Wirkung eines Bürgerbegehrens ab Einreichung eines zulässigen Antrags auch ohne explizite gesetzliche Anordnung bejaht[412], teilweise zumindest ein hierauf gerichteter Antrag auf einstweilige Verfügung für zulässig gehalten[413]. Mit Rücksicht auf das Selbstverwaltungsrecht der Gemeinden darf das Institut des Bürgerentscheids jedoch nicht zu einer Lähmung ihrer verfassungsmäßigen Organe führen[414].

Übungsfälle: *v.Mutius*: Grundfälle ..., JuS 1978, 396 ff (Fälle 28-30); Aufg. 6 der 1. Jur. Staatsprüfung 1976/I, BayVBl. 1979, 285, 317 ff; *Gornig-Jahn*: Der praktische Fall – Der Parteitag in der Stadthalle, JuS 1992, 857.

3. Pflichten der Gemeindebewohner

a) Die Verpflichtung zur Tragung der Gemeindelasten

Die „Lasten", die zu tragen die Gemeindebewohner verpflichtet sind, lassen sich in Dienst-, Sach- und Geldleistungspflichten unterteilen. Diese Verpflichtung wird in den Gemeindeordnungen gleichsam als „Kehrseite" des Rechts auf Benutzung der öffentlichen Einrichtungen der Gemeinde genannt[415]; damit ist allerdings keine Ge- **165**

---

407 Vgl. § 20b BWGO; § 19 BrandGO; § 18 MVKommVerf; § 22a NdsGO; § 25 NWGO; § 17 RhPfGO; § 21 SaarlKSG; § 23 SächsGO; § 24 SachsAnhGO; § 16f SchlHGO; § 16 ThürKO.
408 Vgl. oben Rdnr. 108-113 sowie BVerwG NJW 1981, 700.
409 § 21 Abs. 2 Nr. 1 BWGO; § 20 Abs. 3 BrandGO; § 8b Abs. 2 Nr. 1 HessGO; § 18 Abs. 1 Satz 1 MVKommVerf; § 17 RhPfGO; § 23 Abs. 1 Satz 1 SächsGO; § 24 Abs. 1 Satz 3 SachsAnhGO; § 16g Abs. 2 SchlHGO; § 17 Abs. 2 ThürKO.
410 § 21 Abs. 1 Satz 1 BWGO; § 20 Abs. 6 BrandGO; § 20 Abs. 4 MVKommVerf.; § 17a RhPfGO; §§ 24 Abs. 1 Alt. 2, 25 SächsGO; § 26 Abs. 1 Alt. 2 SachsAnhGO; § 16g Abs. 1 SchlHGO.
411 Zu der uneinheitlichen Rechtsprechung vgl. *Erlenkämper*, NVwZ 1997, 557.
412 OVG Greifswald DÖV 1996, 928.
413 OVG Kassel DÖV 1996, 928.
414 BayVerfGH, BayVBl. 1997, 622 zur Nichtigkeit einer dreijährigen Sperrwirkung eines Bürgerentscheids, für den kein bestimmtes Zustimmungsquorum erforderlich war.
415 Wie Fn. 316, s. oben Rdnr. 139.

genseitigkeit von Rechten und Pflichten zum Ausdruck gebracht. Die „Lasten" der Gemeinde umfassen vielmehr den gesamten Aufwand, der zur Erfüllung sämtlicher Aufgaben erforderlich ist.

aa) Dienst-, (Werk-) oder Sachleistungen: Zu diesen Pflichten zählen u.a. die Verpflichtung zur ehrenamtlichen Tätigkeit[416], Verpflichtungen zum Dienst in der **Feuerwehr**[417] oder in **Nothilfeorganisationen**.

Zuweilen ermächtigen Gemeindeordnungen zu Satzungen, mit denen die Einwohner (oder die ihnen gleichgestellten Personenvereinigungen oder jur. Personen) zu so genannten **Hand- und Spanndiensten** herangezogen werden können[418]. Hiermit kann z.B. die Pflicht zur Gestellung von Fahrzeugen, Pferden, Futter, Material sowie zu persönlichen Arbeitsleistungen begründet werden; solche Dienste entsprechen – außer in Notfällen – der heutigen Zeit kaum noch und sind wohl nur noch in ländlichen Gebieten anzutreffen. Als Überbleibsel eines solchen Handdienstes lässt sich die Pflicht des Grundeigentümers zur Reinigung des Bürgersteiges auffassen[419].

166 **bb)** Zu den von der öffentlichen Hand geforderten **Geldleistungen** („**öffentliche Abgaben**") gehören die Steuern, die Beiträge und die Gebühren. Geldzahlungen auf **privatrechtlicher Grundlage** können die Gemeindeeinwohner auch insoweit nicht entgehen, als sie auf Leistungen der Gemeinde angewiesen sind – insbesondere wenn die Gemeinde (zumindest praktisch) ein Monopol hat –, die diese in Formen des Privatrechts erbringt und demnach Entgelte verlangt, für die allerdings das sog. **Verwaltungsprivatrecht** gilt[420].

b) Die einzelnen Abgaben

aa) Steuern

167 Steuern sind Abgaben, die bei jedem anfallen, in dessen Person der Tatbestand der jeweiligen Steuernorm verwirklicht ist, ohne dass dadurch ein Anspruch auf Gegenleistung oder eine bestimmte Mittelverwendung entstünde. Gemäß Art. 105 Abs. 2a GG haben die **Länder** – und damit wegen der entsprechenden landesrechtlichen Ermächtigung auch die Kommunen – die Befugnis zur Gesetzgebung über die **örtlichen Verbrauch- und Aufwandsteuern nur**, solange und soweit sie **nicht bundesgesetzlich geregelten Steuern gleichartig** sind. Um örtliche Steuern handelt es sich dann, wenn die Erhebung an einen Vorgang oder Zustand anknüpft, der auf das Gebiet der erhebenden Körperschaft beschränkt ist und sich deshalb nur dort auswirkt[421].

---

416 Vgl. hierzu Rdnr. 179.
417 Z.B. Art. 13 BayFwG.
418 § 10 Abs. 5 BWGO – in Notfällen; Art. 24 Abs. 1 Nr. 4 BayGO; § 22 HessGO; § 10 Abs. 4 SächsGO.
419 Z.B. Art. 51 Abs. 4 BayStrWG.
420 Vgl. Rdnr. 147 a.E., 154.
421 Vgl. BVerfG DVBl. 1998, 705 ff (Unvereinbarkeit der „Kasseler Kommunalen Verpackungssteuer" mit der Gesamtkonzeption des KrW-/AbfG) gegen BVerwG E 96, 272 ff.

bb) Beiträge

Beiträge sind Geldleistungen, die zur Deckung des Aufwandes einer öffentlichen Einrichtung erhoben werden, und zwar von denjenigen, denen diese Einrichtung besondere Vorteile gewährt. Dabei ist es nicht erforderlich, dass diese Vorteile auch wirklich wahrgenommen werden; vielmehr genügt die Möglichkeit dazu (**abstrakter Vorteil**)[422].

168

Ermächtigungsgrundlagen für die Erhebung von Beiträgen im kommunalen Bereich ergeben sich wiederum aus den Kommunalabgabengesetzen. Daneben gibt es spezialgesetzliche Ermächtigungsgrundlagen.

Beispiele: Erschließungsbeiträge der Eigentümer von Hausgrundstücken zur Herstellung von Straßen (vgl. §§ 127 ff BauGB); Wegebau- und Unterhaltungsbeiträge; Beiträge bevorteilter Grundeigentümer zum Ersatz des Aufwandes für die Herstellung, Erweiterung oder auch Verbesserung kommunaler öffentlicher Einrichtungen, wie beispielsweise von Bewässerungs- oder Entwässerungsanlagen; Kurförderungsabgaben der Fremdenverkehrsbetriebe und Kurtaxen der Kurgäste; neuerdings die Abgabe, die Ansiedlungswillige in einer Gemeinde zahlen müssen, um solche Aufwendungen mit abzudecken, die durch eine Neuordnung der Gemeinde- und Schulverhältnisse oder die Schaffung zusätzlicher sozialer Einrichtungen erforderlich werden[423].

In der Praxis macht die Erstellung **rechtlich einwandfreier Beitragssatzungen** offensichtlich erhebliche **Probleme**[424]; die rechtlichen Maßstäbe sind z.T. recht unbestimmt[425].

cc) Gebühren

Bei den **Gebühren**[426] handelt es sich um Geldleistungen, denen eine **konkrete (Gegen-)Leistung** der Verwaltung gegenübersteht – sei es auf eigene Veranlassung des Geldleistungspflichtigen oder sei es nur in dessen Interesse. Die bloße Möglichkeit der Inanspruchnahme der Verwaltungsleistung genügt demnach bei Gebühren nicht[427]. Auch insoweit sind die Kommunalabgabengesetze einschlägig. Nach diesen Regelungen sind Gebühren Geldleistungen, die als Gegenleistung für eine besondere Leistung – **Amtshandlung** oder sonstige Tätigkeit – der Verwaltung (**Verwaltungsgebühren**) oder für die Inanspruchnahme öffentlicher Einrichtungen und Anlagen (**Benutzungsgebühren**) erhoben werden[428]. Die Höhe der Gebühr ist nach dem Ver-

169

---

422 Vgl. BVerwGE 25, 149 ff; Legaldefinition in den Kommunalabgabegesetzen, z.B. in Art. 5 BayKAG.
423 Zur Rechtmäßigkeit einer sog. Ansiedlungsgebühr s. BVerwGE 44, 202 ff.
424 Vgl. z.B. OVG Münster NWVBl. 1987, 21 ff – Kanalanschlussbeiträge; Anpassung an die Rechtsprechung des BVerwG.
425 Z.B. hinsichtlich der Schätzung von Mehreinnahmen aus dem Fremdenverkehr, an denen sich der sog. Fremdenverkehrsbeitrag zu orientieren hat, vgl. OVG Koblenz DÖV 1981, 648 ff.
426 S. auch unten Rdnr. 247.
427 BayVGH VwRspr. 10, 100 ff.
428 Z.B. Art. 8 BayKAG – Benutzungsgebühren; Art. 1 BayKostengesetz – Verwaltungsgebühren, die zusammen mit den „Auslagen" die „Kosten" von Tätigkeiten der Behörden ausmachen.

waltungsaufwand zu bemessen – sog. **Kostendeckungsprinzip**, wonach das Gebührenaufkommen den Verwaltungsaufwand abdecken soll und nicht überschreiten darf[429] –; weiterhin gilt das „**Äquivalenz-Prinzip**"; danach müssen Gebühr und tatsächlicher Wert der in Anspruch genommenen Sonderleistung einander entsprechen[430]. Insbesondere auf Grund der Sozialstaatlichkeit erscheint es fraglich, ob in allen Aufgabenbereichen der Gemeinde die uneingeschränkte Verwirklichung des „Äquivalenz-Prinzips" praktisch vertretbar ist. Die Zulässigkeit unterschiedlich hoher Gebühren aus sozialen Erwägungen hängt davon ab, ob die Materie schon bundesgesetzlich abschließend geregelt ist oder dem Landesgesetzgeber insoweit noch Raum für eine landesrechtliche Regelung nach Art. 70 GG verbleibt[431]. In der Praxis decken die Gebühren die Kosten für eine Verwaltungsaufgabe u.U. nur zu einem geringen Teil.

Dort, wo die Inanspruchnahme der kommunalen öffentlichen Einrichtungen privatrechtlich geregelt ist[432], werden an Stelle der (öffentlich-rechtlichen) Benutzungsgebühren **privatrechtliche Entgelte** erhoben; insofern ist allerdings das sog. Verwaltungsprivatrecht[433] maßgebend.

c) Anschluss- und Benutzungszwang

170 Die Gemeindeordnungen enthalten im Anschluss an die Normierung des Anspruchs auf Benutzung der öffentlichen Einrichtungen sowie der Pflicht, die Gemeindelast zu tragen, die Regelung des sog. **Anschluss- und Benutzungszwanges**. Danach können die Gemeinden **bei öffentlichem Bedürfnis** (oder: „dringendem" öffentlichen Bedürfnis) durch Satzung für die Grundstücke ihres Gebietes den Anschluss an Wasserleitung, Abwasserbeseitigung, Straßenreinigung und ähnliche traditionell der Volksgesundheit dienende Einrichtungen (Anschlusszwang) und die Benutzung dieser Einrichtungen sowie der Schlachthöfe (Benutzungszwang) vorschreiben[434]. Auch hierbei handelt es sich um gemeindliche Einrichtungen[435], deren Inanspruchnahme jedoch nicht dem Belieben der Gemeindeangehörigen überlassen ist.

Ihren Ursprung hat diese Regelung in gesundheits- und seuchenpolizeilichen Erwägungen; darauf deutet zuweilen die generalklauselartige Ergänzung der Ermächtigung („... und ähnliche der Volksgesundheit dienende Einrichtungen ...") hin. Hinzu kommt heutzutage die wirtschaftliche Erwägung, derzufolge aufwändige Einrichtun-

---

429 Legaldefinition in den Kommunalabgabegesetzen, z.B. Art. 8 Abs. 2 BayKAG.
430 Vgl. BVerfGE 20, 257 (270); BVerwGE 13, 214 (222 f); 26, 305 (308 ff); Legaldefinitionen in den Kommunalabgabegesetzen, z.B. Art. 8 Abs. 4 BayKAG.
431 *Burmeister/Becker*, DVBl. 1996, 651: bejahend für Büchereien und kommunale Schwimmbäder; *Erlenkämper*, NVwZ 1997, 554: verneinend für die Abwasserentsorgung.
432 Vgl. oben Rdnr. 147 ff und unten Rdnr. 247 ff.
433 Da es sich um Wahrnehmung einer öffentlichen (kommunalen) Aufgabe in Privatrechtsform handelt, vgl. oben Rdnr. 147 a.E., 154.
434 § 11 BWGO; Art. 24 BayGO; § 15 BrandGO; § 16 Abs. 1 BrhVerf; § 19 Abs. 2 HessGO; § 15 Abs. 1 MVKommVerf; § 8 Nr. 2 NdsGO; § 9 NWGO; § 26 RhPfGO; § 22 SaarKSG; § 14 Abs. 1 SächsGO; § 8 Satz 1 Nr. 2 SachsAnhGO; § 17 Abs. 2, 3 SchlHGO; § 20 Abs. 2 ThürKO.
435 S. oben Rdnr. 140, 141.

gen nur bei einer bestimmten Auslastung kostengünstig genutzt werden können. Wie das gesetzliche Beispiel „**Schlachthöfe**" zeigt, ist ein **Benutzungszwang** auch **ohne Anschlusszwang** denkbar[436].

Wesensmäßig ist für den Anschluss- und Benutzungszwang, dass er sich auf die Grundstücke des Gemeindegebietes bezieht und von dort aus die Rechtsstellung von Gemeindeangehörigen regelt[437]. Soweit eine Gemeinde eine „der Volksgesundheit dienende Einrichtung" selbst betreibt und den Anschluss sowie die Benutzung zwangsweise vorschreibt, bedeutet dies zugleich ein Verbot an alle, sich auf diesem Gebiet (weiterhin) zu betätigen. Der Anschluss- und Benutzungszwang begründet in dem betreffenden Bereich demnach ein **Monopol** der Gemeinde; so würde beispielsweise die **Wasserversorgung** durch Private unzulässig werden mit der Einrichtung einer öffentlichen, kommunalen Wasserversorgung und entsprechenden Satzungsbestimmungen über den zwangsweisen Anschluss und die Benutzung dieser Einrichtung[438].

aa) Die Voraussetzungen für den Anschluss- und Benutzungszwang: 171
Nur bei (dringendem) öffentlichen Bedürfnis („... aus Gründen des **öffentlichen Wohles** ...")[439] ist der Anschluss- und (oder) Benutzungszwang zulässig. Einerseits ist der Schutz besonders wichtiger **Gemeinschaftsgüter** erforderlich; andererseits braucht eine Gefahr im polizeilichen Sinne nicht vorzuliegen; es reicht die Abwehr erheblicher Nachteile aus. Fraglich ist, ob wirtschaftliche Gesichtspunkte, insbesondere die bessere Auslastung einer gemeindlichen Einrichtung allein für einen solchen Zwang ausreichen[440].

Streitig ist, ob „das (dringende) **öffentliche Bedürfnis**" als ein unbestimmter Rechtsbegriff zu qualifizieren ist – mit der Folge, dass insoweit eine uneingeschränkte rechtsaufsichtliche und gerichtliche Überprüfung zulässig ist[441], oder ob hiermit dem Satzungsgeber ein aufsichtsrechtlich und gerichtlich nicht kontrollierbarer Entscheidungsspielraum eingeräumt werden sollte. Der letzteren Meinung neigt z.B. das OVG Münster zu[442]; im Schrifttum wird für diesen Fall ebenfalls ein „**Einschätzungsspielraum**"[443] oder ein Beurteilungsspielraum eingeräumt[444]; schließlich wird auch darauf hingewiesen, dass die Kommunalvertretung (Gemeinderat) in jedem Fall

---
436 Siehe Fn. 434.
437 Vgl. OVG Koblenz DÖV 1971, 278.
438 Gleichwohl ist es nach OVG Münster, NWVBl. 1992, 361, zulässig, in einer Satzung über die Wasserversorgung (bei Anschluss- und Benutzungszwang) eine Liefersperre vorzusehen für den Fall der Nicht-Zahlung einer fälligen Abgabenschuld.
439 Art. 24 Abs. 1 Nr. BayGO.
440 Vgl. OVG Münster OVGE 24, 219 (223) – Maßstab ist allein die „Volksgesundheit"; BayVGHE 7, 13: Interesse der Gemeinde, eine bessere Rentabilität einer öffentlichen Einrichtung zu sichern, reicht für sich allein zur Begründung des Anschluss- und Benutzungszwanges nicht aus.
441 So BayVGH VGHE 7, 139 ff; VGH BW ESVGH 8, 168 ff.
442 OVG Münster OVGE 18, 71 (72); ebenso OVG Lüneburg NVwZ-RR 1991, 576 (= DVBl. 1991, 1004) – Gemeinderat hat eine gerichtlich nur eingeschränkt überprüfbare Einschätzungsprärogative.
443 *Wolff/Bachof/Stober*, VwR I 10. Aufl. 1994, § 31 I c 4; vgl. dazu auch *Maurer*, § 4 Rdnr. 16 zur „Satzungsautonomie".
444 *Ossenbühl*, HdbKommWPr, Bd. 1, 1981, S. 393.

das Vorliegen eines „öffentlichen Bedürfnisses" feststellen muss und damit einer rechtlichen Nachprüfung inhaltliche Vorgaben macht[445].

172 Für gemeindliche Einrichtungen zur Versorgung mit **Fernwärme** (Fernheizung) und für die Benutzung dieser Einrichtungen enthalten manche Gemeindeordnungen eine gesonderte Ermächtigungsgrundlage[446]. Voraussetzung ist, dass zumindest „Nachteile durch Luftverunreinigungen" durch private Heizungsanlagen vermieden werden sollen; damit wird deutlich, dass insoweit weniger gesundheitspolizeiliche als **umweltrechtliche** (oder umweltpolitische) **Gründe** den Anschluss- und Benutzungszwang rechtfertigen sollen[447].

173 Nicht nur die Einführung, sondern auch die Aufhebung eines Anschluss- und Benutzungszwanges sowie der **Wegfall** der entsprechenden gemeindlichen **Einrichtungen** werfen verfassungs- und verwaltungsrechtliche **Probleme** auf[448].

174 bb) **Ausnahmen vom Anschluss- und Benutzungszwang:**
Abgesehen davon, dass sich eine **Beschränkung** des Anschluss- und Benutzungszwanges dadurch ergeben kann, dass die entsprechende gemeindliche Einrichtung (noch) nicht leistungsfähig genug ist, um das gesamte Gemeindegebiet zu versorgen[449] oder dass diese Einrichtung schrittweise auf das ganze Gemeindegebiet erstreckt werden soll[450], gibt es die Möglichkeit der „**Ausnahme**" von entsprechenden Satzungsvorschriften der Gemeinde.

Die Gemeindeordnungen ermächtigen die Gemeinden z.B. zumeist ausdrücklich zu derartigen Ausnahmeregelungen[451]. Die Voraussetzungen einer solchen Ausnahme dürfen allerdings im Hinblick auf Art. 14 Abs. 1 S. 1 GG **nicht** in das **Ermessen** gestellt sein, sondern müssen in der Satzung selbst – also durch den Gemeinderat – festgelegt sein[452]. Als wirksam angesehen wurde beispielsweise eine Satzungsbestimmung, derzufolge der Anschluss „aus schwerwiegenden Gründen, auch unter Berücksichtigung des Gemeinwohles nicht zugemutet werden kann"[453]. Ein derartiger „**schwerwiegender Grund**" liegt z.B. **nicht** bereits dann vor, wenn mit dem Bezug des Wassers aus einer öffentlichen Wasserleitung **Kosten** verbunden sind, die höher

---

445 *Schmidt-Jortzig*, Rdnr. 654.
446 § 11 Abs. 2 BWGO; Art. 24 Abs. 1 Nr. 3 BayGO; § 19 Satz 1 und 4 NWGO; wohl auch § 26 Abs. 1 RhPfGO und § 17 Abs. 3 SchlHGO – jeweils mit Hinweis auf Umweltschutz; im Übrigen in den allgemeinen Ermächtigungen enthalten, s. oben Fn. 434; vgl. auch BayVGH NVwZ-RR 1991, 318, BVerwG NVwZ-RR 1992, 37 – zum Gegenstand der Fernwärmeversorgung.
447 Z.T. wird ausdrücklich in den in Fn. 446 genannten Regelungen auf diesen Legitimationsgesichtspunkt Bezug genommen.
448 Vgl. BGH DVBl. 1970, 145 f; VGH Kassel NJW 1979, 886 ff m.w.N.
449 BayVGH VGHE 8, 15 (20); und VerfGHE 20, 183 (189).
450 BVerwG VwRspr. 15, 860 (862).
451 § 11 Abs. 3 BWGO; § 15 Abs. 2 BrandGO; § 16 Abs. 2 BrhVerf; § 19 Abs. 2 Satz 2 HessGO; § 15 Abs. 2 MVKommVerf; § 8 Nr. 2 Satz 2 NdsGO; § 19 Satz 2 NWGO; § 26 Abs. 2 RhPfGO; § 22 Abs. 2 SaarlKSG; § 14 Abs. 2 SächsGO; § 8 Satz 2 SachsAnhGO; § 17 Abs. 2 Satz, Abs. 3 Satz 1 SchlHGO; § 20 Abs. 2 Satz 2 ThürKO.
452 BayVGH VerfGHE 20, 183 (190); VGH BW VBl. BW 1982, 237.
453 OVG Münster E 14, 170 ff und jetzt weitergehend: OVG Koblenz DÖV 1996, 125: Anspruch auf Befreiung, wenn dies für den Versorgungsträger wirtschaftlich zumutbar ist.

sind als die bisherigen Kosten; denn diese Belastung trifft alle Benutzer gleichmäßig[454]. Ein Beispiel für das Vorliegen eines schwerwiegenden Grundes, der zu einem Anspruch auf **Ausnahme** führt, ist das Interesse einer **Brauerei** an der Nutzung eigener Brunnen, um ein qualitativ hochwertiges Wasser für die Herstellung von Bier zu gewährleisten[455]. Mit der Einräumung von Ausnahmen darf allerdings der – aus Gründen des öffentlichen Wohls angeordnete – Anschluss- und Benutzungszwang und die damit angestrebte Erfüllung einer öffentlichen Aufgabe nicht gefährdet werden[456].

cc) Rechtsbeziehungen auf Grund des Anschluss- und Benutzungszwanges: 175
(1) Der Anschluss- und Benutzungszwang wird durch die gemeindliche **Satzung**, also durch öffentliches Recht vorgeschrieben; demnach ist das dadurch begründete Rechtsverhältnis zwischen Gemeinde und dem Verpflichteten dem Grunde nach ein öffentlich-rechtliches. Konkretisiert werden diese Rechtsbeziehungen jeweils durch Einzelanordnungen; dabei handelt es sich um **Dauerverwaltungsakte**[457]. Das schließt nicht aus, dass für die Benutzung (i.e.S.) gleichwohl ein privatrechtliches Entgelt erhoben wird[458]. Streitig ist, ob ein öffentlich-rechtliches Rechtsverhältnis auch dann vorliegt, wenn sich die Gemeinde eines privaten Unternehmers als Erfüllungsgehilfen bedient[459].

(2) Die Qualifikation des Rechtsverhältnisses zwischen Gemeinde und dem durch den Anschluss- und Benutzungszwang Verpflichteten ist entscheidend auch für die Frage der **Haftung**, insbesondere auch dann, wenn die Gemeinde die mit Benutzungszwang belegte Einrichtung durch einen (beliehenen) Unternehmer betreiben lässt. Grundsätzlich wird man sagen müssen, dass die organisatorische Abwicklung einer gemeindlichen Aufgabe durch die Einschaltung eines Unternehmers nicht dazu führen darf, dass der Betroffene schlechter gestellt wird als in dem Fall, in dem die Gemeinde diese Aufgabe „eigenhändig" durchführt[460].

Hat ein Grundstückseigentümer nach erfolgloser Aufforderung an die Gemeinde einen Schaden an der im Straßenraum verlaufenden Kanalanschlussleitung selbst behoben, steht ihm ein **Aufwendungsersatzanspruch** gegen die Gemeinde aus öffentlich-rechtlicher Geschäftsführung ohne Auftrag zu[461].

---

454 BayVGH VGHE 7, 12 ff; 8, 21 ff; BVerwG NVwZ 1986, 754 – Ausnahme bei untragbaren Wasserpreisen.
455 BayVGH BayVBl. 1966, 248 ff; OVG Münster E 24, 226 ff; zu Ausnahmen bei Fernwärmeversorgung VGH BW VBl. BW 1982, 54 und BVerwG NVwZ-RR 1992, 37.
456 BayVGH NVwZ-RR 1992, 156 – Einschränkung eines Beschränkungsanspruchs (i.S.v. § 35 Abs. 2 AVB WasserVO) in einer (Wasserabgabe-)Satzung.
457 OVG Lüneburg NVwZ 1993, 1017 – zwangsweiser Anschluss an die öffentliche Abfallentsorgung.
458 Vgl. z.B. § 6 Abs. 1 Satz 1 NWKAG.
459 Bejahend OVG Lüneburg E 25, 345 ff; a.A.: BGHZ 52, 325 ff; VGH Kassel VwRspr. 27, 64 ff.
460 Vgl. BGH DVBl. 1983, 1062 – zur Haftung der Gemeinde für Nässeschäden, die ein fehlerhaftes Kanalanschlussrohr auf dem Nachbargrundstück verursacht hat.
461 OVG Lüneburg NVwZ 1991, 81 – für die Verfolgung dieses Anspruchs ist der Verwaltungsrechtsweg gegeben.

I *Kommunalrecht*

176 dd) Insbesondere Friedhofsbenutzung:
Rechtsprechung und Schrifttum haben sich in nicht unerheblichem Umfang insbesondere auch mit der Friedhofsbenutzung befasst. Dabei war die Frage streitig, ob auch Einrichtungen des Bestattungswesens „ähnliche der Volksgesundheit dienende Einrichtungen" i.S. der Gemeindeordnungen sind. In einigen Gemeindeordnungen ist die Ermächtigung zum Anschluss- und Benutzungszwang entsprechend erweitert worden (z.B. Baden-Württemberg, Bayern, Niedersachsen[462]). Auch im Übrigen ist diese Frage heute durch die Rechtsprechung beantwortet[463]. Neben den Fragen der Friedhofsbenutzung allgemein[464] ist vor allem das Problem der Gestaltung von Grabmälern wiederholt in der Rechtsprechung erörtert worden[465].

177 Fraglich ist, ob alle Teilakte des Bestattungswesens wie Leichentransport, Einsargung und Bestattung dem Anschluss- und Benutzungszwang unterworfen werden können – oder ob auch insofern der **kommunalen Daseinsvorsorge** eine Grenze gesetzt ist, hinter der sich private Initiative ohne Schaden für die Gemeinschaft entfalten kann. Auch bei dieser auf den ersten Blick sehr speziellen Fragestellung geht es um das grundsätzliche Problem, inwieweit sich die Gemeinde eine Monopolstellung einräumen und damit auf ihrem Gebiet einen **wirtschaftlichen Wettbewerb** insoweit ausschließen darf. Beispielsweise wird die Anordnung eines Benutzungszwanges für Trauerhallen und friedhofseigene Leichenkammern durch eine „Friedhofsordnung" als Verstoß gegen einfaches Recht und als Verletzung von Grundrechten sowohl der Friedhofsbenutzer als auch der betroffenen Unternehmer bewertet[466].

Literatur: *Gaedke:* Handbuch des Friedhofs- und Bestattungsrechts, 7. Aufl. 1997.

178 ee) Verfassungsrechtliche Probleme des Anschluss- und Benutzungszwanges:
Der Anschluss- und Benutzungszwang kann die Betroffenen u.U. empfindlich in ihren **Grundrechten** berühren. Dass die Gemeinde ihre **Satzungsgewalt** unter Beachtung des „**Willkürverbotes**" (vgl. Art. 3 Abs. 1 GG) ausüben muss, bedeutet u.a., dass sie die Beschränkung des Anschluss- und Benutzungszwanges auf bestimmte Gemeindegebiete (so wie es in den Gemeindeordnungen ausdrücklich vorgesehen wird) nicht unter jedwedem beliebigen Gesichtspunkt vornehmen darf.

Daneben ist **Art. 12 Abs. 1 GG** zu beachten, wenn die Gemeinde privat-wirtschaftliche Betätigung auf ihrem Gebiet dadurch unterbindet, dass sie selbst eine Aufgabe monopolisierend an sich zieht[467].

---

462 Vgl. im Einzelnen Fn. 434.
463 Vgl. VGH BW ESVGH 8, 164 (167).
464 Vgl. BVerwGE 45, 224 ff; OVG Lüneburg NdsVBl. 1994, 40 – Gewohnheitsrechtlicher Friedhofszwang in Niedersachsen; ausnahmsweise Genehmigung einer privaten Grabstätte; VGH Kassel NVwZ 1988, 847 – Kein Benutzungszwang für Leichenhallen auf kommunalen Friedhöfen.
465 Vgl. BVerwGE 17, 119 ff; BayVGH NVwZ-RR 1991, 250 (= BayVBl. 1991, 205) – Gestaltungsvorschriften; VGH Kassel NVwZ-RR 1989, 505 – Grenzen der Zulässigkeit von Einschränkungen der Grabgestaltung in Friedhofssatzung (hier: Verbot einer Vollabdeckung aus Stein auf Grabstätte).
466 *H. Weber*, NVwZ 1987, 641 ff; ebenso VGH Kassel NVwZ 1988, 847 ff; s. dazu auch Rdnr. 288 ff, 298 ff.
467 Vgl. BayVGH BayVBl. 1973, 380 ff – Leichenentsorgungsmonopol, sowie BayVBl. 1985, 463 f – Leichentransport; ThürOVG GewArch. 1998 26 f – Benutzungszwang hinsichtlich gemeindlicher Leichenhalle.

Weiterhin stellt sich das Problem, inwieweit durch die Einführung eines Benutzungszwanges **Entschädigungsansprüche** begründet werden, die lange Zeit aus Art. 14 Abs. 3 GG hergeleitet wurden. Die gesetzlichen Ermächtigungen zur Einführung des Benutzungszwanges in den Gemeindeordnungen sehen eine **Entschädigung** (i.S. von Art. 14 Abs. 3 GG) nicht vor; demnach wäre eine Satzung, durch die Gewerbetreibende gezielt und voraussehbar ihren Betrieb aufgeben müssten (oder die unzumutbar beeinträchtigt würden) und die als unverhältnismäßige Eigentumsbindung zu qualifizieren wäre, verfassungswidrig. Unvorhersehbare Beeinträchtigungen wären nach den Grundsätzen des „**enteignungsgleichen**" oder „**enteignenden Eingriffs**" entschädigungsfähig[468]. Das betrifft z.B. die Fälle, in denen ein „Selbstversorger" (z.B. von Trinkwasser aus einem eigenen Brunnen) ausnahmsweise wegen Vorliegens einer besonderen Härte zu entschädigen ist, wenn er an die öffentliche Wasserversorgung angeschlossen wird. Ein weiteres Beispiel, in dem Rechtspositionen, insbesondere Eigentümerpositionen (**Art. 14 GG**), des Bürgers entwertet werden: Besitzt ein Hauseigentümer eine den geltenden Vorschriften entsprechende Heizungsanlage oder Kläranlage, so kann die Anordnung des Anschlusses und der Benutzung der entsprechenden öffentlichen Einrichtungen als „**enteignender Eingriff**" bewertet werden. Denkbar ist es auch, dass den verfassungsrechtlichen Anforderungen (insbesondere Grundrechte und „Übermaßverbot") dadurch Rechnung getragen wird, dass eine Ausnahme oder „**Befreiung**"[469] in der Satzung vorgesehen wird[470].

Ein Eingriff in eine Eigentümerposition – und in die Berufsfreiheit – kann also in den Fällen vorliegen, in denen ein **privater Unternehmer** die Bürger der Gemeinde versorgt hat und dessen Leistungen nunmehr durch die Leistungen der öffentlichen Einrichtung **ersetzt** werden[471].

In der Praxis wird ein **Privater** mit Einführung des Anschluss- und Benutzungszwanges auch zur Zahlung entsprechender Gebühren verpflichtet und **verliert** damit die **Vorteile**, die bisher auf Grund einer vertraglichen Vereinbarung mit der Gemeinde bestanden hatten[472].

Vor allem wird angesichts der Auswirkungen derartiger Regelungen[473] deutlich, dass der **Gesetzgeber** die „**wesentlichen**" **Entscheidungen** insoweit selbst treffen muss[474].

---

468 Vgl. *Maurer*, § 26 Rdnr. 87 ff, 107 ff sowie VII. Rdnr. 77 ff und BVerwG E 62, 224 – kein enteignender Eingriff bei Verlust eines Teils des Kundenstamms durch Übertragung der Abfallbeseitigung auf öffentlich-rechtliche Körperschaft.
469 Vgl. hierzu *Maurer*, § 9 Rdnr. 55.
470 Vgl. BayObLG BayVBl. 1985, 285 – Kachelofen.
471 Vgl. BVerwG NJW 1982, 63 – Übertragung der Abfallbeseitigung vom privaten „Altunternehmer" auf öffentlich-rechtliche Körperschaft.
472 Vgl. BGH DÖV 1980, 879 ff, sowie BVerwG BayVBl. 1972, 669 f – Verlust von unentgeltlichen Brunnenrechten.
473 Eine Lösung kommt u.U. auch im Wege einer sog. ausgleichspflichtigen (Eigentums-)Inhaltsbestimmung in Betracht, vgl. dazu *Maurer*, § 26 Rdnr. 79 ff.
474 Vgl. dazu *Maurer*, § 6 Rdnr. 11, 19 ff.

I *Kommunalrecht*

Literatur: *Frotscher*: Die Ausgestaltung kommunaler Nutzungsverhältnisse bei Anschluss- und Benutzungszwang, 1974; *Börner*: Einführung eines Anschluss- und Benutzungszwanges durch kommunale Satzung, 1978.

Übungsfall: *Bähr*: Der praktische Fall – Der Kanalbeitrag, JuS 1992, 143 ff.

d) Übernahme und Ausübung ehrenamtlicher Tätigkeit

179 Zu den Pflichten der Gemeindeangehörigen zählt schließlich die Pflicht zur Übernahme von **ehrenamtlichen Tätigkeiten**. Hierzu enthalten die Gemeindeordnungen ausführliche, im Einzelnen unterschiedliche Regelungen. Zumeist sind zur Übernahme einer ehrenamtlichen Tätigkeit oder eines Ehrenamtes nur die Bürger verpflichtet, gelegentlich besteht diese Pflicht auch für die „Einwohner". Daneben lassen einige Gemeindeordnungen Einwohner für ganz spezielle ehrenamtliche Tätigkeiten[475] zu. Grundsätzlich ist den Regelungen über die ehrenamtliche Tätigkeit gemeinsam, dass die Übernahme nur aus wichtigem Grunde abgelehnt werden kann[476], dass die ehrenamtlich Tätigen einer Schweige- und Treuepflicht unterliegen und dass sie einen Anspruch auf eine angemessene Entschädigung besitzen[477].

e) Duldung des Betretens von Grundstücken

180 Wegen Art. 13 GG gehört es jedoch nicht zu den Pflichten der Gemeindeangehörigen, das Betreten ihrer Grundstücke und Wohnungen – z.B. zum Zwecke der Kontrolle von kommunalen Abfallentsorgungsvorschriften – zu dulden. Eine bloße Satzung stellt keine ausreichende Ermächtigungsgrundlage i.S.d. Art. 13 GG dar[478].

Übungsfälle: *v.Mutius*: Grundfälle ..., JuS 1978, 402 (Fälle 32 und 33); Aufgabe 6a der 1. Jur. Staatsprüfung 1980/I BayVBl. 1983, 668 f, 700 ff.

4. Ausländer in den Gemeinden

181 Insbesondere in den industriellen Ballungsgebieten werden die Gemeinden durch die Zuwanderung von **Ausländern** vor besondere Probleme gestellt. Angesichts der Liberalisierung der politischen Verhältnisse in den Ländern des bisherigen Ostblocks wird eine vermehrte Ost-West-Wanderung erwartet, die auch die Gemeinden zusätzlich fordern wird.

Kommunalrechtlich handelt es sich bei Ausländern, soweit sie legal in der Gemeinde wohnen, um „Einwohner" und nicht um „Bürger". Sie können demnach alle kommu-

---

475 Z.B. in der Jugendpflege; vgl. auch § 18 Abs. 2 RhPfGO.
476 Ein wichtiger Grund liegt aber nicht in der wiederholten Inanspruchnahme, vgl. dazu OLG Düsseldorf, Kommunalpolitische Blätter 1996, 327.
477 §§ 15 ff BWGO; Art. 19 ff BayGO; §§ 27, 29 BrandGO; §§ 10 ff BrhVerf; § 21 ff HessGO; § 19 MVKommVerf; §§ 23 ff NdsGO; §§ 28 ff NWGO; §§ 18 ff RhPfGO; §§ 24 Abs. 2, 25 ff SaarlKSG; §§ 17 ff SächsGO; §§ 28 ff SachsAnhGO; §§ 21, 23 f SchlHGO; §§ 12 Abs. 3, 13 ThürKO.
478 OVG Koblenz NVwZ-RR 1994, 570 (= DÖV 1994, 835).

nalen Einrichtungen der Daseinsvorsorge in Anspruch nehmen[479]; lediglich das **Kommunalwahlrecht** und die bürgerlichen Ehrenämter waren ihnen bislang vorenthalten; nunmehr haben Art. 28 Abs. 1 Satz 3 GG und nachfolgend die kommunalen Wahlgesetze für **EG-Ausländer** eine inhaltlich gleiche Regelung des Europarechts[480] umgesetzt. Gerichtlich zu klären bleibt noch die Frage der Beteiligung von EG – Ausländern an den kommunalen Bürgerbegehren. Streit besteht v.a. darüber, ob die lediglich auf Wahlen bezogene Formulierung des Art. 28 Abs. 1 S. 3 GG eine Beteiligung von EG-Bürgern an Formen der unmittelbaren Demokratie, die ja gerade keine Wahlen darstellen, zulässt[481].

Problematisch ist außerdem die schulische Betreuung der Kinder der Ausländer; diese unterliegen in allen Bundesländern der landesrechtlichen **Schulpflicht**, die (einschließlich der **Berufsschulpflicht**) bis zur Vollendung des 18. Lebensjahres reicht. Die Tatsache, dass diese Kinder teilweise in zwei Kulturkreisen aufwachsen (sollen), führt zu teilweise großen Schwierigkeiten insbesondere in den **Grund-** und **Hauptschulen** mancher Großstädte. Als ungeklärt darf auch die in erster Linie von den Gemeinden zu beantwortende Frage angesehen werden, ob und in welchem Maße Deutsche und Ausländer „**multikulturell**" miteinander leben wollen und können[482].

Ein weiteres Problemfeld sind die **Wohnverhältnisse** der Ausländer. Sowohl die Wohnungsstatistik als auch Untersuchungen auf lokaler Ebene haben gezeigt, dass die Ausländerbevölkerung z.T. in den schlechtesten der verfügbaren Wohnungen lebt. Bessere Wohnverhältnisse werden auch häufig nach längerer Aufenthaltsdauer nicht begründet; hierfür gibt es eine Reihe von Erklärungen, die u.a. auch in der aufenthaltsrechtlichen Ungewissheit liegen sowie in dem Wunsch vieler Ausländer, später in ihre Heimat zurückzukehren. Die Gemeinden stehen hier auch vor der grundsätzlichen Frage, ob sie grundsätzlich von einer Mischung zwischen ausländischer und deutscher Bevölkerung ausgehen wollen oder ob sie – beispielsweise nach dem Vorbild der USA (einem typischen Einwanderungsland) – ausgesprochene **Ausländerbezirke** zulassen wollen.

Einen erheblichen Raum in der öffentlichen sowie in der rechtswissenschaftlichen Diskussion hat die Frage eingenommen, ob den Ausländern ein **Wahlrecht zur Gemeindevertretung** (und u.U. hinsichtlich der Wahl des Bürgermeisters) zustehen sollte. Die Verfassungsmäßigkeit derartiger Reformvorstellungen hängt davon ab, ob „Volk" i.S. von Art. 28 Abs. 1 Satz 2 GG für die Gebiete der Länder, Kreise und Gemeinden dasselbe bedeutet wie i.S. von Art. 20 Abs. 2 Satz 1 GG im Hinblick auf den Bund: Denn im Sinn dieser Vorschrift bedeutet „Volk" unzweifelhaft „Staatsvolk" – und das ist die Gesamtheit der deutschen **Staatsangehörigen**. Das BVerfG hat – mit

182

---

479 Vgl. auch § 3 Abs. 3 BrandGO – Verpflichtung der Gemeinden zur Förderung der Gleichstellung aller Einwohner unabhängig von ihrer Abstammung, Nationalität, usw.
480 Art. 8b Abs. 1 EG-Vertrag i.d.F. vom 7.2.1992; vgl. zu einem diesbezüglichen EG-Richtlinien-Vorschlag NVwZ 1989, 341, und *Lobkowicz*, DÖV 1989, 519.
481 Ausführlich hierzu: *Engelken*, DÖV 1996, 737, m.w.N.
482 In diesem Problem steckt u.a. auch die Frage nach der Tolerierbarkeit anderer, insb. sog. fundamentalistischer Anschauungen und ihrer Praktizierung – im Übrigen nicht nur in Bezug auf Ausländer.

I *Kommunalrecht*

der wohl h.M. – die Verfassungswidrigkeit von Regelungen des kommunalen Wahlrechts für Ausländer festgestellt[483].

183 Eine politische Beteiligung von Ausländern am kommunalen Geschehen auf kommunalrechtlich gesicherter Basis ist bislang nur verhältnismäßig selten ermöglicht worden, nämlich durch gewählte **Ausländerbeiräte** auf der Grundlage ausdrücklicher gesetzlicher Regelungen[484] oder Satzungsbestimmungen[485]. Weiterhin ist möglich, dass der Gemeinderat einen **Ausländerausschuss** mit Beteiligung sachkundiger ausländischer Einwohner[486] bildet. Schließlich ist die Benennung eines hauptamtlich oder auch ehrenamtlich tätigen **Ausländerbeauftragten**[487] eine Möglichkeit, nicht nur die politische, sondern auch die „soziale und ökonomische Beteiligung", die nach wie vor große Schwierigkeiten macht, zu fördern[488].

Auf die besonderen und vielfältigen Probleme, die sich aus dem Aufenthalt von **Asylbewerbern** in den Gemeinden ergeben, sei hier lediglich hingewiesen.

Literatur: *Zapf*: Ausländer in den Kommunen, HdbKommWPr, Bd. 1, 1981, S. 366 ff; *Karpen:* Kommunalwahlrecht für Ausländer, NJW 1989, 1012 ff; *Liegmann*, Kommunales Wahlrecht für Ausländer in den Bundesländern und Europa, 1990; *Degen*: Die Unionsbürgerschaft nach dem Vertrag über die europäische Union unter besonderer Berücksichtigung des Wahlrechts, DÖV 1993, 749 ff.

Übungsfälle: *Weber*: Grundfälle zum Rechtsschutz im Kommunalwahlrecht, insbesondere zur Wahlprüfung, JuS 1989, 902, 977; und 1990, 291; *Spies*: Der praktische Fall – Das verwehrte Kommunalwahlrecht, JuS 1992, 1036 ff.

V. Die Verfassung der Gemeinde

184 Das **kommunale Verfassungsrecht** ist unterschiedlich geregelt. Maßstab der rechtlichen Beurteilung eines speziellen Problems kann selbstverständlich nur das jeweilige Gemeinderecht mit seinen Bestimmungen sein; insoweit wird in der Regel auch nur spezielle Literatur und einschlägige Rechtsprechung (jeweils zum Landesrecht) weiterhelfen können.

185 Auf der anderen Seite gibt es trotz der Vielzahl von **Gemeindeverfassungen** mit ihren manchmal idealisierten (oder gar fiktiven) Gemeindeverfassungs-Typen in der Praxis gewisse Gemeinsamkeiten in der gemeindlichen Verfassungswirklichkeit. Diese Gemeinsamkeiten werden teilweise durch eine gewisse Flexibilität innerhalb

---

483 BVerfGE 83, 37 – Schleswig Holstein – und E 83, 60 – Hamburg – sowie bereits BVerfGE 81, 53.
484 § 25 Abs. 1-3 BrandGO; §§ 84-88 HessGO; § 27 NWGO; § 46a RhPfGO; § 50 SaarlKSG; § 26 Abs. 4 ThürKO.
485 Vgl. *Konsor*, Einrichtung und Arbeitsweise kommunaler Ausländerbeiräte in Niedersachsen, 1997.
486 *Zapf*, HdbKommWPr, Bd. 1, 1981, S. 375.
487 Vgl. § 25 Abs. 4 BrandGO; § 64 Abs. 1 SächsGO; vgl. VGH Kassel NVwZ 1989, 390 – zur Berufung von Ausländerbeauftragten durch den Ortsbeirat.
488 *Zapf*, HdbKommWPr, Bd. 1, 1981, S. 375.

der jeweiligen Gemeindeverfassung ermöglicht; teilweise resultieren sie aus organisatorischen, rechtlich nicht ausdrücklich vorgesehenen Prozessen[489].

Die Betrachtung der Gemeindeordnungen unter diesem Gesichtspunkt der Gemeinsamkeiten führt zu einer Art **Rechtsvergleichung** zwischen den verschiedenen Gemeindeordnungen und ist – wie jede Rechtsvergleichung – hilfreich bei der Beantwortung der Frage, welches die überlegene Lösung für ein kommunalverfassungsrechtliches Problem ist.

186

Bei allen Unterschieden im Detail ergeben sich folgende Gemeinsamkeiten, die teilweise bereits durch die **Vorgaben des Art. 28 Abs. 1 Satz 2 und Satz 4 GG** gefordert werden: Das „Gemeindevolk" bedarf eines „bürgerrepräsentativen Kollegialorgans" für die „maßgebende Regierung des Gemeinwesens"[490], der **Gemeindevertretung** (Gemeinderat, Rat); daneben besteht meist ein **kollektives Lenkungsorgan**, ein „Gemeindevorstand"; schließlich muss ein hauptamtlicher „**Gemeindevorsteher**" (sog. Hauptverwaltungsbeamter) die Beschlüsse der kollegialen Organe vorbereiten, häufig auch anregen und später durchführen sowie die „laufenden Geschäfte" führen, meist auch die Vertretung der Gemeinde nach außen hin übernehmen. Die Verteilung der in der Gemeinde anfallenden Aufgaben auf diese Organe, die Zusammensetzung dieser Organe selbst sowie die Regelung der Beziehungen der kommunalen Organe untereinander – das macht im Einzelnen die Unterschiede der Gemeindeordnungen aus.

187

1. Die Gemeindevertretung (die Bürgerschaft)

a) Wahl

Die Gemeindevertretung, das „Repräsentativorgan" der Gemeinde, wird von den Bürgern gewählt. Sie heißt „Gemeinderat" (oder „Stadtrat"), „**Gemeindevertretung**" (oder „Stadtvertretung"), „Rat" oder „Stadtverordnetenversammlung"[491]. Die Mitglieder der Gemeindevertretung werden in allgemeiner, unmittelbarer, freier, gleicher und geheimer Wahl gewählt (Art. 28 Abs. 1 Satz 2 GG); das Nähere bestimmt im Allgemeinen das jeweilige „Kommunalwahlgesetz"; daneben enthalten teilweise auch die Gemeindeordnungen selbst wahlrechtliche Bestimmungen. Die Wahlsysteme unterscheiden sich in zum Teil erheblichem Maße[492].

188

---

489 Sog. informelle (informale) Organisation, die wesentlich zur Funktionsfähigkeit der Organisation beiträgt, vgl. dazu *Grün*, in: *Grochla* (Hrsg.), Handwörterbuch der Organisation, 2. Aufl. 1980, Sp. 881 ff.
490 *Wolff/Bachof/Stober*, § 87 vor Rdnr. I.
491 § 23 BWGO; Art. 29 BayGO; § 32 Abs. 2 BrandGO; § 1 BrhVerf; § 49 HessGO; § 21 MVKommVerf; § 31 NdsGO; § 40 Abs. 2 NWGO; § 28 RhPfGO; § 29 SaarlKSG; § 1 Abs. 4 SächsGO; §§ 35, 44 Abs. 1 SachsAnhGO; § 7 SchlHGO; § 22 ThürKO.
492 Vgl. vor allem die Möglichkeit des „Panaschierens" (Wähler hat so viele Stimmen wie Gemeindevertreter zu wählen sind und kann Bewerber aus verschiedenen Listen wählen) und des „Kumulierens" (bis zu drei Stimmen können auf einen Kandidaten „gehäufelt" werden) in BW, Bay, Brand, Rh-Pf, Thür.

I *Kommunalrecht*

Eine Reihe von Problemen im Zusammenhang mit Kommunalwahlen haben zu gerichtlicher Klärung geführt. Gegen ein ggf. normiertes Verbot des „Doppelauftretens von Parteien oder Wählergruppen" bei einer Wahl[493] verstoßen sog. Tarnlisten[494]. Eine **Einflussnahme** von Gemeinden, ihren Organen und Amtswaltern bei Kommunalwahlen verstößt gegen die Verpflichtung zur Neutralität; derartige **Wahlempfehlungen** sind **unzulässig**[495]. In der „heißen Phase" des Kommunalwahlkampfes dürfen auch **Erfolgs- und Leistungsberichte** nicht versandt werden; wird gegen dieses Verbot verstoßen und kann sich dieser Verstoß auf die Sitzverteilung in der Gemeinde ausgewirkt haben, muss die Wahl wiederholt werden[496]. Keine unzulässige Wahlbeeinflussung liegt bei sog. **Scheinkandidaten** vor, die einer Partei Stimmen verschaffen sollen, ohne dass der Kandidat das Mandat im Fall der Wahl anzunehmen gedenkt[497]. Bei der **Kandidatenaufstellung** müssen der Grundsatz der innerparteilichen Demokratie und die allgemeinen Wahlrechtsgrundsätze beachtet werden[498]. Wird eine **Wahl** wegen Unregelmäßigkeiten für **ungültig** erklärt, tritt der **Mandatsverlust** kraft Gesetzes ein[499].

Die zahlenmäßige Größe der Gemeindevertretung ist entsprechend der Einwohnerzahl abgestuft; sie schwankt z.B. in Bayern zwischen acht und achtzig **Ratsmitgliedern**[500].

Literatur: Saftig: Kommunalwahlrecht in Deutschland, 1990.

Übungsfälle: *Weber:* Grundfälle zum Rechtsschutz im Kommunalwahlrecht, insb. zur Wahlprüfung, JuS 1989, 902 ff.

b) Amtszeit; Auflösung

189 Die Amtszeit ergibt sich aus dem Gemeindewahlrecht. Ein Recht auf **Selbstauflösung** steht der Gemeindevertretung **nicht** zu. Allerdings ist die Auflösung des Ge-

---

493 Z.B. gem. Art. 23 Abs. 1 BayGLKrWG.
494 Dazu BayVerfGH BayVBl. 1993, 206, und BVerwG NVwZ 1994, 496.
495 BVerwG NVwZ 1992, 795; VGH BW NVwZ 1992, 504 (= DÖV 1992, 836) – nicht beabsichtigte Wahlbeeinflussung unzulässig, wenn der aufgeschlossene Durchschnittswähler eine mehrdeutige Aussage als Wahlempfehlung verstehen kann.
496 VGH Kassel NVwZ 1992, 284; vgl. auch VG Darmstadt NVwZ 1992, 628 – parteiergreifende amtliche Öffentlichkeitsarbeit führt nicht notwendig zu Unregelmäßigkeiten des Wahlverfahrens i.S.d. § 26 Abs. 1 Nr. 2 HessKommWahlG.
497 OVG Koblenz NVwZ-RR 1992, 255, Vorinstanz: VG Neustadt NVwZ 1991, 255 – Mandatsbewerbung (Bürgermeister einer Verbandsgemeinde) setzt im Zeitpunkt der Bewerbung Bereitschaft zur Annahme der Wahl voraus.
498 HambVerfGH NVwZ 1993, 1083 – bei eklatanten und evidenten Verstößen mit Auswirkungen auf die Zusammensetzung des Repräsentationsorgans hat das Gebot der Richtigkeit der Parlamentszusammensetzung Vorrang vor dem Gebot der Sicherung des Wahlbestandes und der kontinuierlichen Arbeitsfähigkeit.
499 OVG Münster DÖV 1991, 804; vgl. auch: OVG Münster DÖV 1991, 802 – notwendige Beiladung des direkt Gewählten im gerichtlichen Wahlanfechtungsverfahren; VGH BW NVwZ-RR 1992, 261 (= DVBl. 1992, 457) – Einspruchsgründe und Einspruchsfrist; BayVGH NVwZ-RR 1992, 265 – Besetzung der Wahlausschüsse; BVerwG NVwZ 1992, 488 (= DÖV 1992, 830) – zum Hare-Niemeyer-Verfahren.
500 Art. 31 Abs. 2 BayGO; in Nds zwischen 6 und 66, vgl. § 32 Abs. 1 Satz 1 NdsGO; in Thür zwischen 6 und 50, vgl. § 23 Abs. 3 ThürKO.

meinderates durch eine entsprechende staatliche Anordnung im Rahmen der Rechtsaufsicht für den Fall vorgesehen, dass sich ein gesetzwidriger Zustand in der Gemeinde auf andere Weise nicht beheben lässt[501]. Einzelne Gemeinderatsmitglieder können „aus wichtigem Grund" ihr Amt niederlegen[502], der Verlust des Amtes tritt insb. ein mit dem Wegfall der Voraussetzungen des (passiven) Wahlrechts (z.B. bei Verlust des Bürger-Status wegen Wegzugs aus der Gemeinde), bei Aufnahme einer mit dem Ehrenamt unvereinbaren Tätigkeit oder bei Angehörigkeit zu einer Partei, deren Verfassungswidrigkeit vom BVerfG festgestellt worden ist[503].

c) Rechtsstellung; Verhältnis zur übrigen Gemeindeverwaltung

Der Gemeinderat ist kein „kommunales Parlament", sondern Verwaltungsorgan[504]. Wie für ein **Kollegialorgan** typisch (und unumgänglich), handelt der Gemeinderat in Sitzungen (sog. **Sitzungszwang**)[505], und zwar in Form von Beratungen, Wahlen und Abstimmungen (**Beschlussfassungen**). Als (nahezu ausschließlich) ehrenamtlich besetztes Organ ist der Gemeinderat zur Vorbereitung seiner Tätigkeit und vor allem zur **Ausführung** seiner Beschlüsse auf die **Gemeindeverwaltung (i.e.S.)** angewiesen, die über den insoweit zuständigen „Hauptverwaltungsbeamten"[506] in Anspruch genommen wird.

190

Wer den **Vorsitz in der Gemeindevertretung** führt und wer über die damit in einem gewissen Zusammenhang stehenden Aufgaben und Befugnisse (z.B. Einberufung des Gemeinderats, Festlegung der Tagesordnung, Aufrechterhaltung der Ordnung, Rechtmäßigkeitskontrolle der Beschlüsse des Gemeinderats, Ausführung der Beschlüsse)[507] entscheidet, ist in den Ländern unterschiedlich geregelt: Nach Wegfall der norddeutschen Ratsverfassung[508] gilt jedoch der Grundsatz, dass nach süddeutschem Vorbild die Funktionen des Ratsvorsitzenden und die des Leiters der Verwaltung (i.e.S.) einem Organ zugewiesen sind[509].

d) Die Zuständigkeiten der Gemeindevertretung

Auch hinsichtlich der Regelung der **Zuständigkeiten** der Gemeindevertretung finden sich im Einzelnen unterschiedliche Regelungen in den entsprechenden Bestimmungen der Gemeindeordnungen. Grundsätzlich gilt: Die Gemeindevertretung ist das

191

---

501 Z.B. gem. Art. 114 Abs. 3 BayGO; § 122 NWGO – jeweils durch Beschluss der Landesregierung.
502 Vgl. z.B. Art. 19 Abs. 4 BayGO.
503 Vgl. z.B. Art. 46 BayGLKrWG.
504 BayVerfGH BayVBl. 1984, 667 m. Anm. *Hofmann*.
505 Ausdrücklich: § 37 Abs. 1 Satz 1 BWGO; Art. 47 Abs. 1 BayGO; § 52 Abs. 1 Satz 1 HessGO; § 38 SaarlKSG; § 39 Abs. 1 Satz 1 SächsGO; § 52 Abs. 2 SachsAnhGO – mit Ausnahmen!, § 36 Abs. 1 Satz 1 ThürKO.
506 Vgl. dazu unten Rdnr. 227, 231 ff.
507 Vgl. dazu unten Rdnr. 226 ff – Zuständigkeiten des Gemeindevorstandes und Rdnr. 209 ff – Verfahrensfragen.
508 Am 6.3.1996 beschloss als letzter der Niedersächsische Landtag die Abschaffung der bisherigen sog. Doppelspitze.
509 Vgl. dazu unten Rdnr. 227 ff.

I *Kommunalrecht*

oberste Organ der Gemeinde („Hauptorgan") und an sich zuständig für die Erledigung sämtlicher Angelegenheiten der Selbstverwaltung[510]; sie ist also insbesondere **nicht nur Rechtsetzungsorgan.** Zu dieser Zuständigkeit gehören im Übrigen nicht nur die eigenen (freiwilligen und pflichtigen) Angelegenheiten, sondern – allerdings selten – auch die **übertragenen Aufgaben**[511], die nicht selten dem **Gemeindevorsteher** vorbehalten sind[512].

192 Die Gemeindevertretung ist allerdings **nicht allein zuständig** für die Verwaltung der Gemeinde. Vielmehr räumen die Gemeindeordnungen daneben auch dem „Gemeindevorsteher" und/oder anderen Gremien originäre Zuständigkeiten ein.

Rechtstechnisch gehen die Gemeindeordnungen bei der Abgrenzung der Zuständigkeiten zwischen den Gemeindeorganen folgenden Weg: Der Gemeindevertretung wird die Wahrnehmung sämtlicher Angelegenheiten der Gemeinde zugewiesen, soweit nicht ein anderes Organ, z.B. der Gemeindevorsteher („Hauptverwaltungsbeamter") zuständig ist; weiterhin wird für die Gemeindevertretung ein Katalog von Zuständigkeiten aufgestellt, deren Wahrnehmung unabdingbar bei ihr verbleiben muss[513].

Gemeinsam ist allen diesbezüglichen Regelungen, dass für die Angelegenheiten der „laufenden Verwaltung" („**laufende Angelegenheiten**", die für die Gemeinde keine grundsätzliche Bedeutung haben und keine erheblichen Verpflichtungen erwarten lassen) der **Gemeinderat nicht zuständig** ist; er hat hinsichtlich der Tätigkeit des insoweit originär zuständigen „Hauptverwaltungsbeamten" (Gemeindevorstehers)[514] allerdings eine **Richtlinienkompetenz**[515].

Typisch – und ebenfalls allen landesrechtlichen Regelungen gemeinsam – ist weiterhin, dass der Gemeindevertretung für den Regelfall das Recht vorbehalten ist, **Satzungen** und – seltener – **Rechtsverordnungen** zu beschließen[516].

Angesichts ihrer Funktion als letztverantwortliches Repräsentationsorgan **überwacht** die Gemeindevertretung **die Gemeindeverwaltung** (i.e.S.), insb. die Ausfüh-

---

510 Wie Fn. 491.
511 Vgl. oben Rdnr. 101 ff.
512 Vgl. die im Einzelnen z.T. differenzierenden Regelungen: § 44 Abs. 3 BWGO; § 63 Abs. 1c) BrandGO; § 42 Abs. 1a BrhVerf; § 66 Abs. 1 Satz 2, 3 HessGO; § 38 Abs. 5 MVKommVerf; § 62 Abs. 1 NdsGO; § 62 Abs. 3 NWGO; § 47 Abs. 1 Nr. 4 RhPfGO; § 59 Abs. 4 SaarlKSG; § 53 Abs. 3 SächsGO; § 63 Abs. 4 SachsAnhGO; §§ 50 Abs. 2, Abs. 4, 70 Abs. 3 SchlHGO; § 29 Abs. 2 Nr. 2 ThürKO.
513 Einen solchen Zuständigkeitskatalog enthält § 39 Abs. 2 BWGO; Art. 32 Abs. 2 BayGO; § 35 Abs. 2 BrandGO; § 18 BrhVerf; § 51 HessGO; § 22 Abs. 3 MVKommVerf; § 40 Abs. 1 NdsGO; § 41 Abs. 1 Satz 2 NWGO; § 32 Abs. 2 RhPfGO; § 35 SaarlKSG; § 41 Abs. 2 SächsGO; § 44 Abs. 3 SachsAnhGO; § 28 Abs. 1 SchlHGO; § 26 Abs. 2 ThürKO.
514 Vgl. dazu unten Rdnr. 223 ff, 225.
515 § 24 Abs. 1 Satz 2 BWGO; Art. 37 Abs. 1 Satz 2 BayGO; § 35 Abs. 2 BrandGO; § 18 Abs. 1a) BrhVerf; § 51 Nr. 1 HessGO; § 22 Abs. 3 Nr. 4 MVKommVerf; § 40 Abs. 1 Nr. 1 NdsGO; § 41 Abs. 1 Satz 1 Nr. a) NWGO.
516 Vgl. z.B. – für Satzungen – Art. 29 BayGO i.V.m. Art. 23 und – für Verordnungen – Art. 42 ff BayLStVG sowie oben Rdnr. 73 ff.

rungen ihrer Beschlüsse[517] und sorgt beim Auftreten von Missständen in der Gemeindeverwaltung für die Beseitigung dieser Unzulänglichkeiten. Auch diese Aufgabe darf die Gemeindevertretung allerdings nicht durch eigene Aktivitäten wahrnehmen; sie muss sich insoweit des „Gemeindevorstehers" (des sog. Hauptverwaltungsbeamten) bedienen[518], der entsprechende Beschlüsse der Gemeindevertretung auszuführen hat. Kommt ein Gemeindevorsteher dieser Aufgabe nicht nach, so kann die Gemeindevertretung ihn letztlich disziplinarisch zur Verantwortung ziehen.

Zur Wahrnehmung dieser Zuständigkeiten hat die Gemeindevertretung das Recht, sich umfassend über alle Verwaltungsangelegenheiten zu informieren (insb. **Akteneinsicht**). Dieses Recht steht allerdings zumeist nur dem Kollegialorgan, nicht einzelnen Mitgliedern zu[519].

Neben derartigen obligatorischen, unbedingt fixierten Zuständigkeitsregelungen eröffnen die Gemeindeordnungen die Möglichkeit, **Zuständigkeiten** zwischen den Gemeindeorganen **flexibel** zu gestalten. So kann die Gemeindevertretung innerhalb des gemeindeverfassungsrechtlichen Freiraumes **Zuständigkeiten** an andere Organe **delegieren**[520]. Solche flexiblen Zuständigkeitsregelungen müssen im Übrigen nicht in generellen Festlegungen bestehen; es ist vielmehr auch denkbar, dass die Gemeindevertretung sich für Einzelfälle die Beschlussfassung vorbehält oder dass sie sich (durch eine entsprechende Regelung in der Hauptsatzung) für bestimmte Gruppen von Angelegenheiten die Beschlussfassung vorbehält. Auch hinsichtlich z.B. des **Rechts** des Gemeinderats **auf Zurückholung** einer dem Gemeindevorsteher übertragenen Aufgabe gibt es unterschiedliche Regelungen[521].

193

Weiterhin ist denkbar, dass der Gemeinderat zur Beschlussfassung dadurch zuständig wird, dass ihm ein Organ eine Angelegenheit zur Beschlussfassung vorlegt[522].

e) Die Ausschüsse

Die Gemeindevertretung wird nicht nur in ihrer Gesamtheit – als Plenum – tätig; vielmehr handelt sie durch ihre **Ausschüsse**, die im Wesentlichen aus Mitgliedern der

194

---

517 § 24 Abs. 1 Satz 3 BWGO; Art. 30 Abs. 3 BayGO; § 36 BrandGO; § 18 Abs. 3 Satz 1, § 50 Abs. 2 HessGO; §§ 22 Abs. 2 Satz 1, 34 MVKommVerf; § 40 Abs. 3 NdsGO; § 55 Abs. 3 NWGO; § 33 RhPfGO; § 37 SaarlKSG; §§ 44 Abs. 2 Satz 2, 62 Abs. 2 SachsAnhGO; § 30 SchlHGO; § 22 Abs. 3 Satz 2 ThürKO.
518 Ausnahmsweise sind Beschlüsse denkbar, die vom Rat (Stadtverordnetenversammlung) selbst ausgeführt werden, s. z.B. § 33 Abs. 2 BrhVerf.
519 BayVGH BayVBl. 1970, 222 zu Art. 30 Abs. 3 BayGO; deutlicher die Regelungen in den übrigen Bundesländern, vgl. Rdnr. 203 und Fn. 554-557; Ausnahme in § 30 SchlHGO: Kontrollrecht einzelner Mitglieder der Gemeindevertretung.
520 Vgl. § 40 Abs. 4 NdsGO; § 24 Abs. 1 Satz 2 Alt. 2., Abs. 2 Satz 3, 1. Hs. BWGO; § 32 RhPfGO; Art. 37 Abs. 2 BayGO – Delegation von Aufgaben des Gemeinderates an den „ersten Bürgermeister"; insb. an einen sog. Erledigungsausschuss („Gemeindesenat"; beschließender Ausschuss): § 39 BWGO; Art. 32 Abs. 3 BayGO; § 57 Abs. 2 BrandGO – nur für Hauptausschuss, § 34 Abs. 1 BrhVerf; § 35 Abs. 2 MVKommVerf – nur für Hauptausschuss, § 57 Abs. 2 NdsGO – für Verwaltungsausschuss, § 60 Abs. 1 Satz 1 NWGO – Hauptausschuss in Eilfällen; § 48 Abs. 1 SaarlKSG; § 41 Abs. 1 SächsGO; § 47 SachsAnhGO; § 45 Abs. 3 SchlHGO; § 26, insb. Abs. 3 ThürKO.
521 Vgl. z.B. Art. 37 Abs. 2 Satz 2 BayGO.
522 Z.B. § 40 Abs. 2 Satz 3 NdsGO.

I *Kommunalrecht*

Gemeindevertretung bestehen und von dieser gewählt werden; eine „proporzgenaue" „**spiegelbildliche**" Weitergabe der Repräsentation der in der **Gemeindevertretung** vertretenen Fraktionen und Gruppen muss nicht überall gewährleistet werden[523]. Jedoch besteht **kein Recht** eines fraktionslosen Ratsmitglieds **auf Mitgliedschaft** in wenigstens einem Ausschuss[524].

Nach ihrer Rechtsstellung kann man zwischen „**beratenden**" und „**beschließenden**" **Ausschüssen** unterscheiden. Alle Gemeindeordnungen sehen die Möglichkeit vor, dass die Gemeindevertretung ihre eigenen Beratungen und Entscheidungen durch beratende Ausschüsse vorbereiten lässt. Für die Arbeit der Ausschüsse kann der Rat allgemeine **Richtlinien** aufstellen. Soweit Ausschüssen **Entscheidungsbefugnis** eingeräumt worden ist (sog. Erledigungsausschüsse, Gemeindesenate[525]), sind entsprechende Beschlüsse u.U. erst durchzuführen, wenn innerhalb einer in der Geschäftsordnung zu bestimmenden Frist kein Einspruch (und keine Beanstandung) eingelegt worden ist[526].

195 Teilweise wird in den Gemeindeordnungen die Bildung von Ausschüssen mit bestimmten Aufgaben zwingend vorgeschrieben: der **Hauptausschuss**[527] (Abstimmung der Arbeiten aller Ausschüsse untereinander; Dringlichkeitsentscheidungen; Planung der Verwaltungsaufgaben von besonderer Bedeutung), der **Finanzausschuss**[528], der **Rechnungsprüfungsausschuss**[529], u.U. der **Werksausschuss**[530]. Außer den Ausschüssen, die durch die Gemeindeordnung obligatorisch vorgesehen sind, gibt es Pflicht-Ausschüsse aufgrund sondergesetzlicher Regelungen (z.B. Schulausschuss[531]; Werksausschuss gem. der EigenbetriebsVO). Daneben sind kreisfreie Städte (und Landkreise) – u.U. nach Maßgabe landesrechtlicher Regelungen auch leistungsfähige kreisangehörige Gemeinden – zur Bildung eines **Jugendhilfeausschusses**[532] verpflichtet, der besonders zusammengesetzt ist und spezielle Aufgaben in Angelegenheiten der **Jugendhilfe** hat; man wird ihn deshalb nur bedingt als einen Ausschuss der Gemeindevertretung ansehen können. Das gilt auch für den **Sozialhilfeausschuss**[533].

---

523 Vgl. im Einzelnen §§ 40, 41 BWGO; dazu VGH BW DÖV 1988, 472; § 33 Abs. 1 BayGO – dazu BayVGH NVwZ-RR 1989, 90 (Recht einer Fraktion); § 50 Abs. 2-5 BrandGO; § 34 Abs. 3 BrhVerf – vgl. OVG Bremen NVwZ 1990, 1195; §§ 55, 62 Abs. 2 HessGO; § 36 Abs. 1 Satz 2 MVKommVerf; § 51 Abs. 2 NdsGO; § 58 Abs. 1 Satz 1, Abs. 5 NWGO; § 45 Abs. 1 RhPfGO; § 48 Abs. 2 SaarlKSG – dazu OVG Saarlouis NVwZ 1992, 289; § 42 Abs. 2 SächsGO; § 46 Abs. 1 SachsAnhGO; § 46 Abs. 4 SchlHGO; § 27 Abs. 1 Satz 3, 4, 5 ThürKO.
524 OVG Koblenz NVwZ – RR 1996, 460 (= DÖV 1996, 612).
525 Z.B. Art. 32 Abs. 2 BayGO.
526 Z.B. Art. 32 Abs. 3 BayGO.
527 §§ 55-58 BrandGO; § 35 MVKommVerf; vgl. auch § 56-60 NdsGO – Verwaltungsausschuss; § 57 Abs. 2 und 3 NWGO; vgl. auch § 48 Abs. 1 SaarlKSG – Personalausschuss, Umweltausschuss; § 45 Abs. 2 SchlHGO; § 26 Abs. 1 Satz 3 ThürKO.
528 Insb. zur Vorbereitung der Haushaltssatzung und zur Ausführung des Haushaltsplans: § 41 BWGO; § 36 BrhVerf; § 62 Abs. 1 HessGO; § 36 Abs. 2 MVKommVerf; § 59 Abs. 2 NWGO.
529 § 59 Abs. 3 NWGO; § 48 SaarlKSG; vgl. unten Rdnr. 346 ff.
530 Z.B. gem. Art. 88 Abs. 4 BayGO und § 109 Abs. 2 i.V.m. § 48 SaarlKSVG.
531 Z.B. gem. § 12 NWSchBG.
532 Zu den Kompetenzen der Jugendhilfeausschüsse gem. § 71 KJHG (= SGB VIII): OVG Münster Eildienst StT NW 1991, 662 und 1992, 474.
533 Vgl. §§ 96 ff BSHG und z.B. Art. 2 ff BayAGBSHG.

Eine Verstärkung bürgerschaftlicher Mitwirkung kann dadurch eingeführt werden, **196** dass der Rat nicht nur Ratsherren, sondern auch andere Personen („**sachkundige Bürger**") in seine Ausschüsse berufen kann; besonders für kleinere Fraktionen ist diese Möglichkeit interessant, sich hinsichtlich ihrer Sachkunde zu verstärken. Einige Bundesländer kennen eine derartige Möglichkeit der Mitgliedschaft sachkundiger Bürger oder Einwohner in beratenden und z.T. auch in beschließenden Ausschüssen[534]. Im Einzelnen bestehen unterschiedliche Regelungen hinsichtlich des Verhältnisses der Anzahl der Personen zu der Zahl der Ratsmitglieder im Ausschuss[535]. Eine **Stimmberechtigung** der „sachkundigen Bürger" ist **i.d.R. nicht** vorgesehen.

Eine weitere Möglichkeit, die Sachkunde des Gemeinderats und seiner Ausschüsse zu erhöhen, ist die **Anhörung** insb. sachverständiger Personen. Diese Möglichkeit ist nur in einigen Ländern ausdrücklich vorgesehen[536], ergibt sich im Übrigen auch ohne derartige Regelungen aus der Befugnis und der Pflicht der Gemeindevertreter, sich möglichst umfassend und lückenlos zu informieren[537].

Hinsichtlich der Frage der **Öffentlichkeit** von Ausschusssitzungen finden sich unterschiedliche Regelungen, die zwischen beratenden und beschließenden Ausschüssen differenzieren[538] und u.U. eine weitere Unterscheidung dahingehend vornehmen, ob es sich um eine Vorberatung handelt[539] oder um eine endgültige Beratung mit Beschlussfassung.

f) Fraktionen

Fraktionen gibt es in jeder Gemeindevertretung; ihre Rechte (und Pflichten) sind jedoch nicht in allen Gemeindeordnungen geregelt[540]. Begrifflich handelt es sich um den Zusammenschluss politisch gleich gesinnter Mandatsträger. Keine Fraktion liegt vor, wenn einem Zusammenschluss neben Mitgliedern des Gemeinderats (Stadtverordnetenversammlung) auch andere Mitglieder (des Magistrats) angehören[541]. Fraktionen gehören zum **organschaftlichen Bereich** der Gebietskörperschaften; demnach dürfen sowohl an der Beratung als auch an der Abstimmung über einen Fraktionsaus-

197

---

534 §§ 40 Abs. 1 Satz 4, 41 Abs. 1 Satz 3 BWGO; § 50 Abs. 7 BrandGO; § 62 Abs. 6 HessGO; § 36 Abs. 5 Satz 3 MVKommVerf; § 58 Abs. 3 NWGO; § 49 SaarlKSG; § 44 SachsAnhGO; § 48 Abs. 1 SachsAnhGO; § 46 Abs. 2 SchlHGO; § 27 Abs. 5 ThürKO.
535 Vgl. auch NW Münster NVwZ-RR 1990, 505 – zur „Konkurrenz" zwischen Ratsmitgliedern und sachkundigen Bürgern bei der Sitzvergabe im Ausschuss.
536 Z.B. §§ 39 Abs. 5 Satz 1, 41 Abs. 3 i.V.m. 33 Abs. 3 BWGO; § 62 Abs. 6 HessGO.
537 *Schmidt-Jortzig*, Rdnr. 141.
538 § 39 Abs. 5 BWGO; § 51 Abs. 3 BrandGO; § 34 Abs. 5 BrhVerf; § 62 Abs. 5 i.V.m. § 52 HessGO; § 36 Abs. 6 Satz 2 MVKommVerf; § 52 Abs. 1 i.V.m. § 45 NdsGO; § 58 Abs. 2 i.V.m. § 48 Abs. 2 NWGO; § 46 Abs. 4 Satz 1 RhPfGO; § 48 Abs. 5 SaarlKSG; §§ 41 Abs. 5, 43 Abs. 2 SächsGO; § 50 Abs. 1, 2 SachsAnhGO; § 46 Abs. 7 SchlHGO; § 43 Abs. 1 Satz 2, 3 ThürKO.
539 Dann keine Öffentlichkeit, vgl. § 39 Abs. 5 Satz 2 BWGO; § 48 Abs. 5 SaarlKSG.
540 Z.B. nicht in Baden-Württemberg, Bayern, Sachsen; s. z.B. § 40 BrandGO; § 56 NWGO; § 30a RhPfGO; § 32a SchlHGO; § 25 ThürKO.
541 VG Darmstadt NVwZ-RR 1990, 631.

schluss nur Fraktionsmitglieder teilnehmen[542]. Ein auf **fehlerhafter Beratung** der Mehrheitsfraktion beruhender Satzungsbeschluss des Gemeinderates ist allerdings nicht wegen Verstoßes gegen das freie Mandat von Ratsmitgliedern ungültig[543]. Ebensowenig führt die Vereinbarung einer Fraktionsdisziplin, die wegen des Grundsatzes des freien Mandats wirkungslos ist, zur Rechtswidrigkeit des nachfolgenden Satzungsbeschlusses[544]. Str. ist die Rechtsnatur von Fraktionen; ihre Gründung wird z.T. als privatrechtliche Angelegenheit bewertet[545]; jedoch verbietet sich wegen des Rechtsgedankens des § 37 PartG die Anwendung des § 54 S. 2 BGB[546]. Für den Ausschluss eines Mitglieds einer Fraktion in der Gemeindevertretung soll der Verwaltungsrechtsweg gegeben sein[547]. Bedeutung hat die Frage des Rechtsschutzes v.a. deswegen, weil der Fraktionsausschluss i.d.R. den Verlust des Ausschusssitzes zur Folge hat. Wegen dieser Konsequenz wird das Vorliegen eines wichtigen Grundes und die Einhaltung eines geordneten und die Rechte des Auszuschließenden wahrenden Verfahrens verlangt[548].

Fraktionen verfügen über **Fraktionsrechte**, die ihnen (durch Gesetz, Satzung oder Geschäftsordnung) von der Gemeindevertretung im Rahmen ihrer Selbstorganisationshoheit eingeräumt sind; typischerweise sind das: **Antragsrecht** auf Aufnahme eines Verhandlungsgegenstandes in die Tagesordnung der Gemeindevertretung – einem fraktionslosen Mitglied des Gemeinderats steht dieses Recht nicht zu[549]; das Recht, die zur Tagesordnung gestellten Anträge mündlich zu **erläutern**[550]; Recht auf Einberufung außerordentlicher Gemeinderatssitzungen[551]; besondere **Rederechte**, etwa in der Reihenfolge der Fraktionsstärke, bevorzugte Teilnahme von Fraktionsvertretern an Sitzungen des **Ältestenrates**; Recht auf **finanzielle Leistungen**[552] usw.[553]

---

542 VGH Kassel NVwZ 1992, 560 (= DÖV 1992, 835); a.A. – für NW – OVG Münster NWVBl. 1992, 424.
543 BVerwG DÖV 1992, 832.
544 BVerfG NVwZ 1993, 1182.
545 So z.B. BayVGH NJW 1988, 2754.
546 OLG Schleswig NVwZ – RR 1996, 103.
547 HessVGH NVwZ 1990, 391; ebenso VG Darmstadt NVwZ-RR 1990, 631, OVG Münster NWVBl. 1992, 424 und NVwZ 1993, 399 – vorläufiger Rechtsschutz bei Ausschluss aus Fraktion; a.A. BayVGH (s.o.).
548 OVG Lüneburg NVwZ 1994, 506 (= DÖV 1993, 1101).
549 VGH BW NVwZ 1990, 893.
550 OVG NW DÖV 1989, 595 = NVwZ RR 1989, 380.
551 Vgl. BayVGH NVwZ-RR 1990, 99.
552 VG Gelsenkirchen NWVBl. 1987, 53 – verdeckte Parteienfinanzierung durch Zuwendung an Fraktionen; vgl. auch VG Köln Eildienst StT NW 1991, 539 – dagegen *Meyer*, DÖV 1991, 56; zur Rechtsauffassung des InnMin NW s. Runderlass Eildienst StT NW 1989, 36 – dagegen OVG Münster NWVBl. 1992, 395; VG Minden NVwZ-RR 1992, 266 – Aufwandsentschädigungen für Fraktionsvorsitzende, auf die nach VGH Kassel, NVwZ – 1996, 105 weder ein verfassungsrechtlicher noch ein einfachgesetzlicher Anspruch besteht, können – in Abhängigkeit von der Größe der Fraktion – unterschiedlich, aber sachgerecht festgesetzt werden.
553 *Gern*, Rdnr. 462 und OVG Münster DÖV 1990, 979 – Hausrecht über den Fraktionen zugewiesenen Räumen verbleibt beim Gemeindedirektor, ist aber in der Ausübung beschränkt (z.B. hinsichtlich der Ausgestaltung der Räume); OVG Münster NVwZ-RR 1992, 205 (= DÖV 1992, 170) – Anspruch gegenüber Gemeindedirektor auf Unterstützung (Auskünfte, Überlassung von Unterlagen, Teilnahme an Fraktionssitzungen) und auf Gleichbehandlung.

Auch Fraktionen können nicht wegen der Verletzung lediglich objektiven Rechts klagen[554].

Grenzen der Fraktionsrechte ergeben sich aus höherrangigem Recht, insb. insoweit, als es den Mitgliedern der Gemeindevertretung mitgliedschaftliche Rechtspositionen verleiht. Die Festsetzung der **Mindeststärke** einer Fraktion war wiederholt Gegenstand höchstrichterlicher Entscheidungen[555]. Die Fraktionen verfügen hinsichtlich ihrer Rechte über entsprechende Rechtspositionen (Teilrechtsfähigkeit).

g) Beiräte

Hierbei handelt es sich um Gremien, denen ein **Beratungsrecht** – i.d.R. hinsichtlich spezieller kommunaler Angelegenheiten – eingeräumt ist. Z.T. ist ihre Errichtung und ihre Aufgabe ausdrücklich im **Gesetz** vorgesehen[556]; z.T. beruhen sie auf entsprechenden Entscheidungen (**Satzung**) auf der Grundlage der kommunalen Organisationshoheit (als Bestandteil der Selbstverwaltungsgarantie)[557].

198

h) Die Rechtsstellung der Mitglieder der Gemeindevertretung

Bei der **Regelung der Rechtsstellung** der Mitglieder der Gemeindevertretung gehen die Gemeindeordnungen davon aus, dass diese Tätigkeit im Rahmen der Gesetze nach der freien, nur durch die Rücksicht auf das **Gemeinwohl** geleiteten Überzeugung ausgeübt wird und an Verpflichtungen, durch welche die Freiheit ihrer Entschließungen als Mitglieder der Gemeindevertretungen beschränkt wird, nicht gebunden ist[558]; oder anders ausgedrückt: Die Ratsmitglieder üben ihr Amt unentgeltlich nach freier, nur durch die Rücksicht auf das Gemeinwohl bestimmter **Gewissensüberzeugung** aus; sie sind an Weisungen oder Aufträge ihrer Wähler nicht gebunden[559]. Da der Gemeinderat auch Verwaltungsorgan ist[560], sind die Ratsmitglieder nicht nur **Mandatsträger**, sondern auch **Amtsträger** der Exekutive, sodass die zu Art. 38 Abs. 1 Satz 2 GG entwickelten Grundsätze nicht ohne weiteres anwendbar sind[561].

199

aa) Rechte: Zu den wichtigsten Rechten der Ratsmitglieder gehören das Antrags-, Rede- und Abstimmungsrecht[562].

200

---

554 OVG Münster Eildienst StT NW 1991, 57; und jetzt auch BVerwG NVwZ – RR 1994, 352.
555 Z.B. OVG RhlPf DVBl. 1988, 798; VGH BW NVwZ-RR 1989, 425; BW DÖV 1979, 790.
556 Vgl. § 46 SächsGO – Beirat zur Beratung des Bürgermeisters in geheimzuhaltenden Angelegenheiten; § 50 SaarlKSG – Ausländerbeiräte; § 47 SächsGO – sonstige Beiräte.
557 Vgl. oben Rdnr. 183 – Ausländerbeiräte.
558 Vgl. z.B. § 39 Abs. 1 NdsGO.
559 So z.B. § 32 Abs. 3 BWGO; § 37 Abs. 1 BrandGO; § 20 BrhVerf; § 30 Abs. 1 RhPfGO; § 24 Abs. 1 ThürKO.
560 S. oben Rdnr. 190 und Fn. 504.
561 BVerwG NVwZ-RR 1991, 157; vgl. auch *Schwerdtner*, Der Minderheitenschutz – auch ein elementarer Grundsatz im Kommunalrecht? VBl. BW 1993, 328.
562 Vgl. z.B. §§ 37 Abs. 3 BrandGO.

I *Kommunalrecht*

(1) Das **Antragsrecht** steht jedem Gemeinderatsmitglied zu, und zwar sowohl im Hinblick auf die inhaltliche Behandlung eines Tagesordnungspunktes (Sachantrag) als auch auf dessen verfahrensmäßige Behandlung (Geschäftsordnungsantrag, z.B. Antrag auf „Vertagung" eines Tagesordnungspunktes); dazu gehört auch das Recht, den Antrag zu erläutern[563].

(2) Jedem Ratsmitglied steht das Recht zu, zu jedem Verhandlungsgegenstand in der Sitzung zu reden (Rederecht). **Rederecht** und **Redezeit** des einzelnen Abgeordneten können durch Geschäftsordnung geregelt werden. Ein kommunaler Mandatsträger, der eine von seiner Fraktion abweichende Auffassung hat, muss auch das Recht haben, diese öffentlich in einer Ratssitzung darzulegen[564]. Grundsätzlich findet das Rederecht seine **Grenze** im **Willkür- und Missbrauchsverbot** sowie in den Grundsätzen über die Ordnung in den Sitzungen. Eine Redezeitbegrenzung oder ein Redeverbot muss das **Demokratieprinzip**, das u.a. auch gerade durch das Rederecht verwirklicht werden soll, hinreichend berücksichtigen[565] bzw. den **Gleichheits-** und den **Verhältnismäßigkeitsgrundsatz** beachten und für den ordnungsgemäßen Geschäftsgang erforderlich sein[566]. Zuständig für eine Redezeitbegrenzung ist grundsätzlich die Gemeindevertretung auf Grund ihrer Organisationsautonomie, ausnahmsweise der Vorsitzende, wenn zugleich ein Ordnungsverstoß vorliegt[567].

(3) Abstimmungen und Wahlen (Oberbegriff: **Beschlüsse**) sind die Formen der Willensbildung von Kollegialorganen[568]. **Wahlen** sind personenbezogene Entscheidungen in den gesetzlich vorgesehenen Fällen; sie werden i.d.R. geheim vorgenommen[569], während **Abstimmungen** i.d.R. „offen" vorgenommen werden[570]. Wird der Grundsatz der Geheimhaltung bei der Wahl verletzt, ist der Beschluss rechtswidrig[571]. Über die Reihenfolge der Abstimmungen bei Vorliegen mehrerer Anträge entscheidet der Vorsitzende nach pflichtgemäßem Ermessen; liegen zu einem Gegenstand mehrere Anträge mit unterschiedlicher Reichweite vor, ist zunächst über den jeweils weitergehenden Antrag zu entscheiden[572].

201 Der Stellung der Gemeindevertretung als „Hauptorgan" korrespondiert das **Informationsrecht**; aus dem GG ist jedoch kein Anspruch eines Ratsmitgliedes auf Überlassung gemeindeeigener Verwaltungsvorgänge ableitbar[573]. Das Recht auf **Akteneinsicht** wird zumeist nur der Gemeindevertretung eingeräumt[574], die die Wahrnehmung

---

563 OVG Münster NVwZ-RR 1989, 380.
564 OVG Lüneburg DVBl. 1990, 159.
565 BVerwGE 60, 374 (379); BVerwG DVBl. 1988, 792.
566 VGH BW NVwZ – RR 1994, 229.
567 Vgl. VG Stuttgart NVwZ 1990, 190 sowie OVG Lüneburg DVBl. 1990, 159.
568 Vgl. z.B. § 39 Abs. 5 SächsGO.
569 Vgl. z.B. Art. 51 Abs. 3 Satz 1 BayGO; § 39 Abs. 7 SächsGO.
570 Vgl. z.B. Art. 51 Abs. 1 Satz 1 BayGO; § 39 Abs. 6 SächsGO.
571 Zu Einzelfällen der Verletzung vgl. OVG Lüneburg DÖV 1985, 152 sowie *Pieroth,* JuS 1991, 89 (95).
572 Vgl. dazu *Schmitz,* NVwZ 1992, 547.
573 BW NVwZ 1990, 208; vgl. auch BayVGH BayVBl. 1990, 278: Kein gerichtlich einklagbarer Anspruch eines Gemeinderatsmitglieds, von der Gemeindeverwaltung bestimmte Informationen (hier: persönliche Vorstellung von Stellenbewerbern) zu erhalten.
574 Ausnahme: § 30 und § 36 Abs. 2, 3 Satz 1 SchlHGO; vgl. auch oben Rdnr. 192 a.E. und Fn. 519.

dieses Rechts einzelnen Mitgliedern übertragen kann[575]; die Regelungen in den Ländern sind unterschiedlich, gehen aber übereinstimmend davon aus, dass das Akteneinsichtsrecht gleichsam ein Annexrecht zum Recht auf umfassende Überwachung der Verwaltung[576] ist.

Die Gemeindeordnungen enthalten Regelungen über Ansprüche der Mitglieder der Gemeindevertretung auf **Auslagenersatz, Verdienstausfall** und **Aufwandsentschädigung**[577] und u.U. auch auf **Versorgung** bei Dienstunfall[578]. **202**

Gegenüber dem Vorsitzenden der Gemeindevertretung (Bürgermeister)[579] hat das Gemeinderatsmitglied eine **Anspruch auf Unterlassung böswilliger** oder gehässiger **Schmähkritik**; dessen Rechtsnatur ist str.[580] Im Übrigen dürften die gleichen Grenzen im „umgekehrten" Fall – Kritik eines Ratsmitgliedes an der Amtsführung des Bürgermeisters – gelten[581]. **203**

Die Gemeinderatsmitglieder genießen – außer in Bayern – weder **Indemnität**[582] noch **Immunität**.

bb) Grenzen der Rechte: Die Mitglieder der Gemeindevertretung sind verpflichtet, ihre Aufgaben nach bestem Wissen und Gewissen unparteiisch zu erfüllen und die Gesetze zu beachten; sie werden entsprechend vom Vorsitzenden der Gemeindevertretung verpflichtet. Um Interessenkollisionen weitgehend zu vermeiden, enthalten die Gemeindeordnungen ausführliche Unvereinbarkeitsregelungen[583]. Wird die Wahlperiode eines kommunalen Vertretungsorgans vorzeitig beendet, so stellt dies keine Verletzung von Jedermannsrechten des Gremiumsmitglieds dar, sodass eine dagegen gerichtete Verfassungsbeschwerde unzulässig ist[584]. **204**

---

575 § 24 Abs. 3, 4 BWGO; Art. 30 Abs. 3 BayGO – dazu BayVGH BayVBl. 1970, 222 f; § 36 Abs. 3 Satz 2, 3, 4 BrandGO; sehr deutlich z.B. § 50 Abs. 2 HessGO, §§ 22 Abs. 2 MVKommVerf; § 40 Abs. 3 NdsGO; § 55 Abs. 4 NWGO; § 33 Abs. 3 RhPfGO; § 37 Abs. 1 Satz 3 SaarlKSG; § 28 Abs. 4 SächsGO; § 44 Abs. 5 SachsAnhGO; § 30 SchlHGO; § 22 Abs. 3 Satz 4 ThürKO.
576 Zu den Grenzen des Informationsrechts durch die Organkompetenz auch *Rothe*, NVwZ 1990, 936 sowie VGH BW DÖV 1992, 449.
577 Z.B. Art. 20a BayGO, vgl. *Christner*, DVBl. 1992, 943 (zur Zahlung eines Nachteilausgleichs, wenn kein Anspruch auf Ersatz des Verdienstausfalls besteht) sowie HessStGH NVwZ 1991, 157 (= DÖV 1990, 971) – zur Dienstbefreiung eines Beamten mit Mandat im Gemeinderat.
578 § 32 Abs. 4 BWGO.
579 Vgl. unten Rdnr. 224 ff.
580 BayVGH NVwZ 1990, 213; öffentlich-rechtliche Streitigkeit; a.A. VGH BW NJW 1990, 1808.
581 Vgl. OVG Koblenz = DVBl. 1992, 449 – auch überspitzte und scharfe Angriffe können zulässig sein; krit. dazu *Erlenkämper*, NVwZ 1993, 427, 432.
582 51 Abs. 2 BayGO – Indemnität in gewissem Umfang.
583 Vgl. z.B. § 29 BWGO; Art. 31 Abs. 3, 4 BayGO; §§ 37, 65 Abs. 2 HessGO; § 25 MVKommVerf; § 35a NdsGO; Art. 31 Abs. 4 BayGO – dazu BVerfGE 48, 64 – zum Ausschluss von Personen, die in Beteiligungsunternehmen beschäftigt sind; § 53 Abs. 2 RhPfGO – dazu RhPfVerfGH DVBl. 1982, 782 ff – Kein Verstoß gegen das verfassungsrechtlich gewährleistete Selbstverwaltungsrecht, dass ehrenamtlicher Bürgermeister oder Beigeordneter einer Ortsgemeinde nicht sein darf, wer gegen Entgelt im Dienst der zuständigen Verbandsgemeinde steht; OVG Eildienst StT NW 1990, 31 – Zur Vereinbarkeit von richterlichen Aufgaben mit der Mitgliedschaft in kommunaler Vertretungskörperschaft.
584 BVerfG NVwZ 1994, 56.

205 Weiterhin gilt für die Mitglieder des Gemeinderates ein generelles sog. **Vertretungsverbot**[585]; es soll verhindern, dass die Stellung als Gemeinderatsmitglied für die eigene berufliche Tätigkeit ausgenutzt und die objektive, unparteiische und einwandfreie Führung der Gemeindegeschäfte gefährdet wird.

Eine Reihe von Streitfragen, die in diesem Zusammenhang aufgetreten sind, sind teils durch Novellierungen der entsprechenden Vorschriften der Gemeindeordnungen, teils durch die Rechtsprechung beantwortet worden[586].

206 Außerdem bestehen Regeln über die **Befangenheit** von Gemeinderatsmitgliedern; danach dürfen diejenigen nicht an Beratungen und Entscheidungen mitwirken, denen selbst (oder bestimmten Familienangehörigen und Verwandten) durch einen diesbezüglichen Beschluss ein „**unmittelbarer Vorteil**" oder Nachteil erwachsen würde[587]. Hierunter fallen nicht nur Sonderinteressen wirtschaftlicher Art, vielmehr sind auch **ideelle und sonstige Interessen** i.w.S. erfasst[588]. Die Mitwirkungsbefugnis wird dagegen nicht ausgeschlossen durch ein bloßes Gruppeninteresse, denn Mitwirkung der Betroffenen ist im Rahmen der kommunalen Selbstverwaltung unumgänglich und bis zu einem gewissen Grad auch beabsichtigt. Die **Abgrenzung von Individual- zu unbeachtlichen Gruppeninteressen** wird besonders deutlich bei der Abstimmung über Satzungen nach dem **BauGB**. Während für Gewerbetreibende und Eigentümer planbetroffener Grundstücke eines Bebauungsplanes ein spezifisches Sonderinteresse bejaht wird, handelt es sich bei dem Beschluss über die Neuaufstellung eines Flächennutzungsplanes, der das gesamte Gemeindegebiet umfasst, i.d.R. nur um ein unschädliches Gruppeninteresse.

Über das Vorliegen der Voraussetzungen von Befangenheit entscheidet der Gemeinderat. **Rechtshandlungen** des Gemeinderates, an denen verhinderte Mitglieder gleichwohl mitgewirkt haben, sind rechtswidrig, aber i.d.R. **wirksam**[589]. Bei öffentlichen Sitzungen darf das so ausgeschlossene Gemeinderatsmitglied im Zuschauerraum verbleiben.

---

585 § 17 Abs. 3 BWGO; Art. 50 BayGO; § 25 HessGO; § 26 MVKommVerf; § 27 NdsGO; § 43 Abs. 2 Nr. 6 i.V.m. § 31 NWGO; § 21 RhPfGO; § 26 Abs. 2 SaarlKSG; § 19 Abs. 3 SächsGO; § 30 Abs. 3 SachsAnhGO; § 23 Satz 2, 3, 4 SchlHGO.
586 BVerfGE 41, 231 (241 f); 52, 42 (53 f); 56, 99 (101); NJW 1982, 2177 f. – Kein kommunales Vertretungsverbot für einen Rechtsanwalt, der mit einem Ratsmitglied in einer Sozietät verbunden ist; BVerwG NJW 1984, 377 f. – Geltung des kommunalrechtlichen Vertretungsverbotes für Kreisausschussmitglieder im Bereich der Aufgaben, die dem Kreis zur Erfüllung nach Weisung übertragen sind oder in denen der Landrat als untere Landesbehörde handelt; vgl. außerdem *Borchmann*, Interessenkollision im Gemeinderecht, NVwZ 1982, 17 ff – zu VGH Kassel NVwZ 1982, 44 und OVG Lüneburg NVwZ 1982, 44; BVerfG DVBl. 1988, 54 – Kommunales Vertretungsverbot auch mit Art. 12 Abs. 1 u. 3 Abs. 1 GG vereinbar.
587 § 18 BWGO – dazu VGH BW NVwZ 1990, 588; Art. 49 BayGO; § 28 BrandGO; § 25 HessGO; § 24 MVKommVerf; § 26 NdsGO; § 30 i.V.m. § 31 NWGO (dazu – kritisch – *Suerbaum*, NWVBl. 1992, 189 und OVG Münster NVwZ-RR 1992, 374 = DVBl. 1992, 448, das allein auf das Abstimmungsergebnis abstellt); § 22 RhPfGO; § 27 SaarlKSG; § 20 SächsGO; § 31 SachsAnhGO; § 22 SchlHGO; § 38 ThürKO; VG Sigmaringen NVwZ 1993, 403 – Befangenheit im Umlegungsverfahren.
588 Ständige Rechtsprechung, z.B. OVG Münster OVGE 8, 104; NJW 1979, 2632.
589 Vgl. zu diesem Problembereich *Schoch*, JuS 1989, 531 sowie BayVGH VGHE 6, 64 und BVerwG E 79, 200 (Bebauungsplan).

cc) **Pflichten:** In den Gemeindeordnungen sind eine Reihe von Pflichten ausdrücklich normiert: Die umfassende Pflicht, die „**Obliegenheiten gewissenhaft wahrzunehmen**"[590]; die Pflicht zur **Amtsverschwiegenheit**[591]; Pflicht zur Einhaltung der Ordnung in den Sitzungen[592], die u.U. schon durch die rein optische Kundgabe einer Meinung (Transparent, Plakat, Aufkleber) verletzt sein kann[593]; **Anwesenheitspflicht** und z.T. Pflicht zur Abstimmung (**Verbot der Stimmenthaltung**) im Gemeinderat[594]. Pflichtverletzungen sind differenziert mit Sanktionen belegt (z.B. von der Verhängung eines Ordnungsgeldes bis zum Verlust des Amtes)[595]. 207

Weiterhin bestehen die aus den einschlägigen Verbotsnormen des Strafrechts (§§ 331 ff – **Straftaten im Amt**) sich ergebenden Pflichten mit den diesbezüglichen Sanktionen[596]. 208

Schließlich besteht die generelle Pflicht, sich bei der Mitwirkung von Handlungen des Gemeinderats stets im **Rahmen des geltenden Rechts** zu halten (z.B. Bauplanungsrecht des BauGB, Besoldungs- und Vergütungsrecht, Gewerbe- und Umweltrecht). Damit ist auch das **Verbot** erfasst, „Dritte" **zu schädigen**[597].

i) **Verfahrensfragen**

Die Beratungen und **Entscheidungen** der Gemeindevertretung werden durch eine Vielzahl von Bestimmungen in einer Weise verfahrensmäßig gleichsam so vorprogrammiert, dass der **Ablauf** voraussehbar und somit rechtssicher gestaltet und damit zugleich gewährleistet wird, dass die Mitglieder und Fraktionen eine faire Chance bekommen, ihre fachlichen und politischen Überzeugungen in den Entscheidungsprozess einzubringen; auch in der „**kommunalen Demokratie**" erhalten die Entscheidungen des Repräsentationsorgans ihre **Legitimation** zu einem nicht unbeträchtlichen Teil **durch** ein derartiges Verfahren[598]. 209

aa) **Einberufung:** Den Mitgliedern des Gemeinderats steht ein **Selbstversammlungsrecht nicht** zu; wirksam beraten und beschließen kann der Gemeinderat nur in einer ordnungsgemäß einberufenen Sitzung. Zuständig ist dazu der Vorsitzende des Gemeinderats. 210

---

590 So z.B. Art. 20 Abs. 1 BayGO.
591 Dazu BVerwG NVwZ 1989, 975 – Verstoß eines Gemeinderatsmitglieds gegen die kommunalrechtliche Verschwiegenheitspflicht; § 17 Abs. 2 BWGO; § 20 Abs. 2 BayGO; § 27 BrandGO; § 24 HessGO; §§ 19 Abs. 4 MVKommVerf; § 25 NdsGO; § 30 NWGO; § 20 RhPfGO; § 26 Abs. 3 SaarlKSG; § 19 Abs. 2 SächsGO; § 30 Abs. 2 SachsAnhGO; § 21 SchlHGO; § 12 Abs. 3 ThürKO. OVG Koblenz DÖV 1996, 929 – Ausnahmsweise ist Flucht in die Öffentlichkeit zulässig bei beanstandeter und der Aufsichtsbehörde angezeigter Verletzung des Öffentlichkeitsgebots durch den Rat.
592 Z.B. Art. 53 Abs. 1 Satz 3, Abs. 2 BayGO.
593 Vgl. BVerwG BayVBl. 1988, 407.
594 So Art. 48 Abs. 1 Satz 2 BayGO.
595 Z.B. gem. Art. 48 Abs. 2, 3 BayGO.
596 Vgl. §§ 331 ff StGB.
597 Zur Haftung von Gemeinderatsmitgliedern und Gemeinde s. unten Rdnr. 221 ff.
598 Vgl. grundsätzlich dazu *Luhmann*, Legitimation durch Verfahren, 3. Aufl. 1978.

I *Kommunalrecht*

Das Recht auf **Einberufung** (Ladung)[599] der Gemeindevertretung[600] umfasst auch die Kompetenz, den Zeitpunkt und den Sitzungsort festzulegen; das zwingende Erfordernis der Öffentlichkeit von Sitzungen muss dabei gewahrt bleiben[601]. Was „ordnungsgemäß" ist, ergibt sich des Weiteren aus der Geschäftsordnung[602]. Eine fehlerhafte Ladung kann als geheilt betrachtet werden, wenn der Betroffene an der Sitzung teilnimmt und – ausdrücklich oder schlüssig – auf sein Rügerecht verzichtet[603].

Grundsätzlich steht die Einberufung im pflichtgemäßen Ermessen; gesetzlich vorgesehen ist i.d.R. sowohl eine **Mindestfrequenz** der Sitzungen[604] als auch das **Recht** einer qualifizierten **Minderheit** des Gemeinderats[605] oder auch eines anderen Gemeindeorgans[606] **auf Einberufung.**

211 Für die Aufstellung der **Tagesordnung** und ihre Vorbereitung ist zunächst der Gemeindevorstand zuständig[607]; daneben kann eine qualifizierte Mehrheit mit der Einberufung des Gemeinderates oder die Bürger (oder Einwohner) im Wege des Bürger- (oder Einwohner-)Antrags[608] auch einen bestimmten Beratungsgegenstand erzwingen[609]. Grenzen dieser Befugnis ergeben sich aus der – gemeindeverfassungsrechtlich begrenzten – **Organkompetenz** der Gemeindevertretung, die insb. auch durch die **Verbandskompetenz** der Gemeinde beschränkt ist[610]. Diesbezüglich ist str., ob mit dem Recht auf Aufstellung der Tagesordnung die Befugnis (oder sogar die Pflicht) verbunden ist zu prüfen, ob ein Tagesordnungsgegenstand in die Kompetenz von Gemeinde und Rat fällt und ggf. eine Aufnahme in die Tagesordnung zu verweigern. Ein derartiges „**Prüfungsrecht des Bürgermeisters**"[611] ist vor allem im Hinblick auf die

---

599 Das Gesetz unterscheidet zwischen „Einberufung" (= Entscheidung des Bürgermeisters im Hinblick auf Gemeinderat) und „Ladung" (= Ausführung der Entscheidung im Hinblick auf die Gemeinderatsmitglieder).
600 Z.B. § 47 NWGO; Art. 46, 45 Abs. 2 BayGO; ein diesbezüglicher Beschluss des Rates (z.B. über den Sitzungsbeginn) ist ein rechtlich unverbindlicher Vorschlag: VGH BW NVwZ-RR 1992, 204 (= DÖV 1992, 168).
601 OVG NW NVwZ 1990, 186.
602 Nach OVG Münster NWVBl. 1996, Heft 12, IX. hat ein Verstoß gegen die Geschäftsordnung nicht die Unwirksamkeit des darauf beruhenden Gemeinderatsbeschlusses zur Folge, es sei denn, es handelt sich gleichzeitig um die Verletzung zwingenden Gesetzesrechtes; zum Ganzen siehe auch *Schneider*, NWVBl. 1996, 89.
603 So ausdrücklich § 41 Abs. 4 SaarlKSG.
604 Z.B. gem. § 41 Abs. 2 Satz 2 NdsGO einmal in drei Monaten.
605 Z.B. gem. Art. 46 Abs. 2 Satz 3 BayGO: ein Viertel, gem. § 41 Abs. 2 Satz 3 Alt. 1 NdsGO: ein Drittel.
606 Z.B. des Verwaltungsausschusses oder des Gemeindedirektors gem. § 42 Abs. 2 NdsGO.
607 Z.B. Art. 46 Abs. 2 Satz 1 BayGO oder § 41 Abs. 3 Satz 1 NdsGO: Bürgermeister im Einvernehmen mit Gemeindedirektor.
608 S. oben Rdnr. 163 sowie Fn. 406.
609 Vgl. z.B. Art. 46 Abs. 2 Satz 2 BayGO.
610 Vgl. dazu Rdnr. 57, 58.
611 Bejahend VGH BW BWGZ 1984, 450; verneinend OVG Münster NVwZ 1984, 325 ff und OVG Lüneburg DVBl. 1984, 734 ff; differenzierend OVG Koblenz DVBl. 1985, 906 ff: i.d.R. nein, bei Missbrauch – nicht jedoch bei „offensichtlicher" Unzuständigkeit der Gemeindevertretung – ja; vgl. auch BVerfG NVwZ 1990, 355 m. Hinweis auf VGH Kassel (DVBl. 1988, 793) und BVerwG (NVwZ 1989, 470).

Frage diskutiert worden, ob Gemeinden sich zur atomwaffenfreien Zone erklären dürfen[612].

Ein einzelnes Gemeinderatsmitglied hat keinen Anspruch auf Aufnahme eines Tagesordnungspunktes; denn die betreffenden Regelungen dienen nicht der Sicherung organschaftlicher Rechte der Gemeinderatsmitglieder.

bb) Öffentlichkeit: Die Sitzungen des Gemeinderats sind öffentlich, soweit nicht Rücksichten auf das Wohl der Allgemeinheit oder auf berechtigte Ansprüche Einzelner entgegenstehen[613]. Ein Verstoß gegen diesen Grundsatz ist ein wesentlicher Verfahrensfehler und führt zur Rechtswidrigkeit des gefassten Beschlusses, wenn nicht auszuschließen ist, dass der Rat bei Beachtung des Öffentlichkeitsgebotes sein Ermessen abweichend ausgeübt hätte[614]. Die Gemeinde ist allerdings nicht verpflichtet, **Zuhörerplätze** für die gesamte Gemeindebevölkerung zur Verfügung zu stellen. Da das Recht auf **Informationsbeschaffung durch Presse, Funk und Fernsehen** nur im Rahmen der „allgemeinen" Gesetze gilt, lassen sich Auskunftsverweigerungsrechte u.U. auf das jeweilige Landespresse- und Landesmedienrecht stützen. Ein **Zurückweisungsrecht** des Gemeinderatsvorsitzenden lässt sich aus seiner Rechtspflicht zur Gewährleistung eines ordnungsgemäßen Sitzungsverlaufs ableiten; so kann Pressevertretern untersagt werden, **Tonbandaufnahmen** im Gemeinderat zu machen, da hierdurch das hohe Gut demokratisch „freimütiger und ungezwungener Diskussion" – als Voraussetzung des Funktionierens der Selbstverwaltung – gefährdet werden könne[615].

212

Den Einwohnern ist die **Einsicht** in die **Protokolle** der öffentlichen Sitzungen[616] gestattet.

Das **Recht auf Teilnahme** an der Gemeinderatssitzung umfasst auch einen Anspruch auf **Beseitigung von Störungen**, die dieses Recht verletzen, z.B. den Anspruch von Gemeinderatsmitgliedern auf Erlass eines **Rauchverbots**[617].

Bei den **berechtigten Interessen** (oder Ansprüchen) einzelner, die den **Ausschluss der Öffentlichkeit** erfordern, handelt es sich um Angelegenheiten, an deren Kenntnis ein berechtigtes Interesse der Allgemeinheit schlechthin nicht bestehen kann und

213

---

612 Vgl. dazu oben Rdnr. 59 sowie *Theis*, JuS 1984, 428 ff.
613 § 35 BWGO; Art. 52 Abs. 2 Satz 1 BayGO; § 44 BrandGO; § 24 BrhVerf; § 52 HessGO; § 29 Abs. 5 MVKommVerf; § 45 NdsGO; § 48 Abs. 2 NWGO; § 35 Abs. 1 RhPfGO; § 40 SaarlKSG; § 37 SächsGO; § 50 Abs. 1, 2 SachsAnhGO; § 35 SchlHGO; § 40 ThürKO; vgl. außerdem: VGH BW NVwZ 1991, 284 – Zu den hohen Anforderungen an die Zulässigkeit nichtöffentlicher Sitzungen; VGH BW NVwZ-RR 1992, 373 (= DVBl. 1992, 981) – Grundsatz der Öffentlichkeit dient ausschließlich den Allgemeininteressen und gehört nicht zu den „intraorganisatorischen Mitgliedschaftsrechten" eines Gemeinderatsmitglieds; a.A.: OVG Münster OVGE 35, 8. Nach BVerwG NVwZ 1995, 897 können Beratungen über den Kauf von Grundstücken oder die Ausübung eines Vorkaufsrechts in nichtöffentlicher Sitzung geführt werden.
614 VGH BW NVwZ 1992, 176.
615 BVerwGE 85, 283 m. Anm. *Bethge*, JZ 1991, 306.
616 Z.B. Art. 54 Abs. 3 Satz 2 HS 1 BayGO; § 40 Abs. 2 Satz 5 SächsGO; Fehler in der Niederschrift beeinträchtigen nicht die Gültigkeit eines Ratsbeschlusses: BayObLG NVwZ-RR 1992, 606.
617 BVerwG NVwZ 1990, 165.

I *Kommunalrecht*

deren Bekanntgabe dem Einzelnen nachteilig sein könnte[618]. Dazu gehören i.d.R. nicht die Vergabe öffentlicher Aufträge, Entscheidungen über das Einvernehmen nach § 36 BauGB oder über die Ausübung des Verkaufsrechts gem. §§ 24, 25 BauGB[619], sonstige Grundstückskäufe oder -verkäufe durch die Gemeinde, Straßenbenutzung und Hausnummerierung[620].

Gegenüber potenziellen **Zuhörern** ist der Ausschluss der Öffentlichkeit ein Verwaltungsakt. Ob dem einzelnen **Ratsmitglied** ein – im Kommunalverfassungsstreit durchsetzbares – (Mitgliedschafts-)Recht auf Herstellung der Öffentlichkeit oder der Nichtöffentlichkeit zusteht, ist zweifelhaft[621].

214   Betrachtet man die **Entscheidungsprozesse** in der Gemeinde, dann zeigt sich Folgendes: Die **Öffentlichkeit** wird zumeist nur an der Berichterstattung über die Entscheidungen beteiligt, also über die **Ergebnisse** informiert, während die Entscheidungen selbst in den – regelmäßig nichtöffentlich verhandelnden – Ausschüssen oder informellen Gremien getroffen werden[622]. Kritisch ist auch die (formelle) **Privatisierung** unter diesem Gesichtspunkt zu betrachten; denn die Entscheidungsgremien des (privatrechtlichen) Gesellschaftsrechts (Vorstand, Aufsichtsrat) tagen nichtöffentlich[623].

215   **cc) Sitzungsordnung; Hausrecht:** Der Gemeinderatsvorsitzende ist zuständig für die „Handhabung der Ordnung"[624]; er sorgt also für die „Aufrechterhaltung der Ordnung" und übt das Hausrecht aus"[625]. Seine Befugnisse sind unterschiedlich geregelt, je nachdem, ob die Störung von den Zuhörern stammt (insoweit Ausübung eines gesetzlich eingeräumten **öffentlich-rechtlichen Hausrechts**[626] **durch Verwaltungsakt**) oder durch Mitglieder des Gemeinderats verursacht worden ist; diesen gegenüber sieht das Kommunalrecht verschiedene Sanktionsmöglichkeiten (**Ordnungsmaßnahmen**, bis zum Ausschluss von einer Sitzung und der Untersagung der Teilnahme für zwei weitere Sitzungen[627] oder für eine bestimmte Dauer[628]) vor; derartig schwerwiegende **Eingriffe in das Mitgliedschaftsrecht** eines Gemeinderatsmitgliedes sind dem Gemeinderat vorbehalten; es handelt sich um **Verwaltungsakte**, die gerichtlich überprüfbar sind[629]. Voraussetzung ist ein grober – und u.U. wieder-

---

618 Vgl. VGH BW VBl. BW 1992, 140.
619 BGH BWGZ 1981, 316; VGH BW NVwZ 1991, 284.
620 VGH BW VBl. BW 1992, 140.
621 Bejahend OVG Münster NVwZ 1990, 186; verneinend VGH BW BWVPr 1992, 135 und OVG Lüneburg Kommunalrechtliche Praxis 1994, 24; vgl. auch OVG Saarl DÖV 1993, 964 sowie *Schlüter*, VBl. BW 1967, 60.
622 Vgl. dazu Rdnr. 194-196.
623 Vgl. dazu Rdnr. 144 ff, 309 f.
624 Vgl. z.B. Art. 53 BayGO.
625 So § 44 Abs. 1 NdsGO.
626 VGH BW VBl. BW 1983, 342; StGHBW NJW 1988, 3199; str., vgl. OVG Münster NVwZ-RR 1991, 36.
627 Vgl. z.B. Art. 53 BayGO.
628 Von z.B. höchstens sechs Monaten, so § 44 Abs. 3 NdsGO.
629 Nach wohl überwiegender Ansicht eine Fallgruppe des sog. Kommunalverfassungsstreitverfahrens; vgl. Rdnr. 242 ff.

holter – Verstoß gegen die Ordnung, der also in besonders hohem Maß den Ablauf der Verhandlungen stört (z.B. Volltrunkenheit eines Ratsmitglieds)[630].

dd) Beschlussfähigkeit: Sie ist Voraussetzung für die Rechtmäßigkeit eines Beschlusses. Die Beschlussfähigkeit ist i.d.R. bei Anwesenheit der Mehrheit der Ratsmitglieder nach ordnungsgemäßer Ladung gegeben; sie entfällt zumeist nicht automatisch – sondern erst nach Geltendmachung durch ein Ratsmitglied – wenn sich diese Zahl im Verlauf der Sitzung verringert[631]. Beschlüsse, die ein nicht beschlussfähiger Gemeinderat getroffen hat, sind unwirksam. Als anwesend gelten auch die „befangenen" Gemeinderatsmitglieder[632]; ihre Mitwirkung an Beschlüssen hat deren Ungültigkeit jedoch nur dann zur Folge, wenn sie für das Abstimmungsergebnis entscheidend war[633].

216

ee) Diskussion in Fraktionen: Das Forum für die Bemühungen um die beste Entscheidung und dabei auch für die Auseinandersetzung mit dem (kommunal-) politischen Gegner soll vor allem auch der Gemeinderat (und seine Ausschüsse) sein; diesem Ziel dient u.a. auch das **Verbot** der **Vorverlagerung der Diskussion in die Fraktionen**[634].

217

j) Kontrollbefugnisse

aa) Die **Zuständigkeit der Gemeindevertretung** umfasst auch die **Kontrolle** der Gemeindeverwaltung (i.e.S.), insb. – aber nicht nur – im Hinblick auf die **Ausführung** der Beschlüsse; sie (nicht das einzelne Gemeinderatsmitglied[635]) hat dazu das Recht, sich die notwendigen Informationen zu beschaffen[636] Damit wird auch der Gemeindevorsteher als **Leiter der Gemeindeverwaltung**, der für die Ausführung der Beschlüsse zuständig ist[637], dieser Kontrolle unterworfen.

218

bb) Kontrolle der Gemeinderatsbeschlüsse: Die Gemeindevertretung ist ihrerseits Kontrollen unterworfen. Zunächst ist dem **Gemeinderatsvorsteher** ein **Einspruchsrecht** gegen gesetzwidrige Beschlüsse des Gemeinderats und damit ein entsprechendes Kontrollrecht eingeräumt[638]. Daneben unterliegt jegliches gemeindliches Verhalten zumindest der **rechtsaufsichtlichen** (in Angelegenheiten des übertragenen Wirkungskreises auch fachaufsichtlichen) **Kontrolle**[639], die sich u.a. auch auf kommunalverfassungsrechtliche Verstöße erstreckt. Schließlich ist die **gerichtliche Kontrolle** zu nennen; die Verwaltungsgerichtsbarkeit befasst sich mit Entscheidungen des

---

630 Vgl. VGH Kassel DÖV 1990, 662; VGH BW VBl. BW 1993, 259; OLG Karlsruhe DÖV 1980, 100.
631 Vgl. z.B. § 46 Abs. 1 NdsGO.
632 Vgl. oben Rdnr. 206.
633 Vgl. die in Fn. 587 genannten Regelungen.
634 Vgl. hierzu OVG Münster NWVBl. 1992, 20.
635 Zum sog. Akteneinsichtsrecht s. oben Rdnr. 192, 201, jeweils m.w.N.
636 Z.B. Art. 30 Abs. 3 BayGO; § 40 Abs. 3 NdsGO.
637 Z.B. Art. 36 Satz 1 BayGO – erster Bürgermeister; vgl. auch § 62 Abs. 1 Nr. 2, Abs. 3 NdsGO.
638 Ausführlich z.B. die Regelung des § 65 NdsGO, die der Sache nach in ähnlicher Weise auch dort gilt, wo knapper normiert ist, z.B. in Art. 59 Abs. 2 BayGO.
639 Näheres dazu unten Rdnr. 361 ff.

I *Kommunalrecht*

Gemeinderats insoweit, als dieser ihn treffende Rechtspflichten verletzt und **„Außenstehende"** (insb. Bürger und andere Personen außerhalb), aber auch **Personen im Innenbereich** mit eigenen (z.B. Mitgliedschafts- oder Organ-)Rechten in ihren Rechtspositionen beeinträchtigt hat[640].

k) Haftungsfragen

219 **aa) Amtshaftung:** Rechtsverstöße **der Mitglieder der Gemeindevertretung** sind haftungsrechtlich wie folgt zu beurteilen: Im **Außenverhältnis**, d.h. gegenüber Dritten, haftet die **Gemeinde** für rechtswidrige Entscheidungen der Gemeindevertretung im Bereich hoheitlicher Tätigkeit nach Art. 34 Satz 1 GG i.V.m. § 839 BGB[641], im Rahmen fiskalischer Betätigung nach §§ 89, 31 BGB.

Unberührt bleibt daneben die **persönliche Haftung** von Mitgliedern der Gemeindevertretung gem. §§ 823, 826 BGB, z.B. bei einer Verletzung der Pflicht zur **Amtsverschwiegenheit** oder bei einem Verstoß gegen ein Mitwirkungsverbot[642].

Voraussetzung für die Amtshaftung ist u.a. ein **Verschulden**; die Fahrlässigkeit bestimmt sich nach § 276 Abs. 1 Satz 2 BGB, der einen **objektiven Verschuldensmaßstab** festlegt und auf den „pflichtgetreuen Durchschnittsbeamten" abstellt[643]. Diese Kriterien gelten auch für Mitglieder des Gemeinderates, sie dürfen demnach **nicht** nach lediglich **„grundsätzlich laienhaftem Ermessen"** entscheiden[644].

Besondere **Probleme** wirft die Verschuldensfrage in den Fällen auf, in denen kommunale Behörden entgegen dem Recht der EG (z.B. auch entgegen unmittelbar anwendbarer Richtlinien) gehandelt haben. Obwohl es sich hierbei oft um schwierige Rechtsfragen handeln wird, die für den „pflichtgetreuen Durchschnittsbeamten"[645] gerade nicht erkennbar sind, ist eine Haftung aus gemeinschaftsrechtlichen Gründen zu bejahen[646].

Die Amtspflicht, z.B. bei Aufstellung von **Bebauungsplänen Gesundheitsgefährdungen** zu verhindern, besteht zumindest gegenüber demjenigen als **Dritten**, der ein Grundstück in dem Plangebiet erwirbt; die Mitglieder des Gemeinderates müssen sich insoweit sorgfältig vorbereiten und ggf. Sachverständige heranziehen; ein **milderer Verschuldensmaßstab** würde das **Haftungsrisiko** in unzumutbarer Weise auf den Bürger verschieben[647]; in einer Reihe von Entscheidungen in Fällen sog. **Altlas-**

---

640 Zu den sog. Kommunalverfassungsstreitigkeiten vgl. Rdnr. 242 ff.
641 Z.B. BGH NJW 1981, 2122 f – Gemeindehaftung für Mitglieder eines Umlegungsausschusses; BGHZ 106, 323 – diese Amtspflicht schützt auch Rechtsnachfolger; BGH NVwZ 1992, 204 – zu den Grenzen dieser Haftung.
642 Vgl. hierzu Art. 20 Abs. 3 BayGO.
643 BGH NVwZ – RR 1996, 65; vgl. hierzu auch *Ossenbühl*, Staatshaftungsrecht, 5. Aufl. 1998, S. 76 f.
644 BGH NVwZ 1986, 504 sowie oben Rdnr. 78, 85.
645 So die bisherige nationale Rechtsprechung BGH, NVwZ-RR 1996, 65.
646 EuGH NVwZ 1990, 649.
647 BGHZ 106, 323 m. Anm. *Ossenbühl*, JZ 1989, 1122.

Die Gemeinden **I B**

ten ist das konkretisiert und bestätigt worden[648]. Auch auf die **Gefahr** von Steinschlag und umstürzenden Bäume kann sich die Amtspflicht beim Erlass einer Abrundungssatzung beziehen[649].

bb) Weiterhin kommt eine Haftung der Gemeinde wegen **enteignungsgleichem Eingriff** in Betracht, wenn z.B. durch den Erlass eines nichtigen, aber vollzogenen Bebauungsplans, der eine emissionsempfindliche Wohnbebauung vorsieht, ein landwirtschaftlicher Betrieb schwer und unerträglich betroffen wird[650]. **220**

cc) Für Ansprüche wegen **Verletzung** des **Persönlichkeitsrechts** oder der persönlichen Ehre durch die Äußerung eines Stadtverordneten ist der ordentliche Rechtsweg gegeben[651]; kann die Verbreitung einer nicht-öffentlichen Äußerung des Bürgermeisters der Gemeinde nicht zugerechnet werden, besteht auch kein Anspruch auf Widerruf gegen die Gemeinde[652]. **221**

dd) Beim Verkauf eines Grundstücks (**fiskalische Tätigkeit**), das mit einem Fehler behaftet ist, ist der Gemeinde hinsichtlich der Frage des arglistigen Verschweigens das Wissen eines Sachbearbeiters des mit dem Verkauf nicht betrauten Bauaufsichtsamtes nicht zuzurechnen[653].

ee) Im **Innenverhältnis** stellt sich die Frage, in welchem Umfang die Gemeinde, die wegen rechtswidriger Entscheidungen des Gemeinderates haftet, bei den Gemeinderatsmitgliedern **Rückgriff** nehmen kann, inwieweit diese also persönlich für einen Schaden einstehen müssen (**Haftung gegenüber der Gemeinde**[654]). Allgemein ist dieser Rückgriff auf Fälle vorsätzlicher oder grob fahrlässiger Schädigungen eingeschränkt[655]; zuweilen wird der Rückgriff sogar auf vorsätzlich-rechtswidriges Verhalten von Gemeinderatsmitgliedern beschränkt[656]. **222**

ff) Unberührt von diesen kommunalrechtlichen Haftungsbegrenzungen bleibt die **strafrechtliche Verantwortlichkeit**, was zuweilen ausdrücklich festgestellt wird[657].

Literatur: Beiträge zur kommunalen Volksvertretung, ihren Aufgaben und Zuständigkeiten, Ausschüssen, Fraktionen u.a. von *Bethge, Foerstemann, Frowein, Körner, Lehmann-Grube,*

---

648 OLG Düsseldorf NVwZ 1992, 1019; OLG Hamm Eildienst StT NW 1991, 619 – Pflicht, bereits bei Anfangsverdacht in der Planungsphase Gefahrenlage zu ermitteln und nicht erst bei der bauordnungsrechtlichen Prüfung; BGHZ 108, 224; 109, 380; 110, 1; 113, 367 m. Anm. *Ossenbühl*, JZ 1991, 90.
649 BGH JZ 1992, 1073 m. Anm. *Ossenbühl*, S. 1074.
650 BGHZ 92, 34 mit Hinweis auf BGH VersR 1984, 849 hinsichtlich des Sorgfaltsmaßstabes der Amtsträger (Mitglieder des Gemeinderates).
651 VG Frankfurt/M. NVwZ 1992, 86.
652 VGH BW NVwZ 1992, 285.
653 BGH NJW 1992, 1099 (= DÖV 1992, 498 = DVBl. 1992, 563) – keine Pflicht zum ämterübergreifenden Informationsaustausch.
654 Vgl. z.B. Art. 20 Abs. 4 Satz 2 und Art. 51 Abs. 2 Satz 2 BayGO.
655 Vgl. bereits Art. 34 Satz 2 GG sowie z.B. § 43 Abs. 4 NWGO, § 39 Abs. 4 NdsGO.
656 Z.B. gem. Art. 51 Abs. 2 Satz 2 BayGO, allerdings nur bei Abstimmungen.
657 Vgl. Art. 51 Abs. 2 Satz 2 BayGO; vgl. auch BGH NJW 1991, 990 – Strafbarkeit des Verbandsvorstandes eines kommunalen Abwasserverbandes, der die Bezahlung der Geldstrafen eines Betriebsleiters und dessen Stellvertreters wegen Gewässerverunreinigung (§ 324 StGB) bewirkt hatte, wegen Untreue (§ 266 StGB).

I *Kommunalrecht*

Scholler und *Zuleeg* in HdbKommWPr, Bd. 2, 1982, S. 81 ff; *Wurm:* Drittgerichtetheit und Schutzzweck der Amtspflicht als Voraussetzungen der Amtshaftung, JA 1992, 1 ff und UTR 1994, 587 ff.

Übungsfälle: *Broß/Ronellenfitsch:* Besonderes Verwaltungsrecht und Verwaltungsprozessrecht, 1991, Fall 7: „Fraktionsstatus"; *Pfeifer:* Der praktische Fall – Der Rechtsanwalt im Stadtrat, JuS 1993, 750 ff; *Erichsen/Weiß:* Examensklausur im ÖffR – Die Störung der Ratssitzung, Jura 1993, 103 ff.

2. Der „Gemeindevorstand"

223 Zur Durchführung der Entscheidungen der Gemeindevertretung und insbesondere auch zur Erledigung der Verwaltungsangelegenheiten, für die es konkretisierender Beschlüsse der Gemeindevertretung nicht bedarf, ist ein **Verwaltungskörper** erforderlich, dem vor allem Exekutiv-Funktion (**Verwaltung i.e.S.**) zukommt. An der Spitze dieses Verwaltungskörpers steht das **Leitungsorgan** „Gemeindevorstand"; die Funktionen dieses Organs können von einer Person wahrgenommen werden (sog. **monokratischer Gemeindevorstand; Gemeindevorsteher**) oder von einem **kollegialen Gemeindevorstand**.

In den Gemeindeordnungen werden beide Organisationsmodelle verwirklicht. Trotz formal starker Unterschiede dieser Organisationsmodelle lässt sich eine Gemeinsamkeit vorab feststellen: Stets ist gewährleistet, dass eine auch formell-organisatorische Verbindung zwischen der Leitung des Verwaltungskörpers und der Gemeindevertretung besteht. Das wird in den Gemeindeordnungen mit monokratischem Gemeindevorstand (Gemeindevorsteher, z.B. der bayerische Bürgermeister) dadurch verwirklicht, dass diese Funktion verbunden wird mit der Funktion des Vorsitzenden der Gemeindevertretung; in Gemeindeordnungen mit kollegialem Gemeindevorstand wird diese Verbindung dadurch hergestellt, dass dieses Kollegium zusammengesetzt wird aus **Mitgliedern der Gemeindevertretung**, insbesondere dem Vorsitzenden der Gemeindevertretung, sowie Mitgliedern der „hauptamtlichen" Verwaltungsführung, insbesondere also dem Leiter des Verwaltungskörpers (dem sog. **Hauptverwaltungsbeamten**).

Gemeindeverfassung entsprechend der Süddeutschen Ratsverfassung

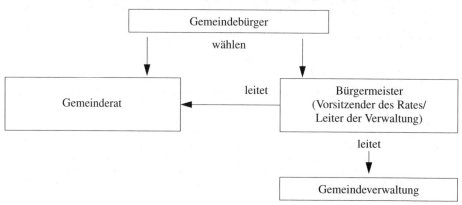

Gemeindeverfassung entsprechend der (Rheinischen) Bürgerverfassung

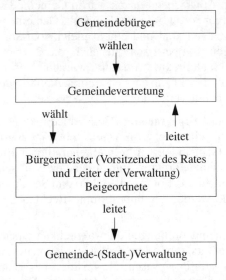

Weiterhin ist angesichts der tatsächlichen Verhältnisse – der Gemeindeverfassungswirklichkeit – insbesondere in den größeren Städten Folgendes festzustellen: Trotz der Vielzahl der kommunalen Verfassungsmodelle hat sich in der Praxis eine gewisse Übereinstimmung in der Organisation der Führungsebene herausgestellt; das hauptamtliche Beamtentum mit seinem sachverständigen Verwaltungsunterbau trägt faktisch eine bedeutende Verantwortung nicht nur beim Vollzug programmierender Entscheidungen, sondern auch unter dem Gesichtspunkt einer Einflussnahme auf die Entscheidungen der Gemeindevertretung im Rahmen der Vorbereitung der Beratungen; der Rat bestimmt seinerseits durch Richtlinien und Einzelentscheidungen das Verwaltungsgeschehen; eine wichtige Rolle als Verbindungsstellen zwischen dem ehrenamtlichen („politischen") Bereich in der Gemeinde und dem hauptamtlichen Verwaltungsbereich spielen die Fachausschüsse, in denen die Vorstellungen aus dem hauptamtlichen und dem ehrenamtlichen Bereich miteinander abgeglichen werden.

a) Der monokratische Gemeindevorstand (Gemeindevorsteher)

Von **„monokratischem" Gemeindevorstand** spricht man dort, wo die Aufgaben dieses „Konkretionsorganes" – dazu zählen: Anregung und Vorbereitung der Planungen und sonstiger Beschlüsse der Gemeindevertretung, ihre Durchführung und die Besorgung der laufenden Verwaltung in eigener Zuständigkeit – von einer Person verantwortlich wahrgenommen werden. In der Wissenschaft hat sich für dieses Organ die Bezeichnung **„Gemeindevorsteher"** eingebürgert[658].

224

---

658 Im Anschluss an *Wolff/Bachof/Stober*, § 87 Rdnr. 57.

I *Kommunalrecht*

Herkömmlicherweise wird dieses Organ kommunalrechtlich als „(Ober-)**Bürgermeister**"[659] bezeichnet. Abweichend davon war in Gemeinden, bei denen vor allem die Repräsentationsaufgaben und die Funktion als Gemeinderatsvorsitzender dem Gemeindevorsteher entzogen sind und einem gleichwohl sog. Bürgermeister (mit vergleichsweise geringen Kompetenzen) zustehen, die Bezeichnung „**Gemeindedirektor**" oder „(Ober-)Stadtdirektor" einführt worden[660]. Der Bürgermeister wird durch eine Wahl bestellt; dabei kann entweder eine unmittelbare „Volkswahl"[661] oder die Wahl durch die Gemeindevertretung[662] vorgesehen sein.

225 **aa) Rechtsstellung:** Der **Bürgermeister** (Gemeindedirektor) ist hauptamtlich tätig; er wird als **Beamter auf Zeit** bestellt; die Wahlzeit beträgt zwischen sechs und zwölf Jahren[663]. In kleineren Gemeinden wird ein ehrenamtlicher Bürgermeister gewählt. Der Bürgermeister (Gemeindedirektor) soll zumeist eine für sein Amt „erforderliche Eignung, Befähigung (fachliche Voraussetzungen) und Sachkunde" aufweisen. Diese Qualifikationsmerkmale werden als unbestimmte Rechtsbegriffe gerichtlich nachgeprüft[664].

Häufig räumen die Gemeindeordnungen die Möglichkeit einer **Abwahl** des Bürgermeisters (Gemeindedirektors) ein[665]. Die **Zulässigkeit** solcher Abwahl- oder Abberufungsmöglichkeiten ist streitig gewesen; die Position des Gemeindevorstehers „im Schnittpunkt politischer Willensbildung und fachlicher Verwaltung"[666] eröffnen jedoch den Weg zu §§ 31 Abs. 1, 21 Abs. 2 BRRG (und nicht zu 95 Abs. 2, 59, 21 BRRG); das erforderliche Maß an Gleichgestimmtheit des Gemeindevorstehers mit den politischen Ansichten und Zielen der Gemeindevertretung erscheint als statusimmanent und rückt den **Gemeindevorsteher** in den Bereich eines „politischen Beamten"[667]. Das bedeutet, dass für die **Gemeindevertretung** – oder auch für das Gemeindevolk – immer dann die Möglichkeit besteht, einen Wahlbeamten von seinem Amt abzuberufen, wenn sie schlicht das **Vertrauen** zu ihm verliert, ohne dass es anderer Gründe als eben dieses Verlustes des Vertrauens bedarf. „Das Vertrauen ist schon dann gestört, wenn die Gemeindevertretung Zweifel daran hegt, dass ein höchstmöglicher Grad an zielstrebiger und wirkungsvoller Zusammenarbeit im Sinne der von

---

659 § 42 Abs. 1, 4 BWGO; Art. 34 Abs. 1 Satz 1 BayGO; § 39 HessGO; § 47 RhPfGO; § 54 SaarlKSG; § 48 SchlHGO.
660 Z.B. in Niedersachsen und Nordrhein-Westfalen nach früherem Recht.
661 Z.B. gem. §§ 45-47 BWGO; Art. 17 BayGO; § 62 Satz 1 BrandGO; § 39 Abs. 1 HessGO; § 37 Abs. 1 Satz 1 MVKommVerf; § 61 NdsGO; § 65 Abs. 1 NWGO; § 53 RhPfGO; § 48 Abs. 1 SächsGO; § 58 Abs. 1 SachsAnhGO; § 28 Abs. 3 Satz 1 ThürKO.
662 Z.B. § 56 SaarlKSG; § 57 Abs. 1 Satz 1 und § 52 Abs. 1 Satz 2 SchlHGO.
663 Z.B. Art. 34 Abs. 5 BayGO (6 Jahre); § 61 Abs. 1 NdsGO (12 Jahre).
664 Vgl. z.B. OVG Lüneburg OVGE 13, 453 (460 ff).
665 Z.B. § 76 Abs. 4 HessGO – vgl. auch VG Kassel NVwZ-RR 1990, 208: Abberufungsbeschluss der Gemeindevertretung ist kein VA, da unmittelbare Rechtswirkung kraft Gesetzes eintrete; § 32 Abs. 4 MVKommVerf; § 61a NdsGO; OVG Lüneburg DVBl. 1992, 982 m. Anm. *Ipsen* – zur Abwahl eines Amtsinhabers; § 55 RhPfGO; § 58 SaarlKSG; § 61 SachsAnhGO.
666 BVerwGE 56, 163 (170).
667 BVerwGE 56, 163 (168 ff); im Schrifttum str.

Die Gemeinden **I B**

ihr verfolgten Politik gewährleistet ist"[668]. Neben diesen materiellen Voraussetzungen müssen strenge verfahrensmäßige Voraussetzungen für eine Abwahl oder Abberufung eingehalten werden.

In den Gemeindeordnungen mit Direktwahl ist überwiegend die **Abwahl** durch das **Gemeindevolk** vorgesehen[669]. Eine Entfernung aus dem Amt ist – u.U. auch – unter den entsprechenden Voraussetzungen des **Disziplinarrechts** möglich[670].

bb) Zuständigkeiten: Neben der Befugnis zur **gesetzlichen Vertretung** der Gemeinde in Rechts- und Verwaltungsgeschäften obliegen dem Gemeindevorsteher vor allem die „**Angelegenheiten der laufenden Verwaltung**". Darunter versteht man alle Geschäfte, die mehr oder weniger regelmäßig vorkommen und außerdem nach Umfang der Verwaltungstätigkeit und Finanzkraft der jeweiligen Gemeinde eine sachlich verhältnismäßig geringe Bedeutung haben[671]. 226

Zu den laufenden Angelegenheiten zählen manche Gemeindeordnungen auch die Tätigkeiten im Rahmen der übertragenen Aufgaben, der **Fremdverwaltung** (Auftragsverwaltung, Weisungsverwaltung); in diesen Fällen wird die Gemeindevertretung mit diesen Angelegenheiten nicht befasst[672].

Der Bürgermeister (Gemeindedirektor) ist weiterhin zuständig für die **Vorbereitung der Tätigkeit**, insb. Beschlüsse des **Rates** sowie die Tätigkeit der **Ausschüsse**. U. a. setzt er die **Tagesordnung** fest[673]. 227

Weiterhin hat er unter der Kontrolle der Gemeindevertretung die **Entscheidungen** dieser Gremien (insbesondere der Gemeindevertretung) **auszuführen**[674].

Zumeist hat der Gemeindevorsteher außerdem das **Recht zur Eilentscheidung**; die an sich zuständigen Organe sind hierüber im Einzelnen und unverzüglich zu unter- 228

---

668 OVG Münster StT 1981, 550 (551); BVerwG NVwZ 1993, 377 – Abberufung eines kommunalen Hauptverwaltungsbeamten (Gemeindedirektors) wegen Vertrauensverlustes.
669 Vgl. § 62 Satz 3 BrandGO i.V.m. § 81 BbgWahlG – bis Anfang 1998 waren neun der im Jahr 1993 direkt gewählten Bürgermeister durch Bürgerbegehren (sog. Bürgermeisterkegeln) abgesetzt worden; § 76 Abs. 4 HessGO; § 66 Abs. 1 NWGO; § 55 RhPfGO; § 51 Abs. 7-9 SächsGO; § 61 SachsAnhGO; § 28 Abs. 6 ThürKO.
670 Z.B. § 128 BWGO; § 75 HessGO; § 144 SachsAnhGO.
671 § 41 Abs. 3 BWGO; Art. 37 Abs. 1 Satz 1 Nr. 1 BayGO; § 63 Abs. 1e) BrandGO; § 70 Abs. 2 HessGO; § 62 Abs. 1 Nr. 6 NdsGO; § 47 Abs. 1 Nr. 3 RhPfGO; § 59 Abs. 3 SaarlKSG; § 53 Abs. 2 SächsGO; § 63 Abs. 1 Satz 2 SachsAnhGO; § 55 Abs. 1 Satz 3 SchlHGO; § 29 Abs. 2 Nr. 1 ThürKO; OVG Münster OVGE 25, 186 (193); BGHZ 14, 89 ff; 21, 59 (63); 32, 375 (378); NJW 1980, 117.
Ein rechtswidrig-schuldhaftes Verhalten des Bürgermeisters (z.B. eine falsche, unklare, missverständliche oder unvollständige Auskunft, die zu einem Schaden führt) kann zu einem Amtshaftungsanspruch führen: BGH NVwZ 2002, 373.
672 § 44 Abs. 3 BWGO; §§ 66 Abs. 1 Satz 3 Nr. 1, 150 HessGO; § 38 Abs. 5 MVKommVerf; § 62 Abs. 1 Nr. 5 NdsGO; § 129 NWGO; § 47 Abs. 1 Nr. 4 RhPfGO; § 59 Abs. 4 SaarlKSG; § 53 Abs. 3 SächsGO; § 63 Abs. 4 SachsAnhGO; §§ 55 Abs. 4, 70 Abs. 3 SchlHGO; § 29 Abs. 2 Nr. 2 ThürKO.
673 Vgl. dazu im Einzelnen – auch zu einem dabei bestehenden Prüfungsrecht – oben Rdnr. 211 m.w.N.
674 Zum Vollzug der Gemeinderatsbeschlüsse siehe § 43 Abs. 1 BWGO; Art. 36 BayGO; § 63 Abs. 1b) BrandGO; § 38 Abs. 3 MVKommVerf; § 47 Abs. 1 RhPfGO; § 59 Abs. 2 Satz 2 SaarlKSG; § 52 Abs. 1 SächsGO; § 62 Abs. 1 SachsAnhGO; § 55 Abs. 1 Satz 2 SchlHGO; § 29 Abs. 1 ThürKO – für Hessen vgl. § 66 Abs. 1 und § 70 Abs. 1 GO; für Nds § 62 Abs. 1 GO; für NW § 62 Abs. 2 GO.

I *Kommunalrecht*

richten. Teilweise können derartige Eilentscheidungen durch den Gemeinderat wieder aufgehoben werden, sofern nicht schon Rechte Dritter begründet worden sind[675].

229 Aufgabe des Bürgermeisters (Gemeindedirektors) ist es weiterhin, **rechtswidrige Beschlüsse der Gemeindevertretung** zu rügen (oder zu „beanstanden" oder „auszusetzen"). Die Gemeindevertretung hat erneut über die Angelegenheit zu beschließen; wird die alte Entscheidung aufrechterhalten, dann wird die Kommunalaufsichtsbehörde benachrichtigt, die dann zu entscheiden hat, ob der Beschluss der Gemeindevertretung zu beanstanden ist[676].

Diese **Rügepflicht** des Gemeindevorstehers gilt entsprechend für gesetzwidrige Beschlüsse von Ausschüssen[677].

Fraglich ist, ob die Gemeindevertretung gegen eine ihrer Ansicht nach unrichtige Rüge des Gemeindevorstehers gerichtlich vorgehen kann. Als Klageart kommt wohl nur die **Feststellungsklage** (§ 43 VwGO) in Betracht[678]. Die Frage des streitigen Rechtsverhältnisses sowie des Feststellungsinteresses ergibt sich aus den Überlegungen zur Rechtsqualität der Befugnisse der beteiligten Organe. Es dürfte jedoch an einem Rechtsschutzbedürfnis fehlen angesichts der Zuständigkeit der Aufsichtsbehörde zur Klärung eines solchen Streites[679]: Hält die **Kommunalaufsicht** die Rüge für unzulässig (und den betreffenden Beschluss der Gemeindevertretung für rechtmäßig), so darf der Gemeindevorsteher seine abweichende Rechtsauffassung nicht weiterverfolgen, da kein verletztes eigenes **Organinteresse** vorhanden ist. Bestätigt die Aufsichtsbehörde hingegen die Auffassung des Gemeindevorstehers, dann ist diese Entscheidung wie jede **Aufsichtsmaßnahme** zu behandeln, also vor dem **Verwaltungsgericht** nachprüfbar.

230 **Weitere Aufgaben** können dem Bürgermeister (Gemeindedirektor) von der Gemeindevertretung **übertragen** werden, soweit diese nicht zwingend zuständig bleiben muss[680].

231 Von ganz wesentlicher Bedeutung ist die Aufgabe des Gemeindevorstehers als „**Leiter der Verwaltung**". Darin ist enthalten die Leitung und Beaufsichtigung des Geschäftsganges, die Regelung der Geschäftsverteilung im Rahmen der Richtlinien des Rates; er ist Dienststellenleiter i.S. der Geheimhaltungsvorschriften und wird i.S. die-

---

675 § 43 Abs. 4 BWGO; Art. 37 Abs. 3 BayGO; § 68 BrandGO; § 44 Abs. 2 BrhVerf; § 70 Abs. 3 HessGO; § 38 Abs. 4 Satz 2 MVKommVerf; § 66 NdsGO; § 60 NWGO – Hauptausschuss oder Bürgermeister und 1 Ratsmitglied; § 48 RhPfGO; § 61 SaarlKSG; § 52 Abs. 3 SächsGO; § 62 Abs. 4 SachsAnhGO; §§ 55 Abs. 3, 70 Abs. 2 SchlHGO; § 30 ThürKO; str. im Hinblick auf Satzungen, s. oben Rdnr. 78; VGH BW NVwZ 1993, 396 – Gemeinderatsmitglied kann möglicherweise rechtswidrige Eilentscheidungen des Bürgermeisters nicht mit der kommunalverfassungsrechtlichen Feststellungsklage angreifen.
676 § 43 Abs. 2 BWGO; Art. 59 Abs. 2 BayGO; § 65 BrandGO; §§ 32, 47 BrhVerf; §§ 63, 74 HessGO; § 33 MVKommVerf; § 65 Abs. 1 NdsGO; § 54 NWGO; § 42 RhPfGO; § 60 SaarlKSG; § 52 Abs. 2 SächsGO; § 62 Abs. 3 SachsAnhGO; §§ 43, 69 SchlHGO; § 44 ThürKO.
677 ZB. § 43 Abs. 3 BWGO, im Übrigen wie Fn. 676.
678 Zum sog. Kommunalverfassungsstreit s. unten Rdnr. 242 ff.
679 Vgl. hierzu *Ditteney/Clemens*, VBl. BW 1988, 457 (459).
680 Wie Fn. 513.

ser Vorschriften durch die Kommunalaufsichtsbehörde ermächtigt; weiterhin ist der Gemeindevorsteher Dienstvorgesetzter aller Beamten, Angestellten und Arbeiter der Gemeinde und führt die Ernennungen, Beförderungen und Entlassungen durch[681], soweit diese Entscheidungen nicht der Gemeindevertretung vorbehalten sind[682].

Schließlich wird der Bürgermeister (Gemeindedirektor) als „**geliehenes Organ**"[683] in Anspruch genommen. Hierbei handelt es sich nicht um eine gemeindeverfassungsrechtliche Zuständigkeit, sondern um die Betrauung eines Organes der Gemeinde in der Art und Weise, als ob dieses Organ als **untere staatliche Verwaltungsbehörde** in die staatliche Verwaltungshierarchie eingegliedert wäre[684].   **232**

cc) **Die Beigeordneten:** Die Verwaltungsleitung ruht in der Regel nicht auf den Schultern allein des Gemeindevorstehers; vielmehr können zusätzlich „**Beigeordnete**"[685] (in Niedersachsen außerdem „Stadt- oder Gemeinderäte"[686]; in Bayern: „berufsmäßige Gemeinderatsmitglieder", „berufsmäßige weitere Bürgermeister"[687]) angestellt werden. Die Gemeinden können innerhalb gewisser Grenzen entscheiden, ob und wie viele „Beigeordnete" sie bestellen wollen. Insbesondere für größere Städte werden die Aufgaben verschiedenen „**Dezernaten**" zugeordnet und jeweils einem Beigeordneten eigenverantwortlich unterstellt. Regelmäßig ist aus dem Kreis der Beigeordneten ein allgemeiner verfassungsmäßiger Vertreter des Bürgermeisters (Gemeindedirektors) zu bestellen. Nicht ausgeschlossen sind auch **Konflikte**, die sich aus der **u.U.** gegebenen **Doppelfunktion** (einerseits Mitglieder des Gemeinderats, andererseits Untergebene des Gemeindevorstehers) ergeben können[688].   **233**

Der beamtenrechtliche **Status** der Beigeordneten entspricht dem des Gemeindevorstehers; die Rechte und Pflichten der kommunalen Wahlbeamten bestimmen sich

---

681 So die übereinstimmende Rechtslage, vgl. §§ 42 ff BWGO; Art. 34 ff BayGO; § 61 ff BrandGO; §§ 70 ff HessGO; § 38 Abs. 2 Satz 4 MVKommVerf; § 62 Abs. 2 NdsGO; §§ 47 ff RhPfGO; §§ 59 ff SaarlKSG; § 53 Abs. 4 SächsGO; § 63 Abs. 5 SachsAnhGO; §§ 55 ff SchlHGO; § 29 ff ThürKO.
682 Z.B. bei der Besetzung höherwertiger Dienstposten.
683 Vgl. oben Rdnr. 117.
684 Im Bereich der Gemeinden – anders als im Landkreis – keine besonders stark ausgeprägte Erscheinung, vgl. dazu *Wolff/Bachof/Stober*, § 86 Rdnr. 197, § 93 Rdnr. 57.
685 §§ 49, 50 BWGO; §§ 69 ff BrandGO; §§ 65, 39a f HessGO; §§ 40 Abs. 4, 32 Abs. 4 MVKommVerf; § 56 Abs. 2, 3 NdsGO; §§ 68 NWGO; §§ 50 ff RhPfGO; §§ 54 Abs. 2, 63 ff SaarlKSG; §§ 55 ff SächsGO; §§ 65 ff SachsAnhGO; § 32 ThürKO.
686 § 81 NdsGO.
687 Art. 35, 40 BayGO.
688 Praktisch handelt es sich um eine organisatorisch an sich unzweckmäßige Doppelunterstellung; OVG Münster Eildienst StT NW 1991, 399 – Änderung des Geschäftskreises eines Beigeordneten durch den Rat ist (mangels Außenwirkung) kein VA; OVG Münster NWVBl. 1992, 285 – interne Weisung des Stadtdirektors an Amtsleiter, im Falle unzweckmäßiger Entscheidungen des Beigeordneten (= Vorgesetzter des Amtsleiters) in besonders wichtigen Fragen ihn (den Stadtdirektor) „einzuschalten", verletzt keine Rechte des Beigeordneten, da nur das Informationsrecht des Stadtdirektors konkretisiert, nicht jedoch die Entscheidungsbefugnis des Beigeordneten eingeschränkt wird; VGH Kassel NVwZ-RR 1992, 498 – die allgemeine Dienstanweisung des Bürgermeisters, nach der seine Anordnungen denen anderer Vorgesetzter vorgehen, verletzt die selbstständige Entscheidungsbefugnis der Beigeordneten.

I *Kommunalrecht*

insb. nach dem Landesbeamtenrecht, das für den kommunalen Bereich spezielle Regelungen vorsehen kann[689]; das gilt auch für die Fragen von Haftung und Rückgriff[690].

b) Der kollegiale Gemeindevorstand

234 Ein **kollegiales Direktionsorgan** (Gemeindevorstand, **Magistrat**) findet sich in den Gemeindeordnungen mit der sog. **Magistratsverfassung**[691]; es setzt sich zusammen aus dem Bürgermeister als Vorsitzenden und den Beigeordneten; dabei kann es sich sowohl um hauptamtliche als auch um ehrenamtliche Beigeordnete (Stadträte) handeln, die aber nicht gleichzeitig Gemeindevertreter sein dürfen.

Diesem **Gemeindevorstand** (Magistrat) kommen grundsätzlich die gleichen Wahrnehmungszuständigkeiten zu wie dem (monokratischen) Gemeindevorsteher[692].

235 Die Stellung des **Bürgermeisters** ist nach diesem Kommunalverfassungssystem eingeschränkt; denn hiernach ist der Gemeindevorstand die Verwaltungsbehörde der Gemeinde und besorgt – nach den Beschlüssen der Gemeindevertretung und im Rahmen der bereitgestellten Mittel – die Verwaltung der Gemeinde[693].

Die **Eilzuständigkeit** ist aufgeteilt: In dringenden Fällen, wenn die vorherige Entscheidung des Gemeindevorstandes nicht eingeholt werden kann, liegt sie beim Bürgermeister; dieser kann dann die erforderlichen Maßnahmen von sich aus anordnen, hat jedoch unverzüglich dem Gemeindevorstand hierüber zu berichten[694].

Weiterhin ist es Aufgabe des **Bürgermeisters**, den **Geschäftsgang** der gesamten Verwaltung zu leiten und zu beaufsichtigen und für den geregelten Ablauf der Verwaltungsgeschäfte zu sorgen; er bereitet auch die Beschlüsse des Gemeindevorstandes vor und führt sie aus, soweit nicht Beigeordnete eigenverantwortlich mit der Ausführung beauftragt sind[695].

Trotz der an sich umfassenden Zuständigkeit des kollegialen Gemeindevorstandes werden die **laufenden Verwaltungsangelegenheiten** von dem Bürgermeister[696] oder den zuständigen Beigeordneten selbstständig erledigt, soweit nicht auf Grund gesetzlicher Vorschriften oder auf Weisung des Bürgermeisters oder wegen der **Bedeutung der Sache** der **Gemeindevorstand** im Ganzen zur Entscheidung berufen ist[697].

---

689 Vgl. für Bayern das BayKWB; vgl. auch unten III. Rdnr. 61.
690 Vgl. § 46 BRRG und z.B. § 49 BayKWB.
691 §§ 38-47 BrhVerf; § 65-77 HessGO – Gemeindevorstand; §§ 59 ff SchlHGO – für Städte.
692 § 42 BrhVerf; § 66 HessGO; § 60 SchlHGO.
693 Z.B. § 66 Abs. 1 Satz 2 HessGO; § 60 Abs. 1 Satz 1 SchlHGO.
694 § 44 Abs. 2 BrhVerf; § 70 Abs. 3 HessGO; § 70 Abs. 2 SchlHGO; deutlicher §§ 35 Abs. 2 Satz 4, 38 Abs. 4 Satz 2 und 3 MVKommVerf; vgl. auch § 60 NWGO.
695 Wie Fn. 692.
696 Insb. auch die Aufgaben des übertragenen Wirkungskreises, § 70 Abs. 3 SchlHGO – ebenso § 38 Abs. 2 Satz 2 und 3 MVKommVerf; anders § 66 Abs. 1 Satz 3 Nr. 1 HessGO und § 42 Abs. 1 Satz 3a) BrhVerf – Zuständigkeit des Kollegialorgans.
697 § 70 Abs. 2 HessGO.

Gemeindeverfassung entsprechend der unechten Magistratsverfassung; die „echte" – in der BRD nicht verwirklichte – Magistratsverfassung verwirklicht ein Zwei-Kammer-System, demzufolge Beschlüsse der Gemeindevertretung an die Zustimmung des Führungsgremiums („Magistrat", Gemeindevorstand) gebunden sind.

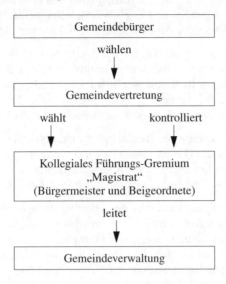

Kollegiale Gremien im Bereich der Leitung der Gemeinde finden sich z.B. auch nach der nds. Gemeindeordnung in dem „**Verwaltungsausschuss**"[698], im rhpf. „**Stadtvorstand**" und im nw. **Verwaltungsvorstand**[699]. Der nds. „Verwaltungsausschuss" hat zwar geringere Kompetenzen als ein Magistrat; er ist aber ähnlich konstruiert. Der Stadtvorstand in Rheinland-Pfalz hat demgegenüber geringere Kompetenzen; das gilt auch für den (zuweilen obligatorischen) „**Hauptausschuss**"[700], dem außer dem Bürgermeister keine hauptamtlich tätigen Personen angehören.

236

3. Bezirks- und Ortschaftsverfassungen

Das kommunale Verfassungsrecht wird ergänzt durch Regelungen, die weitere (Teil-)Organe entsprechend der verwaltungsmäßigen Gliederung des Gemeindegebietes (obligatorisch oder fakultativ) vorsehen. Es handelt sich hierbei um die **Bezirksverwaltungen** von Großstädten sowie die **Ortschaftsverwaltungen** in kleinen Gemeinden[701]. Bezirksverwaltungen sind erforderlich, um die Verwaltung bürgernä-

237

---

698 Vgl. §§ 56 ff NdsGO.
699 Vgl. §§ 57 ff RhPfGO; § 70 NWGO.
700 §§ 55-58 BrandGO; § 35 MVKommVerf; §§ 57 Abs. 3, 43 NWGO; § 45 Abs. 2 SchlHGO; § 26 Abs. 1 Satz 2 ThürKO; anders die Situation in den Landkreisen, wo der dortige Kreisausschuss nahezu überall (Ausn. BW und Sachsen) ein drittes Organ ist, vgl. unten Rdnr. 398.
701 §§ 64-73 BWGO; Art. 60, 60a BayGO; §§ 54-54e BrandGO; §§ 81, 82 HessGO; § 42 MVKommVerf; §§ 55-55i NdsGO; §§ 35-39 NWGO; §§ 75-77 RhPfGO; §§ 70-77 SaarlKSG; §§ 65-71 SächsGO; §§ 86-89 SachsAnhGO; §§ 47a-c SchlHGO; §§ 4 Abs. 2, 45 ThürKO.

her zu gestalten; man wird ihren Sinn einsehen, wenn man bedenkt, dass z.B. die 13 **Stadtbezirke** gem. § 55 NdsGO in Hannover (ca. 520 000 Einwohner) immerhin noch (durchschnittlich) 40 000 Einwohner aufweisen. Für die Ortschaftsverwaltung dürfte in erster Linie der Wunsch im Vordergrund gestanden haben, den Verlust an bürgerschaftlicher Betätigungs- und Einflussmöglichkeit infolge der Kommunalgebietsreform (Verminderung der Anzahl der Gemeindevertretungen!) auszugleichen.

238 Die Bildung von Bezirken ist teilweise zwingend vorgeschrieben; teilweise ist ihre Bildung in das Ermessen der Gemeindevertretung gestellt. Die ehrenamtliche Ebene kann dabei entweder durch **Bezirksausschüsse** ausgestaltet werden, die von der Gemeindevertretung bestellt werden[702]; oder aber es werden Bezirksvertretungen (**Stadtbezirksräte**) von den im Bezirk wohnenden Gemeindebürgern gewählt[703].

239 Die Gliederung der Gemeinde in Ortschaften mit **Ortsverfassung** kann durch entsprechende Regelungen der Hauptsatzung bewirkt werden[704]. Hierbei ist vorgesehen, dass die Mitglieder des Ortschaftsrates (**Ortschaftsräte**) von den in der Ortschaft wohnenden Bürgern gewählt[705] oder vom Gemeinderat bestellt werden[706].

240 Die **Zuständigkeit** (Aufgabenbereich) der ehrenamtlichen Organe in der Bezirks- und Ortschaftsebene ist relativ gering[707]; sie erschöpft sich in der Regel in Beratungen und Vorschlägen; es können aber auch in engen Grenzen **Haushaltsmittel** und Entscheidungen übertragen werden. Das Problem einer solchen Verfassung liegt darin, dass die dort tätigen **Bediensteten** u.U. einer doppelten Weisung unterliegen, nämlich sowohl durch die Zentrale der Verwaltung als auch durch dezentrale Beschlussgremien[708].

241 Etwas anderes als die soeben beschriebenen Bezirke und Ortschaften sind örtlich ausgelagerte **Verwaltungsstellen** („**Außenstellen der Gemeindeverwaltung**"); diese können ohne besondere gesetzliche Ermächtigung durch den Gemeindevorsteher oder durch Satzung eingerichtet werden[709].

4. Organstreitigkeiten (sog. Kommunalverfassungsstreitigkeiten)

242 Streitigkeiten über die Rechte und Pflichten von Organen oder Organteilen (z.B. Ausschuss, Fraktion) innerhalb der Gemeinde werden häufig mit dem **Sammelbegriff Kommunalverfassungsstreitigkeiten** bezeichnet. Letztlich handelt es sich um Mei-

---

702 Z.B. § 65 Abs. 1 BWGO; Art. 60 Abs. 2, 3 BayGO.
703 Z.B. § 55b Abs. 1 Satz 3 NdsGO; § 36 Abs. 1 NWGO.
704 Z.B. § 55e Abs. 1 NdsGO; für einige thüringische Gemeinden, die durch das Thüringer Neugliederungsgesetz eingemeindet wurden, hat das BVerfG (vorläufig) die Geltung der Ortschaftsverfassung sowie die Wahl der Ortsbürgermeister angeordnet, B. v. 3.5.1994, BGBl. I, 1279; vgl. § 54 BrandGO.
705 Z.B. § 66 SächsGO; § 86 Abs. 3 Satz 1 i.V.m. § 37 Abs. 1 Satz 1 SachsAnhGO.
706 § 47b Abs. 3 Satz 1 SchlHGO.
707 Vgl. für Ortschaften § 70 BWGO; § 54a BrandGO; § 67 SächsGO; § 87 SachsAnhGO; § 47c SchlHGO; für Bezirke z.B. § 65 Abs. 2 BWGO; § 55c NdsGO.
708 *Thieme*, HdbKommWPr, Bd. 1, 1981, S. 147.
709 So ausdrücklich z.B. § 81 Abs. 3 HessGO.

nungsverschiedenheiten, die nur dann vom Verwaltungsgericht (und nicht nur von der Aufsicht) entschieden werden können, wenn die „**normalen**" **Zulässigkeitsvoraussetzungen** der **VwGO** gegeben sind. Ob grundsätzlich alle Klagearten, also auch Anfechtungs- oder Verpflichtungsklagen möglich sind, ist str., letztlich aber zu bejahen[710].

Hinsichtlich der **Beteiligtenfähigkeit** ist zu bemerken, dass als Kläger und Beklagte (z.B. Gemeinderatsmitglied, Bürgermeister) zwar natürliche Personen auftreten, dass es aber der Sache nach **nicht** um ihre **persönlichen Rechte**, sondern die von Organen, Organteilen und deren Mitgliedern in ihrer Funktion als Organwalter geht. Somit ergibt sich die Beteiligtenfähigkeit aus § 61 Nr. 2 VwGO; dazu müssen nicht nur **Organe** und **Fraktionen**, sondern auch sonstige Minderheiten und **Gemeinderatsmitglieder** als „**Vereinigung**" bewertet werden[711]. 243

Voraussetzung für die **Klagebefugnis** ist zunächst das Vorhandensein von **Mitgliedschaftsrechten** (z.B. von Ratsmitgliedern) oder **Organwalterrechten** (z.B. des Bürgermeisters, Stadtdirektors, Ausschussvorsitzenden), die dem Kläger selbst zustehen müssen und durch das Handeln eines anderen Organs (möglicherweise) verletzt sind[712]; schließlich darf keine andere Möglichkeit des Rechtsschutzes gegeben sein (**Rechtsschutzbedürfnis**). 244

Auch **vorläufiger Rechtsschutz** ist gem. §§ 80, 123 VwGO möglich.

Literatur: Beiträge zu den verschiedenen Kommunalverfassungs-Systemen von *Becker/ Schneider, Berg, Dreibus, Heise, Machalet, Seele, Schleberger, Schneider, Wehling* und *Wiese*, in: HdbKommWPr, Bd. 2, 1982, 197 ff; *Seewald*, Probleme der Optimierung des kommunalen Verfassungsrechts, 1978; *J. Schwarplys*: Die allgemeine Gestaltungsklage als Rechtsschutzform gegen verwaltungsinterne Regelungen, 1996.

Übungsfälle: *v.Mutius:* Grundfälle ..., JuS 1978, 537 ff, JuS 1979, 37 ff (Fälle 34-38), 180 ff (Fälle 39 – 43); *Erbel:* Öffentlich-rechtliche Klausurenlehre mit Fallrepetitorium, Bd. II, 1981, S. 485 ff (Fall 19); Aufg. 7 der 1. jur. Staatsprüfung 1973/I, BayVBl. 1975, 280 (313 ff); Aufg. 7 der 1. jur. Staatsprüfung 1974/I, BayVBl. 1976, 733 (765 f); *Erichsen/Weiß*, Die Störung der Ratssitzung, Jura 1993, 103 ff.

VI. Die Finanzierung der gemeindlichen Aufgaben

In ihrem Teil „**Gemeindewirtschaft**" regeln die Gemeindeordnungen weitgehend übereinstimmend die „**Haushaltswirtschaft**", die Gegenstände „Sondervermögen, Treuhandvermögen", die „wirtschaftliche Betätigung und privatrechtliche Beteili- 245

---

710 So wohl auch *Knemeyer*, Rdnr. 222, *Kopp/Schenke*, vor § 40 Rdnr. 6 ff, § 42 Rdnr. 44; a.A. *Bethge*, HdbKommWPr, Bd. 2, 1982, S. 185 f; BayVGH seit BayVBl. 1968, 324, z.B. BayVBl. 1984, 401. Ein Beispiel für eine „Kommunalverfassungsrechtliche Feststellungsklage": VG Gelsenkirchen NWVBl. 1987, 53 ff – Verdeckte Parteienfinanzierung durch gemeindliche Zuwendungen an Ratsfraktionen. Vgl. weiterhin *Schoch*, JuS 1987, 783 ff zu RhPf OVG NVwZ 1985, 283 ff.
711 Vgl. hierzu und zum Folgenden *Kopp/Schenke*, VwGO, Anm. 6 vor § 40; § 42 Anm. 44; § 42 Anh. Anm. 56 f; § 43 Anm. 10; § 123 Anm. 1.
712 OVG Koblenz DVBl. 1985, 177 – Kein Recht eines Gemeinderatsmitgliedes darauf, dass ein anderes Gemeinderatsmitglied, das befangen ist, nicht an der Beschlussfassung mitwirkt.

gung" der Gemeinden sowie das „Rechnungs- und Prüfungswesen"[713]. In ihrer Gesamtheit betreffen diese Bestimmungen den der „**Finanzhoheit**" zuzuordnenden Teil der **Selbstverwaltung**, bei dem es um die eigenverantwortliche Haushaltsführung, Rechnungslegung und Vermögensverwaltung einschließlich der selbstständigen Erschließung von **Einnahmen** geht sowie um die Entscheidungen über die **Verwendung** der zur Verfügung stehenden **Finanzmittel**. Allerdings ist die Gemeinde auch insoweit eingebunden in Belange des Landes und des Bundes, die seit jeher verfahrensmäßig dadurch gewahrt werden konnten, dass wesentliche finanzielle Maßnahmen einer staatlichen **Genehmigung** unterliegen[714]. Zu den herkömmlich bestehenden finanziellen Restriktionen sind in jüngerer Zeit insbesondere die Instrumente der fiskalischen „Globalsteuerung"[715] hinzugekommen; so sind durch § 16 StabG auch die Gemeinden ausdrücklich an die Erfordernisse des gesamtwirtschaftlichen Gleichgewichts gebunden; ist dieses Gleichgewicht gestört, können **Kreditbeschränkungen** („Schuldendeckel-VOen") angeordnet werden[716].

246 Der **Finanzbedarf** der Gemeinde ergibt sich aus den durch **Gesetz** auferlegten Aufgaben sowie den freiwillig übernommenen Aufgaben zur Verbesserung der **Daseinsvorsorge**. Die Gemeinde hat die zur Erfüllung ihrer Aufgaben erforderlichen Einnahmen zu beschaffen und hat hierfür eine Vielzahl von Einnahmemöglichkeiten[717].

Dieses Finanzierungs-„System" in seiner Gesamtheit soll u.a. den Gemeindeangehörigen die Befriedigung ihrer Ansprüche unabhängig von der Finanzkraft ihrer Wohnsitzgemeinde ermöglichen, ohne dass dafür wesentlich unterschiedlich hohe **Abgaben** gezahlt werden müssen. Dieser Notwendigkeit einer Angleichung der Belastung für die Bürger dient in erster Linie der **staatliche Finanzausgleich** durch Zuweisung allgemeiner und zweckgebundener Mittel[718]; das führt allerdings dazu, dass die Eigenverantwortlichkeit der Gemeinden insoweit rechtlich erheblich eingeschränkt wird. Vertragliche Regelungen zwischen der Gemeinde und ihren in privater Rechtsform geführten Stadtwerken, die lediglich zur Umgehung von Zuwendungsbestimmungen geschlossen werden, sind zuwendungsrechtlich unbeachtlich[719].

---

713 §§ 77 ff BWGO; Art. 61 ff BayGO; §§ 74 ff BrandGO; §§ 55 ff BrhVerf; §§ 92 ff HessGO; §§ 42a ff MVKommVerf.; §§ 82 ff NdsGO; §§ 75 ff NWGO; §§ 93 ff RhPfGO; §§ 82 ff SaarlKSG; §§ 72 ff SächsGO; §§ 90 ff SachsAnhGO; §§ 75 ff SchlHGO; §§ 53 ff ThürKO.
714 Vgl. z.B. Art. 67 Abs. 4 – Verpflichtungsermächtigungen, Art. 71 Abs. 2 Satz 1, Art. 72 Abs. 1 – Kredite und kreditähnliche Verpflichtungen BayGO.
715 Im Einzelnen unten VII. Rdnr. 144 ff.
716 §§ 19 ff StabG; vgl. auch oben Rdnr. 21.
717 S. oben Rdnr. 166; BVerfGE 86, 148 (= DVBl. 1992, 965) – zum Finanzausgleich und Finanzbedarf der Gemeinden und Art. 107 Abs. 2 GG mit Anm. *Arndt*, JZ 1992, 971; RhPfVerfGH DÖV 1992, 706 = DVBl. 1992, 981 – Pflicht des Staates für angemessene Finanzausstattung der Gemeinden bei Erledigung eigener Aufgaben (Art. 49 Abs. 5 RhPfVerf); bei Zuweisung neuer Aufgaben kein Anspruch auf gesonderte Kostenerstattung, aber auf Korrektur des Finanzausgleichs.
718 Vgl. NdsStGH DÖV 1998, 382 ff und BayVGH DVBl. 1998, 732 – zum Kommunalen Finanzausgleich; *Inhester*, Kommunaler Finanzausgleich im Rahmen der Staatsverfassung, 1998.
719 VGH BW StT 1981, 29 f.

Zur finanziellen Abhängigkeit der Gemeinden sei hier Folgendes bemerkt:

Ob es zutreffend ist, dass staatliche Maßnahmen letztlich auf eine finanzielle „Austrocknung" der Gemeinden hinzielen, soll hier dahingestellt bleiben; der chronische Geldmangel der Gemeinden (erhebliche **Pro-Kopf-Verschuldung;** Mangel an frei verfügbaren Geldmitteln) trifft die Selbstverwaltung jedenfalls in ihrem Kern. Dabei darf nicht übersehen werden, dass manche Gemeinde **Investitionen** getätigt hat, deren personelle und sächliche **Folgekosten** ihre finanziellen Möglichkeiten letztlich offenbar überschreiten; insoweit haben Gemeinden häufig auch selbst zur Reduzierung ihres Gestaltungsspielraums beigetragen.

1. Gebühren und Beiträge (spezielle Entgelte)

Gebühren und **Beiträgen** ist gemeinsam, dass sie die Einwohner (oder Benutzer von Einrichtungen) zu Entgelten zwingen, denen besondere Vorteile erwachsen (**Vorteilsausgleich**, „spezielle Entgeltlichkeit"[720]).   247

2. Privatrechtliche Erträge und Entgelte

Zu dieser Einnahmen-Gruppe gehören die so genannten **Vermögenserträge**, nämlich   248
die Erträge aus dem „Anlagevermögen" (**Nutzungseinnahmen** wie Mieten, Pachten, Gewinne) der wirtschaftlichen Unternehmen[721] und aus dem Finanzvermögen (Rücklagenentnahmen). Weiterhin ergeben sich privatrechtliche Erträge aus Vermögensveräußerungen, die unter bestimmten Voraussetzungen zulässig sind. Schließlich zählen hierzu die **Entgelte** aus weiteren – überwiegend wohl nach bürgerlich-rechtlichen Vorschriften zu beurteilenden – Geschäften (z.B. aus Konzessions-Verträgen – sog. Konzessions-Abgaben[722]). Gemeinden, die mit Stromversorgungsunternehmen Verträge über die Belieferung des Gemeindegebiets unterhalten, dürfen von diesen Unternehmen eine **Konzessions-Abgabe** erheben; soweit diese nicht aus den Gewinnen der Unternehmen gezahlt, sondern – gleichsam als durchlaufender Posten – direkt auf die Kunden (die Gemeindeeinwohner) umgelegt wird, handelt es sich der Sache nach gleichwohl um eine Sonderabgabe gegenüber den Gemeindeangehörigen. Das Verbot der Neueinführung von Konzessionsabgaben – gemäß § 1 Abs. 1 der Konzessionsabgabenverordnung von 1941[723] – gilt nicht mehr[724].

Der zwischen der Regierung der DDR und der Treuhandanstalt mit westdeutschen Energieversorgungsunternehmen abgeschlossene „**Stromvertrag**" wurde von einer

---

720 Vgl. näher oben Rdnr. 167 f.
721 Vgl. hierzu unten Rdnr. 283 ff.
722 Vgl. auch *Henneke*, Öffentliches Finanzwesen. Finanzverfassung, 2. Aufl. 2000, 457; *Gern*, Rdnr. 751, 872 m.w.N.
723 BGBl. III 721-3.
724 BVerwGE 87, 133; für die Zulässigkeit und Bemessung der Konzessionsabgaben für Gas- und Stromleitungen gilt die Konzessionsabgabenverordnung (KAV) – BGBl. I 1992, 12); vgl. dazu *Püttner*, NVwZ 1992, 350.

Reihe von Gemeinden als Verletzung ihres Selbstverwaltungsrechts (Art. 28 Abs. 2 GG) bewertet, weil der Aufbau einer eigenen, für den Bürger u.U. kostengünstigeren Energieversorgung unmöglich gemacht werde[725].

3. Steuern

249 Zur Erfüllung ihrer Aufgaben haben die Gemeinden insbesondere auch das Recht auf Erschließung eigener Steuerquellen (**Steuerhoheit**)[726]. Steuern sind einmalige oder laufende Geldleistungen, welche ohne bestimmte Gegenleistung von einer öffentlich-rechtlichen Körperschaft kraft eigener oder abgeleiteter Finanzhoheit allen auferlegt werden, bei denen der leistungspflichtbegründende Tatbestand zutrifft; sie dienen (vorzugsweise) der Erzielung von Einkünften[727].

Den Gemeinden wird zuweilen ein eigenes „**Steuerfindungsrecht**" zugesprochen als Befugnis zur Erhebung selbstentwickelter Steuern. Genau betrachtet bedarf es hierzu jedoch einer gesetzlichen Ermächtigung; aus Art. 28 Abs. 2 GG lässt sich ein Steuerfindungsrecht nicht ableiten[728]. Einschlägig sind die **Kommunalabgabengesetze der Länder**. Wie weit eine derartige Ermächtigung im konkreten Fall geht, ist im Hinblick auf die sog. Zweitwohnungssteuer diskutiert und entschieden worden[729].

Aus den Regelungen der Gemeindeordnungen lässt sich eine gewisse **Subsidiarität** des Rechts der Steuererhebung im Verhältnis zu den speziellen Entgelten entnehmen[730]; den Gemeinden steht insoweit jedoch ein weiter Beurteilungsspielraum zu[731].

a) Realsteuern (Grundsteuer und Gewerbesteuer)

250 Den Gemeinden fließen die **Grund-** und **Gewerbesteuern** zu, deren Höhe sie durch Festsetzung der Hebesätze beeinflussen können (Art. 106 Abs. 6 Satz 1 und 2 GG). Praktisch handelt es sich hierbei um eine Art „**Sonderlast**" der Grundeigentümer und Gewerbetreibenden in der Gemeinde, die damit gerechtfertigt werden kann, dass die-

---

725 Vgl. SZ v. 2.6.93: Ostdeutscher David gegen West-Goliath.
726 Dazu ausführlich *Tipke/Lang*, § 12 Abs. 1.
727 Vgl. § 3 Abs. 1 Satz 1 AO.
728 Näher dazu *Tipke/Lang*, § 4 2.24, 82 f mit zahlreichen Nachweisen; ebenso BayVerfGH NVwZ 1993, 163 hinsichtlich der BayVerf – Keine originäre Normsetzungskompetenz für bestimmte Steuerarten (zum Verbot der kommunalen Wohnungssteuer); dazu auch OVG Schleswig NVwZ 1991, 909.
729 Vgl. OVG Lüneburg DStR 1977, 320 ff; BVerwGE 58, 230 ff; NJW 1980, 799 ff; *v. Arnim*, Zweitwohnungssteuer und Grundgesetz, 1981; BVerfGE 65, 325 – dazu *Tipke/Lang*, aaO., m.w.N. in Fn. 20; vgl. auch BVerwG NVwZ 1990, 568 sowie BVerfG NVwZ 1990, 356 und zuletzt BVerwG NVwZ 1997, 86 (= DVBl. 1996, 374).
730 Vgl. den jeweiligen Abs. 2 Nr. 2 der Regelungen über die Grundsätze der Einnahmebeschaffung: § 78 BWGO; Art. 62 BayGO; § 75 BrandGO; § 93 HessGO; § 44 MVKommVerf; § 83 NdsGO; § 76 NWGO; § 94 RhPfGO; § 83 SaarlKSG; § 73 SächsGO; § 91 Abs. 2 Satz 1 Nr. 2 SachsAnhGO; § 76 SchlHGO; § 54 ThürKO.
731 OVG Lüneburg NVwZ 1991, 907 (zu § 83 Abs. 2 NdsGO) – Kein Recht des Bürgers aus diesem Subsidiaritätsgrundsatz.

ser Personenkreis auch in besonderem Maße durch Infrastruktur, Ausbau und Entwicklung der Gemeinde begünstigt wird.

Die **Grundsteuer** wird für bebaute Grundstücke und für die nicht befreiten land- und forstwirtschaftlichen Betriebe erhoben, die im Gemeindegebiet gelegen sind (§§ 2-8 GrStG). Früher war die **Grundsteuer** die Haupteinnahmequelle der Gemeinden; ihre Bedeutung ist jedoch stark zurückgegangen; insbesondere würde ihre Erhöhung insoweit als unsozial empfunden werden, als sie abgewälzt werden kann (z.B. auf Lebensmittel- oder Mietpreise).

251

Der **Gewerbesteuer** – traditionell eine Gemeindesteuer – unterliegen die stehenden Gewerbebetriebe, wobei der Gewerbeertrag – und bis Ende 1997 auch das Gewerbekapital – besteuert wird[732].

252

Die Gewerbesteuer hat sich in der Vergangenheit als die **ertragreichste Gemeindesteuer** erwiesen; sie führt im Hinblick auf die Steuerkraft von Gemeinden zu erheblichen Unterschieden zwischen Wohn- und Landgemeinden einerseits und gewerbereichen Gemeinden andererseits. Die Erzielung eines hohen Gewerbesteueraufkommens hat zuweilen die gemeindlichen Planungen unangemessen stark bestimmt. Gewerbesteuerausgleichsbeträge, die von den „Betriebsgemeinden" an die Wohngemeinden (aus denen die sog. Pendler stammen) gezahlt worden sind, haben die aufgetretenen Missstände nicht beseitigen können.

Mit Art. 106 Abs. 6 Satz 4 u. 5 GG und dem GemFinRefG (beide aus dem Jahre 1969) hat sich die Rechtslage[733] geändert; seither werden Bund und Länder an dem Aufkommen der Gewerbesteuer durch die sog. **Gewerbesteuerumlage** beteiligt[734].

Die **Realsteuern** (Gewerbesteuer und Grundsteuer, s. § 3 Abs. 2 AO) werden von den (staatlichen) **Finanzämtern** und den Gemeinden arbeitsteilig festgelegt: Die Finanzämter stellen die sog. Steuermessbeträge fest; die Gemeinden bestimmen in ihrer Haushaltssatzung jeweils für ein Rechnungsjahr die sog. Hebesätze, ermitteln die Jahresbeträge der Steuerpflichtigen und ziehen diese ein.

253

b) Örtliche Verbrauch- und Aufwandsteuern

Gem. Art. 106 Abs. 6 GG steht das Aufkommen der „**örtlichen Verbrauch- und Aufwandsteuern**"[735] den Gemeinden oder nach Maßgabe der Landesgesetzgebung den Gemeindeverbänden zu. Begrifflich handelt es sich hierbei um Steuern, deren Steuertatbestand nicht nur im Gebiet der Gemeinde (des Steuerhoheitsträgers) verwirklicht wird, sondern deren unmittelbare Wirkungen sich auch in dem Gebiet die-

254

---

732 Ausführlich *Tipke/Lang*, § 12 Abs. 2; nach Wegfall der Gewerbekapitalsteuer wurde den Gemeinden als Kompensation Anteile am Umsatzsteuereinkommen zugesprochen (vgl. Art. 10 G. v. 29.10.1997, BGBl. I, 2590); die Verfassungsmäßigkeit der Gewerbeertragssteuer wird vom Nds Finanzgericht angezweifelt (Vorlagebeschluss v. 23.7.1997, BB-Beilage 18 zu H. 45/1997).
733 § 6 GemFinRefG.
734 Zur Höhe der Umlage vgl. *Tipke/Lang*, § 4, 2.37 mit Berechnungsbeispiel.
735 Vgl. *Wolff/Bachof/Stober*, § 86 VII 4. Rdnr. 119 ff.

I *Kommunalrecht*

ser Gemeinde erschöpfen[736]. Sie dürfen im Übrigen bundesrechtlich geregelten Steuern nicht gleichartig sein[737] und auch im Übrigen nicht im Widerspruch zum Bundesrecht stehen[738].

Nach Art. 105 Abs. 2a GG haben die Länder die Befugnis zur Gesetzgebung über die örtlichen Verbrauch- und Aufwandsteuern. Den Gemeinden sind damit z.B. folgende Steuern zur Ausschöpfung durch eine entsprechende Ortssatzung überlassen: die **Vergnügungssteuer**, deren Gegenstand Vergnügungen im Gemeindegebiet sind (z.B. Tanzveranstaltungen gewerblicher Art, sportliche Veranstaltungen, an denen Berufssportler mitwirken, Spielklubs, die Vorführungen nicht als „wertvoll" anerkannter Filme, das Halten von Musik- und Geschicklichkeitsautomaten); die **Hundesteuer**; die **Getränkesteuer** (Schankverkehrssteuer)[739], durch die die entgeltliche Abgabe bestimmter Getränke in Gast- und Schankwirtschaften zum Verzehr an Ort und Stelle besteuert wird; kreisfreie Gemeinden und Landkreise können zusätzlich die Schankerlaubnissteuer, die Jagdsteuer sowie Zuschläge zur Grunderwerbssteuer erheben. Teilweise wird die Erhebung derartiger Steuern den Gemeinden landesrechtlich ausdrücklich verboten – so z.B. in Bayern hinsichtlich der Getränke-, Jagd-, Speiseeis-, Zweitwohnungs- und Vergnügungssteuer[740]; die damit bewirkte Beeinträchtigung der Selbstverwaltungsgarantie (Finanzhoheit[741]) wurde nicht als Verfassungsverstoß bewertet[742].

c) Einkommensteuer (Anteil)

255 Die ertragreichste Finanzquelle der Gemeinden ist ihr Anteil an der **Einkommensteuer**, die gem. Art. 106 Abs. 3 Satz 1 dem Bund und den Ländern gemeinsam zusteht (**Gemeinschaftssteuer**) und nach Art. 106 Abs. 5 GG zu einem bestimmten Anteil von den Ländern an ihre Gemeinden auf der Grundlage der Einkommensteuerleistungen ihrer Einwohner weiterzuleiten ist. Das Nähere bestimmt das GemFinRefG; danach stehen den Gemeinden 15% des Gesamtaufkommens an **Lohnsteuer** und Einkommensteuer zu[743]; hinzu kommt seit 1.1.1998 ein Anteil an der **Umsatzsteuer**[744].

---

736 Vgl. BVerfGE 16, 306 (317 ff); BVerwG NVwZ 1992, 1098 (= DÖV 1992, 489) – Steuer für jede Inspruchnahme von Wohnraum in der Gemeinde (keine örtliche Verbrauch- oder Aufwandsteuer); VG Minden NVwZ 1992, 1017 – Verpackungssteuer (keine örtliche Verbrauch- und Aufwandsteuer) – für die Zulässigkeit einer kommunalen Getränkeverpackungssteuer *Eckert*, DÖV 1990, 1006; VGH Kassel, NVwZ 1993, 1125 – Spielapparatesteuer.
737 Art. 105 Abs. 2a GG; das wurde für die Zweitwohnungssteuer verneint von BVerfGE 65, 325 ff.
738 Vgl. oben Rdnr. 167.
739 Vgl. BVerfGE 69, 174 – Verfassungsmäßigkeit der Hamburger Getränkesteuer.
740 Art. 3 Abs. 3 Bay KAG.
741 Vgl. oben Rdnr. 18, 19, 65, 66.
742 BayVerfGH BayVBl. 1992, 365.
743 Im Jahre 1978 betrug der Aufkommensanteil insgesamt 17,57 Mrd. DM (13,9% der Gesamteinnahmen). Vgl. *Schmidt-Jortzig*, Rdnr. 770.
744 Vgl. Fn. 759.

d) Finanzzuweisungen

Gem. Art. 106 Abs. 7 GG fließt den Gemeinden und den Gemeindeverbänden insgesamt ein von der Landesgesetzgebung zu bestimmender Hundertsatz von dem Länderanteil am Gesamteinkommen der Gemeinschaftssteuern (Einkommensteuer, Körperschaftssteuer und Umsatzsteuer) zu. Im Übrigen bestimmt die Landesgesetzgebung, ob und inwieweit das Aufkommen der Landessteuer den Gemeinden (Gemeindeverbänden) zufließt. Diese „Steuerverbundmasse" und ggf. noch weitere Landesmittel werden durch die **Finanzausgleichsgesetze** der Länder[745] auf die einzelnen Gemeinden (und Gemeindeverbände) verteilt, und zwar in Form allgemeiner Finanzzuweisungen und zweckgebundener Finanzzuweisungen. Durch diesen Steuerverbund wird die Aufgabengemeinschaft von Staat und Gemeinden durch eine „finanzielle Schicksalsgemeinschaft"[746] ergänzt.

256

Die Verwendung der „**allgemeinen Finanzzuweisungen**" („**Dotationen**") steht im Belieben der Gemeinde. Im Einzelnen handelt es sich hierbei um die „**Schlüsselzuweisungen**"[747], deren Höhe sich an der eigenen Steuerkraft der Gemeinde sowie der durchschnittlichen Ausgabenbelastung orientiert; weiterhin gibt es die **Bedarfszuweisungen**[748], die bei „spezieller Finanznot" und auf Antrag gewährt werden, z.B. zur Abdeckung von Rechnungsfehlbeträgen. Weiterhin werden Kopfbeträge für die Wahrnehmung der Auftrags- und Weisungsangelegenheiten („Zuweisungen zu den Aufgaben der Fremdverwaltung", **Finanzzuweisungen**[749]) zugeteilt, die allerdings nicht die tatsächlich entstandenen Kosten für diese Verwaltungstätigkeit abdecken.

257

Dieser (vertikale) Finanzausgleich jeweils zwischen einem Bundesland und seinen Gemeinden ist so bemessen, dass zusätzlich ein finanzieller Lastenausgleich innerhalb der Landkreise erforderlich ist (**Kreisumlage**)[750].

258

Für bestimmte Vorhaben werden den Gemeinen von ihrem Land „zweckgebundene Finanzzuweisungen" (**Zweckzuweisungen, „Subsidien", Zuschüsse**) gewährt, z.B. für Schul- und Straßenbau, für Einrichtungen des Feuerschutzes, zur Krankenhausfinanzierung, für den Rettungsdienst[751].

259

Damit sollen bestimmte Aufgaben in meist vom Zuwendungsgeber nach eigenen Vorstellungen näher bestimmter Weise erfüllt werden. Die damit verbundene Gefahr für die eigenverantwortliche Tätigkeit der Gemeinden wird in der Regel dadurch erhöht, dass die zur Verfügung stehenden Mittel häufig nach dem **Prioritätsprinzip** vergeben werden („**Windhundverfahren**"). Darüber hinaus decken die Zweckzu-

260

---

745 Z.B. BayFAG i.d.F. der Bek. v. 5.4.2003 (BayRS 605-1-F).
746 *Wolff/Bachof/Stober*, § 86 VII 4e Rdnr. 126 m.w.N.
747 Vgl. Art. 2 ff BayFAG; *Wolff/Bachof/Stober*, § 86 4e Rdnr. 128.
748 Vgl. Art. 11 BayFAG.
749 Z.B. Art. 7 BayFAG.
750 BVerwG DVBl. 1958, 619; vgl. *Henneke* (Fußn. 722), Rdnr. 810 ff sowie Art. 18 Bay AG; *Wolff/ Bachof/Stober*, § 89 VII 4e Rdnr. 35-37; s. unten Rdnr. 403.
751 Vgl. z.B. §§ 9-10c BayFAG; *Wolff/Bachof/*Stober, § 86 VII 4e Rdnr. 129; *Nacke*, VerwRdsch 1992, 206, kritisiert die Beeinträchtigung des Selbstverwaltungsrechts durch staatliche Zweckzuweisungen und schlägt pauschale Zuweisungen vor; OVG Münster Eildienst StTNW 1992, 548: partielle Pauschalierung ist zulässig.

weisungen meist nicht die gesamten Kosten des betreffenden Projekts ab; vielmehr müssen auch Eigenmittel bereitgestellt werden (sog. Interessenquote). Weiterhin werden diese Zuweisungen mit einer Reihe von **Auflagen** verbunden, die dem Staat eine im Übrigen nicht gegebene Einwirkungsmöglichkeit verschaffen (Lenkung durch den **goldenen Zügel**)[752]. Schließlich ist nicht gewährleistet, dass die Gemeinden in der Lage sind, auch die Folgekosten (die zumeist von der Gemeinde selbst zu tragen sind) aufzubringen.

261 Gem. Art. 104a Abs. 3 und 106 Abs. 7 GG ist auch der **Bund** von Verfassungs wegen zu eigenen Finanzzuweisungen an die Kommunen befugt[753]. Der Bund tritt hierbei allerdings nur als Geldgeber, nicht auch als unmittelbarer Verteiler der Gelder auf; er darf Bedingungen und Auflagen nur insoweit festlegen, als das zur verfassungsmäßigen Zweckerreichung erforderlich ist (sog. **Bezüglichkeitsgebot**[754]).

262 Insgesamt erbrachten die staatlichen Finanzzuweisungen an die Gemeinden im Jahre 1979 37,8 Mrd. DM an Einnahmen; sie waren damit nach den Steuern mit knapp 30% die zweitgrößte Einnahmequelle[755]. Es ist verständlich, wenn angesichts der damit faktisch eröffneten Einwirkungsmöglichkeiten auf die Tätigkeit der Gemeinden verfassungsrechtliche Bedenken an der Zulässigkeit zweckgebundener Finanzzuweisungen erhoben werden[756].

4. Kreditaufnahmen

263 Die Gemeinde darf **Kredite** nur aufnehmen, wenn eine andere Finanzierung nicht möglich ist oder wirtschaftlich unzweckmäßig wäre, wenn sie für **Investitionen**, Investitionsförderungsmaßnahmen oder zur Umschuldung aufgenommen werden, und wenn die Verpflichtungen aus dem Kredit mit der dauernden **Leistungsfähigkeit** der Gemeinde in Einklang stehen. Der Gesamtbetrag der vorgesehenen Kreditaufnahmen bedarf im Rahmen der Haushaltssatzung der Genehmigung der Aufsichtsbehörde (Gesamtgenehmigung)[757]. Da die Gemeinde zur Sicherung des Kredits keine Sicherheiten bestellen darf, und insbesondere bei zurückgehender Wirtschaftstätigkeit die Gemeinden nach den Grundsätzen der „antizyklischen Haushaltspolitik"[758] trotz zurückgehender Einnahmen eigentlich weiterhin (oder gar zusätzlich) investieren sollen, ist diese kommunalrechtliche Hemmschwelle verhältnismäßig schwach.

Literatur: *Kirchhof:* Der Finanzausgleich als Grundlage kommunaler Selbstverwaltung, DVBl. 1980, 711 ff; *Patzig:* Der kommunale Finanzausgleich im Zeichen der Konsolidierung der Länderhaushalte, DVBl. 1985, 137 ff; *Grawert:* Die Kommunen im Finanzausgleich,

---

752 S. oben Rdnr. 98.
753 Vgl. hierzu BVerfGE 26, 172 (181); 39, 96 (107 ff); 41, 271 (304 ff).
754 Vgl. BVerfGE 39, 96 (111, 114 f, 120 f).
755 *Schmidt-Jortzig,* Rdnr. 781.
756 Nachweise bei *Schmidt-Jortzig,* Rdnr. 795 Fn. 41; vgl. auch *Gern,* Rdnr. 23 m.w.N. sowie *Knemeyer,* Rdnr. 19 m.w.N.
757 Vgl. z.B. Art. 71 Abs. 2 BayGO.
758 Vgl. unten VII. 144 ff.

1989; *Henneke*, Öffentliches Finanzwesen, Finanzverfassung, 1990; *Cronauge:* Das neue Konzessionsabgabenrecht, 1992; *Bohley/Foohr*, Handbuch des gemeindlichen Steuerrechts (Loseblatt, 4 Bde.); *Quaas*, Kommunales Abgabenrecht, 1997.

VII. Die wirtschaftliche und die nichtwirtschaftliche Betätigung der Gemeinden

Von den „öffentlichen Einrichtungen" der Gemeinde war bereits die Rede[759]. Dabei ging es nicht nur um die Frage, unter welchen Voraussetzungen ein Anspruch auf Benutzung dieser Einrichtungen besteht[760] oder ein Anschluss- und Benutzungszwang angeordnet werden kann[761], sondern auch um die in gewissem Sinne vorangehende Frage, ob und inwieweit die Gemeinde **Einrichtungen**, **Unternehmen**, **Veranstaltungen** schaffen kann, darf oder muss. Hinsichtlich der „übertragenen" sowie der eigenen, aber „pflichtigen" Aufgaben[762] hat der Gesetzgeber diese Frage mehr oder weniger präzise beantwortet; hinsichtlich der „freien" Angelegenheiten „sollen die Gemeinden in den Grenzen ihrer Leistungsfähigkeit" öffentliche Einrichtungen unter allen denkbaren Gesichtspunkten der Daseinsvorsorge schaffen[763].

264

Die Betrachtung des Verhaltens der Gemeinde unter dem Gesichtspunkt der wirtschaftlichen oder nichtwirtschaftlichen Tätigkeit geht weiter: Es werden nicht nur die **Einrichtungen** ins Auge gefasst, die dem **Bürger unmittelbar** zur Verfügung stehen (z.B. Stadtpark, Spielplatz), sondern es werden zusätzlich diejenigen Aktivitäten der Gemeinde erfasst, die dem Bürger u.U. nur mittelbar zugute kommen (z.B. Stadtgärtnerei, u.a. zuständig für die Pflege des Stadtparks; städtische Schreinerei, u.a. zuständig für die Herstellung von Spielplatzgeräten); einbezogen in diese Betrachtung sind schließlich auch die **Unternehmen** der Gemeinde, deren **Nutzen** für ihre Bürger möglicherweise lediglich darin besteht, **Gewinne** zu erzielen (z.B. Reisebüro, Steinbruch, Speditionsunternehmen, Zuckerfabrik), um die finanzielle Situation zu verbessern und um damit notwendigerweise defizitäre Einrichtungen (z.B. Bibliothek, Theater, Schwimmbad[764]) erhalten zu können.

265

„(**Öffentliche**) **Einrichtung**" und „(**wirtschaftliche**) **Unternehmen**" sind begrifflich kein Gegensatz[765]; auch bei Letzterem handelt es sich um rechtlich selbstständige

---

[759] S. oben Rdnr. 140, 142.
[760] S. oben Rdnr. 139 ff.
[761] S. oben Rdnr. 170 ff.
[762] Vgl. oben Rdnr. 101 ff.
[763] Z.B. §§ 10 Abs. 2 Satz 1 BWGO; Art. 57 Abs. 1 BayGO; § 19 Abs. 1 HessGO; § 2 Abs. 1 MV-KommVerf, § 2 Abs. 1 Satz 2 NdsGO; § 18 Abs. 1 NWGO; § 5 Abs. 1 SaarlKSG; § 2 Abs. 1 SächsGO; § 2 Abs. 1 Satz 2 SachsAnhGO; § 2 Abs. 1 SchlHGO; § 1 Abs. 4 ThürKO; der Begriff „Daseinsvorsorge" wird neuerdings ausdrücklich im kommunalen Wirtschaftsrecht verwendet, vgl. Art. 87 Abs. 1 Nr. 4 BayGO.
[764] Vgl. hierzu *Hidien*, Gemeindliche Betätigung rein erwerbswirtschaftlicher Art und „öffentlicher Zweck" kommunaler Wirtschaftsunternehmen, 1981, 34 ff. VGH BW NVwZ 1993, 903 – werbemäßige Nutzung öffentlicher Straßen, Wege und Plätze (öffentlich-rechtlicher Sondernutzungsvertrag).
[765] *Frotscher*, HdbKommWPr, Bd. 3, 1983, S. 140; BW VGH NVwZ 1991, 583 – Stromversorgung.

oder auch unselbstständige Zusammenfassungen persönlicher und sachlicher Mittel in der Hand von Rechtsträgern, die allerdings am Wirtschaftsverkehr teilnehmen und damit Gewinne erzielen sollen[766]; soweit die Gemeinde einen beherrschenden Einfluss ausüben kann, handelt es sich (auch) um **öffentliche Unternehmen** i.S.d. Art. 90 EGV[767].

266 Das unter diesen Gesichtspunkten sichtbar werdende **Problem** lässt sich folgendermaßen beschreiben: Einerseits ist die Gemeinde verpflichtet (hinsichtlich der Pflichtaufgaben spezifiziert[768]), im Übrigen allgemein[769], für ihre Bürger **Einrichtungen** zu schaffen – und die dabei zu beachtende gesetzliche Grenze der „**Leistungsfähigkeit**"[770] kann an sich durch **Gewinne** aus wirtschaftlicher Tätigkeit (z.B. aus einer gemeindlichen Brauerei) letztlich zu Gunsten der Bürger verschoben werden. Andererseits soll die Gemeinde mit ihren Unternehmen nicht in eine **Konkurrenzsituation** zur privaten Wirtschaft treten, in der die Gemeinde aus verschiedenen Gründen den privaten Unternehmen gegenüber in einer **überlegenen Position** ist.

267 Die Lösung dieses Problems wird im **Kommunalrecht** dadurch versucht, dass der Gemeinde im Hinblick auf ihre Tätigkeit durch sog. **wirtschaftliche Unternehmen**[771] **besondere Voraussetzungen** aufgegeben sind, um die insoweit notwendigerweise entstehende Kollisionslage mit der Privatwirtschaft zu vermeiden. Hinsichtlich der übrigen, also der nichtwirtschaftlichen (oder als nichtwirtschaftlich geltenden) Unternehmen, werden solche besonderen gesetzlichen Bindungen nicht normiert, da eine Konkurrenzsituation zur Privatwirtschaft nicht auftritt (oder als nicht existent fingiert wird).

Die wirtschaftliche Betätigung der Gemeinden wird als zum **Kernbereich** der Selbstverwaltungsgarantie gehörend bewertet[772].

1. Abgrenzung zwischen wirtschaftlicher und nichtwirtschaftlicher Tätigkeit

268 Aus den Bestimmungen der Gemeindeordnung über die Zulässigkeit von wirtschaftlicher Betätigung der Gemeinde[773] folgt, dass das Gemeinderecht **zwei Kategorien** öffentlicher Einrichtungen (oder Unternehmen) kennt, nämlich die „**nichtwirtschaftlichen**" und die „**wirtschaftlichen**"; die BayGO hat die Voraussetzungen für „wirtschaftliche" Unternehmen auf „nichtwirtschaftliche" ausgedehnt und kennt demnach nur noch – insoweit einheitlich – „Gemeindliche Unternehmen".

---

766 So eine wohl gängige Definition, vgl. *Gern*, Rdnr. 820.
767 Vgl. VII. Rdnr. 118.
768 S. oben Rdnr. 101 ff.
769 S. oben Rdnr. 139 ff.
770 Wie Fn. 763.
771 Vgl. dazu sogleich unten Rdnr. 268 ff, 283 ff.
772 So *Gern*, Rdnr. 812 mit Hinweis auf *Püttner*, DStTag 1990, 877 und BVerfG NJW 1990, 1783 – Energieversorgung.
773 §§ 102 ff BWGO; Art. 86 ff BayGO; §§ 100 ff BrandGO; §§ 52, 53 BrhVerf; §§ 121 ff HessGO; §§ 68 ff MVKommVerf; §§ 108 ff NdsGO; §§ 107 ff NWGO; §§ 85 ff RhPfGO; §§ 108 ff SaarlKSG; §§ 97 ff SächsGO; §§ 116 ff SachsAnhGO; §§ 101 ff SchlHGO; §§ 71 ff ThürKO.

Gemeinsam ist beiden Arten kommunaler Verwaltungstätigkeit, dass es sich ganz überwiegend um organisatorisch erkennbar verselbstständigte Teile der Gemeindeverwaltung handelt; es liegt dann also eine – i.d.R. auf Dauer – angelegte organisatorisch verfestigte Einheit, ein Verwaltungsbereich vor, den man auch als „Betrieb" bezeichnen kann. Unerheblich ist, ob dieser Teil der Verwaltung rechtlich verselbstständigt ist oder rechtlich (auch organisationsrechtlich) völlig in die Verwaltung integriert ist. Somit ist die tatsächliche und rechtliche **Form der Organisation** („Regiebetrieb", Eigenbetrieb, Eigengesellschaft[774]) kein verlässliches **Abgrenzungskriterium**; vor allem ist auch ein Betrieb durch private Rechtsträger möglich und schließt das Vorliegen eines (u.U. wirtschaftlichen) Unternehmens nicht aus[775].

a) Abgrenzungsmerkmal „Erzielung von Einnahmen"?

Die Tatsache, dass mit einem Unternehmen **Einnahmen** erzielt werden oder zumindest **erzielt** werden könnten, ist **kein** anerkanntes **Abgrenzungskriterium**. Auch für die Leistungen der nichtwirtschaftlichen Unternehmen (Einrichtungen) können die Gemeinden ihre Kosten auf diejenigen Personen abwälzen, die diese Einrichtungen in Anspruch nehmen oder sogar dazu verpflichtet sind oder die auch lediglich die Möglichkeit dazu haben (spezielle Entgelte[776]).

269

b) Abgrenzungsmerkmal „Erzielung von Gewinnen"

Die Gemeindeordnungen sehen ausdrücklich vor, dass die als wirtschaftliche Unternehmen zu qualifizierenden „einen Ertrag für den Haushalt der Gemeinde abwerfen" sollen[777], „soweit das mit ihrer Aufgabe der Erfüllung öffentlicher Bedürfnisse in Einklang zu bringen ist"[778]. Somit ist die **tatsächliche Erzielung von Gewinnen** erwünscht, aber offenbar nicht begrifflich Voraussetzung für das Vorliegen eines wirtschaftlichen Unternehmens; das folgt auch aus den Bestimmungen, dass zumindest soviel erwirtschaftet wird, dass die Ausgaben gedeckt sind[779].

270

Was das wesentliche Merkmal der „wirtschaftlichen" Unternehmen ist, wurde bereits in der **Vorläufigen Ausführungsanweisung zu § 67 DGO**[780] wie folgt ausgeführt: „Einrichtungen und Anlagen, die auch von einem Privatunternehmen mit der Absicht der Gewinnerzielung betrieben werden können". Dieses Abgrenzungskriterium ist

271

---

774 In Bayern kommt seit kurzem hinzu das „Selbstständige Kommunalunternehmen des öffentlichen Rechts" gem. Art. 89, 90 BayGO, das – neben dem Eigenbetrieb und den Unternehmen in den Rechtsformen des Privatrechts – zu den „Unternehmen außerhalb der allgemeinen Verwaltung" zählt, im Gegensatz zu den Unternehmen, die – insbesondere als Regiebetrieb – in die allgemeine Verwaltung integriert sind. Vgl. nun auch §§ 113a-g NdsGO; §§ 86a,b RhPfGO; § 116 Abs. 1 SachsAnhGO.
775 Vgl. BVerwGE 39, 329, 333.
776 S. oben Rdnr. 168 f; dort auch zur Frage der Bemessung von Gebühren und Beiträgen, auch im Hinblick auf die Kosten einer öffentlichen Einrichtung.
777 Z.B. § 97 Abs. 3 SächsGO, im Übrigen wie Fn. 773.
778 So z.B. § 114 Abs. 1 NdsGO.
779 Z.B. § 114 Abs. 2 Satz 1 NdsGO.
780 Vgl. unten Rdnr. 433.

I *Kommunalrecht*

nach wie vor maßgebend; im Einzelnen ist manches umstritten[781]. Danach gehört also zum Begriff des „wirtschaftlichen" Unternehmens lediglich die **Absicht** der Gewinnerzielung – und man wird hinzufügen müssen: die bei objektiver Betrachtungsweise **realistische Möglichkeit einer Gewinnerzielung** für den Fall, dass ein derartiges Unternehmen von einem Privatmann betrieben würde.

272 Begriffsnotwendig ist somit **nicht**, dass **tatsächlich** ein **Gewinn**, ein Ertrag (z.B. bei der Produktion und der Veräußerung von Gütern) erzielt wird[782]; denn andernfalls könnte die Gemeinde die Voraussetzungen für das Eingreifen der speziellen, gesetzlichen Schranken des kommunalen Wirtschaftsrechts dadurch vermeiden – und somit das gesetzgeberische Anliegen dieses Regelungsbereichs umgehen –, dass sie z.B. die Effizienz ihrer Betriebe und somit die Einnahmesituation ihrer Unternehmen von vornherein so gestaltet, dass ein letztlich auf eine dauerhafte Gewinnsituation angewiesener privater Unternehmer nicht konkurrenzfähig wäre.

Im Übrigen scheidet auch ein privatwirtschaftliches Unternehmen nicht begrifflich aus dem Bereich des Wirtschaftslebens dadurch aus, dass es tatsächlich – u.U. auch nur vorübergehend – Verluste erwirtschaftet (z.B. ein Betrieb, der aus privater Liebhaberei geführt wird).

c) Abgrenzungsprobleme

273 Die auf die Vorläufige Ausführungsanweisung zu § 67 DGO zurückgehende und noch heute allgemein anerkannte, abstrakte **Definition** des wirtschaftlichen Unternehmens löst nicht jedes im Einzelfall sich ergebende **Problem**. Gleichwohl muss eine exakte **Grenzziehung im Einzelfall** getroffen werden[783]; sie beruht allerdings auf einer **Entscheidung** des Rechtsanwenders, bei der das Vorliegen eines wirtschaftlichen Unternehmens anhand der definitorisch festgelegten Abgrenzungsmerkmale, letztlich aber durch eine **wertende Beurteilung** festgestellt wird[784].

274 Eine denkbare **Lösung** der Abgrenzungsproblematik könnte in der allgemeinen Anerkennung (oder sogar der gesetzlichen Einführung) des **Enumerationsprinzips (Listenprinzips)** für wirtschaftliche Unternehmen der Gemeinden liegen; danach würden bestimmte Unternehmensarten in einer Liste der wirtschaftlichen Unternehmen aufgeführt, für die die besonderen Zulässigkeitsvoraussetzungen des kommunalen Wirtschaftsrechts gelten sollen; diese Liste könnte durch eine die heutige Definition aufnehmende **Generalklausel** ergänzt werden, nach der die **listenmäßig nicht erfassten Betriebe** beurteilt würden[785].

---

781 Vgl. die Nachweise bei *Schmidt-Jortzig*, Rdnr. 665 und in HdbKommWPr, Bd. 5, 1984, S. 54 f m.w.N. sowie BVerwGE 39, 329, 33f.
782 So wohl auch *Gern*, Rdnr. 820; *Knemeyer*, Rdnr. 255.
783 A.A. offenbar *Schmidt-Aßmann*, Rdnr. 118, der im Übrigen der allgemein anerkannten Definition lediglich den Charakter einer „Faustregel" zuerkennen will und letztlich die Vollziehbarkeit der gesetzgeberischen Vorstellungen im Hinblick auf die kommunale Wirtschaft verneint.
784 Ein völlig normales Verfahren im Recht, vgl. für alle: *Esser*, Vorverständnis und Methodenwahl in der Rechtsfindung, 1972, S. 43 ff.
785 Ein Beispiel für solche Regelungstechnik sind die Bestimmungen über die Berufskrankheiten im Recht der gesetzlichen Unfallversicherung, § 9 SGB VII i.V.m. der jeweils geltenden BerufskrankheitenVO.

Die Gemeinden **I B**

Eine solche – seinerzeit als verbindlich gedachte – Aufzählung wirtschaftlicher Unternehmen enthält die Ausführungsanweisung[786] zur EBV[787]: 275

„**Versorgungsbetriebe:** Wasserwerke, Gaswerke (auch Verteilungsbetriebe), Elektrizitäts- und Fernheizwerke (auch Verteilungsbetriebe); **Verkehrsbetriebe:** Straßenbahnen, Kleinbahnen, Kraftverkehrsbetriebe, Industriebahnen, Anschlussbahnen, Gleisbetriebe, Hafenbetriebe, Speicher, Lagerhäuser, Häfen, Flughäfen, Fähren; **Betriebe der Urproduktion** und darauf aufbauende **Verarbeitungsbetriebe:** Güter, Molkereien, Milchhöfe, Sägewerke, Salinen, Brunnenbetriebe, Kies- und Kalkbetriebe, Braunkohlebergwerke, Ziegeleien, Mühlen; **sonstige Betriebe:** selbstständige Gaswerkproduktionen (Kohleveredelungsbetriebe), selbstständige Installationsbetriebe, selbstständige Eisfabriken, selbstständige Milchkühl- und andere Kühlanlagen, Wein- und Ratskellereien, Stadthallen und Reklamebetriebe"[788].

Dieses Verzeichnis vermittelt bereits eindrucksvoll die **Vielfalt** kommunaler Wirtschaftstätigkeit, ist jedoch noch zu ergänzen um z.B. die Steinbrüche und Sandwerke, Leihanstalten, Gemeindewaagen, Wohnbaubesitz, Gemeindeforsten und Bauhöfe[789]. 276

Eine allgemeine **Verbindlichkeit** i.S. einer **vorbehaltlosen Anerkennung** der aufgeführten Betriebe als wirtschaftliche Unternehmen kann diese Aufstellung nach heutigem Verständnis **nicht** beanspruchen; allerdings werden bei diesen Betrieben die oben genannten Voraussetzungen[790] fast ausnahmslos vorliegen; sie sind jedoch im Einzelfall stets zu prüfen.

Der Sache nach wird im geltenden Recht in gewisser Weise dem **Enumerationsprinzip** im Hinblick auf die **positive Bestimmung** der **nichtwirtschaftlichen Betriebe** gefolgt: Das sind nämlich diejenigen Unternehmen, deren Betrieb den Gemeinden ausdrücklich aufgegeben ist – und die im Übrigen nach bisherigen Erfahrungen nicht Gewinn bringend betrieben werden können, also für die Privatwirtschaft grundsätzlich uninteressant sein müssen[791] und deswegen eigentlich nicht zu unerwünschter Konkurrenz führen können. Die Regelungen der **Gemeindeordnung unterscheiden sich** in **Einzelheiten**. 277

Allgemein lässt sich Folgendes sagen: Nicht den besonderen Bindungen der kommunalrechtlichen Vorschriften über die wirtschaftliche Betätigung der Gemeinden unterliegen die Unternehmen, zu denen die Gemeinden auf Grund spezialgesetzlicher Anordnung verpflichtet sind (z.B. Abfallbeseitigungsanlagen[792]), Einrichtungen der 278

---

786 V. 22.3.1939, i.d.B. v. 5.6.1967, MABl. 528.
787 V. 21.11.1938 (RGBl. I S. 1650).
788 Abgedruckt sind bei *Bauer/Böhle/Masson/Samper*, Anh. S. 50/18b ff, die Verwaltungsvorschriften zur (Bay) EigenbetriebsVO v. 29.5.1987.
789 Die Nutzung des Gemeindevermögens – vgl. z.B. Art. 74 Abs. 2 BayGO – ist jedenfalls dann wirtschaftliche Tätigkeit, wenn es sich um Verarbeitungs- oder Veredelungsbetriebe handelt.
790 Wie Rdnr. 271.
791 Es sei denn, eine Rentabilität wird durch öffentliche Subvention ermöglicht – vgl. hierzu VII. Rdnr. 112 ff.
792 Z.B. gem. § 1 NWAbfG; Art. 4 BayAbfAlG; vgl. auch §§ 11, 12 BSeuchG; §§ 45 NWWG oder Art. 41b ff BayWG.

Jugendfürsorge und -pflege[793]) oder hinsichtlich derer die GO selbst eine eindeutige Aussage trifft; danach gelten – in Anlehnung an § 67 Abs. 2 DGO – „Einrichtungen des Bildungs-, Gesundheits- und Sozialwesens, der Kultur, des Sports, der Erholung, der Abfall- und Abwasserbeseitigung, der Straßenreinigung sowie Einrichtungen ähnlicher Art"[794] sowie „Hilfsbetriebe, die ausschließlich zur **Deckung des Eigenbedarfs** der Gemeinde dienen"[795] nicht als wirtschaftliche Betriebe.

Welche Einrichtungen im Einzelnen darunter fallen, wurde ebenfalls bereits in der **Ausführungsanweisung zur EBV** umfassend aufgeführt[796]. Diese kann auch heute noch zur Grundlage von Entscheidungen gemacht werden.

279 Im **Einzelfall** kann die **Zuordnung** gleichwohl schwierig sein und im **Ergebnis** auch **fragwürdig** bleiben.

Das liegt zum einen an den parallel zum allgemeinen **Wohlstand** sich entwickelnden **Bedürfnissen** der Bevölkerung, deren Befriedigung durch kommunale Einrichtungen sich – jedenfalls auf den ersten Blick – zwanglos unter die Begriffe „Bildungs-, Kultur-, Gesundheits- und Sozialwesen und ähnliche Einrichtungen"[797] subsumieren lässt. Das führt zu der allgemein sowie im konkreten Fall nur schwer beantwortbaren Frage, ob der kommunale Versorgungsauftrag sich gleichsam auf eine **Grundversorgung** zu beschränken hat oder ob sich aus rechtlichen Erwägungen (abgesehen von der generellen Grenze der Leistungsfähigkeit) Obergrenzen im Hinblick auf **Qualität und Quantität der Versorgung** nicht begründen lassen – mit der notwendigen Folge einer Ausweitung des öffentlichen Wirtschaftens. Ein Beispiel ist die Frage nach der Einordnung kommunaler Kabelgesellschaften[798].

280 Weiterhin ist bei der **Entscheidung** für das **Vorliegen** eines **wirtschaftlichen Unternehmens** und damit für die Anwendung der einschlägigen, die Tätigkeit der Gemeinden grundsätzlich beschränkenden Regelungen der kommunalen Wirtschaft, **höherrangiges Recht** zu beachten; erforderlichenfalls ist – gemäß dem Gebot der **verfassungskonformen Auslegung**[799] – das einfach-gesetzliche Recht nur mit Modifikationen anwendbar.

281 Im Hinblick auf die **Versorgungs- und örtlichen Verkehrsunternehmen** stellt sich die Frage, ob die an sich gebotene Zuordnung dieser Betriebe zu den wirtschaftlichen Unternehmen angesichts der bestehenden **gesetzlichen Bindungen** zu Beschränkungen der gemeindlichen Handlungsmöglichkeiten führt, die im Ergebnis als **unvereinbar** mit der **Garantie** der **kommunalen Selbstverwaltung** bewertet werden müssen.

---

793 Vgl. §§ 5 Abs. 2, 12 JWG i.V.m. z.B. Art. 1, 16 Nr. 1 BayJAG sowie auch Art. 57 Abs. 1 BayGO.
794 § 102 Abs. 3 BWGO; § 121 Abs. 2 HessGO; § 68 Abs. 2 MVKommVerf; § 108 Abs. 3 Nr. 2 NdsGO; § 107 Abs. 2 Nr. 2 NWGO; § 85 Abs. 3 Satz 1 RhPfGO; § 108 Abs. 2 SaarlKSG; § 97 Abs. 2 SächsGO; § 101 Abs. 2 SchlHGO.
795 Vgl. z.B. § 102 Abs. 2 Nr. 3 BWGO; §§ 107 Abs. 2 Nr. 4 NWGO.
796 Ähnlich die (bay) Verwaltungsvorschriften zur EigenbetriebsVO, vgl. Fn. 788.
797 S. oben Rdnr. 278.
798 Vgl. *Lerche*, Städte- und Kabelkommunikation, 1982, S. 56 ff, *Kunert*, BayVBl. 1985, 1009 sowie *Mombaur*, HdbKommWPr, Bd. 6, 1985, S. 685 ff.
799 BVerfG in st. Rspr., vgl. z.B. E 40, 88.

Der BayVerfGH hat die Frage bejaht[800] und ist der Konsequenz, die Restriktionen der BayGO für die wirtschaftliche Tätigkeit für verfassungswidrig-nichtig zu erklären, dadurch aus dem Weg gegangen, dass er die kommunalrechtlichen **Bindungen** bezüglich der **Einrichtung, Übernahme und Erweiterung** wirtschaftlicher Unternehmen[801] im Hinblick auf die kommunalen Versorgungs- und Verkehrsunternehmen für **nicht anwendbar** erklärt hat[802]. Da die übrigen Bestimmungen die wirtschaftliche Betätigung der Gemeinde betreffend[803] anwendbar bleiben sollen, ist letztlich eine **weitere Gruppe kommunaler Unternehmen** richterrechtlich geschaffen worden, die zwischen den wirtschaftlichen und den nichtwirtschaftlichen Unternehmen der Gemeinde steht[804]. In den Ländern, in denen als wirtschaftliche Unternehmen nicht diejenigen Unternehmen gelten, zu denen die Gemeinden gesetzlich verpflichtet sind[805], wird damit eine ausdrückliche Entbindung von an sich vorgesehenen gesetzlichen Restriktionen erreicht[806].

Die Frage, ob mit den Bestimmungen über die **wirtschaftliche Betätigung** der Gemeinden der Landesgesetzgeber eine ihm verwehrte **wettbewerbsrechtliche Regelung**[807] getroffen hat, ist vom BGH verneint worden[808], sodass unter diesem Gesichtspunkt die Entscheidung über die Zuordnung eines gemeindlichen Unternehmens nicht beeinflusst wird.

282

2. Die wirtschaftlichen Unternehmen

a) Zulässigkeitsvoraussetzungen

Die in den Gemeindeordnungen ausdrücklich normierten Zulässigkeitsvoraussetzungen betreffen die **Errichtung, Übernahme** und **Erweiterung** wirtschaftlicher Unternehmen; sie gelten darüber hinaus auch für **Beteiligungen** an privaten Wirtschaftsunternehmen sowie für die Errichtung kommunaler wirtschaftlicher Unternehmen in privatrechtlicher Form[809]. Diese Regelungen gelten u.U. **nicht für bisherige Unternehmen**, soweit sie im bisherigen Ausmaß weiterbetrieben werden; diese genießen damit einen entsprechenden Bestandsschutz, unterliegen jedoch den übrigen allge-

283

---

800 Im Hinblick auf das Verhältnis von Art. 89 Abs. 1 u. 2 a.F. BayGO zu Art. 11 Abs. 2 BV und Art. 28 Abs. 2 GG.
801 Art. 89 Abs. 1-3 a.F. BayGO; vgl. nunmehr die einheitliche Regelung für sämtliche gemeindliche Unternehmen in Art. 87 BayGO.
802 BayVerfGHE 10, 113 ff; zustimmend *Kratzer*, BayVBl. 1962, 133 ff, ablehnend *Stern*, BayVBl. 1962, 129 ff.
803 Art. 89 Abs. 4, 90 ff BayGO; in Bay ist dieses Problem jüngst durch die weitgehende Vereinheitlichung des Rechts der gemeindlichen Unternehmen (Art. 86 ff BayGO) gelöst worden.
804 *Knemeyer* spricht zutreffend von „Sonderstellungen", aaO., Rdnr. 257.
805 Wie Fn. 794.
806 Vgl. dazu *Erichsen*, § 11 B; krit.: *Schoch*, DÖV 1993, 377 (379); praktisch wird wohl auch dort eine dritte Kategorie geschaffen.
807 Vgl. hierzu auch unten Rdnr. 293.
808 BGH v. 26.5.1961, VerwRspr. 14, 157 – Blockeis-Fall und v. 12.2.1965, DVBl. 1965, 362.
809 §§ 103 ff BWGO; Art. 86 ff BayGO; §§ 101 ff BrandGO; §§ 52, 53 BrhVerf; § 122 ff HessGO; § 69 ff MVKommVerf; § 109 ff NdsGO; §§ 108 ff NWGO; §§ 87 ff RhPfGO; §§ 110 ff SaarlKSG; §§ 95 ff SächsGO; §§ 117 ff SachsAnhGO; §§ 101 ff SchlHGO; §§ 73 ff ThürKO.

I *Kommunalrecht*

meinen Bindungen des Kommunalrechts[810] und sonstigen öffentlich-rechtlichen sowie auch privatrechtlichen Bindungen[811].

284 **Generell unzulässig** sind **Bankunternehmen**[812] in kommunaler Trägerschaft; dazu zählen an sich auch **Sparkassen**, deren Betrieb durch kommunale Körperschaften **ausdrücklich zugelassen** ist – vgl. jeweils den Hinweis auf das einschlägige Recht der öffentlichen Sparkassen[813]; öffentliche Sparkassen der Gemeinden genießen im Übrigen – ebenso wie die Gemeinden[814] – keinen Grundrechtsschutz[815].

285 Der „**öffentliche Zweck**" muss das Unternehmen **rechtfertigen**; darüber hinaus muss ein Unternehmen nach Art und Umfang in einem angemessenen Verhältnis zur **Leistungsfähigkeit** der Gemeinde und zum voraussichtlichen Bedarf stehen; weiterhin darf der öffentliche Zweck des Unternehmens nicht besser und wirtschaftlicher durch einen anderen (privaten) Unternehmer bereits erfüllt werden oder zumindest erfüllt werden können (sog. **Subsidiarität**)[816].

286 Die Frage, wann ein „öffentlicher Zweck" gegeben ist, lässt sich im Einzelnen schwierig beantworten[817]. Sicher dürfte nur sein, dass die **Erzielung von Gewinnen** – auch wenn sie den Gemeindehaushalt entlasten oder andere (dringende) Gemeindeaufgaben finanzieren – allein **kein öffentlicher Zweck** im Sinne dieser Vorschrift ist[818]. Dass das Erwerbsstreben nicht in dem Begriff der öffentlichen Zweckbindung enthalten ist, ergibt sich im Übrigen daraus, dass die wirtschaftlichen Unternehmen einen Ertrag für den Gemeindehaushalt abwerfen sollen, soweit dadurch die Erfüllung des öffentlichen Zweckes nicht beeinträchtigt wird[819].

287 In der Rechtsprechung ist darauf hingewiesen worden, dass die Gemeinden im sozialen Rechtsstaat des Grundgesetzes durch ihre wirtschaftlichen Unternehmen im öffentlichen Interesse zahlreiche und vielgestaltige Aufgaben übernehmen. Mit Hin-

---

810 Z.B. den haushaltsrechtlichen Geboten von Wirtschaftlichkeit und Sparsamkeit, vgl. § 6 Abs. 1 HGrG sowie auch (z.B.) Art. 95 Abs. 1 BayGO.
811 S. unten Rdnr. 289, 290 ff, 293.
812 Vgl. zum Begriff des „Bankunternehmens" § 1 KWG.
813 Wie Fn. 773; vgl. auch *Widtmann/Grasser*, Exkurs über das Sparkassenrecht, bei Art. 87, dort nach Rdnr. 18, S. 21 ff.
814 S. oben Rdnr. 92 ff.
815 BVerfGE 75, 192 ff; ebenso VGH BW NVwZ 1990, 484; Bedenken bei *Knemeyer*, BayVBl. 1988, 129 ff.
816 Wie Fn. 773.
817 Dazu *Meyn*, JURA 1988, S. 116; die Nutzung des Gemeindevermögens wird man, soweit nicht mit zusätzlicher Wertschöpfung verbunden, als Verfolgung eines öffentlichen Zweckes betrachten können, vgl. Art. 74 Abs. 2 BayGO.
818 BVerfGE 39, 329 (334); kritisch dazu *Rathjen*, DVBl. 1975, 649 ff; *Gern*, Rdnr. 813, spricht von „Nebenzweck"; insoweit deutlich Art. 87 Abs. 1 Satz 2 BayGO; genauso § 116 Abs. 1 Satz 2 SachsAnhGO.
819 So bereits schon § 72 Abs. 1 DGO; § 102 Abs. 2 BWGO; Art. 94 Abs. 1 a.F. BayGO; vgl. § 107 Satz 2 BrandGO; § 127a Satz 2 HessGO; § 75 Abs. 1 Satz 2 MVKommVerf; § 114 Abs. 1 NdsGO; § 109 Abs. 1 Satz 2 NWGO; § 85 Abs. 2 Satz 1 RhPfGO; § 116 SaarlKSG; § 97 Abs. 3 SächsGO; vgl. auch § 107 SchlHGO; § 75 Abs. 1 ThürKO (ohne Erwähnung der Erfüllung des öffentlichen Zwecks).

Die Gemeinden I B

weis auf die Vorschrift der Gemeindeordnung, das **Wohl der Gemeindeeinwohner** zu fördern, wird festgestellt, dass diese Aufgabe auch durch wirtschaftliche Betätigung erfüllt werden kann; es sei hauptsächlich den Anschauungen und Entscheidungen der maßgeblichen Organe der Gemeinde überlassen, worin sie eine Förderung des allgemeinen Wohles erblicken. Die Beurteilung des öffentlichen Zweckes sei daher der **Beurteilung durch den Richter weitgehend entzogen**. Im Grunde handele es sich um eine Frage sachgerechter Kommunalpolitik, die – wie jedes sinnvolle wirtschaftliche Handeln – in starkem Maße von **Zweckmäßigkeitsüberlegungen** bestimmt sei[820]. Weitere Beispiele aus der Rechtsprechung: Anzeigengeschäft[821], Blockeisvertrieb[822], Autokennzeichenverkauf[823], Wohnungsvermittlung[824].

Mit der weiteren Voraussetzung, dass ein wirtschaftliches Unternehmen nach Art und Umfang in einem angemessenen Verhältnis zu der **Leistungsfähigkeit** der Gemeinde stehen muss[825], wiederholen die GOen die Begrenzung, die allgemein für öffentliche Einrichtungen gelten[826]. Dass ein Unternehmen weiterhin in einem angemessenen Verhältnis zum **voraussichtlichen Bedarf** stehen muss, hat seine Wurzeln auch in der allgemeinen **Kompetenzbegrenzung** (Angelegenheit der örtlichen Gemeinschaft) der Gemeinden. Ganz ausgeschlossen ist ein über das Gemeindegebiet hinausgehendes Unternehmen jedoch nicht[827].

288

Auch die Voraussetzung, dass die Bedarfsdeckung nicht besser und wirtschaftlicher durch andere Unternehmen erbracht wird oder erbracht werden könnte (sog. **Subsidiaritätsklausel**)[828], ist gerichtlich nur begrenzt überprüfbar.

Soweit in den Gemeindeordnungen ein – teils sogar „dringender" – öffentlicher Zweck des Unternehmens „erfordert" wird[829], wird man davon ausgehen müssen, dass ein wirtschaftliches Unternehmen als unerlässlich für das Leben der Bürger in

---

820 BVerwGE 39, 329 (332 ff) – In diesem Falle hatte die Gemeinde einen städtischen „Bestattungsordner" mit Aufgaben betraut, die sonst von privaten Bestattungsunternehmen erfüllt werden; der öffentliche Zweck wurde bejaht; damit wird der Gemeinde (Verwaltung) eine richterlich nicht überprüfbare Einschätzungsprärogative eingeräumt.
821 BGH GRUR 1973, 530.
822 BGH DVBl. 1962, 102; 1965, 362.
823 BGH DÖV 1974, 785.
824 BVerwG NJW 1978, 1539 f.
825 § 102 Abs. 1 Nr. 2 BWGO; Art. 87 Abs. 1 Nr. 2 BayGO; § 100 Abs. 2 Nr. 2 BrandGO; § 121 Abs. 1 Nr. 2 HessGO; § 68 Abs. 1 Nr. 2 MVKommVerf; § 108 Abs. 1 Satz 2 Nr. 2 NdsGO; § 107 Abs. 1 Nr. 2 NWGO; § 85 Abs. 1 Nr. 2 RhPfGO; § 108 Abs. 1 Nr. 2 SaarlKSG; § 97 Abs. 1 Satz 1 Nr. 2 SächsGO; § 116 Abs. 1 Nr. 2 SachsAnhGO; § 101 Abs. 1 Nr. 2 SchlHGO; § 71 Abs. 1 Nr. 2 ThürKO.
826 S. oben Fn. 762.
827 Vgl. Art. 87 Abs. 2 BayGO.
828 § 102 Abs. 1 Nr. 3 BWGO; Art. 87 Abs. 1 Nr. 4 BayGO; § 68 Abs. 1 Nr. 3 MVKommVerf; § 108 Abs. 1 Nr. 3 NdsGO; § 107 Abs. 1 Nr. 3 NWGO; § 85 Abs. 1 Nr. 3 RhPfGO; § 108 Abs. 1 Nr. 3 SaarlKSG; § 97 Abs. 1 Satz 1 Nr. 3 SächsGO; – dort mit Drittwirkung, vgl. *Sollandz*, LKV 03, 297, 301 f; § 116 Abs. 1 Nr. 3 SachsAnhGO; § 101 Abs. 1 Nr. 3 SchlHGO; § 71 Abs. 1 Nr. 4 ThürKO; nicht in Brand, Hess; vgl. *Schmidt-Jortzig*, Rdnr. 686 mit Fn. 42 zur Frage der Rechtslage in diesen Ländern sowie VGH BW NJW 1984, 251 ff.
829 Zu unterschiedlicher Rechtslage in den GOen in den alten Bundesländern vgl. Übersicht von *Schmidt-Jortzig*, S. 231, z.T. mittlerweile veraltet.

I *Kommunalrecht*

der Gemeinde bewertet werden muss; eine Unterlassung oder Vernachlässigung eines derartigen wirtschaftlichen Unternehmens müsste unter diesen verschärften Voraussetzungen als gemeinwohlschädlich betrachtet werden.

b) Organisationsformen

289 Die Gemeindeverordnungen lassen grundsätzlich alle Organisationsformen zu[830].

aa) Öffentlich-rechtliche Organisation: Öffentlich-rechtlich können wirtschaftliche Unternehmen als sog. **Eigenbetriebe** organisiert sein. Dabei handelt es sich um nichtrechtsfähige Einrichtungen, die – als verwaltungsrechtlich unselbstständige **öffentliche Anstalt** der Gemeinde – gegenüber der Gemeinde eine gewisse Unabhängigkeit besitzen müssen; insbesondere ist eine getrennte Beurteilung ihrer Verwaltungs- und Wirtschaftstätigkeit erforderlich. Im Einzelnen regeln die **Eigenbetriebsgesetze** oder -verordnungen[831] die organisationsrechtlichen Voraussetzungen der Eigenbetriebe: Eine „**Betriebssatzung**" der Gemeinde regelt die Einzelheiten des Betriebes; eine „**Werksleitung**" wird von der Gemeinde bestellt; ein „**Werksausschuss**", ein Ausschuss der Gemeindevertretung mit speziellen Führungs- und Kontrollzuständigkeiten im Hinblick auf den Eigenbetrieb wird berufen; die **Haushaltsführung** ist gegenüber dem Gemeindehaushalt verselbstständigt; eine kaufmännische Buchführung ermöglicht (gegenüber der kameralistischen Buchführung der Gemeinde) ein angemessenes Rechnungswesen[832].

290 Mit dem Begriff des **Regiebetriebes** bezeichnete man früher diejenigen Organisationsteile, die den **Eigenbedarf** der Gemeinde decken sollten (z.B. Druckerei für eigenen Formularbedarf, Gärtnerei und Baumschule, Sargtischlerei für die Bestattung der Leichen Hilfsbedürftiger, Baubetrieb[833]); nach heutigem Verständnis werden damit „**unselbstständige Teile** der behördlichen Struktur" von Gemeinden bezeichnet; die Regelungen der Eigenbetriebsverordnungen gelten für sie nicht[834]; sie sind organisatorisch und haushaltsrechtlich voll in die Gemeindeverwaltung (i.e.S.) eingegliedert. I.d.R. wird es sich bei solchen Betrieben um nichtwirtschaftliche Unternehmen handeln.

Gebräuchlicher ist die Verwendung des Begriffs Regiebetrieb im staatlichen Bereich, nämlich für solche Betriebe des Bundes oder eines Landes, für die eine kaufmännische Buchführung eingerichtet ist und die entweder voll in die Verwaltung eingegliedert sind und mit allen Ausgaben und Einnahmen im Haushalt erscheinen (sog. Bruttobetrieb) oder organisatorisch verselbstständigt als (nicht-rechtsfähige) Regieanstalt nur mit ihrem kaufmännischen Endergebnis in den Haushaltsplan eingehen (sog. Nettobetrieb)[835].

---

830 Wie Fn. 809; ausdrücklich § 95 SächsGO; vgl. auch VII Rdnr. 113 ff.
831 Z.B. BayEBV v. 29.5.1987, GVBl. 1987, 195 = BayRS 2023-7-1.
832 Dazu näher *Schraffer*, Der kommunale Eigenbetrieb, 1993.
833 *Hölzl/Hien*, Art. 21 Anm. 2. a).
834 Vgl. dazu *Gern*, Rdnr. 864; vgl. aber in Bayern Art. 88 Abs. 6 BayGO.
835 Vgl. § 26 BHO, § 26 BayHO und *Wolff/Bachof/Stober*, § 98 Rdnr. 25.

Die Gemeinden I B

An **rechtsfähigen Organisationsformen** stehen der Gemeinde traditionell die   291
rechtsfähige öffentliche **Anstalt**, die **Körperschaft** und auch die **Stiftung**[836] zur Verfügung. In der Form der rechtsfähigen öffentlichen Anstalt werden vor allem kommunale **Sparkassen** geführt – entsprechend den jeweiligen Landes-Sparkassengesetzen und den auf diesen gesetzlichen Bestimmungen beruhenden Sparkassen-Satzungen der Gemeinden. Neuerdings können mancherorts kommunale Unternehmen in dieser Rechtsform geführt werden – in Bayern als sog. „Selbstständige Kommunalunternehmen des öffentlichen Rechts"[837]. Die praktische Bewährung steht noch aus. Als Körperschaft des öffentlichen Rechts kommen in der Gemeindeebene insbesondere die sog. **wirtschaftlichen Zweckverbände** vor. Hierfür bestehen besondere Regelungen außerhalb der Gemeindeordnungen[838]. In der Wirklichkeit kommen derartige „wirtschaftliche Zweckverbände" wohl nur vereinzelt vor.

bb) Privatrechtliche Organisation: Die Gemeinden können ihre wirtschaftliche   292
Unternehmenstätigkeit auch **privatrechtlich** organisieren (**Privatisierung im formellen Sinne**), müssen dabei aber besondere Voraussetzungen beachten. Vorrang soll traditionell die Form des kommunalen Eigenbetriebes haben; dementsprechend wird dort, wo dieser Vorrang noch normiert ist (nicht mehr in Bay, vgl. Art. 92 BayGO), eine besondere Rechtfertigung für die Wahl selbstständiger privatrechtlicher Organisationsformen verlangt. Weiterhin muss eine Begrenzung der **Haftung der Gemeinde** auf einen bestimmten Betrag gewährleistet sein, um das Risiko der Gemeinde exakt einzugrenzen; entsprechendes gilt für die **Beteiligung an wirtschaftlichen Unternehmen**[839]. Überdies muss die Gemeinde einen hinreichenden Einfluss auf die Unternehmensführung erhalten und zur Wahrung des öffentlichen Zwecks auch tatsächlich ausüben[840]. Im Einzelnen bestehen insofern unterschiedliche Regelungen, die diese „Ingerenz" – oder **Einwirkungspflicht** – verwirklichen sollen[841].

Trotz dieser Vorbehalte werden die selbstständigen privatrechtlichen Unternehmensformen bei der kommunalen Wirtschaftstätigkeit zunehmend bevorzugt[842]. Insbesondere bieten sich die Formen der Aktiengesellschaft und der GmbH an. Je nachdem, ob die Gemeinde sämtliche Anteile einer Gesellschaft in ihrer Hand vereinigt oder nur an **privatrechtlichen Gesellschaften** beteiligt ist, spricht man von „**Eigengesell-**

---

836 Vgl. z.B. Art. 1 Abs. 2 BayStiftungsG.
837 Vgl. Art. 89 ff BayGO; nun auch §§ 113a-g NdsGO; §§ 86a,b RhPfGO; § 116 Abs. 1 Sachs-AnhGO.
838 Vgl. unten Rdnr. 410 ff.
839 § 103 Abs. 1 Nr. 4 BWGO; Art. 92 Abs. 1 Satz 1 Nr. 3 BayGO; § 102 Nr. 3 BrandGO; § 122 Abs. 1 Satz 1 Nr. 2 HessGO; § 69 Abs. 1 Nr. 4, 5 MVKommVerf; § 109 Abs. 1 Nr. 2 NdsGO; § 108 Abs. 1 Nr. 3 NWGO; § 87 Abs. 1 RhPfGO; § 110 Abs. 1 Nr. 2 SaarlKSG; § 96 Abs. 1 Nr. 3 SächsGO; § 117 Abs. 1 Nr. 4 SachsAnhGO; § 102 Abs. 1 Nr. 2 SchlHGO; § 73 Abs. 1 S. 1 Nr. 6 ThürKO.
840 Vgl. hierzu VGH BW DVBl. 1981, 220 (222).
841 Vgl. § 105a BWGO; Art. 92 Abs. 1 Nr. 2, 93 f BayGO; § 105 BrandGO; §§ 122 Abs. 1 Nr. 3, 123 HessGO; §§ 71 Abs. 4, 73 MVKommVerf; §§ 109 Abs. 1 Nr. 6, 116a NdsGO; § 108 NWGO; § 87 Abs. 1 Satz 1 Nr. 3, Abs. 3, 4 RhPfGO; §§ 110 Abs. 1 Nr. 3, 111 ff SaarlKSG; §§ 96, 99 SächsGO; §§ 117 Abs. 1 Nr. 3, 121 SachsAnhGO; § 102 Abs. 1 Nr. 3, 4 SchlHGO; §§ 73 Abs. 1 Nr. 3, 75 Abs. 4, 75a ThürKO.
842 So bereits *Schmidt-Jortzig*, Rdnr. 714.

schaft" und „**Beteiligungsgesellschaft**"[843]. Die Einflussnahme der Gemeinden (durch Gemeinderat und Gemeindevorstand) wird organisatorisch durch die **Entsendung von Vertretern** in die Organe bewirkt[844]; inhaltlich-materiell wird der gemeindliche Einfluss durch **Verträge** mit den Unternehmen geregelt, in denen die **gesetzlich** vorgesehenen und **vorbehaltenen** Einwirkungsmöglichkeiten festgelegt und ggf. ergänzt werden[845].

c) Rechtsschutz gegen wirtschaftliche Tätigkeit der Gemeinden

293 Negativ betroffen von der wirtschaftlichen Tätigkeit der Gemeinde ist der private Konkurrent, demgegenüber die **Gemeinde** aus verschiedenen Gründen **Wettbewerbsvorteile** erlangen kann, vor allem angesichts der Möglichkeit, ein Unternehmen auch auf Dauer ohne Gewinn betreiben zu können. Problematisch muss es überdies erscheinen, wenn ein privater Unternehmer dieselbe Gemeinde mit Steuerzahlungen finanziert, die ihm gegenüber aus einer **überlegenen wirtschaftlichen Situation** als **Konkurrent** auftritt. Diese Betroffenheit ist im Übrigen nicht nur bei der Errichtung, Übernahme und Erweiterung wirtschaftlicher Unternehmen gegeben, sondern auch durch den Betrieb bestehender Unternehmen.

294 Diesem Problem soll an sich wohl dadurch Rechnung getragen werden, dass gemeindliche Wirtschaftsunternehmen „**keine wesentliche Schädigung und keine Aufsaugung** selbstständiger Betriebe in Landwirtschaft, Handel und Gewerbe bewirken" dürfen[846]; dieser Regelung wird jedoch keine selbstständige Bedeutung beigemessen[847].

295 Weiterhin verbietet es die Gemeindeordnung den Gemeinden, bei **Monopolbetrieben** (Unternehmen, für die kein Wettbewerb besteht) den Anschluss oder die Belieferung davon abhängig zu machen, dass auch andere Leistungen oder Lieferungen abgenommen werden[848].

296 Der private Unternehmer kann gegen die Gemeinde eine „**Konkurrentenklage**" (allgemeine Leistungsklage) auf Unterlassung der wirtschaftlichen Betätigung erheben, und zwar unabhängig von der Rechtsform, in der die Gemeinde das betreffende Unternehmen betreibt. Die **Erfolgsaussichten** sind jedoch gering zu bewerten: Die Regelungen des **Gemeinderechts** sind unscharf und belassen den Gemeinden einen ge-

---

843 §§ 103 f BWGO; Art. 92 BayGO; § 102 BrandGO; § 122 HessGO; §§ 69 f MVKommVerf; § 108 Abs. 2 NdsGO; §§ 107 f NWGO; § 87 RhPfGO; § 108 SaarlKSG; § 96 SächsGO; § 117 SachsAnhGO; § 102 SchlHGO; § 73 ThürKO.
844 § 104 BWGO; Art. 93 BayGO; § 104 BrandGO; § 125 HessGO; § 71 MVKommVerf; § 111 NdsGO; § 88 RhPfGO; § 114 SaarlKSG; § 98 SächsGO; § 119 SachsAnhGO; § 104 SchlHGO; § 74 ThürKO – mit einer Haftungsübernahme in beschränktem Umfang, vgl. z.B. § 104 Abs. 4 BWGO und Art. 93 Abs. 3 BayGO.
845 Vgl. z.B. Art. 94 BayGO.
846 So Art. 95 Abs. 2 BayGO und § 71 Abs. 2 ThürKO.
847 *Eyermann*, BayVBl. 1958, 76.
848 § 102 Abs. 5 BWGO; Art. 96 a.F. BayGO, § 108 BrandGO; § 127c HessGO; § 68 Abs. 4 MVKommVerf; § 112 NdsGO; § 110 NWGO; § 85 Abs. 6 RhPfGO; § 120 SachsAnhGO; § 109 SchlHGO; § 77 ThürKO.

Die Gemeinden **I B**

richtlich nicht nachprüfbaren **Entscheidungsspielraum** (Einschätzungsprärogative)[849]; außerdem sollen den aus diesen Bestimmungen resultierenden Pflichten der Gemeinde **keine** korrespondierenden **subjektiven Rechte** des Privatunternehmers entsprechen, sodass selbst bei eindeutig **rechtswidrigem Verhalten** insoweit **kein gerichtlicher Schutz** bestehen soll[850].

Auch die Ableitung von Abwehrrechten aus den **Grundrechten** – insb. Art. 12, 14 i.V.m. 1 Abs. 3 GG – soll zu keinem wirksamen **Konkurrenzschutz** führen[851] – etwas anderes muss jedoch für die Fälle eines **Verdrängungswettbewerbs** oder bei unzumutbarer Beeinträchtigung der Wettbewerbsfreiheit[852] gelten. **297**

Schließlich sind die **allgemeinen wirtschaftlichen Gesetze,** vor allem das **Gesetz gegen unlauteren Wettbewerb** (UWG) und das **Kartellgesetz** (GWB) anwendbar[853]; sie schützen vor Missbrauch z.B. amtlicher Autorität, der Ausnutzung amtlich erlangter Informationen, dem Einsatz öffentlicher Mittel mit Umgehung ihrer Zweckbindung. **298**

Zuständig sollen für **Wettbewerbsstreitigkeiten** die **Zivilgerichte** auch dann sein, wenn der private Unternehmer sich gegen hoheitliche (öffentlich-rechtliche) Maßnahmen der Gemeinde richtet (str.)[854]. **299**

3. Die nichtwirtschaftlichen Unternehmen

Nach dem bisher Gesagten ist für die **nichtwirtschaftlichen Einrichtungen** der Gemeinden wesentlich, dass sie von einem Privatunternehmen nicht betrieben werden könnten, weil sie **grundsätzlich keine Aussicht auf eine Gewinnerzielung** versprechen. Daraus folgt u.a., dass die Kritik an öffentlichen Einrichtungen mit dem Hinweis darauf, dass diese (anders als „die Privatwirtschaft") nicht kostendeckend arbeite, vom gedanklichen Ansatz her fragwürdig sein muss; das heißt selbstverständlich nicht, dass die Einrichtungen nicht sparsam und wirtschaftlich betrieben werden müssen[855]. **300**

---

849 Vgl. BVerfGE 39, 329 (334); *Scholz*, DÖV 1976, 441 (442); *Hidien*, DÖV 1983, 1002 (1003).
850 So *Wolff/Bachof/Stober*, § 104a Rdnr. 38 m.w.N.; *Stober*, § 22 V 2 m.w.N.
851 Art. 12, 14 GG schützen nicht vor Konkurrenz, auch nicht der öffentlichen Hand: BVerwGE 39, 329 (336 f); BVerwG NJW 1978, 1539 f; VGH BW NJW 1984, 251 ff.
852 BVerwGE 39, 329 (337); OVG Münster NVwZ 1986, 1046 m.w.N; BVerwG DVBl. 1996, 152 (= NJW 1995, 2938): Konkurrenzwirtschaftliche Maklertätigkeit einer privaten städtischen Gesellschaft zur Wirtschaftsförderung.
853 Vgl. BGHZ 67, 81 (87); *Gern*, DKR, Rdnr. 734 f; die Regelungen, die der Erwerbstätigkeit der Gemeinde Grenzen setzen, sind nach der Rechtsprechung keine Schutzgesetze i.S.d. § 823 Abs. 2 BGB: OLG Karlsruhe, DÖV 2001, 431; BGH NVwZ 2002, 1141; NVwZ 2003, 246; die Verpflichtung zum Bezug von Fernwärme, gekoppelt an den Verkauf eines gemeindlichen Grundstücks, verstößt weder gegen Wettbewerbs- noch gegen Kartellrecht: BGH NJW 2002, 3779 – Börnsen.
854 Vgl. BGHZ 66, 229; 67, 81; 85, 375; a.A.: *Bettermann*, NJW 1977, 180 ff; differenzierend *Stober*, § 22 V 1 a; vgl. auch VII. Rdnr. 121 ff.
855 Vgl. dazu sogleich unten Rdnr. 305 f.

I *Kommunalrecht*

a) **Zulässigkeitsvoraussetzungen**

301 Spezielle **Zulässigkeitsvoraussetzungen** im Hinblick auf die Einrichtung oder Erweiterung nichtwirtschaftlicher Unternehmen enthalten die Gemeindeordnungen nicht; zu beachten ist die allgemeine Pflicht der Gemeinden, sich bei der Errichtung (und auch der Fortführung) ihrer Einrichtungen in den Grenzen ihrer **Leistungsfähigkeit** zu bewegen[856]. Allerdings beruhen die Einrichtungen wohl auf der Wahrnehmung gesetzlicher Pflichten, die den Gemeinden als pflichtige **Selbstverwaltungsaufgaben** oder als **Pflichtaufgaben** zur Erfüllung nach Weisung[857] aufgegeben sind, und zwar entweder durch die Gemeindeordnung selbst (z.B. Einrichtungen der Trinkwasserversorgung[858]) oder – überwiegend – durch besondere gesetzliche Regelungen (z.B. Schulen[859]).

302 Der Gesetzgeber geht davon aus, dass solche Einrichtungen **generell nicht** mit privatwirtschaftlichen Unternehmen in **Konkurrenz** geraten. Dass eine solche Aufgabe in der Sache zuweilen von einem Privatunternehmen erfüllt wird, hat der Gesetzgeber gelegentlich gesehen und insoweit berücksichtigt, als die Verpflichtung der Gemeinde zur Schaffung eigener, öffentlicher Einrichtungen relativiert ist[860].

Im Übrigen sind **tatsächlich** Probleme im Hinblick auf **Konkurrenz** und Wettbewerb zwischen nichtwirtschaftlichen kommunalen und privatwirtschaftlichen Unternehmen **nicht ausgeschlossen** (z.B. bei Schulen, Wohnungsbauunternehmen, Schlachthöfen). Zur Lösung diesbezüglicher Probleme gelten die zu den wirtschaftlichen Unternehmen der Gemeinde dargestellten Überlegungen sinngemäß.

Zuweilen wird die Möglichkeit eingeräumt, für die (fingiert) **nichtwirtschaftlichen Unternehmen** Verordnungen zu erlassen, denen zufolge diese Einrichtungen ganz oder teilweise **nach kaufmännischen Gesichtspunkten geführt** werden können oder müssen; die potenzielle Nähe zu wirtschaftlichen Unternehmen wird dadurch deutlich gemacht[861].

b) **Organisationsformen**

303 An öffentlichen Organisationsformen stehen für die Führung nichtwirtschaftlicher Betriebe grundsätzlich die gleichen Möglichkeiten offen wie für die wirtschaftlichen Unternehmen, und zwar sowohl die Errichtung rechtsfähiger Betriebseinheiten (Anstalt, Stiftung, Körperschaft und Genossenschaft sowie „Selbstständiges Kommunal-

---

856 Vgl. Rdnr. 264, Fn. 763.
857 S. oben Rdnr. 101 ff, 112 ff.
858 Eine nach bayerischem Recht sog. unmittelbar pflichtige Selbstverwaltungsaufgabe, Art. 57 Abs. 2 BayGO.
859 Vgl. z.B. die Pflicht zur Errichtung und Unterhaltung von Schulen gem. Art. 8 und BaySchFG.
860 Z.B. in Art. 57 Abs. 2 BayGO: Verpflichtung zur Schaffung öffentlicher Einrichtungen „unbeschadet bestehender Verpflichtungen Dritter"; dazu *Widtmann/Grasser*, Art. 57 Anm. 14.
861 So § 107 Abs. 2 NWGO.

unternehmen des öffentlichen Rechts") als auch rechtlich unselbstständiger Einrichtungen (Haushaltsbetrieb[862], Eigenbetrieb[863]).

Zivilrechtliche Organisationsformen (AG, GmbH) werden in der Praxis auch für nichtwirtschaftliche Unternehmen in zunehmendem Maße genutzt (z.B. Krankenhäuser, Sportstätten, Stadthallen, Altenheime, kommunale Wohnungsbauunternehmen[864]). Auch die Gründung und Mittragung privater, rechtsfähiger **Vereine** spielt insbesondere im kulturellen Bereich eine zunehmende Rolle (z.B. Fremdenverkehrsverein, Trägerschaft von Festspielen, Förderung bestimmter kultureller Einrichtungen, Veranstaltung von Theater- und Konzertreihen).

304

4. Das Wirtschaftlichkeitsprinzip

Jegliche kommunale Bestätigung ist an die haushaltsrechtlichen Grundsätze der **Wirtschaftlichkeit** und **Sparsamkeit** gebunden. Diese zumeist als (allgemeines) **Wirtschaftlichkeitsprinzip** bezeichneten Grundsätze, die im Übrigen für jedwede staatliche Tätigkeit gelten[865], sind ausdrücklich sowohl im kommunalen Recht der **Haushaltswirtschaft**[866] als auch an anderer Stelle, z.B. im Hinblick auf die Führung von Unternehmen[867] oder sinngemäß als „Grundlage der Gemeinde- und Kreisverfassung"[868] normiert.

305

Das Wirtschaftlichkeitsprinzip **in diesem Sinne** enthält das **Minimum-Prinzip**, demzufolge ein vorgegebenes Ziel (Ertrag, Leistungserfolg) mit möglichst geringem (insb. finanziellen) Aufwand erreicht werden soll, sowie das **Maximum-Prinzip**, wonach mit gegebenem Aufwand ein möglichst hoher Ertrag (Leistung) erreicht werden soll[869].

Die Einhaltung dieses Prinzips unterliegt der **Kommunalaufsicht**[870]. Angesichts des Selbstverwaltungsrechts der Gemeinde und des damit wesensmäßig eingeräumten Gestaltungsspielraums kann die Rechtsaufsicht nur dann korrigierend eingreifen, wenn gemeindliche Maßnahmen „mit den Grundsätzen vernünftiger Wirtschaftsführung schlechterdings unvereinbar" sind[871].

306

---

862 Vgl. auch oben Rdnr. 268, 290.
863 Hierzu und zu folgendem näher *Schmidt-Jortzig*, Rdnr. 669-685 sowie *Schraffer:* Der kommunale Eigenbetrieb – Untersuchungen zur Reform der Organisationsstruktur, 1993, passim.
864 Vgl. *Püttner*, JA 1980, 218 (220 f).
865 Vgl. §§ 6 Abs. 1 HGrG, 7 Abs. 1 BHO sowie die entsprechenden Bestimmungen in den LHOen.
866 Z.B. § 77 Abs. 2 BWGO; Art. 61 Abs. 2 BayGO; § 82 Abs. 2 NdsGO; § 75 Abs. 2 NWGO.
867 Z.B. § 102 Abs. 2 BWGO; Art. 95 Abs. 1 BayGO.
868 § 10 Satz 1 HessGO; § 9 Satz 1 HessKrO; § 3 Abs. 1 Satz 2 NdsGO; § 10 Satz 1 NWGO.
869 Vgl. hierzu *v.Arnim*, Wirtschaftlichkeit als Rechtsprinzip, 1988, S. 64.
870 OVG Koblenz AS 13, 412 (413); DVBl. 1980, 767 (768).
871 OVG Koblenz AS 13, 412 (414). Zur vergleichbaren Situation zwischen Sozialversicherungsträger und staatlicher Aufsicht *Seewald*, SGb 1985, 51 ff und – ihm folgend – BSGE 71, 108 = SGb 1993, 269 mit Anm. *Seewald*.

I *Kommunalrecht*

5. Die Privatisierung kommunaler Tätigkeit

a) Formelle Privatisierung

307 Mit dem Begriff der Privatisierung ist zunächst die Vorstellung verbunden, dass öffentliche, also auch kommunale Aufgaben durch privatrechtliche Träger wahrgenommen werden und dass damit sowohl eine größere Gestaltungsfreiheit als auch eine spürbare finanzielle, u.U. auch politische Entlastung verbunden ist[872]. Insbesondere werden die Freiheit vom Recht des öffentlichen Dienstes (für Beamte, Angestellte und Arbeiter) einschließlich der Regelungen für die Entlohnung sowie steuerrechtliche Vorteile ins Feld geführt. Die Vorzüge und Nachteile einer Privatisierung können verlässlich nur für den Einzelfall beurteilt werden. Zuweilen wird eine Privatisierungsprüfpflicht normiert[873].

Als privatisiert kann eine kommunale Aufgabe betrachtet werden, wenn ihre Wahrnehmung durch **privatrechtliche Organisationen** erledigt wird, deren **Träger** die **Gemeinde** ist, wobei es sich sowohl um wirtschaftliche als auch um nichtwirtschaftliche Tätigkeit der Gemeinde handeln kann (**formelle Privatisierung**). Soweit es sich dabei um eine öffentliche Einrichtung handelt, regeln sich die Außenrechtsbeziehungen aus einer Mischung von öffentlichem (Kommunal-)Recht und Privatrecht[874].

Weiterhin besteht die Möglichkeit der **Einbeziehung Privater** als **Erfüllungsgehilfen** der Verwaltung[875].

308 Davon lassen sich diejenigen Fälle unterscheiden, in denen der **Privatunternehmer** im Wesentlichen unbeeinflusst von kommunalen Entscheidungen (i.S. ständiger Einflussmöglichkeit) Leistungen an Stelle der Gemeinde erbringt; diese hat jedoch dafür zu sorgen (insb. durch entsprechende vertragliche Regelungen), dass die **Ansprüche der Bürger** dem Grunde nach sowie im Hinblick auf Qualität und Quantität der erbrachten (privaten) Leistungen dem gemeindlichen Gemeinwohlauftrag entsprechen[876]; von dieser Möglichkeit ist z.B. hinsichtlich Schlachthöfen, Müllabfuhrbetrieben, Reinigungsdiensten Gebrauch gemacht worden.

Auch die sog. **Nutzungsübertragung** fällt in diese Gruppe; dabei werden öffentliche Einrichtungen verpachtet; der Pächter sorgt für Pflege und Unterhaltung und ist ver-

---

872 Vgl. auch in dem kaum noch überschaubaren Schrifttum *Brede*, Einige Aspekte der Privatisierung öffentlicher Betriebe, ZögU 1980, 181 ff; *Bischoff*, Privatisierung öffentlicher Aufgaben – Ausweg aus Bürokratisierung und Finanzkrise des Staates?, VerwR 1980, 380 ff; *Püttner*, Die öffentlichen Unternehmen, 2. Aufl., S. 15; *Burmeister*, HdbKommWPr, Bd. 5, 1984, S. 9 m.w.N.; *Schmidt-Jortzig*, Rdnr. 731 ff; *Klein*, SGK-Forum 1990, Nr. 12, S. 7 – zu den negativen Folgen einer Privatisierung; *Spamowsky*, DVBl. 1992, 1072 – zur Aufweichung der Aufgabenverantwortung durch Privatisierung; *Bolzenkötter*, DB 1993, 445 – Voraussetzungen für die Privatisierung kommunaler Dienstleistungen; *Schoch*, DÖV 1993, 377 – Der Beitrag des Kommunalen Wirtschaftsrechts zur Privatisierung öffentlicher Aufgaben; *Gern*, DKR, Rdnr. 756 ff.
873 Vgl. Art. 61 Abs. 2 Satz 2 BayGO, wohl nach dem Vorbild von § 7 Abs. 1 Satz 2 BHO.
874 Vgl. oben Rdnr. 143 ff.
875 Z.B. gem. § 16 Abs. 1 KrW-/AbfG.
876 Vgl. *Schmidt-Jortzig*, Rdnr. 740 f.

pflichtet, den Zugang und Gebrauch der Einrichtung entsprechend den kommunalrechtlichen Regelungen[877] zu gewährleisten[878].

Zu beachten ist vor allem auch, dass auch einzelne Aufgaben aus größeren Tätigkeitsfeldern privatisiert werden können (z.B. Reinigung von Wäsche für Krankenhäuser, Gebäudereinigung, Kfz-Instandhaltung, Stadtplanung)[879].

Schließlich kommt eine **Beleihung Privater** in Betracht[880].

b) Materielle Privatisierung

Bei einer **Privatisierung im materiellen Sinne** trennt sich die Gemeinde völlig von einer Einrichtung und von der damit wahrgenommenen Aufgabe (**Aufgabenprivatisierung**). Sie ist unzulässig insoweit, als eine Pflicht zur Aufgabenwahrnehmung besteht[881]. Unter Umständen treffen die Gemeinde nachwirkende Pflichten[882].

309

Literatur: *Eichhorn*: Struktur und Systematik öffentlicher Betriebe, 1969; *Nicklisch*: Das Recht der kommunalen Wirtschaftsbetriebe (Losebl.); *Oettle*: Grundfragen öffentlicher Betriebe, 2 Bde., 1975; *Zumpe:* Rechtliche Grenzen der kommunalen Wohnraumvermittlung, 1976; *H. Schraffer:* Der kommunale Eigenbetrieb – Untersuchungen zur Reform der Organisationsstruktur, 1993; *Ipsen* (Hrsg.): Privatisierung öffentlicher Aufgaben, 1994; Beiträge zu praktisch allen Fragen der kommunalen Wirtschaft finden sich im HdbKommWPr, 2. Aufl., Bd. 5, 1984; *Becker*: Öffentliche Unternehmen als Gegenstand des Wirtschaftsverwaltungsrecht, DÖV 1984, 313 ff; *Nierhaus*: Zur kommunalen Bindung und Aufgabenstellung der Sparkassen, DÖV 1984, 602 ff; *Ade* (Hrsg.), Handbuch Kommunales Beteiligungsmanagement, 1997; *Bergmann/Schumacher*, Handbuch der Kommunalen Vertragsgestaltung, 2 Bde., 1998; *Ehlers*, Rechtsprobleme der Kommunalwirtschaft, DVBl. 1998, 487 ff; *G. Nesselmüller*, Rechtliche Einwirkungsmöglichkeiten der Gemeinden auf ihre Eigengesellschaften, 1977; *Pagenkopf*, Einige Betrachtungen zu den Grenzen für privatwirtschaftliche Betätigung der Gemeinden – Grenzen für die Grenzzieher?, GewArch 2000, 177; *Jarass*, Kommunale Wirtschaftsunternehmen und Verfassungsrecht, DÖV 2002, 489; *S. Tomerius/T. Breitkreuz*, Selbstverwaltungsrecht und „Selbstverwaltungspflicht" (bei der Privatisierung kommunaler Aufgaben), DVBl. 2003, 426.

Übungsfälle: *v.Mutius*: Grundfälle ..., JuS 1977, 327 f (Fall 10); JuS 1977, 596 ff (Fall 19); JuS 1979, 342 ff (Fälle 44-47); Aufg. 7 der 1. Jur. Staatsprüfung 1976/II, BayVBl. 1979, 733 f, 762 ff; *Grawert*, „Kreis-Hotel-GmbH" (Examensklausur), NWVBl. 1997, 235 ff; *Detterbeck*, Die kommunale Heiratsvermittlung, JuS 2001, 1199.

---

877 S. oben Rdnr. 139 ff.
878 Vgl. hierzu *Steiner*, HdbKommWPr, Bd. 6, 1985, S. 138 ff, 668 ff m.w.N.
879 Die Einflussnahme der Gemeinde ist dabei unterschiedlich gestaltet.
880 Vgl. z.B. § 16 Abs. 2 KrW-/AbfG.
881 Vgl. OVG Koblenz, DVBl. 1985, 176 (177); *Hofmann*, VBl. BW 1994, 121 m.w.N; *Gern*, DKR, Rdnr. 233 m.w.N.
882 Vgl. *Kund*, Nachwirkende Pflichten der Gemeinden bei der Ausgliederung öffentlicher Aufgaben auf Private, 1988.

I *Kommunalrecht*

VIII. Kommunale Wirtschaftsförderung

310 Unter dem Stichwort „**Kommunale Wirtschaftsförderung**" werden eine Vielzahl von Maßnahmen zusammengefasst. Aus vielerlei Gründen (insb. Vermehrung von Einnahmen, Schaffung und Erhaltung von Arbeitsplätzen) versuchen die Gemeinden Erwerbsbetriebe im Gemeindegebiet anzusiedeln oder im Gemeindegebiet zu halten, insbesondere durch Umsiedlungen bei Betriebserneuerungen und/oder -vergrößerungen. Die Gemeinden stehen hier vor teilweise neuen Aufgaben und Problemen, die häufig nur mit externem Know-how gelöst werden können (z.B. bei der Entwicklung von Marketing-Konzepten zur Steigerung der Attraktivität einer Gemeinde als Unternehmensstandort für private Unternehmer). Im Einzelnen kommen hierbei eine Reihe von Maßnahmen in Betracht, z.B. **Gewährung von Darlehen** oder verlorenen Zuschüssen, Übernahme von **Bürgschaften, Steuerstundung** oder **-erlass**, Sondertarife für öffentliche Versorgungs- und Entsorgungsleistungen, Grunderwerbssteuerbefreiungen, Veräußerung gemeindeeigener Gewerbeflächen, (u.U. unter Verkehrswert), Beratung und Werbung außerhalb der Gemeindegrenzen.

311 Nicht alle diese Maßnahmen sind von vornherein als rechtlich unbedenklich zu qualifizieren. Insb. können sich Kollisionen mit höherrangigen Planungsentscheidungen[883] regionaler oder struktureller Art oder mit entgegenstehendem Recht (z.B. Haushalts- und Steuerrecht)[884] ergeben. Grenzen ergeben sich z.B. aus dem Verbot wettbewerbsverzerrender oder willkürlicher Förderungen (Subventionierungen)[885] oder von sittenwidrigen Zuschüssen[886]. Weiterhin muss sich die Gemeinde im Rahmen ihrer Verbandskompetenz bewegen und darf nicht in die Zuständigkeit anderer Behörden eingreifen[887]. Weiterhin sind die EG-rechtlichen Bindungen zu beachten[888].

Literatur: *Stahl:* Aufgaben und Probleme kommunaler Wirtschaftsförderung, 1975; *Lange:* Möglichkeiten und Grenzen kommunaler Wirtschaftsförderung, 1981; *Knemeyer/Rost-Haigis:* Kommunale Wirtschaftsförderung, DVBl. 1981, 241 ff; *Koch/Steinmetz:* Handlungsspielräume in der regionalen und kommunalen Wirtschaftsförderung, VR 1981, 294 ff; *Knirsch:* Gestaltungsspielräume kommunaler Subventionsgewährung, NVwZ 1984, 495 ff; *Schiefer:* Kommunale Wirtschaftsförderungsgesellschaften, 1989; *Ehlers* (Hrsg.)*:* Kommunale Wirtschaftsförderung, 1990; *Rolfes:* Regionale Wirtschaftsförderung und EWG-Vertrag, 1991; *Kistenmacher/Geyer/Hartmann:* Regionalisierung in der kommunalen Wirtschaftsförderung, 1994.

Rechtsprechung: VerfGH NW DÖV 1980, 691 ff; OVG NW DVBl. 1982, 504 ff; BayVGH DVBl. 1982, 500 ff; BVerwG DVBl. 1990, 376.

---

883 Vgl. unten VI. Rdnr. 37 ff.
884 *Tettinger,* S. 64 mit Hinweis auf BVerwG MDR 1975, 1050 und BayVGH, BayVBl. 1977, 405.
885 BVerwG NJW 1969, 552; 1978, 1540; OLG Frankfurt NVwZ 1993, 706; vgl. auch VII. Rdnr. 180 ff.
886 Vgl. VG Ansbach NVwZ-RR 1991, 263.
887 BVerwG DÖV 1990, 336 – Vergabe von Wirtschaftsförderungsmitteln an Betrieb unter der Voraussetzung, dass dieser die Immissionsgrenzwerte einhält, greift nicht in Zuständigkeit der Immissionsschutzbehörde ein.
888 Dazu *Gern,* DKR, Rdnr. 782 f, mit Hinweis auf Art. 92 ff EGV und zahlreichen Nachweisen.

IX. Kommunales Haushaltsrecht; Prüfungswesen

Die Regelungen des **kommunalen Haushaltsrechts** verpflichten die Gemeinden, die Erledigung ihrer Aufgaben unter materiell finanz- und haushaltsrechtlichen **Grundsätzen** sowie verfahrensrechtlich stets nach den gleichen Entscheidungsmustern zu überdenken; damit soll letztlich die Finanzierbarkeit der kommunalen Aufgaben gesichert und eine Überschuldung der Gemeinden vermieden werden. Wichtig ist ein weiterer Aspekt dieser **Formalisierung** des Finanz- und Haushaltswesens der Gemeinde: Nur eine nach einheitlichen Gesichtspunkten geordnete Haushaltsführung ermöglicht eine **wirksame Finanzkontrolle** der Gemeinden, und zwar sowohl durch das Repräsentativorgan der Gemeinde als auch durch die staatliche Aufsicht.

312

Das **Haushaltsrecht der Gemeinden** ist in den Gemeindeordnungen der Länder weitgehend übereinstimmend geregelt worden; diese Bestimmungen beruhen auf einem **gemeinsamen Entwurf**. Damit haben die Landesgesetzgeber auch das kommunale Haushaltsrecht in die Regelungen des Haushaltsrechts von Bund und Ländern eingepasst, die durch das HGrG angeordnet worden sind. Die Regelungen der Haushaltswirtschaft, des Sonder- und Treuhandvermögens sowie der Kassen- und Rechnungsprüfung werden ergänzt durch **Gemeindehaushaltsverordnungen** (GemHVO) und – ebenfalls auf der Grundlage eines Musterentwurfes – durch **Gemeindekassenverordnungen** (GemKVO). Die Bedeutung des kommunalen Haushaltsrechts wird angesichts der Finanzmittel und Werte deutlich, die von den Gemeinden (und Gemeindeverbänden) bewirtschaftet werden[889]; darüber hinaus verfügen die Gemeinden über u.U. beträchtliche Werte des Anlage-, Finanz- und Sondervermögens[890].

313

In einigen GOen sind **Experimentierklauseln** eingefügt worden, die zwecks Rationalisierung und Ökonomisierung des Verwaltungshandels bestimmte Ausnahmen von haushaltsrechtlichen Bestimmungen zulassen[891].

314

1. Haushaltswirtschaft

Als „**allgemeine Haushaltsgrundsätze**"[892] fordern auch die Gemeindeordnungen, dass die Haushaltswirtschaft so zu planen und zu führen ist, dass die **stetige Erfüllung der Aufgaben** gesichert ist; die Haushaltswirtschaft ist **sparsam und wirtschaftlich** zu führen; der Haushalt soll (oder „muss")[893] in jedem Haushaltsjahr **aus-**

315

---

[889] Im Jahre 1979 vereinnahmte die öffentliche Hand insgesamt 492,5 Mrd. DM; hiervon haben die Gemeinden 132,3 Mrd. DM (26,84%) verwaltet.
[890] *Schmidt-Jortzig*, Rdnr. 827.
[891] § 49 GemHVO BW; Art. 117a BayGO; § 133 HessGO (und § 52 HessLkrO); § 126 NWGO; § 47 SaarlGemHVO; § 131 SächsGO; § 45a GemHVO SchlH; dazu *zur Mühlen/Loitz*, Gründe und Gestaltungsoptionen für ein kaufmännisches Rechnungswesen bei Gebietskörperschaften, BB 1998, 578 ff.
[892] § 77 BWGO; Art. 61 BayGO; § 74 BrandGO; § 6 Satz 1 BrhVerf; § 92 HessGO; § 43 MVKommVerf; § 82 NdsGO; § 75 NWGO; § 93 RhPfGO; § 82 SaarlKSG; § 72 SächsGO; § 90 SachsAnhGO; § 75 SchlHGO; § 53 ThürKO.
[893] Art. 64 Abs. 3 Satz 1 BayGO.

geglichen sein. Daneben gelten auch die übrigen haushaltsrechtlichen Maximen für die Gemeinden[894].

Weiterhin muss (auch) die Gemeinde bei ihrer Haushaltswirtschaft den Erfordernissen des **gesamtwirtschaftlichen Gleichgewichts** Rechnung tragen[895]; hiermit wird Art. 109 Abs. 2 GG sowie § 2 i.V.m. § 48 HGrG Rechnung getragen. Zweifelhaft ist, ob die §§ 16, 19 ff StabG daneben unmittelbar auch für die Gemeinden gelten. Abgesehen von der Frage der rechtlichen Bindungen der Gemeinde im Hinblick auf die Erfordernisse der Wirtschaftspolitik (vgl. § 1 StabG) haben die Erfahrungen mit dem seit 1970 geltenden haushaltsrechtlichen Instrumentarium gezeigt, dass der Verwirklichung der sog. **antizyklischen Haushaltspolitik** (auch) in der Gemeindeebene erhebliche (kommunal-)politische Schwierigkeiten entgegenstehen; insbesondere ist es auch in der Gemeindeebene offensichtlich kaum möglich gewesen, in Zeiten der „Hochkonjunktur" Rücklagen zu bilden oder zumindest **Entschuldungsmaßnahmen** herbeizuführen, die den Gemeinden beim Nachlassen der Konjunktur ein effektives „Gegensteuern" ermöglichen.

a) Der Haushaltsplan

316 Kernstück der kommunalen Haushaltswirtschaft ist nach wie vor, trotz zusätzlicher Planungsinstrumente, der „**Haushaltsplan**". Seine Funktion als „Grundlage für die Haushaltswirtschaft der Gemeinde" sowie seine Mindestinhalte sind gesetzlich vorgeschrieben: Er enthält alle im Haushalt voraussichtlich eingehenden **Einnahmen**, die zu leistenden **Ausgaben** und die notwendigen **Verpflichtungsermächtigungen**. Er ist nach Maßgabe der jeweiligen Gemeindeordnung und insbesondere der GemHVO für die Haushaltsführung verbindlich. Auch die Gemeindeordnungen stellen ausdrücklich klar, dass diese **Rechtswirkungen** nur intern im Innenbereich der Verwaltung gelten sollen, dass also **Ansprüche und Verbindlichkeiten Dritter** durch den Haushaltsplan **weder begründet noch aufgehoben** werden[896].

317 aa) „**Vermögenshaushalt**" und „**Verwaltungshaushalt**": Die Grobgliederung des Haushaltsplanes ist in der Gemeindeordnung vorgeschrieben; danach gliedert sich der Haushaltsplan in einen „Verwaltungshaushalt" und einen „Vermögenshaushalt". Obligatorisch ist weiterhin der „**Stellenplan** für die Beamten, Angestellten und Arbeiter" als Anlage des Haushaltsplanes[897].

In dem Vermögenshaushalt sind die vermögenswirksamen **Ausgaben** und **Einnahmen** enthalten. Zu diesen Ausgaben zählen in erster Linie die „Investitionen" (= Ver-

---

894 Vgl. unten Rdnr. 332 ff.
895 Vgl. unter VII. Rdnr. 147 ff.
896 Vgl. § 3 Abs. 2 HGrG und § 80 Abs. 3 Satz 2 BWGO; Art. 64 Abs. 3 Satz 3 BayGO; § 77 Abs. 3 Satz 3 BrandGO; § 96 Abs. 2 HessGO; § 46 Abs. 3 Satz 3 MVKommVerf; § 85 Abs. 3 Satz 3 NdsGO; § 78 Abs. 3 Satz 3 NWGO; § 96 Abs. 3 Satz 3 RhPfGO; § 85 Abs. 3 Satz 3 SaarlKSG; § 75 Abs. 4 Satz 2 SächsGO; § 93 Abs. 3 Satz 2 SachsAnhGO; § 78 Abs. 3 Satz 3 SchlHGO; § 56 Abs. 3 Satz 2 ThürKO.
897 § 80 BWGO; Art. 64 BayGO; § 77 BrandGO; § 56 BrhVerf; § 95 HessGO; § 46 MVKommVerf; § 85 NdsGO; § 78 NWGO; § 96 RhPfGO; § 85 SaarlKSG; § 75 SächsGO; § 93 SachsAnhGO; § 78 SchlHGO; § 56 ThürKO.

änderungen des Anlagevermögens) sowie Zuschüsse für Investitionen Dritter, Verpflichtungsermächtigungen, Tilgung von Krediten, Rückzahlung innerer Darlehen, Kreditbeschaffungskosten sowie Ablösung von Dauerlasten, Zuführung zu Rücklagen, die Deckung von Fehlbeträgen aus Vorjahren, Zuführungen zum Verwaltungshaushalt. Vermögenswirksame Einnahmen ergeben sich aus Veränderungen des Anlagevermögens (z.B. Verkäufen von Grundstücken und beweglichen Sachen), aus Zuweisungen und Zuschüssen, aus Entnahmen aus Rücklagen, Zuführungen vom Verwaltungshaushalt und Einnahmen aus Krediten und sog. inneren Darlehen.

Der Verwaltungshaushalt enthält alle anderen Einnahmen und Ausgaben, die für die laufende Aufgabenerfüllung notwendig sind und dafür „verbraucht" werden (**konsumtive Kosten** und ihre Deckung). 318

bb) Weitere Gliederung des Haushaltsplanes: Die weiteren Anforderungen an die Gestaltung des Haushaltsplanes ergeben sich aus den GemHVOen sowie aus Mustern, die vom jeweiligen Innenminister – insbesondere aus Gründen der Vergleichbarkeit der Haushalte – für verbindlich erklärt worden sind[898]. 319

Den größten Teil des Haushaltsplanes nehmen die sog. **Einzelpläne** des Verwaltungs- und des Vermögenshaushaltes ein. Diese Einzelpläne sind nach Aufgabenbereichen zu gliedern und abzuschließen (z.B.: allgemeine Verwaltung, öffentliche Sicherheit und Ordnung, Schulen, soziale Sicherheit, Bau- und Wohnungswesen, Verkehr usw.). 320

Die Einzelpläne sind ihrerseits wieder in Abschnitte und Unterabschnitte aufgeteilt, und innerhalb dieser Unterteilungen sind die Einnahmen und Ausgaben nach ihren Arten in Hauptgruppen, Gruppen und Untergruppen geordnet.

Dieser Untergliederung entspricht ein Dezimalsystem, das aus einer Kombination von Gliederungs- und Gruppierungsziffern besteht und eine Kennzahl ergibt, mit der sich jede einzelne „**Haushaltsstelle**" kenntlich machen lässt. Auf diese Art und Weise wird jeder Finanzierungsvorgang von einer gewissen Bedeutung an nachgewiesen.

Bei jeder Haushaltsstelle werden neben dem Ansatz für das (laufende, geplante) Haushaltsjahr folgende Informationen gegeben: die Einnahme- und Ausgabeansätze für das Vorjahr, das Ergebnis der Jahresrechnung des diesem Vorjahr vorangegangenen Jahres, der gesamte Ausgabenbedarf für Investitionen und Investitionsförderungsmaßnahmen (sowie sonstige Maßnahmen) sowie die dafür vorgesehenen Haushaltsansätze in den folgenden drei Jahren; die bisher bereitgestellten Ausgabenmittel für Investitionen (und Investitionsförderungsmaßnahmen).

Für den Verwaltungshaushalt sowie für den Vermögenshaushalt besteht die Möglichkeit, Einnahmen und Ausgaben in sog. **Sammelnachweisen** zu veranschlagen und zusammenzufassen, wenn diese zu derselben Gruppe gehören oder sachlich eng zusammenhängen. 321

---

898 Vgl. hierzu z.B. Art. 123 BayGO.

I *Kommunalrecht*

Inhalt des Haushaltsplanes

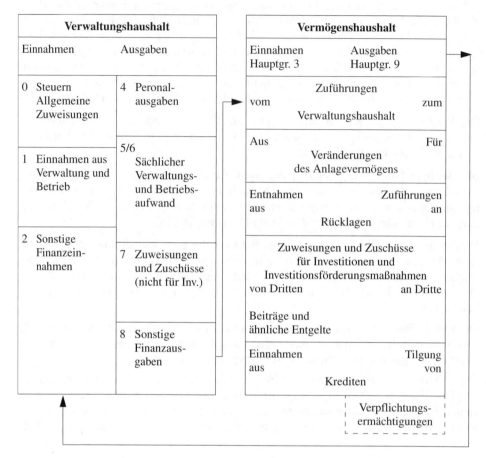

322 Dem Haushaltsplan wird als Anlage der sog. **Vorbericht** vorangestellt, in dem die Grundzüge des nachfolgenden Planes, die Entwicklung in der Vergangenheit sowie die Prognosen für die nächste Zeit kurz dargestellt werden. Dieser Vorbericht enthält: die wichtigsten Einnahme- und Ausgabearten, die Entwicklung des Vermögens und der Schulden in den vorangegangenen Haushaltsjahren und die entsprechende Prognose, die Zuführungen vom Verwaltungshaushalt zum Vermögenshaushalt, die Rücklagen in den nächsten drei Jahren, Verhältnis von Rücklagen zum Deckungsbedarf entsprechend dem Finanzplan, die geplanten Investitionen und Investitionsförderungsmaßnahmen im Haushaltsjahr und ihre finanziellen Auswirkungen für die darauf folgenden Jahre.

323 Der Haushaltsplan enthält weiterhin den **Gesamtplan**, der wiederum aus einzelnen „Zusammenfassungen" und „Übersichten" besteht, mit denen ein strukturell orientierter Einblick in das Finanzgeschehen, insbesondere auch eine an grundsätzlichen Überlegungen ausgerichtete Kontrolle, ermöglicht werden soll.

Einen detaillierten Einblick ergibt der sog. **Haushaltsquerschnitt**, der nach Aufgabenbereichen und Arten geordnet ist. Mit der sog. Gruppierungsübersicht werden Einnahmen und Ausgaben über die Einzelpläne hinaus nach ihrer Entstehungsart oder nach ihrem Verwendungszweck dargestellt. Hieraus lässt sich erkennen, welche Kosten in bestimmten Tätigkeitsfeldern entstanden sind; daraus lassen sich Schlussfolgerungen über die Finanzkraft der Gemeinden ableiten.

In der sog. **Finanzierungsübersicht** werden aus allen Einnahmen und Ausgaben die „besonderen Finanzierungsvorgänge" zusammengetragen, um den zusätzlichen Finanzbedarf (oder einen erzielbaren Überschuss) der laufenden Einnahmen gegenüber den veranschlagten Gesamtausgaben deutlich zu machen.

Außerdem werden in einer **Übersicht** die in den nächsten Jahren voraussichtlich fällig werdenden Ausgaben aufgeführt, die sich aus **Verpflichtungsermächtigungen** ergeben. Derartige Verpflichtungsermächtigungen dürfen zwar in der Regel zulasten der dem Haushaltsjahr folgenden drei Jahre veranschlagt werden; sie sind jedoch nur zulässig, wenn die Finanzierung der entsprechenden Projekte in den folgenden Jahren auch gesichert erscheint. Diese Verpflichtungsermächtigungen werden bei den einzelnen Haushaltsstellen aufgeführt. In ihrer Gesamtheit bedürfen sie der Genehmigung durch die Kommunalaufsicht. **324**

Weiterhin muss eine Übersicht über den voraussichtlichen Stand der **Schulden** und der **Rücklagen** zu Beginn des Haushaltsjahres einschließlich bereitstehender Zahlungsverpflichtungen angefertigt werden. **325**

Der sog. **Stellenplan** (mit Stellenübersicht)[899] enthält die im Haushaltsjahr erforderlichen Stellen für die öffentlichen Bediensteten. Rechtswirkungen entfaltet er nur im Innenverhältnis in der Weise, dass Beamte, Angestellte und Arbeiter nur unter der Voraussetzung eingestellt werden dürfen, dass eine entsprechende Ausweisung im Stellenplan vorhanden ist[900]. **326**

Schließlich sind Anlagen des Haushaltsplanes der sog. **Finanzplan** nebst dem zugehörigen **Investitionsprogramm**[901] und die **Wirtschaftspläne** (und Jahresabschlüsse) der rechtlich unselbstständigen wirtschaftlichen Unternehmen und Einrichtungen, die mit Sonderrechnung geführt werden, sowie Unternehmen und Einrichtungen mit eigener Rechtspersönlichkeit, an denen die Gemeinde mit mehr als 50% beteiligt ist[902]. **327**

b) Die „mittelfristige" Finanzplanung

Die Gemeinde hat ihren Haushaltsplan auf der Grundlage einer fünfjährigen Finanzplanung zu entwickeln; dabei ist das erste Planungsjahr der Finanzplanung das laufende Haushaltsjahr. Diese sog. **mittelfristige Finanzplanung** („Mifrifi") wird in einem **Finanzplan** festgelegt, in dem Umfang und Zusammensetzung der voraussicht- **328**

---

899 Er ist Bestandteil des Haushaltsplans und damit Teil der Haushaltssatzung.
900 Vgl. unten III. Rdnr. 72.
901 S. hierzu unten VII.
902 Vgl. dazu oben Rdnr. 291, 292.

I *Kommunalrecht*

lichen Aufgaben sowie die Deckungsmöglichkeiten darzustellen sind; aus diesem Finanzplan ist das **Investitionsprogramm** zu entwickeln. Finanzplan und Investitionsprogramm sind jährlich der Entwicklung anzupassen und fortzuschreiben. Der Finanzplan ist der Gemeindevertretung jährlich – spätestens mit dem Entwurf der Haushaltssatzung – vorzulegen[903]. Das Investitionsprogramm muss von der Gemeindevertretung beschlossen werden. Dieser mittelfristige Finanzplan ist für die Jahre des Planungszeitraumes und weiterhin nach der für den Haushaltsplan geltenden Gruppierungsübersicht zu ordnen; auch dieser Plan soll ausgeglichen sein.

Mit diesen Bestimmungen der Gemeindeordnung wird § 50 HGrG entsprochen (vgl. für den Bund § 9 StabG). Damit besteht für **Bund, Länder und Gemeinden** ein **einheitliches Instrumentarium** der mittelfristigen Finanzplanung, das Voraussetzung ist für eine wirksame Koordinierung der Haushalte mit dem Ziel eines konjunkturgerechten Verhaltens entsprechend den Vorstellungen, die in Art. 109 Abs. 2 – 4 GG sowie im StabG normiert worden sind. In diesem Zusammenhang ist der **Finanzierungsrat** (§ 51 HGrG) zu erwähnen, der Empfehlungen für eine Koordinierung der Finanzplanungen des Bundes, der Länder und **auch** der **Gemeinden** und Gemeindeverbände abgibt. Die Umsetzung derartiger Empfehlungen kann auch durch **Orientierungsdaten** der Bundesländer für die Gemeinden geschehen, die bei der Aufstellung und Fortschreibung des Finanzplanes zu berücksichtigen sind.

c) Die Haushaltssatzung

329 Der Haushaltsplan erlangt Rechtsqualität dadurch, dass er als Teil der **Haushaltssatzung** durch die Gemeinde festgesetzt wird[904]. Eine derartige Haushaltssatzung hat die Gemeinde für jedes Haushaltsjahr zu erlassen. Neben dem Haushaltsplan enthält diese Satzung die Festsetzung des Höchstbetrages der Kredite und der Steuersätze, die für jedes Haushaltsjahr neu festzusetzen sind (z.B. die Realsteuersätze)[905]. Die Haushaltssatzung kann weitere Vorschriften enthalten, die sich auf die Einnahmen und Ausgaben und auf den Stellenplan des Haushaltsjahres beziehen.

330 Die Haushaltssatzung ist der Aufsichtsbehörde zur Rechtskontrolle **vorzulegen**[906]; sie bedarf der **Genehmigung** hinsichtlich des Gesamtbetrages der Kredite und der Verpflichtungsermächtigungen sowie u.U. hinsichtlich des Höchstbetrages der Kassenkredite[907]. Diese Genehmigung kann unter Bedingungen oder **Auflagen** erteilt

---

903 Vgl. z.B. Art. 70 BayGO; § 90 Abs. 5 NdsGO.
904 § 81 BWGO; Art. 65 BayGO; § 78 BrandGO; § 55 BrhVerf; § 97 HessGO; § 48 MVKommVerf; § 86 NdsGO; § 79 NWGO; § 97 RhPfGO; § 86 SaarlKSG; § 76 SächsGO; § 94 SachsAnhGO; § 79 SchlHGO; § 57 ThürKO.
905 OVG Münster NVwZ 1991, 1208; OVG Lüneburg NVwZ 1991, 907 (und BVerwG NVwZ 1991, 894 – Zurückweisung der Nichtvorlagebeschwerde gegen OVG Lüneburg): Realsteuerhebesätze können auch in gesonderter („Hebe"-)Satzung festgelegt werden, die nachrichtlich in die Haushaltssatzung übernommen wird.
906 Wie Fn. 904.
907 § 86 Abs. 4 BWGO; Art. 67 Abs. 4 BayGO; § 84 Abs. 4 BrandGO; § 57 BrhVerf; § 102 Abs. 4 HessGO; § 49 Abs. 1 MVKommVerf; § 91 Abs. 4 NdsGO; § 84 Abs. 4 NWGO; § 102 Abs. 4 RhPfGO; § 91 Abs. 4 SaarlKSG; § 81 Abs. 4 SächsGO; § 99 Abs. 4 SachsAnhGO; § 84 Abs. 4 SchlHGO; § 59 Abs. 4 ThürKO.

werden. Sie muss dann versagt werden, wenn beispielsweise die Kreditverpflichtungen die finanzielle Leistungsfähigkeit der Gemeinde dauernd übersteigen würde.

Ist die Haushaltssatzung bei Beginn des Haushaltsjahres noch nicht bekannt gemacht, also noch nicht wirksam, so darf die Gemeinde Ausgaben leisten, zu deren Leistung sie rechtlich verpflichtet ist oder die für die Weiterführung notwendiger Aufgaben unaufschiebbar sind; sie darf insbesondere Bauten, Beschaffungen und sonstige Leistungen des Vermögenshaushaltes fortsetzen, für die im Haushaltsplan eines Vorjahres Beträge vorgesehen waren. Außerdem darf sie Abgaben nach den Sätzen des vorangegangenen Jahres erheben. Kredite bedürfen im Rahmen einer derartigen „**vorläufigen Haushaltsführung**"[908] der Genehmigung der Aufsichtsbehörde; sie dürfen allerdings insgesamt nur bis zur Höhe von einem Viertel der vorjährigen Kreditermächtigung aufgenommen werden. Auch **überplanmäßige** oder **außerplanmäßige Ausgaben** sind unter bestimmten Voraussetzungen zulässig[909].

331

d) Haushaltsgrundsätze

Für das Haushaltsrecht der gesamten **öffentlichen Hand** sind eine Anzahl von Grundsätzen („**Haushaltsmaximen**") entwickelt worden, die im Grundgesetz, den Landesverfassungen sowie in den haushaltsrechtlichen Gesetzen (auch den Gemeindeordnungen) und Verordnungen (auch in der Gemeindehaushaltsverordnung) konkretisiert worden sind.

332

Im Einzelnen handelt es sich um die Grundsätze der **Haushaltseinheit, Öffentlichkeit, Vollständigkeit, Brutto-Veranschlagung, Gesamtdeckung, Jährlichkeit, Vorherigkeit, Spezialität, Haushaltswahrheit, Haushaltsklarheit, Ausgeglichenheit und Sparsamkeit**[910].

Die **Jährlichkeit des Haushaltsplanes** bedeutet, dass der Haushaltsplan nur für ein Haushaltsjahr veranschlagt wird mit der Folge, dass im Haushaltsplan veranschlagte Beträge nur innerhalb des Haushaltsjahres verwendet werden dürfen, für das sie bewilligt sind. Nicht ausgegebene Beträge dürfen infolgedessen nicht in das folgende Jahr übernommen werden.

333

Keine Ausnahme vom Prinzip der Jährlichkeit ist die Möglichkeit, mit der Haushaltssatzung Festsetzungen für zwei Haushaltsjahre zu beschließen; denn derartige Festsetzungen müssen „nach Jahren getrennt" vorgenommen werden.

Eine Ausnahme von der Jährlichkeit ergibt sich aber durch die Zulässigkeit der Übertragung sog. **Haushaltsreste** sowie angesichts der Möglichkeit von Kreditermächtigungen, die bis zum Ende des dem Haushaltsjahr folgenden Jahres gelten.

---

908 Vgl. z.B. § 83 BWGO; Art. 69 BayGO; § 88 NdsGO; § 80 BrandGO; §§ 99 HessGO; § 51 MV-KommVerf; § 88 NdsGO; § 81 NWGO; § 99 RhPfGO; § 88 SaarlKSG; § 78 SächsGO; § 96 Sachs-AnhGO; § 81 SchlHGO; § 61 ThürKO.
909 Vgl. z.B. Art. 66 BayGO; § 89 NdsGO und unten Rdnr. 334.
910 *Wolff/Bachof III*, § 162 III m.w.N.

I *Kommunalrecht*

334 Der Haushaltsgrundsatz der **Vorherigkeit** besagt, dass über Mittel erst nach gesetzlicher Feststellung des Haushaltsplanes verfügt werden darf. Dieser Grundsatz wird durch die Möglichkeit überplanmäßiger oder außerplanmäßiger Ausgaben durchbrochen; diese sind allerdings nur zulässig, wenn sie unabweisbar sind und die Deckung gewährleistet ist. Sind derartige Ausgaben erheblich, so bedürfen sie der vorherigen Zustimmung des Rates. Mit dieser Möglichkeit darf nicht die Verpflichtung zur Einbringung eines **Nachtragshaushaltes**[911] umgangen werden.

e) Bewirtschaftung des Haushaltes

335 Die Verpflichtung der Gemeinde, die Haushaltswirtschaft **sparsam** und **wirtschaftlich** (zu planen und) zu führen, gilt nicht nur für die **Aufstellung**, sondern auch für die **Durchführung des Haushaltsplanes**, die „Bewirtschaftung des Haushaltes"[912].

Daraus ergeben sich einige konkrete Schlussfolgerungen: Die Gemeinde muss dafür Sorge tragen, dass die veranschlagten Einnahmen zeitgemäß eingezogen werden; sie dürfen nur dann gestundet werden, wenn andernfalls eine erhebliche Härte für den Schuldner entstehen würde; im Übrigen sind gestundete Beträge in der Regel angemessen zu verzinsen.

Weiterhin dürfen veranschlagte Ausgaben und Verpflichtungsermächtigungen erst dann in Anspruch genommen werden, wenn die entsprechenden Geldmittel auch tatsächlich benötigt werden. Die Ausgaben müssen außerdem so überwacht werden, dass für jede Haushaltsstelle jederzeit erkennbar ist, ob ihr noch Mittel zur Verfügung stehen. Diese Überwachung erfolgt zumeist durch sog. **Haushaltsüberwachungslisten**. Die Mittel, die für Ausgaben des Vermögenshaushaltes angesetzt sind, dürfen nur in Anspruch genommen werden, wenn die rechtzeitige Bereitstellung der Deckungsmittel gesichert ist und die Finanzierung anderer Maßnahmen, mit denen bereits begonnen worden ist, nicht beeinträchtigt wird.

336 Schließlich ist das Instrumentarium der sog. **haushaltswirtschaftlichen Sperre** zu erwähnen, mit der die Inanspruchnahme von planmäßig vorgesehenen Mitteln aufgeschoben, untersagt oder von einer zusätzlichen Einwilligung abhängig gemacht wird. Insoweit bestehen landesrechtlich unterschiedliche Regelungen, auch hinsichtlich der Zuständigkeit für solche Maßnahmen[913].

f) Das Kreditwesen

337 Im **Kreditwesen**[914] ist zwischen (schlichten) „Krediten" und sog. Kassenkrediten zu unterscheiden. Nach der GemHVO (KommHV) bedeutet Kredit das aufgenommene

---

911 § 82 BWGO; Art. 68 BayGO; § 79 BrandGO; § 98 HessGO; § 50 MVKommVerf; § 87 NdsGO; § 80 NWGO; § 98 RhPfGO; § 87 SaarlKSG; § 77 SächsGO; § 95 SachsAnhGO; § 80 SchlHGO; § 60 ThürKO.
912 Wie Fn. 892.
913 Vgl. z.B. §§ 28, 29 BayKommHV.
914 §§ 87 ff BWGO; Art. 71 ff BayGO; §§ 85 ff BrandGO; § 54 BrhVerf; §§ 103 ff HessGO; §§ 54 f MVKommVerf; §§ 92 ff NdsGO; §§ 85 ff NWGO; §§ 103 ff RhPfGO; §§ 92 ff SaarlKSG; §§ 82 ff SächsGO; §§ 91 Abs. 3, 100-102 SachsAnhGO; §§ 85 ff SchlHGO; §§ 63 ff ThürKO.

Kapital, das unter der Verpflichtung zur Rückzahlung von Dritten (oder von Sondervermögen mit Sonderrechnung) aufgenommen worden ist – mit Ausnahme der Kassenkredite[915].

Nach den Gemeindeordnungen dürfen die **Kredite nur** zur Finanzierung vermögenswirksamer Aufgaben verwendet werden, dürfen also nur **für Investitionen**, Investitionsförderungsmaßnahmen oder zur Umschuldung (wenn eine andere Finanzierung nicht möglich ist oder wirtschaftlich unzweckmäßig wäre) aufgenommen werden[916]. Die Summe der einzelnen Kredite muss sich im Rahmen der **Kreditermächtigung** halten; dieser Rahmen wird durch die Haushaltssatzung gezogen und bedarf der (Gesamt-)Genehmigung durch die Kommunalaufsicht. Eine – zusätzliche – Einzelgenehmigung durch die Aufsichtsbehörde ist möglich, wenn zuvor Kreditaufnahmen gem. § 19 StabG beschränkt worden sind oder wenn – bei Gefährdung des Kreditmarktes – die Aufnahme von Krediten generell von der Genehmigung der Aufsichtsbehörde abhängig gemacht worden ist; hierfür ist eine Rechtsverordnung der Landesregierung erforderlich. Zur Sicherung eines Kredits dürfen keine Sicherheiten bestellt werden; die Aufsichtsbehörde kann Ausnahmen zulassen, wenn die Bestellung von Sicherheiten verkehrsüblich ist[917]. 338

Unter **Kassenkredit** versteht man ein (**bürgerlich-rechtliches**) **Darlehen**, das die Gemeinde z.B. bei einem Geldinstitut aufnimmt, um einen (vorübergehenden) Liquiditätsengpass zu überbrücken. Dieser Kassenkredit fällt nicht unter den haushaltsrechtlichen Begriff des Kredits, obwohl die Gemeinde damit Schulden macht; denn dieser Kredit stellt kein vermögenswirksames Deckungsmittel dar. Übersteigt der in der Haushaltssatzung festgelegte Höchstbetrag für Kassenkredite einen gewissen Anteil der im Verwaltungshaushalt veranschlagten Einnahmen (z.B. ein Sechstel – Nds. oder ein Fünftel – Bad.-Württ.), ist eine entsprechende Genehmigung der Aufsichtsbehörde erforderlich[918]. 339

2. Das Gemeindevermögen

Die Gemeindeordnungen enthalten für den Erwerb, die Verwaltung und die Veräußerung von Vermögensgegenständen besondere Vorschriften. Zum **Gemeindevermögen** zählen zunächst nur diejenigen Sachen und Rechte, über die die Gemeinde unbeschränkt verfügen kann; nicht hierzu zählt also das sog. **Gemeindesondervermögen** 340

---

915 Zur „Sonderfinanzierung" gemeindlicher Aufgaben, insb. zum „Kommunal-Leasing" vgl. *Sperl/ Bertold*, Finanzwirtschaft, 1992, 177 f, 207 f; auch auf dem Weg der „Kommunalanleihe" kann eine Gemeinde sich finanzieren – so plante München etwa 1994 eine Anleihe in Höhe von insgesamt 500 Mio. DM (vgl. SZ v. 29.11.1994, S. 33). Kritischer wird die Zulässigkeit sog. Swap-Geschäfte (SZ, aaO.).
916 Zum Kredit in der Rangfolge der Finanzierungsmöglichkeiten vgl. VGH Kassel NVwZ 1992, 807 und BVerwG DÖV 1993, 1093; krit. *Schoch*, NVwZ 1990, 809; vgl. auch § 91 Abs. 2, 3 Sachs-AnhGO.
917 Z.B. Art. 71 Abs. 6 BayGO; § 92 Abs. 7 NdsGO.
918 Wie Fn. 914.

I *Kommunalrecht*

(das bestimmten Bindungen unterliegt)[919] und das sog. **Treuhandvermögen**. Überdies zählen zum Gemeindevermögen nur die Aktivwerte; das Schuldenwesen wird durch die Regelungen vom „Kreditwesen" erfasst. Die Bestimmungen über das Anlage- und Finanzvermögen (als Teile des freien Vermögens) sind im Rahmen der kommunalen Haushaltswirtschaft geregelt, während für die Gegenstände Sondervermögen und Treuhandvermögen Regelungen in einem besonderen Abschnitt der „Gemeindewirtschaft" vorgesehen sind[920].

3. Das Kassenwesen

341 Für die kassenmäßige Abwicklung der Haushaltswirtschaft ist die „**Gemeindekasse**" zuständig, für die in den Gemeindeordnungen besondere Regelungen bestehen[921].

Wenn die Gemeinde ihre Kassengeschäfte nicht durch eine Stelle außerhalb der Gemeindeverwaltung besorgen lässt, z.B. durch eine mit anderen Gemeinden gemeinsam betriebene Datenverarbeitungseinrichtung, dann müssen ein **Kassenverwalter** und ein Stellvertreter bestellt werden; diese Personen dürfen nicht Angehörige des Hauptverwaltungsbeamten, des Kämmerers oder des sonst für das Finanzwesen zuständigen Beamten sowie des Leiters oder des Prüfers des Rechnungsprüfungsamtes sein.

342 Die Gemeindekasse befasst sich ausschließlich mit der Wahrnehmung von Kassengeschäften. Sie muss rechtzeitig die **Einnahmen** der Gemeinde einziehen und deren Ausgaben leisten; sie muss die Kassenmittel verwalten, Wertgegenstände verwahren und die **Buchführung** einschließlich der Sammlung der Belege vornehmen. Darüber hinaus ist sie zuständig für die Mahnung, Beitreibung und die Einleitung der Zwangsvollstreckung.

Wesentlich für den Kassenbetrieb ist, dass Einzahlungen nicht ohne eine „**Annahmeanordnung**" eingenommen und Auszahlungen nicht ohne eine „**Auszahlungsanordnung**" geleistet werden können; solche Kassenanordnungen müssen schriftlich ergehen.

343 Neben dieser Gemeindekasse gibt es für die Sondervermögen und Treuhandvermögen, für die Sonderrechnungen geführt werden, **Sonderkassen**; diese sollen jedoch mit der Gemeindekasse verbunden werden[922]. Für alle Kassen besteht die Möglichkeit der Übertragung auf Stellen außerhalb der Gemeindeverwaltung, wenn die ordnungsgemäße Erledigung dieser Geschäfte gewährleistet ist.

---

919 OVG Münster NVwZ-RR 1991, 276 – (öffentlich-rechtliches) Nutzungsrecht, Anspruch der Einwohner; OVG Münster NWVBl. 1995, 57 – Verbot des Abbaues des Nutzungsrechts aus rein fiskalischen Gründen.
920 Vgl. §§ 96 ff BWGO; Art. 74 ff BayGO; §§ 95 ff BrandGO; § 47a BrhVerf; §§ 115 ff HessGO; §§ 63 ff MVKommVerf; §§ 102 ff NdsGO; §§ 95 ff NWGO; § 78 ff RhPfGO; §§ 102 ff SaarlKSG; §§ 89 ff SächsGO; §§ 110 ff SachsAnhGO; §§ 96 ff SchlHGO.
921 §§ 93 ff BWGO; Art. 100 ff BayGO; §§ 91 ff BrandGO; §§ 110 ff HessGO; §§ 59 ff MVKommVerf; § 98 ff NdsGO; §§ 91 ff NWGO; § 107 ff RhPfGO; §§ 99 ff SaarlKSG; §§ 86 ff SächsGO; §§ 106 ff SachsAnhGO; §§ 91 ff SchlHGO; §§ 78 ff ThürKO.
922 Z.B. § 112 SachsAnhGO.

4. Finanzkontrollen

Die Beachtung der haushaltsrechtlichen Bestimmungen wird durch **Finanzkon-** 344
trollen[923] gesichert, die aus der „Rechnungslegung"[924] und daran anschließenden
„Rechnungsprüfungen" bestehen[925]. Auch hierbei handelt es sich um Institute, die in
ähnlicher Weise im gesamten staatlichen Bereich vorgesehen sind[926].

a) Jahresrechnung (Rechnungslegung)

In der Jahresrechnung ist das Ergebnis der Haushaltswirtschaft einschließlich des 345
Standes des Vermögens und der Schulden zu Beginn und am Ende des Haushaltsjahres nachzuweisen; sie wird durch einen **Rechenschaftsbericht** erläutert, in der Regel
vom **Kämmerer**[927] aufgestellt, vom Gemeindevorsteher festgestellt und von diesem
der Gemeindevertretung innerhalb von drei Monaten nach Ablauf des Haushaltsjahres zugeleitet[928].

Es handelt sich dabei um den kassenmäßigen Abschluss und die Haushaltsrechnung.
Näheres ergibt sich aus den GemHVOen (KommHV).

b) Rechnungsprüfung

Die Jahresrechnung wird in zwei Verfahren der Rechnungsprüfung, einer örtlichen 346
und einer überörtlichen Rechnungsprüfung überprüft.

aa) Örtliche Rechnungsprüfung[929]: Zumeist obliegt die „örtliche" (oder „eigene", 347
„interne") Rechnungsprüfung dem Rechnungsausschuss der Gemeindevertretung,
die sich dazu eines **Rechnungsprüfungsamtes** bedient. Ein solches Rechnungsprüfungsamt ist obligatorisch in der Regel in kreisfreien Städten, großen Gemeinden und
in Landkreisen. Diese Behörde ist bei der Erfüllung der ihr zugewiesenen Prüfungsaufgaben weitgehend unabhängig, insbesondere an Weisungen nicht gebunden und
unmittelbar der Gemeindevertretung (oder dem Gemeindevorsteher) unterstellt[930].

Das Rechnungsprüfungsamt fasst das Ergebnis seiner Prüfung jeweils in einem
Schlussbericht zusammen, der der Gemeindevertretung zur Beschlussfassung vorgelegt wird. Auf der Grundlage dieses Berichtes prüft der **Rechnungsprüfungsausschuss** die Einhaltung des Haushaltsplanes und die sachliche und rechnerische Richtigkeit der einzelnen Rechnungsbeträge sowie die Einhaltung der einschlägigen Vorschriften.

---

923 Vgl. auch zum sog. Controlling als „vorbeugende" Prüfung *Müller-Hedrich*, BWVPr. 1987, 261.
924 Wie Fn. 921.
925 §§ 109 ff BWGO; Art. 103 ff BayGO; §§ 111 ff BrandGO; § 58 ff BrhVerf; §§ 128 ff HessGO;
 KPrüfG MV, §§ 117 ff NdsGO; §§ 101 ff NWGO; §§ 109 ff RhPfGO; §§ 119 ff SaarlKSG;
 §§ 103 ff SächsGO; §§ 125 ff SachsAnhGO; §§ 114 ff SchlHGO; §§ 81 ff ThürKO.
926 Vgl. §§ 32 ff, 42 ff HGrG.
927 Z.B. § 116 BWGO; § 94 BrandGO; § 62 SächsGO.
928 Wie Fn. 921.
929 Wie Fn. 925.
930 Vgl. hierzu VGH BW VBl. BW 1992, 268.

348 **bb) Überörtliche Rechnungsprüfung**[931]: Neben der internen Rechnungsprüfung der Gemeinden wird die Jahresrechnung einer überörtlichen Prüfung unterzogen. Zuständig hierfür sind **Prüfungsämter**, besondere öffentlich-rechtliche Gemeindeprüfungsanstalten oder der **Rechnungshof**.

Die überörtliche Prüfung ist als Maßnahme **staatlicher Aufsicht** über Einrichtungen der Selbstverwaltung grundsätzlich auf die Gesetz- und Weisungsmäßigkeit der kommunalen Hauswirtschaft beschränkt (sog. „Ordnungsprüfung"). Darüber hinaus kann (oder muss) sie sich auch auf die Wirtschaftlichkeit erstrecken (sog. „**Wirtschaftlichkeits- und Organisationsprüfung**"). Sie erstreckt sich demnach also auch auf die Frage der Zweckmäßigkeit der Gemeindeverwaltung; es ist streitig, ob dadurch das Selbstverwaltungsrecht verletzt wird[932]. Problematisch ist weiterhin, dass u.U. durch die Wirtschaftlichkeitsprüfung im Bereich der Selbstverwaltungsangelegenheiten eine **Kontrolldichte** der gemeindlichen Verwaltungstätigkeit erzielt wird, die mit den Restriktionen der Rechtsaufsicht nicht vereinbar ist[933].

c) Entlastung

349 Die Gemeindevertretung stellt die geprüfte Jahresrechnung abschließend fest und beschließt über die **Entlastung** des Gemeindevorstehers und seiner Verwaltung. Diese Entlastung bedeutet die Übernahme der politischen und rechtlichen Verantwortung für die finanzielle Verwaltungsführung des Gemeindevorstehers und seiner Verwaltung. Sie bedeutet keinen Verzicht auf Schadensersatzansprüche oder disziplinarische Maßnahmen. Streitig ist, ob der **Entlastungsbeschluss** als Verwaltungsakt zu bewerten ist[934].

350 Der **Beschluss** über die **Jahresrechnung** und die Entlastung ist der Aufsichtsbehörde unverzüglich mitzuteilen und öffentlich bekannt zu geben; die Jahresrechnung ist mit dem Rechenschaftsbericht in der Regel öffentlich auszulegen[935].

Literatur: *Depiereux:* Grundriss des Gemeindehaushaltsrechts, 3. Aufl. 1982; *Meichsner/ Seeger/Steenbock:* Kommunale Finanzplanung (Losebl.); weitere Beiträge im HdbKommWissPr, Bd. 6, 1985 – „Kommunale Finanzen" – in Kap. 26: „Kommunales Haushalts- und Rechnungswesen", S. 399 ff; *Müller:* Zur Frage der Notwendigkeit der überörtlichen Finanzkontrolle in Hessen, NVwZ 1993, 334 ff.

---

931 Wie Fn. 925.
932 So *Vogel*, DVBl. 1970, 193 (198); a.A. die wohl h.M.: *Schmidt-Jortzig*, Rdnr. 890 m.w.N. in Fn. 48.
933 Vgl. hierzu *Seewald*, Wirtschaftlichkeit und Sparsamkeit – aus der Sicht des Bundessozialgerichts, SGb 1985, 51 ff; BSGE 71, 108 = SGb 1993, 269 mit Anm. *Seewald*.
934 Bejahend *Bonse*, Die Entlastung der leitenden Gemeindebeamten, 1972, S. 180 ff; a.A.: *Gönnenwein*, Gemeinderecht 1963, S. 473 m.w.N.
935 Kritik der derzeitigen Regelungen zur Rechnungslegung und Vorschläge zur Verbesserung bei *Zwehl/Zupanic*, DÖV 1990, 223.

X. Kommunale Selbstverwaltung und Aufsicht

1. Rechtsgrundlagen und Begriff der Aufsicht

Die Selbstständigkeit und Eigenverantwortlichkeit der Gemeinden wird organisatorisch dadurch bewerkstelligt, dass sie **dezentralisiert**, als „**mittelbare**" Teile der **Staatsverwaltung** in den staatlichen Behördenaufbau eingegliedert sind. Die verwaltungsmäßige Verbindung zwischen Gemeinden und Staat wird durch die staatliche „Aufsicht" über die Gemeinden hergestellt; die „**Staatsaufsicht**" kann also als ein selbstverständliches Gegenstück zu jeder Dezentralisation gesehen werden[936].

351

Die Verfassungen der Länder stellen dementsprechend fest: „Die Gemeinden unterstehen der Aufsicht der Staatsbehörden"[937], oder: „Das Land überwacht die **Gesetzmäßigkeit der Verwaltung** der Gemeinden und Gemeindeverbände"[938]. Der „Sinn der staatlichen Aufsicht" wird teilweise darin gesehen, dass die Aufsichtsbehörden „die Gemeinden bei der Erfüllung ihrer Aufgaben verständnisvoll beraten, fördern und schützen sowie die Entschlusskraft und die Selbstverantwortung der Gemeindeorgane stärken" sollen[939]. Wie oben gezeigt wurde[940], kennen die Gemeindeordnungen unterschiedliche Typen von Aufgaben. Dieser Differenzierung entsprechend sind die Aufsichtsbefugnisse der staatlichen Behörden unterschiedlich weitgehend; das Landesrecht trifft diese Unterscheidung teilweise bereits in der Verfassung[941].

In den Gemeindeordnungen wird diese Unterscheidung zwischen unterschiedlichen Aufsichtsrechten aufgenommen und konkretisiert: „In den **Angelegenheiten des eigenen Wirkungskreises** ... beschränkt sich die staatliche Aufsicht darauf, die Erfüllung der gesetzlich festgelegten und übernommenen öffentlich-rechtlichen Aufgaben und Verpflichtungen der Gemeinden und die Gesetzmäßigkeit ihrer Verwaltungstätigkeit zu überwachen (**Rechtsaufsicht**).

352

In den **Angelegenheiten des übertragenen Wirkungskreises** erstreckt sich die staatliche Aufsicht auch auf die Handhabung des gemeindlichen Verwaltungsermessens (**Fachaufsicht**)", wobei eine generelle Einschränkung der Weisungsbefugnis denkbar ist[942].

Die in der Sache gleiche Zweiteilung zwischen Aufsichtsbefugnissen verschiedener Intensität kann auch folgendermaßen zum Ausdruck gebracht werden: „Die Aufsicht des Landes ... erstreckt sich darauf, dass die Gemeinden im Einklang mit den Gesetzen verwaltet werden (**allgemeine Aufsicht**).

---

936 BVerfGE 6, 104 (118).
937 Art. 83 Abs. 4 Satz 1 BayVerf.
938 Art. 74 Abs. 4 Satz 1 NWVerf.
939 Z.B. § 118 Abs. 3 BWGO; Art. 108 BayGO; § 119 Satz 2 BrandGO; § 135 Satz 2 HessGO; § 78 Abs. 1 Satz 2 MVKommVerf; § 127 Abs. 1 Satz 2 NdsGO; § 117 Satz 2 RhPfGO; § 127 Abs. 1 Satz 2 SaarlKSG; § 111 Abs. 3 SächsGO; § 133 Abs. 1 SachsAnhGO; § 120 Satz 2 SchlHGO; § 116 ThürKO; dazu auch BVerfGE 98, 177, 195.
940 Vgl. Rdnr. 96 ff.
941 Z.B. Art. 83 Abs. 4 BayVerf; ungenauer die für die „Pflichtaufgaben zur Erfüllung nach Weisung" und die ihnen korrespondierende Sonderaufsicht Art. 78 Abs. 4 Satz 2 NWVerf.
942 So z.B. Art. 109 BayGO.

I *Kommunalrecht*

Soweit die Gemeinden ihre Aufgaben nach Weisung erfüllen ..., richtet sich die Aufsicht nach den hierüber erlassenen Gesetzen (**Sonderaufsicht**)"[943].

353 Diese beiden Beispiele zeigen die Möglichkeit einer Differenzierung der Aufsichtsbefugnisse: Die (bloße) **Rechtsaufsicht** (gleichbedeutend mit „allgemeiner Aufsicht") betrifft die freiwilligen und gesetzlich gebundenen **Selbstverwaltungsaufgaben** der Gemeinden; die **Fachaufsicht** ist das Gegenstück zu den Aufgaben, die von der Gemeinde als **Auftragsangelegenheiten** wahrgenommen werden; die **Sonderaufsicht** lässt sich als **eingeschränkte Fachaufsicht** verstehen, wobei sich die Einschränkung der Weisungsbefugnisse der Aufsichtsbehörden jeweils aus dem besonderen Gesetz ergibt, das für die Wahrnehmung dieser „Sonder"-Aufgabe maßgebend ist.

In den Gemeindeordnungen ist die Rechtsaufsicht (allgemeine Aufsicht) relativ eingehend geregelt, und zwar auch hinsichtlich der Aufsichtsbehörden und ihrer Rechte und Pflichten[944]. Hinsichtlich der Fachaufsicht und Sonderaufsicht wird auf die speziellen Regelungen in den jeweils einschlägigen Gesetzen verwiesen[945].

354 Betrachtet man diese Regelungen in ihrer Gesamtheit, wird deutlich, inwieweit die Selbstverwaltungsgarantie **Freiheit vor staatlicher Einflussnahme** gewährt: Im Bereich der Auftragsangelegenheiten ist diese Freiheit am geringsten; denn die Gemeinden müssen sich selbst in Ermessensangelegenheiten Weisungen hinsichtlich der Zweckmäßigkeit ihres Handelns beugen[946]. Im Bereich der pflichtigen Selbstverwaltungsaufgaben ist die Gemeinde in Ermessensangelegenheiten frei von Zweckmäßigkeitsweisungen; ob Freiheit in Wahrheit besteht, hängt davon ab, ob der **Gesetzgeber** der Gemeinde **überhaupt Ermessen eingeräumt** hat; hinsichtlich unbestimmter Rechtsbegriffe ist grundsätzlich die Einschätzung der (Rechts-)Aufsichtsbehörde maßgebend[947]; außerdem kann der Gesetzgeber die Pflichten der Gemeinde sehr genau normieren und damit die Befugnis der (Rechts-)Aufsicht in ihrer Wirkung einer Fachaufsicht angleichen[948], auch wenn diese Befugnis in diesem Fall in größerem Maße gesetzlich determiniert ist als die Befugnis der Fachaufsicht in Ermessensangelegenheiten. In allen Angelegenheiten – auch in den scheinbar aufsichtsfreien freien Selbstverwaltungsangelegenheiten – gestatten die **haushaltsrechtlichen Bindungen**, insb. das Prinzip der **Wirtschaftlichkeit**, weitgehend Kontroll- und Eingriffsmöglichkeiten, und zwar nicht nur im Rahmen der Fachaufsicht, sondern auch der Rechtsaufsicht[949] und mindern die Freiheit der Gemeinde erheblich.

---

943 So z.B. § 116 Abs. 2 NWGO.
944 §§ 118 Abs. 1, 119 ff BWGO; Art. 108 ff BayGO; §§ 119 ff BrandGO; Art. 47 BremVerf und § 64 BrhVerf – die „glücklichste Gemeinde" der BRD steht lediglich unter Rechtsaufsicht, §§ 135 ff HessGO; §§ 79 ff MVKommverf; §§ 127 ff NdsGO; §§ 116 ff NWGO; §§ 117 ff RhPfGO; §§ 127 ff SaarlKSG; §§ 112 ff SächsGO; §§ 134 ff SachsAnhGO; §§ 120 ff SchlHGO; §§ 116 ff ThürKO.
945 Wie Fn. 944, vgl. z.B. Art. 115, 116 BayGO; § 116 Abs. 2 NWGO.
946 U.U. mit generellen Einschränkungen, vgl. Art. 109 Abs. 2 BayGO.
947 Zu Ausnahmen s. Rdnr. 171 und Rdnr. 348.
948 Vgl. bereits oben Rdnr. 107.
949 Vgl. im Folgenden Rdnr. 355 ff.

2. Rechtsaufsicht

a) Aufsichtsbehörden

Die Rechtsaufsicht (allgemeine Aufsicht)[950] über die kreisangehörigen Gemeinden führt in der Regel die **untere staatliche Verwaltungsbehörde** (Landrat; Landratsamt). Die Rechtsaufsicht über kreisfreie Gemeinden (und teilweise über größere kreisangehörige Gemeinden) wird von der **staatlichen Mittelbehörde** geführt (Regierungspräsident; Regierungspräsidium; Bezirks-Regierung); diese Instanz ist für die Gemeinden, die der unteren Aufsichtsbehörde unterstehen, zugleich obere Aufsichtsbehörde. Die Aufgaben der **obersten Aufsichtsbehörde** fallen dem Innenminister zu.

355

Organisation der Rechtsaufsicht (Kommunalaufsicht) über die kommunalen Verwaltungsträger

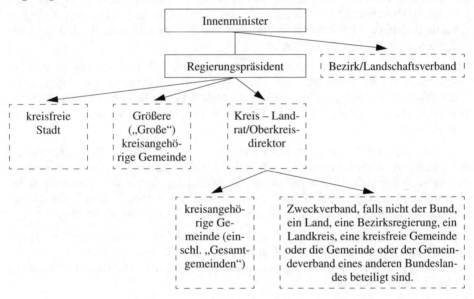

In den kleinen Bundesländern ohne staatliche Mittelbehörde fallen die Befugnisse der oberen und obersten Aufsichtsbehörde zusammen. Für relativ bedeutsame Städte (z.B. Wiesbaden und Frankfurt/M.) ist einzige kommunale Aufsichtsbehörde der Innenminister[951].

b) Informationsrecht der Aufsichtsbehörde

Soweit es zur Erfüllung ihrer Aufgaben erforderlich ist, kann sich die Rechtsaufsichtsbehörde über einzelne Angelegenheiten der Gemeinde in geeigneter Weise unterrichten. Teilweise ist dieses **Informationsrecht (Unterrichtungsrecht)** durch

356

---

950 Vgl. oben Rdnr. 352.
951 § 136 Abs. 1 HessGO.

I *Kommunalrecht*

Beispiele konkretisiert; danach kann die Rechtsaufsichtsbehörde insbesondere Anstalten und Einrichtungen der Gemeinde besichtigen, die Geschäfts- und Kassenführung prüfen, Berichte, Akten und sonstige Unterlagen einfordern und einsehen, mündliche und schriftliche Berichte anfordern sowie an Sitzungen teilnehmen[952].

c) Aufsichtsmaßnahmen

357 Den Aufsichtsbehörden steht ein nach dem **Verhältnismäßigkeitsgrundsatz** abgestufter Katalog von Maßnahmen zu, mit denen auf ein rechtmäßiges Verhalten der Gemeinde hingewirkt werden kann. Überwiegend werden die Maßnahmen in das Ermessen der Aufsichtsbehörde gestellt[953].

Das **„Beanstandungsrecht"**[954] besteht darin, dass die Aufsichtsbehörde Beschlüsse der Gemeindevertretung oder ihrer Ausschüsse sowie Maßnahmen der Gemeindeverwaltung (insbesondere Verfügungen), die das bestehende Recht verletzen, beanstanden und verlangen kann, dass diese Entscheidungen innerhalb einer bestimmten Frist aufgehoben oder geändert werden.

Teilweise in einer **Beanstandungspflicht** enthalten, teilweise als ein besonderes „Anordnungsrecht" normiert[955], hat die Rechtsaufsichtsbehörde die Möglichkeit (oder Pflicht), bei Nichterfüllung öffentlich-rechtlicher Aufgaben oder Verpflichtungen die Gemeinde aufzufordern (der Gemeinde gegenüber anzuordnen), dass sie innerhalb einer bestimmten Frist das Erforderliche veranlasst[956].

358 Daran schließt sich das Recht auf **„Ersatzvornahme"** an: Kommt die Gemeinde der Anordnung der Aufsichtsbehörde nicht innerhalb der bestimmten Frist nach, so kann die Aufsichtsbehörde die Anordnung an Stelle und auf Kosten der Gemeinde selbst durchführen oder die Durchführung einem anderen übertragen[957]. Das Recht der Ersatzvornahme erstreckt sich auch auf den Erlass von kommunalen Satzungen[958].

359 Falls die bisher genannten Befugnisse der Aufsichtsbehörde nicht ausreichen, kann ein **„Beauftragter"** (staatlicher **„Kommissar"**) bestellt werden, der alle oder einzelne Aufgaben der Gemeinde auf deren Kosten wahrnimmt. Der Beauftragte hat die Stellung eines Organs der Gemeinde[959].

Teilweise wird bei der Bestellung des Beauftragten noch differenziert zwischen der Beschlussunfähigkeit des Gemeinderats oder seiner Weigerung, gesetzmäßige An-

---

952 Vgl. z.B. Art. 111 BayGO; § 120 RhPfGO.
953 Vgl. z.B. Art. 112 BayGO.
954 BayVGH DVBl. 1992, 442 (= DÖV 1992, 169) – „Angemessenheit" der Vergütung (i.S.d. Art. 43 Abs. 4 BayGO) unterliegt der rechtsaufsichtlichen Kontrolle.
955 Z.B. § 122 RhPfGO.
956 BayVGH NVwZ-RR 1993, 373 – Unzulässigkeit einer Beanstandung, wenn rechtmäßiger Zustand nicht (mehr) hergestellt werden kann.
957 Wie Fn. 944; vgl. *Schnapp*, Die Ersatzvornahme in der Kommunalaufsicht, 1969; die Ersatzvornahme ist hinsichtlich sämtlicher Maßnahmen der Gemeinde möglich einschließlich des Erlasses von Satzungen (sog. oktroyierte Satzungen), vgl. hierzu OVG Münster NVwZ 1990, 187 und BVerwG DVBl. 1993, 886.
958 BVerwG NVwZ – RR 1992, 611 (= DVBl. 1993, 208 sowie DÖV 1993, 77).
959 Z.B. § 121 NWGO.

Die Gemeinden **I B**

ordnungen der Rechtaufsichtsbehörde auszuführen – dann Ermächtigung des Bürgermeisters durch die Rechtaufsichtsbehörde – und einer darüber hinausgehenden Weigerung des Bürgermeisters – dann letztlich Handeln der Rechtsaufsichtsbehörde für die Gemeinde[960].

Schließlich kann die „**Auflösung der Gemeindevertretung**" bewirkt werden, wenn der gesetzwidrige Zustand nicht anders zu beheben ist oder wenn eine Gemeindevertretung dauernd beschlussunfähig ist oder eine ordnungsgemäße Erledigung der Gemeindeaufgaben aus anderen Gründen nicht gesichert ist; hierzu bedarf es einer Entscheidung der Landesregierung[961].

Fraglich ist, ob sich die Rechtsaufsicht auch auf **Verpflichtungen** der Gemeinde auf dem Gebiet des **bürgerlichen Rechts** bezieht. Z.T. wird die Aufsicht von diesen Angelegenheiten ausdrücklich ausgenommen[962]. **360**

Allgemein ist davon auszugehen, dass zur **Gesetzmäßigkeit**, deren Beachtung seitens der Gemeinden (auch) durch die Aufsicht sicherzustellen ist, auch die Bestimmungen des bürgerlichen Rechts (z.B. auch Mietrecht, Werkvertragsrecht, Arbeitsrecht) gehören. Das Recht der Aufsichtsbehörden, insoweit unterrichtend sowie **beratend** tätig zu werden, wird nicht bestritten.

Str. ist jedoch, ob die Aufsichtsbehörden die Erfüllung bürgerlich-rechtlicher Verpflichtungen **erzwingen** dürfen[963]. Wohl überwiegend wird hierzu folgende Ansicht vertreten: Fehlt ein öffentliches Interesse, ein „Gemeinschaftsinteresse" an der Erfüllung der Verpflichtung einer Gemeinde, dann soll die Rechtsaufsicht mit ihren Zwangsmitteln[964] nicht dazu dienen, dem Gläubiger die Inanspruchnahme gerichtlichen Schutzes zu ersparen; die Rechtsaufsicht soll also **nicht** der **Durchsetzung von lediglich Individualinteressen** dienen.

Dient die Einhaltung der Verpflichtungen – zumindest auch – dem öffentlichen (Gemein-)Interesse, so kann die Aufsicht erforderlichenfalls Zwangsmittel einsetzen[965]. Das müsste an sich stets dann der Fall sein, wenn eine öffentliche Aufgabe in privatrechtlicher Form wahrgenommen wird (formelle Privatisierung); andernfalls würde der objektive Rechtsschutz des Bürgers in bedenklicher Weise vermindert[966].

Somit sind z.B. die Verpflichtungen, die sich für die Gemeinde aus der Wahrnehmung einer gesetzlichen Aufgabe in privatrechtlicher Form ergeben, durch Aufsichtsmaßnahmen durchsetzbar[967]. Demgegenüber sollen nicht mit Zwangsmittel der Rechtsaufsicht durchsetzbar sein z.B. **Vergütungs- und Lohnforderungen** gemeindlicher Angestellter und Arbeiter[968], während die Zahlung von **Beamtengehäl-**

---

960 Z.B. gem. Art. 114 Abs. 1 und 2 BayGO.
961 Art. 114 Abs. 3 BayGO; § 141a HessGO; § 84 MVKommVerf; § 121 NWGO; § 125 RhPfGO; § 122 Abs. 2 ThürKO.
962 § 127 RhPfGO mit Ausnahme des Informationsrechts der Aufsichtsbehörden, § 120 RhPfGO.
963 Vgl. hierzu *Knemeyer*, Rdnr. 313 Fn. 13 m.w.N. sowie OVG Münster E 18, 227 – „Pappelfall".
964 Vgl. oben Rdnr. 357 ff.
965 Art. 113 BayGO n.F. stellt die Ersatzvornahme jetzt auch in das Ermessen der Aufsichtsbehörde.
966 Vgl. dazu Rdnr. 292.
967 Ebenso *Knemeyer*, Rdnr. 313; *Widtmann/Grasser*, Art. 109 Anm. 3c).
968 *Widtmann/Grasser*, Art. 109 Anm. 3b).

I *Kommunalrecht*

tern (weil Erfüllung einer öffentlich-rechtlichen Verpflichtung!) erzwungen werden kann, obwohl insoweit ebenfalls eine individuelle – verwaltungsgerichtliche – Rechtsschutzmöglichkeit besteht[969].

Überzeugend ist diese Ausgrenzung von Aufsichtsbefugnissen nicht; sie beruht letztlich wohl auf dem Wunsch, eine Pflichtenstellung der Aufsichtsbehörde zu Gunsten eines Bürgers zu vermeiden, aus der heraus zum einen ein Anspruch auf aufsichtsbehördliches Tätigwerden, außerdem u.U. auch ein Anspruch auf Schadensersatz bei Unterlassen von Aufsichtsmaßnahmen abgeleitet werden könnte[970].

3. Fachaufsicht

361   Die für die Angelegenheiten des übertragenen Wirkungskreises vorgesehene **Fachaufsicht**[971] geht über die Beaufsichtigung der **Rechtmäßigkeit** hinaus und erstreckt sich generell auch auf den Bereich der kommunalen Entscheidungen, hinsichtlich dessen der Gemeinde ein **Ermessen** eingeräumt ist („**Zweckmäßigkeitsaufsicht**")[972]. Damit **reduziert** sich die durch eine Ermessensvorschrift an sich eingeräumte **Freiheit** bei der Erledigung einer gemeindlichen Aufgabe auf die Fälle, in denen die Fachaufsichtsbehörde kein Anlass sieht, mit eigenen Zweckmäßigkeitserwägungen die Ermessensbetätigung der Gemeinde zu ersetzen.

Denkbar ist, dass die Zulässigkeit von Eingriffen der Fachaufsichtsbehörde in das Verwaltungsermessen der Gemeinde an **zusätzliche Voraussetzungen** geknüpft wird (z.B. „wenn das Gemeinwohl oder öffentlich-rechtliche Ansprüche Einzelner eine Weisung oder Entscheidung erfordern")[973]; die Position der Gemeinde wird dadurch gestärkt[974].

Die Fachaufsicht wird von den **fachlich zuständigen staatlichen Behörden** wahrgenommen; zuweilen wird der Rechtsaufsichtsbehörde auch die Führung der Fachaufsicht für den Fall übertragen, dass eine ausdrückliche Zuweisung fehlt[975]. Oberste Fachaufsichtsbehörde ist das jeweilige Fachministerium[976].

362   Die **Befugnisse** der Fachaufsichtsbehörden sind hinsichtlich des **Unterrichtungsrechts** (Informationsrecht[977]) identisch mit denen der Rechtsaufsicht. Die Befugnis,

---

969   *Widtmann/Grasser*, Art. 109 Anm. 3a), unter Hinweis auf VGH BW VerwRspr 3, 471.
970   S. unten Rdnr. 371 f.
971   Vgl. oben Rdnr. 352 ff.
972   Wie Fn. 911; BayVGH NVwZ 1992, 1099 – das den Gemeinden gem. § 36 Abs. 1 BauGB eingeräumte Ermessen kann die Aufsichtsbehörde nicht ersetzen außer bei der Reduzierung des Ermessens „auf Null"; VG Ansbach NVwZ-RR 1991, 263 – keine Zweckmäßigkeitskontrolle im Bereich der gesetzlich nicht geregelten gewährenden Verwaltung (Ausnahme: Notstandartige Grenzfälle; Vermeidung von Gefahren für wichtige Gemeinschaftsgüter).
973   Z.B. Art. 109 Abs. 2 Satz 2 Nr. 1 BayGO.
974   *Knemeyer*, Rdnr. 319 m.H. auf BayVGH BayVBl. 1955, 25 f.
975   Wie Fn. 944, vgl. z.B. Art. 115 Abs. 1 Satz 2 BayGO.
976   Bsp.: Bay. Staatsministerium des Innern als oberste Bauaufsichtsbehörde, vgl. Art. 62 Abs. 1 BayBO; und als oberste Straßenaufsichtsbehörde, vgl. Art. 61 Abs. 1 BayStrWG.
977   Vgl. oben Rdnr. 356.

den Gemeinden **Weisungen** zu erteilen[978], enthält auch die Befugnis, die Aufhebung oder Änderung bereits getroffener Entscheidungen im übertragenen Wirkungskreis zu verlangen. Weisungen können z.B. auch die Anordnung enthalten, einen Rechtsstreit zu führen und Rechtsmittel einzulegen[979].

Im Hinblick auf den **Vollzug** fachaufsichtlicher Weisungen stehen der Fachaufsichtsbehörde jedoch keine eigenständigen Befugnisse zu; erforderlichenfalls muss sie sich an die zuständige **Rechtsaufsichtsbehörde**, die mit ihren (Zwangs-)Mitteln (z.B. Ersatzvornahme) für die Durchsetzung der Weisung sorgen muss, wenden[980]. Somit steht den Fachaufsichtsbehörden zumeist ein sog. **Selbsteintrittsrecht** nicht zu[981].

4. Einzel-Aufsichtsbefugnisse; Mitwirkungsrechte

Ein wirklichkeitsnahes Bild von dem Zusammenwirken von Staat und Gemeinde muss auch die staatlichen **Genehmigungen** und (Wahl-)**Bestätigungen** einbeziehen. **363**

Diese Befugnisse ergeben sich z.T. aus den Gemeindeordnungen, wo sie an verschiedener Stelle enthalten sind[982]; weiterhin enthalten sondergesetzliche Regelungen Genehmigungsvorbehalte[983]. Dabei wird auch im Einzelnen festgelegt, welchen Umfang die im Rahmen dieses Genehmigungsverfahrens vorgenommene Kontrolle haben darf.

Im Einzelfall kann fraglich sein, wie die **staatliche Mitwirkung** an gemeindlichen Entscheidungen unter dem Gesichtspunkt der „Aufsicht" zu qualifizieren ist; das betrifft insbesondere die Frage, ob und in welchem Umfang ein Entscheidungsspielraum (**Ermessen**) eingeräumt ist mit der Folge, dass die Aufsichtsbehörde eigene Zweckmäßigkeitserwägungen in ihre (vorrangigen) Entscheidungen einbringen darf. Ein derartiger Problemfall ist z.B. die Genehmigung von Veräußerungen gemeindlichen Vermögens[984]. **364**

Die Frage nach der Rechtsnatur und dem Umfang der Einflussnahme des Staates bei der Genehmigung kommunaler Entscheidungen lässt sich nicht einheitlich beantworten[985]. Hinsichtlich aufsichtsbehördlicher Genehmigungen wird man im Regelfall ein Ermessen verneinen müssen; denn andernfalls wäre eine zu weitgehende Einschränkung des Gestaltungsspielraums der Gemeinde möglich[986]. Andererseits kann der Aufsichtsbehörde ausnahmsweise ein Ermessen zustehen. Das ist der Fall,

---

978 Z.B. Art. 116 Abs. 1 Satz 2 BayGO.
979 Vgl. BayVGH BayVBl. 1977, 152 ff.
980 Vgl. z.B. Art. 116 Abs. 2 BayGO.
981 Ausnahmen: § 132 Abs. 3 BrandGO; § 141b HessGO; vgl. auch Art. 3a Abs. 2 BayVwVfG.
982 Z.B. Art. 2 Abs. 2, 71 Abs. 2, 72 Abs. 3 BayGO.
983 Z.B. Art. 47 BayLStVG; §§ 6, 11 BauGB.
984 Z.B. gem. § 92 Abs. 3, 4 BWGO; Art. 75 Abs. 5 BayGO (vgl. hierzu = BayVGH BayVBl. 1969, 268 ff – Zeughaus: weder Rechts- noch Fachaufsicht, sondern Mitwirkungsrecht und Mitwirkungspflicht des Staates) ist aufgehoben worden.
985 Vgl. auch *Humpert*, Genehmigungsvorbehalte im Kommunalverfassungsrecht, 1990; *Schrapper*, NVwZ 1990, 931.
986 Vgl. OVG Münster OVGE 19, 192 (197).

I *Kommunalrecht*

wenn sich aus der entsprechenden Vorschrift ergibt, dass die Aufsichtsbehörde bei einer Genehmigung auch **übergemeindliche und -örtliche Interessen** berücksichtigen darf (sog. **Kondominium**). Neben dem Beispiel der Veräußerung von Sachen von bedeutendem geschichtlichen, künstlerischen oder wissenschaftlichen Wert[987] ist an eine Reihe weiterer mitwirkungsbedürftiger Entscheidungen zu denken, z.B.: Zustimmung zur Änderung bestehender und Annahme neuer Wappen und Fahnen der Gemeinde, Genehmigung der Kreditaufnahmen für Investitionen und Investitionsförderungsmaßnahmen, Genehmigung der Bestellung von Sicherheiten zu Gunsten Dritter oder der Gründung (oder Beteiligung) von (an) wirtschaftlichen Unternehmen. Dabei müssen allerdings die berechtigten kommunalen Belange jeweils angemessene Berücksichtigung finden; die Rspr. hat hierzu auf den „**Grundsatz des gemeindefreundlichen Verhaltens**" hingewiesen[988].

Überblick über die Maßnahmen der staatlichen Aufsicht über die Gemeinden

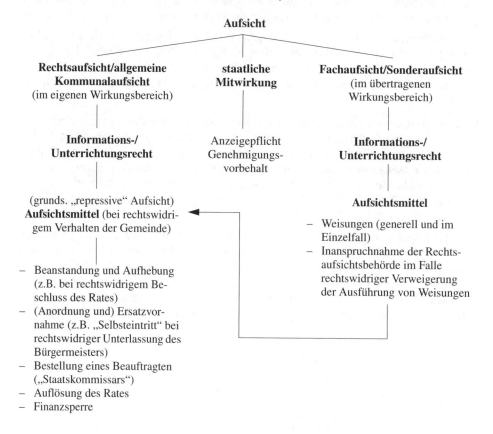

---

[987] Vgl. hierzu auch BVerwG DVBl. 1971, 213.
[988] Vgl. OVG Münster DVBl. 1988, 796 ff; differenzierend hinsichtlich der staatlichen Mitwirkung an Namensgebung und Namensänderung (vgl. z.B. Art. 2 BayGO; § 5 SächsGO) *Gern*, Rdnr. 132 mit Hinweis auf BVerfG DÖV 1982, 448, 449.

5. Rechtsschutz der Gemeinde gegen Aufsichtsmaßnahmen

Maßnahmen der Rechts- oder Fachaufsicht sind u.U. rechtswidrig. Fraglich ist, inwieweit die Gemeinde dagegen Rechtsschutz[989] durch die Verwaltungsgerichte in Anspruch nehmen kann[990]. Im Einzelnen ist manches strittig[991]. **365**

a) Aufsichtsmaßnahmen im eigenen Wirkungskreis

Grundsätzlich wird man davon ausgehen können, dass Eingriffe der Aufsicht in **366** **Selbstverwaltungs-Angelegenheiten** der Gemeinde als **Verwaltungsakte** zu qualifizieren sind[992] und dass für eine dagegen gerichtete Klage eine Klagebefugnis (§ 42 Abs. 2 VwGO) insoweit nicht problematisch ist, als der Gemeinde eigene Rechte zustehen, die möglicherweise verletzt sind[993]; das soll allerdings grundsätzlich nicht im Hinblick auf die Ausübung des Informationsrechts der Aufsichtsbehörde gelten, da reine Informationsmaßnahmen keine Verwaltungsakte seien[994].

b) Aufsichtsmaßnahmen im übertragenen Wirkungsbereich

Problematisch ist die Beurteilung von Aufsichtsmaßnahmen im übertragenen Wirkungsbereich. Ein **Teil des Schrifttums** vertritt die Meinung, dass Aufsichtsmaßnahmen im **übertragenen Wirkungskreis** stets als **Verwaltungsakte** zu qualifizieren sind[995]; die Zulässigkeit einer Klage bleibt gleichwohl fraglich, ist nach dieser Ansicht jedoch ein Problem der Klagebefugnis[996]. **367**

Die **Rechtsprechung** geht wohl allgemein noch immer davon aus, dass fachaufsichtliche Weisungen in Angelegenheiten des übertragenen Wirkungsbereichs **in der Regel keine Verwaltungsakte** sind[997]; sie sind jedoch dann als Verwaltungsakt zu bewerten, wenn die Gemeinde in einer geschützten Rechtsstellung berührt wird[998] und sich die fachaufsichtliche Maßnahme zugleich auf den Selbstverwaltungsbereich

---

989 Zu den formlosen Rechtsbehelfen vgl. *Gern*, Rdnr. 960-963.
990 Ausdrückliche Regelungen in § 125 BWGO; Art. 120 BayGO; § 130 BrandGO; § 85 MVKomm-Verf; § 123 NWGO; § 126 RhPfGO; § 136 SaarlKSG; §§ 140 Abs. 2, 141 SachsAnhGO; §§ 124, 125 ThürKO.
991 Vgl. hierzu den Überblick bei *Erichsen/Martens*, § 11 II 5, Rdnr. 39 ff sowie *Gern*, Rdnr. 957 ff, 964 ff.
992 BVerwGE 19, 121 ff.
993 Nachw. *Schmidt-Jortzig*, Rdnr. 101 f und bei *L. Schulze-Osterloh*, JuS 1978, 639.
994 *Knemeyer*, Rdnr. 323.
995 So für fachaufsichtliche Weisungen – allerdings nach Art. 116 Abs. 1 Satz 2 BayGO: *Bauer/Böhle/Masson/Samper*, Art. 116 Rdnr. 2; ebenso *Knemeyer*, Rdnr. 327.
996 *Knemeyer*, Rdnr. 327.
997 BVerwG JZ 1978, 395 ff = DVBl. 1978, 374 ff – dazu *Schmidt-Jortzig*, Rechtsstellung der Gemeinden gegenüber fachaufsichtlichen Weisungen bei der Fremdverwaltung, JuS 1979, 488 ff; BayVGH BayVBl. 1977, 152; 1979, 305; 1985, 368; 1995, 474; VGH BW DVBl. 1994, 348; *Maurer*, § 23 Rdnr. 23; ähnlich das Verhältnis zwischen Bund und Land im Bereich der Bundesauftragsverwaltung, dazu BVerfGE 81, 310 (338 f).
998 BayVGH BayVBl. 1977, 152 ff und 1979, 305 ff; ebenso die h.M., vgl. *L. Schulze-Osterloh*, JuS 1978, 639, 640 m.w.N. in Fn. 8 – kritisch *Knemeyer*, aaO., m.H. auf *Widtmann*, DVBl. 1978, 723 ff.

I *Kommunalrecht*

auswirkt[999]. Eine solche **geschützte Rechtsstellung** erwächst der Gemeinde im übertragenen Wirkungsbereich insoweit, als das **Weisungsrecht** der Fachaufsichtsbehörde generell[1000] **eingeschränkt** oder die Weisungsbefugnis der sog. **Sonderaufsicht** gemäß den jeweils einschlägigen Regelungen **begrenzt** ist[1001].

Wird das staatliche **Weisungsrecht überschritten**, der Gemeinde also eine gesetzlich nicht vorgesehene Pflicht aufgebürdet, dann kann sie sich mit einer **Anfechtungsklage** dagegen wenden[1002]. Versäumt die Gemeinde dieses Rechtsmittel, wird die **Weisung** also **bestandskräftig**, dann kann die Gemeinde die entstandenen **Kosten nicht** durch einen **Folgenbeseitigungsanspruch** geltend machen[1003]. Der gesetzlich eingeräumte Erstattungsanspruch bei rechtswidrigem Handeln der Aufsichtsbehörde bleibt davon unberührt[1004].

368 Maßnahmen, die zur **Durchsetzung fachaufsichtlicher Verfügungen** getroffen werden, sind wie Weisungen der Fachaufsicht zu beurteilen, also nur unter den gleichen Voraussetzungen wie fachaufsichtliche Maßnahmen angreifbar[1005].

Hinsichtlich der **Aufhebung** eines gemeindlichen Verwaltungsaktes im Bereich übertragener (Weisungs-)Aufgaben durch die **Widerspruchsbehörde** ist regelmäßig eine Klage bereits unzulässig, weil die Widerspruchsentscheidung gegenüber der Gemeinde kein Verwaltungsakt ist[1006] oder mangels subjektiv-öffentlicher Rechte keine Klagebefugnis gibt[1007]. **Ausnahmsweise** besteht die Klagemöglichkeit, wenn der Widerspruchsbescheid in eine gem. Art. 28 Abs. 2 GG (absolut) geschützte Position eingreift[1008].

c) Aufsichtsmaßnahmen durch „Mitwirkung"

369 Hinsichtlich der übrigen Aufsichtsbefugnisse, insbesondere der **Mitwirkungsrechte**[1009] gilt Folgendes[1010]: Die Entscheidung über den Antrag der Gemeinde auf Genehmigung z.B. eines Beschlusses, mit dem die Gründung eines wirtschaftlichen Unternehmens vorgenommen wird, ist ein Verwaltungsakt. Umstritten ist, ob der Gemeinde für den Fall ein **Anspruch auf Erteilung einer Genehmigung** zusteht, dass

---

999 VGH BW DVBl. 1994, 348.
1000 Z.B. in Ermessensangelegenheiten gem. Art. 109 Abs. 2 BayGO.
1001 VGH Kassel NVwZ 1991, 1015 – bei der Wahrnehmung von Pflichtaufgaben zur Erfüllung nach Weisung bleiben Gemeinden selbstständige Rechtspersönlichkeiten und können somit gegen jede aufsichtsbehördliche Maßnahme außerhalb des Ermächtigungsrahmens vorgehen.
1002 BVerwG NVwZ 1987, 788 f – Ersatz für Leistungen an Asylbewerber; ebenso BVerwG NVwZ 1989, 359, und BayVGH DVBl. 1994, 348.
1003 Wie Fn. 1002; auch ein – grundsätzlich gegebener – Amtshaftungsanspruch (der Gemeinde gegen den Staat) entfällt u.U. gem. § 839 Abs. 3 BGB.
1004 Z.B. gem. § 123 Abs. 4 SächsGO.
1005 Z.B. bei Eingriffen, die den Kernbereich des Art. 28 Abs. 2 GG berühren.
1006 BVerwG BayVBl. 1978, 374, a.A. *Knemeyer*, Rdnr. 328.
1007 BVerwG BayVBl. 1970, 286; BayVGH NZV 1992, 166.
1008 Vgl. hierzu BayVGH NZV 1992, 166, z.B. Eingriff in Planungshoheit (Verkehrsplanung) durch Widerspruchsbescheid im Bereich des Straßenverkehrsrechts.
1009 Vgl. oben Rdnr. 363 f.
1010 Hierzu *Knemeyer*, Rdnr. 311 m.w.N.

die Genehmigungsbehörde untätig bleibt. Soweit der Behörde ein Ermessen eingeräumt ist – das kann im Einzelfall schwierig zu beurteilen sein[1011] – wird man den Anspruch auf ermessensfehlerfreie Entscheidung bejahen müssen. Dort, wo die Genehmigung lediglich eine (präventive) Rechtmäßigkeitskontrolle ermöglichen soll, besteht ein Anspruch der Gemeinde, der mit der Verpflichtungsklage („Untätigkeitsklage") geltend gemacht werden kann.

d) Vorverfahren

Voraussetzung für die Zulässigkeit einer verwaltungsgerichtlichen Klage der Gemeinde gegen ihre Aufsichtsbehörde ist in der Regel ein erfolglos durchgeführtes, von der Gemeinde initiiertes Widerspruchsverfahren[1012], teilweise können Maßnahmen der Aufsichtsbehörde unmittelbar im Verwaltungsstreitverfahren angefochten werden; teilweise ist die Entbehrlichkeit eines Widerspruchsverfahrens auch lediglich hinsichtlich der Genehmigungen der Aufsichtsbehörde vorgesehen[1013].

370

6. Amtshaftung der Kommunalaufsicht

Die kommunale Rechtsaufsicht kann **Amtspflichten** auch **gegenüber** der zu beaufsichtigenden **Gemeinde als** einem geschützten **Dritten** begründen. Derartige Schutzpflichten der Aufsicht gegenüber der Gemeinde können auch bei begünstigenden Maßnahmen bestehen, also solchen, die von der Gemeinde selbst angestrebt werden, z.B. bei der **Genehmigung** eines von der Gemeinde abgeschlossenen **Rechtsgeschäftes**, das sich als **unwirtschaftlich** und zu teuer erwiesen hat, jedoch gleichwohl genehmigt worden ist, obwohl die wirtschaftliche Leistungsfähigkeit der Gemeinde damit überfordert war[1014].

370a

7. Rechtsbeziehungen zwischen Bürger und Aufsichtsbehörde

Der einzelne **Bürger**, der sich durch eine gemeindliche Maßnahme in seinen Rechten verletzt fühlt, kann ein Tätigwerden der Kommunalaufsichtsbehörde gegenüber der Gemeinde i.d.R. nicht erzwingen[1015]. Einen Anspruch auf Einschreiten der Aufsichtsbehörde (oder zumindest ein Recht auf ermessensfehlerfreie Entscheidung über das Tätigwerden) steht ihm nicht zu (h.M.[1016]). Der Bürger muss sich vielmehr direkt gegen die Gemeinde wenden und seinen Anspruch auf Tätigwerden oder auf Unterlassung rechtswidriger Maßnahmen geltend machen; bei rechtswidrigem Verhalten der

371

1011 Vgl. auch oben Rdnr. 364.
1012 Siehe Fn. 990.
1013 Vgl. einerseits z.B. § 123 NWGO, andererseits z.B. § 133 Abs. 2 NdsGO.
1014 BGH DVBl. 2003, 400.
1015 Ausn. z.B.: Art. 49 Abs. 1 BayGLKrWG – Anfechtungsklage eines Wahlberechtigten gegen Entscheidung der Rechtsaufsichtsbehörde.
1016 Für alle: *Knemeyer*, HdbKommWPr Bd. 1, 1981, S. 270 m.w.N.; BVerfGE 31, 33 (42).

I *Kommunalrecht*

Gemeinde kann er dann, zunächst im Wege eines Widerspruchverfahrens[1017], u.U. im nachfolgenden Verwaltungsstreitverfahren, **inzidenter** die Rechtmäßigkeit des Verhaltens der Aufsichtsbehörde überprüfen lassen.

372 **Privatrechtliche Ansprüche** von Dritten gegenüber der Gemeinde lassen sich ebenfalls nicht dadurch durchsetzen, dass der (private) Gläubiger eines solchen Anspruchs die Kommunalaufsicht bemüht; auch insoweit wird eine Drittwirkung eventuell bestehender Verpflichtungen der Aufsichtsbehörde gegenüber der Gemeinde[1018] zu Gunsten des Bürgers (als „Dritten") wohl ebenfalls verneint[1019].

Dass Aufsichtsvorschriften nicht einmal beiläufig den Interessen privater Dritter zu dienen bestimmt sind[1020], wird man so allgemein nicht sagen können[1021]. Davon zu trennen ist freilich die Frage, ob die Einräumung einer zusätzlichen Rechtsschutzmöglichkeit des Bürgers notwendig erscheint; insoweit könnte insb. für die gerichtliche Durchsetzung eines Anspruchs gegen die Gemeinde auf dem Wege über einen Anspruch auf Tätigwerden der Aufsichtsbehörde ein derartiges zusätzliches **Rechtsschutzbedürfnis** fehlen.

Ein Anspruch auf Schadensersatz wegen **Amtspflichtverletzung** gegen den Dienstherrn des Aufsichtsbeamten erscheint somit keineswegs von vornherein ausgeschlossen. Voraussetzung hierfür ist zunächst, dass die „**Drittbezogenheit" der Amtspflichten der Aufsichtsbehörde** im Hinblick auf den Bürger festgestellt werden kann[1022]. Bislang ist zumindest „ausnahmsweise" anerkannt, dass die im allgemeinen öffentlichen Interesse bestehenden Aufsichtspflichten zu drittbezogenen Amtspflichten erstarken können; nach der Rspr. ist diese Voraussetzung z.B. dann gegeben, wenn die Verknüpfung der Amtshandlung mit den Interessen Einzelner so stark ist, dass sie die Natur des Amtsgeschäftes entscheidend mitprägt[1023].

In der **Regel** wird wohl Folgendes zutreffen: „Bürgerlich-rechtliche Verpflichtungen der Gemeinde, die im ordentlichen Rechtswege zu verfolgen sind, unterliegen nicht der Staatsaufsicht …"[1024]; zumal diese Privatperson ihr Recht selbst gerichtlich geltend machen kann[1025].

Literatur: *Glass:* Die Realität der Kommunalaufsicht, 1967; *W. Weber:* Die Kommunalaufsicht als Verfassungsproblem; *ders.:* Staats- und Selbstverwaltung in der Gegenwart, 2. Aufl. 1967, S. 123 ff; *Keller:* Die staatliche Genehmigung von Rechtsakten der Selbstverwaltungsträger, 1976; *Prandl:* Rechtsbehelfe der Gebietskörperschaften (und Dritter) gegen Aufsichtsmaßnahmen, Kommunalpraxis 1983, S. 112 f, 202 f, 229 f; *Bracker:* Theorie und Praxis der Kommunalaufsicht, in: *v.Mutius (Hrsg.):* Festgabe für von Unruh, 1993, 459 ff; *Schrapper:*

1017 § 68 ff VwGO i.V.m. – z.B. – Art. 119 BayGO.
1018 S. oben Rdnr. 360.
1019 Vgl. die bei Fn. 1016 genannten sowie *Schmidt-Aßmann*, Rdnr. 43 m.w.N.; str.; vgl. *Hassel*, DVBl. 1985, 697 ff.
1020 Siehe Fn. 1019.
1021 Vgl. z.B. die Rspr. des BGH zur Bankenaufsicht: BGH Z 74, 144 (152 f).
1022 Vgl. hierzu allgemein *Ossenbühl*, Staatshaftungsrecht, 5. Aufl. 1998, S. 57 ff, 53 f mit zahlr. Nachw.; *Papier*, in: MünchKomm, 2. Aufl., § 839 Rdnr. 218.
1023 BGHZ 35, 44 (50, 51); BGH LM § 839 Nr. 46 (C).
1024 So z.B. § 127 Abs. 2 RhPfGO.
1025 OVG NW DÖV 1964, 353.

Zweckmäßigkeitskontrolle in der Kommunalaufsicht, NVwZ 1990, 931; *J. Müller:* Zum Prüfungsmaßstab der Kommunalaufsicht bei Genehmigungsvorbehalten im Haushaltswesen, ZKF, 1991, 151.
Übungsfälle: *v.Mutius:* Grundfälle ..., JuS 1979, 345 ff (Fälle 48-50); *Schünemann/Theisen:* VerwR 1979, 244.

C. Die Landkreise (Kreise)

Bei den **Landkreisen** (Kreisen) handelt es sich ebenfalls um historisch gewachsene Verwaltungseinheiten, die für das Gebiet einer größeren Anzahl von Gemeinden solche Leistungen erbringen, die von einer einzelnen Gemeinde nicht – oder zumindest nicht wirtschaftlich – erbracht werden könnten. Mit diesen Leistungen wenden sich die Landkreise unmittelbar an ihre Einwohner; so verstanden sind die Landkreise also ebenfalls **örtliche Träger der Verwaltung**[1026]. 373

Neben dieser **Ergänzungsfunktion**[1027] haben die Landkreise eine **Ausgleichsfunktion**. Sie sollen die kreisangehörigen Gemeinden, die ihre Aufgaben nicht ausreichend erfüllen können, im Rahmen ihrer Leistungsfähigkeit unterstützen sowie zu einem wirtschaftlichen Ausgleich unter den kreisangehörigen Gemeinden beitragen[1028]; insoweit sind unmittelbare Adressaten der Tätigkeit der Landkreise die Gemeinden. 374

In den **Kreisordnungen** ist ebenfalls zumeist festgelegt, dass das **Gebiet** des **Landkreises** zugleich den Bezirk der unteren Behörde der allgemeinen Landesverwaltung (oder der Kreisverwaltung als untere staatliche Behörde) bildet[1029]. 375

I. „Wesen" und Rechtsstellung der Landkreise

Die Kreise werden in Art. 28 Abs. 1 Satz 2 GO ausdrücklich und in Art. 28 Abs. 2 Satz 2 GG der Sache nach sowie in den Landesverfassungen (als „**Gemeindeverbände**") erwähnt. 376

Auch die Landkreisordnungen definieren die Landkreise überwiegend als „**Gebietskörperschaften und Gemeindeverbände**"[1030].

1026 So ausdrücklich für den Bereich der Sozialhilfe § 96 BSHG.
1027 Z.B. Art. 4 Abs. 1 Bay LKrO.
1028 Z.B. § 2 Abs. 1 Satz 2 NdsKrO.
1029 § 1 Abs. 4 BWKrO; Art. 1 Satz 2 BayLKrO; § 1 Abs. 1 Satz 3 BrandLKrO; § 1 Abs. 2 HessKrO; § 119 Abs. 1 MVKommVerf; § 1 Abs. 1 Satz 2 HS. 1 NdsKrO; § 1 Abs. 3 NWKrO; § 1 Abs. 2 RhPflLKO; § 140 Abs. 1 Satz 2 SaarlKSG; § 1 Abs. 2 Satz 2 SachsAnhKrO.
1030 § 1 Abs. 1 Satz 2 BrandKrO; § 1 Abs. 1 Satz 1 HessKrO; § 88 Abs. 1 MVKommVerf; § 1 Abs. 1 Satz 1 NdsLKrO; § 1 Abs. 2 NWKrO; § 1 Abs. 1 Satz 1 RhPfKrO; § 140 Abs. 1 Satz 1 SaarlKSG; § 1 Abs. 1 SchlHKrO.

I *Kommunalrecht*

377 Die Rechtsnatur der Kreise als Gebietskörperschaften ergibt sich aus der rechtlichen Konstruktion der Selbstverwaltung im Einzelnen, derzufolge die Bewohner des Kreises (und nicht die kreisangehörigen Gemeinden) die Mitglieder des Kreises sind, die die Kreisorgane wählen und in dieser Weise die kreiskommunale Selbstverwaltung praktizieren.

Als Gemeindeverband – also als sog. Bundkörperschaft[1031], deren Mitglieder die kreisangehörigen Gemeinden sind – lässt sich der Landkreis nur insoweit verstehen, als er die angehörigen Gemeinden (und „Gesamtgemeinden") bei der Erledigung ihrer örtlichen Angelegenheiten unterstützt (Ausgleichsfunktion) und diese den Kreis durch die „Kreisumlage"[1032] (mit-)finanzieren.

II. Aufgaben; Selbstverwaltung

378 Die Zuweisung von **Aufgaben** an die **Landkreise** erfolgt grundsätzlich nach dem gleichen System, das für die Gemeinden zu Grunde gelegt worden ist. Eine Besonderheit ergibt sich daraus, dass (überwiegend) der „Hauptverwaltungsbeamte" des Kreises (Landrat/Oberkreisdirektor) zugleich auch die **untere staatliche Verwaltungsbehörde** bildet; es handelt sich hierbei jedoch nicht – im Gegensatz zur Verwaltung von Auftragsangelegenheiten – um staatliche Verwaltung **des** Landkreises, sondern **im** Landkreis[1033]; das schließt nicht aus, dass die Erledigung dieser Aufgaben u.U. doch dem Kreis – oder der kreisfreien Gemeinde – „übertragen" werden und damit ihre grundsätzliche Rechtsnatur geändert wird[1034].

Im Rahmen ihres gesetzlichen Aufgabenbereichs haben die Kreise gem. Art. 28 Abs. 2 S. 2 GG und nach Maßgabe der Gesetze das gleiche Recht der **Selbstverwaltung** wie die Gemeinden[1035].

379 Eine weitere Besonderheit der **Aufgabenzuweisung** für die Landkreise ergibt sich aus Folgendem: Den Gemeinden ist bereits durch Art. 28 Abs. 2 Satz 1 GG das Recht gewährleistet, „alle Angelegenheiten der örtlichen Gemeinschaft" zu regeln; diese Garantie gilt auch im Verhältnis zwischen Gemeinden und Kreisen; ihr lassen sich jedoch für die Aufgabenverteilung im Einzelnen keine Vorgaben im Sinne eines Subsidiaritätsprinzips entnehmen[1036]. Eine derartige **Allzuständigkeit** kann verständlicherweise für das Kreisgebiet, das zumeist auch stets Gemeindegebiet ist, **nicht** den Kreisen noch einmal eingeräumt werden.

Die Landkreisordnungen beschränken demnach generell den **Zuständigkeitsbereich** der Landkreise dementsprechend auf die Aufgaben, die von überörtlicher Bedeutung sind und deren zweckmäßige Erfüllung die Verwaltungs- oder Finanzkraft der

---

1031 Vgl. *Wolff/Bachof/Stober*, § 84 Rdnr. 27.
1032 So ausdrücklich z.B. die HessKrO; vor § 55.
1033 Zur grundgesetzlichen Rechtsstellung z.B. *Schmidt-Aßmann*, Rdnr. 136-138; *Gern*, Rdnr. 983-985 m.w.N.
1034 Vgl. § 4 Abs. 1 NdsGO und Art. 9 Abs. 2 BayGO.
1035 BVerfGE 83, 363 (= NVwZ 1992, 365).
1036 BVerwGE 67, 321 ff LS 2 – Rastede, s. oben Rdnr. 12; a.A. die Vorinstanz: OVG Lüneburg DÖV 1980, 417 ff (= DVBl. 1980, 81 ff).

Die Landkreise (Kreise) **I C**

kreisangehörigen Gemeinden übersteigt; das ist der „**eigene Wirkungskreis**" der Kreise[1037]. Die Landkreise sollen sich auf diejenigen Aufgaben beschränken, die der einheitlichen Versorgung und Betreuung der Bevölkerung des ganzen Landkreises oder eines größeren Teils des Landkreises dienen[1038]. Es ist ersichtlich, dass damit die Zuständigkeit des Kreises vom Ansatz her bereits grundsätzlich **flexibel** ist; denn die – finanzielle – Leistungsfähigkeit einer Gemeinde ist u.a. auch von den allgemeinen wirtschaftlichen Rahmenbedingungen (Konjunktur) sowie von den **finanziellen Zuweisungen** des Landes abhängig, sodass sich dementsprechend der Aufgabenbereich der Kreise erweitern oder auch verengen kann.

Der **Übergang von gemeindlichen Aufgaben** auf den Kreis wird teilweise von der Zustimmung der betroffenen Gemeinden abhängig gemacht[1039]. Eine derartige fehlende Zustimmung kann allerdings überwunden werden, wenn die Übernahme „notwendig ist, um einem Bedürfnis der Kreiseinwohner in einer dem öffentlichen Wohl entsprechenden Weise zu genügen. Die Bedingungen der Übernahme sollen von den Beteiligten vereinbart werden; kommt eine Vereinbarung nicht zu Stande, so werden die Bedingungen der Übernahme von der Kommunalaufsichtsbehörde des Landkreises festgesetzt"[1040]. In den vergangenen Jahrzehnten ist die Wahrnehmung zahlreicher Aufgaben von den Gemeinden auf die Landkreise übergegangen. Dieser **Wanderungsprozess** ist aus der Sicht der Gemeinde bedenklich, da er zum Verlust einer Reihe traditionell typischer Gemeindeaufgaben geführt hat. Das rechtliche Problem dieser Aufgabenverlagerung liegt in der Frage, inwieweit die kommunale Selbstverwaltungsgarantie einem solchen, gesetzlich angeordneten Wanderungsprozess entgegensteht; in den **Rastede-Entscheidungen** haben BVerwG und BVerfG dem Gesetzgeber letztlich einen weitgehenden Gestaltungsspielraum eingeräumt; dieser brauche nicht auf die individuelle Interessenlage der einzelnen Gemeinde abzustellen und sei lediglich an den Grundsatz der **Verhältnismäßigkeit** gebunden bei der Entscheidung der Frage, ob der Kreis – und nicht die kreisangehörige Gemeinde – angesichts seiner größeren Verwaltungskraft und der ihm aufgetragenen Ausgleichsfunktion insgesamt besser in der Lage sei, eine Aufgabe bestmöglichst zu erfüllen[1041].

380

Teilweise sehen die Landkreisordnungen die – an bestimmte Voraussetzungen geknüpfte – **Rückübertragung von Aufgaben** auf Gemeinden vor, die zuvor wegen der finanziellen Leistungsunfähigkeit der Gemeinden auf den Landkreis übergegangen waren[1042].

381

Ebenso wie die Gemeindeordnungen kennen auch die Landkreisordnungen die freiwilligen Aufgaben des eigenen Wirkungskreises (**freiwillige Selbstverwaltungsaufgaben**), die Aufgaben, die den Landkreisen als eigene zugewiesen sind (**pflichtige**

382

1037 § 2 Abs. 1, 2 BWKrO; Art. 5, 51, 52 BayLKrO; §§ 2 Abs. 1, 4 BrandKrO; § 2 HessKrO; § 89 MVKommVerf; § 3 NdsKrO; § 2 Abs. 1, 2 NWKrO; § 2 RhPfKrO; § 143 SaarlKSG; § 2 Abs. 1 SaarlKrO; § 2 Abs. 1 SächsKrO; § 4 SachsAnhKrO; § 2 Abs. 1, 2 SchlHKrO; § 87 ThürKO.
1038 Wie Fn. 1037.
1039 Wie Fn. 1037, z.B. § 3 Abs. 2 NdsKrO; nicht so z.B. Art. 52 BayLKrO.
1040 So z.B. gem. § 3 Abs. 2 NdsKrO.
1041 So Rdnr. 13.
1042 Z.B. § 2 Abs. 3 RhPfLKrO.

Selbstverwaltungsaufgaben) sowie die Aufgaben des übertragenen Wirkungskreises, also die den Landkreisen zugewiesenen staatlichen Aufgaben[1043].

383 Ebenso wie für die Gemeinden haben die Länder die uneingeschränkt weisungsgebundenen **Auftragsangelegenheiten** überwiegend in sog. **Aufgaben zur Erfüllung nach Weisung** (mit gesetzlich beschränktem Weisungsrecht) umgewandelt[1044]. Daneben gibt es aber noch Landes- und Bundes-Auftragsangelegenheiten der Landkreise und der kreisfreien Gemeinden (z.B. die Lastenausgleichsverwaltung).

384 Zuständig für die Aufgaben im „übertragenen Wirkungsbereich" ist teils der Hauptverwaltungsbeamte des Kreises („**Kreisvorsteher**")[1045]; teils sind gewichtigere Entscheidungen aber auch dem **Kreistag**[1046] oder einem kollegialen Führungsorgan (**Kreisausschuss**)[1047] vorbehalten.

385 Aus der unterschiedlichen Aufteilung von „Erstzuständigkeiten" und „abhängigen Kompetenzen" zwischen Kreistag, Gemeindevorsteher und Kreisausschuss ergeben sich die unterschiedlichen kreiskommunalen Verfassungstypen (Kreisausschussverfassung, Süddeutsche Kreistagsverfassung, Direktorialverfassung, Kreisvorstandverfassung).

Literatur: *Eichhorn/Schneider:* Unternehmen und Beteiligungen der Landkreise, 1986.

III. Die staatliche Verwaltung im Landkreis

386 Die Tatsache, dass das **Gebiet des Landkreises** zugleich den Bezirk der unteren staatlichen Verwaltungsbehörde bildet[1048], besagt noch nichts über eine organisatorische Verbindung zwischen Staat und Landkreis. Erst der Hinweis darauf, dass das Gebiet des Landkreises zugleich Gebiet der „Kreisverwaltung als untere Behörde der allgemeinen Landesverwaltung" ist[1049], spricht für eine **Doppelfunktion der Kreisverwaltung**, nämlich einmal als kreiskommunale Verwaltung des Landkreises und zum anderen als Teil der staatlichen Verwaltung, die insoweit – aus diesem Gesichtspunkt – wie jeder andere Teil der staatlichen Verwaltung in den Behördenaufbau administrativ-hierarchisch eingegliedert ist[1050]. Die Inanspruchnahme der **kreiskommunalen Verwaltung** als **untere staatliche Verwaltungsbehörde** ist keinesfalls die einzige denkbare Organisationsform, mit der der Staat in dieser Ebene seine Aufgaben erledigen könnte. Denkbar ist vielmehr auch, dass in der Gemeindeebene eigene

---

1043 Zu den übertragenen Aufgaben vgl. § 2 Abs. III, IV BWKrO; Art. 6, 53 BayLKrO; § 2 Abs. 3, 5 BrandKrO; § 4 HessKrO; § 90 MVKommVerf; § 4 NdsKrO; § 2 Abs. 2 NWKrO; § 2 Abs. 1 Satz 2, Abs. 5 RhPfLKrO; § 144 SaarlKSG; § 2 Abs. 2, 3 SächsKrO; § 5 SachsAnhKrO; § 3 SchlHKrO; § 88 ThürKO.
1044 Wie Fn. 1043, Ausn. z.B. Art. 6 BayLKrO.
1045 Vgl. unten Rdnr. 399 ff.
1046 Vgl. unten Rdnr. 395 ff.
1047 Vgl. unten Rdnr. 398.
1048 Wie Fn. 1029.
1049 Z.B. § 1 Abs. 2 RhPfGO; oder: Landratsamt ist sowohl Behörde des Landkreises als auch zugleich untere Verwaltungsbehörde und insoweit Staatsbehörde – so § 1 Abs. 3 BWKrO.
1050 Vgl. auch Art. 37 Abs. 1 BayLKrO oder § 4 Abs. 1 NdsGO; zu den in den Bundesländern verwirklichten unterschiedlichen Modellen der Koppelung von kreiskommunalen und staatlichen Aufgaben s. *Schmidt-Jortzig,* aaO., Rdnr. 328 ff.

staatliche (Sonder-)Behörden errichtet werden; dies ist beispielsweise der Fall für die Hauptzollämter der Bundesfinanzverwaltung, die Kreiswehrersatzämter der Bundesverwaltung, die Arbeitsämter; auch die Landesverwaltung könnte in ähnlicher Weise ihre Aufgaben in der Kreisebene durch **staatliche Sonderbehörden der unteren Stufe** („Kreisstufe") erledigen[1051].

Der Grundsatz der „**Einheit der Verwaltung**" auf der Kreisstufe spricht für eine organisatorische Zusammenfassung der kreiskommunalen Verwaltung mit den übrigen unteren Verwaltungsbehörden sowie an sich auch den unteren Sonderbehörden im Landkreis. Teilweise wird die Verwirklichung dieses Grundsatzes in den Kreisordnungen ausdrücklich gefordert; so sind z.B. gem. § 2 Abs. 2 HessKrO die vorhandenen Sonderverwaltungen möglichst aufzulösen und – wenn sie nicht auf die Gemeindeverwaltung überführt werden können – auf die Kreisverwaltungen zu überführen; neue Sonderverwaltungen sollen grundsätzlich nicht mehr errichtet werden[1052].

387

Die Betrauung der Landkreise mit zahlreichen staatlichen Aufgaben ist historisch bedingt und bringt eine Reihe von Vorteilen mit sich; die **Zusammenfassung** möglichst vieler **Kompetenzen** in einer Behörde oder zumindest in einer Gruppe von Behörden, die einem gemeinsamen Chef zugeordnet sind (Territorialsystem, „Einheit der Verwaltung"), vermeidet Reibungen, Zeit und Geld. Diese „**horizontale** (sachliche) **Konzentration**" einer Vielzahl von Aufgaben in allgemeinen Behörden bietet gegenüber den Sonderverwaltungen überdies die Vorteile der Elastizität im Einsatz des Personals und der sachlichen Mittel, die Möglichkeit vielseitiger Ausnutzung allgemeiner **Verwaltungsabteilungen** („Querschnittsabteilungen" wie Personal-, Kassen-, Finanz- und Organisationswesen) sowie die Berücksichtigung übergreifender Sachzusammenhänge (z.B. Städtebau) ohne unvermeidliche Koordinierungsverluste auf Grund ressort-egoistischer Interessenverfolgung.

Die weitestgehende Eingliederung der staatlichen Aufgabe in die Kreisverwaltung wäre die Überführung bisher staatlicher Angelegenheiten nicht nur in „Auftragsangelegenheiten" der Landkreise, sondern darüber hinausgehend in Angelegenheiten „zur Erfüllung nach Weisung", bei denen kreiskommunale Selbstverwaltungsorgane ein gewisses Mitspracherecht hätten. Dieses Modell einer vollständigen „**Kommunalisierung**" **staatlicher Aufgaben** scheint teilweise in den Landkreisordnungen verwirklicht zu sein[1053]. Bei genauerer Betrachtung zeigt sich freilich, dass die Erledigung der **Auftragsangelegenheiten** nach Bundes- und insbesondere auch nach Landesrecht kommunalverfassungsrechtlich und somit gleichsam gemeindeintern dem **Landrat** (oder Oberkreisdirektor) **vorbehalten** ist[1054] – mit der Folge, dass die für die

388

1051 Dies war beispielsweise früher der Fall für die Kataster-, Gesundheits- und Straßenverkehrsämter sowie die Regierungskassen in Nordrhein-Westfalen (bis zum Gesetz über die Eingliederung staatlicher Sonderbehörden der Kreisstufe von 1948).
1052 Ähnlich Art. 37 Abs. 2 BayLKrO.
1053 Wie Fn. 1043: überall dort, wo Auftragsangelegenheiten ausdrücklich nicht erwähnt werden, sondern lediglich Weisungsaufgaben genannt sind.
1054 Vgl. BVerwG NJW 1992, 927 – Entscheidungen des Landratsamtes werden diesem auch dann als Kreisbehörde zugerechnet, wenn ein Weisungsrecht des Bundes (vgl. Art. 85 Abs. 1, 3 und 104a Abs. 3 GG) besteht.

I *Kommunalrecht*

kommunale Selbstverwaltung wesentliche Mitwirkung der Bürger durch das von ihnen gewählte Repräsentationsorgan Kreistag doch nicht erfolgt.

389 Nach dem alternativ in Frage kommenden, in den Kreisordnungen überwiegend verwirklichten Modell der Verbindung von kreiskommunaler und staatlicher Verwaltung wird der organisatorische Zusammenhang beider Bereiche in der Leitungsebene hergestellt, indem der Hauptverwaltungsbeamte des Landkreises („Kreisvorsteher") zugleich als Leiter einer monokratisch geführten unteren Verwaltungsbehörde (Bezeichnungen: Kreisverwaltungsamt oder -behörde; **Landratsamt** als **Staatsbehörde**; Landrat als allgemeine untere staatliche Behörde u.ä.)[1055] eingesetzt wird.

Diese Realunion von unterer staatlicher Verwaltungsbehörde und Kreisvorsteher[1056] kann rechtstechnisch auf unterschiedliche Weise bei der **Besetzung des Amtes** des Kreisvorstehers erzielt werden: In Rheinland-Pfalz und im Saarland beispielsweise war – nach früherem Recht – der Kreisvorsteher (Landrat) **Landesbeamter auf Zeit**; er wurde nach Anhörung des Kreisausschusses durch den Ministerpräsidenten kommissarisch bestellt; seine endgültige Ernennung bedurfte der Zustimmung der Mehrheit der gesetzlichen Zahl der Mitglieder des Kreistages[1057]. Man spricht insoweit von einer **Entleihung** des staatlichen **Organs**, nämlich des Landrates, an die Kreiskommunalverwaltung.

Gleichsam umgekehrt ist auch denkbar die Leihe der Institution und Person des Kreisvorstehers durch den Staat; danach wird der Kreisvorsteher (entsprechend der Wahl des Gemeindevorstehers durch die Gemeindevertretung) durch die Kreisvertretung (Kreistag) gewählt[1058] und („zu einem Teil") dem Land als Behörde zur Verfügung gestellt; dem Interesse des Staates wird durch ein Mitwirkungsrecht Rechnung getragen[1059].

390 Dieses Nebeneinander von kreiskommunalen und staatlichen Aufgaben führt auch im Personalbereich zu teilweise komplizierten Regelungen: Entsprechend des Funktionen-Dualismus im Kreis gibt es **Bedienstete des Kreises** sowie **Staatsbedienstete**, die **jeweils** staatliche sowie kommunale Aufgaben wahrnehmen[1060]. Beide Gruppen sind dem Landrat (Oberkreisdirektor) unterstellt. Im Übrigen differieren die Regelungen[1061].

Diese doppelte Funktion des Kreisvorstehers führt auch zur Frage der **Haftung** für eine Pflichtverletzung des Amtsinhabers. Nach der sog. **Anstellungstheorie** haftet die Körperschaft, die den Landrat (Oberkreisdirektor) angestellt hat; nach der sog.

1055 § 53 BWKrO; Art. 53 Satz 2 BayLKrO; Art. 9 Abs. 2 BayGO; § 68 BrandKrO.
1056 *Wolff/Bachof/Stober* II, § 89 IX 2, Rdnr. 40.
1057 Vgl. nunmehr § 42 RhPflKrO; § 174 SaarlKSG; § 177 Abs. 1 SaarlKSG (Beamter auf Zeit; Wahl durch die Kreisbürger).
1058 Vgl. z.B. Art. 31 Abs. 1 BayLKrO a.F. und Art. 32 Abs. 1 Satz 1 BayLKrO für den Stellvertreter des Landrats; der Landrat wird nunmehr in Bayern von den Kreisbürgern gewählt, Art. 31 Abs. 1 Satz 2 BayLKrO.
1059 Z.B. § 39 Abs. 3 BWKrO; was nicht gegen die Personalhoheit des Kreises verstößt – so VGH BW ES VGH 34, 45.
1060 Zu den sich daraus ergebenden Problemen der gegenseitigen Finanzierung der Bediensteten vgl. BadWürtt StGH, NVwZ – RR 1994, 227 (= DÖV 1994, 163).
1061 Vgl. z.B. § 53 BW KrO; Art. 37 Abs. 3 Satz 4, 38 Abs. 3 BayLKrO.

Funktionstheorie kommt es auf die jeweilige Aufgabe an, bei deren Wahrnehmung dem Amtsinhaber eine Pflichtverletzung unterlaufen ist. Der BGH hat in std. Rspr. entschieden, dass regelmäßig die Anstellungskörperschaft haftet, da diese dem Amtsinhaber die Möglichkeit zur Amtsausübung eröffnet habe. Nur für den Fall, dass kein Dienstherr oder mehrere Dienstherren vorhanden sind, ist darauf abzustellen, wer dem Amtsträger die konkrete Aufgabe übertragen hat[1062]; danach würde bei Kreisbediensteten das Land nicht haften, selbst wenn sie in einem Tätigkeitsbereich eingesetzt worden sind, den die Kreisverwaltung als untere staatliche Verwaltungsbehörde wahrnimmt[1063]. Vorrangig sind freilich die ausdrücklich **normierten Regelungen**[1064].

Verwaltungsgliederungsplan für Kreise

1	2	3	4	5	6	7	8
Allgemeine Verwaltung	Finanz- und Ordnungsverwaltung	Rechts- und Sicherheitsverwaltung	Schul- und Kulturverwaltung	Sozial-, Jugend- und Gesundheitsverwaltung	Bauverwaltung	Verwaltung für öffentliche Einrichtungen	Verwaltung für Wirtschaft und Verkehr
10 Hauptamt	20 Kämmerei	32 Ordnungsamt	40 Schulverwaltungsamt	50 Sozialamt	60 Planungsamt		80 Amt für Wirtschaftsförderung
11 Personalamt		36 Straßenverkehrsamt		51 Jugendamt	61 Vermessungs- und Katasteramt		
14 Rechnungs- und Gemeindeprüfungsamt		39 Veterinäramt		53 Gesundheitsamt			81 Eigenbetriebe
				54 Amt für Krankenanstalten	63 Bauordnungsamt		
				55 Ausgleichsamt	64 Amt für Wohnungswesen		

Musterentwurf der „kommunalen Gemeinschaftsstelle für Verwaltungsvereinfachung" für (Land-)Kreise der Größenklasse über 250 000 Einwohner (KGSt-Gutachten Verwaltungsorganisation der Kreise, Teil I: Institutionelle Organisation, 1972).

1062 BGHZ 87, 202 (204), sog. vermittelnde Anvertrauenstheorie, vgl. *Maurer*, § 25 Rdnr. 42.
1063 BGHZ 91, 243 (251) – für die unteren Jagdbehörden in Rheinland-Pfalz.
1064 Vgl. z.B. für Bayern Art. 35 Abs. 3 BayLKrO, der der Funktionstheorie folgt; ebenso z.B. § 111 Abs. 2 ThürKO.

IV. Das Kreisgebiet

391 Das **Kreisgebiet** besteht aus den zum Landkreis gehörenden Gemeinden und gemeindefreien Gebieten. Die Frage der „richtigen" Größe eines Kreises ist ähnlich wie für die Gemeinden geregelt: Das Gebiet des Landkreises soll so bemessen sein, dass die Verbundenheit mit den Kreiseinwohnern und den kreisangehörigen Gemeinden gewahrt und die Leistungsfähigkeit der Landkreise gesichert ist[1065].

392 Die Auflösung von Landkreisen oder Änderungen ihres Gebietsbestandes können „aus Gründen des öffentlichen Wohles" vorgenommen werden[1066].

Der günstigste Zuschnitt eines Landkreises lässt sich allerdings nicht allein aus Einwohnerzahlen, Flächengröße und Verhältnis dieser Zahlen zueinander ermitteln. Eine nicht unwesentliche Rolle spielen darüber hinaus die Gemeinden, die schlicht kreisangehörig sind, kreisangehörig mit einem Sonderstatus sind (der ihnen zum Teil Aufgaben eines Landkreises zuweist)[1067] oder auch die Gemeinden, die als kreisfreie Städte (Stadt-Kreise)[1068] vom Kreisgebiet umgeben sein können. Während früher die Gebiets- und Funktionalreform häufig in der Weise verstanden wurde, dass größere Städte „ausgekreist" wurden, also zusätzlich mit den Aufgaben von Landkreisen betraut wurden, sind die neueren Reformen eher von einer entgegengesetzten Denkweise bestimmt: Zahlreiche Mittelstädte wurden wieder eingekreist; in manchen Bundesländern wurde praktisch ein Richtwert von 200 000 Einwohnern als Mindestgröße für eine kreisfreie Stadt festgelegt[1069].

In ihrem Gebiet haben die Landkreise „Gebietshoheit"[1070]; das ergibt sich aus ihrem Status als „Gebietskörperschaft"[1071].

V. Die Kreiseinwohner (Kreisangehörige)

393 Mitglieder des Kreises sind die **Kreiseinwohner**; das sind diejenigen Personen, die im Kreisgebiet ihren Wohnsitz haben. Der Status der Kreiseinwohner, ihre Rechte und Pflichten, sind den Bestimmungen der Gemeindeordnungen nachgebildet[1072].

1065 Z.B. § 14 NWKrO; § 148 Abs. 2 SaarlKSG.
1066 Z.B. Art. 8 Abs. 1 BayLKrO; § 14 Abs. 1 NdsKrO.
1067 Vgl. z.B. Art. 9 Abs. 2 BayGO.
1068 Vgl. z.B. Art. 9 Abs. 1 BayGO.
1069 So z.B. in Nordrhein-Westfalen; anders in Bayern, wo diese Mindestgröße bei ca. 50 000 Einwohnern liegt; vgl. *Thieme*, Die magische Zahl 200 000, DÖV 1973, 442 ff.
1070 Vgl. z.B. Art. 16 BayLKrO.
1071 Wie Fn. 1030.
1072 §§ 9 ff BWKrO; Art. 11 ff BayLKrO; §§ 12 ff BrandKrO; §§ 16 ff HessKrO; §§ 98 ff MVKomm-Verf; §§ 17 ff NdsKrO; §§ 20 ff NWKrO; §§ 9 ff RhPflKrO; §§ 151 ff SaarlKSG; §§ 9 ff SächsKrO; §§ 14 ff SachsAnhKrO; §§ 16a ff SchlHKrO; §§ 93 ff ThürKO.

VI. Die Kreisverfassung

Obgleich die Landkreisordnungen der Bundesländer im Einzelnen sehr unterschiedliche Regelungen getroffen haben, lässt sich eine **gemeinsame Struktur** feststellen: Nahezu überall sind die drei **Hauptorgane des Landkreises „Kreistag", „Kreisausschuss"**[1073] und **„Kreisvorsteher"** vorgesehen[1074]. Die Bedeutung dieser Organe in ihrem Verhältnis untereinander unterscheidet sich von den Gegebenheiten in den Gemeinden nicht unwesentlich angesichts – erstens – der Aufgabenfülle des Kreisvorstehers (Landrat) sowie – zweitens – der deutlich geringeren Frequenz der Sitzungen des Kreistages. Daraus resultiert u.a. nahezu zwingend die Notwendigkeit eines Kreisausschusses (s.u.).

394

1. Der Kreistag

Der bereits durch Art. 28 Abs. 1 Satz 2 GG angeordnete **Kreistag** wird in jeweils gleichen, angemessenen Zeitabschnitten (4, 5 oder 6 Jahren) nach den demokratischen Wahlrechtsgrundsätzen gewählt. Als zulässig erachtet wird allerdings eine Beschränkung der „Wahlrechtsgleichheit", und zwar nicht nur zur Vermeidung von Splitterparteien, sondern auch zur Verhinderung einer Majorisierung des Kreistages durch die Vertreter einer großen kreisangehörigen Gemeinde; dies geschieht wahlrechts-technisch durch eine differenzierte Bildung der **Wahlkreise**[1075].

395

Der Kreistag besteht überall aus den **„Kreisvertretern"** (Kreisräte, Kreistagsabgeordnete, Kreistagsmitglieder), den gewählten Repräsentanten der Kreisbürger; hinzu kommt der „Kreisvorsteher", der stimmberechtigtes Mitglied des Kreistages ist.

396

Die Kreise können beratende – teilweise auch entscheidungsbefugte, „beschließende" – **Ausschüsse**[1076] einsetzen, die nach dem Stärkeverhältnis der im Kreistag vertretenen Parteien besetzt werden.

397

2. Der Kreisausschuss

In den meisten Bundesländern wird ein **Kreisausschuss**[1077] als kollegiales Lenkungsorgan des Landkreises vorgesehen. Dieses **Kreisorgan** besteht zumeist aus Kreis-

398

1073 Mit Ausnahme von Baden-Württemberg, Sachsen und Sachsen-Anhalt; s. Art. 26 ff BayLKrO; §§ 47 ff BrandKrO; § 36 ff, § 113 MVKommVerf; §§ 26 ff NdsKrO; § 41 NWKrO; § 38 RhPfKrO; § 174 SaarlKSG; §§ 40 ff SchlHKrO; § 105 Abs. 1 ThürKO.
1074 § 18 BWKrO (ohne Kreisausschuss), Art. 22 BayLKrO; § 26 BrandKrO (zusätzlich: Bürgerschaft des Kreises als Organ); § 8 (ohne Nennung des Landrats), § 44 HessKrO; § 103 MVKommVerf (ohne Nennung Kreisausschuss); § 6 NdsKrO; § 38 RhPfKrO; § 155 SaarlKSG; § 1 Abs. 3 (ohne Kreisausschuss) SächsKrO; § 24 (ohne Kreisausschuss), SachsAnhKrO; § 7 SchlHKrO; §§ 101 Abs. 1, 105 Abs. 1 ThürKO.
1075 Vgl. z.B. § 22 Abs. 4 BWKrO sowie BVerwG DVBl. 1958, 617.
1076 § 34 ff BWKrO; Art. 29 BayLKrO; § 44 BrandKrO; § 33 HessKrO; §§ 113 f MVKommVerf; § 47 NdsKrO; § 32 NWKrO; §§ 37 ff RhPflKrO; § 172 SaarlKSG; §§ 37 ff SächsKrO; §§ 34 ff SachsAnhKrO; § 40 SchlHKrO; § 105 Abs. 2 ThürKO.
1077 Wie Fn. 1073.

I *Kommunalrecht*

tagsmitgliedern; hinzu kommt in der Regel der Kreisvorsteher als Vorsitzender dieses Ausschusses[1078].

Die **Aufgaben** des Kreisausschusses sind in den einzelnen Ländern im Einzelnen unterschiedlich geregelt; überall bereitet jedoch er die Beschlüsse des Kreistages vor und erledigt Angelegenheiten, die ihm allgemein oder einzeln vom Kreistag übertragen worden sind[1079].

3. Der Kreisvorsteher (Landrat)

399 Nach allen Landkreis-Verfassungen hat der Kreis einen sog. Hauptverwaltungsbeamten (organschaftliche Bezeichnung: **Kreisvorsteher**); dieser führt herkömmlicherweise die Bezeichnung „Landrat" (in Niedersachsen und Nordrhein-Westfalen war dies früher der „**Oberkreisdirektor**"[1080]). Er ist Wahlbeamter des Kreises. Seine **Amtszeit** ist unterschiedlich (zwischen sechs und zwölf Jahren).

400 Die Kompetenzen des Landrats sind in den verschiedenen Landkreisordnungen sehr ähnlich ausgestaltet. Ein wesentlicher Unterschied zu der Stellung des Hauptverwaltungsbeamten in der Gemeinde besteht darin, dass der Kreisvorsteher als **untere staatliche Verwaltungsbehörde** eine Reihe zusätzlicher Wahrnehmungszuständigkeiten hat (die Erledigung von „**rein staatlichen Aufgaben**"[1081]), die ihm auch faktisch im Verhältnis zu den anderen Kreisorganen eine vergleichsweise stärkere Stellung einräumt als es im Verhältnis von gemeindlichem Hauptverwaltungsbeamten (Gemeindevorsteher) zu den übrigen Gemeindeorganen der Fall ist[1082].

401 Die Aufgaben des Kreisvorstehers als untere staatliche Verwaltungsbehörde, die angesichts der uneingeschränkten Weisungsbefugnis der vorgeordneten Stellen[1083] nicht „dezentralisiert" wahrgenommen werden, ergeben sich insbesondere aus den **Kommunal-** und **Polizeigesetzen**: Dem Kreisvorsteher steht die Kommunal- und Fachaufsicht über die kreisangehörigen Gemeinden sowie über die Körperschaften, Anstalten und Stiftungen des öffentlichen Rechts zu, soweit es hierfür keine Sondervorschriften gibt; überwiegend ist der Kreisvorsteher mit den Aufgaben der **Kreispolizeibehörde** betraut. Ihm obliegt überdies die **Mitteilungspflicht** über alle Vorgänge, die für die Landesregierung von Bedeutung sind[1084]; weiterhin ist er verpflichtet zur Koordinierung der Verwaltungsbehörden im Landkreis[1085].

1078 Die Zuwahl von hauptamtlichen Kreistagsbeigeordneten in begrenzter Zahl ist möglich gem. § 36 Abs. 1 Satz 2 HessKrO; ähnlich § 49 Satz 2 NdsKrO.
1079 Z.B. Art. 26 BayLKrO; § 48 BrandKrO; § 41 HessKrO.
1080 Der niedersächsische Landrat hatte überwiegend repräsentative Funktion, ähnlich dem – früheren – Bürgermeister in diesem Bundesland.
1081 Vgl. z.B. Art. 37 Abs. 1 Satz 2 BayLKrO.
1082 Das gilt auch dort, wo die staatlichen Aufgaben auf den Kreis übertragen worden sind; die Zuständigkeit hierfür liegt beim Gemeindevorstand (vgl. § 57 Abs. 1 Ziff. 2, Abs. 2 NdsKrO – Oberkreisdirektor) mit differenzierter Mitwirkungsbefugnis des Kreistages; ähnlich die Lage im Saarland, vgl. § 178 Abs. 3 SaarlKSG sowie in Schleswig-Holstein, vgl. § 51 Abs. 3 SchlKrO.
1083 U.U. einschließlich der Dienstaufsicht, § 53 Abs. 1 BWKrO; § 70 Abs. 2 BrandKrO.
1084 Z.B. § 70 Abs. 1 BrandKrO; § 57 Abs. 4 Satz 2 NdsKrO.
1085 Z.B. § 55 Abs. 1 HessKrO.

Handlungen, die der Landrat als untere staatliche Verwaltungsbehörde vornimmt, begründen **unmittelbar Rechte und Pflichten des Landes**; das gilt z.B. auch für Prozesskosten, die als Folge einer Kommunalaufsichtsmaßnahme entstanden sind und die somit nicht der Kreis, sondern das Land zu tragen hat[1086].

4. Die Konferenz der Gemeindevorsteher

Die Aufgaben des Kreises machen u.a. auch eine **Abstimmung** der Tätigkeiten des **Landkreises** und der Gemeinden sowie der Tätigkeiten der **Gemeinden** untereinander erforderlich. Dazu werden wohl in allen Landkreisen mit einer gewissen Regelmäßigkeit gemeinsame Besprechungen auch zwischen Landrat und den Gemeindevorstehern stattfinden. Ausdrücklich wird ein derartiges „föderatives Organ" in der Landkreisebene nicht genannt; in Rheinland-Pfalz werden Besprechungen des Landrats bei Bedarf, mit den Ortsbürgermeistern mindestens einmal jährlich, mit den Bürgermeistern der verbandsfreien Gemeinden und Verbandsgemeinden mindestens vierteljährlich angeordnet, um wichtige Fragen, die den Landkreis und die Gemeinden gemeinsam berühren, sowie Angelegenheiten der Staatsaufsicht und der staatlichen Verwaltung zu erörtern[1087].

402

VII. Finanzierung der Kreisaufgaben

Ähnlich wie die Gemeinden deckt der Landkreis seinen finanziellen Bedarf durch die Erhebung von **Gebühren** (für die Beanspruchung von Einrichtungen des Kreises) und von **Beiträgen**, durch eigene **Steuern** (z.B. Schankerlaubnis- und Jagdsteuer, Zuschläge zur Grunderwerbssteuer); weiterhin erhält auch der Landkreis **allgemeine Finanzzuweisungen** (Schlüsselzuweisungen und „Kopfbeträge" für die Wahrnehmung von Auftrags- und Weisungsangelegenheiten) und zweckgebundene Zuweisungen.

403

Wichtiges Finanzierungsinstrument ist überdies die sog. **Kreisumlage**, die den noch verbleibenden Fehlbetrag decken soll[1088]. Schuldner dieser Kreisumlage sind nicht die Mitglieder des Landkreises, die Einwohner, sondern die Gemeinden.

1086 OVG Münster OVGE 41, 246 – Handlungen, die dem Oberkreisdirektor als untere staatliche Verwaltungsbehörde zuzurechnen sind.
1087 Z.B. § 55 Abs. 5 HessKrO („Dienstversammlung"), § 41 Abs. 4 RhPfLKrO.
1088 Vgl. Art. 106 Abs. 6 Satz 6 GG sowie § 49 BWKrO; Art. 56 Abs. 2 Nr. 2, Art. 57 Abs. 2 Nr. 4 BayLKrO; Art. 18-20 BayFAG, § 65 BrandKrO; § 53 Abs. 2 HessKrO; § 120 Abs. 2 Nr. 3 MV-KommVerf; § 5 NdsKrO; § 56 NWKrO; § 51 Abs. 3 RhPfLKrO; vgl. auch § 146 SaarlKSG; § 36 SächsFAG, § 67 Abs. 2 SachsAnhKrO; § 30 SchlHFAG; zur Frage, ob Kreise ihre Haushaltsdefizite auf die kreisangehörigen Gemeinden umlegen dürfen: *Mohl*, VerwRdsch 1992, 394 – Normsetzungsermessen; aber materiell-rechtliche Grenzen aus Art. 28 Abs. 2 GG und (in NW) § 45 Abs. 2 NWKrO; vgl. auch oben Rdnr. 258; BayVGH DVBl. 1993, 893 – Kreisumlage nur zur Erfüllung von Kreisaufgaben zulässig, nicht zum Ausgleich unterschiedlicher Leistungsfähigkeit oder -willigkeit der Gemeinden; OVG Koblenz DVBl. 1993, 895 – Zulässigkeit von Finanzierung gemeindlicher Aufgaben, deren Wahrnehmung sich über den örtlichen Rahmen hinaus auswirkt.

I *Kommunalrecht*

In der Kreisumlage kommt die frühere Funktion der Landkreise als „Lastenverband" ebenso zum Ausdruck wie ihre heutige „Ausgleichsfunktion"[1089]. Daneben kann die Kreisumlage in der heutigen finanziellen Situation der Gemeinden auch einen Wegfall der „freien Spitze" bei den Gemeinden bedeuten. Teilweise können die Gemeinden aus diesem Gesichtspunkt Einwendungen gegen die **Kreishaushaltssatzung** erheben[1090].

404 Für die „**Kreiswirtschaft**"[1091] mit den Bereichen Haushaltswirtschaft, Vermögenswirtschaft (Kreisvermögen, Sondervermögen), Kreditwesen, wirtschaftliche Betätigung der Landkreise, Kassen- und Rechnungswesen sowie Prüfungswesen werden die Regelungen der Gemeindeordnungen teils ausdrücklich für entsprechend anwendbar erklärt; teilweise enthalten die Landkreisordnungen eigenständige Regelungen, die aber inhaltlich den Bestimmungen in den Gemeindeordnungen weitgehend entsprechen[1092].

Die Einnahmen aus der Tätigkeit des Landratsamtes als untere staatliche Verwaltungsbehörde fließen dem Kreis zu[1093].

VIII. Aufsicht

405 In Angelegenheiten der kreiskommunalen **Selbstverwaltung** liegt die Staatsaufsicht[1094] bei den **Bezirksregierungen** (Regierungspräsidenten; bei Fehlen einer staatlichen Mittelbehörde: beim Minister des Innern); sie ist auf die Rechtsaufsicht beschränkt.

In staatlichen **Auftragsangelegenheiten** besteht für die Landkreise eine – die Rechtsaufsicht einschließende – Fachaufsicht; hinsichtlich der Pflichtaufgaben zur Erfüllung nach Weisung unterliegen sie einer durch das jeweilige Gesetz im Einzelnen begrenzten „Sonderaufsicht" der staatlichen Mittelbehörde (Regierungspräsident).

406 Hinsichtlich der **rein staatlichen Aufgaben** unterliegt der Landrat sowie auch die übrigen Bediensteten insoweit, als sie Funktionen der unteren staatlichen Verwaltungsbehörde wahrnehmen, der uneingeschränkten Organ- und Fachaufsicht einschließlich der Dienstaufsicht[1095] so wie jede andere Behörde auch, die unmittelbar in den staatlichen Behördenaufbau administrativ-hierarchisch eingegliedert ist.

1089 *Wolff/Bachof/Stober*, § 89 VII 4e Rdnr. 35 ff mit Hinweis auf BVerwGE 10, 227 u. m.w.N.; *Thieme*, Die Grenzen der Umlagehoheit der Landkreise, DVBl. 1983, 965 ff.
1090 Z.B. § 55 NWKrO; VGH Kassel NVwZ-RR 1992, 378 – Kreisumlage ist öffentliche Abgabe i.S.d. § 80 Abs. 2 Nr. 1 VwGO.
1091 § 48 ff BWKrO; Art. 55 ff BayLKrO; §§ 63 ff BrandKrO; § 52 f HessKrO; §§ 120 ff MVKommVerf; §§ 65 ff NdsKrO; §§ 53 ff NWKrO; §§ 50 ff RhPfLKrO; §§ 189 ff SaarlKSG; §§ 61 ff SächsKrO; §§ 65 ff SachsAnhKrO; § 57 SchlHKrO; §§ 124 f ThürKO.
1092 Vgl. oben Rdnr. 264.
1093 Z.B. § 111 Abs. 5 ThürKO.
1094 § 51 BWKrO; Art. 94 ff BayLKrO; § 67 BrandKrO; § 54 HessKrO; §§ 123 f MVKommVerf; §§ 69 ff NdsKrO; § 57 NWKrO; §§ 53 ff RhPfKrO; § 192 f SaarlKSG; § 65 SächsKrO; § 68 SachsAnhKrO; §§ 59 ff SchlHKrO; §§ 116 ff ThürKO.
1095 § 53 Abs. 1 BWKrO; Art. 37 Abs. 6 BayLKrO; § 70 Abs. 2 BrandKrO; § 55 Abs. 6, 7 (Selbsteintrittsrecht!) HessKrO; § 119 Abs. 7 MVKommVerf; § 60 Abs. 2 NWKrO; § 48 Abs. 1 RhPfKrO.

In seiner Funktion als **unmittelbares Staatsorgan** unterliegt der Kreisvorsteher (sowie die übrigen Angehörigen der unteren staatlichen Verwaltungsbehörde) nicht dem Weisungs- und Kontrollrecht der kreiskommunalen Organe[1096].

Literatur: *W. Weber:* Der Landkreis und seine Funktionen, 1960; *Wagener:* Gemeindeverwaltung und Kreisverwaltung, AfK 1964, 237 ff; *ders.* (Hrsg.): Kreisfinanzen, Landkreise – Gemeinden – Staat – Verbesserung – Entwicklung (mit Beiträgen von Wagener, Droste, Wandhoff, Gunther, Maas), 1982; zur „Bilanz der Kreisreform in den Bundesländern": Der Landkreis, 1981, S. 1-76; *Conrad/Dehn:* Einrichtungen und Strukturdaten der Kreise, 1985; informativ und materialreich: Der Kreis – Ein Handbuch – 2. Band 1976 – mit Beiträgen zu den organisatorischen und kommunalpolitischen Grundlagen, dem Grundgefüge der Kreisverwaltung, dem Finanzwesen der Kreise sowie dem System der Steuerungsmittel innerhalb der Kreisverwaltung sowie gegenüber anderen Aufgabenträgern (Raum- und Entwicklungsplanung, Strukturpolitik und Wirtschaftsförderung, Lösung von Kreisaufgaben durch öffentliche oder private Einrichtungen oder Gesellschaften, Aufsichtsfunktionen); *Henneke*: Aufgabenzuständigkeit im kreisangehörigen Raum, 1992; *Deutscher Landkreistag* (Hrsg.): Kreisrecht in den Ländern der Bundesrepublik Deutschland, 1994.

D. Kooperation im kommunalen Bereich

Es gibt eine Reihe von Aufgaben, deren Erledigung die **Finanzkraft** oder die **Verwaltungskraft** einer einzelnen Gemeinde überschreitet. Denkbar ist, dass in diesen Fällen der Kreis die Aufgaben an sich zieht, und zwar auch dann, wenn ihre Wahrnehmung sich nur auf Teile des Kreisgebietes erstreckt. Denkbar ist jedoch auch, dass die Gemeinden derartige Aufgaben (z.B. Wasserversorgung, Schulen) in **Zusammenarbeit** miteinander erledigen; sie bewahren sich dadurch eine größere Gestaltungs- und Einflussmöglichkeit auf die Wahrnehmung dieser Aufgaben und verhindern die Übernahme oder Abgabe an den Kreis[1097]. Weiterhin besteht die Möglichkeit, dass ein **Zusammenwirken** auch von **Gemeinden mit Gemeindeverbänden** und sogar mit sonstigen **juristischen Personen des öffentlichen sowie des privaten Rechts** und auch mit natürlichen Personen ermöglicht wird.

407

In der Rechtsordnung sowie in der kommunalen Praxis haben sich verschiedene Formen interkommunaler Zusammenarbeit entwickelt; es lassen sich öffentlich-rechtlich organisierte Zusammenarbeit auf der einen sowie privatrechtlich organisierte Zusammenarbeit auf der anderen Seite unterscheiden.

Grundsätzlich kommt eine Zusammenarbeit sowohl hinsichtlich der Selbstverwaltungsaufgaben als auch der übertragenen Aufgaben in Frage. Die gemeindlichen **Hil-**

1096 Also grundsätzlich keine Einflussmöglichkeit des Kreistages auf diesbezügliche Entscheidungen; eine Berichtspflicht in wichtigen Angelegenheiten kann vorgesehen sein, vgl. z.B. § 55 Abs. 4 HessKrO; § 115 Abs. 4 MVKommVerf.
1097 Vgl. dazu z.B. § 4 BrandKrO.

I *Kommunalrecht*

feleistungen finanzieller und persönlicher Art an andere Gemeinden in den **neuen Bundesländern** werden als Wahrnehmung staatlicher Auftragsangelegenheiten bewertet[1098].

I. Öffentlich-rechtliche Zusammenarbeit

408 Die öffentlich-rechtlichen Formen interkommunaler Zusammenarbeit sind landesrechtlich durch die „Gesetze über **kommunale Zusammenarbeit** (oder: Gemeinschaftsarbeit)" sowie über die Landesgesetze die „**Zweckverbände**" betreffend geregelt[1099].

Damit werden verschiedene Formen des öffentlich-rechtlich organisierten Zusammenwirkens von Gemeinden ermöglicht. Es besteht allerdings insoweit ein **Typenzwang** von Formen der Zusammenarbeit; die Beteiligten können jedoch durch entsprechende Abmachungen Art und Intensität ihres Zusammenwirkens in gewisser Weise modifizieren.

1. Die kommunale Arbeitsgemeinschaft

409 Die „**kommunale Arbeitsgemeinschaft**" findet sich in vielen Bundesländern[1100]. Rechtsgrundlage für eine derartige Arbeitsgemeinschaft ist ein öffentlich-rechtlicher Vertrag (ein sog. **koordinationsrechtlicher Verwaltungsvertrag**). Ziel eines solchen Vertrages ist eine Abstimmung von Aufgaben; dabei können grundsätzlich alle Aufgaben in eine solche Vereinbarung einbezogen werden (z.B. Flächennutzungsplanung, Tätigwerden von öffentlichen Einrichtungen).

Diese kommunale Arbeitsgemeinschaft hat **keine eigene Rechtspersönlichkeit**; ihre Tätigkeit ist ohne rechtsverbindliche Auswirkung, insbesondere auch nicht gegenüber den Beteiligten dieser Arbeitsgemeinschaft[1101]. Inhalt der Tätigkeit ist die **Erörterung, Planung** und Beschlussfassung über Fragen, die die Beteiligten gemeinsam berühren. Bei diesen Beschlüssen handelt es sich jedoch lediglich um **Anregungen** und Empfehlungen, die von den Beteiligten in eigener Zuständigkeit rechtswirksam umgesetzt werden müssen. Beteiligte einer solchen kommunalen Arbeitsgemeinschaft können Gemeinden, Landkreise und Bezirke[1102], aber auch sonstige Körperschaften, Anstalten und Stiftungen des öffentlichen Rechts, ferner natürliche Personen und juristische Personen des Privatrechts[1103] sein.

1098 So *Heberlein*, NVwZ 1991, 531 unter Berufung auf *Schmidt-Jortzig*, DÖV 1989, 142, 150.
1099 Überwiegend abgedruckt bei *Schmidt-Eichstaedt/Stade/Borchmann*.
1100 Art. 4-7 BayKommZG, § 2 BrandGKG, §§ 3, 4 HessKGG, §§ 2, 3 NWGKG, § 14 RhPf-ZweckVG, § 21 SaarlKGG, §§ 4, 5 ThürKGG – keine Regelung in BW, MV, Nds, Sa, SachsAnh, SchlH und Thür.
1101 Ausnahmen sind auf Grund besonderer Vereinbarungen möglich, vgl. Art. 5 BayKommZG – Besondere Arbeitsgemeinschaften.
1102 Vgl. unten Rdnr. 423 ff.
1103 Z.B. Art. 4 Abs. 1 Satz 2 BayKommZG.

2. Der Zweckverband

Bei dem sog. **Zweckverband** handelt es sich um einen (öffentlich-rechtlichen) Zusammenschluss von Gemeinden und Gemeindeverbänden[1104]. **410**

Mit dem Zweckverband wird eine **öffentlich-rechtliche Körperschaft** gebildet, die nach h.M. jedoch mangels der erforderlichen Gebietshoheit **keine Gebietskörperschaft** darstellt[1105]. Es werden verschiedene Arten von Zweckverbänden unterschieden: Sog. **Freiverbände** beruhen auf einem freiwilligen Beschluss der Beteiligten[1106] sowie einem öffentlich-rechtlichen Vertrag. Weiterhin besteht die Möglichkeit, Beteiligte aus Gründen des öffentlichen Wohles zu sog. **Pflichtverbänden** zusammenzuschließen zur gemeinschaftlichen Durchführung von Auftragsangelegenheiten, Pflichtaufgaben oder Pflichtaufgaben zur Erfüllung nach Weisung[1107]. **411**

Zuweilen können Gemeinden und Kreise (gegen ihren Willen) auch zur gemeinsamen Erfüllung freiwilliger Selbstverwaltungsaufgaben zu einem sog. **gesetzlichen Zweckverband** zusammengeschlossen werden[1108].

Die Beteiligung an einem Zweckverband (Mitgliedschaft) ist unterschiedlich geregelt. Übereinstimmung besteht jedoch insoweit, als zwischen sog. **Primär**- oder **Gründungsmitgliedern** und sog. **Sekundärmitgliedern** unterschieden wird[1109]. Primärmitglieder können sein: Gemeinden und Gemeindeverbände, Kreise, Bezirke und Ämter sowie bereits bestehende Zweckverbände. Voraussetzung für die Entstehung eines Zweckverbandes ist, dass zumindest ein Primärmitglied an der Gründung beteiligt ist; dadurch wird gewährleistet, dass es sich bei der vom Zweckverband wahrzunehmenden Aufgabe um eine kommunale Angelegenheit handelt. **412**

Sekundärmitglieder können nicht nur natürliche und juristische Personen des Privatrechts sein, sondern auch andere Hoheitsträger wie z.B. der Bund und die Länder; damit wird die Möglichkeit von Zweckverbänden über Ländergrenzen hinaus eröffnet.

Der Zweckverband kann selbstverständlich nur solche Aufgaben wahrnehmen, zu denen die beteiligten Körperschaften selbst berechtigt und verpflichtet sind; dabei kann es sich um Aufgaben des eigenen oder des übertragenen Wirkungskreises handeln. Typisch für den Zweckverband ist, dass er für die **Wahrnehmung einer einzelnen Aufgabe** – oder mehrerer Aufgaben, die jedoch miteinander zusammenhängen müssen[1110] – gebildet werden kann; die Gesetze sehen weder einen Mehrzweckverband noch einen Zweckverband mit – sei es auch nur subsidiärer – Allzuständigkeit vor; deshalb fällt er auch nicht in die Kategorie des Gemeindeverbandes[1111]. Der **413**

1104 Vgl. §§ 2 ff BWGKZ, Art. 17 ff BayKommZG, §§ 4 ff *BrandGKG*, §§ 5 ff HessKGG, §§ 150 ff MVKommVerf; NdsZweckVG, §§ 4 ff NWGKG, §§ 2 ff RhPfZwVG, §§ 2 ff SaarlKGG, §§ 44 ff SächsKommZG, §§ 6 ff SachsAnhGKG, §§ 2 ff SchlHGKZ, §§ 16 ff ThürGKG.
1105 So ausdrücklich z.B. § 4 SchlHGkZ.
1106 Vgl. z.B. § 5 Abs. 1 SchlHGkZ.
1107 Vgl. z.B. Art. 28 BayKommZG.
1108 Vgl. z.B. § 22 NWGKG.
1109 *Rengeling*, HdbKommWPr Bd. 2, 1982, S. 407.
1110 So z.B. Art. 17 Abs. 1 BayGKZ, § 18 Abs. 1 SchlHGkZ.
1111 Vgl. unten Rdnr. 419 ff.

Zweckverband nimmt seine Aufgabe an Stelle der beteiligten kommunalen Körperschaften wahr. Es handelt sich demnach um eine **Kompetenzverlagerung** auf Grund eines Gesetzes, mit der das Selbstverwaltungsrecht einer betroffenen Gemeinde berührt wird[1112]. Die auch rechtlich gleiche Effektivität der Aufgabenwahrnehmung durch den Zweckverband wird u.a. dadurch gewährleistet, dass dem Verband **Hoheitsbefugnisse** sowie das gesetzlich ausdrücklich zugestandene **Satzungs-** und **Verordnungsrecht** zukommen[1113].

Für die Tätigkeit des Zweckverbandes sind ergänzend die Vorschriften der Gemeindeordnung heranzuziehen; das gilt insbesondere auch für die **Wirtschafts- und Haushaltsführung**. Der Zweckverband verschafft sich die notwendigen Mittel durch **Gebühren, Beiträge** sowie durch **Umlagen** auf die Verbandsmitglieder, die jedes Jahr erneut festzusetzen sind. Der dabei zu Grunde zu legende Umlageschlüssel wird durch die **Verbandssatzung** festgelegt; dabei werden die unterschiedlichen Vorteile der Mitglieder aus der Verbandstätigkeit berücksichtigt.

414 **Organe** des Zweckverbandes sind zumindest die **Zweckverbandsversammlung** als Repräsentativorgan der Verbandsmitglieder sowie ein **Verbandsvorsteher**, der die laufenden Geschäfte des Zweckverbandes führt. Daneben tritt ein Zweckverbandsausschuss, wenn das Repräsentativorgan als Lenkungsorgan zu groß ist (Verwaltungsrat, Vorstand).

Die Zweckverbände unterliegen der **Rechtsaufsicht** sowie ggf. der Fach- und Sonderaufsicht insoweit, als sie übertragene Aufgaben wahrnehmen.

Die **Einwirkungsmöglichkeit** der von der Tätigkeit des Zweckverbandes letztlich betroffenen Bürger sowie auch ihrer Repräsentanten im Gemeinderat oder Kreistag auf das Verbandsgeschehen ist geringer in den Fällen, in denen die betreffende Aufgabe von der Gemeinde (oder dem Landkreis) allein wahrgenommen wird[1114]. Eine weitere Verringerung demokratischer Einflussnahme nach kommunalrechtlichen Vorstellungen findet dann statt, wenn der Zweckverband seine Aufgaben zur **Erledigung** auf **private Unternehmen** als **Erfüllungsgehilfen** oder sogar zur eigenverantwortlichen Wahrnehmung, praktisch also durch **Beleihung**, überträgt[1115].

3. Die öffentlich-rechtliche Vereinbarung

415 Mit der sog. **öffentlich-rechtlichen (Zweck-)Vereinbarung** schließen die Beteiligten ebenso wie bei der Bildung einer kommunalen Arbeitsgemeinschaft oder eines Zweckverbands einen öffentlich-rechtlichen Vertrag. Ziel dieser Vereinbarung ist, dass die beteiligten Gebietskörperschaften einer von ihnen (eine oder mehrere) Aufgaben übertragen; denkbar ist auch, dass die beteiligten Gebietskörperschaften sol-

---

1112 Vgl. VGH Koblenz NVwZ-RR 1990, 215 – Zur Kündigung der Mitgliedschaft in einem Zweckverband.
1113 Vgl. z.B. Art. 19, 20, 21, 22, 41 BayKommZG; §§ 5 Abs. 3-5, 7, 16 SchlHGkZ.
1114 Kritisch *Oebbecke*, Zweckverbandsbildung und Selbstverwaltungsgarantie, 1992.
1115 Formelle Privatisierung, vgl. oben Rdnr. 292, 309, 310 sowie Rdnr. 418 a.E.

che Aufgaben gemeinschaftlich wahrnehmen, insbesondere für einen derartigen Zweck gemeinschaftliche Einrichtungen schaffen und betreiben[1116].

Eine derartige öffentlich-rechtliche Vereinbarung kann von den Beteiligten freiwillig geschlossen werden; daneben gibt es auch das Institut der **Pflichtvereinbarung**, die auf Pflichtaufgaben beschränkt ist und aus Gründen des öffentlichen Wohls von der Aufsichtsbehörde bewirkt werden kann[1117]. 416

In der Vereinbarung kann der Körperschaft, welche die Aufgaben übernimmt, die Befugnis übertragen werden, **Satzungen** und **Verordnungen** an Stelle der übrigen Beteiligten zu erlassen oder die Benutzung einer Einrichtung durch eine für das **gesamte Gebiet der Beteiligten** geltenden Satzung zu regeln[1118].

Die öffentlich-rechtliche Vereinbarung ist rechtlich ein Zwischending zwischen kommunaler Arbeitsgemeinschaft und Zweckverband. Von der Arbeitsgemeinschaft unterscheidet sie sich dadurch, dass sie öffentlich-rechtlich verbindliche Außenwirkung entfaltet; im Gegensatz zum Zweckverband bildet die Vereinbarung jedoch keinen neuen Rechtsträger, sondern überträgt einem Beteiligten einzelne oder mehrere zusammenhängende Aufgaben der übrigen Beteiligten. Sie hat gegenüber dem Zweckverband weiterhin den Vorteil, dass **keine** vergleichbar **strenge organisatorische Bindungen** bestehen, sodass die Vertragsbeteiligten einen Gestaltungsspielraum ihrer Zusammenarbeit haben, der Möglichkeiten eröffnet, die sonst nur bei privatrechtlichen Formen der kommunalen Zusammenarbeit bestehen. 417

Übungsfälle: *v.Mutius:* Grundfälle ..., JuS 1978, 32 f (Fall 21).

II. Privatrechtliche Formen kommunaler Zusammenarbeit

Die **Gesetze über** die (öffentlich-rechtliche) **kommunale Zusammenarbeit** werden – gleichsam im „Umkehrschluss-Verfahren" – nicht dahingehend ausgelegt, dass sie ein Zusammenwirken von Gemeinden, Gemeindeverbänden und Dritten auf privatrechtlicher Grundlage ausschließen. Vielmehr besteht auch diese Möglichkeit des Zusammenwirkens in der kommunalen Ebene – allerdings nicht in dem Falle, in dem die Erledigung einer Aufgabe hoheitlich, also öffentlich-rechtlich, vorgenommen werden muss. 418

Somit stehen den Gemeinden und den Gemeindeverbänden zur gemeinsamen Erledigung von Aufgaben alle privatrechtlichen Gestaltungsmöglichkeiten zur Verfügung; eingeschränkt werden diese Möglichkeiten durch die Regelungen der Gemeindeordnungen, die den Gemeinden die Beteiligung nur an solchen Unternehmensformen gestattet, bei denen die **Haftung** auf einen **Höchstbetrag** begrenzt ist, beispielsweise bei der GmbH und der AG, nicht jedoch bei der OHG und KG[1119].

1116 Vgl. §§ 25 ff BWGKZ, Art. 8 ff BayGKZ, §§ 23 ff BrandGKG, §§ 24 ff HessKGG, §§ 165 f MV-KommVerf; §§ 23 ff NWGKG, §§ 12 f RhPfZwVG, §§ 71 ff SächsKommZG, §§ 3 Abs. 1 Satz 1, 6 SachsAnhGKZ, §§ 18 f SchlHGKZ, §§ 7 ff ThürGKG.
1117 Z.B. gem. Art. 18 Abs. 3 BayKommZG.
1118 Z.B. § 19 Abs. 1 SchlHGkZ.
1119 Z.B. Art. 92 Abs. 1 Satz 1 Nr. 3 BayGO.

I *Kommunalrecht*

Als Vorteil privater Rechtsformen der kommunalen Zusammenarbeit wird allgemein die größere „Beweglichkeit" und schnellere „Anpassungsfähigkeit" genannt, die insbesondere bei der gemeinsamen Lösung wirtschaftlicher Aufgaben zum Tragen kommt.

Ein wesentlicher Gesichtspunkt für die Wahl privatrechtlicher Formen des Zusammenwirkens dürfte u.a. die Tatsache sein, dass die Unternehmen **nicht unmittelbar** der staatlichen (Rechts- und ggf. Fach-) **Aufsicht** unterliegen.

Denkbar und grundsätzlich zulässig ist auch die **Kombination von Rechtsformen** des öffentlichen und privaten Rechts zur gemeinsamen Erledigung einer Aufgabe. So könnte beispielsweise die Energie- oder Wasserversorgung einem „öffentlich-rechtlichen Träger- oder Anlagenverband" (Zweckverband) übertragen werden, der dann diese Aufgabe von einer privatrechtlichen Betriebsgesellschaft (als Verrichtungsgehilfen) durchführen lässt[1120].

Literatur: *Rengeling:* Formen interkommunaler Zusammenarbeit, HdbKommWPr, Bd. 2, 1982, S. 385 ff; *Oebbecke:* Zweckverbandsbildung und Selbstverwaltungsgarantie, 1983; *Schmidt-Jortzig:* Kooperationshoheit der Gemeinden und Gemeindeverbände, in: Selbstverwaltung im Staat der Industriegesellschaft, Festgabe für v.Unruh (Hrsg. *v.Mutius*), 1983, S. 525 ff.

E. Die Kommunalverbände

I. Die „Gesamtgemeinden"

419 Eine andere Möglichkeit der Zusammenfassung der Kräfte von Gemeinden besteht in der Bildung eines **Gemeindeverbandes**, also einer Körperschaft des öffentlichen Rechts mit Gebietshoheit sowie einer **nicht nur singulären Aufgabenzuständigkeit**[1121]. An diesen Verband werden Aufgaben der verbandsangehörigen Gemeinden generell durch Gesetz oder zusätzlich durch ergänzende Vereinbarungen übertragen. Der Verband unterhält den **Verwaltungsapparat**, mit dem er diese Aufgaben erledigt; zugleich erleichtert er damit die Verwaltungstätigkeit des Landkreises.

420 Es gibt verschiedene Anlässe für die Bildung eines solchen Gemeindeverbandes: Am häufigsten wird es sich um kleine Gemeinden handeln, deren Einwohner ein erhaltenswertes Zusammengehörigkeitsgefühl bewahrt haben, die aber jede für sich die sonst den Gemeinden auferlegten **Pflicht- und Auftragsaufgaben** nicht in befriedigender Weise erfüllen könnten; weiterhin werden durch Gemeindeverbände Streusiedlungen ohne Ortsmittelpunkte zusammengefasst; schließlich werden auch großflächige Gemeinden – insbesondere im Stadtumland – zu einem derartigen Verband zusammengeschlossen, um der benachbarten Großstadt vergleichbare Leistungen für ihre Einwohner erbringen zu können.

1120 Vgl. oben Rdnr. 414.
1121 Vgl. z.B. Art. 1, 2 BayVGemO; §§ 71 ff NdsGO.

Für die wissenschaftliche Bezeichnung solcher Gemeindeverbände beginnt sich der Begriff der „**Gesamtgemeinde**" einzubürgern – so die „akzeptable Generalbezeichnung" (*Schmidt-Jortzig*) von *H.J. Wolff*[1122]; im Sprachgebrauch der Gemeindeordnungen handelt es sich um „**Samtgemeinden**" (Niedersachsen[1123]), „**Verwaltungsgemeinschaften**" (z.B. Baden-Württemberg, Bayern[1124]), „**Verbandsgemeinden**"[1125] oder „**Ämter**" (z.B. Schleswig-Holstein[1126]). In manchen Bundesländern sind Gesamtgemeinden nicht vorgesehen.

Träger der Gesamtgemeinden sind die **Mitgliedsgemeinden**, sie bleiben als **rechtlich selbstständige Verwaltungsträger** bestehen; ihr Aufgabenbestand wird jedoch wesentlich reduziert.

421

Diese Gesamtgemeinden erhalten durch Gesetz sämtliche **Auftrags- und Weisungsangelegenheiten**. Teilweise werden ihnen zusätzlich bestimmte Selbstverwaltungsangelegenheiten zur Erledigung in eigener Zuständigkeit übertragen, so z.B. die Aufstellung des Flächennutzungsplanes, die Trägerschaft von Schulen, Sport- und Sozialeinrichtungen sowie Einrichtungen der Wasserversorgung und Abwasserbeseitigung. Darüber hinaus können ihnen Aufgaben von den angehörigen Gemeinden oder vom Landkreis übertragen werden[1127]; mit der Übernahme dieser Aufgaben ist nicht notwendig auch eine Rechtsnachfolge des neuen Trägers in die in früherer Zeit erwachsenen Rechte und Pflichten verbunden[1128].

Die gegen ihren Willen erfolgte Beteiligung einer Gemeinde an einer „Gesamtgemeinde" verletzt als solche nicht generell die Garantie der kommunalen **Selbstverwaltung**; der Grundsatz der **Eigenverantwortlichkeit** der Gemeinde sowie das **kommunale Demokratiegebot**[1129] werden aber dann verletzt, wenn die Gemeinde, deren Aufgabenbereich reduziert worden ist, im Hauptorgan der Gesamtgemeinde nicht vertreten ist und insbesondere nicht durch gewählte Vertreter unmittelbar und konstitutiv an der Willensbildung der sie betreffenden Angelegenheiten mitwirken kann, die zum Teil den Kern des Selbstverwaltungsrechts berühren[1130].

II. Stadt-Umland-Verbände

Besondere Probleme ergeben sich für die Kommunalverwaltung für die Gebiete von **Großstädten** und ihrem Umland, und zwar daraus, dass für manche Aufgaben (z.B. Flächennutzungsplan, Nahverkehr, Müll- und Abwasserbeseitigung) für dieses ge-

422

1122 *Wolff/Bachof/Stober II*, § 88 Rdnr. 2.
1123 §§ 71 ff NdsGO.
1124 §§ 59 ff BWGO; BayVGemO; § 167 MV KommVerf; §§ 36 ff SächsKomZG; § 19a SchlHGKZ; §§ 46 ff ThürKO.
1125 §§ 64 ff RhPfGO.
1126 Geregelt in der (SchlH)AmtsO; sowie in Brandenburg (AmtsO = Art. 3 BrandKommVerf) und Mecklenburg-Vorpommern (§§ 125 ff MVKommVerf).
1127 Vgl. im Einzelnen z.B. Art. 4 Abs. 3 BayVGemO; § 72 NdsGO.
1128 BVerwG NVwZ-RR 1992, 428.
1129 Z.B. gem. Art. 71 Abs. 1 Satz 2 und Art. 72 Abs. 1 RhPfVerf.
1130 Vgl. BWStGH, DÖV 1976, 599 ff.

I *Kommunalrecht*

samte Stadt-Umland-Gebiet sinnvollerweise ein einziger Entscheidungsträger zuständig sein sollte, der jedoch fehlt. Auch unter dem Gesichtspunkt eines Ausgleichs für die **finanziellen Mehrbelastungen** bedarf es gerechter Lösungen[1131]. Diese Probleme können durch **Eingemeindung** der Umlandgemeinden in die Großstadt, durch die Bildung von (gesetzlichen oder freiwilligen) Zweckverbänden („Gemeindeaufgabenverband") oder durch andere Formen der interkommunalen Zusammenarbeit gelöst werden. Eine weitere Alternative besteht in der Bildung von sog. **Stadt-Umland-Verbänden**. Es handelt sich hierbei um kreisähnliche Gebietskörperschaften mit Gebietshoheit. Bislang sind gebildet worden der „Stadtverband Saarbrücken"[1132], der „Umlandverband Frankfurt" sowie die Gemeindeverbände „Großraum Hannover" und „Großraum Braunschweig" sowie der Kommunalverband Ruhrgebiet[1133].

Eine ähnliche Organisationsform haben die – mit Wirkung v. 1.1.1976 gebildeten – sechs „Nachbarschaftsverbände" in Baden-Württemberg, die aus den Kernstädten und ihren Umlandgemeinden bestehen. Die Regionalversammlung des Verbandes „Region Stuttgart" wird von den Bürgern dieser Region gewählt[1134].

Während sich die „Nachbarschaftsverbände" inzwischen wohl bewährt haben, werden die übrigen Stadt-Umland-Verbände nicht einheitlich positiv beurteilt; der Verband „Großraum Braunschweig" wurde aufgehoben, ohne recht wirksam geworden zu sein (und in einen Zweckverband „umgebildet"[1135]). Der Verband „Großraum Hannover" wurde zunächst in einen „Kommunalverband Großraum Hannover" umgewandelt und dann in die jetzige „Region Hannover" überführt[1136].

III. Die höheren Gemeindeverbände

423 Zur Erledigung bestimmter Aufgaben, die gleichwohl nach Prinzipien der kommunalen Selbstverwaltung ausgeführt werden sollen, reicht u.U. selbst die Verwaltungskraft von (Land-)Kreisen oder kreisfreien Städten nicht aus. Hierfür besteht die Möglichkeit einer verbandsmäßigen Zusammenfassung dieser kommunalen Körperschaften zu sog. **höheren Gemeindeverbänden**. Häufig sind diese Verbände historisch bedingt und erledigen Aufgaben, die sich in erster Linie aus der Besonderheit einer Region (Landschaft) ergeben und eine diesbezüglich orientierte Anteilnahme der Einwohner an ihren Angelegenheiten lebendig erhalten soll.

424 Träger derartiger höherer Gemeindeverbände („**Landschaften**"[1137], „Landschafts- oder Kommunalverband", „Landesverband" oder „**Bezirk**") sind entweder die Bür-

---
1131 Dazu *Hoppe*, DVBl. 1992, 17.
1132 Die Planungshoheit des Stadtverbandes Saarbrücken ist für verfassungswidrig erklärt worden, BVerfGE 77, 288.
1133 Als Nachfolger des 1920 gebildeten „Siedlungsverbandes Ruhrkohlenbezirk", vgl. dazu *Erichsen*, § 13c, S. 290 ff; s. G über den Kommunalverband Ruhrgebiet (KVRG) i.d.F. der Bek. v. 14.7.1994 (GV NW S. 640).
1134 Vgl. *Wolf*, „Hauptstadtregion Stuttgart" – alte und neue Wege im Kommunalrecht, 1997.
1135 G. v. 27.11.1991 (NdsGVBl. S. 305).
1136 G. v. 20.5.1992 (NdsGVBl. S. 153) bzw. G. v. 5.6.2001 (NdsGVbl. S. 348).
1137 *Naunin*, Landschaften – Provinzen, DVP 1986, 257 ff.

ger der angehörigen kreisfreien Städte und „Landkreise" – so z.B. die bay. und rh.-pf. Bezirke[1138] – oder die angehörigen kreisfreien Städte und Landkreise selbst. Überwiegend ist diesen höheren Gemeindeverbänden Gebietshoheit eingeräumt[1139].

Organe dieser Gemeindeverbände sind die Verbandsvertretung als das Repräsentativorgan mit dem aus ihrer Mitte gewählten Vorsitzenden (Verbandspräsident, Bezirkstagspräsident[1140]), der (kollegiale) Verbandsausschuss („Bezirksausschuss"[1141], „Verwaltungsausschuss", „Landschaftsausschuss"), der aus dem Vorsitzenden und den Mitgliedern der Verbandsvertretung besteht, sowie u.U. der Verbandsvorsteher; hierbei handelt es sich in der Regel um einen auf Zeit gewählten Berufsbeamten[1142]. 425

Die höheren Gemeindeverbände verfügen über das Recht der **Selbstverwaltung**, jedoch nur im gesetzlich bestimmten Rahmen; verfassungsrechtlich gewährleistet sind sie nicht durch das GG, jedoch ggf. durch das Landesverfassungsrecht[1143]. 426

Zumeist erledigen sie als **„pflichtige Selbstverwaltungsaufgaben"**[1144] die überörtliche Sozialhilfe, Jugendpflege, Kriegsopfer- und Schwerbeschädigtenfürsorge, und zwar hierbei vor allem die Errichtung und den Betrieb der dafür erforderlichen Anstalten. Überdies sollen sie die Bewahrung landschaftlicher Überlieferung und Kultur pflegen und fördern.

Darüber hinaus können die höheren Gemeindeverbände auch **freiwillige Selbstverwaltungsaufgaben** wahrnehmen, z.B. weitere fürsorgerische, erzieherische, pflegerische, wirtschaftliche und kulturelle Einrichtungen, die nur für ein großes Einzugsgebiet effizient betrieben werden können (z.B. Sonderkrankenhäuser, Heilstätten, Museen).

Ferner erledigen sie **übertragene Angelegenheiten** unter der Fachaufsicht des Staates[1145].

Schließlich können die höheren Gemeindeverbände – ähnlich wie die Landkreise – **Selbstverwaltungsaufgaben von anderen Trägern** öffentlicher Verwaltung **übernehmen**, wenn deren Leistungsfähigkeit zu gering ist[1146]; weiterhin können sie die verbandsangehörigen Körperschaften ausgleichend unterstützen (z.B. Zuschüsse an Fachschulen, Förderung des Gemeindewegebaus, der Wasser- und Forstwirtschaft). 427

Die höheren Gemeindeverbände finanzieren ihre Aufgaben durch **Gebühren** und **Beiträge**, durch staatliche allgemeine und zweckgebundene **Finanzzuweisungen** sowie durch eine **Verbandsumlage**[1147] von den angehörigen Körperschaften, mit der der verbleibende Fehlbetrag ausgeglichen wird. 428

1138 Z.B. Art. 11 ff BayBezO.
1139 Ausn.: die Oldenburgische sowie die Ostfriesische Landschaft.
1140 Z.B. Art. 30 ff BayBezO.
1141 Z.B. Art. 25 ff BayBezO.
1142 Z.B. der Direktor des nw Landschaftsverbandes.
1143 Z.B. gem. Art. 10 BayVerf.
1144 Vgl. z.B. Art. 5, 48 BayBezO.
1145 Vgl. z.B. Art. 6, 50 BayBezO.
1146 Vgl. z.B. Art. 49 BayBezO – Übernahme von Kreisaufgaben.
1147 Vgl. z.B. Art. 54 Abs. 2 Nr. 2 BayBezO.

I *Kommunalrecht*

Die höheren Gemeindeverbände unterstehen der staatlichen **Aufsicht**, und zwar in Selbstverwaltungsangelegenheiten der Rechtsaufsicht des Innenministers, in den übrigen Angelegenheiten der Fachaufsicht des jeweiligen zuständigen Ministers[1148].

Ähnlich wie das Gebiet des Landkreises zugleich den Bereich der unteren staatlichen Verwaltungsbehörde bildet[1149], kann das **Gebiet des Bezirks** mit dem **Bereich der staatlichen Mittelbehörde** (Regierung) zusammenfallen[1150]; dann wird die Verwaltung des Bezirks zweckmäßigerweise im organisatorischen, personellen und sächlichen Verwaltungsverbund mit der Regierung geführt nach Maßgabe gesetzlicher Regelungen[1151] oder sie ergänzender Vereinbarungen[1152]; die Erledigung von Bezirksaufgaben kann der Regierung übertragen werden[1153]; der **Regierungspräsident** ist Staatsbeamter, wird aber im Benehmen mit dem Bezirkstag ernannt.

Literatur: *F. Wagener:* Stadt-Umland-Verbände, HdbKommWPr, Bd. 2, 1982, S. 413 ff; *Meyer-Schwickerath:* Die höheren Gemeindeverbände in Norddeutschland, HdbKommWPr, Bd. 2, 1982, S. 454 ff; *ders.:* Selbstverwaltung in höheren Kommunalverbänden, in: Festgabe für v.Unruh (Hrsg. *v.Mutius*), 1983, S. 439 ff; *Witti:* Die höheren Gemeindeverbände in Süddeutschland, HdbKommWPr, Bd. 2, 1982, S. 432 ff; *Erichsen:* § 13 – zur kommunalen Gemeinschaftsarbeit; *Müller/Trute:* Stadt-Umland-Probleme und Gebietsreform in Sachsen, 1996.

F. Die kommunalen Spitzenverbände

429 Bei den sog. **kommunalen Spitzenverbänden**[1154] handelt es sich um freiwillige Vereinigungen der kommunalen Gebietskörperschaften auf Bundesebene oder auf Landesebene[1155] mit dem Ziel, die kommunalen Interessen bei den Regierungen und den gesetzgebenden Körperschaften zu vertreten. Es handelt sich um **privatrechtlich organisierte Zusammenschlüsse**[1156], auf die jedoch in zahlreichen öffentlich-rechtlichen Normen als legitime Interessenvertreter Bezug genommen wird[1157].

430 Auf Bundesebene haben sich die kreisfreien (und größeren kreisangehörigen) Städte im „Deutschen Städtetag"[1158], die kreisangehörigen Städte und Gemeinden im „Deutschen Städte- und Gemeindebund"[1159], die Landkreise im „Deutschen Landkreis-

---

1148 Vgl. z.B. Art. 90 ff BayBezO.
1149 Z.B. Art. 1 Satz 2 BayLKrO.
1150 Vgl. Art. 10 Abs. 1 BayVerf; Art. 35-36 BayBezO: „Regierung und Bezirk"
1151 Z.B. Art. 35-36 BayBezO.
1152 Vgl. Art. 35 Satz 2 BayBezO.
1153 Vgl. Art. 35b BayBezO.
1154 Vgl. dazu ausführlich *Knemeyer*, Rdnr. 361 ff m.w.N.
1155 Vgl. dazu z.B. *Knemeyer*, Rdnr. 356 ff; *Erichsen*, § 14.
1156 Ausnahme: der als Körperschaft des öffentlichen Rechts verfasste bay. Gemeindetag.
1157 Z.B. § 7 BrandGO; § 147 HessGO; § 129 RhPfGO; § 132 SchlHGO; § 126 ThürKO sowie §§ 5 Abs. 2, Abs. 3; 9 Abs. 1 Satz 3 ROG; § 51 HGrG; §§ 3, 18 StabG.
1158 Zu der genauen Mitgliederstruktur vgl. *Weinberger*, HdbKommWPr, Bd. 2, 1982, 478.
1159 Unmittelbare Mitglieder sind die Mitgliedsverbände in den Bundesländern, vgl. *Mombaur*, HdbKommWPr, Bd. 2, 1982, 496.

tag"[1160] zusammengeschlossen. In der „Bundesarbeitsgemeinschaft der höheren Kommunalverbände" sind entsprechende Verbände zusammengeschlossen[1161]. Weiterhin arbeiten alle Verbände in der „Bundesvereinigung der kommunalen Spitzenverbände" (Federführung: Deutscher Städtetag) zusammen.

Im europäischen Bereich vertritt der „Rat der Gemeinden und Regionen Europas" (RGRE) die kommunalen Interessen[1162].

Literatur: Beiträge zu den kommunalen Spitzenverbänden von *Mombaur, Tiedeken* und *Weinberger*, HdbKommWPr, Bd. 2, 1982, S. 474 ff; umfangreiche Lit. bei *Wolff/Bachof/ Stober* II, § 86, Rdnr. 198, § 89a vor Rdnr. 1; und *Knemeyer*, Rdnr. 361 ff; *F. Geißelmann:* Die kommunalen Spitzenverbände – Interessenvertretung und Verwaltungsreform, 1975; *Mombaur:* Kommunalpolitik in der Europäischen Union, 1992.

G. Geschichte des Kommunalrechts

Die Wurzeln der kommunalen Selbstverwaltung und der damit typischerweise verbundenen Vorstellung von einem eigenen, nicht fremdbestimmten Gestaltungsspielraum der Gemeindeeinwohner lassen sich bis in das Mittelalter zurückverfolgen. Der Begriff der „**Selbstverwaltung**" findet sich allerdings erst im späten 18. Jahrhundert. Als in einem gewissen Sinne zu verstehender Gegenpol zur staatlichen Verwaltung wurde die kommunale Selbstverwaltung durch die **Preußische Städteordnung** (von 1808) als ein Teil des Reformplanes des Frh. v. Stein konstituiert. Ziel dieser Neugestaltung der unteren staatlichen Ebene war es, den „Gemeinsinn" zu wecken und die Bürger zur Erledigung der öffentlichen Aufgaben in eigener Verantwortung heranzuziehen.

431

Die gemeindliche Selbstverwaltung wurde im 19. Jahrhundert auch in den süddeutschen Staaten eingeführt. Im Einzelnen wurden dabei allerdings unterschiedliche Modelle der bürgerschaftlichen Selbstverwaltung verwirklicht; das führte zu unterschiedlichen Regelungen insbesondere der Kommunalverfassungen in den Ländern, die bis in die heutige Zeit nachwirken.

432

Eine wichtige Station der Entwicklung des Kommunalrechts ist die **Deutsche Gemeindeordnung** (DGO von 1935). Damit trat erstmals ein für das gesamte deutsche Staatsgebiet einheitlich geltendes Gemeinderecht in Kraft, das nicht nur das Kommunalverfassungsrecht enthielt, sondern auch Bestimmungen zum Finanz-, Haushalts- und Wirtschaftsrecht der Gemeinden.

433

1160   Ebenfalls mittelbare Mitgliedschaft der Landkreise („Dachverbandslösung"), vgl. *Tiedeken*, Hdb-KommWPr, Bd. 2, 1982, 487.
1161   *Gern*: Deutsches Kommunalrecht, 2.Aufl. 1997, Rdnr. 968; *Stober*, § 3 III 4.
1162   Dazu *Rengeling*, Die Zusammensetzung der Ständigen Konferenz der Gemeinden und Regionen des Europarates, insbesondere aus deutscher Sicht, DVBl. 1985, 600.

I *Kommunalrecht*

Ein Selbstverwaltungsrecht war in der DGO nicht mehr enthalten; die Gemeinderäte hatten keine Beschlussfunktion mehr, sondern lediglich Beratungsfunktionen; die Stellung des Gemeindevorstehers wurde i.S. des „**Führerprinzips**" ausgebaut. In den folgenden Jahren wurde die Zuständigkeit der gemeindlichen Verwaltung mehr und mehr ausgehöhlt dadurch, dass Aufgaben zunehmend auf **staatliche Sonderbehörden** in der Gemeindeebene übertragen wurden.

434 Nach dem Krieg wurden die – teilweise stark zerstörten – Gemeinden vor eine große Bewährungsprobe gestellt; sie haben diese Anforderungen des Wiederaufbaus sowie der Eingliederung von Millionen von Flüchtlingen erfüllt. In der Zeit nach 1945 wurden die zunächst provisorisch handelnden Gemeindeverwaltungen bald wieder auf gesetzliche Grundlagen gestellt. Das Gemeinderecht entwickelte sich maßgeblich unter dem **Einfluss** der jeweiligen **Besatzungsmächte** weiter; diese Uneinheitlichkeit ist dann später – nach der Konstituierung der Bundesrepublik und der deutschen Länder – bewahrt worden. Die Fortentwicklung des Kommunalrechts hat in der Folgezeit überwiegend innerhalb der länderspezifischen Rahmenbedingungen stattgefunden; es ist nur teilweise zu Vereinheitlichungen gekommen. Die **Wiedervereinigung** hat ihre kommunalrechtliche Vorgeschichte: Am 6.5.1990 fanden (in der damals noch bestehenden DDR) die ersten freien Kommunalwahlen statt. Das Gesetz über die Selbstverwaltung der Gemeinden und Landkreise in der DDR (**Kommunalverfassung**) vom 19.5.1990, das noch von der DDR-Volkskammer verabschiedet worden ist, ist inzwischen abgelöst worden durch Regelungen, in denen entweder Gemeinde-, Landkreis- und ggf. andere (z.B. Amts-)Ordnungen in einer Kommunalordnung[1163] oder Kommunalverfassung[1164] vereint wurden – mit getrennter Paragraphenzählung für die einzelnen Regelungsbereiche (z.B. in Brandenburg: GO, LKrO und AmtsO) oder mit durchgehender Paragraphenfolge (in Mecklenburg-Vorpommern und in Thüringen sowie „traditionell" im SaarlKSG) – oder in von vornherein für Gemeinde und Landkreis getrennten Regelungen (z.B. in Sachsen und Sachsen-Anhalt).

Literatur: *Engeli/Haus*: Quellen zum modernen Gemeindeverfassungsrecht in Deutschland, 1975; *Engeli/Hofmann/Matzerath/Rebentisch/v.Unruh*: in: HdbKommWPr, Bd. 1, 1981, S. 57 ff, 71 ff, 86 ff, 101 ff, 14 ff (Geschichte der Selbstverwaltung im 19. und 20. Jahrhundert); *v.Unruh*: Preußens Beitrag zur Entwicklung der kommunalen Selbstverwaltung in Deutschland, DVBl. 1981, 719 ff; *Pohl*: Wurzeln und Anfänge der Selbstverwaltung, dargestellt am Beispiel der Städte, und *Menger*: Entwicklung und Selbstverwaltung im Verfassungsstaat der Neuzeit, in: Festgabe für v.Unruh (Hrsg. *v.Mutius*) 1982, S. 3 ff und 25 ff; *Roggenmann*: Kommunalrecht und Regionalverwaltung in der DDR, 1987; *v.Mutius*: Kommunalverwaltung und Kommunalpolitik, in: Deutsche Verwaltungsgeschichte (Hrsg. *Jeserich/Pohl/v.Unruh*) 1983, S. 1055 ff; *Gern:* Deutsches Kommunalrecht, 2. Aufl. 1997, 1. Kap.

1163 In Thüringen.
1164 In Brandenburg, Mecklenburg-Vorpommern.

Literatur (Auswahl)

U. Becker: Kommunalrecht, in: *ders.u.a.,* Öffentliches Recht in Bayern, 2. Aufl. 2001.

K.-O. Bergmann: Die Kommunalhaftung, 3. Aufl. 2002.

H. Borchert: Kommunalaufsicht und kommunaler Haushalt, 1976.

J. Burmeister: Verfassungstheoretische Neukonzeption der kommunalen Selbstverwaltungsgarantie, 1977.

Ehlers: Verwaltung in Privatrechtsform, 1984.

D. Ehlers/W. Krebs (Hrsg.): Grundfragen des Verwaltungsrechts und des Kommunalrechts, 2000.

Eichhorn/Schneider: Unternehmen und Beteiligungen der Landkreise, 1986.

H.-U. Erichsen: Kommunalrecht des Landes Nordrhein-Westfalen, 1988 (zit. *Erichsen*).

Erichsen (Hrsg.): Allgemeines Verwaltungsrecht, 12. Aufl. 2002 (zit. *Erichsen/Martens*).

F. Erlenkämper: Die Stadt-Umland-Problematik der Flächenstaaten der Bundesrepublik Deutschland, 1980.

E. Forsthoff: Lehrbuch des Verwaltungsrechts, 10. Aufl., 1973 (zit. *Forsthoff*).

W. Frotscher: Die Ausgestaltung kommunaler Nutzungsverhältnisse bei Anschluss- und Benutzungszwang, 1974.

A. Gern: Sächsisches Kommunalrecht, 1994 (zit. *Gern*).

A. Gern: Deutsches Kommunalrecht, 2. Aufl. 1997 (zit. *Gern*, DKR).

R. Gröb/E. Laux/J. Salzwedel/R. Breuer: Kreisentwicklungsplan, 1974.

H.H. Gröttrup: Die kommunale Leistungsverwaltung, 1973.

M. Hofmann u.a. (Hrsg.): Kommunale Selbstverwaltung im Spiegel von Verfassungsrecht und Verwaltungsrecht, 1996.

F.L. Knemeyer: Bayerisches Kommunalrecht, 10. Aufl. 2000 (zit. *Knemeyer*).

F. Kopp/W.-R. Schenke: Verwaltungsgerichtsordnung, 13. Aufl. 2003 (zit. *Kopp/Schenke*).

G. Lissack, Bayerisches Kommunalrecht, 1997.

H. Maurer: Allgemeines Verwaltungsrecht, 14. Aufl. 2002 (zit. *Maurer*).

A. v.Mutius: Kommunalrecht, 1996.

Niedersächsische Sachverständigenkommission zur Fortentwicklung des Kommunalverfassungsrechts (Hrsg. NdsMinInn), 1978 (zit. Thieme-Kommission).

J. Oebbecke: Zweckverbandsbildung und Selbstverwaltungsgarantie, 1982.

Rauball/Pappermann/Roters: Gemeindeordnung Nordrhein-Westfalen, 1981 (zit. *Rauball/Pappermann/Roters*).

W. Roters: Kommunale Mitwirkung an höherstufigen Entscheidungsprozessen, 1975 (zit. *Roters*).

W. Rüfner/S. Muckel: Besonderes Verwaltungsrecht (Examinatorum und Fallsammlung), 2. Aufl. 2002.

E. Schmidt-Aßmann: Die kommunale Rechtsetzung im Gefüge administrativer Handlungsformen und Rechtsquellen, 1981.

ders.: Kommunalrecht, in: *Badura u.a.*: Besonderes Verwaltungsrecht, 12. Aufl. 2003 (zit. *Schmidt-Aßmann*).

Schmidt-Eichstaedt/Stade/Borchmann: Die Gemeindeordnungen und Kreisordnungen in der Bundesrepublik Deutschland, Loseblatt-Textsammlung.

E. Schmidt-Jortzig: Kommunalrecht, 1982 (zit. *Schmidt-Jortzig*).

R. Scholz: Wesen und Entwicklung der gemeindlichen öffentlichen Einrichtungen, 1966.

I *Kommunalrecht*

R. Scholz/P. Pitschas: Gemeindewirtschaft zwischen Verwaltungs- und Unternehmensstruktur, 1982.

V. Stein: Fälle und Erläuterungen zum Kommunalrecht, 2001.

R. Stober: Kommunalrecht in der Bundesrepublik Deutschland, 3. Aufl. 1996 (zit. *Stober*).

P.J. Tettinger: Besonderes Verwaltungsrecht/1 – Kommunalrecht, Polizei- und Ordnungsrecht, 6. Aufl. 2001.

W. Thieme/J. Schäfer: Niedersächsische Gemeindeordnung, Kommentar, 3. Aufl. 1997.

K. Tipke/J. Lang: Steuerrecht – ein systematischer Grundriss, 16. Aufl. 1998 (zit. *Tipke/Lang*).

G. Ch. von Unruh: Der Kreis, 1964.

K. Waechter: Kommunalrecht – Ein Lehrbuch, 3. Aufl. 1997.

W. Weber: Staats- und Selbstverwaltung in der Gegenwart. 2. Aufl. 1967 (zit. *W. Weber*).

J. Widtmann/E.Glaser/K. Helmreich: Bayerische Gemeindeordnung, Kommentar, 5. Aufl., Loseblatt (zit. *Widtmann/Grasser*).

Wolff/Bachof/Stober: Verwaltungsrecht II, 5. Aufl. 1987 (zit. *Wolff/Bachof/Stober*).

II. Polizei- und Ordnungsrecht

Von Wolf-Rüdiger Schenke

Inhalt

	Rdnr.	Seite
1. Abschnitt **Einführung in das Polizei- und Ordnungsrecht**	1	190
A. Die einzelnen Polizeibegriffe	1	190
I. Die verschiedenen Ansätze zur Bestimmung des Polizeibegriffs	1	190
II. Der Begriff der Polizei im materiellen Sinn	2	190
1. Die geschichtliche Entwicklung des materiellen Polizeibegriffs	2	190
2. Polizei im materiellen Sinn als die der Gefahrenabwehr dienende staatliche Tätigkeit	9	193
III. Der Begriff der Polizei im institutionellen (organisatorischen) Sinn	10	195
IV. Der Begriff der Polizei im formellen Sinn	12	196
B. Das Polizei- und Ordnungsrecht	13	196
I. Der Begriff des Polizei- und Ordnungsrechts	13	196
II. Die Gliederung des Polizei- und Ordnungsrechts	14	197
III. Polizei- und Ordnungsrecht im Bundesstaat	16	197
1. Die Gesetzgebungskompetenz der Länder zur Regelung des Polizei- und Ordnungsrechts	16	197
2. Die Gesetzgebungskompetenzen des Bundes für Teilbereiche des Polizei- und Ordnungsrechts	17	198
2. Abschnitt **Materielles Polizei- und Ordnungsrecht (Rechtsgrundlagen und Rechtsgrundsätze des polizeilichen Handelns)**	20	201
C. Die Polizeibefugnisse im Rahmen der Gefahrenabwehr	20	201
I. Allgemeines	20	201

II *Polizei- und Ordnungsrecht*

II. Die polizei- und ordnungsbehördlichen Generalklauseln ...	25	204
1. Der Begriff der öffentlichen Sicherheit	30	206
2. Der Begriff der öffentlichen Ordnung	39	211
3. Der Begriff der Gefahr	46	215
a) Gefahr als hinreichende Wahrscheinlichkeit des Schadenseintritts	46	215
b) Anscheinsgefahr	57	220
c) Gefahrenverdacht	59	221
d) Gefahrerforschungseingriff	61	222
4. Der Begriff der Störung	65	225
5. Das Ermessen der Polizei	66	226
a) Das Entschließungsermessen	69	227
b) Das Auswahlermessen	73	229
c) Der Anspruch auf ermessensfehlerfreie Entscheidung ..	74	230
III. Spezialermächtigungen in allgemeinen Polizei- und Ordnungsgesetzen (Standardmaßnahmen)	76	231
1. Die Identitätsfeststellung und die Prüfung von Berechtigungsscheinen	81	233
2. Erkennungsdienstliche Maßnahmen	85	235
3. Vorladung	90	238
4. Platzverweisung	92	238
5. Ingewahrsamnahme von Personen	95	242
6. Durchsuchung von Personen	100	247
7. Durchsuchung von Sachen	104	248
8. Betreten und Durchsuchung von Wohnungen	105	249
9. Sicherstellung und Beschlagnahme	109	252
10. Verwertung, Einziehung, Vernichtung	117	257
11. Informationsgewinnung und Informationsverarbeitung ...	119	258
IV. Befugnisse der Polizei- und Ordnungsbehörden auf dem Gebiet der Gefahrenabwehr außerhalb der allgemeinen Polizei- und Ordnungsgesetze am Beispiel des Versammlungsrechts	134	271
D. Die polizeirechtlich Verantwortlichen (Störer)	**143**	**278**
I. Die Bedeutung des Störerbegriffs und die Arten der Störer ..	143	278
II. Die polizeipflichtigen Personen	146	280
III. Der Verhaltensstörer	152	284
1. Das Verhalten	152	284
2. Der polizeirechtliche Verursacherbegriff	154	285
a) Die polizeirechtliche Verursachung	154	285
b) Der Zweckveranlasser	157	287
c) Der „latente Störer"	161	290
d) Scheinstörer, „Anscheinsstörer" und „Verdachtsstörer" .	163	291
3. Haftung für eigenes Verhalten und für das Verhalten anderer Personen (Zusatzverantwortlichkeit)	170	297

IV. Der Zustandsstörer	171	298
V. Die Verjährung der polizeirechtlichen Verantwortlichkeit	181	304
VI. Die Auswahl zwischen mehreren Störern	182	305
1. Keine nur anteilige Verantwortlichkeit der Störer	182	305
2. Ermessensleitende Gesichtspunkte bei der Auswahl zwischen mehreren Störern	183	306
VII. Rechtsnachfolge in polizeiliche Pflichten	187	309
E. Der polizeiliche Notstand	**190**	**312**
I. Die Tatbestandsvoraussetzungen des polizeilichen Notstands	191	313
II. Der Umfang der Inanspruchnahme	197	315
F. Verfassungsrechtliche Begrenzungen der Polizeibefugnisse	**200**	**317**
I. Rechtliche Bindungen durch das Übermaßverbot	200	317
1. Der Grundsatz der Geeignetheit des Mittels	202	318
2. Der Grundsatz des geringsten Eingriffs	204	318
3. Der Grundsatz der Verhältnismäßigkeit im engeren Sinn	207	320
II. Sonstige Begrenzungen durch die Grundrechte	208	321
1. Begrenzungen durch Freiheitsgrundrechte mit Gesetzesvorbehalt	209	321
2. Begrenzungen durch nicht ausdrücklich einschränkbare Freiheitsgrundrechte	212	324
3. Begrenzungen durch sonstige Grundrechte	213	325
G. Polizeiliche Befugnisse außerhalb des Bereichs der Gefahrenabwehr	**216**	**326**
I. Die Vollzugshilfe	217	326
II. Polizeiliche Befugnisse bei der Verfolgung von Straftaten	221	328
1. Die Tätigkeit der Polizei im Rahmen der Strafverfolgung	221	328
2. Rechtsschutz gegen Strafverfolgungsmaßnahmen der Polizei	228	331
III. Polizeiliche Befugnisse bei der Verfolgung von Ordnungswidrigkeiten	237	335

3. Abschnitt
Formelles Polizei- und Ordnungsrecht (Organisationsrecht und das polizeiliche Handlungsinstrumentarium) 241   337

H. Die Polizei- und Ordnungsbehörden	**241**	**337**
I. Die Bundespolizeibehörden	242	338
1. Das Bundeskriminalamt	244	339

II Polizei- und Ordnungsrecht

2. Der Bundesgrenzschutz	246	340
3. Das Bundesamt für Verfassungsschutz	247	341
4. Sonstige Bundesbehörden mit polizeilichen Aufgaben	249	342
II. Die Polizei- und Ordnungsbehörden der Länder	250	343
1. Überblick über die Verteilung der allgemeinen Aufgaben der Gefahrenabwehr in den einzelnen Bundesländern	250	343
a) Länder mit Einheitssystem	251	343
b) Länder mit Trennungssystem	253	344
2. Die Abgrenzung der Zuständigkeit der Polizei- und Ordnungsbehörden	256	346
a) Die sachliche Zuständigkeit	257	346
b) Die instanzielle Zuständigkeit	258	346
c) Die örtliche Zuständigkeit	261	348
III. Internationale Zusammenarbeit und Europäische Integration	262a	349
1. Die Internationale kriminalpolizeiliche Organisation („Interpol")	262b	349
2. Das Europäische Polizeiamt (Europol)	262c	350
3. Das Schengener Durchführungsübereinkommen (SDÜ)	262d	351
J. Der polizeiliche Verwaltungsakt	**263**	**352**
I. Die Abgrenzung polizeilicher Verwaltungsakte von anderen der Gefahrenabwehr dienenden Handlungen	265	353
II. Die Rechtmäßigkeit eines der Gefahrenabwehr dienenden Verwaltungsakts (Prüfungsschema)	269	355
1. Die formelle Rechtmäßigkeit	270	355
2. Die materielle Rechtmäßigkeit	275	356
III. Die Zwangsmittel zur Durchsetzung polizeilicher Verwaltungsakte	281	358
1. Allgemeines	281	358
2. Die Rechtmäßigkeitsvoraussetzungen für die Anwendung der Zwangsmittel	282	358
a) Die Ersatzvornahme	294	364
b) Das Zwangsgeld	296	366
c) Die Anwendung unmittelbaren Zwangs	298	367
3. Unmittelbare Ausführung und Sofortvollzug	304	370
IV. Die Bewehrung polizeilicher Verwaltungsakte	310	374
V. Erlaubnis und Dispens	311	375
K. Polizei- und ordnungsbehördliche Verordnungen	**314**	**377**
I. Allgemeines	314	377
II. Die Abgrenzung polizei- und ordnungsbehördlicher Verordnungen von polizeilichen Verwaltungsakten	319	379

III. Die Rechtmäßigkeit einer polizei- und ordnungshehördlichen
Verordnung (Prüfungsschema) 322   381
   1. Die formelle Rechtmäßigkeit 323   381
   2. Die materielle Rechtmäßigkeit 327   383

**L. Sonstige polizeiliche und ordnungsbehördliche
Handlungsinstrumente** 332   384

4. Abschnitt
**Entschädigungs- und Ersatzansprüche bei polizeilichem
Handeln** 338   387

M. Entschädigungsansprüche des Bürgers 339   387
   I. Entschädigungsansprüche des Störers 339   387
   II. Der Entschädigungsanspruch des Nichtstörers 344   390

N. Ersatzansprüche des Polizeiträgers 354   396
   I. Ersatzansprüche bei Ersatzvornahme 354   396
   II. Ersatzansprüche bei unmittelbarem Zwang 357   398
   III. Ersatzansprüche bei unmittelbarer Ausführung 358   399
   IV. Rückgriffsansprüche 361   401

Literatur 402

1. Abschnitt
Einführung in das Polizei- und Ordnungsrecht

A. Die einzelnen Polizeibegriffe

I. Die verschiedenen Ansätze zur Bestimmung des Polizeibegriffs

1 Man unterscheidet drei unterschiedliche Polizeibegriffe, nämlich den Begriff der Polizei **im materiellen, im institutionellen (organisatorischen) und im formellen Sinn**. Der Begriff der Polizei im materiellen Sinn knüpft an die inhaltliche Qualifikation einer staatlichen Tätigkeit, genau gesagt an deren Zielsetzung an. Ohne Relevanz ist es dabei, welche staatliche Behörde diese Tätigkeit wahrnimmt. Anders hingegen verhält es sich beim Polizeibegriff im institutionellen (organisatorischen) Sinn; entscheidend ist hiernach ausschließlich, ob die handelnde Behörde den Polizeibehörden zuzuordnen ist. Der dritte Polizeibegriff, der sog. formelle Polizeibegriff, bezeichnet schließlich all jene Tätigkeiten, die von der Polizei im institutionellen (organisatorischen) Sinn wahrgenommen werden, unabhängig davon, wie dieses Handeln materiell zu qualifizieren ist.

II. Der Begriff der Polizei im materiellen Sinn

1. Die geschichtliche Entwicklung des materiellen Polizeibegriffs

2 Der Begriff der Polizei im materiellen Sinn umfasst nach heute h.M. jene Tätigkeit, die inhaltlich dadurch gekennzeichnet ist, dass sie der Abwehr von Gefahren für die öffentliche Sicherheit oder Ordnung dient. Dieser **materielle Polizeibegriff** stellt sich als das **Ergebnis eines langen historischen Entwicklungsprozesses** dar[1]. Der Begriff der Polizei umschrieb in seiner ursprünglichen Bedeutung einen Zustand guter Ordnung des Gemeinwesens. Von diesem Begriff gingen die Reichspolizeiordnungen von 1530, 1548 und 1577 sowie die Landespolizeiordnungen aus, die zur Verwirklichung und Erhaltung eines Zustandes „guter Polizey" für nahezu alle Lebensbereiche der Untertanen umfassende Reglementierungen vorsahen (z.B. Vorschriften über Handel und Gewerbe, Erb-, Vertrags- und Liegenschaftsrecht, über die Religionsausübung, die allgemeine Sittlichkeit, Kleiderordnungen usw.). Hieran anknüpfend wurde in den absolutistischen deutschen Territorialstaaten die **Polizeigewalt zum Inbegriff der dem Fürsten zustehenden absoluten Staatsgewalt**, des ius politiae, von dem allerdings im Laufe der Zeit einzelne Bereiche abgesondert wur-

---

[1] Näher hierzu *Knemeyer*, AöR Bd. 92 (1967), 153 ff; *H. Maier*, Die ältere deutsche Staats- und Verwaltungslehre (Polizeiwissenschaft), 2. Aufl. 1980; *Harnischmacher/Semerak*, Deutsche Polizeigeschichte, 1986; *Preu*, Polizeibegriff und Staatszwecklehre, 1983; *Boldt*, in: L/D, A, Rdnr. 1 ff.

den, nämlich die auswärtigen Angelegenheiten, das Heer- und Finanzwesen sowie die Justiz. Diese sich in Akten der Gesetzgebung wie der vollziehenden Gewalt artikulierende Polizeigewalt des Monarchen unterlag keinen rechtlichen Beschränkungen, sondern gab diesem die Möglichkeit, in alle Lebensbereiche der Untertanen zur „Beförderung der allgemeinen Wohlfahrt" reglementierend einzugreifen. Man bezeichnete die absolutistischen Staaten des 18. Jahrhunderts deshalb auch als Polizeistaaten und die Tätigkeit, welche durch die Polizeigewalt ausgeübt wurde, als Polizei. Sie umfasste sowohl die Gewährleistung der öffentlichen Sicherheit als auch die Förderung der umfassend verstandenen, durch den Monarchen zu definierenden allgemeinen Wohlfahrt.

Gegen diesen weiten materiellen Polizeibegriff und die ihm korrespondierende umfassende Polizeigewalt des Monarchen wandte sich die liberal und individualistisch gesonnene Aufklärungsphilosophie. Bereits 1770 benannte der Göttinger Staatsrechtslehrer **Johann Stephan Pütter** in seinem Werk „Institutiones Iuris Publici Germanici" als Aufgabe der Polizei nur die Gefahrenabwehr und nicht die Förderung der Wohlfahrt. Von dieser Einschränkung des Polizeibegriffs ging auch das Allgemeine Landrecht für die Preußischen Staaten vom 1.6.1794 (ALR) aus, das in § 10 Teil II Titel 17 (§ 10 II 17) bestimmte: „Die nöthigen Anstalten zur Erhaltung der öffentlichen Ruhe, Sicherheit und Ordnung, und zur Abwendung der dem Publiko, oder einzelnen Mitgliedern desselben bevorstehenden Gefahr zu treffen, ist das Amt der Polizey". Mit dieser Regelung war bezweckt sicherzustellen, dass staatliche Zwangsbefugnisse zur Förderung der Wohlfahrtspflege nicht mehr ohne eine besondere gesetzliche Grundlage ausgeübt werden konnten. 3

Die im ALR vorgesehene Einschränkung der Polizeibefugnisse geriet freilich in der Folgezeit wieder weitgehend in Vergessenheit. Ohne dass die Vorschrift des § 10 II 17 ALR formell aufgehoben wurde, war in der Praxis – begünstigt durch verschiedene königliche Verordnungen – auf Grund der restaurativen Bestrebungen konservativer Kreise eine erneute Ausweitung der Kompetenzen der Polizei und hiermit einhergehend der staatlichen Zwangsbefugnisse feststellbar. 4

Einen grundlegenden Wandel, der zu einer tatsächlichen Einschränkung der polizeilichen Befugnisse – und damit des materiellen Polizeibegriffs – führte, bewirkte die Entscheidung des **Preußischen Oberverwaltungsgerichts vom 14.6.1882**, das berühmte **Kreuzberg-Urteil**[2]. Bei ihm ging es um die Gültigkeit einer Polizeiverordnung, die aus ästhetischen Gründen (Sicherung der Sicht auf ein Siegesdenkmal) die Höhe der Bebauung für bestimmte Grundstücke in Kreuzberg beschränkte. Das *PreußOVG* hielt diese Verordnung für ungültig. Es stützte sich dabei auf § 10 II 17 ALR als die seiner Auffassung nach allein in Betracht kommende Ermächtigungsgrundlage. Da die Verordnung nicht der Gefahrenabwehr diente, sie vielmehr eine Maßnahme der Wohlfahrtspflege darstellte, sei sie von der genannten Vorschrift nicht gedeckt und damit unwirksam. **Das Gericht setzte damit die Begrenzung der Polizeibefugnisse auf die Gefahrenabwehr durch.** In den folgenden Jahrzehnten hielt 5

---

2 *PreußOVGE* 9, 353 ff; vgl. hierzu *Rott*, NVwZ 1982, 363 f.

das *PreußOVG* im Einklang mit der h.M. an dieser Judikatur fest und entwickelte auf der Grundlage des § 10 II 17 ALR eine detaillierte Systematik des Polizeirechts.

6   Im Gegensatz zu Preußen **vollzog in Süddeutschland der Gesetzgeber den Schritt zu einem rechtsstaatlichen Polizeibegriff**. Die von den Ländern Baden (1863 und 1871), Bayern (1861 und 1871), Hessen (1847) und Württemberg (1839 und 1871) erlassenen Polizeistrafgesetzbücher enthielten sowohl für einzelne Fälle der Gefahrenverursachung Übertretungstatbestände als auch Ermächtigungsnormen zum Erlass von Polizeiverordnungen. Wenn auch in diesen Ländern die Rechtslage hinsichtlich der subsidiären Geltung einer Generalermächtigung zur Gefahrenabwehr für die nicht ausdrücklich geregelten Fälle unterschiedlich und umstritten war, bestand doch eine Übereinstimmung in der Beschränkung der polizeilichen Zwangsbefugnisse auf den Bereich der Gefahrenabwehr.

7   Auch unter der Geltung der Weimarer Reichsverfassung wurde an der liberalen rechtsstaatlichen Begrenzung des materiellen Polizeibegriffs festgehalten. Während einige Länder die Ergebnisse der polizeirechtlichen Rechtsprechung kodifizierten, ging man in anderen Ländern weiterhin mangels positivrechtlicher Normierungen von einer gewohnheitsrechtlich anzuerkennenden Ermächtigungsgrundlage zur Gefahrenabwehr aus. Von den Kodifikationen seien insbesondere die ThürLVO vom 10.6.1926 sowie das **PreußPVG vom 1.6.1931**[3], das in § 14 eine polizeiliche Generalermächtigung enthielt, erwähnt. In der Zeit des Nationalsozialismus wurde zwar der materielle Polizeibegriff nicht formell beseitigt, in Gestalt der Gestapo besaß das nationalsozialistische Regime jedoch ein Instrument, um seine politischen Ordnungsvorstellungen ohne gesetzliche Bindung durchzusetzen. Nur auf jenen Sektoren, die keine politischen Bezüge aufwiesen, hielten sich noch Reste eines rechtsstaatlichen, auf die Gefahrenabwehr beschränkten Polizeirechts.

8   Eine ähnliche Deformierung des Polizeirechts war auch in der früheren DDR feststellbar[4]. Zwar galten hier bis zum Erlass des Gesetzes über die Aufgaben und Befugnisse der Volkspolizei vom 11.6.1968 (GBl. I, S. 232) die überkommenen Rechtsgrundlagen, insbesondere das PreußPVG fort; die polizeiliche Praxis setzte sich jedoch über die Beachtung vieler rechtsstaatlicher Grundsätze hinweg und „interpretierte" die polizeirechtlichen Begriffe „um". So wurde insbesondere für die Beantwortung der Frage, ob ein bestimmtes Verhalten als eine Störung der öffentlichen Sicherheit oder Ordnung zu qualifizieren sei, als maßgeblich angesehen, ob ein Sachverhalt dem „gesellschaftlichen Fortschritt" im Wege stand. Im Volkspolizeigesetz aus dem Jahre 1968 fand dann der Wandel des Polizeibegriffs hin zu einem „sozialistischen Polizeibegriff" seinen ausdrücklichen Niederschlag. Die Beschränkung auf Gefahrenabwehr entfiel; durch die Einbeziehung einer Art „sozialistischer Wohlfahrtspflege" (vgl. insbesondere die Präambel zum Volkspolizeigesetz) wurde auch die formale Beschränkung auf Gefahrenabwehr aufgegeben. Im Zuge der Wiedervereinigung wurde am 13.9.1990 das sich eng an die polizeigesetzlichen Regelungen der alten Bundesländer anlehnende „Gesetz über die Aufgaben der Polizei" (NBPAG) erlassen, das mittlerweile in allen neuen Bundesländern durch eigene gesetzliche Regelungen ersetzt wurde.

---

3   Dazu näher *Götz*, JuS 1991, 805 ff.
4   Näher hierzu *Lüers*, Das Polizeirecht in der DDR, Aufgabe, Befugnisse und Organisation der Deutschen Volkspolizei, 1974.

2. Polizei im materiellen Sinn als die der Gefahrenabwehr dienende staatliche Tätigkeit

Von einem **materiellen Polizeibegriff, der die gesamte der Gefahrenabwehr dienende staatliche Tätigkeit umfasst**, wird auch heute noch in der Polizeirechtswissenschaft überwiegend ausgegangen[5]. An ihn knüpfen die polizeirechtlichen Regelungen in Baden-Württemberg, Bremen und Saarland sowie nunmehr auch in Sachsen an. In den anderen Ländern führt die dort feststellbare Verengung der Polizei im institutionellen (organisatorischen) Sinn (vgl. hierzu unter III) in der Rechtswissenschaft mitunter dazu, als polizeiliche Tätigkeit nur die durch Polizeibehörden vorgenommene Gefahrenabwehr anzusehen und davon die der Gefahrenabwehr dienenden Handlungen anderer Verwaltungsbehörden zu trennen, die man als Ordnungsverwaltung bezeichnet. Damit wird der **Begriff der Polizei** hier sowohl durch ein **materielles** wie auch durch ein **organisatorisches Moment** gekennzeichnet. Die Bedeutung des materiellen Polizeibegriffs wird dadurch jedoch nicht in Frage gestellt, ist doch der Staat je nach der Zielsetzung seines Handelns auf der Basis der einfachgesetzlichen Regelungen – wie bereits durch die Verfassung vorgesehen – in unterschiedlichem Umfang zu Eingriffen ermächtigt. Seine Eingriffsbefugnisse auf dem Sektor der Gefahrenabwehr reichen deutlich weiter als in anderen Bereichen.

9

Zur Aufgabe der Gefahrenabwehr gehört auch die **Gefahrenvorsorge** (vgl. hierzu eingehend *Di Fabio*, JURA 1996, 566 ff; s dazu auch *Waechter*, JZ 2002, 854, 855 ff), bei der bereits im Vorfeld konkreter Gefahren staatliche Aktivitäten entfaltet werden, um deren Entstehung zu verhindern bzw. eine wirksame Bekämpfung sich später realisierender, momentan aber noch nicht konkret drohender Gefahren zu ermöglichen (s. dazu Rdnr. 48). Die Gefahrenvorsorge umfasst auch die Verhütung von noch nicht konkret drohenden Straftaten. Sie steht in engem Zusammenhang mit der Bekämpfung konkreter Gefahren, gehört traditionellermaßen ebenfalls zur Aufgabe der Gefahrenabwehr und unterfällt damit hinsichtlich der allgemeinen Gefahrenvorsorge der Gesetzgebungskompetenz der Länder für den Bereich des allgemeinen Polizei- und Ordnungsrechts. Allerdings kann aus der Zugehörigkeit der Gefahrenvorsorge zur Aufgabe der Gefahrenabwehr nicht abgeleitet werden, dass hiermit Eingriffsrechte der Polizei- bzw. Ordnungsbehörden begründet sind; die polizei- und ordnungsrechtlichen Ermächtigungsnormen erfordern vielmehr in der Regel als Eingriffsvoraussetzung (zumindest) das Vorliegen einer konkreten Gefahr (s. unten Rdnr. 47). Soweit der Gesetzgeber schon im Vorfeld der Gefahrenvorsorge Eingriffsbefugnisse begründet, bedürfen diese Regelungen einer strengen Überprüfung anhand des Übermaßverbots. Zu weit geht es allerdings, wenn mitunter solche Regelungen, die sich jedenfalls teilweise schon in älteren polizeirechtlichen Regelungen finden (wie z.B. die polizeiliche Razzia, vgl. Rdnr. 81), grundsätzlich als verfassungswidrig angesehen werden[6].

---

5 Für ihn z.B. *Martens*, DÖV 1982, 89, 92 f m.w.N.
6 So zutreffend auch *BVerfG*, NJW 2000, 55, 63 und *Möstl*, DVBl. 1999, 1394, 1398; krit. demgegenüber aber *Trute*, GS Jean d'Heur, 1999, S. 403.

II *Polizei- und Ordnungsrecht*

Nicht zur Gefahrenabwehr zählt die **Strafverfolgungsvorsorge**, welche zur Durchführung der Strafverfolgung in Bezug auf mögliche zukünftige (bzw. zukünftig bekannt werdende) Straftaten dient. Sie ist der Strafverfolgung zuzurechnen und unterfällt damit als Annex der Kompetenz des Bundes für das gerichtliche Verfahren gem. Art. 74 I Nr. 1 GG (s. näher Rdnr. 19). Ihrer Trennung von der Gefahrenvorsorge steht nicht im Wege, dass im Einzelfall ein polizeiliches Handeln sowohl unter dem Gesichtspunkt der Strafverfolgungsvorsorge wie auch der Gefahrenvorsorge in Betracht kommt (s. zur entsprechenden Problematik der Doppelfunktionalität bei Gefahrenabwehr- und Strafverfolgungsmaßnahmen der Polizei unten Rdnr. 232 f). Solange der Bundesgesetzgeber nicht eine abschließende, flächendeckende Normierung der Strafverfolgungsvorsorge vorgenommen hat, sondern nur einzelne Regelungen wie in § 81b, 2. Alt. StPO (dazu unten Rdnr. 86) und § 81g StPO getroffen hat[7], ist der Landesgesetzgeber gem. Art. 72 GG nicht gehindert, bestehende bundesrechtliche Lücken auf dem Sektor der Strafverfolgungsvorsorge auszufüllen, wobei dies anknüpfend an § 1 I 2 MEPolG[8], auch in den jeweiligen Polizeigesetzen der Länder erfolgen kann, da die entsprechenden Befugnisse ebenfalls der Polizei zugeordnet sind. So bestimmt denn auch § 484 IV StPO ausdrücklich, dass sich die Verwendung personenbezogener Daten, die für Zwecke künftiger Strafverfahren in Dateien der Polizei gespeichert sind oder werden, sich grundsätzlich nach den Polizeigesetzen regelt. Ausgenommen hiervon wird nur die Verwendung für Zwecke eines Strafverfahrens. Angesichts der unterschiedlichen Zielsetzung von Gefahrenvorsorge und Strafverfolgungsvorsorge und der an diese Differenzierung anknüpfenden unterschiedlichen kompetenzrechtlichen Behandlung erscheint es freilich wenig glücklich, wenn in Anlehnung an § 1 I 2 MEPolG die Vorsorge für die Verfolgung der Straftaten und die Verhütung von Straftaten durch den einheitlichen Begriff der vorbeugenden Bekämpfung von Straftaten charakterisiert werden und damit das Bestehen wesentlicher Unterschiede zwischen Strafverfolgungsvorsorge und Gefahrenvorsorge verwischt wird.

Die Zuweisung von Aufgaben der Gefahrenabwehr an Verwaltungsbehörden schließt nicht aus, diesen (insbesondere in Spezialgesetzen) Aufgaben der Wohlfahrtspflege zuzuweisen. So enthalten etwa die Landesbauordnungen neben den Gefahrenabwehrregelungen auch solche Normen, die die **Wohlfahrtspflege** bezwecken, wie sich z.B. an den die Baugestaltung betreffenden Normen der Landesbauordnungen zeigt[9]. Über den Bereich der Gefahrenabwehr hinaus führen z.B. auch die Regelungen in § 5 I Nr. 1 BImSchG, die die Abwehr erheblicher Belästigungen für die Allgemeinheit und die Nachbarschaft zum Gegenstand haben (vgl. Rdnr. 51). Ohnehin führt eine sozialstaatlich motivierte Ausdehnung der staatlichen Tätigkeit zur Konstituierung neuer Rechtsgüter, deren Schutz vor möglichen Gefahren beim Fehlen spezialgesetzlicher Normen durch die Polizei bewerkstelligt werden muss. So ist z.B. bei

---

7 Von der Verfassungswidrigkeit solcher Regelungen gehen wegen der von ihnen angenommenen Zugehörigkeit der Strafverfolgungsvorsorge zum Polizeirecht ausdrücklich z.B. *Pieroth/Schlink/Kniesel*, § 5, Rdnr. 6 und *Paeffgen*, JZ 1991, 437, 443 aus.
8 Vgl. z.B. § 1 III BerlASOG, § 1 I 2 BrandPolG; § 1 I 2 RhPfPOG; § 2 I 2 ThürPAG.
9 Vgl. hierzu *Schenke*, Bauordnungsrecht, in: Achterberg/Püttner (Hrsg.), Besonderes Verwaltungsrecht Bd. I, 2. Aufl., 2000, S. 748 ff.

Missachtung der in der LBO getroffenen Regelungen über die ästhetische Gestaltung eines Bauvorhabens ein baupolizeiliches Einschreiten gegenüber solchen Anlagen möglich.

III. Der Begriff der Polizei im institutionellen (organisatorischen) Sinn

Der Polizeibegriff im institutionellen oder organisatorischen Sinn knüpft an die Zugehörigkeit zu einer bestimmten Gruppe von Behörden (den Polizeibehörden) an. Polizei im institutionellen (organisatorischen) Sinn bezeichnet demgemäß diejenigen Stellen, die dem Organisationsbereich der Polizei zuzurechnen sind. Der Umfang der Polizei in diesem Sinn ist in den einzelnen Bundesländern verschieden. Dabei lassen sich **zwei Gruppen von Ländern** unterscheiden. Die eine Gruppe, bestehend aus Bayern, Berlin, Hamburg, Hessen, Niedersachsen, Nordrhein-Westfalen, Rheinland-Pfalz und Schleswig-Holstein sowie den neuen Bundesländern Brandenburg, Mecklenburg-Vorpommern, Sachsen-Anhalt und Thüringen, hat das sog. **Trennungs- oder Ordnungsbehördensystem** eingeführt, in dem die Gefahrenabwehr überwiegend von den Behörden der allgemeinen Verwaltung wahrgenommen wird[10]. Diese Verwaltungsbehörden der Gefahrenabwehr (so die Bezeichnung in Hamburg, Niedersachsen und Sachsen-Anhalt; in Berlin, Brandenburg, Mecklenburg-Vorpommern, Nordrhein-Westfalen, Rheinland-Pfalz und Schleswig-Holstein werden sie Ordnungsbehörden, in Bayern Sicherheitsbehörden und in Hessen Gefahrenabwehrbehörden genannt), durch deren Einrichtung sich die Zuständigkeit der Polizei grundsätzlich auf die Gefahrenabwehr in Eilfällen, die Mitwirkung bei der Verfolgung von Straftaten und Ordnungswidrigkeiten, die Vollzugshilfe sowie die sonstigen gesetzlich genannten Aufgaben beschränkt, sind als Folge der in der früheren Britischen und Amerikanischen Besatzungszone nach dem Zweiten Weltkrieg vorgenommenen **Entpolizeilichung**[11] gebildet worden. Man meinte, hierdurch einen Missbrauch der Polizeigewalt, wie er im Dritten Reich insbesondere für die Gestapo typisch war, verhindern zu können. Ob in dieser Verengung des Polizeibegriffs – wie z.T. behauptet – ein bedeutsamer rechtsstaatlicher Fortschritt zu sehen ist, erscheint einigermaßen zweifelhaft. Auch für das Handeln der Ordnungsbehörden gelten, selbst wenn sich dies nunmehr nach eigenständigen rechtlichen Regelungen richtet, im Wesentlichen ebenfalls die allgemeinen polizeirechtlichen Grundsätze. Zudem kommt heute angesichts der verfassungsrechtlichen, insbesondere der grundrechtlichen Bindungen der staatlichen Gewalt ohnehin dem Polizeibegriff nicht mehr jene rechtsstaatliche Bedeutung zu, die er in der Vergangenheit besaß. Für eine Beschränkung der Polizei im institutionellen Sinn lässt sich allenfalls anführen, dass insbesondere im Zeichen des sozialen Rechtsstaats die Aufgaben der Ordnungsbehörden vielfach durch andere

10

---

10 Vgl. Art. 6 BayLStVG; § 2 BerlASOG; § 1 BrandOBG; § 3 HambSOG; § 1 HessSOG; §§ 1 I, 4 I, 7 MVSOG; § 1 NdsGefAG; § 1 NWOBG; § 1 RhPfPOG; §§ 1, 2 SachsAnhSOG; §§ 165, 168 Schl-HVwG; §§ 2 f ThürOBG.
11 Vgl. *BVerfGE* 3, 407, 431.

II *Polizei- und Ordnungsrecht*

11 staatliche Zielsetzungen überlagert werden, was dazu geführt hat, dass einzelne Materien, die früher dem Polizeirecht zugeordnet wurden, nunmehr auch Normierungen mit anderen, über die Gefahrenabwehr hinausreichenden Zwecken enthalten (so z.B. die Landesbauordnungen und das Bundesimmissionsschutzgesetz).

11 Die Länder Baden-Württemberg, Bremen, Saarland und Sachsen gehen auch heute noch von einem **Einheitssystem** aus. Hier umfasst die Polizei im institutionellen (organisatorischen) Sinn, da die Gefahrenabwehr grundsätzlich der Polizei übertragen ist, nach wie vor sämtliche Behörden, die polizeiliche Aufgaben im Sinne des materiellen Polizeibegriffs wahrnehmen[12]. In diesen vier Ländern ist unter der Polizei im institutionellen (organisatorischen) Sinn daher eine weitaus größere Anzahl von Behörden zusammengefasst als in den entpolizeilichten Ländern. Der Unterschied zwischen diesen beiden Gruppen von Bundesländern verringert sich allerdings dadurch, dass auch die Länder des Einheitssystems eine gewisse Aufteilung der Polizeiorganisation vorgenommen haben, indem sie, anknüpfend an eine schon dem preußischen Polizeirecht geläufige Unterscheidung, zwischen Verwaltungspolizei und Vollzugspolizei, zwischen Polizeibehörden (im Saarland Polizeiverwaltungsbehörden[13]) und Polizeivollzugsdienst[14] (im Saarland Vollzugspolizei[15]) trennen.

IV. Der Begriff der Polizei im formellen Sinn

12 Der Begriff der Polizei im formellen Sinn umschreibt **all jene Aufgaben, die die Polizei im institutionellen (organisatorischen) Sinn wahrnimmt**, unabhängig von ihrer materiellen Qualifikation. Darunter fallen demgemäß nicht nur Aufgaben der Gefahrenabwehr, sondern auch andere Verwaltungstätigkeiten (wie z.B. die Wohlfahrtspflege), ferner z.B. auch die Mitwirkung bei der Strafverfolgung und der Verfolgung von Ordnungswidrigkeiten (vgl. hierzu Rdnr. 221 ff).

B. Das Polizei- und Ordnungsrecht

I. Der Begriff des Polizei- und Ordnungsrechts

13 Versteht man den Begriff der Polizei als die der Gefahrenabwehr dienende staatliche Tätigkeit, so ist konsequenterweise das **Polizeirecht das Recht der Gefahrenabwehr**. Von diesem Verständnis des Polizeirechts wird unbestrittenermaßen in den Ländern Baden-Württemberg, Bremen, Saarland und Sachsen ausgegangen. In den anderen Bundesländern wird vielfach als Folge der Restriktion der Polizei im institutionellen (organisatorischen) Sinn nur die durch die Polizeibehörden vorzuneh-

---

12 Vgl. § 1 BWPolG; §§ 1, 2 Nr. 1 BremPolG; § 1 SaarlPolG; § 1 SächsPolG.
13 (15) §§ 1 I, 75 ff SaarlPolG.
14 (16) Vgl. § 59 BWPolG; §§ 65 I, 70 I BremPolG; § 59 SächsPolG.
15 §§ 1 I, 82 ff SaarlPolG.

mende, der Gefahrenabwehr dienende Tätigkeit als Gegenstand des Polizeirechts angesehen. Von ihr getrennt wird dann die auf Gefahrenabwehr gerichtete Tätigkeit anderer Behörden (meist Ordnungsbehörden bezeichnet), die den Gegenstand des **Ordnungsrechts** bildet.

II. Die Gliederung des Polizei- und Ordnungsrechts

Man unterscheidet **allgemeines und besonderes Polizei- und Ordnungsrecht**. Das allgemeine Polizei- und Ordnungsrecht enthält die allgemeinen Vorschriften und Grundsätze des Rechts der Gefahrenabwehr; das besondere Polizei- und Ordnungsrecht normiert die Gefahrenabwehr für bestimmte Sektoren spezialgesetzlich. Wichtige Bereiche des Polizei- und Ordnungsrechts sind heute spezialgesetzlich geregelt. Man denke etwa an das in den Landesbauordnungen statuierte Bauordnungsrecht oder an die gewerbepolizeilichen Regelungen im Bundesimmissionsschutzgesetz und der Gewerbeordnung sowie die versammlungspolizeilichen Vorschriften im Versammlungsgesetz. Sofern diese speziellen Regelungen Lücken aufweisen, kann zu deren Schließung vielfach auf allgemeine polizeirechtliche Grundsätze zurückgegriffen werden.

14

Innerhalb des Polizei- und Ordnungsrechts lässt sich ferner zwischen dem **materiellen Polizei- und Ordnungsrecht** (Rdnr. 20 ff), das die staatliche Aufgabe der Gefahrenabwehr und die den Behörden hierzu eingeräumten Befugnisse zum Gegenstand hat, und dem **formellen Polizei- und Ordnungsrecht** (Rdnr. 241 ff) differenzieren. Letzteres umfasst neben dem Polizei- und Ordnungsbehördenorganisationsrecht, das die Zuständigkeiten und den Aufbau der Polizei- und Ordnungsbehörden betrifft, die Formen polizeilichen Handelns.

15

III. Polizei- und Ordnungsrecht im Bundesstaat

1. Die Gesetzgebungskompetenz der Länder zur Regelung des Polizei- und Ordnungsrechts

Das allgemeine Polizei- und Ordnungsrecht gehört, da es in dem Zuständigkeitskatalog der Art. 73 ff GG nicht aufgeführt ist, in die ausschließliche Gesetzgebungskompetenz der Länder (Art. 70 GG). Ihm ist grundsätzlich auch die der Gefahrenabwehr immanente Gefahrenvorsorge und vorbeugende Verbrechensbekämpfung zuzuordnen. Die Länder haben allgemeine polizei- und ordnungsrechtliche Normen erlassen. Enthalten sind diese Normierungen in[16]:

16

Baden-Württemberg im Polizeigesetz (BWPolG; 19.12.2000 (GBl. S. 752));
Bayern im Polizeiaufgabengesetz (BayPAG; 24.7.2001 (GVBl. S. 348)), im Polizeiorganisationsgesetz (BayPOG; 27.12.1999 (GVBl. S. 541)) und im Landesstraf- und Verordnungsgesetz (BayLStVG; 24.4.2001 (GVBl. S. 140));

---

16 Der Klammerzusatz enthält die in diesem Werk verwendete Abkürzung und den Stand der letzten in diesem Werk berücksichtigten Änderung bzw. Bekanntmachung unter der Angabe einer Fundstelle.

II Polizei- und Ordnungsrecht

Berlin im Allgemeinen Gesetz zum Schutz der öffentlichen Sicherheit und Ordnung (BerlA-SOG; 10.2.2003 (GVBl. S. 67)) und im Gesetz über die Anwendung unmittelbaren Zwangs bei der Ausübung öffentlicher Gewalt durch Vollzugsbeamte des Landes Berlin (BerlUZwG);

Brandenburg im Ordnungsbehördengesetz (BrandOBG; 19.12.2000 (GVBl. S. 179)), im Gesetz über die Organisation und die Zuständigkeit der Polizei (BrandPOG; 18.12.2001 (GVBl. S. 282)) sowie im Polizeigesetz (BrandPolG; 18.12.2001 (GVBl. S. 298));

Bremen im Bremischen Polizeigesetz (BremPolG; 6.12.2001 (GBl. S. 441));

Hamburg im Gesetz zum Schutz der öffentlichen Sicherheit und Ordnung (HambSOG; 18.7.2001 (GVBl. S. 217)) sowie im Gesetz über die Datenverarbeitung der Polizei (HambDVPolG; 19.7.2000 (GVBl. S. 155));

Hessen im Gesetz über die öffentliche Sicherheit und Ordnung (HessSOG; 26.11.2002 (GVBl. I, S. 704));

Mecklenburg-Vorpommern im Gesetz über die öffentliche Sicherheit und Ordnung (MVSOG; 28.3.2002 (GVBl. S. 154));

Niedersachsen im Gefahrenabwehrgesetz (NdsGefAG; 20.11.2001 (GVBl. S. 701));

Nordrhein-Westfalen im Polizeigesetz (NWPolG; 18.12.2001 (GVBl. S. 870)), im Polizeiorganisationsgesetz (NWPOG; 2.7.2002 (GVBl. S. 242)) und im Ordnungsbehördengesetz (NWOBG; 18.12.2001 (GVBl. S. 870));

Rheinland-Pfalz im Polizei- und Ordnungsbehördengesetz (RhPfPOG; 6.2.2001 (GVBl. S. 29));

Saarland im Polizeigesetz (SaarlPolG; 7.11.2001 (Abl. S. 2158));

Sachsen im Polizeigesetz (SächsPolG; 13.8.1999 (GVBl. S. 465)) und im Wachpolizeigesetz (SächsWachG; 12.3.2002 (GVBl. S. 106));

Sachsen-Anhalt im Gesetz über die öffentliche Sicherheit und Ordnung (SachsAnhSOG; 7.12.2001 (GVBl. S. 540));

Schleswig-Holstein im Landesverwaltungsgesetz (SchlHVwG; 19.10.2001 (GVBl. S. 166)) und im Polizeiorganisationsgesetz (SchlHPOG; 13.2.2001 (GVBl. S. 34));

Thüringen im Polizeiaufgabengesetz (ThürPAG; 20.6.2002 (GVBl. S. 247)), im Ordnungsbehördengesetz (ThürOBG; 20.6.2002 (GVBl. S. 247)) und im Polizeiorganisationsgesetz (ThürPOG; 9.1.2002 (GVBl. S. 148)).

Im Übrigen hat die Innenministerkonferenz am 25.11.1977 einen Musterentwurf eines einheitlichen Polizeigesetzes des Bundes und der Länder (MEPolG) beschlossen, der insbesondere mit den Polizei- und Ordnungsgesetzen in Bremen, Niedersachsen, Nordrhein-Westfalen, Rheinland-Pfalz und im Saarland inhaltlich weitgehend übereinstimmt. Da der MEPolG die polizeiliche Informationserhebung und -verarbeitung nur lückenhaft regelte, sind 1986 entsprechende Ergänzungen in einen Vorentwurf zur Änderung des MEPolG (VEMEPolG) aufgenommen worden. Der Text des MEPolG in der Fassung des VEMEPolG ist in *Schenke*, S. 375 ff abgedruckt.

2. Die Gesetzgebungskompetenzen des Bundes für Teilbereiche des Polizei- und Ordnungsrechts

17 Der Bund besitzt für eine Reihe spezialpolizeilicher Materien Gesetzgebungskompetenzen. Sie resultieren teilweise aus ausdrücklichen Zuweisungen (so z.B. Art. 73 Nr. 10b GG und Art. 74 I Nr. 4a und Nr. 24 GG), häufig aber auch aus dem **Gesichts-**

punkt der Annexkompetenz. Die Zuständigkeit des Bundes zur Regelung eines bestimmten Sachbereichs umfasst nämlich auch die Kompetenz zum Erlass von Regelungen, welche der Aufrechterhaltung der öffentlichen Sicherheit und Ordnung in diesem Sachbereich bezwecken. „Normen, die der Aufrechterhaltung der öffentlichen Sicherheit und Ordnung dienen, sind daher jeweils dem Sachbereich zuzurechnen, zu dem sie in einem notwendigen Zusammenhang stehen." (*BVerfGE* 8, 143, 149 f). So lassen sich z.B. luftverkehrspolizeiliche Regelungen wie § 29 LuftVG auf Art. 73 Nr. 6 GG oder gewerbepolizeiliche wie § 35 GewO auf Art. 74 I Nr. 11 GG stützen.

Der Bundesgesetzgeber hat im Bereich der ausschließlichen Gesetzgebungskompetenz (Art. 73 GG) u.a. erlassen:

Zu Nr. 1: Gesetz zur Neuregelung von Beschränkungen des Brief-, Post- und Fernmeldegeheimnisses (unter dem Gesichtspunkt der auswärtigen Angelegenheiten und dem der Verteidigung);

zu Nr. 3: Passgesetz (PassG);

zu Nr. 5: Gesetz über den Bundesgrenzschutz (BGSG); Zollgesetz (ZG); Gesetz über die Finanzverwaltung (FVG);

zu Nr. 6: Luftverkehrsgesetz (LuftVG); Luftverkehrs-Ordnung (LuftVO); Luftverkehrs-Zulassungs-Ordnung (LuftVZO);

zu Nr. 10: Gesetz über das Bundeskriminalamt und die Zusammenarbeit des Bundes und der Länder in kriminalpolizeilichen Angelegenheiten (Bundeskriminalamtgesetz – BKAG); Gesetz über die Zusammenarbeit des Bundes und der Länder in Angelegenheiten des Verfassungsschutzes und über das Bundesamt für Verfassungsschutz des Bundes (Bundesverfassungsschutzgesetz – BVerfSchG).

Im Bereich der konkurrierenden Gesetzgebungskompetenz (Art. 74 I GG) sind vom Bund u.a. erlassen worden:

Zu Nr. 2: Personenstandsgesetz (PStG);

zu Nr. 3: Gesetz über Versammlungen und Aufzüge (VersG); Gesetz zur Regelung des öffentlichen Vereinsrechts (VereinsG);

zu Nr. 4: Gesetz über die Einreise und den Aufenthalt von Ausländern im Bundesgebiet (AuslG);

zu Nr. 4a: Waffengesetz (WaffG); Gesetz über explosionsgefährliche Stoffe (SprengG);

zu Nr. 7: Gesetz über die Verbreitung jugendgefährdender Schriften und Medieninhalte (GjSM); Gesetz zum Schutze der Jugend in der Öffentlichkeit (JÖSchG);

zu Nr. 11: Gewerbeordnung (GewO); Gesetz zum Schutz vor schädlichen Umwelteinwirkungen durch Luftverunreinigungen, Geräusche, Erschütterungen und ähnliche Vorgänge (BImSchG); Gaststättengesetz (GastG); Gesetz zur Ordnung des Handwerks (HandwO); Gesetz über den Ladenschluss (LSchlG); Personenbeförderungsgesetz (PBefG); Güterkraftverkehrsgesetz (GüKG);

zu Nr. 11a: Gesetz über die friedliche Verwendung der Kernenergie und den Schutz gegen ihre Gefahren (AtG);

zu Nr. 18: Gesetz zum Schutz vor schädlichen Bodenveränderungen und zur Sanierung von Altlasten (Bundes-Bodenschutzgesetz-BBodSchG)[17]

---

17 *BVerwG*, DÖV 2000, 1054, 1055; *Knopp*, DÖV 2001, 441, 443 f (ergänzend Art. 74 I Nrn. 11, 17 und 24 GG).

II *Polizei- und Ordnungsrecht*

zu Nr. 19: Gesetz zur Verhütung und Bekämpfung von Infektionskrankheiten beim Menschen (IfSG); Gesetz über den Verkehr mit Arzneimitteln (AMG); Tierseuchengesetz (TierSG); Fleischhygienegesetz (FlHG); Gesetz über den Verkehr mit Betäubungsmitteln (BtMG);

zu Nr. 20: Gesetz über den Verkehr mit Lebensmitteln, Tabakerzeugnissen, kosmetischen Mitteln und sonstigen Bedarfsgegenständen (LMBG);

zu Nr. 21: Bundeswasserstraßengesetz (WaStrG); Gesetz über die Aufgaben des Bundes auf dem Gebiet der Seeschiffahrt (SeeSchAufgG); Gesetz über die Aufgaben des Bundes auf dem Gebiet der Binnenschifffahrt (BinSchAufgG);

zu Nr. 22: Personenbeförderungsgesetz (PBefG); Straßenverkehrsgesetz (StVG); Straßenverkehrs-Ordnung (StVO); Straßenverkehrs-Zulassungs-Ordnung (StVZO); Güterkraftverkehrsgesetz (GüKG);

zu Nr. 24: Gesetz zur Förderung der Kreislaufwirtschaft und der umweltverträglichen Beseitigung von Abfällen (Kreislaufwirtschafts- und Abfallgesetz – KrW-/AbfG);.

Von der Kompetenz, Rahmenvorschriften zu erlassen, hat der Bund gemäß Art. 75 I Nr. 4 GG mit dem Erlass des Gesetzes zur Ordnung des Wasserhaushaltes (WHG) und gemäß Art. 75 I Nr. 5 GG mit dem Erlass des Melderechtsrahmengesetzes (MRRG) und des Gesetzes über Personalausweise Gebrauch gemacht.

19 Neben der **präventiven Aufgabenwahrnehmung bei der Gefahrenabwehr**, zu welcher auch die Gefahrenvorsorge zählt (s. auch Rdnr. 48), wird die Polizei **repressiv bei der Verfolgung von Straftaten und Ordnungswidrigkeiten** tätig. Hierzu enthalten u.a. die vom Bund im Bereich der konkurrierenden Gesetzgebung (Art. 74 I Nr. 1 GG) erlassene Strafprozessordnung (StPO) mit dem Einführungsgesetz zur Strafprozessordnung (EGStPO) und das Gesetz über Ordnungswidrigkeiten (OWiG) Rechtsgrundlagen. Die Kompetenz des Art. 74 I Nr. 1 GG umfasst unter dem Gesichtspunkt der Annexkompetenz auch die Vorsorge für die Verfolgung von Straftaten (s. auch oben Rdnr. 9)[18], weshalb gegen Regelungen der Strafverfolgungsvorsorge in der StPO keine durchschlagenden Bedenken zu erheben sind. Nicht erfasst wird demgegenüber die im Vorfeld des Bestehens einer konkreten Gefahr anzusiedelnde vorsorgende Gefahrenabwehr bezüglich Straftaten. Hinsichtlich der bei Bestehen eines Anfangsverdachts i.S.d. § 152 II StPO einsetzenden Strafverfolgung beinhaltet die StPO gem. § 6 EGStPO eine abschließende Regelung der polizeilichen Befugnisse (sog. Kodifikationsprinzip, s. unten Rdnr. 225), anders hingegen bezüglich der Strafverfolgungsvorsorge, zu der sich in der StPO nur lückenhafte Regelungen wie § 81b, 2. Alt. StPO (s. dazu unten Rdnr. 86) und § 81g StPO finden, die außerhalb ihres unmittelbaren Anwendungsbereichs keine Sperrwirkung für ergänzende landespolizeirechtliche Regelungen beinhalten, welche die Strafverfolgungsvorsorge zum Gegenstand haben.noch keinen Gebrauch gemacht hat. Bundesgesetzliche Regelungen der Strafverfolgungsvorsorge schließen ohnehin Regelungen derselben Grundrechtseingriffe unter dem Gesichtspunkt einer Gefahrenvorsorge in Be-

---

18 So auch *BVerfG*, NJW 2001, 879; *Denninger*, in: L/D, E, Rn 165; *Waechter*, DÖV 1999, 138, 140; *Wolter*, StrVert 1989, 358, 365 f; *ders.*, in: Systematischer Kommentar zur StPO und zum GVG vor § 151, Rdnr. 160, 160a m.w.N.; *Zöller*, RDV 1997, 163, 164; *HessVGH*, NVwZ-RR 1994, 652, 653; a.A. *Pieroth/Schlink/Kniesel*, § 5, Rdnr. 6; *Schoch*, JuS 1994, 391, 394 m.w.N.; *Würtenberger/Heckmann/Riggert*, BW, Rn 181; *BVerwG*, NJW 1990, 2768, 2769; *BayVerfGH* NVwZ 1996, 166; *BrandVerfG* LKV 1999, 450, 451; *MVVerfG*, LKV 2000, 345, 347; *SächsVerfGH*, LKV 1996, 273, 275.

zug auf Straftaten nicht aus, da der Bund insoweit keine Gesetzgebungszuständigkeit besitzt[19]. Daraus ergibt sich in praxi eine weitgehende Zweispurigkeit des polizeilichen Handelns.

2. Abschnitt
Materielles Polizei- und Ordnungsrecht (Rechtsgrundlagen und Rechtsgrundsätze des polizeilichen Handelns)

C. Die Polizeibefugnisse im Rahmen der Gefahrenabwehr

I. Allgemeines

Aus der **Zuweisung von Aufgaben** der Gefahrenabwehr an die Polizei- und Ordnungsbehörden folgt gemäß einem heute allgemein anerkannten rechtsstaatlichen Grundsatz allein noch **nicht die Befugnis dieser Behörden zum Einsatz von Mitteln, die zu einer rechtlichen Belastung des Bürgers führen** (zu entsprechenden, sich in Verbindung mit der Strafverfolgung bei § 163 I 1 StPO stellenden Problemen s. unten Rdnr. 223). Lediglich dann, wenn eine Aufgabe ohne solche belastende Eingriffe überhaupt nicht realisiert werden könnte, wäre es zwingend, aus einer Aufgabenzuweisung – da sie nur dann sinnvoll wäre – konkludent auch die Einräumung der Ermächtigung zur Vornahme von rechtsbeeinträchtigenden Maßnahmen abzuleiten. Für die Erfüllung der Aufgabe der Gefahrenabwehr trifft dies aber deshalb nicht zu, weil sie nicht notwendigerweise polizeiliche Maßnahmen mit Eingriffscharakter voraussetzt (so liegt z.B. kein Eingriff bei einer polizeilichen Warnung vor Glatteis vor). Allein auf die Aufgabennorm lassen sich daher nur solche – ohnehin nicht dem Gesetzesvorbehalt (Art. 20 III GG) unterfallende – Maßnahmen stützen, die keinen Eingriff in die Rechtssphäre von Personen darstellen.

20

Für belastende Maßnahmen bedarf es daher einer neben die Aufgabenzuweisung tretenden, zusätzlich heranzuziehenden Ermächtigungsgrundlage, die gemäß dem in Art. 20 III GG angesiedelten Prinzip des Gesetzesvorbehalts die möglichen Eingriffe nach Inhalt, Zweck und Ausmaß hinreichend bestimmen muss. Eine derartige Ermächtigungsgrundlage kann allerdings gesetzestechnisch zugleich mit der polizeilichen Aufgabenzuweisung in einer Vorschrift zusammengefasst sein. Dieser Weg

---

19 Vgl. *Kniesel*, ZRP 1992, 164, 165; zu undifferenziert *Hund*, ZRP 1991, 463 ff.

II Polizei- und Ordnungsrecht

wird bei den polizei- und ordnungsbehördlichen Generalklauseln häufig beschritten[20]. Dies liegt insofern nahe, als sich die den polizeilichen Aufgabenbereich umschreibenden Tatbestandsmerkmale (Abwehr von Gefahren für die öffentliche Sicherheit und Ordnung) mit den Tatbestandsvoraussetzungen der polizei- und ordnungsbehördlichen Generalermächtigungen zur Gefahrenabwehr weitgehend decken (zu dem **Unterschied hinsichtlich des Erfordernisses der konkreten Gefahr** s. unten Rdnr. 47). Aus diesem Grund wird im folgenden die nähere Umschreibung des Aufgabenbereichs der Polizei- und Ordnungsbehörden im Rahmen der Tatbestandsvoraussetzungen der polizeilichen Generalklausel dargelegt werden (dazu II).

21 Neben der Generalklausel kennt das allgemeine Polizei- und Ordnungsrecht eine Reihe von Spezialermächtigungen (dazu III.) zur Erfüllung von Aufgaben der Gefahrenabwehr (sog. Standardmaßnahmen). Diese **Spezialermächtigungen gehen in ihrem Anwendungsbereich der Generalermächtigung vor**[21]. Deshalb ist etwa die gegen den Willen des Eigentümers erfolgte Zuweisung eines Wohnraums an einen Obdachlosen dort, wo eine spezialgesetzliche polizeirechtliche Regelung der Beschlagnahme besteht, nach dieser Vorschrift und nicht nach der Generalermächtigung vorzunehmen[22] (s. unten Rdnr. 116). Die Spezialermächtigungen schließen wegen ihres abschließenden Charakters hinsichtlich der in ihnen geregelten Maßnahmen den Rückgriff auf die Generalermächtigung **selbst dort aus, wo in concreto ihre Tatbestandsvoraussetzungen nicht erfüllt** sind (demnach ist z.B. eine der Gefahrenabwehr dienende polizeiliche Durchsuchung einer Wohnung nur bei Vorliegen der in den Polizeigesetzen spezialgesetzlich normierten Erfordernisse zulässig)[23]. Voraussetzung für ein auf solche Spezialermächtigungen gestütztes polizeiliches Handeln ist freilich auch hier grundsätzlich, dass es der Abwehr von Gefahren für die öffentliche Sicherheit oder Ordnung dient.

22 Weitere Befugnisse der Polizei- und Ordnungsbehörden auf dem Gebiet der Gefahrenabwehr sind schließlich außerhalb der allgemeinen Polizei- und Ordnungsgesetze spezialgesetzlich normiert (dazu unter IV). Sie verbieten, soweit sie abschließende Normierungen beinhalten und nicht ein Fall einer Notzuständigkeit[24] (dazu Rdnr. 255) gegeben ist, einen Rückgriff auf die Ermächtigungen des allgemeinen Polizei und Ordnungsrechts. Statuieren sie allerdings keine abschließende Regelung der

---

20 So schon bei § 14 PreußPVG; ebenso § 3 HambSOG; § 168 SchlHVwG.
21 Ausdrücklich hervorgehoben wird dies in § 8 I NWPolG.
22 A.A. *Erichsen/Biermann*, JuS 1998, 371, 376; *Ewer/v. Detten*, NJW 1995, 353; *Gusy*, Rdnr. 273; *Rachor*, in: L/D, F, Rdnr. 735; *Rüfner/Muckel*, S. 116; *R. Schmidt*, S. 244 f; zutreffend *VGH BW*, NVwZ-RR 1990, 476; *Cremer*, VBl. BW 1996, 241; *Götz*, Rdnr. 270 f. Zu beachten ist allerdings, dass mit der Beschlagnahme des Wohnraums zugleich eine auf die Generalklausel gestützte Einweisungsverfügung gegenüber dem Obdachlosen ergehen kann, die diesen verpflichtet, den Wohnraum zu beziehen (s. auch *Schoch*, JuS 1995, 30, 34).
23 Eingehend zu den sich hier stellenden Konkurrenzproblemen *Butzer*, VerwArch. Bd. 93 (2002), 506, 519 ff.
24 § 2 I BWPolG; Art. 3 BayPAG; § 4 I BerlASOG; § 11 BrandPOG; § 3 II HambSOG; § 1 II NdsGefAG;§ 1 I 3 NWPolG; § 1 VI RhPfPOG; § 2 I SächsPolG; § 168 I Nr. 3 SchlHVwG; § 3 ThürPAG; bei einem derartigen Einschreiten werden i.d.R. nur die unmittelbar notwendigen – d.h. vorläufige – Maßnahmen in Betracht kommen.

polizei- und ordnungsrechtlichen Befugnisse (was insbesondere dann der Fall ist, wenn in den Spezialgesetzen im Wesentlichen nur die Aufgaben der Polizei angesprochen sind), stehen den Polizei- und Ordnungsbehörden die ihnen nach dem allgemeinen Polizei- und Ordnungsrecht eingeräumten Befugnisse zu[25]. Das gilt selbst dort, wo es an ausdrücklichen Regelungen wie in § 8 II 2 MEPolG[26] fehlt, der bezüglich der der Polizei durch andere Rechtsvorschriften zugewiesenen Aufgaben vorsieht: „Soweit solche Rechtsvorschriften Befugnisse der Polizei nicht regeln, hat sie die Befugnisse, die ihr nach diesem Gesetz zustehen". Auf den Sektoren der Strafverfolgung (anders bezüglich der Strafverfolgungsvorsorge, oben Rdnr. 19) und der Verfolgung von Ordnungswidrigkeiten (bei denen es ohnehin nicht unmittelbar um Gefahrenabwehr geht) scheidet im Hinblick auf die abschließende bundesrechtliche Regelung der polizeilichen Befugnisse allerdings eine Begründung von Befugnissen über § 8 II 2 MEPolG aus (s. unten Rdnr. 225, 238).

Keine Rechtsgrundlage für belastende polizeiliche Eingriffe bilden die allgemeinen Rechtfertigungsgründe (so ausdrücklich § 8 III SaarlPolG; s. auch unten Rdnr. 302). Sie genügen nicht den Erfordernissen des in Art. 20 III GG verankerten Prinzips des Gesetzesvorbehalts, das eine nach Inhalt, Zweck und Ausmaß hinreichend bestimmte gesetzliche Ermächtigung verlangt. Zudem tragen diese allgemeinen Rechtfertigungsgründe, da auf das Bürger-Bürger-Verhältnis zugeschnitten, nicht den verfassungsrechtlichen Erfordernissen des Übermaßverbots sowie den sonstigen grundrechtlichen Begrenzungen staatlichen Handelns Rechnung. Deshalb lässt sich z.B. ein „Großer Lauschangriff" (dazu unten Rdnr. 124 ff) nicht losgelöst von den Voraussetzungen des Art. 13 IV GG unter Stützung auf Nothilfevorschriften rechtfertigen. 23

Die der Bundesregierung bzw. der Landesregierung obliegende Aufgabe der **Öffentlichkeitsinformation** bildet nach Anerkennung eines Grundrechts der informationellen Selbstbestimmung (Art. 2 I i.V. mit Art. 1 GG; s. hierzu unten Rdnr. 119) **keine rechtliche Basis für Informationseingriffe**[27]. Auch insoweit scheidet der Schluss von der Aufgabe auf eine entsprechende Eingriffsbefugnis aus, da die Aufgabenerfüllung nicht notwendigerweise solche Befugnisse voraussetzt und sich angesichts der Weite und Konturenlosigkeit des Begriffs der Öffentlichkeitsarbeit aus ihm eine grundrechts- und kompetenzsprengende Generalermächtigung ergäbe.

Kein Titel für entsprechende Eingriffsbefugnisse lässt sich auch aus den durch die **Grundrechte begründeten staatlichen Schutzpflichten** ableiten; diese vermögen

---

25 Zur Anwendung des allgem. Polizeirechts neben dem BImSchG s. z.B. *BVerwGE* 55, 118, 120 ff; zum Verhältnis von VersG und allgem. Polizeirecht s. unten Rdnr. 135.
26 § 17 II 2 BerlASOG; § 10 II 2 BremPolG; § 12 II MVSOG; § 8 II 2 NWPolG; § 9 II 2 RhPfPOG; § 8 II 2 SaarlPolG; § 163 II 2 SchlHVwG; § 12 III ThürPAG.
27 S. demgegenüber aber in Bezug auf die Bundesregierung *BVerwGE* 87, 37, 47; 90, 112, 122 f und (die bundesverwaltungsgerichtliche Rspr. bestätigend) zum Glykolweinfall *BVerfG*, NJW 2002, 2621 ff sowie zum Bhagwanfall *BVerfG*, NJW 2002, 2626; bzgl. der Landesregierung *BVerwG*, NVwZ 1994, 162, 163. Kritisch näher zu dieser Rspr. *Gröschner*, DVBl. 1990, 619 ff; *Gusy*, NJW 2000, 977 ff; *Heintzen*, VerwArch. Bd. 81 (1990), 532 ff; *P. Huber*, JZ 2003, 290 ff; *Murswiek*, NVwZ 2003, 1 ff; *Schenke*, Rdnr. 41; *Schoch*, DVBl. 1991, 667 ff, JuS 1994, 391, 397.

allenfalls den zuständigen Gesetzgeber zur Schaffung entsprechender Rechtsgrundlagen zu verpflichten. Sie weisen aber nicht den für eine Ermächtigungsgrundlage erforderlichen Konkretisierungsgrad auf.

24 Gleichfalls ausgeschlossen ist die Rechtfertigung eines in die Freiheitssphäre des Bürgers eingreifenden polizei- bzw. ordnungsbehördlichen Handelns unter Rückgriff auf ein ungeschriebenes **Notrecht des Staates**[28]. Der Gesetzgeber hat – wie sich auch aus den Gesetzgebungsmaterialien eindeutig belegen läßt[29] – mit der Schaffung einer **Notstandsverfassung eine abschließende verfassungsgesetzliche Vorsorge für Not- und Ausnahmesituationen geschaffen**. Daher verbietet es sich hier, von einer Lücke auszugehen, die unter Rückgriff auf ein ungeschriebenes Notrecht ausgefüllt werden kann.

II. Die polizei- und ordnungsbehördlichen Generalklauseln

25 Die **klassische Formulierung der polizeilichen Generalklausel findet sich in § 14 I PreußPVG** von 1931. Dieser bestimmte: „Die Polizeibehörden haben im Rahmen der geltenden Gesetze die nach pflichtmäßigen Ermessen notwendigen Maßnahmen zu treffen, um von der Allgemeinheit oder dem einzelnen Gefahren abzuwehren, durch die die öffentliche Sicherheit oder Ordnung bedroht wird." An diese Normierung knüpfen auch die heutigen Polizei- und Ordnungsgesetze an. Einige Gesetze differenzieren dabei allerdings – anders als § 14 PreußPVG – zwischen der Umschreibung des polizeirechtlichen Aufgabenbereichs und der Generalermächtigung zum Erlass von polizeilichen, in die Rechtssphäre des Bürgers eingreifenden Maßnahmen[30].

26 Obschon sich in der neueren Gesetzgebung zunehmend die Tendenz abzeichnet, zur Bekämpfung einzelner polizeilicher Gefahren Spezialgesetze zu schaffen, kann auch im Hinblick auf die durch das Voranschreiten der Technik sich ständig neu ergebenden, durch den Gesetzgeber häufig nicht voraussehbaren polizeilichen Gefahrenlagen sowie in Anbetracht des Wandels der sozialen Verhältnisse und Anschauungen auf das Instrument einer polizeirechtlichen Generalermächtigung nicht gänzlich verzichtet werden. **Verfassungsrechtliche Bedenken**, wie sie gegenüber der Generalklausel immer wieder – insbesondere unter dem Aspekt des rechtsstaatlichen Bestimmtheitsgebots – geäußert wurden, dürften sich als **nicht durchschlagend** erweisen. Die Generalklauseln sind heute jedenfalls durch Judikatur und Literatur so präzisiert worden, dass die in ihnen enthaltenen Ermächtigungen nach Inhalt, Zweck und Ausmaß hinreichend bestimmt sind[31]. Allerdings können sich aus den Grundrechten wie aus der Kompetenzaufteilung zwischen Bund und Ländern Einschränkungen der Anwendbarkeit der Generalklauseln ergeben. Dem kann jedoch im Rahmen der verfassungskonformen Auslegung der

---

28 A.A. *Stern*, in: Verfassungsschutz und Rechtsstaat, 1981, 171 ff.
29 Schriftl. Bericht des Rechtsausschusses, BT-Drucks. V/2873.
30 S. z.B. §§ 1, 3 BWPolG; Art. 2 I, 11 I BayPAG; §§ 1 I, 17 I BerlASOG; §§ 1, 10 BrandPolG; §§ 1 I, 13 I BrandOBG; §§ 1 I, 11 HessSOG; §§ 1, 13 MVSOG; §§ 1 I, 11 NdsGefAG; §§ 1, 14 I NWOBG; §§ 1 I, 9 I 1 RhPfPOG; §§ 1 I, 13 SachsAnhSOG; §§ 1, 3 SächsPolG; §§ 2 I, 5 I ThürOBG; §§ 2, 5 ThürPAG; §§ 1, 8 MEPolG. Ähnlich §§ 1, 10 I BremPolG; §§ 1 I, 8 I NWPolG; §§ 1 II, 8 I SaarlPolG, die aber nur von Gefahren für die öffentliche Sicherheit sprechen.
31 *BVerfGE* 54, 143, 144 f; *BVerfG*, DVBl. 2001, 558; *Rüfner/Muckel*, S. 38 m.w.N.

Generalklauseln Rechnung getragen werden. So muss die polizeiliche Generalklausel zwar angesichts der unvorhersehbaren Vielgestaltigkeit aller Lebenserscheinungen als ein die Berufsausübung i.S.d. Art. 12 I 2 GG regelndes Gesetz Geltung beanspruchen. Das gilt aber dann nicht mehr, wenn die Entscheidung, ob durch die Berufstätigkeit die öffentliche Ordnung verletzt würde, „von einer verwickelten, in das Gebiet der Weltanschauungen hineinreichenden abwägenden Wertung einer Mehrzahl verschiedener Schutzinteressen abhängt". In solchen Fällen darf die Generalklausel nicht auf Einzelfälle angewandt werden und dadurch der Sache nach das getan werden, was die Gesetzgebung hätte tun müssen, nämlich eine verbreitete neue Erscheinungsform der Berufsausübung zu regeln"[32]. Zu weit reichend ist die neuerdings z.T. vertretene Ansicht (so von *Butzer*, VerwArch. Bd. 93 (2002), 506, 522 ff und *Pieroth/Schlink/ Kniesel*, § 8, Rdnr. 20), nach der sich in Zukunft Eingriffe nur noch bei atypischen Gefahrenlagen auf die polizei- und ordnungsrechtlichen Generalklauseln stützen ließen (dazu näher kritisch *Schenke*, Rdnr. 49).

Die Generalklauseln bieten eine Rechtsgrundlage sowohl für Verwaltungsakte (z.B. **27** Räumungsverfügung, Anordnung eines Maulkorbzwangs für einen Hund) wie auch für schlichtes Verwaltungshandeln (etwa Gefahrenwarnung) der Polizei[33]. Für den Erlass von Rechtsverordnungen zur Gefahrenabwehr beinhalten die Polizei- und Ordnungsgesetze meist eigene gesetzliche Ermächtigungen.

Inhaltlich stimmen die Polizei- und Ordnungsgesetze in ihren Generalklauseln im **28** Wesentlichen überein. **Sie ermächtigen die Polizei- und Ordnungsbehörden zu einem Einschreiten dort, wo für die öffentliche Sicherheit (1) oder öffentliche Ordnung (2) eine Gefahr (3) besteht oder bereits eine Störung (4) eingetreten ist.** Bei den Tatbestandsvoraussetzungen öffentliche Sicherheit, öffentliche Ordnung, Gefahr und Störung handelt es sich dabei um **unbestimmte Rechtsbegriffe**, bezüglich deren Vorliegen im Einzelfall die Polizei- und Ordnungsbehörden **weder einen Beurteilungs- noch einen Ermessensspielraum** besitzen[34]. Ein Beurteilungsspielraum lässt sich insbesondere nicht aus dem Umstand ableiten, dass bei der Prüfung des Vorliegens von auf Wertungen angelegten unbestimmten Rechtsbegriffen (z.B. dem der Gefahr) z.T. prognostische Urteile zu fällen sind. Die Einräumung solcher prognostischer Urteile bedeutet nämlich noch nicht – was mit Art. 19 IV GG prinzipiell unvereinbar wäre – dass, wie es für den Beurteilungsspielraum wesensnotwendig ist, die richterliche Kontrolle hinter den rechtlichen Bindungen der Verwaltung zurückbleibt[35]. Soweit die Tatbestandsvoraussetzungen der polizeilichen Generalklausel gegeben sind, ist es allerdings grundsätzlich in das Ermessen der Behörden gestellt, ob und in welcher Weise sie tätig werden (dazu unten 5).

Für ein Einschreiten gemäß der polizeilichen Generalklausel genügt es, wenn entwe- **29** der eine Gefahr für die öffentliche Sicherheit oder die öffentliche Ordnung vorliegt.

---

32 *BVerwG*, NVwZ 2002, 598, 601 m.w.N. in Bezug auf Laserdromspiele, bei denen aber davon ausgegangen wurde, dass diese noch keine solche Verbreitung gefunden haben, dass hier die Leistungsfähigkeit der Generalermächtigung zur Regelung von Einzelfällen überfordert würde.
33 Näher zu den Generalklauseln auch *v.Mutius*, JURA 1986, 649 ff.
34 Vgl. für viele *Drews/Wacke/Vogel/Martens*, § 17; *Friauf*, Rdnr. 32; a.A. *Rasch*, § 1 MEPolG, Rdnr. 49; *Ossenbühl*, DÖV 1976, 463 ff; zur verfassungsrechtlichen Problematik von Beurteilungsspielräumen *Schenke*, in: Bonner Kommentar, GG, Art. 19 IV, Rdnr. 334 ff.
35 Vgl. hierzu näher *Lingemann*, Die Gefahrenprognose als Basis eines polizeilichen Beurteilungsprogramms?, Diss. Bochum 1985.

II *Polizei- und Ordnungsrecht*

Selbst dort, wo diese Begriffe kumulativ aufgeführt sind (vgl. Art. 6 BayLStVG; s. ferner auch Art. 13 VII GG), ist es ausreichend, wenn unter einem der genannten Aspekte eine Gefahrenlage besteht[36].

1. Der Begriff der öffentlichen Sicherheit

30 Unter öffentlicher Sicherheit ist in Anlehnung an die amtliche Begründung zu § 14 PrPVG die **Unversehrtheit von Leben, Gesundheit, Freiheit, Ehre und Vermögen des einzelnen sowie der Bestand und das Funktionieren des Staates und seiner Einrichtungen** zu verstehen[37]. Geschützt werden demnach sowohl Individual- wie Gemeinschaftsrechtsgüter[38].

31 Der Schutz von Individualrechtsgütern erfährt dabei allerdings **unter zweierlei Gesichtspunkten eine Einschränkung**: Soweit diese Individualrechtsgüter in subjektiven Privatrechten ihren Ausdruck gefunden haben, sind für die Verfolgung dieser Rechte in erster Linie die ordentlichen Gerichte zuständig. Wird z.B. eine privatrechtliche Geldforderung nicht beglichen, besteht die Kompetenz der ordentlichen Gerichte für die Entscheidung über das Bestehen und die zwangsweise Durchsetzung dieser Forderung. Insofern wird auf Grund der staatlichen Kompetenzordnung die Zuständigkeit der Polizei- und Ordnungsbehörden prinzipiell durch jene der Gerichte verdrängt. Diese **Subsidiarität des polizeilichen und ordnungsbehördlichen Handelns** beansprucht dabei nicht nur in jenen Ländern, in denen sie im Gesetz expressis verbis vorgesehen ist[39], Beachtung. Sie kann jedoch dann nicht zum Tragen kommen, wenn durch die Gerichte im Einzelfall (auch unter Berücksichtigung der Möglichkeit eines vorläufigen gerichtlichen Rechtsschutzes) kein wirksamer Schutz von zumindest **glaubhaft gemachten Individualrechten** möglich ist[40] und die polizeiliche Hilfe dem Willen des Rechtsinhabers entspricht[41]. Hier ist die Polizei- bzw. Ordnungsbehörde zum Einschreiten befugt, wobei allerdings **grundsätzlich nur vorläufige, die Sicherung des Rechts ermöglichende Maßnahmen** in Betracht kommen[42]. Begegnet demgemäß etwa der Gläubiger einer privatrechtlichen Forderung auf der Straße unverhofft er weise dem flüchtigen Schuldner, so ist der zur Stelle befindliche Polizist auf Verlangen des Gläubigers befugt, von dem Schuldner dessen sonst nicht

---

36 Vgl. hierzu *Schloer*, BayVBl. 1991, 257 ff.
37 Vgl. *Drews/Wacke/Vogel/Martens*, § 15, 2; entsprechende Legaldefinitionen enthalten § 54 Nr. 1 ThürOBG; § 2 Nr. 2 BremPolG und § 3 Nr. 1 SachsAnhSOG; zum Rechtsgüterschutz als Staatsaufgabe s. *Gusy*, DÖV 1996, 573 ff.
38 Zur Frage des Schutzes der Sicherheit durch das Strafrecht s. *Frisch*, GS Schlüchter, 2002, S. 669 ff.
39 Vgl. § 2 II BWPolG; Art. 2 II BayPAG; § 1 IV BerlASOG; § 1 II BrandPolG; § 1 II BremPolG; § 1 III HessSOG; § 1 III NdsGefAG; § 1 II NWPolG; § 1 III RhPfPOG; § 1 III SaarlPolG; § 1 II SachsAnhSOG; § 2 II SächsPolG; § 162 II SchlHVwG; § 2 II ThürOBG; § 2 II ThürPAG; § 1 II MEPolG.
40 *PreußOVGE* 77, 333, 337.
41 Das Erfordernis des Einverständnisses ist, auch wenn es nicht ausdrücklich normiert ist (Normierung z.B. in § 2 II BWPolG, wo sogar Antrag gefordert wird), eine Konsequenz der Privatautonomie.
42 S. auch *VGH BW*, VBl. BW 2001, 102 ff: Beschlagnahme von Pressefotos, die unter Verletzung der Rechte Dritter verbreitet oder öffentlich zur Schau gestellt werden sollen; s. dazu auch *Eckstein*, VBl. BW 2001, 97 ff.

in Erfahrung zu bringende Adresse ausfindig zu machen[43]. Ausnahmsweise können freilich auch endgültige Maßnahmen getroffen werden. Beispielsweise ist die Polizei bei Hausbesetzern angesichts des hier häufig wechselnden Personenkreises (auch dann, wenn kein Straftatbestand verwirklicht wird) nicht darauf beschränkt, die Personalien der jeweiligen anwesenden Hausbesetzer festzuhalten, damit der Eigentümer diesen gegenüber einen zivilgerichtlichen Titel zu erwirken vermag (vgl. § 253 II Nr. 1 ZPO). Hier ist ein wirksamer Schutz vielmehr nur durch eine polizeiliche Zwangsräumung möglich. Außerhalb des polizeilichen und ordnungsbehördlichen Kompetenzbereichs liegt aber auf jeden Fall die Sicherung von Beweismitteln für die Geltendmachung eines privatrechtlichen Anspruchs. Sie obliegt ausschließlich dem Anspruchsinhaber.

Zu beachten ist im Übrigen, dass ein Handeln der Polizei unter dem Gesichtspunkt der Subsidiarität dann nicht ausscheidet, wenn die Gefährdung privatrechtlich geschützter Individualgüter zugleich mit der **Nichtrespektierung öffentlichrechtlicher Normen** (s. hierzu näher unten), insbesondere Strafrechtsnormen, einhergeht[44]. Dem Subsidiaritätsgrundsatz kommt hier nur in Bezug auf Privatrechte und deren Durchsetzung Bedeutung zu; für die Verletzung öffentlichrechtlicher Normen, insbesondere Straf- und Ordnungswidrigkeitentatbeständen, ist er hingegen irrelevant. Deshalb ist die Polizei z.B. bei einer Verletzung der Unterhaltspflicht gem. § 170b StGB handlungsbefugt, ebenso beim Parken vor einer privaten Grundstückseinfahrt gem. §§ 12 III Nr. 3, 49 I Nr. 12 StVO (s. *Gornig*, JuS 1995, 208, 209) oder bei einem Hausfriedensbruch[45]. Ohne Relevanz ist es angesichts der durch die Missachtung solcher (wie auch anderer nicht strafbewehrter) öffentlichrechtlicher Normen stets verletzten öffentlichen Interessen, ob die verletzte Strafrechtsnorm ein Antragsdelikt zum Gegenstand hat; denn dies ist nur für das Strafverfolgungsinteresse bedeutsam. Die in der Literatur[46] z.T. zusätzlich genannte Fallgruppe, bei welcher der Subsidiaritätsgrundsatz nicht greifen soll, nämlich dann, wenn dem betroffenen privaten Recht in seiner Wertigkeit ein gesteigerter Rang zukommt und schwere Schäden dro-

32

---

43 § 26 I Nr. 1 BWPolG; Art. 13 I Nr. 6 BayPAG; § 21 BerlASOG; § 12 I Nr. 1 BrandPolG; § 11 I 1 BremPolG; § 18 I HessSOG; § 29 I 1 MVSOG; § 13 I Nr. 1 NdsGefAG; § 12 I Nr. 1 NWPolG; § 10 I 1 RhPfPOG; § 9 I Nr. 1 SaarlPolG; § 20 I SachsAnhSOG; § 19 I Nr. 1 SächsPolG; § 180 I SchlHVwG; § 15 I ThürOBG; § 14 I Nr. 6 ThürPAG; § 9 I Nr. 1 MEPolG.
44 Ebenso z.B. *Frotscher*, DVBl. 1976, 695, 699; *Götz*, Rdnr. 96; a.A. m.w.N. *Rasch*, § 1 MEPolG, Rdnr. 58. Kein Anwendungsfall des Subsidiaritätsgrundsatzes liegt ferner dann vor, wenn es unmittelbar um den Schutz von grundrechtlich geschützten Rechtsgütern wie der Gesundheit geht. Dass Grundrechte als Ausdruck von Wertentscheidungen auch im Rahmen der Vollstreckung privatrechtlicher Titel ein Vollstreckungshindernis mitbegründen können, schließt den Schutz des grundrechtlich verankerten Rechtsguts (z.B. den Gesundheitsschutz bei drohender Obdachlosigkeit auf Grund eines Räumungsurteils) durch polizeiliches Handeln nicht aus, zumal der Gegenstand des gerichtlichen Verfahrens (schon im Hinblick auf die hier bestehende unterschiedliche Rechtsgrundlage) ein durchaus anderer ist als der des polizeilichen Handelns und überdies die inzidente Verneinung eines mittelbaren Grundrechtsschutzes durch das Vollstreckungsgericht nach allgemeinen prozessrechtlichen Grundsätzen keinerlei Bindungswirkung entfaltet (nicht überzeugend daher *Schlink*, NJW 1988, 1689 ff; s. im Übrigen unten Rdnr. 197 Fn. 512).
45 Nicht beachtet wird dies von *Degenhart*, JuS 1982, 330 ff; zur Problematik von Hausbesetzungen s. auch *Schlink*, NVwZ 1982, 529 ff.
46 *Drews/Wacke/Vogel/Martens*, § 14; *Rüfner/Muckel*, S. 54.

II *Polizei- und Ordnungsrecht*

hen, dürfte demgegenüber keine praktische Bedeutung zukommen. In Fällen dieser Art (z.B. bei drohenden Schäden für Leben und Gesundheit) hat der Staat in Konkretisierung seiner grundrechtlichen Schutzpflichten nämlich ohnehin bereits Straftatbestände zum Schutz dieser Rechtsgüter erlassen (s. §§ 211 ff StGB und §§ 223 ff StGB).

33 Eine zweite Einschränkung des Individualrechtsgüterschutzes resultiert daraus, dass Individualgüter nur insofern polizeirechtlich geschützt sind, **als hieran ein öffentliches Interesse besteht**[47]. Dies wird in den Polizeigesetzen Baden-Württembergs und Sachsens ausdrücklich hervorgehoben (§ 1 I 1 BWPolG; § 1 I 1 SächsPolG), folgt aber unabhängig hiervon schon aus dem Begriff der öffentlichen Sicherheit. Ein öffentliches Interesse ist dabei immer dann gegeben, wenn die Individualgüter einer unbestimmten Vielzahl von Personen bedroht werden, liegt aber auch vor, falls der Einzelne unabhängig von seiner Individualität, quasi als Repräsentant der Allgemeinheit, gefährdet ist[48]. Das wird in aller Regel zu bejahen sein. Kein öffentliches Interesse ist jedoch dort begründet, wo ein Bürger durch sein Handeln lediglich eigene Rechtsgüter, seien sie vermögenswerter Art (z.B. durch Verschwendung), seien sie immaterieller Art wie die Gesundheit (z.B. durch übermäßigen Alkoholgenuss) gefährdet[49]. Das trifft z.B. bei freiwilliger Herbeiführung der Obdachlosigkeit durch einen Landstreicher zu.

34 Den inneren Grund für die Annahme bildet dabei die Überlegung, dass die **Befugnis zur Gefährdung eigener Rechtsgüter** sich in gewissem Umfang aus der insbesondere durch Art. 2 I GG **grundrechtlich geschützten Freiheit** ergibt. Grenzen bestehen freilich konsequenterweise, wenn sich der Selbstgefährdende in einem die freie Willensbestimmung ausschließenden Geisteszustand[50] oder in hilfloser Lage befindet. Dies muss jedenfalls bei der Gefährdung hochwertiger Rechtsgüter gelten, insbesondere wenn Leib- und Lebensgefahr drohen. So sehen hier die Polizei- und Ordnungsgesetze eine Ingewahrsamnahme vor[51]. Ein öffentliches Interesse am Rechtsgüterschutz wird stets bei drohendem Selbstmord bejaht[52]. Dies rechtfertigt sich nicht nur daraus, dass sich der Suizidgefährdete meist in einem psychischen Ausnahmezustand befindet, sondern auch aus der hier zum Tragen kommenden, dem § 323c StGB zugrunde liegenden Hilfeleistungspflicht[53]. Dem Selbstmord gleichzusetzen ist der Fall, bei dem mit einer an Sicherheit grenzenden oder jedenfalls hohen Wahrscheinlichkeit die Selbstgefährdung zum Tode führen würde. So hat die Polizei einem Amateurforscher zu Recht den Verzehr einer „Knollenblätterpilzmahlzeit" untersagt, mit welcher dieser die angebliche Tauglichkeit eines Stoffes gegen Pilzvergiftungen nachweisen wollte, obwohl nach medizinischen Erkenntnissen dieser „Genuss" tödliche Folgen gehabt hätte. Ein öffentliches Interesse ist ferner zu

---

47 Vgl. hierzu *Rasch*, § 1 MEPolG, Rdnr. 50.
48 *Wolff/Bachof*, Verwaltungsrecht, III, 4. Aufl. 1978, § 125, Rdnr. 16; s. auch *Rüfner/Muckel*, S. 54.
49 Z.B. *PreußOVGE* 39, 390 ff; *Martens*, DÖV 1976, 457, 459 f. Etwas anderes gilt selbstverständlich z.B. bei einem gegen Rechtsnormen verstoßenden Drogenmissbrauch.
50 Beispiel: Der Geisteskranke verteilt Hundertmarkscheine an vorbeigehende Passanten.
51 Vgl. im Einzelnen § 28 I Nr. 2 BWPolG; Art. 17 I Nr. 1 BayPAG; § 30 I Nr. 1 BerlASOG; § 17 I Nr. 1 BrandPolG; § 15 I Nr. 1 BremPolG; § 13 I Nr. 1 HambSOG; § 32 I Nr. 1 HessSOG; § 55 I Nr. 1 MVSOG; § 18 I Nr. 1 NdsGefAG; § 35 I Nr. 1 NWPolG, § 24 Nr. 1 NWOBG; § 14 I Nr. 1 RhPf-POG; § 13 I Nr. 1 SaarlPolG; § 37 I Nr. 1 SachsAnhSOG; § 22 I Nr. 2 SächsPolG; § 204 I Nr. 1 Schl-HVwG; § 19 I Nr. 1 ThürPAG; § 13 I Nr. 1 MEPolG.
52 Vgl. für viele *Rasch*, § 1 MEPolG, Rdnr. 52.
53 S. *BGHSt* 6, 147 ff; *Tettinger*, Rdnr. 302.

bejahen, wenn mit der Gefährdung eigener Rechte jene Dritter einhergeht[54]. So ist etwa ein Tauchverbot an einer besonders gefährlichen Stelle eines Sees (vgl. zum „Teufelstisch am Bodensee" *VGH BW*, VBl. BW 1998, 25) zulässig, wenn das Leben Dritter bei mit hinreichender Wahrscheinlichkeit erforderlichen Rettungsaktionen gefährdet wird.

Aus dem Gesichtspunkt des Schutzes von Gemeinschaftsgütern ergibt sich als eine überaus wichtige Konsequenz der **Schutz der gesamten Rechtsordnung**[55]. Ohne deren prinzipielle Beachtung könnten nämlich Bestand und Funktionsfähigkeit des Staates und seiner Einrichtungen nicht gewährleistet werden. Da der Schutz von Privatrechtsnormen sich ohnehin schon aus dem Aspekt des Individualrechtsgüterschutzes ergibt und hinsichtlich Privatrechtsnormen die oben angesprochenen polizeilichen Beschränkungen insbesondere unter dem Gesichtspunkt des Subsidiaritätsprinzips gleichfalls zum Tragen kommen, liegt die Hauptbedeutung in der Sicherung öffentlichrechtlicher Normen. Ein Verstoß gegen diese Normen beeinträchtigt stets die öffentliche Sicherheit. Die Relevanz der polizeirechtlichen Generalklausel zeigt sich in diesem Zusammenhang insbesondere darin, dass sie dort, wo in öffentlich-rechtlichen Gebots- oder Verbotsnormen eine Ermächtigung, die darin statuierten gesetzlichen Verpflichtungen mittels Verwaltungsakts durchzusetzen, nicht enthalten ist (enthalten ist eine solche Vorschrift z.B. in § 44 I 2 StVO), den Polizei- und Ordnungsbehörden eine **Rechtsgrundlage zur Durchsetzung der gesetzlichen Verpflichtung mittels vollstreckungsfähigen Verwaltungsakts** zur Verfügung stellt.

35

Das **gesetzliche Gebot oder Verbot** bildet für sich gesehen nämlich noch **keine Basis** für den Erlass eines die gesetzliche Verpflichtung konkretisierenden **Verwaltungsakts**[56]. So kann beispielsweise in der Bestimmung des § 1 I HeilpraktikerG, der es untersagt, ohne entsprechende behördliche Erlaubnis die „Heilkunde" auszuüben, noch keine Ermächtigungsgrundlage für ein Verbot einer gleichwohl auf diesem Gebiet ausgeübten Tätigkeit gesehen werden[57]. Ein Verstoß gegen § 1 I HeilpraktikerG verwirklicht zwar nach § 5 HeilpraktikerG einen Straftatbestand, an einer Eingriffsgrundlage zum Verbot der Ausübung der Heilkunde ohne Erlaubnis fehlt es jedoch. Das nicht abschließende Instrumentarium dieses Spezialgesetzes wird aber durch das allgemeine Polizeirecht ergänzt. Die polizeilichen Generalklauseln ermächtigen die Polizei, gegen die rechtswidrige Ausübung der „Heilkunde" einzuschreiten[58].

36

Der durch die öffentliche Sicherheit miterfasste Schutz des Staates und seiner Einrichtungen reicht aber über den Schutz der Rechtsordnung noch hinaus. **Staatliche Organe und Einrichtungen** sind unabhängig davon, welcher staatlichen Gewalt sie zuzuordnen sind und ob sie der Ausübung unmittelbarer oder mittelbarer staatlicher Gewalt dienen, **auch dort geschützt, wo Normverstöße nicht in Betracht kommen**[59]. Dabei ist allerdings nicht zu verkennen, dass der Schutz staatlicher Organe

37

---

54 *BGH*, VerwRspr. 5, 319 ff: Blindgänger in einem Garten.
55 Vgl. für viele *Drews/Wacke/Vogel/Martens*, § 15, 2c.
56 Dazu näher mit weiteren Beispielen *Butzer*, VerwArch. Bd. 93 (2002), 506, 529 ff; a.A. *Maurer*, Allg VerwR, 14. Aufl. 2002, § 10, Rdnr. 5
57 Vgl. *BVerwG*, NJW 1994, 3024, 3027.
58 Zu einem ähnlichen Fall i.V.m. dem GastG *VGH BW*, VBl. BW 1982, 405 ff.
59 S. auch *Schoch*, JuS 1994, 571.

und Einrichtungen heute schon in weitem Umfang durch Rechtsvorschriften bewerkstelligt wird, insbesondere durch allgemeine Strafrechtsnormen, z.T. aber auch durch spezielle, zum Schutz staatlicher Organe erlassene Gesetze. So ist etwa die Blockade des Zugangs zu Kasernen oder das widerrechtliche Eindringen und Verweilen in Verwaltungsgebäuden als Nötigung bzw. Hausfriedensbruch anzusehen und rechtfertigt schon von daher ein polizeiliches Einschreiten zum Schutz der öffentlichen Sicherheit[60]. Gleiches gilt z.B. für die Nötigung von Verfassungsorganen (§§ 105 ff StGB) oder den Widerstand gegen Vollstreckungsbeamte (§ 113 StGB). Auch in dem Fall, in dem ein juristischer Repetitor die im Rahmen einer universitären Übung ausgegebenen Hausarbeiten vor dem Abgabetermin mit Repetitoriumsteilnehmern bespricht, droht eine Verletzung von öffentlichrechtlichen Bestimmungen der Prüfungsordnung[61]. Angesichts dieses hier im Einzelnen nicht aufzählbaren umfassenden Netzes von Normen fällt es schwer, Fälle zu finden, bei denen die Bedrohung staatlicher Einrichtungen und Organe nicht zugleich mit einer Gefährdung des Geltungsanspruchs von Rechtsnormen einhergeht. Der Lehrbuchfall, bei dem jemand am Straßenrand ein Schild mit der Aufschrift „Vorsicht Radarfalle!" zeigt und damit auf eine Geschwindigkeitskontrolle der Polizei aufmerksam macht, dürfte entgegen der ganz h.M.[62] jedenfalls gerade nicht hierher zu rechnen sein, da diese (nicht gegen Normen verstoßende) Warnung genauso wie die polizeiliche Aktivität dazu beiträgt, Rechtsverstöße zu vermeiden. Bezeichnenderweise geht im Übrigen selbst die Polizei zunehmend dazu über, die Radarüberwachung bestimmter Straßen vorher anzuzeigen.

38 Ein „echter" Fall der Funktionsbeeinträchtigung staatlicher Organe ist aber dann gegeben, wenn eine Person, ohne dass dies durch hinreichende tatsächliche Anhaltspunkte gerechtfertigt ist, einen Fehlalarm auslöst oder wenn eine gemeindliche Obdachlosenunterkunft eigenmächtig bezogen wird[63]; u.U. auch dann, wenn das polizeiliche Einsatzverhalten ausgespäht wird[64]. Im Übrigen sollte man – soweit nicht Normverstöße in Betracht kommen – bei der Bejahung eines Verstoßes gegen die öffentliche Sicherheit wegen Beeinträchtigung staatlicher Organe und Einrichtungen restriktiv verfahren; anderenfalls erwiese sich das Polizei- und Ordnungsrecht als eine gefährliche Einbruchstelle obrigkeitsstaatlicher Vorstellungen in unserem Rechtssystem. Ganz sicher liegt deshalb etwa in einer öffentlich geäußerten scharfen Kritik[65] am Verhalten staatlicher Organe und Einrichtungen niemals ein Fall der Beeinträchtigung der öffentlichen Sicherheit. Das ergibt sich schon aus Art. 5 I und Art. 8 GG; selbstverständlich

---

60 Für Abwehr von Störungen des Dienstbetriebes in Form eines Hausverbots ist allerdings der Inhaber des Hausrechts an Verwaltungsgebäuden zuständig. Diese Kompetenz stellt sich als ein (meist ungeschriebener) Annex jener Tätigkeit dar, zu deren Schutz sie ausgeübt wird. Wegen dieses Zusammenhangs ist auch die Ausübung des Hausrechts entgegen der Rechtsprechung (*BGHZ* 33, 230 ff; *BVerwGE* 35, 103 ff) stets als öffentlichrechtlich anzusehen, vgl. hierzu näher *Schenke*, Verwaltungsprozessrecht, 8. Aufl. 2002, Rdnr. 119 f. Für ein polizeiliches Hausverbot dürfte daneben in der Regel kein Raum mehr sein (so auch *Pieroth/Schlink/Kniesel*, § 5, Rdnr. 40); dadurch wird selbstverständlich nicht ausgeschlossen, dass der Inhaber des Hausrechts zur zwangsweisen Durchsetzung des Hausverbots die Polizei im Wege der Vollzugshilfe (Rdnr. 217 ff) in Anspruch nimmt.
61 S. näher *Gromitsaris*, JuS 1997, 49 ff.
62 Vgl. z.B. *Drews/Wacke/Vogel/Martens*, § 15, 2a; *Scholler/Schloer*, S. 66; *OVG NW*, NJW 1997, 1596; wie hier dagegen *Gusy*, Rdnr. 87; *Denninger*, in: L/D, E, Rdnr. 16; *Pieroth/Schlink/Kniesel*, § 8, Rdnr. 42; *Schoch*, JuS 1994, 572.
63 *VGH BW*, VBl. BW 1992, 25 f.
64 Vgl. hierzu *OVG NW*, DVBl. 1979, 733 ff.
65 Vgl. auch *Götz*, Rdnr. 118; *Pieroth/Schlink/Kniesel*, § 8, Rdnr. 42.

wird hierdurch aber eine Gewaltanwendung gegenüber staatlichen Organen und Einrichtungen nicht gerechtfertigt. Nicht zulässig ist es m.E. auch, wenn die Polizei von Personen, die gewalttätige Auseinandersetzungen zwischen Polizeibeamten und Demonstranten fotografieren, die Herausgabe der Bilder verlangt, da sie durch diese Aufnahmen in ihrer Tätigkeit beeinträchtigt werde[66]. Hierbei wird verkannt, dass die Öffentlichkeit ein unter dem Aspekt des Art. 5 I GG wie auch des Demokratie- und Rechtsstaatsprinzips rechtlich geschütztes Interesse an der Information über solche Vorgänge besitzt. Ein derartiges polizeiliches Herausgabeverlangen kann sich angesichts dieses berechtigten, durch § 23 I Nr. 1 KunstUrhG anerkannten Interesses der Öffentlichkeit im Regelfall auch nicht auf den durch § 22 KunstUrhG begründeten Schutz des Rechts am eigenen Bild des Polizeibeamten stützen, zumal § 22 KunstUrhG ohnehin nur den zivilrechtlichen Schutz von Privatpersonen, nicht hingegen den von Personen, die ein öffentliches Amt wahrnehmen, zum Gegenstand haben dürfte. Nur dort, wo besondere öffentliche Geheimhaltungsinteressen bestehen (z.B. Schutz eines verdeckten polizeilichen Ermittlers), lassen sich Fotografierverbote zum Schutz der Funktionsfähigkeit staatlicher Einrichtungen rechtfertigen[67].

2. Der Begriff der öffentlichen Ordnung

Alle Polizei- und Ordnungsgesetze mit Ausnahme von Bremen (s. § 1 I BremPolG), Niedersachsen (s. §§ 1 I, 2 Nr. 1 NdsGefAG), dem Saarland (s. § 1 II SaarlPolG) und Schleswig-Holstein (s. § 162 I SchlHLVwG) nennen als Schutzgut neben der öffentlichen Sicherheit die öffentliche Ordnung[68]. **39**

Unter öffentlicher Ordnung ist im Anschluss an die amtliche Begründung zu § 14 PreußPVG der **Inbegriff der Regeln zu verstehen, „deren Befolgung nach den jeweils herrschenden sozialen und ethischen Anschauungen als unentbehrliche Voraussetzung für ein gedeihliches Miteinanderleben der innerhalb eines Polizeibezirks wohnenden Menschen angesehen wird"**[69]. Bei den hier angesprochenen Regeln handelt es sich nicht um Rechtsnormen – deren Einhaltung wäre ja ohnehin schon unter dem Aspekt der öffentlichen Sicherheit gewährleistet –, sondern um **solche der Sitte und der Moral**, in denen die Wertvorstellungen einer Gemeinschaft ihren Niederschlag gefunden haben. Sie können mit der Verletzung durch die öffentliche Sicherheit geschützter Rechtsgüter einhergehen. So bejahte die früher ganz h.M. bei einer unfreiwilligen Obdachlosigkeit nicht nur eine Störung der öffentlichen Sicherheit, sondern auch der öffentlichen Ordnung (dazu unten Rdnr. 43). Keineswegs jeder Verstoß gegen öffentlichrechtliche Normen stellt jedoch zugleich eine Beeinträchtigung der öffentlichen Ordnung dar. Zu weit geht es allerdings, wenn angenommen wird, dort, wo ein Verhalten mit der öffentlichen Sicherheit unvereinbar sei, könne es nie zugleich wegen eines Verstoßes gegen die öffentlicher Ordnung polizei- **40**

---

66 S. hierzu näher *Jarass*, JZ 1983, 280 ff. S. auch *Hans*, JURA 1986, 159 ff. Anderes gilt, wenn es sich um eine Portraitaufnahme eines Polizisten ohne Informationswert für die Öffentlichkeit handelt, vgl. *RhPfOVG*, NVwZ-RR 1998, 237.
67 Vgl. näher *v. Zezschwitz*, FS E. Stein, 1983, S. 395 ff.
68 In Nordrhein-Westfalen ist in § 1 NWPolG als Schutzgut nur noch die öffentliche Sicherheit genannt, während sich § 1 I 1 NWOBG auch auf die öffentliche Ordnung bezieht.
69 Vgl. *Drews/Wacke/Vogel/Martens*, § 16, 1; s. auch die Legaldefinition in § 54 Nr. 2 ThürOBG

rechtliche bekämpft werden[70]. Die polizeirechtlichen Generalklauseln bieten für einen solchen Vorrang der der öffentlichen Sicherheit gegenüber der öffentlichen Ordnung keinen Anhaltspunkt, sondern stellen beide Tatbestandsmerkmale gleichberechtigt nebeneinander und bieten damit keinen Anhaltspunkt für ein zwischen ihnen bestehendes Spezialitätsverhältnis.

41 Naturgemäß unterliegen die die öffentliche Ordnung konstituierenden Regeln damit sowohl in zeitlicher wie in örtlicher Hinsicht **starken Veränderungen**. In einem pluralistischen Staatswesen werden sich solche herrschenden sozialen und ethischen Anschauungen angesichts der Vielfalt der hier anzutreffenden Wertvorstellungen zwangsläufig im Rückgang befinden. Sofern solche Regeln dem Staat bedeutsam erscheinen, wird er sie überdies häufig gesetzlich positivieren (vgl. z.B. die mit einer Geldbuße bewehrten Verstöße gegen die öffentliche Ordnung in den §§ 116 ff OWiG), womit sie dann unter dem Aspekt der öffentlichen Sicherheit bereits ausreichend geschützt werden.

42 Zu weitgehend dürfte es aber sein, wenn man in der Literatur z.T. heute ein Vorgehen der Polizei- und Ordnungsbehörden unter dem Gesichtspunkt der öffentlichen Ordnung überhaupt nicht mehr für zulässig ansieht[71]. Die hierfür gegebene Begründung, solche Wertvorstellungen könnten nur durch ihre gesetzliche Normierung verbindlich gemacht werden, beachtet zu wenig, dass der **Gesetzgeber** vielfach (s. z.B. §§ 138, 242 BGB) bei von ihm getroffenen Regelungen an **gesellschaftliche Anschauungen anknüpft**, ohne dass hiergegen bisher rechtliche Bedenken angemeldet wurden. Inkonsequent ist es insbesondere, wenn gegen Spezialregelungen (wie z.B. § 33a II Nr. 1 GewO), die ebenfalls eine Einschränkung gewerblicher Betätigungen wegen eines Verstoßes gegen gesellschaftliche Wertvorstellungen zulassen, keine Einwände erhoben werden. Ebenso widersprüchlich erscheint es ferner, wenn gegen die Verwendung des Begriffs der öffentlichen Ordnung auch in § 118 I OWiG, wonach ordnungswidrig handelt, „wer eine grob ungehörige Handlung vornimmt, die geeignet ist, die Allgemeinheit zu belästigen und die öffentliche Ordnung zu beeinträchtigen", keine Bedenken geltend gemacht werden, ja ausgeführt wird, dass diese Norm, deren Nichtbeachtung einen Verstoß gegen die öffentliche Sicherheit beinhaltet, funktionell die öffentliche Ordnung ersetze und deshalb die rechtspraktische Erforderlichkeit der öffentlichen Ordnung bezweifelt wird[72]. Auch erscheint die durch die Generalklausel vorgenommene Verweisung auf ungeschriebene Verhaltensregeln gerade unter dem Gesichtspunkt der Friedensfunktion des Polizeirechts gerechtfertigt, zumal sogar das GG ausdrücklich Grundrechtseingriffe unter dem Aspekt der öf-

---

70 So aber *Götz*, Rdnr. 126; *Rüfner/Muckel*, S. 46; *Schmidt*, S. 204; *Störmer*, DV 1997, 233, 254; wie hier dagegen wohl *Knemeyer*, Rdnr. 102.
71 So z.B. *Götz*, Rdnr. 126; *Pieroth/Schlink/Kniesel*, § 8, Rdnr. 48 ff; ähnl. krit. *Denninger*, JZ 1970, 145, 148; *Peine*, Die Verwaltung 1979, 25 ff; *Störmer*, DV 1997, 233 ff; krit. auch *Hebeler*, JA 2002, 521 ff; wie hier dagegen *Erbel*, DVBl. 1972, 475 ff u. DVBl. 2001, 1714, 1717 f; *H.H. Klein*, DVBl. 1971, 233 ff; *Martens*, DÖV 1982, 89, 91 f; s. dazu auch *Tettinger*, Rdnr. 305 ff. Für überflüssig hält *Waechter*, NVwZ 1997, 729 ff, den Begriff der öffentlichen Ordnung, weil er rückstandslos im Begriff der öffentlichen Sicherheit aufgehe.
72 So aber *Pieroth/Schlink/Kniesel*, § 8, Rdnr. 51.

fentlichen Ordnung vorsieht (s. Art. 13 VII GG; ferner Art. 35 II 1 GG). Dass solche, die öffentliche Ordnung konstituierenden, herrschenden Wertvorstellungen oft nur schwer feststellbar sind, bildet keinen Einwand gegen eine Einbeziehung der öffentlichen Ordnung in den Schutzbereich der Generalklausel. Dies sollte lediglich Anlass zu einer vorsichtigen, **restriktiven Praxis bei der Feststellung von Wertvorstellungen** sein. Im Übrigen dürfen sich diese Wertvorstellungen ohnehin nicht in Widerspruch zu den staatlichen Gesetzen, insbesondere zu der Verfassung setzen. Zu beachten ist auch, dass vorbehaltlos gewährte Grundrechte (s. z.B. Art. 5 III GG) unter dem Aspekt der öffentlichen Ordnung überhaupt nicht einschränkbar sind[73]. Grenzen für ein polizeiliches Handeln, das dem Schutz der öffentlichen Ordnung dient, können sich ferner aus dem Gemeinschaftsrecht ergeben[74].

Verstöße gegen die die öffentliche Ordnung konstituierenden Regeln liegen etwa in der Verletzung und Herabwürdigung des religiösen Gefühls anderer oder in der schwindelhaften Ausnutzung der Dummheit und des Aberglaubens, ferner in Geräuscheinwirkungen, selbst wenn sie noch nicht die Gesundheit gefährden, gleichwohl aber nach allgemeiner Anschauung das zumutbare Maß überschreiten[75]. Auch der Selbstmord soll nach früher herrschender, inzwischen aber zweifelhafter Ansicht die öffentliche Ordnung beeinträchtigen. Allerdings kommt der hier bezogenen Stellungnahme heute keine ausschlaggebende Bedeutung mehr zu. Ein drohender Selbstmord beinhaltet jedenfalls eine Gefahr für die öffentliche Sicherheit (Rdnr. 34), weshalb der Gesetzgeber hier sogar teilweise ausdrücklich ein polizeiliches Einschreiten (so nach § 28 I Nr. 3 BWPolG eine Gewahrsamnahme) vorsieht. Die Ansicht, die Obdachlosigkeit verstoße immer gegen die öffentliche Ordnung erscheint heute hinsichtlich der freiwilligen Obdachlosigkeit ebenfalls fragwürdig[76], zumal der Gesetzgeber schon seit langem den Straftatbestand der Landstreicherei aufgehoben hat. Bei unfreiwilliger Obdachlosigkeit ist jedoch ein Einschreiten unter dem Gesichtspunkt der öffentlichen Sicherheit möglich, da es hier um den Schutz von Gesundheit und Leben sowie der Menschenwürde geht (s. *Erichsen/Biermann*, JURA 1997, 372 f). Damenboxkämpfe, die früher (anders als Damenringkämpfe) als ein Verstoß gegen die öffentliche Ordnung bewertet wurden[77], sollen nach der neueren Rechtsprechung – sofern nur Erwachsenen zugänglich – selbst „oben ohne" zulässig sein[78]. Ein Verstoß gegen die öffentliche Ordnung liegt in der gewerblichen Veranstaltung eines Spiels, in dem Tötungshandlungen simuliert werden[79], ebenso in der Zurschaustellung des eigenen nackten Körpers in der Öffentlichkeit, selbst wenn die Grenzen der §§ 183 StGB, 118

43

---

73 *BVerwGE* 1, 303 ff u. *Martens*, DÖV 1982, 89, 91.
74 Deshalb hat *BVerwG*, NVwZ 2002, 598 ff eine Entscheidung des EuGH zu der Frage eingeholt, ob es mit den Vorschriften des Vertrages zur Gründung der Europäischen Gemeinschaft über den freien Dienstleistungs- und Warenverkehr (Art. 49 EG) vereinbar ist, dass nach nationalem Recht ein gewerbliches Unterhaltungsspiel (Veranstaltung eines Tötungsspiels in Laserdromes) untersagt werden muss, weil es gegen die verfassungsrechtliche Wertentscheidung eines Mitgliedstaats verstößt, ohne dass in den anderen Mitgliedstaaten entsprechende Rechtsüberzeugungen bestehen.
75 *BVerwG*, NJW 1980, 1640, 1641.
76 Gegen die Annahme eines Verstoßes gegen die öffentliche Ordnung *Erichsen/Biermann*, JURA 1998, 371, 372; *Gusy*, Rdnr. 100; *Kohl*, NVwZ 1991, 620, 622; *VGH BW*, VBl. BW 1984, 507, 509.
77 *PreußOVGE* 91, 139 ff.
78 *VG Karlsuhe*, GewArch. 1978, 163 f u. *VG Gelsenkirchen*, GewArch. 1978, 164; anders für einen „Damen-Schlamm-Catch oben ohne" *BayVGH*, NVwZ 1984, 254.
79 *BVerwG*, NVwZ 2002, 598, 601 (dazu auch oben Rdnr. 26); *RhPfOVG*, DÖV 1994, 965 f; *OVG NW*, NWVBl. 2001, 94 f und (widersprüchlicherweise) auch *Pieroth/Schlink/Kniesel*, § 5, Rdnr. 30; a.A. *BayVGH*, GewArch. 1994, 376; *Erbel*, DVBl. 2001, 1714, 1718.

II *Polizei- und Ordnungsrecht*

OWiG nicht überschritten werden[80] sowie in aggressivem Betteln[81]. Zur Frage, ob in dem Hissen der Reichskriegsflagge ein Verstoß gegen die öffentliche Ordnung liegt, s. bejahend *OVG NW*, NJW 1994, 2909 f; verneinend *Enders*, JuS 1997, 539, 545.

44 Auf dem Gebiete der Sexualität wird heute angesichts der geänderten Wertvorstellungen ein Einschreiten unter dem Gesichtspunkt einer Beeinträchtigung der öffentlichen Ordnung nur noch selten in Betracht kommen. Diese veränderten Wertvorstellungen haben insbesondere in der Liberalisierung des Sexualstrafrechts ihren Ausdruck gefunden. Zwar schließt der Umstand, dass der Gesetzgeber eine strafrechtliche Sanktionierung bestimmter sexueller Verhaltensweisen (wie z.B. der Prostitution oder der Homosexualität) ausgeschlossen hat, keineswegs notwendigerweise ein Einschreiten unter dem Gesichtspunkt der öffentlichen Ordnung aus. Bedenkt man jedoch, dass der Ausschluss von Strafen sich als Konsequenz eines veränderten Wertbewusstseins der Gesellschaft ergeben hat und der Gesetzgeber gleichgeschlechtliche Lebensgemeinschaften nunmehr sogar ausdrücklich anerkannt hat, so verbietet sich ein Einschreiten gegenüber der Homosexualität unter dem Gesichtspunkt der öffentlichen Ordnung. Gleiches gilt grundsätzlich auch für die Prostitution[82], zumal sich hier in der Gesetzgebung eine Wertewandel widerspiegelt, wie an dem Prostitutionsgesetz vom 20.12.2001 (BGBl. I, S. 3983) deutlich wird (dazu näher *Caspar*, NVwZ 2002, 1322 ff). Das hindert nicht, gegenüber einzelnen Modalitäten der Ausübung der Prostitution unter ordnungsrechtlichen Gesichtspunkten einzuschreiten (z.B. Verbot des Betriebs eines Bordells neben einer Schule)[83]; gegen die Prostitution im Sperrbezirk kann ohnehin wegen eines Verstoßes gegen gesetzliche Bestimmungen bereits unter dem Gesichtspunkt einer Störung der öffentlichen Sicherheit eingeschritten werden.

45 Auch in Spezialnormen, die der Gefahrenabwehr dienen, gibt es Regelungen, die an den Verstoß gegen Wertvorstellungen (gute Sitten) anknüpfen, wie z.B. § 33a II Nr. 2 GewO (Schaustellungen von Personen)[84]. Bedenklich ist es hier allerdings, wenn das *BVerwG*[85] allein aus dem Gesichtspunkt der grundrechtlich geschützten Menschenwürde generell die Versagung einer Erlaubnis für eine „Peepshow" rechtfertigt. Zu Recht ist in der Literatur demgegenüber eingewandt worden, dass in einer solchen Veranstaltung kein Verstoß gegen die Menschenwürde liegt (was immer eine Sittenwidrigkeit bedingte), da die sich zur Schau stellende weibliche Person hierin eingewilligt hat und ein solcher Schutz vor sich selbst sich angesichts des in der menschlichen Würde eingeschlossenen Rechts zur Selbstbestimmung schwerlich rechtfertigen lässt.

---

80 Vgl. *OVG NW*, NJW 1997, 1180.
81 *Holzkämper*, NVwZ 1994, 146, 149. Das Betteln in seiner „stillen" Erscheiungsform soll hingegen keine Gefahr für die öffentliche Ordnung darstellen, vgl. *VGH BW* DÖV 1998, 1015 ff. Näher zur Problematik „bettelfreier" Innenstadtsbereiche *Höfling*, DV 2000, 207 ff.
82 S. dazu *Erbel*, DVBl. 2001, 1714, 1719 und *VG Berlin*, NJW 2000, 985 f.
83 *VGH BW*, VBl. BW 1984, 178; s. auch *HessVGH*, DÖV 1984, 521 f. Kritisch demgegenüber *Götz*, NVwZ 1987, 858, 861.
84 Dazu *VG Neustadt* („Zwergenweitwurf"), NVwZ 1993, 98 ff m. Klausurbespr. *Stock*, NWVBl. 1994, 195 ff.
85 *BVerwG*, NJW 1982, 664 f; treffend hiergegen *v. Olshausen*, NJW 1982, 2221 ff.

3. Der Begriff der Gefahr

a) Gefahr als hinreichende Wahrscheinlichkeit des Schadenseintritts

Ein polizeiliches bzw. ordnungsbehördliches Handeln ist nach der Generalklausel erst dann zulässig, wenn eine konkrete Gefahr für die öffentliche Sicherheit oder Ordnung besteht[86]. Unter einer **konkreten Gefahr ist dabei eine Sachlage zu verstehen, die im Einzelfall tatsächlich oder jedenfalls aus der (ex-ante-)Sicht des für die Polizei handelnden Amtswalters bei verständiger Würdigung der Sachlage in naher Zukunft die hinreichende Wahrscheinlichkeit eines Schadenseintritts in sich birgt**[87]. Dabei meint **Schaden die objektive Minderung eines vorhandenen normalen Bestands von Rechtsgütern durch von außen kommende Einflüsse oder die Verletzung der durch den Begriff der öffentlichen Ordnung umfassten ungeschriebenen sozialen Normen.**

46

Das Erfordernis einer konkreten, d.h. im Einzelfall bestehenden Gefahr als Voraussetzung für auf die polizei- bzw. ordnungsbehördliche Generalklausel gestützte belastende Maßnahmen ist in Anlehnung an § 8 I MEPolG[88] z.T. ausdrücklich vorgeschrieben, kommt aber, wie sich im Wege der verfassungskonformen Auslegung, insbesondere unter Berücksichtigung des Verhältnismäßigkeitsprinzips ergibt, auch dort zum Tragen, wo es an einer ausdrücklichen gesetzlichen Regelung fehlt. Die **konkrete Gefahr** ist **zu unterscheiden von der** (für den Erlass einer Polizeiverordnung genügenden) **abstrakten Gefahr**. Diese ist dann gegeben, „wenn eine generell-abstrakte Betrachtung für bestimmte Arten von Verhaltensweisen oder Zuständen zu dem Ergebnis führt, dass mit hinreichender Wahrscheinlichkeit ein Schaden im Einzelfall einzutreten pflegt und daher Anlass besteht, diese Gefahr mit generell-abstrakten Mitteln, also einem Rechtssatz, insbesondere einer Polizeiverordnung, zu bekämpfen, was wiederum zur Folge hat, dass auf den Nachweis eines Schadenseintritts im Einzelfall verzichtet werden kann"[89] [90]. Meist werden abstrakte und kon-

47

---

86 Zur Gefahr s. näher *Brandt/Smeddinck*, JURA 1994, 225 ff; *Darnstädt*, Gefahrenabwehr und Gefahrenvorsorge, 1983; *Hansen-Dix*, Die Gefahr im Polizeirecht, im Ordnungsrecht und im Technischen Sicherheitsrecht, 1982; *A. Leisner*, DÖV 2002, 326 ff; *Martens*, DÖV 1982, 89 ff; *O. Poscher*, Gefahrenabwehr, 1999; *Schneider*, DVBl. 1980, 406 ff.
87 Vgl. § 2 Nr. 1a NdsSGefAG: „Im Sinne dieses Gesetzes ist Gefahr eine konkrete Gefahr, d.h. eine Sachlage, bei der im Einzelnen Falle die hinreichende Wahrscheinlichkeit besteht, dass in absehbarer Zeit ein Schaden für die öffentliche Sicherheit oder Ordnung eintreten wird"; ähnlich § 2 Nr. 3a BremPolG, § 3 Nr. 3a SachsAnhSOG; § 54 Nr. 3a ThürOBG. Diese Definitionen lassen aber die Frage offen, auf wessen Wahrscheinlichkeitsurteil es ankommt.
88 Art. 2 I BayPAG; § 17 BerlASOG; § 10 I BrandPolG; § 13 I BrandOBG; § 10 I BremPolG; § 3 I HambSOG; § 11 HessSOG; § 16 I MVSOG; § 11 i.V. mit § 2 Nr. 1a NdsGefAG; § 8 I NWPolG, § 14 I NWOBG; § 9 I RhPfPOG; § 8 I SaarlPolG; § 13 i.V. mit § 3 Nr. 3a SachsAnhSOG; § 5 I ThürOBG; § 12 I ThürPAG.
89 *BVerwG*, DÖV 1970, 713, 715 und neuestens ebenso *BVerwG*, DVBl. 2002, 1562, 1564; vgl. auch *Götz*, Rdnr. 145 f.
90 Nicht überzeugend ist die zuweilen (so bei *Soiné*, DÖV 2000, 173, 174 und wohl auch *Pieroth/Schlink/Kniesel*, § 5, Rdnr. 4) anzutreffende Gleichsetzung von abstrakter Gefahr und Gefahrenvorsorge, denn eine Gefahrenvorsorge kommt auch dort in Betracht, wo keine abstrakte Gefahr vorliegt, sondern nur auf Grund atypischer Verhältnisse im Einzelfall der Eintritt einer konkreten Gefahr droht. Zudem wird dort, wo eine konkrete Verhaltensweise oder ein Zustand die Kriterien einer abstrakten

II *Polizei- und Ordnungsrecht*

krete Gefahr zusammentreffen. Ist ein im allgemeinen gefährlicher Sachverhalt auf Grund der erkennbaren Umstände des Einzelfalls nicht geeignet, einen Schaden herbeizuführen, so scheidet mangels Konkretheit der Gefahr (ohne Vorliegen einer Polizeiverordnung oder einer entsprechenden Regelung) die polizeiliche Generalklausel als Rechtsgrundlage für polizeiliche Einzelmaßnahmen aus. Zu beachten ist allerdings, dass wenn ein solches Verhalten zum Gegenstand einer Polizeiverordnung oder einer sonstigen Verbotsnorm gemacht wird, allein schon der Verstoß hiergegen wegen der Nichtbeachtung der Rechtsordnung eine konkrete Gefahr begründet, selbst wenn die Rechtsgüter, zu deren Schutz die Norm geschaffen wurde, durch den Normverstoß im Einzelfall nicht gefährdet sind. So ist eine konkrete Gefahr wegen eines Verstoßes gegen die Straßenverkehrsordnung (§§ 37, 49 II Nr. 2 StVO) beispielsweise auch dann zu bejahen, wenn ein Verkehrsteilnehmer nachts auf einer völlig menschenleeren Straße ein Ampelzeichen nicht beachtet oder ein Parkverbotsschild missachtet wird, ohne dass sich daraus in concreto irgendeine Verkehrsbeeinträchtigung ergibt.

48 Während für **Eingriffe in die Freiheitssphäre des Bürgers nach der Generalklausel das Vorliegen einer konkreten Gefahr erforderlich ist**, bedarf es für die der Gefahrenabwehr dienende polizeiliche Tätigkeit, die **nicht in subjektive Rechte des Bürgers eingreift** und die auf die Aufgabenzuweisung an die Polizei- und Ordnungsbehörden gestützt wird (vgl. oben Rdnr. 20), **keiner konkreten Gefahr**[91]. Es genügt vielmehr, dass diese Tätigkeit allgemein der Gefahrenabwehr dient. Darunter fällt auch die **Gefahrenvorsorge**, die sich noch im **Vorfeld zukünftiger konkreter Gefahren** bewegt und den Eintritt einer konkreten Gefahr verhindern bzw. bei deren späterem Eintritt ihrer Bekämpfung dienen soll (Rdnr. 9). Das ergibt sich aus dem engen und untrennbaren Zusammenhang mit der Gefahrenabwehr, die schon aus praktischen Gründen ohne eine solche Vorverlegung nicht in effizienter Weise betrieben werden könnte[92]. So wird denn auch schon von jeher davon ausgegangen, dass die Gefahrenvorsorge (z.B. Streifengänge, Entgegennahme von Informationen, polizeiliche Beobachtungen) noch unter die Zielsetzung der Gefahrenabwehr subsumiert werden kann. Das gilt prinzipiell auch für die Verhütung von Straftaten, wie sie in § 1 I 2 MEPolG[93] angesprochen ist. Anderes gilt hingegen hinsichtlich der Vorsorge für die Verfolgung künftiger Straftaten, die eine Affinität zu den in § 163 I StPO genannten polizeilichen Aufgaben der Strafverfolgung aufweist und hinsichtlich derer deshalb eine konkurrierende Gesetzgebungszuständigkeit des Bundes besteht, von der dieser aber noch nicht abschließend Gebrauch gemacht hat. Deshalb bestehen momentan keine grundsätzlichen kompetenzrechtlichen Bedenken gegen eine Vor-

---

Gefahr erfüllt, es meist bereits um die Bekämpfung einer konkreten Gefahr und nicht nur um Gefahrenvorsorge gehen.
91 Nicht zutreffend *Gusy*, Rdnr. 256, nach dem sich hier die polizeilichen Aufgaben und die Befugnisse inhaltlich decken und der deshalb (Rdnr. 187) in der ausdrücklichen Normierung einer polizeilichen Kompetenz zur Gefahrenvorsorge eine Erweiterung des polizeilichen Aufgabenbereichs sieht.
92 Vgl. auch *VGH BW*, NVwZ 1989, 279, 280 m.w.N.; krit. aber *Staats*, DÖV 1979, 155 ff.
93 Entsprechend: § 1 III BerlASOG; §§ 1 I 2, 1 V 2 BrandPolG; § 1 I 2 Nr. 1 HambPolDatverarbG, § 1 IV HessSOG; § 1 I 3 NdsGefAG; § 1 I 2 NWPolG; § 1 I 3 RhPfPOG; § 2 I 2 ThürPAG.

schrift wie § 1 I 2 NWPolG, derzufolge auch die Strafverfolgungsvorsorge in den Aufgabenbereich der Polizei verwiesen wird[94] (s. auch oben Rdnr. 19).

Einschränkungen können sich allerdings unter Zugrundelegung der neueren, insbesondere in der Rechtsprechung des *BVerfG*[95] im Volkszählungsurteil entwickelten Grundsätze für einen Teil der Gefahrenvorsorgemaßnahmen, wie z.b. der planmäßigen **Observation**[96] von Personen, daraus ergeben, dass diese **bereits in subjektive Rechte des Bürgers eingreifen.** Hier lässt sich aus einer polizei- und ordnungsbehördlichen Aufgabenzuweisung die Berechtigung zu einem solchen Handeln nicht mehr begründen. Vertretbar war es nur, für eine begrenzte Übergangszeit – bis der Gesetzgeber der neuen verfassungsrechtlichen Situation Rechnung tragen konnte – ein polizei- und ordnungsbehördliches Handeln auf die Aufgabennorm zu stützen. Heute scheidet dies aber jedenfalls aus[97], da der Gesetzgeber dem Wandel in der rechtlichen Beurteilung der subjektivrechtlichen Relevanz der polizeilichen Tätigkeit bereits in Verbindung mit den neueren polizei- und ordnungsbehördlichen Regelungen über Eingriffe in das informationelle Selbstbestimmungsrecht Rechnung getragen hat. Sehen diese keine Ermächtigungsgrundlage vor, sind Maßnahmen wie z.B. eine Rasterfahndung oder auch das Aufbewahren von Akten[98], sofern sie nicht der Abwehr einer konkreten Gefahr dienen, unzulässig (s. hierzu näher Rdnr. 132). Freilich ist dabei zu berücksichtigen, dass dort, wo es um den Schutz besonders hochwertiger Rechtsgüter geht, für die Annahme einer konkreten Gefahr bereits eine geringere Wahrscheinlichkeit genügt als bei nur weniger bedeutenden (vgl. Rdnr. 54).

49

Die für den Schadens- und damit auch für den Gefahrenbegriff essenzielle Minderung von Rechtsgütern und Werten bringt es mit sich, dass die Polizei- und Ordnungsbehörden **zur Mehrung von Gütern und Werten** – also insbesondere zu Maßnahmen der Wohlfahrtspflege – **nicht ermächtigt** sind. Die Minderung von Schutzgütern muss an dem vorhandenen Bestand eintreten[99]. Entgangener Gewinn fällt nicht hierunter[100].

50

Keine Minderung ist in bloßen Nachteilen, Belästigungen oder Unbequemlichkeiten zu sehen[101]. Deren Abgrenzung von einer Gefahr bereitet allerdings – zumal dies von Zeit und Ort abhängig ist – häufig Schwierigkeiten. So kann etwa ein gewisser Lärm, der sich zur Tageszeit nur als Belästigung darstellt, nachts schon eine Minderung des Rechtsgutes Gesundheit darstellen bzw. wegen seiner Unzumutbarkeit mit der öffentlichen Ordnung unvereinbar sein und damit eine Gefahr bzw. Störung begründen. Diese kann auch aus einer Summierung von Nachteilen und Belästigungen resultieren. Z.T. hat der Gesetzgeber im Übrigen in Spezialgesetzen (s. z.B. § 5 I

51

---

94 Vgl. hierzu *Götz*, NVwZ 1990, 725, 726 ff.
95 *BVerfGE* 65, 1, 43.
96 Dazu *Vahle*, Aufklärungs- und Observationsmaßnahmen, Diss. Bielefeld 1983.
97 Bedenken insoweit auch bei *Simitis/Wellbrok*, NJW 1984, 1591, 1592 f.
98 S. hierzu z.B. *BayVGH*, NJW 1984, 2235 ff.
99 Vgl. *Wolff/Bachof*, Verwaltungsrecht, III, 4. Aufl. 1978, § 125, Rdnr. 19.
100 Vgl. *Drews/Wacke/Vogel/Martens*, § 13, 2a.
101 *BVerwG*, DVBl. 1969, 586 f.

Nr. 1 BImSchG) vorgesehen, dass die zuständigen Behörden schon bei erheblichen Belästigungen einschreiten dürfen.

52 Aus dem Umstand, dass von einem Schaden nur bei einer Minderung eines normalen Bestands von Rechtsgütern gesprochen werden kann, ergibt sich, dass Nachteile und Belästigungen, wenn sie im Einzelfall auf Grund der **besonderen Empfindlichkeit einer Person** zu einer Rechtsgüterminderung führen, **kein Einschreiten der Polizei** nach der Generalklausel rechtfertigen[102].

53 Dem Begriff des Schadens und damit auch dem an ihn anknüpfenden Begriff der Gefahr ist es immanent, dass die Minderung des Rechtsguts **durch von außen kommende Einflüsse herbeigeführt wird**[103]. Soweit die Minderung eines Rechtsgutes auf dessen eigener Beschaffenheit beruht oder durch den regelmäßigen Ablauf eines Naturgeschehens hervorgerufen wird, begründet dies keine Gefahr bezüglich dieses Rechtsgutes (Beispiel: Verderben von Ware). Dies schließt nicht aus, dass hierdurch andere Rechtsgüter beeinträchtigt werden können und insofern eine Gefahr besteht (die verdorbenen Waren werden etwa verkauft und drohen damit, Gesundheitsschäden bei anderen Personen herbeizuführen).

54 Die Gefahr setzt voraus, dass **tatsächlich**[104] oder zumindest bei auf den Zeitpunkt des Handelns der Polizei- bzw. Ordnungsbehörden abstellender Betrachtungsweise[105] **bei verständiger Würdigung der Sach- und Rechtslage eine hinreichende Wahrscheinlichkeit für einen Schadenseintritt spricht**. Bei dem von der Polizei zu fällenden prognostischen Urteil, das in vollem Umfang gerichtlich überprüft werden kann (vgl. Rdnr. 28), ist von wesentlicher Bedeutung, welchem Rechtsgut ein Schaden droht. Je **höherrangiger ein Rechtsgut ist und je größer der ihm drohende Schaden ist, um so geringere Anforderungen sind an die Wahrscheinlichkeit eines Schadenseintritts zu stellen**[106]. So braucht z.B. bei drohendem Schaden für Leib und Leben nicht ein gleich hoher Wahrscheinlichkeitsgrad für den Eintritt eines Schadens zu bestehen, wie dort, wo es sich (nur) um die Gefährdung unbedeutender Vermögenswerte handelt. Von Relevanz für das Urteil über das Vorliegen einer Gefahr ist ferner der Zeitraum, der der Polizei bei der Einschätzung der Möglichkeit eines Schadenseintritts zur Verfügung steht. Drohen durch einen möglicherweise unmittelbar bevorstehenden Eintritt eines Schadens vollendete Tatsachen (irreparable Schäden) hervorgerufen zu werden, so genügt auch hier bereits eine geringere Wahrscheinlichkeit des Schadenseintritts für die Bejahung einer Gefahr[107].

---

102 Vgl. *Wolff/Bachof*, Verwaltungsrecht, III, 4. Aufl. 1978, § 125, Rdnr. 21; *VGH BW*, ESVGH 24, 213, 215.
103 Vgl. *Drews/Wacke/Vogel/Martens*, § 13, 2a.
104 Unter grammatischen und teleologischen Gesichtspunkten nicht überzeugend *Di Fabio*, DÖV 1991, 629, 632 u. *Kickartz*, Ermittlungsmaßnahmen zur Gefahrenerforschung unter einstweiliger polizeilicher Anordnung, 1984, 96 ff, die nur auf die ex-ante-Sicht der handelnden Polizei abstellen wollen (s. auch Rdnr. 58).
105 Vgl. *BVerwGE* 49, 36, 43.
106 Vgl. *BVerwGE* 45, 51, 61; 47, 31, 40. Siehe dazu eingehend (teilweise kritisch) *A. Leisner*, DÖV 2002, 326 ff.
107 Deshalb liegt z.B. bereits bei einem Verdacht der Verseuchung des Bodens durch eine Chemikalie eine Gefahr vor; s. auch *Schink*, DVBl. 1989, 1182, 1187.

In Spezialnormen wird z.T. für die Vornahme bestimmter Maßnahmen eine **qualifizierte Gefahr** gefordert. So spricht etwa Art. 13 IV u. VII GG von „**dringenden Gefahren**" und verlangt damit eine erhöhte Wahrscheinlichkeit des Schadenseintritts[108]. „**Unmittelbare**" Gefährdung (§ 15 I VersG) und „**gegenwärtige Gefahr**" (vgl. hierzu die Legaldefinition in § 2 Nr. 1b NdsSOG; § 3 Nr. 3b SachsAnhSOG; § 54 Nr. 3b ThürPOG) markieren eine besondere zeitliche Nähe der Gefahrenverwirklichung und ein gesteigertes Maß der Wahrscheinlichkeit des Schadenseintritts[109]. Die als Voraussetzung für ein polizeiliches Einschreiten gegen den Nichtstörer vielfach postulierte „**erhebliche Gefahr**" knüpft an die Schwere der Rechtsgutsverletzung an; notwendig ist damit eine Gefahr für ein bedeutsames Rechtsgut (s. auch § 7 I Nr. 1 BrandPolG; § 2 Nr. 1c NdsGefAG; § 7 I Nr. 1 RhPfPOG; § 3 Nr. 3c SachsAnhSOG; § 10 I Nr. 1 ThürPAG und § 54 Nr. 3c ThürOBG). Eine „**gemeine Gefahr**" (s. z.B. Art. 13 IV u. VII GG) liegt vor, wenn ein Schaden für eine unbestimmte Vielzahl von Personen oder erhebliche Sachwerte droht[110]. Von „**Gefahr im Verzug**" (vgl. z.B. § 20 I 1 MEPolG; § 2 V BerlASOG; § 39 I HessSOG; § 20 I 1 SaarlPolG; § 54 Nr. 5 ThürOBG) wird dort gesprochen, wo zur Verhinderung eines Schadens sofort eingegriffen werden muss und ein Abwarten (etwa bis zum Handeln der sonst prinzipiell zuständigen Behörde) die Effektivität der Gefahrenbekämpfung in Frage stellte oder jedenfalls einschränkte.

55

Für das Vorliegen einer Gefahr im Sinne der Generalklausel ist es weiter erforderlich, dass die **Wahrscheinlichkeit eines Schadenseintritts in naher Zukunft** besteht, nicht hingegen erst zu irgendeinem noch in der Ferne liegenden späteren Zeitpunkt. Keine konkrete Gefahr liegt deshalb vor, wenn z.B. eine Schweinemästerei oder ein sonstiger Emissionen verursachender Betrieb erst dann zukünftig Schaden hervorrufen könnte, wenn auf den benachbarten Grundstücken bauliche Veränderungen vorgenommen werden, indem dort z.B. eine Wohnbebauung zugelassen wird[111]. Der zur Charakterisierung solcher Fallgestaltungen von der h.M. verwandte **Terminus einer sog. „latenten Gefahr" bzw. „latenten Störung" verdunkelt deshalb die Rechtslage** nur, denn hier liegt in Wahrheit – wie im Ergebnis fast einhellig anerkannt wird – weder eine Gefahr noch eine Störung vor[112] (s. auch Rdnr. 161 f).

56

---

108 Ebenso *Gornig*, in: v. Mangoldt/Klein/Starck, GG, Bd. 1, 4. Aufl. 1999, Art. 13, Rdnr. 127; hingegen soll nach *BVerwGE* 47, 31, 40, *BbgVerfGH*, LKV 1999, 450, 463 und *MVVerfG*, LKV 2000, 345, 350 eine dringende Gefahr i.S. von Art. 13 III GG a.F. vorliegen, wenn eine Sachlage oder ein Verhalten bei ungehindertem Ablauf des objektiv zu erwartenden Geschehens mit hinreichender Wahrscheinlichkeit ein wichtiges Rechtsgut schädigen wird. Das Erfordernis der Gefahr für ein besonders hochrangiges Rechtsgut ergibt sich bei schwerwiegenden Eingriffen wie in Art. 13 IV GG und entsprechenden landesverfassungsrechtlichen Bestimmungen geregelt jedoch nicht schon aus dem Begriff der dringenden Gefahr, sondern aus dem systematischen Zusammenhang mit den anderen in Art. 13 IV GG genannten Rechtsgütern sowie aus dem Verhältnismäßigkeitsgrundsatz
109 *BVerfG*, NJW 2000, 3051, 3052; *Tölle*, NVwZ 2001, 153, 155. Nach *MVVerfG*, LKV 2000, 345, 349 und *SächsVerfGH*, DVBl. 1996, 1423, 1427 soll gegenwärtige Gefahr bedeuten, dass ein Schaden in unmittelbarem Zusammenhang, in allernächster Zukunft zu erwarten ist, wenn nicht in die Entwicklung eingegriffen wird.
110 Vgl. auch MVVerfG, LKV 2000, 345, 350 m.w.N.
111 Vgl. hierzu *Schenke*, JuS 1977, 789 ff.
112 Vgl. statt vieler *Sendler*, WiVerw. 1977, 94 ff; a.A. nur *Schmelz*, BayVBl. 2001, 550, 552 ff.

II *Polizei- und Ordnungsrecht*

b) Anscheinsgefahr

57 Lebhaft umstritten ist, unter welchen Voraussetzungen auch dann von einer Gefahr gesprochen werden kann (und damit ein polizeiliches Einschreiten möglich ist), wenn sich nachträglich, d.h. bei einer Betrachtung ex post herausstellt, dass entgegen der ex-ante-Prognose der Polizei- und Ordnungsbehörde ein Schaden tatsächlich nicht gedroht hat. Gefahrenabwehr verlangt von der Behörde immer eine Prognoseentscheidung[113]; diese aber ist notwendigerweise von der Ungewißheit des Schadenseintrittes geprägt[114] und es wäre widersprüchlich, die Richtigkeit der polizeilichen Gefahrprognose, die notwendigerweise ex ante erfolgen muss, anhand der Erkenntnisse ex post in Frage zu stellen[115]. Andererseits darf nicht jede subjektive Vorstellung der Behörde als ausreichend für das Bejahen einer Gefahr angesehen werden; es gibt keinen „subjektiven Gefahrbegriff"[116]. Abzustellen ist deshalb nicht auf den konkret Handelnden, sondern darauf, wie ein **gewissenhafter, besonnener und sachkundiger Amtswalter** die Lage zum **Zeitpunkt des polizeilichen Handelns** eingeschätzt hätte[117].

Hätte ein besonnener (gewissermaßen „objektivierter") Amtswalter bei der ihm bekannten Sachlage nicht das Vorliegen einer für die Annahme einer Gefahr erforderlichen hinreichenden Schadenswahrscheinlichkeit bejaht und drohte auch tatsächlich kein Schaden, ging aber der in concreto handelnde dennoch subjektiv vom Vorliegen einer Gefahr aus, spricht man von einer „**Schein- oder Putativgefahr**"[118]. Hier kann ein Handeln nach unbestrittener Auffassung nicht auf die Generalklausel gestützt werden[119], die „Scheingefahr" ist also **keine Gefahr**.

58 Konnte der handelnde Polizeibeamte aber bei verständiger Würdigung zum Zeitpunkt seines Handelns vom Vorliegen einer Gefahr ausgehen, schadet es nicht, wenn sich bei einer Betrachtung ex post herausstellt, dass in Wirklichkeit ein Schaden nicht drohte[120]. Diese Konstellationen sind gemeint, wenn man von einer **Anscheinsgefahr**

---

113 Darin, dass die polizeilichen Ermächtigungsnormen mit dem Begriff der Gefahr an ein prognostisches Urteil anknüpfen, unterscheiden sie sich wesentlich von solchen Normen, bei denen eine Rechtsfolge tatbestandlich an das Vorliegen eines realen Sachverhalts anknüpft und bei denen es deshalb gerade nicht auf das Urteil einer Person über das Vorliegen eines Sachverhalts ankommen kann, sondern auf die tatsächliche Sachlage.
114 Bei dem einer Prognoseentscheidung wesenseigenen Wahrscheinlichkeitsurteil kann statt des (mit einem gewissen Grad an Wahrscheinlichkeit) Prognostizierten auch dessen Gegenteil eintreten, selbst wenn die Wahrscheinlichkeit 99,9% beträgt.
115 S. im strafrechtlichen Zusammenhang *Rudolphi*, NStZ 1991, 237, 238; *Frisch*, Vorsatz und Risiko, 1983, 126.
116 Missverständlich daher *Denninger*, in: L/D, E, Rdnr. 36; *O. Schneider*, DVBl. 1980, 406, 407 f.
117 *Drews/Wacke/Vogel/Martens*, § 13, 2b; *Schoch*, JuS 1994, 668; *Scholler/Schloer*, S. 69 f; *Würtenberger*, Rdnr. 193; *VGH BW*, NVwZ 1991, 493.
118 Den – begrifflich eindeutigeren, aber weniger verbreiteten – Terminus Putativgefahr verwenden *Drews/Wacke/Vogel/Martens*, § 13, 2c, *Tettinger*, Rdnr. 321.
119 Vgl. für viele *BGH*, DVBl. 1954, 812 f.
120 So auch *Brandt/Smeddinck*, JURA 1994, 225, 231; *Breuer*, GS Martens, 1987, S. 317, 333 ff; *Drews/Wacke/Vogel/Martens*, § 13, 2b; *Erichsen/Wernsmann*, JURA 1995, 219 ff; *Gerhardt*, JURA 1987, 521 ff; *Hoffmann-Riem*, FS Wacke, 1972, S. 327 ff; *Martensen*, DVBl. 1996, 286 ff; *Riegel*, S. 33; *Schenke*, FS Friauf, 1996, S. 455 ff; *Schoch*, JuS 1994, 668; *Schumann*, Berl, 32; *Tettinger*, Rdnr. 321; *Würtenberger*, Rdnr. 197 f; *BGHZ* 5, 144 ff; *BVerwG*, DVBl. 1960, 725 ff; *BVerwGE* 39,

spricht. Die Anscheinsgefahr ist nach dem Gesagten eine **echte Gefahr**[121], d.h. sie lässt sich ohne Schwierigkeiten unter den oben vorgestellten Gefahrenbegriff subsumieren[122]. Aus der Sicht ex ante besteht bei verständiger Würdigung der Sachlage die Möglichkeit eines Schadenseintritts. Sieht etwa ein Polizist bei einem Streifengang einen Mann, der sich mit gezücktem Messer und wutverzerrtem Gesichtsausdruck auf eine andere Person stürzt, und bieten sich keine Anhaltspunkte dafür, dass es sich hier nur um eine gestellte Szene handelt, so kann (ja, muss unter Umständen im Hinblick auf die Wertigkeit des bedrohten Rechtsguts Leben und Gesundheit, s.u. Rdnr. 71) der Polizist einschreiten und den „Messerhelden" überwältigen, um ihn an der Ausführung seines vermeintlichen Angriffs zu hindern. Zeit für eine Aufklärung, ob hier tatsächlich ein Überfall droht, bleibt nicht mehr (vgl. auch oben Rdnr. 54). An der Rechtmäßigkeit des polizeilichen Einschreitens ändert sich selbst dann nichts, wenn sich später herausstellt, dass der „Überfall" nur im Rahmen von Filmdreharbeiten stattfand. Etwas anderes wäre nur dann anzunehmen, wenn für den Polizisten bei verständiger Betrachtungsweise einsichtig gewesen wäre, dass es sich hier nur um eine Filmszene handelte, so etwa wenn ein Schild angebracht gewesen wäre „Dreharbeiten, bitte nicht stören" oder die Filmkameras deutlich sichtbar postiert gewesen wären. Dann läge ein Fall der **Scheingefahr** vor. Zu beachten bleibt, dass die vom Wortlaut der polizeilichen Generalermächtigung noch gedeckte Einbeziehung auch der Anscheinsgefahr in den Gefahrenbegriff selbstverständlich nicht bedeutet, dass dort, wo tatsächlich ein Schaden für ein Rechtsgut droht, der aus der ex-ante-Sicht der Polizei nicht erkennbar ist, keine Gefahr vorläge. Auch eine **nicht erkennbare Gefahr ist eine Gefahr** (vgl. auch Rdnr. 54).

c) Gefahrenverdacht

Umstritten ist, wie sich die Polizei in den Fällen zu verhalten hat, in denen nur ein **Gefahrenverdacht**[123] besteht. Die insoweit festzustellende höchst kontroverse Diskussion leidet bereits daran, dass hinsichtlich des Inhalts dieses von den Landesgesetzgebern im Bereich des allgemeinen Polizei- und Ordnungsrecht[124] nicht verwandten Begriffs alles andere als Einigkeit besteht und deshalb vielfach aneinander „vorbeidiskutiert" wird. Von einem solchen Gefahrenverdacht kann m.E. sinnvollerweise nur dann gesprochen werden, wenn die Polizei- oder Ordnungsbehörde über **An-**

---

190 ff; *OVG Nds*, DVBl. 1983, 464, 465; *Götz*, Rdnr. 153; a.A. *Schwabe*, DVBl. 1982, 655 ff; *ders.*, GS Martens, 1987, S. 419, 426 ff; krit. auch *Pieroth/Schlink/Kniesel*, § 4, Rdnr. 67 ff, *Poscher*, Gefahrenabwehr, S. 29 ff, *ders.*, NVwZ 2001, 141, 142 ff und *Schlink*, JURA 1999, 169, 170, die aber fälschlich die Problematik der Anscheinsgefahr mit der des „Anscheinsstörers" vermengen.
121 Dazu, dass sie auch entschädigungsrechtlich als solche zu behandeln ist, vgl. Rdnr. 334 f.
122 Dies liegt daran, dass bei jedem Wahrscheinlichkeitsurteil statt des (mit einem gewissen Grad an Wahrscheinlichkeit) Prognostizierten auch dessen Gegenteil eintreten kann, selbst wenn die Wahrscheinlichkeit 99,9 % betrüge.
123 Zum Gefahrenverdacht und seiner Problematik s. eingeh. *Schenke*, FS Friauf, 1996, S. 455 ff m.w.N.; *Brandt/Smeddinck*, JURA 1994, 225, 230 und (von einer grundsätzlich anderen Ausgangsposition ausgehend) *Poscher*, Gefahrenabwehr, 1999, 151 ff sowie *ders.*, NVwZ 2001, 141 ff.
124 Im besonderen Polizei- und Ordnungsrecht wird in § 9 II BBodSchG vom „hinreichenden Verdacht einer schädlichen Bodenveränderung" gesprochen.

haltspunkte verfügt, die auf eine **Gefahr hindeuten**, diese aber bei verständiger Würdigung der Sachlage noch nicht genügen, um ein Urteil darüber abzugeben, ob ein Schaden tatsächlich eintreten wird oder jedenfalls mit der für das Vorliegen einer Gefahr bereits ausreichenden hinreichender Wahrscheinlichkeit zu erwarten ist. Zum Gefahrenverdacht näher *Schenke*, Rdnrn. 83 ff.

60 In den hier mit dem Begriff des Gefahrenverdachts umschriebenen Fällen kann sich bei weiteren Ermittlungen ergeben, dass ein Schadenseintritt zumindest mit hinreichender Wahrscheinlichkeit droht und deshalb eine Gefahr vorliegt (dazu oben Rdnr. 54); es kann sich aber auch herausstellen, dass keine Gefahr besteht. Von entscheidender Bedeutung ist damit, in welchem Umfang die Polizei- bzw. Ordnungsbehörde zu einer weiteren Sachverhaltsaufklärung berechtigt ist, um feststellen zu können, ob tatsächlich eine Gefahr gegeben ist und um bei deren Bejahung die erforderlichen Maßnahmen zur Abwehr der Gefahren treffen zu können. Als unproblematisch sind dabei solche Gefahrerforschungsmaßnahmen anzusehen, die nicht mit Rechtseingriffen verbunden sind und sich auf die polizeiliche Aufgabennorm stützen. Soweit es hier um die Aufklärung eines Gefahrenverdachts geht, der besonders hochwertige Rechtsgüter betrifft, wird hier sogar regelmäßig einer Verpflichtung zur Klärung des Sachverhalts auszugehen sein (s. auch Rdnr. 101). Fraglich ist hingegen, inwieweit in die Rechtssphäre des Bürgers eingreifende polizeiliche Gefahrenerforschungseingriffe zulässig sind. Das Bestehen einer solchen polizeilichen Eingriffsbefugnis wird damit beim Gefahrenverdacht zum zentralen Problem (dazu unten Rdnr. 61 ff).

d) Gefahrerforschungseingriff

61 Unter **Gefahrerforschungseingriffen** sind solche **vorläufigen Maßnahmen** zu verstehen, die nicht unmittelbar der Gefahrenbeseitigung dienen, sondern der **weiteren Erforschung des Sachverhalts und der Vorbereitung** von endgültigen Abwehrmaßnahmen[125]. Beispiele hierfür sind polizeilich angeordnete Probebohrungen und Messungen, die der Aufklärung dienen sollen, ob und in welchem Umfang von einem bestimmten Grundstück Schäden für die Umwelt ausgehen. Soweit hier keine spezialgesetzlichen Regelungen wie im Bereich des Bodenschutzrechts in § 9 II 1 BBodSchG getroffen werden, hängt ihre **rechtliche Beurteilung nach allgemeinem Polizei- und Ordnungsrecht** grundsätzlich **davon ab, ob eine konkrete Gefahr zu bejahen ist oder nicht.**

Liegt eine polizeirechtlich relevante Gefahr (einschließlich der Fälle der Anscheinsgefahr) vor, gilt es aber, sich nähere Informationen über Art und Ausmaß des drohenden Schadens wie über die Möglichkeit zur Gefahrenabwehr zu verschaffen, ist der Gefahrerforschungseingriff von den **polizeirechtlichen Ermächtigungsgrundlagen** gedeckt, selbst wenn sich auf Grund der Ergebnisse des Gefahrerforschungseingriffs

---

125 Eingehend zu Gefahrerforschungseingriffen *Schenke*, FS Friauf, 1996, S. 496 ff; *Schenke/Ruthig*, VerwArch. Bd. 87 (1996), 329 ff; ferner im Ergebnis teilw. abweichend *Kniesel*, DÖV 1997, 907 f; *ders.*, NJ 1997, 399; *Martensen*, DVBl. 1996, 286 ff; *Petri*, DÖV 1996, 443 ff; *Weiß*, NVwZ 1997, 737 ff.

(also bei der Betrachtung ex post) ergeben sollte, dass ein Schaden tatsächlich nicht gedroht hat (s. bereits oben Rdnr. 57). Unter Umständen kann sich hier sogar eine **Pflicht der Polizei zur Beschränkung auf Gefahrerforschungsmaßnahmen** daraus ergeben, dass unter dem **Aspekt des Übermaßverbots** (Grundsatz des geringsten Eingriffs) zunächst einmal aufzuklären ist, ob wirklich ein Schaden droht und der Polizei etwa wegen der Schwere des damit verbundenen (und damit im Ergebnis unverhältnismäßigen) Eingriffs endgültige Maßnahmen verwehrt sind. Lagern also beispielsweise auf einem Grundstück Fässer, deren Beschriftung auf gefährlichen Giftmüll hindeutet, sind sie aber noch nicht durchgerostet, ist es zunächst geboten, dem Inhaber die Untersuchung des Inhalts aufzugeben, bevor er zur Entsorgung auf einer Sondermülldeponie verpflichtet werden kann.

Die eigentlich umstrittenen und viel diskutierten Fälle von Gefahrerforschungseingriffen betreffen hingegen die Frage, inwieweit die Polizei auch dann tätig werden darf, wenn aus ihrer Sicht eine hinreichende Wahrscheinlichkeit eines Schadenseintritts und damit eine Gefahr nicht besteht, d.h. ein Gefahrenverdacht (Rdnr. 59) gegeben ist. Droht hier auch tatsächlich kein Schaden, so fehlt es an dem Vorliegen einer konkreten Gefahr, wie sie nach dem Wortlaut bzw. herkömmlichen Verständnis der polizei- und ordnungsrechtlichen Generalermächtigungen für den Bürger belastende polizeiliche Maßnahmen grundsätzlich erforderlich ist. Zwar gehören Gefahrerforschungsmaßnahmen ohne Eingriffe in Rechtspositionen des Betroffenen unbestreitbar zu den Aufgaben der Gefahrenabwehr und es besteht schon im Hinblick auf den Untersuchungsgrundsatz (§ 24 VwVfG) grundsätzlich eine Befugnis zu deren Vornahme. Für Eingriffe in Rechtspositionen des Betroffenen ist aber auf Grund des Vorbehalts des Gesetzes (Art. 20 III GG) und den grundrechtlichen Gesetzesvorbehalten eine Eingriffsgrundlage erforderlich[126]. Die Auffassung, die insoweit auf eine in den Generalermächtigungen **stillschweigend mitgeschriebene Gefahrerforschungsbefugnis** verweist[127], beachtet nicht ausreichend, dass die entsprechenden Vorschriften in der Regel (insbesondere in den polizeilichen Ermächtigungsnormen) ein mit Rechtseingriffen verbundenes Einschreiten vom Vorliegen einer konkreten Gefahr abhängig machen und auch die Vorschriften über die Adressaten polizeilichen Handelns bei der Inanspruchnahme des Störers eine unmittelbare Verursachung einer konkreten Gefahr (s. z.B. §§ 6, 7 BWPolG, dazu Rdnr. 154 ff) oder bei Inanspruchnahme eines Nichtstörers sogar eine qualifizierte konkrete Gefahr (s. z.B. § 9 BWPolG, Rdnr. 192) fordern. Diese Vorschriften können sinnvollerweise nur als **abschließende Regelungen** verstanden werden und **schließen den Rückgriff auf eine paragesetzliche Ermächtigung zu Gefahrerforschungseingriffen unterhalb der Schwelle einer konkreten Gefahr aus.**

62

---

126 Daran scheitert die Bejahung einer gewohnheitsrechtlichen Rechtsgrundlage. Für diese wohl nur *Kickartz*, Ermittlungsmaßnahmen zur Gefahrenerforschung und einstweilige polizeiliche Anordnungen, 1984, 253 ff.
127 So z.B. *Götz*, NVwZ 1994, 652, 655; krit. *Schenke*, FS Friauf, 1996, S. 472 ff; *Kniesel*, DÖV 1997, 905, 907 u. *ders.* NJ 1997, 397, 399.

II *Polizei- und Ordnungsrecht*

63 Zurückzuweisen ist auch der im polizeirechtlichen Schrifttum[128] unternommene Versuch, eine Eingriffsbefugnis bei Gefahrverdachtsfällen mittels der **Rechtsfigur des vorläufigen Verwaltungsakts** zu begründen, der einstweilige Regelungen bei ungewissem Sachverhalt bis zur endgültigen Klärung zulasse. Ein solches Institut mag auch ohne seine gesetzliche Verankerung im Bereich der nicht im vollen Umfang dem Gesetzesvorbehalt unterfallenden Leistungsverwaltung einen Anwendungsbereich haben[129]. Auf dem Sektor der Eingriffsverwaltung steht ihm im Polizeirecht (vorbehaltlich spezieller gesetzlicher Regelungen) sowohl der **Vorbehalt des Gesetzes** wie auch (angesichts der abschließenden Regelung polizeilicher Eingriffe) der **Vorrang des Gesetzes** entgegen. Da die polizeirechtlichen Eingriffsermächtigungen typischerweise tatbestandlich an die Ungewissheit eines Sachverhalts und seiner weiteren Entwicklung in der Zukunft anknüpfen, hier aber polizeirechtliche Ermächtigungen nur bei hinreichender Wahrscheinlichkeit eines Schadenseintritts begründen und damit insoweit keine Lücken aufweisen[130], kann diese gesetzliche Regelung nicht in begriffsjuristischer Weise durch Überstülpung einer begrifflichen Konstruktion ergänzt und dadurch verändert werden. Deshalb vermag die Rechtsfigur des vorläufigen Verwaltungsakts allenfalls als ein Erklärungsmuster für polizeirechtliche Eingriffsbefugnisse in den Fällen der Gefahrerforschung beim Vorliegen einer konkreten Gefahr zu fungieren[131], ohne dass hieraus jedoch rechtsdogmatische Folgerungen für die Fälle eines Gefahrenverdachts gezogen werden können. Es wäre vielmehr allein Aufgabe des Gesetzgebers, s.E. insoweit bestehende rechtspolitische Defizite durch eine Erweiterung des polizeilichen Handlungsinstrumentariums zu beseitigen. Solange dies aber unterbleibt, können sich die Polizeibehörden nicht über die vom Gesetzgeber als abschließend gewollten Regelungen hinwegsetzen.

64 Ebenfalls problematisch ist es, wenn man mit der **h.M.** aus dem **Untersuchungsgrundsatz** (§ 24 VwVfG) eine **Pflicht zur Duldung** behördlicher Maßnahmen ableitet[132]. Auch die Auferlegung von Duldungspflichten stellt einen Eingriff dar. Dies zeigt sich etwa an dem Beispiel, dass der Betroffene bei Gefahrerforschungsmaßnahmen das Betreten seiner Geschäftsräume dulden und vielleicht sogar vorübergehend seine Produktionsanlagen stilllegen müsste. Es ist

---

128 Dahin tendierend *Losch*, DVBl. 1994, 781 ff u. *Götz*, Rdnr. 155; vorsichtiger *Di Fabio*, DÖV 1991, 629 ff.
129 Auf die Leistungsverwaltung beziehen sich denn auch die Entscheidungen *BVerwGE* 67, 99 ff und 81, 84 ff.
130 Etwas anderes wäre nur dann anzunehmen, wenn sich die polizeigesetzlichen Regelungen, gemessen an grundrechtlichen Schutzpflichten (dazu *Isensee*, Grundrecht auf Sicherheit, 1983, 34 ff; *Schenke*, FS E. Lorenz, 1994, S. 473, 492 ff), als lückenhaft und verfassungswidrig erwiesen (vgl. hierzu *Lücke*, Vorläufige Staatsakte, 1991, 229), was aber angesichts der Möglichkeit einer zumindest verfassungskonformen Interpretation des Gefahrenbegriffs ausscheidet (von einer solchen verfassungskonformen Interpretation geht im Übrigen auch *Seibert*, Die Bindungswirkung von Verwaltungsakten, 1988, 562, aus, auf den sich *Di Fabio*, DÖV 1991, 636 beruft).
131 Selbst hier provoziert ihre Verwendung eher Missverständnisse, da Gefahrerforschungsmaßnahmen gerade keine vorläufigen Gefahrenbeseitigungsmaßnahmen sind, wie es der Begriff des „vorläufigen Verwaltungsakts" aber nahe legt. Eingehende Kritik gegenüber der Begründung einer Rechtsgrundlage mittels der Rechtsfigur des „vorläufigen Verwaltungsakts" bei *Schenke*, FS Friauf, 1996, S. 496 f u. *Schenke/Ruthig*, VerwArch. Bd. 87 (1996), 330, 356; ebenso *Kniesel*, DÖV 1997, 905, 907.
132 Vgl. *Breuer*, NVwZ 1987, 751, 755 m.w.N. in Fn. 41 und wohl auch *Schoch*, JuS 1994, 670. In der Rechtsprechung z.B. *RhPfOVG*, NVwZ 1992, 499, 501; *HessVGH*, NVwZ 1993, 1009, 1010; krit. *Schenke*, FS Friauf, 1996, S. 464; *Kniesel*, DÖV 1997, 905, 907. Für die Heranziehung der §§ 24 ff LVwVfG neben der Generalklausel *Petri*, DÖV 1996, 443, 447, was aber daran vorbeigeht, dass die polizeirechliche Generalermächtigung hier gerade nicht anwendbar ist und die §§ 24 ff keine Ermächtigungsgrundlage darstellen, womit auch bei einer Kombination dieser Rechtsvorschriften dem Gesetzesvorbehalt nicht genügt wird.

zwar richtig, dass die Behörde häufig ohne Duldung des Betroffenen den Sachverhalt überhaupt nicht aufzuklären vermag und dass sie nach § 24 I 2 VwVfG Art und Umfang ihrer Ermittlungen selbst bestimmen kann; der Gesetzgeber hat sich aber in § 26 II VwVfG gerade gegen eine Mitwirkungsverpflichtung entschieden. Der Bürger **soll** zwar an der Erforschung des Sachverhalts mitwirken. Wenn er es allerdings trotz „Aufforderung"[133] nicht tut, bedarf es für Zwangsmittel zur Durchsetzung der Mitwirkung auch in Form der Duldung ausdrücklicher gesetzlicher Rechtsgrundlagen. Es handelt sich um eine bloße **Mitwirkungsobliegenheit**[134]. Wenn ihr der Bürger nicht nachkommt, kann die Behörde sie nicht unmittelbar mit Zwangsmitteln durchsetzen. Sie kann allerdings aus der Verletzung der Obliegenheit im Rahmen der Beweiswürdigung negative Schlüsse ziehen[135]. Und das kann im Polizeirecht bedeuten, dass sie nunmehr bei verständiger Würdigung vom Vorliegen einer Gefahr ausgehen und ihr weiteres Handeln auf die polizeirechtlichen Eingriffsermächtigungen stützen kann[136]. Fehlt es an einer Gefahr, ist die Polizei, sofern nicht spezielle Vorschriften existieren, welche bereits **vor dem Eintritt einer konkreten Gefahr** belastende Maßnahmen zulassen[137], **mangels einer Rechtsgrundlage nicht zu entsprechenden Eingriffen ermächtigt** und kann dem Bürger auch ein Dulden nicht aufgeben.

Als nicht gangbar erweist sich auch der von *Kniesel*[138] beschrittene Weg, der, um den berechtigten Forderungen der Praxis gerecht zu werden, Gefahrenerforschungsangriffe auf die sinngemäße Anwendung der Notstandsbestimmungen stützen will. Diese sich zum Nachteil des Bürgers auswirkende Analogie erweist sich nicht nur unter dem Aspekt des Gesetzesvorbehalts als problematisch[139]. Sie steht auch im Widerspruch dazu, dass die polizeirechtlichen Notstandsbestimmungen (s. § 6 MEPolG u. unten Rdnr. 192) sogar das Vorliegen einer qualifizierten Gefahr verlangen. Nur wenn bereits eine Gefahr vorliegt, es aber unklar ist, ob eine Person für diese verantwortlich ist, sind die polizeirechtlichen Notstandsbestimmungen unmittelbar anwendbar[140].

4. Der Begriff der Störung

Ein polizeiliches Handeln ist nicht nur dann zulässig, wenn eine Gefahr besteht, sondern erst recht, wenn diese sich verwirklicht hat, d.h. **die Minderung eines vorhandenen normalen Bestands von Rechtsgütern oder die Verletzung der vom Begriff der öffentlichen Ordnung umfassten sozialen Normen eingetreten ist und fortdauert, also eine Störung vorliegt**[141]. Wie sich im Wege eines argumentum a minore ad maius ergibt, ist der Fall der Störung auch dort, wo er nicht ausdrücklich

65

---

133 Diese ist allerdings kein Verwaltungsakt, *Schenke*, Verwaltungsprozessrecht, 8. Aufl. 2002, Rdnr. 200.
134 *Stelkens/Kallerhoff*, in: Stelkens/Bonk/Sachs, VwVfG, 6. Aufl. 2001, § 26, Rdnr. 46 m.w.N.; *OVG Sachs*, SächsVBl. 1994, 107.
135 *Schenke*, Verwaltungsprozessrecht, 8. Aufl. 2002, Rdnr. 200; *ders.*, Beamtenrecht, 2. Aufl. 1990, S. 19 ff.
136 Ist eine Anscheinsgefahr gegeben, ist die Polizei auch nicht notwendigerweise auf Gefahrerforschungsmaßnahmen bzw. die Auferlegung von Duldungspflichten beschränkt. Eine solche Limitierung kann sich nur unter dem Gesichtspunkt der Verhältnismäßigkeit ergeben.
137 Vgl. etwa § 9 I Nr. 1 i.V.m. § 8 BWBodSchG.
138 *Kniesel*, DÖV 1997, 905, 907 f.
139 S. allgemein zu dieser Problematik *BVerfG*, DVBl. 1997, 351 mit Anm. *Schwabe*.
140 Vgl. *Schenke/Ruthig*, VerwArch. Bd. 87 (1996), 359 f, u. unten Rdnr. 163 ff.
141 S. dazu *Drews/Wacke/Vogel/Martens*, § 13, 1.

erwähnt wird[142], ebenfalls durch die Generalklausel erfasst[143]. Ebenso wie bei der Anscheinsgefahr (Rdnr. 57 f) reicht es auch bei der Anscheinsstörung als einem Unterfall der Gefahr aus, wenn aus der ex-ante-Sicht des Amtswalters bei verständiger Würdigung der Sachlage ein fortdauernder Schaden zu erwarten ist[144]. Die zur Unterbindung der Störung eingesetzten Maßnahmen sind, **anders als die präventiven, zur Gefahrenabwehr im engeren Sinne eingeleiteten, repressiv**. Soweit solche Störungen aus dem Verstoß gegen Strafgesetze resultieren, kann die Polizei nicht nur sicherheitspolizeilich, sondern auch zur Strafverfolgung tätig werden. Während das sicherheitspolizeiliche Handeln eine Unterbindung des strafbaren Handelns bezweckt, dient die Strafverfolgungsmaßnahme der Ermöglichung und Vorbereitung eines gerichtlichen Strafverfahrens. Ist eine Straftat jedoch beendet und erwächst aus ihr auch sonst keine fortdauernde rechtswidrige Minderung von Rechtsgütern, kommt nur noch eine Strafverfolgung in Betracht (beispielsweise bei einem abgeschlossenen Verstoß gegen Geschwindigkeitsvorschriften; anders dagegen nach einem beendeten Diebstahl, sofern die Diebesbeute für den Eigentümer sichergestellt werden soll).

5. Das Ermessen der Polizei

66 Auch wenn die Tatbestandsvoraussetzungen der polizei- und ordnungsrechtlichen Generalklauseln gegeben sind, bedeutet dies noch nicht, die Polizei- und Ordnungsbehörden seien damit stets zum Handeln verpflichtet. Für das der Gefahrenabwehr dienende Handeln dieser Behörden ist vielmehr im Rahmen der Generalklausel das **Opportunitätsprinzip**[145] **maßgebend**[146], welches in der Regel auch polizeirechtlichen Spezialermächtigungen zu Grunde liegt. Es gilt insoweit anderes als für das polizeiliche Handeln im Bereich der Strafverfolgung, in dem die Polizei gem. § 163 I 1 StPO zur Erforschung und Aufklärung von Straftaten verpflichtet ist (sog. Legalitätsprinzip).

67 Das den Polizei- und Ordnungsbehörden im Rahmen der Gefahrenabwehr eingeräumte **Ermessen ist zweistufig**. Es bezieht sich dabei grundsätzlich sowohl auf die **Frage des „Ob" des Handelns (Entschließungsermessen)** als auch auf jene nach

---

142 Erwähnt wird er in § 1 I BWPolG; Art. 6 BayLStVG; § 3 I HambSOG; § 176 I Nr. 1 SchlHVwG; s. auch Art. 11 II Nr. 3 BayPAG.
143 Die Begründung zu § 8 I MEPolG, der allgemeinen Befugnisklausel, führt dazu aus: „Zur Abwehr einer Gefahr in diesem Sinne gehört auch ... die Beseitigung einer bereits eingetretenen Störung ... Eine Störung ist nämlich unter dem Gesichtspunkt präventiven Handelns der Polizei nur dann relevant, wenn von ihr eine in die Zukunft wirkende Gefährdung ausgeht. Dann aber liegt eine Gefahr ... vor, sodass die ‚Beseitigung einer bereits eingetretenen Störung' nicht besonders erwähnt zu werden braucht."
144 A.A. *Schwabe*, DVBl. 2001, 968 f.
145 S. z.B. § 3 BWPolG; Art. 5 I BayPAG, Art. 7 II BayLStVG; § 12 I BerlASOG; § 4 I BrandPolG, § 15 BrandOBG; § 4 I BremPolG; § 3 I HambSOG; § 5 I HessSOG; § 14 MVSOG; § 5 I Nds-GefAG; § 3 I NWPolG, § 16 NWOBG; § 3 I RhPfPOG; § 3 I SaarlPolG; § 6 I SachsAnhSOG; § 3 I SächsPolG, § 9 I 1 SächsSWEG; § 174 SchlHVwG; § 7 I ThürOBG; § 5 ThürPAG; § 3 I MEPolG; §§ 14 I, 16 I BGSG.
146 Vgl. hierzu näher *Ossenbühl*, DÖV 1976, 463 ff; *Schmatz*, Die Grenzen des Opportunitätsprinzips im heutigen deutschen Polizeirecht, 1966; *Waechter*, VerwArch. Bd. 88 (1997), 298 ff.

dem „**Wie**" **des Handelns (Auswahlermessen)**. Ein Verhalten der Polizei- und Ordnungsbehörden, das sich innerhalb des ihnen eingeräumten Ermessensspielraums bewegt, ist rechtmäßig und als solches durch die Gerichte zu respektieren. Insbesondere ist es der Judikative verwehrt, über die Zweckmäßigkeit des polizeilichen Verhaltens zu befinden. Es fehlt bei einem sich innerhalb des Ermessensspielraums der Behörde bewegenden, aber unzweckmäßigen Handeln nicht erst am Vorliegen einer subjektiven Rechtsverletzung, sondern bereits an der objektiven Rechtswidrigkeit. Die gegenteilige von *Vogel*[147] vertretene Auffassung ist schon damit unvereinbar, dass ein unter Verstoß gegen objektives Recht erfolgender Eingriff in die Freiheitsgrundrechte grundsätzlich eine Verletzung des subjektiven Freiheitsrechts impliziert.

Nicht zu überzeugen vermag auch die in der Literatur z.T. vertretene Ansicht, selbst Ermessensentscheidungen der Verwaltung müssten in vollem Umfang justiziabel sein[148]. Sie trägt der durch das Gewaltenteilungsprinzip (Art. 20 II GG) garantierten Eigenständigkeit der Verwaltung und der ihr korrespondierenden wesensmäßigen Begrenzung der Judikative zu wenig Rechnung[149]. Die Gerichte sind demnach gemäß den allgemein für die Kontrolle von Ermessensentscheidungen geltenden Grundsätzen (s. § 114 VwGO) lediglich kompetent zu kontrollieren, ob die Polizei- und Ordnungsbehörden bei der Ausübung ihres Ermessens die ihnen rechtlich gesetzten Bindungen respektiert haben. Damit kann lediglich überprüft werden, ob sie das ihnen gesetzlich eingeräumte Ermessen überhaupt ausgeübt haben (**Verbot des Ermessensnichtgebrauchs**), ob sie es überschritten (**Ermessensüberschreitung**) oder ob sie von ihrem Ermessen in einer dem Zweck der Ermächtigung nicht entsprechenden Weise Gebrauch gemacht haben[150] (**Ermessensfehlgebrauch**).

68

a) Das Entschließungsermessen

Wenn eine Gefahr für die öffentliche Sicherheit oder Ordnung gegeben ist, haben die Polizei- und Ordnungsbehörden eine Ermessensentscheidung zu treffen, ob und gegebenenfalls wie sie handeln wollen. Der in der Literatur unter anderem von *Knemeyer*[151] vertretenen Ansicht, nach der kein Entschließungsermessen bestehen soll, kann nicht gefolgt werden. Aus der Zuweisung von Aufgaben an die Polizei lässt sich nicht ableiten, dass diese hierdurch zu einem Handeln verpflichtet wird. Vielmehr resultiert hieraus lediglich die **Verpflichtung**, beim Vorliegen von Gefahren in ermessensfehlerfreier Weise **zu überprüfen, ob eingeschritten werden soll**. Nicht haltbar ist es insbesondere, wenn man[152] aus dem Umstand, dass die Polizei bei Vorliegen der Tatbestandsvoraussetzungen polizeilicher Ermächtigungsnormen verpflichtet ist, zu überprüfen, ob sie einschreitet, ableiten will, die Polizei besäße kein Ermessen. Hierbei wird verkannt, dass die Behörde bei jeder Ermessensermächti-

69

---

147 *Drews/Wacke/Vogel/Martens*, § 24, 2.
148 So z.B. *H.H. Rupp*, NJW 1969, 1273 ff.
149 Vgl. hierzu näher *Schenke*, in: Bonner Kommentar, GG, Art. 19 IV, Rdnr. 316 ff.
150 Vgl. hierzu ausführlich *Schenke*, in: Bonner Kommentar, GG, Art. 19 IV, Rdnr. 331.
151 VVDStRL Bd. 35 (1977), 221, 236 ff; krit. hierzu *Martens*, DÖV 1982, 89, 97, der darauf hinweist, dass sich auf der Basis dieser Auffassung ein permanentes Vollzugsdefizit ergeben müsste.
152 Missverständlich insoweit *Knemeyer*, Rdnr. 129 f.

gung verpflichtet ist, eine solche Prüfung vorzunehmen, da anderenfalls ein rechtswidriger Ermessensnichtgebrauch vorläge. Keine Einschränkung des Ermessensspielraums lässt sich auch mittels der vom *BVerwG*[153] in anderem Zusammenhang neuerdings benutzten Rechtsfigur des „intendierten Ermessens" begründen. Von einem solchen könnte nur dann ausgegangen werden, wenn sich aus der Auslegung der polizeirechtlichen Bestimmungen ergeben würde, dass diese für den Regelfall eine bestimmte Entscheidung vorsehen, gerade daran fehlt es aber, sodass hier die Bejahung eines intendierten Ermessens in einem Zirkelschluss einmünden müsste. Es ist deshalb festzuhalten, dass auch bei Vorliegen einer Gefahr oder Störung für die öffentliche Sicherheit oder Ordnung ein Nichthandeln der Polizei rechtmäßig sein kann. Allerdings vermag sich im Einzelfall der Ermessensspielraum der Polizei- und Ordnungsbehörden so zu reduzieren, dass nur noch ein Einschreiten rechtmäßig ist. Nicht vereinbar mit dem polizeirechtlichen Opportunitätsprinzip ist eine Polizeistrategie, die nach dem Motto „zero tolerance" in Anlehnung an das in New York entwickelte Konzept des „High Performing Policing" zur Vermeidung von „broken windows" ein Einschreiten bei jedem Rechtsverstoß fordert[154].

70   Eine solche **Ermessensschrumpfung auf Null** wird im Anschluss an *W. Jellinek* in der Rechtsprechung wie auch in der Literatur[155] jedenfalls dann angenommen, wenn eine Gefahr oder Störung für die öffentliche Sicherheit oder Ordnung sich als besonders schädlich erweist und die Grenzen der von der Polizei noch tolerierbaren Schädlichkeit überschreitet (**sog. Schädlichkeitsgrenze**). Fraglich ist allerdings, wann diese Schädlichkeitsgrenze überschritten ist. Nach *Jellinek*[156] soll dies zutreffen, „wenn die Polizei nach gesellschaftlichen Anschauungen einschreiten muss". Diese Formel mag einen Gesichtspunkt bei der Entscheidung über das Bestehen einer Handlungsverpflichtung liefern, kann aber für sich gesehen schon deshalb kein taugliches Abgrenzungskriterium bieten, weil den gesellschaftlichen Anschauungen allein keine normative Kraft zukommt. Ob die Schädlichkeitsgrenze überschritten ist, dürfte in erster Linie von der **Wertigkeit des bedrohten Rechtsguts, aber auch von der Intensität der Gefahr**[157] **und den mit dem polizeilichen Handeln verbundenen Risiken**[158] **abhängen.**

---

153 Vgl. *BVerwGE* 72, 1, 6; krit. demgegenüber *Maurer*, AllgVerwR, 14. Aufl. 2002, § 7, Rdnr. 12 u. *Volkmann*, DÖV 1996, 282, 285 ff; s. hierzu näher *Kopp/Schenke*, VwGO, 13. Aufl. 2002, § 114, Rdnr. 21b. Siehe zum intendierten Ermessen neuestens *Beuermann*, Intendiertes Ermessen, 2002; *Pabst*, VerwArch. Bd. 93 (2002), 540 ff.
154 Dazu *Erbel*, DVBl. 2001, 1714, 1722; s. auch *Dolderer*, NVwZ 2001, 113 ff; *Volkmann*, NVwZ 1999, 225 ff und *Schenke*, Rdnr. 99.
155 *Wolff/Bachof*, Verwaltungsrecht, III, 4. Aufl. 1978, § 125, Rdnr. 36; s. auch *Di Fabio*, VerwArch. Bd. 86 (1995), 214, 220 ff.
156 *Jellinek*, Verwaltungsrecht, 3. Aufl. 1931, § 20 III 2b.
157 Je intensiver die Gefährdung ist, umso mehr verengt sich der behördliche Ermessensspielraum, vgl. *OVG NW*, NVwZ 1983, 101, 102.
158 Zu diesem Gesichtspunkt i.V.m. Hausbesetzungen *Schlink*, NVwZ 1982, 529, 532 ff; *VG Berlin*, NJW 1981, 1748 f; krit. hierzu *Martens*, DÖV 1982, 89, 97 im Hinblick darauf, dass hier die Durchsetzung des Rechts zur Disposition der Rechtsunterworfenen gestellt werde. Rechtswidrig ist es aber jedenfalls, wenn aus Gründen politischer Opportunität permanent Rechtsbrüche zugelassen werden.

Falls **besonders hochwertige Rechtsgüter**, wie Leben und Gesundheit, bedroht werden, wird regelmäßig eine **Handlungsverpflichtung** der Polizei- und Ordnungsbehörden bestehen. So hat die Rechtsprechung es zu Recht als rechtswidrig angesehen, dass die Polizei es unterließ, vor einer 5 km langen Ölspur zu warnen[159] oder es versäumte, Minen in einem Garten zu beseitigen[160]. Ebenso besteht eine Verpflichtung der Polizeibehörde, einem gegen seinen Willen Obdachlosen unter dem Aspekt des Gesundheitsschutzes eine Unterkunft zur Verfügung zu stellen[161]. Eine Verpflichtung zum Tätigwerden besteht grundsätzlich auch bei der Beeinträchtigung bedeutender Vermögenswerte. Soweit sich darüber hinaus in der neueren Literatur eine Tendenz abzeichnet, den Kreis der Fälle, bei denen die Polizei- und Ordnungsbehörden zu einer Aktivität verpflichtet sein sollen, noch weiter auszudehnen, wird man dem jedoch widersprechen müssen. So überzeugt es nicht, wenn nach *Götz*[162] die Behörden nur dann nicht zum Handeln verpflichtet sein sollen, wenn im Hinblick auf die Begrenzung der polizeilichen personellen und sachlichen Mittel die Gefahrenbekämpfung im Einzelfall zeitlich und räumlich mit der Behebung gravierender Gefahren kollidiert, wenn es sich um Bagatellen handelt oder wenn der Schutz der Sicherheit und Ordnung auf andere Weise als durch ihr Einschreiten gewährleistet ist. Dies liefe in praxi auf eine im Regelfall bestehende Verpflichtung zum Handeln hinaus, zumal die dritte Fallgruppe, bei der keine Verpflichtung zum Handeln bestehen soll, nicht die Anerkennung eines Ermessensspielraums der Polizei- und Ordnungsbehörden impliziert, sondern es diesen hier auf Grund des Subsidiaritätsprinzips ohnehin meist untersagt wäre zu handeln. Hätte der Gesetzgeber aber deren grundsätzliche Verpflichtung zum Handeln begründen wollen, so hätte er eine Sollvorschrift statuieren müssen. Überdies wird bei dieser Ausdehnung der polizeilichen Handlungsverpflichtung zu wenig beachtet, dass hier auch die Interessen jener tangiert werden, in deren Rechtssphäre zur Bekämpfung einer Gefahr eingegriffen wird. Zu weit gehen dürfte es im Übrigen auch, wenn *Riegel*[163] annimmt, dort, wo die Polizei ausnahmsweise zum Schutz privater Rechte handlungsbefugt sei, müsse sie auch zum Handeln verpflichtet sein. Für eine solche Privilegierung des privaten Rechtsgüterschutzes fehlt es an einer sachlichen Rechtfertigung.

Eine Ermessensreduzierung der Verwaltung kann sich überdies aus allgemeinen Gesichtspunkten wie dem der aus Art. 3 GG folgenden Selbstbindung der Verwaltung (es darf nicht von einer bestehenden Verwaltungspraxis im Einzelfall abgewichen werden) wie auch möglicherweise aus dem Gesichtspunkt der Folgenbeseitigung (dazu unten Rdnr. 198 f) ergeben.

b) Das Auswahlermessen

Auch wenn sich die Polizei- und Ordnungsbehörden zu einem Einschreiten entschlossen haben, bedeutet dies in der Regel noch nicht die Festlegung auf eine ganz bestimmte polizeiliche Maßnahme. **Meist kommen vielmehr verschiedene Mittel für die Gefahrenbekämpfung in Betracht**[164]. Rechtliche Begrenzungen ergeben sich hierbei allerdings z.T. aus dem Übermaßverbot (vgl. näher Rdnr. 200 ff). Überschätzt wird die Tragweite dieses – für jedes Verwaltungshandeln geltenden – Grundsatzes freilich, wenn *Knemeyer*[165] hieraus ableitet, die Polizei- und Ordnungsbehör-

---

159 *BGH*, VRS 7, 87 ff.
160 *BGH*, VerwRspr. 5, 319 ff.
161 *OVG Nds*, NVwZ 1992, 502 f; *OVG Berl*, NJW 1980, 2484; *Erichsen/Biermann*, JURA 1998, 371, 375; *Rachor*, in: L/D, F, Rdnr. 139; *Rüfner/Muckel*, S. 117 f.
162 *Götz*, Rdnr. 351; krit. hierzu auch *Möller/Wilhelm*, S. 79.
163 *Riegel*, S. 110.
164 Vgl. hierzu z.B. *Rasch*, § 3 MEPolG, Rdnr. 13 ff.
165 *Knemeyer*, Rdnr. 129 f u. 339.

den besäßen kein Auswahlermessen. Umstritten ist, inwieweit dort, wo mehrere Störer eine Gefahr verursacht haben, bestimmte für die Polizei- und Ordnungsbehörden bindende Rechtsgrundsätze bei der Entscheidung darüber gelten, welchen Störer sie hier in Anspruch zu nehmen haben (s. hierzu Rdnr. 182 ff). Einen allgemeinen Grundsatz, nach dem der Verhaltensstörer prinzipiell vor dem Zustandsstörer in Anspruch zu nehmen ist, wird man dabei, entgegen einer verschiedentlich vertretenen Auffassung, nicht bejahen können.

c) Der Anspruch auf ermessensfehlerfreie Entscheidung

74 Aus der den Polizei- und Ordnungsbehörden obliegenden Pflicht zur ermessensfehlerfreien Entscheidung über das Ob und Wie des polizeilichen Handelns folgt, dass Eingriffe in die Rechtssphäre eines Bürgers dessen Rechte verletzen, wenn sie unter Nichtbeachtung der für die Ausübung des Ermessens geltenden Rechtsgrundsätze vorgenommen werden[166].

75 Von dieser Frage ist jene zu unterscheiden, ob und inwieweit ein Dritter einen Anspruch auf ein polizeiliches Handeln besitzt. Aus der Pflicht zu einer ermessensfehlerfreien Entscheidung lässt sich noch nicht ableiten, dass bezüglich dieser auch subjektive Rechte eines durch ein polizeiliches Handeln Begünstigten bestehen. Die früher ganz h.M. ging davon aus, dass das Handeln der Polizei- und Ordnungsbehörden nur im öffentlichen Interesse liege und damit subjektive Rechte auf ein solches Handeln ausschieden. In Konsequenz der veränderten Stellung des Bürgers zum Staat, wie sie insbesondere im Grundrechtskatalog des GG ihren Ausdruck gefunden hat, bejaht jedoch heute die überwiegende Meinung[167] **dort subjektive Rechte, wo die Gefahr für die öffentliche Sicherheit oder Ordnung aus der Beeinträchtigung von Rechtsgütern einzelner Bürger resultiert**. Eine solche Subjektivierung wird insbesondere durch die in den Grundrechten angelegte staatliche **Schutzpflicht** indiziert[168]. Die Rechtsinhaber haben demnach einen im Wege der Bescheidungsklage gem. § 113 V 2 VwGO verfolgbaren Anspruch auf ermessensfehlerfreie Entscheidung über ein polizeiliches Einschreiten (formelles subjektives öffentliches Recht). Bei einer Ermessensschrumpfung auf Null kann der Einzelne sogar einen Rechtsanspruch auf ein polizeiliches Handeln besitzen (materielles subjektives Recht). So wird man etwa den Teilnehmern einer Parteiversammlung einen Anspruch auf polizeilichen Schutz vor tätlichen Angriffen durch Gegendemonstranten zubilligen müssen[169]. Auch dem durch eine Hausbesetzung in seinem Eigentumsrecht verletzten Eigentümer ist, jedenfalls bei deren Strafbarkeit (§ 123 StGB), im Regelfall

---

166 Es ist dies eine Konsequenz aus der durch *BVerfGE* 6, 32, 40 ff eingeleiteten Rspr., nach der jeder Eingriff in ein Freiheitsgrundrecht, der nicht formell und materiell mit der Verfassung in Einklang steht, eine Freiheitsgrundrechtsverletzung impliziert.
167 Vgl. hierzu *Dietlein*, DVBl. 1991, 685 ff; *Martens*, JuS 1962, 245 ff; *Pietzcker*, JuS 1982, 106 ff; *Wilke*, FS Scupin, 1983, S. 831 ff; *BVerwGE* 11, 95 ff; 37, 112, 113; *OVG NW*, NVwZ 1983, 101 f.
168 Zur Subjektivierung grundrechtlicher Schutzpflichten näher *Schenke*, FS E. Lorenz, 1994, S. 473, 495 ff m. eingeh. Nachw.; J. Dietlein, Die Lehre von den grundrechtlichen Schutzpflichten, 1992; *Di Fabio*, VerwArch. Bd. 86 (1995), 220 ff.
169 Vgl. *Broß*, DVBl. 1981, 208, 213.

ein Rechtsanspruch auf polizeiliche Räumung des Hauses zuzuerkennen[170]; dies schließt nicht aus, den Behörden – aus polizeitaktischen Gründen – eine Dispositionsbefugnis hinsichtlich des Zeitpunkts des Einschreitens einzuräumen. Bei einer durch wissentliche Falschaussage erfolgten Denunziation gegenüber der Polizei kann sich ebenfalls ein Anspruch auf Mitteilung des Verleumders ergeben[171]. Als ermessensfehlerhaft wird man es ansehen müssen, wenn die Polizei sich grundsätzlich weigert, den Schutz einer Person im Hinblick auf die Möglichkeit des Einsatzes privater Sicherheitsdienste zu übernehmen (dazu Rdnr. 241).

III. Spezialermächtigungen in allgemeinen Polizei- und Ordnungsgesetzen (Standardmaßnahmen)

In den allgemeinen Polizei- und Ordnungsgesetzen finden sich eine Reihe von **Spezialermächtigungen** zu polizeilichen Einzelmaßnahmen, die man als polizeiliche **Standardmaßnahmen** bezeichnet[172]. Einige dieser Eingriffe der Polizei in Freiheit und Eigentum des Bürgers waren bereits im Preußischen Polizeirecht ausdrücklich geregelt. In den neueren Polizei- und Ordnungsgesetzen hat sich in Anlehnung an den MEPolG der Trend zur Normierung von detaillierten Einzelermächtigungen noch verstärkt. Soweit die Polizei- und Ordnungsgesetze bestimmte polizeiliche Maßnahmen spezialgesetzlich normiert haben, sind die hierfür getroffenen **Regelungen abschließend**, sodass insoweit nicht mehr auf die Generalklausel zurückgegriffen werden kann (vgl. hierzu oben Rdnr. 21). 76

Standardmaßnahmen sind meist als Verwaltungsakte zu qualifizieren (so z.B. die Beschlagnahme, anders aber die in Abwesenheit des Eigentümers ergehende, seinem Schutz dienende Sicherstellung gem. § 32 BWPolG – dazu unten Rdnr. 109 – und die heimliche Observation, vgl. unten Rdnr. 123). Die für einen Verwaltungsakt erforderliche Regelung liegt in der Anordnung derartiger Maßnahmen gegenüber dem Betroffenen, der hierdurch zu einem Handeln, Dulden oder Unterlassen verpflichtet wird. Der Bejahung des Verwaltungsaktscharakters steht es nicht entgegen, dass bei Standardmaßnahmen (wie z.B. bei einer Durchsuchung oder einer Beschlagnahme) mit der Regelung meist eine tatsächliche Ausführungshandlung (Vollziehung) gekoppelt ist, bei der es sich, isoliert betrachtet, um einen Realakt handelt. 77

Die Auffassung[173], Standardmaßnahmen, die wie die Beschlagnahme einer Sache oder eine Durchsuchung eine Ausführungsermächtigung beinhalten, seien nur Realakte, vermag nicht zu überzeugen, da sie das **neben die Vollziehung** der Standardmaßnahmen **tretende Regelungselement ausblendet**. Die Unhaltbarkeit einer begrifflichen Verengung der Standardmaßnahme auf ihre Durchführung wird hinsichtlich der Durchsuchung z.B. schon an Art. 13 II GG („Anordnung" der Durchsuchung) wie auch an dessen polizeigesetzlichen Konkretisie- 78

---

170 Vgl. hierzu *Martens*, DÖV 1982, 89, 97 u. *Schlink*, NVwZ 1982, 529, 532 ff; sowie *VG Freiburg*, VBl. BW 1987, 349 ff.
171 Vgl. *BayVGH*, BayVBl. 1987, 146 f.
172 Zu diesen näher *Erichsen*, JURA 1993, 45 ff; *Schmitt-Kammler*, NWVBl. 1995, 166 ff.
173 *Drews/Wacke/Vogel/Martens*, § 12, 12c; teilweise auch *Schwabe*, NJW 1983, 369, 371; für Doppelnatur *Möller/Wilhelm*, S. 149.

II Polizei- und Ordnungsrecht

rungen deutlich. Das Verständnis der Standardmaßnahme nur als eines Vollziehungsakts wirkte sich insoweit zulasten des Bürgers aus, als danach z.B. die Beschlagnahme einer Sache oder ihre Durchsuchung ohne Kenntnis des Gewahrsaminhabers unabhängig von den Voraussetzungen des Sofortvollzugs bzw. der unmittelbaren Ausführung möglich wäre (vgl. hierzu unten Rdnr. 304 ff), obwohl es sich bei den dort vorgesehenen Restriktionen um Konkretisierungen des Übermaßverbotes handelt[174]. Dass die Qualifikation der Standardmaßnahmen nur als Realakte nicht zu befriedigen vermag, wird an folgendem deutlich: Da Realakte naturgemäß nicht vollstreckbar sind, bedürfte es, nach eben genannter Ansicht, zusätzlich noch einer Duldungsverfügung[175], wenn der Betroffene mit der Durchführung der Standardmaßnahme (wie z.B. einer Wohnungsdurchsuchung) nicht einverstanden wäre. Diese Duldungsverfügung wiederum müsste vom Standpunkt der hier abgelehnten Auffassung aus aber auf den Generalermächtigungen basieren[176] und hätte gänzlich andere Tatbestandsvoraussetzungen als die jeweilige Standardmaßnahme[177]. Dieser gekünstelten und auch mit der gesetzlichen Ausgestaltung von Standardmaßnahmen schwerlich in Einklang zu bringenden Konstruktion bedarf es nicht, wenn man durch die Standardmaßnahmen zugleich die Verpflichtung zur Duldung des mit ihr verbundenen Realakts als begründet ansieht.

79 Soweit sich aus der Durchführung einer Maßnahme (so z.B. bei einer Beschlagnahme; anders in der Regel bei einer abgeschlossenen Durchsuchung) fortdauernde Beeinträchtigungen für den Betroffenen ergeben, steht diesem bei Rechtswidrigkeit der Maßnahme neben dem durch die Anfechtungsklage durchsetzbaren Recht auf Aufhebung der Standardmaßnahme ein über § 113 I 2 VwGO auf vereinfachte Weise durchsetzbarer **Folgenbeseitigungsanspruch** zu. § 113 I 2 VwGO stellt dabei keine Rechtsgrundlage für den Folgenbeseitigungsanspruch dar, sondern setzt diesen voraus. Die Basis für den Folgenbeseitigungsanspruch (der nicht nur beim rechtswidrigen Vollzug eines Verwaltungsakts, sondern nach heute h.M. allgemein bei rechtswidrigen fortdauernden Beeinträchtigungen durch Verwaltungshandeln zum Zuge kommen soll) wird z.T. **im Prinzip der Gesetzmäßigkeit der Verwaltung (Art. 20 III GG)**, in **Art. 19 IV GG, im Rechtsstaatsprinzip**[178] in einer **Analogie zu den §§ 12, 862, 1004 BGB** oder – was am überzeugendsten erscheint – **in der subjektiven Rechtsqualität der Freiheitsgrundrechte** gesehen (zur Anwendbarkeit des Folgenbeseitigungsanspruchs auf Verwaltungsakte mit Drittwirkung s. Rdnr. 198 f)[179]. Nach der – bedenklichen – Auffassung des *BVerwG*[180] soll ein **mitwirkendes Verschulden** des Verletzten **analog § 254 BGB** zur Minderung und u.U. zum Ausschluss des Folgenbeseitigungsanspruchs führen.

---

174 Vgl. *Kirchhof*, in: Isensee/Kirchhof, Handbuch des Staatsrechts III, 1988, § 59 Rdnr. 171: Verfassungsrechtliches Postulat der Vorherigkeit sprachlicher vor tatsächlicher Gewalt.
175 Nicht überzeugend demgegenüber *Schmitt-Kammler*, NWVBl. 1995, 166 ff, nach dem die polizeirechtlichen Standardbefugnisse – abweichend von allgemeinen Grundsätzen – auch die Befugnis zu ihrer zwangsweisen Durchsetzung in sich schließen sollen, womit wichtige vollstreckungsrechtliche Folgen, die der Konkretisierung des Rechtsstaatsprinzips dienen, ohne einen hierfür ersichtlichen Grund umgangen würden.
176 So in der Tat denn auch *Heckmann*, Bay, Rdnr. 306.
177 Nicht überzeugend daher *Würtenberger/Heckmann/Riggert*, BW, Rdnr. 317, die der Ansicht sind, zum gleichen Ergebnis müsse man auch dann kommen, wenn man die Befugnis zur Durchsetzung einer Standardmaßnahme nicht auf die betreffende Spezialermächtigung, sondern auf die polizeiliche Generalklausel stütze.
178 Auf das Rechtsstaatsprinzip stellt *BVerwG*, NJW 1985, 817 ff ab; krit. hierzu *Bender*, VBl. BW 1985, 201 ff.
179 Hierzu und zu den weiteren Begründungsversuchen näher *Schenke*, Verwaltungsprozessrecht, 8. Aufl. 2002, Rdnr. 508; *ders.*, JuS 1990, 371 ff; *Kopp/Schenke*, VwGO, 13. Aufl. 2002, § 113, Rdnr. 81; *Schoch*, VerwArch. Bd. 79 (1988), 32 ff; *ders.*, JURA 1993, 478 f.
180 *BVerwG*, DVBl. 1971, 858 ff; krit. *Schenke*, JuS 1990, 373 ff. Bei Unteilbarkeit der Leistung wird i.V. mit der analogen Anwendung des § 254 BGB durch das *BVerwG* eine Umwandlung des auf Na-

Wenn Folgenbeseitigungsansprüche nicht über § 113 I 2 VwGO gerichtlich durchgesetzt werden, ist für die Art und Weise des gerichtlichen Rechtsschutzes die Rechtsnatur der begehrten Rückgängigmachung der Vollziehung von ausschlaggebender Bedeutung. Da die Vollziehung von Standardmaßnahmen (z.B. die Inbesitznahme einer beschlagnahmten Sache) und damit auch deren Rückgängigmachung (z.B. die Herausgabe der Sache) einen Realakt darstellen, ist der Rechtsschutz hier über eine **allgemeine Leistungsklage**[181] zu bewerkstelligen.

80

1. Die Identitätsfeststellung und die Prüfung von Berechtigungsscheinen

Nach § 9 I MEPolG[182] kann die Polizei die Identität einer Person feststellen[183], zur Abwehr einer Gefahr (Nr. 1), wenn sich die Person an einem Ort aufhält, von dem auf Grund tatsächlicher Anhaltspunkte erfahrungsgemäß anzunehmen ist, dass dort Personen Straftaten verabreden, vorbereiten oder verüben, sich Personen dort ohne erforderliche Aufenthaltserlaubnis aufhalten oder an dem Ort Personen der Prostitution nachgehen (Nr. 2 – sog. Razzia). Weiterhin ist eine Identitätsfeststellung bei Personen zulässig, die sich in oder in unmittelbarer Nähe bestimmter, in § 9 I Nr. 3 MEPolG aufgezählter gefährdeter Objekte aufhalten, wenn „Tatsachen die Annahme rechtfertigen, dass in oder an Objekten dieser Art Straftaten begangen werden sollen, durch die in oder an diesen Objekten befindliche Personen oder diese Objekte selbst unmittelbar gefährdet sind". Ferner ist eine Feststellung der Identität an von der Polizei zum Zwecke der Verhinderung von Straftaten im Sinne des § 111 StPO oder § 27 VersG eingerichteten **Kontrollstellen** rechtmäßig (§ 9 I Nr. 4 MEPolG).

81

Erweitert wurde die Befugnis zur Identitätsfeststellung in einzelnen Bundesländern (s. z.B. § 26 I Nr. 6 BWPolG; ähnlich Art. 13 I Nr. 5 BayPAG; § 27 II Nr. 5 MVSOG; § 12 VI NdsGefAG; § 14 I Nr. 5 ThürPAG), indem sie auch zugelassen wird zum Zwecke der Bekämpfung der grenzüberschreitenden Kriminalität in öffentlichen Einrichtungen sowie auf Durchgangsstraßen (Bundesautobahnen, Europastraßen). Bemerkenswert bei den in § 9 I Nr. 2-4 MEPolG sowie in § 26 I Nr. 6 BWPolG und entsprechenden Vorschriften getroffenen Regelungen ist, dass sie **nicht das Vorliegen einer konkreten Gefahr verlangen**, sondern bereits vor einer solchen Identitätsfeststellungen zulässig sind (so genannte **Schleierfahndung**). Damit zusammenhängend setzt hier die Identitätsfeststellung nicht voraus, dass es sich bei dem in § 9 I Nr. 2-4 MEPolG bezeichneten Adressatenkreis um polizeiliche Störer handelt (s. dazu unten

---

turalrestitution gerichteten Folgenbeseitigungsanspruchs in einen Geldersatzanspruch analog § 251 BGB befürwortet, um auf diese Weise eine Minderung des Folgenbeseitigungsanspruchs zu ermöglichen und die Alternative eines „Alles oder Nichts" zu vermeiden, vgl. *BVerwG*, NJW 1989, 2484; krit. *Schenke*, JuS 1990, 376 ff.

181 *Tettinger*, Rdnr. 398; näher hierzu auch *Schenke*, Verwaltungsprozessrecht, 8. Aufl. 2002, Rdnr. 346 ff.

182 Gleiche oder ähnliche Regelungen in § 26 BWPolG; Art. 13 BayPAG; §§ 21 f BerlASOG; § 12 BrandPolG; § 11 BremPolG; § 12 HambSOG, § 4 Gesetz über die Datenverarbeitung der Polizei (Hamburg); § 18 HessSOG; §§ 29 f MVSOG; § 13 NdsGefAG; § 12 NWPolG, § 24 NWOBG; § 10 RhPfPOG; § 9 SaarlPolG; § 20 SachsAnhSOG; § 19 SächsPolG, § 5 SächsSWEG; § 181 SchlHVwG; § 15 ThürOBG; §§ 14 f ThürPAG; § 23 BGSG.

183 Vgl. hierzu näher *Kurth*, NJW 1979, 1377 ff; *Schwan*, AöR Bd. 102 (1977), 243 ff; *Sigrist*, JR 1976, 397 ff.

Rdnr. 143). Diese im Vorfeld der konkreten Gefahrenabwehr getätigten Maßnahmen sind, da für diese Vorverlegung sachliche Gründe sprechen, unter dem Gesichtspunkt des Übermaßverbots prinzipiell nicht zu beanstanden. Das gilt auch, wie durch die bisher vorliegenden polizeirechtlichen Erfahrungen bestätigt wird, für die dem Zwecke der Bekämpfung der grenzüberschreitenden Kriminalität dienende Identitätsfeststellung[184]. Die Ansicht des *MVVerfG*[185], es sei verfassungswidrig, der Polizei eine Befugnis für die Identitätsfeststellung auf Durchgangsstraßen zur vorbeugenden Bekämpfung der Kriminalität (und nicht nur für die organisierte grenzüberschreitende Kriminalität) zu schaffen, überzeugt nicht. Dass eine Identitätsfeststellung nur auf Grund sachlicher, durch polizeiliche Erfahrungen geleiteter Erwägungen erfolgen darf, ergibt sich auch ohne die vom MVVerfG zur Einschränkung der polizeilichen Identitätsprüfung geforderte gesetzliche Regelung schon aus dem Gleichheitssatz wie aus dem Übermaßverbot[186]. Die betreffenden Bestimmungen begründen auch keinen Verstoß gegen das Schengener Abkommen (vgl. Rdnr. 262d)[187]. Allerdings können sich im Einzelfall hinsichtlich der Identitätsfeststellung aus dem Übermaßverbot Einschränkungen ergeben. So wäre es etwa als unzulässig anzusehen, wenn eine Person, obschon sie offenbar als Störer ausscheidet, zu einer Identitätsfeststellung angehalten wird. Soweit sich aus einer Identitätsfeststellung für eine als Nichtstörer zu qualifizierende Person ein Sonderopfer ergibt (z.B. finanzieller Schaden durch Versäumung eines Termins), muss, da in Verbindung mit Eingriffen nach § 9 I Nr. 2-4 MEPolG in den Polizei- und Ordnungsgesetzen keine Entschädigungsregelungen vorgesehen sind, ein Entschädigungsanspruch jedenfalls unter dem Gesichtspunkt des verfassungsgewohnheitsrechtlich anerkannten Rechtsinstituts der Aufopferung befürwortet werden (Rdnr. 351)[188].

Von den bisher angesprochenen Standardmaßnahmen, die der isolierten Feststellung der Identität von Personen dienen, ist die in den Polizei- und Ordnungsgesetzen vorgesehene, sich nach anderen Vorschriften regelnde Identitätsfeststellung zu unterscheiden, die in Verbindung mit einer Befragung der Person erfolgt (s. z.B. § 20 BW-PolG und dazu Rdnr. 121).

82 Zur Feststellung der Identität kann der Betroffene u.a. angehalten, nach seinen Personalien befragt und von ihm verlangt werden, dass er mitgeführte Ausweispapiere zur Prüfung aushändigt. Falls der Betroffene dem berechtigten Verlangen, sich auszuweisen, nicht folgt, liegt gem. § 5 I Nr. 2 i.V.m. § 1 I 1 Gesetz über Personalausweise

---

184 Wie hier *Engelken*, DVBl. 2000, 269 ff; *Götz*, NVwZ 1998, 679, 683 f; *Kastner*, VerwArch. Bd. 92 (2001), 216, 240 ff; *Moser v. Filseck*, BWVPr 1996, 272 ff; *Pieroth/Schlink/Kniesel*, § 14, Rdnr. 42; a.A. *Lisken*, NVwZ 1998, 22 u. *Stephan*, DVBl. 1998, 81 ff und mit Einschränkungen auch *MVVerfG*, DVBl. 2000, 262 ff; s. auch allgemein krit. zu derartigen „Vorfeldermittlungen" *O. Müller*, StrVert. 1995, 602 ff.
185 *MVVerfG*, DVBl. 2000, 262 ff.
186 Näher dazu *Schenke*, Rdnr. 121.
187 *Moser v. Filseck*, BWVPr 1996, 272; vgl. aber die Bedenken in BR-Drucks. 543/98 (Beschluss) und bei *Stephan*, DVBl. 1998, 81, 84 f, s. auch unten Rdnr. 246.
188 *Möller*, NVwZ 2000, 382, 286; s. auch *Waechter*, DÖV 1999, 138, 147; *Riegel*, S. 202 bejaht hier eine analoge Anwendung der sonst bei Inanspruchnahme eines Nichtstörers geltenden Entschädigungsvorschriften; zum Anwendungsbereich des Aufopferungsanspruchs s. *Schenke*, NJW 1991, 1777 ff; gegen Entschädigungsanspruch *Würtenberger/Heckmann/Riggert*, BW, Rdnr. 871.

eine Ordnungswidrigkeit vor[189]. Wenn die Identität auf andere Weise nicht oder nur unter erheblichen Schwierigkeiten festgestellt werden kann, kann der Betroffene auch **festgehalten** und er sowie von ihm mitgeführte Sachen können **durchsucht** werden (§ 9 II MEPolG). Bei Festhalten einer Person hat die Polizei nach näherer Maßgabe des § 14 MEPolG (dazu Rdnr. 98) unverzüglich eine richterliche Entscheidung über die Zulässigkeit und Fortdauer der Freiheitsentziehung herbeizuführen (§ 14 I 1 MEPolG).

Für die Prüfung von Berechtigungsscheinen regelt § 9 III MEPolG lediglich die Zuständigkeit der Polizei[190]. Die jeweilige Ermächtigungsgrundlage muss sich hingegen aus Spezialgesetzen ergeben (s. etwa §§ 4 II 2, 24 S. 2 StVZO, ferner § 36 V StVO).

83

Wenn landesrechtliche Vorschriften wie z.B. § 21 I BerlASOG eine Identitätsfeststellung außer für die Gefahrenabwehr auch zur Erfüllung der der Polizei durch andere Vorschriften übertragenen Aufgaben vorsehen, sind diese Regelungen, soweit sie die Identitätsfeststellung zum Zwecke der Strafverfolgung erfassen und eine verfassungskonforme Restriktion ausscheidet, als Verstoß gegen die Gesetzgebungskompetenzregel der Art. 72, 74 I Nr. 1 GG auf Grund der abschließenden Regelung durch den Bundesgesetzgeber (s. das Kodifikationsprinzip des § 6 EGStPO) und damit als nichtig anzusehen[191].

84

2. Erkennungsdienstliche Maßnahmen

§ 10 MEPolG[192] regelt erkennungsdienstliche Maßnahmen[193] Darunter fallen nach § 10 III MEPolG insbesondere die Abnahme von Finger- und Handflächenabdrücken, die Aufnahme von Lichtbildern, die Feststellung äußerer körperlicher Merkmale sowie Messungen. Nicht erfasst wird dagegen der sog. „genetische Fingerabdruck", die Genomanalyse (DNA-Analyse). Hierbei geht es anders als bei den in § 10 III MEPolG exemplarisch genannten erkennungsdienstlichen Maßnahmen nicht um die Feststellung äußerer Merkmale, zudem enthält er einen schwerwiegenden Eingriff in das informationelle Selbstbestimmungsrecht, der als solcher einer ausdrücklichen gesetzlichen Regelung bedarf[194]. DNA-Analysen[195] sind aber in Verbin-

85

---

189 Vgl. hierzu *OLG Düsseldorf*, NVwZ 1986, 247 f.
190 Ebenso § 10 III RhPfPOG.
191 Vgl. hierzu *Schenke*, JR 1970, 48 ff.
192 Ebenso Art. 14 BayPAG; § 23 BerlASOG; § 13 BrandPolG; § 11a BremPolG; § 31 MVSOG; § 15 NdsGefAG; § 14 NWPolG; § 11 RhPfPOG; § 16 ThürPAG; sehr ähnlich § 36 BWPolG; s. im Übrigen § 7 Gesetz über die Datenverarbeitung der Polizei (Hamburg); § 19 HessSOG; § 10 SaarlPolG; § 21 SachsAnhSOG; § 183 SchlHVwG; § 16 ThürPAG; § 24 BGSG.
193 Vgl. hierzu näher *Dreier*, JZ 1987, 1009 ff; *Fugmann*, NJW 1981, 2227 ff; *Fuss*, FS Wacke, 1972, S. 305 ff; *Riegel*, DÖV 1978, 17 ff; *Vahle*, DuD 1996, 397 ff.
194 S. auch *Bäumler*, in: L/D, J, Rdnr. 562. Nicht überzeugend ist die Ansicht von *Pieroth/Schlink/Kniesel*, § 14, Rdnr. 57, die eine DNA-Analyse dann als eine erkennungsdienstliche Maßnahme i.S.d. § 10 MEPolG bzw. diesem entsprechende Vorschriften qualifizieren, wenn sie nicht mit einem Eingriff in die körperliche Integrität verbunden ist (z.B. Untersuchung eines verlorenen Haars), damit aber dem eigentlichen Eingriff in das informationelle Selbstbestimmungsrecht nicht ausreichend Rechnung tragen.
195 S. dazu auch *BVerfG*, NJW 2001, 879 und NJW 2001, 2320; *Busch*, NJW 2002, 1334 ff; *Neubacher/Walther*, StV 2001, 584 ff und *Wollweber*, NJW 2001, 2304 f.

II *Polizei- und Ordnungsrecht*

dung mit der Strafverfolgung in §§ 81e und § 81f StPO vorgesehen. Zusätzlich lässt der durch das DNA-Identitätsfeststellungsgesetz vom 7.9.1998 (BGBl. I, S. 2646) in die StPO neu eingefügte § 81g StPO bei Straftaten von erheblicher Bedeutung eine DNA-Analyse gegenüber dem Beschuldigten auch zum Zwecke der Identitätsfeststellung in künftigen Strafverfahren zu[196].

Erkennungsdienstliche Maßnahmen sind nach § 10 MEPolG in zwei Fällen möglich. Der erste Fall ist gegeben, wenn eine nach § 9 MEPolG zulässige Identitätsfeststellung (s. Rdnr. 81 ff) auf andere Weise nicht oder nur unter erheblichen Schwierigkeiten möglich ist. Zum zweiten sind die Maßnahmen zulässig, soweit sie zur vorbeugenden Bekämpfung von Straftaten erforderlich sind. Voraussetzung in diesem Fall ist allerdings, dass der Betroffene verdächtig ist, eine Straftat begangen zu haben, und dass außerdem wegen der Art und Ausführung der Tat Wiederholungsgefahr besteht. Zudem ergeben sich Einschränkungen aus der Regelung des § 81b StPO, die hinsichtlich der Strafverfolgungsvorsorge abschließend ist (s. unten Rdnr. 86).

86 Unberührt von § 10 MEPolG und den entsprechenden landesrechtlichen Regelungen **bleibt § 81b StPO** (dazu Rdnr. 223). Dies wird in § 108 SachsAnhSOG ausdrücklich klargestellt. Die Regelung weist darauf hin, dass die landesrechtliche Vorschrift gegen Beschuldigte keine Anwendung findet solange § 81b StPO Maßnahmen gegen diese Person zulässt. Nach § 81b StPO dürfen, soweit es für die Zwecke der Durchführung des Strafverfahrens oder für die Zwecke des Erkennungsdienstes notwendig ist, Lichtbilder und Fingerabdrücke des **Beschuldigten** (d.h. desjenigen, gegen die Strafverfolgungsbehörden – Staatsanwaltschaft oder Polizei – ein Ermittlungsverfahren eingeleitet haben) auch gegen seinen Willen aufgenommen und Messungen und ähnliche Maßnahmen an ihm vorgenommen werden[197]. Gegen diese Regelung, bestehen unter kompetenzrechtlichen Gründen insoweit keine Bedenken, als sie der Strafverfolgungsvorsorge dienen. Da der Bund insoweit von seiner Gesetzgebungskompetenz abschließend Gebrauch gemacht hat[198] sind landesrechtliche Normierungen erkennungsdienstlicher Maßnahmen zumindest unter dem Aspekt der verfassungskonformen Auslegung so zu verstehen, dass sie sich nicht auf die Strafverfolgungsvorsorge (so auch *HessVGH*, NVwZ-RR 1994, 652, 653 f), sondern nur

---

196 Zur kompetenzrechtlichen Zulässigkeit dieser Regelung s. *BVerfG*, NJW 2001, 879, a.A. *Pieroth/Schlink/Kniesel*, § 14, Rdnr. 58.
197 Der Abschluss des Strafverfahrens allein macht die Aufbewahrung der Unterlagen nicht rechtswidrig (vgl. *BVerwG*, NJW 1983, 772 ff u. NJW 1983, 1338 f sowie *VGH BW*, VBl. BW 1987, 425 ff); liegen allerdings keine Anhaltspunkte mehr dafür vor, dass die erkennungsdienstlich behandelte Person zukünftig strafrechtlich in Erscheinung treten wird und dass die angefertigten Unterlagen hierbei die Ermittlungen der Polizei fördern können (vgl. *BVerwGE* 26, 169, 171), ist ihre Aufbewahrung nicht mehr gerechtfertigt (Bedenken wegen des Fehlens von Regelungen über den Zeitraum der Aufbewahrung bei *Gusy*, Rdnr. 216) und ergibt sich trotz Fehlens von Regelungen wie § 10 II MEPolG (dazu unten Rdnr. 88) ein Anspruch auf Vernichtung der Unterlagen unter dem Gesichtspunkt des Folgenbeseitigungsanspruchs.
198 Nicht überzeugend *Knemeyer*, Rdnr. 179, der generell die Aufbewahrung durch erkennungsdienstliche Maßnahmen gem. § 81b StPO gewonnener Daten wegen des Spezialitätscharakters der landesrechtlichen Regelungen für ausgeschlossen ansieht, was im Übrigen daran scheitert, dass die Anwendung des lex-specialis-Grundsatzes im Verhältnis von Landesrecht und Bundesrecht wegen des Vorrangs des Bundesrechts nicht möglich ist.

auf die Verhütung von Straftaten beziehen (s. auch Rdnr. 9), hinsichtlich derer Regelung dem Landesgesetzgeber wie auch sonst für das allgemeine Polizeirecht eine ausschließliche Gesetzgebungskompetenz zusteht[199].

Für Bildaufnahmen i.V. mit öffentlichen Versammlungen finden sich Spezialregelungen in §§ 12a, 19a VersG (s. dazu unten Rdnr. 122). Keine Rechtsgrundlage für polizeiliche Aufnahmen bietet hingegen § 24 KunstUrhG, der ohnehin unmittelbar nicht Bildaufnahmen, sondern nur deren Verbreitung zum Gegenstand hat. Ihm kann auch nicht im Wege eines argumentum a maiore ad minus ein Recht zu Bildaufnahmen entnommen werden, da dies nicht mit § 81b StPO (wie auch den §§ 12a, 19a VersG, dazu unten Rdnr. 122) im Einklang stünde, und überdies auch nicht den grundrechtlichen Erfordernissen, wie sie sich aus einer Anerkennung des Grundrechts auf informationelle Selbstbestimmung ergeben, Rechnung trüge[200]. 87

Nach § 10 II MEPolG[201] sind die erkennungsdienstlichen Unterlagen auf Verlangen des Betroffenen zu vernichten, sobald die Voraussetzungen für die Vornahme erkennungsdienstlicher Maßnahmen entfallen sind. Diese Pflicht der Polizeibehörden ergibt sich auch dort, wo entsprechende Normierungen nicht eingreifen, bereits **aus Art. 1, 2 I GG in Verbindung mit dem Gesichtspunkt der Folgenbeseitigung**[202]. Der Anspruch auf Folgenbeseitigung besteht nicht nur dann, wenn eine in die grundrechtlich geschützte Freiheitssphäre eingreifende Verwaltungsmaßnahme von Anfang an rechtswidrig war, er muss auch dort zum Zuge kommen, wo die Aufrechterhaltung einer dauernd belastenden Maßnahme rechtswidrig wird[203], weil sie nicht mehr durch Gründe der Gefahrenabwehr gerechtfertigt ist. 88

Für die Durchsetzung des Folgenbeseitigungsanspruchs ist, selbst wenn die erkennungsdienstlichen Unterlagen wie im Fall des § 81b, 2. Alt. StPO ursprünglich der Durchführung eines Strafverfahrens dienten, der Verwaltungsrechtsweg einschlägig. Da es sich bei der Vernichtung erkennungsdienstlicher Unterlagen um einen Realakt handelt, ist, entgegen der Auffassung des *BVerwG*, eine auf Vernichtung gerichtete Klage als **allgemeine Leistungsklage** zu qualifizieren[204] (vgl. auch oben Rdnr. 80). 89

---

199 Deshalb ist es nicht überzeugend, wenn z.T. die landesrechtlichen, den Erkennungsdienst betreffenden Vorschriften wegen der angeblich abschließenden Regelung des § 81b StPO in Frage gestellt werden (so aber *Fugmann*, NJW 1981, 2227, 2228 f; *Götz*, NVwZ 1984, 216; *Rachor*, in: L/D, F, Rdnr. 425).
200 Vgl. *Götz*, NVwZ 1990, 112, 113; s. ferner auch *Keller*, FS Samper, 1982, S. 103 ff; überholt *BGHZ*, JZ 1976, 31 f.
201 Ebenso oder ähnlich § 36 III BWPolG; Art. 14 II BayPAG; § 23 II BerlASOG; § 13 III BrandPolG; § 35 I u. II BremPolG; § 7 II Gesetz über die Datenverarbeitung der Polizei (Hamburg); § 19 III HessSOG; § 31 III MVSOG; § 15 II NdsGefAG; § 10 I, III NWPolG; § 11 III RhPfPOG; § 10 II SaarlPolG; § 21 III SachsAnhSOG; § 20 III SächsPolG; § 183 III SchlHVwG; § 16 II ThürPAG.
202 Vgl. auch *OVG NW*, NJW 1983, 1340.
203 Zur nachträglichen Rechtswidrigkeit eines Verwaltungsakts *Schenke/Baumeister*, JuS 1991, 547 ff.
204 *Schenke*, Rdnr. 663 ff; **a.A.** *Würtenberger/Heckmann/Riggert*, BW, Rdnr. 350.

II *Polizei- und Ordnungsrecht*

3. Vorladung

90 Nach § 11 I MEPolG[205] kann die Polizei eine Person mündlich oder schriftlich vorladen, wenn entweder Tatsachen die Annahme rechtfertigen, dass die Person sachdienliche Angaben machen kann, die für die Erfüllung einer bestimmten polizeilichen Aufgabe erforderlich sind, oder die Vorladung zur Durchführung erkennungsdienstlicher Maßnahmen erforderlich ist. Bei der Vorladung[206] soll deren Grund angegeben werden (§ 11 II MEPolG). Diese Vorschrift entspricht weitgehend dem geltenden Recht und stellt insbesondere klar, dass eine Vorladung zum Zwecke der Ausforschung unzulässig ist.

91 Gem. § 11 III MEPolG[207] kann die Vorladung nur zwangsweise durchgesetzt werden (sog. **Vorführung**), wenn die zu erwartenden Angaben zur Abwehr einer Gefahr für Leib, Leben oder Freiheit einer Person erforderlich sind oder die Vorladung der Durchführung erkennungsdienstlicher Maßnahmen dient[208]. Gem. § 14 I 1 MEPolG hat die Polizei unverzüglich eine **richterliche Entscheidung** über Zulässigkeit und Fortdauer der Freiheitsentziehung herbeizuführen. Zu beachten ist, dass sich aus der Pflicht des Bürgers, einer Vorladung zu folgen, noch **keine Pflicht zur Aussage** ergibt. Diese ist vielmehr in den neuen Polizeigesetzen spezialgesetzlich geregelt (vgl. Rdnr. 121). Für einzelne Materien gibt es auch bundesrechtliche Regelungen wie § 55 I Nr. 2 GüKG, § 41 III Nr. 4 LMBG u. § 33 I WaStrG.

4. Platzverweisung

92 Zum Zweck der Gefahrenabwehr kann die Polizei nach § 12 MEPolG[209] eine Platzverweisung (Platzverweis) aussprechen, d.h. vorübergehend eine Person von einem Ort verweisen oder ihr das Betreten eines Ortes verbieten. Die gleiche Maßnahme kann gegen eine Person ergriffen werden, die den Einsatz der Feuerwehr oder von Hilfs- oder Rettungsdiensten behindert[210]. Kein Platzverweis liegt dagegen im Gebot,

---

[205] Dem § 11 MEPolG entsprechende Regelungen finden sich in § 27 BWPolG; Art. 15 BayPAG; § 20 BerlASOG; § 15 BrandPolG; § 12 BremPolG; § 30 HessSOG; § 50 MVSOG; § 16 NdsGefAG; § 10 NWPolG, § 24 NWOBG; § 12 RhPfPOG; § 11 II-IV SaarlPolG; § 35 SachsAnhSOG; § 18 SächsPolG; § 17 ThürPAG; § 25 BGSG; s. ferner § 11 HambSOG; § 199 SchlHVwG; § 16 IV-VI ThürOBG.

[206] Sie stellt keine Freiheitsentziehung i.S.d. Art. 104 II GG dar (vgl. *OVG NW*, DVBl. 1982, 658 f.).

[207] Ebenso § 27 III BWPolG; Art. 15 III BayPAG; § 20 III BerlASOG; § 30 HessSOG; § 50 III MVSOG; § 16 III NdsGefAG; § 10 III NWPolG; § 35 III SachsAnhSOG; § 199 III SchlHVwG; § 16 V ThürOBG; § 17 III ThürPAG; § 15 III BrandPolG; § 12 III RhPfPOG; § 11 IV SaarlPolG; § 18 V SächsPolG; ähnlich § 12 III BremPolG; § 24 Nr. 2 NWOBG i.V.m. § 10 III NWPolG.

[208] Dazu, dass die zwangsweise Vorführung zu erkennungsdienstlichen Maßnahmen im Regelfall nur eine Freiheitsbeschränkung und nicht eine Freiheitsentziehung darstellt, für die nach Art. 104 II GG der Richtervorbehalt gelten würde, s. *BayObLG*, DVBl. 1983, 1069 f.

[209] Entsprechende Regelungen in Art. 16 BayPAG; § 29 I BerlASOG; § 16 I BrandPolG; § 14 I BremPolG; § 12a I HambSOG; § 31 HessSOG; § 52 I MVSOG; § 17 NdsGefAG; § 34 NWPolG, § 24 NWOBG; § 13 RhPfPOG; § 12 SaarlPolG; § 36 I SachsAnhSOG; § 21 SächsPolG, § 6 SächsSWEG; § 201 SchlHVwG, vgl. zu den Kosten hierfür und andere Standardmaßnahmen § 227a SchlHVwG; § 17 I ThürOBG; § 18 I ThürPAG.

[210] Vgl. hierzu auch *Scheffler*, NJW 1995, 232 f.

sich an einen bestimmten Ort zu begeben[211]. Da es sich bei der Platzverweisung definitionsgemäß um eine **vorübergehende Maßnahme** handelt, stellt sich die – für die Abgrenzung von einem Aufenthaltsverbot (vgl. unten Rdnr. 93) bedeutsame – Frage, wie lange sie andauern darf. Teilweise wird hierbei angenommen, sie dürfe sich nur auf wenige Stunden beziehen (so *Berner/Köhler*, BayPAG, Art. 16, Rdnr. 1). Mitunter wird dieses Kriterium auch noch bei einer Dauer von bis zu zwei Wochen als erfüllt angesehen (so *Latzel/Lustina*, Die Polizei 1995, 131, 134; noch weitergehend *Schmidbauer*, BayVBl. 2002, 257, 263). Unter dem Aspekt des Art. 11 GG, der eine restriktive verfassungskonforme Interpretation von Regelungen wie § 12 MEPolG erzwingt, wird man davon auszugehen haben, dass jedenfalls bei einer Beschränkung, die länger als 24 Stunden andauert, kein Platzverweis mehr, sondern ein Aufenthaltsverbot vorliegt (s. unten Rdnr. 93). Der Rechtmäßigkeit eines Platzverweises steht es unter dem Gesichtspunkt der Geeignetheit nicht entgegen, dass dieser (z.B. bei einem befürchteten Verstoß gegen das Betäubungsmittelgesetz) nur zu einer vorübergehenden Bekämpfung der Gefahr ermächtigt[212]. Das gilt selbst dann, wenn nach dem einschlägigen Polizei- und Ordnungsgesetz die Möglichkeit zur Verhängung eines längerfristigen Aufenthaltsverbots (dazu unten Rdnr. 93) besteht. Soweit der MEPolG nicht ausdrücklich die Adressaten eines Platzverweises benennt, finden die allgemeinen Grundsätze über die polizeirechtliche Verantwortlichkeit (Rdnr. 143 ff) Anwendung[213]. Fehlen spezialgesetzliche Regelungen des Platzverweises, kann dieser nur auf die Generalklausel gestützt werden. Im Bundesrecht finden sich einige spezialgesetzliche Ermächtigungen zur Platzverweisung, so etwa in den §§ 11, 13, 18, 19 VersG und in § 1 S. 2 Nr. 1 JÖSchG. Unter dem Aspekt des Art. 11 GG sowie des Art. 73 Nr. 3 GG ergeben sich bezüglich der Regelung des Platzverweises keine Bedenken, da dieser wegen seiner Kurzfristigkeit keine Beschränkung der Freizügigkeit darstellt[214].

Nicht erfasst durch die Vorschriften über den Platzverweis werden längerfristige (vgl. zur Abgrenzung oben Rdnr. 92) **Aufenthaltsverbote**, wie sie insbesondere zur Bekämpfung der sich auf bestimmte Ortsteile konzentrierten Drogenszene oder bei einem Treffen gewalttätiger Gruppen („Chaostage") ausgesprochen werden. Sie sind zur Verhütung von Straftaten nunmehr in § 29 II BerlASOG, § 16 II BrandPolG, § 14 II BremPolG; § 52 III MVSOG, § 17 II NdsGefAG, § 36 II 1 SachsAnhSOG, § 21 II SächsPolG, § 18 II ThürPAG und § 17 II ThürOBG ausdrücklich geregelt, müssen nach näherer Maßgabe dieser Regelungen zeitlich beschränkt sein und dürfen nicht den Zugang zur eigenen Wohnung bzw. den dortigen Aufenthalt untersagen. Soweit die der Gefahrenabwehr dienenden Gesetze lediglich einen Platzverweis regeln, stellt sich die Frage, ob hierdurch zugleich ein weiter reichendes Aufenthaltsverbot ausgeschlossen wird (so *Butzer*, VerwArch. Bd. 93 (2002), 506, 537; *Hecker*, JuS 1998, 575; s. auch *Rachor*, in: L/D, F, Rdnr. 703) oder ob in diesem Fall auf die

93

---

211 *Scholler/Schloer*, S. 96.
212 *BayVGH*, NVwZ 2001, 1291 f.
213 *Schloer*, DÖV 1991, 955 ff; a.A. *Pieroth/Schlink/Kniesel*, § 16, Rdnr. 16.
214 AK-GG-*Rittstieg*, 2. Aufl. 1989, Art. 11 Rdnr. 32; *Merten*, Der Inhalt des Freizügigkeitsrechts, 1970, 52; *Rasch*, DVBl. 1987, 196 f.

II *Polizei- und Ordnungsrecht*

Generalklausel zurückgegriffen werden kann (so *Götz*, NVwZ 1998, 679, 683; *OVG NW*, DÖV 2001, 216; *OVG Brem* NVwZ 1999, 314, 315). Da das Aufenthaltsverbot einen schwerwiegenderen Eingriff als ein nur kurzfristig Geltung beanspruchender Platzverweis darstellt, zudem anders als der Platzverweis in Art. 11 GG eingreifen kann und deshalb aus dem Gesichtspunkt der öffentlichen Ordnung ohnehin nicht legitimierbar ist, wird man aus den den Platzverweis regelnden Vorschriften abzuleiten haben, dass hiermit zugleich Aufenthaltsverbote ausgeschlossen sind und diese auch nicht auf die polizeiliche Generalklausel gestützt werden können. Dafür spricht auch der rechtsstaatliche Grundsatz der Normklarheit. Es wäre schwerlich einzusehen und beinhaltete einen gravierenden Wertungswiderspruch, wenn der Gesetzgeber zwar die tatbestandlichen Voraussetzungen für einen Platzverweis näher spezifizierte, dies aber hinsichtlich des weiter reichenden Aufenthaltsverbots unterließe. In Baden-Württemberg, in dem weder ein Platzverweis noch ein Aufenthaltsverbot spezialgesetzlich geregelt sind, lässt sich auf diese Weise die Unzulässigkeit eines auf die polizeiliche Generalklausel gestützten Aufenthaltsverbots zwar nicht begründen. Hier stellt sich allerdings die Frage, ob ein so schwerwiegender Eingriff wie ein Aufenthaltsverbot angesichts der wachsenden Bedeutung solcher Maßnahmen zukünftig noch auf die polizeiliche Generalklausel gestützt werden kann[215]. Hielte man hier dennoch die Generalermächtigung für prinzipiell anwendbar, so schiede deren Anwendung zum Schutze der öffentlichen Ordnung jedenfalls dort aus, wo ein Aufenthaltsverbot in den Schutzbereich des Art. 11 GG eingreift. Die öffentliche Ordnung gehört nicht zu den in Art. 11 II GG genannten Schutzgütern.

Problematisch erscheint bei den die Freizügigkeit beeinträchtigenden Aufenthaltsbeschränkungen die Kompetenz des Landesgesetzgebers, da Art. 73 Nr. 3 GG die ausschließliche Gesetzgebungskompetenz des Bundes in Bezug auf die Regelung der Freizügigkeit beinhaltet. Die h.M. lehnt diesbezügliche Bedenken deshalb ab, da diese Regelungen, die dem Schutz der öffentlichen Sicherheit dienen, als polizeirechtliche Regelungen anzusehen seien, welche in den Zuständigkeitsbereich des Landesgesetzgebers fallen[216]. Für diese Ansicht lässt sich anführen, dass solche Regelungen angesichts der nur sehr rudimentären bundesrechtlichen Normierungen der Freizügigkeit (s. § 3 I FreizügigkeitsG, BGBl. 1867, 55) traditionell als zulässig angesehen wurden und dem Gesichtspunkt der historischen Auslegung im Fall des Art. 73 Nr. 3 GG eine besondere Bedeutung zukommt (*Ziekow*, a.a.O., S. 561). Für eine restriktive Interpretation des Begriffs der Freizügigkeit i.S.d. Art. 73 Nr. 3 GG sprechen auch, wie der Zusammenhang mit den anderen in Art. 73 Nr. 3 GG genannten Materien zeigt, systematisch-teleologische Aspekte[217].

---

215 Für rechtlich zulässig wird dies angesehen von *Ruder*, VBl. BW 2002, 11, 14 ff; *Würtenberger/Heckmann/Riggert*, BW, Rdnr. 307 und *VGH BW*, DÖV 1998, 252. Demgegenüber hält *Cremer*, NVwZ 2001, 1218, 1221 f für ein Aufenthaltsverbot gegenüber Angehörigen der Drogenszene eine Spezialermächtigung für rechtlich geboten; s. auch *Gusy*, Rdnr. 254; *Pieroth/Schlink/Kniesel*, § 16, Rdnr. 23.
216 Vgl. hierzu m. eingeh. Nachw. *Ziekow*, Über Freizügigkeit und Aufenthalt, 1997, S. 561 ff.
217 Nach *Würtenberger/Heckmann/Riggert*, BW, Rdnr. 308 soll die Gesetzgebungskompetenz des Bundes nur die Freizügigkeit zwischen den Ländern betreffen.

Ausdrücklich ausgenommen werden in den polizeigesetzlichen Regelungen von Aufenthaltsverboten **Wohnungsverweisungen**[218]. Für solche besteht zwar dann ein Bedürfnis, wenn eine Person gegenüber einer anderen, in derselben Wohnung wohnenden (z.B. gegenüber der Ehefrau oder einem Kind) Gewalt anwendet und der Schutz des Gefährdeten sicherzustellen ist. Diesem Bedürfnis wird aber nunmehr durch das Gesetz zum zivilrechtlichen Schutz vor Gewalttaten und Nachstellungen (Gewaltschutzgesetz – GewSchG) vom 11.12.2001 (BGBl. I, S. 3513) genügt. Es sieht in § 1 I 1 GewSchG vor, dass wenn eine Person vorsätzlich den Körper, die Gesundheit oder die Freiheit einer anderen Person widerrechtlich verletzt, das Gericht auf Antrag der verletzten Person die zur Abwendung weiterer Verletzungen erforderlichen Maßnahmen zu treffen hat und regelt in diesem Zusammenhang in § 1 I 3 GewSchG u.a., dass das Gericht anordnen kann, dass der Täter es unterlässt, die Wohnung der verletzten Person zu betreten (s. auch in Verbindung mit einer gemeinsam genutzten Wohnung § 2 VI GewSchG). Ein praktisches Bedürfnis für ein polizeiliches Handeln besteht damit nur noch für die Zeit bis derartige gerichtliche Anordnungen getroffen werden. Ihm lässt sich bei drohenden Gefahren für Leben, Gesundheit und Freiheit des Opfers kurzfristig durch einen Platzverweis Rechnung tragen (s. auch BT-Drucks. 14/5429, S. 24), der allerdings zeitlich nur sehr eng befristet werden kann (Rdnr. 92). Deshalb ist in § 52 II 1 MVSOG vorgesehen, dass eine Person bis zu einer richterlichen Entscheidung über zivilrechtliche Schutzmöglichkeiten polizeilich ihrer Wohnung und des unmittelbar angrenzenden Bereichs verwiesen werden kann, wenn dies erforderlich ist, um eine gegenwärtige Gefahr für Leib, Leben oder Freiheit von Personen derselben Wohnung abzuwehren. Unter den gleichen Voraussetzungen kann ein Betretungsverbot angeordnet werden (§ 52 II 2 MVSOG). Eine zeitlich befristete Wohnungsverweisung und ein Rückkehrverbot zum Schutz vor häuslicher Gewalt ist ferner in § 14a BremPolG normiert. Eine solche Maßnahme darf die Dauer von 14 Tagen nicht überschreiten[219].

Die zwangsweise Durchsetzung der Platzverweisung im Wege des Mitnehmens von Personen zur polizeilichen Dienststelle (z.B. Abtransport von Demonstranten durch Pkw) dürfte sich wegen ihrer Kurzfristigkeit nicht als eine dem Art. 104 II GG unterfallende Ingewahrsamnahme (vgl. unten Rdnr. 95 ff) darstellen. Sie beinhaltet eine Anwendung unmittelbaren Zwangs, ohne den eine Platzverweisung häufig nicht wirksam durchsetzbar ist[220]. Nicht mehr durch die Ermächtigung zur Platzverweisung gedeckt ist es, wenn der des Platzes Verwiesene in einer größeren Entfernung (z.B. in einer anderen Gemeinde) von dem Ort, von dem er verwiesen wird, abgesetzt wurde (sog. **Verbringungsgewahrsam**)[221]. Die Ansicht, der Verbringungsgewahr-

94

---

218 Dazu ausführlich *Hesse/Queck/Lagodny*, JZ 2000, 68 ff; *Ruder*, VBl. BW 2002, 11 ff; *Schmidbauer*, BayVBl. 2002, 257, 264 ff; s. auch *VG Stuttgart*, VBl. BW 2002, 43 f.
219 Zusätzliche Regelungen finden sich in § 29a BerlASOG, § 12a II HambPolG, § 31 II und III HessSOG und § 34a NWPolG.
220 Nicht überzeugend deshalb die Bedenken von *Maaß*, NVwZ 1985, 151, 154 und *Rachor*, in: L/D, F, Rdnr. 444 u. 493, die fälschlich annehmen, die Platzverweisung selbst stelle die Rechtsgrundlage für solche Maßnahmen dar.
221 Dazu *Hans*, JURA 1985, 431 ff; *Hasse/Mordas*, ThürVBl. 2002, 101 ff; 130 ff; *Kappeler*, DÖV 2000, 227 ff. sowie *OVG Brem*, NVwZ 1987, 235, 237.

sam stelle stets eine besondere, gesetzlich nicht vorgesehene und damit unzulässige Form der Ingewahrsamnahme dar[222], vermag nicht zu überzeugen. Zum einen sind solche Maßnahmen schon häufig wegen ihrer Kurzfristigkeit[223] (s. Rdnr. 96) keine Freiheitsentziehung i.S.d. Art. 104 II GG und des § 13 I MEPolG[224]. Unabhängig davon, ob es sich bei dem Verbringungsgewahrsam auch um eine Durchsetzung eines Platzverweises bzw. ausnahmsweise einer Ingewahrsamnahme handelt, beinhaltet er jedenfalls eine zusätzliche „Umsetzung", die nur auf die polizeiliche Generalklausel gestützt und eigenständig im Wege des unmittelbaren Zwangs durchgesetzt wird. Es handelt sich also nicht nur um auf den Platzverweis als Grundverfügung gestützte Zwangsmaßnahmen. Qualifizierte man demgegenüber den Verbringungsgewahrsam als eine in den Polizeigesetzen nicht geregelte und damit generell unzulässige Form der Ingewahrsamnahme, ergäben sich unhaltbare Ergebnisse. So wäre z.B. die (u.U. längere Zeit in Anspruch nehmende) zwangsweise Abschiebung eines Ausländers ausgeschlossen. Richtig ist allerdings, dass ein Verbringungsgewahrsam in Verbindung mit einem Platzverweis nur dann rechtmäßig ist, wenn konkrete Anhaltspunkte dafür vorliegen, dass die zwangsweise Durchsetzung des Platzverweises allein noch nicht zur Unterbindung einer Gefahr (z.B. bei einem Verstoß gegen die versammlungsrechtlichen Vorschriften des § 29 VersG) genügt, da zu erwarten ist, dass der Betroffene alsbald wieder zu dem Ort zurückkehren wird, von dem er verwiesen wurde, und die Voraussetzungen für eine die Gefahr allein schon wirksam bekämpfende Ingewahrsamnahme gem. § 13 MEPolG (s. unten Rdnr. 95) nicht vorliegen.

5. Ingewahrsamnahme von Personen

95 Nach § 13 I MEPolG kann eine Person nur dann in Gewahrsam genommen werden[225], wenn dies zum Schutz von Leib und Leben dieser Person selbst (Nr. 1, sog. **Schutzgewahrsam**), zur Verhinderung der unmittelbar bevorstehenden Begehung oder Fortsetzung einer Straftat oder Ordnungswidrigkeit von erheblicher Gefahr notwendig ist (Nr. 2, sog. **Präventivgewahrsam**)[226]. Der sog. Schutzgewahrsam

---

222 So ausführlich *LG Hamburg*, NVwZ-RR 1997, 537 ff; *Friauf*, Rdnr. 134; *Kappeler*, DÖV 2000, 227 ff; *Rachor*, in: L/D, F, Rdnr. 493 f; wie hier dagegen *Götz*, NVwZ 1998, 679, 682 f; *Kniesel*, in: L/D, H, Rdnr. 566; *Leggereit*, NVwZ 1999, 263 ff; als Gewahrsam i.S.d. Polizeigesetze sehen *Hasse/Mordas*, ThürVBl. 2002, 130, 132 und *Pieroth/Schlink/Kniesel*, § 17, Rdnr. 4 den Verbringungsbewahrsam an.

223 Soweit die Ingewahrsamnahme nicht nur kurzfristig erfolgt, unterfällt sie dem § 13 MEPolG, wobei nach der zweifelhaften Ansicht des *SächsVerfGH* in diesem Zusammenhang eine Ingewahrsamnahme von 14 Tagen ausnahmslos unzulässig sein soll, *SächsVerfGH*, LKV 1996, 273, 278; a.A. *Schenke*, DVBl. 1996, 1393 f.

224 S. dazu auch *Schenke*, Rdnr. 140.

225 Den §§ 13-16 MEPolG entsprechende Regelungen finden sich in § 28 BWPolG; Art. 17-20 BayPAG; §§ 30-33 BerlASOG; §§ 17-20 BrandPolG; 23 Nr. 1 BrandOBG; §§ 15-18 BremPolG; §§ 13-13c HambSOG; §§ 32-35 HessSOG; §§ 55 f MVSOG; §§ 18-21 NdsGefAG; §§ 35-38 NWPolG, § 24 NWOBG; §§ 14-17 RhPfPOG; §§ 13-16 SaarlPolG; §§ 37-40 SachsAnhSOG; § 22 SächsPolG; §§ 204 f SchlHVwG; §§ 19-22 ThürPAG; §§ 39-42 BGSG. Zur Verfassungsmäßigkeit von § 13 MEPolG entsprechenden Regelungen s. *BVerwGE*, 45, 51 ff; zur Verfassungsmäßigkeit des eine längere Freiheitsentziehung vorsehenden Art. 17 BayPAG *BayVerfGH*, NVwZ 1991, 664.

226 Zum so genannten Identitätsgewahrsam siehe oben Rdnr. 82.

ist auch schon bisher in allen Polizeigesetzen vorgesehen. Teilweise ist auch ausdrücklich geregelt, dass er auch bei Selbstmordgefahr oder auf eigenes Verlangen der Person zulässig ist[227].

Eine dem § 13 MEPolG unterfallende Ingewahrsamnahme liegt dort vor, wo eine **96** Person **nicht nur ganz kurzfristig verwahrt** und daran gehindert wird, sich fortzubewegen. Sie stellt als Freiheitsentziehung eine besonders intensive Form der Freiheitsbeschränkung gem. Art. 2 II 2 GG dar, für die Art. 104 II GG zusätzliche Erfordernisse aufstellt, und der in Verbindung mit dem Grundsatz der Verhältnismäßigkeit eine gesteigerte Bedeutung zukommt. Die Ingewahrsamnahme braucht nicht notwendigerweise in einem hierfür vorgesehenen Raum zu erfolgen, weshalb z.B. auch ein länger andauerndes Festhalten in einem Fahrzeug oder eine Einkesselung von Demonstranten[228] (selbst bei einem „Wanderkessel") hierunter fallen. **Kein Fall der Ingewahrsamnahme** ist die zur zwangsweisen Durchsetzung von Verwaltungsakten vorgenommene sog. **Verbringung** (s. oben Rdnr. 94 zur Unterscheidung vom Verbringungsgewahrsam i.V. mit einem Platzverweis), soweit diese nur für eine ganz kurze Zeit[229] erfolgt und auf das begrenzt wird, was zur zwangsweisen Durchsetzung eines Verwaltungsakts erforderlich ist[230]. So ist beispielsweise die zwangsweise Verbringung in einem Auto zum Flughafen mit dem Zweck der Durchsetzung einer Abschiebungsanordnung in der Regel nicht als Ingewahrsamnahme und Freiheitsentziehung i.S.d. Art. 104 II 1 GG anzusehen[231]; gleiches gilt für die Verbringung von „Stadtstreichern" zur Durchsetzung eines Platzverweises[232]. Ein (nicht nur ganz kurzfristiger) Hausarrest stellt dann eine Ingewahrsamnahme dar, wenn der Betroffene dort unter polizeiliche Bewachung gestellt wird oder durch Verschließen am Verlassen der Räume gehindert wird[233]. Auch das kurzfristige Festhalten einer Person zur Feststellung ihrer Identität sowie in Verbindung mit der Nichtbefolgung einer Vorladung stellen keine Ingewahrsamnahme i.S.d. § 13 MEPolG und des Art. 104 II GG

---

227 § 28 I Nr. 2 BWPolG; § 15 I Nr. 1 BremPolG; § 13 I Nr. 1 SaarlPolG; § 22 I Nr. 2 SächsPolG; § 180 I Nr. 2 lit. a, c SchlHVwG.
228 Vgl. *Rachor*, in: L/D, F, Rdnr. 484 m.w.N.; *Kilian/Meinel*, JuS 1997, 440, 446; *Hoffmann-Riem*, Hamb, S. 164.
229 Faustregel: Nicht länger als 2 Stunden, vgl. *Rachor*, in: L/D, F, Rdnr. 487.
230 Erfolgt das Festhalten einer Person für einen längeren Zeitraum und liegen die Voraussetzungen für eine Gewahrsamnahme vor, durch welche die polizeiliche Gefahr allein schon wirksam bekämpft werden kann, so scheidet ein Verbringungsgewahrsam aus, da die über die Gewahrsamnahme hinausreichende Verbringung an einen anderen Ort nicht erforderlich ist und deshalb nicht auf die polizeiliche Generalklausel gestützt werden kann (s. auch oben Rdnr. 92).
231 S. auch *BVerwGE* 62, 325, 327 u. oben Fn. 174. Bewertet man eine solche Verbringung als Freiheitsentziehung, so muss sie (entgegen *Maaß*, NVwZ 1985, 151, 156) jedenfalls auf die Vorschriften über die Ingewahrsamnahme gestützt werden können.
232 *Götz*, NVwZ 1998, 679, 683; *Roscher*, BWVPr 1981, 61 ff.
233 Weitergehend *Pieroth/Schlink/Kniesel*, § 17, Rdnr. 6, wonach es bereits genügen soll, dass ein polizeiliches Verbot ausgesprochen wird, das Haus zu verlassen, ohne dass entsprechende Vorkehrungen getroffen werden, um dies zu verhindern. Dagegen wird in Einklang mit dem Sprachgebrauch überwiegend angenommen, dass eine Freiheitsentziehung nur dann vorliegt, wenn gegen das Verlassen des Raumes Vorkehrungen getroffen werden, so z.B. *Jarass*, in: Jarass/Pieroth, GG, 6. Aufl. 2002, Art. 2, Rdnr. 86 sowie *Kunig*, in: v. Münch/Kunig, GG, Bd. I, 5. Aufl., 2000, Art. 2, Rdnr. 76.

II   *Polizei- und Ordnungsrecht*

dar[234]. Sie werden aber – ohne dass dies verfassungsrechtlich gefordert ist – durch § 14 I 1 MEPolG erfasst, sodass hier unverzüglich eine richterliche Entscheidung über die Zulässigkeit und Fortdauer herbeizuführen ist. Soweit es wie etwa in Baden-Württemberg an einer dem § 14 I 1 MEPolG entsprechenden Regelung fehlt, bedarf es für ein kurzfristiges Festhalten keiner Herbeiführung einer richterlichen Entscheidung.

97 Nach § 13 II MEPolG kann die Polizei Minderjährige, die sich der Obhut der Sorgeberechtigten entzogen haben, in Gewahrsam nehmen, um sie diesen oder dem Jugendamt zuzuführen. § 13 III MEPolG regelt die Ingewahrsamnahme von Personen, die aus dem Vollzug von Untersuchungshaft, Freiheitsstrafen oder freiheitsentziehenden Maßregeln der Besserung und Sicherung entwichen sind oder sich sonst ohne Erlaubnis außerhalb der Justizvollzugsanstalt aufhalten. Die Zulässigkeit der in § 13 III MEPolG getroffenen Regelung ist in der Literatur z.T. angezweifelt worden, weil in den bundesrechtlichen Normierungen des § 457 II 2 StPO und des § 87 StVollzG die Befugnisse und Voraussetzungen zur Wiederergreifung Entwichener abschließend geregelt seien[235]. Diese Bedenken schlagen m.E. aber schon deshalb nicht durch, weil es sich bei der Wiederergreifung Entwichener (jedenfalls auch) um eine Aufgabe der Gefahrenabwehr handelt, für welche der Bundesgesetzgeber zumindest keine abschließende Regelung bezüglich der Polizeibefugnisse treffen durfte[236].

98 Da sich die Ingewahrsamnahme gem. § 13 MEPolG als eine Freiheitsentziehung i.S.d. Art. 104 GG darstellt, ist in den §§ 14-16 MEPolG das insoweit erforderliche Verfahren geregelt (s. auch Rdnr. 96). Diese Vorschriften tragen dem Umstand Rechnung, dass **bei nichtrichterlicher Freiheitsentziehung die richterliche Entscheidung**[237] **unverzüglich herbeizuführen ist**. Unverzüglich bedeutet freilich nur, dass die richterliche Entscheidung ohne sachlich begründete Verzögerung herbeizuführen ist[238]. Aus dieser Vorschrift ist jedoch nicht abzuleiten, dass die richterliche Entscheidung in jedem Fall ergehen muss und damit selbst dann, wenn der Betroffene inzwischen entlassen ist und kein Interesse mehr an einer richterlichen Entscheidung zeigt[239]. Insbesondere würde es nicht dem Sinn dieser Regelung entsprechen, wenn durch die Herbeiführung der richterlichen Entscheidung der Polizeigewahrsam verlängert würde[240]. Dementsprechend ist in § 14 I 2 MEPolG formuliert, dass es einer richterlichen Entscheidung nicht bedarf, wenn anzunehmen ist, dass diese erst nach Wegfall des Grundes für die Freiheitsentziehung ergehen würde. Der Umstand, dass

---

234 Soweit solche Maßnahmen allerdings länger als wenige Stunden dauern und polizeigesetzlich vorgesehen ist, dass sie zwölf Stunden oder länger dauern können, sind sie als dem Art. 104 II GG unterfallende Freiheitsentziehungen zu qualifizieren und bedürfen deshalb aus verfassungsrechtlichen Gründen grundsätzlich einer richterlichen Anordnung.
235 So *Seebode*, FS H.J. Bruns, 1978, S. 487 ff und AEPolG, Anm. 6 zu § 20.
236 S. hierzu aber auch *Riegel*, DÖV 1979, 201 ff.
237 Zur Problematik der Richtervorbehalte im Polizeirecht, insbesondere zur Möglichkeit eines Rechtsschutzes gegen richterliche Entscheidungen, s. *Wolter*, DÖV 1997, 939 ff.
238 *BVerwGE* 45, 51, 63.
239 Vgl. *BVerwGE* 45, 51, 62; *KG*, DVBl. 1968, 470 ff; a.A. *Rachor*, in: L/D, F, Rdnr. 537.
240 Die Möglichkeit einer gerichtlichen Kontrolle des erledigten polizeilichen Freiheitsentzugs besteht ohnehin über § 113 I 4 VwGO (vgl. *Schenke*, JURA 1980, 133 ff).

die Polizei den in Gewahrsam Genommenen ohnehin nach Ablauf der Frist des Art. 104 II 3 GG freilassen muss, kann freilich allein noch nicht die Nichteinschaltung des Richters rechtfertigen. Der Richter kontrolliert bei seiner Entscheidung im Übrigen nicht die Rechtmäßigkeit des polizeilichen Handelns[241], sondern befindet darüber, ob im Zeitpunkt der Entscheidung die Voraussetzungen für eine richterliche Ingewahrsamnahme gegeben sind. Deshalb schließt eine Einschaltung des Richters nach einer zunächst verfügten polizeilichen Ingewahrsamnahme vorbehaltlich abdrängender Sonderzuweisungen, welche eine Zuständigkeit der ordentlichen Gerichte auch für die Feststellung der Rechtswidrigkeit des polizeilichen Handelns vorsehen, nicht eine verwaltungsgerichtliche Feststellung der Rechtswidrigkeit des polizeilichen Handelns analog § 113 I 4 VwGO aus[242] (s. zu einem ähnlichen Problem auch unten Rdnr. 234). Grundsätzlich zulässig ist eine Fortsetzungsfeststellungsklage in analoger Anwendung des § 113 I 4 VwGO zudem dort, wo es zu keiner richterlichen Entscheidung wegen vorheriger Erledigung der polizeilichen Ingewahrsamnahme kommt[243]. Anderes gilt nur dann, wenn, wie z.B. in Bayern und Berlin (vgl. Art. 18 II 1 BayPAG; § 31 II BerlASOG), ausdrücklich vorgesehen ist, dass beim Amtsgericht noch nachträglich eine Feststellung der Rechtswidrigkeit der polizeilichen Freiheitsentziehung festgestellt werden kann. Fehlt es an solchen Regelungen, so kann im Hinblick auf den Ausnahmecharakter der Vorschrift über die Zuständigkeit zur rechtlichen Anordnung einer Ingewahrsamnahme, welche nicht die Rechtmäßigkeit der von der Polizei ohne den Richter durchgeführten Maßnahme zum Gegenstand hat, nicht (statt einer verwaltungsgerichtlichen Fortsetzungsfeststellungsklage) mittels einer Analogie zu den polizeirechtlichen Vorschriften[244] die nachträgliche richterliche Überprüfung der erledigten polizeilichen Ingewahrsamnahme beantragt werden.

In § 14 II MEPolG ist die Zuständigkeit des Amtsgerichts für die Entscheidung nach § 14 I MEPolG bestimmt[245]. Nach allen Polizeigesetzen der Länder richtet sich das bei der gerichtlichen Entscheidung über die Ingewahrsamnahme anzuwendende Verfahren nach den Vorschriften des Gesetzes über das gerichtliche Verfahren bei

99

---

241 So richtig *Rasch*, § 15 MEPolG, Rdnr. 3; a.A. *Honnaker*, in: Honnacker/Beinhofer, BayPAG, Art. 18, Rdnr. 6.
242 Wie hier wohl *Würtenberger/Heckmann/Riggert*, BW, Rdnr. 363, Fn. 256; *Gusy*, JZ 1998, 167, 173 f; *BVerfGE* 96, 27 ff; *OLG Karlsruhe*, VBl. BW 1999, 234. Nicht überzeugend demgegenüber *HessVGH*, DÖV 1984, 522 f und *BayVGH*, BayVBl. 1986, 666. Zur Rechtslage in Bayern nach der Novellierung des Art. 17 BayPAG *BayObLG*, NVwZ 1990, 194, 196. Zur Zulässigkeit einer Fortsetzungsfeststellungsklage wegen des hier bestehenden Rehabilitationsinteresses *VGH BW*, VBl. BW 1986, 308 f.
243 *Götz*, Rdnr. 559; *Würtenberger/Heckmann/Riggert*, BW, Rdnr. 363, Fn. 256, *VGH BW* VBl. BW 1986, 308; *OVG Thür*, DÖV 1999, 879.
244 S. auch *Wolter*, DÖV 1997, 939, 944; a.A. *BVerwG*, DÖV 1982, 32: Analogie zu § 13 II FEVG.
245 § 28 IV 1 BWPolG; Art. 18 II 2, III 2 BayPAG; § 31 III 1 BerlASOG; § 18 II 1 BrandPolG; § 16 III BremPolG; § 13a II 1 HambSOG; § 33 II 1 HessSOG; § 56 V 4 MVSOG; § 19 III 1 NdsGefAG; § 36 II 1 NWPolG; § 15 II RhPfPOG; § 14 II 1 SaarlPolG; § 38 II 1 SachsAnhSOG; §§ 204 VI i.V.m. 181 IV 3 SchlHVwG; vgl. auch § 20 II 1 ThürPAG.

Freiheitsentziehungen[246] [247]. Nach § 15 MEPolG[248] ist der festgehaltenen Person unverzüglich der Grund für das Festhalten bekannt zu geben[249]. Ferner ist ihr die Möglichkeit einzuräumen, einen Angehörigen oder eine Vertrauensperson zu benachrichtigen, sofern dadurch nicht der Zweck der Freiheitsentziehung gefährdet wird. Bei Minderjährigen, Entmündigten oder unter vorläufige Vormundschaft gestellten Personen ist stets unverzüglich der Personensorgeberechtigte zu benachrichtigen[250]. Ohne ihre Einwilligung soll die Person nicht mit Straf- oder Untersuchungsgefangenen untergebracht werden. In § 16 MEPolG[251] wird schließlich die Dauer der Freiheitsentziehung geregelt. Danach ist die festgehaltene Person zu entlassen, wenn der Grund für die Maßnahme entfallen ist oder die Fortdauer der Freiheitsentziehung durch richterliche Entscheidung für unzulässig erklärt wird, in jedem Fall **spätestens am Ende des folgenden Tages**, wenn nicht der Richter die Fortdauer auf Grund eines anderen Gesetzes anordnet (s. auch Art. 104 II 3 GG). Die Ansicht, ein polizeilicher Gewahrsam, der länger als vier Tage dauere, könne im Hinblick auf den Verhältnismäßigkeitsgrundsatz verfassungsrechtlich generell nicht gerechtfertigt werden[252], überzeugt nicht[253]. Das gilt selbst dann, wenn man die früher in § 22 VII 3 SächsPolG getroffene Regelung, die einen Polizeigewahrsam bis zu 2 Wochen auch zum Schutz einer Person zur Feststellung ihrer Identität[254] und zur Durchsetzung eines Platzverweises zuließ, mit dem *SächsVerfGH* wegen Verstoßes gegen das Übermaßverbot für

---

246 Gesetz v. 29. Juni 1956 (BGBl. I S. 599), zul. g. d. G. v. 24. Juni 1994 (BGBl. I S. 1325, 1362).
247 S. hierzu § 28 IV 2 BWPolG; Art. 18 III 3 BayPAG; § 31 III 2 BerlASOG; § 18 II 2 BrandPolG; § 16 III 2 BremPolG; § 13a II 2 HambSOG; § 33 II 2 HessSOG; § 56 V 5 MVSOG; § 19 IV NdsGefAG; § 36 II 2 NWPolG; § 15 II 2 RhPfPOG; § 38 II 2 SachsAnhSOG; § 22 VIII 2 SächsPolG; §§ 204 VI i.V. mit 181 IV 4 SchlHVwG; § 20 II 2 ThürPAG.
248 Ebenso oder ähnlich § 28 II BWPolG; Art. 19 BayPAG; § 32 I BerlASOG; § 19 I 1 BrandPolG; § 17 I 1 BremPolG; § 13b I HambSOG; § 34 I HessSOG; § 56 I MVSOG; § 20 I NdsGefAG; § 37 NWPolG; § 16 I RhPfPOG; § 15 I 1 SaarlPolG; § 39 I SachsAnhSOG; § 205 I SchlHVwG; § 21 I ThürPAG; § 41 I BGSG.
249 In Schleswig-Holstein gilt eine Einschränkung: Keine Bekanntgabe, wenn sich diese nachteilig auf die Person auswirkt, § 205 I SchlHVwG, ebenso § 56 I MVSOG
250 Vgl. z.B. § 19 II 3 BrandPolG; § 13b II 4 HambSOG, 34 II 4 HessSOG, § 37 II 4 NWPolG.
251 Entsprechend § 28 III BWPolG; Art. 20 BayPAG; § 33 I BerlASOG; § 20 BrandPolG; § 18 BremPolG; § 13c HambSOG; § 35 HessSOG; §§ 55 V MVSOG; § 21 NdsGefAG; § 38 NWPolG; § 17 RhPfPOG; § 16 SaarlPolG; § 40 SachsAnhSOG; § 22 VII SächsPolG; § 204 V SchlHVwG; § 22 ThürPAG; § 42 BGSG.
252 So *Blankenagel*, DÖV 1989, 689; *Pieroth/Schlink/Kniesel*, § 17, Rdnr. 28; a.A. *Knemeyer/Keller*, SächsVBl. 1996, 197, 198; *Schenke*, DVBl. 1996, 1393.
253 Die Höchstdauer der Ingewahrsamnahme ist in den Bundesländern unterschiedlich geregelt: In § 17 Nr. 3 RhPfPOG: 24 Stunden seit der Festnahme. In § 20 I Nr. 3 BrandPolG; § 21 S. 2 NdsGefAG; § 40 I Nr. 3 SachsAnhSOG,§ 42 I 3 BGSG: 4 Tage. In § 16 I Nr. 3 SaarlPolG: 8 Tage. In § 22 Nr. 3 ThürPAG: 10 Tage. In Art. 20 Nr. 3 BayPAG; § 28 III BWPolG: 2 Wochen. In § 35 I Nr. 4 HessSOG je nach Schutzgut zwischen 2 bzw. 6 Tagen. In § 56 V 3 MVSOG je nach Schutzgut zwischen 3 bzw. 10 Tagen. In § 22 VII 3 SächsPolG zwischen 3 Tagen bzw. 2 Wochen. Zu den vielfach geregelten kürzeren Höchstdauer bei einer Identitätsfeststellung s. nächste Fußnote. Im BremPolG und im SchlHVwG ist keine Höchstdauer normiert.
254 Bei einer der Identitätsfeststellung dienenden Ingewahrsamnahme wird die Identitätsfeststellung vielfach auf höchstens 12 Stunden begrenzt, so § 33 II BerlASOG; § 20 II BrandPolG; § 18 II BremPolG; § 13c II HambSOG; § 35 II HessSOG; § 21 S. 3 NdsGefAG; § 38 II NWPolG; § 16 II SaarlPolG; § 40 II SachsAnhSOG; § 42 II BGSG und § 21 VII 2 BKAG.

verfassungswidrig[255] hält. Ein Sicherheitsgewahrsam, der dem Schutz vor schweren Gefahren für Leben und Gesundheit dient, kann jedenfalls verfassungsrechtlich nicht beanstandet werden[256].Vielmehr kann der Erlass entsprechender Regelungen unter dem Gesichtspunkt der dem Staat obliegenden grundrechtlichen Schutzpflichten sogar geboten sein. Zum Baden-Württembergischen Gesetz über die Unterbringung besonders rückfallgefährdeter Straftäter (Straftäterunterbringungsgesetz-StrUBG) vom 14.3.2001 (GBl. 2001, 188) und den ähnlichen Gesetzen in Bayern und in Sachsen-Anhalt, deren Verfassungsmäßigkeit im Hinblick auf die in § 66 StGB geregelte Sicherungsverwahrung sehr umstritten ist, s. die Verfassungsmäßigkeit befürwortend *Würtenberger/Sydow*, NVwZ 2001, 1201 ff, a.A. *Pieroth*, JZ 2002, 922 ff.

6. Durchsuchung von Personen

Nach § 17 I Nr. 1 MEPolG[257] ist eine Durchsuchung einer Person außer in den Fällen des § 9 II 4 MEPolG in allen Fällen zulässig, in denen „sie nach diesem Gesetz oder anderen Rechtsvorschriften festgehalten werden kann". Nicht gerechtfertigt ist hierdurch im Hinblick auf die abschließende bundesrechtliche Regelung (vgl. auch unten Rdnr. 225) eine der Verfolgung von Straftaten und Ordnungswidrigkeiten dienende Durchsuchung. Die gegenteilige Ansicht führte dazu, dass entgegen § 105 I StPO auch Polizeibeamte, die keine Hilfsbeamten der Staatsanwaltschaft sind, der Strafverfolgung dienende Durchsuchungen vornehmen könnten. Gem. § 17 I Nr. 4, 5 MEPolG ist eine Durchsuchung weiterhin bei solchen Personen zulässig, die sich an einem Ort, an dem gem. § 9 I Nr. 2 MEPolG auch Razzien durchgeführt werden dürfen, oder an einem besonders gefährdeten Objekt i.S.d. § 9 I Nr. 3 MEPolG aufhalten, wobei im letzten Fall Tatsachen die Annahme rechtfertigen müssen, dass in oder an Objekten dieser Art Straftaten begangen werden sollen (zur Problematik solcher vom Vorliegen einer konkreten Gefahr gelösten Maßnahme s. oben Rdnr. 81). Sonst darf eine Personendurchsuchung gem. § 17 I Nr. 2 u. 3 MEPolG nur durchgeführt werden, wenn Tatsachen die Annahme rechtfertigen, dass die Person Sachen mit sich führt, die sichergestellt werden dürfen, oder die Person sich in einem die freie Willensbestimmung ausschließenden Zustand oder sonst in hilfloser Lage befindet.

100

Gem. § 17 II MEPolG kann die Polizei schließlich eine Person, deren Identität festgestellt werden soll, nach Waffen, anderen gefährlichen Werkzeugen sowie Explosivmitteln durchsuchen, wenn dies nach den Umständen zum Schutz des Polizeibeamten oder eines Dritten gegen eine Gefahr für Leib oder Leben erforderlich ist. Die Befugnis, eine Person zum Zwecke der Auffindung von Identitätspapieren zu durchsuchen,

101

---

255 Vgl. *SächsVerfGH*, LKV 1996, 273, 278; krit. demgegenüber *Knemeyer/Keller*, SächsVBl. 1996, 197, 198; *Schenke*, DVBl. 1996, 1393 f; s. auch *BayVerfGH*, BayVBl. 1990, 685, 690.
256 Das konzediert auch *SächsVerfGH*, DVBl. 1996, 1423.
257 Ebenso oder ähnlich § 29 BWPolG; Art. 21 BayPAG; § 34 BerlASOG; § 21 I 1 Nr. 1 BrandPolG; § 19 BremPolG; § 15 HambSOG; § 36 I-II HessSOG; §§ 53 f MVSOG; § 22 NdsGefAG; § 39 NW-PolG; § 18 RhPfPOG; § 17 SaarlPolG; § 41 SachsAnhSOG; § 23 SächsPolG; §§ 202 f SchlHVwG; § 18 ThürOBG; § 23 ThürPAG; § 43 I Nr. 1 BGSG.

kann hierauf nicht gestützt werden. Sie ergibt sich ohnehin schon aus den dem § 9 II 4 MEPolG entsprechenden Bestimmungen[258], die in Verbindung mit Identitätsfeststellungen solche Durchsuchungen ausdrücklich gestatten. In Baden-Württemberg lässt sich aus § 29 I Nr. 3 BWPolG, welcher die Durchsuchung zulässt, soweit dies zur Feststellung der Identität erforderlich ist und die Person sich in einem die freie Willensbildung ausschließenden Zustand oder in einer hilflosen Lage befindet, folgern, dass eine solche Durchsuchung zum Zwecke der Auffindung von Identitätspapieren in anderen Fällen nicht zulässig ist[259].

102 Ausdrückliche Regelungen, betreffend die Durchsuchung bei Razzien und beim Objektschutz sowie die Durchsuchung bewusstloser und hilfloser Personen, finden sich nicht in allen Bundesländern. Im Übrigen entspricht der MEPolG weitgehend geltendem Recht.

103 Die **Durchsuchung ist von der Untersuchung abzugrenzen**. Anders als letztere bezieht sie sich lediglich auf die Kleidung, die Körperoberfläche und die ohne weiteres zugänglichen Körperhöhlen. Die schwerwiegendere Untersuchung ist in den Polizeigesetzen (anders in § 36 V HessSOG und § 1 V SachsAnhSOG) meist nicht vorgesehen und kann dann auch nicht auf die Generalklausel gestützt werden[260]. Ausgeschlossen ist insbesondere eine Genomanalyse, die in ihrer Bedeutung ohnehin weit über einen mit ihr verbundenen körperlichen Eingriff hinausreicht und eine schwerwiegende Beeinträchtigung des durch Art. 2 I GG i.V. mit Art. 1 GG geschützten Persönlichkeitsrechts darstellt (s. oben Rdnr. 85). Körperliche Untersuchungen zum Zwecke der Strafverfolgung sind in § 81a StPO und in § 81c StPO zugelassen; DNA-Untersuchungen in § 81e-g StPO, wobei § 81g StPO eine DNA-Untersuchung auch zum Zwecke der Identitätsfeststellung in zukünftigen Strafverfahren gestattet.

7. Durchsuchung von Sachen

104 Eine Durchsuchung einer Sache[261] ist nach § 18 I MEPolG außer in den Fällen des § 9 II 4 MEPolG (Durchsuchung einer Sache, die von einer Person mitgeführt wird, die zur Identitätsfeststellung festgehalten werden darf) zulässig, wenn sie von einer Person mitgeführt wird, die nach § 17 MEPolG durchsucht werden darf (Nr. 1), wenn Tatsachen die Annahme rechtfertigen, dass sich in ihr eine Person befindet, die in Ge-

---

258 So etwa Art. 13 II 4 i.V. mit Art. 13 II 3 BayPAG; § 21 III 4 i.V. mit § 21 III 3 BerlASOG; § 12 II 4 i.V.m. § 12 II 3 BrandPolG; § 18 IV HessSOG; § 12 II 4 i.V. mit § 12 II 3 NWPolG; § 10 II 4 i.V. mit § 10 II 3 RhPfPOG; § 9 II Nr. 5 SaarlPolG; § 20 IV SachsAnhSOG; § 14 II 4 i.V. mit § 14 II 3 ThürPAG.
259 So auch *Würtenberger/Heckmann/Riggert*, BW, Rdnr. 332. Zur ähnlichen Rechtslage in Sachsen s. *Robrecht*, LKV 2001, 391, 392 ff.
260 *Rachor*, in: L/D, F, Rdnr. 572 m.w.N.; *Robrecht*, LKV 2001, 391, 392 f; a.A. bei atypischen Situationen *Pieroth/Schlink/Kniesel*, § 18, Rdnr. 3.
261 Dazu § 30 BWPolG; Art. 22 BayPAG; § 35 BerlASOG; § 22 BrandPolG; § 20 BremPolG; § 15a HambSOG; § 37 HessSOG; §§ 57 f MVSOG; § 23 NdsGefAG; § 40 NWPolG; § 24 NWOBG; § 19 RhPfPOG; § 18 SaarlPolG; § 42 SachsAnhPolG; § 25 SächsPolG; §§ 206 f SchlHVwG; § 19 ThürOBG; § 24 ThürPAG; § 44 BGSG.

wahrsam genommen werden darf, widerrechtlich festgehalten wird oder hilflos ist (Nr. 2), oder wenn Tatsachen die Annahme rechtfertigen, dass sich in ihr eine andere Sache befindet, die sichergestellt werden darf (Nr. 3). Insoweit entsprechen diese Vorschriften weitgehend geltendem Recht. Nach § 18 I Nr. 4-6 MEPolG (ebenso oder ähnlich die Regelungen in Baden-Württemberg, Bayern, Brandenburg, Niedersachsen, Nordrhein-Westfalen, Rheinland-Pfalz und Sachsen, einschränkend die Vorschriften in Berlin, Bremen, Hamburg, Hessen, Mecklenburg-Vorpommern, Saarland, Schleswig-Holstein und Thüringen) ist eine Durchsuchung einer Sache unter den dort bezeichneten Voraussetzungen, ferner ausdrücklich noch im Rahmen einer Razzia, beim Objektschutz oder an einer Kontrollstelle möglich (dazu oben Rdnr. 81).

8. Betreten und Durchsuchung von Wohnungen

Das (präventivpolizeiliche) Betreten und Durchsuchen von Wohnungen ist in allen geltenden Polizei- und Ordnungsgesetzen geregelt[262]. Die entsprechenden Vorschriften verpflichten die Betroffenen nicht nur zur Duldung und Betretung ihrer Wohnung, sondern auch zu deren Öffnung[263]. Dabei ist unter Betreten das Eintreten, Verweilen und Besichtigen der Wohnung zu verstehen; die Durchsuchung meint hingegen die **ziel- und zweckgerichtete Suche nach Personen und Sachen in der Wohnung**. Für beide gelten wegen der verfassungsrechtlichen Vorgabe in Art. 13 GG unterschiedliche Anforderungen. Die Durchsuchung ist in Konsequenz des Art. 13 II GG (anders nur bei Gefahr im Verzug) nur auf Grund richterlicher Anordnung zulässig. Sonstige Eingriffe, worunter auch das bloße Betreten fällt[264], sind unter den Voraussetzungen des Art. 13 VII GG, der Art. 13 III a.F. entspricht, gestattet. Art. 13 VII, 1. Alt. GG enthält im Übrigen nach h.M. **eine unmittelbare Ermächtigung der zuständigen Polizeibehörde** zu Eingriffen und Beschränkungen des Wohnungsrechts, soweit diese der Abwehr einer gemeinen Gefahr oder einer Lebensgefahr für einzelne Personen dienen[265], in den anderen Fällen sind sie zur Verhütung dringender Gefahren für die öffentliche Sicherheit zulässig, bedürfen aber einer gesetzlichen Grundlage (Art. 13 VII, 2. Alt. GG).

105

Kein Fall der Durchsuchung ist der sog. „Große Lauschangriff", d.h. die akustische oder optische Wohnraumüberwachung ohne Beisein eines ermittelnden Amtsträgers

106

---

262 Vgl. § 31 BWPolG; Art. 23, 24 BayPAG; §§ 36, 37 BerlASOG; §§ 23, 24 BrandPolG; §§ 21, 22 BremPolG; §§ 16, 16a HambSOG; §§ 38, 39 HessSOG; §§ 59, 60 MVSOG; §§ 24, 25 NdsGefAG; §§ 41, 42 NWPolG, § 24 NWOBG; §§ 20, 21 RhPfPOG; §§ 19, 20 SaarlPolG; §§ 43, 44 SachsAnhSOG; § 25 SächsPolG; §§ 208 f SchlHVwG; §§ 20 f ThürOBG; §§ 25, 26 ThürPAG; §§ 19, 20 MEPolG; §§ 45, 46 BGSG. Für Betretungsrechte existieren ferner eine Reihe von spezialgesetzlichen Regelungen, z.B. im Wirtschaftsaufsichts- und Umweltrecht, vgl. *Kunig*, in: v. Münch/Kunig, Bd. I, 5. Aufl. 2000, Art. 13 GG, Rdnr. 37 f m.w.N.
263 Davon geht z.B. der Sache nach auch *Gusy*, Rdnr. 225 aus; a.A. *Puttler*, JA 2001, 669, 672 (nur Duldungspflicht)
264 *BVerwGE* 47, 31 ff.
265 *Kunig*, in: v. Münch/Kunig, Bd. I, 5. Aufl. 2000, Art. 13 GG, Rdnr. 40 f.

II *Polizei- und Ordnungsrecht*

durch Einsatz technischer Mittel[266], die als spezielle Form der Datenerhebung eine gesonderte Regelung in den Polizeigesetzen gefunden hat (vgl. unten Rdnr. 123 ff). Die Abgrenzung zwischen Durchsuchung und bloßem Betreten kann im Einzelfall schwierig sein[267], die Rechtsprechung verlangt für die Durchsuchung systematische und gezielte Nachforschungen. Das Durchsuchen einer Wohnung erlaubt nicht nur das systematische Durchkämmen eines Gebäudes, sondern auch das Öffnen von Schränken und das Aufreißen von Wänden und Fußböden[268] [269].

107 Nach § 19 I MEPolG kann die Polizei eine Wohnung ohne Einwilligung des Inhabers betreten und durchsuchen, wenn Tatsachen die Annahme rechtfertigen, dass sich in der Wohnung eine Person, die vorgeführt oder in Gewahrsam genommen werden darf, oder eine Sache, die sichergestellt werden darf, befindet. Das gleiche ist zulässig zur Abwehr gegenwärtiger Gefahren für Leib, Leben oder Freiheit einer Person oder Sachen von bedeutendem Wert. Der Begriff der **Wohnung** wird dabei im Einklang mit der Rechtsprechung des *BVerfG*[270] in § 19 I Nr. 3 S. 2 MEPolG weit definiert. Er umfasst die **Wohn- und Nebenräume, Arbeits-, Betriebs- und Geschäftsräume sowie anderes befriedetes Besitztum** (hierunter fallen z.B. auch Campingwagen, Zelt, Hausboot, nicht jedoch ein gewöhnlicher Pkw), soweit es (auch) **als Medium zur Entfaltung von Privatheit** dient[271]. Allein die Einzäunung eines Grundstücks (z.B. eines Feldes) genügt bei fehlendem Bezug zu Aufenthaltsräumen noch nicht. Auch Sammelunterkünfte genießen nur dann den Schutz des Art. 13 GG, wenn dem einzelnen eine Privatsphäre eingeräumt wird[272]. § 19 II MEPolG enthält Sondervorschriften für das Betreten und Durchsuchen von Wohnungen während der Nachtzeit. § 19 III MEPolG sieht vor, dass bestimmte, in besonderer Weise als Gefahrenherde in Betracht kommende „verrufene" Wohnungen jederzeit zur Abwehr dringender Gefahren betreten, allerdings nicht durchsucht werden können. In § 19 IV MEPolG ist geregelt, dass Arbeits-, Betriebs- und Geschäftsräume sowie andere Räume und Grundstücke, die der Öffentlichkeit zugänglich sind oder zugänglich waren und den Anwesenden zum weiteren Aufenthalt zur Verfügung stehen, zum Zwecke der Gefahrenabwehr während der Arbeits-, Geschäfts- oder Aufenthaltszeit betreten werden können. Damit wird der Rechtsprechung des *BVerfG* Rechnung getragen, nach der bei den in § 19 IV MEPolG genannten Räumen wegen ihres stärkeren Öffentlich-

---

266 Vgl. *Gornig*, in: v. Mangoldt/Klein/Starck, GG, 4. Aufl. 1999, Art. 13, Rdnr. 67. Der Unterschied zum „kleinen Lauschangriff" besteht darin, dass sich bei letzterem der Ermittler innerhalb der Wohnung befindet und hier durch Einsatz technischer Mittel heimlich Aufzeichnungen vornimmt.
267 Vgl. den Studentenwohnheimsfall *BVerwGE* 47, 31; *Götz*, Rdnr. 304 f; *Ruthig*, JuS 1998, 506, 507; *Schoch*, JuS 1994, 484.
268 Vgl. ausdrücklich § 47 V 2 HessSOG; sowie *Rasch*, § 19 MEPolG, Rdnr. 4; *Ruthig*, JuS 1998, 506, 508.
269 Zu Art. 13 n.F. GG vgl. *Ruthig*, JuS 1998, 506 ff.
270 *BVerfGE* 32, 54, 68 ff; 65, 1, 40; 89, 1, 12.
271 Vgl. *Gusy*, Rdnr. 222; *Ruthig*, JuS 1998, 506, 508, 511 f; zu einem Wohn- und Bauwagen sowie einer Wagenburg als Wohnung s. *VGH BW*, DVBl. 1998, 96: tendenziell bejahend, wenn auch im Erg. offen gelassen.
272 Vgl. *Ruthig*, JuS 1998, 506, 512; für Hafträume den Schutz des Art. 13 GG verneinend *BVerfG*, NJW 1996, 2643; ebenso für den Besuchsraum einer Untersuchungshaftanstalt *BGH*, NJW 1998, 3284 (Lübecker Brandstifterprozess).

keitsbezugs unter den in dieser Vorschrift benannten Voraussetzungen Betretungs- und Besichtigungsrechte auch ohne die einschränkenden Voraussetzungen des Art. 13 VII GG zulässig sein sollen[273].

§ 20 MEPolG regelt das Verfahren bei der Durchsuchung von Wohnungen. Nach der Rechtsprechung[274] unterfallen Durchsuchungen von Wohnungen auch dann, wenn sie zum Zwecke der Gefahrenabwehr vorgenommen werden, dem Art. 13 II GG und können daher, außer bei Gefahr im Verzug, nur **durch den Richter**[275] (gem. § 20 I 2 MEPolG durch das Amtsgericht) angeordnet werden. Diese Anordnung soll, insbesondere durch die Formulierung des Durchsuchungsbeschlusses, sicherstellen, dass der Eingriff „messbar und kontrollierbar" bleibt[276]. Der Begriff der „Gefahr im Verzug", bei dem eine polizeiliche Durchsuchung nach Art. 13 II GG auch ohne richterliche Anordnung zulässig ist, muß, wie das *BVerfG*[277] zurecht betont hat, eng ausgelegt werden, um sicherzustellen, dass eine nichtrichterliche Anordnung der Durchsuchung auf Ausnahmen beschränkt wird. Die Gerichte und die Polizei haben deshalb im Rahmen des Möglichen tatsächliche und rechtliche Vorkehrungen zu treffen, damit in der Praxis grundsätzlich die Regelzuständigkeit des Richters gewahrt ist. Nach Beendigung der Durchsuchung bedarf es keiner richterlichen Entscheidung mehr, was auch für den Fall des Art. 13 IV n.F. GG gilt. Auch die in Art. 13 IV 2 2. HS. GG geforderte Nachholung der richterlichen Entscheidung ist nur auf den Fall der Fortdauer der Wohnungsüberwachung anzuwenden. Der Rechtsschutz wird dadurch gewährleistet, dass dem Betroffenen regelmäßig die Möglichkeit zur Feststellung der Rechtswidrigkeit der Durchsuchung in analoger Anwendung des § 113 I 4 VwGO offen steht[278]. § 20 II MEPolG sieht für die Durchsuchung das Recht des Wohnungsinhabers vor, bei der Durchsuchung anwesend zu sein. Bei seiner Abwesenheit ist möglichst sein Vertreter oder ein erwachsener Angehöriger, Hausgenosse oder Nachbar hinzuzuziehen. Dem Wohnungsinhaber bzw. seinem Vertreter ist der Grund der

108

---

273 *BVerfGE* 32, 54, 75 ff. Hier dürfte es bereits an einem Eingriff in den Schutzbereich des Art. 13 GG fehlen, soweit der Inhaber die Räume öffentlich zugänglich macht, vgl. *Ruthig*, JuS 1998, 506, 509 f.
274 Vgl. *BVerwGE* 28, 285 ff; *BVerfGE* 51, 97, 106.
275 Art. 13 II GG dürfte allerdings von seiner ratio her dann keine Anwendung finden, wenn es sich um rechtswidrig besetzte Wohnungen handelt, welche durch die Polizei auch geräumt werden könnten (so auch *Jaeschke*, NJW 1983, 434; a.A. *Werwigk*, NJW 1983, 2366 ff). Dazu, dass auch andere Grundrechte (wie z.B. die Versammlungsfreiheit) bei einer rechtswidrigen Inanspruchnahme fremden Eigentums keine Anwendung finden, vgl. *Rüfner/Muckel*, S. 109 und allgemein zur Begrenzung grundrechtlicher Schutzbereiche durch Elemente außerhalb des Grundrechtstatbestands *Muckel*, in: Festschrift für H. Schiedermair, 2001, 347 ff.
276 St. Rspr., vgl. *BVerfGE* 42, 212, 220; NJW 1994, 2079; NJW 1997, 2165, 2166.
277 So in Verbindung mit einer strafprozessualen Durchsuchung *BVerfG*, NJW 2001, 1121 ff: dazu *Amelung* NStZ 2001, 337 ff; *Einmal*, NJW 2001, 1393 ff: *Lepsius*, JURA 2002, 259 ff; *Schaefer*, NJW 2001, 1396 ff.
278 *OVG NW*, NJW 1992, 2172 (betr. Durchsuchung); *Wolter*, DÖV 1997, 939, 944; zur Frage eines Rechtsschutzes gegen die richterliche Anordnung einer Durchsuchung auch nach deren späterer Erledigung s. *Wolter*, DÖV 1997, 939, 941 ff, 945 f, der sich mit beachtlichen Argumenten für die verfassungsrechtliche Notwendigkeit eines solchen Rechtsschutzes ausspricht. S. zum Rechtsschutz gegen eine erledigte richterliche Durchsuchungsanordnung nunmehr auch *BVerfG*, EuGRZ 1997, 372 ff und zur strafprozessualen Variante *BVerfG*, NJW 1997, 2163 f.

Durchsuchung gem. § 20 III MEPolG unverzüglich bekannt zu geben, sofern nicht dadurch ihr Zweck vereitelt wird. Außerdem regeln § 20 IV und V MEPolG die Fertigung einer Niederschrift über die Durchsuchung.

9. Sicherstellung und Beschlagnahme

109 Unter einer Sicherstellung i.S.d. § 21 MEPolG ist die polizeiliche Begründung des Gewahrsams an einer Sache zu verstehen, bezüglich derer grundsätzlich eine alleinige hoheitliche Sachherrschaft (Verstrickung) hergestellt wird[279]. Diese Terminologie wird in der Mehrzahl der Polizei- und Ordnungsgesetze verwandt, sie ist aber nicht einheitlich. So wird etwa in den §§ 32, 33 BWPolG zwischen der dem Interesse des Eigentümers oder rechtmäßigen Inhabers der tatsächlichen Gewalt dienenden Sicherstellung einerseits und der Beschlagnahme andererseits unterschieden[280]. Spezialvorschriften für die Sicherstellung i.S.d. § 21 MEPolG, die wegen ihres abschließenden Charakters einen Rückgriff auf das allgemeine Polizei- und Ordnungsrecht ausschließen, finden sich in den Landespressegesetzen[281].

110 Nach § 21 MEPolG kann eine Sache sichergestellt werden, um eine gegenwärtige Gefahr abzuwenden und um den Eigentümer oder rechtmäßigen Besitzer vor Verlust oder Beschädigung zu schützen. Weiter darf eine Sache dann sichergestellt werden, wenn sie von einer Person mitgeführt wird, die rechtmäßig festgehalten wird, und die Sache verwendet werden kann, um sich zu töten oder zu verletzen, Leben oder Gesundheit anderer zu schädigen, fremde Sachen zu beschädigen oder die Flucht zu ermöglichen oder zu erleichtern. Dies entspricht – von kleineren Abweichungen abgesehen – dem geltenden Recht. Nach Wegfall des Grundes für die Sicherstellung ist diese aufzuheben und – als Konsequenz des Folgenbeseitigungsanspruchs – die Sache dem Berechtigten herauszugeben (§ 24 MEPolG). Z.T. ist sogar eine Höchstfrist für die Aufrechterhaltung der Sicherstellung bzw. Beschlagnahme vorgesehen (s. z.B. § 33 III 2 BWPolG). Da die Verpflichtung zu ihrer Aufhebung sich nach Wegfall des sie rechtfertigenden Zwecks unabhängig davon ergibt, ob die Verfügung unbefristet oder befristet ausgesprochen wurde, überzeugt es nicht, wenn in BW aus dem Grundsatz der Verhältnismäßigkeit abgeleitet wird (so aber *VGH BW*, DVBl. 1998, 96, 97), die Beschlagnahme sei zeitlich unbestimmt anzuordnen und mit dem Hinweis zu versehen, dass sie längstens 6 Monate gelte, während eine Befristung auf die gesetzlich höchst zulässige Dauer (s. § 33 III 2 BWPolG) unzulässig sei. Die Durchführung der Sicherstellung erfolgt grundsätzlich durch **amtliches Verwahren** (§ 22

---

[279] Ähnlich *Würtenberger/Heckmann/Riggert*, BW, Rdnr. 392; *Rachor*, in: L/D, F, Rdnr. 653 m.w.N.; s. auch *Schieferdecker*, Die Entfernung von Kraftfahrzeugen als Mittel staatlicher Gefahrenabwehr, 1998, S. 100 ff m.w.N.
[280] Zur Sicherstellung bzw. Beschlagnahme s. §§ 32, 33 BWPolG; Art. 25, 26, 28 BayPAG; §§ 38, 39, 41 BerlASOG; §§ 25, 26, 28 BrandPolG; §§ 23, 24, 26 BremPolG; § 14 HambSOG; §§ 40, 41, 43 HessSOG; §§ 61 ff MVSOG; §§ 26, 27, 29 NdsGefAG; §§ 43, 44, 46 NWPolG, § 24 NWOBG; §§ 22, 23, 25 RhPfPOG; §§ 21, 22, 24 SaarlPolG; §§ 45, 46, 48 SachsAnhSOG; §§ 26, 27 SächsPolG, § 7 SächsSWEG; §§ 210 ff SchlHVwG; § 22 f ThürOBG; §§ 27, 28 ThürPAG; §§ 21, 22, 24 MEPolG; §§ 47, 48, 50 BGSG.
[281] Vgl. hierzu *BayVGH*, NJW 1983, 1339 f.

MEPolG). Dadurch wird ein öffentlichrechtliches Verwahrungsverhältnis begründet, auf das die Vorschriften für den **zivilrechtlichen Verwahrungsvertrag analoge Anwendung** finden (Ausnahme: § 690 BGB). Bei Verletzung der sich aus diesem Verwahrungsverhältnis ergebenden quasivertraglichen öffentlichrechtlichen Verpflichtungen haftet die öffentliche Hand bei schuldhaftem Verhalten analog den zivilrechtlichen Vorschriften über Leistungsstörungen, wobei insoweit auch die Verschuldensvermutung des § 282 BGB analog zum Tragen kommt. Dadurch wird ein daneben bestehender Amtshaftungsanspruch trotz § 839 I 2 BGB nicht ausgeschlossen (s. Rdnr. 348). Der Haftung aus einem öffentlichrechtlichen Verwahrungsverhältnis bzw. aus Amtshaftung steht es auch nicht entgegen, dass sich die Polizei eines Privaten zur Verwahrung bedient (vgl. Rdnr. 295).

Sehr umstritten ist, ob in dem **polizeilichen Abschleppen eines Kfz** eine Sicherstellung zu sehen ist[282] (zur Verhältnismäßigkeit des Abschleppens s. unten Rdnr. 207). Die Frage bedarf einer **differenzierenden Antwort**. Wird das Kfz wegen eines nicht aus der Missachtung eines Verkehrszeichens resultierenden Rechtsverstoßes (z.B. unerlaubtes Parken auf einem Gehweg oder Blockieren einer Straße) nur wenige Meter von seinem bisherigen Standort entfernt (sog. **Versetzung**), fehlt es regelmäßig an der Begründung eines polizeilichen Gewahrsams, wie ihn die Sicherstellung verlangt. Hierin liegt nur ein Sofortvollzug bzw. eine unmittelbare Ausführung (vgl. hierzu unten Rdnr. 304 ff). Der ihnen zugrunde liegende hypothetische Grundverwaltungsakt stützt sich auf die **polizeiliche Generalermächtigung**; § 44 II 2 StVO scheidet demgegenüber als Basis aus, weil er nur zu vorläufigen Maßnahmen ermächtigt, während das Abschleppen eine endgültige Maßnahme darstellt[283]. 111

Eine andere rechtliche Qualifikation der Versetzung ist grundsätzlich in den Fällen angebracht, in denen sie im Hinblick auf die **Nichtbeachtung eines Verkehrszeichens** durch den Fahrer erfolgt. Das Verkehrszeichen ist ein analog § 80 II 1 Nr. 2 VwGO sofort vollziehbarer Verwaltungsakt[284], der z.B. bei einem Halteverbot den Fahrer zum Weiterfahren verpflichtet. Das kann allerdings nicht in den seltenen Fällen gelten, bei denen das Verkehrszeichen erst nach dem Abstellen des Kfz angebracht wurde und deshalb der Fahrer von ihm keine Kenntnis erlangen konnte[285]. 112

---

282 So z.B. *Schwabe*, NJW 1983, 369 ff; a.A. *Knemeyer*, Rdnr. 252: *Schieferdecker*, a.a.O., S. 89 ff; differenzierend *BayVGH*, NJW 1984, 2962 ff; *Jahn*, JuS 1989, 969 ff; ausf. zu dieser Problematik vor allem *Schieferdecker*, ebd.; s. ferner *K. Fischer*, JuS 2002, 446 ff; *Kottmann*, DÖV 1983, 493 ff; *Schwabe*, NVwZ 1994, 629 ff; *Würtenberger/Heckmann/Riggert*, BW, Rdnr. 812 ff. Zur Bedeutung des Verhältnismäßigkeitsgrundsatzes beim Abschleppen s. unten Rdnr. 207.
283 S. auch *Würtenberger/Heckmann/Riggert*, BW, Rdnr. 816 m.w.N.
284 *BVerwG*, NJW 1978, 656 f (Park- und Halteverbot); entsprechendes gilt für den Schwerbehindertenparkplatz, den markierten Fußgängerüberweg und die abgelaufene oder nicht betätigte Parkuhr, vgl. *Götz*, NVwZ 1990, 725, 732 m.w.N.
285 *VGH BW*, NJW 1991, 1698; *Koch/Niebaum*, JuS 1997, 312 ff; *Rüfner/Muckel*, S. 138; *Schieferdecker*, a.a.O., S. 39 ff; a.A. unter Zugrundelegung eines eigenständigen Bekanntgabebegriffs *BVerwG*, NJW 1997, 1021; *OVG NW*, NJW 1990, 2835 ff und *Klenke*, NVwBl. 1994, 288, 289; zu einem Sonderfall – verklebtes Verkehrsschild – *VGH BW*, VBl. BW 1991, 434. Nicht wirksam wird das Verkehrszeichen auch gegenüber dem nicht selbst fahrenden Fahrzeugeigentümer oder Kraftfahrzeughalter, vgl. *OVG Hamb*, NJW 1992, 1909, sodass im Verhältnis zu diesem ebenfalls nur ein Sofortvollzug bzw. eine unmittelbare Ausführung im Hinblick auf dessen etwaige Zustandsverantwortlichkeit (dazu Rdnr. 171 ff) möglich ist.

II *Polizei- und Ordnungsrecht*

Hier bleibt wiederum nur möglich, den Weg des Sofortvollzugs bzw. der unmittelbaren Ausführung einzuschlagen[286]. Dabei ergibt sich aber aus dem Verhältnismäßigkeitsgrundsatz, dass zwischen dem Aufstellen des Verkehrsschildes und dem Abschleppen (soweit die Aufstellung des Verkehrsschildes nicht schon vorher sichtbar angekündigt war) eine angemessene Zeit liegen muss, um eine Verantwortlichkeit des Fahrers bzw. Kraftfahrzeugshalters oder Eigentümers (s. auch unten Rdnr. 175) zu begründen, die es rechtfertigt, diesen als Störer zum Kostenersatz heranzuziehen[287].

113 Schwierigkeiten bereitet die rechtliche Qualifikation der Fälle, bei denen **nicht die Möglichkeit nur zu einer Versetzung des Kfz** bestand, da in der Nähe des bisherigen Standorts keine Abstellmöglichkeit vorhanden war und das Kfz deshalb bei der Polizei oder bei einem von ihr beauftragten Unternehmen abgestellt werden musste. Hierin liegt jedenfalls auch eine Durchsetzung des Wegfahrgebots im Wege des Sofortvollzugs bzw. der unmittelbaren Ausführung. Eine ausschließliche Qualifikation des Wegfahrgebots als Sicherstellung i.S.d. § 21 MEPolG scheidet hingegen aus, da der Zweck des Abschleppens jedenfalls sicher nicht primär darin liegt, hinsichtlich des bei der Polizei oder einem von ihr beauftragten Unternehmens abgestellten Kfz eine alleinige hoheitliche Sachherrschaft zu begründen, sondern in erster Linie in der Behebung der durch das Abstellen des Kfz an einem bestimmten Ort verursachten Rechtswidrigkeit. Beim Abstellen handelt es sich also nur um eine u.U. notwendig werdende Folgemaßnahme. Zu erwägen ist daher nur, ob sich der unmittelbaren Ausführung bzw. dem Sofortvollzug in Bezug auf das Wegfahrverbot eine solche hinsichtlich der Sicherstellung anschließt. Da es aber an der für die Sicherstellung erforderlichen Herstellung einer alleinigen hoheitlichen Sachherrschaft fehlt, dürfte der an das hypothetische Wegfahrverbot anknüpfende Folgeakt als eine auf die polizeiliche Generalklausel gestützte Begründung eines über den Wegfahrvorgang hinausreichenden Gewahrsams gerichtet sein, durch den ein öffentlichrechtliches Verwahrungsverhältnis entsteht[288].

114 Zweifelhaft ist, inwieweit ein Kostenersatzanspruch der Polizei sowohl in Bezug auf das Abschleppen als auch hinsichtlich der anschließenden Verwahrungskosten gegeben ist. Da sowohl das Abschleppen wie auch die anschließende Begründung eines Besitzverhältnisses durch die Polizei nicht als Sicherstellung qualifiziert werden können, lässt sich auf den in Verbindung mit einer Sicherstellung durch § 24 III

---

286 *VGH BW*, DÖV 1996, 84 f; *HessVGH*, NJW 1997, 1023; *OVG Hamb*, DÖV 1995, 783.
287 *HessVGH*, NJW 1997, 1023: 3 Tage; *OVG Hamb*, DÖV 1995, 783: 3 Werktage und ein Sonn- oder Feiertag. Soweit man, wie das *BVerwG* und das *OVG NW* (o. Fn. 242) abweichend von der hier vertretenen Auffassung davon ausgeht, ein nachträglich aufgestelltes Verkehrsschild verpflichte auch den Fahrer trotz fehlender Kenntnis von seiner Existenz, führt der Verhältnismäßigkeitsgrundsatz dazu, dass jedenfalls nicht sofort auf Kosten des Fahrers bzw. Kraftfahrzeughalters vollstreckt werden darf. Das *OVG NW*, NWVBl. 1995, 475, hält hier das Abschleppen bereits dann für zulässig, wenn seit der Aufstellung des Schildes 48 Stunden vergangen sind. *BVerwG*, NJW 1997, 1021, verneint einen Verstoß jedenfalls nach Ablauf von 4 Tagen.
288 So überzeugend *Schiefedecker*, a.a.O., S. 96 f; ähnlich *Würtenberger/Heckmann/Riggert*, BW, Rdnr. 815.

MEPolG[289] begründeten polizeilichen Kostenersatzanspruch eine Verpflichtung nicht stützen. Ausgeschlossen dürfte auch die – unter dem Aspekt des Gesetzesvorbehalts sehr problematische[290] – Begründung eines Kostenersatzanspruchs analog § 693 BGB sein[291]. Soweit es um die Kosten des Abschleppens wegen Nichtbeachtung eines Verkehrszeichens geht, ist der Kostenersatzanspruch gegenüber dem Fahrer unter dem Gesichtspunkt der Ersatzvornahme gegeben (s. unten Rdnr. 354), bei Fehlen eines vollstreckbaren Verwaltungsakts unter dem Gesichtspunkt der unmittelbaren Ausführung bzw. des Sofortvollzugs sowohl gegenüber dem Fahrer als Verhaltensstörer (vgl. unten Rdnr. 152 f) wie auch gegenüber dem Kraftfahrzeughalter bzw. Eigentümer als Zustandsstörer (vgl. § 5 II MEPolG und dazu unten Rdnrn. 171 ff). Dabei wird sich häufig die primäre Inanspruchnahme des Fahrers anbieten. Kann diese aber nicht ermittelt werden, da der Kraftfahrzeughalter bzw. der Eigentümer ihn nicht benennen, so kommt deren Inanspruchnahme in Betracht.

Eine Haftung für die Verwahrungskosten ist z.T. ausdrücklich geregelt (s. z.B. in BW §§ 1 I, 2 I LGebG i.V. mit Nr. 57.4 GebVerz). Soweit es an entsprechenden Regelungen fehlt, kommt auch hier ein Rückgriff auf die in Verbindung mit der unmittelbaren Ausführung eingeräumten Kostenersatzansprüche in Betracht[292].

Ausgeschlossen ist eine Haftung eines früheren Kfz-Eigentümers für die Kosten, auch wenn dieser entgegen § 27 III 1 StVZO den Namen und die Anschrift des Erwerbers des Kfz nicht der Zulassungsstelle mitgeteilt hat. Der hierin liegende Rechtsverstoß ist nämlich nicht kausal für die verbotswidrige Aufstellung des Kfz, sodass es diesbezüglich an der für einen Kostenersatzanspruch gem. § 5a II MEPolG erforderlichen Verantwortlichkeit fehlt[293] (vgl. auch unten Rdnr. 154).

Bei Beschädigung des Kfz durch einen von der Polizei bei dem Abschleppen bzw. einer anschließenden Verwahrung herangezogenen Unternehmer ergibt sich gegenüber dem Polizeiträger für den Eigentümer nicht nur ein Amtshaftungsanspruch gem. § 839 BGB i.V. mit Art. 34 GG (s. dazu Rdnr. 295), sondern auch ein Schadensersatzanspruch aus Verletzung quasivertraglicher Pflichten (§ 280 I BGB analog) aus dem bestehenden öffentlichrechtlichen Verwahrungsverhältnis, in dessen Rahmen sich der Polizeiträger analog § 278 BGB das Verhalten des Unternehmers zurechnen lassen muss[294].

Die Ausübung des in § 24 III 3 MEPolG[295] normierten Zurückbehaltungsrechts wegen Nicht-

---

289 Art. 28 III BayPAG; § 41 III BerlASOG; § 28 III BrandPolG; § 14 III HambSOG; § 43 III HessSOG; § 29 III NdsGefAG; § 46 III NWPolG; § 25 III RhPfPOG; § 24 III SaarlPolG; § 48 III SachsAnhSOG; § 227a SchlHVwG; § 25 III ThürOBG; § 30 III ThürPAG; § 50 III BGSG.
290 Vgl. *BVerfG*, DVBl. 1997, 351 m. Anm. *Schwabe*.
291 Anders *HessVGH*, NVwZ 1988, 657.
292 A.A. *Schieferdecker*, a.a.O., S. 254 f m.w.N.
293 So zutreffend *OVG Sachs*, NJW 1997, 2253, 2254; a.A. *VGH BW*, DÖV 1996, 1055.
294 Vgl. hierzu auch *Cremer*, VBl. BW 1996, 241, 244 ff.
295 Art. 28 III 3 BayPAG; § 41 III 3 BerlASOG; § 28 III 5 BrandPolG; § 43 III HessSOG; § 29 III 3 NdsGefAG; § 46 III 4 NWPolG; § 25 III 3 RhPfPOG; § 24 III 3 SaarlPolG; § 48 III 4 SachsAnhSOG; § 25 III 3 ThürOBG; § 30 III 4 ThürPAG; § 50 III 3 BGSG. In Baden-Württemberg ist in den §§ 32 f BWPolG ein Zurückbehaltungsrecht nicht geregelt, wohl aber in Verbindung mit einer Sicherstellung in § 3 I 4 BWDVOPolG.

begleichens der Kosten ist als eine **öffentlichrechtliche Willenserklärung**[296] **und nicht als ein Verwaltungsakt zu qualifizieren.** Der Träger der Gefahrenabwehrbehörde kann auch ein privates Unternehmen, das mit dem Abschleppen betraut wurde[297] und bei dem das Kfz für die Polizei verwahrt wird, ermächtigen, das polizeiliche Zurückbehaltungsrecht gegenüber dem Pkw-Inhaber oder einem sonstigen polizeirechtlich Verantwortlichen geltend zu machen. Der Unternehmer handelt dann **nicht** – was mangels einer gesetzlichen Ermächtigung unzulässig wäre – **als Beliehener, sondern als Bote der Polizei.** Der Ausübung des Zurückbehaltungsrechts steht auch unter dem Aspekt des Übermaßverbots nicht der Umstand entgegen, dass der zurückbehaltene Pkw in der Regel einen erheblich größeren Wert verkörpert als die Kostenforderung der öffentlichen Hand. Das gilt umso mehr, als die Ausübung des Zurückbehaltungsrechts vom Fahrzeughalter durch eine der Kostenforderung entsprechende Sicherheitsleistung verhindert werden kann. Zur Begründung dieses Ergebnisses bedarf es nicht der analogen Anwendung des § 273 III BGB, vielmehr lässt sich dieses Resultat bereits aus dem Übermaßverbot rechtfertigen.

Soweit die einschlägigen Polizei- und Ordnungsgesetze kein Zurückbehaltungsrecht im Hinblick auf die Kosten des Abschleppens bzw. einer anschließenden Verwahrung vorsehen, wird man entgegen der h.M.[298] der Polizeibehörde ein Recht auf eine (durch sie oder einen privaten Unternehmer geltend gemachte) **Zurückbehaltung nicht zubilligen können**[299]. Die Begründung eines Zurückbehaltungsrechts analog § 273 BGB ist mit dem Prinzip des Gesetzesvorbehalts (Art. 20 III GG) unvereinbar; gerade aus diesem Grund regeln ja (der allerdings nach der hier vertretenen Auffassung nicht anwendbare) § 24 III MEPolG und die ihm folgenden Polizei- und Ordnungsgesetze das Zurückbehaltungsrecht. Überdies wäre die Ausübung eines nicht gesetzlich geregelten Zurückbehaltungsrechts nicht mit dem abschließenden Charakter der verwaltungsvollstreckungsrechtlichen Regelungen in Einklang zu bringen. Da der Träger der Polizei, anders als der Bürger, die Möglichkeit besitzt, seine Kostenforderung selbst zwangsweise durchzusetzen, bestünde, von den eben angesprochenen Bedenken ganz abgesehen, auch kein Bedürfnis für eine analoge Anwendung des § 273 BGB.

116 Einen Fall der Sicherstellung bzw. Beschlagnahme stellt auch die gegenüber einem Hauseigentümer unter dem Gesichtspunkt des Schutzes der Gesundheit und der Menschenwürde erfolgte **Einweisung eines Obdachlosen**[300] dar (s. oben Rdnr. 21), die zur Begründung polizeilichen Gewahrsams führt und die Verfügungsbefugnis des Eigentümers entsprechend einschränkt. Dem steht nicht entgegen, dass die Polizei die Ausübung des durch sie zunächst begründeten Gewahrsams dem Eingewiesenen überlässt (a.A. *Erichsen/Biermann*, JURA 1998, 371, 376, die aus diesem Grund auf die Generalklausel zurückgreifen wollen). Sozialrechtliche Normen schließen schon wegen ihrer ganz anderen Zielsetzung eine polizeiliche Beschlagnahme nicht aus (s.

---

296 *OVG NW*, DVBl. 1983, 1074 f; *Kopp/Schenke*, 13. Aufl. 2002, VwGO, Anh. § 42, Rdnr. 15.
297 Das Unternehmen kann aber nicht selbstständig über das Abschleppen entscheiden und damit das polizeiliche Ermessen ausüben (s. auch *VG München*, NVwZ 1988, 667 f u. *BayVGH*, NVwZ 1990, 180, 181 sowie BayVBl. 1991, 443 ff); zur speziellen Problematik der polizeilichen Gefahrenabwehr in Bayern durch kommunale Parküberwachung s. näher *Pitschas/Aulehner*, BayVBl. 1990, 417 f u. *Jahn*, BayVBl. 1990, 424 ff.
298 Vgl. *Wolf*, in: Wolf/Stephan, BWPolG, § 8, Rdnr. 30; *Stober*, DVBl. 1973, 351 ff; ähnlich wie hier dagegen *Würtenberger*, DAR 1983, 155 ff.
299 Dies gilt ebenso beim Fehlen einer gesetzlichen Regelung des Zurückbehaltungsrechts in Verbindung mit der unmittelbaren Ausführung und mit dem Sofortvollzug.
300 Zur Problematik der Obdachlosigkeit umfassend *Reitzig*, Die polizeirechtliche Beschlagnahme von Wohnraum zur Unterbringung Obdachloser, 2002.

auch *Erichsen/Biermann*, JURA 1998, 371, 374). Zu trennen von der gegenüber dem Hauseigentümer vorgenommenen Sicherstellungs- bzw. Beschlagnahmeverfügung ist im Übrigen das Recht oder (sogar) eine Pflicht des Obdachlosen, den beschlagnahmten Wohnraum zu nutzen, letzere ist (wenn überhaupt) nur auf die polizeiliche Generalklausel stützbar.

Bezüglich des „Ob" der Einweisung Obdachloser besteht, sofern sich keine anderweitige Unterbringungsmöglichkeit anbietet (s. Rdnr. 194), bei (unfreiwilliger) Obdachlosigkeit grundsätzlich eine Rechtspflicht (s. Rdnr. 71), anzuerkennen ist nur ein Auswahlermessen. Zur Frage, inwieweit bei rechtswidriger Einweisung (z.B. wegen fehlender Befristung, s. Rdnr. 110 u. 197) oder bei Ablauf der Frist für die Einweisungsverfügung unter dem Aspekt des Folgenbeseitigungsanspruchs der Eigentümer eine polizeiliche Räumungsverfügung verlangen kann, s. Rdnr. 198 ff (zum besonders gelagerten Fall der polizeilichen Einweisung des bisherigen Mieters s. Rdnr. 199). Verursacht der durch die Polizei Eingewiesene schuldhaft Schäden an den ihm durch die Polizeiverfügung zur Verfügung gestellten Räumen, haftet für ihn der Polizeiträger in analoger Anwendung des § 278 BGB wegen Verletzung quasivertraglicher Pflichten (§ 280 I BGB analog) aus dem bestehenden öffentlichrechtlichen Verwahrungsverhältnis[301]. Daneben kommt u.U. eine Amtshaftung des Polizeiträgers wegen einer fehlerhaften Ausübung des Auswahlermessens sowie dessen Entschädigungsverpflichtung unter dem Aspekt des polizeilichen Notstands (s. Rdnr. 348) in Betracht.

10. Verwertung, Einziehung, Vernichtung

Auch diese Materie ist in den geltenden Polizei- und Ordnungsgesetzen in Einzelheiten etwas unterschiedlich geregelt[302]. § 23 MEPolG stellt jedoch in etwa eine Zusammenfassung des Rechtszustands dar. Danach ist eine Verwertung der sichergestellten Sache in fünf Fällen zulässig, nämlich dann, wenn ihr Verderb oder eine wesentliche Wertminderung droht, ihre ordnungsgemäße Verwahrung unverhältnismäßig teuer oder schwierig ist, durch die Verwahrung weitere Gefahren für die öffentliche Sicherheit oder Ordnung nicht ausgeschlossen werden können, die Sache nach einer Frist von einem Jahr nicht an einen Berechtigten herausgegeben werden kann, ohne dass die Voraussetzungen für eine Sicherstellung erneut eintreten würden, oder die Sache trotz Mitteilung nicht nach einer ausreichend bemessenen Frist abgeholt wurde. Die Verwertung erfolgt in der Regel durch **öffentliche Versteigerung** (vgl. § 25 III MEPolG). Der Erlös steht im Falle des § 24 MEPolG nach Abzug der Kosten dem Betroffenen zu.

---

301 S. hierzu näher *Cremer*, VBl. BW 1996, 241 ff; s. auch *Schliesky/Hansen*, JuS 1998, 49, 54.
302 Vgl. § 34 BWPolG; Art. 27 BayPAG; § 40 BerlASOG; § 27 BrandPolG; § 25 BremPolG; § 14 HambSOG; § 42 HessSOG; § 64 MVSOG; § 28 NdsGefAG; § 45 NWPolG; § 24 NWOBG; § 24 RhPfPOG; § 23 SaarlPolG; § 47 SachsAnhSOG; § 28 SächsPolG; § 213 SchlHVwG; § 24 ThürOBG; § 29 ThürPAG; § 23 MEPolG; § 49 BGSG.

II *Polizei- und Ordnungsrecht*

118 Nach § 23 IV MEPolG (ebenso nunmehr § 49 IV BGSG) können sichergestellte Sachen unbrauchbar gemacht oder vernichtet werden[303], wenn sie entweder nach der Verwertung erneut oder immer noch sichergestellt werden könnten oder die Verwertung aus anderen Gründen nicht möglich ist. Teilweise regeln die Polizei- und Ordnungsgesetze auch die Einziehung, also den Eigentumsübergang auf den Staat. In Baden-Württemberg[304] ist die Einziehung Voraussetzung für Vernichtung oder Unbrauchbarmachung, in Bremen, Hamburg und Schleswig-Holstein ist sie neben diesen zulässig[305]. Unbrauchbarmachung, Vernichtung und Einziehung sind **nicht als Enteignung**, sondern als **Sozialbindung** anzusehen[306]. Wegen der Eigentumsgarantie sind diese Maßnahmen aber stets nur als Ultima Ratio zulässig.

11. Informationsgewinnung und Informationsverarbeitung

119 In Konsequenz des **Volkszählungsurteils** des *BVerfG*[307] und eines dort durch das *BVerfG* anerkannten, in Art. 2 I GG i.V. mit Art. 1 I GG verankerten Grundrechts auf **informationelle Selbstbestimmung** hinsichtlich **personenbezogener Daten**, enthalten die neueren Polizei- und Ordnungsgesetze umfassende Regelungen der polizeilichen Informationsgewinnung und -verarbeitung (Datenverarbeitung)[308] und kommen somit der Forderung des *BVerfG*[309] nach **bereichsspezifischen Datenschutzregelungen** nach[310]. Sie orientieren sich dabei in mehr oder weniger starkem Umfang an dem VEMEPolG[311]. Sie betreffen z.T. auch die Vorsorge für die Verfolgung von Straftaten (s. § 1 I 2 MEPolG), soweit der Bund hier noch keine entsprechenden Regelungen erlassen hat (vgl. Rdnr. 19)[312], daneben aber auch die vorsorgende Verhütung von Straftaten (s. § 1 I 2 MEPolG), die als polizeirechliche Materie der Gesetzgebungszuständigkeit der Länder unterfällt (s. oben Rdnr. 9), bei der sich

---

303 Auf entsprechende Vorschriften kann in Nordrhein-Westfalen (s. §§ 18 I 2, 24 NWOBG i.V.m. § 45 IV NWPolG) die Tötung eines durch gravierende Beißvorfälle aufgefallenen Hundes gestützt werden, wenn dieser weder an seinen bisherigen Halter zurückgegeben werden kann noch an einen neuen Halter vermittelbar ist, vgl. *OVG NW*, NVwZ 2001, 227 f.
304 § 34 BWPolG. Voraussetzung für die Einziehung ist danach u.a. eine vorausgegangene Beschlagnahme. Deren Rechtswidrigkeit kann nach Eintritt der Bestandskraft nicht mehr im Rahmen der Anfechtung der Einziehung geltend gemacht werden (vgl. *VGH BW*, DÖV 1988, 81, 82).
305 Vgl. § 25 IV BremPolG; § 14 VI HambSOG; § 213 IV SchlHVwG.
306 *BVerfGE* 20, 351 ff.
307 *BVerfGE* 65, 1 ff.
308 Vgl. hierzu allgemein *Deutsch*, Die heimliche Erhebung von Informationen und deren Aufbewahrung durch die Polizei, 1992; *Knemeyer*, NVwZ 1988, 193 ff; *Kniesel/Vahle*, Polizeiliche Informationsverarbeitung und Datenschutz im künftigen Polizeirecht, 1990; *Kowalczyk*, Datenschutz im Polizeirecht, 1990; *Meyer*, Rechtsfragen im Zusammenhang mit polizeilichen Beobachtungen und Observationsmaßnahmen, 1983; *Dix*, JURA 1993, 571 ff; *Peitsch*, ZRP 1992, 127 ff; zu den Regelungen im Strafprozessrecht vgl. *Wolter*, JURA 1992, 520 ff; s.a. die ausführliche Darstellung bei *Würtenberger/Heckmann/Riggert*, BW, Rdnr. 536 ff; *Heckmann*, VBl. BW 1992, 164 ff, 203 ff.
309 Vgl. *BVerfGE* 65, 1, 46; zur Kritik der Rechtsprechung s. auch *Schenke*, NJW 1987, 2777 ff.
310 Vgl. nur BW LT-Drucks. 10/5230, S. 1, 30. Hier wird im Hinblick auf die Einfügung datenschutzrechtlicher Regelungen in das BWPolG ausdrücklich auf das Volkszählungsurteil Bezug genommen.
311 Dieser ist bei *Schenke* in den Anhang „Musterentwurf eines einheitlichen Polizeigesetzes" eingearbeitet.
312 Nunmehr erkennt auch *BGH*, NJW 1991, 2651 an, dass § 163 I 1 StPO insoweit keine Ermächtigungsgrundlage darstellt; vgl. hierzu auch Rdnr. 223.

Die Polizeibefugnisse im Rahmen der Gefahrenabwehr **II C**

aber aus dem Übermaßverbot durch den Gesetzgeber bzw. die gesetzesvollziehende Polizei zu beachtende Schranken ergeben[313]. Über die bisher schon in den Standardmaßnahmen (wie etwa Identitätsfeststellungen, erkennungsdienstliche Maßnahmen und Vorladungen) enthaltenen Befugnisse hinaus, finden sich in den neueren gesetzlichen Regelungen Ermächtigungsgrundlagen für weitere Informationseingriffe und damit in Verbindung stehende Maßnahmen. Die gesetzlichen Regelungen über die polizeiliche Informationsgewinnung und -verarbeitung sind dabei sehr ausführlich und umfangreich, sodass vielfach bereits eine Regelungsflut beklagt wird[314]. Der Umfang dieser gesetzlichen Regelungen wie auch die Tatsache zahlreicher landesspezifischer Besonderheiten machen es unmöglich, die datenschutzrechtlichen Fragen umfassend abzuhandeln, warum im folgenden versucht wird, sich auf die Herausstellung der wesentlichen Grundsätze zu beschränken. Die sorgfältige Lektüre der jeweiligen landesrechtlichen Regelungen will und kann die Darstellung allerdings nicht ersetzen.

Grundlage der Informations- bzw Datenverarbeitung ist zunächst die **Datenerhebung**[315], dh das **Beschaffen von personenbezogenen Daten** (§ 3 IV BDSG; § 3 II Nr. 1 BWLDSG). Sie setzt ein **zielgerichtetes**, auf Kenntniserlangung von personenbezogenen Daten gerichtetes Handeln voraus[316]. Hieran schließt sich die **Datenverwendung** an (s. § 3 VI BDSG). Bei ihr geht es um die **Datenverarbeitung** (dazu Rn 205 ff) in Form der **Speicherung, Veränderung, Nutzung**[317] und **Übermittlung**[318] sowie der **Löschung, Berichtigung** und **Sperrung** von Daten[319]; z. T. wird dabei in den datenschutzrechtlichen Regelungen (§ 3 VI BDSchG) die **Nutzung** personenbezogener Daten (§ 3 VI BDSchG; § 3 II Nr. 5 BWLDSchG) noch von der Datenverarbeitung geschieden. Die **Speicherung** meint das Erfassen, Aufnehmen oder Aufbewahren personenbezogener Daten auf einem Datenträger zum Zwecke ihrer weiteren

120

---

313 Zu weitgehend *O. Müller*, StrVert 1995, 602 ff, der solche Regelungen wegen des Absehens vom Vorliegen einer konkreten Gefahr als generell verfassungswidrig ansieht (s. demgegenüber auch oben Rdnr. 81).
314 Vgl. z.B. *Würtenberger/Heckmann/Riggert*, BW, 4. Aufl. 1999, Rdnr. 354.
315 Vgl zB § 8a MEPolG; §§ 19 ff BWPolG; Art. 30 ff BayPAG; §§ 18 f BerlASOG; §§ 29-36 BrandPolG; §§ 27 ff BremPolG; §§ 2 ff Hamb. Gesetz über die Datenverarbeitung der Polizei (HambDV-PolG); §§ 11 ff HessSOG; §§ 26 ff MVSOG; §§ 30 ff NdsGefAG; §§ 9 ff NWPolG; §§ 25a, 25b RhPfPOG; §§ 26 ff SaarlPolG; §§ 14 ff SachsAnhSOG; §§ 37 ff SächsPolG; §§ 178 ff SchlHVwG; § 31 ff ThürPAG. Zu den Neuregelungen in NRW s. *Kniesel/Vahle*, DÖV 1990, 646 u. *Tegtmeyer*, NWVBl. 1989, 196 ff.
316 *Schwabe*, DVBl. 2000, 1815, 1817.
317 Vgl §§ 37 f BWPolG; Art. 37 ff BayPAG; §§ 42 f BerlASOG; §§ 37-40 BrandPolG; § 36a, b BremPolG; §§ 14 ff HambDVPolG; § 20 HessSOG; §§ 36 f MVSOG; §§ 38, 39 NdsGefAG; § 22 ff NWPolG; § 25a RhPfPOG; §§ 30 f SaarlPolG; §§ 22 ff SachsAnhSOG; § 43 SächsPolG; §§ 188 ff SchlHVwG; §§ 38 ff ThürPAG.
318 Vgl §§ 41 ff BWPolG; Art. 39 ff BayPAG; §§ 44 ff BerlASOG; §§ 41-46 BrandPolG; § 36c-g BremPolG; §§ 19 ff HambDVPolG; §§ 21 ff HessSOG; §§ 39 ff MVSOG; §§ 40 ff NdsGefAG; §§ 25c, 25b, RhPfPOG; § 32 ff SaarllPolG; §§ 26 ff SachsAnhSOG; §§ 44 f SächsPolG; §§ 191 ff SchlHVwG; §§ 41 ff ThürPAG.
319 Vgl § 46 BWPolG; Art. 45 BayPAG; § 48 BerlASOG; §§ 44 II, 47 BrandPolG; § 36k BremPOlG; § 24 HambDVPolG; § 27 HessSOG; § 45 MVSOG; §§ 39a, 47 II NdsGefAG; § 32 NWPolG; § 25e RhPfPOG; § 38 SaarlPolG; § 32 SachsAnhSOG; § 49 SächsPolG; § 196 SchlHVwG; § 45 ThürPAG.

II *Polizei- und Ordnungsrecht*

Verarbeitung oder Nutzung (§ 3 V Nr. 1 BDSchG; s. auch § 3 II Nr. 2 BWLDSG). Unter **Veränderung** versteht man das inhaltliche Umgestalten personenbezogener Daten (§ 3 V Nr. 2 BDSchG; § 3 II Nr. 3 BWLDSG), worunter insbesondere das Zusammenführen von Daten mit anderen Daten fällt, aus dem sich häufig weitere Informationen gewinnen lassen. Das **Übermitteln** ist das Bekanntgeben personenbezogener Daten an einen Dritten in der Weise, dass die Daten an den Dritten weitergegeben werden oder der Dritte zur Einsicht oder zum Abruf bereitgehaltene Daten einsieht oder abruft (§ 3 V Nr. 3 BDSG; § 3 II Nr. 4 BWLDSG). Die **Berichtigung** (s. § 20 I 1 BDSG) hat die Korrektur inhaltlich unrichtiger personenbezogener Daten zum Gegenstand. Das **Löschen** hat die Unkenntlichmachung gespeicherter personenbezogener Daten zum Gegenstand (§ 3V Nr. 5 BDSchG; § 3 II Nr. 7 BWLDSG). **Sperren** ist das Kennzeichnen gespeicherter personenbezogener Daten, um ihre weitere Verarbeitung oder Nutzung einzuschränken (§ 6 V Nr. 4 BDSchG; s. auch § 3 II Nr. 3 BWLDSG). Die **Nutzung** von Daten ist nach § 3 VI BDSG jede sonstige Verwendung personenbezogener Daten, soweit es sich nicht um Speichern, Verändern, Übermitteln, Löschen und Sperren personenbezogener Daten handelt. Darunter fällt auch der Datenabgleich[320] (dazu unten Rdnr. 129) sowie das Kopieren von Daten und jeder zweckbestimmte „Gebrauch" von Daten[321] (s. auch Rdnr. 207 ff) einschließlich der zielgerichteten Kenntnisnahme. Unter **automatisierter Verarbeitung** versteht man nach § 3 II 1 BDSG die Erhebung, Verarbeitung oder Nutzung personenbezogener Daten unter Einsatz von **Datenverarbeitungsanlagen**.

121 Im Bereich der **Datenerhebung** ist vor allem auf die Vorschriften zur **Befragung von Personen** hinzuweisen, die eine geradezu klassische Form der polizeilichen Informationsgewinnung darstellt[322]. Eine Befragung setzt nach den Polizeigesetzen voraus, dass Tatsachen die Annahme rechtfertigen, die befragte Person könne sachdienliche Angaben machen, die für die Erfüllung einer polizeilichen Aufgabe erforderlich sind. Fraglich ist hierbei, inwieweit dem Befragungsrecht eine **Auskunftspflicht** des Befragten korrespondiert. Hierbei ist wie folgt zu differenzieren: Die Befragten müssen zwar Name, Vorname, Tag und Ort der Geburt, Wohnanschrift und Staatsangehörigkeit angeben[323]. Angaben zur Sache müssen dagegen nur dann gemacht werden, wenn dies besonders statuiert ist[324], wobei durch spezielle Vorschriften, wie z.B. § 27 IV 2 BWPolG, Auskunftsverweigerungsrechte statuiert sein können. Mitunter sind diese auch aus allgemeinen Vorschriften, wie z.B. § 26 II 3 VwVfG ableitbar[325].

---

320 *Bergmann/Möhrle/Herb*, Datenschutzrecht, § 3 BDSG, Rdnr. 124.
321 *Gola/Schomerus*, Bundesdatenschutzgesetz, 7. Aufl. 2002, § 3 Rdnr. 41 f.
322 Eingehend dazu *Gusy*, NVwZ 1991, 614 ff.
323 Vgl. § 20 I 2 BWPolG; Art. 12 BayPAG; § 18 III 3 BerlASOG; § 3 II HambDVPolG; § 28 II 1 MV-SOG; § 12 II NdsGefAG; § 9 II 1 NWPolG; § 18 III SächsPolG; § 180 II 1 SchlHVwG; § 13 II 1 ThürPAG. Vgl. auch die Regelung in § 14 II SachsAnhSOG.
324 Vgl. etwa § 27 IV BWPolG; § 12 II HessSOG; § 28 II 4 MVSOG; § 12 III NdsGefAG; § 18 VI SächsPolG.
325 *Gusy*, NVwZ 1991, 614, 618; krit. demgegenüber *Scholler/Schloer*, S. 104 f, die eine abschließende Regelung der Polizei- und Ordnungsgesetze annehmen. Würde man dem folgen und den Betroffenen im Hinblick auf die Gefahr der Verfolgung wegen einer Straftat oder Ordnungswidrigkeit auch nicht analog §§ 136 I 2, 163a III, IV StPO und §§ 46 I, 53 I 2, 55 I OWiG ein Recht zur Auskunftsverweigerung einräumen (so *Drews/Wacke/Vogel/Martens*, § 12 4b), müsste jedenfalls davon ausge-

In Zusammenhang mit der **Befragung** sind verschiedene **allgemeine Grundsätze** der Datenerhebung zu beachten, die beispielsweise in Baden-Württemberg in der Vorschrift des § 19 PolG gesetzlich geregelt sind: Die Erhebung hat grundsätzlich **bei den Betroffenen** zu erfolgen (sog. **unmittelbare Datenerhebung**), bezüglich derer personenbezogene Datenangaben eingeholt werden sollen (vgl. auch die Definition des Betroffenen in § 3 I BDSG oder § 3 BWLDSG). Die Erhebung ist, vorbehaltlich anderweitiger gesetzlicher Regelungen, **offen** durchzuführen[326] und unterliegt teilweise noch näheren inhaltlichen Begrenzungen[327]. Die Betroffenen sind grundsätzlich in geeigneter Weise auf die **Rechtsgrundlage** für die Datenerhebung sowie auf eine möglicherweise bestehende **Auskunftspflicht** oder auf die **Freiwilligkeit** der Auskunft **hinzuweisen**[328].

Eine Neuerung enthalten die novellierten Polizeigesetze ferner insoweit, als die polizeiliche **Erhebung von Daten** zur **Vorsorge für die Hilfeleistung** und das **Handeln im Gefahrenfall**[329] vorgesehen ist. Hinzuweisen ist zudem auf die in den neueren Polizei- und Ordnungsgesetzen vorgesehene Datenerhebung **mittels offener Bild- und Tonaufzeichnungen (Videoaufnahmen) bei öffentlichen Veranstaltungen und Ansammlungen sowie an gefährlichen und gefährdeten Orten**[330]. Diese polizeirechtlichen Ermächtigungen, die zugleich Vorschriften über die Löschung der auf diesem Weg gewonnenen Daten enthalten (vgl zB § 21 IV BWPolG und § 15a II 3 NWPolG), gelten allerdings **nicht hinsichtlich öffentlicher Versammlungen** nach dem Versammlungsgesetz, die in den Vorschriften der §§ 12a, 19a VersG spezialgesetzlich normiert sind[331]. Wegen des abschließenden Charakters des Versammlungsgesetzes ist neben dessen Normen kein Raum mehr für landespolizeiliche Regelun-

122

---

gangen werden, dass die Aussage nicht in einem Strafverfahren bzw. in einem Ordnungswidrigkeitsverfahren gegen den Betroffenen ohne dessen Einwilligung verwertet werden darf (vgl. zu einer ähnlichen Problematik *BVerfGE* 56, 37, 49 ff).

326 S. § 19 II BWPolG; Art. 30 III BayPAG;§ 18 II 1 BerlASOG; § 29 III 1. HS. BrandPolG; § 27 II 1 BremPolG; § 2 III HambDVPolG; § 13 VII HessSOG; § 26 II MVSOG; § 9 IV NWPolG; § 25a II RhPfPOG; § 25 III SaarlPolG; § 15 VI SachsAnhSOG; § 37 V 1 SächsPolG; § 178 II SchlHVwG; § 31 III ThürPAG.

327 S. z.B. § 9 V NWPolG; § 13 V HessSOG. Keine offene, sondern eine nur unter einschränkenden Voraussetzungen zulässige verdeckte Datenerhebung (vgl. die Legaldefinition der verdeckten Datenerhebung in § 19 III BWPolG) liegt dann vor, wenn die Datenerhebung (sowohl für den Betroffenen als auch für Dritte) nicht als polizeiliche Maßnahme erkennbar war (so auch *Pieroth/Schlink/Kniesel*, § 13, Rdnr. 1; *Gusy*, NVwZ 1991, 614, 616, Fn. 12).

328 S. § 19 III BWPolG; Art. 30 IV BayPAG; § 18 V BerlASOG; § 29 IV 1 BrandPolG; § 28 II BremPolG; § 2 IV HambDVPolG; § 13 VIII HessSOG; § 26 III MVSOG; § 12 V NdsGefAG; § 9 VI NWPolG; §§ 11 I, 25 V SaarlPolG; § 15 VII SachsAnhSOG; § 37 II 3 SächsPolG; § 178 III SchlHVwG; § 31 IV 1 ThürPAG.

329 Vgl. § 20 IV BWPolG; Art. 31 II BayPAG; § 19 BerlASOG; § 30 II 1 BrandPolG; § 28 III BremPolG; § 5 HambDVPolG; § 27 II MVSOG; § 31 II NdsGefAG; § 11 NWPolG; § 26 III SaarlPolG; § 179 IV SchlHVwG; § 32 II ThürPAG.

330 (322)Regelungen über Ton- und Bildaufnahmen finden sich in § 21 BWPolG; Art. 32 BayPAG; § 24 BerlASOG; § 31 BrandPolG; § 29 BremPolG; § 8 HambDVPolG; § 14 HSOG; § 32 MVSOG; § 32 NdsGefAG; §§ 15, 15a NWPolG; § 27 SaarlPolG; § 38 SächsPolG; § 16 SachsAnhSOG; § 184 SchlHVwG; § 33 ThürPAG.

331 Vgl dazu auch *Würtenberger/Heckmann/Riggert*, BW, Rdnr. 599.

II *Polizei- und Ordnungsrecht*

gen, die zu entsprechenden Eingriffen bei öffentlichen Versammlungen ermächtigen[332].

Bezüglich der Verfassungsmäßigkeit der landesrechtlichen polizei- und ordnungsgesetzlichen Regelungen, die zu offenen Bild- und Tonaufzeichnungen ermächtigen, werden vielfach Bedenken erhoben[333], die allerdings nicht durchschlagen, s. näher *Schenke*, Rdnrn. 185 f.

123 Darüber hinaus sind in den neueren Polizeigesetzen vielfach **besondere Mittel** der **Datenerhebung** (vgl. hierzu etwa die Legaldefinition des § 8c II MEPolG und § 22 I BWPolG sowie noch umfassender § 36 II SächsPolG) geregelt, wie die **längerfristige Observation**[334], der verdeckte Einsatz technischer Mittel zur Anfertigung von **Bildaufnahmen** und **Bildaufzeichnungen**[335] sowie der Einsatz technischer Mittel zum **Abhören** und **Aufzeichnen des gesprochenen Wortes**[336] oder der Einsatz **verdeckter Ermittler**[337]. Die Beobachtung, der Einsatz technischer Mittel und verdeckter Ermittler stellen **Realakte** und nicht auf Duldung gerichtete Verwaltungsakte dar[338]. Dies ist jedenfalls dann anzunehmen, wenn sie heimlich oder verdeckt erfolgen und deshalb schon mangels Bekanntgabe kein Verwaltungsakt vorliegt. Auch durch eine gesetzlich vorgeschriebene **nachträgliche Unterrichtung des Observierten**[339] wird aus der Maßnahme nicht im Nachhinein ein Verwaltungsakt. Gleich-

---

332 Die Vorschrift des § 14 II 1 HessSOG, die eine Datenerhebung auch in Verbindung mit öffentlichen Versammlungen zulässt, ist deshalb verfassungswidrig, so auch *Pieroth/Schlink/Kniesel*, § 14, Rdnr. 86; *Götz*, NVwZ 1990, 725, 729; a.A. *Hornmann*, Hessisches Gesetz über die öffentliche Sicherheit und Ordnung, 1997, § 14, Rdnr. 7. Ausdrücklich wird in § 31 I 1 BrandPolG und in § 38 I 1 SächsPolG deutlich gemacht, dass sich entsprechende Datenerhebungsbefugnisse nicht auf öffentliche Versammlungen erstrecken. In den anderen Bundesländern, die keine entsprechende Klarstellung vorgenommen haben, ergibt sich dies aus einer verfassungskonformen Interpretation der einschlägigen Vorschriften.
333 So etwa bei *Roggan*, NVwZ 2001, 134, 138; *Vahle*, NVwZ 2001, 165, 166 f; a.A. *Maske*, NVwZ 2001, 1248 ff; *Röger/Stephan*, NWVBl. 2001, 201, 205. S. zu entsprechenden Vorschriften auch näher *K. Fischer*, VBl. BW 2002, 89 ff; *Hasse*, ThürVBl. 2000, 169 ff u. 197 ff; *Robrecht*, NJ 2000, 348 ff.
334 Vgl. § 22 I Nr. 1 BWPolG; Art. 33 I Nr. 1 BayPAG; § 25 I Nr. 1 BerlASOG; § 32 BrandPolG; § 32 BremPolG; § 9 HambDVPolG; § 15 I Nr. 1 HessSOG; § 33 I Nr. 1 MVSOG; § 34 NdsGefAG; § 16 NWPolG; § 28 II Nr. 1 SaarlPolG; § 17 I Nr. 1 SachsAnhSOG; § 36 II Nr. 1 SächsPolG; § 185 I Nr. 2a SchlHVwG; § 34 I Nr. 1 ThürPAG.
335 Vgl. § 22 I Nr. 2 BWPolG; Art. 33 I Nr. 2 BayPAG; § 25 I Nr. 2 BerlASOG; § 33 BrandPolG; § 33 I BremPolG; § 10 HambDVPolG; § 15 I Nr. 2 HessSOG; § 33 I Nr. 2 MVSOG; § 17 NWPolG; § 35 NdsGefAG; § 25b I RhPfPOG; § 28 II Nr. 2 SaarlPolG; § 17 I Nr. 2 SachsAnhSOG; § 36 II Nr. 2 SächsPolG; § 185 I Nr. 1 SchlHVwG; § 34 I Nr. 2 ThürPAG.
336 Vgl. 22 I Nr. 2 BWPolG; Art. 33 I Nr. 2 BayPAG; § 25 I Nr. 2 BerlASOG; § 33 BrandPolG; § 33 I BremPolG; § 10 HambDVPolG; § 15 II Nr. 2 HessSOG; § 33 I Nr. 2 MVSOG; § 35 NdsGefAG; § 18 NWPolG; § 25b I RhPfPOG; § 28 II Nr. 2 SaarlPolG; § 17 I Nr. 2 SachsAnhSOG; § 36 II Nr. 2 SächsPolG; § 185 I Nr. 2b SchlHVwG; § 34 I Nr. 2 ThürPAG.
337 Vgl. nur § 8c VEMEPolG; §§ 22 I Nr. 3, 24 BWPolG; § 35 BrandPolG; § 36 II Nr. 3 SächsPolG.
338 Dazu *Schenke*, JURA 1988, 257 ff; anders aber *VG Bremen*, NVwZ 1989, 895; wie hier *Würtenberger/Heckmann/Riggert*, BW, Rdnr. 686.
339 S. z.B. § 22 VIII BWPolG; § 25 VII BerlASOG; § 34 III BrandPolG; § 9 III HambDVPolG; § 15 VII HessSOG; § 34 V MVSOG; § 30 IV NdsGefAG; § 16 III NWPolG; § 25 f III RhPfPOG; § 28 VI SaarlPolG; § 17 VII SachsAnhSOG; § 39 VIII SächsPolG; § 186 IV SchlHVwG; § 34 VII ThürPAG.

wohl ist die nachträgliche Unterrichtung des Betroffenen von erheblicher Bedeutung, weil allein hierdurch dem Betroffenen ermöglicht wird, eine gerichtliche Kontrolle der polizeilichen Maßnahme (vorbehaltlich spezialgesetzlicher Regelungen) analog § 113 I 4 VwGO[340]zu erreichen (s. unten Rdnr. 124). Einschränkungen der Unterrichtungspflicht, wie z.B. in § 22 VIII BWPolG vorgesehen, sind daher nicht nur wegen des Grundrechts der informationellen Selbstbestimmung, sondern nicht zuletzt auch im Hinblick auf Art. 19 IV GG verfassungsrechtlich bedenklich[341], sofern sie die Benachrichtigung auch dann noch ausschließen, wenn durch sie der Zweck der Maßnahme nicht mehr gefährdet wird.

124 Wegen der Erheblichkeit und der Eingriffsintensität dieser Maßnahmen ist die **Datenerhebung** mit **besonderen Mitteln** an das Vorliegen **spezieller Voraussetzungen** geknüpft. So besteht in **materiellrechtlicher** Hinsicht meist das Erfordernis der Abwehr einer gegenwärtigen Gefahr für Leib und Leben oder Freiheit einer Person oder einer Straftat von erheblicher Bedeutung[342]. Deshalb wurde schon vor Schaffung des Art. 13 IV GG durch das Gesetz zur Änderung des Grundgesetzes vom 26.3.1998 (BGBl. I, S. 610), der nunmehr eine dringende Gefahr für die öffentliche Sicherheit, insbesondere eine gemeine Gefahr oder Lebensgefahr, für den sog. „Großen Lauschangriff" fordert, dessen Zulassung für alle Bereiche von Vorfeldermittlungen durch den SächsVerfGH als verfassungswidrig bewertet[343]. Z.T. werden in Verbindung mit solchen heimlichen bzw. verdeckten Datenerhebungen, durch die in Vertrauensverhältnisse eingegriffen wird, zu deren Schutz zusätzliche Einschränkungen normiert[344]. Außerdem werden bei der Datenerhebung mit besonderen Mitteln vielfach **besondere verfahrensrechtliche Anforderungen** postuliert, wie etwa das Erfordernis der **Anordnung des Behördenleiters**[345] oder im Fall einer Aufzeichnung des nichtöffentlich gesprochenen Wortes oder des Einsatzes technischer Mittel zur

---

340 Dazu *Kopp/Schenke*, VwGO, 13, Aufl. 2002, § 113, Rdnr. 95 ff.
341 Vgl. hierzu ausf. *Würtenberger/Heckmann/Riggert*, BW, Rdnr. 689; s. ferner auch *SächsVerfGH*, LKV 1996, 273, 287; *Schenke*, DVBl. 1996, 1393, 1395; nicht überzeugend die Ablehnung einer verfassungsrechtlich gebotenen nachträglichen Benachrichtigungspflicht durch *BayVerfGH*, DVBl. 1995, 347, 353.
342 Vgl. z.B. § 22 III BWPolG; Art. 33 III BayPAG; § 25 IV BerlASOG; §§ 32-36 BrandPolG, jeweils Abs. 1; §§ 11 I i.V.m. 9 I, 12 I HambPolGDVG; § 16 I, II HessSOG; § 33 II-IV MVSOG; §§ 34 I, 35 II, 36 I, 36a I NdsGefAG; §§ 17 I Nr. 1 u. 18 I Nr. 1 NWPolG; § 25b I Nr. 1 RhPfPOG; § 28 I SaarlPolG; § 39 I Nr. 1 u. Nr. 2 SächsPolG; § 185 II 1 SchlHVwG; ähnlich § 18 I, II SachsAnhSOG u. § 34 V ThürPAG.
343 Vgl. *SächsVerfGH*, LKV 1996, 273, 292; im Ergebnis zustimmend *Götz*, NVwZ 1998, 679, 681 f; *Schenke*, DVBl. 1996, 1393, 1399.
344 Vgl. §§ 32 I 5 u. 6; 33 I 5; 34 I 4 BrandPolG; § 33 VI MVSOG; §§ 36 II; 36a III NdsGefAG; § 39 II 1 SächsPolG. Zur (zu verneinenden) Frage, ob aus verfassungsrechtlichen Gründen generell solche Vertrauensschutzregelungen erforderlich sind, s. *Schenke*, Rdnr. 191; für Notwendigkeit solcher Regelungen aber *Würtenberger/R.P. Schenke*, JZ 1999, 548, 549 f; *SächsVerfGH*, LKV 1996, 273, 285; s. auch *BVerfG*, NVwZ 2001, 1261, 1262 zur Notwendigkeit eines Schutzes des Vertrauensverhältnisses zwischen Mandanten und Anwalt.
345 Vgl. etwa § 22 VI BWPolG; §§ 32 II 1, 34 II, 35 IV BrandPolG; § 30 BremPolG; §§ 15 II, 16 V, 17 IV HessSOG; §§ 16 II, 17 III, 18 III, 19 II, 20 IV NWPolG; § 39 IV 1 SächsPolG. Besondere zusätzliche verfahrensrechtliche Erfordernisse leitete der *SächsVerfGH*, LKV 1996, 273, 290 aus Art. 83 SächsVerf ab.

II *Polizei- und Ordnungsrecht*

Überwachung von Wohnungen[346] (also auch beim sog. „Großen Lauschangriff") das Erfordernis der **Anordnung eines Richters**[347] [348]. Die grundsätzliche Notwendigkeit einer richterlichen Anordnung beim Einsatz technischer Mittel zur Überwachung von Wohnungen ergibt sich heute aus Art. 13 IV GG (anders nur gem. Art. 13 V GG beim „Kleinen Lauschangriff", wenn ausschließlich der Schutz der bei einem Einsatz in Wohnungen tätigen Personen vorgesehen ist). Als **verfahrensrechtliche Besonderheit** ist auch die **Benachrichtigungspflicht nach Abschluss heimlich getroffener Maßnahmen** zu qualifizieren, die aber unter dem Vorbehalt der Gefährdung des Zwecks der Datenerhebung stehen kann[349] (s. aber auch oben Rdnr. 123). Schwierig zu beantworten ist auch hier die Frage, ob es bei einer richterlichen Anordnung von heimlich getroffenen polizeirechtlichen Maßnahmen noch (bei bestehendem berechtigtem Interesse) eines gerichtlichen Rechtsschutzes bedarf, mit welchem nachträglich die Rechtswidrigkeit der Maßnahme festgestellt werden kann (s. zum Parallelproblem auch oben Rdnr. 109). Da die richterliche Anordnung gem. Art. 13 IV GG nicht den Erfordernissen eines gerichtlichen Rechtsschutzes i.S.d. Art. 19 IV GG entspricht, da ihr wesentliche Verfahrensgarantien (insbesondere das Recht auf rechtliches Gehör) fehlen, spricht viel für die verfassungsrechtliche Notwendigkeit einer gerichtlichen Überprüfung dieser Maßnahme[350]. Unumgänglich ist sie jedenfalls dann, wenn erst der einfache Gesetzgeber einen Richtervorbehalt eingefügt hat, denn hier scheidet schon von vornherein die (ohnehin höchst problematische) Möglichkeit aus, die Vorschrift des Art. 19 IV GG durch eine speziellere verfassungsgesetzliche Regelung des Richtervorbehalts als verdrängt anzusehen. Einer Kontrolle besonderer Datenerhebungen dienen die verschiedentlich vorgesehenen **Berichtspflichten gegenüber den Landtagen** (vgl. z.B. § 23 V BWPolG; § 34 VII MVSOG; § 39 X SächsPolG), die teilweise sogar verfassungsrechtlich vorgeschrieben sind (vgl. z.B. Art. 13 VI GG und Art. 83 III 2 SächsVerf.)

124a Einen besonders schweren Grundrechtseingriff beinhaltet unter den Mitteln der besonderen Datenerhebung der „**Große Lauschangriff**", der nunmehr in Art. 13 IV GG verfassungsgesetzlich geregelt ist und zur Abwehr dringender Gefahren für die öffentliche Sicherheit, insbesondere einer gemeinen Gefahr oder einer Lebensgefahr, sowohl eine akustische wie auch eine optische (heimliche) Überwachung von Wohnungen zulässt. Er bedarf grundsätzlich einer vorherigen richterlichen Anordnung. Bei

---

346 Zum grundsätzlichen Ausschluss eines Abhörens von Telefongesprächen auf Grund von Landespolizeirecht s. unten Rdnr. 210.
347 § 23 BWPolG; Art. 34 II BayPAG; § 25 V BerlASOG; §§ 33 V 1, 36 III 1 BrandPolG; § 33 III 1 BremPolG; § 10 III HambDVPolG; § 15 V HessSOG; § 34 III MVSOG; § 35 IV NdsGefAG; § 18 III NWPolG; § 25b I 2 i.V.m. § 21 I RhPfPOG; § 28 IV SaarlPolG; § 17 V SachsAnhSOG; § 39 IV 2 SächsPolG; § 186 I 1 SchlHVwG; § 35 II 1 ThürPAG.
348 Zu Richter- und Behördenleitervorbehalten im neuen Polizeirecht *Lisken/Mokros*, NVwZ 1991, 609 ff.
349 Vgl. z.B. § 22 VI, VIII BWPolG; Art. 33 V BayPAG; § 25 VII BerlASOG; §§ 32 III, 33 VII, 34 III, 35 V, 36 IV BrandPolG; §§ 11 II, 12 IV i.V.m. 9 II, III HambDVPolG; §§ 16 V, VI i.V.m. 15 VII HessSOG; § 34 V MVSOG; §§ 19 II, III, 20 IV, V NWPolG; §§ 25b I 2, 25 f III RhPfPOG; § 28 VI SaarlPolG; § 18 V, VI i.V.m. § 17 VII, VIII SachsAnhSOG; § 39 VIII SächsPolG; § 186 IV SchlHVwG; § 34 VII ThürPAG.
350 S. näher *Wolter*, DÖV 1997, 939, 945 ff.

Gefahr im Verzuge kann die Maßnahme nach Art. 13 IV 2 GG auch durch eine andere gesetzlich bestimmte Stelle angeordnet werden; eine richterliche Anordnung ist dann aber unverzüglich nachzuholen. Im Hinblick auf die Schwere eines derartigen Grundrechtseingriffs ist dieser in Konsequenz des Übermaßverbots (ausdrücklich klargestellt in § 35 II NdsGefAG) grundsätzlich nur dann zulässig, wenn die Gefahr nicht auf andere Weise durch Anwendung eines milderen Mittels abgewehrt werden kann.

Die Polizei- und Ordnungsgesetze der Länder machen von der Ermächtigung des Art. 13 IV GG in unterschiedlichem Umfang Gebrauch. ZT lassen sie (so das Saarland und Schleswig-Holstein) dem Art. 13 IV GG unterfallende Eingriffe nur bei einer gegenwärtigen Gefahr für Leib oder Leben zu[351]; mitunter (so Hessen, Nordrhein-Westfalen und Sachsen-Anhalt) auch noch bei einer Gefahr für die Freiheit von Personen[352] oder (so Baden-Württemberg) zusätzlich bei unmittelbar bevorstehenden Gefahren für den Bestand oder die Sicherheit des Bundes oder eines Landes[353] oder (so Sachsen) bei einer Gefahr für bedeutende fremde Sach- oder Vermögenswerte[354] oder (in Bremen und Niedersachsen) zur Abwehr von Gefahren, die sich aus der Begehung bestimmter Straftaten von erheblicher Bedeutung ergeben[355]. In Bayern ist der Einsatz außerdem zulässig, wenn Tatsachen die Annahme rechtfertigen, dass ein Verbrechen oder gewerbs-, gewohnheits- oder bandenmäßig bestimmte Vergehen begangen werden sollen[356]. In Rheinland-Pfalz sind besondere Datenerhebungen außer zur Abwehr einer gegenwärtigen Gefahr für Leib oder Leben auch zur vorbeugenden Bekämpfung von bestimmten Straftaten statthaft, wobei die Vorschriften über das Betreten und Durchsuchen von Wohnungen unberührt bleiben (§ 25b II RhPfPOG). Zu hinsichtlich dieser Regelungen teilweise bestehenden verfassungsrechtlichen Bedenken s. näher *Schenke*, Rdnr. 195 f.

Durch spezielle Vorschriften ist nunmehr z.T. ausdrücklich auch der Einsatz **verdeckter Ermittler**[357] (getarnter Polizeibeamter) und solcher Personen, deren Zusammenarbeit mit der Polizei nicht bekannt ist („Kontaktleute" oder nicht polizeiangehörige „**V-Leute**" oder „Vertrauenspersonen"[358] [359]) gesetzlich geregelt. Diese Maßnah-

125

---

351 § 28 IV SaarlPolG; § 185 SchlHVwG.
352 § 15 IV HessSOG; § 18 NWPolG; § 17 IV SachsAnhSOG.
353 § 23 I BWPolG.
354 § 40 SächsPolG (zur früheren Regelung s. *SächsVerfGH*, LKV 1996, 273, 282 f); in Bayern (Art. 34 I Nr. 1 BayPAG) wird eine unmittelbar bevorstehende Gefahr für Sachen gefordert, deren Erhaltung im öffentlichen Interesse steht.
355 § 32 I Nr. 2 BremPolG; §§ 35 II iVm § 2 Nr. 10 NdsGefAG.
356 Art. 34 II Nr. 2 BayPAG. *MVVerfG*, LKV 2000, 345, 350 f hält eine ähnliche Regelung in § 33 IV 1 Nr. 2 MVSOG für verfassungswidrig, da es hier nicht um den Schutz von hochwertigen Rechtsgütern iSd Art. 13 IV GG gehe.
357 § 8c II Nr. 3 MEPolG; §§ 22 I Nr. 3, 24 BWPolG; Art. 33 I Nr. 3, 35 BayPAG; § 26 I Nr. 2 BerlASOG; § 35 BrandPolG; § 35 BremPolG; § 12 HambDVPolG; § 16 II HessSOG; § 33 I Nr. 4 MVSOG; § 20 NWPolG; § 25b I RhPfPOG; § 28 II Nr. 4 SaarlPolG; § 18 II SachsAnhSOG; §§ 36 II Nr. 3, 41 SächsPolG; § 34 I Nr. 3, 36 ThürPAG. Näher hierzu *Ring*, StrVert 1990, 372 ff; *Bäumler*, in: L/D, J, Rdnr. 647 f.
358 Dazu eingeh. *Waechter*, NdsVBl. 1996, 49 ff und auch *Friedrichs*, Der Einsatz von „V-Leuten" durch die Ämter für Verfassungsschutz, 1981; *Rogall*, JZ 1987, 847 ff.
359 Vgl. z.B. § 8c II Nr. 4 MEPolG; § 26 I Nr. 1 BerlASOG; § 34 BrandPolG; § 34 BremPolG; § 11 HambDVPolG; § 16 I HessSOG; § 33 I Nr. 3 MVSOG; § 36 NdsGefAG; § 19 NWPolG; § 28 II

II *Polizei- und Ordnungsrecht*

men haben durch die Einfügung vergleichbarer Regelungen in die StPO[360] eine strafprozessuale Entsprechung gefunden, was wiederum insbesondere im Hinblick auf die Abgrenzung präventivpolizeilichen Handelns von strafprozessualem Handeln von Bedeutung ist (vgl. dazu auch Rdnr. 221 ff). Nur lückenhaft geregelt in den Polizeigesetzen ist die **Fahndung**, unter der alle Maßnahmen zu verstehen sind, welche auf die Ermittlung unbekannter Personen, insbesondere Störer, Unbeteiligter oder Zeugen oder auf die des unbekannten Aufenthaltsorts bekannter Personen gerichtet sind[361]. Hierfür kommen Auskünfte oder sonstige Aufklärungseingriffe in Betracht (zur sog. Rasterfahndung s. unten Rdnr. 129). Bremen und Niedersachsen regeln nunmehr ausdrücklich eine der Gefahrenabwehr dienende **öffentliche Fahndung**. § 36g II BremPolG und § 44 II NdsGefAG sehen vor, dass personenbezogene Daten und Abbildungen einer Person zum Zweck der Ermittlung der Identität oder des Aufenthaltsorts oder zur Warnung öffentlich bekannt gegeben werden, wenn die Abwehr einer Gefahr für Leib oder Leben auf andere Weise nicht möglich erscheint oder Tatsachen die Annahme rechtfertigen, dass diese Person eine Straftat von erheblicher Bedeutung begehen wird, und die Vorsorge für die Verfolgung oder die Verhütung dieser Straftat auf andere Weise nicht möglich erscheint. Der in § 131 StPO geregelte Steckbrief bezieht sich nur auf die Strafverfolgung.

126 Neben den bisher erörterten Vorschriften über die Datenerhebung bilden die Regelungen über die **Datenverwendung** (s. oben Rdnr. 120) einen Hauptbestandteil der polizeirechtlichen Datenschutzregelungen[362]. Im Hinblick auf die Methoden der modernen Datenverarbeitung, durch welche das Grundrecht der informationellen Selbstbestimmung in ganz spezifischer Weise gefährdet wird, hat der Gesetzgeber bezüglich der Datenverwendung nunmehr eine Fülle von Regelungen getroffen, von denen hier nur einige Leitlinien herausgestellt werden können.

127 Der Verwendung von Daten dient ihre **Speicherung**[363]. Diese **Speicherung** ist zum einen dann zulässig, wenn sie zu dem **Zweck** erfolgt, zu dem die Daten erhoben worden sind (Vgl. z.B. § 37 I 1, II 1 BWPolG) oder zu dem sie hätten erhoben werden dürfen (§ 37 II 2 BWPolG[364]). Bei der Speicherung in Dateien wird z.T. eine **Kenn-**

Nr. 3 SaarlPolG; § 18 I SachsAnhSOG; § 185 I Nr. 3 SchlHVwG; § 34 I Nr. 4 ThürPAG. Soweit sich in den Polizeigesetzen wie in Baden-Württemberg keine Regelungen für den Einsatz von V-Leuten finden, stellt sich unter Zugrundelegung der bundesverfassungsgerichtlichen Rspr. (s. in Verbindung mit dem Einsatz von V-Leuten in einem strafrechtlichen Ermittlungsverfahren BVerfG, NStZ 2000, 490) die Frage, ob dieser ohne eine entsprechende Ermächtigungsgrundlage überhaupt noch zulässig ist (s. dazu näher *Schenke*, Rdnr. 201).

360 S. Art. 3 des G. zur Bekämpfung der organisierten Kriminalität v. 15.7.1992 (BGBl. I, 1302).
361 Dazu näher *Gusy*, Rdnr. 234; *Soiné*, ZRP 1992, 84 ff.
362 Vgl. z.B. § 10a VEMEPolG; §§ 37 ff BWPolG; Art. 37 f BayPAG; §§ 42 f BerlASOG; §§ 37 ff BrandPolG; §§ 36a ff BremPolG; §§ 14 ff HambDVPolG; § 20 HessSOG; §§ 36 ff MVSOG; §§ 38, 39 NdsGefAG; §§ 22 ff NWPolG; § 30 ff SaarlPolG; §§ 22 ff SachsAnhSOG; §§ 43 ff SächsPolG; §§ 188 ff SchlHVwG; §§ 38 ff ThürPAG.
363 Zur verfassungsrechtlichen Notwendigkeit einer Rechtsgrundlage für die Speicherung s. *HessVGH*, DVBl. 1996, 570
364 Vgl. auch § 10a VEMEPolG; Art. 37 II BayPAG; § 42 II BerlASOG; § 38 I BrandPolG; § 36b BremPolG; § 14 I, II HambDVPolG; § 20 III HessSOG; § 36 I 3 MVSOG; § 38 I 1 NdsGefAG; § 23 I NWPolG; § 30 I SaarlPolG; § 22 II SachsAnhSOG; § 43 II 2, 3 SächsPolG; § 191 I 1 SchlHVwG; § 39 ThürPAG.

zeichnung der gespeicherten Daten in der Weise gefordert (so in § 37 I 2 BWPolG), dass erkennbar sein muss, von welcher Personengruppe sie herrühren (z.B. von einem Störer oder einem Nichtstörer, einem potenziellen Straftäter, seinen Kontakt- und Begleitpersonen, möglichen Opfern einer Straftat, Fachleuten für die Bekämpfung bestimmter Gefahren); zudem muss feststellbar sein, bei welcher Stelle die der Speicherung zu Grunde liegenden Unterlagen geführt werden (§ 37 I 3 BWPolG). Soweit die Daten aus einem Eingriff in ein Grundrecht herrühren, das nur unter qualifizierten Voraussetzungen einschränkbar ist, wie dies insbesondere bei einem Eingriff gem. Art. 13 IV GG aber auch bei einer heimlichen Überwachung der Telekommunikation der Fall ist, ergibt sich schon aus verfassungsrechtlichen Gründen die Notwendigkeit, personenbezogene Daten entsprechend zu kennzeichnen, da sonst die bezüglich solcher Daten bestehenden grundrechtlichen Verwendungsbeschränkungen nicht sichergestellt werden könnten[365]. Die **Dauer** der Speicherung ist an die Erfüllung der polizeilichen Aufgaben geknüpft (§ 37 I 1 BWPolG). Diese Grundsätze gelten auch für die Veränderung und **Nutzung** von Daten (vgl. z.B. §§ 37 f BWPolG).

Von erheblicher Bedeutung bei der Verwendung von Daten sind Fragen im Zusammenhang mit der **Zweckänderung** der Daten. Durch die Möglichkeit der Verwendung von Daten zu anderen als den ursprünglichen Zwecken sollen vor allem Beeinträchtigungen der polizeilichen Arbeit durch Doppelerhebungen vermieden werden. Hier ist zu differenzieren zwischen der Verwendung präventivpolizeilich erlangter Daten zu einem anderen präventivpolizeilichen Zweck (vgl. z.B. § 37 II 2 BWPolG) und der Verwendung repressiv erlangter Daten zu präventiven Zwecken bzw. präventiv erlangter Daten zu repressiven Zwecken. In der Vorschrift des § 38 I 1, IV 1 BWPolG ist beispielsweise ausdrücklich die Verwendung repressiv erlangter Daten zu präventiven Zwecken normiert. Zu beachten ist dabei, dass eine solche Verwendung für Zwecke der Gefahrenabwehr grundsätzlich ausscheidet[366], wenn es sich um Erkenntnisse aus einer strafprozessualen Überwachung der Telekommunikation handelt (s. § 100a StPO). Das ergibt sich schon daraus, dass eine Verwendung der aus einem strafprozessualen Eingriff in das Fernmeldegeheimnis herrührenden personenbezogenen Daten für andere Zwecke ebenfalls einen Eingriff in Art. 10 GG beinhaltet und die Polizei- und Ordnungsgesetze der Länder mit Ausnahme von Hessen (§ 10 HessSOG), Mecklenburg-Vorpommern (§78 MVSOG), Niedersachsen (§ 10 NdsGefAG) und Thüringen (§ 11 ThürPAG) das Fernmeldegeheimnis nicht als ein zum Zwecke der Gefahrenabwehr einschränkbares Grundrecht benennen. Der Fall der Verwendung präventivpolizeilich erlangter Daten zu repressiven Zwecken ist hingegen in § 38 BWPolG nicht geregelt. Einschlägige Regelungen hierzu finden sich in §§ 483 f StPO, wobei aber der Landesgesetzgeber in der Lage ist, die Verwendung der im Rahmen der Gefahrenabwehr gewonnenen Daten zum Zwecke der Strafverfolgung

128

---

365 Dazu in Verbindung mit heimlichen Eingriffen in das Fernmeldegeheimnis *BVerfG*, NJW 2000, 55, 67 u. *Schenke*, JZ 2001, 997, 1003; s. nunmehr auch ausdrücklich § 22 VI HessSOG, in dem für personenbezogene Daten, die dem Art. 10 GG unterliegen, eine Kennzeichnungspflicht in den Akten vorgesehen ist.
366 Dazu eingehend *Schenke*, JZ 2001, 997 ff.

von vornherein auszuschließen bzw. zu beschränken. Polizeirechtliche Vorschriften wie die § 21 IV, 22 VII sowie § 23 III BWPolG gehen jedoch davon aus, dass die im Rahmen der Gefahrenabwehr gewonnenen Daten auch zum Zwecke der Strafverfolgung genutzt werden können, ohne allerdings insoweit bereits selbst die erforderliche Ermächtigungsgrundlage[367] für Eingriffe in das informationelle Selbstbestimmungsrecht zur Verfügung zu stellen.

129 Zur Datenverarbeitung gehört auch die **Datenübermittlung.** Die für sie getroffenen polizei- und ordnungsgesetzlichen Regelungen tragen dem Umstand Rechnung, dass die Vorschriften über die Amtshilfe (Art. 35 GG und die §§ 4 ff VwVfG) sowie §§ 10 f BDSG und die diesen korrespondierenden landesrechtlichen Bestimmungen entgegen der früheren h.M. keine Rechtsgrundlage für den Eingriff in das informationelle Selbstbestimmungsrecht liefern, der in einer Übermittlung von Daten zwischen öffentlichen Stellen zu sehen ist[368]. Detaillierte Normen über die Übermittlung personenbezogener Daten durch die Polizei (an andere Polizeibehörden, an innerstaatliche und ausländische öffentliche Stellen sowie an über- und zwischenstaatliche Einrichtungen) enthalten Vorschriften wie die §§ 10c f VEMEPolG[369], in denen auch ein automatisiertes Abrufverfahren (§ 10d VEMEPolG) zugelassen wird (online-Verbund), soweit diese Form der Datenübermittlung unter Berücksichtigung der schutzwürdigen Belange der Betroffenen und der Erfüllung polizeilicher Aufgaben angemessen ist. Eine mit einem Informationseingriff verbundene und deshalb einer Ermächtigungsgrundlage bedürfende Übermittlung zwischen öffentlichen Stellen kann im Übrigen sogar dann vorliegen, wenn diese innerhalb einer in ihren Untergliederungen mit verschiedenen Aufgaben betrauten Behörde erfolgt[370]. Zur **Fahndung** als einer besonderen Form der Datenübermittlung s. oben Rdnr. 125.

In Zusammenhang mit der Datenübermittlung ist auch die **Rasterfahndung** geregelt[371]. Die Polizei kann danach von öffentlichen Stellen und von Stellen außerhalb des öffentlichen Bereichs die Übermittlung von personenbezogenen Daten bestimmter Personengruppen aus Dateien zum Zwecke des automatisierten Abgleichs[372] mit anderen Datenbeständen verlangen, soweit dies zur Abwehr von erheblichen Gefahren für besonders bedeutsame Rechtsgüter erforderlich ist; im Einzelnen

---

367 Zur Notwendigkeit einer gesetzlichen Ermächtigungsgrundlage s. *Gusy*, Rdnr. 232; bedenklich demgegenüber früher BVerwG, JZ 1991, 471, 473.
368 Wie hier *Bäumler*, in: L/D, J, Rdnr. 15, 83; *Lisken*, NJW 1982, 1481, 1482; grundlegend *Schlink*, Die Amtshilfe, 1982, 169 ff.
369 Vgl. auch §§ 10c-f VEMEPolG; ähnlich §§ 41 ff BWPolG; Art. 40 ff BayPAG; §§ 44 f BerlASOG; §§ 41 ff BrandPolG; § 36c ff BremPolG; §§ 18 ff HambDVPolG; § 21 ff HessSOG; §§ 39 ff MV-SOG; §§ 40 ff NdsGefAG; § 26 ff NWPolG; § 25c RhPfPOG; §§ 32 ff SaarlPolG; §§ 18 ff Sachs-AnhSOG; § 44 SächsPolG; §§ 191 ff SchlHVwG; §§ 41 ThürPAG.
370 S. hierzu *Riegel*, S. 190; *Kniesel/Vahle*, DÖV 1989, 566, 572; *Scholler/Schloer*, S. 196 f; *Bäumler*, in: L/D, J, Rdnr. 78.
371 S. z.B. § 40 BWPolG; Art. 44 BayPAG; § 47 BerlASOG; § 46 BrandPolG; § 36i BremPolG; § 23 HambDVPolG; § 26 HessSOG; § 44 MVSOG; § 45 NdsGefAG; § 31 NWPolG; § 37 SaarlPolG; § 31 SachsAnhSOG; § 47 SächsPolG; § 195 SchlHVwG; § 44 ThürPAG.
372 Darunter versteht man den Datenabgleich unter Einsatz von Datenverarbeitungsanlagen, vgl. § 3 II 1 BDSG.

unterscheiden sich die Voraussetzungen je nach Bundesland[373]. Die besondere rechtliche Problematik einer Rasterfahndung resultiert daraus, dass unter ein Raster auch unbescholtene Bürger fallen können, bei denen zufällig die für ein Raster erforderliche Kombination von Merkmalen vorliegt und diese dadurch zum Objekt polizeilicher Ermittlungsmaßnahmen werden können. Der auch im Rahmen der Rasterfahndung erfolgende **Datenabgleich**[374] ist eine besondere Form der Nutzung von Daten. Hierunter wird der gezielte Vergleich von Datenbeständen im Hinblick auf bestimmte Merkmale der gespeicherten Personen oder Tatsachen verstanden[375]. Die Übermittlung von Daten steht in engem Zusammenhang mit den angesprochenen Fragen der Zweckveränderung[376] und es wird insbesondere bei der Rasterfahndung deutlich, dass hier eine Überschneidung von Datenerhebung und Datenverarbeitung vorliegt. Dem Datenabgleich dient insbesondere das von Bund und Ländern gemeinsam betriebene Informationssystem der Polizei INPOL, das beim Bundeskriminalamt als Zentralstelle für den elektronischen Datenverbund eingerichtet ist. Es umfasst die Personen- und Sachfahndung, die Haftdatei, Zentrale Akten-Erschließungssysteme, Spurendokumentationssysteme und zentrale Tatmittelnachweise für bestimmte Kriminalitätsnachweise.

In Verbindung mit der Datenverwendung stellt sich auch die Frage der Verwertbarkeit **130 rechtswidrig erhobener Daten**[377]. Soweit in einzelnen Bundesländern[378] die Speicherung, Veränderung oder Nutzung von Daten ausdrücklich an die Rechtmäßigkeit der Datenerhebung gebunden wird, ergeben sich hier meist keine besonderen Probleme. Allerdings kann sich im Einzelfall die Frage stellen, ob dort, wo es um den Schutz überragend wichtiger Rechtsgüter, insbesondere des Lebens geht, die Vorschriften nicht im Hinblick auf die dem Staat obliegenden grundrechtlichen Schutzpflichten verfassungskonform einzuschränken sind. Fehlt es an gesetzlichen Regelungen, welche eine Verknüpfung der Rechtmäßigkeit der Datenerhebung mit der Datenverwendung (grundsäzlich) vorschreiben, kann aber nicht automatisch aus der Rechtswidrigkeit der Datenerhebung auf die Rechtswidrigkeit der Datenverwendung geschlossen werden. Hier kann die Pflicht zur Gefahrenabwehr die Verwendung rechtswidrig erlangter Daten jedenfalls dann rechtfertigen, wenn eine Güterabwägung zwischen dem bei der Datenerhebung verletzten Recht und einem anderweitig bedrohten Rechtsgut (beispielsweise Leben oder Gesundheit), zu dessen Schutz die Verwendung dieser Daten notwendig ist, dies gebietet[379]. In der Regel ist aber die

---

373 Näher zu den rechtlichen Problemen, die sich in diesem Zusammenhang stellen, *Lisken*, NVwZ 2002, 513 ff; s. auch *OLG Düsseldorf*, NVwZ 2002, 629; *OLG Frankfurt*, NVwZ 2002, 626.
374 § 10e und f VEMEPolG; § 39 f BWPolG; Art. 43 BayPAG; § 40 BrandPolG; §§ 36h, 36i BremPolG; § 22 HambDVPolG; § 25 HessSOG; § 43 MVSOG; § 25 NWPolG; § 45 NdsGefAG; § 36 SaarlPolG; § 30 SachsAnhSOG; § 46 SächsPolG; § 195 SchlHVwG; § 43 ThürPAG; § 34 BGSG; § 28 BKAG.
375 S. § 10e VEMEPolG; vgl. hierzu näher auch *Bäumler*, in: L/D, J, Rdnr. 656 f.
376 Zur Zweckbestimmung polizeilicher Informationsverarbeitung *Peitsch*, ZRP 1990, 384 ff.
377 Dazu näher *Schenke*, Rdnr. 215 ff.
378 So in § 42 I BerlASOG, § 39 I BrandPolG; § 38 I 1 NdsGefAG; § 24 I NWPolG. Davon geht der Sache nach auch § 45 II Nr. 1 MVSOG aus, wenn hiernach personenbezogene Daten, die rechtswidrig erhoben wurden, zu löschen sind.
379 Dafür *Würtenberger/Heckmann/Riggert*, BW, Rdnr. 665.

II *Polizei- und Ordnungsrecht*

Verwendung rechtswidrig erhobener Daten als ermessensfehlerhaft anzusehen. Soweit die rechtswidrige Erhebung von Daten zu einem bestimmten, rechtlich missbilligten Zweck erfolgt, ergibt sich die Unzulässigkeit der Datenverwendung zu diesem Zweck wegen des inneren Zusammenhangs zwischen Datenerhebung und dieser Form der Datenverwendung bereits aus dem Gesichtspunkt des (Vollzugs-)Folgenbeseitigungsanspruchs.

131- Abschließend ist noch auf die **Berichtigung**, **Löschung** und **Sperrung** von Daten[380]
133 zu verweisen.

In Dateien gespeicherte personenbezogene Daten sind zu **berichtigen**, wenn sie unrichtig sind. Wird festgestellt, dass in Akten gespeicherte personenbezogene Daten unrichtig sind, ist dies in der Akte zu vermerken oder auf sonstige Weise festzuhalten (§ 10g I VEMEPolG).

Nach den allgemeinen polizeirechtlichen Löschungsvorschriften sind rechtswidrig gespeicherten personenbezogene Daten grundsätzlich zu **löschen** und die **dazugehörigen Unterlagen zu vernichten** (vgl. § 10g II 1 Nr. 1 VEMEPolG). Dasselbe gilt, wenn die gespeicherten Daten zur Erfüllung einer polizeilichen Aufgabe nicht mehr benötigt werden (vgl. § 10g II Nr. 2 VEMEPolG), wobei zur Feststellung dieses Tatbestands nach bestimmten Fristen vorzunehmende Überprüfungen vorgesehen sind (§§ 10g II, 10h I 1 Nr. 8 VEMEPolG). Neben diesen allgemeinen Löschungsvorschriften existieren in Verbindung mit einzelnen Datenerhebungsmaßnahmen vielfach noch **spezielle Regelungen**, so in Baden-Württemberg etwa für Bild- und Tonaufzeichnungen §§ 2 1 III, 22 VII, für den Einsatz technischer Mittel zur Datenerhebung in oder aus Wohnungen 23 I 2, 21 III BWPolG, für den Datenabgleich mit anderen Dateien 40 IV BWPolG, für durch den Polizeivollzugsdienst vorgenommene Speicherungen 38 II, III 2 BWPolG. Diese Vorschriften gehen in ihrem Anwendungsbereich als spezielle Regelungen den allgemeinen Löschungsbestimmungen vor. Fehlt es an allgemeinen oder spezialgesetzlichen Vorschriften, welche einen allgemeinen Anspruch auf Löschung normieren, kann grundsätzlich auf den allgemeinen Folgenbeseitigungsanspruch zurückgegriffen werden, um einen Anspruch auf Löschung der personenbezogenen Daten zu konstituieren, die rechtswidrig gespeichert wurden oder bei denen später der Zweck der Speicherung entfallen ist. Dieser Anspruch ist, wie auch sonst der Löschungsanspruch, prozessual im Wege einer allgemeinen Leistungsklage zu verfolgen[381].

Löschung und Vernichtung unterbleiben nach § 10g VEMEPolG und ähnlichen Bestimmungen, wenn Grund zu der Annahme besteht, dass schutzwürdige Belange des Betroffenen beeinträchtigt sind, die Daten zur Behebung einer bestehenden Beweisnot unerlässlich sind oder die Nutzung von Daten zu wissenschaftlichen Zwe-

---

[380] S. z.B. § 10g VEMEPolG; § 46 BWPolG; Art. 45 BayPAG; § 48 BerlASOG; § 47 BrandPolG; § 35 BremPolG; § 24 HambDVPolG; § 27 HessSOG; § 45 MVSOG; §§ 39a, 47 II NdsGefAG; §§ 32 ff NWPolG; § 38 SaarlPolG; § 32 SachsAnhSOG (für Löschung und Sperrung); § 49 SächsPolG; § 196 SchlHVwG; § 45 ThürPAG.

[381] Vgl. hierzu auch *Schenke*, Verwaltungsprozessrecht, 8. Aufl. 2002, Rdnr. 350, 506 ff; a.A. *BayVGH*, NJW 1984, 2235, 2236 (dazu auch oben Rdnr. 80).

cken erforderlich ist. In diesen Fällen sind die **Daten zu sperren** und mit einem Sperrvermerk zu versehen. Sie dürfen ohne Einwilligung des Betroffenen nur zu den Zwecken benutzt werden werden, wegen derer ihre Löschung und Vernichtung zu unterbleiben hat.

Dem Datenschutz von Personen dienen auch Vorschriften, die deren Recht auf **Auskunft** über die von ihr gespeicherten personenbezogenen Daten zum Gegenstand haben[382] (dazu näher *Schenke*, Rdnr. 220).

IV. Befugnisse der Polizei- und Ordnungsbehörden auf dem Gebiet der Gefahrenabwehr außerhalb der allgemeinen Polizei- und Ordnungsgesetze am Beispiel des Versammlungsrechts

Eine Fülle von Rechtsvorschriften, die der Zielsetzung der Gefahrenabwehr dienen, ist heute spezialgesetzlich geregelt. In diesen Bereichen ist für die Anwendung der Generalklausel immer dann kein Raum, wenn und soweit die spezielle Normierung selbst eine abschließende Regelung enthält (es gilt der Grundsatz lex specialis derogat legi generali). Gegenstände dieser Spezialgesetze sind z.B. das Gewerberecht, das Bauordnungsrecht, das Immissionsschutzrecht[383], das Gesundheitswesen, das Verkehrswesen, das Versammlungswesen[384] und die Ausländerüberwachung[385]. Deshalb können z.B. der AIDS-Bekämpfung dienende Maßnahmen nicht auf die landespolizeigesetzlichen Regelungen, sondern nur auf die §§ 24 ff IfSG gestützt werden[386]. Zu den Problemen der teilweise spezialgesetzlich im Mediendienstestaatsvertrag (MDStV) und im Teledienstgesetz (TDG) geregelten Gefahrenabwehr im Internet s. *Schenke*, Rdnrn. 385 ff. Im folgenden wird, da ein Teil der polizeirechtlich relevanten Sondermaterien in den Beiträgen zum Wirtschaftsverwaltungsrecht, Baurecht und Straßenrecht eingehend erörtert wird, exemplarisch nur auf das Versammlungsrecht eingegangen.

134

Die Veranstaltung öffentlicher Versammlungen und Aufzüge ist im Versammlungsgesetz (VersG) näher geregelt[387]. Dabei ist unter Versammlung[388] die Zusam-

135

---

382 Vgl. § 45 BWPolG i.V.m. § 17 BWLDSchG; Art. 48 BayPAG; § 71 I 1 BrandPolG; § 18 I 1 HambDVPolG; § 29 I 1 HessSOG; § 48 I 1 MVSOG; § 16 I 1 NdsDSG; § 18 I 1 NWDSG; § 40 I 1 u. 2 SaarlPolG; § 17 I SächsDSG; § 34 SachsAnhSOG i.V.m. § 15 SachsAnhDSG; § 47 ThürPAG; § 198 I 1 SchlHVwG; § 19 I 1 BDSG.
383 Zur abschließenden Regelung des Immissionsschutzes gegenüber emittierenden Anlagen durch das BImSchG vgl. *VGH BW*, NVwZ 1998, 764, 765.
384 Zum abschließenden Charakter des VersG bei öffentlichen Versammlungen s. auch *VGH BW*, NVwZ 1998, 761, 763. Näher auch unten Rdnr. 210.
385 Vgl. hierzu den Überblick bei *Drews/Wacke/Vogel/Martens*, § 11, 2.
386 Eingehender hierzu *Schenke*, DVBl. 1988, 165 ff.
387 Ausführlich zu den zahlreichen sich in diesem Zusammenhang stellenden Problemen s. aus neuerer Zeit *v. Coelln*, NVwZ 2001, 1234 ff; *Gröpl*, JURA 2002, 18 ff; *Kniesel*, NJW 2000, 2857 ff; *Laubinger/Repkewitz*, VerwArch. Bd. 92 (2001), 585 ff u. Bd. 93 (2002), 149 ff, *Schörnig*, NVwZ 2001, 1246 ff; *Tölle*, NVwZ 2001, 153 ff; *K. Weber*, SächsVBl. 2002, 25 ff; *Wiefelspütz*, DÖV 2001, 21 ff, *BVerfG*, NJW 2001, 2459 ff.
388 Zum Begriff der Versammlung eingehend *Laubinger/Repkewitz*, VerwArch. Bd. 92 (2001), 585, 593 ff.

II *Polizei- und Ordnungsrecht*

menkunft mehrerer Menschen[389] zu dem gemeinsamen Zweck, Angelegenheiten[390] [391] zu erörtern oder eine Kundgebung zu veranstalten, zu verstehen[392]. Der Aufzug als eine sich fortbewegende Versammlung unter freiem Himmel bildet einen Sonderfall der Versammlung unter freiem Himmel. Die Versammlung i.S.d. Art. 8 GG und des VersG setzt anders als der weitere Begriff der Ansammlung (s. § 113 OWiG) das Merkmal des gemeinsam verfolgten Zwecks der Meinungsäußerung voraus, der vor allem bei unterhaltenden und kommerziellen Versammlungen regelmäßig fehlt. Keine Versammlung sind deshalb Musik- und Tanzveranstaltungen wie die **Love-Parade,** bei denen zumindest der Schwerpunkt der Veranstaltung auf Unterhaltung liegt[393]. Keine Versammlung bilden ferner solche Personen, denen es ausschließlich um die Verhinderung einer Versammlung anderer geht[394]. Die Öffentlichkeit der Versammlung bemisst sich danach, ob zu ihr jedermann Zutritt hat; ihr steht nicht entgegen, wenn für die Teilnahme an der Versammlung Eintrittsgelder erhoben werden[395]. **Auf nichtöffentliche Versammlungen**, wie z.B. eine Versammlung, zu welcher nur die Mitglieder einer politischen Partei Zutritt haben sollen[396], **findet das VersG grundsätzlich keine Anwendung**. Allerdings enthält es einzelne Vorschriften, die von ihrem Regelungsgehalt her auch für nichtöffentliche Versammlungen gelten[397]. Von diesen Sondervorschriften abgesehen ist das allgemeine Polizei- und Ordnungsrecht für nichtöffentliche Versammlungen einschlägig (vgl. unter Rdnr. 210; s. auch Rdnr. 196)[398].

---

389 Mindestens also von 2 Personen (*Kniesel*, NJW 2000, 2857; offen gelassen von *Laubinger/Repkewitz*, VerwArch. Bd. 92 (2001), 585, 615); nicht überzeugend *BVerfG*, NJW 1987, 3245, wonach bereits eine Einzelmahnwache eine Versammlung darstellen soll. Die Anwendbarkeit des Art. 8 GG und des VersG lässt sich aber dann rechtfertigen, wenn der Betreffende andere zur Teilnahme an der Mahnwache bewegen will, was auch konkludent geschehen kann.
390 Es braucht sich dabei, entgegen der h.M. nicht um öffentliche Angelegenheiten zu handeln (so auch *Hoffmann-Riem*, in: Alternativer Kommentar, GG, Art. 8, Rdnr. 12). Damit wird hier dem engen Bezug zum Grundrecht der Meinungsfreiheit Rechnung getragen. Zudem werden die Abgrenzungsschwierigkeiten vermieden, die sich bei der Trennung von öffentlichen und privaten Angelegenheiten ergeben und die vielfach ohnehin dazu führen, dass der Begriff „öffentlich" in einer konturenlosen Weise ausgedehnt wird. Nicht überzeugend ist es aber, wenn *Kniesel*, in: L/D, H, Rdnr. 15 sogar auf den Zweck der Meinungsäußerung verzichten will. Dann müssten z.B. auch eine Theateraufführung oder ein Konzert als Versammlung angesehen werden.
391 Dagegen zu Recht *VGH BW*, NVwZ-RR 1995, 271.
392 Zur Frage des Grundrechtsschutzes bei Sitzblockaden s. *BVerfGE* 73, 206, 246.
393 So auch *BVerfG*, NJW 2001, 2459 f; ebenso *Deger*, NJW 1997, 923 ff; *Gröpl*, JURA 2002, 18, 19 f; *Laubinger/Repkewitz*, VerwArch. Bd. 92 (2001), 585 ff; a.A. *Deutelmoser*, NVwZ 1999, 240, 242; *Kniesel*, NJW 2000, 2857 f; *Wiefelspütz*, DÖV 2001, 21 ff, der für den Versammlungsbegriff des Grundgesetzes auf das Moment der Meinungskundgabe verzichtet.
394 *BVerfGE* 84, 203, 209 f.
395 *VGH BW* NVwZ 1998, 761, 763.
396 *BayObLG*, DÖV 1995, 337.
397 So das Uniformverbot der §§ 3 I, 28 VersG und jene die Versammlungsstörung betreffende Strafvorschrift des § 21 VersG.
398 *BVerwG*, NVwZ 1999, 991, 992; *VGH BW*, NVwZ 1998, 761, 764; vgl. auch *v. Coelln*, NVwZ 2001, 1234 ff; *Deger*, NVwZ 1999, 265ff; *Schoch*, JuS 1994, 479, 482; *Würtenberger/Heckmann/ Riggert*, BW, Rdnr. 293; a.A. *Dietel/Gintzel/Kniesel*, Demonstrations- und Versammlungsfreiheit, 12. Aufl. 2000, § 1, Rdnr. 212 ff; *Gröpl*, JURA 2002, 18, 21, die für eine analoge Anwendung des PolG plädieren.

Das VersG unterscheidet zwei Arten von öffentlichen Versammlungen: Versammlungen in **geschlossenen Räumen** (§§ 5 ff) und Versammlungen unter **freiem Himmel** (§§ 14 ff). Versammlungen in geschlossenen Räumen sind nicht anmeldepflichtig. Sie können bei Vorliegen der in § 5 VersG[399] aufgeführten Voraussetzungen (und damit nur bei einer Verantwortlichkeit des Veranstalters oder seines Anhangs[400]) verboten werden. Ein Verbot der Versammlung kommt nur bis zum Beginn der Versammlung in Betracht. Eine bereits begonnene Versammlung kann durch die Polizei nur noch nach Maßgabe des § 13 VersG aufgelöst werden (zur Bedeutung der Auflösung s. Rdnr. 137). Versammlungen unter freiem Himmel und Aufzüge sind gem. § 14 VersG anzumelden. Nach § 15 I VersG kann die zuständige Behörde solche Versammlungen oder Aufzüge verbieten oder von bestimmten Auflagen abhängig machen, die nach den zur Zeit des Erlasses der Verfügung erkennbaren Umständen die öffentliche Sicherheit oder Ordnung bei Durchführung der Versammlung oder des Aufzugs unmittelbar gefährden[401]. Ein Versammlungsverbot soll sich allerdings nach Ansicht des BVerfG nicht allein auf eine Gefährdung der öffentlichen Ordnung stützen lassen, wohl aber kämen Auflagen in Betracht[402]. Für eine solche Differenzierung bieten der Wortlaut des § 15 I VersG wie auch der systematische Zusammenhang mit § 15 II VersG jedoch keine Anhaltspunkte; sie dürfte in dieser Generalität auch verfassungsrechtlich nicht zu rechtfertigen sein. Im Ergebnis wird sich jedoch ein mit der Gefährdung der öffentlichen Ordnung begründetes Versammlungsverbot im Hinblick auf den Verhältnismäßigkeitsgrundsatz nur selten rechtfertigen lassen[403]. Auf § 15 I VersG gestützte Verbote wie Auflagen sind im Übrigen – unter Beachtung allgemeiner polizeirechtlicher Grundsätze (vgl. Rdnr. 143, 196) – primär an die Verantwortlichen (Störer) zu richten[404]. Der Veranstalter einer Versammlung kann im Hinblick auf gewalttätige Reaktionen anderer Personen, die sich gegen die Versammlung und ihre sich friedlich verhaltenden Teilnehmer richten, grundsätzlich auch nicht unter dem Gesichtspunkt der Zweckveranlassung als ein in Anspruch zu nehmender Störer qualifiziert werden (s. auch Rdnr. 158)[405]. Eine Versammlung oder ein Aufzug

136

---

399 Verfassungsrechtliche Bedenken gegen § 5 Nr. 4 VersG unter dem Aspekt des Art. 5 I 3 GG werden von *Breitbach/Rühl*, NJW 1988, 8 ff geltend gemacht.
400 *Rühl*, NVwZ 1988, 577, 579.
401 Z.B. wenn die Versammlung volksverhetzende ausländerfeindliche Ziele verfolgt, vgl. *VGH BW*, VBl. BW 1994, 200 ff.
402 *BVerfGE* 69, 315, 352 ff; *BVerfG* NJW 2001, 153, 155; kritisch hierzu *Enders*, JZ 2001, 652 ff, der jede Einschränkung der Versammlungsfreiheit unter dem Gesichtspunkt der öffentlichen Ordnung generell für unzulässig ansieht; krit. auch *O. Dörr*, VerwArch. Bd. 93 (2002), 485, 498 f. Für die prinzipielle Zulässigkeit eines Versammlungsverbots auch unter dem Gesichtspunkt der öffentlichen Ordnung hingegen *Laubinger/Repkewitz*, VerwArch. Bd. 93 (2002), 149, 165 ff und *OVG NW*, NJW 2001, 2111; NJW 2001, 2113; NJW 2001, 2987; s. hierzu auch *Battis/Grigoleit*, NVwZ 2001, 121, 125, 127; *Beljin*, DVBl. 2002, 15 ff; *O. Dörr*, VerwArch. Bd. 93 (2002), 485 ff; *Gröpl*, JURA 2002, 18, 24; *Sachs*, JuS 2001, 1117; *Sander*, NVwZ 2002, 831 ff.
403 So auch *Laubinger/Repkewitz*, VerwArch. Bd. 93 (2002), 149, 165, die zu Recht betonen, dass die Prüfung der Verhältnismäßigkeit nicht ohne Not in das Tatbestandsmerkmal „öffentliche Ordnung" hineininterpretiert werden sollte.
404 Zum Fall eines ausnahmsweise zulässigen Verbots einer rechtmäßigen Versammlung *VGH BW*, VBl. BW 1993, 343 f.
405 Schwerwiegende Bedenken gegenüber der Heranziehung dieser Rechtsfigur im vorliegenden Zusammenhang werden zurecht durch *Laubinger/Repkewitz*, VerwArch. Bd. 93 (2002), 149, 173 ff

II *Polizei- und Ordnungsrecht*

kann nach ihrem Beginn nach § 15 II VersG aufgelöst werden, wenn sie nicht angemeldet sind, wenn von den Angaben der Anmeldung abgewichen oder den Auflagen zuwidergehandelt wird oder wenn die Voraussetzungen zu einem Verbot nach § 15 I VersG gegeben sind. § 15 III VersG enthält die Verpflichtung zur Auflösung verbotener Veranstaltungen.

137 Die **Auflösung** ist ein gestaltender Verwaltungsakt, der darauf gerichtet ist, die **Versammlung zu beenden**[406]. Wer als Veranstalter oder Leiter eine rechtmäßig[407] aufgelöste öffentliche Versammlung oder einen Aufzug fortsetzt, macht sich nach § 26 Nr. 1 VersG strafbar. Ein Teilnehmer, der sich nicht entfernt, begeht gem. § 29 I Nr. 2 VersG eine Ordnungswidrigkeit. **Zerstreuen sich die Versammlungsteilnehmer nicht, so kann ihnen gegenüber eine Platzverweisung** (vgl. oben Rdnr. 92) ausgesprochen werden. Vor der Auflösung ist ein Platzverweis unzulässig[408], da die Versammlungsteilnehmer insofern noch von ihrem Versammlungsrecht Gebrauch machen können und die Vorschriften des VersG bis zu diesem Zeitpunkt als leges speciales bezüglich Maßnahmen gegen die Versammlung als solche einen Rückgriff auf das allgemeine Polizei- und Ordnungsrecht ausschließen. Da eine Versammlungsauflösung den Versammlungsteilnehmern den Schutz des Art. 8 GG nimmt und in ihren Wirkungen weit über einen Platzverweis hinausreicht, kann in einem solchen grundsätzlich keine konkludente Versammlungsauflösung gesehen werden, vielmehr muss diese eindeutig und unmissverständlich ausgesprochen werden[409]. Die Zulässigkeit von Bild- und Tonaufnahmen durch die Polizei beurteilt sich nach den §§ 12a, 19a VersG[410]. Diese Vorschriften, die in engem Zusammenhang mit dem Schutzwaffen- und Vermummungsverbot des § 17a VersG stehen, lassen mit ihren einschränkenden Voraussetzungen keinen Raum mehr für entsprechende landespolizeirechtlich geregelte Informationseingriffe, während die Befugnisse zur Erhebung personenbezogener Informationen nach der StPO und dem OWiG unberührt bleiben. Das Entsenden von Polizeibeamten in eine öffentliche Versammlung ist in § 12 VersG geregelt[411].

---

mit eingeh. Nachw. und *O. Dörr*, VerwArch. Bd. 93 (2002), 485, 501 geltend gemacht. Offen gelassen wird die Frage, ob der Veranstalter einer Versammlung unter dem Aspekt der Zweckveranlassung als Störer herangezogen werden kann, von *BVerfG*, NVwZ 2000, 1406 f. S. zu der Problematik auch *K. Weber*, SächsVBl. 2002, 25, 36; *Tölle*, NVwZ 2001, 153, 155; BVerwG, NVwZ 1999, 991, 993.

406 Zu ihren Folgen näher *Zeitler*, Versammlungsrecht, 1994, Rdnr. 555 ff. Die verschiedentlich vertretene Ansicht (so z.B. *Gröpl*, JURA 2002, 18, 23), eine Versammlung dauere nur bis zu ihrer (rechtmäßigen) Auflösung und werde von diesem Zeitpunkt an zu einer Ansammlung, ist jedenfalls insoweit missverständlich, als solange sich die Versammlungsteilnehmer trotz der Auflösung nicht zerstreut haben, nach wie vor begrifflich eine Versammlung i.S.d. Art. 8 GG vorliegt, nur greift hier der besondere Schutz des VersG gegenüber polizeilichen Maßnahmen nicht mehr.

407 So jedenfalls die verfassungskonforme Auslegung durch *BVerfG*, DVBl. 1993, 150. Folgte man dem *BVerfG* nicht, müsste man jedenfalls eine Anfechtung der Auflösung zulassen, welche die Sanktionen entfallen ließe (vgl. Rdnr. 310).

408 *BVerwG*, NVwZ 1988, 250; *OVG Brem*, NVwZ 1987, 235, 236; *VG Hamburg*, NVwZ 1987, 829, 831 (zu dieser Entscheidung *J. Hofmann*, NVwZ 1987, 769 ff); *VGH BW*, VBl. BW 1986, 299, 304.

409 So auch *Rüfner/Muckel*, S. 170; *Würtenberger/Heckmann/Riggert*, BW, Rdnr. 288 und *OVG Brem*, DÖV 1987, 253, wonach die Auflösung immer ausdrücklich erklärt werden muss.

410 Eingehender hierzu *Götz*, NVwZ 1990, 112 ff. Der Vorschrift des § 12a VersG will *Henninger*, DÖV 1998, 713, zugleich im Wege eines argumentum a maiore ad minus entnehmen, dass hierdurch polizeiliche Observationen von Versammlungen gestattet seien. Richtigerweise dürfte sich diese Befugnis allerdings bereits aus den allgemeinen polizeirechtlichen Vorschriften ergeben.

411 Zur Frage, inwieweit eine Massierung der Polizeibegleitung eine Verletzung des Art. 8 GG begründen kann, s. *VG Bremen*, NVwZ 1989, 895, 898. Auch *BVerfG*, JZ 1986, 27, 29 hält „excessive Observationen und Registrierungen" mit Art. 8 GG nicht vereinbar; in der Einkesselung einer Versammlung kann eine Freiheitsentziehung liegen, s.o. Rdnr. 96 u. *Hoffmann-Riem*, Hamb, S. 164.

Besondere Probleme ergeben sich im Zusammenhang mit den sog. Spontan- und **138**
Eilversammlungen[412]. In Anlehnung an die vom *BVerfG* verwandte Terminologie sind unter **Spontanversammlungen** solche Versammlungen zu verstehen, die sich aus einem momentanen Anlass heraus ungeplant und **ohne Veranstalter** entwickeln. Im Unterschied dazu sind **Eilversammlungen** zwar geplant und haben einen **Veranstalter**, vermögen aber den von ihnen verfolgten Zweck nur dann (voll) zu erfüllen, wenn sie **alsbald durchgeführt werden**. Bei beiden Arten von Versammlungen kann das in § 14 I VersG aufgestellte Erfordernis, die geplante Versammlung unter freiem Himmel oder den Aufzug spätestens 48 Stunden vor der Bekanntgabe der zuständigen Behörde anzumelden, nicht eingehalten werden. Die Erstreckung des § 14 I VersG auf Spontan- und Eilversammlungen wäre jedoch verfassungswidrig, da die Versammlungsfreiheit gem. Art. 8 I GG grundsätzlich ohne Anmeldung ausübbar ist und auch Einschränkungen von Versammlungen unter freiem Himmel gem. Art. 8 II GG das Grundrecht nicht in seinem Wesensgehalt antasten dürfen (Art. 19 II GG). Dies gilt unabhängig davon, ob man die Wesensgehaltsgarantie auf den einzelnen Grundrechtsträger oder auf diese insgesamt bezieht (vgl. Rdnr. 211). Bei Spontanversammlungen lässt sich dieses Problem allerdings dadurch lösen, dass sich § 14 VersG schon von seinem Wortlaut her („zu veranstalten") nicht auf die **keinen Veranstalter** aufweisenden Spontanversammlungen bezieht und daher zumindest verfassungskonform so zu interpretieren ist, dass er kein (konkludentes) Verbot von Spontanversammlungen beinhaltet. Bei Eilversammlungen scheiterte eine verfassungskonforme Auslegung in der Richtung, dass § 14 VersG auf diese Versammlungen nicht (oder nur eingeschränkt) anwendbar ist, bereits am Wortlaut, sprengt damit die Grenzen verfassungskonformer Auslegung und läuft der Sache nach auf eine **Teilnichtigkeit** hinaus. Noch weniger zu überzeugen vermag es, wenn das *BVerfG*[413] das Erfordernis einer 48 Stunden vorher zu erfolgenden Anmeldung zwar entfallen lassen will, aber stattdessen eine Anmeldung fordert, „sobald die Möglichkeit dazu besteht". Hier handelt es sich um eine – dem Gesetzgeber vorbehaltene – Ersetzung eines (teil-) nichtigen Tatbestandsmerkmals durch ein anderes, die Versammlung einschränkendes. Eine solche Tatbestandsergänzung ist umso problematischer, als das *BVerfG* davon ausgeht, die Nichtbeachtung des für Eilversammlungen richterrechtlich korrigierten § 14 VersG sei durch § 26 Nr. 2 VersG strafrechtlich sanktioniert, was aber, wie das Minderheitsvotum[414] zu Recht moniert, gegen Art. 103 II GG verstößt.

Keine Lösung der Problematik ist auch dadurch möglich, dass man bei Eilversammlungen **139** zwar von der Gültigkeit des Fristerfordernisses ausgeht, bei einer unter Nichteinhaltung der 48-Stunden-Frist durchgeführten Versammlung jedoch annimmt, dass sie – da ja hier eine (wenn auch nicht fristgemäße) Anmeldung vorliege – nach § 15 II VersG nicht verboten werden könne und hier außerdem auch eine Strafbarkeit gem. § 26 Nr. 2 VersG nicht begründet

---

412 S. hierzu z.B. *Frowein*, NJW 1985, 2376 ff; *Geis*, NVwZ 1992, 1025 ff; *Kniesel*, NJW 1992, 857 ff; *Ossenbühl*, Der Staat Bd. 10 (1971), 53 ff und *BVerfG*, JZ 1986, 27 ff m. Anm. *Schenke; BVerfG*, NJW 1992, 890 f.
413 *BVerfG*, NJW 1992, 890, 891.
414 *BVerfG*, NJW 1992, 890, 891 (abweichende Meinung von *Seibert* und *Henschel*); krit. auch *Geis*, NVwZ 1992, 1025, 1030.

werde[415]. Diese Auffassung trägt dem systematischen Zusammenhang von § 14 VersG und den §§ 15 II, 26 Nr. 2 VersG (letzterer nimmt ja sogar ausdrücklich auf § 14 VersG Bezug) nicht ausreichend Rechnung und müsste konsequenterweise die versammlungspolizeilichen Befugnisse gem. § 15 II VersG über den Bereich der Eilversammlungen hinausreichend bedenklich einschränken. Sie vermag auch deshalb nicht zu überzeugen, weil derjenige, der das Fristerfordernis des § 14 VersG bei einer Eilversammlung nicht beachtet, sich jedenfalls unter Zugrundelegung der hier abgelehnten Ansicht formell rechtswidrig verhalten würde. Die Bejahung eines solchen Rechtsverstoßes (auch wenn er ohne Sanktionen bliebe) wäre jedoch nicht mit Art. 8 GG vereinbar.

140 Nicht haltbar ist die verschiedentlich vertretene Ansicht, die §§ 14 ff VersG seien auf **Großdemonstrationen** nicht anwendbar. Das *BVerfG*[416] hat demgegenüber mit Recht eingewandt, dass gerade hier dem Anmeldeerfordernis eine ganz besondere Bedeutung zukommt. Ohne eine solche Anmeldung könne die Polizei nicht die erforderlichen organisatorischen Vorkehrungen in Verbindung mit der Versammlung treffen. Eine möglichst frühzeitige Kooperation zwischen Veranstalter und Polizei liegt hier nicht zuletzt im Interesse der Veranstalter und Versammlungsteilnehmer, da hierdurch die Eingriffsschwellen gem. § 15 VersG heraufgesetzt werden können[417]. Der Umstand, dass bei solchen Großdemonstrationen häufig durch einzelne Demonstranten gewalttätige Aktionen unternommen werden, rechtfertigt grundsätzlich nur ein Vorgehen gegenüber diesen störenden Personen, nicht hingegen ein Verbot oder eine Auflösung der im Übrigen friedlichen Versammlung (vgl. hierzu auch unten Rdnr. 145).

141 Was das Verhältnis des VersG zu den Normen des Straßenrechts und des Straßenverkehrsrechts betrifft, stellt das **VersG insoweit eine lex specialis** dar, als es für die Durchführung von öffentlichen Versammlungen und Aufzügen **weder nach § 29 II StVO**[418] **noch nach den Straßengesetzen**[419] (unter dem Gesichtspunkt einer straßenrechtlichen Sondernutzung) **einer Erlaubnis bedarf**. Der Grund hierfür liegt darin, dass die Durchführung einer öffentlichen Versammlung unter freiem Himmel, insbesondere eines Aufzuges, zwar typischerweise mit einer über den Gemeingebrauch hinausreichenden Benutzung der Straße verbunden ist[420], der Gesetzgeber aber – wie durch Art. 8 I GG indiziert – keine über das Anmeldeerfordernis hinausreichenden Beschränkungen von Versammlungen vornehmen wollte. Die Untersagung von Versammlungen aus verkehrspolizeilichen Gründen ist, von eng begrenzten Ausnahmefällen abgesehen, grundsätzlich als unzulässig zu bewerten[421]. Dagegen schließen Art. 8 GG wie auch das VersG nicht von vornherein die Inanspruchnahme des Veranstalters für eine Straßenreinigung nach § 7 III FStrG (bzw. entsprechenden landesrechtlichen Vorschriften) aus[422]. Allerdings wird von einer unmittelbaren Verursa-

---

415 *BGHSt* 23, 46, 60.
416 *BVerfG*, JZ 1986, 27, 30 ff.
417 Dazu *BVerfGE* 69, 315, 357; *BVerfG*, NJW 2001, 2078, 2079, s. auch *Rüfner/Muckel*, S. 173.
418 Vgl. *BVerwG*, NJW 1989, 2411 f; *Zeitler*, Versammlungsrecht, 1994, Rdnr. 318 m.w.N.
419 *BVerfGE* 73, 206, 249.
420 Zu unzulässigen Sitzblockaden s. *Brohm*, JZ 1985, 501 ff; s. ferner auch *Ott*, NJW 1985, 2384 ff.
421 S. *BayVGH*, NJW 1984. 2116 f.
422 *BVerwGE* 80, 158 ff; *Gröpl*, JURA 2002, 18, 22; *Wiefelspütz*, DÖV 2001, 21, 24 f; eingeh. *Zeitler*, Versammlungsrecht, 1994, Rdnr. 710 ff.

chung (Zweckveranlassung, dazu unten Rdnr. 157 ff) nur dann auszugehen sein, wenn der Veranstalter die Demonstrationsteilnehmer mit Speisen und Getränken versorgt und Flugblätter verteilt[423], da andernfalls der Veranstalter einer Großdemonstration mit einem nicht mehr überschaubaren Risiko belastet wäre.

Die Vorschriften des allgemeinen Polizei- und Ordnungsrechts wie auch spezial-polizeilicher Normen (z.B. feuerpolizeilicher, baupolizeilicher oder gesundheitspolizeilicher Art) werden durch das VersG im Übrigen insoweit **nicht ausgeschlossen, als sie sich nicht gegen die Versammlung als solche richten**, auch wenn die Abhaltung der Versammlung dadurch mittelbar beeinträchtigt wird[424]. Die Nichtzitierung des Art. 8 GG in den Polizei- und Ordnungsgesetzen steht dem nicht entgegen, da sich das Zitiergebot des Art. 19 I 2 GG nicht auf mittelbare (faktische) Grundrechtseingriffe bezieht[425]. Das Ergreifen von polizeilichen Standardmaßnahmen gegenüber den zu einer Demonstration anreisenden Personen ist durch die Rechtsprechung[426] zu Recht jedenfalls dann für zulässig erachtet worden, wenn hierdurch die Teilnahme an der Versammlung weder zeitlich beschränkt noch unmöglich gemacht wurde[427]. Unter diesen Voraussetzungen werden auch während einer öffentlichen Versammlung unter freiem Himmel die Vornahme polizeilicher Standardmaßnahmen (wie z.B. eine Identitätsfeststellung gegenüber Gewalttätern) ebenso wenig wie auf die Generalermächtigung gestützte polizeiliche Maßnahmen ausgeschlossen, da § 15 VersG bei öffentlichen Versammlungen unter freiem Himmel nur das Verbot einer Versammlung, die Erteilung von Auflagen und die Auflösung einer Versammlung normiert. Es kann nicht angenommen werden, dass hiermit andere häufig weniger einschneidende, der Gefahrenabwehr dienende polizeiliche Maßnahmen generell ausgeschlossen werden sollen[428]. Das zwänge die Polizei im Übrigen dazu, auf die sich anlässlich einer Versammlung ergebenden Gefahren mit den häufig gravierenden Maßnahmen des § 15 VersG zu reagieren und wirkte sich damit insoweit letztlich zulasten des Grundrechts der Versammlungsfreiheit aus. Würden sich aber die in § 15 VersG ausdrücklich bezeichneten Maßnahmen als unverhältnismäßig darstellen, wäre eine Gefahrenabwehr gar nicht mehr möglich. Die Vorschrift des § 15 I VersG, die von Auflagen spricht, von denen die Durchführung einer öffentlichen Versammlung abhängig gemacht wer-

142

---

423 Offen gelassen von *BVerwGE* 80, 162; zur fehlenden Verantwortlichkeit des Versammlungsleiters *BVerwGE* 80, 164 ff.
424 Vgl. auch *Schoch*, JuS 1994, 480; anderes gilt für unmittelbar gegen eine öffentliche Versammlung gerichtete Maßnahmen, worunter nach *VGH BW*, NVwZ 1998, 761, 763, auch eine polizeiliche Razzia fallen soll.
425 *Krebs*, in: v. Münch/Kunig, GG, Bd. 1, 5. Aufl. 2000, Art. 19, Rdnr. 16; *Deger*, NVwZ 1999, 265, 267; *Würtenberger/Heckmann/Riggert*, BW, Rdnr. 293.
426 *OVG NW*, DÖV 1982, 551 f; vgl. auch *BVerwG*, NJW 1982, 1008 ff u. *VG Schleswig*, NVwZ-RR 1990, 190 f; *Zeitler*, DÖV 1997, 371 ff (zur Verantwortlichkeit des die Demonstranten transportierenden Busunternehmers); s. auch Rdnr. 158. Dazu, dass auch die Anreise zu einer Versammlung von Art. 8 GG geschützt wird, vgl. *BVerfGE* 84, 203, 209; *Höfling*, in: Dreier, GG, 1996, Art. 8, Rdnr. 23; zu Vorfeldkontrollen *Mayer*, JA 1998, 345 ff.
427 *BVerfGE* 69, 315, 349; *Rozek*, JA 1996, 224, 229. Als unzulässig anzusehen ist es hingegen, wenn polizeiliche Standardmaßnahmen wie die Identitätsfeststellung bewusst so schleppend durchgeführt werden, dass hierdurch die Teilnahme an einer Versammlung verhindert wird, vgl. *Gusy*, Rdnr. 203.
428 Dazu *Butzer*, VerwArch. Bd. 93 (2002), 506, 532 ff.

werden kann, wird deshalb durch das BVerwG[429] zurecht so verstanden, dass hierin eine Verweisung auf andere, außerhalb des VersG bestehende Ermächtigungsgrundlagen zum Ausdruck kommt, deren Ergreifung aber durch § 15 I VersG vom Vorliegen einer nicht unmittelbaren Gefährdung der öffentlichen Sicherheit oder Ordnung abhängig gemacht werden kann. Dass § 15 VersG in dem aufgezeigten Rahmen keine abschließende Regelung beinhaltet, wird auch daran deutlich, dass in ihm z.B. keine Normierung über die sich an die Auflösung einer Versammlung anschließende Platzverweisung getroffen wird, obschon ohne eine solche die Auflösung einer Versammlung mangels Möglichkeit, sie als gestaltenden Verwaltungsakt zu vollstrecken, häufig wirkungslos bliebe. **Keine Vorschriften beinhaltet das VersG bezüglich der zwangsweisen Durchsetzung polizei- und ordnungsbehördlicher Verfügungen.** Deshalb ist es nicht haltbar, wenn etwa *v. Brünneck*[430] annimmt, die Auferlegung von Gebühren für die Anwendung unmittelbaren Zwangs nach den Vollstreckungskostenordnungen der Länder (vgl. dazu unten Rdnr. 357) gegenüber den polizeiliche Anordnungen nicht beachtenden Versammlungsteilnehmern sei mit der abschließenden Normierung des VersG nicht vereinbar. Das gilt umso mehr, als die Verhängung einer Gebühr keinen spezifischen Bezug zum Grundrecht der Versammlungsfreiheit aufweist und es überdies durchaus zweifelhaft ist, ob der Bund überhaupt die Gesetzgebungskompetenz für die Vollstreckung von Verwaltungsakten der Landesbehörden besitzt. Keine Sperrwirkung entfaltet das VersG hinsichtlich des sich nach allgemeinem Polizeirecht richtenden Vorgehens gegen Nichtteilnehmer, die die ordnungsgemäße Durchführung der Versammlung zu behindern bezwecken[431], sofern sie nicht eine öffentliche Gegenversammlung bilden[432].

D. Die polizeirechtlich Verantwortlichen (Störer)

I. Die Bedeutung des Störerbegriffs und die Arten der Störer

143 Soweit die Polizei- und Ordnungsbehörden zur Bekämpfung von Gefahren für die öffentliche Sicherheit und Ordnung in die Rechtssphäre von Personen eingreifen, müssen sie sich **in erster Linie an die hierfür polizeirechtlich Verantwortlichen, die Störer (Polizeipflichtigen) halten**[433]. Diese trifft die **Pflicht**, ihr Verhalten oder den Zustand einer ihnen zuzuordnenden Sache so einzurichten, dass daraus **keine Stö-**

---

429 *BVerwGE* 64, 55, 57 f; ähnlich *Brenneisen*, DÖV 2000, 275, 277 und *Butzer*, VerwArch. Bd. 93 (2002), 506, 532 ff. Siehe hierzu auch *Schenke*, Rdnr. 378 ff und *Gröpl*, JURA 2002, 18, 24.
430 *V. Brünneck*, NVwZ 1984, 273, 277.
431 *VGH BW*, NVwZ-RR 1990, 603, 604 (Vorgehen nach der Generalklausel); vgl. auch *BVerfGE* 84, 203, 209 f, wonach sich der Schutz des Art. 8 GG nicht auf Personen erstreckt, die nicht die Absicht haben, an einer Versammlung teilzunehmen, sondern diese nur verhindern wollen (s. auch oben Rdnr. 135).
432 *VGH BW*, DÖV 1987, 254 ff.
433 Vgl. hierzu *v. Mutius*, JURA 1983, 298 ff; *Schnur*, DVBl. 1962, 1 ff; *Selmer*, JuS 1992, 80 ff; *Spießhofer*, Der Störer im allgemeinen und im Sonderpolizeirecht, 1989.

rungen oder Gefahren für die öffentliche Sicherheit (oder ggf. Ordnung) entstehen[434]. Die Inanspruchnahme der Störer hat dabei auch grundsätzlich Vorrang vor eigenen, nicht an Bürger adressierten behördlichen Bekämpfungsmaßnahmen[435]. Diese Grundsätze gelten prinzipiell nicht nur im Anwendungsbereich des allgemeinen Polizei- und Ordnungsrechts[436], sondern auch für spezialgesetzlich geregelte polizeiliche Materien, wie z.B. das Versammlungsrecht (vgl. Rdnr. 136), das Luftverkehrsrecht[437] oder das Baupolizeirecht[438]. Zu beachten ist hierbei freilich, dass bei spezialgesetzlich geregelten polizei- und ordnungsbehördlichen Befugnissen der **Kreis der Adressaten mitunter unmittelbar im Gesetz geregelt** ist und es deshalb auf die Frage, ob die betroffene Person Störer ist, nicht mehr entscheidend ankommt. Das trifft z.B. für einen Teil der polizeirechtlichen Standardmaßnahmen zu (vgl. oben Rdnr. 81); so kann z.B. eine Identitätsfeststellung gem. § 9 I Nr. 2-4 MEPolG grundsätzlich gegenüber allen Personen vorgenommen werden, die sich an bestimmten (insbesondere gefährlichen oder gefährdeten) Orten aufhalten. Noch weiter reichende Informationseingriffe gegenüber Nichtbeteiligten sehen z.T. die Novellierungen von Polizeigesetzen vor[439]. Ebenso sind etwa die Adressaten seuchenpolizeirechtlicher Maßnahmen in den §§ 31 ff BSeuchG bereits genannt, weshalb insoweit auf die allgemeinen Grundsätze über die polizeirechtliche Verantwortlichkeit nicht mehr zurückzugreifen ist[440]. Wenn in diesen Fällen auch die Rechtmäßigkeit polizeilicher belastender Maßnahmen nicht entscheidend von der Störereigenschaft abhängt, so unterliegen diese Maßnahmen doch dem letztlich der Abgrenzung von Störern und Nichtstörern (mit) zugrundeliegenden Übermaßverbot[441], sodass sich von hierher in concreto (z.B. dort, wo bei einer Person offensichtlich auch der Verdacht, Störer zu sein, ausscheidet) Einschränkungen des polizeilichen Handelns ergeben können. Allerdings reichen diese nicht so weit, wie es bei einer unmittelbaren Anwendung der für die Inanspruchnahme von Störern und Nichtstörern geltenden Grundsätze zuträfe.

Störer sind zum einen diejenigen, die durch ihr Verhalten oder durch das Verhalten von Personen, für die sie einzustehen haben, eine Gefahr für die öffentliche Sicherheit oder Ordnung im polizeirechtlichen Sinn verursacht haben (**Verhaltensstörer**).

144

---

434 Vgl. für die ganz h.M. *Drews/Wacke/Vogel/Martens*, § 19, 3; krit. hierzu (aber nicht überzeugend) *Griesbeck*, Die materielle Polizeipflicht des Zustandsstörers und die Kostentragungspflicht nach unmittelbarer Ausführung und Ersatzvornahme – dargestellt am Beispiel der Altlasten-Problematik, 1991, 82 ff sowie *Pieroth/Schlink/Kniesel*, § 9, Rdnr. 4.
435 Vgl. *BayVGH*, BayVBl. 1986, 590, 591.
436 Vgl. §§ 6, 7 BWPolG; Art. 7, 8 BayPAG, Art. 9 BayLStVG; §§ 13, 14 BerlASOG; §§ 16, 17 BrandOBG, §§ 5, 6 BrandPolG; §§ 5, 6 BremPolG; §§ 8, 9 HambSOG; §§ 6, 7 HessSOG; §§ 68 ff MVSOG; §§ 6, 7 NdsGefAG; §§ 4, 5 NWPolG; §§ 17, 18 NWOBG; §§ 4, 5 RhPfPOG; §§ 4, 5 SaarlPolG; §§ 7, 8 SachsAnhSOG; §§ 4, 5 SächsPolG; §§ 217-219 SchlHVwG; §§ 10, 11 ThürOBG; §§ 7, 8 ThürPAG; §§ 4, 5 MEPolG; §§ 17, 18 BGSG.
437 *BVerwG*, DVBl. 1986, 360 ff m. Anm. *Schenke*.
438 Vgl. z.B. *VGH BW*, VBl. BW 1984, 380.
439 Krit. hierzu *Alberts*, ZRP 1990, 147; i.V. mit § 12a VersG *Riegel*, NVwZ 1990, 745 f. So verdrängen z.B. die Informationseingriffe regelnden §§ 19 ff BWPolG als leges speciales die §§ 6 ff BWPolG.
440 Nicht überzeugend daher *Seewald*, NJW 1987, 2271, 2273 f; krit. hierzu *Schenke*, DVBl. 1988, 165, 167 f.
441 So auch *Götz*, NVwZ 1984, 211, 214.

Zum anderen kann die Störereigenschaft auch dadurch begründet werden, dass eine Person Eigentümer, sonstiger Berechtigter oder Inhaber der tatsächlichen Gewalt bezüglich einer Sache[442] ist, durch die Gefahren oder Störungen verursacht werden (**Zustandsstörer**). Beide Störereigenschaften können auch nebeneinander (selbst bei einer Person) begründet sein, so beispielsweise, wenn der Eigentümer eines Pkws mit diesem einen Unfall verursacht hat und das schrottreif gefahrene Fahrzeug nunmehr ein Verkehrshindernis bildet (vgl. hierzu unten Rdnr. 180).

145 Die Qualifikation als Störer ist, wie schon erwähnt, vor allem insofern relevant, als die Polizei- und Ordnungsbehörden sich bei der Bekämpfung von Gefahren im Fall der Inanspruchnahme von Personen **in erster Linie an die Störer** zu halten haben. Dabei bilden die Vorschriften über den Störerbegriff allerdings **keine selbstständige Rechtsgrundlage** für ein Vorgehen gegenüber den Störern, vielmehr umschreiben sie **lediglich die Richtung** (die Adressaten) der auf eine anderweitige Rechtsgrundlage gestützten polizei- und ordnungsbehördlichen Maßnahmen. Dem Störerbegriff[443] kommt über die Bestimmung des Adressatenkreises hinaus auch deshalb Bedeutsamkeit zu, weil dem in Anspruch genommenen Störer für die ihm hieraus erwachsenden Aufwendungen und Schäden prinzipiell kein Ausgleich zu gewähren ist (vgl. Rdnr. 339 ff). Ferner ist die Störereigenschaft insofern beachtlich, als nach den Polizei- und Ordnungsgesetzen der Behördenträger Ersatzansprüche gegen den Störer besitzt (vgl. hierzu unten Rdnr. 354 ff).

II. Die polizeipflichtigen Personen

146 Als Störer kommen zum einen **natürliche Personen** in Betracht. Dabei ist es, da für das Polizeirecht seiner Zielsetzung entsprechend das Verschulden einer Person ohne Bedeutung ist, gleichgültig, ob diese Person geschäfts- oder deliktsfähig ist. Zu beachten ist allerdings, dass bei nicht geschäftsfähigen Personen, da ihnen die verwaltungsverfahrensrechtliche Handlungsfähigkeit (§ 12 VwVfG) fehlt, Verwaltungsakte grundsätzlich dem gesetzlichen Vertreter zuzustellen sind (vgl. unten Rdnr. 271). Polizeipflichtig sind auch **juristische Personen des Privatrechts. Auch hinsichtlich nichtrechtsfähiger privatrechtlicher Vereinigungen**, wie einem nichteingetragenen Verein[444], einer OHG oder KG, wird die Möglichkeit einer **Störereigenschaft befürwortet**. Gleiches muss für eine Gesellschaft bürgerlichen Rechts gelten[445]. Juristische Personen des öffentlichen Rechts sollten nach früher herrschender Auffassung keine Störer sein. Inzwischen setzt sich aber zunehmend die Auffassung durch, dass **auch juristische Personen des öffentlichen Rechts sehr wohl als Polizei-

---

442 § 14 BerlASOG, § 17 I 2 BrandOBG u. § 6 I 2 BrandPolG, § 7 HessSOG, § 7 NdsGefAG, § 5 I NWPolG, § 5 RhPfPOG, § 8 SachsAnhSOG, § 11 ThürOBG u. § 8 ThürPAG differenzieren in Anlehnung an § 90a BGB zwischen Tieren und Sachen, ohne damit inhaltliche Änderungen zu bewirken.
443 S. hierzu näher *Kniesel*, DÖV 1997, 905, 906.
444 *OVG Nds*, NJW 1979, 735.
445 Für partielle Rechtsfähigkeit und Parteifähigkeit einer Gesellschaft bürgerlichen Rechts auch *BGH*, NJW 2001, 1056 ff u. dazu *K. Schmidt*, NJW 2001, 993 ff.

pflichtige bzw. **Störer in Betracht kommen**[446]. Besonderheiten gelten für diese allerdings insofern, als sich aus der Wahrnehmung hoheitlicher Befugnisse durch sie **Modifikationen bezüglich ihrer Pflichten** ergeben können. Dementsprechend kann ein bestimmtes Verhalten, das Privatpersonen verboten ist, dennoch kraft gesetzlicher Regelung hoheitlich handelnden juristischen Personen des öffentlichen Rechts gestattet sein (vgl. z.B. § 35 StVO, wonach u.a. die Polizei von den Vorschriften der Straßenverkehrsordnung befreit ist, soweit das zur Erfüllung hoheitlicher Aufgaben dringend geboten ist). Auch dort, wo es an ausdrücklichen gesetzlichen Regelungen fehlt, können sich aus dem Gesichtspunkt der durch die öffentliche Sicherheit mitumfassten Funktionsfähigkeit staatlicher Einrichtungen Einschränkungen materiellrechtlicher Polizeipflichten ergeben[447]. Zur Bestimmung der materiellrechtlichen Polizeipflichten bedarf es dann einer Abwägung zwischen dem Ziel der Gefahrenabwehr auf der einen Seite und den Zielen der Aufgabenerledigung des Hoheitsträgers andererseits[448]. An der grundsätzlichen materiellen Polizeipflichtigkeit von Hoheitsträgern ändert sich durch eine solche Einschränkung ihrer Pflichten jedoch nichts.

Von der Frage nach der materiellen Polizeipflichtigkeit von Hoheitsträgern ist jene nach der formellen Polizeipflichtigkeit scharf zu trennen. Bei ihr geht es um das Problem, ob die Polizei- und Ordnungsbehörden gegenüber einer juristischen Person des öffentlichen Rechts, die in Wahrnehmung der ihr übertragenen hoheitlichen Aufgaben eine Gefahr für die öffentliche Sicherheit oder Ordnung verursacht hat, einschreiten dürfen. Dies ist grundsätzlich abzulehnen. Aus der staatlichen Kompetenzordnung ergibt sich, dass die hoheitlich handelnden juristischen Personen des öffentlichen Rechts nicht nur zur Abwehr von Störungen ihrer Tätigkeit durch Dritte berufen sind (vgl. oben Rdnr. 37 Fn. 49), sondern auch selbst die Gefahren zu bekämpfen haben, die sich in ihrem Zuständigkeitsbereich ergeben.(s. dazu in Verbindung mit der Befugnis eines Hoheitsträgers zum Schutz seiner hoheitlichen Tätigkeit öffentlichrechtliche Hausverbote auszusprechen, oben Rdnr. 37). Anderenfalls gelangte man zu einer (partiellen) Überordnung der Polizei- und Ordnungsbehörden gegenüber anderen Hoheitsträgern bzw. deren Organen. **Die Polizei- und Ordnungsbehörden besitzen damit grundsätzlich keine Eingriffsbefugnisse gegenüber juristischen Personen des öffentlichen Rechts** (nunmehr ausdrücklich normiert in § 85 MVSOG), soweit letztere hierdurch in ihrer hoheitlichen Tätigkeit tangiert werden[449].

147

---

446 Vgl. *Folz*, JuS 1965, 41 ff; *Gebhard*, DÖV 1986, 545 ff; *Götz*, Rdnr. 239; *Scholz*, DVBl. 1968, 732 ff; *BVerwGE* 29, 52, 56 ff; 44, 351 ff. Ausführlich zur Problematik *Schultes*, Die Polizeipflicht von Hoheitsträgern, Diss. Tübingen 1983.
447 Vgl. für die ganz h.M. *Drews/Wacke/Vogel/Martens*, § 19, 4b; a.A. mit beachtlichen Gründen *Schoch*, JuS 1994, 852.
448 *V. Mutius*, JURA 1983, 298, 301
449 Vgl. *BVerwGE* 29, 52, 59; *Knemeyer*, Rdnr. 352; *Würtenberger*, Rdnr. 218; *Friauf*, Rdnr. 104; a.A. *Schoch*, JuS 1994, 852 f. Unter dem Aspekt fehlender formeller Polizeipflichtigkeit scheitert auch ein Einschreiten der Polizei- und Ordnungsbehörden gegenüber dem nach der Rechtsprechung im Hinblick auf Art. 140 GG i.V.m. Art. 137 V WRV als öffentlichrechtlich (vgl. *BVerwGE* 68, 62, 64 ff) zu qualifizierenden Kirchengeläute der Kirchengemeinde als einer juristischen Person des öffentlichen Rechts. Der Nachbar hat hier, soweit das Kirchengeläute sich nicht mehr innerhalb der durch § 22 BImSchG gesetzten Grenzen hält, nur einen Unterlassungsanspruch (*BVerwGE* 68, 62, 67 ff). Allerdings ist das herkömmliche tägliche Glockengeläute idR als zumutbar anzusehen.

II *Polizei- und Ordnungsrecht*

Das gilt nicht nur dann, wenn ein polizeiliches Einschreiten das „Ob" der hoheitlichen Tätigkeit der juristischen Person des öffentlichen Rechts, sondern ebenso, wenn sie das „Wie" dieser Tätigkeit beeinflussen würde (sehr umstritten)[450]. Eine auch formelle Polizeipflichtigkeit besteht lediglich dann, wenn der Hoheitsträger durch die polizeiliche Inanspruchnahme nicht bei der Erfüllung seiner hoheitlichen Funktionen beeinträchtigt wird[451]. Wegen des prinzipiellen Fehlens einer formellen Polizeipflichtigkeit von Hoheitsträgern kann beispielsweise der neben einer öffentlichen Schule wohnende Nachbar nicht von den Polizei- und Ordnungsbehörden verlangen, dass sie gegenüber gesundheitsschädlichem, durch den Schulbetrieb verursachten Lärm einschreiten[452]. Falls sich der Schulbetreiber tatsächlich materiell polizeiwidrig verhält und durch sein Verhalten eine Gefahr für die öffentliche Sicherheit verursacht, besitzt der Nachbar ihm gegenüber beim Fehlen einfachgesetzlicher Abwehrrechte nur einen aus den Grundrechten (hier aus Art. 2 II GG, evtl. auch aus Art. 14 GG) ableitbaren Anspruch auf Unterlassung rechtswidriger fortdauernder Beeinträchtigungen. Eine Zuständigkeit der Polizei- bzw. Ordnungsbehörde kann aber – wie auch sonst – ausnahmsweise unter dem Gesichtspunkt der Eil- bzw. Notzuständigkeit (dazu unten Rdnr. 255) gegeben sein, wenn die für die Gefahrenabwehr in ihrem eigenen Bereich zuständige staatliche Behörde nicht in der Lage ist, die Gefahr rechtzeitig zu bekämpfen[453].

148 Der **Unterlassungsanspruch**, der erst bei einer rechtswidrigen hoheitlichen **Gefährdung** subjektiver öffentlicher Rechte entsteht[454], kann als ein relatives Recht nicht mit dem gefährdeten subjektiven Recht gleichgesetzt werden, bei dem es sich vielfach (so bei den Freiheitsgrundrechten) um ein absolutes, gegenüber jedem Träger öffentlicher Gewalt wirkendes subjektives öffentliches Recht handelt. Er stellt ebenso wie der ihn ergänzende (Folgen-)Beseitigungsanspruch ein sekundäres Hilfsrecht dar, das sich aus dem Wesen der (hierdurch geschützten) absoluten Rechte ableiten lässt und angesichts der umfassenden, zumindest über Art. 2 I GG gesicherten grundrechtlichen Subjektivierung der Rechtssphäre des Bürgers wie der Folgenbeseitigungsanspruch[455] **Verfassungsrang** besitzt. Es bedarf hier weder einer analogen Anwendung des § 1004 BGB noch eines Rückgriffs[456] auf einen nur dem einfachen Gesetzesrecht zu entnehmenden Rechtsgedanken. Letzterer würde zu einer bedenklichen einfachgesetzlichen Relativierung der Grundrechte führen und der (funktional bedingten) Synchronität des Unterlassungsanspruchs mit dem heute als verfassungsrechtlich garantiert anerkannten Folgenbeseitigungsanspruch nicht Rechnung tragen. Soweit nicht spezifische öffentlichrechtliche Duldungspflichten bestehen und auch nicht ein Fall der Gestattung hoheitlichen Handelns durch einen Verwaltungsakt vorliegt, sind privatrechtliche Vorschriften, aus welchen sich Duldungspflichten des Beeinträchtigten ergeben, analog auf das hoheitliche

---

450 A.A. *Scholler/Schloer*, S. 267; wie hier dagegen *Denninger*, in: L/D, E, Rdnr. 82.
451 *BVerwGE* 29, 52, 59 (Unterstellung eines Waldgrundstücks, das der Bundeswehr als Munitionsdepot dient, unter Forstpolizeihoheit); *Denninger*, in: L/D, E, Rdnr. 82.
452 Vgl. auch (durch die Privatisierung der Post inzwischen überholt) *OVG Nds*, OVGE 12, 340 ff (hoheitliche Paketverladung) u. neben *BVerwGE* 68, 62 ff (Glockengeläut) auch *BVerwGE* 79, 254 ff (Feuersirene); dazu *Sachs*, NVwZ 1988, 127 ff.
453 Dazu *Oldiges*, JuS 1989, 616, 618; *Würtenberger/Heckmann/Riggert*, BW, Rdnr. 492.
454 Vgl. *Schenke*, AöR Bd. 95 (1970), 223, 229 ff und *Laubinger*, VerwArch. Bd. 80 (1989), 261, 290 ff.
455 Vgl. hierzu *Schenke*, JuS 1990, 370, 371 ff.
456 So aber *Laubinger*, VerwArch. Bd. 80 (1989), 293.

Handeln anwendbar (so möglicherweise § 906 BGB auf hoheitliche Immissionen) und führen damit zu einer Einschränkung von Unterlassungsansprüchen[457].

Ausgeschlossen sein dürfte eine formelle Polizeipflichtigkeit juristischer Personen des öffentlichen Rechts nicht nur bei einem hoheitlichen Handeln, sondern auch bei **verwaltungsprivatrechtlicher Tätigkeit**[458]. Dies rechtfertigt sich trotz des Einsatzes privatrechtlicher Mittel aus der besonderen öffentlichrechtlichen, insbesondere durch das Sozialstaatsprinzip gesteuerten Zielsetzung des Handelns juristischer Personen des öffentlichen Rechts. Demgemäß können die Polizei- und Ordnungsbehörden gegenüber einer Gemeinde auch dann nicht vorgehen, wenn diese Aufgaben der Daseinsvorsorge (wie etwa die Wasserversorgung oder die Müllbeseitigung) mit Mitteln des Privatrechts bewältigt und sich hierbei materiell polizeiwidrig verhält. Bedient sich eine juristische Person des öffentlichen Rechts zur Erfüllung von Verwaltungsaufgaben privatrechtlicher Organisationsformen (z.B. die Wasserversorgung wird durch eine von der Gemeinde beherrschte Aktiengesellschaft durchgeführt), so ist jedoch eine auch formelle Polizeipflichtigkeit der juristischen Person des Privatrechts zu befürworten.

149

Soweit juristische Personen des öffentlichen Rechts hingegen nur im Rahmen einer **rein fiskalischen Tätigkeit Gefahren verursachen**[459], **vermögen sie genauso wie Private durch die Polizei- und Ordnungsbehörden in Anspruch genommen zu werden**[460]. Bezüglich der erwerbswirtschaftlichen staatlichen Tätigkeit wie auch der Hilfsgeschäfte der Verwaltung fehlt es an einem sachlichen Grund für eine Differenzierung bezüglich der formellen Polizeipflichtigkeit von Privatpersonen und juristischen Personen des öffentlichen Rechts. Deshalb hat der Nachbar einer staatlichen Bierbrauerei, der durch die ruhestörende nächtliche Verladung von Bierkästen in seiner Gesundheit beeinträchtigt wird, gegenüber dem Träger der zuständigen Polizei- und Ordnungsbehörde einen Anspruch auf ermessensfehlerfreie Entscheidung über ein Einschreiten.

150

Zulässig sein kann aber eine polizeiliche Tätigkeit, die dem Schutz der fiskalischen, aber auch der hoheitlichen Tätigkeit einer juristischen Person des öffentlichen Rechts vor Dritten zu dienen bestimmt ist (z.B. Schutz von Geldtransporten der Deutschen Bundesbank). Zur öffentlichen Sicherheit gehört auch das Funktionieren des Staates und seiner Einrichtungen (Rdnr. 37). Das gilt aber nur dann, wenn der juristischen Person des öffentlichen Rechts keine zu ihrem Schutz ausreichenden Abwehrbefugnisse gegenüber Störungen ihrer Tätigkeit (wie z.B. ein Hausrecht) eingeräumt sind.

151

---

457 Eingehender hierzu *Laubinger*, VerwArch. Bd. 80 (1989), 295 ff und *Köckerbauer/Büllesbach*, JuS 1991, 373 ff. Zu präventiven Klagen gegen hoheitliches Handeln im Gewerberecht s. auch *Dreier*, NVwZ 1988, 1073 ff.
458 Vgl. *Wolff/Bachof*, Verwaltungsrecht III, 4. Aufl. 1978, § 127, Rdnr. 29; *Würtenberger*, Rdnr. 221.
459 Zur Frage, ob Realakte der öffentlichen Hand eine Doppelnatur (hoheitlich und privatrechtlich) haben können, *Schenke*, FS 50 Jahre BGH III, 2000, S. 45, 57 ff; *Scherer*, NJW 1989, 2724 ff.
460 *BVerwG*, DÖV 1962, 142; *Friauf*, Rdnr. 102; a.A. *Möller/Wilhelm*, S. 54 f.

II *Polizei- und Ordnungsrecht*

III. Der Verhaltensstörer

1. Das Verhalten

152 Die Verhaltensstörung[461] knüpft an das eine Gefahr oder Störung verursachende Verhalten einer Person an. Die **Verhaltensstörung kann nicht nur durch ein Handeln, sondern auch durch ein Unterlassen begründet werden**, sofern für den Betroffenen eine Rechtspflicht[462] zu einem der Vermeidung von Gefahren dienenden Handeln besteht (z.B. öffentlichrechtliche Wegereinigungspflicht). Eine solche Handlungsverpflichtung vermag dabei entgegen der ganz h.M.[463] nicht nur auf öffentlichrechtlichen, sondern **auch auf privatrechtlichen Normen** zu beruhen. Zwar ist die materielle Polizeipflicht als solche unbestreitbar eine öffentlichrechtliche, damit ist aber noch nicht gesagt, dass diese nicht an das Bestehen zivilrechtlicher, dem gleichen Rechtsgut dienender Handlungspflichten anknüpfen kann, womit die **zivilrechtlichen Risikozuweisungen** (unter Beachtung des Subsidiaritätsgrundsatzes, vgl. oben Rdnr. 31) mittelbar auch für das **öffentliche Recht Bedeutung** erlangen können[464]. Deshalb ist die Polizei, z.B. wenn Leib und Leben von Personen durch Verletzung der zivilrechtlichen Verkehrssicherungspflichten gefährdet werden, sehr wohl in der Lage, den Verkehrssicherungspflichtigen als Verhaltensstörer in Anspruch zu nehmen. Das ist um so unabweisbarer, als die Verletzung der zivilrechtlichen Verkehrssicherungspflicht, soweit hierdurch die Rechtsgüter anderer Personen gefährdet werden, eine strafrechtliche Verantwortlichkeit des Verkehrssicherungspflichtigen begründen kann (vgl. z.B. §§ 222, 230 StGB).

153 Eine Verhaltensverantwortlichkeit konstituierende Rechtspflicht zum Handeln lässt sich dabei allerdings **nicht aus Art. 14 II GG** ableiten, da anderenfalls die Vorschriften über die Zustandsverantwortlichkeit des Eigentümers überflüssig wären[465]. Deshalb überzeugt es nicht, wenn das *OVG NW*[466] den Eigentümer eines verwahrlosten Bauwerks, durch welches eine gesundheitsgefährdende Rattenplage hervorgerufen wurde, wegen einer sich aus Art. 14 II GG ergebenden Verpflichtung des Eigentümers zum Handeln im Hinblick auf sein Unterlassen als Verhaltensverantwortlichen ansah; richtigerweise war hier nur eine Zustandsverantwortlichkeit zu bejahen. Eine Handlungsverpflichtung ergibt sich auch noch **nicht** daraus, dass eine Person **Inha-**

---

461 § 6 BWPolG; Art. 7 BayPAG, Art. 9 I BayLStVG; § 13 BerlASOG; § 16 BrandOBG; § 5 BrandPolG; § 5 BremPolG; § 8 HambSOG; § 6 HessSOG; § 69 MVSOG; § 6 NdsGefAG; § 4 NWPolG; § 17 NWOBG; § 4 RhPfPOG; § 4 SaarlPolG; § 7 SachsAnhSOG; § 4 SächsPolG; § 218 SchlHVwG; § 10 ThürOBG; § 7 ThürPAG; § 4 MEPolG; § 17 BGSG.
462 *PreußOVGE* 55, 267, 270.
463 Z.B. *Drews/Wacke/Vogel/Martens*, § 20, 1; *Schoch*, JuS 1994, 853.
464 Nicht überzeugend daher *Schoch*, JuS 1994, 853; zutreffend dagegen nunmehr auch *Würtenberger/Heckmann/Riggert*, BW, Rdnr. 430 und *Pieroth/Schlink/Kniesel*, § 9, Rdnr. 6. Der Sache nach geht im Übrigen auch die h.M. von der hier vertretenen Auffassung aus, wenn sie bei Nichterfüllung einer zivilrechtlichen Forderung einen (nur durch das Subsidiaritätsprinzip eingeschränkten) Schutz des Gläubigers bejaht (Rdnr. 31).
465 Praktisch bedeutsam ist dies insoweit, als sich der Eigentümer bei einer neben die Zustandsverantwortlichkeit tretenden Verhaltensverantwortlichkeit von dieser anders als von der Zustandshaftung durch Eigentumsaufgabe nicht befreien könnte (vgl. auch Rdnr. 180).
466 *OVG NW*, DVBl. 1971, 828 ff.

ber eines zur Gefahrenbekämpfung geeigneten **Gegenmittels** ist. So ist der Besitzer einer leer stehenden Wohnung nicht verpflichtet, einen Obdachlosen aufzunehmen; eine Einweisung des Obdachlosen kann daher allenfalls gegen Entschädigung im Wege des polizeilichen Notstands (vgl. Rdnr. 190 ff) erreicht werden. **Keine Handlungsverpflichtung** besteht auch für den **Gestörten**. Deshalb ist der Hauseigentümer, der durch einen von einem höher gelegenen Grundstück aus drohenden Felsabsturz gefährdet ist, nicht gehalten, sein Haus zu räumen[467].

2. Der polizeirechtliche Verursacherbegriff

a) Die polizeirechtliche Verursachung

Die Störereigenschaft im Polizeirecht knüpft an die **polizeirechtliche Verursachung** 154 einer Gefahr an. Entsprechend der Zwecksetzung des Polizeirechts ist diese **unabhängig von einem Verschulden** oder auch nur einer Verschuldensfähigkeit des Störers zu bestimmen. Störer ist deshalb z.B. auch derjenige, der ohne sein Verschulden unfreiwillig obdachlos wird. Es kann aber bei der Bestimmung des polizeirechtlichen Verursachungsbegriffs auch nicht auf die naturwissenschaftliche Kausalität abgestellt werden. Dies würde die polizeirechtliche Verantwortlichkeit über Gebühr ausdehnen, indem z.B. ein Pkw-Hersteller für alle später durch den Pkw hervorgerufenen Gefahren selbst dann verantwortlich wäre, wenn die Fertigung nicht zu beanstanden war. Ähnlichen Bedenken ist die **Äquivalenztheorie**[468] ausgesetzt, nach der grundsätzlich jede vorgenommene Handlung, die nicht hinweggedacht, bzw. jede unterlassene Handlung, die nicht hinzugedacht werden kann, ohne dass der Erfolg entfiele, ursächlich ist[469]. Da die Äquivalenztheorie aber alle Ursachen als gleichwertig (äquivalent) ansieht, ist **Kausalität in diesem (normativen) Sinn notwendige**[470], **aber nicht hinreichende Bedingung** der polizeirechtlichen Verursachung. Sie wird daher

---

467 *RhPfOVG*, NJW 1998, 625, 626; vgl. auch *Drews/Wacke/Vogel/Martens*, § 20, 1.
468 Für diese aber *Muckel*, DÖV 1998, 18, 21 ff, der sich jedoch, um einer hieraus resultierenden Ausuferung der polizeirechtlichen Verantwortlichkeit entgegenzuwirken, genötigt sieht, die Heranziehung „äquivalenter Verursacher" zur Gefahrenbekämpfung unter dem Aspekt der Verhältnismäßigkeit in weitem Umfang einzuschränken, was damit aber letztlich doch wieder auf eine unter wertenden Gesichtspunkten vorgenommene Einschränkung der Äquivalenztheorie hinausläuft. Dabei wird nicht nur in einer unter dem Aspekt der Rechtssicherheit bedenklichen Weise auf die Konkretisierungen und Typisierungen verzichtet, welche die rechtlichen Wertungen im Laufe einer langen Entwicklung des Polizeirechts durch den tradierten Störerbegriff erfahren haben, sondern auch das mit der Annahme von materiellen Polizeipflichten (oben Rdnr. 143) verbundene Verständnis des Störerbegriffs preisgegeben. Zudem ergäbe sich beispielsweise als Konsequenz eines so weit verstandenen Störerbegriffs die verfassungsrechtliche Notwendigkeit, teilweise auch „Störern" entgegen den polizeirechtlichen Regelungen bei ihrer Inanspruchnahme Entschädigungsansprüche zuzubilligen.
469 Zur sog. conditio-sine-qua-non-Formel s. *Frisch*, FS Gössel, 2002, S. 51 ff, wo zutreffend betont wird, dass es selbst hier um eine normativ fundierte, begrifflich-definitorische Aussage zur Kausalität vor Verhaltensweisen geht.
470 Mangels einer äquivalenten Verursachung durch ein Unterlassen der Anmeldung ist ein früherer Kraftfahrzeughalter, der entgegen § 27 III StVZO die Übereignung seines Kfz an die Kraftfahrzeugzulassungsstelle nicht meldete, nicht dafür verantwortlich, dass der neue Eigentümer verkehrswidrig parkt und deshalb sein Kfz abgeschleppt werden musste (*OVG Sachs*, NJW 1997, 2253, 2254; unrichtig *VGH BW*, DÖV 1996, 1055 f).

II *Polizei- und Ordnungsrecht*

auch im Zivil- und Strafrecht um **wertende Gesichtspunkte** ergänzt. Von der zivilgerichtlichen Rechtsprechung werden auf der Grundlage der **Adäquanztheorie** zunächst nach der Lebenserfahrung untypische und nicht zu erwartende Folgen eines Handelns ausgegrenzt[471]. Im Hinblick darauf, dass das Gefahrenabwehrrecht jedoch auch auf atypische Sachverhalte reagieren muss, ist diese Eingrenzung insoweit zu eng[472], andererseits kann aber nicht für jede vorhersehbare Folge von einer polizeirechtlichen Verantwortlichkeit ausgegangen werden. Ertappt z.B. die heimkehrende Ehefrau ihren Ehemann beim Seitensprung mit der Hausangestellten und verlässt sie daraufhin mit ihren Kindern die gemeinsame Wohnung und wird obdachlos, so war das Verhalten des Ehemanns zwar sicher adäquat kausal, dennoch ist der Ehemann in Bezug auf die Obdachlosigkeit nicht Störer[473].

155 Zur Abgrenzung der polizeirechtlichen Verantwortlichkeit hat man deshalb versucht, einen **eigenen polizeirechtlichen Verursacherbegriff zu entwickeln**. Dieser wird mitunter dahingehend bestimmt, dass **nur eine rechtswidrige Verursachung** im polizeirechtlichen Sinn kausal ist[474]. Teils nimmt man an, nur eine **sozialinadäquate Verursachung**[475] sei ursächlich im Sinne der Polizeigesetze. Die h.M.[476] geht heute im Einklang mit der Rechtsprechung des *PreußOVG*[477] von der **Theorie der unmittelbaren Verursachung** aus, die in dem – inzwischen allerdings aufgehobenen – § 22 RhPfPVG i.d.F. v. 29.6.1973 (GVBl. 180) durch den Gesetzgeber eine ausdrückliche Anerkennung gefunden hatte. Ein Verhalten ist demnach dann **ursächlich, wenn es für sich gesehen die polizeirechtliche Gefahrenschwelle überschreitet** und dadurch die hinreichende Wahrscheinlichkeit eines Schadenseintritts begründet oder erhöht[478] wird.

156 Die drei polizeirechtlichen Kausalitätstheorien unterscheiden sich im Ergebnis kaum[479]. Alle drei Theorien stimmen darin überein, dass es sich bei der Bestimmung der polizeirechtlichen Verursachung um ein **Wertungsproblem** handelt. Dies gilt –

---

471 Spätestens seit *BGHZ* 58, 162, 168 wird aber zusätzlich darauf abgestellt, „dass die Vorgänge, die für die Frage nach der Zurechnung erheblich sind, stets einer wertenden Betrachtung zu unterwerfen sind". Auch die Adäquanztheorie ist aber keine Kausalitätstheorie, s. etwa *Mertens*, in: Münchener Kommentar, BGB, 3. Aufl. 1997, § 823, Rdnr. 20.
472 *Schoch*, JuS 1994, 932.
473 Vgl. *Drews/Wacke/Vogel/Martens*, § 20, 3; unrichtig *Scholler/Schloer*, S. 247 f, die den Ehemann wegen der Verletzung seiner Pflichten aus § 1353 BGB auch für die Obdachlosigkeit als verantwortlich ansehen, damit aber zwei verschiedene Störungen miteinander vermengen.
474 So z.B. *Denninger*, in: L/D, E, Rdnr. 66; *Erichsen*, VVDStRL Bd. 35 (1977), 171, 205 f; *Schmelz*, BayVBl. 2001, 550, 554; *Schnur*, DVBl. 1962, 1, 3 ff; *Vollmuth*, VerwArch. Bd. 68 (1977), 45, 52 f; wohl auch *Scholler/Schloer*, S. 244 f, die ergänzend auf den Aspekt der Risikosphäre zurückgreifen; s. dazu auch *Pietzcker*, DVBl. 1984, 457 ff.
475 So z.B. *Hurst*, AöR Bd. 83 (1958), 43, 75 ff und *Gusy*, Rdnr. 270.
476 *Drews/Wacke/Vogel/Martens*, § 20, 3; *Friauf*, Rdnr. 76; *Götz*, Rdnr. 196 ff; *Rasch*, § 4 MEPolG, Rdnr. 15 ff; *Riegel*, S. 97; *Schoch*, JuS 1994, 933; *Wolff/Bachof*, Verwaltungsrecht III, § 127, Rdnr. 10; *Würtenberger*, Rdnr. 206 ff; *VGH BW*, VBl. BW 1982, 371 f; *HessVGH*, MDR 1970, 791; *OVG NW*, DVBl. 1973, 924 ff; mit Einschränkungen auch *Selmer*, JuS 1992, 99 ff.
477 *PreußOVGE* 31, 409 ff; 103, 139 ff.
478 Ähnlich lässt *Mertens*, in: Münchener Kommentar, BGB, 3. Aufl. 1997, § 823, Rdnr. 15, die Erhöhung der Wahrscheinlichkeit im Zusammenhang mit § 823 BGB für die Verursachung genügen.
479 So auch *Götz*, Rdnr. 198 f.

was z.T. verkannt wird – auch für die Theorie der unmittelbaren Verursachung, die nicht so verstanden werden darf, dass hier nur die zeitlich letzte Ursache polizeirechtlich relevant sein kann[480]. Ein Gleichklang zwischen den Theorien besteht auch insofern, als **immer dann, wenn ein Verhalten in Ausübung eines Rechts erfolgt** (z.B. Kündigung des Vermieters, die zur Obdachlosigkeit des Mieters führt; ein förmlich genehmigtes Verhalten, soweit die Erteilung von nachträglichen Auflagen ausgeschlossen ist) oder es sich als ein von der **Rechtsordnung toleriertes Risiko** darstellt[481], von einer die Störereigenschaft begründenden **Verursachung nicht ausgegangen werden kann**. Dies besonders deutlich ausgesprochen zu haben, ist das Verdienst der Theorie der rechtswidrigen Verursachung. Andererseits liefert diese allein kein Kriterium dafür, wann ein Verhalten rechtswidrig ist, da eine Verhaltensstörung nicht nur dann gegeben sein kann, wenn gegen ein ausdrückliches normatives Gebot oder Verbot verstoßen wird. Für den Fall, bei dem ein Verhalten nicht gegen eine Norm verstößt, kann die Theorie der sozialinadäquaten Verursachung Gesichtspunkte beisteuern, die bei der Bestimmung des polizeirechtlichen Verursacherbegriffs Relevanz besitzen. Freilich ist das Kriterium der sozialen Inadäquanz häufig zu vage, um allein hieraus eine trennscharfe Konturierung der polizeirechtlichen Verursachung gewinnen zu können; im Übrigen läuft die Theorie der sozialinadäquaten Verursachung im Resultat auf nichts anderes hinaus als auf eine andere Formulierung der Theorie der unmittelbaren Verursachung. Soweit ein Verhalten bereits die polizeiliche Gefahrenschwelle überschreitet, ist es eben sozialinadäquat. Fehlt es hingegen an einer unmittelbaren Verursachung, wie dies etwa bei dem Veranstalter einer Versammlung zutrifft, die durch politische Gegner gewaltsam gestört wird, so begründet diese mittelbare Verursachung keine Gefahr im polizeirechtlichen Sinn. Die Gefahrenschwelle wird hier erst durch das Verhalten derjenigen überschritten, die die Versammlung gewalttätig sprengen wollen. Diese sind Störer, nicht hingegen jene, deren Verhalten nur Anlass für die Störung bildet (die sog. Veranlasser).

b) Der Zweckveranlasser

Eine nur scheinbare Ausnahme von dem Grundsatz, dass der Veranlasser einer Gefahr mangels unmittelbarer Verursachung selbst kein Störer ist, bilden die unter dem Etikett des „**Zweckveranlassers**" diskutierten Fälle[482], bei denen ganz überwiegend von der Störereigenschaft des „Zweckveranlassers" ausgegangen wird. Typisch hierfür ist, dass **zwischen der Veranlassung und dem die Gefahr herbeiführenden Verhalten ein so enger innerer Zusammenhang besteht**, dass sich der Veranlasser die Gefahr selbst zurechnen lassen muss. Dass es sich hier tatsächlich um keine Ausnahme von der Theorie der unmittelbaren Verursachung handelt, wird deutlich, wenn

---

480 So zutreffend *Gusy*, Rdnr. 267; *Zeitler*, DÖV 1997, 373.
481 Zur Bedeutung der Risikozuweisung für die Bestimmung der polizeirechtlichen Verursachung *Pietzcker*, DVBl. 1984, 457, 459; *Scholler/Schloer*, S. 244 f; s.a. *Kokott*, DVBl. 1992, 749, 751 ff.
482 Vgl. hierzu *Drews/Wacke/Vogel/Martens*, § 20, 3; *Schmelz*, BayVBl. 2001, 550 ff; *Scholler/Schloer*, S. 248 f; krit. gegenüber diesem Begriff *Erbel*, JuS 1985, 257, 261 ff: *Rühl*, NVwZ 1988, 577 ff. Zu der auf der verfehlten Basis der Äquivalenztheorie geäußerten Kritik von *Muckel*, DÖV 1998, 18 ff, am Zweckveranlasser s. oben Fn. 403.

man sich vor Augen hält, dass diese Theorie nicht im Sinne der Relevanz lediglich der zeitlich letzten Ursache zu verstehen ist, sondern neben der äquivalenten Verursachung (die auch bei der „Zweckveranlassung" besteht) auf wertende Gesichtspunkte abstellt (oben Rdnr. 156). Bei der Bestimmung des die polizeirechtliche Verantwortlichkeit begründenden Zusammenhangs stellt die **subjektive Theorie** auf die Absicht des Veranlassers ab, fragt also danach, ob dieser die Herbeiführung der Gefahr durch eine andere Person zumindest billigend in Kauf nimmt[483], während nach der **objektiven Theorie** maßgeblich ist, ob aus der Sicht eines unbeteiligten Dritten die eingetretene Folge typischerweise durch die Veranlassung herbeigeführt wird[484]. Beide Theorien liefern wichtige Gesichtspunkte zur Begründung der polizeirechtlichen Verantwortlichkeit einer Person, welche nicht die letzte Ursache für eine polizeiliche Gefahr geschaffen hat[485]. Bedenken gegenüber der subjektiven Theorie, die sich darauf gründen, dass das Abheben auf subjektive Momente im Polizeirecht einen Fremdkörper darstellt, sind nicht durchschlagend, da das Polizeirecht ohnehin vielfach nicht umhinkommt, subjektive Elemente für die Frage der Zurechenbarkeit als relevant anzusehen. Sie spielen etwa bei der Bestimmung der Rechtswidrigkeit eines Verhaltens eine wichtige Rolle[486] und müssen damit bei dem durch das Polizeirecht bezweckten Schutz der allgemeinen Rechtsordnung auch für die Frage, ob eine unmittelbare Verursachung vorliegt, zwangsläufig erheblich werden. Damit steht nicht im Widerspruch, dass die Frage der Schuldhaftigkeit eines Verhaltens für die polizeirechtliche Verantwortlichkeit irrelevant ist. Zu beachten ist im Übrigen, dass (auch insoweit im Einklang mit der Theorie der unmittelbaren Verursachung) eine polizeirechtliche Verantwortlichkeit unter dem Aspekt der Zweckveranlassung dann ausscheidet, wenn zwar der oben beschriebene subjektive (oder objektive) Zusammenhang besteht, das Verhalten aber durch die Rechtsordnung ausdrücklich oder konkludent (etwa als geschützte Grundrechtsausübung) erlaubt wird (s. unten Rdnr. 158 in Verbindung mit der Versammlungsfreiheit; zu der durch eine rechtmäßige Kündigung verursachten Obdachlosigkeit s. oben Rdnr. 156). Der Gesichtspunkt einer (subjektiv oder objektiv begründeten) Zweckveranlassung umschreibt damit nur einen, freilich durch andere Gesichtspunkte relativierten, Topos, welcher bei der Beantwortung der Frage, ob eine Person eine Gefahr unmittelbar verursacht hat, Beachtung verdient.

158 Als Störer unter dem Aspekt der Zweckveranlassung sind deshalb z.B. der Omnibusunternehmer, der mittels einer Sonderfahrt eine Gruppe von Demonstranten zu einer (wie er weiß) verbotenen Demonstration befördert[487], der Repetitor, der die im Rahmen einer universitären Übung anzufertigende Hausarbeit vor dem Abgabetermin regelmäßig mit seinen Kursteilnehmern bespricht[488], oder der Geschäftsinhaber anzuse-

---

483 So z.B. *Friauf*, Rdnr. 80b, der aus objektiver Nützlichkeit auf die subjektive Seite schließen will; *Knemeyer*, Rdnr. 328 f; *Scholler/Schloer*, S. 248; *Selmer*, JuS 1992, 99 f; *Würtenberger*, Rdnr. 209; *VGH BW*, DÖV 1990, 346; *HessVGH*, NVwZ 1992, 1111, 1113.
484 So z.B. *Götz*, Rdnr. 202; *Rüfner/Muckel*, Rdnr. 83; *OVG Nds*, NVwZ 1988, 638, 639.
485 Für ein Nebeneinander der subjektiven und objektiven Theorie daher *VGH BW*, DÖV 1996, 83.
486 So z.B. bei der Beurteilung, ob eine rechtswidrige strafbare Handlung vorliegt – s. hierzu näher *Schenke*, FS Friauf, 1996, S. 455, 482 ff – oder nach polizeirechtlichen Vorschriften wie etwa § 5 Nr. 3 VersG.
487 Vgl. hierzu *Zeitler*, DÖV 1997, 371 ff.
488 S. *Gromitsaris*, JuS 1997, 49, 51.

hen, der mit seiner marktschreierischen Schaufensterreklame einen Massenauflauf vor dem Schaufenster seines Geschäfts veranlasst und damit Verkehrsbehinderungen herbeiführt[489]. Störer sind hier nicht nur die Passanten, sondern auch der Geschäftsinhaber, der zu Werbezwecken diesen Auflauf veranlasst hat. Entsprechendes dürfte anzunehmen sein, wenn eine Kapelle ein Lied intoniert, dem ein Text mit völkerverhetzendem Inhalt zu Grunde liegt[491]. Störer sind dann neben den Sängern des Liedes auch die Mitglieder der Kapelle. Als sehr zweifelhaft erscheint es, ob man auch den Organisator einer Sportgroßveranstaltung oder eines Pop-Konzerts im Hinblick auf die mit solchen Veranstaltungen typischerweise verbundenen Ausschreitungen durch Randalierer als Zweckveranlasser ansehen kann[491]. M.E. ist dies unter Berücksichtigung der grundrechtlichen Ausstrahlungen der Art. 12 und 14 GG grundsätzlich abzulehnen. Anderenfalls müsste nämlich die Durchführung solcher Veranstaltungen regelmäßig als Störung angesehen werden. Es hat hier aber ähnliches zu gelten wie bei einer sich im Anwendungsbereich des Art. 8 GG bewegenden politischen Großdemonstration, deren Veranstalter wegen der hiermit einhergehenden Störungen durch eine kleine Gruppe von Teilnehmern ebenfalls nicht als Störer qualifiziert werden können. Die Argumentation, durch die Art und Weise der Durchführung einer Versammlung könnten gewalttätige Auseinandersetzungen provoziert werden und daher der Veranstalter unter dem Aspekt der Zweckveranlassung Störer sein, überzeugt so allgemein nicht[492] (zur Zweckveranlassung durch den Veranstalter einer Großdemonstration im Hinblick auf Straßenverunreinigungen s. Rdnr. 141). An diesen Beispielen wird deutlich, dass es sich auch bei der Entscheidung über das Vorliegen einer **Zweckveranlassung in erster Linie um ein Wertungsproblem handelt**, bei dem dem Grundsatz der Verhältnismäßigkeit schon in Verbindung mit der Abgrenzung der Störereigenschaft Bedeutung beikommt.

Keine Störereigenschaft unter dem Aspekt der Zweckveranlassung ist auch dort anzunehmen, wo die Gefahr besteht, dass die von einer Person betriebene **Anlage in rechtswidriger Weise durch Dritte benutzt** wird und dadurch Gefahren entstehen. Eine Begründung der Störereigenschaft im Hinblick auf die Risikobelastung durch das Verhalten Dritter dürfte insbesondere dann ausscheiden, wenn in einem Spezialgesetz bereits nähere Regelungen über die Pflichten eines Anlagenbetreibers normiert sind; hier würde eine Ergänzung dieser spezialgesetzlichen Pflichten unter Rückgriff auf eine allgemeine Pflicht zur Minderung des durch Dritte verursachbaren Risikos dem abschließenden Charakter der Spezialregelungen nicht gerecht. Deshalb hat das BVerwG[493] es zu Recht abgelehnt, vor Schaffung solcher Sicherungspflichten durch die §§ 19b und 29c LuftVG die Störereigenschaft eines Flughafenunterneh-

---

489 So auch *Möller/Wilhelm*, S. 59; *Schoch*, JuS 1994, 933, vgl. *PreußOVGE* 85, 270 ff.
490 Im Sachverhalt anders lag hier der berühmte Fall des Borkumliedes, vgl. *PreußOVGE* 80, 176 ff.
491 Dafür *Broß*, DVBl. 1983, 377, 380; *Götz*, DVBl. 1984, 14, 17; *Lege*, VerwArch. Bd. 89 (1998), 71, 81 ff; a.A. *Schenke*, NJW 1983, 1882, 1883; *Möller/Wilhelm*, S. 61. Zu Aufgaben und Befugnissen der Polizeibehörden bei Sportgroßveranstaltungen s. allgemein näher *Nolte*, NVwZ 2001, 147 ff.
492 Allgemeine Bedenken gegen die Heranziehung der Rechtsfigur des Zweckveranlassers im Polizeirecht bei *Laubinger/Repkewitz*, VerwArch. Bd. 93 (2002), 149, 183; offen gelassen durch *BVerfG*, NVwZ 2000, 1406, 1407. S. auch oben Rdnr. 136. Nicht unbedenklich daher *OVG Nds*, NVwZ 1988, 638; krit. hierzu *Götz*, NVwZ 1990, 731.
493 *BVerwG*, DVBl. 1986, 360 ff m. Anm. *Schenke*; *Denninger*, in: L/D, E, Rdnr. 90; a.A. *VGH BW*, JZ 1982, 102 ff m. Anm. *Karpen*; vgl. dazu auch *Götz*, NVwZ 1984, 211, 214 sowie *Ronellenfitsch*, VerwArch. Bd. 77 (1986), 435 ff.

II *Polizei- und Ordnungsrecht*

mers im Hinblick auf die Gefahr terroristischer Anschläge im Flughafengelände zu befürworten. Etwas anderes gilt selbstverständlich dort, wo der Gesetzgeber vorsieht, dass dem risikogefährdeten Unternehmen Sicherungspflichten zur Ausschaltung bzw. Minderung eines solchen Risikos auferlegt werden[494], welche dieses nicht beachtet. Der Bemühung der Rechtsfigur des Zweckveranlassers bedarf es dann freilich nicht mehr. Folglich ist es nicht geboten, den Gastwirt unter dem Gesichtspunkt der Zweckveranlassung für den vor seiner Gaststätte durch Gäste verursachten Lärm verantwortlich zu machen, obschon § 5 I Nr. 3 GastG ausdrücklich regelt, dass dem Gastwirt insoweit Auflagen erteilt werden können. Angesichts der auf subjektive Momente abstellenden Regelung des § 5 I Nr. 3 VersG, der das Verbot von Versammlungen regelt, bei denen der Veranstalter einen gewalttätigen oder aufrührerischen Verlauf der Versammlung anstrebt, ist auch hier zur Begründung der Störereigenschaft des Veranstalters nicht auf die Rechtsfigur der Zweckveranlassung zurückzugreifen[495].

160 Ohne Rückgriff auf die Rechtsfigur des Zweckveranlassers lässt sich auch die Störereigenschaft einer Person erklären, die **Mittäter, Anstifter oder Gehilfe** einer durch eine andere Person begangenen rechtswidrigen, insbesondere **strafbaren Handlung** ist (beispielsweise wenn ein Unternehmer seinen Abfall zur Beseitigung an ein Abfallbeseitigungsunternehmen weitergibt, von dem er weiß, dass es den Abfall in verbotener Weise ablagern wird). Hier ist auch sein Verhalten unbestreitbar rechtswidrig und beinhaltet deshalb eine Störung. Ähnliches gilt dort, wo jemand durch die dauerhafte Überlassung von Räumen an Prostituierte strafbare Beihilfe zur Ausübung der verbotenen Prostitution i.S. des § 184a StGB leistet[496].

c) Der „latente Störer"

161 Schwierige Abgrenzungsprobleme stellen sich unter dem Aspekt der polizeirechtlichen Verantwortlichkeit in den Fällen der sog. „latenten Störung" (vgl. oben Rdnr. 56). Bei ihnen hat ein Verhalten, das zunächst noch keine Gefahren verursacht hat, in Verbindung mit dem späteren Hinzutreten weiterer, außerhalb des Einflusses des „latenten Störers" liegender Umstände eine Gefahr herbeigeführt. Das Paradebeispiel hierfür liefert der berühmte, Rechtsprechung und Literatur gleichermaßen beschäftigende **Schweinemästerfall**[497]. Ein Schweinemäster hatte hier eine Schweinemästerei mit den dazugehörigen baurechtlich genehmigten Stallungen errichtet, die mangels einer Wohnbebauung in der Nachbarschaft niemanden beeinträchtigte und keine Gefahr verursachte. Im Zuge einer Ausdehnung der Wohnbebauung[498] wurden später in der Nachbarschaft der Schweinemästerei Wohnhäuser errichtet, deren Bewohner durch die von der Schweinemästerei ausgehende Geruchs- und Ungezieferplage in ihrer Gesundheit beeinträchtigt wurden. In diesen Fällen soll sich nach

---

494 S. hierzu im Zusammenhang mit der Gefährdung von Industrieanlagen *Roßnagel*, ZRP 1983, 59 ff. Zur rechtlichen Problematik des Schutzes vor terroristischen Angriffen auf Kernkraftwerke und der Frage, inwieweit hier eine behördliche Befugnis besteht, die Abschaltung von Atomkraftwerken anzuordnen, s. *Ossenbühl*, NVwZ 2002, 290 ff.
495 Nicht überzeugend daher *Huber*, BayVBl. 1994, 513, 514.
496 Dazu *HessVGH*, NVwZ 1992, 1111, 1112.
497 Vgl. hierzu *Drews/Wacke/Vogel/Martens*, § 21, 1b ß; *Friauf*, Rdnr. 94 f; *Götz*, Rdnr. 235, 345; *Schenke*, JuS 1977, 789 ff; *OVG NW*, OVGE 11, 250 ff; *HessVGH*, BRS 20, 284, 285 f.
498 Dazu, dass über eine Nachbarklage (vgl. *BVerwG*, DVBl. 1969, 263 ff u. DVBl. 1971, 746 ff) die Bebauung nicht immer vermeidbar ist, s. *Schenke*, DVBl. 1976, 740, 744 f; *Lutz*, Eigentumsschutz bei „störender" Nutzung gewerblicher Anlagen, 1983, 21 ff; a.A. *Fröhler/Kormann*, WiVerw. 1978, 245 ff.

der h.M. der zunächst nur latent bestehende Gefahrenzustand durch das Heranrücken der Wohnbebauung aktualisiert haben, sodass nunmehr dem Schweinemäster – soweit es sich nicht um eine nach § 4 BImSchG i.V. mit § 2 I 1 Nr. 1a 4. BImSchV (Anhang 7.1) genehmigungspflichtige Anlage handelt[499] – der weitere Betrieb der Schweinemästerei gem. § 25 II BImSchG entschädigungslos untersagt werden könne. Eine entschädigungspflichtige Enteignung gem. Art. 14 III GG liege deshalb nicht vor, weil der Schweinemäster hier nur in die ohnehin gemäß der Sozialbindung des Eigentums bestehende Grenze seines Rechtes verwiesen werde.

Würde man dieser Argumentation in dieser Allgemeinheit folgen, **so ergäbe sich hieraus eine offene Flanke des Eigentumsschutzes des Schweinemästers**. Soweit bei dem Schweinemäster durch Zusagen oder auf andere Weise ein besonderes Vertrauen darauf begründet wurde, dass in der Nachbarschaft in absehbarer Zeit keine Wohnbebauung zugelassen wird, diese aber nunmehr doch erfolgt und durch ihn mittels Einlegung von Rechtsbehelfen nicht verhindert werden konnte, ist deshalb aus Art. 14 GG i.V.m. dem Übermaßverbot abzuleiten, dass hier die materielle Polizeipflicht des Schweinemästers eingeschränkt und ihm gegenüber eine Betriebsuntersagung nur bei einer gleichzeitig erklärten Kostenbeteiligung der öffentlichen Hand möglich ist. Diese Kostenbeteiligung kann sich bei einem schutzwürdigen Vertrauen an den Vertrauensschutzregelungen des § 21 IV BImSchG[500] und des § 49 VI LVwVfG orientieren und muss bereits in der dem Schweinemäster gegenüber ergangenen Untersagungsverfügung ihren Ausdruck finden (vgl. unten Rdnr. 174). Ähnlich dürfte auch der Fall zu lösen sein, bei dem eine ursprünglich rechtmäßig errichtete und betriebene Tankstelle infolge einer sich im Laufe der Jahre ergebenden Steigerung des Verkehrsaufkommens auf der Zufahrtsstraße zu Verkehrsbehinderungen durch zur Tankstelle abbiegende Fahrzeuge führte. Entgegen der Ansicht des *OVG Nds*[501] war auch hier – wie sich unter Heranziehung der Grundsätze über den Zweckveranlasser ergibt – der **Tankstelleninhaber zum Störer geworden**[502], sodass ihm der weitere Betrieb der Tankstelle untersagt werden konnte. Allerdings muss ihm bei schutzwürdigem Vertrauen bei der Untersagung des Betriebs eine Beteiligung an den hierdurch entstandenen Kosten angeboten werden, die sich der Höhe nach an den Regelungen über den Ersatz des Vertrauensschadens bei Widerruf einer Baugenehmigung orientieren können. 162

d) Scheinstörer, „Anscheinsstörer" und „Verdachtsstörer"

Nach einhelliger Auffassung **kein Störer ist der Scheinstörer** (Putativstörer), der keine Gefahr verursacht hat und bei dem die Polizei, ohne dass dies aus der ex-ante-Sicht objektiv gerechtfertigt war, davon ausging, er sei Störer. 163

Sehr umstritten ist hingegen, inwieweit der „Anscheinsstörer" als Störer anzusehen ist. Das Verständnis der Problematik bereitet erhebliche Schwierigkeiten. Sie resul- 164

---

499 Hier ist § 21 IV BImSchG einschlägig, der allerdings bei einem ausnahmsweise enteignenden Widerruf wegen der dort vorgesehenen Begrenzung des Entschädigungsanspruchs auf den Vertrauensschaden im Hinblick auf Art. 14 III GG Bedenken hervorruft, vgl. *Schenke*, JuS 1977, 789, 793 f.
500 S. Für eine analoge Anwendung des § 21 IV BimSchG früher *Schenke*, JuS 1977, 789, 794 im Anschluss und folgend *Lutz*, Eigentumsschutz bei „störender" Nutzung gewerblicher Anlagen, 1983, S. 211; *Pieroth/Schlink/Kniesel*, § 4, Rdnr. 28; *R. Schmidt*, S. 211; a.A. *Drews/Wacke/Vogel/Martens*, § 33, 3a ä.
501 *OVG Nds*, OVGE 14, 396 ff.
502 So auch *Götz*, Rdnr. 209.

II *Polizei- und Ordnungsrecht*

tieren zum einen daraus, dass in der neueren Diskussion eine Vielzahl unterschiedlicher Begriffe benutzt werden, deren jeweiliger Bedeutungsgehalt erheblich variiert und damit bereits eine sprachliche Verständigung als Voraussetzung einer sinnvollen Diskussion erheblich erschwert. Hiervon ist bereits der Begriff des „Anscheinsstörers" betroffen. Nachteilig bemerkbar macht sich zudem der Umstand, dass sich im Zusammenhang mit „Anscheinsstörern" die Problematik der Störereigenschaft vermischt mit der Frage, ob eine (Anscheins)gefahr vorliegt (dazu bereits Rdnr. 57 ff) und der Frage, ob eine als „Anscheinsstörer" in Anspruch genommene Person zu entschädigen ist bzw. zum Ersatz der durch die polizeilichen Gefahrenabwehrmaßnahmen verursachten Kosten herangezogen werden kann[503].

165 Die h.M. unterscheidet beim „Anscheinsstörer" eine **primäre und eine sekundäre Ebene**. Auf der Primärebene, d.h. bei der Polizeipflichtigkeit stellt sie – wie bei der Anscheinsgefahr – auf den Kenntnisstand ex-ante ab und qualifiziert demzufolge denjenigen, bei dem sie zu diesem Zeitpunkt bei verständiger Würdigung der Sachlage von einer durch diesen verursachten Gefahr ausgehen konnte, als „Anscheinsstörer". Diesen behandelt sie aus Gründen der Effektivität des polizeilichen Handelns bei der Beurteilung der Rechtmäßigkeit des polizeilichen Handelns als Störer. Auf der Sekundärebene, also im Zusammenhang mit Entschädigungsansprüchen des „Anscheinsstörers" sowie einer etwaigen Kostenersatzpflicht, klassifiziert sie ihn hingegen auf der Basis einer ex-post-Betrachtung als Nichtstörer[504]. Auf den ersten Blick erscheint das nicht unplausibel. Auf den zweiten Blick begegnet es aber unter **grammatischen, systematischen und teleologischen Gesichtspunkten erheblichen Bedenken**: Grammatischen deshalb, weil sowohl auf der primären wie auch auf der sekundären Ebene die Begriffe des Störers und des Nichtstörers verwandt werden und angesichts der Vermutung für einen einheitlichen Sprachgebrauch des Gesetzgebers dies dieselbe begriffliche Bestimmung, d.h. aber auch dieselbe Beurteilungsperspektive nahe legt. Systematische Einwände resultieren daraus, dass die polizeilichen Vorschriften über die Entschädigung und den Kostenersatz (s. §§ 45 I, 50, 5a II MEPolG) vielfach auf die in Verbindung mit Regelungen der materiellen Polizeipflicht erfolgten Definitionen des Störerbegriffs verweisen. Teleologische Bedenken stützen sich schließlich darauf, dass der Sinn der polizeirechtlichen Nichtentschädigung des Störeres offensichtlich darin liegt, dass bei demjenigen, der seiner materiellen Polizeipflicht nicht nachkommt, grundsätzlich kein Anlass besteht, ihn zu entschädigen. Damit zusammenhängend erscheint es zugleich sachlich gerechtfertigt, ihn mit den Kosten zu belasten, welche sich daraus ergeben, dass er seine polizeilichen Pflichten

---

503 Eingehend zur Problematik *Schenke*, FS Friauf, 1996, S. 455, 469 ff; *Schenke/Ruthig*, VerwArch. Bd. 87 (1996), 329 ff.
504 So z.B. *Breuer*, GS Martens, 1987, S. 317, 336; *Erichsen/Wernsmann*, JURA 1995, 219, 221; *Götz*, Rdnr. 163; *Pieroth/Schlink/Kniesel*, § 9, Rdnr. 21; *Rachor*, in L/D, L, Rdnr. 8; *Martensen*, DVBl. 1996, 286 ff; *Petri*, DÖV 1996, 443, 447; *Würtenberger/Heckmann/Riggert*, BW, Rdnr. 866; *BGHZ* 117, 303, 307 f; *BGH*, NJW 1996, 3151 f; JZ 1998, 515, 516; *OVG Berl*, NVwZ-RR 2002, 623; *OVG Hamb*, DVBl. 1986, 734 f und wohl auch *VGH BW*, VBl. BW 1990, 469, 471; für Ausschluss selbst eines Entschädigungsanspruchs *Gerhardt*, JURA 1987, 521, 526; im Ansatz ähnlich wie im folgenden *Classen*, JA 1995, 608, 613 f; *Friauf*, Rdnr. 52a; *Hoffmann-Riem*, FS Wacke 1972, S. 327, 337 f; *Kniesel*, DÖV 1997, 905, 908; *Mußmann*, BW, Rdnr. 270, 525; *Nierhaus*, UTR 1994, 369, 389.

nicht erfüllte und die Gefahr auf andere Weise beseitigt werden musste. Sieht man den „Anscheinsstörer" auf der Primärebene als Störer an, kann daher allenfalls erwogen werden, ihn entsprechend den Vorschriften über den Nichtstörer zu entschädigen[505], was freilich die durch den einfachen Gesetzgeber getroffene, teleologisch fundierte Grundentscheidung, nach welcher der Störer nicht zu entschädigen ist und ihm eine Kostenersatzpflicht obliegt, konterkariert und zudem unter dem Aspekt der verfassungsrechtlichen Junktimklausel des Art. 14 III 2 GG sowie dem Erfordernis verfassungskonformer Auslegung Zweifel erweckt (vgl. hierzu unten Rdnr. 167, 340).

166 Diese vielfältigen rechtsdogmatischen Bedenken lassen vermuten, dass die h.M. die Problematik des Anscheinsstörers nicht bewältigt hat. Um hier die Diskussion weiterzubringen, muss man sich die **Funktion des Begriffes „Anscheinsstörer"** vor Augen führen. Es geht um die mögliche **polizeirechtliche Verantwortlichkeit** einer Person. Diese setzt zunächst voraus, dass eine **polizeirechtlich relevante Gefahr** besteht, denn ohne das Vorliegen einer Gefahr kann die Polizei überhaupt nicht tätig werden[506] und natürlich auch niemand als Störer verantwortlich machen. Rechtsdogmatisch ist dann **streng zwischen dem Vorliegen einer Gefahr und der Verantwortlichkeit hierfür zu trennen**[507]. „Anscheinsstörer" ist deswegen nicht notwendigerweise nur derjenige, der eine Anscheinsgefahr hervorruft[508]. Den (bloßen) Eindruck, für eine Gefahr verantwortlich zu sein, kann man auch dann hervorrufen, wenn tatsächlich ein Schaden droht (vgl. ein Beispiel in Rdnr. 359). Außerdem unterscheiden die polizeirechtlichen Vorschriften nur nach Störern und Nichtstörern; Zwischenstufen kennen sie nicht. Man sollte daher auch Begriffe vermeiden, die solche Zwischenstufen einführen[509] oder jedenfalls suggerieren könnten, dass es sie gibt. Letzteres gilt auch für die z.T. getroffene Differenzierung nach „echten" und „unechten" Anscheinsstörern[510]. Wenn man den Begriff des „Anscheinsstörers" überhaupt beibehalten will[511], sollte man deshalb darunter jedenfalls nur solche Personen verstehen, die **polizeirechtlich als Störer** verantwortlich sind, was aber bei den sog. „unechten" Anscheinsstörern gerade nicht der Fall ist. Als „**Anscheinsstörer**" im Sinne der die Verhaltensverantwortlichkeit regelnden Vorschriften wäre bei einem solchen Begriffsverständnis (nur) **derjenige** zu verstehen, **dessen Verhalten in ihm zurechen-**

---

505 *Schoch*, JuS 1993, 724; *ders.*, JuS 1994, 934.
506 S. oben Rdnr. 62 ff zu den abzulehnenden Bestrebungen, der Polizei in den sog. Gefahrenverdachtsfällen ein mit Eingriffen verbundenes Einschreiten teilweise auch unterhalb der Gefahrenschwelle zu ermöglichen.
507 So auch *Schoch*, JuS 1993, 724, 726.
508 Für eine solche Parallele aber *Knemeyer*, Rdnr. 383, wonach Anscheinsstörer derjenige sein soll, der den Anschein einer Gefahr verursacht hat. Kritisch hierzu *Pieroth/Schlink/Kniesel*, § 9, Rdnr. 21, wonach Anscheinsstörer derjenige sein soll, der eine Gefahr dem Anschein nach verursacht hat.
509 *Breuer*, GS Martens, S. 335 ff; der von einem anscheinsbetroffenen Nichtstörer spricht, diesen aber dennoch bei der Heranziehung durch die Polizei (anders allerdings bezüglich der Kostenersatzpflicht) wie einen Störer behandelt.
510 So z.B. noch die in der 4. Aufl. dieses Buches (Rdnr. 93b) benutzte Terminologie.
511 Wegen der mit ihm verbundenen zahlreichen begrifflichen Unklarheiten, welche die Diskussion erheblich erschweren, plädiere ich in *Schenke*, Rdnr. 264 dafür, auf diesen Begriff überhaupt zu verzichten.

barer Weise den Eindruck hervorruft, er sei für eine Gefahr verantwortlich. Dies setzte zunächst ein **Verhalten des Betroffenen** voraus (s. schon Rdnr. 152). Der klare Wortlaut des Gesetzes, welches die Verhaltensstörereigenschaft an das tatsächliche Vorliegen eines Verhaltens[512] (und damit anders als bei dem Tatbestandsmerkmal der Gefahr an einen realen Befund und nicht an ein prognostisches Urteil) knüpft, kann insoweit nicht beiseite geschoben werden. Fehlt es hieran, so scheidet eine Verantwortlichkeit von vornherein aus. Wird beispielsweise der Polizei durch glaubhafte Zeugen mitgeteilt, sie hätten eine andere Person bei einem Diebstahl beobachtet, und schreitet die Polizei zur Sicherstellung der vermeintlichen Diebesbeute ein, so liegt zwar auch dann, wenn es an einer Handlung fehlt, die Anlass für eine Deutung als Diebstahl geben könnte und der Diebstahlvorwurf aus Schabernack oder aus Rache erhoben wurde, aus der polizeilichen Sicht eine Gefahr vor. Dennoch ist der zu Unrecht Bezichtigte kein Störer und damit (im Sinne des eben umschriebenen engeren Begriffs) auch kein „Anscheinsstörer".

167 Aber auch wenn die Polizei aus einem Verhalten einer Person auf eine Gefahr schließt, braucht diese noch nicht als Störer angesehen zu werden. Es kommt vielmehr auch hier entscheidend darauf an, welche **Zurechnungskriterien** maßgeblich sind, um ihn auf Grund dieses Verhaltens („in zurechenbarer Weise") als Störer verantwortlich zu machen. Das ist auf der Grundlage der Theorie von der **unmittelbaren Verursachung** (oben Rdnr. 155 f) zu beantworten[513]. Etwas anderes wäre nur dann vertretbar, wenn das Kriterium der unmittelbaren Verursachung, wie dies in der Literatur z.T. angenommen wird[514], auf den Fall der Anscheinsgefahr nicht passen würde, da hier ein echter Schaden gar nicht eintritt und daher konsequenterweise ein Verhalten für einen Schaden logischerweise auch nicht ursächlich sein kann. Bei einer solchen Argumentation wird aber verkannt, dass nicht ein **Schaden**, sondern eine **Gefahr**[515] zugerechnet wird[516]. Gerade weil die Anscheinsgefahr eine echte Gefahr darstellt, ist es unabweisbar, das zu einer Anscheinsgefahr führende Verhalten einer Person nur dann als für die Begründung der Störereigenschaft ausreichend anzusehen, wenn es den auch sonst hierfür erforderlichen Voraussetzungen genügt. Das gilt umso mehr, als die Problematik des „Anscheinsstörers" (obschon selten) auch in den Fällen aufgeworfen wird (vgl. Rdnr. 167), in denen tatsächlich ein Schaden drohte. Ebensowenig wie sonst können Effizienzgesichtspunkte dazu führen, dass auf das Erfordernis der Unmittelbarkeit der Verursachung verzichtet werden kann. Bedenkt man, dass sich die Frage des „Anscheinsstörers" meist (wenn auch nicht notwendi-

---

512 Vgl. § 4 I MEPolG: „Verantwortlichkeit für das Verhalten von Personen (1) Verursacht eine Person eine Gefahr" bzw. z.B. § 6 I BWPolG: „wird die öffentliche Sicherheit oder Ordnung durch das Verhalten von Personen bedroht ...".
513 Näher zum Erfordernis der unmittelbaren Verursachung in Verbindung mit der Problematik des Anscheinsstörers s. *Schenke*, FS Friauf, S. 455 ff und ebenso *Kniesel*, DÖV 1997, 905, 908.
514 Davon geht der Sache nach letztlich *Schoch*, JuS 1994, 934 aus.
515 Deshalb scheitert ja auch außerhalb der Fälle der Anscheinsgefahr die Bejahung einer unmittelbaren Verursachung nicht daran, dass sich die Gefahr später nicht realisiert.
516 Nicht überzeugend daher *Schoch*, JuS 1994, 934, der aus dem Umstand, dass bei der Anscheinsgefahr tatsächlich kein Schaden droht, folgert, dies müsse hier zu einer Modifikation des Störerbegriffs führen, obwohl auch in einem solchen Fall eine Gefahr vorliegt.

gerweise, vgl. Rdnr. 167) in Verbindung mit den Fällen der Anscheinsgefahr stellt, bei denen (wie sich ex post zeigt) tatsächlich kein Schaden drohte, so erschiene es sogar gerade unter dem Gesichtspunkt des effizienten Rechtsgüterschutzes unverständlich, wenn man in einem solchen Fall an die Bejahung einer Störeigenschaft geringere Anforderungen stellen würde als dort, wo ein Schaden tatsächlich droht. Für die hier vertretene Auffassung spricht schließlich auch, dass sich die h.M. in Verbindung mit der Frage der Entschädigungs- und der Kostenersatzpflicht ohnehin an der Theorie der unmittelbaren Verursachung orientiert. Es liegt dann aber angesichts des oben aufgezeigten Zusammenhangs zwischen primärer und sekundärer Polizeipflicht nur zu nahe, zu einer solchen Bestimmung des Störerbegriffs bereits auf der primären Ebene zu gelangen. Auf diese Weise werden auch im Einklang mit dem Grundsatz der verfassungskonformen Auslegung die Probleme vermieden, die sich auf der Basis eines für den „Anscheinsstörer" befürworteten generell weiteren Störerbegriffs bei einer von Anhängern dieser Auffassung verschiedentlich erwogenen analogen Anwendung von Entschädigungsvorschriften u.a. im Hinblick auf Art. 14 III 2 GG ergeben (dazu unten Rdnr. 340).

Damit vermag aber auf die allgemeinen Grundsätze der Bestimmung der polizeirechtlichen Verursachung zurückgegriffen zu werden und können auf ihrer Basis Fallgruppen entwickelt werden, bei welchen vom Vorliegen eines als Störer zu qualifizierenden „Anscheinsstörers" auszugehen ist. Deshalb scheidet hier nicht nur eine Bestimmung der Störereigenschaft anhand der Äquivalenztheorie aus, verfehlt ist es auch mit dem *BGH*[517] auf das **Verschuldensprinzip** als Zurechnungsprinzip abzustellen. Letzteres verbietet sich, da dies mit der objektiven am Rechtsgüterschutz orientierten Zielsetzung des Polizeirechts auch in Verbindung mit der Problematik des Anscheinsstörers nicht vereinbar ist. Mit dieser Feststellung steht es nicht in Widerspruch, dass in den Fällen, in denen der *BGH* auf der Basis des Verschuldensprinzips von einer polizeirechtlichen Verantwortlichkeit ausgeht, diese auch nach der hier vertretenen Ansicht stets zu bejahen ist. Ein Verschulden setzt nämlich rechtslogisch die Rechtswidrigkeit des Verhaltens voraus. Bei einem rechtswidrigen Verhalten ist aber stets eine unmittelbare Verursachung zu bejahen (oben Rdnr. 156). Nur ist eben – abweichend vom BGH – neben der Rechtswidrigkeit nicht noch zusätzlich ein Verschulden zur Bejahung der Störereigenschaft erforderlich. Die eine unmittelbare Verursachung begründende Rechtswidrigkeit des Verhaltens setzt nicht notwendigerweise einen Verstoß gegen außerhalb der polizeirechtlichen Ermächtigungsnorm statuierte Verhaltenspflichten voraus, bei deren Vorliegen ohnehin immer von einem Störer auszugehen ist. Die eine Zurechenbarkeit begründende unmittelbare Verursachung (materielle Polizeipflicht) kann sich vielmehr auch aus anderen Gesichtspunkten ergeben. Als ein solcher Zurechnungsgesichtspunkt kommt in Verbindung mit der Problematik des „Anscheinsstörers" (insbesondere bei Vorliegen einer Anscheinsgefahr) dem Risikoprinzip[518] eine ganz spezifische Bedeutung zu, auf das unsere Rechtsordnung der Sache nach häufig als Zurechnungsprinzip rekurriert, wenn „naturwissenschaftliche" Kausalitätsfragen durch Wertungen überlagert werden, wie es auch bei der polizeirechtlichen Theorie der unmittelbaren Verursachung der Fall ist (s. Rdnr. 155 f)[519]. Auch die sich um die Problematik des

168

---

517 *BGHZ* 5, 144, 154.
518 Statt aller *Canaris*, Vertrauenshaftung im Privatrecht, 1971, S. 479 f, auf dessen Fallgruppenbildung auch die nachfolgende Unterscheidung aufbaut.
519 Dazu, dass (vor allem in Reaktion auf die Kritik von *Pietzcker*, DVBl. 1984, 457, 459) die Theorie der unmittelbaren Verursachung auch Elemente der Risikozurechnung rezipiert, s. *Götz*, Rdnr. 199; *Schoch*, JuS 1994, 933.

"Anscheinsstörer" rankende Diskussion stellt letztlich nichts anderes als den Versuch dar, **Fallgruppen** herauszuarbeiten, in denen der potenzielle „Anscheinsstörer" ein **erhöhtes Risiko** geschaffen hat, das es rechtfertigt, ihn für eine Gefahr als Störer verantwortlich zu machen[520], welche in seine Risikosphäre fällt. Dies ist zunächst dann der Fall, wenn der Betroffene **Kenntnis vom Risiko** hat (s. zur Bedeutung subjektiver Momente für die Bestimmung der unmittelbaren Verursachung auch oben Rdnr. 157). Wer sich also beispielsweise wie ein Betrunkener aufführt und sich anschickt, in sein Auto einzusteigen, ist Störer, wenn ihm bekannt ist, dass ihn ein Polizist dabei beobachtet. Er weiß, dass bei verständiger Würdigung der Polizist annehmen muss, dass er tatsächlich betrunken ist. Der „Schauspieler" in unserem Beispiel trägt aber weiter auch das in einem Verhalten in der Öffentlichkeit liegende **Irreführungsrisiko**[521]. Selbst wer keine Kenntnis davon hat, dass er von einem Polizisten (oder von Privatleuten, die daraufhin die Polizei alarmieren) beobachtet wird, sondern lediglich mit Freunden auf dem Weg zum Auto Schabernack treibt, übernimmt das Risiko, dass aus diesem Verhalten darauf geschlossen wird, er sei Störer. Entsprechendes gilt, wenn ein Bürger mit einem Löwen durch die Stadt spaziert, selbst wenn dieser Löwe zahm wie ein Schoßhund ist[522]. In diesen Fällen ist der „Anscheinsstörer" im Rechtssinne ein „echter" Störer[523]. Allerdings ist bei der Auswahl der Maßnahme der Verhältnismäßigkeitsgrundsatz zu beachten, der dazu führen kann, dass zunächst nur Gefahrerforschungsmaßnahmen zulässig sind (s. bereits Rdnr. 61).

Kein Störer ist dagegen derjenige, dessen Verhalten **kein solches erhöhtes Risiko** beinhaltet. Weiß die Polizei beispielsweise aus sicherer Quelle, dass Attentäter planen, während einer Wahlkampfveranstaltung von einem bestimmten Gebäude aus ein Attentat auf den Bundeskanzler zu verüben, liegt bei verständiger Würdigung eine Gefahr vor, wenn sich jetzt eine Person mit Geigenkoffer dem Gebäude nähert. Eine Anscheinsgefahr ist gegeben, wenn es sich um den Violinschüler S handelt, der auf dem Weg zu seinem Geigenlehrer ist. Trotzdem fehlt es an einem von S gesetzten erhöhten Risiko, das es rechtfertigen würde, ihn als Störer anzusehen; sein Verhalten kann, auch wenn es für eine (Anscheins-)Gefahr i.S. der Äquivalenztheorie mit kausal ist, gemäß den auch sonst durch die ganz h.M. akzeptierten Grundsätzen keine polizeirechtliche Störereigenschaft begründen. Unter Effektivitätsgesichtspunkten ergeben sich hier keine Probleme, da er **als Nichtstörer in Anspruch genommen** werden kann. Gerade dieses Beispiel zeigt, dass es bei der Problematik des Anscheinsstörers letztlich um die Abgrenzung der Risikosphären des potenziellen Verantwortlichen und der Polizei geht. In deren Risikosphäre (und nicht in die des Betroffenen) fällt es, wenn sie auf Grund zusätzlicher Informationen zu Recht auf das Vorliegen einer Gefahr schließt[524].

---

520 Dabei wird diese Diskussion allerdings z.T. nur auf der sekundären Ebene geführt, während nach der hier vertretenenen Ansicht eine solche Differenzierung abgelehnt wird (s. oben Rdnr. 165).
521 Zu einem solchen Fall s. auch *OLG Karlsruhe*, OLG Report 2001, 448 f („falsche Angabe gegenüber der Polizei, man sei ein gesuchter Straftäter").
522 Vgl. den Fall *OVG Hamb*, NJW 1986, 2005.
523 Im Ergebnis ebenso *Knemeyer*, Rdnr. 95; *Würtenberger*, Rdnr. 198; *Schoch*, JuS 1993, 724, 725.
524 Wenn der Violinschüler sich nach polizeilicher Information über den gegen ihn bestehenden Verdacht unter Angabe von Gründen weigert, der polizeilichen Bitte um Öffnung seines Koffers nachzukommen, kann sich allerdings aus der Verletzung einer Mitwirkungsobliegenheit in Verbindung mit anderen Umständen seine polizeirechtliche Verantwortlichkeit ergeben, s. dazu ausf. *Schenke*, FS Friauf, S. 455, 484.

Unumgänglich ist die Heranziehung der Vorschriften über den Nichtstörer insbesondere dann, wenn für die Polizei nur ein Verdacht besteht, eine Person könne für eine bestehende Gefahr verantwortlich sein, sie sich aber der Zweifelhaftigkeit einer solchen Annahme bewusst ist und es deshalb ebenso für möglich ansieht, dass sich dieser Verdacht nicht bewahrheitet. In diesen Fällen, die z.T. unter dem Etikett des „Verdachtsstörers" diskutiert werden, muss die Polizei schon aus rechtsstaatlichen Gründen von der für den Verdächtigen günstigeren Alternative ausgehen und diesen bei der Erforschung, wer Störer ist, zunächst als Nichtstörer behandeln. Im Übrigen gelten die Gründe, die gegen eine Verwendung des Begriffs des „Anscheinsstörers" bestehen, in noch stärkerem Maße für die Verwendung des Begriffs des „Verdachtsstörers". Bezieht man diesen (auch) auf die Fälle, in denen nur ein Gefahrenverdacht (oben Rdnr. 59) vorliegt, steht der Bejahung einer Störereigenschaft zusätzlich entgegen, dass bei einem Gefahrenverdacht – anders als bei einer Anscheinsgefahr – gerade keine Gefahr vorliegen muss, es beim Fehlen einer Gefahr aber nie einen Störer geben kann, selbst wenn es möglich sein sollte, für diesen Verdacht eine Person „verantwortlich" zu machen[525]. Selbstverständlich kann in spezialgesetzlichen Regelungen wie dem § 9 II BBodSch ein polizeirechtliches Einstehenmüssen von Personen grundsätzlich bereits bei Gefahrenverdachtsfällen begründet werden.

169

3. Haftung für eigenes Verhalten und für das Verhalten anderer Personen (Zusatzverantwortlichkeit)

Neben der Verantwortlichkeit für eigenes Verhalten[526] sehen die Polizei- und Ordnungsgesetze eine **zusätzliche Verantwortlichkeit für das Verhalten anderer Personen vor**[527]. Für Minderjährige bis zu einem bestimmten Lebensalter[528] sowie für Personen, für die wegen einer psychischen Krankheit oder einer körperlichen, geisti-

170

---

525 Die Gleichbehandlung von „Anscheinsstörern" und „Verdachtsstörern" bei *Pieroth/Schlink/Kniesel*, § 9, Rdnr. 24, und deren Behauptung „bei Zugrundelegung eines subjektiven Gefahrenbegriffs" sei der „Verdachtsstörer" mit dem Störer gleichzusetzen, beruht darauf, dass sie in einer sehr problematischen Weise hier den Begriff des Gefahrenverdachts mit dem der Gefahr gleichsetzen (dazu kritisch näher *Schenke*, Rdnr. 83 ff). Damit wird die Diskussion der Störerproblematik zusätzlich mit den terminologischen Unklarheiten belastet, die sich in Verbindung mit dem Begriff des Gefahrenverdachts ergeben.
526 § 6 I BWPolG; Art. 7 I BayPAG, Art. 9 I BayLStVG; § 13 BerlASOG; § 16 I BrandOBG, § 5 I BrandPolG; § 5 I BremPolG; § 8 I HambSOG; § 6 I HessSOG; § 69 I MVSOG; § 6 I NdsGefAG; § 4 I NWPolG, § 17 I NWOBG; § 4 I RhPfPOG; § 4 I SaarlPolG; § 7 I SachsAnhSOG; § 4 I SächsPolG; § 218 I SchlHVwG; § 10 I ThürOBG; § 7 I ThürPAG; § 4 MEPolG, § 17 I BGSG.
527 § 6 II, III BWPolG; Art. 7 II, III BayPAG, Art. 9 I 2, 3 BayLStVG; § 13 II, III BerlASOG; § 16 II, III BrandOBG, § 5 II, III BrandPolG; § 5 II, III BremPolG; § 8 II, III HambSOG; § 69 II, III MVSOG; § 6 II, III NdsGefAG; § 4 II, III NWPolG, § 17 II, III NWOBG; § 4 II, III RhPfPOG; § 4 II, III SaarlPolG; § 7 II, III SachsAnhSOG; § 4 II, III SächsPolG; § 218 II, III SchlHVwG; § 10 II, III ThürOBG; § 7 II, III ThürPAG; § 4 II, III MEPolG; § 17 II, III BGSG.
528 Meist erlischt die Zusatzverantwortlichkeit mit der Vollendung des 14. Lebensjahres, vgl. z.B. § 13 II BerlASOG; § 16 II BrandOBG; § 5 II 1 BrandPolG; § 5 II BremPolG; § 6 II HessSOG; § 69 II MVSOG; § 6 II NdsGefAG; § 4 II NWPolG, § 17 II NWOBG; § 4 II RhPfPOG; § 4 II SaarlPolG; § 7 II SachsAnhSOG; § 4 II SächsPolG; § 10 II ThürOBG; § 7 II ThürPAG; § 4 II MEPolG; § 17 II 1 BGSG; nach § 6 II BWPolG mit der Vollendung des 16. Lebensjahres.

gen oder seelischen Behinderung ein Betreuer bestellt ist, tritt neben deren Verantwortlichkeit diejenige des Personensorgeberechtigten[529] bzw. Aufsichtspflichtigen[530] oder des Betreuers. Ferner wird durch das Verhalten des Verrichtungsgehilfen, sofern dieser **in Ausführung einer Verrichtung** (und nicht nur bei deren Gelegenheit, d.h. ohne inneren Zusammenhang mit dieser) eine Gefahr verursacht, eine Verantwortlichkeit des Geschäftsherrn begründet. Voraussetzung für das Vorliegen der Verrichtungsgehilfeneigenschaft ist die **Abhängigkeit vom weisungsbefugten Geschäftsherrn**; die Art des Rechtsverhältnisses spielt keine Rolle[531]. Anders als im Zivilrecht scheidet bei der verschuldensunabhängigen polizeirechtlichen Verantwortlichkeit ein Entlastungsbeweis des Geschäftsherrn naturgemäß aus.

IV. Der Zustandsstörer

171 Die Zustandsverantwortlichkeit[532], die häufig (z.B. bei einem Gewerbebetreibenden, der einen störenden Gewerbebetrieb unterhält) mit der Verhaltensverantwortlichkeit einhergeht, knüpft bei den dem § 5 MEPolG folgenden Polizei- und Ordnungsgesetzen nunmehr primär an die bezüglich einer störenden Sache bestehende **Sachherrschaft (tatsächliche Gewalt), daneben aber auch noch an die Rechtsstellung des Eigentümers**[533] **und mitunter auch an die eines anderen Berechtigten**[534] **an**. Auch Tiere werden polizeirechtlich wie eine Sache behandelt; die Vorschrift des § 90a BGB steht dem nicht entgegen[535]. Unter Zustand der Sache ist dabei sowohl die Beschaffenheit der Sache wie auch deren Lage im Raum (z.B. Verkehrshindernis auf der Straße) zu verstehen. Voraussetzung für die Verantwortlichkeit ist auch hier, dass durch die Sache die Gefahr verursacht wird. Die Frage ist ebenso wie bei der Verhaltensverantwortlichkeit **mittels der Theorie der unmittelbaren Verursachung zu**

---

529 So in Baden-Württemberg, Mecklenburg-Vorpommern, Sachsen und Schleswig-Holstein.
530 So in den übrigen Bundesländern und den Regelungen im MEPolG und BGSG.
531 *VGH BW*, NJW 1993, 1543, 1544.
532 § 7 BWPolG; Art. 8 I, II BayPAG, Art. 9 II 1, 2 BayLStVG; § 14 BerlASOG; § 17 BrandOBG, § 6 BrandPolG; § 6 I, II 1 BremPolG; § 9 I HambSOG; § 7 I, II 1 HessSOG; § 70 MVSOG; § 7 I, II 1 NdsGefAG; § 5 I, II 1 NWPolG, § 18 I, II 1 NWOBG; § 5 I, II 1 RhPfPOG; § 5 SaarlPolG; § 8 SachsAnhSOG; § 5 SächsPolG; § 219 I, I 1 SchlHVwG; § 11 ThürOBG; § 8 II 1 ThürPAG; § 5 I, II 1 MEPolG; § 18 BGSG.
533 Maßgeblich ist dabei der zivilrechtliche Eigentumsbegriff, weshalb hier noch nicht das Bestehen eines Erbbaurechts genügt, vgl. *VGH BW*, NJW 1998, 624. Für den Erbbauberechtigten kann sich die polizeirechtliche Verantwortlichkeit aber aus der Innehabung der Sachherrschaft oder – sofern das Landesrecht dies vorsieht – aus seiner Stellung als sonstiger Berechtigter ergeben.
534 So Art. 8 II 1 BayPAG; § 14 III 1 BerlASOG; § 6 II 1 BrandPolG; § 6 II 1 BremPolG; § 7 II 1 HessSOG; § 7 II 1 NdsGefAG; § 5 II 1 NWPolG; § 5 II 1 RhPfPOG; § 5 II 1 SaarlPolG; § 8 II 1 SachsAnhSOG; § 11 II ThürOBG; § 8 II 1 ThürPAG; § 5 II 1 MEPolG; § 18 II 1 BGSG. Unter sonstigen Berechtigten sind dabei nicht nur dingliche Berechtigte (z.B. Nießbraucher) zu verstehen, auch eine schuldrechtlich begründete Befugnis kann hierunter fallen, wenn nach Art der Gefahr eine Einwirkungsmöglichkeit besteht (vgl. *Heise/Riegel*, Begr. zu § 5 II MEPolG). Der Unterschied zu den Ländern, die eine Verantwortlichkeit sonstiger Berechtigter nicht regeln (s. z.B. § 7 BWPolG), ist im Übrigen nicht groß, da die sonstigen Berechtigten ohnehin meist Inhaber der tatsächlichen Gewalt sein werden.
535 Vgl. z.B. ausdrücklich §§ 6 II 1 BrandPolG, § 7 I HessSOG, § 5 I SaarlPolG, § 18 I BGSG.

beantworten[536]. Soweit sich durch die Sache hervorgerufene Gefahren aus einem durch das Eigentum gewährten Recht ergeben, fehlt es an einer unmittelbaren Verursachung. So wird etwa durch einen auf einem Grundstück stehenden Baum dann keine Gefahr verursacht, wenn durch eine spätere Verlegung einer Kreuzung an das Grundstück der Baum die Übersichtlichkeit der Kreuzung beeinträchtigt und dadurch Verkehrsgefährdungen erzeugt[537]. Die Bepflanzung des Grundstücks stellt sich jedenfalls dann als eine aus dem Eigentum an diesem Grundstück abzuleitende Befugnis dar, wenn bezüglich der Bepflanzung von Grundstücken gesetzliche Regelungen existieren und diese eingehalten wurden. Ebensowenig wie eine Verhaltensverantwortlichkeit ist hier eine Zustandsverantwortlichkeit gegeben.

Eine Zustandsverantwortlichkeit kann auch in den Fällen einer Anscheinsgefahr begründet sein (Fehlalarm durch defekte Alarmanlage). Die unter dem wenig glücklichen Etikett des „latenten Störers" diskutierte Problematik, wie sie oben in Verbindung mit der Verhaltensstörung erörtert wurde (vgl. Rdnr. 162 f, s. auch Rdnr. 56), ergibt sich gleichermaßen in Bezug auf die Zustandsstörung. Demgemäß vermag z.B. der Schweinemäster, soweit er nicht auf Grund besonderer behördlicher Zusicherungen auf das Freihalten der Nachbargrundstücke von einer Wohnbebauung vertrauen durfte, nach einer Wohnbebauung nicht nur als Verhaltens-, sondern auch als Zustandsstörer (u.U. allerdings nur gegen Entschädigung analog § 21 IV BImSchG) in Anspruch genommen zu werden. Ebensowenig kann bei einem Friedhof, in dessen Nähe später ein Wasserwerk errichtet wird, dessen Wasser durch Verwesungsgifte verseucht wird („Ahnenbrühe") – entgegen dem *OVG NW*[538] – eine Zustandsverantwortlichkeit des Friedhofseigentümers mit der Begründung ausgeschlossen werden, dass die ursprünglich polizeigemäß errichtete Friedhofsanlage „nicht dadurch polizeiwidrig werden (könne), dass in der Nachbarschaft eine andere Anlage errichtet wird und diese von jener irgendwelche der Abwehr bedürftigen Gefahren zu erwarten hat".

172

Für das Bestehen einer Zustandsverantwortlichkeit ist es zwar grundsätzlich ohne Bedeutung, auf welche Weise die Sache in einen die Gefahr verursachenden Zustand versetzt wurde. Der Umstand, dass der Eigentümer oder ein eigentumsähnlich Befugter zur Nutzung der Sache berechtigt ist und über sie verfügen kann, rechtfertigt es, ihm nach Art. 14 I 2 u. II GG idR auch die Lasten aufzuerlegen, die mit der Bejahung einer Zustandsveranwortlichkeit verbunden sind. Deshalb spielt es auch **prinzipiell keine Rolle**, ob er den **gefährlichen Zustand** der Sache **selbst verursacht** hat und ob diese **Verursachung in schuldhafter Weise** erfolgte. Aus dem **Übermaßverbot**, insbesondere aus dem Grundsatz der Verhältnismäßigkeit (Rdnrn. 200 ff), können sich aber **Einschränkungen der Zustandsverantwortlichkeit** ergeben, wenn diese bei bestimmten Fallkonstellationen zu einer **unzumutbaren Belastung des Eigentümers** führen würde. Zwar ändert sich auch hier nichts am grundsätzlichen Bestehen der Zustandsverantwortlichkeit; der Eigentümer wird auch nicht – wie dies früher

173

---

536 So auch *Götz*, Rdnr. 195; *Schoch*, JuS 1994, 936 f; s. auch *Denninger*, in: L/D, E, Rdnr. 57 ff; a.A. *Friauf*, Rdnr. 83 u. *Scholler/Schloer*, S. 259, nach denen die Kausalitätstheorien hier keine Rolle spielen sollen.
537 Vgl. zu einem solchen Fall *OVG Nds*, OVGE 17, 447 ff; zust. *Götz*, Rdnr. 209; *v.Mutius*, JURA 1983, 298, 306.
538 *OVG NW* v. 30.5.1952, abgedruckt bei *Th. Vogel*, Gerichtsentscheidungen zum Polizeirecht, 1971, 123 ff; a.A. zutr. *Götz*, Rdnr. 235 f und *Drews/Wacke/Vogel/Martens*, § 21, 1b ß.

II *Polizei- und Ordnungsrecht*

häufig vertreten wurde[539] – zum Nichtstörer. Wohl aber werden seine materiellen Polizeipflichten in verfassungskonformer Auslegung der Vorschriften über die Zustandsverantwortlichkeit begrenzt[540].

174 Das hat nunmehr auch das *BVerfG*[541] in Bezug auf die Haftung eines Grundstückseigentümers für Altlasten in einem Fall anerkannt, bei dem die Kosten für die Grundstückssanierung den Verkehrswert des Grundstücks überschritten und dem Grundstückseigentümer beim Erwerb des Grundstücks dessen bereits vorher bestehende Kontaminierung nicht bekannt war. Eine Begrenzung der Verantwortlichkeit schied dabei nach Ansicht des *BVerfG* – entgegen der Rspr des *BVerwG*[542] – nicht allein schon deshalb aus, weil der Eigentümer die Belastung des Grundstücks hätte erkennen müssen, ihm also Fahrlässigkeit[543] vorzuwerfen war. Zudem betonte das *BVerfG*, dem Eigentümer sei es **nicht zumutbar, mit Vermögen, das in keinem Zusammenhang mit dem sanierungsbedürftigen Grundstück steht**, für die den Verkehrswert überschreitenden Sanierungskosten **einzustehen**[544]. Hervorgehoben wurde durch das Gericht ferner, dass eine Vielzahl anderer Umstände für die Entscheidung darüber bedeutsam werden kann, ob eine uneingeschränkte Bejahung der Zustandsverantwortlichkeit des Eigentümers erfolgen kann. So verbiete sich diese insbesondere dann, wenn die Gefahr, die von einem Grundstück ausgeht, aus Naturereignissen, aus der Allgemeinheit zuzurechnenden Ursachen oder von nicht Nutzungsberechtigten Dritten herrührt. Andernfalls würden dem Eigentümer Risiken aufgebürdet, die auf Umständen beruhen, die losgelöst von der Sachherrschaft über das Grundstück seien und **jenseits seiner Verantwortungssphäre** liegen[545]. Selbst eine finanzielle Belastung des Zustandsverantwortlichen, die noch **unterhalb des Verkehrswerts des Grundstücks** liegt, kann nach dieser Judikatur unzumutbar sein, wenn das zu sanierende Grundstück den wesentlichen Teil des Vermögens des Pflichtigen bildet und die **Grundlage seiner privaten Lebensführung** einschließlich seiner Familie darstellt. In einem solchen Fall wird die Grenze der zumutbaren Belastung uU bereits dann überschritten, wenn der Eigentümer eines Eigenheims das Grundstück unter Berücksichtigung seiner wirtschaftlichen Lage nicht mehr halten kann[546]. Kein Anlass für eine (auch nur teilweise) Freistellung von Sanierungskosten besteht hingegen zB dann, wenn der Grundeigentümer durch Vermietung zu gewerblichen Zwecken die Möglichkeit einer störenden Grundstücksnutzung eröffnet hat und die Kosten vergleichsweise niedrig sind (etwa 10% des Grundstückverkehrswerts).

---

539 So heute noch *Friauf*, Rdnr. 92 und früher *Schenke*, in: Steiner, Besonderes Verwaltungsrecht, 5. Aufl., 1995, Rdnr. 173 f.
540 Vgl grundlegend *BVerfGE* 102, 1 ff und dazu *Klüppel*, JURA 2001, 26 ff; *Müggenborg*, NVwZ 2001, 39 ff; *Sachs*, JuS 2000, 1219 f; *Schoch*, JK 01, Pol u. OrdR Störer/10; s. auch *BVerfG*, NVwZ 2001, 65 f. Ansätze zu einer (allerdings in ihrer Ausgestaltung vielfach differierenden) verfassungskonformen Restriktion der Zustandsverantwortlichkeit bereits früher vor allem bei *Friauf*, FS Wacke 1972, S. 293 ff; *ders.*, Rdnr. 92 f; ferner bei *Baur*, JZ 1964, 354, 356; *Gornig/Jahn*, 144; *Papier*, NWVBl. 1989, 322, 326; *Rasch*, § 5 MEPolG, Rdnr. 12; *Schenke*, JuS 1977, 789 ff und auch – allerdings nicht weit genug gehend – bei *BVerwG*, NVwZ 1991, 475; NVwZ 1997, 577 und *RhPfOVG*, NJW 1998, 625; aA *Drews/Wacke/Vogel/Martens*, § 21, 1b a; *Schumann*, 46 f; *BVerwGE* 10, 282, 283.
541 *BVerfGE* 102, 1 ff = NJW 2000, 2573 ff und dazu näher *Klüppel*, JURA 2001, 26 ff sowie *Lepsius*, JZ 2001, 22 ff.
542 *BVerwG*, NVwZ 1991, 475; NJW 1998, 3582.
543 Dabei ist auch der Grad der Fahrlässigkeit von Bedeutung, vgl *BVerfGE* 102, 1, 22; *Müggenborg*, NVwZ 2001, 39, 41.
544 Eingeh. *BVerfGE* 102, 1; dazu näher *Lepsius*, JZ 2001, 22, 24 ff.
545 *BVerfGE* 102, 18 ff.
546 *BVerfGE* 102, 21.

Die polizeirechtlich Verantwortlichen (Störer) **II D**

Auf der Basis dieser Rechtsprechung lässt sich eine Vielzahl von Fällen lösen, bei denen Umfang und Grenzen der Zustandsverantwortlichkeit bisher umstritten war. Bedeutsam wird dies etwa für einen Grundstückseigentümer, dessen Grundstück durch einen in der Nähe verunglückenden fremden **Tankwagen verseucht** wird (zur hier heute geltenden Spezialregelung des § 4 II, V 1 BBodSchG s. näher unten Rdnr 176) und bei dem oft immense Kosten für die Sanierung des Grundstücks anfallen[547]. Einschränkungen der Zustandsverantwortlichkeit eines Eigentümers können sich auch bei durch Naturkatastrophen[548] oder durch Kriegseinwirkung[549] hervorgerufenen **außergewöhnlichen Schäden** (Ruinengrundstück) an Sachen ergeben, die **außerhalb der Risikosphäre**[550] des Eigentümers liegen. Sie können ferner aus der **Legalisierungswirkung** einer (insbesondere gewerberechtlichen) Genehmigung resultieren, wobei das Ausmaß der Legalisierungswirkung vom Inhalt und Umfang der behördlichen Genehmigung abhängt[551] (näher *Schenke*, Rdnr. 273).

175

Die von der Rspr des *BVerfG* entwickelten Grundsätze beanspruchen iü auch Geltung für die Bestimmungen der Pflichten eines Grundstückseigentümers gem. § 4 II, V 1 BBodSchG v. 17.3.1998 (BGBl I, S. 502), zumal das dem allgemeinen Polizei- und Ordnungsrecht als lex specialis vorgehende BBodSchG in § 4 V 1 BBodSchG ausdrücklich auf den verfassungsrechtlichen Grundsatz der Verhältnismäßigkeit Bezug nimmt. Der Umstand, dass die im Gesetzentwurf der Bundesregierung[552] in § 25 II BBodSchG zunächst vorgesehene kostenmäßige Begrenzung der Polizeipflicht des Eigentümers nicht Gesetz wurde, steht einer verfassungskonformen Auslegung des BBodSchG nicht im Wege. Dies umso mehr, als dem Gesetzgeber ohnehin bekannt war, dass eine unbegrenzte kostenmäßige Heranziehung des Grundstückseigentümers, wenn dieser weder Verhaltensverursacher ist noch von der Bodenbelastung Kenntnis hatte, nicht mehr auf die Sozialbindung des Eigentums (Art. 14 II GG) gestützt werden kann[553].

176-178

Die Zustandsverantwortlichkeit des Eigentümers oder ggf. eines anderen Berechtigten erlischt nach Maßgabe der hier z.T. unterschiedlichen Regelungen meist, wenn der Inhaber der tatsächlichen Gewalt diese ohne den Willen des Eigentümers oder Berechtigten ausübt (vgl. § 5 II 2 MEPolG). Verliert der Inhaber der tatsächlichen Gewalt diese jedoch später, so lebt grundsätzlich wieder die Haftung des Eigentümers oder Berechtigten auf[554]. Die **Zustandsverantwortlichkeit des Eigentümers**

179

---

547 Zu diesem Fall s. *OVG NW*, DVBl. 1964, 683.
548 Vgl hierzu *RhPfOVG*, NJW 1998, 625, das zwar einerseits betont, dass der Grundstückseigentümer als Zustandsstörer auch für Gefahren haftet, die auf Naturereignissen beruhen, zugleich aber darauf hinweist, dass sich hier im Einzelfall aus dem Übermaßverbot Einschränkungen der Haftung ergeben können. Bezeichnenderweise scheidet bei Naturereignissen auch nach der Rspr des *BGH*, NJW 1985, 1773 f, eine zivilrechtliche Verantwortlichkeit aus; zu dem hier bestehenden funktionalen Zusammenhang auch *Köpfer/Kaltenegger*, BayVBl. 1992, 260, 261 f; krit. demgegenüber *Beinhofer/ Heimrath*, BayVBl. 1992, 748 ff.
549 So auch *BadVGH*, DVBl. 1953, 145 ff; aA *BVerwGE* 10, 282, 283 u. (wenn auch beim Zusammentreffen einer Verhaltensstörung mit Einschränkungen) BayVBl. 1986, 590, 592.
550 Zur Risikosphäre auch *Kokott*, DVBl. 1992, 749, 751 ff; *Scholler/Schloer*, S. 260.
551 Dazu *Fluck*, VerwArch. Bd. 79 (1988), 406 ff; *Kloepfer*, Umweltrecht, 2. Aufl. 1998, § 12, Rdnr. 141 ff mwN; *VGH BW*, NVwZ 1990, 781, 783. Die Legalisierungswirkung umfasst dabei aber grundsätzlich (vorbehaltlich abweichender Regelungen) nur solche Gefahren, die bei Erteilung der Genehmigung bereits erkennbar waren, vgl. *Denninger*, in: L/D, E, Rdnr. 62; *Kloepfer*, NuR 1987, 7, 14; *Pieroth/Schlink/Kniesel*, § 9, Rdnr. 64; a.A. *Papier*, NVwZ 1986, 256, 257.
552 Vgl BT-Drucks. 13/6701, S. 14 u. 46.
553 BT-Drucks. 13/6701, S. 46.
554 Vgl. *RhPfOVG*, NJW 1998, 625; *BVerwG*, Buchholz 402.41 Allg. Polizeirecht Nr. 60; *BVerwG*, RdL 1998, 237; *BVerwG*, 18.6.1998 – 1 B 178/97; *Schoch*, JuS 1994, 932 ff. Dabei können sich aber

II *Polizei- und Ordnungsrecht*

wird ferner mit der Übereignung und der Dereliktion beendigt[555]. Dies gilt grundsätzlich auch dann, wenn vor der Übereignung bzw. Dereliktion dem früheren Eigentümer bzw. Berechtigten gegenüber schon ein polizeilicher Verwaltungsakt erlassen wurde. Daher besteht in diesem Fall ein Rechtsanspruch des Adressaten dieses Verwaltungsakts auf dessen Aufhebung.

180 Eine im Vordringen befindliche Auffassung[556] bejaht allerdings auch nach Dereliktion generell die Fortgeltung der Verantwortlichkeit des früheren Eigentümers. Ihr kann de lege lata in dieser Generalität nicht gefolgt werden. Allein aus dem Gesichtspunkt, dass es dem gesetzgeberischen Zweck der Zustandshaftung nicht entspricht[557], dem Eigentümer – der bisher den Nutzen der Sache gehabt hatte – zu gestatten, nun entstehende Nachteile (Kosten der Gefahrenbekämpfung) durch Dereliktion auf die Allgemeinheit abzuwälzen, lässt sich der **eindeutige Wortlaut** der an die Eigentümerstellung anknüpfenden polizeirechtlichen Vorschriften **nicht beiseite schieben**. Diese rechtspolitisch zu billigende Erwägung kann für den Gesetzgeber nur den Anlass bieten, die Zustandsverantwortlichkeit nicht mit der Dereliktion enden zu lassen, wie dies in Anlehnung an § 5 III MEPolG nunmehr in der Tat in fast allen Ländern normiert ist[558]. Auch der Hinweis[559], die Sachherrschaft des früheren Eigentümers bestehe nach der Dereliktion fort und rechtfertige damit weiter dessen Verantwortlichkeit, überzeugt nicht, da eine solche Sachherrschaft keineswegs andauern muss. Allein die (im Übrigen für jedermann bestehende) Möglichkeit, sich die herrenlose Sache wieder anzuzeigen, begründet (ebenso wie für andere Personen) auch für den früheren Eigentümer keine Sachherrschaft[560]. Ebenso scheidet es grundsätzlich aus, in der Dereliktion eine Verhaltensstörung zu sehen. Dem steht entgegen, dass durch die Dereliktion weder eine neue Gefahr entsteht, noch eine bereits bestehende Gefahr erhöht wird[561]. Der von *Schmidt-Jortzig* empfohlene Weg[562], die Dereliktion wegen Verstoßes gegen § 134 BGB als nichtig anzusehen, ist gleichfalls nicht gangbar. Das von ihm bemühte Verbot, die Sache in polizeiwidrigen Zustand geraten oder darin verharren zu lassen, lässt sich aus die Zustandsverantwortlichkeit des Eigentümers regelnden Normen nur insoweit ableiten, als der Pflichtige noch Eigentümer ist. Gegen ein solches Verbot wird aber durch eine Dereliktion nicht verstoßen. Für eine darüber hinausgehende Verpflichtung, aus der sich die Unzulässigkeit einer zur Aufgabe der polizeirechtlichen Verantwortlichkeit führenden Dereliktion ergeben soll, fehlt es aber – auch aus systematischen Gründen – an einer normativen Verankerung. Der Annahme einer solchen Pflicht widerspricht zudem auch, dass sonst bei einer Eigentumsaufgabe durch Eigentumsübertragung unbestritte-

---

auch hier aus dem Verhältnismäßigkeitsgrundsatz Einschränkungen ergeben (vgl. oben Rdnr. 175), was z.B. von Bedeutung sein kann, wenn der Dieb die Sachherrschaft an einem gestohlenen Kfz aufgibt und der Eigentümer hiervon nichts weiß (vgl. zur Problematik *Stollenwerk*, VR 1996, 378, 379).

555 So auch *Drews/Wacke/Vogel/Martens*, § 21, 2c; *Götz*, Rdnr. 226; *Rasch*, § 5 MEPolG, Rdnr. 20; *Schoch*, JuS 1994, 1027; *Würtenberger/Heckmann/Riggert*, BW, Rdnr. 436 ff; *VGH BW*, NVwZ-RR 1991, 27 und eingehend *Pischel*, VBl. BW 1999, 166 ff.

556 *Friauf*, Rdnr. 89; *Riegel*, S. 99; *Schmidt-Jortzig*, FS Scupin, 1983, S. 819, 828 f; *Wolff/Bachof*, Verwaltungsrecht III, 4. Aufl. 1978, § 127, Rdnr. 24; VG Freiburg, DVBl. 1967, 787, 788.

557 So *Friauf*, Rdnr. 89; OVG Brem, DVBl. 1989, 1008 f m.w.N.

558 Art. 8 III BayPAG; § 14 IV BerlASOG; § 17 III BrandOBG; § 6 III BrandPolG; § 6 III BremPolG; § 9 I 2 HambSOG; § 7 III HessSOG; § 70 III MVSOG; § 7 III NdsGefAG; § 5 III NWPolG; § 18 III NWOBG; § 5 III RhPfPOG; § 5 III SaarlPolG; § 8 III SachsAnhSOG; § 219 III Schl-HVwG; § 11 III ThürOBG; § 8 III ThürPAG.

559 So *Scholler/Schloer*, S. 251.

560 So auch *Pischel*, VBl. BW 1999, 166, 167.

561 So richtig *Pischel*, VBl. BW 1999, 166, 167.

562 Vgl. *Schmidt-Jortzig*, FS Scupin, 1983, S. 828 f.

nermaßen die Verpflichtung des früheren Eigentümers erlischt. Jedoch wird man in besonders gelagerten Fällen die Dereliktion im Hinblick auf § 138 BGB als nichtig ansehen können[563]. Ein solcher Fall kann z.B. dann vorliegen, wenn nach Erlass eines polizeilichen Verwaltungsakts eine Dereliktion hinsichtlich einer Sache, aus der zunächst Nutzen gezogen wurde, nur aus dem Grund erfolgt, sich der Verantwortlichkeit zu entziehen und Gefahren für besonders hochwertige Rechtsgüter bestehen[564]. Selbstverständlich wird im Übrigen eine **Verhaltensverantwortlichkeit des früheren Eigentümers durch die Aufgabe des Eigentums nicht berührt**[565]. Wird beispielsweise ein Auto durch seinen Eigentümer bei einem Unfall zu Schrott gefahren und bildet es nunmehr ein Verkehrshindernis auf der Straße, so kann sich der Eigentümer seiner Verhaltensverantwortlichkeit nicht dadurch entziehen, dass er das Eigentum an dem Auto aufgibt.

Für die Haftung des Inhabers der Sachherrschaft (tatsächlichen Gewalt) ist es ohne Bedeutung, worauf diese beruht. Auch der unrechtmäßige Inhaber der tatsächlichen Gewalt ist verantwortlich. Die tatsächliche Gewalt kann dabei nicht nur durch den Besitzer (auch hier sind freilich Ausnahmen denkbar, so braucht der Erbenbesitzer gem. § 857 BGB nicht Inhaber der tatsächlichen Gewalt zu sein) ausgeübt werden, sondern auch durch den Besitzdiener[566]. Mit der Aufgabe der tatsächlichen Gewalt endet die Haftung des Zustandsstörers[567]. Einschränkungen der Verantwortlichkeit des Inhabers der tatsächlichen Sachherrschaft resultieren daraus, dass dieser nur zu solchen Handlungen verpflichtet werden kann, zu denen er tatsächlich in der Lage und rechtlich befugt ist. Zweifelsfragen ergeben sich in diesem Zusammenhang dort, wo der Störer durch einen Verwaltungsakt zu einem Handeln verpflichtet wird, bei dessen Vornahme er aus zivilrechtlichen Gründen auf die Mitwirkung Dritter angewiesen ist. Man denke etwa an die allein dem Miteigentümer eines Grundstücks gegenüber erlassene Anordnung, ein Bauwerk abzubrechen, oder die nur dem Pächter eines Gewerbebetriebs gegenüber getroffene Auflage, an dem Betriebsgebäude bauliche Veränderungen vorzunehmen. Während man früher vielfach annahm, hier sei der dem Miteigentümer bzw. dem Pächter gegenüber erlassene Verwaltungsakt rechtswidrig, da von dem Adressaten etwas rechtlich Unmögliches verlangt werde, wird dieser Standpunkt heute von der h.M. aufgegeben[568]. Dem ist zuzu-

181

---

563 So *Pischel*, VBl. BW 1999, 166, 167 f; *Spannowsky*, DVBl. 1994, 560, 564; *Stöckle/Röckeisen*, NJ 1993, 67 ff; s. zum entsprechenden Problem in Verbindung mit einer Übereignung, die dem Zweck dienen soll, die Kosten der Gefahrenbeseitigung auf die Allgemeinheit abzuwälzen, *VGH BW* VBl. BW 1998, 312 f; offen gelassen von *VGH BW* VBl. BW 1998, 19, 20. Unabhängig davon, welchen Standpunkt man hier einnimmt, führt die Dereliktion aber jedenfalls nicht zu einer rückwirkenden Beseitigung der polizeirechtlichen Verantwortlichkeit, sodass der zunächst Polizeipflichtige für die Kosten einer Ersatzvornahme (oder unmittelbaren Ausführung) einzutreten hat, die noch vor der Dereliktion vorgenommen wurden, vgl. *Würtenberger/Heckmann/Riggert*, BW, Rdnr. 437; *VGH BW*, VBl. BW 1998, 19, 20 und (zu einer unmittelbaren Ausführung vor Eigentumsübertragung) *OVG Hamb*, NVwZ 2001, 215 ff.
564 Nach *BVerwG*, NVwZ 1997, 577, verstößt ein Rechtsgeschäft, dessen Zweck sich darin erschöpft, Kostenlasten zum Nachteil Dritter zu verschieben, regelmäßig gegen § 138 BGB; ebenso *VGH BW* VBl. BW 1998, 312 f; *BayVGH*, NVwZ 2002, 364 f.
565 *OVG Nds*, NdsVBl. 1997, 212.
566 Vgl. *Drews/Wacke/Vogel/Martens*, § 21, 3a.
567 *VGH BW*, NVwZ-RR 1991, 27.
568 Vgl. *BVerwG*, BauR 1972, 298 f; *OVG NW*, BRS 24 Nr. 194; *HessVGH*, NJW 1983, 2282; *VGH BW*, VBl. BW 1982, 405, 406; *Kühling*, BauR 1972, 264 ff; a.A. *Scholler/Schloer*, S. 250.

stimmen, da die Erfüllung der auferlegten Verpflichtung jedenfalls dann möglich ist, wenn sich der zivilrechtlich Berechtigte (also z.B. ein anderer Miteigentümer) mit der Durchführung der polizeilichen Anordnung einverstanden erklärt oder ihm gegenüber nachträglich eine ihn zur Duldung des Eingriffs verpflichtende Verfügung[569] ergeht. Es ist daher vorbehaltlich abweichender landesrechtlicher Regelungen **nicht erforderlich, dass mit der Inanspruchnahme des zivilrechtlich Nichtberechtigten zugleich eine Duldungsverfügung gegenüber dem Berechtigten erfolgt**. Für diese Ansicht – die auch auf Parallelen im Zivilprozeßrecht verweisen kann[570] – sprechen Gründe der Verfahrensökonomie. Sie führt auch zu keiner Verkürzung des Rechtsschutzes des zivilrechtlich berechtigten Dritten, da ohne dessen Zustimmung bzw. ohne eine diesem gegenüber ergangene Duldungsverfügung eine **Vollstreckung des polizeilichen Verwaltungsakts** (in den Beispielen also gegenüber dem Miteigentümer bzw. dem Pächter) **nicht zulässig ist**. Die Rechte Dritter bilden insoweit ein Vollstreckungshindernis.

V. Die Verjährung der polizeirechtlichen Verantwortlichkeit

Eine Verjährung der polizeirechtlichen Verantwortlichkeit scheidet grundsätzlich aus. Dementsprechend ist derjenige, dessen Verhalten bzw. bei dem der Zustand einer ihm zuzuordnenden Sache seine polizeirechtliche Verantwortlichkeit begründet, unabhängig davon polizeipflichtig, wie lange dieses Verhalten bzw. der Zustand schon andauert[571]. Eine andere Ansicht müsste zu einer erheblichen Einschränkung einer der wichtigsten staatlichen Funktionen führen. Dies erscheint um so bedenklicher, als die entsprechenden Schutzpflichten z.T. grundrechtlich fundiert sind und überdies im Bereich des öffentlichen Rechts der Grundsatz gilt, dass nichtvermögensrechtliche Ansprüche prinzipiell nicht verjähren. Die Ansicht, nach Eintritt der Verjährung bestehe die Möglichkeit, den die Gefahr ursprünglich Verursachenden als Nichtstörer heranzuziehen[572], vermag hier bestehende Bedenken nicht zu zerstreuen, denn zum einen ist diese Inanspruchnahme als Nichtstörer an einschränkende Voraussetzungen gebunden und schränkt damit die Effektivität des polizeilichen Handelns ein. Zum anderen ist sie mit einer Entschädigungspflicht gekoppelt und „sozialisiert" insofern die u.U. erheblichen Kosten für die Bekämpfung der Gefahren, obwohl der sie Verursachende u.U. aus seinem Verhalten bereits Vorteil gezogen hat. Inkonsequent ist die Ansicht[573], der Störer sei trotz Verjährung nach wie vor als Störer heranziehbar, habe aber einen Entschädigungsanspruch, wenn er die Gefahr beseitige. Damit wird der Zusammenhang zwischen der polizeirechtlichen

---

569 Zur Duldungsverfügung s. näher *v. Kalm*, DÖV 1996, 463 ff.
570 Vgl. *RGZ* 68, 221.
571 Vgl. für die h.M. *Becker*, DVBl. 1999, 134, 142; *Erbguth/Stollmann*, DVBl. 2001, 601, 607: *Götz*, Rdnr. 225; *Schink*, DÖV 1999, 797, 804; *VGH BW*, NVwZ-RR 1996, 387, 390; *Lange*, Die verwaltungsrechtliche Verjährung, 1984, 21 m.w.N.; *Würtenberger/Heckmann/Riggert*, BW, Rdnr. 470 f; a.A. *Kügel*, NJW 2000, 107, 112; *Martensen*, NVwZ 1997, 442 ff; *Ossenbühl*, NVwZ 1995, 547 ff; *ders.*, Zur Haftung des Gesamtrechtsnachfolgers für Altlasten, 1995, 74 ff.
572 So *Ossenbühl*, NVwZ 1995, 547, 549 f.
573 Für sie aber *Martensen*, NVwZ 1997, 442, 444 f.

Verantwortlichkeit und der Entschädigungspflicht gesprengt (s. auch oben Rdnr. 143). Geht man wie hier davon aus, dass eine Rechtsnachfolge bezüglich der polizeirechtlichen Verantwortlichkeit grundsätzlich nicht stattfindet (s. unten Rdnr. 187 ff), die Verantwortlichkeit vielmehr jeweils originär bei einem Polizeipflichtigen begründet wird, so wird dem Problem ohnehin viel von seiner Brisanz genommen. Zu bejahen sein dürfte allerdings die Verjährung eines öffentlichrechtlichen Kostenersatzanspruchs der Polizei, da es sich um einen vermögensrechtlichen Anspruch der öffentlichen Hand handelt und zudem bereits eine Konkretisierung der Pflicht stattgefunden hat, die über jene der allgemeinen Polizeipflicht hinausreicht[574]. Die Verjährung tritt entsprechend dem neu gefassten § 195 BGB in 3 Jahren ein[575]. Da sich diese Analogie zu Gunsten des Pflichtigen auswirkt, bestehen auch unter dem Aspekt des Vorbehalts des Gesetzes (anders als bei einer Verjährung von Entschädigungsansprüchen des Nichtstörers, dazu Rdnr. 348) keine Bedenken. Zu beachten ist zudem, dass, wenn die Polizei in Kenntnis einer Gefahrenlage lange Zeit untätig bleibt und bei dem Betroffenen durch zusätzliche Umstände den Eindruck verstärkt, er werde nicht als Polizeipflichtiger in Anspruch genommen, die Befugnis zu seiner Inanspruchnahme verwirkt sein kann[576].

VI. Die Auswahl zwischen mehreren Störern

1. Keine nur anteilige Verantwortlichkeit der Störer

Häufig haben mehrere Störer eine Gefahr verursacht. In diesen Fällen fragt es sich, welche Gesichtspunkte hier für die Inanspruchnahme dieser Störer maßgeblich sind. **Abzulehnen** dürfte dabei eine in der neueren Literatur vertretene Auffassung sein, demgemäß dort, wo mehrere Personen unabhängig voneinander eine polizeiliche Gefahr verursacht haben, von vornherein **nur eine anteilige Verantwortlichkeit** der verschiedenen Störer zu bejahen sein soll[577]. Sie steht im Widerspruch dazu, dass hier jeder der Herangezogenen die volle Gefahr verursacht hat und auch sonst in dem strukturell verwandten Haftungsrecht (s. z.B. die §§ 830, 840 BGB), wenn mehrere Personen für einen Schaden verantwortlich sind, keine anteilige Begrenzung der Verantwortlichkeit im Außenverhältnis stattfindet. Es besteht aber kein Anlass, im Polizeirecht hiervon abzuweichen (s. auch § 50 II MEPolG), zumal dies zwangsläufig auf Kosten der Effizienz des polizeilichen Handelns gehen würde und auch das Polizeirecht (wie auch das Zivilrecht) die Möglichkeit einer gerechten, auch dem Übermaßverbot (vgl. Rdnr. 200 ff) Rechnung tragende Lastenverteilung durch die Bejahung eines internen Ausgleichsanspruchs zwischen den Störern bietet (vgl. Rdnr. 185 f).

182

---

574 Insoweit zutreffend *Martensen*, NVwZ 1997, 442, 444.
575 So auch *Würtenberger/Heckmann/Riggert*, BW, Rdnr. 470; s. auch allgemein zu den Auswirkungen der Schuldrechtsreform auf die Verjährung öffentlichrechtlicher Ansprüche *Kellner*, NVwZ 2002, 395 ff.
576 Vgl. hierzu *Ossenbühl*, NVwZ 1995, 547, 549 f und *VG Köln*, NVwZ 1994, 927, 930.
577 So aber *Giesberts*, Die gerechte Lastenverteilung unter mehreren Störern, 1990, S. 79 ff; *Würtenberger/Heckmann/Riggert*, BW, Rdnr. 514; s. demgegenüber zutreffend *Gornig/Hokema*, JuS 2002, 21, 22; *Kloepfer/Thull*, DVBl. 1989, 1121 ff u. *Scholler/Schloer*, S. 265.

II *Polizei- und Ordnungsrecht*

Die Ablehnung einer Verantwortlichkeit pro rata gilt dabei selbstverständlich nicht, falls durch mehrere Personen verschiedene Gefahren verursacht wurden, auch wenn diese äußerlich zusammenfallen mögen.

2. Ermessensleitende Gesichtspunkte bei der Auswahl zwischen mehreren Störern

183 Sind demnach mehrere Personen in vollem Umfang für eine polizeiliche Gefahr verantwortlich, so fragt sich, ob die Behörde gegen alle Störer vorzugehen vermag oder ob sich für sie möglicherweise Einschränkungen hinsichtlich des ihr sonst prinzipiell zustehenden Auswahlermessens ergeben. Diskutiert wird dies insbesondere, wenn eine Gefahr sowohl durch einen Verhaltensstörer als auch durch einen Zustandsstörer verursacht wurde[578]. Soweit sich hier nicht bereits aus dem Grundsatz des geringsten Eingriffs ergibt, dass eine Person deshalb nicht in Anspruch genommen werden kann, weil der andere Störer den Gefahrenzustand mit einem geringeren Aufwand zu beseitigen vermag, regelt das Gesetz nicht, gegen welchen Störer einzuschreiten ist. **Grundsätzlich wird dies derjenige sein, welcher in der Lage ist, die Gefahr oder Störung am schnellsten und wirksamsten zu beseitigen**[579]. Wenn die Formel, prinzipiell sei derjenige heranzuziehen, der zeitlich und örtlich der Gefahr am nächsten stehe, in diesem Sinne interpretiert wird, ist dies nicht zu beanstanden. Inwieweit sich darüber hinaus – wie heute vielfach angenommen wird[580] – eine das Ermessen einschränkende Regel dergestalt aufstellen lässt, dass **prinzipiell der Verhaltensstörer vor dem Zustandsstörer in Anspruch zu nehmen ist, erscheint hingegen zweifelhaft**[581]. Dies kann im Einzelfall zwar ein Gebot der Gerechtigkeit sein; so z.B., wenn durch einen Autofahrer ein Unfall mit einem ihm nicht gehörenden Auto verursacht wird und dadurch eine Gefahrenlage entsteht oder prinzipiell bei Altlasten im Verhältnis von Verhaltensstörer und Zustandsstörer[582].

Zu beachten ist jedoch, dass für die ermessensfehlerfreie Auswahl zwischen Störern **noch eine Reihe anderer Gesichtspunkte relevant werden**, so z.B. die durch den Störer zur Gefahrenbekämpfung zu erbringenden Aufwendungen sowie seine persönliche und sachliche Leistungsfähigkeit[583], seine zivilrechtliche Verfügungs- und Nutzungsbefugnis[584], ferner allgemein die Wirksamkeit der Gefahrenbekämpfung. Ist beispielsweise der Verhaltensstörer den Polizei- bzw. Ordnungsbehörden nicht bekannt (etwa der Fahrer des Unfallautos) oder können sie diesen aus sonstigen tatsächlichen Gründen zur Gefahrenbeseitigung nicht heranziehen, so vermögen sie grund-

---

578 Vgl. hierzu z.B. *Drews/Wacke/Vogel/Martens*, § 19, 6c; *Rasch*, § 5 MEPolG, Rdnr. 21.
579 So z.B. auch *Garbe*, DÖV 1998, 632 ff; *Gornig/Homeka*, JuS 2002, 21, 22 f; *Tettinger*, Rdnr. 362; *Würtenberger*, Rdnr. 229.
580 So *Rasch*, § 5 MEPolG, Rdnr. 21; *OVG Hamb*, DVBl. 1953, 542 f; *OVG NW*, OVGE 19, 101, 104; *BayVGH*, BayVBl. 1979, 307, 309.
581 So auch *Friauf*, Rdnr. 98 ff; *VGH BW*, NVwZ-RR 1991, 27.
582 Vgl. *BayVGH*, BayVBl. 1986, 590, 593.
583 *OVG Nds*, NVwZ 1990, 786 f.
584 S. auch *BVerwG*, NVwZ 1990, 474, 475.

sätzlich sehr wohl den Zustandsstörer in Anspruch zu nehmen[585]. Für eine Heranziehung des Zustandsstörers unter Effektivitätsgesichtspunkten kann es ferner sprechen, dass der Verhaltensstörer aus zivilrechtlichen Gründen nicht in der Lage ist, allein die Gefahr zu beseitigen und es hierzu noch einer Inanspruchnahme des Zustandsstörers[586] mittels einer Duldungsverfügung bedarf (s. Rdnr. 181). Soweit verschiedene Personen als Störer für eine Inanspruchnahme in Betracht kommen und hierbei eine Person sowohl Zustandsstörer wie Verhaltensstörer ist, kann auch dieser Gesichtspunkt zur Verengung des Ermessensspielraums beitragen und damit nur die Inanspruchnahme des Doppelstörers ermessensfehlerfrei sein. Ein Ermessensfehler liegt vor, falls die Behörde nicht berücksichtigt hat, dass durch sie mehrere Personen als Störer in Anspruch genommen werden konnten[587] oder sie selbst mitverantwortlich ist. Bei Mitverantwortlichkeit des Trägers der Polizeibehörde kann die alleinige Heranziehung eines Störers zur Gefahrenbekämpfung unter dem Aspekt des dem § 254 BGB zu entnehmenden Rechtsgedankens ermessensfehlerhaft sein. Zu weitgehend ist es allerdings, wenn man dort, wo mehrere Personen für eine Störung verantwortlich sind, die Polizei für verpflichtet ansieht, die Störerauswahl daran zu orientieren, wer nach dem Zivilrecht von ihnen letztlich verpflichtet ist, die Kosten zu tragen[588]. Das schließt aber nicht aus, dass es im Einzelfall ermessensfehlerhaft sein kann, wenn die Behörden bei der Auswahl die ihr bekannten und streitigen Regelungen des internen Ausgleichs völlig unberücksichtigt lassen[589]. Zu beachten ist überdies, dass sich aus dem Verhältnismäßigkeitsgrundsatz eine Einschränkung der polizeirechtlichen Verantwortlichkeit ergeben kann, wenn ein Rückgriffsanspruch gegenüber anderen Störern wegen deren Insolvenz nicht durchsetzbar ist[590].

Umstritten ist es, inwieweit der durch die Polizei- und Ordnungsbehörde in Anspruch **184** genommene Störer einen Ausgleichsanspruch gegenüber einem nicht in Anspruch genommenen Störer analog § 426 BGB besitzt. Der *BGH*[591] hat dies verneint. Man wird jedoch jedenfalls dort, wo mehrere Personen als Polizeipflichtige inhaltlich in gleicher Weise verpflichtet sind, auf die Beseitigung einer Gefahr hinzuwirken, von einem **Gesamtschuldverhältnis** auszugehen haben[592]. Hier liegt hinsichtlich dieser kraft Gesetzes bestehenden (und nicht erst durch den Erlass des Verwaltungsakts be-

---

585 Zu weitgehend allerdings wohl *RhPfOVG*, DÖV 1984, 483, 484 (ähnlich *OVG NW*, DÖV 1988, 87 f), nach dem hier grundsätzlich der Halter und nicht der Verhaltensverantwortliche heranzuziehen ist, es sei denn, der Halter benennt unverzüglich den Verhaltensverantwortlichen; a.A. *BayVGH*, BayVBl. 1984, 16, 17; s. später aber auch *BayVGH*, BayVBl. 1987, 404.
586 S. auch *Gornig/Hokema*, JuS 2002, 21, 23 f; nicht ausreichend beachtet wird dies durch *BayVGH*, NVwZ 2001, 458 f.
587 *VGH BW*, NVwZ 1990, 179 f.
588 So zutreffend *Garbe*, DÖV 1998, 632, 633; *Gornig/Hokema*, JuS 2002, 21, 23; *BayVGH*, NVwZ 2001, 458; *VGH BW*, VBl. BW 1993, 298, 301 gegen *BayVGH*, NVwZ 1986, 942, 946 u. *Fleischer*, Die Auswahl unter mehreren Polizeipflichtigen als Rechtsfrage, 1980, S. 91, 97.
589 So *BVerwG*, NVwZ 1990, 474, 475; *Würtenberger*, Rdnr. 230; krit. demgegenüber *Schoch*, JuS 1994, 1028.
590 S. dazu näher *Schenke*, Rdnr. 284.
591 *BGH*, DÖV 1981, 843 f; ebenso z.B. *Schwachheim*, NVwZ 1988, 255 ff; *Möller/Wilhelm*, S. 68.
592 S. auch *Gornig/Hokema*, JuS 2002, 21, 23; *Kloepfer/Thull*, DVBl. 1989, 1121 ff; *Schoch*, JuS 1994, 1029; *Seibert*, DÖV 1983, 964 ff u. *Schwabe*, UPR 1984, 9 ff; *Tettinger*, Rdnr. 363; s. auch *BayVGH*, BayVBl. 1989, 467, 470 u. *Oldiges*, NW, S. 274.

gründeten) materiellen Pflicht genau jene Situation vor, welche durch den Begriff des Gesamtschuldverhältnisses in § 421 S. 1 BGB umschrieben wird (s. auch §§ 830, 840 BGB) und an welchen die Rechtsfolgeregelungen der §§ 421 ff BGB anknüpfen[593]. Zwar ist die in § 421 S. 1 BGB getroffene Regelung, demgemäß der Gläubiger die Leistung nach seinem Belieben von jedem der Schuldner ganz oder zum Teil zu fordern hat, auf das Polizeirecht nicht übertragbar, da das polizeiliche Ermessen anders als das Gläubigerermessen in § 421 S. 1 BGB durch ermessensleitende Gesichtspunkte, insbesondere unter dem Aspekt der Effizienz des polizeilichen Handelns, eingeschränkt wird. Dies hindert aber nicht, die den Innenausgleich betreffende Regelung des § 426 BGB auf das Innenverhältnis zwischen mehreren Störern entsprechend anzuwenden. In § 24 II BBodSchG ist nunmehr ein solcher Ausgleich ausdrücklich vorgesehen[594].

185 Nachdem eine nur partielle polizeirechtliche Verantwortlichkeit bei Störermehrheit, wie oben gezeigt wurde, grundsätzlich ausscheidet, lässt sich nur auf diese Weise eine **gerechte Lastenverteilung** zwischen mehreren Störern ermöglichen, die vor dem Gleichheitssatz und dem materiellen Rechtsstaatsprinzip Bestand hat. Für eine solche Analogie spricht hier sogar im Verhältnis zum zivilrechtlichen Anwendungsbereich dieser Regelung noch zusätzlich, dass der für die Ausübung des polizeilichen Ermessens primär maßgebliche Gesichtspunkt der Effizienz des Handelns ein anderer ist als der unter dem Aspekt der Lastengerechtigkeit relevante Topos des Ausmaßes der Verantwortlichkeit, diesem aber durch die **analoge Anwendung der §§ 426, 254 BGB** Rechnung getragen werden kann. Auf der Basis dieser Analogie lässt sich damit auch in einer rechtsdogmatisch befriedigenden Weise erklären, dass derjenige, den eine ganz überwiegende Verantwortlichkeit für die Herbeiführung einer Gefahr trifft und neben dem u.U. die polizeirechtliche Heranziehung einer anderen Person sogar ermessensfehlerhaft gewesen wäre, in der Regel keine Rückgriffsmöglichkeit besitzt. Soweit bereits die materielle Polizeipflicht einer Person begrenzt ist (etwa aus verfassungsrechtlichen Gründen, vgl. oben Rdnr. 173 ff), scheidet für den im weiteren Umfang polizeirechtlich Verantwortlichen und durch die Behörde in Anspruch Genommenen ohnehin hinsichtlich seiner „überschießenden" Polizeipflicht die Möglichkeit eines Rückgriffs analog § 426 BGB aus, da es hier (partiell) an einem Gesamtschuldverhältnis i.S. des § 421 S. 1 BGB fehlt. Damit wird deutlich, dass die Anwendung des § 426 BGB auf die Fälle, in welchen mehrere Personen für eine polizeiliche Gefahr verantwortlich sind, zu dogmatisch stimmigen und rechtspolitisch befriedigenden Ergebnissen führt. Für eine Rückgriffsmöglichkeit entsprechend den Grundsätzen des Gesamtschuldverhältnisses sprechen schließlich auch die Vorschriften[595], die bei Ersatzvornahme und unmittelbarer Ausführung eine gesamtschuldnerische Haftung der Polizeipflichtigen vorsehen. Ist nämlich hier unbestreitbar ein Rückgriffsanspruch zu bejahen, so wäre es widersinnig, den Polizeipflichtigen dort, wo er einen polizeilichen Verwaltungsakt befolgt und es daher nicht zu einer Verwaltungsvollstreckung kommt, hierfür mit dem Ausschluss von Rückgriffsansprüchen zu bestrafen. Zusätzlich indiziert § 50 II MEPolG, der dem Polizeiträger nach Entschädigung eines Nichtstörers die Möglichkeit einräumt, mehrere Störer gesamtschuldnerisch heranzuziehen, die Bejahung eines Rückgriffsanspruchs analog den auch sonst für das Gesamtschuldverhältnis geltenden Grundsätzen des § 426 BGB. Unter dem Aspekt des Vorbehalts des Gesetzes bestehen gegenüber einer solchen Analogie keine durchschlagenden

---

593 S. auch *Schoch*, JuS 1994, 1029.
594 Dazu näher *Schlette*, VerwArch. Bd. 91 (2000), 41 ff.
595 Vgl. z.B. hinsichtlich der unmittelbaren Ausführung einer Maßnahme § 15 II 2 BerlASOG; § 9 II 2 SachsAnhSOG; § 9 II 2 ThürPAG; s. im Übrigen *Seibert*, DÖV 1983, 964, 966 ff.

Bedenken. Da die materielle Polizeipflicht nämlich ohnehin alle Störer zur Beseitigung der Gefahr verpflichtet, führt die Analogie nicht zu einer Erweiterung der öffentlichrechtlichen Haftung in Richtung auf eine Haftung für einen Verursachungsanteil von Drittstörern bzw. auf eine Risikohaftung, die nur durch förmliches Parlamentsgesetz angeordnet werden kann[596].

Bezüglich des Ausgleichsanspruchs ist dabei sowohl § 426 I 1 wie auch § 426 II BGB analog anwendbar. Der interne Ausgleichsanspruch analog § 426 I 1 BGB besteht bereits vor der Befriedigung des Gläubigers. Dem nach der Erfüllung der Gesamtschuld bewirkten Forderungsübergang analog § 426 II BGB steht der öffentlichrechtliche Charakter der behördlichen Forderung nicht im Wege, da, wie in anderem Zusammenhang anerkannt[597], diese mit dem Übergang auf den ausgleichsberechtigten Gesamtschuldner ihren öffentlichrechtlichen Charakter einbüßt und – wofür nicht zuletzt auch Gründe der Praktikabilität sprechen – zu einem bürgerlichrechtlichen Anspruch wird (s. nunmehr auch § 24 II 6 BBodSchG). Sowohl die Analogie zu § 426 I 1 BGB wie auch die zu § 426 II BGB lassen im Übrigen mittels analoger Anwendung des § 254 BGB Raum für eine dem Maße der jeweiligen Verantwortlichkeit entsprechende interne Lastenausgleichspflicht. Eine z.T. erwogene Begründung eines (partiellen) Aufwendungsersatzanspruchs in Anwendung der Grundsätze der Geschäftsführung ohne Auftrag gem. §§ 683, 679, 670 BGB dürfte demgegenüber schon deshalb ausscheiden, weil der in Anspruch genommene Polizeipflichtige nicht (auch) das Geschäft eines anderen führt; ebenso sind die Tatbestandsvoraussetzungen eines Bereicherungsanspruchs[598] wegen rechtsgrundloser Vermögensverschiebung nicht gegeben[599].

186

VII. Rechtsnachfolge in polizeiliche Pflichten

Sowohl durch die Verhaltensverantwortlichkeit als auch durch die polizeiliche Zustandsverantwortung wurden nach früher ganz h.M. **höchstpersönliche Pflichten des Störers** begründet. Der gegenüber einem Störer erlassene Verwaltungsakt wirkte damit vorbehaltlich abweichender positivgesetzlicher Regelungen[600] weder gegenüber seinem Einzel- noch seinem Gesamtrechtsnachfolger (also auch nicht gegenüber dem Erben). In der Rechtsprechung[601], aber auch in der Literatur[602] zeichnet sich seit einiger Zeit aber insbesondere bezüglich der Zustandsverantwortlichkeit eine

187

---

596 Nicht überzeugend daher die Argumentation von *Würtenberger/Heckmann/Riggert*, BW, Rdnr. 512, krit. hierzu auch *Spannowsky*, DVBl. 1994, 560, 563 f.
597 Vgl. *BGH*, NJW 1979, 2198 f m.w.N.
598 Ansatzweise *BGH*, NJW 1987, 187, 188 f.
599 Näher (krit.) zu diesen Lösungsansätzen *Kloepfer/Thull*, DVBl. 1989, 1123 ff.
600 Solche positivgesetzliche Regelungen normiert z.B. § 89 II 3 NdsBauO bezüglich bauaufsichtsbehördlicher Anordnungen und Art. 82 S. 3 BayBO hinsichtlich baurechtlicher Beseitigungsanordnungen und Nutzungsuntersagungen. Aus der in allen Landesbauordnungen vorgesehenen Rechtsnachfolge bezüglich der Baugenehmigung ergibt sich entsprechendes für die mit einer Baugenehmigung verbundenen Auflagen, nicht aber für sonstige baupolizeiliche Verfügungen, vgl. *Schoch*, JuS 1994, 1031.
601 Vgl. z.B. *BVerwG*, NJW 1971, 1624 ff; *OVG NW*, NJW 1980, 415; NVwZ-RR 1997, 70; NVwZ 1997, 507; *VGH BW*, NJW 1979, 1564 f; *RhPfOVG*, DÖV 1980, 654 f; a.A. *HessVGH*, DVBl. 1977, 255.
602 Vgl. z.B. *Denninger*, in: L/D, E, Rdnr. 102; *Drews/Wacke/Vogel/Martens*, § 19, 5a; *Wolff/Bachof*, Verwaltungsrecht III, 4. Aufl. 1978, § 127, Rdnr. 28; krit. hierzu *Schenke*, GewArch. 1976, 1 ff. Allgemein zum Problem der Rechtsnachfolge im Verwaltungsrecht *Dietlein*, Nachfolge im Öffentlichen Recht, 1999; *Nolte/Niestedt*, JuS 2000, 1071 ff und 1171 ff; *Rau*, JURA 2000, 37 ff; *Stadie*, DVBl. 1990, 501 ff; *Würtenberger/Heckmann/Riggert*, BW, Rdnr. 452 ff.

Tendenzwende ab. Zwar entspricht es auch heute noch der h.M., dass eine Rechtsnachfolge in die noch nicht durch Polizeiverfügung konkretisierte Zustandsverantwortlichkeit ausscheidet[603]. Ist aber gegen den Zustandsverantwortlichen bereits eine Polizeiverfügung erlassen worden, soll diese grundsätzlich auch gegenüber dessen Rechtsnachfolger wirken. Diesem gegenüber bedürfe es nicht eines erneuten, die Polizeipflicht aktualisierenden Erlasses eines Verwaltungsaktes.

188 Begründet wird diese Lösung insbesondere damit, dass es sich bei dem die Zustandshaftung aktualisierenden Verwaltungsakt um einen dinglichen Verwaltungsakt handele; ferner werden hierfür Gesichtspunkte der Verfahrensökonomie aufgeführt. Keines dieser Argumente vermag indes zu überzeugen. Die Verantwortlichkeit des Rechtsnachfolgers des Zustandsstörers wird nicht etwa dadurch konstituiert, dass dieser die Verpflichtung seines Vorgängers übernimmt, sondern dadurch, dass er mit dem Rechtserwerb nun selbst den Tatbestand erfüllt, an den die Zustandsverantwortlichkeit anknüpft. Diese **Verantwortlichkeit** entsteht bei ihm also **originär**. Der Hinweis auf das Vorliegen eines **dinglichen Verwaltungsakts** ist eine reine **petitio principii**. Die Unrichtigkeit der neueren Auffassung wird im Übrigen daraus ersichtlich, dass die Rechtmäßigkeit eines polizeilichen Verwaltungsakts nicht nur von in der Sache begründeten Umständen, sondern auch von solchen in der Person des Pflichtigen abhängt. Damit kann aber – was letztlich die Gegner der hier vertretenen Auffassung konzedieren müssen – ein Verwaltungsakt, der gegenüber dem Eigentumsvorgänger rechtmäßig war, seinem **Nachfolger gegenüber rechtswidrig** sein. Da die Polizei- und Ordnungsbehörden verpflichtet sind zu prüfen, ob in der Person des neuen Polizeipflichtigen nicht Umstände vorliegen, die seiner Heranziehung durch den vorher erlassenen Verwaltungsakt entgegenstehen, streitet auch die **Verfahrensökonomie nicht** für die Erstreckung der Verfügung auf den Rechtsnachfolger. Den Fällen des kollusiven Zusammenwirkens zwischen früherem und neuem Eigentümer, wie sie bei der Einzelrechtsnachfolge in Betracht kommen, lässt sich unter dem **Gesichtspunkt des Rechtsmissbrauchs** ausreichend Rechnung tragen, ohne dass dies eine allgemeine Nachfolge in die durch den Verwaltungsakt begründeten Pflichten rechtfertigen würde. Eine Rechtsnachfolge findet demnach nur statt, wenn sie positivrechtlich abgestützt ist[604], wofür im Hinblick auf den mit der Bejahung einer Rechtsnachfolge verbundenen Grundrechtseingriff nicht zuletzt auch der Grundsatz des Gesetzesvorbehalts spricht[605]. Bezeichnenderweise wird denn auch eine Rechtsnachfolge in der für schädliche Bodenveränderungen und Altlasten geltenden Vorschrift des § 4 III BBodSchG, die eine Gesamtrechtsnachfolge für die Verhaltensverantwortlichkeit normiert, hinsichtlich der Zustandsverantwortlichkeit nicht getroffen. Dies kann nur

---

603 *Schoch*, JuS 1994, 1026, 1030; *Friauf*, Rdnr. 82b; *Papier*, NVwZ 1986, 256, 262; *ders.*, DVBl. 1996, 125, 127; *Zacharias*, JA 2001, 720, 722 f; *BayVGH*, NVwZ 1986, 942, 946; a.A. *Stadie*, DVBl. 1990, 501, 504.
604 So auch *Würtenberger/Heckmann/Riggert*, BW, Rdnr. 455; *OVG NW*, NVwZ-RR 1997, 70, die aber eine Gesamtrechtsnachfolge in analoger Anwendung der §§ 1922, 1967 BGB bejahen, s. dazu unten im Text.
605 So auch *Dietlein*, Nachfolge im Öffentlichen Recht, 1999, S. 192 ff, 276; s. ferner *Nolte/Niestedt*, JuS 2000, 1172, 1173; *Rau*, JURA 2000, 37, 39, 42; *Volkmann*, JuS 1999, 544, 547; *Zacharias*, JA 2001, 720, 726 f.

so verstanden werden, dass damit sowohl im Fall der Gesamtrechtsnachfolge wie auch der Einzelrechtsnachfolge in das Eigentum die Zustandsverantwortlichkeit für den neuen Eigentümer jeweils originär begründet wird und dieser nicht durch die seinem Rechtsvorgänger gegenüber ergangene Verfügung verpflichtet wird. Deshalb wird z.B. der Erwerber eines Grundstücks nicht durch die seinem Rechtsvorgänger gegenüber erlassenen baupolizeilichen Verfügungen gebunden. Anderes gilt auf Grund landesbauordnungsrechtlicher Regelungen, die eine Rechtsnachfolge in Bezug auf eine Baugenehmigung vorsehen (vgl. z.B. § 58 II BWLBO), hinsichtlich der mit einer Baugenehmigung verbundenen Auflage.

Scheidet eine **Nachfolge bezüglich der Zustandshaftung prinzipiell aus, so gilt dies erst recht für die Verhaltensverantwortlichkeit**. Gleichwohl befürwortet die in der Literatur wohl überwiegende Meinung auch hier grundsätzlich eine Gesamtrechtsnachfolge[606]. Mit der Begründung, die Verantwortlichkeit des Handlungsstörers entstehe bereits kraft Gesetzes, wird hier sogar eine Rechtsnachfolge in Fällen erwogen, in denen die Pflicht des Rechtsvorgängers zuvor nicht durch Polizeiverfügung konkretisiert wurde[607]. Gesichtspunkte, aus denen heraus die hier bestehende, seit jeher als höchstpersönlich angesehene Verpflichtung nunmehr auf den Gesamtrechtsnachfolger übergehen soll, sind nicht vorgetragen worden[608]; insbesondere kann aus dem Umstand, dass das einem Verhaltensstörer abverlangte Verhalten vertretbar ist, noch nicht gefolgert werden, dieses Verhalten sei dann nicht höchstpersönlich[609]. Soweit eine Rechtsnachfolge in öffentlichrechtliche Pflichten stattfindet, hat dies der Gesetzgeber regelmäßig angeordnet (s. z.B. § 45 AO und im Bereich des Bodenrechts nunmehr § 4 III 1 BBodSchG). Da die §§ 1922 ff BGB nach ganz h.M. unmittelbar für das öffentliche Recht nicht anwendbar sind und eine sich zulasten des Gesamtrechtsnachfolgers auswirkende analoge Anwendung dieser Bestimmung unter dem Aspekt des Gesetzesvorbehalts Bedenken hervorruft[610], ist auch von hierher gesehen die Anerkennung einer Gesamtrechtsnachfolge fragwürdig. Dies gilt insbesondere dann, wenn man annimmt, sie knüpfe bereits an die abstrakte Polizeipflicht an[611], denn hierbei wird zu wenig beachtet, dass der Umfang der Pflichtenstellung zu

---

606 Für Gesamtrechtsnachfolge hier z.B. *OVG Nds*, NJW 1998, 97 f; s. auch *OVG NW*, NVwZ-RR 1997, 70 f; a.A. z.B. *Dietlein*, Nachfolge im Öffentlichen Recht, 1999, S. 227 ff, 276; *Rasch*, § 5 MEPolG, Rdnr. 25; zur Problematik eingehend *Peine*, JuS 1997, 984 ff.
607 *Schink*, VerwArch. 82 (1991), 357, 386f.; *Stadie*, DVBl. 1990, 501, 504; *Erbguth*, ThürVBl. 1996, 97, 104; offen gelassen *OVG NW*, NVwZ 1997, 507, 508; abl. *Dietlein*, Nachfolge im Öffentlichen Recht, 1999, S. 228 ff; *Papier*, NVwZ 1986, 256, 262; *ders.*, DVBl. 1996, 125, 127; *Rau*, JURA 2000, 37, 42 f; *Zacharias*, JA 2001, 722 ff und in Verbindung mit gesellschaftsrechtlicher Nachfolge *Pieroth/Schlink/Kniesel*, § 9, Rdnr. 58 ff, s. auch *Nolte/Niestedt*, JuS 2000, 1071, 1074. Ausdrücklich angeordnet wird eine Pflichtennachfolge sogar bei fehlender Konkretisierung der Polizeipflicht in einer Polizeiverfügung in § 4 III BBodSchG, dazu *Schink*, DÖV 1999, 797, 801 ff.
608 Für Gesamtrechtsnachfolge bezüglich vertretbarer Handlungen *Denninger*, in: L/D, E, Rdnr. 103; *Drews/Wacke/Vogel/Martens*, § 19, 5b; *Schlabach/Simon*, NVwZ 1992, 143, 145; *VGH BW*, BRS 32 Nr. 180; *OVG Sachs*, LKV 1998, 62, 64; a.A. *Dietlein*, Nachfolge im Öffentlichen Recht, 1999, S. 227 ff, 276; *Gornig/Jahn*, 145; *Oldiges*, JA 1978, 541, 542 f; *Peine*, DVBl. 1980, 941, 946 ff; *Schenke*, GewArch. 1976, 1 ff.
609 Ausführlicher zur Problematik der Rechtsnachfolge s. *Schenke*, GewArch. 1976, 1 ff.
610 Vgl. *BVerfG*, DVBl. 1997, 351 m. Anm. *Schwabe*.
611 Vgl. hierzu auch krit. *Ossenbühl*, Zur Haftung des Gesamtrechtsnachfolgers für Altlasten, 1995 S. 39 ff.

einem wesentlichen Teil durch persönliche Umstände bestimmt wird, die eine Loslösung der Pflicht von einer Person im Wege der Gesamtrechtsnachfolge als problematisch erscheinen lassen. Bei Bejahung einer solchen Nachfolge ergeben sich zudem große Schwierigkeiten, als nach bisher h.M. eine Verjährung polizeirechlicher Pflichten nicht stattfindet und damit die Verursachung einer unmittelbaren Gefahr durch einen Gesamtrechtsvorgänger praktisch unbegrenzt für seinen späteren Nachfolger wirkt[612].

189 Auch wenn man sich entgegen der hier vertretenen Ansicht für eine generelle Rechtsnachfolge in polizeiliche Verfügungen ausspricht[613], ist es im Übrigen, ebenso wie dort, wo eine Rechtsnachfolge positivgesetzlich angeordnet ist, aus rechtsstaatlichen Gründen unerlässlich, dass dem Rechtsnachfolger gegenüber eine Mitteilung des Inhalts der Polizeiverfügung erfolgt[614]. Das ist in § 84 I MVSOG nunmehr ausdrücklich vorgeschrieben. Nach dieser Vorschrift darf der Vollzug gegen den Rechtsnachfolger grundsätzlich erst dann beginnen, nachdem er von dem Verwaltungsakt Kenntnis erlangt hat und darauf hingewiesen worden ist, dass der Vollzug ihm gegenüber durchgeführt werden kann. Unumstritten ist, dass **Vollstreckungsakte** wie die Androhung oder Anordnung eines Zwangsmittels wegen ihrer Höchstpersönlichkeit **nicht gegenüber dem Rechtsnachfolger**[615] wirken.

E. Der polizeiliche Notstand

190 Die allgemeinen Polizei- und Ordnungsgesetze[616] sehen übereinstimmend vor, dass zur Bekämpfung von Gefahren für die öffentliche Sicherheit oder Ordnung ausnahmsweise auch solche Personen herangezogen werden können, die keine Störer im polizeirechtlichen Sinne sind und die deshalb auch keine materiellen Polizeipflichten treffen. Man spricht bei einer derartigen Heranziehung Unbeteiligter (Nichtstörer) von einem „polizeilichen Notstand". Im Vergleich zu der Inanspruchnahme von Störern ist **die Inanspruchnahme des Nichtstörers an strengere Voraussetzungen gebunden** und auch hinsichtlich ihrer **sachlichen Reichweite eingeschränkt**; ferner ist dem Nichtstörer für den ihm durch die Heranziehung entstandenen Schaden eine **angemessene Entschädigung zu leisten** (vgl. unten Rdnr. 344 ff).

---

612 Deshalb spricht sich *Ossenbühl*, NVwZ 1995, 548 ff für die Verjährung des Gefahrenbeseitigungsanspruchs aus.
613 Selbst dann ist der Mieter eines Hauses nicht Rechtsnachfolger hinsichtlich einer dem Eigentümer gegenüber ergangenen Beseitigungsordnung, *BayVGH*, NJW 1993, 82.
614 Vgl. *Pieroth/Schlink/Kniesel*, § 9, Rdnr. 54; *HessVGH*, NVwZ 1985, 281 f.
615 Vgl. *OVG NW*, BauR 1980, 162.
616 § 9 BWPolG; Art. 10 BayPAG, Art. 9 III BayLStVG; § 16 BerlASOG; § 18 BrandOBG, § 7 BrandPolG; § 7 BremPolG; § 10 HambSOG; § 9 HessSOG; § 71 MVSOG; § 8 NdsGefAG; § 6 NWPolG, § 19 NWOBG; § 7 RhPfPOG; § 6 SaarlPolG; § 10 SachsAnhSOG; § 7 SächsPolG; § 220 SchlHVwG; § 13 ThürOBG; § 10 ThürPAG; § 6 MEPolG; § 20 BGSG.

I. Die Tatbestandsvoraussetzungen des polizeilichen Notstands

Nach den insoweit im Wesentlichen übereinstimmenden Polizei- und Ordnungsgesetzen setzen Maßnahmen gegenüber Nichtstörern voraus:

(1) Es muss bereits eine Störung eingetreten sein oder eine Gefahr unmittelbar bzw. gegenwärtig bevorstehen, d.h. in besondere zeitliche Nähe gerückt sein (s auch Rdnr. 55)[617]. Aus dem Verhältnismäßigkeitsgrundsatz ist ferner abzuleiten, dass die zu bekämpfenden **Gefahren erheblich sein müssen**.

(2) Die Abwehr der Gefahr bzw. Störung darf **nicht durch Maßnahmen gegenüber dem Störer möglich sein**. Abzustellen ist bei dieser Beurteilung auf die Sachlage, wie sie sich im Zeitpunkt des polizeilichen Handelns bei vernünftiger Betrachtungsweise aus der Sicht der Behörde darstellt[618]. An der Rechtmäßigkeit des früheren polizeilichen Verhaltens ändert sich daher auch dann nichts, wenn sich nachträglich herausstellt, dass es – zunächst nicht erkennbar – durchaus möglich gewesen wäre, durch ein Vorgehen gegen einen Störer die Gefahr zu bekämpfen. Nicht entgegengehalten werden kann den Polizei- und Ordnungsbehörden auch, dass, wenn sie rechtzeitig Vorsorge getroffen hätten, die Notstandssituation nicht eingetreten wäre[619]. Deshalb lässt sich die Rechtmäßigkeit der Einweisung eines Obdachlosen bei Privaten auch nicht mit dem Argument in Frage stellen, dass früher versäumt wurde, eine öffentliche Obdachlosenunterkunft zu schaffen[620]. An der Möglichkeit einer Abwehr von Gefahren durch ein Vorgehen gegenüber dem Störer fehlt es dann, wenn keine Verantwortlichen vorhanden sind oder diese nicht greifbar sind, ferner wenn die Maßnahme diesen gegenüber zu spät kommen würde oder aus rechtlichen Gründen ausgeschlossen wäre, z.B. gegen das Übermaßverbot verstoßen würde. Als zulässig wird man ein Vorgehen im Wege des polizeilichen Notstands auch dann noch ansehen müssen, wenn die Nachteile, welche dem Nichtstörer durch ein gegen ihn gerichtetes polizeiliches Vorgehen erwachsen, so gering sind, dass sie in krassem Missverhältnis zu jenen Nachteilen stehen, die durch ein Einschreiten der Polizei gegenüber dem Polizeipflichtigen hervorgerufen würden[621]. Bei einer solchen Fallkonstellation, die man z.T. wenig glücklich als sog. „unechten polizeilichen Notstand"[622] bezeichnet, ist zwar faktisch gesehen eine Gefahrenbekämpfung durch ein Vorgehen gegen den Störer möglich, rechtlich dürfte sie aber auch hier durch das Übermaßverbot ausgeschlossen sein (insoweit fehlt es dann auch hier objektiv an der Möglichkeit einer anderweitigen Gefahrenbekämpfung). Ist daher z.B. eine polizeiliche Brandbekämpfung vom Grundstück des Nachbarn aus möglich und wird diesem durch das Betreten des Grundstücks kein Schaden zugefügt, so kann sich dieser nicht darauf berufen,

---

617 Zu weit reichend aber *Würtenberger/Heckmann/Riggert*, BW, Rdnr. 474, wonach die Störung mit an Sicherheit grenzender Wahrscheinlichkeit eintreten muss.
618 Vgl. auch *OVG Saarl*, DÖV 1973, 863, 864.
619 S. *Schmidt-Jortzig*, JuS 1970, 507, 509.
620 Zur Unwürdigkeit der Unterbringung in einer Obdachlosenunterkunft s. *HessVGH*, NJW 1984, 2305.
621 S. hierzu *PreußOVGE* 78, 279, 282; *Schmidt-Jortzig*, JuS 1970, 507, 509.
622 So z.B. *Schmidt-Jortzig*, JuS 1970, 507, 509.

II Polizei- und Ordnungsrecht

dass die Gefahrenbekämpfung auch von dem Brandgrundstück aus gleichermaßen möglich wäre, wenn hierzu eine Einfriedungsmauer abgerissen werden müsste.

194 (3) Die Polizei- und Ordnungsbehörden dürfen **nicht in der Lage sein, selbst oder durch Beauftragte die Gefahr rechtzeitig abzuwenden.** Daher ist z.B. die Einweisung eines Obdachlosen unzulässig, wenn die Polizei in der Lage ist, den Obdachlosen in einem polizeieigenen Obdachlosenheim oder in von ihr angemieteten Räumen unterzubringen (vgl. *Erichsen/Biermann*, JURA 1998, 371, 377). Der Kostenaufwand einer Maßnahme rechtfertigt dabei grundsätzlich nicht die Inanspruchnahme von Nichtstörern zur Ersparung finanzieller Aufwendungen[623]. Deshalb wird man es – vorbehaltlich spezialgesetzlicher Regelungen (wie z.B. § 7 II AtG) – als prinzipiell unzulässig ansehen müssen, wenn die Polizei einen Unternehmer verpflichtet, durch private Sicherheitskräfte dauernd den Schutz seines Werkes sicherzustellen[624].

195 (4) Die Inanspruchnahme muss **ohne erhebliche eigene Gefährdung und ohne Verletzung höherwertiger Pflichten erfolgen können.** Drohen aus der Inanspruchnahme z.B. Gesundheitsschäden (etwa bei der Inanspruchnahme eines Herzkranken für eine körperlich anstrengende Tätigkeit), so ist die Inanspruchnahme unzumutbar und rechtswidrig.

196 Die vorher genannten, im Wesentlichen durch die Verfassung bereits vorgegebenen Regelungen, nach denen nur unter sehr eingeschränkten Voraussetzungen eine Inanspruchnahme von Nichtstörern in Betracht kommt, **finden auch auf nicht im allgemeinen Polizei- und Ordnungsrecht normierte Maßnahmen entsprechende Anwendung.** Hieraus ergibt sich beispielsweise, wie die Rechtsprechung wiederholt entschieden hat, dass grundsätzlich die Durchführung von öffentlichen Versammlungen unter freiem Himmel[625] nicht im Hinblick auf zu befürchtende Gewalttätigkeiten durch Gegendemonstranten verboten werden kann. Nur soweit Maßnahmen gegen solche Gegendemonstranten unter Einsatz aller der Polizei zur Verfügung stehenden Kräfte zur Gefahrenabwehr nicht ausreichend sind, darf im äußersten Fall im Wege des polizeilichen Notstands ein Verbot der Versammlung ausgesprochen werden[626]. Unzulässig ist auf jeden Fall ein Verbot der Versammlung unter Hinweis auf den erheblichen Kostenaufwand, der der Polizei durch den Schutz der Versammlung erwächst. Bei öffentlichen Versammlungen in geschlossenen Räumen ist, wenn von dem Veranstalter oder seinem Anhang keine Störungen ausgehen, ein Verbot der Versammlung sogar auf Grund der speziellen Norm des § 5 VersG gänzlich ausgeschlossen; nach Beginn der Versammlung kommt aber eine Auflösung gem. § 13 VersG in Betracht[627].

---

[623] *Rasch*, § 6 MEPolG, Rdnr. 5; *OVG NW*, OVGE 14, 265, 270; *Götz*, Rdnr. 267; abgeschwächt durch *Schoch*, JuS 1995, 34.
[624] Vgl. auch *Ehlers*, FS Lukes 1989, S. 337, 345 f.
[625] Auf nichtöffentliche Versammlungen findet das allgemeine Polizei- und Ordnungsrecht unmittelbar Anwendung, s. *v. Coelln*, NVwZ 2001, 1234 ff; *BVerwG*, NVwZ 1999, 991, 992; *OVG Saarl*, DÖV 1973, 863 f und näher unten Rdnr. 210.
[626] S. *VGH BW*, VBl. BW 1987, 183 ff; *VG Köln*, NJW 1971, 210 ff mit Anm. von *Pappermann*; *VG Gelsenkirchen*, NJW 1971, 213; *Schmidt-Jortzig*, JuS 1970, 507 ff; nicht überzeugend – da der Polizei zu weit reichende Befugnisse einräumend – *OVG Saarl*, JZ 1970, 283 ff mit krit. Anm. von *Pappermann*.
[627] Vgl. *Rühl*, NVwZ 1988, 576, 579 ff.

II. Der Umfang der Inanspruchnahme

Soweit die oben genannten Voraussetzungen gegeben sind, ist eine Inanspruchnahme durch einen Verwaltungsakt oder durch einen Realakt möglich. Auch der Erlass von an Nichtstörer adressierten Polizeiverordnungen ist in besonderen Krisensituationen nicht gänzlich ausgeschlossen[628]. Inhaltlich gesehen ist die Inanspruchnahme des Unbeteiligten im Hinblick auf das Übermaßverbot **auf das sachlich und zeitlich unbedingt Erforderliche zu beschränken**; letzteres bedeutet, dass die Inanspruchnahme grundsätzlich von vornherein **zeitlich eng befristet sein muss**[629]. So wäre etwa – selbst dort, wo sich nicht bereits aus gesetzlichen Regelungen wie § 33 III 2 BWPolG die Notwendigkeit einer zeitlichen Befristung ergibt[630] – eine unbefristete Einweisung eines Obdachlosen in eine Wohnung unzulässig[631] (selbst wenn nicht bereits im Gesetz ausdrücklich das Erfordernis einer Befristung der Sicherstellung bzw. Beschlagnahme statuiert ist, s. auch oben Rdnr. 110). Bei einer Wiederholung der Maßnahme ist diese zeitlich noch kürzer zu befristen[632]. Die Befristung ändert im Übrigen nichts an der Verpflichtung der Polizei- und Ordnungsbehörde, sich um eine vorzeitige anderweitige Behebung der Gefahr zu bemühen.

Nach Wegfall der für die Inanspruchnahme des Nichtstörers erforderlichen Voraussetzungen ist die Behörde **rechtlich verpflichtet, die Inanspruchnahme aufzuheben**. Unterlässt sie dies zunächst rechtswidrig, so ist sie ebenso wie bei einer von Anfang an gegebenen Rechtswidrigkeit der Inanspruchnahme nach deren Aufhebung unter dem Aspekt der Folgenbeseitigung rechtlich gehalten, die **unmittelbaren tatsächlichen Folgen der Inanspruchnahme zu beseitigen** (beispielsweise den bei einem Nichtstörer eingewiesenen Obdachlosen zur Räumung zu verpflichten). Dabei ist freilich zu beachten, dass der Folgenbeseitigungsanspruch, der in erster Linie auf ein einseitig belastendes Verwaltungshandeln zugeschnitten ist, nach heute vielfach vertretener Auffassung[633] der Behörde allein noch keine Rechtsgrundlage dafür bieten soll, den durch einen Verwaltungsakt mit Drittwirkung Begünstigten zur Beseitigung des rechtswidrigen Vollzugs des Verwaltungsakts zu verpflichten. Demnach könnte im oben genannten Beispielsfall der Folgenbeseitigungsanspruch isoliert

---

628 Vgl. *Drews/Wacke/Vogel/Martens*, § 22, 3a; a.A. wohl *Götz*, Rdnr. 266.
629 *Wolff/Bachof*, Verwaltungsrecht III, § 128, Rdnr. 20; *PreußOVGE* 43, 387; 106, 37.
630 Dazu *VGH BW*, NVwZ-RR 1990, 476. Soweit es an ausdrücklicher Regelung fehlt, wird z.T. von einem Zeitraum von 2 Monaten ausgegangen, vgl. *Götz*, NVwZ 1994, 652, 658 u. *BayVGH*, BayVBl. 1991, 114.
631 Als rechtswidrig, da ermessensfehlerhaft, ist es im Regelfall anzusehen, wenn ein Obdachloser trotz anderwärts freistehender Räume bei einem Wohnungsinhaber (wieder) eingewiesen wird, der vorher ein zivilgerichtliches Räumungsurteil gegen ihn erstritten hat. Ganz sicher ist ein solcher Ermessensfehler jedenfalls dann anzunehmen, wenn der Obdachlose den Wohnungsinhaber vorher beleidigt hatte und dies den Anlass für die Räumungsklage bot. Zu Maßnahmen i.V. mit der Bekämpfung von Obdachlosigkeit s. allgemein *Eckstein*, VBl. BW 1994, 306 ff; *Enders*, DV 1997, 29 ff u. *Erichsen/Biermann*, JURA 1998, 371 ff; *Ewer/v. Detten*, NJW 1995, 353 ff; *Günther/Traumann*, NVwZ 1993, 130 ff; *Kohl*, NVwZ 1991, 620 ff.
632 *OVG NW*, OVGE 35, 303 ff.
633 Vgl. hierzu *Drews/Wacke/Vogel/Martens*, § 22, 3c; *Knemeyer*, JuS 1988, 696 ff; a.A. *Schenke*, DVBl. 1990, 328 ff; *Rüfner/Muckel*, S. 123; OVG NW, NWVBl. 1999, 189, 190; *RhPfOVG*, AS 9, 88; s. auch *Götz*, VBl. BW 1987, 424 f.

keine Rechtsgrundlage für eine Räumungsverfügung gegenüber dem vorher eingewiesenen Obdachlosen begründen. Soweit die Behörde jedoch eine anderweitige Ermächtigung zur Rückgängigmachung des Vollzugs eines Verwaltungsakts besitzt (etwa in Gestalt der polizeilichen Generalklausel oder einer Spezialermächtigung), wäre sie aber auch nach dieser Ansicht auf jeden Fall unter dem Gesichtspunkt der Folgenbeseitigung[634] rechtlich **verpflichtet**, von dieser Ermächtigung Gebrauch zu machen. Richtigerweise dürfte sich allerdings **bereits allein aus dem Gesichtspunkt der Folgenbeseitigung die Handlungsermächtigung ergeben**, da keine Anhaltspunkte dafür bestehen, dass der grundrechtlich fundierte Folgenbeseitigungsanspruch nicht auch (wie dies früher allgemein angenommen wurde) bei Verwaltungsakten mit Drittwirkung zum Tragen kommt. Das gilt umso mehr, als er den Erfordernissen des Gesetzesvorbehalts genügt und man bei Forderung einer zusätzlichen Ermächtigungsgrundlage zur Beseitigung der Begünstigung den **verfassungsrechtlich garantierten Folgenbeseitigungsanspruch zur Disposition des einfachen Gesetzgebers** stellte[635].

199 Die Problematik des dogmatischen Ansatzes der h.M. wird gerade an dem oben erwähnten und viel diskutierten Fall des Folgenbeseitigungsanspruchs in Verbindung mit der rechtswidrigen Einweisung eines Obdachlosen deutlich. Bildete nämlich der Folgenbeseitigungsanspruch selbst keine Rechtsgrundlage für ein Vorgehen der Behörde gegen Dritte, sondern zwänge er sie nur, von einer anderweitig bestehenden Rechtsgrundlage Gebrauch zu machen (ohne diese tatbestandlich zu erweitern), so bestünde im Hinblick auf den **Grundsatz der Subsidiarität** des polizeilichen Handelns (s. dazu Rdnr. 31) **keine Möglichkeit einer Räumungsverfügung**[636], da der Eigentümer in der Lage wäre, gegenüber dem Obdachlosen zivilgerichtlich vorzugehen, notfalls im Wege des vorläufigen Rechtsschutzes. Wenn die h.M. hier dennoch einen Anspruch des Eigentümers auf Erlass einer Räumungsverfügung befürwortet, so lässt sich dies nur dann dogmatisch rechtfertigen, wenn man bereits allein im Folgenbeseitigungsanspruch die Rechtsgrundlage für die Räumungsverfügung sieht. Zweifelhaft ist die Heranziehung des Folgenbeseitigungsanspruchs nur in den Fällen, in denen die Inanspruchnahme des Hauseigentümers durch die Einweisung des Obdachlosen mittels eines rechtmäßig befristeten Verwaltungsakts geschah und sich der Eingewiesene nach Ablauf der Befristung weigert, die ihm zugewiesene Wohnung zu räumen. Hier lässt sich die Anwendung des Folgenbeseitigungsanspruchs nur mit dem Argument rechtfertigen, dass in Bezug auf die beschlagnahmten Räume ein rechtswidriger Zustand entstand[637], da die Verwaltung verpflichtet war, (spätestens) nach Ablauf der Einweisungsfrist die beschlagnahmte Wohnung zurückzugeben und sie von dieser Verpflichtung auch nicht durch das ihr analog § 278 BGB zuzu-

---

634 Rechtsdogmatisch nicht überzeugend dagegen, wenn man hier (so z.B. *VGH BW*, NVwZ 1987, 1101) im Anschluss an *Weyreuther*, Empfiehlt es sich, die Folgen rechtswidrigen hoheitlichen Verwaltungshandelns gesetzlich zu regeln (Folgenbeseitigung, Folgenentschädigung)?, Gutachten für den 47. DJT, 1968, S. 115 ff, auf die auf eine ganz andere Fallkonstellation (rechtswidriges Unterlassen der Verwaltung) zugeschnittene Folgenbeseitigungslast zurückgreift (vgl. *Schenke*, DVBl. 1990, 332).
635 Eingehend hierzu *Horn*, DÖV 1990, 864 ff u. *Schenke*, DVBl. 1990, 328 ff m.w.N.
636 Richtig erkannt wird dies von *Lübbe*, VBl. BW 1994, 180 und *Enders*, DV 1997, 29, 47, wobei allerdings nicht gesehen wird, dass sich diese Probleme dann nicht ergeben, wenn man allein im Folgenbeseitigungsanspruch die Rechtsgrundlage sieht.
637 Für Anwendung des Folgenbeseitigungsanspruchs hier z.B. auch *Schlick/Rinne*, NVwZ 1997, 1171, 1182.

rechnende rechtswidrige Verhalten des Eingewiesenen befreit wird (zur Haftung für durch den Eingewiesenen schuldhaft herbeigeführte Schäden an den Räumen s. Rdnr. 348).

Nicht anzuwenden ist der Folgenbeseitigungsanspruch in den Fällen, in denen der Obdachlose auf Grund einer Sicherstellung bzw. Beschlagnahme (s. dazu auch oben Rdnr. 116) in den von ihm bisher schon bewohnten Räumen auch nach Beendigung des Mietverhältnisses bleiben durfte. In diesen Fällen scheitert die Anwendung des Folgenbeseitigungsanspruchs (sowohl allein als auch in Verbindung mit anderen Rechtsgrundlagen) in Bezug auf die vom Eigentümer begehrte Räumungsverfügung schon daran, dass hier nach Ablauf der befristeten Beschlagnahme kein durch den Träger der Polizei verursachter rechtswidriger Zustand vorliegt, zudem aber ein Folgenbeseitigungsanspruch selbst bei seiner unterstellten Anwendbarkeit nur auf die Wiederherstellung des status quo ante gerichtet wäre, der Eigentümer aber vor der Beschlagnahme keinen unmittelbaren Besitz an der Wohnung hatte[638]. Zur (zu verneinenden) Frage, ob und inwieweit sich aus dem Folgenbeseitigungsanspruch ein Anspruch auf finanziellen Ersatz der Schäden ergibt, die an den Räumen durch den rechtswidrig Eingewiesenen hervorgerufen wurden, siehe Rdnr. 349; zur Möglichkeit diesbezüglich Entschädigungsansprüche geltend zu machen s. Rdnr. 348 f.

F. Verfassungsrechtliche Begrenzungen der Polizeibefugnisse

I. Rechtliche Bindungen durch das Übermaßverbot

Eine wichtige **rechtliche Schranke für das polizeiliche Handeln ergibt sich aus dem Übermaßverbot (Grundsatz der Verhältnismäßigkeit im weiteren Sinne)**. Es begrenzt sowohl das polizeiliche Entschließungs- wie auch das Auswahlermessen. Das Übermaßverbot hat in allen Polizei- und Ordnungsgesetzen seinen (deklaratorischen) Niederschlag gefunden, gilt aber unabhängig hiervon als **ein Bestandteil des Rechtsstaatsprinzips** schon kraft Verfassungsrechts[639]. Soweit es sich um Eingriffe in Freiheitsgrundrechte handelt, dürfte es bereits in diesen verankert sein, wobei es bei Grundrechten mit Gesetzesvorbehalt speziell in Art. 19 II GG zu verorten ist.

200

Das Übermaßverbot umfasst den **Grundsatz der Geeignetheit des Mittels, den des geringsten Eingriffs sowie den Grundsatz der Verhältnismäßigkeit im engeren Sinn.** Die Beachtung dieser Grundsätze ist trotz der bei ihrer Anwendung zu fällenden Prognoseentscheidungen (vgl. oben Rdnr. 28) in vollem Umfang justiziabel.

201

---

638 S. hierzu eingeh. *Roth*, DVBl. 1996, 1401 ff und dem folgend *Erichsen/Biermann*, JURA 1998, 371, 379; nicht überzeugend demgegenüber die Bejahung eines Folgenbeseitigungsanspruchs durch BGH, DVBl. 1996, 561; OVG NW, NVwZ 1991, 905 und *Götz*, NVwZ 1994, 652, 658.

639 Vgl. hierzu grundlegend *Lerche*, Übermaß und Verfassungsrecht, 1961; ferner *Wittig*, DÖV 1968, 817 ff; *Lücke*, DÖV 1974, 769 ff.

II *Polizei- und Ordnungsrecht*

1. Der Grundsatz der Geeignetheit des Mittels

202 Gemäß dem Grundsatz der Geeignetheit des Mittels ist nur der Einsatz solcher Mittel zulässig, **die zur Gefahrenbekämpfung geeignet sind**. Das Erfordernis der Geeignetheit des Mittels ergibt sich, sofern es nicht ausdrücklich erwähnt ist[640], aus dem Begriff der durch die Polizei- und Ordnungsgesetze verlangten „erforderlichen" bzw. „notwendigen" Maßnahmen[641]. Die Tauglichkeit bzw. Geeignetheit bemisst sich dabei aus der **ex-ante-Sicht** der handelnden Behörden[642], wobei bei der diesen hier abverlangten verständigen Würdigung der Sachlage zu berücksichtigen ist, dass ihnen im Hinblick auf die Effizienz der Gefahrenbekämpfung oft nur wenig Zeit zur Prüfung bleibt (vgl. oben Rdnr. 54). Stellt sich im Einzelfall später die Untauglichkeit eines Mittels heraus, so berührt dies die Rechtmäßigkeit der polizeilichen Maßnahme so lange nicht, als die Polizei- oder Ordnungsbehörde im Zeitpunkt ihres Handelns bei **verständiger Würdigung** der Sachlage von der **Tauglichkeit** des gewählten Mittels ausgehen durfte. Als untauglich sind dabei solche Mittel anzusehen, die auf etwas tatsächlich oder rechtlich Unmögliches gerichtet sind, so z.B. die Aufforderung an einen Obdachlosen, sich innerhalb einer bestimmten Frist eine Wohnung zu beschaffen oder die Auflage für die Teilnehmer einer Demonstration in der Innenstadt, „jede Beeinträchtigung des Fußgänger- und Fahrzeugverkehrs zu vermeiden"[643]. Für die Geeignetheit eines Mittels ist iü nicht erforderlich, dass es zu einer völligen Beseitigung der Gefahrenlage führt. Es reicht vielmehr deren Minderung aus.

203 Soweit sich im Nachhinein die tatsächliche Untauglichkeit des gewählten Mittels erweist, besteht jedoch, falls sich aus dem Mittel eine fortdauernde Beeinträchtigung der Rechtssphäre von Personen ergibt, unter dem Aspekt des in den Grundrechten verankerten Folgenbeseitigungsanspruchs vom Moment der Erkenntnis an eine polizeiliche Verpflichtung, nunmehr den Eingriff (soweit dies noch möglich ist) zu beseitigen bzw. aufzuheben. Die Aufhebung des zunächst rechtmäßig erlassenen Verwaltungsaktes richtet sich dabei, da er **nachträglich rechtswidrig** wurde, nicht (nur) nach § 49 VwVfG, sondern (auch) **nach § 48 VwVfG**[644].

2. Der Grundsatz des geringsten Eingriffs

204 Der Grundsatz des geringsten Eingriffs (mildesten Mittels bzw. Erforderlichkeit) verlangt, dass die Behörde zur Bekämpfung einer Gefahr oder Störung unter mehreren gleichermaßen geeigneten Mitteln **dasjenige aussucht, das zu der voraussichtlich geringsten Beeinträchtigung der zur Bekämpfung der Gefahr in Anspruch ge-

---

640 S. Art. 4 BayPAG, Art. 8 I BayLStVG; § 11 I BerlASOG; § 14 I BrandOBG, § 3 I BrandPolG; § 3 I BremPolG; § 4 I HambSOG; § 4 I HessSOG; § 15 I 1 MVSOG; § 4 I NdsGefAG; § 2 I NWPolG, § 15 I NWOBG; § 2 I RhPfPOG; § 2 1 SaarlPolG; § 5 I SachsAnhSOG; § 3 II SächsPolG; § 6 I ThürOBG; § 4 I ThürPAG; § 2 I MEPolG; § 15 I BGSG.
641 S. § 3 BWPolG; §§ 171, 173 I SchlHVwG.
642 S. auch *VGH BW*, DVBl. 1987, 153, 154; *Ossenbühl*, JURA 1997, 617, 618.
643 *BayVGH*, NJW 1984, 2116 f.
644 Näher *Schenke*, DVBl. 1989, 433 ff; *Schenke/Baumeister*, JuS 1991, 547 ff; BVerwGE 84, 111 ff; a.A. *Kopp*, BayVBl. 1990, 524 f.

nommenen Person und der Allgemeinheit führt[645]. Lassen sich beispielsweise die aus einer gewerblichen Betätigung resultierenden Gefahren bereits durch eine Auflage beseitigen, so kann nicht die Untersagung der Betätigung verlangt werden. Kann der durch ein Kfz herbeigeführte Verkehrsverstoß bereits durch ein Versetzen des Fahrzeugs behoben werden, ist sein Abschleppen zur Polizei unzulässig (vgl. Rdnr. 113). Als Konsequenz des Grundsatzes des geringsten Eingriffs[646] ergibt sich auch, dass polizeiliche Maßnahmen auf das zeitlich Unumgängliche zu beschränken sind.

Bei der Beurteilung, ob sich eine Maßnahme als weniger beeinträchtigend darstellt, ist zwar grundsätzlich eine objektive Betrachtungsweise zu Grunde zu legen; soweit die in Anspruch genommene Person aber auf dem Einsatz eines bestimmten (gleichermaßen geeigneten) Mittels besteht (**Angebot eines Austauschmittels**), ist nur dessen Anwendung rechtmäßig, selbst wenn es objektiv gesehen einen gravierenderen Eingriff in die Rechtssphäre des Betroffenen beinhaltet. So kann der Bürger, dem aufgegeben ist, sein Haus in Stand zu setzen, stattdessen den Abbruch des Hauses anbieten. Besteht die Polizei- oder Ordnungsbehörde hier auch nach diesem Angebot des Austauschmittels auf der Vollziehung der Instandsetzung und nimmt deshalb die Instandsetzungsverfügung nicht zurück, so ist dies rechtswidrig. Das Angebot des Austauschmittels ist in den einzelnen Polizei- und Ordnungsgesetzen ausdrücklich geregelt[647], gilt aber als Ausfluss des Grundsatzes des geringsten Eingriffs auch im Geltungsbereich solcher Polizei- und Ordnungsgesetze, die das Angebot des Austauschmittels nicht expressis verbis vorsehen, wie das im BWPolG zutrifft[648]. Umstritten ist, welche Konsequenzen ein behördlich verfügter ausdrücklicher oder konkludenter Ausschluss des Austauschmittels für das festgesetzte Mittel hat[649]. Dies bemisst sich in analoger Anwendung des § 44 IV VwVfG. Da die Polizei bei Erlass eines der Gefahrenabwehr dienenden Verwaltungsakts i.d.R. ein Ermessen besitzt, infiziert der rechtswidrige Ausschluss des Austauschmittels i.d.R. auch den Restverwaltungsakt und begründet damit auch dessen Rechtswidrigkeit.

205

Sofern die Zeit zum Angebot des Austauschmittels nicht kraft Gesetzes befristet ist

206

---

645 Vgl. § 5 I BWPolG; Art. 4 I BayPAG, Art. 8 I BayLStVG; § 11 I BerlASOG; § 14 I BrandOBG, § 3 BrandPolG; § 3 I BremPolG; § 4 II HambSOG; § 4 I HessSOG; § 15 I 1 MVSOG; § 4 I NdsGefAG; § 2 I NWPolG, § 15 I NWOBG; § 2 I RhPfPOG; § 2 I SaarlPolG; § 5 I SachsAnhSOG; § 3 II SächsPolG, § 9 II SächsSWEG; § 73 III SchlHVwG; § 6 I ThürOBG; § 4 I ThürPAG; § 2 I MEPolG; § 15 I BGSG.
646 A.A. *Knemeyer*, Rdnr. 310, der hier auf den Grundsatz der Verhältnismäßigkeit im engeren Sinn abstellen will.
647 Art. 5 II 2 BayPAG; § 12 II 2 BerlASOG; § 4 II 2 BrandPolG; § 4 II 2 BremPolG; § 4 IV 1 HambSOG; § 5 II 2 HessSOG; § 14 II 1 MVSOG; § 5 II 2 NdsGefAG; § 3 II 2 NWPolG, § 21 2 NWOBG; § 3 II 2 RhPfPOG; § 3 II 2 SaarlPolG; § 6 II 2 SachsAnhSOG; § 3 II MEPolG; § 16 II 2 BGSG.
648 S. hierzu näher *Grupp*, VerwArch. Bd. 69 (1978), 125, 142 ff.
649 Für die Rechtswidrigkeit nur des Ausschlusses *PreußOVGE* 106, 74; a.A. *Grupp*, VerwArch. Bd. 69 (1978), 125, 129 f.

bzw. befristet werden kann[650], vermag das Austauschmittel (falls hierdurch die Effektivität der Gefahrenbekämpfung nicht beeinträchtigt wird) bis zum Eintritt der Bestandskraft des Verwaltungsakts angeboten zu werden[651]. Unberührt vom Ablauf einer etwaigen Frist zum Angebot des Austauschmittels bleibt das Recht des Betroffenen, die Gefahr durch **Anwendung** eines anderen Mittels als im Verwaltungsakt vorgesehen zu beseitigen. Nach Beseitigung der Gefahr hat er dann einen (nach Eintritt der formellen Bestandskraft des zu vollstreckenden Verwaltungsakts) im Wege der Verpflichtungsklage durchsetzbaren Anspruch auf Aufhebung des Verwaltungsakts.

3. Der Grundsatz der Verhältnismäßigkeit im engeren Sinn

207 Der Grundsatz der Verhältnismäßigkeit im engeren Sinn fordert, dass die sich aus dem Einsatz des anzuwendenden Mittels ergebenden **Beeinträchtigungen nicht außer Verhältnis zu dem bezweckten Erfolg stehen**[652]. Maßgeblich für die Beurteilung ist dabei auch hier die Lage im Zeitpunkt der Entscheidung der Polizei- bzw. Ordnungsbehörde[653]. Dabei dürfen an die Verhältnismäßigkeitsprüfung im Hinblick auf die häufig gebotene Raschheit des polizeilichen Handelns keine zu großen Anforderungen gestellt werden. Anderseits geht es aber wohl zu weit, wenn nur bei einem offensichtlichen Missverhältnis ein Verstoß gegen den Verhältnismäßigkeitsgrundsatz angenommen wird[654]. Eine Verletzung des Grundsatzes der Verhältnismäßigkeit begründete es z.B., wenn bei einem nicht behebbaren geringfügigen Verstoß gegen baurechtliche Vorschriften, durch den das öffentliche Interesse nicht oder nicht nennenswert beeinträchtigt wird, der Abbruch des Hauses verfügt würde. Besondere Bedeutung kommt der Frage der Verhältnismäßigkeit beim Abschleppen eines Kfz zu. Ohne Prüfung einer konkreten Behinderung oder Gefährdung anderer Verkehrsteilnehmer (die konkrete Gefahr ergibt sich aus dem Verkehrsverstoß) bejaht die Rspr. die Rechtmäßigkeit von Abschleppmaßnahmen heute prinzipiell bereits bei der Funktionsbeeinträchtigung einer Verkehrseinrichtung, wie einem Schwerbehindertenparkplatz, einer Fußgängerzone sowie einer Parkuhr[655]. Während das Abschleppen eines verkehrswidrig auf dem Gehsteig geparkten Kfz, das zu keiner Verkehrsbeeinträchtigung geführt hat, früher noch als unverhältnismäßig angesehen wurde[656],

---

650 Nach § 14 II 2 MVSOG, § 21 S. 3 NWOBG kann der Antrag auf Zulassung eines Austauschmittels nur bis zum Ablauf einer zuvor gesetzten Frist gestellt werden. Gemäß § 21 S. 3 NWOBG ist der Antrag anderenfalls bis zum Ablauf der Klagefrist zulässig. Nach § 4 IV 2 HambSOG kann die Zulassung des Austauschmittels bis zum Vorliegen der Voraussetzungen für die Anwendung des Verwaltungszwanges, längstens bis zur Unanfechtbarkeit der Aufforderung, beantragt werden.
651 *Grupp*, VerwArch. Bd. 69 (1978), 145; *Gusy*, Rdnr. 317 (bis zur Bestandskraft von Verwaltungsakten, a.A. *OVG Brem*, DÖV 1986, 704, 705 und wohl auch *Rasch*, § 3 MEPolG, Rdnr. 14.
652 Vgl. § 5 II BWPolG; Art. 4 II BayPAG, Art. 8 II BayLStVG; § 11 II BerlASOG; § 14 II BrandOBG, § 3 II BrandPolG; § 3 II BremPolG; § 4 III HambSOG; § 4 II HessSOG; § 15 II MV-SOG; § 4 II NdsGefAG; § 2 II NWPolG, § 15 II NWOBG; § 2 II RhPfPOG; § 2 II SaarlPolG; § 5 II SachsAnhSOG; § 3 III SächsPolG, § 9 III SächsSWEG; § 73 II SchlHVwG; § 6 II ThürOBG; § 4 II ThürPAG; § 2 II MEPolG; § 15 II BGSG.
653 *Drews/Wacke/Vogel/Martens*, § 24, 6.
654 So aber *Götz*, Rdnr. 341; *Ossenbühl*, JURA 1997, 617, 619.
655 Vgl. hierzu m.w.N. *Jahn*, NZV 1990, 377 ff.
656 So etwa *OVG NW*, MDR 1980, 874; wohl auch *Götz*, NVwZ 1994, 652, 661.

tendiert die Rspr.⁶⁵⁷ nunmehr auch hier im Hinblick auf die negative Vorbildwirkung eines solchen Verhaltens im Regelfall zur Befürwortung der Verhältnismäßigkeit (anders etwa bei kurzfristigem Verstoß, wenn der Fahrer ohne Schwierigkeit zur Beseitigung herangezogen werden kann oder beim Parken während der Nachtstunden⁶⁵⁸). Damit werden auch generalpräventive Gesichtspunkte als berücksichtigungsfähig anerkannt. Zu beachten ist, dass bei der Beurteilung der Verhältnismäßigkeit von Maßnahmen, die auf die Unterbindung von Straftaten gerichtet sind, nicht nur die Interessen des Opfers und des Straftäters abzuwägen sind, sondern auch das strafrechtlich geschützte öffentliche Interesse an der Wahrung der Rechtsordnung⁶⁵⁹ ⁶⁶⁰.

II. Sonstige Begrenzungen durch die Grundrechte

Über das Übermaßverbot hinaus ergeben sich aus den Grundrechten noch weitere Bindungen des polizeilichen Handelns. Von diesen vermag heute – anders als dies zur Zeit der WRV nach h.M. noch zutraf – **selbst der (einfache) Gesetzgeber nicht zu dispensieren** (vgl. Art. 1 III GG). Bezüglich der hier nicht im Einzelnen behandelbaren Grundrechtsbindungen empfiehlt es sich, zwischen Freiheitsgrundrechten mit Gesetzesvorbehalt (1), Freiheitsgrundrechten, die nicht ausdrücklich einschränkbar sind (2) und sonstigen Grundrechten (3) zu differenzieren.

208

1. Begrenzungen durch Freiheitsgrundrechte mit Gesetzesvorbehalt

Bei Grundrechten mit Gesetzesvorbehalt (d.h. solchen, die nach ihrem Wortlaut durch Gesetz oder auf Grund eines Gesetzes eingeschränkt werden können, vgl. z.B. Art. 2 II, 8 II, 10, 11 GG) ist – neben z.T. qualifizierten Voraussetzungen für einen Eingriff (s. z.B. Art. 11 II GG) – eine **Einschränkung durch die Polizei- und Ordnungsgesetze an Art. 19 I und II GG zu messen**. Das in Art. 19 I 2 GG enthaltene Zitiergebot erstreckt sich allerdings naturgemäß nur auf nachkonstitutionelle Gesetze. Auch bei diesen soll es nach der bedenklichen Rechtsprechung des *BVerfG*⁶⁶¹ – wie sich aus dem Zweck des Art. 19 I 2 GG ergebe – insofern eingeschränkt sein, als es nicht für solche Eingriffe gelte, die auch schon vor Schaffung des Grundgesetzes bekannt waren. Die nach In-Kraft-Treten des Grundgesetzes erlassenen Polizei- und Ordnungsgesetze zitieren allerdings ohnehin⁶⁶² weitgehend die Grundrechte mit Gesetzesvorbehalt, die durch sie eingeschränkt werden, z.T. sogar solche Grund-

209

---

657 *BVerwG*, NJW 1990, 931; *Schoch*, JuS 1994, 758; anders aber wieder *BVerwG*, NJW 1993, 870.
658 *OVG Nds*, NVwZ-RR 1989, 647 f.
659 Zu wenig beachtet wird dies im Zusammenhang mit einer Hausbesetzung durch das *OLG Brandenburg*, NJ 1996, 590, 592 m. Anm. *Artkämper*.
660 Zur Bedeutung des Verhältnismäßigkeitsgrundsatzes im Bereich der Gefahrenvorsorge (Rdnr. 9) s. näher *Schenke*, Rdnr. 340.
661 *BVerfGE* 16, 194, 199 f; 15, 288, 293; vgl. auch *BVerwG*, NJW 1970, 908, 909 f; ausführlicher zum Zitiergebot *Rasch*, DVBl. 1987, 194 ff sowie *Selk*, JuS 1992, 816 ff.
662 Vgl. § 4 BWPolG; Art. 74 BayPAG, Art. 58 BayLStVG; § 66 BerlASOG; § 43 BrandOBG, § 8 BrandPolG; § 9 BremPolG; § 31 HambSOG; § 10 HessSOG; §§ 78, 98, 113 MVSOG; § 10 NdsGefAG; § 7 NWPolG, § 44 NWOBG; § 8 RhPfPOG; § 7 SaarlPolG; § 11 SachsAnhSOG; § 79 SächsPolG, § 17 SächsSWEG; § 227, 247, 261 SchlHVwG;§ 14 ThürOBG; § 11 ThürPAG; § 7 MEPolG; § 70 BGSG.

II *Polizei- und Ordnungsrecht*

rechte, die Art. 19 I GG gar nicht unterfallen[663]. Auf mittelbare (faktische) Grundrechtsbeeinträchtigungen ist Art. 19 I 2 GG nicht anwendbar[664].

210 Nicht genannt unter den einschränkbaren Grundrechten sind häufig Art. 8 GG und Art. 10 GG. Die fehlende Nennung des Art. 10 GG ist problematisch, da sie die Verwendung strafprozessual im Wege einer Telefonüberwachung nach § 100a StPO erlangter Daten zu präventiven Zwecken verbietet. Diese Verwendung der Daten stellt einen weiteren Eingriff in das Fernmeldegeheimnis dar und macht somit eine Zitierung des Grundrechts erforderlich. Es besteht für den Landesgesetzgeber die Verpflichtung, diese Verwendung zu gestatten, soweit es um den Schutz hochrangiger verfassungsrechtlich geschützter Rechtsgüter wie Leben und Gesundheit geht. Diese Verpflichtung leitet sich aus den grundrechtlichen Schutzpflichten ab. Einige Bundesländer[665] haben eine Zitierung des Art. 10 GG nicht zuletzt deshalb bereits vorgenommen. Alleine diese Zitierung gestattet allerdings nicht, präventive Telefonüberwachungen vorzunehmen. Hierzu bedürfte es zusätzlich einer spezialgesetzlichen Regelung. Weder die datenschutzrechtlichen Generalklauseln noch die allgemeinen polizeilichen Generalklauseln können präventive Telefonüberwachungen legitimieren. Auch eine entsprechende Anwendung der Vorschriften über den Einsatz technischer Mittel zur Datenerhebung in oder aus Wohnungen, wie dies von *Pieroth/Schlink/Kniesel*[666] diskutiert wird, überzeugt nicht. Ihr steht bereits der Vorbehalt des Gesetzes entgegen, der solche Analogien im Bereich der Eingriffsverwaltung verbietet. Als erstes Bundesland hat nun Thüringen (§ 34a ThürPAG) eine weit reichende Spezialregelung zur Datenerhebung durch die Überwachung des Fernmeldeverkehrs geschaffen[667]. Schwierigkeiten ergeben sich auch in Verbindung mit Art. 8 GG[668] [669] [670], da das VersG grundsätzlich (mit Ausnahme der §§ 3, 21, 28 VersG) nur auf öffentliche Versammlungen Anwendung findet. Der Versuch, bei nichtöffentlichen Versammlungen durch analoge Heranziehung von Vorschriften des VersG wie insbesondere von § 13 VersG eine Ermächtigungsgrundlage für polizei- und ordnungsbehördliches Handeln zu begründen[671], vermag schon im Hinblick darauf nicht zu überzeugen, dass sich eine solche Analogie (wenn man die landesrechtlichen Polizei- und Ordnungsgesetze für nicht anwendbar hält) zulasten des Betroffenen auswirken würde. Auch steht einer solchen Analogie der hiermit verbundene Übergriff in die Gesetzgebungskompetenz der Länder (Art. 72 I GG) entgegen, welche beim Fehlen einer bundesgesetzlichen Regelung besteht (Art. 72 I GG) Bedenken entgegen. Vor allem fehlt es aber an einer die Analogie rechtfertigenden Lücke. **Die polizei- und ordnungsrechtlichen Generalklauseln sind nämlich sehr wohl auf nichtöffentliche Versammlungen anwendbar**[672].

---

663 S. z.B. § 4 Nr. 5 BWPolG und §§ 227, 247, 261 SchlHVwG bezüglich Art. 14 GG; § 79 Nr. 4 SächsPolG bezüglich Art. 2 I i.V.m. Art. 1 I GG.
664 Dazu *Krebs*, in: v. Münch/Kunig, GG, Bd. I, 5. Aufl. 2000, Art. 19, Rdnr. 16.
665 § 10 HessSOG; § 78 MVSOG; § 10 NdsGefAG und § 11 ThürPAG.
666 *Pieroth/Schlink/Kniesel*, § 14, Rdnrn. 130 ff.
667 Näher zu dieser Regelung und den diesbezüglichen verfassungsrechtlichen Schwierigkeiten, s. *Schenke*, Rdnr. 197a.
668 Dieser wird in keinem Landespolizeigesetz genannt.
669 Art. 8 GG schützt dabei bereits den Bürger auf dem Weg zum Versammlungsort und damit auch das Vorfeld der Versammlung, vgl. *OVG Hamb*, NVwZ 1987, 829, 830.
670 Zu Art. 8 GG auch *Gallwas*, JA 1986, 484 ff.
671 So z.B. *Drews/Wacke/Vogel/Martens*, § 11, 2g ß; *Rühl*, NVwZ 1988, 581 ff; § 21 VersG bildet keine Rechtsgrundlage für das Verbot einer Versammlung, sondern regelt ausschließlich einen Straftatbestand.
672 So auch *BVerwG*, NVwZ 1999, 991, 992; *VGH BW*, VBl. BW 1987, 183 f; *OVG Nds*, NVwZ 1988, 638 u. *Götz*, Rdnr. 276; *v. Coelln*, NVwZ 2001, 1234 ff; *Deger*, NVwZ 1999, 265, 267 f; *Schoch*, JuS 1994, 479, 481; *Würtenberger/Heckmann/Riggert*, BW, Rdnr. 195; *Zeitler*, Versammlungsrecht, 1994, Rdnr. 286; s. auch *Ketteler*, DÖV 1990, 954 ff; a.A. *Groepl*, JURA 2002, 18, 21; *Scholler/Schloer*, S. 223.

Ihre Anwendung lässt sich insbesondere nicht damit ausschließen, dass bei einer abschließenden Regelung in einem Spezialgesetz ein Rückgriff auf eine allgemeine gesetzliche Regelung ausgeschlossen sei[673], denn das VersG trifft eben gerade keine abschließende Regelung hinsichtlich nichtöffentlicher Versammlungen. Freilich ergeben sich insofern Einschränkungen bei der Stützung polizeilicher Maßnahmen auf die Generalklauseln, als sie Eingriffe in nichtöffentliche Versammlungen nur zum Schutz in der Verfassung anerkannter Rechtsgüter zulassen. Das folgt bezüglich einer nichtöffentlichen Versammlung in geschlossenen Räumen schon aus Art. 8 I GG, der als vorbehaltlos gewährtes Grundrecht nur immanente Schranken aufweist (vgl. hierzu Rdnr. 212), denen durch verfassungskonforme Interpretation Rechnung zu tragen ist[647]. Es muss auf der Basis der geltenden Polizei- und Ordnungsgesetze aber auch für die nach Art. 8 II GG unter Gesetzesvorbehalt stehenden nichtöffentlichen Versammlungen unter freiem Himmel[675] gelten. Da Art. 8 I GG die Versammlung in geschlossenen Räumen in weiterem Umfang schützt als jene unter freiem Himmel, müssen nämlich Versammlungen unter freiem Himmel zumindest unter den gleichen Voraussetzungen einschränkbar sein wie jene in geschlossenen Räumen. Soweit es um Eingriffe zur Realisierung von verfassungsimmanenten Schranken geht, kann daher Art. 19 I 2 GG – wie weit man auch den Umfang des Zitiergebots im Übrigen ziehen will – von seiner ratio her in diesem Umfang auf Versammlungen unter freiem Himmel genauso wenig anwendbar sein wie auf Versammlungen in geschlossenen Räumen. Weitergehende Eingriffe in nichtöffentliche Versammlungen auf der Grundlage der Polizei- und Ordnungsgesetze scheiden aus. Das folgt hinsichtlich der dem Gesetzesvorbehalt unterliegenden Versammlungen unter freiem Himmel (Art. 8 II GG) daraus, dass Art. 8 GG in den Polizei- und Ordnungsgesetzen nicht unter den einschränkbaren Grundrechten aufgezählt ist. Keine Rechtsgrundlage für präventivpolizeiliche Maßnahmen, auch sofern es sich um nichtöffentliche Versammlungen in geschlossenen Räumen handelt, bietet Art. 13 VII, 1. Alt. GG[676], da hierdurch nur der Eingriff in die Wohnungsfreiheit, nicht aber zugleich der in die Versammlungsfreiheit gerechtfertigt wird.

Die Grundrechte mit Gesetzesvorbehalt dürfen im Übrigen durch die Polizei- und Ordnungsgesetze gemäß Art. 19 II GG **nicht in ihrem Wesensgehalt eingeschränkt werden**. Dabei ist allerdings umstritten, was unter diesem Wesensgehalt zu verstehen ist. Nach der **relativen Theorie**[677] soll es keinen Kernbereich eines Grundrechts geben, der von vornherein für den Gesetzgeber unantastbar ist; über die Zulässigkeit eines Eingriffs gemäß Art. 19 II GG ist demnach vielmehr ausschließlich mittels einer Abwägung zwischen dem durch den Eingriff zu schützenden Rechtsgut und dem durch das Grundrecht verkörperten Rechtsgut zu entscheiden. Anders ist die **Theorie vom absoluten Wesensgehalt**[678], **dergemäß Art. 19 II GG einen Kernbereich des Grundrechts vor jedem staatlichen Eingriff schützen soll**. Für diese Ansicht spricht nicht nur der Wortlaut des Art. 19 II GG, sondern auch der Umstand, dass unter Zugrundelegung der relativen Theorie, welche die Wesensgehaltsgarantie auf das Übermaßverbot reduziert, Art. 19 II GG leer läuft, weil sich das Übermaßverbot ohnehin bereits zumindest aus dem Rechtsstaatsprinzip ableitet. Was den absoluten We-

211

---

673 So aber *Krüger*, DÖV 1997, 13, 18.
674 Nicht überzeugend deshalb *Rühl*, NVwZ 1988, 581, demzufolge hier die Anwendung des allgemeinen Polizeirechts nicht mit Art. 8 GG vereinbar sein soll.
675 Wie hier nunmehr auch *Gusy*, Rdnr. 333 u. *Kniesel*, in: L/D, H, Rdnr. 186 und wohl auch *Würtenberger/Heckmann/Riggert*, BW, Rdnr. 293.
676 Abzulehnen daher *Krüger*, DÖV 1993, 658, 661 u. ders., DÖV 1997, 13, 18.
677 *BVerwGE* 47, 331, 357 f.
678 *BVerfGE* 6, 32, 41; 34, 238, 245; 35, 35, 39.

II *Polizei- und Ordnungsrecht*

sensgehaltskern anbetrifft, wird man diesen Garantieanspruch allerdings **nicht so interpretieren** können, dass für jeden **einzelnen Grundrechtsträger noch ein Mindestbestand an Grundrechtsschutz übrig bleiben muss**. Wäre man dieser Auffassung, so müsste die lebenslängliche Freiheitsstrafe, die lebenslängliche Sicherungsverwahrung oder etwa ein der Rettung von Geiseln dienender Todesschuss (Rdnr. 300) konsequenterweise als verfassungswidrig angesehen werden. Der absoluten Wesensgehaltsgarantie genügt vielmehr eine objektivierende Sicht, dergemäß für die Grundrechtsträger insgesamt noch ein ausreichender Mindestgrundrechtsschutz gewährleistet sein muss[679].

2. Begrenzungen durch nicht ausdrücklich einschränkbare Freiheitsgrundrechte

212 Für Grundrechte ohne Gesetzesvorbehalt (wie z.B. Art. 4 I, 5 III GG oder die durch Art. 8 I GG geschützte Versammlungsfreiheit in geschlossenen Räumen) gelten zwar weder Art. 19 I noch 19 II GG[680]. Dies bedeutet jedoch nicht, dass bei der Ausübung dieser Grundrechte keinerlei Schranken bestünden[681]. Vielmehr ergibt sich aus dem Prinzip der Einheit der Verfassung und der praktischen Konkordanz die Notwendigkeit von auch diese Grundrechte begrenzenden immanenten Schranken. Deren Bestimmung ist allerdings umstritten. Das *BVerwG*[682] sah sie früher durch die für den Bestand der Gemeinschaft notwendigen Rechtsgüter beschränkt, das *BVerfG*[683] stellt stattdessen zutreffend auf den **Schutz anderer in der Verfassung anerkannter Rechtsgüter ab**. Diese müssen unabhängig davon, ob es sich um Individual- oder Gemeinschaftsgüter handelt, jedenfalls dann, wenn sie dem durch das uneingeschränkte Grundrecht geschützten Rechtsgut normaliter gleichwertig sind, auch der Ausübung von scheinbar schrankenlos gewährten Grundrechten Grenzen setzen können. Deshalb ist es unter grundrechtlichen Aspekten nicht zu beanstanden, wenn die Polizei- und Ordnungsgesetze der Polizei das Verbot einer Prozession in einem Seuchengebiet gestatten, die Untersagung einer Versammlung in einem einsturzgefährdeten Haus zulassen oder es dem Künstler verboten werden kann, fremdes Sacheigentum als „Spray-Kunst-Arbeitsfläche" zu benutzen[684]. Nicht zulässig ist es aber anzunehmen, die Polizei- und Ordnungsgesetze bildeten allgemein – auch wenn ihre Anwendung nicht dem Schutz verfassungsrechtlich anerkannter Rechtsgüter dient – Schranken der hier angesprochenen Gruppe von Grundrechten. Diese können daher **nicht zum Schutz der öffentlichen Ordnung eingeschränkt werden**[685]. Zu Recht hat deshalb das *BVerwG*[686] ein aus Gründen der öffentlichen Ordnung erfolgtes Filmaufführungsverbot wegen Art. 5 III GG als unzulässig angesehen.

---

679 Vgl. zu Art. 19 II GG eingeh. *Maunz*, in: Maunz/Dürig, GG, Art. 19 II, Rdnr. 1 ff.
680 A.A. in Bezug auf Art. 19 II GG allerdings *BVerwGE* 47, 330, 357.
681 Vgl. hierzu *v. Pollern*, JuS 1977, 644 ff.
682 *BVerwGE* 2, 85, 87; 6, 13, 17.
683 *BVerfGE* 30, 173, 193; 49, 24, 55 ff.
684 Vgl. *BVerfG*, NJW 1984, 1293, 1294 f.
685 Vgl. auch *Martens*, DÖV 1982, 89, 91.
686 *BVerwGE* 1, 303 ff.

3. Begrenzungen durch sonstige Grundrechte

Selbst die Freiheitsgrundrechte werden nicht alle durch die oben unter 1. und 2. ge- 213
nannten Fallgruppen erfasst. Nicht unter diese zu subsumieren sind einmal **Freiheitsgrundrechte mit Schrankenvorbehalt** (z.B. Art. 2 I GG, 5 I u. II GG), **mit Ausgestaltungsvorbehalt** (z.B. das Eigentumsgrundrecht nach Art. 14 I GG) und solche (z.B. Art. 12 I GG u. Art. 4 III 2 GG) **mit Regelungsvorbehalt**[687]. Für diese Grundrechte gilt Art. 19 I GG nicht. Umstritten ist, ob das gleiche bezüglich des Art. 19 II GG anzunehmen ist[688]. Die systematische Stellung des Art. 19 II GG scheint zwar für eine Anwendbarkeit der Wesensgehaltsgarantie nur auf Grundrechte mit Gesetzesvorbehalt zu sprechen, sachlich ist eine solche Beschränkung aber schwerlich zu rechtfertigen. Der Streit besitzt im Übrigen dann keine Bedeutung, wenn man den Art. 19 II GG mit der relativen Theorie nur als eine Statuierung des Übermaßverbots interpretiert.

Unumstritten ist, dass die durch Art. 2 I GG geschützte allgemeine Handlungsfreiheit grund- 214
sätzlich durch Polizei- und Ordnungsgesetze einschränkbar ist. Diese gehören zur verfassungsmäßigen Ordnung i.S. des Art. 2 I GG, d.h. zu jenen Normen, die formell und materiell mit der Verfassung im Einklang stehen. Auch bestehen keine prinzipiellen Bedenken bezüglich der Einschränkung des dem Art. 2 I i.V. mit Art. 1 I GG zu entnehmenden Grundrechts auf informationelle Selbstbestimmung (vgl. oben Rdnr. 119). Ebenso können Art. 5 I GG[689] (hier enthält allerdings Art. 5 I 3 GG **bezüglich der Vorzensur eine absolute Sperre für polizeiliche Maßnahmen**), Art. 14 GG und Art. 12 GG (jedenfalls soweit es die Berufsausübung anbetrifft) durch die Polizei- und Ordnungsgesetze[690] eingeschränkt werden. Zu beachten ist jedoch trotz der prinzipiellen Einschränkbarkeit der hier genannten sonstigen Freiheitsgrundrechte, dass sich auch bei ihnen unter dem Gesichtspunkt der durch den Verhältnismäßigkeitsgrundsatz geforderten Güterabwägung im Einzelfall Begrenzungen für polizeiliche Eingriffe ergeben können, denen durch verfassungskonforme Auslegung der Polizei- und Ordnungsgesetze Rechnung zu tragen ist. So ist z.B. dort, wo der Inhaber eines Emissionen verursachenden Betriebs auf Grund besonderer Zusagen darauf vertrauen konnte, dass in seiner Nachbarschaft – jedenfalls für eine bestimmte Zeit – keine Wohnbebauung vorgenommen werde, wenn dieses Vertrauen später enttäuscht wird, in der daraufhin erfolgenden Untersagung des Betriebs u.U. bereits eine Enteignung und nicht mehr lediglich eine innerhalb der Sozialbindung liegende Belastung zu erblicken. Ähnlich dürfte Art. 14 GG es dem Gesetzgeber verwehren, den Eigentümer einer Sache für außergewöhnliche, außerhalb seiner Risikosphäre liegenden Gefährdungen, die von seinem Eigentum ausgehen, unter dem Gesichtspunkt der

---

687 S. zu dieser Unterscheidung *Schwerdtfeger*, Öffentliches Recht in der Fallbearbeitung, 10. Aufl. 1997, Rdnr. 449.
688 S. dazu *Krebs*, in: v. Münch/Kunig, GG, Bd. I, 5. Aufl. 2000, Art. 19, Rdnr. 19.
689 Zum Verhältnis von PolG und LPressG s. *BayVGH*, NJW 1983, 1339 f; s. auch *OVG Brand*, NJW 1997, 1387 und *Gornig*, JuS 1999, 1167 ff.
690 Die Anwendung der allgemeinen Polizei- und Ordnungsgesetze wird freilich z.T. durch Spezialgesetze (s. § 1 II BWLPresseG) ausgeschlossen (s. z.B. *BayVGH*, NJW 1983, 1339 bezüglich der in den landesrechtlichen Pressegesetzen abschließend geregelten präventivpolizeilichen Beschlagnahme von Presseerzeugnissen), weshalb die präventivpolizeiliche Beschlagnahme von Presseerzeugnissen grundsätzlich unzulässig ist (*Würtenberger/Heckmann/Riggert*, BW, Rdnr. 303 m.w.N.). Zulässig ist hingegen etwa die Beschlagnahme von Fotografien, die durch Journalisten unter Verletzung des § 22 S. 1 KunstUrhG veröffentlicht werden sollen, s. dazu *VGH BW* VBl. BW 2001, 102 ff sowie *Eckstein*, VBl. BW 2001, 97 ff.

II *Polizei- und Ordnungsrecht*

Zustandsverantwortlichkeit einstehen zu lassen (s. oben Rdnr. 173 ff). Anderenfalls gelangte man zu einer völligen Relativierung des Eigentumsgrundrechts durch den einfachen Gesetzgeber.

215 Auf die Begrenzung des polizeilichen Handelns durch andere Grundrechte als Freiheitsgrundrechte kann hier nicht eingegangen werden. Größere Bedeutsamkeit kommt in diesem Zusammenhang nur dem **Gleichheitsgrundrecht** zu, aus dem sich **in Verbindung mit Ermessensentscheidungen** der Polizei- und Ordnungsbehörden (s. oben Rdnr. 72) deren **Selbstbindung ergeben kann**. Sie verbietet es den Polizei- und Ordnungsbehörden, im Einzelfall von einer bisher geübten rechtmäßigen Verwaltungspraxis abzuweichen.

G. Polizeiliche Befugnisse außerhalb des Bereichs der Gefahrenabwehr

216 Den Polizeibehörden sind außer den Befugnissen im Rahmen der Gefahrenabwehr noch weitere Befugnisse eingeräumt. Zu nennen sind hier u.a. neben der Vollzugshilfe (dazu I.), die sich nicht nur auf die Gefahrenabwehr beschränkt, die der Polizei bei der Verfolgung von Straftaten (dazu II.) und Ordnungswidrigkeiten (dazu III.) eingeräumten Befugnisse. Daneben besitzt die Polizei noch eine Reihe anderer hier nicht im Einzelnen aufführbaren Aufgaben, so z.B. auf dem Gebiet des Pass- und Meldewesens (vgl. § 1 NWMeldeG; §§ 1, 3 BWMeldeG).

I. Die Vollzugshilfe

217 Als eine Aufgabe der Polizei wird in den meisten Polizeigesetzen der Länder ausdrücklich die **Vollzugshilfe** genannt[691]. Der Begriff der Vollzugshilfe wird in den Polizeigesetzen der Länder **allerdings nicht einheitlich verwandt**. In Übereinstimmung mit den §§ 25 ff MEPolG verstehen die Polizei- und Ordnungsgesetze von Bayern, Berlin, Brandenburg, Bremen, Niedersachsen, Nordrhein-Westfalen, Rheinland-Pfalz, Sachsen und Sachsen-Anhalt unter **Vollzugshilfe die durch die Polizei erfolgende Anwendung unmittelbaren Zwangs auf Ersuchen anderer Behörden zur Durchsetzung der von diesen getroffenen Maßnahmen**. Demgegenüber spricht § 168 II Nrn. 1 u. 2 SchlHVwG in diesem Zusammenhang von Vollzugs- und Ermittlungshilfe. Weiterreichend verstehen § 60 IV BWPolG und ähnlich § 44 I Nr. 1 HessSOG unter Vollzugshilfe die Ausführung jeglicher Vollzugshandlungen auf Ersuchen von Behörden und Gerichten, soweit hierfür die besonderen Fähigkeiten, Kenntnisse oder Mittel des Polizeivollzugsdienstes benötigt werden.

---

691 Regelungen zur Vollzugshilfe finden sich in: § 60 IV BWPolG; Art. 50-52 BayPAG; §§ 52-54 BerlASOG; §§ 50-52 BrandPolG; §§ 37-39 BremPolG; §§ 30, 30a u. b HambSOG; §§ 44-46 HessSOG; § 7 II i.V. mit §§ 82a ff MVSOG; §§ 51-53 NdsGefAG; §§ 47-49 NWPolG, § 2 NWOBG; §§ 96-98 RhPfPOG; §§ 41-43 SaarlPolG; §§ 50-52 SachsAnhSOG; §§ 61-63 SächsPolG; §§ 168 II i.V. mit 33 II, V, 34 II, 35 II SchlHVwG; §§ 48-50 ThürPAG, § 3 ThürPOG; §§ 25-27 MEPolG; vgl. hierzu näher *Martens*, JR 1981, 353 ff.

Die Vollzugshilfe weist **enge Verwandtschaft** mit der in den §§ 4 ff VwVfG geregelten **Amtshilfe** auf, bei der allerdings die Polizei – anders als bei der Vollzugshilfe – **keine eigene Aufgabe** wahrnimmt (s. § 4 II Nr. 2 VwVfG)[692]. Sie scheidet ebenso wie die Amtshilfe (vgl. § 4 II Nr. 1 VwVfG) dann aus, wenn ohnehin schon Weisungsbefugnisse einer Behörde gegenüber der sonst für die Vollzugshilfe kompetenten Polizei bestehen (z.B. Weisungsrecht der allgemeinen Polizeibehörden gegenüber den Polizeidienststellen gem. § 74 I BWPolG). Die Vollzugshilfe ist zu trennen von polizeilichen Schutzgewährleistungen für Vollstreckungshandlungen anderer Behörden (z.B. Schutz des Gerichtsvollziehers bei der Vornahme eines Vollstreckungsaktes) und polizeilichen Maßnahmen des ersten Zugriffs, bei denen die Polizei im Eilfall für andere – eigentlich zuständige – Behörden handelt[693]. Gleichfalls unterfallen dem Begriff der Vollzugshilfe nicht reine Hilfstätigkeiten für andere Verwaltungsbehörden, wie z.B. Botendienste, Einzug von Gebühren.

218

Die Vollzugshilfe auf Ersuchen einer anderen Behörde kommt in der Regel nur dort zum Zuge, wo die ersuchende Behörde unmittelbaren Zwang bzw. eine Vollzugshandlung nicht selbst vorzunehmen in der Lage ist. Sofern für die Zulässigkeit des Ersuchens um Vollzugshilfe keine Sonderregelungen bestehen[694], gelten die Grundsätze für das Amtshilfeersuchen gem. **§ 5 VwVfG entsprechend.**

219

Für die Rechtmäßigkeit der Maßnahme, die durch die Vollzugshilfe verwirklicht werden soll, ist **das für die ersuchende Behörde geltende Recht, für die Art und Weise der Durchführung der Vollzugshilfe hingegen das Recht der ersuchten Behörde maßgeblich**. Dieser Differenzierung folgend obliegt der ersuchenden Behörde ausschließlich die Verantwortung für die Rechtmäßigkeit der zu vollziehenden Maßnahme. Die ersuchte Behörde hat lediglich die Art und Weise der Durchführung unmittelbaren Zwangs bzw. der Vollzugsmaßnahme zu verantworten (s. z.B. § 25 II 1 MEPolG und § 7 VwVfG analog)[695]. Soweit der Betroffene sich gegen die zu vollziehende Maßnahme wendet, hat er daher gegen den Träger der ersuchenden Behörde vorzugehen; beanstandet er dagegen die Art und Weise der Durchführung der Maßnahme, haben sich seine Rechtsbehelfe gegen den Träger der Polizei zu richten[696]. Deshalb kann z.B. bei der polizeilichen Anwendung unmittelbaren Zwangs zur Durchsetzung eines öffentlichrechtlichen Hausverbots oder eines Einberufungsbescheids (§ 44 III WPflG) gegenüber dem Träger der Polizei eingewendet werden, die Art und Weise der Anwendung unmittelbaren Zwangs sei übermäßig gewesen, nicht

220

---

692 *Denninger*, in: L/D, E, Rdnr. 211 f; *Würtenberger*, Rdnr. 95; a.A. *Gusy*, Rdnr. 139; *Pieroth/Schlink/Kniesel*, § 5, Rdnr. 8; *Rasch*, § 1 MEPolG, Rdnr. 59, wonach die Vollzugshilfe einen Unterfall der Amtshilfe darstellt.
693 Vgl. *Wolff/Bachof*, Verwaltungsrecht II, 4. Aufl. 1976, § 77 VI a 4.
694 Vgl. Art. 50, 51 BayPAG; §§ 53, 54 BerlASOG; §§ 51, 52 BrandPolG; §§ 38, 39 I BremPolG; §§ 45, 46 HessSOG; §§ 52, 53 NdsGefAG; §§ 48, 49 NWPolG; §§ 97, 98 RhPfPOG; §§ 42, 43 SaarlPolG; §§ 51, 52 I SachsAnhSOG; §§ 62, 63 SächsPolG; §§ 49, 50 ThürPAG; §§ 26, 27 I MEPolG.
695 Der ersuchten Behörde ist es im Hinblick auf die Tatbestandswirkung des zu vollziehenden Verwaltungsakts (anders nur bei Nichtigkeit) untersagt, die Rechtmäßigkeit oder gar Zweckmäßigkeit des zu vollziehenden Akt zu überprüfen.
696 *Drews/Wacke/Vogel/Martens*, § 10, 2c.

II *Polizei- und Ordnungsrecht*

hingegen können gegen den Polizeiträger gerichtete Rechtsbehelfe darauf gestützt werden, dass das Hausverbot bzw. der Einberufungsbescheid rechtswidrig war. Dies muss im Wege der Anfechtung des Hausverbots bzw. des Einberufungsbescheids geltend gemacht werden.

II. Polizeiliche Befugnisse bei der Verfolgung von Straftaten
1. Die Tätigkeit der Polizei im Rahmen der Strafverfolgung

221 Wichtige Aufgaben sind der Polizei im Rahmen der Strafverfolgung zugewiesen. Gem. § 163 I StPO haben die Behörden und Beamten des Polizeidienstes **Straftaten zu erforschen** und alle keinen Aufschub gestattenden Anordnungen zu treffen, um die Verdunkelung der Sache zu verhüten. Dieses polizeiliche Handeln **unterscheidet** sich in seiner **Zielsetzung** dadurch von **Aufgaben der Gefahrenabwehr**, dass es nach dem Willen der handelnden Polizeibediensteten unmittelbar nur der Strafverfolgung dient. An der Notwendigkeit einer klaren Unterscheidung ändert es auch nichts, dass sich in Konsequenz der Strafverfolgung mittelbar auch spezial- und generalpräventive Effekte ergeben und häufig polizeiliche Maßnahmen (wie z.B. eine Durchsuchung oder eine Beschlagnahme) sowohl unter dem Aspekt der Gefahrenabwehr wie auch der Strafverfolgung zulässig sind. Das Trennungserfordernis folgt daraus, dass für die Strafverfolgung **andere Grundsätze** gelten als für die Gefahrenabwehr (vgl. Rdnr. 222), Abweichungen in der **organisatorischen Stellung** bestehen (Rdnr. 222) und außerdem die **Tatbestandsvoraussetzungen** des polizeilichen Handelns (dazu Rdnr. 223 ff) und der **Rechtsschutz** (Rdnr. 228 ff) erheblich differieren.

222 Maßgeblich für die polizeiliche Strafverfolgung gem. § 163 I StPO ist nicht das Opportunitäts-, sondern das **Legalitätsprinzip**. Die Behörden und Bediensteten des Polizeidienstes sind im Rahmen der Strafverfolgung gem. § 161 S. 2 StPO verpflichtet, dem Ersuchen oder Auftrag der Staatsanwaltschaft zu genügen. Die in der Literatur z.T. vertretene Auffassung[697], die Weisungsbefugnis der Staatsanwaltschaft beziehe sich nur auf das „Ob" des polizeilichen Handelns, nicht hingegen auf das „Wie", findet im Wortlaut des § 161 S. 2 StPO ebenso wenig eine Stütze wie jene Meinung, die davon ausgeht, die Staatsanwaltschaft habe – anders als im Falle des § 152 GVG – grundsätzlich keine Weisungsbefugnis gegenüber dem Polizeibeamten, sondern müsse sich an die Polizeibehörde wenden. Die **Weisungsbefugnis der Staatsanwaltschaft im Rahmen der Strafverfolgung** wird auch dann nicht eingeschränkt, wenn die Polizei nicht nur zum Zwecke der Strafverfolgung, sondern auch zur Gefahrenabwehr tätig werden kann. Begrenzungen für die Staatsanwaltschaft bestehen allerdings entgegen einer vielfach vertretenen Auffassung[698] dann, wenn sich deren Weisungen auf die nicht in der StPO geregelte Vollstreckung von Strafverfolgungsmaßnahmen der Polizei beziehen, insbesondere wenn es um die in § 10 I Nr. 2 UZwG und entsprechenden landesrechtlichen Regelungen normierte Anwendung des Schusswaffengebrauchs durch die Polizei geht. Bei ihm handelt es sich

---

697 So z.B. *Kaiser*, NJW 1972, 14, 15.
698 So z.B. *Götz*, Rdnr. 414 und Gemeinsame Richtlinien der Justizminister/-senatoren und der Innenminister/-senatoren des Bundes und der Länder über die Anordnung unmittelbaren Zwanges durch Polizeibeamte auf Anordnung des Staatsanwalts (abgedruckt u.a. im BAnz. 1973 Nr. 240); zutreffend demgegenüber *Krey*, ZRP 1971, 224, 226, der allerdings die sich aus dem Aspekt der Vollzugshilfe ergebenden Weisungsbefugnisse übersieht.

– wie auch aus der Systematik dieser Vorschriften hervorgeht (s. näher unter Rdnr. 226) – nicht um eine Ermittlungstätigkeit der Polizei i.S. des § 161 StPO, sondern um einen Vollstreckungsakt. Die Staatsanwaltschaft kann demgemäß nur entsprechend den Grundsätzen über die polizeiliche Vollzugshilfe die Polizei um die Anwendung unmittelbaren Zwangs ersuchen; hierbei bleibt aber die Entscheidung über das „Wie" der Anwendung unmittelbaren Zwangs – genauso wie sonst bei der Vollzugshilfe – der Polizei überlassen. Daraus ergeben sich Einschränkungen für die Erteilung eines Schießbefehls der Staatsanwaltschaft gegenüber der Polizei[699], da häufig verschiedene Möglichkeiten hinsichtlich der Anwendung unmittelbaren Zwangs bestehen dürften. Eine Weisungsbefugnis der Staatsanwaltschaft kann im Übrigen nie auf die Abgabe eines Todesschusses gerichtet sein, da eine solche Maßnahme naturgemäß nicht zur Durchsetzung einer Strafverfolgungsmaßnahme, sondern nur dem Zwecke der Gefahrenabwehr dienen kann.

Im Gegensatz zu den polizei- und ordnungsrechtlichen Generalklauseln stellt **§ 163 I 1 StPO nur eine Aufgabennorm** dar, durch welche der Polizei die Strafverfolgung zur Pflicht gemacht wird und wohl auch die Zulässigkeit einer Strafverfolgungsvorsorge vorausgesetzt wird. Befugnisse im Sinne der Konstituierung von **Eingriffsermächtigungen** werden der Polizei jedoch hierdurch **nicht eingeräumt**. Deshalb können z.B. auch polizeiliche, der Strafverfolgung dienende Eingriffe in das Recht auf informationelle Selbstbestimmung, wie z.B. eine Observation oder eine polizeiliche Rasterfahndung[700], nicht auf die polizeiliche Aufgabennorm gestützt werden, sondern bedürfen einer speziellen Ermächtigungsgrundlage (vgl. z.B. § 163d StPO). Die StPO trägt dem Umstand, dass § 163 I 1 StPO nicht zu belastenden Maßnahmen ermächtigt, Rechnung, indem sie eine Vielzahl von polizeilichen Befugnissen im Rahmen der Strafverfolgung vorsieht: Dies betrifft etwa die körperliche Untersuchung sowie die Blutentnahme und andere körperliche Eingriffe (§ 81a StPO), die Durchführung erkennungsdienstlicher Maßnahmen[701], insbesondere die Aufnahme von Lichtbildern und Fingerabdrücken (§ 81b StPO), die Untersuchung anderer Personen (§ 81c StPO), molekulargenetische Untersuchungen (§ 81e StPO), DNA-Identitätsfeststellungen (§ 81g StPO), die Beschlagnahme (§§ 94 ff StPO), die Rasterfahndung (§§ 98a, 98b StPO), der Datenabgleich nach § 98c StPO, die Überwachung der Telekommunikation nach §§ 100a, 100b StPO, Auskünfte über Telekommunikationsverbindungsdaten (§§ 100g, 100h StPO), die Durchsuchung (§§ 102 ff StPO), das heimliche Herstellen von Lichtbildern und Bildaufzeichnungen und das heimliche Abhören und Aufzeichnen des gesprochenen Wortes (§§ 100c, 100d StPO), die Verdeckte Ermittlung (§§ 110a – 110e StPO), die Einrichtung von Kontrollstellen auf Straßen und Plätzen nach § 111 StPO, die vorläufige Festnahme (§ 127 I u. II StPO), den Erlass eines Steckbriefs (§ 131 II StPO), das Recht alle Behörden um Auskunft zu ersuchen (§ 163 I 2 StPO), die Vernehmung und Vorladung des Beschuldigten (§ 163a StPO), die Feststellung der Identität (§ 163b StPO) sowie die Freiheitsentziehung zur Feststellung der Identität (§ 163c StPO), die Schleppnetzfahndung (§ 163d

---

699 Diese Probleme stellten sich z.B. in Verbindung mit dem „Gladbecker Geiseldrama" (dazu *Zuck*, MDR 1988, 920; *Schäfer*, Kriminalistik 1990, 58).
700 Vgl. nunmehr auch *BGH*, NJW 1991, 2651 sowie eingehend *Wolter*, JURA 1992, 520 ff.
701 Soweit sie nicht zum Zwecke der Durchführung eines Strafverfahrens, sondern für die Zwecke des Erkennungsdienstes erfolgen, liegen freilich Maßnahmen der Gefahrenabwehr vor, die im Verwaltungsrechtsweg angreifbar sind, vgl. *BVerwG*, NJW 1983, 772.

II *Polizei- und Ordnungsrecht*

StPO), die Ausschreibung zur polizeilichen Beobachtung (§ 163e StPO), die längerfristige polizeiliche Observation (§ 163 f StPO) und die Festnahme von Störern (§ 164 StPO), die als Minus auch einen Platzverweis[702] in sich schließt. Ferner finden sich in den §§ 474 ff StPO detaillierte Regelungen über die Erteilung von Auskünften und Akteneinsicht sowie die sonstige Verwendung von Informationen für verfahrensübergreifende Zwecke.

224 Die oben genannten polizeilichen Befugnisse stehen z.T. generell dem Polizeibeamten zu (z.B. 81b, 127 II StPO). Mitunter sind sie aber auch daran gebunden, dass der betreffende Polizeibeamte **Hilfsbeamter der Staatsanwaltschaft** ist (so z.B. §§ 81a II, 81c V, 98 I 1, 105 I 1 StPO). Diese sind gem. § 152 I 2 GVG verpflichtet, den Anordnungen der Staatsanwaltschaft ihres Bezirks und der dieser vorgesetzten Beamten Folge zu leisten. Welche Gruppen von Beamten oder Angestellten Hilfsbeamte der Staatsanwaltschaft sind, wird gem. § 152 II 1 GVG durch Rechtsverordnungen der Landesregierungen bestimmt. Eine Besonderheit enthält das vorläufige Festnahmerecht des § 127 I StPO insofern, als hier jedermann zum Zwecke der Strafverfolgung eine Festnahmebefugnis besitzt. Da diese Norm der Sache nach auf eine „Beleihung" von Privatpersonen mit staatlichen Aufgaben hinausläuft, ergeben sich in Verbindung mit ihr Begrenzungen aus dem verfassungsrechtlichen Übermaßverbot. Wegen der strukturellen Besonderheiten des § 127 I StPO bestehen dabei (anders als bezüglich sonstiger Rechtfertigungsgründe, vgl. oben Rdnr. 23) keine Bedenken, wenn sich staatliche Bedienstete (z.B. Straßenbahnschaffner in Bezug auf Schwarzfahrer) auf § 127 I StPO stützen.

225 Eine Erweiterung der Polizeibefugnisse zur Strafverfolgung (anders aber hinsichtlich der Strafverfolgungsvorsorge, s. Rdnr. 227) über den in der StPO vorgesehenen Umfang hinaus scheidet seitens des Landesgesetzgebers aus. Entsprechende Regelungen in den Polizeigesetzen scheitern daran, dass die Normierungen der StPO, wie sich aus dem **in § 6 EGStPO enthaltenen Kodifikationsprinzip ergibt, abschließend sind**[703], auch aus § 8 II 2 MEPolG ergeben sich deshalb keine polizeilichen Befugnisse im Rahmen der Strafverfolgung. Es wäre im Übrigen auch systemwidrig, wenn der Landesgesetzgeber durch Erweiterung der polizeilichen Befugnisse im Rahmen der Strafverfolgung der Polizei umfassendere Eingriffsbefugnisse einräumen könnte, als sie auf Grund Bundesrechts der Staatsanwaltschaft zustehen.

226 Zur hier getroffenen Feststellung, dass die StPO eine abschließende Regelung polizeilicher Befugnisse im Rahmen der Strafverfolgung beinhaltet, steht es nicht in Widerspruch, wenn zugleich davon ausgegangen wird, dass der **Landesgesetzgeber befugt ist, Vorschriften über die Anwendung unmittelbaren Zwangs zur Durchführung von Strafverfolgungsmaßnahmen der Polizei zu erlassen** (vgl. z.B. § 54 I Nr. 2 BWPolG). Bezüglich der zwangsweisen Durchsetzung von polizeilichen Strafverfolgungsmaßnahmen enthält die StPO grundsätzlich keine Regelungen[704]; es handelt sich hier vielmehr – wie auch sonst – um eine eigenständige Rechtsmaterie, nämlich das Vollstreckungsrecht. Dass auch der Bundesgesetzgeber davon ausgeht, die StPO treffe insoweit keine abschließende Normierung, wird an Vorschriften wie § 8 Nr. 2 UZwG (Fesselung von Personen) oder § 10 UZwG (Schusswaffengebrauch gegenüber Flüchtigen) deutlich, die eindeutig zumindest auch der Durchsetzung von Strafverfolgungsmaßnahmen dienen.

---

702 *Pieroth/Schlink/Kniesel*, § 16, Rdnr. 8; *Schenke*, JR 1970, 48, 50.
703 Vgl. hierzu näher *Schenke*, JR 1970, 48 ff; *Schoch*, JuS 1994, 485; ebenso *Roxin*, Strafverfahrensrecht, 25. Aufl. 1998, § 31, Rdnr. 23; *Schwan*, VerwArch. Bd. 70 (1979), 109, 115 ff; *BGH*, NJW 1962, 1020 f.
704 So zutreffend *Benfer*, NJW 2002, 2688 f; a.A. *OLG Dresden*, NJW 2001, 3643 f.

Zu beachten ist ferner, dass die StPO hinsichtlich der **Strafverfolgungsvorsorge**, bezüglich   227
derer eine Gesetzgebungszuständigkeit des Bundes unter dem Aspekt der Annexkompetenz
besteht (dazu Rdnr. 19), bisher keine abschließenden Regelungen beinhaltet. Die auf diesem
Sektor getroffenen Regelungen (s. §§ 81b, 81g, 484 StPO) lassen, soweit sie nicht unmittelbar
einschlägig sind, noch Raum für landespolizeirechtliche Regelungen der Strafverfolgungsvorsorge (s. oben Rdnr. 19). Unberührt bleiben ohnehin landesrechtliche Regelungen der Gefahrenvorsorge.

2. Rechtsschutz gegen Strafverfolgungsmaßnahmen der Polizei

Der Unterscheidung zwischen der der Gefahrenabwehr und der der Strafverfolgung   228
dienenden polizeilichen Tätigkeit kommt vor allem für den Rechtsschutz erhebliche
Bedeutung zu. Während sich der **Rechtsschutz gegen Gefahrenabwehrmaßnahmen der Polizei nach den §§ 40 ff VwGO richtet, sind für den Rechtsschutz gegen Strafverfolgungsmaßnahmen der Polizei** nach heute herrschender, wenn auch
umstrittener Auffassung **die §§ 23 ff EGGVG maßgeblich**[705]. Bei der mit den Aufgaben der Strafverfolgung betrauten Polizei (Kriminalpolizei) handelt es sich nämlich – obschon sie organisatorisch den Innenministerien zugeordnet ist – um eine **Justizbehörde i.S. des § 23 EGGVG, da sie funktionell Justizaufgaben (Strafrechts-
pflege) wahrnimmt** und der Begriff der Justizbehörde hier funktionell zu verstehen
ist. Anderenfalls würde der Rechtsweg differieren, je nachdem, ob eine Strafverfolgungsmaßnahme durch die Staatsanwaltschaft[706] oder durch die Polizei getroffen
wird, womit häufig der Zufall über den zu beschreitenden Rechtsweg entschiede. Zudem wäre ein solches Ergebnis auch schwerlich mit dem in Art. 95 GG enthaltenen
Rechtsgedanken vereinbar, nach dem sachlich zusammenhängende Rechtsstreitigkeiten (die Rechtsgrundlagen für staatsanwaltschaftliche und polizeiliche Strafverfolgungsmaßnahmen sind im Regelfall die gleichen) möglichst durch eine Gerichtsbarkeit zu entscheiden sind.

Schwierigkeiten, die daraus resultieren, dass im Einzelfall für den Betroffenen   229
schwer feststellbar sein kann, ob eine ihm gegenüber vorgenommene polizeiliche
Maßnahme der Gefahrenabwehr oder der Strafverfolgung dient[707], lassen sich dadurch beheben, dass man ihm einen aus dem Rechtsstaatsprinzip abzuleitenden **Anspruch auf Mitteilung des Zwecks einer polizeilichen Maßnahme** einräumt. Ohne
eine solche polizeiliche Auskunftsverpflichtung würde der Betroffene nicht nur über

---

705 Vgl. hierzu ausführlich *Schenke*, VerwArch. Bd. 60 (1969), 332 ff u. *ders.*, NJW 1976, 1816 ff;
ebenso *Amelung*, JZ 1975, 526 ff; *Aulehner*, BayVBl. 1988, 709 ff; *Drews/Wacke/Vogel/Martens*,
§ 30, 1; *Heneka*, Rechtsschutz gegen polizeiliche Ermittlungstätigkeit zur Erforschung von Straftaten und Ordnungswidrigkeiten, Diss. Mannheim 1993, 13 ff; *Rasch*, vor § 35 MEPolG, Rdnr. 5 ff;
Roxin, Strafverfahrensrecht, 25. Aufl. 1998, § 29, Rdnr. 10; BVerwGE 47, 255 ff; teilw. a.A. *Götz*,
Rdnr. 561 f; *Markworth*, DVBl. 1975, 575 ff. Missverständlich *Gusy*, Rdnr. 387, der die auf den Begriff der Justizbehörde im organisatorischen Sinn abstellende Auffassung als funktionelle Betrachtungsweise charakterisiert.
706 Hier kommt, da die Staatsanwaltschaft dem Justizministerium untersteht und somit auch organisatorisch Justizbehörde ist, unbestreitbar § 23 EGGVG zum Zuge.
707 Hat die Polizei ihre Ermittlungen an die Staatsanwaltschaft oder ein Gericht weitergeleitet, so liegt
(jedenfalls auch) eine Strafverfolgungsmaßnahme vor.

den Rechtsweg im unklaren gelassen. Er wüsste auch nicht, anhand welcher Rechtsgrundlage er die Maßnahmen auf ihre Rechtmäßigkeit zu überprüfen hat.

230 Kommt die Polizei der Verpflichtung nicht nach, so ist die polizeiliche Maßnahme allein im Hinblick auf das ihr anhaftende rechtsstaatswidrige **Begründungsdefizit rechtswidrig**. Ein entsprechender Mangel kann allerdings nach fast allen Landesverwaltungsverfahrensgesetzen auch noch durch das Nachholen einer Begründung während des gerichtlichen Verfahrens geheilt werden (vgl. die den §§ 39, 45 I Nr. 2, II VwVfG entsprechenden Landesregelungen).

231 Lassen die äußeren Umständen nicht ohne weiteres erkennen, mit welcher Zielsetzung die Polizei handelt und kommt diese ihrer Auskunftsverpflichtung nicht nach, bleibt es dem Betroffenen freigestellt, welchen der beiden in Betracht kommenden Rechtswege er beschreiten will. Es besteht hier auch keine Vermutung dafür, dass im Zweifelsfall von einem der Gefahrenabwehr dienenden polizeilichen Handeln auszugehen ist[708]. Beruft sich die Polizei erst während des gerichtlichen Verfahrens darauf, sie habe ihr Verhalten (auch) auf solche Gesichtspunkte gestützt, über welche das angerufene Gericht nicht befinden kann, liegt hierin ein unbeachtliches treuwidriges Verhalten[709].

232 Nicht haltbar ist dagegen die Auffassung[710], für die Beurteilung der Rechtsnatur einer polizeilichen Maßnahme komme es entscheidend darauf an, wo ihr **Schwerpunkt** liege. Es bleibt unklar, anhand welcher Gesichtspunkte dieser Schwerpunkte bestimmt werden soll und auf welche Perspektive dabei abzustellen ist. Kommt es auf die Sicht der betroffenen Personen[711] oder den Willen der Polizei an? Und wenn letzteres zutrifft, worin liegt der Unterschied dieser auf den von der Polizei gewollten Schwerpunkt des Handelns abstellenden Betrachtungsweise zu jener Auffassung, die die Abgrenzung danach vornimmt, welche Ziele die polizeiliche Tätigkeit verfolgt? Fehlt es aber an einem solchen Unterschied, was soll dann die Verwendung des vom eigentlich entscheidenden Gesichtspunkt ablenkenden Topos des Schwerpunkts? Und weshalb soll es der Polizei nicht möglich sein, zwei Schwerpunkte ihres Handelns zu setzen? Angesichts dieser zahlreichen ungeklärten Fragen, die durch die (Leer-)formel vom maßgeblichen Schwerpunkt des polizeilichen Handelns aufgeworfen, aber nicht gelöst werden, verwundert es kaum, dass Literatur und Rechtsprechung den Schwerpunkt bestimmter polizeilicher Tätigkeiten auch sonst durchaus unterschiedlich bestimmen[712]. Unter diesen Umständen scheint eine Rückbesinnung auf die gesetzlichen Regelungen des Polizeigesetzes und der StPO dringender denn je. Sie nehmen die Qualifikation einer polizeilichen Maßnahme **an-**

---

708 A.A. aber *Pieroth/Schlink/Kniesel*, § 2, Rdnr. 15 mit der Begründung, dass Gefahrenabwehr wichtiger sei als Strafverfolgung.
709 Selbst wenn man in einem solchen Verhalten keine Treuwidrigkeit sähe und es für prozessual beachtlich hielte, würde dies nicht zur Unzulässigkeit des prozessualen Begehrens des Klägers führen, sondern nur zu einer Verweisung von Amts wegen gem. § 17a II GVG an das Gericht des einschlägigen Rechtswegs. Eine solche Verweisung schiede allerdings aus, wenn die Polizei nunmehr ihre Maßnahme sowohl mit dem PolG wie auch der StPO rechtfertigte.
710 Nicht überzeugend deshalb *Knemeyer*, Rdnr. 122 und *BayVGH*, BayVBl. 1986, 337 f. Noch weniger überzeugend *VGH BW*, NVwZ-RR 1990, 413, wonach für die Rechtsnatur der Maßnahme „entscheidend zum einen das Schwergewicht der polizeilichen Maßnahme und zum anderen der damit verfolgte Zweck" sein soll. Demgegenüber ist festzuhalten, dass maßgebend immer nur der Zweck ist und nur fraglich sein kann, wie dieser zu ermitteln ist.
711 *Pieroth/Schlink/Kniesel*, § 2, Rdnr. 15 halten die Sicht des Betroffenen zumindest auch für relevant; *Würtenberger/Heckmann/Riggert*, BW, Rdnr. 189 ff stellen auf einen objektiven Beobachter ab. In Zweifelsfällen könne ergänzend auf den „erkennbaren Willen" der Polizeibeamten zurückgegriffen werden.
712 Vgl. z.B. einerseits *BayVGH*, NJW 1984, 2235, andererseits *Schoreit*, NJW 1985, 169 ff; s. auch *BVerwG*, NJW 1984, 2233, 2234.

hand der mit ihr verfolgten Zielsetzung vor[713] und knüpfen deshalb bei ihren jeweiligen Aufgaben- und Befugnisnormen an die Finalität des polizeilichen Handelns an. Ohne eine solche Ermittlung der mit einer polizeilichen Maßnahme verfolgten Absicht ließe sich Rechtmäßigkeit des polizeilichen Handelns ohnehin nicht feststellen. Dann muss es aber ebenso möglich sein, dieser **Absicht bereits bei der Rechtswegbestimmung Rechnung zu tragen**. Eine von der subjektiven Zielsetzung abstrahierende Betrachtungsweise, die demgegenüber darauf abstellte, ob objektiv die Voraussetzungen für ein Handeln auf dem Sektor der Strafverfolgung und/oder der Gefahrenabwehr gegeben sind, liefe auf eine Verwechslung der Frage, ob die Polizei auf einem bestimmten Sektor tätig sein darf, mit der hinaus, wie sie tatsächlich gehandelt hat. Damit würde verkannt, dass eine zum Zwecke der Strafverfolgung vorgenommene Maßnahme selbst dann ein Akt der Strafverfolgung bleibt, wenn der durch sie Betroffene strafrechtlich nicht verantwortlich ist und nur die Möglichkeit eines polizeirechtlichen Vorgehens eröffnet ist. Vor allem scheitert die Schwerpunkttheorie aber daran, dass es der Polizei **nicht verwehrt** sein kann, sich bei bestimmten polizeilichen Akten **sowohl auf das Polizeigesetz als auch auf die StPO zu berufen**[714]. Die Schwerpunkttheorie schränkt damit unter Verkennung der instrumentalen Funktion, die dem Prozessrecht im Verhältnis zum materiellen Recht zukommt, die materiellrechtlichen Handlungsbefugnisse der Polizei aus prozessrechtlichen Gründen ein, indem es dieser unmöglich gemacht wird, ihr Handeln (vorsichtshalber) auf zwei verschiedene Rechtsgrundlagen zu stützen[715]. Mit der Schwerpunkttheorie ist auch schwerlich vereinbar, wenn sie durch ihre Anhänger nur in Bezug auf die Rechtswegfrage vertreten wird, im Übrigen aber anerkannt wird, dass die Polizei gleichzeitig sowohl gefahrenabwehrend wie auch strafverfolgend tätig sein kann. So geht das Bundesverwaltungsgericht[716] etwa zu Recht davon aus, dass der Umstand, dass eine Maßnahme auch der Strafverfolgung dient, es bei einer hiermit Hand in Hand gehenden Gefahrenabwehr nicht ausschließt, für diese nach Maßgabe der polizeirechtlichen Bestimmungen vom Störer Kostenersatz zu verlangen.

Zieht die Polizei als Basis ihres Handelns neben polizeirechtlichen auch strafprozessuale Normen heran, muss der Betroffene **sowohl den Verwaltungsrechtsweg als auch den Rechtsweg zu den ordentlichen Gerichten** beschreiten. Das durch den Betroffenen jeweils angegangene Gericht ist in seiner Prüfungs- und Entscheidungskompetenz allerdings auf diejenigen Fragen beschränkt, die seiner Gerichtsbarkeit unterfallen. Rechtfertigen z.B. die Gefahrenabwehrregelungen eine polizeiliche Beschlagnahme nicht, so ist diese vom Verwaltungsgericht insoweit aufzuheben, als sie dem Zwecke der Gefahrenabwehr dient. Die Wirksamkeit der auf die StPO gestützten Beschlagnahme bleibt hiervon unberührt, solange nicht auch eine Aufhebung gem. § 28 I 1 EGGVG durch das Oberlandesgericht erfolgt. Die daraus resultierende Doppelspurigkeit des Rechtswegs ergibt sich daraus, dass hier in Wahrheit **zwei voneinander zu trennende polizeiliche Handlungen** – einerseits präventiver, andererseits repressiver Art – vorgenommen wurden, die nur äußerlich zu einem einzigen Akt zusammenfallen. Deshalb ändert auch die Neufassung des § 17 II GVG nichts an der hier vertretenen Lösung. Genauso wie dort, wo zeitlich getrennt erst ein Eingriff auf den Gesichtspunkt der Ge-

---

713 Nicht überzeugend daher *Gusy*, Rdnr. 151 f.
714 S. schon früher *Schenke*, VerwArch. Bd. 60 (1969), 332, 345 und nunmehr ebenso *Erichsen*, JURA 1993, 45, 49; *Götz*, NVwZ 1984, 211, 215; *ders.*, NVwZ 1994, 652, 658; *Schoch*, FS Stree und Wessels, 1993, S. 1095, 1114 ff; s. auch *Würtenberger*, Rdnr. 101 f und ferner *BayObLG*, NVwZ 1990, 194, 195.
715 Zur Notwendigkeit, der Polizei eine Berufung auf beide Rechtsgrundlagen zu erlauben, s. *Wolter*, JURA 1992, 520, 526.
716 *BVerwG*, DÖV 2001, 1003; a.A. aber *BayVGH* DVBl. 1998, 840 f; *Würtenberger/Heckmann/Riggert*, BW, Rdnr. 923, wonach die polizeirechtliche durch die strafprozessuale Kostenregelung verdrängt werden soll, was aber wegen der fehlenden Gesetzgebungskompetenz des Bundes für das Polizeirecht unter kompetenzrechtlichen Gesichtspunkten nicht überzeugt.

II Polizei- und Ordnungsrecht

fahrenabwehr und nachher ein solcher auf den Aspekt der Strafverfolgung (bzw. auch umgekehrt) gestützt wird, einer **Anwendung des § 17 II 1 GVG entgegensteht**, dass es sich hier um **zwei verschiedene Streitgegenstände** handelt, muss dies auch dann gelten, wenn diese Maßnahmen scheinbar uno actu getroffen werden[717]. Zu beachten ist im Übrigen, dass die Ergebnisse einer zunächst der polizeilichen Strafverfolgung dienenden Tätigkeit (z.B. Abnahme von Fingerabdrücken gem. § 81b, 1. Alt. StPO) u.U. später zu Zwecken der Gefahrenabwehr (etwa für den Erkennungsdienst) benutzt werden können und gegen eine solche Verwendung dann der Rechtsweg zu den Verwaltungsgerichten gegeben ist[718].

234 Untauglich da mit der Rechtsschutzgarantie des **Art. 19 IV GG unvereinbar**[719], ist schließlich die verschiedentlich vertretene Auffassung[720], Strafverfolgungsmaßnahmen der Polizei seien als **Prozesshandlungen nicht angreifbar**. Maßgeblich für den Rechtsschutz kann nicht eine von der Rechtswissenschaft vorgenommene begriffliche Einordnung einer Maßnahme der öffentlichen Gewalt sein, sondern lediglich, ob durch sie in die Rechtsstellung des Betroffenen eingegriffen wird. Als ebenso verfehlt erweist sich der Versuch, den Rechtsschutz gem. § 23 I EGGVG mit der Begründung zu verneinen, dass gegen polizeiliche Maßnahmen, wie eine strafprozessuale Beschlagnahme oder Durchsuchung, in direkter oder analoger Anwendung des **§ 98 II 2 StPO** ein Rechtsweg bestehe[721], der gem. § 23 III EGGVG den Rechtsweg zu den ordentlichen Gerichten ausschließe. Hierbei wird übersehen, dass der nach § 98 II 2 StPO entscheidende Richter **nicht (wie für einen Rechtsschutz erforderlich) die Rechtmäßigkeit des polizeilichen Handelns kontrolliert**, sondern völlig unabhängig hiervon eine eigene Entscheidung über die Beschlagnahme trifft. Deutlich wird dies daran, dass er trotz Rechtswidrigkeit der polizeilichen Beschlagnahme diese aufrechterhalten kann, sofern nur bei seiner Entscheidung die Voraussetzungen für eine Beschlagnahme gegeben sind. Davon abgesehen scheidet bei erledigten Strafverfolgungsmaßnahmen (gegen die nach § 28 I 4 EGGVG[722] ein Rechtsschutz möglich ist) eine Anrufung des Richters in direkter oder analoger Anwendung des § 98 II 2 StPO aus[723]. Soweit der Weg zum Richter in direkter oder analoger Anwendung des § 98 II 2 StPO offen steht, kann dies **allerdings das Rechtsschutzbedürfnis für einen Rechtsschutz** gegen die Strafverfolgungsmaßnahme **nach den §§ 23 ff EGGVG ausschließen**[724].

---

717 Nicht überzeugend daher, wenn *Götz*, NVwZ 1994, 652, 658 u. *Schoch*, FS Stree und Wessels, 1993, S. 1095, 1116, hier § 17 II 1 GVG anwenden wollen; s. demgegenüber *Schenke*, Verwaltungsprozeßrecht, 8. Aufl. 2002, Rdnr. 140; *Erichsen*, JURA 1993, 45, 49 (anders aber wohl nunmehr *Erichsen*, JK 2000, GVG, § 17 II/1).

718 S. auch *BVerwG*, NJW 1983, 772 ff; NJW 1990, 2765

719 Vgl. dazu *Schenke*, in: Bonner Kommentar, GG, Art. 19 IV, Rdnr. 213 ff.

720 So z.B. *OLG Karlsruhe*, NJW 1976, 1417 ff m.w.N.; krit. hierzu *Schenke*, NJW 1976, 1816 ff; *Rasch*, vor § 35 MEPolG, Rdnr. 6; *Roxin*, Strafverfahrensrecht, 25. Aufl. 1998, § 29, Rdnr. 11.

721 So *Amelung*, NJW 1978, 1013 f; *BGH*, DÖV 1978, 730 f; krit. hierzu *Schenke*, NJW 1976, 1816, 1820 f u. *ders.*, DÖV 1978, 731 ff sowie *Aulehner*, BayVBl. 1988, 711 ff.

722 Das Rechtsschutzbedürfnis für eine solche Feststellung ergibt sich regelmäßig aus dem Gesichtspunkt des Rehabilitationsinteresses. Diesem wird durch den auf ein anderes Ziel gerichteten Rechtsschutz des Beschuldigten im strafrechtlichen Ermittlungsverfahren jedenfalls nicht generell in gleicher Weise Rechnung getragen (a.A. *OLG Nürnberg*, BayVBl. 1987, 411, 412).

723 *Schenke*, DÖV 1978, 731 ff; *Dörr*, NJW 1984, 2258, 2260 ff; *Heneka*, Rechtsschutz gegen polizeiliche Ermittlungstätigkeit zur Erforschung von Straftaten und Ordnungswidrigkeiten, 1993, S. 192 ff; *Schoch*, FS Stree und Wessels, 1993, S. 1095, 1111; *Würtenberger/Heckmann/Riggert*, BW, Rdnr. 137; *KG*, JR 1983, 304 f; a.A. *Amelung*, NJW 1978, 1013 f; *Götz*, JuS 1985, 869, 871; *BGH*, DÖV 1978, 730 f.

724 Vgl. hierzu näher *Schenke*, NJW 1976, 1816, 1822 f; ebenso *Riegel*, S. 199 und *Dörr*, NJW 1984, 2258 ff.

Der Rechtsweg zum *OLG* ist nicht nur gegenüber Justizverwaltungsakten gegeben, 235
sondern, wie aus einer erweiternden Auslegung der §§ 23 ff EGGVG folgt, auch gegenüber den der Strafverfolgung dienenden **Realakten**. So kann der Betroffene, der im Rahmen eines Fahndungsaufrufs der Kriminalpolizei in seinem Persönlichkeitsrecht verletzt wurde, den hieraus resultierenden Folgenbeseitigungsanspruch (s. Rdnr. 79) vor dem *OLG* geltend machen[725]. Zwar sprechen §§ 23, 28 I 1 EGGVG vom Wortlaut („Maßnahmen zur Regelung" sowie „hebt das Gericht die Maßnahmen auf") her für eine Beschränkung des Rechtsschutzes auf Justizverwaltungsakte. Andererseits regelt aber § 28 I 2 EGGVG die Durchsetzung eines typischerweise auf den Erlass eines Realaktes gerichteten Vollzugsfolgenbeseitigungsanspruchs, was es – zumindest unter Beachtung des Rechtsgedankens des Art. 95 GG (oben Rdnr. 228) – nahe legt, auch eine isolierte Geltendmachung des Folgenbeseitigungsanspruchs vor dem OLG zuzulassen. Für diese Ansicht spricht ferner, dass auch sonst (vgl. § 40 VwGO) die Rechtswegzuweisung nicht vom Vorliegen eines Verwaltungsakts abhängt und überdies die Abgrenzung zwischen Verwaltungsakt und Realakt, wie an der Rechtsfigur des Verwaltungsakts auf Duldung deutlich wird, ohnehin fließend ist. Es erzeugte deshalb erhebliche Rechtsunsicherheit, wollte man die schwierige begriffliche Qualifikation über den Rechtsweg entscheiden lassen.

Nicht unter die §§ 23 ff EGGVG fallen die in der StPO geregelten polizeilichen Befugnisse, die 236
der Gefahrenabwehr oder der Gefahrenvorsorge dienen (wie die Aufbewahrung von Lichtbildern oder Fingerabdrücken zu Zwecken des Erkennungsdienstes gem. § 81b StPO[726]). Schwieriger zu beantworten ist die Frage eines Rechtsschutzes gegenüber polizeilichen Akten der Strafverfolgungsvorsorge. Soweit entsprechende Befugnisse – wie dies meist zutrifft – in den Polizeigesetzen der Länder geregelt sind, spricht der Gesichtspunkt des Sachzusammenhangs dafür, hier wie auch sonst bei polizeilichen Gefahrenabwehrmaßnahmen den **Rechtsweg gem. § 40 VwGO** für einschlägig anzusehen[727]. Das liegt um so näher, als die entsprechenden Strafverfolgungsvorsorgebefugnisse nicht für die Staatsanwaltschaft gelten und damit wesentliche Gründe, welche sonst bei Strafverfolgungsmaßnahmen der Polizei für die Ergreifung des Rechtswegs gem. § 23 EGGVG sprechen (vgl. oben Rdnr. 228), hier entfallen[728].

III. Polizeiliche Befugnisse bei der Verfolgung von Ordnungswidrigkeiten

Zu den weiteren Aufgaben der Polizei gehört es nach § 53 I 1 OWiG, Ordnungswid- 237
rigkeiten zu erforschen und dabei alle unaufschiebbaren Anordnungen zu treffen, um die Verdunkelung der Sache zu verhüten. Anders als im Bereich der Strafverfolgung gilt dabei das **Opportunitätsprinzip**; im Übrigen enthält § 53 I 1 OWiG ebenso wie § 163 I StPO keine Eingriffsgrundlage für die Polizei.

Die Polizei hat bei der Erforschung von Ordnungswidrigkeiten, soweit das OWiG nichts an- 238
deres bestimmt, dieselben **Rechte und Pflichten wie bei der Verfolgung von Straftaten**

---

725 Vgl. hierzu *Wasmuth*, NJW 1988, 1705; *VGH BW*, NJW 1973, 214 sowie grundsätzlich auch *BVerwG*, NJW 1989, 413; s. schon früher allgemein *Schenke*, VerwArch. Bd. 60 (1969), 345 f.
726 Vgl. z.B. *BVerwGE* 69, 192, 193 f, 196.
727 So auch *Denninger*, in: L/D, E, Rdnr. 164; *BVerwGE*, 69, 192, 196 f.
728 Vgl. auch *Denninger*, in: L/D, E, Rdnr. 165; *BVerwG*, NJW 1990, 2768 f; s. auch *BVerwGE* 69, 192, 196 ff (Sperrerklärung nach § 96 StPO durch die Staatsanwaltschaft).

II *Polizei- und Ordnungsrecht*

(§ 53 I 2 OWiG); Beamte des Polizeidienstes, die zu Hilfsbeamten der Staatsanwaltschaft bestellt sind, können nach den für sie geltenden Vorschriften der StPO Beschlagnahmen, Durchsuchungen, Untersuchungen und sonstige Maßnahmen anordnen (§ 53 II OWiG). Eine Ergänzung des Befugniskatalogs der Polizei durch den Landesgesetzgeber scheidet auch hier aus und lässt sich insbesondere nicht auf § 8 II 2 MEPolG stützen. Der gerichtliche Rechtsschutz gegen Eingriffe der Polizei bei der Verfolgung von Ordnungswidrigkeiten soll nach h.M. – soweit nicht die in der StPO geregelten Rechtsbehelfe (§§ 98 II 2, 132 III 2 StPO) zum Zuge kommen – nicht gegeben sein, stattdessen verweist man auf Gegenvorstellung und Dienstaufsichtsbeschwerde[729]. Diese Ansicht steht in eklatantem Widerspruch zu Art. 19 IV GG[730]. Daran ändert sich auch nichts, wenn man[731] gegenüber der auf Grund einer solchen Beschwerde ergehenden fachaufsichtlichen Entscheidung einen Rechtsschutz gem. § 62 OWiG befürwortet. Da in Bezug auf eine solche fachaufsichtliche Entscheidung kein Recht auf Überprüfung des polizeilichen Handelns besteht und deshalb die Rechtswidrigkeit der polizeilichen Verfolgungsmaßnahme nicht die der aufsichtsbehördlichen Maßnahme nach sich zieht, lässt sich durch deren Anfechtung schon aus diesem Grund der verfassungsrechtlich gebotene Rechtsschutz gegen das polizeiliche Handeln nicht sicherstellen. Richtiger Ansicht nach dürfte hier **Rechtsschutz analog § 62 OWiG** gegeben sein[732].

239 Die Polizeibehörden können ferner gem. §§ 35, 36 OWiG selbst die zur Verfolgung und Ahndung von Ordnungswidrigkeiten berufene Verwaltungsbehörde sein[733], soweit dies durch Gesetz und Rechtsverordnung vorgesehen ist. Eine solche gesetzliche Regelung findet sich z.B. in § 26 StVG, demgemäß die Behörden oder Dienststellen der Polizei, die von der Landesregierung durch Rechtsverordnung näher bestimmt sind, für die Verfolgung und Ahndung von Ordnungswidrigkeiten nach §§ 24, 24a StVG zuständig sind. Der **Rechtsschutz** gegen solche im Bußgeldverfahren getroffenen Maßnahmen richtet sich **nach § 62 OWiG**.

240 Eine weitere Befugnis der Polizei ergibt sich bei der Bekämpfung von Ordnungswidrigkeiten daraus, dass gem. § 57 II OWiG i.V. mit § 56 I 1 OWiG die hierzu ermächtigten Beamten des Polizeidienstes bei geringfügigen Ordnungswidrigkeiten bei Einverständnis des Betroffenen eine Verwarnung mit Verwarnungsgeld aussprechen können.

---

729 So z.B. *Göhler*, OWiG, 13. Aufl. 2002, § 53, Rdnr. 29; *Rebmann/Roth/Herrmann*, OWiG, Bd. 1, 3. Aufl. 1988, § 53, Rdnr. 16.
730 Vgl. *Schenke*, in: Bonner Kommentar, GG, Art. 19 IV, Rdnr. 213 ff.
731 So *Knemeyer*, Rdnr. 424.
732 So auch *Götz*, JuS 1985, 869, 872; *Heneka*, Rechtsschutz gegen polizeiliche Ermittlungstätigkeit zur Erforschung von Straftaten und Ordnungswidrigkeiten 1993, S. 115 ff; *Würtenberger/Heckmann/Riggert*, BW, Rdnr. 210; a.A. *Kopp*, VwGO, 10. Aufl. 1994, § 179, Rdnr. 6 u. *BayObLG*, NVwZ 1990, 195, die auch hier § 23 EGGVG bejahen, obschon es sich bei der Verfolgung von Ordnungswidrigkeiten um keine Strafverfolgung handelt und bei ihr die Bejahung der Kompetenz der OLGe besonders problematisch erscheint.
733 Dazu, dass der Bürger keinen Anspruch darauf hat, dass die Polizei Ordnungswidrigkeiten durch die Einleitung von Bußgeldverfahren oder die Erteilung von Verwarnungen ahndet, s. *OVG NW*, NVwZ 1983, 101.

3. Abschnitt
Formelles Polizei- und Ordnungsrecht (Organisationsrecht und das polizeiliche Handlungsinstrumentarium)

H. Die Polizei- und Ordnungsbehörden

Die Aufgaben der Gefahrenabwehr (Polizei im materiellen Sinn) werden durch eine Vielzahl unterschiedlicher Behörden, die Polizei- und Ordnungsbehörden, wahrgenommen[734]. Die für die Gefahrenabwehr zuständigen Behörden lassen sich in allgemeine und besondere Polizei- und Ordnungsbehörden trennen. Die allgemeinen Polizei- und Ordnungsbehörden sind dabei die Behörden, **die für alle Aufgaben der Gefahrenabwehr zuständig sind, soweit diese nicht** durch Rechtsvorschrift einer **besonderen Polizei- bzw. Ordnungsbehörde übertragen sind. Besondere Polizei- bzw. Ordnungsbehörden** sind demgegenüber solche Behörden, **deren Zuständigkeitsbereich sich auf einen Teilbereich der Gefahrenabwehr beschränkt und die eine eigene Behördenorganisation aufweisen**. Anders als die allgemeinen Polizeibehörden (die stets Landesbehörden sind) können besondere Polizei- und Ordnungsbehörden sowohl Landes- wie Bundesbehörden sein. Besondere Polizei- bzw. Ordnungsbehörden sind beispielsweise die Berg-, Forst- und Gesundheitsämter, die Gewerbeaufsichtsämter und die Wasser- und Schifffahrtsämter. Manche dieser Behörden nehmen dabei auch über den engeren Bereich der Gefahrenabwehr hinausreichende Aufgaben wahr.

241

---

734 Keine Polizei im organisatorischen Sinn stellen private Sicherungskräfte dar. Ihre Tätigkeit kann sich, sofern in Rechte Dritter eingegriffen wird, nicht auf das Polizei- und Ordnungsrecht stützen. Ihnen stehen nur die allgemeinen Rechtfertigungsgründe, insbesondere die Notwehr, zur Seite. Zu verkennen ist allerdings nicht, dass durch den organisierten Einsatz solcher Sicherungskräfte dieses Handeln eine andere Qualität erlangt als die punktuell unorganisierte Inanspruchnahme von Rechtfertigungsgründen durch den Bürger, womit das staatliche Gewaltmonopol ernsthaft tangiert wird. Auch wenn man nicht so weit gehen will wie *Hoffmann-Riem*, (ZRP 1977, 277 ff; krit. hierzu *Schwabe*, ZRP 1978, 165 ff), der den Einsatz einer solchen „Privatpolizei" bereits für verfassungswidrig hält, empfiehlt sich dringend eine gesetzliche Regelung betreffend den Einsatz solcher Sicherungskräfte; eingehender zur Problematik *Bracher*, Gefahrenabwehr durch Private. Eine verfassungsrechtliche Untersuchung zu den Grenzen der Übertragung von Aufgaben der Gefahrenabwehr auf Private und der staatlichen Zulassung privater Gefahrenabwehr 1987; *Jean d'Heur*, AöR Bd. 119 (1994), 107 ff sowie auch *Gusy*, Rdnr. 157 ff. Vorbehaltlich entgegenstehender spezieller Regelungen (z.B. § 7 II Nr. 3 AtG) wird man es jedenfalls als prinzipiell unzulässig ansehen müssen, wenn sich die Polizei im Hinblick auf die Möglichkeit der Beauftragung privater Sicherheitskräfte weigert, selbst tätig zu werden, s. auch *Stober*, NJW 1997, 889 ff. Zur Problematik privater Sicherungskräfte s. auch *Ehlers*, FS Lukes 1989, S. 339 ff; *Mahlberg*, Gefahrenabwehr durch gewerbliche Sicherheitsunternehmen, 1988; *Peilert*, DVBl. 1999, 282 ff; *Pitschas*, DÖV 1997, 393 ff; DVBl. 2000, 1805 ff; DÖV 2002, 221 ff; NVwZ 2002, 519, 521 ff; *Pitschas*, Polizei und Sicherheitsgewerbe, 2000; *Schulte*, DVBl. 1995, 130 ff; *Stober*, DÖV 2000, 261 ff; ZRP 2001, 260 ff.

II *Polizei- und Ordnungsrecht*

I. Die Bundespolizeibehörden

242 Nach der grundgesetzlichen Kompetenzverteilung ist die Ausübung der staatlichen Befugnisse und die Erfüllung der staatlichen Aufgaben Sache der Länder, soweit das Grundgesetz keine andere Regelung trifft oder zulässt (vgl. Art. 30 GG). Die Verwaltungskompetenzen des Bundes reichen dabei weniger weit als seine Gesetzgebungskompetenzen. Bedenkt man, dass dem Bund im Bereich des Polizeirechts ohnehin nur gewisse punktuelle Gesetzgebungszuständigkeiten zustehen, so wird auch von hierher deutlich, dass die **Wahrnehmung von Aufgaben der Gefahrenabwehr durch Bundesbehörden exzeptionellen Charakter besitzt** (vgl. auch § 1 III BKAG). Die Kompetenz zur Einrichtung von Bundespolizeibehörden ergibt sich im Wesentlichen aus Art. 87 GG. An wichtigen Bundespolizeibehörden sind dabei insbesondere zu nennen: Das Bundeskriminalamt, die Bundesgrenzschutzbehörden und das Bundesamt für Verfassungsschutz. Die Befugnisse dieser Behörden sind durch das Gesetz zur Bekämpfung des internationalen Terrorismus (Terrorismusbekämpfungsgesetz) vom 9.1.2002 (BGBl. I, S. 361) teilweise nicht unerheblich erweitert worden.

243 Auf einem beschränkten Sektor werden Aufgaben der Gefahrenabwehr mittels Informationsverarbeitung durch den nunmehr im MADG v. 20.12.1990 (BGBl. I, S. 2977), zuletzt geändert durch Art. 2 des Terrorismusbekämpfungsgesetzes vom 9.1.2002 (BGBl. I, S. 361)[735], geregelten **Militärischen Abschirmdienst** (MAD) des Bundesministers der Verteidigung wahrgenommen. In seine Zuständigkeit fällt u.a. (s. § 1 MADG) die Sammlung und Auswertung von Informationen, insbesondere von Auskünften, Nachrichten und Unterlagen über Bestrebungen, die sich gegen die freiheitlich demokratische Grundordnung, den Bestand oder die Sicherheit des Bundes oder eines Landes richten (§ 1 I 1 Nr. 1 MADG) sowie über sicherheitsgefährdende oder geheimdienstliche Tätigkeiten im Geltungsbereich dieses Gesetzes für eine fremde Macht (§ 1 I 1 Nr. 2 MADG), wenn sich diese Bestrebungen oder Tätigkeiten gegen Personen, Dienststellen oder Einrichtungen im Geschäftsbereich des Bundesministers der Verteidigung richten und von Personen ausgehen oder ausgehen sollen, die diesem Geschäftsbereich angehören oder in ihm tätig sind. Nach der Novellierung des MADG durch das Terrorismusbekämpfungsgesetz obliegt dem MAD gem. § 1 I 2 MADG im Geschäftsbereich des Bundesministers der Verteidigung auch die Sammlung und Auswertung von Informationen über Bestrebungen, die sich gegen den Gedanken der Völkerverständigung, insbesondere das friedliche Zusammenleben der Völker richten. Der im BNDG v. 20.12.1990 (BGBl. I, S. 2979), zuletzt geändert durch Art. 3 des Terrorismusbekämpfungsgesetzes vom 9.1.2002 (BGBl. I, S. 361) normierte **Bundesnachrichtendienst** ist demgegenüber eine Bundesoberbehörde im Geschäftsbereich des Chefs des Bundeskanzleramts, die zur Gewinnung von Erkenntnissen über das Ausland, die von außen- und sicherheitspolitischer Bedeutung für die Bundesrepublik Deutschland sind, die erforderlichen Informationen sammelt und auswertet (s. § 1 BNDG; zu seinen Befugnissen näher §§ 2 ff

---

735 S. dazu näher *Denninger*, StV 2002, 96 ff; *Rublack*, DuD 2002, 202 ff; s. auch *Zöller*, Informationssysteme und Vorfeldmaßnahmen von Polizei, Staatsanwaltschaft und Nachrichtendiensten, 2002.

BNDG)[736]. Besondere Bedeutung kommt den Befugnissen zu, welche dem Bundesnachrichtendienst (wie auch dem MAD) durch das Gesetz zur Neuregelung von Beschränkungen des Brief-, Post- und Fernmeldegeheimnisses (G 10) vom 26.6.2001 (BGBl. I, S. 1254) eingeräumt werden. Dieses Gesetz zieht die Konsequenzen aus der Entscheidung des *BVerfG* vom 14.7.1999 (*BVerfGE* 100, 314 ff), durch die Teile des früheren G 10 als verfassungswidrig beurteilt wurden. Auch die Kompetenzen des Bundesnachrichtendienstes wurden durch Art. 3 des Terrorismusbekämpfungsgesetzes erweitert, indem ihm im Rahmen seines Aufgabenbereichs die Befugnis eingeräumt wurde, im Einzelfall bei Kreditinstituten, Finanzdienstleistungsinstituten und Finanzunternehmen unentgeltlich Auskünfte zu Konten, Konteninhabern und sonstigen Berechtigten sowie weiteren am Zahlungsverkehr Beteiligten und zu Geldbewegungen und Geldanlagen einzuholen (s. näher § 2 I a BNDG); außerdem darf er nunmehr im Rahmen seiner Aufgaben im Einzelfall bei denjenigen, die geschäftsmäßig Telekommunikationsdienste und Teledienste erbringen oder daran mitwirken, unentgeltlich Auskünfte über Telekommunikationsverbindungsdaten und Teledienstnutzungsdaten einholen (s. näher § 8 III a BNDG).

1. Das Bundeskriminalamt

Gestützt auf die ihm in **Art. 73 Nr. 10 und Art. 87 I 2 GG eingeräumten Kompetenzen hat der Bund ein Bundeskriminalamt (BKA) mit Sitz in Wiesbaden errichtet**[737]. Die – späte – Umsetzung der verfassungsrechtlichen Vorgaben des Volkszählungsurteils[738] durch die Novellierung des BKAG v. 7.7.1997 (BGBl. I, S. 1650), zuletzt geändert durch Art. 10 des Terrorismusbekämpfungsgesetzes vom 9.1.2002 (BGBl. I, S. 361), hat der Bundesgesetzgeber mit einer grundlegenden Neuregelung von Aufgaben und Befugnissen des BKA verbunden[739]. Es dient gem. § 1 I BKAG der Zusammenarbeit des Bundes und der Länder in kriminalpolizeilichen Angelegenheiten. Seine Aufgaben sind in den §§ 1-6, seine Befugnisse zur Wahrnehmung dieser Aufgaben in den §§ 7 ff BKAG festgelegt, wobei auch seine Aufgaben und Befugnisse durch das Terrorismusbekämpfungsgesetz erweitert wurden. In erster Linie obliegt ihm die Strafverfolgung in Fällen von nationaler oder internationaler Bedeutung (§ 4 I Nr. 1-5 BKAG), wobei es auch den Zeugenschutz zu Gewähr leisten hat (§ 6 i.V. mit § 4 BKAG). Besondere Bedeutung kommt dem BKA als **nationale Zentralstelle für** den **Austausch strafverhütungs- und strafverfolgungsrelevanter Informationen** zwischen Bund und Ländern (§§ 2, 11 BKAG; zum Informationssystem INPOL vgl. auch Rdnr. 129) sowie auf überstaatlicher und insbesondere auf europäischer Ebene zu (vgl. Rdnr. 262a ff).

244

---

736 Zu MAD und BND s. *Bäumler*, NVwZ 1991, 643, 645; speziell zum MAD *Dau*, DÖV 1991, 661 ff.
737 Vgl. hierzu näher *Riegel*, DÖV 1982, 849 ff; *ders.*, DVBl. 1982, 720 ff; *ders.*, BayVBl. 1983, 649 ff; *Dietel*, DVBl. 1982, 939 f.
738 *BVerfGE* 65, 1 ff.
739 Vgl. zur Novelle 1997 *Götz*, NVwZ 1998, 684 f; eingeh. *Schreiber*, NJW 1997, 2137; dazu krit. *Riegel*, NJW 1997, 3408.

II *Polizei- und Ordnungsrecht*

245 Neben der kriminalpolizeilichen Tätigkeit obliegt dem BKA gem. § 5 I BKAG (die Gesetzgebungs- und Verwaltungskompetenz des Bundes für diese Regelung ergibt sich aus der Natur der Sache) der persönliche Schutz der Mitglieder der Verfassungsorgane des Bundes sowie in besonderen Fällen der Gäste dieser Verfassungsorgane aus anderen Staaten, ferner der innere Schutz der Dienst- und Wohnsitze sowie der jeweiligen Aufenthaltsräume des Bundespräsidenten, der Mitglieder der Bundesregierung und in besonderen Fällen ihrer Gäste aus anderen Staaten. Hierbei stehen dem BKA die **Befugnisse der §§ 21-25 BKAG zu,** die verschiedene **Vorschriften des BGSG** für **entsprechend anwendbar** erklären.

2. Der Bundesgrenzschutz

246 **Gem. Art. 73 Nr. 5 GG besitzt der Bund die ausschließliche Gesetzgebungskompetenz für den Grenzschutz; nach Art. 87 I 2 GG kann der Bund durch Bundesgesetz Bundesgrenzschutzbehörden einrichten.** Erstmals Gebrauch machte der Bund von diesen Kompetenzen mit dem BGSG vom 16.3.1951 (BGBl. I, S. 201), dessen § 2 den Bundesgrenzschutzbehörden als einzige Aufgabe den Grenzschutz (Sicherung des Bundesgebietes gegen verbotene Grenzübertritte und sonstige, die Sicherheit der Grenze gefährdende Störungen der öffentlichen Ordnung im Grenzgebiet bis zu einer Tiefe von 30 km) zuwies. Durch die Notstandsverfassung und den Erlass des BGSG v. 18.8.1972 sowie dessen Novellierung durch Gesetz v. 19.10.1994[740] (auch hier anlässlich der Umsetzung verfassungsrechtlich begründeter datenschutzrechtlicher Vorgaben, vgl. Rdnr. 244), zuletzt geändert durch Art. 6 des Terrorismusbekämpfungsgesetzes vom 9.1.2002 (BGBl. I, S. 361), wurden die Zuständigkeiten des Bundesgrenzschutzes später erheblich erweitert. Dem Bundesgrenzschutz obliegen nunmehr neben dem Grenzschutz (§ 2 I, II BGSG) u.a. als weitere Aufgaben: Gefahrenabwehr auf dem Gebiet der Bahnanlagen (§ 3 BGSG) und im Bereich des Luftverkehrs (§ 4 BGSG i.V. mit § 31 II Nr. 19 LuftverkehrsG)[741], Schutz von Bundesorganen (§ 5 BGSG), Unterstützung anderer Bundesbehörden, etwa des Bundeskriminalamtes (§ 9 I 1 BGSG), Verfolgung bestimmter, mit seinen Präventionsaufgaben zusammenhängender Straftaten (§ 12 BGSG)[742] oder Ordnungswidrigkeiten (§ 13 BGSG), Aufgaben auf hoher See (§ 6 BGSG), Unterstützung der Polizei eines Landes in Fällen von besonderer Bedeutung (Art. 35 II 1 GG i.V. mit § 11 I Nr. 1 BGSG), Hilfe bei Naturkatastrophen und besonders schweren Unglücksfällen (Art. 35 II 2 u. III GG i.V. mit § 11 I Nr. 2 BGSG) sowie die Abwehr einer drohenden Gefahr für den Bestand oder die freiheitliche demokratische Grundordnung des Bundes oder eines Landes (Art. 91 I GG i.V. mit § 11 I Nr. 3 BGSG); ferner der Einsatz auf Anordnung der Bundesregierung im Notstands- und Verteidi-

---

740 BGBl. I, S. 2978. Vgl. dazu *Pieroth*, VerwArch. 88 (1997), 568 ff sowie *Schreiber*, NVwZ 1995, 521; *Riegel*, DÖV 1995, 317.
741 Vgl. zu diesen Neuregelungen die Pressemitteilung des Bundesinnenministers NVwZ 1992, 1073 f; *Schreiber*, DVBl. 1992, 589 ff; *Jutzi*, DÖV 1992, 650 ff, u.a. auch zu den Bedenken bei der Gesetzgebungskompetenz, die allerdings vom *BVerfG*, NVwZ 1998, 495 nicht geteilt werden.
742 Zur Verfassungsmäßigkeit – jedenfalls auf dem Gebiet der Bahnanlagen (§ 12 I 2. HS BGSG) – vgl. *BVerfG*, NVwZ 1998, 495 m. Anm. *Hecker*, NVwZ 1998, 707.

gungsfall (Art. 91 II, 115 f I Nr. 1 GG i.V. mit § 7 BGSG). Umstrittenste Neuerungen der Novelle von 1994 sind die **Verwendung des BGS im Ausland** (§ 8 BGSG) **und zur Unterstützung des Bundesamtes für Verfassungsschutz** (unten Rdnr. 247 f) auf dem Gebiet der Funktechnik (§ 10 BGSG)[743]. Die im Frühjahr 1998 von der Bundesregierung initiierte und mittlerweile auch beschlossene[744] nochmalige Erweiterung der Befugnisse des BGS um die Durchführung **verdachtsunabhängiger Personenkontrollen** im Grenzgebiet, auf Bahnhöfen und Flughäfen sowie um die **Durchsuchung von Kfz** ist im Bundesrat zunächst auf Bedenken gestoßen. Die geplante Änderung widerspreche zum einen der Intention der Schengener Abkommen (vgl. Rdnr. 262d), wonach verdachtsunabhängige Personenkontrollen an den europäischen Binnengrenzen gerade schrittweise abgebaut werden sollen. Zum anderen sei sie auch verfassungsrechtlich im Hinblick auf den Grundsatz der Verhältnismäßigkeit (s. aber oben Rdnr. 81) sowie den vom *BVerfG*[745] betonten Umstand bedenklich, dass der BGS nicht zu einer allgemeinen, mit den Landespolizeien konkurrierenden Bundespolizei ausgebaut werden und damit sein Gepräge als Polizei mit begrenzten Aufgaben verlieren dürfe[746] Im Rahmen des Terrorismusbekämpfungsgesetzes ist dem BGSG u.a. § 4a BGSG eingefügt worden, wonach der Bundesgrenzschutz zur Aufrechterhaltung oder Wiederherstellung der Sicherheit oder Ordnung an Bord deutscher Luftfahrzeuge eingesetzt werden kann. Der **nach § 57 BGSG mit Mittel- und Unterbehörden in bundeseigener Verwaltung aufgebaute Bundesgrenzschutz untersteht gem. § 57 II 3 BGSG dem Bundesminister des Innern.** Die polizeilichen Befugnisse regeln die §§ 14 ff BGSG in weitgehender Übereinstimmung mit den herkömmlichen Grundsätzen des allgemeinen Polizeirechts.

3. Das Bundesamt für Verfassungsschutz

Das Bundesamt für den Verfassungsschutz hat seine Rechtsgrundlage in dem auf der Basis von Art. 73 Nr. 10, 87 I 2 GG erlassenen BVerfSchG vom 20.12.1990 (BGBl. I, S. 2954), zuletzt geändert durch Art. 1 des Terrorismusbekämpfungsgesetz vom 9.1.2002 (BGBl. I, S. 361). Obwohl es in § 8 III BVerfSchG heißt, dass ihm keine polizeilichen Befugnisse zustehen, handelt es sich bei ihm, jedenfalls angesichts der ihm in den §§ 9 ff BVerfSchG eingeräumten Befugnisse zu Informationseingriffen, nach zutreffender Ansicht um eine **polizeiliche Dienststelle**[747]. Nach § 3 I BVerfSchG wird es tätig zur Sammlung und Auswertung von Informationen über verfassungsfeindliche Bestrebungen, über nachrichtendienstliche Tätigkeiten für fremde Mächte und über Bestrebungen, die durch Gewaltanwendung auswärtige Belange der Bundesrepublik gefährden sowie nach der neu eingefügten Nr. 4 über Bestrebungen

247

---

743 Vgl. *Schreiber*, NVwZ 1995, 523.
744 Gesetz v. 25.8.1998, BGBl. I, S. 2486.
745 *BVerfG*, NVwZ 1998, 459.
746 Vgl. BR-Drs. 543/98 (Beschluss); ZRP-Gesetzgebungsreport, ZRP 1998, 283 f; krit. auch *Stephan*, DVBl. 1998, 81, 84 f. Zur Befugnis zur verdachtsunabhängigen Identitätsfeststellung s. oben Rdnr. 81.
747 Vgl. *Drews/Wacke/Vogel/Martens*, § 5, 3a; a.A. *Götz*, Rdnr. 493.

II *Polizei- und Ordnungsrecht*

im Geltungsbereich dieses Gesetzes, die gegen den Gedanken der Völkerverständigung, insbesondere gegen das friedliche Zusammenleben der Völker gerichtet sind. Ferner wirkt es mit bei der Sicherheitsüberprüfung von Personen, die Zugang zu geheimhaltungsbedürftigen Informationen haben oder erhalten sollen (§ 3 II Nr. 1 BVerfSchG) oder die an sicherheitsempfindlichen Stellen von lebens- oder verteidigungswichtigen Einrichtungen beschäftigt sind oder werden sollen (§ 3 II Nr. 2 BVerfSchG). Schließlich ist seine Mitwirkung bei technischen Sicherheitsmaßnahmen zum Schutz geheimhaltungsbedürftiger Informationen vorgesehen (§ 3 II Nr. 3 BVerfSchG).

248   Zur Erfüllung der dem Bundesamt übertragenen Aufgaben sind ihm in den §§ 9 ff BVerfSchG eine Reihe näher ausgeführter und an spezielle Tatbestandsvoraussetzungen gebundener Befugnisse übertragen worden[748], durch die sich früher gegen § 3 III 2 BVerfSchG erhobene verfassungsrechtliche Bedenken[749] weitgehend erledigt haben. Nach der Änderung des Art. 13 GG durch Gesetz v. 26.3.1998 ist nunmehr durch Art. 13 IV GG eindeutig geklärt, dass der Einsatz technischer Mittel zur Überwachung einer Wohnung gem. § 9 II BVerfSchG grundsätzlich (Ausnahme: bei Gefahr in Verzug) nur nach richterlicher Anordnung zulässig ist (s. oben Rdnr. 124). Die in § 9 III BVerfSchG vorgesehene Unterrichtung der Parlamentarischen Kontrollkommission ist davon unabhängig. Neue Eingriffsbefugnisse ergeben sich ferner aus dem 2001 neu erlassenen G 10.

4. Sonstige Bundesbehörden mit polizeilichen Aufgaben

249   Nach Art. 40 II GG übt der Präsident des Deutschen Bundestages die Polizeigewalt im Gebäude des Bundestages aus. Eine polizeiliche Zuständigkeit der Bundesregierung besteht unter den in Art. 35 III, 91 II und 115f I GG bezeichneten Voraussetzungen. Bundesbehörden, die polizeiliche Aufgaben wahrnehmen, sind auch die Behörden der Wasser- und Schifffahrtsverwaltung (s. Art. 89 II 1, 87 I 1 GG), denen u.a. die Aufgaben der Strom- und Schifffahrtspolizei obliegen. Dabei umfasst der Begriff der **Strompolizei** die Aufgabe, die Bundeswasserstraßen in einem für die Schifffahrt erforderlichen Zustand zu erhalten (vgl. §§ 24 ff WaStrG). Demgegenüber wird die Aufgabe der Abwehr von Gefahren, die die Sicherheit und Leichtigkeit der Schifffahrt bedrohen oder von der Schifffahrt ausgehen, vom Begriff der **Schifffahrtspolizei** umfasst. Geregelt ist sie für den Bereich der Seeschifffahrt in § 1 Nr. 2 SeeSchAufgG, für den Bereich der Binnenschifffahrt in § 1 I Nr. 2 BinSchAufgG. Weitere Bundesbehörden mit z.T. polizeilichen Aufgaben sind z.B. das **Kraftfahrt-Bundesamt**[750], die **Bundesanstalt für den Güterfernverkehr**[751] und die **Anstalt Deutscher Wetterdienst**[752].

---

748 Näher hierzu *Bäumler*, NVwZ 1991, 643, 644 f.
749 Vgl. dazu näher die 3. Aufl., Rdnr. 147 m.w.N.; zurückgewiesen wurden diese Bedenken durch *BVerwG*, NJW 1990, 2761, 2763.
750 S. G. v. 4.8.1951 (BGBl. I, S. 488), z.g.d.G. v. 22.12.1971 (BGBl. I, S. 2086).
751 Vgl. §§ 53 ff GÜKG.
752 S. G. v. 11.11.1952 (BGBl. I, S. 738), z.g.d. VO v. 26.11.1986 (BGBl. I, S. 2089).

II. Die Polizei- und Ordnungsbehörden der Länder

1. Überblick über die Verteilung der allgemeinen Aufgaben der Gefahrenabwehr in den einzelnen Bundesländern

Die allgemeinen Aufgaben der Gefahrenabwehr sind in den Bundesländern in unterschiedlicher Weise auf die jeweils zuständigen Behörden bzw. Stellen verteilt worden. Dabei zeigen sich prinzipielle Unterschiede zwischen den Ländern, die von einem Einheitssystem ausgehen und solchen, die zwischen Polizei- und Ordnungsbehörden unterscheiden (vgl. oben Rdnr. 10 f). 250

a) Länder mit Einheitssystem

In Baden-Württemberg, Bremen, dem Saarland und in Sachsen obliegt der Polizei die Aufgabe der Gefahrenabwehr sowie die Wahrnehmung der ihr durch andere Rechtsvorschriften übertragenen Aufgaben[753], wozu insbesondere die Mitwirkung bei der Erforschung und Verfolgung von Straftaten und Ordnungswidrigkeiten nach den Bestimmungen der StPO und des OWiG und die Überwachung des Straßenverkehrs zählt. **Dabei gliedert sich die Polizei in Polizeibehörden** (im Saarland: „Polizeiverwaltungsbehörden"; in Preußen früher Verwaltungspolizei) **und Polizeivollzugsdienst**[754] bzw. (im Saarland wie früher in Preußen) **Vollzugspolizei**. Der Polizeivollzugsdienst wird mit kleinen Abweichungen im Einzelnen meist in Schutzpolizei, Kriminalpolizei, Bereitschaftspolizei und Wasserschutzpolizei[755] unterteilt. In Sachsen wurde durch das Gesetz über die Sächsische Wachpolizei (Sächsisches Wachpolizeigesetz – SächsWachG) vom 12.3.2002 (SächsGVBl. S. 106) für Aufgaben des Objektschutzes als Teil des Polizeivollzugsdienstes befristet eine Wachpolizei eingeführt, deren Angehörige Angestellte[756] des Freistaates Sachsen sind (§§ 1 f SächsWachG). Das Saarland erlaubt dem Ministerium für Inneres und Sport, zur Wahrnehmung bestimmter vollzugspolizeilicher Aufgaben Hilfspolizeibeamtinnen und Hilfspolizeibeamte zu bestellen. Die Nutzung von Hilfsmitteln der körperlichen Gewalt und von Waffen ist ihnen allerdings nicht gestattet (§ 84 SaarlPolG). 251

Falls gesetzlich nichts anderes bestimmt ist, erfüllen die Polizeibehörden alle polizeilichen Aufgaben, soweit sie nicht dem Polizeivollzugsdienst bzw. der Vollzugspolizei übertragen sind[757]. Damit beschränkt sich die Aufgabe des Polizeivollzugsdienstes bzw. der Vollzugspolizei – vorbehaltlich abweichender gesetzlicher Regelungen – 252

---

753 Vgl. § 1 BWPolG; § 1 BremPolG; § 1 SaarlPolG; § 1 SächsPolG.
754 Vgl. § 59 BWPolG; §§ 65 I, 70 I BremPolG; §§ 1 I, 75 ff SaarlPolG; § 59 SächsPolG; in Sachsen wird der Polizeivollzugsdienst durch die Sicherheitswacht unterstützt, § 2 SächsSWEG.
755 So oder ähnlich §§ 70 ff BWPolG i.V.m. §§ 15 ff BWDVOPolG; §§ 70 ff BremPolG. Die Gliederung des Polizeivollzugsdienstes wird in Sachsen in einer auf § 73 SächsPolG gestützten Rechtsverordnung des Staatsministeriums des Inneren geregelt; die Gliederung der Vollzugspolizei im Saarland ergibt sich aus § 82 SaarlPolG i.V.m. einer Verwaltungsvorschrift des Ministeriums für Inneres und Sport vom 15.3.2001 (ABl. S. 1738), zuletzt geändert am 30.4.2002 (ABl. S. 1000).
756 Wegen der zeitlichen Befristung der Tätigkeit ergeben sich im Hinblick auf Art. 33 IV GG keine Bedenken.
757 Vgl. § 60 I BWPolG; § 64 I BremPolG; §§ 80 I, 85 I 1 SaarlPolG; § 60 I SächsPolG.

II *Polizei- und Ordnungsrecht*

darauf, die polizeilichen Aufgaben wahrzunehmen, wenn bei Gefahr im Verzug ein rechtzeitiges Tätigwerden der zuständigen Behörde nicht erreichbar erscheint bzw. unaufschiebbare Maßnahmen zu treffen sind, sowie tätig zu werden, wenn Vollzugshilfe bzw. Vollzugshandlungen erforderlich sind[758]. Unter Vollzugshandlungen sind etwa die Ingewahrsamnahme sowie die tatsächliche Vornahme (Durchführung) von Durchsuchung, Sicherstellung, Beschlagnahme, Vernehmung und von unmittelbarem Zwang zu verstehen. Ferner wirken Polizeivollzugsdienst bzw. Vollzugspolizei bei der Verfolgung von Straftaten und Ordnungswidrigkeiten mit. Innerhalb des Polizeivollzugsdienstes **obliegt der Schutzpolizei der allgemeine, mit der Gefahrenabwehr befasste Polizeivollzugsdienst. Die Kriminalpolizei ist mit der Aufklärung und Verfolgung strafbarer Handlungen beschäftigt. Die Bereitschaftspolizei stellt einen Polizeiverband dar**, der insbesondere in geschlossenen Einheiten zur Unterstützung anderer Teile der Polizei (als Polizeireserve) herangezogen werden kann. Ferner ist durch sie aus besonderem Anlass der Schutz oberster Staatsorgane und Behörden sowie lebenswichtiger Einrichtungen und Anlagen zu besorgen, außerdem die Katastrophenhilfe. Im Übrigen dient sie auch der Ausbildung und Fortbildung von Polizeibeamten. **Die Wasserschutzpolizei ist eine besondere Polizeiexekutive auf den Wasserstraßen**. Neben dieser grundsätzlichen Aufgabenverteilung ist noch eine **außerordentliche sachliche Zuständigkeit für Not- bzw. Eilfälle** vorgesehen (sog. Notzuständigkeit)[759].

b) Länder mit Trennungssystem

253 In den übrigen Bundesländern sind mit der sog. „Entpolizeilichung" die Aufgaben der Gefahrenabwehr in unterschiedlicher Weise und bei unterschiedlicher Terminologie auf jeweils zwei Behördengruppen verteilt worden, wobei z.T. expressis verbis klargestellt wird, dass beiden gemeinsam die Aufgaben der Gefahrenabwehr obliegen (vgl. z.B. § 1 I 1 HessSOG; § 1 I NdsGefAG; § 1 I SachsAnhSOG). Trotz aller terminologischer und sachlicher Unterschiede zwischen den Regelungen dieser Länder kann man jedoch sagen, dass es sich bei diesen beiden Behördengruppen **auf der einen Seite um die „entpolizeilichten Ordnungsbehörden" und auf der anderen Seite um die Polizei im organisatorischen Sinn handelt.** Dieser Trennung haben Bayern, Brandenburg, Nordrhein-Westfalen und Thüringen auch gesetzestechnisch dadurch Ausdruck gegeben, dass sie für beide Bereiche je eine eigene Rechtsgrundlage geschaffen haben.

254 Die folgende Übersicht zeigt auf, wie die jeweiligen Behördengruppen in den einzelnen Bundesländern tatsächlich bezeichnet werden: Bayern: Sicherheitsbehörden/Polizei (Art. 6 BayLStVG, Art. 1 BayPAG) – Berlin: Ordnungsbehörden/Polizei (§§ 1 I, 5 I BerlASOG) – Brandenburg: Ordnungsbehörden/Polizei (§ 1 BrandOBG, § 1 BrandPOG, § 1 BrandPolG) – Hamburg: Verwaltungsbehörden/Vollzugspolizei (§ 3 HambSOG) – Hessen: Gefahrenabwehrbehörden (Verwaltungsbehörden, Ord-

---

[758] § 60 II, IV BWPolG, anders aber im Bereich der Informationsverarbeitung § 60 III BWPolG; §§ 64 I 2, 37 BremPolG; § 85 SaarlPolG; § 60 II, III SächsPolG.
[759] Vgl. im Einzelnen: §§ 2 I, 67 BWPolG; § 80 I BremPolG; § 85 II SaarlPolG; §§ 2 I, 69 SächsPolG.

nungsbehörden)/Polizeibehörden (§§ 82 ff, 1, 91 ff HessSOG) – Mecklenburg-Vorpommern: Ordnungsbehörden/Polizei (§§ 2 I, 3 MVSOG) – Niedersachsen: Verwaltungsbehörden/Polizei (§ 1 I NdsGefAG) – Nordrhein-Westfalen: Ordnungsbehörden/Polizei (§§ 1, 3 NWOBG, § 1 NWPolG, § 2 NWPOG) – Rheinland-Pfalz: Ordnungsbehörden/Polizei (§§ 1 I, 88 I, 89, 76 ff RhPfPOG) – Sachsen-Anhalt: Verwaltungsbehörden/Polizei (§§ 1 I, 3 Nr. 7-10 SachsAnhSOG) – Schleswig-Holstein: Ordnungsbehörden/Polizei (§ 163 I SchlHVwG) – Thüringen: Ordnungsbehörden/Polizei (§ 1 ThürOBG, § 1 ThürPAG). Auch im Trennungssystem findet sich im Übrigen die schon oben in Verbindung mit dem Einheitssystem angesprochene Untergliederung der Polizei in Schutzpolizei, Kriminalpolizei, Bereitschaftspolizei und Wasserschutzpolizei[760].

Was die Kompetenzverteilung zwischen Ordnungsbehörden und Polizei in diesen Ländern betrifft, so lässt sich als wesentliche Gemeinsamkeit feststellen, dass die **Aufgaben der Polizei grundsätzlich durch ein Enumerationsprinzip bestimmt werden**. Ist der Polizei eine Angelegenheit nicht ausdrücklich zugewiesen, so sind die Ordnungsbehörden zuständig. In all diesen Bundesländern besteht zunächst eine **Not- bzw. Eilzuständigkeit** der Polizei, die allerdings nur solange aufrechterhalten bleibt, bis die Ordnungsbehörde selbst eingreifen kann. Die Polizei hat danach zwar ebenso wie die Ordnungsbehörden die Aufgabe der Gefahrenabwehr wahrzunehmen, sie darf jedoch nur dann tätig werden, wenn die Gefahrenabwehr durch die zuständige Behörde nicht oder nicht rechtzeitig möglich erscheint bzw. unaufschiebbare Maßnahmen zu treffen sind. Daneben leistet die Polizei Vollzugshilfe (in Schleswig-Holstein wird gesondert noch von der Ermittlungshilfe gesprochen [§ 168 II Nr. 2 SchlHVwG]) und erfüllt die Aufgaben, die ihr durch andere Rechtsvorschriften übertragen sind, wozu insbesondere die Mitwirkung bei der Ermittlung von Straftaten und Ordnungswidrigkeiten und die Überwachung des Straßenverkehrs zählt, bei denen es sich je nachdem aber auch um Ordnungsaufgaben handeln kann[761]. Im Übrigen obliegt die Aufgabe der Gefahrenabwehr den Ordnungsbehörden[762], denen z.T. aber auch noch andere Aufgaben zugewiesen sind[763]. Auf die zahlreichen landesspezifischen Besonderheiten kann hier nicht eingegangen werden.

---

760 S. z.B. §§ 91 ff HessSOG, wobei durch G v. 22.12.2000 das Hessische Bereitschaftspolizeipräsidium nunmehr die Aufgaben der Wasserschutzpolizei wahrnimmt (vgl. §§ 91 III Nr. 2c, 93/II HessSOG); §§ 76 ff RhPfPOG; der Sache nach findet sich eine solche Differenzierung auch in solchen Ländern, die sie – wie Berlin und Hamburg – nicht gesetzlich geregelt haben; Bayern kannte ferner eine Grenzpolizei, die jedoch mittlerweile durch G v. 26.7.1997 (BayGVBl. 1997, S. 342) in die Bayerische Landespolizei eingegliedert ist.
761 Zu den Aufgaben der Polizei s. Art. 2, 3 BayPAG; §§ 1 I, 2 I, 4 BerlASOG; § 1 BrandPolG; § 3 II lit. a HambSOG; § 7 MVSOG; § 1 NdsGefAG; § 1 NWPolG; §§ 1 I 1, 3, III-VI RhPfPOG; § 2 SachsAnhSOG; §§ 163, 168 SchlHVwG; §§ 2, 12 III ThürPAG; §§ 1, 1a MEPolG.
762 Art. 6 BayLStVG; § 2 I BerlASOG; § 2 BrandOBG; § 3 I HambSOG; § 4 I MVSOG; § 1 NdsGefAG; § 1 NWOBG; § 1 I, II RhPfPOG; § 2 SachsAnhSOG; §§ 162, 163 ff SchlHVwG; § 2 ThürOBG.
763 Zu der in Hessen insoweit etwas abweichenden Rechtslage vgl. §§ 1, 2, 82, 89 HessSOG.

II *Polizei- und Ordnungsrecht*

2. Die Abgrenzung der Zuständigkeit der Polizei- und Ordnungsbehörden

256 Die Zuständigkeitsabgrenzung zwischen den einzelnen Polizei- und Ordnungsbehörden erfolgt – wie allgemein im Organisationsrecht – unter dem Gesichtspunkt der **sachlichen, örtlichen und instanziellen Zuständigkeit**.

a) Die sachliche Zuständigkeit

257 Unter **sachlicher Zuständigkeit ist die Berechtigung zur Wahrnehmung eines bestimmten Aufgabenbereichs zu verstehen**. Ein Verstoß gegen Bestimmungen, welche die sachliche Zuständigkeit regeln, führt zur Rechtswidrigkeit des polizei- und ordnungsbehördlichen Handelns. Verwaltungsakte, die im Widerspruch zu sachlichen Zuständigkeitsvorschriften erlassen wurden, sind zumindest aufhebbar, u.U. aber schon gem. den **§ 44 VwVfG korrespondierenden Regelungen der Landesverwaltungsverfahrensgesetze nichtig**. **Rechtsverordnungen**, die unter **Verstoß gegen sachliche Zuständigkeitsvorschriften** zu Stande gekommen sind, sind stets nichtig. Die Verteilung der Aufgaben der Gefahrenabwehr zwischen den allgemeinen Polizei- und Ordnungsbehörden ist dabei überwiegend in den allgemeinen Polizei- und Ordnungsgesetzen der Länder geregelt (s. dazu oben Rdnr. 250 ff). Die Abgrenzung zu den Zuständigkeiten der besonderen Behörden der Gefahrenabwehr ergibt sich aus den Spezialgesetzen, welche die Aufgaben dieser Behörden umschreiben. Nach dem Rechtsgrundsatz, dass das speziellere Gesetz dem allgemeineren vorgeht, schließen die Befugnisse der besonderen Behörden grundsätzlich jene der allgemeinen aus. Eine Doppelzuständigkeit wäre auch aus rechtsstaatlichen Gründen, sofern sie nicht auf eng begrenzte Ausnahmefälle beschränkt wird[764], etwa wenn Gefahr im Verzug gegeben ist, nicht begründbar. Der Polizei sind im Übrigen auch außerhalb des Sektors der Gefahrenabwehr weitere Aufgaben übertragen worden, so insbesondere auf dem Gebiet der Strafverfolgung und im Bereich des Ordnungswidrigkeitenrechts sowie der Vollzugshilfe (vgl. oben Rdnr. 126 ff). In einzelnen Bundesländern sind Polizeibeiräte eingerichtet. Ihnen werden keine eigenen Entscheidungsbefugnisse eingeräumt; vielmehr sollen sie der Zusammenarbeit zwischen der Polizei und der kommunalen Selbstverwaltung dienen. Zu diesem Zweck sind ihnen Mitwirkungsrechte beratender Art eingeräumt[765].

b) Die instanzielle Zuständigkeit

258 **Die instanzielle (funktionelle) Zuständigkeit regelt die Verteilung der Polizei- und Ordnungsaufgaben zwischen den sachlich zuständigen Polizei- und Ordnungsbehörden.** Dieser Instanzenzug ist überwiegend in den Polizei- und Ordnungsgesetzen der Länder geregelt. Eine Nichtbeachtung der instanziellen Zuständigkeit führt zur Rechtswidrigkeit polizeilichen bzw. ordnungsbehördlichen Handelns. Anders als beim Handeln einer sachlich unzuständigen Behörde ist ein **durch

---

764 S. hierzu *Schenke*, VerwArch. Bd. 68 (1977), 118, 142 ff.
765 Dazu näher §§ 12 ff BrandPOG; §§ 15 ff NWPOG; §§ 10 ff SchlHPOG.

eine instanziell unzuständige Behörde erlassener Verwaltungsakt jedoch in der Regel nur aufhebbar, nicht hingegen nichtig. Die durch **instanziell unzuständige Behörden erlassenen polizei- und ordnungsbehördlichen Verordnungen sind dagegen nichtig.**

Die höheren Polizei- und Ordnungsbehörden erfüllen gegenüber den nachgeordneten Aufsichtsfunktionen. Dabei ist **zwischen Dienst- und Fachaufsicht zu unterscheiden**[766]. Während die allgemeine **Dienstaufsicht** sich auf die **innere Ordnung, die allgemeine Geschäftsführung und die Personalangelegenheiten**[767] erstreckt, beschränkt sich die **Fachaufsicht** auf die **Überprüfung der Rechtmäßigkeit und Zweckmäßigkeit der Wahrnehmung der einzelnen polizeilichen Aufgaben**[768]. Neben den ihnen eingeräumten Informationsrechten steht den Aufsichtsbehörden die Befugnis zu Weisungen zu, die allgemein oder (ggf. unter bestimmten Voraussetzungen) im Einzelfall ergehen können, während für die weisungsunterworfenen Behörden gegenüber den weisungsbefugten eine Unterrichtungspflicht besteht[769]. Diese Weisungen besitzen grundsätzlich keine unmittelbare Außenrechtsrelevanz (zu Ausnahmen s. unten Rdnr. 267). Mittelbar sind sie freilich auch hier insofern von Bedeutung, als sie bei ihrer Rechtswidrigkeit eine einen Amtshaftungsanspruch gem. § 839 BGB i.V.m. Art. 34 GG begründete Amtspflichtverletzung darstellen können und zugleich prinzipiell die Amtspflichtwidrigkeit des Verhaltens des angewiesenen Amtsträgers ausschließen. 259

Aus der Existenz eines Weisungsrechts der Aufsichtsbehörden kann noch nicht gefolgert werden, dass die höhere Behörde an Stelle einer unteren Behörde selbst zu handeln befugt ist. Ein sog. **Selbsteintrittsrecht ist vielmehr nur dann gegeben, wenn dies gesetzlich – meist bei Gefahr im Verzug oder bei Nichtbefolgung einer fachaufsichtlichen Weisung – besonders bestimmt ist**[770]. Wird eine staatliche Aufsichtsbehörde im Wege des Selbsteintrittsrechts an Stelle der an und für sich zuständigen Polizei- bzw. Ordnungsbehörde tätig, so ist das Handeln dem Träger der Aufsichtsbehörde zuzurechnen. Erlässt also etwa bei Gefahr im Verzug das Landratsamt 260

---

766 Vgl. z.B. §§ 63, 64 BWPolG; § 68 BremPolG; §§ 86, 96 HessSOG; § 98 NdsGefAG; §§ 5 f NW-POG; § 77 SaarlPolG; §§ 65 f SächsPolG; §§ 14 ff SchlHVwG.
767 So die Legaldefinition des § 94 II 2 NdsGefAG, die im Wesentlichen auch dem Rechtszustand in den Ländern mit Einheitssystem entspricht.
768 S. zu den Begriffen der Dienst- und Fachaufsicht auch *Götz*, Rdnr. 484-486; *Wolff/Bachof*, Verwaltungsrecht II, 4. Aufl. 1976, § 77 II b 4 u. II c 2.
769 Vgl. etwa § 65 BWPolG; § 69 III BremPolG; §§ 84, 87, 97 HessSOG; § 78 III SaarlPolG; § 67 III SächsPolG.
770 Vgl. *OVG Berl*, NJW 1977, 1166, 1167; s. auch *Schenke*, VBl. BW 1990, 326 ff sowie eingeh. *Guttenberg*, Weisungsbefugnisse und Selbsteintritt, 1992; zum gesetzlich vorgesehenen Selbsteintrittsrecht s. z.B. §§ 65 II, 67 I BWPolG; Art. 3a BayVwVfG; §§ 2 V, 10 III Nr. 3 BerlASOG § 10 BrandOBG i.V.m. § 68 KomVerf.; §§ 69 II, 80 I BremPolG; §§ 88 HessSOG; § 4 III MVSOG; § 102 NdsGefAG; §§ 6, 10 NWOBG; §§ 90 II, 93 II RhPfPOG; § 78 II SaarlPolG; § 90 SachsAnhSOG; §§ 67 II, 69 SächsPolG; §§ 165 III, 167 SchlHVwG; § 4 II ThürOBG; zu den verwandten Problemen der Delegation und des organisationsrechtlichen Mandats (öffentlichrechtliche Stellvertretung) vgl. *Schenke*, VerwArch. Bd. 68 (1977), 118 ff; BDiszG, DÖV 1985, 450 ff m. Anm. Schenke; *Ule/Laubinger*, Verwaltungsverfahrensrecht, 4. Aufl. 1995, § 10, Rdnr. 19; *Horn*, NVwZ 1986, 808 ff; *VGH BW*, VBl. BW 1996, 418, 419; *VG Sigmaringen*, VBl. BW 1995, 289, 290; a.A. *BVerwGE* 63, 258, 260; *Hufeld*, VBl. BW 1999, 130, 132; *Rasch*, DVBl. 1983, 617, 619.

II *Polizei- und Ordnungsrecht*

als Kreispolizeibehörde statt der sonst als Ortspolizeibehörde prinzipiell zuständigen Gemeinde einen Verwaltungsakt, so ist dieser dem Träger der Kreispolizeibehörde zuzurechnen und folglich eine Anfechtungsklage gegen diesen zu richten[771].

c) Die örtliche Zuständigkeit

261 **Die örtliche Zuständigkeit bezeichnet den räumlichen Bereich, innerhalb dessen eine sachlich und instanziell zuständige Behörde zu handeln befugt ist.** Abgesehen von den Fällen, in denen die örtliche Unzuständigkeit auf der Belegenheit einer Sache oder eines Rechts im Bezirk einer anderen Behörde beruht, ist ein **Verwaltungsakt nicht schon deshalb nichtig, weil Vorschriften über die örtliche Zuständigkeit nicht eingehalten worden sind;** darüber hinaus kann die Aufhebung eines Verwaltungsakts, der nicht nichtig ist, nicht allein deshalb beansprucht werden, weil er unter Verletzung von Vorschriften über die örtliche Zuständigkeit zu Stande gekommen ist, wenn offensichtlich ist, dass die Verletzung die Entscheidung in der Sache nicht beeinflusst hat (vgl. die den §§ 44 II Nr. 3 u. III Nr. 1, 46 VwVfG entsprechenden landesgesetzlichen Vorschriften). **Polizei- und ordnungsbehördliche Verordnungen einer örtlich unzuständigen Behörde sind dagegen stets nichtig.**

262 In den Ländern mit Einheitssystem bemisst sich die örtliche Zuständigkeit der Polizeibehörden grundsätzlich nach den sog. Polizeibezirken. Örtlich zuständig ist dort die Polizeibehörde, in deren Bezirk eine polizeiliche Aufgabe wahrzunehmen ist[772]. Derselbe Grundsatz gilt auch in den Ländern mit Trennungssystem für die Ordnungsbehörden (eine Ausnahme machen die Stadtstaaten Berlin und Hamburg). Örtlich zuständig ist dort die Behörde, in deren Bezirk bzw. Amtsbereich eine Aufgabe der Gefahrenabwehr wahrzunehmen ist[773] bzw. die zu schützenden Interessen verletzt oder gefährdet werden[774]. Kann jedoch eine Aufgabe der Gefahrenabwehr zweckmäßig nur einheitlich wahrgenommen werden, so bestimmt grundsätzlich die übergeordnete Behörde die zuständige Behörde[775]. Im Hinblick auf die Polizei sind entweder die Behörden oder zumindest die einzelnen Polizeivollzugsbeamten für das gesamte Land zuständig. Die Einzelheiten sind den landesgesetzlichen Regelungen zu entnehmen.

---

[771] So auch *Würtenberger/Heckmann/Riggert*, BW, Rdnr. 243.
[772] § 68 I BWPolG; §§ 78 I, 65 II BremPolG; § 81 I SaarlPolG; § 70 I, II SächsPolG.
[773] § 100 I HessSOG.
[774] § 4 I BrandOBG; § 5 I MVSOG; § 100 I NdsGefAG; § 41 NWOBG; § 91 I RhPfPOG; § 88 I SachsAnhSOG; § 166 I SchlHVwG; § 4 III 2 ThürPAG.
[775] Vgl. § 4 II BrandOBG; § 100 III HessSOG; § 5 II MVSOG; § 100 III NdsGefAG; § 4 II NWOBG; §§ 91 III i.V.m. § 78 III RhPfPOG; § 88 III SachsAnhSOG; § 166 II SchlHVwG.

III. Internationale Zusammenarbeit und Europäische Integration

Internationale polizeiliche Zusammenarbeit[776] war früher – auch in Europa[777] – schwerpunktmäßig auf den Bereich der **Strafverfolgung** beschränkt gewesen, allerdings gibt es in zunehmendem Maße Ansätze zur präventivpolizeilichen Zusammenarbeit[778]. Sie wird im Bereich der Europäischen Union durch die Vorschriften des Titels VI EUV, der Bestimmungen über die polizeiliche und justitielle Zusammenarbeit, gefördert. Nach Art. 29 EUV verfolgt die Union das Ziel, den Bürgern in einem Raum der Freiheit, der Sicherheit und des Rechts ein hohes Maß an Sicherheit zu bieten, indem sie ein gemeinsames Vorgehen der Mitgliedstaaten im Bereich der polizeilichen und justitiellen Zusammenarbeit in Strafsachen entwickelt sowie Rassismus und Fremdenfeindlichkeit bekämpft. Dieses Ziel wird erreicht durch die Verhütung und Bekämpfung der – organisierten oder nicht organisierten – Kriminalität, insbesondere des Terrorismus, des Menschenhandels und der Straftaten gegenüber Kindern, des illegalen Drogen- und Waffenhandels, der Bestechung und der Bestechlichkeit sowie des Betrugs u.a. im Wege einer engeren Zusammenarbeit der Polizei-, Zoll- und anderer zuständiger Behörden in den Mitgliedstaaten, sowohl unmittelbar als auch unter Einschaltung des Europäischen Polizeiamts (Europol), nach den Art. 30 und 32 EUV. Art. 30 EUV enthält dabei Vorschriften, welche die polizeiliche Zusammenarbeit sowie die Befugnisse von Europol zum Gegenstand haben. Gem. Art. 32 EUV ist vom Rat festzulegen, unter welchen Bedingungen und innerhalb welcher Grenzen die für die Gefahrenabwehr zuständigen Behörden im Hoheitsgebiet eines anderen Mitgliedstaats in Verbindung und in Absprache mit dessen Behörden tätig werden dürfen. In Art. 61 ff EUV wird der Rat ermächtigt, Maßnahmen zum schrittweisen Aufbau eines Raums der Freiheit, der Sicherheit und des Rechts zu treffen.

262a

1. Die Internationale kriminalpolizeiliche Organisation (IKPO – „Interpol")

Trotz zahlreicher bi- und multilateraler völkerrechtlicher Abkommen zur internationalen Amts- und Rechtshilfe spielt die bereits 1923 gegründete[779] **Internationale kriminalpolizeiliche Organisation (IKPO)** bei der grenzüberschreitenden Strafverfolgung nach wie vor eine wichtige Rolle. Allgemein eingebürgert hat sich die 1946 für postalische und telegrafische Zwecke verwendete Bezeichnung „**Interpol**".

262b

---

776 Vgl. zum Folgenden ausführlich *Soria*, VerwArch. 89 (1998), 400 ff sowie *Mokros* in: L/D, O, Rdnr. 1 ff.
777 Dazu auch *Bull*, DRiZ 1998, 32 f; *Waechter*, ZRP 1996, 167, und *Zieschang*, ZRP 1996, 428 f. S. in diesem Zusammenhang auch BT-Drucks. 13/10429 zum Entwurf eines Gesetzes betreffend die Anrufung des EuGH im Wege des Vorabentscheidungsverfahrens auf dem Gebiet der polizeilichen Zusammenarbeit und der justitiellen Zusammenarbeit in Strafsachen nach Art. 35 EUV (EuGH-Gesetz).
778 Dazu näher *Götz*, FS Rauschning, 2001, S. 185 ff; *Pitschas*, NVwZ 2002, 519 ff.
779 Der ursprüngliche Name „Internationale kriminalpolizeiliche Kommission – IKPK" wurde 1956 geändert.

II *Polizei- und Ordnungsrecht*

Der IKPO wird heute kraft der normativen Kraft des Faktischen vielfach der Status einer mit Völkerrechtssubjektivität versehenen „Intergovernmental Organization" zugebilligt[780]. Ihre wichtigste Aufgabe ist die **Ausschreibung von Personen oder Sachen zur internationalen Fahndung**, die allerdings nur einen Anstoß zum Tätigwerden der nationalen Polizei der Mitgliedsstaaten geben kann. Diese haben jeweils ein **Nationales Zentralbüro** eingerichtet. Es hat die Aufgabe, die Verbindung zu anderen nationalen Behörden des Landes, zu den Interpol-Zentralbüros anderer Staaten sowie zum **Generalsekretariat von Interpol in Lyon**, dem Verwaltungs- und Informationszentrum der Organisation seit 1989, sicherzustellen, insbesondere ein- und ausgehende Rechts- und Amtshilfeersuchen zu übermitteln.

Nationales Zentralbüro der Bundesrepublik Deutschland, die Interpol seit 1952 angehört, ist das **BKA (§ 3 I BKAG)**.

2. Das Europäische Polizeiamt (Europol)

262c Das **Europäische Polizeiamt (Europol)** wird nach der Ratifikation des Europol-Übereinkommens[781] durch die Mitgliedsstaaten[782] der Europäischen Union als **rechtsfähige Organisation** (Art. 26 I Europol-Übereinkommen) **mit Sitz in Den Haag** errichtet[783]. Es dient der Bekämpfung grenzüberschreitender, insbesondere organisierter Kriminalität durch die zentrale, computergestützte Sammlung, Auswertung und Übermittlung präventivpolizeilicher und strafverfolgungsrelevanter Informationen (vgl. im Einzelnen Art. 6-12 Europol-Übereinkommen).

Hauptorgane von Europol sind der das Polizeiamt leitende **Direktor** (Art. 29 Europol-Übereinkommen) und der **Verwaltungsrat** (Art. 28 Europol-Übereinkommen), der mit je einem Vertreter pro Mitgliedstaat besetzt ist. Zur wirksamen Koordination errichtet oder bezeichnet jeder Mitgliedstaat eine **nationale Stelle** (Art. 4 Europol-Übereinkommen), die jeweils mindestens einen **Verbindungsbeamten** (Art. 4 Europol-Übereinkommen) zu Europol entsendet. Nach § 1 Nr. 1 **EuropolG**[784] wird die Funktion der nationalen Stelle in der Bundesrepublik durch das **BKA** wahrgenommen.

Auch wenn Art. 30 EUV einen Ausbau der Europol-Befugnisse vorsieht, hat das Polizeiamt **keine eigenen Eingriffs- und Ermittlungsbefugnisse**, die **über** den im Einzelnen festgelegten **Umgang mit personenbezogenen Daten hinausgehen** wie etwa Durchsuchungen oder Festnahmen. Das Einsatzfeld der Europol-Mitarbeiter bleibt demnach vorerst auf die „Terminals in Den Haag" beschränkt. Gleichwohl ist

---

780 Dazu *Mokros*, in: L/D, O, Rdnr. 170 m.w.N.; für Völkerrechtssubjektivität auch *Soria*, VerwArch. Bd. 89 (1998), 402 f m.w.N.
781 ABl. EG 1995, Nr. C 316/1 ff = BGBl. II 1997, S. 2153 ff.
782 Der Deutsche Bundestag hat dem Europol-Übereinkommen durch Verabschiedung des Europol-Gesetzes vom 16.12.1997, BGBl. II, S. 2150 f, zugestimmt.
783 Bereits 1995 hatte hier die provisorische Vorläuferin von Europol, die European Drug Unit (EDU), im Rahmen der sog. TREVI-Kooperation ihre Arbeit aufgenommen; vgl. zur Entwicklung sowie zum Folgenden ausführlich *Gleß/Lüke*, JURA 1998, 70 ff; *Soria*, VerwArch. 89 (1998), 416 ff.
784 BGBl. II 1997, S. 2150 f (s.o. Fn. 690)

die Errichtung des Europäischen Polizeiamts mit zahlreichen schwierigen Rechtsproblemen verbunden. Umstritten sind insbesondere die demokratische Legitimation im Spannungsfeld zwischen der Integrationskompetenz des Art. 23 I GG und der Ewigkeitsgarantie des Art. 79 III GG, ferner die fehlende parlamentarische bzw. gerichtliche Kontrolle von Europol, insbesondere im Hinblick auf den in einem Zusatzprotokoll bestimmten diplomatenähnlichen Immunitätsstatus seiner Mitarbeiter und die Weisungsunabhängigkeit der Organisation (Art. 30 I Europol-Übereinkommen) unter Verzicht auf den gleichzeitigen Aufbau einer europäischen Staatsanwaltschaft[785]. Die in Art. 24 I Europol-Übereinkommen vorgesehene Überprüfung der Tätigkeit von Europol durch eine unabhängige gemeinsame Kontrollinstanz darauf, dass durch die Speicherung, die Verarbeitung und die Nutzung der bei Europol vorhandenen Daten keine Rechte von Personen verletzt werden, bildet keinen ausreichenden Ersatz für einen gerichtlichen Rechtsschutz.

3. Das Schengener Durchführungsübereinkommen (SDÜ)

Neben bilateralen Ansätzen zu grenzüberschreitender polizeilicher Zusammenarbeit im Rahmen des sog. **„kleinen Grenzverkehrs"**, etwa zwischen Deutschland und seinen Nachbarländern, auch den Ländern Osteuropas nach deren Öffnung zum Westen, ist das sog. **Schengener Durchführungsübereinkommen (SDÜ)**[786] getreten, das den Gefahren für die innere Sicherheit auf Grund des schrittweisen Abbaus innereuropäischer Grenzkontrollen begegnen sollte.

262d

Als wichtige Regelungen des SDÜ, das (mit Zustimmungsvorbehalten für Großbritannien, Irland und Dänemark) nunmehr im gesamten Gebiet der Europäischen Union gilt, sind vor allem zu nennen: die **grenzüberschreitende polizeiliche Verfolgung („Nacheile")** einer auf frischer Tat betroffenen oder aus der Haft entflohenen Person (Art. 41 SDÜ), die **grenzüberschreitende Observation** (Art. 40 SDÜ) – jeweils unter engen Voraussetzungen und mit eingeschränkten Befugnissen der beteiligten Polizisten – sowie der Aufbau des **Schengener Informationssystems – SIS** (Art. 92 ff SDÜ), das als **reines Fahndungssystem** lediglich die **Daten gesuchter Personen** und nicht wie das Informationssystem von Europol (Art. 7 ff Europol-Übereinkommen) als aktives Recherchesystem auch die Daten verdächtiger Personen enthält.

---

785 Aus der kaum mehr überschaubaren Literatur zu diesen Problemkreisen s. nur *Soria*, VerwArch. 89 (1998), 426 ff; *Hailbronner*, JZ 1998, 283 ff; *Bull*, DRiZ 1998, 32 ff; *Hirsch*, ZRP 1998, 10 ff; *Baldus*, ZRP 1997, 286 ff (dazu krit. *Riegel*, ZRP 1998, 192); *Prantl*, DRiZ 1997, 234 ff; *Waechter*, ZRP 1996, 167 ff; *Ostendorf*, NJW 1997, 3418 ff; *DiFabio*, DÖV 1997, 89 ff; *Frowein/Krisch*, JZ 1998, 589 ff; *Lindner*, BayVBl. 2001, 193 ff; *Kalk*, DuD 1999, 442 ff; s. auch *Gleß/Grote/Heine*, Justitielle Einbindung und Kontrolle von Europol, Kurzvorstellung der Ergebnisse eines rechtsvergleichenden Gutachtens im Auftrag des Bundesministeriums der Justiz, 2001 sowie *Zöller*, Informationssysteme und Vorfeldmaßnahmen von Polizei, Staatsanwaltschaft und Nachrichtendiensten, 2002, S. 417 ff.
786 Durchführungsübereinkommen („Schengen II") zum Übereinkommen betreffend den schrittweisen Abbau an den gemeinsamen Grenzen vom 14.6.1985 („Schengen I"), BGBl. II 1993, S. 1013 ff. Zu den Schengener Abkommen vgl. ausführlich *Schreckenberger*, VerwArch. 88 (1997), 389 ff; *Soria*, VerwArch. 89 (1998), 407-416.

II *Polizei- und Ordnungsrecht*

J. Der polizeiliche Verwaltungsakt

263 Ein wichtiges Instrument der Polizei- und Ordnungsbehörden bei der Erfüllung der Aufgaben der Gefahrenabwehr stellt der **polizeiliche Verwaltungsakt** dar. Der Verwaltungsakt wird allerdings in den Polizei- und Ordnungsgesetzen expressis verbis meist gar nicht genannt (Ausnahme etwa: § 16 II MVSOG). So sprechen §§ 2, 3 MEPolG in Übereinstimmung mit dem Sprachgebrauch der meisten Polizei- und Ordnungsgesetze hier ganz neutral von Maßnahmen, worunter aber nicht nur Verwaltungsakte, sondern auch schlichtes Verwaltungshandeln (Realakte)[787] zu verstehen sind. Der früher im Anschluss an § 40 PreußPVG verwandte und näher definierte **Begriff der Polizeiverfügung**[788] findet sich heute nur noch in § 16 I MVSOG (vgl. auch § 176 SchlHVwG). Er hat die ihm ursprünglich zugedachte prozessuale Funktion[789] ohnehin eingebüßt, da nunmehr im Zeichen der Rechtsschutzgarantie des Art. 19 IV GG i.V.m. § 40 VwGO gegenüber allem Verwaltungshandeln Rechtsschutz garantiert ist. Im Übrigen werden durch den Terminus der Polizeiverfügungen – verstanden im Sinne von § 40 PreußPVG als „Anordnungen der Polizeibehörden, die an bestimmte Personen oder an einen bestimmten Personenkreis ergehen und ein Gebot oder Verbot oder die Versagung, Einschränkung oder Zurücknahme einer rechtlich vorgesehenen polizeilichen Erlaubnis oder Bescheinigung enthalten" – keineswegs alle polizeilichen Verwaltungsakte erfasst. So können z.B. polizeiliche Verwaltungsakte wie die Ablehnung eines Antrags auf polizeiliches Einschreiten oder die Erteilung einer polizeilichen Erlaubnis nicht den Polizeiverfügungen zugerechnet werden.

264 Gegen polizeiliche der Gefahrenabwehr dienende Verwaltungsakte ist Rechtsschutz gemäß § 42 VwGO zu gewähren[790]. Bei inzwischen erfolgtem Vollzug eines rechtswidrigen Verwaltungsakts kann ein Folgenbeseitigungsanspruch (s. dazu oben Rdnr. 79) gemäß § 113 I 2 VwGO auf vereinfachte Weise prozessual geltend gemacht werden. Soweit sich der polizeiliche Verwaltungsakt erledigt hat, weil er zurückgenommen wurde oder seine Aufhebung sinn-

---

[787] Die Begriffe des schlichten Verwaltungshandelns und des Realakts werden hier synonym gebraucht (ebenso *Drews/Wacke/Vogel/Martens*, § 23, 1), z.T. wird (so bei *Riegel*, S. 106) der Begriff des schlichten Verwaltungshandelns auf die Tätigkeit beschränkt, die keinen Eingriffscharakter hat.
[788] Innerhalb der Polizeiverfügungen wird häufig zwischen selbstständigen Verfügungen (sie haben ihre Rechtsgrundlage in der Generalklausel) und unselbstständigen Verfügungen (sie beruhen auf einer anderen Norm, z.B. einer Polizeiverordnung) differenziert (vgl. *Friauf*, Rdnr. 175). Die praktische Bedeutung der Unterscheidung soll darin bestehen, dass es zum Erlass einer unselbstständigen Verfügung – anders als bei einer selbstständigen – nicht des Vorliegens einer konkreten Gefahr bedarf, sondern hier die (gesetzliche) Anknüpfung an die abstrakte Gefährlichkeit eines Sachverhalts genügt. Bei Lichte besehen wird dieser Unterschied in praxi jedoch insofern relativiert, als die für eine selbstständige Verfügung erforderliche konkrete Gefahr aus der Nichtbeachtung einer Rechtsnorm resultieren kann, die auf der abstrakten Gefährlichkeit eines Tatbestands aufbaut.
[789] Eine verwaltungsgerichtliche Kontrolle des polizeilichen Handelns war in Preußen nur bei Polizeiverfügungen möglich, vgl. *Pietzner*, VerwArch. Bd. 82 (1991), 291, 303.
[790] Maßgeblicher Zeitpunkt für die gerichtliche Beurteilung ist im Rahmen der Anfechtungsklage stets der Zeitpunkt der letzten mündlichen Verhandlung vor dem Verwaltungsgericht, s. näher *Schenke*, Verwaltungsprozeßrecht, 8. Aufl. 2002, Rdnr. 782 ff m.w.N.

los geworden ist[791], ist hiergegen bei einer nach Klageerhebung eingetretenen Erledigung Rechtsschutz über die Fortsetzungsfeststellungsklage des § 113 I 4 VwGO zu gewähren. Falls die Erledigung (so z.B. bei einer polizeilichen Durchsuchung) bereits **vor Erhebung der Klage eintrat, ist der Rechtsschutz in analoger Anwendung des § 113 I 4 VwGO** gesichert[792]. Für die Fortsetzungsfeststellungsklage bedarf es des gesonderten **Nachweises eines „berechtigten Interesses"** (Rechtsschutzbedürfnisses). Dieses ist dann zu bejahen, wenn der erledigte Verwaltungsakt – was bei vollzugspolizeilichen Verwaltungsakten häufig zutrifft – diskriminierenden Charakter hat oder Wiederholungsgefahr besteht oder es sich um einen sich typischerweise kurzfristig erledigenden[793] Verwaltungsakt handelt[794]. Auch für die in analoger Anwendung des § 113 I 4 VwGO erhobene Fortsetzungsfeststellungsklage bedarf es im Übrigen entgegen der bundesverwaltungsgerichtlichen Rechtsprechung[795] im Hinblick auf die Rechtsnatur der Fortsetzungsfeststellungsklage als „amputierte Anfechtungsklage" (*Geiger*) eines Vorverfahrens, das auch insoweit sehr wohl seine Entlastungsfunktion erfüllt.

I. Die Abgrenzung polizeilicher Verwaltungsakte von anderen der Gefahrenabwehr dienenden Handlungen

Der polizeiliche Verwaltungsakt erfordert eine Abgrenzung zum schlichten Verwaltungshandeln, zu innerdienstlichen Rechtsakten und zur polizei- und ordnungsbehördlichen Verordnung. Die Abgrenzung ist anhand der dem § 35 VwVfG inhaltlich entsprechenden landesgesetzlichen Vorschriften vorzunehmen; für die Grenzziehung gegenüber der polizei- und ordnungsbehördlichen Verordnung ist ferner deren in einzelnen Polizei- und Ordnungsgesetzen enthaltene Legaldefinition von Relevanz. Maßgeblich für das Vorliegen eines Verwaltungsaktes sind nach richtiger, aber sehr umstrittener Auffassung prinzipiell inhaltliche Kriterien; der Form einer Maßnahme kommt nur dann Bedeutung zu, wenn sie auch deren Inhalt beeinflusst[796].

265

Vom schlichten Verwaltungshandeln unterscheidet sich der polizeiliche Verwaltungsakt durch den von ihm **intendierten Regelungseffekt**. Keine polizeilichen Verwaltungsakte, sondern **Realakte** (zu diesen näher Rdnr. 332 ff) **sind demnach z.B. polizeiliche Streifengänge, Beobachtungen, Auskunftserteilungen, Berichte**[797]**, Warnungen, Belehrungen, Ermahnungen oder die Androhung des polizeilichen Verwaltungsakts**, z.B. einer Abrissverfügung[798]. Anderes gilt allerdings für die An-

266

---

791 Zu beachten ist dabei, dass die Vollziehung eines Verwaltungsakts (beispielsweise bei einer polizeilichen Beschlagnahme), wie sich auch durch § 113 I 2 VwGO belegen lässt, allein noch nicht zur Erledigung des Verwaltungsakts führt.
792 Ausführlich *Schenke*, Verwaltungsprozeßrecht, 8. Aufl. 2002, Rdnr. 323 ff. Zum Rechtsschutz gegen erledigte polizeiliche Maßnahmen s. *H. Wagner*, in: Demokratie und Recht 1985, 441 ff.
793 Hierzu *OVG Brem*, NVwZ 1990, 1188, 1189
794 Hierzu *Schenke*, Verwaltungsprozeßrecht, 8. Aufl. 2002, Rdnr. 579 ff.
795 *BVerwG*, NJW 1989, 2487. Hierzu näher *Schenke*, Verwaltungsprozeßrecht, 8. Aufl. 2002, Rdnr. 666.
796 Eingehend hierzu *Schenke*, NVwZ 1990, 1009 ff m.w.N. sowie *Kopp/Schenke*, VwGO, 13. Aufl. 2002, Anh. § 42, Rdnr. 5 ff; *Erfmeyer*, DÖV 1996, 629, 638; a.A. (maßgeblich Form) *Pietzcker*, in: Schoch/Schmidt-Aßmann/Pietzner, VwGO, vor § 42 I, Rdnr. 32; vermittelnd *P. Stelkens/U. Stelkens*, in: Stelkens/Bonk/Sachs, VwVfG, 6. Aufl. 2001, § 35, Rdnr. 14 f.
797 Zum Verfassungsschutzbericht s. *Gusy*, NVwZ 1986, 6 ff.
798 S. auch *VGH BW*, ESVGH 22, 114 ff.

drohung der Zwangsmittel der Ersatzvornahme, des Zwangsgelds oder des unmittelbaren Zwangs (s. dazu unten Rdnr. 288). Eine rechtliche Regelung beinhaltet auch eine Verwarnung mit Verwarnungsgeld. Jedoch unterliegt sie heute nicht mehr der Anfechtung vor dem Verwaltungsgericht, sondern ist, soweit sich der Betroffene nicht durch sein Einverständnis der Möglichkeit eines Rechtsschutzes begeben hat[799], nach § 62 OWiG überprüfbar.

267 Von innerdienstlichen Rechtsakten unterscheidet sich der der Gefahrenabwehr dienende polizeiliche Verwaltungsakt dadurch, dass die getroffene Regelung **auf unmittelbare Rechtswirkung nach außen gerichtet ist**. Keinen polizeilichen Verwaltungsakt bildet deshalb die von einer Polizeiaufsichtsbehörde an die nachgeordnete Polizeibehörde gerichtete Weisung, gegenüber dem Störer eine bestimmte Maßnahme zu treffen. Hier kann der Störer grundsätzlich nur gegen die auf Grund der Weisung erlassene Maßnahme gerichtlich vorgehen, da in der Regel erst durch sie in seine Rechtssphäre eingegriffen wird. Ausnahmsweise kann freilich bereits eine innerdienstliche Maßnahme faktische Außenwirkung hervorrufen. Dies traf z.B. in dem berühmten, vom damaligen *VGH BW* entschiedenen Baustoffall[800] zu, bei dem sich allein aus der Existenz einer Weisung (Nichtgenehmigungsfähigkeit eines Baustoffs), ohne dass es weiterer Vollzugsakte bedurfte, für den Baustoffproduzenten eine Beeinträchtigung seines Rechts am eingerichteten und ausgeübten Gewerbebetrieb ergab.

Eine Außenwirkung, allerdings ohne Regelungseffekt, ist ebenfalls bei einem Informationsaustausch personenbezogener Daten zwischen Behörden gegeben, wenn diese Daten hierbei für Zwecke benutzt werden, für die sie nicht erhoben wurden (vgl. oben Rdnr. 129).

268 Mit der polizei- und ordnungsbehördlichen Verordnung hat der polizeiliche Verwaltungsakt zwar gemeinsam, dass er auf eine Regelung mit Außenwirkung gerichtet ist. Er unterscheidet sich von dieser jedoch dadurch, dass er nicht eine unbestimmte Vielzahl von Fällen, sondern einen Einzelfall regelt (s. hierzu unter Rdnr. 319 ff). Der durch den Verwaltungsakt betroffene Personenkreis soll nach der insoweit nicht unproblematischen Regelung des § 35 VwVfG ohne Relevanz sein[801]. Selbst bei einem nach allgemeinen Merkmalen bestimmten oder bestimmbaren Personenkreis liegt gem. § 35 2 VwVfG ein Verwaltungsakt in Gestalt einer Allgemeinverfügung vor. Deshalb stellt z.B. ein zeitlich befristetes Aufenthaltsverbot für bestimmte Gemeindeteile, das sich an Mitglieder der Drogenszene wendet, einen Verwaltungsakt dar[802]. Schwierigkeiten bereitet die rechtliche Einordnung von Gebote und Verbote enthaltenden **Verkehrszeichen**. Sie werden heute **in Anbetracht ihrer Funktionsgleichheit mit den durch einen Polizisten vorgenommenen Verkehrsregelungen, wegen ihres konkreten örtlichen Bezugs sowie im Hinblick auf § 35 2 VwVfG als Verwaltungsakte angesehen**[803]. Keine Verwaltungsakte sondern Realakte stellen wegen mangelndem Regelungscharakter Gefahr- und Hinweiszeichen dar.

---

799 Vgl. *Göhler*, OWiG, 13. Aufl. 2002, § 56, Rdnr. 31 ff; *BVerwGE* 24, 8, 11.
800 *WürttBadVGH*, DRZ 1950, 500 f; dazu näher *Schenke*, DÖV 1979, 622, 627 ff sowie *ders.*, Verwaltungsprozeßrecht, Rdnr. 221.
801 Nicht mit der Regelung des § 35 VwVfG ist es vereinbar, wenn *Drews/Wacke/Vogel/Martens*, § 23, 6 annehmen, für das Vorliegen eines Einzelfalls komme es allein auf die Bestimmbarkeit des Adressatenkreises an.
802 Vgl. *Kopp/Schenke*, VwGO, 13. Aufl. 2002, Anh. § 42, Rdnr. 61.
803 Vgl. *BVerfG*, NJW 1965, 2395; *BVerwGE* 27, 181 ff u. 59, 221 ff.

II. Die Rechtmäßigkeit eines der Gefahrenabwehr dienenden Verwaltungsakts (Prüfungsschema)

Zur Rechtmäßigkeit eines polizeilichen Verwaltungsaktes bedarf es seiner **formellen und materiellen Rechtmäßigkeit**. Nach Vorklärung[804] der Frage, ob als Rechtsgrundlage für die im Verwaltungsakt getroffene Regelung eine Spezialermächtigung oder die polizeiliche bzw. ordnungsbehördliche Generalklausel in Betracht kommt, empfiehlt sich im Regelfall die Überprüfung anhand folgenden Schemas[805]:

269

1. Die formelle Rechtmäßigkeit

(a) Es muss die **sachlich, instanziell und örtlich zuständige Polizei- bzw. Ordnungsbehörde gehandelt haben** (s. hierzu oben Rdnr. 256 ff);

270

(b) der Verwaltungsakt muss unter **Beachtung der einschlägigen Form- und Verfahrensvorschriften erlassen worden sein**. Soweit die Polizei- und Ordnungsgesetze keine besonderen Form- und Verfahrensvorschriften enthalten (anders aber etwa § 20 NWOBG, der für Ordnungsverfügungen grundsätzlich Schriftform verlangt), ist auf die für den Erlass von Verwaltungsakten geltenden Form- und Verfahrensvorschriften der Landesverwaltungsverfahrensgesetze zurückzugreifen, die Regelungen über die **Beteiligten- und Handlungsfähigkeit, die Gewährung rechtlichen Gehörs, die Bestimmtheit, die Bekanntgabe und die Begründung von Verwaltungsakten** beinhalten (so die Verwaltungsverfahrensgesetze der Länder in ihren §§ 11 f, 28, 37 ff). Zu beachten ist dabei bezüglich der verwaltungsrechtlichen Handlungsfähigkeit (§ 12 VwVfG), dass diese nicht nur für die aktive Handlungsfähigkeit, sondern auch für die Entgegennahme von Verwaltungsakten gilt. Deshalb sind trotz der materiellen Polizeipflicht nichtgeschäftsfähiger Personen hier polizeiliche Verwaltungsakte zu ihrer Wirksamkeit grundsätzlich dem gesetzlichen Vertreter bekannt zu geben. Im Interesse der effizienten Gefahrenbekämpfung wird allerdings z.T. die Handlungsfähigkeit Nichtgeschäftsfähiger in den Fällen anerkannt, in denen der gesetzliche Vertreter nicht rechtzeitig herangezogen werden kann[806]. Dogmatisch überzeugender erscheint es hier jedoch, statt des Rückgriffs auf ein konturschwaches „allgemeines verfassungsrechtliches Gebot der Effizienz" die Vorschriften über die unmittelbare Ausführung bzw. den Sofortvollzug (vgl. hierzu Rdnr. 304 ff) – zumindest entsprechend – heranzuziehen (s. auch *Schenke*, Rdnr. 492). Eine fehlende Anhörung des Betroffenen oder eine unterlassene Begründung kann gem. § 45 II VwVfG noch bis zum Abschluss des verwaltungsgerichtlichen Verfahrens nachge-

271

---

[804] Eine solche Vorklärung ist deshalb unentbehrlich, weil ohne Klarheit über die in Betracht kommende Rechtsgrundlage die örtliche, sachliche und instanzielle Zuständigkeit für den Erlass des Verwaltungsakts nicht festgestellt werden kann (insoweit daher zumindest missverständlich, wenn *Vogel*, Der Verwaltungsrechtsfall, 8. Aufl. 1980, 81 empfiehlt, zunächst die Zuständigkeit für den Erlass des Verwaltungsakts zu überprüfen).
[805] Ebenso *Schwerdtfeger*, Öffentliches Recht in der Fallbearbeitung, 10. Aufl. 1997, Rdnr. 109 ff.
[806] Vgl. *BayVGH*, DÖV 1984, 433 ff. (Fahrerlaubnisentziehungsbescheid).

II Polizei- und Ordnungsrecht

holt werden. Sie scheidet naturgemäß dann aus, wenn sich der Verwaltungsakt inzwischen erledigt hat[807].

272 Nicht unmittelbar geregelt ist in den §§ 39, 45 II VwVfG der Fall, bei welchem die Begründung nicht unterblieben (bzw. zumindest lückenhaft) ist, sondern nur eine inhaltlich fehlerhafte Begründung gegeben wurde. Hier stellt sich das (allerdings erst bei der materiellen Prüfung der Rechtmäßigkeit des Verwaltungsakts relevant werdende) Problem des **Nachschiebens von Gründen**. Entgegen der h.M. wird man ein solches Nachschieben von Gründen nach Abschluss des Vorverfahrens als grundsätzlich unzulässig anzusehen haben. Das trifft insbesondere bei Ermessensverwaltungsakten zu, wenn sie für das polizeiliche Handeln typisch sind. Hier liegt aber in dem erst später erfolgten Nachschieben von Gründen häufig der Neuerlass eines Verwaltungsakts. Hieran hat sich auch durch die neue prozessrechtliche Regelung des § 114 2 VwGO nichts geändert, der nur die Bedeutung besitzt, dass dann, wenn sich das Nachschieben von Gründen auf eine Ergänzung von Ermessenserwägungen beschränkt, der neue Verwaltungsakt, ohne dass es einer Klageänderung gem. § 91 VwGO bedarf, kraft Gesetzes Gegenstand des Verfahrens wird[808].

273 **Die Vorschrift des novellierten § 46 VwVfG**, nach der die Aufhebung eines rechtswidrigen Verwaltungsakts nicht deshalb verlangt werden kann, weil er unter Verletzung von Vorschriften über das Verfahren, die Form oder die örtliche Zuständigkeit zu Stande gekommen ist, wenn offensichtlich ist, dass die Verletzung die Entscheidung in der Sache nicht beeinflusst hat, ist in ihrer Anwendung im Polizeirecht nunmehr nicht mehr nur (wie nach ihrer früheren Fassung) von vornherein auf jene Fälle beschränkt, in denen sowohl das Auswahl- wie das Entschließungsermessen der Polizei- bzw. Ordnungsbehörde auf Null reduziert sind[809]. Allerdings wird der Nachweis einer offensichtlich nicht gegebenen Ergebnisrelevanz eines Fehlers nur schwer zu führen sein.

274 Die **Umdeutung** eines fehlerhaften Verwaltungsakts ist nur unter den Voraussetzungen des **§ 47 VwVfG** zulässig; eine gerichtliche Umdeutung eines Verwaltungsakts scheidet u.a. wegen des hiermit verbundenen Eingriffs in den Ermessensspielraum der Verwaltungsbehörde entgegen der Rspr. des *BVerwG* aus[810].

2. Die materielle Rechtmäßigkeit

275 (a) Voraussetzung für die materielle Rechtmäßigkeit des Verwaltungsakts (nach einer anderen Auffassung für die formelle Rechtmäßigkeit) ist die Einhaltung des in § 37 I LVwVfG und den entsprechenden Regelungen der Länder ausgesprochene rechtsstaatliche **Gebot der Bestimmtheit von Verwaltungsakten**. Ein Verwaltungsakt muss danach erkennen lassen, **welche Behörde ihn erlassen hat, an wen er ge-**

---

807 S. auch *Pieroth/Schlink/Kniesel*, § 6, Rdnr. 26.
808 Vgl. hierzu näher *Kopp/Schenke*, VwGO, 13. Aufl. 2002, § 113, Rdnr. 54 ff u. 71 m.w.N.; s. auch *Schenke*, NVwZ 1988, 1 ff.
809 Zu § 46 VwVfG a.F. eingeh. M.w.N. *Schenke*, DÖV 1986, 305, 317 ff.
810 Eingehender hierzu *Schenke*, DVBl. 1987, 641 ff; für gerichtliche Umdeutung *BVerwG*, DVBl. 1984, 431.

richtet ist und welchen Inhalt er besitzt. Eine ausreichende inhaltliche Bestimmtheit ist nur dann gegeben, wenn der Verwaltungsakt als Grundlage einer Verwaltungsvollstreckung dienen kann, ohne dass es noch weiterer Konkretisierungen bedarf[811]. Unzulässig sind demnach etwa Verwaltungsakte, die den Adressaten verpflichten, „den polizeigemäßen Zustand einer Sache herzustellen", „die erforderlichen Instandsetzungsarbeiten vorzunehmen"[812] oder „den Nachbarn nicht in seiner Ruhe zu stören"[813]. An einer ausreichenden Bestimmtheit fehlt es auch, wenn dem Eigentümer eines bissigen Hundes aufgegeben wird, diesen innerhalb der geschlossenen Ortslage an der Leine zu führen[814]. Für die inhaltliche Bestimmtheit **genügt** es dagegen, **wenn das von der Behörde verfolgte Ziel in dem Verwaltungsakt genannt ist** (z.B. Herabsetzung des Geräuschpegels an einer bestimmten Stelle auf eine genau bezeichnete Lautstärke). Die Angabe des Mittels zur Erreichung des Ziels ist nicht erforderlich[815]. Gleichfalls nicht durch den Bestimmtheitsgrundsatz geboten ist die Angabe der Grundlage eines Verwaltungsakts oder die nähere Bezeichnung seiner Rechtsnatur[816]. Ein unbestimmter Verwaltungsakt kann auch nicht in einen zulässigen Rahmenbefehl umgedeutet werden[817].

(b) Der polizeiliche Verwaltungsakt muss eine **Rechtsgrundlage in einer Spezialermächtigung oder in der Generalklausel** haben. Soweit die Generalklausel einschlägig ist, muss geprüft werden, **276**

aa) ob die **öffentliche Sicherheit oder Ordnung** möglicherweise betroffen ist;

bb) ob sich diese mögliche Betroffenheit bereits zu einer **konkreten Gefahr oder sogar zu einer Störung verdichtet hat**;

(c) das **Entschließungsermessen muss fehlerfrei ausgeübt worden sein**; **277**

(d) der polizeiliche Verwaltungsakt muss **an den richtigen Adressaten gerichtet sein**. Dabei ist zu beachten, dass sich der Verwaltungsakt in erster Linie an den Störer (Verhaltens- oder Zustandsstörer) zu richten hat. Eine Inanspruchnahme eines Nichtstörers ist nur ausnahmsweise unter sehr eingeschränkten Voraussetzungen zulässig; **278**

(e) die **Entscheidung über das Wie des Handelns muss** (von Bedeutung vornehmlich, wenn mehrere Störer gegeben sind) **ermessensfehlerfrei erfolgen**; **279**

(f) der Verwaltungsakt darf **nicht gegen sonstiges Recht verstoßen**. Zu beachten sind dabei insbesondere die rechtlichen Begrenzungen, die sich aus dem Übermaß- **280**

---

811 So z.B. *Drews/Wacke/Vogel/Martens*, § 25, 6c.
812 *PreußOVGE* 79, 140, 142.
813 Als hinreichend bestimmt angesehen wird durch *VGH BW*, NVwZ 1998, 764, 766, der Begriff des „ruhestörenden Lärms", da insoweit auf § 117 OWiG zurückgegriffen werden kann.
814 *OVG NW*, NVwZ 1988, 659.
815 Vgl. *BVerwGE*, 31, 15, 18; *VGH BW*, VBl. BW 1982, 97 ff; a.A. *BayVGH*, BayVBl. 1967, 171 f; *OVG NW*, NWVBl. 1993, 154, 155.
816 Vgl. *VGH BW*, NVwZ 1989, 163.
817 Von der Zulässigkeit eines solchen Rahmenbefehls ging *OVG Hamb*, MDR 1958, 61 f, aus.

II *Polizei- und Ordnungsrecht*

verbot (Grundsatz der Geeignetheit des Eingriffs, Grundsatz des geringsten Eingriffs und dem Grundsatz der Verhältnismäßigkeit im engeren Sinn) sowie den Grundrechten ergeben.

III. Die Zwangsmittel zur Durchsetzung polizeilicher Verwaltungsakte

1. Allgemeines

281 Die in einem Verwaltungsakt enthaltenen, der Gefahrenabwehr dienenden Gebote und Verbote können bei ihrer Nichtbeachtung durch die Polizei- bzw. Ordnungsbehörde **zwangsweise durchgesetzt werden**. Die Vollstreckung solcher Verwaltungsakte richtet sich z.T. nach den allgemeinen für die Verwaltungsvollstreckung des Bundes[818] und der Länder geltenden Regelungen; z.T. finden sich aber auch in den Landespolizei- und Ordnungsgesetzen Spezialvorschriften für die zwangsweise Durchsetzung von der Gefahrenabwehr dienenden Verwaltungsakten durch die Polizei- und Ordnungsbehörden[819] und wird ausdrücklich darauf verwiesen, welche allgemeinen vollstreckungsrechtlichen Vorschriften auf die Vollstreckung von polizeilichen Verwaltungsakten zur Anwendung kommen (s. § 57 I RhPfPOG). Diese Gesetze sehen für die Vollstreckung von Verwaltungsakten, die auf ein Handeln, Dulden oder Unterlassen gerichtet sind (abweichend von der Vollstreckung wegen Geldforderungen, die in diesem Zusammenhang in der Regel nicht relevant wird) als **Zwangsmittel die Ersatzvornahme, das Zwangsgeld und die Anwendung unmittelbaren Zwangs vor.**

2. Die Rechtmäßigkeitsvoraussetzungen für die Anwendung der Zwangsmittel

282 Voraussetzungen für die Anwendung der erwähnten Verwaltungszwangsmittel durch die zuständigen Polizei- und Ordnungsbehörden sind grundsätzlich:

283 (a) Es muss ein **wirksamer Verwaltungsakt ergangen sein**[820], der auf die Vornahme einer Handlung, Duldung oder Unterlassung gerichtet ist[821]. Die Rechtmäßigkeit des Grundverwaltungsakts ist vorbehaltlich abweichender vollstreckungsrechtlicher Regelungen (vgl. Rdnr. 289) hingegen grundsätzlich keine Voraussetzung für die Rechtmäßigkeit der Zwangsmittel. Das Verwaltungsvollstreckungsrecht wird

---

818 VwVG und UZwG, soweit es sich um die Akte von Bundespolizeibehörden handelt.
819 So in den §§ 49 f BWPolG; Art. 53 ff BayPAG; §§ 53 ff BrandPolG; §§ 40 ff, 86 BremPolG; §§ 17 ff HambSOG; §§ 44 ff HessSOG; §§ 79 ff MVSOG; §§ 64 ff NdsGefAG; §§ 55 ff NWPolG; §§ 57 ff RhPfPOG; §§ 44 ff SaarlPolG; §§ 53 ff SachsAnhSOG; §§ 30 ff SächsPolG, § 9 I 2 Sächs-SWEG; §§ 51 ff ThürPAG; §§ 28 ff MEPolG; § 19 BGSG; s. auch §§ 228 ff SchlHVwG.
820 Zur unmittelbaren Ausführung und zum Sofortvollzug, bei denen dieses Erfordernis entfällt, s. unter 3.
821 § 18 BWVwVG; Art. 53 I BayPAG; § 5 II BerlVwVfG i.V.m. § 6 I VwVG; § 53 I BrandPolG; § 11 BremVwVG; § 14 HambVwVG; § 47 I HessSOG; § 79 I MVSOG; § 64 I NdsGefAG; § 50 I NWPolG; § 50 RhPfPOG; § 44 I SaarlPolG; § 53 I SachsAnhSOG; § 228 SchlHVwG; § 51 I ThürPAG; § 28 I MEPolG; § 6 I VwVG; § 55 SaarlPVG spricht nur von polizeilichen Verfügungen.

vielmehr von dem Grundsatz beherrscht, dass **Rechtsfehler des Grundverwaltungsakts unbeachtlich** sind[822], soweit sie nicht zu dessen Nichtigkeit führen oder der Verwaltungsakt auf Grund der Rechtswidrigkeit aufgehoben wurde. Die von *Knemeyer*[823] vertretene gegenteilige Auffassung, dergemäß die Rechtswidrigkeit des vollstreckten vollzugspolizeilichen Verwaltungsakts wegen einer hier bestehenden Konnexität auch zu der von vollzugspolizeilichen Verwaltungszwangsmitteln führen soll, findet im Wortlaut der einschlägigen Vorschriften (s. z.B. § 28 MEPolG) keine ausreichende Stütze. Sie ist auch damit nicht vereinbar, dass von ihm bezüglich anderer Polizeibehörden (Ordnungsbehörden, Sicherheitsbehörden) anerkannt wird, dass die Rechtmäßigkeit bei den von diesen erlassenen Verwaltungsakten ohne Bedeutung für die Rechtmäßigkeit von Vollstreckungsakten ist, obwohl auch hier ein Interesse an einer sofortigen Vollziehung des Verwaltungsakts bestehen kann. Abzulehnen ist selbst die in Bezug auf die Bejahung einer Konnexität weniger weitreichende Ansicht[824], derzufolge wenigstens dann, wenn ein noch nicht bestandskräftiger, sofort vollziehbarer Verwaltungsakt vollstreckt wird, seine Rechtswidrigkeit im Rahmen der Anfechtung von Vollstreckungsakten geltend gemacht werden kann. Ihr ist entgegenzuhalten, dass Vollstreckungsgesetze schon von ihrem Wortlaut her keine Ansatzpunkte für eine unterschiedliche Behandlung von bestandskräftigen und sofort vollziehbaren Verwaltungsakten bieten[825]. Da es dem Vollstreckungsschuldner unbenommen bleibt, durch Anfechtung des rechtswidrigen Grundverwaltungsakts dessen Aufhebung gem. § 113 I 1 VwGO herbeizuführen und damit die Rechtswidrigkeit von Vollstreckungsakten zu bewirken, die in einer vereinfachten Weise entsprechend § 113 IV VwGO[826] zugleich mit der Anfechtung des Grundverwaltungsakts prozessual geltend gemacht werden kann, sprechen auch die Rechtsschutzgarantie und die rechtsstaatlichen Grundsätze der Verhältnismäßigkeit und der Gesetzmäßigkeit der Verwaltung nicht, wie von der Gegenansicht behauptet, gegen die hier vertretene Lösung. Selbst wenn man aber eine (auch nur partielle) Konnexität zwischen der Rechtmäßigkeit des Grundverwaltungsakts und der von Vollstreckungsakten bejahte, müsste auf jeden Fall davon ausgegangen werden, dass der Betroffene, der es ver-

---

822 Vgl. näher *Schenke/Baumeister*, NVwZ 1993, 1, 2 ff; ebenso *Brenneisen*, DÖV 2000, 275, 282; ferner *Gornig/Jahn*, 264; *Mussmann*, BW, Rdnr. 479; *Pietzner*, VerwArch. Bd. 84 (1993), 261, 268; *Poscher*, VerwArch. Bd. 89 (1998), 111, 121; *R. Schmidt*, S. 275; *Selmer/Gersdorf*, Verwaltungsvollstreckungsverfahren, 1996, 34 ff; *Wehser*, VR 2001, 340, 341, *Weiß*, DÖV 2001, 275, 280 ff; *Werner*, JA 2000, 902, 903; *BVerfG*, NVwZ 1999, 290, 292; *OVG NW*, NVwZ 2001, 231; *HessVGH*, NVwZ-RR 1995, 118 f.
823 Vgl. *Knemeyer*, Rdnr. 358.
824 So aber *Götz*, Rdnr. 382; *Heckmann*, VBl. BW 1993, 41, 42 ff; *Möller/Wilhelm*, S. 114; krit. *Kopp/Schenke*, VwGO, 13. Aufl. 2002, § 167, Rdnr. 19.
825 Nicht überzeugend auch die Argumentation von *Heckmann*, VBl. BW 1993, 44, demzufolge die Rechtmäßigkeit des nicht bestandskräftigen, sofort vollziehbaren Grundverwaltungsakts „zwar nicht Vollstreckungsvoraussetzung, jedoch Rechtmäßigkeitsvoraussetzung für den Vollstreckungsakt" sein soll. Auch die von ihm gezogene Parallele zur Differenzierung zwischen Primär- und Sekundärebene bei Inanspruchnahme eines Anscheinsstörers ist angesichts der positivgesetzlichen vollstreckungsrechtlichen Regelungen nicht beweiskräftig. Lehnt man, wie hier vertreten, selbst beim Anscheinsstörer (s. Rdnr. 165 ff) eine solche Unterscheidung ab, hilft die Parallele schon aus diesem Grund nicht weiter bzw. spricht eher für die im Text vertretene Ansicht.
826 Dazu näher *Schenke*, Verwaltungsprozeßrecht, 8. Aufl. 2002, Rdnr. 502h.

säumte, gegen den rechtswidrigen polizeilichen Verwaltungsakt fristgerecht vorzugehen, mit entsprechenden Einwendungen gegen den Grundverwaltungsakt im Rahmen der Anfechtung von Vollstreckungsakten ausgeschlossen ist. Andernfalls würde das Institut der formellen Bestandskraft von Verwaltungsakten ausgehöhlt.

284 Nicht zu folgen ist auch dem *VGH BW*[827], der in einem Fall, bei dem sich die zu vollstreckende Grundverfügung nach seiner Ansicht bereits erledigte (Platzverweis), bevor die Rechtsmittelfrist verstrichen war und nun erst ein (auf Kostenersatz für die Anwendung eines Zwangsmittels gerichteter) Leistungsbescheid erlassen wurde, die Geltendmachung von Einwendungen gegen den Grundverwaltungsakt auch gegenüber dem Leistungsbescheid zulassen wollte. Es ist nicht einzusehen, inwieweit die Erledigung des zu vollstreckenden Verwaltungsakts eine sonst nicht gegebene Verbindung zwischen seiner Rechtmäßigkeit und der von Vollstreckungsakten herstellen soll. Gründe der Prozessökonomie können den hier fehlenden materiellrechtlichen Zusammenhang schon aus systematischen Gründen nicht konstituieren. Vor allem verkennt der *VGH BW*, dass in dem von ihm behandelten Fall in Wahrheit gar **keine Erledigung des Grundverwaltungsakts** vorlag, da von dieser nur dann ausgegangen werden kann, wenn die Aufhebung des Grundverwaltungsakts sinnlos ist[828]. Hier besteht aber an der Aufhebung des Verwaltungsakts – ähnlich wie dort, wo ein Vollzugsfolgenbeseitigungsanspruch in Betracht kommt – im Hinblick auf die auf seiner Basis ergangenen noch nicht bestandskräftigen Vollstreckungsakte sehr wohl auch ein Interesse. Für die Richtigkeit dieser Lösung spricht auch die Behandlung der gleich gelagerten zivilprozessualen Probleme[829].

285 Zweifelhaft ist, inwieweit Gründe, die erst nachträglich die Rechtswidrigkeit des vollstreckbaren Verwaltungsakts[830] begründen und im Rahmen einer gegen diesen gerichteten Anfechtungsklage nicht mehr zu berücksichtigen sind, wenigstens im Rahmen der Anfechtungsklage gegen die Vollstreckungsakte geltend gemacht werden können. Das wird z.T. unter Hinweis auf den Rechtsgedanken des § 767 II ZPO befürwortet[831], vermag aber deshalb nicht zu überzeugen, da, ebenso wie die ursprüngliche Rechtswidrigkeit eines Verwaltungsakts der Rechtmäßigkeit des Vollstreckungsakts nicht entgegen steht, entsprechendes **auch für die nachträgliche Rechtswidrigkeit** zu gelten hat. Auch hier wird diese Tatbestandswirkung des Grundverwaltungsakts dadurch nahe gelegt, dass das Vollstreckungsverfahren nicht mit der (für die Vollstreckungsbehörde oft nur schwer zu beurteilenden) Frage der Rechtmäßigkeit des Grundverwaltungsakts belastet werden soll. Die (angesichts der Unterschiede zwischen zivilprozessualer Vollstreckung und Verwaltungsvollstre-

---

827 Vgl. *VGH BW*, VBl. BW 1986, 299, 303; zust. *Heckmann*, VBl. BW 1993, 41, 42 Fn. 10;s. auch *Enders*, NVwZ 2000, 1232, 1236; a.A. *VGH BW*, VBl. BW 1993, 298, 300; *Kopp/Schenke*, VwGO, 13. Aufl. 2002, § 113, Rdnr. 99 und 102.
828 Vgl. hierzu *Schenke*, FS Menger, 1985, S. 461 ff.
829 Vgl. hierzu *Zöller*, ZPO, 23. Aufl. 2002, § 91a, Rdnr. 5.
830 Vgl. zum Rechtswidrigwerden von Verwaltungsakten näher *Schenke/Baumeister*, JuS 1991, 547 ff m.w.N.
831 So *VGH BW*, VBl. BW 1983, 142, 143; a.A. *HessVGH*, Deutscher Gemeindetag 1972, 391, 392; *Schenke/Baumeister*, NVwZ 1993, 1, 3 ff; *Kopp/Schenke*, VwGO, 13. Aufl. 2002, § 167, Rdnr. 19.

ckung) ohnehin problematische Analogie zu § 767 II ZPO spräche davon abgesehen eher für die Geltendmachung von Einwendungen gegen den Titel (Verwaltungsakt) als gegen die Zulässigkeit von Einwendungen gegen einzelne Vollstreckungsakte. Deshalb kann hier der Vollstreckungsschuldner nur durch die Erhebung einer verwaltungsgerichtlichen Verpflichtungsklage[832] auf die verwaltungsbehördliche Aufhebung des nachträglich rechtswidrig gewordenen Verwaltungsakts hinwirken und damit die Rechtswidrigkeit der auf den Verwaltungsakt gestützten Vollstreckungsakte herbeiführen.

(b) Der Verwaltungsakt muss **unanfechtbar oder kraft Gesetzes (vgl. § 80 II 1 Nr. 1-3 VwGO) oder kraft behördlicher Anordnung (§ 80 II 1 Nr. 4 VwGO) sofort vollziehbar sein**[833]. Von besonderer Bedeutung ist in diesem Zusammenhang, dass gem. § 80 II 1 Nr. 2 VwGO bei unaufschiebbaren Anordnungen und Maßnahmen von Polizeivollzugsbeamten die aufschiebende Wirkung entfällt. Wegen der Funktionsgleichheit von Verkehrszeichen mit unaufschiebbaren Anordnungen der Polizeivollzugsbeamten ist **§ 80 II 1 Nr. 2 VwGO analog auf Verkehrszeichen** anwendbar (vgl. näher Rdnr. 112)[834].

286

(c) Das von der Behörde angestrebte konkrete Zwangsmittel muß **grundsätzlich vorher angedroht**[835] und dem Vollstreckungsschuldner dabei eine **angemessene**[836] **Frist** für die Erfüllung seiner Verpflichtung **eingeräumt werden**[837]. Die Frist muss ausreichend bestimmt sein. Die Aufforderung die Handlung unverzüglich vorzuneh-

287

---

832 Zum Rechtsschutz bei nach formeller Bestandskraft entstandenen Einwendungen gegen den zu vollstreckenden Anspruch s. *Schenke*, Verwaltungsprozeßrecht, 8. Aufl. 2002, Rdnr. 367, 369; *ders.*, VerwArch. Bd. 61 (1970), 260 ff, 342 ff. Er ist über eine verwaltungsgerichtliche Feststellungsklage (falls der im Verwaltungsakt festgesetzte Anspruch erloschen ist) oder über eine auf Rücknahme des Verwaltungsakts gerichtete Verpflichtungsklage geltend zu machen, soweit die Aufrechterhaltung des Verwaltungsakts – wegen nach Bestandskraft entstandener Einwendungen – rechtswidrig wurde (s. *OVG NW*, DÖV 1976, 673 ff).
833 § 2 BWVwVG; Art. 53 I 2. HS BayPAG; § 5 II BerlVwVfG i.V.m. § 6 I VwVG; § 53 I BrandPolG; § 11 I 2 BremVwVG; § 18 I HambVwVG; § 47 I HessSOG; § 80 I MVSOG; § 64 I NdsGefAG; § 50 I NWPolG; § 50 I RhPfPOG; § 44 I SaarlPolG; § 53 I SachsAnhSOG; § 2 Nr. 2 SächsVwVG; § 229 I SchlHVwG; § 51 I ThürPAG; § 28 I MEPolG; § 6 I VwVG.
834 Vgl. *BVerwG*, NJW 1978, 656 f; *BVerwG*, DÖV 1988, 694 f; *Jahn*, NZV 1990, 377.
835 § 20 I BWVwVG und § 52 II BWPolG; Art. 54 II BayPAG; § 5 II BerlVwVfG i.V.m. § 13 I VwVG; § 59 I BrandPolG; § 17 BremVwVG; § 20 HambVwVG; § 15 II HambVwVG; §§ 48 II, 53 I HessSOG; § 87 MVSOG; § 65 II NdsGefAG; § 51 II NWPolG; § 51 II RhPfPOG; § 45 II SaarlPolG; § 59 SachsAnhSOG; § 20 SächsVwVG; § 236 SchlHVwG; § 57 ThürPAG; § 29 II MEPolG; § 13 I VwVG. Z.T. wird dabei Schriftlichkeit verlangt, vgl. z.B. § 20 I BWVwVG; schwächer § 59 I 1 BrandPolG; § 53 I 2 HessSOG; § 56 I 1 RhPfPOG; § 50 I 1 SaarlPolG und § 34 I 1 MEPolG: „möglichst schriftlich anzudrohen". Weitergehend § 23 VI BrandVwVG, § 56 VI RhPfPOG und § 59 VI SachsAnhSOG: „ist zuzustellen". Soweit durch eine Androhung eines Zwangsmittels dessen Zweck unmöglich gemacht wird (z.B. gewaltsame Befreiung von Geiseln), wird man, sofern hier der Gesetzgeber wegen besonderer Umstände (vgl. § 52 II BWPolG) nicht von der Androhung befreit, die entsprechenden Vorschriften teleologisch zu reduzieren haben (vgl. *Krey/Meyer*, ZRP 1973, 1, 4).
836 Vgl. hierzu in Verbindung mit einer zu kurz bemessenen Frist für den Abbruch eines Gebäudes *BVerwGE* 16, 289 ff, 17, 83 ff.
837 Nach § 34 I 2 MEPolG bedarf es aber keiner Fristsetzung, wenn eine Duldung oder Unterlassung erzwungen werden soll; ebenso § 59 I 2 2. HS. BrandPolG; § 87 II 2 MVSOG; § 56 I 1 2. HS RhPfPOG; § 20 I 3 SächsVwVG; § 57 I 1 2. HS ThürPAG.

II *Polizei- und Ordnungsrecht*

men, ist nicht ausreichend bestimmt und daher unwirksam[838]. Die Androhung kann mit dem zu vollstreckenden Verwaltungsakt verbunden werden. Nach § 34 II 2 MEPolG (und etwa § 59 II 2 BrandPolG) soll sie mit ihm verbunden werden, wenn ein Rechtsmittel keine aufschiebende Wirkung hat. Soweit es um die Androhung von Zwangsgeld geht, ist dies in einer bestimmten Höhe anzudrohen[839]; bei Androhung der Ersatzvornahme sollen die voraussichtlichen Kosten angegeben werden[840]. Bei der Androhung unmittelbaren Zwangs wird es von der Rspr. nicht für notwendig gehalten, dessen konkrete Anwendungsform (z.B. Wasserwerfer, Schlagstock, Tränengas) vorher anzudrohen[841]. Soweit die Polizei aber ein ganz bestimmtes Zwangsmittel androht, muss sie sich bei der Zwangsanwendung hieran halten[842].

288 Da die Androhung grundsätzlich eine Voraussetzung für eine weitere Durchführung des Vollstreckungsverfahrens darstellt, beinhaltet sie eine **rechtsverbindliche Regelung und ist sohin als Verwaltungsakt zu qualifizieren**[843]. Rechtswidrig ist eine Androhung, welche nicht die gesetzlich geforderte Fristsetzung enthält[844] oder eine zu kurze Frist einräumt; ferner ist es rechtswidrig, wenn ein unzulässiges Zwangsmittel angedroht wird[845]. Problematisch ist die Androhung von Zwangsmitteln „auf Vorrat", d.h. die gleichzeitige Androhung mehrerer oder gar unbestimmt vieler Zwangsmittel. Teilweise ist die gleichzeitige Androhung mehrerer Zwangsmittel ausdrücklich untersagt[846]; wo sie zugelassen ist[847], muss jedenfalls eine genau feststehende Anzahl bestimmter Zwangsmittel unter Angabe der Reihenfolge der Anwendung festgelegt werden[848]. Betrifft der zu vollstreckende Verwaltungsakt eine Unterlassungspflicht, so ist die Androhung von Zwangsgeld „für jeden Fall der Zuwiderhand-

---

838 *Wehser*, VR 2001, 340, 344; *VGH BW*, NVwZ-RR 1995, 506 ff; *OVG MV*, NVwZ-RR 1997, 762.
839 § 20 IV BWVwVG; Art. 59 V BayPAG; § 5 II BerlVwVfG i.V.m. § 13 V VwVG; § 59 V BrandPolG; § 17 IV BremVwVG; § 53 V HessSOG; § 87 V MVSOG; § 70 V NdsGefAG; § 56 V NW-PolG; § 56 V RhPfPOG; § 50 V SaarlPolG; § 59 V SachsAnhSOG; § 20 IV SächsVwVG; § 236 V SchlHVwG; § 57 V ThürPAG; § 34 V MEPolG; § 13 V VwVG; dies dürfte entsprechend auch in Hamburg gelten.
840 § 20 V BWVwVG; Art. 59 IV BayPAG; § 5 II BerlVwVfG i.V.m. § 13 IV VwVG; § 59 VI BrandPolG; § 17 V BremVwVG; § 53 IV HessSOG; § 87 VI MVSOG; § 70 IV NdsGefAG; § 56 IV NW-PolG; § 56 IV RhPfPOG; § 50 IV SaarlPolG; § 59 IV SachsAnhSOG; § 20 V SächsVwVG; § 57 IV ThürPAG; § 34 IV MEPolG; § 13 IV VwVG; dies dürfte entsprechend auch in Hamburg gelten.
841 *BGH*, MDR 1975, 1006; offen gelassen nunmehr vom *OVG NW*, NVwZ-RR 1991, 242.
842 *Rachor*, in: L/D, F, Rdnr. 807 leitet aus dem Bestimmtheitsgebot zusätzlich die Pflicht zur vorherigen Benennung der bei Anwendung unmittelbaren Zwangs möglicherweise einzusetzenden Hilfsmittel und Waffen ab.
843 *VGH BW*, ESVGH 24, 105, 107.
844 *HessVGH*, NVwZ 1982, 514 ff.
845 *Hans*, JURA 1985, 431, 435.
846 § 13 III 2 VwVG; Art. 36 III BayVwVG; § 13 III BerlVwVG; vgl. auch § 71 II HessVwVG.
847 § 20 III 2 BWVwVG; Art. 38 III BayPAG; § 59 III BrandPolG; § 53 III HessSOG; § 87 IV 2 MVSOG; § 70 III NdsGefAG; § 56 III NWPolG; § 63 III NWVwVG; § 56 III 2 RhPfPOG; § 50 III SaarlPolG; § 20 III SächsVwVG; § 236 IV SchlHVwG; § 57 III 2 ThürPAG; vgl. auch § 34 III 2 MEPolG.
848 *VGH BW*, VBl. BW 1982, 97, 99; vgl. § 87 IV 2 MVSOG; § 70 II 2 NdsGefAG; § 50 III 2 SaarlPolG; § 20 III 2 SächsVwVG; § 236 IV 2 SchlHVwG; § 56 III 2 RhPfPOG; § 57 III 2 ThürPAG.

lung" ebenfalls unzulässig[849]. Ein derartiges Zwangsmittel, welches dem in § 890 ZPO vorgesehenen Ordnungsgeld gleichen würde, hat wegen der repressiven Anknüpfung jeweils an die konkrete Zuwiderhandlung zumindest auch sühnenden oder strafenden Charakter[850] und stellt deshalb ein in den Verwaltungsvollstreckungsgesetzen nicht vorgesehenes[851] und deshalb unzulässiges Zwangsmittel dar[852]. Soweit der Vollstreckung eines Verwaltungsakts Rechte Dritter im Wege stehen, ist die Androhung als erster Akt der Vollstreckung (anders als der zu vollstreckende Verwaltungsakt[853]) ohne vorhergehenden Erlass einer Duldungsverfügung gegenüber dem Dritten rechtswidrig. Ebenso ist von einer Rechtswidrigkeit der Androhung auszugehen, wenn die voraussichtlichen Kosten einer Ersatzvornahme durch die Polizei- bzw. Ordnungsbehörde in vorwerfbarer Weise unrichtig angegeben werden[854]. Der Umstand, dass sich im Nachhinein die Kosten der Ersatzvornahme als höher erweisen, als zunächst veranschlagt wurde, macht die Androhung aber allein noch nicht rechtswidrig (vgl. § 87 VI 2 MVSOG). Stellt die Behörde nach einer in nicht vorwerfbarer Weise zu niedrig erfolgten Kostenveranschlagung später fest, dass die Ersatzvornahme höhere Kosten verursachte, so trifft sie – soweit dies die Effektivität der Gefahrenbekämpfung nicht einschränkt – jedoch grundsätzlich die Pflicht, den Vollstreckungsschuldner auf die höheren Kosten hinzuweisen[855].

Als Verwaltungsakt kann die Androhung eines Vollstreckungsmittels – anders als etwa die Androhung des Erlasses des zu vollstreckenden Verwaltungsakts, die nur einen unverbindlichen Hinweis darstellt – selbstständig angefochten werden. Da die Rechtmäßigkeit des zu vollstreckenden Verwaltungsakts grundsätzlich keine Voraussetzung für die Rechtmäßigkeit von Vollstreckungsakten ist (vgl. oben Rdnr. 283), können allerdings Einwendungen, die sich gegen die **Rechtmäßigkeit des Grundverwaltungsakts** richten, **nicht** im Rahmen der **Anfechtung der Androhung** geltend gemacht werden[856]. **289**

Von einer Androhung kann nach § 34 I 3 MEPolG und den insoweit im Wesentlichen übereinstimmenden anderen vollstreckungsrechtlichen Regelungen dann abgesehen werden, wenn die Umstände sie nicht zulassen[857], insbesondere die sofortige Anwendung des Zwangsmittels zur Abwendung einer Gefahr notwendig ist. **290**

---

849 Sehr streitig; wie hier *BVerwG*, NVwZ 1998, 393; *BayVGH*, NVwZ 1987, 512; *VGH BW*, VBl. BW 1982, 97 ff; *OVG Sachs-Anh*, DÖV 1995, 385; *Drews/Wacke/Vogel/Martens*, § 28, 5b; *Wehser*, VR 2001, 340, 344; a.A. *OVG NW*, OVGE 22, 141, 146 f; *Götz*, Rdnr. 387.
850 So zu § 890 ZPO *BVerfGE* 20, 323, 332; 58, 159, 162.
851 Anders noch etwa § 55 VI PrPVG.
852 Ähnlich *VGH BW*, VBl. BW 1982, 97, 99.
853 Vgl. oben Rdnr. 181 u. *Rasch*, DVBl. 1980, 1017, 1019 m.w.N.; *von Kalm*, DÖV 1996, 463, 466; *Wehser*, VR 2001, 340, 341; dagegen wohl erst für die Rechtswidrigkeit der Festsetzung *OVG NW*, BRS 24 Nr. 194; *Oldiges*, NW, S. 279.
854 *OVG Berl*, DVBl. 1981, 788.
855 *BVerwG*, DVBl. 1984, 1172, 1173.
856 Das gilt auch im Falle des § 18 I 3 VwVfG, der nur prozessrechtliche Bedeutung hat, vgl. *Pietzner*, VerwArch. Bd. 84 (1993), 268.
857 § 21 BWVwVG; Art. 59 I 3 BayPAG; § 59 I 3 BrandPolG; § 17 I 1 BremVwVG; § 53 I 4 HessSOG; § 87 I MVSOG; § 70 I 2 NdsGefAG; § 56 I 2 NWPolG; § 56 I 2 RhPfPOG; § 50 I 3 SaarlPolG; § 59 I 4 SachsAnhSOG; § 21 SächsVwVG; § 236 I 2 i.V.m. §§ 229 I Nr. 2, II, 230 SchlHVwVG; § 34 I 2 MEPolG; ähnlich § 5 II BerlVwVfG i.V.m. § 13 I 1 VwVG; § 13 I 1 VwVG.

II *Polizei- und Ordnungsrecht*

291 (d) Soweit in der Androhung eine Frist gesetzt wurde, muss die **Frist inzwischen abgelaufen sein**.

292 (e) Die Anwendung des Zwangsmittels ist nur insoweit rechtmäßig, als sie zur zwangsweisen Durchsetzung des zu vollstreckenden Verwaltungsakts erforderlich ist[858]. Auch im Übrigen muss sie mit den Grundsätzen des Übermaßverbots vereinbar sein. Dies bedeutet insbesondere, dass jenes Zwangsmittel anzuwenden ist, das den einzelnen am wenigsten beeinträchtigt, sowie dass der dem Vollstreckungsschuldner durch die Anwendung des Zwangsmittels entstehende Nachteil nicht außer Verhältnis zum Zweck der Vollstreckung stehen darf (s. z.B. § 19 II u. III BWVwVG und § 9 II VwVG).

293 (f) Es müssen die jeweiligen Voraussetzungen für die Anwendung des ins Auge gefassten Zwangsmittels gegeben sein (s. dazu unter Rdnrn. 294 ff).

a) Die Ersatzvornahme

294 Die Ersatzvornahme[859] kommt **nur bei einer Verpflichtung zur Vornahme einer vertretbaren Handlung** in Betracht; sie scheidet naturgemäß bezüglich Duldungen oder Unterlassungen aus. Eine vertretbare Handlung ist im Übrigen dann anzunehmen, wenn die zuständige Behörde oder ein Dritter zu ihrer Vornahme befugt ist und es für den Berechtigten rechtlich und tatsächlich gleich bleibt, ob der Pflichtige oder ein anderer die Handlung vornimmt[860]. Die Ersatzvornahme kann nach den einschlägigen Vorschriften meist sowohl **durch die Behörde selbst (Selbstvornahme)** als auch durch einen von **dieser beauftragten Dritten (Fremdvornahme)** vorgenommen werden[861]. Teilweise wird der Begriff der Ersatzvornahme jedoch auf die Fremdvornahme beschränkt[862]. Mitunter ist in den Vollstreckungsgesetzen (so etwa in § 14 VwVG; § 64 NWVwVG) vorgesehen, dass der Ausführung der Ersatzvornahme grundsätzlich eine Festsetzung voranzugehen hat. Hier ist in dieser Festsetzung, die eine Voraussetzung für die Rechtmäßigkeit der Ersatzvornahme darstellt, ein Verwaltungsakt zu sehen. In den meisten Bundesländern (so z.B. in Baden-Württemberg) ist

---

858 Prinzipiell unzulässig ist deshalb die Verbringung in eine andere Gemeinde zur Durchsetzung eines Platzverweises, s. *Hans*, JURA 1985, 431, 436.
859 § 25 BWVwG; Art. 55 BayPAG; § 5 II BerlVwVfG i.V.m. § 10 VwVG; § 55 BrandPolG; § 15 BremVwVG; § 14 lit. a HambVwVG; § 49 HessSOG; § 89 MVSOG; § 66 NdsGefAG; § 52 NW-PolG; § 52 RhPfPOG; § 46 SaarlPolG; § 24 SächsVwVG; § 238 SchlHVwG; § 53 ThürPAG; § 30 MEPolG; § 10 VwVG.
860 Ähnlich *Rasch*, § 30 MEPolG, Rdnr. 1.
861 So z.B. § 25 BWVwVG; Art. 55 I 1 BayPAG; § 55 I 1 BrandPolG; § 49 I 1 HessSOG; § 89 I MV-SOG; § 66 I NdsGefAG; § 52 I 1 NWPolG; § 46 I 1 SaarlPolG; § 24 I SächsVwVG; § 238 I SchlHVwG; § 53 I ThürPAG; § 30 I MEPolG. Die Abgrenzung zwischen der Ersatzvornahme in der Form der Selbstvornahme und der Anwendung unmittelbaren Zwangs kann dabei Schwierigkeiten bereiten. Eine Selbstvornahme ist dann gegeben, wenn die Behörde eine dem Pflichtigen obliegende vertretbare Handlung an dessen Stelle vornimmt (z.B. Abbruch eines Gebäudes), unmittelbarer Zwang liegt hingegen vor, wenn die Behörde durch ihre Tätigkeit den Vollststreckungsschuldner zu einem weiteren Verhalten, insbesondere zu einer unvertretbaren Handlung, einer Unterlassung oder Duldung zwingen will (z.B. Einsatz von Wasserwerfern zur Auflösung einer Versammlung), vgl. *Maurer*, AllgVerwR, 14. Aufl. 2002, § 20, Rdnr. 18; *Rachor*, in: L/D, F, Rdnr. 778 f.
862 So etwa § 10 VwVG; die Selbstvornahme wird dann als ein Fall der Anwendung unmittelbaren Zwangs bewertet.

eine Festsetzung der Ersatzvornahme vor ihrer Ausführung nicht vorgeschrieben. Wird sie dennoch vorgenommen, so fehlt es, selbst wenn sie dem Vollstreckungsschuldner mitgeteilt wird, an dem für die Annahme eines Verwaltungsaktes erforderlichen Regelungseffekt[863]. **Keinen Verwaltungsakt dürfte, entgegen der h.M., auch die Ersatzvornahme selbst darstellen**[864]. Auch bei ihr mangelt es an dem für das Vorliegen eines Verwaltungsaktes essenziellen Regelungseffekt; sie stellt vielmehr grundsätzlich nur einen Realakt dar. Da heute Rechtsschutz nicht nur gegenüber Verwaltungsakten, sondern auch gegenüber Realakten verfassungsrechtlich gewährleistet ist, besteht kein Bedürfnis mehr, die Ersatzvornahme als einen auf Duldung gerichteten Verwaltungsakt zu konstruieren. Der Rechtsschutz gegenüber der rechtswidrigen Ersatzvornahme ist vielmehr über die allgemeine Leistungsklage bzw. – soweit die Ersatzvornahme nicht mehr rückgängig gemacht werden kann – durch eine auf Feststellung der Nichtberechtigung der Polizei zur Ersatzvornahme gerichtete Feststellungsklage gem. § 43 VwGO zu realisieren[865]. **Um einen Verwaltungsakt handelt es sich allerdings bei der Anforderung der Kosten der Ersatzvornahme.** Die Berechtigung zum Erlass eines solchen Verwaltungsakts ergibt sich konkludent aus den Vorschriften, die die Beitreibung der Kosten im Verwaltungszwangsverfahren vorsehen. Der Umstand, dass die Kosten der Ersatzvornahme höher als veranschlagt ausfallen, führt jedenfalls dann nicht zur Rechtswidrigkeit der Kostenfestsetzung, wenn diese Erhöhung nicht voraussehbar war.

Die Ersatzvornahme stellt sich, auch wenn sie (bei der Fremdvornahme) durch einen Privaten getätigt wird, als ein dem Polizeiträger zurechenbares, dem § 839 BGB i.V.m. Art. 34 GG unterfallendes hoheitliches Handeln eines Verwaltungshelfers dar, obschon das Rechtsverhältnis zwischen dem Träger der Polizeibehörde und dem zum Zwecke der Fremdvornahme eingesetzten Privaten (z.B. einem Abschleppunternehmer) regelmäßig privatrechtlicher Natur ist[866]. Durch die Heranziehung Privater, derer sich die Polizei bei der Fremdvornahme bedient (z.B. beim Verwahren oder Abschleppen eines Kfz, s. oben Rdnrn. 110 ff), vermag sich diese nicht der im Verhältnis zum Privatrecht weiter reichenden öffentlichrechtlichen Haftung zu entziehen[867]. So-

---

863 A.A. *VGH BW*, VBl. BW 1980, 325; wie hier dagegen *Werner Schneider*, VwVG für Bad-Württ, 1974, § 25, Rdnr. 3. Erfolgt sie allerdings in Form eines Verwaltungsakts mit Rechtsmittelbelehrung, so liegt ein (wenn auch rechtswidriger) Verwaltungsakt vor (vgl. *Schenke*, VerwArch. Bd. 72 (1981), 185, 194; s. zu einer ähnlichen Problematik auch *RhPfOVG*, DVBl. 1984, 1185 f).
864 So wohl auch *Mussmann*, in: Belz/Mussmann, BWPolG, § 8, Rdnr. 2; *BVerwG*, DÖV 1964, 171.
865 Vgl. hierzu *Schenke*, JURA 1980, 133, 145 sowie *ders.*, Verwaltungsprozeßrecht, Rdnr. 337.
866 Bezüglich letzterem a.A. *Burmeister*, JuS 1989, 256 ff, der hier von einem durch einen Verwaltungsakt auf Zustimmung begründeten Rechtsverhältnis ausgeht, damit aber die verschiedenen Rechtsbeziehungen nicht ausreichend trennt und zu wenig beachtet, dass sich die hoheitliche Rechtsnatur der Fremdvornahme unmittelbar aus den vollstreckungsrechtlichen Regeln ergibt. Auch sonst hindert im Übrigen die privatrechtliche Ausgestaltung eines Rechtsverhältnisses zwischen dem Staat und dem für ihn Handelnden (z.B. bei einem Angestellten im öffentlichen Dienst) nicht, die Tätigkeit des letzteren im Verhältnis zum Bürger als öffentlichrechtlich zu qualifizieren.
867 So nunmehr auch *BGH*, JZ 1993, 1001 ff m. Anm. *Würtenberger; Detterbeck*, JuS 2000, 574, 575; die Rspr weiterführend und auch auf die Leistungsverwaltung erweiternd *BGH*, NJW 1996, 2431 f und dazu *Meysen*, JuS 1998, 404 ff. Diese Haftung setzt danach nicht mehr voraus, dass es sich bei dem Privaten nur um ein „Werkzeug" handelt; sie schließt zugleich eine Schadensersatzverpflichtung des Privaten, wie auch sonst nach § 839 BGB i.V.m. Art. 34 GG, aus.

II *Polizei- und Ordnungsrecht*

weit der Verwaltungsrechtsträger das Unternehmen nicht sorgfältig ausgesucht bzw. überwacht hat, liegt ohnehin bereits eine Amtspflichtswidrigkeit vor[868].

b) Das Zwangsgeld

296 Im Gegensatz zur Ersatzvornahme dient das **Zwangsgeld**[869] **der Durchsetzung unvertretbarer Verpflichtungen des Vollstreckungsschuldners**. Es ist **daneben aber auch zur Erzwingung vertretbarer Verpflichtungen grundsätzlich zulässig**; allerdings wird hier seine Anwendung in einigen Verwaltungsvollstreckungsgesetzen eingeschränkt (s. z.B. § 11 I 2 VwVG: Zwangsgeld darf nur festgesetzt werden, wenn die Ersatzvornahme untunlich ist, insbesondere wenn der Pflichtige außer Stande ist, die Kosten zu tragen, die aus der Ausführung durch einen anderen entstehen). Die Höhe des zulässigerweise festsetzbaren Zwangsgelds ist in den einzelnen Vollstreckungsgesetzen unterschiedlich normiert. Das Zwangsgeld stellt **keine Geldstrafe, sondern ein Beugemittel** dar. Seinem Charakter als Beugemittel entspricht es, dass ein Zwangsgeld dann nicht mehr festgesetzt und beigetrieben werden kann, wenn das Verhalten, auf dessen Erzwingung es gerichtet ist, inzwischen vorgenommen wurde oder es z.B. den Gegenstand eines befristeten Gebots oder Verbots bildete und die Frist inzwischen verstrichen ist[870]. Z.T. ist dies in Übereinstimmung mit § 31 III 2 MEPolG sogar ausdrücklich geregelt[871]. Als Beugemittel kann das Zwangsgeld auch mehrfach festgesetzt werden. Vorbehaltlich abweichender gesetzlicher Regelungen wie § 13 VI 2 VwVfG kann auch ohne vorherige Beitreibung eines zunächst festgesetzten Zwangsgeldes ein Zwangsgeld (nach vorheriger Androhung) erneut festgesetzt werden[872].

297 Die Festsetzung des Zwangsgelds ist, soweit sie neben der Androhung des Zwangsgelds gesetzlich vorgesehen ist[873], als Verwaltungsakt zu qualifizieren. Einwendungen gegen den zu vollstreckenden Verwaltungsakt wie auch gegen die Androhung können, insbesondere wenn diese vorangegangenen Akte bestandskräftig sind, nicht im Rahmen der Anfechtung des Zwangsgelds geltend gemacht werden. Die Zwangsgeldfestsetzung ist nach den Grundsätzen, welche für die Vollstreckung von Geldforderungen gelten (s. z.B. §§ 1 ff VwVG), vollstreckbar. **Bei Uneinbringlichkeit der**

---

868 *Wehser*, VR 2001, 340, 342.
869 § 23 BWVwVG; Art. 56 BayPAG; § 5 II BerlVwVfG i.V.m. § 11 VwVG; § 56 BrandPolG; § 14 BremVwVG; § 20 HambVwVG; § 50 HessSOG; § 88 MVSOG; § 67 NdsGefAG; § 53 NWPolG; § 53 RhPfPOG; § 47 SaarlPolG; § 56 SachsAnhSOG; § 22 SächsVwVG; § 237 SchlHVwG; § 54 ThürPAG; § 31 MEPolG; § 11 VwVG.
870 Vgl. *Götz*, Rdnr. 401; *Wehser*, VR 2001, 340, 346; *VGH BW*, DÖV 1996, 792 f; *OVG MV*, NVwZ-RR 1997, 762; grds. *Dünchheim*, NVwZ 1996, 117 ff; a.A. *OVG NW*, NVwZ-RR 1992, 517; *OVG Sachs-Anh*, DÖV 1996, 926 f; sowie bei einem zeitlich befristeten Gebot bzw. Verbot *Würtenberger/Heckmann/Riggert*, BW, Rdnr. 754 m.w.N. Nach *HessVGH*, NVwZ-RR 1995, 118 f ist die Beitreibung des Zwangsgelds hingegen noch zulässig, da mit der Zwangsgeldfestsetzung bereits die Vollstreckung des polizeilichen Verwaltungsakts beendet sei.
871 Vgl. Art. 56 III 2 BayPAG; § 56 III BrandPolG § 50 III 2 HessSOG; § 67 II 2 NdsGefAG; § 53 III 2 NWPolG; § 53 III 2 RhPfPOG; § 56 III 2 SachsAnhSOG; § 54 III 2 ThürPAG.
872 A.A. *Rasch*, § 34 MEPolG, Rdnr. 11.
873 Anders in Rheinland-Pfalz, vgl. *RhPfOVG*, DVBl. 1984, 1185 f.

Der polizeiliche Verwaltungsakt **II J**

Geldforderung kann auf Antrag der Vollstreckungsbehörde nach näherer Maßgabe der gesetzlichen Regelungen **Ersatzzwangshaft angeordnet werden**. Der zulässige Rahmen ist im Einzelnen unterschiedlich gesetzlich geregelt. Für die Anordnung der Ersatzzwangshaft sind z.T. die Verwaltungsgerichte[874], mitunter aber auch die Amtsgerichte[875] zuständig.

c) Die Anwendung unmittelbaren Zwangs

Unter unmittelbarem Zwang[876] versteht man die **Einwirkung auf Personen oder Sachen durch einfache körperliche Gewalt, Hilfsmittel körperlicher Gewalt oder Waffengebrauch**[877]. Unmittelbarer Zwang[878] kommt dabei durch die Polizei nicht nur zur Durchsetzung polizeilicher, der Gefahrenabwehr dienender Verwaltungsakte in Betracht; die Polizei kann vielmehr **im Rahmen der Vollzugshilfe** (s. oben Rdnrn. 217 ff) **auch auf Ersuchen anderer Behörden** zur Durchsetzung der von diesen getroffenen Maßnahmen unmittelbaren Zwangs anwenden, wenn die anderen Behörden nicht über die hierzu erforderlichen Dienstkräfte verfügen oder ihre Maßnahmen nicht auf andere Weise selbst durchsetzen können (§ 25 I MEPolG).

298

Nähere Regelungen über die Anwendung unmittelbaren Zwangs finden sich in den Polizei- und Ordnungsgesetzen, in den Gesetzen über die Anwendung unmittelbaren Zwangs[879] und in den Verwaltungsvollstreckungsgesetzen (vgl. z.B. § 12 VwVG). Die Anwendung unmittelbaren Zwangs, die **sowohl zur Durchsetzung vertretbarer wie auch unvertretbarer Verpflichtungen in Betracht** kommt, ist – wie bereits durch das Übermaßverbot verfassungsrechtlich vorgegeben – **Ultima Ratio** und daher gegenüber den anderen Zwangsmitteln der Ersatzvornahme und des Zwangsgelds **subsidiär**. Das wird in den einschlägigen gesetzlichen Bestimmungen mit Unter-

299

---

874 So z.B. § 24 I BWVwVG; Art. 57 I BayPAG; § 5 II BerlVwVfG i.V.m. § 16 I VwVG; § 20 III BremVwVG; § 25 I HambVwVG; § 51 I 1 HessSOG; § 91 I 1 MVSOG; § 54 I NWPolG; § 54 I RhPfPOG; § 48 I 1 SaarlPolG; § 240 I 1 SchlHVwG; § 55 I ThürPAG; § 32 I MEPolG; § 16 I VwVG.
875 § 68 I NdsGefAG; vgl. auch § 57 II SachsAnhSOG.
876 S. hierzu §§ 49 II, 50-54 BWPolG; Art. 52, 60-69 BayPAG; BerlUZwG; §§ 58, 60-69 BrandPolG; §§ 40-47 BremPolG; §§ 17-26 HambSOG; §§ 52, 54-63 HessSOG; §§ 90, 101-113 MVSOG; §§ 69, 71-79 NdsGefAG; §§ 55, 57-66 NWPolG; §§ 55, 57-66a RhPfPOG; §§ 49, 51-58 SaarlPolG; § 58 SachsAnhSOG; §§ 30-34 SächsPolG; §§ 239, 250-261 SchlHVwG; §§ 56, 58-67 ThürPolG; § 33 MEPolG; § 12 VwVG, UZwG.
877 Vgl. § 50 BWPolG; Art. 61 I BayPAG; § 2 I BerlUZwG; § 61 I BrandPolG; § 41 I BremPolG; § 18 I HambSOG; § 55 I HessSOG; § 102 I Nr. 3 MVSOG; § 69 I NdsGefAG; § 58 I NWPolG; § 58 I RhPfPOG; § 49 II SaarlPolG; § 58 I SachsAnhSOG; § 31 I SächsPolG; § 251 SchlHVwG; § 59 I ThürPAG; § 2 I UZwG.
878 Auch bei ihm dürfte es sich entgegen der h.M. nicht um einen Verwaltungsakt (so aber z.B. *BVerwGE* 26, 161, 164) handeln (wie hier z.B. *Maurer*, AllgVerwR, 14. Aufl. 2002, § 20, Rdnr. 24; *Rasch*, DVBl. 1980, 1017, 1022; *Renck*, JuS 1970, 113 ff; *Schoch*, JuS 1995, 218; *Wolff/Bachof*, Verwaltungsrecht III, 4. Aufl. 1978, § 160, Rdnr. 31). Den Knüppeleinsatz der Polizei als Verwaltungsakt auf Duldung (so *BVerwGE* 26, 161, 164) anzusehen, erscheint reichlich gekünstelt ist im Hinblick auf die hier bestehende Möglichkeit des Rechtsschutzes über § 43 VwGO (s. *Schenke*, Verwaltungsprozeßrecht, 8. Aufl. 2002, Rdnr. 337) auch unter Rechtsschutzgesichtspunkten entbehrlich.
879 Vgl. BerlUZwG; UZwG.

II *Polizei- und Ordnungsrecht*

schieden im Detail festgelegt (vgl. z.B. § 12 VwVG und § 33 I 1 MEPolG). Soweit unmittelbarer Zwang gegen Personen oder Sachen in Betracht kommt, ist der in der Regel zu einer schwerwiegenderen Rechtsbeeinträchtigung führende unmittelbare Zwang gegen Personen nur dann zulässig, wenn der polizeiliche Zweck durch unmittelbaren Zwang gegen Sachen nicht erreichbar erscheint (so z.B. ausdrücklich § 52 I 2 BWPolG). Die Anwendung unmittelbaren Zwangs zur Erzwingung einer Aussage ist ausgeschlossen (§ 35 I BWPolG; Art. 58 II BayPAG; § 15 IV BrandPolG; § 13 IV BremPolG; § 52 II HessSOG; § 12 IV 2 NdsGefAG; § 55 II NWPolG; 18 VIII SächsPolG; § 17 IV ThürPAG; ebenso unter Verweisung auf § 136a StPO § 18 VI BerlASOG sowie § 3 III HambDVPolG; § 28 II 2 MVSOG; § 12 IV RhPfPOG; § 11 I 3 SaarPolG; § 14 V SachsAnhSOG § 180 II 2 SchlHVwG). **Ausgeschlossen ist damit insbesondere die Erzwingung einer Aussage durch Folter**, was sich im Übrigen aber schon aus Art. 3 EMRK ergibt (s. auch Art. 104 I 2 GG).

Bezüglich der Formen des unmittelbaren Zwangs (z.B. Fesselung, Schusswaffengebrauch) finden sich detaillierte Regelungen in den §§ 36 ff MEPolG und den entsprechenden anderen gesetzlichen Regelungen. Die Bestimmung der Mittel des unmittelbaren Zwanges, insbesondere die der zulässigen Waffe, in gesetzesgleich wirkenden Verwaltungsvorschriften (so z.B. § 50 II BWPolG i.V.m. dem Erlass des Innenministeriums über erkennungsdienstliche Maßnahmen und über die Anwendung unmittelbaren Zwangs – UZwErl. – v. 13.05.1969 – GABl. 350 –, z.g.d. Erl. v. 12.11.1991 – GABl. 1166) begegnet demgegenüber im Hinblick auf den grundrechtlichen Gesetzesvorbehalt (Art. 2 II 3 GG) erheblichen verfassungsrechtlichen Zweifeln[880]. Der Schusswaffengebrauch ist gem. § 41 IV MEPolG[881] im Übrigen unzulässig, wenn für den Polizeibeamten erkennbar Unbeteiligte mit hoher Wahrscheinlichkeit gefährdet werden, es sei denn, dass der Schusswaffengebrauch das einzige Mittel zur Abwehr einer gegenwärtigen Lebensgefahr ist. Soweit diese Vorschrift beachtet wird, steht selbst dann, wenn es auf Grund eines unglücklichen Zufalls im Einzelfall zur Verletzung Unbeteiligter kommt, dies der Rechtmäßigkeit des Schusswaffeneinsatzes nicht im Wege[882].

300 Sehr umstritten ist die Zulässigkeit des sog. finalen Todesschusses[883]. Seine Problematik stellt sich insbesondere im Zusammenhang mit Geiselnahmen. § 41 II 2 MEPolG trifft nunmehr eine ausdrückliche Regelung. Danach ist ein Schuss, der mit an Sicherheit grenzender Wahrscheinlichkeit tödlich wirkt, **nur zulässig, wenn er das einzige Mittel zur Abwehr einer gegenwärtigen Lebensgefahr oder der gegenwärtigen Gefahr einer schwerwiegenden Verletzung der körperlichen Unversehrtheit ist** (ebenso § 54 II BWPolG; Art. 66 II BayPAG; 66 II BrandPolG; § 46 II

---

880 Vgl. hierzu m.w.N. *Rasch*, § 36 MEPolG, Rdnr. 5.
881 So oder ähnlich auch § 53 II BWPolG; Art. 66 IV BayPAG; §§ 66 VI, 68 I BrandPolG; § 46 IV BremPolG; § 24 II 2 HambSOG; § 60 IV 1 HessSOG; § 108 IV MVSOG; § 76 IV NdsGefAG; § 63 IV NWPolG; § 63 IV RhPfPOG; § 56 II 1 SaarlPolG; § 65 IV SachsAnhSOG; § 33 II SächsPolG; §§ 257 ff SchlHVwG; § 64 IV ThürPAG; § 12 II 2 UZwG.
882 S. hierzu *Schenke*, VBl. BW 1988, 194, 195.
883 Zum Schusswaffengebrauch s. näher *Sundermann*, Schußwaffengebrauch im Polizeirecht, 1984; *Beisel*, JA 1998, 721 ff.

2 BremPolG; § 63 II 2 RhPfPOG; § 65 II 2 SachsAnhSOG und § 64 II 2 ThürPAG). Unter dem Aspekt des Art. 102 GG (Verbot der Todesstrafe) erweckt diese Regelung keine Bedenken, da ein der Gefahrenabwehr dienender Todesschuss einen gänzlich anderen Rechtscharakter als eine Kriminalstrafe aufweist. Auch wenn demnach ein finaler Todesschuss zulässig ist, kann angesichts des sich hier stellenden mehrdimensionalen Abwägungsproblems allerdings in der Regel nicht von einer Verpflichtung zu seiner Abgabe ausgegangen werden[884].

In anderen Polizeigesetzen ist der Todesschuss nicht expressis verbis geregelt, vielmehr nur vorgesehen, dass Schusswaffen gegen Personen nur gebraucht werden dürfen, um sie **angriffs- oder fluchtunfähig** zu machen[885]. Diese Vorschriften legen von ihrem Wortlaut her den Ausschluss des Todesschusses nahe. Von einer Angriffs- oder Fluchtunfähigkeit kann nur in Bezug auf einen Lebenden gesprochen werden. Zudem gewinnt die Formulierung „nur angriffs- oder fluchtunfähig" lediglich dadurch einen Sinn, dass hierdurch eine Einschränkung des Schusswaffengebrauchs bewirkt werden und somit der Todesschuss ausgeschlossen werden soll. Deshalb ist ein Todesschuss hier selbst dann unzulässig, wenn er die einzige Möglichkeit darstellt, um eine Person „angriffsunfähig" zu machen[886]. Das ist nicht zuletzt auch aus dem Vorbehalt des Gesetzes[887] abzuleiten, da der Gesetzgeber bei einer so schwerwiegenden Maßnahme wie einem Todesschuss dessen Zulässigkeit in **eindeutiger und unmissverständlicher Weise zum Ausdruck** bringen muss und die Entscheidung dieser Rechtsfrage nicht mittels einer sibyllinischen Formel der Polizei auflasten darf[888].

301

Soweit keine ausdrückliche Regelung existiert, die die Begründung polizeilicher Befugnisse unter Rückgriff auf die zivil- und strafrechtlichen Vorschriften über Notwehr und Notstand ausschließt (so § 8 III SaarlPolG), besteht keine Einigkeit in der Beantwortung der Frage, inwieweit die Anwendung unmittelbaren Zwangs, insbesondere des Schusswaffengebrauchs, ggf. unter Rückgriff auf die allgemeinen Rechtfertigungsgründe, insbesondere die Notwehr- und Notstandsregelungen, legitimiert werden kann. Einzelne Polizeigesetze[889] bestimmen insoweit: „Das Recht zum Gebrauch von Schusswaffen auf Grund anderer gesetzlicher Vorschriften bleibt unberührt". Eine unbesehene **Übernahme der Rechtfertigungsgründe über Notwehr**

302

---

884 Treffend *Weßlau/Kutscha*, ZRP 1990, 169 ff; a.A. *Sundermann*, NJW 1988, 3192, 3193.
885 S. § 9 II 1 BerlUZwG; § 46 II BremPolG; § 24 II 1 HambSOG; § 60 II HessSOG; § 109 I MVSOG; § 76 II NdsGefAG; § 63 II NWPolG; § 57 I 1 SaarlPolG; § 258 I SchlHVwG; § 12 II 1 UZwG.
886 Ebenso *Denninger*, Hess. S. 347 f; *Gloria/Dischke*, NWVBl. 1989, 37, 41 f; *R. Krüger*, NJW 1973, 1, 2; *Rasch*, § 41 MEPolG, Rdnr. 4; *Weichert*, VBl. BW 1991, 249, 250; a.A. *Drews/Wacke/Vogel/Martens*, § 28, 8b; *Götz*, Rdnr. 411 f; *Lerche*, FS v.d. Heydte 1977, S. 1033 ff; *Riegel*, ZRP 1978, 73 ff; *Roewer*, NWVBl. 1989, 366 f; *Schöne/Klaes*, DÖV 1996, 992 ff; *Wolff/Bachof*, Verwaltungsrecht III, 4. Aufl. 1978, § 160, Rdnr. 22. *Merten*, FS Doehring, 1989, S. 579, 604, plädiert hier für eine eindeutige Regelung, damit der Polizeieinsatz nicht in „Extremsituationen zu einem polizeirechtlichen Seminar entartet".
887 S. auch *Pieroth/Schlink/Kniesel*, § 20, Rdnr. 19 f; *Rachor*, in: L/D, F, Rdnr. 889; *Seebode*, StrV 1991, 80, 85.
888 Näher zur Problematik des Todesschusses *Merten*, FS Doehring, 1989, S. 579 ff; *Schenke*, VBl. BW 1988, 194 ff sowie *Weichert*, VBl. BW 1991, 249, bezogen auf die insoweit gleich gelagerte Problematik nach §§ 39, 40 BWPolG a.F.
889 § 54 IV BWPolG; § 8 III BerlUZwG; § 10 III UZwG.

und Notstand[890] als Rechtsgrundlage für das polizeiliche Handeln kann m.E. auf diese Weise nicht begründet werden[891]. Bei ihr würden nämlich nicht nur die einschränkenden Voraussetzungen, an welche die Anwendung unmittelbaren Zwangs bzw. der Schusswaffengebrauch in den vollstreckungsrechtlichen Regelungen geknüpft ist, weitgehend obsolet gemacht, auf diese Weise müsste auch der verfassungsrechtliche Grundsatz des Übermaßverbots, vornehmlich das Prinzip der Verhältnismäßigkeit, ausgehöhlt werden, dessen Beachtung insbesondere durch § 32 StGB nicht in dem durch die Verfassung für das Verhältnis Staat-Bürger vorgeschriebenen Maß gewährleistet ist (s. auch Rdnr. 23). Die Verweisung auf das Recht zum Gebrauch von Schusswaffen auf Grund anderer gesetzlicher Bestimmungen kann daher verfassungskonform nur so interpretiert werden, dass durch diese Regelung klargestellt werden soll, dass die zivilrechtliche und die strafrechtliche (anders aber eine disziplinarrechtliche) **Verantwortung** des z.B. unter den Voraussetzungen der Notwehr (und zwar auch der Nothilfe[892]) oder des Notstands **handelnden Polizeibeamten ausgeschlossen** ist[893]. Die insoweit einschlägigen Regelungen aus dem BGB und StGB außer Kraft zu setzen, besäßen die Länder im Übrigen ohnehin keine Kompetenz. Ob ein Polizeibeamter von dem ihm als Privatem zustehenden Rechtfertigungsgrund Gebrauch macht, obliegt seiner persönlichen Entscheidung. Eine Anweisung durch den Vorgesetzten, hiervon Gebrauch zu machen, ist ausgeschlossen; ebenso scheidet insoweit eine staatliche Haftung aus[894].

303 Keine Rechtsgrundlage für einen polizeilichen Todesschuss lässt sich aus einem ungeschriebenen Notrecht des Staates ableiten (vgl. oben Rdnr. 24).

3. Unmittelbare Ausführung und Sofortvollzug

304 Ersatzvornahme und unmittelbarer Zwang können **ausnahmsweise auch ohne den vorhergehenden Erlass eines vollstreckbaren Verwaltungsaktes und ohne Einhaltung der oben unter 2 (a)-(d) genannten Voraussetzungen im Wege der unmittelbaren Ausführung bzw. des Sofortvollzugs angewandt werden**[895]. Gem.

---

890 Auf sie verweisen ausdrücklich Art. 60 II BayPAG; § 40 IV BremPolG; § 25 III HambSOG; § 54 II HessSOG; § 101 II MVSOG; § 71 II NdsGefAG; § 57 II NWPolG; § 57 II RhPfPOG; § 250 II SchlHVwG; § 58 II ThürPAG; § 35 II MEPolG.
891 Ebenso *Amelung*, NJW 1977, 833 ff u. *ders.*, JuS 1986, 329 ff; *Götz*, Rdnr. 414; *Gornig/Jahn*, 78 f; *Heise/Riegel*, Allg. Begr., Rdnr. 3.44 m.w.N.; *Kirchhof*, in: Merten, Aktuelle Probleme des Polizeirechts, Schriftenreihe der Hochschule Speyer Bd. 64, 1977, 67, 77; *Würtenberger*, Rdnr. 348; a.A. *Schwabe*, Die Notrechtsvorbehalte des Polizeirechts, 1979, 37 ff.
892 *Würtenberger*, Rdnr. 348 m.w.N.
893 *Beisel*, JA 1998, 721, 723.
894 S. auch *Gusy*, Rdnr. 178. Da der Bezugspunkt für das Rechtswidrigkeitsurteil ein anderer ist, je nachdem, ob man dieses auf den Staat oder den Polizeibeamten bezieht, beinhaltet die hier vertretene Lösung auch keinen Verzicht auf ein einheitliches Rechtswidrigkeitsurteil (a.A. *Würtenberger*, Rdnr. 348).
895 Dazu näher *Hormann*, Die Anwendung von Verwaltungszwang unter Abweichung vom Regelvollstreckungsverfahren, 1988; *Kästner*, JuS 1994, 361 ff.

§ 5a MEPolG[896] ist die Polizei befugt, eine Maßnahme selbst oder durch einen Beauftragten unmittelbar auszuführen, wenn der Zweck der Maßnahme durch Inanspruchnahme des Störers nicht oder nicht rechtzeitig erreicht werden kann. Der von der Maßnahme Betroffene ist dann unverzüglich zu unterrichten. Daneben regelt § 28 II MEPolG[897] noch den sog. Sofortvollzug, nach dem Verwaltungszwang ohne vorhergehenden Verwaltungsakt angewandt werden kann, wenn das zur Abwehr einer Gefahr notwendig ist, insbesondere Maßnahmen gegen Personen nach den §§ 4-6 MEPolG nicht oder nicht rechtzeitig möglich sind oder keinen Erfolg versprechen, und die Polizei hierbei innerhalb ihrer Befugnisse handelt. Da keine Bedenken dagegen bestünden, unmittelbare Ausführung und Sofortvollzug gleich zu behandeln[898] [899], bedürfte es Vorschriften über die unmittelbare Ausführung neben denen über den Sofortvollzug nicht. Bei Schaffung des die unmittelbare Ausführung regelnden § 5a MEPolG wurde aber offensichtlich davon ausgegangen, dass der im 4. Abschnitt des MEPolG (Abschnittsüberschrift „Zwang") angesprochene Sofortvollzug im Hinblick auf seinen systematischen Zusammenhang mit dort statuierten verwaltungsvollstreckungsrechtlichen Regeln nur solche polizeilichen Maßnahmen zum Gegenstand habe, mit welchen der Betroffene nicht einverstanden ist oder die jedenfalls seinem mutmaßlichen Willen widersprechen[900]. Auf der Basis des MEPolG und der diesem folgenden gesetzlichen Regelungen (wie Art. 9 I BayPAG und Art. 53 II BayPAG) ist der Anwendungsbereich von unmittelbarer Ausführung und Sofortvollzug folglich so abzugrenzen, dass dort, wo es um die Brechung eines (auch mutmaßlichen) entgegenstehenden Willens des Betroffenen geht, Sofortvollzug vorliegt, im Übrigen aber eine unmittelbare Ausführung gegeben ist (so z.B. bei der polizeilichen Rettung eines um sein Leben kämpfenden Ertrinkenden)[901]. Soweit die landesrechtlichen Regelungen (wie etwa § 8 I BWPolG) keine Unterscheidung zwischen unmittelbarer Ausführung und Sofortvollzug kennen, sind hier die Begriffe der unmittelbaren Ausführung

---

896 Ebenso § 8 I BWPolG; Art. 9 I BayPAG; § 53 II BrandPolG; § 15 I BerlASOG; § 71 HambSOG; § 8 I HessSOG; § 70a MVSOG; § 6 I RhPfPOG; § 6 I SächsPolG; § 9 SachsAnhSOG; § 12 I ThürOBG; § 9 I ThürPAG.
897 Ebenso oder ähnlich § 6 II VwVG; Art. 53 II BayPAG; § 5 II BerlVwVfG i.V.m. § 6 II VwVG; § 47 II HessSOG; § 81 I MVSOG; § 64 II NdsGefAG; § 50 II 1 NWPolG; § 44 II SaarlPolG; § 53 II SachsAnhSOG; § 230 SchlHLVwG.
898 S. *Gusy*, Rdnr. 351; *Rasch*, § 28 MEPolG, Rdnr. 8 u. ausführl. *Leinius*, Anwendung von Zwangsmitteln ohne vorausgehenden Verwaltungsakt (sofortiger Vollzug und unmittelbare Ausführung), 1976, S. 91 ff.
899 S. § 44 I 2 PrPVG: „Die unmittelbare Ausführung einer polizeilichen Maßnahme steht dem Erlass einer polizeilichen Verfügung gleich".
900 S. *Heise/Riegel*, Begr. zu § 5a, 38; a.A. *Kugelmann*, DÖV 1997, 153, 157, der m.E. aber nicht ausreichend zwischen der (maßgeblichen) Frage trennt, ob der Betroffene den hypothetischen Grundverwaltungsakt befolgen würde, und jener, ob die tatsächliche Durchführungshandlung seinem Willen entspricht.
901 So nunmehr auch *Denninger*, in: L/D, E, Rdnr. 145; *Knemeyer*, Rdnr. 359. Nach *Pieroth/Schlink/ Kniesel*, § 20, Rdnr. 42 soll die unmittelbare Ausführung nur die Fälle der Abwesenheit des Handlungspflichtigen betreffen. Diese ist aber genau so in den Fällen des Sofortvollzugs gegeben. Für nicht möglich gehalten wird eine sinnvolle Abgrenzung von unmittelbarer Ausführung und Sofortvollzug durch *Wehser*, LKV 2001, 293 ff.

II *Polizei- und Ordnungsrecht*

bzw. des Sofortvollzugs in einem umfassenden Sinn zu verstehen, der das durch § 5a MEPolG und § 28 II MEPolG umfasste Spektrum voll abdeckt[902].

305 Sofortiger Vollzug wie unmittelbare Ausführung dürfen **nicht mit der Anwendung unmittelbaren Zwangs gleichgesetzt werden**, bei der es sich um ein Zwangsmittel zur Durchsetzung eines erlassenen Verwaltungsaktes handelt (vgl. Rdnr. 298 ff). **Nicht verwechselt werden dürfen Sofortvollzug bzw. unmittelbare Ausführung ferner mit der Anordnung der sofortigen Vollziehung eines Verwaltungsakts** gem. § 80 II 1 Nr. 4 VwGO, die eine Voraussetzung für die zwangsweise Durchsetzung eines (noch nicht bestandskräftigen und nicht dem § 80 II 1 Nr. 1-3 VwGO unterfallenden) Verwaltungsakts darstellt (vgl. Rdnr. 286).

306 Bezüglich der unmittelbaren Ausführung wie auch des Sofortvollzugs wird im Übrigen vielfach angenommen[903], dass hier der zu vollstreckende Verwaltungsakt, die Androhung des Zwangsmittels, die Fristsetzung sowie die Festsetzung und Anwendung des Zwangsmittels in einem Akt zusammenfallen. Diese Annahme beruht auf einer **Fiktion**, die heute – anders als dies für die frühere Regelung des § 44 I 2 PrPVG zutraf – im **Wortlaut** der neueren Vorschriften über die unmittelbare Ausführung (vgl. z.B. § 5a MEPolG) und den Sofortvollzug (§ 28 II MEPolG) **keinerlei Stütze** findet, ja diesem sogar zuwiderläuft. Überdies nötigt sie zur Anerkennung **adressatsloser Verwaltungsakte**. Die Einwände gegen eine solche Konstruktion werden auch nicht erheblich gemindert, indem man die in § 5a I 2 MEPolG und in den entsprechenden Regelungen der Länder aufgestellte Pflicht, den von der Maßnahme Betroffenen nach der unmittelbaren Ausführung unverzüglich zu unterrichten, als Bekanntgabe des angeblich mit der unmittelbaren Ausführung gleichzeitig erlassenen Verwaltungsakts ansieht[904], damit aber zugleich immerhin konzediert, dass vor dieser Bekanntgabe von einem Verwaltungsakt noch gar keine Rede sein kann, da es an einem für dessen Vorliegen essenziellen Merkmal fehlt.

307 Entscheidend gegen die Fiktion, mit der unmittelbaren Ausführung sei zugleich der zu vollstreckende Verwaltungsakt verbunden worden, spricht aber vor allem, dass es dieser Konstruktion – die ursprünglich dazu diente, einen sonst nicht gegebenen Rechtsschutz gegen die unmittelbare Ausführung sicherzustellen – im Zeichen der Rechtsschutzgarantie des Art. 19 IV GG und der **verwaltungsgerichtlichen Generalklausel nicht mehr bedarf**. Sie ist damit sinnlos geworden, ja kompliziert den Rechtsschutz, indem sie die Beseitigung der sich aus der unmittelbaren Ausführung ergebenden Beeinträchtigung des Bürgers von der gleichzeitigen Anfechtung des fiktiven bzw. nachträglich konstruierten vollstreckten Verwaltungsakts abhängig macht. Da für die unmittelbare Ausführung einer Maßnahme u.a. all jene Voraussetzungen gegeben sein müssen, die für den rechtmäßigen Erlass des zu vollstreckenden Verwaltungsakts erforderlich sind, kann hingegen nach der hier vertretenen Konzeption das Fehlen solcher Rechtmäßigkeitsvoraussetzungen unmittelbar im Rahmen eines gerichtlichen Vorgehens gegen die unmittelbare Ausführung bzw. den Sofortvollzug geltend gemacht werden. Wenn man

---

902 Nicht überzeugend ist die Ansicht *Kugelmanns*, DÖV 1997, 153, 159, demzufolge es bei Rettungsmaßnahmen keiner Heranziehung des § 5a MEPolG bzw. entsprechender Bestimmungen bedürfe, wobei aber m.E. die kostenrechtlichen Konsequenzen des § 5a II MEPolG zu wenig beachtet werden; abzulehnen deshalb auch *Stephan*, VBl. BW 1985, 121, 123.
903 So z.B. *Rasch*, § 5a MEPolG, Rdnr. 4 m.w.N.; *OVG NW*, DVBl. 1973, 924, 925; a.A. wie hier *Drews/Wacke/Vogel/Martens*, § 25, 7b; *Kästner*, JuS 1994, 361, 363; *Schoch*, JuS 1995, 218 und (sehr instruktiv) vor allem *Pietzner*, VerwArch. Bd. 82 (1991), 291 ff.
904 So aber *OVG NW*, DVBl. 1973, 924 ff (Entfernung giftiger Substanzen aus einem Grundwassersee); krit. demgegenüber *Dietlein*, NWVBl. 1991, 81, 83 ff.

vom Fehlen eines vollstreckbaren Verwaltungsaktes ausgeht, besteht die Gefahr der Aushöhlung der Bestandskraft vorausgehender Verwaltungsakte ohnehin nicht.

Die unmittelbare Ausführung bzw. der Sofortvollzug kommen grundsätzlich dort in Betracht, wo es um die Durchsetzung vertretbarer Handlungen geht. Sie sind aber auch dann anwendbar, wenn ein Verwaltungsakt auf die Duldung von Maßnahmen gerichtet ist; sie stellen sich hier als ein Fall der Anwendung unmittelbaren Zwangs in Bezug auf eine Sache dar. Deshalb ist auch hinsichtlich polizeilicher Standardmaßnahmen, die den hierdurch Betroffenen zu einer Duldung verpflichten (vgl. oben Rdnr. 78), eine unmittelbare Ausführung statthaft[905].

Die unmittelbare Ausführung ist nicht nur gegenüber Störern, sondern auch gegenüber Nichtstörern zulässig[906]. Aus dem Umstand, dass § 5a MEPolG im Einklang mit seiner systematischen Stellung vorsieht, dass eine unmittelbare Ausführung subsidiär gegenüber einer unmittelbaren Inanspruchnahme des Störers ist, lässt sich nichts Gegenteiliges entnehmen, denn selbstverständlich hat eine unmittelbare Ausführung erst recht dann zurückzutreten, wenn sie gegenüber einem Nichtverantwortlichen getätigt wird. Auch die Kostenersatzregelung des § 5a II MEPolG macht bei einer Inanspruchnahme eines Nichtstörers sehr wohl Sinn. Bedenkt man, dass dort, wo eine Trennung von unmittelbarer Ausführung und Sofortvollzug nicht stattfindet, es sich ohnehin aus Gründen der Effizienz der Gefahrenabwehr als unumgänglich erweist, mit § 5a MEPolG fast wörtlich übereinstimmende Vorschriften so zu verstehen, dass sie auch Nichtstörer erfassen[907], so liegt es nahe, dasselbe auch für § 5a MEPolG anzunehmen und nicht generell auf § 28 II MEPolG zurückzugreifen[908], womit die sonst für die Abgrenzung von unmittelbarer Ausführung und Sofortvollzug geltenden Grundsätze durchbrochen würden. Dass eine Inanspruchnahme des Nichtstörers im Wege der unmittelbaren Ausführung nur zulässig ist, wenn der polizeiliche Zweck nicht durch eine an den Nichtstörer adressierte Verfügung erreicht werden kann, ergibt sich bereits aus dem Übermaßverbot[909].

308

Die Vorschriften über die unmittelbare Ausführung bzw. den Sofortvollzug spielen in der polizeilichen Praxis eine erhebliche Rolle, insbesondere **in Verbindung mit dem Abschleppen von verkehrswidrig geparkten Kraftfahrzeugen**[910]. Wird z.B. ein Kraftfahrzeug an einer zu engen Straßenstelle abgestellt und dadurch der Straßenverkehr behindert oder gar blockiert, so kann die Polizei nicht warten, bis der Fahrer, dessen Aufenthaltsort ihr unbekannt ist, zu seinem Kraftfahrzeug zurückkehrt, um ihn dann erst aufzufordern, sein Kraftfahrzeug wegzufahren. Sie muss hier vielmehr zu einer effektiven Gefahrenbekämpfung die Möglichkeit besitzen, das Fahrzeug im Wege der unmittelbaren Ausführung bzw. des Sofortvollzugs abschleppen zu lassen (vgl. Rdnr. 111 ff). Kein Fall der unmittelbaren Ausführung bzw. des Sofortvollzugs liegt allerdings dann vor, wenn ein Verkehrszeichen nicht beachtet wurde (vgl. Rdnr. 286).

309

---

905 So z.B. auch *BayVGH*, NVwZ 1990, 180 f; a.A. *Knemeyer*, Rdnr. 344; *Kugelmann*, DÖV 1997, 153, 158; *Perrey*, BayVBl. 2000, 609, 612.
906 Vgl. z.B. *Drews/Wacke/Vogel/Martens*, § 25, 7b; *Enders*, JURA 1998, 365, 368; *Rasch*, § 5a MEPolG, Rdnr. 7; teilw. a.A. *Kugelmann*, DÖV 1997, 153, 157.
907 Vgl. zu § 8 BWPolG z.B. *Wolf*, in: *Wolf/Stephan*, BWPolG, § 8, Rdnr. 27.
908 So aber *Kugelmann*, DÖV 1997, 153, 156.
909 *Gersdorf*, NVwZ 1995, 1086, 1088.
910 Vgl. hierzu *Kottmann*, DÖV 1983, 493 ff; *Steckert*, DVBl. 1971, 243 ff und eingehend *Schenke*, Rdnr. 710 ff.

IV. Die Bewehrung polizeilicher Verwaltungsakte

310 Die Nichtbeachtung polizeilicher Pflichten ist in den entsprechenden spezialgesetzlichen Normierungen überwiegend mit Strafe[911] oder Geldbuße[912] bedroht. Zur Effektuierung polizeilicher Verwaltungsakte ist darüber hinaus verschiedentlich vorgesehen, dass auch die Nichtbeachtung sofort vollziehbarer Verwaltungsakte mit Strafe[913] oder Geldbuße[914] geahndet werden kann[915]. Diese Bewehrung polizeilicher Verwaltungsakte knüpft in der Regel nicht an die Rechtmäßigkeit der polizeilichen Verwaltungsakte an, sondern nur an deren (ausgenommen bei Nichtigkeit) Tatbestandswirkung entfaltende Existenz[916]. Umstritten ist hierbei, ob mit der verwaltungsgerichtlichen Aufhebung des rechtswidrigen straf- bzw. bußgeldbewehrten Verwaltungsakts auch die Strafe bzw. Geldbuße entfällt. **Im Hinblick auf die Rückwirkung der verwaltungsgerichtlichen Aufhebung wird man dies entgegen der in der Rechtsprechung herrschenden Auffassung**[917] **anzunehmen haben.** Es scheint wenig überzeugend, wenn man hinsichtlich der Vollzugsfolgen eines rechtswidrigen Verwaltungsakts einen verfassungsrechtlich (durch die Grundrechte) garantierten Vollzugsfolgenbeseitigungsanspruch annimmt[918], zugleich aber die für den einzelnen weit gravierenderen strafrechtlichen Folgen durch die Aufhebung des Verwaltungsakts als nicht berührt ansieht[919]. Der von *Eyermann/Fröhler*[920] gegenüber der hier vertretenen Auffassung erhobene Vorwurf, sie habe die unmögliche Konsequenz, dass ihr zufolge ein Widerstand gegen die Staatsgewalt zur Durchsetzung des sofort vollziehbaren Verwaltungsakts ebenfalls straffrei bleiben müsste, wenn nachträglich der Verwaltungsakt als rechtswidrig aufgehoben wird, überzeugt nicht. Nichtbefolgung eines Verwaltungsakts und aktives Widerstandsleisten können nicht gleichgesetzt werden. Deshalb wird z.B. in § 113 StGB nicht etwa die Nichtbefolgung einer Anordnung des Vollstreckungsbeamten, sondern nur die Leistung[921] von Widerstand unter Strafe gestellt.

---

911 Vgl. z.B. §§ 74 f IfSG; §§ 148, 148a, b GewO; §§ 51, 52 LMBG.
912 Vgl. z.B. §§ 62, 62a BImSchG; § 73 IfSG; §§ 144-147a GewO; §§ 53, 54 LMBG.
913 Vgl. z.B. §§ 75 I Nr. 1 IfSG.
914 Vgl. z.B. § 73 I Nr. 6 IfSG; 62 I Nr. 3, 5-8 BImSchG; §§ 144 II Nr. 3, 145 I Nr. 3, 145 II Nr. 7, 146 I Nr. 1-2, 146 II Nr. 8, 147 I Nr. 1 und 2 GewO.
915 Vgl. hierzu ausführlich *Berg*, WiVerw. 1982, 169 ff; *Arnhold*, Die Strafbewehrung rechtswidriger Verwaltungsakte, 1978.
916 A.A. *Berg*, WiVerw. 1982, 169 ff; *Arnhold*, Die Strafbewehrung rechtswidriger Verwaltungsakte, 1978, passim; *BVerfG*, DVBl. 1993, 150 ff (zu § 29 I Nr. 2 VersG); *BVerfGE* 92, 191 (zu § 111 OwiG).
917 Vgl. z.B. *BGH*, NJW 1969, 2023 ff; *OLG Karlsruhe*, NJW 1978, 116 f; *OLG Hamburg*, NJW 1980, 1007 f; *BayObLG*, VRS 35, 195 ff; a.A. *OLG Frankfurt*, NJW 1967, 262.
918 Vgl. hierzu auch *Schenke*, in: Bonner Kommentar, GG, Art. 19 IV, Rdnr. 300 f.
919 Vgl. hierzu ausführlich *Schenke*, JR 1970, 449 ff.
920 *Eyermann/Fröhler*, VwGO, 9. Aufl. 1988, § 80, Rdnr. 53b und wohl auch *Eyermann/Schmidt*, 10. Aufl. 1998, § 80, Rdnr. 17
921 Vgl. *BGHSt*, 18, 133 ff; *Lackner/Kühl*, StGB, 24. Aufl. 2001, § 113, Rdnr. 5.

V. Erlaubnis und Dispens

Wichtige polizeiliche Verwaltungsakte stellen Erlaubnis- und Dispenserteilungen dar[922]. Insbesondere in polizeirechtlichen Sondergesetzen wie der GewO, dem BImSchG, dem GastG und den Landesbauordnungen sind Verbote mit Erlaubnisvorbehalt und Verbote mit Dispensmöglichkeiten vorgesehen. Beim Verbot mit Erlaubnisvorbehalt wie beim Verbot mit Dispensmöglichkeit wird die **Rechtmäßigkeit eines bestimmten Verhaltens von einer vorherigen behördlichen Zustimmung abhängig gemacht**, deren Erteilung z.T. an persönlichkeitsbezogene Voraussetzungen (wie Zuverlässigkeit, Sachkunde und ähnliches, so z.B. §§ 34c II, 57 GewO), z.T. an sachbezogene (so z.B. bei einer Baugenehmigung), mitunter aber auch an eine Kombination beider (so etwa bei der Gaststättenerlaubnis gem. §§ 3 f GastG oder der Konzession einer Privatkrankenanstalt gem. § 30 GewO) gebunden ist. Sowohl das Verbot mit Erlaubnisvorbehalt wie auch das Verbot mit Dispensmöglichkeit beinhalten damit eine **weitergehende Beschränkung als eine gesetzlich eingeräumte Erlaubnis mit Verbotsvorbehalt oder eine Anzeigepflicht mit Verbotsvorbehalt** (s. z.B. § 14 VersG). Während aber bei dem (präventiven) Verbot mit Erlaubnisvorbehalt ein prinzipiell zulässiges Verhalten nur zu Kontrollzwecken einer vorherigen Prüfung unterzogen wird, um die Unbedenklichkeit des Verhaltens festzustellen, kann bei dem (repressiven) Verbot mit Dispensmöglichkeit ein Verhalten, das grundsätzlich sozialschädlich ist, im Hinblick auf die Besonderheiten des Einzelfalls ausnahmsweise für zulässig erklärt werden. **Anders als der Dispens aktualisiert die Erlaubnis nur eine vorher schon latent vorhandene Berechtigung**, deren Ausübung lediglich aus Gründen der Prävention bis zur Erlaubniserteilung aufgeschoben wird. Dieser Umstand ist u.a. insofern bedeutsam, als bei einem Verbot mit Erlaubnisvorbehalt die Beseitigung der Folgen eines erlaubnisfähigen, aber formell nicht erlaubten Verhaltens grundsätzlich nicht verlangt werden kann. So dürfen beispielsweise die Baupolizeibehörden bei einem lediglich ohne Bauerlaubnis (Baugenehmigung) errichteten, aber bei Antrag zu genehmigenden Bau nicht den Abbruch des Baus anordnen[923]. Zulässig ist bei einer solchen formellen Illegalität hingegen die Untersagung einer genehmigungspflichtigen Nutzung.

Mit dem divergierenden Charakter von Verboten mit Erlaubnisvorbehalt und solchen mit Dispensmöglichkeit hängt die in beiden Fällen unterschiedliche Rechtsstellung des Betroffenen aufs engste zusammen. Soweit die Tatbestandsvoraussetzungen für die Erlaubniserteilung gegeben sind, besteht **in der Regel ein Rechtsanspruch auf die Erteilung der Erlaubnis**. Dies muss jedenfalls bei rein polizeirechtlichen Erlaubnissen gelten, die lediglich dem Schutz der öffentlichen Sicherheit oder Ordnung dienen[924]. Stellt sich hier das erlaubnispflichtige Verhalten nicht als polizeiwidrig dar, so hat, wie schon durch die Grundrechte vorgegeben, die zu-

---

922 Vgl. hierzu eingehender *Friauf*, JuS 1962, 422 ff; *Gusy*, JA 1981, 80 ff; *Mußgnug*, Der Dispens von gesetzlichen Vorschriften, 1964; *Schoch*, JuS 1995, 219; *Schwabe*, JuS 1973, 133 ff.
923 Vgl. z.B. *Schenke*, in: Achterberg/Püttner/Würtenberger (Hrsg,), Besonderes Verwaltungsrecht, Bd. I, 2. Aufl. 2000, S. 829, 3/Rdnr. 240; *Drews/Wacke/Vogel/Martens*, § 26, 2; BVerwGE 3, 351 ff; 19, 162 ff.
924 Vgl. hierzu BVerwG, DVBl. 1965, 768 ff; BVerwGE 2, 295, 299.

ständige Behörde die Erlaubnis grundsätzlich zu erteilen[925]. Anders als bei dem präventiven Verbot mit Erlaubnisvorbehalt hat bei dem repressiven Verbot mit Dispensmöglichkeit der Betroffene selbst bei Vorliegen der Tatbestandsvoraussetzungen für die Dispenserteilung normalerweise **nur einen Anspruch auf ermessensfehlerfreie Entscheidung über die Erteilung des Dispenses**. Mit der Dispenserteilung soll dabei den Besonderheiten des Einzelfalls Rechnung getragen werden[926]. Damit weist das Institut des Verbots mit Dispensmöglichkeit gedanklich eine enge Verbindung zum Übermaßverbot auf, ja wird durch dieses vielfach gefordert. Dispenserteilungen können im Polizeirecht einmal dadurch begründet sein, dass ein bestimmtes, typischerweise gefährliches Verhalten sich in atypischen, nicht generalisierungsfähigen Fällen als ungefährlich (oder weniger gefährlich) erweist, zudem können auch andere rechtliche Schutzgüter es rechtfertigen, ein Verhalten trotz seiner Gefährlichkeit ausnahmsweise zuzulassen. Für eine Dispenserteilung vermögen dabei sowohl die Interessen des einzelnen Betroffenen wie auch öffentliche Interessen zu streiten. Auch die Nichtberücksichtigung öffentlicher Interessen begründet in Konsequenz der bundesverfassungsgerichtlichen Judikatur[927] eine Verletzung des Rechts auf ermessensfehlerfreie Entscheidung über die Dispenserteilung[928]. Im Einzelfall kann das der Behörde bei der Entscheidung über die Dispenserteilung zustehende Ermessen auf Null reduziert sein. Ein bei Vorliegen der Tatbestandsvoraussetzungen des Dispenses gesetzlich generell begründeter Anspruch auf Dispenserteilung ist hingegen nicht denkbar. Bei einem solchen „Verbot mit Dispensmöglichkeit" handelt es sich in Wahrheit um ein Verbot mit Erlaubnisvorbehalt.

313 Sowohl beim Verbot mit Erlaubnisvorbehalt wie beim Verbot mit Dispensmöglichkeit ist in den spezialpolizeilichen Vorschriften im Übrigen vielfach vorgesehen, dass über die Erlaubnis- bzw. Dispensfähigkeit eines Verhaltens (meist beschränkt auf einzelne Aspekte) im Vorhinein **mittels eines Vorbescheids entschieden werden kann** (s. z.B. § 9 BImSchG). Steigender Beliebtheit erfreut sich zudem – insbesondere bei technischen Großvorhaben – **eine Aufteilung der Erlaubnis bzw. Zustimmung in mehrere Teilverwaltungsakte** (s. z.B. § 8 BImSchG). Eine solche Abschichtung des Verfahrens weist sowohl unter dem Aspekt des Rechtsschutzes wie unter jenem der Verwaltungseffizienz eine Reihe von Vorteilen gegenüber der einheitlichen Erteilung der Erlaubnis bzw. des Dispenses auf[929]. Erlaubnisse, die mitwirkungsbedürftige Verwaltungsakte darstellen, können im Übrigen **nach Maßgabe der gesetzlichen Vorschriften mit Nebenbestimmungen** (Befristungen, Bedingungen, Widerrufsvorbehalt, Auflagen, Auflagenvorbehalt) **versehen werden**[930].

---

925 Die prinzipielle verfassungsrechtliche Zulässigkeit des Verbots mit Erlaubnisvorbehalt in polizeirechtlich relevanten Materien steht heute außer Frage; das Prüfungsverfahren muss allerdings der Gefahr angepasst sein, der es begegnen soll (vgl. *BVerfGE* 20, 150, 155).
926 Beispiele für Dispense finden sich etwa in den Landesbauordnungen, die eine Befreiung von nachbarschützenden Abstandsvorschriften vorsehen, oder in § 18 GastG bezüglich der Verlängerung der Polizeistunde.
927 Vgl. *BVerfGE* 6, 32, 41.
928 A.A. *Gusy*, JA 1981, 80, 84.
929 Zur Präklusionsproblematik in gestuften Verwaltungsverfahren ausführlich *Schenke*, Verwaltungsprozeßrecht, 8. Aufl. 2002, Rdnr. 502f ff m.w.N.
930 Ausführlich zum Rechtsschutz gegen Nebenbestimmungen *Schenke*, WiVerw. 1982, 142 ff; *ders.*, JuS 1983, 182 ff; *ders.*, Verwaltungsprozeßrecht, Rdnr. 287 ff m.w.N.

K. Polizei- und ordnungsbehördliche Verordnungen

I. Allgemeines

Die **Aufgabe der Gefahrenabwehr** kann u.a. außer mit dem Instrument des Verwaltungsakts mit dem der **Rechtsverordnung wahrgenommen werden, die § 24 PreußPVG als Polizeiverordnung bezeichnete**. Die heutige Terminologie weicht in einigen Bundesländern von dieser Bezeichnung ab. Beibehalten wurde sie in Baden-Württemberg (§ 10 I BWPolG), Bremen (§ 48 BremPolG), im Saarland (§ 59 SaarlPolG) und in Sachsen (§ 9 SächsPolG). In Berlin (§ 56 I 1 BerlASOG) und Hamburg (§ 1 II HambSOG) wird die Bezeichnung „Verordnung zur Gefahrenabwehr" verwendet, in Hessen (§§ 71 ff HessSOG), Rheinland-Pfalz (§§ 26 ff RhPfPOG) und Sachsen-Anhalt (§§ 93 ff SachsAnhSOG) „Gefahrenabwehrverordnungen", in Schleswig-Holstein (§ 175 SchlHVwG), ähnlich in Mecklenburg-Vorpommern (§ 17 MVSOG) „Verordnungen über die öffentliche Sicherheit oder Ordnung", in Brandenburg (§ 24 BrandOBG), Nordrhein-Westfalen (§ 25 I NWOBG und Thüringen (§ 27 I ThürOBG) „Ordnungsbehördliche Verordnung" und in Bayern (vgl. z.B. Art. 12 ff BayLStVG) und Niedersachsen (§ 54 NdsGefAG) schlicht „Verordnungen".

314

Den Regelungsgegenstand von polizei- und ordnungsbehördlichen Verordnungen bilden im Anschluss an § 24 PreußPVG „polizeiliche Gebote oder Verbote, die für eine unbestimmte Anzahl von Fällen an eine unbestimmte Anzahl von Personen gerichtet sind"[931].

315

Die Polizei- und Ordnungsgesetze enthalten **meist eine Generalermächtigung zum Erlass von der Gefahrenabwehr dienenden Verordnungen**[932]. Anderes gilt für Bayern. Hier können die Sicherheitsbehörden Verordnungen nur erlassen, wenn sich für diese im LStVG oder in anderen Rechtsvorschriften eine Spezialermächtigung findet (Art. 42 BayLStVG)[933]. Keine Ermächtigung zum Erlass von Polizeiverordnungen enthalten das BGSG und der MEPolG. Soweit in Landes- oder Bundesgesetzen Spezialermächtigungen zum Erlass von polizei- und ordnungsbehördlichen Verordnungen vorhanden sind, gehen diese als leges speciales der Generalermächtigung vor[934]. Verdrängt wird die Generalermächtigung zum Erlass von Verordnungen auch dort, wo Spezialvorschriften für bestimmte Bereiche eine abschließende Regelung treffen. In Teilbereichen finden sich auch in solchen Gesetzen, die nicht spezifisch auf die Gefahrenabwehr zugeschnitten sind, Regelungen, die daneben für den Erlass

316

---

931 S. jetzt § 10 I BWPolG; § 24 BrandOBG; § 48 BremPolG; § 71 HessSOG; § 25 NWOBG; § 26 RhPfPOG; § 59 II SaarlPolG; § 9 I SächsPolG; § 27 I ThürOBG; eine sinngleiche Regelung enthält § 175 i.V.m. § 53 SchlHVwG; Bayern, Berlin, Hamburg, Mecklenburg-Vorpommern, Niedersachsen und Sachsen-Anhalt haben auf eine Begriffsbestimmung verzichtet.
932 Vgl. § 10 I BWPolG; § 55 BerlASOG; § 25 I BrandOBG; § 49 BremPolG; § 1 I HambSOG; §§ 72 I, II, 73, 74 HessSOG; § 17 I MVSOG; § 55 NdsGefAG; §§ 26 I, 27 I NWOBG; §§ 27, 28, 29 I, 30 I, 31 I RhPfPOG; § 59 I SaarlPolG; § 9 I SächsPolG; § 175 I SchlHVwG; § 27 I ThürOBG.
933 Zur Zulässigkeit einer Kampfhundeverordnung s. *BayVerfGH*, NVwZ-RR 1995, 262.
934 Vgl. etwa für den Bereich des Wasserrechts § 28 II BWWassG, dazu *VGH BW*, NVwZ 1988, 168 f.

von polizei- und ordnungsbehördlichen Verordnungen keinen Raum mehr lassen. Dies gilt insbesondere bezüglich der Festsetzung eines Anschluss- und Benutzungszwangs für gemeindliche Einrichtungen (Wasserversorgung, Müllabfuhr), die nach den insoweit übereinstimmenden Gemeindeordnungen der Länder durch Satzung zu erfolgen hat, und für die der Erlass von Polizeiverordnungen ausscheidet.

317 Die Bedeutung von polizei- und ordnungsbehördlichen Verordnungen ist in den letzten Jahrzehnten zurückgegangen. Dies hängt wesentlich damit zusammen, dass der Gesetzgeber viele Materien, die früher durch polizei- und ordnungsbehördliche Verordnungen geregelt wurden, nunmehr selbst normiert hat. So sind etwa heute baupolizeiliche Vorschriften vorwiegend in den Landesbauordnungen niedergelegt; an Stelle gewerbepolizeilicher Rechtsverordnungen ist die GewO und nunmehr insbesondere das BImSchG getreten; lebensmittelpolizeiliche Vorschriften finden sich im LMBG usw. Trotzdem bleibt in Teilbereichen nach wie vor Raum für den Erlass von polizei- und ordnungsbehördlichen Verordnungen, man denke etwa an Zeltplatzverordnungen, Tierhalterverordnungen[935], Ski- und Rodelverordnungen u. Ä.. Zulässig ist auch eine Polizeiverordnung, die es den „Freiern" im Sperrgebiet verbietet, Kontakte aufzunehmen, um auf diese Weise unbeteiligte Frauen in ihrer Ehre und sexueller Selbstbestimmung vor zudringlicher Kontaktaufnahme zu schützen[936].

318 Polizei- und ordnungsbehördliche Verordnungen können sowohl zur Abwehr von Gefahren für die öffentliche Sicherheit als auch solchen für die öffentliche Ordnung erlassen werden. Soweit in der Literatur[937] allgemein verfassungsrechtliche Einwände gegen den Erlass von polizei- und ordnungsbehördlichen Verordnungen, die dem Schutz der öffentlichen Ordnung dienen, erhoben werden, schlagen diese nicht durch (s. auch Rdnr. 42), zumal solche polizei- und ordnungsbehördlichen Verordnungen ja gerade eine rechtsstaatlich zu begrüßende Konkretisierungsfunktion besitzen. Bestimmte Polizeiverordnungen, die früher der Bekämpfung von Gefahren für die öffentliche Ordnung dienten, lassen sich heute allerdings auf Grund geänderter Wertvorstellungen nicht mehr erlassen. So ist etwa eine Polizeiverordnung, die das „stille" Betteln auf öffentlichen Straßen und Plätzen verbietet, nunmehr unter dem Gesichtspunkt der öffentlichen Ordnung nicht mehr zu rechtfertigen[938]; anderes gilt nur bei aggressivem Betteln, bei dem vorbeigehende Passanten angesprochen werden.

---

935 Zu einer HundehalterVO *VGH BW*, NVwZ 1992, 1105 ff; *BayVerfGH*, NVwZ-RR 1995, 262; zu einem Taubenfütterungsverbot *VGH BW*, NVwZ-RR 1992, 19 f; *Hamann*, NVwZ 1994, 669 ff. Eingehend zur Problematik von vor gefährlichen Hunden schützenden Polizeiverordnungen *Schenke*, Rdnr. 611 ff; *Caspar*, DVBl. 2000, 1580 ff; *Felix/Hoffmann*, NordÖR 2000, 341 ff; *Fliegauf*, VBl. BW 1998, 165 ff; *Gängel/Gansel*, NVwZ 2001, 1208 ff; *Kaltenborn*, NWVBl. 2001, 249 ff; *Kunze*, NJW 2001, 1608 ff; *Nolte/Tams*, JURA 2001, 253 ff; *BVerwG*, DVBl. 2002, 1562; *VGH BW*, VBl. BW 2002, 292 ff; *OVG Nds*, NVwZ-RR 2001, 742 ff; *OVG SchlH*, NVwZ 2001, 1300 ff; *HessVGH*, VR 2002, 209 ff.
936 *VGH BW*, DÖV 2001, 213 f.
937 So noch *Götz*, 11. Aufl., Rdnr. 466.
938 *VGH BW* DÖV 1998, 1015, 1016 f.

II. Die Abgrenzung polizei- und ordnungsbehördlicher Verordnungen von polizeilichen Verwaltungsakten

Von großer Bedeutung sowohl bezüglich der Voraussetzungen des Handelns wie auch hinsichtlich der zu beachtenden Formerfordernisse, der Konsequenzen der Rechtswidrigkeit (Rechtsverordnungen sind bei Rechtswidrigkeit stets nichtig) und der Art und Weise des Rechtsschutzes ist die Abgrenzung zwischen polizei- und ordnungsbehördlichen Verordnungen und polizeilichen Verwaltungsakten[939]. Soweit sich in den Polizei- und Ordnungsgesetzen Legaldefinitionen der polizei- und ordnungsbehördlichen Verordnungen finden, ist die Entscheidung über das Vorliegen einer polizei- und ordnungsbehördlichen Verordnung anhand dieser Regelungen vorzunehmen. Die sonst für die Abgrenzung von Verwaltungsakt und Rechtsnormen bedeutsamen Normierungen in § 35 VwVfG und den entsprechenden Vorschriften der Landesverwaltungsverfahrensgesetze treten insoweit zurück. Erforderlich für das Vorliegen einer polizei- und ordnungsbehördlichen Verordnung sind nach den polizei- und ordnungsgesetzlichen Bestimmungen zwei Kriterien, nämlich zum einen, dass hier eine **unbestimmte Anzahl von Fällen geregelt wird und zum anderen, dass eine unbestimmte Vielzahl von Personen betroffen wird**. Dies bedeutet zunächst, dass es für die Abgrenzung nur **auf inhaltliche, materielle Kriterien** ankommt. Die äußere Bezeichnung einer Maßnahme, auch deren rechtliche Qualifikation durch die Behörde, ist für die Rechtsnatur ohne Bedeutung. Allerdings kann eine von der Polizei gewählte Form zugleich auf den Inhalt ausstrahlen und damit dessen Rechtsnatur beeinflussen. Deshalb hat das *BVerwG*[940] im Ergebnis zu Recht angenommen, dass die Festsetzung eines Wasserschutzgebietes (die nach seiner Ansicht bei ordnungsgemäßer Bekanntgabe als Rechtsverordnung zu qualifizieren gewesen wäre), falls sie nur in der Form eines Verwaltungsakts durch Einzelbekanntmachung erfolgt, prozessual wie ein Verwaltungsakt zu behandeln ist[941].

319

Versucht man den Begriff der unbestimmten Vielzahl von Fällen (abstrakte Regelung) und seinen Gegenbegriff, den des Einzelfalls (konkrete Regelung), näher zu erfassen, so zeigt sich, dass immer dann, wenn eine Rechtsfolge an einen ganz bestimmten oder mehrere von vornherein bestimmte Sachverhalte anknüpft, von einer Einzelfallregelung (konkreten Regelung) auszugehen ist. Dabei kann es für deren Vorliegen, da sonst das zweite, an den Adressatenkreis der polizei- und ordnungsbehördlichen Verordnung anknüpfende Kriterium sinnlos wäre, **nicht maßgeblich sein, ob der Kreis der Betroffenen von vornherein bestimmt ist**. Letzteres hat vielmehr in diesem Zusammenhang außer Acht zu bleiben. Demgemäß ist z.B. das Verbot einer für einen bestimmten Tag an einem bestimmten Ort vorgesehenen Versammlung stets als eine Regelung eines Einzelfalls zu bewerten (unabhängig davon,

320

---

939 Vgl. zur Abgrenzung von Verwaltungsakt und Rechtsnorm allgemein *v.Mutius*, FS H.J. Wolff, 1973, S. 167 ff; *Volkmar*, Allgemeiner Rechtssatz und Einzelakt, 1962.
940 Vgl. *BVerwGE* 18, 1 ff; s. allgemein zur Beeinflussung des Inhalts einer Maßnahme durch deren Form *Kopp/Schenke*, VwGO, 13. Aufl. 2002, Anh. § 42, Rdnr. 5.
941 Vgl. zum Rechtsschutz bei Formenmissbrauch allg. *Schenke*, VerwArch. Bd. 72 (1981), 185 ff; zum Problem eines formellen oder materiellen Verwaltungsaktsbegriffs s. auch *Schenke*, NVwZ 1990, 1009 ff.

II *Polizei- und Ordnungsrecht*

ob die Zahl der hiervon betroffenen Personen von vornherein bestimmt ist). Umgekehrt liegt etwa dann, wenn eine Regelung Versammlungen generell untersagt, bei denen Fahnen gezeigt werden sollen, eine Normierung einer unbestimmten Vielzahl von Fällen vor, da die hierdurch erfassten Sachverhalte im Vorhinein weder zeitlich noch räumlich konkretisierbar sind. Nicht entscheidend für die Abgrenzung von abstrakter und konkreter Regelung kann dabei, was vielfach übersehen wird[942], die Frage sein, ob eine polizeiliche Regelung aus Anlass einer konkreten Gefahr getroffen wurde. Maßgeblich ist vielmehr ausschließlich, inwieweit die Beschränkung auf diesen konkreten Fall in der Regelung ihren Ausdruck gefunden hat, sodass diese auf entsprechende andere Sachverhalte nicht übertragbar ist. Bei bestimmten Fallgestaltungen bereitet die Feststellung, ob eine Regelung einen Einzelfall betrifft, erhebliche Schwierigkeiten, da je nach der Perspektive, die man hier zu Grunde legt, entweder von der Regelung eines Einzelfalls oder der einer unbestimmten Vielzahl von Fällen ausgegangen werden kann. Wird beispielsweise einer bestimmten Person aufgegeben, immer dann, wenn Glatteisgefahr besteht, auf dem Straßenabschnitt vor dem Haus zu streuen, so stellt sich dies unter dem zeitlichen Aspekt (immer, wenn Glatteis besteht) als die Regelung einer unbestimmten Vielzahl von Fällen dar, hebt man hingegen auf den räumlichen Aspekt[943] ab (den Ort, an dem die Verpflichtung zu erfüllen ist), so liegt eine Einzelfallregelung vor. Teleologische, insbesondere auch praktische Gesichtspunkte sprechen dafür, eine solche räumlich eng begrenzte Anordnung als Einzelfallregelung anzusehen[944].

321 Das zweite für das Vorliegen einer polizei- und ordnungsbehördlichen Verordnung essenzielle Kriterium, das auf den Adressatenkreis einer Norm abstellt, bereitet hinsichtlich seiner praktischen Anwendbarkeit geringere Schwierigkeiten. Maßgeblich ist hiernach, ob im Zeitpunkt des Erlasses einer Regelung die hierdurch betroffenen Personen zumindest bestimmbar sind. Fehlt es hieran, so betrifft das Gebot oder Verbot eine unbestimmte Vielzahl von Personen und stellt damit eine polizei- oder ordnungsbehördliche Verordnung dar. Soweit ein bestimmter Einzelfall für eine unbestimmte Vielzahl von Personen geregelt wird, ist allerdings mangels des Vorliegens eines für eine polizei- und ordnungsbehördliche Verordnung unentbehrlichen Elements ein Verwaltungsakt anzunehmen. Dem korrespondiert auch der Umstand, dass der Begriff des Verwaltungsakts dadurch gekennzeichnet ist, dass dieser die Regelung eines Einzelfalls betrifft[945] und insoweit nicht auf den Adressatenkreis abgehoben wird. Nicht zuletzt harmoniert diese Qualifikation mit der Regelung des § 35 VwVfG und den entsprechenden landesverwaltungsverfahrensrechtlichen Vorschriften, die ebenfalls davon ausgehen, dass eine Regelung, die sich an einen unbestimmten Personenkreis wendet, dann keine Rechtsnorm darstellt, wenn sie einen Einzelfall zum Gegenstand hat. Aus dem Verfassungsrecht ergeben sich bei solchen im Grenz-

---

942 Z.B. von *Götz*, Rdnr. 633 und *BVerwGE* 12, 87, 89; krit. hierzu auch *Drews/Wacke/Vogel/Martens*, § 23, 4.
943 Eine Schutzbereichsanordnung ist durch das *BVerwG* (NVwZ 1985, 39 f) u.a. wegen ihres räumlichen Bezugspunkts unter Änderung seiner Rechtsprechung als Verwaltungsakt qualifiziert worden.
944 Dazu *Kopp/Schenke*, VwGO, 13. Aufl. 2002, Anh. § 42, Rdnr. 60.
945 S. auch Art. 7 II BayLStVG; § 3 I HambSOG; § 14 I NWOBG; vgl. auch § 2 Nr. 1 lit. a NdsGefAG; § 3 Nr. 1 lit. a SachsAnhSOG; § 176 I Nr. 2 SchlHVwG.

bereich von Verwaltungsakt und Rechtsnorm gelegenen Regelungen gegen eine (insbesondere der Rechtssicherheit dienende) gesetzliche Qualifikation von Maßnahmen als Rechtsverordnungen oder Verwaltungsakte keine Einwände, vorausgesetzt auf ihrer Basis ist dem rechtsstaatlichen Publizitätsgebot Rechnung getragen (s. hierzu § 41 III und IV VwVfG)[946].

III. Die Rechtmäßigkeit einer polizei- und ordnungshehördlichen Verordnung (Prüfungsschema)

Nach **Vorklärung der für den Erlass der Polizeiverordnung in Betracht kommenden Ermächtigungsgrundlage** (Spezialermächtigung oder Generalermächtigung) empfiehlt sich auch hier in der Regel die Überprüfung anhand folgenden Schemas:

1. Die formelle Rechtmäßigkeit

(a) Es muss die **örtlich, sachlich und instanziell zuständige Polizei- bzw. Ordnungsbehörde gehandelt haben** (vgl. hierzu oben Rdnr. 241 ff). Bezüglich der sachlichen Zuständigkeit für den Erlass von polizei- bzw. ordnungsbehördlichen Verordnungen differieren die Regelungen der einzelnen Länder nicht unbeträchtlich. Grundsätzlich sind hier meist Kompetenzen für alle Polizei- und Ordnungsbehörden von der Ministerialebene bis zur unteren Polizei- bzw. Ordnungsbehörde vorgesehen[947]. Aus den Zuständigkeitsregelungen können sich im Übrigen konkurrierende Zuständigkeiten höherer und unterer Polizei- bzw. Ordnungsbehörden für den Erlass von Verordnungen in einem bestimmten Gebiet ergeben. Die Rangordnung der Verordnungen bestimmt sich dann nach der Stellung der sie erlassenden Behörde innerhalb der staatlichen Verwaltungshierarchie.

(b) Die polizei- bzw. ordnungsbehördliche Verordnung muss unter Beachtung der für sie einschlägigen Form- und Verfahrensvorschriften erlassen sein.

(aa) Was die Formerfordernisse beim Erlass von polizei- und ordnungsbehördlichen Verordnungen angeht, stimmen die Polizei- und Ordnungsgesetze weitgehend überein. Dabei wird z.T. zwischen **Muß- und Sollvorschriften differenziert**[948]; **anders als der Verstoß gegen Mussvorschriften führt der gegen Sollvorschriften in der Regel nicht zur Nichtigkeit einer polizei- bzw. ordnungsbehördlichen Verordnung.** Als Formerfordernisse (sei es in Gestalt einer Muss- oder Sollvorschrift) wer-

---

946 Zu der Rechtsnatur von Verkehrszeichen, die heute überwiegend als Verwaltungsakt qualifiziert werden, s. *Drews/Wacke/Vogel/Martens*, § 23, 7; *BVerfG*, NJW 1965, 2395 u. *BVerwG*, NJW 1980, 1640 sowie oben Rdnr. 268.
947 § 13 BWPolG; § 49 BremPolG; §§ 72-74 HessSOG; § 17 I MVSOG; § 55 I NdsGefAG; §§ 26, 27 NWOBG; §§ 27-31 RhPfPOG; § 60 S. 1 SaarlPolG; § 94 I SachsAnhSOG; § 12 SächsPolG; § 175 SchlHVwG; in Berlin und Hamburg ist der Senat zuständig (§ 55 BerlASOG u. § 1 I HambSOG); zu Bayern s. Art. 42 BayLStVG.
948 S. z.B. § 12 BWPolG; § 53 BremPolG; § 62 SaarlPolG; § 11 SächsPolG; § 56 SchlHVwG.

den etwa statuiert: Angabe der Rechtsgrundlage (verfassungsrechtlich dürfte dieses Erfordernis – sofern es nicht entsprechend Art. 80 I 3 GG in den Landesverfassungen statuiert ist – nicht gefordert sein; umstritten), die Bezeichnung der erlassenden Behörde sowie ein Hinweis auf das Vorhandensein einer evtl. erforderlichen Zustimmung, die Bezeichnung als „Polizeiverordnung" bzw. „ordnungsbehördliche Verordnung" etc., ferner eine den Inhalt kennzeichnende Überschrift, schließlich die Bestimmung des örtlichen Geltungsbereichs, z.T. auch die Angabe des Datums ihres Erlasses, ihres In-Kraft-Tretens und ihrer Geltungsdauer. Gemäß allgemeinen rechtsstaatlichen Erfordernissen bedürfen die polizei- und ordnungsbehördlichen Verordnungen einer (meist auch in den Landesverfassungen näher vorgeschriebenen) Publikation. Eine Verweisung auf Texte außerhalb der staatlichen Publikationsorgane[949] ist nur unter der Voraussetzung zulässig, dass die Verordnung erkennbar zum Ausdruck bringt, dass sie die außenstehende Anordnung zu ihrem Bestandteil macht, ihre Verlautbarung für den Betroffenen zugänglich und der Art und Weise nach für amtliche Anordnungen geeignet ist[950]. Eine Verweisung auf die jeweilige Fassung technischer Bekanntmachungen privater Sachverständigengremien (wie etwa des Verbands Deutscher Elektriker), **eine sog. dynamische Verweisung, ist verfassungsrechtlich unzulässig**[951].

326 (bb) Häufig sind polizei- und ordnungsbehördliche Verordnungen **genehmigungs- bzw. vorlagepflichtig**. So ist bei den durch die Repräsentativorgane der Gemeinde oder des Landkreises erlassenen polizei- und ordnungsbehördlichen Verordnungen z.T. eine Genehmigung durch die staatlichen Aufsichtsbehörden erforderlich[952]. Da es sich bei der Gefahrenabwehr nicht um eine Selbstverwaltungsaufgabe handelt, beschränkt sich die aufsichtsbehördliche Kontrolle nicht nur auf eine Überprüfung der Rechtmäßigkeit des Erlasses von polizei- und ordnungsbehördlichen Verordnungen[953]. Bei den nicht durch kommunale Repräsentativorgane ergehenden polizei- und ordnungsbehördlichen Verordnungen ist mitunter vorgesehen[954], dass sie der Zustimmung des Gemeinderats oder Kreistags bedürfen. Auf der Ministerialebene erlassene polizei- und ordnungsbehördliche Verordnungen sind in einigen Bundesländern dem Landtag vorzulegen und auf dessen Verlangen aufzuheben[955].

---

949 Z.B. auf technische Bekanntmachungen, wie sie in § 56 II 3 BerlASOG, § 76 II 1 HessSOG, § 29 II 2 NWOBG, § 35 III RhPfPOG u. § 58 III 1 SchlHVwG vorgesehen sind.
950 S. *BVerwG*, NJW 1962, 506.
951 S. hierzu näher *Schenke*, NJW 1980, 743 ff. Nach *BVerfGE* 64, 208, 215 sind sie nur zulässig, soweit der Inhalt des Verweisungsobjekts im Wesentlichen feststeht; s. auch *BVerfGE* 47, 285, 311 ff.
952 § 20 III MVSOG; § 55 IV SchlHVwG; in abgeschwächter Form auch in § 62 NdsGefAG und § 33 RhPfPOG.
953 Ob und in welchem Umfang ein Rechtsschutz der Kommunen gegen die Ablehnung der aufsichtsbehördlichen Genehmigung möglich ist, bestimmt sich nach der Rechtsstellung, die den Kommunen im Bereich der staatlich übertragenen Angelegenheiten zukommt (dazu *Schenke*, Verwaltungsprozeßrecht, 8. Aufl. 2002, Rdnrn. 209 u. 502d).
954 S. z.B. § 15 BWPolG; § 50 II BremPolG; § 31 I RhPfPOG.
955 § 26 III NWOBG; § 50 I BremPolG (der zusätzlich noch ein Abänderungsrecht statuiert).

2. Die materielle Rechtmäßigkeit

(a) Die polizei- und ordnungsbehördliche Verordnung muss zunächst hinreichend bestimmt sein[956].

327

(b) Weiter muss sie ihre **Rechtsgrundlage in einer gesetzlichen Spezialermächtigung oder der gesetzlichen Generalermächtigung haben**. Bei den polizei- bzw. ordnungsgesetzlichen Generalermächtigungen sind dabei die gleichen Prüfungen anzustellen wie beim Erlass polizeilicher Verwaltungsakte (s. Rdnr. 276 ff). Ein Unterschied besteht allerdings insoweit, als für den Erlass von polizei- und ordnungsbehördlichen Verordnungen – anders als bei polizeilichen Verwaltungsakten – das **Vorliegen einer abstrakten Gefahr ausreicht**. Es genügt demnach, dass die Sachverhalte, an welche die Regelung anknüpft, nach der Lebenserfahrung geeignet sind, im Regelfall Gefahren zu verursachen. Dass im Einzelfall – etwa auf Grund besonderer Umstände – mit dem Vorliegen eines Sachverhalts keine Gefahrenlage verknüpft ist, steht der Anwendbarkeit bzw. der Rechtmäßigkeit einer polizei- und ordnungsbehördlichen Verordnung auch insoweit nicht im Wege (s. Rdnr. 47)[957]. Der Unterschied zwischen abstrakter und konkreter Gefahr markiert dabei keinen Steigerungsgrad der Gefahr[958], sondern beruht lediglich darauf, dass das eine Mal eine typisierende, das andere Mal hingegen eine auf den konkreten Einzelfall abstellende Betrachtungsweise der Gefahrenprognose zu Grunde gelegt wird.

327a

(c) Die Entscheidung über den Erlass der polizei- und ordnungsbehördlichen Verordnung muss ermessensfehlerfrei erfolgen[959]. Als **unzulässig**, da nicht mehr durch den Zweck der Gefahrenabwehr gedeckt, sind solche polizei- und ordnungsbehördlichen Verordnungen anzusehen, **die lediglich der Erleichterung der polizeilichen Aufsicht dienen sollen**. Dies ist vielfach ausdrücklich normiert[960], ergibt sich aber unabhängig hiervon schon aus den allgemeinen Grundsätzen über den Ermessensfehlgebrauch[961]. Diese sind z.B. auch dann verletzt, wenn durch eine polizei- und ordnungsbehördliche Verordnung das Zelten verboten wird, um auf diese Weise das Geschäft der einheimischen Hotelbesitzer zu „beleben".

328

(d) Die **Grundsätze über die polizeiliche Verantwortlichkeit sind auch hier entsprechend heranzuziehen**. Adressaten der polizei- bzw. ordnungsbehördlichen Ver-

329

---

956 Als inhaltlich zu unbestimmt und damit rechtsstaatswidrig hat z.B. der *VGH BW*, VBl. BW 1983, 302 ff eine Polizeiverordnung angesehen, die es verbot, sich auf öffentlichen Straßen „nach Art eines Land- oder Stadtstreichers herumzutreiben", vgl. auch § 18 I MVSOG, der das Bestimmtheitsgebot ausdrücklich normiert.
957 S. z.B. *Friauf*, Rdnr. 190.
958 S. auch *Götz*, Rdnr. 145; *BVerwG*, DVBl. 2002, 1562.
959 Bezüglich der Kontrolle des Ermessens des Verordnungsgebers bestehen dabei allerdings gewisse – hier nicht näher ausführbare – Besonderheiten, vgl. hierzu *v. Danwitz*, Die Gestaltungsfreiheit des Verordnungsgebers, 1989; *Ossenbühl*, NJW 1986, 2805 ff; *Schenke*, in: Bonner Kommentar, GG, Art. 19 IV, Rdnr. 377 ff; *ders.*, AgrarR 1990, 33, 41 f; s. auch *Schoch*, JuS 1995, 220.
960 Vgl. schon § 31 I PrPVG – ferner § 34 I 1 BerlASOG; § 52 I BremPolG; § 29 I 2 NWOBG; § 35 I RhPfPOG; § 60 S. 2 SaarlPolG; § 58 IV SchlHVwG.
961 Zu Bedenken gegen eine unbesehene Übernahme der für Verwaltungsakte geltenden Ermessensgrundsätze und ihrer Justiziabilität auf untergesetzliche Rechtsvorschriften s. aber *Kopp/Schenke*, VwGO, 13. Aufl. 2002, § 47, Rdnr. 113 ff.

II *Polizei- und Ordnungsrecht*

ordnung dürfen daher grundsätzlich nur die für die (abstrakte) Gefahr Verantwortlichen sein. Eine Inanspruchnahme Unbeteiligter bzw. von Nichtstörern dürfte nur selten in Betracht kommen[962] (z.B. wenn für den Fall einer Katastrophensituation die Verpflichtung zur Aufnahme Obdachloser unter bestimmten Voraussetzungen normiert wird). Sie müsste dann gemäß den allgemein für die Inanspruchnahme von Nichtstörern geltenden Grundsätzen jedenfalls von vornherein auf das unumgänglich Notwendige beschränkt werden.

330 (e) Die polizei- und ordnungsbehördliche Verordnung muss auch hinsichtlich des „Wie" der getroffenen Regelung ermessensfehlerfrei sein.

331 (f) Die polizei- und ordnungsbehördliche Verordnung darf **nicht gegen höherrangiges Recht, insbesondere das Übermaßverbot und die Grundrechte verstoßen**. Zu beachten ist ferner, dass die meisten Polizei- und Ordnungsgesetze verbindliche Regelungen über den zulässigen Umfang der Geltungsdauer von polizei- und ordnungsbehördlichen Verordnungen beinhalten[963].

L. Sonstige polizeiliche und ordnungsbehördliche Handlungsinstrumente

332 Neben Verwaltungsakten und Rechtsverordnungen bilden Realakte (auch Tathandlungen und schlichtes Verwaltungshandeln genannt) ein bedeutsames öffentlichrechtliches Handlungsinstrument der mit der Gefahrenabwehr befassten Behörden. Realakte unterscheiden sich von Verwaltungsakten und Rechtsverordnungen dadurch, dass sie nicht auf eine rechtliche Regelung mit Außenwirkung gerichtet sind[964]. Unter sie fallen sowohl **Wissenserklärungen wie Verrichtungen**. Wissenserklärungen sind etwa Presseerklärungen[965], Auskünfte[966] oder Warnungen[967]. Verrichtungen sind beispielsweise eine Dienstfahrt, eine Observation oder die Beseitigung eines eine Gefahr hervorrufenden Hindernisses auf einer Straße. Die Abgrenzung zwischen Verwaltungsakten und Realakten bereitet dabei allerdings häufig Schwierigkeiten, wie am Beispiel der in den Polizeigesetzen geregelten Standardmaßnahmen (dazu Rdnr. 76 ff), polizeilichen Vollstreckungsmaßnahmen (Rdnr. 294, 298) sowie der un-

---

962 Für die Inanspruchnahme auch von Nichtstörern ebenfalls *Pieroth/Schlink/Kniesel*, § 11, Rdnr. 17; a.A. *Götz*, Rdnr. 627.
963 Bis zu 20 Jahren gem. § 17 BWPolG; Art. 50 II BayLStVG; § 31 I BrandOBG § 55 BremPolG; § 2 HambSOG; § 22 I MVSOG; § 61 NdsGefAG; § 32 NWOBG; § 40 RhPfPOG; § 66 2 SaarlPolG; § 62 II SchlHVwG; § 34 II ThürOBG; bis zu 10 Jahre gem. § 58 BerlASOG; § 100 SachsAnhSOG; § 16 SächsPolG; bis zu 30 Jahre gem. § 79 S. 2 HessSOG.
964 Zu Realakten näher vgl. *Brohm*, DVBl. 1994, 133 ff; *Leidinger*, DÖV 1993, 925 ff; *Rachor*, in: L/D, F, Rdnr. 30 ff; *Rasch*, DVBl. 1992, 207 ff; *Robbers*, DÖV 1987, 272 ff; *Schoch*, JuS 1995, 218.
965 Dazu eingeh. *Schmidbauer*, BayVBl. 1988, 257 ff.
966 Vgl. etwa *BVerwGE* 31, 301 ff.
967 Vgl. etwa *LG Stuttgart*, NJW 1989, 2257 ff u. *OLG Stuttgart*, NJW 1990, 2690 ff zur Produktwarnung im Lebensmittelrecht.

Sonstige polizeiliche und ordnungsbehördliche Handlungsinstrumente **II L**

mittelbaren Ausführung und dem Sofortvollzug (Rdnr. 306 f) deutlich wird. Sofern für Realakte nicht spezialgesetzliche Vorschriften eingreifen, können sie auf die **polizei- und ordnungsrechtlichen Generalklauseln** gestützt werden, die mit dem Begriff der Maßnahme (vgl. z.B. §§ 1, 3 BWPolG) nicht nur Verwaltungsakte, sondern auch Realakte meinen.

Belastende Realakte bedürfen, jedenfalls soweit der mit ihnen verbundene rechtliche Eingriff in subjektive Rechte voraussehbar ist und gezielt herbeigeführt wird, in Konsequenz des Vorbehalts des Gesetzes einer gesetzlichen Ermächtigungsgrundlage. Die Ausdehnung des Grundrechtsschutzes gegenüber faktischen Grundrechtsbeeinträchtigungen[968] begründet damit hier eine **Ausdehnung grundrechtlich fundierter Gesetzesvorbehalte**. Warnungen[969] mit Individualbezug[970] (etwa vor dem Verzehr eines von einer bestimmten Firma hergestellten Produktes, dem Geschäftsgebahren eines Unternehmens oder den Praktiken einer bestimmten Sekte) können folglich nicht mehr allein auf die polizei- und ordnungsbehördliche Aufgabennorm gestützt werden[971], sondern nur auf **polizei- und ordnungsrechtliche Eingriffsermächtigungen**. Genausowenig wie es möglich ist, allein aus der Zuweisung von Aufgaben eine Eingriffsermächtigung abzuleiten[972], kann diese schon aus grundrechtlichen Schutzpflichten deduziert werden[973] (s. auch oben Rdnr. 23). Letztere bedürfen vielmehr angesichts ihrer Weite und Unbestimmtheit schon aus funktionellrechtlichen Gründen einer Konkretisierung durch den Gesetzgeber[974]. Da es an speziellen Rechtsgrundlagen für Realakte meist fehlt, bleibt oft nur der Rückgriff auf polizei- und ordnungsbehördliche Generalermächtigungen, die (anders als die Aufgabennorm, s. Rdnr. 48) bereits eine **konkrete Gefahr** voraussetzen. Soweit sich die Realakte nur auf bestimmte Personen beziehen, ist folglich eine konkrete Gefahr erforderlich. Handelt es sich allerdings um einen „generellen" Realakt, der gegenüber einer unbestimmten Vielzahl von Personen subjektivrechtliche Relevanz besitzt[975], wird hingegen (ähnlich wie bei Polizeiverordnungen), jedenfalls soweit polizeiliche Ermächtigungsnormen nicht ausdrücklich eine Gefahr im Einzelfall fordern, bereits

333

---

968 Vgl. hierzu *Gallwas*, Faktische Beeinträchtigungen im Bereich der Grundrechte, 1970; *Ramsauer*, Die faktischen Beeinträchtigungen des Eigentums, 1980; *ders.*, VerwArch. Bd. 72 (1981), 89 ff; BVerwGE 71, 183 ff; *W. Roth*, Faktische Eingriffe in Freiheit und Eigentum, 1994.
969 Vgl. dazu z.B. *Gröschner*, DVBl. 1990, 619 ff; *Heintzen*, VerwArch. Bd. 81 (1990), 532 ff; *Lübbe-Wolff*, NJW 1987, 2708 ff; *Ossenbühl*, Umweltpflege durch behördliche Warnungen und Empfehlungen, 1986.
970 Zum Individualbezug als Voraussetzung für einen Grundrechtseingriff s. *Pieroth/Schlink/Kniesel*, § 2, Rdnr. 46.
971 Zu dieser als Basis für nicht eingreifende polizeiliche Realakte VGH BW, NVwZ 1989, 279, 280.
972 Nicht unproblematisch deshalb BVerwG, NJW 1989, 2273 und BVerfG, NJW 2002, 2626, 2629 (dazu oben Rdnr. 23). Schon eher erwägbar ist, es in den Fällen einer Gefahrenaufklärung durch die Regierung – im Hinblick auf den Aspekt der praktischen Konkordanz – bereits an einem Grundrechtseingriff fehlen zu lassen, vgl. in dieser Richtung BVerwGE 87, 37 ff und BVerfG, NJW 2002, 2621, 2622 (Benennung glykolhaltiger Weine); krit. *Schoch*, JuS 1994, 391, 397.
973 Bedenklich daher BVerfG (Kammerbeschluss), NJW 1989, 3269, 3270; krit. *Leidinger*, DÖV 1993, 925, 930.
974 Grundlegend hierzu *Wahl/Masing*, JZ 1990, 553 ff.
975 Jedoch kann es hier bei fehlendem Bezug auf bestimmte Personen u.U. an einem Grundrechtseingriff mangeln, vgl. (allerdings zu weitgehend) *Leidinger*, DÖV 1993, 930.

eine abstrakte Gefahr⁹⁷⁶ genügen, zumal solche Realakte (z.B. Warnungen) häufig ein milderes Mittel gegenüber einer etwa ein Verbot statuierenden Polizeiverordnung darstellen. Jedoch verstößt es gegen das Übermaßverbot, dort mit „generellen" Realakten zu arbeiten, wo die Gefahr, ohne die Wirksamkeit des polizeilichen Handelns zu beeinträchtigen, konkret eingegrenzt und bekämpft werden kann.

334 Nähere Regelungen über das „Wie" der Vornahme polizei- und ordnungsbehördlicher Realakte finden sich weder in den Polizei- und Ordnungsgesetzen noch in den Verwaltungsverfahrensgesetzen. Allerdings können solche verwaltungsverfahrensrechtlichen Bestimmungen, die sich als **Konkretisierung rechtsstaatlicher Prinzipien** erweisen (z.B. über Anhörung und Begründung), aber unmittelbar nur für Verwaltungsakte gelten, **analog** auf in die Rechtssphäre des Bürgers eingreifende Realakte angewandt werden⁹⁷⁷. Insbesondere bei regelungsersetzenden Realakten – wie z.B. einer unmittelbaren Ausführung – dürfte eine solche Analogie prinzipiell angebracht sein⁹⁷⁸. Es bedarf hierzu nicht der verschiedentlich erwogenen Konstruktion eines auf Duldung gerichteten Verwaltungsakts⁹⁷⁹. So ist z.B. bei behördlichen Warnungen (sofern nicht Gefahr im Verzug besteht) eine Anhörung der durch die Warnung Beeinträchtigten oder jedenfalls bei Gefahr im Verzug ihre nachträgliche Anhörung rechtlich geboten.

335 Bei der Prüfung der formellen und materiellen Rechtmäßigkeit von Realakten kann (mit den sich aus der Natur der Sache ergebenden Modifikationen) im Übrigen an das in Verbindung mit Verwaltungsakten aufgestellte Prüfungsschema angeknüpft werden (vgl. oben Rdnr. 269 ff)⁹⁸⁰. Der Rechtsschutz gegenüber Realakten, die eine subjektive Rechtsverletzung beinhalten (und bei fortdauernden Beeinträchtigungen einen Folgenbeseitigungsanspruch auslösen), ist mittels einer **allgemeinen Leistungsklage** oder (bei „Erledigung" des Realakts wegen Wegfalls einer fortdauernden Beeinträchtigung) durch eine allgemeine **verwaltungsgerichtliche Feststellungsklage** zu realisieren.

336 Ein mögliches polizeiliches Handlungsinstrument stellen ferner **öffentlichrechtliche**, zwischen Staat und Bürger abgeschlossene **Verträge** dar, auf welche die Vorschriften der §§ 54 ff VwVfG anwendbar sind. Auch wenn öffentlichrechtliche Verträge in der Praxis nicht sehr häufig sein mögen, bestehen nach der prinzipiellen Anerkennung dieses Regelungsinstruments in den §§ 54 ff VwVfG entgegen in der Literatur⁹⁸¹ z.T. erhobenen Einwänden gegen sie keine prinzipiellen Bedenken. Soweit öffentlichrechtliche Verträge formell oder materiell rechtswidrig sind, richtet sich ihre Nichtigkeit nach § 59 VwVfG. Nach zutreffender, aber umstrittener Auf-

---

976 Vgl. in diesem Zusammenhang auch *BVerwG*, NJW 1989, 2272, 2274.
977 S. auch *Brohm*, DVBl. 1994, 133, 136.
978 Vgl. hierzu näher *Robbers*, DÖV 1987, 277 ff.
979 *BVerwGE* 26, 161, 164 (Schlag mit Hiebwaffe); *VG Frankfurt*, NJW 1981, 2372 (Wegnahme eines belichteten Films).
980 Vgl. auch *Mußmann*, BW, Rdnr. 388.
981 *Burmeister*, JuS 1989, 262; *Drews/Wacke/Vogel/Martens*, § 23, 2b (7).

fassung⁹⁸² findet dabei über § 59 I VwVfG auch § 134 BGB Anwendung, womit auch hier die Rechtswidrigkeit des öffentlichrechtlichen Vertrags meistens zur Nichtigkeit führt.

Neben förmlichen Rechtsakten spielt auch **informelles (informales) Verwaltungshandeln**, etwa in Gestalt von zwischen Polizei und Bürger getroffenen, sich einer eindeutigen rechtlichen Zuordnung entziehenden Arrangements eine nicht unerhebliche Rolle[983]. Der Einsatz solcher Handlungsinstrumente darf allerdings **nicht zu einer Umgehung** der für förmliches Rechtshandeln geltenden **rechtsstaatlichen Grundsätze** führen. Insbesondere ist ein solches kooperatives Verhalten an die Beachtung jener rechtlichen Grundsätze gebunden, die für subordinationsrechtliche öffentlichrechtliche Verträge gelten[984]. 337

4. Abschnitt
Entschädigungs- und Ersatzansprüche bei polizeilichem Handeln

Für das Vorliegen von Entschädigungsansprüchen des Bürgers gegenüber dem Polizeiträger (dazu unter M.) wie auch für das Bestehen von Ersatzansprüchen des Polizeiträgers gegenüber dem Bürger (dazu unter N.) ist – wie schon durch die Verfassung vorgezeichnet – von grundlegender Bedeutung, ob es sich bei dem Bürger um einen Störer oder um einen Nichtstörer handelt. 338

M. Entschädigungsansprüche des Bürgers

I. Entschädigungsansprüche des Störers

Für den einem Störer durch die polizeiliche Heranziehung erwachsenen Schaden ist nach den insoweit übereinstimmenden Polizei- und Ordnungsgesetzen **grundsätzlich keine Entschädigung zu gewähren**. Dies ist auch unter dem Aspekt des Art. 14 GG unbedenklich, da hier der Störer nur in die von vornherein bestehenden Grenzen seines Eigentums zurückverwiesen bzw. dessen Sozialpflichtigkeit geltend gemacht wird[985]. Eine analoge Anwendung von allgemeinen polizei- und ordnungsrechtlichen 339

---

982 Vgl. hierzu m. eingeh. Nachw. *Kopp/Ramsauer*, VwVfG, 7. Aufl., § 59, Rdnr. 9 u. näher *Schenke*, JuS 1977, 281 ff.
983 Dazu näher m.w.N. *Brohm*, DVBl. 1994, 133 ff; *Bulling*, DÖV 1989, 277 ff sowie *Schenke*, Rdnr. 660 ff.
984 *Schenke*, Rdnr. 662.
985 Vgl. auch *BGHZ* 45, 23 ff; *BVerwGE* 38, 209 ff.

Vorschriften, die im Fall des polizeilichen Notstands Entschädigungsansprüche regeln, kommt im Fall der Inanspruchnahme des Störers nicht in Betracht. Gleichwohl wird sie in bestimmten Fällen erwogen[986]. Dies verbietet sich schon deshalb, da der Gesetzgeber im Bereich des allgemeinen Polizei- und Ordnungsrechts ganz bewusst die Entschädigung **nur dort zum Tragen** kommen lassen wollte, wo der Betroffene **Nichtstörer** ist. Die hinter den Entschädigungsvorschriften stehende **ratio paßt nicht, wenn der Betroffene einer materiellen Polizeipflicht nicht nachkommt** und er nunmehr durch die Polizei angehalten wird, diese Pflicht zu erfüllen und ihm hierbei ein Schaden entsteht. Bei den Konstellationen, bei welchen die Gegenauffassung eine Entschädigungspflicht analog den Bestimmungen über die Entschädigung des Nichtstörers bejaht, handelt es sich in Wahrheit meist um Fälle der Inanspruchnahme eines Nichtstörers. Besteht aus der Sicht der handelnden Polizei etwa der Anschein, eine Person sei Störer, obwohl sie eine Gefahr nicht unmittelbar verursacht hat, ist diese – wie zuvor gezeigt (vgl. Rdnr. 166 ff) – Nichtstörer und deshalb bei ihrer polizeilichen Inanspruchnahme bereits unmittelbar nach den einschlägigen polizeigesetzlichen Regelungen entschädigungsberechtigt.

340 Die Bejahung von Entschädigungsansprüchen einer als Störer qualifizierten Person käme von der Interessenlage her gesehen zudem ohnehin nur dort in Betracht, wo diese durch die Polizei angestrebte Inanspruchnahme sich wie die eines Nichtstörers grundsätzlich als Enteignung bzw. als ausgleichspflichtige Sozialbindung des Eigentums darstellte. Gerade wenn diese Voraussetzungen aber vorlägen, stünde der Bejahung einer Analogie zu den allgemeinen polizeirechtlichen Entschädigungsansprüchen die **Junktimklausel des Art. 14 III 2 GG** bzw. der Vorbehalt des Gesetzes entgegen[987] [988]. Will man dennoch auf der Basis der allgemeinen Polizei- und Ordnungsgesetze eine Entschädigungspflicht bejahen, bleibt nur die Möglichkeit, den Inanspruchgenommenen im Wege der verfassungskonformen Auslegung als Nichtstörer zu bewerten, d.h. unter Beachtung der eigentumsgrundrechtlichen Ausstrahlungen eine **unmittelbare** Verursachung durch ihn abzulehnen (vgl. oben Rdnr. 156, 173 ff).

341 Nur eine **scheinbare Ausnahme** von dem Grundsatz, dass dem Störer kein Enteignungsentschädigungsanspruch zusteht, bilden die Fälle, in denen die **Polizeipflicht einer Person inhaltlich begrenzt** ist (vgl. Rdnr. 175) und diese nunmehr in einer über die Polizeipflicht hinausreichenden Weise in Anspruch genommen wird. Hier handelt es sich dann nicht mehr um einen auf der sekundären Ebene begründeten Entschädigungsanspruch, vielmehr setzt die verfassungskonforme Auslegung bereits auf der Primärebene der polizeilichen Pflichten an. Wird beispielsweise in dem früher erwähnten Tanklastwagenfall (Rdnr. 173) der Grundstückseigentümer durch die Poli-

---

986 Vgl. *Menger*, VerwArch. Bd. 50 (1959), 77, 83, 86; *Götz*, Rdnr. 439; *Schoch*, JuS 1993, 724, 727; s. auch *Scholler/Broß*, DÖV 1976, 472 ff.
987 Vgl. hierzu näher *Schenke*, FS Friauf, 1996, S. 455, 495.
988 Vom Erfordernis einer gesetzlichen Regelung der Entschädigungspflicht auch bei außerhalb des Anwendungsbereichs des Art. 14 III GG liegenden entschädigungspflichtigen Sozialbindungen des Eigentums gehen auch *BGHZ* 100, 136, 144; 102, 350, 359 f; *BVerwGE* 94, 1, 8, u. *Maurer*, Allg-VerwR, 14. Aufl., 2002, § 27, Rdnr. 81 aus.

zeibehörde zur Bodensanierung angehalten und übersteigen die für die Sanierung erforderlichen Kosten den Verkehrswert seines Grundstücks, so muss die Behörde (jedenfalls sofern kein durchsetzbarer Rückgriffsanspruch gegenüber dem Tanklastwagenhalter bzw. dessen Fahrer besteht) sich zugleich zu einer Beteiligung an den Kosten der Sanierung bereit erklären. Bei dieser Kostenbeteiligung handelt es sich aber um keine Entschädigung. Unterbleibt eine solche Bereitschaftserklärung und wird der Grundstückseigentümer in der behördlichen Verfügung uneingeschränkt zur Sanierung verpflichtet, so ist der Verwaltungsakt (anders als bei der Inanspruchnahme eines Nichtstörers) rechtswidrig.

Selbstverständlich ist der Gesetzgeber im Übrigen nicht gehindert, bei bestimmten Fallgestaltungen auch dem Störer Entschädigungsansprüche einzuräumen. Geschehen ist dies z.B. in § 56 I IfSG sowie in §§ 66 ff TierSG[989]. Es handelt sich hierbei aber um keine Entschädigungsansprüche i.S.d. Art. 14 III GG, für deren Durchsetzung durch Art. 14 III 4 GG kraft Verfassungsrechts der Rechtsweg zu den ordentlichen Gerichten eröffnet wäre. **342**

Entschädigungsansprüche des Störers kommen zudem dann in Betracht, wenn diesem gegenüber rechtswidrige Maßnahmen ergriffen wurden und ihm dadurch ein Schaden entsteht[990]. Dies ist z.T. ausdrücklich normiert[991], dürfte aber auch in den Ländern, in denen es an solchen speziellen Regelungen fehlt, aus dem Gesichtspunkt des **enteignungsgleichen Eingriffs bzw. der Aufopferung** abzuleiten sein, wobei freilich hier der Betroffene, soweit er es in vertretbarer Weise versäumte, den Schaden durch Gebrauch eines Rechtsmittels abzuwenden, sich dies **analog § 254 BGB**[992] entgegenhalten lassen muss. Falls der Eingriff schuldhaft erfolgt, ist überdies noch ein Schadensersatzanspruch gem. § 839 BGB i.V.m. Art. 34 GG gegeben, der im Hinblick auf den insoweit teleologisch reduzierten § 839 I 2 BGB nicht durch das gleichzeitige Bestehen eines Entschädigungsanspruchs berührt wird (zur Haftung der Polizei für einen durch sie bei der Ersatzvornahme herangezogenen Unternehmer s. oben Rdnr. 295). Entschädigungsansprüche sind auch beim rechtswidrigen Erlass von Polizeiverordnungen zu befürworten[993], während Ansprüche aus Amtshaftung nach der freilich nicht überzeugenden Rspr.[994] hier selbst dann am fehlenden Drittbezug der Amtspflichten des normgebenden Amtswalters scheitern sollen, wenn die Norm in subjektive Rechte von Personen eingreift. **343**

---

989 Dazu, dass die dem allgemeinen polizeirechtlichen Entschädigungsanspruch vorgehenden Normen der §§ 66 ff TierSeuchG nicht zwischen Störern und Nichtstörern unterscheiden, s. *BGH*, DVBl. 1998, 521 f.
990 Dazu und zum Folgenden näher *Treffer*, Staatshaftung im Polizeirecht, 1993, S. 33 ff.
991 Vgl. § 59 II BerlASOG; § 38 I lit. b BrandOBG, ggf. i.V.m. § 70 BrandPolG; § 56 I 2 BremPolG; § 64 I 2 HessSOG; § 80 I 2 NdsGefAG; § 39 I lit. b NWOBG u. § 67 NWPolG; § 68 I 2 RhPfPolG; § 68 I 2 SaarlPolG; § 69 I 2 Sachs-AnhSOG.
992 Vgl. *BGHZ* 90, 17, 31 ff.
993 Vgl. *BGH*, NJW 1987, 1875, 1878 u. dazu *Schenke*, NJW 1988, 857 ff sowie *ders.*, NJW 1991, 1777, 1789 (zum Aufopferungsanspruch).
994 *BGHZ* 56, 40, 46; krit. hierzu *Schenke*, DVBl. 1975, 121 ff u. *Schenke/Guttenberg*, DÖV 1991, 945 ff m.w.N.

II. Der Entschädigungsanspruch des Nichtstörers

344 Der im Wege des polizeilichen Notstands in Anspruch Genommene kann nach den insoweit übereinstimmenden Polizei- und Ordnungsgesetzen[995], **grundsätzlich eine angemessene Entschädigung für den ihm durch die Inanspruchnahme entstandenen Schaden verlangen**. Anspruchsberechtigt ist damit derjenige, der nach den polizeirechtlichen, die Inanspruchnahme regelnden Vorschriften Nichtstörer ist. Dass der Begriff auf der sekundären Ebene (der Entschädigung) genauso zu interpretieren ist, wie auf der primären (Inpflichtnahme) wird an § 45 I 1 MEPolG deutlich, in dem es heißt: „Erleidet jemand infolge einer rechtmäßigen Inanspruchnahme nach § 6 einen Schaden ..." (s. zur Notwendigkeit einer einheitlichen Bestimmung des Störer- und Nichtstörerbegriffs oben Rdnr. 165). In den bereits oben angesprochenen, in der dogmatischen Konstruktion besondere Schwierigkeiten aufwerfenden Fällen, in denen einer Person gegenüber Maßnahmen zur Bekämpfung der Anscheinsgefahr getroffen werden, ist damit maßgeblich, ob der Betreffende diese unmittelbar verursacht hat. Fehlt es hieran, so ist, selbst wenn aus der Sicht der handelnden Polizei ausreichende Anhaltspunkte für die Störereigenschaft der Person vorliegen, diese dennoch als Nichtstörer zu entschädigen, was bezeichnenderweise im Ergebnis auch von der h.M. anerkannt wird. Eine Entschädigung ist damit etwa dann zu gewähren, wenn das Verhalten, von dessen Vorliegen die Behörde (etwa auf Grund von Aussagen sonst glaubwürdiger Zeugen) ausging und das sie als gefährlich einstufen durfte, in Wahrheit gar nicht vorlag (Beispiel des vermeintlichen Diebes oben Rdnr. 166) oder zwar ein Verhalten gegeben war, dieses sich aber tatsächlich entgegen der bei vernünftiger Würdigung der Sachlage vertretbaren Annahme der Polizeibehörde als ungefährlich darstellte. Man denke etwa daran, dass die Polizei auf Grund eines von ihr nicht zu verantwortenden Messfehlers davon ausging, die Einleitung von Abwässern durch einen Unternehmer sei gefährlich, obwohl dieser zu der tatsächlichen erfolgten Einleitung befugt war[996]. Entgegen der h.M.[997] muss aber auch umgekehrt derjenige, welcher die Anscheinsgefahr unmittelbar verursacht hat, entschädigungsrechtlich als Störer angesehen werden. Damit scheitert die Annahme eines Entschädigungsanspruchs bei einer solchen Fallkonstellation (etwa in dem früher erwähnten Löwenfall, Rdnr. 168) bereits am Fehlen der Nichtstörereigenschaft und nicht etwa, wie dies die Gegenauffassung[998] annimmt, erst an § 46 V MEPolG, weil der angebliche „Nichtstörer" den Schaden zu vertreten habe.

---

995 §§ 55-58 BWPolG; Art. 70-73 BayPAG, Art. 11 BayLStVG; §§ 59-65 BerlASOG; §§ 38 ff BrandOBG, ggf. i.V.m. § 70 BrandPolG; §§ 56-62 BremPolG; § 10 III-V HambSOG; §§ 64-70 HessSOG; §§ 72-77 MVSOG; §§ 80-86 NdsGefAG; § 67 NWPolG i.V.m. §§ 39-43 NWOBG; §§ 68-74 RhPfPOG; §§ 68-74 SaarlPolG; §§ 69-75 SachsAnhSOG; §§ 52-58 SächsPolG; §§ 221-226 SchlHVwG; § 52 ThürOBG i.V.m. §§ 68-74 ThürPAG; §§ 68-74 ThürPAG; §§ 45-51 MEPolG; §§ 51-56 BGSG.

996 Soweit für die Polizei erkennbar war, dass ihre Messinstrumente fehlerhaft waren, scheidet sogar bereits das Vorliegen einer Gefahr aus und kann der „Einleiter" schon aus diesem Grund nicht als Störer angesehen werden.

997 Vgl. hierzu *Schenke/Ruthig*, VerwArch. Bd. 87 (1996), 329, 354; s. demgegenüber aber *Schoch*, JuS 1993, 724, 727; *Würtenberger/Heckmann/Riggert*, BW, Rdnr. 542.

998 So aber etwa *Rüfner/Muckel*, S. 75

Die Problematik der Gegenposition wird nicht nur an ihrer **rechtsdogmatischen Be-** 345
denklichkeit, sondern auch an ihren **praktischen Konsequenzen** deutlich. So führt
die Anwendung des § 46 V MEPolG keineswegs notwendigerweise zu einem völligen Ausschluss des Entschädigungsanspruchs. Dessen generelle Verneinung lässt
sich nur bei der Bejahung der Störereigenschaft der betreffenden Person in überzeugender Weise erklären. Zudem ergäbe sich auf der Basis der Gegenauffassung im Bereich des Kostenrechts ein höchst unbefriedigendes, mit den Wertungen der Rechtsordnung nicht übereinstimmendes Ergebnis. Würde nämlich im Kostenrecht –
ebenso wie im Entschädigungsrecht – derjenige, der die Anscheinsgefahr unmittelbar
verursacht hat, als Nichtstörer behandelt, könnten ihm gegenüber Kostenersatzansprüche (s. § 5a II MEPolG u. § 28 II MEPolG i.V.m. § 30 MEPolG) nicht geltend
gemacht werden. Der Eigentümer des Löwen könnte also im genannten Beispielsfall
(Rdnr. 168) nicht zu den durch seinen „Bummel" verursachten Kosten des Polizeieinsatzes herangezogen werden. Die Gegenmeinung überzeugt umso weniger, als sie
denjenigen, der die Anscheinsgefahr (auch im weitesten Sinn) verursacht hat, auf der
primären Ebene (oder wie *Schoch* sogar generell) als Störer qualifiziert und die teleologischen Erwägungen, welche sie dennoch veranlassen, den von ihr als Störer Qualifizierten auf der Sekundärebene als Nichtstörer oder wie einen Nichtstörer zu behandeln, gerade für jene Fälle **nicht passen**, in welchen eine **Person die Anscheinsgefahr unmittelbar verursacht** hat.

Eine sinngemäße Restriktion der Entschädigungsregelungen ist in den Fällen zu be- 346
jahen, bei denen eine Person trotz des Verdachts der Störereigenschaft vorsichtshalber nur nach den Vorschriften über die Inanspruchnahme eines Nichtstörers zur Gefahrenbekämpfung herangezogen wurde und sich später herausstellt, dass sie (von
Anfang an) Störer war (vgl. oben Rdnr. 169). Die rechtsstaatlichen Gründe, aus denen heraus der Störer, solange seine Störereigenschaft noch nicht erwiesen ist, auf der
primären Ebene durch die Polizei wie ein Nichtstörer behandelt wird, rechtfertigen es
nicht, ihn nach Feststellung seiner Störereigenschaft auch noch entschädigungsrechtlich zu privilegieren. **Ohne Bedeutung** für das Bestehen eines Entschädigungsanspruchs ist die **Rechtsform**, in welcher die Belastung des Nichtstörers erfolgt. Als
eine entschädigungsrechtliche Maßnahme kommt nicht nur ein Verwaltungsakt, sondern auch ein Realakt[999] in Betracht. Hierunter fällt z.B. auch eine Auskunft, wenn
und solange der auskunftsuchende Bürger auf ihre Richtigkeit vertrauen durfte[1000].
Allein in der Bitte, von einer bestimmten Maßnahme vorläufig abzusehen, ohne dass
hierdurch auf den Betroffenen (auch nur faktischer) Zwang ausgeübt wird, kann aber
noch keine entschädigungspflichtige Maßnahme gesehen werden[1001]. Hält man ausnahmsweise auch eine Verpflichtung von Nichtstörern durch eine Polizeiverordnung
für denkbar (Rdnr. 329), kann auch sie zu einer Entschädigungspflicht führen.

Die eine Entschädigung des Nichtstörers normierenden Vorschriften tragen dem 347
Art. 14 III GG bzw. (insbesondere bei Eingriffen in nichtvermögenswerte Rechte)

---

999 *BGH*, NJW 1978, 1522, 1523; s. auch NJW 1996, 3151 f: ordnungsrechtlich weiter Maßnahmenbegriff.
1000 *BGH*, NJW 1994, 2087, 2090 f; JZ 1998, 515, 517.
1001 Vgl. *BGH*, JZ 1998, 515 ff, 517 m. Anm. *Gusy*.

II *Polizei- und Ordnungsrecht*

dem heute in seinem Kern verfassungsgewohnheitsrechtlich anerkannten Aufopferungsanspruch[1002] Rechnung. Eingeschränkt wird dieser Anspruch nach den meisten Polizei- und Ordnungsgesetzen nur insofern, als er dann ausscheidet bzw. gemindert ist, wenn die Inanspruchnahme des Nichtstörers dem **Schutz seiner eigenen Person oder seines eigenen Vermögens** dient[1003]. Diese dem Rechtsgedanken der **Vorteilsausgleichung** Rechnung tragende Limitierung ist unter dem Aspekt des Art. 14 GG bzw. der Aufopferung verfassungskonform dahingehend auszulegen, dass sie jedenfalls dann nicht zu einem völligen Ausschluss des Entschädigungsanspruchs führen kann, wenn das polizeiliche Handeln überwiegend dem öffentlichen Interesse dient[1004].

348 Aus dem Charakter des Entschädigungsanspruchs ergibt sich, dass dieser – wie auch sonst der Entschädigungsanspruch des Art. 14 III GG bzw. der Aufopferungsanspruch – **nicht auf vollen Schadensersatz** gerichtet[1005] ist. Mittelbarer Schaden, insbesondere entgangener Gewinn, wird grundsätzlich nicht ersetzt[1006]. Die gesetzlichen Regelungen enthalten allerdings z.T. Härteklauseln[1007]. Zu beachten ist, dass die Frage, ob ein Schaden unmittelbar durch die Inanspruchnahme eines Nichtstörers entstanden ist, ein Kriterium für die wertende Zurechnung der Schadensfolgen nach Verantwortlichkeiten und Risikosphären ist und deshalb nicht formal verstanden werden kann. Nötig ist ein innerer Zusammenhang mit dieser Maßnahme, d.h. es muss sich eine besondere Gefahr verwirklichen, die bereits in der hoheitlichen Maßnahme selbst angelegt ist. Dies hat der *BGH* bei der Wiedereinweisung einer durch eine Kündigung obdachlos werdenden Person in ihre frühere Mietwohnung im Hinblick auf deren durch die Kündigung besonders belastetes Verhältnis zum Eigentümer angenommen[1008]. Ein Ersatz immaterieller Schäden scheidet vorbehaltlich abweichender gesetzlicher Regelungen[1009] aus[1010]. Der Entschädigungsanspruch ist auf Geld gerichtet. Ein Amtshaftungsanspruch wird durch einen Entschädigungsan-

---

1002 Zum Aufopferungsanspruch näher *Schenke*, NJW 1991, 1777 ff.
1003 Vgl. § 55 I 2 BWPolG; Art. 70 IV BayPAG, Art. 11 I 1 BayLStVG; § 60 V 1 BerlASOG; § 38 II lit b BrandOBG; § 56 I 3 BremPolG; § 10 III 2 HambSOG; § 64 II HessSOG; § 72 II Nr. 2 MV-SOG; § 81 V 2, 3 NdsGefAG; § 67 NWPolG i.V.m. § 39 II lit. b NWOBG; § 69 V 1 RhPfPOG; § 69 V 1 SaarlPolG; § 70 V SachsAnhSOG; § 52 I 2 SächsPolG § 221 II Nr. 2 SchlHVwG; vgl. § 69 V 1 ThürPAG; § 46 V 1 MEPolG.
1004 Noch weitergehend früher *Schenke*, VBl. BW 1988, 194, 198; *Wöhrle/Belz*, BWPolG, 4. Aufl. 1985, § 42, Rdnr. 6; s. ähnlich wie im Text auch *Treffer*, SächsVBl. 1995, 225 f; *Würtenberger/Heckmann/Riggert*, BW, Rdnr. 850; *OLG Stuttgart*, NJW 1992, 1396; nicht erkannt wird die sich hier stellende Problematik von *LG Würzburg*, BayVBl. 1991, 187, 188.
1005 Zu Besonderheiten des § 64 I 2 HessSOG s. *Rumpf*, NVwZ 1992, 250 ff.
1006 A.A. *Würtenberger/Heckmann/Riggert*, BW, Rdnr. 848.
1007 § 60 I 2 BerlASOG; § 39 I 2 BrandOBG, ggf. i.V.m. § 70 BrandPolG; § 57 I 1 BremPolG; § 65 I 2 HessSOG; § 74 I 2 MVSOG; § 81 I 2 NdsGefAG; § 67 NWPolG i.V.m. § 40 I 2 NWOBG; § 69 I 2 SaarlPolG; § 70 I 2 SachsAnhSOG; § 223 I 2 SchlHVwG; § 69 I 2 ThürPAG; § 46 I 2 MEPolG.
1008 Vgl. *BGH*, NJW 1996, 315 ff.
1009 Vgl. § 60 II BerlASOG; § 57 I 2 BremPolG; § 65 II HessSOG; § 81 II NdsGefAG; § 69 II RhPfPOG; § 69 II SaarlPolG; § 70 II SachsAnhSOG; § 69 II ThürPAG; § 46 II MEPolG; s. dagegen ausdrücklich § 39 I 1 BrandOBG.
1010 A.A. *Würtenberger/Heckmann/Riggert*, BW, Rdnr. 848.

spruch, wie sich aus einer teleologischen Reduktion des § 839 I 2 BGB ergibt[1011], nicht ausgeschlossen. Ebenso ersatzfähig sind Ansprüche mittelbar Geschädigter[1012]. In zahlreichen Bundesländern ist dies in Anlehnung an § 47 MEPolG ausdrücklich geregelt[1013], gilt aber auch sonst. Ersatzpflichtig ist grundsätzlich entweder die Körperschaft, bei welcher der handelnde Beamte angestellt ist[1014] oder aber der Träger der Polizeikosten[1015]. Der Anspruch ist in Konsequenz des Art. 14 III 4 GG bzw. des § 40 II VwGO vor den ordentlichen Gerichten geltend zu machen[1016]. Der Anspruch verjährt vorbehaltlich abweichender gesetzlicher Regelungen[1017] grundsätzlich in 30 Jahren[1018]. Die Vorschrift des § 195 BGB n.F., die sich bewusst nicht auf öffentlich-rechtliche Ansprüche bezieht, ist einer sich zum Nachteil des Betroffenen auswirkenden analogen Anwendung auf öffentlichrechtliche Ansprüche nicht zugänglich[1019].

Der Entschädigungsanspruch des Nichtstörers ist, vorbehaltlich abweichender gesetzlicher Regelungen wie § 45 I 2 MEPolG[1020], die ihn auch für den Fall einer rechtswidrigen Inanspruchnahme des Nichtstörers statuieren, **grundsätzlich nur bei rechtmäßigen Maßnahmen** gegenüber dem Nichtstörer gegeben. Wenn demgegenüber behauptet wird[1021], der Entschädigungsanspruch müsse auch ohne eine solche ausdrückliche gesetzliche Gleichstellung von rechtmäßiger und rechtswidriger Inanspruchnahme erst recht bei rechtswidrigen Maßnahmen gegenüber dem Nichtstörer zum Tragen kommen, vermag dies im Übrigen nicht zu überzeugen, da insoweit eine **unterschiedliche Interessenlage** besteht, als sich der Nichtstörer gegenüber seiner rechtswidrigen Inanspruchnahme häufig im Klagewege zu wehren vermag und daher der der Entschädigungsregelung zugrunde liegende Grundsatz „dulde und liquidiere" hier nicht passt. In einem solchen Fall können sich aber aus dem inzwischen

349

1011 *BGHZ* 13 88, 105; 49, 267, 275.
1012 *Würtenberger/Heckmann/Riggert*, BW, Rdnr. 848; *Wolf*, in: Wolf/Stephan, BWPolG, § 55, Rdnr. 12; *Drews/Wacke/Vogel/Martens*, § 33, 3b; *BGHZ* 18, 286, 289 ff; 34, 23 ff.
1013 Art. 70 III BayPAG; § 61 BerlASOG; § 66 HessSOG; § 82 NdsGefAG; § 70 RhPfPOG; § 70 SaarlPolG; § 54 SächsPolG; § 71 SachsAnhSOG; § 70 ThürPAG.
1014 S. § 56 BWPolG; Art. 70 VI BayPAG; § 63 I, II BerlASOG; § 60 I BremPolG; § 10 III HambSOG; § 68 1 HessSOG; § 75 I MVSOG; § 84 I NdsGefAG; § 72 I RhPfPOG; § 72 I SaarlPolG; § 73 I SachsAnhSOG; § 56 SächsPolG; § 224 SchlHVwG; § 72 I ThürPAG; § 49 I MEPolG; § 55 I 1 BGSG.
1015 Vgl. § 41 I BrandOGB; § 67 NWPolG i.V.m. § 42 I NWOBG.
1016 Entsprechende Aussagen enthalten § 58 BWPolG; Art. 73 I BayPAG, Art. 11 I 1 BayLStVG; § 65, 1. Alt. BerlASOG; § 42 I BrandOBG; modifizierend § 62 BremPolG; § 70 HessSOG; § 77 MVSOG; § 86 NdsGefAG; § 67 NWPolG i.V.m. § 43 I NWOBG; § 74, 1. Alt SaarlPolG; § 75 SachsAnhSOG; § 58 SächsPolG; § 226 SchlHVwG; § 74, 1. Alt. ThürPAG; § 51 MEPolG; § 56 BGSG.
1017 Für dreijährige Verjährungsfrist § 62 BerlASOG; § 40 BrandOBG; § 70 BrandPolG; § 59 BremPolG; § 67 HessSOG; § 83 NdsGefAG; § 67 NWPolG; § 41 NWOBG; § 71 RhPfPOG; § 71 SaarlPolG; § 55 SächsPolG; § 72 SachsAnhSOG; § 71 ThürPAG; § 52 ThürOBG; § 54 BGSG.
1018 So auch *Pieroth/Schlink/Kniesel*, § 22, Rdnr. 36.
1019 A.A. *Würtenberger/Heckmann/Riggert*, BW, Rdnr. 854 im Anschluss an *Kellner*, NVwZ 2002, 395 ff.
1020 § 59 II BerlASOG; § 38 I lit. b BrandOBG, ggf. i.V.m. § 70 BrandPolG; § 56 I 2 BremPolG; § 64 I 2 HessSOG; § 80 I 2 NdsGefAG; § 39 I lit. b NWOBG; § 68 I 2 RhPfPOG; § 68 I 2 SaarlPolG; § 69 I 2 SachsAnhSoG; § 52 ThürOBG i.V.m. § 68 I 2 ThürPAG; § 68 I 2 ThürPAG.
1021 Vgl. für viele *Götz*, Rdnr. 429; *Riegel*, S. 202; *Drews/Wacke/Vogel/Martens*, § 33, 3a.

II *Polizei- und Ordnungsrecht*

gewohnheitsrechtlich[1022] anerkannten Rechtsinstitut des enteignungsgleichen Eingriffs (bei Eingriffen in vermögenswerte Rechte) und des Aufopferungsanspruchs[1023] (bei Eingriffen in nichtvermögenswerte Rechte) Entschädigungsansprüche ergeben (s. auch Rdnr. 343). Ihre Bemessung hat sich an den einfachgesetzlichen polizeirechtlichen Vorschriften zu orientieren[1024], **§ 254 BGB gilt analog**. Von daher gesehen zeigt sich, dass der Streit, ob hier die polizeirechtlichen Entschädigungsregelungen analog anzuwenden sind[1025] oder ob auf die Grundsätze der Aufopferung bzw. des enteignungsgleichen Eingriffs zurückzugreifen ist[1026], an Schärfe verliert. Keine Basis für Entschädigungsansprüche bei polizeilichem Handeln liefert der **Folgenbeseitigungsanspruch**, da dieser bei rechtswidrigen fortdauernden Beeinträchtigungen nur auf die Wiederherstellung des vorhergehenden Zustands, nicht aber auf Geldersatz bzw. Ersatz von Folgeschäden gerichtet ist[1027].

350 Die Entschädigungsproblematik stellt sich auch in Bezug auf **Unbeteiligte**, die (anders als die Nichtstörer) nicht durch gegen sie gerichtete polizeiliche Maßnahmen, sondern nur **unbeabsichtigt** und **zufällig betroffen** werden. Beispielsweise können bei einem Schusswechsel mit Verbrechern zufällig vorbeikommende Passanten durch die Polizei verletzt oder durch einen gegenüber Teilnehmern einer verbotenen Versammlung eingesetzten Wasserwerfer die Tische eines Straßencafés „abgeräumt" werden. Soweit nicht bereits die polizeigesetzlichen Vorschriften auch in diesem Fall einen Entschädigungsanspruch vorsehen[1028], ist dessen Zuerkennung jedenfalls unter dem Aspekt der **Aufopferung bzw. des enteignenden (oder bei rechtswidrigem polizeilichen Handeln enteignungsgleichen) Eingriffs** geboten[1029]. Bei der konkreten Ausformung dieses Anspruchs ist wiederum an die für die Nichtstörer geltenden Entschädigungsansprüche anzuknüpfen. Da bei den hier behandelten Fällen in der Regel keine Möglichkeit besteht, sich gegen die schädigenden Maßnahmen mit Rechtsbehelfen zu wehren, ergibt sich bei ihnen aus einer analogen Anwendung des § 254 BGB keine Einschränkung der Entschädigungsansprüche. Damit sind aber im praktischen Ergebnis die für Nichtstörer geltenden Entschädigungsregelungen analog anzuwenden[1030].

351 Von der Inanspruchnahme eines Nichtstörers wie auch dem Betroffensein eines Unbeteiligten ist die Konstellation zu unterscheiden, bei dem die polizeiliche Maßnahme auf Grund einer Norm vorgenommen wird, die **tatbestandlich gegenüber „jedermann" anwendbar** ist und nur auf Grund besonderer Umstände des Einzelfalls für einen Adressaten ein Sonderopfer begründet wird (vgl. das Beispiel oben Rdnr. 81). Hier ist bei einem Eingriff in ein Freiheitsgrundrecht ein **Aufopferungsanspruch** zu befürworten, für dessen Ausgestaltung die einschlägigen polizeirechtlichen Vorschriften über die Entschädigung des Nichtstörers Mo-

---

1022 Vgl. zur Fortgeltung dieses Instituts *Ossenbühl*, Staatshaftungsrecht, 5. Aufl. 1998, S. 213 ff und S. 216 f; *Schenke*, NJW 1991, 1777, 1778 f; *BGHZ* 90, 17 ff.
1023 Dazu eingeh. *Schenke*, NJW 1991, 1777 ff; *Kunig*, JURA 1992, 554 ff.
1024 Dazu eingehend *Schenke*, NJW 1991, 1777, 1781 ff.
1025 So z.B. *Mußmann*, BW, Rdnr. 526.
1026 So *Würtenberger/Heckmann/Riggert*, BW, Rdnr. 859.
1027 Vgl. *Kopp/Schenke*, VwGO, 13. Aufl. 2002, § 113, Rdnr. 89; *Pieroth/Schlink/Kniesel*, § 22, Rdnr. 5; *BayVG*, DÖV 2001, 1052 f; a.A. *BayVGH*, BayVBl. 1995, 758, 760.
1028 Eine ausdrückliche Bestimmung enthalten Art. 70 II BayPAG; § 59 I Nr. 2, II BerlASOG; § 222 SchlHVwG; § 51 II Nr. 2 BGSG; vgl. auch § 73 MVSOG.
1029 So auch *Rachor*, in: L/D, L, Rdnr. 6.
1030 Im Ergebnis zutreffend *Würtenberger/Heckmann/Riggert*, BW, Rdnr. 870 u. *Mußmann*, BW, Rdnr. 527, wobei aber zu wenig beachtet wird, dass es sich bei der Frage, ob hier eine Analogie zu befürworten ist oder auf die allgemeinen Institute zurückgegriffen werden muss, letztlich nur um eine Scheinalternative handelt.

dellcharakter besitzen und deshalb entsprechend anwendbar sind[1031]. Der gegenüber der Bejahung eines derartigen Anspruchs erhobene Einwand, in solchen Fällen verwirkliche sich nur das allgemeine Lebensrisiko, überzeugt hier ebenso wenig wie bei einer gesetzlich angeordneten Impfpflicht für jedermann, bei der eine Impfung in einem Einzelfall zu einem Gesundheitsschaden führt, dennoch aber nach allgemeiner Ansicht ein Aufopferungsentschädigungsanspruch besteht[1032].

In denjenigen Konstellationen, in denen die h.M. auf der Primärebene die (Anscheins-) Störereigenschaft bejaht, obwohl es an der unmittelbaren Verursachung fehlt, und eine analoge Anwendung der polizeirechtlichen Entschädigungsvorschriften befürwortet[1033], sind diese auf der Grundlage des oben vorgeschlagenen Störerbegriffs bereits **unmittelbar anwendbar**. Der Betroffene ist hier (nicht nur auf der Sekundärebene) von Anfang an Nichtstörer (vgl. oben Rdnr. 165 ff). 352

In der Literatur[1034] wird vielfach eine Ausdehnung des beim polizeilichen Notstand zum Zuge kommenden Entschädigungsanspruchs auch auf jene Fälle befürwortet, bei denen zur Behebung einer gegenwärtigen Gefahr oder Störung ein Unbeteiligter freiwillig (d.h. ohne hierzu durch einen polizeilichen Verwaltungsakt herangezogen worden zu sein) Hilfe leistet und diesem hierdurch ein Schaden entsteht. Es sei insbesondere bei Vorliegen der Tatbestandsvoraussetzungen der unterlassenen Hilfeleistung des § 323c StGB[1035] nicht einzusehen, warum hier derjenige, der ohne polizeiliche Aufforderung Hilfe leiste (und damit der schon kraft Gesetzes bestehenden Verpflichtung zur Hilfeleistung genüge), entschädigungsrechtlich schlechter zu stellen sei als jener, bei dem es erst des Erlasses eines polizeilichen Verwaltungsakts bedürfe, um ihn zur Hilfeleistung zu bewegen und der deshalb nunmehr wegen seiner Inanspruchnahme als Nichtstörer einen Entschädigungsanspruch besitze. Diese Argumentation überzeugt schon deshalb nicht, weil sie von falschen Prämissen ausgeht. Auch der erst nach seiner Heranziehung durch einen Verwaltungsakt Hilfeleistende besitzt nämlich nach den polizei- und ordnungsrechtlichen Vorschriften **keinen Entschädigungsanspruch**[1036]. Bei seiner Inanspruchnahme handelt es sich nämlich nicht um die eines Nichtstörers, sondern um die eines **Störers**. Seine Störereigenschaft ergibt sich dabei aus der Nichtbeachtung des strafrechtlichen Handlungsgebots des § 323c StGB. Da bei dem durch die Polizei im Falle des § 323c StGB Inanspruchgenommenen folglich ein polizei- und ordnungsrechtlicher Entschädigungsanspruch unter dem Aspekt des polizeilichen Notstands nicht zu begründen ist, kann es **auch nicht beanstandet werden, dass der im Falle des § 323c StGB ohne die Aufforderung der Polizei Helfende ebenfalls keinen polizei- und ordnungsrechtlichen Entschädigungsanspruch besitzt**[1037]. Keine Entschädigungsansprüche unter dem Aspekt des polizei- und ord- 353

1031 So auch *Möller*, NVwZ 2000, 382, 386; *Pieroth/Schlink/Kniesel*, § 22, Rdnr. 12; *Waechter*, DÖV 1999, 138, 147; *Mußmann*, BW, Rdnr. 527; a.A. *Würtenberger*, Rdnr. 374.
1032 BGHZ 9, 83 ff und jetzt §§ 56 ff InfSG.
1033 So etwa *Schoch*, JuS 1993, 724, 727; *BGH*, NJW 1996, 3151; JZ 1998, 515, 516.
1034 So z.B. *Samper/Honnacker*, BayPAG, 16. Aufl. 1995, Art. 10, Rdnr. 16.
1035 Ausdrücklich wird auch in diesem Fall durch § 59 I Nr. 3 BerlASOG eine Entschädigung gewährt. Diese Vorschrift wird man dabei – da hier ein Entschädigungsanspruch gem. § 59 I Nr. 2 BerlASOG (vgl. hierzu im folgenden) ausscheidet – auch auf jene Fallgestaltung zu erstrecken haben, bei der erst nach Erlass eines polizeilichen Verwaltungsakts der Hilfeleistungspflicht des § 323c StGB genügt wurde.
1036 S. auch *Götz*, Rdnr. 263 u. Rdnr. 448; eingeh. hierzu *M. Fischer*, Unterlassene Hilfeleistung und Polizeipflichtigkeit, 1989.
1037 Im Übrigen ergeben sich in beiden Fällen der Hilfe aus Vorschriften außerhalb des Polizei- und Ordnungsrechts sozialversicherungsrechtliche Leistungsansprüche nach dem Unfallversicherungsrecht (§ 2 I Nr 13a SGB VII i.V.m. §§ 8, 13, 26 ff SGB VII).

nungsrechtlichen Notstands sind auch dann gegeben, wenn jemand außerhalb der durch § 323c StGB erfassten Fälle freiwillig Hilfe zur Beseitigung polizeilicher Gefahren leistet; allerdings sehen einzelne Polizei- und Ordnungsgesetze hier nunmehr vor[1038], dass auch demjenigen ein Schadensausgleich zu gewähren ist, der mit Zustimmung[1039] der Polizei- bzw. Ordnungsbehörde bei der Erfüllung polizeilicher Aufgaben freiwillig mitgewirkt hat oder Sachen zur Verfügung gestellt und dabei einen Schaden erlitten hat. Im Übrigen kann der freiwillig Helfende u.U. einen Anspruch auf Ersatz seiner Aufwendungen aus Geschäftsführung ohne Auftrag oder aus einem Auftragsverhältnis besitzen.

N. Ersatzansprüche des Polizeiträgers

I. Ersatzansprüche bei Ersatzvornahme

354 Ersatzansprüche für die den Polizei- und Ordnungsbehörden bei der Ersatzvornahme entstehenden Kosten sind in allen Bundesländern vorgesehen. Diese Regelungen, die sowohl die Selbstvornahme der Handlung durch die Behörde[1040] als auch die Fremdvornahme zum Gegenstand haben (vgl. Rdnr. 294), finden sich in § 30 MEPolG[1041]. Sie betreffen alle Personen, die ihre Verpflichtung, eine vertretbare Handlung vorzunehmen, nicht erfüllen. Insofern erfassen sie auch den Fall, dass ein (ausnahmsweise) durch die Polizei in Anspruch genommener Nichtstörer einem polizeilichen Verwaltungsakt nicht nachkommt und dieser zwangsweise durchgesetzt wird. Praktisch weit bedeutsamer sind jedoch die Kostenersatzansprüche gegenüber Störern, insbesondere bei Sofortvollzug[1042] (§§ 28 II, 30 MEPolG). Der **Kostenersatzanspruch entsteht bereits kraft Gesetzes; ein polizeiliches Ermessen besteht nicht** (s. auch

---

1038 Vgl. im Einzelnen § 59 III BerlASOG; § 56 II BremPolG; § 10 V HambSOG; § 80 II NdsGefAG; § 68 II RhPfPOG; § 69 III SachsAnhSOG; § 68 II ThürPAG; § 45 II MEPolG; § 51 III Nr. 1 BGSG.
1039 Das Wort Zustimmung umfasst im juristischen Sprachgebrauch (s. §§ 183 f BGB) auch die (nachträgliche) Genehmigung. Freilich bedeutete dies dann, dass es vom Willen der Polizei abhängig würde, ob ein Anspruch gegen sie gegeben ist. Um dieses befremdliche Ergebnis zu vermeiden, ist entweder der Begriff der Zustimmung so zu reduzieren, dass er nur die (vorherige) Einwilligung erfasst oder man wird – was mir überzeugender erscheint –, wenn die Hilfe sachlich gerechtfertigt war, einen Anspruch auf Genehmigung befürworten müssen (zum Problem auch AEPolG, § 65, Rdnr. 9).
1040 Zum Anspruch auf Kostenersatz bei Selbstvornahme s. *OVG Hamb*, DÖV 1987, 257 ff.
1041 Vgl. in Art. 55 BayPAG; § 55 BrandPolG; § 49 HessSOG; § 89 MVSOG; § 66 NdsGefAG; § 52 NWPolG; § 52 RhPfPOG; § 46 SaarlPolG; § 55 SachsAnhSOG; § 238 I SchlHVwG; § 53 I, II ThürPAG; in anderen Bundesländern gelten die allgemeinen Vorschriften: §§ 25, 31 BWVwVG; § 5 II BerlVwVfG i.V.m. § 10 VwVG; § 15 BremVwVG; § 19 I HambVwVG und § 10 VwVG. Spezialregulierungen finden sich hinsichtlich der Kosten über die Sicherstellung von Sachen (z.B. § 24 III 1 MEPolG).
1042 Zu der Frage des Umfangs des Kostenersatzanspruchs, insbesondere unter dem Aspekt der Einbeziehung Gefahr- und Störererforschungsmaßnahmen, s. i.V.m. dem entsprechenden Problem bei unmittelbarer Ausführung Rdnr. 359.

Rdnr. 358)[1043]. Soweit mehrere Personen für eine Gefahr verantwortlich sind und die Polizei im Wege des Sofortvollzugs gem. §§ 28 II, 30 MEPolG eine Ersatzvornahme tätigt, kann ein durch sie in Anspruch genommener Polizeipflichtiger einen internen Ausgleichsanspruch gegenüber einem anderen Verantwortlichen haben (vgl. oben Rdnr. 184 ff). Ein entstandener Kostenersatzanspruch unterliegt vorbehaltlich anderweitiger gesetzlicher Regelung analog § 195 BGB einer dreijährigen Verjährung (s. hierzu oben Rdnr. 181).

Der Ersatzanspruch setzt nach ganz h.M.[1044] voraus, dass die **Ersatzvornahme rechtmäßig** ist[1045]; ohne Bedeutung ist dagegen, ob die der Ersatzvornahme vorausgegangenen polizeilichen Akte rechtmäßig waren. Insbesondere spielt die Rechtmäßigkeit des vollstreckten Verwaltungsakts keine Rolle[1046], solange dieser rechtswirksam ist und nicht rückwirkend aufgehoben wurde (s. Rdnr. 283). Auch eine Abweichung von den dem Vollstreckungsschuldner mitgeteilten voraussichtlichen Kosten steht einem höheren Kostenersatzanspruch jedenfalls dann nicht entgegen, wenn diese Erhöhung nicht vorausshbar war (vgl. Rdnr. 294). Er kann in einem Verwaltungsakt festgesetzt werden, dessen Anfechtung aufschiebende Wirkung gem. § 80 I VwGO eintreten lässt[1047]. Die Möglichkeit einer solchen vereinfachten Geltendma- 355

1043 Wenn § 30 II 2 MEPolG bei nicht fristgerechter Zahlung der Kosten der Ersatzvornahme vorsieht, dass diese im Verwaltungszwang beigetrieben werden kann, so wird hierdurch nur die Befugnis begründet, eine schon de lege bestehende und als solche vorausgesetzte Ersatzforderung in einem Verwaltungsakt festzusetzen (zur Erstreckung des Vorbehalts des Gesetzes auch auf die Geltendmachung von Forderungen mittels Verwaltungsakts s. *Schenke*, Fälle zum Beamtenrecht, 2. Aufl. 1990, S. 106 ff) und sie damit zwangsweise durchsetzen zu können. Die gesetzliche Kostenersatzpflicht wird im Übrigen bereits im Begriff der Ersatzvornahme („auf Kosten") vorausgesetzt und entspricht auch der durch den Gesetzgeber begründeten Kostenersatzpflicht bei der unmittelbaren Ausführung nach § 5a II MEPolG (dazu Rdnr. 359).
1044 Vgl. für viele *Mertens*, Die Kostentragung bei der Ersatzvornahme im Verwaltungsrecht, 1976, S. 52 m.w.N.; *Rasch*, § 30 MEPolG, Rdnr. 9.
1045 Eine Einschränkung dieses Grundsatzes muss allerdings in den – seltenen – Fällen angenommen werden (vgl. zu solchen Fallgestaltungen *Hurst*, DVBl. 1965, 757 ff), in denen ein Zusammenhang zwischen der Rechtswidrigkeit der Ersatzvornahme und dem Entstehen der Kosten ausgeschlossen werden kann, d.h. es auch bei rechtmäßigem Verhalten der Polizei- bzw. Ordnungsbehörden zu der kostenaufwendigen Ersatzvornahme gekommen wäre (s. schon *Schenke*, NJW 1983, 1882, 1883). Hier ist der (positivgesetzlich ohnehin meist nicht ausdrücklich normierte) Ausschluss einer Kostenerstattung bei rechtswidriger Ersatzvornahme sachlich wegen fehlenden Rechtswidrigkeitszusammenhangs nicht gerechtfertigt. Für diese Lösung spricht auch ein Seitenblick auf vergleichbare Fallgestaltungen in anderen Rechtsgebieten (s. zum sog. Alternativverhalten im Zivilrecht *Larenz*, Schuldrecht AT I, 14. Aufl. 1987, S. 527 ff) sowie der dem § 46 VwVfG zu Grunde liegende Rechtsgedanke. Z.T. hat die hier vertretene Lösung sogar eine ausdrückliche positivgesetzliche Normierung erfahren (s. Art. 55 I 3 BayPAG i.V.m. Art. 18 BayKG; verfehlt ist es deshalb, wenn *Geiger*, BayVBl. 1983, 10, 11 aus dieser Vorschrift ableiten will, bei Rechtswidrigkeit der Ersatzvornahme sei ein Kostenersatzanspruch stets ausgeschlossen). Damit wird hier auch der (untaugliche) Versuch entbehrlich, Unbilligkeiten des von der h.M. angenommenen Ausschlusses des Kostenersatzanspruchs durch den Rückgriff auf die allgemeinen Rechtsinstitute der öffentlichrechtlichen Geschäftsführung ohne Auftrag und des Erstattungsanspruchs zu korrigieren.
1046 Zu teilweise abweichenden Ansichten s. eingehend Rdnr. 283.
1047 Es handelt sich nicht um Kosten i.S.d. § 80 II 1 Nr. 1 VwGO, s. *Heckmann*, Der Sofortvollzug staatlicher Geldforderungen, 1992, S. 135 ff; VGH BW, NVwZ 1986, 933; a.A. *BayVGH*, BayVBl. 1994, 372.

II Polizei- und Ordnungsrecht

chung des Anspruchs schließt aber unter dem Aspekt des fehlenden Rechtsschutzbedürfnisses die klageweise Geltendmachung des Anspruchs dann nicht aus, wenn der Betroffene deutlich macht, dass er den Kostenersatzanspruch für nicht gegeben ansieht und es deshalb ohnehin zu einem Prozess kommen wird[1048].

356 In den Fällen, in denen ein Kostenersatzanspruch wegen der Rechtswidrigkeit der Ersatzvornahme nach den vollstreckungsrechtlichen Regelungen ausgeschlossen ist, lässt sich ein Kostenersatzanspruch auch **nicht durch den Rückgriff auf die allgemeinen Grundsätze der öffentlichrechtlichen Geschäftsführung ohne Auftrag**[1049] **oder das Institut der öffentlichrechtlichen Erstattung**[1050] **begründen.** Diese Ansätze erwecken nicht nur deshalb Bedenken, weil es fraglich erscheint, ob überhaupt die Tatbestandsvoraussetzungen dieser Institute gegeben sind; sie vermögen vor allem aber deshalb nicht zu befriedigen, weil hierbei übersehen wird, dass die gesetzlichen Kostenersatzregelungen als leges speciales einen Rückgriff auf diese allgemeinen Institute ausschließen.

Zur schwierigen Problematik des Kostenersatzanspruchs i.V.m. dem Abschleppen eines Kfz s. oben Rdnr. 114.

II. Ersatzansprüche bei unmittelbarem Zwang

357 Für die Erhebung von **Kosten bei der rechtmäßigen Anwendung unmittelbaren Zwangs** zur Durchsetzung polizeilicher Verwaltungsakte bestehen hingegen **nur vereinzelt Rechtsgrundlagen.** So sehen z.B. §§ 7 f BWVollstrKO[1051] für die rechtmäßige[1052] Anwendung unmittelbaren Zwangs die Erhebung von Gebühren und Auslagen vor[1053]. Solche Regelungen sind, sofern sie sich auf die Erhebung von Kosten für die Anwendung unmittelbaren Zwangs gegenüber dem jeweiligen Vollstreckungsschuldner beschränken[1054], entgegen in der Literatur verschiedentlich geäußerter Kritik[1055], weder im Hinblick auf die – ganz anders motivierten – bundesrechtli-

---

1048 Hierzu *Schenke*, Verwaltungsprozeßrecht, 8. Aufl. 2002, Rdnr. 592.
1049 S. z.B. *Baur*, JZ 1964, 354, 357 f; krit. hierzu *Götz*, Rdnr. 468; *Maurer*, JuS 1970, 561 ff und eingehend *Kischel*, VerwArch. Bd. 90 (1999), 391 ff sowie *Schenke*, VersR 2001, 533, 537 ff; *Schoch*, JURA 1994, 241, 242 ff.
1050 So *Mertens*, Die Kostentragungspflicht bei der Ersatzvornahme im Verwaltungsrecht, 1976, S. 78 ff und *Chr. Wollschläger*, Geschäftsführung ohne Auftrag im öffentlichen Recht und Erstattungsanspruch, 1977, S. 82 ff.
1051 Diese Vorschriften sind über § 52 IV BWPolG i.V.m. § 31 III LVwVG anwendbar. Vgl. z.B. auch Art. 58 III BayPAG i.V.m. § 1 Nr. 6, 7 BayPolKV.
1052 Vgl. *VGH BW*, VBl. BW 1986, 299, 302.
1053 Eingehend hierzu die gründliche Arbeit von *Erdmann*, Die Kostentragung bei Maßnahmen des unmittelbaren Zwangs, 1987.
1054 Einem Hausbesetzer oder Demonstranten können nur die Kosten für die Anwendung unmittelbaren Zwangs ihm gegenüber, nicht aber gegenüber anderen Personen auferlegt werden (vgl. *Schenke*, NJW 1983, 1882, 1890 und *Seibert*, DÖV 1983, 964, 970; *Kränz*, JuS 1987, 451, 455; a.A. *OVG Nds*, DVBl. 1977, 832 ff; *Broß*, DVBl. 1983, 377, 383; offen gelassen von *OVG Nds*, DVBl. 1984, 57, 59). Dies ergibt sich schon daraus, dass er jeweils nur selbst und für seine eigene Person einer Räumungsverfügung Folge leisten kann.
1055 Vgl. z.B. *Kühling*, DVBl. 1981, 315, 317; s. auch *Kilian*, VBl. BW 1984, 52 ff.

chen Kostenregelungen in der StPO[1056] noch unter dem Aspekt des Art. 3 GG bzw. anderer Grundrechte bedenklich[1057]. Sie verstoßen auch nicht gegen die insoweit angeblich abschließenden Regelungen des VersG (vgl. oben Rdnr. 142) und stellen sich nicht als eine unzulässige Zeitgebühr[1058] dar. Entgegen der Auffassung des *BayVGH*[1059] steht es dem Kostenersatzanspruch auch nicht entgegen, dass die Anwendung unmittelbaren Zwangs nicht nur der Durchsetzung von Gefahrabwehrmaßnahmen, sondern zugleich auch der Strafverfolgung diente (anders lediglich, wenn es nur um eine strafprozessuale Zielsetzung ging[1060], vgl. auch oben Rdnr. 228).

III. Ersatzansprüche bei unmittelbarer Ausführung

Fast alle Polizei- und Ordnungsgesetze regeln im Übrigen die **Kostenerstattung für die ohne vorhergehenden Verwaltungsakt erfolgende unmittelbare Ausführung einer polizeilichen Maßnahme**. Die dabei entstandenen Kosten sind vom polizeirechtlich Verantwortlichen zu tragen, wie in § 5a II MEPolG ausdrücklich vorgesehen ist[1061]. Dies ist angesichts des eindeutigen Wortlauts des § 5a II MEPolG („sind die nach den §§ 4 oder 5 Verantwortlichen verpflichtet") obligatorisch und lässt prinzipiell keinen Raum für eine behördliche Ermessensentscheidung[1062]. Das Entstehen

358

1056 Dazu, dass die §§ 7 f BWVollstrKO keine Kostenersatzansprüche wegen der Anwendung unmittelbaren Zwangs allein zu Zwecken der Strafverfolgung begründen, s. *VGH BW*, NVwZ 1989, 163, 164.
1057 Vgl. hierzu m.w.N. ausführlich *Schenke*, NJW 1983, 1882, 1888 ff; ferner *Broß*, DVBl. 1983, 377, 383; *Kränz*, JuS 1987, 451 ff und *Würtenberger*, NVwZ 1983, 192, 199; *v. Brünneck*, NVwZ 1984, 273 ff; *VGH BW*, DÖV 1984, 517 ff u. VBl. BW 1986, 299 ff.
1058 Insoweit zutreffend *VGH BW*, VBl. BW 1985, 385; a.A. *Würtenberger/Rommelfanger*, VBl. BW 1986, 41 ff.
1059 *BayVGH*, BayVBl. 1986, 338; ebenso aber auch *Würtenberger/Heckmann/Riggert*, BW, Rdnr. 923; *Rieger*, Die Abgrenzung doppelfunktionaler Maßnahmen der Polizei, 1994, S. 157; richtig hingegen wie im Text nunmehr auch *BVerwG*, DÖV 2001, 1003.
1060 Um einen solchen Fall ging es bei *BayVGH*, DVBl. 1998, 840 f.
1061 Ebenso § 8 II BWPolG; Art. 9 II BayPAG; § 15 II, III BerlASOG; § 53 II i.V.m. § 55 BrandPolG; § 7 III HambSOG; § 8 II HessSOG; § 81 III i.V.m. § 100 II MVSOG; § 6 II RhPfPOG; § 9 II SachsAnhSOG; § 6 II SächsPolG; § 230 III i.V.m. §§ 238 I bzw. 239, 249 II SchlHVwG; § 12 II ThürOBG; § 9 II ThürPAG; § 19 II BGSG. Ausnahmsweise kann allerdings die Heranziehung des Polizeipflichtigen unverhältnismäßig und damit rechtswidrig sein, vgl. *VGH BW*, NJW 1991, 1698. Zur ausnahmsweisen Kostenerstattungspflicht eines Hoheitsträgers s. *Oldiges*, JuS 1989, 616 ff.
1062 Nicht überzeugend daher zu der entsprechenden Regelung des § 8 II BWPolG *VGH BW*, NJW 1991, 1698 sowie *Mußmann*, BW, Rdnr. 347 u. *Würtenberger/Heckmann/Riggert*, BW, Rdnr. 804. Die früher bestehende allgemeine Vorschrift des § 81 I BWPolG, auf die sich der *VGH BW*, unter Verkennung der Bedeutung dieser Norm (zu ihrer nur deklaratorischen Relevanz s. die Regierungsbegründung zur Novellierung des BWPolG LT-Drucks. 10/5230, 61) berief, ist inzwischen aufgehoben. § 20 BWLGebG, aus dem *Mußmann*, BW, Rdnr. 347 die Möglichkeit ableitet, aus Billigkeitsgründen von der Erhebung von Kosten abzusehen, ist bereits von seinem Anwendungsbereich her (s. § 1 I BWLGebG) hier nicht einschlägig. Er kann angesichts des Fehlens einer Regelungslücke auch nicht analog herangezogen werden (so aber *Würtenberger/Heckmann/Riggert*, BW, Rdnr. 804; selbst bei Zulässigkeit einer Analogie stünde die Kostenerhebung im Übrigen grundsätzlich nicht im polizeilichen Ermessen), zumal es nicht angeht, den seiner materiellen Polizeipflicht nicht genügenden Störer durch einen Billigkeitserlass noch zu prämieren (s. auch Rdnr. 165). Jedenfalls liegt es aber weit näher, den verfassungsrechtlichen Wertungen bereits im

eines Kostenersatzanspruchs ist nach ganz h.M. an die Rechtmäßigkeit der unmittelbaren Ausführung gebunden[1063]. Er kann, wie sich aus § 5a II MEPolG ergibt, mittels Erlasses eines Verwaltungsakts geltend gemacht werden. Der Begriff des polizeirechtlich Verantwortlichen ist auch hier in derselben Weise zu interpretieren wie auf der Primärebene (vgl. Rdnr. 165, 344).Geht das Eigentum an einer gefährlichen Sache auf eine andere Person über, ist aber bereits vorher ein Dritter mit der Durchführung der unmittelbaren Ausführung betraut worden, so trifft, wenn es sich um einen inhaltlich und kostenmäßig fest umrissenen Vertrag handelt, die Kostenersatzpflicht denjenigen Eigentümer als Zustandsstörer, in dessen Eigentumszeit der Vertragsschluss mit dem Dritten fällt[1064].

359 Der Kostenersatzanspruch deckt sich – vorbehaltlich abweichender gesetzlicher Regelungen – umfänglich mit dem Kostenersatzanspruch bei der Ersatzvornahme bzw. der Anwendung unmittelbaren Zwangs[1065]. Nur so lässt sich erklären, dass sich in den einschlägigen Polizei- und Ordnungsgesetzen (so etwa in BW) meist keine näheren Vorschriften über die Höhe des Kostenersatzanspruchs finden. Zudem wird diese Bestimmung der Kostenhöhe auch dem Umstand gerecht, dass der Sofortvollzug bzw. die unmittelbare Ausführung der Sache nach ein verkürztes Vollstreckungsverfahren beinhalten. Zu erstatten sind im Übrigen nicht nur die Kosten für Maßnahmen, die unmittelbar der Abwehr von Gefahren dienen, sondern auch diejenigen für **Gefahr- und Störererforschungsmaßnahmen**. Die Auffassung[1066], hier handele es sich nicht um der Gefahrenabwehr dienende Maßnahmen, überzeugt nicht. Sie verkennt, dass das Ergreifen von Maßnahmen zur Gefahrenabwehr ohne eine Aufklärung, ob tatsächlich ein Schadenseintritt droht (Gefahrerforschung) und auch – da dies für die Art und Weise des Vorgehens maßgeblich ist – wer der für die Gefahr Verantwortliche ist (Störererforschung), nicht möglich ist und damit hier bereits ein **erster Schritt der Gefahrenabwehr** vorliegt. Das demgegenüber vorgebrachte Argument, der Untersuchungsgrundsatz des § 24 VwVfG verpflichte die Behörde von Amts wegen den Sachverhalt zu erforschen und sie dürfe daher hier-

---

Rahmen des polizeirechtlichen Verursacherbegriffs Rechnung zu tragen (vgl. hierzu Rdnr. 173 ff). Bezeichnenderweise begründet der *VGH BW*, VBl. BW 1991, 434, 435 das Entfallen einer Kostenersatzpflicht mit Argumenten (Abstellen auf die Risikosphäre), welche sonst für die Bestimmung der polizeirechtlichen Verursachung herangezogen werden.

1063 *Rasch*, § 5a MEPolG, Rdnr. 8 m.w.N.; zu Einschränkungen dieses Grundsatzes s. oben Fn. 864. Bei rechtswidriger unmittelbarer Ausführung lassen sich Kostenersatzansprüche des Polizeiträgers weder aus öffentlichrechtlicher Geschäftsführung ohne Auftrag noch aus dem Institut der Erstattung begründen (s. auch oben Rdnr. 356).

1064 *OVG Hamb*, NVwZ 2001, 215; s. zur Frage der Kostenersatzpflicht bei Rechtsnachfolge auch oben Rdnr. 179.

1065 So auch *Würtenberger/Heckmann/Riggert*, BW, Rdnr. 802; *Mußmann*, BW, Rdnr. 347 und der Sache nach wohl auch *BVerwG*, NJW 1981, 1571, 1572; a.A. *Wolf*, in: Wolf/Stephan, BWPolG, § 8, Rdnr. 30 und *Reichert/Ruder/Fröhler*, BW, Rdnr. 751, wonach nur die Mehrausgaben, die der Polizei durch die unmittelbare Ausführung entstanden sind, zu ersetzen sind. Letzteres bedeutete, dass die Gebühren, die für die Ersatzvornahme bzw. die Anwendung unmittelbaren Zwangs nach den Vollstreckungskostenregelungen (z.B. §§ 6, 7 BWVollStrKO) erhoben werden, bei der unmittelbaren Ausführung entfielen. Für eine solche Privilegierung des durch eine unmittelbare Ausführung Betroffenen im Verhältnis zu einem Vollstreckungsschuldner fehlt es aber an einer sachlichen Rechtfertigung.

1066 So für Störererforschungsmaßnahmen z.B. *Schink*, DVBl. 1989, 1182 ff m.w.N.; a.A. wie im Text *VGH BW*, VBl. BW 1990, 232, 233; *OVG Hamb*, NVwZ 2001, 215, 217, 219 m.w.N; *Pietzcker*, JuS 1986, 719, 722.

für keine Kosten erheben[1067], ist schon im Hinblick auf die speziellen polizeirechtlichen Kostenersatzregelungen nicht durchschlagend. Ohnehin regeln die Vorschriften der §§ 24 ff VwVfG nicht, wer für die Kosten der Sachverhaltsaufklärung aufzukommen hat. Vielmehr ergibt sich dies – vorbehaltlich spezieller polizei- und ordnungsrechtlicher Regelungen – aus den Kostengesetzen der Länder bzw. des Bundes (vgl. z.B. § 10 I Nr. 5 BWVwKostG). Sind damit aber Regelungen wie § 5a II MEPolG einschlägig, welche eine Kostenersatzpflicht für den Störer vorsehen, so ist eine Person, bei der die Polizei zunächst nur den Verdacht hat, sie sei Störer, auch hinsichtlich der der Störererforschung dienenden Aufklärungsmaßnahmen kostenpflichtig, wenn sich später ihre Störereigenschaft herausstellt. Dasselbe gilt für den Anscheinsstörer. Zu beachten ist allerdings, dass derjenige, der den Anschein verursacht hat, er sei für einen tatsächlich drohenden Schaden verantwortlich, **nur für die Störererforschungsmaßnahmen** herangezogen werden kann, nicht hingegen für Kosten der Beseitigung der Gefahren, die sich in Verbindung mit dem tatsächlich drohenden Schaden ergeben haben. Die Gefahr dieses Schadens ist dem Anscheinsstörer nicht zurechenbar. Leitet jemand beispielsweise verunreinigtes Gewässer auf seinem Grundstück in das Erdreich und ist das Nachbargrundstück kontaminiert, so kann der Anschein bestehen, er sei für die dort entstandenen Schäden verantwortlich. Stellt sich aber dann heraus, dass die von ihm vorgenommenen Einleitungen nicht für den gefährlichen Zustand des Nachbargrundstücks kausal sind, sondern dieser eine andere Ursache hat, kann er zu den Kosten der Bodenreinigung des Nachbargrundstücks nicht herangezogen werden.

Bestehen, wie etwa in den Bundesländern Bremen, Niedersachsen, Nordrhein-Westfalen und Saarland keine speziellen Vorschriften für die Kostenerstattung bei unmittelbarer Ausführung bzw. Sofortvollzug, sind die jeweiligen allgemeinen Regelungen über den Kostenersatz bei der Anwendung von Vollstreckungsmitteln einschlägig. Die Heranziehung kann durch Verwaltungsakt erfolgen und stellt, auch wenn gemeindliche Organe polizeiliche Aufgaben wahrnehmen, keine Selbstverwaltungsaufgabe dar[1068].

360

IV. Rückgriffsansprüche

Neben diesen Ersatzansprüchen gibt es entsprechend der Regelung des § 50 MEPolG die Möglichkeit des Rückgriffs auf den Verantwortlichen. Ein **Rückgriff** der ausgleichspflichtigen Körperschaft auf den Verantwortlichen ist nach § 50 I i.V.m. § 45 I 1 MEPolG dann **möglich, wenn für die rechtmäßige Inanspruchnahme eines Nichtstörers diesem ein Schadensausgleich gewährt wurde**; diese Ausgleichszahlung kann vom Störer zurückgefordert werden[1069]. Darüber hinaus kommt ein Rückgriff in den meisten Bundesländern in weiteren Fällen in Betracht, zumeist in Anleh-

361

1067 So *Breuer*, NVwZ 1987, 754; *Papier*, NVwZ 1986, 256, 257; *Schink*, DVBl. 1989, 1182 ff; wie hier dagegen *Kloepfer*, NuR 1987, 7, 19.
1068 Zur zuständigen Widerspruchsbehörde *VGH BW*, VBl. BW 1986, 22.
1069 Vgl. auch § 57 i.V.m. §§ 56, 55, 9 I BWPolG; Art. 72 i.V.m. Art. 70 I BayPAG; § 64 i.V.m. §§ 59 Nr. 1, 63 BerlASOG; §§ 41 II, 38 I lit a BrandOBG, ggf. i.V.m. § 70 BrandPolG; § 61 I i.V.m. § 56 I BremPolG; § 10 IV HambSOG; § 69 I i.V.m. § 64 I 1 HessSOG; § 75 II i.V.m. §§ 72, 73, 75 I MVSOG; § 85 I i.V.m. § 80 NdsGefAG; § 67 NWPolG i.V.m. §§ 42 II, 39 I lit. a NWOBG; § 73 i.V.m. § 68 I 1 RhPfPOG; § 73 i.V.m. § 68 I 1 SaarlPolG; § 74 I 1 i.V.m. § 69 I 1, III Sachs-AnhSOG; § 52 I 1 i.V.m. §§ 56, 57 SächsPolG; § 224 II i.V.m. §§ 221, 222 SchlHVwG; § 52 ThürOBG, § 73 I ThürPAG i.V.m. §§ 72, 68 ThürPAG; § 55 II 1 i.V.m. § 51 I oder II Nr. 2 BGSG.

nung an § 50 I i.V.m. § 45 II MEPolG dort, wo solchen Personen ein Ausgleich gewährt wurde, die mit Zustimmung der Polizei bei der Erfüllung polizeilicher Aufgaben freiwillig mitgewirkt oder Sachen zur Verfügung gestellt und dadurch einen Schaden erlitten haben[1070]. Soweit ein Rückgriff zum Zuge kommt, ist z.T. ausdrücklich normiert, dass dann, wenn mehrere Personen nebeneinander verantwortlich sind, diese als Gesamtschuldner haften[1071]. Zu beachten ist, dass bei Streitigkeiten über diese Ansprüche in manchen Bundesländern der Rechtsweg zu den Zivilgerichten[1072], in anderen Bundesländern der zu den Verwaltungsgerichten[1073] gegeben ist.

362 Außer bei Vollstreckungsmaßnahmen (Ersatzvornahme, unmittelbarer Zwang) kann der Nichtstörer grundsätzlich nicht zu den Kosten eines polizeilichen Einsatzes herangezogen werden, selbst wenn dieser auch seinen Interessen dient (z.B. dient der Polizeieinsatz bei Sportveranstaltungen auch dem Veranstalter). Vereinzelt finden sich aber in den Ländern abweichende Regelungen[1074].

Literatur

I. Allgemeine Literatur und Gesamtdarstellungen zum Polizeirecht*

Drews/Wacke/Vogel/Martens, Gefahrenabwehr. Allgemeines Polizeirecht (Ordnungsrecht) des Bundes und der Länder, 9. Aufl. 1986. *Friauf*, Polizei- und Ordnungsrecht, in: Schmidt-Aßmann (Hrsg.), Besonderes Verwaltungsrecht, 11. Aufl. 1999, S. 105 ff. *Götz*, Allgemeines Polizei- und Ordnungsrecht, 13. Aufl. 2001. *Gornig/Jahn*, Fälle zum Sicherheits- und Polizeirecht, 2. Aufl. 1999. *Gusy*, Polizeirecht, 4. Aufl. 2000. *Habermehl*, Polizei- und Ordnungsrecht, 2. Aufl. 1993. *Heise/Riegel*, Musterentwurf eines einheitlichen Polizeigesetzes, 2. Aufl. 1978. *Hillmann/Fritz*, Polizei- und Ordnungsrecht, in: Handbuch für die öffentliche Verwaltung, Bd. 2, Besonderes Verwaltungsrecht (Hrsg. Friauf), 1984, S. 81 ff. *Knemeyer*, Polizei- und Ordnungsrecht, 9. Aufl. 2002. *Knemeyer*, Polizei- und Ordnungsrecht, Prüfe dein Wissen, 2. Aufl. 1994 (zit.: Knemeyer, PdW). *Lisken/Denninger*, Handbuch des Polizeirechts, 3. Aufl. 2001 (zit.: *Bearbeiter* in: L/D). *Möller/Wilhelm*, Allgemeines Polizei- und Ordnungsrecht. Ge-

---

1070 Vgl. § 64 i.V.m. § 59 III BerlASOG; § 61 I i.V.m. § 56 II BremPolG; § 10 V HambSOG; § 69 I i.V.m. § 64 III HessSOG; § 85 I i.V.m. § 80 II NdsGefAG; § 73 I i.V.m. § 68 II RhPfPOG; § 73 I i.V.m. § 68 II SaarlPolG; § 73 I i.V.m. §§ 72 I, 68 II ThürPAG; anders bzw. weiter Art. 72, 71 70 VI, 70 II BayPAG; § 55 II i.V.m. § 51 III Nr. 1 BGSG.
1071 Vgl. § 64 II BerlASOG; § 61 II BremPolG; § 69 II HessSOG; § 85 II NdsGefAG; § 73 II RhPfPOG; § 73 II SaarlPolG; § 74 II SachsAnhSOG; § 57 II SächsPolG; § 73 II ThürPAG; § 50 II MEPolG; zur Frage der analogen Anwendung des § 426 BGB s. oben Rdnr. 184 ff.
1072 So § 58 BWPolG; § 77 MVSOG; § 58 SächsPolG; § 226 SchlHVwG.
1073 So Art. 73 II BayPAG; § 65, 2. Alt. BerlASOG; § 42 II BrandOBG; § 62 S. 2 BremPolG; § 70, 2. Alt. HessSOG; § 86, 2. Alt NdsGefAG; § 67 NWPolG i.V.m. § 43 II NWOBG; § 74, 2. Alt. RhPfPOG; § 74, 2. Alt. SaarlPolG; § 75 2. Alt. SachsAnhSOG; § 74 2. HS ThürPAG; § 51, 2. Alt. MEPolG; § 56 2. HS BGSG; gleiches gilt mangels anderweitiger Bestimmungen für Hamburg.
1074 So etwa Art. 2 I BayKostG i.V.m. Anl. KR-Pol, eine Nichterhebung von Kosten kommt aber gem. Art. 3 I Nr. 10 BayKG in Betracht; vgl. hierzu *Sailer*, L/D, M, Rdnr. 23 ff mit ausführlicher Darstellung länderspezifischer Besonderheiten; s. auch *Knemeyer*, Rdnr. 391 m.w.N. und *Gusy*, DVBl. 1996, 722 ff. Die ähnliche Regelung des § 81 II BWPolG a.F. ist inzwischen aufgehoben. Zur früheren Rechtslage vgl. *Schenke*, NJW 1983, 1882 ff.
* Soweit nichts anderes vermerkt ist, wird diese Literatur jeweils nur mit dem Autorennamen zitiert.

samtdeutsche Darstellung, 4. Aufl. 1995. *Pieroth/Schlink/Kniesel*, Polizei- und Ordnungsrecht, 2002. *Prümm/Sigrist*, Allgemeines Sicherheits- und Ordnungsrecht, 1997. *Prümm/ Thieß*, Allgemeines Polizei- und Ordnungsrecht – Fälle mit Lösungen, 1994. *Rasch*, Allgemeines Polizei- und Ordnungsrecht, 2. Aufl. 1982. *Ders.*, Polizei und Polizeiorganisation, 2. Aufl. 1980 (zit.: Rasch, PuP). *Riegel*, Polizei- und Ordnungsrecht in der Bundesrepublik Deutschland, 1981. *Rüfner/Muckel*, Besonderes Verwaltungsrecht, 2. Aufl. 2002; *Schenke*, Polizei- und Ordnungsrecht, 2. Aufl. 2002. *Schmidt, R.*, Besonderes Verwaltungsrecht, 6. Aufl. 2002. *Scholler/Schloer*, Grundzüge des Polizei- und Ordnungsrechts in der Bundesrepublik Deutschland, 4. Aufl. 1993. *Tettinger*, Besonderes Verwaltungsrecht/1, 6. Aufl. 2001. *Wolff/Bachof*, Verwaltungsrecht III, 4. Aufl. 1978, §§ 121 ff. *Würtenberger*, Polizei- und Ordnungsrecht, in: Achterberg/Püttner/Würtenberger (Hrsg.), Besonderes Verwaltungsrecht Bd. II, 2. Aufl. 2000, § 21.

II. Literatur zum Landesrecht**

Baden-Württemberg (BW): Brandt/Schlabach, Polizeirecht; Recht der Gefahrenabwehr in Baden-Württemberg, 1987. *Belz/Mußmann*, Polizeigesetz für Baden-Württemberg, 6. Aufl. 2001. *Dittmann*, Polizeirecht, in: Maurer/Hendler (Hrsg.), Baden-Württembergisches Staats- und Verwaltungsrecht, 1990, 264 ff. *Gerecke/Schenke*, Polizeirecht, Textsammlung Baden-Württemberg mit einer Einführung, 3. Aufl. 1994. *Mußmann*, Allgemeines Polizeirecht in Baden-Württemberg, 4. Aufl. 1994. *Reichert/Ruder/Fröhler*, Polizeirecht, 5. Aufl. 1997. *Stephan*, Allgemeines Polizeirecht in Baden-Württemberg, 1988. *Wolf/Stephan*, Polizeigesetz für Baden-Württemberg 5. Aufl. 1999. *Würtenberger/Heckmann/Riggert*, Polizeirecht in Baden-Württemberg, 5. Aufl. 2002. *Zeitler*, Allgemeines und Besonderes Polizeirecht für Baden-Württemberg, 1998.

Bayern (Bay): Bengl/Berner/Emmerig, Bayerisches Landesstraf- und Verordnungsgesetz (Loseblattsammlung). *Berner/Köhler*, Polizeiaufgabengesetz, 16. Aufl. 2000. *Emmerig*, Bayerisches Polizei-Organisationsrecht (Loseblattsammlung). *Gallwas/Mössle*, Bayerisches Polizei- und Sicherheitsrecht, 2. Aufl. 1996. *Heckmann*, Polizei- und Sicherheitsrecht, in: Becker/ Heckmann/Kempen/Manssen, Öffentliches Recht in Bayern, 2. Aufl. 2001, 3. Teil, S. 203 ff. *Knemeyer*, Polizei- und Sicherheitsrecht, in: Berg/Mang, Staats- und Verwaltungsrecht in Bayern, 6. Aufl. 1996 (zit.: *Knemeyer*, Bay). *König*, Bayerisches Sicherheitsrecht, 1981. *Ders.*, Bayerisches Polizeirecht, 2. Aufl. 1985. *Nitsche*, Polizeiaufgabengesetz für die Praxis (Loseblattsammlung). *Samper/Honnacker*, PAG. Gesetz über die Aufgaben und Befugnisse der Bayerischen Staatlichen Polizei und Art. 6-11 LStVG, 16. Aufl. 1995. *Dies.*, POG. Gesetz über die Organisation der Bayerischen Staatlichen Polizei, 6. Aufl. 1998. *Schiedermair/König*, Gesetz über das Landesstrafrecht und das Verordnungsrecht auf dem Gebiet der öffentlichen Sicherheit und Ordnung, in: Praxis der Gemeindeverwaltung, Landesausgabe Bayern. Landesstraf- und Verordnungsgesetz (Loseblattsammlung). *Scholz*, Bayerisches Sicherheits- und Polizeirecht, 6. Aufl., 1992.

Berlin (Berl): Berg/Knape/Kiworr, Allgemeines Polizei- und Ordnungsrecht für Berlin, 8. Aufl. 2000. *Sadler*, Ordnungs- und Polizeieingriffsrecht (ASOG, Bundes- und Länderrecht), 1980. *Schumann*, Grundriss des Polizei- und Ordnungsrechts, 1978. *Wagner*, Polizeirecht, 2. Aufl. 1985.

** Soweit nichts anderes vermerkt ist, wird diese Literatur jeweils mit dem Autorennamen unter Hinzusetzung einer Abkürzung des betreffenden Bundeslandes zitiert.

II   *Polizei- und Ordnungsrecht*

Brandenburg (Brand): Frings, Das Recht der Gefahrenabwehr im Land Brandenburg, 2. Aufl. 1997. *Helmers/Waldhausen*, Ordnungsbehördengesetz des Landes Brandenburg, 1994. *Kniesel*, Polizeirecht in den neuen Bundesländern, 1991. *Müller*, Ordnungsbehördengesetz für Brandenburg, 6. Aufl. 1992. *Niehoerster*, Brandenburgisches Polizeigesetz, 1996. *Niehoerster/Benedens*, Polizei- und Ordnungsrecht im Land Brandenburg, 2. Aufl. 1997.

Hamburg (Hamb): Alberts/Merten/Rogasch, Gesetz zum Schutz der öffentlichen Sicherheit und Ordnung (SOG) Hamburg, 1996. *Geißler/Haase/Subatzus*, Polizei- und Ordnungsrecht in Hamburg, 2001. *Hoffmann-Riem*, Polizei- und Ordnungsrecht, in: Hoffmann-Riem/Koch, Hamburgisches Staats- und Verwaltungsrecht, 2. Aufl. 1998.

Hessen (Hess): Bernet, Polizeirecht in Hessen, das Recht der Polizei und der sonstigen Gefahrenabwehrbehörden (Loseblattsammlung). *Denninger*, Polizeirecht, in: Meyer/Stolleis, Hessisches Staats- und Verwaltungsrecht, 5. Aufl. 2000. *Hornmann*, Hessisches Gesetz über die öffentliche Sicherheit und Ordnung, 1997. *Meixner/Friedrich*, Hessisches Gesetz über die öffentliche Sicherheit und Ordnung (HSOG), 9. Aufl. 2001. *Pausch/Prillwitz*, Polizei- und Ordnungsrecht in Hessen. Systematische Darstellung, 3. Aufl. 2002. *Rasch*, Hessisches Gesetz über die öffentliche Sicherheit und Ordnung (Loseblattsammlung).

Mecklenburg-Vorpommern (MV): Heyen, Allgemeines Polizei- und Ordnungsrecht, in: Manssen/Schütz (Hrsg.), Staats- und Verwaltungsrecht für Mecklenburg-Vorpommern, 1999, S. 217 ff. *Krech/Roes*, Sicherheits- und Ordnungsrecht des Landes Mecklenburg-Vorpommern, Kommentar (Loseblattsammlung).

Niedersachsen (Nds): Böhrenz, Das Niedersächsische Gesetz über die öffentliche Sicherheit und Ordnung, 1982. *Ipsen*, Niedersächsisches Gefahrenabwehrrecht, 2. Aufl. 2001. *Saipa*, Niedersächsisches Gefahrenabwehrgesetz (Loseblattsammlung). *Ders.*, Polizeirecht, in: Faber/Schneider, Niedersächsisches Staats- und Verwaltungsrecht, 1985. *Suckow/Hoge*, Niedersächsisches Gefahrenabwehrrecht, 12. Aufl. 1999; *Waechter*, Polizei- und Ordnungsrecht, 2000.

Nordrhein-Westfalen (NW): Altschaffel, Allgemeines Polizei- und Ordnungsrecht für Nordrhein-Westfalen, 2. Aufl. 2000. *Chemnitz/Bosse*, Polizeirecht in Nordrhein-Westfalen, 5. Aufl. 1996. *Frings/Spahlholz*, Das Recht der Gefahrenabwehr in Nordrhein-Westfalen, 2. Aufl. 2002. *Haurand*, Allgemeines Polizei- und Ordnungsrecht in Nordrhein-Westfalen, 3. Aufl. 2001. *Kay/Böcking*, Polizeirecht Nordrhein-Westfalen, 1992. *Oldiges*, Polizeirecht, in: Grimm/Papier, Nordrhein-Westfälisches Staats- und Verwaltungsrecht, 1986. *Rietdorf/Heise*, Handbuch des Ordnungs- und Polizeirechts Nordrhein-Westfalen, 7. Aufl. 1981. *Tegtmeyer*, Polizeigesetz Nordrhein-Westfalen, 8. Aufl. 1995. *Wagner, H.*, Kommentar zum Polizeigesetz in Nordrhein-Westfalen, 1987. *Wolffgang/Hendricks/Merz*, Polizeirecht und allgemeines Ordnungsrecht Nordrhein-Westfalen, 1998.

Rheinland-Pfalz (RhPf): De Clerck/Schmidt, Polizei- und Ordnungsbehördengesetz (Loseblattsammlung). *Jochum/Rühle*, Polizei- und Ordnungsrecht (Rheinland-Pfälzisches Landesrecht), 2. Aufl. 2002. *Laux/Kaesehagen*, Polizeiverwaltungsgesetz Rheinland-Pfalz, 6. Aufl. 1988. *Prümm*, Polizeirecht, in: Staats- und Verwaltungsrecht für Rheinland-Pfalz, hrsg. von Ley, 3. Aufl. 1992. *Prümm/Stubenrauch*, Polizeiverwaltungsgesetz von Rheinland-Pfalz (Loseblattsammlung). *Roos*, Polizei- und Ordnungsbehördengesetz Rheinland-Pfalz, 1995. *Rühle/Suhr*, Polizei- und Ordnungsbehördengesetz Rheinland-Pfalz, Kommentar, 2000.

Saarland (Saarl): Haus/Wohlfahrt, Allgemeines Polizei- und Ordnungsrecht, 1997. *Mandelartz/Sauer/Strube*, Saarländisches Polizeigesetz, Kommentar, 2002.

Sachsen (Sachs): Belz, Polizeigesetz des Freistaates Sachsen, 3. Aufl. 1999. *Gnant*, Polizeigesetz des Freistaates Sachsen, 3. Aufl. 1999. *Müller*, Polizeigesetz des Freistaates Sachsen,

Kommentar, 1992. *Musall/App*, Sicherheits- und Ordnungsrecht Freistaat Sachsen (Loseblattsammlung). *Rommelfanger/Rimmele*, Polizeigesetz des Freistaates Sachsen, 2000.

Sachsen-Anhalt (SachsAnh): Meixner/Martell, Gesetz über die öffentliche Sicherheit und Ordnung des Landes Sachsen-Anhalt SOG LSA, 3. Aufl. 2001.

Schleswig-Holstein (SchlH): Förster/Friedersen, Allgemeines Verwaltungsgesetz für das Land Schleswig-Holstein (Loseblattsammlung). *v.d. Groeben/Knack*, Allgemeines Verwaltungsgesetz für das Land Schleswig-Holstein (Loseblattsammlung). *Schipper* (Hrsg.), Polizei- und Ordnungsrecht in Schleswig-Holstein unter Berücksichtigung des Allgemeinen Verwaltungsrechts und des Vollzugsrechts, 3. Aufl. 1994.

Thüringen (Thür): Ebert/Honnacker, Thüringer Gesetz über die Aufgaben und Befugnisse der Polizei: Polizeiaufgabengesetz – PAG, 2. Aufl. 1999. *Krumrey/Schwan*, Thüringer Ordnungsbehördengesetz, 1996. *Müller*, Ordnungs-Behörden-Gesetz für das Land Thüringen, 1997. *Rücker*, Ordnungsbehördengesetz Thüringen, 1995.

III. Sonstiges

BGSG: Einwag/Schoen, Bundesgrenzschutzgesetz (Loseblattsammlung). *Fischer*, Bundesgrenzschutzgesetz, 2. Aufl. 1996. *Heesen/Hönle/Semerak*, Gesetz über den Bundesgrenzschutz – BGSG, 3. Aufl. 2000. *Riegel*, Bundespolizeirecht, 1985. *Walter*, BGS, Polizei des Bundes, 1983.

AEPolG: Arbeitskreis Polizei *Denninger* u.a., Alternativentwurf einheitlicher Polizeigesetze des Bundes und der Länder, 1979.

MEPolG: Heise/Riegel, Musterentwurf eines einheitlichen Polizeigesetzes, 2. Aufl. 1978. *Kniesel/Vahle*, Polizeiliche Informationsverarbeitung und Datenschutz im künftigen Polizeirecht, Kommentierung zum Vorentwurf zur Änderung des MEPolG, 1990.

III. Öffentliches Dienstrecht

Von Klaus Köpp

Inhalt

	Rdnr.	Seite
A. Grundlagen des öffentlichen Dienstrechts	1	409
I. Öffentlicher Dienst und Staatsorganisation	1	409
1. Öffentliches Amt und öffentlicher Dienst	1	409
2. Dienstrecht und Recht des Amtes	6	411
3. Berufsbeamtentum und hergebrachte Grundsätze	11	415
4. Recht der Angestellten und Arbeiter	22	425
II. Grundrechte und Beamtenpflichten	28	429
1. Grundfragen	28	429
2. Meinungsfreiheit, Verfassungstreue, Streikverbot	33	432
B. Strukturen des öffentlichen Dienstrechts	48	442
I. Strukturen der rechtlichen Regelungen	48	442
1. Außenrechtsnormen und Innenrechtsnormen	48	442
2. Struktur des Bundesbeamtengesetzes	52	444
3. Struktur der Tarifverträge	54	444
II. Grundsätze des Beamtenrechts	56	446
1. Bestimmtheitsgrundsatz	56	446
2. Laufbahn, Beamtenverhältnis und Amt	59	447
3. Leistung und Eignung	64	451
C. Das Beamtenverhältnis	71	456
I. Begründung des Beamtenverhältnisses	71	456
1. Einstellungsvoraussetzungen	71	456
2. Regelungskomplex Ernennung	74	458
3. Anspruch auf Einstellung	87	463
4. Bewerberauswahl, Eignungsprognose und Konkurrentenklage	91	465
II. Erhaltung des Beamtenverhältnisses	98	472
1. Fürsorgepflicht und Schutzpflicht des Dienstherrn	98	472
2. Dienst- und Versorgungsbezüge	102	475
3. Andere Ansprüche aus dem Beamtenverhältnis	105	478

III *Öffentliches Dienstrecht*

III. Veränderungen des Beamtenverhältnisses	107	480
1. Umwandlung, Beamter auf Probe	107	480
2. Anstellung, Beförderung, Zurückstufung	109	481
IV. Beendigung des Beamtenverhältnisses	112	482
1. Entlassung und Entfernung aus dem Dienst	112	482
2. Eintritt und Versetzung in den Ruhestand	113	483
D. Das Dienstleistungsverhältnis	114	484
I. Dienstpflichten und Personaleinsatz	114	484
1. Vorgesetzte, Pflichten im Dienst und Arbeitszeit	114	484
2. Umsetzung, Abordnung und Zuweisung, Versetzung	118	489
3. Dienstliche Beurteilung und Personalakten	122	494
4. Nebentätigkeit	126	498
II. Folgen von Pflichtverletzung	127	501
1. Allgemeines	127	501
2. Disziplinarmaßnahmen	129	501
3. Haftung	135	505
E. Rechtsschutz im Beamtenrecht	140	507
I. Personalvertretung	140	507
1. Funktion und Aufbau	140	507
2. Rechtsschützende Beteiligungsformen	142	509
II. Innerdienstlicher und gerichtlicher Rechtsschutz	146	512
1. Außergerichtliche Rechtsbehelfe	146	512
2. Gerichtlicher Rechtsschutz	147	513
F. Neue Bundesländer	152	516
G. Die Dienstrechtsreform 1997 bis 2001	155	520
1. Übertragung von Führungsämtern auf Zeit	155	520
2. Leitungsfunktion als Beamter auf Probe	156	521
3. Leitungsfunktion als Beamter auf Zeit	157	522
4. Antragsteilzeit, Einstellungsteilzeit und Vorruhestand	159	526
5. Abordnung und Versetzung	162	528
Literaturauswahl		529
Beamtengesetze (Bund und Länder)		529

A. Grundlagen des öffentlichen Dienstrechts

I. Öffentlicher Dienst und Staatsorganisation

1. Öffentliches Amt und öffentlicher Dienst

a) Der Staat handelt durch natürliche Personen. Die **Staatsleitung** liegt im demokratischen Verfassungsstaat in der Hand der Mitglieder der verfassungsrechtlich konstituierten Staatsorgane (insbes. Regierung, Parlament), während die **Ausführung** der staatsleitenden Beschlüsse und die Wahrnehmung der regelmäßig anfallenden Aufgaben des Staates das Arbeitsgebiet der „Angehörigen des öffentlichen Dienstes" darstellt. Dementsprechend unterschiedlich sind die grundlegenden Rechtsverhältnisse, in denen die für den Staat handelnden Personen stehen.

Abgeordnete haben ein Mandat. Ihre Rechte und Pflichten ergeben sich aus den Aufgaben eines Mitglieds der Legislative; die Regelungen über ihre Diäten und ihre Versorgung entsprechen dem statusrechtlichen Unterschied zwischen ihnen und den Angehörigen des öffentlichen Dienstes, insbes. den Beamten[1]. Der Bundespräsident, der Bundeskanzler, die Bundesminister und die Parlamentarischen Staatssekretäre stehen **in besonderen** öffentlich-rechtlichen **Amtsverhältnissen**, die z.T. spezialgesetzlich geregelt sind (BMinG, ParlStG). Ihr Status und ihre „amtliche" Tätigkeit werden ebenso wie die einiger anderer, in besondere „Amtsverhältnisse" berufenen Personen (z.B. Wehrbeauftragter des Bundestages, Bundesbeauftragter für den Datenschutz[2], Mitglieder des Präsidiums der Bundesbank, die Vorstandsmitglieder der Deutsche Bahn AG[3]) nicht vom „Recht des öffentlichen Dienstes" umfasst.

b) Das GG selbst definiert den Begriff **Öffentlicher Dienst** nicht, obwohl es ihn mehrfach verwendet, nämlich in Art. 33 IV, V und 137 sowie in den Gesetzgebungszuständigkeiten der Art. 74a, 75 und 131 GG. Diese Artikel des GG meinen die **berufsmäßige Dienstleistung im Rahmen der staatlichen Organisation**. Dabei betrifft nach h.L. und Rspr.[4] Absatz V des Art. 33 nur die Beamten. Die unterschiedliche Wortwahl in den Abs. IV und V zeigt aber, dass es auch Angehörige des öffentlichen Dienstes gibt, die nicht im öffentlich-rechtlichen Dienst- und Treueverhältnis eines Beamten stehen. In Art. 137 I GG sind „Angestellte des öffentlichen Dienstes" neben den Beamten, Richtern und Soldaten sogar ausdrücklich genannt. Daher gehören zu den Angehörigen des öffentlichen Dienstes auch die Angestellten und Arbeiter von Bund, Ländern, Gemeinden und von anderen juristischen Personen des öffentlichen Rechts. Richter und Soldaten (sofern diese nicht lediglich Wehrdienst leisten) stehen zwar in einem öffentlich-rechtlichen Dienst- und Treueverhält-

---

1 Zum unterschiedlichen Status anlässlich der Frage, ob Renten aus anderen Rechtsverhältnissen auf die Versorgung angerechnet werden dürfen, ausdrücklich BVerfGE 76, 256.
2 Vgl. § 17 BDSG; die Datenschutzgesetze der Länder haben zumeist eine ähnliche Einrichtung.
3 Vgl. unten, Rdnr. 114 m. Anm. 397, HessVGH DÖV 85, 927 (Anlass: Kompetenz zur bahnrechtlichen Planfeststellung).
4 H.L. seit BVerfGE 3, 162 (186); vgl. aber die Gegenargumente unten Rdnr. 13.

III Öffentliches Dienstrecht

nis zum Staat; ihre Rechtsverhältnisse sind aber aus Gründen ihrer verfassungsrechtlichen bzw. sachlogischen Sonderstellung in besonderen Gesetzen geregelt (DRichterG, SoldatenG). „Angehöriger des öffentlichen Dienstes" ist also jedenfalls, **wer im Dienst einer juristischen Person des öffentlichen Rechts** (jPdöR) oder eines Verbandes von jPdöR **steht**. Diese Umschreibung wird vom Gesetzgeber z.T. direkt verwendet (z.B. im AbgG, ArbeitsplatzschutzG); jedenfalls liegt sie regelmäßig den Vorschriften des öffentlichen Dienstes zugrunde[5], z.T. auch anderen Normen (z.B. § 47 Bundesrechtsanwaltsordnung).

Da es einen allgemein gültigen Begriff des öffentlichen Dienstes also nicht gibt, muss im Zweifel der Inhalt des Begriffs in der jeweiligen Vorschrift nach den üblichen Auslegungsregeln ermittelt werden.

4 Umstritten ist vor allem, ob die in manchen Gesetzen ausdrücklich ausgenommenen Bediensteten der öffentlich-rechtlichen **Religionsgemeinschaften** Angehörige des öffentlichen Dienstes sind[6].

Sicher ist, dass zum gewachsenen Besitzstand der Kirchen die Anerkennung als Körperschaften des öffentlichen Rechts gehört (Art. 140 GG, 137 WV). Nach § 135 BRRG regeln sie aber die „Rechtsverhältnisse ihrer Beamten und Seelsorger" selbstständig. Sie gehen auch sonst vom Staat getrennte Wege, z.B. mit dem sog. Dritten Weg bei der Mitbestimmung in ihren Einrichtungen[7]. Andererseits verweisen sie häufig auf staatliche Regelungen. Da kirchliche Bedienstete aber auch bei ihren wohlfahrtspflegerischen Tätigkeiten (Krankenhäuser, Heime, Schulen) nicht in die staatliche Organisation als solche eingegliedert sind, handelt es sich nicht um Angehörige des öffentlichen Dienstes. Ihre Rechtsverhältnisse sind gesondert zu beurteilen[8]. Inwieweit dies durch staatliche Gerichte erfolgen darf, ist lebhaft umstritten und durch neuere Entscheidungen oberster Bundesgerichte wieder ins allgemeine Bewusstsein gerückt[9].

5 Im Grundsatz gehören zum öffentlichen Dienst **nicht die Beschäftigten einer juristischen Person des Privatrechts**, selbst wenn diese mehr oder weniger im Eigentum von Bund, Land oder Gemeinde steht, z.B. die frühere Gesellschaft für Nebenbetriebe der Bundesautobahnen GmbH (100% Bundeseigentum), die Lufthansa (ca. 70% Bundeseigentum), Verkehrs- und Versorgungsbetriebe der Gemeinden (meistens sog. Eigengesellschaften; anders aber die sog. Eigenbetriebe, die von einer jPdöR geführt werden).

Gleichwohl ist eine **differenzierte Betrachtung** erforderlich: Nach dem spezifischen Regelungszweck des Art. 137 GG (Wählbarkeit von Mitgliedern der Exekutive in legislative Gremien) sind leitende Angestellte – aber nur diese – eines privaten Unter-

---

5 Vgl. BVerwGE 30, 81, 83 ff; zur BRAO vgl. BGH JZ 68, 272.
6 Verneinend BVerwGE 10, 355, 357; aber: BVerfGE 55, 207, 230-232; wegen der Gleichartigkeit kirchlicher mit weltlichen Beamtenverhältnissen bejahend (mit Einschränkung) *Stern*, Staatsrecht I, S. 337.
7 Zusammenfassend im Vergleich mit Beamten- und Arbeitsrecht *Thieme*, DÖV 86, 62; speziell zum Kündigungsschutz näher *Czermak*, Personalrat 95, 455 m.w.N.
8 Vgl. BVerwGE 66, 241 (Grundsätze); BVerfGE 70, 138, 160 (zu den vertraglichen Loyalitätsobliegenheiten kirchlich angestellter Laien).
9 Umfassend dazu *Magen*, NVwZ 2002, 897, ferner *Maurer*, JZ 2000, 1113; anschaulich am Beispiel des Entzugs der Priesterpension wegen Eheschließung *Winands*, DÖV 86, 98; zum innerkirchlichen Recht vgl. NVwZ-RR 2002, 553.

nehmens, an dem die öffentliche Hand mehrheitlich beteiligt ist (auch wenn es etwa kein Versorgungsbetrieb ist), insoweit als Angestellte des öffentlichen Dienstes anzusehen[10].

Gerade bei den im Zuge der **Privatisierung** „öffentlicher Aufgaben" – das BVerfG setzt diese zurecht mit hoheitlichen Aufgaben gleich – bereits erfolgten Ausgliederung bisher durch den Staat wahrgenommener Tätigkeiten in Einrichtungen in privater Rechtsform[11] ergeben sich deshalb intrikate Rechtsprobleme[12], die gerade das Recht der Bediensteten betreffen (dazu näher unten Rdnr. 120: Zuweisung). **Beispielhaft** deutlich wird dies im Bereich der **Bundeseisenbahnen**: Die (private) DB AG (in 1998 mit ca. 3500 Mitarbeitern) betreibt Zugverkehr und Bahnhöfe. Das Eisenbahn-Bundesamt ist (mit ca. 1200 Mitarbeitern) die Aufsichts- und Genehmigungsbehörde auf betrieblichem und technischem Gebiet. Die Behörde „Bundeseisenbahnvermögen" (mit ca. 5000 Mitarbeitern) verwaltet und betreut die bei der DB AG tätigen Beamten (ca. 84 000), die Versorgungsempfänger der Bahn (ca. 240 000), die Altschulden, die Liegenschaften, die Selbsthilfeeinrichtungen der Bahn usw. Letztere Behörde ist auch verantwortlich für die ca. 6000 Zugwagenreiniger und Busfahrer, die allerdings ihre Arbeitsleistung auf Grund von Dienstleistungsverträgen bei privaten Reinigungsfirmen und Busgesellschaften erbringen[13].

2. Dienstrecht und Recht des Amtes

a) Der Staat soll Aufgaben erfüllen. Dazu werden Sachregelungen getroffen. Sachregelungen richten sich – aus der Sicht des staatlichen Verwaltungsträgers – nach außen, auf Organisationen oder den Bürger selbst (z.B. durch die Steuerzahlungspflicht, aber auch durch Regelungen über die Berufung eines Bürgers in das Beamtenverhältnis). Sachregelungen sind sog. **Außenrecht**. Zu ihrer Umsetzung in Aktionen „nach außen" (z.B. Erlass von Steuerbescheiden) ist Personal erforderlich und Organisation. Faktisch bedingen beide einander: Eine Aufgabe wird durch die Organisation nur so gut erfüllt, wie es das Personal vermag. Umgekehrt wird der Einsatzwille des Personals für die Erledigung der Aufgabe wesentlich durch das Funktionieren der Organisation gefördert oder gehemmt. Das Recht, das beides steuert, ist sog. **Innenrecht**.

6

Die Kompetenz zur Schaffung von Innenrecht wächst den Verwaltungsträgern durch ihren verfassungsrechtlichen Auftrag zu, die Staatsaufgaben zu erfüllen. Wurde früher insoweit nur von

---

10 BVerfGE 38, 326, 339, mit abw. M. (341), 48, 65, 85, mit abw. M. (94), BVerfG NJW 96, 2497, 2498; das gilt auch zwischen den verschiedenen Ebenen im Bundesstaat, vgl. BVerfGE 58, 177, 191.
11 Sehr hilfreich dazu grundsätzlich Bundesverfassungsrichter *Di Fabio*, JZ 1999, 585, 586, und in seinen Differenzierungen hinsichtlich der rechtlichen Grenzen und Möglichkeiten *Mayen*, DÖV 2001, 110.
12 Dazu vornehmlich *Kutscha*, NVwZ 2002, 942, 943 f, und – verfassungsrechtlich ansetzend – *Janssen*, ZBR 2003, 113.
13 Siehe die gut lesbare Darstellung bei *Wernicke*, Bundesbahn – wo sind deine Beamten geblieben?, ZBR 98, 266. Zur Vertiefung und kritischen Analyse *Ossenbühl/Ritgen*, Beamte in privaten Unternehmen, 1999, und *Blanke/Sterzel*, Privatisierungsrecht für Beamte, 1999 (kurz dazu ZBR 2000, 142, bzw. 2001, 71).

III Öffentliches Dienstrecht

der Organisationsgewalt gesprochen, so ist heute mit Recht auch von der Personalgewalt die Rede[14]. Beide „Gewalten" sind im GG zwar in einzelnen Materien erkennbar (Gesetzgebungskompetenzen, Verwaltungskompetenzabgrenzungen, Aufsichtsbefugnisse usw.); letztlich sind sie aber in unserer Verfassung nur vorausgesetzt, ohne dass das GG zugleich eine Gesamtkonzeption erkennen ließe (vgl. nur Art. 108 I und II, Art. 60 I).

7 Die **Personalgewalt** umfasst alle Maßnahmen, die die Rekrutierung und den Einsatz von Verwaltungspersonal betreffen[15] (insofern wird nach Innenrecht und Außenrecht nicht unterschieden):

1. die Personal**planung** (Bedarf, Beschaffung, Verteilung, Förderung, Freisetzung),
2. die Personal**verwaltung** (Informationssicherung durch Fragebögen, Statistiken, Personalakten sowie Erlass von Verwaltungsvorschriften zu Auswahl, Beförderung, Beurteilung, Führung, Kontrolle),
3. die Personal**lenkung** (Einzelentscheidungen von Einstellungsverfahren und Arbeitseinführung über Weisung, Aufsicht, Kontrolle, Disziplinierung bis zu Versetzung, Beförderung, Pensionierung sowie die generelle Personalführung und -betreuung).

Die **Organisationsgewalt** umfasst demgegenüber:

- die Einrichtung von Behörden (und die Festlegung ihrer Stellung im Rahmen der Gesamtorganisation),
- die Bestimmung des sachlichen Aufgabenkreises von Behörden und ihres örtlichen Wirkungsbereichs,
- die Zuweisung von Zuständigkeiten an Behörden zur Aufgabenwahrnehmung,
- die innere Organisation von Behörden, zu der die Gliederung in und die Verteilung der Aufgaben auf Abteilungen, Referate etc., die Regelung des Geschäftsbetriebs, die Festlegung interner Verfahren, insbes. die Regelung der Vertretung, gehört,
- die Bereitstellung der räumlichen, sachlichen und personellen Mittel, damit die Behörde tätig werden kann.

8 b) Die Rechtsmaterie der Personalgewalt ist das öffentliche **Dienstrecht**. Es ist – allgemein gesprochen – das Berufsrecht der Bediensteten, ohne dass damit festgestellt wäre, inwieweit es zum Außenrecht oder zum Innenrecht gehört. Zu unterscheiden ist das Dienstrecht aber vom Recht des konkreten, von der staatlichen Aufgabenerfüllung bestimmten (insofern: funktionellen) „Amts". Dieses **Recht des „Amts"** beruht auf der Organisationsgewalt und setzt sich aus Normen des Organisationsrechts und des jeweiligen fachlichen Rechtsgebiets zusammen: Auf Grund von Organisationsrecht wird festgelegt, welcher (nach fachlichen Gesichtspunkten bestimmte) Ausschnitt aus der Gesamtheit der einer bestimmten Behörde zugewiesenen Sachaufgaben von einer einzelnen Person in welcher Weise zu erfüllen ist (Zusammenordnung konkreter Zuständigkeiten zu sog. **Dienstposten**). So ergibt sich ein Arbeitsprogramm, das – unabhängig von bestimmten Personen – den Inhalt des konkreten „Amts" (Dienstposten) ausmacht.

---

14 Grundlegend dazu *Lecheler*, Die Personalgewalt öffentlicher Dienstherren, 1977.
15 Näher etwa *Meixner*, Personalstrukturplanung, Bd. I, 1987, und *Nowak*, Öffentliche Verwaltung und private Wirtschaft im Vergleich, 1988; zur ersten Orientierung *Laux*, VOP 90, 297.

Beispiel: Im Finanzamt wird das Arbeitsprogramm „Prüfung von Einkommensteuererklärungen der einkommensteuerpflichtigen Personen des Ortes A mit den Anfangsbuchstaben A-D" festgelegt auf Grund von Verwaltungsorganisationsrecht (z.T. bundesrechtlich: Art. 108 II GG) und materiellem Steuerrecht.

Das Arbeitsprogramm als solches ist also amtsrechtlicher Natur. Die Pflicht eines Bediensteten, dieses Arbeitsprogramm durchzuführen, wenn ihm das konkrete „Amt" (Dienstposten) zugewiesen worden ist, wird als seine **Amtswahrnehmungspflicht** bezeichnet. Dies gilt für Beamte ebenso wie für alle anderen Angehörigen des öffentlichen Dienstes, denn auch sie nehmen die Aufgaben eines Amts i.S. von Art. 33 II GG wahr.

Streitig ist, ob die Amtswahrnehmungspflicht eine zum Innenrecht gehörige, organisationsrechtliche Pflicht darstellt (so *Erichsen*) oder ob sie eine dienstrechtliche Pflicht ist und zum Außenrecht gehört (so *Schnapp*). Für Entscheidungen in der Praxis ergeben sich daraus selten Unterschiede, weil nach der Rspr. für die Frage des Rechtsschutzes stets im Einzelfall zu prüfen ist, ob eine Weisung, die an den das „Amt" wahrnehmenden Bediensteten gerichtet ist, diesen selbst in seiner „individuellen Rechtssphäre" berührt oder nicht (näher unten Rdnr. 147 ff). Der Bedienstete erfüllt die Amtswahrnehmungspflicht ohnehin stets in personam; aber er erfüllt sie in seiner konkreten Funktion als sog. **Amtswalter**. Letzteres schließt m.E. nicht aus, mit *Schnapp* eine allgemeine Dienstleistungspflicht festzustellen, die als solche zum Außenrecht gehört und um die ein Außenrechtsstreit geführt werden kann. Daneben kann eine – im Organisationsrecht wurzelnde und an das konkrete „Amt" gebundene – Amtswahrnehmungspflicht angenommen werden, deren Inhalt nach den Regeln des Innenrechts zu bestimmen ist. Jedenfalls lässt sich so zwanglos eine unabhängig von der Amtswahrnehmungspflicht bestehende (allgemeine) **Gehorsamspflicht** des Bediensteten erklären, der dieser höchstpersönlich – und ohne sich auf die Grenzen der Amtswahrnehmungspflicht (Zuständigkeiten des Dienstpostens) berufen zu können – nachkommen muss (näher Rdnr. 115).

Bedeutsam wird dies **zum Beispiel** in Fällen der sog. **Organleihe**, etwa wenn die Bundesanstalt für Arbeit (Bundesbehörde) einzelne landesrechtliche Aufgaben für ein bestimmtes Bundesland durchführt: Das Land schreibt dann dem Beamten oder Angestellten des Bundes im Arbeitsamt generell, bei Rückfragen o. Ä. auch konkret durch den zuständigen Amtswalter des Landes, vor, wie die Landesaufgabe zu erfüllen ist; weigert sich der Bundesbedienstete, sie durchzuführen, kann ein Amtswalter des Landes ihn nicht dazu zwingen, denn er ist nicht der „Vorgesetzte" oder gar der „Dienstvorgesetzte" (dazu näher Rdnr. 114) des Bundesbediensteten. Es bedarf vielmehr eines Ersuchens des Landes an die Bundesanstalt, für die fachlich geforderte Durchführung der Aufgabe Sorge zu tragen.

c) In den Rechtsvorschriften von Bund und Ländern werden die Bezeichnungen „Dienst" und „Amt" nicht immer klar oder auch nur folgerichtig gebraucht. Dies gilt vor allem für den **Begriff „Amt"**. Wie schwierig es ist, jeweils zu bestimmen, welches „Amt" eine Vorschrift meint, zeigt etwa § 54 BBG. In dieser grundlegenden Vorschrift des Beamtenrechts (näher dazu Rdnr. 114) wird der Begriff „Amt" von der überwiegenden Meinung als Dienstposten verstanden; es fragt sich aber durchaus, ob der Begriff nicht das gesamte „dienstliche" Tun des Beamten umfasst, z.B. seine Tätigkeit in der Personalvertretung. § 54 BBG lautet:

Der Beamte hat sich mit voller Hingabe seinem Beruf zu widmen. Er hat sein Amt uneigennützig nach bestem Gewissen zu verwalten. Sein Verhalten innerhalb und außerhalb des Dienstes muss der Achtung und dem Vertrauen gerecht werden, die sein Beruf erfordert.

In Rspr. und Lit. üblich geworden sind im Anschluss an *Hans J. Wolff* folgende Unterscheidungen: Der oben beschriebene Dienstposten im Finanzamt ist ein **"Amt im konkret-funktionellen Sinne"**. Von diesen konkreten Ämtern (Dienstposten) gibt es in jeder Behörde sehr viele. Sie sind zwar im Konkreten fast immer verschieden. Wird von ihnen aber abstrahiert, d.h. danach gefragt, welche allgemeinen Kenntnisse und Erfahrungen für ihre Wahrnehmung erforderlich sind, so ist i.d.R. jedes dieser konkreten Ämter auch ein Anwendungsfall eines **"Amts im abstrakt-funktionellen Sinne"**. – Ein solches abstrakt-funktionelles Amt wird einem Bediensteten übertragen, wenn er einer Behörde zur Erfüllung einer bestimmten, generell umschriebenen, dort wahrzunehmenden Funktion zugewiesen wird (z.B. Sachbearbeiter im Finanzamt A); die Behörde kann ihn daraufhin in einen der (im Rahmen der generellen Funktion liegenden) Dienstposten einweisen (z.B. bestimmte Sachbearbeitung im Bereich Lohnsteuer oder Umsatzsteuer oder auch Personal). Beide von der Funktion her bestimmten Ämter können auch einem Angestellten im öffentlichen Dienst übertragen bzw. von ihm wahrgenommen werden. Nicht so dagegen das **"Amt im statusrechtlichen Sinne"**: Der Status des "Beamten" muss einer Person ausdrücklich verliehen (Ernennung) werden. Die Ernennung begründet ein spezifisches Beamtenverhältnis auf Lebenszeit (oder auf Zeit); zugleich umfasst es einen typisierten Aufgabenkreis (eines öffentlich-rechtlichen Dienstherrn), der durch eine Laufbahn, das Endgrundgehalt einer Besoldungsgruppe und eine Amtsbezeichnung gekennzeichnet ist (z.B. Steuerinspektor, Studienrat).

Ausnahmsweise (z.B. Leitung großer Behörden) ist das statusrechtliche Amt nach der damit verbundenen Funktion umschrieben; bei derartigen **funktionsgebundenen** Ämtern fallen alle drei Amtsbegriffe zusammen (z.B. Präsident des Bundesumweltamts).

10 Der regelmäßige **Zusammenhang der drei Amtsbegriffe** wird vom BVerwG[16] so umschrieben:

Der Amtsinhalt des einem Beamten durch Ernennung übertragenen statusrechtlichen Amtes ist vom Gesetzgeber bestimmt, teils im Besoldungsrecht und ergänzend im Haushaltsrecht durch die Einrichtung von Planstellen (vgl. Urteil vom 2. April 1981 – ZBR 1981, 315). – Von diesem Amt im statusrechtlichen Sinne zu unterscheiden ist das Amt im funktionellen Sinne. Letzteres ist eine Sammelbezeichnung für das abstrakte und das konkrete Amt (BVerwGE 40, 104 [107]). Mit dem Begriff des abstrakten Amtes im funktionellen Sinne wird ein der Rechtsstellung des Beamten entsprechender Aufgabenkreis in einer bestimmten Behörde, durch den Begriff des konkreten Amtes im funktionellen Sinne demgegenüber der dem Beamten speziell übertragene Aufgabenkreis (Dienstposten) gekennzeichnet ...

Die im Zuge der Eingliederung des Beamten in die Behördenorganisation und seiner tatsächlichen Verwendung erforderliche Übertragung eines abstrakt funktionellen und konkret funktionellen Amtes folgt dem statusrechtlichen Amt. Der Beamte hat deshalb grundsätzlich Anspruch auf Übertragung eines seinem statusrechtlichen Amt entsprechenden funktionellen Amtes, eines „amtsgemäßen" Aufgabenbereichs (BVerwGE 49, 64 [67 f]; 60, 144 [150]). Ohne sein Einverständnis darf ihm grundsätzlich keine Tätigkeit zugewiesen werden, die – gemessen an seinem statusrechtlichen Amt, seiner Laufbahn und seinem Ausbildungsstand, d.h. dem abstrakten Aufgabenbereich seines statusrechtlichen Amtes – „unterwertig" ist (vgl. BVerwGE 60, 144 [151]).

---

16 BVerwGE 65, 270, 272 ff; unter Weglassen der „ungeschmälerten" (!) Ausübung ebenso BVerwG ZBR 92, 175 und 242.

Jedoch hat der Beamte kein Recht auf unveränderte und ungeschmälerte Ausübung des ihm einmal übertragenen konkreten Amtes im funktionellen Sinne (Dienstposten), sondern muss vielmehr Änderungen seines dienstlichen Aufgabenbereichs durch Umsetzung oder andere organisatorische Maßnahmen nach Maßgabe seines Amts im statusrechtlichen Sinne hinnehmen (vgl. BVerfGE 8, 332 [344 ff]; 52, 303 [354]; BVerwGE 60, 144 [150]).

Diese Amtsbegriffe sind vornehmlich technischer Natur. Sie reichen in der Regel aus, um Veränderungen im Beamtenverhältnis wie bei der Dienstleistung eines Beamten zu erfassen, insbesondere um den notwendigen Rechtsschutz zu sichern. Sobald es jedoch um Fragen des Inhalts der Rechte und Pflichten geht, die dem Amt im statusrechtlichen Sinne immanent sind und deshalb Bedeutung für die Ausübung des funktionellen Amts haben, bedarf es eines vertieften Ansatzes. So lassen sich Fragen der Loyalität im und außer Dienst, der persönlichen Unabhängigkeit, der willkürfreien, gesetzestreuen, rationalen Amtswahrnehmung nur durch eine Besinnung auf den **Zweck des „Amts"** als einer Funktionseinheit der staatlichen Gesamtordnung der Gegenwart lösen. Die Entstehung und der Fortbestand des Berufsbeamtentums deutscher Prägung ist insofern untrennbar mit dem liberalen Verfassungsverständnis (Stichwort: starker, aber begrenzter und gesetzesunterworfener Staat), untrennbar auch mit Rechtsstaatlichkeit und Sozial-Staatlichkeit verbunden. Der Parlamentarische Rat hat seinerzeit dem Gesetzgeber unserer demokratisch verfassten Republik aufgegeben, das Recht des öffentlichen Dienstes unter Berücksichtigung der hergebrachten Grundsätze des Berufsbeamtentums zu regeln, weil er diese spezifisch staatlichen Grundlagen deutschen Republikverständnisses wiederherstellen wollte. Daher bleibt der öffentliche Dienst stets verfassungsverpflichtet, auch wenn der Wandel der Verfassung (als das rechtlich-politische Verfasstsein eines demokratischen Gemeinwesens) ihn in seinem Selbstverständnis und in den Inhalten seines Dienstes für das Gemeinwohl mit verändert.

3. Berufsbeamtentum und hergebrachte Grundsätze

a) Zwar sind in Deutschland heute (Anfang 2003) deutlich mehr Angestellte und Arbeiter (2,32 bzw. 0,65 Mio.) im öffentlichen Dienst beschäftigt als Beamte (1,67 Mio., ohne Bahn, Post, aber einschl. Bundeswehrverwaltung sowie der Richter [21 000] und Staatsanwälte [5500])[17]. Doch das Recht des öffentlichen Dienstes ist nur vom Beamtenrecht her vollständig zu erfassen. Vom Beamtenrecht abweichende Festlegungen im Recht der Angestellten und Arbeiter haben (dazu unten Rdnr. 22 ff) jeweils erhebliche rechtliche Konsequenzen; dasselbe gilt für Übergangsregelungen für die Bediensteten in den neuen Bundesländern.

11

Das **Beamtenrecht** der Gegenwart hat mit der Vorstellung vom Beamten als privilegiertem Staatsdiener fast nichts mehr gemein. Durch die **Verrechtlichung** des Beamtenverhältnisses – vom Diener des Königs über den „Diener des Staates" zum republikanischen Beamten, dem die Weimarer Verfassung noch seine „wohlerworbenen

---

17 Einschl. Teilzeitkräften; Basis: Statistisches Jahrbuch 2002 zu 20.8 bzw. 15.2, 15.3; zum Vergleich: am 1.1.2003 ca. 121 000 Rechtsanwälte/Notare; in *Ostdeutschland* 1990 ca. 2,1 Mio., 1992 ca. 1,5 Mio., 1997 ca. 1,05 Mio. Staatsbedienstete; zum Übergangsrecht umfassend *Weiß*, ZBR 91, 1, 25 ff, und PersV 91, 97; *Moritz*, DÖD 91, 125. Siehe auch Rdnr. 152.

III *Öffentliches Dienstrecht*

Rechte" garantierte[18] – ist im Laufe des 20. Jahrhunderts das zentrale historische Element, die Bindung der ganzen Person an den Staat, verloren gegangen. Unter der Herrschaft des GG und getragen von den Entwicklungen der Industriegesellschaft, die sowohl zur Befreiung des Einzelnen aus standesgesellschaftlichen Zwängen als auch zu neuen Abhängigkeiten durch die Einrichtungen des Sozialstaats geführt haben, hat sich auch das Bild des Beamten geändert[19]. Er ist heute (nur noch, aber eben doch) ein in spezifischer Weise „Dienst-Leistender". Er übt zwar in den Augen des Bürgers wie eh und je die staatlichen Befugnisse aus. Aber er „repräsentiert" nur noch insoweit den Staat durch seine Person, als er die Rechte und Pflichten seines funktionellen Amtes wahrnimmt[20]. **Außerhalb** des Dienstes ist er **im Grundsatz** Privatperson und **Staatsbürger**.

Gleichwohl hat der Beamte gerade im Vergleich mit den Angestellten des öffentlichen Dienstes seine besondere Stellung behalten. Sie resultiert aus seinem verfassungsrechtlichen Auftrag, die „hoheitsrechtlichen Befugnisse" des Staates als ständige Aufgabe auszuüben (Art. 33 IV GG, sog. **Funktionsvorbehalt**). Wegen dieses Auftrags steht er in einem **Dienst- und Treueverhältnis** zum Staat, das öffentlich-rechtlich geregelt und (entsprechend dem Verfassungsauftrag von 1949) „unter Berücksichtigung der hergebrachten Grundsätze des Berufsbeamtentums" (Art. 33 V GG) ausgestaltet worden ist.

12   Da nach **Art. 33 IV** die **Ausübung „hoheitsrechtlicher Befugnisse"** als „ständige" Aufgabe nur „in der Regel" Beamten zu übertragen ist, war es möglich, in erheblichem Umfang auch **Angestellte** mit Aufgaben zu betrauen, die zuvor allein Beamte erfüllten. In der rechtswissenschaftlichen Lit. wird dies mehrheitlich kritisch gesehen; auch das BVerfG hat festgestellt, dass es sich nur um Ausnahmefälle handeln darf[21]. Andererseits lassen sich sachliche Gründe für Ausnahmen finden (auch z.B. für die Einstellung von Lehrern zunächst als Angestellte und generell, aber nur vorübergehend in den neuen Bundesländern[22]). Heftig umstritten ist zudem die Frage, ob der Beamte „kostengünstiger" für den Staat ist als der Angestellte[23].

Der Begriff der „hoheitsrechtlichen Befugnisse" ist zwar weiterhin umstritten[24] und auch durch die Rechtsprechung nicht für praktische Zwecke geklärt[25]. Bemühungen darum haben

---

18 Hierzu die instruktive Darstellung bei *Lecheler*, HÖV, S. 491-494.; ebenso *Kunig* (Anm. 24) Rdnr. 16 ff m.N.
19 Es ist weit besser, als *Lecheler* meint (ZBR 88, 77). Die Besten eines Jahrgangs gehen heute wieder in die öffentliche Verwaltung, nicht nur in die Inspektorenlaufbahn, sondern auch in den höheren Dienst. Ihre Aufstiegschancen sind außerordentlich gut; seit der Vereinigung Deutschlands sind sie noch besser geworden. – Zur Reform der Juristenausbildung vgl. die Beiträge in ZRP 1989/90 sowie 1998/99; weiterhin lesenswert *Michaelis*, JuS 91, 798, 804 f.
20 Vgl. dazu *Studienkommission* für die Reform des öffentlichen Dienstrechts, Bericht, 1973, bes. S. 32, 34-36; kritisch *Blanke*, ArbuR 89, 306, gegen *Isensee*, ZBR 88, 141. Zum Berufsethos vgl. *Vogelsang*, ZBR 97, 33; lesenswert noch heute *Schlegelberger*, DÖV 77, 873.
21 Vgl. BVerfGE 9, 268, 284. Zur Einführung *Lehnguth*, ZBR 91, 266, und *Warbeck*, RiA 98, 22.
22 Vgl. *Battis*, ZBR 97, 237, 247; ferner unten Rdnr. 97 sowie *Schenke*, Fälle zum Beamtenrecht², 1989, Fall 1.
23 Zusammenfassend *Stegmann*, ZBR 96, 6 m.w.N.; zur Berechnung *Berens/Hoffian*, ZBR 95, 139.
24 Vgl. zum Streitstand *Lübbe-Wolff* in: *Dreier*, GG-Kommentar, Bd. II, Art. 33, Rdnr. 57 ff. Zur Diskussion siehe die Lit.-Nachweise in 5. Aufl. sowie *Kunig* in: *Schmidt-Aßmann* Rdnr. 32 ff; und *Battis/Schlenga*, ZBR 95, 253. – Vgl. auch Rdnr. 97 mit Anm. 296; insgesamt dazu *Lehngut*, ZBR 91, 266.
25 Vgl. die Nachweise bei *Sander*, ZBR 2001, 391, gegen die Einschätzung von *Lecheler/Determann*, DÖV 99, 885, 886.

vor dem Hintergrund der Privatisierung der Erfüllung von Staatsaufgaben aber in jüngster Zeit deutlich zugenommen[26]. Feststellen lässt sich heute, dass der Begriff nicht auf die klassische Eingriffsverwaltung beschränkt ist, weil auch in der Leistungsverwaltung häufig hoheitsrechtlich gehandelt wird (z.B. bei der Abschlussprüfung in der Schule). Wegen des erheblichen Entscheidungsspielraums im Gesamtrahmen des Art. 33 IV spielt der Streit um eine „dynamisch" weite (*Maunz*; ähnlich *Stern, Leisner, Lecheler*) oder eine an Funktion und Entstehungsgeschichte orientierte enge Auslegung des Merkmals „hoheitsrechtliche Befugnisse" (etwa *Thieme, Isensee, Schuppert, Lübbe-Wolff*) in der Praxis kaum eine Rolle. Der sich abzeichnende Mittelweg, wie ihn *Schuppert* vorschlägt[27], hat m.E. jedoch Zukunft: Hoheitsrechtlich sind die Befugnisse, mit denen der Staat mit obrigkeitlichem Zwang eingreifend – und d.h. auch steuernd, regulierend und überwachend – die Wahrnehmung der öffentlichen Aufgaben sicherstellt. Dafür sind die mit bzw. in den Art. 87d, 87e, 87f sowie 143a und 143b GG vorgenommenen Verfassungsänderungen zur rechtlichen Grundlegung der Reformen der Luftverkehrsverwaltung, des Eisenbahnwesens und des Postwesens (einschließlich der Telekommunikation) – der Staat „gewährleistet" hier die Erfüllung der entsprechenden öffentlichen Aufgaben – maßgebende verfassungsrechtliche Vorgaben.

Ein **Rechtsanspruch auf Verbeamtung** im Einzelfall lässt sich aus Art. 33 IV **nicht** herleiten[28]. Die Vorschrift verpflichtet andererseits den Staat, zur Sicherung der Funktionsfähigkeit des Staates Beamte in ausreichender Anzahl im Dienst zu halten. Mehr kann angesichts des gesetzgeberischen Ermessens und der Organisationshoheit der Exekutive dem in Art. 33 IV enthaltenen „Verbeamtungsgebot" m.E. nicht entnommen werden. Dem Zweck der Verfassungsnorm entspricht es, wenn das Beamtenrechtsrahmengesetz (BRRG) die Gründe für die Anstellung von Beamten erweitert auf die Wahrnehmung „solcher Aufgaben, die aus Gründen der Sicherheit des Staates oder des öffentlichen Lebens nicht ausschließlich Personen übertragen werden dürfen, die in einem privatrechtlichen Arbeitsverhältnis stehen" (§ 2 II BRRG). Gleichwohl führt gerade diese Vorschrift dazu, dass **nicht** zur Erfüllung **aller** Staatsaufgaben ausschließlich Beamtenverhältnisse begründet werden dürfen. Das Problem einer **Über-Verbeamtung** zur Verbesserung der Arbeitskampfposition des Staates dürfte auch hiernach zu beurteilen sein[29] (näher Rdnr. 45). Die Aktion der EU-Kommission (1988) zur Freizügigkeit in der EU gem. Art. 48 I und IV EWG-Vertrag hat 1993 zur Erweiterung der Möglichkeit von Bürgern der EU geführt, in der BRD Beamter zu werden, obwohl der sog. Deutschenvorbehalt weiterhin gilt („soweit die Aufgaben es erfordern", vgl. Rdnr. 73)[30].

b) Vor dem Hintergrund der Weimarer Republik und der nationalsozialistischen Parteiherrschaft sowie auf Grund erster Erfahrungen der Nachkriegszeit hat der Parlamentarische Rat für das Dienst- und Treueverhältnis der deutschen Beamten in Art. 33 IV und V GG **zwei grundsätzliche Regelungen** getroffen:

13

---

26 Zusammenfassend und weiterführend *Schuppert*, AK-GG (Stand: August 2002), Art. 33 Abs. 4, 5, Rdnr. 20-26; ferner *Di Fabio*, JZ 99, 585, 590 ff, *Manssen*, ZBR 99, 253, sowie *Strauss*, Funktionsvorbehalt und Berufsbeamtentum, 1999.
27 *Schuppert*, ebendort, Rdnr. 29-33. Im Ergebnis ähnlich, wenngleich differenzierter *Lübbe-Wolff* in: *Dreier*, GG-K II, Art. 33 Rdnr. 57 ff, bes. 58-60. Auf die Grundrechtsrelevanz des Verwaltungshandelns entscheidend abstellend *Jachmann* in: *von Mangoldt/Klein/Starck*, GG II, Art. 33 Abs. 4 Rdnr. 32-34.
28 Vgl. BVerfG NJW 88, 1773, sowie BVerwG ZBR 2001, 140 (nur obj.-rechtl. Verfassungsnorm).
29 Vgl. *Gerhard Müller*, Betr. 85, 867, 870 (Verstoß gegen Art. 33 V bei Verbeamtung im Übermaß; Missbrauch bei innerem Zusammenhang mit Tarifverhandlungen im öffentlichen Dienst); umfassend *Büchner*, ArbuR 87, 60.
30 Vgl. zur Entwicklung *Hillgruber*, ZBR 97, 1; näher *Schotten*, DVBl. 94, 567, *Kathke*, ZBR 94, 233.

III Öffentliches Dienstrecht

1. Beide Absätze des **Art. 33** gehen davon aus, dass für die hoheitliche Staatsverwaltung Dienstverhältnisse nach öffentlichem Recht begründet werden müssen; sie Gewähr leisten damit das Berufsbeamtentum als solches (sog. **institutionelle Garantie** gegenüber dem Gesetzgeber[31], die vergleichbar ist mit der Selbstverwaltungsgarantie für die Gemeinden in Art. 28 II GG).

2. Darüber hinaus enthält **Art. 33 Abs. V** einen spezifischen **Auftrag** zu inhaltlicher Ausgestaltung der Rechtsverhältnisse (jedenfalls) der Berufsbeamten, d.h. der Beamten auf Lebenszeit[32].

Obwohl er nur vom Berufsbeamtentum spricht, ist Art. 33 V nach Auffassung des BVerfG auch anwendbar auf Richter, nicht dagegen auf Berufssoldaten[33]. Sonderregelungen führen zudem zu Modifizierungen: Art. 97, 98 für Richter, Art. 5 III für Hochschullehrer, Art. 7 II für Religionslehrer. Für **Angestellte und Arbeiter** gilt Art. 33 V nach **h.M.** aber **nicht**[34].

14 Es besteht also ein Verfassungsauftrag zur Regelung des „Rechts des öffentlichen Dienstes", es sei denn, er ist angesichts der bereits geschaffenen Beamtengesetze und Tarifverträge obsolet (veraltet, gegenstandslos, nicht mehr beachtet, undurchführbar[35]). **M.E.** besteht der **Auftrag** des Jahres 1949 zur Regelung des Beamtenrechts heute nicht mehr, allerdings nicht, weil er obsolet wäre[36], sondern weil er inzwischen **erfüllt** worden ist. Spätestens mit der umfassenden beamtenrechtlichen Gesetzgebung der Jahre 1957-1963 auf Grund des BRRG und der Jahre 1971-1976 auf Grund des Art. 74a GG (Besoldung und Versorgung) ist der Gesetzgeber dem Verfassungsauftrag abschließend nachgekommen[37]. Daher sollte **heute** im Streitfall nur noch ermittelt werden, ob dabei die geforderte „Berücksichtigung der hergebrachten Grundsätze" stattgefunden hat. Die **Folge** dieses Verständnisses von Art. 33 V GG (Beschränkung auf den Verfassungsauftrag) ist: Heutige gesetzliche Neuregelungen des Beamtenrechts können nicht mehr an den hergebrachten Grundsätzen gemessen werden. Vielmehr steht die Weiterentwicklung des Beamtenrechts der politischen Gestaltung offen. Rechtlich ist diese nur noch nach den übrigen verfassungsrechtlichen Normen und Prinzipien zu beurteilen. Dabei kommt allerdings neben Gleichheitssatz, Rechtsstaatsprinzip (mit den Grundsätzen des Vertrauensschutzes und der Verhältnismäßigkeit) und Sozialstaatsauftrag dem **Art. 33 IV** GG mit der ihm immanenten Garantie des Berufsbeamtentums auf Grund seiner verfassungsrechtlichen Funktion die **entscheidende Bedeutung** zu[38]. – Ein solches Verständnis von Art. 33 V würde die rechtspolitische Diskussion um ein zeitgemäßes Beamtenrecht von mancher Hypothek befreien und es ermöglichen, verstärkt den **Gedanken der individuellen Leistung und der persönlichen Verantwortung** zum Tragen zu bringen, etwa bei der Diskussion über eine Vergabe von *Spitzenpositionen auf Zeit*, über den Umfang von *Nebentätigkeit*, über Teilzeitar-

---

31 Vgl. dazu grundlegend BVerfGE 3, 58, 137 sowie E 7, 155, 162-164, insbes. zur Entstehungsgeschichte; aber E 9, 268, 285-287; m.E. entscheidend; JÖR N.F. 1, 317, 320-324.
32 So BVerfGE 8, 1, 11-13; vgl. dazu aber E 44, 249, 262-264.
33 Vgl. BVerfGE 12, 81, 87 (Richter); E 3, 288, 334; E 16, 94, 110 f (Berufssoldaten).
34 Vgl. die Synopse bei *Mayer* in: *Studienkommission*, Bd. 5, S. 717, und die Gegenargumente bei *Schuppert*, AK (1. Aufl.), Art. 33 Abs. 4, 5, Rdnr. 41-51.
35 Diese Begriffe benutzt etwa *Joachim Rottmann* (nachfolgende Anm.).
36 Dies hält *J. Rottmann* für möglich (Über das Obsolet-Werden von Verfassungsnormen, FS Zeidler Bd. 2, 1987, S. 1097, 1115 f); dagegen *Thiele*, PersV 88, 89, *Battis* in: *Sachs*, GG³, Art. 33 Rdnr. 68.
37 Zum „Neugestaltungsauftrag" *Grawert*, historisch erneut *Mommsen*, beide in: *Schwegmann* (Hrsg.), Die Wiederherstellung des Berufsbeamtentums nach 1945, 1986, S. 44-46 bzw. 70-76.
38 Fragwürdig ÖTV-Entwurf für ein neues BBG (dazu *Pechstein*, ZBR 2001, 113). Vgl. dagegen schon *Summer*: schon Art. 33 IV enthält Fürsorgeprinzip (PersV 88, 76), Remonstrations- und Dienstleistungspflicht (ZBR 92, 1; 93, 97). Nach *Kunig*, (Anm. 24) Rdnr. 38, begründet Art. 33 V (lediglich?) Darlegungslasten für den Gesetzgeber und strukturiert dessen Abwägungsentscheidungen.

beit (jüngste Variante: ein Jahr Dienst, halbes Jahr Freizeit) und *Teilzeit-Beamte*, über die Einbeziehung in die Rentenversicherung, aber auch eine *Arbeitsmarktabgabe* von Beamten[39].

Die **h.L.** teilt dieses, die historische Lage des Parlamentarischen Rats entscheidend berücksichtigende Verständnis des **Art. 33 V GG** allerdings nicht. Für sie ist der Verfassungsauftrag ein ständiges **Gebot und** damit rechtlicher **Prüfungsmaßstab**. Bei der Anpassung des Dienstrechts durch den demokratischen Gesetzgeber an die (z.T. nur vermeintlichen) Notwendigkeiten der Industriegesellschaft unter dem Schlagwort „Modernisierung" und das (auch ständig im Wandel befindliche) Selbstverständnis der Staatsbürger gerät sie deshalb nicht selten in Schwierigkeiten. So ist **Teilzeitarbeit** eines Beamten an sich mit dem hergebrachten Grundsatz des lebenslangen, haupt- und vollberuflichen Dienstes nicht zu vereinbaren[40], ebenso wenig eine ausgedehnte private **Nebentätigkeit**, selbst wenn sie die tatsächlich geforderte Dienstleistung des Beamten nicht beeinträchtigt. Selbst die Erweiterung von Möglichkeiten des Aufstiegs von einer Laufbahngruppe in die nächsthöhere gerät in den Verdacht, verfassungswidrig zu sein, während andererseits der parteipolitisch motivierte Seiteneinstieg in höchste Beförderungsstellen mit den hergebrachten Grundsätzen auch nicht zu verhindern ist[41]. Die **h.L.** löst derartige Probleme, indem sie darauf abstellt, dass die hergebrachten Grundsätze lediglich zu „berücksichtigen" sind. Dies lasse eine Weiterentwicklung grundsätzlich zu. Neue Vorschläge werden dann daraufhin überprüft, ob ihnen hergebrachte Grundsätze entgegenstehen und, falls dies so ist, ob aus anderen, in der Verfassung anerkannten Gründen ein Verfassungsverstoß nicht doch verneint werden muss. Damit wird zwar letztlich eine „Abwägung" vorgenommen, dies jedoch – dogmatisch folgerichtig – nicht zwischen hergebrachtem Grundsatz (Verfassungsebene) und gesetzgeberischem Gestaltungswillen (Gesetzesebene; z.B. zur Entlastung des Arbeitsmarktes), sondern mit Recht auf der Ebene der Verfassungsnormen zwischen Art. 33 V und vor allem Art. 6 (Schutz von Ehe und Familie) oder/und dem Sozialstaatsgebot des Art. 20 GG[42].

Die Rechtsprechung des **BVerfG**, der ein Teil der Lehre gefolgt ist, steht auf einem (jedenfalls in der Methode) **abweichenden Standpunkt**. Zwar erscheint es so, als prüfe das BVerfG heute lediglich, ob der Gesetzgeber im Rahmen seiner Gestaltungsfreiheit eine „sorgfältige Abwägung" zwischen hergebrachten Grundsätzen und „konkreten Belangen des öffentlichen Dienstes" vorgenommen habe (vgl. das Zitat

---

39 Hierzu *Jachmann*, ZBR 93, 133; im Übrigen vgl. zu den streitigen Themen die präzisen jährlichen Berichte über die Entwicklung des Beamtenrechts durch *Battis* in der NJW seit 1981 (vgl. Vorauflage), ferner NJW 98, 1033; 99, 987, 2000, 1079; 2001, 1101; 2002, 1085; 2003, 940. Zur Einrichtung eines Versorgungsfonds *Lecheler/Determann*, ZBR 98, 1.
40 Vgl. dazu *Summer*, ZBR 92, 1; erst eine (zweifelhafte) Uminterpretation der „Hauptberuflichkeit" in „Abwehr von entgeltlichen Zweitberufen" ermöglicht es z.B., den Verfassungsverstoß zu verneinen, weil Bedürfnisse der Arbeitsmarkt- oder der Familienpolitik allein dazu nicht ausreichen. Die durch den BRat 1996 erwirkte Neuregelung in § 44a BRRG (Einstellung als Teilzeitbeamter auf Dauer) lässt die Schaffung jenes neuen Beamtentypus jetzt zu; vgl. hierzu und zu den übrigen Teilzeitreformen umfassend *Battis*, ZBR 97, 237; zur Diskussion unten Rdnr. 160.
41 Sehr anschaulich zu diesen Fragen *Lindgen*, DÖD 81, 148, bes. 170 ff; zum Aufstiegsproblem im Laufbahngruppensystem *Lecheler*, ZBR 81, 265.
42 Methodisch vorbildlich etwa *Battis*, Teilzeitbeschäftigung von Beamten, ZBR 86, 285, 288 f; zu den zahlreichen Rechtsfragen erneut prägnant *Battis* in: *Sachs*, GG³, Art. 33, Rdnr. 61 m.w.N.

III Öffentliches Dienstrecht

unten Rdnr. 18). Doch der Eindruck trügt; der methodische Ansatz des BVerfG ist grundlegend anders als beim Verständnis von Art. 33 V als Gesetzgebungsgebot und Prüfungsmaßstab: Das Gericht versteht Art. 33 V GG nicht nur als einen Verfassungsauftrag und als eine Entscheidung gegen die Abschaffung öffentlich-rechtlicher Dienstverhältnisse (institutionelle Garantie[43]), sondern behandelt die Vorschrift als verfassungsrechtliche Festlegung einer **Institution** (ähnlich dem zivilrechtlichen Institut der Ehe in Art. 6 I GG). **Folge:** Das Gericht kann schon aus der Institution als solcher Befugnisse des Staates gegenüber dem Beamten entnehmen. Umgekehrt kann es aus ihr aber auch gesetzlich nicht geregelte Ansprüche des Beamten gegen den Staat herleiten. Damit ist es letztlich möglich, nicht nur den Gesetzgeber zu korrigieren (Verstoß gegen hergebrachte Grundsätze), sondern ihn sogar zu ersetzen[44].

Zur Auffassung der Mehrheit des BVerfG haben seinerzeit (1976) zwei Verfassungsrichter folgende **Gegenposition** bezogen, vor der die (hier nachfolgenden) Ausführungen des BVerfG erst voll verständlich werden: Art. 33 Abs. V richte sich primär an den Gesetz- und Verordnungsgeber; deshalb könne er als Maßstab zur Überprüfung einer behördlichen Einzelfallentscheidung nur in folgendem Umfang dienen: (1) als Maßstab für die Verfassungsmäßigkeit einer Norm, (2) als unmittelbarer Maßstab, wenn die Norm sich als verfassungswidrig erwiesen hat, (3) als unmittelbarer Maßstab, wenn eine Regelungslücke vorliegt, (4) als unmittelbarer Maßstab, wenn eine Regelung überhaupt fehlt.

Der Standpunkt des **BVerfG** in BVerfGE 43, 154 [166-168] dagegen lautet:

Art. 33 Abs. 5 GG enthält mehr als nur eine institutionelle Garantie des Berufsbeamtentums. Er enthält auch mehr als einen Regelungsauftrag an den Gesetzgeber einschließlich eines Regelungsprogramms. Über diesen dem Wortlaut zu entnehmenden Gehalt des Art. 33 Abs. 5 GG sind Lehre und Rechtsprechung längst hinausgegangen, – nicht zuletzt aus der allgemeinen Tendenz heraus, den die Rechtspositionen des Bürgers schützenden Verfassungsvorschriften, insbesondere den Grundrechten und ihnen gleichkommenden Bestimmungen eine möglichst große Wirkungskraft zu verleihen. Seit der Entscheidung vom 17. Januar 1957 (BVerfGE 6, 55 [72]) steht fest, dass das Gericht davon ausgeht: „Aufgabe der Verfassungsrechtsprechung ist es, die verschiedenen Funktionen einer Verfassungsnorm, insbesondere eines Grundrechts zu erschließen. Dabei ist derjenigen Auslegung der Vorzug zu geben, die die juristische Wirkungskraft der betreffenden Norm am stärksten entfaltet (Thoma)" (in Bezug genommen z.B. in BVerfGE 32, 54 [71] und: „Die Grundrechte bilden einen untrennbaren Teil der Verfassung; sie sind der eigentliche Kern der freiheitlichen demokratischen Ordnung des staatlichen Lebens im Grundgesetz. Ihre Reichweite kann daher nicht davon abhängen, in welcher Weise eine bestimmte Materie durch das einfache Recht geregelt ist; sie ist vielmehr unmittelbar aus den Verfassungsnormen selbst zu erschließen" (BVerfGE 31, 58 [73]).

In dieser Linie liegt es, dass das Bundesverfassungsgericht dem Art. 33 Abs. 5 GG grundrechtsgleiche (mit Verfassungsbeschwerde verfolgbare) subjektive Ansprüche des Beamten entnommen hat: z.B. den Anspruch auf ein amtsangemessenes Gehalt (BVerfGE 8, 1 [16 ff]; ständige Rechtsprechung), den Anspruch auf eine amtsangemessene Amtsbezeichnung (z.B. BVerfGE 38, 1 [12]), den Anspruch auf einen besonderen Status (BVerfGE 35, 79 [146]). Für

---

43 Dass damit „strukturelle Veränderungen" des Berufsbeamtentums verboten sind (so *Battis* in: *Sachs*, GG³, Art. 33 Rdnr. 67 m.w.N.), scheint mir sehr fraglich; entscheidend wäre, was als „Struktur" zu gelten hätte.

44 Die Problematik, insbes. die Zeitgebundenheit und Ideologieanfälligkeit juristischer Argumentation aus derartigen „Einrichtungen des rechtlichen und sozialen Lebens", hat, bislang unübertroffen, aufgezeigt *Rüthers*, „Institutionelles Rechtsdenken" im Wandel der Verfassungsepochen, 1970.

den Anspruch gegen den Dienstherrn auf Fürsorge gilt nichts anderes, wenn er auch bisher nur selten Gegenstand einer Entscheidung des Gerichts war (immerhin BVerfGE 8, 332 [356]; 9, 268 [286 f]) ...

Es ist die Eigentümlichkeit von in der Verfassung gewährten Ansprüchen, mögen sie in Grundrechten, grundrechtsähnlichen Vorschriften oder Grundsätzen der Verfassung enthalten sein, dass sie in summarischer Kürze formuliert sind, dass man ihnen durch eine Vielzahl von Varianten des Sichverhaltens gerecht werden kann, dass sie also nicht auf *eine bestimmte, konkrete* Leistung gehen, dass sie der Ausfaltung im einfachen Gesetz zugänglich und regelmäßig bedürftig sind, dass sie aber unbeschadet dieser Regelung im einfachen Gesetz *unmittelbar* anwendbar sind, und zwar nicht nur als (auslegungsbedürftiger) Maßstab für die Kontrolle der Verfassungsmäßigkeit des einfachen Gesetzes, sondern – weil und insoweit sie eben dem Bürger gewährte verfassungsrechtliche Ansprüche enthalten – auch in der Weise, dass ihnen unmittelbar im Wege der Auslegung Rechtsfolgen entnommen werden, die ihrerseits generellen Charakter haben, also auf eine Vielzahl von Fällen anwendbar sind und das einfache Gesetz ergänzen mit der Folge, dass der durch Auslegung der Verfassungsvorschrift gewonnene konkretere Verfassungssatz auf jeden konkreten Sachverhalt, der jenem explizierten Verfassungssatz unterfällt, angewendet werden kann und angewendet werden muss. In dieser Eigentümlichkeit liegt auch begründet, dass zwar der in Art. 33 Abs. 5 GG enthaltene „*hergebrachte Grundsatz*" (z.B. angemessene Alimentierung, Treuepflicht, Fürsorgepflicht des Dienstherrn usw.) als „hergebracht" nachgewiesen werden muss, dass aber die durch Auslegung gewonnenen Konkretisierungen des Inhalts jenes hergebrachten Grundsatzes keineswegs als hergebracht erwiesen werden müssen. Im Gegenteil: Gerade die Auslegung eines hergebrachten Grundsatzes gestattet es, den Grundsatz in gewissem Umfang elastisch zu halten und veränderten Verhältnissen in beschränktem Umfang anzupassen.

Dass mit der Anerkennung eines „subjektiven grundrechtlichen Anspruchs" der Wortlaut der Norm überschritten wird, gesteht das BVerfG also selbst ein. Die Rechtfertigungen dafür überzeugen nicht[45]. Allenfalls dürfte ein grundrechtsähnliches Individual**recht**, das (als berufsspezifisches Abwehrrecht) gleichrangig neben der institutionellen Garantie steht, anzuerkennen sein, wenn und weil dem Beamten die Möglichkeit fehlt, auf der Ebene der Gleichordnung seine grundlegenden Rechte und Pflichten – und sei es kollektiv – wirksam mitzugestalten[46]. **17**

Fraglich ist, welche weiteren **Folgen** sich aus der Anerkennung des Art. 33 V als verfassungsrechtliche Basis für grundrechtsgleiche Rechte ergeben. So könnte die Vorschrift zu einer **lex specialis im Gefüge der Grundrechte** für Beamte und Richter werden. Für vermögensrechtliche Ansprüche hat das BVerfG diesen (systematisch möglichen) Schritt auch getan: Art. 33 V geht Art. 14 vor[47]. Die Frage stellt sich aber grundsätzlich für alle Grundrechte[48], auch z.B. für die Meinungsfreiheit und die Religionsfreiheit, sogar für die den materiellen Grundrechten immanente Gewährleistung effektiven Rechtsschutzes. Allerdings ist das BVerfG mit Recht dort, wo einschlägige, für alle geltende Grundrechte bestehen (z.B. Art. 5, 9 III), nicht vom Berufsrecht des Beamten in Art. 33 V, sondern von den speziellen Freiheitsrechten ausgegangen (dazu Rdnr. 32 und 34).

---

45 Vgl. *Lecheler*, AöR 1978, 349, 361 ff; *Summer*, PersV 88, 76, 78; zum Streitstand *Lübbe-Wolff* in: *Dreier*, GG-K II, Art. 33 Rdnr. 63.
46 So die Ratio in BVerfGE 8, 1, 17; insoweit ebenso *Battis* in: *Sachs*, GG³, Art. 33 Rdnr. 65.
47 So BVerfG zuerst in E 3, 58, 153; wörtlich E 17, 337, 355 (Anrechnung von Renten auf Versorgungsbezüge von Beamten); näher E 53, 257, 306 f (Versorgungsausgleich nach Ehescheidung).
48 Vgl. zu einzelnen Grundrechten *Battis* in: *Sachs*, GG³, Art. 33 Rdnr. 65 m.w.N.; aber (zu Art. 2 I und 12) näher *Kahl*, ZBR 2001, 225, 227 u. 231 f.

III *Öffentliches Dienstrecht*

18 c) Das BVerfG hat **die hergebrachten Grundsätze** von Anfang an so definiert: Art. 33 V „schützt nur den Kernbestand von Strukturprinzipien der Institution des Berufsbeamtentums, die allgemein oder doch überwiegend und während eines längeren, Tradition bildenden Zeitraums, mindestens unter der Reichsverfassung von Weimar, als verbindlich anerkannt und gewahrt worden sind"[49]. Im Laufe der Jahre hat das BVerfG aber so viele Einzelregelungen, bes. aus dem Besoldungs- und Versorgungsbereich, als „hergebrachte Grundsätze" anerkannt, dass m.E. von einer Konzentration auf grundlegende Strukturprinzipien nicht mehr gesprochen werden kann. Diese ‚Inflation' der Grundsätze mag das BVerfG im Jahre 1958 veranlasst haben zu unterscheiden zwischen Grundsätzen, die zu berücksichtigen, und Grundsätzen, die als „besonders wesentliche" anzusehen sind. Zur „Beachtung" letzterer sei der Gesetzgeber „verpflichtet"[50].

Eine solche Differenzierung lässt sich mit Art. 33 V GG nicht vereinbaren. Sie wird in der Rechtswissenschaft deshalb zu Recht fast einhellig abgelehnt[51]. Einzelne Autoren interpretieren das Berücksichtigen insgesamt als Beachten (Zwischenschritt: Garantie der „Institution" Berufsbeamtentum)[52]. Das BVerfG folgt dem nicht, sondern formuliert weiterhin: Jeder einzelne hergebrachte Grundsatz ist in seiner Bedeutung für die Institution des Berufsbeamtentums und des Richteramtsrechts in der freiheitlichen, rechts- und sozialstaatlichen Demokratie zu würdigen. Von dieser Würdigung hängt es ab, in welcher Weise und in welchem Ausmaß der Gesetzgeber dem einzelnen Grundsatz bei seiner Regelung Rechnung tragen, insbesondere inwieweit er ihn „beachten" muss[53]. **Aber:** Durch die Unterscheidung hat das Gericht seine eigene ausufernde Rechtsprechung einleuchtend korrigiert und sich ein Instrument für zukünftige Änderungen der Rechtsprechung im Wege der Einzelfalldifferenzierung geschaffen. Wie oben (Rdnr. 16) nachgewiesen, geht das BVerfG schon heute davon aus, dass die hergebrachten Grundsätze so „elastisch" sind, dass eine zeitgemäße Konkretisierung ihrer Inhalte (d.h. auch eine gesetzliche Neuregelung) sich nicht mehr selbst als hergebracht erweisen muss (BVerfGE 43, 154, 168). **Heute** formuliert das **BVerfG** so (Anlass: Herabsetzung des Emeritierungsalters der Professoren, BVerfGE 67, 10, 14):

Art. 33 Abs. 5 GG, der heute im Zusammenhang mit dem Sozialstaatsprinzip und anderen Wertentscheidungen des Grundgesetzes gesehen werden muss (BVerfGE 44, 249 [267]; 49, 260 [273]; 52, 303 [341]), verlangt vom Gesetzgeber ... eine sorgfältige Abwägung (vgl. BVerfGE 43, 242 [286 ff]; 52, 303 [341]). Er fordert hierbei die ausreichende Berücksichtigung der konkreten Belange des öffentlichen Dienstes unter Einbeziehung derjenigen des betroffenen Beamten und der Bedeutung der Neuregelung für das Wohl der Allgemeinheit (vgl. BVerfGE 43, 242 [286 ff]; 52, 303 [341]).

19 Folgende, zu berücksichtigende (hergebrachte) Grundsätze des geltenden Beamtenrechts[54] kann man unter dem Gesichtspunkt der Funktionssicherung, wie sie dem traditionellen deutschen Staatsverständnis entspricht, als **Strukturprinzipien** ansehen:

---

[49] Vgl. etwa BVerfGE 58, 68, 76 f; anfangs sogar noch: „ganz überwiegend" (BVerfGE 8, 332, 343).
[50] BVerfGE 8, 1, 16/17: Sicherung eines angemessenen Lebensunterhalts.
[51] Insofern nicht repräsentativ *Stern*, Staatsrecht I, 1984, S. 354 mit Fn. 121.
[52] Vgl. *Lecheler*, AöR 103 (1978), 349, 363 f.
[53] So 1981 BVerfGE 56, 146, 162; vgl. näher *Lübbe-Wolff* in: *Dreier*, GG-K II, Art. 33 Rdnr. 74 f.
[54] Vgl. Zusammenstellung aller Aussagen des BVerfG bei *Battis* (Anm. 48) Rdnr. 72/73.

1. die Ausgestaltung des Beamtenverhältnisses als Dienst- und Treueverhältnis des öffentlichen Rechts mit Anstellung auf Lebenszeit (und hauptberuflicher Bindung; vgl. auch Rdnr. 14),
2. das Streikverbot (näher unten Rdnr. 42 ff),
3. die Pflicht zur Verfassungstreue, wenigstens bei aktiven Beamten (näher unten Rdnr. 37 ff),
4. die Pflicht zu parteipolitischer Neutralität im Dienst (näher unten Rdnr. 34, 114),
5. das Prinzip des Aufstiegs durch Leistung (näher unten Rdnr. 64 f),
6. die Alleinentscheidung der vorgesetzten Dienstbehörde in Personalangelegenheiten (vgl. auch unten Rdnr. 140 ff),
7. der Anspruch auf gesetzlich geregelte, angemessene Besoldung und Versorgung (sog. Alimentationsprinzip; näher unten Rdnr. 102 f),
8. der grundsätzliche Anspruch auf Fürsorge vonseiten des Dienstherrn (näher unten Rdnr. 98 ff).

Neben diesen Prinzipien hat das **BVerfG** als „hergebrachte Grundsätze" bezeichnet: **20** das Bestehen einer „amtsangemessenen" Amtsbezeichnung, ferner die Pflicht zur Amtsverschwiegenheit, das Verbot einer Schädigung der Interessen des öffentlichen Dienstherrn, das sog. Haftungsprivileg (dazu unten Rdnr. 137), die Höhe der Besoldung nach dem Ernennungsamt (nicht der tatsächlichen Tätigkeit), die Berechnung der Versorgungsbezüge nach den Dienstbezügen des letzten Amtes, die gleiche Besoldung für gleichartige Dienstposten derselben Laufbahn, die Unzulässigkeit einer Verminderung der Bezüge bei einer Beförderung, die Garantie des Rechtswegs für vermögensrechtliche Ansprüche, schließlich (zwecks Sicherung vor parteipolitischen Eingriffen) die Regelung einer Beendigung des Beamtenverhältnisses nur unmittelbar durch Gesetz.

Ob auch diese „hergebrachten Grundsätze" sämtlich zum (unantastbaren) „Kernbestand von Strukturprinzipien" des Berufsbeamtentums zu zählen sind, ist zu bezweifeln[55]. **Fragwürdig** ist z.B. die „**amtsangemessene Amtsbezeichnung**". Es dürfte ausschlaggebend sein, welche Bedeutung dem statusrechtlichen Amt als Teilelement des Berufsbeamtentums tatsächlich zukommt. Der Beamte ist „Treuhänder des Volkes" (*Isensee*). Von ihm wird wegen seiner verfassungsrechtlichen Funktion ein **Amtsethos** verlangt, das gemeinwohl-orientiert in Dienstbereitschaft, Disziplin, Unbestechlichkeit, Sachlichkeit[56] zum Ausdruck kommt. Nach diesem Ethos zu wirken, erfordert keineswegs unbedingt eine nach Laufbahn und Besoldungsgruppe differenzierte Amtsbezeichnung, die auch außerhalb des Dienstes „geführt" werden darf. Selbst wenn mit der Amtsbezeichnung dem Bürger gegenüber erkennbar werden sollte, welche allgemeine Qualifikation und Kompetenz der handelnde Amtsträger besitzt, so scheint die vom BVerfG festgestellte **Doppelfunktion der Amtsbezeichnung**[57] doch eher am Standesinteresse von Beamten orientiert zu sein: „Sie verdeutlicht nach außen die Bedeutung des Amtes unter Berücksichtigung des Amtsinhalts zur Unterscheidung von anderen Ämtern; gleichzeitig

---

55 Vgl. dazu vornehmlich *Lübbe-Wolff in:Dreier*, GG-K II, Art. 33 Rdnr. 70-75 m.N., aber auch *Stern*, Staatsrecht I, S. 354 ff (Zweifel am Haftungsprivileg), oder *Maunz* in: *Maunz/Dürig*, Art. 33 Rdnr. 43 (Trivialisierung des Art. 33 V).
56 Ähnlich *Isensee*, Öff. Dienst, 1983, S. 1153 (eher negativ abgrenzend 2. Aufl. 1994, S. 1535 ff); zur Diskussion umfassend *Battis*, DÖV 2001, 309, 311 ff.
57 BVerfGE 62, 374, 385 (Lehrer); 64, 323, 325 (Professoren); ausführlich *Hillmann*, VerwArch 88, 369.

III Öffentliches Dienstrecht

kennzeichnet sie den Inhaber dieses Amtes dahin, dass dieser auch nach Eignung und Leistung befähigt ist, ein Amt dieses Inhalts wahrzunehmen." M.E. dürfte dem Interesse der Öffentlichkeit an der „Durchschaubarkeit des Verwaltungsbereichs" mit einer (differenzierten) Funktionsbezeichnung – die sich dann auch für Angestellte eignete – besser gedient sein. Sie entspräche sowohl der tatsächlichen Leistung des Beamten als auch seiner Stellung als Amtswalter und käme damit der vom BVerfG verlangten Wirklichkeitsgerechtigkeit solcher Bezeichnungen am nächsten. Auch ohne hergebrachte Grundsätze bemühen zu müssen, ließe sich die Gleichbehandlung von **Professoren** an Fachhochschulen und an wissenschaftlichen Hochschulen in ihrer Amtsbezeichnung („Professor") als Verstoß gegen Art. 3 I GG erkennen (wesentlich Ungleiches wird gleich behandelt), wohl kaum jedoch eine – vom BVerfG allerdings auch nicht verlangte – Unterscheidung zwischen Ordinarien und Nichtordinarien. Als zu undifferenziert ließe sich ebenso die Bezeichnung „Lehrer für das Lehramt an öffentlichen Schulen" erkennen, wenngleich damit ein Anspruch, die Amtsbezeichnung „Studienrat" zu erhalten, verfassungsrechtlich auch nicht zu begründen wäre (das BVerfG hebt auf das „Amt im Ämtergefüge" ab, dessen Nivellierung mit Art. 33 V nicht vereinbar wäre).

Nicht zu den hergebrachten Grundsätzen gehören insbes. das Recht der **Beihilfen**, da es erst nach 1945 entwickelt worden ist[58], sowie Struktur und Einzelheiten der Besoldung; so z.B. nicht die Beibehaltung der besoldungsrechtlichen Einstufung eines statusrechtlichen Amtes im Verhältnis zu anderen Ämtern generell sowie das Urlaubsgeld und das 13. Monatsgehalt[59].

21 Die weite **Gestaltungsfreiheit** des Gesetzgebers hat jedoch **Grenzen**: So wäre ein ersatzloser Wegfall der gegenwärtigen Beihilferegelungen (anders als etwa die Übertragung der Durchführung des Verfahrens auf private Versicherer[60]) mit der Treuepflicht des Dienstherrn und dem korrespondierenden Fürsorgeanspruch des Beamten nicht vereinbar (möglich aber: Verminderung der Beihilfehöhe, Überführung in gesetzliche Kassen, gänzlicher Wegfall der Beihilfe unter Erhöhung der Besoldung). Ebenso dürfen durch Leistung (Beförderung) bereits erlangte statusrechtliche Positionen nicht ohne angemessenen Ausgleich abgeschafft werden[61].

Eine Reihe von Fragen sind vom BVerfG bislang nicht abschließend behandelt worden. So ist es trotz gewisser obiter dicta ungeklärt, ob es den hergebrachten Grundsätzen widerspricht[62],
– wenn Besoldungsänderungen (z.B. durch sog. Sockelbeträge) zu einer weitgehenden Nivellierung (Grenze?) zwischen Beamten mit unterschiedlichen Ämtern führt,
– wenn ein Beamter ständig „unterwertig" (gemessen an seinem statusrechtlichen Amt) beschäftigt wird (zum Standpunkt des BVerwG vgl. oben Rdnr. 10),
– wenn eine schriftliche Zusage bei der Einstellung, in bestimmter Weise verwendet zu werden oder bestimmte Rechte ausüben zu dürfen (Berufungszusagen), nicht eingehalten werden soll.

---

58 Offen gelassen in BVerfGE 83, 89, 105, und ZBR 2002, 351, 352; zum Verhältnis Beihilfe/Besoldung BVerfG ZBR 2001, 206.
59 Vgl. BVerfGE 58, 68, 77 (Beihilfe); 56, 146, 162 f (Richterämter); näher *Battis* (Anm. 48) Art. 33 Rdnr. 72, sowie unten Rdnr. 102.
60 Zur Problematik der notwendigen Rechtskonstruktion vgl. *Battis/Kersten,* ZBR 2000, 145, sowie (grundlegend) RhPf OVG ZBR 2000, 368; im Übrigen näher unten Rdnr. 100.
61 Vgl. dazu BVerfGE 56, 175, 182 (Abschaffung des Beförderungsamts „Erster Landesanwalt" mit der BesGr. A14a).
62 Einschlägig BVerfGE 47, 327, 411 („etwaiges Verbot unterwertiger Beschäftigung"); E 52, 303, 335 (Zusicherung begründet keinen absoluten Bestandsschutz gegenüber gesetzlicher Regelung).

Die **Bestellung der Schulleiter**, ihrer Stellvertreter und der Abteilungsleiter nur jeweils **auf Zeit** (acht Jahre) hat das BVerfG mit Recht für mit Bundesrecht (§ 18 BBesG) nicht vereinbar erklärt[63]. Diese einfache Feststellung verbindet das Gericht jedoch mit einer Reihe von allgemeinen verfassungs- und beamtenrechtlichen Erwägungen, die über den Fall weit hinausführen und deshalb **Bedenken** auslösen[64]. So soll die Verknüpfung von Status und Funktion auf hergebrachten Grundsätzen beruhen (lebenslange Amtsübertragung, Leistungsprinzip, amtsangemessene Alimentation), obwohl mit § 18 BBesG die vorher gerade so nicht vorhandene Verknüpfung erst herbeigeführt werden sollte. Auch sonst kann von einer „Kongruenz" von Amt im statusrechtlichen und Amt im funktionellen Sinne, jedenfalls nach der Rspr. des *BVerwG* zum Anspruch des Beamten auf Verleihung eines funktionsgebundenen Amtes[65], kaum die Rede sein. Mag die allgemeine Aussage, dass eine amtsgemäße Besoldung die Unabhängigkeit des Beamten sichern soll, die Folgerung tragen, dass eine *dauernde* Trennung von Status und Funktion grundsätzlich hergebrachten Grundsätzen widerspricht[66], so ist doch damit für die Frage der befristeten Übertragung von Führungsfunktionen (Dienstposten) in der Verwaltung wenig gewonnen. Zur **Übertragung von Spitzenpositionen auf Zeit**[67] vgl. die Dienstrechtsreform 1997-2001 (unten Rdnr. 155 ff). Sie hat m.E. **verwaltungspolitisch** die besseren Argumente für sich, insbesondere wird bisher übersehen, dass der befristet Führende (zumal ein dazu gewählter) stärker gegen eine Umsetzung („Kaltstellung") geschützt ist als der normale Beamte in einer Führungsposition. Wird mit den neuen Möglichkeiten allerdings nicht sachgerecht umgegangen, so besteht die Gefahr, dass statt befristeter Funktionsausübung der Kreis der politischen Beamten (vgl. Rdnr. 67) weiter ausgedehnt wird; diese sind aber (gerade auch aus parteipolitischen, also nicht allein die Verwaltungseffizienz betreffenden Gründen) nicht leicht auszuwechseln.

4. Recht der Angestellten und Arbeiter

Die Aufgaben des jeweiligen Amts (Dienstposten) werden – je nach der Organisation der Behörde – von einem Angehörigen des öffentlichen Dienstes – also von einem Beamten, einem Angestellten oder einem Arbeiter des öffentlichen Dienstes wahrgenommen. Sie alle nehmen ein „Amt" i.S. von Art. 3 II GG wahr. Aber sie haben zu ihrem „Arbeitgeber" rechtlich unterschiedlich gestaltete Verhältnisse: Während dem Beamten durch Verwaltungsakt von seinem Dienstherren der Status eines Beamten verliehen worden ist und sich der Inhalt dieses Rechtsverhältnisses deshalb nach den Beamtengesetzen bestimmt, stehen Angestellte und Arbeiter in einem privatrechtlichen Dienstverhältnis zu ihrem Arbeitgeber. Ihre Rechte und Pflichten als Dienstleistende ergeben sich im Wesentlichen aus den Tarifverträgen, die die öffentlich-rechtlichen Arbeitgeber (Bund, Länder, Gemeinden und Gemeindeverbände) mit den Gewerkschaften des öffentlichen Dienstes abschließen.

22

---

63 BVerfGE 70, 251, 265 ff (= DÖV 85, 1055, DVBl. 86, 33).
64 So mit Recht *Siedentopf*, Anm., DÖV 85, 1060, und weiterführend *Thieme*, DÖV 87, 933, 939 ff.
65 Vgl. BVerwG ZBR 85, 195, DÖV 85, 875: Trotz 8-jähriger Leitung einer Abteilung (Funktion nach BesGr B2) hatte der Beamte (BesGr A16) solange keinen Anspruch auf Übertragung des entsprechenden statusrechtlichen (hier zugleich funktionsgebundenen) Amts „Abteilungsdirektor" (B 2), wie der Haushaltsgesetzgeber nicht eine Planstelle nach B2 bereitgestellt hatte.
66 Lehrreich dazu insgesamt *Summer*, DÖV 86, 713, bes. 720 f.
67 Vgl. grundsätzlich *Thieme*, DÖV 87, 933, zum Gutachten „Neue Führungsstruktur Baden-Württemberg" auch *Miller*, PersV 90, 377; Nachweise bei *Battis*, NJW 86, 1151; 87, 1800; 88, 948.

III *Öffentliches Dienstrecht*

Die Trennungslinie zwischen Angestellten und Arbeitern verlief ursprünglich danach, ob überwiegend körperliche oder geistige Tätigkeit geleistet wurde[68]. Sie zeigt sich noch in der unterschiedlichen Formulierung der allgemeinen Pflichten in den jeweiligen Tarifverträgen: Der **Angestellte** hat „dienstlichen Anordnungen nachzukommen" (§ 8 II BAT), der **Arbeiter** „die ihm übertragenen Aufgaben gewissenhaft und ordnungsgemäß auszuführen" (§ 9 MTB/MTL). Wer Angestellter oder Arbeiter im öffentlichen Dienst wird, entscheidet sich allein nach der zur Verfügung stehenden Stelle, wie sie im Stellenplan auf Grund des Haushaltsplans der jPdöR ausgewiesen ist.

Neben Angestellten und Arbeitern gibt es im Bereich der öffentlich-rechtlich organisierten Sozialversicherungsträger (Krankenkassen, Unfallversicherung etc.) die sog. **Dienstordnungsangestellten**[69]. Ihr Dienstverhältnis ist ebenfalls privatrechtlich vereinbart. Für ihre Rechtsstellung im Einzelnen sind aber die Reichsversicherungsordnung bzw. das Reichsknappschaftsgesetz und die auf (dort geregeltem) Satzungsrecht beruhenden Dienstordnungen der Sozialversicherungsträger maßgebend. Zusätzliche Tarifverträge betreffen im Wesentlichen Vergütungen und Zulagen (z.B. Ersatzkassentarifvertrag).

23 In folgenden Punkten unterscheidet sich das **Dienstrecht der Angestellten** von dem der Beamten:

1. Die **Begründung** des Angestelltenverhältnisses erfolgt durch Vertrag, nicht durch Verwaltungsakt (formgebundene Ernennung).
2. Der **Inhalt** des Angestelltenverhältnisses ist zumeist durch Tarifvertrag direkt oder durch Bezugnahme darauf im Einzelarbeitsvertrag festgelegt, nicht durch Gesetz geregelt.
3. Angestellte werden **für bestimmte Tätigkeiten** (auch befristet) und ohne vorgesehene Aufstiegsmöglichkeiten eingestellt und beschäftigt, nicht aber im Rahmen einer auf die gesamte Lebensarbeitszeit ausgerichteten Laufbahn ausgebildet, befördert und auf verschiedenen Dienstposten eingesetzt.
4. Auf **Dienstverfehlungen** eines Angestellten folgen Abmahnung und (nach Beteiligung des Personalrats) Kündigung, nicht aber gesetzlich geregelte Disziplinarmaßnahmen und gerichtsförmliche Disziplinarverfahren.
5. Angestellte erhalten **Vergütungen als Gegenleistung** für die erbrachte Arbeitsleistung auf einem bestimmten Arbeitsplatz, nicht eine nach Laufbahn und „Amt" gesetzlich als „angemessen" beurteilte Besoldung.
6. Angestellte sorgen dem Grundsatz nach selbst für ihre Versorgung durch **Versicherungsleistungen**; sie werden nicht nach dem zuletzt erreichten „Amt" (und unter Teilnahme an den an das „Amt" gebundenen Besoldungserhöhungen) durch Ruhestandsbezüge versorgt.

---

68 Als Maßstab kaum brauchbar (abgelehnt z.B. als sachgerechtes Differenzierungsmerkmal für Kündigungsfristen BVerfGE 62, 256, 276 f und E 82, 126); vgl. nunmehr Kündigungsfristengesetz vom 7.10.1993 (BGBl I, 1668); die Unterscheidung trifft aber weiterhin das BAG in DB 94, 788.
69 Die Besonderheiten zeigt knapp und informativ *Brill*, RiA 85, 62; *Lerche* (Verbeamtung als Verfassungsauftrag?, 1973) qualifiziert die Tätigkeit dieser sog. DO-Angestellten als Ausübung hoheitsrechtlicher Befugnisse und fordert deshalb ihre Verbeamtung (vgl. dazu Rdnr. 12); umfassend *Siebeck*, Dienstordnung und Beamtenrecht, 1987; kurz dazu BVerwG ZBR 2001, 253, und BAG RdA 2000, 356 m. Anm. *Battis* (S. 359 f).

7. Angestellte dürfen zur Verbesserung oder Erhaltung ihrer Arbeits- und Wirtschaftslage **streiken**.
8. **Rechtsstreitigkeiten** aus dem Angestelltenverhältnis werden **vor den Arbeitsgerichten** ausgetragen, nicht vor den Verwaltungsgerichten.

b) Obgleich die Unterschiede im Grundsatz und formell erheblich sind, ergeben sich doch faktisch und rechtlich große Ähnlichkeiten zwischen Beamtenrecht und dem Dienstrecht[70] der Angestellten des öffentlichen Dienstes. Im Laufe der letzten Jahrzehnte sind viele Elemente des Arbeitsrechts in das Dienstrecht der Beamten eingeflossen, z.B. bei der Arbeitszeitverordnung für Beamte und bei den Zulagen für besondere Tätigkeiten. Andererseits sind im Tarifvertrag Annäherungen selbst an Kernelemente des Beamtentums erfolgt, z.B. durch die sog. Unkündbarkeit von Angestellten nach 15 Dienstjahren (genauer: Ausschluss der ordentlichen Kündigung, wodurch praktisch eine „Anstellung auf Lebenszeit" erreicht wird).

24

Vor allem aber sind viele gesetzliche Nebenregelungen des Beamtenverhältnisses auf Angestellte anwendbar gemacht worden. **Rechtstechnisch** wird dies erreicht durch unmittelbare **Verweisung** im Tarifvertrag auf einzelne beamtenrechtliche Vorschriftenkomplexe (so z.B. bei Nebentätigkeit[71], Schadenshaftung, bestimmten Zulagen, Zuschlägen, Reise- und Umzugskosten) oder durch die Form einer Verweisung auf „die bei dem Arbeitgeber geltenden Bestimmungen". **Mittelbar** wird auf beamtenrechtliche Grundsätze verwiesen, wenn dieselben Sachkomplexe im Tarifvertrag geregelt werden. Das ist etwa der Fall bei Amtsverschwiegenheit, Geschenkannahme, Versetzung, Abordnung und Personalakten. Beamtenrechtliche Grundsätze gelten dann aber nur, soweit sie in den Tarifvertrag aufgenommen wurden und nicht – auf Grund des Tarifvertragsgesetzes, insbes. dem sog. Günstigkeitsprinzip – eine Abänderung allgemein oder im Einzelfall vorgenommen worden ist[72]. Die zentrale Vorschrift für den täglichen Dienstbetrieb, die die beamtenrechtlichen Pflichten und Rechte mittelbar auf die Angestellten überträgt, ist § 8 **Bundesangestelltentarifvertrag** (BAT):

(1) Der Angestellte hat sich so zu verhalten, wie es von Angehörigen des öffentlichen Dienstes erwartet wird. Er muss sich durch sein gesamtes Verhalten zur freiheitlichen demokratischen Grundordnung im Sinne des Grundgesetzes bekennen.

(2) Der Angestellte ist verpflichtet, den dienstlichen Anordnungen nachzukommen. Beim Vollzug einer dienstlichen Anordnung trifft die Verantwortung denjenigen, der die Anordnung gegeben hat. Der Angestellte hat Anordnungen, deren Ausführung – ihm erkennbar – den Strafgesetzen zuwiderlaufen würde, nicht zu befolgen.

(Zum Vergleich: §§ 52 II, 54-56 BBG und die Beamtengesetze der Länder[73]).

Diese Regelung zeigt deutlich das Ausmaß der Besonderheit eines Dienstverhältnisses bei einem öffentlich-rechtlichen im Vergleich zu einem privatrechtlichen Arbeit-

25

---

70 Hervorragend als Einführung und Problematisierung *Bull*, ZRP 2002, 388; im Einzelnen etwa *Pfohl*, Arbeitsrecht des öffentlichen Dienstes, 2002.
71 Vgl. BWVGH ZBR 96, 344, BAG ZBR 97, 59, ferner unten Rdnr. 126.
72 Vgl. zu Geschenkannahme durch Angestellte und (lediglich) arbeitsrechtliche Sanktionen BGH ZBR 2000, 212, 213.
73 Wegen § 35 I BRRG entsprechen sie im Kern den Regelungen des Bundes.

geber. Auch der **Angestellte** übt eben ein „öffentliches Amt" i.S.d. Art. 33 II GG aus. Mit der zitierten Generalklausel in § 8 I S. 1 BAT wird eine **Interpretation seiner Verhaltenspflichten** möglich, die den Pflichten entspricht, die für die Beamten durch Rechtsprechung und Praxis auf Grund der Beamtengesetze und der Disziplinarordnungen entwickelt worden sind.

Ob dies mit dem privatrechtlichen Status der Angestellten vereinbar ist, muss bei den **außerdienstlichen Pflichten** in Frage gestellt, jedenfalls stets sorgfältig in seinen Auswirkungen auf das konkrete Tätigkeitsfeld des Angestellten untersucht werden, z.B. bei der in § 53 BBG normierten Pflicht zu politischer Mäßigung und Zurückhaltung oder der aus § 54 S. 3 BBG gewonnenen Pflicht zur Beachtung der Gebote des Anstands und der guten Sitten (Trunkenheit, Schuldenmachen, unsittliches Verhalten)[74]. Bei den **innerdienstlichen Pflichten** ist die – auch automatische – Angleichung des Dienstrechts der Angestellten an das der Beamten weniger problematisch: kollegiale Zusammenarbeit, das Verbot von Beleidigungen, die unparteiische, gerechte, dem Bürger gegenüber höfliche und hilfsbereite Erledigung der Dienstaufgaben sowie das Verbot des Missbrauchs der Vorgesetztenstellung sind Allgemeingut des öffentlichen Dienstes. Bemerkenswert bleibt aber die (gegenüber dem Beamten) eingeschränkte Pflicht des Angestellten, sich durch sein gesamtes Verhalten zur freiheitlichen demokratischen Grundordnung zu bekennen (nicht auch: „für deren Erhaltung einzutreten"), wie es § 52 II BBG[75] von den Beamten fordert.

26 Anders als der Beamte, von dem in § 56 II S. 1 BBG verlangt wird, dass er Bedenken gegen die Rechtmäßigkeit dienstlicher Anordnungen unverzüglich bei seinem unmittelbaren Vorgesetzten geltend macht (sog. Remonstrationspflicht; näher Rdnr. 115), hat der Angestellte nicht diese (sanktionsbewehrte) Pflicht. Er darf die Anordnung ausführen, es sei denn, dies würde gegen strafrechtliche Normen verstoßen. Berechtigt zur Anmeldung von Bedenken bleibt allerdings auch der Angestellte. In der Frage, ob die Ausführung einer als offensichtlich rechtswidrig erkannten Weisung seine eigene Menschenwürde (blinder Gehorsam) oder die von Betroffenen verletzt, besteht jedoch kein Unterschied zum Beamtenrecht.

Im Übrigen gelten im gesamten Dienstrecht die allgemeinen Rechtsgrundsätze der **Unzumutbarkeit**, der **Unmöglichkeit** einer Leistung und des subjektiven **Unvermögens**. Sie können die Dienstausübungspflicht und die Gehorsamspflicht im Einzelfall begrenzen, z.B. bei grobem Missverhältnis zwischen Aufwand und Zweck oder beim Verlangen nach Problembearbeitung unter gleichzeitigem Vorenthalten notwendiger Aktenstücke oder bei einer Anordnung zur Gerätenutzung ohne vorherige Einweisung[76].

---

74 Vgl. die weit reichenden Beamtenpflichten bei *Biletzki*, ZBR 98, 84, mit BAG NJW 83, 2888 f.
75 Vgl. die differenzierende Rspr. des BAG, etwa NJW 83, 779 und 782, NJW 85, 507; anders dagegen BVerwG, NJW 85, 503; wie das BSG auch das BSG in ZBR 86, 121: Treuepflicht nach Maß der „in politischer Hinsicht zu stellenden Anforderungen aus dem jeweiligen Amt" (bei Fernmeldehandwerker als Funktionär des den gewaltsamen Umsturz befürwortenden KBW erlauben die Sicherheitsbedürfnisse der Post eine ordentliche Kündigung); ähnlich BAG NJW 87, 1100 (Umfang der Treuepflicht gemäß den Aufgaben im Arbeitsvertrag; Sozialarbeiter hat gesteigerte Treuepflicht). Zur Lage in Ostdeutschland vgl. *H.J. Becker*, RiA 91, 178, 179 f m.w.N., sowie unten Rdnr. 152-154.
76 Beispiele schon bei *Rüthers*, JZ 70, 625, 626 ff; näher dazu Rdnr. 46.

Die Tarifverträge der **Arbeiter** tragen ihrer in aller Regel stärker weisungsunterwor- 27
fenen Arbeitsleistung durch dementsprechend formulierte Pflichten Rechnung. Gelegentlich enthalten diese Tarifverträge allerdings Klauseln, die nur in verfassungskonformer Auslegung mit den Grundrechten vereinbar sind, z.B. heißt es – anders als für
Beamte (vgl. Rdnr. 126) – in § 13 MTB II: „Nebentätigkeiten gegen Entgelt darf der
Arbeiter nur ausüben, wenn der Arbeitgeber seine Zustimmung erteilt hat".

II. Grundrechte und Beamtenpflichten

1. Grundfragen

Auf Grund der gesetzlichen Grundlage seines Dienstverhältnisses befindet sich der 28
Beamte – verglichen mit dem Unterworfensein aller Bürger unter die für alle geltenden Gesetze – in einem rechtlichen **Sonderverhältnis** zum Staat. Insofern ist sein
Status vergleichbar dem des Schülers (im staatlichen Schulsystem), des wehrpflichti-
gen Soldaten oder (so das drastische Beispiel in der Literatur) des Strafgefangenen.
Diesen Sonderstatus meint die juristische Kurzformel „Besonderes Gewaltverhältnis"[77] auch heute noch. Damit ist jedoch nicht gemeint, dass im Rahmen des besonderen Gewaltverhältnisses/Sonderstatus, des Sonderrechtsverhältnisses oder der Son-
derrechtsbindung – die Begriffe variieren nach der Schwerpunktsetzung des jeweiligen Autors – die **Grundrechte** nicht ausgeübt werden könnten. Sie gelten vielmehr
nach heute fast allg. Ansicht grundsätzlich auch im Beamtenverhältnis[78], und zwar
stets dann, wenn – wie es die Staatsgerichtetheit der Grundrechte voraussetzt – der
Beamte als Person (und nicht nur in seiner Eigenschaft als sog. Amtswalter) berührt
ist[79]. Die Frage ist lediglich, ob, warum und inwieweit Grundrechte über ihre aus dem
jeweiligen Grundrechtsartikel selbst erkennbaren Einschränkungsmöglichkeiten hinaus für Beamte **zusätzlich** begrenzt werden dürfen.

a) Nach **früher** überwiegender Ansicht sind die Grundrechte im Rahmen und durch 29
die Inhalte der hergebrachten Grundsätze des Berufsbeamtentums einschränkbar.
Gründe: Diese Grundsätze hätten selbst Verfassungsrang und stellten spezielle Vor-
behaltsregeln gegenüber allen Grundrechten dar. Oft wird dabei stillschweigend davon ausgegangen, dass die hergebrachten Grundsätze in gesetzlichen Regelungen ihren Niederschlag gefunden haben und nur in dieser Ausgestaltung einschränkend
wirken. Die **heute herrschende Meinung** in der Lehre bezieht sich nicht auf die hergebrachten Grundsätze im Einzelnen, sondern hält generell **Begrenzungen** der
Grundrechte **aus der Funktion** des Beamtenverhältnisses für möglich: Das Beam-

---

[77] Vgl. umfassend und differenzierend dazu *Loschelder*, Vom besonderen Gewaltverhältnis zur öffentlich-rechtlichen Sonderbindung, 1982; zusammenfassend und ergänzend *Klein*, DVBl. 87, 1102.
[78] Trotz unterschiedlicher Ansätze besteht insoweit Einigkeit, vgl. *Stern*, Staatsrecht I, S. 378 f; anders
aber *Wiese*, Beamtenrecht³, S. 24 ff, 39/40: Mit der freiwilligen Übernahme eines Amts habe der Beamte sein Ausgangsgrundrecht der Berufswahl „verbraucht" und sei nun auf die Möglichkeiten beschränkt, die ihm das Recht des Amtes eröffnet. Insgesamt hierzu knapp und präzise *Achterberg*,
DÖV 86, 302-304; umfassend kritisch *Luthe*, DVBl. 86, 440.
[79] Zu dieser prozessual entscheidenden Abgrenzung siehe Rdnr. 147-150.

III *Öffentliches Dienstrecht*

tenverhältnis sei als Sonderstatusverhältnis in der Verfassung anerkannt (Art. 33 IV, V). Es gehöre zur verfassungsmäßigen Ordnung und konstituiere damit ebenso wie die Grundrechte selbst das Ganze der Ordnung des Grundgesetzes. Infolgedessen könne es, soweit es seine Eigenart überhaupt erfordere, die Grundrechte begrenzen. Inwieweit dies geschehe, sei eine Frage der praktischen Konkordanz, d.h. der verhältnismäßigen Zuordnung, die beiden (Grundrecht und Sonderstatusverhältnis) zu optimaler Wirksamkeit verhilft. Allerdings seien schon die begrenzenden Sonderstatusverhältnisse „im Lichte der Grundrechte" zu sehen und die Berücksichtigung der Grundrechte im Rahmen des Möglichen geboten[80].

30 Im Rahmen dieser Grundauffassung wird mithilfe weiterer **Maßstäbe** versucht, die Reichweite möglicher Grundrechtseinschränkungen allgemein festzulegen. Dabei sind zwei unterschiedliche Ansätze erkennbar: Entweder wird der Maßstab benutzt, um zu Grundrechtseinschränkungen zu ermächtigen (Sicht des Staates, Formulierung: Einschränkung „soweit erforderlich"), oder der Maßstab wird benutzt, um die Grenze der Grundrechtsausübung zu bestimmen (Sicht des Bürgers, Formulierung: Beschränkung „nur, wenn unvereinbar mit"). Als Maßstäbe sind vorgeschlagen worden:

1. das Prinzip der **Funktionsfähigkeit** des öffentlichen Dienstes, das je nach Formulierung (a) eine potenziell weite Einschränkung der Grundrechte ermöglicht (Einschränkung, soweit es die Funktionsfähigkeit erfordert[81]) oder (b) nur eine äußere Grenze der Grundrechtsausübung im Sonderstatus markiert (Einschränkung nur, wenn sonst die Funktionsfähigkeit nicht mehr gewährleistet ist),

2. das Prinzip der **Erforderlichkeit**, das (a) in seiner allgemeinen Form Einschränkungen bis zur äußersten Grenze des Wesensgehalts eines Grundrechts (Art. 19 II) ermöglicht, das (b) in seiner qualifizierten Form aber Einschränkungen nur soweit für erforderlich erklärt, als durch die Geltendmachung der Grundrechte die Funktion des Sonderstatusverhältnisses unmöglich gemacht wird (erforderlich nur, wenn Aufgabenerfüllung nicht mehr möglich).

31 Abweichend von diesen Grundpositionen, welche Grundrechtseinschränkungen durch andere, in der Verfassung anerkannte Institute oder Grundsätze für möglich halten, ist eine gewichtige **Mindermeinung** der Auffassung, dass seit der Rechtsprechung des BVerfG zur Geltung der Grundrechte in Strafvollzug und Schulverhältnis und der dementsprechenden Notwendigkeit gesetzlicher Regelungen für jegliche Grundrechtseinschränkung heute davon auszugehen ist, dass die Ausübung von Grundrechten im Beamtenverhältnis **allein auf Grund gesetzlicher Regelungen** beschränkt werden darf[82]. Gesetzliche Regelungen bestehen gerade im Beamtenverhältnis in weitem Umfang. Daher ist nach dieser Auffassung jeweils nur zu fragen, ob das Ausmaß der vorhandenen gesetzlichen Einschränkungen als solche und das Ausmaß der konkreten Einschränkung auf Grund einer gesetzlichen Regelung im Einzelfall

---

80 Grundlegend *Hesse*, Verfassungsrecht, § 10 III 2 i.V.m. II 2; anwendend *Schnellenbach*, Beamtenrecht in der Praxis[5], 2001, Rdnr. 211.
81 So im Grundsatz z.B. *Plog/Wiedow/Beck/Lemhöfer*, BBG, § 2 Rdnr. 13.
82 Repräsentativ hierfür *Schenke* (Anm. 22), Fall 14, mit Hinweis auf das durch Art. 1 I GG wesentlich mitgeprägte Menschenbild des GG, wohl auch *Battis*, BBG § 2 Rdnr. 12.

mit den Wertungen des GG und insbesondere des betroffenen Einzelgrundrechts vereinbar ist.

Diese Prüfung des verfassungsrechtlich zulässigen Ausmaßes eröffnet allerdings die Möglichkeit, die bekannten allgemeinen Maßstäbe als Wertungen des GG anzusehen, d.h. die Funktionsfähigkeit des öffentlichen Dienstes und die Erforderlichkeit von Einschränkungen als begrenzende Grundlage der gesetzlichen Ermächtigung zu verstehen[83].

Das **BVerfG** kommt mit einer dogmatisch weit ausholenden Begründung zu einer **32** mittleren Position: Der Beamte steht zwar „im Staat" und ist deshalb mit besonderen Pflichten dem Staat gegenüber belastet. Zugleich ist er Bürger, der seine Grundrechte gegen den Staat geltend machen kann. Daher treffen sich in seiner Person zwei Grundentscheidungen des GG: die Garantie der individuellen Freiheit und die Garantie eines für die Erhaltung dieser Freiheit unentbehrlichen Staatsapparats mit Berufsbeamten. Die **Lösung** liegt für das BVerfG in einer auf den Einzelfall abgestellten Konkretisierung nach der Formel: Es sind nur solche Grundrechtsbeschränkungen zulässig, die durch **Sinn und Zweck des konkreten Dienst- und Treueverhältnisses des Beamten** gefordert werden[84].

Damit wird zu Recht auf die **konkrete Beeinträchtigung des** jeweiligen **Grundrechtsträgers** abgehoben. Das BVerfG hat bisher jedoch nicht erkennen lassen, ob stets eine gesetzliche Ermächtigung vorliegen muss. Sein Ansatz erlaubt es, dies nicht zu fordern; denn anders als bei Strafgefangenen oder Schülern zwingt der Staat dem Beamten die Sonderrechtsstellung als solche nicht auf (kein genereller „Eingriff" in die Freiheit). Dennoch kommt es entscheidend auf eine funktionsgerechte Konkretisierung im Einzelfall an. In aller Regel stehen dafür gesetzliche Normierungen des Beamtenrechts zur Verfügung. Sie müssen allerdings „aus der Erkenntnis der wertsetzenden Bedeutung" des jeweiligen Grundrechts „für den freiheitlichen demokratischen Staat ausgelegt werden"[85]. Ein Vorprüfungsausschuss des BVerfG (NJW 83, 2691) hat dies 1983 so ausgedrückt:

Wie jeder Staatsbürger genießt auch der Richter den Schutz der Meinungsäußerungsfreiheit. Er kann sich insbesondere politisch betätigen und hierzu seine Auffassung in Wort und Schrift äußern und vertreten. Das Grundrecht der freien Meinungsäußerung ist aber bei Beamten und Richtern nur insoweit gewährleistet, als es nicht unvereinbar ist mit dem in Art. 33 V GG verankerten, für die Erhaltung eines funktionsfähigen Berufsbeamtentums und einer intakten Rechtspflege unerlässlichen Pflichtenkreis (vgl. *BVerfGE* 39, 334 [367] = NJW 1975, 1641). Zu diesen Pflichten zählt vor allem, dass der Richter sein Amt politisch neutral als Diener des Rechts wahrzunehmen hat. … Meinungsäußerungen eines Richters in der Öffentlichkeit sind danach verfassungsrechtlich nur dann durch Art. 5 I GG geschützt, wenn sie nicht mit dieser aus der besonderen Stellung des Richters folgenden, durch Art. 33 V GG gebotenen Pflicht zur Zurückhaltung, wie sie in § 39 DRiG Ausdruck findet, unvereinbar sind. Dabei ist jeweils im konkreten Fall die Vereinbarkeit oder Unvereinbarkeit einer Äußerung des Richters mit seinen Dienstpflichten nach dem Grundsatz, dass rechtlich begründete Grenzen des Art. 5 GG im

---

83 Vgl. dazu näher *Schnapp*, ZBR 77, 208 ff, und *Merten*, in: FS Carstens, 1984, S. 721 ff (bes. anschaulich S. 736 f, 741 f).
84 Vgl. grundlegend BVerfGE 19, 303, 322, und E 39, 334, 366 f.
85 Insofern grundlegend BVerfGE 28, 191, 202, zu Art. 5 I.

III Öffentliches Dienstrecht

Lichte des durch sie begrenzten Grundrechts auszulegen sind, zu entscheiden. In diesem Sinne sind die mit Art. 33 V GG in Einklang stehenden Regelungen des Beamten- und Disziplinarrechts allgemeine Gesetze nach Art. 5 II GG (vgl. *BVerfGE* 39, 334 [366 f]).

2. Meinungsfreiheit, Verfassungstreue, Streikverbot

33 a) Grundrechtliche Bezugspunkte ergeben sich beispielsweise[86]
 – zu Art. 2 I i.V.m. Art. 1 I in der Personalverwaltung durch Fragebogenaktionen und Datenschutzfragen generell („informationelle Selbstbestimmung")[87],
 – zu Art. 2 I bei besonderem Haarschnitt (z.B. „Lagerfeld-Zopf") oder Tragen von Schmuck zur Dienstkleidung[88];
 – zu Art. 2 I und Art. 12 bei der Einschränkung von Nebentätigkeiten[89];
 – zu Art. 2 II durch den beruflich geforderten Einsatz von Leben und Gesundheit (z.B. Polizeibeamte, Ärzte), der auf § 54 BBG bzw. § 36 BRRG beruht;
 – zu Art. 4 bei bestimmten Dienstpflichten (z.B. Waffenpflicht für Kripobeamtin, Kommando „Helm ab zum Gebet")[90] und generell (Kopftuch bei Lehrerin, Kreuz im Klassenzimmer, Postzustellung Scientology Kirche)[91]
 – zu Art. 6 I und Art. 11 bei „dienstlichem Bedürfnis", das zur Beeinträchtigung von Ehe- und Familienleben führt (§§ 26, 27, 74, 75 BBG: Versetzung, Abordnung, Pflicht zum Wohnen in Gemeinschaftsunterkunft oder nahe der Dienststelle, spezielle Aufenthaltspflicht[92]).
 – zu Art. 9 III bei der Beteiligung von Gewerkschaften/Berufsverbänden bei der Vorbereitung gesetzlicher Regelungen im Beamtenrecht (fehlende Tarifautonomie)[93].

34 Die Freiheit zur **Meinungsäußerung** (Art. 5) steht dem Beamten **auch im Dienst** zu. Die Beamtengesetze[94] sind aber allgemeine Gesetze i.S.d. Art. 5 II, so dass schon die allgemeinen Pflichten des § 52 BBG (unparteiische Aufgabenerfüllung, Bedachtnahme auf das Wohl der Allgemeinheit, Eintreten für die fdGO) und die Verhaltenspflicht des § 54 BBG („der Achtung und dem Vertrauen gerecht werden, die sein Be-

---

86 Vgl. Fälle 14 ff bei *Schenke* (Anm. 22), und *Hoffmann*, ZBR 98, 196; zum Grundverständnis sehr hilfreich *Kröger*, Grundrechtsentwicklung in Deutschland, 1998.
87 Z.B BVerwGE 36, 53, OVG NW DRiZ 88, 417, umfassend *Blanke* und *Schierbaum*, Personalrat 96, 429 bzw. 267; knapp und genau *Kahl*, ZBR 2001, 225, 232, näher *ders.*, Die Schutzergänzungsfunktion des Art. 2 Abs. 1 Grundgesetz, 2000 (dazu *Summer*, ZBR 2002, 222).
88 Vgl. BVerwGE 67, 66 („Irokesen-Haarschnitt" bei Soldaten); BVerwGE 84, 286 (kein Ohrschmuck bei Zollbeamten); aber BVerwG ZBR 99, 277, und jeweils umfassend *Henrichs*, ZBR 2002, 84 (Polizei), *J.-M. Günther*, ZBR 2001, 401 (allg.).
89 Vgl. BVerwGE 35, 201, 205 ff, *Kahl*, ZBR 2001, 225 m. allen w.N., ergänzend *Summer*, Bespr. ZBR 2000, 70; näher Rdnr. 126.
90 Vgl. BVerwGE 56, 227 (RiA 79, 78 m. Anm. *Lisken*); BVerwG ZBR 85, 108; *Maar*, DÖD 89, 28; *Spranger*, RiA 97, 173 (Großer Zapfenstreich).
91 Vgl. jetzt BVerwG ZBR 2003, 37 m. Anm. *K. Wiese* (Verbot Kopftuchtragens im Unterricht), anders VG Lbg ZBR 2001, 183; ferner *Widmaier*, ZBR 2002, 244, 256 ff; zur Diskussion *Triebel*, BayVBl 2002, 624, und *Adam*, RiA 2002, 212. Zum Abnehmen des Kreuzes im Einzelfall VGH München ZBR 2003, 59, und der weiterführende Kommentar von *Renck*, NVwZ 2002, 955; zum Gewissenskonflikt bei Postzustellern BVerwG ZBR 2000, 49.
92 Zur sog. Residenzpflicht vgl. *Günther*, ZBR 93, 225.
93 Vgl. *Wohlgemuth*, ArbuR 88, 308, und *Fürst*, ZBR 89, 257, ferner unten Rdnr. 54.
94 Den §§ des BBG entsprechen wegen des BRRG stets Regelungen der Landesbeamtengesetze (LBG).

ruf erfordert") die Freiheit des Beamten begrenzen, seine private Meinung auch im Dienst zu äußern. Allerdings müssen diese gesetzlichen Pflichten ihrerseits „im Lichte des sie begrenzenden Grundrechts", also des Art. 5, ausgelegt (d.h. abstrakt konkretisiert) worden sein, bevor sie die Grundlage bilden für eine konkrete Beschränkung der Meinungsäußerungsfreiheit des Beamten im Einzelfall. Als problematisch hat sich insofern weniger die argumentative Auseinandersetzung als das Bekennen politischer Überzeugungen durch **Plakettentragen** im Dienst erwiesen. Eine Anti-Atomkraft-Plakette am Jackett eines Lehrers (pädagogische Amtsautorität) ist dabei anders zu werten als am Jackett eines Professors oder eines (nicht-uniformierten) Postbeamten[95]. Trotz des religiösen Einschlags gilt dasselbe für das Tragen bhagwan-typischer Kleidung oder Abzeichen[96].

Diese, gelegentlich als „Wechselwirkung" bezeichnete Konkretisierung einer gesetzlichen Norm im grundrechtsrelevanten Bereich ist besonders zu beachten bei Vorschriften, die das Verhalten des Beamten **außerhalb des Dienstes** regeln; so bei § 54 und § 53 BBG. **Politische** (parteipolitische, gewerkschaftliche, sozialpolitische, wirtschaftspolitische etc.) **Kritik** an der Regierung oder dem politischen Gesamtsystem durch einen Staatsbürger, der zugleich Beamter ist, kann **m.E.** angesichts der überragenden Bedeutung der Meinungsäußerungsfreiheit für den freiheitlichen demokratischen Staat *erst dann als nicht mehr zulässig angesehen werden, wenn bei objektiver Betrachtungsweise für einen durchschnittlichen Mitbürger der Eindruck entstehen muss, dass der außerdienstlich kritisierende Beamte seine Aufgaben im Dienst nicht mehr pflichtgemäß ausüben wird*[97]. Dies wird nur in seltenen Fällen zutreffen. Eine weitergehende sog. **Mäßigungspflicht** (vgl. § 77 I S. 2 BBG[98]) als außerdienstliche Pflicht zur Zurückhaltung, allein weil der Beamte in einem Sonderrechtsverhältnis zum Staat steht, wäre mit Art. 5 nicht vereinbar. Übt der Beamte allerdings sein Recht zur Führung seiner Amtsbezeichnung im Meinungsstreit außerhalb des Dienstes aus, um dadurch die Wirkung seiner (privaten) Meinungsäußerung zu steigern – sog. **Amtsbonus** –, muss er sich strengeren Maßstäben unterwerfen, als wenn er lediglich seinen bürgerlichen Namen verwendet (Maßstab: Mäßigungspflicht in §§ 53 BBG, 39 DRiG)[99].

---

[95] Vgl. dazu *Lisken*, NJW 80, 1503 f; *Suhr*, NJW 82, 1065; z.T. fragwürdig die Lösungen bei *H.-D. Weiß*; ZBR 88, 109; BVerwGE 84, 292; anders das Plakettentragen von Schülern; zur Mäßigungspflicht von Lehrern VGH BW NJW 85, 1661. Vgl. insgesamt *Hoffmann-Riem*, AK-GG, Art. 5 Abs. 1,2 Rdnr. 73-78, 80; im Betrieb *Buschmann/Grimberg*, ArbuR 89, 65; abwägend *Biletzki*, ZBR 98, 84; zu Soldaten umfassend *Schwandt*, ZBR 99, 402.
[96] Vgl. VG München und OVG Hamburg ZBR 85, 82 bzw. 92; BayVGH ZBR 86, 82.
[97] Z.B. Rundfunkinterview Prof. *Schwan*: NJW 89, 1688; Protest gegen Kernkraftwerke: DVBl. 81, 505 f; Beteiligung an Demonstrationen: BVerwG JZ 74, 25; Übergabe Petition der Friedensbewegung durch Offizier in Zivil: BVerwG NJW 85, 160; Leserbrief: BVerwG NJW 85, 1658; ähnlich *Hoffmann-Riem* (Anm. 95), Rdnr. 76, 78.
[98] Entsprechend § 45 BRRG die LBG: vgl. näher unten Rdnr. 134 m. Anm. 533.
[99] Vgl. oben Rdnr. 32 a.E. (Richter ersuchte LAG in Zeitungsanzeige um bestimmte Entscheidung); dagegen nach Dienstbezogenheit differenzierend VG SchlH ZBR 85, 149 (Richteranzeige gegen Raketenstationierung), von BVerwG und BVerfG (NJW 89, 93) wegen Herausstellung des Richteramts, um größerer Überzeugungskraft zu gewinnen, nicht akzeptiert; *anders*: der bloße Zusatz der Amtsbezeichnung in politischer Anzeige zusammen mit Angehörigen verschiedener Berufe; vgl. ferner BVerwG JZ 86, 537 m. Anm. *Plander* (Anwesenheit unbedenklich, anders als Redner, wenn Rede plakativ, einseitig, ehrverletzend). Zu Richtern *Hager*, NJW 88, 1694; zu Soldaten BVerwGE 93, 333.

III Öffentliches Dienstrecht

35 Problematisch ist es, wenn der Beamte außerhalb des Dienstes Kritik äußert, die auf speziellen Kenntnissen beruht, die er im Dienst erworben hat. **Amtsverschwiegenheit** (§ 61 BBG[100]) ist als Sondernorm einschlägig. Danach dürfen zwar offenkundige oder ihrer Bedeutung nach keiner Geheimhaltung bedürftige Tatsachen[101], auch wenn sie dem Beamten erst bei seiner dienstlichen Tätigkeit bekannt geworden sind, durchaus außerdienstlich verbreitet werden. Ob es aber erlaubt ist, Tatsachen, die danach der Verschwiegenheitspflicht zu unterliegen scheinen, dennoch bekannt zu machen, ist durch verfassungsrechtliche Konkretisierung unter Beachtung auch von Abs. IV des § 61 (Tätigwerden bei Gefährdung der fdGO) zu ermitteln[102]. Um eine disziplinarisch bedeutsame sog. **Flucht in die (nichtdienstliche) Öffentlichkeit** handelt es sich dabei nur, wenn dies mit dem Ziel geschieht, von außen her auf den Dienstherrn Einfluss zu nehmen („Druckerzeugung")[103]. Unterliegt nun eine Tatsache der (verfassungskonform konkretisierten) Verschwiegenheitspflicht, so darf sie selbst dann nicht bekannt gegeben oder in Behauptungsform verbreitet werden, wenn sie geeignet ist, einer Meinungsäußerung Substanz zu verleihen[104]. Diese Verschwiegenheitspflicht, die dem Schutz dienstlicher Belange dient, ist von den *Geheimhaltungspflichten* zu unterscheiden, die die privaten und geschäftlichen Daten des Bürgers schützen (§§ 30 VwVfG, 35 SGB-AT, 30 AO).

36 Bei Betätigungen nach Art. 9 III besteht eine besondere Rechtslage: Das Grundrecht der **Koalitionsfreiheit** (lex specialis zu Art. 5) umfasst nach h.M. auch das sog. Koalitionswirken (gewerkschaftliche Betätigung, insbes. Werbung). Es geschieht zur Förderung und Wahrung der Arbeits- und Wirtschaftsbedingungen und ist grundsätzlich während des Dienstbetriebs zulässig, und zwar nicht nur vor Personalratswahlen. Inwieweit das Grundrecht dennoch durch Gesetz begrenzt werden kann, ist mit Hilfe der oben aufgezeigten, im Verfassungsrecht gründenden Methoden zu ermitteln[105]. In Anwendung gesetzlicher Normen ist nach der konkreten Betrachtungsweise des BVerfG das Koalitionswirken solange zu Gewähr leisten, wie es nicht unvereinbar ist mit den dienstlichen Pflichten des Beamten bzw. wie nicht die Funktionsfähigkeit der konkreten Dienststelle beeinträchtigt wird. **Beispiele:** Beschränkungen als Mitglied der Personalvertretung[106], als Leiter der Dienststelle, als Ausbildungsleiter für Beamtenanwärter.

37 b) Umstritten ist die rechtliche Behandlung des Erfordernisses der **Verfassungstreue** bei den Angehörigen des öffentlichen Dienstes. Das BVerfG hat in seiner Entscheidung zum sog. Radikalen-Erlass dazu mit Recht erklärt, dass dem Beamten eine

---

100 Näher dazu *Heckel*, NVwZ 94, 224. Entsprechend § 39 I BRRG die LBG: BaWü § 79; Bay Art. 69, 71; Bln § 26; Bbg §§ 25, 28; bre § 61; Hbg § 65; Hess § 75; MV § 64; Nds §§ 68, 71; NW § 64; RP §§ 70 I, II, 71; Sa § 75; Sachs § 78, LSA § 61; SchlH § 77, Thür § 63.
101 Vgl. dazu *Battis* BBG § 61 Rdnr. 4.
102 Vgl. BVerfGE 28, 191, 202; HessVGH ZBR 78, 378 m. Anm. *Windscheid*; nur im Ergebnis zutreffend BVerwG DVBl. 83, 505: Landesarbeitsamtspräsident darf Öffentlichkeit nicht über eine Weisung seines Dienstvorgesetzten unterrichten, er dürfe sich nur mit Genehmigung über Praktiken in seinem Tätigkeitsbereich äußern. – Zu Verwaltung und Presse ferner *Jarass*, DÖV 86, 721, 726 f.
103 Vgl. BVerwGE 81, 365 (Flugblatt), NVwZ 90, 762 (öff. Kritik Admiral *Schmähling*), umfassend *H.-D. Weiß*, ZBR 84, 129 (vgl. zur Methode aber unten Rdnr. 133). Soweit auf eine „Güterabwägung" abgestellt wird, kann dem nicht gefolgt werden (vgl. Rdnr. 32: Meinungsfreiheit, soweit Sinn und Zweck des konkreten Dienstverhältnisses nicht Einschränkung zwingend erfordern).
104 So mit Recht BVerwGE 37, 265, 267-269; vgl. auch BVerwG DVBl. 92, 904; fragwürdig deshalb m.E. RhPf OVG NVwZ 99, 648 (politische Meinungsäußerung als Gewerkschaftsvertreter).
105 Vgl. BVerfGE 28, 295 (303-310), mit BVerfG ZBR 96, 180, und *Pfohl*, ZBR 97, 78.
106 Im Anschluss an das BVerfG BayVGH ZBR 87, 251 (nachhaltiges Werben Neueingestellter).

besondere Treuepflicht gegenüber Staat und Verfassung obliegt, die sich aus Art. 33 IV, V GG ergibt und zusätzlich in Art. 5 III (Treue zur Verfassung trotz Freiheit der Lehre) niedergelegt ist. Wörtlich führt es aus (BVerfGE 39, 334, 347 f):

> Gemeint ist damit nicht eine Verpflichtung, sich mit den Zielen oder einer bestimmten Politik der jeweiligen Regierung zu identifizieren. Gemeint ist vielmehr, sich mit der Idee des Staates, dem der Beamte dienen soll, mit der freiheitlichen demokratischen, rechts- und sozialstaatlichen Ordnung dieses Staates zu identifizieren. Die politische Treuepflicht – Staats- und Verfassungstreue – fordert mehr als nur eine formal korrekte, im Übrigen uninteressierte, kühle, innerlich distanzierte Haltung gegenüber Staat und Verfassung; sie fordert vom Beamten insbesondere, dass er sich eindeutig von Gruppen und Bestrebungen distanziert, die diesen Staat, seine verfassungsmäßigen Organe und die geltende Verfassungsordnung angreifen, bekämpfen und diffamieren.

Diese **politische Treuepflicht** hat in den neuen Bundesländern erneut hohe Bedeutung erlangt, weil sie als eine der Grundlagen der rechtsstaatlichen Ordnung speziell der Bundesrepublik Deutschland von den ostdeutschen Angehörigen des öffentlichen Dienstes erst in seiner verpflichtenden, nicht parteigebundenen Bedeutung erkannt werden muss. Die Treuepflicht verlangt von allen Beamten eine Distanzierung von jeglichem, also auch verbalem Angriff auf die verfassungsmäßige Ordnung (als solche). Da dies so während der Weimarer Republik gerade nicht war[107], lässt sie sich *nicht* als hergebrachter Grundsatz des Berufsbeamtentums begründen. Sie folgt auch *nicht* zwingend aus der Grundentscheidung des GG für eine wehrhafte (streitbare), wertgebundene Demokratie[108], denn die diese Grundentscheidung begründenden Normen des GG betreffen lediglich das aktiv die Verfassung stützende bzw. ihr Funktionieren beeinträchtigende Verhalten[109]. Die besondere **Treuepflicht** des Beamten ergibt sich vielmehr **aus der Funktion des Berufsbeamtentums**, wie sie in Art. 33 IV zum Ausdruck kommt: Sicherung der Erfüllung der hoheitlichen Aufgaben des Staates, die im Kern Schutz der Gesellschaft und des einzelnen Bürgers vor unrechtmäßigen Übergriffen bedeuten, sowie Erhaltung der demokratisch organisierten Gemeinschaft.

38

Diese Aufgaben können nur Personen erfüllen, die durch ihr gesamtes Verhalten die grundlegende Ordnung des GG anerkennen und aktiv für deren Erhaltung eintreten. Dies formuliert § 52 II BBG. Es gilt, jedenfalls bei hoheitlichem Aufgabenbereich, auch für die Angestellten. Darüber hinaus verlangt das Treueverhältnis von allen Beamten, dass sie ihren Dienst **parteipolitisch neutral** verrichten, d.h. unter jeder verfassungsmäßig zu Stande gekommenen Regierung loyal ihre Pflichten erfüllen. Insofern hat das Berufsbeamtentum durchaus die „Aufgabe, im politischen Kräftespiel eine stabile und gesetzestreue Verwaltung zu sichern"[110]. **Dagegen** vermag die an-

---

107 Vgl. *Battis* BBG § 7 Rdnr. 8 und *Simon/Mommsen/Becker*, ZRP 89, 175. Grundlegend dazu *Zwirner*, Politische Treupflicht des Beamten, 1987 (Nachdruck diss. jur. Göttingen 1956), zusammenfassend *A.v. Brünneck* in: *Zwirner*, ebendort, S. 17 ff. Zu *Zwirner* insgesamt *H.J. Becker*, RiA 88, 37.
108 So aber vor allem *Stern*, Zur Verfassungstreue der Beamten, 1974, bes. S. 9-23.
109 Vgl. Art. 18, 9 II, 98 II, 91 I, 21 II GG; ferner das sog. KPD-Urteil BVerfGE 5, 85, 137-142.
110 St.Rspr., etwa BVerfGE 64, 367 (379); 70, 69 (80) und 70, 251, 267 („Schulleiter auf Zeit").

III Öffentliches Dienstrecht

fangs auch vom BVerfG zusätzlich genannte[111], aber eher **politikwissenschaftliche Zweckbestimmung**, dass das Berufsbeamtentum durch eine auf Sachwissen, fachlicher Leistung und loyaler Pflichterfüllung gegründete stabile Verwaltung „einen ausgleichenden Faktor gegenüber den das Staatsleben gestaltenden politischen Kräften" darstellen soll[112], die Treuepflicht **als Rechtspflicht nicht** näher zu bestimmen.

39 Während die beamtenrechtliche Treuepflicht als solche unbestritten ist, bestehen über ihre Struktur unterschiedliche Auffassungen. Rspr. und h.M. interpretieren die Treuepflicht statusrechtlich („identifikatorisch") quasi als „Gesinnungstreue", während die Mindermeinung einen amtsbezogen-funktionalen Ansatz („Dienst- und Gesetzlichkeits-Modell") vertritt[113], der „Verhaltensgewähr" fordert. Dies könnte bei der **Übernahme von ostdeutschen Verwaltungsangehörigen** in das Beamtenverhältnis zu unterschiedlichen Ergebnissen führen. Anders als das BAG, das für Angestellte die Treuepflicht funktionsbezogen definiert[114], ist das BVerwG der Auffassung, dass jedenfalls aktives Tätigsein in einer sog. verfassungsfeindlichen Partei (DKP, NPD) einen **Mangel an persönlicher Eignung** für den Dienst als Beamter begründet. Deshalb führe ein bereits als Beamter tätiger Staatsbürger durch Aktivitäten in einer Kaderpartei seine mangelnde Eignung pflichtwidrig herbei (grundlegend das sog. Peter-Urteil[115] des BVerwG). Ein Bewerber für den Beamtendienst zeige durch derartige Aktivitäten, dass er nicht die Gewähr dafür bietet, dass er jederzeit für die freiheitliche demokratische Grundordnung eintritt (§ 7 Nr. 2 BBG), allerdings sei dieser (auf die Persönlichkeit des Bewerbers bezogenen) Eignungsprognose eine Beurteilungsermächtigung des Dienstherrn immanent[116].

40 Damit ist aber lediglich die Grundposition festgelegt. Diskutiert wird, ob die Treuepflicht für Beamte in verschiedenen Funktionen unterschiedlich bestimmt werden kann. Dabei wird – auch von Befürwortern eines amtsbezogenen Ansatzes – zwischen dem Beamtenverhältnis als solchem und dem abstrakten sowie dem konkreten funktionellen Amt regelmäßig nicht ausreichend unterschieden. Das BVerfG hat vom Grundsatz her mit Recht die Zulässigkeit einer **Differenzierung** der grundlegenden Verfassungstreue „je nach Art der dienstlichen Obliegenheiten" verneint (BVerfGE 39, 334, 355). Dennoch erscheint es möglich, bei der Feststellung der Verfassungs-

---

111 So BVerfGE 7, 155 (162); 8, 1 (16); 11, 203 (216 f); aber seitdem nicht mehr (vgl. Anm. 110).
112 St.Rspr. des BVerwG, z.B. DVBl. 83, 508. Zur polit. Aufgabe der Ministerialverwaltung genauer *Schlegelberger* (oben, Anm. 20); im Übrigen dazu *Merten*, ZBR 98, 1.
113 Deutlich akzentuierend dazu *Frank Rottmann* ZBR 84, 97; grundlegend einerseits *Stern*, (Anm. 108), andererseits *Zwirner*, (Anm. 107) S. 203 f, zusammenfassend *A.v. Brünneck*, ebendort, S. 36-39.
114 Siehe oben Rdnr. 25 m. Anm. 75.
115 BVerwGE 73, 263; näher dazu *Battis*, NJW 82, 975 f; umfassend krit. *Meier/Wollenteit*, KJ 83, 22; fortführend BVerwG NJW 76, 157 (zur DKP); ferner BVerwG NJW 86, 3096 (Kandidaturen für NPD), und NJW 89, 2554 (für DKP), anders nicht-beamtete Lehrbeauftragte (NJW 89, 1374). Umfassend jetzt BVerwG ZBR 2002, 316, und BVerfG NVwZ 2002, 847 (Anlass: Republikaner).
116 Vgl. BVerwG NJW 85, 506; zur Frage der Grundrechte und der Abgrenzung der Ausbildungsverhältnisse grundlegend BVerwGE 47, 330; zur Beurteilung des Eignungsmangels für einen bestimmten Dienstposten BVerwG ZBR 2000, 167.

treue und bei der **Behandlung von Verstößen gegen Verhaltenspflichten**, aus denen auf einen Mangel an Verfassungstreue als Merkmal persönlicher Diensteignung geschlossen werden könnte, differenziert zu verfahren, sofern am Erfordernis der Verfassungstreue des Beamten als solcher (keine „Verfassungsfeindschaft") nicht gerüttelt wird.

Der Gesetzentwurf des Bundesinnenministers vom 26.3.1982, der für die **Feststellung eines Dienstvergehens** „Gewicht und Evidenz der Pflichtverletzung" verlangte und außerdienstlich nach „Art und Ausmaß des Verhaltens sowie die dem Beamten übertragenen Aufgaben" differenzierte, wäre verfassungswidrig, stellte er die Verfassungstreue als Gesinnungs(Eignungs-)merkmal in Frage. **Zulässig** ist aber auch bei Zugrundelegung des „identifikatorischen" Treueverständnisses der Rspr. die Regelung disziplinarischer Ahndung einzelner pflichtwidriger Verhaltensweisen[117]. Schon nach geltendem Recht ist das Verhalten außerhalb des Dienstes (bei gleicher grundsätzlicher Bejahung der verfassungsmäßigen Ordnung) **differenziert zu beurteilen**: Je nach seinem persönlichen Status (Regierungsrat/Sekretär) und seinem Tätigkeitsbereich (Polizei/Sozialamt) hat der Beamte unterschiedlich aktiv in Form und Ausmaß für die freiheitliche demokratische Grundordnung einzutreten, um seine außerdienstlichen Verhaltenspflichten zu erfüllen (§ 77 I S. 2 BBG). Auch eine differenzierte Verfahrensweise bei der Feststellung der Verfassungstreue von Einstellungsbewerbern ist zulässig: Eine automatische Überprüfung des ausgewählten Bewerbers (**Regelanfrage** beim Verfassungsschutz) kann auf bestimmte Hoheitsbereiche oder nur die Sicherheitsprüfung beschränkt werden, sofern stets angefragt wird, wenn Aktivitäten während der Referendarzeit oder der Probezeit Anlass zur Einzelfallprüfung geben (**Anlassanfrage**)[118].

Bei der **Feststellung der Verfassungstreue** ist in Anwendung der vom BVerfG gebrauchten Begriffe sehr sorgfältig zu untersuchen, wogegen sich der Betroffene ausgesprochen hat: ob er tatsächlich die verfassungsmäßige Ordnung als solche „bekämpft", ob er „diffamiert", wann und warum er „Angriffen" oder „Diffamierungen" nicht entgegentritt, ob er sich der „Verfassungsfeindlichkeit" seiner eigenen Aktivitäten bewusst ist[119]. 41

Im Übrigen sind die folgenden Fragen weiterhin ungeklärt; sie führen in der Praxis der Anstellungskörperschaften immer wieder zu unterschiedlichen Ergebnissen:
1. Ist bloße Mitgliedschaft in einer von den Behörden als verfassungsfeindlich bezeichneten Partei/Vereinigung schon Treuepflichtverletzung? (offen gelassen in BVerwGE 76, 157)
2. Wann verfolgt eine Organisation verfassungsfeindliche Ziele?
3. Identifiziert sich ein Mitglied automatisch mit den offiziellen Zielen seiner Partei? Muss er nachweisen, dass er im Rahmen der Partei andere Ziele verfolgt?
4. Sind geringere Anforderungen an Bewerber für den Vorbereitungsdienst (Referendare) zu stellen? Wie sind ihre Aktivitäten als Schüler/Studenten zu werten?

---

117 Dies wird im Streit um die Grundpositionen zumeist übersehen; vgl. nur *Rottmann* (Anm. 113) mit *Scholz*, ZBR 82, 129.
118 Vgl.*Battis* BBG § 7 Rdnr. 19-23 m.w.N. Auch Bayern hat die Regelanfrage aufgegeben.
119 Vgl. BVerwGE 61, 176 u. 200; 62, 267 (274 f); BVerwG NJW 84, 813; NVwZ 98, 47 (rechtsradikale Umtriebe); ZBR 99, 416 (Verteilung von Thesen verfassungsfeindlichen Inhalts); zur Deutschen Friedensunion OVG Koblenz NVwZ 86, 403 (verfassungsfeindliche Organisation).

III Öffentliches Dienstrecht

Antworten hierauf bedürfen des genauen Studiums der Rechtsprechung[120] und eigener Überlegungen zu den Grundbedingungen unserer verfassungsmäßigen Ordnung[121]. Dabei können Schlüsse auch aus der Entscheidung des BVerfG zur Prüfung der Verfassungstreue von Bewerbern um Zulassung zur Rechtsanwaltschaft (Art. 12 GG i.V.m. der BRAO) gezogen werden[122].

42 c) Es ist ein hergebrachter Grundsatz des Berufsbeamtentums, dass der Beamte nicht streiken darf (BVerfG)[123]. Das **Verbot des Beamtenstreiks** findet sich ausdrücklich aber nicht im GG und auch nicht in einem anderen Gesetz[124].

Im Streit über seine Zulässigkeit sind folgende **Argumente**, hier nach **pro und contra** (con) einander zugeordnet, ausgetauscht worden:

(pro) Der Beamte verzichtet durch seinen Eintritt in das Beamtenverhältnis auf die Ausübung des Streikrechts.

(con) Ein Verzicht kann Grundrechte nicht außer Kraft setzen.

(pro) Der Beamte ist selbst Teil des Staatsorganismus; er kann nicht gegen sich selbst streiken.

(con) Er macht als Privatperson von den Grundrechten Gebrauch; sonst könnte er gar keine Grundrechte wahrnehmen (Staatsgerichtetheit der Grundrechte).

(pro) Ein Beamtenstreik ist als politischer Streik unzulässig, weil er sich gegen ein Gesetz (über Besoldung) richtet.

(con) Der Staat wird als Arbeitgeber tätig, nicht in Erfüllung der (politischen) Staatsaufgaben. Er bedient sich insoweit nur der Form des Gesetzes.

(pro) Ein Beamtenstreik verstößt gegen das Gemeinwohl, denn staatliche Tätigkeit ist nicht ersetzbar durch Produkttausch oder Import.

(con) Der Gemeinwohlbegriff ist zu unbestimmt für eine so weitgehende und gesetzlich nicht geregelte Grundrechtseinschränkung. Eine Bestreikung lebenswichtiger Privatbetriebe oder gar ein Generalstreik beeinträchtigen das Gemeinwohl mindestens ebenso stark.

(pro) Arbeitsrechtliche Kampfparität fehlt, weil Beamte kein Arbeitsplatzrisiko haben und der Staat die Erfüllung seiner Aufgaben nicht aussetzen darf.

(con) Kampfparität ist gegeben, weil zwar keine Lösung des Beamtenverhältnisses, wohl aber eine Suspendierung des Beamten – allerdings nur im Disziplinarverfahren – möglich ist und dies der Aussperrung im Arbeitskampf entspricht. Der Staat kann einzelne Beamte zu notwendigen Dienstleistungen öffentlich-rechtlich verpflichten.

(pro) Ein Streik ist mit dem Wesen eines Dienst- und Treueverhältnisses unvereinbar.

(con) Die Pflichtbegriffe des Beamtenrechts sind nicht mehr „zeitgemäß". Die beamtenrechtliche Treuepflicht ist materiell keine andere als die der Angestellten im öffentlichen Dienst.

---

120 Neben den Entscheidungen in den vorangehenden Anm. siehe *Battis*, NJW 83, 1770; 84, 1334; *H.J. Becker*, RiA 83, 223 f, und ZBR 87, 353, 356 f; erneut *Battis* NJW 2001, 1103; 2002, 1086; ferner *Kunig* in: *von Münch/Kunig*, GG-Kommentar⁵, 2001, Rdnr. 34.

121 Vgl. dazu BVerfGE 2, 1, und E 5, 85, 133 ff; zusammenfassend *Battis* BBG § 7 Rdnr. 16 ff; ferner *Peschau*, Die Beweislast im Verwaltungsrecht, 1983, S. 135 ff; *Weiß*, ZBR 85, 70, 76-79. Differenziert argumentiert *Kunig* (Anm. 24), Rdnr. 76-84.

122 BVerfGE 63, 266, und Sondervotum *Simon*, S. 298 ff (u.a. zu Art. 3 III mit der Folge, dass wegen des Verhältnismäßigkeitsprinzips eine Treuepflichtdifferenzierung auch für Beamte geboten sei).

123 Vgl. erneut die Argumentation in BVerfGE 8, 1, 16 f.

124 Vgl. zum Einsatz von Beamten auf bestreikten Arbeitsplätzen BVerfGE 88, 103; *Jachmann*, ZBR 94, 1; *Ehrich*, JuS 94, 116; näher Rdnr. 45.

Die Literatur[125] behandelt das Verbot des Beamtenstreiks fast nur verfassungsrechtlich. Aus dem GG lässt es sich m.E. aber nicht zwingend begründen, denn schon ein Blick über die Grenzen zeigt, dass ein *alle* Beamten umfassendes Streikverbot weder zum „Wesen des Staatsdienstes" gehört noch den (in den westlichen Demokratien inhaltlich übereinstimmenden) Grundprinzipien der Verfassung immanent ist. Das Dienst- und Treueverhältnis des Beamten könnte (als „öffentlich-rechtliches") auch ein gesetzliches, allerdings zwecks Aufrechterhaltung der notwendigen Staatsfunktionen sicherlich nur eingeschränktes Streikrecht für Beamte vorsehen (Grenze nach der Rspr.: zeitgemäß konkretisierter hergebrachter Grundsatz). Bis dahin sprechen allerdings die Diskussionen bei der Schaffung[126] des Art. 33 IV GG und die Entstehungsgeschichte der Beamtengesetze eindeutig für ein **gesetzlich impliziertes**, in den LBG von Bayern und Rheinland-Pfalz in unterschiedlicher Formulierung ausdrücklich niedergelegtes[127] **Verbot** des Beamtenstreiks:

43

1. Dem Parlamentarischen Rat stand die Rechtslage der Weimarer Republik vor Augen (Streikverbot, vorübergehend amtlich festgelegt durch Notverordnung des Reichspräsidenten als Reaktion auf den Eisenbahnstreik von 1922, danach in allg. Form höchstrichterlich festgestellt)[128].

2. Die Mehrheit des Bundestages hielt 1953 die von der Regierung vorgeschlagene Festlegung des Streikverbots im Beamtengesetz für „nicht notwendig", weil es „mit den Pflichten eines deutschen Beamten … klar gegeben und in den Rechtsvorstellungen der Beamten wie der Staatsbürger" festgelegt sei[129].

Die kollektive Arbeitsniederlegung als Arbeitskampfmaßnahme ist also im BBG nicht ausdrücklich geregelt, und zwar – entgegen BVerwG – auch nicht in § 54. Streik und **streikähnliche Maßnahmen** sind aber an den §§ 54 S. 1, 55 S. 2 und 52 I S. 2 BBG bzw. den §§ der LBG[130] messbar. „Bummelstreik", „Dienst nach Vorschrift", „go slow", „sick out" usw. stellen dann einen Verstoß gegen die Amtswahrnehmungspflicht i.V.m. § 54 S. 1 BBG dar, wenn eine derartige Dienstausübung zu Nicht- oder Mindererfüllung einer zumutbaren Leistung führt (z.B. die langsamer als mögliche Startfreigabe beim sog. Fluglotsenstreik[131], „Verwaltungstag" statt Unterricht durch Lehrer). Dasselbe gilt, soweit die Handlungen nicht im Rahmen eines zulässigen Arbeitskampfs erfolgen, **auch für Angestellte und Arbeiter**.

44

Umstritten dürfte auch nach der Entscheidung des BVerfG bleiben, ob sich ein Beamter weigern darf, Aufgaben streikender Angestellter wahrzunehmen (sog. **Streikarbeit**). Die Literatur im Arbeitsrecht lehnt Streikarbeit überwiegend und zunehmend

45

---

125 Noch heute lesenswert *Schinkel*, ZBR 74, 282; Literaturauswahl bei *Stern*, Staatsrecht I, S. 373.
126 Vgl. JÖR N.F. 1, 314-324.
127 Vgl. Art. 63 II BayBG, § 64 II rhpfLBG.
128 Vgl. zusammenfassend PreußOVGE 78, 448; die Notverordnung v. 1.2.1922, die nur 8 Tage in Kraft war, stellte über die Feststellung eines Streikverbots hinaus Anstiftung zum Streik von Eisenbahnbeamten und Behinderung von Notstandsarbeiten unter Strafe, vgl. RGBl. 1922, S. 187 u. 205.
129 So BT-Verhandlungen, Bd. 16, S. 13038 f, 13088.
130 Vgl. näher unten Rdnr. 114 mit Anm. 401 f.
131 Vgl. BVerwGE 63, 153; 73, 97; zur Urabstimmung vgl. JA 91, 28; siehe aber auch Rdnr. 46.

III Öffentliches Dienstrecht

ab[132]. Die öffentlich-rechtliche Literatur[133] vergewissert sich nicht immer der Unterschiede zwischen beamtenrechtlichen Handlungsformen und Pflichtbindungen (Amtswahrnehmungs- und Gehorsamspflichten). Jedenfalls darf Streikarbeit nicht angeordnet werden, solange eine gesetzliche Grundlage dafür fehlt (BVerfG[134]).

Beispiel: Postinspektor wird angewiesen, im Postamt zusammen mit Postsekretär und nichtstreikenden, halbtagsbeschäftigten Schreibkräften Briefpost einzusortieren, bis der Streik beendet ist. – Ausgangspunkt rechtlicher Beurteilung ist § 55 S. 2 BBG. Danach muss der Beamte jede Weisung ausführen, soweit sie nicht gegen seine eigenen Rechte verstößt oder sonst rechtswidrig ist. Eigene Rechte betreffen die Zumutbarkeit der Tätigkeit (gemessen am statusmäßigen Amt, am denkbaren Recht auf Solidarität mit anderen Arbeitnehmern, am Grundsatz der Verhältnismäßigkeit). Die Rechtmäßigkeit ist im Übrigen an Art. 9 III GG zu messen[135], insbes. dem Grundsatz der Kampfparität (gleichwertige Handlungschancen, kein strukturelles Übergewicht[136]), der Neutralitätspflicht des Staates in Arbeitskämpfen[137], dem Verhältnismäßigkeitsgrundsatz mit der möglichen arbeitskampfrechtlichen Verpflichtung zum Abschluss von Notdienstvereinbarungen mit den streikführenden Gewerkschaften[138] und der Loyalitätsberechtigung des Einzelnen als Teil der Koalitionsfreiheit[139]. – Selbst für den Fall rechtswidriger Anordnung gilt für den Beamten aber § 56 II BBG. Nur bei „Verletzung der individuellen Rechtssphäre" ist vorläufiger Rechtsschutz möglich (näher Rdnr. 147 ff).

46 Ein Streikverbot schließt andere Formen der Einflussnahme auf die Arbeitgeber, die die Arbeits- und Wirtschaftsbedingungen der Beamten öffentlich-rechtlich festlegen, nicht aus. So kann – nach erfolgloser Remonstration und nicht rechtzeitig möglichem oder erst auf Grund des Verhaltens gegebenem Rechtsschutz – eine individualrechtliche **Dienstverweigerung** auch von mehreren und sogar gleichzeitig erfolgen: „Fluglotsenstreik" und „Hitzestreik" wegen Gesundheitsgefährdung, „Professorenstreik" wegen Störung von Lehrveranstaltungen, „Waffenstreik" von unzulänglich bewaffneten Polizeibeamten usw. sind zwar nicht aus finanziellen Gründen zulässig (mangelndes Synallagma zwischen Besoldung und Dienstpflicht). Sie können aber im Einzelfall bei Unmöglichkeit bzw. Unvermögen oder bei Unzumutbarkeit **aus Individualrecht** gerechtfertigt sein, z.B. bei möglichen, aber verweigerten Schutzvorkehrungen gegen Lebens- oder Gesundheitsgefahren, bei länger dauernder Überbeanspruchung auf Grund mangelnder sachlicher und personeller Ausstattung u. Ä.. Voraussetzung ist, dass die Dienstverweigerung nicht außer Verhältnis zum beanspruchten Recht

---

132 Vgl. *Säcker/Oetker*, AöR 112 (1987), 345; *Rüthers*, ArbuR 87, 37; *Büchner* und *Wohlgemuth/Sarge*, ArbuR 87, 60 bzw. 65; zum Lehrerverhalten VG Mstr. ZBR 95, 351.
133 Vgl. *Lecheler*, JZ 87, 448, 450, *H.J. Becker*, ZBR 87, 353 f, *Battis*, NJW 88, 947, 949, und 90, 1214 (trotz EG-Diskussion); aber *Kolmetz*, Einsatz von Beamten bei Streik im öffentlichen Dienst aus verfassungsrechtlicher Sicht, 1989; umfassend *Jachmann*, ZBR 94, 1.
134 Vgl. die Nachweise in Anm. 124, sowie BVerfG ZBR 95, 71 m. Anm. *Weiß* (S. 195).
135 So entgegen BVerwGE 69, 208 (214), die Auffassung des BAG, NJW 86, 210 (212 f), zur Bewertung *Battis*, PersV 86, 149, 152 ff, *Udo Mayer*, RiA 84, 241, 244 ff, und die vom BAG in ihrer Argumentation verworfene Vorentscheidung LAG Köln, NJW 85, 399 f; zur Stützung der Position des BVerwG vgl. *Seiler*, ZBR 85, 213; aber: BVerfGE 88, 103 (116 f).
136 Weiterführend *Plander*, JZ 86, 570; *Rüthers*, ArbuR 87, 37; *Kolmetz* (Anm. 133), S. 26 ff.
137 Umstritten ist, ob die Neutralitätspflicht nur in Arbeitskämpfen besteht, an denen der Staat *nicht* selber beteiligt ist; vgl. *v. Münch*, DÖV 82, 337 (342), gegenüber *H.P. Schneider*, RdA 82, 104 (108).
138 Vgl. die Erwägungen von *Battis*, PersV 86, S. 153 f, und *Gerhard Müller*, Betr. 85, 867, 870.
139 Vgl. dazu *Säcker/Oetker*, AÖR 112 (1987), 345, 357, 373; *Schenke* (Anm. 22), Fall 10.

steht. Dann dient derartiges Verhalten (im Unterschied zum Streik) der Wahrung bestehender und selbst gesetzlich nicht entziehbarer Rechte des Einzelnen. Daher bleibt sein Besoldungsanspruch unberührt, und ein Fernbleiben vom Dienst liegt nicht vor[140]. Beim „Fluglotsenstreik" im Jahre 1973 waren diese Voraussetzungen nicht erfüllt[141].

Vor allem in der arbeitsrechtlichen Literatur[142] werden die soeben genannten „Streiks" gelegentlich als sog. **Demonstrationsstreiks** für zulässig gehalten, wenn sie kurzfristig sind und auf lediglich demonstrative Wirkung abzielen. Ob kurzfristige Demonstrationen solcher Art als Ausübung des Grundrechts auf Meinungsäußerungsfreiheit und/oder Koalitionsfreiheit der gesetzlichen Verpflichtung des Beamten zum vollen Einsatz seiner Arbeitskraft während der Dienstzeit vorgehen, ist bislang wenig erörtert worden, erscheint im Ergebnis aber nicht ausgeschlossen. Jedenfalls sind sog. Demonstrationsstreiks auf Grund ihrer Intensität und ihres Zwecks (mögliche Dauer, Öffentlichkeit als Zielrichtung der Aktion) von der individualrechtlichen Verweigerung der Dienstleistung zu unterscheiden[143].

Angestellten und Arbeitern des öffentlichen Dienstes steht (mangels öffentlich-rechtlichen Verbots) das **Streikrecht** zu[144] (vgl. § 66 II BPersVG), jedenfalls sofern Notdienste zur Daseinsvorsorge eingerichtet worden sind (Wasser, Energie, Gesundheit, Rentenauszahlung u. Ä..). Dieses Recht ist aber gefährdet, wenn das Verbot eines Streiks der Beamten generell aus staatsrechtlichen Prinzipien hergeleitet wird, z.B. aus der Gemeinwohlverpflichtung oder aus dem Sozialstaatsprinzip mit der Begründung, ein Beamtenstreik treffe die sozial schwachen Schichten des Volkes besonders hart[145]. Denn diese Prinzipien liegen den Dienstverhältnissen aller Angehörigen des öffentlichen Dienstes zu Grunde. **De lege ferenda** erlaubt dagegen die Tatsache, dass den Beamten das Streikrecht nur versagt wurde, weil sie hoheitliche Aufgaben erfüllen sollen, eine differenzierte Neugestaltung des Streikrechts, die nicht auf den Status, sondern auf die ausgeübte Funktion eines Angehörigen des öffentlichen Dienstes abstellt. Dies gilt dann auch **für Beamte**.

47

---

140 Näher dazu *Brohm*, HÖD, Stichwort: Dienstverweigerung; umfassend *Däubler*, Der Streik im öffentlichen Dienst, 1971²; ferner *Hanau*, JuS 71, 120 und *Rüthers* (siehe Rdnr. 26).
141 Vgl. BVerwGE 73, 97, 102 ff.
142 Vgl. dazu *Hanau/Adomeit*, Arbeitsrecht, 1988, III C 13: „Ängstliche Piloten".
143 Vgl. die Literatur bei *Weiß*, GKÖD Bd. II, J 890 Rdnr. 6, mit dem Beispiel des „Referendarboykotts", um auf unzureichende Ausbildungsbedingungen aufmerksam zu machen (dazu VG Münster ZBR 72, 219); zur „Demonstration" von Richtern vgl. DRiZ 95, 438.
144 Davon geht auch die Rspr. aus; vgl. z.B. BVerwGE 69, 208, 213 f, Hess VGH JA 91, 28.
145 Dagegen mit Recht *Kolmetz* (Anm. 133), S. 79, 98 ff.

B. Strukturen des öffentlichen Dienstrechts

I. Strukturen der rechtlichen Regelungen

1. Außenrechtsnormen und Innenrechtsnormen

48 a) Grundsätzlich können Bund und Länder die Rechtsverhältnisse ihrer Beamten nach eigenen Vorstellungen gestalten. Gleichwohl haben Beamtentradition und bundesweite Gewerkschaftsorganisation dazu geführt, dass das Beamtenrecht in Bund und Ländern einander sehr ähnlich und das Recht der übrigen Dienstnehmer sogar bundeseinheitlich ausgestaltet worden ist. Die Verfassungsänderungen von 1969 und 1971 (Art. 74a, 75 Nr. 1) haben diese Entwicklung nur festgeschrieben – und damit grundlegende Experimente dem föderalen Konsens unterworfen. Heute gelten das Bundesbesoldungsgesetz (BBesG), das Beamtenversorgungsgesetz (BeamtVG) und die Gesetze über Urlaubsgeld, jährliche Sonderzuwendung und vermögenswirksame Leistungen für alle Beamten in der Bundesrepublik, während ihre Rechte und Pflichten im Übrigen durch Rahmengesetze vereinheitlicht worden sind. Im Beamtenrechtsrahmengesetz (BRRG), im Bundespersonalvertretungsgesetz (BPersVG) und im Hochschulrahmengesetz (HRG) finden sich einige **unmittelbar** geltende Vorschriften. Sie sind ausdrücklich als solche bezeichnet. Die Ländergesetze enthalten für den Einzelfall gelegentlich entscheidende Abweichungen von den gleichfalls den Rahmen ausgestaltenden Bundesgesetzen (BBG, BPersVG). Daher ist zur Lösung einer Rechtsfrage **unbedingt die jeweils einschlägige Rechtsgrundlage heranzuziehen**. (Im folgenden wird das Recht des Bundes zu Grunde gelegt. §§ ohne nähere Bezeichnung sind solche des BBG.)

49 Das aktive Dienstverhältnis der Beamten des Bundes wird vornehmlich bestimmt durch das BBG, ergänzt durch das BPersVG und das neue BDisziplinargesetz (BDG). Spezialregelungen finden sich in Sondergesetzen (BBahnG, PostpersonalrechtsG, ArbeitsförderungsG für die Bundesanstalt für Arbeit etc.). Darüber hinaus gelten im gesamten öffentlichen Dienst eine Reihe bundesrechtlicher Sondergesetze und Vorschriften, z.B. das SchwerbehindertenG, das JugendarbeitsschutzG (aber: § 80a II BBG), das ArbeitsplatzschutzG, das Gesetz über Arbeitnehmererfindungen, unfall- und sozialversicherungsrechtliche Vorschriften usw. Diese Regelungen werden ergänzt durch einige Spezialgesetze (z.B. ReisekostenG, BUmzugskostenG), und durch nähere Regelungen in Rechtsverordnungen, so etwa zu Trennungsgeld, Auslandsreisen, Arbeitszeit, Urlaub, Mutterschutz, Nebentätigkeit, Beihilfen und Laufbahnen.

50 b) Zu den Rechtsnormen in Gesetzen und Verordnungen treten im **Innenbereich** der Verwaltung die Verwaltungsvorschriften. Sie lassen sich nach ihrer inhaltlichen Funktion (Verhaltenslenkung) im Verhältnis zum Außenrecht einteilen in: norminterpretierende Verwaltungsvorschriften, Ermessensrichtlinien, Beurteilungsrichtlinien, Verwaltungsvorschriften zur Sachverhaltsermittlung und gesetzeskonkretisierende (gesetzesausfüllende, gesetzesergänzende) Verwaltungsvorschriften[146]. Im Beamtenrecht wird regelmäßig formal unterschieden zwischen allgemeinen Verwaltungsvorschriften, Richtlinien und allgemeinen Anordnungen. Daneben steht der Formalbe-

---

146 Vgl. näher *Ossenbühl*, Verwaltungsvorschriften und Grundgesetz, 1968, S. 282 ff.

griff „Erlass". Er hat keine inhaltliche Bedeutung, sondern erweist nur, dass eine Regelung (im Einzelfall oder generell) vom Ministerium getroffen worden ist (z.B. mit Erlass wird eine neue Richtlinie in Kraft gesetzt). In **allgemeinen Verwaltungsvorschriften** wird dem Beamten vom zuständigen Minister – der Ministerialbeamte zeichnet „Im Auftrag" – verbindlich vorgeschrieben, wie er Gesetze und Rechtsverordnungen auszuführen hat (vgl. § 200 BBG). Damit soll u.a. die gleichmäßige Handhabung von Ermessensnormen gewährleistet werden. Als Willensäußerungen der Exekutive sind allgemeine Verwaltungsvorschriften nicht wie Gesetzesnormen aus sich heraus, sondern wie Willenserklärungen des Vorschriftengebers unter Berücksichtigung der tatsächlichen Handhabung auszulegen[147]. Dasselbe gilt für **Richtlinien** (etwa zur Fürsorgepflicht). Sie räumen dem rechtsanwendenden Beamten auf Grund ihrer allgemeineren Fassung lediglich einen größeren Entscheidungsspielraum ein. **Allgemeine Anordnungen** können dagegen von jedem Vorgesetzten gegeben werden. Sie haben zumeist informatorischen Charakter. Rechtlich sind sie abstrakt-generelle Weisungen für das Verhalten der Beamten in einer unbestimmten Anzahl von Fällen. Sie können aber – ebenso wie zentrale **Rundschreiben** (zu Zweifelsfragen) – die bestehenden Verwaltungsvorschriften nicht inhaltlich ändern, ergänzen oder auch nur authentisch interpretieren[148].

c) Die Rangordnung der Verwaltungsvorschriften entspricht der Behördenhierarchie. Dies ist für die Recht**serkenntnis** des Beamten wichtig: Die höherrangige Vorschrift geht vor; auf gleicher Ebene verdrängt die speziellere die allgemeine. Für die Recht**sanwendung** durch den Beamten sind dennoch die **Entscheidungsregeln** des BBG allein ausschlaggebend: Ein Widerspruch zwischen rangverschiedenen Normen oder eine aus der Sicht des Beamten normverletzende Einzelweisung lösen die sog. Remonstration des Beamten aus. Im **Remonstrationsverfahren** – § 56 II: Geltendmachen von Bedenken, Ausführen der Weisung erst nach Aufrechterhaltung durch nächsthöheren Vorgesetzten[149] (näher Rdnr. 115) – wird der Konflikt gelöst, ggf. zulasten der Auffassung des weisungsunterworfenen Beamten. Er muss aber den Konflikt aufdecken und zur Lösung bringen. Denn erst mit erfolgloser Remonstration wird er von seiner persönlichen Verantwortung (§ 56 I) befreit. Die dann ergehende bzw. bestätigte Einzelweisung ist für ihn verbindlich[150]. Vorausgesetzt ist dabei, dass sich der Beamte in der Sache selbst ein Urteil gebildet hat. Dies ist seine zentrale Amtswahrnehmungspflicht. Sie wird durch den engen Zusammenhang von § 56 I und II zu der Pflicht, in jeder Angelegenheit die potenzielle Remonstrationssituation herbeizuführen. D.h: Der Beamte darf sich nicht mit dem Lesen und der „Anwendung" der – oft die Gesetzestexte selbst mit einbeziehenden – Verwaltungsvorschriften zufrieden geben. Er muss sie vielmehr stets an den zu Grunde liegenden Außenrechtsnormen (G, RVO) messen.

51

---

[147] St.Rspr., z.B. BVerwG ZBR 95, 627, oder 98, 46; zum Vergleich BVerwGE 58, 45, 51/52.
[148] Vgl. BVerwGE 21, 264, 267 f.
[149] Vgl. die gem. § 38 BRRG inhaltlich übereinstimmenden Vorschriften der LBG: BaWü § 65; Bay Art. 65; Bln § 22; Bbg § 21; Bre § 57; Hbg § 61; Hess § 71, MV § 60; Nds § 64; NW § 59; RP § 66; Sa § 70; Sachs § 74; LSA § 56; SchlH § 68; Thür § 59.
[150] Vgl. näher *Schnapp*, Amtsrecht, S. 197 ff, *Loschelder*, Weisungshierarchie, in: *Isensee/Kirchhof*, Handbuch des Staatsrechts III, 1988, S. 521, 555 ff; insgesamt lesenswert *Günther*, ZBR 88, 297.

III *Öffentliches Dienstrecht*

2. Struktur des Bundesbeamtengesetzes

52 Die Gliederung des BBG erweist, dass – neben Definitionen in Abschnitt I und Sondernormen in Abschnitt IX (vgl. §§ 183, 200) – die grundlegenden Regelungen des Beamtenrechts in Abschnitt II (Beamtenverhältnis) und III (Rechtliche Stellung des Beamten) zu finden sind. Der Rechtsschutzabschnitt VI weist den Beamten auf seine Klagemöglichkeiten hin, gesteht ihm aber auch weiterhin die von alters her üblichen innerbehördlichen Mittel der Rechtsverfolgung in persönlichen Angelegenheiten zu: Beschwerde, Antrag und Eingabe (vgl. § 171).

53 Die **Besonderheit des Abschnitts II** über das Beamtenverhältnis besteht darin, dass – abgesehen von den Laufbahnvorschriften, die durch eine RVO ergänzt werden – jeder seiner **Titel** einen besonderen Sachkomplex des Beamtenrechts **abschließend** regelt. Darin zeigt sich der **Schutzzweck** der Beamtengesetze, die die Personal- und Organisationsgewalt des Staates im Interesse des dienstleistenden Staatsbürgers rechtsstaatlich binden. Die abschließende Regelung, die hier selbst für den Titel Allgemeines gilt (§§ 4, 5), hat zur Folge, dass Maßnahmen, die sachlich einem der geregelten Komplexe zuzuordnen sind, nur in den dort vorgesehenen Fällen und allein in den danach zulässigen Formen durchgeführt werden dürfen (Bestimmtheit, Formstrenge).

Anders bei den Vorschriften in **Abschnitt III:** Hier stehen abschließende Regelungen neben anderen Normenkomplexen, in denen zwar das Grundsätzliche eines Sachgebiets normiert, aber die nähere Ausgestaltung einem weiteren Gesetz, einer RVO oder nur allgemeinen Verwaltungsvorschriften überlassen worden ist (z.B. § 79). Ob und inwieweit in diesem Abschnitt also eine Regelung abschließend ist, muss in jedem Einzelfall durch umfassende Auslegung ermittelt werden. Dies ist immer dann schwierig, wenn es um Rechtsfragen in Bereichen geht, für die eine Ermächtigung zu weiterer Rechtsnormsetzung im BBG fehlt (abschließend z.B. §§ 60, 63 – Verbot der Führung der Dienstgeschäfte bzw. Presseauskunftsrecht –, nicht aber §§ 73 I, 90).

3. Struktur der Tarifverträge

54 Die grundlegenden Tarifverträge für die Dienstnehmer im öffentlichen Dienst sind: der Bundesangestelltentarifvertrag (BAT) für alle Angestellten, die einander im Wortlaut gleichen Manteltarifverträge (2. Fassung) für die Arbeiter des Bundes und der Länder (MTB II bzw. MTL II) sowie der Bundesmanteltarifvertrag für die Arbeiter gemeindlicher Verwaltungen und Betriebe (BMT-G II). Sie sind den Beamtengesetzen vergleichbare Normenwerke, die nur nicht im Wege der Gesetzgebung nach „**Beteiligung**" (**§ 94 BBG**)[151] der Gewerkschaften und Berufsverbände, sondern durch direktes **Aushandeln** zwischen den Tarifpartnern geschaffen wurden.

---

151 Eine Beteiligung (umfassende Mitwirkung ohne Entscheidungskompetenz) bei „gesetzlichen" Regelungen ist für die Länder durch § 58 BRRG nach h.M., die sich auf die Entstehungsgeschichte stützt, nicht vorgeschrieben (lediglich Ermächtigung); in der Praxis gibt es überall „Beteiligung"; zu dessen Umfang näher *Battis/Schlenga*, Personalrat 95, 50, *Jekewitz*, Staat 34 (1995), 1, *Umbach*, ZBR 98, 8.

Auch sie regeln die dienstlichen Tätigkeiten und die Stellung des Einzelnen zu seinem Dienstgeber. Infolgedessen ist ihre **Struktur dem der Beamtengesetze** sehr **ähnlich:** Zwischen den Abschnitten Geltungsbereich und den Schlussvorschriften werden die Entstehung des Dienstverhältnisses (durch Arbeitsvertrag) und seine Beendigung (durch Kündigung), die Pflichten und die Rechte als Dienstnehmer geregelt. Da sie sämtlich im Tarifvertrag selbst und in seinen Anlagen für besondere Gruppen niedergelegt sind, ist es nicht schwierig, die streitentscheidenden Normen, die durch das allg. Arbeitsrecht ergänzt werden[152], aufzufinden. Dadurch wird die Beurteilung der Rechtmäßigkeit von Maßnahmen, die Art und Umfang der Dienstleistung im öffentlichen Dienst betreffen, erheblich erleichtert. Nicht schwierig ist es auch, den **Umfang des Grundentgelts** festzustellen, auf den der Dienstnehmer für seine geleisteten Dienste einen Anspruch hat. Denn der rechtlichen Struktur nach sind Beamtenbesoldung, Angestelltenvergütung und Lohn der Arbeiter weitgehend parallel geregelt. Zu Grundlohn oder Vergütung treten **aber** oft **Zulagen, Zuwendungen** und **besondere Leistungen** hinzu. Diese sind jeweils in weiteren Tarifverträgen festgelegt. Da die Tarifverträge häufig durch Protokollnotizen, Bemerkungen und Protokollerklärungen ergänzt und präzisiert worden sind, ist nicht nur das Heranziehen der neuesten Fassung des einschlägigen Tarifvertrags absolut erforderlich. Hier bedarf es auch besonders sorgfältiger ‚Detektivarbeit' beim Auffinden der einschlägigen Spezialklausel.

Ähnlich kompliziert ist die Feststellung, ob ein Angestellter seiner tatsächlichen Tätigkeit und Vorbildung entsprechend in die dafür bereitstehende Vergütungsgruppe des BAT eingeordnet worden ist **(Eingruppierung):** Im BAT ist die Eingruppierung nur in den wenigen §§ des Abschnitts VI grundsätzlich festgelegt (vgl. § 22 BAT mit Protokollnotiz zu Absatz 2). Die für die Vergütungsgruppe maßgebende Eingruppierung richtet sich nach den Regelungsmerkmalen in der Vergütungsordnung, die als Anlage 1a und 1b zum BAT tarifvertraglich festgelegt ist. Eine richtige Eingruppierung lässt sich nur durch genauestes Studium der Tarifvertragsklauseln nach der allgemeinen Regel lösen: lex specialis derogat legi generali.

Während im Beamtenrecht neue Problemfelder i.d.R. auf Grund der Organisations- und Personalgewalt durch Verwaltungsvorschriften geregelt werden, wird zum Schutz des einzelnen Angestellten und Arbeiters im öffentlichen Dienst von den Gewerkschaften und Berufsverbänden regelmäßig darauf bestanden, dass tarifvertragliche Festlegungen erfolgen (z.B. in den Tarifverträgen über den Rationalisierungsschutz für Angestellte sowie für Arbeiter des Bundes und der Länder[153], die Regelungen treffen über Beteiligung der Personalvertretungen, Arbeitsplatzsicherung, Schulung, besonderen Kündigungsschutz, Vergütungssicherung usw.). Dies kann sogar dazu führen, dass gesetzliche Regelungen außer Kraft gesetzt werden (z.B. die in Art. 1 § 1 BeschäftigungsförderungsG vorgesehene Möglichkeit der Befristung von Zeitverträgen ohne sachlichen Grund[154]).

55

---

152 Beispiel in DB 94, 482: Entzug der Vertretung des Abt.-Leiters durch Weisung.
153 MinBlFin 1987, S. 187 ff bzw. 191 ff.
154 Vgl. BAG Betr. 87, 2106 (Art. 1 § 1 BeschFG 1985 ist nur einseitig zwingende Norm und lässt daher tarifvertragliche Abweichung zu, falls diese für Arbeitnehmer günstiger sind).

II. Grundsätze des Beamtenrechts

1. Bestimmtheitsgrundsatz

56 a) Als rechtliches Grundprinzip durchzieht der Bestimmtheitsgrundsatz das gesamte Beamtenrecht. Der Bestimmtheitsgrundsatz dient der Rechtssicherheit; er hat aber im Beamtenrecht eine besondere Bedeutung: Er diszipliniert den Staat und bindet ihn an rechtliche Regeln auch in seinem inneren Gefüge (Rechtsstaatlichkeit). Daher sind die Normen des Beamtenrechts **Schutznormen für den Beamten**. Selbst die Beamtenpflichten sind rechtlich primär als Grenzen der dienstlichen Inpflichtnahme des Beamten zu verstehen. So begrenzt der Bestimmtheitsgrundsatz die soziale (Über-)Macht der Staatsorganisation gegenüber dem einzelnen Bediensteten. Er definiert die Eingriffsmöglichkeiten des Staates in die Privatsphäre des Beamten abschließend und gewährleistet, dass die Gleichordnung von Staat und Bürger im grundlegenden Beamtenverhältnis („Grundverhältnis") rechtlich durchsetzbar bleibt. Folgen des Bestimmtheitsgrundsatzes sind beispielsweise:

– **Abweichungen** vom Gesetzeswortlaut sind weder zum Nachteil noch zu Gunsten des Beamten zulässig (str.[155]):
– Allgemeine Rechtsgrundsätze (z.B. Treu und Glauben, Verbot des widersprüchlichen Verhaltens, Übermaßverbot, rechtliches Gehör, Verwirkung) dürfen nur zur **Lückenfüllung** herangezogen werden, ungeschriebenes Verwaltungsrecht und allgemeine Vorschriften nur zur **Ergänzung** des Beamtenrechts, wenn ihnen der Zweck der ergänzungsbedürftigen Beamtenrechtsregelung nicht entgegensteht.

57 b) Da die Beamtengesetze häufig keine oder nur wenig detaillierte **Verfahrensregelungen** enthalten, bedürfen sie regelmäßig der Ergänzung durch die Verwaltungsverfahrensgesetze[156]. Die Ergänzung muss aber mit dem Bestimmtheitsgrundsatz vereinbar sein (Beispiel: Beauftragte Beamte sind trotz § 12 I Nr. 4 VwVfG keineswegs fähig, Verfahrenshandlungen rechtswirksam vorzunehmen).

In der Regel führt die Anwendung des VwVfG zur Verfestigung der bisherigen, gesetzlich nicht geregelten Rechtslage. So darf auch im Beamtenverhältnis wegen § 28 VwVfG grundsätzlich[157] kein VA ohne vorherige Anhörung ergehen. Es wird aus der Sollvorschrift des § 25 VwVfG (Beratung und Auskunft) auf Grund der Fürsorgepflicht des Dienstherrn eine Mussvorschrift gegenüber dem Beamten. Bei Fristversäumung ist nicht mehr nur im Ausnahmefall aus Fürsorgegründen, sondern stets ein Recht auf Wiedereinsetzung, § 32 VwVfG, gegeben[158].

58 c) Der Bestimmtheitsgrundsatz hat besondere Bedeutung bei der **Begründung und Veränderung des grundlegenden Status** des Beamten. Entlassen werden kann z.B.

---

155 Für Rücknahme und Nichtigkeit von Ernennungen a.A. *v. Münch* (vgl. 5. Aufl.) S. 466: Abweichung zu seinen Gunsten sei zulässig wegen der Schutzfunktion des Gesetzes für den Beamten.
156 Dazu *Wagner*, DÖV 88, 277; differenzierend *Kunig*, ZBR 86, 253; zu (mangels gesetzlicher Grundlage unzulässigen) Vereinbarungen BVerfG ZBR 93, 124 und 126.
157 Zu den Ausnahmen (und zur Begründungspflicht) einleuchtend *Kunig*, ebendort, S. 257-259; bei Umsetzung (kein VA) Anhörung aus Fürsorgepflicht geboten: OVG NW ZBR 86, 274.
158 Ausnahme: BVerwGE 65, 197, 199, weil der Wortlaut der Norm von einer „Ausschlussfrist" spricht und für den streitigen Antrag die Frist von einem Jahr ausreicht.

ein Beamter auf Widerruf jederzeit, ein Beamter auf Probe nur unter bestimmten Voraussetzungen und ein Beamter auf Lebenszeit nur in Sonderfällen (§§ 28, 29) oder auf eigenen Antrag hin. Für die Festlegung des einzelnen Beamtenverhältnisses enthält das Beamtenrecht deshalb **strenge Formvorschriften** (vgl. § 5 BRRG). Dabei ist zu unterscheiden zwischen dem *Beamtenverhältnis* als solchem und dem statusrechtlichen *Amt*, das nur auf der Grundlage bestimmter Beamtenverhältnisse verliehen wird. Zusammengefasst sind die statusrechtlichen Ämter in Laufbahnen, die auch die Vorbereitungszeit dafür und die Probezeit umfassen.

2. Laufbahn, Beamtenverhältnis und Amt

a) Anders als der Angestellte, der zur Wahrnehmung einer bestimmten Funktion eingestellt wird (Funktionsbindung), tritt der Beamte i.d.R. in eine **Laufbahn** ein, in der er zunächst für die Übernahme verschiedener Funktionen ausgebildet (Vorbereitungsdienst) und dann durch Einweisung in Dienstposten verwendet wird. Mit der Laufbahn soll erreicht werden, dass die berufliche Entwicklung des Beamten sich nach objektiven, einheitlichen, durch menschliche Unzulänglichkeiten nicht negativ beeinflussten und insofern allein eignungs- und leistungsbezogenen Maßstäben vollzieht, die kontrollierbar und nachvollziehbar sind[159]. Zu einer Laufbahn gehören alle statusrechtlichen **Ämter einer Fachrichtung**. In reiner Form ist das Laufbahnprinzip selten (aber z.B. im Polizeivollzugs-dienst). In den meisten Fachrichtungen sind bestimmte Ämter zu vier **Laufbahngruppen** zusammengefasst: einfacher, mittlerer, gehobener und höherer Dienst. Die Einordnung in eine Laufbahngruppe richtet sich nach Schulbildungsabschluss und Laufbahnprüfung[160]. Ein **Aufstieg** in die nächsthöhere Laufbahngruppe ist möglich. Dabei muss im sog. Regelaufstieg grundsätzlich die Gesamtausbildung der Laufbahngruppe nachgeholt werden; beim Aufstieg in den höheren Dienst bedarf es allerdings nur einer besonderen Einführung mit anschließender Befähigungsfeststellung durch den Bundes- bzw. Landespersonalausschuss[161]. Daneben gibt es den „Aufstieg für besondere Verwendung" für bewährte dienstältere Beamte im Einzelfall, der begrenzte, an der vorgesehenen Verwendung (Dienstposten) orientierte Anforderungen stellt[162]. **Sonderlaufbahnen** bestehen z.B. für Lehrer der verschiedenen Schularten, Gerichtsvollzieher, Amtsanwälte. – Neben Laufbahnbewerbern können auch „**andere Bewerber**" eingestellt werden (§ 7 I Nr. 3b, sog. Außenseiter[163]; in LBGs z.T. als „freie Bewerber" bezeichnet). Sie treten

59

---

159 Näher dazu *Scheerbarth/Höffken* § 13 I 2, *Lecheler*, ZBR 81, 265.
160 Zu Laufbahn, Fachrichtungen, Laufbahnwechsel näher *Baßlsperger*, ZBR 94, 111; zur laufbahnrechtlichen Einordnung der Studienabschlüsse umfassend *Waldeyer*, ZBR 2003, 17.
161 Vgl. BVerwGE 84, 102; Klausurbeispiel in JuS 91, 143; ferner HessVGH ZBR 95, 244; umfassend zum Aufstieg *Günther*, DÖD 90, 11; zur Laufbahnprüfung *J. Müller*, PersV 97, 49, BVerwG 98, 324.
162 Wegen der Aufweichung des Laufbahngruppengefüges dazu näher *Lecheler*, ZBR 81, 265, 269 f; im Einzelnen vgl. *Dürr*, DVBl. 85, 1207, *Murmann*, RiA 91, 157.
163 § 4 III BRRG ermöglicht dies; näher die LBG (unten Rdnr. 73); stets ist die Feststellung ihrer „Befähigung", z.T. auch die Einstellung selbst nur mit Zustimmung des Landes-Personalausschusses möglich.

III Öffentliches Dienstrecht

aber ebenfalls in eine bestimmte Laufbahn ein. An Stelle der laufbahnrechtlichen Vorbildung ist bei ihnen die für die Laufbahn „erforderliche Befähigung" Voraussetzung ihrer Einstellung (zu dessen Feststellung vgl. Rdnr. 63).

60 In den unterschiedlichen Laufbahnen (und ihren dazugehörigen Ämtern) wird der Beamte auf Grund seines jeweiligen Beamtenverhältnisses tätig. Diese **Beamtenverhältnisse** unterscheiden sich nach ihrem Zweck. Das Beamtenverhältnis **auf Widerruf**[164] (§ 5 II) wird i.d.R. nach Schul- oder Hochschulabschluss begründet zur Ableistung eines Vorbereitungsdienstes für einen sog. Monopolberuf (Lehrer, Jurist, Förster) oder für eine Laufbahn bei einem öffentlich-rechtlichen Diensthernn. In heute seltenen Ausnahmefällen (früher: wissenschaftliche Assistenten) wird es auch begründet für eine nur vorübergehende Verwendung. Der Beamte auf Widerruf **im Vorbereitungsdienst** hat kein statusrechtliches „Amt" inne; er führt nur eine Dienstbezeichnung, und zwar „Referendar" (höherer Dienst) oder „Anwärter". Am Tage des Bestehens oder des endgültigen Nichtbestehens der Abschlussprüfung (Zweites Staatsexamen, Laufbahnprüfung) endet das Beamtenverhältnis auf Widerruf – auch bei bestehendem Mutterschutz; aber: § 10a MuSchV –, wenn die Ausbildungs- und Prüfungsordnung dies so bestimmt (vgl. § 32 II; so regelmäßig bei Referendaren und Lehramtsanwärter)[165]. Andernfalls bleibt das Beamtenverhältnis bestehen bis zur Entlassung (nötig: VA) oder Umwandlung in ein Beamtenverhältnis auf Probe.

61 Das **Beamtenverhältnis auf Probe** wird i.d.R. begründet bei der Einstellung in den Dienst einer jPdöR nach Bestehen der Laufbahnprüfung, bei Juristen bei der Einstellung mit 2. Staatsexamen. Es dient der Feststellung, ob der Beamte zum Beamten auf Lebenszeit geeignet ist. Deshalb nimmt er alle Rechte und Pflichten eines Amts wie ein Beamter auf Lebenszeit wahr. Nach spätestens 5 Jahren ist zu entscheiden, ob er als Beamter auf Lebenszeit geeignet ist und sein Status entsprechend geändert werden kann. Der 1. Schritt dazu ist seine Bewährung in einer besonderen Bewährungszeit, die auch als Probezeit bezeichnet wird.

Da ein Beamtenverhältnis auf Lebenszeit erst mit Vollendung des 27. Lebensjahres begründet werden darf, kann die Dienstzeit im Beamtenverhältnis auf Probe (**Statuszeit**) länger dauern als die (parallel laufende) Probezeit/**Bewährungszeit**.

Diese sog. **Probezeit**[166] (Bewährungszeit), die lediglich laufbahnrechtlich begründet ist und in der sich der Beamte auf mehreren Dienstposten bewähren soll (§§ 7, 8 BLV), dauert im höheren Dienst regelmäßig drei Jahre (gehobener Dienst: 2,5 J.), kann aber auf Grund von Vordienstzeiten bis auf die Mindestprobezeit von einem Jahr, bei gutem Examen und besonderen Leistungen während der Probezeit auf zwei Drittel abgekürzt werden. Spätestens unverzüglich nach Ablauf der Probezeit (Bun-

---

164 Umfassend *Günther*, DÖD 87, 7. Zum Widerruf bei Wiss.Ass. während Habilitation BayVGH ZBR 91, 278.
165 Dabei bleibt es, selbst wenn die Entscheidung über das Nichtbestehen rechtskräftig aufgehoben wird (BVerwGE 72, 207, 211). Zu jur. Staatsexamen und Vorbereitungsdienst vgl. OVG Schl. DVBl. 95, 208, HessVGH ZBR 96, 119, BVerwG RiA 98, 40.
166 Sehr anschaulich dazu *Kurr*, ZBR 2000, 158.

desdienst: *vor* Ablauf, § 7 III BLV) ist die Bewährung positiv festzustellen[167]. Danach kann der Beamte auf Probe nicht mehr wegen mangelnder Bewährung entlassen werden. Ihm wird nun zum ersten Mal ein Amt verliehen, und zwar das sog. **Eingangsamt** seiner Laufbahn mit der entsprechenden Amtsbezeichnung, z.B. Regierungsrat oder Stadtinspektor. Dies ist die sog. **Anstellung**[168]. Vorher führte der Beamte nur eine Dienstbezeichnung, die das Eingangsamt benannte, aber den einschränkenden Zusatz „zur Anstellung" enthielt, also z.B. Regierungsrat z.A. oder Stadtinspektor z.A. Auch nach Anstellung und Amtsverleihung, also auch im vollgültigen Status eines Beamten, bleibt der Beamte solange im Beamten*verhältnis* auf Probe, bis er die Voraussetzungen für die **Umwandlung** seines Beamtenverhältnisses in das Beamten*verhältnis* auf Lebenszeit erfüllt, also insbesondere 27 Jahre alt ist. Ist er dann bereits fünf Jahre Beamter auf Probe, hat er sogar einen Anspruch auf diese Umwandlung (näher dazu Rdnr. 107 f).

Seit 1997 können in den Ländern (§ 12a BRRG) und werden obligatorisch im Bundesdienst (§ 24a BBG) bestimmte, gesetzlich festgelegte Ämter mit **Leitungsfunktion** zunächst im Beamtenverhältnis **auf Probe** wahrgenommen (näher dazu Rdnr. 156).

Ein Beamtenverhältnis **auf Lebenszeit** kann zwar direkt begründet werden.

Beispiele: Hochschullehrer, für die es eine Laufbahn nicht gibt, werden angestellt unter Verleihung des Amts „Professor". Der beamtete Oberregierungsrat, bisher als Richter kraft Auftrags tätig, wird Richter auf Lebenszeit (Amt „Richter am Finanzgericht").

In der Regel besteht aber ein Beamtenverhältnis auf Probe, das bei Erfüllung aller Voraussetzungen (§ 9 I[169]) in ein Beamtenverhältnis auf Lebenszeit **umgewandelt** wird. Spätestens jetzt wird dem Beamten auch das entsprechende statusrechtliche Amt verliehen (siehe oben).

In das Beamtenverhältnis **auf Zeit** wird vor allem der **kommunale Wahlbeamte**[170] berufen (z.B. mit dem Amt: Stadtdirektor), aber auch der sog. Mittelbau an den Hochschulen (z.B. Wissenschaftliche Assistenten, Oberassistenten, Hochschuldozenten), z.T. auch Professoren; in einigen Ländern werden **seit 1997** bestimmte Ämter mit **Leitungsfunktion** zunächst **auf**

---

167 OVG Lbg ZBR 66, 212; ähnlich VGH BW DÖD 82, 61, 63 f: Dienstherr müsse nach Ablauf der Probezeit „alsbald" entscheiden, ob der Beamte zu entlassen oder seine Probezeit zu verlängern ist (anschauliche Urteile mit genauen Unterscheidungen); ausführlich dazu BVerwG DVBl. 93, 952; und *Oswald*, Die Rechtsstellung des Beamten auf Probe, Diss.jur. Regensburg, 1989. Zur unzureichenden Befähigung eines Richters auf Probe BGH ZBR 99, 226, einer Lehrerin in der Probezeit BVerwGE 106, 263; näher unten Rdnr. 109.
168 Zu den Ausnahmen vom Grundsatz „Anstellung nach Bewährung" umfassend *Simianer*, ZBR 2002, 193: Wehr- und Zivildienst, bei Kinderbetreuung.
169 Gemäß § 6 BRRG geregelt in den LBG: BaWü § 8; Bay Art. 11; Bln § 10; Bbg § 11; Bre §§ 10, 24 II; Hbg § 9; Hess §§ 10, 11; MV § 10; Nds § 11; NW § 9; RP § 11; Sa §§ 13, 14 S. 2 und 3; Sachs § 8; LSA § 9; SchlH §§ 11 I, 12 S. 2; Thür § 10.
170 Informativ – Fortentwicklung des Hergebrachten; so schon BVerfGE 7, 155, 169; 8, 332, 352 – und im Vergleich zu den politischen Beamten (Rdnr. 67) die Rspr. zur vorzeitigen Abberufung von kommunalen Wahlbeamten, z.B. HessVGH DÖV 88, 305. Eine Abwahl ist möglich in Bremerhaven, Hessen, NRW, RhPf, Saarl, SchlH. Das BRRG lässt diese Sonderregelungen zu. – Gegen die Argumentation von *Stober, Henneke* und z.T. *Erichsen* (besondere Rechtfertigung nötig) jetzt BVerwGE 81, 318; kurz dazu *Langer*, JA 90, 172 m.w.N. Umfassend *Priebe*, Die vorzeitige Beendigung des Beamtenstatus, 1997.

III *Öffentliches Dienstrecht*

Zeit vergeben (§ 12b BRRG; näher dazu Rdnr. 157). Eine Besonderheit ist das Beamtenverhältnis des **Ehrenbeamten** (z.B. Mitglieder der Kreisausschüsse in NW, deutsche Honorarkonsuln im Ausland). Die vom Parlament gewählten Mitglieder der obersten **Rechnungshöfe** amtieren je nach Gesetzeslage auf Grund eines Beamtenverhältnisses auf Zeit oder auf Lebenszeit[171].

Entscheidend: Kein Beamtenverhältnis kommt zu Stande, wenn es an der gesetzlich vorgesehenen Form mangelt (näher Rdnr. 71, 72 ff).

62 Das Laufbahnrecht wird erneut wirksam, wenn dem Beamten ein **Dienstposten übertragen** werden soll, der von der Funktion her höher bewertet ist, als es seinem derzeitigen statusmäßigen Amt entspricht (näher dazu Rdnr. 119). Seine Eignung für den neuen Dienstposten muss er in einer **Erprobungszeit** (§ 11 BLV) nachweisen. Eine **Beförderung** (§ 12 BLV; näher Rdnr. 110) kann unabhängig von der Wahrnehmung eines bestimmten Dienstposten bei vorhandener Planstelle vorgenommen werden, darf aber noch **nicht während der Probezeit** (Bewährungszeit) erfolgen (Ausnahme möglich bei beruflicher Verzögerung durch Kinderbetreuung[172]). Sie hängt stets von einer Wartezeit von einem Jahr ab (**Verbot der Eilbeförderung**), muss ohne Überspringen eines laufbahnmäßigen Amtes erfolgen (**Verbot der Sprungbeförderung**) und darf nicht mehr innerhalb von drei Jahren vor der Pensionierung vorgenommen werden (**Verbot der Altersbeförderung**). Für bestimmte Beförderungsämter gelten zudem Mindestdienstzeiten (z.B. § 12 VI BLV: 6 Jahre für Ämter der BesGr. A16 und höher).

Alle statusrechtlichen Festlegungen (Beamtenverhältnisse, Ämter) erfordern einen spezifisch beamtenrechtlichen Akt: die **Ernennung**. Deshalb wird die Ernennung als **Zentralbegriff des Beamtenrechts** bezeichnet (näher Rdnr. 71, 74 ff).

63 b) Das Laufbahnrecht enthält im Interesse der Neutralität des Berufsbeamtentums relativ starre Regelungen. Die notwendige Flexibilität erhält es durch die Möglichkeit, in bestimmten, z.T. im BRRG vorgeschriebenen, ansonsten in den in den Laufbahnvorschriften festgelegten Fällen **Ausnahmen** zuzulassen (z.B. bei der Probezeit oder der Sprungbeförderung; vgl. im Bundesdienst: § 44 BLV). Über diese Ausnahmen entscheidet aber nicht die Verwaltung selbst, sondern ein besonderes Gremium: im Bundesdienst der **Bundespersonalausschuss**. Er ist die in § 61 BRRG vorgeschriebene **unabhängige Stelle**, deren Mitglieder an Weisungen nicht gebunden sind (vgl. §§ 95 ff[173]). Neben der Entscheidung über Ausnahmen (einschließlich der Feststellung der Befähigung sog. anderer Bewerber) sind dem Bundespersonalausschuss bestimmte Aufgaben übertragen worden, die der Vereinheitlichung des Personalwesens dienen (§§ 95, 98 BBG[174], 44 BLV). Seine Entscheidungen binden zwar die Be-

---

171 Ländersache auf Grund Änderung in § 134 S. 2 BRRG.
172 So nach Intervention des Bundesrates jetzt § 12 IV Nr. 1, 2. Halbsatz BLV.
173 Vgl. die entsprechenden Vorschriften in den LBG: BaWü § 121; Bay Art. 105; Bln § 87; Bbg § 118 I; Hbg § 102 I; Hess § 112; MV § 114; Nds § 116 I; NW § 107; RP § 106; Sa § 112; Sachs § 129; LSA § 95; SchlH § 111, Thür § 109.
174 Entsprechende Regelungen in der LBG: siehe BaWü § 125; Bay Art. 109; Bln § 90; Bbg § 121; Bre §§ 23 II, 24 III, 25 IV, 160; Hbg § 104; Hess § 115; MV § 117; Nds § 119; NW § 110; RP § 109; Sa § 116; Sachs § 133; LSA § 98; SchlH § 114 I; Thür § 111. Zur Tätigkeit des Bundespersonalausschusses sehr instruktiv *Breier* in: Die Kontrolle der Staatsfinanzen, 1989, S. 407 ff; gegenüber verf.-rechtl. Zweifeln zu Recht *Oebbecke*, Weisungs- und unterrichtsfreie Räume, 1989, S. 180 ff.

hörden, sind aber nur Voraussetzungen für Entscheidungen des Dienstherrn gegenüber dem Beamten, daher nicht selbst VAe[175]. Der Personalausschuss ist ein „Instrument" des Dienstherrn. Er darf *nicht* mit dem bei jeder Dienststelle eingerichteten *Personalrat* verwechselt werden (dazu Rdnr. 140 ff).

3. Leistung und Eignung

a) Dienstrechtliches und personalpolitisches Grundprinzip im öffentlichen Dienst ist das **Leistungsprinzip**. Verfassungsrechtlich kommt es in Art. 33 II GG zum Ausdruck, wonach jeder Deutsche nach seiner Eignung, Befähigung und fachlichen Leistung gleichen Zugang zu jedem öffentlichen Amt hat. Indirekt wird damit festgelegt, dass alle öffentlichen Ämter Funktionen beinhalten müssen, deren Ausübung Sachkunde und Leistungsbereitschaft erfordert. Als ein **„amtsbezogenes" Prinzip** erhält das Leistungsprinzip seinen spezifischen Inhalt durch das Dienst- und Treueverhältnis des Beamten. Dieses ist auch deshalb öffentlich-rechtlich festgelegt, damit der Beamte von außerdienstlichen Einflüssen und Maßstäben frei bleibt. Er soll unabhängig von Furcht vor Sanktionen (vonseiten des Dienstherrn wie der Betroffenen), aber auch ohne Erwartung prompter Belohnung für aktuellen persönlichen Einsatz oder wirtschaftlich-betrieblichen Erfolg seine Aufgaben unparteiisch nach Gesetz und Recht erfüllen. Damit ist der Dienst (trotz geforderter Eigeninitiative und Kreativität) schon von den Aufgaben her auf **Kontinuität**, die Leistung des Beamten auf **Zuverlässigkeit** und **Genauigkeit** der Pflichterfüllung ausgerichtet; sie wird durch berufliche Sicherheit „belohnt". Dagegen zielt das in vielen Bereichen des Wirtschaftslebens (anders: dortige Verwaltungsapparate) vorherrschende (reine) Leistungsprinzip, das Wettbewerbsgeist, Risikobereitschaft, Mobilität und dementsprechende Betriebsergebnisse finanziell belohnt, auf andere Verhaltensweisen. Ihre Übertragung auf den Dienst von Beamten in einem „neuen Leitbild" des öffentlichen Dienstes ist hoch problematisch[176].

64

Das (dienstliche) Leistungsprinzip gilt für Einstellung, Beförderung, Übertragung von Dienstposten, Auswahl für Fortbildungsmaßnahmen usw. Das dem Dienstherrn eingeräumte **„Auswahlermessen"** ermöglicht es jedoch, auch eher formale Kriterien in die Entscheidung mit einfließen zu lassen[177], z.B. bei der Übertragung eines Dienstpostens mit höherwertiger Funktion: die Bewährung auf verschiedenen Dienstposten des bisherigen Amtes, das Dienstalter und die Einstufung (Gesamturteil) bei den regelmäßig erfolgten Beurteilungen. Dies hat zur Folge, dass Beförde-

65

---

175 Grundlegend BVerwGE 26, 31, 39-42; Ausnahme: BVerwGE 31, 348-351 (gegenüber einer Selbstverwaltungskörperschaft ist – wie auch sonst bei Maßnahmen staatlicher Behörden – die Entscheidung des Landespersonalausschusses ein von der Körperschaft anfechtbarer VA).
176 Vgl. nur die Bemerkungen bei *Isensee*, ZBR 98, 295, 302 ff, und *Summer*, Bespr., ZBR 2001, 257.
177 Vgl. HessVGH DÖV 89, 132, jetzt aber ZBR 95, 109; schon bisher so für Soldaten: BVerwGE 76, 243, 247 ff; *H.J. Becker*, RiA 83, 221, 226; zur Beförderungsreihenfolge BVerwG ZBR 87, 45, *Köhler*, RiA 90, 11, *Markart*, DÖD 89, 92; zur Personalpolitik in der Justiz *Schnellenbach*, NJW 89, 2227; zu Bedarfsbeurteilungen *ders.*, NVwZ 89, 435. Beispielhaft OVG Saarl., DRiZ 95, 271, bzw. ZBR 95, 88 (nur LS).

rungen oft nur noch bedingt als Ergebnis eigener Anstrengungen empfunden werden[178]. Dem kann m.E. nur durch sorgfältig begründete Beurteilungen (vgl. Rdnr. 122) und Auswahlentscheidungen (vgl Rdnr. 91 f), durch Stellenausschreibung mit klarem Anforderungsprofil sowie mit Personalentwicklungsplanung und insgesamt einem kooperativen Führungsstil entgegengewirkt werden[179]. Infolge der zunehmenden Konkurrentenstreitverfahren (vgl. Rdnr. 94 ff) hat sich die Rechtsprechung zwar als maßstabbildend erwiesen (näher unten Rdnr. 92 a.E.), ohne sorgfältige Beurteilungen im Rahmen eines strengen, aber fairen Systems nützen jedoch die besten Maßstäbe nichts[180].

66 Da formale Kriterien langjährige verwaltungskonforme „Erfahrung" hoch bewerten, Risiko- und Konfliktbereitschaft in der Sache dagegen geringer veranschlagen, fragt es sich, ob dadurch nicht demjenigen Beamten die dienstleistungsbezogene Aufstiegsperspektive genommen wird, der zu überdurchschnittlichem Engagement bereit und zu dienstlicher Höchstleistung fähig ist. Bringt ihn das Gewicht der formalen Kriterien nicht gerade dazu, sich weitere und andere ‚Qualifikationen' zu beschaffen: durch Aktivität in Parteien, Gewerkschaften, Verbänden? Obgleich derartige Tätigkeiten sich als karrierefördernd erwiesen haben, muss dies nicht notwendig ein Ausfluss der sog. Ämterpatronage sein[181]. Solange z.B. gewerkschaftspolitisch aktive Beamte amtsgeeignet sind, ist es schwer nachzuweisen, andere (nicht derartig engagierte) Beamte seien für ein Amt „geeigneter". Die weiterhin lebhafte Diskussion[182] um die **Ämterpatronage** – wenn sie definiert wird als Stellenbesetzung aus leistungsfremden Gründen – ist m.E. immer noch zu wenig konkret. So ist z.B. bislang völlig ungeklärt, wie viele Beamte überhaupt ein Parteibuch besitzen, noch weniger, ob und wem dies bekannt ist. Sicherlich gibt es auch Unterschiede zwischen Bundesdienst und Landesdienst und dort jeweils zwischen Ministerialverwaltung und den übrigen Behörden und sonstigen Einrichtungen. Die Behauptung aber, bei Einstellungen in den öffentlichen Dienst sei das Parteibuch ein wichtiges Auslesekriterium, ist jedenfalls eindeutig praxisfern[183], weil Examensnoten und Auswahlverfahren durch Gremien einsame Entscheidungen von beamteten Parteigängern praktisch ausschließen; für die Einstellung von Richtern wäre die Behauptung zudem geradezu ehrenrührig. In Beförderungsfällen helfen m.E. nur regelmäßige und ordnungsgemäße

---

178 Vgl. *Studienkommission* (Anm. 20) Rdnr. 372, 379; zu Ausnahmen im Leitungsbereich *Meixner*, DÖV 79, 276: Wie macht man Karriere in der Verwaltung?; zur Lage heute *Riecker*, ZBR 97, 180.
179 Umfassend *Meixner* (Anm. 15), S. 195 ff; noch immer lesenswert *Höhn*, Die innere Kündigung, 1989. *G.B. Müller*, DÖD 89, 187.
180 Vgl. dazu *Riecker*, Können die Gerichte das Leistungsprinzip durchsetzen?, ZBR 97, 180, mit *Schnellenbach* (Anm. 177), S. 169 ff.
181 Wohltuend sachnah und differenziert dazu *H. Kübler*, Verwaltungsrundschau 1982, 361; vgl. ferner *Seemann*, Verwaltung 1981, 133; zum Fall *Barschel/Pfeiffer* zu Recht *Blanke*, ArbuR 89, 306, 310.
182 Zur Diskussion *Janssen*, ZBR 2003, 113, 124 m.w.N., *Kloepfer*, ZBR 2001, 189, *Biehler*, NJW 2000, 2400, *Wassermann*, NJW 99, 2330, *Leuze*, DÖD 94, 125, 132 ff, konkret auch *Günther*, DÖD 94, 178, 185 ff; Einzelfälle überbewertend *Wichmann*, Parteipolitische Patronage, 1986, daher Antwort BReg vom 30.04.87, BT-Drucks. 11/209; dagegen *Merten*, ZBR 1999, 1, 8 f; mit mehr Fakten *Wichmann*, ZBR 88, 365. Kritisch *Lecheler*, DÖV 87, 978, und *Wassermann*, DÖD 86, 165. Die Patronage anderer Gruppen ist verdeckter und oft wirksamer ist die von Parteien, z.B. die von Reservisten-Kameradschaften, Verbänden, Kirchen, student. Verbindungen. Ein Verbot der Parteimitgliedschaft von höheren Beamten verschleiert das Problem nur; Patronage ist, falls sie den Leistungsgrundsatz verletzt, strafbar (NJW 89, 558, 560 f).
183 Ausnahmen bei Führungsämtern in Ministerien und Besetzung von Stellen mit anderen als Laufbahnbewerbern nach Prüfung durch die unabhängige Stelle (vgl. Rdnr. 59 und 63) bestätigen die Regel.

Beurteilungsrunden[184], in größeren Vewaltungseinheiten auch Maßnahmen der systematischen Personalentwicklung[185]. – Ämterpatronage ist zu unterscheiden von den rechtlichen Regelungen über sog. politische Beamte, aber auch von der Festlegung als „politisch" angesehener Merkmale des Anforderungsprofils bestimmter Dienstposten. Wann nämlich ausnahmsweise das Vertrauen in politische Anschauungen und persönliche Loyalität des Amtsinhabers zulässige Auswahlkriterien sein dürfen, richtet sich ausschließlich nach den Anforderungen an den zu besetzenden Dienstposten, der ggf. die Erfüllung – auch (!) – derartiger Leistungsmerkmale voraussetzt (z.B. Leiter Ministerbüro, Pressesprecher eines Ministeriums)[186].

b) **Politische Beamte** sind Beamte, die ein Amt bekleiden, bei dessen Ausübung sie in fortdauernder Übereinstimmung mit den grundsätzlichen politischen Ansichten und Zielen der Regierung stehen müssen (§ 31 I BRRG). Politische Beamte sollen durch Übereinstimmung mit der Regierungspolitik in Schlüsselstellen „das reibungslose Funktionieren des Übergangs von der politischen Spitze in die Beamtenhierarchie" Gewähr leisten (sog. Transformationsfunktion)[187]. Diese Beamten heben sich also durch den Einfluss, den sie dienstlich nehmen können, aus der Gesamtheit der Beamten heraus. Der Kreis ist gesetzlich (eng) begrenzt. Es sind regelmäßig nur die Staatssekretäre, Ministerialdirektoren und Regierungspräsidenten (Bundesländer) sowie die Pressesprecher. Lediglich im Sicherheitsbereich (Polizei, Verfassungsschutz) und im Auswärtigen Dienst sind auch schon die höchsten Beamten des normalen Dienstbetriebs als politische Beamte gesetzlich eingestuft worden[188], ebenso sämtliche Generäle der Bundeswehr. Wegen des notwendigen engen Vertrauensverhältnisses, das diese Personen zur politischen Führung haben müssen, können sie **jederzeit** ohne Frist und ohne Angabe von Gründen **in den einstweiligen Ruhestand** versetzt werden – allerdings nicht aus unsachlichen Gründen (z.B. Parteienproporz, Lebensalter), nach (m.E. zu enger) Auffassung des BVerwG sogar nur bei Bedenken gegen die Fähigkeit oder Bereitschaft zur Erfüllung der Transformationsfunktion[189]. Insoweit weicht das Beamtenverhältnis der politischen Beamten vom Regelfall ab. Für die **Berufung** in ihr Amt muss es aus zwingendem Recht aber bei den Kriterien bleiben, die für alle Beamten gelten, wenngleich das Amt selbst spezifische Eignungsvorgaben enthält. Allerdings ist für den Wechsel *in* ein – statusmäßig eigen-

---

184 Insofern ist die Kritik von *Roth*, ZBR 2001, 14, 15 f, 21 ff, durchaus gerechtfertigt.
185 Vgl. hierzu etwa *Lorse*, ZBR 2002, 162, 173 f.
186 Vgl. dazu umfassend *Bracher*, DVBl. 2001, 19, 25 ff, der aber bei der Besetzung Leiter Ministerbüro das anders sieht, wenn damit eine Beförderungschance eröffnet wird (m.E. fragwürdig, weil die Alternative wäre: Besetzung mit für die Stelle nicht so geeigneter Person).
187 So BVerwGE 52, 33, 34 f; lesenswert *Bracher*, DVBl. 2001, 19, ferner *Haas* in: *Siedentopf* (Hg.), Führungskräfte in der öffentl. Verwaltung, 1989, S. 58 ff; *Grünning*, Verwaltungsrundschau 1988, 80, 85, *Derlien*, DÖV 90, 311.
188 Siehe die Aufstellung bei *v. Arnim*, PersV 81, 142/3; zusammenfassend *Wagner*, RiA 85, 272, und mit der Tendenz zur Einschränkung *Thiele*, DÖD 86, 257. Für die Herausnahme des Generalstaatsanwalts aus diesem Kreis auch *Theisen*, in FS Zeidler Bd. 2, S. 1167 ff; umfassend für den Bund (1997): BT-Drucks. 13/8518; zum Landtagsdirektor *Grigoleit*, ZBR 98, 128, und vor allem *Oldiges/ Brinktrine*, DÖV 2002, 943; jetzt abe: BVerwG ZBR 2002, 178.
189 Empirisch umfassend *Derlien*, DÖV 84, 689; abgelehnter Grund: überalterte Führungskräfte bzw. „Verbesserung der Altersstruktur", vgl. BVerwG DVBl. 77, 716 m. Anm. *Wiese* (mit vielen Beispielen); Das BVerfG verbietet bei Generälen lediglich „Willkür" und lässt hier zu Recht Rücksichtnahme auf den Altersaufbau der Bundeswehr zu (BVerfG NVwZ 1994, 477); zu sofortiger Vollziehung OVG NW DVBl. 94, 120, bzw. ZBR 94, 25; aktuell *Schwidden*, RiA 99, 13.

ständiges, z.T. ausdrücklich keiner Laufbahn zugehöriges[190] – Amt des politischen Beamten Freiwilligkeit erforderlich[191]. Für eine **Wiederverwendung** einstweilen im Ruhestand befindlicher Beamter – der Berufung muss er Folge leisten (§ 39) – ist im Übrigen allein das statusrechtliche Amt (ohne die spezifische Funktion) maßgebend[192].

68 c) Die Auslese von Stellenbewerbern (§ 8) und die **Auswahl** von zu befördernden Beamten (§ 23) ist **nur nach Eignung, Befähigung und fachlicher Leistung** vorzunehmen. Im Rahmen dieser Kriterien des Art. 33 II GG bedeutet Eignung an sich nur die charakterliche Eignung: anlage- und entwicklungsbedingte Persönlichkeitsmerkmale, wie psychische und physische Kräfte, emotionale und intellektuelle Voraussetzungen der Person. In der BundeslaufbahnVO (BLV) wird der Begriff Eignung dagegen erheblich ausgeweitet. Er bezieht nach § 1 II BLV die Befähigung (für eine konkrete Verwendung) mit ein und berücksichtigt dabei die bisherige fachliche Leistung. Deshalb wird in der Praxis statt Eignung häufig der Oberbegriff **Geeignetheit** (für ein bestimmtes Amt) verwendet. Die Unterscheidung ist wichtig z.B. bei der dienstlichen Beurteilung, die nach „Eignung und Leistung" (§ 40 I BLV) erfolgen soll; **Folge:** Bisherige fachliche Leistung allein begründet auch nach dem Leistungsprinzip nicht die „Eignung" für ein „Amt". Dies wird häufig auch bei sog. Konkurrentenklagen (dazu Rdnr. 92 und 94) übersehen[193].

69 Rechtlich erscheint das **Leistungsprinzip** jedoch nicht nur in den Merkmalen des Art. 33 II GG. Es kommt auch in den verfassungsrechtlich **verbotenen Auswahlkriterien** zum Ausdruck: Geschlecht, Abstammung, Rasse, Sprache, Heimat, Herkunft, Glauben, religiöse und politische Anschauung (Art. 3 III, 33 III) sowie Mutterschaft (als Folge des Geschlechts i.V.m. Art. 6 IV).

Aus dem darin erkennbaren Leistungsprinzip als solchem hat die Rspr. **zum Beispiel** entnommen, dass ein Bewerber nicht deshalb benachteiligt werden darf, weil er zu viele oder kranke Angehörige hat oder weil sein Ehegatte bereits im öffentlichen Dienst beschäftigt ist, und dass ihm kein genereller Bonus zusteht, weil er Einheimischer ist[194]. Ein Land darf einen Bewerber nicht deshalb unberücksichtigt lassen, weil er die 2. jur. Staatsprüfung in einem anderen Bundesland abgelegt hat – auch wenn es das Ausleseverfahren auf diejenigen beschränkt, die im eigenen Land die entsprechende Prüfung zu einem bestimmten, landesweiten und einheitlichen Prüfungstermin abgelegt haben. Inwieweit dennoch eine vergleichbare Gewichtung der Prüfungsnote erfolgen darf, ist offen; auf die Unterschiede in Prüfungsstoff und -leistungsnachweis bzw. Ausbildungsgang darf wegen der bundesweiten Geltung der Laufbahnvor-

---

190 So z.B. das Berliner Laufbahngesetz in § 32 i.V.m. § 72 I für Staatssekretäre und die Leiter der Presse- und Protokollabteilungen der Senatskanzlei.
191 Dazu und zum Dilemma, dass Beamte in besonders hohen Funktionsämtern praktisch nicht versetzt werden können, RhPf OVG ZBR 2002, 366 m. Anm. *Summer*.
192 Vgl. BVerwG ZBR 85, 223: früherer Polizeipräsident (A 16) soll Referent (A 16) werden. Zur Höhe der Versorgungsbezüge bei weniger als (jetzt) 3-jähriger Tätigkeit als politischer Beamter vgl. BVerwG ZBR 2003, 46.
193 Mit Recht aber BVerwGE 81, 365; Gefahr mangelnder Amtsverschwiegenheit als Eignungsmangel; ferner dazu *Baden*, Beamtenrecht, Rz. 86, und *Jachmann* (Anm. 27) Art. 33 Abs. 2 Rdnr. 17.
194 Vgl. dazu NVwZ 2001, 454, und DVBl. 78, 761, bzw. DÖD 79, 793.

schriften des BRRG jedenfalls nicht abgestellt werden[195]. Bei Einstellungen in den Justizdienst dürfen Berufsanfänger und bereits berufserfahrene Versetzungsbewerber nur (allein) auf der Basis ihrer Examina verglichen werden[196].

Andererseits sind **Ausnahmen** von den an sich verpönten Kriterien möglich, wenn sie sachlich oder rechtlich begründet sind[197], z.B. Konfession bei Religionslehrer. Keine Ausnahme vom Leistungsprinzip, sondern eine auf Grund des Sozialstaatsprinzips geforderte Berücksichtigung bei der Auswahlentscheidung ist die Bevorzugung *geeigneter* Personen aus gesetzlich festgelegten Gründen (Schwerbehinderte; fragl. bei § 10 SoldatenversorgungsG[198]). Dass dazu auch **Frauen** als eigene, einer positiven **Förderung** bedürftige Gruppe für eine Übergangszeit gehören können, ließ sich verfassungsrechtlich durchaus einleuchtend auch schon vor Einführung von Satz 2 in Art. 33 II GG und dem Erlass der Gleichstellungsgesetze in Bund und Ländern begründen[199]. Das EU-Recht steht solchen Gesetzen nicht entgegen, die bei gleicher Qualifikation Bewerberinnen Vorrang zwecks Erfüllung eines Frauenförderplans einräumen, wenn die besondere persönliche Lage aller Bewerber im Einzelfall berücksichtigt wird[200]. Gleichwohl müssen Stellenausschreibungen stets geschlechtsneutral erfolgen[201].

Dem grundrechtsgleichen Recht jedes Deutschen auf Zugang zu jedem öffentlichen Amt (Art. 33 II) lässt sich zwar die Pflicht zur Bekanntmachung jeder zu besetzenden Stelle entnehmen. Art. 33 IV ermöglicht jedoch eine Einschränkung der Pflicht auf Ämter, die nicht durch verwaltungsinternen Personeneinsatz besetzt worden sind. § 8 BBG verlangt daher **Stellenausschreibungen** nur für Bewerber um Einstellung. Hierbei sind Eignungsfeststellungsverfahren (sog. Auswahltermine) üblich. Für Beförderungsdienstposten sind Stellenausschreibungen nicht erforderlich (arg. § 23 BBG), obwohl dies auf Grund der Sollvorschrift des § 4 BLV verwaltungsintern geschieht. Allerdings sieht das BVerwG[202] dazu jetzt auf Grund der Mitbestimmungsnormen (!) eine Verpflichtung der Dienststelle. Insgesamt schränkt also das BBG[203]

70

---

195 Vgl. BayVGH NJW 82, 786, mit BVerwG DÖV 84, 337 m. Anm. *Goerlich* (= BVerwGE 68, 109); zur Gleichwertigkeit von Laufbahnen näher Rdnr. 97.
196 So ausdrücklich RhPf OVG ZBR 2002, 291.
197 Vgl. VGH BW DVBl. 68, 256; BVerwGE 19, 252, 260; allg. E 47, 330, 354; zusammenfassend BVerwGE 81, 22; umfassend *Sachs*, ZBR 94, 133.
198 *Goerlich*, ZBR 89, 240; *M. Schmidt* mit Erwiderung von *Beyer* ZBR 97, 369 bzw. 381; zu Schwerbehinderten BVerwGE 79, 86; umfassend MinBlFin 1986, 246; genauer BVerwG 86, 244, 250; Wehr-/Ersatzdienst rechtfertigt Vorzug von 1 Jahr für Referendarzeit: NJW 91, 1076; EuGH ZBR 2001, 168.
199 Vgl. *Ebsen*, JURA 90, 515, 518 ff, *Fuchsloch*, NVwZ 91, 442; dagegen die h.M.: *Stober*, ZBR 89, 289, *Sachs*, NVwZ 91, 437. Zur tatsächlichen Lage *Schwidden*, RiA 96, 105, und *von Harrach*, Verwaltungsrundschau 96, 370; zu den Gesetzen *Eckertz-Höfer*, ArbuR 97, 470; zum EU-Recht EuGH DB 94, 484, und ZBR 98, 132 mit Bespr. von *Ott* (S. 121), bzw. RiA 98, 37 m. Anm. *Fischer*; ferner LAG Bremen. RiA 93, 82, BAG DB 94, 429, und *Sachs*, ZBR 94, 133, 139.
200 Vgl. EuGH ZBR 2000, 413 (auch zu Hiwis u. zu befristeten Stellen im Wissenschaftsbereich), sowie zuvor NJW 97, 3429, und in Anwendung der Grundsätze OVG NW ZBR 2000, 286 f und 355, OVG Schleswig ZBR 2000, 52, VG Gelsenkirchen ZBR 2000, 64.
201 Vgl. VG Frankfurt/Main NVwZ 2002, 505.
202 Vgl. BVerwGE 49, 232, und die Begründung in BVerwGE 79, 101, 104-110.
203 Die Regelungen in den LBG sind zumeist noch einschränkender; anders jedoch die Richtergesetze, vgl. BremStGH NVwZ-RR 94, 417, OVG NW ZBR 93, 274, OVG Nds DVBl. 93, 959.

die Anspruchsnorm des Art. 33 II ein[204]. Die Mitbestimmungsrechte der Personalvertretung erzwingen die dienststelleninterne Stellenausschreibung, ohne dass es dabei um die Besetzung eines „öffentlichen Amts" geht (vgl. Aufgaben/Funktion der Personalvertretung unten Rdnr. 140). Z.T. wird aber gefordert, die Ausschreibung von Beförderungsstellen aus Art. 33 II allein herzuleiten[205].

C. Das Beamtenverhältnis

I. Begründung des Beamtenverhältnisses

1. Einstellungsvoraussetzungen

71 a) Begründet wird das Beamtenverhältnis stets durch sog. Einstellung[206] (nicht: Anstellung). Einstellen kann nur eine juristische Person des öffentlichen Rechts, die **Dienstherrenfähigkeit** besitzt. Bund, Länder, Gemeinden und Gemeindeverbände (nicht: Zusammenschlüsse von Kommunen, wie Zweckverbände, Verwaltungsgemeinschaften) haben stets Dienstherrenfähigkeit, andere JPdöR dagegen nach § 121 Nr. 2 BRRG nur, wenn sie sie bei In-Kraft-Treten des Beamtenrechtsrahmengesetzes (1957) durch frühere Verleihung besaßen oder wenn sie ihnen seitdem ausdrücklich verliehen worden ist. Deshalb fehlt sie etwa den Fraktionen der Parlamente und in der Regel auch den Universitäten[207].

Die **Einstellung** geschieht **durch** einen Akt der **Ernennung**. Die ein Beamtenverhältnis begründende Ernennung kann rechtlich nur durch Aushändigung einer Ernennungsurkunde erfolgen, die die Worte „unter Berufung in das Beamtenverhältnis" sowie einen der fünf Zusätze enthält, die die Art des Beamtenverhältnisses festlegen (vgl. § 6 I u. II BBG). Fehlt es an dieser **Form**, so liegt kraft gesetzlicher Regelung eine Einstellung nicht vor (sog. Nichtakt). Fehlt lediglich der bestimmende Zusatz, so wird nach den meisten Landesbeamtengesetzen ausnahmsweise kraft Gesetzes ein Beamtenverhältnis auf Widerruf begründet; nach dem **BBG** bleibt es beim Nichtakt. Inhaltlich ist die Einstellung an eine Reihe sachlicher (objektiver) und persönlicher subjektiver) Voraussetzungen gebunden.

---

204 BVerfG NJW 90, 501: wenigstens Mitteilungspflicht aus Art. 33 II/19 IV; näher *Lademann*, DRiZ 77, 178, und *Ladeur*, JURA 92, 77; zusammenfassend *Höfling*, ZBR 99, 73.
205 So etwa *Schnellenbach*, ZBR 2002, 180, 182, mit Hinweis auf sächsOVG, ZBR 2001, 368, 369: einzelfallangemessene Ausschreibungspflicht als notwendige Kompensation für „weitgehend fehlende gerichtliche Kontrolle der auf einer Einschätzungsprärogative beruhenden Verwaltungsentscheidung", z.T. die verfassungsrechtliche Literatur, vgl. *Jachmann* (Anm. 27) Art. 33 Abs. 2 Rdnr. 16 m.w.N.
206 Näher *Günther*, ZBR 91, 257; anders im BPersVG: BVerwG DVBl. 94, 110.
207 Zur Amtshaftung bei mangelnder Dienstherrenfähigkeit BGH ZBR 91, 312.

b) **Sachliche Einstellungsvoraussetzungen** sind (§§ 4, 8 BBG; 17, 49 BHO): **72**
- vorgesehene Wahrnehmung hoheitsrechtlicher oder quasi-hoheitsrechtlicher Aufgaben (**Funktionsvorbehalt**),
- Vorhandensein einer besetzbaren[208] **Planstelle** (bei Einstellung auf Lebenszeit) oder einer sog. anderen Stelle, die nach dem jeweiligen Haushaltsrecht ebenfalls im Haushaltsplan oder im Zusammenhang mit ihm ausgewiesen ist,
- Einhaltung der **Verfahrensvorschriften**: Stellenausschreibung, sachgerechte Auswahl, Einholung notwendiger Erklärungen anderer Stellen (Zustimmung, Einvernehmen).

Schwierigkeiten bereitet immer wieder die **Bedeutung der Planstelle** bei Einstellung wie Beförderung. So verlangte z.B. der neue Richter in dem Beispiel in Rdnr. 61 die (übliche) rückwirkende Einweisung in die Planstelle (R 2), mindestens zum Monatsbeginn[209]. – Grundsätzlich ist folgendes zu beachten: Die Organisationsabteilung stellt fest, welche und wie viele Dienstposten zur Bewältigung des Arbeitsanfalls in einer Behörde notwendig sind[210]. Danach richtet sich die Verteilung der Planstellen, die im Haushaltsplan bereitgestellt sind. Eine solche Planstelle ist zur Verleihung eines statusrechtlichen Amtes erforderlich, obwohl diese nicht notwendig im Stellenplan der Behörde ausgewiesen sein muss, in der der Beamte einen Dienstposten bekleidet. Wird einem Beamten ein statusrechtliches Amt verliehen (Ernennung), ohne dass eine Planstelle vorhanden ist, bleibt die Ernennung wirksam, weil sie formstreng und das statusrechtliche Amt personengebunden ist.

c) Die **persönlichen Einstellungsvoraussetzungen**[211] ergeben sich aus unterschiedlichen Rechtsnormen und -prinzipien. Der Bewerber muss **73**
- **EG-Bürger** sein (§ 7 I Nr. 1); nur „wenn die Aufgaben es erfordern"[212], muss er **Deutscher** i.S.d. Art. 116 GG sein; **aber**: Ausnahmen sind wie bisher bei dringendem dienstlichen Bedürfnis zulässig (vgl. § 7 II BBG, § 4 II BRRG),
- **Gewähr** dafür **bieten**, jederzeit für die freiheitliche demokratische Grundordnung einzutreten (§ 7 I Nr. 2; näher Rdnr. 37 ff),
- die **Vorbildung** besitzen, die nach den Laufbahnvorschriften gefordert bzw. (mangels Vorschrift) üblich ist, oder – als sog. anderer (freier) Bewerber[213] – die „erforderliche Befähigung" besitzen, die durch Lebens- und Berufserfahrung erworben wurde (§ 7 I Nr. 3),

---

208 Sie fehlt auch, wenn dem Fachbereich eine Planstelle nicht (mehr) zur Verfügung steht (OVG NW DVBl. 86, 1163: Übernahme als Professor); grundsätzlich dazu BVerwG NVwZ 91, 375.
209 BVerwGE 72, 163 (lesenswert); zu den sog. Kw-Vermerken *Röken*, ZBR 87, 303.
210 Zur analytischen Dienstpostenbewertung OVG Hmb DVBl. 70, 692 u. 694; zur Umwertung BVerwG PersV 81, 244 f; zur „Personalverstärkung" mit Hilfe von Beamten auf Probe OVG NW ZBR 86, 89, insgesamt erläuternd *G.B. Müller*, DÖD 89, 155.
211 Zu den Regelungen in den LBG BaWü § 6; Bay Art. 9; Bln § 9; Bbg § 9; Bre § 8; Hbg § 6; Hess § 7; MV § 8; Nds § 9; NW § 6; RP § 9, Sa §§ 7, 8; Sachs §§ 6, 9; LSA § 7; SchlH § 9, Thür 6.
212 Die Neuregelungen traten am 20.12.1993 in Kraft, um Art. 48 IV EWG-Vertrag Rechnung zu tragen; vgl. etwa *Schotten*, DVBl. 94, 567, und weiterführend *Summer*, ZBR 93, 97; die „Aufgaben" (hoheitliche Befugnisse?) definiert praktisch bereits der EuGH (ZBR 96, 392 und 394).
213 Vgl. oben Rdnr. 59.

- in dem für die Einstellung zulässigen Alter sein (**Mindestalter/Höchstalter**); Ziel: ausgeglichener Altersaufbau[214], keine übermäßige Belastung der öffentlichen Haushalte (daher Einwilligung des Finanzministers nötig bei Überschreiten einer von der Regierung gesetzten Grenze, § 48 BHO),
- die Fähigkeit zur Bekleidung öffentlicher Ämter besitzen, geschäftsfähig und nicht entmündigt sein (**Amtsfähigkeit**; arg. § 11 II),
- körperlich und geistig (gesundheitlich[215]) für den vorgesehenen Dienst geeignet sein (**Dienstfähigkeit**; arg. §§ 42 I, 31 I Nr. 3),
- i.S.d. Beamtenrechts charakterlich geeignet (**Amtseignung**: Art. 33 II GG, § 1 BLV) und nicht unwürdig sein (arg. § 12 I Nr. 2),
- in **geordneten wirtschaftlichen Verhältnissen** leben (Grund: Beamtenbesoldung erlaubt nicht die Abtragung eines umfänglichen Schuldenberges).

Fehlt eine sachliche oder persönliche Voraussetzung, so ist die Einstellung zwar rechtswidrig. Die **Besonderheit des Beamtenrechts** besteht aber darin, dass eine formgerecht erfolgte, wenngleich fehlerhafte Einstellung nur ausnahmsweise rücknehmbar oder gar nichtig ist. Entscheidend sind allein die sich aus dem jeweils einschlägigen Beamtengesetz ergebenden Fehlerfolgen. Sie sind, da die Einstellung ein Akt der Ernennung ist, aus den Normen über die Ernennung zu erschließen.

2. Regelungskomplex Ernennung

74 a) Die **Ernennung** ist ein (durch Aushändigung einer Ernennungsurkunde) **formgebundener, rechtsbegründender** (konstitutiver), aber (weil das Einverständnis des Betroffenen voraussetzender) **mitwirkungsbedürftiger Verwaltungsakt**[216]. Eine Ernennung[217] (§ 6 I) ist erforderlich für: Einstellung, Umwandlung des Beamtenverhältnisses, Anstellung (erste Verleihung eines Amtes), Beförderung und Verleihung eines anderen Amts beim Wechsel der Laufbahngruppe. Die fehlerhafte „Ernennung" ist je nach Art des Fehlers ein sog. Nichtakt, ein von Anfang an nichtiger VA, ein schwebend unwirksamer VA (fraglich) oder ein rechtswidriger, rücknehmbarer VA.

75 b) Ein **Nichtakt** ist kein oder noch kein VA, selbst wenn er nach außen als solcher erscheint. Die Ernennung ist Nichtakt, solange keine „Ernennungsurkunde" vorliegt (**Beispiele:** Einer „Urkunde" fehlt die Angabe der Ernennungsbehörde, des Adressaten, die Unterschrift des Ernennenden, die anordnende Aussage, oder sie weist ein rechtlich nicht mehr vorhandenes Amt aus[218], z.B. seit 1985 „Hochschulassistent") und solange die „Aushändigung" der Urkunde nicht „erfolgt" ist (vgl. § 6 II). Bis da-

---

214 Vgl. BVerwG ZBR 81, 228 f; OVG NW ZBR 95, 113; differenzierend *Buß/Schulte zu Sodingen*, DVBl. 98, 1315. Zur Berücksichtigung von Zeiten der Kinderbetreuung vgl. BVerwG ZBR 99, 22; zur Prüfung der Verfassungswidrigkeit von Altersgrenzen überzeugend *Nussberger*, JZ 2002, 524.
215 Zum AIDS-Test *Schenke*, DVBl. 88, 165, *Seewald*, VerwArch 1989, 163, *Haesen*, ZRP 89, 15; BayVGH BayVBl 89, 83, 85; *Zängl*, Bespr., ZBR 2002, 324; zur Polizeidienstfähigkeit OVG Saarl ZBR 94, 86; zu Übergewicht Anm. *Summer*, ZBR 92, 28 ff.
216 Zu allen Voraussetzungen *Summer*, PersV 84, 223, zu ihrem Wegfall (vgl. unten Rdnr. 75-83) umfassend *Günther*, DÖD 90, 281; *Schenke* (Anm. 22) Fälle 6, 7.
217 Vgl. Rdnr. 71; zu ernennungsähnlichem VA Rdnr. 110 a.E.
218 So BVerwG DVBl. 83, 1108: „Volksschulkonrektor – als Fachleiter an einem Bezirksseminar".

hin bleibt das Tun der Verwaltung rechtlich Vorbereitungshandlung für den VA Ernennung. Gibt z.B. die Behörde eine Beförderung (dem Beamten, einem Mitbewerber, öffentlich) bekannt und heftet die Urkunde zu den Personalakten, so liegt selbst bei Zustimmung des Betroffenen keine Ernennung vor.

Die **Aushändigung** ist mehr als eine rein tatsächliche Übergabe der Urkunde. Sie ist Besitzverschaffung an der Ernennungsurkunde mit Willen der Ernennungsbehörde und Besitzbegründungswillen des Beamten[219]. Diese Definition bedarf der **Erläuterung**: Unbestritten ist, dass bis zur Besitzerlangung durch den zu Ernennenden der Ernennungsvorgang angehalten oder rückgängig gemacht werden kann[220]. Möglich ist aber eine **Besitzverschaffung** durch Boten oder auf dem Postweg (z.B. bei Krankheit). Da die genaue Kenntnis des Datums der „Aushändigung" erwünscht ist, kommt postalisch nur der persönlich zuzustellende eingeschriebene Brief mit Rückschein oder die Postzustellungsurkunde unter Ausschluss der Ersatzzustellung in Betracht. Eine Übergabe des Schriftstücks an Dritte (Ehefrau, Bruder, Namensvetter) unterbricht den Vorgang der Aushändigung nicht. Umstritten ist nur, ob Vertreter oder **Bevollmächtigte** den zu Ernennenden in der Inbesitznahme (und in der Erklärung der Zustimmung) vertreten können[221]; **m.E.** ist dies jedenfalls durch Bevollmächtigte möglich, weil die Zwecke der „Aushändigung" gewahrt bleiben: Klarheit über das Ernennungsdatum, Beweismöglichkeit der Personidentität, Willensäußerung des Vollmachtgebers. Ein Bedarf besteht vor allem bei Auslandsaufenthalten (z.B. auch im Urlaub) und Auslandsdienstposten. 76

c) In Lehre und Rechtsprechung wird die Mitwirkungshandlung des zu Ernennenden zumeist als „Zustimmung" bezeichnet und diese zur „Wirksamkeitsvoraussetzung" erklärt. Das BVerwG spricht von einem „beiderseitige Beteiligung voraussetzenden Ernennungsvorgang"[222]. Die widerspruchslose Annahme der Urkunde ist stets eine konkludente Erklärung der Einwilligung/Zustimmung. Doch kann das **Einverständnis** (Willensübereinstimmung) aus verschiedenen Gründen rechtlich fehlen. Dann ergeben sich je nach der dogmatischen Konstruktion des Ernennungsvorgangs unterschiedliche **Folgen**: Die „Ernennung" ist Nichtakt, falls der VA nur mit Einverständnis entsteht. Sie ist ein schwebend unwirksamer VA, falls ein VA entstanden ist, er aber erst mit ausdrücklicher Zustimmung wirksam wird. Ein von Anfang an unwirksamer (nichtiger) VA kann sie nicht sein, weil im Regelungskomplex Ernennung die beamtenrechtlichen Nichtigkeitsfälle vom Gesetzgeber bewusst abschließend normiert worden sind[223]. 77

Das für die Ernennung erforderliche **Einverständnis fehlt**, (1) wenn der zu Ernennende die Urkunde zwar annimmt, aber der darin vorgesehenen Regelung noch in zeitlichem Zusammenhang mit der Aushändigung widerspricht, (2) wenn die Erklärung rechtlich fehlt (z.B. Minderjährigkeit) oder (3) die Einverständniserklärung angefochten wird. Dass eine **Anfechtung** der eigenen Willenserklärung möglich ist, wird mit dem Argument bestritten, die Formstrenge des Beamtenrechts verbiete dies. 78

---

219 OVG Saarl ZBR 85, 274, 275 (lesenswert); vgl. im Einzelnen *Battis* BBG § 6 Rdnr. 5.
220 Vgl. BVerwGE 55, 212, 214: allein die willentliche Aushändigung durch die zuständige Behörde bewirkt *Zustellung* (Beispiel: BVerwGE 29, 321).
221 Vgl. dazu *Dorn*, ZBR 70, 183 f, anders *Summer* PersV 84, 223, 228, vor allem weil der „Aushändigungsvorgang klare, sofort feststellbare Rechtsverhältnisse schaffen soll".
222 BVerwGE 34, 168, 171. Wie genau dies zu klären ist, zeigt HessVGH ZBR 96, 59.
223 Zu letzterem vgl. *Otto*, ZBR 55, 1, 6-8; lesenswert *Summers* Bespr. in ZBR 91, 287 f.

III *Öffentliches Dienstrecht*

Das ist unrichtig, denn der Bestimmtheitsgrundsatz soll die Macht des Staates binden, nicht dem Einzelnen beamtenrechtlich unnötige Beschränkungen auferlegen. Die Anfechtung der eigenen WE ist daher nach den allgemeinen Vorschriften der §§ 119 ff BGB möglich. Die **Folge** wirksamer Anfechtung ist (je nach Dogmatik): Bei Nichtakt ist erneute Aushändigung nötig; bei schwebend unwirksamem VA ist Heilung durch nachträgliche Zustimmung möglich (Problem: den Zeitpunkt der Wirksamkeit des VA bestimmt der Betroffene).

79 d) **Nichtig** ist eine formgerechte Ernennung in den gesetzlich geregelten Fällen[224]. Die Nichtigkeitsregelungen in § 11 sind abschließend (keine Offenkundigkeit nötig!). Das **BBG** enthält eine einzige Möglichkeit der **Heilung**: Eine Ernennung, die von einer lediglich sachlich unzuständigen Behörde ausgesprochen wurde (z.B. Innenministerium befördert abgeordneten Justizbeamten), kann von der zuständigen Behörde „rückwirkend bestätigt" werden. In einigen **Landesbeamtengesetzen** sind weitere Nichtigkeitsfälle und ihre Heilungsmöglichkeiten normiert worden[225]. Diese gehen z.T. über die ausdrücklich in § 10 BRRG vorgesehenen Möglichkeiten – **fehlende Mitwirkung** der unabhängigen Stelle (Landespersonalausschuss) oder der Aufsichtsbehörde sowie unwirksame Wahl – hinaus und betreffen die Mitwirkung an der Feststellung der Voraussetzungen für den abschließenden Formalakt Ernennung. Daher ist stets der Umfang des jeweiligen Mitwirkungsrechts genau zu bestimmen.

Beispiel: A ist als Laufbahnbewerber in Nds zum Fachhochschullehrer ernannt worden, erfüllte aber die Voraussetzungen (Praxiszeit außerhalb der Universität) nicht. Dies hatte die Ernennungsbehörde übersehen. Seine Ernennung ist nach § 18 II NBG nichtig, weil A *objektiv* „anderer Bewerber" war, dessen Befähigung durch Entscheidung des Landespersonalausschusses hätte festgestellt werden können, aber nicht festgestellt worden ist. Dennoch wird die Ernennung wirksam, wenn der Ausschuss nachträglich zustimmt. Bevor dessen Entscheidung nicht herbeigeführt worden ist, darf die Ernennungsbehörde weder die Nichtigkeit dem A gegenüber feststellen noch ihm die Führung der Dienstgeschäfte untersagen[226]. – Wäre die Ernennung auch nichtig, wenn A zum Fachhochschullehrer des Bundes ernannt worden wäre? (Nein: § 11 BBG!)

80 e) Wie die Nichtigkeitsfälle sind auch die **Rücknahmefälle** abschließend und erschöpfend geregelt (§ 12[227]). Sobald eine Ernennung erfolgt ist (Aushändigung), gelten nur noch die gesetzlichen Rücknahmeregelungen, auch wenn die Ernennung erst zu einem späteren Zeitpunkt wirksam werden sollte (§ 10 II: sog. innere Wirksamkeit).

Beispiel[228]: Justizwachtmeister wird am 12.4. unter Verstoß gegen das Verbot der Eilbeförderung eine Urkunde zum Oberwachtmeister (mit Wirkung vom 1.5.) ausgehändigt; Folge: auch vor dem 1.5. keine Rücknahme möglich, da keiner der Tatbestände der §§ 12, 13 erfüllt ist.

---

224 Beispiel einer nichtigen Ernennung: VG Greifswald ZBR 93, 284.
225 Vgl. jeweils des LBG: BaWü § 13; Bay Art. 14; Bln § 14; Bbg § 15; Bre § 13; Hbg § 12; Hess § 13; MV § 13; Nds § 18; NW § 11; RP § 14; Sa § 16; Sachs § 14; LSA § 11; SchlH § 14, Thür § 12.
226 Vgl. BVerwG ZBR 81, 67; anders aber der Fall des Lehrers, dessen Laufbahnprüfung wegen Täuschungsversuchs nachträglich für nicht bestanden erklärt wurde: BVerwGE 71, 330.
227 LBG: BaWü § 14; Bay Art. 15; Bln § 15; Bbg § 16; Bre § 14; Hbg § 13; Hess § 14; MV § 14 I, II, IV; Nds § 19; NW § 12; RP § 15; Sa §§ 17, 18 II; Sachs § 15; LSA § 12; SchlH § 15; Thür § 13 I, II.
228 In Anlehnung an BVerwGE 55, 212 (vgl. oben Anm. 220); ferner JuS 78, 788.

Anders als die Nichtigkeit bedarf[229] die Rücknahme aber eines VA in **Schriftform** (arg.: Zustellung, § 13 II). Zur Entscheidung ist nur die oberste Dienstbehörde zuständig. Bei Vorliegen der Tatbestandsvoraussetzungen von Abs. 1 des § 12 **muss** sie die Ernennung zurücknehmen (sog. obligatorische Rücknahme), in den Fällen des Abs. 2 **kann** sie es (fakultative Rücknahme).

Zurückzunehmen ist nach § 12 I Nr. 1 die Ernennung, wenn sie durch **Zwang, arglistige Täuschung** oder **Bestechung** herbeigeführt wurde. Dem Wortlaut nach reicht es aus, dass irgendeine Person (unabhängig von ihrem Motiv) die unlautere Handlung vollzieht und dies für die Ernennung kausal ist. Es fragt sich aber, ob nicht der Ernannte stets **selbst unlauter** gehandelt haben muss, damit seine Ernennung als nichtig zu qualifizieren ist.

81

Beispiel: Ohne Wissen des Jungen bewirkt ein Vater die Einstellung seines Sohnes als Finanzanwärter durch Bestechung. Muss die Ernennung zurückgenommen werden? – Entscheidend dürfte sein, welcher **Rechtsgedanke** § 12 I Nr. 1 maßgeblich zu Grunde liegt: Schutz der Entschließungsfreiheit der Ernennungsbehörde als solche oder die Reinheit des Berufsbeamtentums von Personen, die durch unlauteres Verhalten diese Entschließungsfreiheit einschränken[230]. Der Wortlaut spricht für ersteres. Zu bedenken wäre auch die **Kausalität**: Hätte die Behörde ohne die Bestechung von der Ernennung abgesehen? Hätte sie ohne Rechtsfehler (Qualifikation des Jungen) davon absehen können?

In der Praxis kommt eine **obligatorische Rücknahme** hauptsächlich vor, wenn ein Bewerber eine zur Entscheidungsbildung der Behörde erhebliche Tatsache bewusst verschwiegen hat: **arglistige Täuschung**. Verschweigen im Rechtssinn kann nur, wer zur Offenbarung verpflichtet ist. **Offenbarungspflicht** besteht nach der Rspr. über wesentliche Krankheiten, über Schulden, die aus eigener Kraft in absehbarer Zeit nicht abtragbar sind, über Gründe des Ausscheidens aus dem Dienst bei früheren öffentlichen Arbeitgebern, über frühere Mitgliedschaften in verbotenen Organisationen und Parteien, über nicht bereits getilgte strafrechtliche Verurteilungen und über strafrechtlich bedeutsame Umstände, gerade wenn sie nicht vorwerfbar oder nicht mehr verfolgbar sind. Für Arglist (analog § 123 BGB) reicht dolus eventualis. Wer vor der Ernennung alles offenbart hat, kann wegen derselben Umstände nicht entlassen werden[231].

Beispiele[232]: Richter auf Probe täuscht als Hilfsstaatsanwalt hohe Quote erledigter Ermittlungsfälle vor; übernommener Professor hat Ausmaß früherer Stasi-Kontakte/Mitarbeit verschwiegen; Fachhochschullehrer täuscht über Gesundheitszustand; Beamter verschweigt frühere Tätigkeit als Informeller Mitarbeiter des MfS (Staatssicherheit).

Im **Sonderfall** der **Einstellung** eines Beamten ist die Ernennung auch zurückzunehmen, wenn die Voraussetzungen des § 12 I Nr. 2 vorliegen: **Unwürdigkeit** auf Grund strafrechtlicher Verurteilung. Entscheidend ist, ob die willensbildenden Bediensteten der Ernennungsbehörde den Sachverhalt kannten. Denn nur wenn die tatsächlichen

82

---

229 Zum Teil anders – nur „wenn möglich" – die LBG: oben Anm. 227.
230 Für ersteres spricht die Ratio in BVerwG NJW 80, 1864, doch betrifft die Entscheidung das Verschweigen einer Bestrafung trotz Aufforderung zur Auskunft im Personalfragebogen.
231 Vgl. dazu grundsätzlich sächsOVG ZBR 99, 209, 210.
232 Zum Fall des täuschenden Staatsanwalts BVerwG ZBR 86, 52, des Hochschullehrers ZBR 2000, 126. Zum Fall Pressesprecher BReg *Boenisch* BT-Drucks. 10/4492. Zu Stasi-Mitarbeit vgl. den Fragebogen Sachsens in sächsOVG ZBR 97, 132, ferner BVerfG ZBR 98, 355 f, 394, und BVerwGE 108, 64; 113, 131; sowie ZBR 2002, 48. Zur billigenden Inkaufnahme einer erkennbar überhöhten Einstufung eines Bürgermeisters thürOVG ZBR 94, 319, 320 f; zur unterschiedlichen Behandlung von Ang. und Bea. thürOVG ZBR 2000, 98. Siehe ferner unten Rdnr. 154.

Entscheidungsträger bewusst aus ihnen bekannten Tatsachen keine Folgerungen ziehen, kann der der Vorschrift zu Grunde liegende Vertrauensschutzgedanke wirksam werden.

Unwürdigkeit liegt nach st.Rspr. regelmäßig bei Verurteilung wegen Diebstahls oder Unterschlagung vor; zudem ergibt ein Vergleich mit § 48, dass Unwürdigkeit stets anzunehmen ist, wenn eine Straftat in Schwere und Modalitäten den Taten entspricht, die den gesetzlichen Verlust der Beamtenrechte nach sich ziehen. Grundlage der Beurteilung bleibt aber, ob nach der Persönlichkeit des Bewerbers unter Berücksichtigung der nach der Tat vergangenen Zeit anzunehmen ist, dass durch die Fortführung des Beamtenverhältnisses das Ansehen des Dienstherrn leiden oder die Arbeit der Verwaltung Schaden nehmen würde.

83 Die fakultativen Rücknahmegründe des § 12 II spielen in der Praxis keine Rolle. Bedeutsam ist dagegen § 13 II. Danach muss **jede Rücknahme innerhalb von sechs Monaten** erfolgen, nachdem die oberste Dienstbehörde von der Ernennung und dem Rücknahmegrund Kenntnis erlangt hat (z.T. anders die LBG[233]). Insgesamt kann das Rücknahmeverfahren jederzeit, auch noch nach Beendigung des Beamtenverhältnisses, durchgeführt werden (Ausnahme SchlH: nach 20 Jahren unzulässig).

Beispiel: A war 1952 unter Verschweigen zweier Entlassungen aus Polizeidiensten (1945 nach Diebstahl, 1948 nach Amtsanmaßung) in die Zollverwaltung eingetreten und hatte sich unauffällig geführt. In einem Prozess über sein Besoldungsdienstalter wurden die Tatsachen bekannt und am 16.1.1962 im Prozessbericht an die Ernennungsbehörde weitergegeben. Am 16.2. erhielt das Prozessreferat und am 21.2. die Personalgruppe die Akten; am 19.3. wurden sie dem Oberfinanzpräsidenten vorgelegt, der am 7.9.62 die Rücknahme aller Ernennungen des A verfügte. Zu Recht? (ja, weil nur der Präsident Entscheidungsträger ist).

84 f) Die primäre **Rechtsfolge** einer nichtigen oder wirksam zurückgenommenen Ernennung ist[234]: Der „Ernannte" hat die mit der Aushändigung der Urkunde beabsichtigte Rechtsstellung von Anfang an nicht erlangt. Ist eine Einstellung rechtlich nicht erfolgt, fehlt es sogar allen rechtlich darauf gegründeten weiteren Ernennungen an einer tatbestandlich notwendigen Voraussetzung: der Beamtenstellung des „Ernannten". Bei Nichtigkeit ist dem Betroffenen die weitere **Führung der Dienstgeschäfte** zu **verbieten**[235] (sog. Suspendierung, § 13 I; anders § 60: befristete Zwangsbeurlaubung).

Nicht ausdrücklich geregelt sind die **Fehlerfolgen einer Nichternennung**. Eine analoge Anwendung des § 13 ist rechtlich fragwürdig[236], weil es an einem analogiefähigen Tatbestand fehlt (vgl. dazu § 13 I und II). Stattdessen kann § 60 I analog angewandt werden. Dann entscheidet nicht der Dienstvorgesetzte, sondern die in der Formfrage kompetente Behörde über die Beendigung der tatsächlichen Dienstleistung des Betroffenen und über ihre mögliche Weiterführung: Neuernennung, Angestelltenvertrag oder „Entlassung" aus dem faktisch bestehenden Dienstverhältnis. Eine Theorie des faktischen öffentlich-rechtlichen Dienstverhältnisses, die in Paral-

---

233 Vgl. die Vorschrift im Anschluss an die jeweilige Rücknahmenorm (oben, Anm. 227).
234 Dieselben Rechtsfolgen gelten bei Umwandlung des Beamtenverhältnisses, z.B. eines auf Widerruf in eines auf Probe (dazu oben Rdnr. 60): sächsOVG ZBR 99, 233, 236.
235 Instruktiv zur Suspendierung im Vergleich mit ähnlichen Maßnahmen *Gerards*, PersV 97, 56; zu Zwangsbeurlaubung und vorläufiger Dienstenthebung umfassend *Günther*, ZBR 92, 321.
236 A.A. wohl *Battis* BBG § 13 Rdnr. 2; zu Recht differenzierend *Hilg*, Beamtenrecht, § 14 VI.

lele zum faktischen Arbeitsverhältnis die Nichtigkeitsfolgen auf die Zukunft beschränkt[237], hat sich bisher nicht durchgesetzt. Grundlegende neuere Rechtsprechung fehlt[238].

Die sekundären Rechtsfolgen betreffen die **Rückabwicklung**: Mit Wegfall einer Er- 85 nennung (insbes. einer Einstellung) fehlt es den Leistungen des Staates an den „Ernannten" an einem rechtlichen Grund (kein Beamter). Direkt auf Grund Gesetzes erbrachte Leistungen (z.B. Besoldung) müssen mit öffentlich-rechtlichem Erstattungsanspruch (Kehrseite der vermeintlichen Leistungspflicht) zurückgefordert werden[239] (näher Rdnr. 104). Für Leistungen, die auf Grund zwischengeschalteter VAe erbracht wurden, ist das Verfahren nach § 48 VwVfG erforderlich. Inhaltlich gilt bei weiterbestehendem Beamtenverhältnis § 12 BBesG oder § 87 II (wortgleiche Vorschriften für Beihilfen etc.); bei fehlender Einstellung ist nur § 14 S. 2 anwendbar, wobei „Dienstbezüge" alle Bezüge sind, die nicht reinen Aufwendungsersatz darstellen. Eine analoge Anwendung des § 14 S. 2 auf **Nichternennungen** ist fragwürdig (Alternative: Bereicherungsrecht bzw. § 48 VwVfG).

g) Der Bürger (Außenverhältnis) soll durch Mängel im Innenverhältnis keine 86 Rechtsnachteile erleiden. Daher schreibt § 14 S. 1[240] vor, dass die „Amtshandlungen des Ernannten in gleicher Weise gültig sind, wie wenn sie ein Beamter ausgeführt hätte". Ebenso unproblematisch ist die **Haftung**: Die öffentliche Gewalt haftet nach Art. 34 GG, § 839 BGB bzw. bei fiskalischem Handeln nach dem BGB (§§ 823 ff, 831 oder §§ 89, 31).

3. Anspruch auf Einstellung

a) Grundsätzlich hat der Einzelne keinen Anspruch auf Berufung in ein Beamtenver- 87 hältnis, auch wenn alle persönlichen und sachlichen Voraussetzungen für seine Einstellung erfüllt sind[241]. Denn die Entscheidung, ob eine Stelle durch Neueinstellung besetzt wird, steht kraft Personalgewalt im Ermessen der Verwaltung. Indessen sind sechs Fälle unbestritten, in denen ein **Anspruch** besteht:

1. die Einstellung als Beamter auf Widerruf zur Ableistung eines Vorbereitungsdienstes, wenn dieser Voraussetzung auch für Berufe außerhalb des öffentlichen Dienstes ist (z.B. Anwalt, Lehrer, Förster; zeitweilige Zulassungsbeschränkungen sind durch Gesetz möglich, Art. 12 I 1 GG, und werden praktiziert[242]),
2. die Einstellung nach Annahme und aufsichtsrechtlicher Bestätigung einer Wahl zum kommunalen Wahlbeamten,

---

237 So vor allem *Schröcker*, DVBl. 57, 661, 664 f.
238 BVerwG DÖV 72, 573, 574 f, BayVGH ZBR 73, 58-60; Ansätze in BVerwGE 100, 280.
239 So im Beispiel des Fachhochschullehrers oben Rdnr. 81 (dort Anm. 232).
240 Zu den entsprechenden Vorschriften in den LBG vgl. BaWü § 16; Bay Art. 18; Bln § 17; Bbg § 17; Bre § 16; Hbg § 15; Hess § 16 II; MV § 15; Nds § 20; NW § 14 II; RP § 17; Sa § 19; Sachs § 16; LSA § 14; SchlH § 17, Thür § 15.
241 Vgl. BVerwGE 15, 3, 4-10.
242 Vgl. zum juristischen Vorbereitungsdienst: OVG Bremen DÖV 86, 477, und OVG Hamburg DVBl. 87, 316; ferner *Schnellenbach*, ZBR 96, 327; *Thieme*, ZRP 97, 239 (verf.-widrig).

III *Öffentliches Dienstrecht*

3. die Umwandlung eines Beamtenverhältnisses auf Probe in eines auf Lebenszeit nach 5 Jahren (§ 9 II, näher Rdnr. 107 f),
4. die gesetzlich geregelte Wiederverwendung nach Beendigung eines Abgeordnetenmandats oder einer Berufung als Beamter auf Zeit (§ 6 AbgG, § 33 BayKWG),
5. die Wiederverwendung eines wieder dienstfähig gewordenen Ruhestandsbeamten auf seinen Antrag hin (§ 45 II, näher Rdnr. 113),
6. die Einstellung auf Grund rechtswirksamer Zusicherung.

88 Die Zulässigkeit einer **Zusicherung** der Einstellung ist heute zwar anerkannt (Umkehrschluss aus § 183 I), nicht aber sind es einzelne ihrer Elemente. Mangels ernennungsrechtlicher Spezialnorm gilt grundsätzlich § 38 VwVfG. Stets muss ein Bindungswille der Ernennungsbehörde vorliegen (**Gegensatz**: bloßes Inaussichtstellen, bloße Absichtserklärung). Die Zusicherung als solche erfüllt die Kriterien eines VA. Daher ist zur Sondernorm des § 38 VwVfG ergänzend das VwVfG anzuwenden (str., a.A.: ergänzend Richterrecht). Damit entfällt gem. § 37 III VwVfG das frühere, richterrechtlich aufgestellte Wirksamkeitserfordernis, innerhalb der Behörde müsse ein für derartige Erklärungen rangmäßig zuständiger Amtswalter zugesichert haben (BVerwGE 26, 31, 36), denn Beamte und (erst recht) Beamtenbewerber sind gegenüber der Behörde ebenso schutzwürdig wie andere Bürger[243]. Ein innerbehördlicher **Zuständigkeitsmangel** macht eine Zusicherung also nur dann nicht einklagbar, wenn der Begünstigte den Mangel kannte (dann: unzulässige Rechtsausübung). – **Beispiele** für fehlenden Bindungswillen (keine Zusicherung): Mitteilung der Einstellungsabsicht und Aufforderung, „bezüglich der Benennung des Einsatzortes und der Aushändigung der Ernennungsurkunde bei dem Schulamt X am Tage Y um die Uhrzeit Z vorzusprechen" (so BVerwG[244]); der „Ruf" an einen Professor (nur Vorbereitungshandlung für mögliche Einstellung[245]).

89 b) Im Verlauf eines Stellenbesetzungsverfahrens können Verwaltungshandlungen erfolgen, die die Kriterien der Zusicherung (§ 38 VwVfG) erfüllen. Eine (wirksame) Zusicherung geht dann weiteren, möglichen Auswahlverfahren vor, ein häufig sehr problematisches Ergebnis[246] (vgl. unten: Konkurrentenklage).

Umgekehrt fragt es sich, ob nicht in einer an Formfehlern gescheiterten Ernennung eine **Zusicherung als Minus** enthalten ist. Wenn es z.B. zur gewollten Aushändigung einer (formfehlerhaften) „Urkunde" kommt, ist m.E. ein Bindungswille nicht bestreitbar. Der vermeintlich Ernannte hat wenigstens die Zusicherung einer Ernennung erhalten. Seine rechtliche Position ist nicht anders, als wenn er zeitlich früher eine wirksame Zusicherung erhalten hätte und der ihr entsprechende Ernennungsversuch aus gleichem Grunde vorerst fehlgeschlagen wäre.

90 c) Ähnlich wie bei Angestellten wurden gelegentlich **befristete Beamtenverhältnisse** auf Zeit begründet, ohne dass die Voraussetzungen für eine Befristung vorlagen. Es fragt sich, ob der rechtswidrig zum Beamten auf Zeit Ernannte einen Anspruch auf Ernennung zum Beamten auf Lebenszeit hat. Dies lässt sich mit einer Reihe von beachtlichen Argumenten vertreten[247]: Anspruch aus Fürsorgepflicht.

---

243 Insoweit ausdrücklich a.A. *Battis* § 183 Rdnr. 5.
244 ZBR 79, 331, 333; näher zu Zusage/Auskunft/Vorbescheid *Jacobs*, JURA 85, 234, *Schenke* (Anm. 22) Fall 4.
245 Vgl. instruktiv dazu BVerwG ZBR 98, 317.
246 Vgl. BVerwG ZBR 98, 315; näher *Günther*, ZBR 88, 181; ferner BVerwGE 102, 81 (Verwendung Richter auf Probe).
247 So *Ingenlath*, DVBl. 86, 24, 26.

Letztlich dürfte ein Anspruch aber am Prinzip der Personalhoheit des Dienstherrn scheitern, der – anders als bei fehlgeschlagenem Ernennungsversuch – den Beamten gerade nicht auf Lebenszeit ernennen wollte.

4. Bewerberauswahl, Eignungsprognose und Konkurrentenklage

a) Das grundrechtsgleiche Recht des **Art. 33 II GG** gewährleistet jedem Deutschen das Recht, sich für jedes öffentliche Amt zu bewerben und rechtsfehlerfrei auf seine Eignung dafür beurteilt zu werden: sog. **Bewerberverfahrensanspruch**. Darüber hinaus soll nach der Rspr. jeder geeignete Bewerber ein Recht auf „fehlerfreie Ermessensausübung" (BVerfG[248] jetzt genauer: Recht auf „ermessens- und beurteilungsfehlerfreie Entscheidung") bei der Auswahl unter den Bewerbern haben.

91

Für das **BVerwG** liegt die Entscheidung über die Einstellung eines Bewerbers und die Auswahl unter mehreren Bewerbern im pflichtgemäßen Ermessen des Dienstherrn. Die im Rahmen der Ermessensentscheidung vorzunehmende Beurteilung von Eignung, Befähigung und fachlicher Leistung ist ein **Akt wertender Erkenntnis**, der vom Gericht nur auf Ermessensfehler zu überprüfen ist: ob die Verwaltung den anzuwendenden Begriff verkannt, der Beurteilung einen unrichtigen Tatbestand zu Grunde gelegt, allgemein gültige Wertmaßstäbe nicht beachtet oder sachwidrige Erwägungen angestellt hat. Dem pflichtgemäßen Ermessen des Dienstherrn ist es auch überlassen, welchen (sachlichen) Umständen er bei seiner Auswahlentscheidung das größere Gewicht beimisst und in welcher Weise er den Grundsatz des gleichen Zugangs zu jedem öffentlichen Amt nach Eignung, Befähigung und fachlicher Leistung verwirklicht, sofern nur das Prinzip selbst nicht in Frage gestellt ist[249]. Er kann sein Ermessen insoweit auch durch Verwaltungsvorschriften binden.

Die **Oberverwaltungsgerichte** orientieren sich zu Recht noch deutlicher an Struktur und Kriterien des Art. 33 II GG und verlangen, die Auswahl zwischen Bewerbern allein nach dem **Prinzip der Bestenauslese** vorzunehmen. Ob und wie weit dies auch für die Auswahl von Bundesrichtern mithilfe des Richterwahlausschusses nach Art. 95 II GG gilt, ist lebhaft umstritten[250].

Grundlage der Gesetzesanwendung sind die §§ 8 I und 23 BBG[251]. Entgegen dem üblichen Sprachgebrauch ist die „**Auslese**" eines Bewerbers für die Besetzung einer Stelle (Amt i.S.d. Art. 33 II) jedoch **m.E. keine Ermessensentscheidung**. Stehen mehrere qualifizierte Bewerber zur Wahl, so erzwingt zwar das Leistungsprinzip,

92

---

248 Vgl. BVerfG ZBR 2002, 427; näher Rdnr. 92.
249 BVerwG DÖV 82, 76: trotz guter Leistungen (24. von 82 Bewerbern, eingestellt wurden 41) Ablehnung wegen vergleichsweise schwächerer persönlicher Eignung „vom Gesamtbild her nach dem Eindruck des Ausschusses"; Hess VGH NVwZ 89, 73: mehrere „Überprüfungsgespräche", zur Gewichtung auch bei „Eignungsrückständen" aller Bewerber OVG Greifswald ZBR 2002, 405; in Anpassung an die OVG-Rspr. jetzt differenzierter auch BVerwG ZBR 2000, 303, und 2002, 207; näher dazu Rdnr. 92.
250 Vgl. BWVGH ZBR 96, 340, 352 (Vors. Richter am BGH), die Examensklausur in JUS 2002, 998, und OVG Schleswig NJW 2003, 158 (Richter am BGH), sodann die Lösungsvorschläge von *Grigoleit/Siehr*, DÖV 2002, 455, und *Classen*, JZ 2002, 1009 (zu Wahl und Leistungsprinzip generell mit Anwendung auf Richterwahlen und Wahlbeamte).
251 LBG: BaWü § 34; Bln §§ 15, 16 LfBG, § 8 LGG; Bbg § 77; Bre § 25; Hbg § 19 II, III, IV; Hess § 19 II, III; MV § 28 II; Nds § 14; NW § 25 V; RP §§ 12, 21 I; Sa § 22; Sachs § 33; LSA § 23; SchlH § 20 I, Thür § 29.

III Öffentliches Dienstrecht

dass der für das Amt am besten geeignete Bewerber auszuwählen ist[252]: sog. **Bestenauslese**. Diese Auswahl ist aber Anwendung des unbestimmten Rechtsbegriffs „beste Amtseignung", die ihrerseits eine **komplexe Prognoseentscheidung** darstellt[253]. Verfahrensmäßig sind **drei Schritte** zu unterscheiden: *Zunächst* hat die auswählende Behörde aus den unbestimmten Gesetzesbegriffen Amt, Eignung, Befähigung und fachliche Leistung den Rechtsbegriff „Amtseignung" in seiner inneren Struktur festzulegen, d.h. sie muss die einzelnen **Elemente** im Hinblick auf die konkret zu besetzende Stelle **gewichten** (z.B. können Personalführungsqualitäten und/oder Organisationsvermögen und Innovationsbereitschaft[254] für die vorgesehene Amtswahrnehmung wichtiger sein als herausragendes fachliches Können). Dabei steht der Behörde das aus der Organisationsgewalt fließende *Ermessen* zu. Das Ergebnis der Festlegung ist das sog. **Anforderungsprofil der Stelle**[255], Im nächsten Schritt beurteilt die Behörde alle Bewerber dahingehend, ob sie das Anforderungsprofil der Stelle grundsätzlich ausfüllen. Dies bedeutet, dass die Behörde für jeden einzelnen Bewerber eine **Prognose** trifft[256], die in einer Gesamtbeurteilung des Bewerbers hinsichtlich seiner Eignung, Befähigung und künftigen fachlichen Leistung für das Amt – gemessen am Anforderungsprofil – besteht: **Geeignetheit für das Amt**. Bei dieser Prognose hat die Behörde einen (gerichtlich nur beschränkt überprüfbaren) Beurteilungsspielraum. **In einem dritten Schritt** wird schließlich unter den ermittelten amtsgeeigneten Bewerbern unter Abwägung aller Gesichtspunkte der für die konkrete Amtswahrnehmung am besten geeignete Bewerber ausgewählt. Ausschlaggebend ist wieder eine Prognose: die **Prognose der vergleichsweise besten Eignung** für das Amt. Auch ihre gerichtliche Überprüfung ist nach den Regeln über unbestimmte Rechtsbegriffe mit Be-urteilungsspielraum zu behandeln.

Die Gerichte erkennen dabei die Möglichkeit an, dass Bewerber nach Eignung, Befähigung und fachlicher Leistung „im Wesentlichen gleich" beurteilt werden. Sie lassen dann die Entscheidung nach gewissen **Hilfskriterien** (Dienstalter, Lebensalter, Geschlecht, nicht aber z.B. „Kinderreichtum"[257]) zu, deren Gewichtung sie dem Ermessen der Behörde überlassen[258] (vgl. auch Rdnr. 65, 69). **Zuvor** aber muss eine Auswahlentscheidung erfolgt sein, die die **Kriterien des** vom Dienstherrn festgeleg-

---

252 Vgl. nur HessVGH NJW 85, 1103 (Vizepräs. OLG), BVerwG DVBl. 94, 1071, 1074.
253 Ähnlich *Isensee*, Festgabe BVerwG, 1978, S. 337, 346 f, 353 f; *Battis* § 8 Rdnr. 10.
254 Vgl. die (als möglich aufgeführten) Eignungsmerkmale für Präsidenten der oberen Landesgerichte in OLG Schleswig ZBR 2000, 134 (135); zur Gewichtung ferner OVG Greifswald NVwZ-RR 2002, 52 m.w.N.
255 Vgl. z.B. HessVGH ZBR 94, 347, bzw. DVBl. 94, 593 (Direktor Polizei), RhPfOVG ZBR 98, 61, 62 (Vors. Richter), VG Potsdam ZBR 97, 197, 199 (Direktor Landtag), mit Anm. *Sendler*, Neue Justiz 96, 449; vgl. auch BVerwG ZBR 97, 25, 27, und NVwZ-RR 2002, 47.
256 Vgl. z.B. HessVGH ZBR 95, 107; OVG Schl. DVBl. 98, 1093 (Chancengleichheit bei Vorstellungsgesprächen).
257 Dazu und zu „sozialen Belangen" OVG NW ZBR 99, 387.
258 Vgl. BVerwGE 80, 123, 126, und ZBR 94, 52, bzw. DVBl. 94, 118; bestätigend OVG NW ZBR 2001, 222; strenger aber HessVGH ZBR 94, 344, ZBR 95, 109 und 122; OVG Schl. ZBR 96, 339, 340; ferner BWVGH ZBR 87, 181 (Akad. Direktor); zur Ortsverbundenheit als Auswahlkriterium BVerwG ZBR 91, 180. Zusammenfassend *Schnellenbach*, ZBR 97, 169, 176; zu Differenzierungen in der Praxis z.B. OVG NW RiA 99, 54, und NVwZ 2001, 459 (Staatsanwälte).

ten **Anforderungsprofils** des zu besetzenden Dienstpostens angewendet hat[259]. Dabei muss der Leistungsvergleich auf vergleichbaren Beurteilungen der Bewerber beruhen. Bei bestimmten Dienstposten kann dies zeitnahe (höchstens 1 Jahr alte) Beurteilungszeiträume erfordern[260]. Beurteilungen aus verschiedenen Aufgabenbereichen sind auf Grund einheitlichen Vergleichsmaßstabs einander zuzuordnen und selbstständig zu bewerten, wobei Größe und Bedeutung des Aufgabengebiets nicht erneut (weil schon in die jeweilige Beurteilung eingeflossen) berücksichtigt werden dürfen[261]. Vorstellungsgespräche können sie ergänzen, nicht ersetzen[262].

Nur der so ermittelte Bestgeeignete hat grundsätzlich einen **Anspruch auf Einstellung**. Nimmt er die ihm angebotene Stelle nicht an, hat der von den übrigen Bewerbern am besten Amtsgeeignete den Anspruch auf Einstellung. Erfüllt kein Bewerber mehr das Anforderungsprofil, ist die Stellenbesetzung gescheitert; die Stelle könnte neu ausgeschrieben werden. – Auf Grund ihres Organisationsermessens kann die Behörde **aber** in jedem Stadium des Verfahrens, also auch schon vor oder nach der ersten Auswahl des Bestgeeigneten, auf die **Besetzung** der Stelle grundsätzlich (oder für einen gewissen Zeitraum) **verzichten**; sie kann sogar das **Verfahren abbrechen** und die Stelle genauso oder mit geändertem „Zuschnitt" oder geänderten Anforderungen und sogar mit Beschränkung des Bewerberkreises (z.B. auf Beförderungsbewerber oder auf Umsetzungswillige[263]) **neu ausschreiben**[264]. Jede dieser Entscheidungen ist zwar gerichtlich nur auf Ermessensfehler hin überprüfbar, doch muss die Behörde die Gründe für die spezifische Ausübung ihrer Organisations- und Personalgewalt offenlegen (z.B.[265] kein mehr als geeignet angesehener Bewerber vorhanden; nachträgliche Erhöhung der Anforderungen an den Dienstposten; auf Grund Länge des Verfahrens Hinzukommen weiterer qualifizierter Bewerber; allg. Besetzungssperre nach Umorganisation; Umsetzungen nach Stellenkürzung). Das Problem ist daher, wie der Bestgeeignete seine Qualifikation sowie die Ermessensfehlerhaftigkeit einer Nichtbesetzung der Stelle (bzw. die „Ermessensschrumpfung" auf Besetzung) nachweisen und die Einstellung gerichtlich durchsetzen kann. Dafür reicht es jedenfalls nicht, wenn in einer einstweiligen Anordnung festgestellt ist, dass das Auswahlverfahren zum Nachteil des Bewerbers an wesentlichen Mängeln litt.

93

---

259 Vgl. als Fazit der bisherigen Rspr. nur BVerwGE 115, 58, bzw. NVwZ-RR 2002, 47 (mit mehr Tatbestand), ferner *Baden*, Beamtenrecht, Rz. 86 f.
260 Vgl. die Beispiele zur Besetzung höherwertiger Dienstposten: OVG Kassel ZBR 2001, 413, sowie BVerwG zunächst ZBR 2002, 207, dann ZBR 2000, 303, 304.
261 Vgl. VGH BW ZBR 2001, 145, aber: RhPf OVG ZBR 2002, 64 (anders bei unterschiedlichen Statusämtern wie Direktor des AG und OLG-Richter).
262 Dazu OVG Bremen ZBR 2001, 221: begrenzte Aussagekraft bei sog. Hausbewerbern; primär Erkenntnisse verwenden, die im Verlauf der Dienstzeit gewonnen wurden.
263 Vgl. z.B. NWOVG NVwZ-RR 2002, 362 m.w.N. (nur Beamte auf Probe des Landes), und RhPf OVG ebendort S. 364 m.w.N. (nur Beförderungsbewerber).
264 Vgl. BVerwGE 101, 112, 115 (Vorentscheidung in DVBl. 95, 1253), ferner ZBR 2000, 40 (C 2-Professor), 2002, 207 (208).
265 Vgl. BVerfG DVBl. 2002, 1629 (Notarauswahl); RhPf OVG in *Schütz*, ES/A II 1.4 Nr. 65 (Direktor AmtsGer.).

III *Öffentliches Dienstrecht*

94 b) Die prozessualen Fragen sind unter dem Stichwort „**Konkurrentenklage** im Beamtenrecht" vielfach erörtert worden[266]. Auch wenn der Bewerber noch nicht Beamter ist, geht es im **Stellenbesetzungsverfahren** um eine beamtenrechtliche Position, so dass der Verwaltungsrechtsweg zu beschreiten, aber auch das Vorverfahren durchzuführen ist[267] (§ 126 BRRG). Folgende **Klagemöglichkeiten**[268] ergeben sich:

1. Erfährt der Bewerber, dass bereits die Aufnahme seines Antrages in den Kreis der nach Auffassung der Behörde für die Besetzung in Frage kommenden Bewerbungen abgelehnt worden ist, kann er Leistungsklage auf Aufnahme in den Bewerberkreis erheben. Unterlässt er dies, verliert er sein Recht, später Schadensersatz wegen Verletzung des Prinzips der Bestenauslese geltend machen zu können[269].

2. Leistungsklage (mit Unterlassungsantrag) ist erforderlich, wenn er erfährt, dass er im Laufe des Besetzungsverfahrens aus einem sachwidrigen Grund aus dem Kreis der Bewerber um Einstellung ausgeschieden worden ist (a.A. Feststellungsklage). Um dies festzustellen, kann er die Bewerbungsunterlagen der Mitbewerber einsehen[270]. Bei Professorenstellen ist regelmäßig ein Dreiervorschlag erforderlich[271].

3. Ist das Auswahlverfahren beendet, muss sein Ergebnis den Bewerbern innerhalb einer für den Rechtsschutz „ausreichenden Zeitspanne" mitgeteilt (BVerfG[272]) und hinsichtlich der Wertungen, Erwägungen und Hilfskriterien erläutert[273] werden. Dann kann (nach erfolglosem Widerspruchsverfahren) jeder sich für besser geeignet haltende Bewerber Verpflichtungsklage auf eigene Ernennung in der Form der Neubescheidungsklage erheben (maßgebend: Auswahlzeitpunkt[274]). Nur ausnahmsweise (z.B. zwei Bewerber, Stellenbesetzung unverzichtbar) kommt eine Verpflichtungsklage (i.e.S.) des Bestgeeigneten in Betracht, weil eine Beurteilungs- und Ermessensreduktion „auf Null" eingetreten ist[275]. Zum Vorgehen beim Streit um die Besetzung eines höherwertigen Dienstpostens vgl. Rdnr. 119. – In der **Lit.** werden z.T. **zwei** VAe angenommen: (1) gegenüber dem Ausgewählten mit Drittwirkung gegenüber den Mitbewerbern, (2) Feststellung der Nicht-Besteignung gegenüber den Mitbewerbern. Rechtsschutz wäre dementsprechend zu gewähren[276].

4. Solange die Rechtsprechung von der Rechtsbeständigkeit einmal erfolgter Ernennungen ausgeht (sog. Ämsterstabilität), können alle Mitbewerber zur Sicherung ihres möglichen Anspruchs auf eigene Ernennung oder auf fehlerfreie erneute Entscheidung eine **einstweilige**

---

266 Umfassend *Seitz*, Die arbeitsrechtliche Konkurrentenklage, 1995, und *Battis* § 8 Rdnr. 20-24, ferner *Wittkowski*, NVwZ 95, 345, und NJW 93, 817, *Seewald/Martini*, JA 93, 129, *Rothländer*, PersV 96, 479, *Schnellenbach*, ZBR 97, 169; zur Einordnung in die allg. Rechtsfigur vgl. die Nachweise in 5. Aufl., näher *Günther*, DÖD 90, 212 (Angestellter auf Beamtenposten?), *Schenke* (Anm. 22), Fälle 2, 3, 20 ff; kurz gefasst OVG Magdeburg ZBR 97, 296; kritisch zur Rspr. *Riecker*, ZBR 97, 180; beispielhaft klar OVG Saarl. DRiZ 95, 271.
267 Zur Begründung vgl. *Eichler*, DÖD 94, 112.
268 Zu Einzelheiten der Verfahren jeweils *Schnellenbach* (Anm. 80) Rdnr. 35 ff.
269 Vgl. die Sachlage bei unterlassener Bewerbung um ein Beförderungsamt, BVerwG ZBR 2003, 137.
270 So mit Recht *Battis* § 8 Rdnr. 22 m.w.N.
271 Vgl. OVG Schleswig ZBR 2000, 101 (keine Einerliste, wenn beide Bewerber geeignet).
272 BVerfG NJW 90, 501; näher BGH ZBR 95, 314, 316, *Schnellenbach*, ZBR 97, 169, 174 f; sächsOVG ZBR 2001, 368, 372: zwei Wochen vor Ernennung des Ausgewählten.
273 Vom BGH offen gelassen (ZBR 95, 314, 316), von OVG Schleswig und sächsOVG mit Recht verlangt (NVwZ-RR 94, 350, 351, bzw. ZBR 2001, 368, 371 f); näher *Schnellenbach*, ZBR 97, 169, 174, und 2002, 180, 181 f.
274 So mit Recht BayVGH ZBR 86, 126: einer erneuten Bewerbung steht die im Auswahlzeitpunkt rechtmäßige Versagung (Eignungsprognose) nicht entgegen.
275 Vgl. RhPf OVG ZBR 75, 117; OVG NW ZBR 84, 45.
276 Vgl. *Maaß*, NJW 85, 303 m.w.N.; ähnlich die Ratio in OVG Lüneburg DVBl. 85, 1245.

Das Beamtenverhältnis **III C**

Anordnung nach § 123 VwGO erwirken, mit der die Stellenbesetzung vorläufig untersagt wird (Sicherungsanordnung)[277]. Macht der Betroffene glaubhaft, dass seine Aussichten, in einem zweiten rechtmäßigen Auswahlverfahren ausgewählt zu werden, offen sind, seine Auswahl also möglich erscheint (so wörtlich BVerfG), muss die Anordnung erlassen werden; notfalls ist einstweilige Anordnung beim BVerfG selbst (Verstoß gegen Art. 33 II GG) zu beantragen[278].

5. Fraglich ist, wie abgeholfen werden kann, wenn dem Bewerber für die Auswahl eines Konkurrenten keine oder unergiebige Gründe genannt wurden oder sich erst nach Ablauf der Rechtsbehelfsfrist herausstellt, dass das Auswahlverfahren rechtswidrig war (z.B. manipuliert, von ungleichzeitigen Beurteilungen bestimmt, nach unzulässigen Hilfskriterien entschieden o. Ä.). – Da der Betroffene nur bei **Mitteilung ausreichender Gründe** die Erfolgsaussichten von Widerspruch und Klage beurteilen kann (BGH[279]), dürfte m.E. trotz § 839 III BGB erst mit Kenntnis der Gründe die **Rechtsbehelfsfrist** zu laufen beginnen – mit der Folge, dass bei offener Stellenbesetzung auch die einstweilige Anordnung möglich und zweckmäßig, bei inzwischen erfolgter Ernennung des Konkurrenten ggf. Schadensersatzklage oder Amtshaftungsprozess angezeigt ist. – Das **BVerwG** sieht dies fälschlicherweise[280] **anders**: Einem in rechtlichen Angelegenheiten nicht unerfahrenen Bewerbern sei es zumutbar, auch ohne konkrete Kenntnis von Verfahrensmängeln einstweiligen Rechtsschutz zu beantragen, in dessen Verlauf die Behörde zur Offenlegung der Tatsachen veranlasst wäre.

c) Weiterhin **umstritten** ist, wie verfahren werden muss, **wenn** der rechtswidrig Bevorzugte **bereits ernannt** (oder die Stelle mit Angestelltem auf Dauer besetzt[281]) worden ist. Ein Teil der **Lehre** versteht die Ernennung als VA mit drittbelastender Doppelwirkung[282]. Ob die Mitbewerber je für sich beschieden oder die Ernennung zugleich als ablehnende Entscheidung über die anderen Bewerbungen gesehen wird, jedenfalls soll die Ernennung des rechtswidrig Bevorzugten von dem Mitbewerber wegen dessen Recht auf ermessensfehlerfreie Entscheidung angefochten werden können. **95**

Entgegen der eingehend begründeten Auffassung des **OVG Lüneburg**, das im Ernennungsakt einen „mehrgesichtigen" VA sieht, der den Ausgewählten begünstigt und für die Konkurrenten die Ablehnung des beantragten VA enthält, scheint das **BVerwG** -mit Billigung des BVerfG[283] – entsprechend dem Grundsatz der Ämterstabilität derzeit noch daran festzuhalten, dass mit der Ernennung die Stellenbesetzung

---

277 Grundsätzlich BVerwG ZBR 89, 281; zu den Voraussetzungen umfassend *Schnellenbach*, ZBR 97, 169, und *Battis* § 8 Rdnr. 20 f.
278 Vgl. BVerfG ZBR 2002, 427, bzw. 395 m. Anm. *Otte* (21 mit Höchstnote gleich beurteilte Bewerber).
279 Vgl. BGHZ 113, 17, 24, und ZBR 95, 314, 315/316.
280 BVerwG ZBR 2000, 208, 209; vehement ablehnend, aber mit guten Gründen *Roth*, ZBR 2001, 14, 18 ff: Aufblähung des primären Rechtsschutzes mit Angriffen ins Blaue hinein; Gefahr, als Querulant zu gelten; Kostenrisiko; zudem zweifelhafte Offenbarung von Daten des Ausgewählten auch bei erkennbar erfolglosem Klageverfahren. Vgl. demgegenüber die Fallgestaltungen in ZBR 99, 199 (mdl. Erläuterungen), und 2000, 421 (fast 9 Jahre lang keine Reaktion auf Ablehnung).
281 Vgl. BAG PersV 99, 77, 81. Im Übrigen: Der Angestellte ist, wenn geeignet für den Dienstposten, kündigungssicher (vgl. dazu instruktiv BAG ZBR 2002, 56).
282 Vgl. die Nachweise bei *Battis* § 8 Rdnr. 20
283 Verfassungsbeschwerde wurde zurückgewiesen, der Kläger aber auf die (Erfolg versprechende) Schadensersatzklage hingewiesen: BVerwG ZBR 2001, 171; im Ergebnis ebenso in ZBR 2002, 427, 428.

III *Öffentliches Dienstrecht*

beendet, der Bescheid an den Konkurrenten (belastender VA) sich „erledigt" hat, d.h. dass „wegen der bereits vollzogenen Ernennung des anderen seiner Bewerbung nicht mehr entsprochen werden kann"[284]. **Bislang gilt:** Da der Kläger infolgedessen sein Anfechtungsziel, die Besetzbarkeit der Stelle, nicht erreichen kann, fehlt es ihm am Rechtsschutzbedürfnis für eine Anfechtungs- und (die eigene Ernennung anstrebende) Verpflichtungsklage. Möglich bleibt die (Fortsetzungs-)Feststellungsklage, wobei das berechtigte Interesse auch in einer Wiederholungsgefahr bestehen kann. Bei schuldhaftem Handeln der Behörde kommt auch eine Klage auf Schadensersatz[285] in Betracht; sie ist bei Bewerbungen um Einstellung die allein mögliche (keine Fürsorgepflicht vor Begründung eines Beamtenverhältnisses).

Der (im Zivilrechtsweg zu verfolgende) Schadensersatzanspruch wegen Amtspflichtverletzung (§ 839 BGB, Art. 34 GG) setzt ebenso wie ein (bei Neueinstellungen fraglicher[286]) Schadensersatzanspruch direkt wegen Verletzung des Prinzips der Bestenauslese voraus, dass die Behörde schuldhaft einen Fehler begangen hat, der für die Nichteinstellung adäquat kausal war, d.h. nach der Rspr., dass die Behörde ohne den Fehler voraussichtlich zu Gunsten des Klägers entschieden hätte[287]. Hierbei ergeben sich hochinteressante Fragen der Darlegungs- und Beweislast[288].

96 In Lehre und Rspr. stehen sich in der Frage der Angreifbarkeit bereits erfolgter Ernennungen durch Konkurrentenklage im Prinzip zwei **verfassungsrechtlich begründete Positionen** gegenüber: einerseits die abschließende Regelung der rechtlichen Stellung des Beamten im Gesetz (so § 59 BRRG, z.T. als „hergebrachter Grundsatz" bezeichnet), andererseits das Rechtsschutzprinzip des Art. 19 IV GG, das die Gegenseite eben als „nur im Rahmen des geltenden materiellen Rechts gewährt" versteht[289].

Die Zulassung einer Klage gegen Ernennung würde zwar weder zu unerträglichen noch zu rechtlich nicht handhabbaren Schwebezuständen führen; mit sofortiger Vollziehbarkeit (§ 80 II Nr. 4 VwGO) einerseits, der Mitteilung des Auswahlergebnisses an die Bewerber (Beginn der Anfechtungsfrist) andererseits ließen sich die Schwierigkeiten meistern. Aber die Gerichte müssten das Beamtenrecht lückenfüllend so ergänzen, dass die oberste Dienstbehörde die Ernennung schon im Widerspruchsverfahren rückgängig machen könnte, z.B. durch Kreation eines Nichtigkeitsgrundes „mangelnde Bestqualifikation" oder eines entsprechenden

---

284 So BVerwGE 80, 127, 130 (= NVwZ 89, 158 m.w. Ausführungen zum Feststellungsinteresse) gegen OVG Lbg DVBl. 85, 1245; zur Rspr. näher *Battis* § 8 Rdnr. 20 f; möglicherweise künftig anders: siehe BVerwG DVBl. 2002, 203, BVerwGE 115, 89, 91 f, ZBR 2002, 178 m. krit. Anm. *Schnellenbach*; sehr krit. zu möglichen Folgen einer anderen Sichtweise auch *Lemhöfer*, ZBR 2003, 14.
285 Vgl. BVerwG NJW 89, 921 (JA 89, 500) und BVerwGE 80, 123 (JA 89, 468); näher *Fehn/Opfergelt*, JURA 85, 639, und *Günther*, NVwZ 89, 837; im Einzelnen dazu *Battis* § 8 Rdnr. 23.
286 Dazu *Schnellenbach*, ZBR 95, 321, 325, *Battis* § 79 Rdnr. 15 a.E., und *Günther*, DÖD 95, 265 m.N.d.Rspr.
287 So BVerwG NJW 92, 927 (bei Beförderung).
288 Vgl. BGH ZBR 95, 314, 316 f, ferner die Lit. in Anm. 286 sowie für Beförderungsprozesse auch *Günther*, DÖD 94, 14; zur Verjährung BVerwG ZBR 97, 15.
289 Vgl. HessVGH ZBR 85, 258, 259 f; zu den Argumenten VG Berlin ZBR 83, 103; weiterführend OVG Lüneburg (Anm. 284), *Allgaier* und *N. Müller*, ZBR 85, 298 bzw. 278; umfassende Nachweise bei *Battis* BBG § 8 Rdnr. 20; zum Problem effektiven Rechtsschutzes bei Anfechtung vollzogener Ernennung durch Mitbewerber *Lemhöfer* (Anm. 284) S. 15 f.

Rücknahmegrundes für die Ernennung (§ 50 VwVfG)²⁹⁰. Bisher bleibt die Rspr. jedoch bei vorläufigem Rechtsschutz durch einstweilige Anordnungen und ggf. nachträglichem Schadensersatz.

Stets fragt sich ohnehin, ob einem Bewerber um Einstellung mit der Feststellung einer ungerechtfertigten Benachteiligung nicht besser gedient ist, als wenn er sich durch Klage einem Verwaltungsorganismus aufdrängt, der ihn nicht haben will. Bei **Beförderungen** (vgl. unten Rdnr. 110) ist dies anders. Doch dort könnten die Folgemaßnahmen einer Beförderung („Ketten" von Beförderungen, Umsetzungen und Versetzungen, längerfristige „Karrierekonkurrenzen") die isolierte Konkurrentenklage in Konflikt mit dem Prinzip der Leistungsfähigkeit einer Organisation bringen²⁹¹.

Das **BVerwG**²⁹² unterscheidet mit Recht zwischen **Verwendungsentscheidungen** (Besetzung von Dienstposten; vgl. dazu Rdnr. 119) und Beförderungen. Es hat die „Konkurrentenklage" um die Besetzung eines Dienstpostens **im militärischen Truppendienst** für zulässig erklärt, weil derartige Besetzungen sich nicht verfestigen, der Soldat vielmehr im Interesse der Einsatzbereitschaft jederzeit versetzbar sei. Ohne auf ähnliche Situationen **im Beamtendienst** näher einzugehen („Ämterstabilität"²⁹³), äußert das Gericht Zweifel, ob reine Verwendungsentscheidungen angefochten werden können (Bedenken auch gegen das Rückgängigmachen „bloßer" Stellenbesetzungen²⁹⁴).

d) Einige Sonderprobleme haben sich im Bereich der **Lehrereinstellung** ergeben: 97 Die §§ 122, 13, 14a BRRG verpflichten zwar die Bundesländer, „gleichwertige" Laufbahnvoraussetzungen (Bildungsgänge und Prüfungen) zu schaffen, so dass die Staatsprüfung eines Bundeslandes als **Befähigungsnachweis** für die Einstellung in den Dienst eines anderen Bundeslandes ausreichen müsste. Doch muss schon bei der Zulassung zum Vorbereitungsdienst festgestellt werden, ob der Bewerber die für die Laufbahn im aufnehmenden Bundesland „vorgeschriebene Vorbildung" im bisherigen Bundesland erworben hat, d.h. dort „gleichwertig" ausgebildet worden ist²⁹⁵. Ob diese Rechtslage (auch unter dem Prinzip der Bundesstaatlichkeit) mit Art. 33 II und Art. 12 I GG vereinbar ist, erscheint ebenso **fragwürdig** wie die Praxis der Länder, die Mehrzahl der Lehrer oder sogar alle zunächst im **Angestelltenverhältnis** mit der Zusage zu beschäftigen, sie bei Bewährung in das Beamtenverhältnis auf Probe zu übernehmen. Soweit dies unzulässig ist²⁹⁶, muss je nach Einstellungsbegehren Rechtsschutz vor dem VG oder den Arbeitsgerichten gesucht werden²⁹⁷.

---

290 Näher *Bellgardt*, Konkurrentenklage, 1981, S. 147-161; umfassend *Remmel*, RiA 82, 1, 12 ff. Für Nichtigkeit „dolos rechtsschutzvereitelnder Ernennungen" *Füßer*, DÖV 97, 816, 820 ff.
291 Dazu näher *Siegmund-Schultze*, VerwArch 1982, 137, 147-152; Beispiel: BVerwGE 53, 23: Offizier wird jahrelang für einen Dienstposten „aufgebaut".
292 Vgl. BVerwGE 76, 336.
293 Vgl. dagegen OVG Lüneburg DVBl. 85, 1245, 1247, und oben Rdnr. 95.
294 BVerwGE 76, 336, 338. Vgl. näher Rdnr. 119.
295 Vgl. BVerwGE 64, 142, 147-150, und BVerwG ZBR 87, 340; DVBl. 98, 1071 (zur DDR-Lehrbefähigung); zum Beurteilungsspielraum OVG Lbg. DVBl. 95, 628, umfassend *Avenarius*, DÖV 97, 385.
296 Zulässig nur auf freiwilligen Antrag: BVerwGE 82, 196, und erneut BVerwG DVBl. 2000, 1136 m. abl. Anm. von *Bull* (S. 1173 ff); ferner dagegen *v. Mutius/Röh*, ZBR 90, 365 (Ausnahme von oder Umgehung des Art. 33 IV, V); instruktiv Hess VGH ZBR 95, 278; ferner Rdnr. 12 sowie Rdnr. 161.
297 Vgl. VGH BW ZBR 82, 29; dagegen *Wurster*, ZBR 82, 20. Zur Warteliste BVerwG RiA 91, 194.

III *Öffentliches Dienstrecht*

II. Erhaltung des Beamtenverhältnisses

1. Fürsorgepflicht und Schutzpflicht des Dienstherrn

98 a) Im Rahmen des Dienst- und Treueverhältnisses des Beamten besteht die Hauptpflicht des Dienstherrn in der Pflicht zur Sorge für das Wohl des Beamten und seiner Familie. Diese in der Generalklausel des § 79 Satz 1 BBG[298] zum Ausdruck gebrachte sog. **Fürsorgepflicht** ist in erster Linie ein auslegungsleitender allgemeiner Grundsatz, der im gesamten Beamtenrecht gilt. Nach st.Rspr. **kann** die in einer Generalklausel niedergelegte Fürsorgepflicht aber auch **unmittelbare Anspruchsgrundlage** für den Beamten sein[299]. Allerdings ist aus der Fürsorgepflicht ein vermögensrechtlicher Anspruch des Einzelnen ohne generelle Regelung mindestens in Verwaltungsvorschriften bisher – trotz grundsätzlicher Anerkennung dieser Möglichkeit[300] für den Fall, dass andernfalls „die Fürsorgepflicht in ihrem Wesenskern verletzt wäre" – nicht hergeleitet worden; Ausnahmen: Vertrauen verletzende Vorschriftenänderung oder kostenverursachende Einzelweisung, deren Abgeltung von den Verwaltungsvorschriften nicht erfasst wurde[301].

Fürsorge heißt grundsätzlich: Der Dienstherr muss den Beamten nicht nur vor Schäden und sonstigen Nachteilen bewahren, sondern auch seinem Vorteil dienende Maßnahmen vornehmen.

Zwei einklagbare und bei schuldhafter Pflichtverletzung zu Schadensersatzansprüchen führende (Rdnr. 101) **Einzelrechte** sind anerkannt:

(1) das Recht auf **Beratung**, Belehrung und Unterstützung – zwar nicht allgemein und über alle einschlägigen Vorschriften[302], auf Bitte um Auskunft hin aber über gesetzliche Möglichkeiten, Ansprüche und Rechte im Dienst und für den privaten Lebensbereich (z.B. Geltendmachen von Aufwendungen, Vermögensbildung usw., selbst Fristwahrung, Antragstellung[303]; Grenze: zumutbar unschwer verschaffbare Kenntnisse),

(2) das Recht auf **Schutz vor Schädigung** von Gesundheit und Eigentum im Rahmen des gesamten Beamtenverhältnisses, z.B. Bereitstellung von Schutzvorkehrungen, mangelfreie Dienstwohnung[304], sichere Verwahrung von Privateigentum usw.[305]. Bei **Rauchverbot** in

---

298 Grundlegend *Summer*, PersV 88, 76, und ZBR 98, 151; lesenswert *Schnellenbach*, ZBR 81, 301; gemäß § 48 BRRG die LBG: BaWü § 98, 101, 102; Bay Art. 86; Bln § 42 I; Bbg § 45 I, II, III; Bre § 78; Hbg §§ 84, 85; Hess § 92 I; MV § 87; Nds § 87 I, II; NW § 85; RP § 87; Sa § 94; Sachs § 99; LSA § 79; SchlH § 95 I; Thür § 83.
299 So BVerwGE 19, 48, 55. Beispiel: Freizeitausgleich für Reisezeit vor und nach Begleitschutz für Regierungsmitglieder (BVerwG ZBR 87, 275), danach in VwVorschr. gefasst: *Weber*, 94, 117.
300 Vgl. BVerwG DVBl. 84, 429: kleiner PKW für schwer behinderten Beamten nicht beihilfefähig, so dass letztlich die Hälfte der Kosten von der Sozialhilfe getragen werden (sehr fragwürdige Entscheidung, dazu die berechtigte Kritik von *Lechner*, JZ 87, 448, 451).
301 VG Saarl.: Wegfall Beihilfefähigkeit von Wahlleistungen, die wegen akuter Erkrankung nicht anderweitig versicherbar sind (NVwZ 2002, 208); RhPfOVG DVBl. 83, 1117: Weisung, mit Mietwagen zum Dienst zu fahren (= keine Reisekosten).
302 So der Grundsatz (BVerwGE 104, 55) mit einschlägigen Folgen z.B. bei verspäteter Antragstellung (OVG NW NVwZ 2002, 860).
303 Vgl. die Beispiele in BGHZ 7, 69, 74; 14, 122; BVerwGE 65, 197, 203; zusammenfassend BGH ZBR 84, 143 (Belehrung über Rentenansprüche bei Entlassung eines Beamten auf Probe).
304 Vgl. im Einzelnen BVerwG ZBR 2001, 134, 138 ff.
305 Vgl. aber BVerwGE 94, 163, BayVGH ZBR 98, 66.

Diensträumen ist nur Art und Umfang der Abhilfe umstritten[306]. Neu stellt sich die Frage bei **Mobbing im Dienst**[307].

Neben der allgemeinen Fürsorgepflicht hat das BBG eine **Schutzpflicht** des Dienstherrn gegenüber dem Beamten festgelegt (§ 79 S. 2). Hieraus können sich ebenfalls spezifische Rechte ergeben. **99**

Bisher sind anerkannt worden: das Recht auf Schutz vor missbilligenden Äußerungen durch Vorgesetzte in Gegenwart Dritter[308] – anders: wahrheitsgemäße Aussagen über Fehlverhalten von Beamten (auch vor der Presse)[309] – und das Recht auf Schutz vor Angriffen von außen (Ehrenschutz, z.B. gegen unwahre Presseberichte; aber: Namensnennung bei Fehlverhalten eines Postbeamten zwecks Amtshaftungsklage[310]). Ferner wird Hilfe zum Rechtsschutz in Straf- und Bußgeldsachen (**Prozesskostenhilfe**) gewährt, wenn im Zusammenhang mit dienstlicher Tätigkeit Maßnahmen gegen den Beamten ergriffen worden sind[311].

Die Schutzpflicht kann sogar das legislative Ermessen des Haushaltsgesetzgebers einschränken; so gebietet die aus dem Rechtsstaatsprinzip folgende Justizgewährungspflicht i.V.m. der Fürsorgepflicht dem Gesetzgeber, Wiederbesetzungssperren zeitlich so zu begrenzen, dass die Gerichte alle auf sie zukommenden Aufgaben in gerichtsverfassungsmäßiger Besetzung, in angemessener Zeit und mit der gebotenen Sorgfalt bewältigen können[312].

Hauptanwendungsgebiet der Fürsorgepflicht des Dienstherrn ist neben der Vorhaltung von besonderen Einrichtungen (Dienstwohnungen, Kantinen usw.) die wirtschaftliche Absicherung durch **Beihilfen, Unterstützungen und Zuschüsse**. Ihre Gewährung ist in Verwaltungsvorschriften geregelt (fragwürdig, da RVO nötig[313]); sie ergänzen die Besoldung und Versorgung des Beamten. **100**

Der höchstpersönliche[314] **Beihilfeanspruch** deckt stets nur einen Teil der Krankheitskosten[315]; Vorsorge für den Rest ist durch die Besoldung des Beamten abgedeckt. Daraus ergibt sich: (1) Der Besoldungsgesetzgeber setzt einen gewissen „Beihilfe-

---

306 Vgl. die Entscheidungen bei *Brauner*, JA 83, 401, OVG NW NJW 87, 2952 (Runderlass), BVerwG NJW 88, 783 (Grund für Umsetzung?); DVBl. 93, 955 (kein Anspruch auf Verbot).
307 Dazu umfassend *Wittinger/Herrmann*, ZBR 2002, 337, 338 ff; extremes Beispiel: BGH ZBR 2003, 57 m. zutreff. Anm. *Herrmann*.
308 Vgl. HessVGH ZBR 74, 261, und BVerwG DVBl. 95, 1248, beides grundlegend mit klarer Unterscheidung zwischen den schutzwürdigen Interessen von Beamten und Öffentlichkeit. Instruktiv RhPfOVG NJW 87, 1160; BVerwGE 75, 354: ehrenrührige dienstl. Beanstandung, aber RhPfOVG ZBR 95, 212, mit Anm. *Rogosch*, DÖD 96, 81, und HessVGH ZBR 95, 214; zur Missbilligung *Lopacki*, PersV 95, 49; zur Kritik durch Minister BVerwG NJW 96, 210, und ZBR 98, 242; allg. *Leuze*, ZBR 98, 187.
309 Vgl. RhPf OVG NVwZ 2000, 805, in Abgrenzung zu BVerwG NJW 96, 210 (BVerwGE 99, 56).
310 BVerwGE 10, 274; vgl. auch BVerwGE 35, 225, und *Leuze*, ebendort.
311 Bundesregelung in MinBlFin 1985, 485, Beispiel: RhPfOVG NVwZ 95, 456; zur Praxis (Minister/Beamte) Antwort BReg auf Kleine Anfrage: BT-Drucks. 11/5369; zur bayerischen Neuregelung *Häde*, BayVBl. 99, 673.
312 Vgl. BayVerfGH DVBl. 85, 1370, 1371 (S. 1372: gilt für Verwaltung nicht in gleicher Weise); zur unverzüglichen Nachbesetzung freier Richterstellen BDiszG ZBR 2001, 336 m.w.N.
313 Anders die Rspr.; vgl. im Einzelnen *Jachmann*, ZBR 97, 342, und *Battis* BBG § 79 Rdnr. 11.
314 Vgl. BVerwG ZBR 98, 31: nicht übertragbar, nicht pfändbar; Aufrechnung gegen ihn unzulässig.
315 Zum Gesundheitsstrukturgesetz *Unverhau*, ZBR 93, 257; zur Pflegeversich. *Isensee*, ZBR 95, 221; allg. *Moritz*, JURA 95, 288.

III Öffentliches Dienstrecht

standard" voraus[316]; (2) dem Dienstherrn ist untersagt, die Krankenversicherungsleistungen des Beamten nochmals zu subventionieren (versteckte Besoldungserhöhung). Obwohl die Fürsorgepflicht sich regelmäßig erst im Einzelfall konkretisiert, sind Pauschalierungen und Typisierungen zulässig[317]. Der Ergänzungscharakter der die Fürsorge ausgestaltenden Vorschriften erlaubt dem Dienstherrn nach Ansicht des BVerwG, Veränderungen im Rahmen eines sehr weiten Spielraums durchzuführen (Grenze: Wesenskern der Fürsorgepflicht); solche Änderungen des bisherigen „Programms" der Beihilfevorschriften müssen aber so rechtzeitig bekannt gegeben werden, dass sich Beamte und Versicherungsunternehmen darauf einstellen können[318].

Auf die festgelegten **Regelsätze** der Beihilfevorschriften hat der Beamte (nicht seine Angehörigen) einen Rechtsanspruch. Ermessensregelungen unter diesen Verwaltungsvorschriften verdichten sich durch Festlegung von Auslegungs- oder Vergaberichtlinien zu einem Anspruch des Einzelnen (analog der sog. Selbstbindung der Verwaltung bei der Gesetzesanwendung). Bei der Anwendung unbestimmter Gesetzesbegriffe im **Reise- und Umzugskostenrecht** kann dagegen die Fürsorgepflicht in Verbindung mit dem Billigkeitsgrundsatz zu einengender Interpretation führen (z.B. beim Umzugshindernis aus „zwingenden persönlichen Gründen" in § 2 II TrennungsgeldVO[319]). Mit den allgemeinen Regeln (oben Rdnr. 50) steht es im Einklang, wenn Gerichte die Vorschriften nach der tatsächlichen Anwendungspraxis auslegen, selbst wenn diese Praxis vom Wortlaut der Vorschrift abweicht[320].

Die Unterstützung des Zusammenwachsens der beiden Teile Deutschlands hat zur Verbesserung vorhandener Regelungen geführt, die zwar aus dem Dienst- und Treueverhältnis des Beamten und insbesondere der Fürsorgepflicht fließen, aber allen Angehörigen des öffentlichen Dienstes zugute kommen: **Neufassung** des BUmzugskostenG, Straffung des BReisekostenG. Zusammen mit neuen Entscheidungen hat dies erheblich zur Klärung von Inhalt und Umfang der Ansprüche beigetragen[321].

101 b) Verletzt der Dienstherr seine Fürsorge- oder Schutzpflicht, kann der Beamte **Schadensersatz** verlangen; **Beispiele:** schuldhaft unrichtige Auskunft über einen Beihilfeanspruch, Mobbing durch Vorgesetzten[322]. Früher lehnte der BGH diesen Anspruch ab, weil der Beamte Rechtsschutz aus Amtshaftung (schuldhafte Amtspflichtverletzung des für den Dienstherrn handelnden Beamten) genießt. Heute gehen BGH und BVerwG davon aus, dass der Schadensersatzanspruch „unmittelbar aus dem Beamtenverhältnis" nach den „allgemeinen Rechtsgrundsätzen der § 276, 278, 618 III BGB" besteht[323]. Eine Klage dieser Art verlangt die vorherige Durchführung des Vorverfahrens (§ 126 BRRG). Im Prozess ist der Beamte für die Verletzung der Fürsor-

---

316 Vgl. dazu *Schnellenbach*, NVwZ 88, 40, und BVerwGE 85, 209, 212.
317 Vgl. BVerwGE 51, 200; zum Grundsatz der Subsidiarität OVG Saarl ZBR 93, 215.
318 BVerwG DVBl. 85, 1239, 1241: ausreichend ein halbes Jahr vorher; zu vergleichbaren „Programmen" bei Subventionen vgl. BVerwG NJW 79, 2059 f, und *Schwerdtfeger*, NVwZ 84, 486.
319 Vgl. zusammenfassend BVerwG DÖV 83, 158, im Vergleich zwischen Schulbesuch des Kindes mit Besuch des Abendgymnasiums durch die Ehefrau; BVerwG ZBR 87, 242.
320 Vgl. z.B. OVG NW DÖD 84, 202.
321 Vgl. BGBl. 1990 I, S. 2682, *Battis*, NVwZ 91, 347, vor allem: BVerwG NVwZ 89, 1172.
322 Vgl. VGH BW ZBR 86, 21, bzw. BGH ZBR 2003, 57 (auch Abgrenzung zu § 839 BGB).
323 Vgl. BVerwGE 13, 17, 21; 28, 353; BGHZ 43, 178.

gepflicht beweispflichtig, der Dienstherr für ein Fehlen von Verschulden. Ersetzt wird dem Beamten der gesamte Schaden; es sind alle Formen der Wiedergutmachung möglich (z.B. Widerruf, Gegendarstellung). **Schmerzensgeld** erhält er dagegen wegen § 618 III BGB nicht. Dazu muss er die (parallel mögliche) Klage vor den ordentlichen Gerichten wegen **Amtspflichtverletzung** erheben (§§ 839, 847 BGB i.V.m. Art. 34 GG bzw. §§ 31, 89, 831, 847 BGB).

Ohne Nachweis einer schuldhaften Pflichtverletzung haftet der Staat dem Beamten für Körperschäden und Sachschäden, z.B. an Kleidung, Brille, Kfz u. Ä.., falls ein **Dienstunfall**, d.h. ein Unfall im Dienst[324] mit Körperschaden, vorliegt (§ 32 BeamtVG). Ist bei einem Unfall im Dienst dem Beamten nur Sachschaden entstanden, hat er einen Ersatzanspruch direkt aus Fürsorgepflicht[325]. Der Bund hat für diese Fälle Richtlinien erlassen. Solche fehlen für den Fall, dass der Beamte im Dienst *ohne* Unfall einen Schaden erleidet, z.B. wenn ihm aus einem eingegangenen Paket Farbe auf die Kleidung tropft. Hier ist (und auch sonst häufig) trotz zunächst rigoros klingender Rechtsprechung m.E. ein Anspruch aus Fürsorgepflicht zu bejahen[326].

2. Dienst- und Versorgungsbezüge

a) Der Beamte erhält Dienstbezüge (Besoldung), später Versorgungsbezüge (Pension) entsprechend seinem statusrechtlichen Amt[327]. Nach Rspr. und h.L. gilt für deren Höhe der Grundsatz der **Alimentation**, d.h. eine amtsgemäß angemessene Unterhaltssicherung: „Dienstbezüge sowie die Alters- und Hinterbliebenenversorgung sind so zu bemessen, dass sie einen je nach Dienstrang, Bedeutung und Verantwortung des Amtes und entsprechender Entwicklung der allgemeinen Verhältnisse angemessenen Lebensunterhalt gewähren und als Voraussetzung dafür genügen, dass sich der Beamte ganz dem öffentlichen Dienst als Lebensberuf widmen und in wirtschaftlicher Unabhängigkeit zur Erfüllung der dem Berufsbeamtentum vom Grundgesetz zugewiesenen Aufgabe, im politischen Kräftespiel eine stabile, gesetzestreue Verwaltung zu sichern, beitragen kann"[328]. Die Dienstbezüge sollen also nicht Entgelt für geleistete Arbeit sein, sondern person- und familienumfassende **Unterhaltszahlungen für lebenslangen Dienst**[329].

102

Dies zeigt sich darin, dass die Dienstbezüge gesetzlich festgelegt werden, dass sie für alle Beamten im selben statusmäßigen Amt gleich hoch sind, dass sie selbst bei Wahrnehmung mehrerer konkreter „Ämter" (Dienstposten) gleich bleiben, dass Überstunden nur ausnahmsweise vergütet werden und dass ein Verzicht auf Dienstbezüge nicht zulässig ist[330] (§ 2 III BBesG).

---

324 Unfall „im Dienst" je nach Berufsbild (z.B. Lehrer), auch noch auf dem Heimweg, wenn dienstbedingtes Gefahrenrisiko (fraglich: Alkoholeinfluss nach genehmigter Weihnachtsfeier): VGH BW ZBR 87, 14, BVerwGE 81, 265; vgl. auch OVG Lbg ZBR 92, 121.
325 Zu Kfz-Sachschäden BVerwG RiA 94, 34, OVG NW RiA 94, 43.
326 Vgl. RhPfOVG (Anm. 243) u. NJW 86, 1030, umfassend *Günther*, ZBR 90, 97, bes. 107 f.
327 Zur Einführung: *Ziegler*, RiA 91, 105; zur aktuellen Problematik *Kutscha*, NVwZ 2002, 942.
328 BVerfGE 44, 249, 265; ergänzend und noch deutlicher BVerfGE 81, 363, 376-379, 383.
329 Zum Grundverständnis und seinen Gefährdungen mit Recht *Leisner*, DÖV 2002, 763.
330 Deshalb ist eine Rückzahlungsverpflichtung unwirksam, wenn der Beamte unter Weiterzahlung der ihm kraft Gesetzes zustehenden Bezüge zum Studium „freigestellt" wurde (BVerwG ZBR 87, 23).

III Öffentliches Dienstrecht

Das **Alimentationsprinzip** schützt den Beamten nicht vor einer Anpassung der Besoldung an die Haushaltslage des Staates. Daher war die Absenkung der Eingangsbesoldung im höheren und im gehobenen Dienst um eine Stufe für 4 bzw. 3 Jahre rechtlich ebenso zulässig wie die um ein halbes Jahr spätere Besoldungserhöhung bei den hohen Besoldungsgruppen[331]. Ob das auch bei der Kürzung des Kindergeldes für Höherverdienende der Fall ist, muss dagegen bezweifelt werden, weil das BVerfG 1977, 1990 und nochmals deutlich 1998 festgestellt hat, ranggleiche Beamte mit mehr Kindern müssten sich ohne Rücksicht auf die Größe ihrer Familie „annähernd das gleiche leisten" können wie solche mit zwei Kindern[332]. Allerdings: Nach st.Rspr. kann der Gesetzgeber die Gehaltsbeträge kürzen, solange sich die **Kürzung** in den von der Alimentationspflicht gezogenen Grenzen hält. Ob dies auch bei den jüngsten Änderungen und Vorschlägen noch der Fall ist, wird von der Wissenschaft in vielen Punkten bezweifelt[333]. Besonders problematisch ist die angestrebte unterschiedlich hohe Besoldung in gleichen Ämtern bei dem jeweiligen Bundesland und dem Bund („Reföderalisierung")[334]. Entsprechend gekürzt werden können **Versorgungsbezüge**, auf die z.B. Renten aus früheren Dienstverhältnissen (sog. Doppelversorgung), bei vorzeitigem Ruhestand auch laufende Einkünfte angerechnet werden können[335]. Einen verfassungsrechtlich gesicherten Anspruch auf Erhaltung des Besitzstandes im Sinne unkürzbarer „erdienter" Dienstbezüge gibt es nicht[336]. Andererseits richtet sich die Pension des Beamten nach seinem zuletzt erreichten Amt; insofern stellt die amtsangemessene Versorgung eine „erdiente" Gegenleistung dar. **Umstritten** ist, inwieweit **Änderungen** zulasten der Beamten zulässig sind, z.B. die Einführung von sog. offenen Beiträgen zur Altersversorgung in Parallele zur Rentenversicherung[337] oder die Anrechnung von Einkünften außerhalb des öffentlichen Dienstes[338] (auch bei versorgungsberechtigten Beamten auf Zeit, wie den kommunalen Wahlbeamten[339]).

103 Neben der Besoldung als Kernbereich der Alimentation, die als solche zu den hergebrachten Grundsätzen des Berufsbeamtentums zählt, werden heute – an sich systemwidrig, weil auf Funktion oder Sonderleistung beruhend, aber realistischerweise notwendig und daher letztlich systemstabilisierend[340] – **Zulagen** gezahlt (Amtszulagen, Stellenzulagen, Erschwerniszulagen) und **Vergütungen** gewährt (z.B. im Polizei-

---

331 Vgl. BVerwG DVBl. 87, 419, und jeweils das BVerfG DÖV 85, 318, DVBl. 95, 1232 (Besoldungsdienstalter), NVwZ 2001, 1393 (Dienstbezüge).
332 Lies zusammenfassend BVerfG ZBR 99, 158, 159 ff bzw. BVerfGE 99, 300, 314 ff m. allen Nachweisen; ferner *Pechstein*, ZBR 2000, 1 ff; zur Steuerfreiheit des Existenzminimums der Familie BVerfGE 82, 60, 85 ff; und 198, 206 ff; aber: ZBR 94, 378; pointiert *Summer*, ZBR 94, 50, und 96, 11; zum Anspruch auf rückwirkende Erhöhung *Koch*, ZBR 2002, 88; zum zeitnahen Geltendmachen des verf.-rechtl. Anspruchs BVerwG ZBR 2002, 93.
333 Vgl. zur „Modernisierung der Besoldungsstruktur" insbes. *Lorse*, ZBR 2001, 73, und *Summer*, ZBR 2000, 298; zur Geschichte der Gehaltskürzungen *Franke*, ZBR 94, 263, zu dessen Grenzen *A. Leisner*, ZBR 98, 259, 262 ff; zur Professorenbesoldung *Hartmer*, ZBR 99, 217, und *Battis*, ZBR 2000, 253; zum Vergleich Emeritierung/Ruhestand *Summer*, Anm., ZBR 2001, 303.
334 So mit vollem Recht *Summer*, ZBR 2003, 28, 31, und *Kutscha*, NVwZ 2002, 942, 946.
335 Vgl. BVerfGE 76, 256; zu aktuellen Änderungen *Lemhöfer*, ZBR 2000, 335, und *Strötz/Stadler/Wilhelm*, ZBR 2002, 149; einen sehr guten Überblick bietet *Baden*, Beamtenrecht, Rz. 139 ff.
336 Vgl. BVerwGE 66, 147, 149 f, zu den Kürzungsmöglichkeiten *Carl*, NVwZ 89, 510, *Merten*, ZBR 96, 353.
337 Zu den Grenzen schon *Ruland* und *Fürst*, ZBR 83, 313 bzw. 319; im Verfassungskontext *Lecheler*, PersV 88, 49; zu Sonderfonds *Zezschwitz*, ZBR 98, 115 u. Beilage 3/98.
338 Vgl. § 53 BeamtVG; zu Anrechnungen bei Rechtsreferendaren *Rinze*, ZBR 95, 193; ferner Rdnr. 100 und 104.
339 Vgl. § 53 BeamtVG und BVerwGE 105, 226, 230 f, mit *Pechstein*, ZBR 2001, 318, 324 f.
340 Vgl. im Einzelnen *Unverhau*, ZBR 82, 363, bes. 370 ff; speziell zur oft kritisierten Ministerialzulage *Schwandt*, ZBR 83, 54, und *Schwidden*, RiA 96, 267 (z.T. überholt).

und Vollstreckungsdienst, als Lehrvergütung, sogar für Mehrarbeit[341]). Entsprechend der Grundsatznorm des § 18 BBesG (funktionsgerechte Besoldung) sollte der Begriff Alimentation daher aufgegeben und durch das dem Leistungsprinzip besser entsprechende **Besoldungsprinzip** (öffentlich-rechtliches Leistungsentgelt) ersetzt werden[342], das als solches eher einer Weiterentwicklung im Hinblick auf Teilzeitarbeit und Arbeitszeitkonten auch bei Hauptberuflichkeit zugänglich ist[343].

Erst so wird auch das sog. 13. Monatsgehalt, die Sonderzuwendung im Dezember, erklärlich: Sie wird zur Deckung des besonderen Bedarfs im Weihnachtsmonat gezahlt, ist aber eine besondere Treue- und Leistungsprämie, die u.a. vom Verbleiben im Dienst bis zum 31.3. des folgenden Jahres abhängt[344].

b) Zu viel gezahlte Bezüge können **nur** nach § 12 BBesG bzw. § 52 BeamtVG, gewährte Vergünstigungen nach den verschärften Haftungsregeln des § 87 II BBG[345] zurückgefordert werden (**Spezialregelungen** zu § 48 II VwVfG[346]). Bei anderen „in Beziehung auf das Amt" geleisteten Zahlungen, insbesondere Beihilfeleistungen, ist § 12 BBesG i.d.R. durch den Gesetzgeber für entsprechend anwendbar erklärt worden[347]. Ob bei Zahlungen, die direkt auf Grund einer Rechtsnorm ergingen, die **Rückforderung durch Leistungsbescheid** (VA) erfolgen darf, ist umstritten (Alternative: Rückzahlungsaufforderung und Leistungsklage[348]). Bei auf Rechtsgeschäft beruhender Rückforderung (Ausbildungsverträge; anders: Studium im Rahmen des Vorbereitungsdienstes[349]) ist jedoch stets Leistungsklage zu erheben[350]. Während der Besoldungsanspruch nach 4 Jahren verjährt (§ 197 BGB), gilt nach st.Rspr. für die Rückforderung die 30-jährige Frist des § 195 BGB[351].

104

---

341 VO über die Gewährung von Mehrarbeitsvergütung für Beamte; Beispiel: Bereitschaftsdienst im Krankenhaus, nicht nur Rufbereitschaft (BVerwG ZBR 85, 342); zur Rspr. *H.J. Becker*, ZBR 93, 205 m. Fn. 107 ff. Abschließender Katalog der Zulagen/Vergütungen: BBesG, Anlagen I bis III.
342 Vgl. näher *Summer/Rometsch*, ZBR 81, 1 ff; *Clemens/Scheuring*, Untersuchung über Wege zur Herstellung einer ausgewogenen Besoldungsstruktur im öffentlichen Dienst, 1988.
343 Vgl. die Überwindung herkömmlicher Restriktionen durch Neuinterpretation bei *Summer*, Anm., ZBR 2001, 62, 63 m.w.N.
344 Anrechnung einer 2. Weihnachtszuwendung eines Referendars aus Nebentätigkeit als wissensch. Hilfskraft vgl. BVerwG DÖD 78, 32; im Übrigen *H.J. Becker*, ZBR 82, 271 f; zur (nicht den Billigkeitsregeln unterliegenden) Rückforderung bei Ausscheiden am 31.12. BVerwG ZBR 86, 339.
345 Gemäß § 53 II BRRG ebenso die LBG: BaWü § 109; Bay Art. 94; Bln § 49; Bbg § 55; Bre § 85; Hbg § 92; Hess § 99; MV § 96; NW § 98; RP § 96; Sa § 103; Sachs § 110; LSA § 87; SchlH § 103; Thür § 92 III.
346 So BVerwG ZBR 83, 206, mit der Folge, dass die Rspr. des BVerwG zu § 820 I BGB weiter gilt: Kennenmüssen eines gesetzlichen Vorbehalts ist nicht erforderlich; zur Überprüfungspflicht vgl. HessVGH ZBR 93, 218; BayVGH ZBR 97, 290, bzw. 99, 30: bei Zweifeln Rückfrage bei der anweisenden Stelle (Treuepflicht des Beamten!). Vgl. auch BVerwG DVBl. 93, 947, ZBR 94, 59; BayVGH ZBR 92, 24 (zum Vertrauensschutz); insgesamt *Grundmann*, ZBR 99, 154.
347 Vgl. die Regelungen in den LBG (Anm. 345); ferner die Fälle BVerwG NVwZ 87, 500 (zu hoch festgesetzte Beihilfe) sowie 501, NVwZ 91, 168 und 169 (Rückforderung gegen Erben).
348 Näher dazu *Battis* BBG § 87 Rdnr. 20 in Verb. mit § 78 Rdnr. 18 m.w.N.
349 Vgl. z.B. BVerwG ZBR 2000, 272: Bezügezahlung mit der „Auflage", nach Studienende 5 Jahre im öffentlichen Dienst zu bleiben, fortgeführt in ZBR 2003, 43.
350 Prägnant dazu BayVGH NVwZ 87, 814 (ohne Sachverhalt ZBR 87, 312).
351 Vgl. BVerwGE 66, 251, 252 ff mit Billigkeitsgrundsätzen.

III Öffentliches Dienstrecht

Eine Rückforderung von **Ausbildungskosten** bei vorzeitigem Ausscheiden aus dem Beamtenverhältnis ist möglich, sofern sie gesetzlich vorgesehen (z.B. RVO auf Grund § 63 BBesG, § 46 IV SoldatenG, § 12 BPolBG) oder zulässigerweise **vereinbart** worden ist. Letzteres geschieht in Ausbildungsverträgen über finanzielle Zuwendungen außerhalb einer gesetzlichen Verpflichtung, z.B. bei Weiterzahlung der Bezüge bei längerem Ausbildungsurlaub, in sog. Fernmeldeaspirantenverträgen u. Ä.. Sie sind regelmäßig öffentlich-rechtliche Verträge eigener Art, die die besonderen Ausbildungskosten umfassen, für die der Ausgebildete keine dienstliche Gegenleistung erbracht hat[352]. Eine Verpflichtung zur Rückzahlung der **allgemeinen** Ausbildungskosten, die im üblichen **Vorbereitungsdienst** entstehen, ist dagegen wegen § 59 V BBesG unwirksam[353]. Aber: „Als Ansporn für den baldigen Abschluss der Ausbildung" und um eine „finanzielle Besserstellung" der durchgefallenen Kandidaten im Vergleich zu den eine Anstellung Suchenden zu vermeiden, können nach erstmaligem Nichtbestehen einer Zwischenprüfung, einer Laufbahnprüfung oder bei einer anderen selbstverschuldeten Verzögerung der Ausbildung heute die Bezüge **gekürzt** werden (§ 66 BBesG). Das gilt auch für das 2. jur. Staatsexamen; die Regelkürzung beträgt 15%, doch können die Verhältnisse des Einzelnen zu anderen Prozentsätzen führen[354]. – Neuerdings werden Verträge über die Vergabe von Studienplätzen mit einer **Vertragsstrafe** für den Fall versehen, dass die Verpflichtung nicht eingehalten wird, in den öffentlichen Dienst einzutreten (z.B. bei Ärzten, Zahnärzten). Auch das ist – jedenfalls in Grenzen – zulässig[355].

3. Andere Ansprüche aus dem Beamtenverhältnis

105 a) Obgleich Dienstbezüge kein Arbeitsentgelt darstellen, sind Beamte Arbeitnehmer i.S.d. Sozialversicherungsrechts[356]. Aber: Die **Sozialversicherung** ist eine durch den Gedanken des sozialen Ausgleichs geprägte Sicherung des Arbeitnehmers und seiner Familienangehörigen vor den sog. Wechselfällen des Lebens durch die Solidargemeinschaft zwischen der älteren und der berufstätigen Generation. Dieser Sicherung bedarf der Beamte nicht, weil Alimentation und Fürsorge des Staates ihn und seine Familie sozial absichern. Er ist daher von der Versicherungspflicht in den verschiedenen Zweigen der gesetzlichen Sozialversicherung (Kranken-, Renten- und Arbeitslosenversicherung) kraft Gesetzes „befreit". Sofern er nicht auf Grund eines weiteren Beschäftigungsverhältnisses versicherungspflichtig war (z.B. Nebentätigkeit als Teilzeitassistent[357]), hat er infolgedessen nach Beendigung seines Beamtenverhältnisses (z.B. Laufbahnprüfung/Examen) keinen Anspruch auf Arbeitslosengeld und

---

352 Vgl. BVerwG ZBR 81, 126 (zum Problem „Betriebstreue" und Art. 12 I GG). Zur externen Zusatzausbildung *Baßlsperger*, ZBR 86, 260; Beispiele bei *Battis*, NJW 93, 1044.
353 Vgl. BVerwG ZBR 77, 158: öffentlich-rechtlicher Vertrag mit Austauschcharakter; anders, wenn Rechtsgrund der Leistung später wegfällt (BVerwG DVBl. 85, 1243) oder Rückzahlungsauflage bestand (BVerwG DVBl. 92, 914, RhPf OVG ZBR 93, 213); zu einer unzulässigen Rückzahlungsauflage VG Schleswig DÖV 87, 500. Zur Einführung *Beckmann*, DÖD 95, 105. Bei Entlassung aus gesundheitlichen Gründen (Nichteignung): keine Rückzahlung, OGV NW ZBR 2000, 357.
354 Näher dazu VG Köln RiA 83, 74, VG Münster MDR 83, 696; jetzt OVG NW ZBR 93, 275; im Einzelnen *Schmidt-Räntsch*, DÖD 84, 264, BVerwGE 81, 298 (30%).
355 So VGH BW ZBR 86, 81 (als „Druckmittel" bei Zahnarzt DM 50.000); vgl. ferner BVerwGE 74, 78 (näher zum Sachverhalt DÖV 87, 72), und zur Verhältnismäßigkeit RhPf OVG ZBR 86, 369.
356 BSGE 20, 123; 36, 258; zu Versicherung, Versorgung, Fürsorge vgl. *Siebeck*, Sozialversicherung und Beamtensicherung, 1989.
357 So BSG RiA 77, 58.

Krankenversorgung (§ 155 AFG). Eine bayerische Gesetzesinitiative zur sozialen Absicherung arbeitsloser früherer Beamter ist 1986 ebenso bereits im Bundesrat gescheitert wie ein ähnlicher Verstoß Hamburgs[358]. Lediglich für ausgeschiedene Soldaten auf Zeit ist 1987 eine Sonderregelung geschaffen worden. Sie erhalten statt Arbeitslosengeld sog. Arbeitslosen**beihilfe** in vergleichbarer Höhe; anschließend haben sie Anspruch auf Arbeitslosenhilfe[359].

Dem ausgeschiedenen Beamten steht nur die **Nachversicherung** in der gesetzlichen Rentenversicherung und ggf. **Übergangsgeld** (§ 47 BeamtVG[360]) zu. Trotz der u.U. zu gewährenden Arbeitslosenhilfe (§ 134 AFG) fallen ausgeschiedene Beamte daher heute nicht selten der Sozialhilfe zur Last[361].

b) Anspruch auf Urlaub hat der Beamte nach § 89[362]. Dieser **Erholungsurlaub** soll **106** die Arbeitskraft und die Gesundheit des Beamten auffrischen und erhalten; er steht ihm auch zu, wenn er krankheitsbedingt im Kalenderjahr weniger Dienst getan hat, als ihm Erholungsurlaub zusteht[363]. **Urlaub ohne Dienstbezüge** kann der Beamte als **Dauerurlaub** unter den Voraussetzungen der §§ 72a, 79a[364] (§§ 44a, 48a BRRG)[365] oder aber kurz- oder längerfristig nach bestimmten Vorschriften über Sonderurlaub erhalten[366]. **Sonderurlaub** wird zumeist unter Fortzahlung der Besoldung gewährt (z.B. für fachliche, staatspolitische, kirchliche, gewerkschaftliche, sportliche Zwecke, persönliche Anlässe, ohne Dienstbezüge auch für Referententätigkeit in einer Fraktion von Bundestag oder Landtag[367]). Aber: Auf Sonderurlaub besteht ein Rechtsanspruch nur in den in der SUrlVO vorgesehenen Fällen[368]. **Dienstbefreiung** ist demgegenüber kein Urlaub[369]. Sie wird zum Ausgleich für dienstlich angeordnete oder genehmigte Mehrarbeit gewährt, wenn die zumutbare entschädigungslose Mehrbeanspruchung fünf Stunden im Kalendermonat übersteigt (§ 72 II[370]). Die in der Praxis häufig so bezeichnete „Dienstbefreiung" ist rechtlich eine **Freistellung**

---

358 Vgl. den Bericht von *Stegmüller/Bauer*, ZBR 86, 317.
359 Zu den Motiven und Gründen vgl. kurz JZ-GD 1987/14, 54.
360 Vgl. dazu BVerwGE 64, 209, 212.
361 Insgesamt dazu *Scheerbarth/Höffken* § 30; zur sozialen Absicherung des Rechtsreferendars *Bühler*, JuS 86, 241, zu seiner Nachversicherung ZBR 98, 52.
362 Entsprechende allg. Regelungen enthalten die LBG.
363 VGH BW ZBR 85, 167 (kein Rechtsmissbrauch); ebenso BAGE 37, 382; aber: unzulässige Rechtsausübung im Einzelfall (BVerwG ZBR 86, 333), dagegen beachtlich *Winterlich*, ArbuR 89, 300.
364 Entsprechende Regelungen enthalten die LBG.
365 Dazu *Battis*, PersV 84, 217; *Summer*, ZBR 85, 237; zu den Auswirkungen auf Beurteilung/Beförderung mit Beispielen MinBlFin 1987, 322; zur vorzeitigen Beendigung BVerwGE 79, 336.
366 Mit der Bahnstrukturreform gewinnt die Praxis neue Aktualität, Bahnbeamte langfristig zu Nahverkehrsunternehmen zu beurlauben; näher dazu *Sellmann*, ZBR 94, 71.
367 Näher dazu *Günther*, DÖD 94, 178 m.w.N.; Studium auf Grund von Freistellung vom milit. Dienst erfolgt nach SoldVersorgungsG: BVerwG DVBl. 94, 588.
368 Vgl. BVerwG ZBR 87, 12; kritisch für Veranstaltungen der Kirchen *Renck*, NVwZ 87, 669; zu exzessiven Handhabung im Sport *Günther*, DÖD 89, 7; zum Begriff „öff. Belange" im BeamtVG vgl. VG Köln ZBR 94, 90; zur Weite des Ermessens BVerwG ZBR 98, 25 m. Anm. S. 98.
369 Bremen und Hessen bezeichnen abweichend davon den Sonderurlaub für ehrenamtliche Tätigkeit oder zur Ausübung eines Mandats in bestimmten Vertretungskörperschaften (z.B. Gemeindeparlament) als Dienstbefreiung (§ 70 III brem BG, § 106 III HGB).
370 Vgl. die LBG: BaWü § 90; Bay Art. 80; Bln § 24; Bbg § 38; Bre § 71; Hbg § 76; Hess § 85; MV § 78; Nds § 80; NW § 78, 78a; RP § 80; Sa § 87; Sachs § 91; LSA § 72; SchlH § 88; Thür § 75.

vom Dienst aus speziellem Anlass für weniger als einen Tag in Analogie zu § 12 SUrlVO.

Urlaub für bestimmte Zwecke, etwa für kommunale Ratstätigkeit, führt grundsätzlich nicht zu einer Reduzierung der Pflichtarbeitszeit des Beamten (z.B. der Regelstundenzahl bei Lehrern oder der Lehrverpflichtung bei Professoren[371]).

III. Veränderungen des Beamtenverhältnisses

1. Umwandlung, Beamter auf Probe

107 Veränderungen des Beamtenverhältnisses erfolgen ausschließlich durch Akte der Ernennung (§ 6). Nach der Begründung eines Beamtenverhältnisses (Einstellung) kann das bestehende Beamtenverhältnis in ein solches anderer Art umgewandelt werden. Regelmäßig wird das **Beamtenverhältnis auf Probe**, das zum Zweck der Bewährung begründet wird, nach Ablauf der laufbahnrechtlichen Probezeit (vgl. Rdnr. 61) in ein Beamtenverhältnis auf Lebenszeit umgewandelt. Auf diese **Umwandlung** hat der Beamte auf Probe nach fünf Jahren einen Anspruch (Schluß aus § 9 II[372]), wenn er das Mindestalter (27 Jahre) erreicht hat und nicht dauernd unfähig ist, seine Dienstpflichten zu erfüllen (§ 42). Bestehen Zweifel, ob er dienstunfähig ist, so wird der Ablauf der 5-Jahres-Frist gehemmt. Voraussetzung der Hemmung ist, dass nicht der Dienstherr selbst die Aufklärung des Sachverhalts ungebührlich verzögert[373].

108 Umstritten ist aber, ob der Anspruch auf Umwandlung in ein Beamtenverhältnis auf Lebenszeit entfällt, wenn der Beamte auf Probe inzwischen nicht mehr charakterlich oder fachlich „geeignet" ist[374]. **Argumente:** Dem Beamten bleibt der Anspruch erhalten, weil eine andere Behandlung rechtlich nicht möglich ist. Das Beamtenverhältnis auf Probe kann nur durch Entlassung oder Versetzung in den Ruhestand beendet werden (§§ 6 III, 31, 46). Der Tatbestand der „mangelnden Bewährung", der nach § 31 I Nr. 2 „Eignung, Befähigung und fachliche Leistung" umfasst, ist aber nach der positiven Feststellung der Bewährung am Ende der Probezeit (§ 7 III BLV) nicht mehr erfüllbar[375]. Infolgedessen muss der später ungeeignete Beamte auf Probe so behandelt werden wie ein Beamter auf Lebenszeit mit denselben Mängeln. **Gegenargument:** Die Erfüllung der „beamtenrechtlichen Voraussetzungen" umfasst auch die Eignung; fehlt sie, kann § 9 II nicht angewendet werden. Ungelöst ist hier die **Folge:** Bleibt er Beamter auf Probe? Ist er trotz laufbahnrechtlicher Bewährung zu entlassen?

---

[371] Vgl. BVerwGE 72, 289, VGH BW DÖV 84, 257 m. Anm. *Zimmerling*, SaarlOVG ZBR 87, 47; wegen des Umfangs der Tätigkeit z.T. erfolgreich die Klage eines Lehrers in OVG NW DVBl. 83, 116 (m. einleuchtenden Ausführungen zum Normzweck).

[372] Entsprechend § 6 BRRG die LBG: oben Anm. 169; näher Rdnr. 116.

[373] Umfassend BVerwGE 41, 75, 78-81, und *Oswald* (Anm. 167), S. 90 ff; ferner BVerwGE 85, 177, sowie ZBR 2002, 184 und 400 f; zusammenfassend *J. Müller*, VerwRundschau 96, 404.

[374] Vgl. dazu *Feindt*, RiA 74, 23, *Manns*, RiA 73, 129, und *Oswald* (Anm. 167), S 114 ff; trotz fehlender gesundheitlicher Eignung Umwandlungsanspruch:BVerwG NJW 93, 2546; zu vorheriger Entlassung BayVGH DÖV 88, 603; umfassend *Bongartz/Rogmann*, RiA 94, 9.

[375] Dazu und zur (Fürsorge-)Pflicht zur Entscheidung über die Bewährung VGH BW DÖD 82, 61, zur Nichtbewährung umfassend BVerwGE 85, 177, 183 ff.

2. Anstellung, Beförderung, Zurückstufung

Die erste Verleihung eines statusrechtlichen Amtes, mit der der Beamte eine Amtsbezeichnung erhält, wird als **Anstellung** bezeichnet. Als Ausfluss des sog. Verbots der Sprungbeförderung (§ 24) ist Anstellung **nur im Eingangsamt** der Laufbahn zulässig (sog. Verbot der Anstellungsbeförderung, § 12 BRRG). § 24 BBG stellt eine als Sollvorschrift formulierte Muss-Bestimmung dar, weil (nur) der Bundespersonalausschuss über Ausnahmen entscheidet (vgl. dazu Rdnr. 63).

109

Die **Beförderung** ist die Verleihung eines anderen Amtes mit anderem Endgrundgehalt und anderer Amtsbezeichnung (§ 6 I Nr. 4, II Nr. 3). Sie ist zu unterscheiden vom sog. **Aufstieg**, der (zugleich) den Wechsel der Laufbahngruppe bedeutet (Beispiel: nach Laufbahnprüfung wird ein Amtmann zum Regierungsrat ernannt). Für einen **Anspruch** auf Beförderung gelten im Grundsatz dieselben Voraussetzungen wie beim Anspruch auf Einstellung[376] (vgl. Rdnr. 91 ff). Auch die **Fürsorgepflicht** des Dienstherrn führt nicht zu einer anderen Rechtslage, da sie für alle Bewerber gleichermaßen gilt. Nach Auffassung des BVerwG verlangt die Fürsorgepflicht vom Dienstherrn nicht einmal, „auf die Beförderung des einzelnen Beamten durch förderndes Handeln hinzuwirken, denn sie besteht nur in den Grenzen des zur Zeit bekleideten Amtes"[377]. Dennoch kann im Einzelfall eine Nichtbeförderung die adäquate Folge einer schuldhaften Verletzung der Fürsorgepflicht darstellen, die zu **Schadensersatz** führt (z.B. bei alleinigem Abstellen auf Dienstalter oder Lebensalter[378]). Es kann sich daraus sogar ein **Beförderungsanspruch** ergeben, denn der Dienstherr darf nicht durch gesetzwidriges Verhalten eine Beförderung verhindern (Beispiel: länger andauernde Unterbesetzung eines Dienstpostens[379]).

110

Die **Übertragung eines höherwertigen Dienstpostens** verändert **nicht** das Beamtenverhältnis (Status); sie ist eine Maßnahme, die die Dienstleistung des Beamten betrifft, und erfolgt daher jedenfalls nicht im Wege der Ernennung (näher Rdnr. 119). Ebenfalls nicht durch Ernennung erfolgt die **Übertragung eines höheren Amtes**, das zwar mit einem anderen Endgrundgehalt (andere Besoldungsgruppe), nicht aber mit einer anderen Amtsbezeichnung (§ 6 I Nr. 4) ausgestattet ist (z.B. Ministerialrat von BesGr A16 nach B2). Diese Übertragung erfolgt durch (einfachen) VA. Da er ein **ernennungsähnlicher Vorgang** ist, sind nach Auffassung der Rechtsprechung die

---

376 Vgl. BVerwG ZBR 94, 52, DVBl. 94, 118; näher *Schmitt-Kammler*, JURA 79, 641; ferner OVG NW DÖD 82, 178: Zusage, bei Bewährung nach 3 Jahren zu befördern, ist einzuhalten, notfalls nach Stellenanhebung. Zum Quervergleich RhPfOVG ZBR 98, 59; aber OVG RhPF ZBR 2000, 98: Lebensaltersgrenzen zwecks ausgewogener Personalstruktur zuläsig (30 J. für Polizei-Hauptwachtmeister).
377 BVerwGE 15, 3, 7.
378 OLG Düss ZBR 82, 303: Besetzung von Hochschullehrerstellen nach Dienstalter (Fachhochschule) ohne Rücksicht auf unterschiedliche Qualifikation; OVG Kassel ZBR 2000, 55, 56: fehlerhaft ermittelte Beförderungsrangfolge; zur Kausalität BVerwG NJW 92, 927.
379 So grundsätzlich BVerwG ZBR 85, 195, 196, obwohl hier gegen HessVGH ZBR 83, 60, entschieden: funktionsgebundenes Amt rechtswidrig nicht mit Planstelle ausgestattet, Folge: Schadensersatz durch Nachholen der Beförderung; vgl. ferner die Rspr. bei *H.J. Becker*, ZBR 82, 265 f, RiA 83, 226, ZBR 93, 196, sowie OVG NW ZBR 86, 276; bestbeurteilter Beamter hätte in freie Stelle eingewiesen werden müssen; BreOVG ZBR 91, 153: systemwidrige Planstellenzuordnung.

III *Öffentliches Dienstrecht*

Regelungen über Nichtigkeit oder Rücknehmbarkeit einer Ernennung **analog** anzuwenden[380].

111 Möglich ist auch das Gegenteil der Beförderung: die **Zurückstufung**, d.h. die früher sog. **Rangherabsetzung**. Ihre Zulässigkeit ist unter dem Titel „Versetzung" in § 26 II geregelt. Danach kann sie nur mit Zustimmung des Beamten erfolgen – durch VA, nicht durch formgebundene Ernennung –, es sei denn, die Behörde selbst wird aufgelöst, im Aufbau wesentlich verändert oder mit einer anderen verschmolzen. Sonst ist Rangherabsetzung lediglich im förmlichen Disziplinarverfahren (als Erziehungsmaßnahme) möglich.

Für den Fall der gesetzlichen Eingliederung einer Körperschaft in eine andere (z.B. bei Gebietsreformen) enthalten die §§ 128-130 BRRG dem § 26 BBG vergleichbare Regelungen. Auch dabei dürfen beamtenrechtliche Rechtsstellungen nur soweit verändert werden, wie dies wegen der Umbildung der Körperschaften unumgänglich ist[381].

IV. Beendigung des Beamtenverhältnisses

1. Entlassung und Entfernung aus dem Dienst

112 Die Möglichkeiten und Modalitäten einer Entlassung aus dem Beamtenverhältnis sind im Gesetz **abschließend** aufgeführt (§§ 28-32). Sonderregelungen gelten für Beamte auf Widerruf und auf Probe (§§ 31, 32[382]). Der **Beamte auf Widerruf** (vgl. Rdnr. 60) kann zwar jederzeit, aber auch nur aus sachlichen Gründen entlassen werden. Dies ist ein ungeschriebenes Tatbestandsmerkmal im Rahmen des Ermessens. Es gilt zwar grundsätzlich auch für Beamte auf Widerruf im Vorbereitungsdienst, denen lediglich Gelegenheit gegeben werden „soll", den Vorbereitungsdienst abzuleisten und die Prüfung abzulegen, wird dort jedoch selten praktisch[383]. Der **Beamte auf Probe** (Rdnr. 61, 107) kann nach Ablauf der Probezeit (Bewährungszeit) zwar wegen Dienstunfähigkeit entlassen werden; es ist aber zu prüfen, ob nicht auf Grund der Fürsorgepflicht stattdessen die Versetzung in den Ruhestand (§ 46 II) auszusprechen ist[384]. Eine Entlassung wegen Dienstvergehens setzt (zum Schutz des Beamten) eine förmliche Untersuchung voraus[385] (§ 126 BDO).

---

380 So ausdrücklich BVerwGE 81, 283.
381 Vgl. dazu BVerwGE 62, 129, 132 f (Schlachthofschließung bei gleichzeitigem Übergang der Aufgabe von Stadt auf Kreis); DVBl. 86, 466 (Wahlbeamter).
382 Vgl. die entsprechenden Vorschriften in den LBG: BaWü §§ 43 ff; BayArt. 42 f; Bln § 67 f; Bbg § 96 f; Bre § 38 f; Hbg § 36 f; Hess § 42 f; MV § 37 f; Nds § 39 f; NW § 34 f; RP § 41 ff; Sa § 47 f; Sachs § 42 f; LSA § 31 f; SchlH § 43 f; Thür § 36 f.
383 Die ausgedehnte Diskussion bei *Günther*, ZBR 87, 129, 137 ff täuscht insofern. – Fachliche Mängel, die sich im Vorbereitungsdienst zeigen, reichen m.E. zur Entlassung nur dann aus, wenn ein Ausbildungserfolg mit Sicherheit nicht mehr zu erwarten ist (zur Diskussion vgl. *Schnellenbach*, Beamtenrecht in der Praxis[5], 2001, Rdnr. 197 ff, ferner BVerwGE 62, 267, 269 ff).
384 BVerwG DÖV 90, 393; ZBR 2002, 400; umfassend *Günther*, ZBR 85, 321, *Oswald* (Anm. 167), S. 120 ff; zur möglichen Verwendung in anderer Laufbahn RhPfOVG ZBR 87, 279, und jetzt § 42 III BBG.
385 BVerwGE 82, 356; näher *Bartha*, ZBR 85, 217; umfassend *Günther*, ZBR 85, 321, 325 ff.

Das Beamtenverhältnis **III C**

In der Regel schreiben die Personalvertretungsgesetze bei fristloser Entlassung die (vorherige) Anhörung des Personalrats vor; fehlt sie, ist die Entlassung rechtswidrig (Rdnr. 145), es sei denn, eine Mitwirkung des Personalrats erfolgt nur auf Antrag des Beamten (so z.B. § 78 BPersVG), und dieser hat trotz eindeutigen Hinweises darauf den Antrag nicht gestellt[386].

Jede Entlassung führt zum Verlust aller Rechte aus dem Beamtenverhältnis (zur sozialen Absicherung vgl. Rdnr. 105). In den Sonderfällen des § 48[387] (insbes. Verurteilung zu einjähriger Freiheitsstrafe) endet das Beamtenverhältnis **kraft Gesetzes** mit Rechtskraft des Urteils. Wegen anderer als der in § 48 aufgeführten Straftaten kann der Beamte nur durch Disziplinarurteil aus dem Dienst entfernt werden.

2. Eintritt und Versetzung in den Ruhestand

Abgesehen von sog. politischen Beamten (dazu Rdnr. 67) und Mandatsträgern (deren Rechte und Pflichten ruhen, § 5 AbgG) können Beamte auf Lebenszeit grundsätzlich[388] nur mit Erreichen der **Altersgrenze** oder wegen **Dienstunfähigkeit** in den Ruhestand treten (§§ 41, 42). Richter können bei schwerer Beeinträchtigung der Rechtspflege jederzeit in den einstweiligen Ruhestand versetzt werden[389].

113

Soll der Beamte wegen dauernder Dienstunfähigkeit in den Ruhestand versetzt werden (sog. **Zwangspensionierung**), muss ein positiver Nachweis der Dienstunfähigkeit geführt werden[390] (Gegenschluss aus § 42 III). Dies erfolgt in einem genau geregelten Verfahren, in dem zwecks objektiver Feststellung des Sachverhalts ein Beamter als unabhängiger, weisungsfreier Ermittlungsführer[391] eingesetzt wird (§ 44). Auf Anfechtungsklage hin prüft das Verwaltungsgericht die Frage der Dienstunfähigkeit vollständig nach, obgleich im Hinblick auf die dauernde Unfähigkeit zur Erfüllung der dienstlichen Pflichten[392] m.E. ein der dienstlichen Beurteilung vergleichbarer Beurteilungsspielraum des Dienstherrn anerkannt werden sollte[393]. Im Übrigen soll die Zwangspensionierung möglichst durch eine anderweitige Verwendung, die auch in einer geringerwertigen Tätigkeit bestehen kann, vermieden werden[394]. § 42 III regelt

---

386 Im Interesse des Beamten findet eine Mitwirkung gerade nicht statt. Mit Recht trennt die lesenswerte Entscheidung BVerwGE 81, 277, daher strikt zwischen dem Mitwirkungsverfahren (Willensbildung der Dienststelle) und dem Verwaltungsverfahren (Überprüfung der Entscheidung der Dienststelle); vgl. näher Rdnr. 140 ff sowie *Schenke* (Anm. 22) Fälle 30 ff.

387 Gemäß § 24 BRRG die LGB: BaWü § 66; Bay Art. 46; Bln § 83; Bbg § 100; Bre § 49; Hbg § 53; Hess § 46; MV § 52; Nds § 43; NW § 51; RP § 45; Sa § 62; Sachs § 65; LSA § 48; SchlH § 60; Thür § 52.

388 Vgl. näher *Battis* §§ 41, 41a, 42; umfassend *Plückhahn*, Beendigung des Beamtenverhältnisses und Übertragbarkeit anderer Ämter bei Dienstunfähigkeit, 1999; zu Sonderregelungen für Berufsoffiziere und Zollbeamte NVwZ 87, 723 m.w.N. und BundeswehranpassungsG vom 31.12.1991 (BGBl I, 2379). Vgl. auch VerwendungsförderungsG vom 21.12.1992 (BGBl I, 2091).

389 Vgl. z.B. BGH ZBR 95, 344 (wegen Kontakten des Richters zum „Rotlichtmilieu").

390 Vgl. zum aktuellen Stand von Gesetzgebung und Rspr. *Baden*, Beamtenrecht, Rz. 108 ff.

391 Anders der Untersuchungsführer im Disziplinarverfahren, vgl. HambOVG DVBl. 87, 1176.

392 Vom Dienstherrn zu entscheidender, maßgeblicher Gesichtspunkt, vgl. BVerwG ZBR 67, 148-151.

393 Dazu (neben vielem anderen Bedenkenswerten) *Summer* in Bespr. zu *Plückhahn* (Anm. 388), ZBR 2002, 144, 145 f.

394 Gemäß §§ 25, 26 BRRG enthalten die LBG entsprechende Vorschriften; zur Fragwürdigkeit der Neuregelung eindrucksvoll *Summer*, ZBR 93, 17, 20 ff.

die Voraussetzungen hierfür. – Unter welchen Umständen ein wieder dienstfähig gewordener Beamter erneut in das Beamtenverhältnis berufen werden kann oder muss, ergibt sich aus § 45[395]. Nach Ablauf von fünf Jahren hat der Beamte keinen Anspruch mehr auf Wiedereinstellung.

D. Das Dienstleistungsverhältnis

I. Dienstpflichten und Personaleinsatz

1. Vorgesetzte, Pflichten im Dienst und Arbeitszeit

114 a) Der Beamte ist regelmäßig im Rahmen einer hierarchisch gegliederten Organisationseinheit tätig. Deshalb hat er **Vorgesetzte**. Wer Vorgesetzter und wer Dienstvorgesetzter eines Beamten ist, bestimmt sich nach dem Aufbau der öffentlichen Verwaltung (so wörtlich § 3 II S. 3 BBG; Organisationshoheit). **Dienstvorgesetzter** ist, wer für beamtenrechtliche Entscheidungen über die **persönlichen** Angelegenheiten der ihm nachgeordneten Beamten zuständig ist (§ 3 II S. 1 BBG). Dazu gehören z.B. Urlaubserteilung, Erteilung einer Aussagegenehmigung, Genehmigung zum Fernbleiben vom Dienst, aber auch dienstliche Beurteilung, Beförderung, Feststellung der Dienstunfähigkeit, bestimmte disziplinarische Entscheidungen. Unmittelbarer Dienstvorgesetzter des Beamten ist i.d.R. der Behördenleiter (z.B. Leiter eines Arbeitsamtes). Höherer (mittelbarer/weiterer) Dienstvorgesetzter ist der Leiter der übergeordneten Behörde, der i.d.R. zugleich der Dienstvorgesetzte des Behördenleiters ist (z.B. Leiter des Landesarbeitsamtes); höchster Dienstvorgesetzter ist der Minister (oberste Dienstbehörde), dessen Zuständigkeit i.d.R. von einem damit beauftragten Abteilungsleiter wahrgenommen wird.

Vorgesetzter ist, wer nach der Verwaltungsorganisation einem Beamten für seine **dienstliche** Tätigkeit Anordnungen erteilen darf (vgl. § 3 II S. 2 BBG). Das darf auch, aber eben nicht nur der Behördenleiter. Unmittelbarer Vorgesetzter (Begriff: § 56 II BBG) ist etwa der Referatsleiter/Dezernatsleiter, nächsthöherer Vorgesetzter in größeren Behörden der sachlich zuständige Gruppenleiter/Abteilungsleiter. Diesen und allen weiteren Vorgesetzten gegenüber hat der Beamte in Ausübung des ihm übertragenen konkreten Amts seine Amtswahrnehmungspflicht zu erfüllen; sie umfasst, soweit sein Dienstposten betroffen ist, auch die Pflicht, die Vorgesetzten zu beraten, zu unterstützen, ihre Anordnungen auszuführen (§ 55 BBG), aber auch Bedenken gegen die Rechtmäßigkeit einer Anordnung geltend zu machen (sog. Remonstration; näher Rdnr. 115). Ist der Beamte faktisch nicht erreichbar, hat sein Vertreter „im Amt" diese Amtspflichten (einschl. der ungeschriebenen Verhaltenspflichten[396]) wahrzunehmen.

---

395 Vgl. BVerwGE 51, 264, 267 f, ferner BVerwG ZBR 91, 347, umfassend ZBR 2000, 384.
396 Etwa die Vorbildfunktion des Vorgesetzten, vgl. *Leuze*, DÖD 95, 1, 5f.

Ist dem Beamten noch kein Dienstposten zugewiesen worden, ist er vorübergehend mit einer dienstpostenunabhängigen Sonderaufgabe betraut o. Ä., so hat der Beamte den **Anordnungen** desjenigen Vorgesetzten nachzukommen, der nach dem Verwaltungsaufbau für dienstliche Anordnungen dienstpostenunabhängiger Art zuständig ist. Das ist i.d.R. der Behördenleiter. Ihm, einem von ihm bezeichneten „Projektleiter" o. Ä. und den jeweils höheren Vorgesetzten gegenüber besteht die (allgemeine) **Gehorsamspflicht** des Beamten, die direkt mit seinem Status als Beamter verknüpft ist. So gebietet die Gehorsamspflicht z.b. dem Beamten, seinen Dienst anzutreten, d.h. nach Anstellung, Versetzung, Abordnung oder Umsetzung sich bei den künftigen Vorgesetzten zum Dienst (Amtswahrnehmung, Sonderaufgabe) zu melden.

Auf Grund der Gehorsamspflicht haben z.B. Bahnbeamte ihren Dienst als Busfahrer auch dann zu verrichten, wenn die Organisation (Zeit-, Strecken- oder Pauseneinteilung, aber auch betriebliche Einzelweisungen) durch Angestellte einer Gesellschaft privaten Rechts erfolgt, an der die DB aus Gründen der regional am wirtschaftlichsten erscheinenden Verkehrsbedienung beteiligt ist. Ihre Ämter und Dienstposten bleiben unverändert, auch wenn ihnen fachliche Weisungen von Privaten erteilt werden. Die Bahnstrukturreform führt diese Dienstleistungsüberlassung weiter[397].

Manche Entscheidungen fachlicher Art und alle Entscheidungen, die den Bediensteten in seinem persönlichen Verhältnis zu seinem Dienstherrn betreffen, kann von Gesetzes wegen nur die **oberste Dienstbehörde** treffen. Alle Beamtengesetze definieren deshalb diesen Begriff[398]. Im Bundesrecht ist oberste Dienstbehörde des Beamten die oberste Behörde seines Dienstherrn, in deren Dienstbereich er ein Amt bekleidet (§ 3 I BBG, z.B. der Bundesfinanzminister für alle Zollbeamten).

Für den **Bundesdienst**[399] gilt im Übrigen folgendes: Ein Beamter, der den Bund zum Dienstherrn hat, ist unmittelbarer Bundesbeamter. Ein Beamter, der eine bundesunmittelbare jPdöR zum Dienstherrn hat, ist mittelbarer Bundesbeamter (§ 2 II BBG). Letzteres hat zur Folge, dass nach § 187 BBG, mit dessen Regelung die Einheitlichkeit des Personalrechts des Bundes gesichert werden soll, die für die Aufsicht zuständige oberste *Bundes*behörde (i.d.R. ein Bundesministerium) eine der obersten *Dienst*behörde obliegende Entscheidung sich vorbehalten oder ihrer Genehmigung unterstellen kann (oder verbindliche Grundsätze aufstellen kann). **Beispiele:** Verbot der Führung der Dienstgeschäfte (§ 60 BBG), Entscheidung über die Genehmigung von Nebentätigkeit (§ 65 BBG), über das Absehen von der Rückforderung zu viel gezahlter Bezüge (§ 87 II BBG). Dabei ist die für die *Dienstaufsicht* zuständige oberste Bundesbehörde gemeint, der nicht notwendig auch zugleich die *Fach*aufsicht zustehen muss (Beispiel: Bei der Physikalisch-Technischen Bundesanstalt hat das Bundesministerium für Wirtschaft die Dienstaufsicht, während für den Bereich kerntechnische Sicherheit und Strahlenschutz das Bundesministerium für Umwelt die Fachaufsicht hat).

b) Die **Dienstpflichten** des Beamten sind in den **§§ 52 und 54** grundlegend festgelegt. § 52 konkretisiert seinen Status, das Dienst- und Treueverhältnis, in einem ers-

---

397 Umfassend zu den Folgen der Bahnreform *Wernicke*, Bundesbahn – wo sind deine Beamten geblieben?, ZBR 98, 266; näher Rdnr. 120 (Zuweisung).
398 Vgl. § 3 BBG sowie BaWü § 4; Bay Art. 4; Bln §§ 3-5; Bbg § 4; Bre § 4; Hbg § 3; Hess § 4; MV § 3; Nds § 3; NW § 3; RP § 4; Sa § 4; Sachs § 4; LSA § 3; SchlH § 4; Thür § 4.
399 Außer den insoweit in der Tradition des preußALR stehenden Länder Berlin (§ 2 II), Niedersachsen (§ 2 II) und Rheinland-Pfalz (§ 2 III) verzichten die übrigen Bundesländer auf diese Unterscheidung; Sachsen-Anhalt (§ 2 S. 2) hat sich Nds angeschlossen.

III *Öffentliches Dienstrecht*

ten Bündel von Grundpflichten, die jede Amtstätigkeit betreffen. § 52[400] ist daher eine **Generalklausel** für das Verhalten des Beamten gegenüber Dritten:

(1) Der Beamte dient dem ganzen Volk, nicht einer Partei. Er hat seine Aufgaben unparteiisch und gerecht zu erfüllen und bei seiner Amtsführung auf das Wohl der Allgemeinheit Bedacht zu nehmen.

(2) Der Beamte muss sich durch sein gesamtes Verhalten zu der freiheitlichen demokratischen Grundordnung im Sinne des Grundgesetzes bekennen und für deren Erhaltung eintreten.

Demgegenüber knüpft § 54[401] an das Amt im funktionellen Sinne an und nimmt den Beamten im Hinblick auf seine **Diensterfüllung** in die Pflicht. § 54 enthält eine **doppelte** Generalklausel: zum einen **konkret** für die Amtswahrnehmung und die darin enthaltene Dienstpflichterfüllung, zum anderen **abstrakt** für das Verhalten als Träger eines bestimmten (abstrakt-funktionellen) Amtes:

Der Beamte hat sich mit voller Hingabe seinem Beruf zu widmen. Er hat sein Amt uneigennützig nach bestem Gewissen zu verwalten. Sein Verhalten innerhalb und außerhalb des Dienstes muss der Achtung und dem Vertrauen gerecht werden, die sein Beruf erfordert.

Aus diesen Generalklauseln ergeben sich für den Beamten **konkrete Pflichten**; so eine Auskunfts- und Beratungspflicht gegenüber dem Bürger (§ 52), eine Gesunderhaltungspflicht (§ 54 S. 1), eine Wahrheitspflicht (§ 54 S. 3). Abgesehen von § 52 II (Verfassungstreue, oben Rdnr. 38) ist zumeist nur der Inhalt des § 54 schwierig zu bestimmen:

Aus der Grundpflicht zur vollen Hingabe an den Beruf[402] wurde **beispielsweise** entnommen: die Pflicht zur Gesunderhaltung, etwa durch Einhaltung ärztlicher Anordnungen und Meiden von Alkohol bei Gefahr der Trunksucht; die Pflicht, sich zur Klärung seines Gesundheitszustandes einer ärztlichen Untersuchung zu unterziehen[403]; die Pflicht, ausgeruht zum Dienst zu kommen[404]; die Pflicht, an Fortbildungsmaßnahmen teilzunehmen. Aus der Grundpflicht zu uneigennütziger Amtsführung folgt die Pflicht, schon den Verdacht der Bestechlichkeit zu vermeiden; aus der Grundpflicht zu achtungs- und vertrauenswürdigem Verhalten die Pflicht, gegen Mitarbeiter nicht leichtfertig Strafanzeige zu erstatten[405]. – Die Generalklausel in § 54 S. 3 ist die **Grundlage für das Disziplinarrecht** (§ 77 I, näher Rdnr. 129 ff).

115 Während die generelle Dienstpflicht in den §§ 52, 54 festgelegt ist, ergeben sich spezielle Amtswahrnehmungspflichten für den Beamten erst mit der Übertragung eines

---

400 Z.T. als „politische Pflichten" bezeichnet (dazu im Einzelnen *Leuze*, DÖD 94, 125), als ein Beispiel für dessen Verletzung im Kantinengespräch vgl. BVerwG ZBR 2001, 327). – Vgl. gemäß § 35 I BRRG die LBG: Ba Wü § 70; Bay Art. 62; Bln § 18; Bbg § 18 I, II; Bre § 53; Hbg § 57; Hess § 67; MV § 57 I, II; Nds § 61 I, II; NW § 55; RP § 63 I; Sa § 67 I, II; Sachs § 69; LSA § 52; SchlH § 65 I, II; Thür § 56 I.
401 Gemäß § 36 BBRG die LBG: BaWü § 73; Bay Art. 64 I; Bln § 20; Bbg § 19; Bre § 55; Hbg § 59; Hess § 69; MV § 58; Nds § 62; NW § 57; RP § 64; Sa § 68; Sachs § 72; LSA § 54; SchlH § 66; Thür § 57.
402 Unterschiede sind zu beachten zwischen Beamten und Soldaten (ständige Einsatzbereitschaft), vgl. BVerwG DVBl. 86, 473.
403 Zwar allgemein zur Feststellung des körperlichen Zustandes, nicht aber zur psycho-mentalen Untersuchung bei sporadisch auftretender Leistungsschwäche (vgl. dazu VGH BW DVBl. 88, 358).
404 Anschaulich *Leuze*, DÖD 95, 1, 5; zur Residenzpflicht (§ 74 BBG) auch oben Rdnr. 33.
405 Vgl. etwa Strafanzeige wegen Nötigung zu einer Dienstpflichtverletzung gegen Vorgesetzten, der (möglicherweise zweifelhafte) dienstliche Anordnung trifft, BVerwG NJW 2001, 3280.

konkret-funktionellen Amts. Im Rahmen dieser **Amtswahrnehmungspflicht** (näher oben Rdnr. 8) hat der Beamte seine Vorgesetzten zu beraten und zu unterstützen (§ 55 S. 1). Er handelt als sog. Amtswalter. Eine Anordnung des fachlich übergeordneten Amtsinhabers ergeht grundsätzlich an das „Amt" (**amtsadressiert**; der jeweilige Amtsinhaber bzw. sein Vertreter soll ihr nachkommen). Sie zielt auf eine mit den Befugnissen des Amtes zu erfüllende staatliche Aufgabe. Der Amtsinhaber erfüllt seine Amtswahrnehmungspflicht, indem er die Anordnung ausführt (§ 55 S. 2). Zur Amtswahrnehmungspflicht gehört es aber auch, fachliche Bedenken gegen die Zweckmäßigkeit einer amtsadressierten Anordnung gegenüber dem vorgesetzten Amtsinhaber geltend zu machen und Alternativen vorzuschlagen: **Beratung** des Vorgesetzten (§ 55 S. 1). Da der Beamte nach § 56 I für die Rechtmäßigkeit seiner dienstlichen Handlungen die volle persönliche Verantwortung trägt, hat er, wenn eine Anordnung ihm rechtswidrig erscheint, zudem die spezielle Pflicht zur sog. **Remonstration** (§ 56 II[406]).

Beispiele: Behördenleiter weist während eines Arbeitskampfes einen Beamten an, Flugblätter/Informationsschriften zu „beschlagnahmen", einen anderen, die Auflösung einer Streikversammlung durch dienstliche Anweisungen herbeizuführen[407]; neu eingestellter Fachlehrer soll an seinem ersten Schultag allein mit einer Klasse den Wandertag durchführen, „um sich zu bewähren"[408]; Beamter wird angewiesen, offensichtlich rechtswidrige Befreiungen von der Bauordnung zu genehmigen[409]; anders aber: Weisung an Dozenten an Fachhochschule für öffentl. Verwaltung, den Schwierigkeitsgrad von Übungsklausuren zu vermindern[410].

Die **Remonstrationspflicht**[411] dient der Rechtmäßigkeitskontrolle innerhalb der Verwaltung. Sie verpflichtet den Beamten in besonderem Maße zu aufmerksamer Amtsführung[412]. Hat der Beamte nach § 56 II BBG ohne Erfolg remonstriert, gebietet allerdings die Amtswahrnehmungspflicht, die Anordnung auszuführen, wenn das angesonnene Tun nicht erkennbar strafbar ist oder die Menschenwürde verletzen würde. Rechtlich handelt nun das „Amt". Diese Erfüllung der Amtswahrnehmungspflicht durch den Beamten wird häufig als Ergebnis seiner Gehorsamspflicht verstanden. Dies ist jedoch nicht richtig. Die **Gehorsamspflicht** steht vielmehr neben der Amtswahrnehmungspflicht. Sie ist eine latente, zusätzliche Pflicht, die höchstpersönlich zu erfüllen und nicht auf Fragen der Amtswahrnehmung beschränkt ist (vgl. § 3 II BBG). Regelmäßig wird sie nur dann aktiviert, wenn im Einzelfall die Übernahme der persönlichen Verantwortung des Behördenleiters für eine Entscheidung erforderlich ist. Sie soll der Verwaltungsspitze die Möglichkeit zu letztverbindlicher Entscheidung in der Sache Gewähr leisten, um insbesondere eine das Gleichbehandlungsgebot konkretisierende Verwaltungspraxis sicherzustellen. Die die Gehorsams-

---

406 Gemäß § 38 II BRRG die LBG: oben Anm. 149.
407 BAG NJW 86, 210, 213, ZBR 85, 304, 308 (unzulässig, weil Staat Partei ist); vgl. Rdnr. 45.
408 Allg. dazu BAG NJW 86, 213 f; hier: m.E. unzulässig, weil unzumutbar.
409 VG Berlin NVwZ 88, 757: Weisung ist „nichtig"; vgl. aber *Günther* (Anm. 150), 305 ff, 307 (!).
410 Vgl. RhPf OVG ZBR 2000, 357 (zulässig, weil laufbahngebundene Leistungsfeststellung).
411 Vgl. aus der Lit. insbes. *Romann*, Remonstrationsrecht und Remonstrationspflicht, Diss. rer. pol. Speyer 1996; ausführlich *Felix*, ZBR 94, 18 m.w.N., und *Weiß*, ZBR 94, 325 und ZBR 95, 195.
412 Vgl. etwa das Verhalten der Beteiligten in VG Köln ZBR 2002, 100, 101 f.

pflicht aktivierende Vorgesetztenweisung erzwingt daher stets nur ein ganz bestimmtes Tätigwerden des persönlich dazu angewiesenen Beamten.

116 b) Die mit seinem Amt verbundenen konkreten Dienstleistungspflichten muss der Beamte mit voller Arbeitskraft erfüllen, dies aber nur während der **Arbeitszeit**. So hat das BVerwG im Nachspiel zum sog. Fluglotsenstreik festgestellt: § 54 S. 1 erfordert – zumindest in verantwortlichen Positionen, in die man nur auf Grund erwiesener Tüchtigkeit und Leistung gelangt – den individuell optimalen und nicht nur einen generell durchschnittlichen dienstlichen Einsatz[413]. Art und Modalitäten der Arbeitszeitgestaltung (Höchstarbeitszeit, Sonderdienst, Gleitzeit usw.) sind in der ArbeitszeitVO geregelt. Dagegen regelt § 72 II Satz 1[414] die Pflicht des Beamten, sog. **Mehrarbeit** ohne Vergütung zu leisten, wenn dienstliche Gründe dies erfordern und die Mehrarbeit auf Ausnahmefälle beschränkt bleibt[415]. Insofern begrenzt das Gesetz im Interesse der Gesundheit des Beamten seine Inanspruchnahme durch den Staat, dem er „qualitativ mehr schuldet als lediglich eine zeitlich begrenzte Führung der Amtsgeschäfte", nämlich „seine ganze Arbeitskraft" (BVerfG[416]). Mehr als fünf Stunden genehmigter Mehrarbeit im Monat sind nach § 72 II S. 2 durch Dienstbefreiung auszugleichen, ansonsten kann sie vergütet werden. – Ist der Beamte von der Einhaltung fester Dienstzeiten entbunden, kann er eine Vergütung für Mehrarbeit nicht beanspruchen; er darf bei erheblicher Mehrleistung seinen Freizeitausgleich durch flexible Handhabung der Dienststunden selbst regeln (Beispiel: Staatsanwalt; grundsätzlich anders bei Richtern und z.T. bei Universitätsprofessoren[417]). Lehrer sind an die Pflichtstundenregelungen ihres Dienstherrn (Ermessen) gebunden; die Pflichtstunden wie die sonstigen Arbeitszeiten können auch erhöht werden[418].

117 c) Grundsätzlich darf der Beamte nicht ohne Genehmigung des Dienstvorgesetzten dem Dienst fernbleiben (§ 73[419]). Dennoch fehlt er nur dann **unerlaubt**, wenn er auch verpflichtet war, bestimmte Dienstobliegenheiten zu erfüllen[420].

---

413 Vgl. BVerwGE 73, 97 ff; zum Führungsstil lesenswert *Höhn*, Die innere Kündigung, 1989.
414 Gemäß § 44 BRRG die LBG: oben Anm. 370.
415 Vgl. aber BVerwG DVBl. 82, 1190: Fahrtzeiten zu auswärtigem Dienst (z.B. zu Rauschgifteinsätzen, zu Gerichtsverhandlungen) sind nicht Mehrarbeit, auch wenn dabei Funkbereitschaft zu halten ist (geringe Intensität der dienstlich veranlassten Tätigkeit); ebenso BVerwG ZBR 87, 275 (vgl. Anm. 341); aber: Abgeltung von Reisezeit durch Dienstbefreiung auf Grund gesetzlicher Regelung möglich (BVerwGE 83, 250); fragwürdig BVerwG JZ 91, 980 m. Anm. *Lecheler*.
416 BVerfGE 55, 207 (241); bei Gleitzeit *Köhler*, DÖD 89, 259; ferner BVerwGE 88, 60.
417 VG Düss. NJW 88, 1218 (StA), BGH NJW 91, 1103, 1104, BVerwGE 78, 211, 213 (Richter: keine festen Dienstzeiten), OVG Saarl ZBR 92, 381, *Lecheler*, PersV 90, 299, 302 (zu Professoren); zur Entscheidungsfreiheit von Professoren über Ausfallen/Nachholen von Lehrveranstaltungen OVG NW ZBR 2000, 60, 61, zu ihrer Präsenzpflicht in der Vorlesungszeit OVG Saarl. ZBR 2000, 100.
418 Vgl. BVerwG ZBR 92, 154, und RhPf OVG ZBR 2000, 57 (Lehrer), BVerwG ZBR 95, 146 (allg. Erhöhung); grundsätzlich dazu jeweils *Heimlich* und *Ziemske*, ZBR 2001, 381 bzw. 1 ff.
419 Gemäß Ermächtigung in § 47 BRRG die LBG: BaWü §§ 91,)7; Bay Art. 81 I, II; Bln § 36; Bbg § 40; Bre § 72; Hbg § 77; Hess § 86; MV § 81; Nds § 81 I, III; NW § 79; RP § 81; Sa § 88 I, III; Sachs §§ 92, 98; LSA § 73; SchlH § 89; Thür § 77.
420 Zur differenzierten Betrachtung bei Professoren BVerwG ZBR 2000, 345.

So rechtfertigt ein Widerspruch gegen eine Versetzungsverfügung wegen der Neuregelung in § 126 III Nr. 3 BRRG nicht mehr das Fernbleiben von der neuen Dienststelle[421], eine rechtswidrige Urlaubsverweigerung ein Fernbleiben ebenfalls nicht (fragl. bei der Weisung, längerfristig einen unterwertigen Dienstposten wahrzunehmen[422]). Die Ahndung des Fehlverhaltens geschieht mithilfe des Disziplinarrechts. Daneben verliert der Beamte für den Zeitraum des Fernbleibens seinen Anspruch auf Dienstbezüge, sofern er **unentschuldigt** fehlte, d.h. dienstfähig war und dies wusste[423]. Seit 1980 gilt dies auch für einzelne Stunden (vgl. § 9 BBesG).

Genehmigtes Fernbleiben vom Dienst – d.h. nicht zugleich: Fernbleiben von der Dienststelle – besteht bei einer Freistellung vom Dienst (analog § 12 II SUrlVO) sowie bei der zeitlich beschränkten Befreiung von den Dienstleistungspflichten aus besonderem Anlass (z.B. Geburtstag, Jubiläum, Verabschiedung, Beförderung)[424].

2. Umsetzung, Abordnung und Zuweisung, Versetzung

a) Das Dienstleistungsverhältnis des Beamten ist bestimmt durch sein Amt im funktionellen Sinne, und zwar durch sein abstraktes Amt und den konkreten Dienstposten. Er unterliegt dabei den Erfordernissen der Steuerung des Personaleinsatzes. Zur optimalen Dienstpostenbesetzung bedient sich die Personalsteuerung vornehmlich der sog. **Umsetzung**[425]. Sie ist die Zuweisung eines anderen Dienstpostens innerhalb derselben Behörde. Die Rspr. und der überwiegende Teil der Lehre sehen in ihr zu Recht eine innerbehördliche Organisationsmaßnahme, die regelmäßig **nicht** die Qualität eines **VA** besitzt[426]. Die Umsetzung ist infolgedessen rechtsfehlerfrei, wenn der Aufgabenbereich des neuen Dienstpostens sich im Rahmen des abstrakt-funktionellen Amtes des umgesetzten Beamten hält, wenn also weiterhin eine **amtsgemäße Verwendung** vorliegt und die Gründe für die Umsetzung nicht „willkürlich" i.S. eines Ermessensmissbrauchs sind[427]. Rechtlich unerheblich ist dabei, ob der neue Dienstposten ebenfalls mit Vorgesetztenfunktion, mit einer ähnlichen Anzahl von Mitarbeitern oder mit vergleichbarem kollegialen oder gesellschaftlichen Ansehen, selbst mit einem Verlust an Beförderungschancen verbunden ist.

118

---

421 Möglich bleibt Antrag auf Anordnung der aufschiebenden Wirkung bzw. Aufhebung des Vollzugs nach § 80 Abs. 5 VwGO.
422 Vgl. BDHE 7, 88-91. Umfassend *Günther*, DÖD 95, 128 m.w.N.
423 Z.B. NdsDiszGH ZBR 97, 87 (Lehrer); umfassend *Günther*, ZBR 95, 285, und 97, 107; sowie erneut ZBR 98, 345 (verspätete Urlaubsrückkehr), und 2000, 368 (mit Beispielen zum Referendar-„Streik" und sonstiger Abwesenheit: S. 369 m. Fn. 20).
424 Vgl. zu letzterem OVG NW ZBR 84, 251 (Feier während der Dienstzeit).
425 Vgl. umfassend *Kathke*, ZBR 99, 32, 333 ff, ferner OVG Saarl ZBR 85, 316, und ZBR 95, 47; vertiefend *Erichsen*, DVBl. 82, 95 (VA oder nicht?, Rechtsschutz), *Summer*, PersV 85, 441 (zur Systematik), *Kotulla*, ZBR 95, 359, 366 (vergleichend); gegen die h.M. *Paehlke-Gärnter*, Versetzung, Umsetzung, Abordnung, 1988, S. 157 ff; Fall 25 bei *Schenke* (Anm. 22).
426 Vgl. BVerwGE 60, 144, 146-149 (grundlegend!), E 89, 199, 201 (Willkür?) und E 98, 32 (Aufgabenänderung, Dienstpostenverlegung). Zur Rückumsetzung OVG NW ZBR 84, 340 und 282 f (mögliche Zusicherung, Dienstposten auch in Zukunft zu behalten); fehlender Zustimmung des Personalrats erzwingt Rückumsetzung (BVerwGE 75, 138). Vgl. auch BVerwG ZBR 92, 176 (Dienstpostenbewertung); näher Rdnr. 150.
427 Dauerhaft Unterricht an einer Realschule ist nicht amtsangemessen für Studienrat: OVG Berlin ZBR 87, 375. Vgl. aber BayVGH ZBR 97, 194 (Aufgabenänderung, Entzug Leitungsfunktion), und OVG Saarl. ZBR 95, 47.

III Öffentliches Dienstrecht

Gleichwohl kann die Umsetzung rechtswidrig, weil ermessensfehlerhaft, sein, und zwar insbes. ihr erster Teilakt, die Ablösung vom bisherigen Dienstposten (sog. Wegsetzung), wenn dieser eine frühere Zusicherung (§ 38 VwVfG), eine Einstellungsvereinbarung oder gegenseitige Willenserklärungen bei der Aufgabenübertragung des bisherigen Dienstpostens entgegenstehen (schutzwürdiges Vertrauen). Auch die Fürsorgepflicht kann im Einzelfall den Entscheidungsrahmen des Dienstvorgesetzten einengen (zum Rechtsschutzverfahren vgl. Rdnr. 147 ff).

Ein Teil der Lehre sieht den umgesetzten Beamten stets als in seinem Beamtenverhältnis unmittelbar rechtlich betroffen an. Danach wäre die Umsetzung ein VA. Auch die **Veränderung des** dem Beamten zugewiesenen **Aufgabenbereichs** (Dienstposten) durch Organisationsverfügung wird z.T. als VA angesehen[428]. Anders die **Rspr.:** Solange damit nicht der Entzug eines wesentlichen Teils des bisherigen Aufgabenbereichs verbunden ist, liegt nicht einmal eine Umsetzung vor, viel weniger ein VA[439]. Das Nichtvorliegen einer Umsetzung hat i.d.R. (entscheidend: Landesrecht) zur Folge, dass die Personalvertretung nicht vorher zu beteiligen ist[430].

119 Die **Übertragung eines höherwertigen Dienstpostens** innerhalb derselben Dienststelle ist eine qualifizierte Form der Umsetzung. Da sie eine Beförderungsvoraussetzung darstellt (§§ 11, 12, 4 II BLV), betrifft sie nicht nur die Dienstleistung des Beamten im Rahmen seines bisherigen abstrakt-funktionellen Amtes, sondern legt dem Beamten eine Dienstleistungspflicht auf, die (ebenso wie die Zuweisung eines *unterwertigen* Dienstpostens) die persönliche Rechtssphäre des Beamten gestaltet (vgl. § 27 I S. 2: Abordnung). Damit ist sie **m.E.** – anders als die schlichte Umsetzung – **ein VA**[431].

Geschah die Umsetzung auf Grund einer Ausschreibung mit dem Ziel, den ausgewählten Bewerber bei Bewährung auf diesem Dienstposten zu befördern, ist sie mit dem OVG Lüneburg als **„mehrgesichtiger"** VA anzusehen, der zwar von den Mitbewerbern nicht angefochten werden kann[432], der es aber – wegen der ihm innewohnenden Ablehnung der von den Mitbewerbern beantragten VAe – zulässt, dass die Mitbewerber vorläufigen Rechtsschutz i.V.m. einer Verpflichtungsklage auf Neubescheidung beantragen[433]. Das **BVerwG** lässt in pragmatischer Weise gegen die Mitteilung der Besetzungsentscheidung Anfechtungsklage der Mitbewerber zu[434]. Die meisten **Oberverwaltungsgerichte** sehen in der schlichten Übertragung höherwertiger

---

428 Fraglich, da kein Recht des Beamten, bestimmte Aufgaben wahrzunehmen (Ausnahme: Zusage).
429 So mit Recht BVerwG NVwZ 82, 103; vgl. dazu *Battis*, NVwZ 82, 87 und oben Anm. 426, 427.
430 Dazu etwa OVG NW ZBR 84, 339 f, und BVerwG ZBR 98, 32, 33 (Dienstpostenverlagerung).
431 A.A. *Günther*, DÖD 84, 161 (162 f), ZBR 86, 697, 700, der *Realakt* mit Drittwirkung (wegen der Folgen für Mitbewerber) annimmt; so auch *Battis*, NJW 85, 719; aber OVG Schl. ZBR 95, 78, 79.
432 A.A. (obgleich Auswahlverfahren fehlte) HessVGH NVwZ 82, 638 f; näher *Bracher*, ZBR 89, 139, 141 ff (zum Untersagen/Rückgängigmachen endgültiger Besetzung), und *Günther*, ZBR 90, 284, 288 f. Die Stellenbesetzung im Militärbereich ist, weil nicht auf Dauer angelegt, anfechtbar i.V.m. Verpflichtungsklage auf Umsetzung (BVerwGE 76, 336; näher Rdnr. 96 a.E.).
433 Vgl. OVG Lbg DVBl. 85, 1245, 1246, und BVerwG ZBR 2002, 207; näher Rdnr. 92, 94; grundlegend zweifelnd *Schoch*, Vorläufiger Rechtsschutz und Risikoverteilung im Verwaltungsrecht, 1988, S. 687 ff.
434 So z.B. in ZBR 2002, 207.

Dienstposten lediglich eine **Umsetzung**[435] (Folge: vorläufiger Rechtsschutz nach § 123, nicht § 80 VwGO; später Leistungsklage statt Anfechtungs- und/oder Verpflichtungsklage).

Unabhängig von der konkreten Maßnahme zur Besetzung eines Dienstpostens – ein auswärtiger Bewerber müsste ggf. versetzt werden – wird dem übergangenen Bewerber vorläufiger Rechtsschutz nach § 123 VwGO zur Sicherung des „Bewerberverfahrensanspruchs" gewährt – und das durchaus nicht ohne Erfolg[436]. Auf dem höherwertigen Dienstposten muss sich der Beamte in einer Erprobungszeit von höchstens einem Jahr bewähren (§ 11 BLV), d.h. seine Eignung dafür nachweisen, sonst wird die Übertragung widerrufen[437].

b) **Abordnung** ist die vorübergehende Übertragung eines funktionellen Amtes – nicht notwendigerweise auch eines bestimmten Dienstpostens[438] – **bei einer anderen Behörde**. Sie ist nach zutreffender, überwiegender Auffassung VA[439]. Voraussetzung ist, dass ein dienstliches Bedürfnis für die Abordnung besteht und die zu erledigenden Aufgaben dem statusrechtlichen wie dem abstrakt-funktionellen Amt des Abzuordnenden entsprechen (§ 27 I[440]). Der Beamte soll also nicht im Wege der Abordnung unterwertig beschäftigt werden. Zeitlich beschränkte Ausnahmen dazu sowie eine Abordnung, die nur einen Teil der Arbeitszeit erfasst (Teilabordnung), sind mit dem Dienstrechtsreformgesetz von 1997 zugelassen worden (siehe unten Rdnr. 162). Auch bei einer **Abordnung zu einem anderen Dienstherrn** bleibt der Beamte seiner Stammdienststelle zugehörig (Planstelle). Während für dienstliche Entscheidungen der neue Vorgesetzte zuständig wird, verbleibt die Zuständigkeit für statusrechtliche Änderungen beim bisherigen Dienstherrn (§ 27 IV; z.B. Beförderung). Ungeklärt ist dabei, wer die Disziplinarbefugnis ausübt (§ 35 II S. 2 BDO?[441]):

Im Interesse wachsender internationaler Zusammenarbeit erlaubt es seit 1990 das Instrument der **Zuweisung** (§ 123a BRRG), dass ein Beamter mit seiner Zustimmung vorübergehend eine „seinem Amt entsprechende" Tätigkeit bei einer öffentlichen

120

---

435 So HessVGH (Anm. 432), und OVG NW ZBR 86, 54: Übertragung eines intern höherbewerteten Dienstpostens ohne feste Planstelle, die aber „faktisch eine Beförderungsanwartschaft begründet" (S. 55); ferner OVG Bremen und OVG NW ZBR 88, 65 bzw. 96 (beide auch zur Frage einer Rückumsetzung).
436 Vgl. Besetzung des Justiziariats im hess. Umweltministerium (Konkurrenz: promovierter Regierungsrat mit Zweitstudium und besseren Examensnoten gegen langjährigen Regierungsdirektor im Ministerialdienst mit auch umweltrelevantem Bereich): HessVGH DVBl. 87, 425, ZBR 86, 205; ebenso OVG NW NVwZ 86, 773, bei Übertragung eines Referatsleiterpostens, dem auch eine bestimmte Planstelle nicht zugeordnet war (sog. Topfwirtschaft); vgl. aber OVG Schl. ZBR 95, 78, und BVerwG ZBR 89, 281.
437 Anschaulich dazu der Fall in BVerwG ZBR 2000, 303.
438 So mit Recht (vgl. Rdnr. 8) RhPf OVG ZBR 86, 298, NVwZ 86, 768.
439 Zustimmungserfordernis indiziert Individualrecht (so *Erichsen*, DVBl. 82, 95, 98); Maßnahme greift über innerbehördlichen Bereich hinaus (so u.a. BVerwGE 60, 144, 147), daher mit Recht bei „Teilzuweisung" von Unterricht in Schule einer anderen Schulart VA (VGH BW DVBl. 87, 424).
440 Gemäß § 17 BRRG die LBG: BaWü § 37; Bay Art. §§; Bln § 62; Bbg §§ 87, 88; Bre § 28; Hbg §§ 29, 31; Hess §§ 28, 30; MV § 31; Nds §§ 31, 33, NW § 29; RP §§ 33, 34; Sa §§ 34, 35; Sachs § 36; LSA § 27; SchlH §§ 33, 34; Thür § 32. Umfassend *Kathke*, ZBR 99, 325, 336 ff.
441 Vgl. dazu *Müssig*, ZBR 90, 109, 113 f, und *Weiß*, PersV 95, 241, 243 f.

III Öffentliches Dienstrecht

Einrichtung außerhalb der Bundesrepublik wahrnimmt. Sie muss nur im „öffentlichen" (nicht nur dienstlichen) Interesse liegen. Wenn „dringende öffentliche Interessen" es erfordern, kann er nach Entscheidung seiner obersten Dienstbehörde sogar einer nicht-öffentlichen Einrichtung (z.B. bei einer Bank im Entwicklungsland, als Polizist bei der Lufthansa) zugewiesen werden[442]. Aus gleichem Grunde kann ein Beamter jetzt auch einer mindestens teilweise privatrechtlich organisierten Einrichtung der öffentlichen Hand zugewiesen werden, und zwar sogar ohne seine Zustimmung und auf Dauer (§ 123a II BRRG n.F.). Die Zuweisung ist VA; Widerspruch hat aufschiebende Wirkung (arg. § 126 III Nr. 3 BRRG: nur bei Versetzung und Abordnung keine aufsch. Wirkung).

Die **Zuweisungen im Zuge der Privatisierungen** bei Flugsicherung, Bundesbahn und Bundespost (mit Fernmeldedienst/Telekommunikation) haben Rechtsfragen aufgeworfen, die sich – klausurrelevant – verschärft stellen, wenn Zuweisungen an privatisierte (Teile von) Dienststellen erfolgen[443], also an GmbHs, AGs oder auch Stiftungen. Zweifel ergeben sich schon aus grundsätzlichen Erwägungen, wenn es sich nicht um beliehene Unternehmer (mit oder ohne Verleihung der Dienstherreneigenschaft) handelt, also aus den unterschiedlichen Regelungen in Art. 143a I GG (Übergangsrecht Eisenbahnen) und Art. 143b III GG (Umwandlung Bundespost) einerseits sowie § 123a I und II, III BRRG andererseits[444]. Neben der sich anschließenden Prüfung der Frage der Rechtmäßigkeit der Zuweisungsverfügung ist es dann vor allem erforderlich, genau zu unterscheiden zwischen statusrechtlichen Veränderungen und den Rechten und Pflichten, die sich aus dem Amt im funktionellen Sinne ergeben. Nachzudenken wäre über die Reichweite der Rechte aus dem abstrakt-funktionellen Amt (siehe dazu oben Rdnr. 9, 10). Grundsätzlich gilt jedenfalls: Statusbezogene Entscheidungen verbleiben beim öffentlich-rechtlichen Dienstherrn (Dienstvorgesetzter), beschäftigungsbezogene liegen bei der privatisierten Einrichtung (Vorgesetzter). Deshalb bleibt die Disziplinarbefugnis beim Dienstherrn[445], während dies beim Remonstrationsrecht durchaus zweifelhaft ist[446]. Klarheit herrscht lediglich im Grundsatz bei den gesetzlich geregelten Fällen: Postbeamte unterliegen dem Disziplinarrecht auch während ihrer Tätigkeit bei der Telekom AG[447] oder der Deutsche Post AG und können dabei das Ansehen des Berufsbeamtentums beeinträchtigen[448] (§ 54 BBG). Bahnbeamte werden weiterhin vom Dienstherrn (Bundeseisenbahnvermögen, vgl. oben Rdnr. 5) befördert, aber für die Übertragung eines höherwertigen

---

442 Vgl. umfassend *Kathke*, ZBR 99, 325, 341 ff; ferner *Kotulla*, ZBR 95, 168, *Lorenzen*, PersV 90, 369, *Hoffmann*, ZTR 90, 327, *Weiß*, ZBR 96, 25.
443 Lies dazu erneut *Kutscha* (Anm. zu Rdnr. 5), sodann (in dieser Reihenfolge) *Kathke, Steuck* und *Schönrock*, ZBR 1999, 341, bzw. 150 bzw. 2002, 306.
444 Vgl. etwa nur *Battis* § 27 Rdnr. 6 gegen *Lecheler*, ZBR 97, 206, 210.
445 Vgl. BVerwG NVwZ 97, 584 (Post).
446 So aber *Kathke* (Anm. 443) S. 343; zweifelnd *Steuck* (Anm. 443) S. 153.
447 BVerwG ZBR 2000, 387, und BVerwG ZBR 2002, 353; näher zur Prüfungspflicht der Bundesanstalt Post bei Disziplinarmaßnahmen der (beliehenen) Telekom AG nach der Neufassung des Disziplinarrechts *Wendt/Elicker*, ZBR 2002, 73.
448 Vgl. BVerwGE 111, 231 (Telekom), BVerwG ZBR 2002, 398 (Post), aber: keine unparteiische, dem Wohl der Allgemeinheit verpflichtete Amtsausübung dort möglich (BVerwGE 111, 231).

Dienstpostens und für die Beurteilung der bei ihr tätigen Bahnbeamten ist primär[449] die Bahn AG zuständig.

c) Von der Abordnung unterscheidet sich die **Versetzung** dadurch, dass dem Beamten ein anderes abstrakt-funktionelles Amt **auf Dauer** übertragen wird (§§ 26 I BBG[450], 123 BRRG). Der Beamte wechselt die **Behörde** und ggf. den Dienstherrn (organisationsrechtliche Versetzung). Es gibt aber auch eine Versetzung innerhalb derselben Behörde: Dem Beamten wird ein anderes, seinem Status gemäßes funktionelles Amt übertragen (z.B. bei Laufbahnwechsel, sog. *statusberührende Versetzung* [451]). Die Versetzung geschieht in einem zweistufigen Verfahren: dem Mitwirkungsakt der aufnehmenden Behörde (Einverständniserklärung; bei Dienstherrenwechsel VA[452], weil einer Ernennung entsprechend) und dem Hauptverwaltungsakt der abgebenden Behörde. Zur Versetzung bedarf es eines Antrags des Beamten oder aber eines dienstlichen Bedürfnisses (zu den Ausnahmen siehe Rdnr. 162). Dies darf zwar nicht aus sachfremden Erwägungen bejaht werden[453], kann aber durchaus darin bestehen, Streitende zu trennen (aber keine „Strafversetzung") oder für den Dienstposten Ungeeignete (z.B. nach Dienstpflichtverletzung[454]) anders zu verwenden. Ausnahmsweise dürfen Professoren[455] nur mit ihrer Zustimmung versetzt werden (§ 50 HRG).

121

Die **Versetzung zu einem anderen Dienstherrn** ist nach Umsetzen der Dienstrechtsreform von 1997 in die Gesetzgebung von Bund und Ländern auch ohne Einverständnis des Betroffenen zulässig, und zwar sogar in eine andere Laufbahn. Beide Neuregelungen sind fragwürdig; sorgsamer Umgang mit dem Betroffenen und stichhaltige dienstliche Gründe sind erforderlich[456] Selbst bei gravierenden Veränderungen (z.B. Wechsel vom Bundes- in den Landesdienst) wird das bisherige Beamtenverhältnis fortgesetzt; Entlassung und Neuernennung finden nicht statt[457] (§§ 18, 123 BRRG). Fortan gilt grundsätzlich[458] das Recht des neuen Dienstherrn. Ein Diensther-

---

449 Vgl. OVG Saarl. ZBR 98, 285 (nötig: Einvernehmen des Bundeseisenbahnvermögens), und BVerwG ZBR 99, 382 (Widerspruch entscheidet Bundeseisenbahnvermögen).
450 Gemäß §§ 18, 19 BRRG die LBG: BaWü §§ 36, 38; Bay Art. 34-36; Bln § 61; Bbg §§ 86, 88; Bre § 27; Hbg §§ 30, 31; Hess §§ 29-37; MV §§ 30, 32; Nds §§ 32, 33; NW § 28; R P §§ 33 II, 34, 35 I; Sa §§ 33, 36; Sachs §§ 35, 37 I; LSA § 26; SchlH §§ 32 II, 34 I, 35 I, Thür § 31. Umfassend *Kathke*, ZBR 99, 325.
451 Vgl. BVerwGE 65, 270, 272 f, 276, E 87, 310 und 319; *Summer*, PersV 85, 441.
452 Vgl. OVG NW DVBl. 85, 1247, 1248 f, umfassend hierzu *Günther*, ZBR 93, 352.
453 Vgl. anschaulich im Falle OVG Bautzen NVwZ-RR 2002, 53.
454 Vgl. BVerwG ZBR 2000, 164 (Versetzung Universitätskanzler nach Missbrauch seiner Vorgesetztenstellung).
455 Anders bei Hochschulauflösung: OVG NW RiA 91, 197; zu Fachhochschulen vgl. RhPfOVG ZBR 86, 19.
456 Vgl. im Einzelnen *Kathke* (Anm. 443) S. 327 f, 330 ff, der allerdings Versetzungen aus in der Person des Beamten liegenden Gründen nicht für zulässig hält (m.E. unrichtig: allein entscheidend sind sachliche dienstliche Gründe); ausführlich auch *Schütz* § 28 Rdnr. 86 ff, noch strenger *Günther*, ZBR 96, 299, 303, und *Haratsch* ZBR 98, 277, 278 f.
457 Zweck: sog. „Raub"-Ernennung vermeiden (Folge wäre Entlassung, § 29 I Nr. 2 BBG); gleichwohl sind ausnahmsweise zwei Beamtenverhältnisse gleichzeitig möglich: § 29 III Satz 2 BBG; vgl. auch BVerwG NVwZ-RR 92, 254, und OVG Magdeburg ZBR 2000, 62, 63 f.
458 Zum Weiterwirken bisheriger Festsetzungen (Dienstalter) BWVGH ZBR 94, 352; im Einzelnen zu Wirkungen ex nunc oder ex tunc *Haratsch*, ZBR 98, 277.

III *Öffentliches Dienstrecht*

renwechsel ohne Ernennungsvorgang ist im Übrigen nur durch **Übertritt** oder **Übernahme** möglich (§§ 128 I, II, 129-130 BRRG).

3. Dienstliche Beurteilung und Personalakten

122 a) Effektiver Personaleinsatz ist entscheidend von dienstlichen Beurteilungen abhängig. Bei der Besetzung höherwertiger oder sonst begehrter Dienstposten sind sie der entscheidende Faktor, für Beförderungen bilden sie die notwendige Grundlage (näher Rdnr. 120, 110, 92). Da es der Zweck dienstlicher Beurteilungen ist, Grundlagen für am Leistungsgrundsatz orientierte Entscheidungen über die Verwendung der Beamten und über ihr dienstliches Fortkommen zu schaffen[459], sind nach § 40 BLV[460] Eignung und Leistung zu beurteilen. Leider führt dies in der Praxis zu reinen Leistungsbeurteilungen, die trotz der Vorgaben in § 41 BLV über künftige Verwendungsmöglichkeiten des Beamten wenig aussagen[461]. Die regelmäßige[462] **dienstliche Beurteilung**, der – unter Berücksichtigung der richterlichen Unabhängigkeit[463] – auch die Richter unterliegen[464], ist ein Werturteil des Beurteilenden. Er beurteilt in der Regel nach Maßgabe von Beurteilungsrichtlinien[465]. Zur Durchsetzung gleicher Beurteilungsmaßstäbe kann der höhere Dienstvorgesetzte jedoch das Gesamturteil jeder einzelnen dienstlichen Beurteilung abändern, sie zur Überprüfung zurückgeben, vor allem aber vorher Richtsätze für das anteilige Verhältnis der Gesamtnoten (Quoten) festlegen[466] und Maßstäbe festsetzen, nach denen die möglichen Noten vergeben wer-

---

459 So in st. Rspr. mit Recht BVerwGE 111, 318, 320 f; zur Praxis siehe nachfolgende Anm.
460 Sehr anschaulich zur – zersplitterten – Beurteilungspraxis der Bundesressorts trotz Musterrichtlinie *Lorse*, ZBR 2000, 361. Neufassung der Bundeslaufbahnverordnung (BLV) vom 2.7.2002 (BGBl I 2460); auch die Länder haben das Beurteilungswesen i.d.R. nur in RVOen geregelt; sofern sie es im Gesetz regeln, übernehmen sie die Begriffe der Art. 33 II GG (vgl. Rdnr. 64): bwLBG § 115, brandLBG § 66, berl § 12 LaufbahnG, LBG MV § 109, sächsLBG § 115, nwLBG § 104; vgl. dazu BayVGH ZBR 94, 84.
461 Sehr lesenswert *Becker* in *Reinermann/Unland* (Hg.), Die Beurteilung – Vom Ritual zum Personalmanagement, 1997, S. 73 ff (vgl. *Summer*, ZBR 98, 436) und zu Mobilität/Flexibilität *Vögt* in GS für Gülzow, 1999, S. 267 (Bespr. *Summer*, ZBR 2001, 186 f); immerhin hilfreich RhPf OVG DÖD 82, 162, ZBR 84, 374, Verwendungsvorschlag enthält Urteil über Eignung für Beförderungsamt; OVG NW ZBR 95, 152 (Bedarfsbeurteilung).
462 Zum Stand der Rspr. vgl. BVerwG ZBR 2002, 211, u. ergänzend 2001, 36; zur Problematik der Regelbeurteilung (Bundespraxis: alle 3 Jahre) *Happe*, RiA 85, 79, ansonsten *Huber*, ZBR 93, 361, zum Anlass OVG Schleswig ZBR 2000, 251; zur Richterbeurteilung BVerwG ZBR 85, 53, *Schaffer*, DRiZ 92, 292, *Vultejus*, DRiZ 93, 177; weiterführend *Mehde*, ZBR 98, 229.
463 Vgl. OLG Zweibrücken DVBl. 87, 431: Bewertung von Rechtskenntnissen, Rechtsanwendungstechnik und Judiz zulässig, nicht aber Einflussnahme auf die Spruchpraxis; ferner (mit krit. Anm. von *Jestaedt*) BGH ZBR 2002, 215 (zu Dienstaufsicht und Beurteilungsbefugnis).
464 Umfassend *Schnellenbach*, Die dienstliche Beurteilung der Beamten und Richter, 2002³; anschaulich *Köhler*, DÖD 86, 229; 88, 279, und *Vultejus*, DRiZ 93, 177; ferner HessVGH ZBR 97, 157.
465 Die Richtlinien können sehr unterschiedlich sein; vgl. etwa nur die drei Urteile in ZBR 2001, 338/339, sowie BVerwG ZBR 99, 169.
466 Für den Bund jetzt Richtwerte in § 41a BLV: 15% höchste, 35% zweithöchste Note; im Übrigen BVerwG ZBR 85, 53 (Richter), ZBR 81, 197 (Quoten), NVwZ 98, 122; OVG Lbg. ZBR 95, 383 (Rückgabe zur Überprüfung); zur Einführung *Herber*, PersV 97, 8, 11 ff; zur Stellungnahme des nächsthöheren Vorgesetzten BVerwG ZBR 2001, 249, 250.

den sollen⁴⁶⁷). Anders als sonst im Verwaltungsverfahren reicht nicht schon die Besorgnis der Befangenheit aus, den zuständigen Beurteiler, wie er im Rahmen der Organisationshoheit⁴⁶⁸ vom Dienstherrn bestimmt worden ist, von der Wahrnehmung seiner Amtspflicht zu entbinden⁴⁶⁹. Obgleich **kein VA** (Folge: keine Frist für Widerspruch; Grenze: Verwirkung), kann die dienstliche Beurteilung gerichtlich nachgeprüft werden⁴⁷⁰. Deswegen muss sie so nachvollziehbar sein, dass der Beamte beurteilen kann, ob er um Rechtsschutz nachsuchen soll. Sie muss schriftlich so klar abgefasst sein, dass ein Gericht sie auf Beurteilungsfehler hin überprüfen kann⁴⁷¹. Der **Bescheid**, der auf einen Abänderungsantrag des Beamten hin ergeht, **ist nach st.Rspr. ein VA**⁴⁷². Beim Bund (§ 40 BLV) und z.T. nach Landesrecht ist dem Beamten die Beurteilung im sog. Beurteilungsgespräch zu eröffnen und mit ihm zu erörtern⁴⁷³, danach ist sie zu seiner Personalakte zu nehmen. Die sie vorbereitenden Berichte und Auskünfte gehören nach Auffassung des BVerwG nicht zu den Personalakten⁴⁷⁴; deshalb kann der Beamte sie nicht einsehen.

b) Das **Personalaktenrecht** ist unter besonderer Berücksichtigung des Datenschutzes 1992 bundeseinheitlich geregelt worden (§§ 56-56f BRRG, §§ 90-90g BBG⁴⁷⁵). Danach ist über jeden Beamten eine Personalakte zu führen, getrennt nach Grundakte und Teilakten; letztere können bei der für den betreffenden Aufgabenbereich zuständigen Behörde geführt werden. Zur Personalakte gehören – wie bisher – alle Unterlagen einschließlich der in Dateien gespeicherten, die den Beamten betreffen, soweit sie mit seinem Dienstverhältnis in einem unmittelbaren inneren Zusammenhang stehen⁴⁷⁶.

123

---

467 Vgl. die Zusammenfassung der Rspr. in BVerwG ZBR 2002, 133, 134 f.
468 Vgl. BVerwG ZBR 86, 294; ferner *H.J. Becker*, ZBR 87, 353, 360 ff; aber: OVG Magdeburg ZBR 2000, 321 (keine fremde Einflussnahme).
469 So mit Recht BVerwG DVBl. 87, 1159, jedoch sehr formalistisch begründet (sei kein VA); kritisch *H.J. Becker*, ebendort, S. 361 f; bedenkenswert *Paintner*, JA 88, 632, 634. Vgl. jetzt BVerwG DVBl. 98, 1076, und sehr anschaulich VG Köln ZBR 2002, 100 m. zutreff. Anm. *Summer*; grundsätzlich BVerfG ZBR 2003, 31, 34.
470 BVerwGE 21, 127 (129); zur Begründung E 48, 351, 354 ff, sowie DVBl. 93, 956, und 94, 112.
471 Vgl. grundlegend BVerwGE 60, 245; 97, 128; zur Kontrolldichte BVerfG NVwZ 2002, 1368; im Übrigen umfassend *Günther*, ZBR 84, 353, 364 ff; zur Plausibilisierung von Werturteilen *Schnellenbach*, ZBR 2003, 1; anschauliches Beispiel: BayVGH ZBR 94, 84.
472 So seit BVerwGE 28, 191 (193); zur Kritik *Günther*, ZBR 81, 77, 81 f.
473 Vgl. näher *Schnellenbach* (Anm. 471) S. 7 f und *ders.* (Anm. 464) Rdnr. 98 f (z.T. Besprechungsvermerk nötig); Beispiel: Richterbeurteilung, BGH ZBR 85, 318. Zum förmlichen Personalgespräch (mit Folgen) vgl. BVerwG ZBR 2000, 275.
474 Grund: Hilfsfunktion für Beurteiler (aber fragwürdig); vgl. BVerwGE 62, 135: interne, bereits wieder vernichtete Berichte; ferner BVerwGE 67, 300,; krit. *Günther*, ZBR 84, 161.
475 Vgl. näher BT-Drucks. 12/544 und 12/2201 (Bericht Innenausschuss), ferner *Kunz*, ZBR 92, 161, *Gola*, RiA 94, 1. - § 90 BBG entspricht in den LBG: BaWü § 113 I, II, IV; Bay Art. 100, 100a; Bln § 56; Bbg § 57; Bre § 93, 93a; Hbg § 96, 96a; Hess § 107; MV § 100; Nds § 101 I; NW § 102; RP § 102; Sa § 108; Sachs § 117; LSA § 90; SchlH §§ 106 I, 106a; Thür § 97.
476 BVerwGE 50, 301: erfolglose Bewerbungen eines Assessors gehören nicht mehr zu den Referendar-Personalakten und dürfen nicht mit der Akte versandt werden; BVerwGE 75, 351: bei Übernahme als Beamter werden die Referendarakten als Beamten-Personalakten weiter geführt, *nicht* aber bei anwaltschaftlicher Berufsausübung als Anwalts-Personalakten (Zulassung beim Landgericht); BVerwGE 59, 355: Mitteilung, Beamter sei der DKP beigetreten, betrifft ihn in seinem Beamtenverhältnis (Treuepflicht). *Nicht* in die PA gehören Dankschreiben (ZBR 91, 272) und die eine Beurteilung vorbereitenden *Dienstleistungsberichte*, weil nur Arbeitsunterlagen; vgl. dazu Anm. 474.

III Öffentliches Dienstrecht

Andere Unterlagen dürfen in die Personalakte nicht aufgenommen werden. **Nicht Bestandteil der Personalakte** sind Unterlagen, die besonderen, von der Person und dem Dienstverhältnis sachlich zu trennenden Zwecken dienen, insbesondere Prüfungs-, Sicherheits- und Kindergeldakten (§ 56). Unterlagen über Heilverfahren und Beihilfen sind in einer Teilakte von der übrigen Personalakte getrennt aufzubewahren; ihre Nutzung ist restriktiv geregelt worden (§ 56a). Zu Beschwerden, Behauptungen und Bewertungen, die für ihn ungünstig sind oder ihm nachteilig werden können, ist der Beamte vor deren Aufnahme in die Personalakte zu hören; die Äußerung des Beamten ist zur Personalakte zu nehmen (§ 56b). **Jederzeit** – das bisherige Recht gilt mangels ausdrücklicher Änderung insofern weiter – kann der Beamte in seine vollständige Personalakte **Einsicht** nehmen; wo dies geschieht, bestimmt die Behörde (§ 56c).

Wichtig ist, dass **Auskünfte an Dritte** nur mit Einwilligung des Beamten erteilt werden dürfen, es sei denn, dass die Abwehr einer erheblichen Beeinträchtigung des Gemeinwohls oder der Schutz berechtigter, höherrangiger Interessen des Dritten die Auskunftserteilung zwingend erfordert. Inhalt und Empfänger der Auskunft sind dem Beamten schriftlich mitzuteilen (§ 56d Abs. 2). Was zum Schutz höherrangiger Interessen Dritter zwingend erforderlich ist, wird im Einzelfall festzustellen sein. Jedenfalls müssen diese Interessen nicht ein solches Gewicht haben, dass sie der Alternative (erhebliche Gemeinwohl-Beeinträchtigung) gleichwertig sind; sonst wären behördliche Auskünfte etwa über die Verantwortlichkeit einzelner Beamter für ein Fehlverhalten der Behörde von vornherein ausgeschlossen. Im Konkurrentenstreit ist Aktenvorlage beim VG nur zulässig, soweit sie erforderlich ist, die Entscheidung der Einstellungsbehörde zu begründen[477].

124 Gesetzlich geregelt ist nunmehr auch die **Entfernung** bestimmter Vorgänge **aus der Personalakte**. Das bislang vom BVerwG postulierte Gebot der (absoluten) Vollständigkeit der Personalakte ist damit im Interesse des Beamten und in Anlehnung an die Rechtsprechung von BGH und BAG (zum Personalaktenrecht der Angestellten) durchbrochen worden[478]. Nach § 56e BRRG sind Unterlagen über Beschwerden, Behauptungen und Bewertungen, auf die die Tilgungsvorschriften des Disziplinarrechts keine Anwendung finden, mit Zustimmung des Beamten unverzüglich aus der Personalakte zu entfernen und zu vernichten, falls sie sich als unbegründet oder falsch erwiesen haben[479]. Wenn sie für den Beamten (lediglich) ungünstig sind oder ihm nachteilig werden können, sind die Unterlagen auf Antrag des Beamten nach drei Jahren zu entfernen und zu vernichten; dies gilt jedoch *nicht* für dienstliche Beurteilungen. Damit ist nun die Problematik der Abgrenzung von Personalakte und Disziplinarakte weitgehend entschärft worden. Gleichwohl gilt: Wird ein Dienstvergehen behauptet, sind – bevor disziplinarische Ermittlungen angestellt werden – sog. Verwaltungser-

---

477 Vgl. *Berger-Delhey*, PersV 97, 299, 300f.; möglicherweise weitergehend HessVGH DVBl. 94, 592; genauer *Redeker/von Oertzen*, VwGO, 13. Aufl. 2000, § 99 Rdnr. 7.
478 Vgl. BGH NJW 86, 2705; zum BAG zusammenfassend *Schnupp*, PersV 87, 276.
479 Das gilt auch für Beurteilungen; bei untrennbarer Vermengung mit zutreffenden Aussagen ist ein berichtigender Vermerk nötig, vgl. RhPf OVG ZBR 2000, 357; zur gerichtl. Kontrolldichte dabei näher *Mehde*, RiA 98, 65, 67 ff.

mittlungen durchzuführen, um einen Tatverdacht überhaupt zu begründen[480]. So wurden zum **Beispiel** nach dem Regierungswechsel 1998 Verwaltungsermittlungen wegen des Verdachts der Aktenvernichtung und Datenlöschung im Bundeskanzleramt angestellt, bevor mit Minister a.D. *Hirsch* ein „Sonderermittler" bestellt wurde, der auch disziplinarische Vorermittlungen durchführte (fragwürdig, weil nicht verwaltungsintern und mit vermischten Aufgaben betraut[481]). Werden nach Verwaltungs- nicht sogleich disziplinarische Ermittlungen eingeleitet, gehören die personbezogenen Verwaltungsermittlungen in die Personalakte[482].

Mit Ausnahme der Sicherheitsakten kann der Beamte grundsätzlich auch **Einsicht in andere Akten** nehmen, die personenbezogene Daten über ihn enthalten. Jedoch ist – insoweit enthält die Regelung eine Verschärfung bisher geltenden Rechts[483] – Einsichtnahme **unzulässig**, wenn die Daten des Betroffenen mit Daten Dritter oder geheimhaltungsbedürftigen nicht-personenbezogenen Daten derart verbunden sind, dass ihre Trennung nicht oder nur mit unverhältnismäßig großem Aufwand möglich ist. In diesem Fall ist dem Beamten **Auskunft** zu erteilen (§ 56c Abs. 4). Die Regelung hat zur Folge, dass Stellenbewerber nicht mehr in alle sie betreffende Bewerbungsakten Einsicht nehmen können[484], auch wenn ansonsten weiterhin gilt: Die Behörde kann zwar die Bewerbungsunterlagen und Entscheidungsprotokolle in den Sachakten (z.B. Stellenbesetzungsakten) führen; sie muss aber die Teile, die die beteiligten Beamten betreffen, auch in deren Personalakten aufnehmen. Das gilt nicht für Gutachten bei der Besetzung von Hochschullehrerstellen[485] und im Interesse klarer Aussagen m.E. mit Recht auch nicht für den zusammenfassenden Bericht zur Vorbereitung der Besetzung einer Stelle[486].

125

Die Aktenvorgänge über **Prüfungen** eines Beamten sind nunmehr „andere Akten". Sie waren bisher z.T. landesgesetzlich von der Einsichtnahme durch den Beamten ausgenommen. Die Gründe dafür – Prüfungsvorgänge seien ihrem Wesen nach geheim: Prüfer müssten frei und unabhängig entscheiden – überzeugten schon bisher nicht[487]; jetzt sind sie nach Landesrecht[488] oder gemäß § 56c Abs. 4 BRRG der Einsichtnahme zugänglich.

---

480 Dies gilt auch unter dem neuen BDisziplinarG – BDG – ab 1.1.2002; vgl. *Weiß*, ZBR 2002, 17 (23).
481 Lesenswert dazu *Battis/Kersten*, ZBR 2001, 309 (auch als sog. Verwaltungshelfer nicht zulässig).
482 Zur Problematik der Ausdehnung der Verwaltungsermittlungen vgl. *Bartel*, RiA 85, 254.
483 Vgl. die Ausführungen in Rdnr. 125 der 4. Aufl. 1992.
484 Vgl. grundlegend BVerwGE 49, 89-95: Bewerbung dreier Lehrer um Rektorstelle (Einsichtsrecht aller drei in das Gemeinderatsprotokoll über Auswahl); differenziert mit Recht *Schnellenbach* (Anm. 464) Rdnr. 347 m.w.N.; im gerichtlichen Verfahren ist das spätestens seit 2002 (Neufassung § 99 II VwGO) anders (vgl. dazu *Redeker/Kothe*, NVwZ 2002, 313).
485 Vgl. BVerwG ZBR 84, 42 u. 43 (aber: Einsicht in Verfahrensakten bis Abschluss des Verfahrens).
486 Vgl. BVerwG ZBR 84, 46 (Bundesrichter); sehr kritisch dazu *Günther*, ZBR 84, 161 m.w.N. entgegenstehender Rspr., ferner *Schnellenbach*, ZBR 97, 169, 179 m. Hinweis auf den Gesetzeswortlaut in § 56c IV S. 1 Halbs. 1 BRRG.
487 So OVG Lüneburg NJW 74, 638 (zum Schulrecht); OVG NW JZ 73, 242 m. Anm. *Erichsen* (Vorlage aller Voten des Habilitationsverfahrens). Zur Einsicht in Prüfungsarbeiten, nicht in Prüferaufzeichnungen BayVGH ZBR 86, 366.
488 Vgl. BaWü § 113c; Bay Art. 100d; Bln § 56c; Bbg § 60; Bre § 93d; Hbg § 96d; Hess § 107c; MV § 102; Nds § 101 VI, VII; NW § 102c; RP § 102c; SA § 108c; Sachs § 120; LSA § 90; SchlH § 106d; Thür § 100.

4. Nebentätigkeit

126 Grundsätzlich hat der **Beamte** ein Recht auf Verwertung seiner Arbeitskraft außerhalb des Hauptamts[489] (Art. 2 I GG). Darin zeigt sich der Wandel des Beamtenverhältnisses: Der Beamte ist nicht mehr „immer im Dienst".

Ein **Richter** hat zudem keine festen Dienststunden, sodass er zwar nicht seine zeitliche Belastung beliebig steigern, wohl aber seine terminliche Inanspruchnahme flexibel gestalten kann[490].

Ob eine Tätigkeit des Beamten außerhalb des Dienstes[491] die Voraussetzungen eines (Zweit-)Berufs i.S.d. Art. 12 erfüllen kann, ist zweifelhaft[492], müsste es sich doch um eine auf Dauer berechnete und nicht nur vorübergehende, der Schaffung und Haltung einer Lebensgrundlage dienende Betätigung handeln, was wegen der Alimentation des Beamten im Prinzip nicht möglich ist. Auch unter diesem Aspekt ist das Recht des Beamten auf sog. Nebentätigkeit auf der Grundlage der Rspr. des BVerfG ausdrücklich gesetzlich beschränkt worden (§§ 64 ff[493]).

Nebentätigkeit ist nach § 65 genehmigungspflichtig, wenn sie nicht ausnahmsweise nach § 66 genehmigungsfrei ist. § 64 regelt den umgekehrten Fall: die Pflicht, auf Verlangen des Dienstherrn ein Neben**amt** (z.B. behördenübergreifender Unterricht für Beamtennachwuchs, Mitglied einer Prüfungskommission, fragl. bei Hochschulprüfung durch Professor[494]) oder eine Neben**beschäftigung** im öffentlichen Dienst (z.B. Justiziar eines kommunalen Energieversorgungsunternehmens) zu übernehmen. Auf die Genehmigung hat der Beamte einen – grundrechtlich abgesicherten[495] – **Anspruch**, wenn eine Beeinträchtigung der in § 65 II normierten „dienstlichen Interessen" (nicht: öffentlichen Interessen[496]) nicht zu besorgen ist. Zur Konkretisierung („insbesondere") enthält § 65 II einen sog. **Versagungskatalog**.

---

489 Vgl. grundsätzlich BVerwGE 67, 287 (Richter als Schlichter); „Rufbereitschaft", die lediglich der Herbeiholung des zuständigen Richters an dienstfreien Tagen dient, ist dagegen auch für einen Richter nicht Nebentätigkeit, sondern eine zusätzliche Aufgabe im Rahmen seines Hauptamtes (BGH, DVBl. 87, 412). – Zur Zulassung wiss. Mitarbeiters als Rechtsanwalt *Broß*, VerwArch 1988, 499, 507, und *Haller*, DÖV 98, 59; umfassend *v. Zwehl*, Nebentätigkeit im öffentlichen Dienst, 2. Aufl. 2001, und *Bültmann/Niebler/Kohn*, Der Nebenverdienst, 6. Aufl. 2001.
490 Vgl. Anm. 489 sowie Richter als Repetitor: BVerwGE 78, 211 (gegen RhPfOVG ZBR 86, 367), als Lehrer: VG Regensburg DRiZ 88, 220.
491 Vgl. zusammenfassend *Summer*, ZBR 88, 1; zur neueren Rspr. *H.J. Becker*, ZBR 93, 200.
492 So BVerwG E 31, 248; 35, 205; *Papier*, DÖV 84, 536, 538; vgl. auch BWVGH ZBR 96, 344. Zur Diskussion *Kahl*, ZBR 2001, 225, 226 ff, und *Ossenbühl/Cornils*, Nebentätigkeit und Grundrechtsschutz, 1999, S. 36 ff.
493 Vgl. auch zur Rspr. *Kahl*, ebendort, und *Ossenbühl/Cornils*, ebendort, S. 19 ff. Für das Landesrecht vgl. die LBG: BaWü § 82; Bay Art. 73 I; Bln § 28; Bbg §§ 30; Bre § 63; Hbg § 68; Hess § 78; MV § 67; Nds § 72; NW § 67; RP § 72; Sa § 78; Sachs § 81; LSA § 64; SchlH § 80; Thür § 66.
494 Umfassend *Günther*, ZBR 86, 97 (103 f zu beamteten Ärzten, Professoren), ferner *Wahlers* u. *Jansen*, ZBR 88, 269 bzw. 275 (Ärzte), *Walther* u. *Lecheler*, NVwZ 88, 413 bzw. 802.
495 Es kann dabei offen bleiben, ob in Art. 2 I oder 12 GG wurzelnd (jedenfalls wohl nicht in den hergebrachten Grundsätzen enthaltend, so BVerwGE 44, 249, 263); vgl. zur wiss. Diskussion *Kahl* (Anm. 492) S. 226 m. Fn. 24.
496 Vgl. BVerwGE 84, 299: 4 Wochenstunden an Abendgymnasium; *Schnellenbach* (Anm. 383) Rdnr. 255 ff.

Dieser (nur durch den Obersatz begrenzte) Versagungskatalog, der mit § 42 II BRRG auch für die Länder verbindlich ist, enthält verschiedene unbestimmte Rechtsbegriffe, von denen „das Ansehen der öffentlichen Verwaltung" am schwierigsten[497] zu bestimmen ist.

Die **Länder** haben ihr Nebentätigkeitsrecht z.T. anders ausgestaltet. Die frühere Regelung Nordrhein-Westfalens, dass die Nebentätigkeitsgenehmigung versagt werden kann, wenn sie „erhebliche Belange des Arbeitsmarktes beeinträchtigen kann", dass sie aber trotz möglicher Beeinträchtigung zu erteilen ist, wenn dies für den Beamten „eine unzumutbare Härte bedeuten würde", ist wegen Verstoßes gegen § 42 BRRG (Vollregelung des Nebentätigkeitsrechts, die die Versagungsgründe auf solche aus „dienstlichen" Interessen beschränkt[498]), inzwischen aufgehoben worden. Andererseits steht materielles **Verfassungsrecht** nicht von vornherein einer derartigen Regelung entgegen: Zwar hat das BVerwG im Zusammenhang mit Art. 33 V die „Bekämpfung des Doppelverdienertums" als „unmaßgeblichen Gedanken" bezeichnet; doch im Nebentätigkeitsrecht geht es nicht um Art. 33 V, sondern um die Rechte (auch) der Beamten aus Art. 2 I bzw. bei Anerkennung der Nebentätigkeit als Zweit-Beruf aus Art. 12[499], wobei die unterschiedliche Intensität der für eine zulässige Grundrechtseinschränkung erforderlichen Gründe m.E. die Zulässigkeit als solche geradezu bestätigt. Insofern hat nur das Argument aus Art. 3 Gewicht, es gäbe keinen sachlichen Grund, allein den Beamten und Angestellten des öffentlichen Dienstes (für Arbeiter vgl. Rdnr. 27 a.E.) eine Nebentätigkeit aus arbeitsmarktpolitischen Gründen zu versagen (nicht begründete Sonderbelastung[500]); und in der Tat: im öffentlichen Dienst wurzelnde Gründe – z.B. Unkündbarkeit des Arbeitsplatzes, Verpflichtung auf das Wohl der Allgemeinheit – können die unterschiedliche Behandlung nicht tragen. Sollen daher aus sozialstaatlichen Gründen Regelungen zur Einschränkung der Nebentätigkeit (auch) der hauptberuflich im öffentlichen Dienst Tätigen getroffen werden, so müssen diese wenigstens vor der verfassungsgerichtlichen Anforderung aus Art. 3 GG Bestand haben.

Nach § 66 II *Satz 1* hat der Beamte im Bundesdienst eine Nebentätigkeit im Bereich schriftlicher, wissenschaftlicher, vortragender Tätigkeit oder mit Lehr- und Forschungsaufgaben zusammenhängender Gutachtertätigkeit seiner Dienstbehörde nach Art, Umfang und Höhe des Entgelts anzuzeigen, wenn hierfür ein Entgelt geleistet wird. Die Regelung ist zulässig, wenngleich seine Beschränkung auf **entgeltliche Nebentätigkeit** eine falsche Zweckrichtung indiziert. Es darf nur um die Beeinträchtigung dienstlicher Belange gehen, wofür das Entgelt nur einer der möglichen Maßstäbe ist[501]. Aus § 66 II *Satz 2* („aus begründetem Anlass") folgt zudem nicht nur dann ein Recht des Dienstvorgesetzten, vom Beamten **Auskunft über sämtliche Nebentätigkeiten nach Art und Zeitaufwand** zu verlangen, wenn sich der Verdacht aufdrängt, der Beamte verletze durch Ausübung seiner Nebentätigkeit dienstliche Pflichten (so z.T. das Schrifttum[502]). Vielmehr ergibt sich aus dem Regelungszweck,

---

497 Zu Recht wurde wegen hoher Belastung Genehmigung für Computer-Shop abgelehnt (RhPfOVG ZBR 2003, 142).
498 So vor allem *Ehlers*, DVBl. 85, 879, 881 f, ferner OVG NW NVwZ-RR 93, 316.
499 Vgl. die jüngste Diskussion bei *Kahl* und *Ossenbühl/Cornils* (Anm. 492) sowie die Kritik von *Thieme*, DVBl. 2000, 146.
500 Vgl. *Papier* (Anm. 492), S. 540 f, *Ehlers*, ebendort, S. 884, *Thieme*, JZ 85, 1024, 1026.
501 Anders *Badura*, ZBR 2000, 109, 114, der – weil die Vergütung ohne Aussagekraft sei – die Offenlegung für unverhältnismäßig hält.
502 Etwa *Schnellenbach* (Anm. 383) Rdnr. 277, 267; zusammenfassend *Mirbach*, ZBR 95, 64; *Battis* § 65 Rdnr. 15, § 66 Rdnr. 16.

III Öffentliches Dienstrecht

die volle und unparteiische Arbeitskraft des Beamten in der Dienstzeit zu Gewährleisten, dass der Dienstvorgesetzte seiner Aufsichtspflicht **aus jedem sachlich begründeten Anlass,** aber eben auch nur aus solchem (Verhältnismäßigkeit[503]) nachkommen kann. Auskunft zur **Entgelthöhe** darf der Beamte aber verweigern; die entsprechende Norm ist unverhältnismäßig, weil zur Zweckerreichung ungeeignet und nicht erforderlich[504]. Allerdings: Das Gebot der optimalen Verwendung des Beamten im Dienst begründet m.E. das Recht des Dienstvorgesetzten, jederzeit Auskünfte über außerdienstliche Kenntnisse und Erfahrungen zu verlangen. Der Beamte muss wahrheitsgemäß antworten; lediglich dienstlich irrelevante Fragen (z.B. über politische oder religiöse Inhalte) braucht er nicht zu beantworten.

Eine generelle Genehmigung enthält § 5 I BNtVO für Bagatellfälle (dafür besteht Anzeigepflicht). Die Pflicht, **Vergütungen** aus Nebentätigkeit **im** öffentlichen Dienst[505] ab einer bestimmten Höhe **abzuliefern,** ist in § 6 BNtVO nach Hauptämtern gestaffelt ausgewiesen, weil das BVerfG undifferenzierte Ablieferungsgrenzen als Verstoß gegen Art. 2 I GG und den Verhältnismäßigkeitsgrundsatz angesehen hatte[506].

Die Voraussetzungen von Widerruf und Untersagung einer Nebentätigkeit sind in § 65 II *Satz 7* bzw. § 66 II *Satz 3* abschließend geregelt. Hier wie bei der Genehmigung sind stets die Umstände des Einzelfalles maßgebend (BVerwG[507]).

Beispiele[508] (jeweils abgesehen von der zeitlichen Belastung): Kann einem Architekten im Hochbauamt die Genehmigung für freie, außerdienstliche Mitarbeit in einem Architektenbüro versagt werden (grundsätzlich: nein); einem Regierungsrat für freie Mitarbeit bei einem Anwalt (grundsätzlich: nein[509]); einem Steuerbeamten für die Mithilfe in einem Lohnsteuerhilfeverein (nach BVerwG: ja[510]); einem Polizeibeamten für Fahrunterricht in privater Fahrschule (nach BVerwG: ja[511]); einem Justizvollzugsbeamten Mitarbeit in Verleihgeschäft für Porno- und Horrorvideos? (ja, schädigt Ansehen der Gefängnisverwaltung[512]) – Ist die Bedingung in § 72e II verfassungswidrig, dem Beamten Teilzeitbeschäftigung oder Urlaub ohne Dienstbezüge nur gegen die Erklärung zu bewilligen, während der Dauer des Bewilligungszeitraums auf entgeltliche Nebentätigkeit zu verzichten[513]? (m.E. als generelle Regelung: unzulässig; möglich aber, wenn – wie in § 72e Abs. 2 festgelegt – genehmigungsfreie Tätigkeit als Vollzeitbeamter zulässig bleibt).

---

503 Vgl. zu den notwendigen Differenzierungen *Badura,* ZBR 2000, 109, 111 ff, und *Ossenbühl/Cornils* (Anm. 492) S. 89 ff und passim.
504 Unentschieden bleibt *Schnellenbach* (Anm. 383) Rdnr. 261a, 267, 277; für Unverhältnismäßigkeit *Badura,* ebendort.
505 Zur Abgrenzung *Lecheler,* ZBR 85, 97 (Eingliederung in Weisungshierarchie); Beispiel BVerwGE 81, 270; OVG Lbg., RiA 97, 102; dies gilt auch für Angestellte: Rdnr. 24 m. Anm. 71.
506 Vgl. *Görg,* ZBR 73, 312 f; zur Streichung der Freibeträge in Bayern *Summer,* ZBR 94, 223.
507 Vgl. zu den insoweit möglichen Rechtsfehlern anschaulich BVerwG NJW 70, 2313 (Wiss.Ass. und Anwaltstätigkeit); zusammenfassend BVerwGE 60, 254 (Steuerbeamter und Lohnsteuerhilfeverein; wenn auch im Ergebnis haltbar, so m.E. doch in der Weite ihrer Begründung zu restriktive Entscheidung mit überholten Vorstellungen über eine rechtsstaatliche Steuerverwaltung).
508 Beispiele aus jüngerer Rspr. bei *Battis,* NJW 93, 1040, 1042; 94, 1039, 1042; 98, 1033, 1034 f; 2001, 1105.
509 Vgl. BVerwG NJW 70, 2313.
510 Vgl. BVerwGE 60, 254, und Anm. 507.
511 Vgl. BVerwG ZBR 74, 364.
512 Vgl. VG Hannover NJW 88, 1162.
513 Dazu *Benndorf,* ZBR 81, 84; zu Ruhestandsbeamten *Günther,* DÖD 90, 129.

II. Folgen von Pflichtverletzungen

1. Allgemeines

a) Die Nichterfüllung dienstlicher Pflichten kann für den Beamten eine oder mehrere der nachstehenden **Folgen** haben: **127**

– vorläufige Maßnahmen (§ 60 Zwangsbeurlaubung; § 38 BDG Suspendierung),
– personallenkende Maßnahmen (Umsetzung, Versetzung usw.)
– Verlust der Dienstbezüge (bei Fernbleiben vom Dienst)
– Disziplinarmaßnahmen
– Bußgeldzahlung oder Strafe (nach OWiG, StGB usw.)
– vermögensrechtliche Haftung (Schadensersatz).

Keine dieser Folgen schließt eine der anderen grundsätzlich aus. Auch zwischen Disziplinarmaßnahmen und strafrechtlicher Verurteilung gilt der Grundsatz „ne bis in idem" **nicht**. Gleichwohl nimmt das Disziplinarrecht auf Grund seiner Zweckrichtung auf strafrechtliche Maßnahmen Rücksicht (§ 14 BDG).

b) Die personellen, besoldungsrechtlichen und disziplinarischen Maßnahmen richten sich gegen den Beamten im statusrechtlichen, d.h. **im staatsrechtlichen Sinne** (Art. 33 IV). – Der früher im Strafrecht geltende **Beamtenbegriff** ist heute durch den Begriff des „Amtsträgers" ersetzt worden (§ 11 Nr. 2, 4 StGB). Eine Reihe von Straftatbeständen knüpft aber an die Tätigkeit im öffentlichen Dienst bzw. das besondere Verpflichtetsein der Bediensteten an[514], z.B. Vorteilsannahme, Falschbeurkundung, Abgabenübererhebung, Geheimnisverletzungen. – Der sog. **haftungsrechtliche** Beamtenbegriff war stets nur eine juristische Kurzformel; die Haftung nach Art. 34 GG, § 839 BGB betrifft jeden Bediensteten, der „in Ausübung eines öffentlichen Amtes", d.h. nur: nicht privat-rechtlich, tätig wird. **128**

2. Disziplinarmaßnahmen

a) Wegen der Schwere ihres Eingriffs werden Disziplinarmaßnahmen oft in die Nähe des Strafrechts gerückt. Das ist unrichtig: Strafverfolgung ist auf Sühne und Vergeltung für kriminelles Unrecht, auf Abschreckung, im Strafvollzug auf Rehabilitation gerichtet. Dagegen sollen die Maßnahmen nach dem BDisziplinarG (BDG) – bis 2001 galt die Bundesdisziplinarordnung (BDO)[515] – allenfalls „berufsethisches Unrecht" verhindern. Primär[516] sollen sie den Beamten **zu ordentlicher Pflichterfüllung bewegen,** weil ihm nicht gekündigt werden kann. **129**

Unabhängig von der Frage der Aufhebung der Immunität widerspricht es diesem Zweck des Disziplinarrechts, wenn Beamte oder Richter, deren Rechte und Pflichten ruhen, weil sie ein

---

514 Vgl. zu den Straftaten im Amt *Wagner*, JZ 87, 594 und 658; zum Dienst- und Disziplinarrecht der Soldaten *Schwandt*, ZBR 92, 298; 93, 161; 97, 301; 99, 77; 2002, 269 und 297.
515 Zu den Änderungen des Disziplinarverfahrens in Kurzfassung *Gansen* Einleitung Rdnr. 6-17.
516 Anders *Summer* (Sinn sei primär, den Beamten bei Verfehlungen auf drohende Lösung des Beamtenverhältnisses hinzuweisen und durch die Sanktionen das Vertrauen der Öffentlichkeit in das Beamtentum wiederherzustellen), Bspr. zu *Lambrecht*, Strafrecht und Disziplinarrecht, 1997, in ZBR 98, 401 f. Vor diesem Hintergrund lies BVerwG ZBR 2000, 423 („Sieg Heil"-Rufe unter Alkohol).

III *Öffentliches Dienstrecht*

Abgeordnetenmandat wahrnehmen (§ 5 AbgG), wegen pflichtwidrigen Verhaltens während der Mandatszeit disziplinarisch zur Rechenschaft gezogen werden sollen (so das BVerwG[517] in einem obiter dictum mit der Begründung, es werde keine „Strafe" verhängt). Der Zweck wird m.E. auch verfehlt, wenn die Ahndung nur aufgeschoben wird, bis der Beamte – auf seinen Antrag hin – wieder verwendet wird[518]. Etwas anderes gilt für Soldaten der Reserve, deren Status durch das Mandat nicht verändert wird. Insofern ist es im Ergebnis vertretbar, dass ein Leutnant d.R. zum Kanonier d.R. degradiert wird, weil er als Abgeordneter bei einem Empfang einen US-Kommandeur demonstrativ mit Blut bespritzte und rief: „Blood for the bloody army!"[519]

Folgende **Disziplinarmaßnahmen** sind möglich (§ 5 BDG): (schriftlicher) Verweis, Geldbuße, Gehaltskürzung, Zurückstufung (sog. Rangherabsetzung; auch aus höchsten, funktionsgebundenen Ämtern; z.B. Oberfinanzpräsident[520]), schließlich sogar Entfernung aus dem Beamtenverhältnis. Bei Beamten im Ruhestand ist möglich: Kürzung oder Aberkennung des Ruhegehalts. Die zuständige Dienstbehörde muss aber Disziplinar**klage** erheben, wenn sie Rangherabsetzung, Entfernung aus dem Beamtenverhältnis oder Aberkennung des Ruhegehalts erreichen will (§ 34 BDG). In den übrigen Fällen kann sie eine Disziplinar**verfügung** erlassen (§ 33 BDG).

130 Die eingehende **gesetzliche** Regelung des Disziplinarrechts hat zwei Hauptfunktionen: Schutz des öffentlichen Dienstes als Funktionsträgergemeinschaft und Rechtsschutz für den Beamten. Die Disziplinarmaßnahmen selbst haben **Erziehungsfunktion**. Nur wenn eine „Erziehung" aussichtslos erscheint, wird mit der Entfernung aus dem Dienst die sog. **Reinigungsfunktion** des Disziplinarrechts wirksam (Ausnahmen: die Annahme von barem Geld und Kollegendiebstahl/Unterschlagung im Amt[521]; sie wiegen so schwer, dass regelmäßig Entfernung aus dem Dienst erfolgt[522], wenn nicht eine der drei Ausnahmefälle vorliegt: einmalige persönlichkeitsfremde Gelegenheitstat, unausweichliche und unverschuldete Notlage, psychische Ausnahmesituation[523]).

Erziehen geschieht durch individuelles Einwirken. Daher ist stets die Person des Beamten zu beachten (Einsatzwille, Leistung und Bewährung im Dienst, Kollegialität, Dienststellung,

---

517 BVerwG ZBR 85, 308 = DÖV 85, 878 m. Anm. *Kemper* (S. 880).
518 So die Lösung von *Weiß*, PersV 87, 137, 141, der mit Recht davon ausgeht, dass von den (aus dem Beamtenverhältnis) nachwirkenden Pflichten nicht auf eine disziplinarische Verfolgbarkeit generell, m.E. auch nicht speziell für die festgelegten Pflichten (z.B. Verschwiegenheit) geschlossen werden kann. Der Mandatsträger steht m.E. disziplinarisch dem entlassenen Beamten gleich.
519 Vgl. BVerwG (Anm. 517) und die Bespr. von *Weiß*, ebendort.
520 Vgl. BVerwG DÖD 81, 35 (falsche Aussage vor Untersuchungsausschuss führte zu Degradierung vom Amt der BesGr. B7 in ein Amt nach A16); bei Soldaten: BVerwG NVwZ 89, 561.
521 Vgl. BVerwG ZBR 2002, 274 und 282, zur Unterscheidung von Zugriff und Missbrauch des Barabhebungsverfahrens; ZBR 2001, 47, 49, zum Verzicht auf die Entfernung aus dem Dienst bei Zugriff auf Werte von weniger als 50 DM.
522 Vgl. z.B. BDG ZBR 95, 277; BVerwG NVwZ 2002, 1515; zur Annahme von (kleinen) Geldbeträgen für Kaffeekasse: ZBR 88, 75 f; zu weiteren Milderungsgründen BVerwG DVBl. 95, 616; umfassend *Bieler*, ZBR 96, 252.
523 Vgl. BVerwG ZBR 94, 79 und 81; näher *Ostler*, NVwZ 89, 436; zur schockartig ausgelösten psychischen Ausnahmesituation jetzt BVerwG ZBR 2002, 267, 268 (Rspr.-Änderung). *Baden*, Disziplinarrecht, Rz. 62-66, spricht von einem 4. und 5. Milderungsgrund bei freiwilliger Wiedergutmachung *vor* Tatentdeckung bzw. bei Geringfügigkeit einer veruntreuten Geldsumme (vgl. die vorgehenden Anmerkungen).

Vorgesetztenfunktion usw.). Disziplinarmaßnahmen haben zwar auch eine abschreckende Wirkung. Disziplinarrecht bleibt aber auf das Individuum gerichtet, sodass kein Beamter aus Abschreckungsgründen über das Maß der für ihn notwendigen „Erziehung" hinaus gemaßregelt werden darf. Zwar gilt der Grundsatz „ne bis in idem"[524] auch hier; doch für strafrechtlich-schuldorientierte Institute und Rechtsfiguren, wie Versuch, Täterschaft und Teilnahme, Konkurrenzen usw., ist im Disziplinarrecht kein Raum. Als persongerichtetes Recht enthält es gleichwohl den **Verschuldensgrundsatz,** so dass die strafrechtliche Dogmatik zu Rechtswidrigkeit und Schuld entsprechend herangezogen werden kann. Der Grundsatz der Einheit des Dienstvergehens bewirkt aber, dass nicht einzelnes Fehlverhalten gesühnt, sondern auf die **Gesamtperson** erziehend eingewirkt wird[525].

Da Kriminalstrafen und geahndete Ordnungswidrigkeiten für Beamte bereits eine ausreichende Mahn- und Warnfunktion besitzen, darf nach § 14 BDG für denselben Sachverhalt nicht zusätzlich ein Verweis, eine Geldbuße oder eine Ruhegehaltskürzung ausgesprochen werden. Auch bisher durften die schwereren Maßnahmen nur ergriffen werden, wenn es der spezifische disziplinarische Zweck erforderte[526], was nach der Rspr. der Fall war, wenn der Strafrichter die besondere Dienstbezogenheit einer Tat bei der Strafe nicht berücksichtigt hatte (objektiv) und/oder wenn die Persönlichkeit des Beamten (subjektive Anknüpfung) eine zusätzliche Maßnahme notwendig machte (sog. **disziplinarischer Überhang;** nicht anwendbar bei Beamten auf Probe![527]). Dies ist nun gesetzlich geregelt und verlangt eine Ermessensentscheidung nach § 13 BDG.

131

b) Während die Pflichten (materielles Disziplinarrecht) den Normen des BBG zu entnehmen sind, ist das Verfahrensrecht im BDG niedergelegt. In Parallele zum Verwaltungsverfahren geht **das behördliche Disziplinarverfahren** (§§ 17 ff BDG) mit seinem Widerspruchsverfahren (§§ 41 ff BDG) dem Klageverfahren (des Beamten) vor den Verwaltungsgerichten (§§ 45 ff BDG) voraus.

132

Eine Besonderheit des Disziplinarrechts ist es, dass es indirekt auch gegen den Verwaltungsapparat selbst gewendet werden kann: § 18 BDG ermöglicht die Beantragung eines behördlichen Disziplinarverfahrens gegen sich selbst, um sich vom Verdacht eines Dienstvergehens zu reinigen (sog. **Selbstreinigungsverfahren**[528]).

c) Der **Rechtsschutz** des Beamten wird durch das rechtsstaatliche Verfahren des BDG sichergestellt[529]. Dies beginnt mit der Einleitung des Disziplinarverfahrens (frü-

133

---

524 Vgl. BDG ZBR 98, 326: schriftl. Missbilligung auf Grund Vorwurf eines Dienstvergehens schließt erneute Ahndung aus.
525 Vgl. jetzt § 13 Abs. 1 BDG und *Köhler/Ratz*, BDG³, 2003, § 13 Rdnr. 5 ff, sowie schon bisher BVerwGE 73, 167; BVerwG ZBR 85, 202 (Gesamtverhalten), ZBR 91, 274 (bei Soldaten).
526 Umfassend Rdschr. Bundesdisziplinaranwalt, ZBR 83, 149, st. Rspr.: BVerwG ZBR 2001, 313 (zu § 153a StPO).
527 Vgl. BVerwGE 63, 18 (exhibitionistische Handlungen), bzw. BVerwGE 66, 19, 21-24: bei Beamten auf Probe gilt die hypothetisch verwirkte Disziplinarmaßnahme; aber auch diese ist genau zu bestimmen: OVG NW NVwZ-RR 2002, 763 (erstmalige absolute Fahruntüchtigkeit außer Dienst; vgl. dazu unten Rdnr. 134 m. Anm. 534 und 539.
528 Vgl. etwa *Köhler/Ratz*, BDG³, 2003, § 18, oder *Claussen/Janzen*, BDO, 1996, § 34, § 27 zu 6b.
529 Vgl. zum neuen BDG *Weiß*, ZBR 2002, 17, und für dessen Anwendung *Baden*, Disziplinarrecht, in *Redeker/Uechtritz*, Anwaltshandbuch für Verwaltungsverfahren, Kap. 16; ferner prägnant mit Beispielen *Bieler/Lukat*, Vorermittlung und Untersuchungsverfahren im Disziplinarrecht, 3. Aufl. 2000; Beispiel: BGH ZBR 2000, 249.

III *Öffentliches Dienstrecht*

her: Voremittlungen) durch einen grundsätzlich weisungsgebundenen Beamten als Ermittlungsführer, den der Dienstvorgesetzte des Betroffenen einzusetzen hat, wenn „zureichende tatsächliche Anhaltspunkte" vorliegen, die den Verdacht eines Dienstvergehens rechtfertigen (§ 17 I BDG). Davon wird der Betroffene unterrichtet und dann umfassend in das Verfahren einbezogen (§§ 20 ff).

Die Vorschriften des BDG setzen Begriff und Inhalt des Dienstvergehens bereits voraus. Der Beamte begeht nämlich ein Dienstvergehen, wenn er schuldhaft die ihm obliegenden Pflichten verletzt (§ 77 BBG). Diese Pflichten können gesetzlich im Einzelnen festgelegt sein, z.B. §§ 61, 63, 70, 74, 75. Zumeist sind es aber Pflichten, die sich aus der allgemeinen, berufsbezogenen Verhaltenspflicht des § 54 S. 3 ergeben. Dieser Satz 3 des § 54 BBG ist der disziplinarische **Grundtatbestand**: Der Beamte muss „innerhalb und außerhalb des Dienstes der Achtung und dem Vertrauen gerecht werden, die sein Beruf erfordert". Vor jeglicher Subsumtion muss dieser Grundtatbestand jedoch – mit Blick auf den zu subsumierenden Sachverhalt – in einzelne Verhaltenspflichten aufgegliedert werden. Dabei sind die Pflichten von der Funktion des Dienst- und Treueverhältnisses her („Beruf" i.S.d. § 54) genau zu bestimmen[530]. Das gilt ebenso für Soldaten[531].

Die disziplinarische **Prüfungskette**, die zu dem für die Einzelfalllösung erforderlichen Obersatz führt, lautet also: § 2 BDG – § 77 I S. 1 BBG – § 54 S. 3 BBG/Einzelpflicht (bei prozessualer Einkleidung: Vorschaltung der §§ 5, 15/16, 33, 35/36, 41 ff BDG). Liegt nach Feststellung einer objektiven Pflichtverletzung kein Rechtfertigungsgrund vor (Wahrnehmung berechtigter Interessen befreit regelmäßig nicht von der Einhaltung der Pflicht[532]), ist die Verschuldensfrage zu klären (Fahrlässigkeit ausreichend).

134 Für das Verhalten des Beamten **außerhalb des Dienstes** gilt § 77 I S. 2[533]: Sein Verhalten ist nur dann ein „Dienstvergehen, wenn es nach den Umständen des Einzelfalles in besonderem Maße geeignet ist, Achtung und Vertrauen in einer für sein Amt oder das Ansehen des Beamtentums bedeutsamen Weise zu beeinträchtigen". Die **Folge** dieser speziellen Normierung ist, dass es (einfache) außerdienstlich verwirklichte Pflichtwidrigkeiten gibt, die **kein** Dienstvergehen darstellen[534].

Soll dies (qua Definition) vermieden werden, muss § 77 I S. 2 dogmatisch von § 77 I S. 1 i.V.m. § 54 S. 3 abgetrennt werden[535]. Dagegen spricht, dass der Gesetzgeber nicht die außer-

---

530 Vgl. z.B. BVerwG ZBR 2001, 441 (zur Gehorsamspflicht – neue Rspr. –; zu § 52 I S. 2 und § 54 S. 3), ZBR 2002, 139 (zu § 54 S. 3), und ZBR 2000, 236 (zu § 54 S. 2).
531 Vgl. dazu ausführlich und anschaulich *Schwandt*, ZBR 92, 298; 97, 301; 99, 77; 2002, 269 und 297.
532 Zu den Grenzen schon *Lindgen*, ZBR 64, 364.
533 LBG: vgl. BaWü § 95; Bay Art. 84; Bln 3 40; bbg § 43; Bre § 76; Hbg § 81, Hess § 90; MV § 85; Nds § 85; NW § 83; RP § 85; Sa § 92; Sachs § 96; LSA § 77; SchlH § 93; Thür § 81.
534 Lies *Weiß*, Anm., ZBR 2001, 42, 43 ff, zu BVerwGE 112, 19, bzw. ZBR 2001, 39 (Aufgabe bisheriger Rspr.). Konsequent ist die Neuregelung in Niedersachsen, wonach ein außerdienstliches Verhalten erst Dienstvergehen ist, wenn es „nach den Umständen des Einzelfalls geeignet ist, das Vertrauen des Dienstherrn oder der Allgemeinheit in die pflichtgemäße Amtsführung des Beamten nachhaltig zu beeinträchtigen" (§ 85 § S. 2 NBG); vgl. dazu *Hundertmark*, ZBR 95, 305. Ähnlich die Änderungsvorschläge des BDisziAnwalts in ZBR 2000, 372, 376.
535 So *H.-D. Weiß*, GKÖD Bd. II. J 208 Rdnr. 7, 10 f: Tatbestand sui generis; ausdrücklich dagegen und wie hier: BVerwG ebendort.

dienstlichen Verhaltenspflichten des § 54 S. 3 außer Kraft setzen, sondern nur ihre disziplinarische „Verfolgung" (Ermittlungen im Privatbereich) auf das dienstrechtlich notwendige Maß beschränken wollte. Berufsethisch verwerfliches Verhalten kann dennoch vorliegen. Das BVerwG[536] prüft deshalb so: § 54 S. 3 i.V.m. § 77 I S. 2 – Achtungs- und Vertrauensbeeinträchtigung bezogen auf das Amt oder das Ansehen des Berufsbeamtentums – falls ja: Prüfung, ob allgemein bedeutsam, dann ob im Einzelfall besondere Eignung des Verhaltens zur Ansehens- und Vertrauensbeeinträchtigung.

Beispiele für **außerdienstlich** begangene, als Dienstvergehen gewertete Taten finden sich in den Schwerpunktbänden BVerwGE 43, 46, 53, 63, 73, 83, 86, 93, 103, 113 und zusammengefasst in den Berichten des Bundesdisziplinaranwalts[537]. Die Statistiken für 2001 zeigen ca. 30% Vermögensdelikte, 20% Alkoholverfehlungen[538] und ebenso oft Fernbleiben vom Dienst sowie Verkehrsdelikte. Neben Trunkenheit im Straßenverkehr (geänderte Rspr. seit 1983[539]) stehen der Warenhausdiebstahl[540] und eher geringfügige Betrügereien im Dienst (Beihilfe, Reisekosten, private Telefonate)[541], gelegentlich auch leichtfertiges Schuldenmachen i.V.m. falscher Darstellung der wirtschaftlichen Verhältnisse[542] und nicht genehmigte Nebentätigkeit[543] sowie unehrenhaftes Verhalten im Bereich der Sittlichkeit[544].

Vorläufige Maßnahmen nach dem Disziplinarrecht sind die vorläufige Dienstenthebung (selbst bei Richtern[545]) und die Einbehaltung von Teilen der Dienstbezüge (§ 38 BDG). Sie sind nicht zu verwechseln mit der sog. Zwangsbeurlaubung, d.h. dem zeitlich befristeten Verbot der Führung der Dienstgeschäfte nach § 60 BBG.

3. Haftung

a) Fügt der Beamte während seiner dienstlichen Tätigkeit einem Dritten schuldhaft einen Schaden zu, richtet sich die Regelung des Schadensersatzes nach dem BGB (Schadensersatz im Außenverhältnis). Gegenüber seinem Dienstherrn (Innenverhält-

---

536 Vgl. die ausdrückliche Darlegung in ZBR 2001, 39 (41), mit der Anm. dazu von *Weiß* (S. 42-45).
537 Vgl. ZBR 81, 177; 83, 281; 86, 223, ZBR 89, 321 und 353; 93, 289; sowie erneut ZBR 2000, 372, und 2002, 343, 347 f, ferner die Zusammenfassung zu den disziplinarisch bedeutsamen Bereichen bei *Claussen/Janzen*, Bundesdisziplinarrecht, 9. Aufl. 2001.
538 Vgl. dazu nur BVerwG NVwZ 97, 584, ZBR 98, 427, NVwZ-RR 2002, 763.
539 Vgl. BVerwGE 76, 43: bei erster außendienstlicher, gerichtlich geahndeter Trunkenheit am Steuer ist eine zusätzliche Disziplinarmaßnahme nicht regelmäßig geboten; vgl. aber BVerwG ZBR 97, 50 (Vollrausch), und NJW 2001, 3565 (zweite Trunkenheitsfahrt).
540 Vgl. BVerwG ZBR 85, 89 (Ahndung schon beim 1. Mal: Gehaltskürzung); bei Wahrenhausdiebstahl während des Dienstes grundsätzlich Entfernung aus dem Dienst (BVerwG ZBR 87, 191).
541 Regelmäßige Ahndung: Degradierung; bei erschwerenden Umständen (z.B. verfälschte Belege in mehreren Fällen): Entfernung aus dem Dienst (ZBR 2002, 271); selbst bei Leichtfertigkeit noch Gehaltskürzung (vgl. BVerwG ZBR 94, 187, bzw. 95, 75).
542 Vgl. z.B. BVerwG ZBR 92, 209; BVerwGE 93, 78; generell dazu *Biletzki*, ZBR 98, 84, 90.
543 Im krassen Fall des Aufbaus eines eigenen Gewerbebetriebes während Krankschreibung: Entfernung aus dem Dienst, BVerwG ZBR 2000, 47.
544 Vgl. im Grenzbereich dienstlich/außerdienstlich NJW 84, 936 (intime Beziehungen Amtsrat-Putzfrau) mit krit. Anm. von *Stauf*, RiA 85, 1f.; eindeutig BVerwG DVBl. 87, 1167, und ZBR 98, 177. Zur Duldung gemeinsamen Übernachtens von Jungen und Mädchen in einem Raum im Schullandheim VGH BW NJW 88, 1750. Zu sittlichem Versagen gegenüber Frauen in der Bundeswehr *Schwandt*, ZBR 2000, 226.
545 Vgl. BVerfG DVBl. 96, 1123 (Richter), und ZBR 94, 380 (Professor); zu Dienstbezügen vgl. *Bartha*, ZBR 88, 121; umfassend *Günther*, ZBR 92, 321.

III Öffentliches Dienstrecht

nis) haftet der Beamte dagegen ausschließlich nach § 78 BBG bzw. den entsprechenden Regelungen der Länder[546].

136 Im **Außenverhältnis** haftet der **Dienstherr:** bei **privatrechtlicher** Verwaltungstätigkeit seiner Bediensteten nach §§ 89, 31, 276 BGB bzw. (aus einem Schuldverhältnis) § 278 BGB, bei Delikt aus §§ 823, 831 BGB; bei **hoheitsrechtlicher** Verwaltungstätigkeit nach Art. 34 GG, § 839 BGB oder aus enteignungsgleichem Eingriff, Aufopferung, Entschädigung (§ 49 V oder § 48 III VwVfG), verwaltungsrechtlichem Schuldverhältnis, Folgenbeseitigung.

137 b) Im **Innenverhältnis** hat der Beamte seinem Dienstherrn **Schadensersatz** zu leisten nach § 78 BBG (Sonderfall: § 32 AO im Steuerrecht[547]). Dabei gewährt § 78 dem Beamten das Privileg, nur Ersatz leisten zu müssen, wenn er vorsätzlich oder grob fahrlässig[548] die Dienstpflicht verletzt und so den Schaden verursacht hat. Dieses sog. **Haftungsprivileg** besteht für unmittelbare Schädigungen des Dienstherrn (z.B. Kassenfehlbetrag oder Schaden am Dienstfahrzeug) und für mittelbare Schädigung (Schaden, für den der Dienstherr einem Dritten Ersatz geleistet hat; sog. Regress). Beide Fälle haben gleiche Verjährungsfristen (§ 78 III), sie beginnen nur zu unterschiedlichen Zeitpunkten (§ 78 II).

Das Haftungsprivileg bei hoheitlichem Handeln soll die Entschlussfreudigkeit der Beamten erhöhen und so die Reaktionsfähigkeit der Verwaltung verbessern. Die früher gegebenen Ungereimtheiten, dass derselbe Beamte bei hoheitlicher wohl, bei privatrechtlich begründeter Tätigkeit das Haftungsprivileg aber nicht genießt[549] (z.B. der Kassenbeamte bei Überzahlung von Beamtenbezügen bzw. Angestelltengehältern), ist durch die Erstreckung des Haftungsprivilegs auch auf privatrechtliches Handeln im Jahre 1992 (§ 46 BRRG) beseitigt worden; Bedeutung hat die Unterscheidung allerdings noch für den Rechtsweg beim Regress des Dienstherrn[550].

138 In dem **Sonderfall,** dass der Beamte einen Schaden in Erfüllung eines Amtshilfeersuchens oder einer Auftragsangelegenheit verursacht hat, gilt: Den Schaden trägt der andere Dienstherr. Der Beamte hat zwar Aufgaben des eigenen Dienstherrn wahrgenommen. Dieser hat jedoch keinen Schaden erlitten. Der Beamte kann deshalb von seinem Dienstherrn nur im Wege der **Drittschadensliquidation** in Anspruch genommen werden[551]. Dies gilt nach der Rspr.

---

546 Vgl. BaWü § 96; Bay Art. 85; Bln § 41; Bbg § 44 I; Bre § 77; Hbg § 82; Hess § 91; MV § 86; Nds § 86; NW § 84; RP § 86; Sa § 93; Sachs § 97; LSA § 78; SchlH § 94; Thür § 82.
547 Vgl. OVG NW ZBR 84, 341 (Nichtbearbeitung von Steuerakten).
548 Zur Abgrenzung z.B. OVG NW ZBR 87, 216 (Aufgeben einer Stellenanzeige ohne die vorgeschriebene Genehmigung der Aufsichtsbehörde), ferner BayVGH ZBR 92, 119 und 189, RhPf OVG RiA 93, 48 (Verkehrsunfälle); zur Verjährung BVerwGE 81, 301, ZBR 93, 335. Selbst bei vorsätzlicher oder grob fahrlässiger Dienstpflichtverletzung kann aber die im Arbeitsrecht entwickelte Haftungsminderung bei außergewöhnlicher Schadenshöhe oder bei existenzbedrohender Inanspruchnahme (über die Fürsorgepflicht) in Frage kommen (vgl. BGH DÖV 94, 387); grundlegend Neues dazu bei *Sandmann*, Die Haftung von Arbeitnehmern, Geschäftsführern und leitenden Angestellten, 2001, S. 138 ff, 194 ff.
549 BVerwG DVBl. 74, 158 m. Anm. *Reinhardt;* BT-Drucks. 12/544, S. 10, ferner BGH DVBl. 93, 387.
550 Zu Einzelheiten vgl. *Simianer*, ZBR 93, 33; prägnant dazu *Kunig* (Anm. 24) Rdnr. 145-147.
551 Vgl. umfassend schon *Achterberg*, DVBl. 70, 125.

auch für Schäden am gemeindeeigenen Schulgebäude, die ein Lehrer im Rahmen des Unterrichts verursacht[552].

Selbst haftet der **Beamte** (sog. Eigenhaftung) nur bei **privatrechtlicher**[553] Verwaltungstätigkeit nach § 839 BGB infolge *vorsätzlicher* Verletzung von drittschützenden Amtspflichten[554]; im Sonderfall der Gefährdungshaftung nach §§ 7 ff StVG haftet er als Kfz-Halter.

c) Schadensersatzansprüche wegen Kassenfehlbestandes[555], Vermögensverlustes oder vorsätzlichen Vermögensschadens kann der Dienstherr (Bund; anders z.T. die Länder) durch vollstreckbaren **Erstattungsbeschluss** (VA) nach §§ 1-12 ErstG durchsetzen. Nach **st. Rspr.** ist stattdessen und in allen übrigen Fällen ein **Leistungsbescheid** zulässig, denn das Beamtenverhältnis sei „ein öffentlich-rechtliches Rechtsverhältnis, in dem der Dienstherr dem Beamten hoheitlich übergeordnet ist und deshalb seine Rechtsbeziehungen zu dem Beamten grundsätzlich durch Verwaltungsakte regeln kann[556]. Diese Auffassung verstößt nach **h.L.** gegen den Vorbehalt des Gesetzes und die Fürsorgepflicht (weil sie dem Beamten die Rolle eines Klägers aufdränge); erforderlich sei die **Leistungsklage**[557]. Die Leistungsklage hat allerdings den Nachteil, dass sie Zinsansprüche (Verzugszinsen, Prozesszinsen) mit umfasst, während sich die Folgen einer Nichterfüllung öffentlich-rechtlicher Geldforderungen nach dem jeweils einschlägigen Spezialrecht richtet, d.h. Zinsansprüche auch nicht in Analogie zum bürgerlichen Recht bzw. Prozessrecht entstehen können (so ausdrücklich das BVerwG[558]).

139

E. Rechtsschutz im Beamtenrecht

I. Personalvertretung

1. Funktion und Aufbau

Die bei jeder selbstständigen Verwaltungsstelle (Dienststelle i.S.d. BPersVG) eingerichtete Personalvertretung (**Personalrat**) hat nach Auffassung des BVerfG „als Repräsentant der Bediensteten die Aufgabe, die Beteiligung der Bediensteten an der Regelung des Dienstes und der Dienst- und Arbeitsverhältnisse zu verwirklichen und die Interessen der Bediensteten in der Dienststelle zu vertreten, soweit diese von der

140

---

552 So entgegen älterer Rspr. des BGH eingehend VGH BW ZBR 85, 115; ferner OVG Lüneburg ZBR 87, 21; kritisch mit Beispielen dazu *Wörz*, ZBR 87, 237.
553 Ausnahme: § 640 RVO; vgl. BGH ZBR 85, 91; näher *Battis* § 78 Rdnr. 4.
554 Art. 34 GG schließt bei öff.-rechtl. Handeln Eigenhaftung aus.
555 Zur Beweislastverteilung in diesen Fällen BVerwG DÖV 71, 565, und NJW 78, 1540.
556 Vgl. grundlegend BVerwGE 19, 243, 245 ff; zur Beweislastverteilung zusammenfassend BVerwG ZBR 83, 274.
557 Das Urteil kann vorläufig vollstreckbar werden; näher *Battis* § 78 Rdnr. 15 m.w.N.
558 BVerwG DVBl. 88, 347; anders noch OVG NW (Anm. 548).

III Öffentliches Dienstrecht

Tätigkeit in der Dienststelle berührt werden"[559]. Deshalb spiegeln sich im Recht der Personalvertretung die im öffentlichen Dienst vorhandenen verbandspolitischen, sozialen und dienstlichen Spannungsverhältnisse wieder[560]. Auseinandersetzungen zwischen Dienststelle und Personalrat werden immer häufiger vor den Verwaltungsgerichten ausgetragen. Aber: Da der Personalrat die Interessenvertretung der Beschäftigten nur im Rahmen der in den Personalvertretungsgesetzen festgelegten Befugnisse wahrnehmen darf, sind Rechtserkenntnisse zum Betriebsverfassungsgesetz *nicht* ohne weiteres auf die Rechte und Pflichten des Personalrats übertragbar. Abschließend einschlägig[561] ist stets das jeweilige Personalvertretungsgesetz. Die nachfolgend genannten Vorschriften sind solche des Personalvertretungsgesetzes des Bundes (BPersVG).

Der Personalrat hat zwei Aufgaben, die er als eigenständiges Organ wahrnehmen soll: (1) die dem Dienstherrn obliegende „Fürsorge" auf örtlicher Ebene sachgerecht mitzugestalten (**Initiativ- und Unterstützungsfunktion,** § 68 I Nr. 1, 3[562]) und (2) personalbezogene Entscheidungen der Dienststelle auf ihre Rechtmäßigkeit hin zu kontrollieren (**Kontrollfunktion**). Dies ergibt sich m.E. zwingend aus den im BPersVG festgelegten Rechten und Pflichten, die stets nur innerdienstliche, soziale oder personelle Angelegenheiten und **nicht** die **Dienstausübung** als solche betreffen[563]. Andere gelegentlich postulierte Funktionen der Personalvertretung – z.B. Befriedigungs-, Effektivierungs-, Interessenausgleichs-, Entpolarisierungs-, Konfliktbewältigungsfunktion u. Ä.. – sind m.E. sekundärer Natur und allenfalls auslegungsunterstützend für die vordringlich gebotene strikte Anwendung der einzelnen Vorschriften der PersVGe. Das gilt m.E. auch für die wenig förderliche Abstützung der Personalvertretung im Sozialstaatsprinzip (so aber z.T. Rspr. und h.L.[564]). **Perso-**

---

559 BVerfGE 28, 314 (322); im Grundsatz bestätigt durch BVerfGE 93, 37 (insbes. C I 4, D II); krit. dazu *Battis/Kersten*, DÖV 96, 584.
560 Ähnlich *H.J. Becker*, ZBR 86, 185; dazu die Kontroverse *Röken/Ilbertz*, ZBR 90, 133-145.
561 Folge z.B.: Keine Mitbestimmung bei Bestellung von Frauenbeauftragten in Nds (OVG Lbg. ZBR 98, 106); vgl. für Einzelfragen die Kommentarliteratur, insbes. *Grabendorff/Ilbertz/Widmaier*, BPersVG, 9. Aufl. 1999; zu aktuellen Differenzen BAG/BVerwG siehe Tagungsbericht, NJW 97, 444.
562 LPersVG: bw § 68, bay Art. 69, berl § 72, brand §§ 58, 69, brem § 54, hamb § 78, hess § 57, mv §§ 61, 65, nds § 67, nw §§ 64, 65, rhpf § 68, saarl § 71, sächs §§ 73, 83, sachsanh § 57, schlh § 56, thür §§ 68, 70.
563 Verfügung absoluten Alkoholverbots für Waffenträger im Grenzzolldienst betrifft allein die Dienstausübung (BVerwGE 67, 61), kann aber im Einzelfall als Maßnahme zur Verhütung von Dienst- und Arbeitsunfällen der Mitbestimmung unterliegen (OVG NW ZBR 88, 105); nicht nur die Dienstausübung betrifft die Festlegung des „blindgängerverseuchten Geländes", weil dies für dort arbeitende Mitarbeiter zur Zahlung von Zulagen bzw. Lohnzuschlägen führt (BVerwG DVBl. 87, 739, 740).
564 BVerfGE 93, 37 (C I 3b) lässt weiterhin ausdrücklich offen, ob aus Sozialstaatsprinzip die Verpflichtung besteht, Beteiligungsrechte eines gewählten Repräsentativorgans zu schaffen; dies zeigt, dass aus dem Sozialstaatsgedanken ebenso wenig wie aus den Grundrechten Beteiligungsrechte der Bediensteten herzuleiten sind (vgl. dazu auch BVerfGE 52, 282, 298, und 59, 231, 263). Weitergehend möglicherweise SächsVerfGH ZBR 2002, 37, jedenfalls in der Interpretation des Urteils von *Kersten*, ZBR 2002, 28, 33 f, 36. Zur Literatur neben *Grabendorff/Ilbertz/Widmaier* (Anm. 561) auch *Lorenzen/Haas/Schmitt*, BPersVG, § 1 Rdnr. 9 ff. – Zum Personalvertretungsrecht als Konkretisierung der Fürsorgepflicht des Dienstherrn näher *Köpp*, Dienststelle und Personalvertretung, 1980, S. 27 ff; in dieser Richtung auch *Ossenbühl*, PersV 89, 409 (418).

nalvertretung ist m.E. **eine besondere Form der Mitwirkung an der Erfüllung der Fürsorgepflicht des Dienstherrn.**

Bei der Ausübung einzelner Rechte und Pflichten des Personalrats wirken je nach Ausgestaltung im Einzelnen PersVG die *Gewerkschaften* mit, z.T. stehen diesen auch eigenständige (Kontroll-) Rechte zu, z.B. auf Wahlanfechtung. Bei den Personalratswahlen ist ihre Rolle vergleichbar der der Parteien bei Parlamentswahlen[565].

Der **Personalrat** hat je nach Anzahl der bei der Dienststelle Beschäftigten bis zu 31 Mitglieder, die von den Beamten, Angestellten und Arbeitern getrennt gewählt werden (Gruppenwahl). Sind entfernt liegende Teildienststellen oder Nebenstellen vorhanden, wird ein Gesamtpersonalrat gebildet (bes. bei größeren Kommunen und Körperschaften). In mehrstufigen Verwaltungen bestehen auf der Ebene der Mittelbehörden Bezirks-, bei den obersten Dienstbehörden Hauptpersonalräte (sog. **Stufenvertretungen**). Eine zusätzliche **Einigungsstelle** (3 Behördenvertreter, 3 Hauptpersonalräte, 1 unparteiischer Vorsitzender) hat bestimmte abschließende Entscheidungsfunktionen (§ 71). Die auf örtlicher Ebene regelmäßig einberufene Personal**versammlung** (§§ 48-52) hat weder Weisungs- noch Kontrollbefugnisse gegenüber dem Personalrat. Zur Durchführung ihrer Aufgaben dürfen die **Personalratsmitglieder** ihrer dienstlichen Tätigkeit fernbleiben (Sonderfall; vgl. Rdnr. 106); je nach Größe der Dienststelle werden ein oder mehrere Mitglieder sogar ganz von ihrer sonstigen dienstlichen Tätigkeit „freigestellt" (§ 46). Sie bleiben weiterhin Bedienstete und damit dem Dienstrecht, einschließlich des Disziplinarrechts[566], unterworfen.

141

Zur Vermeidung von Interessen- und Pflichtenkollisionen sind bestimmte Personen nicht in den Personalrat wählbar, obgleich dieser auch ihre Interessen in vollem Umfang mit vertritt; so seit jeher der Dienststellenleiter, sein Vertreter und die in Personalsachen selbstständig entscheidungsbefugten Bediensteten, neuerdings konsequenterweise auch Hochschulangehörige, die Selbstverwaltungsgremien angehören, die für Personalangelegenheiten zuständig sind (§ 37 I S. 3 HRG[567]).

2. Rechtsschützende Beteiligungsformen

Die **Kontrollfunktion** des Personalrats folgt aus seiner – durchaus als **zentral** zu verstehenden, etwa auch dem internen Datenschutz vorgehenden[568] – allgemeinen Aufgabe, über die Durchführung der zu Gunsten der Beschäftigten geltenden Regelungen zu wachen (§ 68 I Nr. 2) und auf die Erledigung von Beschwerden[569] hinzuwirken (§ 68 I Nr. 3); sie folgt aber auch aus seinen Beteiligungsrechten: der Mitbe-

142

---

565 So auch BVerfGE 71, 81, 94 f, im Bereich der öffentlich-rechtlichen Arbeitnehmerkammern (Bremen, Saarland). Vgl. näher zur Bedeutung der Gewerkschaften im Personalvertretungsrecht *Battis*, DÖV 87, 1, 4 ff; insgesamt *Lorenzen/Haas/Schmitt*, BPersVG, § 2 Rdnr. 19 ff.
566 Instruktiv BVerwG DVBl. 94, 1077 (Streikaufruf durch Personalrätin unter Hinweis auf Gewerkschaftsmitgliedschaft).
567 Zu den Implikationen der Neuregelung *Reich*, PersV 87, 11, 19 f, ferner OVG NW DVBl. 93, 398.
568 Vgl. dazu nur die Kommentierung bei *Grabendorff/Ilbertz/Widmaier* (Anm. 561) § 68 Rdnr. 59 ff und passim.
569 Z.B. wegen Mobbing im Dienst, vgl. *Wittinger/Herrmann*, ZBR 2002, 337, 342; zu Handlungsmöglichkeiten des Personalrats allgemein etwa *Lorenz*, Personalrat 2002, 65; zum Initiativrecht in Einzelfällen BVerwG ZBR 2003, 50.

stimmung (§§ 75, 76), der Mitwirkung (§§ 78, 79), der Beratung (§§ 80, 81) und der Anhörung (§§ 79 III, 78 III-IV).

Bei der Rechtsanwendung ist grundlegend zu unterscheiden: die **Beteiligung** des Personalrats an Maßnahmen, die zu ergreifen die Dienststelle beschlossen hat, einerseits (§§ 75 ff) und andererseits die Aktivitäten des Personalrats auf Grund seiner allgemeinen (§ 68 I) und seiner besonderen (§ 81 I) **Aufgaben**, zu deren Lösung er von sich aus tätig werden kann.

143 Bei der **Mitbestimmung**[570] in Personalangelegenheiten der Beamten (§ 76) ist die Zustimmung des Personalrats erforderlich bei allen statusrechtlichen und vielen personenbezogenen Akten im Dienstleistungsverhältnis, für bestimmte Personalführungsmaßnahmen (Teilnehmerauswahl für Fortbildung, Inhalt der Personalfragebögen, Beurteilungsrichtlinien) und bei Regress des Dienstherrn (jedoch nur auf Antrag des Beamten). In Personalangelegenheiten der Angestellten und Arbeiter besteht ähnlich weit reichende Mitbestimmung (§ 75 I). Darüber hinaus hat der Gesetzgeber soziale und innerdienstliche Maßnahmen in einem umfangreichen Katalog der Mitbestimmung unterworfen (§ 75 II, III). **Aber:** Der Personalrat kann im Bund (gleich oder ähnlich nur noch in Baden-Württemberg, Bayern und Sachsen[571]) in den entscheidenden Fällen (Status, Dienstleistung) seine Zustimmung rechtswirksam lediglich verweigern, wenn (1) die vorgesehene Maßnahme gegen eine rechtliche Regelung verstößt oder (2) die durch Tatsachen begründete Besorgnis besteht, dass ein Beschäftigter ungerechtfertigt benachteiligt wird oder dass (3) der Beschäftigte oder ein Bewerber den Frieden in der Dienststelle durch unsoziales oder gesetzwidriges Verhalten stören wird (sog. **Versagungskatalog**[572], § 77 II). Der Personalrat muss Gründe angeben, die sich auf diesen Katalog beziehen[573]. Deswegen wie auch sonst zur wirksamen Erfüllung der ihm im PersVG zugewiesenen Aufgaben hat die Dienststelle den Personalrat umfassend und (bei von der Dienststelle beabsichtigten Maßnahmen) rechtzeitig zu unterrichten[574]. Bei Personalvertretungsgesetzen ohne Versa-

---

570 LPersVG: bw §§ 76, 78, 79, bay Art. 75, berl §§ 85-87, brand §§ 62-66, brem §§ 52, 63, 65, hamb §§ 86, 87, hess §§ 61, 64, mv §§ 68-70, nds §§ 75, 78, nw § 72, rhpf §§ 77, 80, 82, saarl §§ 78, 80, sächs §§ 80-82, sachsanh §§ 65-67, 69, schlh §§ 51, 52, thür §§ 74, 75, 78.
571 Ob die Neuregelung im Anschluss an das Urteil des SächsVerfGH (vgl. Anm. 564) dies ändert, ist derzeit noch offen.
572 Rahmenrecht lediglich § 104 Satz 3 BPersVG; daher Versagungskatalog nur in LPersVG: bw § 82, bay Art. 75 II, sächs § 82 II.
573 Vgl. BVerwG DÖV 80, 563 m. Anm. *Franz;* ZBR 93, 373; grdl. BVerwGE 61, 325: dem Personalrat sind die *Unterlagen aller Bewerber vorzulegen;* zu den fatalen Folgen des verfehlten Beschlusses BVerwG ZBR 87, 28, wonach der Dienststellenleiter darüber entscheidet, ob die Gründe versagungserheblich sind, mit Recht *Ilbertz,* ZBR 87, 9. Dennoch hält das BVerwG an seiner Auffassung fest (ZBR 87, 250 f) mit der Folge, dass die „durch Tatsachen begründete Besorgnis" des § 77 II auf ein plausibles Geltendmachen von Rechtsfehlern reduziert wird; dies ist m.E. ein Fall unzulässiger Reduktion des gesetzlichen Tatbestandes. Zu Recht allein auf die Ausnahmefälle von Rechtsmissbrauch und offensichtlicher Fehlerhaftigkeit zurückgehend BayVGH ZBR 87, 252; vgl. auch RhPf OVG DVBl. 92, 1373.
574 Zum umfassenden Informationsrecht aus Personalratssicht *Stupka,* PersV 87, 278, zur Vorlage von Unterlagen *Köpp,* PersV 80, 1; eher aus der Sicht des Dienststellenleiters und mit Recht zur notwendigerweise korrespondierenden Schweigepflicht des Personalrats *Wahlers,* PersV 86, 393.

Rechtsschutz im Beamtenrecht **III E**

gungskatalog sind demgegenüber lediglich solche Gründe unbeachtlich, die offensichtlich außerhalb des Mitbestimmungstatbestandes liegen[575].

Bei einigen weiteren Maßnahmen, die die Dienststelle durchzuführen beabsichtigt, hat der Personalrat ein Recht auf Beteiligung durch **Mitwirkung** (§§ 78, 79[576]). Soweit er nur **auf Antrag** des Beschäftigten mitwirken kann, hat die Dienststelle diesen darauf hinzuweisen[577]. Auch dann kann der Personalrat allerdings nur Einwendungen gegen die beabsichtigte Maßnahme erheben. Mitwirkungsangelegenheiten sind z.B. Einleitung des förmlichen Disziplinarverfahrens, Entlassung von Beamten auf Probe und auf Widerruf, Vorbereitung von Verwaltungsanordnungen innerdienstlicher Art.

144

Bei Prüfungen und Maßnahmen der Gefahrenverhütung hat der Personalrat ein **Beratungsrecht** (§§ 80, 81 I[578]). Vor fristloser Entlassung, außerordentlicher Kündigung und vor Beendigung des Arbeitsverhältnisses eines Arbeiters während der Probezeit sowie einigen Organisationsmaßnahmen ist er **anzuhören** (§§ 79 III, 78 III-V[579]).

In welcher Weise der Personalrat von der Dienststelle im Einzelfall zu beteiligen ist, entscheidet sich danach, welche Regelung die speziellere ist, nicht etwa danach, welche der (auch) einschlägigen Normen die weitergehende – stärkere – Beteiligung des Personalrats vorsieht[580].

Wird ein **Beteiligungsrecht** des Personalrats **verletzt,** ist die entsprechende Maßnahme unwirksam (z.B. Kündigung, § 79 IV) oder rechtswidrig (z.B. Entlassungsverfügung[581]), weil und soweit diese Rechte auch dem Schutz des Einzelnen dienen[582]. Dies muss m.E. auch dann gelten, wenn die Dienststelle ihren gesetzlichen

145

---

575 Beispiel: Eine Stelle wurde extern, d.h. nicht mit einem bereits in der Dienststelle Beschäftigten besetzt (OVG NW ZBR 95, 84); beachtlich dagegen: eine vorgesehene Versetzung führe zur Verschlechterung von Aufstiegschancen für den Betroffenen (BVerwG ZBR 94, 117).
576 LPersVG: bw § 80, bay Art. 76, berl § 90, brand §§ 67, 68, brem (Mitbestimmung), hamb (Mitbestimmung), hess §§ 57a, 66, mv § 68 II, nds §§ 67a, 80, nw § 73, rhpf §§ 69, 77a, 82 II, saarl §§ 72, 83, sächs § 77, sachsanh (Mitbestimmung), schlh (Mitbestimmung), thür (Mitbestimmung).
577 So ausdrücklich BVerwG ZBR 2000, 242, 243; bei fehlendem Hinweis: Maßnahme rechtswidrig.
578 LPersVG: bw §§ 80 IV, 83, bay Art. 69 III, 79, berl §§ 72 II, 77, brand § 59, brem §§ 54, 64, hamb §§ 90, 91, hess §§ 57 III, 63, mv § 72, nds §§ 67 III, 76, nw §§ 64, 76, 77, rhpf §§ 68 III, 78, saarl §§ 71 II, 82, sächs § 74, sachsanh § 59, schlh § 50, thür § 81.
579 LPersVG: bw §§ 77 III, 80 III, bay Art. 76 III, 77, 78 IV, berl § 90 Nr. 5, brand § 68 (Mitwirkung), brem (Mitbestimmung), hamb §§ 87 III, 89, hess § 66, mv § 62 (Mitwirkung), nds §§ 78 III, 80 Nr. 2, nw § 73, 74, rhpf §§ 77a Nr. 1, 80 II, 82, saarl §§ 80 III, 83 II, sächs § 73, sachsanh §§ 59, 66 II, 67 II, schlh (Mitbestimmung), thür § 78 III.
580 Vgl. z.B. BayVGH DÖV 85, 925 (Initiative des Personalrats, Trennwände eines Raumes nicht zu entfernen, um einen Raucherraum einrichten zu können).
581 BVerwGE 66, 29 (Entlassung eines Beamten auf Probe ohne Anhörung des Personalrats); BVerwGE 68, 189, 194, und BVerwG DVBl. 85, 1236: Nachholen der „Mitwirkung" bei fristgebundener Entlassung während des Widerspruchsverfahrens möglich, nicht aber Nachholen der vor Ausspruch der fristlosen Entlassung vorgeschriebenen Anhörung; vgl. auch BVerwGE 81, 277. Ob ein Verstoß gegen die Pflicht zur Unterrichtung des Beschäftigten über seine Rechte stets zur Rechtswidrigkeit der ohne diese Unterrichtung getroffenen Maßnahme führen muss, ist m.E. trotz der Entscheidung des BVerwG in ZBR 2000, 242, offen: Die Unterrichtungspflicht hat rechtsschützenden Charakter.
582 Dem „Interesse des einzelnen Beamten" dient auch die Einhaltung eines ordnungsgemäßen Verfahrens, dessen Verletzung eine Beschlussfassung unwirksam werden lässt; vgl. dazu BVerwG ZBR 87, 286 (fehlende Aufnahme in die Tagesordnung), und ZBR 87, 160 (u.a. mangelndes Vertretungsrecht bei Einleitung des Entlassungsverfahrens).

III *Öffentliches Dienstrecht*

Pflichten zu rechtzeitiger und umfassender Unterrichtung oder zur Vorlage aller entscheidungserheblichen Unterlagen (§ 68 II[583]) nicht nachgekommen ist. Hält die Dienststelle dagegen das Verfahren ein, kann der Personalrat keine Maßnahme rechtlich verhindern. Er kann lediglich erzwingen, dass die Sache der übergeordneten Dienststelle und der dortigen Stufenvertretung vorgelegt wird[584].

Erfolgt auch auf der Ebene der obersten Dienstbehörde keine Einigung, entscheidet die **Einigungsstelle** durch Beschluss. Die Behörde ist daran gebunden. Ausgenommen sind nach der **grundlegend** neuen Entscheidung des **BVerfG** von **1995** zum schleswig-holsteinischen Mitbestimmungsgesetz sämtliche Personalangelegenheiten, die einen Bediensteten (unmittelbar) in seinen Rechten betreffen, sowie alle organisatorischen Maßnahmen, die für die Wahrnehmung des Amtsauftrags von erheblicher Bedeutung sind[585]. In diesen Fällen gibt die Einigungsstelle der Behörde lediglich eine Entscheidungsempfehlung, weil es sich um Regierungsaufgaben handelt, die wegen ihrer politischen Tragweite nicht generell der Regierungsverantwortung entzogen und auf Stellen übertragen werden dürfen, die von Regierung und Parlament unabhängig sind[586].

Neben diesen gesetzlich vorgeschriebenen Verfahren der Beteiligung der Personalvertretung kann der Dienststellenleiter **vorläufige Maßnahmen** ergreifen, wenn sie eilbedürftig sind (§ 69 V[587]). Der Personalrat kann hiergegen Maßnahmen nur beantragen (Initiativrecht, § 68 I Nr. 1), durchsetzen kann er sie rechtlich nicht.

II. Innerdienstlicher und gerichtlicher Rechtsschutz

1. Außergerichtliche Rechtsbehelfe

146 Neben der Beschwerde an den Personalrat hat der Beamte des Bundes folgende, z.T. in § 171 BBG aufgeführte, innerdienstliche Rechtsbehelfe:

1. Antrag/Beschwerde (auf dem Dienstweg),
2. Beschwerde gegen den unmittelbaren Vorgesetzten (kann beim nächsthöheren Vorgesetzten eingereicht werden), auch als Dienstaufsichtsbeschwerde[588],

---

583 LPersVG: bw § 68 II, bay Art. 69 II, berl § 73 I, brem § 54 III, hamb § 78 II, hess § 57 II, nds § 67 II, nw § 65, rhpf § 68 III, saarl § 69 III, schlh § 49.
584 Zu den Verfahren vgl. die Schaubilder bei *Van Hecke*, PersV 82, 397 f.
585 BVerfGE 93, 37; vgl. auch Anm. 564.
586 So schon 1959 BVerfGE 9, 258, 282 (zum Bremer PersVG), woran BVerfGE 93, 37 (über E 80, 60, 73) anknüpft und unter Berücksichtigung des Schutzzwecks der Mitbestimmung drei Stufen der zulässigen Intensität der Beteiligung des PR an den Entscheidungen der Dienststelle festlegt. Erläuternd dazu *Edinger*, PersR 97, 241, und – umfassend – *Pfohl*, ZBR 96, 82, jeweils m.w.N. auch zu VerfGH RhPf ZBR 94, 272, und hessStGH DVBl. 86, 936 (vgl. dazu 5. Aufl.); zu Folgerungen für das BPersVG aus der Sicht der Bundesrichter von BVerwG und BAG vgl. den Bericht von *Peter Schneider* in NJW 97, 444; zu prinzipiellen Überlegungen *Schuppert*, PersR 97, 137.
587 LPersVG: bw § 69 V, bay Art. 70 VII, brand § 61 IX, X, berl (ohne Regelung), brem § 58 III, hamb (ohne Regelung), hess § 60d, mv § 62 IX, nds §§ 73 VII, 71 V, nw § 72 IV, sächs § 79 V, sachsanh § 61 V, saarl § 73 VII, schlh § 52 VIII-X, thür § 69 XI.
588 Näher *Thieme*, DÖV 89, 986, und *Lottermoser*, DÖV 90, 336; bei Richtern: *Papier*, NJW 90, 8; zur (satirischen) Form BVerfG NJW 89, 3148; zur Dienstaufsicht vgl. oben II 167 (*Schenke*).

3. Eingabe an den Bundespersonalausschuss,
4. Petition an den Bundestag.

Ob ein Schreiben Beschwerde (keine Frist) oder Widerspruch (mit Rechtsfolgen) ist, unterliegt der Auslegung. Beschwerden an den Personalrat und Eingaben an den Personalausschuss können jederzeit **direkt** den Gremien zugeleitet werden. Ihre Erledigung unterliegt den Entscheidungsregelungen dieser besonderen Organe des Dienstherrn. Lediglich die **Petition** verlässt den innerdienstlichen Bereich. Ob darin dienstliche Angelegenheiten ohne Einhaltung des Dienstwegs vorgebracht werden dürfen, ist umstritten[589]. M.E. ist die Einhaltung des Dienstweges grundsätzlich erforderlich, um der Behörde die Möglichkeit zu geben, der Beschwer abzuhelfen. Ausnahme: Die Angelegenheit war bereits Gegenstand eines innerdienstlichen Prüfungsverfahrens. – Treuwidrige „Flucht in die Öffentlichkeit" (vgl. Rdnr. 35, 133) ist die Petition allerdings nicht.

2. Gerichtlicher Rechtsschutz

Für alle Klagen „aus dem Beamtenverhältnis" ist der Verwaltungsrechtsweg gegeben, der stets ein **Vorverfahren** (d.h. Einlegung eines Widerspruchs) voraussetzt[590] (§ 126 I, III BRRG). Ob eine Klage möglich ist, richtet sich aber nicht danach, ob ein VA vorliegt oder erstrebt wird. Denn außer durch Anfechtungs- und Verpflichtungsklage kann aus dem Beamtenverhältnis mit Leistungs- oder Feststellungsklage (§ 43 VwGO) Rechtsschutz gesucht werden. Dazu hat das **BVerwG grundlegend** entschieden, dass auch „Maßnahmen, die normalerweise (§ 42 Abs. 2 VwGO) unanfechtbare oder unüberprüfbare Behördeninterna sind, weil sie nicht bestimmt sind, Außenwirkung zu entfalten, ... im Einzelfall sich doch als Verletzung der individuellen Rechtssphäre auswirken und mit dieser Begründung dem Verwaltungsgericht unterbreitet werden (vgl. BVerwGE 14, 84) können", und zwar durch allgemeine Leistungsklage[591].

147

Andererseits ist das Institut des Widerspruchs nur als vorgeschaltetes Verwaltungsverfahren vor einer (möglichen) *Klage* eingerichtet worden. Folgen: Gegen eine rein **amtsadressierte Weisung**, die Inhalt, Art und Weise der zu erledigenden Dienstaufgabe näher bestimmt, ist mangels „Verletzung der individuellen Rechtssphäre" eine Klage nicht möglich (z.B. bei Änderung der Zuständigkeiten des Dienstpostens). Auch **personadressierte** Weisungen betreffen als Verhaltensgebote häufig nicht den „individuellen", sondern nur den „amtlichen" Rechtskreis des Beamten (z.B. den Dienst anzutreten und ein bestimmtes Dienstzimmer zu beziehen[592], zu bestimmten

148

---

589 Vgl. *Stettner*, BK, Art. 17 Rdnr. 103 ff, bes. 106.
590 Näher *Wind*, ZBR 84, 167, und vertiefend *Hirschenauer*, Die Besonderheiten des Vorverfahrens in beamtenrechtlichen Streitigkeiten, 2001, bes. S. 97 ff. – Anders als im Rahmen juristischer Staatsprüfungen (eigenständige Gesetzesgrundlage) sind VAe bei Lehramtsprüfungen solche „aus dem Beamtenverhältnis" (VGH BW ZBR 86, 214); vgl. auch oben Rdnr. 94 (Konkurrentenklage); insgesamt zum Rechtsschutz etwa *Schenke*, BK, Art. 19 Abs. 4, Rdnr. 197 ff.
591 BVerwGE 41, 253, 258: Klage auf richtliniengetreue Dienstpostenbewertung; BVerwG ZBR 97, 123: Klage eines Richters auf Probe gegen bestimmte Verwendung. A.A. *Felix/Schwarplys*, ZBR 96, 33: effektiver Rechtsschutz erfordert allg. Gestaltungsklage.
592 Anders als zur erstmaligen amtsärztlichen Untersuchung ist die Weisung zum Dienstantritt ein VA (RhPf VGH DVBl. 2002, 1647).

III *Öffentliches Dienstrecht*

Zeiten anwesend zu sein[593], monatlich ein bestimmtes Arbeitspensum zu erledigen[594], die für eine bestimmte Klasse gefertigte „Unterrichtungsplanung für die jeweilige Stunde" dem Schulleiter vorab[595] oder „sämtliche Widerspruchsbescheide in Meisterprüfungsangelegenheiten zur Unterschrift vorzulegen"[596]). Hier fehlt dem Beamten die Widerspruchsbefugnis. Beide Weisungstypen sind jedoch mit dem Vorbringen gerichtlich angreifbar, ihre **Auswirkungen** beeinträchtigten individuelle Rechte des Beamten. Personadressierte Weisungen können allerdings auch VAe gegenüber dem Beamten sein[597].

149 **Widerspruch** ist bei der Behauptung einer Verletzung individueller Rechte nötig (§ 126 III BRRG). Bei dessen Prüfung kann die Entscheidung, ob ein VA vorliegt, auch nicht offen gelassen werden: Ein Widerspruch gegen Weisungen, die sich lediglich auf den Individualrechtskreis des Beamten „auswirken", hat keine aufschiebende Wirkung, denn § 80 VwGO ist nach Wortlaut und Zweck auf **belastende Verwaltungsakte** beschränkt. Daher kann der Beamte den Vollzug innerbehördlicher Weisungen nur durch Erwirken einer einstweiligen Anordnung nach § 123 VwGO verhindern[598].

Umstritten ist, in welchem Fall eine Maßnahme im Dienstleistungsverhältnis VA ist. Die frühe, vom Rechtsschutz her gedachte Lösung von *Ule* [599] – Trennung zwischen Grundverhältnis (Beamtenverhältnis) und Betriebsverhältnis (Dienstleistungsverhältnis) – erlaubte es, die Akte als VAe zu erkennen, die das Beamtenverhältnis begründen, verändern oder beenden. Damit war aber nicht geklärt, welche Maßnahmen im Betriebsverhältnis ebenfalls VAe sind (*Ules* Vorschlag: wenn die Rechtsstellung des Beamten „nicht unwesentlich berührt" wird, VVDStRL 15 [1957] 133, 142). Mit der Differenzierung zwischen Amtswalterverhältnis und Dienstverhältnis *(H.J. Wolff)* bzw. amtlicher und dienstlicher Weisung[600] bildete sich eine h.L., nach der ein VA vorliegt, wenn der Beamte „als Person" unmittelbar rechtlich betroffen ist, nicht nur als „Walter staatlicher Funktionen". Doch auch damit blieb es bei der Alternative: VA oder gerichtsschutzfreie (amtliche) Weisung. Strittig war die Abgrenzung (Unmittelbarkeit? Eigeninteresse? Gerichtet an die Person oder das Amt?). Die **Rechtsprechung** orientierte sich an den Kategorien Grund- und Betriebsverhältnis. Erst aus der jüngsten Rspr. lässt sich eine **Dreiteilung** entnehmen: Anfechtungsklage gegen VAe – allgemeine Leistungsklage gegen andere, den Beamten in seiner individuellen Rechtssphäre betreffende Akte – kein Rechtsschutz gegen Anordnungen, die ihn nur als Amtswalter berühren[601].

---

593 Ähnlich VG Mainz NVwZ 2002, 206: MinRat soll Anwesenheit anzeigen, weil er Zeiterfassungsgerät nicht regelmäßig bedient.
594 So OVG Lbg ZBR 85, 171, mit dem Hinweis, dass Remonstration nicht den Rechtsschutz ersetzt.
595 Vgl. OVG Lbg. ZBR 2001, 65 (wegen verheerend schlechter Noten in einer Englischklasse der Lehrerin).
596 So im lesenswerten Falle BayVGH DVBl. 87, 750, weil der Beamte auch brisante Fälle nicht dem Abteilungsleiter vorlegen wollte.
597 Vgl. die fragwürdige Ablehnung der Verwaltungsaktqualität einer Aufforderung zur Reaktivierung in BVerwG ZBR 2000, 384 (385 f), ferner Verbot jeglichen Alkoholkonsums in ZBR 2000, 166.
598 BVerwG NJW 76, 1281; VGH BW ZBR 81, 204; so auch *Felix/Schwarplys* (Anm. 591) S. 39 f.
599 Zur weiterwirkenden Bedeutung der Lehre Ules *Püttner*, DVBl. 87, 190, 192 f.
600 Vgl. zur Dogmatik *Schnapp*, Amtsrecht, S. 127-139, 145-159.
601 Beispiele für letztere Fälle: ZBR 2000, 357 (oben Rdnr. 115 a.E.) und 384.

Ob eine Maßnahme VA ist[602], richtet sich nach § 35 S. 1 VwVfG. Sog. **Außenwirkung** liegt vor, wenn eine Maßnahme die Rechtssphäre des Beamten als natürliche Person (erweiternd, verringernd oder feststellend) gestaltet. Dies lässt sich nur durch Analyse der Rechtslage anhand der Rechtsnormen feststellen, auf Grund deren die Maßnahme getroffen worden ist[603]. **150**

Versetzung und Abordnung erfolgen z.B. deshalb durch VA, weil die §§ 26, 27 von einer Mitwirkung des Beamten ausgehen und so einen Individualrechtskreis erkennen lassen, der gestaltungsfähig ist (anders die dienstliche Beurteilung).

Obwohl die **Umsetzung** (näher Rdnr. 118) personadressiert ist – das alte wie das neue Amt bleiben unangetastet –, geschieht sie nicht auf Grund von Normen, die ein Individualrecht beinhalten (Ausnahme: Sonderrecht am Dienstposten durch Vereinbarung, Wahl u. Ä..). Sie ist also **kein VA**. Dasselbe gilt für die (amtsadressierte) Veränderung der Kompetenzen eines Dienstpostens (oben Rdnr. 148). Das **BVerwG** gewährt in beiden Fällen Rechtsschutz durch allgemeine Leistungsklage[604], die auf Beseitigung der Umsetzung bzw. Rückgängigmachung der Kompetenzänderung zielt.

Demgegenüber wird in der **Literatur** – soweit sie die Rspr. des BVerwG so versteht, dass eine Umsetzungsverfügung den Individualrechtskreis des Beamten *nicht* berühren kann (weil sie nicht dazu bestimmt ist, Außenwirkung zu entfalten) – wegen der Folgen einer Umsetzungsanordnung die **Folgenbeseitigungsklage** befürwortet; für eine Klage auf Beseitigung der Umsetzungsverfügung selbst fehle es an der Prozessführungsbefugnis[605].

Die **jüngere Rspr.** folgt dem nicht, sondern beschreitet offenbar einen **Mittelweg:** Der Kläger kann „verlangen, dass die ausgesprochene Umsetzung rückgängig gemacht und über seinen dienstlichen Einsatz unter Beachtung der Rechtsauffassung des Gerichts neu entschieden wird"[606]. Dies ist m.E. jedenfalls unrichtig ausgedrückt: Hat die Umsetzungsverfügung die Rechte des Beamten verletzende Auswirkungen, so ist sie aufzuheben[607] (§ 113 I S. 1 VwGO analog). Es ist Aufgabe der Verwaltung, einen rechtmäßigen Zustand herzustellen, und zwar entweder durch Freimachen des (inzwischen mit einem anderen Beamten besetzten) Dienstpostens oder durch rechtsfehlerfreie andere Umsetzung des Klägers. Das **BVerwG** hat in diesem Fall, in dem der Rechtsfehler schon in der fehlenden Zustimmung des Personalrats zur Umsetzung lag, festgestellt, dass nur die Wiederherstellung des ursprünglichen Zustandes (Rückgängigmachung der Umsetzung) in Frage kommt; die Behörde könne anschließend ggf. ein neues Umsetzungsverfahren durchführen[608]. Dem ist zuzustimmen, weil schon die Entscheidung des Dienststellenleiters, der Beamte soll seinen bisherigen Dienstposten aufgeben, der Zustimmung des Personalrats bedurfte.

Ist mangels VA nur Rechtsschutz durch Widerspruch und allgemeine Leistungsklage möglich, bedarf der Beamte eines „besonderen Rechtsschutzinteresses" (sog. Klagebefugnis, § 42 II VwGO analog, h.M.). Allerdings ergibt sich regelmäßig aus den Er- **151**

---

602 Einen hilfreichen Katalog der Abgrenzungsfälle gibt *Achterberg*, Allgemeines Verwaltungsrecht, 2. Aufl. 1986, § 21 Rdnr. 62 ff bes. 66.
603 So mit Recht *Erichsen*, DVBl. 82, 95 (98). Beispiel: Festsetzung einer Lehrverpflichtung von 12 Wochenstunden für Professor (OVG NW DVBl. 86, 1162); zusammenfassend *Langer*, JA 88, 623.
604 Vgl. BVerwGE 60, 144-148; aber VA: Zuweisung teilweiser Arbeitsleistung bei anderer Behörde (VGH BW ZBR 87, 63); näher *Hirchenauer* (Anm. 590) S. 100 ff.
605 Vgl. *Erichsen*, DVBl. 82, 95, 100; für allg. Gestaltungsklage *Felix/Schwarplys* (Anm. 591).
606 So z.B. OVG NW ZBR 84, 340.
607 Vgl. *Franz*, ZBR 86, 14, 16: Rspr. hat nicht die Aufgabe, Vollzugsverantwortung zu übernehmen; zu den Voraussetzungen oben Rdnr. 118, ergänzend RhPf OVG ZBR 99, 284.
608 BVerwGE 75, 138, 141.

III *Öffentliches Dienstrecht*

örterungen über die Eröffnung des Rechtswegs, dass eine Verletzung seiner persönlichen Rechte möglich ist. Daher kommt es entscheidend auf die Begründetheit der Klage und dabei in der Regel auf das Vorliegen von Ermessensfehlern an.

Für die **Prüfungsreihenfolge** in prozessual eingekleideten Fällen bedeutet dies: 1. Klage aus dem Beamtenverhältnis? (prüfen, ob nicht ein die „individuelle Rechtssphäre" unberührt lassender Akt vorliegt; dann keine Klage i.S.d. § 126 BRRG); 2. Klageart: Anfechtungs-/Verpflichtungsklage? (prüfen, ob die Maßnahme als VA zu qualifizieren ist); 3. Klageart: Allg. Leistungsklage? (prüfen, ob „besonderes Rechtsschutzinteresse" vorliegt).

Selbst wer den Beamten als Amtswalter („Glied der Verwaltung") grundsätzlich nicht als Zuordnungssubjekt von eigenen Rechten und Pflichten, damit insoweit als „nicht grundrechtsfähig" ansieht[609], kann gerichtlichen Rechtsschutz nur über die Klagebefugnis oder das Rechtsschutzbedürfnis im Rahmen der jeweiligen Klageart ausschließen. – Zu beachten bleibt aber, dass nach der Rspr. **eine ablehnende Entscheidung** über einen begehrenden Antrag des Beamten **stets VA** ist (z.B. Antrag auf Abänderung einer dienstlichen Beurteilung), dem nur mit Widerspruch und Anfechtungsklage begegnet werden kann[610].

Im Übrigen sind die für den Rechtsschutz maßgebenden **Besonderheiten** oben in denjenigen Rdnr. behandelt, in denen die Sachfrage erörtert wird; so die Qualifizierung der verschiedenen Akte der Verwaltung als VA oder nicht (z.B. Ernennung, Zusicherung, Übertragung höherwertigen Dienstpostens, Umsetzung, Abordnung, Zuweisung, Versetzung, dienstliche Beurteilung), die Rechtsschutzmöglichkeiten im Rahmen der sog. Konkurrentenklage auf Einstellung, Beförderung und Übertragung höherwertigen Dienstpostens, ferner der besondere Rechtsschutz im Disziplinarverfahren, aber auch bei Haftung, Schadensersatz und den verschiedenen Anlässen zur Rückforderung (vgl. jeweils die entsprechenden Stichworte im Register).

F. Neue Bundesländer

152   Die Ausgangslage für den öffentlichen Dienst in den neuen Bundesländern war außerordentlich schwierig: Es gab keine Beamten, sondern nur „Staatsbedienstete", und zwar ca. 2,2 Mio. Geschätzt wird, dass künftig weniger als 1,0 Mio Dienstleistende erforderlich sein werden, darunter – gemessen am Standard der alten Bundesländer – höchstens 400 000 Beamte. Die **Wahrnehmung hoheitsrechtlicher Befugnisse** i.S.v. Art. 33 IV GG soll nach dem Einigungsvertrag (BGBl II 1990 S. 889) „sobald wie möglich" Beamten übertragen werden. Dies geschieht gemäß dem **Verbeamtungskonzept** der jeweiligen Landesregierung. Das Hauptproblem liegt bei den Lehrern; Sachsen und Sachsen-Anhalt haben z.B. beschlossen, auf absehbare Zeit nur Schuldirektoren und ihre Stellvertreter zu verbeamten.

---

609 So etwa *Erichsen*, DVBl. 82, 95, 98 f.
610 So BVerwG NJW 76, 1281, weil die Verwaltung über den vom Beamten erhobenen Anspruch potenziell rechtsverbindlich entscheide; vgl. dazu *Frank Rottmann*, ZBR 83, 77 (91).

Nachdem übergangsweise das BBG galt, sind alsbald Landesbeamtengesetze auf der Grundlage des BRRG sowie Personalvertretungsgesetze und Disziplinarordnungen erlassen worden, zumeist auch Laufbahnverordnungen[611]. Deren Vorschriften sind allein maßgeblich[612]. Gleichwohl war es lange Zeit schwierig, qualifiziertes Personal als Beamte zu gewinnen, weil formalisierte Ausbildungs- und Qualifikationsfestlegungen, die dem Laufbahnrecht ähnlich sind, für die meisten Verwaltungsbereiche der DDR fehlten und daher Anknüpfungen hieran nicht möglich waren. Der Bund (Art. 36 Abs. 1 GG!) und die neuen Bundesländer haben versucht, dem dadurch abzuhelfen, dass sie auf Vorbereitungsdienst und Laufbahnprüfungen verzichteten und lediglich **Bewährungsanforderungen**, die in der bereits wahrgenommenen Funktion zu erbringen sind, für die jetzt als Verwaltungsangestellte auf Beamtendienstposten tätigen Personen festlegten[613]. Inzwischen sind diese einigungsbedingten Bewährungsbeamtenverhältnisse[614] in Beamtenverhältnisse auf Lebenszeit mit entsprechend eingeschränkter Laufbahnbefähigung umgewandelt worden. Gleichwohl ist es unter diesen Umständen angesichts des in einem langen Ausdifferenzierungsprozess erreichten Grades der Spezialisierung und Kompliziertheit des bundesdeutschen Rechts sowie der strengen Anforderungen an die Rechtsstaatlichkeit des Verwaltungshandels nicht verwunderlich, dass abgeordnete (bzw. inzwischen in den Dienst des neuen Bundeslandes versetzte) Beamte aus dem Westen die Hauptlast des rechtsstaatlichen Vollzugs der gesetzlichen Regelungen tragen und – zum Guten wie zum Schlechten – Vorbildfunktion für die Ostbediensteten haben. Durch die hervorragend ausgebildeten und hoch motivierten **Nachwuchskräfte** (Absolventen der Fachhochschulen und Universitäten der neuen Länder) wird aber auch hier allmählich eine Angleichung an die im Westen übliche Belastung erreicht.

Bezweifelt werden muss hingegen, dass die **Beförderungspraxis** in den neuen Landesverwaltungen sachangemessen war. Zwar ist ein materieller Ausgleich, ja Anreiz für Westbeamte gerechtfertigt, die bei dem – noch immer andauernden – Aufbau der neuen Verwaltungen Leistungen zu erbringen haben, die weit über dem Durchschnitt vergleichbarer Aufgaben in bereits eingerichteten und mit erfahrenem Personal besetzten Verwaltungen liegen. Es mag auch noch angehen, dass deshalb (das Aufsteigen begünstigende) Sonderregelungen in den Laufbahnvorschriften für diejenigen Beamten enthalten sind, die bis Ende 1991 in ein Beamtenverhältnis eines neuen Bundeslandes übernommen worden sind. Kaum zu rechtfertigen ist es jedoch, dass nicht wenige Westbeamte innerhalb von gut zwei Jahren bis zu vier Ämter durchlau-

---

611 Vgl. die Berichte von *Wagner*, ZBR 93, 173 (Brandenburg), *Woydera*, ZBR 93, 178 (Sachsen), und *Reich*, ZBR 93, 262 (Sachsen-Anhalt), *Wahlers*, PersV 94, 433 (M-V). Zu den PersV *Becker*, ZBR 94, 97; zum neuen thürPersVG *Schwarz*, ZBR 2002, 422; zu dem z.T. vom Üblichen abweichenden Disziplinarrecht *Groschupf*, ZBR 95, 101.
612 Vgl. die fehlende Vorschrift über die Entlassung eines Beamten auf Probe in Sachsen, der vor keiner Ernennung die Frage nach inoffizieller Mitarbeit beim MfS mit „ja" beantwortet hatte: BVerwGE 109, 68, 70 ff.
613 Vgl. etwa die RVO des Bundes in BGBl I 1991, S. 123; näher dazu *Vogelsang*, ZBR 90, 200, insgesamt *Battis*, NJW 92, 1208, 1210, *H.J. Becker*, RiA 91, 178, 179.
614 Vgl. umfassend dazu *Schwanenengel*, Die Wiedereinführung des Berufsbeamtentums in den neuen Ländern, 1999, S. 118 ff; zu den Schwierigkeiten in der Praxis gerade der Gemeinden z.B. BVerfG ZBR 2003, 32.

fen haben und heute Dienstposten bekleiden – und ausfüllen müssen –, in welche ihre Kollegen erst nach ausreichender Zeit der Erfahrung in niedrigeren Funktionen befördert worden sind. Derartige „Blitzkarrieren" sind rechtlich möglich geworden durch die vorübergehende Zulassung des erleichterten Aufstiegs in die nächsthöhere Laufbahn und die Zulassung von Ausnahmen vom Verbot der Sprungbeförderung und der Eilbeförderung[615]. Auch bei den sog. anderen Bewerbern findet sich Ähnliches, wenngleich bei deren Anstellung in einem Beförderungsamt der Landespersonalausschuss Mitverantwortung übernimmt[616]. Die etwa **seit 1998** zu beobachtende restriktive Beförderungspraxis ist für die davon Betroffenen (Ostbedienstete, Nachwuchs) deshalb umso schwerer einzusehen.

153 Über das Einstellung und Beförderung betreffende und zeitlich begrenzte Ausnahmerecht hinaus enthält das Beamtenrecht in den neuen Bundesländern auch einige bemerkenswerte bleibende **Sonderregelungen**, zu deren Verständnis es hilfreich ist, sich der Entstehungsgeschichte des jeweiligen Landesbeamtengesetzes zu vergewissern[617]. So ist nach § 7 III BrandLBG der Formfehler, dass bei der Einstellung eines Beamten in der dies aussprechenden Urkunde der Zusatz über die Art des Beamtenverhältnisses fehlt, dann unschädlich, wenn sich nachweisen lässt, welche Art des Beamtenverhältnisses die zuständige Behörde begründen wollte; und während nach sächsischem Beamtenrecht eine ohne die vorgeschriebene Mitwirkung des Landespersonalausschusses ausgesprochene Ernennung weiterhin nichtig bleibt, ist eine derartige Ernennung nach § 15 II BrandLBG von Anfang an wirksam, wenn seit der Ernennung fünf Jahre verstrichen sind.

Gerade das BrandLBG enthält weitere Besonderheiten: Zu den ausdrücklich verpönten Kriterien bei der Ernennung zählen „sexuelle Identität oder Orientierung" (§ 12); Bewerbungen von Landeskindern und Frauen (§ 13) sind besonders zu fördern – wobei es sicherlich entscheidend auf das Wie ankommen wird[618] –; vertrauensvolles Zusammenwirken verlangt § 20 BrandLBG vom Beamten nicht nur mit seinem Vorgesetzten, sondern auch mit gleichgeordneten und nachgeordneten Mitarbeitern.

Missbrauchbeschränkenden Charakter haben zwei weitere Regelungen im BrandLBG:

1. Der Beamte muss im Krankheitsfall auf begründetes Verlangen seines Dienstvorgesetzten das Verlassen seines Wohnorts vorher anzeigen und seinen Aufenthaltsort angeben (§ 40 II).

2. In der Zeit zwischen dem Wahltag zum Landtag und dem Tag der Ernennung der Mitglieder der Landesregierung dürfen Ernennung und Beförderung nur mit Zustimmung des Landespersonalausschusses erfolgen (§ 77 IV).

---

615 Vgl. dazu oben Rdnr. 59 (Aufstieg), 62 und 110 (Beförderung), sowie die Beispiele des sächsOVG in ZBR 2002, 60 (kein Verbot der Sprungbeförderung bei Besetzung höherwertiger Dienstposten), und 62 (Besetzung Vizepräsident Amtsgericht).
616 Vgl. zur Bedeutung der Praxis des Landespersonalausschusses VG Potsdam ZBR 98, 288.
617 Exemplarisch etwa *Wagner*, ZBR 93, 173.
618 Vgl. dazu aber *Wagner*, ZBR 93, 173, 175.

Dies wird man so lesen müssen, dass auch eine während dieses Zeitraums gegebene Zusage durch einen noch im Amt befindlichen Minister auf Beförderung eines Beamten ohne Zustimmung des Landespersonalausschusses nicht wirksam ist (womit ein Anfang gemacht wäre, um ein immer wieder ärgerliches Verhalten einzelner aus dem Amt scheidender Minister ein wenig einzudämmen).

Nicht so sehr die tägliche Verwaltungspraxis, wohl aber die rechtlichen Auseinandersetzungen zwischen Dienstherrn und Bediensteten (auch vor den Gerichten) werden derzeit (2002) zwar immer noch weitgehend vom Übergangsrecht des Einigungsvertrags bestimmt[619]. Neue Regelungen lösen sich davon jedoch mehr und mehr. So ist das Land Sachsen in der Frage der **Feststellung der persönlichen Eignung möglicherweise regimebelasteter Bediensteter** bzw. Bewerber für den öffentlichen Dienst einen besonderen Weg gegangen, indem es über die im Einigungsvertrag festgelegte Nichteignung von Personen hinaus, die „für" das ehemalige Ministerium für Staatssicherheit „tätig" gewesen sind, in § 6 III SächsLBG festgelegt hat:

154

Bei ehemaligen Mitarbeitern oder Angehörigen in herausgehobener Funktion von Parteien und Massenorganisationen, der bewaffneten Organe und Kampfgruppen sowie sonstiger staatlicher oder gemeindlicher Dienststellen oder Betriebe der ehemaligen DDR, insbesondere bei Abteilungsleitern der Ministerien und Räten der Bezirke, Mitgliedern der SED – Bezirks- und Kreisleitungen, Mitgliedern der Räte der Bezirke, Absolventen zentraler Parteischulen, politischen Funktionsträgern in den bewaffneten Organen und Kampfgruppen, den Botschaftern und Leitern anderer diplomatischer Vertretungen und Handelsvertretungen sowie bei Mitgliedern der Bezirks- und Kreiseinsatzleitungen wird vermutet, dass sie die für die Berufung in das Beamtenverhältnis erforderliche Eignung nicht besitzen. Diese Vermutung kann widerlegt werden.

Für die übrigen neuen Länder (und für Sachsen jenseits des zitierten „Funktionsvorbehalts") bleibt es bei den Maßstäben, die von den Gerichten angelegt werden bei der Beurteilung des Verhaltens der Bediensteten während der Zeit des DDR-Regimes (insbes. bei sog. Stasi-Kontakten), ihrer Angaben darüber bei Übernahme in ein neues Dienstverhältnis und des z.T. widersprüchlichen Verhaltens der Einstellungsbehörden[620]. Hier wird von den Untergerichten wie von BVerwG und BAG differenziert geurteilt, seitdem das **BVerfG** bei der Anwendung der **Sonderkündigungstatbestände im Einigungsvertrag** die Würdigung des gesamten Verhaltens vor und nach der Vereinigung verlangt und die „für Verbleib und Aufstieg im öffentlichen Dienst der DDR notwendige und übliche Loyalität und Kooperation" für sich allein nicht als Eignungsmangel gewertet hat[621]. Dieser Rspr. stimmt der Europäische Gerichtshof für Menschenrecht ausdrücklich zu[622]. Ein Ärgernis für die Betroffenen und ein Hemmnis für die Bemühungen um den Aufbau Ost bleibt aber die Regelung des Besoldungsrechts, wonach in den neuen Ländern (statt 90% ab 2002) die Westbesol-

---

619 Vgl. Stichwort Neue Länder bei *Battis*, NJW 98, 1035; 99, 989; 2000, 1081; 2001, 1103; zuletzt in 2002, 1086. Zu anhaltenden Folgen und deren Beseitigung *Gramlich*, NJ 2002, 292.
620 Vgl. etwa VG Potsdam ZBR 2000, 282; und zusammenfassend zur Entlassung wegen Tätigkeit „für" das MfS *Patermann*, DtZ 97, 242 m.w.N.; zur persönlichen Eignung bei Lehrern *Zekan*, ArbuR 95, 84, sowie BVerfG ZBR 98, 352 ff. Zu den Folgen unvollständiger Angaben. oben Rdnr. 81.
621 So BVerfGE 92, 140; vgl. *Goerlich*, JZ 95, 900, ferner BVerfG ZBR 97, 351 ff, und 98, 168 ff, 351 ff, 395 ff; sowie etwa BVerwG ZBR 99, 164; 2001, 45, und 2002, 95 („Jugendsünden").
622 Vgl. nur EGMR Neue Justiz 2003, 51 m.w.N. (zu Bespitzelung auffordernder Lehrer).

dung/-vergütung von 100% nur gezahlt werden kann, wenn alle „Befähigungsvoraussetzungen" im bisherigen Bundesgebiet erworben wurden, d.h. für Juristen die erste Staatsprüfung und der Vorbereitungsdienst mit zweiter Staatsprüfung[623].

G. Die Dienstrechtsreform 1997 bis 2001

1. Übertragung von Führungsämtern auf Zeit

155 Grundsätzlich werden auch die Leitungsfunktionen in der Verwaltung auf Dauer übertragen, und zwar durch Beförderung in ein entsprechendes Amt im Beamtenverhältnis auf Lebenszeit. Erweist sich allerdings die Prognose des Diensthernn als *falsch*, dass der Beförderte die herausgehobene Führungsfunktion (die die Fähigkeit zur Führung von seinerseits hoch qualifiziertem Personal umfasst) wenigstens zufrieden stellend wahrnehmen wird, so kann der Dienstherr seine Entscheidung praktisch nicht mehr korrigieren. Auch das Disziplinarrecht kann insoweit lediglich dann als äußerstes Korrektiv wirksam werden, wenn schwerwiegende Dienstrechtsverletzungen der Führungskraft hinzukommen, was in aller Regel nicht der Fall ist.

Aus diesem Grunde ermöglicht das BRRG dem Bund und den Ländern seit dem Dienstrechtsreformgesetz von 1997, Führungspositionen *zunächst* auf Zeit zu vergeben. Die dafür in Frage kommenden Ämter müssen gesetzlich festgelegt sein. Während § 12a BRRG (leitende Funktion *auf Probe*) seit 2002 den Bundesländern dafür die Entscheidung überlässt, sind in 12b BRRG als Ämter mit leitender Funktion im Beamtenverhältnis *auf Zeit* (nur) zugelassen alle der Besoldungsordnung B angehörenden Ämter mit leitender Funktion, ferner die Ämter der Leiter von Behörden, die der BesGr A 16 angehören, die Ämter der Leiter öffentlicher Schulen und der Leiter von Teilen von Behörden der Gemeinden und Gemeindeverbänden. Ausgenommen sind generell alle Ämter, die die richterliche Unabhängigkeit voraussetzen, also z.B. die Ämter der Senatsmitglieder der Rechnungshöfe von Bund und Ländern.

In ein **Leitungsamt auf Zeit** darf nur berufen werden, wer sich bereits in einem Beamtenverhältnis auf Lebenszeit befindet und in das Leitungsamt auch als Beamter auf Lebenszeit berufen werden könnte (Ausnahmen kann die unabhängige Stelle – vgl. oben Rdnr. 63 – zulassen). Außerdem – was in der hitzigen Diskussion oft übersehen wird – muss die **Auswahl nach dem Prinzip der Bestenauslese** erfolgt sein[624] (dazu oben Rdnr. 92; zur Konkurrentenklage Rdnr. 94-96).

---

623 So BVerwGE 101, 116, 118; seither st. Rspr.; z.B. ZBR 2000, 271; zum Streit um die besoldungs- und damit tarifrechtliche Einstufung der Lehrer vgl. *Kroll*, ZBR 94, 299; zu Zulässigkeit unterschiedlicher tariflicher Zustände in Ost- und West-Berlin BVerfG ZBR 2001, 175; anders aber die Arbeitszeit bei Bundesbeamten: BVerwG ZBR 2001, 177 (38,5 Wochenstunden in Ost wie West).
624 So mit Recht *Schnellenbach*, ZBR 98, 223 m.w.N.; wie selbstverständlich auch *Slowik/Wagner*, ZBR 2002, 409, 416.

Die Übertragung des jeweiligen Leitungsamtes für eine begrenzte Zeit erfolgt dann durch **Begründung eines eigenständigen Beamtenverhältnisses**. Das bestehende Beamtenverhältnis auf Lebenszeit bleibt dabei erhalten; die Rechte und Pflichten des Beamten aus dem bisherigen Amt ruhen nur. Damit befindet sich der leitende Beamte zeitweise *in zwei Beamtenverhältnissen gleichzeitig*. Dies war auch bisher schon möglich (vgl. § 29 III BBG, Beispiel: beurlaubter Abteilungsleiter beim Bund wird Staatssekretär in einem Bundesland), es stellte aber nicht den nun vorgesehenen Regelfall dar. Die vor einer Beförderung sonst übliche **Erprobungszeit** in der neuen Funktion (vgl. oben Rdnr. 62) ist mit dieser Ausgestaltung einer zeitlich erweiterten Erprobung natürlich nicht vereinbar; sie entfällt deshalb gänzlich, was durch entsprechende Gesetzesergänzungen jetzt (2002) auch ausdrücklich normiert worden ist.

2. Leitungsfunktion als Beamter auf Probe

Der Bund und die Länder können durch Gesetz die Möglichkeit der Übertragung eines Amtes mit leitender Funktion im Beamtenverhältnis auf Probe schaffen. Sie müssen es nicht. Wenn es aber getan wird, sind die **Vorgaben aus § 12a BRRG** einzuhalten, nämlich (1) die Höchstdauer für dieses besondere Beamtenverhältnis von zwei Jahren (sog. regelmäßige Probezeit), ferner (2) eine Mindestdauer von einem Jahr (Mindestprobezeit), auf die nur Zeiten angerechneten werden dürfen, in denen dem Beamten dieselbe leitende Funktion bereits übertragen worden war (d.h. die Wahrnehmung der Funktion als Stellvertreter des Amtsinhabers oder eine dem Leitungsamt gleichwertige Funktion reichen dafür nicht aus), sowie (3) das Verbot einer Probezeitverlängerung, vor allem aber (4) die Pflicht, dem Beamten „mit dem erfolgreichen Abschluss der Probezeit" das Amt auf Dauer im Beamtenverhältnis auf Lebenszeit zu übertragen.

156

Eine (positive) Feststellung, dass die Probezeit erfolgreich abgeschlossen wurde, ist erforderlich, denn mit Ablauf der Probezeit ist der Beamte aus dem Führungsamt im Beamtenverhältnis auf Probe kraft Gesetzes entlassen. Erfolgt also die Feststellung nicht, verbleibt der Beamte statusrechtlich im vorherigen Amt. Glaubt er gleichwohl, die Probezeit im Leitungsamt erfolgreich absolviert zu haben, muss er notfalls die entsprechende Feststellung im Klagewege verfolgen. Im Vorverfahren wird der Dienstherr gegebenenfalls die Gründe für seine gegenteilige Auffassung darlegen müssen. Ist aber der erfolgreiche Abschluss der Probezeit festgestellt, muss dem Beamten das Amt unverzüglich auf Dauer übertragen werden. Allein dies entspricht der gesetzlichen Intention und der entsprechenden Ermächtigung im BRRG. Für einen Beamten des Bundes besteht daher trotz des Wortlauts von § 24a V BBG („soll" das Amt auf Dauer übertragen werden) ein **Anspruch auf Ernennung** (Beförderung oder laufbahnrechtliche Ersternennung[625]).

Der **Bund** hat bislang (nur) von der Möglichkeit Gebrauch gemacht, leitende Funktionen zunächst *auf Probe* zu übertragen, und zwar die Ämter der Abteilungslei-

---

625 So im Ergebnis auch *Schnellenbach*, ZBR 98, 223, 224; Beispiel: Professor wird in der Funktion Unterabteilungsleiter im Bundesministerium zum Ministerialdirigenten ernannt.

III Öffentliches Dienstrecht

ter[626] und Unterabteilungsleiter der Bundesministerien sowie der Leiter der übrigen Bundesbehörden in der Besoldungsordnung B und die Leiter der bundesunmittelbaren juristischen Personen des öffentlichen Rechts (§ 24a VI BBG). Allerdings hat der Bundesgesetzgeber zugleich vorgeschrieben, dass diese Ämter zwingend zunächst in dieser Weise übertragen werden müssen (obligatorische Erprobung). Einige **Bundesländer** haben sich entschieden, ebenso wie der Bund Ämter mit Leitungsfunktionen obligatorisch und nur auf Probe (nicht auch einige Ämter auf Zeit) zu vergeben (so Baden-Württemberg und Mecklenburg-Vorpommern); andere Länder haben **beide Formen der Erprobung** von Führungspersonal eingeführt (so etwa Bayern, Hessen, Niedersachsen, Schleswig-Holstein, Sachsen und Sachsen-Anhalt), Sachsen-Anhalt in der Weise, dass die leitende Funktion grundsätzlich zunächst auf Zeit übertragen werden „soll", sie stattdessen aber auf Probe übertragen werden „kann", wenn sie nicht auf Zeit übertragen wird[627]. Nur Rheinland-Pfalz, das Saarland und Thüringen haben keine der beiden Möglichkeiten des BRRG in Anspruch genommen.

Welches Amt ein „Amt mit leitender Funktion" darstellt, das zunächst in einem dieser gesonderten Beamtenverhältnisse wahrgenommen werden kann, soll oder muss, ist im jeweiligen Beamtengesetz (z.T. im Anhang) festgelegt; die leitende Funktion wird dabei zum Teil sehr weitgehend verstanden (was zulässig ist), z.B. in Baden-Württemberg mit der Einbeziehung schon der „Leiter der Referate der obersten Landesbehörden" (Anhang zu § 34a Abs. 1 BWLBG). Im Kommunalbereich haben Sachsen und Mecklenburg-Vorpommern sogar Ämter mit BesGr A 12 einbezogen[628].

3. Leitungsfunktion als Beamter auf Zeit

157 Außer Baden-Württemberg, Mecklenburg-Vorpommern, Rheinland-Pfalz, dem Saarland und Thüringen haben die Bundesländer (Stand 2002) von der Möglichkeit des § 12b BRRG Gebrauch gemacht, Ämter mit leitender Funktion zunächst im Beamtenverhältnis auf Zeit zu übertragen. Die dafür festgelegten Ämter entsprechen der Rahmenvorschrift. Die Länder haben die **Amtszeit**, obgleich dies so nicht vorgeschrieben ist, auf **fünf Jahre** festgelegt; stets ist eine weitere Amtszeit zulässig. Nach der ersten Amtszeit „kann", nach Ablauf der zweiten „soll"[629] dem Beamten dieses Amt[630] auf Dauer im Beamtenverhältnis auf Lebenszeit übertragen werden.

---

626 Abteilungsleiter beim Bund gehören zugleich zum Kreis der politischen Beamten (dazu oben Rdnr. 67).
627 §§ 112a, 112c LBG Sachsen-Anhalt mit der Folge, dass auch weiterhin auf Lebenszeit übertragen werden kann; in Schleswig-Holstein sind alle Leitungsämter ab BesGr. A 16 zwingend auf Zeit zu übertragen (§§ 20b, 20a LBG), in Hessen nur die Abteilungsleiter und Leiter von Behörden (§ 19b LBG).
628 Vgl. den instruktiven Bericht von *Diers*, LKV 2000, 225, 226.
629 So bereits § 12b BRRG. In Bayern ist das Amt zu übertragen, wenn auf Grund der bisherigen Amtsführung zu erwarten ist, dass der Beamte den Anforderungen des Amts weiterhin in vollem Umfang gerecht werden wird (§ 32a BayBG).
630 In Sachsen-Anhalt (§ 112a BG) soll – alternativ – ein gleichwertiges Amt übertragen werden (fraglich, ob nach § 12b BRRG zulässig).

Weitere **Voraussetzungen** für die Übertragung auf Dauer sind nicht normiert worden. Daher hat der Dienstherr – im Unterschied zur Erprobung der Führungsqualitäten des Beamten im Beamtenverhältnis auf Probe – einen deutlich weiteren Ermessensspielraum bei der Entscheidung, ob er dem Beamten die leitende Funktion auf Dauer überträgt. Gerade wegen des im Wortlaut dokumentierten Unterschieds zwischen beiden Möglichkeiten der Erprobung von Spitzenbeamten ist die Voraussetzung für die dauerhafte Übertragung des Amtes im Anschluss an die Probezeit, nämlich die ausdrückliche Feststellung des „erfolgreichen Abschlusses der Probezeit", **nicht** allein für die Entscheidungen des Dienstherrn maßgebend, die das Beamtenverhältnis auf Zeit betreffen, also weder für die Entscheidung über eine weitere Amtszeit noch für die Entscheidung über die Übertragung des Amts auf Dauer (nach der ersten oder zweiten Amtszeit). Es bleiben grundsätzlich auch andere, sachliche Ermessensgründe für die Entscheidung möglich.

Über die Zulässigkeit der Übertragung von Spitzenpositionen zunächst auf Zeit ist ausgiebig gestritten worden. Überwiegend wird sie abgelehnt[631], keineswegs jedoch einhellig[632]. Die **verfassungsrechtlichen Bedenken**[633] (Verstoß gegen den hergebrachten Grundsatz der Anstellung auf Lebenszeit und damit dem Kerngehalt der institutionellen Garantie des Berufsbeamtentums) greifen m.E. nicht durch; dem Beamten wird seine Lebenszeitanstellung nicht genommen (sein „Grund-Beamtenverhältnis" besteht fort, vgl. Rdnr. 155), das neue Führungsamt wird ihm vielmehr auf Grund des verfassungsrechtlich vorgeschriebenen Leistungsprinzips (Art. 33 II GG) zunächst nur auf Zeit verliehen[634]. Das BVerfG hat im Rahmen seiner Entscheidung zur Übertragung der Schulleiterfunktion auf Zeit[635] dazu auch nur festgestellt, dass eine *dauernde* Trennung von Status und Funktion hergebrachten Grundsätzen widerspricht.

Die **verwaltungspolitischen Bedenken**[636] sind dagegen beachtenswert, weil sie Gefahren aufzeigen, die nicht von Hand zu weisen sind. Ob sie sich realisieren und dem Berufsbeamtentum und damit dem Staat insgesamt zum Schaden gereichen, wird letztlich davon abhängen, in welcher Weise die zulässigen Möglichkeiten der Erprobung der Führungskräfte von der politischen Leitung der Ministerien gehandhabt werden. M.E. bestehen durchgreifende Bedenken gegen die Ausdehnung des Begriffs „leitende Funktion" im Rahmen des § 12b BRRG auf solche Ämter, die nicht die nachfolgend geschilderten Führungsaufgaben zu erfüllen haben.

158

---

631 Vgl. die Lit. bei *Battis* BBG § 24a Rdnr. 11, und *Jachmann* (Anm. 27) Rdnr. 52; ferner *Lecheler*, ZBR 98, 331 m.w.N.
632 Vgl. *Battis* und *Jachmann*, ebendort; *Ziemske*, DÖV 97, 605, 611 ff; *Nessler*, RiA 97, 157.
633 Vgl. dazu vornehmlich die verfassungsrechtliche Literatur: *Schuppert* (Anm. 26) Rdnr. 39 ff; *Jachmann* (Anm. 27) Rdnr. 52; *Brockmeyer* in: *Schmidt-Bleibtreu/Klein*, Kommentar zum GG^9, 1999, Art. 33, Rdnr. 15; *Lübbe-Wolff* (Anm. 24) Rdnr. 82.
634 Den Ausgleich beider verfassungsrechtlichen Grundsätze (Lebenszeitprinzip vs. Leistungsprinzip) kann der Gesetzgeber so herbeiführen, wie er es getan hat (vgl. näher *Schuppert*, ebendort).
635 Vgl. dazu oben Rdnr. 21.
636 Umfassend und weiterführend dazu *Bochmann*, Führungsfunktion auf Zeit gemäß § 12b BRRG und ihre Bedeutung für Berufsbeamtentum und Verwaltung unter besonderer Berücksichtigung der Ämterpatronage, 2000; Bespr. von *Summer*, ZBR 2001, 306.

III Öffentliches Dienstrecht

Gegen Leitungsämter auf Zeit (einschließlich der auf Probe) wird eingewandt, den Leitenden sei in dieser Zeit ihr guter Eindruck „nach oben" wichtiger als die objektive Sachgerechtigkeit ihrer Aufgabenerledigung, weil sie ihre Funktion behalten möchten[637]. Damit würde der **Politisierung der Verwaltung** Vorschub geleistet (was leider oft sogleich mit parteipolitischer Ämterpatronage gleichgesetzt wird)[638].

Dieser Einwand ist von wenig praktischer Einsicht getragen. Führungskräfte, für die m.E. eine Funktionsübertragung auf Zeit in Frage kommt, haben ganz andere „führungsfachliche" Probleme; wer sie bewältigt, hat aus solchem Grund noch nie Probleme mit „der Politik" bekommen. Die **Aufgabe der hochrangigen Führungskräfte** auf Zeit es nämlich[639] primär, hochgradig sachkundige Beamte mit eigenen Führungsaufgaben und -problemen zu leiten. Die Führungskräfte auf Zeit müssen **personalpolitisch** für eine optimale Besetzung der vorhandenen, ggf. sogar aus Sachzwängen erst zu schaffenden Dienstposten sorgen. Sie müssen **inhaltlich** sicherstellen, dass die Bediensteten ihre Aufgaben gesetzestreu und entsprechend den Vorgaben erledigen, die die vom Volk gewählte politische Leitung gesetzt und für die diese die politische Verantwortung übernommen hat. Die Führungskräfte auf Zeit müssen dort, wo der Verwaltung gesetzlich eingeräumte **Entscheidungsspielräume** geblieben sind, dafür sorgen, dass diese auch dann im Sinne der das Gesetz vollziehenden politischen Leitung genutzt (zumindest aber ihnen gegenüber offen gelegt) werden, wenn der sachkundige Bedienstete – sei es dass er aus eigener politischer Überzeugung anderer Auffassung ist, sei es dass er den Spielraum und mögliche Lösungsalternativen nicht erkennt – der Leitung nur eine, nämlich die vorgeblich „aus Sachkunde" einzige Lösung des Problems (Entscheidung) vortragen möchte. Dies ist, wie Erfahrung immer wieder bestätigt, eine mindestens ebenso schwierige Aufgabe wie die sachgerechte Beurteilung von Mitarbeitern[640]. Allerdings ist in aller Regel innerhalb von 5 Jahren feststellbar, ob die Führungskraft den Aufgaben des Amtes gewachsen ist.

Hochrangige Führungskräfte, die nach den Vorgaben von § 12b BRRG zunächst auf Zeit tätig werden, müssen sich also wegen der an sie gestellten besonderen **Anforderungen** gegenüber den Bediensteten ebenso bewähren wie gegenüber ihrer politischen Leitung. Sie werden sich daher in jeder Richtung anstrengen, weil sie ihr Amt auf Dauer erwerben wollen. Bewähren sie sich, so werden sie es auch erhalten. Auf Grund dieser Bewährungszeit weiß aber die Leitung und wissen auch die Bediensteten, zu welcher Leistung der Amtsinhaber fähig ist, wenn er sich wirklich bemüht. Daran werden Führungskräfte künftig gemessen werden. Denn das weit größere **Problem jedes Beamtenapparates** – abgesehen von spätestens nach 5 Jahren entlarvter

---

[637] Vgl. *Lecheler*, ZBR 97, 206, 208 f; pointiert *Summer*, ZBR 99, 181, 186 f und 2002, 109, 113 f; ferner *Kutscha*, ZBR 2002, 942, 945 (aber wohl nicht für Leitungsamt auf Probe); insgesamt vorsichtiger das BVerfG (oben, Anm. 63).
[638] Vgl. *Studenroth*, ZBR 97, 212, 217; *Isensee*, ZBR 98, 295, 309; a.A. *Nessler* (oben, Anm. 632).
[639] An einem schriftlich fixierten Leistungsprofil fehlt es regelmäßig: Nachweise bei *Lorse*, ZBR 2002, 162, 171-173; Beispiel: BVerwG ZBR 2000, 303, 304 f.
[640] Zu letzterem etwa *Summer*, ZBR 95, 125, 137.

Schaumschlägerei[641] – ist es, dass sich Amtsinhaber aller Ebenen rechtmäßigen und billigen Ansprüchen an ihre volle Leistungsstärke auf vielfältige, subtile Weise verweigern können, ohne dass sie Gefahr laufen, letztlich ihres Amtes verlustig zu gehen. Deshalb war es und ist es auch heute noch von keiner Empirie getragen, wenn behauptet wird: „Bedienstete, denen Führungspositionen nur auf Zeit übertragen sind, erweisen sich im allgemeinen als weniger bereit, die Anforderungen des Amtes zu ihrer eigenen Sache zu machen als unbefristet im Amt befindliche Dienstnehmer."[642]

Der Leistungsgesichtspunkt als Grundlage der **Bestenauslese** gerade auch für die Besetzung einer Führungsposition in der Verwaltung bleibt letztlich dadurch gesichert, dass das Bewusstsein der Leitung dafür heute deutlich geschärft ist und dass sich für besser qualifiziert haltende Beamte heute mit Recht nicht mehr scheuen, ggfls. im Wege der Konkurrentenklage (vgl. Rdnr. 94) die am Anforderungsprofil der Stelle zu messende Auswahl der Führungskraft gerichtlich überprüfen zu lassen.

Sollte allerdings die neue Möglichkeit der Erprobung im Beamtenverhältnis auf Zeit durch die politische Leitung regelmäßig missbraucht werden, etwa dadurch, dass im Führungsamt bewährten Beamten ohne sachlichen Grund (vgl. Rdnr. 157) das Amt nicht auf Dauer übertragen wird oder bereits die erste Amtszeit regelmäßig und ohne in der Amtsführung selbst begründeten sachbezogenen Anlass durch Zeitablauf beendet wird[643], wäre es die Aufgabe des Gesetzgebers, Abhilfe zu schaffen. Gesetzgeberischer Abhilfe bedürfte es auch, sollte sich herausstellen, dass das Führungspersonal nach zwei Amtszeiten im Leitungsamt regelmäßig einen der Aufgabe geschuldeten **Leistungsabfall** aufweist. Insofern gehen die dem entsprechenden, am strengen Leistungsprinzip auch für Führungskräfte orientierten Überlegungen in der Literatur (Rang- und Funktionsherabsetzung bei erheblichen Leistungsschwächen[644]) durchaus in eine das öffentliche Dienstrecht vitalisierende Richtung. – Ob dies auch für die im Dienstrechtsreformgesetz vorgesehenen **Leistungsprämien und Leistungszulagen** gilt, wird sich erst in der praktischen Anwendung ergeben. Zweifel sind aber angebracht[645].

Andererseits hat sich der Bund bereits ein Instrument geschaffen, um auf Leistungsschwächen wenigstens besoldungsmäßig zu reagieren; in § 3 I der LeistungsstufenVO[646] heißt es jetzt: Wird festgestellt, dass die Leistungen einer Beamtin, eines

---

641 Vgl. die diese Beobachtung einschließende Aufstellung der Argumente pro et con bei *Diers*, LKV 2000, 225, 226 f mit Hinweis auf den Nachweis von Fähigkeit zur Planung *und* zur Umsetzung von mittelfristigen Vorhaben, aber auch auf die Probleme, die sich für den langjährigen Stellvertreter der Führungskraft ergeben.
642 So 1977 bereits *Achterberg*, DVBl. 77, 541, 546, zustimmend zitiert von *Studenroth* (Anm. 638) S. 217; ähnlich *Lecheler*, ZBR 98, 331, 336, 343 ff, *Diers*, ebendort, S. 227.
643 So die Befürchtung von *Studenroth* (Anm. 638) S. 220.
644 So *Studenroth*, ebendort, S. 221, aber auch schon *Summer*, ZBR 95, 125, 134; ferner *ders*. (mit Hinweis auf *Battis*) in Bespr., ZBR 2001, 450, 452, und erneut ZBR 2002, 109, 113 m. Fn. 36.
645 Vgl. *Bönders*, ZBR 99, 11; *Schnellenbach*, ZBR 98, 223, 227 f, bzw. 99, 53, 57; *Isensee* (Anm. 638); differenzierend *Battis*, DÖV 2001, 309, 316.
646 LeistungsstufenVO vom 1.7.1997 (BGBl I S. 1600) i.F.d. ÄnderungsVO vom 25.9.2002 (BGBl I S. 3740). – Rechtsschutz mit dem Ziel, Schadensersatz zu verlangen, setzt zunächst einen Antrag auf Zuordnung zur nächsthöheren Stufe voraus (näher *Schnellenbach*, ZBR 99, 53, 55 f).

Beamten, einer Soldatin oder eines Soldaten nicht den mit dem Amt oder Dienstposten verbundenen durchschnittlichen Anforderungen entsprechen, verbleibt sie oder er in der bisherigen Stufe des Grundgehalts. Die Feststellung erfolgt auf der Grundlage der letzten dienstlichen Beurteilung.

4. Antragsteilzeit, Einstellungsteilzeit und Vorruhestand

159 Das Dienstrechtsreformgesetz hat die Teilzeitbeschäftigung von Beamten und das Recht auf Dauerurlaub ohne Dienstbezüge grundsätzlich neu geregelt. Einem **Beamten des Bundes** *kann* auf seinen **Antrag** hin nunmehr Teilzeitbeschäftigung bis zur Hälfte der regelmäßigen Arbeitszeit bewilligt werden, ohne dass dafür familienpolitische oder arbeitsmarktpolitische Gründe vorliegen müssen (sog. **Antragsteilzeit**, § 72a BBG n.F., ebenso § 48a DRiG n.F.). Allerdings muss sich der Beamte verpflichten, während des Bewilligungszeitraums Nebentätigkeit nur in dem Umfang auszuüben, wie sie ihm bei Vollzeitbeschäftigung gestattet wäre. Dem Beamten *muss* sogar Teilzeitbeschäftigung bewilligt werden, wenn er mindestens ein Kind unter 18 Jahren oder einen pflegebedürftigen Angehörigen tatsächlich betreut und zwingende dienstliche Gründe nicht entgegenstehen; in diesem Fall *kann* bis zu insgesamt 12 Jahren auch Teilzeitbeschäftigung *mit weniger als der Hälfte der Arbeitszeit* bewilligt werden. Diese Verkürzung der Arbeitszeit wegen Betreuung von Angehörigen bezeichnet das Gesetz als Freistellung vom Dienst (§ 72a IV BBG n.F.).

Die wohl noch **herrschende Lehre** hält bereits die voraussetzungslose Antragsteilzeit für verfassungswidrig; von „Hauptberuflichkeit, voller Hingabe und speziellem Beamtenethos" (Lecheler) bleibe nichts mehr übrig[647]. Die **Praxis** handelt auch hier nach den dienstlichen Bedürfnissen der jeweiligen öffentlichen Körperschaft. Mit der gesetzlich eingeräumten Möglichkeit, auch nachträglich die Dauer der Teilzeitbeschäftigung zu beschränken oder die Arbeitszeit zu erhöhen, soweit dienstliche Belange dies erfordern (§ 72a III BBG n.F.), kann in der Praxis sowohl im Interesse aller betroffenen Bediensteten als auch im Interesse des Steuerzahlers flexibel auf Veränderungen im – von den Anforderungen an den Staat bestimmten – Dienstleistungsprofil der öffentlichen Verwaltung reagiert werden. Derartige institutionelle Erfordernisse rechtfertigen denn auch die im Teilzeit-Dienst liegende **Fortentwicklung des überkommenen Beamtenrechts**, zumal die Teilzeitbeschäftigung als Ausnahme normiert ist und in der Praxis auch entsprechend gehandhabt wird. Dass die Teilzeitbeschäftigung beim Bund vom Antrag des Beamten abhängt, mag die Akzeptanz des neuen Instituts erhöhen, für seine verfassungsrechtliche Zulässigkeit ist dies nicht entscheidend[648].

160 Das BRRG – insoweit ein Ergebnis des Vermittlungsausschusses[649] – lässt nun aber auch die von einer Mehrheit der Bundesländer seit langem gewünschte (antragslose) sog. **Einstellungsteilzeit** auf Grund gesetzlicher Ausgestaltung zu, indem es in § 44a BRRG festlegt: *Teilzeitbeschäftigung für Beamte ist durch Gesetz zu regeln*. Die Bun-

---

647 Lecheler, ZBR 97, 207, 209.
648 Mit Recht führt *Battis* dieses Argument mehr unterstützend an (§ 72a Rdnr. 8). Zur Altersteilzeit vgl. *Loschelder* und (europarechtlich) *Strohmeyer*, ZBR 2000, 89 bzw. 73 jeweils m.w.N.
649 Vgl. *Diers*, LKV 2000, 225, 227 ff.

desregierung und die weit überwiegenden Stimmen in der Lit. sehen hierin einen neuen, eigenständigen **Regeltyp des Beamtenverhältnisses**, der mit den hergebrachten Grundsätzen des Berufsbeamtentums (Art. 33 V GG) nicht vereinbar sei[650]. Zweifel an dieser Sichtweise sind angebracht: Auch mit der Einführung von Einstellungsteilzeit reagiert die Praxis auf die Erfordernisse einer modernen, flexiblen Verwaltung im Interesse des Steuerbürgers und der Arbeit suchenden akademischen Jugend. Sie ändert damit m.E. solange den Beamtenstatus als solchen nicht grundlegend und strukturell, wie sie ihn **nicht als lebenslangen Sondertypus** ausgestaltet und ihn nicht mit Bedingungen versieht, die den obligatorischen Teilzeitbeamten so stellt, als sei er nicht hauptberuflich tätig[651]. Bleibt die berufliche Tätigkeit des Beamten trotz Teilzeitbeschäftigung für den Staat vom öffentlich-rechtlichen Treueverhältnis bestimmt, dürfte das Teilzeit-Beamtenverhältnis als Fortentwicklung des Beamtentums verfassungsrechtlicher Überprüfung standhalten.

Das **BVerwG** verwirft allerdings in st. Rspr. die sog. **Zwangsteilzeit**, bei der ein Bewerber zum Beamten auf Probe ernannt und anschließend seine Teilzeitbeschäftigung verfügt wird, obwohl er sich dagegen ausspricht. Das Gericht legt auch nach der Schaffung des § 44a BRRG die Länderregelungen – nach seiner Auffassung verfassungskonform – so aus, dass die Anwendung nur zulässig ist, wenn der Beamte freiwillig von der Teilzeitbeschäftigung Gebrauch macht[652]. Das **BVerfG** hat sich dazu direkt bisher jedenfalls lediglich (in einem obiter dictum) so geäußert: Die Einrichtung des Teilzeitbeamten ist weder in Art. 33 V GG garantiert noch finden die Regelungen für sie in dieser Vorschrift eine verfassungsrechtliche Grenze[653]. Wird deshalb das Teilzeit-Beamtenverhältnis freiwillig begründet oder geändert und die Zulassung von Nebentätigkeit im Einklang mit den Erfordernissen des hauptberuflichen Beamtenverhältnisses geregelt[654], ist es m.E. zulässig.

Neu ist auch die Möglichkeit des § 44b BRRG, **Sonderurlaub ohne Dienstbezüge** zu gewähren, und zwar bis zu 6 Jahren, wenn der Beamte in Bereichen tätig ist, in denen wegen der Arbeitsmarktsituation ein außergewöhnlicher Bewerberüberhang besteht und ein dringendes öffentliches Interesse gegeben ist, verstärkt Bewerber im öffentlichen Dienst zu beschäftigen (§ 72e BBG). Dies ermöglicht etwa die Bewilligung eines Sabbat-Jahres, wie es z.B. das Deutsche Richtergesetz in § 76c ausdrücklich feststellt. Da bei Beamten ab 55 Jahren der Sonderurlaub bis zur Pensionierung ausgedehnt werden kann, ist an sich ein Vorruhestand (allerdings ohne Bezüge) möglich. Die damit einhergehenden Beschränkungen bei der Nebentätigkeit (Verzicht auf Entgelt, Ausnahme: genehmigungsfreie Nebentätigkeit) lassen eine breite Inanspruchnahme jedoch kaum erwarten.

161

---

650 Vgl. statt vieler *Battis* § 72a Rdnr. 9, aber auch Rdnr. 10 (Ausnahme für die neuer Länder) und Rdnr. 11 (keine Festlegung des BVerfG); zuletzt etwa *Summer*, ZBR 2002, 109, 113.
651 A.A. *Battis*, ebendort, Rdnr. 9.
652 Vgl. BVerwG ZBR 2000, 209 m. Anm. *Summer* (S. 211); anders *Wieland*, Anm., JZ 2000, 763; dagegen wiederum *Summer*, ZBR 2002, 109, 113; zu den Argumenten *Diers* (Anm. 649), zu Folgerungen *Baßlsberger*, ZBR 2001, 417, 420 f.
653 BVerfGE 44, 249, 262 f; vgl. auch die zutreffende Analyse von *Battis* § 72a Rdnr. 11.
654 Vgl. dazu die Lösungsvorschläge von *Baßlsberger*, ZBR 2001, 417, 423 ff, und die Rspr.-Kritik von *Bull*, DVBl. 2000, 1773.

5. Abordnung und Versetzung

162 Die Notwendigkeit flexiblen Personaleinsatzes hat zu ersten **Veränderungen bei** den im BRRG normierten Voraussetzungen von **Abordnung und Versetzung** geführt. Die §§ 17, 18 BRRG n.F. Lassen Versetzungen wie Abordnungen *ohne Zustimmung* des Beamten zu, wenn die neue Tätigkeit dem statusrechtlichen Amt entspricht. Wenn es dem Beamten auf Grund seiner Vorbildung oder Berufsausbildung zuzumuten ist, kann er aber auch zur Wahrnehmung einer nicht seinem Amt entsprechenden Tätigkeit abgeordnet werden, mit seiner Zustimmung sogar über 2 Jahre hinaus. Selbst zu einem anderen Dienstherrn und in eine andere Laufbahn kann der Beamte ohne seine Zustimmung abgeordnet werden, wenn die Tätigkeit seinem statusrechtlichen Amt entspricht, die Laufbahn der bisherigen gleichwertig ist und die Abordnung als solche den Zeitraum von 5 Jahren nicht übersteigt (§ 17 III BRRG n.F.).

Vergleichbares gilt für eine **Versetzung**: Ohne seine Zustimmung kann der Beamte in ein statusrechtlich gleichwertiges Amt einer anderen Laufbahn bei einem anderen Dienstherrn versetzt werden (§ 18 II BRRG n.F.). Besitzt der Beamte nicht die Befähigung für die andere Laufbahn, muss er an Maßnahmen zum Erwerb der neuen Befähigung teilnehmen (§ 18 III BRRG n.F.).

Bei einer „wesentlichen Änderung des Aufbaues oder der Aufgaben einer Behörde" (ebenso bei Auflösung oder Verschmelzung von Behörden) kann ein Beamter ohne seine Zustimmung sogar **in ein niedrigeres Amt** derselben oder einer gleichwertigen Laufbahn versetzt werden, wenn eine dem bisherigen Amt entsprechende Verwendung nicht möglich ist (§ 18 II S. 2 BRRG n.F.). Den Ländern wird zudem ermöglicht, durch Gesetz die **Versetzung** des Beamten **in den einstweiligen Ruhestand** vorzusehen, wenn das Aufgabengebiet des Beamten von einer „auf landesrechtlicher Vorschrift beruhenden" Auflösung seiner Behörde, ihrer Verschmelzung mit einer anderen oder nur von einer wesentlichen Änderung des Aufbaus der Behörde „berührt" wird und eine Versetzung (selbst in ein niedrigeres Amt) nicht möglich ist (§ 20 BRRG n.F.). Im **Bund** ist mit § 36a BBG seit 2002 eine derartige Versetzung auch schon bei Änderung des Behördenaufbaus durch Verwaltungsorganisation möglich[655]. Die **Bundesländer** haben Abordnung und Versetzung i.S.d. BRRG n.F. teilweise mit Einschränkungen in ihren jeweiligen Beamtengesetzen geregelt.

Gravierend ist bei beiden Formen des von dienstlichen Bedürfnissen bestimmten Personaleinsatzes, dass nach § 126 III BRRG n.F. **Widerspruch und Anfechtungsklage** gegen die Abordnung oder die Versetzung **keine aufschiebende Wirkung** haben. Hier hätte man sich vermittelnde, die Interessen des Beamten stärker zum Tragen bringende Lösungen gewünscht, wenngleich die **Praxis** in aller Regel dadurch einen Ausgleich findet, dass derartige Maßnahmen den Beamten nicht ohne Vorbereitung treffen, so dass er seine Wünsche und Alternativvorstellungen rechtzeitig und

---

655 Eingeführt gegen Widerstände der Länder, vgl. BT-Drs. 14/6390 bzw. *Lorse*, ZBR 2002, 409, 417; zur Problematik *ders.*, ZBR 2001, 73, 83f.

ausreichend geltend machen kann, und bei genauer Anwendung der jeweils einschlägigen Vorschrift häufig doch einstweiliger Rechtsschutz zu gewähren ist[656].

Literaturauswahl

Achterberg, N., Recht der persönlichen Organisationsmittel: Öffentliches Dienstrecht, in: *ders.* (Hrsg.), Allgemeines Verwaltungsrecht, 1986², S. 174 ff; *Baden*, Beamtenrecht, in: *Redeker/ Uechtritz*, Anwaltshandbuch für Verwaltungsverfahren, 2002 (Loseblatt), Kap. 15; *ders.*, Disziplinarrecht, ebendort, Kap. 16; *Battis, U.*, Bundesbeamtengesetz², 1997; *ders.*, Beamtenrecht, in: *Achterberg/Püttner/Würtenberger*, Besonderes Verwaltungsrecht², 2000; *Fürst/ Arndt/Mühl*, Beamtenrecht des Bundes und der Länder, Gesamtkommentar Öffentliches Dienstrecht – GKÖD – (Loseblatt); *Gansen, F.W.*, Disziplinarrecht in Bund und Ländern (Loseblatt); *Hilg, G.*, Beamtenrecht³, 1990; *Isensee, J.*, Öffentlicher Dienst, in: *Benda/Maihofer/ Vogel* (Hrsg.), Handbuch des Verfassungsrechts der Bundesrepublik Deutschland², 1994, S. 1527 ff; *Lecheler, H.*, Das Recht des öffentlichen Dienstes, in: *v. Mutius, A.* (Hrsg.), Handbuch für die öffentliche Verwaltung – HÖV –, Bd. 2, Besonderes Verwaltungsrecht, 1984, S. 489 ff; *Kunig, Ph.*, Das Recht des öffentlichen Dienstes, in: *Schmidt-Aßmann* (Hg.), Besonderes Verwaltungsrecht¹², 2003; *Plog/Wiedow/Beck*, Kommentar zum Bundesbeamtengesetz mit Beamtenversorgungsgesetz (Loseblatt); *Scheerbarth/Höffken*, Beamtenrecht⁶, 1992; *Schenke, W.-R.*, Fälle zum Beamtenrecht², 1990; *Schnellenbach, H.*, Beamtenrecht in der Praxis⁵, 2001; *ders.*, Die beamtenrechtliche Beurteilung der Beamten und der Richter, 3. Aufl. (Loseblatt); *Schütz, E.*, Beamtenrecht des Bundes und der Länder, 5. Aufl. (Loseblatt); *Stern, K.*, Staatsrecht I, 1984; *Stober, R.*, Verwaltungsrecht II, Besonderes Organisations- und Dienstrecht, 1994; *Wagner, F.*, Beamtenrecht⁷, 2002; *Wiese, W.*, Der Staatsdienst in der Bundesrepublik Deutschland, 1972; *ders.*, Beamtenrecht³, 1988; *Wind/Schimana/Wichmann/Langer*, Öffentliches Dienstrecht⁵, 2002.

Beamtengesetze (Bund und Länder)

Hinweis: Der neueste Stand der Gesetzgebung bei Bund und Ländern lässt sich über die **Dokumentation Parlamentsspiegel**, die von fast allen Universitätsbibliotheken abonniert ist, ermitteln.

1. **Rahmengesetz** zur Vereinheitlichung des Beamtenrechts (BeamtenrechtsrahmenG-BRRG) i.d.F. vom 31. März 1999 BGBl. I S. 654), zuletzt geändert am 21. August 2002 (BGBl. I S. 3322).
2. **Bund:** BundesbeamtenG (BBG) i.d.F. vom 31. März 1999 (BGBl. I S. 675), zuletzt geändert am 21. August 2002 (BGBl. I S. 3322) und FrauenförderungsG vom 24. Juni 1994 (BGBl. I S. 1406), zuletzt geändert am 24. Februar 1997 (BGBl. I S. 322)
3. **Baden-Württemberg:** LandesbeamtenG i.d.F. vom 19. März 1996 (GBl. S. 286), zuletzt geändert am 19. Dezember 2000 (GBl. S. 750), Ernennungsgesetz i.d.F vom 29. Januar 1992 (GBl. S. 141), zuletzt geändert am 14. März 2001 (GBl. S. 189), und LandesgleichberechtigungsG vom 21. Dezember 1995 (GBl. S. 890), zuletzt geändert am 6. Dezember 1999 (GBl. S. 517).
4. **Bayern:** Bayerisches BeamtenG i.d.F. der Bekanntmachung vom 27. August 1998 (GVBl. S. 702), zuletzt geändert am 24. April 2001 (GVBl. S. 151), und Bayerisches GleichstellungsG vom 24. Mai 1996 (GVBl. S. 186), geändert am 16. Dezember 1999 (GVBl. S. 521).

---

656 Vgl. versetzungsgleiche Abordnung aus personbezogenem Anlass (gestörter Schulfrieden) RhPf OVG NVwZ-RR 2002, 856.

III *Öffentliches Dienstrecht*

5. **Berlin:** LandesbeamtenG i.d.F. der Bekanntmachung vom 120. Februar 1979 (GVBl. S. 368) und Laufbahngesetz i.d.F. vom 9. April 1996 (GVBl. S. 152), beides geändert am 15. Oktober 2001 (GVBl. S. 540), sowie LandesgleichstellungsG vom 31. Dezember 1990 (GVBl. I 1991 S. 8), zuletzt geändert am 8. Oktober 2001 (GVBl. S. 530).
6. **Brandenburg:** BeamtenG für das Land Brandenburg vom 8. Oktober 1999 (GVBl. S. 446), zuletzt geändert am 18. Dezember 2001 (GVBl. S. 254).
7. **Bremen:** Bremisches BeamtenG i.d.F. der Bekanntmachung vom 15. September 1995 (BremGBl. S. 387), zuletzt geändert am 16. Mai 2000 (BremGBl. S. 141), und LandesgleichstellungsG vom 20. November 1990 (BremGBl. S. 433), zuletzt geändert am 13. Februar 1998 (BremGBl. S. 25).
8. **Hamburg:** Hamburgisches BeamtenG i.d.F. vom 29. November 1997 (GVBl. S. 367) und GleichstellungsG vom 19. März 1991 (GVBl. S. 75), beides zuletzt geändert am 30. Januar 2001 (GVBl. S. 19).
9. **Hessen:** Hessisches BeamtenG i.d.F. vom 11. Januar 1989 (GVBl. I S. 26), zuletzt geändert am 20. Juni 2002 (GVBl. I S. 342), und Hessisches GleichberechtigungsG vom 21. Dezember 1993 (GVBl. I S. 729), zuletzt geändert am 20. Juni 2002 (GVBl. I S. 342).
10. **Mecklenburg-Vorpommern:** BeamtenG für das Land Mecklenburg-Vorpommern i.d.F. vom 12. Juli 1998 (GVBl. S. 709) geändert am 10. Juli 2001 (GVOBl. S. 256), und GleichstellungsG i.d.F. vom 27. Juli 1998 (GVBl. S. 697).
11. **Niedersachsen:** Niedersächsisches BeamtenG i.d.F. vom 19. Februar 2001 (GVBl. S. 33), geändert am 18. Dezember 2001 (GVBl. S. 806), und Niedersächsisches GleichberechtigungsG vom 1 S. Juni 1994 (GVBl. S. 246), zuletzt geändert am 21. November 1997 (GVBl. S. 481).
12. **Nordrhein-Westfalen:** BeamtenG für das Land Nordrhein-Westfalen i.d.F. der Bekanntmachung vom 1. Mai 1981 (GV NW S. 234), zuletzt geändert am 2. Juli 2002 (GV NW S. 242), und FrauenförderG vom 9. November 1999 (GVBl. S. 590).
13. **Rheinland-Pfalz:** LandesbeamtenG i.d.F. vom 14. Juli 1970 (GVBl. S. 242), zuletzt geändert am 20. Dezember 2000 (GVBl. S. 582), und LandesgleichstellungsG vom 11. Juli 1995 (GVBl. S. 209).
14. **Saarland:** Saarländisches BeamtenG i.d.F. der Bekanntmachung vom 27. Dezember 1996 (Abl. S. 301), zuletzt geändert am 7. November 2001 (Abl. S. 2158) und LandesgleichstellungsG vom 24. April 1996 (Abl. S. 623), geändert am 23. Juni 1999 (Abl. S. 982).
15. **Sachsen:** BeamtenG für den Freistaat Sachsen i.d.F. der Bekanntmachung vom 14. Juni 1999 (GVBl. S. 370), zuletzt geändert am 12. März 2002 (GVBl. S. 108), und Sächsisches FrauenförderG vom 31. März 1994 (GVBl. S. 684), geändert am 6. Juni 2002 (GVBl. S. 168).
16. **Sachsen-Anhalt:** BeamtenG Sachsen-Anhalt i.d.F. der Bekanntmachung vom 9. Februar 1998 (GVBl. S. 51), zuletzt geändert am 7. Dezember 2001 (GVBl. S. 540), und FrauenförderG i.d.F. der Bekanntmachung vom 27. Mai 1997 (GVBl. S. 516).
17. **Schleswig-Holstein:** BeamtenG für das Land Schleswig-Holstein i.d.F. der Bekanntmachung vom 3. März 2000 (GVBl. S. 218), zuletzt geändert am 11. November 2001 (GVBl. S. 184), und GleichstellungsG vom 13. Dezember 1994 (GVBl. S. 562).
18. **Thüringen:** Thüringer BeamtenG i.d.F. der Bekanntmachung vom 8. September 1999 (GVBl. S. 525).

In den neuen Bundesländern galt bis zum Erlass eigener Beamtengesetze Bundesbeamtenrecht nach den Übergangsregelungen des Einigungsvertrags, Anlage I Kapitel XIX und Anlage II Kapitel XIX, BGBl 1990 (Teil II), S. 1139 ff bzw. S. 1235 (näher dazu die Erläuterungen in BT-Drucks. 11/7817 sowie *H.-D. Weiß*, ZBR 91, 1, 25 ff, und PersV 91, 97).

IV. Baurecht

Von Martin Oldiges

Inhalt

	Rdnr.	Seite
A. Einführung	1	535
I. Gegenstand und Funktion des Baurechts	1	535
1. Allgemeine Bedeutung	1	535
2. Regelungsgegenstand	3	535
a) Städtebaurecht	4	535
b) Bauordnungsrecht	11	537
c) Verhältnis von Städtebaurecht und Bauordnungsrecht	12	538
II. Die Rechtsquellen des Baurechts	14	539
1. Verfassungsrechtliche Kompetenzzuordnung	14	539
2. Die wichtigsten baurechtlichen Gesetze und Verordnungen	16	540
a) Städtebaurecht	17	540
b) Bauordnungsrecht	21	542
B. Bauleitplanung und Bodennutzung	22	543
I. Die gemeindliche Bauleitplanung und ihre rechtlichen Bezüge	22	543
1. Geschichtliche Entwicklung der Bauleitplanung	22	543
2. Bauleitplanung als kommunale Aufgabe	24	544
a) Kommunale Planungshoheit	24	544
b) Planungspflicht und Planungsabreden	26	545
3. Bauleitplanung und überörtliche Planung	34	548
4. Bauleitplanung und nachbargemeindliche Planungen	37	549
II. Charakter, Instrumentarium und Verfahren der Bauleitplanung	38	551
1. Die planerische Entscheidung	38	551
a) Planerische Gestaltungsfreiheit	39	552
b) Gesetzliche Planzielvorgaben	44	553
c) Planrechtfertigung und planerische Abwägung	53	559
d) Abwägungsmängel	59	561
2. Planaufstellung und Bürgerbeteiligung	63	563
a) Entwicklungsgebot	63	563
b) Aufstellungsverfahren und Beteiligungsgebote	64	564
c) Kontrollverfahren	69	566

IV *Baurecht*

    3. Flächennutzungsplan und Bebauungsplan 74 567
        a) Flächennutzungsplan 75 567
        b) Bebauungsplan 80 571
    4. Konsensuale Bauleitplanung 93 577
        a) Städtebauliche Verträge 94 577
        b) Vorhaben- und Erschließungsplan 100 580
    5. Rechtsschutz gegen die Bauleitplanung 106 582
        a) Rechtsschutz gegen Flächennutzungspläne 107 582
        b) Rechtsschutz gegen Bebauungspläne 109 584
III. Planungsmängel, Planerhaltung und Haftung für fehlerhafte
Planung 114 588
    1. Rechtsfolgen von Planungsmängeln 114 588
        a) Allgemeines 114 588
        b) Unbeachtlichkeit und ergänzendes Verfahren 118 589
        c) Verfassungsmäßigkeit der Unbeachtlichkeitsregeln . . . 126 593
        d) Entscheidung über die Unwirksamkeit
           von Bebauungsplänen 129 595
    2. Haftungsfragen 135 598
IV. Entschädigung für Planungsschäden 140 600
    1. Übersicht 140 600
    2. Die einzelnen Entschädigungstatbestände 147 604
        a) Entschädigung für planveranlasste Aufwendungen 147 604
        b) Entschädigung für planungsbedingte
           Bodenwertminderungen 148 605
        c) Entschädigung für fremdnützige
           Nutzungsfestsetzungen 156 608
        d) Entschädigung bei Auferlegung von Positivpflichten . . 159 610
        e) Entstehung und Fälligkeit des Entschädigungsanspruchs 160 610
    3. Planungsschadensrecht und Baufreiheit 161 611
        a) Verwaltungsrechtliche Relativierung der Baufreiheit . . . 163 611
        b) Verfassungsrechtliche Verankerung der Baufreiheit . . . 166 613
V. Bebaubarkeit von Grundstücken 171 616
    1. Städtebauliche Ordnung und Genehmigungsvorbehalt . . . 171 616
        a) Planmäßigkeit und Planersatz 171 616
        b) Durchsetzung des städtebaulichen Ordnungskonzepts . . 174 617
        c) Bauaufsicht und kommunale Planungshoheit 179 619
        d) Städtebaulicher Genehmigungsvorbehalt
           und Baufreiheit 191 626
    2. Bauvorhaben im beplanten Bereich 194 627
        a) Zulässigkeit bei Plankonformität 194 627
        b) Zulässigkeit bei künftiger Plankonformität 198 630
        c) Ausnahme und Befreiung 204 632
    3. Bauvorhaben im nicht (qualifiziert) beplanten
        Innenbereich 212 636
        a) Innenbereich und Abgrenzungssatzung 212 636

      b) Innenbereichsvorhaben nach § 34 I BauGB 215   637
      c) Anwendbarkeit der BauNVO 219   639
      d) Rechtsanspruch und Ermessen 221   640
   4. Bauvorhaben im Außenbereich 222   641
      a) Privilegierte und nichtprivilegierte Vorhaben 222   641
      b) Begünstigte Bauvorhaben 232   646
   5. Eigentumsrechtliche Bebaubarkeit von Grundstücken . . . 237   649

C. Sicherung der Bauleitplanung und Bodenordnung 239   651
 I. Veränderungssperre und Zurückstellung von Baugesuchen . . 239   651
   1. Inhalt und Funktion 239   651
   2. Geltungsdauer der Veränderungssperre und Entschädigung . 247   655
      a) Verlängerung und Erneuerung von Veränderungssperren . 247   655
      b) Entschädigung bei unzulässigen Veränderungssperren . . 249   656
 II. Teilungsgenehmigung 252   658
   1. Genehmigungspflicht und Verfahren 252   658
   2. Rechtswirkungen der Teilungsgenehmigung 254   660
 III. Baurechtliches Vorkaufsrecht 257   661
   1. Funktion und Wirkungsweise 257   661
   2. Vorkaufstatbestände und Verfahren 263   663
   3. Rechtsschutz 267   665
 IV. Bodenordnung und Erschließung 269   666
   1. Maßnahmen der Bodenordnung 269   666
   2. Erschließung und Erschließungsbeitrag 271   667
   3. Erschließungs- und Folgekostenverträge 274   668
 V. Enteignung 277   670
   1. Enteignungsvoraussetzungen und Enteignungsverfahren . . 277   670
   2. Entschädigung 280   671
   3. Gerichte für Baulandsachen 282   673

D. Bauordnungsrecht 283   673
 I. Regelungsgegenstand 283   673
   1. Bauordnungsrecht und Städtebaurecht 283   673
   2. Bauordnungsrecht und Baufreiheit 285   674
   3. Rechtsquellen des Bauordnungsrechts 286   675
 II. Materielles Bauordnungsrecht 289   677
   1. Anwendungsbereich 289   677
   2. Anforderungen der Gefahrenabwehr 290   677
   3. Bauästhetische Belange 295   681
   4. Verhütung von sozialen und ökologischen Missständen . . 297   682
 III. Bauaufsicht 298   682
   1. Bauaufsichtliche Zulässigkeitskontrollen 299   683
   2. Baugenehmigung 307   687
      a) Inhalt und Wirkung 307   687

IV *Baurecht*

      b) Baulast 315   691
      c) Nebenbestimmungen 316   692
    3. Genehmigungsverfahren und Bauüberwachung 318   693
      a) Genehmigungsverfahren 318   693
      b) Bauvorbescheid 323   697
      c) Überwachung während der Bauausführung 326   699
    4. Bauaufsichtliche Eingriffsbefugnisse 327   700
      a) Grundlagen 327   700
      b) Formelle und materielle Illegalität 331   702
      c) Bestandsschutz 338   706
    5. Bauaufsichtsbehörden 340   709
 IV. Rechtsschutz gegen die Bauaufsicht 344   711
    1. Rechtsschutz des Bauherrn 344   711
    2. Baurechtlicher Nachbarschutz 347   712
      a) Die baurechtliche Nachbarklage 348   713
      b) Dogmatik des Nachbarschutzes 360   718
      c) Schutznormcharakter und Rücksichtnahmegebot 363   719
    3. Nachbarschützende Rechtsnormen 372   724
      a) Nachbarschutz im Planbereich 373   724
      b) Nachbarschutz im Innenbereich 381   728
      c) Nachbarschutz im Außenbereich 383   729
      d) Grundrechtlicher Nachbarschutz 384   729
      e) Bauordnungsrechtlicher Nachbarschutz 386   731
    4. Privatrechtlicher Nachbarschutz 387   732
 V. Schadensersatz und Entschädigung 394   736
    1. Haftung für rechtswidrige Bauaufsicht 394   736
    2. Haftung bei rechtswidrig verweigertem Einvernehmen . . . 399   738
    3. Haftung bei Vollzug nichtiger Bebauungspläne 404   741

Literaturauswahl 743
Rechtsquellen 744

A. Einführung

I. Gegenstand und Funktion des Baurechts

1. Allgemeine Bedeutung

Das öffentliche Baurecht regelt die **bauliche Nutzung** von Grund und Boden und betrifft damit einen zentralen Aspekt der Lebensbedingungen und Entfaltungsmöglichkeiten des einzelnen Bürgers wie auch der Gesellschaft insgesamt. Es entfaltet seine Wirkungen überall dort, wo menschliche Existenz im Wohnen, im Wirtschaften oder in ihren sonstigen Manifestationen eines baulichen Substrats bedarf, und es ist zugleich das Instrument, mit dessen Hilfe die in Gemeinde und Staat formierte Gesellschaft ihr äußeres Erscheinungsbild prägt und ihre Funktion und Entwicklung programmiert und plant.

Das Baurecht berührt wie wenige andere Rechtsbereiche einen Lebensnerv der Gesellschaft. Es muss einen gerechten Ausgleich herstellen zwischen den auf eine individuelle bauliche Bodennutzung gerichteten Bedürfnissen des Einzelnen und den vielfältigen Interessen der Allgemeinheit an der Erhaltung und überindividuellen Funktionsfähigkeit der Lebensressource Grund und Boden. Es steht damit in einem **Konflikt**, der unter der Herrschaft des Grundgesetzes vorgezeichnet ist durch den in Art. 14 I 1 und II GG zum Ausdruck gelangenden **Dualismus von Eigentumsrecht und Sozialstaatlichkeit**[1]. Das zwischen diesen beiden Verfassungsaussagen bestehende Spannungsverhältnis durchzieht, mehr oder weniger stark prägend, das gesamte Baurecht. Um die Dominanz des einen oder anderen Prinzips wird in Politik und Gesetzgebung immer neu gerungen.

2. Regelungsgegenstand

Das öffentliche Baurecht entfaltet seine regelnde Wirkung in zwei Richtungen, die sich mit den beiden Begriffen Städtebaurecht und Bauordnungsrecht umschreiben lassen. Während das Städtebaurecht vorwiegend im Baugesetzbuch geregelt ist, findet sich das Bauordnungsrecht in den Bauordnungen der Länder.

a) Städtebaurecht

Das Städtebaurecht befasst sich mit der städtebaulichen Gestaltung und Entwicklung in den Gemeinden. Es strebt eine geordnete städtebauliche Nutzung von Grund und Boden an und liefert hierfür den rechtlichen Rahmen. Dabei hat es sowohl einen Ausgleich zwischen widerstreitenden individuellen Nutzungsinteressen herbeizuführen wie auch öffentliche und private Belange in Einklang zu bringen. In neuerer Zeit

---

1 *Götz*, Bauleitplanung und Eigentum (1969); *Breuer*, Bodennutzung (1976); *Rengeling*, AöR 105 (1980), 423; *Grochtmann*, Art. 14 GG – Rechtsfragen der Eigentumsdogmatik (2000); *Mampel*, NJW 1999, 975.

IV Baurecht

zeigt sich zunehmend die Notwendigkeit, mit städtebaulichen Mitteln Fehlentwicklungen zu begegnen, die sich aus wachsender Verstädterung und Industrialisierung ergeben. Gegenstand städtebaulicher Regelungen sind Grundstücke und Gebäude in ihren jeweiligen städtebaulichen Funktionen und Beziehungen.

5   Das Baugesetzbuch gliedert das Städtebaurecht in einen allgemeinen und in einen besonderen Teil. Beide Teile verfolgen städtebauliche Ziele mit jeweils verschiedenen Mitteln.

6   Das **allgemeine Städtebaurecht** umfasst das traditionelle Instrumentarium zur Regelung städtebaulicher Bodennutzung. Es bezieht sich im Wesentlichen auf Bauvorhaben, denen es einen städtebaulichen Ordnungsrahmen vorgibt und für die es Bauland bereitstellt. Die städtebauliche Steuerung der Bodennutzung erschöpft sich hierbei in Nutzungsangeboten, deren Grenzen zugleich der Abwehr von Fehlentwicklungen dienen. Zu Bau- oder Nutzungsgeboten oder zu sonstiger aktiver Einflussnahme der öffentlichen Hand auf das städtebauliche Geschehen ermächtigt das allgemeine Städtebaurecht nicht; die Initiative bei der baulichen Nutzung bleibt vielmehr dem Grundstückseigentümer überlassen.

7   Das allgemeine Städtebaurecht befasst sich hauptsächlich mit der Frage, ob und in welcher Weise Grundstücke unter städtebaulichen Gesichtspunkten baulich genutzt werden können; das Recht der **Bodennutzung** (Bebaubarkeit) bildet somit das Kernstück dieser Rechtsmaterie. In engstem Zusammenhang hiermit steht das Recht der **Bauleitplanung** und der **Entschädigung für Planungsschäden**. Welche bauliche Nutzung von Grundstücken zulässig ist, ergibt sich nämlich in erster Linie aus Bauleitplänen, insbesondere aus einem Bebauungsplan; nur soweit es an einer solchen Planung fehlt, greifen unmittelbar gesetzliche Zulässigkeitstatbestände ein. Die Bauleitplanung ordnet für ihren jeweiligen Bereich die städtebauliche Bodennutzung. Das allgemeine Städtebaurecht regelt hierfür das Planungsverfahren und nennt die städtebaulichen Ordnungs- und Lenkungsprinzipien, die als Planungsmaßstäbe zur Anwendung gelangen sollen. Weiterhin enthält es Entschädigungsregelungen für Wertverluste, die Grundstückseigentümern anlässlich einer Planungsmaßnahme erwachsen können.

8   Mit Planung und Nutzungsregelung allein lassen sich städtebauliche Ordnungskonzepte freilich nicht verwirklichen. Das allgemeine Städtebaurecht umschließt darum noch weitere Regelungsmaterien, die den Baubehörden ein reichhaltiges Instrumentarium an die Hand geben, mit dessen Hilfe sie auf eine funktionsgerechte Bodennutzung hinwirken können. Hierzu gehören vor allem diejenigen Vorschriften, die zur **Sicherung der Bauleitplanung** vor zwischenzeitlichen planwidrigen Veränderungen an solchen Grundstücken dienen, die von einer bevorstehenden oder schon in Gang gesetzten Planung betroffen sind (Veränderungssperre, bodenverkehrsrechtliche Teilungsgenehmigung, baurechtliches Vorkaufsrecht). Auch das Recht der **Bodenordnung** (Baulandumlegung und Grenzregelung) ist in diesem Zusammenhang zu nennen. Städtebaurechtlichen Charakter haben schließlich auch Vorschriften über die **Erschließung** von baureifen Grundstücken, über die **Enteignung** und über die **Ermittlung von Grundstückswerten**. Ihnen allen kommt allerdings im Hinblick auf

die zentralen städtebaurechtlichen Aspekte der Bauleitplanung und Nutzungsregelung nur eine Hilfsfunktion zu.

Die Regelungen des **besonderen Städtebaurechts**, auf die in diesem Beitrag nicht näher eingegangen werden kann[2], gehen auf das frühere Städtebauförderungsgesetz zurück. Sie tragen der Erkenntnis Rechnung, dass sich heutige städtebauliche Probleme nicht allein mit den Mitteln traditioneller Städtebaupolitik lösen lassen. Das allgemeine Städtebaurecht, das dem städtebaulichen Geschehen im Wesentlichen nur eine städtebauliche Ordnung vorgibt, ihre Realisierung aber weithin der Initiative interessierter Bauwilliger überlässt, wird Aufgaben nicht mehr gerecht, bei denen es um eine effiziente und zügige Behebung städtebaulicher Missstände oder um die schnelle städtebauliche Entwicklung von Ortsteilen zur Errichtung von Wohn- und Arbeitsstätten geht. Hierzu bedarf es eines höheren Maßes und neuer Formen einer eigenen städtebaulichen Aktivität der Gemeinden. Dazu dienen vor allem das Instrumentarium der Sanierungs- und der Entwicklungsmaßnahmen sowie das sog. Stadterhaltungsrecht.

Städtebauliche **Sanierungsmaßnahmen** zielen auf die Behebung städtebaulicher Missstände in Gebieten, die von den Gemeinden hierfür durch Satzung bestimmt werden. Den eigentlichen Baumaßnahmen, die Angelegenheit der Grundstückseigentümer bleiben, gehen regelmäßig gemeindliche Ordnungsmaßnahmen voraus. Mit städtebaulichen **Entwicklungsmaßnahmen** sollen demgegenüber vor allem neue Wohn- und Arbeitsstätten auf bisher ungenutzten, brachliegenden oder fehlgenutzten Flächen geschaffen werden. Auch diese Flächen werden durch Satzung bestimmt. Die Gemeinden führen die Entwicklungsmaßnahmen entweder selbst oder durch beauftragte Entwicklungsträger durch; die Finanzierung erfolgt durch Nutzung oder Abschöpfung der entwicklungsbedingten Bodenwertsteigerungen. Schließlich zählt zum besonderen Städtebaurecht noch das sog. **Stadterhaltungsrecht**; es erlaubt den Erlass von Erhaltungssatzungen und von städtebaulichen Geboten.

b) Bauordnungsrecht

Im Unterschied zum Städtebaurecht befasst sich das Bauordnungsrecht mit den baulich-technischen Anforderungen an ein Bauvorhaben. Das einzelne Bauvorhaben wird zwar auch vom Städtebaurecht erfasst, jedoch nur insoweit, wie es auch eine städtebauliche Funktion erfüllt; nur unter diesem Aspekt enthält das Städtebaurecht Zulässigkeitstatbestände für Bauvorhaben. Das Bauordnungsrecht hat dagegen die Errichtung, Erhaltung und Änderung, die Nutzung und den Abbruch der einzelnen baulichen Anlagen zum Gegenstand. Es betrifft die bauliche Bodennutzung nur insoweit, wie es hierbei um die baulichen Eigenschaften des jeweiligen Bauwerks geht. Ziel der bauordnungsrechtlichen Bestimmungen ist in erster Linie die **Abwehr von Gefahren**, die typischerweise von der Errichtung, dem Bestand und der Nutzung

---

2 Aktuelle Darstellungen des Besonderen Städtebaurechts bei *Brohm*, §§ 33 ff; weiterhin in den Kommentierungen zu den §§ 136 ff BauGB bei *B/K/L, E/Z/B/K* und *Schrödter* sowie im Berliner Kommentar zum BauGB. Vgl. auch *Bielenberg/Koopmann/Krautzberger*, Städtebauförderungsrecht (Stand 2000).

IV *Baurecht*

baulicher Anlagen ausgehen. Darum enthalten sie u.a. Regelungen über die bauliche Eignung von Grundstücken, über die Sicherung von Baustellen, die Gestaltung baulicher Anlagen und – insoweit sehr detailliert – auch über Anforderungen an die Bauausführung. Zum Bauordnungsrecht zählen auch die Bestimmungen über die Bauaufsichtsbehörden und über das bauaufsichtliche Verfahren.

c) Verhältnis von Städtebaurecht und Bauordnungsrecht

12 Trotz ihrer unterschiedlichen Funktionen – Herbeiführung und Sicherung einer funktionsgerechten städtebaulichen Ordnung einerseits und Abwehr von bauwerksspezifischen Gefahren andererseits – dürfen Städtebau- und Bauordnungsrecht nicht als inhaltlich zusammenhanglose Teilbereiche des Baurechts missverstanden werden. Beide Materien befassen sich – wenn auch unter verschiedenen Gesichtspunkten – mit der **Zulässigkeit von Bauvorhaben**. Ein solches Vorhaben muss den Erfordernissen sowohl des Städtebaurechts wie auch des Bauordnungsrechts genügen, wenn es zulässig sein soll. Nach dem Bauordnungsrecht der Länder können nämlich genehmigungspflichtige Bauvorhaben nur dann genehmigt werden, wenn ihnen öffentlich-rechtliche Vorschriften nicht entgegenstehen; auch solche Vorhaben, die nur anzeigepflichtig oder gänzlich genehmigungsfrei sind, müssen öffentlich-rechtlichen Vorschriften entsprechen. Hierzu korrespondierend stellt § 29 I BauGB klar, dass für Vorhaben, welche die Errichtung, Änderung oder Nutzungsänderung von baulichen Anlagen zum Gegenstand haben, die bebauungsrechtlichen Anforderungen der §§ 30-37 BauGB gelten. Diese Bestimmungen ermöglichen bei Bauvorhaben, die genehmigungs- oder anzeigepflichtig sind, eine **verfahrensmäßige Verknüpfung** der bebauungsrechtlichen und der bauordnungsrechtlichen Zulässigkeitskontrolle in einem einzigen Verfahren vor nur einer Behörde, der Bauaufsichtsbehörde. Bei Bauvorhaben, die keiner präventiven Kontrolle unterliegen, kann die Einhaltung städtebaulicher Bestimmungen nur mit den Mitteln repressiver Bauaufsicht durchgesetzt werden.

13 Die systematische Trennung der beiden Materien des Baurechts ist ein Ergebnis erst der **neueren Rechtsentwicklung**. Bis in die zweite Hälfte des 19. Jahrhunderts hinein gab es kein eigenständiges Recht städtebaulicher Ordnung und Entwicklung. Der im Zeitalter des politischen Liberalismus betonte Gedanke der Baufreiheit ließ baurechtliche Reglementierungen im Wesentlichen nur zu den bauordnungsrechtlichen Zwecken der Gefahrenabwehr zu. Städtebauliche Aspekte konnten hier, wie das **Kreuzberg-Erkenntnis** des Preußischen OVG vom 14. Juni 1882[3] nachhaltig klarstellte, nur in sehr geringem Maße einfließen. Vor allem die Bauleitplanung benötigte darum selbstständige Rechtsgrundlagen, die ihr dann mit den früheren Ortsstraßen-, Fluchtlinien- und Verunstaltungsgesetzen, nach dem Zweiten Weltkrieg mit den Aufbaugesetzen der Länder und schließlich mit dem Bundesbaugesetz von 1960 und seinem Nachfolgegesetz, dem Baugesetzbuch von 1987, zur Verfügung gestellt wurden[4].

---

[3] PreußOVGE 9, 353; nachgedr. in DVBl. 1985, 216.
[4] Näher hierzu *Schmidt-Aßmann*, Grundfragen, S. 7 ff; *Hoppe/Bönker/Grotefels*, § 1 Rdnr. 14 ff; *Brohm*, § 1 Rdnr. 3 ff; *E/Z/B/K*, Einleitung Rdnr. 1 ff.

Materien des Baurechts

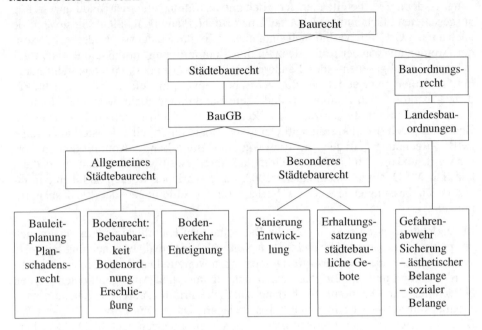

II. Die Rechtsquellen des Baurechts

1. Verfassungsrechtliche Kompetenzzuordnung

Die inhaltliche Trennung von Städtebaurecht und Bauordnungsrecht entspricht der Aufteilung der baurechtlichen Gesetzgebungskompetenzen[5]. Der grundgesetzliche Katalog der Bundesgesetzgebungskompetenzen enthält keine eigene Zuständigkeitsregelung speziell für das Baurecht. Vielmehr sieht Art. 74 I Nr. 18 GG eine konkurrierende Gesetzgebungskompetenz lediglich für den Grundstücksverkehr, das Bodenrecht (ohne das Recht der Erschließungsbeiträge), das Wohnungswesen sowie das Siedlungs- und Heimstättenwesen vor; nach Art. 75 I 1 Nr. 4 GG besitzt der Bund die Rahmengesetzgebungskompetenz für die Bodenverteilung und die Raumordnung. Aus diesen Regelungen, insbesondere aus den Begriffen „Bodenrecht" und „Grundstücksverkehrsrecht" resultiert die umfassende (konkurrierende) Gesetzgebungskompetenz des Bundes für den Bereich der örtlichen städtebaulichen Planung (Bauleitplanung) und ihrer Sicherung sowie für die übrigen städtebaurechtlichen Regelungsbereiche der baulichen Bodennutzung, der Bodenordnung, der Erschließung (ohne Erschließungsbeitragsrecht), der Enteignung und der Ermittlung von Grundstückswerten. Soweit der Bund die Gesetzgebungskompetenz für die Bauleitplanung besitzt, umfasst sie Regelungen sowohl über die Aufstellung der für die Zulässigkeit

---

5 Vgl. BVerfGE 3, 407 (430 ff); *Hoppe/Bönker/Grotefels*, § 2 Rdnr. 1 ff.

IV *Baurecht*

von Bauvorhaben verbindlichen Bebauungspläne wie auch – kraft Sachzusammenhanges – der nur vorbereitenden, lediglich mit verwaltungsinterner Bindungswirkung ausgestatteten Flächennutzungspläne. Überörtliche Planungen fallen, selbst wenn sie auch auf der Ortsstufe verbindlich sind, nicht unter die Kategorie „Bodenrecht", sondern werden nur von der Kompetenz für die „Raumordnung" umfasst, die – von Rahmengesetzen abgesehen – den Ländern zusteht. Eine Bundeskompetenz fehlt gänzlich für denjenigen Bereich des Baurechts, bei dem es um Gefahrenabwehr geht. Für diese – herkömmlich Baupolizei- und heute Bauordnungsrecht genannte – Materie scheidet darum eine bundesrechtliche Regelung aus. Dem gleichwohl bestehenden Bedürfnis nach Rechtsvereinheitlichung hat man durch eine Musterbauordnung (MBO) Rechnung getragen, die 1959 von einer Bund-Länder-Kommission entworfen wurde und die den Ländern als Grundlage ihrer jeweiligen Bauordnungen gedient hat[6]. Die MBO ist mehrfach, zuletzt 2002, fortgeschrieben worden und diente in ihren neuen Fassungen jeweils als Vorlage für Novellierungen der Landesbauordnungen[7].

15 In den letzten Jahren sind freilich die Bauordnungen fast aller Ländern hinsichtlich der präventiven bauaufsichtsrechtlichen Kontrolle einer maßgeblichen und teilweise systemverändernden **Neugestaltung** unterzogen worden. Das Bauaufsichtsverfahren wurde verkürzt und entbürokratisiert. Genehmigungs- und Anzeigepflichten wurden beträchtlich zurückgenommen; bislang staatliche Prüfungsaufgaben hat man nach Möglichkeit auf private Ingenieurbüros verlagert. Dieser Rückzug des Staates aus Bereichen ureigener Staatlichkeit ist in seinen Konsequenzen noch nicht abzusehen. Insbesondere werden im Hinblick auf den Rechtsschutz der Bauherrn wie auch der Nachbarn Bedenken vorgetragen (vgl. Rdnr. 354 ff). Jedenfalls führt die Unkoordiniertheit der Reformen schon jetzt zurück in einen bereits überwunden geglaubten Zustand der Rechtszersplitterung[8].

2. Die wichtigsten baurechtlichen Gesetze und Verordnungen

16 Die Rechtsquellen des Baurechts gehören zu einem Teil dem Bundes- und zum anderen dem Landesrecht an. Die Verteilung folgt der Aufgliederung des Baurechts in Städtebau- und in Bauordnungsrecht. Die erstere Materie ist weitestgehend bundesrechtlich, die letztere dagegen landesrechtlich geregelt.

a) Städtebaurecht

17 Das materielle Städtebaurecht ist seit seiner erstmaligen bundeseinheitlichen Kodifizierung im **Bundesbaugesetz** (BBauG) vom 23.6.1960 (BGBl. I S. 341) mehrfach ergänzt und novelliert worden. Im BBauG fand sich bereits der bis heute klassische

---

6 MBO i.d.F. vom 30.10.1959, abgedr. bei *Haase*, Die Landesbauordnungen (2. Aufl. 1971). Zur weiteren Entwicklung *Gädtke/Temme/Reidt*, Einl. Rdnr. 90 ff.
7 MBO i.d.F. vom 8.11.2002, zu finden unter www.is-argebau.de/musterbauordnung. Hierzu näher *Jäde*, NVwZ 2003, 668.
8 Kritisch auch *Jäde*, NVwZ 2001, 982.

Einführung **IV A**

Bestand städtebaurechtlicher Regelungen, nämlich u.a. das Recht der Bauleitplanung und deren Sicherung, das Recht der baulichen Nutzung von Grundstücken, das Recht der Bodenordnung und das Enteignungsrecht. Das **Städtebauförderungsgesetz** (StBauFG) vom 27.7.1971 (BGBl. I S. 1125) erweiterte diesen Regelungskatalog um Bestimmungen über städtebauliche Sanierungs- und Entwicklungsmaßnahmen; es diente als Rechtsgrundlage vor allem für die sog. Flächensanierung städtischer Bereiche mit veralteter Bausubstanz und für die großflächige Bereitstellung von Bauland zur Schaffung neuer Siedlungen. BBauG und StBauFG wurden 1987 im **Baugesetzbuch** (BauGB) i.d.F. seiner Bekanntmachung vom 8.12.1986 (BGBl. I S. 2253) zusammengefasst[9]. In groben Zügen lässt sich sagen, dass die Vorschriften des früheren BBauG jetzt das Kapitel „Allgemeines Städtebaurecht" des BauGB bilden, während sich das StBauFG nunmehr als „Besonderes Städtebaurecht" dort wieder findet.

Das im BauGB zusammengefasste Städtebaurecht erfuhr indes schon ab 1990 erneute **18** Novellierungen und Abspaltungen. Um einer seit 1989/90 eingetretenen Wohnraumverknappung entgegenzuwirken, wurden mit dem **Maßnahmengesetz zum Baugesetzbuch** (BauGB-MaßnG) vom 17.5.1990[10] für eine Übergangszeit bis Ende 1997 städtebauliche Erleichterungen für den Wohnungsbau vorgenommen; das Gesetz wurde 1993 in einer nun generell auch Investitionen erleichternden Weise maßgeblich novelliert[11]. Die deutsche Wiedervereinigung in Gestalt des Beitritts der wiedererrichteten Länder der damaligen Deutschen Demokratischen Republik zur Bundesrepublik Deutschland machte ihrerseits vorübergehende **Sonderregelungen für das Beitrittsgebiet** erforderlich, die in dem – inzwischen aufgehobenen – § 246a BauGB ihren Niederschlag fanden. Sämtliches temporäre Sonderrecht fand mit Ablauf des Jahres 1997 sein Ende, soweit es nicht wie beispielsweise das Recht des Vorhaben- und Erschließungsplanes in das Dauerrecht des BauGB aufgenommen wurde. Das BauGB seinerseits gilt seit dem 1.1.1998[12] in einer durch das **Bau- und Raumordnungsgesetz** (BauROG) vom 18.8.1997[13] erheblich novellierten Fassung. Die Neuregelungen betreffen insbesondere das Recht der Bauleitplanung, die Zulässigkeit baulicher Vorhaben, den städtebaulichen Vertrag, die Planerhaltung und die naturschutzrechtliche Eingriffsregelung. Die jüngst ergangene **BauGB-Novelle 2001**[14] erweitert die bereits im BauROG vorgenommene Verzahnung des Bauleitplanungs- mit dem Recht der Umweltverträglichkeitsprüfung (UVP)[15]. Eine erneute Novellierung des BauGB durch ein „Europarechtsanpassungsgesetz Bau – EAG Bau", mit der die Plan-UP-Richtlinie der EG (Rdnr. 49b) noch bis Juli 2004 umgesetzt und weitere Änderungen des Städtebaurechts vorgenommen werden sollen[16], wird derzeit erarbeitet.

---

9 Diese Bekanntmachung beruht auf dem Gesetz über das Baugesetzbuch vom 8.12.1986 (BGBl. I S. 2191). Das BauGB ist am 1.7.1987 in Kraft getreten; vgl. Art. 5 des Gesetzes über das Baugesetzbuch.
10 Zuletzt i.d.F. der Bekanntmachung vom 28.4.1993 (BGBl. I S. 622).
11 Durch das Investitionserleichterungs- und Wohnbaulandgesetz vom 22.4.1993 (BGBl. I S. 466).
12 I.d.F. der Bekanntmachung vom 27.8.1997 (BGBl. I S. 2141).
13 BGBl. I S. 2081.
14 Gesetz v. 27.7.2001 (BGBl. I S. 1950).
15 Einzelheiten bei *E/Z/B/K*, Einleitung, Rdnr. 212 ff.
16 Vgl. u.a. *Krautzberger/Schliepkorte*, UPR 2003, 92.

IV *Baurecht*

19 Weitere Vorschriften städtebaulichen Charakters enthält die auf der Grundlage des § 2 V BauGB erlassene **Baunutzungsverordnung**[17]. Sie ergänzt mit ihren Bestimmungen ganz wesentlich die Bauleitplanung, indem sie ihr bestimmte Bebauungskategorien vorgibt und für jede Kategorie die Art und das Maß der baulichen Nutzung sowie die Bauweise regelt. Daneben ermächtigt sie die planenden Gemeinden durch ein ausdifferenziertes System von Ausnahmeregelungen zu einer sehr genauen Feineinstellung der städtebaulichen Planung. Insbesondere diese Ermächtigungen lassen die BauNVO zu einer für die städtebauliche Praxis immer bedeutsameren Rechtsmaterie werden.

20 Für die äußere Gestalt der Bauleitpläne gilt die **Planzeichenverordnung** (PlanzV 1990)[18]. Soweit es im Zusammenhang städtebaulicher Maßnahmen wie etwa der Bodenordnung oder auch für die Berechnung von Entschädigungsleistungen auf den Verkehrswert von Grundstücken ankommt, finden die Maßstäbe der **Wertermittlungsverordnung** (WertV)[19] mitsamt den dazu vom Bundesminister für Raumordnung, Bauwesen und Städtebau erlassenen Richtlinien Anwendung.

b) Bauordnungsrecht

21 Das Bauordnungsrecht ist in den **Bauordnungen** (BauO, BO oder LBO) der Länder geregelt, denen die von Bund und Ländern gemeinsam erarbeitete Musterbauordnung (Rdnr. 14) als Grundlage gedient hat. Sie enthalten die materiell-rechtlichen Anforderungen an Baugrundstücke, Baustellen und Bauwerke sowie Bestimmungen über das Baugenehmigungs- oder Bauanzeigeverfahren, die Bauaufsicht und über die Bauaufsichtsbehörden. Ergänzende Rechtsverordnungen der jeweils zuständigen Minister treffen detaillierte Regelungen über Baustoffe oder für bauliche Anlagen und Räume von besonderer Art oder Nutzung (Garagen-, Versammlungsstätten-, FeuerungsVO u. Ä.).

Vertiefungsliteratur: *1. Gegenstand, Funktion und Rechtsquellen des Baurechts: Breuer*, Die Bodennutzung im Konflikt zwischen Städtebau und Eigentumsgarantie (1976). S. 1-9; *E/Z/B/K*, BauGB. Einleitung Rdnr. 1-70; *Finkelnburg/Ortloff*, Öffentliches Baurecht. Bd. 1 S. 5 ff; *Gelzer/Bracher/Reidt*, Bauplanungsrecht. Rdnr. 1-8; *Hoppe/Bönker/Grotefels*, Öffentliches Baurecht. § 1 (S. 1 ff); *Schmidt-Aßmann*, Grundfragen des Städtebaurechts (1972). S. 7-61.

2. Entstehungsgeschichte, Inhalt und Bedeutung des BauGB: E/Z/B/K, BauGB, Einleitung; *B/K/L*, BauGB. Einl. Rdnr. 10 ff; *dies.*, Die Neuregelungen des Baugesetzbuchs zum 1.1.1998, NVwZ 1997, 1145; *Brügelmann*, BauGB. Einl. Rdnr. 1-30; *Finkelnburg/Ortloff*, Öffentliches Baurecht. Bd. I, S. 5 ff; *Peine*, Das neue Bau- und Raumordnungsrecht, JZ 1998, 23.

---

17 I.d.F. der Bekanntmachung vom 23.1.1990 (BGBl. I S. 132).
18 Vom 18.12.1990 (BGBl. 1991 I S. 58).
19 Vom 6.12.1988 (BGBl. I S. 2209).

B. Bauleitplanung und Bodennutzung

I. Die gemeindliche Bauleitplanung und ihre rechtlichen Bezüge

1. Geschichtliche Entwicklung der Bauleitplanung

Sieht man einmal von der geplanten Anlage neuer Städte oder Stadtteile ab, die zu allen Zeiten vorgekommen ist und der oft der pragmatische oder auch der Kunstsinn eines Herrschers ihre Prägung gegeben hat, so dürften die ersten Ansätze einer städtebaulichen Planung in Fluchtlinien- und ähnlichen Regelungen zu finden sein, die der Bebauung wenigstens eine äußere Ordnung geben sollten. Freilich stand gerade der städtebauliche Aspekt bei ihnen durchaus im Hintergrund. Selbst Verunstaltungsverbote, wie sie etwa im preußischen Allgemeinen Landrecht (preußALR) von 1794 zu finden sind, wurden restriktiv vom Gesichtspunkt bloßer Gefahrenabwehr her ausgelegt. Die im politischen Liberalismus vorherrschende Auffassung von der allenfalls polizeirechtlich beschränkbaren Baufreiheit ließ strukturelle und soziale Gesichtspunkte der Stadtentwicklung nicht zu. Erst offenkundige Fehlentwicklungen, in Deutschland vor allem in den so genannten „Gründerjahren" gegen Ende des 19. Jahrhunderts, ließen die Notwendigkeit stärkerer Ordnungs- und Lenkungseingriffe erkennen. In den Jahrzehnten vor und nach dem Ersten Weltkrieg wurden darum städtebauliche Reformvorstellungen entwickelt und teilweise auch in die Praxis umgesetzt, die schließlich in der von einem internationalen Architektenkreis proklamierten „Charta von Athen" (1933) ihren noch bis in die 60er-Jahre des vorigen Jahrhunderts nachwirkenden Höhepunkt fanden[20]. Mögen auch die damaligen Ideen (unter anderem: Gliederung der Stadtbebauung nach Lebens- und Arbeitsbereichen, Minderung der Wohndichte durch den Bau von Hochhäusern) und auch die nachfolgenden Versuche, die Städte rücksichtslos den Bedürfnissen des Individualverkehrs anzupassen, heute zu Recht auf Skepsis und Ablehnung stoßen – der Gedanke, dass die moderne Stadtentwicklung einer planvollen Steuerung bedarf, wird von niemandem mehr bestritten[21].

22

Das BBauG 1960 schuf erstmalig ein einheitliches System städtebaulicher Planung, in dem sich alle wichtigen Elemente einer strukturellen Stadtentwicklung umfassend darstellen und normativ fixieren lassen. In seiner alten Fassung konnte das Gesetz freilich noch nicht allen Anforderungen einer effektiven Stadtentwicklungsplanung genügen. Bauleitplanung war hiernach zu sehr noch als „Auffangplanung" und „Angebotsplanung" ausgelegt, mit der eine prinzipiell autonome gesellschaftliche Entwicklung im Bereich des Bauwesens aufgefangen und in eine staatlicherseits bereitgestellte Ordnung gebracht wird. Das staatliche Instrument des Planes kann bauliche Fehlentwicklungen zwar verhindern, verwirklicht für sich genommen aber noch keine Entwicklungsvorstellungen, sondern überlässt die Realisierung der zunächst

23

---

20 Vgl. *Ernst/Hoppe*, Das öfftl. Bau- und Bodenrecht (2. Aufl. 1981), Rdnr. 136 ff; *Hoppe/Bönker/Grotefels*, § 1 Rdnr. 16; *Peine*, Rdnr. 65; *Brohm*, § 1 Rdnr. 14.
21 Weiterführend *Brohm*, § 1 Rdnr. 3 ff; *Stüer*, A 11 ff.

IV *Baurecht*

nur normativ bereitgestellten strukturellen Ordnung überwiegend der Initiative der (meist) privaten Grundstückseigentümer und Bauherren. Eine stärkere Akzentuierung der Gestaltungs- und Entwicklungsfunktionen der Bauleitplanung vollbrachten dann aber zunächst, unter dem Eindruck der Sanierungsbedürftigkeit vieler Bausubstanz, das StBauFG von 1971 und in seiner Folge die legislatorische Entwicklung bis zu den jetzigen Regelungen des Besonderen Städtebaurechts im BauGB.

2. Bauleitplanung als kommunale Aufgabe

a) Kommunale Planungshoheit

24 Die Bauleitpläne werden grundsätzlich **von den Gemeinden** in eigener Verantwortung aufgestellt (§ 2 I 1 BauGB): Bauleitplanung ist demnach keine staatliche, sondern eine kommunale Aufgabe; sie ist Bestandteil der kommunalen **Planungshoheit**. Diese Zuordnung zum gemeindlichen Aufgabenbereich besteht, seitdem die Bauleitplanung nicht mehr – wie es noch bei ihrem Vorläufer, der alten Fluchtlinienplanung, bis hin zum preußischen Fluchtliniengesetz von 1875 der Fall war – auf die polizeiliche Aufgabe der Gefahrenabwehr zurückgeführt wird. Demgegenüber rechnet die **Bauaufsicht** zur staatlichen Verwaltung. Sie wird zwar auch von kommunalen Behörden (der größeren Städte und der Landkreise) durchgeführt, doch geschieht dies – je nach Ausgestaltung des Kommunalverfassungsrechts des betreffenden Bundeslandes – im Auftrag oder nach Weisung des Staates. So kommt es, dass jedenfalls in kleineren Gemeinden über Bauanträge nicht die Gemeindebehörde, sondern die Verwaltungsbehörde des Kreises zu befinden hat. Und auch dort, wo eine Stadt die Aufgaben der unteren Bauaufsichtsbehörde selbst wahrnimmt, ist sie hierbei den Weisungen der höheren Bauaufsichtsbehörde unterworfen. Gleichwohl ist materiell- und verfahrensrechtlich in vielfältiger Weise dafür gesorgt, dass die gemeindliche Planungshoheit nicht unterlaufen wird. So muss der Bauherr seinen Bauantrag in einigen Bundesländern bei der Gemeinde einreichen, die diesen dann ihrerseits mit einer Stellungnahme versehen an die Bauaufsichtsbehörde weiterleitet[22]. Letztere darf nur dann die Baugenehmigung erteilen, wenn das Bauvorhaben allen öffentlich-rechtlichen Vorschriften und damit auch den Festsetzungen des gemeindlichen Bebauungsplanes entspricht[23]. Ausnahmen und Befreiungen hiervon bedürfen des Einvernehmens der Gemeinde; ihr Einvernehmen ist auch stets dann erforderlich, wenn eine Baugenehmigung für ein Vorhaben in einem (noch) unbeplanten Gebiet erteilt werden soll (§ 36 I 1 BauGB). Gegen eine Verletzung ihrer Planungshoheit durch die Bauaufsichtsbehörde kann sich die Gemeinde verwaltungsgerichtlich wehren[24].

---

22 Eine derartige Regelung treffen § 53 I bwLBO; Art. 67 I BayBO; § 68 I BbgBO; § 71 I NBO; § 63 I rhpfLBO; § 70 I schlhLBO. Demgegenüber sehen § 63 I MBO sowie §§ 63, 68 I BremLBO; § 63 I HBauO; § 60 I HBO; § 66 I LBauO M-V; § 69 I BauO NW; § 71 I saarlBO; § 64 I SächsBO; § 70 I BauO LSA; § 64 I ThürBO die Einreichung bei der unteren Bauaufsichtsbehörde vor.
23 § 69 I MBO; ebenso § 58 bwLBO; Art. 72 I BayBO; § 62 I BauO Bln; § 74 I BbgBO; § 74 I BremLBO; § 69 I HBauO; § 64 I HBO; § 72 I LBauO M-V; § 75 I NBauO; § 75 I BauO NW; § 70 I rhpfLBO; § 77 I saarlLBO; § 70 I 1 SächsBO; § 77 I 1 BauO LSA; § 78 I schlhLBO; § 70 I ThürBO.
24 BVerwGE 22, 342.

Die Planungshoheit ist den Gemeinden nicht etwa nur vom Gesetzgeber verliehen, 25
sondern sie genießt als eine auf die Angelegenheiten der örtlichen Gemeinschaft bezogene Aufgabe den Schutz der **kommunalen Selbstverwaltungsgarantie** nach Art. 28 II GG[25]. Sie darf damit zwar gesetzlich geregelt und begrenzt, den Gemeinden aber nicht vollständig entzogen werden. Wie auch bei den übrigen kommunalen Hoheitsrechten muss wenigstens der Wesensgehalt der Selbstverwaltung, ein Kernbereich kommunaler Eigenverantwortlichkeit, erhalten bleiben. Eine Regelung, die den Gemeinden im Bereich der Bauleitplanung jeglichen Einfluss vorenthielte oder kommunale Planung vollständig von den Entscheidungen staatlicher Instanzen abhängig machte, wäre verfassungswidrig. Andererseits ist eine staatliche Aufsicht über die kommunale Bauleitplanung durchaus mit der Gemeindeautonomie vereinbar, solange sie sich, wie es auch in den §§ 6 II, 10 II 2 BauGB bestimmt ist, auf Rechtsaufsicht beschränkt[26]. Weisungen fachlicher Art sind dagegen unzulässig.

b) Planungspflicht und Planungsabreden

Die Bauleitplanung ist nach § 1 III BauGB eine kommunale **Pflichtaufgabe**. Die 26
Verpflichtung entsteht, sobald und soweit die Aufstellung von Bauleitplänen „für die städtebauliche Entwicklung und Ordnung erforderlich" ist. Im Hinblick auf ihre Planungshoheit wird man den Gemeinden freilich bei der Einschätzung der Erforderlichkeit einen weiten Beurteilungsspielraum einzuräumen haben[27], insbesondere spielt dabei das planerische Gesamtkonzept der einzelnen Gemeinde eine Rolle.

Der Beurteilungsspielraum findet allerdings dort seine Grenze, wo ohne eine Planung 27
ein städtebaulicher Missstand zu befürchten und die geordnete Entwicklung des Gemeindegebietes nicht gewährleistet wäre. Das Erforderlichkeitsmerkmal des § 1 III BauGB verpflichtet und beschränkt die Gemeinde zugleich in ihrer Bauleitplanung. Die Aufsichtsbehörde kann unter Berufung auf § 1 III BauGB die Genehmigung einer Planung verweigern oder im Wege der Kommunalaufsicht Planungsmaßnahmen von der Gemeinde verlangen; auch hierbei ist freilich – wie auch bei einem sich möglicherweise anschließenden verwaltungsgerichtlichen Verfahren – der Einschätzungsprärogative der Gemeinde Rechnung zu tragen[28].

Für den einzelnen Bürger und Grundstückseigentümer besteht dagegen keine Mög- 28
lichkeit, von seiner Gemeinde die Erfüllung ihrer Planungspflicht rechtlich zu erzwingen; er kann nicht einmal verlangen, dass eine begonnene Bauleitplanung abgeschlossen oder die fehlerhafte Planung durch Behebung der Verfahrens- oder Formfehler geheilt wird[29]. § 2 III BauGB schließt ausdrücklich einen Anspruch auf Planungsmaßnahmen aus; eine Klage auf Aufstellung eines Bebauungsplanes wäre

---

25 Vgl. *Brohm*, § 9 Rdnr. 1 ff; *Hoppe/Bönker/Grotefels*, § 2 Rdnr. 16 ff; *Koch/Hendler*, § 12 Rdnr. 1 ff; Das BVerfG lässt offen, ob die kommunale Planungshoheit zum Kernbereich der kommunalen Selbstverwaltungsgarantie zählt; vgl. E 56, 298 (312 f); 76, 107 (118).
26 BVerwGE 34, 301 (304); *Erbguth/Wagner*, Rdnr. 168.
27 BVerwGE 38, 152 (157).
28 BVerwGE 34, 301 (304 f).
29 BVerwG DÖV 1997, 251.

IV *Baurecht*

nicht nur unbegründet, sondern schon unzulässig. Da dem Grundstückseigentümer kein Anspruch auf Maßnahmen der Bauleitplanung zusteht, wird er auch nicht in seinem verfassungsrechtlich geschützten Eigentumsrecht verletzt, wenn die Gemeinde eine wertsteigernde Bebauungsplanung unterlässt. Ein solches Unterlassen löst darum keine Ansprüche auf Enteignungsentschädigung aus.

29 **Beispiel:** A besitzt ein Grundstück in einem Gebiet, das im Flächennutzungsplan als Baugebiet vorgesehen ist. Die Aufstellung eines Bebauungsplanes verzögert sich aus Gründen, welche die Gemeinde zu vertreten hat. Kann A, wenn sein Grundstück in der Zwischenzeit an Wert verliert, von der Gemeinde Schadensersatz oder Entschädigung verlangen?

A hat keinen Anspruch aus § 839 BGB i.V.m. Art. 34 GG. Zwar kann nach § 1 III BauGB die Gemeinde zur Aufstellung eines Bebauungsplanes verpflichtet sein. Diese Pflicht besteht aber, wie § 2 III BauGB ausdrücklich klarstellt, nicht dem Einzelnen gegenüber und ist daher keine „einem Dritten gegenüber obliegende Amtspflicht". Auch ein Entschädigungsanspruch wegen enteignungsgleichen Eingriffs steht A nicht zu. Ein Unterlassen stellt allenfalls dann einen Eingriff dar, wenn eine Pflicht zum Handeln besteht. Eine Pflicht, einen Bebauungsplan aufzustellen, besteht aber gegenüber A gerade nicht (BGH DVBl. 1969, 209).

30 Rechtsansprüche auf die Aufstellung von Bauleitplänen können auch nicht durch Zusage oder Vertrag begründet werden. Diese bislang schon geltende und aus dem Abwägungsgebot (§ 1 VI BauGB) sowie der Pflicht zur Bürgerbeteiligung (§ 3 BauGB) hergeleitete Regel[30] wird nunmehr in § 2 III Hs. 2 BauGB ausdrücklich klargestellt; städtebauliche Verträge nach § 11 BauGB (Rdnr. 94 ff) finden hierin eine inhaltliche Schranke. **Bauplanungsverträge**, in denen sich Gemeinden zur Aufstellung eines Bebauungsplans verpflichten, verstoßen gegen ein gesetzliches Verbot und sind nach § 59 I VwVfG i.V.m. § 134 BGB nichtig[31]. Wird ein Planungsverfahren zur Erfüllung einer Planungsabsprache durchgeführt, leidet es an einem Abwägungsmangel, der den Bebauungsplan fehlerhaft und ggf. unwirksam macht.

31 Andererseits ist eine städtebauliche Planung nicht stets schon dann fehlerhaft, wenn sie sich von vorweg begründeten Bindungen leiten lässt[32]. Insbesondere solche Planungen, die konkrete bauliche Vorhaben ermöglichen sollen, spielen sich oft in einer schrittweisen Wechselwirkung von Abwägung und Entscheidung ab, die es nicht zulässt, zur Erhaltung vollständiger planerischer Entscheidungsfreiheit alle Teilentscheidungen bis zu einer abschließenden und umfassenden Abwägung zurückzustellen. Wie auch das BVerwG in seinem **Flachglas-Urteil**[33] einräumt, können im Planungsprozess vorgeschaltete planerische Abstimmungen zwischen der planenden Gemeinde und dem Träger des Bauvorhabens hingenommen werden, wenn sie sachgerecht sind und unter Mitwirkung des zuständigen Gemeindeorgans getroffen wurden; im Übrigen müssen sie auch ihrerseits inhaltlich dem gebotenen Abwägungsstandard entsprechen[34].

---

30 BVerwG DVBl. 1980, 686; *E/Z/B/K*, § 2 Rdnr. 76 ff; *Schmidt-Aßmann/Krebs*, Rechtsfragen städtebaulicher Verträge (2. Aufl. 1992), S. 90.
31 *Brügelmann*, § 11 Rdnr. 20.
32 *Brügelmann*, § 11 Rdnr. 24 f.
33 BVerwGE 45, 309 (321); vgl. hierzu *Erbguth*, VerwArch. 1998, 189 (191 ff).
34 Kritisch zu dieser Rspr. *Erbguth/Wagner*, Rdnr. 245; zustimmend jedoch die wohl h.M.; vgl. *Brohm*, § 13 Rdnr. 15 ff.

Planungsabreden, die für sich genommen unwirksam wären, können im Wege ergän- **32**
zender Vertragsauslegung und nach dem Grundsatz von Treu und Glauben als eine
Risikoabsprache gedeutet werden[35]. Ob und in welchem Umfang der Abbruch einer
gemeindlichen Bauleitplanung auf der anderen Seite Rücktritts- und Kündigungsrechte sowie Aufwendungs- oder Schadensersatzansprüche entstehen lässt, bestimmt
sich dann durch eine Abgrenzung der beiderseitigen Risikosphären. Daraus darf freilich kein faktischer Planungszwang erwachsen[36]; Schadensersatzansprüche, die auf
das Erfüllungsinteresse gerichtet sind, lassen sich darum mit § 2 III BauGB nicht vereinbaren. In gleicher Weise ist zu verfahren, wenn bestimmte Planfestsetzungen nicht
ausdrücklich versprochen, aber stillschweigend zur Geschäftsgrundlage vertraglich
vereinbarter investiver Gegenleistungen gemacht wurden (sog. hinkende Austauschverträge) und der vorausgesetzte Erfolg nicht eintritt[37].

Beispiel: Die Bauträgergesellschaft B will in der Gemeinde W ein Gesundheitszentrum er- **33**
richten. W stellt dafür ein Grundstück zur Verfügung und verpflichtet sich im Kaufvertrag, in
bestimmter Frist die planerischen Voraussetzungen für dessen Bebaubarkeit zu schaffen. Zur
Beschleunigung des Verfahrens stellt B einen auf eigene Kosten erarbeiteten Planentwurf zur
Verfügung, welcher der gemeindlichen Planung zu Grunde gelegt werden soll. Nach Kaufabschluss beauftragt sie einen Architekten mit der Bauplanung. Auf Grund eines Wechsels der
politischen Mehrheit in ihrer Gemeindevertretung nimmt W jedoch von dem Projekt Abstand.
Welche Ansprüche stehen B zu?

Als öffentlich-rechtliche Bauplanungsabrede im Rahmen eines privatrechtlichen Grunderwerbvertrages wäre die Verpflichtung der W nach § 59 I VwVfG i.V.m. § 134 BGB nichtig
und würde nach § 139 BGB den gesamten Vertrag unwirksam machen. B hat darum keinen
Anspruch auf Weiterführung der Bauleitplanung oder gar auf Erstellung eines auf ihrem Entwurf beruhenden Planes. Ebenso scheiden vertragliche Schadensersatzansprüche oder Amtshaftungsansprüche wegen Nichterfüllung einer Planungspflicht aus. Dagegen kommt ein Ersatz des negativen Interesses wegen culpa in contrahendo (cic, §§ 241 II, 311 II BGB) oder aus
Amtshaftung in Betracht, wenn W die Unwirksamkeit des Vertrages zu vertreten hat; hinsichtlich eines möglichen Mitverschuldens der B ist freilich an § 254 BGB zu denken.

Im Hinblick auf die beiderseitige Interessenlage kann es aber auch geboten sein, die Abrede
als eine privatrechtliche Risikoübernahme für den Fall auszulegen, dass es W nicht gelingen
sollte, der Kaufsache die vertraglich ausbedungene Eigenschaft (Bebaubarkeit für einen bestimmten Zweck) zu verschaffen. Die Grenzen der Risikosphären und der Umfang der Haftung sind dann nach den Umständen des Einzelfalls zu bestimmen. Vorliegend fällt das Scheitern der Planung in die Risikosphäre der W; B kann deshalb vom Kaufvertrag zurücktreten und
dessen Rückabwicklung verlangen. Weiterhin hat sie einen aus der Risikoübernahme folgenden vertraglichen Anspruch auf Erstattung der Architektenkosten, die ihr im Vertrauen auf den
Eintritt des Vertragserfolges entstanden sind. Die Kosten für den Planentwurf kann B dagegen
nicht ersetzt verlangen. Zwar hat für die Kosten der Bauleitplanung grundsätzlich der Planungsträger aufzukommen. Hier hat B diese Kosten jedoch schon vor Vertragsschluss auf sich
genommen, um überhaupt erst W für das Vorhaben zu gewinnen; darum trägt sie insoweit das
Risiko (BGHZ 76, 16; BGH ZfBR 1984, 146).

---

35 BGHZ 76, 26 f; BGH ZfBR 1984, 146; BGH DVBl. 1989, 1094; *Brügelmann*, § 2 Rdnr. 55; *E/Z/B/ K*, § 2 Rdnr. 82 f.
36 *Ebsen*, JZ 1985, 57 (61); anders *Dolde/Uechtritz*, DVBl. 1967, 446 (448 f); vgl. auch *Erbguth*, VerwArch. 1998, 189 (213 ff); *Brohm*, § 7 Rdnr. 19.
37 Zu dieser Frage *Oerder*, BauR 1998, 22 (27); *Brügelmann*, § 11 Rdnr. 92 ff.

IV *Baurecht*

3. Bauleitplanung und überörtliche Planung

34 Örtliche Bauleitplanung ist nur die unterste einer Abfolge von Planungsstufen, die in ihrer Gesamtheit ein System raumbezogener Gestaltung und Entwicklung bilden. Mit ihrem Instrument einer gesamtörtlichen Flächennutzungsplanung gerät sie bereits in das Kraftfeld einer überörtlichen **Raumordnung**, die hier nicht mehr bebauungsspezifisch, sondern überfachlich orientiert ist. Das BVerfG hat Raumordnung als die zusammenfassende, überörtliche und überfachliche Ordnung des Raumes auf Grund von vorgegebenen oder erst zu entwickelnden Leitvorstellungen definiert[38]. Ihre Mittel sind neben einer nicht sehr stark ins Gewicht fallenden Bundesplanung (Bundesraumordnung) vor allem die **Landesplanung** einschließlich der Regionalplanung. Die rechtlichen Grundlagen der Raumordnung und Landesplanung finden sich auf Bundesseite im Raumordnungsgesetz (ROG)[39] sowie in den Landesplanungsgesetzen der einzelnen Bundesländer[40].

35 Das Merkmal der **Örtlichkeit** grenzt die kommunale Bauleitplanung von der Raumordnung und Landesplanung ab und sichert ihr den verfassungsrechtlichen Schutz nach Art. 28 II GG. Zugleich begrenzt es den Ausschließlichkeitsanspruch der gemeindlichen Selbstverwaltung, denn die Verfassungsgarantie beschränkt sich auf Angelegenheiten der örtlichen Gemeinschaft. Zwischen örtlicher und überörtlicher Planung bestehen jedoch **Berührungen und Überschneidungen**. Der überörtliche Raum setzt sich aus Einzelorten zusammen, die durch eine überörtliche Planung zwangsläufig mitbeplant werden. Überörtliche Planung lässt sich nicht anders als örtlich realisieren, wie umgekehrt auch die örtliche Planung mit ihrer Realisierung Bestandteil der überörtlichen Raumordnung wird[41]. Dieser Befund verlangt hinsichtlich der Bauleitplanung Einfügung in und Anpassung an die Planung der höheren Stufe. Das **Anpassungsgebot** des § 1 IV BauGB bzgl. der **Ziele der Raumordnung**[42] ist im Hinblick auf die Autonomiegewährleistung des Art. 28 II GG nur der verfassungskonforme Ausdruck des Zusammenhanges der raumbezogenen Planungen auf allen Stufen[43].

36 Damit ist freilich das Problem noch nicht gelöst, wie weit denn nun überörtliche Planungen die Bauleitplanung determinieren dürfen. In ihren einander zugewandten Randzonen weisen Planungsbereiche Charakterzüge auch des jeweils anderen Bereiches auf. Neuere, durch die kommunale Gebietsreform noch geförderte Verflechtungstendenzen stellen den Begriff der Örtlichkeit ohnedies in Frage. Damit deutet sich ein Schwund kommunaler Autonomie an, der jedenfalls im planungsrechtlichen Bereich das Institut der kommunalen Selbstverwaltung zu gefährden droht. Die zunehmende Durchdringung von staatlicher und gemeindlicher Planung fordert darum ein **neues Selbstverwaltungsverständnis**, das sich nicht von einem reinen Aus-

---

38 BVerfGE 3, 425.
39 V. 18.8.1997 (BGBl. I S. 2081).
40 Hierzu näher *Steiner*, VI Raumordnungs- und Landesplanungsrecht, Rdnr. 5 ff; *Peine*, S. 37 ff.
41 *E/Z/B/K*, § 1 Rdnr. 56.
42 Näher hierzu *Steiner*, VI Raumordnungs- und Landesplanungsrecht, Rdnr. 15 ff; kritisch *Hoppe*, DVBl. 2001, 81.
43 BVerwGE 6, 342. Näher zum Anpassungsgebot BVerwGE 90, 329.

schließlichkeitsdenken leiten lässt, sondern – bei Wahrung eines unantastbaren Kernbestandes – jedenfalls in den Überschneidungsbereichen ein **Kondominium staatlicher und kommunaler Planungshoheit** anerkennt[44]. Autonomieverluste der Gemeinden müssen dann allerdings hier durch Mitwirkungs- und Beteiligungsrechte kompensiert werden, die um so wirksamer sein müssen, je stärker der Örtlichkeitsbezug einer Planung ist[45]. § 7 V und deutlicher noch § 9 IV ROG verpflichten die Länder zu entsprechenden Regelungen. Andererseits ist den staatlichen Planungsinstanzen der Durchgriff auf den örtlichen Bereich verwehrt, wenn er nicht durch Gemeinwohlbedürfnisse gefordert wird. So kann sich zwar beispielsweise bei der **Standortplanung** die Notwendigkeit „gebietsscharfer", d.h. auf einzelne Teile des Gemeindegebietes bezogener landesplanerischer Festlegungen aus der räumlichen Situation (Standortgegebenheiten etc.) ergeben; die Gemeinden sind dann auch insoweit an die raumordnerischen Vorgaben gebunden, ohne dass ihnen bei ihrer Übernahme ein eigener Gestaltungsspielraum verbleibt[46]. Andererseits suspendiert die Anpassungspflicht nicht die ortsbezogene Bauleitplanungskompetenz der Gemeinde; städtebauliche Erwägungen dürfen nicht Gegenstand der Raumordnung oder Landesplanung sein[47]. Darum sind im Regelfall „parzellenscharfe" Festlegungen dem gemeindlichen Bauleitplan vorbehalten[48].

4. Bauleitplanung und nachbargemeindliche Planungen

Nach § 2 II BauGB müssen die Bebauungspläne benachbarter Gemeinden aufeinander abgestimmt werden. Auch dieses **interkommunale Abstimmungsgebot** ist ein Ausdruck der durch die Selbstverwaltungsgarantie gestützten Planungshoheit. Es trägt dem Umstand Rechnung, dass kommunale Planungen Ausstrahlungswirkungen auf Nachbargemeinden zeitigen können. Wäre hier die planende Gemeinde nicht zur Rücksichtnahme verpflichtet, so würde die Nachbargemeinde ihrerseits in ihrer eigenen Planungshoheit verletzt. Erforderlich ist darum eine Abwägung der Planungsbelange der betroffenen Gemeinden nach Maßgabe des in § 1 VI BauGB enthaltenen Abwägungsgebotes (hierzu Rdnr. 54 ff). Das hierbei einzuhaltende **Abstimmungsverfahren** ist durch die Beteiligungsvorschrift des § 4 BauGB vorgezeichnet. § 2 II BauGB verlangt demgegenüber materiell-rechtlich die **Abstimmung** als einen Zustand ausgewogener Berücksichtigung aller durch die Bauleitplanung berührten nachbargemeindlichen Belange. Bauleitpläne, die hiergegen verstoßen, sind unwirksam[49]. 37

Interkommunale Planungskonflikte ergeben sich weiterhin bei der Planung von **Einkaufszentren** (insbes. Factory Outlet Center – FOC) oder sonstigen großflächigen 37a

---

44 Zur Problematik u.a. *Hoppe/Bönker/Grotefels*, § 2 Rdnr. 16 ff; *Stüer*, A 76 ff; *Erbguth/Wagner*, Rdnr. 7 ff; *Brohm*, § 9 (S. 191 ff).
45 BVerwG DVBl. 1969, 362; *Schmidt-Aßmann*, VerwArch. 1980, 117.
46 VGH BW DÖV 1981, 269; *Brohm*, DÖV 1989, 429 (440 f).
47 *Wahl*, DÖV 1981, 597 (602 ff).
48 Vgl. weiterhin *Battis*, S. 42; *E/Z/B/K*, § 1 Rdnr. 56; *Brügelmann*, § 1 Rdnr. 412 ff.
49 BayVGH NVwZ 2000, 823. Vgl. weiterhin *Battis*, S. 60.

Handelsunternehmen, wenn sie – wie meist – für den Außenbereich der planenden Gemeinde vorgesehen sind und auf Grund ihrer Lage bei den Nachbargemeinden zu Verkehrsproblemen führen oder einen Kaufkraftabfluss herbeizuführen drohen. Nach neuester Rspr. des BVerwG[50] gilt für die städtebauliche Zulässigkeit derartiger Bauvorhaben i.d.R. ein Planungserfordernis, d.h. sie können nicht etwa im ungeplanten Außenbereich zugelassen werden. Einer Zulassung nach § 35 II BauGB stünde entgegen, dass sie ohne eine Abwägung interkommunaler Belange zu Stande käme, während bei entsprechender Planung § 2 II BauGB doch gerade hierzu verpflichtete (vgl. Rdnr. 239). Eine entsprechende Planung hätte außer möglicherweise entgegenstehenden Zielen der Raumordnung (§ 1 IV BauGB, dazu Rdnr. 35) insbesondere berechtigte nachbargemeindliche Interessen zu berücksichtigen; dazu sind die betroffenen Nachbargemeinden von der planenden Gemeinde in Kenntnis zu setzen[51]. Durch eine entsprechende Gestaltung der Ziele der Raumordnung in Raumordnungsplänen kann einer unerwünschten Ansiedlung von großflächigen Einkaufszentren auch landesplanerisch entgegengewirkt werden (Rdnr. 86).

37b Auf Grund seiner Verwurzelung in der kommunalen Planungshoheit verschafft das Abstimmungsgebot den betroffenen Nachbargemeinden ein subjektiv-öffentliches Recht, gegen dessen Verletzung sie sich gerichtlich wehren können (sog. **Gemeindenachbarklage**)[52]; die Form des Rechtsschutzes richtet sich dabei nach der Art des Planes (vgl. Rdnr. 107, 109). Bei Bebauungsplänen kann wegen des dort verstärkten Rechtsschutzbedürfnisses auch schon vorbeugender Rechtsschutz durch Feststellungs- oder durch Unterlassungsklage geboten sein[53], doch kann sich die Klage nur gegen einzelne Festsetzungen des Planes und nicht gegen die Planung als ganzes richten. Gegen bereits in Kraft getretene Bebauungspläne steht den davon betroffenen Nachbargemeinden der Weg der verwaltungsgerichtlichen Normenkontrolle nach § 47 VwGO offen, wenn sie durch den Plan oder seine Anwendung in ihren Rechten verletzt sind. Die aufsichtsbehördliche Genehmigung kann dagegen gerichtlich nicht angegriffen werden, weil nicht sie, sondern erst der genehmigte Plan die Planungshoheit der Nachbargemeinde verletzen kann (vgl. auch Rdnr. 108)[54]. Die gemeindliche Planungshoheit wird durch rein faktische Auswirkungen nachbargemeindlicher Planungen freilich nur dann beeinträchtigt, wenn die fremde Planung unmittelbar Auswirkungen gewichtiger Art auf das eigene Planungsgebiet hat; nicht erforderlich ist dagegen, dass eine schon hinreichend bestimmte Planung der Nachbargemeinde nachhaltig gestört wird[55]. Nach Ansicht der Rspr. sind grundsätzlich nur solche Planungsinteressen schutzwürdig, die schon bei der Planung hätten berücksichtigt werden müssen; auf später entstandene Interessen kommt es nur im Ausnah-

---

50 BVerwG DVBl. 2003, 62; hierzu *Wurzel/Probst*, DVBl. 2003, 197; *Nickel/Kopf*, UPR 2003, 22.
51 Einzelheiten bei *Wagner*, ZfBR 2000, 21; *Bönker*, BauR 1999, 328 (331 ff); *Gaentzsch*, NuR 2001, 287.
52 *Battis*, S. 264; *Brügelmann*, § 2 Rdnr. 45 ff; *Uechtritz*, BauR 1999, 572 (578 ff).
53 BVerwGE 40, 323; 84, 209; BayVGH NVwZ 1985, 837.
54 *Berliner Kommentar*, § 2 Rdnr. 23 (mit freilich ungenauer Begründung).
55 BVerwGE 84, 209.

mefall an[56]. Auch Ziele der Raumordnung (§§ 3 Nr. 2, 4 I ROG)[57] können einer Gemeinde Abwehrrechte verschaffen, wenn die ihr darin zugewiesenen Raumordnungsfunktionen durch die Bauleitplanung von Nachbargemeinden beeinträchtigt werden[58].

Vertiefungsliteratur: *1. Geschichtliche Entwicklung der Bauleitplanung: Breuer*, Zur Entstehungsgeschichte eines modernen Städtebaurechts in Deutschland. Die Verwaltung 1986, 305; *Brohm*, Öffentliches Baurecht, § 1 (S. 1 ff). *E/Z/B/K*, BauGB. Einleitung, Rdnr. 1-51; *Peine*, Öffentliches Baurecht, Rdnr. 62 ff; *Schmidt-Aßmann*, Grundfragen des Städtebaurechts (1972). S. 19 ff; *Stüer*, Handbuch des Bau- und Fachplanungsrechts, A 11 ff.

2. Bauleitplanung als kommunale Aufgabe: Brohm, § 9 (S. 191 ff); *Dolde/Uechtritz*, Ersatzansprüche aus Bauplanungsabreden. DVBl. 1987, 446; *Ebsen*, Der Baugarantievertrag. JZ 1975, 57; *E/Z/B/K*, BauGB. § 2 Rdnr. 76 ff; *Finkelnburg/Ortloff*, Öffentliches Baurecht. Bd. 1 S. 26 ff; *Wicera*, Zur verfassungsrechtlichen Gewährleistung kommunaler Planungshoheit (1985).

3. Bauleitplanung und überörtliche Planung: Birk, Kommunale Selbstverwaltungshoheit und überörtliche Planung. NVwZ 1989, 905; *Brohm*, Öffentliches Baurecht. § 2 (S. 22 ff); *Hoppe/Bönker/Grotefels*, Öffentliches Baurecht. § 2 Rdnr. 21 ff; *Koch/Hendler*, Baurecht, Raumordnungs- und Landesplanungsrecht. § 8 Rdnr. 1 ff; *Langer*, Gemeindliches Selbstgestaltungsrecht und überörtliche Raumplanung. VerwArch. 1989, 352; *Schmidt-Aßmann*, Grundfragen des Städtebaurechts (1972). S. 140 ff.

4. Nachbargemeindliche Planungen: Fingerhut, Die planungsrechtliche Gemeindenachbarklage (1976); *Gelzer/Bracher/Reidt*, Bauplanungsrecht. Rdnr. 690 ff; *Hoppe*, Zwischengemeindliche planungsrechtliche Gemeindenachbarklagen. In: Festschrift für H.J. Wolff (1973). S. 307 ff; *Uechtritz*, Die Gemeinde als Nachbar. BauR 1999, 572.

II. Charakter, Instrumentarium und Verfahren der Bauleitplanung

1. Die planerische Entscheidung

Das BauGB regelt die planerische Entscheidung unter mehrfachem Aspekt. § 2 I BauGB weist die Kompetenz zur Bauleitplanung den Gemeinden zu. Ob und wann sie Planungsmaßnahmen zu ergreifen haben, ergibt sich im Wesentlichen aus § 1 I und III BauGB (vgl. Rdnr. 26 f). Das rechtliche Planungsinstrumentarium, die vorbereitende (Flächennutzungsplan) und die verbindliche Bauleitplanung (Bebauungsplan), wird in § 1 II BauGB aufgezählt und in den §§ 5 ff u. 8 ff BauGB eingehend geregelt (vgl. Rdnr. 74 ff). Über die einzelnen Schritte des Planungsverfahrens geben die §§ 2-4b BauGB Auskunft (vgl. Rdnr. 64 ff). Maßstäbe für die inhaltliche Gestaltung der Bauleitplanung enthalten die §§ 1 V u. VI sowie 1a BauGB; sie geben der Planung bestimmte Ziele und Leitlinien vor und unterwerfen sie dem Gebot einer gerechten Abwägung aller einschlägigen öffentlichen und privaten Belange.

38

---

56 BVerwGE 59, 87 (104); VGH BW NVwZ 1987, 1088.
57 Hierzu *Steiner*, VI Raumordnung und Landesplanung, Rdnr. 33 ff.
58 RhPf OVG NVwZ 1989, 983; BVerwGE 84, 209.

a) Planerische Gestaltungsfreiheit

39 Bauleitplanung ist ihrem Inhalt nach **raumbezogene Gesamtplanung**; von der Raumordnung und Landesplanung[59] unterscheidet sie sich vor allem durch ihren gemeindlichen Zuschnitt. Als raumbezogene Gesamtplanung hat die Bauleitplanung unterschiedliche und oftmals konfligierende Bodennutzungsinteressen zu koordinieren und in einen städtebaulichen Zusammenhang zu stellen. Der städtebauliche Entwurf, den sie schafft, ist inhaltlich nicht vorgegeben und lässt sich auch nicht durch eine an der Methode der Subsumtion orientierte Normanwendung erschließen. Bauleitplanung bedeutet **planerische Gestaltung der Wirklichkeit**.

40 Bauleitplanung als Verwaltungsaufgabe folgt damit anderen Handlungsmustern als die gesetzesvollziehende Verwaltung[60]; in gleicher Weise unterscheiden sich Planungsermächtigungen von den herkömmlichen Vollzugsnormen. Vollziehende Verwaltung ist konditional programmiert. Ihr Normprogramm enthält ein „wenn-dann-Schema", bei dem sich die Normanwendung im Wesentlichen in einer Subsumtion konkreter Sachverhalte unter den Normtatbestand erschöpft. Hierbei ergibt sich als Rechtsfolge jeweils eine konkrete Handlungsanweisung, sofern nicht noch – bei Ermessensnormen – innerhalb einer mehr oder minder genau vorgegebenen Spanne möglicher Rechtsfolgebestimmungen eine Auswahlentscheidung zu treffen ist. Planungsermächtigungen entfalten demgegenüber nicht die Automatik des Tatbestand-Rechtsfolge-Schemas und zielen insofern auch nicht auf konditionalen Normvollzug. Sie formulieren vielmehr ein **Finalprogramm**, das allgemeine Planungsziele vorgibt, die in ihrer Abstraktheit, Komplexität und Gegenläufigkeit das Planungsergebnis indes nicht normativ vorwegnehmen können, sondern noch der konkretisierend-gestaltenden Umsetzung in ein städtebauliches Konzept, den Plan, bedürfen. Planungsnormen bestimmen weiterhin als instrumentale, als Kompetenz- und als Verfahrensvorschriften die äußeren Umstände der Planung.

41 Die Umsetzung der abstrakten Planungsziele in ein konkretes Planungskonzept ist eine Auswahlentscheidung in **planerischer Gestaltungsfreiheit**[61]. Die Planzielvorgaben spiegeln in ihrer Vielfalt die Komplexität der planerisch zu gestaltenden Wirklichkeit wider; in ihnen kommen unterschiedliche und zum Teil durchaus gegensätzliche Bodennutzungsinteressen zum Ausdruck. Entsprechend komplex und heterogen sind auch die Zielvorgaben selbst. Sie formulieren in ihrer Gesamtheit kein in sich stimmiges Zielprogramm, sondern ein **Angebot von Zielentscheidungen**, in dem Zielkonflikte von vornherein angelegt sind[62]. Der sich hieraus ergebende Spielraum wird häufig als **Planungsermessen** bezeichnet. Er darf jedoch nicht, wenngleich die Verwaltungsgerichte hierauf die Bestimmungen über Ermessenskontrolle (§ 114 VwGO) anwenden, mit dem Verwaltungsermessen auf eine Stufe gestellt werden. Während dieses sich in der administrativen Reaktion auf einen tatbestandlichen

---

[59] Hierzu näher *Steiner*, VI Raumordnungs- und Landesplanungsrecht, Rdnr. 20 ff.
[60] Zum Folgenden *Hoppenberg*, B 4 ff; *Hoppe/Bönker/Grotefels*, § 7 (S. 223 ff); *E/Z/B/K*, § 1 Rdnr. 185 ff; *Stüer*, A 4.
[61] BVerwGE 34, 301 (304); 48, 56 (59); *E/Z/B/K*, § 1 Rdnr. 179 ff.
[62] *Papier*, NJW 1977, 1714 (1715).

Befund erschöpft, ermächtigt das Planungsermessen zu einer prospektiven Gestaltung der Wirklichkeit.

Die planerische Ermessensentscheidung ist in noch stärkerem Maße als jede andere Ermessensentscheidung eine **Abwägungsentscheidung**[63]. Die planerischen Vorstellungen der Gemeinde müssen in einem komplexen Vorgang des Wägens, Wertens und Wählens mit den gesetzlichen Planzielvorgaben in Einklang gebracht und in ein in sich stimmiges städtebauliches Konzept umgesetzt werden. In die Abwägung sind nach § 1 VI BauGB alle einschlägigen öffentlichen und privaten Belange einzustellen (vgl. Rdnr. 53 ff); erst die erschöpfende Berücksichtigung und sachgerechte Handhabung aller Belange legitimiert die planerische Gestaltungsfreiheit und kompensiert das rechtsstaatliche Defizit der verminderten gesetzlichen Determination der planerischen Entscheidung. Das Abwägungsgebot ist insofern Ausdruck des Rechtsstaatsprinzips und verfassungsrechtlich vorgegeben[64].

42

Planerische Gestaltungsfreiheit ist nicht nur sachlogisch geboten, sondern im Verhältnis zu staatlichen Einwirkungs- und Determinierungsinteressen zugleich ein Gebot **kommunaler Planungshoheit**[65] (vgl. Rdnr. 24 f). Bauleitplanung ist das Instrument der Gemeinde zur rechtlichen Gestaltung der städtebaulichen Struktur ihres Gemeindegebietes. Mit ihren Bauleitplänen gibt sich die planende Gemeinde ein städtebauliches Modell vor, auf das hin sie sich zu entwickeln gedenkt. Indem sie plant, regelt sie unter städtebaulichem Aspekt Angelegenheiten der örtlichen Gemeinschaft. Hierfür ist ihr in den Landesverfassungen Selbstverwaltungsfreiheit verliehen und durch Art. 28 II GG bundesrechtlich gewährleistet; § 2 I BauGB bringt das einfachgesetzlich zum Ausdruck.

43

b) Gesetzliche Planzielvorgaben

Die planerische Gestaltungsfreiheit der Gemeinden wird im Bereich der Bauleitplanung von gesetzlichen Planzielvorgaben durchzogen, mit denen der Gesetzgeber übergeordnete Gemeinwohlbelange zur Geltung bringt. Was ihre rechtliche **Bindungswirkung** betrifft, so handelt es sich bei ihnen grundsätzlich nur um sog. **Berücksichtigungsgebote**[66], die in ihrer Geltungskraft gleichberechtigt neben anderen stehen und im Konflikt mit diesen bei sachgerechter Abwägung ganz oder teilweise zurücktreten können; sie wirken nicht strikt, sondern sind durch Abwägung überwindbar[67]. Der verminderten **Regelungsdichte** solcher Vorgaben entspricht im Streitfall eine geringere **verwaltungsgerichtliche Kontrolldichte**. Dem Gesetzgeber ist es jedoch unbenommen, einzelne Vorgaben auch mit einer größeren Verbindlichkeit auszustatten, sofern er dadurch nur nicht die grundsätzliche Planungshoheit der Gemeinden in Frage stellt. Die Fachplanung kennt sog. strikte Regelungen (früher oft

44

---

63 BVerwGE 34, 301 (308 f); Vgl. weiterhin *Hoppenberg*, B 623 ff.
64 *E/Z/B/K*, § 1 Rdnr. 179 m.w.N.; *B/K/L*, § 1 Rdnr. 87.
65 BVerwGE 34, 301 (304); *Hoppenberg*, B 58 ff.
66 Zum Folgenden *Hoppenberg*, B 627 ff; *Brohm*, § 13 (S. 204 ff); *Stüer*, B 707 ff; *Hoppe/Bönker/Grotefels*, § 7 Rdnr. 24 ff.
67 BVerwGE 71, 163 (164 f).

als **Planungsleitsätze** bezeichnet[68]), die mit dem Charakter von **Beachtensregeln** keinem Abwägungsvorbehalt unterliegen, sondern von der Fachplanungsbehörde streng beachtet werden müssen[69]. In diesem Sinn hat etwa die Pflicht zur Anpassung der Bauleitplanung an Ziele der Raumordnung und Landesplanung (§ 1 IV BauGB) den Charakter einer strikten Regelung[70]. **Optimierungsgebote** schließlich verlangen eine vorrangige Berücksichtigung, sind aber, je nach Lage des Einzelfalles, nicht abwägungsfest[71]; ihre planerische Überwindung im Rahmen der Abwägung bedarf jedoch im Einzelnen der Rechtfertigung[72]. Neuerdings zeichnet sich freilich allerdings gegenüber dem Konstrukt des Optimierungsgebotes Zurückhaltung ab[73]; allenfalls sei es noch für Regelungen wie das Trennungsgebot nach § 50 BImSchG anzuerkennen, demzufolge konfliktträchtige Planungen „soweit wie möglich" zu vermeiden sind[74].

45 Gesetzliche Planzielvorgaben finden sich vor allem in § 1 V 1 u. 2 BauGB. Die dort genannten **Grundsätze der Bauleitplanung** gliedern sich in allgemeine Ziele und konkrete Richtlinien; daneben gelten noch ein Umwidmungsverbot (§ 1 V 3 BauGB) sowie eine sog. Bodenschutzklausel (§ 1a I BauGB). Diese Regelungen lassen in ihrer Gesamtheit deutlich die Problemfelder heutiger Städteplanung erkennen.

46 § 1 V 1 BauGB nennt unter den **Zielen der Bauleitplanung** an erster Stelle die Gewährleistung einer nachhaltigen städtebaulichen Entwicklung. Das aus dem Umweltrecht stammende Gebot der **Nachhaltigkeit** ist an die Stelle der früher verwendeten Formulierung „geordnete städtebauliche Entwicklung" getreten[75]. Es soll dazu anhalten, mit der endlichen Ressource Boden so sparsam wie möglich umzugehen, um den Lebensraum künftiger Generationen nicht zu gefährden. Der Grundsatz geordneter städtebaulicher Entwicklung ist damit nicht obsolet geworden. Er hat zwar seinen gesetzlichen Standort verloren, ist aber ohnehin dem gesamten Städtebaurecht immanent. Weiterhin soll die Planung eine dem Wohl der Allgemeinheit entsprechende sozialgerechte Bodennutzung ermöglichen und dazu beitragen, eine menschenwürdige Umwelt zu sichern und die natürlichen Lebensgrundlagen zu schützen und zu entwickeln. Die **Leitlinien** nach § 1 V 2 BauGB formulieren öffentliche Belange, die bei der Aufstellung von Bauleitplänen besonders zu berücksichtigen sind; hierzu gehören Anforderungen an sozialgerechte Wohn- und Arbeitsverhältnisse ebenso wie Umwelt- und Denkmalschutz oder Wirtschafts- und Verkehrsbelange. In dieser Aufzählung zeichnen sich auch bestimmte städtebauliche Entscheidungen des Gesetzgebers ab. So sollen etwa nach Nr. 4 vorhandene Ortsteile fortentwickelt und damit Außenbereiche von städtebaulicher Expansion entlastet werden; die darin zum Ausdruck kommende Bevorzugung der Innenentwicklung gegenüber der Außenentwicklung soll auch zu Bemühungen anregen, sog. städtebauliche Gemengelagen zu sanie-

---

68 *Gaentzsch*, NVwZ 2000, 993 (994); vgl. aber *Brohm*, §§ 12 Rdnr. 34 f, 13 Rdnr. 12.
69 Vgl. etwa das Verbot höhengleicher Kreuzungen nach § 1 III 1 BFStrG.
70 *Hoppenberg*, B 628; BVerwGE 90, 329; wohl zu weitgehend *Schrödter*, § 1 Rdnr. 26.
71 Vgl. näher *Hoppe*, DVBl. 1992, 853; *Bartlsperger*, DVBl. 1996, 1; *Brohm*, § 13 Rdnr. 6 ff.
72 VGH BW NVwZ 1992, 276 (277); *Battis*, S. 97.
73 Vgl. etwa BVerwGE 104, 68 (74) zu § 8a BNatSchG 1993.
74 Ausführlich hierzu *Brohm*, § 13 Rdnr. 6 ff.
75 Vgl. hierzu *Bunzel*, NuR 1997, 583; *Stüer*, A 723; *Schrödter*, § 1 Rdnr. 91 f.

ren, ohne die vorhandene Nutzungsmischung etwa durch Aussiedlung belastender Gewerbebetriebe zu beseitigen. Weiterhin fordert Nr. 8 im Interesse einer verbrauchernahen Versorgung der Bevölkerung auch den Schutz der mittelständischen Struktur der Wirtschaft. Die **Bodenschutzklausel** des § 1a I BauGB wiederholt partiell das Gebot der Nachhaltigkeit, indem sie einen sowohl sparsamen wie auch schonenden Umgang mit Grund und Boden verlangt und gebietet, Bodenversiegelungen auf das notwendige Maß zu beschränken. Mit dem **Umwidmungsverbot** (§ 1 V 3 BauGB) soll der Bestand an landwirtschaftlicher Nutzfläche, an Wald und an Wohngebieten gesichert werden.

Der Bodenschutzklausel und dem Umwidmungsverbot wurde von der früher h.M. **47** auf Grund ihrer systematischen und sprachlichen Hervorhebung ein Vorrang gegenüber den anderen Planzielvorgaben des § 1 V BauGB i.S. von Optimierungsgeboten zuerkannt. Nach zunehmender Ansicht[76] unterscheiden sie sich insoweit jedoch nicht von den Zielen und Leitlinien der Bauleitplanung nach § 1 V 1 und 2 BauGB, die ihrerseits schon wegen ihrer Komplexität und Gegenläufigkeit[77] nur die Bedeutung von **Abwägungsbelangen** besitzen, deren Berücksichtigung von den Verwaltungsgerichten nur unter dem Gesichtspunkt von Abwägungsfehlern kontrollierbar ist. Dagegen sind die einzelnen Zielvorgaben trotz der beträchtlichen Unbestimmtheit ihres Regelungswortlauts **inhaltlich uneingeschränkt justiziabel**; das BVerwG wertet sie als unbestimmte Rechtsbegriffe, über deren Bedeutung die Gemeinden mangels einer ihnen eingeräumten Beurteilungsprärogative nicht durch authentische Interpretation selbst verfügen können[78].

Städtebauliche Besiedlung wird zunehmend auch zu einem Umweltproblem. § 1 V 2 **48** Nr. 7 BauGB formuliert darum einen ausführlichen Auftrag zum **Schutz von Umwelt, Natur und Landschaft** und verweist dabei auf die in § 1a BauGB zusammengefassten und städtebaulich relevanten Belange und Verfahren des Umweltschutzes. Dabei stellt die Bodenschutzklausel des § 1a I BauGB nur eine sektorale Konkretisierung der in § 1 V 2 Nr. 7 BauGB allgemein bezeichneten Umweltrechtsbelange dar, während § 1a II BauGB anderenorts geregelte Verfahren des Umweltschutzes zusammenstellt und sie in die städtebauliche Abwägung nach § 1 VI BauGB integriert. Die städtebauliche Berücksichtigung von Umweltschutzbelangen und der fachgesetzliche Umgang mit solchen Belangen werden hiermit verzahnt[79]. § 1 V 2 Nr. 7 BauGB sichert die dort genannten Güter indes nur als abwägungserhebliche, in der Abwägung jedoch überwindliche Belange[80]. Die Verweisung auf § 1a BauGB, wo zumal in Abs. 2 die dort genannten Umweltbelange ausdrücklich in die Abwägung nach § 1 VI BauGB einbezogen werden, bestätigt diese planerische Relativierung. Das gilt auch für die Bodenschutzklausel nach § 1a I BauGB, die nach dem Wortlaut des Abs. 2 („auch") in den Abwägungszusammenhang einbezogen wird. Dagegen folgen

---

76 *Brohm*, § 13 Rdnr. 11; *Hoppe/Bönker/Grotefels*, § 5 Rdnr. 189. Vgl. auch Berliner Kommentar § 1a Rdnr. 10; *Kuschnerus*, BauR 1998, 1 (5).
77 *Brohm*, § 13 Rdnr. 4; *Stüer*, A 714; BVerwG NVwZ 1984, 288 (289).
78 BVerwGE 34, 301 (308); 45, 309 (324); 59, 87 (100 ff).
79 *B/K/L*, § 1a Rdnr. 1 f; *Berliner Kommentar*, § 1a Rdnr. 4; *Stich*, UPR 1998, 121.
80 Vgl. *Kuschnerus*, BauR 1998, 1 (3 ff).

IV Baurecht

aus der FFH-Richtlinie und ihrer Umsetzung in deutsches Recht (vgl. Rdnr. 50) gesetzliche Vorgaben, die wie Planungsleitsätze der Abwägung Grenzen ziehen[81]. Auch sonst können umweltschützende Fachgesetze der Bauleitplanung durchaus verbindliche Vorgaben schaffen, bei deren Nichtbeachtung ein Bebauungsplan rechtsfehlerhaft und ggf. unwirksam ist[82].

49 Die in § 1a II BauGB angesprochenen und nach § 1 V 2 Nr. 7 BauGB in das Städtebaurecht integrierten Instrumentarien des Umweltschutzes liefern der Bauleitplanung z.T. nur das **Abwägungsmaterial**. So enthalten die in § 1a II Nr. 1 BauGB genannten Pläne fachspezifische Bestandsaufnahmen und Zielfestlegungen mit umweltrechtlicher Relevanz[83]. Ähnliches gilt für die **Umweltverträglichkeitsprüfung** nach dem UVPG (§ 1a II Nr. 3 BauGB)[84]. Dieses Verfahren erhöht nicht das planerische Gewicht von Belangen des Umweltschutzes und begründet auch kein zusätzliches umweltrechtliches Genehmigungserfordernis, sondern soll im Rahmen bereits vorgeschriebener verwaltungsbehördlicher Prüfungs- und Abwägungsverfahren sicherstellen, dass die Auswirkungen bestimmter umweltrelevanter Vorhaben auf die Umwelt in angemessener Weise ermittelt, beschrieben und bewertet, der Öffentlichkeit präsentiert und bei der behördlichen Entscheidung berücksichtigt werden. Städtebauliche Planungen entscheiden freilich überwiegend nicht selbst über umweltrelevante Vorhaben, sondern bereiten sie nur planerisch vor. § 2 Abs. 3 Nr. 3 UVPG bezieht jedoch Bebauungspläne in den Kreis UVP-pflichtiger Entscheidungen ein, soweit sie die Zulässigkeit UVP-pflichtiger Vorhaben begründen oder UVP-pflichtige Planfeststellungsbeschlüsse ersetzen[85].

49a Die **UVP-Pflicht** dieser Bebauungspläne knüpft nach Umfang und Verfahren an die UVP-rechtliche Behandlung der Vorhaben an, deren Zulässigkeit sie begründen oder deren Planfeststellung sie ersetzen. UVP-pflichtig sind nach § 3 I UVPG die in Anlage I des Gesetzes aufgeführten Vorhaben. Nach der jüngsten Novellierung des UVPG[86] entscheidet sich überwiegend nach Größen- oder Leistungswerten, ob ein Vorhaben generell (§ 3b UVPG) oder nur im Einzelfall (§ 3c UVPG) UVP-pflichtig ist; im letzteren Fall bedarf es zur Klärung der UVP-Pflicht einer **Vorprüfung** (sog. „Screening"; § 3c I UVPG)[87]. Vorprüfung im Einzelfall und Umweltverträglichkeitsprüfung werden nach § 17 S. 1 UVPG im Aufstellungsverfahren nach dem BauGB vorgenommen; das bedeutet nach § 1a II Nr. 3 BauGB, dass die Bewertung der ermittelten Auswertungen bei der Abwägung nach § 1 VI BauGB zu berücksichtigen sind. Die Umweltverträglichkeitsprüfung im Bebauungsplanverfahren ersetzt grundsätz-

---

81 *Schröder*, § 1a Rdnr. 7; *Brohm*, § 13 Rdnr. 12.
82 BVerwG NVwZ 1989, 662; 1990, 57; BVerwGE 85, 155 (159 ff); *Louis*, NuR 1998, 113 (114 ff).
83 *Louis*, NuR 1998, 113 (116); *Berliner Kommentar*, § 1a Rdnr. 15 ff. Weitere Einzelheiten bei *Schröder*, § 1a Rdnr. 22 ff; *Brügelmann*, § 1a Anm. 3.3.
84 Zur UVP in der Bauleitplanung u.a. *Runkel*, DVBl. 2001, 1377; *Battis/Krautzberger*, NVwZ 2001, 961; *Gaentzsch*, UPR 2001, 287; *Kuschnerus*, BauR 2001, 1211 und 1346.
85 Vgl. im Einzelnen *B/K/L*, § 1a Rdnr. 31 ff; *Schröder*, § 1a Rdnr. 141 ff; *Brügelmann*, § 1a Anm. 5; *Stüer*, A 765 ff; *Brohm*, § 6 Rdnr. 46 ff; *Stüer*, BauR 2001, 1195; *Kuschnerus*, BauR 2001, 1211 und 1346.
86 Artikelgesetz v. 27.7.2001 (BGBl. I S. 1950).
87 Hierzu näher *Günnewig*, UVP-Report 2001, 178; *Kläne*, DVBl. 2001, 1031.

lich nicht die später bei der vorhabenbezogenen Zulässigkeitsprüfung erforderliche erneute Prüfung dieser Art. Das UVP-Verfahren ist also grundsätzlich **zweistufig** angelegt; allerdings beschränkt sich diese zweite Prüfung nach § 17 S. 3 auf zusätzliche oder andere erhebliche Umweltauswirkungen[88]. Nur bei Vorhaben nach den Nummern 18.1 bis 18.8 der Anlage 1 (z.B. bei Feriendörfern, Hotelkomplexen, Industriezonen, Einkaufszentren) genügt nach § 17 S. 2 UVPG die Umweltverträglichkeitsprüfung im Aufstellungsverfahren. Soweit eine Umweltverträglichkeitsprüfung bei der Bebauungsplanung durchzuführen ist, hat die planende Gemeinde nach § 2a BauGB bereits für das Aufstellungsverfahren einen **Umweltbericht**[89] in die Begründung zu dem Planentwurf aufzunehmen und mit diesem zusammen nach § 3 II BauGB auszulegen.

Nach gegenwärtigem Recht bezieht sich die Umweltverträglichkeitsprüfung bei der Bauleitplanung lediglich auf die Beurteilung der Auswirkungen der von der Planung ermöglichten Vorhaben, nicht aber auf die Auswirkungen der übrigen Planaussagen. Dies wird sich ändern müssen, wenn die Europäische Richtlinie über die Umweltauswirkungen belastender Pläne und Programme – **Plan-UP-Richtlinie**[90], auch „strategische Umweltprüfungs-Richtlinie" genannt[91] – bis zum 20.7.2004 in deutsches Recht umgesetzt werden wird[92]. **49b**

Von erheblicher Bedeutung für die Bauleitplanung sind auch die europarechtliche **Vogelschutzrichtlinie** sowie die **Fauna-Flora-Habitat-Richtlinie** (FFH-Richtlinie)[93] in ihrer Umsetzung durch die §§ 32 ff BNatSchG[94]; hierauf verweist § 1a II Nr. 4 BauGB[95]. In den danach geschützten Gebieten (Europäischen Vogelschutzgebieten und Gebieten von gemeinschaftlicher Bedeutung) sind auch Bauleitpläne grundsätzlich unzulässig, wenn ihre Realisierung zu erheblichen Beeinträchtigungen im Schutzzweck dieser Gebiete führen kann (§§ 34 II, 35 S. 2 BNatSchG). Abweichungen von diesem Grundsatz kommen nur aus zwingenden Gründen des überwiegenden öffentlichen Interesses nach Maßgabe des § 34 III und IV BNatSchG und z.T. nur nach Einholung einer Stellungnahme der EU-Kommission in Betracht (§ 34 IV BNatSchG). Eine besondere Verträglichkeitsprüfung (§ 34 I BNatSchG) ist für Bauleitpläne nicht vorgeschrieben, wie sich aus § 35 S. 2 i.V.m. § 34 I BNatSchG ergibt; stattdessen verlangt § 1a II Nr. 4 BauGB die Einbeziehung der Erhaltungsziele und des Schutzwecks der geschützten Gebiete in die Abwägung nach § 1 VI BauGB[96]. Die danach grundsätzlich mögliche planerische Überwindung findet ihre Grenze in **50**

---

88 Näheres bei *Rühl*, UPR 2002, 129.
89 Hierzu *Wulfhorst*, ZfBR 2001, 523; *Schmidt-Eichstaedt*, BauR 2002, 405.
90 Richtlinie 2001/42 EG v. 26.6.2001, ABl. L 197/1.
91 Vgl. *Hendler*, NuR 2003, 2; *ders.*, DVBl. 2003, 227.
92 *Ginzky*, UVP-Report 2001, 174 (175 f); vgl. auch *Krautzberger/Schliepkorte*, UPR 2003, 92; *Dolde*, NVwZ 2003, 297.
93 RL 79/409/EWG (Vogelschutz) v. 2.4.1979 (i.d.F. v. 29.7.1987); RL 92/43/EWG (FFH) v. 21.5.1992 (i.d.F. v. 22.10.1997).
94 Neufassung v. 25.3.2002 (BGBl. I S. 1193).
95 Einzelheiten bei *Schrödter*, § 1a Rdnr. 117a ff; *B/K/L*, § 1a Rdnr. 38 ff; *Schink*, Gewerbearchiv 1998, 41; *Spannowsky*, UPR 1998, 161 (166 ff); *Schrödter*, NuR 2001, 8; *Möstl*, DVBl. 2002, 726; *Louis/Wolf*, NuR 2002, 455.
96 *B/K/L*, § 1a Rdnr. 41; Berliner Kommentar, § 1a Rdnr. 150 ff.

IV *Baurecht*

der Unzulässigkeitsregelung des § 34 II-IV BNatSchG für erhebliche Beeinträchtigungen[97]; das hat die Wirkung eines Planungsleitsatzes (Rdnr. 44).

51 Städtebau einerseits und Naturschutz und Landschaftspflege andererseits stehen auch insoweit in Konflikt, als sich die bauliche Nutzung von Flächen vielfach als **Eingriff in Natur und Landschaft** darstellt. Der Konflikt, der früher allein bei der Baugenehmigung auszutragen war, wird durch § 21 BNatSchG weitgehend in das Planungsstadium vorverlagert; danach wird die naturschutzrechtliche Eingriffsregelung der §§ 18-20 BNatSchG in einer auf die Bauleitplanung zugeschnittenen Form in das Städtebaurecht transformiert[98].

52 Wenn auf Grund einer Bauleitplanung – Überplanung des Außenbereichs ebenso wie des Innenbereichs[99] – Eingriffe in Natur und Landschaft (§ 18 I BNatSchG) zu erwarten sind, muss über deren **Vermeidung** (i.S. von Minimierung[100]) und notfalls über **Ausgleich** (i.S. von Wiederherstellung oder Neugestaltung am Eingriffsort) oder über **Ersatz** (i.S. sonstiger Kompensationen)[101] im Rahmen planerischer Abwägung nach § 1 VI BauGB entschieden werden (§ 21 I BNatSchG i.V.m. § 1a II Nr. 2 BauGB). Bei dieser Abwägung können Ausgleichs- und Ersatzbedürfnisse freilich ausnahmsweise von überwiegenden städtebaulichen Erfordernissen planerisch überwunden werden[102]; eine Pflicht zur „Vollkompensation" besteht nicht[103]. Für den Eingriffsausgleich können nach § 1a III BauGB im Flächennutzungs- oder im Bebauungsplan Flächen bereitgestellt oder Maßnahmen vorgesehen werden; hierfür bieten die §§ 5 II a bzw. 9 I a BauGB die Rechtsgrundlage. Muss ein Ausgleich an anderer Stelle als am Eingriffsort gefunden werden, können die entsprechenden Flächen oder Maßnahmen auch in einem weiteren Bebauungsplan (**Ausgleichsbebauungsplan**) festgesetzt und den Eingriffsflächen **zugeordnet** werden (§ 9 I a BauGB)[104]. Scheitert der Ausgleichsbebauungsplan, wird hiervon auch der Eingriffsbebauungsplan betroffen[105]. Die Durchführung des Ausgleichs ist Sache des jeweiligen Vorhabenträgers (§ 135a I BauGB). Zu Ausgleichsmaßnahmen an einem anderen als dem Eingriffsort wird er in aller Regel außer Stande sein; sie sollen in diesem Fall von der Gemeinde vorgenommen werden. Diese kann sich hierfür beim Vorhabenträger **refinanzieren**, wenn die Ausgleichsflächen den Eingriffsflächen nach § 9 I a BauGB planerisch zugeordnet sind (§ 135a II, III BauGB)[106]. Das Ausgleichsverfahren wird erheblich vereinfacht,

---

97 *B/K/L*, § 1a Rdnr. 39, 41.
98 *Brügelmann*, § 1a Anm. 4.4.
99 BVerwGE 112, 41.
100 *Kuschnerus*, NVwZ 1996, 235 (239); *Mitschang*, WiVerw 1998, 20 (31); *Schrödter*, § 1a Rdnr. 57.
101 Bzgl. der planerischen Vorkehrungen für Ausgleich und Ersatz bezieht § 200a auch Ersatzmaßnahmen nach Landesrecht (§ 19 IV BNatSchG) ein. Vgl. hierzu *Schrödter*, § 1a Rdnr. 58 ff; *Brügelmann*, § 1a Anm. 4.4.2.2.; *Stüer*, A 748; *Stich*, UPR 1998, 121 (125); *Kuschnerus*, BauR 1998, 1 (9).
102 Vgl. BVerwGE 104, 68 (74 f). Die früher str. Frage, ob die Bestimmungen der naturschutzrechtlichen Eingriffsregelung im Städtebaurecht als Planungsleitsätze, Optimierungsgebote oder Berücksichtigungsgebote anzuwenden sind (vgl. *Schrödter*, § 1a Rdnr. 58 ff, ist damit zu Gunsten der letzteren Variante entschieden.
103 *Brügelmann*, § 1a Anm. 4.4.3.2.; *Schrödter*, § 1a Rdnr. 76.
104 *Schrödter*, § 9 Rdnr. 170h ff. Vgl. für das frühere Recht auch BVerwGE 104, 353.
105 Vgl. *Brohm*, § 6 Rdnr. 41, (S. 130 f).
106 *Schrödter*, § 135a Rdnr. 18 ff.

wenn sich Gemeinde und Vorhabenträger entschließen können, die Probleme mittels eines städtebaulichen Vertrages zu lösen (§ 1a III 3 i.V.m. § 11 BauGB)[107].

c) Planrechtfertigung und planerische Abwägung

Bauleitpläne, insbesondere Bebauungspläne, bewirken regelmäßig eine inhaltliche Bestimmung des überplanten Grundeigentums und berühren damit den Schutzbereich des Art. 14 GG. Soweit von der Bauleitplanung Eigentumsbeschränkungen ausgehen, hat sie darum verfassungsrechtlich nur Bestand, wenn die Pläne durch beachtliche Gemeinwohlgründe gerechtfertigt und im Einzelnen unter Berücksichtigung aller einschlägigen öffentlichen und privaten Belange abgewogen sind. Das in § 1 III BauGB enthaltene Kriterium städtebaulicher Erforderlichkeit, nach dem sich die Planungspflicht der Gemeinde bemisst, gewinnt hierdurch zugleich den Charakter einer **Planrechtfertigung**. Hieran fehlt es, wenn eine Bauleitplanung nicht realisierungsfähig ist[108] oder nicht der Ordnung der städtebaulichen Entwicklung dient, sondern andere Zwecke verfolgt[109]; die Frage, ob eine sachgerechte Abwägung stattgefunden hat, stellt sich dann erst gar nicht. Je stärker die Bauleitplanung selbst schon enteignenden Charakter besitzt, desto höhere Anforderungen sind an die Planrechtfertigung zu stellen; über die allgemeinen städtebaulichen Voraussetzungen hinaus muss sie auch ihrerseits den speziellen enteignungsrechtlichen Legitimationserfordernissen genügen.

53

Das in § 1 VI BauGB geregelte **Abwägungsgebot** verlangt, dass bei der Aufstellung der Bauleitpläne die öffentlichen und privaten Belange untereinander gerecht abgewogen werden. Es gilt aus rechtsstaatlichen Gründen für jegliche Planung und auch unabhängig von einer ausdrücklichen Normierung[110]. Die Abwägung hat öffentliche und private **Belange** zum Gegenstand; welche Belange jeweils einschlägig sind, ergibt sich aus Art und Umfang der Planung. Der Begriff „Belang" deutet an, dass die inhaltlichen Grenzen der Abwägungsmaterie weit gesteckt sind. Gemeint sind alle Interessen von einigem Gewicht, die von der Planung betroffen werden, also nicht nur Belange mit einem spezifisch bebauungsrechtlichen Bezug[111]. Bei privaten Belangen wird nicht gefordert, dass es sich um subjektive Rechte oder Rechtspositionen handelt[112]; neben den aus dem Eigentumsrecht der Baufreiheit sich ergebenden Rechtspositionen wie etwa dem Bestandsschutz für vorhandene Gebäude, dem Interesse an der baulichen Nutzung noch unbebauter Grundstücke und dem Anliegergebrauch zählen hierzu auch Situations- und Lagevorteile, die in der Regel rechtlich nicht geschützt sind. Abwägungsrelevant sind nicht nur die Belange der Grundeigentümer, sondern auch diejenigen der Mieter und Pächter oder der im Planungsgebiet tätigen Arbeitnehmer[113]. Der Begriff des öffentlichen Belanges kann mit dem des öf-

54

---

107 *Mitschang*, BauR 2003, 183.
108 BVerwGE 109, 246 (249 f).
109 BVerwGE 45, 309 (312); OVG NW, NVwBl. 1993, 468; VGH BW BauR 2002, 897; vgl. auch *Manssen*, NWVBl. 1992, 381; *Brohm*, § 12 Rdnr. 3 f.
110 BVerwGE 41, 67 (68); *Stüer*, A 704; *Dolde/Menke*, NJW 1996, 2616.
111 A.A. OVG NW BauR 1984, 490.
112 Vgl. BVerwGE 47, 144.
113 *E/Z/B/K*, § 1 Rdnr. 195 ff.

fentlichen Interesses gleichgesetzt werden, soweit sich dieses auf die städtebauliche Ordnung und Entwicklung bezieht. Verschiedene öffentliche Belange kommen bereits bei der Aufzählung der Planungsleitlinien in § 1 V 2 BauGB zur Sprache, spielen im Rahmen des Abwägungsgebots nach § 1 VI BauGB aber nur insoweit eine Rolle, wie sie konkret für das zu beplanende Gebiet einschlägig sind.

55 Private und öffentliche Belange stehen weder stets in Gegensatz zueinander, noch sind sie überhaupt immer eindeutig voneinander zu unterscheiden. Ein und dasselbe Interesse – z.B. an der Erhaltung unbebauter Flächen oder an günstiger verkehrsmäßiger Erschließung – kann ein öffentlicher und zugleich ein privater Belang sein. Keine der beiden Interessengruppen genießt gegenüber der anderen einen generellen Vorrang.

56 Das Abwägungsgebot wird durch einige zentrale planerische Grundsätze konkretisiert, die zur Ausbalancierung entgegengesetzter Belange dienen und deren Missachtung als ein Planungsmangel gilt[114]. Hierzu zählt in erster Linie das **Gebot der Konfliktbewältigung**[115]. Es hält die planende Gemeinde an, städtebauliche Konflikte, die sich aus einer vorhandenen baulichen Situation oder aus geplanten Vorhaben ergeben, mit planerischen Mitteln, d.h. durch eine entsprechende städtebauliche Ordnung präventiv zu lösen und die Konfliktbewältigung nicht dem späteren Einsatz repressiver Mittel aus dem Arsenal des Polizei- und Ordnungsrechts oder des Umweltrechts anheim zu stellen (Verbot des Konflikttransfers). Zwar ist es weder möglich noch erforderlich, dass die planerischen Festsetzungen selbst schon die noch notwendigen Verwaltungsentscheidungen wie etwa Planfeststellungen oder Enteignungen vornehmen; sie müssen hierzu jedoch die planungsrechtliche Grundlage schaffen[116]. Der Konfliktbewältigung dient auch die für manche Planvorhaben angeordnete Umweltverträglichkeitsprüfung (Rdnr. 49). Andererseits ist **planerische Zurückhaltung** geboten, wo einzelne nachbarliche Konflikte im bauordnungsrechtlichen Genehmigungsverfahren gelöst werden können. Ein weiterer, ebenfalls schon im Abwägungsgebot angelegter Planungsgrundsatz ist das **Gebot der Rücksichtnahme** auf schutzwürdige Individualinteressen[117]. Er beruht auf der Erkenntnis, dass die beplanten Grundstücke in einem „Situationszusammenhang" durch wechselseitige Abhängigkeit miteinander verbunden und auch auf nachbarschaftliche Rücksichtnahme angewiesen sind; dem muss auch die Bauleitplanung Rechnung tragen.

57 Diese Gebote spielen vor allem im Hinblick auf **immissionsschutzrechtliche Konfliktlagen** eine Rolle. In vielen Fällen lässt sich ihnen durch eine am **Trennungsprinzip** orientierte Bauleitplanung Rechnung tragen, bei der konfliktträchtige Formen der Bodennutzung möglichst verschiedenen Planungsbereichen zugewiesen

---

114 Zum Folgenden *Hoppe/Bönker/Grotefels*, § 7 Rdnr. 140 ff; *Stüer*, A 857 ff.
115 BVerwGE 47, 144 (155 f); BVerwG DVBl. 1987, 1273 (1275); DÖV 1995, 33; VGH BW NuR 2002, 496; NdsOVG NuR 2003, 241; *Hoppe/Bönker/Grotefels*, § 7 Rdnr. 142 ff; *Müller*, BauR 1994, 191 u. 294; kritisch *Sarnighausen*, NJW 1993, 3229 (3233).
116 BVerwG DVBl. 1988, 845 (846 f); 1989, 661; BVerwGE 69, 30 (34 f).
117 BVerwG DÖV 1999, 208; *Hoppenberg*, B 752 ff; *Stüer*, A 835 ff; *Hoppe/Bönker/Grotefels*, § 7 Rdnr. 153 ff. Vgl. zum Rücksichtnahmegebot beim bebauungsrechtlichen Nachbarschutz Rdnr. 363 ff.

werden; ähnliches verlangt im Übrigen auch § 50 BImSchG[118]. Vor recht erheblichen Schwierigkeiten stehen die planenden Gemeinden dagegen bei städtebaulichen **Gemengelagen**[119], in denen verschiedene Bodennutzungsarten wie etwa gewerbliche und Wohnbebauung gemischt auftreten. Eine Entmischung, in der man früher die geeignetste Lösung derartiger Konflikte sah, gilt heute wegen ihres hohen Bodenverbrauchs als problematisch; § 1 V 2 Nr. 4 BauGB deutet darum als Alternative die Möglichkeit einer Sanierung durch Erhaltung und Erneuerung des vorhandenen Baubestandes an. Ziel der Bauleitplanung muss hier vor allem die Vermeidung oder Begrenzung schädlicher Umwelteinwirkungen durch konkrete planerische Vorgaben sein, was sie allerdings in eine nicht unbedenkliche Nähe zum Immissionsschutzrecht bringt[120] (vgl. auch Rdnr. 83).

Beispiel: A ist Eigentümer eines mit einem Einfamilienhaus bebauten Grundstücks, das im Bebauungsplan als „Reines Wohngebiet" ausgewiesen ist. Auf einem bisher unbeplanten Nachbargrundstück will die Gemeinde ein Kurzentrum errichten. Sie stellt deshalb einen Bebauungsplan auf und setzt als Nutzungsart für das Nachbargrundstück „Sondergebiet, Kurgebiet gem. § 11 II BauNVO" fest. Der Plan lässt ein 130 Meter langes, sechsgeschossiges Gebäude in 18 Metern Abstand vom Grundstück des A zu. Hierauf begründeten Befürchtungen des A hält die Gemeinde entgegen, sie werde die Planfestsetzungen nicht ausschöpfen, sondern nur ein abgestuftes Terrassenhaus errichten; im Übrigen könne A seine Rechte noch im Baugenehmigungsverfahren wahrnehmen.
58

Der Bebauungsplan ist auf Grund von Abwägungsmängeln unwirksam. Das Abwägungsergebnis trägt nicht in ausreichendem Maße den Belangen des A Rechnung. Ein Gebäude mit den planerisch zulässigen Ausmaßen würde erdrückend wie eine hohe Wand wirken. Der Wohnwert des Hausgrundstücks des A würde sich erheblich mindern. Ein solch schwerwiegender Eingriff in die Rechte des A ist nicht durch öffentliche Interessen gerechtfertigt, da das Kurzentrum auch in anderer Form errichtet werden kann. Der Hinweis der Gemeinde auf das Baugenehmigungsverfahren ist unerheblich. Nach dem Gebot der Konfliktbewältigung müssen die städtebaulichen Konflikte, die von der Planung vorgefunden werden oder die sie selbst schafft, auch durch die Planung bewältigt werden. Es ist daher nicht zulässig, die Lösung der Konflikte auf spätere Entscheidungen, hier etwa das Baugenehmigungsverfahren, zu verlagern (OVG Lüneburg NJW 1982, 843).

d) Abwägungsmängel

Das Abwägungsgebot erstreckt sich sowohl auf den **Abwägungsvorgang** als auch auf das **Abwägungsergebnis**. Es verlangt, dass eine sachgerechte Abwägung überhaupt stattfindet, dass alle einschlägigen Belange in sie eingestellt werden und dass weder die Bedeutung der betreffenden öffentlichen und privaten Belange verkannt noch der Ausgleich zwischen ihnen in einer Weise vorgenommen wird, die zur objektiven Gewichtigkeit einzelner Belange außer Verhältnis steht[121]. Im Einzelnen um-
59

---

118 BVerwGE 45, 309 (327); *Stüer*, D 1976; *B/K/L*, § 1 Rdnr. 110.
119 Grundlegend BVerwGE 50, 49; 52, 122; 55, 369. Vgl. weiterhin *Hoppe/Bönker/Grotefels*, § 7 Rdnr. 169 ff; *Schrödter*, § 9 Rdnr. 152 ff; *Stüer*, A 823 ff; *Dolderer*, DÖV 1998, 414.
120 *Gierke*, Anm. zu OVG Berlin, DVBl. 1984, 149; BVerwGE 69, 30 (34).
121 BVerwGE 34, 301 (309); 45, 309 (315); BVerwG NJW 1975, 70 (71 f); teilw. anders *Koch*, DVBl. 1989, 399.

fasst der Abwägungsvorgang folgende Phasen: die – u.U. durch Prognosen erfolgende – Ermittlung der Belange, deren Gewichtung und schließlich die Entscheidung über die Prioritäten[122]. Alle drei Schritte, besonders aber der dritte, mit dem eine Gemeinde zum Ausdruck bringt, wie und in welche Richtung sie sich städtebaulich geordnet fortentwickeln will[123], werden durch die Planungshoheit und planerische Gestaltungsfreiheit der Gemeinde geprägt.

60 **Abwägungsmängel** ergeben sich bei Abwägungsdefiziten oder gänzlichem Abwägungsausfall sowie bei unausgewogenem Abwägungsergebnis[124]. So ist eine Planung beispielsweise fehlerhaft, wenn die planende Gemeinde sich vorher schon inhaltlich in rechtlicher oder faktischer Weise gebunden hat (vgl. Rdnr. 30 f). Eine gewisse Vorentscheidung wird freilich in manchen Fällen (z.B. Standortvereinbarungen mit interessierten Industrieunternehmen über Großprojekte) schon vor Planungsbeginn angebracht sein. Die Rspr. lässt dies dann zu, wenn bei der Vorwegnahme der Entscheidung die planerischen Zuständigkeiten eingehalten wurden und wenn die Entscheidung selbst unter Abwägungsgesichtspunkten inhaltlich nicht zu beanstanden ist[125]. Auch wenn die Gemeinde ihrer eigenen Planung alternativlos den Projektentwurf eines Nutzungsinteressenten zu Grunde legt, bedeutet dies nicht notwendig einen Planungsmangel[126]. Fehlerhaft ist dagegen eine Planung, bei der Planalternativen, die sich nach Lage der Dinge anbieten oder sogar aufdrängen, völlig unbeachtet bleiben[127]. Nicht nur Fehler im Verfahren, sondern auch unausgewogene Ergebnisse wirken sich als Abwägungsmangel aus. Dagegen ist das Abwägungsgebot nicht verletzt, wenn sich der Planungsträger – ohne hierbei einer Fehleinschätzung oder Fehlgewichtung zu erliegen – angesichts der Kollision verschiedener Belange für die Bevorzugung des einen und damit notwendig für die Zurückstellung eines anderen entscheidet[128].

61 **Beispiel:** Eine Gemeinde hat, bevor sie mit der Aufstellung eines entsprechenden Bebauungsplans begann, bereits feste Abreden mit einem ansiedlungswilligen Industrieunternehmen getroffen. Im Bebauungsplan weist sie abredegemäß ein Industriegebiet aus. Dies hat zur Folge, dass eine vorhandene Wohnbebauung nunmehr völlig von Industriegebieten umklammert und von den angrenzenden Erholungsgebieten abgeriegelt wird.

Der Bebauungsplan ist nichtig, denn die durch § 1 VI BauGB vorgeschriebene umfassende Abwägung wurde durch die Abreden der Gemeinde sachwidrig verkürzt. Zwar ist nicht jede Vorwegnahme planerischer Entscheidungen unzulässig; insbesondere bei Großprojekten ist sie oft unumgänglich. Das dabei entstehende Abwägungsdefizit muss jedoch durch sachliche Gründe gerechtfertigt sein. Weiterhin müssen die gemeindliche Zuständigkeitsordnung und insbesondere die Rechte der Gemeindevertretung gewahrt bleiben. Schließlich hat die Vorentscheidung auch inhaltlichen Anforderungen zu entsprechen, die man an eine gerechte planeri-

---

122 Zum Folgenden (mit unterschiedlicher Differenzierung) *Hoppe/Bönker/Grotefels*, § 7 Rdnr. 36 ff; *Berliner Kommentar*, § 1 Rdnr. 48 ff; *Schrödter*, § 1 Rdnr. 156 ff.
123 BVerwGE 34, 301 (309).
124 Beispiele bei *Sarnighausen*, NJW 1993, 3229; vgl. weiterhin auch *Stüer*, A 794 ff.
125 So die „Flachglas-Entscheidung" BVerwGE 45, 309 (321). Vgl. hierzu oben Rdnr. 31.
126 BVerwG DVBl. 1987, 1273 (1274).
127 BVerwGE 69, 156 (273).
128 Ausführlich *Hoppe/Bönker/Grotefels*, § 7 Rdnr. 94 ff. Teilw. kritisch *Ibler*, DVBl. 1988, 469; *Koch*, DVBl. 1989, 399.

sche Abwägung stellt. Davon kann hier keine Rede sein, weil die Wohnbedürfnisse der Bevölkerung in den Abreden in unvertretbarer Weise vernachlässigt wurden (BVerwGE 45, 309).

Ein Verstoß gegen das Abwägungsgebot führt grundsätzlich zur Nichtigkeit des davon betroffenen Bauleitplanes. Nach § 214 III 2 BauGB sind Fehler im Abwägungsvorgang jedoch nur dann rechtserheblich, wenn sie offensichtlich und auf das Abwägungsergebnis von Einfluss gewesen sind. Auch Fehler im Abwägungsergebnis können nach § 215 I BauGB nur befristet geltend gemacht werden; nach § 215a BauGB lassen sich Abwägungsmängel überdies z.T. im sog. ergänzenden Verfahren beheben (Rdnr. 123 f). In den Abwägungsvorgang kann nur einbezogen werden, was für die planende Gemeinde als abwägungsbeachtlich erkennbar ist; nach ihrer Beschlussfassung eintretende Veränderungen machen den Abwägungsvorgang nicht nachträglich fehlerhaft[129]. Mängel des Abwägungsergebnisses sind dagegen bei einem Bebauungsplan Mängel des Norminhalts. Dabei spielt es keine Rolle, ob die Fehlerhaftigkeit von Anfang an vorlag oder ob der Plan erst zwischen Abschluss der Planungsarbeiten und seiner Bekanntmachung wegen inzwischen eingetretener Veränderungen des beplanten Bereiches oder dessen Umgebung unausgewogen und damit fehlerhaft geworden ist[130]. Die Regelung in § 214 III 1 BauGB, wonach bei der Beurteilung eines Bebauungsplanes die Sach- und Rechtslage im Zeitpunkt der Beschlussfassung maßgebend sein soll, ist verfassungsrechtlich darum nicht unproblematisch[131].

62

2. Planaufstellung und Bürgerbeteiligung

a) Entwicklungsgebot

Das Verfahren der Bauleitplanung ist grundsätzlich zweistufig angelegt (§ 1 II BauGB). Die einzelnen rechtlich verbindlichen Bebauungspläne einer Gemeinde werden im Regelfall (§ 8 II 1 BauGB) aus einem Flächennutzungsplan **entwickelt**, der seinerseits die sich aus der beabsichtigten städtebaulichen Entwicklung ergebende Bodennutzung für das ganze Gemeindegebiet in den Grundzügen darstellen soll (§ 5 I 1 BauGB). „Entwickeln" meint hier nicht einen Vorgang bloßen Vollziehens und Umsetzens, sondern lässt ergänzende Planungsentscheidungen zu, sofern sie sich nur im Rahmen der vorgegebenen Grundentscheidungen halten. Allerdings gibt es Ausnahmen von dieser Planungsabfolge: Um den Gemeinden die Möglichkeit zu geben, ihre Bauleitplanung zu beschleunigen, lässt § 8 III BauGB die gleichzeitige Aufstellung von Flächennutzungs- und Bebauungsplan (**Parallelverfahren**) zu[132]; der Bebauungsplan kann in diesem Fall sogar schon vor dem Flächennutzungsplan in Kraft gesetzt werden, wenn nur der innere Zusammenhang zwischen beiden Plänen gewahrt bleibt (§ 8 III 2 BauGB). Unter engen Voraussetzungen ist nach § 8 IV BauGB auch die Aufstellung eines **vorzeitigen** Bebauungsplans zulässig[133].

63

---

129 BVerwGE 59, 87 (103 f).
130 BVerwGE 56, 283 (288).
131 Vgl. *E/Z/B/K*, § 214 Rdnr. 130 ff; *Schrödter*, § 214 Rdnr. 35.
132 Einzelheiten in BVerwGE 70, 171.
133 Vgl. näher BVerwG DVBl. 1985, 795.

IV *Baurecht*

Ein Flächennutzungsplan braucht **überhaupt nicht** aufgestellt werden, wenn er für die Ordnung der städtebaulichen Entwicklung entbehrlich ist (§ 8 II 2 BauGB).

b) Aufstellungsverfahren und Beteiligungsgebote

64 Für die Aufstellung von Flächennutzungs- und Bebauungsplänen gelten im Wesentlichen dieselben Verfahrensvorschriften. Das BauGB regelt insoweit nur, was aus baurechtlichen Gesichtspunkten unerlässlich ist; im Übrigen (z.B. hinsichtlich der Bestimmung des zuständigen Gemeindeorgans sowie hinsichtlich der Befangenheit und des Ausschlusses von Mitgliedern der Gemeindevertretung) gelten die jeweiligen kommunalverfassungsrechtlichen Vorschriften[134]. Das Verfahren wird von der Gemeinde – nach Kommunalrecht durchweg von der Gemeindevertretung – durch einen **Planaufstellungsbeschluss** eröffnet; er ist ortsüblich bekanntzumachen (§ 2 I 2 BauGB), damit die Bürger im Hinblick auf die vorgeschriebene Bürgerbeteiligung (§ 3 BauGB) rechtzeitig hiervon Kenntnis nehmen können (sog. Anstoßfunktion der Bekanntmachung)[135]. Wirksamkeitsvoraussetzung für den späteren Bauleitplan ist ein solcher Beschluss freilich nicht[136]. Der **Planentwurf** wird von Dienststellen der Gemeinde, von privaten Planungsbüros oder von anderen Institutionen erstellt. Er enthält im allgemeinen eine kartographische Darstellung nebst erläuternden Ausführungen; Einzelheiten hierzu regelt die PlanzeichenVO. Dem Flächennutzungsplan ist ein Erläuterungsbericht und dem Bebauungsplan eine Begründung beizufügen (§§ 5 V, 9 VIII BauGB).

65 Das Planungsverfahren erhält seinen spezifischen Charakter durch **Beteiligungsgebote**, welche die vielfältigen materiell-rechtlichen Abwägungs-, Abstimmungs- und Anpassungspflichten verfahrensrechtlich ergänzen. Eine solche Beteiligung ist einerseits für die Träger öffentlicher Belange (§ 4 BauGB) und andererseits für die Bürger als Träger privater Belange (§ 3 BauGB) vorgesehen. § 4a BauGB ordnet darüber hinaus eine grenzüberschreitende Unterrichtung und Konsultation von Gemeinden und Trägern öffentlicher Belange an.

66 **Träger öffentlicher Belange** sind selbstständige öffentlich-rechtliche Körperschaften und Anstalten, Bundes- und Landesbehörden, Nachbargemeinden (hierzu Rdnr. 37) und ähnliche Institutionen. Sie haben ihre Stellungnahmen binnen Monatsfrist abzugeben; anderenfalls droht eine – beschränkte – materielle Präklusion (§ 4 III 2 BauGB)[137]. Soweit die Träger öffentlicher Belange ihrerseits Planungsträger sind, ist die Beteiligung für sie von besonderer Bedeutung. Sind sie nämlich bei der Aufstellung des Flächennutzungsplanes beteiligt worden, so haben sie nach § 7 BauGB ihre eigenen Planungen diesem Plan anzupassen, sofern sie ihm nicht widersprochen haben. Ein Widerspruch, der bis zum Planbeschluss der Gemeinde eingelegt sein muss, verhindert zwar nicht notwendigerweise den Plan (hierüber und damit letztlich auch über die Berechtigung des Widerspruchs entscheidet die Aufsichtsbehörde im

---

134 *Seewald*, I Kommunalrecht, Rdnr. 73 ff, 188 ff; BVerwGE 79, 200 (204).
135 BVerwGE 69, 344.
136 BVerwGE 79, 200 (204 f); BVerwG NVwZ-RR 2003, 172.
137 *Schrödter*, § 4 Rdnr. 12 ff.

Genehmigungsverfahren), beseitigt aber die Automatik der Anpassungspflicht; der Konflikt verschiebt sich dann auf den Zeitpunkt des ggf. später vom Planungsträger seinerseits zu betreibenden Planfeststellungsverfahrens. Auch ein nachträglicher Widerspruch ist möglich, wenn der Planungsträger erkennt, dass er auf Grund veränderter Umstände seine eigenen Planungen nur unter Abweichung von der Flächennutzungsplanung gestalten kann. Allerdings muss er für diese Abweichung dann Belange ins Feld führen, welche die städtebaulichen Belange des Flächennutzungsplans deutlich überwiegen. Er hat die Kosten für Neuplanungen zu tragen, die der Gemeinde auf Grund seiner Planabweichung entstehen (§ 7 Sätze 3-6 BauGB)[138].

Die **Bürgerbeteiligung** nach § 3 BauGB gliedert sich in zwei Teile: das Anhörungs- und das Auslegungsverfahren. Das **Anhörungsverfahren** (sog. vorgezogene Bürgerbeteiligung)[139] soll den Bürgern schon in einem frühen Stadium des Planungsverfahrens Gelegenheit verschaffen, die allgemeinen Ziele und Zwecke der Planung, ihre Auswirkungen sowie ihre möglichen Alternativen zur Kenntnis zu nehmen, sich in einem Erörterungstermin hierzu zu äußern und so noch auf den Entwurf selbst Einfluss zu nehmen (§ 3 I BauGB). § 4b BauGB ermöglicht hinsichtlich der Beteiligungsverfahren nach den §§ 3-4a BauGB eine **partielle Verfahrensprivatisierung** durch Einschaltung von Privatpersonen. Sie organisieren als Verwaltungshelfer die Beteiligungsverfahren und bemühen sich mit den Beteiligten um eine interessengerechte und kooperative Konfliktlösung (**Mediation**); die Abwägungsentscheidung verbleibt indes bei der Gemeinde[140].

67

Ist der Entwurf fertiggestellt, wird er (mindestens) einen Monat lang öffentlich ausgelegt (**Auslegungsverfahren**). Die Frist ist strikt einzuhalten; die tägliche Einsichtszeit kann sich jedoch auf die Zeiten des allgemeinen Publikumsverkehrs beschränken[141]. Während der Auslegungszeit können **Anregungen** vorgebracht werden, die von der Gemeinde bei ihrer Abwägung zu berücksichtigen sind und über die sie im Planbeschluss ausdrücklich zu entscheiden hat[142]; fristgerecht erhobene, aber unberücksichtigt gebliebene Einwendungen müssen, soweit ein Genehmigungs- oder Anzeigeverfahren erforderlich ist, der höheren Verwaltungsbehörde vorgelegt werden. An die Fristversäumung ist **keine Präklusion** geknüpft. Auch verspätet vorgetragene Einwendungen bleiben für die Gemeinde abwägungsrelevant. Individuelle Belange, die im Verfahren der Bürgerbeteiligung überhaupt nicht zur Sprache gekommen sind und auch nicht in anderer Weise gleichsam auf der Hand liegen, sind dagegen für die Abwägung unbeachtlich; der Betroffene kann sie darum auch im gerichtlichen Verfahren nicht mehr mit Erfolg gegen den Plan vorbringen[143]. Insofern besteht eine Obliegenheit zur Artikulation eigener Belange im Planungsverfahren[144].

68

---

138 Einzelheiten bei *B/K/L*, § 7 Rdnr. 16 ff.
139 Ausführlich hierzu *Finkelnburg/Ortloff*, Bd. 1 S. 48 ff; *E/Z/B/K*, § 3 Rdnr. 9 ff.
140 Vgl. die einschlägigen Kommentierungen zu § 4b BauGB sowie u.a. *Brohm*, § 15 Rdnr. 2; *Gelzer/Bracher/Reidt*, Rdnr. 592; *Köster*, DVBl. 2002, 229.
141 BVerwG DVBl. 1981, 99.
142 BVerwGE 110, 118 (125); BVerwG NVwZ 2003, 206; OVG NW NVwZ-RR 2003, 97.
143 BVerwG NJW 1980, 1061 (1063); BVerwG BauR 1968, 59.
144 *Schrödter*, § 3 Rdnr. 6; mit leichter Nuancierung auch *Brohm*, § 15 Rdnr. 17.

IV *Baurecht*

c) Kontrollverfahren

69 Nach Abschluss des Verfahrens beschließt die Gemeindevertretung endgültig über den Bauleitplan. Bei Bebauungsplänen geschieht dies in der Rechtsform einer **Satzung** (§ 10 I BauGB); lediglich die Stadtstaaten können nach § 246 II BauGB andere Formen der Rechtsetzung wählen, insbesondere Bauleitpläne als Gesetz beschließen[145]. Der Flächennutzungsplan bedarf der **Genehmigung** der höheren Verwaltungsbehörde; sie gilt als erteilt, wenn sie nicht innerhalb einer Frist von drei Monaten verweigert wird (§ 6 I und IV BauGB). Für den Bebauungsplan gilt das gleiche nur dann, wenn er unabhängig von einem Flächennutzungsplan aufgestellt worden ist (§ 10 II BauGB). Der nach § 8 II 1 aus einem Flächennutzungsplan entwickelte Bebauungsplan bedarf weder der Genehmigung noch muss er nach Bundesrecht der höheren Verwaltungsbehörde angezeigt werden; die Länder können insoweit jedoch eine **Anzeigepflicht** begründen (§ 246 I a BauGB).

70 Verletzt ein genehmigungspflichtiger Bebauungsplan nach Auffassung der höheren Verwaltungsbehörde Rechtsvorschriften, so erteilt sie die beantragte Genehmigung nicht; der Plan kann infolgedessen nicht in Kraft treten. Die betroffene Gemeinde muss, wenn sie sich hiergegen wehren will, Widerspruch und Verpflichtungsklage einlegen; sie ist dazu befugt, weil sie geltend machen kann, durch die Verweigerung der Genehmigung in ihrem Selbstverwaltungsrecht verletzt zu sein. Besteht nach Landesrecht noch eine **Anzeigepflicht**, hat die höhere Verwaltungsbehörde die Rechtsverletzung innerhalb eines Monats der Gemeinde gegenüber geltend zu machen (§ 246 I a 2 BauGB). Die Geltendmachung ist ein anfechtbarer Verwaltungsakt; sie hindert die Gemeinde an der Inkraftsetzung des Planes[146]. Hat die höhere Verwaltungsbehörde innerhalb der Dreimonatsfrist nicht alle Rechtswidrigkeitsgründe gerügt, kann sie im Prozess keinen weiteren nachschieben; insoweit ist dann eine **materielle Präklusion** eingetreten. **Genehmigungsfreie Bebauungspläne** unterliegen zwar keiner baurechtlichen Sonderaufsicht, jedoch aus rechtsstaatlichen Gründen der allgemeinen **Kommunalaufsicht** (z.B. Beanstandung, Anordnung und Ersatzvornahme)[147].

71 Die Kontrolle der Bauleitplanung durch die höhere Verwaltungsbehörde beschränkt sich auf eine **Rechtmäßigkeitsprüfung** (§§ 6 II, 10 II 2, 246 I a 2 BauGB). Nebenbestimmungen (Auflagen oder sonstige Einschränkungen und Maßgaben) dürfen einer Genehmigung nur zur Ausräumung von Versagungsgründen beigefügt werden (§ 36 I VwVfG). Beziehen sich die Versagungsgründe bei einem Flächennutzungsplan auf einen räumlichen oder sachlichen Planteil und können sie anders nicht behoben werden, so darf die Genehmigungsbehörde nach § 6 III BauGB von sich aus diesen Teil von der Genehmigung ausnehmen, wenn sich das nicht auf die Gesamtkonzeption auswirkt (vgl. § 5 I 2 BauGB)[148]; diese Möglichkeit besteht nicht bei Bebauungsplänen.

---

145 Einzelheiten bei *Schmidt-Eichstaedt*, S. 151 ff.
146 OVG NW NWVBl. 1992, 246 (247).
147 So auch *Brügelmann*, § 10 Rdnr. 124, 240 ff; a.A. indes (keinerlei Rechtskontrolle) *Schrödter*, § 10 Rdnr. 53 ff.
148 *Löhr*, NVwZ 1987, 361 (367).

Sowohl die Teilgenehmigung wie auch die Genehmigung unter Auflagen gewähren der Gemeinde weniger, als sie eigentlich will. Um eine uneingeschränkte Genehmigung zu erhalten, muss sie eine Verpflichtungsklage anstrengen. Doch auch wenn sie sich mit der eingeschränkten Genehmigung begnügt, tritt der Plan nicht ohne weiteres in Kraft. Vielmehr muss sich die Gemeinde die Änderungen durch einen sog. **Beitrittsbeschluss** zu Eigen machen, damit Beschlossenes und Genehmigtes einander entsprechen[149]; je nach Umfang der Änderungen wird u.U. auch das Planaufstellungsverfahren mit der Bürgerbeteiligung zu wiederholen sein[150]. Fehlt es an einem Beitrittsbeschluss, so kann der Plan, auch soweit er genehmigt wurde, nicht wirksam werden; freilich lässt sich der Beschluss mit heilender Wirkung auch ohne erneute Bürgerbeteiligung später noch nachholen und der Plan rückwirkend in Kraft setzen (§ 215a II BauGB)[151].

72

Die Erteilung der Genehmigung bzw. – bei genehmigungsfreien Bebauungsplänen – der gemeindliche Planbeschluss sind ortsüblich **bekanntzumachen**; hierdurch werden die Bauleitpläne rechtswirksam (§§ 6 V, 10 III BauGB). Beim Bebauungsplan tritt dieses Verfahren an die Stelle einer förmlichen Verkündigung, die wegen seiner kartographischen Darstellungen auf Schwierigkeiten stoßen würde[152]. Das Gesetz schreibt allerdings vor, dass Bebauungspläne zur Einsicht bereitzuhalten sind (§ 10 III 2 BauGB).

73

3. Flächennutzungsplan und Bebauungsplan

In dem grundsätzlich zweistufig angelegten System der Bauleitplanung hat der Flächennutzungsplan eine nur vorbereitende Funktion, während sich die eigentlichen Rechtswirkungen der Bauleitplanung nach außen hin, nämlich im Hinblick auf die Grundstückseigentümer und die Zulässigkeit von Bauvorhaben, erst aus den Bebauungsplänen ergeben (§ 1 II BauGB). Aus dieser unterschiedlichen Funktion erklären sich einige rechtliche Verschiedenheiten.

74

a) Flächennutzungsplan

Der Flächennutzungsplan stellt nach § 5 I BauGB für das ganze Gemeindegebiet die sich aus der beabsichtigten städtebaulichen Entwicklung ergebende Art der Bodennutzung nach den voraussehbaren Bedürfnissen der Gemeinde in den Grundzügen dar. Die Gemeinde kann zur Beschleunigung des Verfahrens einzelne Flächen oder Darstellungen vorläufig ausnehmen, wenn eine abschließende Planung auf Schwierigkeiten stößt (§ 5 I 2 BauGB). Der Flächennutzungsplan ist somit **Ausdruck eines allgemeinen Ordnungs- und Entwicklungskonzepts** der Gemeinde. Sein gesamtörtlicher Charakter macht ihn zum Bindeglied zwischen der überörtlichen Raumord-

75

---

149 BVerwG DVBl. 1985, 387 m. Anm. *Hendler*; BVerwGE 75, 262 (265).
150 *Gelzer/Bracher/Reidt*, Rdnr. 861.
151 BVerwGE 75, 262 (269).
152 BVerwGE 65, 283 (292).

IV Baurecht

Verfahren der Bauleitplanung (vereinfachte Darstellung)

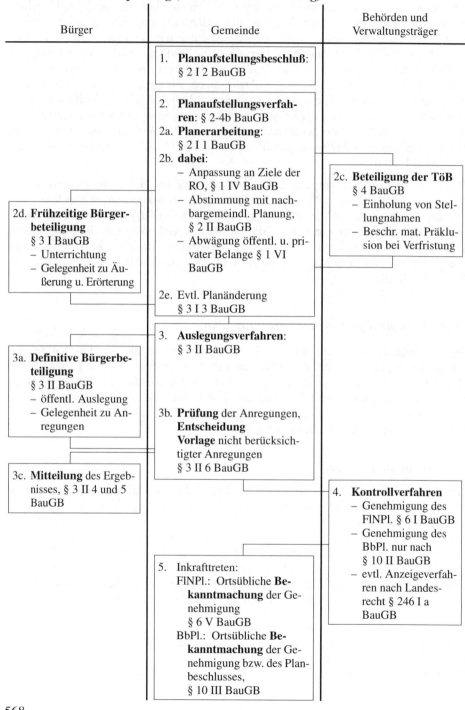

nung und Landesplanung und der stärker teilgebietsbezogenen Bebauungsplanung. Er fügt die überörtlichen Planungsvorgaben in die Gemeindeplanung ein und stellt so die Übereinstimmung zwischen den Planungsstufen her. Dabei kann es freilich zu Überschneidungen mit der höherstufigen Planung kommen. Soweit die Flächennutzungsplanung überörtliche Bezüge aufweist, muss gegebenenfalls die gemeindliche Planungskompetenz hinter derjenigen überörtlicher Planungsträger zurücktreten (vgl. Rdnr. 34 ff).

Seinem **Inhalt** nach soll der Flächennutzungsplan in den Grundzügen „darstellen", wie sich die verschiedenen Formen der Bodennutzung innerhalb der Gemeinde nach deren städtebaulicher Konzeption auf die einzelnen Gemeindeflächen verteilen. § 5 II BauGB enthält einen – nicht erschöpfenden – Katalog von Bodennutzungen, die im allgemeinen zu berücksichtigen sind. Im Vordergrund steht die bauliche Nutzung. Der Flächennutzungsplan stellt die für die Bebauung vorgesehenen Flächen nach der allgemeinen und besonderen **Art** sowie nach dem allgemeinen **Maß** ihrer **baulichen Nutzung** dar (§ 5 II Nr. 1 BauGB). Was hiermit gemeint ist, erläutert die BauNVO; sie legt zugleich die Kategorien fest, in denen die Darstellung erfolgen soll. So gibt es beispielsweise für die Darstellung der allgemeinen Art baulicher Nutzung, für die so genannten Bauflächen, u.a. die Kategorie „Wohnbaufläche", die unter dem Gesichtspunkt der besonderen Art baulicher Nutzung („Baugebiete") in „reine", „allgemeine" und „besondere Wohngebiete" aufgegliedert ist (§ 1 I, II BauNVO). Das allgemeine Maß der baulichen Nutzung wird im Flächennutzungsplan vor allem durch die Geschossflächenzahl oder die Baumassenzahl angegeben, wobei § 17 BauNVO der planenden Gemeinde hierfür bestimmte Höchstwerte vorgibt. Als weitere Nutzungsformen nennt § 5 II BauGB u.a. die Nutzung von Flächen für Einrichtungen und Anlagen des Gemeinbedarfs (Nr. 2), für den Verkehr (Nr. 3), als Grünflächen (Nr. 5) oder Flächen für Landwirtschaft und Wald (Nr. 9). **76**

Durch Flächennutzungsplan kann auch die Nutzung von Außenbereichsflächen durch sog. privilegierte Vorhaben nach § 35 I Nr. 2-6 BauGB im Wege des **Planvorbehalts** nach § 35 III 3 BauGB (Rdnr. 226) gesteuert werden. Diese Regelung gestattet es der Gemeinde zwar, auf der Basis eines städtebaulichen Gesamtkonzepts die genannten Vorhaben (insbes. Windkraft- und Mobilfunkanlagen) im Gemeindegebiet zu konzentrieren (sog. **Konzentrationszone**)[153], erlaubt aber keine vollständige Sperrung. Andererseits ist die Gemeinde nicht genötigt, alle jeweils geeigneten Flächen derartigen Nutzungen zur Verfügung zu stellen. In ähnlicher Weise kann im Übrigen gemeindeübergreifend eine Nutzungssteuerung durch eine entsprechende Festlegung von Zielen der Raumordnung[154] in Raumordnungsplänen bewirkt werden[155]. **76a**

§ 5 II a BauGB erlaubt im Hinblick auf die **naturschutzrechtliche Eingriffsregelung** (Rdnr. 51 f), Flächen im Geltungsbereich eines Flächennutzungsplanes solchen Flächen **textlich zuzuordnen**, auf denen Eingriffe in Natur und Landschaft zu erwar- **77**

---

153 BVerwG DVBl. 2003, 797. Für Mobilfunkanlagen vgl. *Bromm*, UPR 2003, 57.
154 *Steiner*, VI Raumordnungs- und Landesplanungsrecht, Rdnr. 15 ff.
155 BVerwG NVwZ 2003, 738; *EZBK*, § 35 Rdnr. 126 ff; *Kment*, UPR 2002, 428; *Greiving/Schröder*, UPR 2003, 13.

ten sind. Damit kann bereits im Flächennutzungsplan ein gemeindeweites Ausgleichskonzept für künftige Eingriffsplanungen entwickelt werden, bei denen sich ggf. auch ökologische Schwerpunkte – z.B. eine Biotopvernetzung – setzen lassen. Bei Nutzung der durch § 5 IIa BauGB eröffneten Möglichkeiten kann die Gemeinde bei Gelegenheit späterer Bebauungsplanungen auf bereits vorgesehene Ausgleichsflächen zurückgreifen; ggf. kann sie sich durch eine frühzeitige ökologische Entwicklung bereitgestellter Ausgleichsflächen ein „**Öko-Konto**" für künftigen Ausgleichsbedarf zulegen. Die Abwälzbarkeit der Ausgleichskosten auf den Verursacher lässt sich jedoch nicht schon durch eine Flächenzuordnung im Flächennutzungsplan erreichen, dies ist nach den §§ 9 I a, 135a BauGB erst in der Bebauungsplanung möglich.

78 Flächen für besonderen Bedarf sowie Flächen mit kontaminierten Böden (Altlasten) sollen im Flächennutzungsplan gekennzeichnet werden (§ 5 III BauGB)[156]. Bauliche Nutzungen, die sich aus anderen Planungen ergeben (z.B. Anlagen der Deutschen Bahn-AG) werden nachrichtlich in den Flächennutzungsplan übernommen (§ 5 IV BauGB). Welche Darstellungen in den Flächennutzungsplan aufgenommen werden, ist dem Ermessen der Gemeinde anheim gestellt. Dieses Ermessen reduziert sich bei erforderlichen Planungen (vgl. § 1 III BauGB); ob das der Fall ist, ergibt sich aus den tatsächlichen Gegebenheiten der Gemeinde und aus ihrem städtebaulichen Konzept[157]. Dem Plan ist nach § 5 V BauGB ein **Erläuterungsbericht** beizufügen, in dem auch über die eigentliche Bodennutzung hinaus Beziehungen zur allgemeinen gemeindlichen Struktur- und Entwicklungsplanung ausgewiesen werden können. Unvollständigkeit des Erläuterungsberichts macht den Flächennutzungsplan nach § 214 I Nr. 2 BauGB grundsätzlich nicht unwirksam (vgl. Rdnr. 119).

79 Die **Rechtswirkungen** eines Flächennutzungsplans richten sich nicht unmittelbar nach außen an den Bürger und Grundstückseigentümer; insofern handelt es sich bei ihm weder um eine Rechtsnorm noch um einen Verwaltungsakt. Andererseits ist er aber auch keineswegs nur ein unverbindliches Verwaltungsinternum[158]. Er bindet zunächst einmal die planende Gemeinde, die sich wegen des Entwicklungsgebots (§ 8 II 1 BauGB) mit ihren Bebauungsplänen nicht über den Flächennutzungsplan hinwegsetzen darf. Darüber hinaus entfaltet er aber auch im Rahmen der Anpassungspflicht nach § 7 BauGB Rechtswirkungen gegenüber anderen Planungsträgern. Rechtswirkungen mittelbarer Art ergeben sich für den Flächennutzungsplan auch gegenüber dem Bürger, nämlich bei der Zulässigkeit von Bauvorhaben im Außenbereich. Nach § 35 III 1 Nr. 1 BauGB dürfen sog. privilegierte Vorhaben, denen seine Darstellungen entgegenstehen, und sonstige Vorhaben, die sie beeinträchtigen, nicht genehmigt werden (Rdnr. 225)[159]; § 35 III 3 BauGB untersagt im Rahmen des dort geregelten Planvorbehalts (Rdnr. 226) für den Regelfall bestimmte privilegierte Bauvorhaben außerhalb der für sie im Flächennutzungsplan vorgesehenen Konzentrationsflächen[160]. Auch kann die Flächennutzungsplanung ähnlich wie die spätere Be-

---

156 *E/Z/B/K*, § 5 Rdnr. 63 ff.
157 BVerwG DVBl. 1971, 759 (762).
158 *Gelzer/Bracher/Reidt*, Rdnr. 109 f; *Brohm*, § 6 Rdnr. 13.
159 Vgl. z.B. *B/K/L*, § 35 Rdnr. 50 ff (52).
160 BVerwG DVBl. 2003, 797.

bauungsplanung den Wert der beplanten Grundstücke beeinflussen. Werden Flächen als Baugebiet ausgewiesen, so entsteht höherwertiges sog. **Bauerwartungsland**. Eigentumsrechtlich gesehen handelt es sich bei einem solchen Wertzuwachs allerdings nicht um eine enteignungsfähige Rechtsposition. Umgekehrt begründet der Wertverlust wegen einer Flächennutzungsplanung auch keinen Entschädigungstatbestand (vgl. Rdnr. 148 ff).

b) Bebauungsplan

Der Bebauungsplan enthält nach § 8 I BauGB die rechtsverbindlichen Festsetzungen für die städtebauliche Ordnung und bildet damit zugleich die Grundlage für eine Reihe baurechtlicher Maßnahmen. Er verdichtet und konkretisiert die Festlegungen des Flächennutzungsplanes und verschafft ihnen **materiell-rechtliche Bindungskraft** gegenüber jedermann.

80

Gegenstand und **Inhalt** des Bebauungsplanes sind vor allem in den §§ 8 und 9 BauGB geregelt. Je nach Bedarf bezieht er sich auf ein größeres oder kleineres Teilgebiet der Gemeinde; in Ausnahmefällen umfasst er das gesamte Gemeindegebiet oder auch nur ein einzelnes Grundstück. In einem Bebauungsplan sollen stets alle erforderlichen **rechtsverbindlichen Festsetzungen** für die städtebauliche Ordnung des betreffenden beplanten Gebietes hinreichend bestimmt enthalten sein[161]. § 9 I BauGB enthält hierfür einen abschließend gemeinten Katalog von Festsetzungskategorien, mit denen die verschiedenen zulassungsfähigen Bodennutzungsformen erschöpfend beschrieben sind. Landesrechtliche Vorschriften können freilich nach § 9 IV BauGB den Kreis der durch Bebauungsplan zu regelnden Materien um solche Gegenstände erweitern, die – wie beispielsweise straßen- und wasserrechtliche, natur- und denkmalschützende sowie bauordnungsrechtliche Regelungen – mangels bundesrechtlicher Gesetzgebungskompetenz nicht vom BauGB selbst zum Gegenstand der Bauleitplanung gemacht werden dürfen[162].

81

Der Bebauungsplan vermittelt in den Grenzen seiner Festsetzungen ein **Baurecht**. Dieses Recht wurzelt in dem Eigentum am Grundstück. Der städtebauliche Ordnungsvorbehalt, der dieses Eigentumsrecht i.S. des Art. 14 I 2 GG bindet, hat sich durch den Bebauungsplan konkretisiert; das Eigentumsrecht ist nach Maßgabe seiner Festsetzungen zum Vollrecht erstarkt (vgl. Rdnr. 161 ff). Ein auch nur partieller Entzug des Baurechts durch eine spätere Planänderung wäre zwar auch ihrerseits nur als eine (weitere) Eigentumsbindung zu verstehen, wäre aber grundsätzlich (vgl. im Einzelnen Rdnr. 148 ff, 170) ohne ausgleichende Entschädigung auf Grund des im Rahmen der Verhältnismäßigkeit zu beachtenden Vertrauensschutzes rechtswidrig und unwirksam (Rdnr. 142). In neuerer Zeit zeigt sich jedoch vermehrt ein Bedarf an größerer Flexibilität; er tritt einerseits bei verkürzten Nutzungszyklen bestimmter städtischer Großanlagen (Großkinos, Musicalhallen, Einkaufszentren) oder auch bei von vornherein nur zeitlich begrenzt gedachten Bodennutzungen (Olympische Spiele,

81a

---

161 BVerwGE 42, 5 (6); 50, 115 (117).
162 *Berliner Kommentar*, § 9 Rdnr. 77 ff.

IV *Baurecht*

Bundesgartenschau) auf. In ähnlicher Weise sucht man nach Lösungen, um einen gegenwärtig vorhandenen, nach den demographischen Entwicklungen aber voraussichtlich mittelfristig entfallenden Wohn- und Siedlungsbedarf zu decken. Hier fragt sich, ob durch Befristungen oder auflösende Bedingungen in den einschlägigen Bebauungsplänen auch ein **Baurecht auf Zeit** geschaffen werden kann[163]. Eigentumsrechtlich dürfte einer solchen Lösung wohl nichts entgegenstehen, doch lässt § 9 BauGB in seiner jetzigen Fassung (abschließende Festlegung möglicher Regelungsinhalte von Bebauungsplänen) zeitliche Wirksamkeitsmodifikation nicht zu[164]. Für die anstehende nächste Novellierung des BauGB (Rdnr. 18) wird freilich die Einführung eines Baurechts auf Zeit erwogen[165]. Schon jetzt kommt dagegen eine entsprechende Festsetzung in einem vorhabenbezogenen Bebauungsplan (Rdnr. 100 ff) in Betracht, für den nach § 12 III BauGB die Beschränkungen des § 9 BauGB nicht gelten[166].

82   Für Zwecke der **naturschutzrechtlichen Eingriffsregelung** kann der Bebauungsplan auf den Grundstücken, auf denen Eingriffe in Natur und Landschaft zu erwarten sind, oder auch an anderer Stelle desselben oder eines anderen Bebauungsplanes Ausgleichsflächen oder Ausgleichsmaßnahmen i.S. des § 1a III BauGB festsetzen. Statt zweier Bebauungspläne ist auch ein einziger, hinsichtlich seines räumlichen Geltungsbereichs jedoch **zweigeteilter Bebauungsplan** zulässig[167]; das hat den Vorzug, dass Eingriffs- und Ausgleichsfestsetzungen, auch wenn sie nicht in planerischer Nachbarschaft zueinander stehen, durch eine einheitliche Bebauungsplanung in „planerischer Schicksalsgemeinschaft" verbunden sind[168]. Durch planerische **Zuordnung** der Eingriffs- und der Ausgleichsfestsetzungen (§ 9 I a 2 BauGB) kann planerisch gesichert werden, dass den Verursacher die Kosten des Ausgleichs treffen (§ 135a BauGB). Flächen, deren Böden durch sog. **Altlasten** kontaminiert sind und die darum für die Bebauung nur beschränkt geeignet sind, sollen im Bebauungsplan gekennzeichnet werden (§ 9 V BauGB). Festsetzungen nach anderen gesetzlichen Vorschriften (z.B. über Denkmalschutz) können nachrichtlich in den Plan übernommen werden (§ 9 VI BauGB).

83   Unter den nach § 9 I BauGB möglichen **Festsetzungen** stehen diejenigen über die bauliche Nutzung ganz im Vordergrund (vgl. Nr. 1-4, 6-8). Im Bebauungsplan können weiterhin Flächen für den Gemeinbedarf, Verkehrs- und Versorgungsflächen, Grün- und Wasserflächen, sowie land- oder forstwirtschaftlich genutzte Flächen und sonstige Nutzungs- oder Freiflächen festgesetzt werden (vgl. 5, 9-19). Der **Schutz der Umwelt** ist ein wesentlicher Belang bei der Bauleitplanung insgesamt (vgl. Rdnr. 48 f) wie auch bei der Aufstellung von Bebauungsplänen. Der Katalog möglicher Planfestsetzungen enthält darum auch die Ermächtigung zur Festsetzung von Gebieten mit besonderer Funktion im Bereich des Natur- und Landschaftsschutzes und des Umweltschutzes (Nr. 20, 23-25). Nach § 9 I Nr. 20 und 24 BauGB können

---

163 Hierzu ausführlich *Pietzker*, NVwZ 2001, 968.
164 Nds. OVG DVBl. 2000, 1365. Vgl. auch die Nw. bei *Pietzker*, NVwZ 2001, 968 (970 N. 10).
165 Vgl. u.a. *Krautzberger/Schliepkorte*, UPR 2003, 92 (96).
166 So *Pietzker*, NVwZ 2001, 968 (973 f).
167 Str.; so indes BVerwG DVBl. 1997, 1121 f.
168 *Schrödter*, § 9 Rdnr. 170g.

weiterhin auch **Maßnahmen** zum Schutz, zur Pflege und zur Entwicklung von Boden, Natur und Landschaft sowie **bauliche und sonstige technische Vorkehrungen** zum Schutz vor schädlichen Umwelteinwirkungen festgesetzt werden; damit geht § 9 I BauGB über den traditionellen Kanon flächenbezogener Festsetzungen hinaus. Im Wege der Festsetzung von umweltschützenden Vorkehrungen wird dem Gebot präventiver Konfliktbewältigung (vgl. Rdnr. 56) speziell bei Gemengelagen Rechnung getragen. Der Bebauungsplan hat sich dabei allerdings auf Vorgaben zu beschränken, welche die baulichen Aspekte der zugelassenen Nutzungsart betreffen; er darf nicht die produktionstechnischen Einzelheiten konkreter Anlagen regeln. Es ist nicht Aufgabe der Bauleitplanung, Entscheidungen zu treffen, die nach den Bestimmungen des Immissionsschutz- oder sonstigen Umweltrechts dem jeweiligen Genehmigungs-, Vorbescheids- oder Anordnungsverfahren vorbehalten sind[169]. Insbesondere darf die planende Gemeinde, wie durch die Beschränkung in Nr. 24 auf bauliche und sonstige technische Vorkehrungen klargestellt wird, im Bebauungsplan keine immissionsschutzrechtlichen Bestimmungen über Richt- oder Grenzwerte von Belastungen (TA Luft, TA Lärm) festschreiben[170]. Derartige Bestimmungen können jedoch nach Maßgabe des § 1 IV BauNVO zur Gliederung von Baugebieten getroffen werden[171].

Soweit Festsetzungen die **bauliche Nutzung** betreffen, haben sie deren Art und Maß **84** zu bestimmen; weiterhin kann der Bebauungsplan auch Festsetzungen über die Bauweise treffen (§ 9 I Nr. 2 BauGB). Wie schon beim Flächennutzungsplan wird auch hier die Regelung durch die Bestimmungen der **BauNVO** ergänzt. Nach § 1 III BauNVO braucht der Bebauungsplan nur noch die **besondere Art baulicher Nutzung** zu regeln; er hat sich hierbei des Katalogs möglicher Baugebietsfestsetzungen nach § 1 II BauNVO zu bedienen. In Betracht kommen hier u.a. reine, allgemeine und besondere Wohngebiete, Misch-, Kern-, Gewerbe- und Industriegebiete. Das **Maß baulicher Nutzung** wird im Bebauungsplan – konkreter als im Flächennutzungsplan – durch Grundflächen-, Geschossflächen- und Baumassenzahlen sowie die Zahl der Vollgeschosse und die Höhe baulicher Anlagen bestimmt (§ 16 II BauNVO); diese Begriffe sind in den §§ 18-21 BauNVO definiert. Im Übrigen gelten die Höchstwerte der in § 17 I BauNVO enthaltenen Tabelle, die nach Abs. 2 nur in engen Grenzen überschritten werden dürfen. Hinsichtlich der **Bauweise** schließlich bestimmt der Bebauungsplan, ob offene oder geschlossene Bauweise geboten ist (§ 22 BauNVO) und in welchen Baulinien, Baugrenzen und Bebauungstiefen die Grundstücke bebaubar sein sollen (§ 23 BauNVO).

Indem Bebauungspläne die besondere Art baulicher Nutzung nach Maßgabe der **85** Baugebietskategorien des § 1 II BauNVO festsetzen, transformieren und inkorporieren sie die **Nutzungsregelungen**, welche die BauNVO in den §§ 2-14 für jede einzelne dieser Kategorien bereithält, unmittelbar in ihren eigenen Regelungszusammenhang (§ 1 III 2 BauNVO). Die Transformation bezieht sich dabei grundsätzlich auf den Rechtszustand zur Zeit der Beschlussfassung über den Bebauungsplan; spä-

---

169 *E/Z/B/K*, § 9 Rdnr. 155 ff, 198 ff; *Berliner Kommentar*, § 9 Rdnr. 10; BVerwGE 69, 30 (35).
170 *B/K/L*, § 9 Rdnr. 90 ff; BVerwG DVBl. 1989, 1050; DVBl. 1991, 442.
171 BVerwG DVBl. 1991, 442 (443).

tere Änderungen der BauNVO verändern den Planinhalt nicht[172]. Die Nutzungsregelungen der BauNVO folgen hinsichtlich ihrer Regelungsstruktur überwiegend demselben Aufbauschema: Auf eine allgemeine Charakteristik des jeweiligen Gebietstyps (Abs. 1) folgt die Aufzählung der in dem betreffenden Gebiet allgemein zulässigen Nutzungen (Abs. 2), sodann eine Bestimmung über ausnahmsweise zulässige Nutzungen (Abs. 3) und ggf. noch eine Zusammenstellung gebietstypischer Sonderregelungen (Abs. 4). Hat ein Bebauungsplan beispielsweise für eine Fläche die Nutzungsart „Reines Wohngebiet" festgesetzt, so besagt das nach § 3 BauNVO, dass dieses Gebiet dem Wohnen dient. Allgemein zulässig sind hier Wohngebäude, ausnahmsweise auch Läden, nicht störende Handwerksbetriebe und kleine Betriebe des Beherbergungsgewerbes, sowie Anlagen für soziale Zwecke; Anlagen für kirchliche, kulturelle, gesundheitliche und sportliche Zwecke sind ebenfalls ausnahmsweise zulässig, soweit sie den Bedürfnissen der Bewohner des Gebietes dienen. Schließlich wird klargestellt, dass als Wohngebäude auch Pflege- und Betreuungsheime gelten. Anders verhält es sich dagegen bei **Sondergebieten** (§§ 10, 11 BauNVO); hier muss die Gemeinde selbst die Zweckbestimmung und die Art der zulässigen Nutzung darstellen und festsetzen (vgl. auch § 1 III 2 BauNVO).

86 Aus Gründen des Umweltschutzes und einer ausgewogenen Wirtschaftsstruktur (vgl. § 1 V 2 Nr. 8 BauGB) sind **Einkaufszentren**[173] und großflächige Einzelhandelsbetriebe von einer bestimmten Größenordnung, die Störungen erwarten lässt, außer in Kerngebieten (§ 7 BauNVO) nur in dafür ausgewiesenen Sondergebieten zulässig (§ 11 III BauNVO). Die BauNVO vermutet widerlegbar, dass solche Störungen bei einer Geschossfläche von mehr als 1200 m^2 eintreten. Diese Regelung verschafft den Gemeinden die Möglichkeit, die oft städtebaulich unerwünschte Ansiedlung solcher Unternehmen zu steuern oder ganz zu unterbinden[174]. Andererseits werden Gemeinden aus Gründen des Steueraufkommens oft gerade daran interessiert sein, derartige Einkaufszentren auf ihrem Gebiet anzusiedeln. Dem kann raumordnungsrechtlich durch die Festlegung von Zielen der Raumordnung[175] entgegengewirkt werden, in denen beispielsweise die Ansiedlung großflächiger Betriebe auf Ober- und Mittelzentren beschränkt und ihre Zentralortsverträglichkeit sowie ihre städtebauliche Integration gefordert wird[176]. Durch Ausweisung von Sondergebieten oder von öffentlichen Versorgungsflächen (§ 9 I Nr. 12 BauGB) können im Übrigen auch Gebiete zur Nutzung durch **Windkraftanlagen** zur Verfügung gestellt werden. Die Bebauungspläne können dabei insoweit auf die im Flächennutzungsplan ausgewiesenen Konzentrationsflächen (Rdnr. 76a) zurückgreifen.

87 In neuerer Zeit bedient sich die städtebauliche Planung zunehmend der in der BauNVO vorgesehenen Möglichkeit, den Inhalt bestimmter Nutzungskategorien durch entsprechende textliche Festsetzungen im Bebauungsplan zu modifizieren

---

172 *Fickert/Fieseler*, Einführung 2a S. 1; *Pietzcker*, NVwZ 1989, 601 (602).
173 Zu diesem Begriff BVerwG DVBl. 1990, 1110; *Hoppe/Beckmann*, DÖV 1989, 290.
174 *Leder*, Rechtsfolgen bei der Ansiedlung von Einkaufszentren (1987); *Schenke*, DÖV 1988, 233.
175 *Steiner*, VI Raumordnungs- und Landesplanungsrecht, Rdnr. 15 ff.
176 Aus dem kontroversen Schrifttum u.a. *Steiner*, VI Raumordnungs- und Landesplanungsrecht, Rdnr. 15 ff, sowie *Spannowsky*, NdsVBl. 2001, 1 und 32; *ders.*, UPR 2003, 248; *Hoppe*, NWVBl. 1998, 461 (466 ff); *ders.*, DVBl. 2000, 293; *Erbguth*, NVwZ 2000, 969.

(sog. **Textbebauungsplan**) und dabei auch einzelne Baugebiete noch einmal in sich nach verschiedenen Nutzungsformen zu gliedern (§ 1 IV-X BauNVO). Mit Hilfe dieses Instrumentariums lässt sich eine größere **Feinabstimmung** der Bauleitplanung erzielen, als dies mit dem groben Raster der §§ 2-14 BauNVO möglich wäre. So können beispielsweise Nutzungsarten, die nach den Regelungen der BauNVO in Baugebieten einer bestimmten Art allgemein zulässig sind, für das konkret beplante Gebiet generell ausgeschlossen oder nur ausnahmsweise zugelassen werden (§ 1 V BauNVO); die Modifizierung darf sich dabei auch auf einzelne Nutzungsarten innerhalb einer Nummer der betreffenden Baugebietsvorschrift beschränken[177]. Umgekehrt können die in den verschiedenen Nutzungsbestimmungen der BauNVO enthaltenen Ausnahmeregelungen im Bebauungsplan für das betreffende Baugebiet ausgeschlossen oder allgemein für zulässig erklärt werden (§ 1 VI BauNVO). Sonderregelungen dürfen sich aus städtebaulichen Gründen auch auf bestimmte Geschosse oder sonstige Teile baulicher Anlagen beschränken (§ 1 VII BauNVO); sie brauchen sich nicht auf alle Teile eines Baugebiets zu erstrecken (§ 1 VIII BauNVO) und dürfen die städtebauliche Zulässigkeit auch für einzelne Arten baulicher oder sonstiger Anlagen bestimmen (§ 1 IX BauNVO)[178]. Schließlich kann nach § 1 X BauNVO die Erweiterung, Änderung oder Nutzungsänderung städtebaulich unzulässiger Altanlagen zugelassen werden; diese Regelung bewirkt für solche Anlagen einen („aktiven") eigentumsrechtlichen Bestandsschutz[179] (vgl. Rdnr. 237 f).

Beispiel: Die Gemeinde G möchte aus gegebenen städtebaulichen Gründen verhindern, dass sich in einem als Gewerbegebiet ausgewiesenen Gemeindeteil ein Verbrauchermarkt mit 1400 m^2 Nutzungsfläche (900 m^2 Verkaufsfläche) mit angeschlossenem Bau- und Hobbymarkt (800 m^2) und 250 Pkw-Stellplätzen niederlässt. Nach ihrer Konzeption sollen dort nur Einzelhandels- und sonstige Handelsbetriebe mit nicht mehr als 500 m^2 Verkaufsfläche zulässig sein. Was kann sie hierzu tun?

88

Das Vorhaben ist nicht bereits nach § 11 III BauNVO ausgeschlossen, der u.a. Einkaufszentren und bestimmte großflächige Einzelhandelsbetriebe auf Kerngebiete oder Sondergebiete verweist. Als Einkaufszentrum ist eine Konzentration von Einzelhandels- und Dienstleistungsbetrieben zu verstehen; hierunter fällt das Vorhaben noch nicht. Von welcher Größe an Einzelhandelsbetriebe als großflächig zu bezeichnen sind, ist str. Die weiterhin geforderte Beeinträchtigung der städtebaulichen Entwicklung wird jedoch im Regelfall erst bei einer Geschossfläche von 1200 m^2 angenommen (§ 11 III 3 BauNVO); diese Größe wird von den geplanten Betrieben noch nicht erreicht.

Das Vorhaben ist damit z.Zt. noch nach § 8 BauNVO zulässig. Die Gemeinde kann ihren Bebauungsplan jedoch ihrer Konzeption entsprechend ergänzen. Da sie im Gewerbegebiet nicht eine bestimmte Nutzungsart (Einzelhandel) untersagen will, scheidet § 1 V BauNVO als Rechtsgrundlage hierfür allerdings aus. § 1 IX BauNVO ermöglicht zwar den Ausschluss bestimmter Arten von Anlagen, lässt aber den planerischen Ausschluss einzelner Projekte nicht zu. Die Gemeinde muss darum in der Begründung des Bebauungsplans nachweisen können, dass sich – zumindest unter den örtlichen Gegebenheiten – Betriebe mit mehr als 500 m^2 Verkaufsfläche nicht nur quantitativ, sondern auch qualitativ von kleineren Betrieben unterscheiden (BVerwGE 77, 317; *Schenke*, DÖV 1988, 233).

---

177 BVerwGE 77, 308 (313 ff).
178 Näher hierzu BVerwGE 77, 317; BVerwG DVBl. 1991, 1153; vgl. weiter *Birk*, NWVBl. 89, 73.
179 Nds. OVG DVBl. 2002, 713; näher hierzu auch *Fischer*, DVBl. 2002, 950.

IV *Baurecht*

89 Dem Bebauungsplan ist nach § 9 VIII BauGB eine **Begründung** beizufügen; sie ist jedoch nicht Bestandteil seines normativen Inhalts und braucht darum von der Gemeindevertretung nicht mitbeschlossen zu werden[180]. Ihr Fehlen ist beachtlich[181], sofern der Fehler innerhalb der Jahresfrist des § 215 I Nr. 1 BauGB gerügt wird; eine unvollständige Begründung ist dagegen unbeachtlich (§ 214 I 1 Nr. 2 BauGB). Auch ein beachtlicher Begründungsmangel kann nach § 215a I BauGB) immer noch durch ein ergänzendes Verfahren behoben werden.

90 Die **Rechtswirkungen** des Bebauungsplanes ergeben sich daraus, dass er vom Gesetz als die für jedermann verbindliche rechtliche Ordnung seines Geltungsbereichs unter städtebaulichen Gesichtspunkten ausgestaltet wird. Soweit ein Bebauungsplan vorhanden ist, bestimmt sich die Zulässigkeit von Bauvorhaben normativ nach Maßgabe seiner Festsetzungen (hierzu Rdnr. 194). Die Wirkung der Bebauungsplanung erschöpft sich damit im Wesentlichen negativ in der **Verhinderung planwidriger baulicher Bodennutzung**. Eine positiv gestaltende Wirkung geht von ihr nur insofern aus, als sie neuen Bauvorhaben Richtwerte vorgibt und dadurch mittelbar die Bebauung prägt. Dagegen verpflichtet sie die Grundstückseigentümer nicht, eine bereits vorhandene bauliche Nutzung den Festsetzungen eines neuen Bebauungsplans anzupassen. Hier wie auch bei bestimmten Änderungen vorhandener Bauwerke greift vielmehr der Gesichtspunkt des **Bestandsschutzes** ein (hierzu Rdnr. 237, 338). Dagegen enthält das besondere Städtebaurecht in den §§ 175-179 BauGB die Ermächtigung zu sog. **städtebaulichen Geboten**, die es den Gemeinden in beplanten Gebieten gestattet, im Sinne einer Planverwirklichung auch positiv auf die städtebauliche Entwicklung einzuwirken.

91 Die **Rechtsnatur** des Bebauungsplanes wird durch seine normativ verbindliche Wirkung gegenüber jedermann geprägt. Die alte Streitfrage, ob es sich bei ihm um eine Rechtsnorm oder eine Einzelmaßnahme (Verwaltungsakt) handelt, wird vom BauGB in § 10 I jedenfalls insofern beantwortet, als der Plan hiernach in der **Rechtsform einer Satzung** erlassen wird. Damit ist das vor allem praktische Problem des Rechtsschutzes gelöst: Bebauungspläne unterliegen der verwaltungsgerichtlichen Normenkontrolle nach § 47 VwGO. Die rechtstheoretische Frage, ob Bebauungspläne auch **materiell** Rechtsnormcharakter besitzen[182], kann freilich nicht vom Gesetzgeber entschieden werden. Hier wird zu berücksichtigen sein, dass ein solcher Plan sehr unterschiedliche Festsetzungen enthalten kann. Die Festsetzung von Verkehrsflächen hat einen konkret-individuellen Charakter; die Festsetzung der Mindestgröße der Baugrundstücke in einem Baugebiet wirkt dagegen eher abstrakt-generell wie eine Rechtsnorm[183]. Insgesamt ist die Allgemeinheit bauplanerischer Festsetzungen jedoch stets stark durch ihren Bezug auf eine begrenzte Anzahl von Grundstücken und durch ihre konkret gestaltende Funktion begrenzt. Die Parallele zum so genannten dinglichen Verwaltungsakt liegt nicht fern. Es überwiegt beim Bebauungsplan also die konkret-individuelle Tendenz. Sie lässt gänzlich abstrakte, von jeglichem Bezug

---

180 HessVGH NVwZ 1993, 906; *E/Z/B/K*, § 9 Rdnr. 286.
181 BGH NVwZ 1982, 210; *Gubelt*, NVwZ 1982, 176.
182 Vgl. *Hoppe/Bönker/Grotefels*, § 5 Rdnr. 146 ff.
183 Hierzu BVerwGE 40, 268 (278).

zu den einzelnen Baugebieten und ihrem jeweiligen Charakter losgelöste Regelungen als Inhalt eines Bebauungsplans nicht zu[184].

Beispiel: Die Stadt S will einen Bebauungsplan erlassen, der für alle Bauflächen im Gemeindegebiet, soweit sie eine bestimmte Mindestgröße überschreiten, detaillierte Anpflanzungsgebote vorsieht. Die höhere Verwaltungsbehörde verweigert die im vorliegenden Fall erforderliche Genehmigung für den Plan. Kann S hiergegen mit Erfolg klagen? 92

Die Klage ist als Verpflichtungsklage statthaft, da die Genehmigung gegenüber der planenden Gemeinde ein Verwaltungsakt ist. Sie hat aber keine Aussicht auf Erfolg. Der Bebauungsplan enthält mit den Anpflanzungsgeboten abstrakte Regelungen, die keine konkret-individuelle Beziehung zu den einzelnen Baugebieten haben. Bebauungspläne sollen aber nach §§ 1 und 2 BauGB vornehmlich konkret-individuelle Regelungen enthalten. Abstrakt-generelle Vorschriften sind nur zulässig, soweit sie erforderlich sind. Hier hätten die Begrünungsvorschriften den jeweiligen Planfestsetzungen konkret zugeordnet und in sie eingefügt werden können, wie es § 9 Nr. 25 BauGB mit seiner Bezugnahme auf einzelne Flächen, ein Plangebiet oder Teile davon auch ausdrücklich vorsieht (BVerwGE 50, 114).

4. Konsensuale Bauleitplanung

Insgesamt gewinnen in der Bauleitplanung **konsensuale Elemente** zunehmend an Boden. Außer auf eine allgemeine Tendenz zu kooperativem Verwaltungshandeln lässt sich dies auf einen Wandel der Bedürfnisse zurückführen, die sich mit der herkömmlichen Angebotsplanung nicht mehr zufrieden geben[185]. Immer häufiger geht die Initiative zur Bauleitplanung von Investoren aus, die für ihre Vorhaben von den Gemeinden eine darauf bezogene, gezielte Planung erwarten. Auf der anderen Seite sind die Gemeinden oft zur Vorhaltung benötigter Infrastruktur finanziell nicht in der Lage und sehen sich darum zu städtebaulicher Kooperation genötigt. Das BauGB trägt solchen Bedürfnissen jetzt mit der Aufnahme von Vorschriften zum städtebaulichen Vertrag und mit dem neuen Institut des Vorhaben- und Erschließungsplanes Rechnung. 93

a) Städtebauliche Verträge

Vertragliches Handeln ist dem Städtebaurecht an sich fremd; das städtebauliche Instrumentarium des BauGB hat grundsätzlich hoheitlichen Charakter. Andererseits gibt es gute Gründe, Bauwillige vertraglich in das städtebauliche Geschehen einzubinden. Die Vertragsform ermöglicht es, zum Vorteil beider Vertragspartner von verfahrensrechtlichen und inhaltlichen Zwängen des Städtebaurechts abzuweichen und sich neue Gestaltungsmöglichkeiten zu erschließen[186]. Schon früher war gesetzlich vorgesehen, dass sich Dritte gegenüber der Gemeinde verpflichten konnten, für diese zur schnelleren Herbeiführung der Baureife die Erschließung von Grundstücken zu übernehmen (vgl. § 124 BauGB). Diese Ermächtigung wurde nie als abschließend verstanden; § 11 I 1 BauGB bestätigt nunmehr den **Vertrag als Instrument des Städtebaurechts**. 94

---

184 BVerwGE 50, 114 (120 f).
185 *B/K/L*, NVwZ 1997, 1145 (1156); *Erbguth*, VerwArch. 1998, 189 ff.
186 *Kahl*, DÖV 2000, 793. Kritisch *Lorz*, DÖV 2002, 177.

IV *Baurecht*

95 Städtebauliche Verträge bedürfen der Schriftform (§ 11 III BauGB), soweit nicht – etwa nach § 313 BGB – andere Formvorschriften gelten. Ihre **Rechtsnatur** bestimmt sich nach dem jeweiligen Vertragsgegenstand und der konkreten Ausgestaltung der vertraglichen Verpflichtungen[187]. Der regelmäßig zivilrechtliche Charakter der vom Bürger zu erbringenden Leistungen (Geldzahlungen, Maßnahmen der Bodenordnung und Grundstückserschließung) oder der von ihm versprochenen Formen der Grundstücksnutzung (beschleunigte oder wohnbedarfsorientierte Bebauung, städtebaulich motivierte Beschränkungen bei der Weiterveräußerung) vermag den Gesamtcharakter des Vertrages jedoch nicht zivilrechtlich zu prägen, wenn die Leistungen des Bürgers um städtebaulicher Gegenleistungen der Verwaltung willen erbracht werden. Dabei spielt keine Rolle, ob sich die Verwaltung ausdrücklich zur Erbringung eigener städtebaurechtlicher Leistungen verpflichtet oder ob wie bei den sog. **hinkenden Austauschverträgen** nur die Leistung des Bürgers als vertragliche Hauptleistungspflicht ausgestaltet ist, während die Gegenleistungsbereitschaft der Verwaltung lediglich die Geschäftsgrundlage für den Vertrag bildet[188]. Grundstückskaufverträge sind dagegen grundsätzlich dem Zivilrecht zuzuordnen, auch wenn die Gemeinde den Verkauf gemeindeeigener Grundstücke dabei an Bedingungen knüpft, die städtebaurechtlich motiviert sind[189].

96 § 11 I 2 BauGB nennt drei Anwendungsbereiche städtebaulicher Verträge. In **Übernahmeverträgen** (auch Maßnahme- oder Planaufstellungsverträge genannt[190]) verpflichten sich Dritte zur Vorbereitung oder Durchführung einzelner städtebaulicher Maßnahmen auf eigene Kosten; als Beispiele werden die (eigentumsrechtliche) Neuordnung der Grundstücksverhältnisse, vorbereitende Maßnahmen zu einer Bodensanierung oder auch die Ausarbeitung städtebaulicher Planungen genannt. Durch die Kostenübernahme unterscheiden sich solche Verträge von herkömmlichen Werkverträgen, in denen sich die Gemeinde der Hilfe von Werkunternehmen oder Planungsbüros bedient[191]; dieser Fall ist in § 4b BauGB angesprochen[192]. Selbstverständlich bleibt, wie § 11 I 2 Nr. 1 BauGB betont, bei all dem die Verantwortung der Gemeinde für das gesetzliche Planaufstellungsverfahren erhalten.

97 § 11 I 2 Nr. 2 BauGB erstreckt den Anwendungsbereich städtebaulicher Verträge auf **Planzielverträge** (Planverwirklichungs- oder Zielbindungsverträge[193]); sie dienen der Förderung und Sicherung städtebaulicher Ziele. Mit solchen Verträgen verpflich-

---

[187] *E/Z/B/K*, § 11 Rdnr. 186 ff; *Brohm*, § 7 Rdnr. 14 f; *ders.*, JZ 2000, 321; *Brügelmann*, § 11 Rdnr. 112 ff.
[188] So beispielsweise für Folgekostenverträge BVerwGE 42, 331 (333); ebenso *Brohm*, § 7 Rdnr. 15.
[189] BVerwGE 92, 56 für „Einheimischenverträge" nach dem „Weilheimer Modell". Kritisch hierzu *Grziwotz*, NJW 1993, 2665; *Spannowsky*, UPR 2003, 81.
[190] Eine einheitliche Terminologie hat sich noch nicht herausgebildet; vgl. nur *Hoppe/Bönker/Grotefels*, § 5 Rdnr. 170; *Brohm*, § 7 Rdnr. 11 ff; *Oerder*, BauR 1998, 22 (25); *Stich*, WiVerw 1998, 1 (10).
[191] *Brohm*, § 7 Rdnr. 11.
[192] *Berliner Kommentar*, § 11 Rdnr. 28. Zur hiermit auch angesprochenen Projektmittlung (Mediation) vgl. Rdnr. 67.
[193] *Brohm*, § 7 Rdnr. 12; *Erbguth/Wagner*, Rdnr. 272; *Finkelnburg/Ortloff*, Bd. 1 S. 174; *B/K/L*, § 11 Rdnr. 10; *Berliner Kommentar*, § 11 Rdnr. 32; *E/Z/B/K*, § 11 Rdnr. 128 ff; *Oerder*, BauR 1998, 22 (28).

ten sich Dritte gegenüber der Gemeinde zu Leistungen, mit denen Planziele verwirklicht werden, die von der Gemeinde nicht unmittelbar planerisch festgesetzt werden können. Das Gesetz nennt als Beispiele Absprachen über bestimmte Formen der Grundstücksnutzung, über die Durchführung naturschutzrechtlicher Ausgleichsmaßnahmen sowie über die Deckung des Wohnbedarfs bedürftiger Bevölkerungsgruppen oder der Ortsansässigen. Die Gemeinde kann damit über das schwerfällige Instrument des Baugebots (§ 176 BauGB) hinaus Grundstückseigentümer zu zügiger Bebauung verpflichten[194], in sog. **Landabgabeverträgen**[195] Planungsgewinne abschöpfen[196] oder **Einheimischenverträge**[197] abschließen, in denen sich Investoren verpflichten, fertig gestellte Wohnobjekte vorzugsweise an Gemeindeangehörige zu veräußern. Dabei nutzt sie die Angewiesenheit der Betroffenen auf die kommunale Bauleitplanung als Druckmittel, indem sie sich Planungsmaßnahmen bis zur Erbringung der Gegenleistung vorbehält (sog. **Planungsvorbehalt**[198]).

Mit den in § 11 I 2 Nr. 3 BauGB angesprochenen **Folgekostenverträgen**[199] (vgl. auch Rdnr. 275) schließlich werden Bauwillige, insbesondere größere Bauträger, verpflichtet, Kosten oder sonstige Aufwendungen zu übernehmen, die der Gemeinde infolge der planerischen Bereitstellung von Neubaugebieten entstehen; hierzu zählt vor allem die Errichtung und Unterhaltung kommunaler Infrastruktureinrichtungen. Die vereinbarten Leistungen, die auch in der Bereitstellung von Grundstücken bestehen können, stellen keine Gegenleistung für städtebauliche Maßnahmen der Gemeinde dar, sondern haben den Charakter von Aufwendungsersatz[200] für Aufwendungen, die deren Voraussetzung oder Folge sind[201].

98

Den weit reichenden Möglichkeiten einer vertraglichen Einbindung Privater in das städtebaurechtliche Geschehen sind materiellrechtliche **Schranken** gesetzt, damit sie nicht missbräuchlich genutzt werden. Für alle städtebaulichen Verträge gilt das Verbot vertraglicher Planungsverpflichtung (§ 2 III BauGB), sodass die regelmäßig erwartete planerische Gegenleistung der Gemeinde nur mittelbar als Geschäftsgrundlage und Risikoübernahme zur Geltung kommen kann (Rdnr. 30 ff)[202]. Weitere Schranken setzen das in § 11 II 1 BauGB enthaltene Gebot der **Angemessenheit**[203], das sich auf das wechselseitige Verhältnis der vereinbarten Leistungen bezieht, sowie

99

---

194 *Stüer*, A 1138; *B/K/L*, § 11 Rdnr. 11; *Oerder*, BauR 1998, 22 (28).
195 Zu deren Problematik *Grziwotz*, NVwZ 1996, 637 ff.
196 *Oerder*, BauR 1998, 22 (28); *Wagner*, BayVBl. 1998, 161 (166). Zur Problematik eines vertraglichen Planungswertausgleichs *Huber*, DÖV 1999, 173 (180 ff).
197 *Hoppenberg*, B 1038 f; *Stüer*, A 1140 f; *Brügelmann*, § 11 Rdnr. 31; *Grziwotz*, Baulanderschließung (1993), S. 198 ff; *Brohm*, JZ 2000, 321 (329 ff); BayVGH NVwZ 1999, 1008; BGH NVwZ 2003, 371; zum sog. „Weilheimer Modell" BVerwGE 92, 56.
198 *Brohm*, § 7 Rdnr. 12; *Erbguth*, VerwArch. 1998, 189 (213).
199 Einzelheiten bei *Stüer*, A 1145 ff; *B/K/L*, § 11 Rdnr. 16 ff; *Brügelmann*, § 11 Rdnr. 34 ff; *Erbguth/ Wagner*, Rdnr. 273; *Oerder*, BauR 1998, 22 (30 ff).
200 BVerwGE 90, 310 (311); zuvor schon E 42, 331 (343).
201 Einzelheiten bei *E/Z/B/K*, § 11 Rdnr. 154 ff; *Brügelmann*, § 11 Rdnr. 34 ff. Vgl. auch *Scharmer*, NVwZ 1995, 219 (222).
202 Kritisch hierzu *Erbguth*, VerwArch. 1998, 189 (213 ff).
203 *Stüer*, A 1149; *Brügelmann*, § 11 Rdnr. 47 ff; *Berliner Kommentar*, § 11 Rdnr. 43 ff.

IV *Baurecht*

das **Koppelungsverbot** (vgl. § 56 I 2 VwVfG)[204], das einen sachlichen Zusammenhang zwischen den Pflichten des Privaten und der zugesagten oder vorausgesetzten Verwaltungsleistung fordert; Geldleistungen aus Folgekostenverträgen müssen zweckgebunden verwendet werden[205].

b) Vorhaben- und Erschließungsplan

100 Der Vorhaben- und Erschließungsplan ist das wesensbestimmende Element einer auf Kooperation beruhenden **besonderen Form kommunaler Bebauungsplanung**, deren nähere Regelung § 12 BauGB enthält. Von der herkömmlichen Bauleitplanung unterscheidet sie sich nach Zielsetzung und Verfahren. Während Bebauungspläne sonst in aller Regel den Ordnungsrahmen für künftige städtebauliche Nutzungen festlegen sollen, dient das Verfahren nach § 12 BauGB dazu, die städtebaurechtliche Zulässigkeit eines bereits konkret geplanten Vorhabens herbeizuführen und seine Realisierung zu sichern[206]. Es verbindet hierzu private Initiative mit Elementen hoheitlicher Bauleitplanung und des städtebaulichen Vertrages. Dem entsprechen die **drei Verfahrensabschnitte** des Vorhaben- und Erschließungsplanes, des Durchführungsvertrages und des vorhabenbezogenen Bebauungsplanes.

101 Das Verfahren nach § 12 BauGB basiert auf einem **Vorhaben- und Erschließungsplan**, den der Vorhabenträger (Investor) in Abstimmung mit der Gemeinde selbst erarbeitet und der das Vorhaben einschließlich der erforderlichen Erschließungsmaßnahmen planerisch beschreibt. Dieser Plan schafft noch kein Planungsrecht und verpflichtet auch nicht den Vorhabenträger[207]; Rechtswirkungen lösen vielmehr erst der Durchführungsvertrag sowie der vorhabenbezogene Bebauungsplan aus, dessen Bestandteil er wird. Inhaltlich muss der Vorhaben- und Erschließungsplan so beschaffen sein, dass er in einen vorhabenbezogenen Bebauungsplan transformiert werden und als städtebaulicher Genehmigungstatbestand für die nachfolgenden Bauanträge dienen kann[208]; hierzu kann bereits eine Beschreibung des Vorhabens nach Art und Maß der baulichen Nutzung ausreichen[209].

102 Die Gemeinde kann über den vorhabenbezogenen Bebauungsplan erst beschließen, wenn sich der Vorhabenträger nach § 12 I 1 BauGB in einem **Durchführungsvertrag** verpflichtet hat, das Vorhaben einschließlich der erforderlichen Erschließung in bestimmter Zeit und ganz oder teilweise auf eigene Kosten zu realisieren. Der Vorhabenträger muss zur Durchführung bereit und in der Lage sein, insbesondere als Eigentümer oder in sonstiger Weise Berechtigter über die benötigten Flächen verfügen können. Der Durchführungsvertrag ist ein städtebaulicher Vertrag i.S. von § 11 BauGB; er kann über die Durchführungspflichten hinaus noch weitere Absprachen –

---

204 *Scharmer*, NVwZ 1995, 219 (221); *Brohm*, § 7 Rdnr. 21; BVerwG DÖV 2000, 1050.
205 BVerwGE 42, 331 (339 ff); BVerwG DÖV 1993, 163.
206 *Birk*, NVwZ 1995, 625; *Brügelmann*, § 12 Rdnr. 6; *Schrödter*, § 12 Rdnr. 2.
207 *Schrödter*, § 12 Rdnr. 22.
208 *Brügelmann*, § 12 Rdnr. 24 ff; *Schrödter*, § 12 Rdnr. 15; *Stüer*, A 1168; vgl. auch *Reidt*, NVwZ 1996, 1 (3): Verwendung der „Plansprache".
209 *Schrödter*, § 12 Rdnr. 15.

etwa über die Tragung von Folgekosten – enthalten[210]. Seine Rechtswirkungen stehen unter dem Vorbehalt der Rechtsgültigkeit des Bebauungsplanes; bis zu dessen In-Kraft-Treten gilt er nur aufschiebend bedingt[211]. Umgekehrt ist der vorhabenbezogene Bebauungsplan nichtig, wenn es bei seinem Erlass an einem Vorhaben- und Erschließungsplan oder an einem Durchführungsvertrag fehlt[212].

Mit ihrem **vorhabenbezogenen Bebauungsplan** übernimmt die Gemeinde inhaltlich das planerische Konzept des Investors (§ 12 III 1 BauGB) und verhilft ihm auf diese Weise zu mittelbarer städtebaurechtlicher Geltung. Nach § 12 IV BauGB dürfen auch weitere Flächen in den Bebauungsplan einbezogen werden; das kann der städtebaulichen Einbindung des Vorhabens in die Nachbarschaft oder auch der weiträumigen Sicherung der Erschließung dienlich sein. Der vorhabenbezogene Bebauungsplan ist ein **regulärer Bebauungsplan**. Er unterliegt grundsätzlich allen hierfür einschlägigen formellen und materiellen Anforderungen; insbesondere muss er den planungsrechtlichen Vorgaben der §§ 1 und 1a BauGB genügen und nach § 8 II BauGB aus dem Flächennutzungsplan entwickelt sein[213]. Auch in seinen Rechtswirkungen steht er einem herkömmlichen Bebauungsplan gleich, denn er schafft wie dieser Baurechte. Die zu seiner Realisierung erforderlichen Baugenehmigungen sind an seinen Festsetzungen zu messen (§ 30 II BauGB); Vorabgenehmigungen (§ 33 BauGB) sind ebenso möglich wie Ausnahmen und Befreiungen (§ 31 BauGB)[214]. **103**

Hinsichtlich seines Inhalts und seiner Planungstiefe hat sich der vorhabenbezogene Bebauungsplan danach zu richten, was zur Realisierung des Vorhabens erforderlich ist. Dabei ist er an die Vorgaben des § 9 BauGB wie auch der BauNVO nicht gebunden (§ 12 III 2 BauGB); allerdings hat die BauNVO eine Leitlinien- und Orientierungsfunktion bei der Konkretisierung des auch für den vorhabenbezogenen Bebauungsplan geltenden Maßstabes der geordneten städtebaulichen Entwicklung[215]. Manche städtebaulichen Vorschriften wie diejenigen über Veränderungssperren (§§ 14 ff BauGB) oder über die Entschädigung von Planungsschäden (§§ 39 ff BauGB) passen nicht zu einer Planung, die maßgeblich vom Investor selbst geprägt ist[216]; § 12 III 2 BauGB erklärt sie deshalb für unanwendbar. Die **Besonderheiten** des vorhabenbezogenen Bebauungsplans kommen indes nur soweit zur Anwendung, wie er sich räumlich mit dem Vorhaben- und Erschließungsplan deckt; für planerische Ausgriffe gelten die allgemeinen Bestimmungen. **104**

Aus ihrer Kooperation mit dem Investor erwächst der Gemeinde **keine Verpflichtung** zum Abschluss eines Durchführungsvertrages oder zur Erstellung eines vorhabenbezogenen Bebauungsplanes; § 2 III BauGB (Rdnr. 30) gilt auch hier[217]. Nach § 12 II 1 BauGB ist die Gemeinde freilich auf Antrag des Vorhabenträgers verpflich- **105**

---

210 *Brügelmann*, § 12 Rdnr. 39, 43.
211 *Brügelmann*, § 12 Rdnr. 50 f.
212 *Schrödter*, § 12 Rdnr. 24.
213 *Brügelmann*, § 12 Rdnr. 8.
214 *Brügelmann*, § 12 Rdnr. 13; *Schrödter*, § 12 Rdnr. 8; *Stüer*, Handbuch, Rdnr. 1166.
215 BVerwG NVwZ 2003, 98 (99).
216 *Brügelmann*, § 12 Rdnr. 15; *Stüer*, A 1174.
217 *Reidt*, NVwZ 1996 1 (2); zur Planaufstellung auch *Brügelmann*, § 12 Rdnr. 11 f.

IV *Baurecht*

tet, nach pflichtgemäßem Ermessen über die Einleitung des Bebauungsplanverfahrens zu entscheiden. Das bedeutet zunächst nur, dass die Gemeinde dem Investor gegenüber klarzustellen hat, ob sie das Planvorhaben noch weiter verfolgen will[218]. Die h.M. entnimmt dieser Vorschrift darüber hinaus einen Anspruch auf ermessensfehlerfreie Entscheidung, der sich bei Ermessensreduktion auf Null – etwa auf Grund des vorangegangenen Verhaltens der Gemeinde – zu einem **Anspruch auf Verfahrenseinleitung** verdichten könne[219]. Damit hätte der Investor freilich nur eine rein formale Anspruchsposition gewonnen, die ihn ohne weiteres Mitwirken der Gemeinde in der Sache selbst keinen Schritt weiter brächte; das spricht entschieden gegen eine subjektiv-rechtliche Deutung des § 12 II 1 BauGB[220]. Bedenken bestehen ebenso gegen die Deutung der gemeindlichen Entscheidung als eines – ggf. mit der Verpflichtungsklage einzufordernden oder vom Konkurrenten mit der Anfechtungsklage abzuwehrenden – Verwaltungsakts[221].

105a Das Risiko eines Scheiterns der planerischen Kooperation nach § 12 BauGB liegt grundsätzlich beim Investor[222], doch kann im Einzelfall dem Vorhabenträger bei gemeindlichem Planungsabbruch ein Anspruch auf Ersatz seines Vertrauensschadens erwachsen[223]. **Vollzugsstörungen auf der Investorenseite** kann die Gemeinde, wenn etwa ein Baugebot nach § 176 BauGB keine Hilfe verspricht[224], nach § 12 VI BauGB mit der Aufhebung des Bebauungsplans begegnen; Ersatz- oder Ausgleichsansprüche ergeben sich hieraus nicht[225]. Ein vorhabenbezogener Bebauungsplan kann wie jeder andere Bebauungsplan auch später geändert oder aufgehoben werden; ggf. muss der Durchführungsvertrag angepasst oder gekündigt werden. Geschieht die Planänderung nicht einvernehmlich, können daraus Entschädigungsansprüche nach den §§ 39 ff BauGB erwachsen[226].

5. Rechtsschutz gegen die Bauleitplanung

106 Die Formen des Rechtsschutzes gegen die Bauleitplanung hängen aufs engste mit deren rechtlichen Wirkungen zusammen. Darum muss hier wiederum zwischen der Flächennutzungs- und der Bebauungsplanung unterschieden werden.

a) Rechtsschutz gegen Flächennutzungspläne

107 Der Flächennutzungsplan trifft für sich genommen weder anderen Verwaltungsträgern noch den Bürgern gegenüber eine verbindliche Regelung. Soweit § 7 BauGB

---

218 Insoweit auch *E/Z/B/K*, § 12 Rdnr. 109.
219 U.a. *Dolderer*, UPR 2001, 41. Vgl. weiterhin *B/K/L*, § 12 Rdnr. 44; *Brügelmann*, § 12 Rdnr. 59 ff; *Berliner Kommentar*, § 12 Rdnr. 15; *E/Z/B/K*, § 12 Rdnr. 111 m.w.N.
220 *Jäde/Dirnberger/Weiß*, § 12 Rdnr. 53.
221 Zum Meinungsstand *Brohm*, § 7 Rdnr. 25; *Gelzer/Bracher/Reidt*, Rdnr. 963; *E/Z/B/K*, § 12 Rdnr. 112; *Berliner Kommentar*, § 12 Rdnr. 15.
222 *Stüer*, A 1177.
223 *Brohm*, § 7 Rdnr. 25; *Brügelmann*, § 12 Rdnr. 53; *Stüer*, A 1177.
224 *Brügelmann*, § 12 Rdnr. 45; *Reidt*, NVwZ 1996, 1 (5).
225 Einzelheiten bei *E/Z/B/K*, § 12 Rdnr. 160 f; *Berliner Kommentar*, § 12 Rdnr. 34 ff.
226 *Brügelmann*, § 12 Rdnr. 18.

anderen Planungsträgern eine Plananpassung gebietet, haben das Vorhandensein und die Darstellungen des Flächennutzungsplanes nur eine tatbestandsausfüllende Funktion. Rechtsbehelfe (Anfechtungs- oder Normenkontrollklage) unmittelbar gegen den Plan kommen darum nicht in Betracht[227]. Ebensowenig kann mit der Anfechtungs- oder vorbeugend mit der Unterlassungsklage gegen die Genehmigung eines Flächennutzungsplans vorgegangen werden. Eine solche Genehmigung stellt zwar einen Verwaltungsakt dar, doch entfaltet sie Rechtswirkungen nur gegenüber der Gemeinde als ihrem Adressaten (vgl. auch Rdnr. 69 ff)[228]. Einzelne, durch den Flächennutzungsplan vermittelte Rechtsbeziehungen wie etwa die erwähnte Anpassungspflicht können jedoch Gegenstand der **Feststellungsklage** sein; hierbei wird die Wirksamkeit des Planes vom Gericht **inzident** geprüft. Eine solche Klage kann auch von Nachbargemeinden erhoben werden, wenn sie sich in ihren Rechten aus § 2 II BauGB beeinträchtigt meinen (vgl. Rdnr. 37). Weitere inzidente Prüfungen eines Flächennutzungsplanes stehen immer dort an, wo – wie etwa im Zusammenhang mit § 35 III Nr. 1 BauGB (vgl. Rdnr. 79) – mittelbar aus seinen Darstellungen nachteilige Rechtsfolgen für den Bürger hergeleitet werden können. Gleichfalls muss auch bei Rechtsbehelfen gegen einen Bebauungsplan inzident geprüft werden, ob dieser aus einem wirksamen Flächennutzungsplan entwickelt worden ist (vgl. § 8 II 1 BauGB). Bei all dem sind aber die Einschränkungen zu berücksichtigen, die sich hinsichtlich der Beachtlichkeit von Planungsmängeln aus den §§ 214-215a BauGB ergeben (vgl. Rdnr. 114 ff).

Beispiel: Die Gemeinden A und B sind Nachbargemeinden. In ihrem Flächennutzungsplan weist die Gemeinde A im B-Tal Wohngebiete aus. Die Gemeinde B ist der Meinung, diese Planung verstoße gegen § 2 II BauGB, da ihre Bauleitplanung auf die Erhaltung der Grünflächen im B-Tal abgestellt sei. Sie beantragt daher im verwaltungsgerichtlichen Verfahren, die Genehmigung des Flächennutzungsplanes durch den Regierungspräsidenten aufzuheben und festzustellen, dass die Gemeinde A nicht berechtigt ist, auf der Grundlage des Flächennutzungsplanes die Ortsplanung im B-Tal weiter zu betreiben. Sind die Anträge zulässig?

108

Der erste Klageantrag ist unzulässig. Zwar wäre eine Anfechtungsklage statthaft, weil es sich bei der Genehmigung des Flächennutzungsplanes um einen Verwaltungsakt – allerdings an die Gemeinde A gerichteten – handelt. Die Gemeinde B ist insoweit jedoch nicht klagebefugt, weil sie durch die Genehmigung nicht in ihren Rechten verletzt sein kann. Die Genehmigung entfaltet nämlich als Bestandteil des Planungsverfahrens keine Drittwirkung gegenüber anderen; für Dritte gehen rechtlich relevante Wirkungen erst vom (genehmigten) Plan selbst aus. Der zweite Antrag ist dagegen als Feststellungsantrag nach § 43 I VwGO zulässig. Das Abstimmungsgebot des § 2 II BauGB entfaltet zwischen den beteiligten Gemeinden Pflichten und Ansprüche und begründet insoweit ein feststellungsfähiges Rechtsverhältnis. Die Feststellung von Rechten oder Pflichten kann auch vorbeugend begehrt werden. Angesichts des Standes der Planung und der Gefahr eines faktischen Planvollzuges wäre es für die Gemeinde B nicht zumutbar, wenn sie nicht schon jetzt gerichtlichen Rechtsschutz in Anspruch nehmen dürfte. Im Übrigen wäre hier auch eine Unterlassungsklage statthaft (BVerwGE 40, 323; OVG Lüneburg DVBl. 1971, 322).

---

227 BVerwG DVBl. 1990, 1352.
228 Mit abw. Begr. im Ergebnis auch *Berliner Kommentar*, § 6 Rdnr. 11.

IV *Baurecht*

b) Rechtsschutz gegen Bebauungspläne

109 Bebauungspläne sind wie andere rechtliche Satzungen unmittelbar mit der **verwaltungsgerichtlichen Normenkontrolle** nach § 47 VwGO angreifbar[229]; dies gilt auch dort, wo sie – wie etwa in Hamburg – in Gesetzesform ergehen (vgl. Rdnr. 69)[230]. Der Bebauungsplan muss bereits in Kraft getreten sein; bei Vorabgenehmigungen auf der Grundlage eines noch nicht rechtskräftigen Planes (Rdnr. 198) kommt nur eine Inzidentkontrolle in Betracht[231]. **Antragsbefugt** ist (seit der 6. VwGO-Novelle; früher genügte das Erleiden eines Nachteils) nur derjenige, der hinreichend substantiiert geltend machen kann, durch den Bebauungsplan oder seine Anwendung in eigenen Rechten verletzt zu sein; das kann neben dem Grundstücksnachbar-Eigentümer auch ein Mieter oder Pächter sein[232]. Maßgeblich ist also die Rechtsverträglichkeit der planerischen Festsetzungen; auf Planungsfehler i.S. des § 214 I und II BauGB kann sich der Antragsteller nicht berufen. Auch materiell rechtswidrige Planfestsetzungen bewirken indes nur dann die Verletzung subjektiver Rechtspositionen, wenn ihre Rechtswidrigkeit auf einem Verstoß gegen **drittschützendes Recht** beruht. Ob hierzu auch das **Abwägungsgebot** des § 1 VI BauGB zählt und welche privaten Abwägungsbelange ggf. einen subjektiven Rechtsschutz eröffnen, ist allerdings umstritten[233].

110 Die Lösung ergibt sich aus § 1 VI BauGB, der die angemessene Berücksichtigung aller privaten Belange gebietet und damit jedem Planbetroffenen in Bezug auf seine Belange ein **subjektives Recht auf planerische Abgewogenheit** verschafft[234]. Auf eine besondere subjektivrechtliche Qualität und Schutzwürdigkeit der abzuwägenden Belange kommt es demnach nicht an; es genügt, dass es sich um eigene Belange handelt, die in der konkreten Planungssituation einen städtebaulichen Bezug aufweisen. Hiervon ausgenommen sind lediglich Belange, die objektiv geringfügig sind, der planenden Gemeinde nicht bekannt sein konnten oder sonst im Einzelfall nicht schutzwürdig sind[235]. Die Antragsbefugnis nach § 47 VwGO setzt auch nicht voraus, dass auf die Belange des Betroffenen in qualifizierter und individualisierender Weise Rücksicht zu nehmen ist[236]. Ein selbstständiges **bauplanungsrechtliches Rücksichtnahmegebot**, dem diese Anforderung zu entnehmen wäre, besteht neben dem Abwägungsgebot nicht; vielmehr verpflichtet dieses selbst die planende Gemeinde, unzumutbare Beeinträchtigungen benachbarter Grundstücke zu vermeiden[237]. Der Angriff auf die Unabgewogenheit der planerischen Festsetzungen ist auch für den davon un-

---

229 Vgl. *Berliner Kommentar*, § 10 Rdnr. 54 ff; *E/Z/B/K*, § 10 Rdnr. 200 ff (jeweils m.w.N.).
230 BVerfGE 70, 36 (54 ff).
231 BayVGH NVwZ-RR 2000, 469; BVerwG ZfBR 2002, 172.
232 BVerwG BauR 2000, 848; BVerwGE 110, 36.
233 Vgl. aus der Rspr. OVG NW NVwZ 1997, 694 einerseits und VGH BW BauR 1998, 85 andererseits. Zum Meinungsstand im Schrifttum *Brügelmann*, § 10 Rdnr. 561 ff; *Schrödter*, § 10 Rdnr. 14 ff; *Schoch/Schmidt-Aßmann/Pietzner*, VwGO (1997), § 47 Rdnr. 58.
234 Vgl. BVerwGE 107, 215 (222): „Recht auf gerechte Abwägung". Vgl. hierzu auch *Schmidt-Preuß*, DVBl. 1999, 103; *Brohm*, § 16 Rdnr. 2.
235 Einzelheiten bei *Brohm*, § 16 Rdnr. 2.
236 Vgl. aber Stüer, E 2248, sowie für die Situation der Amtshaftung BGHZ 106, 323 (332).
237 BVerwGE 107, 215 (219).

mittelbar betroffenen Eigentümer der einzige Weg zur verwaltungsgerichtlichen Normenkontrolle. Sein **Eigentumsrecht** (Art. 14 I 1 GG) genügt für sich allein hierzu nicht, da es selbst unter einem planerischen Gestaltungsvorbehalt steht und durch dessen abgewogene Wahrnehmung nicht verletzt sein kann[238]. Klagebefugt ist der Eigentümer auch dann, wenn sein Eigentum außerhalb des Plangebiets liegt; weiterhin auch ein betroffener Mieter oder Pächter[239]. Ist das Normenkontrollverfahren allerdings erst einmal zulässigerweise eröffnet, erstreckt sich die gerichtliche Kontrolle auch auf die Einhaltung solcher Rechtsmaßstäbe, die nicht unmittelbar selbst drittschützend wirken[240] oder auch private Belange des Klägers gar nicht berühren[241]. Der im Übrigen begründbaren Antragsbefugnis steht nicht entgegen, wenn in einem früheren Klageverfahren um eine Baugenehmigung die Gültigkeit des Bebauungsplanes inzident bejaht wurde[242].

Der Normenkontrollantrag nach § 47 VwGO muss innerhalb einer Frist von zwei Jahren seit In-Kraft-Treten des Bebauungsplanes gestellt werden; danach kommt nur noch eine Inzidentkontrolle in Betracht. Der Weg der Normenkontrolle ist auch für **Nachbargemeinden** gangbar, wenn sie sich nicht schon eines vorbeugenden Rechtsschutzes bedient haben. Nach Erschöpfung des Rechtsweges können Bebauungspläne auch mit der Verfassungsbeschwerde angegriffen werden, da sie unmittelbar, d.h. ohne Zwischenschaltung eines weiteren Hoheitsaktes in Grundrechte, vornehmlich in das Eigentumsrecht eingreifen[243]. Wegen der Fristenregelung des § 93 III BVerfGG muss der vorangegangene Normenkontrollantrag nach § 47 VwGO jedoch innerhalb eines Jahres nach In-Kraft-Treten des Bebauungsplanes eingelegt worden sein[244]. Während der Erlass eines Bebauungsplanes nicht klageweise begehrt werden kann (vgl. § 2 III BauGB sowie Rdnr. 28)[245], hält das BVerwG[246] die (vorbeugende) **Unterlassungsklage** für zulässig. Dem dürfte jedenfalls insoweit zu folgen sein, wie der eigentliche Abwägungsvorgang schon stattgefunden hat und nur die Inkraftsetzung des Planes aussteht[247]. Dagegen ist eine Anfechtungs- und Unterlassungsklage gegen die aufsichtsbehördliche Genehmigung eines Bebauungsplanes nicht zulässig[248]. Diese ist zwar gegenüber der planenden Gemeinde ein Verwaltungsakt, dessen Erlass sie ggf. einklagen kann. In subjektiv-öffentliche Rechtspositionen der planunterworfenen Bürger kann aber nicht schon die Genehmigung, sondern allenfalls der Plan selbst eingreifen. Schließlich wird es in einer großen Zahl von Fällen zu einer **Inzidentkontrolle** von Bebauungsplänen kommen. Sie ist immer dann erforderlich, wenn jemand unter Berufung auf die Rechtsunwirksamkeit oder Nichtigkeit

111

---

238 *Schoch/Schmidt-Aßmann/Pietzner*, a.a.O., § 47 Rdnr. 58.
239 BVerwGE 110, 36; BVerwG NVwZ 2001, 431.
240 *Brügelmann*, § 10 Rdnr. 564; *Schrödter*, § 10 Rdnr. 25.
241 BVerwG NVwZ 2001, 431.
242 BVerwG NVwZ 1992, 662.
243 BVerfGE 70, 36 (50 ff); anders noch BVerfGE 31, 364.
244 BVerfGE 76, 107 (115 f).
245 Vgl. BVerwG NVwZ 1983, 92.
246 BVerwGE 54, 211 (214); vgl. auch *Hoppe/Bönker/Grotefels*, § 17 Rdnr. 74; *E/Z/B/K*, § 2 Rdnr. 76.
247 *Birk*, JuS 1979, 412.
248 *Gelzer/Bracher/Reidt*, Rdnr. 866; *E/Z/B/K*, § 6 Rdnr. 42. *Brügelmann*, § 6 Rdnr. 18.

eines solchen Planes einen planabhängigen Verwaltungsakt (Hauptfall: Baugenehmigung nach § 30 BauGB) anstrebt oder angreift[249].

112 **Beispiel:** A besitzt ein Grundstück in der Nähe des Stadtparks, in dessen einem Teil auf Grund einer Baugenehmigung ein Bolzplatz eingerichtet worden ist. Von der Genehmigung hatte A gehört, zunächst aber nichts unternommen. Mehr als ein Jahr später beginnt der vom Bolzplatz ausgehende Lärm den A zu stören. Er hält den der Baugenehmigung zu Grunde liegenden Bebauungsplan für fehlerhaft und sucht Rechtsschutz.
Naheliegend sind zunächst Widerspruch und ggf. Klage gegen die Baugenehmigung. Das VG kann dabei die Rechtswirksamkeit des Bebauungsplanes inzident überprüfen. Ein eigenes Normenkontrollverfahren, bei dem mit Wirkung inter omnes über die Wirksamkeit des Planes befunden wird, kann das Gericht nicht durchführen. Ebensowenig kann es den Plan dem OVG zur Kontrolle vorlegen. Wenn dagegen bereits ein Normenkontrollverfahren (etwa durch A) eingeleitet ist, kann das VG das bei ihm anhängige Verfahren analog § 94 VwGO bis zur Entscheidung des OVG aussetzen. Im vorliegenden Fall wird es freilich davon Abstand nehmen, weil die Klage unzulässig ist. Für A begann, obwohl ihm die Baugenehmigung nicht bekannt gegeben worden war (vgl. § 43 I VwVfG), mit seiner Kenntnis von der Genehmigung eine Widerspruchsfrist zu laufen, die sich nach den §§ 70, 58 II VwGO bemisst. A kann auch nicht ein verwaltungsgerichtliches Normenkontrollverfahren (§ 47 VwGO) gegen den Bebauungsplan in Gang setzen. Er ist zwar antragsbefugt; auch ist der Bebauungsplan wegen eines Abwägungsmangels möglicherweise tatsächlich nichtig. Es fehlt A jedoch an einem Rechtsschutzbedürfnis, denn in Anbetracht der unanfechtbaren Genehmigung lässt sich seine Rechtsstellung durch die Nichtigerklärung des Bebauungsplanes nicht verbessern (BVerwGE 78, 85; BVerwG DVBl. 1989, 660; *Dageförde*, VerwArch. 1988, 123).

113 Sowohl im Normenkontrollverfahren als auch bei der Inzidentprüfung eines Bebauungsplanes sind die Einschränkungen zu berücksichtigen, die sich nach den §§ 214, 215 BauGB aus der **Unbeachtlichkeit von Planungsmängeln** ergeben. Bei beachtlichen Mängeln muss das Gericht prüfen, ob sie im **ergänzenden Verfahren** nach § 215a I BauGB behebbar sind. Im verwaltungsgerichtlichen Normenkontrollverfahren nach § 47 VwGO darf der Bebauungsplan bei Behebbarkeit seiner Mängel nicht aufgehoben werden; vielmehr hat das Gericht den Plan bis zur Mängelbehebung allgemeinverbindlich für nicht wirksam zu erklären (§ 47 V 4 VwGO). Es ist dann der Entscheidung der Gemeinde überlassen, ob sie die Mängel behebt oder nicht (Rdnr. 124). Die Behebbarkeit von Mängeln schlägt auch auf eine Inzidentkontrolle von Bebauungsplänen durch[250]. Auf Antrag kann das Gericht das Verfahren nach § 94 S. 2 VwGO bis zur Heilung von Verfahrens- oder Formfehlern aussetzen[251]; ggf. wird es ergänzend die aufschiebende Wirkung der Klage herstellen (§§ 80, 80a VwGO). Eine allgemeinverbindliche Wirkung i.S. des § 215a I 2 BauGB ist mit der Aussetzung nicht verbunden.

Vertiefungsliteratur: *1. Planerische Entscheidung: Bartlsperger*, Planungsrechtliche Optimierungsgebote. DVBl. 1996, 1; *Bunzel*, Nachhaltigkeit – Ein neues Leitbild für die kommunale Flächennutzungsplanung. NuR 1997, 583; *Dolderer*, Die „städtebauliche Gemengelage". DÖV 1996, 414; *Kloepfer*, Abwägungsregeln bei Satzungsgebung und Gesetzgebung. DVBl. 1995, 443; *Koch*, Abwägungsvorgang und Abwägungsergebnis als Gegenstände gerichtlicher

---

249 Einzelheiten bei *Gelzer/Bracher/Reidt*, Rdnr. 1088 ff.
250 *Krautzberger*, WiVerw 1997, 243 (266).
251 *Hoppe/Henke*, DVBl. 1997, 1407 (1414).

Plankontrolle. DVBl. 1989, 399; *Kuschnerus,* Die Belange von Natur und Landschaft in der Abwägung nach § 1 Abs. 6 BauGB. BauR 1998, 1; *Louis/Wolf,* Naturschutz und Baurecht. NuR 2002, 455; *Möstl,* Fauna-Flora-Habitat-Schutzgebiete in der kommunalen Bauleitplanung. DVBl. 2002, 726; *Pfeifer,* Regeln und Prinzipien im Bauplanungsrecht. DVBl. 1989, 337; *Schink,* Auswirkungen der Fauna-Flora-Habitat-Richtlinie auf die Bauleitplanung. GewArch 1998, 41; *Schmidt,* Die Neuregelung des Verhältnisses zwischen Baurecht und Naturschutz, NVwZ 1998, 337; *Spannowsky,* Umweltverträglichkeitsprüfung im Rahmen des Bebauungsplanverfahrens (2. Aufl. 2003).

2. *Planaufstellungsverfahren: Battis,* Umweltverträglichkeitsprüfung in der Bauleitplanung. NuR 1995, 448; *Fackler,* Die Bürgerbeteiligung gemäß § 3 BauGB als subjektives öffentliches Recht. BayVBl. 1993, 353; *Hasler,* Die Berücksichtigung und Behandlung von Einwendungen der Träger öffentlicher Belange bei der gemeindlichen Bauleitplanung. VBl. BW 1997, 9; *Rothe,* Das Verfahren bei der Aufstellung von Bauleitplänen (2. Aufl. 1992); *Runkel,* Umweltverträglichkeitsprüfung in der Bebauungsplanung. DVBl. 2001, 1377; *Spannowsky,* Umweltverträglichkeitsprüfung im Rahmen des Bebauungsplanverfahrens (2003); *Wagner,* Umweltverträglichkeitsprüfung in der Bauleitplanung und im Raumordnungsverfahren. DVBl. 1993, 583.

3. *Flächennutzungsplan und Bebauungsplan: Bönker,* Perspektiven für das Recht der städtebaulichen Satzungen. UPR 1995, 55; *Bunzel,* Anforderungen an die Flächennutzungsplanung unter veränderten Rahmenbedingungen. ZfBR 1997, 61; *Hangarter,* Grundlagen der Bauleitplanung: Der Bebauungsplan (3. Aufl. 1996); *Koppitz/Finkeldei/Schwarting,* Der Flächennutzungsplan in der kommunalen Praxis (1996); *Lüers,* Der Bedeutungszuwachs für die Flächennutzungsplanung durch das BauROG 1998. UPR 1997, 348; *Pietzcker,* „Baurecht auf Zeit". NVwZ 2001, 968; *Stüer,* Städtebauliche Satzungen – Reformkonzept, DVBl. 1995, 121.

4. *Städtebauliche Verträge: Birk,* Die neuen städtebaulichen Verträge (2. Aufl. 1996); *Brohm,* Städtebauliche Verträge zwischen Privat- und öffentlichem Recht, JZ 2000, 321; *Bunzel u.a.,* Städtebauliche Verträge (1995); *Erbguth,* Bauplanung und private Investitionen. VerwArch. 1998, 189; *Hoppe/Bönker/Grotefels,* Öffentliches Baurecht. § 5 Rdnr. 169 ff; *Hoppenberg,* Handbuch des Öffentlichen Baurechts. Rdnr. B 928 ff; *Reidt,* Rechtsfolgen bei nichtigen städtebaulichen Verträgen. NVwZ 1999, 149; *Lorz,* Unzulänglichkeiten des Verwaltungsvertragsrechts am Beispiel der städtebaulichen Verträge. DÖV 2002, 177; *Pietzcker,* Probleme des städtebaulichen Vertrages. FS Hoppe (2000), S. 439 ff; *Stüer,* Handbuch des Bau- und Fachplanungsrechts. Rdnr. A 1114 ff; *Schmidt-Aßmann/Krebs,* Rechtsfragen städtebaulicher Verträge (2. Aufl. 1992).

5. *Vorhaben- und Erschließungsplan: Erbguth,* Bauplanung und private Investitionen. VerwArch. 1998, 189; *Menke,* Der vorhabenbezogene Bebauungsplan. NVwZ 1998, 577; *Pietzcker,* Der Vorhaben- und Erschließungsplan (1993); *Reidt,* Praxisrelevante Rechtsfragen zum vorhabenbezogenen Bebauungsplan. LKV 2000, 417; *Stüer,* Handbuch des Bau- und Fachplanungsrechts. Rdnr. A 1162 ff; *Turiaux,* Der vorhabenbezogene Bebauungsplan. NJW 1999, 391.

6. *Rechtsschutz gegen Bauleitplanung: Dürr,* Die Antragsbefugnis bei der Normenkontrolle von Bebauungsplänen (1987); *Kohl,* Leitfaden für die Normenkontrolle von Bebauungsplänen. JuS 1993, 320, 499; *von Mutius,* Rechtsschutz im Baurecht. JURA 1989, 297.

III. Planungsmängel, Planerhaltung und Haftung für fehlerhafte Planung

1. Rechtsfolgen von Planungsmängeln

a) Allgemeines

114 Form- und Verfahrensfehler bei der Planaufstellung machen ebenso wie Rechtsmängel des Planungsergebnisses einen Bauleitplan **rechtsfehlerhaft**. Welche Rechtsfolgen solche Fehlerhaftigkeit nach sich zieht, steht damit freilich noch nicht fest. Ein Blick auf das Allgemeine Verwaltungsrecht lehrt, dass der Gesetzgeber an die Rechtswidrigkeit von Hoheitsakten recht unterschiedliche Rechtsfolgen knüpft. Während die Fehlerhaftigkeit von Verwaltungsakten im Regelfall deren Bestand unangetastet lässt und – unter den zusätzlichen Einschränkungen der §§ 46 VwVfG, 44a VwGO für Form- und Verfahrensfehler bzw. für fehlerhafte behördliche Verfahrenshandlungen – nur zur Anfechtbarkeit und lediglich in besonders schwerwiegenden Fällen unmittelbar kraft Gesetzes (§ 44 VwVfG) zur Nichtigkeit führt, gelten rechtswidrige untergesetzliche Rechtsnormen von vornherein als nichtig. Unwirksam sind weiterhin auch inhaltlich rechtswidrige oder rechtswidrig zu Stande gekommene Beschlüsse kommunaler Vertretungsorgane, selbst wenn sie nicht auf den Erlass einer kommunalen Satzung gerichtet sind.

115 Überträgt man diese Grundsätze uneingeschränkt auf die kommunale Bauleitplanung, dann sind auch Flächennutzungs- und Bebauungspläne **unwirksam** (nichtig), wenn sie an einem – formellen oder materiellen – Rechtsmangel leiden. Die Baubehörden dürfen sie ihren Verwaltungsentscheidungen nicht zu Grunde legen, und jedermann kann sich im verwaltungsgerichtlichen Verfahren auf ihre Unwirksamkeit berufen.

116 Die uneingeschränkte Anwendung der allgemeinen Regeln über Fehlerfolgen führt indes angesichts der erhöhten Anfälligkeit der Bauleitplanung gegenüber formellen und materiellen Mängeln zu Rechtsunsicherheit. Noch nach Jahr und Tag kann sich herausstellen, dass ein bereits vielfach angewandter Plan unwirksam und als Rechtsgrundlage baurechtlicher Verwaltungsentscheidungen ungeeignet ist. Der Gesetzgeber hat darum baurechtlichen Plänen und Satzungen schon in der Baurechtsnovelle 1976 eine größere **Bestandskraft** verliehen, indem er einzelne Rechtsmängel unter bestimmten Voraussetzungen für unbeachtlich erklärte. Die §§ 214-216 BauGB verwirklichen nunmehr im Städtebaurecht den Grundsatz der **Planerhaltung**. Ihm zufolge sind Planungsmängel, auch solche der Abwägung, nur begrenzt beachtlich oder können durch Zeitablauf unbeachtlich werden; im Übrigen kann ein rechtsfehlerhafter Bebauungsplan oder eine sonstige fehlerhafte städtebauliche Satzung durch Fehlerbehebung geheilt werden[252].

117 Soweit hiernach Planungsfehler **unbeachtlich** sind oder es durch rügelosen Fristablauf nach § 215 BauGB geworden sind, liegt ein wirksamer Plan vor; der Bürger kann sich weder der Behörde gegenüber noch vor Gericht auf seine Fehlerhaftigkeit berufen. Die Verwaltungsgerichte dürfen unbeachtliche Mängel der Bauleitplanung bei

---

252 Zur Unbeachtlichkeit und Heilung von Planungsmängeln *Schaber*, VBl. BW 1998, 161.

ihrer Entscheidung nicht berücksichtigen; hierbei spielt keine Rolle, ob die Wirksamkeit des Planes einer unmittelbaren (prinzipalen) Kontrolle unterzogen oder in einem anderem Rechtsstreit inzident in Frage gestellt wird. Andererseits bewirken die Unbeachtlichkeitsregeln der §§ 214 und 215 BauGB **keine Heilung** der Rechtsfehlerhaftigkeit[253]. Pläne und Satzungen mit unbeachtlichen Rechtsmängeln sind nach wie vor rechtswidrig. Die aufsichtsbehördliche Rechtskontrolle bleibt von der Unbeachtlichkeitsregelung unberührt; die höhere Verwaltungsbehörde hat im Anzeige- oder Genehmigungsverfahren auch auf die Einhaltung derjenigen baurechtlichen Vorschriften zu achten, deren Verletzung sich auf die Rechtswirksamkeit der Pläne oder Satzungen nicht auswirken kann (§ 216 BauGB). Von Heilung eines fehlerhaften Plans lässt sich dagegen bei der Fehlerbehebung im ergänzenden Verfahren (§ 215a I BauGB) sowie bei rückwirkender erneuter Inkraftsetzung (§ 215a II BauGB) sprechen.

b) Unbeachtlichkeit und ergänzendes Verfahren

§ 214 I BauGB[254] nennt zunächst diejenigen **Form- und Verfahrensfehler** bei der Bauleitplanung, die allein für die Rechtswirksamkeit baurechtlicher Pläne und Satzungen beachtlich sein können. Rechtsmängel formeller Art, die hier nicht erwähnt sind, bleiben also **von vornherein unbeachtlich**. So kommt beispielsweise der Einhaltung der Vorschriften über die vorgezogene Bürgerbeteiligung (§ 3 I BauGB) für die Rechtswirksamkeit des Planes keine Bedeutung zu; vielmehr muss das Auslegungsverfahren nach Maßgabe des § 3 II, III BauGB eingehalten werden (§ 214 I 1 Nr. 1 BauGB). Allerdings beschränkt sich § 214 I BauGB auf Verstöße gegen **baurechtliche Form- und Verfahrensfehler**. Weitere Verfahrensbestimmungen (z.B. Mitwirkungsverbote) enthält das Kommunalrecht der einzelnen Bundesländer; bei Verstößen hiergegen gilt Landesrecht[255], das indes in den meisten Ländern der in den §§ 214 f BauGB enthaltenen Regelung weitgehend angeglichen ist[256]. **118**

§ 214 I BauGB enthält **drei Fallgruppen**; sie betreffen die Beteiligung der Bürger und der Träger öffentlicher Belange, den Erläuterungsbericht und die Begründung zu Bauleitplänen sowie die ihrer Inkraftsetzung vorausgehenden Rechtsakte (Beschluss der Gemeinde, Genehmigungsverfahren, Bekanntmachung). Die Regelung der ersten beiden Fallgruppen wird jeweils durch eine **interne Unbeachtlichkeitsklausel**[257] modifiziert, die für bestimmte Fälle leichterer Rechtsverletzung ebenfalls absolute Unbeachtlichkeit vorschreibt. So bleibt für die Rechtswirksamkeit von Plänen von vornherein außer Betracht, wenn nur einzelne Träger öffentlicher Belange nicht beteiligt wurden oder die gesetzlichen Voraussetzungen des vereinfachten Verfahrens nach den §§ 3 III und 13 BauGB nicht vorlagen (§ 214 I 1 Nr. 1 BauGB). Unerheblich bleibt weiterhin, wenn Erläuterungsbericht oder Begründung zu einem Plan un- **119**

---

253 *Ossenbühl*, NJW 1986, 2805 (2810 m.w.N.); *Schmaltz*, DVBl. 1990, 77 (79).
254 Zum Folgenden jetzt auch *Stüer*, A 652 ff.
255 *Berliner Kommentar*, § 214 Rdnr. 19.
256 Vgl. näher *Seewald*, I Kommunalrecht, Rdnr. 86 m.N. Fn. 174.
257 *B/K/L*, § 214 Rdnr. 5.

IV *Baurecht*

vollständig sind; beachtlich ist nur ihr völliges Fehlen (§ 214 I 1 Nr. 2 BauGB). § 214 I BauGB schließt auch Verfahrensmängel im Rahmen der **Umweltverträglichkeitsprüfung** in sein Regelungssystem ein; sie beziehen sich auf die Ankündigung der Prüfung (§ 3 II 2 Hs. 2 BauGB) und den Umweltbericht (§ 2a BauGB). Von vornherein unbeachtlich sind nach § 214 Ia BauGB unter bestimmten Voraussetzungen die Nichtdurchführung einer vorgeschriebenen Vorprüfung des Einzelfalles (§ 3c UVPG) oder eine Fehleinschätzung im Rahmen dieser Prüfung[258]. Diese Unbeachtlichkeitsregelungen sind mit EG-Recht vereinbar; das gilt auch für Irrtümer über das Gewicht von Umweltauswirkungen (§ 214 Ia Nr. 2 BauGB), da sie auch unter dem Gesichtspunkt eines Abwägungsmangels bedeutsam sind[259].

120 Formmängel der in § 214 I 1 Nr. 1 und 2 BauGB genannten Art können auch soweit sie nicht von vornherein unbeachtlich sind, **durch Zeitablauf unbeachtlich** werden, wenn sie nicht innerhalb eines Jahres schriftlich gegenüber der Gemeinde geltend gemacht worden sind (§ 215 I Nr. 1 BauGB)[260]. Vor Ablauf dieser Frist sind sie auch ohne vorherige schriftliche Rüge beachtlich[261]; danach kann sich niemand mehr auf die Mangelhaftigkeit der Planung berufen, sofern die Gemeinde bei Inkraftsetzung des Planes auf diese Rechtsfolge hingewiesen hat (§ 215 II BauGB)[262]. Eine fristgerechte Rüge erhält dagegen dem Rügenden wie auch anderen Betroffenen die Möglichkeit, die Unwirksamkeit des Planes gegenüber der Behörde und vor den Verwaltungsgerichten geltend zu machen[263]. Freilich kann nach § 215a II BauGB ein Plan, der gegen Form- oder Verfahrensvorschriften des BauGB oder auch des Landesrechts verstößt und darum unwirksam ist, nach Behebung des Fehlers mit Rückwirkung **erneut in Kraft gesetzt** werden[264]; das ist auch dann möglich, wenn der Plan im Normenkontrollverfahren nach § 47 VwGO mit Allgemeinverbindlichkeit für nichtig erklärt worden ist[265].

121 Die in § 214 II BauGB angeführten Planungsfehler lassen sich unter den Oberbegriff der **Entwicklungsmängel** fassen; sie betreffen die in § 8 BauGB enthaltenen Bestimmungen über das Verhältnis des Bebauungsplanes zum Flächennutzungsplan. Verstöße gegen einzelne Voraussetzungen bei der Entwicklung von Bebauungsplänen aus einem Flächennutzungsplan, bei der Aufstellung selbstständiger oder vorzeitiger Bebauungspläne sowie bei der Durchführung des Parallelverfahrens (vgl. Rdnr. 63) sind ebenfalls von vornherein unbeachtlich, sofern nur die betreffenden Pläne trotz ihrer Mängel bei der Aufsichtsbehörde unbeanstandet geblieben und förmlich in Kraft gesetzt worden sind. Bei Verstößen gegen § 8 II 1 und III BauGB gilt dies freilich nur, wenn durch solche Mängel eine geordnete städtebauliche Entwicklung nicht in Frage gestellt wird.

---

258 Einzelheiten in *Berliner Kommentar*, § 214 Rdnr. 38 ff.
259 Näher hierzu *Gaentzsch*, UPR 2001, 287 (292 f.).
260 Einzelheiten in *Berliner Kommentar*, § 215 Rdnr. 23.
261 *Brohm*, § 16 Rdnr. 11.
262 *B/K/L*, § 215 Rdnr. 2.
263 Vgl. *B/K/L*, § 215 Rdnr. 6; *Berliner Kommentar*, § 215 Rdnr. 26.
264 Einzelheiten bei *v.Mutius/Hill*, S. 7 f. Zur Verfassungsmäßigkeit dieser Regelung BVerwGE 75, 262 (269 f.).
265 BVerwGE 92, 266.

Weitere Mängel der Bauleitplanung können sich aus **Abwägungsfehlern** ergeben. 122
§ 214 III 2 BauGB macht die Beachtlichkeit von Mängeln im **Abwägungsvorgang**
davon abhängig, dass sie offenkundig sind und auf das Abwägungsergebnis Einfluss
hatten. Ein unausgewogenes, einzelne einschlägige Belange vernachlässigendes oder
sonst fehlerhaftes **Abwägungsergebnis** ist dagegen stets beachtlich. Freilich werden
hierbei nur solche Belange berücksichtigt, die bereits zur Zeit der Beschlussfassung
über den Plan vorhanden waren; führt etwa erst eine spätere Veränderung der tatsächlichen Umstände zu seiner Unausgewogenheit, so bleibt das nach § 214 III 1 BauGB
unbeachtlich (Rdnr. 62). Alle an sich beachtlichen Abwägungsmängel werden **durch
Zeitablauf unbeachtlich**, wenn sie nicht innerhalb von sieben Jahren gerügt werden
(§ 215 I Nr. 2 BauGB); auch dies setzt freilich voraus, dass die Gemeinde bei Inkraftsetzung des Planes auf die Möglichkeit dieser Rechtsfolge hingewiesen hat (§ 215 II
BauGB).

Nach § 215a I 1 BauGB führen bei Bebauungsplänen und sonstigen städtebaulichen 123
Satzungen auch solche Planungsmängel, die nach den §§ 214, 215 BauGB beachtlich
sind, nicht zur Nichtigkeit, wenn sie durch ein ergänzendes Verfahren behoben werden können[266]; dies gilt auch bei Verstößen gegen landesrechtliche Verfahrensvorschriften[267]. Das planerhaltende Instrument der **nachträglichen Behebung von Planungsmängeln** stammt aus dem Fachplanungsrecht. Dort ist verschiedentlich vorgesehen, dass auch beachtliche Mängel nur dann zur gesetzlichen Aufhebung eines
Planfeststellungsbeschlusses führen können, wenn ihre Behebung weder durch Planergänzung noch durch ein ergänzendes Verfahren möglich ist[268]. Eine Planergänzung
kommt danach in Betracht, wenn im Planfeststellungsbeschluss eine ergänzende
Maßnahme, insbesondere eine Auflage, unterblieben ist, die dem Schutz des Betroffenen dient und auf die er einen Anspruch hat. Soweit ein solcher Planungsmangel
nur den einzelnen Betroffenen schützt und nicht zugleich auch die Ausgewogenheit
der Planung insgesamt in Frage stellt, tritt an die Stelle eines Planaufhebungsanspruchs des Betroffenen ein Anspruch auf Planergänzung[269]. Auch die Möglichkeit
eines ergänzenden Verfahrens schließt die Kassation der gesamten Planung aus. Dies
Verfahren ist erforderlich, wenn das angerufene Gericht nicht selbst zur Planergänzung verpflichten kann, sondern – wie etwa bei Abwägungsmängeln, die nur durch
Nachermittlung und Neubewertung behoben werden können – es dem Planungsträger anheim stellen muss, ob er von solch einer Möglichkeit Gebrauch machen will
oder stattdessen entweder das Vorhaben gänzlich aufgibt oder in einer neuen Variante
in Angriff nimmt. Der alte Plan ist in einem solchen Fall bis zur Behebung der Mängel nicht vollziehbar[270].

---

266 Vgl. hierzu näher *Hoppe*, DVBl. 1996, 12; *Hoppe/Henke*, DVBl. 1997, 1407; *J. Schmidt*, NVwZ 2000, 977.
267 BVerwGE 110, 118 (122); *E/Z/B/K*, § 215a Rdnr. 15.
268 Vgl. etwa § 17 VI c FStrG sowie allgemein § 75 I a S. 2 VwVfG. Näheres u.a. bei *Henke*, UPR 1999, 51.
269 BVerwGE 56, 110 (133).
270 BVerwGE 100, 370 (372 f.).

IV *Baurecht*

124 Bei städtebaurechtlichen Satzungen, insbesondere bei Bebauungsplänen, scheidet ein Anspruch auf Planergänzung schon wegen ihres Rechtsnormcharakters wie auch in Anbetracht der gemeindlichen Planungshoheit aus[271]; hier kann der Gemeinde nur die **Möglichkeit eröffnet** werden, die Mängel ihrer Planung in einem **ergänzenden Verfahren** zu beheben[272]. Die Heilungsmöglichkeit bezieht sich auf Form- und Verfahrensfehler sowie auf materiellrechtliche Mängel, also auf Abwägungs- ebenso wie beispielsweise auf Festsetzungsfehler[273]. Die geheilte Satzung kann nach § 215a II BauGB rückwirkend in Kraft gesetzt werden. Das ist indes aus rechtsstaatlichen Gründen nur bei der Heilung von Form- und Verfahrensfehlern und nicht auch bei materiellen Mängeln möglich[274]. Durch ein ergänzendes Verfahren darf die bisherige Planung indes keine gänzlich neue Gestalt annehmen; ihre Grundkonzeption darf durch die zu heilenden Mängel nicht betroffen sein[275]. Das Verfahren kommt darum im Wesentlichen in solchen Fällen in Betracht, in denen es nur um die punktuelle Nachbesserung einer im Übrigen mängelfreien Gesamtplanung geht[276]. Es ist entbehrlich, wenn bereits die Präklusion nach § 215 I BauGB eingetreten ist.

125 Im Hinblick auf ihre Heilbarkeit ist die Satzung nicht nichtig, entfaltet aber bis zur Behebung ihrer Mängel **keine Rechtswirkungen** (§ 215a I 2 BauGB), ist also solange unanwendbar. Fraglich ist, wer die Unanwendbarkeit der Satzung festzustellen hat. Erlaubte man der Gemeinde, von sich aus ein ergänzendes Verfahren mit der Rechtsfolge des § 215a I 2 BauGB einzuleiten, gestünde man ihr eine **Verwerfungskompetenz** zu, die sich nach h.M. in Bezug auf nichtige Bebauungspläne nicht besitzt (Rdnr. 129 ff). Das spricht dafür, die Gemeinde trotz der kraft Gesetzes eintretenden Unanwendbarkeit des Bebauungsplans solange an dessen Festsetzungen festzuhalten, wie der Plan nicht im Normenkontrollverfahren nach § 47 V 4 VwGO für nicht wirksam erklärt worden ist[277]. Andererseits kann die Gemeinde auch ohne einen solchen Gerichtsbeschluss von sich aus das ergänzende Verfahren einleiten, wenn sie den Bebauungsplan heilen will[278]; dabei trägt sie das rechtliche Risiko eines Irrtums darüber, dass der Plan entweder gar nicht heilungsbedürftig oder nicht heilbar ist. Will die Gemeinde von dem als unwirksam erkannten Plan Abstand nehmen, muss sie ihn im regulären Verfahren aufheben. Handelt es sich bei den Satzungsmängeln um Form- oder Verfahrensmängel i.S. des § 214 I BauGB, kann die Satzung § 215 II BauGB zufolge nach Abschluss des ergänzenden Verfahrens auch **mit Rückwirkung** erneut in Kraft gesetzt werden.

---

271 *Hoppe/Henke*, DVBl. 1997, 1407 (1410 f).
272 Eingehend hierzu *Dolde*, NVwZ 2001, 976; *Gaentzsch*, UPR 2001, 201.
273 *Hoppe/Henke*, DVBl. 1997, 1407 (1411); *Schrödter*, § 215a Rdnr. 3 ff; *Rieger*, UPR 2003, 161; BVerwGE 110, 193 (202).
274 BVerwG DVBl. 1996, 960.
275 Ausführlich hierzu *E/Z/B/K*, § 215a Rdnr. 24 ff; *B/K/L*, § 215a Rdnr. 3. Vgl. weiterhin BVerwG NVwZ 1999, 414; 2001, 431.
276 Rechtspolitische Bedenken gegen eine zu intensive Nutzung der Heilungsmöglichkeit nach § 215a I BauGB bei *Stüer*, A 698 f; vgl. auch *J. Schmidt*, NVwZ 2000, 977.
277 A.A. *Hoppe/Henke*, DVBl. 1997, 1407 (1413); *Dolde*, NVwZ 2001, 976 (980) m.w.N.
278 *Berliner Kommentar*, § 215a Rdnr. 28; *E/Z/B/K*, § 215a Rdnr. 56 f.

Beachtlichkeit von Planungsmängeln

Fallgruppe	Unterfälle	beachtlich/unbeachtlich
§ 214 I: Form und Verfahrens- mängel	Nr. 1 Beteiligungsmängel Nr. 2 Begründungsmängel Nr. 3 Geltungsmängel	*Unbeachtlichkeit* – bei Nichterwähnung (Umkehrschluß aus § 214 I) – bei Geringfügigkeit (interne Unbeachtlichkeitsklausel bei Nr. 1 und 2) – Präklusion durch rügelosen Fristablauf nach 1 Jahr (Nr. 1 und 2 i.V.m. § 215 I Nr. 1) – bei Heilung durch Fehlerbehebung (Nr. 1-3 i.V.m. § 215a II)
§ 214 I a: UVP- Mängel	Nr. 1 Nichtdurchführung der Vorprüfung Nr. 2 Fehleinschätzung der Vorprüfung	*Unbeachtlichkeit*
§ 214 II: Entwick- lungsmängel	Nr. 1 Selbständiger oder vorzeitiger BbPlan (§ 8 II 2 und IV) Nr. 2 Entwicklungsgebot (§ 8 II 1) Nr. 3 Unwirksamer FlNPl Nr. 4 Parallelverfahren (§ 8 III)	*Unbeachtlichkeit* – absolute Unbeachtlichkeit (Nr. 1 und 3) – relative Unbeachtlichkeit (Nr. 2 und 4)
§ 214 III 2: Abwägungs- mängel	a) Mängel im Abwägungsvorgang b) Mängel im Abwägungsergebnis	1. *Beachtlichkeit* bei Mängeln a) im Abwägungsvorgang (§ 214 III 2), wenn – offenkundig für Abwägungsergebnis b) im Abwägungsergebnis (Umkehrschluß aus § 214 III 2) – immer 2. *Unbeachtlichkeit* aller Abwägungsmängel bei Präklusion durch rügelosen Fristablauf nach 7 Jahren (§ 215 I Nr. 2)

Anmerkung: Die Präklusion nach § 215 I BauGB tritt nur ein, wenn bei Inkrafttreten des Planes auf diese Möglichkeit hingewiesen worden ist (§ 215 II BauGB).

c) Verfassungsmäßigkeit der Unbeachtlichkeitsregeln

Der Grundsatz der Planerhaltung beschränkt den Rechtsschutz gegen städtebauliche Planungen und ist deshalb rechtspolitisch umstritten[279]. **Verfassungsrechtlichen Einwänden** gegenüber ist zu bedenken, dass der Gesetzgeber befugt war, die Rechtsverbindlichkeit der betreffenden Planungsvorschriften zu relativieren und sie als bloße Ordnungsvorschriften auszugestalten, deren Verletzung nicht oder nicht unbe-

---

[279] Nw. zur Kritik schon an der Vorgängerregelung (§§ 155a ff BBauG) bei *B/K/L*, Vorb. §§ 214-216 Rdnr. 10.

IV *Baurecht*

dingt auf die Wirksamkeit der jeweiligen Bauleitplanung durchschlägt[280]. Insofern ist dann auch die Rechtsschutzgewährleistung des Art. 19 IV GG nicht beeinträchtigt. Eine Grenze verläuft allerdings dort, wo Planungsnormen materiell- oder verfahrensrechtlicher Art nur der Ausdruck von Verfassungsgeboten sind. Dies ist nach ständiger Rspr. beim planungsrechtlichen Abwägungsgebot der Fall[281], weshalb sich denn auch verfassungsrechtliche Bedenken in besonderem Maß gegen die durch § 214 III 2 BauGB beschränkte Beachtlichkeit von Abwägungsmängeln richten[282]. Das BVerwG[283] hat diese Bedenken indes durch eine – freilich sehr weit reichende – verfassungskonforme Interpretation der betreffenden Tatbestandsmerkmale entkräftet. Hiernach soll die Gesetzesformulierung nur verhindern, dass subjektive Vorstellungen einzelner Mitglieder der Gemeindevertretung eine Rolle spielen. Dagegen bleibt ein Abwägungsmangel dann rechtserheblich, wenn sich anhand der Planungsunterlagen oder sonst erkennbarer äußerer Umstände die Möglichkeit abzeichnet, dass ohne den Mangel anders geplant worden wäre[284].

127 Weiterhin umstritten ist freilich die durch das BauGB erstmals eingeführte zeitliche Beschränkung der **Rügbarkeit von Abwägungsmängeln**[285]. Nach rügelosem Ablauf der in § 215 I Nr. 2 BauGB bestimmten Siebenjahresfrist kann selbst ein grober Verstoß gegen materielle Planungsgrundsätze dem Plan nicht mehr entgegengehalten werden. In der Tat scheint zweifelhaft, ob diese Lösung mit der verfassungsrechtlichen Rechtsschutzgarantie gegenüber Akten der öffentlichen Gewalt (Art. 19 IV GG) vereinbar ist. Die Rechtsfolge der Nichtigkeit sichert Normadressaten Rechtsschutz gegenüber allen belastenden Rechtsfolgen, die sich aus der Anwendung einer rechtswidrigen Rechtsnorm ergeben. Hiervon kann darum – jedenfalls bei materiell begründeter Rechtswidrigkeit – nur dann abgesehen werden, wenn auch auf andere Weise ein hinreichender Rechtsschutz gewährleistet bleibt[286]. Die auf sieben Jahre beschränkte Möglichkeit, Abwägungsmängel eines Bebauungsplans zu rügen (und ggf. anschließend seine Rechtswidrigkeit direkt im Normenkontrollverfahren nach § 47 VwGO oder auch inzident in einem anderen Verfahren verwaltungsgerichtlich geltend zu machen), genügt diesem Erfordernis nicht. Obwohl ein Bebauungsplan nicht den gleichen generell-abstrakten Regelungscharakter aufweist wie andere Rechtsnormen, kann doch nicht unterstellt werden, dass seine Festsetzungen nach sieben Jahren weitestgehend realisiert und die Rechtsverhältnisse aller Planadressaten damit abschließend gestaltet wären; bei Plänen, die „auf Vorrat" erstellt wurden oder bereits bebaute Gebiete betreffen, wird dies meist gerade nicht der Fall sein. Ein Rechtsschutzbedarf gegenüber rechtswidrigen Bebauungsplänen kann darum insoweit durchaus auch noch nach Ablauf der Siebenjahresfrist vorhanden sein. Ein

---

280 *Berliner Kommentar*, § 214 Rdnr. 1; a.A. *Brügelmann*, § 155a BBauG Rdnr. 97 ff (103).
281 BVerwGE 64, 270.
282 *Kirchhof*, NJW 1981, 2382 (2385); *Breuer*, NVwZ 1982, 273 (278); jeweils noch in Bezug auf § 155 II BBauG.
283 BVerwGE 64, 33 (zu § 155b II BBauG).
284 Enger inzwischen BVerwG NVwZ 1992, 662 f; vgl. weiterhin auch *Stüer*, A 677.
285 Nw. bei *B/K/L*, Vorb. §§ 214-216 Rdnr. 10; *E/ZB/K*, § 215 Rdnr. 62 ff; *Berliner Kommentar*, § 215 Rdnr. 11.
286 *Ossenbühl*, NJW 1986, 2805 (2807 f, 2811).

durch Planvollzug und die damit verbundene Verfestigung der baulichen Verhältnisse begründetes öffentliches Interesse am Bestand des Planes[287] lässt sich ihm dann nicht entgegenhalten[288].

Beispiel: Die Gemeinde G erlässt für einen Teil ihres Außenbereichs einen Bebauungsplan, um ein Neubaugebiet zu schaffen. Da sie keine Einwendungen erwartet, führt sie ein Anhörungsverfahren nicht durch. Die Auslegung des Entwurfs findet im Hinblick auf die Feiertage von 1.-24. Dezember statt. Bei den Beratungen in der Gemeindevertretung kommt – wie sich aus den Sitzungsprotokollen ergibt – nicht zur Sprache, dass A in unmittelbarer Nachbarschaft des Plangebiets eine emissionsträchtige Schweinemästerei betreibt. Als nach etwas mehr als einem Jahr die ersten Baugenehmigungen erteilt werden, wird A hellhörig. Er befürchtet, dass er mit seinem Betrieb weichen muss, wenn die genehmigten Häuser erst fertig gestellt sind. Wie kann er sich wehren? **128**

A kann die erteilten Baugenehmigungen anfechten, soweit er dazu klagebefugt ist. Gegenüber nichtprivilegierten Bauvorhaben im Außenbereich könnte ihn seine privilegierte Stellung nach § 35 BauGB schützen. Das setzt freilich voraus, dass der Bebauungsplan nichtig ist. Die Rechtswirkung von Planungsmängeln ergibt sich aus den §§ 214 f BauGB. Danach ist das Fehlen der vorgezogenen Bürgerbeteiligung für die Wirksamkeit des Planes gänzlich unerheblich (Umkehrschluss aus § 214 I Nr. 1 BauGB). Die Verkürzung der Auslegungsfrist ist nach § 215 I Nr. 1 BauGB mit Ablauf eines Jahres mangels einer entsprechenden Rüge unbeachtlich geworden und kann auch im Anfechtungsprozess der Wirksamkeit des Bebauungsplanes nicht mehr entgegengehalten werden, wenn bei seinem Erlass auf die Möglichkeit dieser Rechtsfolge hingewiesen worden ist (§ 215 II BauGB). Dagegen bleiben Mängel im Abwägungsvorgang – hier die Nichtberücksichtigung der Belange des A – im Rahmen der siebenjährigen Rügefrist (§ 215 I Nr. 2 BauGB) nach § 214 III 2 BauGB erheblich, sofern sie offensichtlich und auf das Abwägungsergebnis von Einfluss gewesen sind. Diese Einschränkung schließt nur die Berücksichtigung von Motiven oder objektiv nicht fassbaren Fehleinschätzungen des planenden Gemeindeorgans aus, nicht dagegen die Berücksichtigung von Abwägungsdefiziten, die sich aus den Akten ergeben. Im Übrigen genügt es, wenn sich wenigstens die Möglichkeit abzeichnet, dass bei Kenntnis von den Belangen des A anders geplant worden wäre.

d) Entscheidung über die Unwirksamkeit von Bebauungsplänen

Soweit die Regelungen über die Unbeachtlichkeit von Planungsmängeln nicht eingreifen, bleibt ein Bebauungsplan unwirksam; er entfaltet weder gegenüber der Verwaltung noch gegenüber dem Bürger Rechtswirkungen. Damit steht indes noch nicht fest, wer zur Feststellung der Nichtigkeit berufen ist; vielmehr stellt sich hier die Frage nach einer möglichen **Verwerfungskompetenz**. **129**

Zweifellos darf ein erkanntermaßen rechtswidriger und darum nichtiger Bebauungsplan nicht angewendet werden; die Baugenehmigungsbehörde etwa, die dies trotzdem tut, handelt amtspflichtwidrig[289]. Andererseits darf sie den Plan aber auch nicht einfach ignorieren und sich im Wege einer **Inzidentverwerfung** durch schlichte **130**

---

287 So die Begründung zum Reg.-Entw. des BauGB, BT-Drucks. 10/6166, S. 134.
288 Für eine verfassungskonforme Auslegung des § 215 I Nr. 2 BauGB darum u.a. *Berliner Kommentar*, § 215 Rdnr. 10 ff; *Schrödter*, § 215 Rdnr. 7 f; *Stüer*, A 687.
289 BGH DVBl. 1986, 1264 (1265 f).

Nichtanwendung über ihn hinwegsetzen[290]. Der Grundsatz der Rechtssicherheit gebietet Rücksicht auf den Geltungsanspruch des förmlich in Kraft gesetzten Planes, zumal dessen Rechtswidrigkeit nicht jedermann erkennbar sein wird. Im Übrigen mag vielfach sogar zweifelhaft sein, ob tatsächlich Planungsmängel vorliegen, die zur Planunwirksamkeit führen. Irrt sich die Behörde insoweit, handelt sie gerade durch die Nichtanwendung des Planes rechtswidrig, und es können Entschädigungsforderungen – z.B. wegen faktischer Bausperre (vgl. Rdnr. 249) – auf sie zukommen.

131 Es besteht demnach Bedarf für ein **förmliches Verwerfungsverfahren**. Die Baugenehmigungsbehörde kann zwar, soweit sie nicht mit der Gemeindebehörde identisch ist, den Antrag auf verwaltungsgerichtliche Kontrolle nach § 47 VwGO stellen. Dagegen haben weder sie noch die mit der Rechtskontrolle über die Bauleitplanung beauftragte höhere Verwaltungsbehörde die Möglichkeit, die Nichtigkeit eines schon in Kraft gesetzten Planes von sich aus verbindlich festzustellen[291]; sie würden der Gemeinde dadurch die Möglichkeit nehmen, Fehler nach § 215a II BauGB mit rückwirkender Kraft zu beheben[292]. Ebensowenig kommt die Rücknahme einer eventuell vorausgegangenen aufsichtsbehördlichen Genehmigung des Plans (§ 10 II 1 BauGB) in Betracht, da § 48 VwVfG auf Verwaltungsakte, die im Rahmen eines Rechtsetzungsverfahrens ergehen, nicht zugeschnitten ist[293].

132 Denkbar ist aber auch, dass die **Gemeinde** selbst Klarheit über die Wirksamkeit eines von ihr erlassenen Bebauungsplanes sucht[294]; ein Bedürfnis besteht vor allem dann, wenn sie selbst Baugenehmigungsbehörde ist und mit Entschädigungsforderungen rechnen muss. Da § 47 II 2 VwGO auch bei der verwaltungsgerichtlichen Normenkontrolle den „In-Sich-Prozess" untersagt, ist ihr der Weg zu einer verbindlichen gerichtlichen Feststellung versperrt[295]. Ein förmlicher Nichtigkeitsbeschluss des kommunalen Vertretungsorgans setzt eine gemeindliche Verwerfungskompetenz voraus. Sie würde indes – gerade in den Zweifelsfällen, um die es sich meist handelt – die Tür zur Umgehung des § 2 IV BauGB öffnen, der auch für die Aufhebung von Plänen zwingend dasselbe Verfahren vorschreibt wie für deren Aufstellung. Der Gemeinde bleibt darum, wenn sie meint, der Rechtsunsicherheit ein Ende bereiten zu müssen, nur der Ausweg einer **formellen Planaufhebung** im Wege eines vollständigen, auch die Bürgerbeteiligung einschließenden Planungsverfahrens[296]. Sie ist hierzu nicht nur befugt, sondern auch verpflichtet und kann kommunalaufsichtsrechtlich zur Planaufhebung angehalten werden. Bis es dazu kommt, sollte die Gemeinde – wenigstens in analoger Anwendung – auf das Instrumentarium der §§ 14 ff BauGB zurückgreifen dürfen[297].

---

290 *v.Mutius/Hill*, S. 54 ff m.w.N.; SaarlOVG NVwZ 1990, 172; a.A. *Pietzcker*, DVBl. 1986, 806 (808); Hess VGH NVwZ 1990, 885; *Diedrich*, BauR 2000, 819.
291 *v.Mutius/Hill*, S. 54 ff m.w.N.; a.A. *Pietzcker*, DVBl. 1986, 806 (808).
292 *Berliner Kommentar*, § 10 Rdnr. 38.
293 BVerwGE 75, 142 (146 f); *Jung*, NVwZ 1985, 790 (792).
294 Ausführlich zum Umgang mit ungültigen Bebauungsplänen *Berliner Kommentar*, § 10 Rdnr. 35 ff.
295 *v.Mutius/Hill*, S. 62 f; a.A. *Pietzcker*, DVBl. 1986, 806 (808 f).
296 BVerwGE 75, 142 (144 ff); vgl. auch *Brügelmann*, § 10 Rdnr. 482 ff.
297 A.A. *Steiner*, DVBl. 1987, 483 (485 f).

Beispiel: Anlässlich eines Bauantrages gelangt das gemeindliche Bauordnungsamt zu der **133** Überzeugung, dass der einschlägige und dem Antrag nach seiner Auffassung entgegenstehende Bebauungsplan rechtsfehlerhaft ist. Wie hat sich das Amt zu verhalten?
Zunächst hat es zu prüfen, ob die erkannten Rechtsmängel nach den §§ 214 f BauGB überhaupt beachtlich sind und noch geltend gemacht werden können. Ist dies der Fall, so kommt, soweit es sich um Form- oder Verfahrensmängel handelt, deren Behebung und die rückwirkende Inkraftsetzung des Planes nach § 215a II BauGB in Betracht. Scheidet diese Möglichkeit wegen materiell begründeter Rechtswidrigkeit aus, muss das Bauordnungsamt den Bebauungsplan als unwirksam behandeln und darf den Bauantrag nicht unter Berufung auf entgegenstehende Planfestsetzungen ablehnen. Es darf ihm andererseits aber auch nicht mit der Erwägung stattgeben, dass bei Unwirksamkeit des Plans die §§ 34 oder 35 BauGB zum Zuge kommen, die das Bauvorhaben möglicherweise zulassen. Eine schnelle Behebung dieses Dilemmas durch ein ergänzendes Verfahren nach § 215a I BauGB, bei dem die Gemeinde die Satzungsmängel durch ein ergänzendes Verfahren behebt und bis dahin die Satzung für rechtsunwirksam erklärt, kommt mangels einer entsprechenden Verwerfungskompetenz nicht in Betracht (vgl. Rdnr. 125). Eine verbindliche Nichtigkeitsfeststellung der Gemeinde oder der Aufsichtsbehörde scheidet ebenfalls aus. Ebensowenig kann das Bauordnungsamt als Gemeindebehörde den gemeindlichen Bebauungsplan einer verwaltungsgerichtlichen Normenkontrolle nach § 47 VwGO unterziehen. Vielmehr muss die Gemeindevertretung durch Beschluss ein förmliches Aufhebungsverfahren einleiten, das nach Maßgabe der für die Bauleitplanung geltenden Vorschriften abzuwickeln ist. Die Aufhebung kann, wenn das beabsichtigt ist, mit einer Neuplanung verbunden werden. Bis dahin oder bis zum Erlass einer Veränderungssperre (§ 14 BauGB) ist die Entscheidung über das Bauvorhaben nach § 15 BauGB auszusetzen.
Dieses Vorgehen schließt Entschädigungsansprüche des Antragstellers aus. Allerdings kann er u.U. Ersatz für Planungsschäden verlangen, wenn er nachweisen kann, dass der alte Bebauungsplan entgegen der Ansicht des Bauordnungsamts weder fehlerhaft war noch seinem Bauvorhaben entgegenstand (vgl. BVerwGE 75, 142).

Planaufhebung und Neuplanung sind indes entbehrlich[298], soweit die Gemeinde Plan- **134** mängel durch ein **ergänzendes Verfahren** beheben und den Plan – allerdings nur bei Fehlern i.S. von § 214 I BauGB – rückwirkend in Kraft setzen kann (§ 215a II BauGB). Das ergänzende Verfahren ist insoweit erleichtert, als nur diejenigen Verfahrensabschnitte wiederholt werden müssen, die den Planungsmangel betreffen oder ihm folgen. Eine erneute Bürgerbeteiligung ist allein wegen der Rückwirkung nicht erforderlich[299]; eines nochmaligen Beschlusses der Gemeindevertretung bedarf es nur dann, wenn der zu heilende Fehler vor oder während der ursprünglichen Beschlussfassung geschah[300]. Das ergänzende Verfahren kann von der Gemeinde nicht mit der Wirkung des § 215a I 2 BauGB eröffnet werden (Rdnr. 125); sie kann jedoch insoweit auf das Instrument der Veränderungssperre zurückgreifen[301].

---

298 Zur Wahlmöglichkeit der Gemeinde *Stüer*, A 691.
299 Str.; vgl. BVerwGE 75, 262 (269 f); *Schrödter*, § 215a Rdnr. 24; *B/K/L*, § 215a Rdnr. 12.
300 *Dolde*, NVwZ 2001, 976 (981); *B/K/L*, § 215a Rdnr. 11; *Hoppe/Bönker/Grotefels*, § 17 Rdnr. 114.
301 Vgl. oben Rdnr. 132.

IV *Baurecht*

2. Haftungsfragen

135 Rechtsmängelbehaftete und darum nichtige Bebauungspläne können bei den davon betroffenen Grundstückseigentümern (Bauwilligen oder Nachbarn) **Schäden** bewirken, für die dann die planende Gemeinde haftbar gemacht wird. Es handelt sich hierbei um eine Haftung für normatives Unrecht[302], die sich sowohl aus Amtshaftungsrecht als auch unter dem Gesichtspunkt des enteignungsgleichen Eingriffs begründen lässt[303].

136 **Amtshaftungsrechtlich** gesehen handeln die Mitglieder der Gemeindevertretungen als Inhaber eines öffentlichen Amtes, die auch beim Erlass von Bebauungsplänen Amtspflichten zu wahren haben. Eine Verletzung solcher Pflichten führt indes nur dann zur Schadensersatzpflicht, wenn sie den Amtsträgern gerade (auch) gegenüber den geschädigten Grundstückseigentümern obliegen[304]. Gegen das Vorhandensein drittbezogener Amtspflichten spricht nicht etwa schon der Normcharakter der Bebauungspläne; vielmehr kann auch bei der Normsetzung generell und insbesondere bei der Aufstellung von Bebauungsplänen die Berücksichtigung von Drittinteressen geboten sein[305]. Allerdings betrifft nicht jeder Planungsfehler den Rechtsbereich der Grundstückseigentümer; das wird im allgemeinen nur bei Nichtberücksichtigung ihrer schutzwürdigen Belange im Rahmen der Abwägung nach § 1 VI BauGB und nicht schon bei Form- oder Verfahrensverstößen der Fall sein[306]. So genügt es beispielsweise nicht, dass ein Bebauungsplan nicht in der vorgeschriebenen Weise aus dem Flächennutzungsplan entwickelt worden ist (§ 8 II-IV BauGB). Bei Verstößen gegen das Abwägungsgebot stellt die Rechtsprechung darauf ab, ob das darin zu Tage tretende Rücksichtnahmegebot im konkreten Fall über seinen objektiv-rechtlichen Bezug hinaus zu Gunsten des Betroffenen drittschützende Wirkung erlangt und ihm damit ein subjektiv-öffentliches Recht verleiht; das soll nur dann der Fall sein, wenn und soweit in qualifizierter und zugleich individualisierter Weise auf schutzwürdige Interessen eines erkennbar abgegrenzten Kreises Dritter Rücksicht zu nehmen ist[307]. Ob diese Übernahme von Vorstellungen aus dem Bereich bebauungsrechtlicher Regelung der Grundstücksnutzung (vgl. Rdnr. 366 ff) eine dogmatisch gesicherte Grundlage für die Abgrenzung abgibt, erscheint zweifelhaft. Richtiger dürfte sein, unmittelbar auf § 1 VI BauGB abzustellen, soweit er auch die Berücksichtigung privater Belange verlangt[308].

137 Drittbezogene Planungspflichten ergeben sich auch aus dem in § 1 V 2 Nr. 1 BauGB enthaltenen Gebot, bei der Aufstellung von Bauleitplänen die allgemeinen Anforderungen an gesunde Wohn- und Arbeitsverhältnisse und die Sicherheit der Wohn- und Arbeitsbevölkerung zu berücksichtigen; geschützt werden hierdurch nicht nur die

---

302 Zur Unanwendbarkeit des StHG (Rdnr. 398) auf normatives Unrecht *Ossenbühl*, Staatshaftungsrecht, 5. Aufl. 1998, S. 483.
303 Zum Folgenden ausführlich *Hoppe/Bönker/Grotefels*, § 20 Rdnr. 23 ff.
304 Hierzu ausführlich BGHZ 106, 323 (330 ff).
305 BGHZ 92, 34 (51). *Hoppe/Bönker/Grotefels*, § 20 Rdnr. 25.
306 Vgl. BGHZ 84, 292; *Hoppe/Bönker/Grotefels*, § 20 Rdnr. 26 ff; *E/Z/B/K* Vorb. §§ 39-44 Rdnr. 88.
307 BGHZ 92, 34 (51 f); 106, 323 (332).
308 Vgl. *Hoppe/Bönker/Grotefels*, § 20 Rdnr. 48 ff.

Grundstückseigentümer, sondern auch die sonstigen Bewohner des Plangebietes[309]. In den sog. **Altlastenfällen**[310] ist die planende Gemeinde darum verpflichtet zu prüfen, ob durch die Überplanung kontaminierter Flächen zu Wohnzwecken die Gesundheit der im Plangebiet Wohnenden oder die Standsicherheit der zu errichtenden Gebäude gefährdet werden[311]. Ebenso muss auch berücksichtigt werden, wieweit von einer emittierenden Nachbarbebauung Gefahren für das Plangebiet ausgehen[312]. Dagegen dient die Pflicht zur Kennzeichnung von Altlasten nach den §§ 5 III Nr. 3 und 9 V Nr. 3 BauGB für sich genommen, d.h. wenn sich die Kontaminierung nicht gesundheitsgefährdend auswirkt, nicht dem Schutz der Bauherren[313].

Ein rechtswidriger und nach den Beachtlichkeitsregeln der §§ 214, 215 BauGB (vgl. Rdnr. 114 ff) nichtiger Bebauungsplan kann Ansprüche wegen **enteignungsgleichen Eingriffs** entstehen lassen, wenn sich durch den Vollzug seiner unwirksamen Festsetzungen in der Nachbarschaft die vorgegebene Grundstückssituation nachhaltig verändert und dadurch ein Grundstückseigentümer schwer und unerträglich getroffen wird. Die Verantwortlichkeit liegt bei dieser Sachlage – jedenfalls auch – bei der Gemeinde, die den nichtigen Bebauungsplan erlassen hat[314]; seine Festsetzungen selbst schon entfalten, soweit sie die Grundstückssituation beeinflussen, unmittelbare Eingriffswirkungen[315]. Allerdings ist der Vollzug des Bebauungsplans stets Voraussetzung für den Eintritt der Haftung, da anderenfalls eine spürbare Beeinträchtigung nicht vorliegt. Daneben kommen wegen des Vollzugs selbst auch Ansprüche gegen den Träger der Baugenehmigungsbehörde in Betracht (vgl. Rdnr. 405). Soweit auch das **Bauordnungsrecht** Entschädigungsansprüche für rechtswidrige bauordnungsrechtliche Maßnahmen vorsieht[316], sind diese Entschädigungstatbestände jedoch für die Fehlplanung nicht einschlägig. Die Entscheidung über die Aufstellung eines Bebauungsplanes ist eine Maßnahme des Bauleitplanungs- und nicht des Bauordnungsrechts[317]. 138

Beispiel: Die Gemeinde G hat einen Bebauungsplan erlassen, der jedoch nichtig ist, weil er nicht aus dem Flächennutzungsplan entwickelt wurde und deshalb die geordnete städtebauliche Entwicklung beeinträchtigt. Bevor dieser Planungsfehler entdeckt wurde, hat B eine Baugenehmigung für ein dem Plan entsprechendes Vorhaben beantragt. Sie wird ihm nunmehr unter Hinweis darauf versagt, dass sein Vorhaben angesichts der Nichtigkeit des Plans nicht zulässig ist. B möchte seine Aufwendungen (Architektenkosten usw.) ersetzt erhalten. § 39 BauGB verschafft B keinen Anspruch, weil er nur das Vertrauen in rechtmäßige Pläne schützt. Auch nach § 839 BGB i.V.m. Art. 34 GG erhält er keinen Ersatz; denn bei der Aufstellung des Bebauungsplans verstieß die Gemeinde nicht gegen Amtspflichten, die ihr B gegenüber obla- 139

---

309   BGHZ 106, 323 (334). Vgl. auch *Hoppe/Bönker/Grotefels*, § 20 Rdnr. 28 ff.
310   BGHZ 106, 323; 108, 224; 109, 380; 110, 1; 113, 367; 117, 363; BGH NJW 1994, 253. Vgl. zum Ganzen *Ossenbühl*, DÖV 1992, 761; *Steiner*, FS Weyreuther (1993), 137; *Schrödter*, § 2 Rdnr. 67 ff; *Brohm*, § 8 Rdnr. 11; *E/Z/B/K*, Vorb. §§ 39-44 Rdnr. 69, 96 ff.
311   BGHZ 106, 323 (334); 110, 1 (7).
312   BGH NJW 1990, 1042 (1043).
313   BGH NJW 1991, 2701 (2702).
314   BGHZ 94, 34 m.Anm. *Papier*, JZ 1984, 993; *Kosmider*, JuS 1986, 274.
315   Vgl. auch BVerfGE 70, 36 (50 ff).
316   Beispiel: § 57 I Nr. 3 BauO NW i.V.m. § 39 OBG.
317   *Prior*, BauR 1987, 157 (159).

gen. Die Pflicht, den Bebauungsplan aus dem Flächennutzungsplan zu entwickeln, soll eine geordnete städtebauliche Entwicklung der Gemeinde sicherstellen. Sie dient damit allein den Interessen der Allgemeinheit; ein Schutz der Belange des einzelnen Bürgers ist nicht bezweckt. Eine allgemeine Amtspflicht, den Bürger vor wertlosen Aufwendungen im Hinblick auf einen nichtigen Bebauungsplan zu bewahren, besteht nicht. Auch eine Entschädigung nach den Grundsätzen des enteignungsgleichen Eingriffs kann B nicht verlangen, weil es an einem Eingriff in das Eigentum fehlt. B macht lediglich einen Schaden an seinem Vermögen geltend; dieses genießt aber als solches nicht den Schutz des Art. 14 GG (BGHZ 84, 292).

Vertiefungsliteratur:

1. Planungsmängel und Planerhaltung: Dolde, Das ergänzende Verfahren nach § 215a I BauGB als Instrument der Planerhaltung. NVwZ 2001, 976; *Gassner*, Aktuelle Probleme der rückwirkenden Inkraftsetzung von Satzungen gemäß § 215 Abs. 3 BauGB. BauR 1993, 33; *Henke*, Planerhaltung durch Planergänzung und ergänzende Verfahren (1997); *Hoppe*, Der Rechtsgrundsatz der Planerhaltung als Struktur- und Abwägungsprinzip. DVBl. 1996, 12; *Hoppe/Henke*, Der Grundsatz der Planerhaltung im neuen Städtebaurecht. DVBl. 1997, 1407; *Kohl*, Leitfaden für die Normenkontrolle von Bebauungsplänen. JuS 1993, 320, 499; *Sarnighausen*, Abwägungsmängel bei Bebauungsplänen in der Praxis. NJW 1993, 3229; *Schaber*, Unbeachtlichkeit und Heilung von Fehlern bei Bauleitplänen und anderen städtebaulichen Satzungen. VBl. BW 1998, 161; *Ziegler*, Ausfertigung und Heilung von Ausfertigungsmängeln bei Bebauungsplänen. NVwZ 1990, 533.

2. Haftungsfragen: Boujong, Schadensersatz- und Entschädigungsansprüche wegen fehlender Bauleitplanung. WiVerw 1991, 59; *Jochum*, Amtshaftung bei Abwägungs- und Prognosefehlern in der Bauleitplanung (1994); *Hoppe/Bönker/Grotefels*, Öffentliches Baurecht. § 20 (S. 762 ff); *Krohn*, Schutzzweck und Drittbezogenheit von Amtspflichten im öffentlichen Baurecht, ZfBR 1994, 8; *Lansnicker/Schwirtzek*, Die Amtshaftung der Bauordnungs- und Bauplanungsbehörden in der Rspr. des BGH. NVwZ 1996, 745; *Stüer*, Baugrundrisiken und öffentliches Recht – Reformbedarf? BauR 1995, 604.

IV. Entschädigung für Planungsschäden

1. Übersicht

140 Nicht schon die nur vorbereitende Flächennutzungsplanung, wohl aber die Bebauungsplanung regelt rechtsverbindlich nach außen hin die Art und Weise und den Umfang der baulichen Nutzung der jeweils beplanten Grundstücke. Soweit durch eine solche Planung bisher baulich nicht nutzbares Land zu Bauland wird, steigt damit im allgemeinen auch sein Wert. Vielfach hat ein Bebauungsplan für den Grundstückseigentümer aber auch negative Konsequenzen, nämlich dann, wenn beispielsweise eine bis dahin zulässige bauliche Nutzung nach den Festsetzungen des Planes nicht oder nicht mehr im selben Umfang zulässig sein soll oder wenn Grundstücke nicht als Bauland, sondern als Verkehrs- oder Grünflächen ausgewiesen werden. In diesen und weiteren Fällen so genannter **Planungsschäden** kann aus verfassungsrechtlichen Gründen eine Entschädigung geboten sein.

Seit der neueren Enteignungs-Rspr. des BVerfG[318] steht fest, dass nicht die Eigentumsbelastung als solche, selbst wenn sie schon die Schwelle zum Sonderopfer überschreitet, entschädigungspflichtig macht. Vielmehr wird Enteignungsentschädigung nur nach Maßgabe des Art. 14 III GG gewährt, also nur für den vollständigen oder teilweisen Entzug konkreter subjektiver Rechtspositionen, die durch Art. 14 I 1 GG als Eigentum geschützt sind (Enteignung im verfassungsrechtlichen Sinn), und nur auf der Grundlage eines zur Entschädigung verpflichtenden Gesetzes. Gesetzliche Eigentumsbindungen nach Art. 14 I 2 GG bewirken demgegenüber selbst dann keine Entschädigungspflicht, wenn sie das betreffende Eigentumsrecht zu weitgehend und damit ihrerseits schon in verfassungswidriger Weise einengen. Lediglich dann, wenn die Anwendung einer an sich verfassungskonformen Inhalts- oder Schrankenbestimmung im Einzelfall eine unangemessene, vor Art. 14 I 1 GG nicht mehr zu rechtfertigende Eigentumsbeeinträchtigung bewirkt, kann der Gesetzgeber die Folge der – partiellen – Verfassungswidrigkeit der gesetzlichen Regelung insoweit durch Zuerkennung eines gesetzlichen Ausgleichsanspruchs vermeiden. Dabei handelt es sich dann aber nicht um eine Entschädigung wegen Enteignung, sondern um den Fall einer partiell ausgleichspflichtigen Eigentumsbindung[319]. **141**

Bauleitplanung regelt die bauliche oder sonstige städtebauliche Nutzung von Grundstücken. Der Bebauungsplan, dessen Festsetzungen den städtebaulichen Gestaltungswillen der Gemeinde normativ zum Ausdruck bringen, bestimmt insofern Inhalt und Schranken des Eigentums[320]. Gleichwohl blieb noch längere Zeit umstritten, ob man mit dieser sich allein an Art. 14 I 2 GG orientierenden Deutung der Bebauungsplanung deren komplexen Charakter gerecht werde[321]. Immerhin, so ließe sich anführen, regelt ein Bebauungsplan nicht allein die künftige städtebauliche Nutzung von Grundstücken, sondern schränkt dabei auch bestehende Nutzungsmöglichkeiten ein oder beseitigt sie gänzlich. Darin könnte ein Zugriff auf bereits verfestigte, konkrete Eigentumspositionen zu sehen sein, der als ein Akt **administrativer Enteignung** auf der Grundlage des Art. 14 III GG und nach Maßgabe der Entschädigungsvorschriften der §§ 39 ff BauGB entschädigungspflichtig ist[322]. **142**

Diese Ansicht dürfte indes nicht mehr zu halten sein, nachdem das BVerfG in neuerer Rspr. den Begriff der Enteignung nochmals präzisiert und von einer Inhalts- und Schrankenbestimmung abgegrenzt hat. Enteignung ist danach darauf gerichtet, konkrete, durch Art. 14 I GG geschützte Rechtspositionen zur Erfüllung bestimmter öffentlicher Aufgaben vollständig oder teilweise zu entziehen; die Regelung oder Beschränkung von Nutzungsmöglichkeiten fällt dagegen nicht hierunter[323]. Das gilt auch dann, wenn eine Nutzungsregelung bisher zulässige Nutzungen beschränkt oder **142a**

---

318 BVerfGE 58, 300 (Nassauskiesung); hierzu u.a. *Maurer*, Allgemeines Verwaltungsrecht (13. Aufl. 2000), § 26 Rdnr. 26 ff.
319 BVerfGE 58, 137 (149).
320 BVerfGE 79, 174 (191 f).
321 Übersicht über den Streitstand bei *B/K/L*, Vorb. §§ 39-44 Rdnr. 5. Vgl. auch *Jarass*, NJW 2000, 2841 (2842).
322 So u.a. noch die Vorauflage.
323 BVerfGE 100, 226 (240). Zum Ganzen auch *E/Z/B/K*, Vorb. §§ 39-44 Rdnr. 46.

IV *Baurecht*

unterbindet. Bebauungsplanfestsetzungen behalten darum selbst dann den Charakter einer Inhalts- und Schrankenbestimmung, wenn sie die bisherige städtebauliche Rechtslage zum Nachteil bestimmter Grundstückseigentümer abändern[324]. Eigentumsbeschränkungen dieser Art müssen sich freilich an Art. 14 I GG messen lassen. Sie sind überhaupt nur dann zulässig, wenn Gründe des öffentlichen Interesses das Interesse des Eigentümers am Fortbestand vorhandener Bebauungsmöglichkeiten überwiegen. Überdies gebietet es das **Verhältnismäßigkeitsgebot**, auf das Vertrauen des Eigentümers in den Fortbestand seiner Eigentumsrechte angemessen Rücksicht zu nehmen; diesem Gebot trägt insbesondere die differenzierende Entschädigungsregelung des § 42 BauGB[325] Rechnung. Die hiernach zu zahlende Entschädigung für Bodenwertverlust ist keine Enteignungsentschädigung nach Art. 14 III GG[326], sondern Ausdruck einer **ausgleichspflichtigen Eigentumsbindung**[327]; sie begründet sich unmittelbar aus Art. 14 I GG und ist nicht etwa nur eine Billigkeitsregelung im Interesse des Vertrauensschutzes (Rdnr. 148)[328].

143 Das **Planungsschadensrecht** lässt sich wegen der Heterogenität seiner Tatbestände nur schwer überschauen. Es erleichtert hingegen das Verständnis, wenn man jeden einzelnen Entschädigungstatbestand unter drei Gesichtspunkten qualifiziert: nach seinem Entschädigungsgegenstand, seinem Entschädigungsgrund und nach der von ihm bestimmten Entschädigungsart.

144 **Entschädigungsgegenstand** ist in erster Linie die von Planungsmaßnahmen verursachte Minderung der **Nutzungsmöglichkeit** der davon betroffenen Grundstücke; sie kommt im allgemeinen in einem **Bodenwertverlust** zum Ausdruck, d.h. in der Differenz zwischen dem Grundstückswert vor und nach der Planung. Was hierbei als Grundstückswert anzusetzen ist, hängt davon ab, ob der Berechnung abstrakt die **Nutzbarkeit** des betreffenden Grundstücks zu Grunde gelegt wird, wie sie sich aus der jeweiligen Rechts- und Planungslage ergibt, oder ob man auf den Grundstückswert nach Maßgabe einer **schon realisierten Nutzung** abstellt (§ 42 II, III BauGB). Die Minderung der Bodennutzungsmöglichkeit ist Entschädigungsgegenstand vor allem in den §§ 40, 41 I, 42 und teilweise auch in § 41 II BauGB. Daneben gewährt das Planungsschadensrecht eine Entschädigung auch für **Aufwendungen**; entschädigungsfähig sind sowohl planungsrechtlich geforderte (§ 41 II BauGB) wie auch durch eine Planung entwertete Aufwendungen (§ 39 BauGB). Nicht ausdrücklich geregelt, sondern nur erwähnt ist eine Entschädigung für Eingriffe in eine bereits ausgeübte **Bodennutzung** (§ 42 IV BauGB). Hier geht es nicht um den Bodenwert des möglicherweise durch eine bestimmte Nutzungsform in seinem Wert erhöhten Grundstücks, sondern um den Wert der Nutzungsart selbst (etwa den Wert des auf einem Grundstück eingerichteten und ausgeübten Gewerbebetriebes).

---

324 BVerfG NVwZ 1999, 979 (980).
325 Gleiches gilt – mit gewissen Einschränkungen – auch für die §§ 40 und 41 I, II BauGB; vgl. hierzu *Jarass*, NJW 2000, 2841 (2845).
326 Immerhin räumt BVerfG NVwZ 1999, 979 (980) ein, dass sich der Entzug baulicher Nutzungsmöglichkeiten „wie eine Teilenteignung" auswirken könne.
327 *B/K/L*, Vorb. §§ 39-44 Rdnr. 5; *Hoppe/Bönker/Grotefels*, § 2 Rdnr. 69 ff.
328 So indes *Brohm*, § 17 Rdnr. 8.

Systematik des Planschadensrechts

Tatbestand	Entschädigungsgegenstand	Entschädigungsgrund	Entschädigungsart
§ 39	planveranlasste Aufwendungen	Plangewährleistung	Entschädigung in Geld
§ 40	Minderung der Nutzungsmöglichkeit (Bodenwertminderung) – uneingeschränkt innerhalb der Frist nach § 42 III – nur realisierte Nutzungsmöglichkeit § 43 III, 42 III	Eigentumsschutz (Substanz- oder Bestandsschutz) für Grundstückseigentum	a) § 40 II Übernahme des Grundstücks gegen Entschädigung b) § 40 III Entschädigung in Geld
§ 41 I	Minderung der Nutzungsmöglichkeit (wie § 40)	Eigentumsschutz für Grundstückseigentum	a) Begründung eines dingl. Rechts am Grundstück gegen Entschädigung b) Ausnahmsweise Übernahme des Grundstücks § 43 I 3 i.V.m. § 92 II 2
§ 41 II	a) Nr. 1 plangebotene Aufwendungen b) Nr. 2 Minderung der Nutzungsmöglichkeit (wie § 40)	Eigentumsschutz für Grundstückseigentum	Entschädigung in Geld
§ 42 II, III	Minderung der Nutzungsmöglichkeit a) § 42 II uneingeschränkt innerhalb 7-Jahresfrist b) § 42 III beschränkt auf realisierte Nutzungsmöglichkeit	Eigentumsschutz für Grundstückseigentum	Entschädigung in Geld
§ 42 IV	Minderung der Grundstücksnutzung (z.B. Gewerbebetrieb)	Eigentumsschutz für Grundstückseigentum	Entschädigung in Geld

Was den **Entschädigungsgrund** betrifft, so trägt das Planschadensrecht zwei unterschiedlichen Gesichtspunkten Rechnung: einerseits dem in der Eigentumsgarantie des Art. 14 GG verwurzelten **Bestandsschutz**, zum anderen dem Gesichtspunkt einer aus dem Rechtsstaatsprinzip und dem Vertrauensschutz abgeleiteten **Plangewährleistung**. Letzterer Gesichtspunkt kommt in § 39 BauGB zum Tragen[329], der erstere dagegen bei den übrigen Entschädigungstatbeständen. Was allerdings Gegenstand des hier verwirklichten Eigentumsschutzes ist, eine unmittelbar verfassungsrechtlich gewährleistete Baufreiheit oder aber ein nur gesetzlich gewährtes und beschränkba-

145

---

[329] Ebenso *Schrödter*, § 39 Rdnr. 22.

res subjektiv-öffentliches Recht zu bauen, darüber gehen die Meinungen erheblich auseinander (hierzu Rdnr. 161 ff).

146 Schließlich muss hinsichtlich der **Entschädigungsart** zwischen Entschädigung **in Geld** und Entschädigung durch **Übernahme des Grundstücks** (bzw. durch Begründung von Miteigentum oder eines geeigneten anderen dinglichen Rechts) gegen ein entsprechendes Entgelt unterschieden werden. Nach den §§ 39, 41 II 42 BauGB kommt ausschließlich oder in erster Linie eine Entschädigung in Geld in Betracht; bei den §§ 40 und 41 BauGB steht dagegen die Entschädigung durch Übernahme im Vordergrund.

2. Die einzelnen Entschädigungstatbestände

a) Entschädigung für planveranlasste Aufwendungen

147 § 39 BauGB gewährt Entschädigung in Geld, wenn Aufwendungen, die jemand im Vertrauen auf den Bestand eines Bebauungsplanes macht, um damit eine hiernach mögliche Nutzung eines Grundstücks vorzubereiten, durch eine Planungsänderung entwertet werden. Aufwendungen der hier gemeinten Art sind Architekten- oder Ingenieurhonorare für Planentwürfe, Finanzierungskosten für das Bauvorhaben oder auch Erschließungskosten, nicht dagegen die Kosten des Grundstückserwerbs, in denen der Bodenwert zum Ausdruck kommt[330]. Diese Vorschrift ist ein Ausdruck des Plangewährleistungs- und damit des Vertrauensschutzprinzips. Demjenigen Bürger, der im Hinblick auf eine staatliche Planungsmaßnahme in plankonformer Weise disponiert, steht ein Entschädigungsanspruch zu, wenn diese Dispositionen durch eine spätere Planänderung entwertet werden. Anknüpfungspunkt für einen solchen Vertrauensschutz ist ein wirksamer Bebauungsplan. Ein nichtiger Plan genügt diesem Erfordernis ebenso wenig (hier kommen nur Staatshaftungsansprüche, bei schon erteilter Baugenehmigung auch ein Anspruch nach § 48 III VwVfG in Betracht[331]) wie die einem Plan gleichwertige Nutzungsmöglichkeit nach den §§ 34, 35 BauGB[332]. Weiterhin dürfen der in Aussicht genommenen Bodennutzung auch keine privatrechtlichen oder öffentlich-rechtlichen Hindernisse entgegenstehen, da es sonst an der Kausalität der Planänderungen für den Vertrauensschaden mangeln würde[333]. Die Erschließung des Grundstücks muss, wenn schon nicht gesichert, dann doch wenigstens in absehbarer Zeit zu erwarten sein[334]. Der Vertrauensschutztatbestand des § 39 BauGB kann auch im Zusammenhang mit anderen plantschadensrechtlichen Entschädigungstatbeständen verwirklicht sein. Er unterliegt aber auch dann nicht deren Einschränkungen (vgl. § 43 III 2 BauGB), sondern ist als eigenständige Anspruchsgrundlage sozusagen „vor die Klammer gezogen".

---

330 *B/K/L*, § 39 Rdnr. 3; *E/Z/B/K*, § 39 Rdnr. 8 ff; *Schrödter*, § 39 Rdnr. 35.
331 BGHZ 84, 292; 110, 1 (4): *E/Z/B/K*, § 39 Rdnr. 16, und h.M.; a.A. *Birk*, NVwZ 1984, 1 (5), m.w.N.
332 *E/Z/B/K*, § 39 Rdnr. 17, und h.M. A.A. *Birk*, NVwZ 1984, 1 (5); *Schenke*, DÖV 1987, 45. Differenzierend *Remmert*, DVBl. 1995, 221.
333 *B/K/L*, § 39 Rdnr. 9; *E/Z/B/K*, § 39 Rdnr. 13.
334 *Schrödter*, § 39 Rdnr. 30; a.A. *E/Z/B/K*, § 39 Rdnr. 14 f; *B/K/L*, § 39 Rdnr. 9.

b) Entschädigung für planungsbedingte Bodenwertminderungen

§ 42 BauGB regelt die Entschädigung für die planungsbedingte Minderung der bebauungsrechtlichen Nutzbarkeit eines Grundstücks. Hauptfälle sind die planerische Herabzonung eines Baugebietes oder die erstmalige Beplanung eines Gebiets mit der Folge, dass eine bisher nach den §§ 34 oder 35 BauGB zulässige bauliche Nutzung nun nicht oder nicht mehr in vollem Umfang zulässig ist. Tritt die Minderung der Nutzbarkeit allerdings durch besondere Festsetzungen wie etwa von Verkehrs- oder Grünflächen oder durch die Begründung von Geh-, Fahr- und Leitungsrechten ein, so gelangen statt § 42 BauGB die §§ 40 und 41 I BauGB zur Anwendung (§ 43 III 1 BauGB). Der Entschädigungsanspruch nach § 42 BauGB ist ein Ausdruck des Eigentumsschutzes, auch wenn er sich am Vertrauen des Eigentümers am Fortbestand seiner baulichen Nutzungsrechte orientiert. Er bezieht sich darum nicht – wie etwa § 39 BauGB – auf den Ersatz von Vertrauensschäden, sondern gleicht den planungsbedingten Wertverlust der betroffenen Grundstücke aus. Dabei ist unerheblich, ob sich die bisherige Nutzungsmöglichkeit aus den Festsetzungen eines Planes oder aus den gesetzlichen Zulässigkeitstatbeständen der §§ 34, 35 BauGB herleitet[335]. Entscheidend ist allerdings (und dies im Unterschied zu § 39 BauGB), dass die betreffende Nutzungsmöglichkeit nicht lediglich abstrakt planungsrechtlich bestand, sondern sich unter Einbeziehung des Erschließungserfordernisses schon zu einem Anspruch verdichtet hatte. Die Möglichkeit einer Ausnahme oder Befreiung (§ 31 BauGB) reicht freilich nicht aus[336]. Aber auch Ansprüche aus den §§ 33 und 35 BauGB genügen nicht[337]; sie beruhen auf einer noch unfertigen Planung bzw. stehen sie unter dem Vorbehalt einer Übereinstimmung mit öffentlichen Belangen.

148

Umstritten ist, ob der Entschädigungsanspruch des § 42 II BauGB auch dann eingreift, wenn die Minderung der bisherigen Nutzungsmöglichkeit sich nicht aus den Festsetzungen eines Bebauungsplanes ergibt, sondern wenn eine außerhalb eines Bebauungsplanes bestehende Nutzungsmöglichkeit nach § 34 BauGB sich durch eine **faktische Umstrukturierung** des Gebiets auf Grund erteilter Baugenehmigungen verändert. Die Frage wird im Schrifttum überwiegend verneint, weil hier eine Entschädigung mangels eines hoheitlichen Eingriffs verfassungsrechtlich nicht geboten sei[338]. Der Grundstückseigentümer wird insoweit darauf verwiesen, sich gegen eine derartige „schleichende" Wertminderung nachbarrechtlich durch Rechtsbehelfe gegen die betreffenden Baugenehmigungen zu wehren (vgl. Rdnr. 347 ff). Schließlich entsteht nach § 42 II BauGB grundsätzlich kein Entschädigungsanspruch, wenn der durch die Nutzungsminderung bedingte Wertverlust nicht durch eine nutzbarkeitsändernde Beplanung des betroffenen Grundstücks, sondern seiner Nachbargrundstücke eintritt[339]. Allerdings wird in einem solchen Fall der Bebauungsplan selbst wegen ei-

149

---

335 B/K/L, § 42 Rdnr. 4; *Schrödter*, § 42 Rdnr. 61 ff.
336 E/Z/B/K, § 42 Rdnr. 33.
337 Teilw. str.; Einzelheiten bei *Schrödter*, § 42 Rdnr. 61, und bei E/Z/B/K, § 42 Rdnr. 35 ff; vgl. auch *Steiner*, DVBl. 1991, 739 (742 ff).
338 E/Z/B/K, § 42 Rdnr. 66 ff; *Schrödter*, § 42 Rdnr. 71 ff.
339 BGHZ 99, 262 (265); B/K/L, § 42 Rdnr. 5; E/Z/B/K, § 42 Rdnr. 72 ff.

IV Baurecht

nes Abwägungsmangels nichtig sein[340]. Die planende Gemeinde muss darum, will sie diese Konsequenz verhindern, auch solche Grundstücke, die von den Planfestsetzungen mittelbar betroffen werden, in ihren Bebauungsplan einbeziehen und damit auch für diese die Anwendung des Planungsschadensrechts eröffnen[341].

150 § 42 BauGB gewährt Entschädigung für eine planungsbedingte Minderung der Nutzbarkeit von Grundstücken nach Maßgabe des damit verbundenen **Bodenwertverlustes**. Allerdings unterwirft er diesen Anspruch einer **zeitlichen Beschränkung**[342]. Nach **§ 42 II BauGB** kann nur dann für den vollen Wertverlust des Grundstücks Entschädigung verlangt werden, wenn die ursprüngliche Nutzbarkeit eines Grundstücks innerhalb einer Frist von sieben Jahren aufgehoben oder geändert wird. Die Höhe des Anspruchs bemisst sich in diesem Fall nach der Differenz der Bodenwerte vor und nach der Änderung; hat bereits ein vorangegangener Flächennutzungsplan eine Wertminderung bewirkt, so wird diese schon dem Bebauungsplan zugeschlagen[343]. Der Grundstückswert vor der Änderung wird hierbei abstrakt nach der Nutzbarkeit des Grundstücks bemessen, wie sie sich auf Grund der vormaligen planungsrechtlichen Situation dargestellt hat; ob diese Nutzungsmöglichkeit tatsächlich auch verwirklicht war oder nicht (Beispiel: ein Grundstück mit fünfgeschossig zulässiger Bauweise ist nur zweigeschossig bebaut), spielt hierbei keine Rolle.

151 § 42 BauGB lässt freilich nicht erkennen, ob bereits die rein rechnerische Wertminderung des Grundstücks als solche den Entschädigungsanspruch auslöst oder ob diese Wertminderung für den Eigentümer in irgendeiner Weise wirtschaftlich **spürbar** geworden sein muss. Für die letztere Lösung spricht die eigentumsrechtliche Funktion der Entschädigung als Ausgleich für ein individuelles Opfer[344]. Auch § 44 III 1 BauGB, der den Anspruch auf Entschädigung entstehen lässt, wenn der Vermögensnachteil „eingetreten" ist, kann in dieser Weise gedeutet werden[345]. Folgt man dem, so kann es unter Umständen dann doch darauf ankommen, wie der Eigentümer sein Grundstück bisher genutzt hat. War es nämlich zum Zeitpunkt der Herabzonung bereits im zuvor zulässigen Umfang bebaut, so kann die ausgeübte Nutzung meist wie bisher fortgesetzt werden; sie bleibt trotz des Widerspruchs zum Plan kraft Bestandsschutzes zulässig. Die planbedingte Bodenwertminderung trifft den Eigentümer in diesem Fall nur dann (und möglicherweise nicht einmal in vollem Umfang), wenn er beispielsweise sein Grundstück veräußert und dabei nicht mehr denjenigen Kaufpreis erzielen kann, der dem früheren Grundstückswert entspricht[346]. Der planbedingte Entzug einer zuvor zulässigen, aber noch nicht verwirklichten Nutzungsmöglichkeit wird dagegen vielfach unmittelbar schon mit In-Kraft-Treten des Bebauungsplanes für den Eigentümer spürbar werden[347]. Diese Differenzierung hat auch Auswirkungen auf den Zeitpunkt, zu dem der Eigentümer durch schriftlichen Ent-

---

340 BVerfG, DVBl. 1971, 746 (749).
341 BGHZ 99, 262 (269 f).
342 Vgl. hierzu u.a. *Schrödter*, § 42 Rdnr. 97 ff.
343 BGH DVBl. 1978, 378 f.
344 *E/Z/B/K*, § 42 Rdnr. 83, 86; *Schrödter*, § 42 Rdnr. 106.
345 Vgl. *B/K/L*, § 44 Rdnr. 5.
346 *E/Z/B/K*, § 42 Rdnr. 81 f; *Papier*, in: Maunz/Dürig, GG, Art. 14 (2002), Rdnr. 419.
347 *E/Z/B/K*, § 42 Rdnr. 84.

schädigungsantrag nach § 44 III 1 BauGB die Fälligkeit des Entschädigungsbetrages herbeiführen kann.

Die **Siebenjahresfrist** beginnt mit dem Zeitpunkt, zu dem die ursprüngliche Nutzungsmöglichkeit – zu einem Anspruch verdichtet – entstand. Modifizierungen hinsichtlich der Frist ergeben sich nach § 42 V-VIII BauGB u.a. bei Erlass einer Veränderungssperre oder bei rechtswidriger Verweigerung einer Baugenehmigung. **152**

Nach Ablauf der Siebenjahresfrist kommt gemäß § 42 III BauGB der volle Ausgleich einer planungsbedingten Bodenwertminderung nicht mehr ohne Einschränkung in Betracht. § 42 III 1 BauGB erweckt durch seine Formulierung sogar den Eindruck, dass Minderungen des Bodenwertes dann überhaupt unbeachtlich sein sollen; eine Entschädigung könnte dann nur **„für Eingriffe in die ausgeübte Nutzung"** verlangt werden, wenn nämlich diese infolge der Aufhebung oder Änderung der planungsrechtlichen Nutzbarkeit unmöglich gemacht oder wesentlich erschwert würde. Entschädigungsgegenstand (vgl. Rdnr. 144) wäre dann nicht der Bodenwert, sondern ausschließlich die (realisierte) **Bodennutzung** als solche. Diese vom Gesetzeswortlaut nahe gelegte Interpretation kann jedoch nicht richtig sein. Hier ist zunächst darauf hinzuweisen, dass ein Bebauungsplan grundsätzlich vorhandene Bodennutzungen unberührt lässt (sog. Bestandsschutz) und allenfalls mittelbar unter bestimmten Voraussetzungen (hierzu Rdnr. 156) beeinträchtigen kann[348]. Wäre ein Entschädigungsanspruch auf diese wenigen Fälle beschränkt, so ließe sich dies schwerlich mit der Eigentumsgarantie des Art. 14 GG (hierzu Rdnr. 166 ff) vereinbaren. Unklar bliebe dann auch, welche Funktion § 42 IV BauGB (vgl. Rdnr. 155) haben sollte, der (unter Verwendung derselben Formulierung wie § 42 III 1 BauGB) von „Entschädigungen für Eingriffe in ausgeübte Nutzungen" spricht; ganz offensichtlich soll doch gerade (erst) mit dieser Vorschrift der Entschädigungsgegenstand „realisierte Bodennutzung" angesprochen werden[349]. Den entscheidenden Hinweis auf die hier vertretene Auffassung liefert indes § 42 III 2 BauGB, der hinsichtlich der Höhe der Entschädigung auf die Beeinträchtigung abstellt, die sich aus einem Vergleich des Bodenwertes nach der Planung mit dem Wert des **Grundstücks nach Maßgabe seiner tatsächlichen Nutzung** ergibt. (Im obigen Beispiel der Herabzonung eines Grundstücks mit fünfgeschossig zulässiger Bauweise käme es also nicht auf den Wert dieser Nutzungsmöglichkeit, sondern auf den Bodenwert auf Grund der tatsächlichen zweigeschossigen Bauweise an). Diese Vorschrift ist mehr als eine Berechnungsanleitung; sie verdeutlicht den auch schon in § 42 I BauGB erkennbaren Grundsatz, dass auch im Rahmen des § 42 III BauGB, also nach Ablauf der Siebenjahresfrist, Entschädigungsgegenstand nicht die vorhandene Bodennutzung als solche, sondern **nur**[350] der – hier nun freilich nach der realisierten Bodennutzung bemessene – **Bodenwert** ist. Eine zwar vorhandene, aber nicht realisierte bessere Nutzungsmöglichkeit bleibt außer Betracht. Darum kann ein Entschädigungsanspruch u.U. durchaus vollständig entfallen, wenn der Grundstückseigentümer ein herabgestuftes, aber zuvor planerisch wertvolleres Grundstück überhaupt noch nicht baulich genutzt hatte. **153**

---

348 *Breuer*, DÖV 1978, 189 (196 f); *Papier*, in: Maunz/Dürig, GG, Art. 14 (2002) Rdnr. 419.
349 *E/Z/B/K*, § 42 Rdnr. 92.
350 Insoweit anders *Schrödter*, § 42 Rdnr. 107 f (m.w.N.). Wie hier *E/Z/B/K*, § 42 Rdnr. 92.

IV *Baurecht*

154 Eine andere Frage ist dagegen auch hier, ob die auch nach § 42 III BauGB vorgeschriebene Bodenwertentschädigung allein schon auf Grund der planerischen Herabzonung oder erst dann geschuldet wird, wenn sich die Herabzonung für den Grundstückseigentümer tatsächlich negativ auswirkt. Die Formulierung in § 42 III 1 BauGB, wonach eine Entschädigung für Eingriffe in die ausgeübte Nutzung und für eine Beeinträchtigung der planungsgemäßen oder sonstigen Möglichkeiten der wirtschaftlichen Nutzung des Grundstücks zu leisten ist, deutet in der Tat darauf hin, dass nicht schon die **abstrakte** Bodenwertminderung, sondern erst der sich hieraus ergebende **konkrete** Nachteil für den Eigentümer (etwa bei einer beabsichtigten Belastung, bei Verkauf, Vermietung oder Verpachtung des Grundstücks) eine Entschädigungspflicht begründen soll. Auch bei § 42 III BauGB wird man darum (wie schon in den Fällen des § 42 II BauGB) als zusätzliche Entschädigungsvoraussetzung verlangen müssen, dass die Bodenwertminderung für den Eigentümer in irgendeiner Form **spürbar** geworden ist[351].

155 Im Unterschied zu seinem sonstigen Regelungsgehalt betrifft § 42 IV BauGB nicht den Bodenwert eines Grundstücks, sondern dessen konkrete **Nutzung** als solche, also die darauf errichteten Gebäude oder den auf dem Grundstück befindlichen eingerichteten und ausgeübten Gewerbebetrieb. Wie schon erwähnt, greift eine planerische Herabzonung nicht unmittelbar rechtlich in eine vorhandene Nutzung ein (das ist nur im Wege einer förmlichen Enteignung möglich), sondern lässt sie grundsätzlich unberührt auslaufen. Bei besonderen Fallkonstellationen kann aber von Planungen ein faktischer Eingriff in die Nutzung ausgehen, z.B. dann, wenn betriebsnotwendige Modernisierungs-, Erweiterungs- oder Ersatzbauten nach der neuen Rechtslage nicht mehr ausgeführt werden dürfen und der Betrieb hierdurch seine Wettbewerbsfähigkeit einbüßt[352]. § 42 IV BauGB regelt den hier verwirklichten Entschädigungstatbestand nicht selbst, sondern verweist auf andere Anspruchsgrundlagen wegen enteignenden Eingriffs oder – im Falle der planbedingten Widerrufs einer immissionsschutzrechtlichen Genehmigung – auch auf § 21 BImSchG[353]. Diese unmittelbar durch Art. 14 GG gewährleisteten Ansprüche unterliegen nach § 42 IV BauGB keinen plantschadensrechtlichen Beschränkungen.

c) Entschädigung für fremdnützige Nutzungsfestsetzungen

156 Auch die **§§ 40 und 41 I BauGB** betreffen Planungsschäden, die sich aus der verminderten Nutzbarkeit von Grundstücken auf Grund entsprechender Festsetzungen im Bebauungsplan ergeben. Im Unterschied zu § 42 BauGB handelt es sich hier jedoch nicht allein darum, sondern zugleich um die positive Bestimmung konkreter Nutzungsformen wie etwa bei der Festsetzung von Flächen als Verkehrs-, Versorgungs- oder ähnlichen Flächen oder bei der Festsetzung von Flächen, die mit Geh-, Fahr- oder Leitungsrechten zu belasten sind. Das zielt mehr auf eine Ersetzung der autonom-privatnützigen durch eine heteronom-gemeinnützige Nutzungsbestim-

---

351 *Schrödter*, § 42 Rdnr. 106.
352 *Breuer*, Bodennutzung, S. 208.
353 Wie hier *B/K/L*, § 42 Rdnr. 8; a.A. *E/Z/B/K*, § 42 Rdnr. 120.

mung; sie müsste im Wege einer formellen Enteignung der betreffenden Grundstücke oder ihrer Belastung mit entsprechenden dinglichen Rechten realisiert werden, bei der dann der Eigentümer zu entschädigen wäre. Aber auch schon vor derartigen Realisierungsmaßnahmen kann der Grundstückseigentümer allein durch die **planungsrechtliche** Aufhebung oder Einschränkung der Privatnützigkeit in seinem Eigentumsrecht betroffen sein, weil die zu erwartende Inanspruchnahme des Grundstücks für den geplanten Zweck schon im Voraus dessen Verkehrswert oder Nutzungsertrag mindert[354]. Auch das in solchen Fällen meist geltende Verbot wertsteigernder Änderungen baulicher Anlagen (§ 32 BauGB) kann Eigentumsbeeinträchtigungen bewirken.

Die vom Gesetz (§§ 40 II, 41 I BauGB) getroffene angemessene Lösung dieses Eigentumskonflikts liegt darin, die belastende Vorwirkung der planerischen Festsetzungen dadurch zu beenden, dass die ohnehin geplante Inanspruchnahme des Grundstücks und die dann weiterhin fällige Entschädigung vorgezogen werden. Der Grundstückseigentümer kann hiernach die Übernahme seines Grundstücks oder dessen Belastung verlangen. Allerdings muss sichergestellt sein, dass er tatsächlich durch die planerische Festsetzung schon gegenwärtig belastet ist[355]. Andernfalls träte ohne Rechtfertigung durch Art. 14 GG die Entschädigungsfolge schon zu einem Zeitpunkt ein, in dem die entschädigungsbegründende Maßnahme, die Inanspruchnahme des Grundstücks, noch gar nicht im Interesse der planenden Gemeinde liegt. Für Tatbestände der in den §§ 40, 41 I BauGB geregelten Art gelangen auch nur die dort vorgesehenen Entschädigungsfolgen (Übernahme des Grundstücks bzw. Begründung eines Rechts; Entschädigung in Geld nur nach Maßgabe des § 40 III BauGB) zur Anwendung; der allgemeine Entschädigungstatbestand des § 42 BauGB greift nicht ein (§ 43 III 1 BauGB). Dagegen erstreckt sich die in § 42 III BauGB vorgesehene Beschränkung der Entschädigung auch auf die Sondertatbestände (§ 43 III 2 BauGB).

157

Beispiel: Die Witwe W besitzt ein Hofgrundstück, dessen Wert ihr als Alterssicherung dienen soll. Das Gebiet, in dem das Grundstück liegt, ist 1989 durch einen Bebauungsplan der Gemeinde G als Wohnbaufläche für Einzelhäuser ausgewiesen worden. 1994 wurde der Bebauungsplan geändert: Für das Grundstück der W ist jetzt eine Grünfläche mit Spielplatz vorgesehen. W, die inzwischen Geld benötigt, verkauft ihr Grundstück mit allen sich daraus ergebenden Rechten und Pflichten an E, der nun seinerseits von der Gemeinde G Entschädigung verlangt. G sieht hierfür jedoch keinen Anlass.

158

Es kommt nur eine Entschädigung in der Form der Übernahme des Grundstücks nach § 40 II BauGB in Betracht (§ 42 III 1 BauGB). Entschädigungspflichtig wäre hiernach die Gemeinde (§ 44 I BauGB); da es mit ihr jedoch zu keiner Einigung kommt (§ 43 I 1 BauGB), muss E von der Enteignungsbehörde (§ 104 BauGB) die Entziehung des Eigentums nach enteignungsrechtlichen Vorschriften verlangen; das geschieht nötigenfalls durch Antrag auf gerichtliche Entscheidung (§ 217 BauGB). Ob E nach § 40 II Nr. 1 BauGB einen Übernahmeanspruch hat, hängt davon ab, ob ihm selbst (nicht etwa der W) zugemutet werden kann, das Grundstück bis zu einem späteren Enteignungsverfahren zu behalten. Die Rechtsposition, aus welcher der Übernahmeanspruch der W folgt, ist trotz der anders lautenden Vertragsklausel nicht auf E übergegangen, sondern erloschen, weil er dem jeweiligen Eigentümer nur bei eigener Unzu-

---

354 BGHZ 63, 240.
355 BGH DÖV 1985, 794 (795).

mutbarkeit zusteht. Weiterhin setzt ein Anspruch nach § 40 II BauGB wie alle Entschädigungsansprüche voraus, dass dem Grundstückseigentümer oder – wie hier – seinem Rechtsvorgänger durch die Herabzonung fühlbare Vermögensnachteile entstanden sind, welche die enteignungsrechtliche Opfergrenze überschreiten. Insoweit kommt es auf die Rechtsposition der W an, in die E durch Rechtsnachfolge eingerückt ist. Die Herabzonung hat den Verkehrswert des Grundstücks erheblich vermindert. Dieser Vermögensnachteil war für W auch schon spürbar, da sie das Grundstück veräußern wollte; der Wertverlust hat sich freilich erst bei E, dem sie das Grundstück zum alten Wert verkaufte, aktualisiert. Zwar sind nach § 43 III 2 BauGB Wertminderungen nicht zu berücksichtigen, die nach § 42 BauGB nicht zu entschädigen wären. Die Siebenjahresfrist nach § 42 III BauGB, die eine Entschädigung auf die vorhandene Nutzung (Hofgrundstück statt planerisch zulässiger Wohnhausbebauung) beschränken würde, war zum Zeitpunkt der Planänderung aber noch nicht verstrichen. Es wäre demnach ggf. eine Enteignungsentschädigung nach dem Verkehrswert von Einzelhausgrundstücken zu zahlen (vgl. BGH DÖV 1985, 794).

d) Entschädigung bei Auferlegung von Positivpflichten

159 Entschädigungsansprüche nach **§ 41 II BauGB** werden veranlasst durch die Auferlegung sog. „Positivpflichten", wie sie nach § 9 I Nr. 25 BauGB in einem Bebauungsplan bestimmt werden dürfen, also durch Bindungen für Bepflanzungen sowie durch Erhaltungs- und Anpflanzgebote. Ihre Durchsetzbarkeit wird durch § 178 BauGB gesichert. Grundsätzlich handelt es sich hierbei um Regelungen, welche die privatnützige Verwendung eines Grundstücks nur peripher binden; nur soweit außerordentliche Aufwendungen erforderlich werden oder durch die Festsetzungen eine wesentliche Wertminderung des Grundstücks eintritt, ist eine Entschädigung geboten. Wird die Wertminderung dagegen nicht durch das Pflanzgebot als solches, sondern durch eine dem vorausgehende planungsrechtliche Änderung der Grundstücksnutzung bewirkt, so gelangt statt § 41 II BauGB die Entschädigungsregelung des § 42 BauGB zur Anwendung.

e) Entstehung und Fälligkeit des Entschädigungsanspruchs

160 Das **Verfahren** bei der Geltendmachung von Entschädigungsansprüchen ist in den **§§ 43 und 44 BauGB** geregelt. Hiernach entsteht der Entschädigungsanspruch (sei er auf Geld, auf entgeltliche Grundstücksübernahme oder auf entgeltliche Grundstücksbelastung gerichtet) mit dem Eintritt des Vermögensschadens. Das kann zum Zeitpunkt des In-Kraft-Tretens des Bebauungsplanes, u.U. aber auch erst dann sein, wenn der Schaden spürbar wird (vgl. Rdnr. 151). Die Fälligkeit des Anspruchs wird durch schriftlichen Antrag beim Entschädigungspflichtigen herbeigeführt (§ 44 III BauGB). Kommt es über die Entschädigung nicht zu einer Einigung, kann der Eigentümer seinen Anspruch je nach dessen Art entweder vor der Enteignungsbehörde (§ 43 I BauGB) oder, wenn er auf Geldentschädigung gerichtet ist, vor der höheren Verwaltungsbehörde durchsetzen (§ 43 II BauGB). Eine Bodenwertentschädigung scheidet generell aus, soweit sie die Folge einer Planung ist, mit der städtebauliche Missstände beseitigt werden, an denen das betreffende Grundstück Anteil hat (§ 43 IV BauGB). Gleichfalls wird der sog. Verzögerungsschaden nicht entschädigt, der dadurch entsteht, dass der Eigentümer nicht rechtzeitig einen Antrag auf Geldent-

schädigung gestellt hat (§ 43 IV BauGB). Der Anspruch auf Entschädigung erlischt, wenn seine Fälligkeit nicht innerhalb der Dreijahresfrist des § 44 IV BauGB herbeigeführt wird.

3. Planungsschadensrecht und Baufreiheit

Die Bodennutzung steht in einem „**Konflikt zwischen Städtebau und Eigentumsgarantie**" (*Breuer*). Eine sachgerechte Anpassung der städtebaulichen Planung an die sich wandelnden Bedürfnisse und Vorstellungen wäre erheblich erschwert, schriebe man den jeweiligen planerischen status quo eigentumsrechtlich fest und ließe Planänderungen durchweg nur gegen Entschädigung zu. Das jetzige Planungsschadensrecht geht in § 42 BauGB einen gangbaren Mittelweg und trägt über die Siebenjahresfrist sowohl dem städtebaulichen Ziel der Planflexibilität wie auch dem eigentumsrechtlichen Wert der Plankontinuität Rechnung. Über seine verfassungsrechtliche Einordnung und seine Vereinbarkeit mit der Eigentumsgarantie des Art. 14 GG besteht freilich Streit; er wird üblicherweise als ein Streit um die Baufreiheit geführt[356].

161

Die **Baufreiheit** ist verfassungsgeschichtlich gesehen ein Begriff aus der Vorstellungswelt des politischen Liberalismus, dessen beide tragenden Säulen, Freiheit und Eigentum, sich in ihm vereinigen. Er bezeichnet ein natürliches und vorstaatliches Recht des Einzelnen, das neben anderen die Grundlage für die Entfaltung einer vom Staat prinzipiell unabhängig gedachten Gesellschaft bilden soll. Baufreiheit hat hiernach die grundsätzliche Befugnis des Eigentümers zum Inhalt, sein Grundstück nach Maßgabe des geltenden Rechts, im Übrigen aber nach seinem Belieben zu bebauen.

162

a) Verwaltungsrechtliche Relativierung der Baufreiheit

Während die bislang wohl noch herrschende Auffassung an dieser tradierten Vorstellung von einer verfassungsrechtlich durch Art. 14 GG gewährleisteten Baufreiheit festhält, möchte eine neuere Lehre Baufreiheit auf eine **verwaltungsrechtlich** vermittelte Bebauungsbefugnis reduziert verstehen. Dieser auf *Schmidt-Aßmann*[357] und *Breuer*[358] zurückgehenden Vorstellung liegt die zutreffende Erkenntnis zu Grunde, dass das Bauen unter den heutigen bodenrechtlichen Gegebenheiten tatsächlich eben nicht frei, sondern (von den Ausnahmetatbeständen der §§ 34 und 35 BauGB abgesehen) nur in solchen Bereichen zulässig ist, die vom Staat im Wege kommunaler Bauleitplanung hierfür zur Verfügung gestellt werden. Dieser **Planvorbehalt** der Baufreiheit bedeutet der Sache nach für eine Vielzahl von Grundstücken insbesondere im unbeplanten Außenbereich (§ 35 BauGB) ein faktisches Bauverbot; aber auch bei planungsrechtlich bebaubaren Grundstücken ist die Art und Weise der Bebauung im

163

---

356 *Schrödter*, § 42 Rdnr. 8 ff; *Hoppe/Bönker/Grotefels*, § 2 Rdnr. 55 f; *Grachtmann*, Art. 14 – Rechtsfragen der Eigentumsdogmatik (2000), S. 373 ff.
357 Grundfragen, S. 89 ff.
358 Bodennutzung, S. 166 ff.

IV *Baurecht*

Bebauungsplan häufig so detailliert vorgegeben, dass dem Eigentümer im Extremfall von der Baufreiheit fast nur noch die Entscheidung darüber verbleibt, ob und wann er sein Grundstück bebauen will. Die neuere Lehre zieht aus dieser planungsrechtlichen Mediatisierung der Baufreiheit den Schluss, dass die Bebauungsbefugnis kein mit dem Eigentum am Grundstück vorgegebenes subjektiv-privates Recht sei, sondern als eine öffentlich-rechtliche „Nutzungszuweisung" und damit als ein durch staatlichen Planungsakt verliehenes subjektiv-öffentliches Recht verstanden werden müsse[359]. Diesem Ansatz schließt sich leicht die Forderung an, dass der mit der staatlichen Planung verbundene Wertzuwachs durch einen **Planungswertausgleich** abzuschöpfen sei[360].

164 Vor dem Hintergrund dieser neueren Konzeption der Baufreiheit ist auch die gegenwärtige Regelung des **Planungsschadensrechts** zu sehen. Handelt es sich nämlich, wie diese Lehre meint, bei der durch Bebauungsplan oder planersetzende Rechtsnorm (§§ 34, 35 BauGB) eröffneten Bebauungsbefugnis nicht um Eigentum, sondern um eine staatlich verliehene subjektiv-öffentliche Rechtsposition, so ist der Eigentümer gegenüber späteren Planänderungen weniger geschützt. Zwar konkretisiert sich auch dann die Bebauungsbefugnis bei Vorliegen der sonstigen Voraussetzungen zu einem Anspruch auf Erteilung einer Baugenehmigung. Bis zur Realisierung dieses Anspruchs kann die Bebauungsbefugnis jedoch jederzeit durch eine planerische Herabzonung wieder eingeschränkt oder entzogen werden, ohne dass hiermit dann in Eigentumsrechte des Betroffenen eingegriffen würde; ein möglicher Wertverlust des Grundstücks braucht darum grundsätzlich nicht durch staatliche Entschädigungsleistungen kompensiert zu werden. Die Situation ist lediglich dann anders, wenn die zuvor zulässige Bodennutzung bereits verwirklicht, das Grundstück also bebaut war. In diesem Fall hat auch nach der neueren Lehre der Inhaber seine ihm verliehene Rechtsposition „ins Werk gesetzt", was nach der Rspr. des BVerfG zum Eigentumsschutz subjektiv-öffentlicher Rechtspositionen[361] zur Folge hat, dass sie zu Eigentum erstarkt. Wird hier die bisherige Bodennutzung durch die Planänderung beeinträchtigt, muss dafür eine Entschädigung geleistet werden[362].

165 Auf diese Differenzierung zwischen eigentumsrechtlich ungeschützter Bebaubarkeit eines Grundstücks und deren zu Eigentum erstarkender Realisierung scheint auch § 42 III BauGB zugreifen zu wollen, wenn er hinsichtlich der Entschädigung zwischen bloßer Nutzbarkeit eines Grundstücks und der ausgeübten Nutzung unterscheidet. Hierzu paßt freilich nicht ganz die in § 42 II BauGB enthaltene Zuerkennung von Entschädigungsansprüchen für nachträgliche Beschränkungen auch der noch nicht realisierten Nutzbarkeit eines Grundstücks, sofern diese Beschränkungen nur in den ersten sieben Jahren seit Eintritt der Bebauungsbefugnis erfolgen. Eigentumsrechtlich wäre die Entschädigung nach der neueren Lehre nicht erforderlich; sie muss viel-

---

359 Ausführlich dargestellt bei *Hoppe/Bönker/Grotefels*, § 2 Rdnr. 55 f; *Papier*, in: Maunz/Dürig, GG, Art. 14 (2002) Rdnr. 59 ff.
360 Vgl. etwa aus neuerer Zeit *Huber*, DVBl. 1999, 222. Hiergegen u.a. *Christ*, DVBl. 2002, 1517 (1524 ff).
361 U.a. BVerfGE 45, 142 (170).
362 *Breuer*, Bodennutzung, S. 195 ff, 204 ff.

mehr als eine Konzession des Gesetzgebers an das Vertrauen in die Kontinuität der Bauleitplanung verstanden werden[363]. Dem Eigentümer wird hiernach eine Frist von sieben Jahren eingeräumt, die durch die Bauleitplanung gewährte Nutzbarkeit seines Grundstücks wirtschaftlich durch dessen Bebauung oder Verkauf als Bauland auszuschöpfen, ohne befürchten zu müssen, durch eine alsbaldige Planänderung des neu gewonnenen wirtschaftlichen Wertes seines Grundstücks wieder verlustig zu gehen.

b) Verfassungsrechtliche Verankerung der Baufreiheit

Die Reduktion der Baufreiheit auf eine staatlich vermittelte öffentlich-rechtliche Bebauungsbefugnis hält einer **kritischen Würdigung** nicht stand[364]. Der Konflikt zwischen Städtebau und Eigentumsgarantie lässt sich durchaus auf der Basis der eigentumsrechtlich gewährleisteten Baufreiheit in dogmatisch wie praktisch angemessener Weise lösen, ohne dass es hierzu der Eliminierung just jener Nutzungsform von Grundstücken aus dem Eigentumsbegriff bedarf, die in vielen Fällen die wichtigste, wenn nicht die einzige ist.

166

Die Lösung muss beim „grundlegenden Gehalt der Eigentumsgarantie" ansetzen, dessen Inhalt von der Funktion dieser Garantie her zu erschließen ist. Der durch Art. 14 GG beabsichtigte Schutz der **Privatnützigkeit** des Eigentums zeichnet sich durch grundsätzliche Verfügungsbefugnis des Eigentümer über den Eigentumsgegenstand aus[365] und erstreckt sich über das „Haben-dürfen" hinaus auch auf das „Gebrauchen-können"[366]. Die bauliche Nutzbarkeit von Grundstücken ist ein zentraler Ausdruck ihrer Privatnützigkeit[367] und darf nicht a limine begrifflich vom Eigentumsrecht geschieden und einer Sonderbehandlung zugeführt werden. Das bedeutet nicht etwa, dass der Eigentümer überall und jederzeit sein Grundstück nach Belieben bebauen darf. Sein Eigentum unterliegt der Sozialbindung nach Maßgabe des Art. 14 II GG; der konkrete Inhalt der Baufreiheit muss freilich nach Art. 14 I 2 GG vom Gesetzgeber selbst bestimmt werden. Das gelangt vor allem im Bauleitplanungsrecht zum Ausdruck, welches Grund und Boden einer staatlich gestalteten **städtebaulichen Ordnung** unterwirft. Auch aus traditioneller Sicht stellt sich die Baufreiheit darum als eine in die staatliche Daseinsfürsorge eingebundene und staatlich geordnete Freiheit dar. Andererseits besteht sie entgegen einer gelegentlich zu hörenden Ansicht[368] nicht etwa nur als ein bloß **virtuelles** Recht, das zu seiner rechtlichen Wirksamkeit erst noch der Aktualisierung und Freisetzung durch staatliche Planung bedarf. Wie eine reichhaltige Rspr. bestätigt[369], fällt der Gesichtspunkt der Baufreiheit auch unabhängig von solcher staatlicher Zutat als Bestandteil des verfassungsrechtlich geschützten Eigentums durchaus ins Gewicht: so etwa bei der Abwägung

167

---

363 *Papier*, BauR 1976, 297 (303).
364 Vgl. zum Folgenden auch *E/Z/B/K*, Vorb. §§ 39-44 Rdnr. 50 ff; *Papier*, in: Maunz/Dürig, GG, Art. 14 (2002) Rdnr. 57 ff.
365 BVerfGE 31, 229 (240); 104, 1 (8 f).
366 *Hoppe/Bönker/Grotefels*, § 2 Rdnr. 56.
367 So neuerdings sehr entschieden wieder BVerfGE 104, 1 (11).
368 Nw. bei *Schrödter*, § 42 Rdnr. 10.
369 Vgl. *Rengeling*, AöR 105, 423 (441 ff).

IV *Baurecht*

öffentlicher und privater Belange im Zusammenhang der Bauleitplanung (§ 1 VI BauGB) oder im Rahmen des städtebaulichen Bebaubarkeitsrechts als verfassungsrechtliche Anforderung an die Ausgestaltung der gesetzlichen Zulässigkeitstatbestände (hierzu Rdnr. 237 ff).

168 Nun räumen zwar auch die Verfechter einer öffentlich-rechtlich vermittelten Baufreiheit ein, dass die Nutzbarkeit privaten Grund und Bodens „nicht einer hoheitlichen Totaldisposition und einem beliebigen entschädigungsfreien Diktat planerischer Eingriffe unterworfen" werden dürfe[370]. Sie weisen darauf hin, dass verfassungsrechtlich geschütztes Eigentum auch in der Form (zugewiesener) subjektiv-öffentlicher Rechte möglich sei, wenn diese das Recht zu bauen in solchem Umfang und so beständig eröffneten, dass der privatnützigen Disposition des Eigentümers damit hinreichend Spielraum verbleibe[371]. Mit solchen Bemerkungen mag indes zwar der **Institutsgarantie** des Eigentums Rechnung getragen werden, deren Anliegen es ist, Eigentum in seiner privatnützigen Funktion grundsätzlich als objektives Rechtsinstitut zu erhalten. Art. 14 GG schützt aber darüber hinaus auch die subjektive Rechtsstellung des Eigentümers als **Individualgrundrecht**. Dieser Aspekt wird bei der Vorstellung von einer öffentlich-rechtlich vermittelten Baufreiheit vernachlässigt, wenn sie vor ihrer Realisierung entschädigungslos wieder entzogen werden kann, sofern nur die zur Entziehung legitimierende Regelung allgemein die Bebaubarkeit von Grundstücken im Sinne der Institutionsgarantie als einen Faktor privatnütziger Dispositionsbefugnis berücksichtigt und erhält.

169 Gegen die eigentumsrechtliche Qualität der Baufreiheit spricht keineswegs die weitgehende **Planabhängigkeit** des baulichen Nutzungsrechts. Zwar kommt diese Abhängigkeit jedenfalls im unbeplanten Außenbereich (§ 35 BauGB) für die meisten Bauvorhaben praktisch einem Bauverbot gleich. Das mag es rechtfertigen, von einem „Kondominium von Eigentümerherrschaft und Planungshoheit"[372] zu sprechen. Doch ist es wohl verfehlt, insoweit allein auf den Planvorbehalt des § 30 BauGB abzustellen[373]; im Hinblick auf die §§ 33 bis 35 II BauGB wäre statt von einem Planvorbehalt besser von dem **städtebaulichen Ordnungsvorbehalt** zu sprechen, unter dem die Baufreiheit steht. Dieser Begriff verdeutlicht, dass das Baurecht dem Eigentümer abverlangt, sich bezüglich der baulichen Nutzung seines Grundstücks dem Prinzip eines städtebaulich geordneten – und das heißt notwendigerweise auch auf bestimmte Bereiche beschränkten – Bauens zu unterwerfen. Diese Einschränkung rechtfertigt sich ohne weiteres aus der erhöhten Sozialbindung des Eigentums, ohne zu einer Eliminierung der Bebauungsbefugnis aus dem Eigentumsbegriff zu nötigen. Im Übrigen wäre auch im beplanten Bereich der staatliche Planungsakt missverstanden, wollte man ihm eine Zuteilungsfunktion beimessen. Seine Intention ist es nicht, bestimmten Grundstückseigentümern eine zusätzliche Rechtsposition zu verschaffen; dies würde auch Probleme der Gleichbehandlung aufwerfen, mit der sich das Planungsermessen

---

370 *Schrödter*, § 42 Rdnr. 7.
371 *Breuer*, Bodennutzung, S. 177 ff.
372 *Schrödter*, § 42 Rdnr. 7 f.
373 Kritisch auch *Papier*, in: Maunz/Dürig, GG, Art. 14 (2002) Rdnr. 65.

des Planungsträgers schwerlich vertrüge[374]. Bodenrechtliche Planungsmaßnahmen zielen vielmehr unmittelbar nur auf die Herstellung einer städtebaulichen Ordnung; sie können lediglich mittelbar und reflexartig den davon betroffenen Grundstückseigentümern zugute kommen.

Mit der herkömmlichen und wohl auch noch herrschenden Ansicht in Rspr. und Lehre wird man darum auch weiterhin die Baufreiheit als eigentumsrechtlich vorgegebenes Recht verstehen können, das freilich unter einem städtebaulichen Ordnungsvorbehalt steht und sich vielfach erst auf Grund planerischer Hoheitsakte zu geschütztem Eigentum verfestigt. Deswegen ist jedoch die Regelung des § 42 III BauGB, der für Eingriffe in das solchermaßen erstarkte Recht nur zeitlich befristet eine Entschädigung gewährt, nicht schon verfassungswidrig[375]. Es handelt sich hierbei vielmehr um eine – durch die Sozialbindung des Eigentums legitimierte – neuartige Form von Eigentumsbindung. Das Eigentumsrecht wird hier nicht inhaltlich, sondern zeitlich beschränkt. Die Beschränkung besteht in der dem Eigentümer auferlegten **Obliegenheit zur Nutzungsverwirklichung** innerhalb von sieben Jahren seit Eintritt der Nutzungsmöglichkeit: sie rechtfertigt sich aus dem öffentlichen Interesse an einer hinreichenden Planflexibilität und an der Verhinderung spekulativer Bodenhortung. Dabei muss freilich der Gedanke der Privatnützigkeit gewahrt bleiben. Durch § 42 BauGB wird dem Eigentümer die privatnützige Verfügungsbefugnis über sein Grundstück und über dessen planbedingten wirtschaftlichen Wert nicht genommen; ihm wird aber aufgegeben, die durch den Plan inhaltlich gestaltete Privatnützigkeit seines Grundstücks durch eigenes Bauen oder durch Verkauf als Bauland tatsächlich auch in plankonformer Weise zu verwirklichen, wenn er nicht Gefahr laufen will, durch eine nach sieben Jahren erfolgende Planänderung den ihm planbedingt zugewachsenen Wert des dann immer noch nicht oder nicht voll genutzten Grundstücks wieder zu verlieren. Das Recht der Privatnützigkeit wird ergänzt durch eine entsprechende Verwertungsobliegenheit. Sie führt dazu, dass dem Eigentümer der wirtschaftliche Wert der ihm planerisch eröffneten Nutzungsmöglichkeiten nicht unbefristet garantiert bleibt. Entscheidende Bedeutung kommt unter diesen Umständen dem **Umfang** der Frist zu, die dem Eigentümer zur plankonformen Verwertung seines Grundstücks zur Verfügung steht; sie muss so bemessen sein, dass er nicht zwangsläufig in Zeitnot gerät und dadurch faktisch in der Realisierung der ihm eröffneten privatnützigen Möglichkeiten behindert wird. Hier dürfte indes § 42 BauGB im Hinblick auf die Siebenjahresfrist des Abs. II, wegen der Ausnahmeregelungen der Absätze IV-VII und wegen der Auskunftspflicht der Gemeinde zur Länge der Frist nach Abs. X keinen Anlass zu Bedenken geben.

Vertiefungsliteratur:
1. Einzelne Entschädigungstatbestände: Birk, Tendenzen des Planungsschadensrechts. NVwZ 1984, 1; *Finkelnburg*, Die Festsetzung von mit Geh-, Fahr- und Leitungsrechten zu belastenden Flächen im Bebauungsplan, BauR 1996, 303; *Finkelnburg/Ortloff*, Öffentliches Baurecht. Bd. 1 S. 193 ff; *Müller*, Spürbarkeit des Enteignungseingriffs bei Bauverboten. NJW 1973, 2177; *Papier*, Aktuelle Probleme des Planungsschadensrechts nach § 44 BBauG. BauR 1976,

---
374 Vgl. insgesamt auch *Papier* a.a.O., Rdnr. 60 ff.
375 Vgl. auch *E/Z/B/K*, Vorb. §§ 39-44 Rdnr. 50 ff. Bedenken allerdings bei *Papier*, a.a.O., Rdnr. 417 ff.

279; *Remmert*, Nutzungsvorbereitende Aufwendungen in Gebieten nach §§ 34, 35 BauGB und ihre Entwertung durch Bebauungsplan. DVBl. 1995, 221; *Rothe*, Die Entschädigung bei Änderung oder Aufhebung einer zulässigen Nutzung nach § 44 BBauG. JZ 1978, 169; *Ziegler*, Rechtfertigung, Inhalt und Reichweite des § 44 III BBauB. ZfBR 1983, 169.
2. *Planungsschadensrecht und Baufreiheit:* Battis, Öffentliches Baurecht und Raumordnungsrecht. S. 81 ff; *Breuer*, Die Bodennutzung im Konflikt zwischen Städtebau und Eigentumsgarantie (1976). S. 158 ff; *ders.*, Entschädigungsrechtliche Konsequenzen von Eingriffen in die Baufreiheit. DÖV 1978, 189; *Deutsch*, Planungsschadensrecht (§§ 39 ff BauGB) und Eigentumsgrundrecht (Art. 14 GG). DVBl. 1995, 546; *Hoppe/Bönker/Grotefels*, Öffentliches Baurecht (1995). § 2 Rdnr. 55 f; *Leisner*, Baufreiheit oder staatliche Baurechtsverleihung. DVBl. 1992, 1065; *Papier*, Aktuelle Probleme des Planungsschadensrechts nach § 44 BBauG. BauR 1976, 297; *ders.*, Kommentierung zu Art. 14 Rdnr. 57-74, 362, in: *Maunz/Dürig*; Grundgesetz; *Peine*, Öffentliches Baurecht. S. 97 ff; *Schmidt-Aßmann*, Grundfragen des Städtebaurechts (1972). S. 261 ff; *ders.*, Probleme des modernen Städtebaus in verfassungsrechtlicher Sicht. DVBl. 1972, 627; *Schulte*, Das Dogma Baufreiheit. DVBl. 1979, 133.

V. Bebaubarkeit von Grundstücken

1. Städtebauliche Ordnung und Genehmigungsvorbehalt

a) Planmäßigkeit und Planersatz

171 Ziel der bebauungsrechtlichen Bestimmungen des BauGB ist es, die bauliche Nutzung von Grund und Boden nach Maßgabe bestimmter städtebaulicher Ordnungsvorstellungen zu beeinflussen. Hierzu dienen in erster Linie die Festsetzungen des gemeindlichen **Bebauungsplanes** und die rechtsnormativen Ordnungskategorien der BauNVO, auf die er sich bezieht. § 30 BauGB bestimmt dementsprechend, dass ein bauliches Vorhaben nur dann zulässig ist, wenn es den Festsetzungen eines hierfür einschlägigen Bebauungsplanes entspricht. Soweit ein Bebauungsplan nicht vorhanden ist, gilt darum nicht etwa ein generelles Bauverbot. Hier regelt das Gesetz vielmehr selbst in den §§ 34 und 35 BauGB, die insoweit eine **Planersatzfunktion** aufweisen, unterschieden nach Innen- und Außenbereich die Zulässigkeit der baulichen Grundstücksnutzung. Insgesamt enthalten also diese Vorschriften – zusammen mit einigen ihnen benachbarten und sie teilweise modifizierenden Regelungen – städtebauliche Zulässigkeitstatbestände, die erfüllt sein müssen, wenn ein Bauvorhaben erlaubt sein soll.

172 Das **Planmäßigkeitsprinzip** des § 30 BauGB tritt hinter der in neuerer Zeit beträchtlich erweiterten Möglichkeit, Bauvorhaben auch ohne einen Bebauungsplan oder in Abweichung davon zuzulassen (vgl. die nachfolgende Darstellung zu den §§ 31 II, 33 II, 34 II, IV BauGB), bedenklich zurück. Dabei verlagert sich teilweise der Anwendungsbereich des planerischen Abwägungsgebots (§ 1 VI BauGB) über die Begriffe der „städtebaulichen Vertretbarkeit" (§ 31 II Nr. 2 BauGB) und der „geordneten städtebaulichen Entwicklung" (§§ 34 IV 3, 35 VI 4 BauGB) auf das behördliche Baugenehmigungsverfahren und auf die Aufstellung von sog. Abgrenzungssatzungen (§ 34 IV BauGB) und Außenbereichssatzungen (§ 35 VI BauGB). Die Innenbereichs-Vorschrift des § 34 II BauGB behandelt baulich vorstrukturierte Bereiche durch Verweisung auf die BauNVO so, als wären sie beplant; eine Abstimmung mit öffentlichen Belangen, wie sie für die Bauleitplanung bezeichnend ist, bleibt dabei aus. Planungspflichten der Gemeinde (§ 1 III BauGB) wirken dieser Lockerung des Planmäßigkeitsprinzips kaum entgegen, solange sie, wie die h.M. dies tut, restriktiv behandelt werden (vgl. Rdnr. 26)[376]. Vielmehr hält die Tendenz, wie auch verschiedene Novellierungen des BauGB zeigen, unvermindert an.

Durch all dies wird weniger die Position der Gemeinde geschwächt, die nach § 36 BauGB stets eingeschaltet bleibt, als vielmehr die Stellung des Bürgers. Baugenehmigungen sind vielfach nicht mehr durch die Festsetzungen eines unter Bürgerbeteiligung zu Stande gekommenen Bebauungsplanes vorgezeichnet; die stattdessen im vereinfachten Verfahren (§ 34 V 2 i.V.m. § 13 Nr. 2 BauGB) eingeräumte Gelegenheit zur Stellungnahme erreicht nur die unmittelbar Betroffenen und hat keine verfahrensrechtlichen Wirkungen. Die Erweiterung der Befreiungs- und Ausnahmemöglichkeiten vor allem in den §§ 31 II, 34 II sowie 35 IV BauGB eröffnet zudem den Behörden eine weitgehend richtungslose Gestaltungsfreiheit, die unter dem Gesichtspunkt der Gesetzesbindung der Verwaltung nicht unbedenklich erscheint. Je weniger aber bebauungsrechtliche Nutzungskonflikte im Planungsverfahren ausgetragen werden können und je weniger klare gesetzliche Regelungen für ihre Bewältigung zur Verfügung stehen, desto größeres Gewicht erhält der auf Einzelfallgerechtigkeit bezogene Gesichtspunkt der Rücksichtnahme, der im Streitfall dann im Wege der Nachbarklage gerichtlich zur Geltung gebracht werden muss[377]. **173**

b) Durchsetzung des städtebaulichen Ordnungskonzepts

Das städtebauliche Ordnungskonzept, das teils in den Festsetzungen des gemeindlichen Bebauungsplans, teils aber auch in den Planersatznormen der §§ 34 und 35 BauGB zum Ausdruck kommt, muss mitsamt den dazugehörigen Vorgriffs-, Ausnahme- und Befreiungsmöglichkeiten (§§ 31, 33 BauGB) in das konkrete Baugeschehen umgesetzt werden. Die §§ 30, 34 und 35 BauGB sind darum als **städtebauliche Zulässigkeitstatbestände** ausgestaltet; § 29 I BauGB bestimmt dementsprechend, dass die §§ 30-37 BauGB für Bauvorhaben und für dort genannte weitere Grundstücksveränderungen gelten sollen. Zulässigkeitserfordernisse, die das Bauordnungsrecht begründet, werden hiervon nicht berührt (§ 29 II BauGB). **174**

Bezugspunkt der städtebaulichen Zulässigkeitsregeln ist in erster Linie das **Bauvorhaben**. Hierunter versteht das Gesetz ein Vorhaben, das auf die Errichtung, Änderung oder Nutzungsänderung einer baulichen Anlage gerichtet ist (§ 29 I 1 BauGB). Streng genommen ist dabei die Nutzungsänderung zwar nicht notwendigerweise mit einem baulichen Vorgang verbunden; sie hat aber gleichwohl eine städtebaurechtliche Bedeutung, da die bebauungsrechtliche Beurteilung eines Bauwerks wesentlich durch die Art seiner Nutzung mitbestimmt wird[378]. Dementsprechend gilt die Errich- **175**

---
[376] *Kleinlein*, DÖV 1986, 1010.
[377] Vgl. eingehend *v. Feldmann/Groth*, S. 21-75.
[378] *Gelzer/Bracher/Reidt*, Rdnr. 1203; *Jäde/Dirnberger/Weiß*, § 29 Rdnr. 20 ff; *Berliner Kommentar*, § 29 Rdnr. 11.

tung von Mobilfunkanlagen – auch wenn sie wegen geringer Größe bauordnungsrechtlich genehmigungsfrei (Rdnr. 306) sein sollten – bodenrechtlich als eine unter § 29 BauGB fallende Nutzungsänderung, weil sie das betreffende Grundstück einer (neuen) gewerblichen Nutzung zuführt[379]. Was inhaltlich als ein Bauvorhaben anzusehen ist, hängt hauptsächlich davon ab, wie man den Begriff der **baulichen Anlage** zu bestimmen hat. Eine Begriffsbestimmung enthalten die verschiedenen Landesbauordnungen und die Musterbauordnung. Dort ist im allgemeinen geregelt, dass bauliche Anlagen mit dem Erdboden verbundene und aus Baustoffen und Bauteilen hergestellte Anlagen sind; bestimmte andere Anlagen (z.B. durch Erdbewegungen erstellte Anlagen, Dauercampingplätze oder ortsfest benutzte Wohnwagen) werden je nach Landesrecht den baulichen Anlagen unmittelbar oder fiktiv zugerechnet (§ 2 I MBO[380]). Bundesrechtlich ist der Begriff der baulichen Anlage dagegen nicht definiert; § 29 I 1 BauGB setzt ihn vielmehr bei der Regelung des Anwendungsbereichs der bebauungsrechtlichen Zulässigkeitsbedingungen voraus. Dieser bebauungsrechtliche Begriff ist mit dem bauordnungsrechtlichen zwar weitgehend deckungsgleich, aber nicht identisch[381]. Für den ersteren sind die städtebaulichen Zielsetzungen des BauGB, insbesondere die Steuerung der baulichen Nutzung durch die Zulässigkeitstatbestände der §§ 30-37 BauGB, maßgeblich[382] (ungeschriebenes Tatbestandsmerkmal der **städtebaulichen Relevanz**[383]), für den letzteren dagegen die in den Landesbauordnungen enthaltenen bauordnungsrechtlichen Belange, insbesondere der Gesichtspunkt der Gefahrenabwehr. Es ist darum theoretisch denkbar, dass eine Anlage landesrechtlich als bauliche Anlage behandelt und damit den materiellen und den Verfahrensbestimmungen des Landesbauordnungsrechts unterworfen wird, während sie dem bundesrechtlichen Anlagenbegriff (§ 29 BauGB) und infolgedessen den bebauungsrechtlichen Zulässigkeitstatbeständen nicht unterfällt[384].

176 Im Gegensatz zur vor dem 1.1.1998 geltenden Rechtslage[385] knüpft § 29 I BauGB die Anwendbarkeit der städtebaurechtlichen Zulässigkeitsbestimmungen nicht mehr daran, dass ein Bauvorhaben bauordnungsrechtlich genehmigungsbedürftig oder anzeigepflichtig ist, sondern emanzipiert sich mit einer **eigenen Anknüpfungsregelung** vom Bauordnungsrecht. Die materiellrechtliche Geltung der §§ 30-37 BauGB ist nicht mehr von landesrechtlichem Verfahrensrecht abhängig, sondern ergibt sich aus sich selbst heraus. Dieser Schritt des Bundesgesetzgebers war notwendig geworden, nachdem die Länder in ihren Bauordnungen Bauvorhaben in nicht unbeträchtlichem Umfang von einer Genehmigungs- oder Anzeigepflicht freigestellt hatten (vgl. Rdnr. 305); damit geriet die städtebaurechtliche Steuerung des Baugeschehens trotz einer höchstrichterlichen Rechtsprechung, welche der Kompetenz der Länder zu bun-

---

379 NdsOVG NVwZ-RR 2002, 822; OVG RhPf NuR 2002, 29; OVG NW DVBl. 2003, 547, m. Anm. *Reimer*, DVBl. 2003, 549, und *Maaß*, ZUR 2003, 29. Vgl. weiterhin *Bromm*, UPR 2003, 57.
380 Vgl. § 2 der jeweiligen Landesbauordnungen.
381 BVerwGE 44, 59 (61 f); *Brügelmann*, § 29 Rdnr. 3, und h.M.
382 Vgl. BVerwGE 39, 154 (156 f): 40, 59 (61).
383 BVerwGE 25, 243 (248); *Berliner Kommentar*, § 29 Rdnr. 6.
384 Vgl. etwa BVerwGE 39, 154 (156 f); BVerwG NVwZ 1994, 1010.
385 Vgl. hierzu *B/K/L*, § 29 Rdnr. 3; *Berliner Kommentar*, § 29 Rdnr. 1.

desrechtlich durchschlagenden bauordnungsrechtlichen Freistellungen Grenzen ziehen wollte[386], jedenfalls faktisch in Gefahr[387].

Die Einhaltung der städtebaurechtlichen Zulässigkeitsbestimmungen bedarf der **Kontrolle**. Diese kann **präventiv** ausgestaltet sein; hierfür kommt ein städtebaulicher Genehmigungsvorbehalt oder eine entsprechende Anzeigepflicht in Betracht. **Repressiv** verhält sich die Kontrolle, wenn sie nur über nachträgliche Untersagungsverfügungen oder Anordnungen wirksam werden kann. Das BauGB enthält sich der Bereitstellung eines eigenen städtebaulichen Kontrollverfahrens; es bedient sich vielmehr des Instrumentariums der in den Landesbauordnungen geregelten **Bauaufsicht**. Die Bauaufsichtsbehörden haben nach der sog. (formellen) bauordnungsrechtlichen Generalklausel (Rdnr. 327) bei der Errichtung, Änderung, Instandhaltung, dem Abbruch sowie der Nutzung von baulichen Anlagen darüber zu wachen, dass die hierfür einschlägigen öffentlich-rechtlichen Vorschriften eingehalten werden. Soweit Bauvorhaben bauordnungsrechtlich genehmigungspflichtig sind (Rdnr. 299), darf die Genehmigung nur erteilt werden, wenn dem Vorhaben keine öffentlich-rechtlichen Vorschriften entgegenstehen. Öffentlich-rechtliche Vorschriften für Bauvorhaben sind von vornherein die satzungsrechtlichen Festsetzungen eines Bebauungsplans sowie darüber hinaus nach § 29 I BauGB auch die übrigen städtebaurechtlichen Zulässigkeitsbestimmungen der §§ 30-37 BauGB.

177

Die bei genehmigungs- oder anzeigepflichtigen Bauvorhaben präventive, im Übrigen repressive Bauaufsicht nimmt kraft der genannten Regelungen neben der bauordnungsrechtlichen zugleich auch die **Funktion der städtebaurechtlichen Kontrolle** wahr. Beide Kontrollen werden in einem einzigen, nämlich dem Bauaufsichtsverfahren und vor nur einer Behörde, der unteren Bauaufsichtsbehörde (Baugenehmigungsbehörde), durchgeführt. Die städtebaurechtliche Kontrolle folgt damit allerdings sowohl ihrem Typus nach (präventiv oder repressiv) wie auch in ihrer Intensität (gebundene Entscheidung im Baugenehmigungsverfahren; Ermessensentscheidung bei der Bauanzeige und im Rahmen der repressiven Bauaufsicht) ganz den Vorgaben der bauaufsichtsrechtlichen Kontrolle. Eine präventive städtebaurechtliche Kontrolle ist darum nur so weit möglich, wie der bauordnungsrechtliche Genehmigungsvorbehalt reicht; sie steht damit weitestgehend zur **Disposition des Landesgesetzgebers**. Außerhalb des Vorbehaltsbereichs lässt sich der Verbindlichkeitsanspruch der städtebaulichen Bebaubarkeitsvorschriften vor dem Hintergrund des Ermessenscharakters bauaufsichtsrechtlicher Eingriffsentscheidungen und angesichts der personellen und finanziellen Überforderung der Bauaufsichtsverwaltung vielfach nicht einlösen[388].

178

c) Bauaufsicht und kommunale Planungshoheit

Der **einheitliche Vollzug** des gesamten Baurechts durch die **Bauaufsichtsbehörden** ist ohne Zweifel von Vorteil, wenn auch nicht unproblematisch. Mit der städtebau-

179

---

386 BVerwGE 72, 300 (323 ff). Anders jedoch BVerwG DVBl. 1999, 241; hierzu kritisch *Jäde*, UPR 1999, 298.
387 *Lüers*, WiVerw 1998, 57 (59).
388 *Schrödter*, § 29 Rdnr. 4. Kritisch *Martini*, DVBl. 2001, 1488 (1493).

IV *Baurecht*

rechtlichen Kontrolle ist diesen Behörden nämlich zugleich auch die Sorge für die Belange der gemeindlichen Planungshoheit anvertraut. Hieraus ergeben sich organisationsrechtliche Probleme, da die Bauaufsicht eine staatliche Aufgabe darstellt, während die Bauleitplanung zur gemeindlichen Selbstverwaltung zählt. Zwar wird die Bauaufsicht, soweit nicht die Kreise hierfür zuständig sind, von den kreisfreien und größeren kreisangehörigen Städten als Auftrags- oder Pflichtaufgabe zur Erfüllung nach Weisung wahrgenommen; in diesem Fall sind dann beide Funktionen in einer Hand vereinigt. Aber auch dann unterliegen die Städte in ihrer Eigenschaft als untere Bauaufsichtsbehörde dem staatlichen Weisungsrecht. Unter diesen Umständen könnte es leicht zu Kollisionen der staatlichen Bauaufsicht mit der gemeindlichen Planungshoheit kommen. Das BauGB begegnet dieser Gefahr, indem es alle Entscheidungen der Baugenehmigungsbehörden, die sich nicht im strikten Vollzug der Festsetzungen eines Bebauungsplans erschöpfen, an das **Einvernehmen der Gemeinde** bindet (§ 36 BauGB). Dieser Vorbehalt betrifft Baugenehmigungen wie auch Bauvorbescheide (Rdnr. 323 ff)[389], Genehmigungen während der Planaufstellung (§ 33 BauGB) ebenso wie Genehmigungen im unbeplanten Innenbereich (§ 34 BauGB) oder im Außenbereich (§ 35 BauGB). Er gilt aber auch für alle Abweichungen vom Bebauungsplan im Wege einer Ausnahme oder Befreiung (§ 31 BauGB). Auch sonst verlangt das BauGB immer dann, wenn Entscheidungen der Baubehörden die planerischen Interessen der Gemeinde berühren, deren Einvernehmen (vgl. § 14 II BauGB). Das Einvernehmenserfordernis gewährleistet eine städtebauliche Rechtmäßigkeitskontrolle seitens der Gemeinde und sichert ihre planerischen Ermessensspielräume. Vor allem aber ermöglicht es ihr, auch zulässigen, nach ihren städtebaulichen Entwicklungsvorstellungen jedoch unerwünschten Vorhaben mittels einer Veränderungssperre oder durch Zurückstellung (§§ 14, 15 BauGB) entgegenzuwirken[390].

180 Aber auch dann, wenn lediglich nach Maßgabe eines Bebauungsplans zu entscheiden ist, muss die Gemeinde rechtzeitig unterrichtet werden, damit sie dem Vorhaben ggf. noch mittels einer Veränderungssperre (§ 14 BauGB) oder durch Antrag auf Zurückstellung des Baugesuchs (§ 15 BauGB) entgegenwirken kann. Der insoweit in § 36 I 3 BauGB enthaltene Regelungsauftrag an die Länder ist weitestgehend bereits durch die bauordnungsrechtlichen Vorschriften über die Einreichung von Baugesuchen erfüllt[391]. Allerdings ist der durch § 36 I BauGB angestrebte **Schutz der gemeindlichen Planungshoheit** nur bedingt wirksam, denn das Erfordernis des gemeindlichen Einvernehmens setzt ein präventives bauaufsichtsrechtliches Verfahren auf Grund eines Genehmigungsvorbehalts voraus, kommt also bei Bauvorhaben, die nach Bauordnungsrecht nicht genehmigungsbedürftig sind, nicht zur Geltung[392]. Andererseits muss das gemeindliche Einvernehmen auch dann eingehalten werden, wenn die in einem anderen Verfahren erteilte Genehmigung auf Grund ihrer Konzentrationswirkung (z.B. § 13 BImSchG) eine Bauerlaubnis einschließt (§ 36 I 2 BauGB).

---

389 *B/K/L*, § 36 Rdnr. 2.
390 *Jachmann*, LKV 1996, 319 (320).
391 *Lüers*, WiVerw 1998, 57 (74).
392 Vgl. auch *Schrödter*, § 29 Rdnr. 4.

Die Entscheidung über das Einvernehmen ist ein Ausdruck des gemeindlichen **181**
Selbstverwaltungsrechts. **Gemeindeintern** entscheidet im Regelfall die Gemeindevertretung, sofern es sich nicht um ein einfaches Geschäft der laufenden Verwaltung
handelt, für das der leitende Verwaltungsbeamte (der Bürgermeister) zuständig ist[393].
Einer förmlichen Einvernehmenserklärung bedarf es nicht, wenn die Gemeinde
selbst (durch ihre Verwaltungsbehörde) die Funktion der Baugenehmigungsbehörde
wahrnimmt, da sich in diesem Fall das Problem einer Interessenkollision nicht
stellt[394]. Auch dann wird jedoch aus kommunalrechtlichen Gründen regelmäßig die
Gemeindevertretung zu beteiligen sein. Nach außen hin tritt das gemeindliche Einvernehmen jedoch nur in der Baugenehmigung selbst in Erscheinung. Fehlt es an einer Einvernehmenserklärung der Gemeindevertretung, ist dies nach außen hin unschädlich, da in dieser Hinsicht stets nur die Gemeinde als solche auftritt[395]. Gemeindeintern kann die Gemeindevertretung den Hauptverwaltungsbeamten jedoch –
ggf. auch gerichtlich – verpflichten, ihr einen Bauantrag zur Einholung des Einvernehmens vorzulegen. Wird der Bauantrag aus bebauungsrechtlichen Gründen abgelehnt, ist dies so zu werten, als hätte die Gemeinde ihr Einvernehmen versagt; hieran
ist auch die Widerspruchsbehörde gebunden, sofern sie nicht als zuständige Behörde
nach § 36 II 3 BauGB das verweigerte Einvernehmen ersetzen kann (Rdnr. 186 f).

Erteilt die (mit der Gemeindebehörde nicht identische) Bauaufsichtsbehörde eine **182**
Baugenehmigung, ohne das erforderliche Einvernehmen der Gemeinde einzuholen,
so verstößt sie in gleicher Weise, wie wenn sie die Genehmigung entgegen den Festsetzungen des gemeindlichen Bebauungsplans erteilt hätte, gegen das gemeindliche
Selbstverwaltungsrecht; hiergegen steht der Gemeinde der Rechtsweg zu den Verwaltungsgerichten offen[396]. Klagebefugt ist die Gemeinde auch dann, wenn sie zwar
um ihr Einvernehmen ersucht wurde, dieses aber verweigert hat. Allerdings gilt das
Einvernehmen der Gemeinde als erteilt, wenn sie es nicht innerhalb einer – nicht
verlängerbaren[397] – Frist von zwei Monaten seit Eingang des Ersuchens um Erteilung
des Einvernehmens verweigert hat (**Fiktion des Einvernehmens**); das schließt ein
weiteres Klagerecht gegen die Baugenehmigung aus[398].

Indem das BauGB in den genannten Fällen die Erteilung der Bauerlaubnis an das **183**
Einvernehmen der Gemeinde bindet, trägt es deren besonderer städtebaulicher Verantwortung Rechnung. Der hier einfließende Gedanke der Planungshoheit verschafft
der Gemeinde indes **keinen zusätzlichen Ermessensspielraum**. Vielmehr richtet
sich ihr Mitwirken, wie § 36 II 1 BauGB klarstellt, ausschließlich nach denjenigen
Kriterien, die für die betreffenden Zulässigkeitstatbestände einschlägig sind. Das bedeutet zunächst einmal, dass die Gemeinde ihr Einvernehmen nur aus bebauungsrechtlichen Gründen versagen darf. Die Berücksichtigung anderer Belange – des

---

393 *E/Z/B/K*, § 36 Rdnr. 35; *Brohm*, § 18 Rdnr. 13.
394 BVerwGE 45, 207 (212); *E/Z/B/K*, § 36 Rdnr. 19; differenzierend *Brügelmann*, § 36 Rdnr. 13.
395 *Brohm*, § 18 Rdnr. 13.
396 BVerwGE 22, 342; BVerwG NVwZ 1992, 878.
397 BVerwG DVBl. 1997, 827.
398 NdsOVG NVwZ 1999, 1003; BayVGH NVwZ-RR 2000, 84.

Bauordnungsrechts oder anderer Fachplanungen – obliegt allein der Baugenehmigungsbehörde[399].

184 Vermittelt der betreffende Zulässigkeitstatbestand bei Vorliegen seiner Voraussetzungen dem Antragsteller einen **Rechtsanspruch** auf die Bauerlaubnis (§§ 33 I, II, 34 I, II, 35 BauGB), so steht auch der Gemeinde kein Ermessen zu; sie hat nur zu prüfen, ob das Vorhaben den bebauungsrechtlichen Anforderungen genügt. Sie darf ihr Einvernehmen darum weder von Bedingungen abhängig machen noch deshalb versagen, weil sich das Vorhaben nicht in ihre städtebaulichen Vorstellungen einfügt. Eine **Ermessensentscheidung** darf die Gemeinde bezüglich ihres Einvernehmens nur dann treffen, wenn über die Baugenehmigung selbst nach Ermessen zu entscheiden ist; das ist bei der Erteilung von Ausnahmen oder Befreiungen (§ 31 I, II BauGB) der Fall. Hier kann die Gemeinde ihr Einvernehmen auch davon abhängig machen, dass der Antragsteller sich zum Abschluss eines städtebaulichen Vertrages, insbesondere eines Folgekostenvertrages bereit findet[400]. Im Befreiungsfall des § 31 II Nr. 2 BauGB kommt es auf die städtebauliche Vertretbarkeit an. Es obliegt dann allein der Gemeinde, den sich dabei eröffnenden planerischen Gestaltungsspielraum zu nutzen[401]. Die Baugenehmigungsbehörde ist hieran gebunden und kann dem Bauantrag nur noch Rechtsgründe entgegenhalten, über deren Vorliegen oder Nichtvorliegen die Gemeinde ihrerseits im Rahmen ihrer Mitwirkungsbefugnis nicht abschließend befinden kann[402].

185 Sofern eine Baugenehmigung des Einvernehmens der Gemeinde und – wie in den Fällen des § 36 I 4 BauGB – möglicherweise noch der Zustimmung der höheren Verwaltungsbehörde bedarf, handelt es sich um einen sog. **mehrstufigen Verwaltungsakt**. Nach heute fast unumstrittener Ansicht sind die Erteilung des Einvernehmens bzw. der Genehmigung wie auch ihre Verweigerung keine selbstständigen Verwaltungsakte, sondern lediglich verwaltungsinterne Vorgänge, gegen die ein selbstständiger **Rechtsschutz** nicht zur Verfügung steht[403]. Wird also dem Bauwilligen die beantragte Baugenehmigung wegen fehlenden Einvernehmens der Gemeinde verweigert, so kann er seine Verpflichtungsklage nur unmittelbar gegen die Baubehörde (oder deren Rechtsträger, vgl. § 78 I VwGO) richten; eine Klage gegen die Gemeinde auf Erteilung des Einvernehmens wäre nicht statthaft. Das gilt auch dann, wenn die Baubehörde ihrerseits keine eigenen Einwendungen gegen das Bauvorhaben hat. Der Rechtsstreit wird dann im Grunde zwischen den falschen Parteien ausgetragen; die eigentlich betroffene Gemeinde tritt prozessual nur in der Stellung des notwendig Beigeladenen auf (§ 65 II VwGO)[404]. In all diesen Fällen wird das fehlende Einvernehmen der Gemeinde durch das verpflichtende Urteil des Verwaltungsgerichts ersetzt.

---

399 Vgl. BayVGH NVwZ 1984, 240; *B/K/L*, § 36 Rdnr. 6 f; *Dippel*, NVwZ 1999, 921.
400 Vgl. hierzu *Schrödter*, § 36 Rdnr. 12; *E/Z/B/K*, § 36 Rdnr. 30; *B/K/L*, § 36 Rdnr. 8.
401 *B/K/L*, § 36 Rdnr. 7; a.A. *Schrödter*, § 36 Rdnr. 11.
402 *Brügelmann*, § 36 Rdnr. 12; *E/Z/B/K*, § 36 Rdnr. 26.
403 BVerwGE 22, 342; 28, 145; BVerwG BauR 1986, 425; *E/Z/B/K*, § 36 Rdnr. 23, 46; a.A. *Schwabe*, DVBl. 1997, 1322.
404 Vgl. BVerwG NJW 1966, 1530.

Dieser prozessualen Situation entspricht verwaltungsverfahrensrechtlich die **Bin-** 186
dung der Baubehörden einschließlich der jeweiligen Widerspruchsbehörden an die
Verweigerung des gemeindlichen Einvernehmens. Diese Bindung gilt grundsätzlich
uneingeschränkt; die Baubehörden dürfen sich auch über solche Entscheidungen der
Gemeinden nicht hinwegsetzen, die rechtswidrig oder durch den Schutzzweck des
Mitwirkungserfordernisses, die Sicherung der kommunalen Planungshoheit, nicht
gedeckt sind[405]. Sie müssen hiernach den Bauantrag auch dann ablehnen, wenn die
Gemeinde die Verweigerung ihres Einvernehmens auf bauordnungsrechtliche Gesichtspunkte oder auf solche städtebaulichen Erwägungen stützt, die mit der jeweiligen Planungs- oder Gesetzeslage nicht in Einklang stehen[406]. Dagegen verpflichtet
das erteilte Einvernehmen die Baugenehmigungsbehörde nicht ihrerseits zur Genehmigung; dem steht die Aufgabe der Behörde entgegen, auch städtebauliche Zulassungsvoraussetzungen in eigener Zuständigkeit zu prüfen[407] Waren Baugenehmigungsbehörde und Gemeindebehörde identisch und bedurfte es darum keines besonderen gemeindlichen Einvernehmens, ist die Widerspruchsbehörde gleichwohl an die
Ablehnung eines Bauantrages gebunden, sofern aus der Ablehnung hervorgeht, dass
sie aus Gründen erfolgte, die bei Nichtidentität die Gemeinde zur Verweigerung ihres
Einvernehmens veranlasst hätte (Rdnr. 181). Ohne eine aufsichtsrechtliche Ersetzung
des verweigerten Einvernehmens (dazu sogleich) kann erst die gerichtliche Entscheidung über den Bauantrag diese verfahrensrechtliche Paralysierung aufheben.

Wie jede gemeindliche Entscheidung unterliegt auch die Entscheidung nach § 36 I 187
1 BauGB der Kommunalaufsicht (Rechtsaufsicht). Hält die Kommunalaufsichtsbehörde die Entscheidung der Gemeinde für oder gegen die Einvernehmenserteilung
für rechtswidrig, kann sie nach vorangegangener Beanstandung ihre eigene Rechtsauffassung im Wege **kommunalaufsichtlicher Ersatzvornahme** durchsetzen; hiergegen stehen der Gemeinde die üblichen Rechtsbehelfe zu Gebote. Für den Fall des
zu Unrecht verweigerten Einvernehmens haben einige Bundesländer[408] wie jetzt auch
§ 71 MBO 2002 eine **bauaufsichtsrechtliche Ersetzungsbefugnis** geschaffen, die
sich, obwohl der Sache nach ebenfalls eine kommunalsaufsichtliche Ersatzvornahme[409], von dieser doch nach Zuständigkeit und Verfahren unterscheidet. Über die
Ersetzung entscheidet die zuständige Bauaufsichtsbehörde, sofern sie nicht der Gemeinde angehört, die über das Einvernehmen zu befinden hat; allerdings wird diese
Behörde meist ebenso beim Landratsamt angesiedelt sein wie die Kommunalaufsichtsbehörde. Ist die Gemeinde zugleich untere Bauaufsichtsbehörde, kann die Ersetzung erst im Widerspruchsverfahren von der zuständigen Widerspruchsbehörde
vorgenommen werden[410]. Im Unterschied zur sonstigen Kommunalaufsicht entschei-

---

405 BVerwGE 22, 342; BVerwG BRS 16 Nr. 90; HessVGH NVwZ 1990, 1185; *E/Z/B/K*, § 36 Rdnr. 26;
    Brügelmann, § 36 Rdnr. 12.
406 *Gelzer/Bracher/Reidt*, Rdnr. 1977; BGHZ 118, 253, m.w.N.
407 BVerwG UPR 1992, 234 (235); *Brohm*, § 18 Rdnr. 12. A.A. *Groß*, BauR 1999, 560 (566 f.).
408 Art. 74 BayBO; § 90 BbgBO; § 71a LBauO M-V; § 71 LBO RhPf; § 70a SächsBO.
409 Ausdrücklich als Ersatzvornahme bezeichnet in Art. 74 III BayBO; § 90 III BbgBO; § 70a II
    SächsBO.
410 Art. 74 I, V BayBO; § 90 I, V BbgBO; § 70a I, V SächsBO. Ohne ausdrückliche Regelung § 71a
    LBauO M-V.

IV *Baurecht*

det die zuständige Behörde nicht nach pflichtgemäßem Ermessen, sondern ist bei Vorliegen der einschlägigen Voraussetzungen zur Ersetzung verpflichtet. Diese Pflicht dient indes – wie alle Kommunalaufsichtsmaßnahmen – nur der Wahrung öffentlicher Interessen; der betroffene Bürger hat darum keinen Anspruch auf Ersetzung. Die erteilte Baugenehmigung bzw. der Widerspruchsbescheid gelten im Rahmen der Ersetzungsvorschriften als Ersetzung des Einvernehmens und können von der Gemeinde – je nach Kommunalaufsichtsrecht bzw. bauordnungsrechtlicher Sonderregelung[411] – mittels Widerspruchs oder unmittelbar durch Klage angefochten werden. Entfällt deren aufschiebende Wirkung (vgl. § 80 II Nr. 3 und 4 VwGO, § 212a BauGB), so gilt dies auch für die Ersetzung[412].

188 Neben und gleichberechtigt mit den landesrechtlichen Ersetzungsregelungen[413] sieht auch § 36 II 3 BauGB die Ersetzung eines rechtswidrig verweigerten Einvernehmens vor; hierfür muss jedoch landesrechtlich die zuständige Behörde bestimmt werden[414]. Es handelt sich hierbei um einen Fall besonders geregelter **städtebaulicher Rechtsaufsicht**, die nur äußerlich der Kommunalaufsicht gleicht[415]; damit wird man Bedenken gegen die Gesetzgebungskompetenz des Bundes zurückweisen können[416]. Die Vorschrift lässt nicht erkennen, ob hier wie nach Landesrecht eine Rechtspflicht zur Ersetzung bestehen soll; dies wird indes anzunehmen sein, weil sich der Bundesgesetzgeber an den landesrechtlichen Vorbildern orientiert hat[417] und die bauplanungsrechtliche Ersetzungsbefugnis – anders als die Kommunalaufsicht – auch der beschleunigten Durchsetzung von berechtigten Bauanträgen dienen soll[418]. Gleichwohl steht dem Bauwilligen kein Anspruch auf eine Ersetzung zu, weil er damit letztlich nur das verwaltungsinterne Hindernis des nicht erteilten Einvernehmens (vgl. Rdnr. 185) überwinden wollte[419]. Bedenken bestünden insofern auch gegen eine Verpflichtungsklage, da ja unmittelbar die Baugenehmigung selbst eingeklagt werden kann[420].

188a Allerdings handelt es sich bei der Ersetzung selbst nicht um einen verwaltungsinternen Vorgang, sondern um einen die Gemeinde belastenden Verwaltungsakt[421], vor

---

411 Vgl. insoweit § 90 IV BbgBO.
412 Art. 74 III BayBO; § 71a IV LBauO M-V; § 70a II SächsBO.
413 *B/K/L*, § 36 Rdnr. 9; *E/Z/B/K*, § 36 Rdnr. 40 m.w.N.
414 Vgl. *E/Z/B/K*, § 36 Rdnr. 40 m.Nw. des Landesrechts. Nach *Gelzer/Bracher/Reidt*, Rdnr. 1978 m.w.N. ist ersatzweise die Rechtsaufsichtsbehörde zuständig; nach *Jäde/Dirnberger/Weiß*, § 36 Rdnr. 104 ist die nach landesrechtlicher Ersetzungsregelung zuständige Behörde, sonst die Kommunalaufsichtsbehörde.
415 *E/Z/B/K*, § 36 Rdnr. 40; *Berliner Kommentar*, § 36 Rdnr. 14; a.A. *Enders/Pommer*, SächsVBl. 1999, 173 (174).
416 *Berliner Kommentar*, § 36 Rdnr. 14; a.A. *Enders/Pommer*, SächsVBl. 1999, 173 (175 f): bloße Klarstellungsfunktion des § 36 II 3 BauGB.
417 RhPfOVG NVwZ 2000, 85; *Dippel*, NVwZ 1999, 921 (924); *Groß*, BauR 1999, 560 (570); *Berliner Kommentar*, § 36 Rdnr. 14. A.A. *E/Z/B/K*, § 36 Rdnr. 41; *Gelzer/Bracher/Reidt*, Rdnr. 1979; *Jäde/Dirnberger/Weiß*, § 36 Rdnr. 106.
418 *Dippel*, NVwZ 1999, 921 (924); *Groß*, BauR 1999, 560 (570); *E/Z/B/K*, § 36 Rdnr. 41; a.A. *Jäde/Dirnberger/Weiß*, § 36 Rdnr. 107.
419 Ähnlich *E/Z/B/K*, § 36 Rdnr. 41.
420 *Gelzer/Bracher/Reidt*, Rdnr. 1980; *Dippel*, NVwZ 1999, 921 (925).
421 Dies wird nicht immer richtig gesehen; vgl. u.a. *E/Z/B/K*, § 36 Rdnr. 43; *Gelzer/Bracher/Reidt*, Rdnr. 1980.

dessen Erlass die Gemeinde wie im landesrechtlichen Ersetzungsverfahren angehört werden muß[422] und den sie – mit aufschiebender Wirkung nach § 80 I 1 VwGO – anfechten kann; § 212a BauGB kommt insoweit nicht zum Zuge[423]. Auch die eigentliche Baugenehmigung kann von der Gemeinde angefochten werden. Wegen der hierbei geltenden Beschleunigungsregelung des § 212a BauGB[424] muss sie sich insoweit jedoch die aufschiebende Wirkung erst nach den §§ 80a, 80 V VwGO erkämpfen. Da im Falle der gemeindlichen Weigerung die Rechtmäßigkeit der Baugenehmigung von einer wirksamen Ersetzung ihres Einvernehmens abhängt, darf die Baugenehmigung erst dann erteilt werden, wenn die Ersetzungsentscheidung entweder gegenüber der Gemeinde bestandskräftig geworden ist oder wenn sofortige Vollziehbarkeit (§ 80 II Nr. 4 VwGO) angeordnet wurde[425]. In Fällen lang anhaltenden Streits zwischen Gemeinde und ersetzender Behörde wird der Bauwillige also gut daran tun, nicht das Ende des Streits abzuwarten, sondern seinerseits auf Erteilung der Baugenehmigung zu klagen.

Beispiel: Der Bauantrag des B für ein den Voraussetzungen des § 34 BauGB entsprechendes Bauvorhaben im unbeplanten Innenbereich wird abgelehnt, weil die Gemeinde ihr Einvernehmen verweigert hat; sie möchte die Bebauung des Grundstücks verhindern, um bei einer späteren Bauleitplanung freie Hand zu haben. Wie kann B sich hiergegen wehren? **189**

Die Verweigerung des Einvernehmens ist rechtswidrig, weil auf die Erteilung der Bauerlaubnis nach § 34 BauGB ein Anspruch besteht, dem städtebauliche Vorstellungen der Gemeinde nicht entgegenhalten werden können. Gleichwohl steht B ein Rechtsbehelf gegen die Gemeinde nicht zu, denn die Versagung des Einvernehmens ist ein verwaltungsinterner Vorgang, gegen den ein selbstständiger Rechtsschutz nicht zur Verfügung steht. B muss darum mit Widerspruch und Klage gegen die Baugenehmigungsbehörde vorgehen. Die Widerspruchsbehörde darf sich nicht über die Versagung hinwegsetzen; erst das verwaltungsgerichtliche Urteil ersetzt das fehlende Einvernehmen. Die nach Landesrecht zuständige Behörde kann jedoch schon im Genehmigungsverfahren das fehlende gemeindliche Einvernehmen nach § 36 II 3 BauGB oder nach landesrechtlichen Ersetzungsvorschriften ersetzen und damit den Weg zur Erteilung der Bauerlaubnis freimachen. B hat auf eine solche Ersetzung allerdings keinen Anspruch. Legt die Gemeinde gegen die Ersetzung einen Rechtsbehelf ein, hat dies aufschiebende Wirkung, und die Bauerlaubnis darf noch nicht erteilt werden.

Die Bindung der Baugenehmigungsbehörde an die Versagung des gemeindlichen Einvernehmens hat auch **haftungsrechtliche Konsequenzen** (Rdnr. 399 ff). Versagt die Gemeinde ihr Einvernehmen zu Unrecht, macht sie sich wegen der damit bewirkten „faktischen Bausperre" (vgl. Rdnr. 249) selbst haftbar. Dem Bauherrn können Ansprüche aus Amtshaftung (Art. 34 GG i.V.m. § 839 BGB) sowie auch – sofern schon vorhandene Werte und nicht nur Chancen oder Entwicklungsmöglichkeiten betroffen sind – aus enteignungsgleichem Eingriff zustehen[426]. Daneben kommen auch Ansprüche gegen den Träger der Baubehörde in Betracht, die den Bauantrag abge- **190**

---

422 *Jäde/Dirnberger/Weiß*, § 36 Rdnr. 105; *E/Z/B/K*, § 36 Rdnr. 42.
423 NdsOVG NVwZ 1999, 1005; *E/Z/B/K*, § 36 Rdnr. 43 m.Nw. auch der Gegenansicht; *Gelzer/Bracher/Reidt*, Rdnr. 1981; *Dippel*, NVwZ 1999, 921 (925).
424 NdsOVG NVwZ 1999, 1005 m.w.N.
425 *Dippel*, NVwZ 1999, 921 (925).
426 BGHZ 65, 182; BGH DÖV 1985, 793; BauR 1986, 425; *Brügelmann*, § 36 Rdnr. 35; *E/Z/B/K*, § 36 Rdnr. 48 ff.

lehnt hat; im Hinblick auf die Bindungswirkung der Einvernehmensverweigerung, die insoweit eine eigene Amtspflichtverletzung ausschließt, müssen dann aber zusätzliche eigene Fehler der Baugenehmigungsbehörde vorliegen[427]. Unterlässt die Ersetzungsbehörde die ihr obliegende bauaufsichtliche oder städtebauliche Ersetzung, obwohl sie die Rechtswidrigkeit der Einvernehmensversagung erkennt oder hätte erkennen müssen, begeht sie eine Amtspflichtverletzung. Amtshaftungspflichtig wird sie indes nur, soweit sie die **nach § 36 II 3 BauGB** gebotene Ersetzung unterlässt, da sie nur in deren Zusammenhang auch im Interesse des Bauwilligen handelt (Rdnr. 187 f)[428].

d) Städtebaulicher Genehmigungsvorbehalt und Bauaufsicht

191   Die verfahrensrechtliche Regelung der Baugenehmigungs- bzw. der Bauanzeigepflicht sichert die Berücksichtigung der **materiell-rechtlichen Vorbehalte**, denen die Baufreiheit unterliegt. Entspricht ein Bauvorhaben nicht den Bestimmungen, welche die städtebaulichen Nutzungsregelungen und das Bauordnungsrecht hierfür vorsehen, so darf es nicht verwirklicht werden. Rechtsdogmatisch gesehen handelt es sich also bei diesem Regelungskomplex um ein **Bauverbot mit Erlaubnisvorbehalt**. Solch ein Verbot mag auf den ersten Blick mit dem Gedanken der **Baufreiheit** (vgl. dazu Rdnr. 161 ff) unvereinbar erscheinen.

192   Jedenfalls insoweit, wie der baurechtliche Genehmigungs- oder Anzeigevorbehalt die **bauordnungsrechtlichen** Bestimmungen zur Anwendung bringt, löst sich der vermeintliche Widerspruch zwischen Baufreiheit und Bauverbot ohne weiteres auf, weil es sich hierbei nur um ein **präventives Verbot** handelt, das lediglich der Abwehr typischerweise mit einem Bauvorhaben verbundener Gefahren dient[429]. Diese Art des Verbots unterscheidet sich vom sog. repressiven Verbot mit Befreiungsvorbehalt durch sein anders geartetes Verhältnis zu dem von ihm betroffenen Handlungsbereich. Das **repressive Verbot** beschränkt oder entzieht mit materiell-rechtlicher Wirkung Handlungsräume, indem es die verbotene Handlung pauschal als sozialschädlich qualifiziert; nur in erwiesenermaßen unbedenklichen Ausnahmefällen kann dem Einzelnen ein sonst nicht vorhandener Freiheitsbereich eröffnet werden. Das präventive Verbot errichtet demgegenüber zunächst nur eine verfahrensrechtliche Hürde, die eine Schädlichkeitskontrolle im Einzelfall ermöglicht (sog. **Kontrollerlaubnis**). Die betreffende Handlung wird nach wie vor grundsätzlich als erlaubt angesehen, soweit sie sich nicht nach den vom Gesetzgeber vorgegebenen Wertungen als sozialschädlich erweist. Die erteilte Erlaubnis eröffnet keinen neuen, sondern aktiviert einen prinzipiell vorhandenen Freiheitsbereich; sie hat nur den Charakter einer Unbedenklichkeitsbescheinigung.

193   Nach herrschender Ansicht hat der baurechtliche Genehmigungs- oder Anzeigevorbehalt auch im Bereich der **städtebaulichen Nutzungsregelungen** nur präventiven Charakter. Statt der bauordnungsrechtlichen Gefahrenabwehr gelangt hier ein allge-

---

427 BGHZ 118, 263.
428 Sehr str.; vgl. *Groß*, BauR 1999, 560 (571); a.A. *Schrödter*, § 36 Rdnr. 34; *Jäde/Dirnberger/Weiß*, § 36 Rdnr. 107.
429 *Brohm*, § 28 Rdnr. 8; *Hoppe/Bönker/Grotefels*, § 16 Rdnr. 11 ff.

meiner **städtebaulicher Ordnungsvorbehalt** zur Geltung[430]. Dem wird verschiedentlich entgegengehalten, anders als beim Bauordnungsrecht könne der bauwillige Grundstückseigentümer das bebauungsrechtliche Bauverbot nicht durch eigenes rechtskonformes Verhalten beeinflussen, sondern müsse auf eine Änderung der bebauungsrechtlichen Situation durch hoheitliche Planungsmaßnahmen warten, ohne hierauf einen Anspruch zu haben; bis dahin wirke das Verbot repressiv[431]. Dieser Einwand, der in der Sache auf einen **Planvorbehalt**[432] und damit auf eine administrativ vermittelte Bebauungsbefugnis hinausläuft, dürfte indes schon vom tatsächlichen Befund her verfehlt sein, soweit es um die Zulässigkeit von Bauvorhaben im unbeplanten Innenbereich (§ 34 BauGB) oder um die Zulässigkeit privilegierter Vorhaben im Außenbereich (§ 35 I BauGB) geht[433]. Im Übrigen zielt auch die Kritik am präventiven Charakter des bebauungsrechtlichen Erlaubnisvorbehalts auf das Problem der **Baufreiheit** und ihr Verhältnis zum städtebaulichen Ordnungsvorbehalt. Dazu ist oben (Rdnr. 166 ff) schon Stellung genommen worden.

2. Bauvorhaben im beplanten Bereich

a) Zulässigkeit bei Plankonformität

Nach den Vorstellungen des BauGB soll sich die Entwicklung hauptsächlich nach Maßgabe von Planfestsetzungen vollziehen, die in Bebauungsplänen niedergelegt sind. Diese Situation hat **§ 30 BauGB** im Auge, wenn er für die Zulässigkeit eines Bauvorhabens neben einer gesicherten Erschließung des Baugrundstücks (Rdnr. 271) **Plankonformität** vorschreibt. Allerdings genügt die Übereinstimmung mit einem Bebauungsplan nicht in jedem Fall. Die städtebauliche Ordnungsfunktion eines solchen Planes ist nur gewährleistet, wenn er ein Mindestmaß planerischer Festsetzungen enthält. § 30 I BauGB setzt für die Zulässigkeit eines Bauvorhabens darum die Übereinstimmung mit einem sog. **qualifizierten Bebauungsplan** voraus, der wenigstens Festsetzungen über die Art und das Maß der baulichen Nutzung, über die überbaubaren Grundstücksflächen und über die örtlichen Verkehrsflächen enthält. Genügt ein Bebauungsplan diesen Mindestanforderungen nicht, ist er deswegen nicht etwa unbeachtlich. Ein solcher „einfacher" Bebauungsplan entfaltet ebenso wie ein qualifizierter rechtsnormative Wirkungen; seine Festsetzungen müssen im Baugenehmigungsverfahren beachtet werden. Im Übrigen bemisst sich die Zulässigkeit aber nicht nach § 30 BauGB, sondern, wie § 30 III BauGB klarstellt, nach dem dann jeweils einschlägigen Zulässigkeitstatbestand für nicht (qualifiziert) beplante Bereiche (§ 34 oder § 35 BauGB). Seinem Typus nach wird der **vorhabenbezogene Bebauungsplan** nach § 12 I BauGB (Rdnr. 103) nicht immer alle Festsetzungen treffen müssen, die einen qualifizierten Bebauungsplan auszeichnen; gleichwohl soll er aber schon für sich genommen die bebauungsrechtliche Grundlage des Vorhabens bilden.

194

---

430   Ähnlich *Peine*, Rdnr. 322 ff; *Finkelnburg/Ortloff*, I, S. 21 ff; *Hoppe/Bönker/Grotefels*, § 2 Rdnr. 55 ff; § 16 Rdnr. 10 ff.
431   *Schulte*, DVBl. 1979, 133 (134).
432   Hierzu näher *Hoppe/Bönker/Grotefels*, § 2 Rdnr. 55; *Peine*, Rdnr. 324; *Brohm*, § 1 Rdnr. 21.
433   *Papier*, in: Maunz/Dürig, Art. 14 (2002) Rdnr. 64.

§ 30 II BauGB stellt ihn darum dem qualifizierten Bebauungsplan insofern gleich, als das Vorhaben bei gesicherter Erschließung seinen Festsetzungen (die über den Katalog nach § 9 BauGB hinausgehen können) entspricht. Liegen die Voraussetzungen des § 30 I oder II BauGB vor, so hat der Bauwillige einen **Rechtsanspruch** auf Erteilung der Baugenehmigung.

195 Indem Bebauungspläne bei ihren Festsetzungen die in der **BauNVO** vorgesehenen bebauungsrechtlichen Nutzungskategorien (reine, allgemeine und besondere Wohngebiete, Gewerbegebiete, Industriegebiete usw.) verwenden, inkorporieren sie die Bebaubarkeitsregelungen, welche die BauNVO für jede einzelne dieser Kategorien bereithält, in ihr planerisches Regelwerk (vgl. Rdnr. 85). Die bebauungsrechtliche Zulässigkeit eines Bauvorhabens bemisst sich darum in beplanten Bereichen letztlich danach, ob es hinsichtlich der Art und des Maßes der baulichen Nutzung den Vorgaben der Verordnung (§§ 1-14 bzw. 16-21a BauNVO) entspricht und ob die Vorschriften über die Bauweise (§§ 22, 23 BauNVO) eingehalten sind.

196 Vor allem die Vorschriften über die **Art der baulichen Nutzung** (§§ 1-14 BauNVO) bilden ein sehr ausdifferenziertes Regelwerk, mit dessen Hilfe die planende Gemeinde den baulichen Charakter eines Planbereichs bis ins einzelne festlegen kann. Für die Anwendung dieser Vorschriften ist es hilfreich, sich die oben (Rdnr. 85) schon dargestellte Regelungsstruktur vor Augen zu führen, nämlich ihre Gliederung in eine allgemeine Charakteristik des betreffenden Baugebietes, dessen regelmäßig und dessen ausnahmsweise zulässige Bebaubarkeit. Diese Regelungselemente stehen in einem inneren Zusammenhang. Daraus folgt u.a., dass von Ausnahmeregelungen nicht in einer Weise Gebrauch gemacht werden darf, die den jeweiligen Gebietscharakter sprengen und damit gegen das Gebot der **Gebietsverträglichkeit**[434] verstoßen würde. Dieses insgesamt noch grobe Regelungsraster wird verfeinert, wenn die Gemeinde von den ihr durch § 1 IV-X BauNVO eröffneten Möglichkeiten Gebrauch macht und Baugebiete unter dem Aspekt ihrer Bebaubarkeit noch weiter gliedert oder die dort getroffenen Nutzungsregelungen für den konkreten Planbereich modifiziert (vgl. näher Rdnr. 108).

197 In **§ 15 BauNVO** findet sich schließlich ein genereller Vorbehalt der Wahrung städtebaulicher Erfordernisse. Danach sind auch solche baulichen oder sonstigen Anlagen, die in ihrem Baugebiet nach den §§ 2-14 BauNVO jeweils generell erlaubt sind, **im Einzelfall** doch unzulässig, wenn sie entweder nach Anzahl, Lage, Umfang oder Zweckbestimmung der Eigenart des Baugebiets widersprechen, wenn von ihnen Belästigungen oder Störungen ausgehen, die nach der Eigenart des Baugebietes dort selbst oder in seiner Umgebung unzumutbar sind, oder wenn sie selbst solchen Belästigungen oder Störungen ausgesetzt sind. Der nach § 15 I 1 BauNVO geschützte **Gebietscharakter** ergibt sich aus den typisierenden Regelungen der jeweiligen Absätze 1 der §§ 2-14 BauNVO wie auch aus der jeweiligen örtlichen Situation; hiermit soll nicht zuletzt das städtebaulich vorgestellte Mischungsverhältnis zwischen den erlaubten Nutzungsarten gewahrt werden[435]. § 15 II BauNVO stellt dabei klar, dass für

---

434 Zu diesem Begriff u.a. *Fickert/Fieseler*, BauNVO (10. Aufl. 2002), § 6 Rdnr. 9.12; BVerwG DÖV 2002, 1041, m.w.N.
435 *Finkelnburg/Ortloff I*, S. 322.

Bebauungsrechtliche Zulässigkeit von Bauvorhaben (Übersicht)

I. Bauvorhaben im Planbereich:

1. Qualifizierter BbPl.:

Gegenwärtige Plankonformität	§ 30 I	Zulässigkeit aufgrund Plankonformität
	§ 31 I	Zulässigkeit aufgrund plankonformer Ausnahme
Erkennbar künftige Plankonformität	§ 33	Zulässigkeit aufgrund Vorwirkung bei erkennbar künftiger Plankonformität
Planabweichung	§ 31 II	Zulässigkeit trotz Planabweichung aufgrund gesetzlichen Befreiungstatbestandes

2. Einfacher BbPl.:

Gegenwärtige Plankonformität	§ 30 III, 34 (Innenbereich)	Zulässigkeit bei Plankonformität **und** Gesetzeskonformität (§ 34)
	§ 30 III, 35 (Außenbereich)	Zulässigkeit bei Plankonformität **und** Gesetzeskonformität (§ 35)
Erkennbar künftige Plankonformität	§ 33	Zulässigkeit aufgrund Vorwirkung bei erkennbar künftiger Plankonformität **und** Gesetzeskonformität (§ 34 oder 35)

II. Bauvorhaben im unbeplanten Bereich

Gesetzeskonformität	**Innenbereich** § 34 I	Zulässigkeit bei Einfügung in Nachbarschaft und wenn öffentliche Belange nicht entgegenstehen
	§ 34 II	Zulässigkeit nach Maßgabe anwendbarer Vorschriften der BauNVO
	Außenbereich § 35 I	Zulässigkeit bei Privilegierung und wenn öffentliche Belange (§ 35 III) nicht entgegenstehen
	§ 35 II	Zulässigkeit im Einzelfall, wenn öffentliche Belange (§ 35 III) nicht beeinträchtigt sind
	§ 35 II, IV	Zulässigkeit nach Maßgabe besonderer Begünstigung (§ 35 II, IV), vorbehaltlich sonstiger Außenverträglichkeit (§ 35 III)

Bemerkungen:
1 Der vorhabenbezogene BbPl. (§ 12 I BauGB) ist nach § 30 II BauGB dem qualifizierten BbPl. gleichgestellt.
2 In allen Fällen muss über die erwähnten Voraussetzungen hinaus die Erschließung gesichert sein.

die Beurteilung nur städtebauliche Gesichtspunkte, wie sie auch in § 1 V BauGB genannt sind, eine Rolle spielen dürfen; bauordnungsrechtliche, aber auch gesellschaftspolitische, wirtschaftliche oder ethische Wertungen dürfen in die Entscheidung nicht einfließen[436]. Die **Zumutbarkeit** von Belästigungen und Störungen bzw.

---
436 *Finkelnburg/Ortloff I*, S. 321; *Fickert/Fieseler*, BauNVO (10. Aufl. 2002), § 15 Rdnr. 32.1.

IV *Baurecht*

die **Störanfälligkeit** (§ 15 I 2 Hs. 1 und 2 BauNVO) ist nach dem konkreten Bauvorhaben unter Berücksichtigung der gebietstypischen Schutzwürdigkeit zu beurteilen; die abstrakten (verfahrensrechtlichen) Kategorien des Immissionsschutzrechts (§ 4 BImSchG i.V.m. 4. BImSchV) und die immissionsschutzrechtlichen Grenzwertbestimmungen sind, wie § 15 III BauNVO klarstellt, nicht allein ausschlaggebend[437]. § 15 I BauNVO ist strikt anzuwenden; er erlaubt weder eine Ermessensausübung noch Befreiungen[438].

b) Zulässigkeit bei künftiger Plankonformität

198 Ein Bauvorhaben kann nach § 33 BauGB im Vorgriff auf eine sich erst abzeichnende Planungslage und in Erwartung künftiger Plankonformität bebauungsrechtlich auch schon dann zulässig sein, wenn ein rechtsgültiger (qualifizierter oder einfacher) Bebauungsplan noch nicht besteht, sich aber bereits im Stadium der **Planaufstellung** befindet (sog. **Vorabgenehmigung**). Voraussetzung hierfür ist allerdings, dass die Planungsarbeiten soweit gediehen sind, dass sich die künftigen Planfestsetzungen schon hinreichend deutlich erkennen lassen. Die insoweit erforderliche **Planreife** ist nach § 33 I BauGB vorhanden, wenn die öffentliche Auslegung des Planes stattgefunden hat und die Träger öffentlicher Belange beteiligt worden sind (formelle Planreife) und wenn weiterhin anzunehmen ist, dass das Vorhaben den künftigen Festsetzungen des Bebauungsplans nicht entgegensteht (materielle Planreife). Erkennt der Antragsteller diese Festsetzungen für sich und seine Rechtsnachfolger an und ist außerdem noch die Erschließung des Grundstücks gesichert, so besteht ein **Rechtsanspruch** auf Erteilung der Baugenehmigung. Die Anerkennung (§ 33 I Nr. 3 BauGB) bezieht sich auf die zum Zeitpunkt der Genehmigung erkennbaren Planvorstellungen und sichert deren Geltung und Durchsetzbarkeit auch schon vor In-Kraft-Treten des Plans. Ändern sich die Planvorstellungen nach Erteilung der Bauerlaubnis und kommt ein Bebauungsplan mit abweichenden Festsetzungen zu Stande, so wird dadurch das genehmigte Bauvorhaben nicht illegal; der Antragsteller muss sein Bauvorhaben oder gar das schon fertig gestellte Bauwerk nicht nachträglich den neuen Bestimmungen anpassen[439]. Hat der Bauherr von seiner Bauerlaubnis noch nicht Gebrauch gemacht, kann die Behörde die Genehmigung allerdings nach § 49 II 1 Nr. 4 VwVfG widerrufen, sofern öffentliche Interessen den Widerruf gebieten; sie hat dann aber nach § 49 VI VwVfG einen etwa entstandenen Vertrauensschaden zu ersetzen (vgl. Rdnr. 308).

199 Umstritten ist, ob auch von den Festsetzungen eines künftigen Bebauungsplanes **Ausnahmen und Befreiungen** nach § 31 BauGB (Rdnr. 204 ff) zulässig sind[440]. Bei der Erteilung einer Ausnahmegenehmigung (§ 31 I BauGB) macht die Genehmigungsbehörde nur von einer bereits im Plan selbst vorgesehenen Sonderregelung Ge-

---

437 *Fickert/Fieseler*, a.a.O., § 15 Rdnr. 33; *Hoppenberg*, A II 383.
438 *Fickert/Fieseler*, a.a.O., § 15 Rdnr. 1.13; *Hoppenberg*, A II 369.
439 *E/Z/B/K*, § 33 Rdnr. 61; *Berliner Kommentar*, § 33 Rdnr. 11.
440 Vgl. die – teilw. gegensätzlichen – Darstellungen bei *Brügelmann*, § 31 Rdnr. 11, § 33 Rdnr. 3a; *Berliner Kommentar*, § 31 Rdnr. 3; *E/Z/B/K*, § 31 Rdnr. 18; *B/K/L*, § 31 Rdnr. 10.

brauch; das muss auch im Hinblick auf einen künftigen Bebauungsplan möglich sein. Die Befreiung (§ 31 II BauGB) stellt demgegenüber zwar eine echte Plandurchbrechung dar; das stünde an sich bei der Anwendung des § 33 BauGB der Bestimmung entgegen, dass das Bauvorhaben den künftigen Planfestsetzungen nicht entgegenstehen darf. Andererseits behandelt § 33 BauGB den planreifen Entwurf wie einen bereits in Kraft getretenen Plan; dann müssen dort wie hier Befreiungen gestattet sein[441].

Ausnahmsweise kann ein Bauvorhaben nach § 33 II BauGB auch schon **vor Eintritt der formellen Planreife**, also vor Durchführung des Auslegungs- und des Beteiligungsverfahrens (§§ 3 II, 4 BauGB) genehmigt werden. Den davon betroffenen Bürgern (insbesondere den Nachbarn) und den berührten Trägern öffentlicher Belange muss dann aber zuvor Gelegenheit zur Stellungnahme gegeben worden sein. Von der Voraussetzung materieller Planreife darf dagegen auch nicht ausnahmsweise abgewichen werden. Darum besteht nach Abschluss des Stellungnahmeverfahrens auch nach § 33 II BauGB ein Rechtsanspruch auf Erteilung einer Baugenehmigung; das dem Wortlaut der Vorschrift zu entnehmende Ermessen bezieht sich lediglich auf die Frage, ob die Gemeinde, statt formelle Planreife herzustellen, zur beschleunigten Herbeiführung der Möglichkeit einer Erteilung von Vorweggenehmigungen das auf den Kreis der Betroffenen verengte und weniger förmliche Stellungnahmeverfahren einschlägt[442]. Insgesamt bewirkt § 33 II BauGB durch seinen Verzicht auf die formelle Planreife eine weitere Abkehr vom Planmäßigkeitsprinzip (Rdnr. 172) und eine Hinwendung zur Bevorzugung von Investoreninteressen[443], die jetzt auch nicht mehr durch eine Kontrolle seitens der höheren Verwaltungsbehörde (vgl. § 36 I 4 BauGB) kompensiert wird.

200

Genehmigungen nach § 33 BauGB bedürfen des **Einvernehmens der Gemeinde**. Da insoweit ein Rechtsanspruch auf die Erteilung der Genehmigung besteht, beschränkt sich die Entscheidung der Gemeinde auf eine städtebauliche Rechtskontrolle, in die planerische Gestaltungserwägungen nicht einfließen dürfen (Rdnr. 183 f). Das gilt auch für die Fälle des § 33 II BauGB; hier hat die Gemeinde mit der Durchführung des Stellungnahmeverfahrens ohnehin schon ihre Bereitschaft zur Erteilung von Vorweggenehmigungen signalisiert[444].

201

§ 33 BauGB begünstigt den Bauwilligen, indem er an sich (noch) nicht zulässige Bauvorhaben im Hinblick auf die zu erwartenden Festsetzungen des Bebauungsplans vorzeitig zulässt. Dagegen bietet diese Bestimmung keine Rechtsgrundlage, um ein gegenwärtig noch zulässiges Bauvorhaben unter Hinweis auf einen künftig entgegenstehenden Bebauungsplan abzulehnen[445]; hierfür steht der Gemeinde das Instrumentarium der Veränderungssperre und der Zurückstellung von Baugesuchen zur Verfügung (vgl. Rdnr. 239 ff).

202

---

441 Teilweise ebenso *E/Z/B/K*, § 31 Rdnr. 18.
442 *E/Z/B/K*, § 33 Rdnr. 58; *Jäde/Dirnberger/Weiß*, § 33 Rdnr. 26; *Hoppe/Bönker/Grotefels*, § 8 Rdnr. 158. A.A. *Berliner Kommentar*, § 33 Rdnr. 13.
443 *Hoppe/Bönker/Grotefels*, § 8 Rdnr. 155.
444 *E/Z/B/K*, § 33 Rdnr. 59.
445 BVerwGE 20, 127; *Brügelmann*, § 33 Rdnr. 2; *Schrödter*, § 33 Rdnr. 1; *Berliner Kommentar*, § 33 Rdnr. 3.

IV *Baurecht*

203 **Beispiel:** Die Behörde lehnt einen Antrag, der an sich nach § 34 BauGB zulässig wäre, mit der Begründung ab, es sei gerade ein Bebauungsplan im Entstehen, dessen künftigen Festsetzungen das Vorhaben widersprechen würde. Handelt sie rechtmäßig? Wie könnte das Bauvorhaben rechtmäßig verhindert werden?

Die Ablehnung des Bauantrages ist rechtswidrig, denn dem Bauherrn steht ein Anspruch auf die Genehmigung nach § 34 BauGB zu. Der Beschluss der Gemeinde, für ein Gebiet einen qualifizierten Bebauungsplan aufzustellen, macht Vorhaben nicht unzulässig, die den künftigen Planfestsetzungen widersprechen. Andernfalls würde sich der Planaufstellungsbeschluss als eine faktische Veränderungssperre auswirken, ohne mit den entsprechenden rechtsstaatlichen Garantien versehen zu sein. Auch aus § 33 BauGB ergibt sich nichts anderes. Er enthält zwar im Hinblick auf eingeleitete Planungsverfahren einen zusätzlichen Zulässigkeitstatbestand für Vorhaben, die nach derzeitiger Rechtslage bebauungsrechtlich nicht zulässig sind, bewirkt aber nicht die Unzulässigkeit eines Vorhabens wegen künftigen Planwiderspruchs. Die Gemeinde muss darum eine Veränderungssperre für das Planungsgebiet beschließen, wenn sie verhindern will, dass ihre Bauleitplanung noch während der Planaufstellung durch Bauvorhaben beeinträchtigt wird. Ggf. kommt auch die Zurückstellung des Baugesuchs in Betracht (BVerwGE 20, 127).

c) Ausnahme und Befreiung

204 Auch wenn ein Bauvorhaben nicht in allen Einzelheiten einem Bebauungsplan entspricht, kann es nach **§ 31 BauGB** unter bestimmten Voraussetzungen unter Zulassung einer Ausnahme oder im Wege einer Befreiung (Dispens) trotzdem genehmigt werden. Für diese Regelung besteht ein Bedürfnis, weil nicht auszuschließen ist, dass die Anwendung der notwendigerweise abstrakt formulierten planerischen Festsetzungen sich im konkreten Einzelfall als unangemessen herausstellt. Außer in § 31 BauGB finden sich Vorschriften über Ausnahmen und Befreiungen auch in den Landesbauordnungen. Sie beziehen sich materiell nur auf das Bauordnungsrecht, erstrecken ihre Verfahrensvorschriften jedoch teilweise auch auf das Städtebaurecht (Rdnr. 311 f)[446].

205 Eine **Ausnahme** (§ 31 I BauGB) ist im Hinblick auf solche Festsetzungen möglich, für die schon im Bebauungsplan selbst oder in der von ihm herangezogenen BauNVO Abweichungen vorgesehen und nach Art und Umfang geregelt sind. Sie ist ein von der planenden Gemeinde schon mitbeschlossener und ihren Planvorstellungen angepasster Bestandteil des Plans. Die Gemeinde trifft nicht nur die Entscheidung darüber, ob überhaupt eine Ausnahmeregelung stattfindet, sondern sie hat auch maßgeblichen Einfluss darauf, ob im konkreten Fall eine Ausnahme zugelassen wird, denn die Baugenehmigungsbehörde ist hierbei an ihr Einvernehmen gebunden (Rdnr. 179 ff). Umgekehrt kann allerdings die Baugenehmigungsbehörde trotz erteilten Einvernehmens auf Grund eigener rechtlicher Prüfung des Bauantrags durchaus noch die Genehmigung verweigern[447]. Die **Befreiung** (§ 31 II BauGB) geht über den Plan hinaus; sie ist eine vom Gesetzgeber selbst geregelte Ermächtigung an die Baugenehmigungsbehörde, aus städtebaulichen und aus Gründen des allgemeinen Wohls sowie zur Vermeidung von Härtefällen von den Planvorstellungen der Gemeinde ab-

---

446 *E/Z/B/K*, § 31 Rdnr. 20; *Brügelmann*, § 31 Rdnr. 61 ff; *Schrödter*, § 31 Rdnr. 35 ff.
447 BVerwG DÖV 1970, 349.

zuweichen. Einen für die Praxis wichtigen Befreiungstatbestand regelt § 31 II Nr. 2 BauGB. Befreiungen sind hiernach schon dann zulässig, wenn die Abweichung städtebaulich vertretbar ist. Als „städtebaulich vertretbar" dürfte dabei jede Abweichung anzusehen sein, die unter Berücksichtigung und Abwägung aller einschlägigen Belange i.S. von § 1 V und VI BauGB auch planbar wäre[448]; das eröffnet freilich die Möglichkeit zu Planabweichungen in kaum eingrenzbarem Umfang[449].

Das Instrument der Befreiung steht in einem **Spannungsfeld** zwischen normativ gebotener Planbefolgung und berechtigter Abweichung[450]. Von den Festsetzungen des Bebauungsplans darf nicht in einem Umfang und in einem Ausmaß abgewichen werden, dass eine an sich hierfür gebotene Planänderung mit all ihren inhaltlichen und verfahrensrechtlichen Anforderungen unterlaufen würde. Der Gesetzgeber versuchte früher, diesem Gesichtspunkt Rechnung zu tragen, indem er Befreiungen nur im **Einzelfall** zuließ, sog. Regelbefreiungen damit untersagte. Die Rspr. ergänzte diese Einschränkung noch um das Merkmal der **Atypik**[451]; danach sollten für eine Befreiung nur solche Fälle geeignet sein, die nicht schon als „Regelfall" bei der Konzeption des Planes hätten mitbedacht werden können. Nach jetzigem Recht gilt für alle Befreiungstatbestände stattdessen der Vorbehalt, dass die **Grundzüge der Planung** nicht berührt werden; damit wollte der Gesetzgeber außer dem Einzelfall- auch das Atypikgebot verabschieden[452]. Nach anfänglichen Irritationen über die Bedeutung der neuen Rechtslage und die mögliche Weitergeltung des Atypik-Erfordernisses[453] setzt sich inzwischen jedoch mehr und mehr die Erkenntnis durch, dass formale Eingrenzungen der Befreiung der Problematik nicht gerecht werden und dass stattdessen eine inhaltliche Grenze gezogen werden muss, die verhindert, dass Befreiungen das Regelungsgefüge des betreffenden Bebauungsplans unterlaufen und faktisch die Notwendigkeit von Planänderungen und Plananpassungen ersetzen[454]. Diese Grenze ist mit dem Vorbehalt einer Gewährleistung der Grundzüge der Planung hinreichend präzise umschrieben[455]. Sie schließt Befreiungen aus, soweit dadurch das Grundkonzept der Planung – etwa der Gebietscharakter des Plangebietes – oder auch ein spezifisches planerisches Konzept – Festsetzungen im Rahmen der naturschutzrechtlichen Eingriffsregelung – in Frage gestellt würden; das gleiche gilt, wenn in das Interessengeflecht des Bebauungsplans – z.B. die Abgewogenheit von öffentlichen und privaten Belangen – eingegriffen wird[456].

206

Auch bei der Befreiung ist das Einvernehmen der Gemeinde erforderlich (§ 36 I BauGB). Ausnahmen wie Befreiungen können als Ermessensentscheidung (dazu un-

207

---

448 BVerwGE 84, 322 (331 ff); 108, 190 (201); *Brügelmann*, § 31 Rdnr. 40; *Berliner Kommentar*, § 31 Rdnr. 14.
449 Kritisch auch *Schrödter*, § 31 Rdnr. 26.
450 Vgl. auch *Jäde/Dirnberger/Weiß*, § 31 Rdnr. 12.
451 Hierzu *E/Z/B/K*, § 31 Rdnr. 29; zuletzt BVerwG NVwZ 1990, 556.
452 *Berliner Kommentar*, § 31 Rdnr. 11; vgl. auch *Lüers*, WiVerw 1998, 57 (63 f).
453 Vgl. u.a. *Schrödter*, § 31 Rdnr. 19; *Schmidt-Eichstaedt*, NVwZ 1998, 571; *Claus*, DVBl. 2000, 241.
454 So bereits BVerwG NVwZ 1999, 1110; ihm folgend *Gelzer/Bracher/Reidt*, Rdnr. 1945; *Berliner Kommentar*, § 31 Rdnr. 11. Ausführlich zur Problematik *E/Z/B/K*, § 31 Rdnr. 29 ff.
455 So u.a. *Jäde/Dirnberger/Weiß*, § 31 Rdnr. 14; *E/Z/B/K*, § 31 Rdnr. 31 f.
456 Ausführlich hierzu *E/Z/B/K*, § 31 Rdnr. 36 f.

IV *Baurecht*

ten) mit **Nebenbestimmungen** versehen werden (§ 36 II VwVfG); diese Möglichkeit darf aber nicht als Ventil genutzt werden, einen Bebauungsplan seines normativen Gehalts weitgehend zu entleeren.

208 **Beispiel:** A beabsichtigt, eine Garage zu bauen. Weil sie seinen eigenen und den Wagen seiner berufstätigen Ehefrau aufnehmen soll, plant er sie um einen Meter breiter, als es die im Bebauungsplan festgesetzte Baugrenze zulässt. Allerdings sieht der Plan insoweit Ausnahmen nach Maßgabe des § 23 BauNVO vor.

Das Vorhaben kann gleichwohl nicht genehmigt werden, da weder die Voraussetzungen einer Ausnahme noch die einer Befreiung vorliegen. Zwar ist nach § 23 III BauNVO eine Ausnahmegenehmigung möglich, wenn ein Gebäudeteil eine Baugrenze in geringfügigem Ausmaß überschreitet. Diese Vorschrift greift jedoch nur bei unwesentlichen Gebäudeteilen ein. Vorliegend ist sie daher nicht einschlägig. Ebenso scheidet eine Genehmigung nach § 31 II Nr. 2 BauGB aus. Eine Befreiung soll verhindern, dass der Bebauungsplan auf Fälle angewendet werden muss, denen er auf Grund seiner notwendigerweise oft undifferenzierten Festsetzungen nicht gerecht zu werden vermag. Sie ist jedoch gegenüber solchen Festsetzungen ausgeschlossen, für die der Bebauungsplan selbst schon Anpassungsregelungen getroffen hat. Soweit auch danach noch Belastungen verbleiben, sind sie gewollt und stellen keine unbeabsichtigte Härte dar (BVerwG DVBl. 1975, 895).

209 Die auf Ausnahmebestimmungen gestützte Baugenehmigung stellt eine plankonforme Genehmigung dar; ihr Ausnahmecharakter kann, aber er muss im Baubescheid nicht herausgestellt werden. Demgegenüber wird die Befreiung aus Gründen der Rechtsklarheit durch besonderen, wenn auch mit der Genehmigung meist äußerlich verbundenen Bescheid erteilt. Die Baugenehmigungsbehörde hat über die Möglichkeit von Ausnahme oder Befreiung auch ohne ausdrücklichen **Antrag** bei ihrer Entscheidung zu befinden. Das ergibt sich für Ausnahmen schon aus ihrem plankonformen Charakter; aber auch bei Befreiungsbedürftigkeit wird man aus Art. 14 GG die Pflicht der Behörde herleiten können, den Bauantrag auch i.S. eines Befreiungsantrages zu verstehen[457]. Im Hinblick auf bauordnungsrechtliche Vorschriften, die gleichwohl einen Ausnahme- oder Befreiungsantrag verlangen, muss der Bauantrag selbst entsprechend ausgelegt werden[458]. Vor einer positiven Entscheidung über die Befreiung sind die Nachbarn nach Bauordnungsrecht zu beteiligen[459]. Eine Befreiung kann im Übrigen auch vertraglich vereinbart werden (**Dispensvertrag**). Es handelt sich hierbei um einen öffentlich-rechtlichen Vertrag, auf den die Vorschriften des Verwaltungsverfahrensrechts Anwendungen finden[460]; nach § 58 I VwVfG ist darum ein solcher Vertrag unwirksam, solange ihm die vom Dispens betroffenen Nachbarn nicht zugestimmt haben.

210 Sowohl bei der Einräumung einer Ausnahmegenehmigung wie auch bei der Erteilung einer Befreiung handelt es sich um eine **Ermessensentscheidung**. Selbst dann, wenn der Ausnahmetatbestand erfüllt ist oder die Befreiungsvoraussetzungen einschließlich der Vereinbarkeit der Befreiung mit den öffentlichen Belangen vorliegen, besteht

---

457 BVerwG ZfBR 1990, 250; *E/Z/B/K*, § 31 Rdnr. 63.
458 *E/Z/B/K*, § 31 Rdnr. 63; teilw. abweichend *Brügelmann*, § 31 Rdnr. 62 ff; *Schrödter*, § 31 Rdnr. 35.
459 Unter Erstreckung auch auf Ausnahmen *Schrödter*, § 31 Rdnr. 36.
460 Näheres bei *Battis*, S. 150; *E/Z/B/K*, § 31 Rdnr. 62.

kein Rechtsanspruch[461]. Das folgt unmittelbar schon aus dem Wortlaut des § 31 BauGB („Kann-Vorschrift"), wird aber auch vom Sinn dieser Vorschrift getragen. Soweit die Gemeinde im Bebauungsplan bestimmte Festsetzungen nicht definitiv trifft, sondern – wie dies automatisch über die Ausnahmeregeln der §§ 2-14 BauNVO oder ausdrücklich nach § 1 V-X BauNVO geschieht – unter einen **Ausnahmevorbehalt** stellt, plant sie noch nicht endgültig, sondern verweist auf ein späteres, ergänzendes Verfahren vor der Baugenehmigungsbehörde, an deren Entscheidung auch sie mitwirkt. Die also zunächst noch offene Planungsentscheidung folgt, wenn sie dann für den konkreten Fall nachgeholt wird, wesensgemäß den für die Planung selbst geltenden Berücksichtigungs- und Abwägungsgeboten des § 1 V und VI BauGB[462]. Gleiches gilt für die gesetzlich vorgesehene **Detailkorrektur** des Planes durch Befreiung[463]; ihr liegt ein repressives Verbot (mit Befreiungsvorbehalt) zu Grunde, das typischerweise auf eine Ermessensentscheidung hindeutet. Schließlich erfordert auch **Art. 14 I GG** keine ermessensfreie Ausnahme- oder Befreiungsentscheidung.

Die Baugenehmigungsbehörde darf ihrer Ermessensentscheidung nur **städtebauliche Motive** zu Grunde legen. Auch sonst ist sie in ihrer Entscheidung nicht frei, sondern durch die tatbestandlichen Vorgaben des § 31 I u. II BauGB mehr oder weniger stark gebunden[464]. Die in Betracht kommenden Ausnahmen sind nach Art und Umfang durch die §§ 2-14 BauNVO schon im Voraus festgelegt. Ebenso haben sich Befreiungen tatbestandlich nach zwar unbestimmten, gerichtlich aber vollständig überprüfbaren Rechtsbegriffen zu richten[465]; insbesondere sind in § 31 II BauGB Interessenabwägungen, wie sie sonst für Ermessensentscheidungen typisch sind, vom Gesetzgeber in den Ermessenstatbestand selbst vorverlagert worden[466]. So bezieht sich das Ermessen bei Ausnahmegenehmigungen jenseits der generalisierenden Wertung der BauNVO vor allem auf den Einzelfall und seine Einfügung in die konkrete Umgebung[467]; bei Ermessensentscheidungen wird die Behörde u.a. Folgekosten und Planänderungsabsichten der Gemeinde berücksichtigen dürfen[468]. Für eine Ermessensausübung besteht bei Befreiungen wenig Raum, wenn die tatbestandlichen Voraussetzungen des § 31 II BauGB erfüllt sind; eine Ablehnung muss sich auf entgegenstehende Interessen von Gewicht stützen können, wie sie sich etwa bei konkreten Planänderungsabsichten der Gemeinde ergeben können[469]. Gleichwohl ist denkbar, dass sich das der Behörde zustehende **Ermessen auf Null reduziert**[470]; dieser Fall mag beispielsweise eintreten, wenn Gründe des Allgemeinwohls eine Befreiung er-

211

---

461 A.A. *Jäde/Dirnberger/Weiß*, § 31 Rdnr. 29, für den Fall bereits erteilten gemeindlichen Einvernehmens (vgl. auch oben Rdnr. 184).
462 *Schmidt-Aßmann*, Grundfragen, S. 173 f; *B/K/L*, § 31 Rdnr. 18.
463 *Schmidt-Aßmann*, Grundfragen, S. 175 f. Im Erg. ebenso *E/Z/B/K*, § 31 Rdnr. 61; *Berliner Kommentar*, § 31 Rdnr. 21. Vgl. auch BVerwG DVBl. 2003, 526 (528 f) m.w.N.
464 *B/K/L*, § 31 Rdnr. 18 u. 34; *Brügelmann*, § 31 Rdnr. 55.
465 BVerwGE 56, 71 (75).
466 *E/Z/B/K*, § 31 Rdnr. 61; *Hoppe/Bönker/Grotefels*, § 8 Rdnr. 128.
467 *Schrödter*, § 31 Rdnr. 13; enger *E/Z/B/K*, § 31 Rdnr. 61.Vgl. insgesamt auch *Berliner Kommentar*, § 31 Rdnr. 21 f.
468 *Schrödter*, § 31 Rdnr. 33; *E/Z/B/K*, § 31 Rdnr. 61.
469 BVerwG DVBl. 2003, 526 (530).
470 *Brohm*, § 19 Rdnr. 14; *Brügelmann*, § 31 Rdnr. 22, 56; *E/Z/B/K*, § 31 Rdnr. 26, 61.

fordern (§ 31 II Nr. 1 BauGB). Ein Anspruch auf Ausnahme oder Befreiung erwächst dem Bauwilligen daraus jedoch nicht ohne weiteres[471]. Vielmehr muss bedacht werden, ob die Ermessensreduktion auch mit Rücksicht auf seine individuellen Interessen eingetreten ist; das wird im Hinblick auf sein Eigentumsrecht nach Art. 14 I GG bei Ausnahmen eher anzunehmen sein als bei Befreiungen. In ähnlicher Weise wird man die Frage zu beantworten haben, ob dem Bauwilligen ein Anspruch auf ermessensfehlerfreie Entscheidung zusteht[472].

3. Bauvorhaben im nicht (qualifiziert) beplanten Innenbereich

a) Innenbereich und Abgrenzungssatzung

212 Die städtebauliche Entwicklung innerhalb der Gemeinden soll zwar grundsätzlich durch Bebauungspläne gesteuert werden. Gleichwohl kommt es häufig vor, dass für Ortsteile keine Bebauungspläne vorhanden sind, so etwa in bereits im Wesentlichen bebauten Gebieten, in denen maßgebliche städtebauliche Entwicklungen nicht zu erwarten sind. In einem solchen Fall wäre es mit der im Eigentumsrecht wurzelnden Baufreiheit (Rdnr. 166 ff) schwerlich vereinbar, wenn hier die Schließung einer Baulücke oder die Errichtung eines Ersatzbaues ohne weiteren städtebaulichen Grund allein am Fehlen eines Bebauungsplanes scheitern müsste. Dies berücksichtigt **§ 34 BauGB**, indem er auch innerhalb der im Zusammenhang bebauten Ortsteile (sog. **Innenbereich**), für die kein oder jedenfalls kein qualifizierter Bebauungsplan (vgl. § 30 I, II BauGB) besteht, ein Bauvorhaben für zulässig erklärt, wenn es sich in die bereits vorhandene Nachbarbebauung einfügt. Ein solches Grundstück hat also, auch ohne dass es von einem Bebauungsplan erfasst wird, allein auf Grund seiner Lage bereits Baulandqualität. Das ist städtebaulich unschädlich, weil die bauliche Struktur der Umgebung Richtung und Grenzen der Zulässigkeit aufzeigt und damit als **Planersatz** wirken kann.

213 Ob ein Grundstück zum Innenbereich zählt, kann streitig sein. Um solche Streitigkeiten zu vermeiden, kann die Gemeinde durch sog. **Abgrenzungssatzung** den Umfang des Innenbereichs bestimmen. Hierzu kann sie zunächst schlicht die Grenzen für die im Zusammenhang bebauten Ortsteile festlegen (§ 34 IV 1 Nr. 1 BauGB). Eine derartige Satzung hat nur klarstellende Funktion (**Klarstellungssatzung**), darf also – ohne ausgrenzende Wirkung[473] – nur das fortschreiben, was auf Grund der gesetzlichen Regelung (§§ 34, 35 BauGB) ohnehin gilt[474]. Sie wirkt jedoch konstitutiv-rechtsbegründend, wenn sie nach § 34 IV 1 Nr. 3 BauGB zur Abrundung auch einzelne Außenbereichsflächen mit einbezieht, die ihrerseits schon durch die bauliche

---

471 *E/Z/B/K*, § 31 Rdnr. 26.
472 Hierzu *Schrödter*, § 31 Rdnr. 34 m.N. aus der Rspr.; *E/Z/B/K*, § 31 Rdnr. 61.
473 Str.; wie hier u.a. *E/Z/B/K*, § 34 Rdnr. 99; a.A. *Brügelmann*, § 34 Rdnr. 68 f; *Schrödter*, § 34 Rdnr. 62.
474 *Schrödter*, § 34 Rdnr. 61. Kritisch hierzu jedoch *Jean d'Heur*, NVwZ 1995, 1174.

Nutzung des angrenzenden Bereichs geprägt sind (**Ergänzungssatzung**)[475]. Noch weiter gehen in dieser Hinsicht **Entwicklungssatzungen** nach § 34 IV 1 Nr. 2 BauGB. Mit ihrer Hilfe können bebaute Bereiche im Außenbereich, sofern sie im Flächennutzungsplan als Bauflächen dargestellt sind, als im Zusammenhang bebaute Ortsteile ausgewiesen werden, für die dann die Bebaubarkeitsregelungen des § 34 I u. II BauGB gelten. Alle drei Satzungen können isoliert ergehen oder auch beliebig miteinander verbunden werden.

Im Unterschied zur Klarstellungssatzung, die nur eine bestehende Situation normativ umschreibt, begründen Entwicklungs- und Ergänzungssatzungen konstitutiv Baurechte nach Maßgabe des § 34 I u. II BauGB und nehmen damit im Ergebnis die **Funktion eines Bebauungsplans** wahr[476]; dem trägt die Einschränkung Rechnung, dass sie mit einer geordneten städtebaulichen Entwicklung vereinbar, d.h. auch durch Bebauungsplan planbar sein müssen (§ 34 IV 3 Hs. 1 BauGB)[477] Diese Gleichstellung wird noch dadurch verstärkt, dass solche Satzungen auch ihrerseits Festsetzungen enthalten dürfen, wie sie nach § 9 BauGB von Bebauungsplänen zu treffen sind[478]; auch wird man ebenso wie bei Bebauungsplänen analog § 31 BauGB Ausnahmen und Befreiungen von diesen Festsetzungen als zulässig ansehen können[479]. Ergänzungssatzungen, denen anders als den Entwicklungssatzungen kein entsprechender Flächennutzungsplan zu Grunde liegt, können in gleicher Weise wie Bebauungspläne auch Eingriffe in Natur und Landschaft bewirken; die planbezogenen Vorschriften der **naturschutzrechtlichen Eingriffsregelung** (§§ 1a, 9 Ia BauGB) sind darum auch auf sie anwendbar (vgl. § 21 I BNatSchG, § 34 IV 5 BauGB). Wegen ihrer materiellrechtlichen Nähe zum Bebauungsplan werden die konstitutiven Satzungen nach § 34 IV 1 Nr. 2 u. 3 BauGB im **vereinfachten Verfahren** der Bebauungsplanung (§ 13 BauGB) erlassen; dabei kann an Stelle des Auslegungsverfahrens (§ 3 II BauGB) den betroffenen Bürgern Gelegenheit zur Stellungnahme gegeben werden, und auch die Beteiligung der Träger öffentlicher Belange (§ 4 BauGB) kann durch ein Stellungnahmeverfahren ersetzt werden. Ergänzungssatzungen bedürfen der Genehmigung der höheren Verwaltungsbehörde, sofern sie nicht aus einem Flächennutzungsplan entwickelt wurden[480].

214

b) Innenbereichsvorhaben nach § 34 I BauGB

Die **Zulässigkeit** eines Bauvorhabens nach § 34 I BauGB setzt wie auch sonst voraus, dass die Erschließung des Grundstücks gesichert ist. Sollte ein einfacher Bebauungsplan vorhanden sein, muss das Bauvorhaben auch dessen Festsetzungen entspre-

215

---

475 Hierzu näher *Lüers*, WiVerw 1998, 57 (67 f); *Schrödter*, § 34 Rdnr. 73; *B/K/L*, § 34 Rdnr. 74; *E/Z/ B/K*, § 34 Rdnr. 115 ff.
476 *E/Z/B/K*, § 34 Rdnr. 114.
477 *E/Z/B/K*, § 34 Rdnr. 106; *Jäde/Dirnberger/Weiß*, § 34 Rdnr. 43; *Gelzer/Bracher/Reidt*, Rdnr. 2241 ff.
478 Zur Bedeutung der Beschränkung auf „einzelne" Festsetzungen *E/Z/B/K*, § 34 Rdnr. 108; *Jäde/ Dirnberger/Weiß*, § 34 Rdnr. 53; *Gelzer/Bracher/Reidt*, Rdnr. 2247.
479 *Riedl*, NVwZ 1996, 667; *Berliner Kommentar*, § 31 Rdnr. 3.
480 Vgl. auch die Abweichungsklausel in § 246 I a BauGB.

chen (§ 30 III BauGB). Vor allem aber hat sich das Bauvorhaben nach Art und Maß der baulichen Nutzung, nach Bauweise und zu überbauender Grundstücksfläche in die Eigenart der näheren Umgebung **einzufügen**[481]. Die Rspr. hat hieraus die Folgerung gezogen, dass das Grundstück durch seine Umgebung in bestimmter Weise tatsächlich geprägt sein muss. Das setzt einerseits voraus, dass die Nachbarschaft trotz eventuell noch vorhandener Baulücken den Eindruck struktureller Geschlossenheit und Zusammengehörigkeit erweckt, andererseits muss das Grundstück, das bebaut werden soll, als ein Teil seiner Umgebung erscheinen und damit selbst an dem Eindruck der Geschlossenheit teilnehmen[482]. Der so beschaffenen Eigenart der näheren Umgebung muss sich das Bauvorhaben „einfügen", d.h. es hat dem vorgegebenen Rahmen positiv zu entsprechen; die Negativfeststellung, das Vorhaben verändere die vorgegebene Bodensituation nicht nachteilig, genügt nicht[483]. Bei der Ermittlung der Eigenart der näheren Umgebung ist die gesamte vorhandene Bebauung ohne Rücksicht auf deren Wünschbarkeit oder bebauungsrechtliche Zulässigkeit, aber unter Ausschluss von „Fremdkörpern" zu Grunde zu legen[484]. Anderseits zwingt das Gebot des „Einfügens" nicht zur Uniformität; auch Vorhaben, die den vorgegebenen Rahmen überschreiten, aber die Harmonie der Umgebung nicht stören, können zulässig sein[485]. Inhaltlicher Bestandteil des Merkmals „einfügen" ist auch das Gebot der **Rücksichtnahme**. Ein Vorhaben fügt sich darum trotz äußerer Anpassung an die Umgebung nicht ein, wenn seine Realisierung – etwa wegen besonderer Störanfälligkeit der Nachbarschaft – mit diesem Gebot nicht in Einklang steht[486]. Insgesamt bedarf es bei § 34 I BauGB einer **Abwägung**, bei der auch die im Innenbereich besonders gewichtigen Eigentümerinteressen zu berücksichtigen sind[487].

216 Besondere Probleme ergeben sich in Gebieten mit sog. **Gemengelage**; sie sind gekennzeichnet durch ein dichtes Nebeneinander von unterschiedlichen, sich ggf. gegenseitig beeinträchtigenden Nutzungen. Dort, wo eine solche Gemengelage schon besteht, bleiben die Anforderungen, die sich aus dem Gebot des Einfügens ergeben, naturgemäß weit. Um so größere Bedeutung gewinnt hier das Rücksichtnahmegebot, das einen Interessenausgleich auf der Basis einer mittleren oder ortsüblichen Belastung nahe legt. Dabei ist auch die **Vorbelastung**, die sich für ein Grundstück aus seiner jeweiligen Grundstückssituation heraus ergibt, in Rechnung zu stellen[488].

217 Ein Bauvorhaben wird dem Gebot des „Einfügens" nicht gerecht, wenn es im Verhältnis zu seiner Umgebung trotz optischer Einfügung nutzungsbedingte Spannungen begründet oder erhöht, die der Nachbarschaft auch unter dem Gesichtspunkt wechselseitiger Rücksichtnahme nicht zuzumuten sind. Derartige Vorhaben (z.B. industri-

---

481 Hierzu grundsätzlich BVerwGE 55, 369; *E/ZB/K* § 34 Rdnr. 30; *Gelzer/Bracher/Reidt*, Rdnr. 2279 ff. Zur Abgrenzung der näheren Umgebung BVerwG NVwZ-RR 1999, 105.
482 BVerwGE 31, 20; *Berliner Kommentar*, § 34 Rdnr. 3 ff.
483 BVerwGE 55, 369 (379 ff).
484 BVerwGE 84, 322 (325 f).
485 BVerwG NVwZ 1999, 523.
486 BVerwGE 55, 369 (385 f); DVBl. 1981, 928 (920); *Berliner Kommentar*, § 34 Rdnr. 39 ff; *Gelzer/Bracher/Reidt*, Rdnr. 2284.
487 *B/K/L*, § 34 Rdnr. 19; *Schrödter*, § 34 Rdnr. 30.
488 BVerwGE 50, 49; 52, 122; ZfBR 1983, 95.

elle Großanlagen oder stark emissionsträchtige Anlagen) sind vielfach generell für den unbeplanten Bereich ungeeignet, weil die von ihnen ausgehenden Nutzungskonflikte mit der Nachbarschaft einer planerischen Konfliktbewältigung und insbesondere kompensatorischer Vorkehrungen bedürfen. Andererseits hat ein solches **Planungserfordernis** für die Frage des Einfügens nur indizielle Bedeutung; wird das abstrakt vorhandene Konfliktpotenzial des Vorhabens bei konkreter Betrachtungsweise durch die Eigenart der Umgebung aufgefangen und kompensiert, steht einer Genehmigung nach § 34 I BauGB nichts im Wege[489]. In aller Regel wird man aber verlangen müssen, dass sich in der näheren Umgebung des Vorhabens bereits mindestens ein vergleichbarer Betrieb befindet[490].

Sonstige **öffentliche Belange**, wie sie vor allem für die Zulässigkeit von Außenbereichsvorhaben (§ 35 BauGB) maßgeblich sind, haben mit Ausnahme der in § 34 I 2 BauGB selbst genannten im Hinblick auf die Bebaubarkeit nach § 34 BauGB keine selbstständige Bedeutung. Werden sie von einem Vorhaben beeinträchtigt, sperrt das nicht automatisch seine Zulässigkeit; der Konflikt kann aber unter dem Gesichtspunkt des Einfügens bedeutsam sein. Das ist vor allem wichtig im Hinblick auf entgegenstehende Darstellungen eines Flächennutzungsplanes[491] oder auf Ziele der Raumordnung[492]. Gegenüber beiden setzt sich die vom Gesetzgeber generell vorgesehene und konkret für die jeweilige Grundstückssituation ermittelte Bebaubarkeit von Innenbereichsgrundstücken grundsätzlich durch. 218

c) Anwendbarkeit der BauNVO

Abweichend von der Grundregel des § 34 I BauGB bemisst sich die Bebaubarkeit von Innenbereichsgrundstücken nach § 34 II BauGB teilweise nach den Vorschriften der **BauNVO**, wenn sich die nähere Umgebung des Grundstücks nach ihrer Eigenart eindeutig in eine der dort genannten und näher bestimmten Nutzungskategorien einordnen lässt; in solchen Fällen tritt die Planersatzfunktion, die der Gesetzgeber der baulichen Struktur des Innenbereichs beimisst, besonders deutlich hervor. Allerdings erstreckt sich die Geltung der BauNVO im Innenbereich nur auf die Art der baulichen Nutzung; hinsichtlich ihres Maßes bleibt es bei der Grundregel des § 34 I BauGB[493]. Soweit die BauNVO anwendbar ist, gelten allein deren Vorschriften; ob sich das Bauvorhaben auch im Übrigen in die nähere Umgebung einfügt, wird nicht mehr geprüft. Das Gebot der **Rücksichtnahme** gelangt freilich auch in den nach § 34 II BauGB zu beurteilenden Fällen zur Geltung. Anders als bei § 34 I BauGB tritt es hier allerdings nicht als ein Aspekt des Einfügens auf, sondern wird unmittelbar durch § 15 I BauNVO eingeführt[494]. 219

---

[489] BVerwGE 75, 34 (43); *B/K/L*, § 34 Rdnr. 18 und 20; *Berliner Kommentar*, § 34 Rdnr. 55.
[490] So für großflächige Einkaufszentren und FOC *Bönker*, BauR 1999, 328 (330).
[491] BVerwGE 62, 151 (152); *E/Z/B/K*, § 34 Rdnr. 73.
[492] BVerwG DVBl. 1993, 658; *E/Z/B/K*, § 34 Rdnr. 74.
[493] BVerwG DÖV 1990, 474 (475).
[494] *B/K/L*, § 34 Rdnr. 53.

220 Ein Vorhaben im Innenbereich ist unter den Voraussetzungen des § 34 II BauGB demnach zulässig, wenn es in seiner Art den Vorschriften der §§ 2-14 BauNVO entspricht. Einkaufszentren und großflächige Einzelhandelsbetriebe i.S. des § 11 III BauNVO sind darum nur in Gebieten zulässig, die als Kern- oder Sondergebiete vorgeprägt sind[495]. Nach § 34 II BauGB kommt es dabei zunächst auf die nach Baunutzungsrecht **allgemein zulässigen Nutzungen** an. Aber auch die nach der Verordnung ausnahmsweise zulässigen Nutzungsformen sollen zur Verfügung stehen. Der Hinweis auf § 31 I BauGB stellt klar, dass hierbei eine Ermessensentscheidung zu treffen ist. Schließlich kann unter den Voraussetzungen des § 31 II BauGB auch von den Nutzungsbeschränkungen der BauNVO **Befreiung** erteilt werden. Bauvorhaben, auf die ein Befreiungstatbestand angewendet wird, brauchen sich demnach weder i.S. des § 34 I BauGB in ihre Umgebung einzufügen, noch müssen sie in vollem Umfang dem Gebietscharakter und den dafür geltenden Nutzungsbestimmungen der BauNVO entsprechen. Diese zunächst befremdlich anmutende Weite der gesetzlichen Regelung ist eine Konsequenz der gesetzgeberischen Grundentscheidung, zur Schonung des Außenbereichs die bauliche Innenbereichsnutzung zu intensivieren. Die Zulässigkeit gebietsfremder Nutzungen findet allerdings dort ihre Grenze, wo sie im Hinblick auf das Abwägungsgebot des § 1 VI BauGB auch durch Bebauungsplan nicht bestimmt werden könnte. Die weit reichenden Befreiungsmöglichkeiten, die vor der Neuregelung durch das BauROG (Rdnr. 18) nach § 34 III BauGB a.F. zur Standortsicherung von Altanlagen in Gemengelagen möglich waren, sind mit Blick auf das geeignetere Instrumentarium des vorhabenbezogenen Bebauungsplanes nach § 12 BauGB gestrichen worden und leben darum auch unter dem – von der Rspr. jetzt ohnehin verworfenen (Rdnr. 237) – Gesichtspunkt eines erweiterten Bestandsschutzes nicht wieder auf[496].

d) Rechtsanspruch und Ermessen

221 Über die Zulässigkeit eines Bauvorhabens nach § 34 BauGB entscheidet nach außen hin die Baugenehmigungsbehörde allein. Intern ist sie jedoch an das **Einvernehmen** der Gemeinde gebunden (§ 36 I 1 BauGB); das gilt nicht, wenn die Gemeinde selbst Baubehörde ist (Rdnr. 181). Liegen die Voraussetzungen des § 34 I oder II Hs. 1 BauGB vor, so hat der Eigentümer einen **Rechtsanspruch** auf Erteilung einer Baugenehmigung, den er verwaltungsgerichtlich durchsetzen kann. Das Gericht ist in seiner rechtlichen Überprüfung durch keine Beurteilungsprärogative der Verwaltung beschränkt. Weder der Baubehörde noch der Gemeinde steht ein Ermessensspielraum zu; das ist nur dann der Fall, wenn nach § 34 II Hs. 2 BauGB eine Ausnahme oder Befreiung in Betracht kommt (Rdnr. 204 ff)[497]. Auf Baugenehmigungen nach § 34 BauGB findet die **naturschutzrechtliche Eingriffsregelung** keine Anwendung (§ 21 II 1 BNatSchG), da sie lediglich einem im Innenbereich schon bestehenden Baurecht des Grundstückseigentümers Rechnung tragen.

---

495 *Bönker*, BauR 1999, 328 (330).
496 *Lüers*, WiVerw 1998, 57 (65 ff). Zum Bestandsschutz jetzt BVerwG NVwZ 1998, 842.
497 *Brügelmann*, § 34 Rdnr. 55.

4. Bauvorhaben im Außenbereich

a) Privilegierte und nichtprivilegierte Vorhaben

Das BauGB will mit seinen bebauungsrechtlichen Zulässigkeitstatbeständen städtebauliche Fehlentwicklungen verhindern. Dazu gehört, dass es Bauvorhaben auf Gebiete beschränkt, die entweder durch Bebauungsplan ausdrücklich dafür vorgesehen oder die ohnehin schon im Zusammenhang bebaut sind. Wo weder § 30 noch § 34 BauGB als Zulässigkeitstatbestände eingreifen, im sog. **Außenbereich**, soll grundsätzlich nicht gebaut werden dürfen. Insbesondere die freie Natur soll nach Möglichkeit vor Zersiedelung geschützt und ihren eigentlichen Funktionen – landwirtschaftlicher Nutzung, Erholung u.a. – vorbehalten bleiben. Andererseits sind diese und auch andere Funktionen ganz oder teilweise auf eine bauliche Nutzung gerade des Außenbereichs angewiesen. **§ 35 BauGB** bestimmt darum im Einzelnen, welche Nutzungsformen auch im Außenbereich zulässig sein sollen; er hat insoweit den Charakter einer vom Gesetzgeber selbst vorgenommenen städtebaulichen Planung (Planersatz). Hiernach werden zwei Gruppen von zulässigen Bauvorhaben unterschieden: die sog. privilegierten Bauvorhaben, die kraft Gesetzes im Außenbereich erlaubt sind, und sonstige Vorhaben, die im Einzelfall zugelassen werden können. In beiden Fällen, so bestimmt § 35 V 1 BauGB, soll aber vom Außenbereich nur schonend und flächensparend Gebrauch gemacht werden; die Bodenversiegelung ist auf das notwendige Maß zu begrenzen. Weiterhin muss wie bei allen Zulässigkeitstatbeständen die Erschließung gesichert sein. Bei den privilegierten Vorhaben genügt indes schon eine „ausreichende" Erschließung; ihr Umfang ergibt sich aus den Bedürfnissen des jeweiligen Vorhabens.

222

Die **privilegierten Bauvorhaben** zählt § 35 I BauGB in den Nrn. 1-6 abschließend auf. Es handelt sich durchweg um Bauvorhaben, die auf Grund bestimmter tatsächlicher Gegebenheiten typischerweise auf den Außenbereich angewiesen sind oder auf ihn verwiesen werden sollen. Im Einzelnen werden genannt: Vorhaben, die einem land- oder forstwirtschaftlichen Betrieb oder einem Betrieb der gartenbaulichen Erzeugung dienen sollen[498]; weiterhin Vorhaben im Zusammenhang mit dem Fernmeldewesen, der öffentlichen Energie- und Wasserversorgung oder einem ortsgebundenen gewerblichen Betrieb; schließlich allgemeine Vorhaben, die wegen ihrer besonderen Anforderungen oder nachteiligen Wirkungen im Hinblick auf die Umgebung oder wegen ihrer besonderen Zweckbestimmung nur im Außenbereich ausgeführt werden können, sowie Vorhaben, die im Zusammenhang mit der Nutzung von Kernenergie oder der Erforschung, Entwicklung und Nutzung der Wind- oder Wasserenergie stehen. Vorhaben, die unter eine dieser Kategorien fallen, sind also grundsätzlich für den Außenbereich geeignet. § 35 I BauGB nimmt mit dieser generellen Zuordnung allerdings keine Standortzuweisung vor. Unter dem Gesichtspunkt entgegenstehender Belange muss darum jeweils geprüft werden, ob denn der vorgesehene Standort im Außenbereich tatsächlich auch städtebaulich geeignet ist[499]. Im Übrigen

223

---
498 Zum Begriff der Landwirtschaft in diesem Zusammenhang § 201 BauGB. Vgl. auch *Brohm*, § 21 Rdnr. 6.
499 BVerwGE 68, 311 (315); *Berliner Kommentar*, § 35 Rdnr. 8.

IV *Baurecht*

bezeichnet § 35 I BauGB keinen eigenen Baugebietstyp, der speziell den privilegierten Vorhaben zugedacht wäre und auf dessen Typuserhaltung ein Anspruch erwachsen könnte[500].

224 Vorhaben, die nicht nach § 35 I BauGB privilegiert sind, können als **sonstige Vorhaben** für sich keine spezifische Affinität zum Außenbereich reklamieren. Für sie insbesondere gilt der Grundsatz des § 35 BauGB, dass der Außenbereich von baulicher Nutzung frei zu halten ist. Sie sind dort zwar nicht gänzlich untersagt, doch bedarf es bei ihnen im Einzelfall des Nachweises, dass sie außenbereichsverträglich sind.

224a Sonstige Vorhaben unterliegen im Vergleich zu privilegierten Vorhaben **erschwerten Zulässigkeitserfordernissen**. Während es nämlich bei diesen genügt, dass sie öffentlichen Belangen „nicht entgegenstehen", wird für jene gefordert, dass sie öffentliche Belange „nicht beeinträchtigen". Ein privilegiertes Vorhaben ist also erst dann ausgeschlossen, wenn es sich in keiner Weise gegenüber konfligierenden öffentlichen Belangen rechtfertigen lässt; bei sonstigen Vorhaben gilt dies dagegen schon dann, wenn sie öffentliche Belange in relevantem Ausmaß nachteilhaft berühren. In beiden Fällen ist eine Abwägung vorzunehmen; das BVerwG spricht insofern von einer **nachvollziehenden Abwägung**, mit der ausfüllungsbedürftige gesetzliche Vorgaben unter wertender Betrachtung auf den Einzelfall angewendet werden, und meint damit einen Vorgang der Rechtsanwendung, der gerichtlich uneingeschränkt nachprüfbar ist[501]. Die Abwägung bei privilegierten und bei sonstigen Vorhaben folgt also grundsätzlich demselben Muster, doch ist im ersten Fall der Zweck der Privilegierung in die Abwägung mit einzubeziehen; er verschafft gegenüber öffentlichen Belangen, die dem Außenbereichsvorhaben entgegenstehen, ein gesteigertes Durchsetzungsvermögen[502]. Im Übrigen unterscheidet sich eine nachvollziehende Abwägung grundlegend von der gestaltenden Abwägung bei Planungsvorgängen[503]; insbesondere entfällt hierbei die Möglichkeit einer **Kompensation**, nämlich der Hinnahme einer Beeinträchtigung öffentlicher Belange im Hinblick auf die zu erwartenden Vorteile bei Realisierung des Vorhabens[504].

225 Der Begriff der **öffentlichen Belange** wird vom Gesetz nicht definiert. § 35 III 1 BauGB zählt nur beispielhaft auf, wann öffentliche Belange beeinträchtigt seien. Die dort angesprochenen Nutzungskonflikte sind nicht nur für sonstige Vorhaben nach § 35 II BauGB, sondern auch im Rahmen des § 35 I BauGB beachtlich[505]. Ihr Gewicht ist jedoch in beiden Fällen verschieden. Mangels eigener Privilegierung müssen sonstige Vorhaben konfligierenden öffentlichen Belangen gegenüber im Regelfall weichen, es sei denn, der Konflikt hielte sich im konkreten Fall unter der Schwelle einer Beeinträchtigung. Bei privilegierten Vorhaben muss demgegenüber in

---

500 BVerwG DÖV 2000, 81; NVwZ-RR 2001, 82. Vgl. insgesamt *Brohm*, § 21 Rdnr. 3.
501 Zuletzt BVerwGE 115, 17 (24); kritisch hierzu *Brohm*, § 21 Rdnr. 3; *Gelzer/Bracher/Reidt*, Rdnr. 2532 ff.
502 BVerwGE 28, 148 (151); 48, 109 (114 f); *Berliner Kommentar*, § 35 Rdnr. 11; *E/Z/B/K*, § 35 Rdnr. 60; *Brügelmann*, § 35 Rdnr. 9.
503 *Brohm*, § 21 Rdnr. 3.
504 *Brügelmann*, § 35 Rdnr. 74; *Berliner Kommentar*, § 35 Rdnr. 40; *Gelzer/Bracher/Reidt*, Rdnr. 2533.
505 BVerwGE 68, 311; *Brügelmann*, § 35 Rdnr. 66.

der Abwägung festgestellt werden, ob öffentliche Belange dem betreffenden Vorhaben unausweichlich gegenüberstehen oder ob der Konflikt nicht angesichts der Privilegierung des Vorhabens hingenommen werden muss[506]. Diese Abwägung steht selbstständig neben anderen – etwa naturschutzrechtlichen (§ 19 III BNatSchG) – Abwägungserfordernissen und kann darum auch zu anderen Ergebnissen führen als diese[507].

Für Privilegierte wie für sonstige Vorhaben gilt nach § 35 III 2 Hs. 1 BauGB dass sie **Zielen der Raumordnung**[508] nicht widersprechen dürfen. Angesichts des in der Praxis freilich recht unterschiedlichen normativen Gehalts solcher Ziele wird man allerdings verlangen müssen, dass sie hinreichend konkret sind und sich nicht in allgemeinen Standortzuweisungen erschöpfen, wie sie der Gesetzgeber selbst schon – wie beispielsweise hinsichtlich der landwirtschaftlichen Nutz- oder der Erholungsfunktion – für den Außenbereich vorgenommen hat[509]. Soweit solche Ziele der Raumordnung jedoch vorliegen, stellt sich insbesondere die Frage nach ihrem Verhältnis zu privilegierten Vorhaben. Wortlaut und Stellung der Vorschrift deuten darauf hin, dass ein Widerspruch zu Zielen der Raumordung nicht wie die Beeinträchtigung öffentlicher Belange nach § 35 III 1 BauGB im Rahmen einer Interessenabwägung überwunden werden kann, sondern zur bebauungsrechtlichen Unzulässigkeit des betreffenden Vorhabens führt[510]. § 35 III 2 Hs. 1 BauGB hätte damit den Charakter einer mit dem Beachtensgebot des § 4 I ROG korrespondierenden **Raumordnungsklausel**, mit welcher die bauleitplanungsrechtliche Anpassungspflicht des § 1 IV BauGB (Rdnr. 35) eine Entsprechung in den bodenrechtlichen Bebaubarkeitsvorschriften fände. Dem hält das BVerwG in seiner jüngsten Rspr.[511] jedoch entgegen, dass ein rigider Ausschluss privater privilegierter Nutzungsinteressen durch landesplanerische Zielfestlegungen mit der verfassungsrechtlichen Eigentumssicherung in Konflikt geraten könne. Es verlangt darum, dass auch hier im Wege nachvollziehender Abwägung (Rdnr. 224a) geklärt werden müsse, ob sich Ziele der Raumordnung nicht in unverhältnismäßiger oder gleichheitswidriger Weise auf ein im Außenbereich privilegiertes Vorhaben auswirken. Dem wird man insoweit zustimmen können, wie mit einer derartigen Abwägung vor allem verhindert werden soll, dass privilegierte raumwirksame Nutzungsmöglichkeiten auf Grund irriger Vorstellungen der planenden Verwaltung unterbunden werden[512]. Dieses Ergebnis wäre indes, ohne dass man die Normativität der Ziele der Raumordnung in Frage stellen müsste, auch dadurch zu erreichen gewesen, dass die Gerichte im Verfahren um die Zulassung von Bauvorhaben die Ziele der Raumordnung einer inzidenten Gültigkeitskontrolle unterziehen[513].

225a

---

506 BVerwGE 68, 311 (313).
507 BVerwG NVwZ 2002, 1112.
508 Vgl. *Steiner*, VI Raumordnungs- und Landesplanungsrecht, Rdnr. 15 ff; *ders.*, Raumordnung und Landesplanung (3. Aufl. 2001), Rdnr. 49.
509 BVerwGE 63, 319 (320 f); 115, 17 (21).
510 *Hoppe/Bönker/Grotefels*, § 8 Rdnr. 323 ff; *Kment*, UPR 2002, 428. Zuvor schon für die h.M. im Schrifttum *E/Z/B/K*, § 35 Rdnr. 66, 117 ff.
511 BVerwGE 115, 17 (24 f) auf der Grundlage zwar älteren, aber im Wesentlichen vergleichbaren Rechts.
512 So im Wesentlichen auch BVerwGE 115, 17 (31 f).
513 So auch *Hoppe/Bönker/Grotefels*, § 8 Rdnr. 326.

226 Wenn bestimmte raumbedeutsame privilegierte oder sonstige Vorhaben in einem Plan oder Programm als Ziele der Raumordnung dargestellt worden sind, können ihnen Belange, die schon bei der Darstellung bedacht und abgewogen wurden, nicht mehr entgegenhalten werden (§ 35 III 2 Hs. 2 BauGB). Diese **landesplanerische Privilegierung**[514] von Vorhaben ist vor allem aus der Sicht der Gemeinden problematisch, können sie doch ihr Einvernehmen nach § 36 BauGB (Rdnr. 179 ff) in diesem Zusammenhang nur noch dann versagen, wenn bei der Planung die öffentlichen Belange nicht hinreichend berücksichtigt worden sind[515]. Dagegen kann die Gemeinde ebenso wie der überörtliche Planungsträger nach § 35 III 3 BauGB von einem sog. **Darstellungsprivileg**[516] Gebrauch machen. Hiernach gilt für alle privilegierten Vorhaben mit Ausnahme derjenigen, die einem land- oder forstwirtschaftlichen Betrieb dienen, ein **Planungsvorbehalt** (Rdnr. 76a). Er besagt, dass öffentliche Belange einem solchen Vorhaben in der Regel entgegenstehen, wenn sie vom Flächennutzungsplan oder von Zielen der Raumordnung an anderer Stelle ausgewiesen sind. Wenn also eine Gemeinde eine klare Vorstellung davon hat, wo in ihrem Planungsbereich beispielsweise Windkraftanlagen[517] oder großflächige Gartenbaubetriebe ihren Platz finden sollen, kann sie durch entsprechende positive Ausweisungen (sog. Konzentrationsflächen) die sonst vielleicht mögliche Nutzung anderer Flächen für solche Zwecke verhindern[518]. Die Regelwertung des § 35 III 3 BauGB schließt Abweichungen nicht aus, doch dürfen sie die planerische Konzeption der Gemeinde nicht in Frage stellen[519].

226a Zu den öffentlichen Belangen gehört auch die Widerspruchsfreiheit gegenüber den **Darstellungen eines Flächennutzungsplanes** (§ 35 III 1 Nr. 1 BauGB). Sonstige Vorhaben i.S. von § 35 II BauGB, die solchen Darstellungen widersprechen, sind unzulässig. Gegenüber privilegierten Vorhaben bleiben planerische Darstellungen zwar nicht unberücksichtigt[520], sie stehen ihnen aber auch nicht von vornherein entgegen. Vielmehr muss eine Abwägung zwischen den privilegierten Interessen und den planerischen Vorstellungen der Gemeinde vorgenommen werden; dabei muss bedacht werden, dass der Gesetzgeber privilegierten Vorhaben gerade einen Platz im Außenbereich zuweist. Unspezifizierte Ausweisungen wie etwa pauschal für land- und forstwirtschaftliche Nutzung können privilegierten Vorhaben indes nicht entgegengehalten werden[521].

227 Als eine Beeinträchtigung öffentlicher Belange ist nach § 35 III 1 Nr. 3 BauGB anzusehen, wenn Bauvorhaben entweder selbst **schädliche Umwelteinwirkungen** (vgl. zum Begriff § 3 BImSchG) hervorrufen oder ihnen ausgesetzt sind. Im letzteren Fall

---

514 *Jäde/Dirnberger/Weiß*, § 35 Rdnr. 215 ff; hierzu weiterhin *E/Z/B/K*, § 35 Rdnr. 121 f; *Gelzer/Bracher/Reidt*, Rdnr. 2600.
515 *Berliner Kommentar*, § 35 Rdnr. 91; *E/Z/B/K*, § 35 Rdnr. 122.
516 So *E/Z/B/K*, § 35 Rdnr. 123 ff.
517 Hierzu u.a. *Stüer/Vidomec*, BauR 1998, 427; *Schrödter*, § 35 Rdnr. 45 ff.
518 *Berliner Kommentar*, § 35 Rdnr. 93; *E/Z/B/K*, § 35 Rdnr. 123 ff; *B/K/L*, § 35 Rdnr. 74 ff. Vgl. jetzt auch BVerwG DVBl. 2003, 797.
519 BVerwG DVBl. 2003, 797 (802 f).
520 BVerwGE 68, 311; anders noch E 28, 148.
521 BVerwG DVBl. 1988, 960.

trägt das Gesetz dem Umstand Rechnung, dass gerade emissionsstarke Gewerbebetriebe im Außenbereich privilegiert sind und nicht etwa durch eine heranrückende Wohnbebauung behindert werden sollen. Weiterhin berücksichtigt § 35 III 1 BauGB u.a. auch Belange der Wasserwirtschaft, des Natur- und Landschaftsschutzes, schützt das Orts- und Landschaftsbild vor einer verunstaltenden Außenbereichsbebauung und wirkt der Entstehung, Verfestigung oder Erweiterung einer Splittersiedlung entgegen. Zu den öffentlichen Belangen wird schließlich von der Rechtsprechung noch das bauplanungsrechtliche **Rücksichtnahmegebot** gerechnet[522].

Beispiel: K beantragt eine Baugenehmigung zur Errichtung eines Einfamilienhauses im Außenbereich. Er betreibt dort bereits eine Gärtnerei, deren Betrieb das Bauvorhaben dienen soll. Der Bauantrag wird von der Baugenehmigungsbehörde mit der Begründung abgelehnt, das Vorhaben liege in einem Bereich, der zur Erweiterung eines Flughafens benötigt werde. Im Flächennutzungsplan sei ein entsprechender Vermerk enthalten. Auch sei in einem Raumordnungsverfahren festgestellt worden, dass die geplante Flughafenerweiterung den Vorstellungen der Raumordnung entspreche.

228

Entgegen der Auffassung der Behörde hat K einen Anspruch auf Erteilung der Bauerlaubnis. Sein Bauvorhaben dient einem Gartenbaubetrieb (§ 35 I Nr. 2 BauGB) und zählt darum zu den privilegierten Vorhaben. Öffentliche Belange stehen dem Vorhaben nicht entgegen. Zwar sind die Darstellungen eines Flächennutzungsplanes ebenso wie Ziele der Raumordnung als öffentliche Belange auch für die Zulässigkeit privilegierter Bauvorhaben von Bedeutung (vgl. § 35 III 1 Nr. 1, 3 BauGB); sie müssen jedoch hinreichend konkret sein, um Berücksichtigung finden zu können. Im vorliegenden Fall kann sich die Behörde weder auf den Flächennutzungsplan noch auf Raumordnungsgesichtspunkte stützen. Der Hinweis im Flächennutzungsplan auf den Flächenbedarf für die Flughafenerweiterung ist keine eigene planerische Darstellung der Gemeinde, sondern stellt nur eine nachrichtliche Übernahme eines fremden Planungsvorhabens dar (vgl. § 5 IV BauGB) und bleibt darum im Rahmen des § 35 BauGB ohne Bedeutung. Berücksichtigungsfähige Ziele der Raumordnung und Landesplanung i.S.v. § 35 III 2 BauGB liegen ebenfalls nicht vor. Im Raumordnungsverfahren wurde nur geklärt, ob die geplante Flughafenerweiterung unter Gesichtspunkten der Raumordnung mit anderen Planungen und Maßnahmen abgestimmt ist und ob sie mit den Erfordernissen der Raumordnung übereinstimmt. Dieses Verfahren dient also nicht der Bestimmung von Zielen der Raumordnung und setzt nicht einmal voraus, dass das geprüfte Vorhaben Gegenstand derartiger Ziele ist. Die im Raumordnungsverfahren getroffene Unbedenklichkeitsfeststellung ist auch inhaltlich zu unbestimmt, als dass sie einem privilegierten und damit gesetzlich dem Außenbereich zugewiesenen Bauvorhaben entgegengesetzt werden könnte (BVerwGE 68, 311).

Es ist umstritten, ob § 35 BauGB[523] auch für die bebauungsrechtliche Zulässigkeit von Großvorhaben – Kraftwerken, Industriekomplexen, Einkaufszentren oder Ferienanlagen – maßgeblich sein darf, oder ob hierfür ein **Planungserfordernis** gilt, das als öffentlicher Belang i.S. des § 35 III BauGB einer Baugenehmigung entgegensteht[524]. An sich enthält § 35 BauGB mit seiner planhaft privilegierenden Zulassung von Bauvorhaben nach Abs. 1 bzw. mit der Steuerung sonstiger Vorhaben nach Maßgabe öffentlicher Belange gemäß Abs. 2 und 3 ein städtebauliches Entschei-

229

---

522 BVerwGE 52, 122 (125); NVwZ 1983, 609 (610); BayVGH NuR 2003, 173 (174); *B/K/L*, § 35 Rdnr. 55.
523 Zur parallelen Problematik bei § 34 vgl. Rdnr. 217.
524 Überblick bei *B/K/L*, § 35 Rdnr. 69 f; *E/Z/B/K*, § 35 Rdnr. 112; *Berliner Kommentar*, § 35 Rdnr. 95; *Brohm*, § 21 Rdnr. 24.

dungsprogramm, das genügt, um städtebauliche Konflikte im Außenbereich angemessen beurteilen zu können und ihre Lösung der baubehördlichen Entscheidung zu überlassen[525]. Das BVerwG hielt darum bisher nur bei denjenigen Bauvorhaben, die wegen ihrer räumlichen Ausdehnung im Innern nach einer planerischen Ordnung verlangen (sog. Binnenkoordination), einen Bebauungsplan für nötig, während es die Einfügung von Großvorhaben in ihrer Nachbarschaft (sog. Außenkoordination) vom Planungserfordernis freistellte[526]. Neuerdings ist das Gericht hiervon abgerückt[527]; jedenfalls bei sonstigen Vorhaben, die besonders raumwirksam und konfliktintensiv sind, könne das konditionale Entscheidungsprogramm des § 35 II BauGB eine koordinierende Abwägung in der Bebauungsplanung nicht ersetzen. Eine planerische Entscheidung sei insbesondere dann geboten, wenn im Falle einer Planung auch das interkommunale Abstimmungsgebot des § 2 II BauGB griffe (vgl. Rdnr. 37a).

230 Liegen die Voraussetzungen des § 35 I oder II BauGB vor und ist die Erschließung (vgl. Rdnr. 271) gesichert, so hat der Bauherr einen **Rechtsanspruch** auf Erteilung der Baugenehmigung. Zwar deutet der Wortlaut des § 35 II BauGB („Kann-Vorschrift") auf eine Ermessensentscheidung der Genehmigungsbehörde hin. Eine solche Auslegung würde jedoch ohne Legitimation durch öffentliche Belange die Baufreiheit beschränken und wäre darum schwerlich mit der Eigentumsgewährleistung des Art. 14 GG vereinbar. Die Rspr. hat darum trotz Kritik im Schrifttum zu Recht § 35 II BauGB als eine **zwingende** Rechtsvorschrift ausgelegt, bei deren Anwendung für ein eigenes planerisches Ermessen der Verwaltung kein Platz ist[528]. Zugleich hat sie freilich den Begriff der öffentlichen Belange sehr weit gefasst und damit streng den Ausnahmecharakter eines nicht privilegierten Bauens im Außenbereich betont. Da auf Grund einer Baugenehmigung nach § 35 I, II BauGB Grundstücke im Außenbereich erstmals bebaut werden dürfen, kommt hier die **naturschutzrechtliche Eingriffsregelung** zur Anwendung (§§ 18, 21 II 2 BNatSchG).

231 Auch bei § 35 BauGB ist nach außen hin allein die Baugenehmigungsbehörde für die Erteilung der Genehmigung zuständig. Intern ist sie dabei an das **Einvernehmen** der Gemeinde und bei nicht privilegierten Bauvorhaben, sofern das Landesrecht dies vorsieht, darüber hinaus auch an die Zustimmung der höheren Verwaltungsbehörde gebunden (§ 36 I 1, 4 BauGB). Hinsichtlich dieser Mitwirkungsrechte gelten die schon erörterten allgemeinen Grundsätze (Rdnr. 179 ff).

b) Begünstigte Bauvorhaben

232 Der Schutz des Außenbereichs vor Überbebauung kann gelockert werden, soweit sich bauliche Vorhaben, wenn sie nicht ohnehin schon nach § 35 I BauGB privilegiert sind, auf bereits bebaute Grundstücke beziehen. In solchen Fällen ist der Grundsatz

---

525 Vgl. auch *Gelzer/Bracher/Reidt*, Rdnr. 2602; *Brügelmann*, § 35 Rdnr. 102 f.
526 BVerwG NVwZ 1991, 64; bereits leicht relativierend BVerwGE 96, 95 (108).
527 BVerwG DVBl. 2003, 62 (63); hierzu *Nickel/Kopf*, UPR 2003, 22; *Wurzel/Probst*, DVBl. 2003, 197.
528 BVerwGE 18, 247; 25, 161; BGH NJW 1981, 982. Zustimmend u.a. *Berliner Kommentar*, § 35 Rdnr. 55; *Brügelmann*, § 35 Rdnr. 71; *E/Z/B/K*, § 35 Rdnr. 73 m.Nw. der Gegenmeinung.

der Unbebaubarkeit des Außenbereichs schon durchbrochen; es kann hier im Wesentlichen nur noch darum gehen, eine ungebührliche Belastung des Außenbereichs durch die Änderung der Nutzung vorhandener Bausubstanz, durch Ersatz- oder durch Erweiterungsbauten zu verhindern. Dabei muss aber auch das legitime Interesse der Eigentümer solcher Grundstücke an einer zeitgemäßen Verwendung der darauf befindlichen Bauwerke in Rechnung gestellt werden. § 35 IV BauGB enthält als Ergebnis der hier gebotenen Interessenabwägung Ausnahmetatbestände gegenüber der sonst strikten Regelung des § 35 II und III BauGB. Bestimmte nichtprivilegierte Bauvorhaben werden in der Weise **begünstigt**, dass ihnen die Beeinträchtigung einzelner öffentlicher Belange – Widerspruch zu einem Flächennutzungs- oder Landschaftsplan, Beeinträchtigung der natürlichen Eigenart der Landschaft, Gefahr der Entstehung, Verfestigung oder Erweiterung einer Splittersiedlung – nicht entgegengehalten werden kann, soweit sie im Übrigen außenbereichsverträglich i.S. von § 35 III BauGB sind. Andere öffentliche Belange bleiben dagegen auch weiterhin relevant. Sie dürfen durch ein solches Vorhaben nicht beeinträchtigt werden[529]. Auch bei Bauvorhaben nach § 35 IV BauGB gilt die **naturschutzrechtliche Eingriffsregelung** (§§ 18, 21 II 2 BNatSchG); nicht dagegen gilt das Gebot der Widerspruchsfreiheit gegenüber Zielen der Raumordnung (§ 35 III 2 Hs. 1 BauGB).

§ 35 IV 1 BauGB stellt, da er an eine (früher) vorhandene Bebauung anknüpft, eine Form des **Bestandsschutzes** dar, ohne dass ein solcher Schutz eigentumsrechtlich nach Art. 14 GG stets schon geboten wäre (vgl. Rdnr. 237 f). § 35 IV 1 Nr. 1 BauGB betrifft Fälle, in denen ein vorhandenes, wegen seiner landwirtschaftlichen Nutzung privilegiertes Gebäude durch **Nutzungsänderung** (z.B. durch Umwandlung in eine Wochenendpension) **entprivilegiert** werden soll. Eine derartige Nutzungsänderung wäre, weil sie über § 29 auch an § 35 II, III BauGB zu messen ist, unzulässig, wenn die veränderte Nutzung beispielsweise zu den Darstellungen eines Flächennutzungsplanes im Widerspruch stünde; diesem Hindernis hilft § 35 IV 1 Nr. 1 BauGB unter den dort genannten, auf möglichst große Bestandswahrung gerichteten Voraussetzungen ab. Diese Regelung trägt dem Gesichtspunkt Rechnung, dass es im Hinblick auf land- oder forstwirtschaftlich genutzte Bauwerke bedenklich wäre, wenn durch eine rigide bebauungsrechtliche Regelung die Anpassung einer einmal begonnenen baulichen Bodennutzung an wirtschaftliche Veränderungen, hier an einen durch die wirtschaftliche Entwicklung erzwungenen Strukturwandel des ländlichen Raumes, erschwert oder gar verhindert würde.

233

Die gleichen Zulässigkeitserleichterungen sollen nach § 35 IV 1 Nr. 2-6 BauGB auch für bestimmte **Ersatz- und Erweiterungsbauten** gelten[530]. Hier ist an Fälle gedacht, in denen sich ein Ersatzbedarf aus der Zerstörung eines Gebäudes durch Brand oder ähnliche Ereignisse ergibt oder in denen sich gesunde Wohnverhältnisse nur durch Errichtung eines Ersatzwohnhauses herbeiführen lassen. Ebenso soll die angemessene Erweiterung eines zulässigerweise errichteten Wohngebäudes oder gewerbli-

234

---

529 Vgl. *Jäde*, UPR 1991, 401.
530 Vgl. die Gesamtdarstellungen zu § 35 IV BauGB bei *E/Z/B/K*, § 35 Rdnr. 124 ff; *Schrödter*, § 35 Rdnr. 117 ff.

IV *Baurecht*

chen Betriebes unter erleichterten Voraussetzungen möglich sein. In all diesen Fällen gelten noch weitere einschränkende Bestimmungen, deren Einhaltung nach § 35 VI BauGB in geeigneter Weise sichergestellt werden soll.

235 **Beispiel:** A, der im Außenbereich in landschaftlich schöner Lage ein aus alter Zeit stammendes und damals legal errichtetes Wochenend-Holzhaus besitzt, möchte schon lange an dessen Stelle ein größeres massives Haus errichten, um dort ständig leben zu können. Als ein Sturm das Dach des Holzhauses zur Hälfte zerstört, lässt A das Haus gänzlich abreißen und beantragt nun die Genehmigung für den geplanten Neubau. Muss die Genehmigung erteilt werden?
Aus § 35 IV 1 Nr. 3 BauGB kann A keinen Anspruch auf eine Baugenehmigung herleiten, weil das neue Gebäude mit dem zerstörten nicht vergleichbar ist. Für die Gleichartigkeit kommt es u.a. auch auf die Funktion des Ersatzbaues an, die sich hier von derjenigen des Altbaus wesentlich unterscheidet. Im Übrigen ist die Holzhütte, obwohl vom Sturm beschädigt, letztlich doch nicht durch ein außergewöhnliches Ereignis, sondern vom Eigentümer selbst zerstört worden. Auch § 35 II BauGB verschafft A keinen Anspruch. Das Vorhaben ist mit öffentlichen Belangen unvereinbar, weil es die Eigenart der Landschaft beeinträchtigen würde (BVerwGE 58, 124).

236 Eine nochmalige Erweiterung erfährt das Bauen im Außenbereich durch die in § 35 VI BauGB geregelten **Außenbereichssatzungen**[531]. Im Geltungsbereich solcher Satzungen kann Vorhaben, die Wohnzwecken, aber auch kleineren Handwerks- oder Gewerbebetrieben dienen, nicht entgegengehalten werden, dass sie nach den Darstellungen des Flächennutzungsplanes in land- oder forstwirtschaftlich genutzten Flächen liegen oder die Entstehung einer Splittersiedlung befürchten lassen. Es muss sich jedoch um schon bebaute Bereiche im Außenbereich handeln, die nicht überwiegend landwirtschaftlich geprägt sind und in denen eine Wohnbebauung von einigem Gewicht vorhanden ist. Außenbereichssatzungen sind also auf Lückenfüllung in Bereichen angelegt, in denen die Wohnnutzung die landwirtschaftliche Nutzung bereits weitgehend verdrängt hat[532]. Sie sind wie die Satzungen nach § 34 IV BauGB ein Instrument zur Bewältigung städtebaulicher Übergangslagen zwischen Innen- und Außenbereich[533]; wie diese schränken sie jedoch die Geltungskraft des Grundsatzes der Planmäßigkeit der Bebauung ein. Eine Außenbereichssatzung ändert nichts am Außenbereichscharakter des betreffenden Gebietes; für die Bauvorhaben gilt im Übrigen also weiterhin § 35 II, III BauGB. Darum kann trotz § 35 VI BauGB eine planerische Darstellung als Naherholungsgebiet einem solchen Vorhaben durchaus entgegenstehen. Weiterreichende Genehmigungsmöglichkeiten nach § 35 IV BauGB bleiben dagegen bestehen. Für Vorhaben nach § 35 VI BauGB gilt, da es sich um Außenbereichsvorhaben handelt, die **naturschutzrechtliche Eingriffsregelung** (§§ 8, 8a II 2 BNatSchG).

---

531 Ausführlich hierzu *Schrödter*, § 35 Rdnr. 156 ff; *Stüer*, A 1207 ff.
532 *Lüers*, WiVerw 1998, 57 (73).
533 *Degenhart*, DVBl. 1993, 177.

5. Eigentumsrechtliche Bebaubarkeit von Grundstücken

Die bebauungsrechtlichen Vorschriften der §§ 30-37 BauGB konkretisieren die **237** Baufreiheit und damit das Eigentumsgrundrecht des Art. 14 I 1 GG im Interessengeflecht unterschiedlicher und häufig divergierender privater und öffentlicher Belange. Es liegt darum nahe, Art. 14 I 1 GG jedenfalls dort unmittelbar selbst als bebauungsrechtliche Anspruchsgrundlage zu aktivieren, wo die gesetzlichen Zulässigkeitstatbestände den berechtigten Eigentümerinteressen nicht hinreichend Rechnung tragen. Die frühere Rspr. hat dementsprechend in korrigierender Ergänzung einfachen Rechts aus Art. 14 I 1 GG unter den Begriffen „**eigentumsrechtlicher Bestandsschutz**" und „**eigentumsrechtlich verfestigte Anspruchsposition**" zusätzliche, verfassungsunmittelbare Bebaubarkeitstatbestände entwickelt. Die Bestandsschutz-Rspr.[534] knüpfte an die herkömmliche Vorstellung an, dass eine einmal legal begründete Bodennutzung auch dann schutzwürdig bleibt, wenn sich die materielle Rechtslage später dergestalt ändert, dass die Nutzung, stünde sie erneut zur Genehmigung an, nicht mehr genehmigungsfähig wäre (sog. passiver Bestandsschutz). In Ergänzung hierzu wurde dem Eigentümer dann aber auch gestattet, die zur Beibehaltung der bisherigen Nutzung erforderlichen, aber nach eingetretener Rechtsänderung an sich nicht mehr zulässigen Folgeinvestitionen (Wiederherstellungs- und Verbesserungsmaßnahmen) zu treffen. Je nach dem Umfang solcher Maßnahmen, die freilich ihren Bezug zum alten Bestand nie verlieren durften, sprach man von aktivem[535] bzw. von überwirkendem Bestandsschutz[536]. Mit dem – schon früh wieder aufgegebenen[537] – Institut der eigentumsrechtlich verfestigten Anspruchsposition[538] sollten Fälle erfasst werden, in denen die vormals vorhandene, aber nicht genutzte Baulandqualität eines Grundstücks sich nach außen hin so verfestigt hat, dass auch nach ihrem Verlust ein Bedürfnis für eine Baugenehmigung verbleibt[539].

Ein derartiger Rückgriff unmittelbar auf Art. 14 I 1 GG ist indes nicht nur, wie zu- **238** nächst gedacht, angesichts der komplexen Zulässigkeitsregelungen in § 35 IV BauGB entbehrlich[540], sondern aus verfassungsrechtlichen Gründen **generell unzulässig**[541]. Inhalt und Umfang der Baufreiheit werden nach Art. 14 I 2 GG vom Gesetzgeber bestimmt. Die Rspr. ist nicht befugt, am Gesetzgeber vorbei der Baufreiheit neue Anwendungsbereiche zu erschließen. Sind die vorhandenen gesetzlichen Regelungen im Lichte der Eigentumsgewährleistung unvollkommen und lassen sie sich weder durch (verfassungskonforme) Auslegung noch durch Analogie korrigieren, müssen sie von den Gerichten zur Entscheidung über ihre Verfassungsmäßigkeit dem BVerfG vorgelegt werden (Art. 100 I GG). Die legislatorische Zurücknahme gesetz-

---

534 Vgl. näher *Brügelmann*, § 35 Rdnr. 117 ff; *E/Z/B/K*, § 35 Rdnr. 178 ff; *Schrödter*, § 35 Rdnr. 103 ff; *Finkelnburg/Ortloff*, Bd. 2 S. 172 ff; *Boecker*, BauR 1998, 441; *Brohm*, § 22 Rdnr. 1 ff.
535 BVerwGE 25, 161; 36, 296 (300 ff); 72, 362 (363 f).
536 BVerwGE 50, 49 (55 ff); vgl. hierzu auch *Friauf*, WiVerw 1989, 121 (156 ff).
537 BVerwGE 85, 289 (294).
538 BVerwGE 26, 11; 47, 126 (131).
539 *B/K/L*, § 35 Rdnr. 128 f; § 35 Rdnr. 96; *E/Z/B/K*, § 35 Rdnr. 184.
540 BVerwGE 84, 322 (334); 85, 289 (294); 88, 191 (203). Vgl. zu dieser Rspr. *Uechtritz*, DVBl. 1997, 347 (348); *Sieckmann*, NVwZ 1997, 853.
541 BVerwGE 106, 228 (233 ff) m.w.N.

licher Bestandsschutzvorschriften[542] lässt darum keinen verfassungsunmittelbaren Bestandsschutz wieder aufleben, sondern bewirkt ggf. eine verfassungswidrige Schwächung der Baufreiheit[543].

Vertiefungsliteratur:

1. Bauvorhaben und Genehmigungsvorbehalt: Brohm, Öffentliches Baurecht. § 18 (S. 348 ff; § 28 (S. 521 ff); *Dippel*, Alte und neue Anwendungsprobleme der §§ 36, 38 BauGB. NVwZ 1999, 921; *Erbguth/Wagner*, Bauplanungsrecht. S. 10 ff; *Finkelnburg/Ortloff*, Öffentliches Baurecht. Bd. 1 S. 370 ff; *Groß*, Das gemeindliche Einvernehmen nach § 36 BauGB als Instrument zur Durchsetzung der Planungshoheit. BauR 1999, 560; *Hoppe/Bönker/Grotefels*, Öffentliches Baurecht. § 2 Rdnr. 55 ff; § 8 Rdnr. 1 ff; *Jachmann*, Fiktion des gemeindlichen Einvernehmens gem. § 36 BauGB. LKV 1996, 319; *Lasotta*, Das Einvernehmen der Gemeinde nach § 36 BauGB (1998); *Peine*, Öffentliches Baurecht. § 14 (S. 226 ff); *Schulte*, Das Dogma Baufreiheit. DVBl. 1979, 133; *Stüer*, Handbuch des Bau- und Fachplanungsrechts. A 1346 ff.

2. Städtebaurechtliche Zulässigkeitstatbestände: Boecker, Zur Reduktion des Bestandsschutzes in der baurechtlichen Rspr. des BVerwG. BauR 1998, 441; *Brohm*, Öffentliches Baurecht. §§ 18 ff (S. 280 ff); *Erbguth/Wagner*, Bauplanungsrecht. S. 185 ff; *Elbing*, Fiktion des gemeindlichen Einvernehmens gem. § 36 BauGB. LKV 1995, 384; *Finkelnburg/Ortloff*, Öffentliches Baurecht. Bd. 1 S. 311 ff; *Greiving*, Innen- und Außenbereichssatzungen. VerwArch. 1998, 585; *Hofherr*, Planersetzende Satzungen. FS Schlichter (1995), S. 371; *Hoppe/Grotefels*, Öffentliches Baurecht. § 8 (S. 313 ff); *Hoppenberg*, Handbuch des Öffentlichen Baurechts. A 136 ff; *Jachmann*, Fiktion des gemeindlichen Einvernehmens gem. § 36 BauGB. LKV 1996, 319; *Jäde*, Aktuelle Probleme der bauplanungsrechtlichen Begünstigung im Außenbereich. UPR 1991, 401; *Kment*, Die strikte Rechtsbindung Privater an die Ziele der Raumordnung im Rahmen des § 35 Abs. 3 Sätze 2 und 3 BauGB. UPR 2002, 428; *Peine*, Öffentliches Baurecht. S. 268 ff; *Mager*, Der neue Befreiungstatbestand gemäß § 31 Abs. 2 BauGB 1998. DVBl. 1999, 205; *Riedl*, Die Zulässigkeit von Ausnahmen und Befreiungen bei Innenbereichs- und Außenbereichssatzungen. NVwZ 1996, 667; *Schmidt*, Die Raumordnungsklauseln in § 35 BauGB und ihre Bedeutung für Windkraftvorhaben. DVBl. 1998, 669; *Schmidt-Eichstaedt*, Die Befreiung nach § 31 II BauGB und andere „Abweichungen". NVwZ 1998, 571; *Sieckmann*, Eigentumsgarantie und baurechtlicher Bestandsschutz. NVwZ 1997, 853; *Stüer*, Handbuch des Bau- und Fachplanungsrechts. C 1375 ff; *Stüer/Vildomec*, Planungsrechtliche Zulässigkeit von Windenergieanlagen. BauR 1998, 427; *Uechtritz*, Grenzen des baurechtlichen Bestandsschutzes bei Nutzungsunterbrechungen. DVBl. 1997, 347; *Wahl*, Abschied von den Ansprüchen aus Art. 14 GG. FS Redeker (1993), S. 245 ff; *Worm*, Das Einvernehmen der Gemeinde nach § 36 BauGB. FS Boujong (1996), S. 687.

---

542 Wie z.B. bei der Aufhebung des § 34 III BauGB a.F. durch das BauROG.
543 Vgl. auch *Lüers*, WiVerw 1998, 57 (67).

C. Sicherung der Bauleitplanung und Bodenordnung

I. Veränderungssperre und Zurückstellung von Baugesuchen

1. Inhalt und Funktion

Die Bauleitplanung entfaltet ihre städtebauliche Ordnungsfunktion erst mit Eintritt der Rechtswirksamkeit des Bebauungsplanes. Wegen der in der Praxis oft beträchtlichen Dauer des Planungsverfahrens besteht ein Bedarf für eine gewisse rechtliche **Vorwirkung** des Planes, die es der planenden Gemeinde ermöglicht, bauliche Entwicklungen zu verhindern, welche die Realisierung der angestrebten städtebaulichen Ordnung vereiteln oder erschweren können. An einer solchen Vorwirkung wird die Gemeinde regelmäßig generell ein Interesse haben, wenn sie bereits Planungsabsichten verfolgt. Ein Vorwirkungsbedürfnis kann sich aber auch akut einstellen, wenn ein Einvernehmensersuchen nach § 36 I 1 BauGB oder Informationen über Bauvorhaben nach § 36 I 3 BauGB die Gemeinde veranlassen, die bestehende städtebauliche Situation planerisch zu verändern. Das BauGB trägt dem Rechnung, indem es zwei Instrumente zur Verfügung stellt, mit denen unerwünschte Grundstücksveränderungen verhindert werden können: die (an die Stelle früher möglicher „Bausperren" getretene) **Veränderungssperre** (§ 14 BauGB) sowie die **Zurückstellung von Baugesuchen** (§ 15 BauGB). Beide Instrumente dienen der Sicherung der Bauleitplanung und setzen darum voraus, dass die Gemeinde schon förmlich beschlossen hat, einen (qualifizierten oder einfachen) Bebauungsplan aufzustellen, zu ändern oder aufzuheben. Spätestens beim Erlass der Veränderungssperre muss die eingeleitete Planung schon soviel Kontur erlangt haben, dass die mit der Sperre verbundenen Eigentumsbeschränkungen gerechtfertigt erscheinen[544]. Weiterhin muss im Hinblick auf die beabsichtigte Planung ein Sicherungsbedürfnis bestehen, welches die Einschränkung der Baufreiheit erforderlich macht[545]. Während die Veränderungssperre auf begrenzte Dauer angelegt ist, dient die Zurückstellung von Baugesuchen lediglich als eine vorläufige Maßnahme. Sie kommt in Betracht, wenn eine Veränderungssperre nicht erlassen werden soll oder noch nicht in Kraft ist.

239

Veränderungssperre und Zurückstellung von Baugesuchen unterscheiden sich vor allem in ihrem Inhalt. Die **Veränderungssperre** enthält Verbotstatbestände, welche die andernfalls gegebene bebauungsrechtliche Zulässigkeit von Bauvorhaben nach den §§ 30-37 BauGB abstrakt-generell ausschließen. Unzulässig sind nach § 14 I Nr. 1 BauGB Vorhaben i.S. von § 29 I BauGB, also sämtliche Vorhaben oder Beseitigungsmaßnahmen von städtebaulicher Relevanz. Hierunter fällt zugleich auch die Mehrzahl der in § 14 I Nr. 2 BauGB genannten, weder genehmigungs-, zustimmungs-

240

---

544 BVerwGE 51, 121 (126 ff); BGHZ 82, 361 (367) OVG NW DÖV 1997, 259; *E/Z/B/K*, § 14 Rdnr. 10, 15 f.
545 *E/Z/B/K*, § 14 Rdnr. 18 ff; *Finkelnburg/Ortloff*, Bd. 1 S. 205 f.

noch anzeigepflichtigen Grundstücksveränderungen[546]; das Verbot nach Nr. 2 hat darum eine selbstständige Bedeutung nur für städtebaulich irrelevante Kleinstbauten, die gleichwohl das Grundstück erheblich oder wesentlich wertsteigernd verändern. Die Veränderungssperre wird bei genehmigungsbedürftigen Vorhaben durch Ablehnung des Bauantrages, sonst durch Untersagungsverfügung durchgesetzt. Die Baugenehmigungsbehörde kann im Einvernehmen mit der Gemeinde Ausnahmen zulassen, wenn überwiegende öffentliche Belange nicht entgegenstehen (§ 14 II BauGB). Hat sie einen Bauantrag bereits vor In-Kraft-Treten der Veränderungssperre rechtswidrig abgelehnt, kann sie sich, wenn der Antragsteller hiergegen Rechtsbehelfe einlegt, zwar auf die neue Rechtslage – auch auf eine sog. „nachgeschobene" Veränderungssperre – berufen; sie wird aber wegen dann eintretender Ermessensreduktion regelmäßig verpflichtet sein, eine Ausnahmegenehmigung zu erteilen, sofern dem nicht überwiegende Belange entgegenstehen[547]. Da die Veränderungssperre lediglich der Sicherung künftiger Planungen dient, verschafft sie keinen Nachbarschutz gegen Baugenehmigungen, die entgegen ihren Verboten erteilt werden[548].

241 Einzelne Vorhaben, die **Bestandsschutz** genießen, werden nach § 14 III BauGB von der Veränderungssperre nicht erfasst. Vor dem In-Kraft-Treten einer Sperre erteilte baurechtliche Genehmigungen bleiben auch nach ihrem Erlass wirksam. Das folgt schon aus § 43 II VwVfG, wird aber durch § 14 III BauGB noch einmal ausdrücklich bestätigt. Allerdings steht ein rechtskräftig erlassenes **Verpflichtungsurteil** auf Erlass einer Baugenehmigung einem tatsächlich erlassenen Bescheid nicht gleich; auch in diesem Fall dürfte sich freilich das Ermessen der Behörde, sofern nicht entgegenstehende öffentliche Belange überwiegen, nach § 14 II BauGB reduzieren, sodass sie eine Ausnahme von der Sperre zulassen muß[549]. Dagegen setzt sich auch ein **Bauvorbescheid** (Rdnr. 323) gegenüber einer späteren Veränderungssperre durch und verliert nicht etwa – wie beispielsweise eine Zusicherung nach § 38 III VwVfG – automatisch seine Bindungswirkung[550]. Umstritten ist, ob eine Baugenehmigung, sofern sie noch nicht ins Werk gesetzt ist, sowie ein Vorbescheid nach Erlass einer Veränderungssperre gemäß § 49 II 1 Nr. 4 VwVfG **widerrufen** werden können[551]. Anders als der endgültige Bebauungsplan bewirkt die Veränderungssperre, obschon als Satzung erlassen, dennoch keine Änderung der Rechtslage im Sinne dieser Vorschrift, sondern regelt nur einen vorläufigen Zustand. Auf Grund ihrer Vorläufigkeit liefert sie keinen Widerrufsgrund; dies klarzustellen ist der eigentliche, über § 43 II VwVfG hinausgehende Sinn des § 14 III BauGB[552].

---

546 Ebenso *Schrödter*, § 14 Rdnr. 1 f; a.A. (Spezialität der Nr. 2) *Finkelnburg/Ortloff*, Bd. 1 S. 207 f; *B/K/L*, § 14 Rdnr. 15.
547 BVerwG DÖV 1989, 906; ZfBR 1993, 33; *B/K/L*, § 14 Rdnr. 19; *Gelzer/Bracher/Reidt*, Rdnr. 2729; *Berliner Kommentar*, § 14 Rdnr. 28.
548 BVerwG NVwZ 1989, 453.
549 Vgl. auch *Schrödter*, § 14 Rdnr. 25; *Berliner Kommentar*, § 14 Rdnr. 27.
550 BVerwGE 69, 1 (3 ff); *E/Z/B/K*, § 14 Rdnr. 65; *Schrödter*, § 14 Rdnr. 26; *Brügelmann*, § 14 Rdnr. 112; *Berliner Kommentar*, § 14 Rdnr. 23 ff.
551 Zum Streitstand *E/Z/B/K*, § 14 Rdnr. 61; *Brügelmann*, § 14 Rdnr. 116; *Schrödter*, § 14 Rdnr. 24.
552 *Gailus*, NVwZ 1990, 536. Insgesamt jedoch str.; vgl. die Nw. im *Berliner Kommentar*, § 14 Rdnr. 21; *E/Z/B/K*, § 14 Rdnr. 61; *Jäde/Dirnberger/Weiß*, § 14 Rdnr. 35.

Die Bestandsschutzregelung des § 14 III BauGB gilt auch für Vorhaben, die vor dem **242**
Erlass der Veränderungssperre auf Grund eines **anderen baurechtlichen Verfahrens**
als des Genehmigungsverfahrens formell-rechtlich zulässig waren. Damit sind Verfahren vor den Bauaufsichtsbehörden gemeint, in denen ein Bauvorhaben trotz seiner Genehmigungsfreiheit immerhin noch einer präventiven Kontrolle unterliegt (Rdnr. 303). Im **Anzeigeverfahren** erwächst demgemäß Bestandsschutz mit dem Zeitpunkt, zu dem mit dem Bau begonnen werden darf[553]. Problematisch erscheint dagegen die Anwendung des § 14 III BauGB auf diejenigen Fälle, in denen die Landesbauordnungen eine **Genehmigungsfreistellung** vorsehen (Rdnr. 305). Hier findet vor der Bauaufsichtsbehörde kein Verfahren statt, das auf die Feststellung der Vereinbarkeit des Vorhabens mit den öffentlich-rechtlichen Vorschriften gerichtet ist; auch die Intervention der Gemeinde, es solle doch ein Genehmigungsverfahren durchgeführt werden, beruht nicht zwingend auf einer derartigen Prüfung. Hat die Gemeinde aber die Frist verstreichen lassen, von deren Ablauf an der Bauwillige mit seinem Bauvorhaben beginnen darf, kann sie weder die Einleitung eines Genehmigungsverfahrens mehr fordern noch mit Wirkung gegen das Bauvorhaben die Aufstellung eines Bebauungsplans und den Erlass einer Veränderungssperre beschließen[554]. Insofern unterscheidet sich die Frist, die der Bauwillige im Genehmigungsfreistellungsverfahren verstreichen lassen muss, bis er mit seinem Vorhaben beginnen kann, nicht von derjenigen, die er im Anzeigeverfahren zu wahren hat. § 14 III BauGB kommt dagegen nicht bei Bauvorhaben zum Zuge, die vom Gesetz selbst als genehmigungsfrei bestimmt worden sind (genehmigungsfreie Vorhaben). Die Veränderungssperre gilt nach § 14 III BauGB schließlich auch nicht für Unterhaltungsarbeiten und die Festsetzung einer bisherigen Nutzung.

Die **Zurückstellung von Baugesuchen** (§ 15 BauGB) bewirkt im Gegensatz zur **243**
Veränderungssperre keine normative Veränderung der bebauungsrechtlichen Situation, setzt insbesondere die bebauungsrechtlichen Zulässigkeitstatbestände auch nicht nur zeitweilig außer Kraft, sondern betrifft nur das Genehmigungsverfahren. Die Entscheidung über die Zulässigkeit eines beantragten Bauvorhabens oder über eine Bauvoranfrage wird für eine Dauer von bis zu 12 Monaten ausgesetzt; bei genehmigungsfreien Vorhaben tritt an die Stelle der Zurückstellung mit im Übrigen gleicher Wirkung eine vorläufige Untersagung (§ 15 I 2 BauGB). Zurückstellung und Untersagung kommen nur dann in Betracht, wenn rechtlich auch der Erlass einer Veränderungssperre möglich gewesen wäre; insbesondere gilt damit auch die Bestandsschutzregelung des § 14 III BauGB[555].

Weitere, vor allem **verfahrensrechtliche Unterschiede** ergeben sich aus der unter- **244**
schiedlichen Rechtsform der Sicherungsmaßnahmen. Die Veränderungssperre wird von der Gemeinde als Satzung erlassen (§ 16 I BauGB); eine Genehmigungs- oder Anzeigepflicht besteht hierbei nicht. Dagegen muss die Zurückstellung eines Bauge-

---

553 So schon BVerwGE 39, 154. Vgl. weiterhin *Berliner Kommentar*, § 14 Rdnr. 22.
554 BayVGH BauR 2000, 705; *E/Z/B/K*, § 14 Rdnr. 67a; *Berliner Kommentar*, § 14 Rdnr. 22; *Brohm*, § 24 Rdnr. 4; *Hagen/Kirchberg*, NVwZ 2002, 400 (403). A.A. *Jäde/Dirnberger/Weiß*, § 14 Rdnr. 37 f, und die Vorauflage.
555 *Berliner Kommentar*, § 15 Rdnr. 9.

IV   *Baurecht*

suchs bzw. die vorläufige Untersagung von Baumaßnahmen im Einzelfall von der Gemeinde bei der Bauaufsichtsbehörde beantragt werden, sofern sie nicht ohnehin selbst für die Bauaufsicht zuständig ist. Nicht nur bei der Untersagung, sondern auch bei der Zurückstellung – der Sache nach die Aussetzung des Genehmigungsverfahrens – handelt es sich um einen Verwaltungsakt dem Bauwilligen gegenüber[556]. Für die Verfahren nach §§ 14 und 15 BauGB ist gemeinsame Voraussetzung, dass ein Beschluss über die Aufstellung eines Bebauungsplanes gefasst ist. Dies muss nach § 2 I 2 BauGB ortsüblich bekannt gemacht worden sein; anderenfalls ist auch die Veränderungssperre unwirksam[557]. Auf die Rechtmäßigkeit der ja noch ausstehenden Bebauungsplanung kommt es nicht an, es sei denn, es stünde bereits bei Beschlussfassung fest, dass sich die Planung in der vorgestellten Weise unter keinem Gesichtspunkt rechtlich verwirklichen läßt[558]. Für die Veränderungssperre gelten die §§ 214-215a BauGB[559]. Form- und Verfahrensfehler sind danach grundsätzlich unbeachtlich; dagegen ist nach § 214 I 1 Nr. 3 BauGB beachtlich, wenn es an einem Satzungsbeschluss fehlt oder dessen Bekanntmachung fehlerhaft ist. Durch ein ergänzendes Verfahren können aber auch solche Mängel geheilt und es kann die Satzung rückwirkend erneut in Kraft gesetzt werden. (§ 215a I, II BauGB).

245   Unterschiede bestehen auch beim **Rechtsschutz**. Gegen eine Veränderungssperre kann sich der Bauwillige mit der verwaltungsgerichtlichen Normenkontrollklage (§ 47 VwGO) wehren; auch kommt eine inzidente Rechtmäßigkeitsprüfung im Zusammenhang mit Rechtsmitteln gegen die Versagung der Baugenehmigung oder die Untersagung einer grundstücksverändernden Maßnahme in Betracht[560]. Anfechtbar ist weiterhin eine Untersagungsverfügung nach § 15 I 2 BauGB. Ob auch eine Zurückstellungsverfügung angefochten werden kann, ist umstritten[561]. Die Beseitigung des Verfahrenshindernisses der Aussetzung bringt den Bauwilligen in der Sache nicht weiter. Einer isolierten Anfechtungsklage fehlt es mithin am Rechtsschutzbedürfnis; außerdem greift hier die Klagebeschränkung des § 44a VwGO. Statthaft ist darum die auf ein Bescheidungsurteil gerichtete Verpflichtungsklage. Auch die Gemeinde muss Verpflichtungsklage erheben, wenn die Bauaufsichtsbehörde ihrem Zurückstellungs- oder Versagungsantrag nicht nachkommt; wird die beantragte Baugenehmigung erteilt, kann sie diese anfechten[562]. Statt die Untersagung eines genehmigungsfreien Bauvorhabens zu beantragen, kann die Gemeinde auch, sofern die einschlägigen landesrechtlichen Freistellungsregelungen dies vorsehen (Rdnr. 305), die Durchführung eines Genehmigungsverfahrens verlangen[563].

---

556   *B/K/L*, § 15 Rdnr. 9.
557   *Brügelmann*, § 14 Rdnr. 9, 21.
558   *E/Z/B/K*, § 14 Rdnr. 15a.
559   Vgl. *Schrödter*, § 18 Rdnr. 43.
560   Ausführlich hierzu *E/Z/B/K*, § 16 Rdnr. 23 ff; *Schrödter*, § 14 Rdnr. 30 ff.
561   Überblick über den Streitstand bei *E/Z/B/K*, § 15 Rdnr. 72; *Schrödter*, § 15 Rdnr. 17; *Jäde/Dirnberger/Weiß*, § 15 Rdnr. 21 ff; *Brügelmann*, § 14 Rdnr. 59. Wie hier auch *Berliner Kommentar*, § 15 Rdnr. 18.
562   *E/Z/B/K*, § 15 Rdnr. 74.; *B/K/L*, § 15 Rdnr. 10; *Schrödter*, § 15 Rdnr. 18.
563   *Jäde/Dirnberger/Weiß*, a.a.O., § 15 Rdnr. 30 ff.

Beispiel: A sieht sich in seinem Bauvorhaben durch eine Veränderungssperre gehindert. Da **246** er sie für rechtswidrig hält, beantragt er eine verwaltungsgerichtliche Normenkontrolle nach § 47 VwGO. Während des Verfahrens tritt die Sperre außer Kraft. Durch die Verzögerung der Baugenehmigung hat A einen Schaden erlitten. Im Hinblick auf einen möglichen Entschädigungsprozess beantragt A nunmehr im Normenkontrollverfahren die Feststellung, dass die Veränderungssperre unwirksam gewesen sei.

Das ursprüngliche Feststellungsbegehren des A hat sich durch das Außerkrafttreten der Veränderungssperre erledigt. A hat jedoch zur Zeit und auf Grund ihres Bestehens einen Nachteil erlitten. In diesem Fall kommt – ähnlich wie bei der Fortsetzungsfeststellungsklage nach § 113 I 4 VwGO – auch noch eine nachträgliche Nichtigkeitsfeststellung in Betracht. Voraussetzung hierfür ist freilich ein Rechtsschutzbedürfnis, das bei A indes zweifellos vorliegt. Sein Entschädigungsanspruch setzt u.a. die Unwirksamkeit der Veränderungssperre voraus, da ihre Anwendung dann insoweit eine entschädigungspflichtige faktische Bausperre verursacht haben kann (BVerwG NJW 1984, 881).

2. Geltungsdauer der Veränderungssperre und Entschädigung

a) Verlängerung und Erneuerung von Veränderungssperren

Die Veränderungssperre tritt grundsätzlich nach Ablauf von zwei Jahren außer Kraft. **247** Auf diese Frist ist die Zeit einer eventuell vorangegangenen Zurückstellung eines Baugesuchs anzurechnen (§ 17 I 2 BauGB); die Anrechnung kommt jedoch nur demjenigen zugute, der selbst von der Zurückstellung betroffen war[564]. Eine **Verlängerung** um ein Jahr und, wenn besondere Umstände es erfordern, auch noch um ein weiteres Jahr ist möglich (§ 17 I 3 und II BauGB). Besondere Umstände liegen jedoch nicht vor, wenn die Gemeinde die Verzögerung der Bauleitplanung zu vertreten hat[565]. Ist eine Veränderungssperre außer Kraft getreten, so kann sie erneut verhängt werden, wenn die Voraussetzungen für ihren Erlass fortbestehen (§ 17 III BauGB). Dauert eine Veränderungssperre jedoch länger als Vierjahre, so ist den Betroffenen für die dadurch entstandenen Vermögensnachteile eine Entschädigung zu gewähren (§ 18 BauGB). Damit wird auch von Gesetzes wegen anerkannt, dass eine (zulässige) Veränderungssperre, die über eine bestimmte Zeit hinaus anhält, dann nicht länger als eine aus der Situationsgebundenheit des Grundstücks sich rechtfertigende, sondern als eine wegen der Überschreitung der Verhältnismäßigkeitsgrenzen **ausgleichspflichtige Eigentumsbindung**[566] (Rdnr. 149a) angesehen werden muss[567]. Die frühere Bausperren-Rspr. des BGH[568] zog noch die Grenze zur Enteignung bei drei Jahren, weil dieser Zeitraum für eine ordnungsgemäße Planung in aller Regel ausreichend sei; das BauGB läßt – allerdings nur, wenn „besondere Umstände es erfordern" – auch ein viertes Sperrjahr noch entschädigungsfrei zu. Liegen die Voraussetzungen

---

564 BVerwGE 51, 121; *E/Z/B/K*, § 17 Rdnr. 1.
565 BVerwGE 51, 121 (139).
566 Aufgabe der insoweit a.A. (enteignender Eingriff) der Vorauflage. Wie dort jedoch noch *B/K/L*, § 18 Rdnr. 1.
567 Vgl. auch *Schrödter*, § 18 Rdnr. 1 ff; *Brügelmann*, § 18 Rdnr. 26. Für diese Auffassung spricht auch BVerwGE 100, 226 (244 f).
568 BGHZ 15, 268; 30, 338.

IV *Baurecht*

für eine Veränderungssperre nicht mehr vor, so ist sie aufzuheben; sie tritt von selbst außer Kraft, wenn die Bauleitplanung rechtsverbindlich abgeschlossen ist (§ 17 IV, V BauGB).

248 Eine **Erneuerung** der Veränderungssperre kommt auch dann in Betracht, wenn die Möglichkeit einer (erst- oder zweitmaligen) Verlängerung noch nicht ausgeschöpft ist[569]. Allerdings muß hier wie überhaupt bei der Erneuerung der dem § 17 II BauGB zu Grunde liegende Rechtsgedanke beachtet werden, in dem sich der Schutzgehalt der Eigentumsgarantie ausdrückt. Art. 14 GG schützt das Eigentum nämlich nicht nur vor entschädigungslosem Entzug, sondern will in erster Linie seinen Bestand in der Hand des Eigentümers sichern; er ist vor allem Bestands- und nicht nur Wertgarantie[570]. Darum ist auch eine über drei Jahre hinausgehende Veränderungssperre, unabhängig davon, ob sie durch eine Verlängerung (§ 17 II BauGB) oder durch eine Erneuerung (§ 17 III BauGB) zu Stande kommt, nur unter den besonderen Voraussetzungen des § 17 II BauGB zulässig[571]; dabei endet die Phase der Entschädigungslosigkeit in jedem Fall nach Ablauf von vier Jahren; die nunmehr überlange Veränderungssperre schlägt dann nicht etwa in eine entschädigungspflichtige Enteignung um[572], sondern wird zu einer wie im Planungsschadensrecht (Rdnr. 142a) ausgleichsbedürftigen Eigentumsbindung (Rdnr. 247). Allerdings kommt eine Entschädigung nur für spürbare Beeinträchtigungen in Betracht. Liegen die Voraussetzungen des § 17 II BauGB nicht vor, ist eine Veränderungssperre nur für drei Jahre gestattet; danach wird sie nicht ebenfalls zur ausgleichspflichtigen Eigentumsbindung, sondern sie ist dann – unabhängig von der Rechtsform ihrer zeitlichen Erweiterung – rechtswidrig und unwirksam[573]. Unabhängig von den Verlängerungsmöglichkeiten nach § 17 BauGB kann nach dem Auslaufen der bisherigen Veränderungssperre bei neuem Bedarf – etwa auf Grund veränderter Planungsvorhaben der Gemeinde – auch eine **neue** (sog. selbstständige andere) **Veränderungssperre** verhängt werden[574]. Der neue Sachzusammenhang dieser Sperre kann es jedoch nicht rechtfertigen, die entschädigungsfreie Belastung eines Grundstückeigentümers über vier Jahre hinweg auszudehnen[575].

b) Entschädigung bei unzulässigen Veränderungssperren

249 Eine Entschädigungspflicht entsteht außer nach § 18 BauGB auch bei **unzulässigen Veränderungssperren**. Diese sind zwar keine wirksamen Eigentumsbeschränkungen, können aber, solange sie der Grundstückseigentümer für wirksam hält und nichts gegen sie unternimmt, **faktisch** gleiche Wirkungen haben. In diesem Fall handelt es sich um eine rechtswidrige Eigentumsbeeinträchtigung, die nach den Grund-

---

569 BVerwGE 51, 121 (136 f); hierzu *E/Z/B/K*, § 17 Rdnr. 14 ff.
570 BVerfGE 24, 367 (400); 58, 300 (323 f); *Papier*, in: Maunz/Dürig, Art. 14 (2002) Rdnr. 44.
571 BVerwG DVBl. 1993, 115.
572 So noch BVerwGE 51, 121 (138); BGHZ 73, 161 (174), und die Vorauflage.
573 BGHZ 78, 152.
574 *Gelzer/Bracher/Reidt*, Rdnr. 2797, 2815; *Hager/Kirchberg*, NVwZ 2002, 400 (405).
575 Näher hierzu *Schäling*, NVwZ 2003, 149.

sätzen zum **enteignungsgleichen Eingriff** zu entschädigen ist[576]; daneben kommen u.U. auch Ansprüche aus Amtshaftung in Betracht. Im Übrigen können auch unabhängig von Veränderungssperren das Verhalten einer Behörde oder die – aus welchen Gründen auch immer – rechtswidrige Ablehnung einer Baugenehmigung als **faktische Bausperren** zu einer Entschädigung führen[577]. Umstritten ist, ob eine faktische Veränderungssperre wie eine rechtswirksame geduldet werden muss, wenn deren materielle Erlassvoraussetzungen vorliegen. Der BGH sieht in solchen Fällen die Sperre noch als eine Sozialbindung des Eigentums an, wenn sie nicht länger als zwei Jahre dauert[578]. Richtiger dürfte es ein, die Beeinträchtigung wegen Fehlens einer förmlichen Rechtsgrundlage von Anfang an als einen enteignungsgleichen Eingriff zu behandeln[579].

Der Behandlung faktischer Bau- und Veränderungssperren als entschädigungspflichtige enteignungsgleiche Eingriffe steht auch nicht die **neuere Rspr. des BVerfG zur Enteignungsentschädigung**[580] entgegen. Diese Rspr. besagt, dass ein Entschädigungsanspruch für rechtswidrige staatliche Maßnahmen nicht unmittelbar aus Art. 14 III GG hergeleitet werden kann, wenn sie sich bei Rechtmäßigkeit als eine Enteignung i.S.d. Art. 14 III GG darstellen und für die darum nach der „Junktimklausel" (Art. 14 III 2 GG) von Gesetzes wegen ein Entschädigungsanspruch geregelt sein müsste. Hier kommt nur primärer, auf Abwehr des Eingriffs gerichteter Rechtsschutz in Betracht; der Betroffene hat kein Wahlrecht zwischen negatorischen und kompensatorischen Ansprüchen[581]. Anders liegen die Dinge jedoch bei der faktischen Sperre. Es handelt sich hierbei um einen Eingriff, der nur **wegen seiner Rechtswidrigkeit** als ein Eigentumseingriff angesehen wird; in Wahrheit liegt ein Fall von **Staatsunrecht** vor, der bei rechtmäßiger Handhabung gar nicht zu einer Eigentumsverletzung geführt hätte. Für ihn kann darum auch nicht das Gebot der Junktim-Klausel gelten, das lediglich für solche Maßnahmen eine gesetzliche Entschädigungsregelung verlangt, die ungeachtet ihrer möglichen Rechtswidrigkeit gerade auch im Falle ihrer Rechtmäßigkeit enteignend wirken. Das richterrechtlich entwickelte Haftungsinstitut des enteignungsgleichen Eingriffs steht darum in Fällen wie der faktischen Bau- oder Veränderungssperre auch weiterhin als Grundlage eines Entschädigungsanspruchs zur Verfügung[582]. Am Primat des Primärrechtsschutzes ist aber grundsätzlich auch bei faktischen Bausperren festzuhalten. Eine Entschädigungspflicht besteht nur insoweit, wie dem Bauwilligen nicht zugemutet werden konnte, sich gegen die

250

---

576 BGHZ 58, 124; 73, 161 (166); vgl. weiterhin *E/Z/B/K*, § 18 Rdnr. 13 ff; *B/K/L*, § 18 Rdnr. 3; *Schrödter*, § 18 Rdnr. 50 ff; *Brohm*, § 24 Rdnr. 9; *Hoppe/Bönker/Grotefels*, § 10 Rdnr. 81 ff.
577 BVerwG DVBl. 1971, 464; BGH DVBl. 1973, 142 f.
578 BGHZ 78, 152 (160 f); hierzu kritisch *E/Z/B/K*, § 18 Rdnr. 23; *Krohn/Löwisch*, Rdnr. 188.
579 *Hoppe/Bönker/Grotefels*, § 10 Rdnr. 81; *Schrödter*, § 18 Rdnr. 54; *Ossenbühl*, Staatshaftungsrecht (5. Aufl. 1998), S. 196 f.
580 BVerfGE 52, 1; 58, 300. Vgl. hierzu *Papier*, in: Maunz/Dürig, Art. 14 (2002) Rdnr. 720 ff; *B/K/L*, Rdnr. 1 ff vor §§ 85 ff.
581 *Ossenbühl*, NJW 1983, 1 ff m.w.N.
582 BGH DVBl. 1984, 391; hierzu *Papier*, in: Maunz/Dürig, Art. 14 (2002) Rdnr. 720 ff; *Hoppe/Bönker/Grotefels*, § 10 Rdnr. 84; a.A. *Krohn/Löwisch*, Rdnr. 234.

IV *Baurecht*

Bausperre zu wehren oder wie ihm ein Schaden – als Verzögerungsschaden – trotz Rechtsbehelfseinlegung entstanden ist[583].

251 Die **Entschädigung** für formelle oder faktische Veränderungs- und Bausperren erstreckt sich in erster Linie auf diejenigen Nachteile, die sich für den Eigentümer aus der zeitweiligen Verhinderung einer beabsichtigten Grundstücksnutzung ergeben; fehlt es an der Absicht, sein Grundstück selbst baulich zu nutzen oder als Bauland zu verkaufen, so trifft ihn kein entschädigungsfähiges Sonderopfer[584]. Die Höhe der Nutzungsentschädigung entspricht dem, was ein Bauwilliger in der Sperrzeit etwa als Erbbauzins für eine ohne die Sperre mögliche Nutzung gezahlt haben würde (sog. **Bodenrente**[585]); im Einzelfall vorhandene höhere Gewinnmöglichkeiten werden nicht entschädigt. Allerdings gelangen über § 18 I 2 BauGB hier auch diejenigen zeitlichen Beschränkungen zur Anwendung, die § 42 BauGB für die entschädigungsrechtliche Berücksichtigung noch nicht realisierter Nutzungsmöglichkeiten vorsieht (Rdnr. 150)[586]. Diese Einschränkung gilt freilich nicht für faktische Sperren, da sie nicht über § 18 BauGB, sondern unmittelbar über den Gesichtspunkt des enteignungsgleichen Eingriffs zur Entschädigung führen. Die Entschädigung kann schließlich die Höhe der Bodenrente übersteigen, wenn die Sperre außer in die Bodennutzung selbst auch in das Recht an einem auf dem Grundstück eingerichteten und ausgeübten **Gewerbebetrieb** eingreift[587].

Vertiefungsliteratur: *v. Franckenstein*, Gemeindliche Negativplanung – Bausperre unter dem Deckmantel gemeindlicher Planungshoheit. BayVBl 1997, 202; *Finkelnburg/Ortloff*, Öffentliches Baurecht. Bd. 1, S. 203 ff; *Gailus*, Die Zulässigkeit des Widerrufs der Bebauungsgenehmigung auf Grund einer Veränderungssperre. NVwZ 1990, 536; *Hager/Kirchberg*, Veränderungssperre, Zurückstellung von Baugesuchen und faktische Bausperren. NVwZ 2002, 400, 538; *Hoppe/Grotefels*, Öffentliches Baurecht. § 10 (S. 435 ff); *Schenke*, Veränderungssperre und Zurückstellung des Baugesuchs als Mittel zur Sicherung der Bauleitplanung. WiVerw 1994, 253.

II. Teilungsgenehmigung

1. Genehmigungspflicht und Verfahren

252 Eine geordnete städtebauliche Entwicklung kann selbst dann, wenn die bauliche Bodennutzung durch Bebauungsplan oder durch planersetzende gesetzliche Vorschriften geregelt ist, durch eine ungeeignete Parzellierung des Bodens beträchtlich erschwert werden. Die Parzellierung bebauter Grundstücke im Geltungsbereich eines Bebauungsplanes kann bewirken, dass nach der Teilung auf dem schon bebauten Teilgrundstück die festgesetzten Grund- und Geschossflächenzahlen (§ 17 BauNVO) nicht mehr einzuhalten sind. Und schließlich möchte bei einem Teilungskauf der Er-

---

583 *Stüer*, A 894; differenzierend *Schrödter*, § 18 Rdnr. 56 f, 59 ff.
584 BGHZ 58, 124.
585 *E/Z/B/K*, § 18 Rdnr. 27 ff; *Schrödter*, § 18 Rdnr. 70 ff; *Hager/Kirchberg*, NVwZ 2002, 538 (539).
586 *B/K/L*, § 18 Rdnr. 9.
587 *E/Z/B/K*, § 18 Rdnr. 31 ff; *Schrödter*, § 18 Rdnr. 76.

werber einer Parzelle gesichert wissen, dass diese nach Größe und Zuschnitt auch seinen Vorstellungen entsprechend bebaut werden kann. Diesen **Schutz- und Sicherungsbedürfnissen**[588] sollte das Institut der Teilungsgenehmigung Rechnung tragen. Das BauROG (Rdnr. 18) hat indes den Anwendungsbereich der vormals weitgesteckten Genehmigungspflicht stark eingedämmt. Sie gilt nur noch für den Geltungsbereich eines – einfachen oder qualifizierten – Bebauungsplanes und überhaupt nur dann, wenn die Gemeinde im Plan selbst oder durch selbstständige Satzung dies bestimmt (§ 19 I BauGB); die Landesregierungen können diese Befugnis der Gemeinden überdies durch Rechtsverordnung wieder beseitigen (§ 19 V BauGB). Nach § 22 BauGB kann von der Gemeinde – ohne diesen Verordnungsvorbehalt – in Feriengebieten eine Genehmigungspflicht auch für die Begründung oder Teilung von Wohnungs- oder Teileigentum bestimmt werden; dies soll verhindern helfen, dass in Fremdenverkehrsorten Wohnraum, der Beherbergungszwecken dienen soll, für Zweitwohnungen genutzt wird.

Die **Genehmigungspflicht** besteht – unter den genannten Voraussetzungen – für grundsätzlich alle Teilungsvorgänge im Planbereich; Ausnahmen von dieser Pflicht regelt § 19 IV BauGB. Die Genehmigung wird auf Antrag des Eigentümers oder auch – bei einem Teilungskauf – des Käufers[589] von der Gemeinde erteilt. Über die Genehmigung muss innerhalb einer – verlängerbaren – Frist von einem Monat entschieden werden; anderenfalls wird sie fingiert (vgl. § 19 III BauGB). Ist eine Genehmigung nicht erforderlich oder gilt sie als erteilt, so hat die Gemeinde hierüber ein sog. Negativattest zu erteilen (§ 20 II 1 BauGB). Ein **Versagungsgrund** liegt nach § 20 I BauGB vor, wenn die Teilung oder die damit bezweckte Nutzung mit den Festsetzungen des Bebauungsplanes nicht vereinbar wäre. Einwände gegen die Teilung selbst bestehen dann, wenn hierdurch Grundstücke entstehen, die den im Bebauungsplan (vgl. § 9 I Nr. 3 BauGB) festgesetzten Mindestmaßen für Baugrundstücke nicht entsprechen, wenn eine vorhandene Bebauung nach der Teilung mit den Grund- oder Geschossflächenzahlen nicht übereinstimmt oder wenn die städtebaulichen Ziele des Planes angesichts der durch die Teilung angestrebten Grundstückssituation schlechterdings nicht mehr zu verwirklichen wären[590]. Die beabsichtigte Nutzung kann freilich ein Versagungsgrund nur dann sein, wenn sie vom Grundstückseigentümer offen gelegt oder der Gemeinde sonst bekannt geworden ist. Bei der Prüfung der Genehmigungsfähigkeit sind auch die Planabweichungsmöglichkeiten nach den §§ 31 und 33 BauGB zu berücksichtigen. Da Ausnahmen und Befreiungen indes im Ermessen der Bauaufsichtsbehörde stehen, muss diese eine Erteilung verbindlich in Aussicht gestellt haben[591].

253

---

588 Zu den Funktionen der Teilungsgenehmigung BVerwG NJW 1985, 1354; *E/Z/B/K*, § 19 Rdnr. 13 f; *Schrödter*, § 19 Rdnr. 1; *Brohm*, § 24 Rdnr. 13.
589 BVerwGE 50, 311 (315 f).
590 *Finkelnburg/Ortloff*, Bd. 1, S. 224 f.
591 *Finkelnburg/Ortloff*, Bd. 1, S. 224; vgl. auch *Jäde/Dirnberger/Weiß*, § 20 Rdnr. 3.

IV *Baurecht*

2. Rechtswirkungen der Teilungsgenehmigung

254 Die Teilungsgenehmigung bzw. das Negativattest ist grundbuchrechtlich eine Eintragungsvoraussetzung der Parzellierung (vgl. § 20 II 2 BauGB); ein Negativattest ist freilich entbehrlich, soweit die Gemeinde nach § 19 V BauGB ohnehin eine Genehmigungspflicht nicht einführen darf; dies hat das Grundbuchamt selbst von Amts wegen zu klären[592]. Das möglicherweise hinter dem Genehmigungsantrag stehende privatrechtliche Rechtsgeschäft (z.B. ein „Teilungskauf") wird hiervon nicht berührt; die Teilungsgenehmigung ist kein privatrechtsgestaltender Verwaltungsakt[593]. Wurde eine Teilungsgenehmigung zu Unrecht erteilt, so kann sie grundsätzlich nach § 48 VwVfG zurückgenommen werden; das gilt auch für die fiktive Genehmigung. Allerdings müssen auch bei einer Rücknahme nach § 48 I, III VwVfG, wie sie hier allein in Betracht kommt, im Rahmen des Rücknahmeermessens die für den Bestand der Genehmigung sprechenden Gesichtspunkte des Vertrauensschutzes und das öffentliche Interesse an der Rücknahme gegeneinander abgewogen werden[594]. Bei einem Teilungskauf ist auch das Vertrauen des Parzellenerwerbers zu berücksichtigen[595]. Kommt es gleichwohl zu einer Rücknahme, so entsteht für die sich daraus evtl. ergebenden Vertrauensschäden nach § 48 III VwVfG ein Entschädigungsanspruch[596].

255 **Beispiel:** A verkauft die Hälfte eines ihm gehörenden Grundstücks an B, der darauf, wie auch im notariellen Kaufvertrag vermerkt, ein Gebäude errichten will, das jedoch den Festsetzungen des einschlägigen Bebauungsplans widerspricht. Wegen eines Versehens der Gemeinde wird die beantragte Teilungsgenehmigung erst nach dreieinhalb Monaten verweigert. Als A und B auf die Verspätung hinweisen, erklärt die Gemeinde die Rücknahme der möglicherweise zu fingierenden Genehmigung. Zur Recht?

Die Teilungsgenehmigung gilt als erteilt, da ihre Verweigerung nicht rechtzeitig erklärt wurde (§ 19 III BauGB). Da sie nach § 20 I Nr. 1 BauGB rechtswidrig ist, kann sie gemäß § 48 VwVfG zurückgenommen werden. Ihr fiktiver Charakter schließt eine Rücknahme nicht aus. Allerdings würde die Rücknahme nicht nur den Eigentümer/Verkäufer, sondern auch den Käufer belasten. Auch dieser Umstand schließt die Rücknahme nicht generell aus; das müsste selbst dann gelten, wenn man die Teilungsgenehmigung als einen privatrechtsgestaltenden Verwaltungsakt ansähe. Immerhin muss die Behörde den Schutzbedürfnissen des Käufers im Rahmen des ihr nach § 48 VwVfG eröffneten Ermessensspielraums Rechnung tragen. Die Rechtmäßigkeit der Rücknahme hängt darum im vorliegenden Fall von den Verhältnissen des B ab (BVerwGE 54, 257).

256 Bei versagter Teilungsgenehmigung können sowohl der Eigentümer als auch der Teilungskäufer **Rechtsschutz** im Wege der Verpflichtungsklage suchen. Bei rechtswidriger Erteilung besitzen Nachbarn kein Klagerecht, da die Teilungsgenehmigung, anders als nach der Rechtslage vor dem BauROG, für eine nachfolgende Baugenehmigung **keine Bindungswirkung** entfaltet. Die Teilungsgenehmigung dient nur noch

---

592 *Schmidt-Eichstaedt/Reitzig*, NJW 1999, 385; a.A. noch die Vorauflage und u.a. *Finkelnburg*, NJW 1998, 1.
593 BVerwGE 54, 257 (262 f); zum Streitstand im Schrifttum *B/K/L*, § 19 Rdnr. 18, und *E/Z/B/K*, § 19 Rdnr. 43 einerseits, *Schröder*, § 19 Rdnr. 26, andererseits.
594 BVerwGE 48, 87 (92); 49, 244 (250); vgl. auch *E/Z/B/K*, § 19 Rdnr. 47.
595 BVerwGE 54, 257 (261 f).
596 Zu den zivilrechtlichen Fragen BGH NJW 1979, 34; *Dürr*, NVwZ 1983, 73 (77).

der Sicherung der Bauleitplanung; sie hat keine vorbescheidsähnliche Wirkung mehr[597]. Die ohne erforderliche Genehmigung grundbuchrechtlich vorgenommene Teilung ist unwirksam; ein Teilungskäufer erwirbt kein Eigentum. Zur Verhinderung eines nachfolgenden Gutglaubenserwerbs kann die Gemeinde nach § 20 III BauGB die Eintragung eines Widerspruchs im Grundbuch verlangen.

Vertiefungsliteratur: *Finkelnburg*, Bauleitplanung, Teilungsgenehmigung, Vorverkaufsrecht und Zulässigkeit von Bauvorhaben. NJW 1998, 1; *Finkelnburg/Ortloff*, Öffentliches Baurecht. Bd. 1, S. 219 ff; *Krautzberger/Güttler*, Vereinfachung des Städtebaurechts – Abschaffung der Teilungsgenehmigung nach BauGB. BBauBl. 1996, 183; *Schmidt/Eichstaedt*, Teilungsgenehmigung und Grundbuchsperre. NJW 1999, 385; *Stüer*, Handbuch des Bau- und Fachplanungsrechts (2. Aufl. 1998). A 910 ff. Noch zur alten Rechtslage: *Dürr*, Die Teilungsgenehmigung nach §§ 19 ff BauGB, NVwZ 1983, 73; *Steiner*, Baurechtliche Teilungsgenehmigung und Privatrechtsordnung, DVBl. 1981, 348.

III. Baurechtliches Vorkaufsrecht

1. Funktion und Wirkungsweise

Das baurechtliche Vorkaufsrecht dient den Gemeinden in erster Linie zur Sicherung und zur **leichteren Realisierung städtebaulicher Planung**. Es versetzt sie in die Lage, sich im Wege der Intervention in private Kaufverträge Grundstücke zu verschaffen, die dann nach bestimmten städtebaulichen Vorstellungen genutzt werden können. Rechtstechnisch stellt sich das Vorkaufsrecht als ein gegenüber der förmlichen Enteignung (Rdnr. 277 ff) vereinfachtes Instrument des Grundstückserwerbs dar[598]. Statt hoheitlich in bestehende Eigentumsverhältnisse einzugreifen, nutzt die Gemeinde den Augenblick eines sich abzeichnenden Eigentumsüberganges, um sich – freilich zwangsweise – in die Position des vertraglichen Erwerbers zu setzen.

257

Ob das baurechtliche Vorkaufsrecht darüber hinaus auch als ein **Instrument gemeindlicher Bodenpolitik** taugt, ist seit jeher umstritten[599]. Einerseits versetzt es die Gemeinden in die Lage, im Wege der Ausübung von Vorkaufsrechten dem Ankauf und der Hortung baureifer Grundstücke durch nicht bauwillige Käufer entgegenzuwirken. § 89 BauGB, der die Gemeinden verpflichtet, Grundstücke, die sie durch Vorkauf erworben haben, wieder zu veräußern, lässt überdies bei der Auswahl der neuen Erwerber neben städtebaulichen auch sozialpolitische Gesichtspunkte zu. Anderseits sind die Vorkaufsmöglichkeiten tatbestandlich eng begrenzt; ihre Ausübung ist streng an eine Rechtfertigung durch Gründe der Allgemeinheit gebunden, zu denen bodenpolitische Gesichtspunkte nicht zählen[600]. Die mehrfachen legislatorischen Manipulationen am sog. preislimitierten Vorkaufsrecht (Rdnr. 262) mit jeweils wechselnder Tendenz[601] lassen jedenfalls ein gespaltenes Verhältnis des Gesetzgebers zu bodenpolitischen Ambitionen erkennen. Bei der BauGB-Novelle 1998 hat sich der

258

---

597 *Finkelnburg*, NJW 1997, 1 (4); *Jäde/Dirnberger/Weiß*, § 20 Rdnr. 6.
598 Vgl. *B/K/L*, Rdnr. 7 f vor §§ 24-28.
599 Vgl. die Übersicht bei *Schrödter*, § 24 Rdnr. 2 f.
600 *B/K/L*, § 24 Rdnr. 23; *Brohm*, § 25 Rdnr. 3.
601 Kritisch hierzu *E/Z/B/K*, § 28 Rdnr. 4 ff; *Brohm*, § 25 Rdnr. 4 ff.

IV *Baurecht*

Gesetzgeber für die Beibehaltung des Instituts eines baurechtlichen Vorkaufsrechts entschlossen und das preislimitierte Vorkaufsrecht wieder gestärkt.

259 Das bauliche Vorkaufsrecht ruht auf den davon betroffenen Grundstücken als eine **öffentlich-rechtliche Belastung**. Es entsteht entweder unmittelbar auf Grund Gesetzes (§ 24 BauGB)) oder wird durch Satzung begründet (§ 25 BauGB). Die **Wirkungsweise** des Vorkaufsrechts ist prinzipiell nicht anders als diejenige nach dem BGB, auf dessen einschlägige Vorschriften § 28 II 2 BauGB verweist. Mit Ausübung des Vorkaufsrechts durch den Berechtigten – hier die Gemeinde – wird zwischen ihm und dem Verpflichteten, dem Verkäufer, ein neuer selbstständiger Kaufvertrag zu den gleichen Bedingungen begründet, die der Vertrag mit dem ursprünglichen Käufer enthalten hat[602]. Der Verpflichtete sollte sich darum tunlichst durch Bedingung, Rücktrittsvorbehalt oder sonstige Abreden mit dem Käufer vor Ansprüchen auf Schadensersatz wegen Nichterfüllung sichern; derartige Abreden wirken nach § 506 BGB, damit dem Vorkaufsrecht nicht der Boden entzogen wird, nicht gegen den Berechtigten. Im Unterschied zum rechtsgeschäftlich vereinbarten ist das Vorkaufsrecht des BauGB ein gesetzliches. Es begründet ein öffentlich-rechtliches Rechtsverhältnis zwischen Gemeinde und Grundstückseigentümer und wird darum auch nicht durch privatrechtliche Willenserklärung, sondern durch Verwaltungsakt ausgeübt (§ 28 II 1 BauGB). Die Gemeinde hat hierfür eine Bedenkzeit von zwei Monaten. Auf das gemeindliche Vorkaufsrecht sind nur die Vorschriften des BGB über das schuldrechtliche Vorkaufsrecht (§§ 504 ff BGB), nicht auch die Vorschriften über dessen dingliche Sicherung (§§ 1094 ff BGB) anzuwenden. Die damit theoretisch vorhandene Möglichkeit eines Gutglaubenserwerbs wird durch die Verfahrensregelung des § 28 I BauGB praktisch ausgeschlossen. Gegenüber einem privatrechtlichen setzt sich das baurechtliche Vorkaufsrecht selbst dann durch, wenn ersteres dinglich gesichert ist. Mit der Eintragung der Gemeinde als Eigentümerin im Grundbuch erlöschen rechtsgeschäftliche Vorkaufsrechte; die Gemeinde kann deren Löschung im Grundbuch verlangen (§ 28 II 5 und 6 BauGB).

260 Besonderheiten ergeben sich bei der Ausübung des Vorkaufsrechts **zu Gunsten Dritter** (§ 27a BauGB). Das ist zulässig, wenn das zu erwerbende Grundstück von dem Dritten zu Zwecken der Wohnbebauung verwendet oder wenn das Vorkaufsrecht nach Maßgabe des § 24 I 1 Nr. 1 oder 3 BauGB ausgeübt werden soll. In diesen Fällen kommt der (neue) Kaufvertrag nicht zwischen der Gemeinde, sondern dem Begünstigten und dem Verkäufer zu Stande.

261 Der Eintritt der vorkaufsberechtigten Gemeinde in den Vertrag zwischen dem verpflichteten Eigentümer und dem Käufer bedeutet grundsätzlich, dass die Gemeinde auch den vertraglich vereinbarten Kaufpreis zu zahlen hat. Diese Konsequenz kann bei hohem oder bei überhöhtem Kaufpreis unbefriedigend sein und wird die Gemeinde möglicherweise gelegentlich aus finanziellen Gründen von einer vielleicht städtebaulich sinnvollen Ausübung ihres Vorkaufsrechts abhalten. Um hier Abhilfe zu schaffen, sieht § 28 III BauGB für alle Vorkaufsfälle vor, dass die Gemeinde den zu zahlenden Betrag nach dem **Verkehrswert** des Grundstücks bestimmen kann,

---

602 BGH NJW 1982, 2068 (2069); *Finkelnburg/Ortloff*, Bd. 1 S. 238.

wenn der vereinbarte Kaufpreis den Verkehrswert erheblich übersteigt (preislimitiertes Vorkaufsrecht). Sie bindet sich damit allerdings auch selbst. Führt sie nämlich das erworbene Grundstück nicht in angemessener Frist dem Zweck zu, den sie mit der Ausübung des Vorkaufsrechts verfolgte, muss sie dem Veräußerer die Differenz zum vereinbarten Kaufpreis nachentrichten (§ 28 III 7 BauGB). Im Übrigen bewirkt die Reduzierung auf den Verkehrswert einen erleichterten Übergang des Eigentums auf die Gemeinde. Der Eigentumsübergang erfolgt ohne Mitwirkung des Veräußerers allein auf Grund eines entsprechenden Antrages der Gemeinde durch ihre Eintragung im Grundbuch (§ 28 III 5, 6 BauGB). Der Veräußerer kann sich der Reduzierung des Kaufpreises auf den Verkehrswert befristet durch Rücktritt vom Kaufvertrag entziehen, ist also nicht gezwungen, sein Grundstück zum Verkehrswert abzugeben (§ 28 III 2 BauGB). Solange die Gemeinde ein Vorkaufsrecht hat, wird er aber auch bei einem späteren Versuch nicht wesentlich über dem Verkehrswert verkaufen können. Umgekehrt kann die Gemeinde den Veräußerer daran hindern, ihr Vorkaufsrecht durch Rücktritt zu durchkreuzen, indem sie den überhöhten Kaufpreis akzeptiert.

Von vornherein bemisst sich der von der Gemeinde zu zahlende Preis nach dem **Entschädigungswert**, wenn das Vorkaufsrecht ausgeübt wird, weil das Grundstück in einem Bebauungsplan als Fläche für öffentliche Zwecke oder als Ausgleichsfläche i.S. des § 1a III BauGB (Rdnr. 52) festgesetzt wird (vgl. § 28 IV 1 BauGB); hier schlägt der enteignungsrechtliche Charakter des Vorkaufsrechts durch[603]. Entschädigungswert ist grundsätzlich der Verkehrswert, der sich jedoch im Einzelnen reduzieren kann (vgl. § 95 BauGB). Die Bemessung nach dem Entschädigungswert gilt selbst dann, wenn ausnahmsweise der vereinbarte Kaufpreis einmal unter dem Entschädigungswert liegen sollte; eine „Meistbegünstigungsklausel" für die Gemeinde enthält das Gesetz nicht[604]. 262

2. Vorkaufstatbestände und Verfahren

Das BauGB kennt zwei Arten von Vorkaufsrechten. Das **allgemeine Vorkaufsrecht** (§ 24 BauGB) besteht kraft Gesetzes. Es findet vor allem bei unbebauten Grundstücken Anwendung, die sich in Gebieten befinden, die nach den §§ 30, 33 oder 34 II BauGB vorwiegend mit Wohngebäuden bebaut werden können. Damit soll die Gemeinde Einfluss darauf erhalten, dass in Wohngebieten Grundstücke nicht zu anderen als Wohnzwecken genutzt werden. Das gesetzliche Vorkaufsrecht greift weiterhin auch bei unbebauten Flächen im Außenbereich, sofern ein Flächennutzungsplan hierfür eine Wohnbebauung vorsieht. Schließlich gilt – neben weiteren Einzelfällen – das Vorkaufsrecht auch im Geltungsbereich eines Bebauungsplans, soweit für die betreffenden Flächen eine Nutzung für öffentliche Zwecke – z.B. als Verkehrs- oder Grünflächen, für Versorgungs- oder Entsorgungseinrichtungen – oder für naturschutzrechtliche Kompensationsmaßnahmen nach § 1a III BauGB (Rdnr. 52) festgesetzt worden ist; hier kommt es, wie schon erwähnt, zur Preislimitierung nach § 28 IV 263

---

603 Weiterführend *E/Z/B/K*, § 28 Rdnr. 44 ff; *B/K/L*, § 28 Rdnr. 15 f; *Schrödter*, § 28 Rdnr. 17 ff.
604 *Stock*, ZfBR 1987, 10 (18).

BauGB. Das **besondere Vorkaufsrecht** muss durch Satzung, die weder genehmigungs- noch anzeigepflichtig ist, begründet werden (§ 25 BauGB). Das ist nur in zwei Fällen möglich, nämlich im Geltungsbereich eines Bebauungsplanes für unbebaute Grundstücke sowie generell zur Sicherung einer geordneten städtebaulichen Entwicklung in Gebieten, für die städtebauliche Maßnahmen in Betracht gezogen werden. Sowohl das allgemeine wie das besondere Vorkaufsrecht beziehen sich nur auf Grundstücke; Wohnungseigentum und Erbbaurechte werden davon nicht erfasst (§§ 24 II, 25 II 1 BauGB). Weitere Ausübungsvoraussetzung ist die Rechtfertigung durch das Allgemeinwohl[605]; im allgemeinen muss der Verwendungszweck bei der Ausübung angegeben werden (§§ 24 III 2, 25 II 2 BauGB). Die Gemeinde kann im Einzelfall durch Erteilung eines Negativattests (§ 28 I 4 BauGB) oder generell durch – widerrufliche – Erklärung auf die Ausübung ihrer Vorkaufsrechte verzichten (§ 28 V BauGB); Verzicht und Widerruf sind als Allgemeinverfügung zu qualifizieren[606].

264 Die Ausübung des Vorkaufsrechts ist den Gemeinden verwehrt, wenn einer der in § 26 BauGB genannten **Ausschlussgründe** vorliegt. Das ist bei gesetzlich privilegierten Käufern (Verwandtschaft, öffentliche Bedarfsträger) oder auch dann der Fall, wenn das Grundstück bereits entsprechend den Festsetzungen des Bebauungsplans genutzt wird. Auch der Mangel rechtfertigender Gründe des allgemeinen Wohls (§ 24 III 1 BauGB) ist letztlich ein Ausschlussgrund[607].

265 Der Verkäufer kann die Ausübung des Vorkaufsrechts nicht dadurch unterlaufen, dass er von seinem Vertrag zurücktritt; im Unterschied zum Fall des § 28 III BauGB gilt das auch dann, wenn die Preislimitierung nach § 28 IV BauGB zur Anwendung gelangt. Dagegen räumt § 27 BauGB dem Käufer ein **Abwendungsrecht** ein, wenn er in der Lage ist, das Grundstück binnen angemessener Frist in plangemäßer oder den städtebaulichen Absichten der Gemeinde entsprechender Weise zu nutzen, und wenn er sich hierzu auch rechtsverbindlich verpflichtet. Dieses Recht ist konsequenterweise ausgeschlossen, wenn für das betreffende Grundstück eine fremdnützige Verwendung im Sinne des § 24 I 1 Nr. 1 BauGB vorgesehen ist (§ 27 II Nr. 1 BauGB). Die gesetzgebungstechnisch misslungene Vorschrift des § 27 BauGB lässt im Einzelnen manches offen. In dogmatischer Hinsicht dürfte es sich bei der Abwendungsberechtigung um ein **Gestaltungsrecht** handeln, das die Befugnis zur Ausübung des Vorkaufsrechts bzw. nach dessen Ausübung die sich daraus ergebende Rechtsstellung der Gemeinde wieder beseitigt[608]. Der Wortlaut des § 27 BauGB deutet darauf hin, dass die Abwendungsbefugnis durch einseitige Erklärung des Käufers geltend gemacht wird; das schließt den Abschluss eines öffentlich-rechtlichen Vertrages nicht aus[609]. Der Käufer verpflichtet sich durch seine Abwendungserklärung unmittelbar zur Herbeiführung einer plan- oder maßnahmegerechten Nutzung[610]. Auch

---

605 Näher *E/Z/B/K*, § 24 Rdnr. 63 ff; *Gelzer/Bracher/Reidt*, Rdnr. 2986 ff; *Schrödter*, § 24 Rdnr. 26 ff.
606 *Hoppenberg*, NJW 1987, 748 (756); *E/Z/B/K*, § 28 Rdnr. 98.
607 *B/K/L*, § 26 Rdnr. 1; *E/Z/B/K*, § 26 Rdnr. 1.
608 *E/Z/B/K*, § 27 Rdnr. 14.
609 *Schrödter*, § 27 Rdnr. 6; *E/Z/B/K*, § 27 Rdnr. 34.
610 *E/Z/B/K*, § 27 Rdnr. 14.

insoweit wird aber häufig eine vertragliche – öffentlich-rechtliche oder privatrechtliche – Absicherung angebracht sein; ebenso kommt eine grundbuchrechtliche Sicherung in Betracht[611].

Nicht ausreichend geregelt ist auch, **wann** die Abwendungserklärung abzugeben ist; § 27 I 1 BauGB verweist nur auf die Zweimonatsfrist, binnen derer das Vorkaufsrecht ausgeübt werden muss. Hieraus lässt sich schließen, dass der Käufer auch schon vor der Ausübung des Vorkaufsrechts – etwa anlässlich der nach § 28 VwVfG gebotenen Anhörung – die Abwendungserklärung abgeben darf[612]. Hat die Gemeinde ihr Vorkaufsrecht erst kurz vor Ablauf der Frist des § 28 II 1 BauGB ausgeübt oder kommt der Käufer auf andere Weise in zeitliche Bedrängnis, so kann er nach § 27 I 3 BauGB Fristverlängerung verlangen; die Verlängerung kommt auch der Gemeinde zugute, sofern sie nicht ohnehin schon von ihrem Vorkaufsrecht Gebrauch gemacht hat[613]. Generell führt die – berechtigte – Abwendungserklärung dazu, dass die Ausübung des Vorkaufsrechts nicht mehr durch das öffentliche Wohl gerechtfertigt wird; soweit die Ausübung schon erfolgte, erledigt sie sich – auch wenn sie ihrerseits inzwischen bestandskräftig geworden ist – durch die Abwendungserklärung, und der durch die Ausübung zu Stande gekommene „Zweitvertrag" erlischt[614]. Bestreitet die Gemeinde die Zulässigkeit der Abwendung, kann sie, wenn noch nicht geschehen, ihr Vorkaufsrecht ausüben und damit Rechtsbehelfe des Käufers in Kauf nehmen; sonst muss sie den Bestand des Zweitvertrages gerichtlich feststellen lassen.

266

3. Rechtsschutz

Die Ausübung des baurechtlichen Vorkaufsrechts geschieht durch Verwaltungsakt (§ 28 II 1 BauGB), der nach § 211 BauGB mit einer Rechtsbehelfsbelehrung zu versehen ist. Grundsätzlich ist der Verwaltungsrechtsweg eröffnet; nach erfolglosem Widerspruch können der Verkäufer wie auch der Käufer **Anfechtungsklage** erheben[615]. Hat die Gemeinde den Kaufpreis nach Maßgabe der Limitierungsvorschriften des § 28 III u. IV BauGB bestimmt, so richtet sich die gerichtliche Zuständigkeit nach der besonderen Rechtswegzuweisung des § 217 I BauGB. An die Stelle der Anfechtungsklage tritt in diesen Fällen der **Antrag auf gerichtliche Entscheidung** bei den Kammern/Senaten für Baulandsachen der ordentlichen Gerichte (dazu Rdnr. 282). In diesem Verfahren kann sowohl über die Zulässigkeit der Ausübung des Vorkaufsrechts wie auch über den Entschädigungswert des betroffenen Grundstücks und über die Höhe des von der Gemeinde zu zahlenden Betrages entschieden werden. Vorkaufssatzungen nach § 25 BauGB können unmittelbar im Wege der verwaltungsgerichtlichen Normenkontrolle nach § 47 VwGO oder inzident im Rechtsbehelfsverfahren gegen die Ausübung des Vorkaufsrechts angegriffen werden.

267

---

611 *Schrödter*, § 27 Rdnr. 6.
612 *E/Z/B/K*, § 27 Rdnr. 17.
613 *E/Z/B/K*, § 27 Rdnr. 25 ff.
614 *Gelzer/Bracher/Reidt*, Rdnr. 3018; *E/Z/B/K*, § 27 Rdnr. 16, 30 ff; *Finkelnburg/Ortloff*, Bd. 1 S. 237.
615 Vgl. *E/Z/B/K*, § 27 Rdnr. 31 ff einerseits und *Schrödter*, § 27 Rdnr. 10 ff andererseits.

IV Baurecht

268 Unklarheiten herrschen bzgl. des **Verhältnisses von Widerspruch und Abwendungserklärung**[616]. Die Probleme lassen sich indes lösen, wenn man beide Verteidigungsmittel aus ihrer jeweiligen Funktion heraus betrachtet. Der Widerspruch richtet sich gegen eine unzulässige Inanspruchnahme des Vorkaufsrechts seitens der Gemeinde; hier kann auch vorgebracht werden, dass vor der Vorkaufserklärung vom Abwendungsrecht Gebrauch gemacht worden sei. Der Ablauf der Widerspruchsfrist schließt eine ihrerseits fristgerechte Abwendungserklärung nicht aus, wie umgekehrt auch nach Ablauf der Abwendungsfrist durch seinerseits fristgerechten Widerspruch die Unzulässigkeit der Vorkaufserklärung gerügt werden kann; hierbei spielen Abwendungsbefugnisse keine Rolle mehr. Die unterschiedlichen Fristen von Widerspruch und Abwendung beeinflussen einander nicht.

Vertiefungsliteratur: *Bönker*, Die Vorkaufssatzung gem. § 25 Abs. 1 BauGB. BauR 1996, 313; *Finkelnburg/Ortloff*, Öffentliches Baurecht. Bd. 1 S. 231; *Grziwotz*, Kaufvertragsabwicklung bei der Ausübung eines gemeindlichen Vorkaufsrechts. NVwZ 1994, 215; *Martens/Horn*, Rechtsschutz gegen die Ausübung des gemeindlichen Vorkaufsrechts. DVBl. 1979, 146; *Stüer*, Handbuch des Bau- und Fachplanungsrechts (2. Aufl. 1998). A 932 ff.

IV. Bodenordnung und Erschließung

1. Maßnahmen der Bodenordnung

269 Die in einem Bebauungsplan zum Ausdruck kommenden städtebaulichen Ordnungsvorstellungen werden sich häufig mit dem vorfindlichen Grundstückszuschnitt nicht realisieren lassen. Damit hier nicht auf das Mittel der Enteignung zurückgegriffen werden muss, sieht das BauGB Grundstücks-Tauschverfahren vor, mit deren Hilfe zweckmäßig gestaltete Grundstücke entstehen können. Es handelt sich hierbei um das Verfahren der **Baulandumlegung** (§ 45 ff BauGB) und um die **Grenzregelung** (§§ 80 ff BauGB). Beide Verfahren haben ihr Vorbild in der Flurbereinigung. Sie stellen keine Enteignung, sondern lediglich eine Form der Eigentumsbildung nach Art. 14 I 2 GG dar, da hierbei Eigentum nicht zur Güterbeschaffung für die Erfüllung öffentlicher Aufgaben, sondern zum Ausgleich privater Interessen entzogen wird[617]; das gilt freilich nicht für alle Fälle des Flächenentzuges im Rahmen der §§ 45 ff BauGB[618].

270 Die **Umlegung** geschieht im Wesentlichen in der Weise, dass die im Umlegungsgebiet gelegenen Grundstücke zunächst rechnerisch vereinigt und sodann nach Abzug evtl. erforderlicher Gemeinbedarfsflächen neu verteilt werden. Die alten Eigentumsrechte bleiben dabei erhalten und setzen sich lediglich an einem neuen Grundstück fort (sog. Surrogationsprinzip)[619]. Bei der **Grenzregelung** werden demgegenüber die ausgetauschten Flächen zum Bestandteil derjenigen Grundstücke, denen sie zuge-

---

616 *Finkelnburg/Ortloff*, Bd. 1 S. 240; *E/Z/B/K*, § 27 Rdnr. 31 ff.
617 BVerfGE 104, 1 (10); in der Begründung anders noch BGHZ 100, 148 (151), und das frühere Schrifttum; vgl. etwa *E/Z/B/K*, § 45 Rdnr. 10 ff; *Brügelmann*, Rdnr. 24 vor §§ 45-84.
618 Ausführlich hierzu *Christ*, DVBl. 2002, 1517; *Haas*, NVwZ 2002, 272.
619 BGH 100, 148 (156); *E/Z/B/K*, § 45 Rdnr. 8.

schlagen werden. Das Verfahren wird in beiden Fällen von den Gemeinden durchgeführt, die für die Umlegung zum Teil Umlegungsausschüsse bilden. Die Durchführung erfolgt mittels eines rechtsbegründenden Umlegungsplanes (§ 66 BauGB) bzw. durch Beschluss über die Grenzregelung (§ 82 BauGB); in beiden Fällen handelt es sich um einen **Verwaltungsakt**, gegen den der Antrag auf gerichtliche Entscheidung nach § 217 I BauGB statthaft ist[620].

2. Erschließung und Erschließungsbeitrag

Grundstücke dürfen nur dann bebaut werden, wenn ihre **Erschließung** gesichert ist; dies machen alle gesetzlichen Zulässigkeitstatbestände zur strikten Bedingung. Denn erst die Erschließung eines Grundstücks ermöglicht in tatsächlicher Hinsicht dessen ordnungsgemäße bauliche Nutzung. Zur Erschließung zählt in erster Linie der Anschluss des Grundstücks an öffentliche Straßen sowie an Versorgungs- und Entsorgungsanlagen; als weitere Erschließungsanlagen sind u.U. auch Parkflächen und Grünanlagen sowie Immissionsschutzanlagen erforderlich (vgl. § 127 II BauGB)[621]. Erschließungsanlagen müssen noch nicht zum Zeitpunkt der Baugenehmigung vorhanden, sollen aber spätestens bis zur Fertigstellung des Bauwerks benutzbar sein (§ 123 II BauGB). Die Aufgabe der Grundstückserschließung fällt den Gemeinden zu (§ 123 I BauGB); sie wird von ihnen als pflichtige Selbstverwaltungsaufgabe erfüllt[622]. Dabei handelt es sich nur um eine **Erschließungslast**, der grundsätzlich keine Rechtsansprüche der Anlieger gegenüberstehen (§ 123 III BauGB). So kann die Gemeinde Beginn, Art und Ausmaß der Erschließung nach Maßgabe ihres städtebaulichen Konzepts sowie ihrer sächlichen und finanziellen Möglichkeiten selbst bestimmen. Die allgemeine Erschließungslast kann sich jedoch im Einzelfall zu einer einklagbaren **Erschließungspflicht** verdichten, wenn Zusagen oder schon Baugenehmigungen erteilt worden sind; auch der Erlass eines qualifizierten Bebauungsplanes trägt zur Verdichtung des Erschließungsermessens bei[623]. Im Falle des § 124 III 2 BauGB (Ablehnung eines zumutbaren Erschließungsangebotes) erwächst der Gemeinde kraft Gesetzes die Pflicht zur Erschließung.

271

Beispiel: A ist Eigentümer eines Mehrfamilienhauses in der K-Straße in G. Die Gemeinde beabsichtigt, die K-Straße endlich mit einer zeitgemäßen Straßendecke zu versehen und Bürgersteige anzulegen; sie zieht darum im Herbst 1991 die Straßenanlieger, darunter auch A, zu Vorausleistungen auf die künftigen Erschließungskosten heran. Als im Sommer 1998 von dem versprochenen Ausbau noch nichts zu bemerken ist, möchte A sein Geld zurück haben.

272

Ein Rückforderungsrecht steht A nicht zu, solange die Gemeinde ihre Absicht, die Straße auszubauen, noch nicht endgültig aufgegeben hat. Stattdessen kann er jedoch von der Gemeinde die Durchführung der angekündigten Ausbaumaßnahmen verlangen. Zwar liegt die Erschlie-

---

620 Einzelheiten bei *Dieterich*, Rdnr. 125 f, 421 ff, 535 ff; *Rothe*, Rdnr. 91 ff, 580 ff; *B/K/L*, § 66 Rdnr. 23 ff.
621 Vgl. näher *Driehaus*, § 12 Rdnr. 75 ff; *Berliner Kommentar*, § 127 Rdnr. 23 ff.
622 BVerwG DVBl. 1975, 37; DÖV 1982, 156; *E/Z/B/K*, § 123 Rdnr. 11; *B/K/L*, § 123 Rdnr. 1 f; *Berliner Kommentar*, § 124 Rdnr. 8 ff.
623 St. Rspr.; vgl. BVerwGE 92, 8; *Driehaus*, § 5 Rdnr. 22 ff; *E/Z/B/K*, § 123 Rdnr. 29; *Berliner Kommentar*, § 123 Rdnr. 19 ff; *v. Frankenstein*, ZfBR 1998, 231.

ßung von Grundstücken, zu der die Gemeinden nach § 123 BauGB verpflichtet sind, in deren Ermessen; ein Rechtsanspruch hierauf besteht grundsätzlich nicht (§ 123 III BauGB). Der Ermessensspielraum kann sich jedoch in der Weise verengen, dass den Anliegern ausnahmsweise doch ein Erschließungsanspruch zusteht. Anlass für eine solche Ermessensreduktion kann der Erlass eines Bebauungsplanes oder, wie hier, die Heranziehung zu Vorleistungen sein. Die Rspr. gibt der Gemeinde dann aber immer noch sechs Jahre Zeit, um ihrer Erschließungspflicht nachzukommen. Art und Umfang der gebotenen Erschließung bemessen sich nach den Gegebenheiten der Straße und ihren Verkehrsbedürfnissen.

273 Die Gemeinden tragen zwar die Erschließungs-, nicht aber auch die (vollständige) Kostenlast. Vielmehr erheben sie nach Maßgabe der §§ 127 ff BauGB zur Deckung ihres anderweitig nicht gedeckten Aufwandes von den Eigentümern der anliegenden Grundstücke **Erschließungsbeiträge**[624]. Die Beitragspflicht entsteht unabhängig von der baulichen Nutzung des Grundstücks schon mit der Fertigstellung der Erschließungsanlage (§ 133 II BauGB); diese „Vorverlegung" der Zahlungspflicht ist auch bodenpolitisch motiviert, da sie gegenüber der Hortung von Bauland einen Veräußerungsdruck schafft und damit mittelbar auch das Preisniveau beeinflusst. Welcher Erschließungsaufwand beitragsfähig sein soll, wie er ermittelt und wie er auf die erschlossenen Grundstücke verteilt werden soll, bestimmt die Gemeinde durch Satzung (§ 132 BauGB)[625]. Als Verteilungsmaßstäbe kommen verschiedene Gesichtspunkte in Betracht: Art und Maß der baulichen Nutzung, Grundstücksfläche, Grundstücksbreite („Fontmeter-Maßstab"), die auch miteinander verbunden werden können (§ 131 BauGB). Die Gemeinden müssen wenigstens 10% des beitragsfähigen Erschließungsaufwandes selbst tragen (§ 129 I 3 BauGB). Seit 1994 fällt das Erschließungsbeitragsrecht nach Art. 74 I Nr. 18 GG nicht mehr in die Gesetzgebungskompetenz des Bundes, gilt aber nach Art. 125a I GG als Bundesrecht fort, bis es durch Landesrecht ersetzt wird.

3. Erschließungs- und Folgekostenverträge

274 Die Gemeinden haben nach § 124 I BauGB die Möglichkeit, die Erschließung (nicht die Erschließungslast) durch Vertrag auf einen Dritten zu übertragen[626]. Hieran werden beispielsweise finanzstarke Industrieunternehmen oder Wohnungsbaugesellschaften interessiert sein, weil sie auf diese Weise ihre Bauvorhaben schneller realisieren können[627]. Solche **Erschließungsverträge**, mit denen ein Dritter die Pflicht übernimmt, die Erschließung auf eigene Kosten durchzuführen, dürfen nicht mit den Werkverträgen verwechselt werden, die eine Gemeinde mangels eigener Möglichkeiten u.U. mit einem Tiefbauunternehmen abschließt[628]. Im Unterschied zu diesen Verträgen handelt es sich beim Erschließungsvertrag um einen öffentlich-rechtlichen

---

624 Vgl. hierzu den Überblick in *Berliner Kommentar*, Vor §§ 127-135.
625 Einzelheiten in BVerwGE 64, 218 sowie bei *Driehaus*, § 11 Rdnr. 1 ff; *Quaas*, Rdnr. 106 ff; *Berliner Kommentar*, § 132 Rdnr. 9 ff.
626 BVerwGE 89, 7. Zu anderen, auch vertraglichen Zuweisungen der Erschließungslast *Berliner Kommentar*, § 124 Rdnr. 11 ff.
627 Zur Bedeutung der Erschließungsverträge *Schrödte*r, § 124 Rdnr. 1.
628 Vgl. dazu BGH NJW 1970, 2107; *Hoppenberg*, F 31; *Grziwotz*, S. 318 f; *Driehaus*, § 6 Rdnr. 4.

Vertrag i.S. der §§ 54 ff VwVfG, da er die öffentlich-rechtlichen Bestimmungen über die Erschließung teilweise substituiert[629]. Der Abschluss eines Erschließungsvertrages erlaubt der Gemeinde, die Erschließungskosten in vollem Umfang – also ohne Eigenanteil wie bei der Erhebung von Erschließungsbeiträgen – auf den Erschließungsträger abzuwälzen (§ 124 II 3 BauGB)[630]. Soweit sie den Aufwand vertraglich abwälzt, kann sie keinen Beitrag mehr erheben. Das Recht zur Beitragserhebung geht aber auch nicht auf den schließenden Dritten über; er kann seinerseits jedoch seinen Aufwand durch privatrechtliche Vereinbarungen mit den Anliegern, Grundstückskäufern oder Mietern zu decken suchen.

Die Bereitstellung von Neubaugebieten verursacht den Gemeinden nicht nur Erschließungskosten im engeren Sinne, sondern zieht meist auch noch weitere Folgelasten wie vor allem die Errichtung und Unterhaltung kommunaler Einrichtungen (Schulen, Bäder, Bibliotheken usw.) nach sich. Deshalb werden gelegentlich zwischen Gemeinden und größeren Bauträgern sog. **Folgekostenverträge** geschlossen, bei denen die Gemeinden gegen die Verpflichtung, an sie bestimmte Beiträge zur Abdeckung dieser Kosten zu zahlen, den Erlass eines Bebauungsplanes oder die Erteilung ihres Einvernehmens nach § 36 BauGB in Aussicht stellen[631]. Es handelt sich dabei um Anwendungsfälle des **städtebaulichen Vertrages**; sie galten früher schon im Hinblick auf die §§ 54 ff VwVfG als zulässig und sind nunmehr ausdrücklich in § 11 BauGB geregelt (Rdnr. 94 ff).

275

Die Gemeinden können die ihnen durch Neubaumaßnahmen entstehenden Folgekosten auch generell durch Erhebung von **Abgaben** auf die Bauherren abwälzen, soweit ihnen die Kommunalabgabengesetze der Länder dies gestatten[632]. Das BVerfG[633] sieht in solchen Abgaben eine Steuer i.S. von Art. 105 II GG und hält sie für zulässig, da die Gesetzgebungsbefugnisse der Länder insoweit nicht durch konkurrierende bundesgesetzliche Regelungen ausgeschlossen sind[634].

276

Vertiefungsliteratur:
1. *Bodenordnung: Brohm*, Öffentliches Baurecht. § 25 Rdnr. 28 ff; *Christ*, Die Umlegung als Instrument des privatnützigen Ausgleichs der Eigentümerinteressen. DVBl. 2002, 1517; *Dieterich*, Baulandumlegung (1996). *Finkelnburg/Ortloff*, Öffentliches Baurecht. Bd. 1 S. 260 ff; *Ronellenfitsch*, Umlegung und Stadtsanierung. VerwArch. 1995, 143; *Schmidt-Aßmann*, Studien zum Recht der städtebaulichen Umlegung (1996); *Stadler*, Umlegungsrecht und Erschließungsrecht. ZfBR 1998, 12; *Zabel*, Naturschutzrecht und Umlegung. DÖV 1995, 725.
2. *Erschließung: Bosch*, Die verkehrsmäßige Erschließung von Großvorhaben im Innenbereich. BauR 1998, 276; *Brohm*, Öffentliches Baurecht, § 25 Rdnr. 1 ff; *Döring*, Verträge zur Erschließung von Bauland. NVwZ 1994, 853; *Driehaus*, Erschließungs- und Ausbaubeiträge (4. Aufl. 1995); *v. Franckenstein*, Inhalt und Dauer des Erschließungsanspruchs. ZfBR 1998, 231; *Finkelnburg/Ortloff*, Öffentliches Baurecht. Bd. 1 S. 375 ff; *Gloria*, Der Anspruch auf

---

629 BVerwGE 32, 37; BGHZ 61, 359; *Driehaus*, § 6 Rdnr. 5; *B/K/L*, § 124 Rdnr. 2; *E/Z/B/K*, § 124 Rdnr. 10.
630 *B/K/L*, § 124 Rdnr. 7 ff; *Schrödter*, § 124 Rdnr. 8 ff; *Grziwotz*, S. 321; *Hoppenberg*, F 38 ff.
631 Näher hierzu *Grziwotz*, S. 170 ff; *Driehaus*, § 6 Rdnr. 8; vgl. auch BVerwGE 90, 310.
632 Vgl. etwa § 9 schlh. KAG 1970 (inzwischen aufgehoben).
633 BVerfGE 49, 343 (354).
634 Vgl. auch BVerwGE 44, 202.

IV   *Baurecht*

Erschließung. NVwZ 1991, 720; *Hofmann-Hoeppel*, Die Verdichtung der gemeindlichen Erschließungslast zur Erschließungspflicht. BauR 1993, 520; *Hoppenberg*, Handbuch des öffentlichen Baurechts. Kapitel F; *Quaas*, Erschließungs- und Erschließungsbeitragsrecht (1985); *Sarnighausen*, Zur Erschließung und Zugänglichkeit von Baugrundstücken im Baurecht des Bundes und der Länder. NVwZ 1993, 424; *Schmidt/Bogner/Steenbock*, Handbuch des Erschließungsrechts (6. Aufl. 1994); *Stettner*, Die Bindung der Gemeinde durch den Folgekostenvertrag. AöR 102, 544.

V. Enteignung

1. Enteignungsvoraussetzungen und Enteignungsverfahren

277   Das BauGB enthält an mehreren Stellen, vornehmlich aber im Zusammenhang mit der Behandlung von Planungsschäden (vgl. Rdnr. 140 ff) Entschädigungsregelungen für Nutzungsbeschränkungen und sonstige Beschränkungen der Eigentümerrechte. Hiervon unterscheiden sich die §§ 85 ff BauGB insofern, als sie die **klassische Enteignung**[635] durch Verwaltungsakt betreffen, nämlich den Entzug oder die dingliche Belastung von Eigentum oder anderen Rechten an Grundstücken (§ 86 BauGB). Die Rechtsordnung kennt daneben noch weitere Enteignungsvorschriften, insbesondere in speziellen Enteignungsgesetzen. Die Enteignungsbestimmungen der §§ 85 ff BauGB haben demgegenüber Enteignungen aus städtebaulichen Gründen zum Gegenstand. Mit ihrer Hilfe kann sich die Gemeinde Grundstücke oder grundstücksgleiche Rechte beschaffen, um damit städtebaulich angestrebte Nutzungsformen zu realisieren oder andere städtebauliche Maßnahmen (z.B. Umlegungsverfahren) zu ermöglichen. Im Einzelnen regeln die Enteignungsvorschriften des BauGB die Zulässigkeit einer Enteignung (§§ 85-92 BauGB), das Enteignungsverfahren (§§ 104-122 BauGB) und die Entschädigung (§§ 93-103 BauGB).

278   Die Enteignung bedeutet einen überaus massiven Eingriff in die Rechtssphäre des Bürgers. Sie ist von der Verfassung zwar vorgesehen (Art. 14 III GG), bedarf aber der Legitimation durch **Gründe des Allgemeinwohls**. Eine – wenngleich noch generell gehaltene – Umschreibung des Allgemeinwohls enthält die gesetzliche Festlegung der Enteignungszwecke (§ 85 BauGB); daneben muss das Vorliegen von Allgemeinwohlgründen aber auch konkret für den einzelnen Fall nachgewiesen werden (§ 87 I BauGB). Das Wohl der Allgemeinheit wird verwirklicht, wenn die Enteignung vornehmlich im öffentlichen Interesse liegt; das schließt nicht aus, dass durch eine Enteignung auch ein Privater begünstigt und ihm möglicherweise sogar das enteignete Grundstück übertragen wird (transitorische Enteignung)[636]. Nur öffentliche Interessen von besonderem Gewicht können den Begriff des Allgemeinwohls füllen. Sie müssen weiterhin – insoweit eine sehr rigide Ausformung des Verhältnismäßigkeitsprinzips – die Enteignungsmaßnahme **erforderlich** machen (§§ 87 I, 92 I BauGB); für die eigentumsrechtlich weniger gravierende Ausübung des Vorkaufsrechts genügt dagegen, dass sie durch das Wohl der Allgemeinheit gerechtfertigt wird (§ 24 III 1

---

635   *Schmidt-Aßmann*, JuS 1986, 833. Vgl. auch BVerfGE 79, 174 (191).
636   BVerfGE 74, 264; *B/K/L*, § 87 Rdnr. 2; *Schrödter*, § 87 Rdnr. 13 ff; *Brohm*, § 25 Rdnr. 17.

BauGB). Schließlich muss die Enteignung auch in prozeduraler Hinsicht „ultima ratio" sein; d.h. es müssen grundsätzlich (Ausnahme § 88 BauGB) Bemühungen um eine andere Form des Eigentumserwerbs erfolglos geblieben sein (87 II BauGB).

Enteignungen müssen nach Art. 14 III GG auf den parlamentarisch-demokratischen Gesetzgeber zurückzuführen sein, dem allein es vorbehalten ist, „festzulegen, für welche Vorhaben, unter welchen Voraussetzungen und für welche Zwecke eine Enteignung zulässig ist"[637]. Dieser Grundsatz der Gesetzmäßigkeit der Enteignung bereitet Schwierigkeiten bei der in § 85 I Nr. 1 BauGB normierten **planakzessorischen Enteignung**, die dazu dienen soll, ein Grundstück entsprechend den Festsetzungen eines Bebauungsplanes zu nutzen oder diese Nutzung vorzubereiten. Insoweit wird die Enteignung konkret erst durch gemeindliche Satzung und nicht ohne weiteres schon durch Parlamentsgesetz legitimiert[638]. Hier wird man darauf abstellen müssen, ob Enteignungen im Rahmen eines Bebauungsplans sich im Einzelfall auf **städtebauliche Planverwirklichungsbelange** zurückführen lassen, die ihrerseits von den Ermächtigungen des BauGB zur Festsetzung bestimmter bodenrechtlicher Nutzungskategorien bereits mitgedacht sind[639].

278a

Das **Enteignungsverfahren** liegt in den Händen der höheren Verwaltungsbehörde, die hier **Enteignungsbehörde** genannt wird (§ 104 BauGB). Sie hat zunächst auf eine Einigung zwischen den Beteiligten hinzuwirken auf Grund obligatorischer mündlicher Verhandlung durch **Enteignungsbeschluss** (§§ 112, 113 BauGB). Ist der Beschluss bestandskräftig geworden und die darin festgesetzte Entschädigung geleistet, ergeht eine **Ausführungsanordnung** (§ 117 BauGB), welche die vorgesehenen Rechtsänderungen bewirkt. Bei dringenden Gründen des Gemeinwohls ist auch eine vorzeitige Besitzeinweisung möglich (§ 116 BauGB). Die Gemeinde muss Grundstücke, die sie enteignet hat und die nicht für öffentliche Zwecke benötigt werden, wieder veräußern: das wird regelmäßig dann zu geschehen haben, wenn der Enteignungszweck erreicht ist (§ 89 BauGB). Diese **Veräußerungspflicht** verleiht grundsätzlich keinen Erwerbsanspruch; die Gemeinde kommt ihr vielmehr nach eigenem Ermessen nach. Nur in Ausnahmefällen mag privilegierten Bewerbern (§ 89 III 2 BauGB) oder bei Vorliegen besonderer Umstände auch anderen Personen über einen Anspruch auf fehlerfreie Ermessensausübung hinaus auch ein Anspruch auf ein bestimmtes Grundstück zustehen; er muss dann ggf. vor den Baulandgerichten (Rdnr. 282) durch gesetzt werden[640].

279

2. Entschädigung

Die Entschädigung richtet sich grundsätzlich nach dem Verkehrswert[641] (Marktwert: § 95 i.V.m. § 194 BauGB). Über diesen Wert kann im Verfahren zur **Ermittlung von**

280

---

637 BVerfGE 56, 249 (261).
638 Zu dieser auf BVerfGE 74, 264, zurückzuführenden Problematik ausführlich *Schrödter*, § 85 Rdnr. 19 ff; *E/Z/B/K*, § 85 Rdnr. 15 ff, jeweils m.w.N.
639 Hierzu näher *Brohm*, § 25 Rdnr. 15 ff (20 f); ähnlich *Jäde/Dirnberger/Weiß*, § 85 Rdnr. 23 ff.
640 *B/K/L*, § 89 Rdnr. 8 und 10; *Brügelmann*, § 89 Rdnr. 26.
641 Einzelheiten bei *Aust/Jacobs*, S. 97 ff; *Krohn/Löwisch*, Rdnr. 370 ff; *E/Z/B/K*, § 95 Rdnr. 2 ff.

Grundstückswerten (§§ 192 ff BauGB) ein Gutachten bei einem Gutachterausschuss angefordert werden, das allerdings i.d.R. keine bindende Wirkung entfaltet (§ 193 IV BauGB). Die Enteignungsentschädigung dient der Kompensation eines **Sonderopfers**[642] und darf grundsätzlich nicht höher als der Wiederbeschaffungspreis sein; hypothetische Wertsteigerungen oder entgangener Gewinn werden nicht entschädigt[643]. Der Ausgleich des **Substanzverlustes** vermag das Sonderopfer des Betroffenen jedoch nicht in jedem Fall voll auszugleichen; oft kommt es infolge der Enteignung noch zu weiteren Vermögensnachteilen (sog. **Folgeschäden**), die darum nach § 96 BauGB ebenfalls zu entschädigen sind. Hierzu zählen beispielsweise Aufwendungen für einen wegen der Enteignung notwendigen Umzug, die Anlaufkosten bei der Verlagerung eines Betriebes oder der damit verbundene Verlust des Firmenwertes[644]. Soweit Entschädigung für den Substanzverlust zu leisten ist, stellt sich das Problem der **Vollentschädigung**; Art. 14 III 3 GG sieht vor, dass die Entschädigung „unter gerechter Abwägung der Interessen der Allgemeinheit und der Beteiligten" zu bestimmen ist. Das schließt eine Vollentschädigung nicht aus, gebietet sie aber auch nicht zwingend[645]. Andererseits verlangt der Kompensationszweck des Art. 14 III 3 GG mehr als eine bloße „Nominalentschädigung"[646]. Geboten ist vielmehr eine **gerechte** Abwägung, die auf die situationsbedingten Besonderheiten des Sachverhalts und auf die Zeitumstände Rücksicht nimmt[647]. Von einer Vollentschädigung am Maßstab des Verkehrswertes kann hiernach immer dann abgesehen werden, wenn sie nach Lage der Dinge sachlich nicht gerechtfertigt erscheint. Diesen Erwägungen tragen die **Reduktionsklauseln** des § 95 II BauGB Rechnung, wenn sie Sanierungs- und Planungsgewinne, spekulative oder enteignungsbedingte Werterhöhungen des Grundstücks von der Entschädigungspflicht ausnehmen. Von großer Bedeutung ist in diesem Zusammenhang § 95 II Nr. 7 BauGB, der Bodenwertverluste, für die nach Maßgabe der §§ 40-42 BauGB keine Entschädigung zu leisten wäre (vgl. Rdnr. 153), auch im Falle der Enteignung unberücksichtigt lässt[648].

281 **Beispiel:** A hat von B in dessen Haus mit jährlicher Kündigungsmöglichkeit ein Ladenlokal angemietet und betreibt dort ein Einzelwarengeschäft. Da die Gemeinde die Straße verbreitern will, werden das Hausgrundstück des B sowie das Mietrecht des A von der Enteignungsbehörde förmlich enteignet. A verlangt eine Enteignungsentschädigung in Höhe von 15 000 DM für betriebliche Vermögensverluste (Makler- und Umzugskosten, Warenverluste, Anlauf- und Werbungskosten für ein neues Geschäft). Er weist darauf hin, dass ohne die Enteignung ein Umzug auf absehbare Zeit nicht nötig gewesen wäre.

Das Mietrecht des A ist enteignungs- und damit entschädigungsfähig. Indes geht A zu Unrecht davon aus, dass bei der Festsetzung der Entschädigung nach § 96 BauGB die Aussicht auf einen langfristigen Fortbestand seines Mietverhältnisses zu Grunde zu legen sei. Auch nach dieser Vorschrift, die u.a. auch für sog. Folgeschäden Anwendung findet, können nur rechtlich geschützte konkrete Werte, nicht aber Erwartungen und Chancen oder bloße wirtschaftliche

---

642 BGHZ 119, 62 (68); *Papier*, in: Maunz/Dürig, Art. 14 (2002) Rdnr. 605 ff.
643 BGHZ 37, 269; *Krohn/Löwisch*, Rdnr. 257.
644 *Aust/Jacobs*, S. 226 ff; *B/K/L*, § 96 Rdnr. 2 ff; *Papier*, in: Maunz/Dürig, Art. 14 (2002) Rdnr. 598 ff.
645 *Papier*, in: Maunz/Dürig, Art. 14 (2002) Rdnr. 614 ff; *B/K/L*, § 93 Rdnr. 2.
646 *Kimminich*, in: Bonner Kommentar, Art. 14 (1992) Rdnr. 447 ff (461).
647 BVerfGE 24, 367 (421); 52, I (32).
648 *B/K/L*, § 95 Rdnr. 10; *Wendt*, DVBl. 1978, 356.

Interessen berücksichtigt werden. Anders als bei dem Entzug von Eigentum wird bei der Enteignung eines Mietrechts nur eine zeitlich befristete schuldrechtliche Beziehung beendet. Sie ist enteignungsrechtlich nur soweit geschützt, wie sie rechtlich abgesichert ist. Das ist hier nur bis zum Jahresende der Fall. Hiernach muss darum der Vermögensnachteil des A und damit sein Entschädigungsanspruch bezeichnet werden (BGHZ 83, 1).

3. Gerichte für Baulandsachen

Bei Enteignung besteht aus zweierlei Anlass ein Bedürfnis für Rechtsschutz: bei der Frage nach der **Zulässigkeit** der Enteignung wie auch bei der Frage nach Art und Maß der zu leistenden **Entschädigung**. Bestünde hierfür keine Sonderregelung, so wäre der Rechtsweg gespalten; er führte in Zulässigkeitsfragen zur Verwaltungsgerichtsbarkeit (§ 40 I VwGO), in Entschädigungsfragen dagegen zu den ordentlichen Gerichten (Art. 14 III 4 GG). Um eine solche Rechtswegzersplitterung zu vermeiden, führt § 217 BauGB gegenüber allen mit der Enteignung zusammenhängenden Entscheidungen sowie für zahlreiche ähnlich gelagerte Fälle den einheitlichen Rechtsbehelf des **Antrags auf gerichtliche Entscheidung** zu den bei den Landgerichten eingerichteten **Kammern für Baulandsachen** ein. Nach Landesrecht (vgl. § 212 BauGB) ist der gerichtlichen Klage regelmäßig ein **Vorverfahren** in Anlehnung an die § 68 ff VwGO vorgeschaltet. Über Berufungen entscheiden **Senate für Baulandsachen** bei den Oberlandesgerichten; die Revision findet zum BGH statt (§§ 229, 230 BauGB). Die Kammern und Senate für Baulandsachen sind jeweils mit zwei Richtern der ordentlichen und einem Richter der Verwaltungsgerichtsbarkeit besetzt; diese gemischte Zusammensetzung ist mit der Rechtswegzuweisung in Art. 14 III 4 GG vereinbar[649].

282

Vertiefungsliteratur: *Aust/Jacobs*, Die Enteignungsentschädigung (4. Aufl. 1997); *Brohm*, Öffentliches Baurecht. § 24 Rdnr. 10 ff; *Finkelnburg/Ortloff*, Öffentliches Baurecht. Bd. 1 S. 267 ff; *Hoppe/Bönker/Grotefels*, Öffentliches Baurecht. § 12 (S. 485 ff); *Kimminich*, in: Bonner Kommentar, Art. 14 (1992) Rdnr. 349-402; *Nüssgens/Boujong*, Eigentum, Sozialbindung, Enteignung (1987); *Papier*, in: Maunz/Dürig, Grundgesetz. Art. 14 GG (2002), Rdnr. 530-668.

D. Bauordnungsrecht

I. Regelungsgegenstand

1. Bauordnungsrecht und Städtebaurecht

Als **Bauordnungsrecht** bezeichnet man den Gesamtbereich derjenigen Vorschriften, die für die Errichtung, Erhaltung und Änderung, für die Nutzung und für den Abbruch von baulichen Anlagen, insbes. von Gebäuden, gelten. Hierzu gehören sowohl diejenigen Vorschriften, welche die materiellen Anforderungen an Konstruktion und

283

---

649 BVerfGE 4, 387 (400 ff); vgl. auch *B/K/L*, § 220 Rdnr. 1; *E/Z/B/K*, Vorbem. §§ 217-232 Rdnr. 19 ff.

Gestaltung des einzelnen Bauwerks festlegen (**materielles Bauordnungsrecht**), als auch die Bestimmungen über die Genehmigungsbedürftigkeit von Bauvorhaben sowie die darauf wie auch auf die allgemeine Bauaufsicht bezogenen Organisations- und Verfahrensvorschriften (**formelles Bauordnungsrecht**). Vom Städtebaurecht (Bodenrecht) unterscheidet sich das Bauordnungsrecht durch seine Anknüpfung an das einzelne Bauwerk, mit dessen Ausführung und Nutzung es sich allein beschäftigt; das Baugrundstück und seine jeweilige Nachbarschaft sind dabei nur hinsichtlich der baulichen Eigenschaften des Bauwerks von Belang. Demgegenüber regelt das **Städtebaurecht** – vor allem in seinen Bestimmungen über die Bebaubarkeit von Grundstücken (Bodenrecht) – die Nutzung von Grundstücken und Flächen im Hinblick auf eine vorgestellte städtebauliche Ordnung. Dabei trifft es zwar auch Bestimmungen darüber, ob und in welcher Weise der Eigentümer sein Grundstück bebauen darf. Das konkrete Bauvorhaben wird hiervon jedoch nur insoweit erfasst, wie seine städtebauliche Einfügung in den jeweils festgelegten Gebietscharakter seiner Umgebung in Frage steht. Einzelne Regelungsinhalte wie beispielsweise die Bestimmung von Abstandflächen können dabei freilich von beiden Rechtsmaterien her festgelegt werden; als eine durch den konkreten Nachbarschaftsbezug des Bauwerks gebotene bauordnungsrechtliche oder als eine von städtebaulichen Ordnungsvorstellungen geprägte bebauungsrechtliche Vorschrift[650].

284 Das vorrangige Ziel bauordnungsrechtlicher Bestimmungen ist die **Abwehr von Gefahren**, die sich im Zusammenhang mit Baumaßnahmen ergeben oder typischerweise von Bauwerken ausgehen. Insoweit handelt es sich bei dieser Rechtsmaterie um einen Sonderbereich des allgemeinen Polizei- und Ordnungsrechts; dessen Regelungen können darum grundsätzlich auch für das Bauordnungsrecht herangezogen werden[651]. Gesetzgebungstechnisch wird dieser Zusammenhang bisweilen durch Formulierungen zum Ausdruck gebracht, wonach Gemeinden und Kreise ihre bauaufsichtlichen Aufgaben „als Ordnungsbehörden" wahrnehmen[652]. **Weitere Funktionen** des Bauordnungsrechts liegen in der Sicherung bauästhetischer sowie wohlfahrts- und sozialpflegerischer, neuerdings auch ökologischer Belange. Um klarzustellen, dass auch in diesem Funktionsbereich auf das Instrumentarium des Polizei- und Ordnungsrechts zurückgegriffen werden kann, treffen einzelne Landesbauordnungen die gesetzliche Fiktion, dass derartige Aufgaben ebenfalls „als solche der Gefahrenabwehr gelten"[653].

2. Bauordnungsrecht und Baufreiheit

285 Das Bauordnungsrecht beschränkt die **Baufreiheit** des Grundstückseigentümers. Seine Anforderungen wirken gleichwohl nicht enteignend, sondern bestimmen Inhalt und Schranken des Eigentumsrechts am Grundstück und realisieren so dessen verfas-

---

650 Vgl. § 6 I MBO und entsprechendes Landesrecht. Näher *Gädtke/Temme/Heintz*, § 6 Rdnr. 9; *Simon*, Art. 6 Rdnr. 4; BVerwG DVBl. 1990, 364.
651 Vgl. BVerwGE 11, 95; HessVGH NJW 1983, 951; *Finkelnburg/Ortloff*, Bd. 2 S. 153.
652 So etwa § 60 BauO NW; vgl. auch § 58 II rhpfLBO.
653 So ausdrücklich § 60 II 1 BauO NW.

sungsrechtlich vorgegebene Sozialpflichtigkeit (Art. 14 I 2 und II GG)[654]. Insbesondere der Gesichtspunkt der Gefahrenabwehr entspricht den herkömmlichen Eigentumsschranken. Aber auch der Gedanke der Verhütung von Verunstaltungen und baulich verursachten sozialen oder ökologischen Missständen trägt den heutigen Gemeinwohlerfordernissen Rechnung und ist daher eigentumsrechtlich legitim. Bei den an Bauwerken anzulegenden ästhetischen Maßstäben setzt das freilich voraus, dass sich die Eingriffe in die Baufreiheit auf die Abwehr deutlich störender, das allgemeine Bewusstsein belastender Erscheinungen beschränken und vom Bauherrn nicht positiv eine bestimmte ästhetische Gesinnung verlangen[655]. Dabei wird man unter dem Gesichtspunkt des Übermaßverbotes auch zu bedenken haben, dass nicht jedes staatlich verfolgte ästhetische Interesse gegenüber dem individuellen Gestaltungswillen des Bauherrn gleiches Gewicht besitzt[656]. Verfahrensrechtlich werden die Bestimmungen des Bauordnungsrechts präventiv mittels eines Genehmigungsvorbehalts oder einer Bauanzeigepflicht, im Übrigen mit den Mitteln repressiver Bauaufsicht durchgesetzt (Rdnr. 327); soweit der Genehmigungsvorbehalt greift, handelt es sich unbestritten um einen **präventiven** Vorbehalt i.S. einer Kontrollerlaubnis (vgl. Rdnr. 299).

3. Rechtsquellen des Bauordnungsrechts

Nach der grundgesetzlichen Verteilung der Gesetzgebungskompetenzen (dazu Rdnr. 14) fällt das Bauordnungsrecht in den Bereich der Landesgesetzgebung. Hauptsächliche Rechtsquelle des Bauordnungsrechts sind darum die **Landesbauordnungen**. Dem Bedürfnis nach Rechtsvereinheitlichung hat eine **Musterbauordnung** Rechnung getragen, die 1959 von einer Bund-Länder-Kommission entworfen wurde und die den Ländern als Vorbild gedient hat[657]; sie ist seitdem mehrfach fortgeschrieben worden und gilt jetzt i.d.F. vom 8.11.2002[658]. Insgesamt beschränken sich die Bauordnungen auf grundsätzliche Regelungen, um nicht im Hinblick auf den technischen Wandel einem ständigen Anpassungszwang zu unterliegen. Detailliertere, aber darum anpassungsbedürftigere Bestimmungen über die Anforderungen an Bauwerke und Baustoffe, insbesondere Maß- und Zahlangaben, enthalten Rechtsverordnungen der obersten Bauaufsichtsbehörden (der jeweils für die Bauaufsicht zuständigen Minister/Senatoren) oder der Landesregierungen, zu deren Erlass die Landesbauordnungen ermächtigen[659]. Es handelt sich vorwiegend um Sonderbauvorschriften für bauliche Anlagen und Räume von besonderer Art und Nutzung wie etwa für Krankenhäuser, Geschäftshäuser, Versammlungsstätten, Garagen, Lagerbehälter

286

---

654 BVerwG DÖV 1980, 521; *Simon*, Art. 3 Rdnr. 6.
655 Dazu BVerwGE 2, 172 (175 f), BVerwG DVBl. 1962, 178; *Hoppe/Bönker/Grotefels*, § 14 Rdnr. 24 ff.
656 Eingehend hierzu *Brohm*, § 5 Rdnr. 17 ff.
657 Vgl. oben Fn. 6.
658 Vgl. oben Fn. 7.
659 § 85 MBO; § 73 bwLBO; Art. 90 BayBO; § 76 BauO Bln.; § 88 BbgBO; § 86 BremLBO; § 81 HBauO; § 86 HBO; § 85 LBauO M-V; § 95 NBauO; § 85 BauO NW; § 87 rhpfLBO; § 94 saarlLBO; § 82 SächsBO; § 86 BauO LSA; § 91 schlhLBO; § 82 ThürBO.

IV *Baurecht*

und Campingplätze. Einzelne besonders ortsbezogene Regelungen beispielsweise über die äußere Gestaltung baulicher Anlagen oder über besondere Anforderungen an baulichen Anlagen zum Schutz bestimmter Bauten, Straßen, Plätze oder Ortsteile von geschichtlicher, künstlerischer oder gestalterischer Bedeutung, können auch auf örtlicher Ebene erlassen werden. Außer in den Stadtstaaten[660] geschieht dies durchweg in der Form gemeindlicher Satzungen[661].

287 Anleitungen zur Bauausführung können nur zu einem geringen Teil als Rechtsnormen gefasst und in die Bauordnungen bzw. die darauf beruhenden Spezialverordnungen aufgenommen werden. Die Landesbauordnungen verweisen darum z.T. auf **allgemein anerkannte Regeln der Technik**[662], also auf Erfahrungssätze und Anleitungen für die Beurteilung der Frage, ob ein Bauwerk den gesetzlichen Anforderungen, wie sie von den Bauordnungen gestellt werden, genügt[663]. Die Rechtsordnung erhebt hier, wie das BVerfG formuliert hat[664], „außerrechtliche Ordnungsgefüge zum rechtlichen Maßstab für das Erlaubte und das Gebotene". **Abweichungen** sind zulässig, ohne dass es hierzu einer Befreiung bedürfte[665]; es muss lediglich gesichert bleiben, dass Gefährdungen der öffentlichen Sicherheit oder Ordnung ausgeschlossen sind. Andererseits können auch höhere Anforderungen an ein Bauwerk gestellt werden, wenn sich herausstellt, dass die Regeln der Technik im betreffenden Fall oder allgemein unzulänglich sind.

288 Beim schlichten Verweis auf allgemeine Regeln der Technik bleibt freilich unbestimmt, welche Regeln dann „allgemein anerkannt" und somit verbindlich sind. Die Bauordnungen ermächtigen die obersten Bauaufsichtsbehörden darum dazu, von privaten Sachverständigengremien (z.B. dem Deutschen Institut für Normung e.V.) erarbeitete technische Normen mit verbindlicher Wirkung als **Technische Baubestimmungen** „einzuführen"[666]. Rechtsnormqualität erhalten diese Bestimmungen durch ihre staatliche Einführung allerdings nicht.

---

660 § 76 VIII BauO Bln.; § 87 BremLBO; § 81 HBauO.
661 § 74 bwLBO; Art. 91 BayBO; § 89 BbgBO; § 87 HBO; § 86 LBauO M-V; § 97 NBauO; § 86 BauO NW; § 88 rhpfLBO; § 93 saarlLBO; § 83 SächsBO; § 87 BauO LSA; § 92 schlhLBO; § 83 ThürBO.
662 § 3 III MBO und entsprechendes Landesrecht.
663 BVerwGE 55, 250; *Gädtke/Temme/Heintz*, § 3 Rdnr. 58; *Koch/Molodovsky/Famers*, Art. 3 Anm. 4; *Marburger*, Die Regeln der Technik im Recht (1979), S. 83 ff; *Koch*, Grenzen der Rechtsverbindlichkeit technischer Regeln im öffentlichen Baurecht (1986); *Gusy*, VerwArch. 1988, 68; *Zängl*, BayVBl. 1986, 353.
664 BVerfGE 49, 89 (135). Vgl. auch BVerwGE 72, 300; dazu *Battis*, S. 243.
665 § 3 III 4 bwLBO; § 3 III 3 BauO Bln.; § 3 III BremLBO; § 3 III 2 HBO; § 3 I 3 BauO NW; § 3 III 3 LBauO M-V; § 3 III 2 rhpfLBO; § 3 IV 3 saarlLBO; § 3 III 4 SächsBO; § 3 III 3 BauO LSA; § 3 II 3 schlhLBO; § 3 III 3 ThürBO.
666 § 3 III MBO und entsprechendes Landesrecht. Vgl. näher *Brohm*, § 5 Rdnr. 15.

II. Materielles Bauordnungsrecht

1. Anwendungsbereich

Die materiellrechtlichen Bestimmungen des Bauordnungsrechts stellen ordnungsrechtlich motivierte Anforderungen an bauliche Veranstaltungen. Ihr Anwendungsbereich ist darum soweit abgesteckt, wie solche Veranstaltungen im öffentlichen Interesse ordnungsrechtlicher Steuerung und einer entsprechenden behördlichen Überwachung bedürfen[667]. Rechtstechnischer Anknüpfungspunkt hierfür ist in erster Linie der Begriff der **baulichen Anlage**; folgerichtig bezieht das Bauordnungsrecht aber auch Grundstücke und sonstige Anlagen oder Einrichtungen in seinen Anwendungsbereich ein, soweit in den Bauordnungen selbst oder in abgeleiteten Vorschriften Anforderungen daran gestellt werden (§ 1 I MBO[668]). Der Begriff der baulichen Anlage ist in § 2 I MBO[669] definiert; danach handelt es sich um ortsfeste („mit dem Erdboden verbundene") künstliche („aus Baustoffen und Bauteilen hergestellte") Anlagen. Im Einzelnen kann die Abgrenzung schwierig sein; die Bauordnungen stellen darum in einigen Zweifelsfällen den Anlagencharakter klar und ordnen ihm teilweise auch sonstige Erscheinungsformen zu, die – ohne eigentlich bauliche Anlage zu sein – einer bauordnungsrechtlichen Regelung bedürfen (§ 2 I 2 MBO[670]). Andererseits erklärt sich das Bauordnungsrecht für bestimmte – auch bauliche – Anlagen von vornherein für nicht zuständig (§ 1 II MBO[671]); es handelt sich hierbei durchweg um Anlagen, für die bereits in anderen Vorschriften ordnungsrechtliche Bestimmungen getroffen sind. Der bauordnungsrechtliche Anlagenbegriff ist nicht identisch mit demjenigen des Städtebaurechts (§ 29 I BauGB); vielmehr müssen beide Begriffe aus ihrem jeweiligen Funktionszusammenhang heraus verstanden werden (Rdnr. 175).

289

2. Anforderungen der Gefahrenabwehr

Bauordnungsrecht ist im Wesentlichen ein auf besondere Gegenstände bezogenes Gefahrenabwehrrecht; in dem früher gebräuchlichen Begriff „Baupolizei" kam diese Funktion auch sprachlich zum Ausdruck. § 3 I MBO[672] knüpft an diese polizei- und ordnungsrechtliche Tradition an, indem er in einer – materiellen – **bauordnungsrechtlichen Generalklausel** bestimmt, dass bauliche Anlagen so anzuordnen, zu errichten, zu ändern und zu unterhalten sind, dass die öffentliche Sicherheit und Ordnung, insbesondere Leben und Gesundheit, nicht gefährdet werden. Die Verwendung originär polizeirechtlicher Begriffe wie „Gefahr" und „öffentliche Sicherheit oder

290

---

667 Vgl. näher *Battis*, S. 236 f.
668 Art. 1 I BayBO sowie § 1 I der übrigen Landesbauordnungen (Negativauflistung § 3 NBauO).
669 Vgl. Art. 2 I BayBO sowie jeweils § 2 I aller übrigen Landesbauordnungen. Weiterhin *Finkelnburg/Ortloff*, Bd. 2 S. 12 ff.
670 S. im Einzelnen die z.T. voneinander abweichenden landesrechtlichen Aufzählungen.
671 Art. 1 II BayBO; § 3 I NBauO sowie jeweils 1 II aller übrigen Landesbauordnungen; abweichend jedoch § 1 II bwLBO.
672 Vgl. § 1 I NBauO; Art. 3 I BayBO sowie jeweils § 3 I der übrigen Landesbauordnungen.

IV *Baurecht*

Ordnung" spricht dafür, sie auch entsprechend dem herkömmlichen polizei- und ordnungsrechtlichen Verständnis auszulegen[673]. Die bauordnungsrechtliche Generalklausel ist für den Bereich der Gefahrenabwehr ein Auffangtatbestand, reicht in ihrer Beschränkung auf klassisch polizeiliche Funktionen aber nicht so weit wie manche Spezialregelung, die schon Elemente der Gefahrenvorbeugung enthält. Sie ist Orientierungs- und Maßstabsnorm sowohl für einzelne bauaufsichtsrechtliche Maßnahmen i.S.d. § 58 II MBO[674] wie auch für Rechtsverordnungen der obersten Bauaufsichtsbehörde nach § 85 I MBO[675].

291 Das Gefahrenabwehrmotiv des Bauordnungsrechts klingt außer in der Generalklausel in einer Vielzahl von **Spezialbestimmungen** an. Sie betreffen teils die Beschaffenheit von Baugrundstücken und regeln unter bauordnungsrechtlichen Gesichtspunkten deren Bebaubarkeit, die Abstandsflächen zwischen Bauwerken und deren Zugänglichkeit (§§ 4-8 MBO[676]). Zum anderen Teil beziehen sie sich auf das Bauwerk selbst und regeln die Art und Weise seiner Bauausführung (§§ 11-16, 26-32 MBO[677]); hierbei liefern sie Regeln zur Gewährleistung der Stand- und der Verkehrssicherheit (§§ 12 und 16 MBO[678]) sowie zum Schutz vor Feuergefahr, Lärm und Witterungseinflüssen (§§ 13-15 MBO[679]). Den Regelungen über **Bauprodukte** (§§ 17-25 MBO[680]) liegen die Bauproduktenrichtlinie der EG[681] und das zu ihrer Ausführung erlassene Bauproduktengesetz (BauPG) vom 10.8.1992[682] zu Grunde. Danach dürfen Bauprodukte verwendet werden, die nach dem BauPG oder nach den entspre-

---

673 Vgl. u.a. *Gädtke/Temme/Heintz*, § 3 Rdnr. 11.
674 § 47 I bwLBO; Art. 60 II BayBO; § 54 BauO Bln.; § 64 BbgBO; § 61 BremLBO; § 58 HBauO; § 61 I HBO; § 60 I 2 LBauO M-V; § 65 I NBauO; § 61 I BauO NW; § 59 rhpfLBO; § 61 saarlLBO; § 60 II 2 SächsBO; § 63 II 2 BauO LSA; § 66 I schlhLBO; § 60 II 2 ThürBO.
675 § 73 bwLBO; Art. 90 I BayBO; § 76 BauO Bln.; § 88 BbgBO; § 86 BremLBO; § 81 HBauO; § 86 HBO; § 85 LBauO M-V; § 95 NBauO; § 85 BauO NW; § 87 rhpfLBO; § 94 saarlLBO; § 82 SächsBO; § 86 BauO LSA; § 91 schlhLBO; § 82 ThürBO.
676 Vgl. §§ 4-10 bwLBO; Art. 4-10 BayBO; §§ 4-9 BauO Bln.; §§ 4-11 BbgBO; §§ 4-11 BremLBO; §§ 4-11 HBauO; §§ 4-11 HBO; §§ 4-9 LBauO M-V; §§ 4-16 NBauO; §§ 4-11 BauO NW; §§ 6-12 rhpfLBO; §§ 5-15 saarlLBO; §§ 4-10 SächsBO; §§ 4-11 BauO LSA; §§ 4-13 schlhLBO; §§ 4-11 ThürBO.
677 Vgl. §§ 11-40 bwLBO; Art. 12-54 BayBO; §§ 12-51 BauO Bln.; §§ 12-56 BbgBO; §§ 12-53 BremLBO; §§ 12-52 HBauO; §§ 14-54 HBO; §§ 10-53 LBauO M-V; §§ 17-56 NBauO; §§ 12-55 BauO NW; §§ 13-53 rhpfLBO; §§ 16-54 saarlLBO; §§ 12-53 SächsBO; §§ 12-56 BauO LSA; §§ 16-54 schlhLBO; §§ 12-53 ThürBO.
678 §§ 13, 16 bwLBO; Art. 13, 17 BayBO; §§ 13, 17 BauO Bln.; §§ 15, 19 BbgBO; §§ 15, 19 BremLBO; §§ 15, 19 HBauO; §§ 15, 19 HBO; §§ 12, 16 LBauO M-V; §§ 18, 23 NBauO; §§ 15, 19 BauO NW; §§ 13, 17 rhpfLBO; §§ 16, 20 saarlLBO; §§ 15, 19 SächsBO; §§ 15, 19 BauO LSA; §§ 17, 21 schlhLBO; §§ 15, 19 ThürBO.
679 §§ 14, 15 bwLBO; Art. 14-16 BayBO; §§ 14-16 BauO Bln.; §§ 16-18 BbgBO; §§ 16-18 BremLBO; §§ 16-18 HBauO; §§ 16-18 HBO; §§ 13-15 LBauO M-V; §§ 19-24 NBauO; §§ 16-18 BauO NW; §§ 14-16 rhpfLBO; §§ 17-19 saarlLBO; §§ 16-18 SächsBO; §§ 16-18 BauO LSA; §§ 18-20 schlhLBO; §§ 16-28 ThürBO.
680 §§ 17-25 bwLBO; Art. 19-27 BayBO; §§ 18-22c BauO Bln.; §§ 20-28 BbgBO; §§ 20-28 BremLBO; §§ 20-23 HBauO; §§ 20-28 HBO; §§ 17-25 LBauO M-V; §§ 24-28c NBauO; §§ 20-28 BauO NW; §§ 18-22 rhpfLBO; §§ 25-33 saarlLBO; §§ 20-25 SächsBO; §§ 20-28 BauO LSA; § 23-31 schlhLBO; §§ 20-25 ThürBO.
681 Richtlinie 89/106/EWG des Rates vom 21.12.1988 (Amtsblatt-Nr. L 40 S. 12).
682 BGBl. I S. 1495.

chenden Bestimmungen der anderen EU-Mitgliedstaaten regelmäßig in Verkehr gebracht wurden.

Erhebliche Bedeutung besitzen die bauordnungsrechtlichen Bestimmungen über Flächen, die grundsätzlich von oberirdischer Bebauung freizuhalten sind. Der Sinn dieser Regelungen liegt darin, Feuerlösch- und Rettungsgeräten Bewegungsfreiheit zu verschaffen und die Belichtung und Durchlüftung des Bauwerks selbst wie auch seiner Nachbarschaft zu Gewähr leisten. Rechtstechnisch wurden diese Ziele früher durch die Festsetzung von Mindestwerten für Grenzabstände (sog. **Bauwich**)[683] sowie für Gebäudeabstände und Abstandflächen erreicht. Inzwischen hat sich ein einheitliches System der Regelung von **Abstandsflächen** durchgesetzt[684], das auf der Vorstellung beruht, dass der Gesamtheit der Abstandsregelungen ein einheitliches Maß zu Grunde gelegt werden kann, mit dem allen einschlägigen Belangen Rechnung getragen wird[685]. Bemessungsgrundlage ist hiernach die Wandhöhe; eine Abstandsfläche hat darum umso größer zu sein, je höher die Außenwand des Gebäudes ist. Freiflächen und Grenzabstände können auch aus städtebaulichen Gründen geboten sein; in diesem Fall können entsprechende Festsetzungen in den Bebauungsplan aufgenommen werden (vgl. § 9 I Nr. 2 BauGB, §§ 22, 23 BauNVO). Diese bebauungsrechtlichen Regelungen genießen gegenüber den bauordnungsrechtlichen grundsätzlich Vorrang (§ 6 I 3 MBO[686]).

292

Die allgemeine Motorisierung der Gesellschaft hat einen Bedarf an Unterbringungsmöglichkeiten für Kraftfahrzeuge entstehen lassen, der städtebauliche wie bauordnungsrechtliche Probleme aufwirft[687]. Bebauungspläne können nach § 9 I Nr. 22 BauGB Flächen für **Stellplätze und Garagen** festsetzen. Bebauungsrechtlich gestattet § 12 BauNVO die Errichtung derartiger Unterbringungsmöglichkeiten in grundsätzlich allen Baugebieten. Das Bauordnungsrecht regelte die Stellplatzpflicht zunächst vor allem unter Gefahrenabwehrgesichtspunkten, nämlich zur Entlastung der öffentlichen Verkehrsflächen vom ruhenden Verkehr[688]. Demgemäß schreiben die Landesbauordnungen[689] vor, dass bauliche Anlagen i.d.R. nur errichtet werden dürfen, wenn zugleich auf dem Baugrundstück oder in zumutbarer Entfernung davon auf einem geeigneten anderen Grundstück Stellplätze und Garagen in ausreichender Zahl geschaffen werden. Die Verpflichtung des Bauherrn zur Herstellung von Garagen oder Stellplätzen wird durch Nebenbestimmung (Auflage oder Bedingung) zur Baugenehmigung, sonst durch selbstständige bauaufsichtsrechtliche Verfügung konkre-

293

---

683 Vgl. *Battis*, S. 237 f.
684 § 6 MBO und entspr. Landesrecht. Vgl. näher *Finkelnburg/Ortloff*, Bd. 2 S. 23 ff.
685 Näher zum Ganzen *Boeddinghaus*, UPR 1991, 281.
686 Vgl. z.B. § 6 XIV BauO Bln.; §§ 6 IX BremLBO; § 6 XV LBauO M-V; § 6 XVI BauO NW; § 6 XV SächsBO; § 6 XV BauO LSA; § 6 XVI ThürBO.
687 Einzelheiten bei *Brohm*, § 5 Rdnr. 24 ff; *Hoppe/Bönker/Grotefels*, § 15 Rdnr. 39 ff; *Finkelnburg/Ortloff*, Bd. 2 S. 50 ff; *Bultmann*, BauR 2001, 174.
688 Vgl. *Gädtke/Temme/Heintz*, § 51 Rdnr. 5; *Battis*, S. 238.
689 Vgl. § 37 bwLBO; Art. 52, 53 BayBO; § 48 BauOBln; § 52 BbgBO; § 49 BremBO; §§ 48, 49 HBauO; § 50 HBO; § 48 LBauO M-V; §§ 46-47b NBauSO; § 51 BauO NW; § 47 rhpfLBO; § 50 saarlLBO; § 49 SächsBO; § 52 BauOLSA; § 55 schlhLBO; § 49 ThürBO.

IV Baurecht

tisiert[690]. Einzelheiten zur Verkehrssicherheit solcher Anlagen regeln die nach Landesrecht erlassenen Garagenordnungen. Die MBO 2002 möchte die Stellplatzpflicht weitgehend kommunalisieren und sieht nur noch wenige landesrechtliche Vorgaben vor (§§ 49, 86 I Nr. 4 MBO).

294 Städtebauliche und ordnungsrechtliche Motive verschränken sich, wenn Gemeinden durch Satzung für genau bestimmte Teile des Gemeindegebietes die Herstellung von Stellplätzen und Garagen untersagen oder einschränken oder auf deren Herstellung verzichten; dabei haben sie gleichermaßen auf Belange des Verkehrs wie auch auf städtebauliche Belange Rücksicht zu nehmen[691]. Soweit die Schaffung von Einstellmöglichkeiten aus tatsächlichen oder rechtlichen Gründen nicht in Frage kommt, kann die **Ablösung** der Stellplatzpflicht durch Zahlung eines Geldbetrages gestattet werden; hierfür ist die Bauaufsichtsbehörde im Einvernehmen mit der Gemeinde zuständig[692]. Der Ablösungsbetrag wird an die Gemeinde gezahlt, die ihn durch Leistungsbescheid einfordern kann[693]. Es handelt sich bei der Ablösepflicht um die Verpflichtung zur Zahlung einer **Sonderabgabe** i.S. der Rspr. des BVerfG[694]. Die Bauherren bilden insofern eine homogene gesellschaftliche Gruppe, die sich durch ihre besondere Interessenlage – erhöhte Sachnähe und Gruppenverantwortlichkeit im Hinblick auf den durch die bauliche Nutzung hervorgerufenen Stellplatzbedarf – von der Allgemeinheit abhebt[695]. Ihr Abgabenaufkommen wird auch dann „gruppennützig" verwendet, wenn es nicht der Schaffung von Parkeinrichtungen in zumutbarer Entfernung oder wenigstens in demjenigen „Problembereich", in dem auch ihr Grundstück liegt, sondern generell der Entlastung öffentlicher Verkehrsflächen etwa durch Einrichtung von Stadtrand-Parkplätzen dient[696]. Problematisch ist es dagegen, wenn die durch Ablösung gewonnenen Mittel, wie jetzt vielfach vorgesehen, zur Finanzierung von Maßnahmen dienen sollen, welche die Qualität und allgemeine Akzeptanz des öffentlichen Personennahverkehrs verbessern[697]. Im Einzelnen ist die Rechtslage in den Ländern sehr unterschiedlich[698]. Neuerdings zeichnen sich auch Tendenzen ab, im Rahmen der

---

690 Vgl. *Finkelnburg/Ortloff*, Bd. 2 S. 54 f.
691 Vgl. Art. 91 II Nr. 4 Bay BO; § 89 III Nr. 1, 2 BbgBO; § 49 IV BremLBO; § 50 VI 1 Nr. 7 HBO; § 48 V 3 LBauO M-V; § 51 IV Nr. 2 BauO NW; § 86 III Nr. 1 rhpfLBO; § 93 I Nr. 7 saarlLBO; § 49 III SächsBO; § 52 V 3 BauO LSA; § 55 I, III schlhLBO; § 88 III Nr. 2, 3 rhpfLBO; § 49 VI 3 ThürBO stellt nur auf die Belange des Verkehrs ab.
692 Vgl. im Einzelnen § 37 V bwLBO; Art. 53 I BayBO; § 52 VI BbgBO; § 49 VI BremLBO; § 49 HBauO; § 44 I 2 Nr. 8 HBO; § 48 VI LBauO M-V; § 47a I NBauO; § 51 V BauO NW; § 47 IV rhpfLBO; § 50 VII saarlLBO; § 49 II SächsBO; § 52 VI 1 BauO LSA; § 55 VI schlhLBO; § 49 VII ThürBO.
693 Vgl. *Gädtke/Temme/Heintz*, § 47 Rdnr. 79; *Finkelnburg/Ortloff*, Bd. 2 S. 57.
694 BVerfGE 55, 274; 67, 256. Näher zum Ablösungsbetrag *Messerschmidt*, DVBl. 1987, 925.
695 BVerwG NJW 1986, 600. Zum Problem der aufschiebenden Wirkung eines Widerspruchs gegen einen Abgabenbescheid vgl. OVG NW NVwZ 1987, 62 m.w.N.
696 Vgl. insoweit etwa § 37 V 2 Nr. 1 bwLBO.
697 § 37 V Nr. 3 bwLBO; Art. 53 I 4 BayBO; § 52 VIII Nr. 2 BbgBO; § 49 II Nr. 4 HBauO; § 44 II 1 Nr. 3 HBO; § 47a III Nr. 2 NBauO; § 51 VI b BauO NW; § 50 VII Nr. 2 saarlLBO; § 49 II 3 Nr. 3a SächsBO; § 52 VIII Nr. 2 BauO LSA; § 55 VI 3 schlhLBO. Dazu *Jäde/Weinl/Dirnberger* BayVBl 1994, 321 (331).
698 Ausführlich hierzu *Finkelnburg/Ortloff*, Bd. 2 S. 58 ff.

Bauordnungsrecht **IV D**

Deregulierung auf die bauordnungsrechtliche Stellplatzverpflichtung, die als Investitionshindernis angesehen wird, zu Gunsten einer verstärkten Bereitstellung öffentlicher Parkplatzflächen ganz zu verzichten.

3. Bauästhetische Belange

Die Bauordnungen enthalten neben Gefahrenabwehrrecht auch **Baugestaltungs-** **295** **recht**, das der Verhinderung von Verunstaltungen dient. In der Gestaltungsvorschrift des § 9 MBO[699] wird das Verunstaltungsverbot sowohl auf das Bauwerk als solches (nämlich im Hinblick auf seine Form und Farbe sowie auf die dafür verwendeten Baustoffe) als auch auf sein Verhältnis zu seiner Umgebung (Straßen-, Orts- und Landschaftsbild) bezogen. Unter dem Gesichtspunkt der Verunstaltung unterliegen auch Anlagen der Außenwerbung und Warenautomaten einer besonderen Regelung (§ 10 MBO[700]); das gilt auch dann, wenn sie selbst nicht den Charakter einer baulichen Anlage besitzen[701]. Die Gemeinden können die generalklauselhaften Vorschriften der §§ 9, 10 MBO durch eigene **Gestaltungssatzungen** (§ 86 I Nr. 1, 2 MBO) ergänzen, die auch als Festsetzungen in den Bebauungsplan aufgenommen werden können (§ 9 IV BauGB, § 86 II MBO)[702]. Dieses Instrument befähigt sie, positiv die bauliche Gestaltung zu beeinflussen[703] und – ggf. im Verein mit der auf städtebauliche Konservierung gerichteten **Erhaltungssatzung** nach den §§ 172 ff BauGB (vgl. Rdnr. 10)[704] – eine aktive Ortsbildpflege zu betreiben.

Bauästhetische Vorschriften sind unter verfassungsrechtlichem Aspekt doppelt pro- **296** blematisch: Sie bedürfen der Legitimation sowohl im Hinblick auf die durch Art. 14 GG geschützte Baufreiheit (dazu Rdnr. 285) wie auch im Hinblick auf das rechtsstaatliche Bestimmtheitsgebot. Dem Vorwurf mangelnder Bestimmtheit des Begriffs der **Verunstaltung** lässt sich unter Rückgriff auf den Schutzzweck dieser Normen begegnen[705]. Sie dienen lediglich der Abwehr ästhetischer Missgriffe, haben aber nicht zum Ziel, den Bauherrn zur Übernahme bestimmter baugestalterischer Vorstellungen der Bauaufsichtsbehörde zu zwingen[706]. Zur Rechtfertigung des Verunstal-

---

699 Vgl. § 11 bwLBO; Art. 11 BayBO; § 10 BauO Bln; § 12 I BbgBO; § 12 BremLBO; § 12 HBauO; § 12 HBO; § 10 LBauO M-V; § 53 NBauO; § 12 BauO NW; § 5 rhpfLBO; § 4 saarlLBO; § 12 SächsBO; § 12 I BauO LSA; § 14 I schlhLBO; § 12 I ThürBO.
700 § 11 III bwLBO; Art. 11 II BayBO; § 11 BauO Bln.; § 13 BbgBO; § 13 BremLBO; § 13 HBauO; § 13 HBO; § 53 II 1 LBauO M-V; § 49 NBauO; § 13 BauO NW; § 52 rhpfLBO; § 15 saarlLBO; § 13 SächsBO; § 13 BauO LSA; § 15 schlhLBO; § 13 ThürBO.
701 So z.B. § 11 III bwLBO; Art. 11 II BayBO; § 11 II 2 BauO Bln.; § 13 II 1 BbgBO; § 13 II 1 HBauO; § 13 II 1 HBO; § 53 II 1 LBauO M-V; § 50 II rhpfLBO; § 15 II 1 saarlLBO; § 13 II 1 SächsBO; § 15 II 2 schlhLBO; § 13 II ThürBO.
702 Vgl. § 74 bwLBO; Art. 91 III BayBO; § 89 I BbgBO; § 87 HBO; § 86 I Nr. 1 LBauO M-V; §§ 56, 97 f NBauO; § 86 BauO NW; § 88 rhpfLBO; § 93 saarlLBO; § 83 I Nr. 1 SächsBO; § 87 I Nr. 1 BauO LSA; § 92 schlhLBO; § 83 I Nr. 1 ThürBO. In den Stadtstaaten ist das Instrument der Rechtsverordnung vorgesehen; vgl. § 76 BauO Bln.; § 87 BremLBO; § 81 HBauO.
703 Dazu BayVerfGH NJW 1986, 833; *Battis*, S. 245 f; *Finkelnburg/Ortloff*, Bd. 2 S. 35; *Gädtke/Temme/Heintz*, § 86 Rdnr. 25.
704 Vgl. *Mick*, DÖV 1991, 623.
705 Vgl. BVerfG NVwZ 1985, 819.
706 Zu den Grenzen vgl. *Finkelnburg/Ortloff*, Bd. 2 S. 37 ff.

IV *Baurecht*

tungsverdikts genügt darum nicht schon bloße Unschönheit; vielmehr muss das ästhetische Empfinden jedes für ästhetische Eindrücke offenen Betrachters geradezu verletzt sein[707]. In diesem Sinne ist „Verunstaltung" als ein unbestimmter Rechtsbegriff zu verstehen, dessen Anwendung in vollem Umfang der verwaltungsgerichtlichen Kontrolle zugänglich ist; ein Beurteilungsspielraum steht der Behörde nicht zu.

4. Verhütung von sozialen und ökologischen Missständen

297   Die bestimmungsgemäße Nutzung baulicher Anlagen darf nicht zu Missständen führen (§ 3 I MBO[708]). In diesem Gebot drückt sich das sozialstaatliche Mandat aus, das der Staat auch im Bereich des Bauordnungsrechts für sich beanspruchen darf. Hiermit sind zum einen die im Sozialstaatsprinzip wurzelnden Belange der Wohlfahrts- und Sozialpflege angesprochen, soweit sie über den engeren Bereich der Gefahrenabwehr hinausgehen; zum anderen werden hier auch ökologische Belange wie etwa die Umweltverträglichkeit oder der Schutz der natürlichen Lebensbedingungen genannt[709]. Der Gedanke der Verhütung von Missständen kommt in einer Vielzahl von bauordnungsrechtlichen Bestimmungen zum Ausdruck, auch wenn sie ihn im allgemeinen ins Positive wenden und für die Nutzung baulicher Anlagen je nach ihrer Bestimmung spezifische Mindeststandards festlegen. Derartige soziale und ökologische Standards sind in den Vorschriften über die Schaffung von Grünanlagen und Kinderspielplätzen (§ 8 I und II MBO[710]) ebenso enthalten wie in besonderen Anforderungen an die Beschaffenheit von Wohnräumen und Wohnungen (§§ 47, 48 MBO[711]) oder in Bestimmungen, denen zufolge öffentlich zugängliche Bauwerke auch für behinderte oder alte Menschen benutzerfreundlich gestaltet sein müssen (§ 50 MBO[712]).

III. Bauaufsicht

298   Das materielle Bauordnungsrecht bestimmt nur, welche sachlichen Anforderungen an die Errichtung, Gestaltung und Nutzung von Bauwerken zu stellen sind. Die Durchsetzung dieser Anforderungen wird vor allem im Wege **präventiver Bauauf-**

---

707 BVerwGE 2, 172; 17, 322. Siehe auch *Battis*, S. 205 f.
708 Vgl. die in Fn. 672 genannten landesrechtlichen Generalklauseln.
709 § 3 I bwLBO; Art. 3 I BayBO; § 3 I BauO Bln.; § 3 I BremLBO; § 3 I LBauO M-V; § 1 I NBauO; §§ 3 I Nr. 4, 5 IV saarlLBO; § 3 I 1 SächsBO; § 3 I BauO LSA; § 3 I ThürBO. Vgl. hierzu auch *Ortloff*, NVwZ 1985, 698.
710 Vgl. § 9 bwLBO; Art. 8 BayBO; § 8 BauO Bln.; § 9 I-III BbgBO; §§ 7, 8 BremLBO; § 9, 10 HBauO; § 8 HBO; § 8 I, III LBauO M-V; § 14 NBauO; § 9 BauO NW; §§ 10 V, 11 rhpfLBO; § 11 saarlLBO; § 9 I, III SächsBO; § 9 I, III-V BauO LSA; §§ 9, 10 schlhLBO; § 9 I, III ThürBO.
711 §§ 34-36 bwLBO; Art. 45-50 BayBO; §§ 44-47 BauO Bln.; §§ 48-51 BbgBO; §§ 46-48 BremLBO; §§ 44-46 HBauO; §§ 42, 43 HBO; §§ 44-47 LBauO M-V; §§ 43-45 NBauO; §§ 44-46 BauO NW; §§ 44, 45 rhpfLBO; §§ 45-49 saarlLBO; §§ 45-48 SächsBO; §§ 48-51 BauO LSA; §§ 51-54 schlhLBO; §§ 45-48 ThürBO.
712 § 39 bwLBO; Art. 51 BayBO; § 51 BauO Bln.; § 56 BbgBO; § 53 BremLBO; § 52 HBauO; § 46 I HBO; § 52 I LBauO M-V; § 48 NBauO; § 55 BauO NW; § 51 rhpfLBO; § 54 saarlLBO; § 53 I SächsBO; § 56 I BauO LSA; § 59 schlhLBO; § 53 I ThürBO.

sicht gesichert, die an den Genehmigungsvorbehalt für Bauvorhaben oder auch an die Anzeigepflicht anknüpft. Zur Bauaufsicht zählen darüber hinaus auch **repressive Maßnahmen**, mit denen baurechtswidrige Zustände unterbunden werden können; sie sind auch gegenüber baulichen Anlagen zulässig, deren Errichtung keiner Genehmigungspflicht unterliegt. § 58 MBO und die entsprechenden Normen der Landesbauordnungen[713] weisen den Bauaufsichtsbehörden die Aufgabe zu, darüber zu wachen, dass die einschlägigen baurechtlichen und sonstigen Vorschriften und Anordnungen eingehalten werden. Diese Aufgabenzuweisung ist das funktionale Gegenstück zur materiell-rechtlichen Generalklausel des § 3 I MBO und wie diese **generalklauselmäßig** ausgestaltet (vgl. Rdnr. 290, 327).

1. Bauaufsichtliche Zulässigkeitskontrollen

Die Errichtung, die Änderung, die Nutzungsänderung und der Abbruch einer baulichen Anlage (§ 2 I MBO) sowie sonstiger Anlagen oder Einrichtungen, an die (wie etwa an Anlagen der Außenwerbung) baurechtliche Anforderungen gestellt werden (§ 1 I 2 MBO), sind nach den Landesbauordnungen grundsätzlich **genehmigungsbedürftig** (§ 59 II MBO[714]). Die Baugenehmigung ist ein präventives Instrument der Bauaufsicht, mit dessen Hilfe bei Bauvorhaben die Einhaltung der Bestimmungen des gesamten materiellen Baurechts gewährleistet wird. Denn im Rahmen des Baugenehmigungsverfahrens wird nicht nur die Einhaltung des Bauordnungsrechts, sondern insgesamt die Übereinstimmung des Bauvorhabens mit den einschlägigen öffentlich-rechtlichen Vorschriften überprüft; hierzu zählen auch die nach § 29 I BauGB für alle städtebaulich relevanten Vorhaben geltenden §§ 30-37 BauGB (Rdnr. 174). **299**

Die Landesbauordnungen führen das Prinzip der Genehmigungspflicht freilich nicht lückenlos durch. Schon früher gab es neben genehmigungsbedürftigen auch solche Bauvorhaben, die entweder nur anzeigepflichtig oder genehmigungs- (und anzeige-) frei waren; mit diesen Ausnahmeregelungen wurde die Möglichkeit eröffnet, Bauvorhaben von geringerer städtebaulicher und bauordnungsrechtlicher Bedeutung in einem weniger aufwändigen oder sogar gänzlich ohne ein präventives Kontrollverfahren zuzulassen. Handelte es sich damals noch um eine Marginalerscheinung, gewinnen Vereinfachungsregelungen seit 1994 unter den Schlagwörtern der „Deregulierung" und „Privatisierung" sowie mit der Zielsetzung der Verfahrensbeschleunigung an Gewicht[715]. Auf Grund mangelnder Koordination der Landesgesetzgeber hat sich inzwischen ein sehr uneinheitliches und auch terminologisch voneinander abweichendes System **gestufter bauaufsichtsrechtlicher Zulässigkeitskontrolle** herausgebildet. **300**

---

713 § 47 bwLBO; Art. 60 II 1 BayBO; § 64 BbgBO; § 61 BremLBO; § 58 HBauO; § 53 HBO; § 60 LBauO M-V; § 65 NBauO; § 61 I 1 BauO NW; § 59 rhpfLBO; § 61 saarlLBO; § 60 II 1 SächsBO; § 63 II BauO LSA; § 66 schlHBO; § 60 II ThürBO. In Berlin fehlt eine entsprechende Vorschrift.
714 § 49 bwLBO; Art. 62 BayBO; § 55 BauO Bln.; § 66 BbgBO; § 64 BremLBO; § 60 HBauO; § 54 HBO; § 62 I LBauO M-V; § 68 NBauO; § 63 BauO NW; § 61 rhpfLBO; § 64 saarlLBO; § 62 I SächsBO; § 65 I BauO LSA; § 68 schlHBO; § 62 I ThürBO.
715 Aus der neueren Literatur: *Mampel*, NVwZ 1996, 1160; *Ritter*, DVBl. 1996, 542; *Scholz*, Privatisierung im Baurecht (1997); *Battis*, DVBl. 2000, 1557; *Jäde*, UPR 2002, 87.

IV *Baurecht*

301 Die meisten Bundesländer haben neben der regulären Baugenehmigung ein **vereinfachtes Genehmigungsverfahren** eingeführt[716]; es kommt für im Einzelnen genannte Bauvorhaben von minderer Größe und Bedeutung in Betracht, sofern hier nicht das Anzeigeverfahren oder völlige Genehmigungsfreiheit gilt. Die bauaufsichtsrechtliche Prüfung beschränkt sich – von Land zu Land recht unterschiedlich – auf wenige Gesichtspunkte. Hierzu zählen die städtebaulichen Zulässigkeitsvoraussetzungen der §§ 30-37 BauGB[717], darüber hinaus meist auch die Erfordernisse nach örtlichen Vorschriften. Die Einhaltung des Landesbauordnungsrechts wird entweder gar nicht oder nur in vermindertem Umfang geprüft; hier handelt es sich meist um die bauordnungsrechtliche Bebaubarkeit des Grundstücks, um die Einhaltung der Abstandflächen sowie um einzelne Fragen der Baugestaltung. Werden Ausnahmen oder Befreiungen erforderlich, müssen sie nach einigen Bauordnungen ausdrücklich beantragt werden; insoweit erweitert sich dann der Prüfungsumfang. Für die verbleibende Prüfung gelten knapp bemessene Fristen; teilweise wird an ihre Überschreitung eine **Genehmigungsfiktion** geknüpft, die in jeder Hinsicht einem Genehmigungserlass gleichstcht[718]. Der Reduktion des Prüfungsumfanges entspricht materiellrechtlich eine Eingrenzung der zwingenden Versagungsgründe. Auch die Genehmigung bescheinigt insoweit keine umfassende materielle Legalität; sie ist inhaltlich auf das Geprüfte beschränkt[719]. Zwar gelten für die betreffenden Vorhaben auch die übrigen einschlägigen baurechtlichen und sonstigen Vorschriften, doch bleibt es im Ermessen der Aufsichtsbehörde, ob und wie sie auf erkannte Rechtsverstöße reagiert[720]. So bleibt die Einhaltung der nicht prüfungsrelevanten öffentlich-rechtlichen Vorschriften Sache des Bauherrn und in dessen Risikosphäre. Trotz grundsätzlicher Geltung aller öffentlich-rechtlichen Anforderungen an das Bauvorhaben beschränken sich auch die weiteren präventiven Kontrollen – Bauüberwachung und Bauzustandsbesichtigung (Rdnr. 326) – auf den Prüfungsumfang des Genehmigungsverfahrens[721]

302 Einzelne Bundesländer knüpfen in ihren Bauordnungen den im vereinfachten Genehmigungsverfahren vorgesehenen Verzicht auf bestimmte bauaufsichtsbehördliche Prüfungen an die Voraussetzung, dass entsprechende Prüfungen von qualifizierten Sachverständigen vorgenommen worden seien (bautechnische Nachweise); teilweise ermächtigen sie zum Erlass entsprechender Rechtsverordnungen[722]. Diese Tendenz

---

716 § 63 MBO; vgl. weiterhin Art. 73 BayBO; § 60a BauO Bln.; § 69 BbgBO; § 67 BremLBO; § 57 HBO; § 63 LBauO M-V; § 75a NBauO; § 68 BauO NW; § 66 rhpfLBO; §§ 67, 68 saarlLBO; § 62a SächsBO; § 66 BauO LSA; § 75 schlhLBO; § 62a ThürBO.
717 Insoweit teilweise enger § 63 II Nr. 3 MBO.
718 *Jäde*, UPR 1995, 81 (84); *Uechtritz*, NVwZ 1996, 640 (647); *Jäde/Dirnberger/Böhme*, § 62a Rdnr. 48 ff. Zur Rechtslage in Ländern ohne Genehmigungsfiktion *Gädtke/Temme/Heintz*, § 68 Rdnr. 71.
719 *Uechtritz*, NVwZ 1996, 640 (646 f); *Jäde/Dirnberger/Böhme*, § 62a Rdnr. 12; *Koch/Molodovsky/Famers*, Art. 73 Anm. 3.1; *Gädtke/Temme/Heintz*, § 68 Rdnr. 19.
720 *Koch/Molodovsky/Famers*, Art. 73 Anm. 5.3; *Jäde/Dirnberger/Böhme*, § 62a Rdnr. 15 ff.
721 Vgl. u.a. *Koch/Molodovsky/Famers*, Art. 73 Anm. 6.10.
722 Vgl. §§ 66, 85 III MBO; weiterhin § 73 IV bwLBO; Art. 73 II, 90 VI BayBO; §§ 60a VI, 76 IV BauO Bln.; § 88 IV BbgBO; § 86 BremLBO; § 81 III HBauO; §§ 59, 80 HBO; § 63 VIII, 85 IV LBauO M-V; §§ 68 V, 85 II BauO NW; §§ 66 III, 87 IV rhpfLBO; §§ 67 IV, 94 IV saarlLBO; §§ 62a II, 82 IV SächsBO; §§ 66 VI, 86 II BauO LSA; §§ 75 IV, 91 IV schlhLBO; §§ 62a II, 82 IV ThürBO.

zur **Privatisierung hoheitlicher Prüfaufgaben** zielt auf einen Rechtszustand, bei dem am Ende fast alle baurechtlichen Genehmigungsvoraussetzungen lediglich einer privaten Prüfung unterliegen[723]; die entsprechenden Anforderungen an die Zulässigkeit des Bauvorhabens gelten dann bei positiver Beurteilung durch den Sachverständigen als nachgewiesen. Diese **materielle Rechtmäßigkeitsfiktion**[724] bewirkt, dass ein nachträgliches bauaufsichtsbehördliches Eingreifen nur noch bei Vorliegen einer bestandsschutzdurchbrechenden Eingriffsermächtigung möglich ist; eine Rücknahme der auf einer Rechtmäßigkeitsfiktion beruhenden Genehmigung kommt dagegen nicht in Betracht, da ihre eigene Regelung sich nicht auf den Inhalt der gutachtlichen Nachweise erstreckt.

Neben den – regulär oder vereinfacht – genehmigungsbedürftigen kennen alle Bauordnungen auch **genehmigungsfreie Vorhaben**. Hinter dem Begriff der Genehmigungsfreiheit verbergen sich freilich verschiedene Formen einer bauaufsichtsrechtlichen Zulässigkeitskontrolle[725]. Hierbei kann es sich nämlich durchaus auch um Formen **präventiver Kontrolle** handeln, wenn verfahrensrechtlich sichergestellt ist, dass der Bauaufsichtsbehörde vor Baubeginn die erforderlichen Bauunterlagen zur Prüfung vorgelegt werden. Dem stehen diejenigen Fälle gegenüber, in denen ein Vorhaben mangels einer Pflicht zu vorheriger Information der Behörde ohne präventive bauaufsichtliche Prüfung gleichsam „verfahrensfrei"[726] realisiert werden kann; bauaufsichtliche Kontrolle lässt sich hier nur **repressiv** verwirklichen.

303

Die herkömmliche Form einer genehmigungsfreien präventiven Zulässigkeitskontrolle stellt das **Anzeigeverfahren** dar; es findet sich – teilweise in der Sonderform eines „**Kenntnisgabeverfahrens**" – in nur noch wenigen Landesbauordnungen[727]. Bei diesem Verfahren informiert der Bauwillige die Bauaufsichtsbehörde bzw. die Gemeinde von seinem Vorhaben und reicht die erforderlichen Bauunterlagen ein. Die Bauaufsichtsbehörde muss innerhalb einer bestimmten Frist – meistens binnen einem Monat – das Vorhaben prüfen; unternimmt sie nichts, kann der Bauwillige mit der Ausführung seines Vorhabens beginnen. Ob die Behörde bei festgestellter Baurechtswidrigkeit durch **Untersagungsverfügung** einschreitet, liegt in ihrem Ermessen; gleiches gilt für ein bauaufsichtsrechtliches Einschreiten bei erst später erkannter Baurechtswidrigkeit. Auf den Bestandsschutz einer erteilten Baugenehmigung (Rdnr. 338) kann sich der Bauherr in diesem Fall nicht berufen.

304

Beim Anzeigeverfahren kann es mangels einer bauaufsichtsbehördlichen Entscheidung nicht zur Einholung des gemeindlichen Einvernehmens nach § 36 I 1 BauGB kommen. Gleichwohl ist die Planungshoheit der Gemeinde gewahrt. Das Anzeigeverfahren ist nämlich nur dann statthaft, wenn das Bauvorhaben in den Geltungsbe-

304a

---

723 *Jäde/Weinl/Dirnberger*, BayVBl. 1994, 321 (324). Vgl. auch *Schulte*, BauR 1998, 249; Preschel, DÖV 1998, 45.
724 *Jäde/Weinl/Dirnberger*, BayVBl. 1994, 321 (324).
725 Vgl. auch *Jäde/Dirnberger/Böhme*, § 63 Rdnr. 1.
726 So der Begriff in § 50 bwLBO.
727 § 51 bwLBO: Kenntnisgabeverfahren; § 69 BbgBO: Bauanzeigeverfahren; § 63 SächsBO: Anzeigeverfahren; § 62b ThürBO: Genehmigungsfreiheit (Abs. 2: Bauanzeige). Zum Kenntnisgabeverfahren näher *Schulte*, DÖV 1996, 551.

IV *Baurecht*

reich eines regulären oder eines vorhabenbezogenen Bebauungsplanes fällt (§ 30 I, II BauGB), gelegentlich auch dann, wenn bereits eine Bebauungsgenehmigung (Rdnr. 323) vorliegt. Verschiedentlich wird auch verlangt, dass Ausnahmen, Befreiungen oder Abweichungen gesondert beantragt werden; dann kommt es doch zu einer Art Genehmigungsverfahren. Schließlich muss die Gemeinde von der Anzeige nach § 36 I 3 BauGB rechtzeitig unterrichtet werden, damit sie ggf. dem Bauvorhaben nach den §§ 14 oder 15 BauGB ihre eigenen Planungsabsichten entgegensetzen kann. Verschiedentlich kann sie nach Landesrecht ähnlich wie im Freistellungsverfahren (Rdnr. 305) auch die Durchführung eines Baugenehmigungsverfahrens beantragen[728]. Erweist sich nach Baubeginn, dass der für das Anzeigeverfahren erforderliche Bebauungsplan nichtig ist, wird das genehmigungsfrei errichtete Bauvorhaben zu einem Schwarzbau (Rdnr. 331), sofern nicht das Gesetz selbst diesen Mangel für irrelevant erklärt[729].

305 Die meisten Landesbauordnungen enthalten – wie auch § 62 MBO – Regelungen über Vorhaben, die von einer Genehmigungspflicht freigestellt sind (sog. **Genehmigungsfreistellung**)[730]. Darüber hinaus ermächtigen sie noch zu weiteren Freistellungen durch **Freistellungsverordnung**[731], doch bestehen angesichts der weit reichenden gesetzlichen Erleichterungen Zweifel an der praktischen Bedeutung solcher Ermächtigungen[732]. Hierbei geht es regelmäßig um Wohngebäude unterschiedlichen Umfanges – vielfach bis zur „Hochhausgrenze" von 22 m Höhe – sowie um ähnliche bauliche Anlagen. Auch hier ist, wenn auch oft begrenzt, eine **präventive Kontrolle** möglich, denn die Gemeinden (z.T. auch die Bauaufsichtsbehörden) sind berechtigt, nach Prüfung der eingereichten Bauunterlagen die Durchführung eines Genehmigungsverfahrens zu beantragen (vgl. auch § 62 II Nr. 4, III, IV MBO). Hierfür haben sie allerdings meist nur sehr wenig Zeit, sodass ihnen kaum mehr als eine stichprobenhafte Prüfung möglich ist. Die Genehmigungsfreistellung setzt durchweg voraus, dass das Vorhaben nach § 30 I, II BauGB zu beurteilen ist; die Planungshoheit der Gemeinden (vgl. § 36 I 1 BauGB) bleibt also gewahrt. Über Ausnahmen und Befreiungen wird in einem gesonderten Verfahren entschieden. Bei der Freistellung wie auch im Anzeigeverfahren hängt die Genehmigungsfreiheit von der Wirksamkeit des Bebauungsplanes ab. Erweist er sich später als unwirksam, werden die genehmigungslos errichteten Gebäude, ähnlich wie beim Anzeigeverfahren (Rdnr. 304), nachträglich zu Schwarzbauten[733] (Rdnr. 331), sofern die nach Baubeginn erkannte Nichtigkeit nicht vom Gesetzgeber selbst für irrelevant erklärt worden ist[734]. Sollten sie auch materiell baurechtswidrig sein, kommt eine Abbruchverfügung in Betracht;

---

728 So etwa nach § 63 I 1 Nr. 4 SächsBO. Vgl. hierzu *Jäde/Dirnberger/Böhme*, § 63 Rdnr. 63 ff.
729 So etwa § 63 XI SächsBO; hierzu *Jäde/Dirnberger/Böhme*, § 63 Rdnr. 52 ff.
730 Art. 64 BayBO; § 56a BauO Bln.; § 56 HBO; § 61 HBauO; § 64 LBauO M-V; § 69a NBauO; § 67 BauO NW; § 67 rhpfLBO; § 66 saarlLBO; § 74 schlhLBO. Vgl. hierzu *Mampel*, NVwZ 1996, 1160; *Koch/Molodovsky/Famers*, Art. 64 Anm. 1.
731 § 73 IV bwLBO; Art. 90 VI BayBO; § 76 IV BauO Bln.; § 88 IV BbgBO; §§ 61, 81 II HBauO; § 80 HBO; § 85 IV LBauO M-V; § 81 NBauO; § 85 II BauO NW; § 87 rhpfLBO; § 94 IV saarlLBO; § 82 IV SächsBO; § 86 II BauO LSA; § 91 IV schlhLBO; § 82 IV ThürBO.
732 So auch *Jäde/Dirnberger/Böhme*, § 82 Rdnr. 18.
733 Einzelheiten u.a. bei *Koch/Molodovsky/Famers*, Art. 64 Anm. 3.2.4.
734 So etwa in § 67 VIII BauO NW; vgl. hierzu *Gädtke/Temme/Heintz*, § 67 Rdnr. 62 ff.

dabei wird die Bauaufsichtsbehörde im Rahmen ihres Ermessens jedoch die durch die vermeintliche Genehmigungsfreiheit bewirkte Vertrauensposition des Bauherrn zu berücksichtigen haben. Die formelle Illegalität allein rechtfertigt indes kein bauaufsichtliches Eingreifen.

Schließlich kennen alle Bauordnungen seit jeher **„echte" genehmigungsfreie Vorhaben**[735] – in § 61 MBO präziser „verfahrensfrei" genannt –, bei denen jegliche präventive Prüfung entfällt. Es handelt sich dabei um geringfügige Vorhaben und Maßnahmen, deren bauordnungsrechtliche oder städtebauliche Relevanz den Aufwand eines behördlichen Prüfverfahrens nicht rechtfertigt. Auch für solche Vorhaben gelten materiellrechtlich die baurechtlichen und sonstigen einschlägigen öffentlich-rechtlichen Vorschriften; darum kann die Behörde bei später erkannter materieller Illegalität mit den Mitteln der **repressiven Bauaufsicht** einschreiten. Soweit die Vorhaben die entsprechende städtebauliche Relevanz besitzen, zählen nach § 29 I BauGB zu den beachtungsbedürftigen Vorschriften auch die städtebaulichen Zulässigkeitsbestimmungen der §§ 30-37 BauGB. Das Einvernehmen der Gemeinde, soweit es nach § 36 I 1 BauGB erforderlich wäre, kann allerdings mangels einer bauaufsichtsbehördlichen Genehmigungsentscheidung nicht eingeholt werden; diese Beeinträchtigung ihrer Planungshoheit trifft die Gemeinden in den hier in Frage kommenden Fällen allerdings nicht schwer.

306

2. Baugenehmigung

a) Inhalt und Wirkung

Nach traditioneller Vorstellung[736] wird die Baugenehmigung erteilt, wenn **öffentlich-rechtliche Vorschriften** den Bauvorhaben **nicht entgegenstehen**. Diese Gesetzesformulierung wurde freilich niemals wirklich i.S. einer umfassenden, auf das gesamte vorhabenrelevante öffentliche Recht bezogenen Prüfungs- und Entscheidungskompetenz der Baugenehmigungsbehörde verstanden; das wäre mit anderweitigen Kompetenzzuweisungen auch schwerlich zu vereinbaren gewesen. Jedenfalls soweit bezüglich des Bauvorhabens auch außerbaurechtliche Genehmigungen oder Erlaubnisse einzuholen sind – z.B. eine Erlaubnis nach dem GastG –, kann nicht die Bauaufsichtsbehörde ohne Vorliegen einer solchen Entscheidung aus eigener Machtvollkommenheit heraus mit der Baugenehmigung zugleich auch über das Vorliegen der dortigen Zulässigkeitsvoraussetzungen befinden. Vielmehr muss über materiell- und verfahrensrechtliche Regelungen bestimmt werden, in welcher Weise die Baugenehmigungsbehörde auch baurechtsfremde Zulässigkeitsvoraussetzungen zu berücksichtigen hat (vgl. Rdnr. 319 ff). Einige Landesbauordnungen und jetzt auch §§ 64, 72 I MBO 2002 haben darum – in freilich unterschiedlicher Weise – klargestellt, dass die Zulässigkeitsvoraussetzungen nur derjenigen öffentlich-rechtlichen Vorschriften der

307

---

735 § 50 bwLBO; Art. 63 BayBO; § 67 BbgBO; § 56 BauO Bln.; § 65 BremLBO; § 55 HBO; § 65 LBauO M-V; §§ 69, 70 NBauO, §§ 65, 66 BauO NW; § 62 rhpfLBO; § 65 saarlLBO; § 63a SächsBO; § 67 BauO LSA; § 69 schlhLBO; § 63 ThürBO.
736 § 62 I 1 BauO Bln.; § 74 I BbgBO; § 74 I BremLBO; § 69 I 1 HBauO; § 75 NBauO; § 75 I 1 BauO NW; § 70 rhpfLBO; § 77 saarlLBO; § 77 I BauO LSA; § 78 I 1 schlhLBO; § 70 I ThürBO.

bauaufsichtlichen Prüfung unterliegen, die auch in die Entscheidungskompetenz der Bauaufsichtsbehörde fallen[737]. Im Übrigen wird auch die Vereinbarkeit mit baurechtlichen Vorschriften nicht mehr stets in vollem Umfang im Baugenehmigungsverfahren geprüft; vielmehr beschränkt sich die Prüfungsbefugnis der Baugenehmigungsbehörde im **vereinfachten Verfahren** (Rdnr. 301) auf nur noch einige zentrale baurechtliche Anforderungen an das Bauvorhaben.

307a Soweit sich hiernach die Prüfungsbefugnis der Behörde erstreckt, enthält die Baugenehmigung eine **Unbedenklichkeitsbescheinigung** im Hinblick auf das materielle Baurecht wie auch auf sonstiges öffentliches Recht (**feststellender Teil**). Gleichwohl handelt es sich bei der Baugenehmigung um mehr als nur eine feststellende Maßnahme. Sie beseitigt das die Baufreiheit zunächst noch einschränkende präventive Verbot mit Erlaubnisvorbehalt (vgl. Rdnr. 192, 285) und wirkt insoweit rechtsgestaltend (**verfügender Teil**)[738]. Wird nach Landesrecht ein Baufreigabeschein (Rdnr. 321) erteilt, verteilen sich feststellender und verfügender Teil auf zwei Verfügungen. Die Baugenehmigung sichert, solange sie Gültigkeit besitzt, das Recht zu bauen auch gegenüber nachfolgenden Rechtsänderungen; das folgt sowohl (formell) aus der Wirksamkeit der Genehmigung (§ 43 I, II VwVfG) wie auch (materiell) aus der eigentumskräftig verfestigten Rechtsposition i.S. des Art. 14 I GG, zu der eine rechtmäßige Genehmigung dem Bauherrn verhilft. Nach ihrer Ausnutzung ist die Bauerlaubnis verbraucht und kann nicht noch einmal – etwa für einen Ersatzbau – in Anspruch genommen werden. Doch auch dann entfaltet sie auf Grund ihrer Bestandskraft noch weiterhin Schutzwirkungen für den Eigentümer. Stellt sich nämlich später die materielle Illegalität des Bauwerks heraus oder wird es durch eine spätere Rechtsänderung materiell illegal, so kann grundsätzlich nicht unter Berufung hierauf sein Abbruch verfügt werden; das Bauwerk genießt insoweit **Bestandsschutz** (vgl. Rdnr. 338)[739]. Diese Schutzwirkung entfällt freilich, wenn die Baugenehmigung wirksam zurückgenommen oder widerrufen worden ist.

308 Zu **Rücknahme und Widerruf** ermächtigen die §§ 48, 49 VwVfG; eigene Spezialvorschriften enthalten die Landesbauordnungen nicht. Die Anwendung dieser Tatbestände ist jedoch rechtsstaatlichen Einschränkungen unterworfen und kann einen durch Vertrauensschutz begründeten Entschädigungsanspruch zur Entstehung bringen[740]. Umstritten ist, ob eine Baugenehmigung, unabhängig davon, ob von ihr schon Gebrauch gemacht worden ist oder nicht, wegen nachträglicher Änderung der maßgeblichen Sach- oder Rechtslage (§ 49 II Nr. 3 und 4 VwVfG) überhaupt widerrufbar ist. Als Gegenargument wird auf die mit der Baugenehmigung entstandene eigentumskräftig verfestigte Rechtsposition verwiesen, die es ausschließe, dass ohne den Widerruf, wie § 49 VwVfG insoweit verlangt, das öffentliche Interesse gefährdet wäre[741]. Richtiger

---

737 Art. 72 I 1 BayBO; § 64 I HBO; § 58 I 1 LBO M-V; § 75 I NBauO; § 70 I 1 SächsBO. Vgl. hierzu *Mampel*, BauR 2002, 719 (720); *Hoppe/Bönker/Grotefels*, § 16 Rdnr. 48; *Koch/Molodovsky/Famers*, Art. 62 Anm. 6.3.1, Art. 72 Anm. 3.3.1; *Jäde/Dirnberger/Böhme*, § 70 Rdnr. 26 f.
738 *Hoppe/Bönker/Grotefels*, § 16 Rdnr. 51; *Finkelnburg/Ortloff*, Bd. 2 S. 119 f; *Stüer*, B 1346 ff.
739 Ausführlich hierzu *Finkelnburg/Ortloff*, Bd. 2 S. 126 ff; *Battis*, S. 225; *Hoppenberg*, A 170 ff.
740 Vgl. BGHZ 60, 112; NJW 1980, 2573; eingehend *Battis*, S. 226 f.
741 *Ortloff*, NVwZ 1983, 705 (708); *Finkelnburg/Ortloff*, Bd. 2 S. 137; *Battis*, S. 266.

Bauordnungsrecht **IV D**

erscheint dagegen, auch in diesen Fällen nach dem Vertrauensschutzmuster des § 49 II VwVfG zu verfahren und bei allerdings strengen Anforderungen an das Merkmal der Gefährdung öffentlicher Interessen Vertrauensschutz durch Entschädigung zu gewähren. Allerdings wirkt der Widerruf nur für die Zukunft; das auf Grund der widerrufenen Genehmigung errichtete Bauwerk wird darum nicht nachträglich illegal, sodass sein Abbruch nicht verlangt werden kann. Rücknahme und Widerruf sind nur innerhalb einer Ausschlussfrist von einem Jahr seit dem Zeitpunkt der Kenntnisnahme von dem jeweiligen Aufhebungsgrund möglich (§§ 48 IV, 49 II 2 VwVfG). Diese Frist beginnt, wenn die Behörde den Aufhebungsgrund erkannt hat und ihr alle weiteren für die Aufhebung erheblichen Tatsachen bekannt sind[742].

Mit der Baugenehmigung wird nur bestätigt, dass dem Vorhaben keine **öffentlich-rechtlichen Vorschriften** entgegenstehen. Über das Vorliegen privatrechtlicher Hindernisse gibt sie dagegen keine Auskunft. Die baurechtliche Zulässigkeit eines Vorhabens bemisst sich vielmehr unabhängig von der privatrechtlichen Berechtigung des Bauherrn und auch von seinem Eigentum am Baugrundstück ausschließlich nach öffentlichem Recht. Allerdings darf die Baugenehmigungsbehörde einen Bauantrag ohne Sachprüfung mangels eines Bescheidungsinteresses ablehnen, wenn sich – etwa aus einem rechtskräftigen Zivilurteil – ergibt, dass das Grundstück aus zivilrechtlichen Gründen nicht bebaut werden darf[743]. Weiterhin ergeht die Baugenehmigung „unbeschadet der privaten Rechte Dritter" (§ 72 IV MBO[744]), entfaltet ihnen gegenüber also **keine Präklusionswirkung**. Nachbarn und anderen Betroffenen eröffnet sich damit auch nach Unanfechtbarkeit der Bauerlaubnis noch die Möglichkeit eines **zivilgerichtlichen Rechtsschutzes** unmittelbar gegen den Bauherrn (vgl. Rdnr. 387 ff). **309**

Sind die bebauungs- und bauordnungsrechtlichen sowie die sonstigen öffentlich-rechtlichen Vorschriften erfüllt, hat der Bauherr einen **Rechtsanspruch** auf Erteilung der Baugenehmigung. **Maßgeblicher Zeitpunkt** für die Beurteilung der Sach- und Rechtslage ist der Abschluss des Genehmigungsverfahrens bzw. – wenn der Bauherr die Genehmigung gerichtlich erstreiten muss – die letzte mündliche Verhandlung vor Gericht. Nachteilige Rechtsänderungen in der Zwischenzeit gehen zu seinen Lasten[745]; ggf. kann er sich mit Ersatzansprüchen schadlos halten (hierzu Rdnr. 395). War dagegen eine Baugenehmigung schon erteilt und ist sie lediglich von einem Nachbarn angefochten worden, so schadet eine Rechtsänderung, die dann während des Rechtsstreits in Kraft tritt, dem Bauherrn nicht; durch die zunächst erteilte Genehmigung hat er vielmehr eine Rechtsposition erlangt, die ihm entschädigungslos nicht mehr entzogen werden kann[746]. **310**

---

742 BVerwGE 70, 356; NVwZ 1986, 119.
743 BVerwGE 42, 115; 50, 282; VGH BW DÖV 1985, 247; *Finkelnburg/Ortloff*, Bd. 2 S. 123 ff.
744 § 48 III bwLBO; Art. 72 IV BayBO; § 62 V BauO Bln.; § 74 V BbgBO; § 74 II BremLBO; § 69 II 3 HBauO; § 64 V HBO; § 72 IV LBauO M-V; § 75 III 1 BauO NW; § 70 I 2 rhpfLBO; § 77 II 1 saarlLBO; § 70 IV SächsBO; § 74 IV BauO LSA; § 78 IV schlhLBO; § 70 IV ThürBO.
745 BVerwGE 61, 128; *Finkelnburg/Ortloff*, Bd. 2 S. 123; *Hoppe/Bönker/Grotefels*, § 16 Rdnr. 53.
746 *Finkelnburg/Ortloff*, Bd. 2 S. 123; differenzierend *Grziwotz*, AöR 113, 213.

IV *Baurecht*

311 Lässt sich das Bauvorhaben nicht mit dem materiellen Recht vereinbaren, so kann dem vielfach durch die Erteilung von **Ausnahmen** und **Befreiungen** (Dispensen) abgeholfen werden. Entsprechende Regelungen befinden sich nicht nur im BauGB, sondern auch im Bauordnungsrecht[747]. Beide Rechtsinstitute unterscheiden sich dadurch, dass Ausnahmen nur bei nicht zwingenden Vorschriften, Befreiungen dagegen bei zwingenden Vorschriften möglich sind. Als nicht zwingend sind Vorschriften anzusehen, die als Sollvorschriften formuliert sind oder die Zulässigkeit von Ausnahmen ausdrücklich vorsehen[748]. Ausnahme und Befreiung stehen im Ermessen der Bauaufsichtsbehörde; das entspricht der Rechtslage im Städtebaurecht. Anders als dort kann aber im Bauordnungsrecht das Ermessen nicht als Fortsetzung der planerischen Gestaltung im Einzelfall begriffen werden, sondern eröffnet im Wesentlichen nur die Möglichkeit zur Berücksichtigung baunachbarlicher Interessen[749]; im Übrigen wird meist eine Ermessensreduktion eintreten, die dem Bauwilligen einen Anspruch verleiht.

312 Soweit die bauordnungsrechtlichen Vorschriften im Zusammenhang mit Ausnahme und Befreiung auch **Verfahrensrechtliches** regeln, gilt dies grundsätzlich auch für die städtebaulichen Parallelinstitute; das betrifft vor allem Antragserfordernisse und Nachbarbeteiligungen (vgl. § 67 II MBO). Ungeachtet solcher Regelungen wird die Bauaufsichtsbehörde auch ohne ausdrücklichen Antrag allerdings berechtigt und nach Städtebaurecht sogar verpflichtet sein, eine Befreiung in Erwägung zu ziehen, wenn damit einem Bauantrag zum Erfolg verholfen werden kann[750]. Bei genehmigungsfreien Bauvorhaben fordern die Landesbauordnungen meist sowohl für Ausnahmen wie auch für Befreiungen einen Antrag, der dann zu einem selbstständigen Genehmigungsverfahren führt. Die Befreiung hat als eigenständiger, wenngleich regelmäßig in die Baugenehmigung integrierter Verwaltungsakt zu ergehen; wird ein befreiungsbedürftiges Vorhaben ohne ausdrückliche Befreiung genehmigt („stiller Dispens"), ist es zwar formell, aber nicht materiell legal[751]. Wird ein materiell illegales Bauwerk durch nachträgliche Befreiung geheilt, liegt darin zugleich auch eine Änderung der ursprünglichen Baugenehmigung.

313 Neuerdings führen einige Bauordnungen, ebenso wie jetzt auch § 67 MBO, Ausnahme und Befreiung sowie die weitgehend schon früher mögliche Abweichung von technischen Bauvorschriften in einem neuen bauordnungsrechtlichen Rechtsinstitut der **Abweichung** zusammen[752]. Derartige Abweichungen sollen zulässig sein, wenn sie dem Zweck der bauordnungsrechtlichen Anforderung in gleicher Weise entsprechen, die nachbarlichen Interessen nicht beeinträchtigen und mit den öffentlichen Belangen vereinbar sind. Diese Zweckorientierung lässt sich mit der Erwägung recht-

---

747 § 56 bwLBO; Art. 70 BayBO; § 61 BauO Bln.; § 72 BremLBO; §§ 66, 67 HBauO; § 70 LBauO M-V; §§ 85, 86 NBauO; § 69 rhpfLBO; § 75 saarLBO; § 68 SächsBO; § 72 BauO LSA; § 76 schl-hLBO; § 68 ThürBO.
748 Vgl. näher *Hahn*, NWVBl. 1990, 116; *Finkelnburg/Ortloff*, Bd. 2 S. 7 ff.
749 *Jäde/Dirnberger/Böhme*, § 68 Rdnr. 7 ff.
750 Vgl. Rdnr. 209 m.w.N. Fn. 376.
751 Vgl. auch *Jäde/Dirnberger/Böhme*, § 68 Rdnr. 74 ff.
752 Art. 70 BayBO; § 72 BbgBO; § 63 HBO; § 73 BauO NW; § 68 ThürBO. Vgl. hierzu *Koch/Molodovsky/Famers*, Art. 70 Anm. 1; *Gädtke/Temme/Heintz*, § 73 Rdnr. 1 ff.

fertigen, dass hierbei von technischem Recht abgewichen wird, dem es im Wesentlichen nur auf ergebnisorientierte Effizienz und weniger auf das hierzu verwendete Mittel ankommt[753].

Die erteilte Baugenehmigung[754] entfaltet **Bindungswirkung**. Damit ist zunächst einmal die Bindung gemeint, die sich aus der Wirksamkeit (§ 43 VwVfG) der Genehmigung ergibt. Der Bauherr wie auch sein Rechtsnachfolger ist berechtigt, so (und nicht anders) zu bauen, wie es die Genehmigung besagt. Die Baubehörde ihrerseits muss das genehmigte Vorhaben dulden, selbst wenn sie die Genehmigung später als rechtswidrig erkennt; sie kann sich allerdings von der Bindungswirkung der Genehmigung durch Rücknahme (§ 48 VwVfG), in anderen Fällen ggf. auch durch Widerruf (§ 49 VwVfG) befreien, muss dann aber in der Regel Entschädigung leisten. Wie jeder andere wirksame Verwaltungsakt genießt die Baugenehmigung darüber hinaus aber **Tatbestandswirkung**, d.h. ihre Regelung wirkt als ein tatbestandliches Element in andere Verwaltungsverfahren hinein und darf dort nicht von anderen Behörden im Wege einer Inzidentprüfung in Frage gestellt werden. So kann bei Vorliegen einer entsprechenden Baugenehmigung eine anschließend beantragte Gaststättenerlaubnis allein aus gaststättenrechtlichen und nicht aus baurechtlichen Gründen versagt werden[755]. Dagegen sind Gerichte – etwa die Zivilgerichte im Amtshaftungsverfahren – nur an die Wirksamkeit der Baugenehmigung gebunden, dürfen also, soweit nicht ein Verwaltungsgericht bereits anders entschieden hat, deren Rechtswidrigkeit feststellen[756]. Soweit sich außerbaurechtliche und baurechtliche Genehmigungstatbestände inhaltlich überschneiden[757], kommt es zu einer **Zuständigkeitskonkurrenz** (Rdnr. 319). Auch in diesem Fall bindet die in der Baugenehmigung zu Tage tretende Beurteilung des ambivalenten Genehmigungstatbestandes seitens der Baugenehmigungsbehörde die andere Behörde bei ihrer Entscheidung, sofern der Genehmigungstatbestand insgesamt einen stärkeren Bezug zum Baurecht als zu der konkurrierenden Rechtsmaterie aufweist[758]; die andere Behörde kann ihrerseits die baurechtlich bereits vorgeprägte Erlaubnis nur bei Vorliegen atypischer, baurechtlich nicht erfasster Eigentümlichkeiten versagen[759].

314

b) Baulast

Eine weitere Möglichkeit, öffentlich-rechtliche Hindernisse für ein Bauvorhaben zu beseitigen, verschafft das Instrument der Baulast (§ 83 MBO[760]). Dabei handelt es sich um eine öffentlich-rechtliche, auf ein Grundstück bezogene Verpflichtung mit dinglicher Wirkung, die insofern einer bürgerlich-rechtlichen Dienstbarkeit gleicht.

315

---

753 *Jäde/Weinl/Dirnberger*, BayVBl. 1994, 321 (323).
754 Nicht dagegen ihre Ablehnung; BVerwGE 84, 11 (14).
755 BVerwGE 80, 259 (261); BVerwG NVwZ 1992, 569.
756 So der BGH in st. Rspr.; vgl. BGH NVwZ 1992, 404. A.A. *Finkelnburg/Ortloff*, Bd. 2 S. 132 f.
757 Z.B. § 4 I Nr. 3 GastG und § 15 I 2 BauNVO.
758 BVerwGE 74, 315 (324 ff); 80, 259 (262).
759 BVerwGE 80, 259 (263); vgl. auch *Finkelnburg/Ortloff*, Bd. 2 S. 131 f.
760 § 71 bwLBO; § 73 BauO Bln.; § 85 BremLBO; § 79 HBauO; § 81 HBO; § 83 LBauO M-V; § 92 NBauO; § 83 BauO NW; § 84 rhpfLBO; § 92 saarlLBO; § 80 SächsBO; § 84 BauO LSA; § 89 schlhLBO; § 80 ThürBO.

IV *Baurecht*

Mit einer Baulast übernimmt der Grundstückseigentümer – freiwillig oder auf Grund einer privatrechtlichen Verbindlichkeit gegenüber einem anderen – die Verpflichtung, auf seinem Grundstück etwas zu tun, zu dulden oder zu unterlassen, was sich nicht schon aus dem öffentlichen Baurecht ergibt. Baulasten treten im Bauordnungsrecht vornehmlich im Zusammenhang mit Zuwegen oder Abstandflächen auf; hier können öffentlich-rechtliche Bindungen des Nachbargrundstücks als Kompensation für den Mangel an Zuwegen oder Abstandflächen auf dem eigenen Grundstück wirken. Bodenrechtlich können Baulasten vor allem durch notwendige Nutzungsbindungen (z.B. §§ 32, 33 und 35 VI BauGB) veranlasst werden[761].

c) Nebenbestimmungen

316 Soweit auf die Erteilung einer Baugenehmigung ein Anspruch besteht, darf sie nur unter den Voraussetzungen des § 36 I VwVfG mit Nebenbestimmungen versehen werden; diese Begrenzung entfällt bei Baugenehmigungen, die von einer im Ermessen der Behörde stehenden Ausnahme oder Befreiung abhängen. Die meisten Bauordnungen (vgl. § 72 III MBO[762]) enthalten über Nebenbestimmungen eigene – freilich mehr oder weniger erschöpfende – gesetzliche Ermächtigungen. Im Hinblick auf die Eigenart der Baugenehmigung und den hinter ihr stehenden Eigentumsschutz kommen nicht in jedem Fall alle denkbaren Nebenbestimmungen in Betracht. So sind zwar Baugenehmigungen durch ihre begrenzte Geltungsdauer (vgl. § 73 MBO) von vornherein befristet, doch wäre im allgemeinen eine **Befristung**, die sich auf das genehmigte Bauwerk selbst oder seine Nutzung bezieht, mit Art. 14 I GG nicht zu vereinbaren; das gleiche gilt auch für den Widerrufsvorbehalt. Typengenehmigungen und die Genehmigung sog. Fliegender Bauten (§ 76 MBO) müssen dagegen befristet und auch mit einem Widerrufsvorbehalt versehen werden. Konsequenterweise wird man eine befristete Baugenehmigung auch dann zuzulassen haben, wenn sie ein – gegenwärtig diskutiertes – bauplanungsrechtliches Baurecht auf Zeit (Rdnr. 81a) umsetzt[763]. Im Übrigen finden sich bei Baugenehmigungen vor allem Auflagen, Bedingungen und der Vorbehalt späterer Auflagen. Die Baubehörde soll auf das Instrument der Nebenbestimmung zurückgreifen, wenn sich auf diese Weise eine sonst erforderliche Ablehnung des Bauantrages vermeiden lässt[764].

317 **Modifizierende Auflagen** sind keine Nebenbestimmungen i.S. des § 69 III MBO. Mit ihnen erhält der Antragsteller substanziell („vorhabenbezogen") weniger oder etwas anderes, als er beantragt hat, während er durch die (echte) Auflage zu der Genehmigung, die inhaltlich seinem Antrag entspricht, eine zusätzliche („vorhabenverbundene") und selbstständig durchsetzbare Belastung erfährt[765]. Die „Auflage", an Stelle des beantragten Satteldaches ein Flachdach zu errichten, stellt eine modifizierende

---

761 Zum Ganzen *Hoppenberg*, A 215 ff; *Stüer*, B 1340 ff.
762 Vgl. § 58 IV bwLBO; Art. 72 III BayBO; § 74 IV BbgBO; § 74 IV BremLBO; § 69 II HBauO; § 70 III HBO; § 72 III LBauO M-V; § 75 II NBauO; § 68 I, II rhpfLBO; § 77 III saarlLBO; § 70 III SächsBO; § 74 III BauO LSA; § 78 III schlhLBO; § 70 III ThürBO.
763 Hierzu näher *Pietzcker*, NVwZ 2001, 968 (974 f).
764 *Finkelnburg/Ortloff*, Bd. 2 S. 134.
765 Vgl. auch *Hoppe/Bönker/Grotefels*, § 16 Rdnr. 57; *Finkelnburg/Ortloff*, Bd. 2 S. 135 f.

Bauordnungsrecht **IV D**

Auflage dar. Die Unterscheidung ist freilich nicht immer leicht zu treffen. Die Modifizierung der Genehmigung bedeutet die Ablehnung der beantragten und die Erteilung einer (so) nicht beantragten Erlaubnis. Sie ist darum rechtswidrig, solange der Bauherr nicht entweder einen entsprechenden Antrag nachholt oder von der erteilten Genehmigung Gebrauch macht (vgl. § 45 I Nr. 1 VwVfG). In der Praxis ist die (leicht) modifizierte Auflage beliebt, wenn sich dadurch die Versagung der Baugenehmigung vermeiden lässt. Im Übrigen spielt die Unterscheidung von echter und modifizierender Auflage vor allem eine Rolle bei der Frage nach der selbstständigen Anfechtbarkeit von Nebenbestimmungen (vgl. Rdnr. 345).

3. Genehmigungsverfahren und Bauüberwachung

a) Genehmigungsverfahren

Das **Baugenehmigungsverfahren** ist stark formalisiert. Es beginnt im Regelfall mit der Stellung eines schriftlichen **Bauantrages**, dem die für die Beurteilung des Bauvorhabens erforderlichen Unterlagen beizufügen sind (§ 68 I, II MBO). Diese **Bauvorlage** muss regelmäßig von einem bauvorlageberechtigten Entwurfsverfasser (Architekt oder Ingenieur) unterzeichnet sein (§ 65 MBO). Über Art, Inhalt, Beschaffenheit und Zahl der Bauvorlagen finden sich nähere Regelungen in den Bauvorlage- bzw. Bauprüfverordnungen der Länder. Der Bauantrag wird in einigen Ländern bei der Gemeinde eingereicht, die ihn dann mit einer Stellungnahme versehen an die Bauaufsichtsbehörde als die zuständige Genehmigungsbehörde weiterleitet[766]. § 68 I MBO und die übrigen Landesbauordnungen[767] sehen den umgekehrten Weg vor. In beiden Fällen erhält die **Gemeinde** Gelegenheit, über die Erteilung eines ggf. erforderlichen Einvernehmens zu entscheiden (§ 36 I 1 BauGB); auch ist sichergestellt, dass sie noch rechtzeitig vor Erteilung der Baugenehmigung über Maßnahmen zur Sicherung der Bauleitplanung befinden kann (§ 36 I 3 BauGB). Trifft die Gemeinde binnen zwei Monaten keine Entscheidung, gilt ihr Einvernehmen als erteilt (§ 36 II 2 BauGB); das rechtswidrig verweigerte Einvernehmen kann ersetzt werden (Rdnr. 187 ff). 318

Ist die Genehmigung von der Mitwirkung einer **anderen Stelle** abhängig oder berührt sie deren Aufgabenbereich, hat die Baugenehmigungsbehörde den Bauantrag auch an diese Stelle weiterzuleiten und sie in der landesrechtlich vorgeschriebenen Weise zu beteiligen[768]. Diese Beteiligungspflicht erfasst unterschiedliche Fälle einer fachbehördlichen Mitwirkung am Baugenehmigungsverfahren[769]. Verschiedentlich bedarf es für das Bauvorhaben außer der Baugenehmigung noch einer weiteren, **selbstständigen Gestattung** (Genehmigung, Bewilligung, Ausnahmeerteilung, Be- 318a

---

766 § 52 I bwLBO; Art. 74 I BayBO; § 68 I BbgBO; § 71 I NBauO; § 62 I rhpfLBO; § 70 I 2 schlhLBO.
767 § 66 LBauO M-V; § 69 BauO NW; § 71 saarlLBO; § 64 I SächsBO; § 68 I BauO LSA; § 64 I ThürBO.
768 § 69 MBO; § 53 bwLBO; Art. 69 I BayBO; § 60 BauO Bln.; § 71 BremLBO; § 66 HBauO; § 69 I LBauO M-V; § 73 NBauO; § 72 BauO NW; § 64 V rhpfLBO; § 72 II saarlLBO; § 67 SächsBO; § 71 II, III BauO LSA; § 73 I schlhLBO; § 67 I ThürBO.
769 Zum Folgenden ausführlich *Gädtke/Temme/Heintz*, § 72 Rdnr. 77 ff.

IV *Baurecht*

freiung)[770]; ohne ihr Vorliegen darf das Bauvorhaben nicht verwirklicht werden. In anderen Fällen geht es innerhalb des Baugenehmigungsverfahrens um eine **fachbehördliche Vereinbarkeitskontrolle**; sie ist regelmäßig als fachbehördliches Zustimmungserfordernis ausgestaltet und ist dann Bestandteil eines gestuften Genehmigungsverfahrens[771]. Handelt es sich um landesrechtliche Zustimmungserfordernisse, kann der Zustimmungsbehörde nach Landesbauordnungsrecht[772] für die Entscheidung eine Frist von ein bzw. zwei Monaten gesetzt werden, bei deren ergebnislosem Ablauf die Zustimmung fingiert wird; das gleiche gilt für die ggf. erforderliche Herstellung des Benehmens[773]. Schließlich hat in verschiedenen Fällen die Beteiligung anderer Stellen lediglich die Funktion zu klären, wieweit die von ihnen verwalteten **Belange berührt** sind; auch hier wird landesrechtlich meist bestimmt, dass die Baugenehmigungsbehörde bei Nichtäußerung der anderen Behörde binnen Monatsfrist davon ausgehen kann, dass diese Belange nicht berührt sind[774]. Eine **Konzentrationswirkung** in dem Sinne, dass nach anderen Gesetzen erforderliche Genehmigungen ersetzt würden, kommt der Baugenehmigung nicht zu[775]. Umgekehrt schließen andere Genehmigungen (vgl. etwa § 13 BImSchG) gelegentlich durchaus die Baugenehmigung ein und machen dann ein besonderes Baugenehmigungsverfahren überflüssig (§ 60 I, II MBO[776]).

318b Schließlich sind auch die **Nachbarn** (Angrenzer) vor der Erteilung einer Befreiung zu beteiligen, soweit zu erwarten ist, dass ihre öffentlich-rechtlich geschützten nachbarlichen Belange berührt werden (§ 70 MBO[777]); die bauordnungsrechtlichen Beteiligungsvorschriften sind gegenüber § 28 VwVfG spezieller. Das Beteiligungsgebot soll den Nachbarn schützen. Seine Verletzung macht ihn klagebefugt, doch sind materiellrechtlich die §§ 45, 46 VwVfG zu berücksichtigen[778]. Verschiedentlich wälzen Bauordnungen neuerdings jedoch die Last, sich mit den Nachbarn zu verständigen, auf den Bauherren ab[779].

319 Das **materiell-rechtliche Prüfungsprogramm** der Baugenehmigungsbehörde reicht grundsätzlich nur so weit wie ihre Entscheidungskompetenz[780]. Soweit die Errichtung oder der Betrieb einer baulichen Anlage über das Baurecht hinaus gesetzlichen Anforderungen unterliegen, deren Einhaltung nicht durch besondere Genehmigungsvor-

---

770 Vgl. etwa §§ 8 I, 8a I, 9 VIII, 9a V FStrG. Zu § 9 FStrG (a.F.) BVerwGE 19, 238; zu § 12 LuftVG (a.F.) BVerwGE 21, 354.
771 So u.a. nach § 36 I 4 BauGB, § 9 II FStrG.
772 Vgl. u.a. Art. 69 I 4 BayBO; § 72 II 1 BauO NW; § 67 IV 3 SächsBO. Ebenso die bundesrechtliche Zustimmungsfiktion nach § 36 II 2 BauGB.
773 Insoweit vergleichbar die landesrechtliche Vorschrift des § 21 III 1, 2 BNatSchG.
774 Art. 69 I 3 BayBO; § 72 II 2 BauO NW; § 67 IV 4 SächsBO.
775 So ausdrücklich § 70 II 2 HBO; § 75 III 2 BauO NW; vgl. auch *Finkelnburg/Ortloff*, Bd. 2 S. 99; *Jäde/Dirnberger/Böhme*, § 70 Rdnr. 26. Sonderfälle bei *Koch/Molodovsky/Famers*, Art. 62 Anm. 5.
776 Vgl. näher *Finkelnburg/Ortloff*, Bd. 2 S. 95 ff, 98 f.
777 Vgl. im Einzelnen § 55 bwLBO; Art. 71 BayBO; § 73 BbgBO; § 73 BremLBO; § 68 HBauO; § 95 HBO; § 71 LBauO M-V; § 72 NBauO; § 74 BauO NW; § 73 saarlLBO; § 69 SächsBO; § 73 BauO LSA; § 68 schlHLBO.
778 Teilw. a.A. *Finkelnburg/Ortloff*, Bd. 2 S. 250 ff.
779 Art. 71 BayBO; § 66 I rhpfLBO; § 69 I ThürBO.
780 *Finkelnburg/Ortloff*, Bd. 2 S. 97; *Gädtke/Temme/Heintz*, § 75 Rdnr. 86; *Koch/Molodovsky/Famers*, Art. 62 Anm. 6.3.1.

behalte gesichert sind, obliegt es der Bauaufsichtsbehörde, die Vereinbarkeit der Anlage auch mit diesen Vorschriften zu prüfen. So muss sie beispielsweise den Bauantrag für eine immissionsschutzrechtlich nicht genehmigungsbedürftige Anlage (vgl. § 4 BImSchG) ablehnen, wenn vom Betrieb dieser Anlage schädliche Umwelteinwirkungen ausgehen würden, die nach dem Stand der Technik vermeidbar sind (§ 22 I Nr. 1 BImSchG)[781]. Die Pflicht zur Prüfung entfällt, soweit diese in einem anderen Genehmigungsverfahren zu erfolgen hat[782]. Hier steht der Baugenehmigungsbehörde nur eine **Vorprüfungskompetenz** zu; sie darf darum von sich aus die Baugenehmigung nur versagen, wenn das Bauvorhaben offensichtlich fachgesetzlichen Anforderungen nicht entspricht[783]. Über eine schon getroffene – positive oder negative – Entscheidung der Fachbehörde darf sie sich in keinem Fall hinwegsetzen[784]. Im Übrigen hat die Baugenehmigungsbehörde nur zu prüfen, ob erforderliche fachbehördliche Entscheidungen – real oder fiktiv – vorliegen[785].

Diese **Konkurrenz paralleler Anlagegenehmigungen** (vgl. Rdnr. 314) kann im Einzelfall zu Abgrenzungsschwierigkeiten führen[786], wenn etwa in beiden Genehmigungsverfahren Immissionsschutzbelange zu berücksichtigen sind. In diesem Fall wird es darauf ankommen, zu welchem Regelungszusammenhang ein stärkerer Bezug besteht. Die Bauaufsichtsbehörde ist zuständig, wenn die Immissionen mit der baulichen Anlage selbst in Zusammenhang stehen; gehen sie dagegen von einer betrieblichen Tätigkeit aus, die ohne baulichen Bezug für sich genommen einer Genehmigungspflicht unterliegt, so entscheidet abschließend die konkurrierende Behörde[787]. Ähnlich stellt sich das Verhältnis von baurechtlicher und gaststättenrechtlicher Erlaubnis bei der Errichtung und beim Betrieb von Gaststätten dar[788]. Auch hier sind von beiden Seiten her immissionsschutzrechtliche Probleme zu bedenken. Auch in weiterer Hinsicht kommt es auf die nachbarschaftliche Verträglichkeit eines Gaststättenbetriebes an; sie ist einerseits städtebaulich relevant, spielt aber auch – unter betriebsbezogenem Aspekt – für die gaststättenrechtliche Bewertung eine Rolle. **319a**

Wenn bauaufsichtliche und fachbehördliche Prüfungs- und Entscheidungskompetenzen konkurrieren, darf die Baugenehmigungsbehörde mit ihrer Entscheidung nicht in den Kompetenzbereich der jeweils anderen Behörde eindringen. Dies bedeutet indes nicht, dass die Baugenehmigung erst als **Schlusspunkt** aller einschlägigen Verfahren erteilt werden darf[789]. Der materiellrechtliche Vorbehalt des Fachrechts besagt nur, dass ohne die fachbehördliche Gestattung mit dem Bauvorhaben nicht begonnen wer- **320**

---

781 BVerwG DVBl. 1987, 903 (904).
782 BVerwGE 74, 315.
783 *Finkelnburg/Ortloff*, Bd. 2 S. 100; *Jäde/Dirnberger/Böhme*, § 70 Rdnr. 27; *Gädtke/Temme/Heintz*, § 75 Rdnr. 86.
784 *Koch/Molodovsky/Famers*, Art. 62 Anm. 6.3.2.
785 Insoweit hat die a.A. von *Mampel*, BauR 2002, 719 (722) ihre Berechtigung.
786 *Gaentzsch*, NJW 1986, 2787; *Ortloff*, NJW 1987, 1665.
787 BVerwGE 74, 315 (324 ff); a.A. BayVGH DVBl. 1993, 665.
788 Einzelheiten bei *Jäde/Dirnberger/Böhme*, § 70 Rdnr. 73 ff; *Koch/Molodovsky/Famers*, Art. 62 Anm. 6.3.2; *Gädtke/Temme/Heintz*, § 75 Rdnr. 84 f. Vgl. auch BVerwGE 80, 258.
789 So die früher h.M.; vgl. BVerwGE 26, 287; BayVGH BayVBl. 1984, 566; referierend m.w.N. *Finkelnburg/Ortloff*, Bd. 2 S. 100 ff; *Brohm*, § 28 Rdnr. 13; *Hoppe/Bönker/Grotefels*, § 16 Rdnr. 48.

IV Baurecht

den darf[790]; dieses „spezialgesetzliche Bauverbot" hat für sich genommen jedoch keine verfahrensrechtlichen Konsequenzen[791]. Dem Landesgesetzgeber steht es vielmehr frei, wie er den Vorbehalt des Fachrechts bauordnungsrechtlich sicherstellt. Die früher gebräuchliche Wendung, dass die Bauerlaubnis zu erteilen sei, wenn öffentlich-rechtliche Vorschriften dem Bauvorhaben nicht entgegenstehen, stützte die Vorstellung von einer Pflicht der Baugenehmigungsbehörde, sich vor der Erteilung der Bauerlaubnis des Vorliegens aller zusätzlich erforderlichen öffentlich-rechtlichen Genehmigungen und Erlaubnisse zu vergewissern; die Baugenehmigung hatte insoweit die Bedeutung einer vollständigen **Baufreigabe**[792]. Soweit das Landesbauordnungsrecht an der herkömmlichen Umschreibung der baurechtlichen Genehmigungsvoraussetzungen uneingeschränkt festhält, kann eine Baugenehmigungsbehörde, will sie nicht gegen materielles Recht verstoßen, vor dem unanfechtbaren Vorliegen aller sonstigen Gestattungen die Baugenehmigung nur unter aufschiebender Bedingung erteilen (**modifizierende Schlußpunkttheorie**)[793]; § 36 I VwVfG ist hierfür die Rechtsgrundlage[794]. Eine ähnliche Wirkung hat es, wenn das Gesetz selbst über die Baugenehmigung hinaus noch eine besondere Baufreigabe verlangt, die ihrerseits erst bei Vorliegen aller weiteren erforderlichen Gestattungen ausgesprochen werden darf (Rdnr. 321)[795]. Verschiedentlich beschränkt **neueres Landesbauordnungsrecht**[796] nunmehr mit der bauaufsichtsbehördlichen Prüfungspflicht auch die Feststellungs- und Gestaltungswirkung der Baugenehmigung auf spezifisch baurechtliche Zulässigkeitsvoraussetzungen (Rdnr. 307). In solchen Fällen ist es jedoch angebracht, zugleich mit der Baugenehmigung auf das Erfordernis der Einholung noch ausstehender Gestattungen hinzuweisen[797].

321 Das Genehmigungsverfahren endet, wenn alle rechtlichen Voraussetzungen erfüllt sind, mit der Erteilung der Erlaubnis; hierfür wird ein **Bauschein** ausgestellt. Soweit nach Landesbauordnungsrecht der Baubeginn einen Baufreigabeschein erfordert[798], sind feststellender und verfügender Teil der Baugenehmigung (Rdnr. 307) auf zwei Verfügungen verteilt. Die Gemeinde ist, wenn sie nicht selbst Baugenehmigungsbehörde ist, von der Erteilung der Erlaubnis zu unterrichten (§ 72 V MBO). Je nach dem Inhalt der Genehmigung empfiehlt es sich – schon im Hinblick auf die dann in Gang gesetzte Rechtsbehelfsfrist (vgl. § 43 I VwVfG, §§ 58, 70 VwGO) –, die Genehmigung auch den Nachbarn bekannt zu geben; im Falle des § 70 IV

---

790 BVerwGE 99, 351 (355) im Anschluss an SächsOVG SächsVBl. 1995, 265. Jetzt auch OVG NW NVwZ-RR 2001, 289; BauR 2002, 451; OVG MV DÖV 2003, 593.
791 A.A. (Baugenehmigungsverbot vor Beseitigung des spezialgesetzlichen Bauverbots) *Brohm*, § 28 Rdnr. 15.
792 *Mampel*, BauR 2002, 719 (723); a.A. BayVGH (gr. Senat) NVwZ 1994, 304.
793 SächsOVG SächsVBl. 1995, 269; *Finkelnburg/Ortloff*, Bd. 2 S. 102.
794 *Finkelnburg/Ortloff*, Bd. 2 S. 102.
795 § 59 I bwLBO; § 74 VII BbgBO; § 70 II SächsBO (a.F.).
796 Zur BayBO *Koch/Molodovsky/Famers*, Art. 72 Anm. 3.1 und 3.3.1; zur BauO NW *Gädtke/Temme/Heintz*, § 75 Rdnr. 8, 81 ff; zur SächsBO *Jäde/Dirnberger/Böhme*, § 70 Rdnr. 36 ff. Vgl. weiterhin u.a. auch § 58 I bwLBO; § 63 I HBO; § 75 I NBauO; § 72 I LBauO M-V.
797 So etwa nach § 70 I 4 SächsBO.
798 § 59 I bwLBO; § 47 VII BbgBO; vgl. hierzu *Finkelnburg/Ortloff*, Bd. 2 S. 119.

MBO[799] ist die Zustellung obligatorisch. Eine Genehmigung kann auch vorab für einzelne Bauteile oder Bauabschnitte erteilt werden (**Teilbaugenehmigung**, § 74 MBO[800]); soweit hiermit die Genehmigung des Gesamtvorhabens präjudiziert wird (das gilt vor allem in bebauungsrechtlicher, aber auch in bauordnungsrechtlicher Hinsicht), muss dessen Zulässigkeit zu diesem Zeitpunkt schon feststehen[801]. Für Bauelemente, die bei verschiedenen Bauvorhaben in gleicher Weise Verwendung finden, ist eine **Typengenehmigung**[802] möglich; sie erübrigt im jeweiligen Baugenehmigungsverfahren die nochmalige Prüfung der technischen Eignung des Bauelements.

Die **Geltungsdauer** einer Baugenehmigung ist in den Ländern unterschiedlich auf ein bis vier Jahre festgesetzt, kann aber auf schriftlichen Antrag verlängert werden (vgl. § 73 MBO). Die Baugenehmigung gilt auch für und gegen den Rechtsnachfolger des Bauherrn, hat also „dinglichen" Charakter[803]. Die **Rechtsnachfolge** erstreckt sich auch auf belastende Nebenbestimmungen wie etwa Auflagen. Um eine Auflage auch gegen den Rechtsnachfolger vollzugsfähig zu machen, muss die Behörde ihm gegenüber indes noch einen neuen Verwaltungsakt erlassen; hiergegen kann der Rechtsnachfolger nur geltend machen, dass eine Rechtsnachfolge in die Pflichten des Vorgängers überhaupt nicht stattgefunden habe[804].

322

b) Bauvorbescheid

Dem förmlichen Bauantrag kann eine **Voranfrage** vorausgehen, auf die ein Vorbescheid zu erteilen ist (§ 75 MBO[805]). Die Voranfrage ermöglicht dem Bauwilligen, einzelne umstrittene Fragen zur Zulässigkeit seines Bauvorhabens vor der Verwaltung und ggf. auch vor den Verwaltungsgerichten verbindlich klären zu lassen, ohne hierzu die möglicherweise umfangreichen Kosten für die Ausarbeitung aller zum Bauantrag erforderlichen Unterlagen auf sich nehmen zu müssen[806]. Eine Voranfrage ist darum vor allem dann von Nutzen, wenn zunächst nur die Frage entschieden werden soll, ob ein Grundstück nach den §§ 29 ff BauGB überhaupt bebaubar ist (sog. **Bebauungsgenehmigung**[807]). Der Vorbescheid ist nicht nur die Zusage, sondern ein

323

---

799 § 58 I 5 bwLBO; Art. 71 I 6 BayBO; § 73 V BbgBO; § 73 II BremLBO; § 68 IV 6 HBauO; § 69 HBO; § 71 IV LBauO M-V; § 75 IV, V NBauO; § 74 IV 1 BauO NW; § 68 III 2 rhpfLBO; § 69 IV SächsBO; § 73 IV BauO LSA; § 77 V schlhLBO; § 69 ThürBO.
800 § 61 bwLBO; Art. 76 BayBO; § 63 BauO Bln.; § 75 BbgBO; § 75 BremLBO; § 69 IV HBauO; § 71 HBO; § 73 LBauO M-V; § 76 NBauO; § 76 BauO NW; § 70 rhpfLBO; § 78 saarlLBO; § 71 SächsBO; § 75 BauO LSA; § 79 schlhLBO; § 71 ThürBO.
801 *Finkelnburg/Ortloff*, Bd. 2 S. 142 f; vgl. auch *Battis*, S. 261.
802 § 68 bwLBO; § 65 BauO Bln.; § 77 BremLBO; § 72 HBauO; § 73 HBO; § 75 LBauO M-V; § 83 NBauO; § 78 BauO NW; § 72 rhpfLBO; § 79 saarlLBO; § 73 SächsBO; § 77 BauO LSA; § 81 schlhLBO; § 73 ThürBO.
803 Zu besonderen Konstellationen *Guckelberger*, VerwArch 1999, 499.
804 HessVGH DÖV 1985, 986.
805 § 57 bwLBO; Art. 75 BayBO; § 59 BauO Bln.; § 76 BbgBO; § 69 BremLBO; § 65 HBauO; 3 65 HBO; § 68 LBauO M-V; § 74 NBauO; § 71 BauO NW; § 69 rhpfLBO; § 76 saarlLBO; § 66 SächsBO; § 70 BauO LSA; § 72 schlhLBO; § 66 ThürBO.
806 Vgl. *Finkelnburg/Ortloff*, Bd. 2 S. 141 f.
807 BVerwGE 48, 242 (244 f) 68, 241 (243); 69, 1; vgl. weiterhin *Finkelnburg/Ortloff*, Bd. 2 S. 139 f; *Brohm*, § 28 Rdnr. 29; *Koch/Molodosky/Famers*, Art. 75 Anm. 5.2.

vorweggenommener Teil der Baugenehmigung selbst mit allerdings nur feststellender und nicht schon verfügender Wirkung[808]. Nach Eintritt seiner Bestandskraft kann die in ihm enthaltene Teilregelung auch in einem Verfahren gegen die spätere Baugenehmigung nicht mehr angefochten werden, da sie dort nur noch als redaktionelle Übernahme erscheint; eine Klage ist insoweit unbegründet[809]. Der Nachbar ist also gehalten, grundsätzliche Einwendungen gegen die Bebaubarkeit des Grundstücks bereits gegenüber der Bebauungsgenehmigung geltend zu machen. Auch eine schon vor Eintritt der Bestandskraft des (angefochtenen) Vorbescheids erlassene Baugenehmigung absorbiert nicht dessen Regelungswirkung wie ein Zweitbescheid, sondern ergänzt ihn nur[810]. Der Bauherr hat darum einen Anspruch darauf, dass sich die Baubehörde bei ihrer Entscheidung über den Bauantrag an den bereits erteilten Vorbescheid hält, selbst wenn er noch nicht bestandskräftig geworden ist[811]. Andererseits wirkt sich die Bestandskraft eines Vorbescheids nicht zu Ungunsten des Bauherrn aus. Ihm kann in einem späteren Baugenehmigungsverfahren nicht entgegengehalten werden, dass ihm bereits die Erteilung eines entsprechenden Vorbescheids unanfechtbar verweigert worden sei; diese Wirkung hat jedoch ein rechtskräftig abweisendes Urteil über die Bauvoranfrage[812]. Der Vorbescheid verliert freilich seine Wirkung, wenn nachfolgend die vollständige Baugenehmigung nicht rechtzeitig während seiner eigenen Geltungsdauer beantragt wird.

324 Der Bauvorbescheid genießt einen der Bauerlaubnis entsprechenden **Bestandsschutz**. Stellt eine Bebauungsgenehmigung die bebauungsrechtliche Zulässigkeit eines Vorhabens fest, so setzt sie sich darum auch gegenüber nachfolgenden Rechtsänderungen infolge des In-Kraft-Tretens einer Veränderungssperre oder eines Bebauungsplanes durch[813]. Freilich besteht unter den Voraussetzungen des § 49 II 1 Nr. 4 VwVfG die Möglichkeit, den Vorbescheid angesichts veränderter Rechtslage zu widerrufen. Widerrufsgrund können indes nur die Neufestsetzungen eines Bebauungsplanes sein; die – vorläufige – Veränderungssperre bewirkt, wie sich aus § 14 III BauGB herleiten lässt, keine Rechtsänderung i.S.d. § 49 II 1 Nr. 4 VwVfG (vgl. Rdnr. 241)[814]. Erleidet der Bauherr bei dem Widerruf durch sein Vertrauen in den Bestand des Vorbescheids einen Vermögensschaden, kann er nach § 49 VI VwVfG hierfür Ersatz verlangen. Dem bereits erteilten Bescheid steht, was den Schutz gegen nachträgliche Rechtsänderungen betrifft, ein rechtskräftiges Verpflichtungsurteil nicht gleich. Betreibt der Bauherr, um doch noch in den Genuss des Bestandsschutzes eines Vorbescheids zu gelangen, die Vollstreckung aus dem Urteil (§ 172 VwGO), kann sich die Baubehörde hiergegen mit der Vollstreckungsgegenklage (§ 167 I VwGO i.V.m. § 767 ZPO) zur Wehr setzen[815].

---

808 BVerwGE 48, 242 (245); 69, 1 (3); *Hoppe/Bönker/Grotefels*, § 16 Rdnr. 67.
809 BVerwGE 68, 241 (243 ff); BVerwG DVBl. 1989, 673 (674).
810 BVerwG NVwZ 1995, 685; anders noch BVerwG NVwZ 1989, 863.
811 BVerwG DVBl. 1989, 673 (674).
812 BwVGH NVwZ 1992, 896.
813 BVerwGE 69, 1; *Battis*, S. 221 m.w.N.
814 *E/Z/B/K*, § 14 Rdnr. 61, 65; *B/K/L*, § 14 Rdnr. 21; *Jäde/Dirnberger/Böhme*, § 66 Rdnr. 36.
815 BVerwGE 70, 227.

Bauordnungsrecht **IV D**

Beispiel: A will auf seinem Grundstück einen Verbrauchermarkt errichten, nachdem er zuvor **325**
auf Grund eines gerichtlichen Verpflichtungsurteils eine entsprechende Bebauungsgenehmigung erhalten hat. Inzwischen hat die Gemeinde jedoch eine Veränderungssperre erlassen, die wenige Tage nach Erteilung der Bebauungsgenehmigung in Kraft getreten ist. Unter Hinweis auf diese Sperre wird der Bauantrag des A abgelehnt.

Die Ablehnung ist rechtswidrig; ihr steht die – auf Grund des Verpflichtungsurteils bereits erlassene – Bebauungsgenehmigung entgegen. Diese ist nicht nur die Zusage einer Baugenehmigung, sondern – unter Beschränkung auf die bebauungsrechtliche Zulässigkeit des Bauvorhabens – ein Ausschnitt aus deren feststellendem Teil. Insoweit wird die Bebauungsgenehmigung von § 14 III BauGB erfasst, der baurechtlich genehmigte Vorhaben von der Wirkung einer späteren Veränderungssperre ausnimmt (BVerwGE 69, 1).

c) Überwachung während der Bauausführung

Damit alle an der Errichtung eines Bauwerks Beteiligten (vgl. §§ 52 ff MBO) sich an **326**
Inhalt und Grenzen der Baugenehmigung sowie an die übrigen einschlägigen Vorschriften halten, unterliegt die Bauausführung während ihrer ganzen Dauer der **Bauüberwachung** (§ 81 MBO[816]). Sie bezieht sich allerdings nur auf genehmigungspflichtige Vorhaben; soweit landesrechtlich ein vereinfachtes Genehmigungsverfahren (vgl. Rdnr. 301) eingeführt worden ist, beschränkt sie sich auf die Einhaltung der auch dort zu berücksichtigenden Normen[817]. Weitere Beschränkungen der Bauüberwachung ergeben sich, wenn das Landesrecht die Einhaltung der Bauvorschriften bei Vorlage entsprechender Sachverständigennachweise fingiert[818]. Im Übrigen erstreckt sich die Bauüberwachung vor allem auf die Einhaltung der öffentlich-rechtlichen Vorschriften und Anforderungen und die ordnungsgemäße Erfüllung aller Pflichten der am Bau Beteiligten. Überwachungsmaßnahmen liegen im pflichtgemäßen Ermessen der Bauaufsichtsbehörde; sie können sich auch auf Stichproben beschränken. Die Behördenbediensteten haben das Recht, die Baustelle zu betreten (§ 59 IV MBO), Einblick in die Bauunterlagen zu nehmen und – auch auf Kosten des Bauherrn – Proben von Baustoffen und Bauteilen zu entnehmen. Förmliche Abschnitte der Bauüberwachung stellen die **Bauzustandsbesichtigungen** (§ 82 MBO[819]) dar, die an die Stelle der früheren Bauabnahmen[820] getreten sind. Sie stehen bei der Fertigstellung des Rohbaus und der abschließenden Fertigstellung an, sind aber nicht obligatorisch, sondern dem pflichtmäßigen Ermessen der Behörde überlassen.

---

816 § 66 bwLBO; Art. 78 BayBO; § 71 BauO Bln.; § 83 BbgBO; § 83 BremLBO; § 77 HBauO; § 79 HBO; § 81 LBauO M-V; § 79 NBauO; § 81 BauO NW; § 75 rhpfLBO; § 83 saarlLBO; § 78 SächsBO; § 82 BauO LSA; § 87 schlhLBO; § 78 ThürBO.
817 Vgl. § 67 V BremLBO; § 63 VI 3 LBauO M-V; § 68 VIII BauO NW; § 65 IV rhpfLBO; § 62a SächsBO; § 66 VIII BauO LSA; § 62a VI ThürBO.
818 Vgl. Art. 78 II BayBO.
819 Vgl. Art. 79 III-VI BayBO; § 72 BauO Bln.; § 84 BbgBO; § 80 HBO; § 82 LBauO M-V; § 83 BauO NW; § 76 rhpfLBO; § 84 saarlLBO; § 79 SächsBO; § 83 BauO LSA; § 88 schlhLBO; § 79 ThürBO.
820 Gegenwärtig noch § 67 bwLBO; § 84 BremLBO; § 78 HBauO; § 80 NBauO.

4. Bauaufsichtliche Eingriffsbefugnisse

a) Grundlagen

327 Soweit **repressive Maßnahmen** zur Beseitigung baurechtswidriger Zustände geboten sind, kommt die – formelle – **bauordnungsrechtliche Generalklausel** des § 58 II MBO bzw. der entsprechenden landesrechtlichen Bestimmungen[821] zur Anwendung. Sie weist den Bauaufsichtsbehörden die Aufgabe zu, darüber zu wachen, dass die baurechtlichen und sonstigen öffentlich-rechtlichen Vorschriften und Anordnungen über Bauwerke, seien sie nun genehmigungsbedürftig oder nicht[822], eingehalten werden; ergänzend bestimmt sie, dass die Behörden in Erfüllung ihrer Aufgaben nach pflichtgemäßen Ermessen die erforderlichen Maßnahmen zu treffen haben[823]. Dieser zweite Teil der Generalklausel wird von der h.M. als Befugnisnorm für die Bauaufsichtsbehörden und als **Eingriffsermächtigung** zum Erlaß bauordnungsrechtlicher Verfügungen verstanden[824]; ein Rückgriff auf das allgemeine Polizei- und Ordnungsrecht und dessen Generalklauseln erübrigt sich insoweit[825]: Allerdings ist die bauordnungsrechtliche Generalklausel weniger präzise als ihr polizeirechtliches Gegenstück. Sie differenziert nicht nach abstrakten und konkreten Gefahrenlagen und lässt nicht unmittelbar erkennen, dass nur eine konkrete, d.h. im Einzelfall bestehende Gefahr eine bauordnungsrechtliche Verfügung rechtfertigt. Zu den Rechtsvorschriften, über deren Einhaltung die Bauaufsichtsbehörden wachen sollen, gehört auch die materiell-rechtliche Generalklausel des § 3 I MBO und entsprechenden Landesrechts (Rdnr. 290). Danach obliegt dem Eigentümer die Pflicht, die ihm gehörenden baulichen Anlagen so zu unterhalten, dass die öffentliche Sicherheit und Ordnung nicht gefährdet werden. Insofern erfüllt jede von einem Gebäude ausgehende Gefahr für die öffentliche Sicherheit oder Ordnung den bauordnungsrechtlichen Ermächtigungstatbestand. Ein Verstoß gegen bestimmte baurechtliche Vorschriften braucht hierbei nicht vorzuliegen. Andererseits gilt – wie im allgemeinen Polizei- und Ordnungsrecht – jeder Baurechtsverstoß für sich genommen bereits als Gefahr für die öffentliche Sicherheit, ohne dass darüber hinaus eine konkrete Gefahr für andere Schutzgüter nachgewiesen werden muss.

328 Für die wichtigsten Fälle repressiver Bauaufsicht – Baueinstellungs- und Abbruchsverfügungen – finden sich in fast allen Bauordnungen **Spezialermächtigungen**[826]. In

---

821 Vgl. o. Fn. 713.
822 So ausdrücklich § 50 V bwLBO; Art. 63 VI BayBO; § 56 VII BauO Bln.; § 67 BbgBO; § 65 VI BremLBO; § 61 II HBauO; §§ 64 I 3, 65 V LBauO M-V; §§ 69 VI, 69a XI, 70 IV i.V.m. 69 VI NBauO; § 65 IV BauO NW; §§ 61 III, 65a IV i.V.m. 61 III rhpfLBO; § 63 V SächsBO; § 67 VI BauO LSA; § 3 I i.V.m. 1 I 2 ThürBO.
823 § 58 II 2 MBO und entsprechendes Landesrecht (vgl. Fn 713). Abweichend § 89 NBauO und teilw. auch § 61 II HBO.
824 Vgl. u.a. *Brohm*, § 29 Rdnr. 17 f; *Hoppe/Bönker/Grotefels*, § 16 Rdnr. 80.
825 *Drews/Wacke/Vogel/Martens*, Gefahrenabwehr (9. Aufl. 1986), S. 171; *Götz*, Allgemeines Polizei- und Ordnungsrecht (12. Aufl. 1995), Rdnr. 594; *Knemeyer*, Polizei- und Ordnungsrecht (9. Aufl. 2002), Rdnr. 487 f; *Gädtke/Temme/Heintz*, § 61 Rdnr. 17.
826 §§ 79, 80 MBO; vgl. weiterhin §§ 64, 65 bwLBO; Art. 81, 82 BayBO; §§ 69, 70 BauO Bln.; §§ 81, 82 BbgBO; §§ 81, 82 BremLBO; §§ 75, 76 HBauO; § 77 HBO; §§ 79, 80 LBauO M-V; § 89 NBauO; §§ 77-78a rhpfLBO; §§ 86-88 saarlLBO; §§ 76, 77 SächsBO; § 81 BauO LSA; §§ 85, 86 schlhLBO; §§ 76, 77 ThürBO.

Nordrhein-Westfalen, wo es hieran fehlt, greift man auch insoweit auf die Generalklausel zurück[827]. Hierfür spricht, wenn schon nicht die Überschrift der einschlägigen Gesetzesvorschrift[828], so doch immerhin der Umstand, dass hier genauso wie in den Parallelvorschriften der übrigen Länder wenigstens ansatzweise auch von Befugnissen der Bauaufsichtsbehörden die Rede ist. Die Spezialvorschriften des Bauordnungsrechts beschränken sich indes meist auf Maßnahmen gegen formell oder materiell rechtswidriges Bauen und versagen bei baurechtswidrigen Zuständen, die ohne Zutun des Pflichtigen, etwa altersbedingt oder auf Grund äußerer Einflüsse entstanden sind. Auch insoweit kommen wieder die bauordnungsrechtlichen Generalklauseln (vgl. §§ 58 II, 3 I MBO) zur Anwendung; die Gegenansicht[829] greift mit demselben Ergebnis auf die polizeiliche Generalklausel zurück.

Adressaten bauordnungsrechtlicher Eingriffsmaßnahmen sind in erster Linie der Bauherr selbst und sodann im Rahmen ihres Wirkungskreises die übrigen am Bau Beteiligten (§§ 52 ff MBO). Das Bauordnungsrecht bindet also, ähnlich wie das allgemeine Polizei- und Ordnungsrecht, die ordnungsrechtliche Verantwortung an das Merkmal der Verursachung, differenziert hierbei aber stärker nach funktionsbedingten Verantwortlichkeitssphären. Im Übrigen haftet der Eigentümer stets als Zustandsverantwortlicher. Veräußert er sein Grundstück oder wird er im Todesfall beerbt, entsteht beim **Rechtsnachfolger** originär eine eigene bauordnungsrechtliche Zustandsverantwortlichkeit. Eine andere Frage ist allerdings, ob der Rechtsnachfolger auch eine bereits gegen seinen Vorgänger erlassene bauordnungsrechtliche Verfügung gegen sich gelten lassen muss. Während bei der Gesamtrechtsnachfolge die §§ 1922, 1967 BGB herangezogen werden können, fehlt es insoweit bei der Einzelrechtsnachfolge vielfach an einem Übergangstatbestand[830], wenn man nicht die Vorschriften über die Rechtsnachfolgefähigkeit der Baugenehmigung selbst (vgl. § 69 II MBO) analog heranziehen will[831]. Die Rspr. behilft sich hier, soweit sie nicht auf ausdrückliche gesetzliche Übergangsregelungen zurückgreifen kann[832], mit der freilich nicht unbedenklichen Konstruktion eines Pflichtüberganges kraft **Dinglichkeit** (Objektbezogenheit) der auf das Baugrundstück gerichteten Verfügung[833]. Das erspart den Erlass einer neuen Verfügung gegen den Rechtsnachfolger und ermöglicht eine schnellere Verwaltungsvollstreckung. Einzelne Vollstreckungsakte wie die Androhung oder Festsetzung eines Zwangsmittels, die bereits gegen den Rechtsvorgänger ergangen

329

---

827 Str.; aber h.M.: OVG NW NWVBL 1987, 19 (20); *Gubelt*, NWVBL 1988, 129 (130); *Gädtke/Temme/Heintz*, § 61 Rdnr. 18. Anders noch OVG NW OVGE 26, 141; 35, 153 (158 f); *Drews/Wacke/Vogel/Martens*, aaO.; S. 171; *Finkelnburg/Ortloff*, Bd. 2 S. 153; *Brohm*, § 29 Rdnr. 6.
828 Vgl. § 61 I BauO NW („Aufgaben und Befugnisse"), sowie *Gubelt*, NWVBL. 1988, 129 (130); *Hoppe/Bönker/Grotefels*, § 16 Rdnr. 80. A.A. *Krebs*, in: Schmidt-Aßmann (Hrsg.), Besonderes Verwaltungsrecht (12. Aufl. 2003), IV Baurecht Rdnr. 219.
829 *Finkelnburg/Ortloff*, Bd. 2 S. 203.
830 HessVGH NJW 1976, 1910; NuR 1986, 126.
831 *Finkelnburg/Ortloff*, Bd. 2 S. 188 f. Hiergegen zu Recht *Guckelberger*, VerwArch 1999, 499 (510).
832 Art. 60 II 3 BayBO; § 80 I 3 LBauO M-V; § 89 II 3 NBauO; § 81 S. 3 rhpfLBO; § 88 III saarlLBO; §§ 76 III, 77 S. 3, 77a S. 2 SächsBO; §§ 76 I 2, 77 I 3 ThürBO.
833 BVerwG NJW 1971, 1624; OVG NW OVGE 38, 291; RhPfOVG NVwZ 1985, 431. Zum Ganzen näher *Schenke*, II: Polizei- und Ordnungsrecht, Rdnr. 187 ff.

sind, wirken dagegen auf Grund ihrer Höchstpersönlichkeit nicht auch gegen den Rechtsnachfolger[834].

330 **Beispiel:** Dem Bauherrn B ist durch bestandskräftige Bauordnungsverfügung unter Androhung der Ersatzvornahme aufgegeben worden, eine formell und materiell illegal errichtete Scheune abzubrechen. Kurz darauf geht das Eigentum an dem Scheunengrundstück infolge eines mehrere Monate zuvor geschlossenen Kaufvertrages auf A über. Kann die Behörde ihre Vollzugsmaßnahmen nun unmittelbar gegen A richten?

Die Eröffnung des Verwaltungsvollzuges setzt voraus, dass die baupolizeiliche Beseitigungsverpflichtung auf den Erwerber A übergegangen ist. Das ist in denjenigen Ländern unproblematisch, in denen es ausdrückliche Regelungen darüber gibt, dass sich baupolizeiliche Verfügungen auch auf den Rechtsnachfolger erstrecken. Im Übrigen ist bei einem Kaufvertrag kein gesetzlicher Übergangstatbestand ersichtlich, der wie bei der Gesamtrechtsnachfolge (§§ 1922, 1967 BGB) die Verpflichtung überleitet. Wenn man nicht mit dem BVerwG die „Dinglichkeit" der Beseitigungsverfügung und damit ihre Akzessorietät zum Eigentum an Grundstück annimmt, muss die Behörde gegen A eine neue Verfügung erlassen. Wenigstens sollte eine Verfügung ergehen, die dem A gegenüber seine Verpflichtung als Rechtsnachfolger klarstellt. Auf keinen Fall dürfte jedoch auch die Androhung der Ersatzvornahme bei A wirksam geworden sein; sie müsste vielmehr ihm gegenüber erneut erfolgen (HessVGH NJW 1976, 1910; DÖV 1985, 986; OVG NW NJW 1980, 415).

b) Formelle und materielle Illegalität

331 Häufiger Anlass für repressive Bauaufsichtsmaßnahmen sind illegale, d.h. ohne die erforderliche Baugenehmigung betriebene Bauvorhaben. Art und Umfang der Maßnahmen hängen davon ab, ob solche **Schwarzbauten** nur formell oder auch materiell illegal sind[835]. Stellt die Behörde fest, dass ein Bauwerk ohne die erforderliche Genehmigung errichtet wird bzw. errichtet worden ist oder dass es von einer erteilten Genehmigung abweicht, kann sie allein wegen dieser **formellen Illegalität** seine Beseitigung noch nicht verlangen. Es wäre unverhältnismäßig und verstieße letztlich auch gegen die eigentumsrechtlich gewährleistete Baufreiheit, wenn ein Bauwerk, das den materiellen Anforderungen des Baurechts entspricht, also materiell legal errichtet worden ist, wieder abgebrochen werden müsste. Wann eine solche **materielle Legalität** bestand – zu Beginn, irgendwann einmal während der Bauausführung oder erst zum Zeitpunkt der bauordnungsrechtlichen Maßnahme – spielt dabei nach herkömmlicher, auf **verfassungsrechtlich gewährleisteten Bestandsschutz** (zur neueren Rechtsentwicklung vgl. Rdnr. 338 ff) abstellenden Ansicht keine Rolle[836]. Die Bauaufsichtsbehörde hat darum als erstes zu prüfen, ob das formell illegale Bauwerk genehmigungsfähig ist oder war. Diese Prüfungspflicht entfällt auch dann nicht, wenn der Bauherr seinen Schwarzbau erst nach bestandskräftiger Ablehnung eines Bauantrags errichtet hat. War die Ablehnung selbst schon rechtswidrig, muss ungeachtet ihrer Bestandskraft doch noch nachträglich eine Baugenehmigung erteilt

---

834 OVG NW OVGE 34, 81.
835 Hierzu näher *Battis*, S. 220 ff; *Finkelnburg/Ortloff*, Bd. 2 S. 168 ff; *Hoppe/Bönker/Grotefels*, § 16 Rdnr. 86.
836 BVerfG NVwZ-RR 2001, 424; BVerwG DVBl. 1979, 67 (69); *Finkelnburg/Ortloff*, Bd. 2 S. 175 f; *Hoppe/Bönker/Grotefels*, § 16 Rdnr. 91; *Brohm*, § 22 Rdnr. 6.

werden[837]. Weiterhin ist zu erwägen, ob nicht durch die nachträgliche Erteilung einer Ausnahme oder eines Dispenses ein rechtmäßiger Zustand hergestellt werden kann. Die für die Prüfung erforderlichen Unterlagen können vom Bauherrn – nötigenfalls auch mit Verwaltungszwang – eingefordert werden[838]. Bis zum Abschluss der Prüfung kann die Fortsetzung der Bauarbeiten verboten (**Einstellungsverfügung**)[839] oder die Ingebrauchnahme untersagt werden (**Nutzungsverbot**)[840]; ist das Bauwerk schon bezogen, wird ein **Räumungsgebot** allerdings nur dann in Betracht kommen, wenn der Aufenthalt in dem betreffenden Haus gesundheitsgefährdend erscheint.

Stellt sich bei der bauaufsichtsrechtlichen Prüfung heraus, dass das formell illegal errichtete Bauwerk **auch materiell illegal** und darum nicht genehmigungsfähig ist, kann eine **Abbruchverfügung**[841] ergehen[842]. Sie steht im Ermessen der Bauaufsichtsbehörde[843]; dies Ermessen kann sich nach den Umständen des konkreten Einzelfalles jedoch in dem Maße reduzieren, dass einzig ein Einschreiten der Behörde als rechtmäßig erscheint[844]. Auf eine solche Ermessensreduktion kann sich auch ein Nachbar berufen, wenn die materielle Illegalität auf der Verletzung nachbarschützender Vorschriften beruht und wenn der Nachbar durch den Schwarzbau auch tatsächlich beeinträchtigt wird[845]. Andererseits wird die Ausübung des Ermessens durch das Verhältnismäßigkeitsgebot und den Gleichheitssatz beschränkt. Die daraus resultierenden Anforderungen dürfen aber nicht überspannt werden. So steht etwa der Umstand, dass der Abbruch hohe Kosten verursachen wird, einem Abbruchgebot nicht zwingend entgegen. Ebensowenig kann der Eigentümer des Schwarzbaus der Behörde entgegenhalten, dass sie andernorts oder gar in der Nachbarschaft andere Schwarzbauten dulde, sofern sich für das behördliche Verhalten sinnvolle Gründe finden lassen. Insbesondere in Gebieten, in denen sich Schwarzbauten häufen (sog. **Problemgebiete**), wird die Behörde nicht stets in einem Zug gegen alle Störer vorgehen können oder wollen; hier genügt es, wenn sie nach einem Konzept planvoll und systematisch vorgeht[846]. Auch wenn die Behörde einen Schwarzbau über längere Zeit hinaus stillschweigend geduldet hat, kann sich der Eigentümer weder auf Verwirkung[847] noch gar auf eine konkludente Genehmigung berufen. Allerdings muss die Behörde die **Duldung** unter dem Gesichtspunkt der Verhältnismäßigkeit bei der Anwendung ihrer Eingriffsbefugnisse berücksichtigen. Eine förmliche Duldung durch Bescheid oder öffentlich-rechtlichen Vertrag darf nur befristet oder unter Widerrufs-

332

---

837 Eingehend hierzu *Battis*, S. 234 f.
838 HessVGH BauR 1983, 241; BayVGH BayVBl. 1984, 278.
839 § 79 MBO und entsprechendes Landesrecht.
840 Str.; vgl. näher *Finkelnburg/Ortloff*, Bd. 2 S. 195 ff; VGH BW NVwZ 1990, 480.
841 § 76 MBO und entsprechendes Landesrecht. In NW muss auf die baurodnungsrechtliche (a.A.: ordnungsbehördliche) Generalklausel zurückgegriffen werden (vgl. Rdnr. 328).
842 Vgl. BVerwG BauR 1996, 828. Ausführlich *Finkelnburg/Ortloff*, Bd. 2 S. 164 ff.
843 Hierzu ausführlich *Finkelnburg/Ortloff*, Bd. 2 S. 181 ff; *Hoppe/Bönker/Grotefels*, § 16 Rdnr. 96 ff; *Brohm*, § 29 Rdnr. 10 ff.
844 OVG Berlin NJW 1983, 777; OVG NW NJW 1984, 883.
845 Ebenso *Finkelnburg/Ortloff*, Bd. 2 S. 254 ff (257 m.w.N.).
846 *Finkelnburg/Ortloff*, Bd. 2 S. 164 ff; OVG Berlin, NVwZ 1990, 176.
847 Ebenso *Brohm*, § 29 Rdnr. 14.

IV *Baurecht*

Bauaufsichtsmaßnahmen bei Schwarzbauten

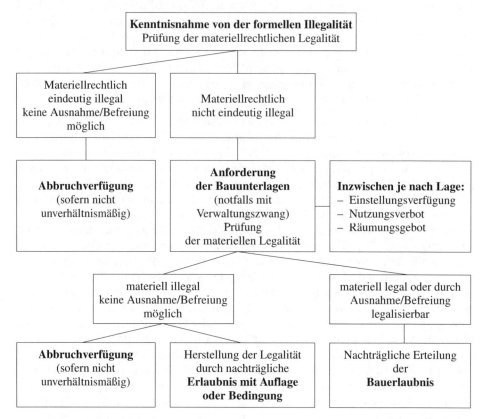

vorbehalt zugesichert werden, da sie anderenfalls wie eine rechtswidrige Baugenehmigung wirken würde[848].

333 Eine Abbruchverfügung kann auch erlassen werden, wenn eine zunächst vorhandene, jedoch rechtswidrige Baugenehmigung auf Grund eines Nachbarwiderspruchs oder einer Nachbarklage aufgehoben worden ist. In solchen Fällen fragt sich, ob auch hier die Beseitigung des Bauwerks im Ermessen der Bauaufsichtsbehörde liegt oder ob der Nachbar einen Anspruch auf Erlass einer Abbruchverfügung hat. Ein solcher Anspruch wird teilweise aus dem Gesichtspunkt der **Folgenbeseitigung** hergeleitet[849]; teils spricht man hier – unter Verwerfung des Gedankens eines Folgenbeseitigungsanspruchs – von einer **Folgenbeseitigungslast**, die das Einschreitermessen der Behörde zu Gunsten des Nachbarn reduziert[850]. Zutreffender dürfte es sein, auch hier

---

848 Vgl. zum Ganzen *Battis*, S. 236; *Finkelnburg/Ortloff*, Bd. 2 S. 184 ff.
849 Vgl. u.a. *Brohm*, § 29 Rdnr. 13.
850 Ausführlich zu den verschiedenen Lösungsversuchen *Finkelnburg/Ortloff*, Bd. 2 S. 258 ff; *Berliner Kommentar*, Vor §§ 29-38 Rdnr. 65 f.

ohne Differenzierung gegenüber den Schwarzbau-Fällen einen Ermessensspielraum der Verwaltung anzunehmen, der sich allerdings im Regelfall dann reduziert, wenn der Rechtsverstoß in seinen tatsächlichen Auswirkungen den Nachbarn erheblich oder jedenfalls spürbar belastet[851].

Beispiel: A besitzt ein brachliegendes Baugrundstück, das er auf längere Sicht nicht bebauen will. Zufällig erfährt er eines Tages, dass N auf dem Nachbargrundstück eine überhöhte Grenzgarage errichtet hat. Die Baubehörde hatte ein Jahr zuvor dem N hierfür unter Befreiung von entsprechenden bauordnungsrechtlichen Vorschriften eine Baugenehmigung erteilt. A möchte wissen, ob er den Abbruch der Garage verlangen kann.

A muss zunächst unverzüglich die Baugenehmigung anfechten. Da sie ihm nicht bekannt gegeben worden ist, begann noch keine Rechtsbehelfsfrist zu laufen; indes droht bei zu langem Zögern die Verwirkung des Anfechtungsrechts. Die Vorschriften über die Höhe von Grenzgaragen haben nachbarschützende Wirkung. Wenn hiervon rechtswidrig Befreiung erteilt wurde, ist A klagebefugt und kann mit der Aufhebung der Genehmigung rechnen. Allerdings besitzt er deswegen noch keinen Folgenbeseitigungsanspruch gegen die Baubehörde auf Erlass und Durchsetzung eines Abbruchgebotes gegen N. Ob die Behörde einschreitet, steht ebenso wie bei Schwarzbauten in ihrem Ermessen, das allerdings bei tatsächlicher Belastung im Regelfall auf Null geschrumpft sein wird. Hier ist A dagegen jedenfalls z.Zt. durch die Existenz des rechtswidrigen Grenzbauwerks nicht weiter betroffen. Die Behörde ist daher berechtigt, die Angelegenheit vorläufig auf sich beruhen zu lassen (OVG NW NJW 1984, 883).

Bauaufsichtsrechtliche Eingriffe sind dagegen grundsätzlich nicht gestattet, wenn sich bei einem formell legal errichteten Gebäude später herausstellt, dass es aus Rechtsgründen nicht hätte genehmigt werden dürfen. Die (nur) materielle Illegalität wird hier durch die **Bestandskraft der Baugenehmigung** kompensiert[852]. Dies gilt allerdings nur so lange, wie die Genehmigung tatsächlich Bestand hat; wird sie wegen ihrer Rechtswidrigkeit nach § 48 VwVfG zurückgenommen, wird das Bauwerk rückwirkend auch formell illegal. Freilich erwächst dem Bauherrn dann, wenn er bezüglich der rechtswidrigen Genehmigung nicht bösgläubig gewesen ist, für seinen erlittenen Vertrauensschaden ein Entschädigungsanspruch (§ 48 III 1 VwVfG). Ein solcher Anspruch scheidet jedoch nach § 50 VwVfG aus, wenn die Rücknahme anlässlich eines Nachbarwiderspruchs oder einer Nachbarklage erfolgt.

Die Unterscheidung von formeller und materieller Illegalität entfällt verständlicherweise bei **genehmigungsfreien Bauvorhaben**. Repressive bauaufsichtliche Maßnahmen knüpfen hier an den Tatbestand materieller Illegalität an, wobei es grundsätzlich unerheblich ist, ob diese Illegalität schon bei Baubeginn bestand oder erst nachträglich eingetreten ist[853]. Materielle Illegalität liegt auch bei einem Verstoß gegen die städtebaurechtlichen Zulässigkeitsbestimmungen der §§ 30-37 BauGB vor, wenn die betreffende bauliche Anlage ihrerseits die nach § 29 I BauGB notwendige städtebauliche Relevanz besitzt (Rdnr. 175). Vorhaben im Geltungsbereich eines Bebauungsplanes, die nach Maßgabe der bauordnungsrechtlichen **Freistellungsregelungen** kei-

---

851 Vgl. *Finkelnburg/Ortloff*, Bd. 2 S. 257; *Uechtritz*, NVwZ 1996, 640 (642); *Sarnighausen*, NJW 1993, 1623. Im Erg. so auch – trotz Betonung eines Regel-Ausnahme-Verhältnisses – OVG NW NJW 1984, 883.
852 *Finkelnburg/Ortloff*, Bd. 2 S. 170; *Battis*, S. 273.
853 *Perschel*, DÖV 1998, 45 (49).

ner Baugenehmigung bedürfen, werden formell (und ggf. auch materiell) illegal, wenn sich nachträglich die Unwirksamkeit des – für die Freistellung erforderlichen – Bebauungsplanes herausstellt[854]. Bleibt das Vorhaben trotz Wegfalls des Bebauungsplanes nach den §§ 34 oder 35 BauGB materiell legal, genießt es Bestandsschutz (Rdnr. 305)[855]. Verliert es mit dem Bebauungsplan auch seine materielle Legalität, stellt sich die Frage nach **Vertrauensschutz**. Ein solcher kommt nicht in Betracht, wenn sich die Unwirksamkeit oder der sonstige Wegfall des Bebauungsplanes zwar nach Einreichung der Bauunterlagen, aber vor Baubeginn herausstellt[856]. Etwas anderes muss jedoch gelten, wenn der Bauherr zu diesem Zeitpunkt schon gebaut hat, ohne dass er die Unwirksamkeit des Planes hatte erkennen können[857]. Vertrauensschutzprobleme dieser Art stellen sich dagegen gar nicht erst, wenn die materielle Legalität freigestellter Vorhaben, wie es einige Bauordnungen[858] vorsehen, vom Bestand des Bebauungsplans abgekoppelt wird, solche Vorhaben also rechtmäßig bleiben sollen, obwohl der sie legitimierende Bebauungsplan entfallen ist. Gegen diese Lösung werden Bedenken erhoben[859]; sie verstoßen gegen Bundesrecht, weil sie den Bebauungsplan bezüglich der Rechtmäßigkeit des Vorhabens als fortbestehend fingiere und damit die bundesrechtlich gebotene Anwendbarkeit der §§ 34, 35 BauGB suspendiere. Tatsächlich dehnt hier das Bauordnungsrecht lediglich den Anwendungsbereich genehmigungsfreien Bauens begrenzt auch auf unbeplante Gebiete aus.

337 Auch bei genehmigungsfreien, insbesondere bei freigestellten Vorhaben können, wenn sich ihre materielle Illegalität herausstellt, Nachbarn daran interessiert sein, dass die Bauaufsichtsbehörde hiergegen einschreitet. Voraussetzung für einen **baunachbarrechtlichen Anspruch** ist neben der Reduktion des behördlichen Ermessens der Umstand, dass sich die materielle Illegalität gerade aus der Verletzung nachbarschützender Normen herleitet[860]. Andererseits kann auch der Nachbar kein bauaufsichtliches Einschreiten verlangen, wenn die Behörde ihrerseits durch Vertrauensschutz am Einschreiten gehindert ist.

c) Bestandsschutz

338 Auch ein ursprünglich legal errichtetes Bauwerk kann durch spätere Ereignisse illegal werden. Handelt es sich um Veränderungen am Bauwerk selbst, kommen problemlos die Vorschriften über die Bauaufsicht zur Anwendung[861]. Beruht die Illegalität jedoch auf einer **Änderung der Rechtslage**, kann nicht ohne weiteres Abhilfe verlangt werden. Hier sind verschiedenen Fallgruppen zu unterscheiden[862]; insbesondere kommt es darauf an, ob sich die Rechtsänderung auf die bebauungsrechtlichen oder auf die bauordnungsrechtlichen Anforderungen an das Bauwerk beziehen.

---

854 *Mampel*, BauR 1996, 13 (14); *Perschel*, DÖV 1998, 45 (49 f).
855 BVerwGE 88, 191 (203); *Mampel*, BauR 1996, 13 (18); *Perschel*, DÖV 1998, 45 (49).
856 *Perschel*, DÖV 1998, 45 (49).
857 *Perschel*, DÖV 1998, 45 (50).
858 § 64 VI LBauO M-V; § 69a X NBauO; § 67 VIII BauO NW; § 63 XI SächsBO.
859 *Perschel*, DÖV 1998, 45 (50 f).
860 Ebenso *Finkelnburg/Ortloff*, Bd. 2 S. 257 Fn. 7.
861 A.A. *Finkelnburg/Ortloff*, Bd. 2 S. 201 ff (203): allg. Polizeirecht.
862 Ausführliche Darstellung bei *Brohm*, § 22 Rdnr. 10 ff.

Bauordnungsrecht **IV D**

Wird ein (real oder fiktiv) **genehmigtes Bauwerk** durch Änderung der bebauungsrechtlichen Vorschriften materiell illegal, kann seine Anpassung oder Beseitigung nicht allein deswegen verlangt werden. Dem steht die erteilte Baugenehmigung entgegen, deren **Bestandskraft** dem Bauwerk zugleich auch (formellen) **Bestandsschutz** verleiht[863]. Die Rechtslage gleicht insoweit derjenigen bei einer von vornherein materiell rechtswidrig erteilten Baugenehmigung (Rdnr. 335)[864]. Während in diesem Fall die Baugenehmigung in aller Regel zurückgenommen werden kann, kommt bei nachträglicher materieller Illegalität ein Widerruf in Betracht, der freilich nur solange zulässig ist, wie von der Bauerlaubnis noch kein Gebrauch gemacht wurde (§ 49 II 1 Nr. 4 VwVfG). Anders liegen die Dinge bei Bauwerken, die **ohne Baugenehmigung** errichtet wurden; dabei kann es sich um genehmigungsfreie Bauwerke oder auch um Schwarzbauten (Rdnr. 331) handeln. Entsprachen sie zum Zeitpunkt ihrer Errichtung oder in irgendeinem – nicht ganz kurzem[865] – Zeitraum ihrer Existenz dem materiellen Recht, muss die dadurch gewonnene materielle Legalität berücksichtigt werden. Dies geschieht nach Maßgabe (materiellen) **baurechtlichen Bestandsschutzes**.

338a

Nach früher ganz herrschender Auffassung sollte dem Eigentümer unmittelbar durch Verfassungsrecht (Art. 14 I 1 GG) das Recht zugewiesen sein, ein einmal im Einklang mit dem materiellen Recht befindliches Bauwerk auch dann weiter zu nutzen und ggf. in Maßen zu erweitern, wenn sich die Rechtslage zwischenzeitlich zu seinen Ungunsten geändert hatte; der Entzug dieses Rechts wäre dann nur unter den Voraussetzungen des Art. 14 III GG möglich gewesen[866]. Dem hält im Gefolge der Eigentums-Rspr. der BVerfG neuerdings auch das BVerwG entgegen, dass über Inhalt und Schranken des Eigentums auf der Grundlage des Art. 14 I 2 GG ausschließlich der Gesetzgeber selbst zu befinden habe. Diese Rspr. wurde im Hinblick auf den sog. aktiven wie auch den übergreifenden Bestandsschutz (Rdnr. 238) entwickelt[867]; ob sie auch auf den hier allein in Rede stehenden **passiven Bestandsschutz** übertragen werden muss, ist noch ungewiss[868]. Gerade in neuerer Zeit finden sich in Entscheidungen des BVerfG und des BVerwG wieder Wendungen wie „durch Art. 14 I GG bewirkter Bestandsschutz" oder „Eigentumsgarantie bei formeller und materieller Legalität"[869].

338b

Sieht man von einer verfassungsrechtlichen Verankerung ab, kann passiver Bestandsschutz nur **nach Maßgabe einfachen Rechts** gewährt werden[870]. Insoweit ließe sich

338c

---
863 Vgl. hierzu *Finkelnburg/Ortloff*, Bd. 2 S. 201; *Hoppe/Bönker/Grotefels*, § 16 Rdnr. 58; *Gohrke/Brehsan*, NVwZ 1999, 932.
864 *Brohm*, § 22 Rdnr. 12.
865 Näher hierzu *Finkelnburg/Ortloff*, Bd. 2 S. 175 f; *Gohrke/Brehsan*, NVwZ 1999, 932 (934); *Jäde/Dirnberger/Böhme*, § 77 Rdnr. 21.
866 So noch die Vorauflage sowie auch weiterhin *Jäde/Dirnberger/Böhme*, § 77 Rdnr. 18. Überblick über den früheren Meinungsstand bei *Gohrke/Brehsan*, NVwZ 1999, 932; *Stühler*, BauR 2002, 1488; *Hoppe/Bönker/Grotefels*, § 2 Rdnr. 59 ff; *Brohm*, § 22 Rdnr. 5 ff; *Koch/Molodovsky/Famers*, Art. 82 Anm. 3.2.4.2.
867 BVerwGE 106, 228 (233 ff).
868 *Gohrke/Brehsan*, NVwZ 1999, 932 (936); *Hoppe/Bönker/Grotefels*, § 2 Rdnr. 68; *Brohm*, § 22 Rdnr. 4.
869 BVerwG NVwZ-RR 1998, 357 (358); BVerfG NVwZ 2001, 424.
870 *Mampel*, ZfBR 2002, 327; *Brohm*, § 22 Rdnr. 10.

daran denken, dem gesetzlichen Bestandsschutz im Rahmen der bauaufsichtsrechtlichen Eingriffsbefugnisse nach Maßgabe des behördlichen Eingriffsermessens[871] oder unter dem Gesichtspunkt der Verhältnismäßigkeitsabwägung[872] Berücksichtigung zu verschaffen; auf beide Weise wäre indes der Bestandsschutz empfindlich relativiert. Tatsächlich ist die unterverfassungsrechtliche Eigentumsordnung im Hinblick auf die Gewährung von Bestandsschutz gar nicht so defizitär, wie es den Anschein hat[873]. So wird **anfängliche materielle Legalität** regelmäßig schon durch diejenigen bauordnungsrechtlichen Beseitigungsermächtigungen geschützt, die Illegalität zum Zeitpunkt der Errichtung oder Änderung einer Anlage fordern[874]; fehlt es im Gesetzestext an einer solchen Einschränkung, muss sie durch verfassungskonforme Auslegung gewonnen werden[875]. Entscheidend hierfür ist die insoweit bestehende materiellrechtliche Genehmigungsfähigkeit des Vorhabens; dies gilt auch für eine erst **nach Baubeginn** eintretende – vorübergehende – materielle Legalität[876]. In gleicher Weise setzt sich anfängliche oder zwischenzeitliche materielle Legalität auch bei genehmigungsfreien Vorhaben durch; der Bauherr kann hier nicht schlechter gestellt sein als beim Schwarzbau[877]. Der einfachgesetzliche Bestandsschutz wirkt damit ebenso weit wie der unmittelbar aus Art. 14 I GG hergeleitete; er gilt stets dann, wenn ein baulicher Bestand (und seine Nutzung) „zu irgendeinem Zeitpunkt genehmigt oder jedenfalls genehmigungsfähig" war[878].

339 Bestandsschutz kann demnach im Städtebaurecht einen Konflikt zwischen dem vorhandenen Baubestand und einem veränderten planungsrechtlichen Nutzungskonzept bewirken. Wird gleichwohl eine alsbaldige Nutzungsanpassung für notwendig befunden, steht hierfür das Instrumentarium der §§ 175 ff BauGB oder der Weg der förmlichen Enteignung nach den §§ 85 ff BauGB zur Verfügung. Anders verhält es sich dagegen bei **Änderungen des Bauordnungsrechts**, weil sie regelmäßig einen Auffassungswandel bezüglich der notwendigen Sicherheitsanforderungen an Bauwerke signalisieren. Demgemäß ermächtigen die Bauordnungen[879] die Bauaufsichtsbehörden dazu, die **Anpassung** von Altanlagen an die neue Rechtslage zu verlangen. Im Hinblick auf den an sich auch hier wirkenden Bestandsschutz genügt die Rechtsabweichung als solche, die zunächst nur auf eine abstrakte Gefahr hinweist, noch nicht; vielmehr muss eine **konkrete Gefahr** zu erkennen sein[880]. Manche Eingriffsnor-

---

871 So für verschiedene Konstellationen *Brohm*, § 22 Rdnr. 11 ff; ähnlich auch *Götze*, SächsVBl. 2001, 252 (263).
872 *Krochtmann*, Art. 14 GG – Rechtsfragen der Eigentumsdogmatik (2000), S. 197 ff (202); *Brohm*, § 22 Rdnr. 11; *Koch/Molodovsky/Famers*, Art. 82 Anm. 3.2.2.2.
873 *Mampel*, ZfBR 2002, 327 (331).
874 *Götze*, SächsVBl. 2001, 257 (263); *Brohm*, § 22 Rdnr. 11; *Jäde/Dirnberger/Böhme*, § 77 Rdnr. 19; *Koch/Molodovsky/Famers*, Art. 82 Anm. 3.2.4.3.
875 *Brohm*, § 22 Rdnr. 11; *Hoppe/Bönker/Grotefels*, § 16 Rdnr. 90.
876 *Gohrke/Brehsan*, NVwZ 1999, 932 (933 ff); *Götze*, SächsVBl. 2001, 252 (263); *Hoppe/Bönker/Grotefels*, § 16 Rdnr. 90 f; *Brohm*, § 22 Rdnr. 11; *Koch/Molodovsky/Famers*, Art. 82 Anm. 3.2.4.2.
877 Ebenso *Brohm*, § 22 Rdnr. 13.
878 So die Formulierung BVerfG NVwZ 2001, 424.
879 § 76 bwLBO; Art. 60 V BayBO; § 77 I BauO Bln.; § 86 BbgBO; § 89 BremLBO; § 83 II HBauO; § 83 HBO; § 87 LBauO M-V; § 99 NBauO; § 87 BauO NW; § 82 rhpfLBO; § 82 saarLBO; § 84 SächsBO; § 88 BauO LSA; § 93 schlhLBO; § 84 ThürBO.
880 OVG NW, NVwZ-RR 1991, 283; *Finkelnburg/Ortloff*, Bd. 2 S. 205 ff. m.w.N.

men[881] verlangen darüber hinaus, dass es sich um eine Gefahr für die allgemeine Sicherheit, für Leben oder Gesundheit handelt. Dem Eigentümer steht im Falle einer Anpassungsverfügung ein Entschädigungsanspruch nicht zu[882].

5. Bauaufsichtsbehörden

Die Bauaufsicht ist als Sonderbereich der allgemeinen Polizei- oder Ordnungsverwaltung eine **staatliche Aufgabe** der Länder (vgl. § 58 I MBO). Soweit die Bauaufsicht auch die Beachtung der gemeindlichen Bauleitplanung gewährleistet, steht sie der Sache nach zugleich im Dienste der kommunalen Selbstverwaltung. Möglichen Konflikten zwischen der planenden Selbstverwaltung und der planvollziehenden Staatsverwaltung wirken verfahrensrechtliche Bestimmungen des BauGB dadurch entgegen, dass sie die Bauaufsichtsbehörden in vielen Fällen[883] an das Einvernehmen der Gemeinde binden. Die Zugehörigkeit der Bauaufsicht zur allgemeinen Polizei- und Ordnungsverwaltung wird gesetzestechnisch manchmal durch Bestimmungen zum Ausdruck gebracht, denen zufolge die (unteren) Bauaufsichtsbehörden ihre Aufgaben „als Ordnungsbehörden" wahrnehmen[884]; in diesem Fall werden sie auch als „Sonderordnungsbehörden" bezeichnet[885].

340

Bauaufsicht wird als Verwaltungsaufgabe in der unteren Verwaltungsinstanz regelmäßig von kommunalen Körperschaften – den Kreisen und kreisfreien Städten – wahrgenommen; vielfach ist die Möglichkeit vorgesehen, auch leistungsstarke kreisangehörige Gemeinden hiermit zu betrauen. es handelt sich dabei um einen Fall **mittelbarer Staatsverwaltung** durch kommunale Selbstverwaltungsträger. Je nach der in den einzelnen Bundesländern unterschiedlichen rechtlichen Konstruktion des kommunalen Aufgabenbereichs erfolgt die Wahrnehmung der Bauaufsicht als Auftragsangelegenheit im übertragenen oder als Pflichtaufgabe zur Erfüllung nach Weisung im eigenen Wirkungskreis. Intern wird das nach dem einschlägigen Kommunalverfassungsrecht zuständige Verwaltungsorgan der Gemeinde (Bürgermeister) oder des Kreises (Landrat) tätig. In einzelnen Bundesländern wird der Hauptverwaltungsbeamte des Landkreises (Landrat) in Bauaufsichtsangelegenheiten als untere staatliche Verwaltungsbehörde tätig; in diesem Fall handelt es sich um unmittelbare Staatsverwaltung in der Form der Doppelorganschaft[886].

341

Die Gliederung der Bauaufsichtsverwaltung in **Bauaufsichtsbehörden** ist regelmäßig dreistufig; in Ländern mit nur zweistufigem Verwaltungsaufbau[887] ist er zweistu-

342

---
881 § 76 I bwLBO; Art. 60 V BayBO; § 77 II BauO Bln.; § 86 I BbgBO; § 87 I LBauO M-V; § 87 I BauO NW; § 84 SächsBO; § 88 I BauO LSA; § 83 I saarlLBO; § 84 I ThürBO.
882 OVG Lüneburg BRS 30, Nr. 163; *Brodersen*, JuS 1980, 686.
883 Vgl. §§ 14 II, 19 III, 36 I 1 BauGB.
884 Vgl. § 57 I Nr. 3 BauO NW, ähnlich (Ordnungsaufgaben) § 1 III ASOG Bln. i.V.m. § 1 OrdZG.
885 Vgl. § 12 OBG NW.
886 Vgl. § 57 IV 1 rhpfLBO.
887 In Brandenburg, Mecklenburg-Vorpommern; Schleswig-Holstein und dem Saarland fehlt die Mittelinstanz der Regierungspräsidien bzw. eines Landesverwaltungsamtes. Vgl. für Bremen § 60 BremLBO.

IV *Baurecht*

fig. Der unteren Bauaufsichtsbehörde, die auch als Baugenehmigungsbehörde bezeichnet wird, obliegt grundsätzlich der eigentliche Vollzug der Bauaufsicht und insbesondere die Erteilung von Baugenehmigungen[888]. Soweit – bei dreistufigem Verwaltungsaufbau – eine obere oder höhere Bauaufsichtsbehörde existiert, ist dies regelmäßig der Regierungspräsident als staatliche Mittelinstanz, in einzelnen Bundesländern gegenüber den Bauaufsichtsbehörden kreisangehöriger Gemeinden auch der Landrat als untere staatliche Verwaltungsbehörde; auch in diesem Fall wird das Kreisorgan in Doppelorganschaft für den Staat tätig. Oberste Bauaufsichtsbehörde ist der nach der Ressortverteilung jeweils zuständige Minister/Senator. Den oberen und obersten Bauaufsichtsbehörden sind in den Landesbauordnungen verschiedentlich besondere Aufgaben übertragen; die oberste Behörde kann insbesondere technische Baubestimmungen (Rdnr. 288) durch öffentliche Bekanntmachung einführen (§ 3 III MBO) und bauordnungsrechtliche Rechtsverordnungen erlassen (§ 81 MBO). Hiervon sind strikt die Befugnisse der „höheren Verwaltungsbehörde" zu unterscheiden, die im Städtebaurecht – z.B. als Genehmigungs- und Zustimmungsbehörde (§§ 6 I, 36 I 4 BauGB) – mehrfach Erwähnung findet. Um welche Behörde es sich dabei jeweils handelt, bestimmt das Landesrecht.

343 Die kommunalen Bauaufsichtsbehörden unterliegen staatlicher **Aufsicht**. Soweit sie ihre Aufgabe in der Form staatlicher Auftragsverwaltung oder gar als untere staatliche Verwaltungsbehörden wahrnehmen, handelt es sich um einen Fall gewöhnlicher Fachaufsicht, die sich auf die rechtmäßige wie die zweckmäßige Aufgabenwahrnehmung erstreckt. In denjenigen Bundesländern, die an Stelle des sog. übertragenen Wirkungskreises der Gemeinden und Kreise nur einen einheitlichen Wirkungskreis kennen, hat die Bauaufsicht den Charakter einer kommunalen Pflichtaufgabe in staatlicher Weisungsabhängigkeit („Pflichtaufgabe zur Erfüllung nach Weisung")[889]. Hier gilt die besondere Form der **Sonderaufsicht**, die sich im Einzelnen nach den hierzu erlassenen Gesetzen richtet; sie erstreckt sich auf die Rechtsaufsicht und nur in begrenzter Form auch auf die Zweckmäßigkeitsaufsicht[890]. Bei den **Aufsichtsbehörden** über die kommunale Bauaufsicht handelt es sich zwangsläufig um staatliche Behörden; das gilt auch dann, wenn der Hauptverwaltungsbeamte des Kreises als untere staatliche Verwaltungsbehörde die Aufsicht über die Bauaufsichtstätigkeit kreisangehöriger Gemeinden ausübt[891].

Vertiefungsliteratur:

1. Materielles Bauordnungsrecht: Battis, Öffentliches Baurecht und Raumordnungsrecht. S. 235-250; *Battis/Gusy*, Technische Normen im Baurecht; 1988; *Brohm*, Öffentliches Baurecht. S. 55-81; *Finkelnburg/Ortloff*, Öffentliches Baurecht. Bd. 2 S. 1-62; *Herbert/Keckmeti/ Dittrich*, Die neue Hessische Bauordnung (HBO 1993) – Umweltschutz und Verfahrensbe-

---

888 § 48 bwLBO; Art. 61 I BayBO; § 65 BbgBO; § 63 BremLBO; § 61 HBO; § 61 I LBauO M-V; § 65 NBauO; § 61 I BauO NW; § 59 rhpfLBO; § 63 saarlLBO; § 61 I 1 SächsBO; § 64 BauO LSA; § 66 schlhLBO; § 61 I ThürBO.
889 Bauaufsicht als Weisungsaufgabe: § 47 IV bwLBO; § 64 I 1 BbgBO; § 60 II HBO; § 60 I BauO NW i.V.m. § 3 OBG.
890 Vgl. für Nordrhein-Westfalen § 106 II GO NW i.V.m. § 9 OBG NW.
891 Vgl. § 7 OBG NW.

schleunigung? ZfBR 1995, 97; *Mampel*, Aktuelle Probleme des Abstandsflächenrechts. UPR 1996, 256; *Runkel*, EG-Binnenmarkt für Bauprodukte – das Bauproduktegesetz. ZfBR 1992, 199; *Sarnighausen*, Garagen und Stellplätze im Baunachbarrecht. NVwZ 1996, 7; *Vietmeier*, Änderungen im Recht der Abstandsflächen durch die neue Bauordnung NW. NWVBl. 1996, 241.

2. *Bauaufsicht: Büllesbach*, Beschleunigung von parallelen Genehmigungsverfahren, DÖV 1995, 710; *Erbguth/Stollmann*, Das bauordnungsrechtliche Genehmigungsfreistellungsverfahren. BayVBl. 1996, 95; *Guckelberger*, Rechtsnachfolge im Baurecht. VerwArch. 1999, 49; *Gohrke/Brehsan*, Genießt der baurechtliche Bestandsschutz noch Bestandsschutz? NVwZ 1999, 932; *Halm*, Ausnahmen und Befreiungen nach der Bauordnung. NWVBl. 1990, 116; *Jäde*, Konkurrenz paralleler Anlagengenehmigungen und Baufreigabeschein. SächsVBl. 1996, 105; *ders*. Schwarzbau und Bauaufsicht – Grundprobleme von Beseitigungsanordnung, Nutzungsuntersagung, Baueinstellung. ThürVBl. 1993, 82; *Kirstenpfad*, Beschleunigtes Baurecht in der Praxis. LKV 1996, 93; *Lorenz*, Zu den privatrechtlichen Folgen der nachbarrelevanten Baulast. NJW 1996, 2612. *Mampel*, Formelle und materielle Illegalität? BauR 1996, 13; *ders*., Ver(de)reguliert: Einige Überlegungen zum Baugenehmigungs-Freistellungsverfahren, NVwZ 1996, 1160; *ders*., Baugenehmigung – Schluss mit der Schlusspunkttheorie? BauR 2002, 719; *ders*., Art. 14 GG fordert sein Recht. NJW 1999, 975; *Meender/Lassek*, Rechtsfortbildung der Baulast. NJW 1996, 424; *Pauly/Lützeler*, Fachbehördlicher Prüfungsumfang und parallele Genehmigungsverfahren. DÖV 1995, 545; *Ritter*, Bauordnungsrecht in der Deregulierung. DVBl. 1996, 542; *Schulte*, Schlanker Staat: Privatisierung der Bauaufsicht. BauR 1998, 249.

IV. Rechtsschutz gegen die Bauaufsicht

1. Rechtsschutz des Bauherrn

Das Interesse des Bauherrn ist darauf gerichtet, sein Bauvorhaben in der gewünschten Weise verwirklichen bzw. die fertig gestellte bauliche Anlage rechtlich ungestört nutzen zu können. Wird er hieran von der Bauaufsichtsbehörde gehindert, kann er, sofern ihm das Verhalten der Behörde als rechtswidrig erscheint, hiergegen Rechtsschutz suchen. Die Art des Rechtsschutzes hängt davon ab, ob er von der Behörde den Erlass einer Baugenehmigung begehrt oder sich gegen behördliche Eingriffe wehrt[892].

344

Wird eine beantragte **Baugenehmigung versagt**, kann der Bauherr versuchen, sein Begehren mit Widerspruch und Verpflichtungsklage durchzusetzen; verhält sich die Behörde untätig, ist unmittelbar die Untätigkeitsklage (§ 75 VwGO) statthaft. Rechtsbehelfe werden jedoch nur Erfolg haben, wenn ein Anspruch auf Erteilung der Baugenehmigung besteht. Steht die Erteilung im Ermessen der Behörde und kann der Ermessensspielraum eines gerichtlichen Verfahrens nicht geschlossen werden, ergeht an Stelle des Verpflichtungs- lediglich ein Bescheidungsurteil. Die Verpflichtungsklage richtet sich je nach Landesrecht (vgl. § 78 I VwGO) gegen die Bauaufsichtsbehörde selbst oder deren Träger. Das gilt auch dann, wenn der Bauantrag abgelehnt

345

---

892 Zum Folgenden u.a. *Finkelnburg/Ortloff*, Bd. 2, S. 263 ff; *Stüer*, E 2269 ff; *Hoppenberg*, K 6 ff, 56 ff; *Brohm*, § 30 Rdnr. 1 ff; *Hoppe/Bönker/Grotefels*, § 18 Rdnr. 2 ff.

IV *Baurecht*

wurde, weil die Gemeinde die Erteilung ihres erforderlichen und auch nicht anderweitig ersetzten **Einvernehmens** (Rdnr. 187) verweigert hat. Das Gericht entscheidet dann in seinem Urteil inzident auch über die Rechtmäßigkeit der Verweigerung. Eine Verpflichtungsklage ist auch der richtige Rechtsbehelf, wenn die Baugenehmigung mit einer **modifizierenden Auflage** versehen, inhaltlich also anders als beantragt erteilt wurde. Gegenüber anderen Nebenbestimmungen kommt dagegen u.U. eine isolierte Anfechtungsklage in Betracht (Rdnr. 317)[893]. Einer Verpflichtungsklage fehlt es am Rechtsschutzbedürfnis, wenn der Erteilung der Baugenehmigung nicht ausräumbare zivilrechtliche Hindernisse entgegenstehen[894]. Für die gerichtliche Entscheidung ist die materielle Rechtslage zum Zeitpunkt der letzten mündlichen Verhandlung maßgeblich; Rechtsänderungen während der Anhängigkeit der Klage sind unerheblich.

346 Wegen der langen Dauer gerichtlicher Verfahren wird der Bauherr u.U. ein Interesse an **vorläufigem Rechtsschutz** haben. Die hier allein statthafte einstweilige Anordnung (§ 123 VwGO) würde allerdings unzulässigerweise die Entscheidung in der Hauptsache vorwegnehmen, wenn sie zu einer „vorläufigen Baugenehmigung" führen sollte[895]; das wird nur ausnahmsweise bei ohnehin nur vorübergehend gedachten Bauwerken akzeptiert werden können[896]. Andere Maßnahmen als der vorläufige Erlass einer Baugenehmigung können allerdings im Wege der Regelungsanordnung (§ 123 I 2 VwGO) getroffen werden[897].

2. Baurechtlicher Nachbarschutz

347 Bauliches Geschehen spielt sich vielfach in einer **dreipoligen Interessen- und Rechtsbeziehung** ab. Die baurechtliche Zulässigkeit eines Bauvorhabens ist zunächst eine Angelegenheit im Verhältnis zwischen Bauherrn und staatlicher Bauaufsicht. Soweit ein Bauvorhaben aber, wie oft, auch die Interessen- und Rechtssphäre eines Nachbarn berührt, stellt sich die Zulässigkeitsfrage auch im Verhältnis zwischen diesem und der Bauaufsichtsbehörde. Hält der Nachbar ein Bauwerk für unzulässig und fühlt er sich hierdurch beeinträchtigt, wird er die Baubehörde um Schutz ersuchen und von ihr – ggf. im Klagewege – die hoheitliche Unterbindung des Bauvorhabens verlangen. Die rechtswidrige Nutzung eines Grundstückes berührt neben diesem öffentlich-rechtlichen aber auch einen privatrechtlichen Aspekt, denn sie kann im Rahmen seiner privatrechtlichen Rechtsbeziehungen zum Bauherrn auch **privatrechtliche Rechtspositionen** des Nachbarn beeinträchtigen. Insoweit steht dem Nachbarn die Möglichkeit offen, im Wege des privatrechtlichen Nachbarschutzes seine Rechtspositionen unmittelbar gegenüber dem Bauherrn zu verteidigen (Rdnr. 387).

---

893 *Finkelnburg/Ortloff*, Bd. 2, S. 264; *Stüer*, E 2280; *Jäde/Dirnberger/Böhme*, § 70 Rdnr. 128.
894 BVerwG NVwZ 1994, 482.
895 Vgl. u.a. OVG Lüneburg NVwZ 1994, 80; SächsOVG NVwZ 1994, 81; *Jäde/Dirnberger/Böhme*, § 70 Rdnr. 130a, 139.
896 *Hoppenberg*, K 512. Weniger eng *Rolshoven*, BauR 2003, 646.
897 *Hoppe/Bönker/Grotefels*, § 18 Rdnr. 16; *Stüer*, E 2278; *Finkelnburg/Ortloff*, Bd. 2, S. 269.

a) Die baurechtliche Nachbarklage

Bei **genehmigungsbedürftigen Bauvorhaben** knüpft der baurechtliche Nachbarschutz an die Baugenehmigung an. Bei ihr handelt es sich um einen Verwaltungsakt, der den bauwilligen Grundstückseigentümer begünstigt. Nicht selten wird jedoch – besonders unter Nachbarn – die Begünstigung des einen vom anderen als ein Nachteil erfahren; hierzu kann es beispielsweise kommen, wenn von einem baurechtlichen Verbot befreit wurde. In Fällen dieser Art spricht man von **Verwaltungsakten mit Doppelwirkung** (begünstigenden Verwaltungsakten mit belastender Drittwirkung); sie geben Anlass, nach den Rechtsschutzmöglichkeiten des belasteten Dritten zu fragen. Anders als bei der herkömmlichen zweipoligen Rechtsbeziehung zwischen Verwaltung und Verwaltungsadressat geht es hierbei nicht um den Schutz der Bürgerrechte gegenüber der Verwaltung, sondern um Ausgleich divergierender Interessen von Bürgern, die durch eine Verwaltungsentscheidung – die Baugenehmigung – in eine Konfliktsituation gebracht worden sind.

348

Im Rahmen des öffentlich-rechtlichen Nachbarschutzes macht der Nachbar die baurechtliche Unzulässigkeit eines Bauvorhabens gegenüber der Bauaufsichtsbehörde geltend. Die Formen des Rechtsschutzes sind je nachdem verschieden, ob das Bauvorhaben in einem Baugenehmigungsverfahren formell legalisiert worden ist oder ob es ohne formelle Legalisierung auf Grund eines Anzeige-, Kenntnisgabe- oder Freistellungsverfahrens kraft Gesetzes zulässig oder gar als Schwarzbau von vornherein formell illegal war.

349

Dem Bedürfnis nach Rechtsschutz wird durch die Drittbetroffenenklage – im Baurecht **Nachbarklage**[898] genannt – Rechnung getragen. Obwohl der Dritte nicht selbst Adressat des Verwaltungsakts ist, sondern nur mittelbar von ihm beeinträchtigt wird, steht ihm hiergegen die **Anfechtungsklage** zur Verfügung. Nur wenn der Kläger nicht die – völlige oder teilweise – Beseitigung der ihn belastenden Baugenehmigung, sondern lediglich die Beifügung einer Auflage oder einer anderen, seine Interessen berücksichtigenden Nebenbestimmung anstrebt oder wenn er das Einschreiten der Baubehörde gegen ungenehmigtes Bauen erreichen will, ist die Verpflichtungsklage der statthafte Rechtsbehelf. Der Nachbar hat seinen Rechtsbehelf innerhalb der üblichen **Fristen** einzulegen. War ihm die Baugenehmigung nicht bekannt gegeben worden, beginnt eine Frist nicht zu laufen, doch verwirkt er sein Abwehrrecht, wenn er nicht binnen angemessener Zeit nach Kenntniserlangung Widerspruch einlegt[899]. Die Jahresfrist des § 58 II VwGO ist hierfür ein Anhaltspunkt[900]. Eine Nachbarklage ist nur zulässig, wenn der Nachbar geltend machen kann, durch die Baugenehmigung in seinen Rechten verletzt zu sein (§ 42 II VwGO); hierzu muss er sich auf die Verletzung nachbarschützender Normen berufen können (Rdnr. 360 ff). Für die Begrün-

350

---

898 Vgl. allgemein hierzu: *Berliner Kommentar*, Vor §§ 29-38 Rdnr. 1-71; *B/K/L*, § 31 Rdnr. 51 ff; *Schrödter*, § 31 Rdnr. 39 ff; *Brohm*, § 30 Rdnr. 43 ff; *Hoppenberg*, K 20 ff; *Hoppe/Bönker/Grotefels*, § 18 Rdnr. 43 ff; *Stüer*, E 2286 ff; *Finkelnburg/Ortloff*, Bd. 2, S. 272 ff.
899 BVerwG NVwZ 1991, 1182; OVG NW NWVBl. 1992, 434; *Hoppe/Bönker/Grotefels*, § 18 Rdnr. 135.
900 *Hoppenberg*, K 124; *Berliner Kommentar*, Vor §§ 29-38 Rdnr. 63; *Brohm*, § 30 Rdnr. 16.

IV *Baurecht*

detheit der Klage ist der Zeitpunkt der letzten Behördenentscheidung maßgeblich; das ist i.d.R. der Erlass des Widerspruchsbescheids. War die Baugenehmigung zum Zeitpunkt ihres Erlasses rechtmäßig, bleibt es unbeachtlich, wenn sich während des Vorverfahrens die Rechtslage zum Nachteil des Bauherrn ändert[901].

351 Mit der Anfechtungsklage hat der Nachbar auch dann seine Rechte zu wahren, wenn eine Baugenehmigung im **vereinfachten Verfahren** ergangen ist. Derartige Genehmigungen sind in ihrem feststellenden Teil (Rdnr. 307) allerdings beschränkt, da hinsichtlich einer Reihe von baurechtlichen Zulässigkeitsvoraussetzungen die vom Bauherrn selbst veranlasste Prüfung an die Stelle der bauaufsichtlichen Kontrolle tritt (Rdnr. 302). Im selben Umfang verkürzt sich der Streitstoff von Widerspruch und Anfechtungsklage des Nachbarn[902]. Andererseits gilt auch die im vereinfachten Verfahren landesrechtlich verschiedentlich bei Verfristung vorgesehene **Fiktion** der Baugenehmigung als ein anfechtbarer Verwaltungsakt[903].

352 Die mit Widerspruch und Anfechtungsklage regelmäßig verbundene **aufschiebende Wirkung** nach § 80 I VwGO entfällt nach § 212a BauGB regelmäßig bei Nachbarrechtsbehelfen gegen die bauaufsichtliche Zulassung von Bauvorhaben[904]. Will der Nachbar verhindern, dass der Bauherr während des Rechtsstreits um die Rechtmäßigkeit seiner Baugenehmigung sein Bauvorhaben weiterführt und ggf. vollendet, muss er sich um Aussetzung der Vollziehung der Genehmigung bemühen. Einen entsprechenden Antrag kann er bei der Bauaufsichtsbehörde oder aber auch – im Wege **vorläufigen Rechtsschutzes** – beim Gericht der Hauptsache stellen (§ 80a I Nr. 2, III i.V.m. § 80 V VwGO)[905]. Beachtet der Bauherr die Aussetzungsanordnung nicht, können zur Sicherung der Rechte des Nachbarn die Stilllegung des Baues verfügt oder sonstige Maßnahmen getroffen werden (vgl. § 80a I Nr. 2 VwGO).

353 Setzt sich der Nachbar mit seiner Klage endgültig durch, werden bereits eingeleitete Baumaßnahmen des Bauherrn **nachträglich illegal** (Rdnr. 331 ff). Die Behörde kann nach bauordnungsrechtlichen Grundsätzen die Beseitigung schon vorhandener Bauteile verlangen. Dem Nachbarn steht ein entsprechender Folgenbeseitigungsanspruch nicht zu, doch wird er von der Behörde ein Einschreiten verlangen können, wenn die Duldung des nunmehr rechtswidrigen Zustandes ihm gegenüber ermessensfehlerhaft wäre. Eine derartige Ermessensreduktion setzt allerdings nach herrschender Meinung voraus, dass der Rechtsverstoß in seinen tatsächlichen Auswirkungen den Nachbarn erheblich oder jedenfalls spürbar belastet (Rdnr. 333)[906]. Die Illegalität, die sich bei bereits begonnenen Vorhaben aus einem Vollzugsaufschub auf Grund vorläufigen Rechtsschutzes ergibt, rechtfertigt jedoch in keinem Fall ein Beseitigungsverlangen.

---

901 *Finkelnburg/Ortloff*, Bd. 2 S. 280; *Hoppe/Bönker/Grotefels*, § 18 Rdnr. 139.
902 SächsOVG SächsVBl. 1999, 275. Vgl. auch *Preschel*, DÖV 1998, 45 (52); *Uechtritz*, NVwZ 1996, 640 (646). Aus der Kommentarliteratur zum Bauordnungsrecht *Jäde/Dirnberger/Böhme*, § 62a Rdnr. 17; *Koch/Molodovsy/Famers*, Art. 73 Anm. 6.9; *Gädtke/Temme/Heintz*, § 68 Rdnr. 5.
903 *Degenhart*, NJW 1996, 1433 (1437); *Jäde/Dirnberger/Böhme*, § 67 Rdnr. 114.
904 Vgl. hierzu *Gronemeyer*, BauR 1998, 413.
905 *Hoppe/Bönker/Grotefels*, § 18 Rdnr. 143 ff; *Brohm*, § 30 Rdnr. 21.
906 *Finkelnburg/Ortloff*, Bd. 2 S. 258; *Berliner Kommentar*, Vor §§ 29-38 Rdnr. 65 f.

Die Rechtslage stellt sich deutlich anders dar, wenn Bauvorhaben **ohne eine entspre-** 354
chende Genehmigung errichtet werden[907]. Ein solcher Fall liegt bei den sog.
Schwarzbauten vor, die mangels erforderlicher Baugenehmigung von vornherein illegal sind (hierzu Rdnr. 331). Weitere Beispiele bieten die – in letzter Zeit durch entsprechende Änderungen der Landesbauordnungen stark vermehrten – **genehmigungsfreien Vorhaben**, wobei es zunächst keine Rolle spielt, ob es sich hierbei um den herkömmlichen Fall der Genehmigungsfreiheit wegen baurechtlicher Unbedeutsamkeit, um freigestellte oder um solche Vorhaben handelt, die statt der Genehmigungs- einer Anzeige- oder Kenntnisgabepflicht unterliegen (Rdnr. 303 ff). Die Genehmigungsfreiheit nimmt diese Vorhaben von der Geltung des materiellen Baurechts nicht aus[908]; auch die bebauungsrechtlichen Zulässigkeitsvoraussetzungen der §§ 30-37 BauGB bleiben bei städtebaulicher Relevanz nach § 29 BauGB anwendbar (Rdnr. 306). In all diesen Fällen fehlt dem baurechtlichen Nachbarschutz jedoch mit der Baugenehmigung der für die Anfechtungsklage notwendige prozessuale Anknüpfungspunkt. Hier kommen darum nur die (Verpflichtungs-)Widerspruch und die **Verpflichtungsklage** in Betracht. Im Einzelnen ist freilich zu unterscheiden:

Widerspruch und Verpflichtungsklage setzen in jedem Fall einen **Anspruch auf bau-** 355
aufsichtsrechtliches Einschreiten voraus, dem eine entsprechende **behördliche Befugnis** korrespondieren muss. Die Bauaufsichtsbehörde kann vor Baubeginn ein Bauvorhaben **untersagen**, wenn und soweit sie zu einer präventiven Kontrolle des Vorhabens befugt ist. Das ist ohne Zweifel beim Anzeige- oder Kenntnisgabeverfahren der Fall. Hier reicht der Bauherr die Bauunterlagen der Bauaufsichtsbehörde ein, die dann binnen bestimmter Frist das Bauvorhaben untersagen kann, sofern es den öffentlich-rechtlichen Anforderungen nicht entspricht. Nicht viel anders liegen die Dinge bei Vorhaben, die den landesrechtlichen Freistellungsvorschriften unterliegen. Auch hier kann in aller Regel noch eine präventive, inhaltlich allerdings möglicherweise beschränkte Kontrolle stattfinden, weil mit dem Vorhaben erst einige Zeit nach Einreichung der Bauunterlagen begonnen werden darf. Diese Frist soll vorwiegend die Gemeinde nur in die Lage versetzen, darüber zu befinden, ob sie die Durchführung eines Genehmigungsverfahrens verlangen soll (Rdnr. 305), doch kann sie auch von der Bauaufsichtsbehörde zur Entscheidung über eine Untersagungsverfügung genutzt werden; einer besonderen Untersagungsermächtigung, an der es in den Freistellungsregelungen meist fehlt, bedarf es nicht[909]. Nach Baubeginn[910] kann die Bauaufsichtsbehörde auf materiell illegales Bauen nur noch mit den **repressiven Mitteln** der Einstellungs- und Beseitigungsverfügung reagieren; diese Möglichkeit besteht auch gegenüber Vorhaben, die wegen ihrer Geringfügigkeit herkömmlicherweise genehmigungsfrei und keiner präventiven Kontrolle unterworfen sind.

Alle genannten bauaufsichtlichen Eingriffsbefugnisse stehen freilich im **Ermessen** 356
der Behörde. Der Nachbar hat hierauf nur dann einen Anspruch, wenn sich die be-

---

907 Zu neueren Lösungsansätzen u.a. *Ortloff*, NVwZ 1998, 932; *Sacksowsky*, DÖV 1999, 946; *Mampel*, BayVBl. 2001, 417.
908 *Uechtritz*, NVwZ 1996, 640 (641).
909 *Uechtritz*; NVwZ 1996, 640 (641 f); BauR 1998, 719 (720).
910 Zur Zeit zwischen Fristablauf und Baubeginn *Degenhart*, NJW 1996, 1433 (1438).

IV *Baurecht*

hördliche Befugnis im Wege der Ermessensreduktion ihm gegenüber zu einer Pflicht verdichtet. Das setzt zunächst voraus, dass die von ihm gerügte Rechtsverletzung sich auf eine Rechtsnorm bezieht, die ihrerseits nachbarschützenden Charakter besitzt (Rdnr. 332, 337). Es wird darüber hinaus aber auch wie bei genehmigungspflichtigen Vorhaben verlangt werden müssen, dass der Rechtsverstoß in seinen tatsächlichen Auswirkungen den Nachbarn spürbar belastet[911]. Andererseits muss in die Erwägungen auch mit einbezogen werden, wie weit das Bauvorhaben, bei dem es sich ja immerhin um keinen Schwarzbau handelt, schon gediehen ist[912]. Aber auch dann, wenn es um die Untersagung eines noch nicht begonnenen Vorhabens geht, dürfen die Maßstäbe für einen Untersagungsanspruch nicht zu niedrig angesetzt werden. Jedenfalls muss feststehen, dass mit dem Vorhaben zulasten des Nachbarn ein baurechtswidriger Zustand entstehen würde; die bloße Wahrscheinlichkeit genügt nicht[913].

357 Folgt man der hier vertretenen Ansicht, lässt sich die Frage einer Ermessensreduktion bei nachbarlichem Verlangen nach Erlass einer Stilllegungs- oder Beseitigungsverfügung nur unter **Abwägung** der tatsächlichen Betroffenheit des Nachbarn einerseits und dem – vor allem vom Baufortschritt abhängigen – Bestandsschutzinteresse des Bauherrn beantworten[914]. Dann ergibt sich für den Nachbarn jedenfalls nach Baubeginn **kein Unterschied**, ob er es bei seinem Schutzbegehren mit einem genehmigten oder einem genehmigungsfreien Bauvorhaben zu tun hat. Vor Baubeginn hat er es dagegen bei genehmigten Vorhaben leichter, da er mit der Anfechtungsklage nur die Verletzung nachbarschützenden Rechts und nicht zusätzlich wie bei der Klage auf Untersagung einen eigenen Anspruch und damit den zu erwartenden Eintritt einer nicht unerheblichen tatsächlichen Beeinträchtigung geltend machen muss. Weiterhin wird ihm bei genehmigungsfreien Vorhaben oft ein Informationsdefizit die rechtzeitige Rechtsbehelfseinlegung und die Führung des Prozesses erschweren[915]. Ob es allerdings angesichts dessen erforderlich ist, in allen Fällen nachbarlicher Ansprüche auf baurechtliches Einschreiten gegen genehmigungsfreie Vorhaben aus Gründen rechtsstaatlicher Kompensation die Anforderung an eine Ermessensreduktion zu senken[916], erscheint fraglich. Damit stünde letztlich der Bauherr eines Schwarzbaus im Nachbarprozess in einer besseren Position als der Bauherr eines genehmigungsfreien Vorhabens[917]. Dieser Konsequenz versucht man mit der Forderung zu begeg-

---

911 Ähnlich *Uechtritz*, NVwZ 1996, 640 (642 ff, 643); *Preschel*, DÖV 199, 45 (53). Für einen weiteren Nachbarschutz dagegen *Degenhart*, NJW 1996, 1433 (1437); *Mampel*, UPR 1997, 267; *Martini*, DVBl. 2001, 1488 (1493). Aus der Rechtsprechung bwVGH BauR 1995, 219 (220); ihm folgend bayVGH NVwZ 1997, 923; SächsVGH NVwZ 1997, 922. Nw. der Rspr. auch in *Berliner Kommentar*, Vor §§ 29-38 Rdnr. 66; *Dürr*, DÖV 2001, 625 (638 f).
912 *Sarnighausen*, UPR 1998; 329.
913 A.A. unter Hinweis auf den Gefahrenabwehrcharakter der Untersagung *Degenhart*, NJW 1996, 1433 (1438); *Preschel*, DÖV 1998, 45 (52).
914 Ebenso *Dürr*, DÖV 2001, 625 (639). Für Einzelfallabwägungen letztlich auch *Sacksowsky*, DÖV 1999, 946 (953).
915 Vgl. hierzu – mit unterschiedlicher Tendenz – *Degenhart*, NJW 1996, 1433 (1438); *Preschel*, DÖV 1998, 45 (51 f).
916 So vor allem VGH BW BauR 1995, 219; ihm folgend *Bamberger*, NVwZ 2000, 983.
917 Ebenso *Preschel*, DÖV 1998, 45 (53), *Uechtritz*, BauR 1998, 719 (725). Zur Problematik weiterhin auch *Brohm*, § 30 Rdnr. 24; *Dürr*, DÖV 2001, 625 (640); *Mampel*, BayVBl. 2001, 417 (419 ff); *Brohm*, § 30 Rdnr. 24.

nen, auch gegenüber Schwarzbauten den Rechtsschutz in der beschriebenen Weise zu erhöhen[918]. Abgesehen davon, dass hiermit das gesamte System bauaufsichtsrechtlicher Eingriffsbefugnisse ins Wanken geriete, entstünden bei dieser Lösung nur neue Abgrenzungsschwierigkeiten zum nachträglich illegal gewordenen Vorhaben (Rdnr. 353) und zur irrtümlich angenommenen Genehmigungsfreiheit.

Die geschilderten Probleme setzen sich beim **vorläufigen Rechtsschutz** fort. Ein solcher kann zur Sicherung von Ansprüchen auf den Erlass von Untersagungs- oder Stilllegungsverfügungen geboten sein, da die Rechte des Nachbarn durch die Realisierung des Bauvorhabens gefährdet sind. Anders als bei genehmigungsbedürftigen Vorhaben kann dem nicht durch die Herstellung aufschiebender Wirkung im Wege der Vollzugsaussetzung (§ 80a VwGO); sondern nur mit der einstweiligen Anordnung (§ 123 VwGO) begegnet werden. Hierbei ist der Anordnungsanspruch (der Anspruch auf bauaufsichtliches Einschreiten) glaubhaft zu machen; das gilt auch für das Erfordernis der Ermessensreduktion, da ein Anspruch auf ermessensfehlerfreie Bescheidung nicht sicherungsfähig ist[919]. Bei offener Sach- oder Rechtslage soll nach h.M. bereits genügen, wenn „ernst zu nehmende Bedenken" gegen die nachbarrechtliche Rechtmäßigkeit des Vorhabens bestehen und der Nachbar spürbar belastet ist (Rdnr. 356); damit werden sinnvollerweise die materiellrechtlichen Voraussetzungen für Vollzugsaussetzung und einstweilige Anordnung einander angeglichen[920]. Inhaltlich kann nur vorläufige Untersagung oder vorläufige Einstellung, nicht dagegen die Beseitigung angeordnet werden[921]. 358

Bei immissionsträchtigen Gewerbebetrieben ergibt sich noch ein weiteres Problem. Werden in der näheren Umgebung eines solchen Betriebes rechtswidrige Bauvorhaben zugelassen, die dann dessen Immissionen ausgesetzt wären (sog. heranrückende Nachbarbebauung), so rechtfertigt dies allein an sich noch kein Abwehrrecht des schon vorhandenen Unternehmens. Allerdings wird es in einem solchen Fall seinerseits dann möglicherweise wegen unzumutbarer Beeinträchtigung der Nachbarschaft immissionsschutz- oder allgemein ordnungsrechtlichen Maßnahmen ausgesetzt sein, die bis zu einer Betriebsuntersagung (vgl. die §§ 21, 25 II BImSchG) reichen können (Fall des „**latenten Störers**"). Um dieser Gefahr zu begegnen, bedarf es eines präventiven Rechtsschutzes gleichfalls durch Anfechtung der rechtswidrigen Baugenehmigung[922]. Nachbarschutz gewährt in diesem Fall jedoch nur das in § 35 III 1 Nr. 3 BauGB enthaltene Rücksichtnahmegebot; auf einen Anspruch auf Bewahrung des Außenbereichscharakters kann sich der Inhaber des privilegierten Betriebes nicht berufen (Rdnr. 383)[923]. 359

---

918 *Martini*, DVBl. 2001, 1488 (1493).
919 Vgl. *Mampel*, UPR 1997, 267; a.A. *Schoch/Schmidt-Aßmann/Pietzner*, VwGO, § 123 Rdnr. 160 ff.
920 VGH BW BauR 1995, 219; SächsOVG SächsVBl. 1997, 33. Ausführlich *Uechtritz*, BauR 1998, 719; vgl. auch *Degenhart*, NJW 1996, 1433 (1438); *Mampel*, UPR 1997, 267 (270); *Bamberger*, NVwZ 2000, 983; *Finkelnburg/Ortloff*, Bd. 2, S. 286 f.
921 *Stüer*, E 2328; *Hoppe/Bönker/Grotefels*, § 18 Rdnr. 180.
922 BVerwG DVBl. 1971, 746 (748); *Fröhler/Kormann*, WiVerw. 1978, 245 ff. Vgl. weiterhin auch *Schrödter*, § 31 Rdnr. 98.
923 BVerwG DÖV 2000, 81; NVwZ-RR 2001, 82.

IV *Baurecht*

b) Dogmatik des Nachbarschutzes

360 Das deutsche Verwaltungsprozessrecht zielt nicht auf eine objektive Rechtmäßigkeitskontrolle der Verwaltung, sondern auf subjektiven **Rechtsschutz**. Der Kläger muss also dartun, dass der von ihm angegriffene Verwaltungsakt nicht nur rechtswidrig ist, sondern ihn zugleich auch in seinen subjektiven Rechten verletzt (§§ 42 II, 113 I 1 VwGO)[924]. Das fällt demjenigen leicht, der selbst **Adressat** eines ihn belastenden Verwaltungsakts ist. Der Eingriff in seine Rechtssphäre bedarf einer gesetzlichen Legitimation, die in ihrer normativen Bestimmtheit nicht nur zum Eingriff ermächtigt, sondern zugleich auch die Grenzen der Eingriffsbefugnis der Verwaltung festlegt und damit für den Normadressaten eine subjektive Rechtsposition begründet. Anders verhält es sich beim nur **mittelbar belasteten Dritten**. Wenn er die Rechtswidrigkeit des für ihn nachteiligen Verwaltungsakts geltend macht, so beruft er sich auf eine in den einschlägigen Rechtsnormen enthaltene und sich gegen den Adressaten auswirkende Begünstigungsgrenze, die aber deswegen keineswegs auch ihm selbst schon stets eine subjektive Rechtsposition verleiht. Das tun nur Normen mit drittschützendem Charakter; hierunter sind Rechtsvorschriften zu verstehen, welche die Möglichkeit, jemandem etwas durch Verwaltungsakt zu gewähren, nicht nur im öffentlichen, sondern auch und gerade im Interesse eines erkennbaren und abgrenzbaren Kreises Dritter beschränken[925]. Die Klage des Drittbetroffenen hat darum nur Aussicht auf Erfolg, wenn die Maßstabsnorm, an der sich die Rechtswidrigkeit des Verwaltungsakts erweist, in diesem Sinne **zugleich auch** den Charakter einer **Schutznorm** hat.

361 Diese sog. **Schutznormtheorie**[926] ist freilich nicht unumstritten[927]. Ihre Gegner werfen ihr vor, die postulierte Abhängigkeit schutzwürdiger Berechtigungen von der Ausgestaltung einfachen Rechts stehe nicht im Einklang mit dem in Art. 14 I GG verankerten Schutzauftrag, der auch für das Eigentum des Nachbarn gelte. Eine rechtswidrige Baugenehmigung müsse darum immer schon dann Nachbarschutz auslösen, wenn der Nachbar hiervon konkret in seinen eigenen Angelegenheiten betroffen sei[928]. Diese Kritik bricht indes die innere Abhängigkeit des nachbarlichen Abwehranspruches von der Konfliktbezogenheit der verletzten baurechtlichen Zulässigkeitsregelung auf. Das Baurecht steuert das Baugeschehen nicht allein im Interesse des Allgemeinwohls, sondern muss dabei vielfach zugleich auch ein **Konfliktschlichtungsprogramm**[929] im Interessenkonflikt zwischen Bauherr und Nachbar entwerfen. Dies ergibt sich zwangsläufig aus der nachbarschaftlichen Wechselbeziehung zwischen den betroffenen Grundstücken, deren jeweilige städtebauliche Nutzungsmög-

---

924 St. Rspr. seit BVerwGE 1, 83.
925 Vgl. BVerwGE 42, 122 (128).
926 Hierzu *Brügelmann*, Vorb. § 29 Rdnr. 3 ff; *Berliner Kommentar*, Vor §§ 29-38 Rdnr. 8 ff; *Schrödter*, § 31 Rdnr. 47 ff.; *Finkelnburg/Ortloff*, Bd. 2, S. 217 ff; *Hoppe/Bönker/Grotefels*, § 18 Rdnr. 62 f; *Brohm*, § 18 Rdnr. 26.
927 Zum Streitstand *Bauer*, AöR 113 (1988), 582; *Schmidt-Preuß*, Kollidierende Interessen im Verwaltungsrecht (1992); *Koch/Hendler*, S. 418; *Berliner Kommentar*, Vor §§ 29-38 Rdnr. 9 f.
928 *Henke*, Das subjektive öffentliche Recht (1968), S. 57 ff; *Bartlsperger*, VerwArch. 1969, 47 ff; DVBl. 1971, 723 ff.
929 *Schmidt-Preuß*, a.a.O., S. 247 ff; ders. DVBl. 1999, 103 (105).

lichkeit im Sinne einer Inhalts- und Schrankenbestimmung des Eigentums nach Art. 14 I 2 GG rechtsnormativ aufeinander abgestimmt werden muss. Nur dann, wenn eine städtebauliche Nutzungsregelung einen derartigen konfliktschlichtenden Nachbarschaftsbezug aufweist, lassen sich aus ihrer Verletzung subjektive Abwehransprüche herleiten.

Der Schutznormcharakter der einschlägigen Rechtsnorm genügt allein freilich noch 362 nicht; es muss hinzukommen, dass der **Schutzzweck** der Norm gerade auch die Rechtssphäre des Drittbetroffenen mitumfasst. Soweit baurechtliche Vorschriften als Schutznormen qualifiziert werden können, zielen sie im allgemeinen auf den Schutz des **Nachbarn** eines Bauvorhabens. Das müssen nicht die Grundstücksnachbarn sein; der Begriff der Nachbarschaft schließt auch nicht unmittelbar angrenzende Grundstücke ein. Je nachdem, wie weit die Beeinträchtigung reicht, vor der die Schutznorm gerade bewahren will, wird man den Nachbarschaftsbereich weiter oder enger zu ziehen haben[930]. Die Rspr. rechnet obligatorisch Berechtigte (Mieter, Pächter) generell nicht zum Kreis der geschützten Nachbarn. Das ist insoweit richtig, wie Nachbarschutz wegen Verletzung von Bebauungsrecht gefordert wird; diese Rechtsmaterie ist grundstücks- und nicht personenbezogen. Darum erweitert sich der Nachbarbegriff auch nicht auf Grund der Rspr. des BVerfG, wonach das Besitzrecht des Mieters eigentumsrechtlichen Charakter hat[931]. Letztlich entscheidet aber über die Begrenzung der Klagebefugnis der Schutzzweck der Norm[932]. Zur Berufung auf Rechtsnormen, die etwa vor dem Hintergrund des Art. 2 II GG auf die Abwehr gesundheitsschädigender Immissionen gerichtet sind, ist darum nicht nur der Eigentümer, sondern auch der obligatorisch Berechtigte befugt[933].

c) Schutznormcharakter und Rücksichtnahmegebot

Die hauptsächliche Schwierigkeit beim baurechtlichen Nachbarschutz liegt in der 363 Beantwortung der Frage, **welche** Baurechtsnormen als nachbarschützend zu verstehen sind. Die Frage stellt sich bei manchen Anforderungen des materiellen Bauordnungsrechts wie auch vor allem im Zusammenhang mit den bebauungsrechtlichen Zulässigkeitstatbeständen des BauGB und den konkreten Festsetzungen des jeweiligen Bebauungsplanes. Auch wenn das materielle Baurecht insgesamt einen sachgerechten Ausgleich der widerstreitenden Interessen der Normbetroffenen sucht, kann doch **nicht jeder** seiner Regelungen eine nachbarschützende Funktion unterlegt werden. Zahlreiche Regelungen dienen nicht dem Schutz individueller Interessen, sondern der Durchsetzung von Belangen der Allgemeinheit[934]. Art. 14 GG gebietet keine andere Betrachtungsweise. Er schützt zwar auch die Nutzungsinteressen des Nach-

---

930 *Berliner Kommentar*, Vor §§ 29-38 Rdnr. 14; *Schrödter*, § 31 Rdnr. 41.
931 BVerfG 89, 1 (5); dazu *Schrödter*, § 31 Rdnr. 45; *Brohm*, § 30 Rdnr. 9.
932 BVerwGE 82, 61 (74 f); NVwZ 1991, 566. Vgl. auch *Finkelnburg/Ortloff*, Bd. 2, S. 224 f; *Schrödter*, § 31 Rdnr. 44.
933 BVerwGE 54, 211 (221 ff); 82, 61 (75). Vgl. hierzu aber auch *Schrödter*, § 31 Rdnr. 54, sowie unten Rdnr. 384.
934 BVerwG DVBl. 1987, 476 (477).

IV *Baurecht*

barn; Inhalt und Schranken werden jedoch erst durch die einfachen Gesetze bestimmt (Art. 14 I 2 GG)[935].

364 Die herkömmliche Abgrenzungsformel der Schutznormtheorie, die betreffende Norm müsse (auch) den Interessen des Nachbarn zu dienen bestimmt sein, ist wegen ihrer Bezugnahme auf subjektive Vorstellungen des normsetzenden Organs wenig aufschlussreich. Die Nachbarklage hat die Funktion, einseitige Verschiebungen in einer rechtlich ausgewogenen Nutzungsordnung zu verhindern. Sie setzt darum Nutzungsregelungen voraus, die den nachbarlichen Interessenkonflikt durch **Zuordnung und Abstimmung benachbarter Nutzungen** unter dem Gesichtspunkt wechselseitiger Verträglichkeit regeln und zu einem Ausgleich bringen[936]. Die Rspr. verlangt darüber hinaus, dass die nutzungsregelnden Baurechtsnormen durch individualisierende Tatbestandsmerkmale einen Personenkreis erkennen lassen, der sich von der Allgemeinheit unterscheidet[937]. Hierfür ist die ausdrückliche Erwähnung von Nachbarinteressen in der Norm ein Indiz. Dagegen kommt es nicht darauf an, dass die Norm ausdrücklich einen fest abgrenzbaren Kreis der Betroffenen benennt; eine so eindeutige räumliche Abgrenzung wäre oft – so etwa bei Immissionsbelastungen – praktisch nicht normierbar[938]. Andererseits darf der Kreis der Begünstigten auch nicht zu weit gezogen werden, weil sonst die notwendige Individualisierung des Nachbarschutzes zulasten der ebenfalls schutzwürdigen Interessen des Bauherrn gefährdet wäre[939]. Drittschutz kommt schließlich nicht ohne Rücksicht auf den Grad der Beeinträchtigung in Betracht. Darum muss durch Auslegung der Norm ermittelt werden, von welcher Schwelle der Beeinträchtigung an sie Drittschutz gewähren soll[940].

365 Von diesen dogmatischen Ansätzen ausgehend haben die Gerichte in umfangreicher Judikatur die einschlägigen Normen des Städtebau- wie auch das Bauordnungsrechts auf ihren nachbarschützenden Charakter hin geprüft; das führte alsbald zu einer höchst **wechselvollen Rechtsentwicklung**[941], die sich jedoch in neuerer Zeit deutlich konsolidiert hat. Zunächst erwies sich jedoch, dass insbesondere die Bebaubarkeitsvorschriften (§§ 30 ff BauGB sowie § 15 BauNVO) nur in beschränktem Ausmaß Nachbarschutz gewähren, da es auch dort, wo durchaus eine Bezugnahme auf Schutzbedürfnisse der Umgebung erkennbar ist, häufig an einem greifbaren Personenbezug und einer Konkretisierung des geschützten Personenkreises fehlt. Für den Nachbarn ergaben sich daraus schmerzhafte und häufig auch nicht interessengerechte **Rechtsschutzlücken**. So konnte beispielsweise eine an sich zulässige Klage wegen der Verletzung nachbarschützender Festsetzungen eines Bebauungsplanes sich nachträglich mangels Klagebefugnis als unzulässig erweisen, wenn sich während des ge-

---

935 BVerwGE 101, 364 (373); *Berliner Kommentar*, Vor §§ 29-38 Rdnr. 9.
936 *Breuer*, DVBl. 1983, 431 (437); *Wahl*, JuS 1984, 577 (580).
937 BVerwG DVBl. 1987, 476 (477).
938 BVerwG DVBl. 1987, 476 (477); BVerwGE 94, 151 (158); 107, 215 (219 f). Vgl. hierzu auch *Koch/Hendler*, S. 422.
939 BVerwGE 32, 173 (175); 52, 122 (129); *B/K/L*, § 31 Rdnr. 56.
940 BVerwG DVBl. 1987, 476 (477).
941 Vgl. hierzu u.a. *Berliner Kommentar*, Vor §§ 29-38 Rdnr. 27 ff.

richtlichen Verfahrens die Unwirksamkeit des Planes herausstellte und das angegriffene Bauvorhaben nunmehr an der nicht nachbarschützenden Vorschrift des § 34 I BauGB zu messen war[942].

Um derartige unbillige Rechtsbeschränkungen zu vermeiden, zieht die Rspr., beginnend mit einer Leitentscheidung des BVerwG aus dem Jahre 1977[943], das baurechtliche **Rücksichtnahmegebot**[944] zur Hilfe heran, um Nachbarn unter allerdings engen Voraussetzungen auch dann Rechtsschutz zu gewähren, wenn bodenrechtliche Normen versagen. Rücksichtnahme wird dabei als ein mit der **Sozialpflichtigkeit** des Grundstückseigentums korrespondierendes und aus der **Situationsgebundenheit** der Grundstücke resultierendes (objektiv-rechtliches) Gebot im Verhältnis von Bauherrn und Nachbarn verstanden, das sich aber zugleich auch an die Bauaufsichtsbehörde richtet, die über seine Einhaltung zu wachen hat. Gleichwohl gilt das Rücksichtnahmegebot nicht etwa als ein selbstständiger, zu den sonstigen städtebaulichen und bauordnungsrechtlichen Einschränkungen der Baufreiheit hinzutretender Zulässigkeitstatbestand, sondern wird vielmehr als ein innerhalb der einzelnen Zulässigkeitstatbestände wirkender **tatbestandsimmanenter Ausnahmevorbehalt** oder jedenfalls als ein Auslegungstopos verstanden, der den nachbarschützenden Charakter baurechtlicher Vorschriften herausstellt[945]. Nachbarschützend kann das Rücksichtnahmegebot allerdings nur dann wirken, wenn man es nicht nur als ein objektivrechtliches Prinzip[946], sondern als **Grundlage subjektiven Nachbarschutzes** begreift; diese Qualität ergibt sich nur bei konkreter, situationsbedingter Schutzwürdigkeit der nachbarlichen Interessen und nur dann, wenn diesen in der Abwägung mit den berechtigten Interessen des Bauherrn ein größeres Gewicht zukommt[947].

366

Das Lösungsmodell des Rücksichtnahmegebotes ist zwar in seiner juristischen Konstruktion wie auch hinsichtlich seiner Ergebnisse nicht unumstritten geblieben[948], hat sich jedoch im großen und ganzen durchgesetzt. Um es zu vereinfachen[949], sollte man sich allerdings von der Vorstellung lösen, dass Rücksichtnahme nur die additive Perspektive einer „an sich" nur objektivrechtlich wirkenden Bestimmung und Begrenzung der Baufreiheit ist. Vielmehr gebietet jede baurechtliche Vorschrift, die (auch) dem Schutz individueller Interessen dient, diesen gegenüber Rücksichtnahme. Insoweit zeichnet sich ein Abschied von einer spezifischen Rücksichtnahmelehre und eine Rückbesinnung auf die – freilich unterschiedlich ausgeprägte – Drittschutzinten-

367

---

942 *Schlichter*, NVwZ 1983, 641 (644).
943 BVerwGE 52, 122.
944 Grundlegend schon *Weyreuther*, BauR 1975, 1; vgl. aus neuerer Zeit *Berliner Kommentar*, Vor §§ 29-38 Rdnr. 27 ff; *Schrödter*, § 34 Rdnr. 83 ff; *Jäde*, JuS 1999, 961.
945 BVerwGE 55, 369 (385 f); NVwZ 1999, 879. Aus dem Schrifttum *Berliner Kommentar*, Vor §§ 29-38 Rdnr. 31 ff; *Hoppe/Bönker/Grotefels*, § 18 Rdnr. 64.
946 Vgl. insoweit auch *Berliner Kommentar*, Vor §§ 29-38 Rdnr. 29 ff.
947 BVerwGE 52, 122 (128 ff); DVBl. 1981, 928; NVwZ 1988, 377 (378); *Berliner Kommentar*, Vor §§ 29-38 Rdnr. 37 ff (39, 42).
948 Vgl. *Breuer*, DVBl. 1982, 1065; *Wahl*, JuS 1984, 577 (585 f); *Alexy*, DÖV 1984, 953; *Schmidt-Preuß*, Kollidierende Interessen im Verwaltungsrecht (1992), S. 87 m.w.N.; *Koch/Hendler*, S. 417.
949 Zum Folgenden *Finkelnburg/Ortloff*, Bd. 2, S. 220 ff; vgl. weiterhin auch *Hoppe/Bönker/Grotefels*, § 18 Rdnr. 62 ff; *Jäde*, JuS 1999, 961; *Muckel*, JuS 2001, 132 (133 f).

IV *Baurecht*

tion aller baurechtlichen Konfliktschlichtungsnormen ab[950]. In diesem weiteren Sinne ist das Gebot der Rücksichtnahme der vom gesetzgeberischen Willen getragene und in unterschiedlichen, die Baufreiheit bindenden Normen formulierte **Ausdruck der Sozialbindung des Eigentums** im Spannungsfeld divergierender nachbarlicher Nutzungsinteressen und damit zugleich der eigentliche **Inhalt des Nachbarschutzes**.

368 Im Einzelnen ist freilich zwischen einem **absolut wirkenden** und einem **situationsgebundenen Nachbarschutz** (bzw. entsprechenden Rücksichtnahmegeboten) zu unterscheiden[951]. Absolut wirkende Nachbarschutznormen bestimmen definitiv und für alle Fälle einen baurechtlichen Ausgleich im nachbarschaftlichen Interessenkonflikt und konkretisieren auf diese Weise für die geregelten Fallkonstellationen abschließend das Gebot der Rücksichtnahme. Demgegenüber lassen die nur situationsbedingt nachbarschützenden Normen zunächst noch offen, ob und in welchem Umfang Rücksichtnahme auf nachbarliche Belange geboten sein soll; hierfür sind die objektiven Gegebenheiten der jeweils konkreten Situation ausschlaggebend.

369 Für den situationsbedingten Nachbarschutz ist entscheidend, ob nach Maßgabe der konkreten Situation **in qualifizierter und zugleich individualisierter Weise** auf schutzwürdige Interessen Dritter Rücksicht genommen werden muss[952]; das kommt nur bei gegenseitiger, i.d.R. aus unmittelbarer Nähe folgender Verpflichtung benachbarter Grundstücke in Betracht. Rücksichtnahme ist geboten, wenn die tatsächlichen Umstände handgreiflich ergeben, auf wen Rücksicht zu nehmen ist (**Sichtbarkeitskriterium**), und wenn eine besondere Schutzwürdigkeit des Betroffenen anzuerkennen ist (**Schutzwürdigkeitskriterium**). Die Schutzwürdigkeit des Betroffenen, die Intensität der Beeinträchtigung und das, was beiden Seiten billigerweise zumutbar oder unzumutbar ist, sind dann gegeneinander abzuwägen; dabei handelt es sich freilich nur um nachvollziehende und nicht um gestaltende Abwägung[953]. Bei dieser Abwägung kommt es stets auf die situationsbedingte Schutzwürdigkeit an; je empfindlicher und schutzwürdiger die Rechtsposition des Nachbarn ist, desto mehr Rücksichtnahme kann er verlangen. Einerseits muss er, um Nachbarschutz genießen zu können, sich selbst in berechtigter Position befinden; andererseits genügt sein eigenes legales Verhalten nicht, um das Vorhaben des Bauherrn rücksichtslos erscheinen zu lassen[954]. Der Bauherr seinerseits braucht eigene berechtigte Interessen nicht zurückzustellen, um gleichwertige fremde Interessen zu schonen[955]. Er kann umso weniger Rücksicht nehmen, je gewichtiger die mit seinem Vorhaben verfolgten Interessen sind[956]. Auch ist die objektive Rechtswidrigkeit der geplanten Bebauung für sich

---

950 Unter Bezug auf BVerwGE 107, 215 (219) *Schmidt-Preuß*, DVBl. 1999, 103 (106); *Krebs*, FS Hoppe (2000), 1055 (1061 ff).
951 Die Terminologie ist verschieden. Es werden auch generell-abstrakter und partiell-konkreter *(Finkelnburg/Ortloff*, Bd. 2, S. 221; *Muckel*, JuS 2000, 132) bzw. unmittelbarer und mittelbarer *(Jäde,* JuS 1999, 961; *Gelzer/Bracher/Reidt*, Rdnr. 2030) Nachbarschutz unterschieden.
952 BVerwGE 67, 334 (339).
953 BVerwGE 91, 364 (380 f). Vgl. auch *Berliner Kommentar*, Vor §§ 29-38 Rdnr. 41 f; *Jäde/Dirnberger/Weiß*, § 29 Rdnr. 69 ff; *Jäde*, JuS 1999, 961 (964).
954 BVerwG DVBl. 1994, 667.
955 BVerwG NVwZ 1988, 377 (378).
956 BVerwGE 52, 122 (126); NVwZ 1988, 377 (378).

allein kein Hinweis auf Rücksichtslosigkeit; selbst doloses Verhalten des Bauherrn ist hierfür kein zwingender Grund[957]. Einen allein auf objektiv rechtmäßiges Bauen gerichteten Anspruch besitzt der Nachbar also nicht[958]. Andererseits reicht auch das baurechtliche Rücksichtnahmegebot nicht weiter, als Rücksichtspflichten bereits in anderen Normen festgeschrieben sind[959]. Es kann darum etwa im Verhältnis zum Immissionsschutzrecht keinen weiter reichenden bebauungsrechtlichen Schutz gegen Umwelteinwirkungen i.S.d. § 3 BImSchG gewähren, als ihn schon § 5 I Nr. 1 BImSchG vermittelt[960]. Grundsätzlich besteht darum unter dem Gesichtspunkt der Rücksichtnahme kein Anspruch auf ausreichende Belichtung, Besonnung oder Belüftung eines Grundstücks, weil hier das Bauordnungsrecht bereits eigene Richtwerte enthält[961]. Dies gilt indes nicht, wenn Rücksichtnahme aus einem anderem Grund – z.B. Einfügung in die Eigenart der näheren Umgebung nach § 34 I BauGB – geboten ist[962].

Beispiel: Landwirt L erhält die Genehmigung zur Errichtung eines Schweinemaststalles im landwirtschaftlich genutzten Außenbereich. Der Stall soll an einem Weg errichtet werden, auf dessen anderer, als Dorfgebiet (§ 5 BauNVO) geplanter Seite vier Mietwohnhäuser liegen. Kann der Eigentümer N dieser Häuser sich im Hinblick auf die von dem Stall ausgehenden Emissionen mit Erfolg gegen die Genehmigung wehren? **370**

N ist als Nichtadressat der Genehmigung nur widerspruchs- bzw. klagebefugt, wenn er die Verletzung einer nachbarschützenden Norm geltend machen kann. Einschlägig ist hier – je nach den Gegebenheiten – § 35 I Nr. 1 oder 4 BauGB. In beiden Fällen kommt es u.a. darauf an, dass öffentliche Belange nicht entgegenstehen. Hierzu zählt auch das Gebot der Rücksichtnahme, das sich auch auf benachbarte Planbereiche bezieht. Dies Gebot wirkt allerdings nur dann nachbarschützend, wenn ein abgegrenzter Kreis von Nachbarn erkennbar ist, denen gegenüber in individualisierender und qualifizierter Weise Rücksichtnahme geboten ist; ein Indiz hierfür kann sich aus der Schwere des Eingriffs oder der Handgreiflichkeit der Belastung ergeben. Ob das Rücksichtnahmegebot tatsächlich verletzt ist, hängt davon ab, ob die Geruchsimmissionen für N unzumutbar sind. Dabei ist zu berücksichtigen, dass die Belastungsgrenze insoweit in landwirtschaftlich genutzten Gegenden höher liegt als anderswo. Auch spielt eine Rolle, ob L zugemutet werden kann, den Stall an einer anderen Stelle zu errichten (BVerwGE 52, 122).

Baurechtsnormen, die **allein zum Schutz der Allgemeinheit** die Baufreiheit beschränken, vermitteln dagegen keinen Nachbarschutz. Bauvorhaben, die solchen Normen nicht gerecht werden, sind darum unbeschadet einer möglicherweise erteilten Baugenehmigung materiell illegal, doch folgt daraus keine Pflicht des Bauherrn zur Rücksichtnahme auf nachbarliche Interessen. **371**

---

957 BVerwG DVBl. 1981, 928 (930).
958 *Jäde/Dirnberger/Weiß*, § 29 Rdnr. 79 m.w.N.; *Gelzer/Bracher/Reidt*, Rdnr. 2028.
959 BVerwG NVwZ 1986, 468.
960 BVerwG NVwZ 1996, 1001; *Schrödter*, § 31 Rdnr. 54; *Hoppenberg*, H 427 m.w.N.
961 BVerwG NVwZ 1985, 653.
962 BVerwGE 94, 151 (159 f); NVwZ 1999, 879.

IV *Baurecht*

3. Nachbarschützende Rechtsnormen

372 Die Frage nach ihrem nachbarschützenden Charakter stellt sich ausschließlich im Hinblick auf solche Rechtsnormen, an deren Anforderungen die materielle Legalität eines Bauvorhabens gemessen werden muss und deren Verletzung der Nachbar klageweise geltend macht. Dieser Ansatz ist sowohl bei der Anfechtungsklage gegen genehmigte wie auch bei Verpflichtungsklagen im Zusammenhang mit genehmigungsfreien Vorhaben zu beachten, denn auch in letzterem Falle lassen sich Untersagungs-, Einstellungs- oder Beseitigungsansprüche nur bei der Verletzung nachbarschützender Vorschriften herleiten. Der Kreis von Rechtsnormen, die der nachbarrechtlichen Musterung unterzogen werden müssen, umschließt darum sowohl die Bebaubarkeitsvorschriften des Städtebaurechts wie auch alle Zulässigkeitsbestimmungen des Bauordnungsrechts.

a) Nachbarschutz im Planbereich

373 Soweit Nachbarschutz mit der Behauptung der **bebauungsrechtlichen** Unzulässigkeit eines Bauvorhabens begehrt wird, kommt es auf den nachbarschützenden Charakter der jeweils einschlägigen Zulässigkeitstatbestände der §§ 29 ff BauGB unter Einschluss der BauNVO an. Zwar können in **beplanten Gebieten** Konflikte auch schon daraus erwachsen, dass einzelne Festsetzungen des Bebauungsplans die Belange benachbarter Grundstückseigentümer nicht hinreichend wahren. Die in § 1 V BauGB normierten Ziele der Bauleitplanung und das in § 1 VI BauGB enthaltene **Abwägungsgebot** vermitteln im Nachbarprozess jedoch schon deshalb keine durchsetzbaren Rechte, weil § 1 V u. VI BauGB – unbeschadet seiner Bedeutung im Normenkontrollverfahren gegen einen Bebauungsplan (Rdnr. 110) – jedenfalls für die rechtliche Beurteilung des angegriffenen Bauvorhabens keinen Rechtsmaßstab abgibt[963]. Sie können auch nicht herangezogen werden, um bebauungsrechtliche Vorschriften, die selbst keinen Nachbarschutz gewähren, nachbarrechtlich anzureichern[964]. Allerdings kann der Abwägungsmangel in den Grenzen der Planerhaltungsvorschriften (Rdnr. 116 ff) vom Betroffenen sowohl nach § 47 VwGO wie auch inzident bei der Anfechtung einer nach Bebauungsplan erteilten Baugenehmigung geltend gemacht werden; im letzteren Fall hat dies zur Folge, dass das Klagebegehren nunmehr am Maßstab der §§ 34 oder 35 BauGB zu prüfen ist. Wird ein Bauvorhaben bei fehlendem Bebauungsplan unter **Verstoß gegen ein Planungserfordernis** (Rdnr. 217, 229) nach den §§ 34 oder 35 BauGB genehmigt, berechtigt dieser Umstand allein Nachbarn nicht zur Klage, da ein subjektives Recht auf Erlass eines Bebauungsplanes nicht besteht (§ 2 III BauGB)[965].

374 **Beispiel:** Der Unternehmer U betreibt seit Jahrzehnten legal ein Kraftfutterwerk im Außenbereich einer Gemeinde. Diese hat jetzt in einem Bebauungsplan das Gelände bis zu dem Werk als Wohngebiet ausgewiesen und bereits die ersten Baugenehmigungen erteilt. Weitere An-

---
963 *Berliner Kommentar*, Vor §§ 29-38 Rdnr. 69; *B/K/L*, § 31 Rdnr. 60; *Schrödter*, § 31 Rdnr. 63. Das BVerwG hat die Frage bisher offen gelassen; vgl. BVerwGE 28, 268 (276 f); 32, 173 (177).
964 BVerwG ZfBR 1997, 269.
965 *Finkelnburg/Ortloff*, Bd. 2, S. 248 f; *Berliner Kommentar*, Vor §§ 29-38 Rdnr. 57 ff.

träge auf Bebauung der unmittelbaren Nachbarschaft sind gestellt. U befürchtet, seinen Betrieb wegen der damit verbundenen Emissionen nicht aufrecht erhalten zu dürfen, wenn die geplanten Vorhaben genehmigt und realisiert sind. Was kann er tun?

U kann sich mit Widerspruch und ggf. Anfechtungsklage gegen die bereits erteilten Baugenehmigungen wehren. Er ist klagebefugt (§ 42 II VwGO), weil er durch die Genehmigungen in seinen Rechten aus § 35 BauGB verletzt sein kann. Nach seinem Vorbringen könnte der Bebauungsplan wegen Abwägungsmängeln nichtig sein. Die Bauvorhaben wären dann nach § 35 II, III BauGB zu beurteilen, der vorhandene privilegierte Anlagen vor Beeinträchtigungen durch eine heranrückende, nicht privilegierte Bebauung schützt. § 35 I BauGB hat insoweit den Charakter einer planungsähnlichen Entscheidung des Gesetzgebers zu Gunsten der auf den Außenbereich angewiesenen Vorhaben. U kann auch schon vorbeugend die erteilten Baugenehmigungen angreifen; wenn die Nachbarschaft nämlich erst bebaut ist, müsste er evtl. als Störer weichen. Gegen noch ausstehende Baugenehmigungen kann U mit einer vorbeugenden Unterlassungsklage vorgehen. Im Übrigen sollte U möglichst auch den Bebauungsplan im Wege der verwaltungsgerichtlichen Normenkontrolle (§ 47 VwGO) überprüfen lassen (BVerwG DVBl. 1971, 764).

Bei rechtswidriger Abweichung von den **Festsetzungen eines Bebauungsplanes** kommt es darauf an, ob sie – zusammen mit den von ihnen herangezogenen Ausfüllungsvorschriften der BauNVO – einen Nachbarschaftsausgleich herstellen und darum als drittschützend gelten können. Wieweit dies der Fall ist, kann grundsätzlich nur im Einzelfall aus dem Regelungszusammenhang und dem Regelungszweck der jeweiligen Festsetzung geklärt werden; es ist vor allem Sache der planenden Gemeinde, selbst über den Charakter ihrer Festsetzungen zu entscheiden[966]. Festsetzungen, welche die **Art der baulichen Nutzung** (§§ 2-14 BauNVO) betreffen, werden allerdings, ohne dass auf die konkrete Situation oder den Gemeindewillen abzustellen wäre, durchweg als nachbarschützend angesehen, weil die Festsetzung von Baugebieten die Planbetroffenen stets zu einer auf wechselseitige Rücksichtnahme angewiesenen „rechtlichen Schicksalsgemeinschaft" verbindet[967]. Der Anspruch auf Wahrung der festgesetzten Gebietsart reicht also weiter als der Schutz aus dem Rücksichtnahmegebot. Hier, im Anwendungsbereich des § 9 I Nr. 1 BauGB, wie aber auch bei § 9 I Nr. 24 BauGB[968] ergibt sich der Nachbarschutz also bereits unmittelbar aus Bundesrecht. Nachbarn können sich damit ohne Rücksicht auf die jeweilige konkrete Nachbarschaftssituation uneingeschränkt auf Vorstöße gegen Baugebietsausweisungen wehren (Anspruch auf **Wahrung des Gebietscharakters**[969]. Von keinem Planbetroffenen kann verlangt werden, dass er eine Verfälschung des Baugebietscharakters durch gebietsfremde Vorhaben hinnimmt; das gilt auch für Eigentümer von Nachbargrundstücken außerhalb des Planbereichs (sog. **gebietsübergreifender Nachbarschutz**)[970]. Hinsichtlich der Festsetzungen des zulässigen **Maßes baulicher Nutzung** (§§ 16-21a BauNVO) und der **Bauweise** (§§ 22, 23 BauNVO)

375

---
966 BVerwGE 94, 151 (155); *Brügelmann*, § 30 Rdnr. 80 ff; *B/K/L*, § 31 Rdnr. 62 ff.
967 BVerwGE 94, 151 (155) mit Anm. *Schmidt-Preuß*, DVBl. 1994, 288; BVerwGE 101, 364 (373) mit Anm. *Niere*, DVBl. 1997, 65; hierzu auch *Finkelnburg/Ortloff*, Bd. 2, S. 228 f.
968 BVerwG NJW 1989, 467 (469).
969 Aus der neueren Rspr.: BVerwG ZfBR 2000, 423; BauR 2000, 1019. Vgl. auch *Gelzer/Bracher-Reidt*, Rdnr. 2046.
970 BVerwG DVBl. 1974, 358 (361); *Brügelmann*, § 30 Rdnr. 76; *Schrödter*, § 30 Rdnr. 44. A.A. *Finkelnburg/Ortloff*, Bd. 2, S. 230. Vgl. auch *Mampel*, BauR 1998, 697 (707).

gilt demgegenüber eine differenzierende Betrachtungsweise; hier wird teilweise darauf abgestellt, ob die Überschreitung des festgesetzten Baumaßes einen auch dem Nachbarn garantierten Gebietscharakter in Frage stellt[971].

376 Auf die Eigenart des jeweiligen Baugebietes stellt auch § 15 I BauNVO ab, der in weiterer Ausfüllung planerische Festsetzungen bestimmt, dass an sich planerisch zulässige Vorhaben im Einzelfall unzulässig sind, wenn sie der Eigenart des Baugebiets widersprechen oder wenn von ihnen Störungen ausgehen bzw. sie solchen ausgesetzt sein können, die im Baugebiet oder dessen Umgebung unzumutbar sind (Rdnr. 197). Diese Vorschrift gilt ihrem Wortlaut nach nur für die „Art" der baulichen Nutzung, wird vom BVerwG aber auch auf deren „Maß" angewendet[972]. Sie stellt Bauvorhaben im Planbereich auch bei Übereinstimmung mit den Planfestsetzungen unter den **Vorbehalt der Gebietsverträglichkeit** und führt insofern – nach Maßgabe des Rücksichtnahmegebotes – zu einer Verengung des § 30 BauGB[973]. Das Gebot der Gebietsverträglichkeit verlangt dem Bauherrn aber nicht generell Rücksicht gerade auch gegenüber seinem Nachbarn ab, wie auch umgekehrt der Nachbar sich nicht in jedem Fall mit dem Argument gegen ein im Übrigen legales Bauvorhaben soll wehren können, es sei gebietsunverträglich[974]. § 15 I BauNVO gewährt vielmehr nur einen **situationsbedingten Nachbarschutz** (Rdnr. 368); dieser kommt nur zur Geltung, wenn die Gebietsunverträglichkeit in qualifizierter und zugleich individualisierter Weise schutzwürdige Interessen des Nachbarn beeinträchtigt[975]. Gebietsunverträglichkeit liegt indes dann nicht vor, und der Bauherr handelt nicht rücksichtslos, wenn der Schutz der gebietstypischen Belange des Nachbarn durch bauordnungsrechtliche Bestimmungen wie z.B. die Regelungen über Abstandflächen konkretisiert werden und das Vorhaben diese Bestimmungen einhält[976].

377 Macht die Bauaufsichtsbehörde bei Erteilung einer Baugenehmigung von einer **Ausnahmeregelung** Gebrauch (§ 31 I BauGB), bleibt sie gleichwohl noch im Regelungsbereich des Bebauungsplans (Rdnr. 205). Hält der Nachbar die Ausnahme für rechtswidrig, kann er sich hiergegen im selben Umfang wehren wie sonst bei Verstößen gegen planerische Festsetzungen. Betrifft der Verstoß nachbarschützende Festsetzungen, steht ihm der Klageweg uneingeschränkt offen[977], im Übrigen dagegen nur nach den Maßstäben des Rücksichtnahmegebotes (dazu sogleich

---

971 Ausführlich hierzu *Mampel*, BauR 1998, 697 (708 ff); vgl. weiterhin auch *Finkelnburg/Ortloff*, Bd. 2 S. 231 f; *Hoppe/Bönker/Grotefels*, § 18 Rdnr. 85 f; *Brohm*, § 19 Rdnr. 19 f.
972 BVerwGE 67, 334 (338 f); vgl. auch *Brohm*, § 18 Rdnr. 32.
973 BVerwG 82, 343 (345); *Stüer*, E 1391.
974 Nach früherer Rspr. wirkte § 15 I BauNVO darum überhaupt nicht nachbarschützend; vgl. BVerwG DÖV 1974, 381 (384).
975 Nach BVerwGE 67, 334 (339) und nachfolgender Rspr. ist § 15 I BauNVO ein Ausdruck des Rücksichtnahmegebotes. Vgl. weiterhin *Brügelmann*, § 30 Rdnr. 87; *B/K/L*, § 31 Rdnr. 65; *E/Z/B/K*, § 15 BauNVO Rdnr. 33.
976 BVerwGE 94, 151 (159); einschränkend BVerwG DÖV 2001, 471. Vgl. weiterhin *Brohm*, § 19 Rdnr. 21; *Finkelnburg/Ortloff*, Bd. 2 S. 232; *Schrödter*, § 31 Rdnr. 53.
977 *Finkelnburg/Ortloff*, Bd. 2 S. 233; *Hoppe/Bönker/Grotefels*, § 18 Rdnr. 92 f. Beispiele bei *Gelzer/Bracher/Reidt*, Rdnr. 2095 ff.

Rdnr. 379)[978]. Gegenüber einer **rechtmäßigen Ausnahmegenehmigung** kann Nachbarschutz nach § 15 I BauNVO geboten sein, wenn sie einen gebietsunverträglichen Zustand bewirkt, der die Belange des Nachbarn grob rücksichtslos beeinträchtigt (Rdnr. 376).

Anders als bei der Ausnahme liegt bei einer **Befreiung** eine Planabweichung vor. Sie ist zulässig, wenn sie den Voraussetzungen des § 31 II BauGB entspricht; der Vorbehalt der Gebietsverträglichkeit (§ 15 I BauNVO) kommt hier nicht zum Zuge, weil dieser Gesichtspunkt schon durch die Befreiungsvoraussetzungen abgedeckt sein dürfte. Wird in rechtswidriger, also gegen § 31 II BauGB verstoßender Weise eine Befreiung erteilt, kann sich der Nachbar im Rahmen des Rücksichtnahmegebotes auf Nachbarschutz berufen; dabei kommt es nicht darauf an, ob die Planfestsetzung, von der befreit wurde, ihrerseits nachbarschützenden Charakter hat oder nicht[979]. Hinter dieser Betrachtungsweise steht der Gedanke, dass mit einer Befreiung nicht nur von einer Planfestsetzung abgewichen, sondern dass an ihre Stelle zugleich auch eine neue bebauungsrechtliche Ordnung gesetzt wird, die – wie § 31 II BauGB ausdrücklich bestätigt – gerade auch unter „Würdigung nachbarlicher Interessen" einer Abwägung aller betroffenen Belange bedarf. Das Ergebnis dieser Abwägung kann der Nachbar allerdings nur dann angreifen, wenn es nicht nur rechtswidrig ist, sondern ihn darüber hinaus unzumutbar beeinträchtigt. Dabei sind sowohl die Interessen des Bauherrn an der Erteilung der Befreiung wie auch die Interessen des betroffenen Nachbarn an der Einhaltung der Planfestsetzungen zu würdigen und gegeneinander abzuwägen[980].

378

Bei all dem bleibt zunächst offen, wie eine planwidrige Bauerlaubnis zu behandeln ist, die nur gegen objektiv-rechtliche, also nicht nachbarschützende Planfestsetzungen verstößt und für die eine Befreiung nach § 31 II BauGB weder erteilt wurde noch in Betracht kommt (sog. **versteckter Dispens**). Wäre die Bauerlaubnis plankonform erteilt worden, hätte sie sich nach § 15 I BauNVO am Rücksichtnahmegebot messen lassen müssen. Hätte eine – rechtswidrige – Befreiung vorgelegen, wäre der Nachbar nach Maßgabe der zu § 31 II BauGB entwickelten Grundsätze ebenfalls geschützt gewesen. Das BVerwG schließt die hier noch bestehende Lücke, indem es in analoger Anwendung des § 15 I BauNVO unter dem Gesichtspunkt der Rücksichtnahme Nachbarschutz in dem auch bei Befreiungen gebotenen Umfang gewährt[981]. Der Nachbarschutz bei Verstoß gegen Planfestsetzungen mit Schutznormcharakter wird bei **Verletzung sonstiger Planfestsetzungen** also durch einen – freilich engeren – Nachbarschutz auf der Grundlage des Rücksichtnahmegebotes ergänzt. Zwar mutet es kurios an, wenn rechtswidrige Baugenehmigungen am Rücksichtnahmegebot ge-

379

---

978 BVerwGE 67, 334 (338), wo aber noch nicht zwischen rechtmäßiger und rechtswidriger Ausnahmegenehmigung unterschieden wird. Richtiger BVerwGE 82, 343 (345). Vgl. zum Ganzen auch *Schrödter*, § 31 Rdnr. 68. A.A. wohl *Finkelnburg/Ortloff*, Bd. 2 S. 233.
979 BVerwG DVBl. 1987, 476; NVwZ-RR 1999, 8. Vgl. auch *Schrödter*, § 31 Rdnr. 69; *Hoppe/Bönker/Grotefels*, § 18 Rdnr. 94; *Gelzer/Bracher/Reidt*, Rdnr. 2104; *Brohm*, § 18 Rdnr. 22; *Muckel*, JuS 2000, 132 (134).
980 BVerwGE 82, 343; 89, 69. Vgl. auch *Schrödter*, § 31 Rdnr. 69; *Hoppenberg*, H 172 f; *Brügelmann*, § 31 Rdnr. 53; *Brohm*, § 19 Rdnr. 22.
981 BVerwGE 82, 343.

IV *Baurecht*

messen werden. Doch soll eben nicht jeder Planverstoß den Nachbarn zur Klage berechtigen, sondern nur dann, wenn sich die objektiv rechtswidrige Erlaubnis außerdem auch noch rücksichtslos über seine berechtigten Interessen hinwegsetzt.

380 Bei der **Vorabgenehmigung** nach § 33 BauGB (Rdnr. 198) kommt Nachbarschutz insoweit in Betracht, wie die antizipiert angewendeten und durch die Genehmigung verletzten künftigen Festsetzungen des Bebauungsplans drittschützenden Charakter besitzen. War die Genehmigung aber schon rechtswidrig, weil es noch an der materiellen Planreife fehlte, richtet sich die Prüfung der Nachbarrechte nach denjenigen Vorschriften, die ohne die Anwendung des § 33 BauGB für die Genehmigung gegolten hätten[982]. § 33 BauGB selbst ist also keine nachbarschützende Norm[983].

b) Nachbarschutz im Innenbereich

381 Gegenüber Bauvorhaben im **unbeplanten Innenbereich** gewährt § 34 I BauGB nur in begrenzter, nämlich situationsabhängiger Weise Nachbarschutz[984]. Nach dieser Vorschrift sind Bauvorhaben zulässig, wenn sie sich in die Eigenart der näheren Umgebung einfügen. Darin liegt zunächst nur ein objektivrechtliches städtebauliches Gebot. Nachbarn können es nur dann klageweise für sich einfordern, wenn im konkreten nachbarschaftlichen Zusammenhang in qualifizierter und individualisierter Weise auf ihrer schutzwürdigen Interessen Rücksicht zu nehmen ist; das Gebot der Rücksichtnahme wirkt hier als ein Tatbestandsmerkmal des Einfügungsgebotes[985].

382 Soweit im unbeplanten Innenbereich wegen seiner **baulichen Struktur** nach § 34 II BauGB die Bebaubarkeitskategorien der BauNVO zur Anwendung gelangen („fiktives Baugebiet", vgl. Rdnr. 219 f), verhält es sich mit dem Nachbarschutz wie im beplanten Bereich. Hier wie dort bestimmt sich die Art der Bebauung nach der BauNVO; auf ein Einfügen wie bei § 34 I BauGB kommt es nicht an. Aus dieser Gleichstellung von geplanten und faktischen Baugebieten wächst ein identischer Nachbarschutz; ebenso wie im Geltungsbereich eines Bebauungsplanes kann auch unter der Herrschaft des § 34 II BauGB eine Baugenehmigung, die hinsichtlich der Art der zugelassenen Bebauung der BauNVO widerspricht, vom Nachbarn gerichtlich angegriffen werden[986]. Auf die Wahrung der festgesetzten Gebietsart hat der Nachbar auch dann einen Anspruch, wenn das baurechtswidrige Vorhaben noch nicht als rücksichtslos zu werten ist[987]. Auch für Ausnahmen und Befreiungen im baulich vorstrukturierten Innenbereich (vgl. § 34 II Hs. 2 BauGB) gelten die für den Planbereich entwickelten Grundsätze (Rdnr. 377 ff). Soweit es im Übrigen jedoch wieder auf das Einfügen in die Nachbarschaft ankommt, bleibt es bei dem hierzu Gesagten:

---

982 OVG NW DÖV 1991, 746.
983 *Finkelnburg/Ortloff*, Bd. 2 S. 234; *Hoppe/Bönker/Grotefels*, § 18 Rdnr. 95. Ausführlich *Gelzer/Bracher/Reidt*, Rdnr. 2185 ff.
984 Vgl. *Schrödter*, § 34 Rdnr. 81 ff; *B/K/L*, § 31 Rdnr. 77 f; *E/Z/B/K*, § 34 Rdnr. 142 ff; kritisch *Brügelmann*, § 34 Rdnr. 82 ff.
985 Vgl. zuletzt BVerwG NVwZ 1999, 524; 2000, 552. Weiterhin *Berliner Kommentar*, § 34 Rdnr. 87; *Brohm*, § 20 Rdnr. 18.
986 BVerwGE 94, 151 (156); BauR 1999, 32; *Gelzer/Bracher/Reidt*, Rdnr. 2363; *Brohm*, § 20 Rdnr. 18.
987 Vgl. hierzu *Schmidt-Preuß*. DVBl. 1994, 288 (289 ff).

das Einfügungsgebot vermittelt Nachbarschutz nur nach Maßgabe des Rücksichtnahmegebotes. Auch im unbeplanten Innenbereich schließt die Einhaltung bauordnungsrechtlicher Bestimmungen (insb. über Abstandflächen) einen Rückgriff auf das städtebauliche Rücksichtnahmegebot des § 34 I BauGB nicht aus[988].

c) Nachbarschutz im Außenbereich

Das Bauen im **Außenbereich** ist nach § 35 BauGB weitgehenden Restriktionen unterworfen; sie sind für sog. privilegierte Vorhaben (§ 35 I BauGB) allerdings etwas weniger streng als für sonstige Vorhaben einschließlich der sog. begünstigten Vorhaben (§ 35 II, IV BauGB). Letztlich werden sie – in allerdings unterschiedlicher Weise – an ihrer Vereinbarkeit mit öffentlichen Belangen (§ 35 III BauGB) gemessen (Rdnr. 225). Auf die Einhaltung dieser Belange haben Nachbarn (innerhalb wie außerhalb des Außenbereichs) grundsätzlich keinen Anspruch[989]; gleiches gilt bzgl. der Bewahrung des Außenbereichscharakters für privilegierte Betriebe[990]. Allerdings müssen (privilegierte oder sonstige) Vorhaben im Außenbereich auf schutzwürdige Interessen anderer (wiederum privilegierter oder sonstiger) Nutzer[991] Rücksicht nehmen. Dieses Gebot ist ein öffentlicher Belang i.S. des § 35 III BauGB[992]; soweit es um Umweltbeeinträchtigungen geht, hat dieser Belang in § 35 III 1 Nr. 3 BauGB seinen besonderen Niederschlag gefunden. Auch im Außenbereich kommt damit ein situationsgebundener, also den Erfordernissen des Rücksichtnahmegebotes verpflichteter Nachbarschutz in Betracht. Er kommt privilegierten wie sonstigen Nutzungen zugute, schlägt aber bei privilegierten Nutzungen in besonderem Maße durch und kann verhindern, dass in der Nachbarschaft andere Nutzungen aufkommen, die den privilegierten Charakter einer schon bestehenden Nutzung gefährden könnten (z.B. durch **heranrückende Wohnbebauung**)[993]. Die Sicherung der ungehinderten Ausnutzung einer Privilegierung ist ein besonders wichtiger öffentlicher Belang; es liegt im öffentlichen Interesse, wenn die mit dem Außenbereich verbundenen oder darauf angewiesenen Nutzungsformen dort nicht nur zugelassen werden, sondern auch verbleiben können. Je empfindlicher die privilegierte Nutzung ist, desto mehr muss ihr Rücksicht entgegengebracht werden[994].

383

d) Grundrechtlicher Nachbarschutz

Wie in jedem anderen Fall einer hoheitlich bewirkten Beeinträchtigung der Rechtssphäre des Bürgers bemisst sich auch die Rechtmäßigkeit oder Rechtswidrigkeit einer Baugenehmigung nicht allein nach den dafür einschlägigen Vorschriften des

384

---

988 *Mampel*, ZfBR 1997, 227 (229 f). So jetzt auch BVerwG NVwZ 1999, 879 (880).
989 BVerwG NVwZ 2000, 552.
990 BVerwG DÖV 2000, 81. Hierzu *Brohm*, § 21 Rdnr. 3, 30.
991 *E/Z/B*, § 35 Rdnr. 186; *Berliner Kommentar*, § 35 Rdnr. 144.
992 BVerwGE 52, 122 (125); vgl. weiterhin *Schrödter*, § 35 Rdnr. 168 ff; *B/K/L*, § 31 Rdnr. 29.
993 BVerwG DVBl. 1971, 746; NVwZ 1988; 377; *Schrödter*, § 35 Rdnr. 168; *Finkelnburg/Ortloff*, Bd. 2 S. 236; *Diehr/Gessner*, NVwZ 2001, 985. A.A. (genereller Abwehranspruch privilegierter Nutzer) *B/K/L*, § 31 Rdnr. 80; *Brügelmann*, § 35 Rdnr. 186.
994 *Schrödter*, § 35 Rdnr. 171.

Baurechts, sondern jedenfalls dem Grundsatz nach auch anhand der **Grundrechtsnormen**. Da Grundrechte unbestreitbar Schutznormen sind, steht einem grundrechtlichen Nachbarschutz prinzipiell nichts im Wege. Ein Rückgriff hierauf scheidet jedoch im Regelfall aus, weil jedenfalls bei denjenigen Grundrechtsnormen, die einem Gesetzesvorbehalt unterworfen sind, sich nach – einfachgesetzlichem – Baurecht bemisst, ob und in welchem Umfang der Nachbar sich gegenüber einer dem Bauherrn erteilten Bauerlaubnis soll wehren können[995]. Das wird besonders augenfällig beim **Eigentumsschutz**; hier entscheidet im eigentumsrechtlichen Beziehungsgeflecht von Bauherrn und Nachbarn erst der Gesetzgeber kraft seines verfassungsrechtlichen Auftrages zur eigentumsrechtlichen Inhalts- und Schrankenbestimmung nach Art. 14 I 2 GG über den Umfang der Rücksichtnahme und des Nachbarschutzes. Art. 14 I GG kann darum nicht – wie man früher meinte[996] – als Auffangschutznorm für solche Fälle herangezogen werden, in denen das einfache Recht dem Nachbarn trotz schwerer und unerträglicher Betroffenheit[997] einen Nachbarschutz versagt[998]. Hier wie auch bei anderen Grundrechten[999] – insbesondere Art. 2 I u. II GG[1000] – kann eine grundrechtliche Betrachtungsweise jedoch durchaus zu einer grundrechtsorientierten, also verfassungskonformen Interpretation der einschlägigen baurechtlichen Normen und des hierdurch vermittelten Rücksichtnahmegebotes führen[1001].

385 **Beispiel:** Die Gemeinde G hat unter Vorgriff auf einen der höheren Verwaltungsbehörde schon zur Genehmigung vorliegenden Bebauungsplan die Errichtung eines Industriewerkes auf einem ausgedehnten, derzeit noch bewaldeten Grundstück genehmigt. Der pensionierte Beamte B. dem sein Arzt tägliche Spaziergänge in der frischen Luft angeraten hat, sieht sich durch die Genehmigung und die dann zu erwartende Rodung des Waldes in seinem Grundrecht auf eine gesunde Umwelt und auf freie Persönlichkeitsentfaltung verletzt.

B kann sich gerichtlich nicht gegen die Genehmigung wehren, da er nicht klagebefugt ist. Die einschlägigen Maßstabsnormen einfachen Rechts (§ 33 BauGB i.V.m. den Festsetzungen des künftigen Bebauungsplanes oder bei dessen Rechtswidrigkeit § 35 I BauGB) vermitteln B keinen Nachbarschutz. Auch Grundrechtsnormen helfen B nicht weiter. Es ist schon fraglich, ob Grundrechte für sich genommen, also ohne Vermittlung durch einfaches Recht, Nachbarschutz gewähren (vgl. für Art. 14 I GG BVerwG DVBl. 1997, 61). Jedenfalls existiert kein allgemeines Umweltgrundrecht, auf das sich B berufen könnte. Soweit Art. 2 GG angesprochen ist, verpflichtet sein Absatz 2 zwar den Staat, Leben und Gesundheit seiner Bürger zu schützen; darin mag auch Drittschutz angelegt sein. Im vorliegenden Fall scheidet eine Verletzung dieser Grundrechtsnorm aber schon aus tatsächlichen Gründen aus. Zwischen der Baugenehmigung und der Gesundheit des B bestehen keine konkreten Beziehungen; B kann seine ge-

---

995 BVerwGE 89, 69 (78).
996 BVerwGE 52, 122 (130); ausführlich zur früheren Rspr. *Berliner Kommentar*, Vor §§ 29-38 Rdnr. 15 ff.
997 Zu dieser Konstruktion bei nur mittelbaren Grundrechtseingriffen BVerwGE 32, 173 (179), sowie *Berliner Kommentar*, Vor §§ 29-38 Rdnr. 19 ff.
998 BVerwGE 101, 364 (373); hierzu u.a. *Dürr*, DÖV 2001, 625 (627); *Jäde/Dirnberger/Weiß*, § 29 Rdnr. 88 ff; *Gelzer/Bracher/Reidt*, Rdnr. 2080 f. Mit Einschränkung dagegen *Muckel*, JuS 2000, 132 (136); *Brohm*, § 18 Rdnr. 28.
999 Zum Nachbarschutz durch Kunstfreiheit *Uechtritz*, NJW 1995, 2606; *Jäde/Dirnberger/Weiß*, § 29 Rdnr. 93.
1000 BVerwGE 54, 211 (220 f); vgl. auch *Berliner Kommentar*, Vor §§ 29-38 Rdnr. 24 ff.
1001 Vgl. *Finkelnburg/Ortloff*, Bd. 2 S. 245; *Berliner Kommentar*, Vor §§ 29-38 Rdnr. 22; *Hoppe/Bönker/Grotefels*, § 18 Rdnr. 124.

sundheitsfördernden Spaziergänge auch an anderer Stelle unternehmen. Schließlich hilft auch Art. 2 I GG nicht weiter. Sein Schutzbereich ist nicht schon dadurch berührt, dass B irgendwo nicht mehr spazieren gehen kann (BVerwGE 54, 211).

e) Bauordnungsrechtlicher Nachbarschutz

Auch Verstöße gegen **materielles Bauordnungsrecht** können den Nachbarn in geschützten Rechtspositionen treffen; bauordnungsrechtliche Normen können ebenso wie bebauungsrechtliche zur Rücksicht gegenüber der Nachbarschaft verpflichten und dem Nachbarn – je nachdem, ob eine Baugenehmigung vorliegt oder nicht – für die Anfechtungs- bzw. die Verpflichtungsklage Nachbarschutz gewähren. Bauordnungsrecht weist nachbarschützende Qualität auf, soweit es nicht nur Gemeinwohlziele verfolgt, sondern (zugleich auch) dem Ausgleich der Interessen von zwei oder mehreren Grundstücken dient[1002]. Hierzu zählen neben der (materiellen) bauordnungsrechtlichen Generalklausel (Rdnr. 290)[1003] die Vorschriften über Abstandflächen[1004] (hier teilweise sogar gesetzlich geregelt[1005]) sowie Vorschriften feuer- und gesundheitspolizeilichen Inhalts[1006]. Ob auch Vorschriften über Verunstaltungsschutz nachbarschützend wirken, ist umstritten[1007], doch sollte man einen situationsgebundenen Nachbarschutz anerkennen, wenn und soweit eine Verunstaltung nicht nur allgemein die Umgebung stört, sondern sich zugleich auch konkret beeinträchtigend auf ein Nachbargrundstück auswirkt. Aus dem **bauaufsichtsrechtlichen Verfahrensrecht** sind vor allem die Anhörungs- und Beteiligungsrechte der Nachbarn oder Angrenzer bei der Erteilung von Ausnahmegenehmigungen und/oder Befreiungen zu nennen[1008], die insoweit – auch in einschränkender Hinsicht[1009] – dem Anhörungsrecht nach § 28 VwVfG vorgehen (Rdnr. 318)[1010]. Was die Wirkung derartiger Verfahrensfehler betrifft, sind freilich die §§ 45, 46 VwVfG zu beachten. Anders als im Städtebaurecht (Rdnr. 378) verändert die bauordnungsrechtliche **Befreiung** nicht eine planerisch vorgegebene Ausgleichsordnung und berührt darum nicht schon per se nachbarliche Schutzpositionen. Hier ist es darum erforderlich, dass die bauordnungsrechtliche Vorschrift, von der Befreiung erteilt wurde, ihrerseits nachbarschützenden Charakter besitzt[1011].

386

1002 Vgl. zum Folgenden die Kommentarliteratur zu den Landesbauordnungen sowie *Finkelnburg/Ortloff*, Bd. 2 S. 236 ff; *Gädtke/Temme/Heintz*, § 74 Rdnr. 54 ff; *Dürr*, DÖV 2001, 625 (634 ff).
1003 Vgl. u.a. OVG NW NVwZ 1983, 356; OVG Berlin LKV 1997, 26; bwVGH NVwZ-RR 1995, 561.
1004 Ausführlich hierzu *Finkelnburg/Ortloff*, Bd. 2 S. 237.
1005 Drittschutz bzgl. der Hälfte der gesetzlich gebotenen Abstandsfläche; vgl. § 5 VI, VII bwLBO; § 6 V 4 BauO Bln.; § 6 V 5 BremLBO. Kritisch hierzu *Dürr*, DÖV 2001, 625 (634 f).
1006 *Finkelnburg/Ortloff*, Bd. 2 S. 241; *Hoppenberg*, H 342.
1007 Vgl. *Finkelnburg/Ortloff*, Bd. 2 S. 240 f; *Hoppe/Bönker/Grotefels*, § 18 Rdnr. 112 f; *Berliner Kommentar*, Vor §§ 29-38 Rdnr. 54.
1008 Vgl. *Finkelnburg/Ortloff*, Bd. 2 S. 250 ff; *Hoppe/Bönker/Grotefels*, § 18 Rdnr. 125 ff.
1009 Anders für § 74 I 1 BauO NW *Finkelnburg/Ortloff*, Bd. 2 S. 250; differenzierend *Gädtke/Temme/Heintz*, § 74 Rdnr. 3.
1010 So auch *Jäde/Dirnberger/Böhme*, § 69 Rdnr. 20a; Einzelheiten bei *Finkelnburg/Ortloff*, Bd. 2 S. 251 ff.
1011 *Jäde/Dirnberger/Böhme*, § 68 Rdnr. 10 ff.

IV *Baurecht*

4. Privatrechtlicher Nachbarschutz

387 Baurechtlicher Nachbarschutz bezieht sich auf subjektiv-öffentliche Rechtspositionen, die sich aus dem öffentlichen Baurecht herleiten lassen. Durch die Errichtung oder Nutzung eines Bauwerks können aber auch privatrechtliche Rechtsgüter des Nachbarn unmittelbar in Mitleidenschaft gezogen werden. Der Inhaber des Bauwerks bzw. der Betreiber der baulichen Anlage erscheint dann in einer privatrechtlichen Rechtsbeziehung zum Nachbarn als Störer, gegen den darum **privatrechtliche Abwehransprüche** (Beseitigungs- oder Unterlassungsansprüche) geltend zu machen wären. Eine Anspruchsberechtigung ergibt sich aus § 1004 BGB, soweit – wie meist – das Grundstückseigentum des Nachbarn betroffen ist; zum Schutz anderer Rechtsgüter wird diese Vorschrift analog herangezogen[1012]. Weiterhin gelten im Verhältnis der Grundstücksnachbarn untereinander die Nachbarrechtsgesetze der Länder. Im **öffentlich-rechtlichen Nachbarschaftsverhältnis**, also bei hoheitlicher Nutzung einer baulichen Anlage, lässt sich für den – dort nun wieder öffentlich-rechtlichen – Abwehranspruch gegen Beeinträchtigungen aus hoheitlich betriebenen Anlagen ebenfalls analog auf § 1004 I BGB zurückgreifen[1013].

388 Die baurechtlichen und die privatrechtlichen Nachbarschaftsbeziehungen überlagern einander. Darum kann problematisch werden, ob eine baurechtlich legale oder jedenfalls nicht mehr angreifbare Anlage in ihrer Errichtung oder Nutzung **privatrechtlich wieder in Frage gestellt** werden kann. Baugenehmigungen werden zwar nach Bauordnungsrecht unbeschadet der privaten Rechte Dritter erteilt, präkludieren also nicht prinzipiell privatrechtlichen Nachbarschutz. Andererseits wäre eine Baugenehmigung wenig wert, wenn der Nachbar sie uneingeschränkt mithilfe einer zivilgerichtlichen Unterlassungs- oder Beseitigungsurteils unterlaufen könnte[1014]. Soweit es sich bei Nachbarschaftskonflikten um **grundstücksbezogene Nutzungskonflikte** handelt, die typischerweise im Baurecht (Bebauungs- oder Bauordnungsrecht) einer Lösung zugeführt werden, müssen die baurechtlichen Schutzmöglichkeiten des Nachbarn gegenüber den privatrechtlichen als die spezielleren gelten[1015]. Solange darum eine – rechtmäßige oder rechtswidrige, jedenfalls aber wirksame – Baugenehmigung ein Bauvorhaben legalisiert, können sein Abriss oder die Einstellung seiner genehmigten Nutzung zivilgerichtlich nicht verfügt werden[1016]. Aber auch bei genehmigungsfreien, insbesondere bei anzeigepflichtigen oder freigestellten Vorhaben ist der Nachbar bei nachbarschaftlichen Bodennutzungskonflikten auf baurechtlichen Nachbarschutz verwiesen[1017]. Insoweit kann er also weder wahlweise noch ergänzend auf privatrechtliche Abwehransprüche zurückgreifen. Privatrecht gelangt dagegen bei

---

1012 *Battis*, S. 250 f. Vgl. weiterhin auch *Brohm*, § 31 Rdnr. 18.
1013 Offengelassen in BVerwGE 79, 254 (257); 81, 197 (199). Vgl. auch *Finkelnburg/Ortloff*, Bd. 2 S. 284; *Stüer*, E 2329. Weitere Einzelheiten bei *Brohm*, § 31 Rdnr. 12 f.
1014 *Brohm*, § 31 Rdnr. 9.
1015 Ingesamt str.; vgl. u.a. *Battis*, S. 251 f; *Finkelnburg/Ortloff*, Bd. 2 S. 214 ff; *Hoppe/Bönker/Grotefels*, § 18 Rdnr. 45 ff; *Schrödter*, § 31 Rdnr. 71 ff; *Dolderer*, DVBl. 1998, 19.
1016 *Battis*, S. 252; *Schrödter*, § 31 Rdnr. 75; *Brohm*, § 31 Rdnr. 9; *Hoppe/Bönker/Grotefels*, § 18 Rdnr. 51. A.A. jedoch die zivilrechtliche Rechtsprechung; vgl. BGH DVBl. 1971, 744; BGHZ 95, 238 (242).
1017 Ähnlich *Dolderer*, DVBl. 1998, 19 (24).

solchen Nachbarschaftskonflikten zur Anwendung, die – wie beispielsweise der Streit um die von einer Anlage ausgehenden Emissionen oder um einen vertraglich vereinbarten Bauverzicht – nicht im Baurecht wurzeln.

Der Abwehranspruch aus § 1004 BGB ist nach dessen Abs. 2 ausgeschlossen, wenn der Eigentümer zur Duldung verpflichtet ist. Derartige **Duldungspflichten** sind insbesondere für Grundstückseinwirkungen in der Form von **Immissionen** vorgesehen. Handelt es sich um eine immissionsschutzrechtlich genehmigte Anlage, ergibt sich die Duldungspflicht aus § 14 BImSchG[1018]; im Übrigen kommt § 906 BGB zur Anwendung, der die Duldungspflicht nach den Maßstäben der Wesentlichkeit und Ortsüblichkeit regelt und für bestimmte zu duldende Beeinträchtigungen eine Entschädigungsregelung trifft. Der von Immissionen betroffene Nachbar kann aber auch nach Maßgabe der §§ 17 oder 24 BImSchG ein behördliches Einschreiten gegen den Emittenten verlangen; dieser **immissionsschutzrechtliche Anspruch** konkurriert mit dem privatrechtlichen Nachbaranspruch[1019].

389

Welche Beeinträchtigungen i.S. von § 906 BGB **wesentlich** sind, bestimmt sich u.a. danach, was immissionsschutzrechtlich untersagt ist; diese in der neueren Rspr. herrschende Ansicht wurde durch eine entsprechende Neufassung des § 906 I BGB gesetzlich festgeschrieben[1020]. Nach § 22 i.V.m. § 3 I BImSchG muss der Betreiber einer Anlage Immissionen vermeiden, die Gefahren, erhebliche Nachteile oder erhebliche Belästigungen für die Allgemeinheit oder für die Nachbarschaft herbeiführen. Die Intensität derartiger Immissionen beurteilt sich nach den hierzu erlassenen Technischen Anleitungen und sonstigen Regelwerken; ihre Grenzwerte können auch zur Bestimmung der Wesentlichkeit von Beeinträchtigungen nach § 906 BGB herangezogen werden. Hinsichtlich der Wesentlichkeit einer Beeinträchtigung wie ebenfalls bei der weiteren Frage nach ihrer **Ortsüblichkeit** kommt es auch auf die **bebauungsrechtliche Situation** an, in der sich die Störung abspielt[1021]. Das bedeutet jedoch nicht, dass eine Beeinträchtigung schon deshalb als ortsüblich hingenommen werden muss, weil sie von einer Anlage ausgeht, deren Errichtung bebauungsrechtlich durch entsprechende Festsetzungen eines Bebauungsplanes oder durch planersetzende Vorschriften (§§ 34, 35 BauGB) gedeckt war. Abgesehen davon, dass Bebauungspläne, die Grundstücksnutzungen ohne Rücksicht auf die Nachbarschaft zulassen, regelmäßig unwirksam sind, muss auch stets bedacht werden, wie weit sich einer städtebaulichen Planung konkrete Aussagen über nachbarschaftliche Duldungspflichten entnehmen lassen[1022]. Ebensowenig lässt sich die bebauungsrechtliche Zulässigkeit eines Vorhabens nach Planersatzvorschriften stets schon mit seiner Ortsüblichkeit gleichsetzen.

390

1018 *Arndt*, VIII Umweltrecht, Rdnr. 163; *Hoppe/Beckmann/Kauch*, Umweltrecht (2. Aufl. 2000), § 21 Rdnr. 137 f.
1019 *Hoppe/Beckmann/Kauch*, aaO., § 12 Rdnr. 37 ff, § 21 Rdnr. 123, 185.
1020 BVerwGE 79, 254 (259), BGHZ 111, 63. Vgl. jetzt § 906 I BGB i.d.F. des Sachenrechtsänderungsgesetzes v. 21.9.1994 (BGBl. I S. 2457).
1021 BVerwG NVwZ 1991, 884. A.A. jedoch die Rspr. des BGH; vgl. hierzu *Hagen*, NVwZ 1994, 817; *Hoppe/Bönker/Grotefels*, § 18 Rdnr. 52 f; *Brohm*, § 31 Rdnr. 7.
1022 *Hagen*, NVwZ 1991, 817 (820 ff); *Schrödter*, § 31 Rdnr. 73.

IV *Baurecht*

391 Eine gewisse Verklammerung der baurechtlichen und der privatrechtlichen Nachbarschaftsbeziehungen stellt bei immissionsschutzrechtlichen Konflikten das in § 15 BauNVO sowie in den §§ 34, 35 BauGB verankerte **Rücksichtnahmegebot** dar. Die bebauungsrechtliche Zulässigkeit von Bauvorhaben reicht hiernach nicht über die Grenze der Zumutbarkeit hinaus. Unzumutbar i.S. des Rücksichtnahmegebotes, sowie wesentlich nach § 906 I BGB sind Immissionen, bei denen es sich um schädliche Umwelteinwirkungen i.S. von § 3 BImSchG handelt[1023]; auch insoweit sind die immissionsschutzrechtlichen Grenzwertregelungen heranzuziehen.

392 Diese Fragen spielen auch bei der Abwehr von Lärmbelästigungen eine Rolle, die von **Sport- und Freizeitanlagen** ausgehen[1024]. Derartige Anlagen sind nach gegenwärtiger Rechtslage entweder schon auf Grund konkreter Ausweisungen im Bebauungsplan (§ 9 I Nr. 5 und 15 BauGB) oder jedenfalls nach Maßgabe der BauNVO 1990 teils regelmäßig, teils ausnahmsweise bei sämtlichen Arten von Baugebieten zulässig; in Betracht kommt auch eine Zulässigkeit nach den §§ 34 I und II sowie 35 II BauGB. Planerische Festsetzungen, die Sport- und Freizeitanlagen ausdrücklich vorsehen oder über die BauNVO gestatten, müssen nach § 1 VI BauGB abgewogen sein; anderenfalls sind sie unwirksam. Im Übrigen entbindet die generelle bebauungsrechtliche Zulässigkeit im konkreten Fall nicht von der Pflicht zur **Rücksichtnahme**. Unter diesem Gesichtspunkt sind sowohl die städtebaulichen Auswirkungen der Anlage auf ihre Umgebung wie auch die von ihr regelmäßig ausgehenden Lärmemissionen zu berücksichtigen. Das kann im Einzelfall einer Baugenehmigung entgegenstehen oder zu Gunsten des Nachbarn Schutzauflagen erforderlich machen[1025]. Was an Sport- und Freizeitlärm hingenommen werden muss, richtet sich dabei wiederum nach der **immissionsschutzrechtlichen Zumutbarkeit** (§ 3 BImSchG); die hierfür maßgeblichen Grenzwerte sind in der Sportanlagen-Lärmschutzverordnung bestimmt worden[1026]. Allerdings kommt auch hier der Gesichtspunkt der **Vorbelastung** ins Spiel; wer in einem Gebiet baut, in dem bereits, wie das bei schon vorhandenen Sport- und Freizeitanlagen der Fall ist, höhere Emissionswerte herrschen, ist seinerseits nachbarrechtlich weniger schutzwürdig[1027].

393 Im **Nachbarschaftsverhältnis zwischen Anlagenbetreiber und Nachbarn** ist auch bzgl. des Sport- und Freizeitlärms bei § 1004 I BGB anzusetzen; er vermittelt gegenüber bereits bestehenden Anlagen privatrechtliche – bei hoheitlichen Anlagebetrieb: öffentlich-rechtliche – Abwehransprüche unmittelbar gegenüber dem Anlagenbetreiber. Hier kann der lärmgeplagte Nachbar, je nach den Umständen, evtl. eine sachliche oder zeitliche Begrenzung der Anlagennutzung verlangen. Auch in diesem Zusammenhang wird der Begriff der **Ortsüblichkeit** (§ 906 II 1 BGB) von der bebauungsrechtlichen Situation bestimmt (Rdnr. 390). Weist ein Bebauungsplan unter angemessener Wahrung nachbarlicher Belange konkret Sport- und Freizeitanlagen aus, kann nicht zivilrechtlich die Unterlassung der hiervon üblicherweise ausgehenden

---

1023 BVerwGE 68, 58 (60 f).
1024 Zum Ganzen *Berkemann*, NVwZ 1992, 817 ff; *Gelzer/Bracher/Reidt*, Rdnr. 2078 f.
1025 BVerwGE 81, 197 (209); BVerwG NVwZ 1991, 884; bwVGH NVwZ 1992, 389.
1026 18. BImschV vom 18.7.1991 (BGBl. 1 S. 1588); hierzu BVerwGE 109, 246; 109, 314.
1027 *Sarnighausen*, NJW 1994, 1375; *Dürr*, DÖV 2001, 625 (637).

Emissionen verlangt werden. Bei der erst durch die BauNVO vermittelten Zulässigkeit sowie bei den Planersatzfällen (§§ 34, 35 BauGB) wird nach Maßgabe des oben Gesagten (Rdnr. 265) zu differenzieren sein[1028]. Die **Wesentlichkeit** (§ 906 I BGB) bemisst sich auch hier vor allem nach immissionsschutzrechtlichen Bestimmungen.

Vertiefungsliteratur:

1. Rechtsschutz des Bauherrn: Brohm, Öffentliches Baurecht. § 30 Rdnr. 1 ff; *Finkelnburg/ Ortloff,* Öffentliches Baurecht. Bd. 2 S. 263 ff; *Preschel*, Abbau der präventiven bauaufsichtlichen Prüfung und Rechtsschutz. DÖV 1998, 45; *Spannowsky*, Entwicklungen im Bereich des Verwaltungsrechtsschutzes bei städtebaulichen Maßnahmen der Gemeinden und bei städtebaulichen Verträgen. GewArch. 1998, 1.

2. Nachbarschutz und Nachbarklage: Bamberger, Die verwaltungsgerichtliche vorläufige Einstellung genehmigungsfreier Bauvorhaben. NVwZ 2000, 983; *Brohm*, Öffentliches Baurecht, § 18 Rdnr. 27 ff, § 29 Rdnr. 7 ff; *Degenhart*, Genehmigungsfreies Bauen und Rechtsschutz des Nachbarn. NJW 1996, 1433; *Dürr*, Das öffentliche Baunachbarrecht. DÖV 1994, 841; *Finkelnburg/Ortloff,* Öffentliches Baurecht. S. 209 ff, 272 ff; *Gronemeyer*, Der Wegfall der aufschiebenden Wirkung von Widersprüchen gegen Baugenehmigungen durch § 212a Abs. 1 BauGB. BauR 1998, 413; *Hauth*, Besteht ein Rechtsanspruch des Bauherrn auf Beteiligung des Nachbarn im Baugenehmigungsverfahren?, LKV 1995, 387; *Hoppe/Grotefels*, Öffentliches Baurecht. § 17 (S. 637 ff); *Kraft*, Entwicklungslinien im baurechtlichen Nachbarschutz. VerwArch. 1997, 264; *Krebs*, Öffentlich-rechtlicher Drittschutz im Bauplanungsrecht. FS Hoppe (2000), S. 1055; *Mampel*, Baurechtlicher Drittschutz nach der Deregulierung. UPR 1997, 267; *ders.*, Modell eines neuen bauleitplanerischen Drittschutzes. BauR 1998, 697; *Muckel*, Der Nachbarschutz im öffentlichen Baurecht. JuS 2000, 132; *Oeter*, Baurechtsvereinfachung, Drittschutz und wirksamer Rechtsschutz. DVBl. 1999, 189; *Perschel*, Abbau der präventiven bauaufsichtlichen Prüfung und Rechtsschutz. DÖV 1998, 45; *v. Rosenberg*, Probleme drittbelastender Verfahrensfehler im Rahmen des baugenehmigungs- und abfallrechtlichen Planfeststellungsverfahrens (1994); *H.C. Sarnighausen*, Zum Nachbaranspruch auf behördliches Einschreiten. NJW 1993, 1623; *ders.*, Zur Schutzwürdigkeit im Baunachbarrecht. NVwZ 1996, 110; *W. Sarnighausen*, Behördliche Ermessensbindung zum Schutz des Nachbarn gegen genehmigungsfreie Wohnbauten. UPR 1998, 329; *Schmidt-Preuß*, Kollidierende Privatinteressen im Verwaltungsrecht (1992); *Stollmann*, Die tatsächliche Beeinträchtigung des Nachbarn. SächsVBl. 1995, 155; *Uechtritz,* Nachbarrechtsschutz bei der Errichtung von Wohngebäuden im Freistellungs-, Anzeige- und vereinfachten Verfahren. NVwZ 1996, 640; *ders.*, Vorläufiger Rechtsschutz eines Nachbarn bei genehmigungsfreigestellten Bauvorhaben. BauR 1998, 719.

3. Privatrechtlicher Nachbarschutz: Berkemann, Sportstättenbau in Wohngebieten. NVwZ 1992, 817; *Dolderer*, Das Verhältnis des öffentlichen zum privaten Nachbarrecht. DVBl. 1998, 19; *Finkelnburg/Ortloff,* Öffentliches Baurecht. Bd. 2, S. 214 ff; *Haag*, Öffentliches und Privates Nachbarrecht (1996); *Hagen*, Privates Immissionsschutzrecht und öffentliches Baurecht. NVwZ 1991, 817; *Peine*, Öffentliches und privates Nachbarrecht. JuS 1987, 169.

1028 BGH NJW 1983, 751; allerdings sehr str.; vgl. *Battis*, S. 297, und *Koch/Hendler*, S. 392, jew. m.w.N.

V. Schadensersatz und Entschädigung

1. Haftung für rechtswidrige Bauaufsicht

394 Rechtswidrige Bauordnungsmaßnahmen können bei ihren Adressaten, den Bauherren oder Eigentümern, sowie bei drittbetroffenen Nachbarn zu Schäden führen und Schadensersatz- oder Entschädigungsansprüche auslösen. Das gilt für den Bereich repressiver Bauaufsicht ebenso wie für Maßnahmen und Entscheidungen im baurechtlichen Genehmigungsverfahren.

395 Verletzt die Bauaufsichtsbehörde schuldhaft Amtspflichten, die ihr Dritten gegenüber obliegen, so macht sie sich diesen gegenüber unter dem Gesichtspunkt der **Amtshaftung** (§ 839 BGB i.V.m. Art. 34 GG) schadensersatzpflichtig. Drittbezogene Amtspflichten bestehen im Baugenehmigungsverfahren vor allem gegenüber dem **Antragsteller**[1029]. Sie sind bei unrichtiger Beratung oder Auskunft ebenso verletzt wie bei der schuldhaften Verzögerung oder der rechtswidrigen Verweigerung der Erteilung einer beantragten Baugenehmigung[1030]. Auch die rechtswidrige Erteilung einer Genehmigung – z.B. eines Vorbescheides[1031], einer Bau- oder einer Teilungsgenehmigung[1032] – oder ihre Rücknahme[1033] können zu einem ersatzpflichtigen Schaden führen, wenn der Begünstigte im Vertrauen auf ihren Bestand nutzlose Aufwendungen gemacht hat. Das Vertrauen des Bauherrn ist aber auch amtshaftungsrechtlich nur in demselben Umfang geschützt, wie dies im Hinblick auf den Entschädigungsanspruch bei Rücknahme der rechtswidrigen Baugenehmigung (§ 48 III VwVfG) der Fall wäre; die Grenze schutzwürdigen Vertrauens ergibt sich hier wie dort aus § 48 II 3 VwVfG[1034]. Bei der Frage, ob überhaupt ein ersatzfähiger Schaden vorliegt, ist der Gesichtspunkt des „rechtmäßigen Alternativverhaltens" zu beachten; danach führt z.B. ein Verfahrensfehler nicht zum Schadensersatz, wenn die Behörde auch bei ordnungsgemäßem Verfahren zum selben Ergebnis gelangt wäre[1035]. Der Amtshaftungsanspruch des drittbetroffenen **Nachbarn** setzt voraus, dass die verletzte Amtspflicht gerade (auch) ihn schützen soll. Soweit eine baurechtliche Vorschrift verletzt wurde, kommt es folglich darauf an, ob sie nachbarschützenden Charakter besitzt; das ist für den primären und den sekundären Rechtsschutz einheitlich zu beurteilen. Ersatz kann nur für solche Schäden verlangt werden, deren Ausgleich dem Schutzzweck der verletzten Amtspflicht entspricht[1036].

1029 Zur Dogmatik drittbezogener Amtspflichten *Hoppe/Bönker/Grotefels*, § 20 Rdnr. 10 ff. Vgl. weiterhin auch *E/Z/B/K*, Vorb. §§ 39-44 Rdnr. 71 ff, 91 ff.
1030 BGH NJW 1980, 2573 (Auskunft); BGH NJW 1989, 2117 (Verweigerung der Bauerlaubnis); BGH NJW 1994, 1647 (Verweigerung eines Vorbescheids); BGH DVBl. 2001, 1619 (verzögerliche Bearbeitung einer Bauvoranfrage); vgl. auch *Finkelnburg/Ortloff*, Bd. 2 S. 148 ff; *Hoppe/Bönker/Grotefels*, § 20 Rdnr. 78 ff; *E/Z/B/K*, Vorb. §§ 39-44 Rdnr. 85; *Hennig*, BauR 2003, 194.
1031 BGH NVwZ 1989, 287.
1032 BGH NJW 1980, 387 (Baugenehmigung); BGHZ 92, 302 (Teilungsgenehmigung).
1033 BGH NVwZ 1985, 682.
1034 BGHZ 149, 50 (53 f); DVBl. 2003, 524. Vgl. auch *Hoppe/Bönker/Grotefels*, § 20 Rdnr. 18 ff, 72 ff; *Johlen/Beutling*, BauR 2002, 263.
1035 BGHZ 143, 362 (365) m.w.N.
1036 BGHZ 117, 363 (372); BGH DÖV 1993, 1054 (1055), m.w.N. Vgl. auch *Hoppe/Bönker/Grotefels*, § 20 Rdnr. 18 ff; *E/Z/B/K*, Vorb. §§ 39-44 Rdnr. 94.

Nach § 839 III BGB tritt eine **Ersatzpflicht** nicht ein, wenn der Betroffene es schuldhaft unterlässt, den Schaden durch Gebrauch eines Rechtsmittels abzuwenden. Die Einlegung des Rechtsbehelfs gegen die behördliche Maßnahme unterbricht die dreijährige Verjährungsfrist der §§ 195, 199 I BGB[1037]. Soweit ein Amtshaftungsanspruch besteht, richtet er sich grundsätzlich gegen den Verwaltungsträger, dem die Behörde angehört. Das ist im Regelfall der Kreis oder – wenn die Gemeinde selbst die Funktion der unteren Bauaufsichtsbehörde wahrnimmt – die Gemeinde. Erfolgte die Bauordnungsmaßnahme dagegen auf Weisung der Aufsichtsbehörde, so haftet deren Verwaltungsträger[1038]. 395a

In der rechtswidrigen Versagung – nicht dagegen in der rechtswidrigen Erteilung[1039] – der Baugenehmigung liegt zugleich auch ein **enteignungsgleicher Eingriff** in das Grundstückseigentum des Antragstellers, ggf. auch in sein Recht am eingerichteten und ausgeübten Gewerbebetrieb, sofern dadurch schon vorhandene Werte und nicht erst künftige Entwicklungs- und Verdienstmöglichkeiten beeinträchtigt sind[1040]. Der Eigentümer darf es freilich bei dem Eingriff nicht bewenden lassen; ihn trifft ein Mitverschulden, wenn er sich dagegen nicht wehrt[1041]. Als Schaden kann er darum nur den Verzögerungsschaden geltend machen, der ihm durch die vorübergehende Nichterteilung der Genehmigung entsteht. Es handelt sich hier um einen Fall „**faktischer Bausperre**" (vgl. Rdnr. 249); die Entschädigung bemisst sich nach dem Ausmaß des eingetretenen Nutzungsausfalls (sog. Bodenrente; vgl. Rdnr. 251)[1042]. Im Hinblick auf den **Nachbarn** ist ein Anspruch aus enteignungsgleichem Eingriff nicht schon deshalb ausgeschlossen, weil die rechtswidrige Maßnahme – die Erteilung der Baugenehmigung – nicht das eigene, sondern ein Nachbargrundstück betrifft[1043]. Die durch die Maßnahme hervorgerufene Veränderung der Umgebung muss sich dann aber – entsprechend der früheren Rspr. des BVerwG zum Schutz vor mittelbaren Eigentumseingriffen – als „nachhaltig" herausstellen und den Nachbarn in seinem Eigentumsrecht „schwer und unerträglich" treffen[1044]. 396

Soweit landesrechtlich die Bauaufsichtsbehörden als Ordnungsbehörden handeln[1045], gelangen an Stelle der Grundsätze über den enteignungsgleichen Eingriff die Vorschriften des allgemeinen Polizei- und Ordnungsrechts über die Ersatzpflicht für rechtswidrige ordnungsbehördliche Maßnahmen zur Anwendung[1046]. Als Maßnahmen i.S. dieser Vorschriften sind u.a. auch die Erteilung oder Verweigerung einer Baugenehmigung zu verstehen[1047]. Anders als beim enteignungsgleichen Eingriff 397

1037 BGHZ 95, 238.
1038 BGH NVwZ 1985, 682 (683).
1039 BGHZ 134, 268.
1040 BGH NJW 1980, 387.
1041 BGH DVBl. 1984, 391. Anders wohl – § 839 III BGB analog – BVerfG DVBl. 2000, 350.
1042 Näheres bei *Nüssgens/Boujong*, Eigentum, Sozialbindung, Enteignung (1987), Rdnr. 164 ff. Vgl. auch *E/Z/B/K*, Vorb. §§ 39-44 Rdnr. 65 f.
1043 BGHZ 92, 34; vgl. insoweit auch *Papier*, JZ 1984, 993; *Kosmider*, JuS 1986, 275 (276).
1044 BVerwG NJW 1976, 1987 (1988).
1045 So etwa nach § 60 I BauO NW.
1046 Z.B. §§ 39 ff OBG NW. Vgl. BGH NVwZ 1983, 500; NJW 1985, 1338. Weiterhin auch *Gädtke/ Temme/Reidt*, § 74 Rdnr. 134 f.
1047 BGHZ 84, 292; 86, 356; 92, 302; w.Nw. bei *Prior*, BauR 1987, 157 (159).

setzt der **ordnungsrechtliche Entschädigungsanspruch** keinen Eigentumseingriff, sondern nur einen Schaden voraus, ist also in tatbestandlicher Hinsicht wesentlich weniger restriktiv. Das kommt auch dem Nachbarn zugute, wenn er Entschädigung wegen der nachteiligen Folgen begehrt, die sich für ihn aus der einem anderen erteilten Bauerlaubnis ergeben. Er braucht darum auch nicht nachzuweisen, dass er durch die Erlaubnis selbst schwer und unerträglich in seinen Eigentumsrechten betroffen ist. Die Rspr. beschränkt den ordnungsrechtlichen Entschädigungsanspruch beim Nachbarn allerdings – i. Erg. zu Recht, jedoch mit freilich zweifelhaften Argumenten – in Anlehnung an die Amtshaftung. Er besteht hiernach nur dann, wenn die ordnungsbehördliche Maßnahme rechtswidrig ist, weil sie gegen drittschützende, d.h. hier nachbarschützende Rechtsnormen verstößt und der Ausgleich des erlittenen Schadens dem Schutzzweck der verletzten Rechtsnorm entspricht[1048]. Anders als nach Amtshaftungsgrundsätzen haftet der hinter der Bauaufsichtsbehörde stehende Verwaltungsträger als Träger der ordnungsbehördlichen Kosten auch dann, wenn die Bauordnungsmaßnahme nach Weisung der Aufsichtsbehörde erfolgte. Haftungsbegründende Maßnahme ist nur eine Maßnahme mit unmittelbarer Außenwirkung, nicht dagegen die verwaltungsinterne Weisung[1049].

398   In den neuen Bundesländern galt als Landesrecht das alte **Staatshaftungsgesetz** der DDR zunächst mit einigungsvertraglich bedingten Modifizierungen fort[1050], ist aber inzwischen teils aufgehoben, teils inhaltlich stark verändert worden[1051]. Soweit es noch anwendbar ist, verschafft es einen verschuldensunabhängigen Schadensersatzanspruch für rechtswidriges staatliches Handeln, betrifft also auch die Fälle rechtswidriger Bauaufsicht. Haftungsbegrenzungen wie etwa das Erfordernis der Drittbezogenheit der verletzten Rechtsnorm kennt das Gesetz nicht, doch wird es in Analogie zum Amtshaftungsrecht in gleicher Weise restriktiv gehandhabt werden müssen wie der ordnungsbehördliche Entschädigungsanspruch. Entschädigung kann dann auch nach dem StHG nur verlangt werden, wenn die Bauaufsichtsbehörde gegen eine Rechtsnorm verstoßen hat, die jedenfalls auch den Geschädigten schützen soll, und wenn der Schutzzweck der Norm den Ausgleich des erlittenen Schadens deckt.

2. Haftung bei rechtswidrig verweigertem Einvernehmen

399   Die Versagung einer Bauerlaubnis kann außer auf die Entscheidung der Baugenehmigungsbehörde in bestimmten Fällen (vgl. § 36 BauGB) auch auf die Verweigerung des gemeindlichen Einvernehmens zurückzuführen sein. Hier wie auch bei der – gem. § 36 I 4 BauGB landesrechtlich fakultativ erforderlichen – Zustimmung der höheren Verwaltungsbehörde (§ 36 I 3 BauGB) fragt sich, ob die Genehmigungsbehörde – genauer: die hinter ihr stehende Körperschaft – auch dann haftungsrechtlich verantwortlich gemacht werden kann, wenn die Versagung der Erlaubnis letztlich die

---

1048 BGHZ 86, 356; BGH NJW 1993, 2615.
1049 *Prior*, BauR 1987, 157 (160).
1050 Einzelheiten bei *Ossenbühl*, Staatshaftungsrecht (5. Aufl. 1998, S. 458 ff).
1051 Aufgehoben in Sachsen und Berlin (Ost); stark verändert in Sachsen-Anhalt. Vgl. *Lühmann*, NJW 1998, 3001; *Ross*, SächsVBl. 1998, 182.

Folge der rechtswidrigen Verweigerung einer erforderlichen Mitwirkungshandlung ist. Diese Frage stellt sich bezüglich des gemeindlichen Einvernehmens ersichtlich nur dann, wenn die Baugenehmigungsbehörde nicht Gemeindebehörde ist.

Unter dem Gesichtspunkt der **Amtshaftung** stellt sich die rechtswidrige Verweigerung des gemeindlichen Einvernehmens im selben Umfang als eine Amtspflichtverletzung dar wie die unberechtigte Versagung einer Bauerlaubnis; dies gilt auch dann, wenn das Einvernehmen der Gemeinde objektiv gar nicht erforderlich war, die Behörde es aber irrig für erforderlich hielt[1052]. Die Gemeinde ist darum bei Verschulden dem Bauherrn schadensersatzpflichtig, sofern die verletzte Amtspflicht (auch) ihm gegenüber bestand[1053]. Amtspflichtwidrig verhalten sich diejenigen Gemeindeorgane, die nach dem jeweils einschlägigen Kommunalverfassungsrecht die Entscheidung zu treffen haben. Das kann auch die Gemeindevertretung selbst sein, deren Mitglieder Amtsträger i.S. des Amtshaftungsrechts sind. Die Gemeindevertretung ist zwar nur kommunales Willensbildungsorgan; ihre Beschlüsse besitzen im Regelfall keine Außenwirkung. Das schließt indes die für die Amtshaftung ausreichende Ursächlichkeit ihrer Entscheidung für die dann letztlich von der Gemeindeverwaltung ausgesprochene Einvernehmensverweigerung nicht aus[1054]. Ob noch weitere Gemeindeorgane – z.B. der Bürgermeister/Gemeindedirektor wegen Nichtwahrnehmung seines Beanstandungsrechts – verantwortlich sind, spielt hauptsächlich für den gemeindeinternen Regress eine Rolle.

400

Nach § 36 II 3 BauGB kann das gemeindliche **Einvernehmen**, wenn seine Verweigerung als rechtswidrig erkannt worden ist, **ersetzt** werden; auch das Landesrecht gestattet verschiedentlich eine Ersetzung im Wege eines verkürzten kommunalaufsichtlichen Verfahrens (Rdnr. 187, 189). Zuständig für die Ersetzung ist teils die (untere) Bauaufsichtsbehörde selbst, teils die nächsthöhere bzw. die Kommunalaufsichtsbehörde. Wird das Einvernehmen im kommunalaufsichtlichen Verfahren rechtsfehlerhaft nicht ersetzt, bleibt die zuständige Behörde gleichwohl vor haftungsrechtlichen Folgen verschont, weil ihre aufsichtsrechtlichen Pflichten nicht dem Bauherrn gegenüber bestehen[1055]. Dagegen ist umstritten, ob gleiches auch hinsichtlich des städtebaulichen Ersetzungsverfahrens nach § 36 II 3 BauGB gilt (vgl. Rdnr. 190); ggf. haftet hier die Gemeinde allein. Das gilt freilich nicht im umgekehrten Fall, wenn die Gemeinde ihr **Einvernehmen zu Unrecht erteilt** hat; da die Baugenehmigungsbehörde hieran nicht gebunden ist, haftet sie für eigene Amtspflichtverletzung durch rechtswidrige Erteilung der Bauerlaubnis[1056]. Die Bauaufsichtsbehörde ist neben der Gemeinde verantwortlich, wenn sie die Verweigerung der Baugenehmigung außer auf die Nichterteilung des Einvernehmens zusätzlich noch unzutreffend auf eigene Versagungsgründe stützt[1057].

401

1052 BGH DÖV 2003, 295.
1053 BGHZ 118, 263 (265) m.w.N.
1054 BGH NVwZ 1986, 504; *Prior*, BauR 1987, 157 (167); *Steiner*, FS Bayerischer Gemeindetag (1987), 191 (205 f). A.A. *Schröer*, NVwZ 1986, 499.
1055 BGHZ 118, 263 (274).
1056 BGHZ 99, 262 (273). Zur Haftung aus enteignungsleichem Eingriff *E/Z/B/K*, Vorb. §§ 39-44 Rdnr. 64.
1057 BGHZ 118, 263 (267); BGH NJW 1993, 3065.

IV *Baurecht*

402 Die rechtswidrige Verweigerung des gemeindlichen Einvernehmens kann, wenn es zu keiner Ersetzung kommt, auch unter dem Gesichtspunkt des **enteignungsgleichen Eingriffs** Entschädigungsansprüche auslösen[1058]. Als Eingriff ist hierbei außer der endgültigen Versagung der Bauerlaubnis auch schon ihre durch das fehlende Einvernehmen bedingte Verzögerung zu verstehen. In jedem Fall geht der Eingriff jedoch von der Baugenehmigungsbehörde und nicht von der Gemeinde aus, deren eigene Entscheidung gar keine Außenwirkung besitzt. Gleichwohl lässt die Rspr. in solchen Fällen ausschließlich die Gemeinde haften, weil sie die durch den Eingriff „Begünstigte" sei; die Baugenehmigungsbehörde habe nur in ihrem planerischen Interesse gehandelt[1059]. Diese Rspr. dürfte indes angesichts der vom BVerfG[1060] bewirkten Abkoppelung des Entschädigungsanspruchs aus enteignungsgleichem Eingriff von der Enteignungsbestimmung des Art. 14 III GG, die diesen Anspruch einer Staatsunrechtshaftung annähert[1061], nicht mehr aufrecht zu erhalten sein[1062]. Passivlegitimiert ist darum diejenige Körperschaft, zu der die Bauaufsichtsbehörde gehört. Auch hier bedarf es im Übrigen des Hinweises, dass eine Entschädigung (für den eingetretenen Verzögerungsschaden) nach dem Grundsatz des Vorranges primären Rechtsschutzes nur in Betracht kommt, wenn und soweit sich der Geschädigte angemessen gegen die Rechtsbeeinträchtigung gewehrt hat. Schließlich muss der Eingriff (die Versagung der Bauerlaubnis mangels gemeindlichen Einvernehmens) für den Schaden kausal geworden sein. Das ist nur dann der Fall, wenn alle übrigen Genehmigungsvoraussetzungen vorlagen. Der Umstand, dass die zuständige Behörde ein rechtswidrig verweigertes Einvernehmen der Gemeinde **nicht ersetzt** hat, löst für sich genommen mangels Unmittelbarkeit des Eingriffs keinen Entschädigungsanspruch aus.

403 Im Anwendungsbereich des **ordnungsrechtlichen Entschädigungsanspruchs** ist dagegen auf das Tatbestandsmerkmal der „ordnungsbehördlichen Maßnahme" abzustellen. Darunter fallen nicht die von der Gemeinde in Wahrnehmung ihrer Planungshoheit getroffenen Entscheidungen wie die Aufstellung eines Bebauungsplanes oder die Entscheidung über ihr Einvernehmen nach § 36 BauGB. Im letzteren Fall fehlt es darüber hinaus an der Außenwirkung, die erst durch die Entscheidung der Bauaufsichtsbehörde eintritt[1063]. Versagt sie im Hinblick auf die Verweigerung die beantragte Erlaubnis, so haftet sie und nur sie für den daraus bis zur endgültigen Durchsetzung des Baugenehmigungsanspruchs entstehenden Verzögerungsschaden; gleiches gilt für den Anspruch nach dem **Staatshaftungsgesetz**. Dagegen ist die Nichtersetzung des gemeindlichen Einvernehmens keine zur Entschädigung verpflichtende ordnungsbehördliche Maßnahme gegenüber dem Bauherrn. Der ordnungsrechtliche wie auch der staatshaftungsrechtliche Anspruch scheiden freilich aus, wenn der Geschädigte es unterlässt, gegen den ablehnenden Bescheid der Bau-

---

1058 BGHZ 134, 316 (322 f). Vgl. auch *E/Z/B/K*, Vorb. §§ 39-44 Rdnr. 64.
1059 BGHZ 65, 182 (188 f); seitdem std. Rspr.; vgl. BGH NJW 1992, 2218 (2219).
1060 BVerfGE 52, 1; 58, 300; vgl. Rdnr. 251.
1061 BGH NJW 1984, 1169 (1172); 1984, 1876; 1984, 1878.
1062 *Steiner*, FS Bayerischer Gemeindetag (1987), 191 (221 ff, insbes. 224 ff).
1063 *Prior*, BauR 1987, 157 (159).

aufsichtsbehörde Rechtsbehelfe einzulegen[1064]. Für die Unterbrechung der Verjährung dürften die von der Rspr. zur Amtshaftung entwickelten Grundsätze anwendbar sein[1065].

3. Haftung bei Vollzug nichtiger Bebauungspläne

Für Schäden, die sich aus dem Vollzug nichtiger Bebauungspläne ergeben, haftet die planaufstellende **Gemeinde** sowohl nach Amtshaftungsrecht wie auch nach den Grundsätzen des enteignungsgleichen Eingriffs (vgl. Rdnr. 135 ff). Voraussetzung hierfür ist jedoch, dass sich die rechtswidrige Erteilung der Baugenehmigung ihr noch zurechnen lässt[1066]. Das ist dann nicht der Fall, wenn die Genehmigungsbehörde auch ihrerseits nicht fehlerfrei gehandelt hat. Lehnt die Genehmigungsbehörde unter Berufung auf den – in Wahrheit rechtswidrigen – Bebauungsplan ein Baugesuch ab, muss der Bauwillige nachweisen, dass ihn – in Anbetracht der Unwirksamkeit des Planes – dann jedenfalls nach anderen Vorschriften – z.B. nach § 34 BauGB – ein Anspruch auf Genehmigung zugestanden hätte. Eine Haftung der Gemeinde nach Staatshaftungsrecht scheidet dagegen aus; nach § 1 StHG treten Haftungsfolgen nur beim rechtswidrigen Handeln einzelner Amtswalter, nicht aber auch, wie bei fehlerhafter Bauleitplanung, beim Fehlverhalten der kollektiven Gemeindevertretung ein[1067].

404

Die **Bauaufsichtsbehörde** ist an den Bebauungsplan gebunden; ihr steht insoweit keine Verwerfungskompetenz zu (vgl. Rdnr. 129 ff). Die Anwendung des unwirksamen Bebauungsplanes ist darum für sich genommen nicht amtspflichtwidrig. Allerdings widerspräche es dem Gebot der Gesetzmäßigkeit der Verwaltung, wenn die Behörde einen von ihr als unwirksam erkannten Bebauungsplan anwenden sollte; ihre Bediensteten würden sich damit einer **Amtspflichtverletzung** schuldig machen[1068]. Darum müssen in einem solchen Fall die Mittel der Kommunalaufsicht eingeschaltet werden; ggf. muss die Behörde unter Aussetzung des Verwaltungsverfahrens (§ 94 VwGO analog) Klärung im Wege der verwaltungsgerichtlichen Normenkontrolle nach § 47 VwGO suchen[1069]. Unter dem Gesichtspunkt des **enteignungsgleichen Eingriffs** ist die Bauaufsichtsbehörde ebenfalls verantwortlich. Die plankonforme, aber rechtswidrige Erteilung einer Baugenehmigung kann sie gegenüber dem Nachbarn, bei späterer Aufhebung auch gegenüber dem Bauwilligen haftbar machen. Lehnt sie einen Bauantrag unter Hinweis auf den – in Wahrheit unwirksamen – Bebauungsplan ab, so ist das gegenüber dem Bauwilligen auch dann als ein Eingriff zu werten, wenn sie sich an dessen Festsetzungen gebunden fühlte. In den hier angesprochenen Fällen schlichten Planvollzuges lässt sich gegen die Passivlegitimation der Behördenkörperschaft auch nicht einwenden, die Behörde habe lediglich im pla-

405

1064 Differenzierend *Prior*, BauR 1987, 157 (158).
1065 BGHZ 95, 238.
1066 BGHZ 92, 34.
1067 *Ossenbühl*, Staatshaftungsrecht (5. Aufl. 1998, S. 480).
1068 BGH DVBl. 1986, 1264 (1265 f).
1069 *Steiner*, FS Bayerischer Gemeindetag (1987), 191 (208 f).

IV *Baurecht*

nerischen Interesse der Gemeinde gehandelt, die darum als die Begünstigte anzusehen sei (vgl. Rdnr. 402). Schließlich ist die Bauaufsichtsbehörde auch – und in diesem Fall allein – **ordnungsrechtlich** entschädigungspflichtig, weil die von ihr vorgenommene Ablehnung des Bauantrages als rechtswidrige bauordnungsrechtliche Maßnahme angesehen werden muss. Hinsichtlich aller Entschädigungstatbestände gilt freilich, dass es an der erforderlichen Kausalität fehlt, wenn die Baugenehmigung bei Nichtigkeit des Bebauungsplanes dann aus anderen Rechtsgründen – z.B. nach den §§ 34 oder 35 BauGB hätte versagt werden müssen[1070].

406 **Beispiel:** A ist Eigentümer eines freistehenden Einfamilienhauses in einem ähnlich bebauten, noch unbeplanten Ortsteil von S. Als nunmehr ein Bebauungsplan erlassen wird, der größere Appartementhäuser zulässt, wehrt sich A hiergegen mit Erfolg. Der Plan wird nach § 47 VwGO für unwirksam erklärt, weil er nicht richtig aus dem Flächennutzungsplan entwickelt worden ist und die darin vorgegebene städtebauliche Entwicklung beeinträchtigt. Inzwischen hat das Bauordnungsamt in S jedoch in unmittelbarer Nachbarschaft des A dem B ein dreigeschossiges Appartementhaus genehmigt, das auch schon errichtet worden ist. A verlangt für die dadurch eingetretene Wertminderung seines Grundstücks Ersatz.

Amtshaftungsansprüche gegen S kommen in Betracht wegen fehlerhafter Bauleitplanung und wegen Erteilung einer rechtswidrigen Baugenehmigung. Der Planungsmangel löst im vorliegenden Fall jedoch keine Amtshaftung aus, weil keine den A schützende Amtspflicht verletzt wurde. Der Rechtsverstoß betrifft eine Rechtsnorm (§ 8 II-IV BauGB), die lediglich öffentlichen Interessen dient (BGHZ 84, 392). Als Anstellungskörperschaft haftet S auch für Amtspflichtverletzungen ihres Bauordnungsamtes. Da der Bebauungsplan nichtig war, musste über den Bauantrag des B nach § 34 BauGB entschieden werden; hiernach war das Vorhaben nicht genehmigungsfähig. § 34 BauGB wirkt freilich nur nach Maßgabe des Rücksichtnahmegebotes drittschützend; nur insoweit ist eine Amtspflichtverletzung gegenüber A möglich. Es kommt also darauf an, ob das Grundstück des A durch die Nachbarbebauung handgreiflich und unzumutbar schwer beeinträchtigt wurde. Die Wertminderung ist für sich genommen noch keine konkrete Beeinträchtigung des Grundstücks selbst, könnte aber ein Indiz dafür sein; das ist Tatfrage. Amtshaftung setzt weiterhin das Verschulden der Bediensteten des Bauordnungsamtes voraus; ob sie die Rechtswidrigkeit des Bebauungsplanes hätten erkennen müssen, ist fraglich. Schließlich ist zu bedenken, ob A sich im Hinblick auf § 839 III BGB außer gegen den Bebauungsplan auch gegen die Baugenehmigung mit Rechtsbehelfen hätte wehren müssen (BGHZ 92, 34).

Ansprüche aus enteignungsgleichen Eingriff können sich ebenfalls im Hinblick auf den fehlerhaften Bebauungsplan wie auch auf die rechtswidrige Baugenehmigung ergeben. Der Haftung für die fehlerhafte Planung stünde nicht entgegen, dass sich die Wertminderung erst angesichts der auf den Plan gestützten Baugenehmigung realisierte (BGHZ 92, 34). Der Grundstückswert ist jedoch für sich genommen keine entschädigungsfähige, unter den Schutz des Art. 14 GG fallende Rechtsposition. Auch hier könnten jedoch durch die Nachbarbebauung konkrete Nutzungsmöglichkeiten beeinträchtigt worden sein. Diese Überlegungen gelten auch im Hinblick auf die rechtswidrige Baugenehmigung.

In NRW kommt ein Anspruch auch nach § 39 I lit. b OBG in Betracht; insoweit sind Ansprüche wegen enteignungsgleichen Eingriffs ausgeschlossen. Zwar ist nicht der Erlass des Bebauungsplanes, wohl aber die Erteilung der Baugenehmigung auf dem Nachbargrundstück eine Maßnahme i.S. dieser Vorschrift. Indes kann der hierüber vermittelte sekundäre Rechtsschutz (Entschädigung) nicht weiter reichen als der primäre (Nachbarklage). Jedenfalls i. Erg. zu

---

1070 Vgl. BGHZ 89, 292 (294).

Recht stellt die Rspr. darum darauf ab, ob nachbarschützende Rechtsnormen verletzt sind. Damit bleibt auch der ordnungsrechtliche Entschädigungsanspruch an den Ansprüchen aus Amtshaftung orientiert. Es kommt also auch beim bauordnungsrechtlichen Entschädigungsanspruch darauf an, nachbarschützende Rechtsnormen verletzt sind; das könnte hier allenfalls § 34 BauGB i.V.m. dem Rücksichtnahmegebot sein (BGH 866, 356).

Vertiefungsliteratur: *Boujong*, Schadensersatz- und Entschädigungsansprüche wegen fehlender Bauleitung und rechtswidriger Bauverwaltungsakte. WiVerw 1991, 59; *Finkelnburg/ Ortloff*, Öffentliches Baurecht. Bd. 2 S. 145 ff; *Ibler*, Baugrundrisiko und Amtshaftung bei der Überbauung von Altlasten. BauR 1995, 595; *Johlen/Bentling*, Schadensersatz des Bauherrn bei einer rechtswidrig erteilten und später aufgehobenen Baugenehmigung. BauR 2002, 263; *Lansnicker/Schwirtzek*, Die Amtshaftung der Bauordnungs- und Bauplanungsbehörden in der Rechtsprechung des BGH. NVwZ 1996, 745.

Literaturauswahl

I. Kommentare zum Städtebaurecht: *Battis/Krautzberger/Löhr* (*B/K/L*), Baugesetzbuch. 8. Aufl. 2002. Berliner Kommentar zum BauGB. Loseblatt. *Boeddinghaus*, Baunutzungsverordnung. 4. Aufl. 2000, *Brügelmann*, Baugesetzbuch (Kohlhammer-Kommentar) Loseblatt. *Ernst/Zinkahn/Bielenberg/Krautzberger* (*E/Z/B/K*), Baugesetzbuch. Loseblatt. *Fickert/Fieseler*, Baunutzungsverordnung. 10. Aufl. 2002. *Knaup/Stange*, Baunutzungsverordnung. 8. Auflage 1997. *Jäde/Dirnberger/Weiß*, Baugesetzbuch, Baunutzungsverordnung. 3. Aufl. 2002. *Schrödter*, Baugesetzbuch. 6. Aufl. 1998.

II. Kommentare zum Bauordnungsrecht: *Alexejew*, Hamburgische Bauordnung. Loseblatt. *Böckenförde/Temme/*Krebs, Musterbauordnung, 6. Aufl. 1999. Boeddinghaus/Hahn, Bauordnung für das Land Nordrhein-Westfalen. Loseblatt. *Domning/Fuß*, Bauordnungsrecht Schleswig-Holstein. Loseblatt. *Gädtke/Temme/Heintz*, Landesbauordnung Nordrhein-Westfalen. 10. Aufl. 2003. *Grosse-Suchsdorf/Schmaltz/Wiechert*, Niedersächsische Bauordnung. 6. Aufl. 1996. *Jäde/Dirnberger/Böhme*, Bauordnungsrecht Sachsen. Loseblatt. *Jeromin*, Kommentar zur Landesbauordnung Rheinland-Pfalz. Loseblatt. *Koch/Molodovsky/Famers*, Bayerische Bauordnung. Loseblatt. *Mölle/Rabeneck/Schalk*, Bauordnung für das Land Nordrhein-Westfalen. Loseblatt. *Rasch/Schätzell*, Hessische Bauordnung. Loseblatt. *Sauter*, Landesbauordnung für Baden-Württemberg. Loseblatt. *Schlez*, Landesbauordnung für Baden-Württemberg. 4. Aufl. 1996. *Schlotterbeck/Büchner/Musall*, Sächsische Bauordnung. Loseblatt. *Schlotterbeck/Meyer-Bockenkamp*, Bauordnung des Landes Sachsen-Anhalt. Loseblatt. *Schlotterbeck/ Schrödter-Printzen/Koppitz*, Brandenburgische Bauordnung. Loseblatt. *Schlotterbeck/v. Arnim*, Landesbauordnung für Baden-Württemberg. 5. Aufl. 2002. *Simon*, Bayerische Bauordnung. Loseblatt. *Stich/Gabelmann*, Kommentar zur Landesbauordnung Rheinland-Pfalz. Loseblatt.

III. Monographien, systematische Darstellungen und Lehrbücher: *Battis*, Öffentliches Baurecht und Raumordnungsrecht. 4. Aufl. 1999. *Brohm*, Öffentliches Baurecht. 3. Aufl. 2002. *Erbguth/Wagner*, Bauplanungsrecht. 3. Aufl. 1998. *Finkelnburg/Ortloff*, Öffentliches Baurecht, Bd. I (5. Aufl. 1998), Bd. II (4. Aufl. 1998). *Gelzer/Bracher/Reidt*, Bauplanungsrecht. 6. Aufl. 2001. *Hoppe/Bönker/Grotefels*, Öffentliches Baurecht. 2. Aufl. 2002. *Hoppenberg* (Hrsg.), Handbuch des Öffentlichen Baurechts. Loseblatt. *Koch/Hendler*, Baurecht, Raumordnungs- und Landesplanungsrecht. 3. Aufl. 2001. *Krebs*, Baurecht. In: Schmidt-Aßmann (Hrsg.), Besonderes Verwaltungsrecht. 12. Aufl. 2003. *Peine*, Öffentliches Baurecht. 4. Aufl. 2002. *Stüer*, Handbuch des Bau- und Fachplanungsrechts. 2. Aufl. 1998. *Stüer*, Bauplanungsrecht und Freistellungspolitik der Länder. 1996.

IV *Baurecht*

Rechtsquellen
I. Bundesrecht:
Baugesetzbuch (BauGB) i.d.F. der Bekanntgabe v. 27. August 1997 (BGBl. I S. 2141). Verordnung über die bauliche Nutzung der Grundstücke (Baunutzungsverordnung – BauNVO) i.d.F. der Bekanntmachung v. 23. Januar 1990 (BGBl. I S. 132), zul. geändert durch Gesetz v. 22. April 1993 (BGBl. I S. 466). Verordnung über Grundsätze für die Ermittlung der Verkehrswerte von Grundstücke (Wertermittlungsverordnung – WertV) v. 6. Dezember 1988 (BGBl. I S. 2209), zul. geändert durch Gesetz v. 18.8.1997 (BGBl. I S. 2081, 2110).

II. Landesbauordnungen:

Baden-Württemberg: Landesbauordnung für Baden-Württemberg – LBO – i.d.F. v. 8. August 1995 (GBl. S. 617), zul. geändert durch Gesetz v. 19. Dezember 2000 (GBl. S. 760).

Bayern: Bayerische Bauordnung – BayBO – i.d.F. v. 4. August 1997 (GBl. S. 433).

Berlin: Bauordnung für Berlin – BauO Bln. – i.d.F. v. 3. September 1997 (GBl. S. 421).

Brandenburg: Brandenburgische Bauordnung – BbgBO – i.d.F. der Bekanntmachung v. 25. März 1998 (GVOBl. S. 82).

Bremen: Bremische Landesbauordnung – BremLBO – i.d.F. v. 27. März 1995 (GBl. S. 211).

Hamburg: Hamburgische Bauordnung – HBauO – v. 1. Juli 1986 (GVBl. S. 183), zul. geändert durch Gesetz v. 18. Juli 2001 (GVBl. S. 221).

Hessen: Hessische Bauordnung – HBO – i.d.F. v. 18. Juni 2002 (GVBl. I, S. 274).

Mecklenburg-Vorpommern: Landesbauordnung Mecklenburg-Vorpommern – LBauO M-V – i.d.F. der Bekanntmachung v. 6. Mai 1998 (GVBl. S. 468).

Niedersachsen: Niedersächsische Bauordnung – NBauO – i.d.F. der Bekanntmachung v. 10. Februar 2003 (GVBl. S. 90).

Nordrhein-Westfalen: Bauordnung für das Land Nordrhein-Westfalen – BauO NW – v. 1. März 2000 (GVBl. S. 256).

Rheinland-Pfalz: Landesbauordnung Rheinland-Pfalz – rhpfLBO – i.d.F. v. 24. November 1998 (GVBl. S. 365).

Saarland: Bauordnung für das Saarland – saarlLBO – i.d.F. v. 27. März 1996 (ABl. S. 477), zul. geändert durch Gesetz v. 7. November 2001 (ABl. S. 2158).

Sachsen: Sächsische Bauordnung – SächsBO – i.d.F. v. 18. März 1999 (SächsGVBl. S. 96), zul. geändert durch Gesetz v. 14. Dezember 2001 (SächsGVBl. S. 716).

Sachsen-Anhalt: Bauordnung des Landes Sachsen-Anhalt – BauO LSA – i.d.F. v. 9. Februar 2001 (GVBl. S. 50).

Schleswig-Holstein: Landesbauordnung für das Land Schleswig-Holstein (schlhLBO) i.d.F. der Bekanntmachung v. 10. Januar 2000 (GVOBl. S. 47).

Thüringen: Thüringer Bauordnung – ThürBO – i.d.F. v. 3. Juni 1994 (GVBl. Thür. S. 553), zuletzt geändert durch Gesetz v. 24. Oktober 2001 (GVBl. S. 269).

V. Straßen- und Wegerecht

Von Udo Steiner

Inhalt

	Rdnr.	Seite
A. Allgemeine Orientierungen	1	748
I. Straßen und Wege als Gegenstand des Straßenrechts und des Straßenverkehrsrechts	3	748
1. Das Straßen- und Wegerecht	3	748
2. Das Straßenverkehrsrecht	8	750
3. Das Verhältnis von Straßenrecht und Straßenverkehrsrecht	9	751
II. Die Organisation des Gesetzesvollzugs	10	752
1. Der Vollzug des materiellen Straßenrechts	11	752
2. Der Vollzug des Straßenverkehrsrechts	16	753
B. Institutionen des Straßenbestandsrechts	19	754
I. Grundinformationen	23	755
II. Die Widmung	28	756
1. Die Rechtswirkungen der Widmung	28	756
2. Rechtsnatur- und Rechtsschutzfragen	33	759
III. Einziehung und Teileinziehung	37	761
1. Die Einziehung	37	761
2. Die Vornahme nachträglicher Widmungsbeschränkungen durch Teileinziehung	40	762
IV. Die Umstufung	42	763
1. Die straßenrechtliche Funktion der Umstufung	42	763
2. Die rechtliche Eigenart des Umstufungsaktes	46	765
V. Die Einsetzbarkeit der straßenrechtlichen Statusakte bei der Erzielung verkehrsberuhigender Wirkungen	47	766
1. Die Bedeutung der ursprünglichen und nachträglichen Widmungsbeschränkung für Maßnahmen der innergemeindlichen Verkehrsführung	47	766
2. Das Mittel der Umstufung	51	767

C. Bau und Planung öffentlicher Straßen, insbesondere der Bundesfernstraßen 56 769
  I. Allgemeine Orientierung 58 769
    1. Das Dreitaktprinzip: Planung, Bau, Widmung 58 769
    2. Stufenfolge innerhalb der Straßenplanung 59 770
  II. Das straßenrechtliche Planfeststellungsverfahren 64 773
    1. Grundzüge 64 773
    2. Die Wirkungen des Planfeststellungsbeschlusses 74 777
    3. Rechtsschutzfragen 76 779
    4. Auflagen im Planfeststellungsbeschluss nach
§ 74 Abs. 2 Satz 2 VwVfG 84 783
    5. Die Ersetzungsfunktion des Bebauungsplans 89 785
  III. Die Plangenehmigung 93 787

D. Straßenbaulast und Straßenverkehrssicherungspflicht ... 94 788
  I. Die Verpflichtungen aus der Straßenbaulast 96 789
    1. Inhalt und Reichweite 96 789
    2. Zur Dogmatik der Straßenbaulast 97 790
  II. Die Verkehrssicherungspflicht auf öffentlichen
Straßen und Wegen 99 791
    1. Die Trennung von Straßenbaulast
und Verkehrssicherungspflicht 99 791
    2. Die gesetzliche Regelung 101 792

E. Das Recht der Nutzung öffentlicher Straßen 104 793
  I. Rechtstypologie der straßenrechtlichen Nutzungsformen ... 109 794
  II. Grundfeststellungen zum Gemeingebrauch 110 795
    1. Begriff und Umfang des Gemeingebrauchs 110 795
    2. Die Rechtsstellung des (allgemeinen) Straßenbenutzers .. 112 796
  III. Die Sondernutzungen 113 797
    1. Die Sondernutzung nach öffentlichem Recht 113 797
    2. Die Sondernutzung nach bürgerlichem Recht 119 800
    3. Sonderfall: Straßennutzung
durch Telekommunikationslinien 119a 801
  IV. Die Rechtsstellung des Straßenanliegers 120 801
    1. Die Nutzungsinteressen des Anliegers 120 801
    2. Das geltende Recht der Anliegernutzung 123 802
  V. „Kommunikative" Nutzungsformen 130 805

F. Das Nachbarrecht der öffentlichen Straßen und Wege .. 141 811
  I. Grundfeststellungen 143 811
    1. Der Schutz der Straßenfunktion
vor nachbarlichen Einwirkungen 143 811

2. Der Schutz des Straßennachbarn vor den Nutzungsemissionen
   öffentlicher Straßen 145   812
II. Die rechtliche Beurteilung der schlicht-hoheitlichen
   Verkehrsimmissionen 148   813
   1. Verkehrsbezogene Abwehr- und Unterlassungsansprüche . . 148   813
   2. Ansprüche auf Vornahme immissionsmindernder
      Maßnahmen 151   814
   3. Ausgleichs- und Entschädigungsansprüche
      bei Verkehrsimmissionen 155   816

G. Straßenrecht und Straßenverkehrsrecht 159   818
   I. Grundaussagen zum Verhältnis von Straßenrecht
      und Straßenverkehrsrecht 162   819
   II. Der „Vorbehalt des Straßenrechts" 166   820
   III. Der „Vorrang des Straßenverkehrsrechts" 167   821
      1. Möglichkeiten und Grenzen einer straßenverkehrsrechtlichen
         „Überlagerung" der Widmung 167   821
      2. Der straßenverkehrsrechtlich „mitbestimmte"
         Gemeingebrauch 168   822
      3. Die Unterscheidung von „Verkehrsstatut"
         und „Nutzungsstatut" 171   823
   IV. Verwaltungsrechtliche Aspekte der Anordnungen
      nach § 45 StVO 174   824

Literaturauswahl 180   827

V   *Straßen- und Wegerecht*

A. Allgemeine Orientierungen

> **Fälle und Fragen**
>
> 1. Das Bundesland B bestimmt in einer Landesrechtsverordnung, dass die Höchstgeschwindigkeit auf Bundesautobahnen, soweit diese auf Landesgebiet liegen, nicht 120 km/h übersteigen darf. Ist eine solche Regelung verfassungsgemäß?
>
> 2. Durch die Gemeinde G führt die Ortsdurchfahrt der Bundesstraße B 15. Der Unternehmer U strebt die Erteilung einer Sondernutzung für die Überquerung der Straße mit einer Lastengondel an. Bestimmt sich die Entscheidung über die Erteilung der Sondernutzung nach Bundes-, Landes- oder Gemeinde-Straßenrecht?
>
> **Lösungshinweise Rdnr. 17 f**

I. Straßen und Wege als Gegenstand des Straßenrechts und des Straßenverkehrsrechts[1]

1. Das Straßen- und Wegerecht[2]

3   Die überörtlichen öffentlichen Straßen (Bundes-, Staats- bzw. Land(es)- und Kreisstraßen) bilden mit einer Gesamtlänge von 231 074 km ein Kernstück moderner Leistungsstaatlichkeit. Davon entfallen über 11 000 km auf die Bundesautobahnen[3]. Hinzu kommen noch ca. 400 000 km örtliche Verkehrswege. Ihr Bau und ihre Unterhaltung erfordern Aufwendungen in Milliardenhöhe. Das öffentliche Straßennetz steht vielfältigen Zwecken zur Verfügung. Es dient der Fortbewegung von Menschen und dem Transport von Gütern, im örtlichen Bereich auch der Erschließung bebauter und unbebauter Grundstücke und als Raum für soziale und gewerbliche Kontakte verschiedenster Art. Planung, Bau und Unterhaltung der Straßen, auf denen nach wie vor bei weitem die meisten Verkehrsleistungen erbracht werden, erfolgen nach deutscher Tradition in staatlich-öffentlicher Regie[4]. Im Augenblick sind allerdings Entwicklungen im Gange, die zumindest auf eine Modifizierung dieser Grundentscheidungen zielen.

4   Die außerordentlich hohen administrativen, technischen und finanziellen Anforderungen, die im Bereich der Verkehrsinfrastruktur an die Bundesrepublik als Folge der deutschen Vereinigung und des gesamteuropäischen Verkehrs gestellt werden, haben vor allem den Bund veranlasst, privates Organisations- und Finanzpotenzial für die öffentliche Verkehrsinfrastruktur zu nutzen. Hervorzuheben ist: Gründung von sog. Planungsgesellschaften (insbesondere: Deut-

---

1 Die im folgenden abgekürzt zitierte Literatur ist am Ende des Beitrags (Rdnr. 180) zusammengefasst. Nachweise zur Kommentierung der Länderstraßengesetze finden sich in den Fn. 13-20.
2 Im folgenden kurz: „Straßenrecht".
3 Näher dazu Straßenbaubericht 2002 der Bundesregierung, BT-Drucks. 15/265 v. 18.12.2002.
4 Siehe im Einzelnen *Steiner* (Rdnr. 180), Rdnr. 3 f, 41.
5 Dazu *Wahl*, DVBl. 1993, 517 ff; Bucher, Privatisierung von Bundesfernstraßen, 1996, S. 128 ff.
6 Dazu *Steiner*, NJW 1994, 1712 ff.

sche Einheit Fernstraßenplanungs- und Baugesellschaft- DEGES)[5]; (Organisations-)Privatisierung der Nebenbetriebe an Bundesautobahnen (§ 15 FStrG)[6]; Übertragung der Aufgaben des Straßenbaus, der Straßenunterhaltung und der Gebührenerhebung für bestimmte Straßenstrecken des Fernstraßennetzes auf der Grundlage des Gesetzes über den Bau und die Finanzierung von Bundesfernstraßen durch Private (Fernstraßenbauprivatfinanzierungsgesetz – FStrPrivFinG in der Bekanntmachung der Neufassung vom 20. Januar 2003, BGBl. I S. 99; dazu Rdnr. 110a)[7].

Zu den Eigentümlichkeiten des geltenden Rechts in Deutschland gehört es, dass die Nutzung der öffentlichen Straßen (neben dem Vorgang ihres Baus und ihrer Unterhaltung) Gegenstand der Vorschriften des **Straßenrechts** ist, mit dem **Straßenverkehrsrecht** aber eine zweite Materie für die Ordnung der verkehrsmäßigen und verkehrserheblichen Nutzungen der Straße zur Verfügung steht. Diese Unterscheidung findet sich in der Kompetenzordnung des Grundgesetzes (Art. 74 Nr. 22 GG) wieder[8].

5

a) Das Straßenrecht, auch Straßenbaurecht genannt, hat die Straße (Weg, Platz)[9] als **Verwaltungsleistung** zum Gegenstand. Straßenrecht ist öffentliches Recht. Systematisch ist es **der** Anwendungsfall des öffentlichen Sachenrechts. Das Straßenrecht ist **Bundes**recht, soweit es um die Bundesfernstraßen (Bundesautobahnen und Bundesstraßen mit den Ortsdurchfahrten) geht. Enthalten ist es im Bundesfernstraßengesetz i.d.F. der Bekanntmachung der Neufassung vom 20. Februar 2003 (BGBl. I S. 286)[10], erlassen auf der Grundlage des Art. 74 Abs. 1 Nr. 22 GG („Bau und Unterhaltung von Landstraßen für den Fernverkehr") als Materie der konkurrierenden Gesetzgebung. Bundesrechtlich wird es ergänzt für den Bereich der Ortsstraßen, die Erschließungsanlagen sind, durch §§ 123 ff BauGB (Kompetenzgrundlage: Art. 74 Abs. 1 Nr. 18 GG).

6

b) Das Recht der übrigen Straßen(klassen) enthalten jeweils für die einzelnen Bundesländer die **Länderstraßengesetze**. Das FStrG erfüllte allerdings von Anfang an (1953) eine Leitfunktion. Diese ist Grundlage für die weithin festzustellende Einheit des deutschen Straßenrechts, vor allem bei der Ausformung seiner wichtigsten Institutionen.

7

Das Landesstraßenrecht ist im Einzelnen in den folgenden Gesetzen enthalten[11].

- Baden-Württemberg: Straßengesetz für Baden-Württemberg i.d.F. vom 11. Mai 1992, GBl. S. 329 (zit. BWStrG)[12].
- Bayern: Bayerisches Straßen- und Wegegesetz (BayStrWG) i.d.F. der Bekanntmachung vom 5. Oktober 1981, GVBl. S. 448 (zit.: BayStrWG)[13].

---

7 Dazu *Steiner*, NJW 1994, 3150 ff; weit. Nachw. siehe Rdnr. 110a.
8 Zur historischen Entwicklung siehe *Evers*, NJW 1982, 1033 ff.
9 Im folgenden kurz: Straße.
10 §§ ohne weitere Angaben sind solche des FStrG.
11 Inzwischen erfolgte Änderungsgesetze sind aus Gründen der Übersichtlichkeit nicht besonders nachgewiesen. Zum ThürStrG siehe noch *Brenner*, LKV 1998, 369 ff.
12 *Lorenz*, Landesstraßengesetz BW, 1992; *Schenke*, in: *Maurer/Hendler* (Hrsg), Staats- und Verwaltungsrecht BW, 1990, S. 374-398; *Schnebelt/Sigel*, Straßenrecht, 2002.
13 *Zeitler*, BayStrWG, Loseblatt-Kommentar, 4. Auflage (Stand Dezember 1993), 1994; *Zimmniok*, BayStrWG, 7. Aufl. 1982; *Berg*, in: *Maunz u.a.*, Staats- und Verwaltungsrecht in Bayern, 6. Aufl. 1995.

V   *Straßen- und Wegerecht*

- Berlin: Berliner Straßengesetz vom 28. Februar 1985, GVBl. S. 518 (zit. BerlStrG).
- Brandenburg: Brandenburgisches Straßengesetz vom 11.6.1992, GVBl. I 1992, S. 186 (zit.: BrandStrG).
- Bremen: Bremisches Landesstraßengesetz vom 20. Dezember 1976, GBl. S. 341 (zit.: BremLStrG).
- Hamburg: Hamburgisches Wegegesetz i.d.F. vom 22. Januar 1974, GVBl. S. 41 (zit.: HambWG)[14].
- Hessen: Hessisches Straßengesetz vom 9. Oktober 1962, GVBl. S. 437 (zit.: HessStrG).
- Mecklenburg-Vorpommern: Straßen- und Wegegesetz des Landes Mecklenburg-Vorpommern vom 13. Januar 1993, GVBl. S. 42 (zit.: MVStrWG).
- Niedersachsen: Niedersächsisches Straßengesetz (NStrG) i.d.F. vom 24. September 1980, GVBl. S. 360 (zit.: NdsStrG)[15].
- Nordrhein-Westfalen: Straßen- und Wegegesetz des Landes Nordrhein-Westfalen (StrWG NW) i.d.F. der Bekanntmachung vom 23. September 1995, GV NW S. 1028 (zit.: NWStrWG)[16].
- Rheinland-Pfalz: Landesstraßengesetz für Rheinland-Pfalz (LStrG) i.d.F. vom 1. August 1977, GVBl. S. 274 (zit.: RhPfLStrG)[17].
- Saarland: Saarländisches Straßengesetz (SaarlStrG) i.d.F. vom 15. Oktober 1977, ABl. S. 969 (zit.: SaarStrG).
- Sachsen: Straßengesetz für den Freistaat Sachsen vom 21. Januar 1993, GVBl. S. 93 (zit.: SächsStrG).
- Sachsen-Anhalt: Straßengesetz für das Land Sachsen-Anhalt vom 6. Juli 1993, GVBl. S. 334 (zit.: SachsAnhStrG).
- Schleswig-Holstein: Straßen- und Wegegesetz des Landes Schleswig-Holstein vom 22. Juni 1962, GVBl. S. 237 i.d.F. vom 30. Januar 1979 (GVOBl. S. 164) (zit.: SchlHStrWG)[18].
- Thüringen: Thüringer Straßengesetz vom 7. Mai 1993, GVBl. S. 273 (zit.: ThürStrG).

2. Das Straßenverkehrsrecht

8   Das Straßenverkehrsrecht regelt den Verkehr unter ordnungsrechtlichen Gesichtspunkten mit dem Ziel, Sicherheit und Leichtigkeit des Verkehrs zu Gewähr leisten. Es ist ein (tendenziell umfassendes) Sonderrecht der Gefahrenabwehr. Es begegnet Gefahren, die dem Verkehr und den Verkehrsteilnehmern von anderen Verkehrsteilnehmern drohen,

---

14 *Strenge*, in: Hoffmann-Riem/Koch, Hamb. Staats- und Verwaltungsrecht, 1988, S. 344-378.
15 *Wendrich*, Niedersächsisches Straßengesetz, 3. Aufl. 1994.
16 *Fickert*, Straßenrecht in Nordrhein-Westfalen, 3. Aufl. 1989; *Walprecht/Cosson*, Straßen- und Wegegesetz des Landes Nordrhein-Westfalen, 1984; *Papier*, Straßen- und Wegerecht, in: Grimm/Papier, Nordrhein-Westfälisches Staats- und Verwaltungsrecht, 1986, S. 425-477.
17 *F. Mayer*, Straßen- und Wegerecht, in: Mayer/Ule (Hrsg.), Staats- und Verwaltungsrecht in Rheinland-Pfalz, 1969, S. 548 ff.
18 *Siegel*, Straßen- und Wegegesetz, Schleswig-Holstein, Loseblattkommentar, 2. Aufl. 1988.

die vom Verkehr für Dritte ausgehen (Umweltschäden!) oder von außerhalb des Verkehrs auf den Verkehr einwirken (Werbung!)[19]. Straßenverkehrsrecht ist Bundesrecht auf der Grundlage des Art. 74 Nr. 22 GG. Von dieser Kompetenz haben (Bundes-)Gesetz- und Verordnunggeber einen formell erschöpfenden Gebrauch gemacht[20].

Die ordnungsrechtliche Ausrichtung bestimmt den Kern des Straßenverkehrsrechts und seinen eindeutigen Schwerpunkt, formt das Straßenverkehrsrecht heute aber nicht mehr ausschließlich. Denn die Straßenverkehrsbehörden haben durch die 1980 erfolgte Neufassung des § 45 StVO auf der Grundlage der Bundeskompetenz „Bodenrecht" (Art. 74 Nr. 18 GG) Zuständigkeiten erhalten, die zwar instrumentell solche des Straßenverkehrsrechts sind (Anordnung von Verkehrsverboten und Verkehrsbeschränkungen), ihrem sachlichen Gehalt nach aber in das Städtebaurecht hineinreichen (siehe § 45 Abs. 1b Satz 1 Nr. 2, 3 und 5 i.V.m. § 45 Abs. 1b Satz 2 StVO)[21].

3. Das Verhältnis von Straßenrecht und Straßenverkehrsrecht

Das BVerfG hat zwar in seiner Grundsatzentscheidung vom 9.10.1984 zur Konkurrenz von Straßenverkehrsrecht und Straßenrecht um die Regelung des sog. ruhenden Verkehrs die Auffassung vertreten, Bund und Länder könnten ein- und denselben Gegenstand nicht gleichzeitig regeln[22]. Der These von der Unzulässigkeit von „Doppelzuständigkeiten" sollte jedoch in dieser Allgemeinheit nicht gefolgt werden.

9

Die grundsätzliche Selbstständigkeit der Anknüpfungspunkte und Regelungsaufgaben von Straßenrecht und Straßenverkehrsrecht schließt es ein, dass ein und derselbe Sachverhalt nach den Vorschriften **beider** Materien unter **unterschiedlichen** Gesichtspunkten beurteilt und mit Mitteln **beider** Materien auf ihn reagiert werden kann[23]. Straßenrecht und Straßenverkehrsrecht sind zwei sich in ihrem Anwendungsbereich teilweise überschneidende Materien. Beispiele für derartige „Doppelzuständigkeiten" sind etwa:

Werbung, etwa politische Werbung, im Straßenraum ohne Teilnahme am Verkehr und insbesondere ohne Inanspruchnahme eines Verkehrsmittels ist ein wegerechtlicher Tatbestand (siehe u. Rdnr. 131, 134). Zugleich interessiert sich das Straßenverkehrsrecht für diesen Sachverhalt, soweit Auswirkungen der Werbung auf den Verkehr zu erwarten sind[24]. Auch für Werbeanlagen außerhalb geschlossener Ortschaften finden sich Doppelzuständigkeiten (§ 9 Abs. 6 FStrG, § 33 Abs. 1 Satz 1 Nr. 3 StVO)[25]. Gleiches gilt für den Sachverhalt der Verunreinigung von Straßen (siehe § 32 StVO einerseits und § 7 Abs. 3 FStrG andererseits).

---

19 BVerwGE 34, 241 (243). BVerfGE 32, 319 (326 f); 67, 299 (314).
20 Dies gilt jedenfalls für das Verkehrsrecht im Sinne von Verkehrsverhaltens- und Verkehrszulassungsrecht. Siehe BVerwGE 23, 325 (328); 56, 56 (58); vgl. auch BVerfGE 32, 319 (327 f).
21 Dazu *Steiner*, NJW 1980, 2339, insb. 2343. – Die Bundeskompetenz „Straßenverkehrsrecht" (Art. 74 Nr. 22 GG) deckt nur Regelungen der Ausübung des Gemeingebrauchs, die aus „verkehrsbezogenen-ordnungsrechtlichen Gründen, nicht hingegen aus sonstigen ordnungsrechtlichen (oder aus ästhetischen oder städtebaulichen) Gründen erfolgen sollen" (BVerfGE 67, 299/322 f).
22 BVerfGE 67, 299 (320 f).
23 So auch BGH, NJW 2002, 1280.
24 Näher dazu *Steinberg/Herbert*, JuS 1980, 108 (111 ff); OVG NW, NJW 1975, 989 f; OLG Bremen, NJW 1976, 1359 f.
25 Siehe dazu BVerfGE 32, 319 (331 f).

II. Die Organisation des Gesetzesvollzugs

10 Die Unterscheidung zwischen Straßenrecht und Straßenverkehrsrecht und die Unterscheidung innerhalb des Straßenrechts zwischen Bundes- und Landesstraßenrecht setzt sich in der Ordnung des Gesetzesvollzugs fort.

1. Der Vollzug des materiellen Straßenrechts

11 a) Im Bereich der Straßenverwaltung enthält Art. 90 Abs. 2 GG eine wichtige grundgesetzliche Vorgabe für die Aufteilung der Verwaltungsräume. Die Verwaltung der Bundesautobahnen und sonstigen Bundesstraßen des Fernverkehrs erfolgt danach durch die Länder oder durch die nach dem Landesrecht zuständigen Selbstverwaltungskörperschaften[26] im **Auftrag** des Bundes nach den Grundsätzen des Art. 85 GG[27]. Bundesauftragsverwaltung ist auch hier **Landes**verwaltung im Bundesauftrag. Es ist höchstrichterlich geklärt, dass die Länder nicht in bloßer Organstellung tätig werden, sondern als selbstständige Körperschaften[28]. Die Tätigkeit ihrer Behörden im Rahmen der Bundesauftragsverwaltung wird ihnen und nicht dem Bund zugerechnet. Im Bereich der Straßenbaulast entspricht dieser Verfassungslage die Wahrnehmung der sog. externen Straßenbaulast (faktische Verwirklichung der Bau- und Unterhaltungsmaßnahmen) durch die Länder. Davon wird die Verpflichtung des Bundes unterschieden, im **internen** Verhältnis die Ausgaben für die Unterhaltung und den Ausbau der Bundesstraßen (Sachkosten) zu tragen (sog. finanzielle Straßenbaulast)[29].

12 b) Der Vollzug des Landesstraßenrechts liegt für die Straßenklassen „Staatsstraßen (Land-, Landesstraßen)" bei den Landesbehörden. In Bezug auf die Kreisstraßen divergiert das Landesrecht[30]. Für die Gemeindestraßen haben die Gemeinden die Vollzugskompetenz.

13 c) Die Orientierung im materiellen Straßenrecht setzt die Kenntnis einiger organisatorischer Grundbegriffe voraus.

---

26 Seit dem Zweiten Modernisierungsgesetz vom 9.5.2000 (NW GV S. 452) haben allerdings die beiden Landschaftsverbände in Nordrhein-Westfalen keine Aufgaben im Bereich des Straßenwesens mehr. Sie sind auf das Land übergegangen. Zur verfassungsrechtlichen Auseinandersetzung siehe NW VerfGH, DVBl. 2001, 1595 m. Anm. *Ehlers*.
27 Dazu: *Grupp* (Hrsg.), Rechtsfragen der Bundesauftragsverwaltung bei Bundesfernstraßen, 2002. Siehe auch *Jochum*, DÖV 2003, 16.
28 BVerwGE 52, 226 (229). Die Auftragsverwaltung nach Art. 90 Abs. 2 GG bezieht sich auf die Hoheitsverwaltung und die Vermögensverwaltung der Bundesstraßen und insbesondere die Verwaltungsaufgaben, die der Erfüllung der Straßenbaulast dienen (BVerwG, a.a.O.).
29 Siehe BVerwGE 52, 226 (229 f); 52, 237 (241). Zu Einzelfragen siehe *Zech*, DVBl. 1987, 1089 ff.
30 Die teils obligatorischen, teils fakultativen Bestimmungen sind enthalten in: § 51 BWStrG; Art. 59 BayStrWG; § 46 Abs. 3 BrandStrG; § 41 Abs. 2 HessStrG; § 58 Abs. 1 MVStrWG; Art. 8 § 2 Abs. 2 des nds Gesetzes zur Verwaltungs- und Gebietsreform vom 28.6.1977 (GVBl S. 233); § 56 Abs. 4 NWStrG; § 48 Abs. 1 Satz 3, 2-5 SächsStrG; § 52 Abs. 2 und 3 SachsAnhStrG; § 53 SchlHStrWG; § 46 Abs. 3 ThürStrG.

Allgemeine Orientierungen **V A**

– Vollzogen wird das Straßenrecht durch die Straßen(bau)verwaltung in der Gestalt der **Straßenbaubehörden**[31]. Für das moderne Wegerecht ist die Konzentration des hoheitlichen Vollzugs bei den Straßenbaubehörden kennzeichnend. Bei ihnen liegt aber auch die Wahrnehmung der Aufgaben aus der Straßenbaulast mit rechtsgeschäftlichen und faktischen Mitteln.

– **Straßenbaulastträger** sind die juristischen Personen des öffentlichen Rechts[32] (Länder, Kreise, Gemeinden), denen die Straßen und insbesondere die darauf bezogenen Straßenbaulastverpflichtungen in einer noch näher zu beschreibenden Weise (siehe Rdnr. 96) gesetzlich zugeordnet sind. Sie handeln durch die Straßenbaubehörden. **14**

– Die (staatlichen) Behörden der **Straßenaufsicht** überwachen die Erfüllung der Aufgaben, die den Trägern der Straßenbaulast und den Straßenbaubehörden obliegen[33]. Straßenaufsicht ist Fachaufsicht, gegenüber kommunalen Gebietskörperschaften (Kreisen, Gemeinden) jedoch Rechtsaufsicht[34]. Letzteres gilt allerdings nicht für die Ortsdurchfahrten von Bundesstraßen[35] (§§ 20 Abs. 1, 21); soweit die Gemeinden Träger der Straßenbaulast sind, handeln sie wegen Art. 90 Abs. 2 GG im übertragenen Wirkungskreis. **15**

2. Der Vollzug des Straßenverkehrsrechts

Zum Vollzug des Straßenverkehrsrechts sind eigene, von den Straßenbaubehörden getrennte, auf der „Kreisebene" eingerichtete Straßenverkehrsbehörden berufen (vgl. § 44 Abs. 1 Satz 1 StVO). Soweit die **Gemeinden** allgemein (als kreisfreie Gemeinden) oder (als kreisangehörige Gemeinden) mit bestimmten Aufgaben der (unteren oder örtlichen) Straßenverkehrsbehörden betraut sind, nehmen sie diese Aufgaben im übertragenen Wirkungskreis bzw. als Pflichtaufgaben nach Weisung wahr. Die zuständigen obersten Landesbehörden (Innen- oder Verkehrsminister der Länder) und die höheren Verwaltungsbehörden (Regierungspräsidenten, Bezirksregierungen) können ihnen Weisungen auch für den Einzelfall erteilen (§ 44 Abs. 1 Satz 2 StVO)[36]. Für die gemeindliche Praxis der Verkehrslenkung und Verkehrssteuerung ist diese **16**

---

31 Siehe aber auch § 49 Abs. 1 Nrn. 1-3 SachsAnhStrG.
32 Allerdings können bei bestimmten Straßenkategorien auch Private Straßenbaulastträger sein. Siehe z.B. Art. 54, 55 BayStrWG (bestimmte öffentliche Feld- und Waldwege, Eigentümerwege).
33 Weitergehende Funktionen der Straßenaufsicht kennen Berlin (vgl. §§ 15, 16, BerlStrG), Hamburg (vgl. etwa §§ 6 Abs. 1, 19 Abs. 1 Satz 2 HambWG) und Schleswig-Holstein (siehe etwa § 8 Abs. 1 SchlHStrWG).
34 Dies folgt aus der Zuordnung des Baus und der Unterhaltung örtlicher Straßen zu den Angelegenheiten der örtlichen Gemeinschaft im Sinne des Art. 28 Abs. 2 GG. Siehe Art. 62 Abs. 2 BayStrWG; § 52 Abs. 1 Satz 2 MVStrWG; § 49 Abs. 1 Satz 2 SächsStrG; § 46 Abs. 1 Satz 2 SachsAnhStrG; § 48 Abs. 1 Satz 2 ThürStrG.
35 Zu dieser umstrittenen Frage siehe *Bartlsperger*, DVBl. 1979, 1 (9) und *Zech*, DVBl. 1987, 1089 (1094 f).
36 Zum Rechtsstatus der Gemeinden siehe BWVGH, DVBl. 1994, 348 ff mit Anm. *Steiner*, a.a.O., S. 351 ff; BVerwG, DVBl. 1993, 345 ff; *Steiner*, VerwArch. 86 (1995), 173 ff; *Dannecker*, Rechtliche Neukonzeption der kommunalen Straßenverkehrsplanung, 1997 und *Gassner*, VBl. BW 1997, 127.

V *Straßen- und Wegerecht*

Feststellung praktisch wichtig. Sie verfügt über kommunal- und verkehrspolitisch größere Spielräume, wenn sie auf Grund straßenrechtlicher (dem örtlichen und damit eigenen Wirkungskreis im Sinne des Art. 28 Abs. 2 GG zuzurechnender) Zuständigkeiten handelt[37].

> **Antworten und Lösungshinweise**
>
> 17   1. Die in Frage stehende Anordnung einer Geschwindigkeitsbeschränkung auf einer Bundesautobahn ist ebenso wie auf anderen öffentlichen Straßen die Setzung von Verkehrsrecht. Die Kompetenz für den Erlass verkehrsrechtlicher Vorschriften liegt beim Bund (Art. 74 Abs. 1 Nr. 22 GG). Diese Gesetzgebungszuständigkeit hat der Bund ausgeschöpft (BVerwGE 23, 325/328; 56, 56/58; vgl. auch BVerfGE 32, 319/327 f). Die Länder haben deshalb keine Befugnis zur Gesetzgebung mehr (Art. 72 Abs. 1 GG), weder durch förmliches Gesetz noch durch Landesrechtsverordnung. Diese Sperre greift auch hier. Es kommt daher nicht darauf an, dass der Bund eine Geschwindigkeitsbegrenzung für Bundesautobahnen in seiner Bundesrechtsverordnung „StVO" nicht vorgesehen hat. Eine andere Frage ist es, ob die zuständigen Straßenverkehrsbehörden der Länder auf der Grundlage des § 45 Abs. 1 Satz 1 StVO (Verkehrsbeschränkungen zur Gewährleistung der Sicherheit und Ordnung des Verkehrs) entsprechende Geschwindigkeitsbegrenzungen verfügen dürfen. Solche Anordnungen können aber nur Streckenteile von Autobahnen betreffen und müssen ihre Rechtfertigung aus den besonderen Umständen des jeweiligen Streckenteils herleiten. Siehe näher *Jaxt*, NJW 1986, 2228 ff.
>
> 18   2. Ortsdurchfahrten sind klassifikationsrechtlich keine eigene Kategorie. Sie haben die Klassifikation der Straße, deren Teil sie bilden (siehe Rdnr. 45). Die Ortsdurchfahrten von Bundesstraßen sind daher selbst Bundesstraßen. Im vorliegenden Falle kommt deshalb das für die Bundesstraßen geltende Straßenrecht, das FStrG, zur Anwendung (hier: § 8 Abs. 1). Das Straßenrecht in der Bundesrepublik ist Bundes- oder Landesstraßenrecht. Eine dritte Straßenrechtsmaterie in der Form eines Gemeinde-Straßenrechts gibt es nicht. Wohl aber können die Gemeinden durch Satzung bestimmte Sondernutzungen an den Ortsdurchfahrten von der Erlaubnis freistellen und die Ausübung regeln (§ 8 Abs. 1 Satz 4 und 5, vgl. Rdnr. 116).
>
> **Vertiefungshinweise:** *Bartlsperger*, Kommentierung des Art. 90 GG, in: Bonner Kommentar, Zweitbearbeitung 1969 (auch als Sonderdruck); *Steiner*, JuS 1984, S. 1 ff.

B. Institutionen des Straßenbestandsrechts

> **Fälle und Fragen**
>
> 19   1. Die Bundesstraße B 15 wird verbreitert. Die zusätzliche Grundstücksfläche hat das Land L von E zum Eigentum erworben. Nach erfolgter Widmung der Straße stellt sich im Rahmen eines von E und L ausgetragenen Rechtsstreits heraus, dass der dem Eigentums-

---

[37] Zu den Möglichkeiten und Grenzen der Verkehrsüberwachung durch Private, insbesondere im kommunalen Auftrag, siehe u.a. BayObLG, DAR 1997, 206; KG, NJW 1997, 2894; *Ronellenfitsch*, DAR 1997, 151; *Scholz*, NJW 1997, 17; *Steiner*, DAR 1996, 272 und *Waechter*, NZV 1997, 329.

übergang vorausgegangene Kaufvertrag zwischen L und E wegen eines unzulässigen Koppelungsgeschäfts rechtswidrig und nichtig ist. Kann E die Rückübertragung des Eigentums an ihn durch L verlangen?

2. Die Gemeinde G will die X-Straße (Gemeinde- bzw. Ortsstraße) umgestalten. Es ist daran gedacht, die Gehsteige zur Sicherheit der Fußgänger wesentlich zu verbreitern und die Fahrbahn zu verengen. Bedarf es vor der baulichen Durchführung der Maßnahme einer Änderung der Widmung?

3. E stellt schon seit geraumer Zeit einen Weg über sein privates Grundstück für den allgemeinen Fußgänger- und Fahrradverkehr zur Verfügung. Da inzwischen für die Kraftfahrzeuge seiner Mieter nicht genügend Parkfläche vorhanden ist, markiert er auf einem Teil des Weges Parkplätze und sperrt diese mit einer nur von den Mietern abnehmbaren Kette ab. Kann die Straßenbaubehörde auf Beschwerden von Bürgern hin, die bisher den Weg benutzt haben, dagegen etwas unternehmen?

4. A bemüht sich für sein außerhalb der geschlossenen Ortslage liegendes Grundstück um eine Zufahrt zur B 16a. Diese Straße hat durch eine Neutrassierung (B 16) ihre Verkehrsbedeutung als Straße des Fernverkehrs verloren, wird aber nicht auf den Status einer Kreisstraße zurückgestuft, weil der (Land-)Kreis die Straßenbaulast nicht übernehmen will. Kann A eine Umstufung gegebenenfalls gerichtlich erzwingen, um den strengen Anforderungen an die Anlegung neuer Zufahrten zu Bundesstraßen (§ 8a) zu entgehen?

Lösungshinweise Rdnr. 52 ff

I. Grundinformationen

Das deutsche Straßenrecht erschließt sich nur, wenn man seine wesentlichen **Grundentscheidungen** zur Kenntnis genommen und verstanden hat. Zu diesen Grundentscheidungen ist insbesondere zu rechnen:

1. **Öffentlicher Sachstatus der Straße:** Straßen und Wege im Sinne des deutschen Straßenrechts sind **öffentliche** Sachen. Mit ihrem Bau, ihrer Indienststellung und ihrer Unterhaltung erbringen die zuständigen Hoheitsträger (Bund bzw. Länder und Landschaftsverbände, Kreise, Gemeinden) eine Verwaltungsleistung in den Formen des **öffentlichen** Rechts. Die damit verbundenen Rechtsverhältnisse sind **speziell** in den Straßengesetzen geregelt; ergänzend gilt allgemeines öffentliches Recht einschließlich der jeweiligen Verwaltungsverfahrensgesetze[38].

2. **„Dualistische" Konstruktion** oder **„Theorie des modifizierten Privateigentums":** Trotz ihres öffentlichen Sachstatus besteht an Straßen nach der das deutsche Straßenrecht – mit Ausnahme Hamburgs[39] – beherrschenden sog. dualistischen Konstruktion bürgerlichrechtliches Eigentum im Sinne des § 903 BGB. Soweit der öf-

---
38 Dies ist z.B. wichtig, soweit statusrechtliche Akte als Allgemeinverfügung ergehen (siehe Rdnrn. 34, 39, 46). Es gelten §§ 39 Abs. 2 Nr. 5, 41 Abs. 4 VwVfG.
39 § 4 Abs. 1 HambWG begründet an Grundflächen, die als öffentliche Flächen gewidmet sind **und** der Freien und Hansestadt Hamburg gehören, öffentliches Eigentum der Hansestadt. Die in öffentlichem Eigentum stehenden Gegenstände sind dem Rechtsverkehr entzogen. Die Vorschriften des bürgerlichen Rechts, insbesondere über den Besitz und das Eigentum, finden **keine** Anwendung. Zur rechtlichen Zulässigkeit dieser Konstruktion siehe BVerfG, DVBl. 1976, 840.

fentliche (durch die **Widmung** näher bestimmte) Zweck der Straße reicht, werden allerdings die bürgerlichrechtlichen Befugnisse aus diesem Eigentum (§§ 903 i.V.m. 985, 1004 BGB) durch die öffentlich-rechtliche (hoheitliche) Sachherrschaft überlagert, verdrängt oder modifiziert (vgl. §§ 986 Abs. 1, 1004 Abs. 2 BGB)[40]. Was vom bürgerlichrechtlichen Eigentum am Grundstück nach der Widmung bleibt, bezeichnet die Rechtsprechung als „inhaltsleere Hülse"[41]. Diese Sachherrschaft wird als öffentlich-rechtliche Dienstbarkeit konstruiert. Sie steht dem Straßenbaulastträger zu („Sachherr") und wird von den Straßenbaubehörden ausgeübt.

26   3. **Widmungsprinzip** und **Prinzip der förmlichen Widmung:** Die Straße erhält ihren öffentlichen Sachstatus allein durch den Hoheitsakt der Widmung, der vom Bundes- und Landesstraßenrecht durchweg förmlich ausgestaltet ist (siehe II.)[42].

27   4. **Formalisierungsprinzip:** Das (weitere) rechtliche Schicksal der gewidmeten Straße kann sich nur in förmlich geregelten Schritten vollziehen. Die Aufhebung des öffentlichen Sachstatus erfolgt durch „Einziehung", die nachträgliche Widmungsbeschränkung durch Teileinziehung (siehe u. III.), die Änderung in der Straßeneinstufung (Klassifikation) durch „Umstufung" (IV.).

II. Die Widmung

1. Die Rechtswirkungen der Widmung

28   Die Widmung ist der juristische Geburtsakt der öffentlichen Straße. Ohne förmliche Widmung gibt es keine öffentliche Straße im Sinne des geltenden Straßenrechts. Die folgende Skizze verdeutlicht aber, dass die Widmung über die Begründung des öffentlichen Sachstatus hinaus weitere unmittelbare und mittelbare rechtserhebliche Wirkungen äußert.

29   a) Die öffentlichen Straßen sind **das** Beispiel einer öffentlichen Sache im Gemeingebrauch. Im Rahmen der Widmung stehen sie jedermann **unmittelbar** und ohne besondere Zulassung (Gemeingebrauch) zur Verfügung (siehe u. Rdnr. 110).

30   b) Nur gewidmete Straßen sind öffentliche Straßen im Sinne des Straßenrechts (vgl. § 2 Abs. 1). Fehlt die Widmung, so liegt entweder eine **tatsächlich** öffentliche Straße oder lediglich eine Privatstraße (Privatweg[43]) vor. Die Benutzung **tatsächlich öffentlicher** Straßen unterliegt dem Straßenverkehrsrecht (StVO, StVZO), auch mit Wirkung gegenüber dem Grundstückseigentümer. Die Einordnung einer Straße als tat-

---

40   Vgl. § 2 Abs. 3 FStrG; § 5 Abs. 8 BWStrG; Art. 6 Abs. 5 BayStrWG; § 10 Abs. 1 BerlStrG; § 6 Abs. 7 BrandStrG; § 5 Abs. 5 BremStrG; § 6 Abs. 4 HambWG; § 4 Abs. 4 HessStrG; § 7 Abs. 6 MVStrWG; § 6 Abs. 4 NdsStrG; § 6 Abs. 6 NWStrWG; § 36 Abs. 6 RhPflStrG; § 6 Abs. 5 SaarStrG; § 6 Abs. 6 SächsStrG, SachsAnhStrG, SchlHStrWG und ThürStrG.
41   BayVGH, BayVBl. 1997, 372; BayVBl. 1998, 596. Wegen der weit reichenden Wirkung der Widmung erfasst diese nur Grundstücke, deren Flurnummern in der Widmungsverfügung ausdrücklich aufgeführt sind. Der BayVGH stellt insoweit strengere Anforderungen an die Bestimmtheit der Widmung als § 37 Abs. 1 VwVfG (BayVGH, a.a.O.).
42   Grundsätzlich: *Axer,* Die Widmung als Schlüsselbegriff des Rechts der öffentlichen Sachen, 1994.
43   Zur „Privatstraße" siehe OLG Oldenburg, NVwZ-RR 1997, 677.

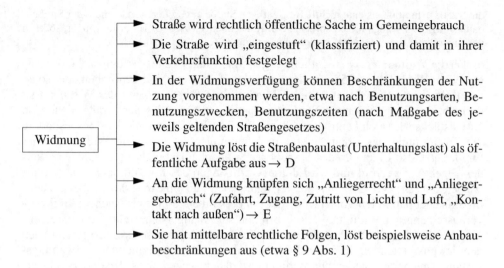

sächlich öffentliche Straße setzt voraus, dass der Verkehrsgrund vom Eigentümer oder sonstigen Verfügungsberechtigten in widerruflicher Weise der **Allgemeinheit** zur Benutzung überlassen worden ist.

Die Rechtsprechung[44] versteht unter tatsächlich öffentlichem Verkehrsgrund alle Flächen, auf denen kraft ausdrücklicher oder stillschweigender Duldung der Verfügungsberechtigten die Benutzung durch einen nicht näher bestimmten Personenkreis zugelassen wird. Beispiele: Zufahrt zu einer Tankstelle, Parkplatz eines Einkaufszentrums, Feld- und Wanderwege. Ein Privatweg liegt demgegenüber nur vor, wenn vonseiten des Verfügungsberechtigten wirksame Vorsorge dafür getroffen ist, dass nur Personen Zutritt erhalten, die in näherer persönlicher Beziehung zu ihm stehen oder in eine solche treten wollen[45].

Die tatsächlich öffentliche Straße steht **außerhalb** des Straßenrechts. Der Benutzer kann keine Rechte aus wegerechtlichen Gemeingebrauchsgewährleistungen ableiten. Der Eigentümer ist nicht gehindert, über Benutzerkreis, Benutzungszwecke und Verkehrsfunktion zu disponieren; eine Baulastverpflichtung trifft ihn nicht[46] (vgl. auch Rdnr. 54).

Freilich kann nach Auffassung der Rechtsprechung der Eigentümer einer nicht (wirksam) gewidmeten Straße, die über einen größeren Zeitraum hinweg vom Straßenbaulastträger wie eine öffentliche Straße im Rechtssinne betrachtet und behandelt wurde (Anbringung von Verkehrszeichen, Straßenunterhalt), nicht „gleichsam in einem Akt der Selbsthilfe" den öffentlichen Verkehr durch eine technische Sperre unterbinden. Dies soll sich aus einer entsprechenden Anwendung der §§ 859 Abs. 3, 229 BGB ergeben. Die Beseitigung eigenmächtig errichteter Sperren kann auf Grund der entsprechenden ordnungsrechtlichen Bestimmungen der Länder, ggf. i.V.m. §§ 32 Abs. 1, 49 Abs. 1 Nr. 27 StVO angeordnet werden. Steht fest, dass

---

44 BayObLG, NVwZ 1983, 637 (638) mit umfangreichen Nachweisen.
45 BayObLG, a.a.O. Siehe für die „Park-and-ride"- bzw. „Park-and-drive"-Parkplätze *Fickert*, Aktuelle Fragen des Straßenrechts in Rechtspraxis und höchstrichterlicher Rechtsprechung, 1980, S. 17 ff.
46 Siehe aber für die „Privatstraßen des öffentlichen Verkehrs" in Berlin § 15 Satz 4 i.V.m. § 1 Abs. 2 BerlStrG.

die Straße irrtümlich als eine rechtlich-öffentliche Straße angesehen wurde, muss der Straßenbaulastträger allerdings die entsprechenden Konsequenzen ziehen. Tut er dies nicht, so kann der Eigentümer die „Freigabe" gerichtlich erzwingen[47].

31 c) Da die Widmung privatrechtliche Eigentümer- und Besitzerbefugnisse in der dargestellten Weise (Rdnr. 25) zurückdrängt, bedarf sie einer zivilrechtlichen oder sonstigen gleichgestellten Legitimation. **Regelmäßige** Voraussetzung der Widmung ist deshalb, dass der Träger der Straßenbaulast Eigentümer des der Straße dienenden Grundstücks ist. Doch kennt das geltende Recht Alternativen und lässt insbesondere die Zustimmung des Eigentümers zur Widmung genügen[48]. Die Widmung einer Straße setzt also Eigentum des Trägers der Straßenbaulast nicht voraus, bewirkt keinen Eigentumswechsel und wird durch Verfügungen des Eigentümers nicht berührt (siehe Rdnr. 25). Versteht man die Verfügungsbefugnis im Sinne des § 2 Abs. 2 bzw. im Sinne der parallelen Vorschriften der Länderstraßengesetze als **Rechtmäßigkeits**voraussetzung der Widmung[49], so beurteilen sich mangels spezieller straßenrechtlicher Regelungen die Rechtsfolgen im Falle des Fehlens dieser Voraussetzung nach dem jeweils geltenden, in dieser Frage allerdings übereinstimmenden Verwaltungsverfahrensrecht der Länder. Die Widmung ist daher (wegen eines „besonders schwerwiegenden Fehlers") rechtswidrig-anfechtbar (vgl. § 43 Abs. 2, 3 VwVfG) und nur unter der ausnahmsweise vorliegenden zusätzlichen Voraussetzung des § 44 Abs. 1 VwVfG (Evidenz des Fehlers) nichtig[50].

32 d) Die Widmungsverfügung stuft die Straße nach dem Kriterium ihrer (erwarteten bzw. beabsichtigten) Verkehrsbedeutung in eine der straßenrechtlichen Straßengruppen ein (siehe u. Rdnr. 45)[51]. Dabei soll bei der Wahl der Straßenklasse kein planerischer Gestaltungsspielraum des Straßenbaulastträgers bestehen[52]. Die gesetzlichen Merkmale der Straßenklasse bzw. Straßengruppe werden als unbestimmte Rechtsbegriffe qualifiziert, deren Anwendung der uneingeschränkten gerichtlichen Kontrolle unterliegt[53]. Über diese abstrakte und typisierte Einordnung hinaus kann die für die

---

47 BayVGH, FSt 1990, 632; siehe auch BayObLG, BayVBl. 1994, 220 und HessVGH, RdL 1989, 166. Für den besonderen Fall, dass die Gemeinde selbst ohne Widmung eine Straße dem allgemeinen Verkehr zur Verfügung stellt, siehe OVG Lüneburg, DVBl. 1964, 365 (öffentliche Einrichtung der Gemeinde).
48 Siehe § 2 Abs. 2 FStrG; § 5 Abs. 1 BWStrG; Art. 6 Abs. 3 BayStrWG; § 3 Abs. 2 Satz 1 BerlStrG; § 6 Abs. 3 BrandStrG; § 5 Abs. 2 BremLStrWG; § 6 Abs. 1 Satz 2 HambWG; § 4 Abs. 2 HessStrG; § 7 Abs. 3 MVStrWG; § 6 Abs. 2 NdsStrWG; § 6 Abs. 5 NWStrWG; § 36 Abs. 2 RhPfLStrG; § 6 Abs. 3 SaarStrG, SächsStrG, SachsAnhStrWG, SchlHStrG und ThürStrG. Nach Auffassung des BayerVerfGH (BayVBl. 1985, 45/46) bedarf die Zustimmung zur Widmung trotz der mit ihr verbundenen Eigentumsbeschränkungen keiner besonderen Form. Sie kann auch durch schlüssiges Handeln erklärt werden.
49 Siehe aber auch *Salzwedel* (Rdnr. 180), S. 627.
50 In dieser Richtung auch BayObLG, DÖV 1961, 832 (833 f) und BGHZ 48, 239 (242). Zu einem Sonderfall BayVGH, BayVBl. 2001, 345.
51 Die Eintragung einer Straße in das Straßen- und Bestandsverzeichnis hat keine rechtsstatusbegründende Wirkung (vgl. § 1 Abs. 5).
52 Das Straßenrecht einiger neuer Länder stellt ausdrücklich die Zweckbestimmung der Straße in das Ermessen des Trägers der Straßenbaulast (§ 3 Abs. 6 BrandStrG; § 3 Abs. 2 SächsStrG, SachsAnhStrG und ThürStrG.
53 BayVGH, NVwZ 1991, 590 (591); DVBl. 1999, 866; siehe auch BVerwG, NVwZ 1989, 149.

Widmung zuständige Straßenbaubehörde ihr Verkehrs- und Nutzungskonzept für die Straße dadurch konkretisieren, dass sie Beschränkungen der Widmung vornimmt. Diese Beschränkungen können sich auf bestimmte Benutzungsarten beziehen, nach manchen Länderstraßengesetzen auch auf Benutzungszwecke, Benutzungszeiten, Benutzerkreise[54], in einigen Ländern[55] zusätzlich auf sonstige Unterscheidungen. Besonders für den Bereich der Orts- und Gemeindestraßen ermöglicht das Straßenrecht damit eine Steuerung der Verkehrszusammensetzung und der Verkehrsmenge aus städtebaulichen oder verkehrlichen Gründen (etwa: Ausschluss des Kraftfahrzeugverkehrs aus Innenstädten, Herausnahme des Schwerlastverkehrs aus enger Ortsstraße; siehe u. Rdnr. 173). Praktisch wichtig ist, dass solche Widmungsbeschränkungen auch nachträglich im Verfahren der Teileinziehung vorgenommen werden können (siehe u. III.).

e) Kein Bestandteil der Widmung ist die **Namensgebung** für innergemeindliche Straßen. Die Benennung einer Straße ist ein adressatloser dinglicher Verwaltungsakt in der Form der Allgemeinverfügung (§ 35 Satz 2. 2. Alt. VwVfG: öffentlich-rechtliche Eigenschaft); sie ist eine Ordnungsaufgabe der Gemeinde in deren eigenem Wirkungskreis. Im Falle einer Umbenennung haben die betroffenen Anwohner ein subjektiv-öffentliches Recht auf Berücksichtigung ihres öffentlich-rechtlich geschützten Interesses an der Beibehaltung des bisherigen Straßennamens im Rahmen der Ermessensausübung der Gemeinde[56].

32a

2. Rechtsnatur- und Rechtsschutzfragen[57]

Die Widmung ist im geltenden Straßenrecht weithin als einstufiger (allein von der Straßenbaubehörde für den Straßenbaulastträger vorzunehmender) Hoheitsakt „aus **einer** Hand" ausgestaltet[58]. Sie kann auch in einem Planfeststellungsbeschluss nach § 17 Abs. 1 erfolgen (§ 2 Abs. 6 Satz 2). Obgleich sie Traditionsfigur des Straßenrechts ist, sind die Aussagen über die Rechtsnatur und die daraus abzuleitenden Folgerungen für die Möglichkeit der verwaltungsgerichtlichen Kontrolle noch immer kontrovers. Als **Grundregel** ist dabei für die Widmung ebenso wie für die anderen Statusakte (Einziehung, Teileinziehung, Umstufung) das **Gebot** der **Differenzierung** nach Rechtswirkungen und subjektiv-rechtlichen Betroffenheiten hervorzuheben.

33

---

54 Siehe § 5 Abs. 3 Satz 2 BWStrG; § 6 Abs. 2 Satz 4 BrandStrG; § 4 Abs. 1 Satz 3 HessStrG; § 7 Abs. 1 Satz 5 MVStrWG; § 6 Abs. 1 Satz 4 NdsStrG; § 6 Abs. 3 NWStrWG; § 36 Abs. 1 Satz 4 RhPfLStrG; § 6 Abs. 2 Satz 3 SaarStrG; § 6 Abs. 2 Satz 4 SächsStrG; § 6 Abs. 2 Satz 4 SachsAnhStrG; § 6 Abs. 1 Satz 4 SchlHStrWG; § 6 Abs. 2 Satz 3 ThürStrG.
55 Siehe § 5 Abs. 3 Satz 2 BWStrG („in sonstiger Weise") und ähnlich § 6 Abs. 2 Satz 4 BrandStrG; § 6 Abs. 3 NWStrWG und § 6 Abs. 2 Satz 4 SachsAnhStrG.
56 Siehe BayVGH, BayVBl. 1995, 726; BayVBl. 1988, 496; BWVGH, NVwZ 1992, 196. § 49 Abs. 2 VwVfG findet auf die Umbenennung keine Anwendung. Zur Zuteilung und Änderung von Hausnummern siehe BayVGH, BayVBl. 2003, 84.
57 Siehe allgemein zu Fragen des Individualrechtsschutzes im Straßenrecht *Otte*, NWVBl. 1996, 41.
58 Siehe aber auch § 6 HambWG und § 6 Abs. 1 SchlHStrWG.

34 a) Die Bestimmung des § 35 Satz 2 VwVfG erlaubt es trotz rechtstheoretischer Einwände, die Widmung unter dem Gesichtspunkt ihrer juristischen Kernwirkung (Hervorbringung des öffentlich-rechtlichen Sachstatus) und ihrer Wirkungen gegenüber dem „Publikum" (Auslösung des Gemeingebrauchs) als Allgemeinverfügung zu bewerten (§ 35 Satz 2, 2. und 3. Alternative)[59]. Dies schließt nicht aus, sie unter dem Gesichtspunkt individueller bzw. individualisierbarer Rechtswirkungen zugleich als Verwaltungsakt im Sinne des § 35 Satz 1 VwVfG zu qualifizieren. Rechtswirkungen der zuletzt genannten Art entfaltet sie z.B. gegenüber dem bisherigen privaten Eigentümer, falls im Zeitpunkt der Widmung das Eigentum auf den Straßenbaulastträger noch nicht übergegangen ist, weiter gegenüber der öffentlich-rechtlichen Rechtspersönlichkeit (etwa: Land, Kreis, Gemeinde), der als Folge der Widmung die Pflichten aus der Straßenbaulast zuwachsen, aber auch gegenüber Anliegern, etwa im Hinblick auf die Auslösung von Anbauverboten und Anbaubeschränkungen (siehe Rdnr. 143). Wird die Widmung unter bestimmten Voraussetzungen fingiert (§ 2 Abs. 6a Satz 1)[60], so ist sie materiellrechtlich und prozessual im Grundsatz einer wirklich erfolgten Widmung gleichzustellen[61].

35 b) Die Widmung wird aus Gründen der Rechtssicherheit in die Gruppe der „nebenbestimmungsfeindlichen" Hoheitsakte eingestuft. Allerdings ist sie solange schwebend unwirksam, solange die Straße noch nicht faktisch in Dienst gestellt ist (Verkehrsübergabe)[62]. Die Widmung wird öffentlich bekannt gemacht (§ 2 Abs. 6 Satz 4)[63], es sei denn, es liegt ein Fall des § 2 Abs. 6 Satz 5 vor. Für Änderungen der Widmung stellt das Straßenrecht je nach Änderungsabsicht einen speziellen „actus contrarius" zur Verfügung (Einziehung, Teileinziehung durch nachträgliche Widmungsbeschränkung, Umstufung).

36 c) Die Rechtsschutzfragen beurteilen sich aus der Rechtsnatur der Widmung heraus. Angreifbar ist die Widmung im Wege der Anfechtungsklage (§ 42 Abs. 1 VwGO[64]). Diese kann auch auf die Teilaufhebung der Widmung abzielen (vgl. § 113 Abs. 1 Satz 1 VwGO), z.B. sich gegen eine in der Widmung verfügte Nutzungsbe-

---

59 Ausführliche Nachweise zum Streitstand bei *Zeitler* (Rdnr. 14), Art. 6 Rdnrn. 4-8. Ausdrücklich: § 6 Abs. 1 Satz 1 BrandStrG; § 6 Abs. 1 Satz 1 NWStrWG; § 6 Abs. 1 Satz 1 SächsStrG; § 6 Abs. 1 Satz 1 SachsAnhStrG; § 6 Abs. 1 Satz 1 ThürStrG.
60 Siehe § 5 Abs. 7 BWStrG; Art. 6 Abs. 7 BayStrWG; § 3 Abs. 4 BerlStrG; § 6 Abs. 6 BrandStrG; § 5 Abs. 4 BremLStrG; § 7 Abs. 1 MVStrWG; § 6 Abs. 6 NdsStrG; § 6 Abs. 8 NWStrWG; § 36 Abs. 5 RhPfLStrG; § 6 Abs. 7 SaarStrG; § 6 Abs. 5 SchlHStrWG; § 6 Abs. 5 SachsAnhStrG; § 6 Abs. 5 SchlHStrWG; § 6 Abs. 5 ThürStrG.
61 Siehe *Steiner*, DVBl. 1970, 34 (39); siehe auch *Schulze*, Die fiktive Widmung durch Verkehrsübergabe, 1994.
62 Siehe *Kodal/Krämer* (Rdnr. 180), S. 199; a.A. *Zuleeg* (Fn. 16), S. 338.
63 Vgl. § 5 Abs. 4 BWStrG; § 3 Abs. 3 BerlStrG; § 6 Abs. 1 Satz 2 BrandStrG; § 6 Abs. 1 Satz 3 HambWG; § 4 Abs. 3 Satz 1 HessStrG; § 7 Abs. 2 MVStrWG; § 6 Abs. 3 NdsStrG; § 6 Abs. 1 Satz 2 NWStrWG; § 6 Abs. 3 RhPfLStrG; § 6 Abs. 4 SaarStrG; § 8 Abs. 1 Satz 1 SächsStrG; § 8 Abs. 1 Satz 1 SachsAnhStrG; § 6 Abs. 2 SchlHStrWG; § 8 Abs. 1 Satz 1 ThürStrG. Für Bayern gilt Art. 41 Abs. 3 BayVwVfG.
64 **Beispiel:** Die zuständige Vertretungskörperschaft (Rat, Gemeinderat) hat nur für einen Teil der Straße die Widmung beschlossen, der Bürgermeister weicht davon jedoch bei der öffentlichen Bekanntmachung davon ab. Siehe OVG NW, Urt. v. 7.9.1995, 4 M 84/95.

schränkung wenden. Wird eine Widmung oder eine Widmungsbeschränkung angestrebt, so kommt die verwaltungsgerichtliche Verpflichtungsklage in Betracht (§ 42 Abs. 1 VwGO); allerdings wird in der Regel die Klagebefugnis (§ 42 Abs. 2 VwGO) fehlen.

III. Einziehung und Teileinziehung

1. Die Einziehung

a) Die Aufhebung der Straße als öffentliche Sache im Gemeingebrauch erfolgt im Wege der Einziehung (§ 2 Abs. 4)[65]. Dies gilt sowohl für die Straße insgesamt als auch für deren Teile. Die Einziehung setzt voraus, dass die Straße jede Verkehrsbedeutung verloren hat[66] – z.B. wegen des Neubaus einer Trasse an anderer Stelle – oder überwiegende Gründe des öffentlichen Wohls vorliegen (§ 2 Abs. 4)[67]. Sie ist ein gebundener Verwaltungsakt[68], der unter bestimmten Voraussetzungen („Bagatellfälle") fingiert werden kann (§ 2 Abs. 6a Satz 2)[69].

37

b) Die Einziehung hat Beschränkungen bis hin zum vollständigen Verlust der bisher durch die Straße ermöglichten oder mit ihrer Existenz zusammenhängenden Nutzungen zur Folge. Das Gesetz sagt ausdrücklich, dass der Gemeingebrauch ebenso entfällt wie die widerruflichen Sondernutzungen (§ 2 Abs. 7 Satz 1)[70]. Sie kann also mit Eingriffen in rechtlich geschützte Positionen verbunden sein. Zu Recht hat daher der Straßengesetzgeber das Einziehungsverfahren rechtsstaatlich ausgestaltet. Die Absicht der Einziehung ist rechtzeitig anzukündigen, um Gelegenheit zu Einwendungen

38

---

65 Siehe § 7 Abs. 1 BWStrG; Art. 8 Abs. 1 BayStrWG; § 4 Abs. 1 Satz 1 BerlStrG; § 8 Abs. 1 Satz 1 BrandStrG; § 7 Abs. 1 BremLStrG; § 7 Abs. 1 HambWG; § 6 Abs. 1 Satz 1 HessStrG; § 9 Abs. 1 und 2 Satz 1 MVStrWG; § 8 Abs. 1 Satz 1 NdsStrG; § 7 Abs. 1 Satz 1 NWStrWG; § 37 Abs. 1 Satz 1 RhPflStrG; § 8 Abs. 1 SaarStrG; § 8 Abs. 1 Satz 1 SächsStrG; § 8 Abs. 1 SachsAnhStrG, SchlHStrWG und ThürStrG.
66 Sie kommt in dieser Variante also nur zum Zuge, wenn die Straße die Verkehrsbedeutung keiner der anderen Straßenklassen mehr erfüllt; ansonsten ist abzustufen. Siehe BayVGH, BayVBl. 1998, 367 (368).
67 Die Formulierungen variieren: „Überwiegende Gründe des öffentlichen Wohls" („der Allgemeinheit"), „Wohl der Allgemeinheit" oder „öffentliches Interesse an der Aufhebung". Zu einem Fall, in dem die Einziehung der Beseitigung eines rechtswidrigen Zustandes dient („Folgenbeseitigung"), siehe BVerwG, BayVBl. 1994, 84 (88) = DVBl. 1994, 1357 ff.
68 Im BrandStrG ist die Einziehung als eine Sollvorschrift ausgestaltet (§ 8 Abs. 2 Satz 1). Das MVStrWG (§ 9 Abs. 1) differenziert: Bei Änderung der Verkehrsbedeutung liegt eine Ermessensentscheidung vor, im Falle überwiegender Gründe des öffentlichen Wohls ist die Entscheidung über die Einziehung gebunden. Siehe auch § 7 Abs. 2 NWStrWG und § 8 Abs. 1 SchlHStrWG.
69 Siehe § 7 Abs. 6 BWStrG; Art. 8 Abs. 6 BayStrWG; § 4 Abs. 4 BerlStrG; § 9 Abs. 7 MVStrWG; § 8 Abs. 6 NdsStrG; § 37 Abs. 5 RhPflStrG; § 8 Abs. 6 SaarStrG; § 8 Abs. 6 SächsStrG; § 8 Abs. 6 SachsAnhStrG; § 8 Abs. 5 ThürStrG.
70 Siehe § 7 Abs. 7 BWStrG; Art. 8 Abs. 4 BayStrWG; § 8 Abs. 5 Satz 1 BrandStrG; § 7 Abs. 5 BremLStrG; § 7 Abs. 5 HambWG; § 8 Abs. 4 NdsStrG; § 7 Abs. 4 NWStrG; § 37 Abs. 6 RhPflStrG; § 8 Abs. 4 SaarStrG; § 8 Abs. 5 SächsStrG; § 8 Abs. 5 SachsAnhStrG; § 8 Abs. 4 Satz 1 ThürStrG.

zu geben (§ 2 Abs. 5 Satz 1)[71]. Die Einziehung selbst ist öffentlich bekanntzumachen (§ 2 Abs. 6 Satz 4)[72], es sei denn, es liegt ein Fall des § 2 Abs. 6 Satz 5 vor.

39 c) Die Einziehung, die für Bundesfernstraßen auch in einem Planfeststellungsbeschluss nach § 17 Abs. 1 erfolgen kann (§ 2 Abs. 6 Satz 2), ist ebenso wie die Widmung im Hinblick auf ihre generellen Wirkungen Allgemeinverfügung im Sinne des § 35 Satz 2, 2. und 3. Alternative VwVfG[73]. Sie entzieht der Straße, soweit sie reicht, den öffentlich-rechtlichen Sachstatus und der Allgemeinheit die gemeingebräuchliche Nutzung. Begünstigende Wirkungen kann sie gegenüber dem Eigentümer (Wegfall der öffentlich-rechtlichen Zweckbindung) und gegenüber dem Straßenbaulastträger (Wegfall der Straßenbaulast) entfalten. Gegenüber dem Anlieger wird die Einziehung regelmäßig nachteilige Wirkungen haben, doch sind auch begünstigende Folgen vorstellbar, etwa durch Wegfall von Anbaubeschränkungen (siehe Rdnr. 143). Die Möglichkeiten der verwaltungsgerichtlichen Kontrolle von Einziehungsverfügungen bestimmen sich nach der vom geltenden Straßenrecht und vor allem vom Verfassungsrecht den einzelnen Betroffenen bzw. Betroffenengruppen gewährten Rechtsstellung (siehe u.E).

2. Die Vornahme nachträglicher Widmungsbeschränkungen durch Teileinziehung

40 Dem Bedürfnis nach einer vollständigen oder flächenbezogenen (Teil-)Aufhebung der Widmung wird im geltenden Straßenrecht durch die Möglichkeit der Einziehung Rechnung getragen. Sie eröffnet aber keinen Weg für die nachträgliche Widmungsbeschränkung, die sich durch eine Änderung des **Nutzungs**konzepts des Straßenbaulastträgers als notwendig erweisen kann. Die Rechtsprechung hat für diese Fälle schon früh das Verfahren der Teileinziehung vorgehalten[74]. Heute erlaubt das geschriebene Straßenrecht weithin selbst die Vornahme entsprechender Modifikationen der Widmung in Bezug auf Benutzungsarten, Benutzungszwecke, Benutzungskreise

---

71 Siehe § 7 Abs. 3 BWStrG; Art. 8 Abs. 2 BayStrWG; § 4 Abs. 2 Satz 2 BerlStrG; § 8 Abs. 3 BrandStrG; § 7 Abs. 2 i.V.m. § 6 Abs. 2 BremLStrG; § 7 Abs. 2 Satz 1 und 2 HambWG; § 6 Abs. 2 HessStrG; § 8 Abs. 2 NdsStrG; § 7 Abs. 4 NWStrWG; § 37 Abs. 3 RhPflStrG; § 8 Abs. 2 SaarStrG; § 8 Abs. 4 SächsStrG; § 8 Abs. 4 SachsAnhStrG; § 8 Abs. 3 SchlHStrG; § 8 Abs. 3 ThürStrG. – Das MVStrWG sieht eine Planauslegung mit Einwendungsfrist vor (§ 9 Abs. 3 und 4).
72 Siehe § 7 Abs. 4 BWStrG; § 4 Abs. 3 Satz 1 BerlStrG; § 8 Abs. 1 Satz 3 BrandStrG; § 7 Abs. 2 i.V.m. § 6 Abs. 4 BremLStrG; § 7 Abs. 2 Satz 3 HambWG; § 6 Abs. 3 HessStrG; § 9 Abs. 5 MVStrWG; § 8 Abs. 4 NdsStrG; § 7 Abs. 1 Satz 3 NWStrWG; § 37 Abs. 2 RhPflStrG; § 8 Abs. 3 SaarStrG; § 8 Abs. 1 Satz 3 SächsStrG; § 8 Abs. 1 Satz 3 SachsAnhStrG; § 8 Abs. 5 SchlHStrWG; § 8 Abs. 1 Satz 3 ThürStrG. Für Bayern siehe Art. 41 Abs. 3 BayVwVfG.
73 Ausdrücklich § 8 Abs. 1 BrandStrG, SächsStrG, SachsAnhStrG und ThürStrG.
74 Siehe aus der Rechtsprechung OVG NW, DÖV 1961, 835 (836); HessVGH, DVBl. 1973, 510 f; BayVGH, DVBl. 1973, 508 (509); BVerwG, DÖV 1966, 464 (465). Teileinziehungsverfahren sind daher zulässig, auch wenn die betreffenden Landesstraßengesetze sie nicht ausdrücklich erwähnen. Dabei gilt als Faustformel: Durch Teileinziehung können Einschränkungen der Straßenbenutzung verfügt werden, die auch durch ursprüngliche Beschränkung der Widmung vorgenommen werden können (und umgekehrt).

und Benutzungszeiten[75]. Die Teileinziehung, Allgemeinverfügung nach § 35 Satz 2, 3. Alternative VwVfG, unterscheidet sich von der Einziehung wesentlich dadurch, dass der Status der Straße als öffentliche Sache im Gemeingebrauch erhalten bleibt. Sie ist daher eher ein **eigenes Rechtsinstitut** gegenüber der Einziehung. Im allgemeinen ist die Vornahme einer Teileinziehung an das Vorliegen (überwiegender) Gründe des öffentlichen Wohls geknüpft[76].

Wichtig für die kommunale Praxis ist vor allem, dass die Teileinziehung (im Unterschied zur Einziehung) vom Gesetz in das **Ermessen** der zuständigen Straßenbaubehörde gestellt wird[77]. Dies ist sachgerecht, weil sich in der nachträglichen Widmungsbeschränkung durch Teileinziehung in gleicher Weise wie im Falle der Widmung städtebauliche und verkehrspolitische Gesichtspunkte legitimerweise niederschlagen.

41

IV. Die Umstufung

1. Die straßenrechtliche Funktion der Umstufung

Das Rechtsinstitut der Umstufung[78] erfährt seinen Sinn und seine nähere straßenrechtliche Ausgestaltung aus der Tatsache, dass die Widmung zwingend die Einordnung der Straße in eine bestimmte Straßengruppe vornimmt (Typenzwang). Nachträgliche Korrekturen dieser Einstufung erfolgen im Wege der (förmlichen) Umstufung durch **Ab**stufungsverfügung oder **Auf**stufungsverfügung. **Ein**stufung und **Um**stufung können sich dabei nur innerhalb des Klassifikationssystems des bzw. der jeweils anwendbaren Straßengesetze(s) bewegen, dessen bzw. deren Typen **abschließend** konzipiert sind. Einstufung und Umstufung sind aber auch inhaltlich aufeinander bezogen. Knüpft die Einstufung durch die Widmung an die in Aussicht genommene **Verkehrsbedeutung** der Straße an, so ist es konsequent, dass die Umstufung auf **Änderungen** in der **Verkehrsbedeutung** der Straße (und nur darauf) reagiert. Diese Änderungen müssen schon eingetreten sein; die Umstufung ist kein Mittel zur direkten Herbeiführung einer für die Zukunft gewünschten Verkehrsbedeutung einer Straße[79].

42

Die Umstufung einer Straße in der Form der Abstufung hat praktische Bedeutung z.B. in den Fällen, in denen eine Umgehungs- oder Entlastungsstraße den überörtlichen Verkehr auf-

---

75 § 5 Abs. 5 Satz 2 i.V.m. § 5 Abs. 3 BWStrG; Art. 8 Abs. 1 Satz 2 BayStrWG; § 4 Abs. 1 Satz 2 BerlStrG; § 8 Abs. 1 Satz 2 BrandStrG; § 9 Abs. 2 Satz 1 MVStrWG; § 8 Abs. 1 Satz 2 NdsStrG; § 7 Abs. 1 Satz 2, Abs. 3 NWStrWG; § 8 Abs. 1 Satz 2 SächsStrG, SachsAnhStrG und ThürStrG.
76 Die Formulierungen variieren. Vgl. Art. 8 Abs. 1 Satz 2 BayStrWG; § 7 Abs. 1 Satz 2 BremLStrG; § 8 Abs. 1 Satz 2 NdsStrG; § 7 Abs. 1 Satz 2 NWStrWG.
77 In Mecklenburg-Vorpommern ist die Teileinziehungsvorschrift allerdings als Istbestimmung (§ 9 Abs. 2 Satz 1 MVStrWG) gestaltet. Niedersachsen kennt eine Sollbestimmung (§ 8 Abs. 1 Satz 2 NdsStrG). Das BerlStrG hat die Einziehung als Ermessenstatbestand gefasst (§ 4 Abs. 1 Satz 1). Zu den neuen Ländern siehe Fn. 62.
78 Siehe § 6 BWStrG; Art. 7 BayStrWG; § 7 BrandStrG; § 6 BremLStrG; § 5 HessStrG; § 7 NdsStrG; § 8 NWStrWG; § 38 RhPfLStrG; § 7 SaarStrG; § 7 SchlHStrG.
79 Anders für § 8 Abs. 1 NWStrWG *Papier* (Fn. 16), S. 467.

V *Straßen- und Wegerecht*

nimmt. Eine Aufstufung von der Bundesstraße zur Bundesautobahn kommt in Betracht, wenn die fertig gestellten und in Betrieb genommenen Teilstücke einer Straße zunächst als Bundesstraße gewidmet werden, um nach dem endgültigen Ausbau zur Bundesautobahn aufgestuft zu werden.

43 *Klassifikationsstufen*

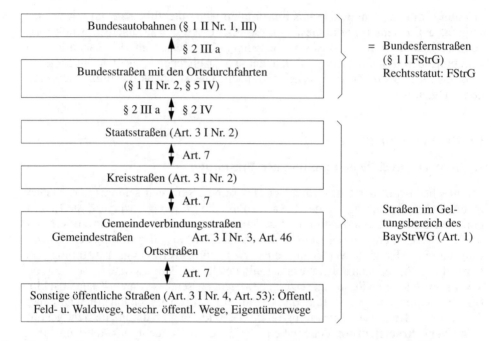

44 Die Umstufung, die auch in einem Planfeststellungsbeschluss nach § 17 Abs. 1 erfolgen kann (§ 2 Abs. 6 Satz 2), verändert die Straßenklasse bzw. Straßengruppe, nicht die Straßenuntergruppe[80].

Das vorstehende Schema verdeutlicht das Klassifikationssystem des deutschen Straßenrechts, die Auf- und Abstiegsmöglichkeiten für Straßen und die für den einzelnen Umstufungsakt maßgeblichen Normen. Aus Gründen der Übersichtlichkeit ist dabei ein Beispielsfall gewählt (FStrG/BayStrWG). Die Straßengesetzgeber der anderen Flächenstaaten haben – mit Ausnahme von Baden-Württemberg – ein entsprechendes Vierklassen-System (Landes-, Kreis-, Gemeinde- und sonstige öffentliche Straßen) konstituiert[81]. In Bremen gilt eine besondere Klassifikation (§ 3 BremLStrG).

45 Ortsdurchfahrten sind klassifikationsrechtlich **keine** eigene Kategorie. Sie haben die Klassifikation der Straße, deren Teil sie bilden. Ortsdurchfahrten von Bundesstraßen beispielsweise –

---
80 Siehe z.B. § 3 Abs. 1-3 BWStrG; § 3 Abs. 1 und 4 NWStrWG.
81 Siehe § 3 BWStrG; Art. 3 BayStrWG; § 3 Abs. 1 BrandStrG; § 2 HambWG; § 3 HessStrG, MVStrWG, NdsStrG, NWStrWG, RhPflStrG, SaarStrG (mit Landesstraßen I. und II. Ordnung), SächsStrG, SachsAnhStrG und SchlHStrWG.

immerhin insgesamt über 7000 km – haben die Straßenklassifikation „Bundesstraßen". Es gelten aber besondere Regeln (siehe etwa § 5), weil der Verkehr innerhalb geschlossener bebauter Ortslagen ganz wesentlich vom örtlichen Verkehrsbedarf mitbestimmt wird (Straßenbaulast), die örtliche Gemeinschaft andererseits wegen dieser innerörtlichen Funktion ein berechtigtes Interesse an den nutzungsrechtlichen Entscheidungen hat (vgl. § 8).

2. Die rechtliche Eigenart des Umstufungsaktes

Umstufungen sind Hoheitsakte, deren Vornahme **nicht** in das Ermessen der beteiligten Straßenbaulastträger gestellt sind. Sie **müssen** erfolgen, wenn sich die für die Einstufung maßgebliche Verkehrsbedeutung geändert hat (gebundene Entscheidung)[82]. In der Praxis unterbleiben sie gleichwohl nicht selten, weil Umstufungen mit einer Änderung der Straßenbaulast und deshalb mit einem Zuwachs an finanziellen Verpflichtungen für den „übernehmenden" Straßenbaulastträger verbunden sind. Dies gilt vor allem für Bundesstraßen. Nach Auffassung des BVerfG findet eine Weisung des Bundes an ein Land, eine Bundesfernstraße ganz oder teilweise in eine Straßenklasse des Landesrechts abzustufen, weder in Art. 85 Abs. 3 noch in Art. 90 Abs. 2 GG eine Grundlage. Der Bund hat nur die Möglichkeit, eine als Bundesfernstraße entbehrlich gewordene Straße in Ausübung seines Weisungsrechts zu entwidmen oder dem Land nach Vereinbarung zur Übernahme zu überlassen[83]. Dem entspricht der neue § 2 Abs. 4. Das Eigentum folgt dem Wechsel der Straßenbaulast (§ 6 Abs. 1)[84]. Die Straßengesetzgeber haben das Umstufungsverfahren als ein prinzipiell verwaltungs**internes** Verfahren zur Herbeiführung der Änderung in der Straßenbaulast ausgestaltet. Verwaltungsrechtlich ist die Umstufung eine Allgemeinverfügung (§ 35 Satz 2, 2. bzw. 2. und 3. Alternative VwVfG)[85], hat aber – etwa gegenüber dem „übernehmenden" Straßenbaulast-träger – unmittelbare individuelle Rechtswirkungen belastender Art[86]. Daran orientieren sich die verwaltungsgerichtlichen Möglichkeiten (siehe dazu Rdnrn. 22, 55). Ist die Umstufung mit Einschränkungen der widmungsrechtlich zugelassenen Benutzung verbunden, wie z.B. im Falle der Abstufung zu einem beschränkt öffentlichen Weg im Sinne des Art. 3 Abs. 1 Nr. 4 BayStrWG, so muss neben dem Umstufungsverfahren ein Teileinziehungsverfahren mit seinen rechtsstaatlichen Sicherungen durchgeführt werden[87].

46

---

82 Vgl. Fn. 77. In den neuen Ländern: § 7 Abs. 2 BrandStrG, SächsStrG, SachsAnhStrG, ThürStrG sowie § 8 Abs. 1 Satz 1 MVStrWG. – Maßgeblich ist dabei allein der zulässige öffentliche Verkehr (OVG Koblenz, 5.1.1995, 1 A 10822/94, zit. nach *Sauthoff*, NVwZ 1998, 239, 242 (Fn. 52).
83 BVerfGE 102, 167; dazu u.a. *Heitsch*, DÖV 2002, 368 und Tagungsbericht *Rieder*, DVBl. 2001, 352. Siehe jetzt § 2 FStrG i.d.F. d. 5. Gesetzes zur Änderung des Bundesfernstraßengesetzes (5. FStrÄndG) v. 11.10.2002, BGBl. I S. 4015.
84 Siehe § 10 BWStrG; Art. 11 BayStrWG; § 11 BrandStrG; § 11 HessStrG; § 18 MVStrG; § 11 NdsStrG; § 10 NWStrWG; § 31 RhPfLStrG; § 10 SaarStrG; § 11 SächsStrG; § 11 SachsAnhStrG; § 17 SchlHStrWG.
85 Ausdrücklich: § 7 Abs. 1 Satz 1 BrandStrG, SächsStrG, SachsAnhStrG und ThürStrG.
86 Der BWVGH räumt den Anliegern eine Anfechtungsbefugnis gegen die Höherstufung einer Straße aus Art. 14, 2 Abs. 1 GG ein, weil sie in diesen Grundrechten durch den zusätzlichen Verkehr beeinträchtigt werden könnten (UPR 1984, 64).
87 Siehe *Kodal/Krämer* (Rdnr. 180), S. 230, 245.

V. Die Einsetzbarkeit der straßenrechtlichen Statusakte bei der Erzielung verkehrsberuhigender Wirkungen

1. Die Bedeutung der ursprünglichen und nachträglichen Widmungsbeschränkung für Maßnahmen der innergemeindlichen Verkehrsführung

47 Die Gemeinden haben in den letzten Jahrzehnten ihre Zuständigkeiten als Straßenbaubehörden vielfältig dazu genutzt, auf die innergemeindliche Verkehrsführung im Interesse städtebaulicher und verkehrspolitischer Ziele Einfluss zu nehmen. Diese Bemühungen haben die Einsatzfähigkeit der straßenrechtlichen Statusakte wiederholt auf die Probe gestellt. Heute zeichnet sich in einigen wichtigen Punkten Übereinstimmung ab (siehe auch Rdnr. 162-168).

48 a) Die Einrichtung von Fußgängerbereichen erfolgt durch ursprüngliche oder nachträgliche Widmungsbeschränkung. Diese kann die Grundlage abgeben, weil die Benutzung von Straßen durch Kraftfahrzeuge eine „Benutzungsart" ist, die nach allen Landesstraßengesetzen vom Gemeingebrauch ausgeschlossen werden kann. Dabei muss das wegerechtliche Teileinziehungsverfahren gewählt werden, wenn eine verkehrsberuhigende Maßnahme dieser Art langfristig angelegt ist[88].

49 § 45 Abs. 1b Satz 1 Nr. 3 StVO ermächtigt nicht zur Errichtung von Fußgängerbereichen, sondern erleichtert nur die Publikation der getroffenen straßenrechtlichen Verfügungen. Die Belassung eines (zeitlich oder in sonstiger Weise beschränkten) Anliegerverkehrs ist mit dem Gleichheitsprinzip des Gemeingebrauchsgedankens vereinbar. Denn der Anliegerverkehr ist wegen der Erschließungsfunktion von Ortsstraßen durch die allgemeine Zwecksetzung der Straße und nicht nur durch das Interesse eines subjektiv bestimmten Personenkreises legitimiert[89]. Für die Berücksichtigung der Anliegerinteressen bieten sich aber auch andere Gestaltungsmöglichkeiten an. So kann durch eine entsprechende Widmungsbeschränkung der Fahrverkehr vollständig ausgeschlossen und die Regelung der Nutzung der Straße durch Anliegerfahrzeuge dem Sondernutzungsrecht überlassen werden. „Überwiegende Gründe des öffentlichen Wohls" als Voraussetzung für die Inanspruchnahme des Rechtsinstituts der Teileinziehung werden im allgemeinen bei der Einrichtung von Fußgängerbereichen in Innenstädten geltend gemacht werden können (Schutz vor Lärm, Schadstoffen, Schmutz; Erhaltung historischer Bausubstanz; Rückgewinnung des Stadtkerns als Einkaufs- und Kommunikationszentrum sowie Verbesserung des Stadtbildes durch eine entsprechende bauliche Gestaltung der Fußgängerbereiche). Ursprüngliche und nachträgliche Widmungsbeschränkung sind im Übrigen auch Instrumente zur Erzielung punktueller verkehrsberuhigender Wirkungen, z.B. zur „Herausnahme" des Schwerlastverkehrs aus einer Straße aus Gründen der Verkehrssicherheit und des Umweltschutzes (Rdnr. 173).

---

[88] Siehe *Steiner*, NJW 1980, 2339 (2340 f); ders., DVBl. 1992, 1561 (1563 ff). Weitere Nachweise siehe Rdnr. 55.
[89] BayVGH, DVBl. 1973, 508 (509).

b) Die Einrichtung von „Verkehrsberuhigten Bereichen" (§ 45 Abs. 1b Satz 1 Nr. 3 und Satz 2 i.V.m. § 42 Abs. 4a StVO), „Verkehrsberuhigten Geschäftsbereichen" (§ 45 Abs. 1c StVO) und geschwindigkeitsbeschränkten Zonen (§ 45 Abs. 1b Satz 1 Nr. 3 i.V.m. Z. 274.1 und 274.2)[90] bedarf im Regelfall keiner besonderen wegerechtlichen Grundlage. Notwendig sind insbesondere nicht eine ursprüngliche oder nachträgliche Widmungsbeschränkung und auch nicht eine Umstufung. **Verkehrsberuhigte Bereiche** weisen lediglich ein besonderes **Verkehrs**statut auf und werden nicht – wie Fußgängerbereiche – durch den vollständigen oder teilweisen Ausschluss bestimmter Verkehrsarten von der gemeingebräuchlichen Nutzung der Straße charakterisiert. Daher kann auf widmungsrechtliche Verfügungen bei ihrer Einrichtung als solcher verzichtet werden. Verkehrsberuhigte Bereiche sind planerisch-städtebaulich vorzuentscheiden und straßen**verkehrs**rechtlich einzurichten[91].

50

2. Das Mittel der Umstufung

Der bayerische Gesetzgeber schuf schon 1974 in Art. 7 Abs. 1 Satz 2 BayStrWG die Grundlage dafür, dass Fußgängerbereiche auch durch die **Abstufung** von Ortsstraßen zu „beschränkt öffentlichen Wegen" eingerichtet werden können (ebenso jetzt § 3 Abs. 1 Nr. 4b Satz 2 i.V.m. § 7 Abs. 2 Satz 2 SächsStrG). Die Umstufung ist danach möglich, wenn für sie „überwiegende Gründe des öffentlichen Wohls" vorliegen (und nicht nur im Falle der Änderung der Verkehrsbedeutung). Seit 1981 sind die Fußgängerbereiche als Unterart der Straßenkategorie „beschränkt öffentlicher Weg" besonders benannt (Art. 53 Nr. 2 BayStrWG). Die Übernahme dieser Alternative zur Teileinziehung in die Wegegesetze anderer Länder kann nicht befürwortet werden. Das Umstufungsverfahren ist als verwaltungs**internes** Verfahren konzipiert; die rechtlichen Betroffenheiten werden verfahrensrechtlich nicht berücksichtigt[92]. Das Abstufungsverfahren muss aus rechtsstaatlichen Gründen daher mit einem Teileinziehungsverfahren kombiniert werden, wenn die Abstufung nachteilige rechtliche Betroffenheiten auslöst[93]. Der Vereinfachungseffekt des Umstufungsverfahrens gegenüber dem Teileinziehungsverfahren entfiele also. Zudem ist in der gegenwärtigen gesetzlichen Gestaltung die Umstufung geboten, wenn „überwiegende Gründe des öffentlichen Wohls" vorliegen. Diese Automatik wird dem Vorgang der Einrichtung von Fußgängerzonen nicht gerecht. Ihm liegt naturgemäß eine Entscheidung der zuständigen kommunalen Organe zu Grunde, deren Eigenart sich nur durch Einräumung eines Planungsermessens juristisch sachgerecht ausdrücken lässt.

51

---

90 Dazu näher *Steiner*, DAR 1989, 401 ff.
91 Siehe *Steiner*, NJW 1980, 2339 (2340); *dens.*, NVwZ 1984, 201; anders *Brohm*, Verkehrsberuhigung in Städten, 1985, S. 71 ff und *Randelzhofer*, DAR 1987, 237 (243). Speziell zur Zulässigkeit verkehrsberuhigender Straßeneinbauten siehe *Bartlsperger*, Das Gefahrenrecht öffentlicher Straßen, 1994.
92 Davon macht Bremen eine Ausnahme (§ 6 Abs. 2-4 BremLStrG).
93 *Kodal/Krämer* (Rdnr. 180), S. 230, 245.

Antworten und Lösungshinweise

52 1. E könnte das Rückübereignungsverlangen je nach der Rechtsnatur des (nichtigen) Kaufvertrages auf einen (bürgerlichrechtlichen) Bereicherungsanspruch (§ 812 Abs. 1 Satz 1 BGB) oder auf einen (öffentlich-rechtlichen) Erstattungsanspruch stützen. Die inzwischen erfolgte Widmung der Straße stünde der Rückübereignung nicht entgegen, da privatrechtliche Verfügungen über ein der Straße dienendes Grundstück die Widmung nicht berühren (§ 2 Abs. 3). § 818 Abs. 2 BGB (Wertersatz an Stelle von Rückübereignung bei Unmöglichkeit bzw. Unvermögen des Empfängers zur Herausgabe) ist daher zumindest direkt nicht anwendbar. Allerdings erhält E von L wirtschaftlich wertloses, weil mit der öffentlich-rechtlichen Sachherrschaft belastetes Eigentum zurück („nudum ius"). An eine analoge Anwendung des § 818 Abs. 2 BGB wäre daher zu denken. E müsste im Übrigen, um die öffentlich-rechtliche Beschränkung seines Eigentums zu beseitigen, die Widmung selbst angreifen.

53 2. Einer Änderung der Widmung bedarf es nicht, da deren Inhalt nicht berührt wird. Die Widmungsverfügung legt nicht die räumliche Aufteilung der Straße in Fahrbahn und Gehweg fest. Gehwege sind im Regelfall wegerechtlich nicht selbstständige Straßenteile (was die Möglichkeit der Widmung von Flächen als selbstständige Gehwege bei entsprechender Verkehrsfunktion nicht ausschließt). Die Aufteilung der Straße in Fahrbahn und Gehweg ist eine bauliche Maßnahme, an die das Straßenverkehrsrecht anknüpft (§§ 1, 25 StVO).

54 3. Der in Frage stehende Weg ist nicht gewidmet. Es handelt sich daher um einen **tatsächlich** öffentlichen Weg. Seine Benutzung durch die Allgemeinheit steht unter dem Widerrufsvorbehalt vonseiten des Verfügungsberechtigten. Dieser Widerruf kann jederzeit ganz oder teilweise ausgeübt werden. Maßnahmen, durch die der Widerruf faktisch umgesetzt wird – hier die Absperrung eines Teils der Wegefläche – müssen allerdings so vorgenommen werden, dass eine Gefährdung des Verkehrs vermieden wird (BayObLG, Beschl. vom 12.11.1982, NVwZ 1983, 637/638; siehe auch Rdnr. 30 a.E.). Da kein rechtlich öffentlicher Weg vorliegt, hat die Straßenbaubehörde keinen Einfluss auf den Widerruf.

55 4. Eine Bundesfernstraße, bei der sich die Verkehrsbedeutung geändert hat und bei der die Voraussetzungen weggefallen sind, die eine Bundesfernstraße nach § 1 Abs. 1 bestimmen, ist entweder unverzüglich einzuziehen, wenn sie jede Verkehrsbedeutung verloren hat oder überwiegende Gründe des öffentlichen Wohls vorliegen (Einziehung), oder unverzüglich dem Träger der Straßenbaulast zu überlassen, der sich nach Landesrecht bestimmt (Abstufung). Dies ordnet der neue § 2 Abs. 4 an. Auf die Vornahme der entsprechenden Umstufungsentscheidung durch die oberste Landesstraßenbaubehörde (§ 2 Abs. 6 Satz 1) hat der Anlieger nach h.M. allerdings keinen Rechtsanspruch, da die Vorschriften über die Umstufung ausschließlich auf die Interessen der beteiligten Straßenbaulastträger und das öffentliche Interesse hin ausgerichtet sind. Eine Verpflichtungsklage müsste danach an dem Fehlen der Klagebefugnis scheitern (§ 42 Abs. 2 VwGO). Die Gewährung der Zufahrt außerhalb der zur Erschließung der anliegenden Grundstücke bestimmten Teile der Ortsdurchfahrten erfolgt durch die Erteilung einer Sondernutzung (§ 8a Abs. 1 Satz 1 i.V.m. § 8), wenn sie neu angelegt wird. Diese steht im Ermessen der Straßenbaubehörde und ist nur in Ausnahmefällen zu erteilen. Siehe Zufahrtenrichtlinien des BMV u. Nr. 6 (2), abgedr. bei Marschall u.a. Rdnr. 180, S. 826 ff (B. 3).

Vertiefungshinweise: *Dürr* VBl. BW 1993, 361; *Jahn*, NZV 1994, 5; *Schenke*, WiVerw 1993, 145; *Steiner*, NVwZ 1984, 201 ff; *ders.*, DVBl. 1992, 1561 ff; NJW 1993, 3161 ff; *Manssen*, DÖV 2001, 151.

C. Bau und Planung öffentlicher Straßen, insbesondere der Bundesfernstraßen

> **Fälle und Fragen**
> 1. Im Bundesland B ist der Neubau einer Bundesautobahn beabsichtigt. Der Plan für das Teilstück km 166,5 bis km 175,5 ist inzwischen der zuständigen Anhörungsbehörde zugeleitet (§ 73 Abs. 1 Satz 1 VwVfG) und liegt zur Einsicht auf (§ 73 Abs. 3 VwVfG). A, der in dem für den Autobahnbau in Anspruch genommenen Waldstück regelmäßig spazieren geht, wendet fristgemäß (§ 73 Abs. 4 VwVfG) gegen das Vorhaben ein, es zerstöre die Landschaft, ohne unter verkehrlichen Gesichtspunkten notwendig zu sein. E, Eigentümer eines Teils der Fläche, die für den Autobahnbau in Anspruch genommen wird, macht nach Ablauf der Einwendungsfrist (§ 73 Abs. 4 VwVfG) ebenfalls geltend, das Vorhaben sei wegen des zu erwartenden geringen Kraftfahrzeugaufkommens zu aufwändig. Die Herstellung einer Bundesstraße würde dem Verkehrsbedarf völlig genügen. Die Einwendungen des A werden erörtert und im Planfeststellungsbeschluss zurückgewiesen. Die Einwendungen des E werden wegen Fristversäumung nicht erörtert und im Planfeststellungsbeschluss auch sachlich nicht entschieden. Beide – A und E – erheben gegen den Planfeststellungsbeschluss unmittelbar verwaltungsgerichtliche Klage. Sind die Klagen zulässig?
>
> 2. Die Gemeinde G beabsichtigt, im Süden des Gemeindegebiets ein größeres Wohngebiet durch Bebauungsplan auszuweisen. Im Flächennutzungsplan der G ist das betreffende Gebiet als Wohnbaufläche dargestellt (§ 5 Abs. 2 Nr. 1 BauGB i.V.m. § 1 Abs. 1 Nr. 1 BNVO). Diesem Plan hatte seinerzeit der Bundesminister für Verkehr im Verfahren nach § 7 BauGB widersprochen, weil nach dem damaligen Stand der Ausbauplanung für die Bundesfernstraßen die neue Trasse der Bundesautobahn 54 im Süden von G vorbeigeführt werden sollte. Gegen den Planfeststellungsbeschluss, der inzwischen den Neubau der Bundesautobahn der ursprünglichen Planung entsprechend festgestellt hat, erhebt G verwaltungsgerichtliche Klage. Sie hält den Planfeststellungsbeschluss für rechtswidrig, da er ihre Planungshoheit verletze. Sie müsse mit Rücksicht auf die Verkehrsimmissionen der künftigen Bundesautobahn auf die beabsichtigte Ausweisung eines Wohngebietes im Süden entweder vollständig verzichten oder die Wohngebietsfläche wesentlich gegenüber der ursprünglichen Planung reduzieren. Hat die Klage Aussicht auf Erfolg?
>
> **Lösungshinweise Rdnr. 91 ff.**

I. Allgemeine Orientierung

1. Das Dreitaktprinzip: Planung, Bau, Widmung

Die Widmung und nur sie vermittelt der Straße die Eigenschaft einer öffentlich-rechtlichen Straße einschließlich ihrer Klassifikation. Ihr muss naturgemäß der bauliche Vorgang vorausgehen, der die faktische Indienststellung der Straße erlaubt. Ohne diese Indienststellung ist die Widmung schwebend unwirksam. Straßenbau und Straßenänderungen sind allerdings wie viele andere technische Projekte auch Maßnahmen, die erhebliche (häufig private) Flächen beanspruchen und in eine räumliche Umgebung eingefügt werden müssen, die sie verändern und umgestalten. Sie erfordern daher eine vielfältige Abstimmung mit den Belangen des Umfelds, nicht zuletzt auch mit den Nutzungsansprüchen und den schon ausgeübten Nutzungen anderer (etwa: raumbeanspruchende Absichten anderer Planungsträger, nachbarliche Interessen, Belange des Umweltschutzes). Das geltende Straßenrecht stellt zur Bewältigung dieses Problems mit dem sog. **Planfeststellungsverfahren** ein Verfahren zur Verfügung, das die umfassende und sorgfältige Berücksichtigung dieser Gesichtspunkte einschließlich ihres Ausgleichs und ihrer gegenseitigen Abwägung ermöglicht, rationell angelegt ist und im Planfeststellungsbeschluss mit einer Verwaltungsentscheidung endet, die – nach Unanfechtbarkeit – dem Vorhaben eine tragfähige rechtliche Basis sichert. Für die Bundesfernstraßen und für die Staats-(Landes-, Land-)straßen ist das Planfeststellungsverfahren obligatorisch[94]. Die Reihenfolge lautet hier also: Planfeststellung, Bau, Widmung. Bei Bundesfernstraßen kann die Widmung – ebenso wie Umstufung und Einziehung – im Planfeststellungsbeschluss erfolgen mit der Folge, dass sie mit der Verkehrsübergabe wirksam wird (§ 2 Abs. 6 Satz 2). Für die Kreisstraßen und sonstigen Straßen haben die Länder unterschiedliche Regelungen getroffen[95]. Im Übrigen kann der Bebauungsplan an die Stelle des Planfeststellungsbeschlusses treten (siehe u. Rdnr. 89).

2. Stufenfolge innerhalb der Straßenplanung

59 Die Planung des Straßen(neu)baus, deren Durchführung Gemeinschaftsrecht[96], nationale Gesetzgebung und Rechtsprechung in eine hochkomplizierte Rechtswelt gestellt haben, gliedert sich in mehrere Phasen. Im Falle des Neu- oder Ausbaus von Bundesfernstraßen[97] – im folgenden schon wegen der vorrangigen Bedeutung dieser Vorhaben beispielhaft zu Grunde gelegt – sind auf der Grundlage des FStrG, des ROG und des UVPG folgende **Verfahrensstufen** zu unterscheiden:

60 – Die verkehrspolitische Entscheidung über den Bedarf für den Neu- und Ausbau von Bundesfernstraßen erfolgt in der Gestalt eines förmlichen Bundesgesetzes (!), das die baulichen Prioritäten bestimmter Projekte durch Zuordnung zu Dringlich-

---

94 Siehe § 17 Abs. 1 FStrG; § 37 Abs. 1 Satz 1 BWStrG; Art. 36 Abs. 1 BayStrWG; § 38 Abs. 1 Satz 1 BrandStrG; § 33 Abs. 1 Satz 1 BremLStrG; § 33 Abs. 1 Satz 1 HessStrG; § 45 Abs. 1 MVStrWG; § 38 Abs. 1 Satz 1 NdsStrG; § 38 Abs. 1 NWStrWG; § 5 Abs. 1 RhPfLStrG; § 39 Abs. 1 Satz 1 SaarStrG; § 39 Abs. 1 Satz 1 SächsStrG; § 37 Abs. 1 Satz 1 SachsAnhStrG; § 40 Abs. 1 SchlHStrWG.
95 Siehe 37 Abs. 1 Satz 2 BWStrG; Art. 36 Abs. 2 BayStrWG; § 38 Abs. 1 Satz 1 und 2 BrandStrG; § 33 HessStrG; § 45 Abs. 2 Satz 1 MVStrWG; § 38 Abs. 1 Satz 1 und 2 NdsStrG; § 38 Abs. 1 NWStrWG; § 5 Abs. 1 RhPfLStrG; § 39 Abs. 1 Satz 1 SaarStrG; § 39 Abs. 1 Satz 2 SächsStrG; § 37 Abs. 1 Satz 2 SachsAnhStrG; § 40 Abs. 2 SchlHStrWG; § 38 Abs. 1 Satz 2 ThürStrG.
96 Zur Bedeutung der Vorschriften der Art. 129b – d EGV über die sog. Transeuropäischen Netze für die nationale Fernstraßenplanung siehe *Gottschewski*, Zur rechtlichen Durchsetzung von europäischen Straßen, 1998.
97 Für die nach Landesrecht der Planfeststellung unterliegenden Straßen (vgl. Rdnr. 58) sind die Vorschriften der jeweiligen Landesverwaltungsverfahrensgesetze über die Planfeststellung zu beachten, da auf sie häufig ergänzend verwiesen ist. Siehe § 37 Abs. 2 Satz 1 und Abs. 5 BWStrG; Art. 38 BayStrWG; § 38 Abs. 2 Satz 3 BrandStrG; § 33 Abs. 7 BremLStrG; § 45 Abs. 3 Satz 3 MVStrWG; § 38 Abs. 5 NdsStrG; § 39 Abs. 1 NWStrWG; § 40 SaarStrG; § 39 Abs. 2 Satz 4 SächsStrG; § 37 Abs. 2 Satz 3 SachsAnhStrG; § 41 Abs. 1 SchlHStrWG; § 38 Abs. 2 Satz 3 ThürStrG.

Bau und Planung öffentlicher Straßen, insbesondere der Bundesfernstraßen **V C**

keitsstufen festsetzt. Zugleich wird das konkrete Vorhaben unmittelbar durch Gesetz „gerechtfertigt" (siehe Rdnr. 69): **Fernstraßenausbaugesetz**[98]. Eine Umweltverträglichkeitsprüfung (UVP) ist in dieser ersten Phase rechtlich nicht vorgeschrieben[99].

– Das geltende Recht verpflichtet die zuständigen Landesbehörden nicht, **vor** der Linienbestimmung nach § 16 FStrG (siehe Rdnr. 62) ein Raumordnungsverfahren mit UVP durchzuführen[100]. Die Länderplanungsgesetze können allerdings ein solches Raumordnungsverfahren mit UVP (§ 16 Abs. 1 UVPG) vorsehen; dessen Zweckmäßigkeit wird bezweifelt[101]. Das Ergebnis des Raumordnungsverfahrens ist eine gutachtliche Äußerung über die Raumverträglichkeit, der keine verwaltungsrechtliche Außenwirkung zu Gunsten oder zulasten des Trägers des Vorhabens und Einzelner zukommt. Es ist aber bei den weiteren Planungsschritten im Rahmen der Abwägung zu berücksichtigen (§ 4 Abs. 2 i.V.m. § 3 Nr. 1 und 4 ROG) und entfaltet vor allem erhebliches faktisches Gewicht[102]. **61**

– Auf der Grundlage des raumordnerischen Gutachtens oder anderer raumbezogener Voruntersuchungen und Abstimmungen stellen die Länder den Antrag zur Festlegung der Linie durch den Bundesminister für Verkehr. Die Bestimmung der Planung und der Linienführung gem. § 16 Abs. 1 Satz 1 FStrG erfolgt im Benehmen mit den Landesplanungsbehörden. Sie entfällt für den Neubau von Ortsumgehungen (§ 16 Abs. 1 Satz 2 FStrG). Bei der Bestimmung der Linienführung sind die von dem Vorhaben berührten öffentlichen Belange einschließlich der Umweltverträglichkeit und des Ergebnisses des Raumordnungsverfahrens im Rahmen der Abwägung zu berücksichtigen (§ 16 Abs. 2 Satz 1 FStrG). Die Umweltverträglichkeit ist nach dem jeweiligen Planungsstand des Vorhabens zu prüfen (§ 15 Abs. 1 Satz 1 i.V.m. § 2 Abs. 3 Nr. 2, § 3 Abs. 1 und Nr. 14 der Anlage 1 UVPG), sofern nicht schon in einem Raumordnungsverfahren die Umweltverträglichkeit unter Einbeziehung der Öffentlichkeit geprüft wurde (§ 15 Abs. 1 Satz 2 UVPG). Dabei ist in die Prüfung auch schon die Vereinbarkeit des Vorhabens mit den Erhaltungszielen eines Gebiets von gemeinschaftlicher Bedeutung oder eines Europäischen Vogelschutzgebietes einzubeziehen (§ 35 Satz 1 Nr. 1 i.V.m. § 34 des Bundesnaturschutzgesetzes – BNatSchG – i.d.F. v. 25.3.2002, BGBl. I S. 1193). **62**

Die Bedeutung der Linienbestimmung im Rahmen der Stufensystematik der Straßenplanung und insbesondere im Verhältnis zur folgenden Stufe der Planfeststellung hat die Rechtsprechung aufgewertet[103]. Das BVerwG verlangt schon im Stadium der Li-

---

98 Fernstraßenausbaugesetz (FStrAbG) i.d.F. vom 15.11.1993, BGBl. I, 1878.
99 BVerwG, DÖV 1998, 160. Zur FFH-Verträglichkeitsprüfung bei der Bundesverkehrswegeplanung siehe *Beckmann/Hünnekens*, DVBl. 2002, 1508 und *Stüer*, NVwZ 2002, 1164. Allgemein zur UVP auf der Grundlage des Gesetzes über die Umweltverträglichkeitsprüfung (UVPG) i.d.F. v. 5.9.2001 (BGBl I S. 2350) *Hoppe* (Hrsg.), Gesetz über die Umweltverträglichkeitsprüfung (UVPG), Kommentar, 2. Aufl. 2002.
100 Str.; a.A. *Schnebelt/Sigel*, Rdnr. 118. Zum Raumordnungsverfahren siehe VI Raumordnungs- und Landesplanungsrecht, Rdnr. 78 ff.
101 So *Ronellenfitsch*, in: Marschall/Schroeter/Kastner, § 16 Rdnr. 48.
102 Siehe dazu *Steiner*, Zur Standortfindung bei Verkehrsflughäfen, in: Festschrift für W. Blümel, 1999, S. 549 (559).
103 BVerwGE 104, 236 (251 f).

V *Straßen- und Wegerecht*

Planungsstufen

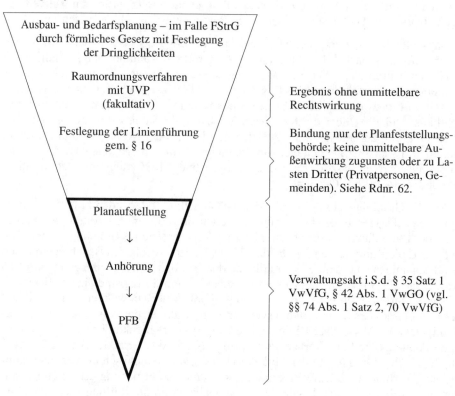

nienbestimmung, dass in wenigstens globaler Form den mit dem Projekt verbundenen Vorteilen die Nachteile gegenüberzustellen sind, die insbesondere durch Eingriffe in Natur und Landschaft und sonstige Umweltgüter entstehen, und einer Abwägung zu unterziehen. Die Konflikte dürfen auf dieser Stufe nicht zu Gunsten der Planfeststellung unbewältigt bleiben. Unterlaufen auf der Ebene der Linienbestimmung Abwägungsmängel, so schlagen sie auf das nachfolgende Planfeststellungsverfahren durch. Übernimmt – so das BVerwG – die Planfeststellungsbehörde eine defizitäre Linienbestimmung, ohne darauf hinzuwirken, dass der Mangel behoben wird, so überträgt sie – was allerdings in der Praxis kaum der Fall sein dürfte – den Fehler in die nach außen verbindliche abschließende Planungsentscheidung. An die vorbereitende Planungs- und Linienführungsentscheidung ist nach Auffassung des Gerichts[104] die Planungsfestsstellungsbehörde aber nach wie vor nur **intern** gebunden. Sie weise mangels Bestimmtheit nicht die für die Annahme eines Verwaltungsaktes

---

104 Zum Ganzen siehe BVerwGE 48, 56 (59 f); 62, 342 (344 ff); BVerwG, DÖV 1982, 203 f; zur Problematik: *Steinberg*, NVwZ 1983, 209; *Blümel*, Grundrechtsschutz durch Verfahrensgestaltung, in: Frühzeitige Bürgerbeteiligung bei Planungen, 1982, S. 23 (80 ff).

unentbehrliche rechtliche Außenwirkung im Sinne des § 35 Satz 1 VwVfG auf[105] und entziehe sich daher einer unmittelbaren verwaltungsgerichtlichen Rechtmäßigkeitskontrolle. Im Verhältnis zu Dritten ist es folgerichtig der Planfeststellungsbehörde verwehrt, sich auf die präjudizierende Wirkung der Linienbestimmungsentscheidung zu berufen, zumal erst im Planfeststellungsverfahren die Trasse „tiefenscharf" (parzellenscharf) festgelegt wird (Feintrassierung) und die Umwelteingriffe abschließend zeitnah festgestellt und bewertet werden können. Verwaltungsgerichtlich kann sie nach Meinung des BVerwG nur insoweit überprüft werden, als sie in die nachfolgende Planfeststellung eingeht.

– Auf die Bestimmung der Linienführung folgt das Planfeststellungsverfahren (Rdnr. 64 ff). Nach dem Erlass des Planfeststellungsbeschlusses schließt sich in der Praxis an: Grunderwerb, Ausschreibung und Vergabe der Bauleistungen, Bauausführung, Widmung und Verkehrsfreigabe. **63**

II. Das straßenrechtliche Planfeststellungsverfahren

1. Grundzüge

a) Die Vorschriften der Straßengesetze stellen mit dem Planfeststellungsverfahren ein Verfahren zur Verfügung, in dem über die **Zulässigkeit** eines geplanten Straßenbauvorhabens in Bezug auf dessen Lage, Gestaltung und Einfügung in die Umgebung grundsätzlich **umfassend** und **abschließend** entschieden wird (öffentlich-rechtliche Bauzulassung). Seine spezifische Rationalität drückt sich im Grundsatz aus: **Eine** Behörde: Planfeststellungsbehörde – **ein** Verfahren: Planfeststellungsverfahren – **eine** Entscheidung: Planfeststellungsbeschluss. **64**

b) Das fernstraßenrechtliche **Planfeststellungsverfahren** findet seine Grundlage in der Vorschrift des § 17 FStrG i.V.m. den Vorschriften der Länderverwaltungsverfahrensgesetze über die Planfeststellung entsprechend den §§ 72 ff VwVfG. Die §§ 71a-e VwVfG entsprechenden Vorschriften der Länder finden keine Anwendung (vgl. § 72 Abs. 1 VwVfG). **65**

§ 17 FStrG geht in seiner heutigen Fassung vor allem auf das Gesetz zur Vereinfachung der Planungsverfahren für Verkehrswege (Planungsvereinfachungsgesetz – PlVereinfG) vom 17.12.1993 (BGBl. I, 2123) zurück. Vorbild dafür war wiederum das Gesetz zur Beschleunigung der Planungen für Verkehrswege in den neuen Ländern sowie im Land Berlin (Verkehrswegeplanungsbeschleunigungsgesetz) vom 16.12.1991 (BGBl. I 2174), das mit den Einschränkungen des Art. 8 PlVereinfG bis zum 31.12.2004 fortgilt. Die Anwendung dieses Gesetzes auf Planungsvorhaben in den neuen Ländern hat zu erheblichen Zeitgewinnen geführt, insbesondere wegen der erst- und letztinstanzlichen Zuständigkeit des BVerwG für die Rechtskontrolle der von seinem Anwendungsbereich erfassten Planungsakte. Der Bund hat weiter zur Beschleunigung des Verkehrswegebaus in den neuen Ländern Planungsgesetze auf

---

105 Die Entscheidung nach § 16 legt die Anfangs- und Endpunkte fest, die grobe Linienführung dazwischen, die Straßenart (Bundesautobahn oder Bundesstraße), den Straßenquerschnitt und die Verknüpfung mit dem Straßennetz. Daher stehen Art und Ausmaß der endgültigen rechtlichen Betroffenheit Dritter noch nicht fest.

V   *Straßen- und Wegerecht*

den Weg gebracht[106]. Diese Praxis der Planung durch Gesetz wurde jedoch nicht fortgeführt. Die Vorschriften der §§ 72 ff VwVfG, die inzwischen überwiegend in die Länderverwaltungsverfahrensgesetze umgesetzt wurden, beruhen auf den Beschleunigungsvorstellungen des Gesetzgebers im Genehmigungsverfahrensbeschleunigungsgesetz vom 12.9.1996 (BGBl. I 1354), das am 19.9.1996 in Kraft getreten ist[107].

66 Das Planfeststellungsverfahren, in dem Behörden (insbesondere Vorhabensträger als Antragsteller, Anhörungsbehörde, Planfeststellungsbehörde usw.), Öffentlichkeit (Jedermann, Verbände), rechtlich durch die Planung Betroffene und kommunale Gebietskörperschaften die „Rollenträger" sind, kann hier nicht im Einzelnen dargestellt werden. Die wichtigsten Verfahrensschritte sind:

– Planausarbeitung durch den Vorhabensträger/Antrag auf Erlass eines Planfeststellungsbeschlusses (§ 73 Abs. 1 VwVfG)

– Einholung der Stellungnahmen der in ihrem Aufgabenbereich berührten Behörden/Auslegung des Plans (§ 73 Abs. 2 und 3 VwVfG i.V.m. § 17 Abs. 3a)

– Erörterung (§ 73 Abs. 6 VwVfG i.V.m. § 17 Abs. 3c)

– Entscheidung über den Planfeststellungsantrag, ggf. Erlass des Planfeststellungsbeschlusses (§ 74 Abs. 1 VwVfG)

67 Hervorzuheben ist weiter: Zur Erhebung von Einwendungen ist **jedermann** befugt. Einwendungen, die verspätet, also nach Ablauf der Einwendungsfrist des § 73 Abs. 4 VwVfG geltend gemacht werden, sind ausgeschlossen (§ 17 Abs. 4 Satz 1). Diese sog. **materielle,** sich auf das gerichtliche Verfahren erstreckende[108] **Präklusion** tritt freilich nur ein, wenn hierauf in der Bekanntmachung der Auslegung oder der Einwendungsfrist hingewiesen wurde (§ 17 Abs. 4 Satz 2).

68 c) **Materielles** Planungsrecht: Die Regelungen des FStrG über die **Planaufstellung** (§ 17) enthalten nach der Rechtsprechung des BVerwG auch die **materielle** Ermächtigung zur straßenrechtlichen Fachplanung selbst. Eingeräumt wird der Planfeststellungsbehörde[109] eine **planerische Gestaltungsfreiheit**, ohne die Planung nicht möglich wäre. Diese Freiheit wird mit dem Begriff des **Planungsermessens** umschrieben[110].

d) Die planerische Gestaltungsfreiheit der Planfeststellungsbehörde ist allerdings vielfach rechtlich gebunden. Auf der Beachtung dieser Bindung liegt naturgemäß der Schwerpunkt der gerichtlichen Plankontrolle.

---

106 Siehe z.B. Gesetz über den Ausbau des Abschnitts Wismar West – Wismar Ost der Bundesautobahn A 20 Lübeck – Bundesgrenze (A 11) vom 2.3.1994, BGBl. I 734. Das BVerfG hat die verfassungsrechtlichen Zweifel an solchen Gesetzen (siehe z.B. *Ronellenfitsch*, DÖV 1991, 771 ff) nicht geteilt (BVerfGE 95, 1 ff – „Südumfahrung Stendal").
107 Siehe dazu *Schmitz*, NJW 1998, 2866 ff.
108 BVerwG, NVwZ 1997, 171; siehe auch *Solveen*, DVBl. 1997, 803.
109 Die Planfeststellungsbehörde ist zwar nach § 17 Abs. 5 Satz 1 die oberste Landesstraßenbaubehörde, doch können die Länder abweichende Regelungen treffen (§ 22 Abs. 4 Satz 2) und haben sie teilweise auch getroffen. Siehe z.B. Art. 39 Abs. 2 BayStrWG.
110 BVerwGE 48, 56 (59); 56, 110 (116). Der praktische Kern des Planungsermessens ist allerdings die Gestaltungsfreiheit des **Vorhabens**trägers, der der Planfeststellungsbehörde die Pläne vorlegt.

– Werden individuelle Rechtspositionen, insbesondere nach Art. 14 GG geschützte **69** Rechte, von einer Straßenplanung betroffen, so ist diese nur rechtmäßig, wenn dem konkreten Planungsvorhaben eine dem Erfordernis der fernstraßenrechtlichen Zielsetzung (§ 1 Abs. 1, § 3 Abs. 1, § 4) entsprechende Rechtfertigung zu Grunde liegt (Erfordernis der sog. **Planrechtfertigung**[111]).

Diese Voraussetzung ist nach Auffassung des BVerwG erfüllt, wenn das Vorhaben, gemessen an den Zielen des FStrG (insb.: Bildung eines zusammenhängenden Verkehrsnetzes und weiträumiger Verkehrsverbindung sowie die Förderung der Verkehrssicherheit) „vernünftigerweise geboten" ist. Soweit die Einschätzung des Straßen(zusatz)bedarfs auf einer Vorausschau künftiger Entwicklungen beruht, muss die Prognose „in einer der jeweiligen Materie angemessenen und methodisch einwandfreien Weise erarbeitet worden sein"[112]. Eine gerichtliche Prüfung der Planrechtfertigung will der Gesetzgeber des modernen Planungsrechts freilich vermeiden. § 1 Abs. 2 FStrAbG (Rdnr. 60) lautet: „Die in den Bedarfsplan (scil. für die Bundesfernstraßen, vgl. Rdnr. 54) aufgenommenen Bau- und Ausbauvorhaben entsprechen den Zielsetzungen des § 1 Abs. 1 des Bundesfernstraßengesetzes. Die Feststellung des Bedarf ist für die Linienbestimmung nach § 16 des Bundesfernstraßengesetzes und für die Planfeststellung nach § 17 des Bundesfernstraßengesetzes verbindlich (siehe näher Rdnr. 71). Das Gericht kann also die Bedarfsfrage (aber auch nur sie) nicht anders entscheiden als der Gesetzgeber. Bedenken gegen die Verfassungsmäßigkeit einer gesetzlichen Bedarfsprüfung im Hinblick auf die enteignungsrechtlichen Vorwirkungen der Planfeststellung (siehe Rdnr. 75) haben die Gerichte zu Recht nicht. Ihrer Meinung nach überschreitet der Gesetzgeber sein verkehrspolitisches Ermessen erst, wenn es bei der Aufnahme eines Straßenbauprojekts in den Bedarfsplan „an jeglicher Notwendigkeit fehlt"[113]. Ein Gericht, das bei der Überprüfung einer Planfeststellung Anhaltspunkte für eine solche, nicht mehr dem Wohl der Allgemeinheit im Sinne von Art. 14 Abs. 3 Satz 1 GG entsprechende Fehlentscheidung sieht, hätte nach Auffassung des BVerwG diesen nachzugehen und – im Falle ihrer Bestätigung – die Frage der Verfassungsmäßigkeit der Aufnahme des Vorhabens in den gesetzlichen Bedarfsplan dem BVerfG nach Art. 100 GG vorzulegen. Die gesetzliche Planrechtfertigung umfasst im Übrigen nicht die Trassenwahl[114] und auch nicht die Dimensionierung der Anlage. Die Entscheidung darüber ist im Rahmen der Abwägung (siehe Rdnr. 71) zu treffen. Einer Planung, die aus finanziellen Gründen nicht realisierbar ist, fehlt es an der erforderlichen Rechtfertigung. Sie ist rechtswidrig[115].

– Die Planfeststellungsbehörde ist an die gesetzlichen **Planungsleitsätze** (zwin- **70** gende materielle Rechtssätze) gebunden[116].
Allerdings enthalten einen solchen gesetzlichen Planungsleitsatz für den Bau von Bundesfernstraßen nur diejenigen Vorschriften, die bei der öffentlichen Planung **strikte** Beachtung verlangen und deswegen nicht durch planerische Abwägung überwunden werden können, wie beispielsweise die gesetzliche Festlegung, dass Bundesautobahnen ohne höhengleiche Kreuzungen gebaut werden (§ 1 Abs. 3 Satz 1)[117].

---

111 Std. Rspr.; siehe z.B. BVerwGE 98, 339 (345). Allgemein: *Manssen*, in: Flughafenplanung, Planfeststellungsverfahren, Anforderungen an die Planung, hrsg. v. *Ziekow*, 2002, S. 307.
112 BVerwGE 56, 110 (121); BVerwG, NJW 1986, 1508 (1509).
113 Siehe BVerwGE 98, 339 (347); 100, 238 (254); zustimmend BVerfG, NVwZ 1998, 1060 f.
114 BVerwGE 102, 331 (343 f)
115 So BVerwG, NVwZ 2000, 555.
116 BVerwGE 48, 56 (61 f).
117 BVerwGE 71, 163 (164). Das planerische Ziel, beim Neubau einer *Bundesstraße* einen möglichst weitgehend störungsfreien Verkehr zu Gewähr leisten, ist dagegen kein Planungsleitsatz, sondern „nur" ein Gesichtspunkt, der in der planerischen Abwägung zu berücksichtigen ist (166 f), freilich gesetzlich besonders gewichtet ist (sog. Optimierungsgebot).

71 – Die Entscheidung der Planfeststellungsbehörde muss den Anforderungen des sog. **Abwägungsgebotes** genügen (§ 17 Abs. 1 Satz 2). Sie unterliegt also insbesondere der verwaltungsgerichtlichen Prüfung dahin, ob die für das Vorhaben sprechenden Belange, auch hinsichtlich der Linienführung so gewichtig sind, dass sich eine Zurücksetzung der durch die Planung etwa nachteilig betroffenen öffentlichen Belange und der Belange Dritter mit einer gerechten Abwägung vereinbaren lässt[118].

Diese Abwägung muss umfassend und ergebnisoffen sein[119]. Die Behörde kann die Bedarfsfrage zwar nicht anders entscheiden als der Gesetzgeber (siehe Rdnr. 69), jedoch ist der Verkehrsbedarf nur ein Belang unter den öffentlichen Belangen. Diese gesetzliche Bedarfsentscheidung berechtigt die Planfeststellungsbehörde auch nicht, von einer Prüfung der „Null Variante" (Vorhabensverzicht) abzusehen[120]. Gegenläufige Interessen können vor allem Belange des Natur- und Landschaftsschutzes sein sowie sonstige Umweltbelange (Lärmbeeinträchtigungen) nach Maßgabe der im Rahmen einer in die Fachplanung integrierten UVP (§ 2 Abs. 1 und 3 Nr. 1, § 3 Abs. 1, § 3b, § 3c, Nr. 14 der Anlage 1 UVPG) zu ermittelnden Auswirkungen der in diesem Stadium räumlich und sachlich hinreichend konkretisierten Planung. In die Abwägung sind aber auch Belange der Wirtschaftlichkeit und Sparsamkeit der öffentlichen Verwaltung (§ 7 BHO) einzubringen (Trassenführung!)[121]. Die UVP im Planfeststellungsverfahren kann Ergebnisse einer schon auf einer früheren Verfahrensstufe (Raumordnungsverfahren, Linienbestimmung nach § 16 FStrG) erfolgten Ermittlung, Beschreibung und Bewertung der Auswirkungen des Vorhabens auf bestimmte Umwelt-, Kultur- und Sachgüter (vgl. § 2 Abs. 1 Satz 1 UVPG) nachvollziehend übernehmen, muss sie aber gegebenenfalls nach dem Planungsstand ergänzen und verfeinern (siehe Rdnr. 62). Freilich unterliegen auch die Belange des Naturschutzes und der Landschaftspflege, auch solche von gemeinschaftlicher Bedeutung (Europäisches Netz „Natura 2000"), trotz ihres hohen Rangs dem Abwägungsvorbehalt des § 17 Abs. 1 Satz 2 FStrG[122]. In Bezug auf den Verkehrslärm enthält § 50 BImSchG eine Abwägungsdirektive[123].

72 – Wie bei jeder hoheitlichen Planung sind auch in die straßenrechtliche Fachplanung alle Gesichtspunkte einzubeziehen, die zur möglichst optimalen Verwirklichung der gesetzlich vorgegebenen Planaufgabe, aber ebenso zur Bewältigung der von dem

---

118 BVerwGE 48, 56 (63 f); 62, 342 (347 f). – Der Schutz der Umwelt ist kein planerischer Leitsatz, sondern ein (gewichtiger) abwägungserheblicher Belang im Rahmen des Abwägungsgebots (BVerwGE 48, 56/62 f).
119 Bestimmten Belangen will die Rechtsprechung freilich eine „möglichst weitgehende Beachtung" sichern, z.B. § 50 BImSchG (siehe BVerwGE 71, 163). Man spricht hier von so genannten Optimierungsgeboten. Kritisch *Bartlsperger*, DVBl. 1996, 1.
120 BVerwGE 104, 236 (249 f).
121 Vgl. BVerwGE 71, 163 (166); BVerwG, DVBl. 1993, 155 (158); NVwZ-RR 1999, 164; NVwZ 2001, 682 (684).
122 Einzelheiten dazu §§ 18 ff, 32 ff BNatSchG und BVerwGE 104, 144; 104, 236 (248); BVerwG, NVwZ 1999, 528 (529 ff); 2000, 1171; 2001, 673 (679 ff); 2002, 1103; DVBl. 2002, 1486.
123 Ihr kann auch durch Gradientenabsenkungen, Tief- oder Troglagen Rechnung getragen werden. Siehe BVerwG, NVwZ 1999, 1222.

Planvorhaben in seiner räumlichen Umgebung erst aufgeworfenen Probleme von Bedeutung sind (Grundsatz der **Problembewältigung**)[124].

– Die Planfeststellung einzelner **Abschnitte** (Streckenabschnitte) einer geplanten Straße in selbstständigen Planfeststellungsbeschlüssen ist zulässig[125]. Das Verwaltungsgericht hat allerdings – im Rahmen des allgemeinen rechtsstaatlichen Abwägungsgebots (und nicht am Maßstab des Rechts der UVP[126]) – zu prüfen, ob durch die Bildung zu kurzer Abschnitte ein für einen größeren Bereich möglicher und bei gerechter Abwägung gebotener Interessenausgleich verhindert worden ist. Für nachfolgende Abschnitte ist auch unter dem Gesichtspunkt der Umweltverträglichkeit die Prognose ausreichend, dass der Verwirklichung des Vorhabens keine unüberwindlichen Hindernisse entgegenstehen[127].

73

Dies ist einer der Grundsätze, mit deren Hilfe das BVerwG die sich aus der Fixierung von „Zwangspunkten" resultierende Problematik löst. Der zweite Grundsatz bezieht sich auf die Klagebefugnis: Der Planfeststellungsbeschluss kann in Bezug auf einen früheren Streckenabschnitt mit der Begründung angefochten werden, die durch diesen Beschluss rechtswidrig geschaffene Planungsbindung müsse im weiteren Planungsverlauf zwangsläufig zu einer Verletzung seiner Rechte führen[128].

2. Die Wirkungen des Planfeststellungsbeschlusses

Die im folgenden (am Beispiel des FStrG) dargestellten **Wirkungen des Planfeststellungsbeschlusses** verdeutlichen den **umfassenden Regelungsgehalt**, der für den Planfeststellungsbeschluss als Rechtsinstitut charakteristisch ist und seine Eignung für die rechtliche Bewältigung komplexer Vorhaben begründet.

74

Die umfassende Genehmigungswirkung des Planfeststellungsbeschlusses (§ 75 Abs. 1 Satz 1, 1. Halbsatz VwVfG) wird durch die gesetzliche Anordnung der Entbehrlichkeit anderer behördlicher Entscheidungen (§ 75 Abs. 1 Satz 1, 2. Halbsatz VwVfG) ermöglicht[129]. Diese sog. **Konzentrationswirkung** gibt i.V. mit dem Planungsermessen die rechtliche Grundlage dafür ab, dass vom Planfeststellungsbeschluss die globale Bewältigung der durch ein Planvorhaben in seiner räumlichen Umgebung aufgeworfenen Probleme in der Form einer **Gesamtentscheidung** verlangt werden kann (siehe Rdnr. 62). Sie ist nach der Rechtsprechung des

---

124 BVerwGE 56, 110 (129); 57, 297 (300); 58, 281 (284); BVerwG, NVwZ 1982, 435 (436).
125 Das BVerwG erachtet die abschnittsweise Planfeststellung für sachgerecht und im Interesse der Praktikabilität und Effektivität der Planung auch für notwendig. Siehe BVerwGE 62, 342 (353).
126 BVerwGE 104, 236 (242 f).
127 BVerwGE 104, 236 (243); siehe auch BVerwG, DVBl. 1996, 1325; 1998, 48.
128 BVerwGE 62, 342 (353 f); BVerwG, NVwZ 1992, 1092 (1094); 1993, 572 (573); 1993, 887 (888 f); 2001, 800.
129 Allein umstritten ist die Ersetzung der Erlaubnis oder Bewilligung nach § 14 Abs. 1 WHG. Siehe dazu *Fickert*, ZfWasserrecht 1984, 193 ff.

V   *Straßen- und Wegerecht*

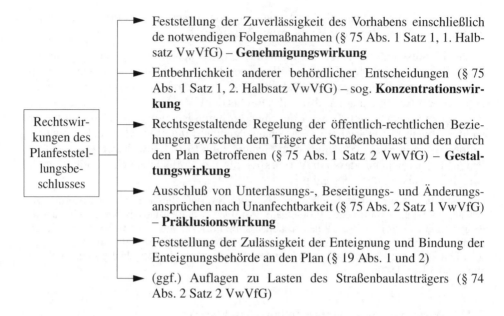

BVerwG[130] nur **formeller** Natur (Zuständigkeit, Verfahren). Die Planfeststellungsbehörde bleibt an das **materielle** (für das Vorhaben erhebliche) zwingende Recht so gebunden wie die Behörden, deren Entscheidungen auf Grund der (formellen) Konzentrationswirkung ersetzt oder erübrigt werden. Dank seiner **Gestaltungswirkung** (§ 75 Abs. 1 Satz 2 VwVfG) äußern die in einem Planfeststellungsbeschluss getroffenen Regelungen **unmittelbar** materiell-rechtliche Wirkungen[131]. Mit der Unanfechtbarkeit des Planfeststellungsbeschlusses sind – als eine weitere wichtige Rechtswirkung – alle Unterlassungs-, Beseitigungs- und Änderungsansprüche gegenüber der genehmigten Anlage ausgeschlossen (§ 75 Abs. 2 Satz 1 VwVfG). Ansprüche aus der Umgebung des Vorhabens – etwa wegen Gebäuderissen als Folge verkehrsbedingter Erschütterungen – auf Grund privaten Rechts (§§ 861, 862, 906, 907, 1004 BGB) werden in diese Ausschlusswirkung einbezogen. Verfassungsrechtlich ermöglicht wird die umfassende **Ausschlusswirkung** (Präklusionswirkung) durch die Ausgleichsvorschrift des § 74 Abs. 2 Satz 2 VwVfG. Sie ist zudem durch § 75 Abs. 2 Satz 2 VwVfG für den Fall eingeschränkt, dass nicht vorhersehbare Wirkungen des Vorhabens oder der dem festgestellten Plan entsprechenden Anlagen auf die benachbarten Grundstücke erst **nach** Unanfechtbarkeit des Planes auftreten.

---

130   BVerwGE 71, 163 (164) unter Verweisung auf BVerwGE 70, 242 (244). Zu den konkurrierenden Konzentrationstheorien im Einzelnen siehe den guten Überblick bei *Zeitler* (Rdnr. 14), Art. 38 Rdnrn. 195 ff und *Laubinger*, VerwArch. 77 (1986), 77 ff. Die Ermächtigung des § 100 Nr. 2 VwVfG, von der die Länder in ihren Verwaltungsverfahrensgesetzen bzw. Straßengesetzen Gebrauch gemacht haben, hat im Übrigen im Ergebnis die Streitfrage erledigt, ob in *landes*rechtlichen Vorschriften über die Planfeststellung (siehe Rdnr. 64) eine Ersetzung von *bundes*rechtlich notwendigen Entscheidungen angeordnet werden kann.
131   Etwa: Anordnung der Einziehung einer Straße oder Zulassung einer Zufahrt als Sondernutzung (§ 8a Abs. 1 i.V.m. § 8 Abs. 1) im Planfeststellungsbeschluss.

Bau und Planung öffentlicher Straßen, insbesondere der Bundesfernstraßen **V C**

In der Praxis erwirbt der Träger der Straßenbaulast meistens die für den Bau der Straße benötigten Grundstücke freihändig. Er muss sogar ein angemessenes Angebot zum Abschluss eines Kaufvertrages machen, weil ansonsten die Anwendung von Enteignungszwang nicht erforderlich und deshalb nach Art. 14 GG nicht zulässig ist. Gelingt der freihändige Erwerb nicht, so hat er das Recht zur Enteignung (§ 19 Abs. 1 Satz 1) nach Maßgabe des Plans (§ 19 Abs. 2), einschließlich der Flächen, auf denen naturschutzrechtliche Ersatzmaßnahmen durchzuführen sind[132]. Einwendungen, die sich gegen das Vorhaben richten, sind nicht mehr zulässig. Der betroffene Eigentümer kann lediglich Gesichtspunkte geltend machen, die sich auf die Enteignung, wie z.B. auf deren Erforderlichkeit beziehen. Das Enteignungsverfahren richtet sich nach den Enteignungsgesetzen der Länder (vgl. § 19 Abs. 5). Um einen früheren Baubeginn zu ermöglichen, gibt das Gesetz die Befugnis zur vorzeitigen Besitzeinweisung (§ 18 f).

75

Die Geltungsdauer von Planfeststellungsbeschlüssen kann jetzt von fünf auf weitere fünf Jahre verlängert werden (§ 17 Abs. 7). Damit trägt der Gesetzgeber der gegenwärtigen Situation Rechnung, dass eine zeitnahe Realisierung der festgestellten Pläne aus finanziellen Gründen nicht möglich ist (vgl. BT-Drucks. 15/409 vom 5.2.2003). Freilich gilt es zu beachten, dass eine Straßenplanung durch Veränderung der rechtlichen und tatsächlichen Grundlagen mit wachsendem Abstand zum Zeitpunkt der Entscheidung „stetig zweifelhafter" werden kann (BT-Drucks.a.a.O., S. 3).

75a

3. Rechtsschutzfragen

Der Planfeststellungsbeschluss wird – auf Grund seiner individualisierbaren Außenrechtswirkungen zu Recht – als Verwaltungsakt (§ 35 Satz 1 VwVfG) behandelt (vgl. § 75 Abs. 1 Satz 2 i.V.m. § 70 VwVfG). Seine Aufhebung durch die Verwaltung selbst bestimmt sich nach §§ 76, 77 VwVfG[133]; die Vorschrift des § 49 Abs. 2 Nr. 5 VwVfG wird allerdings nicht durch die planfeststellungsrechtlichen Spezialregelungen verdrängt[134]. Für den Rechtsschutz der rechtlich von einem Planfeststellungsbeschluss betroffenen Personen gilt eine Reihe **verfahrensrechtlicher Besonderheiten** (a). Besondere Probleme wirft die Anwendung der §§ 42 Abs. 2, 113 Abs. 1 Satz 1 VwGO (Klagebefugnis; Reichweite der richterlichen Rechtmäßigkeitskontrolle) in Verwaltungsstreitverfahren auf, deren Gegenstand Fragen der Planfeststellung und der Plangenehmigung sind (b) und (c).

76

a) **Verfahrensrechtliche Besonderheiten:** Der Gesetzgeber hält es nicht für notwendig, vor der Einleitung eines Verwaltungsstreitverfahrens die Recht- und Zweckmäßigkeit des Planfeststellungsbeschlusses, der in einem aufwändigen, rechtsförmlichen Verwaltungsverfahren – dem Planfeststellungsverfahren – mit hoher Qualitäts-

77

---

132 Siehe BVerwG, NVwZ 1999, 532; ferner BVerwG, NVwZ 2002, 1119 (Stellen für Bodenentnahmen).
133 Dazu *Grupp*, DVBl. 1990, 81 ff
134 BVerwG, NVwZ 1998, 395 (398).

garantie ergangen ist, in einem Widerspruchsverfahren noch einmal durch die Verwaltung überprüfen zu lassen (§ 68 Abs. 1 Satz 2 VwGO i.V.m. §§ 74 Abs. 1 Satz 2, 70 VwVfG). Gleiches hat der Gesetzgeber – trotz anderer Sachlage – für die Plangenehmigung (siehe Rdnr. 93) angeordnet (§ 17 Abs. 1a Satz 3). Besonderheiten gelten weiter für den einstweiligen Rechtsschutz (§ 17 Abs. 6a). Hervorzuheben ist, dass die Anfechtungsklage gegen den Planfeststellungsbeschluss oder die Plangenehmigung für den Bau und die Änderung solcher Bundesfernstraßen, für die nach dem Fernstraßenausbaugesetz vordringlicher Bedarf festgestellt ist (Rdnr. 60), keine aufschiebende Wirkung hat.

78 b) **Klagebefugnis** nach § 42 Abs. 2 VwGO: Anfechtungsklage gegen den Planfeststellungsbeschluss kann zulässigerweise nur von dem erhoben werden, der eine Betroffenheit in **seinen Rechten** geltend machen kann. Solche Rechte können sich aus (einfach-)gesetzlichem Recht, insbesondere aus dem Abwägungsgebot (§ 17 Abs. 1 Satz 2) und aus dem Verfassungsrecht, insbesondere aus Art. 14 GG, aber auch Art. 2 Abs. 2 Satz 1 GG[135] ergeben. Auch der Mieter oder Pächter kann wegen der enteignungsrechtlichen Vorwirkung des Planfeststellungsbeschlusses (§ 19 Abs. 1 FStrG) aus Art. 14 GG eine Klagebefugnis ableiten, wenn die Planung das Grundstück, zu dessen Nutzung er vertraglich berechtigt ist, für ein Straßenbauvorhaben unter Einschluss der damit verbundenen naturschutzrechtlichen Ausgleichs- oder Ersatzmaßnahmen in Anspruch nimmt. Sie sind berechtigt, ihre Interessen gegenüber dem Enteignungsbegünstigten selbstständig zur Geltung zu bringen. Dieser rechtlichen Situation ist schon im Planfeststellungsverfahren Rechnung zu tragen[136]. Im Übrigen ist das Klagerecht im Planfeststellungsverfahren verwirkbar[137].

79 Auch wenn das Eigentum an dem von der Straßenplanung beanspruchten Grundstück nur zu dem Zweck erworben wurde, (angeblich) gegen das Vorhaben gerichtete **öffentliche** Belange, wie z.B. des Natur- und Landschaftsschutzes, gerichtlich geltend machen zu können (sog. **Sperrgrundstück**), kann der Eigentümer, z.B. eine als e.V. organisierte, aus Anlass der konkreten Planung zustandegekommene Interessengemeinschaft, nach Auffassung des BVerwG die nach § 42 Abs. 2 VwGO erforderliche Klagebefugnis aus Art. 14 GG herleiten. Allerdings soll das in solchen Fällen geringe Eigeninteresse an der Nutzung des Grundstücks zur Folge haben, das die Eigentümerbelange in der planerischen Abwägung durch die das Vorhaben tragenden öffentlichen Interessen „leichter zu überwinden" sind. Eine auf das Eigentum gestützte Klagebefugnis fehlt allerdings, wenn die Eigentümerstellung rechtsmissbräuchlich begründet worden ist. Dies ist anzunehmen, wenn das Eigentum nicht erworben worden ist, um die mit ihm verbundene Gebrauchsmöglichkeit zu nutzen, sondern als Mittel dazu dient, die formalen Voraussetzungen für eine Prozessführung zu schaffen, die nach der Rechtsprechung dem Eigentümer vorbehalten ist[138].

---

135 Grundsätzlich: BVerwGE 54, 221 (222 f).
136 BVerwG, DVBl. 1998, 44 (unter Aufgabe der bisherigen Rechtsprechung; vgl. BVerwG, DVBl. 1994, 338/339).
137 BVerwG, NVwZ 2000, 206.
138 Siehe BVerwGE 72, 15 (16); BVerwG, NVwZ 1991, 781; NVwZ 2001, 427 und dazu *Mosing*, NVwZ 2002, 810.

Das am 4. April 2002 in Kraft getretene neue Bundesnaturschutzgesetz (BGBl. I **80**
S. 1193) räumt anerkannten Vereinen zur Förderung der Ziele des Naturschutzes und
der Landschaftspflege unter bestimmten Voraussetzungen und in gewissen Grenzen
Rechte zur Mitwirkung in Planfeststellungsverfahren und bei Plangenehmigungen
des Straßenbaus und zur Einlegung von Rechtsbehelfen bei solchen Vorhaben ein.
Die Einzelheiten sind in §§ 58-61 geregelt[139].

Eine **Gemeinde** kann bei Inanspruchnahme ihres Gebietes durch eine überörtliche **81**
Fachplanung – sieht man von der Verletzung ihrer Beteiligungsrechte ab[140] – als Trägerin der Planungshoheit (Art. 28 Abs. 2 Satz 1 GG) eine Rechtsbeeinträchtigung i.S.
des § 42 Abs. 2 VwGO nur unter folgenden Voraussetzungen geltend machen:

– Für das betroffene Gebiet muss bereits eine hinreichend bestimmte und verfestigte
  gemeindliche Planung vorliegen, die allerdings nicht rechtsverbindlich zu sein
  braucht, und
– Die Störung dieser Planung durch den überörtlichen Fachplan muss „nachhaltig"
  sein, oder
– Das Vorhaben entzieht wegen seiner Großräumigkeit wesentliche Teile des Gemeindegebiets einer durchsetzbaren gemeindlichen Planung, oder
– Das Vorhaben beeinträchtigt erheblich gemeindliche Einrichtungen.

Nur unter diesen Voraussetzungen hat die Gemeinde die Möglichkeit, eine gerichtliche Überprüfung des Fachplans auf **angemessene Berücksichtigung der gemeindlichen Interessen** in der Abwägung mit den überörtlichen Planungsinteressen hin
herbeizuführen[141]. Dabei muss im Falle einer Konkurrenz von Fachplanung und Bauleitplanung diejenige Planung grundsätzlich Rücksicht auf die andere Planung nehmen, die den zeitlichen Vorsprung hat (Gesichtspunkt der Priorität als wichtiges Abwägungskriterium)[142].

– Zum **Umfang** der richterlichen Kontrolle des Planfeststellungsbeschlusses: Wegen **82**
§ 113 Abs. 1 Satz 1 VwGO („in seinen Rechten verletzt") kann der Betroffene den
Verstoß der Planung gegen objektives Recht nur insoweit geltend machen, als er
durch das Vorhaben in seinen **eigenen** subjektiven Rechten nachteilig berührt wird.
Er kann also verwaltungsgerichtlich nicht erreichen
– eine umfassende objektivrechtliche Planüberprüfung;
– eine Prüfung, ob eine in jeder Hinsicht optimale Lösung für die geplante Maßnahme vorliegt[143].

---

139 Siehe dazu *Seelig/Gündling*, NVwZ 2002, 1033 und BVerwG, NVwZ 2002, 1234.
140 Siehe BVerwGE 90, 96 (100).
141 BVerwG, DÖV 1985, 113 (114); BVerwGE 100, 388 (394); zusammenfassend BVerwG, NuR 1999,
    631. Aus Art. 14 GG kann eine Gemeinde kein Recht auf gerichtliche Kontrolle ableiten, weil sie
    insoweit nicht grundrechtsberechtigt ist (BVerwG, aaO, S. 391 f). Siehe auch BVerwG, BayVBl.
    2001, 350.
142 BVerwGE 100, 388 (394).
143 BVerwGE 62, 342 (348).

V *Straßen- und Wegerecht*

83 c) Zentrales Element jedes straßenrechtlichen Planfeststellungsbeschlusses ist der Vollzug des gesetzlichen Gebots, dass die durch das konkrete, zur Planfeststellung anstehende Vorhaben berührten öffentlichen und privaten Belange abzuwägen sind (§ 17 Abs. 1 Satz 2 – sog. **Abwägungsgebot**). Die richterliche Kontrolle dieser (planspezifischen) Abwägung steht in den Anfechtungsverfahren gegen Planfeststellungsbeschlüsse häufig im Mittelpunkt. Die Rechtsprechung des BVerwG zur gerichtlichen Nachprüfung der Abwägung ist deshalb außerordentlich wichtig, andererseits nicht ganz einfach nachzuzeichnen.

– Der von einer Planung Betroffene kann sich auf eine Verletzung des **einfachgesetzlichen** Abwägungsgebots berufen. Er hat aber wegen §§ 42 Abs. 2, 113 Abs. 1 Satz 1 VwGO nur einen gerichtlich verfolgbaren Anspruch darauf, dass eine gerechte Abwägung seiner **eigenen** Belange mit **entgegenstehenden** anderen Belangen stattfindet. Er hat dagegen **keinen** Anspruch darauf, dass die Belange anderer Beteiligter gerecht abgewogen sind oder dass etwa die Planung insgesamt und in jeder Hinsicht auf einer fehlerfreien Abwägung beruht (begrenzte nachbarschützende Wirkung des einfachgesetzlichen Abwägungsgebots)[144].

– Dagegen kann der Eigentümer eines durch den straßenrechtlichen Planfeststellungsbeschluss mit **enteignender** Wirkung betroffenen Grundstücks die Rechtswidrigkeit des Planfeststellungsbeschlusses insgesamt und damit die Verletzung des Abwägungsgebots grundsätzlich auch mit der Begründung geltend machen, öffentliche dem Vorhaben entgegenstehende Belange, etwa des Landschaftsschutzes, seien nicht hinreichend beachtet worden.

Das BVerwG[145] begründet diese „Weiterführung" seiner Rechtsprechung damit, dass der von einer Enteignung bedrohte Grundstückseigentümer wegen Art. 14 Abs. 3 GG (Enteignung nur zum Wohl der Allgemeinheit nach Maßgabe gesetzlich festgelegter Voraussetzungen) einen Anspruch darauf habe, dass die **Abwägung** im Planfeststellungsbeschluss, der nach § 19 Abs. 1 Satz 2 **Grundlage** für die **Enteignung** ist, uneingeschränkt **gesetzmäßig** erfolgt. Mängel bei der Abwägung der von dem Vorhaben berührten öffentlichen und privaten Belange sind – nach der Neueinfügung des § 17 Abs. 6c in das FStrG durch das Planungsvereinfachungsgesetz (siehe Rdnr. 64 ff) – nur erheblich, wenn sie offensichtlich und von Einfluss gewesen sind. Erhebliche Mängel bei der Abwägung oder eine Verletzung von Verfahrens- oder Formvorschriften führen nur dann zur Aufhebung des Planfeststellungsbeschlusses oder der Plangenehmigung, wenn sie nicht durch Planergänzung oder durch ein ergänzendes Verfahren behoben werden können; die §§ 45, 46 VwVfG und die entsprechenden landesrechtlichen Bestimmungen bleiben unberührt (§ 17 Abs. 6c Satz 2). Können erhebliche Mängel der Abwägung durch ein solches ergänzendes Verfahren behoben werden, so hat das Gericht statt der beantragten Aufhebung die Rechtswidrigkeit des angefochtenen Planfeststellungsbeschlusses und dessen Nichtvollziehbarkeit festzustellen[146]. Immer aber muss die konkrete Möglichkeit der Fehlerbehebung in einem ergänzenden Verfahren bestehen. Dies setzt voraus, dass der Abwägungsmangel nicht von solcher Art und Schwere ist, dass er die Planung als Ganzes (planerische Konzeption; „Grundgerüst der Abwägung") in Frage stellt[147].

---

144 BVerwGE 48, 56 (66).
145 BVerwGE 67, 74 (76 f).
146 BVerwGE 100, 370 (372 f).
147 BVerwGE 100, 370 (373).

4. Auflagen im Planfeststellungsbeschluss nach § 74 Abs. 2 Satz 2 VwVfG

a) Bau und Ausbau eines leistungsfähigen Straßen- und insbesondere Fernstraßennetzes in einem Land wie der Bundesrepublik mit seinem außerordentlich hohen Mobilitätsbedarf werden immer – unbeschadet der Prüfung des Straßenbedarfs im einzelnen Fall – ein hochrangiges öffentliches Interesse für sich in Anspruch nehmen können. Dieses starke öffentliche Interesse verdrängt im Regelfall andere öffentliche Belange und vor allem private Interessen im Rahmen der Abwägung nach § 17 Abs. 1 Satz 3. Dies gilt für die Inanspruchnahme der notwendigen Grundstücksflächen, nicht weniger aber für die nachteiligen Auswirkungen des Straßenbaus und der sich anschließenden Straßenbenutzung gegenüber den Nachbargrundstücken. Aus rechtsstaatlichen Gründen kann mit den Mitteln der Abwägung das jeweils nachteilig betroffene Interesse nicht einfach zurückgestellt und gegebenenfalls entschädigt werden. § 74 Abs. 2 Satz 2 VwVfG schreibt daher vor, dass die Planfeststellungsbehörde dem Träger des Vorhabens Vorkehrungen oder die Errichtung und Unterhaltung von Anlagen aufzuerlegen hat, die zum Wohl der Allgemeinheit oder zur Vermeidung nachteiliger Wirkungen auf Rechte anderer erforderlich sind. Solche Schutzanordnungen oder Schutzauflagen dienen der Abwehr von Nachteilen **aller** Art einschließlich der Schadstoffimmissionen aus dem Betrieb von Kraftfahrzeugen. § 74 Abs. 2 Satz 2 VwVfG beinhaltet nach Auffassung der Rechtsprechung eine verfassungsnotwendige Ausgleichsvorschrift[148]. Nach Eintritt der Unanfechtbarkeit des PFB richtet sich der Anspruch auf Schutzanordnungen nach § 75 Abs. 2 Satz 2 VwVfG[149]. Speziell in Bezug auf **Verkehrsgeräusche** enthalten §§ 41 Abs. 1, 43 Abs. 1 Nr. 1 BImSchG i.V.m. der 16. Verordnung zur Durchführung des BImSchG (Verkehrslärmschutzverordnung – 16. BImSchV) vom 12. Juni 1990 (BGBl. I, 1036) eine besondere Regelung[150]. Danach ist beim Bau oder der wesentlichen Änderung öffentlicher Straßen sicherzustellen, dass durch diese keine schädlichen Umwelteinwirkungen i.S.d. § 3 Abs. 1 BImSchG durch Verkehrsgeräusche hervorgerufen werden können, die nach dem Stand der Technik vermeidbar sind. Schutzanordnungen im Rahmen des straßenrechtlichen Planfeststellungsverfahrens, die nach dem materiellen Immissionsschutzrecht des § 41 Abs. 1 BImSchG erforderlich sind, finden ihre Ermächtigungsgrundlage in § 74 Abs. 2 Satz 2 VwVfG[151] (sog. physisch-reale Schutzvorkehrungen). Sie sind als Maßnahmen der Lärm**vorsorge** zu treffen, wenn ohne sie die in der genannten Verordnung vorgesehenen Immissionsgrenzwerte (§ 2) beim Betrieb der Straße überschritten werden (Rdnr. 152).

84

---

148 Zum Grundgedanken dieser Schutzvorschriften siehe BVerwGE 48, 56 (59); 51, 16 (26 f); BVerwG, NJW 1982, 1473. Er soll auch dort anwendbar sein, wo eine entsprechende Auflagenbestimmung fehlt (BVerwGE 59, 253/260).
149 Zu den Einzelheiten im Falle von nachträglicher Lärmvorsorge bei fehlgeschlagener Prognose siehe *Alexander*, NVwZ 1991, 318 (322 f); BVerwGE 80, 7 ff sowie BVerwG, NVwZ 1998, 846; 2000, 70.
150 Zusammenfassend: *Schulze-Fielitz*, ZUR 2002, 190 (191 ff) und *Koch*, in: Dolde (Hrsg.), Umweltrecht im Wandel, 2001, 873 (900 ff).
151 Siehe BVerwGE 71, 150 (161 f); 77, 285 (287 f).

Beispiele für Auflagen: Vorkehrungen zum Lärmschutz (Lärmschutzwall, Lärmschutzwand), Maßnahmen zum Grundwasserschutz (Entwässerungsanlagen), Herstellung einer Anliegerstraße als Zufahrtsersatz.

85 In der Praxis der Straßenplanung bemühen sich immer wieder die **Gemeinden**, Auflagen nach § 74 Abs. 2 Satz 2 VwVfG durchzusetzen. Sie können sich dabei in gewissem Umfang darauf berufen, dass diese Bestimmung ihnen verwaltungsgerichtlich durchsetzbare Ansprüche gewährt. Für das „Wohl der Allgemeinheit" (§ 74 Abs. 2 Satz 2 VwVfG) können sie Schutzmaßnahmen erstreiten, wenn sie ohne die Errichtung oder Unterhaltung entsprechender Anlagen in ihrer **Planungshoheit** verletzt wären[152]. Aus der Planungshoheit ergeben sich allerdings nur Ansprüche, wenn und soweit unmittelbare Auswirkungen gewichtiger Art auf bereits hinreichend bestimmte (wenn auch nicht förmlich verbindliche) planerische Vorstellungen der Gemeinde vorliegen. Unter Berufung auf § 74 Abs. 2 Satz 2 VwVfG („Vermeidung nachteiliger Wirkungen auf Rechte anderer") können die Gemeinden als private Grundstückseigentümer oder als Träger kommunaler Einrichtungen Schutzmaßnahmen verlangen. Dieser einfachgesetzliche Anspruch ist unabhängig davon, ob den Gemeinden eine Berufung auf Art. 14 GG zum Schutz ihres Grundeigentums eingeräumt wird[153].

86 b) Die einzelnen Tatbestandsmerkmale des § 74 Abs. 2 Satz 2 VwVfG haben in zahlreichen verwaltungsgerichtlichen Urteilen eine Auslegung erfahren, die nicht im Einzelnen dargestellt werden kann[154]. Von besonderem Interesse sind auch hier die **Rechtsschutz**fragen. Das BVerwG[155] gibt auf sie – zusammengefasst – folgende wichtige Antworten.

87 – **Materiellrechtlich:** Anordnungen nach § 74 Abs. 2 Satz 2 VwVfG sind ihrem Wesen nach selbstständige und in diesem Rahmen eigener rechtlicher Regelung zugängliche Auflagen. Sie modifizieren nicht das Vorhaben, sondern treten zu dessen Genehmigung als besondere Leistungsverpflichtung im Sinne des § 36 Abs. 2 Nr. 4 VwVfG hinzu. Fehlt es an einer nach § 74 Abs. 2 Satz 2 VwVfG gebotenen Schutzauflage, so bleibt ein von der Planung ausgelöster Interessenkonflikt offen. Dies macht den Plan insoweit objektiv rechtswidrig. Zu einem Anspruch auf **Aufhebung** bzw. **Teilaufhebung** des Planfeststellungsbeschlusses kann ein solcher Mangel allerdings nur dann führen, wenn er für die Planungsentscheidung insgesamt von so großem Gewicht ist, dass dadurch nicht nur der einzelne Betroffene benachteiligt, sondern die Ausgewogenheit der Gesamtplanung bzw. eines abtrennbaren Planungsteils überhaupt in Frage gestellt wird. Lediglich ein Anspruch auf Plan**ergänzung** besteht, wenn sich eine im Planfeststellungsbeschluss nicht angeordnete Schutzauflage

---

152 Gleiches gilt für Ansprüche auf nachträgliche Planergänzung gem. § 75 Abs. 2 Satz 2 VwVfG. Siehe BVerwGE 80, 7 ff.
153 Zu den Einzelheiten der hier knapp zusammengefassten Rechtsprechung siehe BVerwGE 51, 6 (11 ff); 52, 226 (235); 56, 110 (137); 69, 256 (261).
154 Siehe etwa BVerwGE 41, 178 (186); 58, 281; BVerwG, DVBl. 1976, 786 (787); DVBl. 1976, 779 (782); NJW 1980, 413; DVBl. 1978, 845 (848); BVerwGE 61, 295 (303); BVerwG, DÖV 1983, 165.
155 BVerwGE 41, 178 (180 f); 51, 15 (20 f); 56, 110 (132 f); 71, 150 (160); BVerwG, BauR 1986, 59 (61).

nachholen lässt, ohne dass dadurch die Gesamtkonzeption der Planung in einem wesentlichen Punkt berührt und ohne dass in dem Interessengeflecht der Planung nunmehr andere Belange nachteilig betroffen werden.

– **Verfahrensrechtlich:** Der Träger der Straßenbaulast kann die ihn belastende **88**
Schutzauflage, die er für rechtswidrig hält, selbstständig anfechten. Eine Anfechtungsklage mit dem Ziel einer Aufhebung des Planfeststellungsbeschlusses kommt bei Fehlen einer aus der Sicht des Klägers nach § 74 Abs. 2 Satz 2 VwVfG gebotenen Auflage nur in Betracht, soweit ein solcher Anspruch nach den getroffenen Feststellungen (Rdnr. 87) materiellrechtlich besteht. Im Übrigen kann der Kläger wählen, ob er eine auf die Schutzauflage bezogene Anfechtungsklage (Anfechtung des leistungsversagenden Verwaltungsaktes) oder eine auf die Schutzauflage bezogene Verpflichtungsklage (Klage auf Planergänzung) erhebt[156].

5. Die Ersetzungsfunktion des Bebauungsplans

a) Auch soweit die Durchführung eines Planfeststellungsverfahrens gesetzlich ange- **89**
ordnet ist, kann der Bau von Straßen alternativ auf der Grundlage von Bebauungsplänen erfolgen. Dies sieht das FStrG in § 17 Abs. 3 Satz 1 ausdrücklich vor[157]. Die Festsetzung der Trasse im Bebauungsplan erfolgt dann nach § 9 Abs. 1 Nr. 11 BauGB („Verkehrsfläche")[158]. Ist die öffentliche Straße eine Erschließungsanlage im Sinne des § 127 Abs. 2 BauGB, so setzt ihre Herstellung sogar notwendig einen Bebauungsplan voraus (§ 125 Abs. 1 BauGB). Ist Grundlage einer Straße ein Bebauungsplan, dessen Inhalt sich durchaus in deren Festsetzung erschöpfen kann (sog. isolierter Bebauungsplan)[159], so kommen auf dessen Aufstellung die Vorschriften des BauGB zur Anwendung (§§ 2 ff BauGB)[160]. Es gelten weiter das UVPG nach Maßgabe der §§ 3 Abs. 3 Nr. 3, 17 i.V.m. Nr. 14 der Anlage 1 und das BNatSchG nach Maßgabe der §§ 21 Abs. 2 Satz 2, 37 Abs. 1 Satz 2. Der (Straßen-)Bebauungsplan ist inzident oder nach § 47 Abs. 1 Nr. 1 VwGO verwaltungsgerichtlich überprüfbar. Bei der Wahl zwischen Bebauungsplan und Planfeststellungsbeschluss sind allerdings die Unterschiede zwischen beiden Rechtsformen zu berücksichtigen.

---

156 In Bezug auf den Suspensiveffekt ist wichtig: Die durch § 74 Abs. 2 Satz 2 VwVfG sichergestellte Verbindung der das Straßenbauvorhaben betreffenden Planfeststellung mit der Entscheidung über notwendige Schutzmaßnahmen bewirkt, dass der **beide** Regelungsgegenstände umfassende Planfeststellungsbeschluss nicht rechtsbeständig wird, solange er nur in **einer** Hinsicht wirksam angefochten ist (BVerwGE 41, 178/180 f).
157 Zu den Landes-, Kreis- und Gemeindestraßen: § 37 Abs. 3 BWStrG; Art. 36 Abs. 3 Nr. 2 BayStrWG; § 38 Abs. 5 Satz 1 BrandStrG; § 33 Abs. 2 BremLStrG; § 45 Abs. 7 Satz 1 MVStrWG; § 38 Abs. 4 NdsStrG; § 38 Abs. 4 Satz 1 NWStrWG; § 5 Abs. 2 RhPflStrG; § 39 Abs. 4 Satz 1 SächsStrG; § 37 Abs. 4 Satz 1 SachsAnhStrG; § 38 Abs. 4 Satz 1 ThürStrG. Vgl. auch BVerwG, DÖV 1986, 696.
158 Über Verkehrsflächen enthält das BauGB noch in § 9 Abs. 1 Nr. 15, 21 und 22 sowie § 125 Festsetzungsmöglichkeiten.
159 BVerwGE 38, 152 (155 ff); BVerwG, DVBl. 1993, 1357 ff.
160 Siehe näher *Fickert*, BauR 1988, 678 ff.

V Straßen- und Wegerecht

- Der Bebauungsplan hat keine Gestaltungs-, Konzentrations- und Präklusionswirkung.
- Er wird nicht formell bestandskräftig (unanfechtbar)[161].
- Durch den Bebauungsplan können keine Auflagen nach § 74 Abs. 2 Satz 2 VwVfG[162] angeordnet werden. Für die Möglichkeit von Schutzmaßnahmen bietet allerdings der Numerus-clausus-Katalog des § 9 BauGB vergleichbare Grundlagen, etwa in § 9 Abs. 1 Nr. 24 BauGB.

Allerdings ist nach Auffassung des BVerwG ein Bebauungsplan, der einen straßenrechtlichen Planfeststellungsbeschluss ersetzt, nach den gleichen Grundsätzen wie ein Planfeststellungsbeschluss auf seine materielle Wirksamkeit hin überprüfbar (vgl. § 17 Abs. 6c FStrG)[163].

90 b) Nach einem Teil der Länderstraßengesetze gelten Straßen mit der endgültigen Überlassung für den Verkehr als gewidmet, sofern sie auf Grund eines förmlichen Verfahrens nach anderen gesetzlichen Vorschriften für den öffentlichen Verkehr angelegt werden[164]. Zu Recht ist man heute überwiegend der Meinung, dass auch die verbindliche Festsetzung des Baus oder der Änderung einer Straße durch Bebauungsplan die Fiktionswirkung der genannten Vorschrift auslöst[165]. Dabei ist die fingierte Widmung der wirklichen Widmung – auch unter Rechtsschutzgesichtspunkten – gleichzustellen, durch Widerspruch und Anfechtungsklage also angreifbar (siehe Rdnr. 30). Sieht man die fingierte Widmung als integrierten Teil des Bebauungsplanes selbst an, so bestimmt sich dagegen der Rechtsschutz nach § 47 Abs. 1 Nr. 1 VwGO (von der Möglichkeit der inzidenten Kontrolle abgesehen). Die jüngere Straßengesetzgebung hat überwiegend die Widmungsfiktion eingeschränkt oder beseitigt[166].

Antworten und Lösungshinweise

1. Die Klage des A ist unzulässig, die Klage des E ist zulässig.

91 a) Die Klage des A ist eine Anfechtungsklage. Sie zielt auf die Aufhebung des Planfeststellungsbeschlusses und damit auf die Aufhebung eines Verwaltungsaktes (§ 42 Abs. 1 VwGO). Die Durchführung eines Vorverfahrens ist nicht erforderlich (§§ 74 Abs. 1 Satz 2, 70 VwVfG) und damit auch nicht statthaft. Die Klage ist aber unzulässig, weil A als Kläger nicht die Möglichkeit einer Verletzung eigener **Rechte** geltend machen kann (§ 42 Abs. 2 VwGO). Sein persönliches Interesse als Spaziergänger an einer weiteren Benutzung des Waldes wird von der Rechtsordnung nicht (subjektiv-rechtlich) geschützt. Die seinerzeitige Mitwirkung des A im Planfeststellungsverfahren erfolgte dagegen in Übereinstimmung mit dem Gesetz, da sie den Nachweis einer möglichen Rechtsverletzung

---

161 Zwar ist der Normenkontrollantrag jetzt zeitlich begrenzt (§ 47 Abs. 2 Satz 1 VwGO: zwei Jahre), jedoch kann ein BBauPl inzident ohne zeitliche Begrenzung auf seine Wirksamkeit überprüft werden.
162 Dazu näher BVerwGE 80, 184 ff und *Sommer*, ZfBR 1990, 54 ff.
163 BVerwG, NVwZ 1999, 989.
164 Die Formulierungen variieren: § 5 Abs. 6 BWStrG; § 7 Abs. 4 Satz 1 MVStrWG; § 6 Abs. 6 SaarStrG; § 6 Abs. 4 SchlHStrWG.
165 So OVG NW, DÖV 1975, 213 (unter bestimmten Voraussetzungen); ausführlich mit Nachweisen *Peine*, Rechtsfragen der Einrichtung von Fußgängerstraßen, 1979, S. 30 ff.
166 Siehe zu den landesrechtlichen Regelungen § 5 Abs. 6 BWStrG; Art. 6 Abs. 6 BayStrWG; § 6 Abs. 5 Satz 1 BrandStrG; § 6 Abs. 5 NdsStrG; § 6 Abs. 8 NWStrWG; § 6 Abs. 4 Satz 1 SächsStrG; § 6 Abs. 4 Satz 1 SachsAnhStrG; § 6 Abs. 4 Satz 1 ThürStrG. Zum Verhältnis von (fehlerhaftem) BBauPl und nachfolgender Widmung siehe BVerfGE 79, 174 (188).

nicht voraussetzt. § 73 Abs. 4 VwVfG gibt die Möglichkeit zu Einwendungen und damit das Recht auf Erörterung und Entscheidung (§§ 73 Abs. 6, 74 Abs. 2 Satz 1 VwVfG) jedem, dessen Belange durch das Vorhaben berührt werden (und nicht nur dem, der in seinen Rechten betroffen ist – BVerwG, Urt. vom 4.3.1983, NVwZ 1983, 672).

b) Die Anfechtungsklage des E ist in jedem Falle zulässig (§ 42 VwGO), aber unbegründet. Die Einwendungen des E sind wegen Versäumung der Einwendungsfrist ausgeschlossen (§ 17 Abs. 4 Satz 1). Freilich muss auf diese Rechtsfolge in der Bekanntmachung der Auslegung oder der Einwendungsfrist hingewiesen worden sein (§ 17 Abs. 4 Satz 2). Der Eintritt einer materiellen Präklusion (wie auch im atomrechtlichen Genehmigungsverfahren oder im Planfeststellungsverfahren nach dem Bundeswasserstraßengesetz) hindert den Kläger daran, sich im Rahmen der **Begründetheit** seiner Klage auf die verspätet vorgebrachten Einwendungen zu berufen (BVerwGE 66, 99/106).

2. Die Gemeinde G, die bereits im Planfeststellungsverfahren zu beteiligen ist (§ 73 Abs. 2 VwVfG), ist gem. § 42 Abs. 2 VwGO klagebefugt, da ihre durch Art. 28 Abs. 2 Satz 1 GG geschützte (Bau-)Planungshoheit verletzt sein könnte (BVerwGE 51, 6/13 f; BVerwG, DÖV 1985, 113/114). Im Rahmen einer Prüfung der Begründetheit der Klage ist allerdings zunächst festzustellen, dass die Bundesplanung Vorrang vor der gemeindlichen Bauleitplanung hat (§ 16 Abs. 2 Satz 3, § 38 Satz 1 BauGB). Eine Bindungswirkung zulasten des Trägers der Bundesfernstraßenplanung ist durch den Flächennutzungsplan nicht eingetreten, da der Planungsträger widersprochen hat (§ 7 Satz 1 BauGB). Allerdings folgt aus § 73 Abs. 2 VwVfG über dessen verfahrensrechtlichen Gehalt hinaus ein Anspruch der Gemeinde, dass ihre Vorstellungen mit dem ihnen objektiv zukommenden Gewicht bei der Planungsentscheidung sachlich berücksichtigt werden (BVerwG, a.a.O., S. 14). Wenn dies im Rahmen der gebotenen Abwägung (§ 17 Abs. 1 Satz 3) nicht geschehen ist, so hat die Klage der Gemeinde Aussicht auf Erfolg. Zu denken ist aus der Sicht der Gemeinde im vorliegenden Fall an einen hilfsweisen Klageantrag, der die Anordnung einer Schutzanlage zur Sicherung der Planungshoheit nach § 74 Abs. 2 Satz 2 VwVfG, etwa in Gestalt einer Lärmschutzmaßnahme, zum Gegenstand hat (vgl. BVerwGE 51, 6/14 f). 92

Vertiefungshinweise: *Bartlsperger*, Die Straße im Recht des Umweltschutzes, 1980; *Hoppe/Schlarmann/Büchner:* Rechtsschutz bei der Planung von Straßen und anderen Verkehrsanlagen, 3. Aufl. 2001; *Kregel*, Örtliche Straßenplanung, 1983; *Kügel*, Der Planfeststellungsbeschluß und seine Anfechtbarkeit, 1985; *Kühling/Herrmann*, Fachplanungsrecht, 2. Aufl. 2000; *Steinberg/Berg/Wickel*, Fachplanung, 3. Aufl. 2000; *Wahl*, NVwZ 1990, 426 ff und 923 ff.

III. Die Plangenehmigung

Mit der sog. Plangenehmigung stellt der Gesetzgeber im FStrG (§ 17 Abs. 1a und b) und teilweise auch im Landesstraßenrecht der Praxis ein Institut zur vereinfachten Herbeiführung der öffentlich-rechtlichen Bauzulassung unter gesetzlich näher geregelten Voraussetzungen zur Verfügung[167]. Sie kann allerdings nach neuem Recht an 93

---

167 § 37 Abs. 2 BWStrG; § 38 Abs. 2 Satz 1 BrandStrG; § 45 Abs. 3 Satz 1 MVStrWG; § 5 Abs. 3 RhPfLStrG; § 39 Abs. 2 Satz 1 SächsStrG; § 38 Abs. 2 ThürStrG. Im Einzelnen variiert die verfahrens- und materiell-rechtliche Ausgestaltung der Plangenehmigung. Siehe in diesem Zusammenhang *Bülow/Pfeil*, NVwZ 1994, 33 (37 ff).

der Stelle eines Planfeststellungsbeschlusses nur erteilt werden, wenn es sich bei dem Vorhaben nicht um ein Vorhaben handelt, für das nach dem UVPG eine Umweltverträglichkeitsprüfung durchzuführen ist (vgl. §§ 3 ff, insb. § 3c UVPG), Rechte anderer nicht oder nicht wesentlich beeinträchtigt werden oder die Betroffenen sich mit der Inanspruchnahme ihres Eigentums oder eines anderen Rechts schriftlich einverstanden erklärt haben **und** mit den Trägern öffentlicher Belange, deren Aufgabenbereich berührt wird, das Benehmen hergestellt worden ist (§ 17 Abs. 1a Satz 1)[168]. Damit hat die Plangenehmigung für den Verkehrswegebau in den alten Bundesländern an Bedeutung verloren. Für die neuen Länder enthält § 17 Abs. 1b FStrG eine Sonderregelung[169].

Die Vereinfachung ergibt sich daraus, dass auf die Erteilung der Plangenehmigung die Vorschriften über das Planfeststellungs**verfahren** keine Anwendung finden (§ 17 Abs. 1a Satz 2, 2. Halbsatz). Die Mitwirkung der anerkannten Naturschutzverbände stellen §§ 58-61 BNatSchG unter bestimmten Voraussetzungen sicher. Eine sachlich-materiellrechtliche Entlastung der Behörde ist mit der Plangenehmigung nicht verbunden. Dies gilt vor allem in Bezug auf die inhaltlichen Anforderungen an die Abwägung und in diesem Zusammenhang auch an die Prüfung der Umweltverträglichkeit.

Die Plangenehmigung, die sich im gesamten Verkehrswegebau findet, hat die Rechtswirkungen der Planfeststellung hat (§ 17 Abs. 1a Satz 1, 1. Halbsatz), insbesondere die Konzentrations-, Präklusions- und Enteignungswirkung (vgl. Rdnr. 74). Man spricht deshalb auch von einer sog. qualifizierten Plangenehmigung[170].

D. Straßenbaulast und Straßenverkehrssicherungspflicht

Fälle und Fragen

94   1. Auf der Autobahn A 9 (Bayern) hat ein Windstoß Baumäste, die bei Arbeiten der Straßenbauverwaltung am Baumbestand der Straßenböschung zurückgelassen wurden, in die Fahrbahn geschleudert. B muss längere Zeit mit seinem Fahrzeug anhalten, bis das Hindernis beseitigt ist. Er kommt daher zu einem für ihn wichtigen Vertragstermin zu spät. Kann B den ihm dadurch nachweisbar entstandenen Schaden gegen wen vor welchem Gericht geltend machen?

---

168   Näher zu dieser nicht einfach auszulegenden Vorschrift und ihrer komplizierten Entstehungsgeschichte *Ringel*, Die Plangenehmigung, 1996; *Ronellenfitsch*, DVBl. 1994, 441 (447); *Steinberg/Berg*, NJW 1994, 488 (489 ff); *Steiner*, NVwZ 1994, 313 (315 ff).
169   Siehe dazu näher *Wickel/Müller*, NVwZ 2001, 1133 und *Stuer/Probstfeld*, UPR 2001, 361.
170   Davon zu trennen ist der Verzicht auf Planfeststellung und Plangenehmigung bei Bausachverhalten von unwesentlicher Bedeutung (§ 17 Abs. 2), der bisher vom BVerwG als Verwaltungsakt qualifiziert wurde (BVerwGE 64, 325; zur Problematik *Ronellenfitsch*, in: Die Verwaltung 23/1990, 323 ff). Zur Beurteilung aus der Sicht der neuen Rechtslage siehe *Steiner*, NVwZ 1994, 313 (315 Fn. 26).

> 2. A befördert regelmäßig erschütterungsempfindliche Waren auf dem Weg zu seinem an der X-Straße (Gemeindestraße) liegenden Betrieb. Er befürchtet Schäden für diese Waren, weil der Belag der X-Straße sich schon seit langem in Auflösung befindet und die Straße tiefe Löcher aufweist. Kann er gerichtlich die Herstellung eines ordnungsgemäßen Straßenzustandes vom Straßenbaulastträger (Gemeinde) verlangen?
>
> **Lösungshinweise Rdnr. 103 f.**

95

I. Die Verpflichtungen aus der Straßenbaulast

1. Inhalt und Reichweite

Die „Straßenbaulast" ist ein terminus technicus des Straßenrechts. Sie wird in Anlehnung an die Formulierung des FStrG (§ 3 Abs. 1 Satz 1) von den Länderstraßengesetzen[171] als die Summe der Aufgaben umschrieben, die mit dem Bau (Ausbau) und der Unterhaltung von Straßen (Planung, Herstellung, Finanzierung, Rechtsangelegenheiten) zusammenhängen. In diese Aufgabe weist das Gesetz den „Straßenbaulastträger" ein, regelmäßig also jene Körperschaft des öffentlichen Rechts, der die Straße entsprechend ihrer Klassifikation zugeordnet ist. Der Straßenbaulastträger ist verpflichtet, die Straßen „in einem dem regelmäßigen Verkehrsbedürfnis" – nicht also einem (zeitlich begrenzten) Spitzenbedarf – „genügenden Zustand zu bauen, zu unterhalten, zu erweitern oder sonst zu verbessern". Diese Verpflichtung besteht nur im Rahmen und damit in den Grenzen der organisatorischen und finanziellen Leistungsfähigkeit des Straßenbaulastträgers (§ 3 Abs. 1 Satz 2)[172]. Befindet sich die Straße in einem nicht verkehrssicheren Zustand, dem der Straßenbaulastträger unter Berücksichtigung seiner Leistungsfähigkeit nicht abhelfen kann, so hat er – vorbehaltlich anderweitiger Anordnungen der Straßenverkehrsbehörden – auf diesen Zustand durch Verkehrszeichen hinzuweisen (§ 3 Abs. 2)[173]. Auch hat der Gesetzgeber[174] den Straßenbaulastträger verpflichtet, beim Bau und der Unterhaltung von Straßen über die allgemein anerkannten Regeln der Technik hinaus zusätzliche

96

---

171 Siehe § 9 BWStrG; Art. 9 BayStrWG; § 7 Abs. 2 BerlStrG; § 9 BrandStrG; § 10 BremLStrG; § 13 HambWG; § 9 HessStrG; § 11 MVStrWG; § 9 NdsStrG; § 9 NWStrWG; § 11 RhPflStrG; § 9 SaarStrG; § 9 SächsStrG; § 9 SachsAnhStrG; § 10 SchlHStrWG; § 9 ThürStrG.

172 Siehe § 9 Abs. 1 Satz 2 BWStrG; Art. 9 Abs. 1 Satz 2 BayStrWG; § 7 Abs. 2 Satz 2 BerlStrG; § 9 Abs. 1 Satz 2 BrandStrG; § 10 Abs. 1 Satz 2 BremSStrG; § 13 Abs. 3 Satz 1 HambWG; § 11 Abs. 1 Satz 2 MVStrWG; § 9 Abs. 1 Satz 2 NdsStrG; § 9 Abs. 1 Satz 2 NWStrWG; § 11 Abs. 1 Satz 3 RhPflStrG; § 9 Abs. 1 Satz 2 SaarStrG; § 9 Abs. 1 Satz 2 SächsStrG; § 9 Abs. 1 Satz 2 SachsAnhStrG; § 10 Abs. 1 Satz 2 SchlHStrWG; § 9 Abs. 1 Satz 2 ThürStrG.

173 Siehe § 9 Abs. 2 Satz 1 BWStrG; Art. 9 Abs. 1 Satz 1 BayStrWG; § 7 Abs. 2 Satz 4 BerlStrG; § 9 Abs. 2 BrandStrG; § 10 Abs. 2 Satz 3 BremLStrG (Unterrichtung der Straßenverkehrsbehörde); § 13 Abs. 3 Satz 1 HambWG; § 9 Abs. 1 Satz 3 HessStrG; § 11 Abs. 1 Satz 4 MVStrWG; § 9 Abs. 1 Satz 3 NdsStrG; § 9 Abs. 1 Satz 3 NWStrWG; § 11 Abs. 1 Satz 4 RhPflStrG; § 9 Abs. 1 Satz 3 SaarStrG; § 9 Abs. 1 Satz 3 SächsStrG; § 9 Abs. 2 SachsAnhStrG; § 10 Abs. 1 Satz 3 SchlHStrWG; § 9 Abs. 1 Satz 4 ThürStrG.

174 Siehe § 9 Abs. 1 Satz 3 BWStrG; Art. 9 Abs. 1 Satz 2 und 4 BayStrWG; § 7 Abs. 2 Satz 3 BerlStrG; § 9 Abs. 1 Satz 2 und 3 BrandStrG; § 11 Abs. 1 Satz 2, 2. Halbsatz, Satz 3 MVStrWG; § 9 Abs. 1 NWStrWG; § 9 Abs. 1 Satz 2, 2. Halbsatz SächsStrG; § 9 Abs. 1 Satz 3 ThürStrG.

Belange, insbesondere solche des Umweltschutzes und des Städtebaus, zu berücksichtigen. Außerhalb des unbedingten Pflichtenkreises der Straßenbaulast verbleiben im allgemeinen die Räum- und Streupflicht, die Reinigung und die Beleuchtung von Straßen; hier begnügt sich das Straßenrecht – unbeschadet der Pflichten aus der Verkehrssicherungspflicht (siehe II.) – mit Sollvorschriften (§ 3 Abs. 3)[175]. Räumlich und gegenständlich ist die Straßenbaulast auf den jeweiligen (regelmäßig weiten) Straßen- und Straßenzubehörbegriff bezogen (§ 1 Abs. 4)[176].

2. Zur Dogmatik der Straßenbaulast

97 Die Straßenbaulast wird nach h.M. als eine gesetzlich geregelte Aufgabe verstanden, die dem Straßenbaulastträger ausschließlich im Interesse der **Allgemeinheit** auferlegt ist[177]. Sie besteht als Pflicht nur gegenüber dem Träger der Straßenaufsicht; ihre Erfüllung kann nur von diesem mit aufsichtlichen Mitteln erzwungen werden. Trotz des leistungsstaatlichen Gehalts der Straßenbaulast (Vorhaltung von Straßen als Bestandteil moderner „Daseinsvorsorge") verweigert die h.M.[178] dem einzelnen ohne Rücksicht auf die konkrete Sach- und Interessenlage einen Verkehrssicherungsanspruch auf Erfüllung der Straßenbaulast (selbst innerhalb der durch die Leistungsfähigkeit des Straßenbaulastträgers gezogenen Grenzen). Sie lehnt es auch ab, die gesetzlichen Bestimmungen über die Verpflichtung aus der Straßenbaulast als Vorschriften zu interpretieren, die Amtspflichten gegenüber den Straßenbenutzern enthalten und im Falle der schuldhaften Verletzung die Grundlage eines Schadensersatzanspruchs nach § 839 BGB i.V.m. Art. 34 GG bilden. Das geltende Recht in der wenig befriedigenden Auslegung durch die Rechtsprechung gibt demnach dem Straßenbenutzer keinen Rechtsanspruch – nicht einmal dem Grunde nach – auf Vornahme von Maßnahmen zur Vermeidung von Schäden, sondern nur unter bestimmten Voraussetzungen und in gewissen Grenzen (siehe Rdnr. 99-102) einen Anspruch auf Ausgleich eines bereits eingetretenen Schadens.

98 Die Straßenaufsicht[179] kann bei Fällen eines ungenügenden Ausbaus oder des verkehrsunsicheren Zustandes einer Straße kaum „greifen". Denn der (staatlicher Aufsicht unterliegende kommunale) Straßenbaulastträger wird sich häufig bei Nichterfüllung seiner straßenbaurechtlichen Kernpflichten auf mangelnde Leistungsfähig-

---

175 Siehe § 9 Abs. 3 BWStrWG; Art. 9 Abs. 3 BayStrWG; § 9 Abs. 3 BrandStrG; § 9 Abs. 2 HessStrG; § 11 Abs. 2 Satz 2 MVStrWG; § 9 Abs. 2 NWStrWG; § 9 Abs. 2 Satz 2 SächsStrG; § 9 Abs. 4 SachsAnhStrG; § 9 Abs. 2 ThürStrG.
176 Was zur Straße als Gegenstand der Straßenbaulast gehört, stellen die Gesetze klar: § 1 Abs. 4 FStrG; § 2 Abs. 2 BWStrG; Art. 2 BayStrWG; § 2 Abs. 2 BerlStrG; § 2 Abs. 2 und 3 BrandStrG; § 2 Abs. 2 BremLStrG; § 2 Abs. 2 HambStrWg; § 2 Abs. 2 HessStrG; § 2 Abs. 2 und 3 MVStrWG; § 2 Abs. 2 NdsStrG; § 2 Abs. 2 NWStrWG; § 1 Abs. 3 RhPflStrG; § 2 Abs. 2 SaarStrG; § 2 Abs. 2 und 3 SächsStrG; § 2 Abs. 2-4 SachsAnhStrG; § 2 Abs. 2 SchlHStrWG; § 2 Abs. 2 und 3 ThürStrG.
177 BGH, DÖV 1967, 387 (388).
178 Gegenposition vor allem bei *Bartlsperger*, Verkehrssicherungspflicht und öffentliche Sache, 1970, S. 162 ff.
179 Auch sie wird nur im öffentlichen Interesse tätig. Aus ihren etwaigen Versäumnissen kann daher kein Schadensersatzanspruch aus Amtshaftung hergeleitet werden (BGH, DÖV 1967, 387/388).

keit berufen können, die unter Berücksichtigung des Gesamtkreises seiner finanzwirksamen öffentlichen Aufgaben zu beurteilen ist und damit letztlich von etatpolitischen Entscheidungen abhängt. In Bezug auf Fragen der Straßengestaltung und der Straßendimensionierung setzt der Staat allerdings regelmäßig seine Vorstellungen gegenüber den kommunalen Straßenbaulastträgern auf Grund seines Einflusses durch, der ihm aus der Zuwendung von Straßenbaumitteln erwächst (Bewilligungsbedingungen, Auflagen).

II. Die Verkehrssicherungspflicht auf öffentlichen Straßen und Wegen

1. Die Trennung von Straßenbaulast und Verkehrssicherungspflicht

Trotz fundierter Kritik aus der Literatur[180] stellt die h.M. neben die dargestellte, rein objektivrechtlich interpretierte Verpflichtung aus der Straßenbaulast die Verkehrssicherungspflicht auf öffentlichen Straßen und Wegen als **gesonderte,** dem Rechtsgrund nach selbstständige **Rechtsverpflichtung** gegenüber Dritten mit Schadensersatzfolge im Falle der schuldhaften Nichterfüllung. Die Straßenverkehrssicherungspflicht ist nach traditioneller Auffassung der Rechtsprechung[181] ein Fall der Anwendung der allgemeinen Verkehrssicherungspflicht auf den Sachverhalt der Verkehrseröffnung im Bereich einer rechtlich öffentlichen Verkehrsfläche. Ihr Rechtsgrund ist der aus §§ 823, 826 BGB gewonnene Grundgedanke, dass derjenige, der in seinem Verantwortungsbereich eine Gefahrenlage schafft oder andauern lässt, auch verpflichtet ist, die ihm zumutbaren Vorkehrungen zu treffen, die zur Abwehr der daraus Dritten drohenden Gefahren notwendig sind. Eine Verletzung dieser Verpflichtung begründet eine zivilrechtliche Schadensersatzpflicht nach §§ 823 ff BGB[182].

99

Zur Amtspflicht im Sinne des § 839 BGB und Art. 34 GG kann nach der zitierten Rechtsprechung die Verpflichtung nur werden, wenn eine gesetzliche Bestimmung dies anordnet (siehe u. 2) oder eine in diese Richtung zielende ausdrückliche Erklärung eines entsprechenden Organisationsaktes des Straßenverkehrssicherungspflichtigen vorliegt. – Die Pflicht der Straßenverkehrsbehörden, darüber zu bestimmen, wo welche Verkehrszeichen und Verkehrseinrichtungen anzubringen sind (§ 45 Abs. 3, 4 StVO) obliegt ihnen dagegen als Amtspflicht im Interesse und zum Schutz aller Verkehrsteilnehmer, die die Straße nach Art ihrer Verkehrseröffnung benutzen dürfen (Verkehrs**regelungs**pflicht). Die schuldhafte Verletzung dieser Pflicht löst die Amtshaftung des Trägers der Straßenverkehrsbehörde nach § 839 BGB i.V.m. Art. 34 GG aus[183].

100

---

180 Siehe *Bartlsperger* (Fn. 176), passim; *dens.*, DVBl. 1973, 465. – Zu dieser Problematik und zu den folgenden Fragen siehe *Ossenbühl*, Staatshaftungsrecht, 5. Aufl. 1998, S. 29 ff.
181 Siehe Zusammenfassung BGHZ 60, 54; allgemein *v. Bar*, JuS 1988, 169 ff.
182 Dies schließt nach Auffassung des BGH nicht aus, dass Bedienstete des Straßenbaulastträgers hoheitliche Aufgaben wahrnehmen, wenn sie in Erfüllung der Straßenunterhaltsverpflichtung tätig werden (BGHZ 21, 48/51: Verkehrsunfall bei Dienstfahrt eines Straßenmeisters).
183 BGH, VersR 1985, 835; OLG Karlsruhe, NVwZ 1989, 399.

2. Die gesetzliche Regelung

101 Die Landesstraßengesetzgeber[184] haben allerdings die mit dem Bau und der Unterhaltung der öffentlichen Straßen **einschließlich der Bundesfernstraßen** und die sich aus der Überwachung der Verkehrssicherheit dieser Straßen ergebenden Aufgaben als Tätigkeit qualifiziert, die von den Bediensteten der damit befassten Körperschaften als Amtspflichten in Ausübung eines öffentlichen Amtes wahrgenommen werden. Damit löst eine Verletzung der Pflichten aus der Straßenverkehrssicherungspflicht, die sich **inhaltlich** mit der Amtspflicht gegenüber Dritten i.S.d. § 839 BGB i.V.m. Art. 34 GG decken dürfte, grundsätzlich die Amtshaftung nach § 839 BGB i.V.m. Art. 34 GG aus.

102 Allerdings hat die Rechtsprechung die Konsequenzen aus der schadensersatzrechtlichen Überleitung der Verkehrssicherungspflicht in das öffentliche Recht in einem ganz wesentlichen Punkt modifiziert. Sie hält die Subsidiaritätsklausel des § 839 Abs. 1 Satz 2 BGB in einer Art Vorgriff auf die (zunächst allerdings gescheiterte) Reform des Staatshaftungsrechts nicht mehr für anwendbar[185]. Der Straßenbaulastträger haftet also primär und ohne Rücksicht darauf, ob der Verletzte auf andere Weise Ersatz zu erlangen vermag. Auch in einem weiteren Punkt bleibt aufgrund der Rechtsprechung[186] der gesetzgeberische „Transformationsakt" ohne Auswirkungen: Da die gesetzlichen Bestimmungen eine Festlegung der Amtspflicht nach ihrem **Umfang** nicht vorgenommen hätten, sei die Amtspflicht auf die Vermeidung von Schäden zulasten von Rechtsgütern im Sinne des § 823 Abs. 1 BGB (Leben, Gesundheit, Eigentum und sonstige absolute Rechte) beschränkt. Es bleibe auch sonst bei den Anforderungen an die Verkehrssicherungspflicht, die von der Rechtsprechung im Zusammenhang mit der deliktischen Haftung herausgearbeitet wurden. Diese Anforderungen können hier allerdings – schon wegen ihres kasuistischen Charakters – nicht detailliert dargestellt werden. Zwei allgemeine Linien prägen aber die Einzelentscheidungen: Der Straßenbenutzer hat sich grundsätzlich den gegebenen Straßenverhältnissen anzupassen. Andererseits muss der Verkehrssicherungspflichtige besondere Vorsichtsmaßnahmen anordnen, wenn sie bei Berücksichtigung der örtlichen Verhältnisse nach allgemeiner Verkehrsanschauung erforderlich sind[187].

---

[184] Siehe § 59 BWStrG; Art. 72 BayStrWG; § 7 Abs. 5 BerlStrG; § 10 Abs. 1 Satz 1 BandStrG; § 9 BremLStrG; § 5 HambWG; § 10 Abs. 1 MVStrWG; § 10 Abs. 1 NdsStrG; § 9a NWStrWG; § 48 Abs. 2 RhPfLStrG; § 9 Abs. 3a SaarStrG; § 10 Abs. 1 Satz 1 SächsStrG; § 10 Abs. 1 SachsAnhStrG; § 10 Abs. 4 SchlHStrWG; § 10 Abs. 1 ThürStrG.
[185] BGH, NJW 1979, 2043 ff; siehe auch noch BGH, NJW 1981, 682.
[186] Siehe BGH, NJW 1973, 460 (461); kritisch dazu *Bartlsperger*, DÖV 1982, 469 ff.
[187] Gesichtspunkte sind etwa: Erheblichkeit der Gefahrenlage, Nichterkennbarkeit der Gefahr, atypische Gefahrensituation. Aktuell: Verkehrssicherungspflichten in geschwindigkeitsbeschränkten Bereichen (*Berr*, DAR 1991, 281 ff).

Antworten und Lösungshinweise

1. In Betracht kommt ein Schadensersatzanspruch aus einer schuldhaften Verletzung der Verkehrssicherungspflicht. Nach dem Sachverhalt ist das Hindernis auf einer Bundesautobahn entstanden, die im Bereich des Freistaates Bayern liegt. Art. 72 BayStrWG bestimmt, dass die aus dem Bau und der Unterhaltung der öffentlichen Straßen einschließlich der Bundesfernstraßen und die aus der Überwachung der Verkehrssicherheit dieser Straßen sich ergebenden Aufgaben von den Bediensteten der damit befassten Körperschaften in Ausübung eines öffentlichen Amtes wahrgenommen werden. Der Schadensersatzanspruch kann daher grundsätzlich aus § 839 BGB i.V.m. Art. 34 GG hergeleitet werden. Er würde sich gegen den Freistaat Bayern richten und nicht gegen die Bundesrepublik Deutschland. Denn die Bundesfernstraßen werden von den **Ländern** im Auftrag des Bundes verwaltet (Art. 90 Abs. 2 GG). Dabei gehört die Erfüllung der Verpflichtungen aus der Verkehrssicherungspflicht zum Verwaltungsbereich; die Länder eröffnen als Träger der (externen) Straßenbaulast den Verkehr, für dessen Sicherheit sie verantwortlich sind (BGHZ 16, 100 f). Geltend zu machen wäre der Anspruch beim Landgericht (§ 71 Abs. 2 Nr. 2 GVG).

Die Frage einer **schuldhaften** Verletzung der Verkehrssicherungspflicht braucht jedoch nicht geprüft zu werden, da kein absolutes Recht im Sinne des § 823 Abs. 1 BGB verletzt ist. Nach Meinung der Rechtsprechung hat sich am Umfang der Haftung nichts dadurch geändert, dass Bayern (wie andere Länder auch – siehe Rdnr. 101) die Pflichten aus der Verkehrssicherungspflicht als öffentlich-rechtliche Amtspflichten ausgestaltet hat (BGH, Urt. v. 18.12.1972, NJW 1973, 463/464). Für Vermögensschäden haftet der Straßenbaulastträger also aus dem Gesichtspunkt der Verkehrssicherungspflicht nicht.

2. A macht keine Schadensersatzforderung als Ausgleich für entstandenen Schaden geltend, sondern will die Gemeinde als Straßenbaulastträger zu Maßnahmen schadensverhütender Art verpflichten. Das Landesstraßenrecht hält die Gemeinden an, die Straßen in einem dem gewöhnlichen Verkehrsbedürfnis genügenden Zustand zu unterhalten (Rdnr. 96). Dieser objektivrechtlichen Verpflichtung entspricht aber nach h.M. kein subjektives Recht des Straßenbenutzers auf ihre Erfüllung (Verkehrssicherungsanspruch – siehe Rdnr. 97). Eine etwaige Klage vor Gericht müsste daher scheitern.

Vertiefungshinweise: *Bartlsperger*, Verkehrssicherungspflicht und öffentliche Sache, 1970; *ders.*, Straßenverkehrssicherungspflicht und Staatshaftung, DÖV 1982, 469.

E. Das Recht der Nutzung öffentlicher Straßen

Fälle und Fragen

1. U lässt an seinem neu eröffneten Café in der Fußgängerzone der Innenstadt von S ein Schild anbringen, das auf seinen Betrieb und die Produkte einer Getränkefirma hinweist. Es ragt etwa 85 cm in den Straßenraum und ist in einer Höhe von 3,50 m angebracht. S verlangt auf der Grundlage ihrer „Satzung über Sondernutzungen an öffentlichen Straßen" eine Sondernutzungsgebühr in Höhe von 15 EUR pro Jahr. U meint, diese Forderung sei mit dem geltenden Verfassungsrecht (Art. 14 GG) nicht vereinbar. Auch sei die ent-

V *Straßen- und Wegerecht*

sprechende Satzungsermächtigung unwirksam. Denn die Satzung sehe keine Erlaubnispflicht für die in Frage stehende Werbeanlage vor, gebe S gleichwohl aber einen Gebührenanspruch.

105 2. U beantragt die Erteilung einer Erlaubnis für die Aufstellung eines Imbissstandes in der Fußgängerzone von S. Der Antrag wird von S mit der Begründung abgelehnt, der Verkaufswagen störe das mittelalterliche Straßenbild, das von ihr mit erheblichem Aufwand restauriert worden sei. Ist die Ablehnung rechtmäßig?

106a 3. U betreibt in der Fußgängerzone der Innenstadt S seit Jahren einen Bücherladen. Er möchte auf der Straße neben der Ladentüre einen Verkaufsständer mit Ansichtskarten aufstellen. In S existieren verwaltungsinterne Richtlinien für die Gestaltung der historischen Altstadt. Danach gilt als straßenrechtlicher Belang im Rahmen der Entscheidung über die Erteilung einer Sondernutzungserlaubnis insbesondere die Wahrung des historischen Stadtbildes. Ein touristisches Erscheinungsbild soll vermieden werden. Die Aufstellung von Obst- und Gemüseständern ist regelmäßig zuzulassen, da sie das Stadtbild positiv beeinflussen. Wäre die Versagung einer von U beantragten Sondernutzungserlaubnis ermessensfehlerfrei, wenn sie mit der Beeinträchtigung des Stadtbildes und der Beeinträchtigung der Sicherheit und Leichtigkeit des Fußgängerverkehrs begründet würde?

107 4. U betreibt in der Innenstadt von S eine Boutique. Im Zuge von Maßnahmen zur Verbesserung des öffentlichen Personennahverkehrs (ÖPNV) verlegt die Stadt die Gleise der Straßenbahn in einen eigens geschaffenen Mittelstreifen der Straße. U ist der Meinung, dass sein 1999 erfolgter Umsatzrückgang von 15 % auf diese Maßnahme zurückzuführen sei. Ein Teil seiner bisherigen Kunden empfinde es als lästig, mit dem Fahrzeug auf die Gegenfahrbahn wechseln zu müssen, um zu seinem Geschäft zu gelangen. Die Fußgängerkunden seien an der Überquerung der Straße in Höhe des Geschäfts durch die zum Schutz der Gleiskörper angebrachten Eisengitter gehindert. U verlangt von S Entschädigung für den Umsatzrückgang.

108 5. E ist gewerblicher und privater Anlieger an der X-Straße in der Kurzone des Heilbades S. Anfang 2002 wird auf der Grundlage des § 45 Abs. 1a Nr. 1 StVO ein ganztägiges Verkehrsverbot für die X-Straße für die Zeit vom 1.4. bis 30.9.2002 beschlossen. Ausnahmen werden nur für den Werkverkehr einschließlich des Zulieferverkehrs gestattet. E will weiterhin uneingeschränkt mit seinem privaten Kraftfahrzeug zu seinem Grundstück fahren, auf dem sich eine Garage befindet. Er hält die Sperre für rechtswidrig, weil sie ihn in der Nutzung seines Privateigentums unangemessen beschränke. Hat er Recht?

Lösungshinweise Rdnr. 137 ff.

I. Rechtstypologie der straßenrechtlichen Nutzungsformen

109 Die öffentlichen Straßen ermöglichen die Fortbewegung von Menschen und Fahrzeugen mit und ohne Güter, darüber hinaus zahlreiche andere wirtschaftlich und ideell interessante Nutzungen (etwa: politische und kommerzielle Werbung im Straßenraum, Inanspruchnahme der Straße für sportliche Zwecke, Anbietung von Waren, Ablagern und Aufstellen von Gegenständen). Da sich die Nutzungswünsche häufig räumlich und zeitlich überschneiden, nicht selten sich ohne gesetzliche und administrative Steuerung auch wechselseitig stören würden, kommt das geltende Recht nicht ohne eine Nutzungsordnung für die öffentlichen Straßen aus. Der **straßenrechtlichen** Nutzungsordnung speziell liegt die Grundentscheidung zu Grunde, alle realen

Nutzungsmöglichkeiten der Straße in einem geschlossenen Katalog von Nutzungstypen „einzufangen". Der Katalog umfasst im Einzelnen die folgenden Kategorien:

- Der (schlichte) **Gemeingebrauch** charakterisiert die Straße als öffentliche Sache. Er beinhaltet ihre Benutzung für den **Verkehr** (siehe II.).
- Nutzungen der Sache, die sich nicht innerhalb des Gemeingebrauchs bewegen, sind Sondernutzungen[188]. Können sie den Gemeingebrauch beeinträchtigen, so sind sie nur als Sondernutzungen des **öffentlichen** Rechts zulässig[189]. Beeinträchtigen sie den Gemeingebrauch nicht, so verweist sie das Straßenrecht in das Zivilrecht (siehe III.).
- Ob das deutsche Straßenrecht eine rechtlich selbstständige Kategorie des „Anliegergebrauchs" kennt, ist umstritten (siehe IV.).

II. Grundfeststellungen zum Gemeingebrauch

1. Begriff und Umfang des Gemeingebrauchs

Der straßenrechtliche Gemeingebrauch ist unentgeltlicher Jedermann-Gebrauch (Ausländer, Gebiets- und Gemeindefremde eingeschlossen) ohne besondere (förmliche oder formlose) Zulassung. Beschränkt ist er auf Zwecke des **Verkehrs**. Folgerichtig liegt kein Gemeingebrauch mehr vor, wenn die Straße nicht vorwiegend zum Verkehr, sondern zu anderen Zwecken benutzt wird[190]. Diese in der Straßengesetzgebung der 50er-Jahre getroffene Entscheidung erschwert heute eine sachgerechte Lösung der Fälle, in denen kein Verkehr im engeren Sinne der Fortbewegung, der Ortsveränderung und des Transports vorliegt, sondern Verkehr im weiteren Sinne (Kontakt, Güteraustausch, Kommunikation). Im Bereich der Ortsstraßen, insbesondere mit gewandelter Funktion (Fußgängerbereiche, Verkehrsberuhigte Bereiche), erscheint eine generelle Ausklammerung des „kommunikativen" Verkehrs aus dem Gemeingebrauch nicht mehr „straßengerecht" (siehe u.V.).

110

Das zur Tradition des deutschen Straßenrechts gehörende Prinzip des unentgeltlichen Gemeingebrauchs ist in jüngerer Zeit durchbrochen worden. Auf der Grundlage des Fernstraßenbauprivatfinanzierungsgesetzes (siehe Rdnr. 4) erheben Private, denen der Bau, die Erhaltung, der Betrieb und die Finanzierung von Bundesfernstraßen zur Ausführung übertragen worden sind, für die Benutzung bestimmter Strecken von Bundesautobahnen oder autobahnähnlich ausgebauten Bundesstraßen

110a

---

188   Vgl. aber auch die Hamburger Definition (§ 19 Abs. 1 HambWG): „Jede Benutzung der öffentlichen Wege, die ihren Gebrauch durch andere dauernd ausschließt oder in den Wegekörper eingreift oder über die Teilnahme am allgemeinen Verkehr (Gemeingebrauch) oder den Anliegergebrauch hinausgeht, ist Sondernutzung."
189   Siehe zu Fragen der Sondernutzung an Gemeindestraßen *Steiner*, DVP 1988, 283. Umfassend jetzt zum Nutzungsregime öffentlicher Straßen *Sauthoff*, Straße und Anlieger, 2003, S. 209 ff.
190   Vgl. Art. 14 Abs. 1 Satz 2 BayStrWG; § 10 Abs. 2 Satz 3 BerlStrG; § 16 Abs. 2 HambWG; § 14 Abs. 1 Satz 3 NdsStrG; § 21 Abs. 1 Satz 2 NWStrWG; § 34 Abs. 3 RhPfLStrG und § 20 Abs. 1 Satz 2 SchlHStrWG. Variationen: § 15 Abs. 1 Satz 2 BWStrG; § 16 Abs. 1 Satz 2 HambWG und § 14 Abs. 1 Satz 2 SaarlStrG.

(sog. Erschwernisstrecken, wie z.B. neu errichtete Tunnels, Brücken oder Gebirgspässe) öffentlich-rechtliche Gebühren (Maut) von den Nutzern. Dadurch wird der Bundeshaushalt entlastet. Die von den Privaten gebauten Streckenabschnitte sind Teil des öffentlich-rechtlichen Straßennetzes, also nicht nur tatsächlich öffentliche Verkehrs-flächen. In der Zwischenzeit wurden für zwei Projekte entsprechende Konzessionsverträge abgeschlossen, wie z.b. für die Warnow-Querung bei Rostock. Die Bundesregierung will die rechtlichen Rahmenbedingungen dieses Modells verbessern (vgl. jetzt die Neufassung des Fernstraßenbauprivatfinanzierungsgesetzes, Rdnr. 4). Weiter hat der Gesetzgeber inzwischen in einem Bundesgesetz vom 5.4.2002 (BGBl. I S. 1234) die Rechtsgrundlagen für Einführung von streckenbezogenen Gebühren für die Benutzung von Bundesautobahnen mit schweren Nutzfahrzeugen geschaffen[191].

111 Die Widmung kann allgemein (etwa durch Einstufung einer Straße als Bundesautobahn) oder durch besondere Anordnungen (etwa in Bezug auf den Schwerlastverkehr) Beschränkungen der Straßenbenutzung bewirken (siehe Rdnr. 32). Der Gemeingebrauch vollzieht sich dann in diesem von der Widmung gezogenen Rahmen. Der widmungsgemäße Gemeingebrauch wird gern „abstrakter" Gemeingebrauch genannt. Er soll damit unterschieden werden von einem „konkreten" Gemeingebrauch, der Art und Ausmaß der Benutzung umschreibt, wie ihn die Straßenverkehrsvorschriften gestatten (siehe u. Rdnr. 167 ff). Die Straßengesetze sprechen diesen „konkreten" Gemeingebrauch durch Integration der (Straßen-)Verkehrsvorschriften in die Gemeingebrauchstatbestände an[192] (siehe Rdnr. 168).

2. Die Rechtsstellung des (allgemeinen) Straßenbenutzers

112 Die Teilnahme des einzelnen am straßenrechtlichen Gemeingebrauch entspringt einem subjektiv-öffentlichen Recht und nicht nur einem „Reflex" der objektivrechtlichen Gemeingebrauchsgewährleistung. Dieses Recht beinhaltet den Anspruch, vom Gemeingebrauch nicht in einer mit dem geltenden Recht unvereinbaren Weise ausgeschlossen zu werden. Die Teilnahme am Gemeingebrauch ist zugleich eine grundrechtliche Betätigung (Art. 2 Abs. 1 GG i.V.m. Art. 3 Abs. 1 GG). Allerdings besteht nach geltendem Straßenrecht ein Anspruch auf die Aufrechterhaltung des Gemeinge-

---

191 Näher zum Ganzen *Schmitt*, Bau, Erhaltung, Betrieb und Finanzierung von Bundesfernstraßen durch Private nach dem FStrPrivFinG, 1999; *Steiner*, NJW 1994, 3150 ff; *Uechtritz*, DVBl. 2003, 575; aus gemeinschaftsrechtlicher Sicht *Zeiss*, EWS 2001, 418 ff. Allgemein zur Privatfinanzierung des Straßenbaus siehe *Arndt*, Die Privatfinanzierung von Bundesfernstraßen, 1998 und *Grupp*, DVBl. 1994, 140 ff; zur Lkw-Mautgebühr siehe *Neumann/Müller*, NVwZ 2002, 1295.
192 Siehe § 13 Abs. 1 Satz 1 BWStrG; § 10 Abs. 2 Satz 1 BerlStrG; § 14 Abs. 1 Satz 1 BrandStrG; § 15 Abs. 1 BremLStrG; § 16 Abs. 1 HambWG; § 14 Satz 1 HessStrG; § 21 Abs. 1 Satz 1 MVStrWG; § 14 Abs. 1 Satz 1 NdsStrG; § 14 Abs. 1 Satz 1 NWStrWG; § 34 Abs. 1 Satz 1 RhPflStrG; § 14 Abs. 1 Satz 1 SaarStrG, SächsStrG, SachsAnhStrG; § 20 Abs. 1 Satz 1 SchlHStrWG; § 14 Abs. 1 ThürStrG. Zum Verständnis des § 7 Abs. 1 FStrG („verkehrsbehördliche Vorschriften") siehe *Kodal/Krämer* (Rdnr. 180), S. 491.

brauchs nicht[193]. Die h.L.[194] schließt daraus und aus den Schwierigkeiten einer Einschränkung des Kreises potenziell Klagebefugter zu Unrecht, dass den Teilnehmern am schlichten Gemeingebrauch keine rechtliche Möglichkeit eingeräumt sei, die Aufhebung oder die Beschränkung des Gemeingebrauchs einer richterlichen Rechtmäßigkeitskontrolle zuzuführen. Zwar folgt aus Art. 2 Abs. 1 GG kein Rechtsanspruch auf Aufrechterhaltung des benutzungsrechtlichen status quo, aber doch ein Rechtsanspruch darauf, dass die bisherigen Benutzungsmöglichkeiten nur im Einklang mit dem geltenden Recht – also unter Beachtung der gesetzlichen Voraussetzungen der Einziehung oder der Teileinziehung (ggf. in Verbindung mit einer Umstufung) – eingeschränkt oder aufgehoben werden[195]. Für Verkehrsbeschränkungen, die auf Grund des Straßenverkehrsrechts angeordnet werden (§ 45 StVO), ist eine solche verwaltungsgerichtliche Kontrolle schon lange selbstverständlich (Rdnr. 176).

III. Die Sondernutzungen

1. Die Sondernutzung nach öffentlichem Recht

a) Die Nutzungssachverhalte, die nach Sondernutzungsrecht zu beurteilen sind, werden in der Systematik des geltenden Straßenrechts nach Art eines **Subtraktions**verfahrens ermittelt[196]. Sondernutzung ist Straßenbenutzung, die nicht unter den Gemeingebrauch fällt, weil kein Fall von „Verkehr" vorliegt oder ein bestimmter Verkehr aus dem Rahmen der Widmung fällt. Die Abgrenzung von Gemeingebrauch und Sondernutzung[197] ist dabei grundsätzlich[198] **straßenrechtlich** zu ermitteln[199]. Die Bedeutung straßenverkehrsrechtlicher Erlaubnis- und Ausnahmetatbestände für die Abgrenzung von Gemeingebrauch und Sondernutzung ist später zu erörtern (Rdnr. 161, 179).

113

---

193 Siehe § 13 Abs. 2 BWStrG; Art. 14 Abs. 3 BayStrWG; § 10 Abs. 2 Satz 2 BerlStrG; § 14 Abs. 1 Satz 2 BrandStrG; § 15 Abs. 2 BremLStrG; § 14 Satz 2 HessStrG; § 21 Abs. 5 MVStrWG; § 14 Abs. 2 NdsStrG; § 14 Abs. 1 Satz 2 NWStrWG; § 34 Abs. 1 RhPfLStrG; § 14 Abs. 2 SaarStrG; § 14 Abs. 1 Satz 2 SächsStrG; § 14 Abs. 1 Satz 2 SachsAnhStrG; § 20 Abs. 3 SchlHStrWG.
194 Hingewiesen wird auf BVerwGE 32, 222 (225): „Der Gemeingebrauch endet als Recht dort, wo es für seine Ausübung an einem Substrat fehlt". Siehe auch OVG Lüneburg, DVBl. 1967, 922 (923).
195 In dieser Richtung auch *Lorenz*, VBl. BW 1984, 329 (334).
196 Siehe § 16 Abs. 1 Satz 1 BWStrG; Art. 18 Abs. 1 BayStrWG; § 10 Abs. 1 BerlStrG; § 18 Abs. 1 Satz 1 BrandStrG; § 18 Abs. 1 BremLStrG; § 19 Abs. 1 Satz 1 HambWG; § 16 Abs. 1 Satz 1 HessStrG; § 21 Abs. 1 Satz 1 MVStrWG; § 18 Abs. 1 Satz 1 NdsStrG; § 18 Abs. 1 NWStrWG; § 41 Abs. 1 Satz 1 RhPfLStrG; § 18 Abs. 1 Satz 1 SaarStrG, SächsStrG, SachsAnhStrG; § 21 Abs. 1 SchlHStrWG; § 18 Abs. 1 Satz 1 ThürStrG.
197 Die Problemfälle der Abgrenzung von Gemeingebrauch und Sondernutzung innerhalb und außerhalb der gemeindlichen Straßenräume sind variantenreich: unerwünschter Alkoholverzehr und Betteln als Sondernutzung (VGH BW, DÖV 1998, 1015; BayVGH, BayVBl. 1996, 600; dazu *Fahl*, DÖV 1996, 955; *Wohlfahrt*, BayVBl. 1997, 420); Kreuze am Straßenrand zur Erinnerung an die Opfer tödlicher Verkehrsunfälle (dazu *Schildmann*, NJW 1998, 272); *Vieweg*, NZV 1998, 1), Stadtmöblierung (*Wohlfahrt*, NVwZ 1997, 749) und Werbeplakate an Pfeilern einer Bahnbrücke im öffentlichen Straßenraum (HessVGH, NVwZ-RR 2002, 540).
198 Allerdings wird dem Straßenverkehrsrecht an zwei Stellen Einfluss auf diese Abgrenzung eingeräumt. Siehe Rdnrn. 168 und 179.
199 Beliebtes Beispiel: Die Überschreitung der straßenverkehrsrechtlich zulässigen Höchstgeschwindigkeit ist kein Fall einer straßenrechtlichen Sondernutzung; ebenso wenig die Wahl der unzulässigen Fahrtrichtung in einer Straße mit Richtungsverkehr.

114 b) Das geltende Straßenrecht kennt – mit Ausnahme Berlins und Hamburgs[200] – kein einheitliches Sondernutzungsrecht. Ist festgestellt, dass ein Sondernutzungstatbestand vorliegt, so muss weiter entschieden werden, ob er nach öffentlichem oder privatem Recht zu beurteilen ist. Die Zuordnung zur einen oder anderen Sondernutzungsform wird vom Gesetz unter dem Gesichtspunkt der Auswirkungen auf den Gemeingebrauch „gelenkt". Entscheidend ist, ob die in Frage stehende Nutzung „abstrakt" geeignet ist, die Ausübung des Gemeingebrauchs nachteilig zu beeinflussen, insbesondere die Sicherheit und Leichtigkeit des (gemeingebrauchsentsprechenden) Verkehrs (Beeinträchtigungsformel)[201].

Beispiele für öffentlich-rechtliche Sondernutzungen: Aufstellung von Tischen und Stühlen für Café-Gäste im Fußgängerbereich, Überquerung einer Straße durch Lastengondel, Anbringung von Warenautomaten an der Hauswand, Durchführung von Straßenrennen, Aufstellung von Informationsständen.

115 Die nach öffentlichem Recht zu beurteilende Sondernutzung kann regelmäßig nur auf der Grundlage einer (besonderen) Sondernutzungserlaubnis ausgeübt werden[202]. Eine Zustimmung des Wegeeigentümers ist nicht erforderlich[203], auch nicht zur Ausübung der erlaubten Sondernutzung[204]. Die Erteilung der Sondernutzungserlaubnis steht im Ermessen der zuständigen Behörde[205]. Dadurch ist diese in der Lage, die Nutzungsinteressen im Straßenraum zu koordinieren. Die Versagung der Sondernutzungserlaubnis ist dabei nicht schon rechtmäßig, wenn sie von sachlichen Gesichtspunkten getragen ist[206]. Es müssen vielmehr – sofern nicht eine besondere gesetzliche Regelung vorliegt[207] – straßenspezifische Gesichtspunkte sein, wie z.B. der Schutz der Straßensubstanz, sonstige Gesichtspunkte der Straßenbaulast (Rdnr. 96), verkehrliche Belange (Auswirkungen auf den Gemeingebrauch einschließlich der Sicherheit und Leichtigkeit des Verkehrs), Interessen der Straßenanlieger und auch Gesichtspunkte des Schutzes und der Pflege des Stadtbildes[208]. Ist zu befürchten, dass die auf der Grundlage der Erlaubnis eröffnete Nutzung des öffentlichen Straßenraums zu Ordnungswidrigkeiten oder strafbaren Handlungen in Anspruch genommen wird und

---

200 Siehe §§ 11, 12 BerlStrG und § 19 HambWG.
201 Siehe § 21 Abs. 1 BWStrG; Art. 18 Abs. 1 BayStrWG; § 23 Abs. 1 BrandStrG; § 19 BremLStrG; § 20 HessStrG; § 30 Abs. 1 Nr. 1 MVStrWG; § 23 NdsStrG; § 23 NWStrWG; § 45 RhPfLStrG; § 22 SaarStrG; § 23 Abs. 1 SächsStrG; § 23 Abs. 1 SachsAnhStrG; § 28 SchlHStrWG; § 23 Abs. 1 ThürStrG.
202 Nach § 19 Abs. 5 HambWG ist auch ein öffentlich-rechtlicher Vertrag zulässig.
203 Vgl. auch noch § 18 Abs. 4 Satz 3 BremLStrG.
204 BayObLGZ 30, 121 ff.
205 Eine Ermessensreduzierung auf Null ist nur ausnahmsweise anzunehmen, etwa aus Gründen effektiven Grundrechtsschutzes (vgl. Rdnr. 135).
206 BayVGH, NVwZ 1985, 207 f.
207 § 11 Abs. 2 Satz 2 BerlStrG enthält eine (weit gefasste) Spezifizierung der maßgeblichen öffentlichen Interessen. Dazu VG Berlin, NJW 1989, 2529. Siehe auch noch § 18 Abs. 2 Satz 4 BrandStrG.
208 Siehe dazu BVerwGE 47, 280 (284); OVG Lüneburg, NJW 1986, 863 (864); HessVGH, NVwZ 1994, 189 (190); OVG NW, NVwZ 1988, 269 (270); SchlHOVG, NVwZ 1992, 70 f VGH BW, NZV 1997, 308; NVwZ-RR 2000, 837: Auflage des Verwendungsverbots für Einweggeschirr unzulässig, da Abfallvermeidung kein straßenspezifischer Belang sei; anders BayVGH (NVwZ 1994, 187) bei Regelung als privatrechtliche Sondernutzung in Sondernutzungssatzung; dagegen BVerwG, DVBl. 1997, 1118.

lässt sich dieser Gefahr durch Auflagen (§ 36 Abs. 2 Nr. 4 VwVfG) nicht wirksam vorbeugen, so kann nicht zu Gunsten des Antragstellers dessen berechtigtes Interesse an der Nutzung in die Abwägung eingestellt werden, das Voraussetzung jeder Sondernutzungserlaubnis ist. Eine Ablehnung des Antrags erfolgt in diesem Fall rechtmäßig[209]. Die Erlaubnis darf regelmäßig nur auf Zeit oder auf Widerruf erteilt werden (§ 8 Abs. 2 Satz 1) und wird häufig mit Auflagen versehen sein. Das geltende Recht erlaubt den Straßenbaulastträgern, Benutzungsgebühren (Sondernutzungsgebühren) zu erheben[210]. Bei der Bemessung der Gebühren sind Art und Ausmaß der Einwirkung auf die Straße und den Gemeingebrauch sowie das wirtschaftliche Interesse des Gebührenschuldners zu berücksichtigen (§ 8 Abs. 3 Satz 6). Die wirtschaftlichen Interessen des Erlaubnisnehmers und Gebührenschuldners entsprechen im allgemeinen dem erstrebten wirtschaftlichen Vorteil, der in dem Überlassen des öffentlichen Verkehrsraums zu gewerblichen Zwecken liegt[211].

In Ortsdurchfahrten von Bundesstraßen entscheiden über die Erteilung von Sondernutzungen die Gemeinden, bedürfen aber der Zustimmung der Straßenbaubehörde, sofern sie nicht Träger der Straßenbaulast sind (§ 8 Abs. 1 Satz 1 und 2). Ihnen stehen in den Ortsdurchfahrten die Gebühren zu (§ 8 Abs. 3 Satz 2). Soweit die Gemeinden im Landesstraßenbereich Gebührengläubiger sind, gilt dies als finanziell interessante Einnahmequelle.

c) Das geltende Straßenrecht erlaubt den Gemeinden, durch Satzung bestimmte Sondernutzungen von der Erlaubnis zu befreien und die Ausübung näher zu regeln (§ 8 Abs. 1 Satz 4)[212]. Teilweise ist diese Ermächtigung auch auf privatrechtliche Sondernutzungen erstreckt[213]. Dadurch können häufig vorkommende Nutzungen unter Berücksichtigung örtlicher Gewohnheiten erlaubnis- und gebührenfrei eingestuft werden. Die Gemeinden dürfen also die **praktische** Handhabung der beiden Nutzungsformen „verwischen"[214], dagegen nicht die gesetzlichen und grundrechtlichen Grenzen zwischen Gemeingebrauch und Sondernutzung in die eine oder in die andere Richtung verschieben.

116

Bedeutung haben solche Sondernutzungssatzungen im kommunalen Bereich nicht zuletzt für die Fußgängerzonen. Sofern die Widmung generell ihre Benutzung durch Kraftfahrzeuge ausschließt, ist diese nur auf der Grundlage von Sondernutzungen möglich. An die Stelle individu-

117

---

209 Siehe OVG NW, NVwZ 1988, 269 (270) im Zusammenhang mit dem Aufruf zum Boykott der Volkszählung.
210 Siehe § 19 BWStrG; Art. 18 Abs. 2a BayStrWG; § 11 Abs. 6 BerlStrG; § 21 BrandStrG; § 18 Abs. 4-6 BremLStrG; § 19 Abs. 1 und 2 HambWG; §§ 16 Abs. 2-4, 18 HessStrG; § 28 MVStrWG; § 18 Abs. 2 NdsStrG; § 18 Abs. 2 NWStrWG; § 47 RhPflStrG; § 18 Abs. 2 und 3 SaarStrG; § 21 SächsStrG; § 21 SachsAnhStrG; § 26 Abs. 1 SchlHStrWG; § 21 ThürStrG. Zur Gebührenerhebung bei faktischer Sondernutzung siehe BVerwG, DÖV 1971, 103 und *Wendrich*, DVBl. 1987, 505 (510 f), zur Zulässigkeit einer Rahmengebühr BayVGH, BayVBl. 1999, 308.
211 Zur Auslegung der Bemessungskriterien des § 8 Abs. 3 Satz 6 siehe BVerwGE 80, 36 und BVerwG, NVwZ 1989, 557. Dazu *W. Schmidt*, JuS 1989, 896. Vgl. auch BayVGH, BayVBl. 2000, 626.
212 § 16 Abs. 7 BWStrG; Art. 22a BayStrWG; § 18 Abs. 1 Satz 4 BrandStrG; §§ 23 Abs. 3 Satz 1, 24 Abs. 1 und 2 MVStrWG; § 18 Abs. 1 Satz 4 NdsStrG; § 18 Abs. 1 Satz 4 NWStrWG; § 42 Abs. 2 RhPflStrG; § 19 Abs. 3 SaarlStrG; § 18 Abs. 1 Satz 4 SächsStrG; § 18 Abs. 1 Satz 4 SachsAnhStrG; § 23 Abs. 1 SchlHStrWG; § 18 Abs. 1 Satz 4 ThürStrG. Vgl. aber auch die Besonderheiten: § 18 Abs. 9 BremLStrG; § 19 Abs. 8 HambWG; § 18 Abs. 3 Satz 2 HessStrG.
213 Art. 22a BayStrWG; §§ 24 Abs. 2, 24 Abs. 1 i.V.m. § 30 Abs. 1 Nr. 1 und 2 MVStrWG.
214 *Kodal/Krämer* (Rdnr. 180), S. 670.

eller Erlaubnisse kann die generell für bestimmte Zwecke oder Zeiten erteilte Sondernutzung durch Satzungsvorschrift treten. Verkehrsrechtliche Auflagen im Zusammenhang mit solch generell erteilten Sondernutzungserlaubnissen (etwa: Geschwindigkeitsbegrenzungen) sind aber im allgemeinen wegen des Vorrangs des Straßenverkehrsrechts unzulässig[215] (siehe Rdnr. 172).

118 d) Ist Gemeingebrauch die Teilnahme am **Verkehr**, so ist das Abstellen von fahrunfähigen oder zur Teilnahme am Fahrverkehr nicht (mehr) berechtigten Fahrzeugen wegerechtlich als Sondernutzung zu qualifizieren. Auf der Grundlage dieser Annahme haben Bund (§ 8 Abs. 7a) und Länder[216] teilweise besondere Bestimmungen erlassen, die den Straßenbaubehörden Befugnisse zum Erlass der erforderlichen Anordnungen geben und ihnen insbesondere die Möglichkeit eines vereinfachten Zwangsverfahrens eröffnen.

2. Die Sondernutzung nach bürgerlichem Recht

119 Nutzungen, die über den Gemeingebrauch hinausgehen, aber diesen nicht beeinträchtigen **können**[217], bestimmen sich nach bürgerlichem Recht (§ 8 Abs. 10)[218]. Sie beziehen sich beispielsweise auf Benutzungen außerhalb des Verkehrsraums der Straße, aber auch auf den Luftraum weit über der Straße[219]. Der Wegeeigentümer kann sie auf vertraglicher Basis (Miete, Pacht, Verträge sui generis) gewähren. Streitigkeiten aus solchen privatrechtlichen Verträgen sind Streitigkeiten des bürgerlichen Rechts[220]. Nach ausdrücklicher gesetzlicher Anordnung bleiben im Übrigen Beeinträchtigungen des Gemeingebrauchs „von kurzer Dauer für Zwecke der öffentlichen Versorgung" außer Betracht (§ 8 Abs. 10)[221]. Die Verlegung von Versorgungsleitungen in den Straßenkörper kann daher zwischen dem jeweiligen Straßeneigentümer und dem betroffenen Versorgungsunternehmen privatrechtlich vereinbart werden[222].

---

215 *Steiner*, JuS 1984, 1 (8).
216 Siehe etwa: Art. 18a BayStrWG; § 20 Abs. 2 BrandStrG; § 25 MVStrWG; § 22 NdsStrG; § 22 NWStrWG; § 41 Abs. 8 RhPfLStrG; § 18 Abs. 8 SaarStrG; § 20 SächsStrG, SachsAnhStrG und ThürStrG.
217 Die Rechtsprechung will Sondernutzungen dem bürgerlichen Recht mit guten Gründen nur dann unterstellen, wenn sie öffentliche Interessen in keiner Weise berühren. Siehe BGH, NVwZ 1983, 499; vgl. aber auch BayObLG, BayVBl 1984, 635.
218 Siehe § 21 BWStrG; Art. 22 BayStrWG; § 23 Abs. 1 BrandStrG; § 19 BremLStrG; § 20 HessStrG; §§ 24 Abs. 2, 30 MVStrWG; § 23 NdsStrG; § 23 NWStrWG; § 45 RhPfLStrG; § 22 SaarStrG; § 23 Abs. 1 SächsStrG; § 23 Abs. 1 SachsAnhStrG; § 28 SchlHStrWG; § 23 ThürStrG. Hamburg kennt ebenso wenig wie Berlin einen eigenen privatrechtlichen Sondernutzungstatbestand. In Hamburg kann allerdings an die Stelle einer Erlaubnis ein öffentlich-rechtlicher Vertrag über die Sondernutzung treten (§ 19 Abs. 5 HambWG).
219 Dazu BGH, NVwZ 1983, 499 (500).
220 BGHZ 15, 113 (115); 37, 353 (354 f).
221 Siehe Nachweise in Fn. 215. Ausführliche Regelung in § 12 BerlStrG.
222 Zu den Einzelheiten, insbesondere zu den auf dieser Grundlage abgeschlossenen Verträgen zwischen Gemeinde und Energieversorgungsunternehmen (missverständlich „Konzessionsverträge") siehe *Ehlers/Pünder*, in: Achterberg/Püttner/Würtenberger (Hrsg.), Besonderes Verwaltungsrecht Bd. I, 2. Aufl. 2000, S. 258 ff.

3. Sonderfall: Straßennutzung durch Telekommunikationslinien

Einen Sonderfall der Wegenutzung regelt § 50 Telekommunikationsgesetz (TKG)[223]. Danach sind Lizenznehmer, die Übertragungswege für Telekommunikationsdienstleistungen betreiben, befugt, Verkehrswege für die öffentlichen Zwecken dienenden Telekommunikationslinien unentgeltlich zu benutzen, soweit nicht dadurch der Widmungszweck dauernd beschränkt wird. Sie dürfen also u.a. mit Zustimmung des Trägers der Wegebaulast im Straßengrund Telekommunikationslinien verlegen und an bestehenden Linien Änderungen vornehmen, was regelmäßig mit einer vorübergehenden Beeinträchtigung des Gemeingebrauchs verbunden ist[224]. Zwischen Lizenznehmer und Baulastträger entsteht mit der Zustimmung ein öffentlich-rechtliches Benutzungsverhältnis nach Maßgabe der Vorschriften des TKG, das einen Rückgriff auf die Regelungen des allgemeinen Straßenrechts, insbesondere über die Straßenbenutzung (vgl. § 8 Abs. 1 und 10 FStrG), ausschließt[225].

119a

Die von den Versorgungsleitungen (siehe Rdnr. 119) abweichende nutzungsrechtliche Behandlung der Telekommunikationslinien beruht auf einer systematisch zutreffenden Entscheidung des Gesetzgebers. Im Hinblick auf die zunehmend zu erwartende Mischnutzung von Versorgungsleitungen für Telekommunikationszwecke[226] dürfte eine einheitliche Regelung der Straßennutzung in diesem Bereich unumgänglich sein.

IV. Die Rechtsstellung des Straßenanliegers

1. Die Nutzungsinteressen des Anliegers

Die Nutzungsinteressen des Anliegers an einer öffentlichen Straße gehen begreiflicherweise deutlich über die Nutzungsmöglichkeiten hinaus, die das geltende Recht mit dem „schlichten" Jedermann-Gemeingebrauch bietet. Dessen gesetzliche Gewährleistung kann daher die Nutzungsinteressen des Anliegers im straßenrechtlichen Sinne (Eigentümer oder Besitzer von Grundstücken, die an einer Straße liegen) nicht zufrieden stellen. Dies gilt vor allem im örtlichen Bereich.

120

Der Anlieger, der den Gehweg für die Zufahrt zu seinem Grundstück benutzt, nimmt die Straße in besonderer Weise in Anspruch. Er braucht den Straßenkörper weiter zur Grundstücksent- und -versorgung (etwa: Abstellen von Mülltonnen auf dem Gehweg, Führung von Zuleitungen über den Gehweg bei Heizölanfuhr, Kohlenablagerung vor dem Kellerfenster). Gewerblich genutzte Grundstücke haben einen zusätzlichen Nutzungsbedarf. Ihr Eigentümer oder Besitzer ist

---

223 Siehe zu den verfassungs- und verwaltungsrechtlichen Fragen im Zusammenhang mit dieser Bestimmung *Manssen*, ArchPT 1998, 236 (241) und BVerfG, NVwZ 1999, 520. Allgemein zu den Rechtsfragen der Straßennutzung durch Telekommunikationslinien siehe *Baumgärtner*, in: Grupp (Hrsg.), Nichtverkehrliche Straßennutzung, Berichte der Bundesanstalt für Straßenwesen, 2002, S. 9 ff.
224 Zum Umfang der durch § 50 TKG gewährleisteten Benutzung vgl. BayVGH, NVwZ-RR 2002, 70 (71 f); OVG NW, DÖV 2002, 171 (172).
225 So BVerwGE 109, 192 (195) und BVerwG, NVwZ 2001, 1170.
226 Man denke etwa an die sog. Powerline Communication, bei der Stromversorgungsleitungen für die Sprach- und Datenübermittlung genutzt werden sollen.

V *Straßen- und Wegerecht*

an der Straße interessiert, weil sie das Publikum heranführt, aber auch vom Gewerbebetrieb aus, z.B. durch Werbung, Einwirkung auf dieses Publikum erlaubt. Gewerbliche Leistungen, die im Zusammenhang mit dem Gewerbebetrieb stehen, werden oft zusätzlich im Straßenraum erbracht (Anbringung von Warenautomaten, Aufstellung von Tischen vor Restaurants).

121 Das geltende geschriebene Straßenrecht reagiert auf die Nutzungsinteressen des Anliegers eher zurückhaltend. Seine Regelungen sind unvollständig und von der Rechtsprechung inzwischen zu Recht ergänzt. Diese hat dabei mit gutem Grund auch berücksichtigt, dass der Anlieger zur Finanzierung des Straßenaufwands nicht unerheblich beiträgt.

122 Methodischer Hinweis: Hier wie auch bei den unter V. erörterten Sachverhalten ist zunächst zu fragen, ob und ggf. welche Lösungen das einfache Recht (FStrG, Landesstraßengesetze) enthält. Finden sich spezielle Regelungen, wie z.B. in § 8a, so sind diese ggf. auf ihre Vereinbarkeit mit dem Verfassungsrecht und insbesondere mit den Grundrechten hin zu überprüfen. Enthält das einfache Recht keine speziellen Regelungen, so ist zu untersuchen, ob und inwieweit seine allgemeinen Bestimmungen, vor allem über die Abgrenzung von Gemeingebrauch und Sondernutzung, einer verfassungskonformen Interpretation am Maßstab des Art. 2 Abs. 1, 3 Abs. 1, 14 GG bedürfen.

2. Das geltende Recht der Anliegernutzung

123 a) Von einigen Ländern abgesehen[227] befassen sich die Straßengesetze nur mit der Zufahrt bzw. dem Zugang und mit dem Zutritt von Licht und Luft zu einem Grundstück (Stichwort „Anliegerrechte"). Sie stellen zunächst klar[228], dass den Straßenanliegern kein Anspruch darauf zusteht, dass die Straße nicht geändert oder eingezogen wird. Dies schließt allerdings nur den absoluten Anspruch auf die Aufrechterhaltung des status quo aus; Straßenanlieger haben aus ihrer grundrechtlichen Position heraus (Art. 14 GG) einen Anspruch darauf, dass Einziehung und Teileinziehung einer Straße allein unter den gesetzlichen Voraussetzungen erfolgen. Sofern auf **Dauer** Zufahrten oder Zugänge durch die Änderung oder durch die Einziehung von Straßen (einschließlich der Teileinziehung) unterbrochen oder ihre Benutzung erheblich erschwert werden, hat der Träger der Straßenbaulast einen angemessenen Ersatz zu schaffen oder, soweit dies nicht zumutbar ist, zu entschädigen (§ 8a Abs. 4). Nur Entschädigung bietet das Gesetz im Falle des Entzugs oder der erheblichen Beeinträchtigung des Zutritts von Licht oder Luft zu einem Grundstück (§ 8a Abs. 7). Diese gesetzlichen Bestimmungen nehmen teilweise die Rechtsprechung des BGH auf, der Zugang und Zufahrt von der Straße zum Anliegergrundstück als Bestandteil des Eigentumsrechts des Anliegers (Art. 14 GG) ansieht und im Falle ihrer Unterbrechung

---

227 §§ 10 Abs. 4, 11 Abs. 1 BerlStrG; § 14 Abs. 4 BrandStrG; § 17 HambWG; §§ 14 Abs. 3, 14a NWStrWG; § 14 Abs. 4 SachsAnhStrG; § 14 Abs. 4 ThürStrG; siehe ferner § 9 BerlStrG (Gehwegüberfahrten).
228 Siehe zu den Landesregelungen im Einzelnen etwa § 15 BWStrG; Art. 17 BayStrWG; §§ 14 Abs. 4 und 5, 22 BrandStrG; § 8 BremLStrG; § 27 MVStrWG; § 20 NdsStrG; § 20 NWStrWG; § 39 RhPflStrG; § 17 SaarStrG; § 22 SächsStrG; §§ 14 Abs. 4, 22 SachsAnhStrG; § 25 SchlHStrWG; §§ 14 Abs. 4, 22 ThürStrG.
229 Siehe etwa BGHZ 30, 241 (243 ff); BGH, NJW 1978, 373 (374). Allgemein zu Zufahrt und Zugang *Sauthoff*, Straße und Anlieger, 2003, S. 294 ff.

bzw. wesentlichen Beschränkung dem Eigentümer Entschädigung zugesprochen hat[229]. Die Grundsätze der Judikatur kommen zur Anwendung, wenn die genannten Beschränkungen der Anliegernutzung nicht aus straßenrechtlichen, sondern aus straßen**verkehrs**rechtlichen oder bauplanungsrechtlichen Maßnahmen hervorgehen.

Das Straßenrecht verpflichtet ferner die Straßenbaulastträger zur Existenzhilfe durch Entschädigung, wenn für **längere** Zeit Zufahrten oder Zugänge durch Straßenarbeiten unterbrochen oder ihre Benutzung erheblich erschwert wird, ohne dass von Behelfsmaßnahmen eine wesentliche Entlastung ausgeht (siehe auch Rdnr. 129). Voraussetzung ist allerdings zusätzlich, dass die wirtschaftliche Existenz eines anliegenden Betriebes gefährdet wird (§ 8a Abs. 5). **124**

b) Für alle übrigen Erscheinungsweisen der Anliegernutzung bieten die Straßengesetze nur die allgemeinen Kategorien des (verkehrsbezogenen) Gemeingebrauchs oder der (erlaubnispflichtigen) Sondernutzung an. Eine eigene Rechtskategorie des „Anliegergebrauchs" oder auch nur sachgerechte Einzelregelungen kennen sie – von einigen Ländern abgesehen[230] – nicht. Hier hat die Rechtsprechung des BVerwG[231] geholfen. Sie unterstellt die „Teilnahme des Anliegers am Gemeingebrauch" (Anliegergebrauch) „in ihrem **Kern**gehalt" dem Schutz des Art. 2 Abs. 1 GG und vor allem des Art. 14 GG[232]. **125**

Das BVerwG[233] argumentiert im Anschluss an die Rechtsprechung des BGH wie folgt: Der Gemeingebrauch an Wegen und Straßen unterliege „in seinem Kerngehalt" den grundrechtlichen Gewährleistungen der Art. 2 Abs. 1, 3 Abs. 1, 14 Abs. 1 GG. Eine Art Minimum an Gemeingebrauch sei damit dem Bundes- und Landesstraßengesetzgeber bundesverfassungsrechtlich und folglich einheitlich vorgegeben. Speziell der Anliegergebrauch kommt nach Meinung des Gerichts in seinem Kern dem (privatrechtlichen) Eigentum so nahe, dass ihm der Schutz des Art. 14 GG nicht vorenthalten werden könne.

Damit wird der Anliegergebrauch gegenüber dem „schlichten" (von den Straßengesetzen ausdrücklich eingeräumten) Gemeingebrauch mithilfe der Grundrechte gesteigert. Dies äußert sich in doppelter Richtung. **126**

– **Verfahrensrechtlich:** Anlieger können (straßenrechtliche und/oder straßenverkehrsrechtliche) Maßnahmen, die auf eine Einschränkung oder Beseitigung des grundrechtlich geschützten Anliegergebrauchs hinauslaufen, auf ihre Rechtmäßigkeit hin verwaltungsgerichtlich überprüfen lassen[234].

– **Materiellrechtlich:** Der Anliegergebrauch ist grundrechtlich insoweit gewährleistet, wie die **angemessene** Nutzung des Grundeigentums eine Benutzung der Straße **erfordert**[235]. Mit dieser Formel umschreibt das Gericht den Kerngehalt, der allein „eigentumsfähig" ist.

---

230 Siehe Fn. 221.
231 Grundsatzentscheidung: BVerwGE 30, 235 (238); klarstellend BVerwGE 32, 222 (224 ff).
232 Näher zum Folgenden *Steiner*, DVBl. 1992, 1561 (1565 ff); allgemein zur „dogmatischen Verortung" des Anliegergebrauchs siehe *Hobe*, DÖV 1997, 323.
233 BVerwGE 30, 235 (238 f).
234 BVerwGE 54, 1 (3): Erteilung einer Baugenehmigung an einen Dritten.
235 Siehe aus der Rechtsprechung BVerwGE 32, 222 (225); BVerwG, DVBl. 1971, 180 (181); NJW 1979, 440; NJW 1981, 412 f; 1988, 432 (433).

V *Straßen- und Wegerecht*

Die „angemessene" Grundstücksnutzung ist mit der optimalen Grundstücksnutzung nicht identisch[236]. Als angemessen wird in st. Rspr. des BVerwG „nicht schon jede Nutzung der Straße angesehen, zu der das Grundeigentum Gelegenheit bietet, sondern ausschließlich das, was aus dem Grundstück und seiner sowohl der Rechtslage als den tatsächlichen Gegebenheiten entsprechenden Benutzung als Bedürfnis hervorgeht". Speziell bei **gewerblich** genutzten Grundstücken erfasst der durch Art. 14 GG geschützte Anliegergebrauch neben dem Zugang zur Straße und seiner Zugänglichkeit von der Straße her in bestimmten Grenzen auch solche Nutzungsmöglichkeiten der Straße, „die im Sinne des sog. **Kontakts nach außen** dem besonderen Verhältnis zwischen dem Gewerbebetrieb und der Straße Rechnung tragen"[237]. Kennzeichnend für den Anliegergebrauch sei „das besondere Angewiesensein des Grundeigentums auf das Vorhandensein und die Benutzung der Straße"[238].

Die Formeln des BVerwG geben nur einen allgemeinen Entscheidungsmaßstab vor. Welche Nutzungsmöglichkeiten die „angemessene Nutzung des Grundeigentums" im Einzelfall erfordert, muss nach Maßgabe der konkreten Verhältnisse von Fall zu Fall ermittelt werden[239]. Hier ist auf die Einzelrechtsprechung des BVerwG und der anderen Verwaltungsgerichte zu verweisen[240].

127 Ein wichtiger Punkt: Die Anliegernutzung, die nicht von der Angemessenheits-Formel des BVerwG umfasst wird, fällt aus dem Schutzbereich des Art. 14 GG heraus, weil dieser eben nicht alle real möglichen Anliegernutzungen fasst, sondern nur den Anliegergebrauch „in seinem Kerngehalt". Wird beispielsweise die Parkfläche in unmittelbarer Nähe zu einem Grundstück durch bauliche Maßnahmen oder straßenrechtliche Anordnungen reduziert, so wird damit nach Meinung der Rechtsprechung nicht die „angemessene" Nutzung des Grundeigentums durch den Anlieger, z.B. durch den Inhaber eines Gewerbebetriebs, eingeschränkt. Er kann sich daher nicht auf Art. 14 GG zum Zwecke der Abwehr der genannten Maßnahmen berufen[241]. Auch der „Kontakt" des Gewerbebetriebs „nach außen" ist schon gewährt, „wenn eine **genügende** Verbindung mit dem unmittelbar vor dem Anliegergrund gelegenen Straßenteil und dessen Anbindung an das öffentliche Wegenetz erhalten bleibt". Der Fortbestand einer bestimmten Verbindung von Straße und Gewerbebetrieb gehört nicht zu den Elementen des konkreten, durch Art. 14 GG geschützten Gewerbebetriebs. Ein Entschädigungsanspruch ist bei bloßer Erschwerung des „Kontakts nach außen" (Umleitung, Umweg) nicht gegeben[242].

---

236 HessVGH, DVBl. 1973, 510 (511).
237 Siehe statt vieler Entscheidungen: BVerwG, NJW 1975, 1528.
238 BVerwG, a.a.O.
239 Straßen**verkehrs**rechtlich sind die Parkrechte zu Gunsten der „Bewohner städtischer Quartiere mit erheblichem Parkraummangel" geregelt (§ 6 Abs. 1 Nr. 14 StrG, § 45 Abs. 1b Satz 1 Nr. 2 StVO). Siehe dazu *Hentschel*, NJW 2001, 1901 (1903 f) und nach wie vor wichtig BVerwG, NJW 1998, 2840.
240 BVerwG, NJW 1983, 770. Aus der Rechtsprechung siehe weiter: OVG NW, NJW 1975, 2224 (vorübergehendes Aufstellen von Müllgefäßen zu Zwecken der alsbaldigen Entleerung auf dem Bürgersteig über die Länge der Frontseite des Anliegergrundstücks); BGHZ 23, 157 (166 – vorübergehende Lagerung von Baumaterialien und anderem vor dem Anliegergrundstück); anders BWVGH, VBl. BW 2002, 343 (Aufstellung eines Baukrans); BVerwG, NJW 1981, 412 (Benutzung der öffentlichen Straße durch ebenerdige Kellerschächte); BVerwG, NJW 1979, 440; RhPfOVG, NJW 1982, 1828 (Anbringung von Werbeanlagen im Luftraum über der Straße); OLG Düsseldorf, NVwZ 1983, 119 f (Parkvorsorge für Anwohner); BayVGH, BayVBl. 1984, 150 f (Einrichtung eines Sonderfahrstreifens für Linienomnibus); DVBl. 1994, 345 ff (Anfahrmöglichkeit mit Kfz bei Wohngrundstück). Näher *Steiner*, VerwArch. 86 (1995), S. 173 (174 ff).
241 BVerwG, NJW 1983, 770; siehe auch BVerwG, NJW 1989, 729.
242 BGH, NJW 1978, 373 (374); weitere Beispiele: BGHZ 8, 273 (275: Aufstellung von Gittern); BGH, WM 1963, 1100 (Umleitung eines Teils des Fußgängerverkehrs).

Diese Rechtsprechung hat angesichts der vielfältigen Einwirkungen der modernen **128**
innergemeindlichen Verkehrspolitik auf die Anliegerverhältnisse große Bedeutung,
zumal sie auch auf die Beschränkungen des Anliegergebrauchs in Fußgängerbereichen und anderen verkehrsberuhigten Zonen zur Anwendung gebracht wird. Im Ergebnis läuft hier die Judikatur darauf hinaus, dass die Schaffung vollkommen „fahrzeugbereinigter" Fußgängerzonen selten möglich sein wird. Dies gilt vor allem mit Rücksicht auf Gewerbebetriebe, die zumindest auf eine zeitlich begrenzte Erreichbarkeit durch Kraftfahrzeuge angewiesen sind[243].

Vorübergehende Unterbrechungen des „Kontakts nach außen" als Folge von Straßenbaumaßnahmen (Ausbesserungs- und Verbesserungsarbeiten, aber auch Arbeiten an Versorgungsleitungen) muss der Anlieger, der vielfachen Nutzen aus der Straße zieht, entschädigungslos dulden, weil sich hier eine Art straßenspezifisches Risiko entfaltet[244]. Diese Pflicht zur entschädigungslosen Duldung endet allerdings, wenn die vorübergehende Unterbrechung des Kontakts zu einer Betriebsaufgabe zwingt oder den Betrieb gefährdet. Auf Grund enteignungsgleichen Eingriffs will die Rechtsprechung weiter entschädigen, wenn die in Frage stehenden Maßnahmen nach Art und Dauer zu Beschränkungen führen, die bei sachgemäßer Planung und ordnungsgemäßer Durchführung nicht eingetreten wären[245]. Im speziellen Falle von Kontaktstörungen, die mit dem Bau von **U-Bahnen** zusammenhängen, will der BGH allerdings weniger das spezifische Anliegerrisiko entfaltet sehen. Hier ist die Zubilligung einer Entschädigung nicht vom Nachweis „ungewöhnlich schwerer" oder existenzgefährdender Folgebelastungen des Gewerbebetriebs abhängig; es genügen spürbare Vermögenseinbußen, etwa als Folge von Kundenverlusten[246]. **129**

V. „Kommunikative" Nutzungsformen

Das geltende Straßenrecht richtet den Gemeingebrauch – wie dargestellt (Rdnr. 110) **130**
– am Verkehr aus. Es unterscheidet dabei nicht zwischen den Straßengruppen, obgleich ein an der Fortbewegung orientierter Gemeingebrauchsbegriff (Verkehr im engeren Sinne) in das moderne Funktionsbild von Ortsstraßen, vor allem aber von Fußgängerbereichen, nicht mehr zu passen scheint. Andererseits kann die Bekundung von Meinungen, ihr Austausch mit anderen, aber auch die Werbung für Meinungen und Meinungsträger (etwa: Verteilung von Flugblättern, Aufstellung von Informationsständen, Anbieten von Zeitschriften) nicht unabhängig von der Straßensituation und unabhängig von den Formen solcher „Kommunikation" erlaubnis- und gebührenfreier Gemeingebrauch sein. Nicht selten sind auch hier zeitlich und örtlich gegenläufige Interessen verschiedener Straßenbenutzer auszugleichen (**Koordination von Nutzungsinteressen**). Das öffentliche Interesse an der Sicherheit und Leichtigkeit des Verkehrs (einschließlich des Fußgängerverkehrs) bedarf ohnehin einer auf-

---

243 Zu Unrecht unterstellt der VGH BW (DÖV 1991, 168, 169 f) mit Zustimmung des BVerfG (NVwZ 1991, 358) die Verbindung eines gewerblichen Parkplatzes mit dem öffentlichen Straßennetz nicht dem Anliegergrundrecht aus Art. 14 GG.
244 Zum Grundgedanken: BGH, DÖV 1976, 209; zustimmend BVerwG, NJW 1977, 2367 (2369). Statt zahlreicher Entscheidungen zu diesem Komplex: BGHZ 57, 359 (361 ff). Verkehrsregelnde Maßnahmen sind gleichzustellen (BGHZ 70, 212).
245 BGH, NJW 1965, 1907 (1908) i.V.m. BGH, NJW 1984, 1169 (1172).
246 BGH, NJW 1980, 2703 (2704). Grundlegend: BGHZ 57, 359 (sog. Frankfurter U-Bahnfall).

merksamen Beachtung. Unter diesen und anderen Gesichtspunkten stellt das Straßenrecht mit dem Erlaubnisvorbehalt des Sondernutzungstatbestands ein unentbehrliches Steuerungsinstrument zur Verfügung.

Die Rechtsprechung hat Straßengesetze vorgefunden, die überwiegend von einem engen Gemeingebrauchskonzept ausgehen, aber mithilfe der Kommunikationsgrundrechte, insbesondere Art. 5 GG, diesen engen Rahmen vorsichtig zu erweitern versucht. Dabei bleibt es die Funktion des Straßenrechts, einen wertneutralen ordnungsrechtlichen Rahmen für die Koordination der verschiedenen und teilweise gegenläufigen Nutzungsinteressen zur Verfügung zu stellen[247]. Im Einzelnen lassen sich verschiedene Fallgruppen unterscheiden, die zugleich Leitlinien für die Gestaltung der entsprechenden gemeindlichen Sondernutzungssatzungen abgeben.

131 **Fallgruppe 1:** Die Nutzung des Straßenraums für **gewerbliche** Zwecke (etwa: Aufstellung eines Verkaufsständers, Verteilung von Werbematerial, Ausrufung von Geschäftsangeboten)[248] fällt generell nicht unter den Verkehrsbegriff der Straßengesetze und ist daher nicht Ausübung des Gemeingebrauchs. Eine Erweiterung des Gemeingebrauchsbegriffs durch verfassungskonforme Interpretation ist hier nicht geboten, soweit die Tätigkeit allein Art. 12 Abs. 1 GG unterfällt. Die Vorschriften der Straßengesetze über das Erfordernis einer Sondernutzungserlaubnis bilden eine gesetzliche Schranke der Berufsausübung im Sinne des Art. 12 Abs. 1 Satz 2 GG[249]. Schwierigkeiten bereitet der Praxis die Unterscheidung von Wirtschaftsaktivitäten und die auf Art. 4 Abs. 1 und 2 GG gestützte Religionswerbung im öffentlichen Straßenraum. Auch wenn sich eine Religions- oder Weltanschauungsgemeinschaft in erheblichem Umfang (erwerbs) wirtschaftlich betätigt, ist ihr der Schutz des Art. 4 GG nicht zu versagen. Dies wäre nur der Fall, wenn Glaubenslehre und Glaubenswerbung lediglich Vorwand wären für die Verfolgung wirtschaftlicher Ziele. Das behördliche Kontrollverfahren im Zusammenhang mit der Entscheidung über die Erteilung einer Sondernutzungserlaubnis ist grundsätzlich mit Art. 4 GG vereinbar, weil es dazu dient, die verschiedenen grundrechtlichen Belange, die bei der Benutzung des „knappen Gutes öffentliche Straße" in Konflikt geraten können, möglichst in Einklang zu bringen. Ergibt die Einzelfallprüfung, dass die beabsichtigte Straßenbenutzung weder die durch Art. 2 Abs. 1, Art. 3 GG im Kern geschützten Rechte der Verkehrsteilnehmer noch das Recht auf Anliegergebrauch (Art. 14 Abs. 1 GG) noch andere Grundrechte ernstlich beeinträchtigt, so besteht in aller Regel ein Anspruch auf Erlaubniserteilung[250].

---

247 Siehe VG Augsburg, BayVBl. 1997, 667 (668).
248 Die Einrichtung von Depotsammelplätzen für Zwecke der kommunalen Wertstoffsammlung auf öffentlichem Straßengrund ist dagegen zulassungsfreier Gemeingebrauch (OVG Bremen, NVwZ 1997, 1022).
249 Aus der Rechtsprechung siehe etwa: BVerwGE 35, 326 (329 ff) – Handzettel; OLG Stuttgart, NJW 1976, 201 (202) – Zeitungsverkauf; a.A. (für den Handverkauf von Zeitungen auf dem Bürgersteig einer Großstadtstraße) OLG Frankfurt, NJW 1976, 203 f; OLG Bremen, NJW 1976, 1359; OLG Hamm, NVwZ 1991, 205 f; Zeitungsentnahmegeräte: BayVGH, BayVBl. 2002, 636. Zur Organisation von „Marktveranstaltungen" auf der Grundlage von Sondernutzungserlaubnissen siehe *Messmer*, GewArch 2002, 409.
250 So grundsätzlich BVerwG, NJW 1997, 406; siehe auch *Sauthoff*, NVwZ 1998, 239 (246) und *Abel*, NJW 1997, 426 (431). Siehe auch VGH BW, NVwZ-RR 2002, 740 und BayVGH, BayVBl. 2003, 214.

Fallgruppe 2: Im Falle der Nutzung des Straßenraums für **Meinungsäußerungen** 132
ohne technische Hilfen (etwa: Verbreitung von Schriften[251] oder Handzetteln, Führung von Gesprächen) scheint die Rechtsprechung zur Annahme einer gemeingebräuchlichen Nutzung oder jedenfalls einer erlaubnisfreien Sondernutzung zu neigen. Zwar bilden auch hier die straßenrechtlichen Vorschriften über die Abgrenzung von Gemeingebrauch und Sondernutzung Schranken der Meinungsäußerungsfreiheit (Art. 5 Abs. 1 GG) in der Form allgemeiner Gesetze (Art. 5 Abs. 2 GG), doch muss diese einfachgesetzliche Abgrenzung auf Grund der bekannten Rechtsprechung des BVerfG[252] wiederum im „Lichte des Grundrechts der Meinungsfreiheit" und dessen Rang beurteilt werden. Nutzungen der genannten Art sind daher in verfassungskonformer Auslegung der Gemeingebrauchsvorschrift Fälle des Gemeingebrauchs (Verkehr im weiteren kommunikativen Sinne)[253].

Fallgruppe 3: Werden für **Meinungsäußerungen** Hilfsvorrichtungen (etwa: Informationsstände, Plakatständer, Lautsprecheranlagen) in Anspruch genommen, so geht 133
eine solche Nutzung in jedem Falle über den kommunikativen Verkehrsbegriff hinaus. Eine „Korrektur" dieses einfachgesetzlich ermittelten Ergebnisses unter Einwirkung des Art. 5 Abs. 1 GG ist nicht geboten, da es sich um gesteigerte Formen der Meinungsäußerung handelt. Es besteht die Möglichkeit der Beeinträchtigung des Gemeingebrauchs Dritter, die im Erlaubnisverfahren der individuellen Sondernutzungserteilung zu berücksichtigen ist[254].

Fallgruppe 4: Auch die Werbung durch **politische Parteien** mit technischen Hilfen 134
(etwa: Informationsstände, Dreikantständer) muss aus den eben genannten Gründen als Sondernutzung behandelt werden[255]. Für den Zeitraum der Wahlen (aber auch nur für diesen Zeitraum) folgert jedoch die Rechtsprechung[256] aus Art. 5 Abs. 1 GG und Art. 21 GG, dass wegen der Bedeutung der Wahlen für den demokratischen Staat und

---

251 Der Straßenverkauf von Zeitungen von Hand zu Hand ist gewerbliche Nutzung (siehe Rdnr. 131). Dazu VG Karlsruhe, NJW 2002, 160.
252 Grundlegend: BVerfGE 7, 198 (207 f).
253 OLG Stuttgart; NJW 1976, 201 (202); jetzt auch BayVGH, NVwZ-RR 1997, 258. Diese Auffassung verdient den Vorzug vor einer Rechtsprechung, die in den genannten Formen der Meinungsäußerung Fälle einer erlaubnis**freien** Sondernutzung sieht (siehe OLG Düsseldorf, NJW 1975, 1288; OLG Celle, NJW 1975, 1894; OLG Hamm, NJW 1976, 2172 f). Einen so gestalteten Sondernutzungstatbestand kennt das geltende Recht nicht; ihn in das Straßenrecht hinein zu interpretieren, überschreitet die Möglichkeiten einer verfassungskonformen Gesetzesauslegung.
254 Aus der Rechtsprechung siehe u.a. BVerwGE 56, 63 (65); BGHSt 28, 275 (282); dazu *Steinberg*, JuS 1980, 108 ff. Siehe weiter VG Frankfurt a.M., NVwZ-RR 1998, 88 f (Informationsstand anlässlich der Wehrmachtsausstellung) und BayObLG, DÖV 2002, 829 (Verteilen von politischen Schriften auf Fahrbahnen).
255 Das OVG Lüneburg hält es insb. im Hinblick auf Art. 5 Abs. 1, 21 GG für unzulässig, wenn eine Sondernutzungssatzung (siehe Rdnr. 116) die Erteilung von Sondernutzungsgenehmigungen für Informationsveranstaltungen politischer Parteien in Fußgängerzonen *ausnahmslos* ausschließt (NJW 1986, 863 f). Näher dazu *Ch. Walter*, Wahlkampfrecht, 1989, S. 127 ff.
256 BVerwGE 56, 56; 56, 63; bestätigt durch BVerwG, DÖV 1981, 226 f; allgemein zum Status der Parteien im Straßenwahlkampf BVerfG, NVwZ 2002, 467. – Die Nutzung technischer Vorrichtungen für die Verbreitung sonstiger politischer Meinungsäußerungen (also von Nichtparteien bzw. von Parteien außerhalb des Wahlkampfes) sind demnach erlaubnispflichtige Sondernutzungen ohne Ermessensbindung (BVerwG, a.a.O.; BGHSt 28, 275/282 f).

der Bedeutung der Parteien für solche Wahlen allein die Entscheidung **für** die Erteilung einer Sondernutzungserlaubnis rechtmäßig ist (Ermessensreduzierung auf Null). Damit wird ein verfassungsabgeleiteter bundesrechtlicher Anspruch auf Erteilung einer straßenrechtlichen Sondernutzungserlaubnis für die Nutzung der genannten Hilfen im Straßenraum dem Grunde nach anerkannt. Eine Ermessensentscheidung ist zu treffen, wenn die Wahlwerbung über den notwendigen und angemessenen Umfang hinausgeht, auf dessen Gewährleistung ein verfassungsrechtlicher Anspruch besteht[257].

135 **Fallgruppe 5:** Soweit die Gemeinden die Ausübung von **Kunst** (etwa: Pflastermalerei, Straßenmusik) und die Aufstellung von Kunstgegenständen im Straßenraum als Regel dem Tatbestand der öffentlich-rechtlichen Sondernutzung zuordnen, ist diese Praxis von der verwaltungsgerichtlichen Rechtsprechung bestätigt worden[258]. Zwar können die straßenrechtlichen Vorschriften für sich die Kunstfreiheit – hier als **Wirk-Freiheit** begriffen – nicht einschränken, da das Kunstfreiheitsgrundrecht (Art. 5 Abs. 3 GG) einen Gesetzesvorbehalt nicht kennt. Doch nimmt die Rechtsprechung die Schranken unmittelbar aus der Verfassung, indem sie den störungsfreien Gemein- und Anliegergebrauch in seinem Kern durch Art. 2 Abs. 1, 3 Abs. 1, 14 Abs. 1 GG als geschützt ansieht. Gesetzliche Regelungen, die diesen Schutz entfalten, wie z.B. die Bestimmungen über die Sondernutzung, geben dann eine kunstneutrale Grundlage für den Ausgleich der praktischen Nutzungskonflikte ab[259]. Werden im Einzelfall Grundrechte anderer nicht ernsthaft beeinträchtigt, so wird die Gewährleistung der Kunstfreiheit (Art. 5 Abs. 3 GG) durchaus zu einer Ermessensreduzierung auf Null führen; es besteht dann ein Anspruch auf Erlaubnis. Wünschenswert ist im Übrigen eine kunstfreundliche Ausschöpfung der satzungsrechtlichen Befugnisse vonseiten der Gemeinden (siehe Rdnr. 116).

136 Zulässigkeit und Grenzen der Inanspruchnahme des öffentlichen Straßenraums durch **Versammlungen** ergeben sich unmittelbar und abschließend aus Art. 8 GG und der bundesgesetzlichen Regelung des Versammlungsgesetzes, gegebenenfalls i.V.m. allgemeinem Sicherheitsrecht. Diese speziellen Vorschriften verdrängen sowohl das materielle Straßenrecht und dessen Regelungen über die Abgrenzung von Gemeingebrauch und Sondernutzung[260] als auch die straßenverkehrsrechtliche Bestimmung des

---

257 OVG Schleswig, NVwZ 1992, 70 f; VG Düsseldorf, NVwZ-RR 1997, 729. Der Grundsatz der Wahlgleichheit kann einem wenige Tage vor der Wahl gestellten Antrag auf Sondernutzungsurlaub für Plakatwerbung entgegenstehen (BayVGH, BayVBl. 1998, 118).
258 BVerwG, DÖV 1981, 342 f; NJW 1987, 1836 f; NJW 1990, 2011 ff (m.w.N. aus der Rspr.). Die Literatur zeigt sich nicht geschlossen. Siehe einerseits *Bismark*, NJW 1985, 246 und *Steinberg/Hartung*, JuS 1990, 795 ff (in Richtung der Rechtsprechung), andererseits rechtsprechungskritisch *Hufen*, DÖV 1983, 353 ff und *Würkner*, NJW 1987, 1793 ff; *ders.*, NVwZ 1987, 841 ff. Umfassend: *Laubinger*, VerwArch. 81 (1990), 583 ff.
259 Zur Berücksichtigung der Belästigung der Umgebung durch Kunstdarbietungen (und Werbung) siehe *Fikentscher/Möllers*, NJW 1998, 1337.
260 Dazu näher – mit Nachweisen zum Meinungsstand – *Zeitler*, Art. 18 Rdnr. 11 und *Kodal/Krämer*, S. 602 f. Zu Sonderfällen siehe *Schwerdtfeger*, in: Gedächtnisschrift für W. Martens, 1987, S. 445 (447 f). Zur Bedeutung des Art. 8 GG in diesem Zusammenhang: BVerfGE 69, 315 (353); 73, 206 (249).

§ 29 StVO²⁶¹. Versammlungen i.S.v. Art. 8 GG sind örtliche Zusammenkünfte mehrerer Personen zur gemeinschaftlichen, auf die Teilhabe an der öffentlichen Meinungsbildung gerichteten Erörterung oder Kundgebung. Es genügt also nicht, wenn die Teilnehmer durch irgendeinen Zweck miteinander verbunden sind. Volksfeste und Vergnügungsveranstaltungen fallen daher nicht unter den (vom Geltungsanspruch des Straßenrechts freistellenden) Versammlungsbegriff, eben sowenig Veranstaltungen, die der bloßen Zurschaustellung eines Lebensgefühls dienen oder die als eine auf Spaß und Unterhaltung ausgerichtete öffentliche Massenparty gedacht sind („Fuckparade", „Love Parade")²⁶².

Antworten und Lösungshinweise

1. Da der Luftraum über dem Straßenkörper Bestandteil der öffentlichen Straße nach dem geltenden Straßenrecht ist (vgl. § 1 Abs. 4 Nr. 2), liegt eine Straßenbenutzung durch U vor. Der bundesverfassungsrechtlich gewährleistete (erlaubnisfreie) Anliegergebrauch (Art. 14 GG) umfasst im Grundsatz auch die Werbung des Straßenanliegers für sein eigenes gewerbliches Unternehmen an der Stätte der Leistung. Ob Hinweisschilder in der Form von Nasenschildern unabhängig von ihren räumlichen Abmessungen immer darunter fallen, muss zweifelhaft sein (siehe dazu BVerwG, Urt. vom 24.2.1978, NJW 1979, 440 f; OVG Koblenz, Urt. vom 9.2.1982, NJW 1982, 1828). Jedenfalls wird man die hier vorliegenden Schilder mit „gemischter" Werbung (Hinweis auf eigenes Unternehmen und fremde Produkte) dem Sondernutzungsrecht zurechnen müssen. Die Gemeinden können im Rahmen von Sondernutzungssatzungen (siehe Rdnr. 116) die gesetzlichen Grenzen zwischen Gemeingebrauch und Sondernutzung **nicht** verschieben, weder in der einen noch in der anderen Richtung. Sie sind jedoch befugt, bestimmte Sondernutzungen von der individuellen Erlaubnispflicht freizustellen, für sie aber zugleich eine Gebühr festzusetzen. Die rechtlichen Bedenken des U sind daher nicht begründet.

2. Die Entscheidung über die Erteilung einer Sondernutzung ist eine Ermessensentscheidung (siehe Rdnr. 115). Im Rahmen der Ermessensausübung hat der Straßenbaulastträger die Auswirkungen der beantragten Sondernutzung auf den Gemeingebrauch, auch auf den Anliegergebrauch und sonstige straßenspezifische Gesichtspunkte zu prüfen und zu bewerten. Er kann aber auch Gesichtspunkte der Stadtgestaltung berücksichtigen. Dies gilt jedenfalls für Fußgängerzonen, bei deren Einrichtung im Wege der ursprünglichen oder nachträglichen Widmungsbeschränkung gerade auch städtebauliche Überlegungen als „Gründe des öffentlichen Wohls" ins Feld geführt werden dürfen (vgl. VGH Kassel, Urt. vom 10.3.1981, NVwZ 1983, 48/49; näheres Rdnr. 115).

3. Das Aufstellung des Verkaufsständers ist eine Sondernutzung. Ein Anliegergebrauch liegt nicht vor, da U für die Aufrechterhaltung seines Gewerbebetriebes nicht auf den Verkaufsständer angewiesen ist. Eine Versagung der Erlaubnis wegen Beeinträchtigung des Stadtbildes wäre nicht zu beanstanden. Die Fußgängerzone ist Teil der historischen Altstadt, sodass trotz Bezugnahme auf das Stadtbild als Ganzes ein straßenspezifischer Bezug gegeben ist. Auch ein gemeindliches Gestaltungskonzept liegt vor. Es muss keine satzungsrechtliche Grundlage haben. Die Gemeinde hat bei der Erstellung eines solchen Konzepts „straßenrechtliche Gestaltungsfreiheit", die lediglich durch das Willkürverbot

---
261 So die h.M. Siehe BVerwGE 82, 34 (40).
262 Dazu näher *Hoffmann-Riem*, NVwZ 2002, 257 (259). Zur Beurteilung von Verkaufsständen bei Versammlungen siehe *Kanther*, NVwZ 2001, 1239 (1241 f) und *Wiefelspütz*, DÖV 2001, 21 (24).

begrenzt ist. Die Privilegierung der Aufstellung von Obst- und Gemüseständern ist nicht willkürlich, da diese dem historischen Stadtbild keinerlei touristisches Gepräge verleihen, im Gegenteil dessen besonderes Flair sogar unterstützen können (so VGH BW, NVwZ-RR 2000, 837 [838 ff]). Die Begründung der Versagung allein mit der Beeinträchtigung der Sicherheit und Leichtigkeit des Fußgängerverkehrs verstieße gegen Art. 3 Abs. 1 GG. Sie stellte eine willkürliche Ungleichbehandlung gegenüber der Aufstellung von Obst- und Gemüseständern dar, weil zwischen beiden Arten von Hindernissen bezüglich Größe und Lage für die Fußgänger keine sachlichen Unterschiede bestehen.

139 4. U kann aus der Rechtsprechung des BGH keinen Entschädigungsanspruch auf Grund enteignenden Eingriffs herleiten. Zwar erfasst Art. 14 GG nicht nur den Bestand des eingerichteten und ausgeübten Gewerbebetriebs, sondern auch dessen gesamte Erscheinungsformen „einschließlich seiner besonderen Lage an der Straße, den sog. Kontakt nach außen" (st. Rspr.; siehe etwa BGH, Urt. vom 7.7.1980, NJW 1980, 2703 f). Der Fortbestand einer **bestimmten** Verbindung zwischen Straße und Gewerbebetrieb gehört aber nicht zu den Elementen, die dem Schutzbereich der verfassungsrechtlichen Eigentumsgewährleistung zuzurechnen sind. Wegen der sich ständig wandelnden Verkehrsverhältnisse kann sich der Anlieger nicht auf einen bestimmten baulichen oder verkehrsrechtlichen status quo verlassen (BGH, a.a.O.). Art. 14 GG begründet daher weder Abwehr- noch Entschädigungsansprüche, wenn – wie hier – der Kontakt nach außen durch Umleitung oder Umweg erschwert wird und damit Lagevorteile verloren gehen, solange noch – was hier der Fall ist – eine „genügende" Verbindung des Gewerbebetriebs mit dem unmittelbar vor dem Anliegergrundstück gelegenen Straßenteil und dessen Anbindung an das öffentliche Wegenetz erhalten bleibt (BGH, Urt. vom 10.11.1977, NJW 1978, 373/374).

140 5. E ist nicht als gewerblicher, sondern als privater Anlieger von der Verkehrsbeschränkung betroffen. Zwar kann er sich auch in dieser Eigenschaft auf Art. 14 GG berufen, soweit ihm durch eine straßenverkehrsrechtliche Maßnahme die Möglichkeit einer angemessenen Nutzung seines Grundeigentums genommen wird. In der Regel wird unter den heutigen Lebensverhältnissen die Erreichbarkeit eines Grundstücks mit dem Kraftfahrzeug zu dieser angemessenen Nutzung gehören. Das BVerwG (Beschl. vom 26.6.1979, NJW 1980, 354) stellt jedoch entscheidend im vorliegenden Fall auf die das konkrete Grundstück prägende Situation seiner Umgebung ab. Das Grundstück liege im Zentrum des Kurortbereichs. Im Hinblick auf den Kur- und Erholungswert des Ortes aktualisiere die verkehrsrechtliche Einschränkung gleichsam ein Risiko, das mit einer Straße in dieser Lage von vornherein verbunden sei.

Vertiefungshinweise: *Maurer*, Gemeingebrauch und Anliegernutzung im Straßenrecht, DÖV 1975, S. 217 ff; *Stock*, Straßenkommunikation als Gemeingebrauch, 1979.

F. Das Nachbarrecht der öffentlichen Straßen und Wege

Fälle und Fragen

1. E ist Eigentümer einer Großtankstelle in der Nähe der Autobahn, die vor allem von Autobahnbenutzern wegen der günstigen Benzinpreise aufgesucht wird. Er beabsichtigt, eine Reihe zusätzlicher Dienstleistungen anzubieten und beantragt bei der zuständigen Bauaufsichtsbehörde die Erteilung einer Baugenehmigung für einen Anbau an das schon bestehende Restaurationsgebäude. Die Baugenehmigung wird mit der Begründung versagt, der Anbau liege bereits innerhalb der Bauverbotszone des § 9 Abs. 1 Nr. 1. Daher sei eine Ausnahme nach § 9 Abs. 8 erforderlich, deren Zulassung die zuständige Landesstraßenbaubehörde abgelehnt habe. E will die Angelegenheit nicht auf sich beruhen lassen und zunächst Widerspruch einlegen. Gegen welche Entscheidung muss sich dieser richten?

2. Durch eine verkehrsregelnde Maßnahme in der X-Straße der kreisfreien Stadt S hat der Straßenverkehr und insbesondere der Lkw-Verkehr in der Y-Straße, einer Gemeindestraße, wesentlich zugenommen. Die Verkehrsgeräusche erreichen bei dem in dieser Straße liegenden Krankenhaus während des Tages einen Mittelwert von 60 Dezibel (A). T, Träger des Krankenhauses, verlangt von der Stadt die Vornahme schallschützender Maßnahmen nach dem BImSchG, hilfsweise den Ausschluss des Lkw-Verkehrs durch eine entsprechende straßenverkehrsrechtliche Beschränkung. Könnte er diese Forderungen rechtlich durchsetzen?

Lösungshinweise Rdnr. 157 f.

I. Grundfeststellungen

1. Der Schutz der Straßenfunktion vor nachbarlichen Einwirkungen

Öffentliche Straßen werden auf Grundstücken gebaut, die in Nachbarschaft zu anderen, häufig privat genutzten Grundstücken stehen. Von ihnen gehen zulasten dieser Nachbargrundstücke Einwirkungen aus, vor allem auf Grund ihrer spezifischen Nutzung als Verkehrsträger (Verkehrsimmissionen in der Gestalt von Luftverunreinigungen, Erschütterungen, Licht und Geräuschen)[263]. Öffentliche Straßen unterliegen aber auch ihrerseits Einwirkungen vonseiten benachbarter Grundstücke. Solchen Einwirkungen gelten einige spezielle Regelungen der Straßengesetze, die den Nachbarn öffentlicher Straßen spezifische öffentlich-rechtliche Beschränkungen in der Benutzung ihrer Grundstücke und Sonderpflichten zur Unterlassung, Duldung und Vornahme von Handlungen auferlegen. Hervorzuheben sind:

---

263 Vgl. § 3 Abs. 2 BImSchG.

- In der Nachbarschaft öffentlicher Grundstücke bestehen Baubeschränkungen, deren Intensität je nach Straßenklasse, aber auch innerhalb der Straßenklasse nach räumlichen Gesichtspunkten gestuft ist (§ 9)[264].
- Die Werbemöglichkeiten an öffentlichen Straßen sind im Hinblick auf das öffentliche Interesse an einem sicheren und flüssigen Verkehr eingeschränkt (§ 9 Abs. 6)[265].
- Den Straßennachbarn treffen besondere Pflichten, z.B. zur Unterlassung sichtbehindernder Anpflanzungen (§ 11 Abs. 1 und 2)[266].

144 Diese Sondervorschriften sind wichtig, weil nach verbreiteter Auffassung die Nachbarschaftsregelungen des BGB (§§ 906 ff) privatnützige Grundstücke zur Prämisse haben, die Straße aber dem Interesse der Allgemeinheit dient. Bei Störungen einer widmungsgemäßen Straßenbenutzung durch die Nutzung benachbarter Grundstücke stehen im Übrigen ergänzend die allgemeinen ordnungsrechtlichen Befugnisse zur Verfügung.

2. Der Schutz des Straßennachbarn vor den Nutzungsemissionen öffentlicher Straßen

145 Antworten auf die Emissionen von öffentlichen Straßen zulasten benachbarter Grundstücke gibt heute an Stelle des Gesetzgebers weithin – mit Unterstützung der Literatur – die Rechtsprechung der Zivil- und Verwaltungsgerichte. Diese Judikatur wird vor allem durch zwei Grundentscheidungen bestimmt, die miteinander zusammenhängen.

146 a) Geht die Nutzung einer Straße auf einen hoheitlichen Widmungsakt zurück, so werden die von dieser Nutzung ausgelösten Einwirkungen auf Nachbargrundstücke nach **öffentlichem** Recht beurteilt. Straßennachbarrecht ist demnach öffentliches Recht, soweit die Einwirkungen aus Nutzungen resultieren, die innerhalb des öffentlichen Zwecks und der öffentlich-rechtlichen Zweckbindung der Straße liegen. Die grundsätzliche Herausnahme des Nachbarrechts öffentlicher Straßen und Wege aus den Vorschriften des BGB über nachbarschaftliche Rechtsverhältnisse hat wichtige Folgen: Sind die Immissionen (schlicht-)hoheitlicher Natur, so können sie immer nur einen Abwehranspruch des **öffentlichen** Rechts auslösen (Korrespondenz-Gesichtspunkt), insbesondere aus Art. 14 Abs. 1 GG oder einer entsprechenden Anwendung

---

264 Aus dem Landesrecht vgl. etwa §§ 22 ff BWStrG; Art. 23 BayStrWG; § 24 BrandStrG; § 27 BremLStrG; § 24 HessStrG; §§ 31 ff MVStrWG; § 24 NdsStrG; § 25 NWStrWG; § 22 RhPflStrG; § 24 SaarStrG; § 24 SächsStrG; § 24 SachsAnhStrG; § 29 SchlHStrG; § 24 ThürStrG. Zu verwaltungsrechtlichen Einzelheiten siehe Rdnrn. 141, 157.
265 Vgl. aus dem Landesrecht § 22 Abs. 5 BWStrG; Art. 23 ff BayStrWG; § 24 Abs. 7 BrandStrG; § 27 Abs. 1 Satz 2 BremLStrG; § 31 Abs. 2, 3 Satz 2 MVStrWG; § 24 Abs. 1 Satz 2 NdsStrG; § 28 NWStrWG; § 24 RhPflStrG; § 24 SaarStrG; § 24 Abs. 7 SächsStrG; § 24 Abs. 7 SachsAnhStrG; § 29 Abs. 2 SchlHStrWG; § 24 Abs. 7 ThürStrG.
266 Aus dem Landesrecht vgl. § 28 Abs. 2 BWStrG; Art. 29 Abs. 2 BayStrWG; § 23 Abs. 3 BerlStrG; § 26 Abs. 2 BrandStrG; § 23 Abs. 5 HambWG; § 27 Abs. 2 HessStrG; § 35 Abs. 3 MVStrWG; § 31 Abs. 2 NdsStrG; § 30 Abs. 2 NWStrWG; § 27 Abs. 2 RhPflStrG; § 31 Abs. 2 SaarStrG; § 27 Abs. 2 SächsStrG; § 26 Abs. 2 SachsAnhStrG; § 33 Abs. 3 SchlHStrG; § 26 Abs. 2 ThürStrG.

des § 1004 BGB²⁶⁷. Abwehransprüche wiederum werden nur ausgelöst, wenn die hoheitlichen Immissionen **rechtswidrig** sind.

b) Die zweite Grundannahme ist eine Voraussetzung der Ersten: Verkehrsimmissionen und insbesondere der von der Bevölkerung heute als primäre Belastung empfundene Verkehrslärm gehen zwar von den einzelnen Benutzern der Verkehrsanlage aus. Rechtlich werden sie jedoch dem Straßenbaulastträger zugerechnet, der die Verkehrsanlagen baut, widmet und unterhält, werden also gleichsam bei ihm rechtlich gebündelt. Beeinträchtigungen durch Verkehrsimmissionen sind also Beeinträchtigungen seitens der „vollziehenden Gewalt" im Sinne des Art. 1 Abs. 3 GG. Auch daraus ergibt sich eine wichtige Konsequenz: Grundrechte, insbesondere Art. 2 Abs. 1 und 2 Satz 1 sowie Art. 14 GG, ziehen Verkehrsimmissionen Schranken und bestimmen die Bedingungen ihrer Rechtmäßigkeit²⁶⁸. Außerhalb dieser Grundorientierungen ist als Folge gesetzgeberischer Untätigkeit allerdings nur weniges gesichert. Dies gilt vor allem für die Bestimmung der Maßstäbe, mit deren Hilfe ermittelt wird, welche Einwirkungen der Nachbar einer öffentlichen Straße (entschädigungslos oder gegen Entschädigung) zu dulden hat (siehe II.).

147

II. Die rechtliche Beurteilung der schlicht-hoheitlichen Verkehrsimmissionen

1. Verkehrsbezogene Abwehr- und Unterlassungsansprüche

a) Auch für Verkehrsimmissionen gilt die allgemeine öffentlich-rechtliche Grundregel, dass rechtswidrige (schlicht-)hoheitliche Beeinträchtigungen abgewehrt werden können, rechtmäßige dagegen zu dulden sind. Als Maßstab für die Beurteilung der Rechtmäßigkeit von Verkehrsimmissionen kommen im Prinzip Art. 14 GG (Eigentumsschutz der Straßenanlieger als objektbezogener Schutz) und Art. 2 Abs. 2 Satz 1 GG (Grundrecht auf körperliche Unversehrtheit als personenbezogener Schutz)²⁶⁹ in Betracht. Dabei gilt: Verkehrsimmissionen als Folge einer Nutzung der Straße, die auf einer rechtmäßigen bzw. rechtswirksamen Planung beruht²⁷⁰, sind regelmäßig rechtmäßige Einwirkungen auf das Nachbargrundstück. Die Belastungen benachbarter Grundstücke können grundsätzlich aus dem öffentlichen Interesse an einem leistungsfähigen Straßennetz gerechtfertigt werden. Aus Art. 14 GG werden daher im allgemeinen nur Ansprüche der unten u. 3. und 4. dargestellten Art abzuleiten sein. Eher schon könnte sich aus Art. 2 Abs. 2 GG im Einzelfall die Annahme der Rechtswidrigkeit von Verkehrsbeeinträchtigungen ableiten lassen. Man darf schon wegen Art. 19 Abs. 1 Satz 2 GG zweifeln, ob die gesetzlichen Vorschriften über den Bau,

148

---

267 Grundsätzlich: OVG NW, DÖV 1983, 1020. Anwendungsbeispiel aus dem Straßenrecht: RhPfOVG, NJW 1986, 953; BayVGH, BayVBl. 1998, 277 (Spritzwasser von der Fahrbahn); BayVGH, BayVBl. 1999, 118/Aufpflasterung einer Straße mit Granit-Kleinpflasterbelag).
268 BVerfGE 67, 299 (328) – zu Gunsten der Anwohner.
269 Zur Unzulässigkeit einer Lärm(gesamt)belastung, die zu einer Gesundheitsgefährdung führt, siehe BVerwGE 101, 1; BVerwG, NVwZ 2001, 1154 (1159).
270 Das BVerwG (DVBl. 1993, 1357 ff) lässt offenbar die Widmung nicht genügen, um das Verhältnis von Straßenbaulastträger und Grundeigentümer unter dem Gesichtspunkt der Verkehrsimmissionen zu „regulieren".

die Widmung und die Indienststellung öffentlicher Straßen eine ausreichende gesetzliche Grundlage für Eingriffe in die körperliche Unversehrtheit im Sinne des Art. 2 Abs. 2 Satz 3 GG abgeben. Allerdings ist die Eingriffsschwelle im Falle des Art. 2 Abs. 2 GG außerordentlich schwer zu bestimmen. Sie darf nicht zu niedrig angesetzt werden. Immerhin kann als gesichert gelten, dass nicht nur somatisch fassbare Gesundheitsschäden, wie z.B. Gehöreinbußen, sondern auch negative Einwirkungen auf den körperlichen und geistigen Zustand des Betroffenen erheblich im Sinne des Art. 2 Abs. 2 GG sind.

149 b) Der BGH hält sich trotz der prinzipiell auch von ihm anerkannten öffentlich-rechtlichen Beurteilung von Verkehrsimmissionen bei der Bestimmung der Rechtmäßigkeit an den (Hilfs-)Maßstab des § 906 BGB. Allerdings erfährt diese Vorschrift eine „straßenspezifische" Interpretation.

– Der Standpunkt der Rechtsprechung läuft darauf hinaus, dass die Benutzung einer Straße durch den Verkehr stets gewöhnliche und ortsübliche Benutzung ist, mag der Verkehr auch „noch so massenhaft und geräuschvoll" sein oder sich erst zu diesem Ausmaß entwickelt haben. Sie bewertet den Verkehr auf einer bestimmten öffentlichen Straße damit nicht isoliert, sondern stellt die Straße in den Zusammenhang des Gesamtverkehrs, aus dem sich immer Änderungen der Verkehrsmenge und der Verkehrszusammensetzung ergeben können[271]. Eine Überschreitung der **Ortsüblichkeit** kommt daher bei Verkehrsimmissionen praktisch nicht in Betracht.

– Auch bei Vorliegen der Merkmale, die nach § 906 BGB eine Duldungspflicht des Nachbarn **aus**schließen, gewährt die Rechtsprechung gegenüber dem Baulastträger keinen Rechtsanspruch auf Unterlassung von Verkehrsimmissionen durch Aufhebung oder Einschränkung des Verkehrs. Sie begründet dies mit der öffentlichen Aufgabenstellung der Straße und verweist auf etwaige Ausgleichsansprüche[272].

150 Von dieser Rechtsprechung unberührt bleibt die Frage, ob Maßnahmen der Verkehrslenkung, die in bestimmten Straßen aus Gründen der Verkehrsberuhigung vorgenommen werden (etwa: Aussperrung des Kraftfahrzeugverkehrs aus bestimmten Straßen), von Anliegern **anderer** Straßen verwaltungsgerichtlich angegriffen werden können, in denen solche Maßnahmen zu einer wesentlichen Steigerung der Verkehrsfrequenz oder zu einer nachteiligen Veränderung der Verkehrszusammensetzung führen[273].

2. Ansprüche auf Vornahme immissionsmindernder Maßnahmen

151 a) Die Zurückhaltung der Rechtsprechung gegenüber Ansprüchen auf (Teil-)Unterlassung von Verkehr und Verkehrsimmissionen rückt die im geltenden Recht vorhandenen Ansprüche auf Vornahme immissions**mindernder** Maßnahmen zur Absenkung vor allem der Lärm- und Abgaswerte in den Vordergrund (etwa: Lärmschutzwälle, Lärmschutzwände, lärmdämmender Straßenbelag, Versenkung der Fahrbahn,

---

[271] BGHZ 54, 384 (389 f); siehe schon RGZ 159, 137 ff.
[272] BGH, a.a.O., S. 387.
[273] Dazu *Steiner*, in: 32. Deutscher Verkehrsgerichtstag 1994, S. 105 (197 ff); grundlegend: *Hügel*, Dritte als Betroffene verkehrsberuhigender Maßnahmen, 1991.

Bepflanzung). Sie werden im Wesentlichen durch das Bundesimmissionsschutzrecht und das Planfeststellungsrecht gewährt (Rdnr. 84). Weiter kommen als Schutzmaßnahmen im Falle des Baus oder Ausbaus von Straßen auf der Grundlage von Bebauungsplänen Festsetzungen nach § 9 Abs. 1 Nr. 24-26 BauGB in Betracht (Rdnr. 89, 152). Eine ganz wesentliche Bedeutung haben ferner straßenverkehrsrechtliche Schutzmaßnahmen (Geschwindigkeitsbeschränkungen, Verkehrsverbote usw.) auf der Grundlage des § 45 StVO (Rdnr. 154).

b) Ganz im Vordergrund steht seit langem der Schutz vor **Verkehrslärm**[274] bei baulich genutzten Grundstücken in der Nachbarschaft öffentlicher Straßen. Die **Lärmvorsorge** beim Bau oder der wesentlichen Änderung öffentlicher Straßen ist seit dem In-Kraft-Treten der Lärmschutzverordnung (Rdnr. 84) am 21. Juni 1990, in den sog. neuen Bundesländern am 3. Oktober 1990, auf eine feste normative Grundlage gestellt worden, nachdem staatliche Straßenbauverwaltung, Gemeinden und Betroffene sich über Jahrzehnte hinweg an der Rechtsprechung und an Verwaltungsvorschriften orientieren mussten[275]. Schutzgegenstand der Verordnung sind bauliche Anlagen einschließlich des Außenwohnbereiches in der Nachbarschaft öffentlicher Straßen. Die zumutbaren Verkehrsgeräusche werden in Form von Immissionsgrenzwerten festgesetzt (§ 2 der Verordnung). Sie orientieren sich im Grundsatz an der Schutzwürdigkeit der jeweiligen Gebiete, aber auch an der besonderen Empfindlichkeit bestimmter Nutzungen (z.B. Krankenhäuser). Werden diese Grenzwerte unterschritten, sind die durch Verkehrslärm nachteilig betroffenen Interessen nur als Belange im Rahmen der planerischen Abwägung, z.B. nach § 17 Abs. 1 Satz 3 FStrG zu berücksichtigen[276]. Werden sie voraussichtlich überschritten, greift § 41 Abs. 1 BImSchG ein. Die Sicherstellungsverpflichtung des § 41 Abs. 1 BImSchG besteht – ebenso wie die Entschädigungsverpflichtung nach § 42 Abs. 1 BImSchG – unabhängig davon, ob der Bau oder die wesentliche Änderung der öffentlichen Straße auf der Grundlage eines Bebauungsplans (Rdnr. 89) oder einer Planfeststellung (Rdnr. 64) oder auf andere rechtliche Weise erfolgt. Ist Grundlage der entsprechenden baulichen Maßnahmen ein Planfeststellungsverfahren, so hat die Planfeststellungsbehörde dem Straßenbaulastträger nach § 74 Abs. 2 Satz 2 VwVfG Vorkehrungen oder Anlagen aufzuerlegen, um eine Überschreitung dieser Grenzwerte durch den Verkehr auf der neugebauten oder baulich veränderten Straße zu vermeiden (Rdnr. 84). Gibt ein Bebauungsplan die rechtliche Grundlage für die Straßenbaumaßnahme ab, enthält § 9 Abs. 1 Nr. 24 BauGB die Befugnis, Vorkehrungen gegen schädliche Umwelteinwirkungen festzusetzen[277].

152

---

274 Näher *Strick*, Lärmschutz an Straßen, 1998.
275 Zur bisherigen Rechtslage siehe knapp zusammenfassend *Alexander*, NVwZ 1991, 318; vgl. aus der Rechtsprechung BVerwGE 77, 285; BVerfGE 79, 174.
276 BVerwGE 71, 150 (160); BVerwG, NVwZ 1988, 363; 1989, 151. Zu einem anderen abwägungserheblichen Belang „unterhalb" der Schwelle des § 74 Abs. 2 Satz 2 VwVfG BVerwG, NVwZ 1990, 1165.
277 BVerwGE 80, 184 (186). Darunter sollen auch Maßnahmen des passiven Schallschutzes, wie z.B. Schallschutzfenster fallen (BVerwG, a.a.O.), deren Kosten nach „einem allgemeinen Rechtssatz über den notwendigen Ausgleich zwischen störender und gestörter Nutzung im öffentlich-rechtlichen Nachbarschaftsverhältnis" dem Eigentümer zu erstatten sind (a.a.O., S. 190 ff).

V *Straßen- und Wegerecht*

153 c) Das dargestellte Immissionsschutzrecht enthält keine Regelungen über die sog. Lärm**sanierung**. Der Lärmschutz an sog. Altstraßen, die vor dem 1.4.1974 gebaut oder wesentlich geändert wurden[278], bleibt außerhalb seines Regelungsbereichs. In der Praxis ist man bemüht, für die Lärmsanierung Haushaltsmittel zur Verfügung zu stellen[279].

154 d) Die Vorschriften der §§ 41 ff BImSchG konzentrieren sich auf Verkehrsgeräusche. Die rechtliche Bewältigung der nachteiligen Folgen kraftfahrzeugbedingter **Schadstoff**immissionen im Umfeld öffentlicher Straßen ist weder für deren Neu- und Ausbau noch für den Altbestand an Straßen, vor allem im innerstädtischen Bereich, geklärt[280]. Dies hängt nicht zuletzt damit zusammen, das in juristischer Hinsicht die Eingriffsschwelle des Art. 2 Abs. 2 Satz 1 GG schwer zu bestimmen ist und in praktischer Hinsicht Messung und Schädlichkeitsbewertung der Abgasimmissionen von Kraftfahrzeugen i.S.v. § 3 Abs. 1 BImSchG auf Schwierigkeiten stößt. Neue Wege weist in diesem Zusammenhang die Vorschrift des § 40 Abs. 2 BImSchG. Auch eröffnet § 45 StVO die Möglichkeit der Anordnung von Verkehrsbeschränkungen und Verkehrsverboten zum Schutz der Menschen bei kraftfahrzeugbedingten Luftverunreinigungen (§ 45 Abs. 1 Satz 2 Nr. 3, Abs. 1a, Abs. 1b Satz 1 Nr. 5). Seine Inanspruchnahme ist nicht grundsätzlich davon abhängig, ob eine örtliche Schadstoffkonzentration den zuverlässigen Schluss auf eine Gefährdung der körperlichen Unversehrtheit der Bevölkerung i.S.d. Art. 2 Abs. 2 Satz 1 GG erlaubt[281].

3. Ausgleichs- und Entschädigungsansprüche bei Verkehrsimmissionen

155 a) Aus technischen, wirtschaftlichen oder städtebaulichen Gründen können im Einzelfall Schutzmaßnahmen am Verkehrsweg selbst (sog. aktiver Schallschutz) ausscheiden. § 41 Abs. 2 BImSchG befreit von der in § 41 Abs. 1 BImSchG enthaltenen Verpflichtung zu Schutzmaßnahmen, soweit deren Kosten außer Verhältnis zu dem angestrebten Schutzzweck stehen würden[282]. Gehen als Folge mangelnder (aktiver) Schutzmaßnahmen vom Verkehr Geräusche aus, die den Eigentümern benachbarter Grundstücke von der Rechtsordnung nach Maßgabe des § 2 Verkehrslärmschutzverordnung (Rdnr. 152) nicht zugemutet werden, so gibt ihnen § 42 Abs. 1 Satz 1 BImSchG gegen den Träger der Straßenbaulast einen Anspruch auf angemessene Entschädigung in Geld, sofern nicht die Beeinträchtigung wegen der besonderen Benutzung der Anlage zumutbar ist[283]. Dabei ist die Entschädigung für Schallschutz-

---

278 BVerwGE 59, 253 (256). Das Stichdatum 1.4.1974 ist der Zeitpunkt, in dem die Vorschriften des BImSchG (§§ 41-43, 50) und diejenigen Vorschriften des FStrG (vor allem § 17 Abs. 4 Satz 2 und 3) in Kraft getreten sind, deren „Nachfolger" die nunmehr maßgeblichen Bestimmungen des § 74 Abs. 2 Satz 2 und 3 VwVfG sind.
279 Näheres bei *Wengenroth*, Ansprüche auf Lärmsanierung an Straßen und Eisenbahnen, 2002.
280 Siehe näher BVerwGE 55, 250 (264); BVerwG, NJW 1983, 1507 (1508) und *Steiner*, Jahrbuch des Umwelt- und Technikrechts 1991, 117 ff.
281 Vgl. BVerwGE 74, 234 (239); siehe auch HessVGH, NJW 1989, 2767 (2768 f).
282 Näher dazu BVerwG, NVwZ 2000, 565.
283 Der Erlass einer Rechtsverordnung nach § 43 Abs. 1 Satz 1 Nr. 3 BImSchG wird zu Recht nicht für notwendig gehalten, um den Entschädigungsanspruch zu gewähren. Siehe *Alexander*, NVwZ 1991, 318 (320).

maßnahmen an der baulichen Anlage (sog. passiver Schallschutz) in Höhe der erbrachten notwendigen Aufwendungen zu leisten. Im Bereich des Planfeststellungsrechts ist es die Bestimmung des § 74 Abs. 2 Satz 3 VwVfG, die dem Betroffenen einen Rechtsanspruch auf angemessene Entschädigung in Geld gewährt, wenn Vorkehrungen oder Anlagen nach § 74 Abs. 2 Satz 2 VwVfG untunlich oder mit dem Vorhaben unvereinbar sind. Die genannten Entschädigungsansprüche knüpfen an Art. 14 Abs. 1 GG an; sie haben mit dem Entschädigungsanspruch aus Enteignung nach Art. 14 Abs. 3 Satz 2 und 3 GG nichts zu tun[284]. Über das geschriebene Recht hinaus erkennt das BVerwG aus „einem allgemeinen Rechtssatz über den notwendigen Ausgleich zwischen störender und gestörter Nutzung im öffentlich-rechtlichen Nachbarschaftsverhältnis" einen öffentlich-rechtlichen Ausgleichsanspruch an, dessen Bemessung sich an der Höhe der Kosten für die erforderlichen Schallschutzmaßnahmen, aber auch an anderen Gesichtspunkten, wie der Beeinträchtigung des Außenwohnbereichs orientieren soll[285]. Im Falle von Streitigkeiten entscheiden über alle diese Ansprüche die Verwaltungsgerichte (§ 40 Abs. 1 Satz 1 VwGO)[286].

b) **Altstraßen** (Rdnr. 153) fallen aus dem Anwendungsbereich der oben genannten Vorschriften konsequenterweise heraus. Hier ist der Grundstückseigentümer mangels gesetzlicher Bestimmungen auf die richterliche Zuerkennung von Entschädigungsansprüchen angewiesen[287].

156

Antworten und Lösungshinweise

1. Die Baugenehmigung kann nach dem in allen Ländern übereinstimmenden Recht nur versagt werden, wenn das Bauvorhaben öffentlich-rechtlichen Vorschriften widerspricht. Zu diesen öffentlich-rechtlichen Vorschriften gehören auch die Anbauverbote und Anbaubeschränkungen des § 9, hier des § 9 Abs. 1 Nr. 1. Wird eine gesetzlich notwendige Ausnahme vom Bauverbot (§ 9 Abs. 8) nicht zugelassen, muss die Baugenehmigung jedenfalls für den Gebäudeteil versagt werden, der innerhalb der Verbotszone (40 m bei Bundesautobahnen) zu liegen kommen soll. Die Entscheidung der nach § 9 Abs. 8 zuständigen Behörde über die Gewährung einer Ausnahme wird von der Rechtsprechung (im Unterschied zu den Zustimmungsakten nach § 9 Abs. 2 und 3) als eigener, gegenüber dem Bauwerber ergehender Verwaltungsakt angesehen (BVerwGE 16, 301/303). Will E die Versagung der Zulassung angreifen, so muss er diese zum Gegenstand eines eigenen Widerspruchsverfahrens machen. Dieses findet allerdings nur statt, wenn – was in einigen Bundesländern erfolgt ist – die Zuständigkeit von der obersten Straßenbaubehörde auf nachgeordnete Behörden gem. § 22 Abs. 4 Satz 2 delegiert ist oder ein Gesetz die Nachprüfung vorschreibt (vgl. § 68 Abs. 1 Satz 2 Nr. 1 VwGO). Im vorliegenden Fall muss sich freilich der Widerspruch gegen die Versagung der Baugenehmigung richten. Dies ergibt sich daraus, dass das Bauverbot des § 9 Abs. 1 Nr. 1 nur für die **Errichtung** baulicher Anlagen gilt und nicht für die bloße Änderung des vorhandenen baulichen Zustandes

157

---

284 BVerfGE 79, 174 (192). Allerdings lässt das BVerfG (a.a.O.) die Frage offen, ob Art. 14 Abs. 3 GG anwendbar ist, wenn eine inhaltsbestimmende Regelung die Nutzung des geschützten Rechts praktisch schlechthin unmöglich machen und das Recht damit völlig entwerten würde.
285 BVerwGE 80, 184 (192).
286 So zutreffend BVerwGE 77, 295 (298). Zur BGH-Rechtsprechung siehe Rdnr. 142.
287 Zu den Einzelheiten BGHZ 64, 220 (sog. Reuterstraßen-Urteil); BGH, NJW 1988, 900 (901).

durch einen Anbau (BVerwG, Urt. vom 15.1.1982, NJW 1982, 2569 f). Es bedarf daher auch keiner Ausnahmeerteilung nach § 9 Abs. 8 (zu einem praktischen Fall – Errichtung eines Mobilfunkmastes in der Anbauverbotszone – siehe BVerwG, NVwZ-RR 2001, 713). Im Rahmen des gegen die Versagung der Baugenehmigung gerichteten Widerspruchsverfahrens (und einer sich ggf. anschließenden verwaltungsgerichtlichen Klage) ist zu prüfen, ob die gesetzlich notwendige Zustimmung nach § 9 Abs. 2 und 3 erteilt werden muss (BVerwGE 16, 116/119 ff).

158 2.a) Eine Verpflichtung der S als Straßenbaulastträger nach § 41 Abs. 1 BImSchG sicherzustellen, dass die durch den Kraftfahrzeugverkehr verursachten Verkehrsgeräusche auf der Y-Straße keine schädlichen Umweltauswirkungen i.S.d. § 3 Abs. 1 BImSchG hervorbringen, besteht nicht. § 41 Abs. 1 BImSchG knüpft an die wesentliche Änderung einer Straße durch **bauliche** Maßnahmen an. Dies wird durch § 1 Abs. 2 der Verkehrslärmschutzverordnung bestätigt. Schutzansprüche auf der Grundlage des BImSchG bestehen daher nicht, wenn die verstärkten Verkehrsgeräusche Folge einer verkehrsregelnden Maßnahme sind (Alexander, NVwZ 1991, 318/319). Es ist also in diesem Zusammenhang ohne Bedeutung, dass die Belastung des Krankenhausgrundstückes über dem Immissionsgrenzwert des § 2 Abs. 1 der genannten Verordnung liegt.

b) Die begehrte Verkehrsbeschränkung ist grundsätzlich nach § 45 Abs. 1a Nr. 5 StVO möglich. Dabei kommt es nicht darauf an, dass ein bestimmter Schallpegel überschritten wird (siehe zu § 45 Abs. 1 Satz 2 Nr. 3 StVO BVerwGE 74, 234). Freilich steht die Verkehrsbeschränkung der geforderten Art grundsätzlich im Ermessen der Straßenverkehrsbehörde; diese hat auch die Nachteile einer solchen Beschränkung, insbesondere für die Anlieger anderer Straßen zu berücksichtigen (BVerwG, a.a.O., S. 240).

Vertiefungshinweise: *Bender*, DVBl. 1984, 301 ff; *Blümel* (Hrsg.), Straße und Umwelt, Schriftenreihe der Hochschule Speyer Bd. 77, 1979; *Steinberg/Berg/Wickel*, Fachplanung, 3. Aufl. 2000, S. 267 ff; *Kühling/Herrmann*, Fachplanungsrecht, 2. Aufl. 2000, S. 138 ff.

G. Straßenrecht und Straßenverkehrsrecht

Fälle und Fragen

159 1. P betreibt ein Fotogeschäft in der X-Straße. Zu seinen Kunden gehören insbesondere Hochzeitspaare. Durch wegerechtliche Teileinziehung der Gemeinde G wird die X-Straße als Fußgängerstraße gewidmet und durch Verkehrszeichen 241 (Fußgänger) ausgeschildert. Ein zeitlich und sachlich beschränkter Kraftfahrzeugverkehr zum Be- und Entladen im gewerblichen Verkehr ist zugelassen. P beantragt bei der Straßenverkehrsbehörde, ihm die An- und Abfahrt von Hochzeitspaaren zu seinem Atelier weiterhin zu gestatten. Hat sein Antrag Aussicht auf Erfolg?

160 2. Die Firma F, die eine Autovermietung betreibt, stellt in der Ortsstraße X der kreisfreien Gemeinde G einen Teil der Mietfahrzeuge ab, die auf dem Betriebsgelände keinen Platz finden. G untersagt durch förmliche Verfügung diese Nutzung mit der Begründung, F nehme durch das Abstellen der Fahrzeuge im öffentlichen Straßenraum eine genehmigungspflichtige, aber nicht genehmigte Sondernutzung nach dem geltenden Landeswegerecht in Anspruch. F ist der Auffassung, die Fahrzeuge seien nach § 12 StVO ordnungsgemäß geparkt. Eine wegerechtliche Sondernutzung werde daher nicht in Anspruch genommen.

3. Der Unternehmer U will ein ihm gehörendes Kettenfahrzeug zwischen mehreren Baustellen innerhalb des Kreisgebietes X bewegen. Die Belastung der Fahrbahn durch die Laufrollen ist so erheblich, dass die Bewegung des Fahrzeugs auf öffentlichen Straßen der Gewährung einer Ausnahme nach § 70 StVZO und § 29 Abs. 3 Satz 1 StVO bedarf. Der (Land-)Kreis ist der Auffassung, dass es zusätzlich einer gebührenpflichtigen Sondernutzungserlaubnis bedarf. Ist dieser Rechtsstandpunkt gerechtfertigt? **161**
Lösungshinweise Rdnr. 177 ff.

I. Grundaussagen zum Verhältnis von Straßenrecht und Straßenverkehrsrecht

„Straßenrecht" und „Straßenverkehrsrecht" wurden bereits als Materien des geltenden Rechts vorgestellt, die nach ihrer staatsrechtlichen Quelle, ihren Ordnungszwecken und ihrem Vollzug wesentliche Unterschiede aufweisen (siehe Rdnrn. 5 ff). Die Funktion des Straßenrechts als einer Rechtsmaterie, die Voraussetzungen und Modalitäten einer wichtigen Leistung der öffentlichen Verwaltung – Herstellung und Unterhaltung von Straßen – regelt, wurde dabei im Laufe der bisherigen Darstellung verdeutlicht. Widmung (einschließlich der nachträglichen Widmungsbeschränkung durch Teileinziehung), Umstufung (als Mittel zur Veränderung der Straßenkategorie) und Sondernutzungserlaubnis erwiesen sich als die wichtigsten Instrumente, mit deren Hilfe die Straßenbaubehörden als Organ des Straßenbaulastträgers Einfluss auf die Straßennutzung nehmen können. Sie sind es allerdings auch, die in bestimmten Zusammenhängen mit den straßenverkehrsrechtlichen Instrumenten (Verkehrsverboten und Verkehrsbeschränkungen nach § 45 StVO) konkurrieren können. Daraus ergeben sich Probleme, die für das Verhältnis von Straßenrecht und Straßenverkehrsrecht charakteristisch sind. Ihre praktische Anwendung finden sie vor allem bei der Verwirklichung kommunaler Konzepte zur Bewältigung des **Innenstadtverkehrs** (vgl. auch oben Rdnr. 47-50)[288]. **162**

Die Rechtsprechung des BVerwG und des BVerfG[289] stellt immer wieder die **Selbst-** **163** **ständigkeit der beiden Rechtsmaterien** heraus, verschließt sich aber nicht der Erkenntnis, dass sie „in einem sachlichen Zusammenhang" stehen. Diesen Zusammenhang hat das BVerfG[290] durch die Feststellung gekennzeichnet, das Straßenverkehrs-

---

288 Die intensive Auseinandersetzung mit diesen Fragen in Rechtsprechung und Schrifttum ist in den folgenden Fußnoten nachgewiesen. Hervorzuheben ist eine Reihe von Spezialschriften: *Beaucamp*, Innerstädtische Verkehrsreduzierung mit ordnungsrechtlichen und planungsrechtlichen Mitteln, 1997; *Boos*, Der kommunale Straßenverkehrsplan, 2001; *Dannecker*, Rechtliche Neukonzeption der kommunalen Straßenverkehrsplanung, 1997; *Koch/Hofmann/Reese*, Lokal handeln: Nachhaltige Mobilitätsentwicklung als kommunale Aufgabe, 2002; *Sauthoff*, Straße und Anlieger, 2003, S. 350 ff.
289 BVerwGE 34, 241 (243); 62, 376 (378); BVerfGE 40, 371 (378); 67, 299 (314).
290 BVerfGE 40, 371 (378); 67, 299 (314).

recht „setze" das Straßenrecht „voraus". Die wegerechtliche „Vorgabe" sieht das Gericht in den Vorschriften über Widmung, Gemeingebrauch, Sondernutzung und Umstufung einschließlich ihres Vollzugs verankert, „welche anordnen, unter welchen Voraussetzungen und in welchem Umfang die Straße dem einzelnen zur Verfügung steht". Aus dieser Vorgabe-Vorstellung einerseits und aus der Ordnungsfunktion des Straßenverkehrsrechts andererseits leiten sich die Formeln ab, die heute weithin zur Anwendung gebracht werden, wenn die Regulierungszuständigkeiten von Straßenrecht und Straßenverkehrsrecht im Einzelfall der Abgrenzung bedürfen:

164 – **„Vorbehalt des Straßenrechts"**: Nach dem geltenden Straßenrecht liegt es in der Zuständigkeit des Straßenbaulastträgers, durch Widmung und ggf. durch Abänderung der Widmung die spezifische Verkehrsaufgabe einer Straße den Vorschriften des Straßenverkehrsrechts und den Straßenverkehrsbehörden rechtlich verbindlich vorzugeben. Die Widmung legt den Nutzungs**rahmen** fest, **innerhalb** dessen die Straßenverkehrsvorschriften zum Zuge kommen und unter dem Gesichtspunkt der Sicherheit und Ordnung des Verkehrs das Verhältnis der (widmungsrechtlich zugelassenen) Verkehrsteilnehmer untereinander regeln oder zu regeln die Straßenverkehrsbehörden ermächtigen.

165 – **„Vorrang des Straßenverkehrsrechts"**: Das Straßenverkehrsrecht verdrängt als Bundesrecht in Ausschöpfung der Gesetzgebungskompetenz des Art. 74 Abs. 1 Nr. 22 GG **Verkehrs**recht und **Verkehrs**regelungen im straßenrechtlichen Gewand oder auf straßenrechtlicher Grundlage. Die auf seiner Grundlage ergangenen Verkehrsanordnungen können die Widmung „überlagern" (Rdnr. 167).

II. Der „Vorbehalt des Straßenrechts"

166 Das dargestellte Vorbehaltsprinzip wird heute vor allem in der Weise interpretiert, dass die Vorschriften des Straßenverkehrsrechts und die auf ihrer Grundlage ergehenden Anordnungen der Straßenverkehrsbehörden Art und Ausmaß der widmungsgemäßen Nutzungen nicht erweitern können. Verkehr, der auf einer (rechtlich) öffentlichen Straße widmungsrechtlich nicht zugelassen ist, wie beispielsweise in Fußgängerzonen der Kraftfahrzeugverkehr, kann nicht durch die Gewährung einer Ausnahme nach § 46 StVO gestattet werden[291]. Man hat deshalb auch formuliert, das Straßenverkehrsrecht sei das Recht der Nutzungs**ausübung innerhalb** des Widmungsrahmens. Über den Gemeingebrauch – sagt das BVerfG[292] – wird vom Wegerecht, über die Ausübung des Gemeingebrauchs vom Verkehrsrecht entschieden.

---

291 BVerwGE 62, 376 (378 f); ebenso VGH BW, NJW 1984, 819 (821); dazu auch Rdnr. 177. Sind die Ausnahmetatbestände widmungsrechtlich vorgezeichnet (Regelungsdelegation), so können Ausnahmegenehmigungen nach § 46 StVO erteilt werden, falls gewichtige private Interessen vorliegen. Siehe BayVGH 1998, 536 (Getränkeauslieferungsdienst).
292 BVerfGE 67, 299 (321).

III. Der „Vorrang des Straßenverkehrsrechts"

1. Möglichkeiten und Grenzen einer straßenverkehrsrechtlichen „Überlagerung" der Widmung

Besteht über die dem Straßenverkehrsrecht „nach oben" gezogene wegerechtliche Grenze im Wesentlichen Einverständnis, so wird es unterschiedlich beantwortet, inwieweit durch die Anordnung von Verkehrsverboten und Verkehrsbeschränkungen nach § 45 StVO Nutzungen eingeschränkt oder ausgeschlossen werden können, die **innerhalb** des Rahmens der Widmung liegen. Literatur und Rechtsprechung[293] finden sich ohne weiteres in der Auffassung, dass auf der Grundlage des Straßenverkehrsrechts und insbesondere des § 45 StVO aus Gründen der Sicherheit und/oder Ordnung des Verkehrs auch Verkehrsverbote und Verkehrsbeschränkungen zulässig sind, die auf eine „Ausklammerung" widmungsrechtlich eröffneter Verkehrs- und Benutzungsarten hinauslaufen (etwa: Beschränkung des Lkw- und Motorradverkehrs zum Schutz der Nachtruhe nach § 45 Abs. 1 Satz 2 Nr. 3, Abs. 1b Satz 1 Nr. 5 StVO)[294]. Andererseits ist auch anerkannt, dass durch Maßnahmen auf der Grundlage des Straßenverkehrsrechts keine Nutzungszustände herbeigeführt werden dürfen, die im Ergebnis auf eine **dauernde** Entwidmung der Straße oder eine **dauernde** Beschränkung ihrer Widmung hinauslaufen[295]. Insoweit wird das Vorrangprinzip wiederum vom Vorbehaltsprinzip eingeschränkt. Diese Aussagen sind im Wesentlichen außer Streit. Ihre praktischen Konsequenzen hängen allerdings von der Interpretation ab, die das Merkmal der „dauerhaften" Entwidmung oder Widmungsbeschränkung erfährt. Dabei dürfte eine mittlere Linie zutreffen: Anordnungen auf der Grundlage des § 45 Abs. 1 Satz 1 StVO können in ihrer Wirkung die Widmungsentscheidung des Straßenbaulastträgers überlagern, weil sie als Maßnahmen der Gefahrenabwehr mit Rücksicht auf das Erforderlichkeitsprinzip grundsätzlich situationsbedingt und ihrem Wesen nach nicht dauerhafter Natur sind[296]. Sie bleiben eben in ihrer Geltung abhängig von der Dauer der Gefahrensituation, die ihre Vornahme veranlasst hat. Eine widmungsgemäße Nutzung kann dabei auch von Verkehrsverboten und Verkehrsbeschränkungen verdrängt werden, deren Ende im Zeitpunkt der entsprechenden Verfügung noch nicht absehbar ist, weil diese von einem nicht überschaubaren Fortbestand der Gefahrensituation abhängt[297].

Das BVerwG[298] hat es für zulässig erachtet, dass die Straßenverkehrsbehörde aus den engen verkehrsreichen Straßen einer historischen Innenstadt den Kraftfahrzeugverkehr durch entsprechende Anordnungen weithin „aussperrte", weil das Nebeneinander von dichtem Fahr-

167

---

293 Siehe dazu *Steiner*, JuS 1984, 1 (5); *ders.*, DVBl. 1992, 1561 (1564 f); BVerwG, DÖV 1980, 915.
294 Zu den Rechtsfragen, die Nachtfahrverbote zulasten von LKW aufwerfen, siehe *Steiner*, DAR 1994, 341 ff. Ferner BayVGH, BayVBl. 2003, 80 (LKW-Durchgangsverkehr).
295 Siehe OLG Düsseldorf, NVwZ 1985, 685 (686); wohl auch BVerfGE 67, 299 (322). Zur Zulässigkeit auf bestimmte Tage oder Tageszeiten begrenzter Innenstadtsperren für den allgemeinen Kraftfahrzeugverkehr siehe *Beaucamp*, JA 1997, 522.
296 Zur Natur straßenverkehrsrechtlicher Anordnungen nach § 45 StVO als einer Art Maßnahmen „auf Widerruf" siehe BVerwGE 27, 181 (184); BVerwG, NJW 1976, 2175 (2176).
297 Enger *Peine*, DÖV 1978, 835 (838).
298 BVerwG, DÖV 1980, 915.

zeugverkehr und starker Fußgängerfrequenz zu einer Verkehrsgefährdung und auch zu einer erheblichen Einschränkung der Flüssigkeit des Verkehrs geführt hatte. Freilich dürfte damit die äußerste Grenze des genannten „Überlagerungseffekts" erreicht sein. Wird die abstrakte Verkehrsfunktion einer Straße oder eines zusammenhängenden Straßennetzes in derart nachhaltiger Weise verändert, so bedarf es langfristig einer vom Träger der Straßenbaulast vorgenommenen Widmungsbeschränkung. Dies gilt ohnehin, wenn der durch Ausklammerung des Kraftfahrzeugverkehrs herbeigeführte Zustand mit baulichen Mitteln verfestigt wird.

2. Der straßenverkehrsrechtlich „mitbestimmte" Gemeingebrauch

168 Mit dem Begriff des „konkreten" Gemeingebrauch wurde bereits oben (Rdnr. 111) der rechtliche Sachverhalt umschrieben, dass der auf einer Straße von der Rechtsordnung erlaubte Jedermann-Gebrauch wesentlich von den Verkehrsvorschriften „mitbestimmt" wird. Die Vorschriften des Verkehrsrechts legen fest, was **zulässiger** Gemeingebrauch ist. Der „Mitbestimmungsformel" hat das BVerwG eine weite Auslegung gegeben. Es vertritt in st. Rspr.[299] die Auffassung, ein Verkehrsvorgang, der im Rahmen der **Verkehrs**vorschriften liege, bewege sich gleichzeitig **innerhalb** des **straßenrechtlichen Gemeingebrauchs**. Anhand dieser „Kongruenz"-Vorstellung hat das Gericht einer gemeindlichen Praxis Grenzen gezogen, die mit wegerechtlichen Mitteln Probleme des ruhenden Verkehrs in den Innenstädten zu lösen versuchte.

Beispiele[300]: Parken von gewerblich genutzten Fahrzeugen (Lkw, Omnibus) im Straßenraum während der Nachtzeit und an Sonn- und Feiertagen wurde als Sondernutzung beurteilt. Anträge vonseiten der Halter auf Erteilung einer Sondernutzungserlaubnis wurden versagt; man ahndete das Parken ohne die angeblich notwendige Sondernutzungserlaubnis mit einer Geldbuße. In gleicher Weise verfuhr man beim Parken von Kraftfahrzeugen zu Verkaufs- oder Vermietungszwecken im Straßenraum.

Dabei sind es im Wesentlichen zwei Grundsätze, auf deren Grundlage die an das BVerwG herangetragenen Einzelfälle entschieden wurden und entschieden werden[301].

169 a) Der ruhende Verkehr, der sich aus haltenden und parkenden Fahrzeugen zusammensetzt (§ 12 StVO), gehört zum Straßenverkehr, den der Bundesgesetzgeber abschließend geregelt hat. Er unterliegt daher nur den sich aus den straßenverkehrsrechtlichen Vorschriften ergebenden Beschränkungen, auch soweit es sich um die Frage der Gemeinverträglichkeit oder Verkehrsüblichkeit handelt. Auch „Dauerparken" ist ein Teil des ruhenden Verkehrs und ein Parkvorgang ausschließlich im Sinne und nach Maßgabe der StVO[302]. Werden (zum Verkehr zugelassene und betriebsbereite) Fahrzeuge zu dem Zweck abgestellt, die Teilnahme am fließenden

---

299 BVerwGE 34, 320 (321) und BVerwG, NJW 1982, 2332; bestätigt wohl durch BVerfGE 67, 299 (321 ff).
300 Zu den entsprechenden Sachverhalten siehe BVerwGE 23, 325; 34, 320; 44, 193; BVerwG, DVBl. 1979, 155 und NJW 1982, 2332 f. – Das BVerfG hat § 16 Abs. 2 Satz 1 HambWG wegen Unvereinbarkeit mit Art. 72 Abs. 1, 74 Nr. 22 GG insoweit für nichtig erklärt, als diese Vorschrift die „Benutzung eines Weges regelmäßig als Einstellplatz für ein Kraftfahrzeug in der Nähe der Wohnung oder der Arbeitsstätte des Fahrzeughalters oder -benutzers" vom Gemeingebrauch ausnimmt (BVerfGE 67, 299/313 ff).
301 Zusammenfassung: BVerwG, DAR 1974, 55 (56).
302 Grundsätzlich: BVerfGE 67, 299 (323).

Verkehr zu unterbrechen und sie nach der Unterbrechung wieder aufzunehmen (Abstellen zu **Verkehrs**zwecken), so liegt ein allein nach der StVO und nicht nach Wegerecht zu beurteilender Vorgang vor. Es kommt nicht darauf an, wie lange der Parkvorgang andauert, ob die Fahrzeuge amtlich, gewerblich oder privat genutzt werden und wer – Fahrzeughalter oder dritte Personen – das Fahrzeug wieder dem Verkehr zuführt[303]. Wird das Fahrzeug allerdings nicht mehr als Verkehrsmittel benutzt (etwa: Abstellen von Anhängern zum Zweck der Werbung an Ausfallstraßen, eine zunehmende Erscheinung, oder zum ausschließlichen Verkauf), so hindert das Straßenverkehrsrecht nicht, diesen verkehrsfremden Vorgang straßenrechtlich als genehmigungs- und gebührenpflichtige Sondernutzung zu behandeln[304].

b) Der zweite Grundsatz lautet: Da der ruhende Verkehr sich lediglich als eine vorübergehende Unterbrechung des fließenden Verkehrs darstellt, kann das Abstellen eines Fahrzeugs ihm nur dann zugerechnet werden, wenn es jederzeit wieder am fließenden Verkehr teilnehmen kann. Dies setzt voraus, dass das Fahrzeug nach dem Straßenverkehrsrecht am Verkehr teilnehmen darf, also zum Verkehr zugelassen ist und tatsächlich auch zu diesem Zweck in Gang gesetzt werden kann, also betriebsbereit ist[305]. Nur das „Aufstellen zur Verkehrsbereitschaft"[306] ist ein Parkvorgang, das „Aufstellen ohne Verkehrsbereitschaft" ist straßenverkehrsrechtlich nicht mehr Parken und straßenrechtlich wie eine Sondernutzung zu behandeln[307].

170

3. Die Unterscheidung von „Verkehrsstatut" und „Nutzungsstatut"

Der Vorrang des Bundesverkehrsrechts auf der Grundlage des Art. 74 Abs. 1 Nr. 22 GG gegenüber dem Landesstraßenrecht ist ein Vorrang des **Verkehrs**rechts. Diese Feststellung erlaubt eine Abgrenzung der Gesetzgebungskompetenzen, aber auch der Verwaltungsbefugnisse nach beiden Richtungen.

171

a) Der Straßenbaubehörde ist es verwehrt, mit straßen- und insbesondere mit widmungsrechtlichen Mitteln den Begriff des Verkehrs oder das (verkehrsbezogene) Verhalten der Verkehrsteilnehmer untereinander festzulegen.

172

Unzulässig also: Beschränkungen der Widmung einer Straße auf den fließenden Verkehr mit Ausnahmeregelungen für den ruhenden Verkehr (siehe Rdnrn. 40, 49); Einführung eines Richtungsverkehrs durch Beschränkung der Widmung einer Straße auf die Benutzung durch Kraftfahrzeuge nur in einer bestimmten Richtung[308]; Busspuren für den öffentlichen Personennahverkehr durch nachträgliche widmungsmäßige Beschränkung eines Teils der Straße auf den Benutzungszweck bzw. den Benutzerkreis „öffentliche Verkehrsmittel"; Anordnung von Geschwindigkeitsbegrenzungen in der Fußgängerzone im Zusammenhang mit der generellen Erteilung von Sondernutzungserlaubnissen (siehe Rdnr. 117).

b) Auf der anderen Seite bleibt es dem Straßenbaulastträger unbenommen, seine konkreten Nutzungsvorstellungen mit widmungsmäßigen Mitteln auszufüllen (**Nutzungs**statut). Dabei können Widmungsbeschränkungen im Prinzip von allen öffentli-

173

---

303 BVerwG, NJW 1982, 2332 f; für Parken in Fußgängerzonen BayObLG, BayVBl. 1986, 122 f; siehe auch noch Rdnr. 164.
304 BayObLGSt 1977, 118 (120); BayObLG, DÖV 1983, 297; BayObLG, BayVBl. 1989, 57 f; OLG Düsseldorf, NVwZ 1991, 206 f; siehe auch OVG NW, DÖV 2001, 693 (Abstellen mit Kaufofferte).
305 BVerwG, DAR 1974, 55 (56); NJW 1982, 2332.
306 BVerwGE 34, 241 (244).
307 BVerwGE 34, 241 (244); siehe auch noch Rdnr. 118.
308 Vgl. OVG Bremen, DVBl. 1962, 644 (646).

chen Interessen – Gesichtspunkten der Sicherheit und Ordnung des Verkehrs, des Verkehrs-Umweltschutzes und des Städtebaus – getragen werden. Der Vorrang des Straßenverkehrsrechts bewirkt nur eine „Reservierung" verkehrsrechtlicher Maßnahmen zu Gunsten der Straßenverkehrsbehörden, nicht aber eine „Reservierung" ordnungsrechtlicher Zwecke zu ihren Gunsten. Daher kann das gleiche Verkehrslenkungsziel nicht selten sowohl mit Mitteln des Widmungsrechts als auch mit Mitteln des Straßenverkehrsrechts erreicht werden[309].

IV. Verwaltungsrechtliche Aspekte der Anordnungen nach § 45 StVO

174 Das Straßenverkehrsrecht moderner Prägung ist zu einer umfassend konzipierten Spezialmaterie der Gefahrenabwehr geworden (siehe Rdnr. 8). Dies spiegelt die Fortentwicklung der Ermächtigungsnorm des § 45 StVO als der zentralen Grundlage für die administrative Verkehrssteuerung in besonderer Weise wieder. Sie erlaubt Verkehrsbeschränkungen und Verkehrsverbote in Bezug auf den fließenden und den ruhenden Verkehr differenziert nach Straßenteilen, Verkehrsarten, Verkehrsvorgängen und Zeiträumen sowie eine Kombination dieser Varianten. Ohne ein solchermaßen flexibles Instrumentarium wäre vor allem in den Innenstädten eine zeitgemäße Reaktion der Straßenverkehrsbehörde auf die Probleme des Verkehrs nicht möglich[310]. Zutreffend wird daher die Entwicklung als Weg vom Vorrang zur Vorherrschaft des Straßenverkehrsrechts über das Straßenrecht bezeichnet[311]. Auf der Grundlage des § 45 StVO ergehen Maßnahmen der Straßenverkehrsbehörden, die den allgemeinen ordnungsrechtlichen Maximen und insbesondere dem Prinzip der Erforderlichkeit, Verhältnismäßigkeit und Eignung der eingesetzten Mittel verpflichtet sind[312]. Mit Rücksicht auf ihre Einbindung in die staatliche Gefahrenabwehr ist ihr Erlass – von den städtebaulich (mit-)bestimmten Kompetenzen einmal abgesehen (vgl. § 45 Abs. 1b Satz 2 StVO) – nicht an die Zustimmung der kommunalen Körperschaften gebunden, auf deren Gebiet sie zur Geltung kommen[313]. Wegen ihrer häufig belastenden Rückwirkungen auf die örtliche Planung gesteht die Rechtsprechung den Gemeinden jedoch eine Befugnis zur Herbeiführung einer verwaltungsgerichtlichen Kontrolle zu. Allerdings müssen diese Belastungen ein Gewicht erreichen, das der Gemeinde die Erfüllung ihrer eigenen Aufgaben unmöglich macht oder zumindest in konkreter Weise ganz erheblich erschwert. Nur unter diesen Voraussetzungen ist Art. 28 Abs. 2 GG berührt[314]. Sind staatliche Behörden zum Erlass verkehrsrechtli-

---

309 Ein Beispiel bietet das Urteil des VGH BW, DÖV 1982, 206 mit Anm. *Steiner*, DÖV 1982, 555 ff. Die Gemeinde konnte durch (nachträgliche) Beschränkung der Widmung die Benutzung der Straße für Lkw über 2,8 t ausschließen. Zum gleichen Ergebnis hätten Anordnungen der Straßenverkehrsbehörde auf der Grundlage des § 45 Abs. 1 Satz 2 Nr. 3, Abs. 1 lit. b Satz 1 Nr. 5 StVO i.V.m. dem entsprechend variierten Zeichen 262 geführt.
310 Näher dazu *Steiner*, DVBl. 1992, 1561 ff; *ders.*, NJW 1993, 3161 ff.
311 So pointiert *Manssen*, DÖV 2001, 151.
312 Siehe aus der Rechtsprechung vor allem BVerwG, NJW 1967, 1627 (1629); MDR 1975, 603 (604).
313 BVerwG, NJW 1976, 2175 (2176); NVwZ 1983, 610 ff.
314 BVerwG, NVwZ 1983, 610 (611); vgl. auch BayVGH, BayVBl. 1985, 368 f und BayVBl. 2002, 336.

cher Anordnungen nach den Vorschriften der Länder über die Zuständigkeiten zum Vollzug der StVO auch auf Gemeindestraßen zuständig, so haben die (regelmäßig kleineren kreisangehörigen) Gemeinden einen Rechtsanspruch darauf, dass die staatlichen Verkehrsbehörden die Befugnisnorm des § 45 Abs. 1b Satz 1 Nr. 5, 2. Alt. (Anordnungen „zur Unterstützung einer geordneten städtebaulichen Entwicklung") ermessensfehlerfrei anwenden[315].

175 Die Straßenverkehrsbehörden dürfen – vom Ausnahmefall des § 45 Abs. 1 Satz 2 Nr. 5 StVO abgesehen – den Verkehr nur durch Verkehrszeichen und Verkehrseinrichtungen (§§ 39, 43 StVO) regeln (§ 45 Abs. 4 StVO). Seit dem In-Kraft-Treten der Verwaltungsverfahrensgesetze des Bundes und der Länder wird man die Ge- und Verbotszeichen als (Dauer)Verwaltungsakte[316] in der Form der Allgemeinverfügung im Sinne des § 35 S. 2 3. Variante VwVfG („Benutzung durch die Allgemeinheit") ansehen können, die keiner Begründung bedürfen (§ 39 Abs. 2 Nr. 5 VwVfG). Der Gesetzgeber hat hier von seiner Befugnis Gebrauch gemacht, einen rechtsdogmatischen Grenzfall verbindlich zu entscheiden[317]. Diese Entscheidung für die Verwaltungsaktqualität hat freilich **nicht** zur Folge, dass die den §§ 35 ff VwVfG entsprechenden Bestimmungen der Länderverwaltungsverfahrensgesetze über den Verwaltungsakt und insbesondere über die Allgemeinverfügung uneingeschränkt zur Anwendung kommen. Sie werden gem. §§ 39 Abs. 1, 45 Abs. 4 StVO durch „Aufstellung" publiziert[318]. Mit Rücksicht auf die Situationsabhängigkeit der Verkehrszeichen können diese jederzeit und ohne Rücksicht auf das Vorliegen der Voraussetzungen für den Widerruf eines Verwaltungsaktes (§ 49 VwVfG) abgeändert oder aufgehoben werden, sofern die Erlassvoraussetzungen nicht mehr gegeben sind[319]. Sie erwachsen also nicht in materielle Bestandskraft[320]. Verkehrszeichen sind „zusicherungsfähig" i.S.d. § 38 VwVfG[321]. Andererseits werden die Vorschriften der Verwaltungsverfahrensgesetze über den fehlerhaften Verwaltungsakt (vgl. §§ 43, 44 VwVfG) zur Anwendung gebracht.

176 Prozessual ist die Konsequenz, dass die **Anfechtungsklage** gegen Verkehrszeichen statthaft ist. Dabei hat die Rechtsprechung den Kreis der Anfechtungsberechtigten weit gezogen. Verkehrszeichen können mit Rücksicht auf Art. 2 Abs. 1 GG von je-

---

315 BVerwGE 95, 333 (338 f). Das Gericht hat diesen Rechtsanspruch nicht auf alle Maßnahmen der Straßenverkehrsbehörde erstreckt, die nach § 45 Abs. 1b Satz 2 StVO im Einvernehmen mit der Gemeinde zu treffen sind. Dazu kritisch *Steiner*, NZV 1995, 209 und VerwArch. 86 (1995), 173 (185 f) sowie *Sauthoff*, NVwZ 1998, 239 (252 f). Siehe auch noch Fn. 37.
316 BVerwG, DVBl. 1993, 612 (613). Folge: Im Falle einer verwaltungsgerichtlichen Anfechtung können Veränderungen der maßgeblichen Sach- und Rechtslage bis zum Schluss der mündlichen Verhandlung des Tatsachengerichts berücksichtigt werden.
317 Siehe statt vieler BVerwG, DVBl. 1980, 299 mit Anm. *Steiner*, a.a.O., S. 417; zusammenfassend mit Nachweisen *Prutsch*, JuS 1980, 566.
318 BVerwG, NJW 1997, 1021 (1022): Sonderregelung, die § 41 VwVfG verdrängt. Individuelle Bekanntmachung gegenüber betroffenen Straßenanliegern ist gleichwohl zulässig; so OVG NW, NJW 1996, 3024.
319 BVerwG, DÖV 1977, 106 f; RhPfOVG AS 18, 428 (431); HessVGH, NVwZ-RR 1992, 5 (6).
320 Dazu und zum Folgenden *Manssen*, NZV 1992, 465 ff und DVBl. 1997, 633.
321 BVerwG, NJW 1995, 1997 (1978). Die Wirksamkeit der Zusicherung steht auch bei verkehrsregelnden Anordnungen unter dem Vorbehalt des § 38 Abs. 3 VwVfG.

dermann angefochten werden³²². Sie erwachsen daher in der Regel nicht in formelle Bestandskraft (Unanfechtbarkeit)³²³. Allerdings ist der Umfang der richterlichen Kontrolle nach Auffassung des BVerwG³²⁴ beschränkt. Auf Klage des Verkehrsteilnehmers hat das Gericht zu prüfen, ob die tatbestandlichen Voraussetzungen einer verkehrsrechtlichen Anordnung gegeben sind, ob die Maßnahme geeignet und erforderlich ist und ob die (öffentlich-rechtlich geschützten) Eigenbelange des Verkehrsteilnehmers mit den (entgegenstehenden) öffentlichen und privaten Belangen gerecht abgewogen wurden; dagegen sollen die Gerichte nicht zu kontrollieren haben, ob die Straßenverkehrsbehörde ihrer objektivrechtlichen Verpflichtung zur **umfassenden** Abwägung **aller** erheblichen öffentlichen und privaten Belange erfüllt hat. Wird eine Anordnung nach § 45 StVO, die in entsprechender Anwendung des § 80 Abs. 2 Satz 1 Nr. 2 VwGO als sofort vollziehbar angesehen wird³²⁵, mit Erfolg angefochten, kann der Anfechtungskläger daraus aber nach der Tat keinen Nutzen für ein Straf- oder Bußgeldverfahren ziehen; das vorwerfbare Verhalten – die Zuwiderhandlung gegen die sofort durchsetzbare staatliche Anordnung – wird nach Auffassung der Rechtsprechung durch eine erfolgreiche Anfechtung nicht ex tunc beseitigt. Dagegen ist im Bußgeld- und Strafverfahren eine Berufung des Verkehrsteilnehmers auf die Nichtigkeit des Verkehrszeichens möglich³²⁶.

Streben einzelne, z.B. die Anlieger einer Straße, den Erlass einer Anordnung nach § 45 StVO an, so hängt die Zuerkennung eines im Wege der **Verpflichtungsklage**³²⁷ durchsetzbaren Rechtes nach Meinung des BVerwG davon ab, ob – zusätzlich zu dem von der Vorschrift angestrebten objektiv-rechtlichen Interessenausgleich zwischen Allgemein- und Einzelinteressen – die Einräumung einer besonderen Rechtsposition zu Gunsten eines **hinreichend bestimmten** Personenkreises erkennbar ist³²⁸. Allerdings wird auch unter dieser Voraussetzung in der Regel nur ein Bescheidungsurteil (§ 113 Abs. 5 Satz 2 VwGO) zu erreichen sein, da sowohl die Entscheidung für eine Inanspruchnahme der in § 45 StVO eingeräumten Befugnisse als auch die Entscheidung über Art und Ausmaß der zu treffenden Maßnahmen grundsätzlich im Ermessen der Straßenverkehrsbehörde steht³²⁹.

---

322 BVerwGE 27, 181 (185). Siehe auch RhPfOVG, NVwZ 1985, 666 f.
323 Nach Auffassung des BVerwG sind Verkehrszeichen durch eine fortlaufend sich erneuernde Bekanntmachung gekennzeichnet (BVerwGE 27, 181/183). Nach jeder „Begegnung" beginnt die Frist wieder neu zu laufen (str.). Siehe auch BVerwGE 59, 221 (226).
324 BVerwG, Buchholz 442.151, § 45 StVO, Nr. 12, S. 6 (8); BVerwGE 92, 32 (40); a.A. wohl BayVGH, NVwZ 1984, 383 (384).
325 § 80 Abs. 2 Satz 1 Nr. 2 VwGO gilt auch bei Entfernung von Verkehrszeichen (OVG NW, NJW 1998, 329).
326 BGH, NJW 1969, 2023 (2024 f); kritisch zu Recht *Berg*, WiVerw. 1982, 169 ff (m. Nachweisen).
327 Die Verpflichtungsklage ist die statthafte Klageart auch für das Begehren, ein Verkehrszeichen wieder aufzustellen (VGHBW, NVwZ-RR 1998, 682).
328 BVerwGE 37, 112 (113). Bestimmbar ist z.B. der Kreis der an einer ungehinderten Benutzung der Einfahrt interessierten Anlieger (BVerwG, a.a.O.). Zu einem weiteren Anwendungsfall siehe OVG Lüneburg, NJW 1985, 2966 ff; vgl. auch BVerwG, NJW 1990, 400 (Anbringung von Wegweisern).
329 Zur verwaltungsgerichtlichen Anfechtung staatlich getroffener verkehrsrechtlicher Anordnungen durch die *Gemeinde* siehe BVerwG, NJW 1976, 2175 (2176); NVwZ 1983, 610 (611); DVBl. 1994, 1194 ff; BayVGH, NZV 1992, 166 (167); BWVGH, DVBl. 1994, 348 m. Anm. *Steiner*.

Antworten und Lösungshinweise

1. Die Straßenverkehrsbehörde kann P keine Ausnahme nach § 46 StVO erteilen, weil sie damit einen Kraftfahrzeugverkehr in der Fußgängerzone von G erlauben würde, den die Widmung ausdrücklich ausschließt. Das Straßenverkehrsrecht berechtigt nicht zu verkehrsregelnden Maßnahmen, die die wegerechtliche Widmungsbeschränkung auch nur teilweise „faktisch" wieder aufheben und damit einer Widmungserweiterung gleichkommen. Die Kompetenz der Straßenverkehrsbehörde findet insoweit ihre Grenze im „Vorbehalt des Straßenrechts" (BVerwGE 62, 376 = NJW 1982, 840).

Mit seinem Anliegen kann P allenfalls dann zum Zuge kommen, wenn er unter Berufung auf Art. 14 GG die Erteilung einer wegerechtlichen Sondernutzungserlaubnis beantragt. Ein solcher Antrag wirft allerdings eine Reihe komplizierter Fragen auf. Siehe dazu Cosson, DÖV 1983, 532 ff.

2. Nach Auffassung des BVerwG wird der wegerechtliche Gemeingebrauch (bundes-)verkehrsrechtlich „mitbestimmt" (BVerwGE 34, 320/321). Der ruhende Verkehr, der im Rahmen der Verkehrsvorschriften liegt, bewegt sich also gleichzeitig innerhalb des straßenrechtlichen Gemeingebrauchs. Werden – wie hier – Fahrzeuge im öffentlichen Straßenraum durch die Vermietungsfirma F mit der Absicht aufgestellt, diese Fahrzeuge Kunden zu überlassen, so geschieht das Abstellen in der Absicht, die Fahrzeuge so bald als möglich wieder dem fließenden Verkehr zuzuführen. Damit liegt ein zulässiger Parkvorgang im Sinne des § 12 Abs. 2 StVO vor. Dies bewirkt zugleich, dass im Hinblick auf die zitierte Mitbestimmungs-Formel der Vorgang sich straßenrechtlich als Ausübung des Gemeingebrauchs darstellt und nicht wie eine genehmigungspflichtige Sondernutzung behandelt werden kann (BVerwG, Urt. vom 3.6.1982, NJW 1982, 2332 ff; a.A. BayObLG, Beschl. vom 11.6.1979, NJW 1980, 1807/1808 mit dem Argument, die Straße werde als Aufstellplatz für die Ware benutzt).

3. Einer eigenen Sondernutzungserlaubnis bedarf es nicht. Die Straßengesetze legen fest, dass eine solche Erlaubnis nicht notwendig ist, wenn nach den Vorschriften des Straßenverkehrsrechts, etwa nach §§ 29, 35, 46 StVO oder § 70 StVZO, eine Erlaubnis für eine übermäßige Straßenbenutzung oder eine Ausnahmegenehmigung verlangt wird (§ 8 Abs. 6 FStrG; § 18 Abs. 6 Satz 1 BWStrG; Art. 21 BayStrWG; § 18 Abs. 3 BremLStrG; § 16 Abs. 7 HessStrG; § 19 NdsStrG; § 21 Satz 1 NWStrWG; § 41 Abs. 7 RhPflStrG; § 18 Abs. 7 SaarlStrG; § 21 Abs. 6 SchlHStrWG; siehe BVerwG, DVBl. 1994, 347 ff zu § 8 Abs. 6 FStrG). Damit wird zum Ausdruck gebracht, dass solche Verkehrsvorgänge wegerechtlich im Prinzip Sondernutzungstatbestände sind. Auch wenn die in Frage stehende Benutzung der Straße danach ohne Erlaubnis des Wegeherrn zulässig ist, so kann dieser jedenfalls nach den Straßengesetzen einiger Länder auf die Erteilung der straßenverkehrsrechtlichen Erlaubnis oder Ausnahme inhaltlich Einfluss nehmen sowie Gebühren beanspruchen (siehe etwa § 19 Satz 2 NdsStrG, § 21 Satz 3 NWStrWG).

Vertiefungshinweise: *Steiner*, Straßenrecht und Straßenverkehrsrecht, JuS 1984, S. 1 ff.

Literaturauswahl

K. *Kodal/H. Krämer*, Straßenrecht, 6. Aufl. 1999; *Kühling/Herrmann*, Fachplanungsrecht, 2. Aufl. 2000; *E. Marschall/H. Schroeter/F. Kastner*, Bundesfernstraßengesetz, 5. Aufl. 1998; *H.-J. Papier*, Das Recht der öffentlichen Sachen, 3. Aufl. 1998; *ders.*, Straßenrecht, in: Achterberg/Püttner/Würtenberger (Hrsg.), Besonderes Verwaltungsrecht, Bd. I, 2. Aufl. 2000, S. 840 ff; *v. Danwitz*, Straßen- und Wegerecht, in: Schmidt-Aßmann (Hrsg.), Besonderes Ver-

V *Straßen- und Wegerecht*

waltungsrecht, 12. Aufl. 2003; *Peine*, Öffentliches Baurecht, 4. Aufl. 2003, Rdnr. 1164 ff; *J. Salzwedel*, Wege- und Verkehrsrecht, in: *I. v. Münch* (Hrsg.), Besonderes Verwaltungsrecht, 11. Aufl. 1999, S. 831 ff; *Steinberg/Berg/Wickel*, Fachplanung, 3. Aufl. 2000; *Steiner*, Recht der Verkehrswirtschaft, in: *R. Schmidt* (Hrsg.), Wirtschaftsverwaltungsrecht, Bd. 3, 1995; *Stuer*, Handbuch des Bau- und Fachplanungsrechts, 2. Aufl. 1998. Historisch: *J. Salzwedel*, in: Deutsche Verwaltungsgeschichte, Bd. 3, 1984, S. 332 ff; Bd. 4, 1985, S. 260 ff, 911 ff.

VI. Raumordnungs- und Landesplanungsrecht

Von Udo Steiner

Inhalt

	Rdnr.	Seite
A. Die Idee einer staatlichen Ordnung des Raumes und die Grundprinzipien ihrer gesetzlichen Durchführung	1	831
I. Der Bedarf an Raumordnungsentscheidungen des Staates ...	3	831
II. Die gesetzlichen Grundlagen des Raumordnungs- und Landesplanungsrechts	4	832
1. Das Raumordnungsrecht des Bundes	5	832
2. Die Quellen des Landesplanungsrechts	7	833
3. Raumordnungsrecht in der Europäischen Gemeinschaft	8a	834
III. Die Grundentscheidungen und Grundbegriffe des geltenden Raumordnungsrechts	9	835
1. Aufgabe und Leitvorstellung der Raumplanung	10	835
2. Die „Grundsätze" der Raumordnung	11	836
3. „Grundsätze" und „Ziele" der Raumordnung	12	836
4. Die „Ziele" der Raumordnung	15	837
B. Die Grundzüge der Organisation der Landesplanung ...	20	838
I. Die Vorgaben des Bundesraumordnungsrechts für die Raumordnung der Länder (Landesplanung)	22	839
1. Materielle Vorgaben	22	839
2. Organisatorische und verfahrensrechtliche Vorgaben	23	839
3. Planstrukturelle Vorgaben	24	840
II. Die Organisation der Landesplanung	25	840
1. Die „hochstufige" Landesplanung	25	840
2. Die Landesplanung auf regionaler Ebene	26	841
3. Die Landesplanungs- und Landesraumordnungsbehörden	33	844
C. Die Verwirklichung der raumordnerischen Leitvorstellungen	38	845
I. Die Verwirklichung von „Grundsätzen" und sonstigen Erfordernissen der Raumordnung	41	846
II. Die rechtliche Bedeutung von „Zielen" der Raumordnung	45	848

VI *Raumordnungs- und Landesplanungsrecht*

       1. Eigenart und Bindungswirkung von „Zielen"
der Raumordnung 45 848
       2. Raumordnungsklauseln in Fachgesetzen 52 850
       3. Zielabweichung und Ausnahmetatbestände 53 850
       4. Bindungswirkungen bei sog besonderen
Bundesmaßnahmen 54 850
       5. Die Rechtsqualität raum- und gebietsstruktureller
Planaussagen im System der Raumordnung 55 851
       6. Die Durchsetzung von „Zielen" der Raumordnung im
Gebietsbereich der Gemeinden 59 853
  III. Raumordnung und Fachplanung 71 860

D. Sicherungsinstrumente der Landesplanung 76 862
  I. Das Raumordnungsverfahren oder raumplanerische
Verfahren 78 862
       1. Gegenstand und Ziel des Raumordnungsverfahrens 79 863
       2. Einzelfragen 80 863
  II. Die landesplanerische Untersagung 82 864

E. Rechtsschutzfragen im Bereich der Landesplanung 86 866
  I. Die Rechtsschutzinteressen 88 867
  II. Rechtsschutzmöglichkeiten im Bereich der Landesplanung .. 89 867
       1. Die Frage nach der Rechtsnatur von „Zielen" der
Raumordnung und Landesplanung 89 867
       2. Gesicherte und ungesicherte Antworten
auf die Rechtsschutzfrage 90 868

Literatur (Auswahl) 99 873

A. Die Idee einer staatlichen Ordnung des Raumes und die Grundprinzipien ihrer gesetzlichen Durchführung[1]

> **Fragen**
> 1. Welche Gesetzgebungszuständigkeiten räumt das Grundgesetz dem Bund im Bereich der Raumordnung ein? Von welchen Zuständigkeiten hat der Bund bisher Gebrauch gemacht?   **1**
> 2. Was versteht man unter „Grundsätzen" der Raumordnung und wo sind sie zu finden?   **2**
> **Antworten Rdnr. 18 f.**

I. Der Bedarf an Raumordnungsentscheidungen des Staates

In der verhältnismäßig kleinen und dicht besiedelten Bundesrepublik Deutschland besteht laufend ein erheblicher Bedarf an Flächen für öffentliche und private Vorhaben verschiedenster Art. Flächen werden benötigt für Wohnungsbau und Verkehrsanlagen, für die Gewinnung von Bodenschätzen, für Anlagen der Energieerzeugung und Energieverteilung, für Einrichtungen der Daseinsvorsorge wie Krankenhäuser, Schulen oder Sportanlagen, aber auch Flächen für Erholungs- und Freizeiteinrichtungen. In einzelnen Bereichen geht der Flächenbedarf zurück, in anderen steigt er an. Unterschiedliche, nicht selten untereinander konkurrierende oder nur schwer miteinander zu vereinbarende Nutzungsinteressen werden angemeldet. Zugleich waren und sind die Mittel in den staatlichen Budgets zur Finanzierung bzw. Mitfinanzierung wünschenswerter raumbedeutsamer öffentlicher und privater Investitionen nicht unbegrenzt. Ihre rationelle und effiziente Verteilung bedarf daher möglichst umfassender Entscheidungsgrundlagen. Diese und andere Faktoren hatten in der Zeit nach dem 2. Weltkrieg zur Folge, dass zunächst auf Länderebene und dann auf der Ebene des Bundes mit entsprechenden Rückwirkungen auf die Länder das Bedürfnis nach einer „zusammenfassenden" staatlichen Rahmenplanung für raumbeanspruchende Maßnahmen und raumbedeutsame Investitionen anerkannt und in die Gesetzgebung umgesetzt wurde[2]. Diese Rahmenplanung ist ihrer Idee nach **überörtlich** und bindet die örtliche Bauleitplanung der Gemeinden in ein Nutzungskonzept für die größeren Räume ein. Sie ist ihrer Eigenart nach aber auch **überfachlich**. So koordiniert sie den (teilweise konkurrierenden) Flächenbedarf der einzelnen Träger öffentlicher **Fachplanungen** (etwa: Bundeswegeplanung, Krankenhausbedarfsplanung, Abfallbeseitigungsplanung), aber auch privatwirtschaftlicher Investoren (sog. Abstimmungspla-

3

---

[1] Allgemeine Literatur ist am Ende des Beitrags (Rdnr. 99) zusammengestellt. Nachweise zur Kommentierung der Landesplanungsgesetze finden sich in den Fußnoten.
[2] Zur geschichtlichen Entwicklung *Wahl* (Rdnr. 99) I, S. 171 ff.

VI *Raumordnungs- und Landesplanungsrecht*

nung) und bringt ihn mit überfachlichen Raumnutzungsinteressen und vor allem Umweltschutzgesichtspunkten zum Ausgleich. Staatliche Raumplanung ist darüber hinaus (im Sinne einer dynamischen Komponente) Raum**entwicklungs**politik, etwa für sog. strukturschwache, zurückgebliebene Räume oder abwanderungsbedrohte zentrale Orte. Zugleich ist sie mehr denn je auf Schonung noch „ungenutzter" Räume („Freiräume") aus Gründen des Umweltschutzes und des Erholungsbedarfes der Bevölkerung bedacht.

II. Die gesetzlichen Grundlagen des Raumordnungs- und Landesplanungsrechts

4   Die Idee einer staatlichen Gesamtkonzeption für die Entwicklung des Staatsgebiets und seiner Teilräume ist ohne rechtliche Grundlagen und ohne effizientes rechtliches Instrumentarium nicht vorstellbar. In der Bundesrepublik findet sich das dazu notwendige **Raumordnungsrecht** schwerpunktmäßig in der Form zweier Regelungskomplexe.

1. Das Raumordnungsrecht des Bundes

5   Das **Raumordnungsgesetz** des Bundes vom 8. April 1965 (BGBl. I, 306) i.d.F. der Bekanntmachung vom 28. April 1993 (BGBl. I, 630 – im folgenden ROG alt) ist mit Wirkung zum 1. Januar 1998 durch das Raumordnungsgesetz (ROG) vom 18. August 1997 (BGBl. I, 2081; im Folgenden: ROG) abgelöst worden[3]. Mit diesem Gesetz wurde das Recht der Raumordnung in Deutschland auf eine neue Grundlage gestellt. ROG alt und ROG sind – im Wesentlichen –[4] auf Grund der Rahmenkompetenz des Bundes für die „Raumordnung" in Art. 75 Abs. 1 Nr. 4 GG (früher: Art. 75 Nr. 4 GG) erlassen worden. Das BVerfG hat in seinem sog. Baurechtsgutachten[5] die Raumordnung definiert als die zusammenfassende und übergeordnete (im Sinne einer überörtlichen und überfachlichen) Ordnung des Raumes in den Ländern auf Grund von vorgegebenen oder erst zu entwickelnden Leitvorstellungen.

6   Das ROG enthält in Abschnitt 1 (§§ 1-5) „Allgemeine Vorschriften" zur Aufgabe und Leitvorstellung der Raumordnung, formuliert Grundsätze der Raumordnung, definiert wichtige Begriffe des Raumordnungsrechts und strukturiert die für die Praxis der Raumordnung so wichtigen Bindungswirkungen von Grundsätzen, Zielen und sonstigen Erfordernissen der Raumordnung neu. Abschnitt 2 (§§ 6-17) gibt der Raumordnung in den Ländern rahmenrechtliche Vorgaben, die bis Ende 2001 von den Ländern umzusetzen waren (§ 22 ROG i.V.m. Art. 75 Abs. 3 GG). In den meisten Ländern ist dies inzwischen geschehen. Eine Raumordnung **des** Bundes (Raumplanung für den Gesamtstaat) hat das ROG wie schon sein Vorgänger nicht vorgesehen,

---

3 Zur Gesetzesbegründung siehe BT-Drucks. 13/6392 vom 4.12.1996.
4 Siehe aber Rdnr. 49 i.V.m. Fn. 46.
5 Baurechtsgutachten vom 16. Juni 1954, BVerfGE 3, 407 (425, 427 f).

obgleich es dafür einen kompetenzrechtlichen Ansatzpunkt gibt[6]. Die Vorschriften über die „Raumordnung des Bundes" (§§ 18-21 ROG) weisen dem Bund wichtige Koordinations- und Unterstützungsfunktionen im nationalen und europäischen Raum[7] zu.

2. Die Quellen des Landesplanungsrechts

Mit Ausnahme der Stadtstaaten Berlin, Bremen und Hamburg, in denen auch in Zukunft die Flächennutzungsplanung die Aufgabe eines Raumordnungsplans für das Landesgebiet übernehmen kann (§ 8 Abs. 1 ROG), haben die Länder Landesplanungsgesetze erlassen.

- *Baden-Württemberg:* Landesplanungsgesetz (LPlG) vom 8. April 1992, GBl. S. 229 (zit.: BWLplG)[8]
- *Bayern:* Bayerisches Landesplanungsgesetz i.d.F. der Bekanntmachung vom 16. September 1997, GVBl. S. 500, geändert 25. April 2000 (GVBl. S. 280) (zit.: BayLplG)[9]
- *Berlin:* Gesetz zu dem Staatsvertrag vom 7. August 1997 über das gemeinsame Landesentwicklungsprogramm der Länder Berlin und Brandenburg (Landesentwicklungsprogramm) und über die Änderungen des Landesplanungsvertrages vom 4. Februar 1998, GVBl. S. 14, 49[10] (zit. Bln/BbgLPlanV); Verordnung über den gemeinsamen Landesentwicklungsplan für den engeren Verflechtungsraum Brandenburg-Berlin vom 2. März 1998, GVBl. S. 38
- *Brandenburg:* Landesplanungsgesetz und Vorschaltgesetz zum Landesentwicklungsprogramm für das Land Brandenburg (Brandenburgisches Landesplanungsgesetz – BbgLPlG) i.d.F. der Bekanntmachung der Neufassung vom 12. Dezember 2002, GVBl. I 2003, S. 9 (zit. BbgLPlG); Landesplanungsvertrag vom 6. April 1995 (GVBl. I S. 210), geändert durch Gesetz vom 15. März 2001, GVBl. I S. 42 (zit. Bln/BbgLPlanV)

---

6 Das BVerfG hat in seinem Baurechtsgutachten (BVerfGE 3, 407/428) dem Bund die Befugnis zuerkannt, auf der Grundlage einer ausschließlichen Gesetzgebungskompetenz aus der Natur der Sache die Rechtsgrundlagen für eine Bundesraumplanung (Raumplanung für den Gesamtstaat) zu schaffen. Von dieser ihrem Gegenstand und ihrer Reichweite nach umstrittenen Zuständigkeit hat der Bund jedoch keinen Gebrauch gemacht. Das „Raumordnungsprogramm für die großräumige Entwicklung des Bundesgebietes" (Bundesraumordnungsprogramm) enthält ein planerisches Grobkonzept für die räumlich-strukturelle Gestaltung des gesamten Bundesgebiets und sollte ursprünglich die regionale Verteilung der raumwirksamen Bundesmittel steuern. Es enthält aber keine „Ziele" im rechtstechnischen Sinne. Nach § 18 Abs. 1 Satz 2 ROG kann das für die Raumordnung zuständige Bundesministerium nur informelle Leitbilder der räumlichen Entwicklung des Bundesgebiets erstellen, nicht aber einen Raumordnungsplan. Die Länder haben darauf nach dem Gegenstromprinzip (§ 1 Abs. 3 ROG) Rücksicht zu nehmen. Siehe *Runkel*, WiVerw. 1997, 267 (271).

7 Zu den europäischen Perspektiven der Raumordnung siehe *Krautzberger/Silke*, DÖV 1994, S. 685 ff.

8 Kommentierung: *Angst/Kröner/Traulsen*, Landesplanungsrecht für Baden-Württemberg, 2. Aufl. 1985.

9 Kommentierung: *Heigl/Hosch*, Raumordnung und Landesplanung in Bayern, Loseblatt-Kommentar, Stand: 17. Lfg. 1991; systematische Darstellung: *Knemeyer*, in: Berg/Knemeyer/Papier/Steiner, Staats- und Verwaltungsrecht in Bayern, 6. Aufl. 1996, S. 286 ff.

10 Dazu *Wimmer*, Raumordnung und Landesplanung in Berlin und Brandenburg, LKV 1998, 127.

VI *Raumordnungs- und Landesplanungsrecht*

- *Hessen:* Gesetz zur Neufassung des Hessischen Landesplanungsrechts vom 6. September 2002, GVBl. S. 548 (zit.: HessLplG)[11]
- *Mecklenburg-Vorpommern:* Gesetz über die Raumordnung und Landesplanung des Landes Mecklenburg-Vorpommern – Landesplanungsgesetz (LPlG) vom 5. Mai 1998, GVBl. S. 503 (zit.: MVLPlG)
- *Niedersachsen:* Niedersächsisches Gesetz über Raumordnung und Landesplanung (NROG) vom 18. Mai 2001, GVBl. S. 301 (zit.: NdsROG)[12]
- *Nordrhein-Westfalen:* Landesplanungsgesetz (LPlG) des Landes Nordrhein-Westfalen vom 11. Februar 2001, GVBl. S. 50 (zit.: NWLPlG)[13]
- *Rheinland-Pfalz:* Landesplanungsgesetz (LPlG) des Landes Rheinland-Pfalz i.d.F. der Bekanntmachung vom 10. April 2003, GVBl. S. 41 (zit.: RhPfLPlG)[14]
- *Saarland:* Gesetz Nr. 1502 zur Neuordnung des Landesplanungsrechts (SLPG) vom 12. Juni 2002, ABl. Saarland S. 1506 (zit.: SaarLPG)
- *Sachsen:* Gesetz zur Raumordnung und Landesplanung des Freistaates Sachsen vom 14. Dezember 2001 (Landesplanungsgesetz – SächsLPlG, GVBl. S. 716 (zit. SächsLPlG)[15]
- *Sachsen-Anhalt:* Landesplanungsgesetz des Landes Sachsen-Anhalt (LPlG) vom 28. April 1998, GVBl. S. 255 (zit.: SachsAnhLPlG)
- *Schleswig-Holstein:* Gesetz über die Landesplanung (Landesplanungsgesetz) in der Fassung vom 10. Februar 1996, GVBl. S. 232 (zit.: SchlHLPlG)
- *Thüringen:* Thüringer Landesplanungsgesetz (ThürLPlG) vom 18. Dezember 2001, GVBl. S. 485 (zit.: ThürLPlG)

8   Außerhalb des ROG und des Landesplanungsrechts finden sich Bestimmungen mit raumordnungsrechtlichem Inhalt noch in einzelnen Gesetzes- und Vorschriftenwerken, wie vor allem in §§ 1 Abs. 4, 35 Abs. 3 BauGB, § 11 Abs. 3 Satz 1 Nr. 2 BauNVO, aber auch in zahlreichen Fachplanungsgesetzen (siehe Rdnr. 72).

3. Raumordnungsrecht in der Europäischen Gemeinschaft

8a Der Europäischen Gemeinschaft fehlt eine originäre Raumordnungskompetenz. Art. 175 Abs. 2 Satz 1 EG räumt dem Rat zwar die Befugnis ein, Maßnahmen im Bereich der Raumordnung zu erlassen. Gleichwohl handelt es sich nicht um eine eigenständige Kompetenzgrundlage, sondern – der systematischen Stellung folgend – le-

---

11 Zum bisherigen Recht: *Lautner*, Städtebaurecht, Landes- und Regionalplanungsrecht unter besonderer Berücksichtigung der Rechtslage in Hessen, 3. Aufl. 1990.
12 Zum bisherigen Recht: *Hoppe/Schoeneberg*, Raumordnungs- und Landesplanungsrecht des Bundes und des Landes Niedersachsen, 1987, Rdnrn. 861 ff.
13 Zum bisherigen Recht: *Depenbrock/Reiners*, Landesplanungsgesetz NW, Kommentar, 1985.
14 Kommentierung: *Brenken/Schefer*, Landesplanungsgesetz und Regionengesetz von Rheinland-Pfalz, Loseblattkommentar. Systematische Darstellung: *Menke*, in: Hoppe/Menke, Das Recht der Raumordnung und Landesplanung in Bund und Ländern. Eine systematische Darstellung mit Landesteil Rheinland-Pfalz, 1986.
15 Siehe *Füßer/Götze*, SächsVBl. 2002, 81.

diglich um einen Teilbereich der in Art. 174 ff EG niedergelegten Umweltpolitik. Befugnisse des EG-Gesetzgebers lassen sich daher nur sektoral, zum Beispiel aus der Zuständigkeit für die Landwirtschaft (Art. 158 ff EG) ableiten[16]. Die Kommission hat bereits im Jahr 1991 mit „Europa 2000"[17] und im Jahr 1994 mit „Europa 2000+"[18] eine Analyse der europäischen Raumentwicklung und Leitlinien für eine Zusammenarbeit der Mitgliedstaaten auf dem Gebiet der Raumordnung vorgelegt. Auf der Grundlage dieser Dokumente beschloss der Rat das Europäische Raumordnungskonzept (EUREK)[19]. Dieses nicht mit rechtlicher Verbindlichkeit ausgestattete Konzept soll als Rahmen für eine verbesserte Zusammenarbeit zwischen der Gemeinschaft, den Mitgliedstaaten sowie ihren Regionen und Gebietskörperschaften dienen und die Berücksichtigung europäischer Raumordnungsvorstellungen stärken. Vorschriften des sekundären Gemeinschaftsrechts können Einfluss auf die mitgliedstaatliche Raumordnung haben, so zum Beispiel die jetzt durch §§ 32 ff BNatSchG umgesetzten[20] Vogelschutzrichtlinie und Flora-Fauna-Habitat-Richtlinie (FFH-RL).

III. Die Grundentscheidungen und Grundbegriffe des geltenden Raumordnungsrechts

Das Raumordnungsrecht gehört erfahrungsgemäß zu den Rechtsmaterien des Verwaltungsrechts, die sich dem Studenten und Referendar außerordentlich schwer erschließen. Der Zugang wird erleichtert, wenn man sich vorab folgende Grundentscheidungen und Grundbegriffe klarmacht, die das geltende Raumordnungsrecht prägen und in der weiteren Darstellung noch näher erläutert werden.

9

1. Aufgabe und Leitvorstellung der Raumplanung

Das ROG bezeichnet es in § 1 Abs. 1 Satz 1 als Aufgabe der Raumordnung, den Gesamtraum der Bundesrepublik Deutschland und seine Teilräume durch umfassende, übergeordnete Raumordnungspläne (der Länder) und durch Abstimmung raumbedeutsamer Planungen und Maßnahmen zu entwickeln, zu ordnen und zu sichern. Dabei sind unterschiedliche Anforderungen an den Raum aufeinander abzustimmen und die auf der jeweiligen Planungsebene auftretenden Konflikte auszugleichen und Vorsorge für einzelne Raumfunktionen (etwa: Natur, Landschaft, Gewässer, Klima, Boden) und Raumnutzungen (etwa: Siedlung, Erholung, Land- und Forstwirtschaft, Bodenschätze) zu treffen (§ 1 Abs. 1 Satz 2 ROG). Die Erfüllung dieser Aufgabe soll von der **Leitvorstellung** einer **nachhaltigen Raumentwicklung** bestimmt sein, die

10

---

16 Näher dazu *Jarass*, DÖV 1999, 661 ff; *Koch/Hendler*, S. 139 ff; *Gatawis*, DVBl. 1999, 833 ff; *ders*, DÖV 2002, 858.
17 Perspektiven der künftigen Raumordnung der Gemeinschaft, BT-Drs. 12/4640.
18 Europäische Zusammenarbeit bei der Raumentwicklung, KOM (94) 354 endg.
19 BT-Drs. 14/1388, S. V ff.
20 Siehe § 35 Satz 1 Nr. 2 und § 60 Abs. 2 Satz 1 Nr. 3 BNaturSchG.

VI *Raumordnungs- und Landesplanungsrecht*

die sozialen und wirtschaftlichen Ansprüche an den Raum mit seinen ökologischen Funktionen in Einklang bringt und zu einer dauerhaften, großräumig ausgewogenen Ordnung führt. Teilaspekte dieser Leitvorstellung sind im Gesetz spezifiziert (§ 1 Abs. 2 ROG).

2. Die „Grundsätze" der Raumordnung

11   Die unmittelbar rechtlich bedeutsame Ebene (vgl. Rdnr. 45) wird mit den sog. Grundsätzen erreicht. „Grundsätze" – ein rechtstechnischer Begriff des Raumordnungsrechts – sind allgemeine Aussagen zur Entwicklung, Ordnung und Sicherung des Raumes in oder auf Grund von § 2 ROG als Vorgaben für nachfolgende Abwägungs- oder Ermessensentscheidungen (§ 3 Nr. 3 ROG). Sie sind die wichtigsten für den Gesamtraum relevanten räumlichen und fachlichen Belange. Enthalten sind sie vor allem im ROG selbst (vgl. § 2 Abs. 2). Die Länder können weitere Grundsätze der Raumordnung aufstellen, soweit diese den Grundsätzen der Raumordnung im ROG und auch nicht dem § 1 ROG widersprechen. Hierzu gehören auch Grundsätze in Raumordnungsplänen (§ 2 Abs. 3 ROG). Alle Grundsätze sind im Sinne der Leitvorstellung einer nachhaltigen Raumentwicklung nach § 1 Abs. 2 ROG anzuwenden.

3. „Grundsätze" und „Ziele" der Raumordnung

12   a) Die „Grundsätze", also räumlich und fachlich abstrakt formulierte **Leitprinzipien** (Planungsdirektiven), beispielsweise in Bezug auf Siedlungs- und Freiraumstruktur, Naturhaushalt oder Landschaft, Wohnbedarf der Bevölkerung oder Sicherung und Gewinnung von Rohstoffen, entfalten von sich aus gewisse (noch näher darzustellende) rechtliche Wirkungen (Rdnr. 42). Sie sind aber vor allem darauf angelegt, dass sie im Wege der planerischen **Konkretisierung** in „Ziele" umgesetzt werden. Der Begriff „Ziel" ist ebenfalls ein raumordnungsrechtlich feststehender Schlüsselbegriff (Rdnrn. 15 ff). Das Gesetz definiert „Ziele" als verbindliche Vorgaben in Form von räumlich und sachlich bestimmten oder bestimmbaren, vom Träger der Landes- oder Regionalplanung abschließend abgewogenen textlichen oder zeichnerischen **Festlegungen** in Raumordnungsplänen zur Entwicklung, Ordnung und Sicherung des Raums (§ 3 Nr. 2 ROG). „Ziele" entfalten rechtliche Bindungswirkung nach Maßgabe der § 4 und 5 ROG. Während „Grundsätze" bloße Maßstäbe sind, kann man **„Ziele" als landesplanerische Letztentscheidungen** bezeichnen[21]. Auch die Verwaltungsrechtsordnung knüpft an diesen Begriff vielfach an; besonders „prominente" Stellen sind § 1 Abs. 4 und § 35 Abs. 3 Satz 2 und 3 BauGB.

Beispiele solcher Ziele sind: Zuweisung eines bestimmten zentralörtlichen Status, etwa den eines „Oberzentrums" an eine bestimmte Gemeinde, Reservierung von Flächen für Anlagen der Energieversorgung, Ausweisung von „Verdichtungsräumen" in Abgrenzung zu ländlichen Räumen, Standortaussagen für Verkehrsanlagen oder zentrale Deponien, Darstellung von Freiflächen für Naherholungseinrichtungen, Vorhaltung von Flächen für den Abbau von Bodenschätzen usw.

---

21 *Goppel*, BayVBl. 1998, 289.

b) Die Umsetzung der als „Grundsätze" formulierten allgemeinen raumordnerischen **13** Leitprinzipien in konkrete Raumnutzungsentscheidungen oder jedenfalls raumwirksame Entscheidungen erfolgt nach der Vorstellung des Gesetzgebers im Wege der landesraumordnerischen **Abwägung** (siehe § 3 Nr. 2, § 7 Abs. 1 Satz 1 ROG).

c) Das Gesetz fasst „Grundsätze" und „Ziele" im Oberbegriff der „Erfordernisse der **14** Raumordnung" zusammen und rechnet ihnen weiter noch die „sonstigen Erfordernisse" der Raumordnung zu: in Aufstellung befindliche Ziele der Raumordnung, Ergebnisse förmlicher landesplanerischer Verfahren wie des Raumordnungsverfahrens und landesplanerische Stellungnahmen (§ 3 Nr. 4 ROG; siehe Rdnrn. 78 f).

4. Die „Ziele" der Raumordnung

a) „Ziele" finden sich ausschließlich in den Raumordnungsplänen der Länder **15** („Pläne", „Programme"). Sie sind deren juristisch wichtigster Inhalt und müssen als solche dort aus Gründen der Planklarheit gekennzeichnet sein (§ 3 Nr. 2, § 7 Abs. 1 Satz 3 ROG). Man kann daher sagen, dass die nach den Vorgaben der „Grundsätze" angestrebte Ordnung des Raumes durch die „Ziele" in den Raumordnungsplänen der Länder (Landesplanung) verwirklicht wird. Das Raumordnungsrecht der Länder (Landesplanungsrecht) gibt dabei im Rahmen der §§ 6-9 ROG die Antwort auf die **praktisch wichtige Frage**, welche Stelle in welchem Verfahren welche Art von Zielen mit welchem Inhalt aufstellt.

b) „Ziele" werden vom ROG mit Bindungswirkung ausgestattet. Dies geschieht in **16** den §§ 4 und 5. Die Einzelheiten sind an späterer Stelle (Rdnrn. 45. ff) darzustellen. Hier ist aber bereits allgemein hervorzuheben, dass die in den genannten Vorschriften des Raumordnungsrechts, aber auch an anderen Stellen der Verwaltungsrechtsordnung, wie beispielsweise in § 1 Abs. 4 BauGB, angeordnete rechtliche Bindungswirkung voraussetzt, dass die „Ziele" in jedem Einzelfall **rechtswirksame** raumplanerische Aussagen sind. Sie müssen also formell ordnungsgemäß zu Stande gekommen und inhaltlich rechtmäßig sein (Rdnr. 73). Die bloße Bezeichnung einer (landes-)planerischen Aussage als „Ziel" nach § 7 Abs. 1 Satz 3 ROG führt – und dies ist wichtig – noch nicht die Bindungswirkung herbei. Sie muss den Anforderungen des § 3 Nr. 2 entsprechen.

c) „Ziele" haben grundsätzlich gegenüber Privatpersonen keine unmittelbare **17** Rechtswirkung[22]. Sie enthalten also insoweit kein Raumnutzungsrecht nach Art unmittelbar rechtsverbindlicher Festsetzungen für die bauliche und sonstige Nutzung von Grundstücken wie bei Bebauungsplänen (vgl. §§ 8 Abs. 1, 30 BauGB). Das ROG hat die Bindungswirkung der Erfordernisse der Raumordnung gegenüber Personen des Privatrechts allerdings verstärkt (siehe Rdnrn. 49 ff).

---

22 Siehe BVerwG, DVBl. 1993, 658 (660) und Rdnr. 69.

Antworten

18   1. Art. 75 Abs. 1 Nr. 4 GG gibt dem Bund das Recht, unter den Voraussetzungen des Art. 72 GG **Rahmen**vorschriften über die „Raumordnung" zu erlassen. Diese konkurrierende Rahmenkompetenz umfasst die Zuständigkeit zur bundesgesetzlichen Festlegung der Grundzüge für die zusammenfassende und übergeordnete (überörtliche und überfachliche) Planung und Ordnung des Raumes der Länder (BVerfGE 3, 407/425, 428). Das BVerfG hat darüber hinaus dem Bund „aus der Natur der Sache" eine **ausschließliche** Vollkompetenz zur Schaffung der Rechtsgrundlagen für eine Bundesraumplanung im Sinne einer zusammenfassenden Raumplanung für den Gesamtstaat zuerkannt (BVerfGE 3, 407/427 f). Von der erstgenannten Zuständigkeit hat der Bund durch Erlass des ROG Gebrauch gemacht, von der letzten (und auch umstrittenen) Zuständigkeit dagegen nicht.

19   2. „Grundsätze" der Raumordnung sind – als rechtstechnischer Begriff – abstrakte Leitprinzipien (Planungsdirektiven) über die Ordnung und Entwicklung von Räumen (Rdnrn. 42 f). Sie sind im ROG (§ 2 Abs. 2) und teilweise auch im Landesplanungsrecht (vgl. § 2 Abs. 3 ROG) enthalten. Siehe Rdnrn. 42 f.

Einführungshinweise: *Runkel*, WiVers 1997, 267; *ders.*, DVBl. 1996, 698; *Dolderer*, NVwZ 1998, 345; *Goppel*, BayVBl. 1999, 331 ff und *Schulte*, NVwZ 1999, 942.

B. Die Grundzüge der Organisation der Landesplanung

Fälle und Fragen

20   1. Im Bundesland B will die Landtags-Mehrheit die Regionalplanung im Rahmen der Landesplanung neu organisieren. Hat sie politische Gestaltungsfreiheit?

21   2. Im Bundesland B wird der für die Genehmigung (Verbindlicherklärung, Verbindlichkeitsfeststellung) nach dem dort geltenden Landesplanungsrecht zuständigen Behörde der formell ordnungsgemäß zu Stande gekommene Regionalplan (Regionaler Raumordnungsplan, Gebietsentwicklungsplan, Regionales Raumordnungsprogramm) für die Region (Regierungsbezirk) R zur Genehmigungserteilung vorgelegt. Die Genehmigungsbehörde versagt die Genehmigung mit der Begründung, aus landesplanerischer Sicht, insbesondere im Hinblick auf den Grundsatz des § 2 Abs. 2 Nr. 14 ROG sei es zweckmäßig, im Regionalplan mehr Freiflächen, vor allem für die Naherholung, und weniger Flächen für Betriebsansiedlungen auszuweisen, die ohnehin kaum zu realisieren seien. Die für die Beschlussfassung über den Regionalplan zuständige Stelle (Regionale Planungsgemeinschaft, Bezirksplanungsrat usw.) will Klage zum Verwaltungsgericht mit dem Ziel erheben, die Genehmigungsbehörde zur Erteilung der Genehmigung zu verpflichten. Wie sind die Erfolgsaussichten einer solchen Klage zu beurteilen?

Lösungshinweise Rdnr. 35 ff.

I. Die Vorgaben des Bundesraumordnungsrechts für die Raumordnung der Länder (Landesplanung)

1. Materielle Vorgaben

Sowohl dem ROG alt als auch dem ROG liegt – wie schon hervorgehoben (Rdnrn. **22**
12 f) – die Vorstellung zu Grunde, dass die rechtsverbindliche Raumordnung in der
Bundesrepublik Deutschland durch Aufstellung und Festlegung von „Zielen" durch
bestimmte öffentliche Stellen der Länder als Raumordnung in ihrem Gebiet (Landesplanung) erfolgt. Die organisatorischen Voraussetzungen dafür schaffen die Landes(planungs)gesetze nach den Vorgaben des Bundesraumordnungsrechts (siehe Rdnrn. 25 ff). Das ROG enthält dafür – ebenso wie sein Vorgänger – aber auch wichtige
materielle Vorgaben. Es formuliert Aufgabe und Leitvorstellung der Raumordnung
(§ 1 Abs. 1 und 2). Weiter enthält es die wichtigsten Planungsdirektiven in der Form
von Grundsätzen (§ 2 Abs. 1 und 2), die von den Ländern im Rahmen von Raumordnungsplänen durch die Festlegung von „Zielen" zu konkretisieren sind (§ 7 Abs. 1
Satz 1). Hervorzuheben ist weiter die Festlegung der Abwägungsstruktur in § 7
Abs. 7 ROG, die **private** Belange unter bestimmten Voraussetzungen, vor allem bei
Regionalplänen, einbezieht. Der Leiteffekt dieser „Grundsätze" wird wesentlich dadurch verstärkt, dass das ROG auch eine Reihe von strukturellen Vorgaben für die
Raumordnungspläne der Länder enthält (siehe Rdnrn. 55 ff).

2. Organisatorische und verfahrensrechtliche Vorgaben

Das ROG enthält in den §§ 6-17 zahlreiche organisatorische und verfahrensrechtliche **23**
Richtlinien für die Ländergesetzgeber, die ihrerseits innerhalb dieses Rahmen die
Rechtsgrundlagen für eine Raumordnung in ihrem Gebiet (Landesplanung) zu schaffen haben (§ 7 Abs. 1 Satz 1). Für die Umsetzung dieser Rahmenvorgabe durch Anpassung des (bisher) geltenden Landesplanungsrechts (vgl. Art. 75 Abs. 3 GG) hatten die Länder Zeit bis Ende 2001 (§ 22 ROG)[23]. Hervorzuheben ist aus dem ROG[24]:
Die Länder haben – von den Stadtstaaten abgesehen[25] – für ihr Gebiet einen zusammenfassenden und übergeordneten Plan aufzustellen (§ 8 Abs. 1: Raumordnungsplan
für das Landesgebiet). In den Ländern, deren Gebiet die Verflechtungsbereiche mehrerer Zentraler Orte oberster Stufe (siehe Rdnr. 55) umfasst, und dies ist regelmäßig
bei den sog. Flächenstaaten der Fall, sind Regionalpläne aufzustellen, die aus dem
Raumordnungsplan für das Landesgebiet entwickelt werden müssen (§ 9 Abs. 1 Satz
1 und Abs. 2 Satz 1). Weiter schreibt das ROG die gesetzliche Verankerung eines

---

[23] Soweit die Länder der Umsetzungsverpflichtung noch nicht nachgekommen sind (siehe Rdnr. 7), ist im Folgenden (Rdnrn. 25 ff) deshalb das noch geltende Landesplanungsrecht der Länder dargestellt.
[24] Einzelheiten der §§ 6-17 ROG sind in der weiteren Darstellung jeweils im konkreten Sachzusammenhang aufgegriffen.
[25] In den Stadtstaaten Berlin, Hamburg und Bremen bleibt es dabei, dass der Flächennutzungsplan (§ 5 BauGB) die Funktion eines Raumordnungsplans für das Landesgebiet übernehmen kann; er muss aber dann den allgemeinen Vorschriften über Raumordnungspläne nach § 7 ROG entsprechen (vgl. § 8 Abs. 1 Satz 2 ROG).

VI *Raumordnungs- und Landesplanungsrecht*

Raumordnungsverfahrens vor, in dem raumbedeutsame Planungen und Maßnahmen untereinander und mit den Erfordernissen der Raumordnung abzustimmen sind (§ 15 Abs. 1 Satz 1; siehe auch Rdnrn. 78 ff). Diese Vorschriften werden noch ergänzt durch eine Reihe von verfahrensrechtlichen Bestimmungen über die Beteiligung von öffentlichen Stellen, Personen, Gemeinden und auch der Öffentlichkeit bei der Aufstellung von „Zielen" der Raumordnung (siehe vor allem § 7 Abs. 5 und 6 sowie § 9 Abs. 4 ROG).

3. Planstrukturelle Vorgaben

24 Im Zuge der Formulierung von Richtlinien für die Neuordnung des Landesplanungsrechts der Länder durch das ROG nimmt der Bundesgesetzgeber auch Einfluss auf die Kategorien von Festlegungen zur Raumstruktur und zu raumbedeutsamen Planungen und Maßnahmen (§ 7 Abs. 2-4). Diese „Typen" von „Zielen" der Raumordnung entsprechen überwiegend schon der bisherigen Praxis. Das ROG setzt aber teilweise neue Akzente (etwa: Festlegungen zur Freiraumstruktur in § 7 Abs. 2 Satz 1 Nr. 2, mit Schutzfunktionen für regionale Grünzüge oder Wasservorsorgegebiete), sichert schon praktizierte Gebietsfestsetzungen bundesrechtlich ab (etwa: sog. Vorrang- und Vorbehaltsgebiete in § 7 Abs. 4 Satz 1 Nrn. 1 und 2) oder schafft eine zusätzliche Gebietskategorie (so genannte Eignungsgebiete in § 7 Abs. 4 Satz 1 Nr. 3; vgl. näher Rdnr. 58). § 9 Abs. 6 ROG ermächtigt den Landesgesetzgeber, bei regionalen Verflechtungen die Planungsebenen des gemeinsamen Flächennutzungsplans und des Regionalplans zu einem neuen Plantyp (**regionaler Flächennutzungsplan**) zusammenzuführen. Dies ist neu[26].

II. Die Organisation der Landesplanung

1. Die „hochstufige" Landesplanung

25 Die Landesplanungsgesetzgebung hat durchwegs entsprechend § 5 Abs. 1 Satz 1 ROG alt die gesetzlichen Grundlagen für die Erstellung von zusammenfassenden und übergeordneten Programmen und Plänen für das gesamte Staats- und Landesgebiet geschaffen. Sie enthält Regelungen über die Zuständigkeiten und das Verfahren für die Aufstellung solcher Pläne und insbesondere von „Zielen" der Raumordnung. Alle Bundesländer – außer den Stadtstaaten (siehe Rdnr. 7) – haben inzwischen zentral erarbeitete und zugleich zentral in Geltung gesetzte, landesweite Programme und Pläne mit allerdings unterschiedlichen Bezeichnungen („Landesentwicklungsplan", „Landesraumordnungspläne", „Landesraumordnungsprogramm", „Landesentwicklungsprogramm")[27]. An ihrer Aufstellung und Inkraftsetzung sind die Landesparlamente in

---

[26] Näher dazu *Lüers*, UPR 1997, 348 ff; *Müller/Mahlburg*, DVBl. 1998, 1110 ff; *Busse*, BayVBl. 1998, 293 ff.
[27] Siehe §§ 3 ff BWLplG; Art. 13 BayLplG; Art. 7 Bln/BbgLPlanV; § 7 HessLplG; § 6 MVLplG; § 5 NdsROG; §§ 11-12 NWLPlG; § 7 RhPfLPlG; § 2 SaarLPG; § 3 SächsLPlG; § 3 Abs. 1 SachsAnhLPlG; § 5 SchlHLPlG; § 9 ThürLPlG.

den meisten Ländern beteiligt[28]. Diese „hochstufige" Planung enthält als rechtliches Minimum die „Ziele", die zur Verwirklichung der „Grundsätze" erforderlich sind, beispielsweise die Zuweisung zentralörtlicher Funktionen an Städte in der Form von „Oberzentren". Zulässig ist nach Rahmenrecht die Aufstellung räumlicher und vor allem sachlicher **Teil**programme und **Teil**pläne auf zentraler Ebene. Von dieser Möglichkeit haben einzelne Bundesländer beispielsweise durch Aufstellung von Programmen zur Standortvorsorge für Großkraftwerke Gebrauch gemacht.

2. Die Landesplanung auf regionaler Ebene

a) Die größeren und mittelgroßen Flächenstaaten der Bundesrepublik haben die institutionellen und verfahrensmäßigen Voraussetzungen für eine **Regionalplanung** als eigene Ebene der Landesplanung geschaffen[29]. Regionalpläne („Regionalpläne", „Regionale Raumordnungsprogramme", „Regionale Raumordnungspläne", „Regionale Entwicklungspläne", „Gebietsentwicklungspläne") enthalten also im gesetzlich vorgegebenen „Themen"-Rahmen „Ziele" der Raumordnung und Landesplanung von regionaler Bedeutung, wie beispielsweise (jedenfalls teilweise) die Festlegung von zentralen Orten der untersten Stufe (Kleinzentren/Unterzentren), die Ausweisung von Freiflächen für Naherholungsgebiete, die Festsetzung von Entwicklungsschwerpunkten oder die Darstellung von Vorrangflächen für den Kiesabbau. Ihr räumlicher Geltungsbereich ist die „Region", überwiegend ein Teilraum innerhalb eines Landes unterhalb der Ebene des Regierungsbezirks, der landesrechtlich (nach allerdings umstrittenen planungswissenschaftlichen Kriterien) festgelegt ist. Die Regionalplanung steht planungssystematisch zwischen „hochstufiger" Landesplanung und gemeindlicher Bauleitplanung und politisch daher im unmittelbaren Spannungsfeld zwischen staatlichen und kommunalen Raumnutzungsvorstellungen. Regionalplanung ist (staatliche) **Landes**planung für **Teil**räume und erfolgt grundsätzlich in Ausübung staatlich abgeleiteter Kompetenz. Diesen Grundsatz kann allerdings die Landesgesetzgebung zu Gunsten der kommunalen Selbstverwaltung der Gemeinden und Gemeindeverbände modifizieren und abschwächen und hat dies auch in unter-

26

---

28 § 5 BWLPlG; Art. 14 Abs. 3 BayLplG; Art. 8 Abs. 5 und 6 Bln/BbgLPlanV; § 8 Abs. 3 Satz 1 Hess-LplG; § 6 Abs. 3 und 4 Satz 2 NdsROG; §§ 12 Satz 1, 13 Abs. 2 Satz 3 NWLPlG; § 8 Abs. 1 Sätze 4-6 RhPfLPlG; § 6 Abs. 2 Satz 6 SächsLPlG; § 5 SachsAnhLPlG.
29 Siehe §§ 8 ff BWLplG; Art. 17 f BayLplG; §§ 9 ff HessLplG; §§ 8 f MVLPlG; §§ 6 ff NdsROG; §§ 14 ff NWLPlG; §§ 9, 10, 12 ff RhPfLPlG; §§ 4, 6, 7 Abs. 2-4, § 9 ff SächsLPlG; §§ 6 ff SachsAnhLPlG; §§ 3 f, 11 f ThürLPlG. Keine Regionalplanung kennt das Saarland. Art. 11 des LPlanV zw. Berlin und Brandenburg regelt die Zusammenarbeit in der Regionalplanung durch die regionale Planungskonferenz und den Regionalplanungsrat. Deren Entscheidungen haben jedoch lediglich empfehlenden Charakter. Träger der Regionalplanung sind in Brandenburg die Regionalen Planungsgemeinschaften als Körperschaften des öffentlichen Rechts, die sich aus der Regionalversammlung und dem Regionalvorstand zusammensetzen. Näher: *Koch/Hendler*, § 6 Rdnrn. 22 ff. Die Regionalplanung in Schleswig-Holstein wird auf zentraler Ebene vorgenommen (§ 7 Abs. 1 und 2 SchlHLPlG). Ob die Kreisentwicklungspläne der Kreise und kreisfreien Städte in Schleswig-Holstein (§§ 11 ff SchlHLPlG) echte Regionalpläne im Sinne des § 5 Abs. 3 ROG sind, ist umstritten. Siehe dazu *Hendler*, JuS 1979, 618 (619 f). In Rheinland-Pfalz können zur „Vertiefung" der regionalen Raumordnungspläne Raumordnungsteilpläne aufgestellt werden (§ 9 Abs. 3 RhPfLPlG).

schiedlicher Weise getan[30]. Immer aber bleiben Regionalpläne – unbeschadet der Art und des Ausmaßes kommunalen Einflusses an ihrem Zustandekommen – ein Stück **Landes**planung: Auch die Regionalplanung hat deshalb die „Grundsätze" zu verwirklichen. Auch sie enthält „Ziele" der „Raumordnung", etwa im Sinne der Anpassungsvorschrift des § 1 Abs. 4 BauGB. Es sind im Übrigen gerade die regionalplanerischen „Ziele", die wegen ihrer Konkretheit diese Anpassungspflicht in besonderer Weise aktualisieren.

b) Für die Ausgestaltung der regionalen Planungsebene enthält das Raumordnungsrecht des Bundes geringe Vorgaben. Die Organisationslösungen der einzelnen Bundesländer werden im allgemeinen – vereinfacht – in zwei Gruppen eingeteilt.

27 In den Bundesländern Baden-Württemberg, Bayern und Rheinland-Pfalz erfolgt die Beschlussfassung über die Regionalpläne durch (öffentlich-rechtliche) Zusammenschlüsse von Gemeinden und Gemeindeverbänden (Kreisen bzw. Landkreisen) zu regionalen Planungsgemeinschaften/Regionalen Planungsverbänden[31]. Diesen Zusammenschlüssen stehen jedoch keine Planungsrechte im Sinne des § 42 Abs. 2 VwGO zu, um auf dieser Grundlage verwaltungsgerichtlich gegen die einem einzelnen Bürger erteilte Baugenehmigung vorzugehen. Dies gilt auch für den Fall, dass der der Genehmigung zugrunde liegende Bebauungsplan gegen das Anpassungsgebot des § 1 Abs. 4 BauGB verstößt. Das gemeindliche Anpassungsgebot ist rein objektiv-rechtlicher Natur und entfaltet keine Schutzwirkung zu Gunsten Dritter. Die Klagebefugnis der Planungsverbände lässt sich auch nicht aus ihrer Eigenschaft als Zusammenschluss zur öffentlich-rechtlichen Körperschaft ableiten. Die Planung auf regionaler Ebene ist staatliche Aufgabe; der Zusammenschluss nimmt sie nicht als eigene wahr[32].

28 – In anderen Bundesländern, z.B. in Hessen, Nordrhein-Westfalen, sind für die Aufstellung der Regionalpläne Organe besonderer Art (Regionalversammlung, Regionalräte) zuständig, deren Mitglieder von den kreisfreien Städten, Landkreisen, ggf. größeren kreisangehörigen Gemeinden entsandt werden[33]. Sie haben keine eigene Rechtspersönlichkeit. Doch gesteht ihnen die Literatur[34] für ihren Aufgabenbereich gegenüber den staatlichen Planungsbehörden eine Art öffentlich-rechtlicher Teilrechtsfähigkeit zu.

---

30 Siehe unten Rdnr. 32.
31 §§ 8 ff, 22 ff BWLplG: Regionalverbände aus kreisfreien Gemeinden und Landkreisen; Art. 6 ff BayLplG: Regionale Planungsverbände aus Gemeinden und Landkreisen; § 12 Abs. 2 und 3 MVLPlG: Landkreise und kreisfreie Städte; §§ 12 ff RhPflLPlG: Planungsgemeinschaften aus kreisfreien Städten und Landkreisen, ggf. auch größeren kreisangehörigen Gemeinden (vgl. § 15 Abs. 2 Nr. 1); § 9 Abs. 2 Satz 1 SächsLPlG: Kreisfreie Städte und Landkreise; § 17 SachsAnhLPlG: Landkreise und kreisfreie Städte; § 4 Abs. 2 und 3 ThürLPlG: Landkreise, kreisfreie Städte und größere kreisangehörige Gemeinden.
32 Vgl. VGH BW, DÖV 1999, 476.
33 §§ 10 Abs. 1 Satz 1, 22 Abs. 1 Satz 1 HessLplG: Regionalversammlung bei der jeweiligen oberen Landesplanungsbehörde (Mitglieder aus kreisfreien Städten, Landkreisen, größeren kreisangehörigen Gemeinden und bestimmte Planungs- und Zweckverbänden); §§ 5, 15 ff NWLPlG: Regionalräte (Mitglieder aus kreisfreien Städten und Kreisen). In Schleswig-Holstein werden zwar Regionalpläne aufgestellt (§§ 3 Abs. 1, 6 SchlHLPlG), aber als rein staatliche Pläne vom Ministerpräsidenten als Planungsbehörde erlassen (§§ 7 Abs. 1 Satz 1, 8 Satz 1 SchlHLPlG).
34 Siehe für das bisherige Recht in Hessen *Ihmels/Köppl* (Fn. 13), § 6 Rdnr. 9 und *Steinberg* (Fn. 12), S. 325. Nach Auffassung des HessVGH (DVBl. 2003, 215) erlässt das Land Hessen den Regionalplan, nicht die Regionalversammlung. Für Nordrhein-Westfalen siehe *Depenbrock/Reiners* (Fn. 14), § 3 Rdnr. 1.3; § 5 Rdnr. 3.

Die Grundzüge der Organisation der Landesplanung **VI B**

– Für eine besondere Lösung hat sich das NdsROG entschieden. Träger der Regionalplanung **29** sind in Niedersachsen die Landkreise und kreisfreien Städte für ihr Gebiet (§ 26 Abs. 1). Sie nehmen die Aufgabe der Regionalplanung als Angelegenheit des eigenen Wirkungskreises wahr (§ 26 Abs. 1 Satz 2). In den kreisfreien Städten ersetzt dabei der Flächennutzungsplan das Regionale Raumordnungsprogramm (§ 8 Abs. 1 Satz 3). Träger der Regionalplanung kann unter bestimmten Voraussetzungen auch ein Zweckverband sein (§ 26 Abs. 2).

In § 9 Abs. 6 ROG ist die Möglichkeit vorgesehen, dass in verdichteten Räumen oder bei sons- **29a** tigen raumstrukturellen Verflechtungen ein sog. regionaler Flächennutzungsplan zugleich die Funktion eines Regionalplans und eines gemeinsamen Flächennutzungsplans nach § 204 BauGB übernimmt, soweit die Regionalplanung durch Zusammenschlüsse von Gemeinden und Gemeindeverbänden zu regionalen Planungsgemeinschaften erfolgt. Er bildet eine selbst-ständige Planungsebene neben der Flächennutzungs- und Regionalplanung und führt Elemente beider Planungsebenen zusammen.

c) Die Regelungen der Bundesländer über die Gestaltung der Regionalebene können **30** hier im Einzelnen nicht vorgestellt werden. Für die Lösung von Rechtsfällen ist in diesem Zusammenhang aber folgender Unterschied wichtig:

– Die Landesplanungsgesetze enthalten Vorschriften über das Verhältnis der Träger der Regi- **31** onalplanung zu den staatlichen Landesplanungs-(Landesraumordnungs-)Behörden (vgl. Rdnr. 33). Sie betreffen deren Tätigkeit allgemein und die Erarbeitung der Pläne und Planinhalte im besonderen[35].

– Davon zu trennen ist die Frage, ob und gegebenenfalls unter welchen Vorausset- **32** zungen der „Träger" der Regionalplanung (im Sinne der für die Beschlussfassung über den Regionalplan zuständigen Stelle) gegenüber der für die Genehmigung (Verbindlichkeitserklärung, Feststellung) des Regionalplans zuständigen Behörde einen Anspruch auf Erteilung der Genehmigung (bzw. Verbindlicherklärung, Feststellung) des Regionalplans hat. Das ROG enthält sich dazu einer Aussage. Die Frage des *Kontrollmaßstabs* hat daher der einzelne Landesgesetzgeber zu entscheiden. In einigen Bundesländern ist die Plankontrolle auf die Überprüfung der formellen und materiellen **Rechtmäßigkeit** des Regionalplans beschränkt[36]. In anderen Bundesländern besteht darüber hinaus eine eingeschränkte[37] oder uneingeschränkte[38] (fachaufsichtsähnliche) Kontrolle in Bezug auf die **Zweckmäßigkeit** des Plans. In allen Fällen kann also die Genehmigung abgelehnt werden, wenn der Regionalplan nicht ordnungsgemäß zu Stande gekommen ist oder/und inhaltlich dem geltenden (Planungs-)Recht widerspricht. Die Besonderheit im Landesplanungsrecht besteht dabei darin,

---

35 Beispiel Bayern: Der regionale Planungsverband unterliegt der Aufsicht (Rechts- und Fachaufsicht) der Bezirksregierung (Art. 9 BayLplG). Er bedient sich zur Ausarbeitung, fortwährenden Überprüfung und Änderung der Regionalplanung des Regionsbeauftragten (Art. 6 Abs. 3 BayLplG).
36 § 11 Abs. 3 HessLplG; § 8 Abs. 3 Satz 1, 2. Halbsatz NdsROG; § 7 Abs. 6 SachsAnhLPlG; zu Nordrhein-Westfalen: differenzierend *Depenbrock/Reiners* (Fn. 14), § 16 Rdnr. 2.3.
37 Baden-Württemberg: § 10 Abs. 1 BWLplG ist als Vorschrift der Rechtskontrolle ausgestaltet und eröffnet eine Zweckmäßigkeitskontrolle nur insoweit, als es um die Beurteilung der Frage geht, ob sich die vorgesehene räumliche Entwicklung der Region in die angestrebte räumliche Entwicklung des Landes einfügt (siehe *Angst/Kröner/Traulsen* Fn. 19, § 10 Rdnr. 2). Bayern: Art. 18 Abs. 2 Satz 2 BayLplG i.V.m. Art. 95 Abs. 2 BayLKrO. Ebenso wie Baden-Württemberg § 9 Abs. 5 MVLPlG und § 7 Abs. 2 Satz 2 SächsLPlG.
38 § 5 Abs. 1 ThürLPlG; Rheinland-Pfalz: § 10 Abs. 2 Satz 2 RhPfLPlG wird im Sinne eines fachaufsichtlichen Verfahrens verstanden. Siehe *Menke* (Fn. 15), Rdnr. 1119.

VI *Raumordnungs- und Landesplanungsrecht*

dass Maßstab für die **Recht**mäßigkeit der Regionalpläne auch die in höherrangigen Plänen und Programmen (rechtswirksam) enthaltenen „Ziele" sind[39]. § 9 Abs. 2 Satz 1 ROG ordnet für die künftige Regionalplanung an, dass sie aus dem Raumordnungsplan für das Landesgebiet zu entwickeln ist (vergleichbar § 8 Abs. 2 Satz 1 BauGB für das Verhältnis von Bebauungsplänen und Flächennutzungsplan).

3. Die Landesplanungs- und Landesraumordnungsbehörden

33 Für die Erledigung der Aufgaben der Landesplanung haben die Landesplanungsgesetze Zuständigkeiten sog. **Landesplanungs-** bzw. **Landesraumordnungsbehörden** geschaffen. Der Aufbau dieser Behörden ist – teilweise[40] entsprechend der allgemeinen Verwaltungsstruktur der Länder – zwei- bzw. dreistufig. Auf der mittleren und unteren Ebene liegen die Zuständigkeiten bei den allgemeinen Behörden der inneren Verwaltung (Regierungspräsident, Regierung, Landesverwaltungsamt bzw. Landratsämter/Oberkreisdirektoren). Auf der zentralen Ebene nimmt die Zuständigkeit der obersten Landesplanungsbehörde der Ministerpräsident, der Wirtschaftsminister oder eine oberste Landesbehörde wahr, der weitere fachnahe Exekutivaufgaben zugewiesen sind. Wegen der Zuständigkeiten der Landesplanungsbehörden im Einzelnen muss auf die Landesplanungsgesetze verwiesen werden[41].

34 Zum Verständnis ihres Status ist eine doppelte Feststellung wichtig. Die Landesplanungsbehörden sind zwar in die Erstellung von Programmen und Plänen der höher- und mittelstufigen Landesplanung in unterschiedlicher Weise und unterschiedlichem Ausmaß einbezogen. Sie sind aber nicht notwendig „Plangeber". Ferner: Sie sind niemals „Planvollzieher". „Ziele" der Raumordnung und Landesplanung werden nicht nach Art von Rechtsvorschriften „vollzogen". Das Gesetz verlangt ihre Beachtung (§ 4 Abs. 1 Satz 1 ROG), teilweise auch die Anpassung an sie (§ 1 Abs. 4 BauGB), aber kennt keinen eigentlichen Ziel-„Vollzug".

Antworten und Lösungshinweise

35 1. Die Gestaltungsfreiheit des Landesgesetzgebers ist durch das ROG und in Bezug auf die Ebene der Regionalplanung nur durch § 9 ROG begrenzt. Diese Vorschrift eröffnet insbesondere die Möglichkeit, die Regionalplanung auf Zusammenschlüsse von Gemeinden und Gemeindeverbänden (Kreise, Landkreise) zu übertragen (vgl. § 9 Abs. 6 ROG). Es kann auch vorgesehen werden, dass die staatliche Kontrolle der Regionalpläne auf eine reine Rechtskontrolle beschränkt ist.

36 2. Die Klage ist als Verpflichtungsklage (§ 42 Abs. 1 VwGO) zulässig, wenn die (nach öffentlich-rechtlichem Landesplanungsrecht zu beurteilende und daher den Verwaltungsgerichten gem. § 40 Abs. 1 Satz 1 VwGO zur Entscheidung zugewiesene) Erteilung (bzw.

---

39 Teilweise ist allerdings die Vereinbarkeit des Regionalplans mit höherstufigen Zielen der Raumordnung im Gesetz als Genehmigungsmaßstab **neben** der Rechtmäßigkeitsprüfung vorgesehen (vgl. § 11 Abs. 3 Satz 1 Nr. 1 HessLplG; § 8 Abs. 3 Satz 1, 2. Halbsatz NdsROG).
40 Baden-Württemberg kennt einen allgemeinen dreistufigen Verwaltungsaufbau, dagegen nur einen zweistufigen Aufbau der Raumordnungs- und Landesplanungsbehörden (§ 21 BWLplG).
41 Beispiele: Erteilung der Genehmigung für Regionalpläne; Durchführung von Raumordnungsverfahren; Erlass von Untersagungsverfügungen. Übersicht bei *Erbguth/Schönberg* (Rdnr. 99), S. 37 ff.

Versagung) der Plangenehmigung (Genehmigung, Verbindlichkeitserklärung, Feststellung) gegenüber dem „Träger" der Regionalplanung (Regionale Planungsgemeinschaft, Regionalversammlung usw.) einen Verwaltungsakt darstellt. Das Element der Einzelfallregelung (vgl. § 35 Satz 1 VwVfG) ist gegeben, auch wenn der Regionalplan als Satzung oder sonstige Rechtsvorschrift beschlossen wird, da die Genehmigungsentscheidung gegenüber einer bestimmten, für den Planbeschluss zuständigen Stelle ergeht. Fraglich könnte jedoch sein, ob die Plangenehmigung eine „auf unmittelbare Rechtswirkung nach außen" gerichtete Entscheidung im Sinne des § 35 Satz 1 VwVfG ist. Dies kann man in den Ländern bejahen, in denen als Träger der Regionalplanung eine gegenüber dem Bundesland selbstständige juristische Person des öffentlichen Rechts fungiert (Baden-Württemberg, Bayern, Mecklenburg-Vorpommern, Niedersachsen, Rheinland-Pfalz, Sachsen, Thüringen und wohl auch Sachsen-Anhalt; vgl. Rdnr. 27; siehe auch BayVGH, JA 1993, 28 ff.

Aber auch in den Bundesländern, in denen die Beschlussfassung über den Regionalplan bei Stellen ohne eigene Rechtspersönlichkeit liegt (etwa: Hessen, Nordrhein-Westfalen, siehe Rdnr. 28), wird dieses Organ (Regionalversammlung, Regionalrat) jedenfalls in Bezug auf das Verhältnis zur plangenehmigenden Behörde von der Literatur als organisationsrechtlich selbstständige Stelle beurteilt (Rdnr. 28). Allerdings wird in diesen Fällen für den Streit um die Erteilung einer Genehmigung von der Literatur teilweise auch das Organstreitverfahren vorgeschlagen (Hoppe/Rdnr. 84, S. 177 ff; für Verpflichtungsklage auch hier Depenbrock/Reiners (Fn. 14), § 16 Rdnr. 10.1). Ob im vorliegenden Fall ein der Klage nach § 113 Abs. 5 VwGO zum Erfolg verhelfender Rechtsanspruch auf Plangenehmigung besteht, ist für das jeweilige Bundesland getrennt zu beantworten. Hier enthält der Regionalplan – aus der Sicht der Plangenehmigungsbehörde – raumordnungspolitisch unerwünschte Aussagen. Die Abwägung der Grundsätze des § 2 Abs. 2 ROG und insbesondere des § 2 Abs. 2 Nr. 14 ROG nach § 7 Abs. 7 Satz 1 ROG, die Aufgabe der Regionalplanung als Teil der Landesplanung ist, ist also nach Meinung der Genehmigungsbehörde planerisch unzweckmäßig, nicht etwa rechtswidrig erfolgt. Daher liegt in den Ländern kein Versagungsgrund vor, in denen der Regionalplan nur auf seine Rechtmäßigkeit (einschließlich der Vereinbarkeit mit höherrangigen „Zielen" der Landesplanung) hin überprüft werden kann (etwa: Hessen, Niedersachsen, Sachsen-Anhalt). Die Klage müsste hier also Erfolg haben.

37

C. Die Verwirklichung der raumordnerischen Leitvorstellungen

Fälle und Fragen

1. Die Gemeinde G im Umland des Oberzentrums O legt der zuständigen Aufsichtsbehörde den ordnungsgemäß zu Stande gekommenen Flächennutzungsplan zur Genehmigung nach § 6 Abs. 1 und 2 BauGB vor. Im Süden des Gemeindegebiets ist eine größere Wohnbaufläche dargestellt. Im Erläuterungsbericht zum Flächennutzungsplan ist ausgeführt, es bestünde als Folge einer auf dem Gebiet von G erfolgten größeren Industrieansiedlung eine erhebliche Nachfrage nach Bauland für den Eigenheimbau. Die Aufsichts-

38

behörde versagt die Genehmigung mit der Begründung, der Flächennutzungsplan stehe inhaltlich mit einem im Regionalplan (Regionaler Raumordnungsplan, Gebietsentwicklungsplan) enthaltenen „Ziel" in Widerspruch. Dieses „Ziel" habe zum Inhalt, in G dürften keine Wohnbauflächen mehr ausgewiesen werden, um die „Auswanderung" der Einwohner von O in das Umland zulasten der Leistungsfähigkeit des Oberzentrums abzuschwächen. Nach erfolglosem Widerspruch will die Gemeinde klagen. Mit Erfolg?

39 2. Im Landesentwicklungsplan (Fachlicher Teilplan) „Standortvorsorge für Großkraftwerke" des Bundeslandes B ist für den Außenbereich der Gemeinde G die Freihaltung einer Fläche für die Anlage eines Wärmekraftwerks im Maßstab 1 : 25 000 vorgesehen. G weigert sich auf massiven Druck der Bevölkerung, den für den Bau des Kraftwerkes bauplanungsrechtlich erforderlichen Bebauungsplan zu erlassen. Kann sie dazu mit rechtlichen Mitteln gezwungen werden?

40 3. Der Landwirt L will sein Anwesen in der Gemarkung der Gemeinde G um einen Schweinestall erweitern. Das für das bauliche Vorhaben vorgesehene Grundstück liegt im Außenbereich von G und ist – wie die gesamte Flur dieses Bereichs – Eigentum des L. Die zuständige Baugenehmigungsbehörde lehnt den Bauantrag des L mit der Begründung ab, im Landesentwicklungsplan sei in der Gemeinde G eine im Maßstab von 1 : 25 000 gekennzeichnete Fläche für eine dringend erforderliche zusätzliche Landebahn des Großflughafens F vorgehalten. Das für den Stallbau vorgesehene Grundstück liege innerhalb dieser Fläche. Eine Baugenehmigung könne daher aus rechtlichen Gründen nicht erteilt werden. L will nach erfolglosem Widerspruchsverfahren klagen. Mit Erfolg?

Lösungshinweise Rdnr. 73 ff.

I. Die Verwirklichung von „Grundsätzen" und „sonstigen Erfordernissen der Raumordnung"

41 „Grundsätze", „Ziele" und „sonstige Erfordernisse der Raumordnung" (vgl. § 3 Nrn. 1-4 ROG und Rdnrn. 42 ff) sind nach den Vorstellungen des Bundesgesetzgebers nicht nur Planungsdirektiven und (konkrete) planerische Aussagen, die allein mit politischen Mitteln verwirklicht werden sollen. Der Gesetzgeber hat sich vielmehr dafür entschieden, diese drei Kategorien mit gewissen Rechtswirkungen auszustatten und damit den Erfordernissen der Raumordnung auch auf rechtlichem Weg Geltung zu verschaffen. Diese Rechtswirkungen sind allerdings wegen der strukturellen Verschiedenheit der genannten Kategorien unterschiedlich ausgestaltet. Das ROG hat in den §§ 4 und 5 ein gegenüber dem bisherigen Recht modifiziertes Konzept der Bindungswirkungen im Raumordnungsrecht zum 1. Januar 1998 in Kraft gesetzt. Es knüpft begrifflich an die „Erfordernisse der Raumordnung" (vgl. § 3 Nr. 1 und Rdnr. 14) an und verdrängt entgegenstehende Vorschriften des Bundes- und des Landesrechts. In den §§ 4 und 5 ROG beantwortet das Gesetz die Frage, **an welche Aussagen der Raumordnung welche Planungen und Maßnahmen welcher Planungs- und Vorhabenträger in welcher Form** gebunden sind[42].

---

42 So *Runkel*, WiVerw. 1997, 267 (273).

Die Verwirklichung der raumordnerischen Leitvorstellungen **VI C**

1. Die „Grundsätze" sind – ebenso wie die sonstigen Erfordernisse der Raumordnung (vgl. § 3 Nr. 4 ROG und Rdnr. 14) von den öffentlichen Stellen des Bundes und der Länder (vgl. § 3 Nr. 5 ROG) bei raumbedeutsamen Planungen und Maßnahmen (vgl. § 3 Nr. 6 ROG), wie z.B. bei der Aufstellung von Regionalplänen oder Bauleitplänen oder dem Erlass von Planfeststellungsbeschlüssen im Recht des Straßenbaus, in der Abwägung und bei der Ermessensausübung nach Maßgabe der für diese Entscheidungen geltenden gesetzlichen Vorschriften zu **berücksichtigen** (§ 4 Abs. 2 ROG). Das Berücksichtigungsgebot – also: Gebot der Einbeziehung der „Grundsätze" in eine Ermessensentscheidung als abwägungs- und ermessenserheblicher Belang – verpflichtet auch bestimmte Personen des Privatrechts in Wahrnehmung öffentlicher Aufgaben (vgl. Rdnr. 50) nach näherer Maßgabe des § 4 Abs. 3 ROG nicht anders als öffentliche Stellen auch. Darüber hinaus erstreckt § 4 Abs. 4 Satz 1 ROG die Verpflichtung zur Berücksichtigung von Grundsätzen und sonstigen Erfordernissen der Raumordnung auf die Fälle, in denen bei Genehmigungen, Planfeststellungen und sonstigen behördlichen Entscheidungen über die Zulässigkeit raumbedeutsamer Maßnahmen von Personen des Privatrechts ganz allgemein zu befinden ist, wenn und soweit dies durch die für diese Entscheidungen geltenden Vorschriften vorgesehen ist.

42

2. Grundsätze sind allgemeine Aussagen und damit abstrakter Natur. Dem Gebot, sie zu berücksichtigen, kann daher inhaltlich leicht ausgewichen werden. Wo die Verwirklichung des einen „Grundsatzes" im Widerspruch zu anderen „Grundsätzen" steht, können sie gegeneinander „ausgespielt" werden. Raumnutzungsentscheidungen oder raumwirksame Investitionen von Gemeinden, Fachplanungsträgern (etwa: Straßenbau) und sonstigen Stellen öffentlicher Verwaltung nur an „Grundsätzen" der Raumordnung zu orientieren, würde daher eine zu geringe raumordnerische Steuerung bewirken. Dieser Erkenntnis trägt der Gesetzgeber des ROG dadurch Rechnung, dass er in § 7 Abs. 1 Satz 1 ROG die für die Erstellung von Raumordnungsplänen in den Ländern zuständigen Stellen verpflichtet, die Grundsätze der Raumordnung nach Maßgabe der Leitvorstellungen des Gegenstromprinzips des § 1 Abs. 2 und 3 für den jeweiligen Planungsraum und einen regelmäßig mittelfristigen Zeitraum zu konkretisieren. Über die Festlegung von „Zielen" werden die „Grundsätze" zur konkreten rechtlichen Realität. Es bedarf vor allem der Festlegung von „Zielen", um in die Flächennutzungsvorstellungen der Gemeinden rechtsverbindlich hineinzuwirken (§ 1 Abs. 4 BauGB).

43

Der Vorgang der Konkretisierung von „Grundsätzen" durch „Ziele" im Wege der **raumordnerischen Abwägung** ist allerdings ausschließlich Raumordnungsplänen und Regionalplänen vorbehalten, die im Rahmen der Landesplanung in der dafür im jeweiligen Landesplanungsrecht vorgesehenen Weise aufgestellt werden. Zwar enthalten Raumordnungspläne und Raumordnungsprogramme nicht nur „Ziele", sondern auch Berichte, Bestandsaufnahmen, Prognosen und Erläuterungen. Das ROG hat deshalb in § 7 Abs. 1 Satz 3 aus Gründen der Planklarheit vorgesehen, dass in Zukunft in den Raumordnungsplänen Ziele der Raumordnung als solche zu kennzeichnen sind („Z"). Jedoch existieren außerhalb der Programme und Pläne (einschließlich der Regionalpläne) keine „Ziele" im rechtstechnischen Sinne, die die im folgenden darzustellenden Beachtenswirkungen auslösen.

44

II. Die rechtliche Bedeutung von „Zielen" der Raumordnung

1. Eigenart und Bindungswirkung von „Zielen" der Raumordnung

45 Juristisch und praktisch stehen im Mittelpunkt der Raumordnung die „Ziele". Sie sind die **konkreten Raumnutzungsentscheidungen oder raumwirksamen Entscheidungen**, die unter bestimmten Voraussetzungen auch (gemeinde-)gebietsscharfe Flächennutzungsentscheidungen sein können. Ihr Inhalt und vor allem ihr Konkretisierungsgrad sind allerdings wiederum zu verschieden, als dass man sie in verwaltungsrechtsdogmatischer Hinsicht immer eindeutig und einheitlich einordnen könnte. Im Zusammenhang mit den Rechtsschutzfragen ist darauf noch zurückzukommen (Rdnr. 89). Es sind vor allem die „Ziele", bei denen das neue Konzept des ROG zu den Bindungswirkungen der Erfordernisse der Raumordnung zur Geltung kommt.

Zur Diskussion steht, ob „Ziele" der Raumordnung auch durch „Soll"- oder „in der Regel"-Formulierungen festgesetzt werden können. Dabei wird auf den allgemeinen Grundsatz hingewiesen, „soll" sei auch hier im Regelfall als „muss" zu verstehen und begründe bei den Zielen der Raumordnung für besonders gelagerte Fälle die Möglichkeit einer Ausnahme von der „Ziel-Bindungswirkung"[43]. Es bestehen allerdings berechtigte Zweifel, ob nicht die Aufnahme von „Soll"-Zielen generell dem System der Ziele als landesplanerischen Letztentscheidungen zuwiderläuft und zu einer Umgehung des Zielabweichungsverfahrens (siehe Rdnr. 53) führt[44].

46 Im Unterschied zu den „Grundsätzen" und den sonstigen Erfordernissen der Raumordnung ordnet das Gesetz an, dass „Ziele" nicht nur zu berücksichtigen, sondern grundsätzlich bei raumbedeutsamen Planungen und Maßnahmen (vgl. § 3 Nr. 6) zu **beachten** sind (§ 4 Abs. 1 Satz 1 ROG). Sie können also nicht durch Abwägung oder Ermessensausübung an deren Stelle überwunden werden. Die Adressaten dieser **Beachtensverpflichtung** werden freilich differenziert (und kompliziert) bestimmt:

47 a) Die Ziele der Raumordnung sind zunächst von öffentlichen Stellen (vgl. § 3 Nr. 5 ROG) bei deren eigenen raumbedeutsamen Planungen und Maßnahmen zu beachten (§ 4 Abs. 1 ROG). Dies entspricht der bisherigen Rechtslage (vgl. § 5 Abs. 4 ROG alt). Die spezielle Vorschrift des § 1 Abs. 4 BauGB ordnet diese Beachtenswirkung in der Form einer Anpassungsverpflichtung speziell für die Bauleitplanung an (vgl. Rdnrn. 61 ff).

48 b) Die Beachtenswirkung ist weiter vorgesehen bei Genehmigungen, Planfeststellungen und sonstigen behördlichen Entscheidungen über die Zulässigkeit raumbedeutsamer Maßnahmen öffentlicher Stellen (§ 4 Abs. 1 Satz 2 Nr. 1 ROG)[45].

---

[43] *Goppel*, BayVBl. 1998, 289/292: Sollformulierung als ein im Einzelfall notwendiges und sinnvolles „Ventil"; *ders.*, BayVBl. 2002, 449; siehe auch *Passlick*, Die Ziele der Raumordnung und Landesplanung, 1986, S. 111; BayVGH, Urt. v. 25.11.1991, BayVBl. 1992, 529.

[44] *Hoppe*, in: FS für Maurer, 2001, 625; *ders.*, BayVBl. 2002, 129; 2002, 754; *Schroeder*, UPR 2000, 52/53 f; vgl. auch *Runkel*, in: Bielenberg/Erbguth/Runkel (Rdnr. 99), K § 3 Rdnr. 26; offen gelassen von BVerwG, NVwZ 2002, 476/477.

[45] Dies soll auch dann gelten, wenn es sich nach den Fachgesetzen um eine sog. gebundene Entscheidung ohne entsprechende Raumordnungsklausel handelt, wie z.B. bei Baugenehmigungen am Maßstab der §§ 30 Abs. 1, 34 Abs. 1 BauGB. So *Runkel*, WiVerw. 1997, 267 (276, 283).

c) Bei den **Personen des Privatrechts** differenziert der Gesetzgeber im Zusammenhang mit der Beachtenspflicht:

49

(1) Die „Ziele" sind immer zu beachten, wenn über die Zulässigkeit raumbedeutsamer Maßnahmen von Personen des Privatrechts durch Planfeststellung (etwa: Nassauskiesung nach § 31 WHG) oder Genehmigungen mit der Rechtswirkung der Planfeststellung (siehe zur Plangenehmigung im Straßenrecht V Rdnr. 121) entschieden wird, den entscheidenden öffentlichen Stellen also nach den fachgesetzlichen Vorschriften ein Planungsermessen zusteht (§ 4 Abs. 1 Satz 2 Nr. 2 ROG)[46]. Voraussetzung ist allerdings, dass die jeweiligen fachgesetzlichen Vorschriften (**Raumordnungsklauseln**) eine derartige Beachtenspflicht zulasten der Person des Privatrechts begründen; sie kann nicht über die „Hintertür" einer „Ziel"-Bindung der über die öffentlich-rechtliche Zulassung des Vorhabens entscheidenden öffentlichen Stelle eingeführt werden. Materiell setzt die Beachtenspflicht weiter voraus, dass die in Frage stehenden privaten Belange in die Abwägung einbezogen werden, die der „Ziel"-Aufstellung zugrundeliegt. Dabei ist die Person des Privatrechts zu beteiligen[47].

(2) Eine Sonderregelung erfahren **Personen des Privatrechts**, die in **Wahrnehmung öffentlicher** (im Sinne substanziell staatlicher) **Aufgaben** raumbedeutsame Planungen und Maßnahmen durchführen. Sie haben selbst – wie öffentliche Stellen – die „Ziele" der Raumordnung bei ihren eigenen raumbedeutsamen Planungen und Maßnahmen zu beachten. Gleiches gilt, wenn über die Zulässigkeit ihrer raumbedeutsamen Maßnahmen im Rahmen von Genehmigungen, Planfeststellungen und sonstigen behördlichen Entscheidungen durch öffentliche Stellen entschieden wird. Voraussetzung ist allerdings, dass öffentliche Stellen an diesen Personen mehrheitlich beteiligt sind oder die Planungen und Maßnahmen überwiegend mit öffentlichen Mitteln finanziert werden (§ 4 Abs. 3 ROG). Die Vorschrift will nach ihrer Entstehungsgeschichte vor allem auf die Fälle der Organisationsprivatisierung öffentlicher Aufgaben (auch: formale Privatisierung) reagieren und sicherstellen, dass diese Privatisierungsschritte keinen Weg der Entpflichtung der betreffenden Aufgabenträger von den Erfordernissen der Raumordnung und insbesondere von der Beachtenswirkung der „Ziele" eröffnet. Gedacht ist beispielsweise an das Eisenbahnunternehmen des Bundes (DB AG oder ausgegliederte Tochter), soweit dessen Tätigkeit den Bau, die Unterhaltung und das Betreiben von Schienenwegen umfasst (siehe Art. 87e Abs. 3 Satz 2 und 3 und Abs. 4 GG)[48].

50

d) Liegen die genannten besonderen Tatbestände nicht vor, gilt allgemein für die Personen des Privatrechts, dass bei Genehmigungen, Planfeststellungen und sonstigen behördlichen Entscheidungen über die Zulässigkeit raumbedeutsamer Maßnah-

51

---

46 Die dadurch begründete Bindungswirkung zulasten privatrechtlicher Rechtsträger wird vom Schrifttum teilweise auf den jeweiligen fachgesetzlichen Kompetenztitel, wie z.B. im Wasserbaurecht, gestützt und nicht auf den Kompetenztitel Raumordnung (Art. 75 Abs. 1 Nr. 4 GG). Siehe *Runkel*, UPR 1997, 1 (4); *ders.*, WiVerw. 1997, 167 (277); *Spieker*, Raumordnung und Private, 1999, S. 115.
47 Dazu näher *Hendler*, in: Hoppe/Kauch (Hrsg.), Raumordnungsziele nach Privatisierung öffentlicher Aufgaben, 1996, S. 45 ff.
48 Siehe zu diesem komplexen Thema z.B. *Hoppe/Kauch* (Hrsg.), Raumordnungsziele nach Privatisierung öffentlicher Aufgaben, 1996.

VI *Raumordnungs- und Landesplanungsrecht*

men solcher Personen Erfordernisse der Raumordnung – unbeschadet der weitergehenden Vorschrift des § 4 Abs. 1 Satz 2 Nr. 2 ROG- nach Maßgabe der für diese Entscheidungen geltenden Vorschriften nur zu **berücksichtigen** sind (§ 4 Abs. 4 Satz 1 und 2 ROG).

2. Raumordnungsklauseln in Fachgesetzen

52 Aber auch außerhalb des Raumordnungsrechts ist den „Zielen" rechtliche Bindungswirkung oder jedenfalls rechtliche Erheblichkeit beigemessen. Dies ist für die Bauleitplanung speziell durch § 1 Abs. 4 BauGB, für Vorhaben im Außenbereich mittelbar durch § 35 Abs. 3 Satz 2 und 3 BauGB geschehen (zu den sog. Raumordnungsklauseln siehe Rdnr. 72).

3. Zielabweichung und Ausnahmetatbestände

53 „Ziele" lösen eine Beachtenspflicht aus. § 11 ROG sieht allerdings vor, dass von einem Ziel der Raumordnung in einem besonderen Verfahren im Einzelfall abgewichen werden kann, wenn die Abweichung unter raumordnerischen Gesichtspunkten vertretbar ist und die Grundzüge der Planung nicht berührt werden (**Zielabweichungsverfahren**). Der Landesplanungsvertrag zwischen Berlin und Brandenburg sowie die Landesplanungsgesetze von Hessen, Mecklenburg-Vorpommern, Niedersachsen, Nordrhein-Westfalen, Saarland, Sachsen, Sachsen-Anhalt und Thüringen sehen Zielabweichungsverfahren vor[49]. Bis zur Schaffung von Rechtsgrundlagen für ein solches Verfahren in den anderen Ländern kann die für Raumordnung zuständige Landesbehörde im Einvernehmen mit den fachlich berührten Stellen und im Benehmen mit den betreffenden Gemeinden im Einzelfall Abweichungen von Zielen der Raumordnung nach Maßgabe des § 11 zulassen (§ 23 Abs. 2 ROG). Davon zu trennen sind die Fälle, in denen die „Ziele" der Raumordnung selbst – nach Art einer Ausnahme von den Festsetzungen eines Bebauungsplans (§ 31 Abs. 1 BauGB) – textliche **Ausnahmen** von der Beachtenspflicht enthalten. Dabei müssen die Ausnahmevoraussetzungen hinreichend räumlich und sachlich konkret im Raumordnungsplan enthalten sein[50].

4. Bindungswirkungen bei sog besonderen Bundesmaßnahmen

54 Besonderheiten gelten für die Bindungswirkung von „Zielen", soweit es um raumbedeutsame Planung und Maßnahmen für öffentliche Stellen des **Bundes**, von anderen öffentlichen Stellen, die im Auftrag des Bundes tätig sind sowie von Personen des Privatrechts nach § 4 Abs. 3 ROG geht, die für den Bund öffentliche Aufgaben durchführen (§ 5 Abs. 1 ROG). Die Bindungswirkung der Ziele der Raumordnung in

---

[49] Art. 10 Bln/BbgLPlanV; § 5 Abs. 6 MVLPlG; §§ 8 Abs. 8, 12 HessLPlG; § 11 NdsROG; § 19a NWLPlG; § 5 SaarLPG; § 12 SächsLPlG; § 10 SachsAnhLPLG.
[50] Siehe *Runkel*, WiVerw. 1997, 267 (280).

§ 4 Abs. 1 und 3 ROG wird unter den Vorbehalt gestellt, dass die zuständige Stelle oder Person nach § 7 Abs. 5 ROG beteiligt worden ist, das Verfahren nach § 5 Abs. 2 ROG zu keiner Einigung geführt hat und die Stelle oder Person innerhalb einer Frist von zwei Monaten nach Mitteilung des rechtsverbindlichen Ziels nicht widersprochen hat. Freilich muss es sich um bestimmte raumbedeutsame Planungen und Maßnahmen handeln, insbesondere solche, deren besondere öffentliche Zweckbestimmung einen bestimmten Standort oder eine bestimmte Linienführung erfordert (vgl. z.B. § 16 FStrG) oder über die in einem Verfahren nach dem Bundesfernstraßengesetz, dem allgemeinen Eisenbahngesetz und anderen fachgesetzlichen Grundlagen des Bundes zu entscheiden ist (vgl. § 5 Abs. 1 Nrn. 1 und 3 ROG). Der Gesetzgeber versucht auf diese Weise, den Einfluss der Länder auf besondere raumbedeutsame Planungen und Maßnahmen des Bundes mit den Mitteln der Landesplanung einzuschränken. Der materiell begründete Widerspruch (der nichts zu tun hat mit dem Widerspruch nach §§ 68 ff VwGO) lässt die Bindungswirkung des „Ziels" der Raumordnung erst gar nicht entstehen (§ 5 Abs. 3 ROG). Die Einzelheiten sind in § 5 Abs. 2-4 ROG geregelt.

5. Die Rechtsqualität raum- und gebietsstruktureller Planaussagen im System der Raumordnung

a) Das ROG bestimmt in § 7 Abs. 2 eine Reihe von Festlegungen zur Raumstruktur als **Kerninhalte** von **Raumordnungsplänen**. An wichtiger Stelle steht dabei das sog. **zentralörtliche System** (§ 7 Abs. 2 Satz 1 Nr. 1b ROG). Wie bisher auch werden in Programmen und Plänen der Länder mittels der Rechtsform von „Zielen" konkreten Gemeinden unter bestimmten Voraussetzungen zentralörtliche Funktionen administrativer, wirtschaftlicher, kultureller oder bildungsbezogener Art zur Versorgung der Einwohner des jeweiligen zentralen Orts und des Umlandes („Versorgungskerne") zugewiesen. Die Unterschiede bei der Realisierung des zentralörtlichen Systems in den einzelnen Ländern weichen erheblich voneinander ab. Das Grundmodell einer Abstufung nach Oberzentren, Mittelzentren, Unterzentren sowie Grund- bzw. Kleinzentren ist aber erkennbar. Dieses zentralörtliche System wird wesentlich ergänzt durch das Prinzip der **Entwicklungsachsen** (§ 7 Abs. 2 Satz 1 Nr. 1e ROG). Die Idee dieser raumstrukturellen Festlegung liegt darin, die versorgungs- und verkehrswirtschaftlichen sowie die kommunikativen Verbindungen zwischen und zu den zentralen Orten zu stärken. Auch diese „Entwicklungsachsen" („Entwicklungsbänder", „Entwicklungsschienen") werden in der Rechtsform von „Zielen" der Raumordnung festgelegt.

55

b) Gesicherten raumordnungsrechtlichen Boden verlässt das ROG teilweise bei seinem Angebot an die Praxis, in Raumordnungsplänen bestimmte **Raumordnungsgebiete** festzulegen: Vorrang-, Vorbehalts- und Eignungsgebiete (§ 7 Abs. 4 ROG)[51].

---

51 Siehe *Runkel*, WiVerw. 1997, 267 (288 ff).

VI *Raumordnungs- und Landesplanungsrecht*

56 (1) Die Raumordnungspläne können – wie bisher auch – durch entsprechende Festlegungen Gebiete bezeichnen, die für bestimmte raumbedeutsame Funktionen oder Nutzungen vorgesehen sind und andere raumbedeutsame Nutzungen in diesem Gebiet ausschließen, soweit diese mit den vorrangigen Funktionen, Nutzungen oder Zielen der Raumordnung nicht vereinbar sind (§ 7 Abs. 4 Satz 1 Nr. 1 ROG: **Vorranggebiete**). In der Praxis sind solche Wege zur planerischen Sicherung von Vorrangnutzungen, z.B. bei standortgebundenen Rohstoffen wie Kies, Lehm oder Ton, bei Flächen für die Trinkwassergewinnung oder regionale Grünzüge vorzufinden, können aber auch andere Standortfestlegungen betreffen (etwa: Kliniken der forensischen Psychiatrie)[52]. Die Festlegung solcher Vorranggebiete erfolgt unbestritten als „Ziel" der Raumordnung, das andere konkurrierende Raumnutzungen ausschließt. Ein solches Ziel ist nicht in den weiteren Verwirklichungsstufen, z.B. auf der Ebene der Bauleitplanung, durch Abwägung „überwindbar" (siehe Rdnr. 59). Konkretisierungsmöglichkeiten eröffnen sich hier nur in der Phase der parzellengenauen Festsetzung und gegebenenfalls bei der Zulassung anderer kompatibler Nutzungen.

57 (2) Als **Vorbehaltsgebiete** bezeichnet das ROG solche Gebiete, in denen bestimmte raumbedeutsame Funktionen oder Nutzungen bei der Abwägung mit konkurrierenden raumbedeutsamen Nutzungen (nur) ein **besonderes Gewicht** beigemessen werden soll (§ 7 Abs. 4 Satz 1 Nr. 2). Sie stellen sich, beispielsweise bei planerisch beabsichtigen Walderweiterungen, als eine gegenüber den Vorranggebieten abgeschwächte Form der Sicherung von Flächen für Nutzungen dar, die ihrer Eigenart nach auch für eine Festlegung als Vorranggebiet in Frage kommen. Nach zutreffender Auffassung erfolgt die Festlegung eines solchen Vorbehaltsgebietes nicht als „Ziel" der Raumordnung, auch nicht im Hinblick auf § 1 Abs. 4 BauGB (siehe Rdnr. 59), sondern lediglich als ein räumlich konkreter „Grundsatz", der durch entsprechend gewichtige öffentliche und private Belange in der Abwägung überwindbar ist[53].

58 (3) Eine differenzierende raumordnungsrechtliche Bewertung ist bei den durch das ROG erstmals gesetzlich definierten sog. **Eignungsgebieten** vorzunehmen, deren Bewährung in der Praxis noch aussteht. Hier handelt es sich um Gebiete, die für bestimmte raumbedeutsame Maßnahmen geeignet sind, die städtebaulich nach § 35 BauGB zu beurteilen sind und an anderer Stelle im Planungsraum ausgeschlossen werden (§ 7 Abs. 4 Satz 1 Nr. 3 ROG). Als Beispiel werden Windenergieanlagen[54], aber auch Abgrabungen genannt. Es geht bei der Festlegung solcher Gebiete darum, bestimmte Nutzungen und Funktionen zu konzentrieren. Soweit die Festlegung diese im Außenbereich außerhalb des Eignungsgebietes ausschließt, kommt ihr die Quali-

---

52 Siehe dazu *Düppenbecker/Greiving*, DVBl. 2001, 1567.
53 Ebenso mit Zweifeln an der Zielqualität des Vorbehaltsgebiets: *Hoppe*, DVBl. 1998, 1008 ff; *Runkel*, WiVerw. 1997, 267 (289); *Spieker* (Fn. 47), S. 472; a.A. *Goppel*, BayVBl. 1997, 503 f; *ders.*, BayVBl. 1998, 289 (291): Es liege im „Ziel" vor, weil auf der landesplanerischen Ebene eine abschließende Abwägung mit der Folge einer entsprechend landesplanerisch festgelegten Abwägungsdirektive erfolgt sei. Siehe auch BayVGH, BayVBl. 1997, 178 (179); 1998, 436 (437). Für die Klassifikation der Vorbehaltsgebiete als „Grundsätze" i.S.v. Optimierungsgeboten *Erbguth*, DVBl. 1998, 209 (212) und *Wolff*, BayVBl. 2001, 737 ff.
54 Speziell zur raumordnerischen Steuerung von Windenergieanlagen siehe OVG Greifswald, NVwZ 2001, 1063; OVG NW, NVwZ 2002, 1135 und *v. Nicolai*, NVwZ 2002, 1078.

tät eines raumordnungsrechtlichen „Ziels" zu. **Inner**gebietliche Wirkungen gehen von einer solchen Festlegung aber nicht nach Art eines „Ziels" aus. Hier beschränkt sich die Eignungsaussage auf die Feststellung, dass eine bestimmte Nutzung raumordnerisch möglich ist. Dies ist in nachfolgenden Abwägungsprozessen als ein konkreter Raumordnungsgrundsatz entsprechend zu berücksichtigen[55]. Eine solche Auslegung entspricht dem Wortlaut und wohl auch der Entstehungsgeschichte der Vorschrift[56]. Dem Plangeber ist es aber unbenommen, Vorranggebiete mit Eignungsgebieten zu kombinieren und damit eine weitergehende raumordnungsrechtliche Zielwirkung für den „innergebietlichen" Bereich zu begründen (§ 7 Abs. 4 Satz 2 ROG). Anders als im Bauplanungsrecht hat die Rechtsprechung für das Raumordnungsrecht noch kein Verbot der reinen Negativplanung entwickelt. Mit § 7 Abs. 4 Satz 1 Nr. 3 ROG ist die Möglichkeit einer Festlegung mit Ausschlusswirkung gesetzlich vorgesehen. Da mit einer solchen negativen Festsetzung eine positive Standortzuweisung für eine bestimmte Maßnahme verbunden ist und diese lediglich im Übrigen Plangebiet ausgeschlossen wird, liegt bei genauer Betrachtung keine Negativplanung vor[57].

6. Die Durchsetzung von „Zielen" der Raumordnung im Gebietsbereich der Gemeinden

a) Die Gemeinden sind in der Verfassungs- und Verwaltungsrechtsordnung der Bundesrepublik Deutschland planerisch an vorderster Stelle für die auf den Grundstücken ihres Gebiets vorgenommenen baulichen und sonstigen Nutzungen im Rahmen ihres Selbstverwaltungsrechts verantwortlich (Art. 28 Abs. 2 GG). Sie nehmen diese Verantwortung primär in der Form der Bauleitplanung wahr (§ 1 Abs. 1 und 3, § 2 Abs. 1 Satz 1 BauGB), sind aber mit Rücksicht auf Art. 28 Abs. 2 Satz 1 GG auch darüber hinaus in die hoheitliche Zulassung baulicher und sonstiger Nutzungen einbezogen (siehe etwa §§ 14 Abs. 2 Satz 2, 15, 19 Abs. 3 Satz 1, 36 Abs. 1 Satz 1 und 2 BauGB). Das Gebiet der Gemeinden ist allerdings zugleich im Wesentlichen der Raum, in dem die Landesplanung die notwendigen überörtlichen Belange zur Geltung bringen muss. Der Gesetzgeber des ROG und des BauGB hat den potenziellen Interessenkonflikt zwischen örtlichen und überörtlichen Raumnutzungsansprüchen grundsätzlich zu Gunsten der Landesplanung entschieden. Nach § 4 Abs. 1 Satz 1 ROG haben die Gemeinden Ziele der Raumordnung bei ihren raumbedeutsamen Planungen und Maßnahmen zu „beachten". Speziell für die Bauleitplanung ordnet § 1 Abs. 4 BauGB eine Anpassung der Bauleitpläne an die „Ziele" der Raumordnung an. Diese „Ziele" können von den betroffenen, zur Anpassung verpflichteten Gemeinden nicht im Wege der Abwägung nach § 1 Abs. 6 BauGB überwunden werden. Sie sind „abwägungsfest"[58]. Die „Grundsätze" und sonstigen Erfordernisse der Raumordnung, insbesondere das Ergebnis von Raumordnungsverfahren, sind dagegen in dem Ver-

---
55 So z.B. *Spieker* (Fn. 47), S. 177; *Erbguth*, DVBl. 1998, 209 ff.
56 Siehe BT-Drucks. 13/6392, S. 84.
57 *Grotefels*, in: FS für Hoppe, 2000, 369/380 m.w.N.; *Spiecker* (Fn. 47), S. 263 ff.
58 Siehe BVerwG, NVwZ 1993, 167; BayVGH, BayVBl. 1997, 178 (179).

VI *Raumordnungs- und Landesplanungsrecht*

fahren der Bauleitplanung wenigstens in die Abwägung nach § 1 Abs. 6 BauGB mit einzubeziehen (§ 4 Abs. 2 i.V.m. § 3 Nr. 4 und § 15 ROG)[59].

60 Andererseits eröffnet das geltende Recht den Gemeinden zum Ausgleich auch formelle Wege, Einfluss auf den Inhalt der Landesplanung zu nehmen. Nach der allgemeinen Vorschrift des § 7 Abs. 5 ROG ist für die Aufstellung von Zielen der Raumordnung die Beteiligung der öffentlichen Stellen, für die eine Beachtenspflicht nach § 4 Abs. 1 oder 3 ROG begründet werden soll, vorzusehen[60]. Die Beteiligung ist erneut vorzunehmen, wenn nachträglich Änderungen beschlossen werden, die sich auf den Umfang der Zielbindung auswirken[61]. Für die regionale Planungsebene ordnet § 9 Abs. 4 ROG an, dass die Gemeinden und Gemeindeverbände oder deren Zusammenschlüsse in einem förmlichen Verfahren zu beteiligen sind, soweit nicht die Regionalplanung durch Zusammenschluss von Gemeinden und Gemeindeverbänden zu regionalen Planungsgemeinschaften erfolgt. Bei der Entwicklung der Regionalpläne aus dem Raumordnungsplan für das Landesgebiet bestimmt § 9 Abs. 2 Satz 2 ROG, dass die Flächennutzungspläne und die Ergebnisse der von Gemeinden beschlossenen sonstigen städtebaulichen Planungen entsprechend § 1 Abs. 3 ROG in der Abwägung nach § 7 Abs. 7 ROG zu berücksichtigen sind. Hinzu kommt die Abstimmungspflicht des § 14 ROG, die umfassend ausgestaltet ist. Diese Mitwirkungs- und Abstimmungsvorschriften sind in die materielle Grundvorstellung des ROG (§ 1 Abs. 3) eingebunden, dass sich die Entwicklung, Ordnung und Sicherung der Teilräume in die Gegebenheiten des Gesamtraumes einfügen soll; die Entwicklung, Ordnung und Sicherung des Gesamtraums soll andererseits die Gegebenheiten und Erfordernisse seiner Teilräume berücksichtigen (sog. **Gegenstromprinzip**).

b) Im Zusammenhang mit der sachlichen Reichweite des § 1 Abs. 4 BauGB sind drei **Fallgestaltungen** zu unterscheiden.

61 – Die Anpassungspflicht des § 1 Abs. 4 BauGB an vorhandene (und rechtswirksame!) „Ziele" der Raumordnung besteht zunächst unbestritten, wenn und soweit Bauleitpläne aufgestellt, geändert, ergänzt oder aufgehoben werden[62]. Sie wird im Genehmigungsverfahren nach §§ 6, 10 Abs. 2 i.V.m. § 2 Abs. 4 BauGB, im Übrigen im kommunalaufsichtlichen Verfahren durchgesetzt. Hinzu kommt die Möglichkeit der Untersagung nach § 12 ROG. Ist die gesetzlich gebotene Anpassung unterblie-

---

59 Allgemein zur Unterscheidung von „beachten" und „berücksichtigen" *Venus*, Das Berücksichtigungsgebot im Verwaltungsrecht, Diss. Regensburg, 1998.
60 Die Länder haben diese Verpflichtung in sehr unterschiedlicher Weise konkretisiert. Siehe für die Aufstellung hochstufiger Ziele der Raumordnung (und Landesplanung) § 5 Abs. 3 Nr. 1 BWLplG; Art. 14 Abs. 2 BayLplG; § 7 Abs. 1 Sätze 2 und 3 MVLPlG; § 5 Abs. 2 Satz 1 NdsROG; §§ 12 Satz 3, 13 Abs. 2 Satz 1 NWLPlG; § 8 Abs. 1 Satz 3 RhPfLPlG; § 7 Abs. 2 SaarLPG; § 3 Abs. 3 Nr. 2 SächsLPlG; §§ 3 Abs. 8, 7 Abs. 1 SachsAnhLPlG; § 7 Abs. 1 SchlHLPlG.
61 BVerwG, NVwZ 2002, 869.
62 Wird die Gemeinde auf Grund einer nach § 1 Abs. 4 BauGB vorgenommenen Anpassung Dritten gegenüber nach §§ 39 ff BauGB entschädigungspflichtig, z.B. wegen der landesplanerisch erzwungenen Herabzonung einer Baufläche zu einer Grünfläche, so gibt ihr das Landesplanungsrecht regelmäßig einen Erstattungsanspruch gegenüber dem Land. Siehe § 16 BWLplG; Art. 28 Abs. 2 BayLplG; Art. 12 Abs. 6 Bln/BbgLPlanV; § 18 MVLPlG; § 23 NdsROG; § 41 Abs. 1 NWLPlG; § 23 Abs. 3 RhPfLPlG; § 14 SaarLPG; § 17 Abs. 1 SchlHLPlG; § 16 Abs. 2 und 3 ThürLPlG.

ben, so ist der Bauleitplan nichtig, soweit seine Darstellungen bzw. Festsetzungen mit dem in Frage stehenden „Ziel" sachlich unvereinbar sind.

– Die Gemeinden sind nach § 1 Abs. 4 BauGB aber auch verpflichtet, **bestehende** **62** Bauleitpläne an „Ziele" der Raumordnung anzupassen, wenn diese erst nach Abschluss des Verfahrens der Bauleitplanung rechtswirksam geworden sind. Diese Anpassungspflicht kann im kommunalaufsichtlichen Verfahren erzwungen werden. Teilweise sieht das Landesplanungsrecht allerdings einen speziellen hoheitlichen Ausspruch der Anpassungspflicht mit besonderer Zuständigkeit (**Anpassungsgebot**) vor[63]. Wichtig ist dabei: Der (noch) nicht angepasste Plan gilt weiter[64]. „Ziele" der Raumordnung verdrängen selbst dort, wo sie kraft ausdrücklicher landesplanungsgesetzlicher Vorschrift in Rechtssatzform (Satzungen, Rechtsverordnungen) gefasst sind, nicht die schon bestehende (im Übrigen rechtswirksame) Bauleitplanung. § 1 Abs. 4 BauGB ordnet die **Anpassung** an, dagegen nicht eine ipso iure-Nichtigkeit bei sachlichem Widerspruch zwischen landesplanerischem „Ziel" und Darstellungen bzw. Festsetzungen eines Bauleitplans.

– Weder der allgemeinen Bestimmung des § 4 Abs. 1 ROG noch speziell § 1 Abs. 4 **63** BauGB ist – nach allerdings sehr umstrittener Auffassung[65] – eine Verpflichtung der Gemeinde zu entnehmen, zur Verwirklichung von „Zielen" der Raumordnung Bauleitpläne und vor allem Bebauungspläne zu erstellen (Problem der sog. **Erstplanungspflicht**). In § 1 Abs. 4 BauGB ist von Anpassung der Bauleitpläne, nicht der Bauleitplanung die Rede. Auch die Bauleitplanungspflicht des § 1 Abs. 3 BauGB wird allein durch das Bestehen „überörtlicher" „Ziele" der Raumordnung („Fremdplanung") nicht ausgelöst. § 13 des Entwurfs der Bundesregierung für das BauROG 1998, der ein Planungsgebot vorgesehen hatte[66], wurde nicht Gesetz[67]. Eine entsprechende Verpflichtung zur „Erstplanung" oder „Positiv-Anpassung" der Gemeinden in noch nicht verplanten Gebieten besteht daher nur, soweit sich eine solche Verpflichtung aus den Landesplanungsgesetzen speziell ergibt[68] (siehe dazu auch Rdnrn. 39, 74).

Da die Anpassungspflicht des § 1 Abs. 4 BauGB sich nur auf „Ziele" der Raumordnung bezieht, hängt die Verpflichtung der Gemeinden aus dieser Vorschrift im Falle

---

63 Siehe Art. 28 Abs. 1 BayLplG; Art. 12 Abs. 2 Bln/BbgLPanV; § 25 NdsROG; § 21 Abs. 1 NWLPlG; § 23 Abs. 1 RhPfLPlG; § 16 Abs. 1, 1. Alt. ThürLPlG.
64 OVG Lüneburg, BauR 1982, 557 (559); BayVGH, BayVBl. 1994, 273 (274).
65 A.A. z.B. *Brohm*, DVBl. 1980, 653 (655). Zum Meinungsstand und zu den Argumenten im Einzelnen siehe *Erbguth/Schoeneberg* (Rdnr. 99), S. 104 f und Faast, Gemeindliche Erstplanungspflicht unter besonderer Berücksichtigung des Baus von P. & R.Anlagen, 1997.
66 BT-Drucks. 13/6392 vom 4.12.1996, S. 25, 86.
67 Der Gesetzgeber sah dafür keinen Bedarf. Siehe BT-Drucks. 13/7589, S. 24.
68 Siehe z.B. § 15a BWLPlG (für die Region Stuttgart). Nach Art. 12 Abs. 4 Bln/BbgLPlanV kann die Landesregierung die Aufstellung von Bauleitplänen entsprechend den Zielen der Raumordnung und Landesplanung verlangen, wenn dies zur Verwirklichung von Planungen mit hervorragender Bedeutung für die überörtliche Wirtschaftsstruktur oder allgemeine Landesentwicklung erforderlich ist. Eine entsprechende Regelung enthalten § 21 Abs. 2 NWLPlG und § 10 Abs. 2 SaarLPLG. § 23 Abs. 1 RhPfLPlG und § 16 Abs. 1 ThürLPlG verpflichten die Gemeinde auf Verlangen der obersten Landesplanungsbehörde zur Erstplanung bereits dann, wenn es zur Verwirklichung von Zielen der Raumordnung erforderlich ist.

VI *Raumordnungs- und Landesplanungsrecht*

von Gebietsausweisungen nach § 7 Abs. 4 Satz 1 ROG davon ab, ob und in welchem Umfang die Festlegung solcher Gebiete rechtlich die Qualität eines „Ziels" aufweist (siehe Rdnrn. 56-58).

64 c) Alle unmittelbaren Einwirkungen der Landesplanung auf den Status der Gemeinden und deren Gebiet müssen mit der grundgesetzlichen **Selbstverwaltungsgarantie** (Art. 28 Abs. 2 Satz 1 GG) und den entsprechenden landesverfassungsrechtlichen Gewährleistungen vereinbar sein und ggf. im „Lichte" dieser Verfassungsgarantien interpretiert werden. Diese allgemeine Linie hat die Rechtsprechung mit Unterstützung der Literatur[69] in einer Reihe von Entscheidungen näher ausgeformt. Bei Zielen der Raumordnung kommt eine Anpassungsverpflichtung nach § 1 Abs. 4 BauGB nur in Betracht, wenn sie – unter Berücksichtigung der Vorschriften über die Planerhaltung (§ 10 ROG) abgesehen – in formeller und materieller Hinsicht rechtmäßig zu Stande gekommen sind (Rdnr. 73). So haben sich „Ziele" auf den Sachbereich der Raumordnung zu beschränken und dürfen nicht rein städtebauliche oder ortsplanerische Vorstellungen enthalten[70]. Weiter kann eine Anpassungspflicht lediglich durch „Ziele" herbeigeführt werden, die hinreichend **bestimmt** sind[71]. Nur wenn dieses Erfordernis erfüllt ist, wird in rechtsstaatlich gebotener Weise klargestellt, ob die Gemeinde im Aufstellungsverfahren der Raumordnungspläne zu beteiligen ist, ob der Aufsichtsbehörde ein ausreichend präziser Maßstab im Verfahren der Rechtskontrolle von Bauleitplänen zur Verfügung steht (siehe Rdnr. 61) und ob die rechtlich korrekte Anwendung dieses Maßstabs verwaltungsgerichtlich überprüfbar ist.

65 Andererseits darf den Gemeinden durch eine Über-Präzisierung der „Ziel"-Vorgabe auch nicht jeder Planungsspielraum genommen werden[72]. Nur wenn gewichtige überörtliche Belange[73], wie beispielsweise die zentrale Standortvorsorge für Großvorhaben der Energieversorgung, zur Geltung gebracht werden müssen, ist es der Landesplanung erlaubt, die Flächennutzungsplanung **im** gemeindlichen Bereich „gebietsscharf" (und nicht nur „gemeindescharf") festzulegen. Im Regelfall muss die Landesplanung auch in dem Sinne **über**örtlich sein, dass sie sich mit gebietsrelevanten „Zielen" begnügt und gebietsscharfe Festlegungen zulasten der Planungshoheit der Gemeinden vermeidet[74]. Gegebenenfalls kann sich aus Art. 28 Abs. 2 Satz 1 GG, aber auch aus dem Gegenstromprinzip des § 1 Abs. 3 ROG das Gebot einer restrikti-

---

69 Eingehend *Wahl* (Rdnr. 99) I, S. 132 ff; II, S. 217 ff.
70 BVerwGE 6, 342 (345); OVG Lüneburg, BRS Bd. 19, Nr. 1, S. 1. Negative Beispiele aus der Praxis bei *Folkerts*, DVBl. 1989, 733 (735).
71 BVerwGE 6, 342 (346); BVerwG, NVwZ 2002, 869 (871); siehe aber auch BayVGH, BayVBl. 1993, 722 (723).
72 BVerwGE 68, 319 (321); BVerwG, NVwZ 1985, 736 f; NVwZ 202, 869 (871).
73 BVerfG, DVBl. 1988, 41 (44): Überörtliche Interessen von höherem Gewicht; NWVerfGH, DVBl. 1993, 428 ff mit Anm. *Erbguth* (aaO, S. 649 ff); BVerwG, NVwZ 2002, 476 ff. Nach Auffassung des VerfGNW beeinträchtigen Gebietsentwicklungspläne die gemeindliche Planungshoheit regelmäßig nur, wenn die überörtliche Planung eine hinreichend konkrete örtliche Planung nachhaltig stört (NWVBl. 2002, 376).
74 Dies gilt gerade auch für die Regionalplanung, die notwendigerweise gemeindegebietsnah plant. In diesen Zusammenhang gehört die Frage der Grenzen für innerörtliche planerische Festlegungen, z.B. der Ausweisung zentraler Gemeindeteile durch die Landesplanung bei Großflächengemeinden. Siehe dazu *Schmidt-Aßmann*, DÖV 1981, 244 ff.

ven Auslegung landesplanerischer „Ziel"-Festlegungen ergeben[75] (siehe Fälle Rdnrn. 38, 73). Flexibilität zu Gunsten der Gemeinden erwächst auch aus dem Instrument der Ausnahmen und der Zielabweichung (siehe Rdnr. 53).

d) „Ziele" der Raumordnung haben freilich über die Anpassungspflicht des § 1 Abs. 4 BauGB hinaus Bedeutung für die bauplanungsrechtliche Beurteilung von Vorhaben i.S.v. § 29 BauGB. Den Stand der verwaltungsgerichtlichen Rechtsprechung zu diesem Fragenkreis gibt das nebenstehende Schaubild im Überblick wieder. **66**

Es verdeutlicht, dass auf Grund des BauGB die „Ziele" der Raumordnung in unterschiedlicher Weise zur Geltung gebracht werden.

– Im (nicht qualifiziert überplanten) **Innenbereich** (§ 34 Abs. 1 BauGB) kommen „Ziele" der Raumordnung nicht zur Geltung[76]. Hier hat der Gesetzgeber abschließend die Bebaubarkeit an der **vorhandenen** Umgebung ausgerichtet („statisches Modell"). **67**

– Im **Außenbereich** ist zu differenzieren, weil die Vorschrift des § 35 Abs. 3 BauGB drei verschiedene Raumordnungsklauseln aufweist: **68**

(1) Widerspruchsfälle: Raumbedeutsame Vorhaben nach § 35 Abs. 1 und 2 BauGB (sog. **nicht privilegierte und sog. privilegierte Vorhaben**) dürfen den Zielen der Raumordnung und Landesplanung nicht widersprechen (§ 35 Abs. 3 Satz 2, 1. Halbsatz BauGB)[77]. Das BVerwG[78] sieht ein „Ziel" nur dann als geeigneten Maßstab für die baurechtliche Beurteilung von Außenbereichsvorhaben an, wenn es „sachlich, räumlich und zeitlich hinreichend konkret" ist sowie „inhaltlich so bestimmt" ist, dass es der „unmittelbaren Rechtsanwendung im Einzelfall zugänglich" ist. Das Widerspruchsverbot greift ein, wenn die landesplanerischen „Ziel"-Aussagen über das inhaltlich hinausgehen, was schon den Bestimmungen des § 35 Abs. 2 und 3 BauGB als gesetzgeberische Grundentscheidung zu Grunde liegt[79]. § 35 Abs. 3 Satz 1, 1. Halbsatz BauGB verleiht allerdings den Zielen der Raumordnung bei der Entscheidung über die Zulässigkeit eines raumbedeutsamen Außenbereichsvorhaben keinen strikten und unabdingbaren Geltungsanspruch. Ob ein „Widerspruch" i.S.d. Vorschrift vorliegt, ist vielmehr auf Grund einer die gesetzlichen Vorgaben „nachvollziehenden Abwägung" zu entscheiden, in der das konkrete Vorhaben den berührten

---

75 Dazu oben Rdnr. 45. Aus der Rechtsprechung siehe BayVGH, BayVBl. 1982, 726 (730).
76 BVerwG, DVBl. 1993, 658 (659, 660).
77 Die Rechtsprechung des BVerwG (BVerwGE 68, 311/315; 68, 319 ff) behält ihre Bedeutung auch für das BauGB. Allerdings soll sich die Privilegierung sogar in Bezug auf den Standort des Vorhabens gegenüber der Landesplanung durchsetzen, wenn es sich bereits vor der höherstufigen Landesplanung eigentumskräftig verfestigt hat (BVerwGE 68, 311/316).
78 BVerwGE 68, 311/315 ff; 68, 319 ff; Urt. v. 19.7.2001, NVwZ 2002, 476.
79 So wiederholen landesplanerische Ziele, die ausschließlich auf Flächenfreihaltung für Landwirtschaft und Erholung ausgerichtet sind oder lediglich eine Zersiedelung bzw. durchgehende Besiedelung vermeiden wollen, nur das Außenbereichskonzept des BauGB und kommen daher im Rahmen des § 35 Abs. 3 BauGB nicht als solche zur Geltung. Jedoch kann ein im Regionalplan festgelegtes Ziel „Vorranggebiet für Erholung" durch Verweisung auf Planaussagen und in Verbindung mit zeichnerischen Darstellungen den erforderlichen Konkretisierungsgrad erreichen und damit als „Ziel" mit absolutem Nutzungsvorrang verstanden werden (BVerwG, NVwZ 2002, 476; VGH BW, ZfBR 2000, 63).

raumordnerischen Zielen gegenüberzustellen ist[80]. Eine strikte Rechtsbindung Privater an die Ziele der Raumordnung kann nur in Betracht kommen, wenn Private im Zielaufstellungsverfahren in vergleichbarer Weise wie in der Bauleitplanung (§ 3 BauGB) beteiligt werden.

69 *Rechtliche Bedeutung der „Ziele" der Raumordnung und Landesplanung bei der Realisierung von Vorhaben i.S.d. § 29 BauGB*

Vorhaben im qualifiziert beplanten Bereich (§ 30 Abs. 1 BauGB)	Innenbereich (§ 34 BauGB)	Außenbereich	
		„Privilegierte" Vorhaben nach § 35 Abs. 1 i.V.m. Abs. 3 BauGB	„Nichtprivilegierte" Vorhaben nach § 35 Abs. 2 i.V.m. Abs. 3 BauGB
		§ 35 Abs. 3 Satz 2, 1. Halbsatz BauGB: Raumbedeutsame Vorhaben nach den Absätzen 1 **und** 2 dürfen den Zielen der Raumordnung nicht widersprechen (sog. negative Wirkung)	
Bedeutung nur nach Maßgabe der den „Zielen" der Raumordnung angepaßten (§ 1 Abs. 4 BauGB) Bebauungspläne i.S.d. § 30 Abs. 1 BauGB.	„Ziele" der Raumordnung stellen keinen unmittelbaren Maßstab für die Zulässigkeit eines Vorhabens dar. Aber: Wirkung der Ziele „über" einfache, nach § 1 Abs. 4 BauGB angepaßte Bebauungspläne (§ 30 Abs. 3 BauGB).	Ziele müssen sachlich, räumlich und zeitlich hinreichend konkret sein. Es bedarf einer „nachvollziehenden Abwägung".	
		Beachte Sonderregelung: § 35 Abs. 3 Satz 2, 2. Halbsatz BauGB! Sog. positive Rechtswirkung bestimmter Ziele, z.B. landesplanerischer Standortaussagen für Kiesabbauflächen. Ferner: Eignungsgebiete (§ 7 Abs. 4 Satz 1 Nr. 3	

Nach § 1 Abs. 4 BauGB angepasste einfache Bebauungspläne entfalten ihre Maßstabswirkung nach § 30 Abs. 3 i.V.m. § 35 Abs. 1 und 2 BauGB, der in dieser Weise angepasste Flächennutzungsplan nach § 35 Abs. 3 Satz 1 Nr. 1 BauGB als „öffentlicher Belang".

70 (2) Die komplizierte Vorschrift des § 35 Abs. 3 Satz 2, 2. Halbsatz BauGB (Raumordnungsklausel mit sog. positiver Wirkung) „entlastet" die Entscheidung über die Genehmigung eines privilegierten Vorhabens nach § 35 Abs. 1 BauGB von der Prü-

---

[80] So BVerwG, NVwZ 2002, 476 zu der wortlautgleichen Vorschrift des § 35 Abs. 3 Satz 3, Halbsatz 1 BauGB 1987. Dazu *Kment*, UPR 2002, 428 und BayVBl. 2003, 150.

fung solcher Belange, die bereits bei der Darstellung dieses (typischerweise überörtlich bedeutsamen) Vorhabens als „Ziel" der Raumordnung in einem Plan im Sinne der §§ 7-9 ROG abgewogen worden sind (siehe Rdnr. 13).

(3) Schließlich sieht jetzt § 35 Abs. 3 Satz 3 BauGB vor, dass öffentliche Belange einem nach § 35 Abs. 1 Nr. 2 bis 6 privilegierten baulichen Vorhaben in der Regel dann entgegenstehen, soweit hierfür als „Ziel" der Raumordnung eine Ausweisung an anderer Stelle erfolgt ist. Durch positive Standortzuweisungen privilegierter Nutzungen an einer oder mehreren Stellen im Plangebiet kann der Gemeinde der übrige Planungsraum von den durch den Gesetzgeber privilegierten Anlagen freigehalten werden[81]. Gedacht ist wohl an die Festlegung von Eignungsgebieten im Sinne von § 7 Abs. 4 Satz 1 Nr. 3 ROG (siehe Rdnr. 58).

Errichtung und Betrieb sog. **Factory Outlet Center (FOC)**, in denen in einem einheitlichen Gebäudekomplex meist an dezentralem Standort ein beschränktes Sortiment von Waren (etwa: Textilien, Schuhe) vom Hersteller unter Umgehung des Groß- und Einzelhandels direkt an den Endverbraucher zu ermäßigten Preisen verkauft wird, werfen erhebliche planungsrechtliche Probleme auf. Dies gilt vor allem im Städtebaurecht unter dem Gesichtspunkt der Planungsgrundlagen (§ 11 Abs. 3 Nr. 2 BNVO i.V.m. einem BBauPl, insbesondere nach § 12 BauGB; interkommunale Abstimmung nach § 2 Abs. 2 BauGB; siehe IV. Rdnr. 86)[82]. In raumordnungsrechtlicher Hinsicht ist hervorzuheben: Regelmäßig ist ein Raumordnungsverfahren (siehe Rdnr. 78) durchzuführen (§ 15 ROG i.V.m. § 1 Satz 3 Nr. 19 ROV). Einige Landesentwicklungsprogramme enthalten Aussagen über die FOC, teilweise in der Form der umstrittenen sog. Sollziele (siehe Rdnr. 45). Streitig ist, ob ein FOC als Sondergebiet für großflächige Einzelhandelsbetriebe nur bei Kongruenz mit dem jeweiligen zentralörtlichen System, das allen Landesraumordnungsprogrammen zugrundeliegt, zulässig ist (Kongruenzgebot; vgl. § 3 Nr. 2 ROG)[83]. Mit der Zuweisung einer bestimmten zentralörtlichen Funktion, insbesondere als Oberzentrum, ist der betreffenden Gemeinde aber kein absoluter Konkurrenzschutz dahingehend eingeräumt, von der Ansiedlung bestimmter Betriebe verschont zu bleiben. Das FOC unterliegt demnach lediglich dem sich aus dem zentralörtlichen System ergebenden Verbot der Beeinträchtigung ausgeglichener Versorgungsstrukturen (sog. Beeinträchtigungsverbot)[84]. Es ist demnach darauf abzustellen, ob das geplante Einzelhandelsprojekt zu einer wesentlichen Gefährdung der Funktionsfähigkeit zentraler Orte sowie der verbrauchernahen Versorgung der Bevölkerung, vor allem hinsichtlich der Güter zur Deckung des täglichen und kurzfristigen Bedarfs, erwarten lässt. Einen Anhaltspunkt soll dabei die zu erwartende Kaufkraftabschöpfung bilden, wobei die Beschränkung des FOC auf wenige Warengruppen zu berücksichtigen ist[85].

70a

---

81 Siehe *Battis/Krautzberger/Löhr*, BauGB, 6. Aufl. 1998, § 35 Rdnr. 74.
82 Siehe statt vieler *Erbguth*, NVwZ 2000, 969 und *Steiner*, Baurecht, 3. Aufl. 2001, Nr. 301.
83 Zur Diskussion siehe *Hoppe*, DVBl. 2000, 293; *ders.*, BayVBl. 2002, 129.
84 Vgl. OVG Lüneburg, UPR 2000, 396; ebenso *Erbguth*, NVwZ 2000, 969 und *Hoppe*, DVBl. 2000, 293.
85 Dazu *Battis*, in: Battis/Krautzberger/Löhr, BayGB, 8. Aufl. 2002, § 2 Rdnr. 10; *Erbguth*, NVwZ 2000, 969. Aus der Rechtsprechung: OVG Frankfurt/Oder, NVwZ 1999, 434 und BayVGH, BayVBl. 2001, 175.

III. Raumordnung und Fachplanung

71 Die Fachplanung, z.B. für den Neu- und Ausbau von Bundesfernstraßen oder Bundeswasserstraßen, für die Anlage von Verkehrsflughäfen u.a. mehr, hat in der Bundesrepublik aus historischen, politischen und möglicherweise auch aus verfassungsrechtlichen Gründen[86] traditionell eine starke Stellung im Verhältnis zu anderen Planungen (vgl. auch § 38 BauGB) und auch im Verhältnis zur überfachlich konzipierten Landesplanung. Die Gesetzeslage bringt dies allerdings eher versteckt zum Ausdruck. Das ROG (§ 4 Abs. 2) lässt die (bundes- und landesrechtlich aufgestellten) „Grundsätze" für die Träger der Bundes- und Landesfachplanung gelten (Rdnr. 42). Geltung heißt dabei, dass die Grundsätze im Rahmen des (Planungs-) Ermessens des zuständigen Fachplanungsträgers, vor allem bei Standort- und Linienführungsentscheidungen, (nur) angemessen zu berücksichtigen sind. Darüber hinaus sind zwar die „Ziele" der Raumordnung von allen Fachplanungsträgern bei raumbedeutsamen Planungen und Maßnahmen zu beachten (§ 4 Abs. 1 ROG). Die Träger der Bundesfachplanung können sich aber nach Maßgabe des § 5 ROG aus der Bindungswirkung des § 4 Abs. 1 ROG lösen (siehe näher Rdnr. 54).

72 Die genannten Vorschriften werden nun in zahlreichen Fachplanungsgesetzen des Bundes und der Länder durch zusätzliche Bestimmungen über das Verhältnis von Fachplanung und überfachlicher Raumplanung ergänzt. Diese sog. **Raumordnungsklauseln**, die sich im Übrigen auch außerhalb von Fachplanungsgesetzen finden (vgl. Art. 29 GG; §§ 1 Abs. 4, 35 Abs. 3 Satz 2 BauGB), sind unterschiedlich formuliert. Teilweise verankern sie eine **materielle** Pflicht zur Beachtung der „Grundsätze" und vor allem der (vorhandenen) „Ziele" der Raumordnung[87], aber auch zur Beachtung der allgemeinen Belange der Raumordnung unter Einbeziehung der sog. sonstigen Erfordernisse[88].

Antworten und Lösungshinweise

73 1. Die Klage ist als Verpflichtungsklage (§ 42 Abs. 1 VwGO) zulässig, da die nach § 6 Abs. 1 BauGB erforderliche Erteilung der Genehmigung gegenüber der Gemeinde G einen Verwaltungsakt darstellt. Auf die Erteilung der Plangenehmigung besteht ein Rechtsanspruch, sofern der Flächennutzungsplan (FNPl) ordnungsgemäß zu Stande gekommen ist und dem BauGB, den auf Grund des BauGB erlassenen und den sonstigen Rechtsvorschriften nicht widerspricht (§ 6 Abs. 2 BauGB). Hier könnte der FNPl teilweise im Wi-

---

[86] Dies wird unter dem Gesichtspunkt des sog. Ressortprinzips erörtert. Siehe dazu *Wahl II* (Rdnr. 99), S. 149 ff und *Erbguth/Schoeneberg* (Rdnr. 99), S. 27 f. Zum Verhältnis von Raumordnung und straßenrechtlicher Fachplanung siehe auch BayVerfGH, DÖV 2003, 78.

[87] Siehe z.B. § 15 Abs. 1 Satz 2 BNatSchG („Grundsätze und Ziele der Raumordnung").

[88] Siehe etwa § 13 Abs. 2 BWaStrG („Erfordernisse der Raumordnung und der Landesplanung"). Vgl. ferner die Raumordnungsklauseln in § 29 Abs. 5 KrW-/AbfG und § 36 Abs. 2 Satz 2 WHG. Zu den Raumordnungsklauseln in den Länderstraßengesetzen siehe § 37 Satz 3 BWStrG; Art. 35 Abs. 2 BayStrWG; § 35 Abs. 1 Satz 1 BrandStrG; § 32 HessStrG; § 37 Abs. 1 Satz 1 und 2 NdsStrG; § 44 Abs. 1 Satz 1 MVStrWG; § 37 Abs. 1 Satz 1 NWStrG; § 4 Abs. 1 Satz 1 bis 3 RhPfStrG; § 38 Abs. 1 Satz 1 SaarStrG; § 36 Abs. 1 SächsStrG; § 34 Abs. 1 SachsAnhStrG; § 39 Sätze 1 bis 3 Schl-HStrWG.

derspruch zur Bestimmung des § 1 Abs. 4 BauGB stehen, da der zur Genehmigung vorgelegte FNPl nicht einem bestehenden „Ziel" der Raumordnung – nämlich einer entsprechenden planerischen Aussage im Regionalplan – angepasst ist. Die Anpassungspflicht des § 1 Abs. 4 BauGB wird allerdings – vorbehaltlich von Vorschriften über die Planerhaltung (vgl. § 10 ROG) – nur durch „Ziele" der Landesplanung ausgelöst, die formell (hinsichtlich ihrer „Einstellung" in einen ordnungsgemäß zu Stande gekommenen Regionalplan) und materiell (hinsichtlich ihrer inhaltlichen Übereinstimmung mit höherrangigem Recht einschließlich höherrangiger „Ziele" – siehe Rdnr. 16) rechtmäßig sind. Die letztere Voraussetzung ist hier wohl nicht gegeben. Die Aufstellung und Anwendung von „Zielen" der Raumordnung, die eine Anpassungspflicht der Gemeinde nach § 1 Abs. 4 BauGB auslösen, ist der Verfassungsgarantie des Art. 28 Abs. 2 Satz 1 GG unterworfen. Zwar kann in Übereinstimmung mit dieser Verfassungsgewährleistung die Landesplanung Siedlungstätigkeit in einer bestimmten Gemeinde untersagen oder einschränken. Jedoch findet diese planerische Möglichkeit ihre Grenze in dem Recht der Gemeinde, einen besonderen Wohnflächenbedarf als Folge einer schon eingeleiteten, jedenfalls aber einer schon abgeschlossenen innergemeindlichen Entwicklung – hier als Folgebedarf der Industrieansiedlung – zu berücksichtigen (sog. Recht auf Eigenentwicklung oder „organische" Entwicklung; vgl. § 2 Abs. 2 Nr. 11 ROG und OVG Lüneburg, DÖV 1969, 642/644). Die Klage hat also Aussicht auf Erfolg.

2. Die Aufstellung eines Bebauungsplans kann mit rechtlichen Mitteln, etwa im Wege der Kommunalaufsicht, nur erzwungen werden, wenn eine entsprechende Rechtspflicht der Gemeinde besteht. § 1 Abs. 4 BauGB gibt ebenso wenig wie § 4 Abs. 1 ROG eine Rechtsgrundlage für eine derartige Planungsverpflichtung ab. Auch § 1 Abs. 3 BauGB verankert eine Planungspflicht nur aus örtlich-städtebaulichen und nicht aus überörtlichen Gesichtspunkten heraus (Rdnr. 63). Es bedarf daher einer spezial-gesetzlichen Grundlage, um die Gemeinde zu verpflichten, wie sie sich gegenwärtig in einigen Landesplanungsgesetzen findet (siehe Rdnr. 63 i.V.m. Fn. 68). Dabei ist die Aktualisierung dieser Erstplanungspflicht an das Vorliegen dort im Einzelnen geregelter formeller und materieller Voraussetzungen gebunden.

3. Die Klage ist als Verpflichtungsklage (§ 42 Abs. 1 VwGO) zulässig, da sie auf die Erteilung einer Baugenehmigung und damit auf den Erlass eines Verwaltungsaktes gerichtet ist. Sie hat Erfolg, wenn das Vorhaben mit den bauplanungsrechtlichen Vorschriften vereinbar ist. Das Vorhaben des L liegt im Außenbereich von G und ist nach § 35 Abs. 1 Nr. 1 BauGB privilegiert. § 35 Abs. 3 Satz 1, 1. Halbsatz BauGB verleiht den „Zielen" der Raumordnung bei Außenbereichsvorhaben keinen strikten und unabdingbaren Geltungsanspruch. Ob ein „Widerspruch" i.S.d. Vorschrift vorliegt, ist viel mehr auf Grund einer die gesetzlichen Vorgaben „nachvollziehenden Abwägung" zu entscheiden, in der das konkrete Vorhaben den berührten raumordnerischen „Zielen" gegenüberzustellen ist (BVerwG, NVwZ 2002, 476). Das landesplanerische „Ziel" muss dabei rechtswirksam sein, um im Rahmen des § 35 Abs. 3 BauGB zur Geltung zu kommen. Hier bestehen im Grundsatz keine Bedenken, da nach wohl h.M. auch gebietsscharfe „Ziel"-Aussagen der Landesplanung jedenfalls dann rechtlich unbedenklich sind, wenn sie von wichtigen überörtlichen Belangen der Landesplanung getragen werden. Dies wird man für die Flächenvorsorgeplanung bei Großflughäfen im allgemeinen annehmen können. Die zuständige Behörde hat dementsprechend abzuwägen, wohl hier zulasten des L.

Vertiefungshinweise: *Blümel*, Raumordnung und kommunale Selbstverwaltung, DVBl. 1973, 436 ff; *Dolderer*, Das neue Raumordnungsgesetz (ROG 1998), NVwZ 1998, 345 ff; *Schmidt-Aßmann*, Rechtsstaatliche Anforderungen an Regionalpläne, DÖV 1981, 237 ff; *Wahl*, Aktuelle Probleme im Verhältnis der Landesplanung zu den Gemeinden, DÖV 1981, 597 ff.

VI *Raumordnungs- und Landesplanungsrecht*

D. Sicherungsinstrumente der Landesplanung

Fälle und Fragen

76   1. Die zuständige Planfeststellungsbehörde hat am 18. September 2001 den Plan für das Teilstück der Bundesautobahn A 7 von km 42,4 bis km 49,3 festgestellt. Die dagegen gerichtete Anfechtungsklage des E, Eigentümer eines Grundstücks im künftigen Trassenbereich, wird u.a. damit begründet, die Trasse durchschneide ein biologisch einmaliges Biotop. Dies sei bei der Umweltverträglichkeitsprüfung im Rahmen des von der zuständigen Behörde durchgeführten Raumordnungsverfahrens festgestellt worden. Die Raumordnungsbehörde habe deshalb vorgeschlagen, in dem fraglichen Abschnitt eine andere Trassenführung zu wählen. Über dieses Ergebnis des Raumordnungsverfahrens könne sich die Planfeststellungsbehörde nicht hinwegsetzen. Hat die Klage des E mit dieser Begründung Aussicht auf Erfolg?

77   2. Bauunternehmer B beantragt die Erteilung einer Baugenehmigung für die Errichtung mehrerer Einfamilienhäuser in der kreisfreien Stadt S. Die für eine Bebauung in Aussicht genommenen Grundstücke liegen im Geltungsbereich eines qualifizierten Bebauungsplans (§ 30 Abs. 1 BauGB), der die beantragte Bebauung zulässt. Vor Erteilung der Baugenehmigung erreicht die Stadt S eine Anweisung der zuständigen Landesplanungsbehörde, die Entscheidung über die Erteilung der Baugenehmigung für die Dauer von sechs Monaten auszusetzen. Zur Begründung ist ausgeführt, der kurz vor der Genehmigung stehende Regionalplan (Regionale Raumordnungsplan, Gebietsentwicklungsplan usw.) beziehe die fragliche Fläche in einen Grünzug ein. Dies schließe aus landesplanerischer Sicht die Bebauung aus. Nach In-Kraft-Treten des Regionalplans müsse die Gemeinde deshalb den Bebauungsplan nach § 1 Abs. 4 BauGB anpassen. S hält die Anweisung für rechtswidrig, da die Landesplanungsbehörde, würde man ihrer Anweisung folgen, den Rechtsanspruch des B auf Erteilung der Baugenehmigung vereitle und damit für die Landesplanung eine Außenwirkung gegenüber dem Bürger in Anspruch nehme, die dieser nach geltendem Recht nicht zukomme. Hat sie recht?

Lösungshinweise Rdnr. 84 f

I. Das Raumordnungsverfahren oder raumplanerische Verfahren

78   Das geltende Recht und insbesondere das geltende Landesplanungsrecht stellt die Landesplanungs- bzw. Landesraumordnungsbehörden (Rdnr. 33) in vielfacher Weise in die Verantwortung für die Geltung der Grundsätze und vor allem die Beachtung der landesplanerischen „Ziel"-Entscheidungen bei allen raumbedeutsamen Maßnahmen und Investitionen. Es stattet sie dementsprechend mit Zuständigkeiten und Instrumenten aus[89]. Vor allem aber gibt ihnen das Landesrecht in den sog. Flächenstaaten[90] ein besonderes projektbezogenes Verfahren – **Raumordnungsverfahren**, in Rheinland-Pfalz **Raumplanerisches Verfahren** genannt – an die Hand, um be-

---

89 Siehe z.B. § 12 BWLplG und Art. 1 Abs. 1 Nr. 1, 20-22 BayLplG.
90 § 13 BWLplG; Art. 23 Abs. 1 BayLplG; Art. 16 Bln/BbgLPlanV; § 18 HessLplG; § 15 MVLplG; § 12 ff NdsROG; §§ 23a ff NWLPlG; § 17 RhPfLPlG; § 8 ff SaarLPG; § 15 Abs. 1 SächsLplG; § 15 SachsAnhLPlG; §§ 14 ff SchlHLPlG; § 19 Abs. 1 ThürLPlG.

stimmte raumbedeutsame Planungen und Maßnahmen mit anderen raumwirksamen Vorhaben zu koordinieren und unter raumordnerischen Gesichtspunkten zu beurteilen[91]. Das ROG enthält in § 15 eine Vorschrift über das Raumordnungsverfahren, die allerdings einer Umsetzung durch die Länder bedarf.

1. Gegenstand und Ziel des Raumordnungsverfahrens

Ziel des Raumordnungsverfahrens ist die Feststellung, ob raumbedeutsame Planungen und Maßnahmen mit den Erfordernissen der Raumordnung übereinstimmen und wie sie unter den Gesichtspunkten der Raumordnung aufeinander abgestimmt oder durchgeführt werden können (und dies unter Einschluss der vom Träger der Planung oder Maßnahme eingeführten Standort- oder Trassenalternativen). Das Gesetz nennt dies eine Raumverträglichkeitsprüfung (§ 15 Abs. 1 Satz 1 und 2 ROG). Von der Durchführung des Verfahrens kann nur unter bestimmten Voraussetzungen abgesehen werden (§ 15 Abs. 2 ROG). Dies ist selbstverständlich dann der Fall, wenn die Raumverträglichkeit schon auf Grund eines „Ziels" der Raumordnung feststeht. Die Raumverträglichkeit wird dadurch ermittelt, dass im Raumordnungsverfahren die raumbedeutsamen Auswirkungen der Planung oder Maßnahme auf die in den Grundsätzen des § 2 Abs. 2 ROG genannten Belange unter überörtlichen Gesichtspunkten, häufig für verschiedene Alternativen, insbesondere Trassenalternativen geprüft werden (§ 15 Abs. 1 Satz 3 ROG). Die Bundesregierung hat durch Rechtsverordnung einen Katalog von raumbedeutsamen Vorhaben festgelegt, deren öffentlich-rechtlicher Zulassung ein Raumordnungsverfahren vorausgehen soll[92]. Das Raumordnungsverfahren ist auf diese Weise in die Rolle eines regelmäßigen „Einstiegsverfahren" bei Großvorhaben mit öffentlicher und privater Trägerschaft eingewiesen. Nach Maßgabe des § 16 UVPG und des Verfahrensstandes ist es regelmäßig „Trägerverfahren" für die erste Umweltverträglichkeitsprüfung[93].

79

2. Einzelfragen

a) Das ROG enthält in § 15 weiter eine Reihe von verfahrensrechtlichen Vorgaben an die Ländergesetzgebung. Es kann vorgesehen werden, dass die Öffentlichkeit in die Durchführung des Raumordnungsverfahrens einbezogen wird (§ 15 Abs. 6 Satz 1 ROG). Einen Anspruch des Vorhabensträgers auf Durchführung eines Raumordnungsverfahrens gewährt das Gesetz nicht. Die öffentlichen Stellen sind zu unterrichten und zu beteiligen. Bei raumbedeutsamen Planungen und Maßnahmen von Vorhabensträgern aus dem Bundesbereich ist nur deren Benehmen bei der Einleitung eines

80

---

91 Raumordnungsverfahren werden beispielsweise vor der Genehmigung bzw. Planfeststellung für Straßen des Fernverkehrs, Bundeswasserstraßen, Eisenbahnanlagen, Golfplätze, Hochseilbahnen, „Transrapid" u.a. mehr durchgeführt. Die praktische Bedeutung des Raumordnungsverfahrens in den einzelnen Bundesländern ist unterschiedlich.
92 Verordnung zu § 15 ROG (Raumordnungsverordnung – RoV) vom 13.12.1990, BGBl. I S. 2766, zuletzt geändert durch Art. 4 BauROG.
93 Dazu näher *Wahl*, in: Festschrift für Horst Sendler, 1991, S. 198 (200, 223).

Raumordnungsverfahren herbeizuführen (§ 15 Abs. 4 ROG). Den Ländern bleibt es aber für ihren Bereich unbenommen, eine weitergehende Regelung zu treffen.

81 b) Die am Ende eines Raumordnungsverfahrens stehende Feststellung über die Raumverträglichkeit eines Vorhabens ist eine gutachtliche Äußerung, die keine unmittelbare Rechtswirkung gegenüber dem Träger des Vorhabens und auch nicht gegenüber Dritten entfaltet. Das Ergebnis des Raumordnungsverfahrens ist als „sonstiges Erfordernis der Raumordnung" (vgl. § 3 Nr. 4 ROG) von öffentlichen Stellen bei raumbedeutsamen Planungen und Maßnahmen in der Abwägung oder bei der Ermessensausübung nach Maßgabe der dafür geltenden Vorschriften zu berücksichtigen (§ 4 Abs. 2 ROG). Das Gewicht eines sorgfältig durchgeführten Raumordnungsverfahrens liegt aber in der starken faktischen Bindung für die weiteren Verfahrensschritte. Genehmigungen, Planfeststellungen oder sonstige behördliche Entscheidungen nach anderen Vorschriften werden durch das Ergebnis des Raumordnungsverfahrens nicht ersetzt.

II. Die landesplanerische Untersagung

82 Aus der gemeindlichen Bauleitplanung ist das Problem bekannt, dass in der Zeit zwischen dem Planaufstellungsbeschluss nach § 2 Abs. 1 Satz 2 BauGB und dem In-Kraft-Treten des Bebauungsplans (§ 10 Abs. 3 Satz 4 BauGB) bauliche und sonstige Veränderungen im Plangebiet stattfinden können, die eine Realisierung der künftigen Planfestsetzungen erschweren oder ausschließen. Das BauGB hat auf diese Erfahrung unter dem Stichwort „Sicherung der Bauleitplanung" mit den Instrumenten der Veränderungssperre und der Zurückstellung von Baugesuchen reagiert (§§ 14, 15 BauGB). Ähnliche Schwierigkeiten können sich im Zusammenhang mit der Festlegung von „Zielen" im Rahmen der Landesplanung einstellen. § 12 ROG verpflichtet deshalb den Landesgesetzgeber vorzusehen, dass raumbedeutsame Planungen und Maßnahmen, die von den Bindungswirkungen der Ziele der Raumordnung nach § 4 Abs. 1 und 3 ROG erfasst werden, unter bestimmten Voraussetzungen zeitlich befristet oder zeitlich unbefristet untersagt werden können (§ 12 Abs. 1 ROG). Es liegt in der Logik des Bindungskonzepts des § 6 und insbesondere des § 4 Abs. 4 ROG, dass das Gesetz in § 12 Abs. 2 dem Landesgesetzgeber die Möglichkeit eröffnet, zur Sicherung der Aufstellung von Zielen (vgl. näher § 12 Abs. 1 Nr. 2 ROG) eine befristete Untersagung auch bei behördlichen Entscheidungen über die Zulässigkeit raumbedeutsamer Maßnahmen von Personen des Privatrechts auszusprechen, wenn die Ziele der Raumordnung bei der Genehmigung der Maßnahme nach § 4 Abs. 4 und 5 ROG rechtserheblich sind (dazu Fallgestaltung Rdnr. 77 und 85). Offenbar ist an die Fälle raumbedeutsamer Vorhaben im Außenbereich gedacht, auf die § 35 Abs. 3 Satz 2 und 3 BauGB Anwendung findet[94].

83 Soweit sich die Untersagungsverfügung an einen selbstständigen Rechtsträger richtet, ist sie ein mit der Anfechtungsklage nach § 42 Abs. 1 VwGO angreifbarer Verwaltungsakt. Wider-

---

94 *Runkel*, WiVerw. 1997, 267 (294 f). Siehe jetzt zur Untersagung von Zulassungsentscheidungen öffentlicher Stellen nach § 12 ROG *Goppel*, BayVBl. 2002, 617.

spruch und Anfechtungsklage gegen die Untersagung haben aber keine aufschiebende Wirkung (§ 12 Abs. 3 ROG i.V.m. § 80 Abs. 2 Satz 1 Nr. 3 VwGO). Die Landesplanungsgesetze haben das Nähere geregelt[95]. § 23 NWLPlG[96] ermächtigt die Regierungspräsidenten als staatliche Bezirksplanungsbehörden, unter bestimmten Voraussetzungen die Baugenehmigungsbehörden anzuweisen, die Entscheidung über die Zulässigkeit baulicher Anlagen im Einzelfall für höchstens zwölf Monate auszusetzen (§ 23 i.V.m. § 22 Abs. 1 NWLPlG).

Antworten und Lösungshinweise

1. Die Klage ist als Anfechtungsklage gem. § 42 Abs. 1 VwGO ohne Widerspruchsverfahren (§§ 74 Abs. 1, 70 VwVfG) zulässig, da sie sich gegen den Planfeststellungsbeschluss (PFB) vom 18.9.2001 und damit gegen einen Verwaltungsakt richtet (siehe V. Straßen- und Wegerecht, Rdnr. 65). E ist aus Art. 14 GG klagebefugt (§ 42 Abs. 2 VwGO). Er kann als ein von der Enteignung bedrohter Eigentümer eine umfassende gerichtliche Kontrolle des PFB herbeiführen (BVerwGE 67, 74/76 f). Erfolg hat die Klage allerdings nur, wenn der PFB objektiv rechtswidrig ist und den Kläger in seinen Rechten verletzt (§ 113 Abs. 1 Satz 1 VwGO). Hier rügt E zu Unrecht, dass der PFB an einem inhaltlichen Fehler leide. Das ROG schreibt vor, dass das Ergebnis des (nach § 1 Satz 2 Nr. 8 ROV erforderlichen) Raumordnungsverfahrens und die ggf. darin eingeschlossene Ermittlung, Beschreibung und Bewertung der Auswirkungen des Vorhabens auf die Umwelt bei sog. Zulassungsentscheidungen wie dem vorliegenden Planfeststellungsbeschluss (§ 17 Abs. 1 FStrG) „nach Maßgabe der dafür geltenden Vorschriften zu berücksichtigen" ist (§ 4 Abs. 2 ROG). Maßgebliche Vorschrift ist insoweit § 17 Abs. 1 Satz 2 FStrG. Danach ist bei der Planfeststellung die Umweltverträglichkeit zu prüfen. Jedoch ist die Planfeststellungsbehörde beim Erlass des PFB nicht an das Ergebnis des Raumordnungsverfahrens, auch nicht in Bezug auf die Umweltverträglichkeitsprüfung im Raumordnungsverfahren (vgl. § 16 UVPG), gebunden. Sie kann im Wege der Abwägung die genannten Umweltbelange „überwinden" und sich für eine Beibehaltung der von Anfang an geplanten Trassenführung entscheiden; freilich muss diese Abwägung ordnungsgemäß erfolgen (näher dazu u.V. Straßen- und Wegerecht, Rdnr. 62, 71).

84

2. § 12 Abs. 1 Nr. 2 ROG eröffnet die Möglichkeit, raumbedeutsame Planungen und Maßnahmen i.S.d. § 3 Nr. 6 ROG zeitlich befristet zu untersagen, wenn zu befürchten ist, dass die Verwirklichung in Aufstellung befindlicher Ziele der Raumordnung unmöglich gemacht oder wesentlich erschwert werden würde. Voraussetzung ist allerdings, dass die Planungen und Maßnahmen von den Bindungswirkungen der Ziele nach § 4 Abs. 1 und 3 ROG erfasst werden. Dann hat die Untersagung auch unmittelbare Auswirkung auf das laufende Baugenehmigungsverfahren. Das Vorhaben des B unterliegt dieser Zielbindung nicht. § 12 Abs. 2 ROG erlaubt allerdings eine befristete Untersagung auch in Fällen, in denen, Raumbedeutsamkeit der Maßnahme nach § 3 Nr. 6 ROG unterstellt, eine Rechtserheblichkeit der Ziele der Raumordnung nach § 4 Abs. 4 ROG bestehen *würde*. Die „Untersagung" der Maßnahme richtet sich dann an die Behörde und ist insoweit als Anweisung zur Aussetzung oder Nichterteilung der begehrten Genehmigung zu verstehen

85

---

[95] Siehe § 15 BWLplG, Art. 24 BayLplG; Art. 14 Bln/BbgLPlanV; § 16 HessLplG; § 16 MVLPlG; § 22 NdsROG; § 22 NWLPlG; § 19 Abs. 3-5 RhPfLPlG; § 7 SaarLPG; § 18 SächsLPlG; § 11 SachsAnhLPlG; § 15 SchlHLPlG; § 18 ThürLPlG. In Rheinland-Pfalz ist der landesplanerische Einspruch (§ 19 Abs. 1 und 2 RhPfLPlG) als Rechtsinstitut sui generis eine Art „einfache" Beanstandung. Siehe dazu *Menke* (Fn. 15), Rdnrn. 1250 ff.

[96] Zur Diskussion um die Verfassungsmäßigkeit dieser Vorschrift siehe *Depenbrock/Reiners* (Fn. 14), § 23 Rdnr. 1.2.

VI *Raumordnungs- und Landesplanungsrecht*

Dyong, in: Cholewa/Dyong/von der Heide/Arenz, Rdnr. 99, § 12 Rdnr. 15). Erfasst werden beabsichtigte Planungen und Maßnahmen, nicht jedoch bereits erteilte Genehmigungen oder eine förmlich abgeschlossene Bauleitplanung. § 12 Abs. 2 ROG stellt mit der Bezugnahme auf § 4 Abs. 4 ROG klar, dass der baurechtliche Rechtsanspruch des einzelnen Bürgers von einem solchen Eingriff in das Genehmigungsverfahrens betroffen sein kann (zur Rechtslage vor dem BauROG 1998 siehe BGHZ 88, 51). Insoweit gilt es zu differenzieren: Im Außenbereich sind die Ziele der Raumordnung trotz der Raumordnungsklausel des § 35 Abs. 3 Satz 2 BauGB nicht unmittelbar rechtserheblich (siehe Rdnr. 69). Es ist daher zweifelhaft, ob eine Aussetzung des Genehmigungsverfahren rechtmäßig auf § 12 Abs. 2 ROG bzw. die entsprechende landesgesetzliche Regelung (Rdnr. 83) gestützt werden kann. Im unbeplanten Innenbereich (§ 34 BauGB) haben die Ziele der Raumordnung keine maßstäbliche Bedeutung. Gleiches gilt für den beplanten Innenbereich nach § 30 Abs. 1 und 2 BauGB. Zwar sind gemäß § 1 Abs. 4 BauGB die Bauleitpläne im Falle ihrer Aufstellung, Änderung, Ergänzung und Aufhebung den Zielen der Raumordnung anzupassen. Bei einer nachträglichen Änderung von Zielen gilt der (noch) nicht angepasste Plan jedoch fort und bildet den alleinigen planungsrechtlichen Zulässigkeitsmaßstab (Rdnr. 61, 62). Eine Aussetzung des Baugenehmigungsverfahrens würde also den bestehenden Anspruch des B auf Erteilung der Baugenehmigung zumindest auf Zeit vereiteln und wäre rechtswidrig.

E. Rechtsschutzfragen im Bereich der Landesplanung

Fälle und Fragen

86 1. Die kreisfreien Städte Althausen und Neuhausen im Bundesland B liegen Kopf an Kopf im Rennen um die landesplanerische Ausweisung als „Oberzentrum". Im Landesentwicklungsplan (Landesentwicklungsprogramm, Landesraumordnungsprogramm usw.) wird schließlich Neuhausen die zentralörtliche Funktion eines Oberzentrums zugewiesen. Althausen will diese Entscheidung verwaltungsgerichtlich überprüfen lassen und den Nachweis führen, dass unsachliche Gesichtspunkte den Ausschlag für die Einstufung von Neuhausen als Oberzentrum gegeben hätten. Wäre eine solche Klage zulässig und begründet?

87 2. Der Unternehmer U betreibt im Außenbereich der Gemeinde G den Abbau von Kalk. Da sich die bisher genutzten Flächen zunehmend erschöpfen, strebt U an, auf einer an das bisherige Abbaugebiet angrenzenden und inzwischen von ihm aufgekauften Fläche den Kalkabbau fortzuführen. Die Gemeinde steht diesem Vorhaben ablehnend gegenüber. Sie weist darauf hin, dass im Flächennutzungsplan (FNPl) die fragliche Fläche als Fläche für landwirtschaftliche Nutzung dargestellt sei. U will nun, da Gespräche mit den politisch verantwortlichen Kräften gescheitert sind, verwaltungsgerichtlich durchsetzen, dass in dem in der Aufstellung befindlichen Regionalplan (Regionaler Raumordnungsplan, Gebietsentwicklungsplan usw.) eine Vorrangfläche für den Kalkabbau in dem von ihm in Aussicht genommenen Bereich als „Ziel" der Raumordnung ausgewiesen wird. Er geht davon aus, dass dann der FNPl der Gemeinde G gem. § 1 Abs. 4 BauGB dem „Ziel" angepasst wird. Hat die Klage Aussicht auf Erfolg?

Lösungshinweise Rdnr. 97 f.

I. Die Rechtsschutzinteressen

Die „Grundsätze" der Raumordnung haben dem einzelnen gegenüber keine unmittelbare Rechtswirkung. Dies gilt im allgemeinen in gleicher Weise für die aus diesen „Grundsätzen" entwickelten „Ziele" der Raumordnung (vgl. Rdnr. 17). Gleichwohl bedeutet dies nicht, dass aus der Sicht des einzelnen **privaten** Rechtssubjekts Rechtsschutzfragen in Bezug auf landesplanerische Akte ohne Bedeutung sind. Die oben (Rdnrn. 61 ff) dargestellten Einwirkungen der Landesplanung auf die bauplanungsrechtliche Beurteilung von Vorhaben nach §§ 29 ff BauGB können auch bei Privatpersonen Überlegungen zu den Möglichkeiten einer inzidenten oder direkten verwaltungsgerichtlichen Kontrolle der Rechtswirksamkeit von bestimmten „Zielen" der Landesplanung auslösen[97]. Praktisch im Vordergrund steht aber das Rechtsschutzinteresse der öffentlich-rechtlichen Rechtssubjekte und hier insbesondere der **Gemeinden**. Deren Rechtsschutzbegehren kann auf die Abwehr von landesplanerischen Akten gehen, z.B. im Zusammenhang mit den eine Anpassungspflicht nach § 1 Abs. 4 BauGB auslösenden „Zielen". Es kann aber auch auf die Herbeiführung einer bestimmten landesplanerischen „Ziel"-Festlegung gerichtet sein, z.B. wenn eine Gemeinde eine bestimmte zentralörtliche Funktionszuweisung anstrebt. Die Möglichkeit einer inzidenten verwaltungsgerichtlichen Kontrolle im Zusammenhang mit einem bestimmten Vorgang der Landesplanung genügt dabei häufig dem Rechtsschutzinteresse der Gemeinden nicht, da die Aufstellung bzw. Nichtaufstellung landesplanerischer „Ziele", etwa im Falle der Nichtzuweisung einer angestrebten zentralörtlichen Funktion, vielfältige unmittelbare und mittelbare, rechtliche und faktische Wirkungen entfalten[98].

88

II. Rechtsschutzmöglichkeiten im Bereich der Landesplanung

1. Die Frage nach der Rechtsnatur von „Zielen" der Raumordnung und Landesplanung

Die bei Lektüre von Literatur und Rechtsprechung zum Raumordnungs- und Landesplanungsrecht nicht zu überlesenden Schwierigkeiten, in der Rechtsschutzfrage zu einvernehmlichen Lösungen zu kommen[99], sind bekanntlich wesentlich dadurch bedingt, dass die konkreten Rechtsschutzangebote der VwGO prinzipiell an die Rechtsnatur öffentlich-rechtlichen Handelns anknüpfen, die Beurteilung der Rechtsnatur der „Ziele" der Raumordnung und Landesplanung aber außerordentlich kontrovers ist. „Ziele" sind im allgemeinen **materiell** keine Außenrechtsnormen, weil

89

---

[97] Eine direkte verwaltungsgerichtliche Kontrolle kann z.B. interessant sein, wenn das Verfahren für die Genehmigung einer bestimmten Nutzung, etwa einer Abgrabung im Außenbereich, wegen vorhandener Reserven noch nicht ansteht, wohl aber im Regionalplan ein der künftigen Nutzung entgegenstehendes „Ziel" aufgenommen ist, das sich schon jetzt auf die langfristige Unternehmensplanung auswirkt.

[98] Zu denken ist beispielsweise an gesetzliche Förderpflichten des Staates, aber auch an unternehmerische Entscheidungen, die mit der zentralörtlichen Funktion einer Gemeinde zusammenhängen, schließlich der Einfluss der zentralörtlichen Ausweisung auf die Grundstückspreise.

[99] Ganz ausführliche Diskussion des gesamten Problems bei *Blümel*, VerwArch. Bd. 84 (1993), 123 ff.

sie (räumlich und sachlich) konkret und nicht abstrakt gefasst sind und auch nicht gegenüber einer unbestimmten Anzahl selbstständiger Rechtsträger unmittelbare Rechtwirkungen äußern. Teilweise haben sie nur eine verwaltungsinterne Ausrichtung, teilweise beziehen sie sich auf einen bestimmten Rechtsträger, etwa eine Gemeinde. Der Einordnung der „Ziele" als Verwaltungsakte wird entgegengehalten, ihnen fehle die bestimmte und unmittelbare rechtliche Außenwirkung. Sie seien prinzipiell auf weitere Konkretisierung angelegt. Ohnehin wird wegen der inhaltlich so verschiedenen landesplanerischen Aussagen, die in „Zielen" der Raumordnung und Landesplanung formuliert werden[100], deren generelle rechtsdogmatische Einordnung in die herkömmliche Typik der Hoheitsakte nur schwer möglich sein. Andererseits sind **„Ziele"** unbestreitbar **öffentlich-rechtliche Rechtsakte**, deren Rechtmäßigkeit – wie bei sonstigen hoheitlichen Handlungen auch – die Beachtung bestimmter formeller und materieller Kriterien voraussetzt. Daher spricht manches dafür, im Interesse einer einheitlichen rechtsdogmatischen Behandlung „Ziele" als **(rechtsnormähnliche) Hoheitsakte sui generis** anzusehen[101]. Daran ist im folgenden anzuknüpfen[102].

2. Gesicherte und ungesicherte Antworten auf die Rechtsschutzfrage

90 a) Sind „Ziele" ihrer Rechtsnatur nach keine Verwaltungsakte und entfalten sie daher auch **nicht** nach Art von Verwaltungsakten (vgl. §§ 43 Abs. 2 und 3, 44 VwVfG) im Falle der Rechtswidrigkeit grundsätzlich Rechtswirkungen, so kann ihre Rechtmäßigkeit in jedem verwaltungsgerichtlichen Verfahren **inzident** überprüft werden[103]. Denn (formell und/oder materiell) rechtswidrige „Ziele" sind grundsätzlich rechtsunwirksam. Dies gilt gerade auch dann, wenn die „Ziele" auf Grund ausdrücklicher landesgesetzlicher Bestimmung in der Rechtsform von Rechtsverordnungen oder Satzungen aufgestellt werden[104]. Sind – ausnahmsweise – „Ziele" in förmlichen Gesetzen enthalten[105], so muss das Verwaltungsgericht, das solche „Ziele" für verfas-

---

100 Zu den Abstufungen in Bezug auf die räumliche Konkretisierung siehe z.B. *Brohm*, DVBl. 1980, 653 f.
101 Siehe dazu u.a. OVG Lüneburg, BRS Bd. 23, Nr. 12, S. 29 (31); DVBl. 1973, 151; BremStGH, NVwZ 1983, 735 (737).
102 BayVGH, BayVBl. 1984, 240 (241 f): Sachlicher Teilabschnitt eines Regionalplans mit Bestimmungen über Kleinzentren ist Rechtsvorschrift im Sinne des § 47 Abs. 1 Nr. 2 VwGO; BVerfG, DVBl. 1988, 41 (42) und NdsOVG, DVBl. 1994, 296: Teil II des Landes-Raumordnungsprogramm Niedersachsen als untergesetzliche Rechtsnorm.
103 Eine Inzidentprüfung ist etwa bei der Durchsetzung der Anpassungspflicht nach § 1 Abs. 4 BauGB im Verfahren der Genehmigung eines Bauleitplans vorstellbar, aber auch bei der Überprüfung der Rechtmäßigkeit einer Untersagungsverfügung nach § 12 ROG.
104 BVerwG, NVwZ 2002, 869 (872). Zu beachten ist allerdings, dass die Landesplanungsgesetze in Baden-Württemberg, Mecklenburg-Vorpommern, Niedersachsen, Nordrhein-Westfalen, Sachsen, Sachsen-Anhalt und Thüringen „Heilungs"-Vorschriften (jetzt: „Planerhaltung"; vgl. § 10 ROG) enthalten.
105 Siehe z.B. § 5 Abs. 2 und § 6 Abs. 4 NdsROG; § 12 Satz 1 und 2 NWLPlG (Landesentwicklungsprogramm mit „allgemeinen Zielen" der Raumordnung und Landesplanung) oder § 5 Abs. 4 Satz 1 SachsAnhLPlG. Siehe weiter §§ 4 Abs. 2, 5 Abs. 4 NdsROG und §§ 3 Abs. 2, 4 Abs. 3 Satz 1 SachsAnhVLPlG.

sungswidrig hält, im Falle der Entscheidungserheblichkeit nach Art. 100 GG bzw. nach Landesrecht dem zuständigen Verfassungsgericht vorlegen.

b) Im Zusammenhang mit den „**direkten**" Rechtsschutzmöglichkeiten ist zu differenzieren.

(1) Das ROG gibt dem Landesplanungsrecht die Rechtsform nicht vor, in denen Programme und Pläne erlassen werden sollen[106]. Ist für die Aufstellung von landesplanerischen „Zielen" vom Landesgesetzgeber eine bestimmte Rechtsform vorgeschrieben[107], z.B. eine Rechtsverordnung oder im Falle von Regionalplänen auch eine Satzung –, so kann daran prozessrechtlich angeknüpft werden. „Ziele" sind zwar ihrer Rechtsnatur nach jedenfalls nicht eindeutig Rechtsnormen. Sind sie jedoch in der äußeren Form von Rechtsnormen aufgestellt, so sind sie zumindest prozessrechtlich auch als solche zu behandeln. 91

„Ziele", die in förmlichen Gesetzen oder Rechtsverordnungen[108] verankert sind, können von **Gemeinden** beim **BVerfG** mit der kommunalen Verfassungsbeschwerde – im Falle untergesetzlicher Rechtsnormen ggf. nach Erschöpfung des Rechtswegs (§ 90 Abs. 2 Satz 1 BVerfGG) in der Form einer Normenkontrollklage nach § 47 Abs. 1 Nr. 2 VwGO)[109] – wegen Verletzung des Rechts auf Selbstverwaltung angegriffen werden (Art. 93 Abs. 1 Nr. 4b GG i.V.m. § 91 Satz 1 BVerfGG). Für diese landesrechtlichen Vorschriften greift die Zuständigkeit des BVerfG allerdings nur, soweit nicht die Gemeinden Beschwerde wegen Verletzung des Selbstverwaltungsrechts zum Landesverfassungsgericht erheben können (Art. 93 Abs. 1 Nr. 4b GG i.V.m. § 91 Satz 2 BVerfGG)[110]. 92

Finden sich die „Ziele" in Programmen oder Plänen, die nach Landesrecht als Rechtsverordnungen oder Satzungen erlassen werden, so kommt die verwaltungsgerichtliche Normenkontrolle nach § 47 Abs. 1 Nr. 2 VwGO in Betracht, sofern diese in dem betreffenden Bundesland eingeführt ist[111]. Man kann weiter daran denken, die in einzelnen Landesplanungsgesetzen ausdrücklich erfolgte gesetzgeberische Entscheidung für die (untergesetzliche) Rechtssatzform bestimmter Programme und Pläne (Rdnr. 91 i.V.m. Fn. 89) entsprechend auf andere Programme und Pläne desselben Landesbereichs auch ohne ausdrückliche Rechtssatzanordnung anzuwenden[112], 93

---

106 BremStGH, NVwZ 1983, 735 (736).
107 Siehe z.B. §§ 6 Abs. 1, 9 Abs. 6 BWLplG; Art. 14 Abs. 3 BayLplG; §§ 7 Abs. 3, 9 Abs. 5 MVLPlG; § 6 Abs. 3 und § 8 Abs. 3 NdsROG; § 7 Abs. 1, Abs. 2 Satz 1 SächsLPlG; § 10 Abs. 4 ThürLPlG; vgl. auch Art. 8 Abs. 4 Bln/BbgLPlV; § 2 Abs. 1 BbgRegBkPlG; § 8 Abs. 4 HessLplG; § 12 Satz 1 NWLPlG; § 7 Abs. 7 SachsAnhLPlG.
108 Gesetz im Sinne des Art. 93 Abs. 1 Nr. 4b GG ist jede Rechtsnorm (BVerfGE 26, 228/236).
109 BVerfG, DVBl. 1988, 41 (42).
110 Siehe Art. 76 BWVerf.; Art. 98 Satz 4 BayVerf.; Art. 100 BrandVerf.; Art. 140 BremVerf.; Art. 53 Nr. 8 MVVerf.; Art. 54 Nr. 5 NdsVerf.; Art. 75 Nr. 4 NWVerf. i.V.m. § 12 Nr. 8, § 52 NWVerfGHG; Art. 130 RhPfVerf.; Art. 123 SaarVerf.; Art. 90 SächsVerf.; Art. 75 Nr. 7 SachsAnhVerf.; Art. 80 Abs. 1 Nr. 2 ThürVerf.
111 Dies ist ganz überwiegend, auch in den neuen Ländern geschehen. Verfassungsgerichtliche Überprüfungsverfahren kommen hinzu, wie z.B. in Bayern Art. 98 Satz 4 BayVerf. Zum Ganzen: BVerwG, NVwZ 2002, 869 (870).
112 Dieser Gedanke bestimmt auch stark BayVGH, BayVBl. 1984, 240 (242).

wenn und soweit deren „Ziele" eine vergleichbare Struktur aufweisen. Auf diese Weise käme man zu einer zusätzlichen **Eröffnung des Normenkontrollverfahrens nach § 47 VwGO** für die Überprüfung **landesplanerischer Akte** und damit zu einem sachgerechten Rechtsschutz. Allerdings ist dieser Weg nach überwiegender Meinung nicht gangbar, wenn auf die positive **Vornahme** eines bestimmten landesplanerischen Aktes, z.B. durch eine Gemeinde auf eine bestimmte zentralörtliche Einstufung oder durch einen Privaten auf die Ausweisung einer Vorrangfläche für eine bestimmte gewerbliche Nutzung im Regionalplan geklagt wird. Hier liegt dann eine Art „Normleistungsklage" oder „Normerlassklage" vor, deren Behandlung prozessrechtlich außerordentlich umstritten ist[113].

In den Fällen, in denen das Landesraumordnungsprogramm als untergesetzliche Rechtsvorschrift des Landes nach § 47 Abs. 1 Nr. 2 VwGO erlassen wird[114], ist eine Änderung des Landesraumordnungsprogramms durch formelles Landesgesetz möglich. Der geänderte Teil hat dann den Rang eines formellen Landesgesetzes und scheidet als tauglicher Prüfungsgegenstand eines Normenkontrollantrages nach § 47 VwGO aus[115].

94 (2) Ermöglicht die Landesgesetzgebung mangels entsprechender ausdrücklicher Regelung eine unmittelbare oder analoge Zuordnung der landesplanerischen „Ziele" zur Kategorie des (untergesetzlichen) Rechtssatzes nicht und kann man sich aus rechtsdogmatischen Gründen nicht für eine Qualifikation als Rechtsnorm entscheiden (vgl. Rdnr. 75) oder ist ein Normenkontrollverfahren nach § 47 Abs. 1 Nr. 2 VwGO in dem betreffenden Bundesland nicht vorgesehen, so ist nach anderen Rechtsschutzmöglichkeiten zu suchen. Ähnlich wie im Falle der gerichtlichen Kontrolle des Flächennutzungsplans kommt auch hier vor allem die Erhebung einer allgemeinen **Feststellungsklage** nach § 43 VwGO in Betracht[116]. Dabei ist nicht der Plan als solcher Gegenstand der angestrebten gerichtlichen Feststellung, sondern die durch bestimmte gesetzliche Vorschriften (etwa §§ 1 Abs. 4, 35 Abs. 1 und 2 i.V.m. Abs. 3 Satz 2 und 3 BauGB, § 4 Abs. 1, 3 ROG)[117] hergestellte Rechtsbeziehung zwischen Plangeber und dem einzelnen Rechtssubjekt in Bezug auf eine bestimmte Planaussage. Man sollte aber auch die Möglichkeit einer **Allgemeinen Leistungsklage** in Erwägung ziehen, die nach der Rechtsprechung des BVerwG zur Überprüfung verwaltungsinterner oder jedenfalls nicht mit unmittelbarer Rechtswirkung ausgestatteter Hoheitsakte bei Nachweis einer § 42 Abs. 2 VwGO entsprechenden Klagebefugnis eröffnet ist[118]. Eine solche Allgemeine Leistungsklage kann sich sowohl auf die Ab-

---

113 Siehe dazu etwa *Renck*, JuS 1982, 338 ff; BVerwGE 80, 355 ff und auch Rdnr. 97.
114 So z.B. § 6 Abs. 1 BWLPlG; Art. 14 Abs. 3 BayLPlG; § 8 Abs. 4 Satz 1 HessLPlG; § 7 Abs. 3 MVLPlG; § 11 SaarLPG.
115 Der Gesetzgeber kann die dem Verordnungs- oder Satzungsgeber überlassene Regelungsbefugnis wieder selbst in Anspruch nehmen und die bestehende Vorschrift durch ein formelles Gesetz ersetzen (BayVGH, NJW 2001, 2905).
116 So jetzt für Regionalpläne in Hessen HessVGH, DVBl. 2003, 215 f (für anpassungspflichtige Gemeinden); dazu *Kment*, NuR 2003, 69. Siehe allgemein *Löwer*, JuS 1975, 779 (785); zum Fall des Flächennutzungsplans OVG Lüneburg, BRS Bd. 23, Nr. 27, S. 55 (57).
117 Ein Rechtsverhältnis begründet beispielsweise auch die gesetzlich verankerte Förderpflicht des Staates zu Gunsten zentralörtlicher Gemeinden, wie etwa Art. 2 Nr. 3 Satz 3 BayLplG.
118 Beispiele bei *Steiner*, JuS 1984, 853 (854).

wehr öffentlich-rechtlichen Handelns in der Form eines landesplanerischen „Ziels" richten als auch auf dessen Herbeiführung.

c) Rechtsschutz in der Form der **Anfechtungsklage** (§ 42 Abs. 1 VwGO) ist eröffnet, wenn die Landesplanungsbehörde einer selbstständigen Rechtspersönlichkeit gegenüber, etwa einer Gemeinde, Verwaltungsakte setzt, wie z.B. beim Erlass einer Untersagungsverfügung nach § 12 ROG oder eines Planungsgebots nach landesrechtlichen Vorschriften (Rdnr. 63). Die **Verpflichtungsklage** (§ 42 Abs. 1 VwGO) kann auf Durchsetzung bestimmter landesplanerischer Verwaltungsakte gehen, z.B. auf die Erteilung der Genehmigung (Verbindlicherklärung, Feststellung) eines Regionalplans (Rdnrn. 21, 36, 37)[119].

95

d) Die **Allgemeine Leistungsklage** ist einzusetzen, wenn und soweit schlicht hoheitliche Verwaltungshandlungen erzwungen oder abgewehrt werden sollen. Will die Gemeinde beispielsweise ein Beteiligungsrecht an der Landesplanung durchsetzen, das ihr angeblich zusteht, aber nicht zugestanden wurde, so ist sie auf diese Klageart verwiesen. Allerdings ist hier § 44a VwGO zu beachten. Die Allgemeine Leistungsklage ist weiter die zutreffende Klageart, wenn eine Gemeinde auf die Durchführung eines Raumordnungsverfahrens klagen will[120].

96

Antworten und Lösungshinweise

1.a) Die beabsichtigte Klage richtet sich unmittelbar gegen die erfolgte Ausweisung von Neuhausen als Oberzentrum und nicht auf die Vornahme der (bisher unterbliebenen) Zuweisung einer entsprechenden zentralörtlichen Funktion an Althausen. Dies ist für die Beurteilung der Rechtsschutzfrage wichtig. Da die angegriffene zentralörtliche Ausweisung von Neuhausen in einem Programm oder Plan nach § 8 Abs. 1 ROG als „Ziel" der Raumordnung erfolgt, hängt die Frage der Klageart von der Rechtsnatur dieses „Zieles" ab. Wird das Programm oder der Plan als förmliches Gesetz oder Rechtsverordnung beschlossen, so kann die Gemeinde grundsätzlich den Weg der Kommunalverfassungsbeschwerde gehen (Rdnr. 92). Wird das Programm oder der Plan als Rechtsverordnung beschlossen, so kommt eine verwaltungsgerichtliche Normenkontrolle nach § 47 Abs. 1 Nr. 2 VwGO in Verbindung mit der jeweiligen landesgesetzlichen Ausführungsbestimmung in Betracht (Rdnr. 93). Bestehen diese Möglichkeiten mangels entsprechender landesgesetzlicher Anknüpfungspunkte für die Qualifikation nicht, so ist an die Erhebung einer allgemeinen Leistungsklage oder einer Feststellungsklage zu denken (Rdnr. 94). Problematisch ist jeweils das Bestehen der Antragsbefugnis gemäß § 47 Abs. 2 oder § 42 Abs. 2 VwGO (analog). Die Gemeinde Althausen klagt als „Dritte" gegen die Bestimmung bzw. auf Feststellung der Rechtswidrigkeit der Bestimmung von Neuhausen als Oberzentrum. Den Vorschriften, die der zentralörtlichen Einstufung der Nachbargemeinde zu Grunde liegen, kommt im Regelfall aber keine drittschützende Wirkung zu. Für die nicht berücksichtigte Gemeinde ergeben sich aus der unterbliebenen Bestimmung

97

---

119 *Hoppe* (Rdnr. 99) will allerdings in Fällen, in denen Träger der Regionalplanung nicht selbstständige Rechtssubjekte sind (also: Regionalversammlung in Hessen, Regionalrat in Nordrhein-Westfalen) im Organstreitverfahren die Frage der Genehmigungsfähigkeit des Planes geklärt wissen (Rdnrn. 427-430).

120 Ein Rechtsanspruch der Gemeinde auf Durchführung eines Raumordnungsverfahrens wird ausdrücklich verneint in § 23 Abs. 2 Satz 2 und Abs. 3 BayLPlG. Zur Problematik siehe BVerwG, BayVBl. 1973, 274.

als Oberzentrum keine unmittelbaren rechtlichen, sondern mittelbar faktische Nachteile, die nicht geeignet sind, die Antrags- oder Klagebefugnis zu begründen. Etwas anderes soll nur gelten, wenn die zentralörtliche Einstufung der anderen Gemeinde die wesentliche Ursache für die Nichtberücksichtigung der klagenden Gemeinde war (vgl. BayVGH, BayVBl. 1984, 240/242; *Schmidt-Aßmann*, DÖV 1981, S. 237/246).

Freilich bedarf es keiner Antragsbefugnis, wenn die Gemeinde sich als „Behörde" im Sinn von § 47 Abs. 2 VwGO gegen den planerischen Rechtsakt wendet. Dies setzt aber ein objektives Kontrollinteresse der den Antrag stellenden Gemeinde voraus. Diese muss mit der Ausführung der Norm befasst sein oder sie jedenfalls bei der Wahrnehmung ihrer Aufgaben zu beachten haben (*Kopp/Schenke*, VwGO, 12. Aufl. 2000, § 47 Rdnrn. 63, 71). Mit Rücksicht auf die Beachtenspflicht von hochstufigen Zielen der Raumordnung nach § 4 Abs. 1 ROG und § 1 Abs. 4 BauGB ließe sich dies bejahen (BVerwGE 81, 307).

Die Klage hat in der Sache nur Erfolg, wenn die für die landesplanerische Ausweisung zuständige Stelle von dem ihr zustehenden Planungsermessen einen fehlerhaften Gebrauch gemacht hat. Dieses Planungsermessen ist dabei von den „Grundsätzen" der Raumordnung und Landesplanung geleitet, aber auch von vorhandenen gesetzlichen Kriterien für die Einstufung von Gemeinden im Rahmen eines zentralörtlichen Systems in Verbindung mit dem Gleichheitssatz als allgemeinem, vom Grundrechtsstatus der Gemeinden unabhängigen objektiv-rechtlichen Prinzip. Werden an Stelle sachlicher Gesichtspunkte nachweisbar unsachliche Erwägungen zur Anwendung gebracht, so kann die Rechtswidrigkeit der angegriffenen Planentscheidung verfassungs- und verwaltungsgerichtlich festgestellt werden.

b) Etwas anderes gilt für eine allgemeine Leistungsklage oder Feststellungsklage von Althausen auf eigene Ausweisung als Oberzentrum. Sie wäre, sofern die Ausweisung durch Rechtsnorm erfolgt, eine Normerlassklage. Die gemäß § 42 Abs. 2 VwGO (analog) erforderliche Antrags- bzw. Klagebefugnis liegt vor, da die vielfältigen Auswirkungen der zentralörtlichen Einstufung einer Gemeinde auch unmittelbar das Selbstverwaltungsrecht des Art. 28 Abs. 2 Satz 1 GG berühren. Aussicht auf Erfolg besteht allerdings nur, wenn Althausen die Kriterien des Landesraumordnungsprogramms für ein Oberzentrum erfüllen würde, also ein „Planungsfall" wäre.

98 2. Als Klageart kommt hier wohl die Erhebung einer Allgemeinen Leistungsklage in Betracht, unabhängig davon, ob der Regionalplan als Rechtsverordnung oder Satzung beschlossen wird (Rdnrn. 93, 94). Sie ist allerdings als unzulässig anzusehen, wenn man mit der h.M. eine § 42 Abs. 2 VwGO entsprechende Klagebefugnis verlangt. Zwar ist die Ausweisung einer Vorrangfläche für den Kalkabbau ein mögliches „Ziel" der Landesplanung auf regionaler Ebene (vgl. § 7 Abs. 2 Nr. 2b ROG). Doch entfalten weder die „Grundsätze" noch die „Ziele" der Raumordnung unmittelbare Wirkung gegenüber dem Bürger als Privatperson (Rdnr. 17; vgl. aber auch Rdnrn. 49 ff). Dem entspricht es, dass der Einzelne nach ganz h.M. gegenüber den Stellen der Landesplanung keinen Rechtsanspruch auf Vornahme bestimmter landesplanerischer Aussagen hat, wohl auch nicht in der Form eines Anspruchs auf fehlerfreie Ausübung des Planungsermessens. U ist also auf andere rechtliche Möglichkeiten zu verweisen. So erscheint fraglich, ob die Darstellung der landwirtschaftlichen Nutzung im Flächennutzungsplan (FNPl) überhaupt dem privilegierten Vorhaben entgegengehalten werden kann, weil ihre Aussage nicht über den Regelungsgehalt des § 35 Abs. 2 BauGB hinausgeht (BVerwGE 68, 311/315 f: Erfordernis einer „ausreichend konkreten Aussage"; BVerwG, NVwZ 2002, 476). Zu prüfen wäre auch, ob unter dem Aspekt des „überwirkenden Bestandsschutzes" (BVerwGE 49, 365/370) aus Art. 14 GG – Gefahr der Betriebseinstellung ohne (begrenzte) Betriebsflächenerweiterung – ein Rechtsanspruch auf Baugenehmigung abgeleitet werden kann, sodass wegen der damit verbundenen „eigentumsrechtlichen Verfestigung" (BVerwGE 68, 311/316) die Darstellung des FNPl keine Wirkung entfalten würde. Einer Anpassung des FNPl auf Grund einer inzwischen erfolgten Aufstellung eines entsprechenden landesplanerischen „Ziels" nach § 1 Abs. 4 BauGB würde es dann nicht bedürfen. Allerdings hat es das BVerwG in seiner neueren Rechtsprechung (BVerwG, NVwZ 1998, 842 ff) abgelehnt, einen Anspruch auf Baugenehmigung unter dem Gesichtspunkt des „überwirkenden Bestandsschutzes" oder der „eigentumskräftig verfestigten Anspruchsposition" unmittelbar aus Art. 14 GG abzuleiten. Das Eigentumsgrundrecht stelle lediglich einen verfassungsrechtlichen Prüfungsmaßstab, nicht jedoch eine eigenständige Anspruchsgrundlage dar. Einen Rechtsanspruch auf Baugenehmigung zu gewähren, sei Sache des einfachen Gesetzgebers, der insoweit entsprechende Fallgruppen in § 35 Abs. 4 BauGB normiert habe.

Vertiefungshinweise: *Löhr*, Gerichtliche Rechtsschutzmöglichkeiten der Gemeinden gegen Regionalpläne, DVBl. 1980, 13 ff; *Löwer*, Gemeindliches Selbstverwaltungsrecht und Landesplanung – OVG Lüneburg, DVBl. 1973, 151, in: JuS 1975, 779 ff; *Steinberg*, Verwaltungsgerichtlicher Schutz der kommunalen Planungshoheit gegenüber höherstufigen Planungsentscheidungen, DVBl. 1982, 13 ff; *Wahl* I, S. 101 ff.

Literatur (Auswahl) 99

Akademie für Raumforschung und Landesplanung (Hrsg.), Zur Novellierung des Landesplanungsrechts aus Anlass des ROG 1998, 2000; *W. Cholewa/H. Dyong/H.-J. von der Heide/W. Arenz*, Raumordnung in Bund und Ländern, Loseblatt-Kommentar, Stand: 16. Lfg. der 3. Aufl., Mai 2001; *U. Battis*, Öffentliches Baurecht und Raumordnungsrecht, 4. Aufl. 1999 (zit. *Battis*); *W. Bielenberg/W. Erbguth/P. Runkel/Spannowsky*, Raumordnungs- und Landesplanungsrecht des Bundes und der Länder, Loseblatt-Kommentar, Bd. 2, Stand: 2002; *D. Dörr*, Raumordnungs- und Landesplanungsrecht, in: *Achterberg/Püttner/Würtenberger (Hrsg.)*, Besonderes Verwaltungsrecht, Bd. I, 2. Aufl. 2000, S. 544 ff; *Erbguth/Schoeneberg*, Raumordnungs- und Landesplanungsrecht, 2. Aufl. 1992 (zit. *Erbguth/Schoeneberg*); *Forsthoff/Blümel*, Raumordnungsrecht und Fachplanungsrecht, 1970; *Erbguth, W. u.a. (Hrsg.)*, Planung, Festschrift für Werner Hoppe, München 2000 (zit. FS Hoppe); *Jarass (Hrsg.)*, Zur Zukunft der Landesplanung, 2002; *H.-J. Koch/R. Hendler* Baurecht, Raumordnungs- und Landesplanungsrecht, 3. Aufl. 2001; *F.-J. Peine*, Öffentliches Baurecht, 4. Aufl. 2003, Rdnr. 119-291; *R. Wahl*, Rechtsfragen der Landesplanung und Landesentwicklung, Bd. 1 und 2, 1978 (zit. *Wahl I* bzw. II).

VII. Wirtschaftsverwaltungsrecht

Von Hans-Wolfgang Arndt

Inhalt

	Rdnr.	Seite
A. Einführung	1	878
I. Inhalt des Wahlfachs Wirtschaftsverwaltungsrecht	1	878
II. Arbeitsempfehlung und Literaturhinweise	5	880
B. Wirtschaftsverfassung und Wirtschaftssystem	6	880
I. Staat und Wirtschaft aus geschichtlicher Sicht	6	880
1. Der Merkantilismus	6	880
2. Der Liberalismus	9	881
3. Die Wirtschaftsordnung der Weimarer Republik und der NS-Zeit	13	882
4. Die Entwicklung eines Wirtschaftssystems in der Bundesrepublik Deutschland	17	883
II. Die „Wirtschaftsverfassung" der Bundesrepublik Deutschland	26	885
III. Die Wirtschaftsordnung der EU	32	886
1. Grundsatz: Freier Wettbewerb ohne Wettbewerbsverzerrungen	36	887
2. Ausnahme: Marktordnung	40	888
IV. Einzelne Verfassungsnormen des Grundgesetzes, die den Gestaltungsspielraum staatlicher Wirtschaftspolitik begrenzen	47	889
1. Der Grundsatz der Verhältnismäßigkeit (Übermaßverbot)	48	889
2. Die Freiheit des Berufs	51	891
3. Die Garantie des Eigentums	61	893
4. Die Vereinigungs- und Koalitionsfreiheit	80	899
5. Das Gleichheitsgebot	85	901
6. Die allgemeine Handlungsfreiheit und die Vertragsfreiheit	89	903
V. Die europäischen Grundfreiheiten als Grenzen nationalstaatlicher Wirtschaftspolitik	98	906
1. Gemeinsame Strukturmerkmale	98	906
2. Die Warenverkehrsfreiheit	100	907
3. Die Personenverkehrsfreiheiten des EG	103	908
a) Die Arbeitnehmerfreizügigkeit	106	909

VII Wirtschaftsverwaltungsrecht

b) Die Niederlassungsfreiheit	107	910
c) Die Dienstleistungsfreiheit	109	910
4. Die Freiheit des Kapital- und Zahlungsverkehrs	111	911
VI. Grundrechtliche Probleme bei der wirtschaftlichen Betätigung der öffentlichen Hand	112	912
1. Öffentliche Unternehmen und freier Wettbewerb	112	912
2. Staatswirtschaftliche Monopolbetriebe und freier Wettbewerb	138	921
C. Das verfassungs- und verwaltungsrechtliche Instrumentarium zur Lenkung und Förderung wirtschaftlicher Aktivitäten	**144**	**924**
I. Globalsteuerung durch Finanz- und Geldpolitik	144	924
1. Finanzpolitik: Die Grundlagen des Stabilitätsgesetzes	147	925
2. Maßnahmen nach dem Stabilitätsgesetz	150	926
3. Wirtschaftspolitische und wirtschaftsrechtliche Erfahrungen mit dem Stabilitätsgesetz	155	927
4. Globalsteuerung durch Geldpolitik	159	928
5. Mittel der Geldpolitik	160	929
6. Die Entwicklung zu einer Europäischen Währungsunion	166	930
II. Einzelsteuerung	173	932
1. Selbstbeschränkung der Wirtschaft	174	932
2. Der Subventionsbegriff	180	934
3. Die verfassungs- und verwaltungsrechtliche Subventionsproblematik	182	935
4. Subventionen im Lichte des Europarechts	193	938
5. Wirtschaftssteuerung durch Vergabe öffentlicher Aufträge	205	942
6. Wirtschaftslenkung durch Abgabenrecht	216	946
D. Organisation der Wirtschaftsverwaltung	**218**	**947**
I. Staatliche Organe und Behörden	218	947
II. Die mit wirtschaftsverwaltungsrechtlichen Befugnissen ausgestatteten Organe der EU	223	949
1. Der Rat	224	950
2. Die Kommission	225	950
3. Rechtsakte der EU	227	951
III. Beteiligung Privater an der Wirtschaftsverwaltung	230	951
IV. Selbstverwaltung der Wirtschaft	236	953
E. Das ordnungsrechtliche Instrumentarium zur Überwachung wirtschaftlicher Aktivitäten	**237**	**955**
I. Die Gewerbefreiheit nach der GewO	238	955
II. Die Kontrolle des stehenden Gewerbes	258	961

1. Erlaubnis mit Verbotsvorbehalt – Die Gewerbeuntersagung nach § 35 GewO 260   961
2. Verbot mit Erlaubnisvorbehalt – Die Personalkonzession nach §§ 30-34c GewO 279   968
3. Besonders überwachungsbedürftige Gewerbe i.S. des § 38 GewO 287   970
III. Die Überwachung des Reisegewerbes und des Marktgewerbes   288   970
   1. Das Reisegewerbe 288   970
   2. Messen, Ausstellungen und Märkte 293   973
IV. Die gewerberechtlichen Nebengesetze 297   975
V. Das Handwerksrecht 303   977

F. Außenwirtschaftsrecht 327   985
  I. Aufgabe des Außenwirtschaftsrechts 327   985
  II. General Agreement on Tariffs and Trade (GATT) und World Trade Organization (WTO) 330   986
  III. Die Vorgaben des Europarechts 340   989
  IV. Nationales Außenwirtschaftsrecht 347   991
  V. Der Handel mit Waffen, strategischen Gütern und Dual-Use-Waren als Gegenstand internationaler, europäischer und nationaler Außenwirtschaftsregelungen 353   993

Literatur 995

VII *Wirtschaftsverwaltungsrecht*

A. Einführung

I. Inhalt des Wahlfachs Wirtschaftsverwaltungsrecht

1 Kein anderes in den Ausbildungsordnungen genanntes Prüfungsfach ist nach Inhalt und Umfang so unbestimmt wie das Wirtschaftsverwaltungsrecht. Dafür sind zwei Gründe maßgeblich:

2 Zum einen haben nahezu alle staatlichen Normen irgendeinen Einfluss auf das Wirtschaftsgeschehen. So wirkt sich beispielsweise ein sehr weitgehender Kündigungsschutz für Arbeitnehmer oder für gemieteten Wohnraum – neben vielen anderen Faktoren wie Auftragslage oder Verzinsung des eingesetzten Kapitals – auf die betriebliche Einstellungspraxis bzw. die Investitionsneigung auf dem Wohnungsmarkt aus. Ein hoher Ertragsteuersatz mindert u.U. nicht nur die Investitionsneigung, sondern führt darüber hinaus zur Abwanderung ins steuerfreundlichere Ausland und damit zum Verlust inländischer Arbeitsplätze. Gleichwohl gehören herkömmlicherweise weder das Arbeits-, noch das Miet- oder Steuerrecht zum Wirtschaftsverwaltungsrecht, obgleich sich auch mithilfe dieser Normen – wie die Beispiele zeigen – das Handeln der privaten Wirtschaftssubjekte beeinflussen oder gar steuern lassen.

3 Zum anderen führt die der deutschen Rechtsordnung eigentümliche Unterscheidung zwischen Zivilrecht und Öffentlichem Recht nun keineswegs dazu, dass alle öffentlich-rechtlichen Normen, die geeignet oder auch dazu bestimmt sind, das Wirtschaftsgeschehen zu steuern, der Wahlfachgruppe Wirtschaftsverwaltungsrecht zugeordnet werden. Das augenfälligste Beispiel dafür ist neben dem Steuerrecht das Kartellrecht. Die Kartellbehörden handeln kraft öffentlichen Rechts, wenn sie einen beabsichtigten Unternehmenszusammenschluss wegen entgegenstehender kartellgesetzlicher Bestimmungen untersagen. Inhaltlich gesehen handelt es sich bei der Ausübung ihrer Befugnisse um Wirtschaftsverwaltungsrecht. Der Gesetzgeber hat hingegen – soweit es um die Wahlfachgruppeneinteilung geht – eine andere Entscheidung getroffen. Das Kartellrecht wurde einer anderen Wahlfachgruppe zugeordnet. Damit hat er sich für eine eher formale Umschreibung des Wirtschaftsverwaltungsrechts entschieden. Man kann ohne Übertreibung behaupten, dass dieser Begriff, so wie er in den Ausbildungs- und Prüfungsordnungen verstanden wird, ein künstlicher ist, der nicht durchweg inhaltlich sachbezogene Abgrenzungen zu anderen Rechtsmaterien erlaubt.

4 Den Studenten, der sich für eine Wahlfachgruppe entschieden hat, die das Wirtschaftsverwaltungsrecht mit beinhaltet, braucht diese begriffliche Auseinandersetzung jedoch nicht weiter zu beunruhigen. Der gewissen Künstlichkeit dieses Begriffes zum Trotz besteht nämlich im Kern Einigkeit darüber, welchen Rechtsstoff das Wirtschaftsverwaltungsrecht umfasst:

4a 1. In einem Rechtssystem, das auf einer geschriebenen Verfassung aufbaut, muss jedes Rechtsgebiet in erster Linie von seinen **verfassungsrechtlichen Grundlagen** her verstanden werden. Die verfassungsrechtlichen Aussagen über Inhalt und Grenzen staatlicher Einwirkung auf das wirtschaftliche Geschehen haben daher am Beginn jeder Darstellung des Wirtschaftsverwaltungsrechts zu stehen. Dabei versteht es sich von selbst, dass jede verfassungsrechtliche Entscheidung unverstanden bleibt, solange man den geschichtlichen Hintergrund nicht kennt. Ein kurzer historischer Überblick über das Verhältnis des Staates zur Wirtschaft in früheren Rechtsordnungen ist daher auch für das Verständnis des geltenden Rechts unerlässlich.

2. Auf der Ebene des einfachen Rechts ergeben sich weitere Gliederungsmöglichkeiten. Einige öffentlich-rechtliche Normen verleihen einem Träger öffentlicher Gewalt die Befugnis, das gesamte Wirtschaftsgeschehen zu beeinflussen, andere Normen gelten nur für einzelne Wirtschaftszweige. Mit ihrer **Haushaltspolitik** nehmen Bund, Länder und Gemeinden ebenso Einfluss auf die wirtschaftliche Konjunktur, wie es im Rahmen ihrer vom Bundesbankgesetz verliehenen Befugnisse die Bundesbank mithilfe der **Geldpolitik** tut. Ebenfalls von potenzieller Bedeutung für alle Wirtschaftssubjekte sind die Möglichkeiten und Grenzen staatlicher **Subventionierung**. Gleiches gilt für das „Grundgesetz des Gewerberechts", die **Gewerbeordnung**. Die Organisation der Wirtschaftsverwaltung und die Selbstverwaltung der Wirtschaft betreffen ebenfalls alle Wirtschaftszweige. Für die zahllosen einzelnen Wirtschaftssparten gibt es eine Fülle wirtschaftsverwaltungsrechtlicher **Sonderregelungen**. Nicht nur in einem Grundriss, sondern auch in einem umfangreichen Lehrbuch wäre es unmöglich, auf die Vielzahl dieser Einzelgesetze – vom Agrarrecht bis hin zum Zollrecht – einzugehen. Es wäre darüber hinaus auch sinnlos. Denn eine Vielzahl dieser Gesetze erschließt sich demjenigen, der das verfassungsrechtliche Rüstzeug beherrscht und sich im Allgemeinen Verwaltungsrecht auskennt, von selbst; unter der – selbstverständlichen – Voraussetzung allerdings, dass die wichtigste juristische Arbeitstechnik, das sorgfältige Lesen des Gesetzestextes, beherrscht wird. Es genügt daher, auf einige wenige Einzelbereiche näher einzugehen, wie beispielsweise auf das Handwerksrecht.

4b

3. Angesichts der Exportabhängigkeit unserer Wirtschaft einerseits und der Schaffung eines einheitlichen Europäischen Binnenmarktes andererseits darf auch der wirtschaftsverwaltungsrechtliche Blick nicht starr auf das Inland gerichtet sein. Neben den Grundzügen des **Außenwirtschaftsrechts** gehören auch die **wirtschaftsrechtlichen Kompetenzen** der **Organe der Europäischen Gemeinschaft** zu den Kenntnissen, die von einem Studenten, der sich für das Wahlfach „Wirtschaftsverwaltungsrecht" entschieden hat, erwartet werden. Denn die wesentlichen Bestandteile des Europarechts enthalten wirtschaftsrechtliche Regelungen. Nationales und europäisches Wirtschaftsverwaltungsrecht ist mittlerweile so miteinander verflochten, dass eine Beschränkung auf nationales Recht – mag es auch noch der Struktur des von den Justizprüfungsordnungen vorgesehenen Wahlfachs „Wirtschaftsverwaltungsrecht" entsprechen – nicht vertretbar ist. Dort, wo es im Interesse der Sache unausweichlich erscheint, wird deshalb auch auf die europarechtlichen Bezüge des Wirtschaftsverwaltungsrechts eingegangen.

4c

VII *Wirtschaftsverwaltungsrecht*

II. Arbeitsempfehlung und Literaturhinweise

5   Das wichtigste Arbeitsmaterial eines jeden Juristen ist der Gesetzestext. Die Gesetzessammlung „Sartorius", die entsprechenden landesgesetzlichen Sammlungen, das Textbuch „Öffentliches Wirtschaftsrecht", hrsg. von Dr. Utz Schliesky, Verlag C.F. Müller sowie die dtv-Ausgabe „Europarecht" enthalten alle für das Wahlfach erforderlichen Gesetzestexte.

Zur Vertiefung der in diesem Grundkurs behandelten Probleme eignen sich eine Reihe von Lehrbüchern. Speziell auf die Bedürfnisse von Studenten ausgerichtet sind die Lehrbücher von *Schmidt-Aßmann* (Hrsg.), Besonderes Verwaltungsrecht, Verlag de Gruyter, 12. Auflage 2003; *Frotscher*, Wirtschaftsverfassungs- und Wirtschaftsverwaltungsrecht, Verlag C.H. Beck, 3. Auflage 1999; *Jarass*, Wirtschaftsverwaltungsrecht, Verlag A. Metzner, 3. Auflage 1997; *Schliesky*, Öffentliches Wirtschaftsrecht, Verlag C.F. Müller, 2. Auflage 2003; *Schmidt/Ehlers/Heckmann/Pünder/Bryde*, Öffentliches Wirtschaftsrecht, in: *Achterberg/Püttner/Würtenberger* (Hrsg.), Besonderes Verwaltungsrecht, Verlag C.F. Müller, 2. Auflage 2000; sowie *Stober*, Allgemeines Wirtschaftsverwaltungsrecht, Verlag W. Kohlhammer, 13. Auflage 2002; *ders*., Besonderes Wirtschaftsverwaltungsrecht, Verlag W. Kohlhammer, 12. Auflage 2001.

Als Einstieg in das internationale Wirtschaftsrecht ist hervorragend geeignet: *Herdegen*, Internationales Wirtschaftsrecht, Verlag C.H. Beck, 3. Auflage 2002.

Wegen der Ähnlichkeit zur deutschen Rechtslage ist auch ein Blick nach Österreich sehr empfehlenswert; dazu *Raschauer*, Grundriss des österreichischen Wirtschaftsrechts, Manzsche Kurzlehrbuch-Reihe, 1998.

B. Wirtschaftsverfassung und Wirtschaftssystem

I. Staat und Wirtschaft aus geschichtlicher Sicht

1. Der Merkantilismus

6   Eine geschichtliche Betrachtung des Verhältnisses Staat – Wirtschaft beginnt mit dem Entstehen des modernen Staates der Neuzeit. **Mittelalterliche Feudalstrukturen** mit ihren komplizierten und vielfältigen Treuebindungen wurden durch die rechtlich einfacher strukturierte Herrscher-Untertanen-Beziehung des **Absolutismus** abgelöst. Dieser Umbruch war etwa mit Ende des Dreißigjährigen Krieges im Jahre 1648 abgeschlossen. Die Herrscher im Absolutismus sicherten ihre Macht durch eine leistungsfähige Verwaltung nach innen und durch ein stehendes Heer nach außen. Da dies recht kostspielig war, war der absolute Herrscher auf umfangreiche Steuereinnahmen und damit auf eine florierende Wirtschaft angewiesen. Das zwang ihn dazu, kontinuierlich für das Gedeihen der Wirtschaft zu sorgen.

Die **Ideen des Merkantilismus** (in Deutschland auch **Kameralismus** genannt), lieferten ihm das dazu nötige Instrumentarium. Der preußische König Friedrich II. hat 1748 die Zielsetzung merkantilistischer Wirtschaftpolitik knapp formuliert[1]:

„Es gereichen zwei Sachen zum wahren Besten eines Landes, nämlich
1. aus fremden Landen Geld hereinzuziehen und
2. zu verhindern, daß das Geld unnötigerweise aus dem Land gehen müsse."

Für das erste habe der Handel, für das zweite das inländische Gewerbe zu sorgen.

Zu den bleibenden **Verdiensten des Merkantilismus** zählt die Verbesserung der **Infrastruktur**, beispielsweise der Ausbau der Verkehrswege, sowie die Schaffung sonstiger für Handel und Gewerbe günstiger Bedingungen, wie die Vereinheitlichung von Maßen und Gewichten.

2. Der Liberalismus

Mit dem Absolutismus endete auch die Epoche des Merkantilismus. Ihr folgte der **wirtschaftliche Liberalismus**. Während Ziel des Merkantilismus die Stärkung der Machtstellung des absoluten Herrschers war, ging es dem Liberalismus darum, den Wohlstand des Bürgers zu mehren. Kerngedanke des Liberalismus ist das Vertrauen auf das **ökonomische Eigeninteresse** der wirtschaftenden Bürger. Staatliche Wirtschaftslenkung wurde ersetzt durch freien Wettbewerb, der ausschließlich gelenkt wurde durch Angebot und Nachfrage. Diese Wirtschaftspolitik lässt sich durch die Schlagworte „**laissez-faire, laissez-aller**" kennzeichnen. Bleibendes **Verdienst des** wirtschaftlichen **Liberalismus** ist es vor allem, den Nachweis dafür erbracht zu haben, welch ungeheure Schubkraft die Privatinitiative der wirtschaftende, Bürger entfaltet, wenn von staatlicher Seite aus möglichst wenig reglementiert und interveniert wird. Die von England ausgehende **Industrialisierung** im 19. Jahrhundert mag dafür ebenso als Beispiel stehen wie das „Wirtschaftswunder" in der Bundesrepublik Deutschland nach dem Zweiten Weltkrieg.

Beide Beispiele verdeutlichen aber zugleich die Kehrseite: Der liberale Glaube, ohne Eingriff des Staates entstehe ein Gleichgewicht der „vollständigen Konkurrenz", ein System, in dem sich eine Vielzahl unabhängiger Unternehmer in störungsfreiem Leistungswettbewerb begegnen, hat sich als Irrtum erwiesen.

Wir wissen heute, dass das „freie Spiel der Kräfte" keinesfalls den Idealzustand „vollständiger Konkurrenz" hervorbringen muss. Vielmehr können sich **Monopole**, bei denen ein einzelner Anbieter den Markt beherrscht und die Preise diktiert, und **Oligopole**, bei denen einige wenige Anbieter den Markt unter sich aufteilen, bilden. Dieser Gefahr will die Lehre vom so genannten **Neoliberalismus** begegnen, die die Wirtschaftspolitik der Bundesrepublik in den fünfziger und Sechzigerjahren maßgeblich beeinflusst hat. Diese Lehre lehnt die vom klassischen Liberalismus des 19. Jahrhunderts geforderte Beschränkung staatlichen Handelns auf den Schutz von Freiheit

---

[1] Zitiert nach: *Brandt*, Preußen – Zur Sozialgeschichte eines Staates, 1981, S. 63.

VII *Wirtschaftsverwaltungsrecht*

und Eigentum der Bürger ab. Sie fordert ordnungspolitische staatliche Eingriffe immer dann, wenn der freie Wettbewerb gefährdet ist. In Gesetzesform gebracht sind die Vorstellungen des Neoliberalismus vor allem im Gesetz gegen Wettbewerbsbeschränkungen, dem sog. **Kartellgesetz**, vom 27.7.1957.

12   Die sozialen Lebensumstände waren in der hochkapitalistischen Wirtschaftsform des Liberalismus im 19. Jahrhundert durch den Klassengegensatz zwischen besitzenden Unternehmern und besitzloser Arbeiterschaft geprägt. Auch hier bedurfte es einer Korrektur durch den Staat. Teils wurde sie, „um den sozialen Frieden zu sichern", freiwillig gewährt, wie z.B. mit der Epoche machenden **Sozialversicherung von 1883**, teils wurde sie, wie im Falle der **Koalitionsfreiheit** für die Arbeitnehmer, in mitunter schweren inneren Zerreißproben abgetrotzt.

3. Die Wirtschaftsordnung der Weimarer Republik und der NS-Zeit

13   Die Epoche des wirtschaftlichen Liberalismus ging mit dem 1. Weltkrieg zu Ende. Die Inflation und ihre Überwindung durch die Währungsreform von 1923 hatten breite Bevölkerungsschichten, insbesondere den staatstragenden Mittelstand, verarmen lassen. Der Grundgedanke des Liberalismus, nicht die aktive Gestaltung der Wirtschafts- und Sozialordnung, sondern lediglich der Schutz des Bürgers nach innen und das „Reparieren" der schlimmsten sozialen Missstände sei Aufgabe des Staates, ließ sich angesichts dieser Kriegsfolgen nicht mehr aufrechterhalten. Die Rechtsordnung der Weimarer Republik sah in der aktiven **Gestaltung der Wirtschafts- und Sozialordnung** eine der wesentlichen Staatsaufgaben. Damit wurde ein Prozess eingeleitet, der bis heute nicht abgeschlossen ist. Der Staat wurde zum Leistungsträger, die von ihm erbrachten Leistungen zusehends zu einem immer dichteren Netz umfassender **Daseinsvorsorge**, sodass der Bürger heute zunehmend von diesen staatlichen Leistungen abhängig geworden ist.

14   Die **Weimarer Reichsverfassung** vom 11.8.1919 enthielt in ihrem 5. Abschnitt in den Artikeln 151-165 eine Vielzahl präziser und wohlklingender Aussagen über „das Wirtschaftsleben". Sie betonte vor allem die Sozialpflichtigkeit der wirtschaftlichen Entfaltungsfreiheit und die Ausrichtung der Wirtschaft am Grundsatz der Gerechtigkeit. Auch das in der Bundesrepublik von den Gewerkschaften seit Ende der Vollbeschäftigung geforderte „Recht auf Arbeit" war in Art. 163 WRV als Sollvorschrift enthalten.

15   Am 5. Abschnitt der Weimarer Reichsverfassung erwies sich aber auch zugleich, dass **normative Gewährleistungen** nur sinnvoll sind, wenn und soweit ihre Durchsetzbarkeit möglich ist. Die durch die Weltwirtschaftskrise ab 1929 ausgelöste Arbeitslosigkeit von mehr als sechs Millionen Menschen führte zu großer materieller Not für große Teile der Bevölkerung. Die Lücke zwischen dem verfassungsrechtlichen Anspruch eines Rechts auf Arbeit und der wirtschaftlichen Realität blieb groß und konnte bis zum Ende der Weimarer Republik nicht mehr geschlossen werden.

16   Kurz nach dem **Machtantritt** *Adolf Hitlers* wurden die Gewerkschaften am 2.5.1933 gewaltsam aufgelöst und ihr Vermögen an die nationalsozialistische „Arbeitsfront"

übertragen. Zur weiteren Gleichschaltung des Wirtschaftslebens wurden unter dem Schlagwort „Gemeinnutz geht vor Eigennutz" zusätzliche straff gelenkte Organisationen eingeführt, wie z.B. der Reichsnährstand und die Organisation der gewerblichen Wirtschaft. Trotz Erhaltung des Privateigentums an den Wirtschaftsgütern wurde die Marktwirtschaft in zunehmendem Maße **staatlich gelenkt** und auf das Ziel der **Autarkie** ausgerichtet. Bis zum Kriegsbeginn 1939 verdankte *Hitler* seine Popularität neben seiner aggressiven Außenpolitik vor allem einer ständig schwindenden Arbeitslosigkeit. Dafür war allerdings neben dem Abflauen der Weltwirtschaftskrise vor allem die Wiederaufrüstung ursächlich.

4. Die Entwicklung eines Wirtschaftssystems in der Bundesrepublik Deutschland

Im Rückblick lassen sich in der nunmehr über 50-jährigen Wirtschaftsgeschichte der Bundesrepublik Deutschland trotz einer im Wesentlichen kontinuierlich verlaufenden Entwicklung **fünf Abschnitte** erkennen.

Die maßgeblichen Politiker der **Anfangsphase**, in der von 1949 bis 1966 das vielbestaunte „Wirtschaftswunder" erarbeitet wurde, vertrauten vor allem der Schwungkraft der **Privatinitiative**. Stellvertretend für alle mag hier der Name *Ludwig Erhard* stehen. Den theoretischen Hintergrund seiner Wirtschaftskonzeption lieferte der Neoliberalismus: Eine vom Gesetzgeber erarbeitete **Wettbewerbsordnung** sollte echten Leistungswettbewerb mit gleichen Startchancen für alle unter Ausschließung wettbewerbsschädigender Kartelle und Monopole garantieren. Die Einhaltung dieser Wettbewerbsordnung wurde der Aufsicht einer eigens geschaffenen Kontrollbehörde, dem **Bundeskartellamt** in Berlin, unterstellt. Innerhalb dieses staatlichen Ordnungsrahmens ist der Wirtschaftsprozess der Privatinitiative der Produzenten und Konsumenten überlassen. Berühmt wurde diese Wirtschaftspolitik allerdings nicht unter dem Etikett „Neoliberalismus", sondern unter dem Begriff „**Soziale Marktwirtschaft**". „Sozial" deshalb, weil wesentliche Bereiche aus dem liberalen Marktmodell ausgeklammert und staatlicher Regelung und Obhut anvertraut wurden. Hierbei handelt es sich vor allem um soziale Steuerungsmaßnahmen, wie die Korrektur der Einkommens- und Vermögensverteilung (**Progressivbesteuerung**) mit anschließender **Umverteilung** zu Gunsten wirtschaftlich schwacher Bevölkerungskreise, die staatliche Förderung der **Vermögensbildung** in Arbeitnehmerhand, den Ausbau der Sozialversicherung und die Bewältigung der Kriegs- und Kriegsfolgeschäden (**Lastenausgleich**). Während dieser außerordentlich erfolgreichen Phase des Wiederaufbaus standen die maßgeblichen Politiker intensiven, planenden und gestaltenden staatlichen Eingriffen in das Wirtschaftsgeschehen überwiegend ablehnend gegenüber. Wegen der stetigen Aufwärtsentwicklung der Wirtschaft bis etwa Mitte der Sechzigerjahre bestand auch kein Anlass für eine Änderung der erfolgreichen Konzeption.

Unter dem Einfluss der sich **1965 und 1966** zuspitzenden ökonomischen **Spannungserscheinungen** kam es im Dezember 1966 zur Bildung der „**Großen Koalition**", womit nun auch die SPD an der Regierungsverantwortung beteiligt war. Als im Jahre 1967 erstmalig ein realer Rückgang des Wirtschaftswachstums zu verzeichnen

VII *Wirtschaftsverwaltungsrecht*

war, gewannen unter dem damaligen Wirtschaftsminister *Karl Schiller* die zahlreichen Anregungen zu einem **aktiveren Eingreifen des Staates in die Wirtschaftspolitik** an Gewicht. Der Glaube, das Wirtschaftsgeschehen sei von Staats wegen plan- und regulierbar, wuchs und führte mit dem Erlass des Stabilitätsgesetzes vom 8.6.1967 zu einer gesetzlichen Verankerung der **Fiskalpolitik**, d.h. dem gezielten Einsatz der ökonomischen Macht des Staates für die Zwecke der Wirtschaftspolitik.

20 Der sozialdemokratische Einfluss auf den **zweiten Abschnitt** der bundesdeutschen Wirtschaftsgeschichte ist unverkennbar. Zu dem Vertrauen in staatliche Planung trat eine Politik, die sich in erster Linie Arbeitnehmerinteressen verpflichtet fühlte; die Stichworte Mitbestimmung, Chancengleichheit, Schutz des Arbeitsplatzes und soziales Mietrecht stehen für die Wirtschaftspolitik dieser Zeit.

21 Im **dritten Abschnitt** bundesdeutscher Wirtschaftsgeschichte ist die Planungseuphorie einer Planungsphobie gewichen. Die **Grenzen staatlicher Steuerung** wurden sichtbar; spätestens mit der vom Ölpreisschock ausgelösten **Rezession** 1974/75 trat eine große Ernüchterung ein. Nach einer kurzfristigen Aufschwungphase in den Jahren 1977/78 führte eine sich verschärfende Rezession zu hoher Arbeitslosigkeit, die im Winter 1982/83 erstmalig die Zwei-Millionen-Grenze überschritt, während das Wirtschaftswachstum erneut real zurückging. Staatlich finanzierte Konjunkturprogramme blieben ohne durchschlagenden Erfolg. Da sich SPD und F.D.P. über das weitere Konzept zur Bewältigung der Wirtschaftskrise nicht verständigen konnten, zerbrach im Herbst 1982 die sozial-liberale Koalition.

22 Die daraufhin gebildete christlich-liberale Koalition verfolgte erneut eine liberale Wirtschaftskonzeption, die durch eine Stärkung der Ertragslage der Unternehmen neue Investitionen anregen und zugleich durch Steuersenkungen den privaten Konsum stärken sollte. Dies führte zu einem acht Jahre lang andauernden, stetigen Wirtschaftswachstum von durchschnittlich 2%. Allerdings gelang es auch in dieser Regierungsphase nicht, die Arbeitslosigkeit entsprechend abzubauen.

23 In dem spätestens im Dezember 1990 begonnenen **vierten Abschnitt** bundesdeutscher Wirtschaftsgeschichte sah sich die wieder gewählte christlich-liberale Regierung durch die Wiedervereinigung der beiden Teile Deutschlands am 3. Oktober 1990 vor ganz neue Probleme gestellt. Der Aufbau einer funktionierenden Wirtschaft in der ehemaligen DDR verlangte den Einsatz staatlicher Mittel in einem bisher ungeahnten Ausmaß. Hinzu kamen erhebliche weitere Ausgaben, wobei die soziale Absicherung der Bevölkerung in den neuen Bundesländern, die Städtesanierung, der Wohnungsbau und die Bewältigung der Umweltlasten nur als Beispiele genannt werden sollen. Durch den wirtschaftlichen Niedergang Osteuropas waren die früheren Absatzmärkte der ostdeutschen Wirtschaft weggefallen, was zu einem weitgehenden Zusammenbruch der dortigen Industrien und zu Massenarbeitslosigkeit geführt hat. Darüber hinaus bewegt sich die Verschuldung der öffentlichen Haushalte auf Rekordniveau.

24 Mit der im Oktober 1998 gebildeten rot-grünen Regierungskoalition wurde der **fünfte Abschnitt** der bundesrepublikanischen Wirtschaftsgeschichte eingeleitet. Sie setzt zum einen auf mehr staatliche Anreize in der Wirtschafts- und Steuerpolitik

sowie sonstige Lenkungsmechanismen und zum anderen auf Stärkung des Masseneinkommens in der Tarifpolitik. Im Gegensatz zur „Angebotspolitik" in den USA forderte die rot-grüne Koalition unter dem Stichwort „Nachfragepolitik" Beschäftigungsprogramme und versuchte durch staatliche Nachfragepolitik die Absatzmöglichkeiten der Unternehmen zu verbessern.

Nach wie vor werden allerdings sowohl die Entwicklung der Inlandsnachfrage als auch die Arbeitsmarktperspektiven wenig optimistisch beurteilt. Zwar war ab Herbst 1998 zunächst ein leichter Rückgang der Arbeitslosenzahlen zu beobachten, doch war diese Erholung lediglich vorübergehender Natur. Einhergehend mit der seit etwa drei Jahren anhaltenden weltweiten Konjunkturschwäche – hervorgerufen nicht zuletzt durch die Krise der „New Economy" – sind denn auch die Arbeitslosenzahlen in Deutschland erneut angestiegen. Im Mai 2003 waren in Deutschland wieder knapp 4,5 Millionen Menschen arbeitslos. Stellenabbau und strenge Sparmaßnahmen kennzeichnen weiterhin die Politik der Unternehmen. Großkonzerne werden infolge von Fusionen eine beachtliche Zahl ihrer einstigen Mitarbeiter nicht mehr benötigen. Vor diesem Hintergrund bleibt die Bekämpfung der Arbeitslosigkeit die zentrale Voraussetzung für ein nachhaltiges Wirtschaftswachstum. 25

II. Die „Wirtschaftsverfassung" der Bundesrepublik Deutschland

Beim Streit um die **„Wirtschaftsverfassung"** geht es allein um die Frage, ob und inwieweit das Grundgesetz eine bestimmte, nämlich die gegenwärtige Wirtschaftsordnung der Bundesrepublik Deutschland verfassungsrechtlich garantiert. Ausdrücklich schreibt das Grundgesetz das Modell der sozialen Marktwirtschaft nicht vor. Im Gegensatz zur Weimarer Reichsverfassung fehlt ein Abschnitt mit präzisen Vorschriften über das Wirtschaftsleben. 26

Gleichwohl hat es nicht an Versuchen gefehlt, dem Grundgesetz eine Garantie der sozialen Marktwirtschaft unterzuschieben. Verfassungsrechtlicher Ansatz für diese – vornehmlich von *Nipperdey*[2] vertretene – Ansicht ist Art. 2 Abs. 1 GG, der die Eigenverantwortlichkeit des freien Unternehmers, die Preisfreiheit und die Produktionsfreiheit schützt. 27

Das Bundesverfassungsgericht hat dem Versuch, die Verfassung einseitig im Hinblick auf Unternehmerfreiheiten zu interpretieren, mehrfach eine Absage erteilt. Es bekennt sich in ständiger Rechtsprechung zur sog. **wirtschaftspolitischen Neutralität** des Grundgesetzes: „Die gegenwärtige Wirtschafts- und Sozialordnung ist zwar eine nach dem Grundgesetz mögliche Ordnung, keineswegs aber die allein mögliche. Sie beruht auf einer vom Willen des Gesetzgebers getragenen wirtschafts- und sozialpolitischen Entscheidung, die durch eine andere Entscheidung ersetzt oder durchbrochen werden kann"[3]. Die „wirtschaftspolitische Neutralität" des Grundgesetzes 28

---

2 Die soziale Marktwirtschaft in der Verfassung der Bundesrepublik Deutschland, 1954.
3 BVerfGE 4, 7, 17; dem ist die Literatur weitgehend gefolgt, vgl. etwa *Badura*, JuS 1976, 205 ff; *Karpen*, JURA 1985, 188 ff; vgl. auch *Schmidt-Preuß*, DVBl. 1993, 236 ff zur Frage einer Wirtschaftsverfassung unter Berücksichtigung der deutschen Einigung.

VII *Wirtschaftsverwaltungsrecht*

besteht allerdings lediglich darin, dass sich der Verfassungsgeber nicht ausdrücklich für ein bestimmtes Wirtschaftssystem entschieden hat[4].

29 Das **Grundgesetz setzt** in den Art. 2 Abs. 1, 9 Abs. 3, 12, 14, 15, 20 Abs. 1, 20a, 74 Nr. 16 und 109 GG den Aktivitäten des Staates und der Bürger auf wirtschaftlich relevanten Gebieten **Grenzen**. Innerhalb dieser Grenzen, die eine Vielzahl wirtschaftsgestaltender Maßnahmen ermöglichen, steht es der Gesetzgebung und der Regierung jedoch frei, ein beliebiges **Wirtschaftskonzept** zu verwirklichen. Zwar schließen die genannten Verfassungsbestimmungen extreme Wirtschaftsmodelle – wie den Manchester-Liberalismus auf der einen und den Staatssozialismus ehemals osteuropäischer Prägung auf der anderen Seite – aus, sie garantieren hingegen nicht ein bestimmtes Wirtschaftsmodell. Vielmehr bleibt die Entscheidung für eine konkrete Wirtschaftsordnung und deren Ausgestaltung dem einfachen Gesetzgeber vorbehalten. Als zentrale Kompetenzzuweisungsnorm ist hier **Art. 74 Nr. 11 GG** zu nennen.

30 Ein eindeutiges Bekenntnis zur Sozialen Marktwirtschaft findet sich in Art. 1 Abs. 3 des Vertrages über die Währungs-, Wirtschafts- und Sozialunion mit der ehemaligen DDR vom 18. Mai 1990, in dem diese als Grundlage der Wirtschaftsordnung des wieder vereinigten Deutschlands gesetzlich statuiert wird[5].

31 Anzumerken bleibt, dass die wirtschaftsverfassungsrechtliche Offenheit des Grundgesetzes vornehmlich auf den äußeren Umständen der Verfassungsgebung beruhen dürfte: Zum einen waren sich die verfassungsgebenden Politiker in der Frage nach der Ausgestaltung der Wirtschaftsordnung uneinig, sodass man letztlich im Interesse einer zügigen Verfassungserarbeitung von ihrer Regelung gänzlich absah. Zum anderen war man der Auffassung, das Grundgesetz werde nur als Provisorium bis zum Erlass einer gesamtdeutschen Verfassung dienen, sodass eine endgültige Ausgestaltung der Wirtschaftsordnung letzterer vorbehalten bleiben könne[6]. Deshalb muss der in der Literatur[7] geführte Streit um die „Wirtschaftsverfassung" zwangsläufig fruchtlos bleiben. Es gibt nur eine Verfassung: das Grundgesetz.

III. Die Wirtschaftsordnung der EU

32 Der isolierte Blick auf die nationale Wirtschaftsordnung ist in einer Zeit wachsender internationaler Verflechtungen der Wirtschaft nicht mehr ausreichend.

33 Die Mitgliedstaaten der EU haben es sich mit Gründung der EG zur Aufgabe gemacht, „die wirtschaftliche Entwicklung innerhalb der Gemeinschaft harmonisch, expandierend, ausgewogen und stabil zu gestalten, um den Lebensstandard ihrer Bürger zu heben und engere Beziehungen untereinander zu begründen" (Art. 2 EG). Zur Erreichung dieser Ziele verlangt Art. 2 EG die Errichtung eines sog. „**Gemeinsamen Marktes**" sowie die **Annäherung** und **Koordination** der auf die nationalen Wirt-

---

4 BVerfGE 4, 8 LS. 6.
5 *Schmidt-Preuß*, DVBl. 1993, 236 ff.
6 Vgl. dazu Parlamentarischer Rat, Stenographischer Bericht d. 2. Sitzung v. 8.9.1948, S. 14.
7 Vgl. die Nachweise bei *Stober*, Allgem. WirtschaftsverwR, 13. Auflage 2002, § 5 I 3b Fn. 13-20.

schaftsordnungen bezogenen Politiken. Gerade zur Herstellung des Gemeinsamen Marktes bedarf es der Angleichung vieler nationaler Rechtsnormen und der Vereinheitlichung von Verfahren. So werden schätzungsweise nahezu 80% aller nationalen Regelungen im Bereich des Wirtschaftsrechts durch das Gemeinschaftsrecht festgelegt bzw. beeinflusst[8]. In der Zwischenzeit überlagern daneben eine Fülle von europäischen Vorschriften die nationalen Regelungen.

Beispielhaft kann hier das Zollrecht angeführt werden: Begriffsnotwendig setzt ein **Binnenmarkt** den freien Fluss aller gewerblichen Leistungen innerhalb der Gemeinschaft voraus. Hierzu musste daher die Erhebung von **Zöllen** an den Binnengrenzen der Mitgliedstaaten eingestellt und zum Ausgleich ein **gemeinsamer Zolltarif** gegenüber Drittstaaten eingeführt werden. Die entsprechenden Regelungen wurden durch die Art. 25 ff EG getroffen. 34

Ferner gewährt der EG dem Bürger im Gemeinsamen Markt eine Reihe von **Grundfreiheiten**, die verhindern sollen, dass der Waren- und Dienstleistungsfluss durch die Binnengrenzen behindert wird (vgl. Art. 28, 39, 43, 49, 56 EG). 35

1. Grundsatz: Freier Wettbewerb ohne Wettbewerbsverzerrungen

Von ihrer Grundstruktur ist die europäische Wirtschaftsordnung daher auf freies wirtschaftliches Handeln ausgerichtet. So haben sich die Mitgliedstaaten in Art. 4, 98 und 105 EG ausdrücklich zu einer „offenen Marktwirtschaft mit freiem Wettbewerb" bekannt. Diese Freiheit wird begrenzt durch notwendige Interventionen zum Schutz des Allgemeinwohls, wobei zwischen zulässigen notwendigen Beschränkungen des freien Handels (zum Schutz höherrangiger Rechtsgüter wie Gesundheit, Eigentum usw.) und unzulässigen Maßnahmen protektionistischer Natur unterschieden wird. 36

Eingehend befasst sich der EG u.a. mit dem Warenverkehr, der Landwirtschaft, der Freizügigkeit von Arbeitskräften und Dienstleistungen sowie dem Verkehr. Weiter konkretisiert der Vertrag, wie die Politik der Gemeinschaft auf den Gebieten des Wettbewerbs-, des Steuer- und Subventionsrechts sowie in der Wirtschafts-, Währungs-, Handels- und Sozialpolitik aussehen soll. 37

Ebenso wie im nationalstaatlichen Bereich stellt sich die Frage, ob der EG ein bestimmtes Wirtschaftssystem, eine **europäische „Wirtschaftsverfassung"**, vorschreibt[9]. Es wurde bereits darauf hingewiesen, dass der EG einen Grundsatz der „offenen Marktwirtschaft mit freiem Wettbewerb" aufstellt. Diese Formel erweist sich jedoch als flexibel und eröffnet weite Ausgestaltungsmöglichkeiten. Allerdings macht sie deutlich, dass vor allem die beiden Extrempositionen des Manchester-Liberalismus einerseits und des Sozialismus andererseits den Vorstellungen des EG widersprechen. Auch die wirtschaftlichen Grundfreiheiten, die eine freie Bewegung der Produktionsfaktoren garantieren sollen, Diskriminierungsverbote und ein vom Europäischen Gerichtshof entwickelter Grundrechtsschutz (insbesondere auch für das Ei- 38

---

8 So *Stober*, DZWiR 1996, 134.
9 *Petersmann*, EuZW 1993, 593 ff.

gentumsgrundrecht) setzen Bestrebungen zum Sozialismus klare und enge Grenzen. Auf der anderen Seite ist es Aufgabe der Gemeinschaft, den Lebensstandard zu fördern, die Beschäftigungsmöglichkeiten der Arbeitnehmer zu verbessern, einen europäischen Sozialfonds zu schaffen sowie die Sozialpolitik zu harmonisieren, sodass auch ein völliger Wirtschaftsliberalismus ausgeschlossen ist.

39 Damit ergibt sich, dass innerhalb der Ziele der Gemeinschaft unter Beachtung des wirtschaftspolitischen Bekenntnisses in Art. 4 EG sowie der Grundrechte und der Grundfreiheiten des EG die konkrete Ausgestaltung der Ordnung der europäischen Wirtschaft und des europäischen Binnenmarkts den Mitgliedstaaten freigestellt ist.

2. Ausnahme: Marktordnung

40 Für bestimmte, vermeintlich sensible Wirtschaftszweige war man bei den Verhandlungen über den EG nicht bereit, das eben beschriebene Modell der grundsätzlichen wirtschaftspolitischen Freiheit zu übernehmen.

41 Ähnlich wie in der Bundesrepublik sind deshalb auch in der EU einige Wirtschaftssparten, insbesondere die Landwirtschaft, die Fischerei und das Verkehrswesen, einer ungleich stärkeren Kontrolle und Lenkung durch die Gemeinschaftsorgane unterworfen. Dies hängt insbesondere mit der Bedeutung dieser Wirtschaftszweige für manche schwächeren Volkswirtschaften zusammen. Man befürchtete, die Gewährung von Wettbewerbsfreiheit und die daraus resultierende Konkurrenz könnten in den betroffenen Mitgliedstaaten nicht hinnehmbare Existenzprobleme für die heimische Wirtschaft begründen. Insofern bestand die Gefahr, dass aus diesen Befürchtungen heraus die Zustimmung zu den Gründungsverträgen abgelehnt und damit die gesamte europäische Einigung in Frage gestellt werden könnte.

42 Es wurden deshalb spezifische **Marktordnungen** in den angesprochenen Wirtschaftsbereichen eingeführt, die sich z.T. nicht unerheblich voneinander unterscheiden. Sie reichen von vollständigen Preissystemen über preisregulierende Beihilfen bis hin zu einfachen Handelsregelungen oder Qualitätsnormierungen. Vor allem der EU-Agrarmarkt kann als Beispiel eines Marktordnungsmodells mit allen seinen Vor- und Nachteilen angesehen werden.

43 Nach Art. 32 EG umfasst der Gemeinsame Markt auch die Landwirtschaft und den Handel mit landwirtschaftlichen Erzeugnissen. Über 90% des Agrarmarktes der Gemeinschaft unterliegen besonderen, vom freien Wettbewerb abweichenden Bestimmungen. Diese konstituieren – jeweils bezogen auf einzelne landwirtschaftliche Erzeugnisse – nahezu klassische Marktordnungsmodelle, bei denen an die Stelle der Vertragsfreiheit ein enges Bündel normativer Vorschriften getreten ist. Hierdurch wurde der freie Markt praktisch abgeschafft und durch ein planwirtschaftliches Geflecht von detaillierten Steuerungsinstituten ersetzt.

44 Der Schutz gegen Importe aus Drittländern erfolgte bis zum 30.6.1995 durch **Abschöpfungen**, deren Höhe sich aus der Differenz zwischen dem EU-Einfuhrpreis und dem aktuellen Weltmarktpreis des jeweiligen landwirtschaftlichen Produktes bestimmte (sog. Schwellenpreis). In Entsprechung des WTO-Agrarabkommens wurden mit Wirkung vom 1.7.1995 diese flexiblen Einfuhrabschöpfungen durch feste Zölle ersetzt[10].

Was schließlich die Erzeugerpreisgarantien betrifft, so besteht ebenfalls ein System der Intervention. Auf der Grundlage eines alljährlich festgesetzten Interventionspreises verpflichten sich zahlreiche Marktorganisationen mittels ihrer von den Mitgliedstaaten eingerichteten Interventionsstellen zum Ankauf des betreffenden Produktes und gewähren den Produzenten damit eine automatische Abnahme- und Mindestpreisgarantie.

Die dadurch verursachte Überproduktion mancher Agrarprodukte ist eines der zentralen Probleme der EU. Zudem werden Agrarexportsubventionen durch die Gemeinschaft von anderen Staaten als Problem des Welthandels angesehen. Insofern hat sich die EU in dem bereits angesprochenen WTO-Agrarabkommen zu einer Reduzierung der Ausfuhrsubventionen und der Menge subventionierter Ausfuhren verpflichtet.

IV. Einzelne Verfassungsnormen des Grundgesetzes, die den Gestaltungsspielraum staatlicher Wirtschaftspolitik begrenzen

Im folgenden geht es vor allem um die Frage, wo die verfassungsrechtliche Grenze staatlicher Beeinflussung der Wirtschaft liegt[11].

1. Der Grundsatz der Verhältnismäßigkeit (Übermaßverbot)

Jede **staatliche Maßnahme**, die Ge- oder Verbote enthält, engt den Freiheitsspielraum des einzelnen ein. Verfassungsrechtlich zulässig ist sie nur dann, wenn sie den **Grundsatz der Verhältnismäßigkeit** beachtet[12]. Dieser „ergibt sich aus dem Rechtsstaatsprinzip, im Grunde bereits aus dem Wesen der Grundrechte selbst, die als Ausdruck des allgemeinen Freiheitsanspruchs des Bürgers gegenüber dem Staat von der öffentlichen Gewalt jeweils nur insoweit beschränkt werden dürfen, als es zum Schutz öffentlicher Interessen unerlässlich bleibt"[13]. So folgt aus der allgemeinen Handlungsfreiheit des Art. 2 Abs. 1 GG das Recht, nur im Rahmen der verfassungsmäßigen Ordnung, d.h. nur auf Grund solcher Vorschriften mit einem Nachteil belastet zu werden, die formell und materiell verfassungsgemäß sind[14].

Die mit der staatlichen Maßnahme verfolgten **öffentlichen Interessen** müssen gegen den **Freiheitsanspruch des Bürgers** abgewogen werden. Dieser **Abwägungsprozess** findet dabei nicht isoliert statt, sondern ist Teil der Prüfung, ob die betreffende

---

10 Vgl. ABl. 1994 Nr. L 336, S. 20 ff.
11 Umfassend dazu: *Ossenbühl*, AöR 1990, 1 ff.
12 Grundsätzlich dazu *Schnapp*, JuS 1983, 850 ff; speziell zu Art. 12 GG: *Ipsen*, JuS 1990, 634 ff.
13 BVerfGE 19, 342, 348 f; 43, 101, 106.
14 Vgl. BVerfGE 29, 402, 408.

Maßnahme konkrete Grundrechte verletzt[15]. Ein Eingriff in ein Grundrecht kann daher nur dann verfassungsgemäß sein, wenn er sich als verhältnismäßig erweist. Das wiederum setzt voraus, dass die drei folgenden Gebote beachtet werden.

49a a) Nach dem Gebot der **Geeignetheit** sind nur solche Mittel zulässig, mit deren Hilfe der gewünschte Erfolg gefördert werden kann. Ungeeignete staatliche Maßnahmen verletzen den Freiheitsspielraum unnötig und sind deshalb verfassungswidrig. Bei der Frage, ob eine Maßnahme geeignet ist oder nicht, wird dem Gesetzgeber nach der Rechtsprechung des Bundesverfassungsgerichts ein sehr weitgehender **Gestaltungs- und Prognosespielraum** eingeräumt[16].

49b b) Das Gebot der **Erforderlichkeit** ist beachtet, wenn das im öffentlichen Interesse liegende Ziel nicht mit milderen, den Freiheitsspielraum weniger einschränkenden Mitteln genauso gut erreicht werden kann (sog. **Prinzip des geringstmöglichen Eingriffs**).

Beispiel: Nach § 1 Abs. 1 IHKG haben die Industrie- und Handelskammern „das Gesamtinteresse der ihnen zugehörigen Gewerbetreibenden ihres Bezirks wahrzunehmen, für die Förderung der gewerblichen Wirtschaft zu wirken und dabei die wirtschaftlichen Interessen einzelner Gewerbezweige oder Betriebe abwägend und ausgleichend zu berücksichtigen". Nach § 2 Abs. 1 IHKG sind alle gewerbetreibenden natürlichen und juristischen Personen **Zwangsmitglieder** der für sie örtlich zuständigen Industrie- und Handelskammer. Der Beschwerdeführer rügt diese Regelung. Er macht geltend, die den Industrie- und Handelskammern übertragenen Aufgaben, bei denen es sich im Wesentlichen um reine Interessenvertretungen handele, könnten ebenso gut durch Verbände mit freiwilliger Mitgliedschaft erfüllt werden.

Hätte er recht, wäre das Gebot der Erforderlichkeit verletzt. Das Bundesverfassungsgericht ist indes der Ansicht, die freiwillige Mitgliedschaft komme als milderes Mittel nicht in Betracht: „Wäre der Beitritt zur Industrie- und Handelskammer freiwillig, so hinge die Zusammensetzung der Mitgliedschaft vom Zufall ab. Die Kammern wären auf die Werbung von Mitgliedern angewiesen. Finanzstarke Mitglieder würden sich in den Vordergrund schieben und mit Austrittsdrohungen die Berücksichtigung ihrer Sonderinteressen und Sonderauffassungen zu erzwingen versuchen. Durch Fernbleiben oder Austritt ganzer Gruppen von Handel- und Gewerbetreibenden könnte den Kammern der Einblick in ihre Verhältnisse erschwert oder entzogen werden. In gleichem Maße wären die Vertrauenswürdigkeit solcher Kammern, ihre umfassende Sachkunde und Objektivität nicht mehr institutionell gesichert"[17].

49c c) Der **Grundsatz der Verhältnismäßigkeit** im engeren Sinn fordert eine Abwägung zwischen der Schwere des staatlichen Eingriffs und dem Gewicht der Dringlichkeit der ihn rechtfertigenden Gründe. Je empfindlicher die Betroffenen in ihren Grundrechten beeinträchtigt werden, desto stärker müssen die Interessen des Gemeinwohls sein, denen die fragliche Maßnahme dient[18], d.h. die Beeinträchtigungen,

---

15 Ausführlich *Schnapp*, JuS 1983, 851 f.
16 Bsp. BVerfGE 25, 1, 12; 40, 196, 225 f, ungeeignet war die Kontingentierung des Güterfernverkehrs im Hinblick auf den Schutz der Bundesbahn, soweit auch der Möbelfernverkehr erfasst wurde.
17 BVerfGE 15, 235, 243; vgl. auch BVerfGE 53, 135, 145 f; jüngst auch BVerfG NVwZ 2002, 335; dazu *Jahn*, JuS 2002, 434.
18 Vgl. etwa BVerfGE 30, 292, 316.

die das angewandte Mittel verursachen würde, dürfen nicht außer Verhältnis zu dem damit verfolgten Zweck stehen (**angemessene Mittel-Zweck-Relation**).

Bei der verfassungsrechtlichen Beurteilung wirtschaftsverwaltungsrechtlicher Maßnahmen durch das Bundesverfassungsgericht spielen in der Regel die Grundsätze der **Geeignetheit** und der **Erforderlichkeit** eine gewichtige, wenn nicht **ausschlaggebende Rolle**. Auch der Student sollte bei jeder Grundrechtsprüfung dem Verhältnismäßigkeitsprinzip besondere Beachtung schenken. Denn oftmals reduziert sich die Verfassungsmäßigkeitsprüfung im Ergebnis auf eine Anwendung der erörterten Grundsätze im Rahmen eines speziellen Grundrechts. Dies lässt sich besonders prägnant am Beispiel der Berufsfreiheit nachweisen.

50

2. Die Freiheit des Berufs

Art. 12 Abs. 1 S. 1 GG garantiert allen Deutschen das Recht, Beruf, Arbeitsplatz und Ausbildungsstätte frei zu wählen[19]. Die Berufsausübung kann nach Art. 12 Abs. 1 S. 2 GG durch Gesetz geregelt werden. Auf diesen **Grundrechtsschutz** können sich nach herrschender Meinung[20] gemäß Art. 19 Abs. 3 GG auch inländische juristische Personen, z.B. eine Aktiengesellschaft oder eine GmbH, berufen (in der Literatur werden zum Teil mit guten Gründen juristische Personen aus dem EG-Ausland den inländischen juristischen Personen gleichgestellt, soweit der Regelungsbereich des Gemeinschaftsrechts betroffen ist[21]).

51

Die Unterscheidung zwischen Berufswahl und Berufsausübung in Art. 12 Abs. 1 S. 1 und 2 GG verführte zunächst zu einer etwas künstlichen Trennung beider Aspekte des Berufslebens. Heute hat sich allgemein die Ansicht durchgesetzt, daß sich „Wahl" und „Ausübung" eines Berufes nicht trennen lassen, da beides ineinander übergeht und einander bedingt. Es gibt daher nur ein **einheitliches Grundrecht der Berufsfreiheit**.

52

Der Eingriff in die Freiheit der Berufswahl trifft den einzelnen freilich in der Regel härter als eine bloße Regelung der Berufsausübung. Von dieser Betrachtung ausgehend hat das **Bundesverfassungsgericht** in seinem Apothekenurteil eine „**Drei-Stufen-Theorie**" entwickelt[22], die sich als Konkretisierung des allgemeinen Verhältnismäßigkeitsgrundsatzes darstellt.

53

Als mildester Eingriff in die Berufsfreiheit wird eine bloße **Regelung der Berufsausübung** ohne Rückwirkung auf die Berufswahl angesehen (erste Stufe).

54

Beispiele: Ladenschlussgesetz (BVerfGE 13, 237 ff); Arbeitszeitordnung (BVerfGE 22, 1 ff); Verpflichtung des Anwalts, vor Gericht in Amtstracht aufzutreten (BVerfGE 28, 21 ff).

---

19 Ausführlich zur Berufsfreiheit *Friauf*, JA 1984, 537 ff; *Frotscher*, JuS 1990, L 81 ff; *Ipsen*, JuS 1990, 635 ff; *Hufen*, NJW 1994, 2913 ff.
20 Vgl. nur BVerfGE 53, 1, 12; *Erichsen*, JURA 1980, 551 f; *Taupitz*, JZ 1994, 1100 ff.
21 Vgl. etwa *Jarass*, in: *Jarass/Pieroth*, GG, 6. Auflage 2002, Art. 19 GG, Rdnr. 17a m.w.N.
22 Erstmals im Apothekenurteil, BVerfGE 7, 377 ff; dazu sehr instruktiv *Erichsen*, JURA 1985, 66 ff; *Ipsen*, JuS 1990, 634.

VII *Wirtschaftsverwaltungsrecht*

55 Für nahezu jeden Beruf gibt es eine Vielzahl von derartigen gesetzlichen Berufsausübungsregelungen. Zur Frage nach den Rechtmäßigkeitsanforderungen bezüglich derartiger Maßnahmen hat das Bundesverfassungsgericht folgendes festgestellt:

„Hier können in weitem Maße Gesichtspunkte der Zweckmäßigkeit zur Geltung kommen; nach ihnen ist zu bemessen, welche Auflagen den Berufsangehörigen gemacht werden müssen, um Nachteile und Gefahren für die Allgemeinheit abzuwehren. [...] Der Grundrechtsschutz beschränkt sich insoweit auf die Abwehr in sich verfassungswidriger, weil etwa übermäßig belastender und nicht zumutbarer gesetzlicher Auflagen; von diesen Ausnahmen abgesehen, trifft die hier in Frage stehende Beeinträchtigung der Berufsfreiheit den Grundrechtsträger nicht allzu empfindlich, da er bereits im Beruf steht, und die Befugnis, ihn auszuüben, nicht berührt wird"[23].

56 Einschneidender als eine Berufsausübungsregelung wirkt in der Regel eine **subjektive Zulassungsvoraussetzung** (zweite Stufe). Eine solche subjektive Zulassungsschranke liegt vor, wenn die Aufnahme eines bestimmten Berufes davon abhängig gemacht wird, dass der Anwärter bestimmten Qualifikationen genügt[24].

Beispiele: Ärzte, Zahnärzte (BVerfGE 25, 236 ff); selbstständige Handwerker (BVerfGE 13, 97 ff).

57 In der Praxis sind für nahezu alle Berufe, deren fachgerechte Ausübung spezifische Kenntnisse erfordert, durch entsprechende Gesetze subjektive Zulassungsvoraussetzungen vorgeschrieben. Hinsichtlich ihrer Zulässigkeit hat das Bundesverfassungsgericht im zitierten Apothekenurteil ausgeführt:

„Die Regelung subjektiver Voraussetzungen der Berufsaufnahme ist ein Teil der rechtlichen Ordnung eines Berufsbildes, sie gibt den Zugang zum Beruf nur den in bestimmter – und zwar meist formaler – Weise qualifizierten Bewerbern frei. Eine solche Beschränkung legitimiert sich aus der Sache heraus; sie beruht darauf, dass viele Berufe bestimmte, nur durch theoretische und praktische Schulung erwerbbare technische Kenntnisse und Fertigkeiten erfordern und dass die Ausübung dieser Berufe ohne diese Kenntnisse entweder unmöglich oder unsachgemäß wäre oder aber Schäden, ja Gefahren für die Allgemeinheit mit sich bringen würde. Subjektive Zulassungsbeschränkungen sind demnach unter Beachtung der Anforderungen des Verhältnismäßigkeitsprinzips zum Schutze wichtiger Gemeinschaftsgüter zulässig"[25].

58 Den weitestgehenden Eingriff in das Grundrecht der Berufsfreiheit begründen **objektive Zulassungsvoraussetzungen** (dritte Stufe). Sie sind gegeben, wenn die Aufnahme eines Berufs von Voraussetzungen abhängig gemacht wird, zu deren Erfül-

---

23 BVerfGE 7, 377, 406; während zunächst jede vernünftige Erwägung des Gemeinwohls eine Rechtfertigung für eine Ausübungsregelung darstellte, geht man heute weitgehend davon aus, dass auch innerhalb der Ausübungsregelung der Verhältnismäßigkeitsgrundsatz Anwendung findet. Vgl. dazu *Friauf*, JA 1984, 537 ff m.w.N.; zur Verfassungsmäßigkeit des Nacht- und Sonntagsbackverbotes vgl. BVerfG, NVwZ 1993, 878 ff; zum Werbeverbot für Apotheker: BVerfG, JA 1997, 452 ff, JuS 1997, 651 ff.
24 Neben besonderen Qualifikationen wird auch das Alter als subjektive Zulassungsvoraussetzung angesehen; vgl. BVerfGE 9, 339, 345 ff (Hebamme); BVerfGE 64, 72, 82 (Prüfungsingenieure für Baustatik).
25 BVerfGE 7, 377, 406 f.

lung der Einzelne nichts beitragen kann, die insbesondere nicht mit seiner persönlichen Qualifikation im Zusammenhang stehen[26].

Beispiele: Ehemaliges Arbeitsvermittlungsmonopol der Bundesanstalt für Arbeit (BVerfGE 21, 245 ff); Inkompatibilitätsregelungen, d.h. Verbote, bestimmte Berufe wie etwa Rechtsanwalt und Universitätsprofessor gleichzeitig auszuüben (BVerfG, NJW 1988, 2535 ff).

Derartige Regelungen wirken dem Sinn des Grundrechts der Berufsfreiheit strikt entgegen. Es sind daher „an den Nachweis der Notwendigkeit einer solchen Freiheitsbeschränkung besonders strenge Anforderungen zu stellen; im allgemeinen wird nur die Abwehr nachweisbarer oder höchstwahrscheinlicher schwerer Gefahren für ein **überragend wichtiges Gemeinschaftsgut** diesen Eingriff in die freie Berufswahl legitimieren können"[27]. 59

Es dürfte deutlich geworden sein, dass die „Drei-Stufen-Theorie" eine Schematisierung von Verhältnismäßigkeitsüberlegungen darstellt, die auch ohne eine entsprechende Theorie in gleicher Weise anzustellen wären. Sie ist Ausdruck des Gebotes, dass mit steigender Eingriffsintensität auch die Rechtfertigung verschärften Voraussetzungen zu unterstellen ist, und ein Eingriff auf einer höheren Stufe nur zulässig ist, wenn Maßnahmen auf einer niedrigeren Stufe zur Erreichung des verfolgten Zwecks bzw. zur Abwendung einer Gefahr nicht ausreichen. 60

3. Die Garantie des Eigentums

Wohl keine Verfassungsnorm prägt die Wirtschaftsordnung so entscheidend wie die jeweilige Eigentumsregelung. Das Bundesverfassungsgericht sieht in Art. 14 GG ein „elementares Grundrecht, das in einem inneren Zusammenhang mit der Garantie der persönlichen Freiheit steht. Ihm kommt im Gesamtgefüge der Grundrechte die Aufgabe zu, dem Träger des Grundrechts einen **Freiheitsraum im vermögensrechtlichen Bereich** sicherzustellen und ihm damit eine eigenverantwortliche Gestaltung seines Lebens zu ermöglichen"[28]. 61

Für die Auslegung der Eigentumsgarantie ist diese Sichtweise in zweierlei Hinsicht von Bedeutung: 62

Erstens beeinflusst sie den **Umfang der Eigentumsgarantie**. Es ist nicht privates Sacheigentum, sondern Arbeitseinkommen, welches es der Mehrzahl der Bevölkerung ermöglicht, Freiheitsrechte zu verwirklichen. Der Eigentumsschutz erstreckt sich dementsprechend nicht nur auf dingliche Rechte, sondern auf **jedes vermögenswerte Recht** des Privatrechts sowie auf bestimmte subjektive Rechte des öffentlichen 63

---

26 Bekannteste Beispiele sind die Vorschriften, die ein Bedürfnis für die Berufszulassung fordern, vgl. etwa BVerfGE 11, 168, 184 (Linienverkehr).
27 BVerfGE 7, 377, 407 f.
28 BVerfGE 24, 389 (Hervorhebung durch den Verf.); vgl. ferner *Schock*, JURA 1989, 113 ff; *Loritz*, BB 1993, 225 ff.

VII *Wirtschaftsverwaltungsrecht*

Rechts[29], nicht jedoch auf das Vermögen als solches[30]. Zu den wirtschaftlich bedeutsamen vermögenswerten Rechten zählen Forderungen, Gesellschafts-, Urheber- und Patentrechte und insbesondere das Recht am eingerichteten und ausgeübten Gewerbebetrieb[31]. Dieses umfasst z.B. die geschäftlichen Verbindungen, den Kundenstamm und den „good will" des Unternehmens, kurzum alles, was in seiner Gesamtheit den wirtschaftlichen Wert des konkreten Betriebes ausmacht. Nicht durch Art. 14 GG, sondern allein durch Art. 12 GG sind dagegen bloße Erwerbsaussichten und Gewinnchancen geschützt, die sich aus der gegenwärtigen Rechtslage ergeben.

64 Besonders in den Fällen, in denen der Unternehmer im Vertrauen auf die Gesetzeslage Investitionen getätigt hat und diese Investitionen durch eine Gesetzesänderung entwertet werden, stellt sich die Frage, ob das Vertrauen des Unternehmers auf die Gesetzeslage (Planvertrauen) als Bestandteil des unter dem Schutz des Art. 14 GG stehenden eingerichteten und ausgeübten Gewerbebetriebes qualifiziert werden kann. Bei Änderung der Gesetzeslage wird in diesen Fällen ein **Plangewährleistungsanspruch**[32] auf Entschädigung diskutiert. Das Bundesverfassungsgericht geht in diesen Fällen von der Unanwendbarkeit des Art. 14 GG aus. Das Planvertrauen des Unternehmers auf den Fortbestand einer Gesetzeslage verdiene vergleichbaren Schutz wie das Vertrauen, das dem Bürger gegen den Erlass rückwirkender Steuergesetze gewährt werde. Die Problematik sei folglich bei Art. 20 Abs. 3 GG anzusiedeln: Ob der Unternehmer eine Rücksichtnahme durch den Gesetzgeber erwarten dürfe, hänge von einer Abwägung zwischen dem Ausmaß des Vertrauensschadens und der Bedeutung des gesetzgeberischen Anliegens für die Allgemeinheit ab. Dieser Ansatz des Bundesverfassungsgerichts ist in Begründung und Ergebnis überzeugend. Der Gedanke, die Kontinuität der Gesetzgebung dem Schutzbereich des Art. 14 GG zu unterstellen, ist einigermaßen fern liegend. Demgegenüber drängt sich die Parallele zur Rückwirkungsproblematik geradezu auf. Auch soweit es um die unterschiedliche Rechtsfolge beider Ansätze geht, wird das Bundesverfassungsgericht der Sachlage gerechter. Dem enttäuschten Unternehmer geht es primär nicht um **Entschädigung**, sondern um **Rückgängigmachung** der sein Planvertrauen durchbrechenden gesetzgeberischen Maßnahme. Dies kann er dann erreichen, wenn die Ab-

---

29 Zu den einzelnen Ausprägungen des Eigentums vgl. insbesondere *Papier*, in: *Maunz/Dürig/Herzog/Scholz*, GG, Art. 14 GG Rdnr. 56 ff; subjektive öffentliche Rechte zählen zum Eigentum i.S.d. Art. 14 GG, soweit sie ein Äquivalent eigener Leistung darstellen, BVerfGE 18, 392, 397.

30 Dies entspricht der ständigen Rechtsprechung des BVerfG sowie der h.M. in der Literatur, vgl. etwa BVerfGE 91, 207, 220; 96, 375, 397; vgl. zum Meinungsstand in der Literatur die Nachweise bei *Pieroth/Schlink*, Grundrechte, 19. Auflage 2003, Rdnr. 907.

31 Vgl. hierzu BVerfGE 1, 264, 276 ff; im Laufe der Zeit hat das BVerfG allerdings zunehmend auf die Grenzen des Rechts am eingerichteten und ausgeübten Gewerbebetrieb hingewiesen, letztendlich sogar offen gelassen, ob dieser überhaupt dem Schutzbereich des Art. 14 GG unterfällt, vgl. etwa BVerfGE 51, 193, 221 f; 58, 300, 353. Insbesondere das Vertrauen auf den zukünftigen Fortbestand einer für ein bestimmtes Unternehmen günstigen (Gesetzes-)Lage wird demnach nicht geschützt, vgl. dazu auch BGH, NJW 1968, 293 ff. Grundsätzlich teilen allerdings der BGH und das BVerwG die Skepsis des BVerfG bezüglich des Eigentumsschutzes des Gewerbebetriebs nicht, vgl. etwa BGHZ 92, 34, 37; BVerwGE 62, 224, 226; ausführlich *Bryde*, in: *v. Münch/Kunig*, GG, Bd. 1, 5. Auflage 2000, Art. 14 Rdnr. 20 ff.

32 Im Einzelnen zu diesem „Rechtsinstitut" siehe etwa *Ossenbühl*, Staatshaftungsrecht, 5. Auflage 1998, S. 37 ff m.w.N.; *Schenke*, AöR 101, 337 ff; *Thiele*, DÖV 1980, 109 ff.

wägung zwischen seinen Individualbelangen und den Belangen der Allgemeinheit zu seinen Gunsten ausfällt[33].

Diese Problematik wird ebenso bei dem durch Gesetz vom 5.9.2001 beschlossenen Ausstieg aus der Nutzung der Kernenergie relevant, da die entsprechende Novellierung des Atomgesetzes das Vertrauen der Kraftwerksbetreiber auf den Fortbestand der bisherigen Gesetzeslage berührt. Ungeachtet des Umstandes, dass die konkreten Modalitäten des Atomausstiegs vorab mit den Kraftwerksbetreibern im Rahmen des so genannten „Atomkonsenses" vom 4.6.2000 ausgehandelt worden waren, wurde – insoweit unter den Stichworten Bestandsschutz und Eigentumsgarantie – über eine Entschädigungspflicht diskutiert[34]. 65

Der **Zweck der Eigentumsgarantie**, nämlich seine freiheitssichernde Funktion, zwingt **zweitens** zu einer differenzierenden Ausgestaltung der unterschiedlichen Eigentumsarten. **Persönliches Eigentum** und Arbeitseinkommen ermöglichen vor allem individuelle Selbstverwirklichung. Beim **Eigentum an Produktionsmitteln** hingegen tritt dieser Individualaspekt der freiheitssichernden Funktion zurück. Denn hier schiebt sich ein ganz anderer Gesichtspunkt in den Vordergrund; die Erkenntnis nämlich, dass diese Art von Eigentum **Macht über andere Menschen** verleiht. Da diese Macht vom Zweck der Eigentumsgarantie nicht erfasst ist, muss sich der Eigentümer hier **weitergehende Beschränkungen** seiner Eigentumsrechte gefallen lassen. 66

Beispiel: Die Produktion eines Unternehmens beruht auf dem Zusammenwirken von Kapital und Arbeit. Unternehmerische Entscheidungen wirken sich auf die Arbeitnehmer und auf die Anteilseigner aus. Für die Anteilseigner steht dabei meist der Gesichtspunkt der Kapitalanlage im Vordergrund. Der Arbeitnehmer hängt mit seiner beruflichen und wirtschaftlichen Existenz vom Betrieb ab. Das Bundesverfassungsgericht hält es bei dieser Sachlage für verfassungsrechtlich zulässig, die Eigentumsrechte der Anteilseigner zulasten einer erweiterten Mitbestimmungsbefugnis der Arbeitnehmer einzuschränken[35].

Auch diese Rechtsprechung des Bundesverfassungsgerichts hat ihre Wurzeln letztlich im Grundsatz der Verhältnismäßigkeit. Der Gesetzgeber kann nach Art. 14 Abs. 1 S. 2 GG Inhalt und Grenzen des Eigentums bestimmen. Diese Befugnis zur Inhalts- und Schrankenbestimmung geht um so weiter, je mehr das Eigentum in einem sozialen Bezug und in einer sozialen Funktion steht, je größer also die Machtbefugnisse sind, die dem Eigentümer auf Grund seines Eigentums über andere Menschen gegeben sind[36]. 67

Die im Zusammenhang mit der Eigentumsgarantie am häufigsten auftretende Streitfrage ist die, ob es sich bei einem staatlichen Zugriff auf das Eigentum um eine (**prin-** 68

---

33 BVerfGE 30, 393 ff.
34 Vgl. etwa *Wagner*, NVwZ 2001, 1089 ff; zwar gingen beim Abschluss des „Atomkonsenses" alle Beteiligten davon aus, dass keine Entschädigungsansprüche bestehen, doch dürfte hierin mangels rechtlicher Verbindlichkeit des „Atomkonsenses" lediglich eine Absichtserklärung, keinesfalls aber ein Verzicht im rechtlichen Sinne zu sehen sein, vgl. *Schorkopf*, NVwZ 2000, 1111 ff; siehe auch *Arndt*, Umweltrecht, in diesem Band Rdnr. 238 ff.
35 BVerfGE 50, 290 ff; *Arndt/Zinow*, JuS 1993, L 17 ff, L 25 ff.
36 BVerfG, NJW 1982, 634 ff.

zipiell entschädigungslose) **Inhaltsbestimmung** nach Art. 14 Abs. 1 und 2 GG oder um eine **(entschädigungspflichtige) Enteignung** nach Art. 14 Abs. 3 GG handelt.

69 Nach der Rechtsprechung des Bundesverfassungsgerichts ist die Enteignung auf die „vollständige oder teilweise Entziehung konkreter subjektiver Rechtspositionen gerichtet, die durch Art. 14 Abs. 1 Satz 1 GG gewährleistet sind"[37]. Diese Definition ist am sog. „klassischen Enteignungsbegriff" orientiert, der die Enteignung als Mittel zur staatlichen Güterbeschaffung vor Augen hatte. Sie lässt drei Grundelemente erkennen:
– **die Enteignung ist konkret**,
– **sie trifft individuell**,
– **sie ist auf (Teil-)Entziehung des Eigentums gerichtet**.

70 Eine Enteignung kann entweder direkt durch Gesetz zulasten eines bestimmten oder bestimmbaren Personenkreises (**Legalenteignung**) oder auf Grund eines Gesetzes durch administrative Maßnahmen zulasten einzelner (**Administrativenteignung**) erfolgen. Das einer Administrativenteignung zugrunde liegende Gesetz muss dabei bereits festlegen, für welche Vorhaben, unter welchen Voraussetzungen und für welche Zwecke eine Enteignung materiell zulässig sein soll. Dagegen ist bei der Legalenteignung zu beachten, dass eine solche regelmäßig im Vergleich zur Administrativenteignung den Rechtsschutz des Bürgers verkürzt und daher im Hinblick auf Art. 19 Abs. 4 GG einer besonderen Rechtfertigung bedarf[38].

71 Eine Enteignung darf ferner immer nur zum **Wohl der Allgemeinheit** vorgenommen werden. Welche Vorhaben dem Wohl der Allgemeinheit dienen, ist danach zu beurteilen, was Gesetzgebung und Verwaltung als Aufgaben staatlichen Handelns definieren. Das Gemeinwohlerfordernis lässt auch eine Enteignung zu Gunsten Privater zu, wenn der durch die Enteignung begünstigte Private entweder selbst öffentliche Aufgaben wahrnimmt oder durch seine privatwirtschaftliche Tätigkeit einen Beitrag zur Erhaltung und Verbesserung der Wirtschaftsstruktur und/oder zur Bekämpfung der Arbeitslosigkeit leistet. Dies hat das Bundesverfassungsgericht beispielsweise in der Boxberg-Entscheidung festgestellt[39]. Zu beachten ist insofern aber, dass eine Enteignung nur dann gerechtfertigt sein kann, wenn ein freihändiger Erwerb der fraglichen Eigentumsposition nicht möglich ist, und auch ein Ausweichen – beispielsweise auf ein anderes Grundstück – nicht in Betracht kommt. Hier ist also wiederum der Verhältnismäßigkeitsgrundsatz zu prüfen.

72 Eine weitere Zulässigkeitsvoraussetzung besteht schließlich darin, dass bereits das Enteignungsgesetz eine **Entschädigung** vorsehen muss (Art. 14 Abs. 3 S. 2 GG – Junktimklausel). Ein Enteignungsgesetz ohne jegliche oder mit nur unvollständiger Entschädigungsregelung ist wegen Verstoßes gegen die Junktimklausel verfassungswidrig.

---

37 BVerfGE 52, 1, 27.
38 BVerfGE 95, 1, 22.
39 BVerfGE 74, 264, 284 ff.

Die **Inhalts- und Schrankenbestimmung** ist ebenso wie die Enteignung ein **zielge-** 73
richteter (finaler) Eingriff. Der Staat bezweckt gerade, in den Schutzbereich der Eigentumsgarantie einzugreifen. Während die Enteignung jedoch den Eigentümer **konkret** und **individuell** trifft, zeichnet sich die Inhalts- und Schrankenbestimmung dadurch aus, dass sie
- **abstrakt** eine Beschränkung regelt und
- **generell**, also eine Vielzahl von Eigentümern, trifft.

Um eine Inhalts- und Schrankenbestimmung handelt es sich beispielsweise, wenn 74
Pachtverträge über Kleingärten nur unter gesetzlich eng begrenzten Voraussetzungen vom Eigentümer gekündigt werden können und er durch diese Einschränkungen in der Nutzung seines Eigentums nicht mehr frei ist[40]. Nach der Definition des Bundesverfassungsgerichts liegt in einem solchen Fall keine Enteignung vor. Zwar ist mit dem Kündigungsschutz für Kleingartenpächter eine Beschränkung des Eigentums bezweckt, der Eingriff ist folglich final. Jedoch regelt die Norm eine Vielzahl von Fällen, sodass sie abstrakt-genereller Natur ist. Ein konkret-individueller Entzug der Eigentumsposition im Sinne einer staatlichen Mittelbeschaffung liegt folglich nicht vor.

Entspricht eine Inhalts- und Schrankenbestimmung – beispielsweise wegen Unver- 75
hältnismäßigkeit – nicht den verfassungsrechtlichen Maßstäben, so handelt es sich – entgegen der früher vertretenen Rechtsprechung – um eine **verfassungswidrige** Inhaltsbestimmung und nicht um eine entschädigungspflichtige Enteignung. Es gibt keinen gleitenden Übergang zwischen beiden Instituten, weil sie in keinem Stufenverhältnis zueinander stehen, vielmehr selbstständig und voneinander unabhängig existieren. Sieht sich der Eigentümer einer rechtswidrigen Inhaltsbestimmung gegenüber, so kann der Eigentümer nicht nach dem Prinzip „dulde und liquidiere" unter Hinnahme des Eingriffs als solchen auf Zahlung einer Entschädigung klagen. Vielmehr muss er sich, wie das BVerfG in seiner richtungsweisenden Nassauskiesungsentscheidung zutreffend festgestellt hat[41], gegen die Beschränkung selbst zur Wehr setzen, da die Entschädigungsregelung des Art. 14 Abs. 3 GG nur auf Enteignungen, nicht aber auf Inhalts- und Schrankenbestimmungen Anwendung findet.

Diese Frage des gegen rechtswidrige Inhalts- und Schrankenbestimmungen zu ergrei- 76
fenden Rechtsmittels bzw. Klageziels ist nicht zu verwechseln mit dem im Anschluss an die Rechtsprechung des Bundesverfassungsgerichts entwickelten Institut der „**ausgleichspflichtigen Inhalts- und Schrankenbestimmung**". Hier handelt es sich um ein reines Verhältnismäßigkeitsproblem: Kann das erstrebte gesetzgeberische Ziel nur durch eine erheblich belastende, besonders intensive Beschränkung des Eigentumsrechts erreicht werden, die in dieser Form an sich als unverhältnismäßig qualifiziert werden müsste, dann darf diese Beeinträchtigung gegebenenfalls durch die Statuierung einer finanziellen Entschädigung in dem betreffenden Gesetz so weit abgemildert oder ausgeglichen werden, dass sie unter dieser Voraussetzung (doch) als verhältnismäßig einzustufen ist[42].

---

40 BVerfGE 52, 1 ff; ausführlich: *Arndt/Zinow*, JuS 1993, L 17 ff, L 25 ff.
41 Vgl. BVerfG 58, 300 ff.
42 Eingehend hierzu *Peterek*, Eigentumsschutz durch Ausgleichsregelungen, 2000.

VII Wirtschaftsverwaltungsrecht

Beispiel: In der jedem Verleger kraft Gesetzes auferlegten Pflicht, eine bestimmte Anzahl neu erschienener Bücher an eine Bibliothek abzuliefern, sah das Bundesverfassungsgericht dann eine unverhältnismäßige Eigentumsbindung, wenn dies auch für kleine, teuere Auflagen ohne Zahlung eines Entgeltes gelte. Um dem Verhältnismäßigkeitsgrundsatz Genüge zu tun, hätte die Abgabe eines „Pflichtexemplares" nur gegen Zahlung eines angemessenen Entgelts normiert werden dürfen[43].

77 Neben diesen finalen Beschränkungen des Art. 14 GG durch Gesetz oder auf Grund eines Gesetzes kommt es in der Praxis aber auch häufig zu unbeabsichtigten Eingriffen in das Eigentumsrecht. Die dogmatische Einordnung und Behandlung solcher nichtfinalen Eigentumsbeeinträchtigungen ist umstritten. Zunächst ist jedoch festzuhalten, dass herkömmlicherweise zwei Konstellationen unterschieden werden: Beruht die Eigentumsbeeinträchtigung auf einem rechtswidrigen Handeln oder Unterlassen des Staates, so liegt nach der Dogmatik des Bundesgerichtshofs ein **enteignungsgleicher Eingriff** vor. Ein **enteignender Eingriff** ist gegeben, wenn die Eigentumsverletzung unbeabsichtigte, unvorhergesehene und zumeist atypische Nebenfolge eines rechtmäßigen Verwaltungshandelns ist.

Beispiele:
Enteignungsgleicher Eingriff: Verursachung eines Waldbrandes durch unzulässige Artillerieschießübungen; Geschäftsschädigungen durch unzureichend durchgeführte Straßenbauarbeiten.
Enteignender Eingriff: Verwüstungen eines Ackers durch Möwen und Krähen, die von der gemeindlichen Mülldeponie angelockt worden waren.

78 In beiden Fällen wird dem Betroffenen von der Rechtsprechung des Bundesgerichtshofs ein Entschädigungsanspruch zuerkannt. Dieser wurde früher aus Art. 14 Abs. 3 GG mit der Begründung hergeleitet, wenn bereits rechtmäßige Enteignungen entschädigungspflichtig seien, müsse dies „erst recht" für rechtswidrige Maßnahmen mit enteignender Wirkung gelten. Dem hat das Bundesverfassungsgericht in seinem „Naßauskiesungs-Beschluß"[44] widersprochen. Die Eigentumsgarantie schütze vorrangig den konkreten Bestand der einzelnen Eigentumsobjekte in der Hand des Eigentümers. Allein in dem in Art. 14 Abs. 3 GG umschriebenen Fall der rechtmäßigen finalen Enteignung wandle sich ausnahmsweise diese Bestandsgarantie in eine Wertgarantie um. Art. 14 Abs. 3 GG biete aber keine Grundlage für Entschädigungsansprüche wegen sonstiger Beeinträchtigungen des Eigentumsrechts.

79 Konsequenz dieser Bundesverfassungsgerichts-Rechtsprechung wäre eigentlich, die an der Wertgarantie orientierten Institute des enteignungsgleichen bzw. enteignenden Eingriffs nicht mehr anzuwenden. Trotzdem werden sie vom Bundesgerichtshof und der h.M. weiterhin anerkannt. Allerdings steht dabei die erläuterte Rechtsprechung des Bundesverfassungsgerichts einer weiteren Herleitung der betreffenden Entschädigungsansprüche aus Art. 14 Abs. 3 GG als Anspruchsgrundlage entgegen. Dem wird dadurch Rechnung getragen, dass beide Entschädigungsinstitute des enteignungsgleichen bzw. des enteignenden Eingriffs heute als Ausprägungen des **allge-**

---

43 BVerfGE 58, 137, 144.
44 BVerfGE 58, 300 ff.

meinen **Aufopferungsgedankens** eingestuft werden. Dieser allgemeine Aufopferungsanspruch, der früher in §§ 74, 75 der Einleitung zum Preußischen Allgemeinen Landrecht ausdrücklich normiert war und heute gewohnheitsrechtliche Geltung besitzt, wird somit als Anspruchsgrundlage für Entschädigungsansprüche nicht mehr allein wegen Beeinträchtigungen nichtvermögenswerter Rechte wie beispielsweise Leben, Gesundheit oder Ehre, sondern auch wegen rechtswidriger oder unbeabsichtigter Eingriffe in das Eigentum herangezogen. Jedoch darf ein solches Ausweichen auf das aufopferungsrechtliche „Dulde und liquidiere"-Prinzip nicht zu einer Umgehung der vom Bundesverfassungsgericht herausgestellten Vorgaben des Art. 14 GG führen. So kann – wie oben dargestellt – im Fall einer rechtswidrigen Legal- oder Administrativenteignung das Regelungssystem des Art. 14 GG, der hier keine Entschädigung, sondern nur einen Abwehranspruch gewährt, nicht durch die Zuerkennung eines Aufopferungsentschädigungsanspruchs ausgehebelt werden. Der Bundesgerichtshof löst dieses Problem über **§ 254 BGB**, indem er eine **unterbliebene Anfechtung der Enteignungsmaßnahme als Mitverschulden** wertet, das den Entschädigungsanspruch für solche Nachteile ausschließt, die mittels Anfechtung hätten vermieden werden können[45].

4. Die Vereinigungs- und Koalitionsfreiheit

Art. 9 GG garantiert zwei wirtschaftsverfassungsrechtlich bedeutsame Freiheitsrechte: das Recht zur Bildung von Vereinen und Gesellschaften (Art. 9 Abs. 1 GG) und das Recht zur Bildung von Vereinigungen zur Wahrung und Förderung der Arbeits- und Wirtschaftsbedingungen (Art. 9 Abs. 3 GG). **80**

Art. 9 Abs. 1 GG schützt privatrechtliche Zusammenschlüsse. Umstritten ist, ob Art. 9 Abs. 1 GG auch vor der Zwangsmitgliedschaft in öffentlich-rechtlichen Vereinigungen schützt. Nach Auffassung des Bundesverfassungsgerichts ist dies nicht der Fall, da die negative Vereinigungsfreiheit nicht weiter gehen dürfe als die positive, die (positive) Mitgliedschaft in öffentlich-rechtlichen Vereinigungen aber ersichtlich nicht dem Schutzbereich des Art. 9 GG unterfalle (vgl. BVerfGE 10, 89 ff, 102; 38, 281 ff, 297; jüngst BVerfG NVwZ 2002, 335). **81**

Von Art. 9 Abs. 1 GG geschützt sind wirtschaftliche Vereine (§ 22 BGB) und Handelsgesellschaften (OHG, KG) ebenso wie die Gesellschaft mit beschränkter Haftung (GmbH) und die Aktiengesellschaft (AG) als juristische Personen. Auch hier gilt es jedoch – ähnlich wie bei der Eigentumsgarantie – entsprechend dem Schutzzweck des Grundrechts zu differenzieren. **Schutzobjekt** ist der **freie Zusammenschluss gleichberechtigter Mitglieder**. Insofern gewährt Art. 9 Abs. 1 GG nicht nur ein Individualrecht auf die Gründung von, den Beitritt zu, den Verbleib in, das Fernbleiben von und den Austritt aus sowie auf Betätigung in einer Vereinigung, sondern auch ein kollektives Recht der Vereinigungen selbst auf Entstehen und Bestehen, auf Selbstbestimmung über die eigene Organisation, Willensbildung und Geschäftsführung sowie **82**

---

45 BGHZ 90, 17, 31 ff; vgl. auch *Arndt/Zinow*, JuS 1993, L 17 ff, L 25 ff; BGH, JuS 1997, 760 ff.

auf Selbstdarstellung und Mitgliederwerbung. Geschützt ist ferner zumindest ein Kernbereich der Vereinstätigkeit, nach umstrittener Auffassung sogar jede Vereinstätigkeit[46].

83 Das Bundesverfassungsgericht hat jedoch in seinem Mitbestimmungsurteil[47] deutlich gemacht, dass die grundrechtliche Garantie des Art. 9 Abs. 1 GG nicht dazu führt, dass jede staatliche Regelung der Organisation und Willensbildung von Vereinigungen ausgeschlossen ist. Vielmehr besteht eine Notwendigkeit, die Vereinigungsfreiheit gesetzlich auszugestalten, insbesondere die freien Zusammenschlüsse in die allgemeine Rechtsordnung einzufügen, die Sicherheit des Rechtsverkehrs zu Gewähr leisten, die Rechte der Mitglieder zu sichern und den schutzbedürftigen Belangen Dritter sowie den öffentlichen Interessen Rechnung zu tragen. Unter Berücksichtigung und Abwägung der Vereinigungsfreiheit einerseits und dem Erfordernis eines geordneten Vereinslebens sowie der Schutzbedürftigkeit sonstiger Belange andererseits hat der Gesetzgeber daher eine hinreichende Vielfalt von Rechtsformen zur Verfügung zu stellen und deren Ausgestaltung zu regeln. Aus diesen Vorgaben, die letztlich wiederum eine Konkretisierung des Verhältnismäßigkeitsgrundsatzes darstellen, folgt somit, dass die o.g. Vereinigungstypen unterschiedlichen Zugriffs- und Beschränkungsmöglichkeiten unterliegen. Am umfassendsten zulässig und durch das Aktiengesetz auch verwirklicht sind sie bei der AG, einer Kapitalgesellschaft, bei der das personale Element bis zur Bedeutungslosigkeit zurücktritt. Im Vergleich zur AG ist die Kapitalgesellschaftsform der GmbH mehr auf kleine und mittelständische Unternehmen zugeschnitten, bei denen das personale Element eine größere Rolle spielt; Zugriffs- und Beschränkungsmöglichkeiten bestehen daher nur in geringerem Umfang. Dort, wo die personellen Beziehungen der Gesellschafter untereinander sowie zu der Gesellschaft als solcher im Vordergrund stehen, wie z.B. bei der BGB-Gesellschaft[48] oder bei der OHG[49], sind gesetzliche Eingriffe in die Vereinigungsfreiheit den strengsten Zulässigkeitsanforderungen unterworfen. Schließlich ist – ähnlich wie bei der Eigentumsgarantie – die gesetzgeberische Zugriffsbefugnis auch dann größer, wenn der personale Zusammenschluss Macht über Dritte, z.B. die Arbeitnehmer, verleiht. Diese im Mitbestimmungsurteil des Bundesverfassungsgerichts aufgestellten Grundsätze lassen sich auf folgende Kurzformel bringen: Je vielfältiger und intensiver die in einem Unternehmen verkörperte wirtschaftliche Macht auf andere soziale Bereiche ausstrahlt, desto größer sind die gesetzlichen Möglichkeiten der Beeinflussung, Lenkung und Beschränkung.

84 Für die Wirtschafts- und Sozialordnung in der Bundesrepublik ist die in Art. 9 Abs. 3 GG garantierte **Koalitionsfreiheit** ebenfalls von wesentlicher Bedeutung[50]. Diese Verfassungsnorm enthält das Existenzgrundrecht der Arbeitgeber- und Arbeitnehmerorganisationen und damit die verfassungsmäßige Zusicherung von **Tarifautonomie** und **Streikrecht**. Auf die Einzelheiten des kollektiven Arbeitsrechts und die zu

---

46 Vgl. *Nolte/Planker*, JURA 1993, 635 ff.
47 BVerfGE 50, 290, 354 ff.
48 §§ 705 ff BGB.
49 §§ 105 ff HGB.
50 Ausführlich dazu *Frotscher*, JuS 1982, 185 ff.

diesem Rechtskreis ergangene Judikatur des Bundesarbeitsgerichts kann hier jedoch nicht näher eingegangen werden. Wirtschaftsverfassungsrechtlich ist vor allem die Tatsache festzuhalten, dass durch Art. 9 Abs. 3 GG ein wichtiger Teilbereich gesellschaftlicher Auseinandersetzung der staatlichen Einwirkung weitestgehend entzogen ist. Im Gegensatz zu anderen Staaten wäre in Deutschland daher beispielsweise eine gesetzliche Anordnung eines zeitlich befristeten Lohnstopps unzulässig. Die Gestaltung der Arbeits- und Wirtschaftsbedingungen obliegt vielmehr allein den Sozialpartnern, denen in ihren Auseinandersetzungen als letztes Mittel ein Streik- bzw. Aussperrungsrecht zusteht. Auch für das **Arbeitskampfrecht** gilt aber nach der Rechtsprechung des Bundesarbeitsgerichts das verfassungsrechtliche **Gebot der Verhältnismäßigkeit** der Mittel. Hier wirkt dieser elementare Verfassungsgrundsatz **unmittelbar zwischen den privatrechtlich organisierten Tarifvertragsparteien**[51] und sorgt für einen Ausgleich in den Fällen, in denen die individuelle (vor allem negative) mit der kollektiven Koalitionsfreiheit oder die Koalitionsfreiheit einer Tarifpartei mit der des Gegners kollidiert[52].

5. Das Gleichheitsgebot

In der Rechtsprechung des Bundesverfassungsgerichts wird das allgemeine Gleichbehandlungsgebot des Art. 3 Abs. 1 GG als **Gebot der Sachgerechtigkeit** interpretiert[53]. Während in der älteren Rechtsprechung des BVerfG ein Verständnis des Art. 3 Abs. 1 GG als Willkürverbot im Vordergrund stand, ist das Gleichheitsgebot nach einer seit 1980 ständig wiederkehrenden Formulierung des Bundesverfassungsgerichts immer dann verletzt, wenn eine Gruppe von Normadressaten im Vergleich zu anderen Normadressaten anders behandelt wird, obwohl zwischen beiden Gruppen keine Unterschiede von solcher Art und solchem Gewicht bestehen, dass sie die ungleiche Behandlung rechtfertigen könnten[54]. Diese Interpretation belässt dem Gesetzgeber zwar naturgemäß einen weitgehenden Ermessens- und Gestaltungsspielraum, stellt jedoch gleichzeitig eine Verschärfung der verfassungsgerichtlichen Kontrolle dar, da es nun nicht mehr ausreicht, dass eine Differenzierung willkürfrei erfolgt ist, sondern diese darüber hinaus auch noch einer wertenden Betrachtung unterzogen wird, welche an die Verhältnismäßigkeitsprüfung im Rahmen der Freiheitsgrundrechte erinnert[55]. So sind Ungleichbehandlungen zwar nicht darauf überprüfbar, ob der Gesetzgeber die jeweils gerechteste und zweckmäßigste Regelung getroffen hat; ein Verstoß gegen Art. 3 Abs. 1 GG wird aber um so eher vorliegen, je mehr ein personenbezogenes Differenzierungskriterium den nach Art. 3 Abs. 3 GG verbotenen Merkmalen ähnelt und je mehr sich die Ungleichbehandlung auf verfassungsrechtlich gewährleistete Freiheiten auswirkt[56].

85

---

51 BAG, NJW 1980, 1642 ff; *Coester*, JURA 1992, 84 ff.
52 Vgl. BAGE 19, 217, 227; BAG, NJW 1967, 843, 845.
53 Vgl. allgemein zum Gleichheitsgebot *Gusy*, JuS 1982, 30 ff; *Sachs*, JuS 1997, 124 ff; *Bryde/Kleindiek*, JURA 1999, 36 ff.
54 BVerfGE 55, 72, 88.
55 Dazu *Bryde*, in: *v. Münch/Kunig*, GG, Bd. 1, 5. Auflage 2000, Art. 3 GG Rdnr. 11 ff.
56 BVerfGE 64, 158, 168 f; BVerfG, EuGRZ 1993, 204 ff.

Beispiel: Das Umsatzsteuergesetz privilegierte den Verkauf von Druckerzeugnissen mit einem halbierten Mehrwertsteuersatz. Der Verkauf von Schallplatten hingegen unterlag dem vollen Mehrwertsteuersatz.

Gegen diese Regelung wurde Verfassungsbeschwerde mit der Begründung erhoben, die Differenzierung sei willkürlich. Literarische Schmutz- und Schunderzeugnisse würden von diesem umsatzsteuerlichen Kulturprivileg profitieren, kulturell hochwertige Schallplattenerzeugnisse jedoch nicht. Das Bundesverfassungsgericht hat diese auf Art. 3 Abs. 1 und 5 GG gestützte Verfassungsbeschwerde abgewiesen[57]. In seiner Begründung hat es insbesondere auf den Gesichtspunkt abgestellt, die unterschiedliche wirtschaftliche Situation von Verlagshäusern einerseits und der Schallplattenindustrie andererseits sei ein zulässiges Differenzierungskriterium für die einseitige Bevorzugung von Druckerzeugnissen. Ob eine solche umsatzsteuerliche Ungleichbehandlung tatsächlich auf die – sich ständig ändernde – wirtschaftliche Situation der Produzenten gestützt werden kann, erscheint fraglich. Groteske Konsequenz dieser Entscheidung war die Tatsache, dass bis zum 1.1.1994 jedes Druckerzeugnis – einschließlich der Pornographie – als umsatzsteuerlich förderungswürdige Kultur galt, Schallplatten jedoch niemals unter diese Vergünstigung fielen. Das Beispiel zeigt deutlich, in welch weitem Rahmen das Bundesverfassungsgericht die unterschiedlichsten Gesichtspunkte zur Beurteilung der Frage heranzieht, ob für die Ungleich- bzw. Gleichbehandlung ein sachgerechter Grund besteht.

Dagegen hat es das Gericht als willkürlich angesehen, dass bei frei verkäuflichen Arzneimitteln (z.B. Melissengeist) die Zulässigkeit der Selbstbedienung für Apotheken verneint wurde, während sie für den übrigen Einzelhandel bejaht wurde[58].

86 Ein noch weiterer Gestaltungsspielraum wird dem Gesetzgeber durch die Rechtsprechung dann zuerkannt, wenn es um **begünstigende Maßnahmen** geht[59]. Diese Praxis erscheint jedoch insofern als bedenklich, als die Begünstigung des einen oftmals zu einer Benachteiligung eines anderen, z.B. des Konkurrenten, führt und diesen damit faktisch in gleicher Weise belastet wie eine direkt benachteiligende Maßnahme.

87 Sofern das Bundesverfassungsgericht im Hinblick auf einen konkret zu beurteilenden Fall zu dem Schluss kommt, dass ein (begünstigendes) Gesetz wegen der Nichtberücksichtigung einer bestimmten Gruppe den Gleichheitssatz verletzt, stellt sich die Frage nach der aus dieser Schlussfolgerung zu ziehenden **Rechtsfolge**. Insofern ergibt sich aus dem spezifischen Inhalt des Gleichheitsgrundrechts und insbesondere des gesetzgeberischen Spielraums, dass es nicht Sache des Bundesverfassungsgerichts ist, einen festgestellten Gleichheitsverstoß selbst durch ihm geeignet erscheinende Maßnahmen zu beheben. Diese Aufgabe obliegt vielmehr dem Gesetzgeber. Das Bundesverfassungsgericht ist demnach darauf beschränkt, die Vorschrift für nichtig zu erklären oder festzustellen, dass die Nichtberücksichtigung verfassungswidrig ist. In der Folge hat dann der Gesetzgeber darüber zu befinden, wie er durch eine Neuregelung dem Art. 3 Abs. 1 GG Rechnung tragen will, beispielsweise, ob er von der betreffenden Vergünstigung gänzlich absehen oder sie auch der unrechtmäßig ausgeschlossenen Gruppe zukommen lassen will.

---

57 BVerfGE 36, 321 ff.
58 BVerfGE 75, 166 ff; zur Bedeutung des Art. 3 Abs. 1 GG im Steuerrecht: *Arndt/Schumacher*, AöR 1993, 515 ff.
59 BVerfGE 17, 210, 216 m.w.N.; 61, 138, 147.

Art. 3 Abs. 1 GG hindert den Gesetzgeber auch nicht daran, zu generalisieren, zu **88** pauschalieren oder zu typisieren[60]. Anders könnte er seinem Gesetzgebungsauftrag gar nicht nachkommen. Dabei sind auch gewisse Härten und Ungerechtigkeiten in Kauf zu nehmen. Die **Typisierung** darf aber nicht so weit gehen, dass dadurch eine größere Zahl von Fällen sachwidrig betroffen wird.

Beispiel: Die gesetzlich festgelegte Mineralölbevorratungspflicht erstreckte sich auf die großen Ölfirmen mit ihren Vorratslagern und Raffinerien und auf die unabhängigen Mineralölimporteure mit geringen Lagerkapazitäten. Diese erhoben Verfassungsbeschwerde mit der Begründung, eine Lagerhaltung sei für reine Importunternehmen betriebswirtschaftlich sinnlos, es widerspreche ihrer Marktfunktion. Ihre Aufgabe bestehe lediglich darin, bei Energieengpässen kurzfristig die benötigte Energie zu vermitteln.

Das Bundesverfassungsgericht hat der Verfassungsbeschwerde stattgegeben[61]. Eine einheitliche Bevorratungspflicht führe bei einer zahlenmäßig kleinen, aber nach typischen Merkmalen deutlich abgrenzbaren Gruppe von Unternehmen zu einer ungleich fühlbareren wirtschaftlichen Belastung. Dadurch, dass das Gesetz keine Möglichkeit vorgesehen habe, die unabhängigen Mineralölimporteure angemessen zu berücksichtigen, sie vielmehr unterschiedslos der allgemeinen Regelung unterworfen habe, habe es Ungleiches gleich behandelt. Das zulässige Maß an Typisierung sei überschritten worden, die Regelung verstoße gegen Art. 3 Abs. 1 i.V.m. Art. 12 Abs. 1 GG.

6. Die allgemeine Handlungsfreiheit und die Vertragsfreiheit

Art. 2 Abs. 1 GG garantiert die allgemeine Handlungsfreiheit, soweit einzelne Lebensbereiche nicht durch spezielle Grundrechte geschützt sind[62]. Diese Norm sichert also auch die wirtschaftlichen Grundfreiheiten, die im Grundgesetz nicht an anderer Stelle ausdrücklich benannt sind[63]. Es handelt sich dabei insbesondere um die **Vertragsfreiheit** und die **Wettbewerbsfreiheit**, um die **Werbefreiheit** und die **Konsumfreiheit**[64]. **89**

Wichtigste **Schranke** des Rechts der Handlungsfreiheit ist die verfassungsmäßige **90** Ordnung. Neben ihr kommt den anderen in Art. 2 Abs. 1 GG genannten Schranken der Rechte anderer und des Sittengesetzes keine selbstständige Bedeutung zu. Zur verfassungsmäßigen Ordnung zählen alle Rechtsnormen, die formell ordnungsgemäß zu Stande gekommen sind und materiell mit der Verfassung in Einklang stehen[65]. Trotz dieser, auf den ersten Blick sehr weiten Einschränkung läuft die grundrechtliche Verbürgung aber keineswegs ins Leere. Denn mit dem Grundgesetz inhaltlich vereinbar ist eine Beschränkung nur dann, wenn sie dessen geschriebene und unge-

---

60 Vgl. BVerfGE 9, 3, 10 f.
61 BVerfGE 30, 292 ff; einen weiteren Fall, in dem ausnahmsweise einmal der Gleichheitssatz als verletzt angesehen wurde, stellt BVerfGE 19, 101, 116 ff (Zweigstellensteuer) dar.
62 Art. 2 Abs. 1 GG ist das Auffanggrundrecht hinsichtlich der Freiheitsgrundrechte, BVerfGE 21, 227, 234; vgl. auch *Ehrmann*, JuS 1997, 193 ff.
63 Die Vorschrift gilt auch für Ausländer, für juristische Personen des Privatrechts und für Handelsgesellschaften ohne eigene Rechtspersönlichkeit, BVerfGE 10, 89 ff.
64 Ausführlich dazu *Stober*, Allgem. WirtschaftsverwR, 13. Auflage 2002, § 19 I 2 mit Hinweisen auf die Judikatur des BVerfG; *Degenhart*, JuS 1990, 161 ff.
65 BVerfGE 6, 32, 37 f.

schriebene Garantien, z.B. auch den Grundsatz der **Verhältnismäßigkeit**, beachtet. Auch im Hinblick auf Art. 2 Abs. 1 GG gilt daher, dass, je stärker ein gesetzlicher Eingriff die wirtschaftliche Handlungsfreiheit berührt, desto sorgfältiger die zu seiner Rechtfertigung vorgebrachten Gründe gegen den Freiheitsanspruch abgewogen werden müssen. Wirtschaftsverfassungsrechtlich bedeutsame Beschränkungen der allgemeinen Handlungsfreiheit sind insbesondere dann zu diskutieren, wenn der Gesetzgeber die Vertragsfreiheit beschneidet, die öffentliche Hand selbst mit der privaten Wirtschaft konkurriert oder der Staat gar eine privatwirtschaftliche Tätigkeit gänzlich ausschaltet, indem er bestimmte Bereiche bei sich monopolisiert.

91 Grundvoraussetzung einer funktionierenden Marktwirtschaft ist die Freiheit der am Konsumprozess Beteiligten, eigenverantwortlich darüber bestimmen zu können, ob und mit wem sie einen Vertrag schließen wollen und welchen Inhalt dieser haben soll.

92 Gleichwohl gibt es eine Vielzahl **staatlicher Eingriffe in die Vertragsfreiheit**: Eine Reihe von Gesetzen sieht einen **Kontrahierungszwang** für private Unternehmen vor (§ 22 Personenbeförderungsgesetz; § 6 Energiewirtschaftsgesetz). Ein derartiger Vertragsabschlusszwang ist bei einer **Monopolstellung** des Anbieters gerechtfertigt, da in diesem Fall Alternativen für den Kunden ausgeschlossen sind. Dies gilt jedenfalls dann, wenn dringend benötigte Leistungen der Daseinsvorsorge betroffen sind, auf deren Erlangung der Kunde angewiesen ist. Weitere gesetzlich angeordnete Beschränkungen der Vertragsfreiheit finden sich beispielsweise im Gesetz gegen Wettbewerbsbeschränkungen, das Verträge, die den Wettbewerb beschränken, grundsätzlich für nichtig erklärt, oder sie, wenn sie ausnahmsweise zugelassen sind, zumindest einer **Missbrauchsaufsicht** unterwirft (§§ 1, 15 GWB). Auch diese Maßnahmen begrenzen die Vertragsfreiheit zu Recht, da hier eine Kollision mit dem ebenfalls durch Art. 2 Abs. 1 GG geschützten Institut der Wettbewerbsfreiheit vorliegt, der im Wege der Abwägung der Vorrang einzuräumen ist.

93 Schließlich gibt es eine Reihe administrativ angeordneter **Preisvorschriften**, etwa für den Bereich des öffentlichen Personennahverkehrs, bei Wohnungsmieten im öffentlich geförderten Wohnungsbau sowie im freiberuflichen Gebührenrecht der Rechtsanwälte, Steuerberater und Architekten[66]. Auch diese Eingriffe in die Vertragsfreiheit sind nur zulässig, wenn sie einem legitimen öffentlichen Zweck dienen und der Grundsatz der Verhältnismäßigkeit gewahrt bleibt. Mit dem Rabattgesetz, nach welchem der Anbieter auf den erklärten Preis höchstens einen Barzahlungsnachlass von 3% gewähren durfte, ist am 25.7.2001 eine der politisch umstrittensten Preisvorschriften außer Kraft getreten[67].

94 Weit über die eben dargestellten Beschränkungen der Vertragsfreiheit hinaus gehen sog. **Marktordnungsmodelle**. Sie engen die Dispositionsbefugnisse von privaten Erzeugern, Händlern und Verbrauchern so weitgehend durch öffentlich-rechtliche Vorschriften ein, dass für die Vertragsfreiheit kaum noch Spielraum bleibt. Das be-

---

66 Vgl. dazu *Selmer*, JuS 1980, 536 ff.
67 Zur Zulässigkeit von Zugaben und Rabatten nach dem Wegfall des Rabattgesetzes *Nordemann*, NJW 2001, 2505 ff.

kannteste Beispiel einer Marktordnung in der Bundesrepublik Deutschland war die **Milchmarktordnung**. Das Gesetz über den Verkehr mit Milch, Milcherzeugnissen und Fetten teilte das Bundesgebiet in Molkereieinzugs- und -absatzgebiete ein. Jeder Milcherzeuger wurde einer Molkerei zugewiesen, an die er alle Milch und Sahne liefern musste, die er zum Verkauf bringen wollte; umgekehrt war diese Molkerei verpflichtet, alle angebotene Milch und Sahne abzunehmen. Das Bundesverfassungsgericht rechtfertigte die Einführung der Milchmarktordnung damit, dass bei einem freien Spiel der privatwirtschaftlichen Kräfte Nachteile für die Versorgung der Verbraucher und die Leistungsfähigkeit der Produzenten hätten eintreten können:

„Im System einer grundsätzlich freien Wirtschaft stellt eine Marktordnung für bestimmte Produkte allerdings einen Fremdkörper dar. Mit ihrem Geflecht von Liefer- und Annahmepflichten, Absatz- und Preisregelungen behindert sie erheblich die Freiheit des einzelnen, sein wirtschaftliches Verhalten nach Gutdünken einzurichten. Diese Einschränkungen der wirtschaftlichen Betätigungsfreiheit sind aber zulässig, soweit überwiegende Gründe des Gemeinwohls die Einführung einer Marktordnung rechtfertigen oder gar gebieten. Solche Gründe sind hier die Versorgung der Bevölkerung mit einwandfreier Milch als einem unentbehrlichen Volksnahrungsmittel in stets ausreichender Menge zu angemessenem Preis und die Erhaltung einer leistungsfähigen Landwirtschaft. Der Milchmarkt ist nach wie vor durch eine erhebliche Überproduktion gekennzeichnet; Milchproduzenten sind in großem Maße bäuerliche Familienbetriebe, auf deren Erhaltung die Agrarpolitik besonders bedacht ist. Unter diesen Umständen kann auf eine Marktordnung wenigstens z.Zt. schwerlich verzichtet werden"[68].

Die Problematik hat sich mittlerweile insofern teilweise erledigt, als 1971 die milchmarktordnungsrechtliche Regelung hinsichtlich der Einzugsgebiete aufgehoben wurde. Eine strenge Marktordnung mit Einzugsgebieten besteht aber beispielsweise noch für Zuckerraffinerien, die vorwiegend Zuckerrüben verarbeiten. Wie bereits ausgeführt, spielen Marktordnungen heute vor allem im europäischen Agrarrecht eine Rolle[69]. 95

Anzumerken bleibt, dass in der Literatur diskutiert wird, ob bzw. inwieweit Einschränkungen der Wettbewerbs- und der Vertragsfreiheit nicht schon als Berufsausübungsregelungen gemäß Art. 12 Abs. 1 GG zu qualifizieren sind[70]. Es handelt sich indes um ein eher akademisches Problem. Wie bereits im Zusammenhang mit dem Grundrecht der Berufsfreiheit erörtert wurde, orientiert sich die materielle Prüfung auch im Rahmen des Art. 12 Abs. 1 GG ebenso wie bei den hier unter Art. 2 Abs. 1 GG abgehandelten Beispielen jeweils am gleichen Maßstab, dem Grundsatz der Verhältnismäßigkeit. Sie führt daher nach beiden Lösungsansätzen zum gleichen Ergebnis. 96

Tritt die öffentliche Hand durch eine Betätigung in wirtschaftlichen Bereichen in eine Konkurrenz zu privaten Unternehmen, stellt sich die Frage, ob bzw. inwieweit die **Grundrechte Schutz gegen staatliche Konkurrenz** bieten. In seinem Wohnungs- 97

---

68 BVerfGE 18, 315, 327.
69 Vgl. oben Rdnr. 50 ff.
70 *Frotscher*, JuS 1981, 665 ff sieht im Bereich des Wirtschaftsverfassungsrechts angesichts der Art. 12 und 14 GG keinen Anwendungsbereich mehr für Art. 2 GG. Ähnlich auch *Jarass*, VerwR mit WirtschaftsverfassungsR, 3. Auflage 1997, S. 37.

vermittlungsurteil hat das Bundesverwaltungsgericht[71] insoweit ausgeführt, dass weder Art. 14 Abs. 1 GG noch Art. 12 Abs. 1 GG ihrem Normzweck zufolge Schutz gegen Konkurrenz der öffentlichen Hand bieten. Dies gilt auch hinsichtlich der durch Art. 2 Abs. 1 GG garantierten Wettbewerbsfreiheit. Nach allgemeiner Rechtsprechung sowie der überwiegenden Meinung in der Literatur werden Grundrechte vielmehr erst dann tangiert, wenn der betroffene Unternehmer in seiner Wettbewerbsfreiheit in „unerträglichem Maß eingeschränkt" und „unzumutbar geschädigt" wird (sog. „Verdrängungswettbewerb"). Im Hinblick darauf, dass die Frage der „Unerträglichkeit" bzw. „Unzumutbarkeit" einer Beeinträchtigung regelmäßig einen Grundrechtseingriff voraussetzt und lediglich für die Frage nach dessen Verhältnismäßigkeit von Bedeutung ist, ist diese restriktive Position von Rechtsprechung und herrschender Literatur jedoch nicht unbedenklich[72].

V. Die europäischen Grundfreiheiten als Grenzen nationalstaatlicher Wirtschaftspolitik

1. Gemeinsame Strukturmerkmale

98 Nicht nur die Grundrechte begrenzen die staatliche Freiheit zur Gestaltung der Wirtschaftspolitik. Infolge der Integration Deutschlands in die EU hat der Staat vielmehr auch darauf zu achten, dass seine wirtschaftspolitischen Maßnahmen nicht den Vorgaben des Vertrages zur Gründung der Europäischen Gemeinschaft (EG) widersprechen, d.h. insbesondere keine Beschränkungen des innergemeinschaftlichen Handels begründen. Nicht ohne Grund bezeichnet der zweite Teil des EG die dort behandelten Grundfreiheiten als „Grundlagen der Gemeinschaft". Sie beinhalten eine Anzahl von Freiheitsrechten, die den **grenzüberschreitenden Wirtschaftsverkehr** vor staatlichen Beschränkungen schützen sollen. Diese Grundfreiheiten sind das wesentliche Mittel, den in Art. 2 EG geforderten Gemeinsamen Markt zu formen. Im Vordergrund steht hier vor allem der **freie Warenverkehr** (Art. 23-31 EG). Des Weiteren werden die **Freizügigkeit der Arbeitnehmer** (Art. 39-42 EG), die **Freiheit der Niederlassung** (Art. 43-48 EG), der **freie Dienstleistungsverkehr** (Art. 49-55 EG) sowie der **freie Kapital- und Zahlungsverkehr** (Art. 56 ff EG) garantiert. Sämtliche Grundfreiheiten sind **grundrechtsähnlich** ausgestaltet. Sie verbürgen damit subjektive Rechte, auf die sich der einzelne EU-Bürger berufen kann. Da es sich bei den Grundfreiheiten um unmittelbar anwendbare Rechtsnormen handelt, kann jeder EU-Bürger geltend machen, durch einen Rechtsakt eines Mitgliedstaates in einer seiner Grundfreiheiten verletzt zu sein. Nachdem die Grundfreiheiten nur den **grenzüberschreitenden Verkehr** regeln, können ihnen allerdings auch nur Rechtsfolgen im zwischenstaatlichen Bereich zugeordnet werden: Die Feststellung der EG-Widrigkeit durch den Europäischen Gerichtshof bewirkt daher lediglich, dass die angegriffene Norm im grenzüberschreitenden Verkehr innerhalb der Gemeinschaft keine Anwendung findet; ihre innerstaatliche Geltung wird dagegen nicht berührt. Solange der na-

---

71 BVerwG, JuS 1978, 628 ff.
72 Vgl. hierzu auch unten Rdnr. 130 ff.

tionale Gesetzgeber die streitige Vorschrift nicht aus eigener Veranlassung aufhebt bzw. ändert, kann dies somit zur Folge haben, dass Ausländern ein Handeln erlaubt wird, obwohl es Inländern nach wie vor verboten ist. Dieses als **Inländerdiskriminierung** bezeichnete Problem zeigt sich deutlich in folgendem

Beispiel: Eine italienische Norm verbietet unter Verstoß gegen Art. 28 EG den Vertrieb von Käse in Italien, der einen geringeren Fettgehalt als 45% besitzt. Für einen italienischen Hersteller, der Käse von 30% Fettgehalt auf den Markt bringen möchte, gilt die Verbotsnorm uneingeschränkt. Die Verletzung des Art. 28 EG bewirkt aber die Unanwendbarkeit dieser Vorschrift im grenzüberschreitenden Verkehr, sodass es – nachdem die Voraussetzungen der Ausnahmevorschrift des Art. 30 EG nicht vorliegen – einem französischen Hersteller gestattet ist, Käse mit 30% Fettgehalt in Italien zu vertreiben[73].

Wie diese unter Gleichheitsaspekten problematische Sachlage zu lösen ist, ist umstritten. Ein Teil der Literatur ist der Ansicht, das allgemeine Diskriminierungsverbot des Art. 12 EG verbiete es den Mitgliedstaaten, ihre Bürger wegen „der Staatsangehörigkeit" zu benachteiligen. Der Europäische Gerichtshof unterstützt demgegenüber die herrschende Meinung, die eine Inländerdiskriminierung als vom EG nicht grundsätzlich verboten ansieht, da die für Inländer nachteilige Situation eine interne Angelegenheit des betreffenden EU-Staates darstellt[74]. Folgt man dieser Ansicht, kann die Inländerdiskriminierung allein von den nationalen Gerichten über die grundgesetzliche Vorschrift des Art. 3 Abs. 1 GG korrigiert werden. Jedoch kommt ein Verstoß gegen Art. 3 Abs. 1 GG erst in Betracht, wenn eine sachlich nicht zu rechtfertigende Ungleichbehandlung vorliegt[75]. **99**

2. Die Warenverkehrsfreiheit

Art. 28 EG statuiert ein Verbot sämtlicher mengenmäßiger Beschränkungen und Maßnahmen gleicher Wirkung, die den Handel zwischen den Mitgliedstaaten beeinträchtigen. Adressaten dieser Norm sind wiederum die Mitgliedstaaten. Ihnen wird untersagt, durch Handelsbeschränkungen, die sich nicht ausnahmsweise als zulässig erweisen, die Erreichung der Ziele des EG zu behindern. **100**

Nach der so genannten „**Dassonville-Formel**" des Europäischen Gerichtshofs sind **sämtliche Maßnahmen** der Mitgliedstaaten untersagt, **die geeignet sind, den innergemeinschaftlichen Handel unmittelbar oder mittelbar, tatsächlich oder potenziell zu behindern**[76]. Daher können nicht nur ausländerdiskriminierende Maßnahmen unter Art. 28 EG fallen, sondern auch solche, die sich gleichermaßen an In- und Ausländer richten. So betraf die dem oben zitierten Fall des italienischen Käsevertriebsverbots zugrunde liegende Norm nicht allein Ausländer. Sie wies folglich keinen Ausländer diskriminierenden Charakter auf, sondern galt vielmehr unterschieds- **101**

---

73 EuGH, Slg. 1990 I, 3647, 3697 ff.
74 EuGH, Slg. 1982, 3723, 3735 f; vgl. *Kewening*, JZ 1990, 20 ff; *Arndt*, Europarecht, 6. Auflage 2003, S. 147.
75 BVerfGE 1975, 108, 157; *König*, AöR 1993, 591 ff.
76 Zur Reichweite der Warenverkehrsfreiheit: *Freund*, JA 1997, 716 ff.

los für alle Käsehersteller – unabhängig von deren Nationalität. Dennoch behinderte sie den grenzüberschreitenden Verkehr und fiel deshalb in den Anwendungsbereich des Art. 28 EG, da sie den Zugang zum italienischen Markt für EU-Ausländer teilweise blockierte.

102 Verstößt eine Maßnahme gegen die Warenverkehrsfreiheit, so ist zu prüfen, ob sie ausnahmsweise zulässig ist. Diesbezüglich stellt Art. 30 EG eine Reihe von Rechtfertigungsgründen zur Verfügung. Neben der öffentlichen Sicherheit und Ordnung sowie der Sittlichkeit gehören hierzu auch der Schutz der Gesundheit und des Lebens von Menschen, Tieren und Pflanzen, sowie des nationalen Kulturguts und der gewerblichen Schutzrechte. In der Rechtsprechung des Europäischen Gerichtshofs werden darüber hinaus auch andere zwingende Erfordernisse (beispielsweise der Verbraucher- und der Umweltschutz) als Rechtfertigung anerkannt, so genannte „**Cassis-de-Dijon-Formel**"[77]. Ist festzustellen, dass eine handelshemmende Maßnahme eines Mitgliedstaates notwendig ist, um einem derartigen Schutzgut bzw. zwingenden Erfordernis gerecht zu werden, so ist sie ausnahmsweise als zulässig zu beurteilen, sofern es sich nicht in Wahrheit um eine verschleierte Handelsbeschränkung i.S.d. Art. 30 S. 2 EG handelt. Im Rahmen dieser Prüfung ist vor allem der Frage der Verhältnismäßigkeit maßgebliche Bedeutung beizumessen. Entscheidend und sorgfältig zu untersuchen ist in der Regel, ob dem jeweiligen Schutzgut nicht auch durch ein milderes Mittel als durch die handelshemmende Maßnahme hätte Rechnung getragen werden können.

3. Die Personenverkehrsfreiheiten des EG

103 Die Erreichung des Binnenmarktziels setzt voraus, dass außer den Waren auch die Produktionsfaktoren Arbeit und Dienstleistung frei verkehren können. Entsprechende Regelungen treffen die Art. 39 ff, 43 ff und 49 ff EG. Hauptziel dieser sog. Personenverkehrsfreiheiten ist das Verbot von Diskriminierungen auf Grund der Staatsangehörigkeit. Insofern konkretisieren sie das allgemeine Diskriminierungsverbot des Art. 12 Abs. 1 EG durch Statuierung eines Grundsatzes der **Inländergleichbehandlung**, demzufolge Angehörige anderer EU-Mitgliedstaaten nicht schlechter behandelt werden dürfen als Inländer. Dabei untersagen die Personenverkehrsfreiheiten nicht nur **offene** Diskriminierungen, d.h. ausdrücklich nach der Staatsangehörigkeit differenzierende Maßnahmen, sondern auch **versteckte** Diskriminierungen, die dadurch gekennzeichnet sind, dass eine Unterscheidung anhand von Merkmalen erfolgt, die faktisch zu einer Ausländerbenachteiligung führen, da sie in der Regel nur bei Ausländern vorliegen[78]. Das Diskriminierungsverbot gilt dabei – anders als die Grundrechte – ausnahmsweise auch im Verhältnis zwischen Privaten; es steht beispielsweise diskriminierenden Bestimmungen in Tarif- oder Einzelarbeitsverträgen entgegen.

---

[77] EuGH Slg. 1979, 649 ff.
[78] Vgl. EuGH, EuZW 1990, 284 ff; zu den Personenverkehrsfreiheiten: *Burgi*, JuS 1996, 958 ff.

Die lange Zeit umstrittene Frage, ob neben der Warenverkehrsfreiheit auch die Niederlassungs- bzw. die Dienstleistungsfreiheit ein **Beschränkungsverbot** enthalten, ist durch die Vertragsänderung von Amsterdam dahingehend entschieden worden, dass alle drei Grundfreiheiten, auch sämtliche nichtdiskriminierende, d.h. In- und Ausländer gleichermaßen treffende Maßnahmen untersagt sind, die geeignet sind, den freien Personenverkehr zu behindern oder zu unterbinden[79]. Die Freiheit des Kapital- und Zahlungsverkehrs i.S.d. Art. 56 Abs. 1 und 2 EG war dagegen schon durch den Vertrag von Maastricht ausdrücklich mit einem Beschränkungsverbot versehen worden. Für die Arbeitnehmerfreizügigkeit des Art. 39 EG ergibt sich ein allgemeines Beschränkungsverbot dagegen nicht unmittelbar aus dem Vertragstext, wird vom EuGH jedoch in ständiger Rechtsprechung anerkannt[80].

104

Der aus der Ausweitung der reinen Diskriminierungsverbote in umfassende Beschränkungsverbote resultierende Kompetenzverlust der einzelnen Mitgliedstaaten ist beträchtlich; die wohl herrschende Meinung in der Literatur spricht sich vor diesem Hintergrund für eine zurückhaltende Auslegung der Beschränkungsverbote aus, um eine Überdehnung der Grundfreiheiten zu vermeiden[81]. In diesem Zusammenhang ist insbesondere die vom EuGH für die Warenverkehrsfreiheit vorgenommene tatbestandliche Einschränkung von Bedeutung, derzufolge **reine „Verkaufsmodalitäten" nicht von Art. 28 EG erfasst werden**[82]. Bedeutsam sind darüber hinaus auch die so genannten „immanenten Schranken" der Grundfreiheiten, welche nach der Rechtsprechung des EuGH eine unterschiedslose Beschränkung der Grundfreiheiten immer dann rechtfertigen können, wenn „zwingende Gründe des Allgemeininteresses" dies erfordern[83].

105

a) Die Arbeitnehmerfreizügigkeit

Die durch Art. 39 EG gewährleistete **Freizügigkeit der Arbeitnehmer** gilt für alle Beschäftigungsverhältnisse außerhalb der öffentlichen Verwaltung und darf nur aus Gründen der öffentlichen Sicherheit beschränkt werden. Über das Recht auf Erwerbstätigkeit hinaus umfasst die Arbeitnehmerfreizügigkeit die Gleichbehandlung bei **Beschäftigung, Entlohnung und sonstigen Arbeitsbedingungen**. Hierunter fallen neben der arbeitsrechtlichen Gleichstellung in Tarifverträgen, Betriebsvereinbarungen und Einzelarbeitsverträgen und der Ausübung gewerkschaftlicher Rechte alle Arten staatlicher Hilfen, gleichgültig, ob sie mit dem Arbeitsverhältnis in Zusammenhang stehen oder nicht. Der Europäische Gerichtshof leitet aus dem Ziel der Freizügigkeit, die volle **Mobilität** der Arbeitnehmer und ihrer Familienangehörigen durch die **Integration** im Gastland zu erreichen, eine Pflicht ab, alle Hindernisse, die dieser Mobilität entgegenstehen könnten, zu beseitigen. So werden auch finanzielle Benachteiligungen jeder Art erfasst. Beispielsweise darf bei einer Ausbildungsförde-

106

---

[79] Vgl. EuGH, EuZW 1996, 92 ff; hierzu *Arndt*, Europarecht, 6. Auflage 2003, S. 184, 189.
[80] Vgl. EuGH, Slg. 1995 I, 4921, 5068 (Bosman).
[81] Vgl. etwa *Eilmansberger*, JBl. 1999, 345, 434 ff.
[82] Vgl. EuGH, Slg. 1993 I, 6097 ff (Keck).
[83] Vgl. etwa EuGH, Slg. 1974, 1299, 1309 f; näher dazu *Streinz*, Europarecht, 5. Auflage 2001, Rdnr. 699 ff.

rung, die nach bayerischer Vorstellung nur Kindern deutscher Arbeitnehmer zugute kommen sollte, nicht zwischen Gemeinschaftsangehörigen und deutschen Staatsangehörigen unterschieden werden[84]. Entsprechend hat der Europäische Gerichtshof für Fahrpreisermäßigungen, Maßnahmen der Behindertenhilfe, Gebührenfreiheit bei Ausbildungseinrichtungen, finanzielle Hilfe zur beruflichen Weiterbildung und Umschulung und für die Gewährung von Altersmindesteinkommen entschieden.

b) Die Niederlassungsfreiheit

107 Die **Niederlassungsfreiheit** (Art. 43 ff EG) schützt die Aufnahme und Ausübung **selbstständiger Erwerbstätigkeiten** sowie die **Gründung und Leitung** von Unternehmen nach den Bestimmungen des Aufnahmestaates. Gemäß Art. 48 EG findet sie auch auf Gesellschaften Anwendung, die ihren satzungsmäßigen Sitz, ihre Hauptverwaltung oder ihre Hauptniederlassung innerhalb der Gemeinschaft haben.

108 Die Niederlassungsfreiheit steht Schlechterstellungen von EU-Ausländern im Rahmen von Berufsordnungen, Tarifverträgen oder gesellschaftsrechtlichen Vorschriften ebenso entgegen wie Diskriminierungen bei der Vergabe von Krediten, öffentlichen Aufträgen und staatlichen Beihilfen. Von großer Praxisrelevanz hat sich die Frage erwiesen, inwiefern Vorschriften, die in der Form subjektiver Zulassungsvoraussetzungen die Freiheit zur Aufnahme einer selbstständigen Berufstätigkeit beschränken, mit Art. 43 EG vereinbar sind[85]. So klagte beispielsweise eine griechische Rechtsanwältin vor dem Europäischen Gerichtshof, weil sie in Deutschland keine Anwaltszulassung erhielt, obwohl sie das griechische Diplom und eine deutsche Promotion nachweisen konnte. Unter Berufung auf Art. 43 EG urteilte der Europäische Gerichtshof[86], das deutsche Recht für Anwälte könne die Zulassung nicht ausschließlich vom Bestehen des zweiten juristischen Staatsexamens abhängig machen. Vielmehr müsse geprüft werden, inwieweit die Kenntnisse und Fähigkeiten, die durch das im Herkunftsland erworbene Diplom bescheinigt werden, den nach dem Recht des Aufnahmestaates vorgeschriebenen Kenntnissen und Fähigkeiten entsprechen.

c) Die Dienstleistungsfreiheit

109 Gemäß Art. 49 EG ist die **Dienstleistungsfreiheit** ähnlich strukturiert wie die Niederlassungsfreiheit. Sie begünstigt Staatsbürger und Gesellschaften der Mitgliedstaaten, die in einem anderen Mitgliedstaat Dienstleistungen erbringen wollen, als in demjenigen, in dem sie ansässig sind. Garantiert wird die Freiheit des Leistenden, nach dem Grundsatz der Inländergleichbehandlung, vorübergehende Tätigkeiten in einem anderen Mitgliedstaat auszuüben. Die Erbringung einer Dienstleistung in einem anderen als dem Sitzland setzt nicht notwendigerweise voraus, dass der Dienst-

---

84 EuGH, Slg. 1974, 773 ff; *Weber/Eschmann*, JuS 1992, 497 ff; *Waltermann*, JuS 1997, 7 ff.
85 Vgl. dazu ausführlich *Arndt*, Europarecht, 6. Auflage 2003, S. 180 ff; *Everling*, Das Niederlassungsrecht in der EG als Beschränkungsverbot, in: Gedächtnisschrift für Knobbe-Keuk, 1997, S. 607 ff.
86 EuGH, Slg. 1991 I, 2357 ff; dazu *Fischer*, Die Kollision von nationalem Berufsrecht mit der Niederlassungsfreiheit in der EG, 1993, S. 156 ff.

leistende persönlich die Grenze überschreitet; die Dienstleistungsfreiheit ist vielmehr auch dann einschlägig, wenn allein die Dienstleistung als solche grenzüberschreitend übermittelt wird (z.B. schriftliche Rechtsberatung, Teilnahme an einem Fernkurs usw.). Schließlich erfasst die Dienstleistungsfreiheit auch den Fall, dass sich lediglich der Empfänger einer Dienstleistung in einen anderen Mitgliedstaat begibt (so genannte passive Dienstleistungsfreiheit). Wie bereits einleitend geschildert, untersagt Art. 49 EG dabei nicht nur diskriminierende, sondern auch alle sonstigen beeinträchtigenden Regelungen, die zwar theoretisch für In- wie für Ausländer gleichermaßen gelten, faktisch aber die Ausländer härter treffen[87]. Beschränkungen der Dienstleistungsfreiheit sind nur unter engen Voraussetzungen zulässig[88].

Problematisch ist mitunter die Abgrenzung, ob ein konkreter Sachverhalt unter den Tatbestand der Niederlassungsfreiheit (Art. 43 ff EG) oder den der Dienstleistungsfreiheit (Art. 49 ff EG) zu subsumieren ist. Nur auf den ersten Blick ist die Schutzrichtung beider Freiheiten die gleiche. Denn während die Niederlassung voraussetzt, dass sich der Leistungserbringer in dem Gastland nach Dauer, Umfang und Schwerpunkt seiner Tätigkeit „einrichtet", ist die **Dienstleistung** nur **vorübergehender** Natur. 110

4. Die Freiheit des Kapital- und Zahlungsverkehrs

Ein freier Binnenmarkt kann schließlich nur unter der Voraussetzung funktionieren, dass zwischen den Mitgliedstaaten auch die Freiheit des Kapitalflusses gewährleistet ist, handelt es sich doch bei dem erwirtschafteten Kapital um das Ergebnis der von Art. 39 ff EG geschützten Tätigkeiten[89]. Während Art. 56 Abs. 1 EG mit der Freiheit des Kapitalverkehrs die Liberalisierung der einseitigen Übertragung von Vermögenswerten gewährleistet, schützt Art. 56 Abs. 2 EG mit der Freiheit des Kapitalverkehrs den Transfer von Gegenleistungen für die im Waren-, Personen- und Dienstleistungsverkehr erbrachten Leistungen[90]. Die Möglichkeit von Beschränkungen des freien Kapital- und Zahlungsverkehrs regelt Art. 57 EG, welcher unter anderem verschiedene Beschränkungen der Kapitalverkehrsfreiheit gegenüber Drittstaaten gestattet, sofern diese bereits am 31.12.1993 bestanden haben[91]. 111

---

87 EuGH Slg. 1991 I, 4221, 4243; dazu *Fischer*, Die Kollision von nationalem Berufsrecht mit der Niederlassungsfreiheit in der EG, 1993, S. 156 ff; die 1988 vom Rat erlassene Richtlinie zur gegenseitigen Anerkennung von Hochschuldiplomen (RL 89/48) ist in der Bundesrepublik für den Bereich der Rechtsberatung durch das Eignungsprüfungsgesetz für die Zulassung zur Rechtsanwaltschaft (BGBl. I 1990, 1349 ff) umgesetzt worden.
88 Näher dazu *Becker*, NJW 1996, 179 ff; *Kort*, JZ 1996, 132 ff.
89 Vgl. *Stober*, Allgem. WirtschaftsverwR, 13. Auflage 2002, § 9 IX.
90 Vgl. *Streinz*, Europarecht, 5. Auflage 2001, Rdnr. 763.
91 Näher zur Kapitalverkehrsfreiheit *Dautzenberg*, RIW 1998, 537 ff; *Ohler*, WM 1996, 1801 ff.

VI. Grundrechtliche Probleme bei der wirtschaftlichen Betätigung der öffentlichen Hand

1. Öffentliche Unternehmen und freier Wettbewerb

112 Bund, Länder und Gemeinden sind Eigentümer einer Vielzahl von Wirtschaftsunternehmen. Ebenso besitzen sie umfangreiche Unternehmensbeteiligungen. Wirtschaftsverwaltungs- und verfassungsrechtliche Probleme werfen vor allem die **öffentlichen Unternehmen** auf. Wann ein Wirtschaftsunternehmen als öffentliches Unternehmen zu qualifizieren ist, ergibt sich aus der **Definition** einer zu Art. 86 EG ergangenen **Richtlinie**[92]: Öffentliche Unternehmen sind danach im Gegensatz zu privaten Unternehmen alle Unternehmen, auf die die öffentliche Hand auf Grund von Eigentum, finanzieller Beteiligung, Satzung oder sonstiger Bestimmungen, die die Tätigkeit des Unternehmens regeln, unmittelbar oder mittelbar einen **beherrschenden Einfluss** ausüben kann[93].

113 Diese Umschreibung enthält jedoch keine Aussage über mögliche Organisations- und Erscheinungsformen öffentlicher Unternehmen. Insofern ist festzustellen, dass den Trägern öffentlicher Gewalt – als Ausfluss ihrer Organisationshoheit – sowohl **öffentlich-rechtliche** als auch **privatrechtliche Organisationsformen** offen stehen[94]. Öffentlich-rechtliche Ausgestaltung weisen der **Regiebetrieb**, der **Eigenbetrieb** und die **rechtsfähige Anstalt** auf. **Regiebetriebe** sind rechtlich und organisatorisch **unselbstständig**. Sie sind vollständig in den Verwaltungsapparat integriert und erscheinen mit allen Ausgaben und Einnahmen im gemeindlichen Haushalt. Die Gemeinden führen als Regiebetrieb häufig z.B. den Schlachthof. **Eigenbetriebe** sind dagegen haushaltsmäßig und organisatorisch **verselbstständigt**, lediglich ihr Ertrag wird in den öffentlichen Haushalt eingestellt. In dieser Organisationsform werden oftmals kommunale Versorgungsunternehmen geführt. **Rechtsfähige Anstalten** des öffentlichen Rechts sind z.B. die kommunalen Sparkassen. Zur Ausgestaltung privatrechtlich konzipierter öffentlicher Unternehmen werden vor allem die handelsrechtlichen Verbandsformen der **Aktiengesellschaft** und der **Gesellschaft mit beschränkter Haftung** herangezogen.

114 Der Zweck unternehmerischer Tätigkeit des Staates kann einerseits rein in einer Gewinnerzielung bestehen. Solche Betätigungen, mittels derer die öffentliche Hand weder primär noch als Nebenzweck spezifische öffentliche Aufgaben verfolgt, werden als **fiskalische Verwaltung** bezeichnet. Insofern unterscheidet sich der Staat nicht von einem Privatunternehmer. Auch im Bereich der Fiskalverwaltung steht der öffentlichen Hand die gesamte Bandbreite von Organisationsformen zur Verfügung; oft bedient sie sich hier rechtlich verselbstständigter Wirtschaftssubjekte, wie z.B. einer GmbH oder einer AG. Dabei unterliegt der rein erwerbswirtschaftlich handelnde

---

[92] Richtlinie 80/723/EWG vom 25.6.1980, ABl. EG Nr. L 195/35, Art. 2; ähnlich § 98 Abs. 1 GWB; vgl. auch *Hailbronner*, NJW 1991, 593 ff.
[93] Allgemein zu öffentlichen Unternehmen: *Püttner*, DÖV 1983, 697 ff; zu wirtschaftlichen Unternehmen der Gemeinden: *Häuslemann*, JuS 1984, 940 ff; *Schoch*, DÖV 1993, 377 ff.
[94] *Achterberg*, JA 1985, 503 ff; *Stober*, NJW 1984, 449 ff; *v. Zezschwitz*, NJW 1983, 1873 ff; *Brohm*, NJW 1994, 281 ff.

Staat hier allein dem Privatrecht (BGB, HGB, UWG usw.); an Grundrechte ist er nicht unmittelbar gebunden. Ebensowenig besteht bei der Vergabe von Aufträgen (z.B. für öffentliche Bauten, für Bürobedarf) nach der h.M. eine Grundrechtsbindung des betreffenden Hoheitsträgers[95].

Von der rein erwerbswirtschaftlichen Tätigkeit des Staates ist der Bereich zu unterscheiden, in dem der Staat in unternehmerischer Art und Weise Aufgaben der **Daseinsvorsorge** erfüllt. Zur Daseinsvorsorge zählen z.B. die Wasser- und Stromversorgung der Bevölkerung und der Personennahverkehr. Hier steht das öffentliche Interesse an der Erfüllung dieser Aufgaben im Vordergrund. Auch auf dem Gebiet der Daseinsvorsorge wird der öffentlichen Hand eine **Wahlfreiheit** im Hinblick auf die Rechtsform zur Organisation solcher Betriebe[96] zugestanden. So kann beispielsweise ein kommunaler Verkehrsbetrieb als Regiebetrieb oder in Form einer GmbH, deren Anteile die Gemeinde zu 100% hält, geführt werden. Ebenso kann sich die Gemeinde auch an einer bereits bestehenden GmbH beteiligen. **115**

Neben diese Wahlfreiheit bezüglich der **Organisationsform** tritt – sofern sich die öffentliche Hand für eine Leistungserbringung in öffentlich-rechtlicher Organisationsform entschieden hat – nach der h.M.[97] auch ein **Wahlrecht hinsichtlich der Ausgestaltung der konkreten Rechtsbeziehungen** zwischen Unternehmen und Kunden. Wird ein Unternehmen in öffentlich-rechtlicher Form betrieben, so heißt das also noch lange nicht, dass auch die Benutzungsverhältnisse öffentlich-rechtlich ausgestaltet sein müssen. **116**

Beispiel: Eine Gemeinde, die den Schlachthof als Regiebetrieb führt, kann trotzdem privatrechtliche Verträge mit den Benutzern abschließen. Hat sich die Gemeinde dagegen für die Gründung einer AG entschieden, sind auch die Benutzungsverhältnisse zwingend privatrechtlich.

Die Befugnis, Verwaltungsaufgaben in der Form des Privatrechts zu erledigen, ist nicht ganz unbedenklich, da die Verwaltung damit u.U. öffentlich-rechtliche Bindungen umgehen könnte. Zum Schutze des Bürgers wurde die Lehre vom sog. **Verwaltungsprivatrecht** entwickelt. Danach ist die Verwaltung – anders als im Fiskalbereich – bei privatrechtlicher Erledigung von Aufgaben der Daseinsvorsorge in gewissem Umfang an das öffentliche Recht gebunden. Geltungswirkung entfalten beispielsweise die Grundrechte; ebenso unterliegen die Hoheitsträger der Zuständigkeitsordnung und den allgemeinen Grundsätzen des Verwaltungsrechts. Das Verwaltungsprivatrecht stellt sich somit als ein durch öffentliche Bestimmungen überlager- **117**

---

95 BGHZ 39, 91 ff; BVerwG, GewArch. 1970, 285 ff; die h.M. ist nicht unbestritten; eine Lösung wird z.T. über eine „mittelbare Drittwirkung der Grundrechte" im Privatrechtsbereich gesucht; s. dazu instruktiv *Dürig*, in: *Maunz/Dürig/Herzog/Scholz*, GG, Art. 3 Abs. 1 GG Rdnr. 475 ff; z.T. wird sogar eine unmittelbare Drittwirkung für diesen Bereich angenommen; vgl. *Hesse*, Verfassungsrecht, 20. Auflage 1999, Rdnr. 346 ff; *Maurer*, Allgem. VerwaltungsR, 14. Auflage 2002, § 17 Rdnr. 31.
96 S. dazu bereits Rdnr. 126 f; ausführlich *Maurer*, Allgem. VerwaltungsR, 14. Auflage 2002, § 3 Rdnr. 6 ff. Zum umgekehrten Fall der Erfüllung öffentlicher Aufgaben durch private Rechtssubjekte vgl. *Erbguth/Stollmann*, DÖV 1993, 789 ff.
97 H.M.: BGH, JuS 1985, 917; *Achterberg*, JA 1985, 503 ff; kritisch: *Ossenbühl*, JuS 1979, 681 ff; *Rupp*, Festgabe BVerwG, 539 ff; *Brohm*, NJW 1994, 281 ff, 284.

VII *Wirtschaftsverwaltungsrecht*

tes Privatrecht dar, das der Verwaltung eine „Flucht ins Privatrecht" zum Nachteil des Bürgers abschneiden soll.

Beispiel[98]: Eine Straßenbahn-AG, deren Anteile zu 100% der Stadt gehören, ist unmittelbar an Art. 3 Abs. 1 GG gebunden und muss daher bei der Tarifgestaltung (z.B. Vergünstigung für Schülerkarten) den Gleichheitssatz beachten.

118 Die Wahl der Organisationsform bzw. die Ausgestaltung der Rechtsbeziehung zwischen öffentlichem Unternehmen und Bürger hat Bedeutung für die Frage des **Rechtsweges** beim Auftreten von Rechtsstreitigkeiten. Wird ein öffentliches Unternehmen in der Form einer juristischen Person des Privatrechts betrieben, sind die Rechtsbeziehungen immer privatrechtlich; damit ist der Rechtsweg zu den Zivilgerichten gegeben. Wird das öffentliche Unternehmen in einer öffentlich-rechtlichen Organisationsform betrieben, so hat die Verwaltung, wie bereits dargestellt, die Wahl, die Rechtsbeziehungen öffentlich-rechtlich oder privatrechtlich zu gestalten. Für die zutreffende Zuweisung von Rechtsstreitigkeiten an den zivil- oder verwaltungsgerichtlichen Rechtsweg ist daher von entscheidender Bedeutung, welchen Charakter das konkrete Leistungsverhältnis aufweist. Die Beantwortung dieser Frage ist mitunter nicht einfach. Oft ist bereits die verwendete Terminologie hilfreich. Bei „allgemeinen Geschäftsbedingungen" und „Preisen" oder „Vertragsstrafen" spricht vieles für eine privatrechtliche Ausgestaltung. Anders liegt es, wenn von „Satzungen" und „Gebühren" die Rede ist. Helfen die Faustregeln nicht weiter, so geht die herrschende Meinung für den Fall, dass keine eindeutigen Festlegungen für eine privatrechtliche Ausgestaltung getroffen sind, davon aus, dass die Beziehungen dem öffentlichen Recht zugeordnet sind[99].

Beispiel[100]: Vor den Zivilgerichten ist der Streit über die Landegebühren eines in öffentlicher Anstalt organisierten Flughafens nur dann auszutragen, wenn die Vertragsbeziehungen ausdrücklich privatrechtlich gestaltet sind.

119 Vielfältige Probleme werden aufgeworfen, wenn **öffentliche und private Unternehmen miteinander konkurrieren**. Als Beispiele seien hierfür zwei Fälle nach bekannten Entscheidungen des Bundesverwaltungsgerichts angeführt:

Beispiele: Der Kläger, ein Bestattungsunternehmer, erhebt eine Unterlassungsklage gegen die Stadt S, die sich durch ihre städtischen „Bestattungsordner" auf dem Gebiet des Bestattungswesens wirtschaftlich betätigt[101].
Die Klägerin, die als private Wohnungsvermittlerin tätig ist, wendet sich mit einer Unterlassungsklage dagegen, dass die beklagte Gemeinde ebenfalls Wohnungsvermittlung betreibt. Während die Klägerin – ebenso wie andere private Wohnungsvermittler – für die Vermittlung einer Wohnung zwei Monatsmieten als Provision verlangt, begnügt sich die Beklagte mit einer Gebühr in Höhe einer halben Nettomonatsmiete[102].

---

98 BGHZ 52, 325; vgl. hierzu *Krölls*, GewArch. 1992, 281 ff; *Ipsen/Koch*, JuS 1992, 809 ff.
99 Vgl. BVerwG, DVBl. 1969, 552; VGH BW, BWVPr. 1975, 227, 228 m.w.N.; BGH, NJW 1975, 106; *Brohm*, NJW 1994, 281, 284.
100 BGH, DVBl. 1974, 558.
101 BVerwGE 39, 329 ff.
102 BVerwG, NJW 1978, 1539. Weiteres Bsp.: OVG NW, DÖV 1986, 339 ff (Betrieb einer Saunaanlage durch die Gemeinde); allgemein zur Konkurrentenklage im Wirtschaftsverwaltungsrecht: *Schenke*, NVwZ 1993, 718 ff; *Hösch*, Verw. 1997, 211 ff.

Verfahrensrechtlich ist in derartigen Fällen zunächst zu prüfen, welche **Rechts-** **120**
schutzmöglichkeiten dem privaten Unternehmer zur Seite stehen, der sich gegen
staatliche Konkurrenztätigkeit zur Wehr setzen möchte. In materiell-rechtlicher Hinsicht ist für den Ausgang des Rechtsstreits von entscheidender Bedeutung, ob ein **Anspruch** des Privaten **auf Unterlassung** bzw. Einstellung des öffentlichen Konkurrenzunternehmens besteht.

Erster prozessualer Prüfungspunkt ist die Erörterung, auf welchem **Rechtsweg** der **121**
Private die Einstellung oder Verhinderung eines (öffentlich-rechtlich oder privatrechtlich organisierten) staatlichen Unternehmens betreiben kann. Gegenstand des
Verlangens nach **Einstellung** oder **Verhinderung** eines öffentlichen Unternehmens
ist die Frage, **ob** der Staat in dieser Hinsicht überhaupt tätig werden darf. Der Klageantrag richtet sich also gegen eine Entscheidung, die von einem Hoheitsträger im
Zusammenhang mit seiner Befassungs- und Organisationskompetenz getroffen
wurde. Insofern beruht der Entschluss zu staatlichem Tätigwerden ausschließlich auf
öffentlich-rechtlichen Grundlagen[103]. Rechtsweg kann daher nur der **Verwaltungsrechtsweg** sein. Weniger Klarheit besteht dagegen in den Fällen, in denen das „Wie"
des Wettbewerbs angegriffen wird, der Private sich also nur gegen einzelne **Wettbewerbshandlungen** des öffentlichen Unternehmens wehrt. Der Bundesgerichtshof hat
in einer Grundsatzentscheidung hier den Rechtsweg zu den Zivilgerichten als eröffnet angesehen[104]. Als maßgeblich wertete das Gericht dabei den Umstand, dass öffentliche und private Unternehmen in einem Wettbewerbsverhältnis stehen und sich
an denselben Kreis potenzieller Kunden wenden. Dabei liege kein Über- oder Unterordnungsverhältnis, sondern ein Verhältnis der Gleichordnung vor. Da zudem keine
öffentlich-rechtlichen Beziehungen zwischen den Wettbewerbern bestünden, sei der
Zivilrechtsweg gegeben.

Diese Auffassung des Bundesgerichtshofs weckt Bedenken. Es scheint wenig über- **122**
zeugend, dass letztlich das Zivilgericht darüber entscheidet, wie ein Träger öffentlicher Gewalt seine öffentlichen Aufgaben zu erfüllen hat. Denn dies ist ein Bereich,
der nach der Ausrichtung von Zivil- bzw. Verwaltungsgerichtsbarkeit typischerweise
dem Verwaltungsgericht zur Überprüfung zusteht.

Als **Klageart** steht dem privaten Konkurrenten gegen die **Errichtung** oder **Betrei-** **123**
bung eines öffentlichen Unternehmens die **Leistungsklage** in der Form der (vorbeugenden) Unterlassungsklage zur Verfügung. Zur Ausschließung einer Popularklage
muss insofern analog § 42 Abs. 2 VwGO[105] eine **Klagebefugnis** gegeben sein. Das
bedeutet, dass der Kläger sich darauf berufen können muss, durch das in Frage stehende Verhalten des Staates in seinen Rechten verletzt zu sein. Somit muss er geltend
machen, der Hoheitsträger verstoße gegen eine Norm, die zumindest auch den Schutz
seiner privaten Interessen bezweckt. Ob und auf Grund welcher gesetzlichen Grundlage im Hinblick auf die Konkurrentenklage derartige Rechte bestehen, ist umstritten.

---

103 BVerwGE 39, 329 ff; *Scherer*, JURA 1985, 11, 13 ff.
104 BGHZ 66, 229 ff; kritisch dazu: *Schliesky*, DÖV 1994, 114 ff; *Brohm*, NJW 1994, 281, 287 ff.
105 H.M.: BVerwGE 36, 192, 199; 60, 144, 150; 62, 11, 14; *Erichsen*, DVBl. 1982, 95, 100; *Rupp*,
    DVBl. 1982, 144, 146; *Schenke*, NVwZ 1993, 718 ff.

VII *Wirtschaftsverwaltungsrecht*

Nach h.M. gibt es zumindest keine einfachgesetzlichen Normen, aus denen entsprechende Ansprüche abgeleitet werden könnten.

124 Soweit es sich um öffentliche Unternehmen des **Bundes** handelt, wird die Klagebefugnis allgemein abgelehnt. Insbesondere kann nach h.M. aus § 65 Abs. 1 BHO, der eine privatwirtschaftliche Betätigung des Bundes nur unter recht engen Voraussetzungen zulässt, keine Klagebefugnis gegen Bundeswirtschaftsunternehmen abgeleitet werden, da § 65 Abs. 1 BHO als rein **objektiv rechtliche Norm** zu bewerten ist und daher kein subjektives Recht privater Dritter begründen kann. Das gleiche gilt für die in den meisten Haushaltsordnungen enthaltenen vergleichbaren Regelungen.

125 Anders stellt sich die Rechtslage in Bezug auf die wirtschaftliche Betätigung der **Gemeinden** dar. Nach den meisten Gemeindeordnungen dürfen die Kommunen wirtschaftliche Unternehmen nur errichten, wenn „der öffentliche Zweck das Unternehmen rechtfertigt und dieses nach Art und Umfang in einem angemessenen Verhältnis zur Leistungsfähigkeit der Gemeinde und zum voraussichtlichen Bedarf steht" (so § 102 Abs. 1 bwGO[106])[107]. Einige Gemeindeordnungen enthalten ferner noch eine **Subsidiaritätsklausel,** derzufolge die Errichtung öffentlicher Unternehmen unzulässig ist, wenn der mit ihnen verfolgte Zweck besser und wirtschaftlicher durch private Betriebe erfüllt werden kann. Bei der Beurteilung dieser Frage ist der Gemeinde allerdings ein weiter Ermessensspielraum[108] eröffnet. Eine Klagebefugnis begründen derartige, beispielsweise in § 102 Abs. 1 bwGO vorzufindende Normierungen dann, wenn sie nicht nur **objektiv-rechtliche** Regelungen beinhalten, sondern **zumindest auch dem Schutz von Individualinteressen dienen** und damit subjektive Rechte begründen. Die wohl noch h.M misst den genannten Bestimmungen jedoch lediglich objektiv-rechtlichen Charakter bei[109]. Primär sollten sie eine Konzentration der Gemeinden auf ihre typischen öffentlichen Funktionen sicherstellen und das Eingehen übermäßiger wirtschaftlicher Risiken sowie finanzielle Verluste verhindern[110].

126 Diese Argumentation erweist sich jedoch nicht als zwingend. Es reicht aus, wenn die genannten Bestimmungen neben dem von der h.M. betonten Hauptzweck **auch** private Interessen mitschützen wollen. Dementsprechend entfalten sie nur dann keine Schutzwirkung zu Gunsten Privater und gewähren nur dann keine Klagebefugnis, wenn sie **ausschließlich** auf den Schutz der Allgemeinheit ausgerichtet sind. Insofern sollte, falls der zu untersuchenden Rechtsnorm nicht eindeutig zu entnehmen ist, dass

---

106 Daran hat auch die Neufassung des § 102 bwGO nichts geändert, vgl. OLG Karlsruhe, DÖV 2001, 431 f.
107 Vgl. zur Rechtslage in den anderen Bundesländern Art. 89 Abs. 1 bayGO; § 121 Abs. 1 hessGO; § 108 Abs. 1 ndsGO; § 88 Abs. 1 nwGO; § 85 Abs. 1 rhpfGO; § 106 Abs. 1 saarlKSVG; § 101 Abs. 1 schlhGO; mit Rücksicht auf Art. 145 Abs. 1 bremVerf keine Regelung in Bremen; enger gefasste Regelung in Thüringen, § 57 ThürKVO; eine detaillierte Übersicht über die jeweiligen landesrechtlichen Besonderheiten findet sich bei *Schink*, NVwZ 2002, 130 f.
108 BVerwGE 39, 329 ff.
109 BVerwGE 39, 329, 336; BVerwG, DVBl. 1978, 639; BayVGH, BayVBl. 1976, 628; VGH BW, NJW 1984, 251.
110 Siehe auch zu entsprechenden Tendenzen in der neueren Rechtsprechung: OLG Hamm, NJW 1998, 3504, 3505; OLG Düsseldorf, DÖV 2000, 157, 158.

sie allein gemeinwohlorientiert ist, im Zweifel eine weite Auslegung vorgenommen und ein subjektives Recht bejaht werden[111].

Letztlich braucht diese Streitigkeit aber nicht entschieden zu werden. Denn die Frage, ob dem privaten Konkurrenten gegen das öffentliche Unternehmen eine **Klagebefugnis** aus **einfachgesetzlichen** Normen zusteht, kann insofern **offen bleiben**, als seit einer Leitentscheidung des Bundesverwaltungsgerichts[112] allgemein davon ausgegangen wird, dass bei öffentlich-rechtlichem Wettbewerb eine Verletzung der Berufsfreiheit des privaten Konkurrenten jedenfalls nicht auszuschließen ist[113]. Daher kann sich der Private auf Art. 12 Abs. 1 GG berufen. Gleiches gilt im Hinblick auf das von Art. 14 Abs. 1 GG geschützte Recht am eingerichteten und ausgeübten Gewerbebetrieb sowie die in Art. 2 Abs. 1 GG angesiedelte Wettbewerbsfreiheit[114]. Da es im Rahmen der Zulässigkeitsfrage ausreicht, wenn eine Rechtsverletzung als möglich erscheint, ist somit eine Klagebefugnis aus Art. 12 Abs. 1, Art. 14 Abs. 1 und 2 und Art. 2 Abs. 1 GG gegeben. Ob der Schutzbereich dieser Verfassungsnormen tatsächlich tangiert bzw. verletzt ist, ist dagegen erst in der materiell-rechtlichen Beurteilung des Klageantrags zu untersuchen.

127

Aus dem zuletzt Gesagten ist bereits zu entnehmen, dass sich auch die **Begründetheitsprüfung** einer **Konkurrentenklage** mit erheblichen Problemen auseinanderzusetzen hat. Zunächst ist folgendes festzuhalten: Das **Grundgesetz** enthält **keine** ausdrückliche Aussage darüber, wo die **Grenzen erwerbswirtschaftlicher Aktivitäten des Staates** liegen. **Historisch** gesehen war eine staatliche Eigenbetätigung im Wirtschaftsbereich von jeher üblich. Schon aus diesem Grund ist der Versuch fragwürdig, in die Verfassung ein ungeschriebenes Subsidiaritätsprinzip hinein zu interpretieren, demzufolge ein Verwaltungsträger Aufgaben nur dann an sich ziehen darf, wenn diese von Privaten nicht befriedigend bewältigt werden[115]. Ebensowenig gewähren einzelne Grundrechte einen allgemeinen Anspruch auf Unterlassung bzw. Einstellung staatlicher erwerbswirtschaftlicher Tätigkeit. Voraussetzung eines solchen Anspruchs wäre es, dass durch die Tätigkeit des öffentlichen Unternehmens ein Eingriff in den **Schutzbereich** eines Grundrechts privater Konkurrenten erfolgt. Zwar könnten sich insofern die im Rahmen der Erörterung der Klagebefugnis erwähnten Art. 12 Abs. 1, Art. 14 Abs. 1 und Art. 2 Abs. 1 GG als einschlägig erweisen. Die nähere Auseinandersetzung mit der inhaltlichen Reichweite dieser Garantien ergibt jedoch unter Zugrundelegung der Rechtsprechung Folgendes:

128

Art. 12 Abs. 1 GG schützt die Berufsfreiheit; insoweit gewährleistet er jedem Deutschen das Recht, eine erlaubte, auf Dauer berechnete und der Schaffung und Erhal-

129

---

111 *Gerke*, JURA 1985, 349, 356.
112 BVerwGE 39, 329, 332.
113 So etwa BayVGH, BayVBl. 1976, 628.
114 *Dürig*, in: *Maunz/Dürig/Herzog/Scholz*, GG, Art. 2 Rdnr. 48; BVerfGE 32, 311, 316; nach einer Mindermeinung ist die Wettbewerbsfreiheit aus Art. 12 GG abzuleiten, vgl. *Scholz*, in: *Maunz/Dürig/Herzog/Scholz*, GG, Art. 12 Rdnr. 136 ff; *Frotscher*, JuS 1990, 81 ff.
115 Vgl. *Würtenberger*, Das Subsidiaritätsprinzip als Verfassungsprinzip, Staatswissenschaft und Staatspraxis, 1993, 621.

VII Wirtschaftsverwaltungsrecht

tung einer Lebensgrundlage dienende Tätigkeit auszuüben[116]. Diese Garantie umfasst jedoch keinen Schutz vor konkurrierender Betätigung anderer; ebenso wenig bietet er nach ständiger Rechtsprechung von BVerfG und BVerwG Abwehrrechte gegen wirtschaftliche Unternehmen der öffentlichen Hand, sofern diese Betriebe im Wettbewerb unter den gleichen Bedingungen auftreten und der Private den fraglichen Beruf weiterhin ergreifen und ausüben kann[117].

130 Der Schutzbereich der Eigentumsgarantie des Art. 14 GG, der jedes private vermögenswerte Recht sowie jede öffentlich-rechtliche Rechtsposition, soweit sie ein Äquivalent eigener Leistung ist[118], umfasst, ist gleichfalls nicht berührt, da **Erwerbschancen** und **Absatzmöglichkeiten** in den Bereich des **Unternehmerrisikos** fallen und **nicht** zu den allein **geschützten konkreten Eigentumspositionen** zählen[119]; Art. 14 GG schützt nur das Erworbene, nicht aber die Möglichkeit des Erwerbs.

131 Als grundrechtliche Schranke gegen eine – dem einfachen Gesetzesrecht entsprechende – erwerbswirtschaftliche Tätigkeit der öffentlichen Hand kommt somit allenfalls noch Art. 2 Abs. 1 GG in Betracht, der im Rahmen „des Rechts auf freie Entfaltung der Persönlichkeit" auch die private wirtschaftliche Betätigung schützt[120]. Insbesondere garantiert das Grundrecht der allgemeinen Handlungsfreiheit – wie bereits oben dargelegt – eine **Wettbewerbsfreiheit**[121]. Diese gewährt dem einzelnen Unternehmer das Recht, sich durch freie Leistungskonkurrenz auf dem Markt gegenüber anderen Bewerbern durchzusetzen. Insofern beinhaltet auch Art. 2 Abs. 1 GG keinen grundsätzlichen Schutz vor erwerbswirtschaftlicher Betätigung der öffentlichen Hand, die zu einer Verschärfung des Wettbewerbs im betreffenden Bereich führt.

132 Vielmehr gilt nach der Rechtsprechung sowohl hinsichtlich der Berufsfreiheit, als auch in Bezug auf die Eigentumsgarantie sowie die Wettbewerbsfreiheit, dass unternehmerisches Tätigwerden der öffentlichen Hand erst dann gegen diese grundrechtlichen Gewährleistungen verstößt, wenn die staatliche Konkurrenz zu einem „**unerträglichen Verdrängungswettbewerb**" oder zur „**Ausbildung eines gesetzlich nicht abgesicherten Monopols**" führt[122]. Sofern der Staat weder seine spezifischen Hoheitsbefugnisse noch seine überlegenen finanziellen Möglichkeiten ausnutzt, um private Konkurrenz auszuschalten, stehen die genannten Unternehmerfreiheiten einer eigenwirtschaftlichen Aktivität von Bund, Ländern und Gemeinden demnach regelmäßig nicht entgegen. Dieser Standpunkt wird mittlerweile zwar von einer beachtlichen, im Vordringen befindlichen Literaturauffassung in Zweifel gezogen, derzufolge jede erwerbswirtschaftliche Betätigung des Staates zu einem Eingriff in die

---

116 BVerfGE 7, 377, 397; 50, 290, 362; *Meessen*, JuS 1982, 397 ff; *Friauf*, JA 1984, 437 ff; kritisch zum Erfordernis der erlaubten Tätigkeit: *Pieroth/Schlink*, Grundrechte, 19. Auflage 2003, Rdnr. 809 ff.
117 BVerwGE 39, 329, 336; BVerwG, DÖV 1978, 851 f; VGH BW, NJW 1984, 251; BVerfGE 55, 261 ff; *Wieland*, in: *Dreier*, GG, Art. 12 Rdnr. 83.
118 *Kimminich*, JuS 1978, 217, 218; *Papier*, in: *Maunz/Dürig/Herzog/Scholz*, GG, Art. 14 Rdnr. 56 ff.
119 BVerwGE 39, 329, 337; *Bryde*, in: *v. Münch/Kunig*, GG, Bd. 1, 5. Auflage 2000, Art. 14 Rdnr. 56 ff.
120 BVerfGE 12, 342, 347; 31, 222, 229; 11, 234, 239; 50, 290, 366.
121 BVerwG, DVBl. 1982, 692 f; NJW 1980, 2764.
122 BVerwG, DÖV 1996, 250.

Grundrechte der privaten Mitbewerber führt[123], doch überzeugt diese Auffassung dann nicht, wenn sich der Staat im Wettbewerb keine unlauteren Vorteile verschafft. Insoweit stellt sich eine wirtschaftliche Betätigung des Staates nämlich aus der Sicht der privaten Mitbewerber nicht anders dar als jede andere (private) Konkurrenz auch. Fraglich ist allenfalls, inwieweit das von der Rechtsprechung postulierte Erfordernis eines Verdrängungswettbewerbs wirklich Voraussetzung für einen Eingriff in die einschlägigen Grundrechte der privaten Konkurrenten sein muss. So ist nicht einzusehen, warum eine wettbewerbsverzerrende, aber eben noch nicht marktmonopolisierende Wirtschaftstätigkeit des Staates zwar ggf. nach UWG rechtswidrig sein, gleichwohl aber schon gar nicht in den Schutzbereich der Wettbewerbsfreiheit eingreifen soll. Vorzugswürdig erscheint es daher, i.S. einer vermittelnden Auffassung Grundrechtsschutz gegen staatliche Konkurrenz jedenfalls dann zu gewähren, wenn diese zu erheblichen Wettbewerbsverzerrungen führt[124].

Umgekehrt kann allerdings aus einem Verstoß gegen ein gesetzliches Verbot staatlicher Wirtschaftstätigkeit nicht automatisch auf das Vorliegen eines unlauteren Wettbewerbs i.S. des § 1 UWG geschlossen werden. Dies hat der BGH nun in einer Entscheidung vom 26.4.2002 ausdrücklich für den Fall klargestellt, dass eine Gemeinde gegen ein kommunalrechtlich verankertes Verbot wirtschaftlicher Tätigkeit verstößt[125]. Demnach können Unterlassungsklagen nach dem UWG nicht mehr auf die Unzulässigkeit einer kommunalen Wirtschaftstätigkeit nach der jeweils geltenden Gemeindeordnung gestützt werden. Vielmehr sei für die Einschlägigkeit des UWG stets erforderlich, dass die Art und Weise der wirtschaftlichen Betätigung einer Gemeinde – etwa in Gestalt der Vermengung von öffentlichen Aufgaben mit gewinnorientiertem Wirtschaften – als unlauter zu qualifizieren ist.

133

Neben der bislang erörterten Frage, ob und inwieweit Grundrechte einen Abwehranspruch gegenüber der erwerbswirtschaftlichen Betätigung der öffentlichen Hand geben, ist aber auch die entgegengesetzte Frage, inwieweit die **Unternehmen der öffentlichen Hand** selbst **unter dem Schutz der Grundrechte** stehen und sich auf diese berufen können, nicht unproblematisch[126]. Ansatzpunkt zur Klärung dieser Frage ist Art. 19 Abs. 3 GG. Entscheidend ist daher, ob die Grundrechte auf die erwerbswirtschaftliche Tätigkeit staatlicher Hoheitsträger ihrem Wesen nach Anwendung finden. Da Art. 19 Abs. 3 GG keine Hinweise enthält, nach welchen Kriterien die wesensmäßige Anwendbarkeit von Grundrechten auf juristische Personen zu beurteilen ist, wird diese Frage in Rechtsprechung und Literatur kontrovers diskutiert. So vertritt das Bundesverfassungsgericht die Auffassung, eine Einbeziehung juristischer Personen in den Schutzbereich der Grundrechte sei nur gerechtfertigt, wenn

134

---

123 Vgl. etwa *Krölls*, GewArch. 1992, 283 m.w.N.
124 *Stober*, Allgem. WirtschaftsverwR, 13. Auflage 2002, § 21 II 5 m.w.N. hält einen Grundrechtsschutz des privaten Unternehmers – insoweit tendenziell stärker als hier – bereits dann für erforderlich, wenn dessen Möglichkeit zur verantwortlichen wirtschaftlichen Betätigung durch staatliche Konkurrenz erheblich eingeschränkt wird.
125 Urteil vom 25.4.2002 – I ZR 250/00; FAZ vom 26.4.2002
126 Vgl. nur die umfassende Darstellung bei *Dürig*, in: *Maunz/Dürig/Herzog/Scholz*, GG, Art. 19 Abs. 3 Rdnr. 33 ff; zur Grundrechtsfähigkeit öffentlich-rechtlicher Kammern: BVerfG, JuS 1997, 939.

Bildung und Betätigung der juristischen Person „Ausdruck der freien Entfaltung der natürlichen Personen" seien, besonders wenn der „Durchgriff auf die hinter den juristischen Personen stehenden Menschen" dies als sinnvoll und erforderlich erscheinen lasse[127]. Dem wird entgegengehalten, entscheidend sei nicht das **personale Substrat** der juristischen Person, sondern die „**grundrechtstypische Gefährdungslage**", mithin die Frage, ob die Lage der juristischen Person der Lage einer natürlichen Person, die gegen den freiheitsgefährdenden Staat den Schutz der Grundrechte genießt, vergleichbar sei[128]. Unabhängig von dieser Streitigkeit herrscht jedoch im Hinblick auf juristische Personen des öffentlichen Rechts weitgehende Einigkeit darüber, daß diesen nur ausnahmsweise[129] eine Grundrechtsberechtigung zukommt. Neben dem **Durchgriffsargument** führt das Bundesverfassungsgericht insofern auch einen **Konfusionsaspekt** an: Staatliche Funktionsträger stünden grundsätzlich auf der Seite der Grundrechtsverpflichteten und könnten daher regelmäßig nicht grundrechtsberechtigt sein[130].

135 Auch wenn einzelne Punkte durchaus streitig sind – beispielsweise wird in der Literatur eine Grundrechtsfähigkeit staatlich getragener Kulturinstitutionen, interessenvertretender Selbstverwaltungskörperschaften oder anderer organisatorisch verselbständigter Funktionsträger befürwortet[131] – wird hinsichtlich öffentlicher Wirtschaftsunternehmen im Ergebnis eine wesensmäßige Anwendbarkeit der Grundrechte allgemein abgelehnt[132]. Dabei wird auch nicht nach der Rechtsform des staatlichen Betriebes unterschieden. Vielmehr werden in Anbetracht der Wahlfreiheit bezüglich der Unternehmensausgestaltung auch juristische Personen des Privatrechts, die sich im alleinigen Eigentum der öffentlichen Hand befinden, diesem Grundsatz unterstellt[133].

136 In einer Kammerentscheidung ist das Bundesverfassungsgericht noch weiter gegangen und hat einem Unternehmen, das sich zu 72% in öffentlicher Hand befand, die Grundrechtsfähigkeit abgesprochen[134]. Diese Entscheidung ist bedenklich, da bei solchen gemischtwirtschaftlichen Unternehmen zumindest der vom Bundesverfassungsgericht angeführte Aspekt des „Durchgriffs" einen Schutz der – minderheitsbeteiligten – Privaten erfordert. Außerdem führt eine Differenzierung nach dem Anteil der öffentlichen Hand zu schwerwiegenden Abgrenzungsproblemen.

137 In den letzten Jahren nimmt in der politischen Realität die Bedeutung dieser Frage nach den Grenzen der erwerbswirtschaftlichen Betätigung von Bund, Ländern und Gemeinden immer weiter ab. Denn auch aktuell geht der Trend genau in die entge-

---

127 BVerfGE 21, 362, 369.
128 *V. Mutius*, in: Bonner Kommentar, Art. 19 Abs. 3 Rdnr. 114; *Pieroth/Schlink*, Grundrechte, 19. Auflage 2003, Rdnr. 152.
129 So insbesondere das Verfahrensgrundrecht des Art. 103 Abs. 1 GG, Kirchen bzgl. Art. 4 GG, Rundfunkanstalten bzgl. Art. 5 Abs. 1 GG und Universitäten und Fakultäten bzgl. Art. 5 Abs. 3 GG.
130 BVerfGE 21, 362, 368 ff.
131 Vgl. dazu *Dreier*, in: *Dreier*, GG, Art. 19 Abs. 3, Rdnr. 42 ff.
132 *Dürig*, in: *Maunz/Dürig/Herzog/Scholz*, GG, Art. 19 Abs. 3 Rdnr. 48.
133 BVerfGE 45, 63, 80; 68, 193, 213; 70, 1, 15 und 20; 75, 192, 197; *Dürig*, in: *Maunz/Dürig/Herzog/Scholz*, GG, Art. 19 Abs. 3 Rdnr. 45.
134 BVerfG, NJW 1990, 1783 = JZ 1990, 335 m. abl. Anm. von *Kühne*.

gengesetzte Richtung. Nicht zuletzt aus finanziellen Aspekten werden die Privatisierung staatlicher Betriebe und die Veräußerung von Unternehmensbeteiligungen energisch vorangetrieben[135].

2. Staatswirtschaftliche Monopolbetriebe und freier Wettbewerb

Als weitere Gestaltungsmöglichkeit neben dem Betrieb öffentlicher Unternehmen steht dem Staat die Gründung von **Monopolen** zu. Dienen die Monopole unmittelbar der Erfüllung öffentlicher Aufgaben, spricht man von **Verwaltungsmonopolen**; steht die Erzielung von Einnahmen im Mittelpunkt, spricht man von **Finanzmonopolen**. Vergleichbar der Schaffung von Monopolen durch den Staat ist die Normierung von **Benutzungszwängen**, wie sie bei kommunalen Versorgungsunternehmen häufig anzutreffen sind.

138

In diesen Fällen ist ein freier **Wettbewerb** gänzlich **ausgeschlossen**. Soweit Monopole die in Art. 15 GG genannten Bereiche betreffen, stellen sich keine Probleme, da Grund und Boden, Naturschätze und Produktionsmittel ausdrücklich einer Sozialisierung zugänglich sind. Nicht sozialisierungsfähig sind hingegen Handel, Transport und Verkehr, Kreditwesen, Banken und Versicherungen sowie sonstige Dienstleistungsgewerbe. Beispielsfälle für derartige, nicht von Art. 15 GG erfasste Monopolbetriebe waren das Postmonopol[136], das Monopol der Arbeitsvermittlung[137] und das Gebäudeversicherungsmonopol[138]. Die Errichtung solcher **Monopole** ist **europarechtlich und verfassungsrechtlich nicht unbedenklich**.

139

Aus europarechtlicher Sicht haben Monopole den Grundfreiheiten und Wettbewerbsregeln zu genügen (**Art. 86 Abs. 1 EG**), die als supranationale Regeln dem nationalen Recht vorgehen, da die Normenhierarchie einen **Vorrang des Europarechts** gegenüber dem nationalen Recht begründet. In Bezug auf **Leistungen von allgemeinem wirtschaftlichen Interesse** werden öffentliche Unternehmen allerdings insoweit von den Normen des EG freigestellt, als dies zur Erfüllung der betreffenden öffentlichen Aufgaben notwendig ist (Art. 86 Abs. 2 EG) und die marktbeherrschende Stellung nicht missbräuchlich ausgenutzt wird (Art. 82 EG). Eine solche Situation sah der Europäische Gerichtshof[139] beim Vermittlungsmonopol der Bundesanstalt für Arbeit für Führungskräfte als gegeben an. Denn diese habe nur 15% Marktanteil an der Vermittlung von Führungskräften, sei aber trotzdem durch ein Monopol und ein Vermittlungsverbot für private Konkurrenten vor Wettbewerb geschützt. Eine derartige Monopolstellung liege nicht im allgemeinwirtschaftlichen Interesse im Sinne des Art. 86 Abs. 2 EG, sodass die Voraussetzungen für die Zulässigkeit eines Monopols und dessen Freistellung von Art. 82 EG nicht vorlägen.

140

---

135 Zur Deregulierungsdebatte in Deutschland: *Stober*, Rückzug des Staates im Wirtschaftsverwaltungsrecht, 1997.
136 Art. 87 GG.
137 BVerfGE 21, 245 ff.
138 BVerfGE 41, 205, 228.
139 Urteil vom 23.4.1991, NJW 1991, 2891; dazu *Eichenhofer*, NJW 1991, 2857 ff; *Scholtissek*, GewArch. 1992, 170 ff.

VII *Wirtschaftsverwaltungsrecht*

141 Bedenken gegen staatliche Monopole bestehen aber nicht nur im Lichte des EG, sondern auch aus verfassungsrechtlicher Sicht. Denn aus der grundrechtlich garantierten **Berufsfreiheit** wird bei einem **staatlichen Monopol** ein **Berufsverbot**. Von diesem Gedanken ausgehend, maß auch das Bundesverfassungsgericht[140] die Zulassung des Monopols staatlicher Arbeitsvermittlung an Art. 12 Abs. 1 GG:

„Im System einer grundsätzlich freien Wirtschaft bildet ein vom Gesetz geschaffenes wirtschaftliches Monopol einen gewissen Fremdkörper; es schließt nicht nur diejenigen, welche die monopolisierte Tätigkeit selbstständig ausüben oder ausüben möchten, hiervon aus, sondern berührt auch entscheidend die freie wirtschaftliche Entfaltung weiterer Kreise. […] Das Vermittlungsmonopol richtet daher ein objektives Hindernis auf, den Beruf des selbstständigen Arbeitsvermittlers zu wählen. […] Ein Eingriff in das Grundrecht der freien Berufswahl von dieser Intensität kann nur unter zwei Bedingungen Bestand haben: Erstens muss das Monopol den Schutz besonders wichtiger Gemeinschaftsgüter bezwecken, denen der Vorrang vor der Freiheit des einzelnen […] eingeräumt werden muss; dabei müssen die Gefahren, von denen das Gemeinschaftsgut bedroht ist, schwer sowie nachweisbar oder wenigstens höchstwahrscheinlich sein. Zweitens muss das Monopol als Mittel zur Abwehr dieser Gefahren unentbehrlich sein".

142 Obgleich sie vom Bundesverfassungsgericht für zulässig erachtet wurden[141], sind das Gebäudeversicherungsmonopol und das Arbeitsvermittlungsmonopol inzwischen vom Gesetzgeber aus europarechtlichen bzw. wirtschaftspolitischen Gründen aufgegeben worden. Im Zuge der Privatisierungspolitik fallen Telefon- und Briefmonopol ebenso wie das Strom- und Gasmonopol. Selbst das Abwassermonopol ist durch die im Rahmen der 6. Novelle zum Wasserhaushaltsgesetz eingefügte Bestimmung des § 18a Abs. 2 S. 3 WHG nicht unerheblich aufgeweicht worden. Demnach werden die Länder ermächtigt, Voraussetzungen für die ganze oder teilweise Übertragung der Abwasserbeseitigungspflicht der öffentlich-rechtlichen Körperschaften auf private Dritte festzulegen[142]. Die Problematik staatlicher Monopole hat sich damit aber nicht erledigt. Vielmehr können nach wie vor Situationen auftreten, in denen ein **neues staatliches oder kommunales Monopol begründet** bzw. ein **bestehendes Monopol ausgedehnt** wird. In der Praxis werfen solche Fälle erheblich größere Probleme auf. Denn während es sich bei den in den Bundesverfassungsgerichtsentscheidungen behandelten Sachverhalten um überkommene staatlich monopolisierte Aufgaben handelte, betreffen neue Monopole im Regelfall Bereiche, in denen bisher Private tätig waren. Hier ist das Klageziel somit nicht auf eine Erweiterung eines bislang beschränkten Freiheitsbereichs gerichtet; vielmehr wird eine Beschneidung bisher gewährter Rechte angefochten, die elementare Existenzfragen aufwirft.

Beispiel[143]**:** Ein privates Müllabfuhrunternehmen ist im Gebiet eines Landkreises seit 1965 tätig. Durch Satzung wurde 1974 festgelegt, dass jeder Gemeindeangehörige die neu eingerichtete kommunale Abfallbeseitigung der Gemeinde benutzen muss. Folge ist, dass das Unternehmen wegen des Benutzungszwangs nicht mehr betrieben werden kann.

---

140 BVerfGE 21, 245, 249 ff.
141 BVerfGE 21, 245 ff. (Arbeitsvermittlungsmonopol); 41, 205 ff (Gebäudeversicherungsmonopol).
142 Umstritten ist dabei die Rechtsqualität des Übertragungsakts, vgl. etwa *Küffner*, DB 1999, 406 ff; *Schulz*, ZfW 1998, 277 ff.
143 BVerwGE 62, 223 ff.

Wiederum ist Art. 12 Abs. 1 GG als Prüfungsmaßstab heranzuziehen. Dem hat das Bundesverwaltungsgericht auch Rechnung getragen und geprüft, ob das entstandene Quasi-Verwaltungsmonopol dem Schutz von überragend wichtigen Gemeinschaftsgütern dient und zur Abwehr von Gefahren für diese Gemeinschaftsgüter unentbehrlich ist.

Daneben stellt sich aber auch das Problem einer möglichen Verletzung des durch Art. **14 GG** geschützten Eigentums. Insbesondere kann in der Errichtung eines (Quasi-) Monopols ein Eingriff in den **eingerichteten und ausgeübten Gewerbebetrieb** liegen. Denn insofern bewirkt die Statuierung eines staatlichen Monopols, dass ein vorhandenes Unternehmen nicht mehr betrieben werden kann. Ebenso ist Art. 14 Abs. 1 GG betroffen, wenn mit dem staatlichen Monopol ein Anschluss- oder Benutzungszwang einhergeht. Denn das Recht am eingerichteten und ausgeübten Gewerbebetrieb schützt auch den Kundenstamm eines Unternehmens[144]. Allerdings liegt eine Verletzung des Eigentumsgrundrechts des privaten Konkurrenten dann nicht vor, wenn bereits bei Aufnahme der Tätigkeit eine gesetzliche Regelung bestand, die die Errichtung eines Monopols oder eines Benutzungszwanges zuließ. In diesem Fall ist nach h.M.[145] der erworbene Kundenstamm bereits von Anfang an mit dem Risiko des Verlustes durch einen Anschlusszwang an eine spätere gemeindliche Einrichtung oder durch ein Monopol belastet. Bei Realisierung dieses Risikos könne dann nicht von einem Eingriff in einen Gewerbebetrieb gesprochen werden. Ganz unbedenklich ist diese Auffassung gleichwohl zumindest in den Fällen nicht, in denen ein bisher auf diesem Gebiet ausschließlich tätiger privater Unternehmer zur gänzlichen Einstellung seines Betriebes gezwungen wird; insoweit kann Art. 14 Abs. 1 GG durchaus als verletzt angesehen werden[146].

143

Literatur

Zu I.:

Anschütz, Die Verfassung des Deutschen Reiches, 14. Auflage 1933; *Schachtschabel*, Wirtschaftspolitische Konzeptionen, 3. Auflage 1976; *Stober*, Allgemeines Wirtschaftsverwaltungsrecht, 13. Auflage 2002, § 3; *Zorn*, Einführung in die Wirtschafts- und Sozialgeschichte, 2. Auflage 1974.

Zu II.:

v. Arnim, Volkswirtschaftspolitik, 6. Auflage 1998; *Badura*, Grundprobleme des Wirtschaftsverfassungsrechts, JuS 1976, 205; *Frotscher*, Wirtschaftsverfassungs- und Wirtschaftsverwaltungsrecht, 3. Auflage 1999; *ders.*, Grundfälle zum Wirtschaftsverfassungs- und Wirtschaftsverwaltungsrecht, JuS 1981, 508; *Kriele*, Wirtschaftsfreiheit und Grundgesetz, ZRP 1994, 105; *Papier*, Grundgesetz und Wirtschaftsordnung, in: Benda/Maihofer/Vogel, Handbuch des Verfassungsrechts, 2. Auflage 1994, S. 799 ff; *Tettinger*, Neuer Streit um die „Wirtschaftsverfassung", BB 1977, 1617.

---

144 BGHZ 23, 157, 162; BVerwGE 62, 224, 226.
145 BGHZ 40, 355 ff; BVerwGE 62, 224, 227 m.w.N.; *Wolny*, GewArch. 1978, 8 ff; *Kloepfer*, VerwArch. 1979, 195, 213.
146 In diesem Sinne *Kimminich*, in: Bonner Kommentar, Art. 14 Rdnr. 198; OVG Lüneburg, GewArch. 1977, 218.

Zu III.:

Badura, Wandlungen der europäischen Wirtschaftsverfassung, Beiheft zu EuR 1/2000, S. 45 ff;
Ehlers, Das Wirtschaftsverwaltungsrecht im europäischen Binnenmarkt, NVwZ 1990, 810 ff;
Mussler, Die Wirtschaftsverfassung der Europäischen Gemeinschaft im Wandel, 1998.

Zu IV.:

Stober, Allgemeines Wirtschaftsverwaltungsrecht, 13. Auflage 2002, § 18; sowie stellvertretend für die kaum überschaubare Vielfalt an Grundrechtslehrbüchern: *Pieroth/Schlink*, Grundrechte, 19. Auflage 2003.

Zu V.:

Arndt, Europarecht, 6. Auflage 2003, S. 139 ff; *Becker*, Voraussetzungen und Grenzen der Dienstleistungsfreiheit, NJW 1996, 179 ff; *Everling*, Das Niederlassungsrecht in der EG als Beschränkungsverbot, Gedächtnisschrift für Knobbe-Keuk, 1997, 607 ff; *Füßer*, Grundrecht auf wirtschaftliche Freizügigkeit und Art. 8a EG als Auffangbeschränkungsverbot des Gemeinschaftsrechts, DÖV 1999, 96 ff; *Herzig*, Grundverkehr und Europäisches Gemeinschaftsrecht, WBl. 1999, 395 ff; *Streinz*, Europarecht, 5. Auflage 2001.

Zu VI.:

Ehlers, Erwerbswirtschaftliche Betätigung der öffentlichen Hand, in: *Stober*, Lexikon des Rechts, Gewerberecht, 1999, 149 ff; *Hösch*, Wirtschaftliche Betätigung von gemeindlichen Unternehmen und von Privaten – ein Vergleich, WiVerw. 2000, 159 ff; *Kluth*, Eingriff durch Konkurrenz, WiVerw. 2000, 184 ff; *Schenke*, Rechtsprobleme des Konkurrentenschutzes im Wirtschaftsverwaltungsrecht, NVwZ 1993, S. 718 ff; *Schink*, Wirtschaftliche Betätigung kommunaler Unternehmen, NVwZ 2002, 129 ff; *Schmidt*, Die Stellung des Konkurrenten im Verwaltungsprozess, JuS 1999, S. 1107 ff; *Wieland*, Konkurrentenschutz in der neueren Rechtsprechung zum Wirtschaftsverwaltungsrecht, in: Die Verwaltung, Bd. 32 (1999), S. 217 ff.

C. Das verfassungs- und verwaltungsrechtliche Instrumentarium zur Lenkung und Förderung wirtschaftlicher Aktivitäten

I. Globalsteuerung durch Finanz- und Geldpolitik

144 Statistisch feststellbare Kennzeichen einer Phase der Hochaktivität sind hoher Beschäftigungsgrad, große Kaufkraft und tendenziell stark steigende Preise. Spiegelbildlich hierzu steht ein Zustand wirtschaftlicher Niedrigaktivität mit hoher Arbeitslosigkeit, geringer Kaufkraft und tendenziell gering steigenden Preisen.

145 Unter **globaler Konjunktursteuerung** versteht man den Versuch, durch staatliche Maßnahmen übermäßige Konjunkturausschläge mit ihren negativen Begleiterscheinungen möglichst zu vermeiden bzw. zumindest zu mindern und so für ein insgesamt möglichst gleichmäßiges Wirtschaftswachstum zu sorgen[147].

---

147 Vgl. dazu *Frotscher*, JuS 1982, 588 ff; *Kloepfer*, JURA 1979, 13 ff; *Schmidt*, in: *Achterberg/Püttner/Würtenberger*, Besonderes Verwaltungsrecht, 2. Auflage 2000, Rdnr. 108 ff.

Hierzu stehen dem Staat im Wesentlichen zwei Instrumentarien zur Verfügung: Die **146**
Geld- und die **Finanzpolitik**. Während die Geldpolitik in der Verantwortung der Notenbank steht, obliegt die Finanzpolitik dem „Fiskus" (daher auch Fiskalpolitik genannt), d.h. den einzelnen Gebietskörperschaften. Diese haben nämlich die Möglichkeit, durch eine zielbewusste Gestaltung ihrer Einnahmen und Ausgaben auf das gesamtwirtschaftliche Geschehen Einfluss zu nehmen. Während über die Geldpolitik nur eine indirekte Nachfragebeeinflussung erreicht werden kann, ist der Finanzpolitik mit den Variationsmöglichkeiten bei der Einnahmenbeschaffung (z.B. Änderung der Steuersätze) und des Ausgabengebarens ein unmittelbarer Zugriff auf die Nachfragesituation möglich.

1. Finanzpolitik: Die Grundlagen des Stabilitätsgesetzes

Die dem Gesetz zur Förderung der Stabilität und des Wachstums der Wirtschaft **147**
(StWG), kurz Stabilitätsgesetz, vom 8.6.1967 zugrunde liegende theoretische Konzeption geht auf Erkenntnisse zurück, die in den Dreißigerjahren von *J.M. Keynes* entwickelt wurden. Im Anschluss an die Weltwirtschaftskrise hat *Keynes* die Notwendigkeit staatlichen wirtschaftlichen Handelns mit der Unfähigkeit der Marktwirtschaft begründet, einen Zustand der Vollbeschäftigung zu garantieren. Nach seiner Lehre soll eine nicht genügende Nachfrage nach Gütern und Dienstleistungen seitens privater Investoren und Konsumenten durch die gewaltigen Einnahmen- und Ausgabenströme des Staatshaushaltes kompensiert oder ergänzt werden. Ziel der **Staatshaushaltswirtschaft** ist es, den gesamtwirtschaftlichen Schwankungen **antizyklisch** entgegenzuwirken, d.h. im Konjunkturabschwung die staatliche Nachfrage zu erhöhen, in einer expansiven Phase hingegen die Nachfrage der öffentlichen Hand weitgehend zu drosseln – ein Postulat, dessen Richtigkeit in einer Zeit, in der eine starke Rezession mit einem massiven Haushaltsdefizit der öffentlichen Hand zusammenfällt, zunehmend zweifelhafter wird.

Oberstes Ziel staatlicher Wirtschafts- und Finanzpolitik ist nach § 1 StWG das „**ge- 148 samtwirtschaftliche Gleichgewicht**", d.h., im Rahmen der marktwirtschaftlichen Ordnung sind gleichzeitig **Stabilität des Preisniveaus, hoher Beschäftigungsgrad und außenwirtschaftliches Gleichgewicht bei stetigem und angemessenem Wachstum der Wirtschaft** zu sichern[148].

Stabilität des Preisniveaus bedeutet nicht Stabilität einzelner Preise; Preissteigerungen in einem Sektor sollen vielmehr grundsätzlich durch Preissenkungen auf anderen Sektoren ausgeglichen werden. **148a**

Zweite Komponente des gesamtwirtschaftlichen Gleichgewichts ist der **hohe Beschäftigungsgrad**. Diese Komponente steht rechtlich gesehen gleichrangig neben den drei übrigen, obwohl in der politischen Praxis nach den Erfahrungen mit der Ar- **148b**

---

148 Ausführlich zu diesen Komponenten auch *Frotscher*, JuS 1982, 587, 590 f; *Schmidt*, in: Achterberg/Püttner/Würtenberger, Besonderes Verwaltungsrecht, 2. Auflage 2000, Rdnr. 108 ff.

VII *Wirtschaftsverwaltungsrecht*

beitslosigkeit in der Weltwirtschaftskrise viele Regierungen dazu neigen, der Vollbeschäftigung den Vorrang einzuräumen.

148c **Außenwirtschaftliches Gleichgewicht** liegt bei einer ausgeglichenen Zahlungsbilanz vor. Der internationalen Verflechtung der deutschen Wirtschaft ist am besten gedient, wenn die Zahlungsströme vom Inland ins Ausland und vom Ausland ins Inland in etwa gleich hoch sind.

148d Viertes Ziel ist schließlich das **angemessene und stetige Wirtschaftswachstum**. Es wird gemessen an der Zunahme des realen Bruttoinlandsprodukts. Die gesamtwirtschaftliche Leistung (Bruttoinlandsprodukt) wird statistisch erfasst, indem alle im Laufe des Jahres produzierten Güter und bezahlten Dienstleistungen, die im Inland erwirtschaftet wurden, mit ihrem Endwert addiert werden. Unberücksichtigt bleiben alle Gewinne und Verluste, die nicht bei der Produktion von Gütern und Dienstleistungen entstehen. Dazu zählen Lottogewinne ebenso wie Kursgewinne oder -verluste an der Börse. Diese Berechnung der gesamtwirtschaftlichen Leistung bringt es allerdings mit sich, dass ein Wachstum des Bruttoinlandsprodukts keineswegs immer mit wachsendem Wohlstand identisch ist.

Beispiel: Wenn beide Eltern berufstätig sind und zur Aufsicht und Fürsorge ihrer Kinder eine Erzieherin einstellen, werden im Volkseinkommen drei Gehälter erfasst. Widmet sich ein Elternteil jedoch ganz der Erziehung der Kinder, so wird die Wachstumsrate des Bruttoinlandsprodukts negativ beeinflusst – das Gehalt eines Elternteils und der Erzieherin fällt weg, – obwohl damit der allgemeinen Wohlfahrt mehr gedient sein kann.

149 Da es in der Praxis meist ein Wunschtraum bleibt, alle vier genannten Ziele gleichzeitig zu erreichen, werden sie oft auch als „magisches Viereck" bezeichnet.

2. Maßnahmen nach dem Stabilitätsgesetz

150 Staatliche Wirtschaftspolitik hat nach § 1 StWG dem gesamtwirtschaftlichen Gleichgewicht zu dienen. Zu diesem Zweck stellt das Gesetz folgendes Instrumentarium zur Verfügung:

– **Informationsinstrumente**, die zur Unterrichtung über den jeweiligen Stand der Gesamtwirtschaft beitragen sollen,
– **Planungsinstrumente**, die das Finanzgebaren von Bund und Ländern durch mehrjährige Finanzplanung abstimmen sollen,
– **Koordinationsinstrumente**, mit deren Hilfe aus den verbesserten Informationen gleichgerichtete Schlussfolgerungen gezogen werden können, und
– **Eingriffsinstrumente**, die der Regierung eine aktive Beeinflussung des Wirtschaftskreislaufs ermöglichen.

151 Das wohl bekannteste **Informationsinstrument** ist das **Sachverständigengutachten zur Begutachtung der gesamtwirtschaftlichen Entwicklung**. Dieses Gutachten, das jährlich im Herbst veröffentlicht wird, soll der Versachlichung einer oft emotional geführten wirtschaftspolitischen Diskussion dienen. Nach § 31 StWG kann die Bundesregierung den Sachverständigenrat mit der Erstattung von **Zusatzgutachten** beauftragen.

Gemäß § 2 StWG legt die Bundesregierung im Januar eines jeden Jahres Bundestag 152
und Bundesrat den **Jahreswirtschaftsbericht** vor. Dieser enthält die Stellungnahme
der Bundesregierung zu dem Jahresgutachten des Sachverständigenrates. Außerdem
umfasst er eine Darlegung der für das laufende Jahr angestrebten wirtschafts- und fi-
nanzpolitischen Ziele. Diese stehen allerdings unter dem Vorbehalt der jeweiligen
Anpassung an die gesamtwirtschaftliche Entwicklung, sodass das Vertrauen auf den
Fortbestand der angegebenen Absichten nicht geschützt ist.

Weiteres Informationsinstrument ist der **Subventionsbericht** nach § 12 Abs. 2 153
StWG. Die Bundesregierung hat alle zwei Jahre einen Bericht zu veröffentlichen, der
Zweck und Grund staatlicher Finanzhilfen erkennen lässt.

Zu den **Planungsinstrumenten** zählen vor allem die **mittelfristige Finanzplanung** 154
sowie die **Investitionsplanung** nach den §§ 9, 10, 14 StWG. In Bund und Ländern
sind fünfjährige Finanzplanungen über Ausgaben und Deckungsmöglichkeiten aufzustellen, um die Einnahmen und Ausgaben im Staatshaushalt auf mittelfristige Sicht
zu koordinieren. Rechtlich beinhaltet die Finanzplanung ebenfalls nur eine politische
Absichtserklärung, die unter dem Vorbehalt der Änderung und Anpassung steht. Das
Ziel, zu einer längerfristigen Planung über den nächsten Wahltermin hinauszugehen,
ist in der Praxis denn auch nicht erreicht worden.

3. Wirtschaftspolitische und wirtschaftsrechtliche Erfahrungen mit dem Stabilitätsgesetz

Die hoch gesteckten Erwartungen, die mit dem Erlass des Stabilitätsgesetzes ver- 155
knüpft wurden, haben sich in den vergangenen Jahrzehnten nicht erfüllt. Die Rezes-
sionsphasen der Jahre 1974-1975 und 1979-1983 konnten nicht wirksam bekämpft,
der dramatische Anstieg der Arbeitslosigkeit nicht verhindert werden. Dies gilt auch
für die stärkste Rezession der Nachkriegszeit im Jahre 1993. Gleichwohl kann kaum
die Rede davon sein, dass die Lehre von der „fiscal policy" versagt hat. Versagt haben
die entscheidungsbefugten Politiker. In den Jahren einer expansiven Konjunktur
wurde versäumt, Rücklagen zu bilden, die später zur Ankurbelung hätten eingesetzt
werden können. **Staatliche Konjunkturbelebungsprogramme** in Rezessionszeiten
mussten daher entweder durch Steuererhöhungen oder Kredite finanziert werden. Die
gewaltigen Kosten der Wiedervereinigung mussten ebenfalls über Steuererhöhungen
und Kreditaufnahmen der öffentlichen Hand getragen werden.

In den letzten Jahren hat sich unter dem Einfluss des Sachverständigenrates und der 156
Mehrzahl der wirtschaftswissenschaftlichen Forschungsinstitute zunehmend die Ansicht durchgesetzt, staatliche Konjunkturankurbelungsprogramme seien im Wesentlichen zwecklos. Staatliche Wirtschaftspolitik müsse vor allem auf die **Kostenentlas-
tung und Ertragsverbesserung bei den Unternehmen** abzielen. Dieser unter dem
Namen „**Angebotspolitik**" vertretenen Lehre, für welche die in den 80er-Jahren geprägten Schlagwörter der „Reaganomics" in den USA und des „Thatcherism" in
Großbritannien geprägt wurden, steht in der gegenwärtigen wirtschaftswissenschaftlichen Diskussion eine – vor allem vonseiten der Gewerkschaften vertretene – An-

VII *Wirtschaftsverwaltungsrecht*

sicht gegenüber, die unter dem Stichwort „**Nachfragepolitik**" nach wie vor **Beschäftigungsprogramme** fordert.

157 Im Deutschland der Gegenwart steht derzeit die Bekämpfung der nach wie vor (bzw. nach einer leichten Erholung in den Jahren 1998-2000: wieder) sehr hohen Arbeitslosigkeit im Vordergrund der politischen Bemühungen. Im Sommer 2003 kennzeichnen die von der Bundesregierung geplante „Agenda 2010" sowie die Ankündigung weiterer Steuersenkungen den Versuch, eine Senkung der Arbeitslosenzahlen durch eine gezielte Verbesserung des Wirtschaftsstandorts Deutschland zu erreichen.

158 Konjunkturpolitische Maßnahmen haben bislang noch nicht zu praktischen Rechtsstreitigkeiten geführt[149]. Das liegt zunächst daran, dass das gesamtwirtschaftliche Gleichgewicht zwar vom Gesetzgeber anzustreben ist, eine Pflicht zur Verwirklichung bestimmter Einzelmaßnahmen dem StWG jedoch nicht entnommen werden kann. Bei der Bewertung der vier Teilziele hat die Bundesregierung einen **weiten Beurteilungs- und Bewertungsspielraum**. Vor allem aber bezweckt das Stabilitätsgesetz **nicht den Schutz von Einzelinteressen**, sodass subjektive Rechte daraus nicht hergeleitet werden können.

4. Globalsteuerung durch Geldpolitik

159 Die Schlüsselstellung, die das Geld als Zahlungsmittel in einer entwickelten Volkswirtschaft einnimmt, bringt es mit sich, dass über die Steuerung des Geldvolumens und die Beeinflussung des Zinsniveaus auf die gesamtwirtschaftliche Entwicklung eingewirkt werden kann. Träger der **Geldpolitik** war bis zum 31.12.1998 die **Deutsche Bundesbank**. § 3 BBankG verpflichtete die Bundesbank, den Geldumlauf und die Kreditversorgung mit dem **Ziel** zu regeln, die **Währung zu sichern**. Gemäß § 12 BBankG ist sie verpflichtet, unter Wahrung dieser Aufgabe die allgemeine Wirtschaftspolitik der Bundesregierung zu unterstützen. Die Bundesbank war bei der Ausübung ihrer Befugnisse von Weisungen der Bundesregierung unabhängig. Diese **Weisungsunabhängigkeit** sowie die Tatsache, dass ihre Organe weder parlamentarisch kontrolliert noch zur Verantwortung gezogen werden konnten, ist verfassungsgemäß. Sie soll es der Bundesbank ermöglichen, das gesetzlich vorgeschriebene Ziel, die Stabilität der Währung zu sichern, zu erreichen[150]. Nach den geschichtlichen Erfahrungen ist eine Zentralbank, wenn sie an Weisungen einer Regierung gebunden ist, oft nicht in der Lage, diese Aufgabe zu erfüllen.

---

149 Einen Klausurfall behandeln *Frotscher*, JuS 1982, 587 ff und auch *Weber*, JuS 1978, 554 ff.
150 Vgl. hierzu ausführlich *Hahn*, BayVBl. 1982, 33, 70 ff.

5. Mittel der Geldpolitik

Gemäß § 14 BBankG kommt der Bundesbank unbeschadet des Art. 106 Abs. 1 EG das Notenausgabemonopol zu. In einer hoch entwickelten Wirtschaft ist es unmöglich, sämtliche Zahlungsvorgänge mit Bargeld abzuwickeln. Man bedient sich vielmehr des sog. **Buchgeldes**, das als reines Sichtguthaben in den Büchern der Banken nicht aus Papier, sondern nur auf dem Papier besteht. Bei der Gewährung eines Kredites schafft eine Geschäftsbank Buchgeld, indem sie dem Kreditnehmer auf seinem Konto die Verfügungsmacht über eine bestimmte Summe einräumt. Dafür braucht sie nicht in gleichem Umfang Bargeld bereitzustellen, das ihr von den Einlegern zugeflossen ist. Der Kreditnehmer wird sich nämlich in der Regel seinen Kredit nicht in bar auszahlen lassen, sondern über das Buchgeld mit einer Überweisung verfügen. Die Banken können daher, indem sie Kredite einräumen, „Geld erzeugen" (sog. **Geldschöpfung**). Die Geldpolitik der Bundesbank musste dementsprechend auf die Gewährung von Krediten Einfluss nehmen. Die Bundesbank beeinflusste das Geldvolumen, indem sie den Liquiditätsspielraum der Banken verengte oder erweiterte.

160

An Steuerungsmitteln standen der Bundesbank hierbei bis zum Ablauf des Jahres 1998 die **Diskontpolitik**, die **Offenmarktpolitik** und die **Mindestreservenpolitik** zur Verfügung.

161

Zwar beträgt die Geldschöpfung der Geschäftsbanken ein Vielfaches des Bargeldumlaufes. Gleichwohl sind ihre Möglichkeiten, bargeldlose Kredite zu vergeben und dadurch Geld zu schöpfen, nicht unbegrenzt; denn zumindest einen bestimmten Teil ihrer Einlagen müssen sie als Bargeld in Reserve haben. Um liquide zu bleiben, müssen sich daher die Geschäftsbanken bei der Bundesbank refinanzieren. Diese Refinanzierung erfolgt über den Verkauf von Wechseln und die Verpfändung von Wertpapieren. Die Bundesbank kauft von den Kreditinstituten Wechsel vor Fälligkeit. Diese erhalten damit wieder die Geldmittel, die sie zum Ankauf ausgegeben hatten. Die Bundesbank berechnet beim Kauf des Wechsels jedoch einen Abzugszins für die Zeit zwischen Ankauf und Fälligkeit des Wechsels. Dieser Zinssatz ist der **Diskont**. Durch die Diskontfestsetzung beeinflusste die Bundesbank die Kreditkosten.

162

Die Diskontpolitik wurde ergänzt durch eine **Offenmarktpolitik**. Nach § 21 BBankG durfte die Bundesbank zur Regelung des Geldmarktes Schuldverschreibungen der öffentlichen Hand und andere festverzinsliche Wertpapiere am offenen Markt zu Marktpreisen kaufen und verkaufen. Beim Kauf brachte sie Geld in Umlauf, beim Verkauf schöpfte sie Geld ab. Durch die Offenmarktpolitik wird das Geldvolumen marktkonform, d.h. nicht durch hoheitlichen Eingriff, gesteuert.

163

Das einschneidendste Lenkungsinstrument der Bundesbank war die Festlegung von **Mindestreserven**. Sie konnte alle inländischen Geschäftsbanken verpflichten, bei ihr ein Guthaben in Höhe von bis zu 30 % der jeweiligen Inlandsverpflichtungen und von bis zu 100 % für Ausländerguthaben festzulegen. Mindestreserven sollten ursprünglich die Liquidität der Banken sichern. Heute steht die währungspolitische Zielsetzung im Vordergrund: Die als Mindestreserve festgelegten Gelder sind dem Umlauf entzogen.

164

VII *Wirtschaftsverwaltungsrecht*

165 Diese währungspolitischen Kompetenzen der Bundesbank sind seit dem 1.1.1999 auf die Europäische Zentralbank übergegangen. Nach § 3 des Gesetzes zur Änderung des Gesetzes über die Deutsche Bundesbank vom 22.12.1997[151] ist die deutsche Bundesbank integraler Bestandteil des Europäischen Systems der Zentralbanken. Sie wirkt hier mit dem vorrangigen Ziel mit, die Preisstabilität zu Gewähr leisten.

6. Die Entwicklung zu einer Europäischen Währungsunion

166 Der Weg zur Europäischen Währungsunion wurde im **Vertrag von Maastricht** in den **Art. 105 ff EG** festgelegt. Demnach soll die Währungsunion in **drei Stufen** verwirklicht werden. Dabei dienen die beiden ersten Stufen zur Schaffung der Grundlagen bzw. zur technischen Vorbereitung für die dritte Stufe, innerhalb derer die eigentliche Währungsumstellung in den vorher festgelegten Teilnehmerstaaten stattfindet. Gegenstand der **ersten**, am 1.7.1990 begonnenen Stufe, waren neben der vollständigen **Liberalisierung des Zahlungsverkehrs** und der Verwirklichung des **Europäischen Binnenmarkts** vor allem die **Koordination der Wirtschafts-, Finanz- und Geldpolitik** in den Mitgliedstaaten. Auf der **zweiten** Stufe, die gemäß Art. 116 EG am 1.1.1994 begann, wurde das **Europäische Währungsinstitut** (EWI) gegründet, dessen Aufgabe es vor allem ist, die Zusammenarbeit zwischen den nationalen Zentralbanken zu verstärken, insbesondere Preisstabilität zu gewährleisten und die letzte Stufe zur Währungsunion vorzubereiten. Wichtigste Aufgabe war jedoch die **Auswahl der Teilnehmerstaaten** an der Wirtschafts- und Währungsunion. Die für die Auswahl maßgebenden Konvergenzkriterien ergeben sich aus Art. 121 EG. Im Einzelnen wurden folgende Voraussetzungen aufgestellt:

– ein hoher Grad an **Preisstabilität**, der erreicht ist, wenn die Inflationsrate höchstens 1,5 % über der Durchschnittsinflationsrate der drei preisstabilsten Länder liegt,
– eine **öffentliche Haushaltslage ohne übermäßiges Defizit,** wobei nach einem Beschluss des Rates das jährliche Budgetdefizit der öffentlichen Haushalte, d.h. die Neuverschuldung des Staates 3 % und der Gesamtschuldenstand der öffentlichen Hand 60 % des Bruttoinlandsprodukts nicht übersteigen darf,
– ein spannungsfreies **Einhalten der normalen Bandbreite des Wechselkursmechanismus** des Europäischen Währungssystems seit mindestens zwei Jahren ohne Abwertung gegenüber der Währung eines anderen Mitgliedstaates,
– Dauerhaftigkeit der Konvergenz, die sich durch einen durchschnittlichen langfristigen **Nominalzinssatz** dokumentiert, der nicht mehr als zwei Prozentpunkte über den entsprechenden Zinssätzen der drei preisstabilsten Mitgliedstaaten liegt.

167 Die Erfüllung dieser Anforderungen hat sich in der Praxis als schwierig erwiesen. Unproblematisch wurde allein Luxemburg den aufgestellten Maßstäben gerecht. Im Übrigen zeigte sich, dass insbesondere die Aspekte der Staatsverschuldung und des Haushaltsdefizits deutliche Hürden aufstellen. Auch in Deutschland bereitete die

---

151 BGBl. I, S. 3274.

Einhaltung der 3%-Grenze bei der Neuverschuldung Schwierigkeiten, denen man durch vielfältige Einsparungs-, Reform- und Privatisierungsmaßnahmen zu begegnen versucht. Gleichwohl haben die Staats- und Regierungschefs im Frühjahr 1998 eine Beteiligung der meisten, eine Teilnahme begehrenden Mitgliedstaaten an der WWU zugelassen, und zwar von: Belgien, Deutschland, Frankreich, Irland, Italien, Luxemburg, den Niederlanden, Österreich, Portugal und Spanien.

Mit Beginn der **dritten** Stufe am 1.1.1999 wurden dann gemäß Art. 118 EG unwiderruflich **feste Wechselkurse** zwischen den Teilnehmerstaaten eingeführt und deren Währungen durch die gemeinsame Währung, den Euro, ersetzt. Die Geld- und Währungspolitik in Europa betreibt seither das **Europäische System der Zentralbanken** (ESZB), das aus der Europäischen Zentralbank (EZB) sowie den Nationalen Zentralbanken besteht. **168**

Dem in den Art. 8, 105 ff, 123 EG behandelten **Europäischen System der Zentralbanken** ist als zentrale Funktion die Aufgabe zugewiesen, nach Einführung der gemeinsamen Währung die Preisstabilität zu gewährleisten. Hierbei hat es gemäß Art. 105 EG die Geldpolitik der Gemeinschaft festzulegen und auszuführen, Devisengeschäfte durchzuführen, die offiziellen Währungsreserven der Mitgliedstaaten zu verwalten und das reibungslose Funktionieren der Zahlungssysteme zu fördern. **169**

Die Einführung der **Europäischen Zentralbank** (EZB) – mit Sitz in Frankfurt am Main – wird durch Art. 4 EG festgelegt. Die EZB besitzt gemäß Art. 106 EG das ausschließliche Recht, die Ausgabe von Banknoten innerhalb der Gemeinschaft zu genehmigen. Auf diese Art und Weise steht die Kontrolle über die innerhalb der Gemeinschaft im Umlauf befindliche Geldmenge allein der EZB zu. Diskont-, Offenmarkt- und Mindestreservenpolitik werden durch die EZB betrieben. **170**

Besondere Bedeutung kommt Art. 108 EG zu, demzufolge ESZB und EZB bei der Wahrnehmung der ihnen übertragenen Befugnisse, Aufgaben und Pflichten **unabhängig** sind und **keine Weisungen** von Organen oder Einrichtungen der Gemeinschaft, Regierungen der Mitgliedstaaten oder anderen Stellen einholen oder entgegennehmen dürfen[152]. **171**

Ab dem 1.1.2002 hat schließlich der Euro die DM als ausschließliches Zahlungsmittel abgelöst; die früheren nationalen Währungen wurden damit nach einer gewissen Übergangszeit von einigen Monaten endgültig durch den Euro ersetzt. **172**

Literatur und Rechtsprechung
Zu 1. bis 3.:
Arndt, Staatshaushalt und Verfassungsrecht, JuS 1990, 343 ff; *Dierdorf*, Neugestaltung der Währungsverfassung, NJW 1998, 3145 ff; *Frotscher*, JuS 1982, 587; *Hollmann*, Rechtsstaatliche Kontrolle der Globalsteuerung: Möglichkeiten und Grenzen einer normativen Kontrolle globalsteuernder Wirtschaftspolitik am Beispiel des Stabilitätsgesetzes, 1980; *Klausurfall*

---
152 Vgl. aber auch die Kritik von *Streinz*, Europarecht, 5. Auflage 2001, Rdnr. 899 ff zu Konstruktionsschwächen der Wirtschafts- und Währungsunion.

VII *Wirtschaftsverwaltungsrecht*

BayVBl. 1984, 92 f, 123; *Kloepfer*, Globalsteuerung und Grundgesetz, JURA 1979, 13; *Weber*, Die Kreditlimitierungsverordnung, JuS 1978, 554.

Detailfragen zur Globalsteuerung und zum Stabilitätsgesetz werden in den beiden Kommentaren, die zu diesem Gesetz erschienen sind, behandelt: *A. Möller* (Hrsg.), Gesetz zur Förderung der Stabilität und des Wachstums der Wirtschaft, 2. Auflage 1969; *Stern/Münch/Hansmeyer*, Gesetz zur Förderung der Stabilität und des Wachstums der Wirtschaft, 2. Auflage 1972.

Zu 4. und 5.:

Hahn, Die Deutsche Bundesbank im Verfassungsrecht, BayVBl. 1982, 33, 70; BVerwGE 41, 334 (Festsetzung von Mindestreserven).

Zu 6.:

Bleckmann, Der Vertrag über die Europäische Union, DVBl. 1992, 335 ff; *v. Borries/Repplinger-Hach*, Rechtsfragen der Einführung der Europawährung, EuZW 1996, 492; *Drayer*, Die Auswirkungen der Europäischen Wirtschaftsunion auf die deutsche Wirtschaft, Versicherungswirtschaft 1997, 292; *Hahn*, Der Weg zur Europäischen Währungsunion, BayVBl. 1996, 353; *Heun*, Die Europäische Zentralbank in der Europäischen Währungsunion, JZ 1998, 866 ff; *Kilb*, Rechtsgrundlagen des Euro, JuS 1999, 10 ff; *Morgenthaler*, Der Euro – zwischen Integrationsdynamik und Geldwertstabilität, JuS 1997, 673 ff; *Oppermann/Classen*, Die EG vor der Europäischen Union, NJW 1993, 5 ff.

II. Einzelsteuerung

173 Neben globaler Konjunktursteuerung durch Geldpolitik und Fiskalpolitik gibt es eine Vielzahl von Möglichkeiten, seitens des Staates **gezielte Einflussnahme** auf das Verhalten einzelner Wirtschaftssubjekte zu nehmen. Von diesen Möglichkeiten[153] sollen hier Selbstbeschränkungsmaßnahmen der Wirtschaft, das Subventionswesen, die öffentliche Auftragsvergabe und die Wirtschaftsverwaltung durch das Abgabenrecht näher vorgestellt werden.

1. Selbstbeschränkung der Wirtschaft

174 Um es gar nicht erst zu einem drohenden dirigistischen normativen Eingriff kommen zu lassen, erklären sich die betroffenen Wirtschaftssubjekte recht häufig freiwillig zu einem gewünschten Verhalten bereit (sog. **Selbstbeschränkungsabkommen**).

175 Selbstbeschränkungsabkommen sind insbesondere im Umweltrecht verbreitet, aber auch im Wirtschaftsverwaltungsrecht bekannt.

Beispiele: Ende 2001 gab der Gesamtverband der Deutschen Versicherungswirtschaft (GDV) die Selbstverpflichtungserklärung ab, vor dem Abschluss von Lebensversicherungen weitgehend auf Gentests zu verzichten. Aus dem Jahre 1998 stammt eine freiwillige Selbstverpflichtung des deutschen Einzelhandels, im Zuge der Umstellung von DM- auf Euro-Preise eine doppelte Preisauszeichnung vorzunehmen, um den Verbraucher auf die – mittlerweile vollzo-

---

153 Zum Einfluss hoheitlicher Informationspolitik als (auch) wirtschaftsverwaltungsrechtliches Steuerungsinstrument vgl. z.B.: *Di Fabio*, JuS 1997, 1 ff; zum Grundrechtseingriff durch Veröffentlichung von Warentests: BVerwG, JuS 1997, 180.

gene – Währungsumstellung vorzubereiten. Für den Umweltsektor seien die freiwilligen Maßnahmen der Wirtschaft im Bereich der Getränkeverpackungen genannt. In den 70er und 80er-Jahren gaben die Verbände der Verpackungshersteller, der Getränkeabfüller und des Handels gegenüber dem Bundesinnenminister Selbstverpflichtungen ab, die die bestehenden Mehrwegsysteme aufrechterhalten sollten. Nachdem die Selbstverpflichtungen einen Rückgang der Mehrwegquote auf dem Getränkesektor nicht verhindern konnten, griff der Staat in der Folgezeit auf den Einsatz eines ordnungsrechtlichen Instrumentariums zurück. Dies geschah durch den Erlass der sog. PET-Verordnung im Jahre 1988 und dann insbesondere der VerpackV im Jahre 1991, die weitere freiwillige Umweltschutzmaßnahmen der Wirtschaft auf dem Verpackungssektor weitgehend obsolet machte. Es soll jedoch daran erinnert werden, dass freiwillige Systeme der Wirtschaft auf dem Verpackungssektor eine lange Tradition haben. Dies gilt insbesondere für den Vertrieb von Getränken (z.B. Mineralwasser, Bier, Säfte, Erfrischungsgetränke oder auch Milch) in Mehrwegflaschen. Die Errichtung dieser Pfandsysteme wurde als Selbstregulierung von der Wirtschaft initiiert; ihr liegt kein staatlicher Befehl zu Grunde.

176 Dieses Beispiel zeigt allerdings zugleich die Grenzen derartiger Selbstbeschränkungsabkommen[154]. Seit 1982 stieg der Marktanteil von Getränken in Einwegbehältern – dem Kompromiss von 1982 zum Trotz – kontinuierlich weiter an. Das 1986 neugefasste Abfallgesetz enthielt in § 14 Abs. 1 Nr. 3 eine Ermächtigung zur Einführung einer Rücknahme- und Pfandpflicht. Angewendet werden sollte diese Ermächtigung allerdings erst, wenn ein weiteres Selbstbeschränkungsabkommen von der Einwegbranche nicht eingehalten würde[155]. Als dieser Fall eintrat, erließ die Bundesregierung 1988 eine Verordnung über die Rücknahme und Pfanderhebung von Getränkeverpackungen aus Kunststoffen mit einem Füllvolumen von 0,3 bis 3 Liter. Diese Verordnung wurde 1991 durch die Verpackungsverordnung ersetzt, die neben der Rücknahmepflicht in § 6 und § 7, Pfanderhebungspflichten für Getränkeverpackungen statuierte[156]. Die Verordnung, welche auch nach dem Außerkrafttreten des Abfallgesetzes zum 27.9.1996 fortgilt und deren Rechtsgrundlage sich nunmehr in § 24 Abs. 1 Nrn. 1-3 KrW/AbfG findet, wurde durch Gesetz vom 21.8.1998 novelliert[157]. Eine weitere Änderung stand unmittelbar bevor, nachdem die Umweltminister von Bund und Ländern die bisherige Rechtslage in einer gemeinsamen Erklärung vom 25.10.2000 für unzureichend erachtet hatten. Hauptkritikpunkt war dabei, dass durch die Verpackungsverordnung teilweise gleichartige Verpackungsmaterialien im Hinblick auf ihren Inhalt verschieden behandelt werden. Dies gilt insbesondere für Getränkedosen, für die nach dem Willen von Bundesumweltminister *Trittin* ein einheitliches „Dosenpfand" eingeführt werden sollte. Da es der Bundesregierung letztlich aber nicht gelang, den Bundesrat von der Notwendigkeit eines derartigen einheitlichen Dosenpfandes zu überzeugen, wird nun seit dem 1.1.2003 ein Dosenpfand jedenfalls auf Bier- und Mineralwasserdosen sowie auf Dosen für

---

154 Derartige Selbstbeschränkungsverpflichtungen finden sich mittlerweile in vielen Wirtschaftsbereichen, am häufigsten wohl in der Werbewirtschaft, z.B. bei der Werbung für Tabak und alkoholische Erzeugnissen, wieder.
155 Der Spiegel Nr. 8/1986, 27 f.
156 Sog. PET-Verordnung vom 28.12.1988, BGBl. I, S. 2455; hierzu *Versteyl*, NVwZ 1989, 126, 128; Verpackungsverordnung vom 12.6.1991, BGBl. I, S. 1234; hierzu: *Arndt*, Umweltrecht (in diesem Buch), Rdnr. 223 ff.
157 BGBl. I, 2379; näher dazu *Koch*, NVwZ 1998, S. 1155 ff.

VII *Wirtschaftsverwaltungsrecht*

kohlensäurehaltige Erfrischungsgetränke erhoben. Im Hinblick auf den allgemeinen Gleichheitssatz des Art. 3 Abs. 1 GG dürfte es indessen schwer fallen, ein solches partielles Dosenpfand verfassungsrechtlich zu rechtfertigen[158].

177 Problematisch ist auch die europarechtliche Zulässigkeit solcher Rücknahme- und Pfandsysteme, da sie als handelshemmende Maßnahmen auch EU-ausländische Unternehmen treffen, was der EG prinzipiell verbietet (Art. 28 EG). Der Europäische Gerichtshof sieht die Systeme aber als mit der Warenverkehrsfreiheit grundsätzlich vereinbar an, sofern sie unter Abwägung der erreichbaren Ziele mit den eingesetzten Mitteln verhältnismäßig sind[159].

178 Neben diesen Abkommen gibt es andere Steuerungsmöglichkeiten, die rechtlich ungleich problematischer sind.

179 Zu dem nach Umfang und Bedeutung wohl wichtigsten Mittel der gezielten Einflussnahme gehört die Vergabe von Subventionen.

2. Der Subventionsbegriff

180 In der Rechtswissenschaft wird zwischen Subventionen im weiten und im engen Sinne unterschieden. Unter **Subventionen im weiten Sinne** versteht man im Anschluss an § 12 StWG **Geldleistungen und Steuervergünstigungen an die Wirtschaft und an private Haushalte**. Dieser weite Subventionsbegriff hat sich wirtschaftsverwaltungsrechtlich nicht durchsetzen können. Für den Begünstigten läuft es zwar wirtschaftlich auf das gleiche hinaus, ob er direkte staatliche Zahlungen oder entsprechende Steuervergünstigungen erhält. Rechtlich bestehen jedoch erhebliche Unterschiede, die es rechtfertigen, Steuervergünstigungen aus einem wirtschaftsverwaltungsrechtlichen Subventionsbegriff auszuklammern. **Steuern** dürfen **nur auf Grund eines Gesetzes** erhoben werden[160]. Entsprechendes gilt nach dem Grundsatz der Gesetzmäßigkeit der Besteuerung für Steuervergünstigungen (vgl. § 85 AO). Für direkte **Finanzhilfen** reicht dagegen im Regelfall ein **haushaltsrechtlicher Ansatz** aus. Ferner wird das Recht der Steuervergünstigungen traditionell einer anderen Materie als dem Wirtschaftsverwaltungsrecht, nämlich dem Steuerrecht, zugeordnet. Der wirtschaftsverwaltungsrechtliche **enge Subventionsbegriff klammert** indes nicht nur die **Steuervergünstigungen aus**, sondern verengt auch den **Empfängerkreis**[161]. Er kann in Anlehnung an § 264 Abs. 7 StGB als „Leistung aus öffentlichen Mitteln nach Bundes- oder Landesrecht (oder nach dem Recht der Europäischen Gemeinschaften) an Betriebe oder Unternehmen, die zum einen wenigstens teilweise ohne marktmäßige Gegenleistung gewährt wird und zum anderen der Förderung der

---

158 Näher zur verfassungsrechtlichen Seite der Dosenpfandproblematik *Arndt/Fischer*, BB 2001, 1909 ff.
159 Vgl. EuGH, Rs 302/86, NVwZ 1989, 849 ff.
160 *Arndt*, Grundzüge des Allgemeinen Steuerrechts, 1988, 21, 81 f.
161 Kritisch dazu *Frotscher*, JuS 1984, 692 ff, der unter Hinweis auf den Subventionsbericht der Bundesregierung, der z.B. auch das Finanz- und das Wohnungswesen erfasst, den Subventionsbegriff weiter fassen will.

Wirtschaft dienen soll", umschrieben werden. Damit fallen z.B. Subventionen auf dem Sozialsektor aus dem wirtschaftsverwaltungsrechtlichen Subventionsbegriff heraus[162].

Unter den Begriff der „Leistung aus öffentlichen Mitteln" fallen dabei mannigfache **181** **Förderungsarten**: z.B. **verlorene Zuschüsse, günstige Darlehen, Bürgschaften und Naturalsubventionen** (wie der verbilligte Verkauf von Gewerbegelände durch die öffentliche Hand).

3. Die verfassungs- und verwaltungsrechtliche Subventionsproblematik

Dass die öffentliche Hand wirtschaftspolitische Zielvorstellungen auch mit dem Mittel der Subvention verfolgen darf, ist unbestritten. Verfassungsrechtlich umstritten ist freilich, wie dies zu geschehen hat. Eine beachtliche **Minderheit im Schrifttum** sieht in Art. 20 Abs. 3 GG ein Verfassungsgebot, **jede Subventionierung** dem **Gesetzesvorbehalt** zu unterwerfen[163]. Vor allem die **Judikatur** geht indessen davon aus, Art. 20 Abs. 3 GG unterwerfe nur die Eingriffsverwaltung dem Gesetzesvorbehalt. Für die **Subventionierung als Teil der Leistungsverwaltung** reiche die **Ausweisung der Mittel im Haushaltsplan** als Rechtsgrundlage aus[164]. **182**

Übereinstimmung besteht allerdings darüber, dass die Subventionsbehörde als Teil **183** der öffentlichen Verwaltung bei ihrer Tätigkeit **unmittelbarer Grundrechtsbindung** unterliegt. Wegen dieser Grundrechtsbindung muss die h.M. in Bezug auf die These der Unanwendbarkeit des Gesetzesvorbehaltsprinzips eine wichtige Einschränkung machen. Denn nach der Rechtsprechung des Bundesverfassungsgerichts ist es Aufgabe des Gesetzgebers, die Entscheidungen, die **wesentlich** für die Verwirklichung eines bestimmten Grundrechts sind, selbst zu treffen (sog. „**Wesentlichkeitstheorie**"[165]).

Beispiel: Unmittelbare Subventionen an Presseunternehmen dürfen nur auf der Grundlage eines materiellen Gesetzes vergeben werden, welches durch präzise Tatbestände die Voraussetzungen und Bedingungen der Hilfsmaßnahmen so eindeutig festlegt, dass für die Exekutive bei der Durchführung der Förderung kein Ermessensspielraum mehr bleibt. Andernfalls besteht die Gefahr, dass die Verwaltung von sich aus bestimmte Medien begünstigt und andere benachteiligt[166].

---

162 Vgl. zum Subventionsbegriff auch *Busch*, JuS 1992, 563 ff; *Frotscher*, JuS 1984, 692, 693 f und *Jarass*, JuS 1980, 115 f, bei denen auch näher die einzelnen Arten der Subventionen (Erhaltungs-, Anpassungs-, Produktivitätshilfen sowie sonstige Hilfen) erläutert sind. Ausführlich ebenfalls: *Schmidt*, in: *Achterberg/Püttner/Würtenberger*, Besonderes Verwaltungsrecht, 2. Auflage 2000, Rdnr. 147 ff; allgemein zur Subventionierung: *Maurer*, Allgem. VerwaltungsR, 14. Auflage 2002, § 17 Rdnr. 3 ff.
163 Vgl. nur *Bauer*, DÖV 1983, 53 ff.
164 BVerwG, NJW 1977, 1838 f; BVerwGE 58, 45, 48; auch die h.M. in der Literatur stimmt dem weitgehend zu; vgl. nur *Frotscher*, JuS 1984, 692, 696; *Weides*, JuS 1985, 564, 565. Zusammenfassend: *Dickersbach*, NVwZ 1993, 846 ff.
165 BVerfGE 49, 89, 126.
166 OVG Berlin, NJW 1975, 1938.

VII Wirtschaftsverwaltungsrecht

184 Die ständige Rechtsprechung des Bundesverfassungsgerichts, die aus dem Rechtsstaats- und Demokratieprinzip des Grundgesetzes die Forderung ableitet, der Gesetzgeber müsse die wesentlichen, grundrechtsrelevanten Entscheidungen selbst treffen, scheint allerdings in ihrer Bedeutung für das Subventionsrecht von der h.M. noch nicht voll anerkannt zu sein. Obwohl wirtschaftliche Handlungsfreiheit und Wettbewerbsgleichheit (Art. 2 Abs. 1 und Art. 3 Abs. 1 GG) bei **konsequenter Anwendung** dieser Rechtsprechung **für jede Subventionierung eine materiell-gesetzliche Ermächtigungsgrundlage** fordern, haben Rechtspraxis und verwaltungsgerichtliche Judikatur diese Folgerung noch nicht gezogen[167].

185 Ebenfalls problematisch ist die **Frage nach der verwaltungsrechtlichen Handlungsform** bei der Subventionsvergabe. Im Regelfall lassen sich bei der Mittelvergabe **zwei Stufen** unterscheiden[168]. Die Entscheidung, **ob** einem Subventionierungsantrag stattgegeben wird, ist öffentlich-rechtlicher Natur, während die konkrete Förderung (das **„Wie"**) auch privatrechtlich, z.B. in Form eines Darlehens oder einer Bürgschaft, ausgestaltet werden kann. Umstritten ist, ob die **Subventionsentscheidung als Verwaltungsakt oder als öffentlich-rechtlicher Vertrag** zu qualifizieren ist. Zunächst scheint die Annahme eines öffentlich-rechtlichen Vertrages fern zu liegen: Der Bürger stellt einen Antrag, die zuständige Vergabestelle erlässt einen Subventionsbescheid. Gleichwohl gibt es in der Literatur viele Stimmen, die davon ausgehen, dass es sich materiell um einen **Vertrag** handele. Der Staat erreiche seine wirtschaftspolitischen Ziele nur, wenn der Subventionsempfänger dabei mitwirke. Es liege eine Willenseinigung zwischen Behörde und Bürger vor, einen Rechtserfolg gemeinsam herbeiführen zu wollen. Die Rolle des Subventionsempfängers erschöpfe sich keineswegs darin, eine einseitige Entscheidung der Behörde hinzunehmen[169].

186 Demgegenüber vertritt die Rechtsprechung die Ansicht, ein öffentlich-rechtlicher Vertrag liege nicht vor, da keine Vertragsverhandlungen stattfänden, sondern die Subvention nach behördlichen Richtlinien unter genau bezeichneten Voraussetzungen gewährt werde, denen sich der Begünstigte unterwerfe[170].

187 Dieser Rechtsprechung ist im Ergebnis zuzustimmen. Die von der Verwaltung regelmäßig gewählte Form der Bewilligung spricht deutlich gegen einen Vertrag. Solange der Gesetzgeber nicht ausdrücklich Gegenteiliges anordnet, ist die Subventionsver-

---

167 In diese Richtung argumentiert auch *Schnapp*, in: *v. Münch/Kunig*, GG, Bd. 2, 5. Auflage 2000, Art. 20 Rdnr. 46 m.w.N. Dass aus der Wesentlichkeitstheorie keine zu weit reichenden Folgerungen abzuleiten sind, hat das BVerfG aber auch ausgedrückt: „Das Grundgesetz kennt weder einen Totalvorbehalt des Gesetzes noch eine Kompetenzregelung, die besagte, dass alle ‚objektiv wesentlichen' Entscheidungen vom Gesetzgeber zu treffen wären"; BVerfG, NJW 1985, 603, 610. Dazu auch *Weides*, JuS 1985, 364, 365. Vgl. zum Problemkreis des Gesetzesvorbehalts im Subventionsrecht: *Stober*, GewArch. 1993, 136 ff.
168 BVerwGE 1, 308 ff; 45, 13 f; grundlegend *Ipsen*, Öffentliche Subventionierung Privater, 1956, 62 ff; *ders.*, VVDStRL 25, 988 f; *Jarass*, JuS 1980, 118 ff; kritisch: *Maurer*, Allgem. VerwaltungsR, 14. Auflage 2002, § 17 Rdnr. 11 ff.
169 Die Annahme eines Vertrages befürworten z.B. *Henke*, DÖV 1985, 41, 47; *Ehlers*, VerwArch. 74 (1983), 22.
170 BVerwGE 52, 155, 160 ff; 61, 296, 299; vgl. auch *Maurer*, Allgem. VerwaltungsR, 14. Auflage 2002, § 17 Rdnr. 14 ff.

gabe daher als Erlass eines **Verwaltungsakts** anzusehen. Diese Handlungsform gibt der Verwaltung bei der Rückabwicklung des Subventionsverhältnisses einen wichtigen Vorteil. Bei vertraglichen Beziehungen müsste sie den Vertrag kündigen und gegebenenfalls Klage auf Rückabwicklung beim Verwaltungsgericht erheben. Wenn sie die Leistung dagegen durch Verwaltungsakt bewilligt hat, kann sie diese nach der **actus-contrarius-Theorie** auch auf dem gleichen Weg zurückfordern. Damit stehen ihr die vollstreckungsrechtlichen Möglichkeiten des Verwaltungsvollstreckungsgesetzes zur Verfügung, und es ist Sache des Subventionsempfängers, sich gegen den Rückforderungsbescheid verwaltungsgerichtlich zur Wehr zu setzen.

Beispiel: Die Subventionsrichtlinien eines Landwirtschaftsförderungsprogramms des Bundes lauten: „Im Fall einer Veräußerung des Hofes kann die Subvention zurückgefordert werden." X, der diese Richtlinien anerkannt hat, veräußert nach Erhalt der Subvention seinen Hof. Besteht ein Rückzahlungsanspruch?

Die Geltendmachung eines öffentlich-rechtlichen Erstattungsanspruchs setzt eine rechtsgrundlose Vermögensverschiebung voraus. Da die Subventionsbewilligung durch Verwaltungsakt erfolgte, bildet dieser den Rechtsgrund für die Subventionszahlung. Wird der Erstattungsanspruch geltend gemacht, so ist darin jedoch zugleich die konkludente Aufhebung des Bewilligungsbescheides zu sehen. Diese Aufhebung müsste zulässig sein. Nach § 49 Abs. 2 VwVfG kann ein rechtmäßiger begünstigender Verwaltungsakt nur mit Wirkung für die Zukunft widerrufen werden.

Für den rückwirkenden Widerruf von Zuwendungsbescheiden war bis 1996 die Spezialvorschrift des § 44a Abs. 1 BHO maßgeblich. Nach deren Wegfall richtet sich der Widerruf nach der allgemeinen Vorschrift des § 49 Abs. 3 VwVfG.

Schließlich bleibt noch zu klären, ob die Vergabestelle ihren Erstattungsanspruch in Form eines **Leistungsbescheides** geltend machen darf oder ob es hierzu einer verwaltungsgerichtlichen Klage bedarf. Diese früher streitige Frage ist durch den Gesetzgeber mit der Einfügung von § 49a VwVfG durch Gesetz vom 2.5.1996 geklärt worden. § 49a Abs. 1 S. 1 VwVfG statuiert eine gesetzliche Erstattungspflicht des Leistungsempfängers sowohl für die Fälle des Widerrufs und der Rücknahme von Verwaltungsakten mit Wirkung für die Vergangenheit als auch bei Eintritt einer auflösenden Bedingung. Dabei stellt § 49a Abs. 1 S. 2 VwVfG klar, dass die zu erstattende Leistung durch schriftlichen Verwaltungakt festzusetzen ist.

Angesichts dieser Rechtslage dürfte die Subventionsverwaltung auch in Zukunft kaum geneigt sein, sich bei der Bewilligung statt der Handlungsform des Verwaltungsaktes derjenigen des öffentlich-rechtlichen Vertrages zu bedienen. **188**

Ein **Rechtsanspruch auf Subventionierung** besteht **nur in wenigen gesetzlich geregelten Fällen**. Bedeutsam ist insoweit das InvZulG 1999, welches einkommen- bzw. körperschaftsteuerpflichtigen Investoren einen Rechtsanspruch auf die Gewährung von Investitionszulagen einräumt (vgl. § 1 Abs. 1 InvZulG 1999). Voraussetzung für die Förderung ist zunächst, dass das Investitionsvorhaben im Fördergebiet des InvZulG 1999 liegt; dieses Fördergebiet umfasst gemäß § 1 Abs. 2 InvZulG die fünf neuen Bundesländer sowie – eingeschränkt – die Bundeshauptstadt Berlin[171]. **189**

---

171 Eingehend hierzu *Frotscher*, Wirtschaftsverfassungs- und WirtschaftsverwR, 3. Auf. 1999, Rdnr. 382 ff.

190 Im Regelfall steht die Bewilligung dagegen im Ermessen der Verwaltung, deren Entscheidungsspielraum allerdings durch Vergaberichtlinien eingeschränkt wird. Dementsprechend steht dem einzelnen Subventionsbewerber ein **subjektives Recht auf fehlerfreie Ermessensentscheidung**, insbesondere auf gleichmäßige Anwendung der Vergaberichtlinien, zu[172]. Insofern kann beispielsweise der Gleichbehandlungsgrundsatz aus Art. 3 Abs. 1 GG den Ermessensspielraum der Verwaltung dahingehend reduzieren, dass im Hinblick auf die Vergaberichtlinien bzw. die tatsächliche Vergabepraxis eine Subvention zwingend zu bewilligen ist. Andererseits entfällt dieser Anspruch, wenn die haushaltsmäßig bereitgestellten Mittel erschöpft sind. Beruht die Mittelerschöpfung allerdings auf rechtswidrigen Vergabeentscheidungen, kann ein Schadensersatzanspruch nach Amtshaftungsrecht in Betracht kommen.

191 Daneben stellt sich schließlich noch die Frage nach **Art und Umfang des Rechtsschutzes** im Subventionsrecht[173]. Wenn ein Unternehmer bei der Subventionsvergabe nicht berücksichtigt wurde, so kann er versuchen die **Subventionierung seines Konkurrenten anzufechten**. Diese Klage ist zulässig, wenn der Kläger klagebefugt ist, d.h. wenn er die Möglichkeit darlegen kann, durch die rechtswidrige Subventionsvergabe an den Konkurrenten in seinen Rechten aus Art. 2 Abs. 1 GG (Wettbewerbsfreiheit) oder aus Art. 3 Abs. 1 GG (Wettbewerbsgleichheit) verletzt worden zu sein (§ 42 Abs. 2 VwGO). Dies ist beispielsweise dann anzunehmen, wenn er „geltend macht, dass seine schutzwürdigen Interessen willkürlich vernachlässigt worden seien"[174].

192 Sofern es dem Unternehmer allein darum geht, **selbst subventioniert zu werden**, ist die **Verpflichtungsklage** die geeignete Klageart. Auch insofern ist er klagebefugt, wenn er geltend machen kann, dass die Nichtgewährung der Subvention ihn in seinen Rechten verletze, z.B. weil er ohne sachlichen Grund dem Konkurrenten gegenüber benachteiligt werde[175].

4. Subventionen im Lichte des Europarechts

193 Durch die staatliche Unterstützung bestimmter Wirtschaftszweige können Wettbewerbsverzerrungen auch im europäischen Bereich entstehen, weil subventionierte Güter billiger verkauft werden können als vergleichbare nichtsubventionierte Güter aus anderen EU-Ländern.

194 Deshalb sind nach Art. 87 Abs. 1 EG **staatliche Beihilfen** – gleich welcher Art –, **die durch die Begünstigung bestimmter Unternehmen oder Produktionszweige den**

---

172 Anspruchsgrundlage ist hier Art. 3 GG i.V.m. der Richtlinie; vgl. BVerwG, NJW 1979, 280; *Jarass*, JuS 1980, 115, 118 f.
173 Dazu ausführlich *Stober*, Besonderes WirtschaftsverwaltungsR, 12. Auflage 2001, S. 394 f.
174 BVerwGE 30, 191, 196 f; ausführlich zu dieser Problematik: *Friehe*, JuS 1981, 867 ff. Zur Konkurrentenklage bei einem öffentlich-rechtlichen Subventionsvertrag vgl. *Knuth*, JuS 1986, 523 ff; *Schenke*, NVwZ 1993, 718 ff; *Miebach*, JuS 1987, 956 ff.
175 Vgl. zur Rückforderung von Subventionen VGH München, NJW 1988, 26, 90; dazu *Arndt*, JuS 1989, 808.

Wettbewerb verfälschen oder zu verfälschen drohen, mit dem Gemeinsamen Markt unvereinbar, soweit sie den Handel zwischen den Mitgliedstaaten beeinträchtigen. Art. 87 EG umfasst dabei nicht nur positive Leistungen, sondern auch solche Maßnahmen, die in verschiedener Form die Belastungen mindern, die ein Unternehmen normalerweise zu tragen hat. Auch Abgabenbefreiungen sind daher Beihilfen i.S.d. Art. 87 Abs. 1 EG.

Das homogene Zusammenwachsen des Gemeinsamen Marktes gebietet jedoch nicht den schlagartigen Abbau aller staatlichen Beihilfen, da diese nicht zuletzt sozialen und regionalen Besonderheiten Rechnung tragen und verhindern, dass durch den Untergang einzelner Wirtschaftszweige ganze Wirtschaftsordnungen gefährdet werden. Dieses Spannungsfeld versuchen die Art. 87-89 EG angemessen zu berücksichtigen. **195**

Art. 87 Abs. 2 EG schafft einen Katalog von **Ausnahmen** von dem grundsätzlichen Subventionsverbot: Danach sind Beihilfen, die aus sozialen Gründen an einzelne Verbraucher geleistet werden, zulässig, soweit sie nicht nach Herkunft der gekauften Ware differenzieren. Hierunter fällt zum Beispiel der subventionierte Verkauf billiger EU-Butter an Bedürftige. Hilfen zur Beseitigung von Schäden aus Naturkatastrophen sind ebenfalls zulässig. **196**

Art. 87 Abs. 3 EG stellt die Gewährung bestimmter weiterer Beihilfen in das **Ermessen** der Kommission. So kann die Förderung der wirtschaftlichen Entwicklung von Gebieten erlaubt werden, in denen der Lebensstandard außergewöhnlich niedrig (**regionale Beihilfe**) **197**

Des Weiteren können Beihilfen zur Förderung wichtiger Vorhaben von gemeinsamem europäischem Interesse oder zur Behebung einer beträchtlichen Störung im Wirtschaftsleben eines Mitgliedstaates ebenso genehmigt werden wie Strukturförderungen für einzelne Wirtschaftszweige, soweit sie nicht dem gemeinsamen Interesse der EU zuwiderlaufen (**sektorale Beihilfe**). Schließlich können durch den Rat mit qualifizierter Mehrheit weitere Beihilfen zugelassen werden. **198**

Art. 88 EG stellt der Kommission ein **Verfahren** zur Verfügung, um gegen **unstatthafte Beihilfen** vorzugehen. Nach Art. 88 Abs. 1 EG überprüft die Kommission die Beihilfen in den Mitgliedstaaten. Subventionen, die gemäß Art. 87 EG unzulässig sind, sind durch den betreffenden Staat binnen einer bestimmten Frist aufzuheben oder umzugestalten. Art. 87 EG hat keine Direktwirkung, sondern setzt eine konkretisierende Entscheidung der Kommission voraus. Kommt der Staat einer solchen Entscheidung nicht nach, so können die Kommission oder jeder betroffene Staat in Abweichung von den Art. 226 und 227 EG den EuGH unmittelbar anrufen. Im Gegensatz zu Art. 87 EG ist jedoch das vorläufige Vollzugsverbot des Art. 88 Abs. 3 S. 3 EG unmittelbar anwendbar. Art. 88 Abs. 3 S. 1 EG verpflichtet die Mitgliedstaaten zur Anzeige von Beihilfen. Satz 3 dieser Vorschrift verbietet die Durchführung einer – angezeigten oder nicht angezeigten, materiell zulässigen oder unzulässigen – Beihilfe, bevor die Kommission abschließend entschieden hat. Man spricht insoweit von **Sperrwirkung** bzw. **Durchführungsverbot**. **199**

Sobald der EuGH festgestellt hat, dass eine bestimmte Beihilfe mit Art. 87 EG unvereinbar ist, hat sie der betreffende Staat gemäß Art. 228 EG **zurückzufordern**. Ob **200**

VII *Wirtschaftsverwaltungsrecht*

dies möglich ist, richtet sich nach dem jeweiligen **nationalen Verwaltungsrecht**. Bei dessen Auslegung sind – so der EuGH – die besonderen Interessen der Europäischen Gemeinschaft zu berücksichtigen[176].

Beispiel: Die Firma A ist ein Hersteller von Primäraluminium in Rheinland-Pfalz. Als 1982 der Stromversorgungsvertrag für ihre Hütte in S auslief, konnte sie einen neuen Vertrag nur zu wesentlich höheren Kosten abschließen. Hierdurch wurde die Fortführung ihres Betriebes unrentabel. Um die Stilllegung des Werkes zu verhindern, erklärte die zuständige Landesregierung sich bereit, der A eine Überbrückungshilfe in Höhe von insgesamt 8 Mio. DM zu gewähren. Die Beihilfe wurde im Jahre 1984 ausgezahlt[177].

201 Die Kommission, die gemäß Art. 88 Abs. 1 EG fortlaufend die in den Mitgliedstaaten bestehenden Beihilferegelungen überprüft, stellte hier fest, dass die erwähnte Beihilfe nicht unter den zulässigen Katalog des Art. 87 EG fällt und deswegen gemäß Art. 87 Abs. 1 EG unzulässig ist. Gemäß dem soeben erörterten Verfahren verlangte sie die Aufhebung bzw. Umgestaltung dieser Subventionierungsmaßnahme. Da die Bundesrepublik dem nicht nachkam, erhob die Kommission gemäß Art. 88 Abs. 3 EG Klage beim Europäischen Gerichtshof. Auch dieser erachtete die Beihilfe als unzulässig, sodass die zuständige Stelle in der Bundesrepublik Deutschland gemäß Art. 228 EG verpflichtet war, „die Maßnahmen zu ergreifen, die sich aus dem Urteil ergeben". Damit stellte sich die Frage, ob bzw. auf welchem Weg diese Verpflichtung auf der Grundlage des nationalen Rechts erfüllt werden konnte.

202 Wie oben dargelegt wurde, ist die Gewährung einer Beihilfe durch die Landesregierung nach deutschem Recht ein begünstigender Verwaltungsakt. In Betracht kam daher eine Rücknahme des Bewilligungsbescheides nach § 48 VwVfG. Dieser Regelung zufolge ist eine rechtswidrig gewährte Begünstigung zurücknehmbar, wenn kein schutzwürdiges Vertrauen entgegensteht. Nach § 48 Abs. 2 VwVfG ist das Vertrauen aber in der Regel schutzwürdig, wenn der Begünstigte die gewährten Leistungen verbraucht oder eine Vermögensdisposition getroffen hat. Diese Voraussetzung lag im Beispielsfall vor. Nach § 48 Abs. 2 S. 3 VwVfG kann die Beihilfe dann nur bei Bösgläubigkeit des Subventionsempfängers zurückverlangt werden. Bösgläubigkeit kann dem Unternehmen jedoch wohl nicht unterstellt werden. Dennoch geht die Rechtsprechung in Anlehnung an die Rechtsprechung des EuGH[178] davon aus, dass sich der Beihilfeempfänger nicht auf ein schutzwürdiges Vertrauen bei Verbrauch der Leistung berufen kann, wenn die Beihilfe ohne Durchführung des förmlichen Überwachungsverfahrens gemäß Art. 88 Abs. 3 EG gewährt wurde. Das Bundesverwaltungsgericht hat sowohl in einem Urteil vom 17.2.1993[179] als auch in einem Vorlagebeschluss vom 28.9.1994[180] befunden, das Vertrauensschutzinteresse des Begünstigten trete angesichts des gemeinschaftsrechtlich bedingten besonderen Gewichts des Rücknahmeinteresses grundsätzlich schon dann zurück, wenn die staatliche Beihilfe ohne die Kontrolle der Kommission nach Art. 88 Abs. 3 EG bewilligt worden sei;

---

176 EuGH, Slg. 1981, 2633 (Deutsches Milchkontor).
177 Fall nach EuGH, NJW 1998, 47 ff.
178 EuGH, NVwZ 1990, 1161.
179 BVerwGE 92, 81 ff.
180 BVerwG, NVwZ 1995, 703.

denn eine sichere Grundlage für ein Vertrauen auf die materielle Rechtmäßigkeit der Beihilfe bestehe nur, wenn das Überwachungsverfahren als Voraussetzung der Ordnungsmäßigkeit der Beihilfe eingehalten worden sei.

Diese Rechtsprechung wird kritisiert. Die Formel des Europäischen Gerichtshofs vom „effet utile" im Sinne einer möglichst effektiven Durchsetzung des Gemeinschaftsrechts dürfe nicht dazu dienen, nationale Normen zu verdrängen oder sie in einem Sinne auszulegen, der der erkennbaren Absicht des Gesetzgebers zuwiderläuft. Das gelte ganz besonders im hier maßgeblichen grundrechtsrelevanten Bereich des Vertrauensschutzes[181]. Der EuGH hat indes seine Rechtsprechung noch verschärft. Die Rückforderung einer gemeinschaftswidrigen Beihilfe müsse selbst dann verlangt werden, wenn ihr nach nationalem Recht ein Fristenablauf (hier: § 48 Abs. 4 VwVfG) oder das Argument vom Wegfall der Bereicherung entgegengehalten werden könnte[182]. **203**

Beihilferechtliche Fragen werden neuerdings auch durch umweltpolitisch motivierte Gesetze wie das Erneuerbare-Energien-Gesetz (EEG) oder das Kraft-Wärme-Kopplungs-Gesetz (KWKG) aufgeworfen, welche die Stromkonzerne jeweils zur Abnahme einer bestimmten Mindestquote an Strom aus erneuerbaren Energien bzw. aus Kraft-Wärme-Kopplung verpflichten. EG-Wettbewerbskommissar *Monti* hält einen Verstoß solcher Abnahmepflichten gegen Art. 87 Abs. 1. EG insoweit für möglich, als von diesen auch öffentliche Unternehmen wie etwa Stadtwerke erfasst werden, da in diesem Fall der Ökostrom aus öffentlichen Mitteln subventioniert werde[183]. Diese Rechtsauffassung erschließt sich aus dem Urteil des EuGH „Preußen Elektra/Schleswag" vom 13.3.2001[184], in welchem der EuGH im Rahmen eines Vorabentscheidungsersuchens des LG Kiel zur Vereinbarkeit einer aus dem Stromeinspeisungsgesetz 1998 resultierenden vergleichbaren Abnahmepflicht mit Art. 87 Abs. 1 EG Stellung genommen hatte: Hierbei vertrat der EuGH einen engen Beihilfebegriff, welcher nur solche Zuwendungen erfasst, die aus staatlichen Mitteln herrühren. Soweit dagegen Private per Gesetz zur Subventionierung anderer Privater verpflichtet werden, ist dies vor dem Hintergrund der EuGH-Rechtsprechung beihilferechtlich unbeachtlich. Eine solche Eingrenzung des Beihilfebegriffs ist nicht unproblematisch[185]. Indessen fragt sich auch bei einer Subventionierung von Ökostrom durch staatliche Unternehmen, ob das hierbei zunächst erbrachte staatliche Vermögensopfer nicht mittels einer Abwälzung der Kosten auf die Endverbraucher kompensiert, das Vorliegen einer Beihilfe i.S. des Art. 87 Abs. 1 EG mithin auch hier im Ergebnis verneint werden kann[186]. Folgt man dieser Sichtweise, stellt sich dann allerdings das weitere Problem, **204**

---

181 So OVG Koblenz, EuZW 1992, 346; a.A.; OVG NW, EuZW 1992, 286 f; Fall nach: EuGH, EuZW 1990, 389; vgl. auch *Zivier*, JURA 1997, 116 ff.
182 EuGH, NJW 1998, 47 ff.
183 Vgl. Handelsblatt vom 23.7.2001.
184 EuGH, EuZW 2001, 242; dazu *Bartosch*, NVwZ 2001, 643 ff.
185 Vgl. etwa *Richter*, RdE 1999, S. 24 f, welcher davon ausgeht, dass eine Subventionierung durch Private trotz des Fehlens eines staatlichen Vermögensopfers als Beihilfe i.S. des Art. 87 Abs. 1 EG zu qualifizieren ist; a.A. dagegen *Soltész*, EuZW 1998, 747, 751.
186 In diesem Sinne *Gellermann*, DVBl. 2000, 514 ff.

VII *Wirtschaftsverwaltungsrecht*

ob eine solche Abwälzung der Subventionierung auf den Endverbraucher nicht der Sache nach eine nach nationalem Finanzverfassungsrecht unzulässige Sonderabgabe i.S. der Kohlepfennigrechtsprechung des BVerfG[187] darstellen würde.

5. Wirtschaftssteuerung durch Vergabe öffentlicher Aufträge[188]

205 Bund, Länder und Gemeinden geben jährlich mehrstellige Milliardenbeträge für die Beschaffung der verschiedensten Güter und Dienstleistungen aus – allen voran das Bundesverkehrs- und das Verteidigungsministerium. Die **Vergabe von öffentlichen Aufträgen**, die für viele Unternehmen größere Bedeutung hat als die Subventionierung, war in der Vergangenheit **normativ nur sporadisch** geregelt. So waren lediglich in einzelnen Gesetzen die Bevorzugung von Betrieben in wirtschaftsschwachen Regionen oder die bevorzugte Vergabe von Aufträgen an bestimmte Unternehmen (§ 18 Mittelstandsförderungsgesetz von Baden-Württemberg) vorgeschrieben.

206 In den letzten Jahren wird das öffentliche Auftragswesen jedoch zunehmend durch **internationale Abkommen** und **gemeinschaftsrechtliche Regelungen** beeinflusst. So ist am 1.1.1996 ein neugefasstes GATT-Übereinkommen über das öffentliche Beschaffungswesen in Kraft getreten. Die Umsetzung dieses Abkommens in Gemeinschaftsrecht ist bislang allerdings noch nicht abgeschlossen[189]. Welchen Stellenwert die Gemeinschaft der Problematik einräumt, zeigt sich an zahlreichen EU-Richtlinien (z.B. Richtlinien über die Vergabe öffentlicher Bau-, Liefer- und Dienstleistungsaufträge usw.[190]), die die Beschaffungsmärkte der öffentlichen Hand – nach Überschreitung bestimmter Wertgrenzen – europaweit öffnen sollen, wobei das europarechtliche Vergabeverfahren weitgehend dem nationalrechtlichen entspricht. Die Gemeinschaft hat ferner Ende 1996 eine umfassende Bestandsaufnahme über „das öffentliche Auftragswesen in der Europäischen Union", das sog. „Grünbuch" vorgelegt. Schließlich wurde ein „Gemeinsames Vokabular für öffentliche Aufträge" (Common Procurement Vocabulary – CPV) veröffentlicht.

207 Im Hinblick auf diese GATT- und EU-Vorschriften bestand daher auch in Deutschland Anlass zu intensiverer Normierung. Vor allem wurde die Umsetzung verschiedener EG-Vergaberichtlinien erforderlich. Insofern wurden durch Gesetz vom 26.11.1993 die §§ 57a bis 57c in das Haushaltsgrundsätzegesetz (HGrG) eingefügt.

---

187 Vgl. BVerfGE 91, 186 ff; ein Teil der Literatur hält bereits die gegenwärtige Regelung des EEG als Umgehung der Sonderabgabenvoraussetzungen für verfassungswidrig, vgl. *Dederer/Schneller*, RdE 2000, 214 ff.
188 Vgl. hierzu *Gusy*, JA 1989, 26 ff; *Jarass*, JuS 1980, 115, 119 f; *Altenmüller*, DVBl. 1982, 241 ff.
189 Eine nähere Erläuterung der aktuellen Umsetzungsvorschläge findet sich bei *Prieß*, EuZW 1997, 391 ff.
190 Z.B. Richtlinie 93/37/EWG vom 9.8.1993 zur Koordinierung der Verfahren zur Vergabe öffentlicher Bauaufträge, ABl. Nr. L 199, 54; Richtlinie 93/36/EWG vom 9.8.1993 über die Koordinierung der Verfahren zur Vergabe öffentlicher Lieferaufträge, ABl. Nr. L 199, 1; Richtlinie 92/50/EWG vom 24.7.1992 über die Koordinierung der Verfahren zur Vergabe öffentlicher Dienstleistungsaufträge, ABl. Nr. L 209, 1; Richtlinie 93/38 EWG vom 9.8.1993 zur Koordinierung der Auftragsvergabe durch Auftraggeber im Bereich der Wasser-, Energie- und Verkehrsversorgung sowie im Telekommunikationssektor, ABl. Nr. L 199, 84.

Instrumentarium zur Lenkung und Förderung wirtschaftlicher Aktivitäten **VII C**

Allerdings hat der Gesetzgeber von einer Vergaberegelung durch formelles Gesetz nach wie vor abgesehen und sich darauf beschränkt, die Bundesregierung zum Erlass entsprechender Rechtsverordnungen zu ermächtigen. Die Bundesregierung hat daraufhin die Verdingungsordnung für Bauleistungen (VOB) und die Verdingungsordnung für Leistungen (VOL) neu gefasst und die Auftraggeber zu deren Anwendung verpflichtet[191]. Dabei hat die Bundesregierung auch zu einer bedeutsamen und bislang streitigen Frage des Vergaberechts Stellung genommen. Sie betrifft die Problematik, **ob die Vergabe öffentlicher Aufträge einen rein privatrechtlichen Vorgang darstellt**[192], **oder ob bzw. inwieweit sie von Normen des öffentlichen Rechts beeinflusst wird.**

Beispiel: Ein Abschleppunternehmer, der mehrfach Polizisten beleidigt hat, wird von der Erteilung von Abschleppaufträgen durch die Polizei ausgeschlossen. Wie und mit welchen Erfolgsaussichten kann er dagegen vorgehen?

Streitigkeiten wegen der Vergabe öffentlicher Aufträge, insbesondere auch wegen des Ausschlusses von solchen, sind nach der bisherigen Rechtslage privatrechtlicher Natur[193]. Als Klageart kommt daher eine Feststellungsklage nach § 256 ZPO mit dem Antrag in Betracht, festzustellen, der Verwaltungsträger, für den die Polizei handelt, sei nicht berechtigt, ihn von vornherein von Aufträgen auszuschließen. Die Begründetheit der Klage hängt davon ab, ob ein Privatunternehmer bei der Vergabe öffentlicher Aufträge ein Recht auf sachgemäße Auswahl des Auftragnehmers durch den Auftraggeber hat. Eine spezielle Rechtsvorschrift gibt es bislang dafür nicht. Nach dem BGB bleibt es einem Auftraggeber unbenommen, von einem Auftrag an einen bestimmten Unternehmer auch aus sachwidrigen und irrationalen Motiven abzusehen. Ein Recht auf sachgemäße Auswahl könnte sich aber aus Art. 3 Abs. 1 GG ergeben. Ob die **fiskalische Verwaltung** bei der **Vergabe von Aufträgen an die Grundrechte gebunden** ist, ist **umstritten**. Die Rechtsprechung geht davon aus, dass solche Beschaffungsgeschäfte ausschließlich den Regeln des Privatrechts unterstehen. Ein gewisser Widerspruch dazu liegt jedoch in der Feststellung des Bundesgerichtshofes, dass „willkürliche, d.h. mit dem Zweck der Beschaffung nicht zusammenhängende Beweggründe" der öffentlichen Hand unzulässig seien. Damit räumt er zumindest ein, dass die öffentliche Hand auch im fiskalischen Bereich Schranken zu beachten hat, die für Privatpersonen nicht in entsprechender Weise gelten. Im vorliegenden Fall hat das Gericht allerdings einen willkürlichen Ausschluss verneint[194].

Für diese **Rechtsprechung**, die die **Beschaffungsgeschäfte** der öffentlichen Hand auf der Basis der dargestellten Rechtslage bisher **ausschließlich** dem **Privatrecht** unterwarf, sprach neben praktischen Gründen auch die Tatsache, dass in der Realität die verwaltungsinternen Vergabebedingungen eine sachgerechte Auftragsvergabe gewährleisteten. Das wirtschaftlichste Angebot, welches nicht gleichbedeutend mit dem billigsten zu sein braucht, sollte den Zuschlag erhalten, sodass für die Entscheidung die Abwägung zwischen der Qualität der Angebote und dem geforderten Preis maßgeblich war, wobei die Einhaltung dieser internen Vergabebestimmungen durch die vorgesetzten Behörden und den Rechnungshof überwacht wurde.

208

---

191 Vgl. Verordnung über die Vergabebestimmungen für öffentliche Aufträge, BGBl. I 1994, 321.
192 So z.B. *Jarass*, JuS 1980, 115, 119.
193 Ausnahmsweise ist das Verwaltungsgericht zuständig, wenn der Inhalt einer gesetzlichen Bevorzugungspflicht festgestellt werden soll, BVerwGE 34, 213 ff.
194 BGH, JuS 1977, 473; vgl. auch OLG Düsseldorf, JuS 1981, 228 f.

VII *Wirtschaftsverwaltungsrecht*

209 Insofern hat auch die Bundesregierung bei der Umsetzung der zitierten EG-Vergaberichtlinien betont, dass durch die Regelungen des HGrG bzw. der VergabeVO keine von den Bewerbern und Bietern einklagbaren subjektiven Rechte geschaffen werden sollten[195]. Nachdem jedoch der Europäische Gerichtshof den Vergaberichtlinien die Funktion zugewiesen hat, „den Bieter vor der Willkür des Auftraggebers zu schützen"[196], veranlasste diese deutsche Umsetzungspraxis die Kommission zur Einleitung eines Vertragsverletzungsverfahrens. Durch Urteil vom 11.8.1995[197] hat der EuGH die Unvereinbarkeit der deutschen Rechtslage mit Art. 249 Abs. 3 EG festgestellt. Im Einzelnen führte der Gerichtshof aus, dass der durch die Vergaberichtlinien geforderte Bieterschutz nicht gewährleistet sei, wenn der Bieter sich dem Auftraggeber gegenüber nicht auf die Vergabevorschriften berufen und deren Verletzung gegebenenfalls vor den nationalen Gerichten geltend machen könne.

210 Damit ist die ursprüngliche deutsche Konzeption zur Umsetzung der Vergaberichtlinien gescheitert. In Folge der Entscheidung des EuGH wurde lange über eine Neuregelung des Vergaberechts diskutiert[198]. Eine solche ist nun durch das Vergaberechtsänderungsgesetz vom 26.8.1998[199] erfolgt. Neben einigen Änderungen bestehender Gesetze wurde durch das Vergaberechtsänderungsgesetz mit Wirkung zum 1.1.1999 in einem neuen 6. Abschnitt des Gesetzes gegen Wettbewerbsbeschränkungen das Recht der öffentlichen Auftragsvergabe neu geregelt.

211 Am 13.12.2000 verabschiedete das Bundeskabinett auf Grund der in §§ 97 Abs. 6, 100 Abs. 1 und 2, 127 GWB enthaltenen Ermächtigung eine neue Vergabeverordnung, welche das Bindeglied zwischen den vergaberechtlichen Bestimmungen des GWB und den Verdingungsordnungen darstellt[200]. Mit dieser Vergabeverordnung wird der Bieterschutz dahingehend verstärkt, dass mit § 13 VgV der Anspruch des abgelehnten Bieters, von seiner Ablehnung, den Gründen hierfür sowie der Person des berücksichtigten Bieters noch vor Erteilung des Zuschlags Kenntnis zu erlangen, nunmehr gesetzlich normiert ist[201]. Verträge, die unter Nichtbeachtung dieser Vorschrift geschlossen werden, werden von § 13 S. 4 VgV für nichtig erklärt. Ob die Europarechtskonformität des deutschen Vergaberechts damit hergestellt ist, bleibt abzuwarten[202].

212 Daneben enthält die neue Vergabeverordnung noch eine Reihe weiterer Neuerungen, wie insbesondere die in § 15 geregelte Zulassung elektronischer Angebote im öffentlichen Auftragswesen[203] sowie in § 16 nähere Bestimmungen zur Neutralitätspflicht der am Vergabeverfahren Beteiligten.

---

195 Begründung zum Regierungsentwurf zum HGrG, BR-Drucks. 5/93, 21; BT-Drucks. 12/4636, 12.
196 EuGH, Slg. 1988, 4635 ff; Slg. 1982, 417 ff.
197 EuGH, EuZW 1995, 635 ff.
198 Vgl. FAZ vom 25.9.1996: Das deutsche Vergaberecht muss korrigiert werden.
199 BGBl. 1998 I, 2512 ff. Vgl. hierzu *Pietzcker*, ZHR 162 (1998), 428 ff.
200 Vgl. *Otting*, NVwZ 2001, 775 ff.
201 Näher zu den nach § 13 VgV notwendigen Informationen *Schröder*, NVwZ 2002, 1440 ff.
202 Näher zu den verbleibenden Rechtsfragen *Otting*, NVwZ 2001, 777 ff.
203 Eingehend hierzu *Mosbacher*, DÖV 2001, 573 ff.

Fraglich ist, ob **im öffentlichen Auftragswesen auch vergabefremde Zwecke** berücksichtigt werden können.   213

Beispiele: Die Frauenförderverordnung von Brandenburg bestimmt, dass öffentliche Aufträge bevorzugt an solche Unternehmen vergeben werden, die einen erhöhten Frauenanteil an den Angestellten aufweisen bzw. die in höherem Maße Frauen in qualifizierten Positionen beschäftigen. Ein Gesetz des Landes Berlin aus dem Jahre 1999 verbindet die Vergabe von Bauaufträgen mit der Abgabe einer Tariftreueerklärung. Das heißt: Die Bieter haben sich zu verpflichten, ihre zur Erledigung des Auftrags eingesetzten Mitarbeiter nicht unter den in Berlin geltenden Tarifen zu entlohnen[204].

Ob vergabefremde Zwecke im nationalen Beschaffungswesen verankert werden können, richtet sich insbesondere nach § 97 Abs. 4 GWB. Als bieterbezogene Auswahlkriterien nennt **§ 97 Abs. 4 GWB** zunächst die Fachkunde, die Leistungsfähigkeit und die Zuverlässigkeit des Bieters. Allerdings heißt es dann im 2. Halbsatz des § 97 Abs. 4 GWB, dass auch andere oder weitergehende Anforderungen an Auftragnehmer gestellt werden dürfen, soweit dies durch Bundes- oder Landesgesetz vorgesehen ist. Wenn also im Vergabeverfahren darauf abgestellt wird, ob sich ein Unternehmen um eine Frauenförderung bemüht, dann ist dies zwar ein an die Person des Bieters anknüpfendes Auswahlkriterium, das nicht unter eines der drei in § 97 Abs. 4 GWB genannten Merkmale der Eignung fällt; gleichwohl steht § 97 Abs. 4 GWB der Verwendung solchen Bedingungen durchaus offen gegenüber. In formeller Hinsicht fordert § 97 Abs. 4 freilich, dass der vergabefremde Zweck in einem förmlichen Gesetz niedergelegt wird; eine Rechtsverordnung oder Verwaltungsvorschrift genügt nicht.   214

Auch wenn § 97 GWB der Berücksichtigung vergabefremder Zwecke im öffentlichen Auftragswesen grundsätzlich offen gegenübersteht: Eine Einführung im nationalen Rahmen setzt stets auch voraus, dass kein Konflikt mit dem **Europäischen Gemeinschaftsrecht** besteht. Insofern sind die EG-Vergaberichtlinien zu beachten, die (bislang) keine dem § 97 Abs. 2, 2. HS. GWB vergleichbare Öffnungsklauseln kennen. Gleichwohl hat der Europäische Gerichtshof bereits im Jahre 1988 in der Rechtssache Beentjes entschieden, dass es sich bei der Beschäftigung von Langzeitarbeitslosen um ein durchaus zulässiges Auswahlkriterium handeln könne[205]. In der Literatur hat die Beentjes-Entscheidung freilich vielfache Kritik erfahren; insbesondere wurde darauf hingewiesen, dass der Katalog der bieterbezogenen Auswahlkriterien in den EG-Vergaberichtlinien abschließend sei. Hieraus wurde dann die Schlussfolgerung gezogen, die Beentjes-Entscheidung sei ein Ausreißer gewesen. Dieser Sichtweise hat der EuGH jedoch mit seinem Urteil vom 26. September 2000 die Grundlage entzogen[206]. So hat er in der Rechtssache Calais die Beentjes-Rechtsprechung explizit bestätigt und die Bekämpfung der Arbeitslosigkeit erneut als mögliches Vergabekriterium anerkannt[207]. Neben den EG-Vergaberichtlinien müssen die   215

---

204 Dazu BGH, JZ 2000, 514.
205 EuGH, Slg. 1988, 4635 ff.
206 EuGH, NJW 2000, 3629 ff.
207 Vgl. auch die Entscheidung EuGH EuZW 2002, 628 ff zur Zulässigkeit umweltschützender Vergabekriterien.

VII *Wirtschaftsverwaltungsrecht*

EG-Mitgliedstaaten bei der Ausgestaltung ihres Vergaberechts zudem auch stets das primäre Gemeinschaftsrecht und damit insbesondere die Grundfreiheiten des EG beachten.

6. Wirtschaftslenkung durch Abgabenrecht

216 Eine einschneidende Möglichkeit, gezielte Einflussnahme auf private Wirtschaftssubjekte zu nehmen, ist das Abgabenrecht. Steuern und Sonderabgaben[208] eignen sich z.B. dazu, die Ausübung wirtschaftlicher **Aktivitäten** zu **erschweren**, die aus bestimmten Gründen **volkswirtschaftlich unerwünscht** sind.

Beispiel: Durch Gesetz wurde eine Sonderbesteuerung des Straßengüterverkehrs beschlossen, um eine finanzielle Gesundung der damaligen Bundesbahn und zugleich eine Entlastung des Straßennetzes zu erreichen. War diese Sonderbesteuerung verfassungsgemäß?

Mit dem Erlass der Abgabenordnung von 1977 hat sich der frühere Streit darüber erledigt, ob Steuern ausschließlich der staatlichen Einnahmeerzielung dienen oder ob damit auch andere Zielsetzungen angestrebt werden dürfen. § 3 Abs. 1 AO bestimmt ausdrücklich, dass die **Erzielung von Einnahmen Nebenzweck sein kann**, d.h. wirtschafts-, sozial- oder kulturpolitische Erwägungen dürfen bei der Besteuerung sogar im Vordergrund stehen. Die **Zulässigkeit dieser Sonderbesteuerung** richtet sich nach den **Grundrechten**. Das Bundesverfassungsgericht hat sie, da eine berufsregelnde Tendenz deutlich erkennbar sei, als Berufsausübungsregelung qualifiziert. Bei der Verhältnismäßigkeitsprüfung ist es zu dem Ergebnis gekommen, dass das Eindämmen des Straßengüterverkehrs als Schutzmaßnahme zu Gunsten des gesamten Verkehrswesens und insbesondere der Bundesbahn gerechtfertigt sei[209].

217 Durch steuerrechtliche Normen werden indes vielfach auch **Anreize für eine volkswirtschaftlich erwünschte Investitionstätigkeit** gegeben. Auch diese Lenkungstätigkeit fällt unter den Begriff der Subvention.

Beispiel: Nach § 4 FördergebietsG konnten unter bestimmten Voraussetzungen im Falle der Anschaffung oder Herstellung eines abnutzbaren Wirtschaftsgutes des Anlagevermögens innerhalb des Fördergebietes (neue Bundesländer und Berlin) im Jahr der Anschaffung bzw. Herstellung und den darauf folgenden Vierjahren Sonderabschreibungen in Höhe von bis zu 50% der Anschaffungs- oder Herstellungskosten getätigt werden. Die Zulässigkeit dieser steuerrechtlichen Subventionierung nach dem Fördergebietsgesetz war auch angesichts des Art. 87 EG umstritten, wurde aber von der Kommission befristet toleriert. Am 31.12.1998 trat das FördergebietsG schließlich außer Kraft.

Literatur und Rechtsprechung
Zu 1. bis 3.:
Busch, Subventionsrecht in der Rechtsprechung, JuS 1992, 563 ff; *Friehe*, Das Abwehrrecht des Wettbewerbers gegen die Subventionierung eines Konkurrenten, JuS 1981, 867 ff; *Gusy*, Subventionsrecht, JA 1991, 286 ff, 327 ff; *Jarass*, Das Recht der Wirtschaftssubventionen, JuS 1980, 115 ff; *Kokott*, Nationales Subventionsrecht im Schatten der EG, das Beispiel der Rückforderung von Subventionen, DVBl. 1993, 1235 ff; *Miebach*, Die negative öffentlichrechtliche

---
208 *Arndt*, Lenkung durch Steuern und sonstige Abgaben auf dem Gebiet des Wirtschaftsverwaltungsrechts, WiVerw 1990, 1 ff; *Seidel*, NVwZ 1993, 105 ff; *Müller-Franken*, JuS 1997, 865 ff.
209 BVerfGE 38, 61 ff.

Konkurrentenklage im wirtschaftlichen Wettbewerb, JuS 1987, 956 ff; *Oldiges*, Die Entwicklung des Subventionsrechts seit 1996, NVwZ 2001, S. 280 ff; *Schendel*, Selbstverpflichtungen der Industrie als Steuerungsinstrument im Umweltschutz, NVwZ 2001, S. 494 ff; *Stober*, Der Vorbehalt des Gesetzes und Verwaltungsvorschriften im Subventionsrecht, GewArch. 1993, 136 ff; *Suerbaum*, Der praktische Fall – Öffentliches Recht, Die Subventionsforderung, JuS 1998, 635 ff; *Vahle*, Grundfragen des Subventionsrechts, Deutsche Verwaltungspraxis, Bd. 50 (1999), S. 143 ff.

Zu 4.:
Priebe, Die Beschlüsse des Rates zur Eingliederung der neuen deutschen Bundesländer in die Europäischen Gemeinschaften, EuZW 1991, 113 f; *Prieß*, Der Schutz des Außen- und Binnenhandels der EG vor Dumping und Subventionen, JuS 1991, 629 ff; *Zivier*, Grundzüge und aktuelle Probleme des EU Beihilferechts unter Berücksichtigung der Bezüge zum deutschen Verwaltungsrecht, JURA 1997, 116 ff.

Zu 5.:
Altenmüller, Die Vergabe öffentlicher Aufträge durch Kommunen, DVBl. 1982, 241 ff; *Gusy*, Staatsaufträge an die Wirtschaft, JA 1989, 26 ff; *Horn*, Neuere Tendenzen im Vergaberecht – Die Kommune als Auftragnehmerin, NVwZ 2001, S. 647 f; *Löwer/Puhl/Holoubek*, Der Staat als Wirtschaftssubjekt und Auftraggeber, VVDStRL 60 (2001), S. 416 ff; *Niebaum*, Öffentliches Auftragswesen im Umbruch, ZG 1997, 179 ff; *Otting*, Die neue Vergabeverordnung, NVwZ 2001, 775 ff; Einführung in das Recht der öffentlichen Auftragsvergabe, JA 1998, 505 ff; *Prieß*, Das öffentliche Auftragswesen in den Jahren 1997 und 1998, EuZW 1999, 196 ff; *ders.*, Das Vergaberecht in den Jahren 1999 und 2000, EuZW 2001, S. 365 ff; *Vetter*, Das Recht der Vergabe öffentlicher Aufträge 1999 und 2000, NVwZ 2001, 745 ff.

Zu 6.:
Arndt, Lenkung durch Steuern und Abgaben auf dem Gebiet des Wirtschaftsverwaltungsrechts, Wirtschaft und Verwaltung 1990, Heft 4; *Donner*, Rechtsprobleme der Investitionslenkung, JA 1977, 513 ff; *Kirchhof*, Finanzierung des Leistungsstaates, JURA 1983, 505 ff; *Osterloh*, Zur Zulässigkeit von Sonderabgaben – BVerfGE 55, 274 –, JuS 1982, 421 ff.

D. Organisation der Wirtschaftsverwaltung

I. Staatliche Organe und Behörden

Bei der **unmittelbaren staatlichen Wirtschaftsverwaltung** gibt es keine organisationsrechtlichen Besonderheiten. Die Gesetzgebungsbefugnis steht größtenteils dem Bund zu, die Verwaltungskompetenz liegt überwiegend bei den Landesbehörden. Das Grundgesetz weist dem **Bundesgesetzgeber umfangreiche wirtschaftsverwaltungsrechtliche Kompetenzen** zu: Neben die ausschließliche Gesetzgebungskompetenz nach Art. 73 Nr. 4 und Art. 9 GG treten konkurrierende Zuständigkeiten nach Art. 74 Nr. 11 und Nrn. 15-24 GG. Dabei ist insbesondere die **Zuständigkeit für das „Recht der Wirtschaft"** nach Art. 74 Nr. 11 GG von besonderer Bedeutung, da diese Norm vom Bundesverfassungsgericht sehr weit ausgelegt wird. Sie erfasst „alle das wirtschaftliche Leben und die wirtschaftliche Betätigung als solche regelnden Nor-

218

men, die sich in irgendeiner Form auf die Erzeugung, Herstellung und Verteilung von Gütern beziehen"[210].

219 Da der Bundesgesetzgeber von diesen Kompetenzen weitgehend Gebrauch gemacht hat, bleiben den Landesgesetzgebern nur in geringem Umfang eigene Regelungsmöglichkeiten. Ausgeführt werden die Bundesgesetze im Regelfall gemäß Art. 83 GG durch die Länder als eigene Angelegenheit (**Grundsatz der Landesexekutive**). Der Einfluss des Bundes auf die Landesverwaltung ist dabei auf eine **Rechtsaufsicht** beschränkt. Darüber hinaus kann die Bundesregierung mit Zustimmung des Bundesrates allgemeine Verwaltungsvorschriften erlassen (Art. 84 Abs. 2 GG) und auf diese Weise eine einheitliche Verwaltungspraxis beim Vollzug von Bundesgesetzen durch die Länder Gewähr leisten. Wenn das Grundgesetz dies vorsieht, kann auch eine Auftragsverwaltung nach Art. 85 GG in Betracht kommen. Hier stehen dem Bund weitergehende Einwirkungsmöglichkeiten zur Verfügung; insbesondere erstreckt sich seine Aufsichtsbefugnis auf eine **Kontrolle** nicht nur der **Gesetzmäßigkeit**, sondern auch der **Zweckmäßigkeit** der Gesetzesausführung. Wirtschaftsverwaltungsrechtlich bedeutsam ist hier vor allem Art. 104a Abs. 3 S. 2 GG: Subventionsgesetze, bei denen der Bund zumindest die Hälfte der Ausgaben trägt, werden im Auftrag des Bundes durchgeführt.

220 Nur ausnahmsweise übt der Bund eigene Wirtschaftsverwaltung aus. Zur bundeseigenen Verwaltung gehören zunächst das Bundeswirtschafts-, das Bundesfinanz- und das Bundesverkehrsministerium. Diese Ministerien bilden die Verwaltungsspitze und treffen die wirtschaftspolitischen Leitentscheidungen. Weitere Verwaltungskompetenzen hat der Bund über **Art. 87 Abs. 3 GG**. Danach kann er für Angelegenheiten, für die ihm die Gesetzgebung zusteht, **selbstständige Bundesoberbehörden** errichten. Diese Bundesoberbehörden müssen ihre Verwaltungsaufgabe für das gesamte Bundesgebiet zentral wahrnehmen. Sie sind **verwaltungsorganisatorisch** aus den Bundesministerien ausgegliedert, unterstehen jedoch den **Weisungen des zuständigen Bundesministers**. Wirtschaftsverwaltungsrechtlich bedeutsame Bundesoberbehörden sind das Bundeskartellamt, das Bundesamt für die gewerbliche Wirtschaft sowie die Bundesaufsichtsämter für das Kredit- und das Versicherungswesen. Diese Verwaltungsbehörden beaufsichtigen und kontrollieren die privatwirtschaftliche Betätigung. Eine fehlerhafte Aufsicht kann zu großen Schäden führen[211].

Beispiel: Durch nachlässige Kreditwesenaufsicht konnte ein Bankenzusammenbruch nicht rechtzeitig verhindert werden. Haben die geschädigten Einleger einen Schadensersatzanspruch gegen das Bundesaufsichtsamt für das Kreditwesen?
Ein Anspruch aus Art. 34 GG i.V.m. § 839 BGB hängt maßgeblich davon ab, ob das Bundesaufsichtsamt Pflichten versäumt hat, die ihm auch gerade gegenüber dem einzelnen Einleger obliegen, oder ob ihm gemäß seiner Zweckbestimmung lediglich die Funktion zugewiesen ist, zur Abwehr von Gefahren für die Allgemeinheit tätig zu werden. Nach der Auffassung des Bundesgerichtshofs bezweckte die Bankenaufsicht früher auch den Schutz der Einlagengläu-

---

210 BVerfGE 29, 402, 409.
211 Vgl. dazu ausführlich *Papier*, NJW 1989, 1879 ff, JuS 1980, 265 ff; *Kadelbach*, JZ 1993, 1134 ff; *Ehlers/Achelpökler*, NVwZ 1993, 1025, 1028.

biger der Kreditinstitute[212]. Dieser Auslegung zufolge begründeten Fehler in der Bankenaufsicht unter den weiteren Voraussetzungen der Amtshaftung Ersatzansprüche geschädigter Einleger. Dieser Rechtsprechung trat der Gesetzgeber durch eine Neufassung von § 6 Abs. 4 KWG entgegen. Seit dort (seit 01.05.2002 ist § 6 Abs. 4 KWG aufgehoben; die Regelung findet sich jetzt in § 4 Abs. 4 FinDAG) ausdrücklich geregelt ist, dass die staatliche Aufsicht über die Kreditinstitute ausschließlich im öffentlichen Interesse erfolgt, kann § 6 KWG damit keine drittschützende Wirkung mehr beigemessen werden, sodass insoweit Amtshaftungsansprüche privater Bankkunden nicht in Betracht kommen, wenn man nicht von der Europarechtswidrigkeit der Norm ausgeht[213].

Ein Staatshaftungsanspruch des Bürgers gegen den Staat kann sich jedoch – anknüpfend an die *Francovich*-Rechtsprechung des EuGH[214] – aus dem **Europäischen Gemeinschaftsrecht** ergeben, wenn der Schaden des Bürgers aus der Nichtumsetzung einer seinen Schutz bezweckenden EG-Richtlinie wie etwa der EG-Einlagensicherungsrichtlinie resultiert[215].

Des Weiteren kann der Bund unter den Voraussetzungen des Art. 87 Abs. 3 GG **bundesunmittelbare Körperschaften und Anstalten des öffentlichen Rechts** errichten. Sie sind im Gegensatz zu den Bundesoberbehörden rechtlich selbstständig, unterliegen jedoch der **Rechtsaufsicht durch den zuständigen Bundesminister**. Beispiele für diese Form der Verwaltungsorganisation sind u.a. die Bundesanstalt für den Güterfernverkehr, die Bundesanstalt für landwirtschaftliche Marktordnung, die Bundesanstalt für Arbeit und die Bundesanstalt für Materialprüfung. 221

Oberste Landesbehörden für wirtschaftliche Angelegenheiten sind die jeweiligen Ministerien für Wirtschaft. Anders als im Bereich bundeseigener Verwaltung weist die Verwaltungsorganisation auf Landesebene in der Regel einen mehrstufigen Verwaltungsunterbau auf. Dabei gibt es in vielen Bundesländern einen dreistufigen Verwaltungsaufbau mit staatlichen Mittelinstanzen (Regierungspräsidien bzw. (Bezirks-)regierungen), denen die Kreise, kreisfreien Städte und die Gemeinden nachgeordnet sind, soweit sie als untere Verwaltungsbehörden staatliche Aufgaben der Wirtschaftsverwaltung als Pflichtaufgaben zur Erfüllung nach Weisung wahrnehmen. 222

II. Die mit wirtschaftsverwaltungsrechtlichen Befugnissen ausgestatteten Organe der EU

Die zunehmende Verflechtung des deutschen mit dem europäischen Recht führt dazu, dass Organe der europäischen Gemeinschaften Rechtsakte erlassen, die Auswirkungen auf das nationale Wirtschaftsverwaltungsrecht entfalten. Bereits die in Art. 2 und 3 EG statuierte Zielsetzung des EG-Vertrages, aus den nationalen Märkten der Mitgliedstaaten einen gemeinsamen Binnenwirtschaftsraum zu schaffen, verlangt ein hohes Maß an wirtschaftsverwaltungsrechtlicher Tätigkeit der EU-Organe. So wird eine Vielfalt wirtschaftsverwaltungsrechtlich relevanter Fragen heute auf europäischer 223

---
212 BGHZ 74, 144.
213 So etwa *Schenke/Ruthig*, NJW 1994, 2324 ff, die § 6 Abs. 3 KWG für grundrechts- und europarechtswidrig halten; zweifelnd auch BGH, NJW 2002, 2464, Vorlagebeschluss zum EuGH vom 16.05.2002.
214 EuGH, Slg. 1991 I, 5357.
215 Vgl. LG Bonn, NJW 2000, 815; ausführlich dazu *Cremer*, JuS 2001, 643 ff.

VII *Wirtschaftsverwaltungsrecht*

Ebene gelöst: Neben der Harmonisierung des Handels-, Wettbewerbs- und Berufsrechts werden durch die EU Arbeitsschutzbestimmungen oder Regeln über den grenzüberschreitenden Verkehr geschaffen.

1. Der Rat

224 Der Rat ist das wichtigste **Beschlussorgan** der EU. Er besteht aus den Vertretern der Mitgliedstaaten; diese entsenden jeweils ein Mitglied ihrer Regierung. Dementsprechend hat der Rat seit der letzten Erweiterung durch den Beitritt Finnlands, Österreichs und Schwedens im Jahre 1995 15 Mitglieder. Der Rat ist u.a. zuständig zum Erlass von Verordnungen und Richtlinien. Damit verkörpert er das **Gesetzgebungsorgan** der Gemeinschaft.

Beispiel: Seit den 70er-Jahren gibt es im Bereich Verkehr gemeinschaftsweite Regeln über bestimmte Bestandteile, Gewichte und Abmessungen von Kraftfahrzeugen (RL 77/143 ABl. L 47/1977, 47; RL 85/3 ABl. 2/1985, 14; RL 86/360 ABl. L 127/1986, 19), Lenk- und Ruhezeiten im Verkehr (VO 3820/85 ABl. L 370/1985, 1) oder Liberalisierung des Omnibusverkehrs (RL 68/297 ABl. 75/1968 und VO 517/72 ABl. EG L 67/1972, 19).

2. Die Kommission

225 Die Kommission ist **Vorschlags- und Durchführungsorgan** der Verträge und Vertreterin des Gemeinschaftsinteresses. Sie besteht derzeit aus 20 Mitgliedern, wobei die größeren Mitgliedstaaten je zwei, die kleineren je ein Mitglied in die Kommission entsenden[216]. Im Gegensatz zu den Vertretern der Mitgliedstaaten im Rat sind die Kommissionsmitglieder in ihrer Tätigkeit unabhängig und nicht an Weisungen des Entsendestaats gebunden; tatsächlich hat der Entsendestaat gemäß Art. 213 Abs. 2 EG noch nicht einmal das Recht, die Kommissionsmitglieder in ihrer Tätigkeit zu beeinflussen. Dieses Verbot der Einflussnahme entspricht der Aufgabe der Kommission, als „Hüterin der Verträge" für die **Erfüllung des Vertrages Sorge zu tragen** (Art. 211 EG). Sie ist deshalb berufen, Verfahren wegen einer Vertragsverletzung gegen Mitgliedstaaten (Art. 226 EG) einzuleiten, die nach ihrer Ansicht gegen Gemeinschaftsrecht verstoßen.

226 Sie hat das Recht, dem Rat Maßnahmen nach dem EG vorzuschlagen. Dieses Vorschlagsrecht ist zugleich ein Vorschlagsmonopol. Der Rat kann von dem Vorschlag der Kommission nur durch einstimmigen Beschluss abweichen. Ferner hat die Kommission Durchsetzungsbefugnisse, die ihr in zahlreichen Regelungen, vor allem in den Agrarmarktordnungen und den kartellrechtlichen Bestimmungen der Art. 81 ff EG, übertragen wurden. Sie führt schließlich den Haushalt durch und verwaltet z.B. Agrar-, Sozial-, Regional- und Entwicklungsfonds.

---

216 Im Vertrag von Nizza haben die großen Mitgliedstaaten auf das Recht, ein zweites Kommissionsmitglied zu stellen, verzichtet. Darüber hinaus soll die Anzahl der Kommissionsmitglieder künftig maximal 27 betragen; für den Fall, dass die EU nach einer Osterweiterung mehr als 27 Mitgliedstaaten umfasst, ist ein gleichberechtigtes Rotationssystem vorgesehen.

3. Rechtsakte der EU

Für rechtsverbindliche Beschlüsse der Organe sieht Art. 249 EG vor allem die Formen der **Verordnung** und der **Richtlinie** vor.

Die **Verordnung** besitzt allgemeine Geltung, d.h., sie gilt in jedem Mitgliedstaat verbindlich als unmittelbar geltendes Recht. In materieller Hinsicht erfüllt sie alle Merkmale eines Gesetzes. Die unmittelbare Geltung der Verordnung auch im innerstaatlichen Recht ergibt sich aus ihrer Definition; als ranghöherer Norm kommt ihr der Vorrang vor entgegenstehendem nationalem Recht zu.

Die **Richtlinie** ist zwar ebenfalls für jeden Mitgliedstaat, an den sie gerichtet ist, verbindlich, entwickelt aber nicht unmittelbar und per se innerstaatliche Wirkung. Vielmehr beinhaltet sie lediglich einen Auftrag und eine Verpflichtung der Mitgliedstaaten, den Inhalt der Richtlinie in nationales Recht umzusetzen[217]. Auch ohne entsprechende Umsetzung gelten Richtlinien jedoch ausnahmsweise dann unmittelbar, wenn sie nicht rechtzeitig von den Mitgliedstaaten umgesetzt werden, inhaltlich unbedingt und hinreichend genau formuliert sind und Rechte einzelner Marktbürger gegenüber dem Mitgliedstaat begründen. Daneben kann die nicht fristgemäße Umsetzung zu einer Haftung des säumigen Mitgliedstaates führen[218].

III. Beteiligung Privater an der Wirtschaftsverwaltung

Die Organe der Wirtschaftsverwaltung werden recht häufig durch Gesetz ermächtigt, Privatpersonen zur Erfüllung öffentlicher Aufgaben heranzuziehen. Zu unterscheiden sind die Institute der **Indienstnahme** einerseits und der **Beleihung** andererseits.

Viele Rechtsvorschriften verpflichten Privatunternehmer, bestimmte **Tätigkeiten für die staatliche Wirtschaftsverwaltung** wahrzunehmen. Beispielsweise sind Statistiken für die Behörden zu erstellen oder Steuern der Arbeitnehmer für die Finanzverwaltung einzubehalten und abzuführen; für bestimmte Erzeugnisse, wie z.B. Erdöl[219] ist im Interesse der Energiesicherung eine Vorratshaltung vorgeschrieben. Die **verfassungsrechtlichen Grenzen** der Belastbarkeit von Privatpersonen durch solche **Indienstnahmen für öffentliche Aufgaben** ergeben sich aus den **Grundrechten**. Von der Rechtsprechung werden die aufgeführten Beispiele von Indienstnahmen als Berufsausübungsregelungen qualifiziert. Sofern sie zudem bewirken, dass dem Betroffenen die Dispositionsbefugnis über den Einsatz seiner Betriebsmittel beschränkt bzw. entzogen wird, kann ferner der Schutzbereich des Art. 14 Abs. 1 und 2 GG betroffen sein.

Darüber hinaus stellt sich die Frage, inwieweit die entschädigungslose Verpflichtung Privater zur Erfüllung der verschiedensten öffentlichen Aufgaben zusätzlich zu deren

---

217 Vgl. EuGH, Slg. 1986, 2945, 2960; Slg. 1991 I, 2567, 2607; danach muss die Umsetzung durch verbindliche Rechtsvorschriften erfolgen.
218 Vgl. EuGH, Slg. 1986, 723 ff; EuGH, BayVBl. 1997, 464 ff; *Saenger*, JuS 1997, 865 ff.
219 Vgl. BVerfGE 30, 316 ff, wo die Erdölbevorratung grundsätzlich als zulässige Indienstnahme Privater anerkannt wurde. Inzwischen ist die Erdölbevorratung allerdings anders geregelt.

VII Wirtschaftsverwaltungsrecht

Belastung mit Steuern und Abgaben im Hinblick auf den Grundsatz der staatsbürgerlichen Lastengleichheit und den prinzipiellen Vorrang der Finanzierung öffentlicher Aufgaben durch Steuern überhaupt zulässig ist[220]. Die Rechtsprechung fordert diesbezüglich seit 1987 das Vorliegen einer „Verantwortungsbeziehung" des indienstgenommenen Privaten zur übertragenen öffentlichen Aufgabe[221], während ein Teil der Literatur die Zulässigkeit von Indienstnahmen darüber hinaus und mit Recht ähnlich streng beurteilen will wie die Zulässigkeit von Sonderabgaben[222].

233 Prüfungsrelevanter als die Indienstnahme ist gleichwohl die **Beleihung** Privater mit öffentlichen Aufgaben. Diese zeichnet sich dadurch aus, dass dem beliehenen Privaten **hoheitliche Zuständigkeiten zur selbstständigen Wahrnehmung im eigenen Namen** übertragen werden[223]. Die Beleihung ist ein eigentümliches Institut des deutschen Verwaltungsrechts, gegen dessen Zulässigkeit verfassungsrechtlich aber keine Bedenken bestehen[224]. Es handelt sich um eine zulässige Ausnahme von Art. 33 Abs. 4 GG. Die **Beleihung** kann **nur durch Gesetz** erfolgen[225]. Beliehen mit der eigenständigen Wahrnehmung hoheitlicher Aufgaben sind beispielsweise der Tierarzt bei der Fleischbeschau oder der Bezirksschornsteinfeger bei der Feuerstellenschau. Der TÜV, ein eingetragener Verein, ist als solcher nicht beliehen; beliehen sind aber die von ihm angestellten amtlich anerkannten Sachverständigen (vgl. §§ 21, 29 StVZO). Umstritten ist die Frage, ob eine Beleihung vorliegt, bei der Übertragung der Abwasserbeseitigungspflicht auf Private, wie sie von § 18a WHG vorgesehen ist. Richtigerweise wird man hier wohl insoweit nicht von einer Beleihung ausgehen können, als die Schaffung eines neuen Hoheitsträgers der von § 18a WHG intendierten Marktöffnung widerspricht[226].

234 Der Beliehene tritt dem Bürger öffentlich-rechtlich gegenüber. Er kann, soweit eine Ermächtigungsgrundlage besteht, selbst Verwaltungsakte erlassen oder öffentlich-rechtliche Verträge schließen. Soweit § 78 Abs. 1 Nr. 2 VwGO zur Anwendung kommt, d.h. soweit das Landesrecht vorsieht, unmittelbar eine Behörde zu verklagen, ist die Klage gegen den Beliehenen zu richten. In den Fällen des § 78 Abs. 1 Nr. 1 VwGO und in Amtshaftungsprozessen richtet sich die Klage dagegen gegen die Körperschaft, die die Beleihung vorgenommen hat.

235 Wenn die Tätigkeit des Privaten **nicht** auf einer **gesetzlichen Beleihungsgrundlage** beruht oder die Privatperson **nicht im eigenen Namen** tätig wird, kommt dem Privaten die Rolle eines **Verwaltungshelfers** zu. Die Wirtschaftsverwaltung schaltet als

---

220 Dazu bereits *Friauf*, in: FS Jahrreiß (1974), 45 ff.
221 Vgl. BVerfGE 77, 308, 337.
222 Vgl. etwa *Depenheuer*, BB 1996, 1218 ff.
223 Vgl. hierzu ausführlich *Stober*, Allgem. WirtschaftsverwaltungsR, 13. Auflage 2002, § 40 I; *Maurer*, Allgem. VerwaltungsR, 14. Auflage 2002, § 23 Rdnr. 56 ff; *Arndt/Walter*, WuV 1997, 185 ff, 235 ff.
224 OVG NW, OVGE 26, 115, 121.
225 Entscheidend für die Annahme einer Beleihung ist der organisationsrechtliche Umstand, dass die Behörde befugt ist, ihr obliegende Aufgaben auf Dritte zu übertragen; nicht so bedeutsam ist dagegen die Frage, ob hoheitliche Kompetenzen übertragen werden; vgl. auch *Erbguth/Stollmann*, DÖV 1993, 798 ff.
226 Vgl. *Schulz*, ZfW 1998, 277 ff; a.A. *Küffner*, DB 1999, 406 ff.

(unselbstständig tätige) Verwaltungshelfer häufig private Sachverständige zur Begutachtung bestimmter Angelegenheiten ein. Der maßgebliche Unterschied solcher Sachverständiger zu den in den §§ 21, 29 StVZO genannten liegt dabei darin, dass sie im Gegensatz zu letzteren nicht im eigenen Namen abschließend entscheiden, sondern lediglich eine behördliche Entscheidung vorbereiten bzw. unterstützen[227].

IV. Selbstverwaltung der Wirtschaft

Bei dieser Organisationsform werden **wirtschaftsverwaltungsrechtliche Aufgaben** aus der unmittelbaren Staatsverwaltung ausgegliedert und **selbstständigen Körperschaften des öffentlichen Rechts** übertragen. Körperschaften der berufsständischen Selbstverwaltung sind im gewerblichen Bereich die Industrie- und Handelskammern und die Handwerkskammern. Die freien Berufe sind beispielsweise in Rechtsanwalts-, Ärzte-, Apotheker- und Wirtschaftsprüferkammern organisiert. Bei allen Kammern werden die Berufsangehörigen kraft Gesetzes beitragspflichtige Mitglieder. Die Kammern befassen sich primär mit der Interessenvertretung ihrer Mitglieder; daneben erledigen sie auch staatliche Aufgaben, wie z.B. die Ausfertigung von Urkunden und Zeugnissen oder die Abnahme von Prüfungen. Die **staatliche Aufsicht** beschränkt sich im Regelfall auf eine **Rechtsaufsicht**. Nach der Rechtsprechung des Bundesverfassungsgerichts berührt die gesetzlich angeordnete **Zwangsmitgliedschaft** nicht den Schutzbereich des Art. 9 Abs. 1 GG[228], da dieser nur die positive und negative Vereinigungsfreiheit in privatrechtlichen Vereinigungen umfasse. Das Gericht zieht daher lediglich Art. 2 Abs. 1 GG als Prüfungsmaßstab heran[229]. Die Literatur ist in dieser Frage uneinig. Teilweise wird die Problematik in Art. 9 Abs. 1 GG, teils im Sinne der Rechtsprechung in Art. 2 Abs. 1 GG, teils aber auch mit der Einordnung als Berufsausübungsregelung in Art. 12 Abs. 1 GG angesiedelt[230]. Letztlich ist entscheidender Prüfungsmaßstab in allen Fällen jedoch der Grundsatz der Verhältnismäßigkeit[231].

236

---

227 Bsp: Die Einschaltung von Zivilingenieuren für die staatliche Prüfung von Bauaufträgen, BVerwGE 57, 55 ff; zur Wirtschaftsverwaltung durch Beauftragte vgl. *Stober*, Allgem. WirtschaftsverwaltungsR, 13. Auflage 2002, § 40 I.
228 So die h.M., vgl. BVerfGE 10, 89, 102; 38, 281, 297, jüngst BVerfG, NVwZ 2002, 335; BVerwG, NJW 1987, 337 ff; ebenso *v. Münch*, in: Bonner Kommentar, Art. 59 Rdnr. 52; umfassend zur Problematik: *Kaltenhäuser*, Möglichkeiten und Perspektiven einer Reform der Organisation der Wirtschaftsverwaltung – eine rechtshistorische, rechtsvergleichende und rechtspolitische Betrachtung des Industrie- und Handelskammerwesens, 1998; Zur Staatsaufsicht über die Kammern vgl. *Eyermann*, GewArch. 1992, 209 ff; vgl. ferner: *Stober*, DÖV 1993, 333 ff.
229 BVerfGE 15, 235, 239; 38, 281, 298.
230 Vgl. z.B. *Jäkel*, DVBl. 1983, 1133 ff m.w.N.; *Schmidt-Aßmann*, Bes. VerwaltungsR, 11. Auflage 1999, 3. Abschn. 62, 263 f; *Stober*, GewArch. 1992, 41 ff.
231 Klausurträchtig ist in diesem Zusammenhang die Frage nach dem politischen Mandat von Zwangskörperschaften. So sind Gewerbetreibende, Rechtsanwälte oder Ärzte zwangsweise Mitglieder in der IHK bzw. einer Berufskammer. Die Rechtsprechung misst die Tätigkeit von Zwangskörperschaften nicht an Art. 9 GG, da diese Norm keine öffentlich-rechtlichen Zusammenschlüsse erfasse, sondern an Art. 2 Abs. 1 GG, vgl. BVerfGE 10, 102 ff; BVerwGE 64, 115, 117. Die dort genannte Schranke der verfassungsmäßigen Ordnung ist durch ein allgemein politisches Mandat dieser Körperschaften überschritten. Es besteht ein politisches Mandat höchstens für Sachverhalte, die in den ihnen übertragenen Aufgabenbereich fallen.

Beispiel: In Bremen begründet das „Gesetz über die Arbeitnehmerkammern" die zwangsweise Zugehörigkeit aller Arbeitnehmer mit entsprechenden Pflichtbeiträgen. Die Arbeitnehmerkammern vertreten die Interessen der Arbeitnehmer und entfalten Aktivitäten auf dem Gebiet des Bildungswesens. Ist die Zwangsmitgliedschaft zulässig?
Der Eingriff ist mit Art. 2 Abs. 1 GG nur vereinbar, wenn er verhältnismäßig ist. Ob die Zwangsmitgliedschaft erforderlich ist, ist fraglich, weil die Aufgaben der Arbeitnehmerkammern auch von den Gewerkschaften erfüllt werden. Dem Vorwurf, die Arbeitnehmerkammern seien „Gebilde ohne rechtlichen Daseinszweck", hält das Bundesverfassungsgericht entgegen, die Gewerkschaften hätten keinen Ausschließlichkeitsanspruch bei der Vertretung von Arbeitnehmerinteressen. Trotz der Konkurrenz mit den Gewerkschaften könne diesen Kammern „die Daseinsberechtigung nicht völlig abgesprochen werden"[232].

Das Urteil überzeugt nicht. Eine gesetzlich oktroyierte Zwangsmitgliedschaft ist nur verhältnismäßig, wenn sie zur Erreichung eines legitimen Zweckes geeignet und erforderlich ist, nicht jedoch schon dann, wenn der dadurch begründeten Institution die Daseinsberechtigung „nicht völlig abgesprochen werden kann".

Literatur

Zu I.:
Birk, Das Haushaltsrecht in der bundesstaatlichen Finanzverfassung, JA 1983, 563 ff; *Mösbauer*, Befugnisgrenzen staatsaufsichtlichen Verwaltungshandelns – dargestellt am Beispiel der Lebensmittelaufsicht –, JA 1982, 14 ff; *Papier*, Wirtschaftsaufsicht und Staatshaftung, JuS 1980, 265 ff; *Stober*, Allgem. WirtschaftsverwaltungsR, 13. Auflage 2002, §§ 25 ff.

Zu II.:
Arndt, Europarecht, 6. Auflage 2003, S. 33 ff; *Funk*, Die Europäischen Institutionen – Überblick und Abgrenzung, JA 1998, 609 ff; *Hailbronner*, Das institutionelle System der EG, JuS 1990, 263 ff, 439 ff; *Schweitzer/Hummer*, Europarecht, 6. Auflage 2003, Rdnr. 216 ff.

Zu III.:
Arndt/Walter, Zur Verteilung der Abfallentsorgung zwischen Verursacher, öffentlich-rechtlichem Entsorgungsträger, privatem Dritten und Verbänden, Wirtschaft und Verwaltung 1997, 185 ff; *Steiner*, Der „beliehene Unternehmer", JuS 1969, 69 ff; *Stober*, Allgem. WirtschaftsverwaltungsR, 13. Auflage 2002, § 40.

Zu IV.:
Hendler, Selbstverwaltung als Ordnungsprinzip, 1984; *Kaltenhäuser*, Möglichkeiten und Perspektiven einer Reform der Organisation der Wirtschaftsverwaltung – eine rechtshistorische, rechtsvergleichende und rechtspolitische Betrachtung des Industrie- und Handelskammerwesens, 1998; *Jahn*, Wirtschaftskammer statt Staat: Zur Verfassungsmäßigkeit der IHK-Pflichtmitgliedschaft, JuS 2002, 434; *Schulte Westerberg*, Novellierung des Industrie- und Handelskammergesetzes, NJW 1994, 27; *Stober*, Die Industrie- und Handelskammern als Mittler zwischen Staat und Wirtschaft, 1992; *Weber*, Selbstverwaltungskörperschaften in der Rechsprechung des Bundesverfassungsgerichtes, in: Bundesverfassungsgericht und Grundgesetz, Bd. II, 1976, 331.

---

232 BVerfGE 38, 281, 308; weitere Rechtsprechung zur Selbstverwaltung der Wirtschaft: BGH, GewArch. 1991, 36 f; BVerwG, GewArch. 1991, 398 ff.

E. Das ordnungsrechtliche Instrumentarium zur Überwachung wirtschaftlicher Aktivitäten

Trotz umfangreicher staatlicher Lenkungs- und Förderungsmöglichkeiten wird man nach wie vor die **Gefahrenabwehr** als **Hauptaufgabe der Wirtschaftsverwaltung** bezeichnen können. Dem Einzelnen und der Allgemeinheit drohen durch wirtschaftliche Aktivitäten mancherlei Gefahren: Fachlich unqualifizierte Lebensmittelhändler oder Kfz-Mechaniker gefährden Leben und Gesundheit ebenso wie eine (fehlerhaft konstruierte) Betriebsanlage; man denke hier nur an einen Atommeiler oder an eine Schadstoffe ausstoßende chemische Fabrik oder auch an Lärmbelästigungen der Umwelt durch Gewerbe- und Industriebetriebe. Die Beispiele zeigen die möglichen **Gefahrenherde**: Sie können in der **Person des Gewerbetreibenden** einerseits und der **gewerblichen Anlage** andererseits liegen. Die **Gewerbeordnung** von 1869 **(GewO)** enthielt ein Instrumentarium, das es der Gewerbeaufsicht ermöglichte, beide Gefahrenherde zu überwachen. Seit dem In-Kraft-Treten des Bundes-Immissionsschutzgesetzes (BImSchG) vom 15.3.1974 beschäftigt sich die GewO, auf die nachfolgend eingegangen werden soll, nunmehr nur noch mit der Person des Gewerbetreibenden, während sich mit der gewerblichen Anlage ausschließlich das BImSchG befasst.

237

I. Die Gewerbefreiheit nach der GewO

Der **Anwendungsbereich der GewO** beschränkt sich auf die Überwachung **gewerblicher Tätigkeit**. Die GewO selbst enthält **keine Definition des Gewerbes**. § 6 GewO bestimmt lediglich, dass die GewO für bestimmte Tätigkeiten keine Anwendung findet. Der Gesetzgeber hat bewusst auf eine **Legaldefinition des Gewerbes** verzichtet, um wirtschaftlichen Veränderungen und Entwicklungen gerecht werden zu können[233].

238

Rechtsprechung und Literatur haben sich weithin übereinstimmend auf folgende Definition geeinigt:

239

Gewerbe ist jede erlaubte, auf Gewinnerzielung gerichtete, selbstständige Tätigkeit, die fortgesetzt und nicht nur gelegentlich ausgeübt wird – mit Ausnahme der Urproduktion, der Verwaltung eigenen Vermögens, wissenschaftlicher, künstlerischer und schriftstellerischer Berufe sowie persönlicher Dienstleistungen höherer Art[234].

Untersucht man diese Definition näher, so ergeben sich sowohl **positive** Merkmale subjektiver und objektiver Natur (erlaubte Tätigkeit, Gewinnerzielungsabsicht, Dauerhaftigkeit, Selbstständigkeit) als auch **negative** Elemente (Urproduktion, freie Be-

240

---

[233] Damit soll der Vielgestaltigkeit der gewerblichen Entwicklung Rechnung getragen werden; vgl. BGH, GewArch. 1964, 55; BVerwG, NJW 1977, 772; vgl. auch *Schulze-Fielitz*, NVwZ 1993, 1157 ff.

[234] BVerwG, NJW 1977, 772; *Frotscher*, JuS 1982, 828, 832 ff; *Stober*, JA 1981, 217 ff.

VII Wirtschaftsverwaltungsrecht

rufe, bloße Verwaltung eigenen Vermögens). Ein Gewerbe liegt nur vor, wenn der positive Katalog greift, und kein Fall der Negativaufzählung gegeben ist.

241 Eine Tätigkeit ist nach h.M. als erlaubt anzusehen, wenn sie **nicht verboten** oder **sozial unwertig** ist[235]. Unstreitig fallen Betätigungen, die nicht mit der Rechtsordnung in Einklang stehen, nicht unter den Schutz der GewO. **Problematisch** erscheint dagegen der Begriff der „**sozial unwertigen**" Tätigkeit, der nur über eine Heranziehung rechtlich nicht fixierter Wertvorstellungen einer Bevölkerungsmehrheit oder -minderheit näher zu bestimmen ist[236]. Es stellt sich aber nicht als ohne weiteres zulässig dar, diesen Begriff mit dem der Sittenwidrigkeit i.S.d. § 138 BGB gleichzusetzen.

242 Sofern sich die Einschätzung der sozialen Unwertigkeit in einer Verbotsnorm niedergeschlagen hat, kann auch die gewerberechtliche Beurteilung an diesem Norminhalt orientiert werden[237]. So ergibt sich z.B. für das „älteste Gewerbe der Welt", die Prostitution, folgende Betrachtungsweise: Es liegt nur dann ein Gewerbe vor, wenn nicht gegen Vorschriften verstoßen wird, d.h. weder die Voraussetzungen des § 180a StGB, noch sonstige polizei- oder ordnungsbehördliche Verbotstatbestände vorliegen. Auf eine Bewertung als sittenwidrig kommt es dagegen nicht an[238].

243 Bietet das geschriebene Recht jedoch keine derartigen Orientierungshilfen, kann die Frage nach der sozialen Unwertigkeit nur im Wege der Ermittlung und Anwendung herrschender sozialethischer Wertvorstellungen geklärt werden[239]. Dabei sind objektive, aus der Verfassung oder sonstigem Recht ableitbare Kriterien heranzuziehen. Als Beispiele hierfür seien die Entscheidungen zur Peep-Show[240] und zur Veranstaltung eines Spiels, in dem Tötungshandlungen simuliert werden[241], genannt.

244 Legt man diese enge Auslegung der „sozial unwertigen" Tätigkeit zu Grunde, so sind Hellsehen, Handlesen, Kartenlegen oder die Ausübung der Astrologie[242] als erlaubte Tätigkeiten einzustufen. Mit guten Gründen lässt sich allerdings auch die Ansicht vertreten, angesichts der Konkretisierungsschwierigkeiten müsse der **Begriff der „sozial unwertigen" Tätigkeit** überhaupt **aufgegeben** werden. Im Hinblick auf die Grundentscheidung für Berufs- und Gewerbefreiheit sei es allein Sache des demokratisch legitimierten Gesetzgebers, durch ein ausdrückliches Verbot bestimmte Tätigkeiten als sozial schädlich einzustufen.

---

235 BVerwG, DÖV 1977, 403 ff.
236 Ähnlich *Stober*, Besonderes Wirtschaftsverwaltungsrecht, 12. Auflage 2001, § 45 V 1.
237 Vgl. *Frotscher*, JuS 1982, 832 Fn. 66.
238 So hat das BVerwG den Betrieb eines Dirnenwohnheims als erlaubtes Gewerbe angesehen, soweit nicht die Grenzen des § 180a Abs. 2 StGB überschritten werden, BVerwG, DÖV 1974, 675 ff; dazu *Stober*, NJW 1992, 2128 ff; im Hinblick auf den Wandel in den gesellschaftlichen Moralvorstellungen unterliegt nach der aktuellen Rechtsprechung von BVerwG und EuGH im Übrigen auch die Frage der Sittenwidrigkeit einer differenzierten Betrachtung, vgl. EuGH NVwZ 2002, 326 ff; BVerwG NVwZ 2002, 339 ff. Siehe auch zur Frage des Widerrufs einer Gaststättenerlaubnis wegen Anbahnung der Prostitution VG Berlin, NJW 2001, 983 ff.
239 BVerwGE 84, 214, 217 f.
240 BVerwGE 64, 274 ff.
241 OVG Koblenz, DÖV 1994, 965 ff.
242 BVerwG, DVBl. 1966, 224 ff.

Eine auf **Gewinnerzielung gerichtete Tätigkeit** ist bereits dann gegeben, wenn sie lediglich mit dem Ziel ausgeübt wird, Gewinn zu erwirtschaften, unabhängig davon, ob tatsächlich ein Gewinn erzielt wird. Wenn zum Beispiel ein Automobilunternehmen ein Geschäftsjahr mit Verlust abschließt, so bedeutet das nicht, dass nunmehr kein Gewerbe mehr vorliegt; entscheidend ist allein, dass die **Absicht** der Gewinnerzielung besteht. Problematisch sind die Fälle, in denen der angestrebte Gewinn derart **gering** ist, dass er zum Lebensunterhalt des Betreibers nicht ernsthaft beitragen kann. Bei völlig unbedeutsamem Gewinnstreben verneint die h.M.[243] das Vorliegen eines Gewerbes, weil zumindest ein gewisser Beitrag zu den Lebenshaltungskosten erzielt werden soll. Dies ist z.B. dann nicht der Fall, wenn eine Zeitung mit der Absicht herausgegeben wird, monatlich in der Regel 100 Exemplare zu einem Preis zu verkaufen, der um 5 Cent über den Herstellungskosten liegt. Dagegen ändert sich nichts am Vorliegen eines Gewerbes, wenn der erzielte Gewinn nach der Satzung eines Unternehmens gemeinnützig verwendet werden soll, da die Absicht als solche zunächst auf Gewinnerzielung gerichtet ist[244]. Ebensowenig verliert eine gewerbliche Tätigkeit ihre Eigenschaft dadurch, dass sie nach dem Selbstverständnis des Betreibers eine religiöse oder weltanschauliche Zielsetzung verfolgt. In diesen Fällen gebietet das Grundrecht der Religionsfreiheit lediglich eine den Art. 4 GG möglichst schonende Anwendung der gewerberechtlichen Vorschriften[245].

245

Die Gewinnerzielungsabsicht fehlt aber häufig schon von vornherein bei Tätigkeiten, mit denen gemeinnützige Zwecke verfolgt werden. Gemeinnützig ist eine Tätigkeit, die darauf gerichtet ist, die Allgemeinheit auf materiellem, geistigem oder sittlichem Gebiet selbstlos zu fördern (§ 52 AO). Dazu zählen z.B. gemeindliche Müllabfuhr, Abwasserbeseitigung, Wasserversorgung, Schlachthöfe, Volkshochschulen, öffentlich-rechtliche Fernsehanstalten[246], gemeinnützige Vereine und Gesellschaften (DRK, DLRG). Voraussetzung ist allerdings, dass deren ideeller Zweck die wirtschaftliche Betätigung selbst trägt[247].

246

Das Kriterium der **Selbstständigkeit** wird durch das Merkmal des „Handelns im eigenen Namen, auf eigene Rechnung und in eigener Verantwortlichkeit" näher bestimmt[248]. Selbstständigkeit setzt persönliche **Unabhängigkeit**, **Freiheit der Zeiteinteilung** und Tragen des **Unternehmerrisikos** voraus. Deshalb sind Angestellte, Bedienstete oder Stellvertreter (§ 45 GewO) keine Gewerbetreibende. Die Abgrenzung ist mitunter schwierig. Problematisch ist z.B., wie die Tätigkeit eines Fotomodells einzustufen ist. Da das Fotomodell weitgehend frei in der Gestaltung seiner Tätigkeit ist, indem es bestimmen kann, welche Modellverträge es abschließt, könnte

247

---

243 BVerwG, GewArch. 1976, 293, 294; ähnlich OLG Hamm, NJW 1977, 399 ff.
244 OVG NW, GewArch. 1976, 236 ff; vgl. auch BVerwG, NVwZ 1986, 296 ff.
245 *Hahn*, GewArch. 1997, 41 ff mit Verweis auf die Rspr. des BVerwG; VG Stuttgart, NVwZ 1994, 612 ff.
246 BayVGH, BayVBl. 1983, 498 ff.
247 Das OVG Hamburg hat bei der „Scientology Church" eine Gewinnerzielungsabsicht selbst dann als gegeben angesehen, wenn die Erträge ideellen Zwecken zugeführt werden sollen, vgl. DVBl. 1994, 413 ff; zum vereinsrechtlichen Nebenzweckprivileg vgl. *Reichert/Dannecker*, Handbuch des Vereins- und Verbandsrechts, 9. Auflage 2003, Rdnr. 128 ff.
248 Zur Definition siehe auch *Frotscher*, JuS 1982, 833 ff.

VII *Wirtschaftsverwaltungsrecht*

man durchaus die Selbstständigkeit bejahen. Die Rechtsprechung[249] nimmt dagegen im Hinblick auf das hohe Maß der Fremdbestimmtheit der Arbeit Unselbstständigkeit der Tätigkeit an. Unbeachtlich für die Abgrenzung zwischen Selbstständigen und Arbeitnehmern ist nach ganz h.M. die Neuregelung in § 7 Abs. 4 SGB IV zur so genannten Scheinselbstständigkeit. Hierbei handelt es sich vielmehr um eine rein sozialversicherungsrechtliche Vorschrift, die nicht als Neubewertung des Arbeitnehmerbegriffs zu verstehen ist[250].

248 Ob das **Merkmal der Selbstständigkeit** auch weiterhin zur Gewerbedefinition heranzuziehen ist, wird im Falle des Reisegewerbes zum Teil **angezweifelt**[251]. Begründet werden diese Zweifel damit, dass beim Reisegewerbe von der Selbstständigkeit als Voraussetzung keine Rede ist. Jedoch ist hier im Hinblick auf die spezifischen Gefahren, die mit dem Reisegewerbe zusammenhängen, vom Gesetzgeber eine Sonderregelung getroffen worden, die den Anwendungsbereich der GewO bezüglich der erfassten Personen erweitert[252].

249 Letztes positives Merkmal des Gewerbes ist die **fortgesetzte Tätigkeit**. Fortgesetzte Tätigkeit liegt vor bei einer auf gewisse Dauer angelegten, nachhaltigen, planmäßigen Betätigung. Einmalige (Grundstücksverkauf) oder gelegentliche Handlungen zählen nicht dazu. Auf der anderen Seite ist es aber nicht erforderlich, dass die Tätigkeit ununterbrochen ausgeübt wird. Deshalb sind auch saisonale Beschäftigungen – wie z.B. der Eisverkauf oder der Betrieb einer Strauß- oder Besenwirtschaft – als Gewerbe zu qualifizieren. Maßgeblich ist insofern lediglich, ob eine **Fortsetzungsabsicht** besteht. Daher erscheint es mehr als fraglich, wenn der einmalige Verkauf von 21 Eintrittskarten zu einem begehrten Fußballspiel zu einem überhöhten Preis als Gewerbe angesehen wird[253].

250 Trotz Vorliegens dieser positiven Kriterien unterfällt eine Tätigkeit dann nicht dem Gewerbebegriff der Gewerbeordnung, wenn sie einem der im **Negativkatalog** des § 6 GewO aufgezählten Bereiche zuzuordnen ist.

251 Dieser Aufzählung zufolge ist u.a. die **Urproduktion** (z.B. Ackerbau, Viehzucht, Forstwirtschaft oder Fischerei) **aus dem Gewerbebegriff herausgenommen**, da derartige Betriebe auf Grund ihrer Abhängigkeit von äußeren Einflüssen wie beispielsweise Boden- und Witterungsbedingungen eine besondere Interessenlage aufweisen. Nicht um Urproduktion, sondern um gewerbliche Tätigkeit handelt es sich allerdings dann, wenn im konkreten Fall solche Umstände keine Rolle mehr spielen. So ist etwa die Intensivtierhaltung auf Fremdfuttergrundlage als Gewerbebetrieb anzusehen, gleich, ob es sich um Legehennenbatterien, Fischzuchtbetriebe oder Mastviehhaltung handelt[254].

---

249 OLG Karlsruhe, GewArch. 1979, 259 ff.
250 Vgl. *Heinze*, JZ 2000, 332 ff.
251 *Stober*, JuS 1980, 182 ff; *ders.*, Besonderes Wirtschaftsverwaltungsrecht, 12. Auflage 2001, § 45 V 3.
252 In diesem Sinne auch *Frotscher*, JuS 1982, 833 ff.
253 So aber BayVGH, NJW 1978, 2052 ff.
254 BVerwG, NJW 1981, 139 ff; pauschale Zuordnungen sind allerdings kaum möglich, BVerwG, GewArch. 1990, 128 ff.

Kein Gewerbe stellt auch die **Verwaltung eigenen Vermögens** dar, solange sie sich 252
im üblichen, angemessenen Rahmen bewegt. Denn hier fehlt es an der Intensität des
Gewinnstrebens und an der Nachhaltigkeit der Beschäftigung[255]. Regelmäßig wird
das Gewinnstreben zu verneinen sein, wenn mit der Verwaltung nicht die Deckung
des Unterhalts erstrebt wird, oder die Tätigkeit einem größeren Kreis von Dritten
nicht erkennbar ist[256]. Daher ist die Verwaltung des eigenen Wertpapierdepots oder
Mietshauses im Regelfall kein Gewerbe. Sprengt dagegen die Verwaltung des eigenen Vermögens den üblichen Rahmen, wie es etwa beim Betrieb eines Campingplatzes mit 1200 Stellplätzen der Fall ist[257], dann liegt ein Gewerbe vor.

Negativ ausgegrenzt sind ferner **künstlerische, wissenschaftliche** und **schriftstel-** 253
lerische Berufe sowie **persönliche Dienstleistungen** höherer Art (sog. freie Berufe).
Diesen Ausnahmen ist gemeinsam, dass die Tätigkeit im Wesentlichen auf eigener
Arbeitskraft beruht und nicht durch weitere Hilfskräfte vervielfältigt werden kann.
Eigene persönliche Leistung und Verantwortung stehen im Vordergrund. Gewisse
Abgrenzungsschwierigkeiten bestehen jedoch bei beiden Merkmalen. Zur Lösung
sollte man sich jeweils an der besonderen ordnungsrechtlichen Aufgabenstellung der
GewO orientieren[258]. Zu den Dienstleistungen höherer Art zählen beispielsweise die
in § 6 GewO genannten Dienstleistungen von Ärzten, Erziehern, Apothekern,
Rechtsanwälten, Notaren, Wirtschaftsprüfern und Steuerberatern. Maßgeblich ist insofern, dass eine höhere Bildung – d.h. ein abgeschlossenes Hoch- oder Fachhochschulstudium[259] – Voraussetzung für die Berufsausübung ist. Deshalb zählt der Fahrlehrer nicht zur Gruppe der Freiberufler, wohl aber der Sozialarbeiter. Bei wissenschaftlichen, künstlerischen[260] und schriftstellerischen Tätigkeiten spielen Charakter
und Qualität der Betätigung eine wesentliche Rolle für die Abgrenzung, jedoch lässt
sich eine klare Linie in der Rechtsprechung nicht finden. So wurde z.B. für einen Musiker, der gehobene Fähigkeiten besitzt, kein Gewerbe, sondern eine künstlerische
Tätigkeit, angenommen, während ein Musiker mit geringeren musikalischen Fähigkeiten unter den Gewerbebegriff fallen soll[261]. Rationale Gründe für diese negative
Ausgrenzung finden sich kaum. Denn sowohl bei den freien Berufen als auch bei
künstlerischer und wissenschaftlicher Tätigkeit steht in aller Regel die Sicherung des
Lebensunterhalts ebenso im Vordergrund wie bei gewerblichen Berufen. Die Ausgrenzung beruht vor allem auf historischen Gründen. Früher glaubte man, die Gewinnerzielungsabsicht werde bei Freiberuflern, Künstlern und Wissenschaftlern

---

255 Zum praktisch bedeutsamen Fall der Abgrenzung zwischen gewerblichem und vermögensverwaltendem Grundstückshandel vgl. BFH, NJW 1990, 2902 ff und DB 1991, 251 ff und Erlass des BMF, GewArch. 1991, 218 ff. Vor allem die steuerlichen Folgen der unterschiedlichen Zuordnung klaffen extrem weit auseinander: Bei gewerblich erzieltem Gewinn fällt Gewerbesteuer und Einkommensteuer an, Gewinne aus privater Vermögensverwaltung sind steuerfrei.
256 BFH, NJW 1961, 1231 ff; für die Vermietung von Ferienwohnungen vgl. BVerwG, GewArch. 1993, 196 ff.
257 BVerwG, DÖV 1977, 403 ff.
258 BVerwG, DÖV 1977, 403 ff; BVerfG, NJW 1991, 1471 ff.
259 BVerwG, DVBl. 1987, 1075 ff.
260 OVG NW, DÖV 1987, 1070 ff; BVerwG, NJW 1990, 2011 ff.
261 BFH, NJW 1983, 1224 ff; vgl. auch BFH, DB 1991, 896 ff.

VII *Wirtschaftsverwaltungsrecht*

durch berufsethische Vorstellungen vollständig verdrängt; dies war wahrscheinlich auch schon im vergangenen Jahrhundert eine ebenso hehre wie lebensfremde Fiktion.

254 Nach § 1 Abs. 1 GewO ist es grundsätzlich **jedem gestattet, ein Gewerbe aufzunehmen**, ohne dass es dafür einer besonderen Genehmigung bedarf. Gewerberecht und Gewerbefreiheit gelten sowohl für natürliche als auch für juristische Personen. Diese „**Gewerbefreiheit**" wurde in Preußen im Zuge der Stein- und Hardenberg'schen Reformen 1810 eingeführt, die damit das Zunftwesen und andere überlieferte Gewerbeeinrichtungen beseitigten.

255 Die abschließende **bundesrechtliche** Regelung des § 1 GewO steht solchen **Landesgesetzen** entgegen, die den Zugang zu einem Gewerbe abweichend von den Vorschriften der GewO regeln wollen. Auch auf die in den meisten Landespolizeigesetzen enthaltene polizeiliche Generalklausel kann wegen des Vorrangs der Gewerbeordnung keine Gewerbezulassung oder Gewerbeuntersagung gestützt werden. Damit ist aber nicht ausgeschlossen, dass landespolizeiliche Ermächtigungen Verfügungen erlauben, die die Art und Weise der Gewerbeausübung betreffen. § 1 GewO gewährt nämlich nur eine **Gewerbezulassungsfreiheit**, nicht aber eine völlige Freiheit in der **Gewerbeausübung**. Deshalb sind die Länder befugt, z.B. bau-, feuer-, straßen- oder gesundheitspolizeiliche Maßregeln hinsichtlich der Gewerbeausübung zu treffen. Zulässig wäre daher beispielsweise die vorübergehende Schließung eines Einzelhandelsgeschäfts, wenn die Betriebsstätte feuerpolizeilichen Anforderungen nicht entspricht. Ebenso begegnet es keinen Bedenken, wenn ein Eisverkäufer zum Verkauf von Speiseeis aus einem offenen Verkaufswagen einer straßenrechtlichen Sondernutzungserlaubnis bedarf und bestimmte gesundheitspolizeiliche Anforderungen einzuhalten hat. Solche landesrechtlichen Bestimmungen können gegebenenfalls dazu führen, dass die weitere Gewerbeausübung faktisch ausgeschlossen wird. Dies ist aber unbedenklich, da auch nach dem telos des § 1 GewO niemand ein Gewerbe so betreiben darf, dass dadurch die öffentliche Sicherheit bzw. Ordnung gefährdet wird[262].

256 Mit Erlass des Grundgesetzes hat § 1 GewO durch die Statuierung eines Grundrechts der Berufsfreiheit in **Art. 12 GG** viel an Bedeutung verloren. Da jedoch Art. 12 GG nur für **Deutsche** gilt, hat § 1 GewO nach wie vor für **Ausländer** Relevanz, weil er die Gewerbefreiheit „jedermann" zugesteht. Andererseits unterliegt jedoch die gewerbliche Betätigung von Ausländern nach Maßgabe des § 7 Abs. 3 Ausländergesetz weitgehenden Beschränkungen. Dies ist insofern unbedenklich, als die bundesgesetzliche Norm des § 1 GewO gegenüber anderen bundesrechtlichen Regelungen keinen höheren Rang genießt, und auch Art. 2 Abs. 1 GG einer solchen Einschränkung nicht entgegensteht[263].

257 Das von § 1 GewO vorgegebene Verhältnis von **grundsätzlicher Freiheit** und **ausnahmsweiser Beschränkung** entspricht allerdings **nicht voll der Praxis**. Die GewO selbst, die Vielzahl gewerberechtlicher Nebengesetze, aber auch andere Gesetze wie

---

262 Umstritten ist derzeit die Untersagung gewerblicher Tätigkeit an Sonn- und Feiertagen; vgl. dazu BVerwG, NVwZ 1993, 182 ff und BVerfG, NVwZ 1993, 878 ff.
263 *Frotscher*, JuS 1982, 828 ff; BVerwG, GewArch. 1983, 350 ff.

insbesondere §§ 4 ff BImSchG[264] machen die Aufnahme eines Gewerbes oft von **einer vorherigen behördlichen Erlaubnis** abhängig. Nur dort, wo dies nicht ausdrücklich vorgesehen ist, kann sich der Einzelne auf § 1 Abs. 1 GewO berufen. Mit dieser Beobachtung ist bereits die Rechtstechnik der GewO vorgegeben: Im Grundsatz statuiert § 1 Abs. 1 GewO eine (genehmigungsfreie) **Erlaubnis mit Verbotsvorbehalt**; für eine Vielzahl einzelner gewerblicher Tätigkeiten wird dieses Prinzip allerdings bereits durch die GewO selbst eingeschränkt und durch ein **Verbot mit Erlaubnisvorbehalt** ersetzt.

II. Die Kontrolle des stehenden Gewerbes

Die GewO hält ein abgestuftes rechtstechnisches Instrumentarium zur Überwachung von Gewerbebetrieben bereit. Anknüpfungspunkt ist zunächst die Art der Gewerbeausübung. Unterschieden werden das **stehende Gewerbe**, das **Reisegewerbe** und der **Marktverkehr**.

258

Grundform ist das stehende Gewerbe (§§ 14-52 GewO). Es liegt vor, wenn die Voraussetzungen des Reisegewerbes (§§ 55 ff GewO) oder des Marktverkehrs (§§ 64 ff GewO) nicht gegeben sind. **Stehendes Gewerbe** wird von einer **gewerblichen Niederlassung** aus wahrgenommen, z.B. einem Büro, Laden oder auch einer Wohnung, wenn sie den Mittelpunkt der gewerblichen Betätigung darstellt (§ 42 Abs. 1 GewO). Notwendig ist jeweils, dass der betreffende Raum in regelmäßiger Wiederkehr zu gewerblichen Zwecken genutzt wird[265]. So stellt etwa der saisonale Eisverkauf in einer dazu entsprechend umgebauten Garage ein stehendes Gewerbe dar. Verlässt der Gewerbetreibende zur Ausübung seines Gewerbes die genannten Räumlichkeiten, so ist zur Abgrenzung gegenüber dem Reisegewerbe wie folgt zu unterscheiden: Geht er auf **Bestellung** hinaus, handelt es sich noch um ein **stehendes Gewerbe**, wird er **ohne Bestellung** tätig („Kundenfang"), liegt **Reisegewerbetätigkeit** vor[266].

259

1. Erlaubnis mit Verbotsvorbehalt – Die Gewerbeuntersagung nach § 35 GewO

Bei stehendem Gewerbe hält die GewO im Regelfall kein Verbot mit Erlaubnisvorbehalt (vorbeugende Kontrolle), sondern eine (genehmigungsfreie) **Erlaubnis mit Verbotsvorbehalt** für angemessen. Nach § 14 GewO muss aber jeder, der den selbstständigen Betrieb eines **stehenden Gewerbes** anfängt, dies der zuständigen Behörde **anzeigen**. Zweck dieser Maßnahme ist es, der **Gemeinde** einen **Überblick** über Zahl und Art der auf ihrem Gebiet bestehenden Gewerbebetriebe zu ermöglichen. Nur so lassen sich **ordnungsrechtliche** und **steuerrechtliche** Befugnisse wirksam wahrnehmen. Die Anzeige muss im Übrigen auch dann erfolgen, wenn der zuständigen Behörde die Gewerbeausübung auf andere Weise bereits bekannt geworden ist. Denn die Anzeige soll der Behörde die Prüfung ermöglichen, ob die Voraussetzungen für

260

---

264 Ausführlich hierzu *Stober*, Besonderes Wirtschaftsverwaltungsrecht, 12. Auflage 2001, S. 49 ff.
265 *Stober*, Besonderes Wirtschaftsverwaltungsrecht, 12. Auflage 2001, § 46 I 1.
266 Diese Abgrenzung folgt aus § 55 Abs. 1 GewO.

VII *Wirtschaftsverwaltungsrecht*

den Betrieb des Gewerbes erfüllt sind, und ob Bedenken gegen die Zuverlässigkeit des Gewerbetreibenden bestehen[267].

261 Eine Anzeige ist ferner auch dann notwendig, wenn für das Gewerbe nach anderen Vorschriften, z.B. §§ 30-34c GewO, eine Genehmigung erforderlich ist, da Anzeige und Genehmigung unterschiedlichen Verwaltungszwecken, nämlich Unterrichtung auf der einen und Nachweis der Berechtigung auf der anderen Seite, dienen. Die gemäß § 15 Abs. 1 GewO zu erteilende Anmeldebestätigung – der **„Gewerbeschein"** – ist lediglich eine Bestätigung der ordnungsgemäßen Anzeige nach § 14 GewO. **Der „Gewerbeschein" ist daher kein Verwaltungsakt**, da er keine Regelung enthält. Die Unterlassung der Anzeige macht den Gewerbebetrieb nicht rechtswidrig. Somit kann die Fortsetzung des Gewerbebetriebes gemäß § 15 Abs. 2 GewO nicht allein deshalb untersagt werden[268], weil die Anzeige nicht erstattet wurde. Denn dem Normzweck des § 15 Abs. 2 GewO zufolge soll lediglich die Fortsetzung genehmigungsbedürftiger Betriebe verhindert werden.

262 Auf die Erteilung des Gewerbescheins besteht ein subjektives öffentliches Recht[269]. Da dem Gewerbeschein keine Verwaltungsaktqualität zukommt, ist dieses Recht mittels einer allgemeinen Leistungsklage durchzusetzen. Die Bestätigung kann nicht mit der Begründung verweigert werden, dass der Anzeigende etwaige nach anderen Vorschriften erforderliche Erlaubnisse nicht besitzt, oder berechtigte Zweifel an seiner Zuverlässigkeit bestehen. Die oben erläuterte Zielsetzung der Anzeige verbietet die Heranziehung derartiger Gründe. Umgekehrt folgt daraus, dass Anzeige und Bestätigung nicht die erforderlichen Erlaubnisse oder Genehmigungen ersetzen können.

263 Die erlaubnisfreie, nur anzeigepflichtige gewerbliche Tätigkeit steht allerdings unter dem **Verbotsvorbehalt des § 35 GewO**, der der Behörde eine nachträgliche Korrekturmöglichkeit gibt. Nach § 35 Abs. 1 GewO ist die Ausübung des Gewerbes zu untersagen, wenn Tatsachen vorliegen, welche die Unzuverlässigkeit des Gewerbetreibenden in Bezug auf dieses Gewerbe dartun, sofern die Untersagung zum Schutz der Allgemeinheit oder der im Betrieb Beschäftigten erforderlich ist. Die gewerberechtliche Unzuverlässigkeit ist **nicht von einem Verschulden des Gewerbetreibenden** abhängig[270], weil es sich bei der Gewerbeuntersagung um eine Maßnahme der Gefahrenabwehr handelt. Voraussetzung für eine Verbotsverfügung ist zum einen das Vorliegen der Tatsachen, die die **Unzuverlässigkeit des Gewerbetreibenden in Bezug auf sein Gewerbe** begründen. Unzuverlässig ist ein Gewerbetreibender, der nach dem Gesamteindruck seines Verhaltens nicht die Gewähr dafür bietet, dass er sein Gewerbe künftig ordnungsgemäß betreibt[271]. Als solche Tatsachen kommen zum einen Umstände in Betracht, die belegen, dass der Betreffende nicht ein Mindestmaß an Sachkenntnis mitbringt[272]. Unzuverlässig ist zum anderen aber auch, wem ein Min-

---

267 BVerwG, NJW 1977, 722 ff; NVwZ 1991, 267 ff.
268 BGH, NJW 1963, 2021 ff.
269 *Frotscher*, JuS 1982, 834 ff.
270 BVerwGE 65, 1, 4; HessVGH, GewArch. 1991, 28 ff.
271 BVerwGE 65, 1 f; *Frotscher*, Wirtschaftsverfassungs- und Wirtschaftsverwaltungsrecht, 3. Auflage 1999, Rdnr. 180 m.w.N.
272 Vgl. *Papier*, GewArch. 1987, 41, 47 f.

destmaß an Ehrlichkeit und sozialer Rücksichtnahme abgeht. Als Beispiele hierfür seien genannt: Betriebliche Steuerschulden[273], Nichtabführung von Sozialversicherungsbeiträgen[274], Beschäftigung ausländischer Arbeitnehmer ohne Arbeitserlaubnis[275], Versäumung von Aufsichtsmaßnahmen bei der Überwachung der Betriebssicherheit von Kraftfahrzeugen[276]. Strafurteile als solche sind keine Umstände, die die Unzuverlässigkeit begründen, wohl aber die dem Urteil zugrunde liegenden Straftaten (§ 35 Abs. 3 GewO).

264 Aus den vorliegenden Tatsachen muss sich die Unzuverlässigkeit in Bezug auf den Gewerbebetrieb ergeben. Zwischen den **Tatsachen** und dem **Gewerbe** muss also zumindest **ein mittelbarer Zusammenhang** bestehen. Sittlichkeitsdelikte können beispielsweise ein gewerberechtliches Unzuverlässigkeitsurteil nur dann begründen, wenn bei Ausübung des Gewerbes Kontakt zu weiblichen Kunden oder Arbeitnehmern besteht.

265 Besonderer Beachtung bedürfen die Fälle, in denen der Gewerbebetrieb faktisch über eine hinter dem Gewerbetreibenden stehende Person geleitet wird. Als Beispiel hierfür seinen die Fälle genannt, in denen die Ehefrau das Gewerbe betreibt, der Ehemann, dem die Führung des Gewerbes untersagt wurde, in Wahrheit aber das Gewerbe lenkt[277]. In diesen Fällen kann sich die Unzuverlässigkeit des Gewerbetreibenden daraus ergeben, dass er nicht in der Lage erscheint, sich dem schädlichen Einfluss des Hintermannes zu entziehen. Vergleichbar dazu stellt sich die Sachlage bei Strohmannfällen dar. Hier tritt der Strohmann nach außen als Gewerbetreibender auf, in Wahrheit wird das Gewerbe aber durch einen Anderen betrieben, um zur Täuschung des Rechts- und Wirtschaftsverkehrs die wahren wirtschaftlichen Verhältnisse zu verschleiern. Gewerbetreibender i.S.d. § 35 GewO ist hier der Hintermann. Auch der Strohmann kann aber Adressat der Untersagungsverfügung sein. Denn bei einem Strohmannverhältnis kann den gewerbepolizeilichen Gefahren nur dadurch begegnet werden, dass der Strohmann durch die Untersagungsverfügung daran gehindert wird, an der Aufrechterhaltung der betreffenden Gewerbeausübung mitzuwirken[278].

266 Schließlich muss die Untersagung **zum Schutz der Allgemeinheit oder der im Betrieb Beschäftigten erforderlich** sein[279]. Dies ist der Fall, wenn auf Grund der vorliegenden Tatsachen in überschaubarer Zukunft mit einem Schadenseintritt gerechnet werden muss. Da es Zweck des § 35 GewO ist, Schäden von Anfang an zu vermeiden, muss dabei nicht abgewartet werden, bis es zu einem ersten Schaden gekommen

---

273 Vgl. BFHE 149, 387 m. Anm. *Arndt*, StRK § 30 AO, R. 7; ausführlich: *Arndt*, GewArch. 1988, 281 ff; BVerwG, DÖV 1992, 218 ff.
274 BVerwGE 65, 1 ff; 65, 9 ff.
275 BVerwG, NJW 1981, 1170 ff.
276 OVG Lüneburg, GewArch. 1980, 128 ff.
277 Fall nach BVerwG, VwRspr 17, 111 ff.
278 BVerwGE 65, 12 f.
279 Vgl. *Papier*, GewArch. 1987, 41, 48; statt einer Voll- oder Teiluntersagung müssen deshalb zunächst verstärkte Überwachungsmaßnahmen angeordnet, Bußgelder und Verwarnungen ausgesprochen werden, BVerwG, NVwZ 1991, 408 ff.

ist: Die Tatsache, dass die Betriebssicherheit von Fahrzeugen nicht überprüft wird, vermag eine Unzuverlässigkeit auch vor dem ersten Unfall zu begründen.

267 Da die Norm dem Schutz der Allgemeinheit dient, ergibt sich weiter, dass sie keine Schutzvorschrift für einzelne Vertragsparteien eines Gewerbetreibenden oder andere Dritte darstellt, auch wenn sie in Form eines Reflexes Schutzwirkung zu Gunsten der Vertragspartner eines Gewerbetreibenden entfaltet. **§ 35 GewO gewährt daher kein subjektives Recht und dementsprechend keine Befugnis zur Erhebung einer Verpflichtungsklage auf Gewerbeuntersagung**[280].

268 Die Untersagungsverfügung ist ein **gebundener Verwaltungsakt**. Ermessen steht der Behörde nur zu, wenn sie über das konkret ausgeübte Gewerbe hinaus gemäß § 35 Abs. 1 S. 2 GewO weitere einzelne oder sogar alle anderen gewerblichen Tätigkeiten untersagen will. Dies ist nur dann möglich, wenn die festgestellten Tatsachen die Annahme rechtfertigen, dass der Gewerbetreibende auch für diese Gewerbe bzw. jegliche Gewerbeausübung unzuverlässig ist. Verletzt jemand beispielsweise über einen langen Zeitraum seine steuerlichen, sozialversicherungsrechtlichen oder berufsgenossenschaftlichen Zahlungspflichten in erheblichem Umfang, dann kann es gerechtfertigt sein, ihm alle gewerblichen Betätigungen zu untersagen, im Rahmen derer solche Pflichten zu erfüllen sind. Voraussetzung für eine derart weit reichende Untersagung ist aber, dass von dem Gewerbetreibenden bei Verbot allein des derzeit ausgeübten Gewerbes ein Ausweichen auf solche andere gewerbliche Tätigkeiten zu erwarten ist[281].

269 Bei Vorliegen der in § 35 Abs. 1 S. 1 GewO genannten Voraussetzungen ist die Behörde zum Eingreifen verpflichtet. Die **Untersagung** als **schärfster Eingriff** ist allerdings schon nach dem Wortlaut des § 35 Abs. 1 GewO nur zulässig, wenn sie zur Abwehr der Gefahr **erforderlich** ist. Daraus folgt, dass dort, wo eine **Teiluntersagung** (z.B. bei Nichtabführung der Sozialversicherungsbeiträge das Verbot, Arbeitnehmer zu beschäftigen) oder eine **zeitliche Beschränkung** der Untersagung als ausreichend erscheint, nur diese geringeren Eingriffe zulässig sind. Um eine Teiluntersagung als milderes Mittel handelt es sich auch bei der so genannten **Stellvertretererlaubnis** nach § 35 Abs. 2 GewO. Mit dem Verhältnismäßigkeitsgrundsatz und mit Art. 12 GG ist es daher nach h.M. nicht vereinbar, wenn – wie es nach dem Wortlaut den Anschein hat – die Erteilung der Stellvertretererlaubnis in das Ermessen der Behörde gestellt wäre. Vielmehr muss die zuständige Behörde bei Vorliegen der Voraussetzungen des § 35 Abs. 2 GewO in **verfassungskonformer** Interpretation der Vorschrift dem Antrag auf Stellvertretererlaubnis stattgeben.

270 **Gegen die Untersagungsverfügung** kann der Betroffene mit der **Anfechtungsklage** auf Aufhebung des Verwaltungsaktes vorgehen. Dabei kann das Unzuverlässigkeitsurteil der Verwaltungsbehörde in vollem Umfang gerichtlich geprüft werden, da es sich bei der Unzuverlässigkeit um einen unbestimmten Rechtsbegriff handelt, bei dessen Anwendung der Behörde kein Beurteilungsspielraum eingeräumt ist. Pro-

---
280 Vgl. HessVGH, WUR 1991, 45 f.
281 BVerwGE 65, 9 ff.

bleme ergeben sich dabei nur im Rahmen der Begründetheitsprüfung bei der Frage, **auf welchen Zeitpunkt für die Beurteilung der Unzuverlässigkeit abzustellen ist**.

Beispiel: Dem A wird die Ausübung des Stuckateurgewerbes untersagt, weil er weder Sozialversicherungsbeiträge, noch Steuern bezahlt hat. Im Zeitraum bis zur mündlichen Verhandlung über seine Anfechtungsklage hat er eine Erbschaft gemacht und mit dieser seine Sozialversicherungs- und Steuerschulden beglichen. Hat die Klage Aussicht auf Erfolg?

Nach der h.M.[282] ist bei der Anfechtungsklage für die Beurteilung der Rechtmäßigkeit des Verwaltungsaktes die Sach- und Rechtslage im Zeitpunkt der **letzten Behördenentscheidung** maßgeblich. **Ausnahmen** sollen aber für **Dauerverwaltungsakte** gelten[283]. Als ein solcher Dauerverwaltungsakt wurde im Hinblick auf die ständige Kontrollpflicht der Behörde früher auch die Gewerbeuntersagung eingestuft[284], für die dann die letzte mündliche Verhandlung als maßgeblicher Zeitpunkt galt. Diese Ansicht hat das Bundesverwaltungsgericht 1982[285] **aufgegeben**. Danach sei auch im Gewerbeuntersagungsverfahren auf die **letzte Behördenentscheidung** abzustellen. Diese Änderung der Rechtsprechung wurde mit der Neufassung des § 35 Abs. 6 GewO erklärt[286]. Dieser Norm zufolge ist die Wiedergestattung der Gewerbeausübung von einem schriftlichen Antrag an die Behörde abhängig, wobei die Wiedergestattung jedoch im Regelfall erst ein Jahr nach Durchführung der Gewerbeuntersagung erfolgen kann. Jenes antragspflichtige Wiedergestattungsverfahren schließt es nach Auffassung des Bundesverwaltungsgerichts aus, die für die Wiedergestattung relevanten Umstände im laufenden Anfechtungsprozess zu berücksichtigen. Denn der Normzweck des § 35 Abs. 6 GewO bestehe darin, die Verwaltungsbehörden zu entlasten. Müsste die Behörde ihre Entscheidung während der Dauer des gerichtlichen Verfahrens permanent kontrollieren, wäre der Entlastungseffekt dahin. Für den Betroffenen positive Entwicklungen könnten daher nicht in die Anfechtungsentscheidung einfließen, sondern müssten in einem Verfahren auf Wiedergestattung vorgebracht werden[287].

271

Diese Änderung der Rechtsprechung ist auf vielfache Kritik gestoßen[288]. Zum einen kann dem Gericht seine sonstige Rechtsprechung zum Dauerverwaltungsakt entgegengehalten werden. Danach muss der Verwaltungsakt während der gesamten Dauer seiner Wirksamkeit dem geltenden Recht entsprechen. Ist das nicht mehr der Fall,

272

---

282 *Redeker/v. Oertzen*, VwGO, 13. Auflage 2000, § 108 Rdnr. 17; BVerwGE 1, 35 ff; 62, 280, 287.
283 *Redeker/v. Oertzen*, VwGO, 13. Auflage 2000, § 108 Rdnr. 19 m.w.N.; *Kopp/Schenke*, VwGO, 13. Auflage 2003, § 113 Rdnr. 25.
284 BVerwGE 22, 16, 19 ff; 28, 202, 205 ff.
285 BVerwGE 65, 1 ff.
286 Zu § 35 Abs. 6 GewO vgl. HessVGH, JuS 1986, 73 f; hier werden die Voraussetzungen der Wiedergestattung im Einzelnen dargelegt.
287 Im Gegensatz dazu sollen nach HessVGH (DÖV 1983, 737 ff) ungünstige Tatsachen, die nach Erlass der Verwaltungsentscheidung eingetreten sind, Berücksichtigung finden. Zur Begründung wird auf den vom BVerwG herausgestellten Entlastungseffekt abgestellt. Würden die negativen Tatsachen nicht berücksichtigt, so bestünde die Notwendigkeit, eine erneute Gewerbeuntersagung anzuordnen. Dies widerspräche einer vernünftigen Prozessökonomie. Unbedenklich erscheint diese Ungleichbehandlung positiver und negativer Unzuverlässigkeitsgründe jedoch nicht.
288 *Frotscher*, JuS 1983, 116 ff; *Horn*, GewArch. 1983, 369 ff.

muss das Gericht ihn aufheben[289]. Problematisch erscheint die Ansicht des Bundesverwaltungsgerichts zudem im Hinblick auf Art. 12 GG. Wäre nämlich die Wiedergestattung des Gewerbes, selbst wenn der Gewerbetreibende vor Abschluss des gerichtlichen Verfahrens zuverlässig geworden ist, erst nach Ablauf eines Jahres seit Durchführung der Untersagung möglich, so käme dies einem – vorübergehenden – Berufsverbot gleich. Die ein Berufsverbot rechtfertigende Situation ist jedoch dann nicht mehr gegeben, wenn der Gewerbetreibende wieder zuverlässig ist. Sein Anspruch auf Wiedergestattung des Gewerbes folgt dann nicht erst aus § 35 Abs. 6 GewO, sondern schon aus Art. 12 GG. Daher erscheint eine verfassungskonforme, einschränkende Auslegung von § 35 Abs. 6 GewO erwägenswert: Dem Anwendungsbereich dieser Norm könnte nur der Fall der Wiedergestattung nach einer **unanfechtbar gewordenen** Untersagung zugeordnet werden[290]. Dagegen könnte eine Einschlägigkeit des § 35 Abs. 6 GewO dann verneint werden, wenn gegen eine noch nicht bestandskräftige Untersagung geklagt wird, mit der Folge, dass insofern – wie bei jedem anderen Dauerverwaltungsakt – die letzte mündliche Verhandlung als maßgeblicher Zeitpunkt anzusehen wäre.

273 Das Bundesverwaltungsgericht ist auf die hier vorgetragene Kritik in seinem Beschluss vom 23.11.1990 eingegangen[291]. Zwar teilte das Gericht die Bedenken in Bezug auf Art. 12 GG, es wollte sich aber der hier vertretenen Ansicht einer verfassungskonformen, einschränkenden Auslegung gleichwohl nicht anschließen. Stattdessen plädierte es dafür, das Problem durch eine Änderung des § 35 Abs. 6 GewO zu lösen. Auch in der Folgezeit hat das Bundesverwaltungsgericht den Zeitpunkt der letzten behördlichen Entscheidung als für die Beurteilung der Rechtmäßigkeit einer Gewerbeuntersagungsverfügung maßgeblich festgehalten[292].

274 Das Bundesverfassungsgericht hat zu der aufgeworfenen Frage in einem Beschluss vom 14.3.1995 erneut Stellung genommen: Unter dem Gesichtspunkt von Art. 12 Abs. 1 GG begegne es keinen Bedenken, dass für die Beurteilung der Rechtmäßigkeit einer Gewerbeuntersagungsverfügung im Falle eines nachfolgenden verwaltungsgerichtlichen Verfahrens nicht auf den Zeitpunkt der letzten mündlichen Verhandlung in einer Tatsacheninstanz, sondern auf den Zeitpunkt der letzten behördlichen Entscheidung abgestellt werde. Dem Anspruch auf erneute Zulassung zur selbstständigen Gewerbeausübung könne durch die Wiedergestattung gemäß § 35 Abs. 6 GewO Rechnung getragen werden, wobei § 35 Abs. 6 S. 2 GewO einer verfassungskonformen Auslegung und Anwendung zugänglich sei[293].

275 Nachzutragen bleibt, dass wegen der grundsätzlich aufschiebenden Wirkung von Widerspruch und Anfechtungsklage der Gewerbetreibende in der Regel zumindest bis

---

289 *Frotscher*, JuS 1983, 116 ff; *Maurer*, Allgemeines Verwaltungsrecht, 13. Auflage 2000, § 10 Rdnr. 3 ff.
290 Gegen die hier vertretene Ansicht: *Schenke*, WiVerw 1988, 145, 167, Fn. 80. Auf die Kritik Schenkes wird ausführlich eingegangen in *Arndt*, GewArch. 1988, 281, 290, Fn. 56.
291 BVerwG, NVwZ 1991, 372 ff.
292 BVerwG, GewArch. 1995, 200 ff; 1996, 24 ff.
293 BVerfG, NVwZ 1995, 1096 ff; zum umgekehrten Fall (ursprünglich rechtswidrige Untersagung wird im Prozess rechtmäßig): *Mager*, NVwZ 1996, 134 ff.

zum Abschluss des gerichtlichen Verfahrens sein Gewerbe weiter betreiben kann, was für ihn in Anbetracht der oft existenzgefährdenden Wirkung der Gewerbeuntersagung von besonderer Bedeutung ist.

Kommt der Gewerbetreibende der Untersagungsverfügung nicht nach, können im Wege des **Verwaltungszwangs** die Schließung der Betriebs- und Geschäftsräume verfügt oder andere zur Verhinderung der Gewerbeausübung geeignete Maßnahmen erlassen werden. Der früher zu § 35 Abs. 5 GewO a.F. bestehende Streit, ob die Anordnung solcher Maßnahmen einen selbstständig anfechtbaren und seinerseits nochmals der Vollstreckung bedürftigen Verwaltungsakt darstellt, ist mit der Streichung des § 35 Abs. 5 GewO hinfällig geworden; so ergibt die vom Gesetzgeber zur Novellierung des § 35 GewO vorgebrachte Begründung klar, dass die Betriebsschließung künftig allein als Vollstreckungsmaßnahme anzusehen ist[294]. 276

Bei der Gewerbeuntersagung handelt es sich um einen **mehrstufigen** Verwaltungsakt, da gemäß § 35 Abs. 4 S. 1 GewO Aufsichtsbehörden und andere Stellen gehört werden **sollen**. Dieses „sollen" in der gesetzlichen Regelung ist dahin zu interpretieren, dass nur bei Vorliegen besonderer Umstände von der Anhörung abgesehen werden kann. Ist die Anhörung unterblieben, so kann sie im Rahmen des § 45 Abs. 1 Nr. 5, Abs. 2 VwVfG nachgeholt werden. Ist auch diese Heilung nicht erfolgt, so führt das Fehlen der Anhörung dennoch gemäß der Neufassung des § 46 VwVfG nicht zur Aufhebung des Verwaltungsaktes, soweit die Entscheidung vom sachlichen Gehalt her zutreffend ist, und der Verfahrensfehler die Untersagungsverfügung offensichtlich inhaltlich nicht beeinflusst hat. 277

Von der an persönliche Eigenschaften des Gewerbetreibenden gebundenen Gewerbeuntersagung ist die **Untersagung wegen überwiegender Nachteile und Gefahren gemäß § 51 GewO** zu unterscheiden. Sie ist sachbezogen und nur auf Betriebe anwendbar, die nicht dem BImSchG unterfallen (§ 51 Abs. 1 S. 3 GewO), also auf sämtliche Betriebsstätten, die nicht Anlagen i.S.d. BImSchG sind. § 51 GewO setzt nicht die Genehmigungsbedürftigkeit der Anlage voraus. Er ist nicht als Sanktion für den Fall konzipiert, dass sich die Errichtung oder Ausübung eines Gewerbes als gewerbe- oder polizeirechtswidrig erweist. Vielmehr stellt er einen Fall der gesetzlichen Regelung einer Notstands- oder Nichtstörersituation dar, was auch in der Entschädigungsregelung des § 51 Abs. 1 S. 2 GewO zum Ausdruck kommt. Der Ausspruch einer Untersagung nach § 51 GewO, um unzumutbare Schäden wirtschaftlicher oder ideeller Art für die Allgemeinheit, die in unmittelbarem Zusammenhang mit der Benutzung der gewerblichen Anlage stehen, abzuwenden, steht im Ermessen der Behörde. 278

---

294 Vgl. BT-Drucks. 13/9109, 13.

2. Verbot mit Erlaubnisvorbehalt – Die Personalkonzession nach §§ 30–34c GewO

279 In enumerativ genannten Fällen macht die GewO die Ausübung eines stehenden Gewerbes und den Betrieb einer stehenden gewerblichen Anlage von einer Erlaubnis abhängig. Die gewerbliche Tätigkeit ist dann so lange verboten, bis die Erlaubnis erteilt ist. Das **Verbot mit Erlaubnisvorbehalt** dient ausschließlich dazu, wegen der potenziellen Gefahr eine **vorbeugende Kontrolle** ausüben zu können. Art. 12 GG und § 1 GewO verlangen, dass die gewerberechtlichen Erlaubnisse „gebundene" Erlaubnisse sind, d.h. die Behörde bei Vorliegen der gesetzlichen Voraussetzungen verpflichtet ist, die Erlaubnis zu erteilen.

280 Einer besonderen Genehmigung – **Personalkonzession** – bedarf es neben der Anzeige gemäß § 14 GewO vor allem bei „gefährlichen" oder „anrüchigen" gewerblichen Tätigkeiten. Wer eine Spielhalle, eine Veranstaltung schaustellerischer Art in geschlossenen Räumen (Striptease- oder Peep-Shows[295]), eine Pfandleihe, ein Bewachungs- oder Versteigerungsgewerbe, ein Bauträger-[296] oder Baubetreuungsunternehmen oder gewerbsmäßig Grundstücks- und Wohnungsvermittlung betreiben will, muss sich vor Beginn seiner Tätigkeit um eine entsprechende Personalkonzession bemühen. Dieser Ausdruck weist bereits darauf hin, dass die Erlaubnis zum einen **an die Person des Bewerbers** gebunden ist und zum anderen **vom Bewerber bestimmte Anforderungen** verlangt. Bei den erforderlichen persönlichen Eigenschaften handelt es sich in der Regel um Zuverlässigkeit, wirtschaftliche Leistungsfähigkeit und Sachkunde. Als subjektive Zulassungsbeschränkung ist die Personalkonzession bei den in §§ 30-34c GewO genannten Tätigkeiten auch im Hinblick auf Art. 12 GG sachlich gerechtfertigt. Denn jemandem, der mehrfach wegen Diebstahls verurteilt wurde, sollte es ebenso verwehrt sein, ein Wach- und Schließdienstunternehmen zu eröffnen, wie demjenigen, der in ungeordneten finanziellen Verhältnissen lebt, sich als Finanz- oder Wohnungsmakler niederzulassen. Innerhalb der Personalkonzession ist zu unterscheiden: Zum einen gibt es die rein persönlichen Erlaubnisse, bei denen nur an Sachkunde und Zuverlässigkeit der Person angeknüpft wird, z.B. beim Pfandleihegewerbe gemäß § 34 GewO. Daneben gibt es die sog. raumgebundene Erlaubnis, bei der sowohl persönliche Merkmale als auch die Beschaffenheit der Anlage für die Erteilung der Genehmigung Voraussetzungen sind, z.B. bei Privatkrankenanstalten gemäß § 30 GewO.

281 Die Personalkonzession ist an eine **bestimmte Person** gebunden. Erwirbt ein anderer den erlaubnispflichtigen Gewerbebetrieb, so benötigt er eine eigene Personalkonzession. Für Stellvertreter sowie für die Fortführung des Gewerbes nach dem Tod des Inhabers gelten besondere Vorschriften (§§ 45 ff GewO)[297].

---

295 Heftig umstritten ist schon die grundsätzliche Genehmigungsfähigkeit von Peepshows. Abgelehnt wird sie in ständiger, vom BVerfG (NJW 1987, 3246 ff) nicht beanstandeter Rechtsprechung des BVerwG (BVerwGE 84, 314 ff; GewArch. 1986, 229 ff; 1990, 212 ff); a.A. – mit Recht – OVG Hamburg, NVwZ 1984, 841 ff; VG Oldenburg, GewArch. 1985, 124 ff; VG Neustadt, NVwZ 1993, 98 ff; v. Olshausen, NJW 1982, 2221 ff; Discher, JuS 1991, 642 ff.
296 Vgl. zum Bauherrnbegriff i.S.d. § 34c Abs. 1 S. 1 Nr. 2a GewO: BVerwG, NJW 1987, 511 f.
297 Hier sei insbesondere auf die Fortführungsregelung des § 46 GewO verwiesen.

Bei Vorliegen der gesetzlichen Voraussetzungen besteht ein **Rechtsanspruch** auf Erteilung einer Personalkonzession[298]. Nebenbestimmungen zur Erlaubnis nach § 36 Abs. 1 VwVfG sind deshalb nur zulässig, wenn die §§ 30 ff GewO dies ausdrücklich vorsehen oder dadurch gesetzliche Hindernisse für die Konzessionierung ausgeräumt werden. Nahezu alle Konzessionierungsvorschriften sehen zudem nachträgliche Anordnungs- und Beschränkungsmöglichkeiten vor, um die Einhaltung der Gesetzesbestimmungen zu Gewähr leisten.

282

Die GewO enthält keine abschließende Regelung der Genehmigungsbedürftigkeit; der gewerberechtlichen Konzession kommt **keine Konzentrationswirkung** wie etwa der immissionsschutzrechtlichen Genehmigung nach § 13 BImSchG zu. Daraus folgt, dass neben der gewerberechtlichen Erlaubnis auch Genehmigungen nach anderen gesetzlichen Regelungen erforderlich sein können. Soll z.B. durch den Umbau einer Garage eine Spielhalle entstehen, so ist neben der gewerberechtlichen Genehmigung nach § 33i GewO auch eine Baugenehmigung nach dem Landesbaugesetz einzuholen[299].

283

Soweit nach Erteilung der Genehmigung gemäß §§ 30-34c GewO Umstände bekannt werden oder eintreten, die aus der Sicht der Behörde einer Fortgeltung der Konzession entgegenstehen, stellt sich die Frage nach der Aufhebung der erteilten Erlaubnis. Rücknahme rechtswidriger und Widerruf rechtmäßiger Gewerbezulassungen erfolgen anhand der §§ 48, 49 VwVfG. Zu beachten ist ferner, dass die in § 29 Abs. 1 GewO aufgeführten Betreiber eines erlaubnispflichtigen Gewerbes gewissen **Auskunftspflichten** unterliegen sowie im Wege der **Nachschau** i.S. des § 29 Abs. 2 GewO, welcher unter anderem ein behördliches Betretungs und Besichtigungsrecht bezüglich der Geschäftsräume enthält, überwacht werden dürfen.

284

Wenn ein erlaubnispflichtiges Gewerbe **ohne Erlaubnis begonnen** oder **trotz Aufhebung der Erlaubnis fortgesetzt** wird[300], kann dies gemäß § 15 Abs. 2 GewO verhindert werden. Die Untersagungsverfügung steht im Ermessen der zuständigen Behörde. Dabei ist jedoch zu beachten, dass im Rahmen des auch hier geltenden **Verhältnismäßigkeitsgrundsatzes** ein materiell legales Gewerbe nicht allein auf Grund einer **formellen Illegalität** untersagt werden kann. Die Behörde hat in solchen Fällen vielmehr darauf hinzuwirken, dass nachträglich ein Antrag auf Genehmigung gestellt wird[301]. Kein Ermessensfehler liegt aber vor, wenn die Behörde den Gewerbetreibenden fruchtlos zur Einholung der Genehmigung aufgefordert hat und wenn auch Bußgeld- bzw. Strafverfahren nicht zu einem Konzessionsantrag geführt haben. Ist die Gewerbeausübung dagegen zwar **materiell illegal**, besteht aber formell eine Erlaubnis, so kann nicht über § 15 Abs. 2 GewO vorgegangen werden. Hier kommt lediglich eine Rücknahme der Erlaubnis, die sich – wie oben gesagt – nach § 48 VwVfG richtet, in Betracht. Besteht sowohl formelle als auch materielle Illegalität, kommt

285

---

298 Dies folgt unmittelbar aus Art. 12 GG.
299 Vgl. dazu auch den Fall BVerwG, NVwZ 1983, 408 ff, in dem die gewerberechtliche Erlaubnis zum Handeln mit unedlen Metallen nicht die erforderliche abfallrechtliche Zulassung eines Abwrackplatzes enthielt.
300 Als Beispiele vgl. OVG NW, VwRspr. 23, 614 ff; OVG Lüneburg, GewArch. 1977, 18 ff.
301 OVG Lüneburg, GewArch. 1977, 18 ff.

dagegen auch § 15 Abs. 2 GewO als Ermächtigungsgrundlage zur Anwendung. Wiederum hat hier aber eine Ermessensausübung hinsichtlich des „Ob" und des „Wie" einer Untersagung zu erfolgen.

286 Zwar legt es der Wortlaut des § 15 Abs. 2 GewO nahe, dass die Fortsetzung des Betriebes ohne vorhergehenden Verwaltungsakt in Gestalt einer Stilllegungs- oder Einstellungsverfügung durch Maßnahmen des unmittelbaren Zwangs unterbunden werden darf. Inzwischen ist es aber unumstritten, dass § 15 Abs. 2 GewO nur eine Ermächtigungsgrundlage zum Erlass einer der **Vollstreckung erst fähigen Stilllegungsverfügung** enthält[302]. Erst an diesen Verwaltungsakt können Vollstreckungsmaßnahmen geknüpft werden; § 15 Abs. 2 GewO erfordert daher ein zweistufiges Verfahren.

3. Besonders überwachungsbedürftige Gewerbe i.S. des § 38 GewO

287 In § 38 GewO sind schließlich verschiedene Gewerbzweige (abschließend) aufgelistet, für welche der Gesetzgeber eine besondere Überwachungsbedürftigkeit für erforderlich gehalten hat, ohne sie jedoch wie die im vorstehenden Absatz behandelten Fälle einem präventiven Verbot mit Erlaubnisvorbehalt zu unterwerfen. Die besondere Überwachung besteht im Fall des § 38 GewO darin, dass die betroffenen Gewerbetreibenden verpflichtet sind, unmittelbar nach der Erstattung der Gewerbeanmeldung ein Führungszeugnis nach § 30 Abs. 5 Bundeszentralregistergesetz vorzulegen sowie eine Auskunft aus dem Gewerbezentralregister nach § 150 Abs. 5 zur Vorlage bei der Behörde zu beantragen (vgl. § 38 Abs. 1 S. 2 GewO). Darüber hinaus ist auch auf die in § 38 GewO aufgeführten Gewerbetreibenden § 29 GewO anwendbar, welcher der zuständigen Behörde die gesteigerten Überwachungsrechte auf Auskunft und Nachschau einräumt.

III. Die Überwachung des Reisegewerbes und des Marktgewerbes

1. Das Reisegewerbe

288 Wer ein **Reisegewerbe** betreiben will, benötigt nach § 55 GewO grundsätzlich eine behördliche Erlaubnis, die sog. **Reisegewerbekarte**[303]. Diese Erlaubnispflicht rechtfertigt sich im Hinblick auf die vom Reisegewerbe für das Publikum ausgehenden Gefahren: Markttransparenz und Vergleichsmöglichkeiten sind erheblich eingeschränkt. Im Gegensatz zum stehenden Gewerbe fallen unter den Begriff der Reisegewerbetreibenden nicht nur selbstständige Unternehmer. Das Gesetz verlangt vielmehr lediglich, dass der Betroffene in eigener Person gegenüber dem Verbraucher

---

302 Vgl. etwa *Odenthal*, GewArch. 2001, 450 m.w.N.
303 Eine bloße Anzeigepflicht besteht ausnahmsweise in den Fällen der §§ 55a, 55b GewO. Keine Reisegewerbekarte benötigt ein Kunstmaler, der seine Werke z.B. in einer Fußgängerzone zum Kauf anbietet, da der Verkauf der selbst gemalten Bilder der künstlerischen Tätigkeit des Malers zuzurechnen ist und somit nicht unter den Begriff Gewerbe fällt; OVG NW, DÖV 1987, 1070 ff.

auftritt[304]. Daraus folgt zugleich, dass eine Handelsgesellschaft, die auf die Ausübung von reisegewerblichen Tätigkeiten ausgerichtet ist, keine Reisegewerbekarte erwerben darf, sondern diese nur den hinter ihr stehenden natürlichen Personen erteilt werden kann[305].

Das Vorliegen eines Reisegewerbes setzt insbesondere voraus, dass die Tätigkeit **289** ohne vorhergehende Bestellung ausgeübt wird. Diese Voraussetzung ist außer für die Abgrenzung zum stehenden Gewerbe auch noch an anderen Stellen von Bedeutung. So werden vom Bundesgerichtshof[306] unter Verstoß gegen § 56 Abs. 1 Nr. 6 GewO (der auf den Begriff des Reisegewerbes Bezug nimmt) abgeschlossene Darlehensverträge als nichtig gemäß § 134 BGB beurteilt. Ferner schließt gemäß § 312 Abs. III Nr. 1 BGB (ehemals § 1 Abs. 2 Nr. 1 HWiG) eine vorhergehende Bestellung des Kunden ein Widerrufsrecht aus. Dabei ist der Begriff der vorhergehenden Bestellung in allen genannten Vorschriften gleich auszulegen. Ihm liegt der Gedanke zu Grunde, den Kunden vor einer Überrumpelung durch den Gewerbetreibenden zu schützen[307]. An einer vorherigen Bestellung fehlt es daher jedenfalls bei einem unangekündigten Hausbesuch. Unbedenklich sind auf der anderen Seite schriftliche Werbeangebote[308]. Problemfälle bestehen u.a. bei telefonischer Kontaktaufnahme seitens des Gewerbetreibenden. Hierzu hat die Rechtsprechung bereits eine recht umfangreiche Kasuistik entwickelt[309], die sich dahingehend zusammenfassen lässt, dass es an einer vorhergehenden Bestellung regelmäßig dann fehlt, wenn die Gefahr der Überrumpelung und unsachgemäßen Beeinflussung des Kunden ebenso groß ist wie bei unbestelltem Erscheinen an der Haustür[310]. Insgesamt verdient diese Rechtsprechung im Hinblick auf einen wirksamen Verbraucherschutz Zustimmung, wenn auch zweifelhaft erscheint, ob die Schutzbedürftigkeit des Kunden bei einem Haustürgeschäft tatsächlich so viel größer ist als beim Besuch eines Ladengeschäfts.

Die Reisegewerbekarte ist im Hinblick auf Art. 12 GG zu erteilen, wenn kein **Versagungsgrund** vorliegt. Als Versagungsgrund kommt gemäß § 57 GewO die Unzuverlässigkeit des Gewerbetreibenden in Betracht. Der Entzug einer erteilten Reisegewerbekarte richtet sich nach den §§ 48, 49 VwVfG. Aus Gründen der Gefahrenabwehr enthält § 56 GewO einen Katalog von Waren, die nicht im Reisegewerbe angeboten werden dürfen. Die einmal erteilte Reisegewerbekarte hat der Gewerbetreibende bei der Gewerbeausübung mit sich zu führen (§ 60c GewO). Hat er sie nicht bei sich, so kann die zuständige Behörde die Einstellung der Tätigkeit bis zur Herbeischaffung **290**

---

304 Dazu etwa *Frotscher*, Wirtschaftsverfassungs- und Wirtschaftsverwaltungsrecht, 3. Auflage 1999, Rdnr. 218 m.w.N.
305 BVerwGE 22, 32 f.
306 Ständige Rechtsprechung seit BGHZ 71, 358 ff.
307 Vgl. nur BGHZ 109, 127 ff (zu § 1 Abs. 2 Nr. 1 HWiG) und BGH, NJW 1990, 1048 ff (zu § 56 Abs. 1 Nr. 6 GewO).
308 BGH, NJW 1989, 3217 ff.
309 Neben den bereits genannten Entscheidungen s. auch BGH, NJW 1989, 584 ff; 1990, 1732 ff; vgl. auch *Schmelz*, NJW 1991, 1219 ff, und *Prümm*, JA Übungsblätter 1992, 1 ff.
310 Verneint wurde eine Überrumpelungsgefahr und damit Reisegewerbekartenpflicht etwa für den Warenvertrieb über so genannte „Haus-Partys" vgl. VG Stuttgart, GewArch. 1996, 244 f; vgl. dazu auch *Tschentscher/Madl*, GewArch. 1996, 448 ff.

der Reisegewerbekarte verlangen. Das Verlangen, die Karte vorzuzeigen, und die einstweilige Einstellung der Tätigkeit sind als Verwaltungsakte zu qualifizieren, gegen die sich der Gewerbetreibende im Wege von Widerspruch und Anfechtungsklage zur Wehr setzen kann. Ebenso wie die Konzessionierung eines stehenden Gewerbes besitzt die Reisegewerbekartenerteilung keine Konzentrationswirkung, d.h., Erlaubnisse nach anderen gesetzlichen Regelungen müssen gleichfalls eingeholt werden. Will z.B. ein Abschleppunternehmer patrouillierend auf der Straße tätig sein, so benötigt er neben der Reisegewerbekarte auch eine Erlaubnis nach § 46 Abs. 1 Nr. 1 StVO[311].

291 Besondere Probleme entstehen, wenn die reisegewerbekartenpflichtige Tätigkeit Grundrechte berührt. Zu nennen ist hier im Besonderen der Fall des Zeitschriftengewerbes. Hier stellt sich die Frage, ob es mit der durch Art. 5 GG geschützten Pressefreiheit vereinbar ist, die Ausübung der Werbung von Haus zu Haus von einer Erlaubnis abhängig zu machen. Der Bundesgerichtshof hat in einer überzeugend begründeten Entscheidung die Zulässigkeit der Reisegewerbekartenpflicht bejaht[312]. Das Grundrecht der Pressefreiheit erfasst zwar die gesamte Tätigkeit der Presse, auch den Vertrieb von Presseerzeugnissen. Daher wird es durch die Reisegewerbekartenpflicht gemäß § 55 GewO eingeschränkt. Das Grundrecht steht jedoch unter dem Vorbehalt des „allgemeinen Gesetzes" (Art. 5 Abs. 2 S. 2 GG). Darunter sind alle die Gesetze zu verstehen, die nicht eine Meinung als solche verbieten, sondern dem Schutz eines schlechthin, ohne Rücksicht auf eine bestimmte Meinung, zu schützenden Rechtsgutes dienen[313]. § 55 GewO entspricht diesen Anforderungen, weil er die Erlaubnis nicht an eine bestimmte Meinung bindet, sondern auf den Schutz der Konsumenten abzielt. An der Reisegewerbekartenpflichtigkeit des Zeitschriftenwerbers hat sich auch durch die Einfügung des § 55a Abs. 1 Nr. 10 GewO nichts geändert. Nach dem Wortlaut der Norm wird nur das Feilbieten von Druckerzeugnissen auf öffentlichen Anlagen von der Erlaubnispflicht ausgenommen, nicht aber der Vertrieb von Haus zu Haus. Mit der Regelung des § 55a Abs. 1 Nr. 10 GewO ist das früher häufig diskutierte Problem[314], ob für das Feilbieten politischer oder weltanschaulich-religiöser Erzeugnisse auf öffentlichen Straßen und Plätzen eine Reisegewerbekarte benötigt wird, durch den Gesetzgeber zu Gunsten der Meinungsfreiheit gelöst worden.

292 Die §§ 55a, 55b GewO regeln Tätigkeiten, die, obgleich im Reisegewerbe ausgeübt, **keiner Reisegewerbekarte** bedürfen. Neben Nr. 10 ist auch auf Nr. 9 des § 55a GewO hinzuweisen, derzufolge insbesondere fahrende Obst- und Gemüsehändler von der Erlaubnispflicht ausgenommen werden. Diese gewerberechtliche Erlaubnisfreiheit erfasst aber nicht auch sonstige, nach den Landesgesetzen erforderliche Genehmigungserfordernisse, wie insbesondere Sondernutzungserlaubnisse nach den Landesstraßengesetzen. Reisegewerbekartenfreie Betätigungen können beim Vorlie-

---
311 BVerwG, VerwRspr. 26, 336 ff.
312 Grundlegend hierzu BGH, NJW 1978, 1867 f; zustimmend hierzu etwa *Frotscher*, Wirtschaftsverfassungs- und Wirtschaftsverwaltungsrecht, 3. Auflage 1999, Rdnr. 219 ff.
313 BVerfGE 7, 198, 209; BVerfGE 71, 206, 214.
314 Für eine Anwendung des § 55 GewO: *Stober*, JuS 1980, 182, 187 unter Hinweis auf die Gefahrenabwehr; skeptisch dagegen *Frotscher*, JuS 1983, 521, 523.

gen von Unzuverlässigkeitsgründen gemäß § 59 GewO untersagt werden. Inhaltlich entspricht § 59 GewO dabei im Wesentlichen dem § 35 GewO, dessen Bestimmungen weitgehend für anwendbar erklärt werden. Bestimmte reisegewerbekartenfreie Betätigungen unterliegen bei selbstständiger Gewerbeausübung einer Anzeigepflicht (§ 55c GewO). Wie beim stehenden Gewerbe hat das Unterlassen der Anzeige aber auch hier keine Betriebseinstellung oder Untersagung zur Folge.

2. Messen, Ausstellungen und Märkte

Auf **Messen, Ausstellungen** und **Märkten** herrscht im Gegensatz zum Reisegewerbe **Marktfreiheit**. Die verschiedenen Formen, in denen diese Veranstaltungen stattfinden können, sind in den §§ 64-68 GewO geregelt. Zum Unterschied zwischen Volksfest einerseits und Jahrmarkt andererseits vgl. § 60b Abs. 1 und § 68 Abs. 2 GewO[315]. Messen, Ausstellungen und Märkte bedürfen gemäß § 69 GewO einer **Festsetzung**. Werden die Voraussetzungen für eine Festsetzung erfüllt, so folgt aus Art. 12 GG, dass die Erlaubnis zu erteilen ist. Die auf entsprechenden Antrag ergehende Festsetzung stellt gegenüber dem Veranstalter einen mit der Verpflichtungsklage durchsetzbaren Verwaltungsakt dar. Rechte Dritter berührt die Festsetzung nicht. Marktteilnehmern gegenüber bringt die Festsetzung zwar Vorteile in Form von Marktprivilegien. Diese kommen den Marktteilnehmern jedoch nur als Reflex der Festsetzung zu, räumen ihnen aber keinen Anspruch auf Erteilung der Festsetzung an den Antragsteller ein. Potenziell Betroffenen – etwa Nachbarn – erwächst allein durch die Festsetzung kein Rechtsanspruch auf Auflagen; diese liegen vielmehr gemäß § 69a Abs. 2 GewO im Ermessen der Behörde. Schließlich können auch Konkurrenten der auf dem Markt betriebenen Gewerbe keine Anfechtungsklage erheben, da allein durch die Festsetzung (noch) nicht in ihre Rechtspositionen eingegriffen wird. Ablehnungsgründe für die Festsetzung enthält § 69a Abs. 1 GewO[316]. § 69b GewO regelt als lex specialis gegenüber den §§ 48, 49 VwVfG die Rücknahme und den Widerruf der Festsetzung.

Marktfreiheit i.S.d. §§ 64 ff GewO bedeutet im Wesentlichen **Teilnahmefreiheit**, d.h., die §§ 14-61a GewO finden keine Anwendung. Reisegewerbekartenpflicht oder Anzeigepflicht nach § 14 GewO bestehen für den Teilnehmer daher grundsätzlich nicht. Eine Ausnahme regelt § 55 Abs. 2 GewO. An den betreffenden Veranstaltungen kann daher grundsätzlich jedermann teilnehmen. Eine Untersagung der Teilnahme kommt nach § 70a GewO nur bei mangelnder Zuverlässigkeit in Betracht. Darüber hinaus kann die Teilnahme auch aus sonstigen polizeilichen Gründen, etwa wegen einer von Teilnehmern ausgehenden Seuchengefahr, untersagt werden, da die Teilnahmefreiheit keine Freistellung vom sonstigen Polizei- und Ordnungsrecht beinhaltet[317]; von bestimmten sonstigen wirtschaftsverwaltungsrechtlichen Bestimmungen wie etwa dem Ladenschlussgesetz kann allerdings befreit werden[318]. Folge

293

294

---

315 Vgl. auch BVerwG, DVBl. 1991, 940 ff.
316 Vgl. BVerwG, GewArch. 1987, 124 f, 201 f.
317 Vgl. Fall des OVG Hamburg, GewArch. 1976, 56 ff.
318 Vgl. im Einzelnen *Stober*, Besonderes Verwaltungsrecht, 12. Auflage 2001, § 46 VI 4.

VII *Wirtschaftsverwaltungsrecht*

der Teilnahmefreiheit ist allein die Berechtigung zur Teilnahme gemäß § 70 GewO. Diese begründet einen Anspruch auf Zuweisung eines Messe-, Ausstellungs- oder Marktstandes. Als problematisch erweist sich die Sachlage dann, wenn ein Überangebot von potenziellen Teilnehmern begrenzten räumlichen Verhältnissen gegenübersteht. Hier stellt sich die Frage, nach welchen, den Vorgaben des § 70 Abs. 2 GewO Rechnung tragenden sachlichen Kriterien die Auswahl zwischen den Bewerbern erfolgen kann bzw. soll. Als solche sachlichen Kriterien werden insbesondere die **Reihenfolge der Anmeldung**[319], **Bekanntheit und Bewährung**[320] sowie **Ortsansässigkeit**[321] angesehen. Ferner soll der Veranstalter zu einer „optimalen Mängelverwaltung" verpflichtet sein[322]. Bekanntheit und Bewährung als Auswahlkriterien i.S.d. § 70 Abs. 3 GewO unterliegen jedoch gewissen Bedenken. In vielen Fällen verschließen sie Neulingen den Zugang zu Messen, Ausstellungen und Märkten. Daher erscheint es im Hinblick auf Art. 12 und Art. 3 GG angebracht, zumindest einen gewissen Prozentsatz der Stellflächen auch Neulingen zur Verfügung zu stellen[323]. Ein besonderer, höchstrichterlich entschiedener Fall betraf die Zurückweisung einer Ehefrau mit der Begründung, dass bereits ihr Ehemann zugelassen sei[324]. Dies wurde zu Recht als nicht sachlicher Grund für eine Bewerbungsablehnung angesehen, weil kein Zusammenhang mit dem durch die Veranstaltung gekennzeichneten Lebenssachverhalt besteht.

295 Bezüglich der Zulassung haben die Bewerber einen Anspruch auf ermessensfehlerfreie Auswahl[325]. Will ein Bewerber seinen Anspruch auf Zulassung gerichtlich durchsetzen, so hat er Verpflichtungsklage zu erheben. Dagegen kann ein abgewiesener Bewerber die Zulassung eines anderen zur Teilnahme nicht angreifen, da die Zulassung keinen Verwaltungsakt mit Drittwirkung darstellt. Sie schließt vielmehr nur faktisch die Zulassung eines weiteren Bewerbers in Bezug auf einen bereits vergebenen Platz aus[326], ohne dass im Rahmen der Würdigung des Anliegens Rechte anderer Bewerber in einklagbarer Weise beachtet werden müssen.

296 **Privatveranstaltungen**, wie etwa Flohmärkte oder Autobörsen, die **nicht** die Voraussetzungen der §§ 64 ff GewO erfüllen, können trotzdem Markt oder Ausstellung genannt werden. Sie genießen aber **nicht** die durch § 69 GewO gewährten **Vergünstigungen**[327]. Deshalb benötigen die teilnehmenden Gewerbetreibenden hier insbesondere eine Reisegewerbekarte. Daneben gibt es noch Märkte, die als öffentliche Einrichtungen i.S.d. Kommunalrechts durch Widmung festgesetzt werden. Die An-

---

319 BayVGH, BayVBl. 1982, 658 ff.
320 BayVGH, NVwZ 1982, 120 ff; OVG Lüneburg, NVwZ 1983, 49 ff.
321 OVG Bremen, GewArch. 1980, 229 ff.
322 VG Saarland, GewArch. 1992, 236 ff.
323 So VGH BW, VBl. BW 1983, 37 ff; weitgehend zustimmend BVerwG, NVwZ 1984, 585 = JuS 1985, 241 f.
324 BVerwG, JuS 1985, 241 ff.
325 Vgl. VG Schleswig, GewArch. 1999, 163 ff.
326 VGH BW, VBl. BW 1984, 155 ff.
327 BVerwG, GewArch. 1991, 180 ff.

wendung der §§ 64 ff GewO auf diese Märkte ist umstritten[328]. Letztlich ist dieser Streit, der sich im Wesentlichen um die Anwendung des § 70 GewO dreht, jedoch bedeutungslos, da unabhängig von der Qualifizierung dieser Märkte auch bei Nichtanwendbarkeit des § 70 GewO über Art. 3 GG die Auswahl unter den Bewerbern nach sachlichen Kriterien zu erfolgen hat.

IV. Die gewerberechtlichen Nebengesetze

Die Gewerbeordnung regelt – im Unterschied zur Ursprungsfassung von 1869 – das Gewerberecht nicht mehr umfassend. Viele Gewerbezweige sind aus dem Gesetz herausgenommen und spezialgesetzlich normiert worden. Gewerberechtliche Nebengesetze sind z.B. die Handwerksordnung, das Gaststättengesetz, das Einzelhandelsgesetz, das Personenbeförderungsgesetz und das Güterkraftverkehrsgesetz. Soweit es um das Verhältnis der Spezialgesetze zur GewO geht, sind drei Fallgestaltungen denkbar: **297**

1. Wenn es um die Abwehr verschiedener Gefahren geht, die nur zum Teil in den Spezialgesetzen geregelt sind, kommen beide Gesetze zur Anwendung. **297a**

Beispiel: Wer z.B. ein Lokal mit Striptease-Vorführungen eröffnet, bedarf einer Erlaubnis nach § 2 GaststättenG und § 33a GewO (unterschiedliche Gefahren).

2. Soweit das gewerberechtliche Nebengesetz eine spezielle Regelung enthält, ist der Fall unproblematisch, da dem spezielleren Gesetz ein Anwendungsvorrang zukommt.

Beispiel: Wenn ein Wirt in seiner zulässigerweise betriebenen Gaststätte Drogenhandel duldet, so ist ihm seine Erlaubnis nach § 4 i.V.m. § 15 Abs. 2 GaststättenG zu entziehen[329]. Für eine Anwendung des § 35 GewO bleibt kein Raum.

3. Schließlich ergeben sich Konstellationen, hinsichtlich derer das Spezialgesetz keine eigene Regelung enthält. Viele gewerberechtliche Nebengesetze verweisen insofern jedoch ergänzend auf die Vorschriften der GewO, die damit unproblematisch anwendbar sind. Auf die gewerberechtlichen Bestimmungen ist aber auch dann als subsidiär geltende Regelungen abzustellen, wenn sich aus Sinn und Zweck der spezialgesetzlichen Regelung nicht eindeutig entnehmen lässt, dass diese eine abschließende Regelung der fraglichen Materie beinhaltet.

Beispiel: Ergeben sich Umstände, aus denen die Unzuverlässigkeit eines selbstständigen Handwerksmeisters folgt, so stellt sich die Frage, ob ihm sein Gewerbe untersagt werden kann. Die HandwO enthält keine Regelung für die Unzuverlässigkeit: § 16 Abs. 3 HandwO greift nicht ein, da er nicht auf mangelnde Zuverlässigkeit abstellt[330]. Im Handwerksrecht besteht aber, wie im Übrigen Gewerberecht, ein Bedürfnis nach Schutz vor unzuverlässigen Gewerbetreibenden; daher gebietet die teleologische Auslegung der HandwO eine subsidiäre Anwendung des § 35 Abs. 1 GewO.

---

328 Vgl. *Stober*, Besonderes Wirtschaftsverwaltungsrecht, 12. Auflage 2001, § 46 VI 2; BayVerfGH, GewArch. 1983, 383 ff; Probleme können allerdings hinsichtlich des EU-Rechts auftreten, dazu *Fastenrath*, NWVBl. 1992, 51 ff.
329 Vgl. HessVGH, NVwZ 1992, 192 f.
330 BayVGH, GewArch. 1976, 91 ff.

VII *Wirtschaftsverwaltungsrecht*

298 Um gewerberechtliche Nebengesetze handelt es sich auch bei einer Vielzahl ordnungsrechtlicher Normen, die Berufsausübungsregelungen zum Inhalt haben, wie beispielsweise die Hackfleischverordnung, das Werbeverbot für Apotheken[331], das Nachtbackverbot[332] und das Ladenschlussgesetz. Gerade das Ladenschlussgesetz hat wiederholt die Gerichte beschäftigt.

Beispiel: Ein Bekleidungsgeschäft am Stuttgarter Hauptbahnhof erhält die Ausnahmebewilligung nach § 23 LadSchlG mit der Begründung, durch die Einkaufsmöglichkeiten bis 22.00 Uhr werde der Verödung der Bahnhofsgegend und den daraus resultierenden kriminellen Gefahren entgegengewirkt. Die Konkurrenz befürchtet eine Wettbewerbsverzerrung und ficht die Genehmigung an. Mit Erfolg?

Das Bundesverwaltungsgericht[333] hat die Möglichkeit einer Verletzung von rechtlich geschützten Wettbewerbsinteressen und damit die Klagebefugnis nach § 42 Abs. 2 VwGO bejaht, im Ergebnis aber die Klage als unbegründet abgelehnt. Die Ausnahmebewilligung sei zwar rechtswidrig, da sie nur bei einem überwiegenden Versorgungsinteresse, nicht aber aus allgemein polizeilichen Gründen erteilt werden dürfe. Durch die rechtswidrige Bewilligung seien die Kläger aber nicht in ihren Rechten verletzt (§ 113 Abs. 1 S. 1 VwGO). Weder die §§ 3, 23 LadSchlG noch die Art. 12, 14, 3 und 2 GG gäben ihnen ein subjektives öffentliches Recht des Inhalts, dass bei der Ausnahmebewilligung auch die Interessen der Konkurrenz zu beachten seien.

299 Diese Entscheidung verdeutlicht vor allem, dass Gewerbe- und Gewerbenebenrecht in der Regel allein den Schutz allgemeiner und gerade nicht individueller Belange bezwecken. So begründen beispielsweise solche gewerberechtliche Normen, die die Erteilung einer Erlaubnis von bestimmten Voraussetzungen abhängig machen, im allgemeinen ebenso wenig subjektive öffentliche Rechte für gegebenenfalls betroffene Konkurrenten wie diejenigen Vorschriften, die eine Ermächtigungsgrundlage für die Gewerbeaufsichtsbehörden zum Einschreiten gegen einen Gewerbetreibenden statuieren.

300 Die Diskussion um eine Reform des Ladenschlussgesetzes eskalierte im Sommer 1999, als in mehreren – überwiegend ostdeutschen – Bundesländern eine Vielzahl von Ausnahmeregelungen die Sonntagsregelung faktisch auszuhebeln drohte. Überwiegend stützte man sich dabei auf § 23 Abs. 1 S. 1 LadSchlG, der die obersten Landesbehörden ermächtigt, in besonderen Einzelfällen durch Allgemeinverfügung befristete Ausnahmen von den §§ 3-16 bzw. 18-21 LadSchlG zu bewilligen. Diese Ausnahmen müssen indessen gemäß § 23 Abs. 1 S. 1 LadSchlG für das Erreichen eines im öffentlichen Interesse liegenden Zweckes dringend erforderlich sein. Das OVG Magdeburg hat klargestellt, dass hierfür keineswegs das Interesse der Verbraucher an einer zusätzlichen Einkaufsmöglichkeit ausreicht, da eine solche an den Werktagen in ausreichendem Maße bestehe. Außerdem sei bei der Abwägung auch die in Art. 140 GG i.V.m. Art. 139 WRV verfassungsrechtlich verbürgte Sonn- und Feiertagsruhe zu beachten, welche nicht wegen der bloßen Steigerung der Attraktivität der Innenstädte geopfert werden dürfe; eine Ausnahmebewilligung nach § 23 Abs. 1 S. 1 LadSchlG setze viel-

---

331 BVerwG, DVBl. 1992, 303 ff.
332 EuGH, Slg. 1981, 1993; dazu *Arndt*, ZIP 1994, 188 ff.
333 BVerwG, NJW 1982, 2513 ff; zur europarechtlichen Problematik des Ladenschlussgesetzes siehe *Arndt*, ZIP 1994, 188, 190.

mehr ein echtes Versorgungsinteresse voraus³³⁴. Auch lässt die Vorschrift nur befristete Regelungen zu, sodass nach ihrem Sinn und Zweck auch so genannte „Kettenverwaltungsakte" i.S. einer fortlaufenden Erneuerung der Ausnahmebewilligung unzulässig sind; – dies hatte das BVerwG schon 1982 festgestellt, nachdem für die in der Stuttgarter *Klett-Passage* gelegenen Geschäfte seit 1976 fortlaufend Ausnahmebewilligungen nach § 23 Abs. 1 S. 1 LadSchlG erteilt worden waren³³⁵.

Auch die von einem Berliner Kaufhaus favorisierte „Fremdenverkehrsregelung" **301** hatte vor den Gerichten keinen Bestand: Dort waren alle anlässlich einer Sonntagsöffnung verkauften Artikel mit einem Aufkleber versehen worden, welcher sie als „Berlin-Souvenir" auswies. Damit sollte der Form halber der auf Grund von § 10 Abs. 1 LadSchlG ergangenen Berliner Verordnung über den Ladenschluss genüge getan werden, welche bestimmte Waren vom Sonntagsverkaufsverbot ausnimmt. Das VG Berlin hat indessen unmissverständlich klargestellt, dass es sich hierbei um einen Versuch handelte, die Sonntagsregelung zu umgehen. § 10 Abs. 1 LadSchlG beschränke sich vielmehr ganz bewusst auf eine beschränkte Anzahl von Waren, worunter auch Souvenirs, nicht jedoch lediglich als solche deklarierte Gegenstände des täglichen Bedarfs, fielen³³⁶. Auf gewichtige rechtsstaatliche Bedenken stieß das Vorgehen der Stadt Leipzig, welche zu erkennen gab, eine für sie ungünstige ladenschlussrechtliche Entscheidung des OVG Bautzen nicht befolgen zu wollen (das OVG hat der Stadt Leipzig daraufhin wegen rechtsmissbräuchlicher Inanspruchnahme des Gerichts das Rechtsschutzbedürfnis abgesprochen³³⁷).

Am 1.6.2003 ist eine weitere Liberalisierung der Ladenöffnungszeiten in Gestalt von **302** verlängerten Einkaufsmöglichkeiten an Samstagen in Kraft getreten³³⁸.

V. Das Handwerksrecht³³⁹

Aus der Fülle der gewerblichen Nebengesetze³⁴⁰, die im Einzelnen zu erläutern weder **303** möglich noch sinnvoll ist, sei hier beispielhaft die Handwerksordnung (HandwO) angeführt. Sie betrifft einen Wirtschaftszweig, der in seiner Bedeutung oftmals verkannt wird: 16% aller Erwerbstätigen sind im Handwerk tätig. Die HandwO dient – im Gegensatz zur GewO – weniger dem Schutz vor Gefahren als vielmehr dem **Schutz** und der **Förderung** dieses für den gewerblichen Mittelstand unentbehrlichen **Gewerbezweiges**³⁴¹. Deshalb behandelt die HandwO in erster Linie Fragen, die sich

---

334 Vgl. OVG Magdeburg, NJW 1999, 2982 ff.
335 Vgl. BVerwG, NJW 1982, 2513 ff.
336 Vgl. OVG Berlin, NJW 1999, 2988 ff.
337 Vgl. OVG Bautzen, NJW 1999, 2986 m. Anm. *Tillmann-Gehrken*, NVwZ 2000, 162 ff; ausführlich zu der gesamten Problematik *Rozek*, NJW 1999, 2921 ff sowie – bezugnehmend auf neue Entwicklungen in der Zwischenzeit – *ders.*, NVwZ 2003, 397 ff.
338 Dazu *Müller*, NVwZ 2003, 824 ff; *Schunder*, NJW 2003, 2131 ff.
339 *Ziekow*, JuS 1992, 728 ff.
340 Instruktiv zum Gaststättenrecht *Stober*, JuS 1983, 843 ff; zum Personenbeförderungs- und Güterkraftverkehrsrecht *Frotscher*, Wirtschaftsverfassungs- und Wirtschaftsverwaltungsrecht, 3. Auflage 1999, Rdnr. 325 ff.
341 So bereits BVerfGE 13, 97, 108.

mit der Erhaltung des Handwerks als geschlossenem Berufsstand befassen, während **im Hinblick auf Fragen der Gefahrenabwehr die GewO ergänzend heranzuziehen ist.** Geht es z.B. um die Untersagung eines Handwerksbetriebes wegen Unzuverlässigkeit des Betriebsinhabers, ist insofern auf § 35 GewO abzustellen.

304 Nach § 1 Abs. 1 und 2 HandwO ist der selbstständige Betrieb eines in der Anlage A zur HandwO aufgeführten Handwerks als stehendes Gewerbe nur den in der **Handwerksrolle** eingetragenen natürlichen und juristischen Personen gestattet. Grundsätzlich wird nach § 7 HandwO in die Handwerksrolle nur eingetragen, wer in dem von ihm zu betreibenden Handwerk die **Meisterprüfung** bestanden hat. Diese **subjektive Zulassungsvoraussetzung** ist sowohl im Hinblick auf nationales Recht[342] als auch europarechtlich nicht unproblematisch.

Beispiel: Ist bei einem Wachszieher oder Korbmacher (Nrn. 70 und 46 der Anlage A zur HandwO) die Meisterprüfung als subjektive Zulassungsvoraussetzung wirklich unabdingbar, um Gefahren für die Allgemeinheit abzuwehren?

305 Das Bundesverfassungsgericht hat das Erfordernis der Meisterprüfung für alle Handwerkszweige bisher für gerechtfertigt gehalten. Die Pflege eines hohen Leistungsstandards des Handwerks wurde als Rechtsgut angesehen, das diese subjektive Zulassungsbeschränkung rechtfertigt[343]. Dieser Entscheidung kann nicht uneingeschränkt zugestimmt werden. In etlichen Bereichen hätte der Gesetzgeber die Leistungsfähigkeit der Inhaber von Handwerksbetrieben teilweise dem freien Spiel der Kräfte überlassen und dieses Ziel durch Ausübungsregelungen fördern können. Überzeugender wäre es deshalb wohl gewesen, hinsichtlich der in der Anlage A zur HandwO aufgezählten Handwerksgewerbe zu differenzieren. Von einem unzureichend ausgebildeten Kraftfahrzeugmechaniker oder Metzger gehen erheblich größere Gefahren aus als von einem unfähigen Modellbauer oder Holzbildhauer. Mittlerweile hat man sich zumindest auf eine Überarbeitung der Anlage A verständigt, im Zuge derer verschiedene bislang eigenständige Gewerbe zusammengefasst wurden, andere in Anlage B überführt und einige Berufsbilder, wie z.B. das des Gerüstbauers, neu aufgenommen wurden. Im Ergebnis beinhaltet die Anlage A nunmehr nur noch 94 anstatt 127 Handwerksberufe.

306 Auch diese 94 Berufe sollen nach einem Entwurf des Bundeskabinetts vom 28.05.2003[344] auf 29 besonders gefahrträchtige Berufe schrumpfen, der Rest hingegen in Anlage B überführt werden. Auch in den in Anlage A verbleibenden Berufen soll es Gesellen, die sich in diesen Berufen bewährt haben, unter bestimmten Voraussetzungen nach 10 Jahren ermöglicht werden, sich auch ohne Meisterbrief selbstständig zu machen. Bereits in früheren Jahren hatte es Pläne der rot-grünen Bundesregierung zu einer grundlegenden Novellierung der Handwerksordnung gegeben, welche allerdings am Widerstand der Handwerkskammern gescheitert waren. Am

---

342 Zu den Vorschlägen einer Deregulierung des Handwerksrechts vgl. *Geisendörfer*, GewArch. 1992, 361 ff.
343 BVerfGE 13, 97, 105 ff. Plastische Beispiele dafür, wie die strengen Vorschriften der HandwO von etablierten Betrieben mitunter auch dazu eingesetzt werden, sich unerwünschter Konkurrenz zu erwehren, finden sich in: Der Spiegel, Nr. 12/1986, 120 ff.
344 BUH, http://www.buhev.de/2003/05/bundesregierung-hwo.html.

28.06.2003 hat immerhin bereits eine kleine Reform der Handwerksordnung den Bundestag passiert, derzufolge die Erbringung einfacher Handwerksleistungen, welche innerhalb von zwei bis drei Monaten erlernt werden können, zukünftig auch ohne Meisterbrief möglich sein soll. Inwieweit die darüber hinaus geplante weitgehende Abschaffung des Meisterzwangs realisiert wird, bleibt abzuwarten.

Einstweilen bleibt es Handwerkern ohne Meisterbrief noch grundsätzlich verwehrt, sich selbstständig zu machen. Dies ist schon insofern nicht unbedenklich, als bereits die Eignung des Meisterzwangs zum Schutz vor unqualifizierten Handwerkern fraglich ist. So kann ein Geselle sich auch ohne Meisterbrief de facto selbstständig machen, indem er einen Meister einstellt, der das Handwerksgeschäft nach seinen Weisungen führt[345]. **306a**

Das BVerfG beurteilt in einer neueren Entscheidung die grundrechtsbeschränkende Wirkung der Handwerksordnung wesentlich strenger als bisher. Auch im Falle eines Scheiterns der großen Handwerksreform ist daher langfristig davon auszugehen, dass im Lichte dieser Rechtsprechung, welche eine restriktive Auslegung des § 1 HandwO erforderlich macht, eine Vielzahl von Gewerben, die bisher dem Meisterzwang unterfielen, zukünftig als Minderhandwerk angesehen und damit vom Meisterzwang befreit werden. Wegen der bisher schon bestehenden erheblichen Abgrenzungsschwierigkeiten zwischen handwerklichen und minderhandwerklichen Tätigkeiten könnte dies sogar zur Nichtigkeit des Meisterzwangs insgesamt führen, da dieser dann dem verfassungsrechtlichen Bestimmtheitsgebot des Art. 20 Abs. 3 GG zuwiderliefe[346]. **307**

Die Ablegung einer Meisterprüfung als Voraussetzung zur Führung eines Handwerksbetriebes unterliegt indessen auch europarechtlichen Bedenken, da die meisten anderen EU-Mitgliedstaaten für die selbstständige Ausübung eines Handwerks keine Meisterprüfung verlangen[347]. Zwar hat der Gesetzgeber einem Verstoß gegen Art. 49 EG (Dienstleistungsfreiheit) dadurch vorzubeugen versucht, dass er die Betätigung von Handwerkern aus anderen EG-Mitgliedstaaten vom Erfordernis einer Meisterprüfung befreite, doch müssen die betroffenen Handwerker hierfür zunächst eine **Ausnahmebewilligung gemäß § 9 HandwO** erwirken. Eine solche Ausnahmebewilligung ist zu erteilen, wenn der Antragsteller bestimmte Tätigkeiten von bestimmter Dauer in einem anderen EG-Staat bzw. eine entsprechende Befähigung nachweist. Die Anerkennung von Diplomen und anderen Zertifikaten kann jedoch von der Absolvierung eines Anpassungslehrgangs oder der Ablegung einer Eignungsprüfung **308**

---

345 Zwar gilt im Handwerksrecht bislang noch das so genannte „Inhaberprinzip", demzufolge der Inhaber eines Handwerksbetriebs selbst Meister sein muss, doch gilt dies nach § 7 Abs. 4 HandwO dann nicht, wenn Inhaber eine GmbH ist. Nach dem Entwurf des Bundeskabinetts zur Neuregelung des Handwerksrechts vom 28.05.2003 soll künftig auch das „Inhaberprinzip" fallen, BUH, http://www.buhev.de/2003/05/bundesregierung-hwo.html.
346 Ausführlich hierzu *Mirbach*, NVwZ 2001, 161 ff.
347 S. *Klinge*, Niederlassungs- und Dienstleistungsrecht für Handwerker und andere Gewerbetreibende in der EG, 1990; VGH BW, DVBl. 1998, 539 ff; vergleichbar strenge Anforderungen wie in Deutschland gelten innerhalb der EU derzeit nur in Luxemburg. Die meisten anderen EU-Staaten – wie beispielsweise Frankreich, Dänemark und Spanien – verlangen dagegen eine Meisterprüfung nur für einige wenige Handwerke, die als besonders gefahrträchtig erachtet werden, vgl. die Synopse im Handelsblatt vom 31.10.2000.

VII Wirtschaftsverwaltungsrecht

abhängig gemacht werden[348]. Mit dieser Regelung hat der nationale Gesetzgeber im Grundsatz den gemeinschaftsrechtlichen Bestrebungen entsprochen, die berufsregelnden Vorschriften der Mitgliedstaaten zu harmonisieren, die sich im Bereich des Handwerksrechts insbesondere in der Richtlinie des Rates vom 18.6.1992 über eine allgemeine Regelung zur Anerkennung beruflicher Befähigungsnachweise niedergeschlagen haben[349]. Diese Richtlinie sieht vor, dass eine berufliche Qualifikation, die ein Marktbürger in einem Mitgliedstaat erworben hat, grundsätzlich auch in einem anderen Mitgliedstaat anzuerkennen oder zu berücksichtigen ist. Neben dieser allgemeinen Anerkennungsregelung bestehen verschiedene berufsspezifische Richtlinien, wie beispielsweise die Richtlinie zur Erleichterung der tatsächlichen Ausübung des Niederlassungsrechts und des freien Dienstleistungsverkehrs für Frisöre[350].

310 Da die Erteilung einer Ausnahmebewilligung i.S. des § 9 HandwO nicht vom Erfordernis der Eintragung in die Handwerksrolle suspendiert, ist schließlich – wie der EuGH in einem Urteil vom 3.10.2000 nochmals ausdrücklich festgestellt hat – bei der konkreten Handhabung des Eintragungserfordernisses dafür Sorge zu tragen, dass dieses weder zu einer Verzögerung des Dienstleistungsverkehrs, noch zu einer zusätzlichen finanziellen Belastung der betroffenen ausländischen Handwerker führt[351].

312 Die europarechtlich gebotenen Ausnahmeregelungen tragen indessen – ungeachtet der bereits oben angesprochenen verfassungsrechtlichen Bedenken – dazu bei, den Meisterzwang auch im Hinblick auf die damit einhergehende **Inländerdiskriminierung**[352] schwersten verfassungsrechtlichen Bedenken auszusetzen. Je mehr die grenzüberschreitende Erbringung von Handwerksleistungen in einem zusammenwachsenden Europa zur Alltäglichkeit wird, desto unhaltbarer dürfte die mit dem Meisterzwang verbundene Benachteiligung der inländischen Handwerker im Hinblick auf den allgemeinen Gleichheitssatz des Art. 3 Abs. 1 GG werden.

313 Auch für Inländer besteht der Meisterzwang nicht ohne Einschränkung. So gilt § 1 Abs. 1 HandwO nur für das stehende Gewerbe, sodass für all diejenigen Handwerkstätigkeiten, die im Reisegewerbe ausgeübt werden, auch nach geltendem Recht kein Meisterzwang besteht[353]. Darüber hinaus kann auch im stehenden Gewerbe der selbstständige Betrieb eines Handwerks unter den Voraussetzungen des § 4 HandwO (**Witwen- und Waisenprivileg**) sowie von § 7 Abs. 3, § 8, § 9 HandwO (**Ausnahmebewilligung**) ohne Meisterprüfung ausgeübt werden kann. Ein Ausnahmefall nach § 8 Abs. 1 HandwO liegt allerdings erst dann vor, wenn der Betreffende nicht nur die erforderlichen Kenntnisse und Fähigkeiten besitzt, sondern darüber hinaus die Ablegung der Meisterprüfung für ihn „eine unzumutbare Belastung" darstellt. Der Bewerber hat dabei nachzuweisen, dass er in etwa die gleichen Kenntnisse und

---

348 Nähere Regelungen finden sich in der EWG-HandwVO i.d.F. vom 28.12.1993, BGBl. I, S. 2256, 2267.
349 ABl. EG 1992 L 209, S. 25 ff.
350 ABl. EG 1982 L 218, S. 25 ff.
351 EuGH EuZW 2000, 763 ff m. Anm. *Früh*; vgl. hierzu auch *Basedow*, EuZW 2001, 97 ff.
352 Näher dazu *Früh*, GewArch. 2001, 58 ff.
353 Siehe dazu BVerfG GewArch. 2000, 480 ff m. Anm. *Steib*, GewArch. 2001, 57 ff.

Fertigkeiten besitzt, die ansonsten Voraussetzung für das Bestehen der Meisterprüfung sind[354]. Weigert er sich, entsprechende Qualifikationen zu belegen, ist zu unterstellen, dass der Befähigungsnachweis nicht erbracht ist.

Die Eintragung in die Handwerksrolle, welche die Handwerkskammer von Amts wegen oder auf Antrag des Gewerbetreibenden vornimmt (§ 6 Abs. 2 HandwO i.V.m. § 10 Abs. 1 HandwO), entspricht der Erteilung einer Gewerbeerlaubnis. **314**

Voraussetzung für die Eintragung ist des Weiteren das Bestehen eines stehenden **Gewerbebetriebes**, der **handwerksmäßig** betrieben wird und in Anlage A zur HandwO aufgenommen ist. Hinsichtlich der Begriffsmerkmale „**selbstständig**" und „**stehendes Gewerbe**" ist auf § 14 GewO zu verweisen. Wegen des Merkmals „stehendes Gewerbe" üben daher umherziehende Gewerbetreibende, etwa Scherenschleifer oder Schirmmacher, kein Handwerk aus, sondern unterliegen uneingeschränkt dem Reisegewerberecht. Maßgeblich für die Einordnung als **Handwerksbetrieb** ist zum einen, ob der fragliche Gewerbebetrieb eines der in der **Anlage A zur HandwO aufgeführten Gewerbe**[355] zum Gegenstand hat, zum anderen ob er **handwerksmäßig** ausgeübt wird (§ 1 Abs. 2 HandwO). **315**

Die Rechtsprechung zum **Begriff der Handwerksmäßigkeit** ist unüberschaubar. Den Entscheidungen liegt im Regelfall die gleiche Konstellation zu Grunde: Gewerbetreibende klagen gegen eine Mitteilung der Handwerkskammer über die beabsichtigte Eintragung des Betroffenen in die Handwerksrolle gemäß § 11 HandwO, die von der Rechtsprechung als Verwaltungsakt angesehen wird[356]. Sie berufen sich darauf, in ihrem Betrieb werde keine handwerksmäßige, sondern eine industrielle Tätigkeit ausgeführt. Diese Unterscheidung nimmt die Rechtsprechung anhand einer Reihe von Abgrenzungsmerkmalen vor. Für Handwerkstätigkeit sollen sprechen: **qualifizierte Handarbeit, individuelle Einzelleistung, Überschaubarkeit des Betriebes, persönliche Mitarbeit des Betriebsinhabers und Einzelanfertigung auf Grund individueller Bestellung**[357]. **316**

Beispiele: Ein Bauunternehmen mit 180 Arbeitnehmern ist kein Handwerks-, sondern ein Industriebetrieb, da der Unternehmensleiter keinen maßgeblichen Einfluss auf die praktische Arbeit im Einzelfall mehr nehmen kann[358]. Bei einem kleineren Bauunternehmen können hingegen durchaus alle Merkmale der Handwerksmäßigkeit gegeben sein.
Betreibt ein Elektromeister, der elektrische Anlagen in Neubauten verlegt, ein Handwerk? Er wird zwar außerhalb der Räume seiner gewerblichen Niederlassung, aber „auf Bestellung" tätig. Ein stehendes Gewerbe liegt daher vor. Der Elektroinstallateur ist ferner in Nr. 35 der Anlage A zur HandwO aufgeführt. Da er auch individuelle Einzelleistungen erbringt, betreibt er somit ein Handwerk.

---

354 BVerwGE 61, 145 ff.
355 BayObLG, DÖV 1987, 548 ff: Die Restaurierung alter Möbel ist in der Regel nicht als künstlerische, sondern als gewerbliche Tätigkeit anzusehen. Vgl. zur Abgrenzung zwischen Handwerk und Kunst: *Sternberg*, WiVerw 1986, 130 ff.
356 BayVGH, BayVBl. 1976, 311 ff.
357 Ausführlicher *Frotscher*, JuS 1983, 524 ff; *Honig*, JuS 1966, 436 ff.
358 BVerwGE 20, 263 ff.

VII *Wirtschaftsverwaltungsrecht*

317 Bei der Unschärfe der verwendeten Abgrenzungskriterien kommt es letztlich auf das **Gesamtbild des einzelnen Betriebes** an[359].

318 Letzte Voraussetzung für die Eintragung ist das **Fehlen einer Eintragungssperre** gemäß § 15 HandwO. Die **Eintragung** in die Handwerksrolle erfolgt **zweistufig**. Zunächst wird die Absicht der Eintragung dem Gewerbetreibenden und der gegebenenfalls betroffenen Handwerkskammer gemäß § 11 HandwO mitgeteilt; diese Mitteilung stellt einen von beiden Empfängern anfechtbaren Verwaltungsakt dar[360]. In einem zweiten Schritt erfolgt dann die Eintragung, die ebenfalls als Verwaltungsakt angreifbar ist; eine Anfechtung ist jedoch ausgeschlossen, wenn die vorausgegangene Mitteilung bereits unanfechtbar geworden ist.

319 Der **Betriebsbeginn** ist gemäß § 14 GewO der Gewerbebehörde **anzuzeigen**, wobei gleichzeitig die bei Eintragung in die Handwerksrolle erteilte Handwerkskarte (vgl. § 10 Abs. 2 HandwO) vorzulegen ist.

320 Die **Löschung** einer Eintragung in die Handwerksrolle erfolgt nach § 13 HandwO, wenn die Voraussetzungen für eine Eintragung nicht mehr vorliegen. Sie wird von Amts wegen oder – unter den Voraussetzungen von § 13 Abs. 2, § 14 HandwO – auf Antrag des Eingetragenen bzw. der Industrie- und Handelskammer durchgeführt. Das Löschungsverfahren ist, wie das Eintragungsverfahren, **zweistufig**. Auch die Mitteilung der beabsichtigten Löschung stellt einen Verwaltungsakt dar[361]. Ist die Löschungsankündigung unanfechtbar geworden, kann auch die Löschung selbst nicht mehr angefochten werden.

321 Wird das Handwerk als stehendes Gewerbe **ohne** die erforderliche **Eintragung** betrieben, so kann es nach § 16 Abs. 3 S. 1 HandwO durch die Gewerbebehörde von Amts wegen oder auf Antrag der Handwerkskammer **untersagt** werden[362]. Eine Untersagung ist aber nur möglich, wenn es sowohl an einer Eintragung als auch an den materiellen Eintragungsvoraussetzungen fehlt. Angesichts der Zielsetzung der HandwO wird in einem solchen Fall in der Regel eine Ermessensschrumpfung auf Null gegeben sein[363]. Besteht dagegen nur **formelle Illegalität**, so darf eine Untersagung nicht erfolgen. Im Gegensatz zu § 15 GewO kann und muss vielmehr bei lediglich formeller Illegalität die Eintragung gemäß § 10 Abs. 1 HandwO von Amts wegen erfolgen. Gemäß § 16 Abs. 3 S. 2 HandwO ist die Handwerkskammer befugt, gegen die Behörde Verpflichtungsklage auf Erlass einer Untersagungsverfügung zu erheben. Wie bereits aus dem Wortlaut eindeutig herzuleiten ist, steht der Innung keine vergleichbare Klagebefugnis zu[364]. Für den Fall, dass die Untersagung nicht beachtet wird, räumt § 16 Abs. 4 HandwO der Behörde die Befugnis zur **Betriebsschließung** ein. Ob es sich bei der Betriebsschließung um einen selbstständig anfechtbaren Verwaltungsakt oder bereits um eine Vollstreckungsmaßnahme handelt,

---

359 So auch BVerwGE 58, 217, 223 f.
360 BVerwGE 12, 75 ff.
361 BayVGH, GewArch. 1976, 122 ff.
362 Vgl. hierzu den instruktiven Fall von *Frotscher/Scorl*, JURA 1982, 96 ff.
363 OVG NW, GewArch. 1978, 28 f; VGH Kassel, NVwZ 1991, 280 ff.
364 BVerwG, NVwZ 1982, 680 f.

war früher – ebenso wie die Betriebsschließung im Gewerberecht – lebhaft umstritten[365]. Nachdem dieser Streit im Gewerberecht durch die Streichung des § 35 Abs. 5 GewO a.F. im Sinne der letztgenannten Auffassung entschieden worden ist[366], erscheint es nunmehr im Hinblick auf die grundsätzliche Gleichartigkeit von gewerberechtlicher und handwerksrechtlicher Betriebsschließung geboten, auch im Rahmen des § 16 Abs. 4 HandwO vom Vorliegen einer Vollstreckungsmaßnahme auszugehen.

Von dem § 1 HandwO zugrunde liegenden Leitbild des Handwerksbetriebs sind schließlich noch das **Minderhandwerk**, das **handwerksähnliche Gewerbe** und der **handwerkliche Neben-** sowie der **Hilfsbetrieb** abzugrenzen. 322

Minderhandwerk liegt vor, wenn die Tätigkeit keinen „wesentlichen Teilbereich" (§ 1 Abs. 2 HandwO) der in der Anlage A zur HandwO genannten Erwerbszweige umfasst. Dies ist z.B. bei einem Flickschuster, der nur einen unwesentlichen Teil des Schuhmacherhandwerks ausübt, der Fall. Auf minderhandwerkliche Betriebe findet die Handwerksordnung keine Anwendung; für sie gilt vielmehr die Gewerbeordnung. Für die Einordnung als voll- bzw. minderhandwerkliche Tätigkeit ist maßgeblich, ob die betreffenden Arbeiten die fachgerechte Beherrschung des entsprechenden Vollhandwerks voraussetzen, oder auch ohne Beherrschung der in handwerklicher Schulung erworbenen Kenntnisse und Handfertigkeiten einwandfrei ausgeübt werden kann[367]. 323

Handwerksähnliche Gewerbe sind in der Anlage B zur HandwO aufgeführt. Anders als für Handwerksbetriebe besteht für die selbstständige Ausübung solcher Tätigkeiten in Form eines stehenden Gewerbes gemäß § 18 HandwO keine Genehmigungs-, sondern nur eine Anzeigepflicht. Im Übrigen finden die für das vollhandwerkliche Gewerbe geltenden Vorschriften der HandwO nach Maßgabe des § 20 HandwO weitestgehend Anwendung. Auch im Bereich der handwerksähnlichen Tätigkeit kommt der Abgrenzung zum Industriebetrieb große praktische Bedeutung zu. Hierbei sind die gleichen Kriterien heranzuziehen wie bei der Einordnung eines Unternehmens als Handwerks- bzw. Industriebetrieb. 324

Hilfsbetriebe sind nach § 3 Abs. 3 HandwO **unselbstständige, dem Hauptbetrieb dienende Handwerksbetriebe**. Dies ist der Fall, wenn der betreffende Handwerksbetrieb entweder nur Arbeiten für den Hauptbetrieb ausführt oder lediglich untergeordnete, in § 3 Abs. 3 Nr. 2 HandwO aufgezählte handwerkliche Leistungen (z.B. Pflege-, Instandhaltungs- oder Gewährleistungsarbeiten) erbringt. Ein Hilfsbetrieb unterliegt allein den für den Hauptbetrieb einschlägigen Vorschriften. Abgrenzungskriterium gegenüber dem selbstständigen Handwerksbetrieb und dem Nebenbetrieb ist die Frage, ob der betreffende handwerkliche Betriebsteil nach der gesamten Betriebsstruktur ausschließlich der wirtschaftlichen Zweckbestimmung des Hauptbetriebes zu dienen hat[368]. 325

---

365 Vgl. zum Streitstand etwa *App*, GewArch. 1999, 55 ff.
366 Vgl. BT-Drucks. 13/9109, 13.
367 BVerwGE 58, 217, 221; BGH, GewArch. 1989, 269 ff.
368 BVerwGE 58, 93 ff.

VII *Wirtschaftsverwaltungsrecht*

Beispiel: Das zahntechnische Labor eines Zahnarztes, dessen Leistungen nur den Patienten dieses Zahnarztes zugute kommen, stellt einen Hilfsbetrieb dar[369]. Oder: Herstellung von Fleisch- und Wurstwaren für die eigene Gaststätte[370].

326 Erhebliche Praxisrelevanz weist die Unternehmensform des **handwerklichen Nebenbetriebes** auf[371]. Denn bei einer großen Anzahl größerer Gewerbe-, insbesondere Industriebetriebe stellte sich die Frage, ob nicht einzelne Betriebsteile als handwerkliche Nebenbetriebe i.S.v. § 2 Nr. 2 und 3, § 3 Abs. 1 HandwO zu qualifizieren sind. Sofern der fragliche Betriebsteil eine abgrenzbare Einheit mit gewisser Eigenständigkeit im Verhältnis zu dem übergeordneten Hauptbetrieb aufweist und er die handwerksmäßige Warenherstellung oder die Erbringung von Handwerksleistungen zum Gegenstand hat, unterliegt er gemäß § 2, § 3 Abs. 1 HandwO als handwerklicher Nebenbetrieb den Vorschriften der HandwO, teilt also nicht wie der Hilfsbetrieb das Schicksal des Hauptbetriebes, es sei denn, die nebenhandwerkliche Tätigkeit erreicht nur einen i.S.d. § 3 Abs. 2 HandwO unerheblichen Umfang (sog. „Ein-Mann-Betrieb"). Im Zusammenhang mit der Eintragung des Inhabers eines handwerklichen Nebenbetriebes in die Handwerksrolle ist zu beachten, dass gemäß § 7 Abs. 5 HandwO nicht der Inhaber des Gesamtbetriebes, sondern nur der Leiter des Nebenbetriebes die persönlichen Voraussetzungen des § 7 Abs. 1 HandwO erfüllen muss.

Beispiele: Ein Supermarkt verkauft Fleischwaren aus eigener Metzgerei. Ein Groß- und Einzelhandelsgeschäft für Elektrogeräte beschäftigt Fachkräfte für Elektroinstallationsarbeiten. Die Handwerksfähigkeit (Nrn. 35 und 85 der Anlage A zur HandwO) und die Handwerksmäßigkeit sind in beiden Fällen zu bejahen. Ein Hilfsbetrieb liegt nicht vor, da ein Leistungsaustausch mit den jeweiligen Kunden gegeben ist. Es handelt sich also um einen Nebenbetrieb. Ob es sich um einen unerheblichen oder um einen erheblichen Nebenbetrieb handelt, hängt davon ab, ob die Voraussetzungen des § 3 Abs. 2 HandwO vorliegen. Handelt es sich um einen erheblichen Nebenbetrieb, dann werden die Geschäftsinhaber auch dann in die Handwerksrolle eingetragen, wenn nur der Leiter des Nebenbetriebes den Voraussetzungen des § 7 Abs. 1 HandwO genügt.

Literatur und Rechtsprechung

Zur Vertiefung gewerberechtlicher Fragen ist das instruktive Kurzlehrbuch von *Frotscher*, Wirtschaftsverfassungs- und Wirtschaftsverwaltungsrecht, 3. Auflage 1999, §§ 8-15; sowie *Stober*, Besonderes Wirtschaftsverwaltungsrecht, 12. Auflage 2001, §§ 45 ff besonders geeignet.

Zu I. und II.:

Frotscher, Grundfälle zum Wirtschaftsverfassungs- und Wirtschaftsverwaltungsrecht, JuS 1982, 828 ff; 1983, 114, 521; *Hahn*, Ausgewählte Rechtsprechung des Bundesverwaltungsgerichts der Jahre 1995 und 1996 zur Gewerbeordnung, zum Gaststättengesetz und zum sonstigen Wirtschaftsverwaltungsrecht, GewArch. 1997, 41 ff; *Kempen*, Die Entwicklung des allgemeinen Gewerberechts von 1996 bis 1999, NVwZ 2000, 1115 ff; *Kempen*, Die Entwicklung des allgemeinen Gewerberechts von 1993 bis 1996, NVwZ 1997, 243 ff; *Mögele*, Der unzuverlässige Lebensmittelhändler, JURA 1983, 604 ff; *Pauly/Brehm*, Aktuelle Rechtsfragen des Gewerberechts – Vollzug in Baden-Württemberg, Gew.Arch. 2000, 50 ff; *Pinegger*, Aktuelle

---

[369] BVerwGE 58, 93 ff.
[370] OLG Koblenz, GewArch. 1981, 14 ff; vgl. auch BVerwG, NVwZ 1986, 742 ff.
[371] Vgl. BVerwG, GewArch. 1987, 25 f; *Schwappach/Klinge*, GewArch. 1987, 73 ff.

Fragen des Gewerberechts, GewArch. 2001, 24 ff; *Stober*, Grundzüge des Gewerberechts, JA 1981, 216 ff.

Zu III.:

VGH BW, NVwZ-RR 1994, 20 f; NVwZ-RR 1997, 702 ff; *Lüdermann*, Übungsblätter Klausur Öffentliches Recht – „Sky Surfing", JA 1999, 46 ff; *Stober*, Grundrechte und Erlaubnisbedürftigkeit im Reisegewerbe, JuS 1980, 182 ff; *Stollenwerk*, Versagung der Reisegewerbekarte mangels wirtschaftlicher Leistungsfähigkeit, VR 1999, 97 ff; *Tschentscher/Madl*, Reisegewerbekartenpflicht und so genannte „Hauspartys" als moderne Form des Direktvertriebs, GewArch. 1996, 448 ff.

Zu IV.:

RhPfOVG, NJW 1982, 1301 – Anfechtung einer gaststättenrechtlichen Gestattung durch ortsansässigen Gastwirt; BVerwG, JA 1983, 35 – Versagung der Kraftdroschkengenehmigung; *Böttner*, Das Ladenschlussgesetz und die Freiheitsgrundrechte, Neue Justiz 1999, 518 ff; *Diefenbach*, Die Rechtsprechung des BVerwG zum Gaststättengesetz, GewArch. 1992, 249 ff; *Frotscher*, Grundfälle zum Wirtschaftsverfassungs- und Wirtschaftsverwaltungsrecht, JuS 1983, 934; *Geiger*, Der unzuverlässige Wirt, JuS 1999, 285 ff; *Kehrberg*, Schutzzweck und Verfassungsmäßigkeit des Ladenschlussgesetzes, GewArch. 2001, 14 ff; *Schliesky*, Öffentliches Wirtschaftsrecht 2000, S. 215 ff; *Stober*, Grundfälle zum Gaststättenrecht, JuS 1983, 843; *Uechtritz*, Kirchgang und Gaststättenbesuch, JuS 1984, 130; *Stober*, Ladenschlussgesetz, Kommentar, 4. Auflage 2000; *Terhechte*, Der Ladenschluss und die Berufsfreiheit der Apotheker – BVerfG, NJW 2002, 666, JuS 2002, 551 ff.

Zu V.:

Czybulka, Die Entwicklung des Handwerksrechts 1995 – 2001, NVwZ 2003, 164 ff; *Ders.*, Die Handwerksnovelle 1998, NVwZ 2000, 136 ff; *Honig*, Gedanken über die Zukunft unseres Handwerks, GewArch. 1999, 188 ff; *Leisner*, Handwerksrecht und Europarecht, GewArch. 1998, 445 ff; *ders.*, Handwerksordnung, Kommentar, 2. Auflage 1999; *Mallmann*, Die Rechtsprechung des Bundesverwaltungsgerichts zum Handwerksrecht, GewArch. 1996, 462 ff.

F. Außenwirtschaftsrecht

I. Aufgabe des Außenwirtschaftsrechts

Das Außenwirtschaftsrecht ist der Teil des Wirtschaftsverwaltungsrechts, der den Verkehr von Waren, Dienstleistungen, Kapital und anderen Gütern mit fremden Wirtschaftsgebieten regelt. Seine Relevanz für die deutsche Wirtschaft ergibt sich nicht zuletzt aus der Tatsache, dass etwa ein Drittel der gesamten Wirtschaftsleistung der Bundesrepublik Deutschland exportiert wird. 327

Der Außenhandel steht seit jeher im Spannungsfeld zwischen zwei Interessen: Auf der einen Seite setzt eine exportorientierte Wirtschaft eine möglichst liberale Außenwirtschaftsordnung voraus. Rechtliche Regelungen hemmen grenzüberschreitende Geschäfte: Schließlich kann ein Staat von anderen Ländern kaum verlangen, Importe möglichst unreglementiert zuzulassen, wenn er selbst seine Grenzen abschottet. Auf der anderen Seite birgt ein liberaler internationaler Handel Gefahren: Die ausländi- 328

VII *Wirtschaftsverwaltungsrecht*

sche Industrie erwächst zur Konkurrenz für die um ihre Existenz fürchtenden heimischen Betriebe, unbeschränkte Kapitaleinfuhr führt zur sog. „importierten Inflation", aus sicherheitspolitischen oder humanitären Erwägungen sollte die Ausfuhr von militärisch nutzbaren Gütern in Krisengebiete verhindert werden. Es ist Aufgabe des Außenwirtschaftsrechts, an der Schnittstelle zwischen Recht, Wirtschaft und Politik einen angemessenen Ausgleich zu finden.

329 Es liegt in der Natur des Außenwirtschaftsrechts begründet, dass dieses Rechtsgebiet durch vielerlei supranationale Regelungen beeinflusst wird, und insofern die Autonomie des deutschen Gesetzgebers teilweise weitgehend eingeschränkt wird. Beispielsweise hat die Bundesrepublik mit vielen Staaten der Welt bilaterale **völkerrechtliche Verträge** geschlossen. Soweit diese Vereinbarungen über die gegenseitigen Wirtschaftsbeziehungen enthalten, sind sie vorrangig anwendbar. Von einer näheren Betrachtung muss hier jedoch abgesehen werden, da der Rahmen dieses Buches ansonsten gesprengt würde. Allerdings soll im folgenden kurz auf das wohl wichtigste internationale Abkommen, das **General Agreement on Tariffs and Trade** und seine Bedeutung für das deutsche Außenwirtschaftsrecht eingegangen werden.

II. General Agreement on Tariffs and Trade (GATT) und World Trade Organization (WTO)

330 Das **General Agreement on Tariffs and Trade (GATT)** stellt das **Grundgesetz** des internationalen Handels dar. Es ist von sämtlichen großen Wirtschaftsnationen der Welt ratifiziert worden. Auch die EU-Staaten sind Vertragsparteien des GATT.

331 Nach der sog. Meistbegünstigungsregel des Art. 1 GATT ist jede Vertragspartei verpflichtet, diejenigen Einfuhrliberalisierungen, welche sie **einem** Land gewährt hat, auch unverzüglich **sämtlichen** Vertragsparteien zu gewähren. Ausnahmen sind dann zugelassen, wenn sie dem Schutz wichtiger Gemeinschaftsgüter oder des internationalen Friedens dienen oder eine Wirtschaftsordnung vor ernsthaften Schäden bewahren. Alle Ausnahmen unterliegen einem Diskriminierungsverbot und dem Grundsatz der Verhältnismäßigkeit. Insgesamt gesehen dient das GATT dem Abbau von Handelsschranken unter Betonung des gemeinsamen Nutzens und des Grundsatzes der Gegenseitigkeit im Wirtschaftsverkehr. So enthält es Vereinbarungen über die Erhebung von Zöllen und über die Vergabe von Subventionen, regelt die Zulässigkeit von Gebühren und Formalitäten bei Im- und Exporten und stellt Vorgaben für das nationale Steuerrecht, für mengenmäßige oder sonstige Beschränkungen des Welthandels sowie für die Teilnahme öffentlicher Unternehmen am Handelsverkehr auf. Ebenso gewährleistet das GATT die Freiheit des Transitverkehrs und untersagt Dumping.

332 Oftmals drohen dem Außenhandel als einer wesentlichen Quelle des Wohlstandes und der Beschäftigung Gefahren. In Zeiten weltwirtschaftlicher Rezession ist ausländische Konkurrenz für die einheimische Industrie eher unerwünscht. Auch waren viele Staaten nicht bereit, Subventionen im Bereich politisch sensibler Wirtschaftszweige entscheidend zu kürzen. Nicht zuletzt deshalb haben die Bemühungen im

Rahmen der sog. „Uruguay-Runde" zur Liberalisierung des Welthandels so lange gedauert.

Schließlich wurde am 15.4.1994 durch das **„Übereinkommen zur Errichtung der** **333** **Welthandelsorganisation (WTO)"**, das seinerseits den zentralen Bestandteil der „Schlussakte über die Ergebnisse der multilateralen Handelsverhandlungen der Uruguay-Runde" verkörpert, eine siebenjährige Verhandlung abgeschlossen und ein bedeutender Meilenstein in der Geschichte der internationalen Handelspolitik gesetzt. Die von 111 Staaten unterzeichnete Schlussakte beinhaltet erhebliche Neuerungen der Welthandelsregelungen[372]:

Zölle auf Industriegüter wurden weiter abgebaut. So hat man sich in einigen Berei- **334** chen – insbesondere bei Pharmazeutika, medizinischen Geräten, landwirtschaftlichen Maschinen und Baugeräten – auf eine völlige Beseitigung von Zöllen geeinigt; auf anderen Gebieten wurden die Zölle weiter abgebaut. Laut Angaben des GATT-Sekretariats wurde eine durchschnittliche Senkung der Zölle um 40 % erreicht. Zudem hat die Zuständigkeit des GATT eine wesentliche Erweiterung erfahren: Erstmals wurde beispielsweise ein Übereinkommen in Bezug auf die Landwirtschaft geschlossen, das vor allem Fragen des Marktzugangs, der internen Unterstützung (z.B. nationalstaatliche Beihilfen) und des Exportwettbewerbs behandelt. Ebenso wurde der Handel mit Textilien und Bekleidung in das Regelwerk des GATT integriert. Des Weiteren wurden eine neue Handelsordnung für Dienstleistungen erarbeitet und Regelungen bezüglich „handelsrelevanter Aspekte des geistigen Eigentums" (z.B. Patent- und Urheberrechte)[373] getroffen. Über diese inhaltlichen Ausweitungen der Reichweite des GATT-Übereinkommens hinaus sind als weitere zentrale Punkte des Abkommens die Vorschriften über den Marktzugang, zu denen auch die erwähnten Zollvereinbarungen zählen, und die Erweiterung der Vereinbarungen zum Schutz gegen Handels- und Wettbewerbsverzerrungen durch Dumping und Subventionen zu nennen. Auch im Hinblick auf seine Organisation hat das GATT eine institutionelle Reform erfahren:

Das GATT, das immer noch lediglich als Handelssekretariat geführt wurde, wurde in **335** eine **„World Trade Organization" (WTO)** umgewandelt. Die WTO weist eine klare Organisationsstruktur auf. Als Repräsentativorgan fungiert die Ministerkonferenz, während der allgemeine Rat Exekutivaufgaben wahrnimmt, und dem Sekretariat administrative Zuständigkeiten zugewiesen sind. Die WTO ist nicht nur Forum für Verhandlungen zwischen den Mitgliedstaaten. Ihre Aufgaben sind vielmehr auch die Verwaltung der einzelnen Regelungen und Abkommen, die Streitschlichtung, die Überwachung der einzelstaatlichen Handelspolitik und die Zusammenarbeit mit dem Weltwährungsfonds und der Weltbank.

Von entscheidender Bedeutung ist schließlich die in der Uruguay-Runde erzielte **336** Stärkung des Streitbeilegungsverfahrens. Während das GATT 1947 zur Streitbeile-

---
372 Ausführlich zum WTO-Übereinkommen: *Klein*, Die neue Welthandelsordnung der WTO, 1998.
373 Dazu näher *Drexl*, Nach „GATT und WIPO": Das TRIPS-Abkommen und seine Anwendung in der Europäischen Gemeinschaft, GRUR Int. 1994, 777.

VII *Wirtschaftsverwaltungsrecht*

gung nur die unverbindliche Stellungnahme eines Expertengremiums (sog. panel) vorsah, welche zu ihrer Wirksamkeit der Annahme durch die Streitparteien bedurfte, treffen die panels nunmehr eine verbindliche Streitentscheidung. Diese kann nur durch eine geschlossene Ablehnung aller Vertragsparteien im Konsensus-Verfahren oder eine ablehnende Berufungsentscheidung aufgehoben werden[374].

337 Ob das über 400 Seiten starke Schlussdokument der Uruguay-Runde in seiner Wirkung einem „immensen Konjunkturprogramm" (so das DIW) gleichkommen wird, muss die Zukunft zeigen. Die Schwachstellen der Beschlüsse sind nämlich nicht zu übersehen: Gegen Umweltdumping und Sozialdumping ist keine Vorsorge getroffen. So haben beispielsweise Produkte, die unter verheerenden Umweltschäden und erbärmlichen Sozialbedingungen erzeugt wurden, im Wesentlichen freien Zugang zu den Weltmärkten. Die Gefahr, dass unter wachsendem Konkurrenzdruck und jungen, wohlstandshungrigen Schwellenstaaten die Umwelt weiteren Schaden erleidet und soziale Standards auf den kleinsten gemeinsamen Nenner schrumpfen, ist damit nicht von der Hand zu weisen.

338 In jüngerer Zeit kam es anlässlich der **Bananenmarktordnung der EU** zu einer Kollision des Gemeinschaftsrechts mit dem GATT. Durch die Bananenmarktordnung werden die sog. „Gemeinschaftsbananen" (insbesondere von den Kanarischen Inseln und den überseeischen Departements Frankreichs) und die sog. „AKP-Bananen" (aus den assoziierten Staaten Afrikas, der Karibik und des pazifischen Raums) gegenüber den sog. „Dollar-Bananen" Mittel- und Südamerikas bevorzugt. In einem Verfahren vor dem EuGH rügte die Bundesrepublik die GATT-widrigkeit der Bananenmarktordnung (Verstoß gegen Meistbegünstigungsprinzip, Diskriminierungsverbot und Zollvorschriften); der EuGH wies jedoch das Vorbringen mit der Begründung zurück, mangels unbedingten Charakters der GATT-Vorschriften könne sich die Bundesrepublik nicht auf diese berufen. Demgegenüber stellte jedoch der – von Costa Rica, Guatemala, Nicaragua und Venezuela angerufene – **Streitschlichtungsausschuss** des GATT einen Verstoß der Bananenmarktordnung gegen grundlegende GATT-Prinzipien fest. Da dies zu keiner endgültigen Beilegung der Streitigkeit führte, wurde auf Antrag von Ecuador, Guatemala, Honduras, Mexiko und den USA von der **WTO** ein **Panel** zur Prüfung der Vereinbarkeit der Bananenmarktordnung mit dem GATT eingesetzt. In dem Panel-Bericht wurde erneut ein Verstoß gegen die GATT-Vorschriften festgestellt; daraufhin erklärte sich die EU bereit, dem Schiedsspruch Folge zu leisten.

339 Nach der Einführung des verbindlichen Streitentscheidungsverfahrens im Jahre 1994 wurde zunächst erwartet, dass der EuGH im Hinblick auf die WTO-Mitgliedschaft der Europäischen Gemeinschaft künftige Handlungen der Gemeinschaftsorgane auch auf ihre Vereinbarkeit mit dem GATT überprüfen würde. In seiner Entscheidung „Portugal/Rat"[375] lehnte der EuGH dies jedoch ausdrücklich ab, indem er darauf ver-

---

374 Näher dazu *Dolzer*, in: *Vitzthum*, Völkerrecht, 2. Auflage 2001, Rdnr. 71; *Beneyto*, The EU and the WTO, EuZW 1996, 295 ff.
375 Vgl. EuGH, EuZW 2000, 276 ff.

wies, dass auch die Gerichte anderer WTO-Mitgliedstaaten, die zu den wichtigsten Handelspartnern der Gemeinschaft gehören, die internen Rechtsvorschriften nicht am Maßstab des WTO-Rechts messen[376].

III. Die Vorgaben des Europarechts

Auch das Europarecht beeinflusst das nationale Außenwirtschaftsrecht sowohl im Hinblick auf den innergemeinschaftlichen als auch in Bezug auf den Handelsverkehr mit Drittstaaten. So enthält bereits der **EG-Vertrag** als primäres EU-Recht Vorschriften, die Auswirkungen auf das nationale Außenwirtschaftsrecht der Mitgliedstaaten haben. 340

Im **EU-Binnenverkehr** garantieren – wie oben ausgeführt – die in **Art. 28 ff EG** gewährleisteten Grundfreiheiten einen im Wesentlichen freien Waren- und Dienstleistungsfluss. Verboten sind nicht nur mengenmäßige Beschränkungen. Auch bloße Verfahrensförmlichkeiten wie z.B. Anforderungen an den Nachweis des Ursprungs der beförderten Waren und Genehmigungserfordernisse für Ein- und Ausfuhr sind nur begrenzt zulässig. Ausnahmevorschriften finden sich beispielsweise in den Schutzklauseln der Art. 30 (ordre public beim Warenverkehr), Art. 100 (Wirtschaftspolitik), Art. 119 (Zahlungsbilanzschwierigkeiten), Art. 134 (Verkehrsverlagerungen) und Art. 296, Art. 297 EG (Sicherheitsinteressen). Die praktisch bedeutendste Schutzklausel findet sich in Art. 134 EG. Diese Vorschrift bezweckt die innergemeinschaftliche Absicherung gegen Rückwirkungen weiterhin zulässiger handelspolitischer Maßnahmen, die von Mitgliedstaaten im Außenhandel mit Drittstaaten getroffen werden. Sofern die Mitgliedstaaten im Einklang mit dem EG unterschiedliche handelspolitische Maßnahmen anwenden und hierdurch Verkehrsverlagerungen verursacht werden, die entweder wirtschaftliche Schwierigkeiten nach sich ziehen oder die Wirksamkeit dieser handelspolitischen Maßnahmen in Frage stellen, sieht Art. 134 EG zur Lösung derartiger Probleme ein Eingreifen der Kommission vor. Die Intervention der Kommission kann sich auf Empfehlungen an die Mitgliedstaaten zur Zusammenarbeit beschränken. Falls solche Empfehlungen nicht genügen, kann die Kommission die Mitgliedstaaten aber auch ermächtigen, im Rahmen der von ihr festzulegenden Bedingungen und Einzelheiten selbst die notwendigen Schutzmaßnahmen zu treffen. 341

Der EG regelt den **Außenwirtschaftsverkehr der EU**, d.h. den Wirtschaftsverkehr mit Drittstaaten, im Wesentlichen in den **Art. 131 ff EG**. Art. 131 EG enthält eine Grundsatzerklärung zur gemeinsamen Handelspolitik der EU gegenüber Drittstaaten und ein Bekenntnis zu einer liberalen Handelspolitik. Darüber hinaus enthalten die Art. 131 ff EG allerdings kaum inhaltliche Vorgaben. Vielmehr ist die konkrete Ausgestaltung der gemeinsamen Handelspolitik der EU als Aufgabe übertragen. Insofern bildet **Art. 133 EG** die Kernermächtigungsgrundlage. Er unterstellt die gemeinsame Handelspolitik, insbesondere die Änderung von Zollsätzen, den Abschluss von Zoll- 342

---

[376] Vgl. EuGH, EuZW 2000, 278; ausführlich und kritisch dazu *v. Bogdandy/Makatsch*, EuZW 2000, 261 ff.

VII *Wirtschaftsverwaltungsrecht*

und Handelsabkommen, die Vereinheitlichung von Liberalisierungsmaßnahmen, die Ausfuhrpolitik und die handelspolitischen Schutzmaßnahmen, z.B. im Fall von Dumping und Subventionen, der Kompetenz der EU. Der gesamte Bereich der Handelspolitik ist damit vergemeinschaftet, d.h. in vollem Umfang Aufgabe der EU. Soweit die EU von dieser Kompetenz Gebrauch macht, tritt sie an die Stelle der bisherigen nationalen Politiken und lässt für nationale Maßnahmen keinen Raum mehr.

343 Problematisch war früher, inwieweit Art. 133 EG auch als Ermächtigungsgrundlage für ein primär politisch motiviertes **Handelsembargo** herangezogen werden konnte. Dieses Problem ist mit Erlass des **Art. 301 EG** dahingehend gelöst worden, dass der Rat ermächtigt wird, die erforderlichen Sofortmaßnahmen zu treffen, um Handelsembargos, welche in einem gemeinsamen Standpunkt oder einer gemeinsamen Aktion im Rahmen der Gemeinsamen Außen- und Sicherheitspolitik (GASP) vorgesehen sind, zu beschließen[377].

344 Die gemeinsame Außenhandelspolitik ist zwar im Hinblick auf die Bedeutung für das deutsche Außenwirtschaftsrecht die wichtigste Kompetenz der EU, sie wird jedoch noch durch zahlreiche andere EG-vertragliche Normen ergänzt: So sind in diesem Zusammenhang auch Art. 26 ff EG sowie die spezifischen Vorschriften in den Bereichen Fischerei und Landwirtschaft (Art. 34 Abs. 3, Art. 37 EG, Art. 102 Beitrittsakte 1972), Kapitalverkehr (Art. 56 ff EG), Verkehr einschließlich See- und Landverkehr (Art. 71, 80 EG), Forschung und Technologie (Art. 171 EG) und Umweltschutz (Art. 174 Abs. 4 EG) zu nennen. Ebenso kommt den Art. 310, 182 ff EG (Assoziierungspolitik und Entwicklungshilfe), Art. 302 ff EG (Vertretungen internationaler Organisationen) oder auch Art. 95 EG (Rechtsharmonisierung zur Erreichung des Binnenmarktes) außenwirtschaftsrechtlich Bedeutung zu.

345 Zur Umsetzung der soeben skizzierten Kompetenzzuweisungen des EG stehen der EU verschiedene rechtliche Handlungsmittel zur Verfügung: Art. 133 EG ermächtigt sie zum Abschluss völkerrechtlicher Verträge ebenso wie zum Erlass einseitiger Rechtsetzungsakte (Verordnungen, Richtlinien, Entscheidungen) oder zu informellen Maßnahmen wie beispielsweise Stellungnahmen, Empfehlungen oder auch Teilnahme an internationalen Konsultationen.

346 Dementsprechend bestehen neben den genannten Grundbestimmungen des EG vielfältige **sekundärrechtliche Regelungen**, die ebenfalls dem nationalen Recht vorgehen und die Autonomie des deutschen Gesetzgebers beschränken. Sie betreffen beispielsweise die Ausfuhr und die Ausfuhrförderung, die Einfuhr und den Schutz gegen die Einfuhr gedumpter oder subventionierter Waren, handelspolitische Instrumente, Einfuhrbeschränkungen oder Markenpiraterie[378]. So statuiert beispielsweise Art. 1 der Gemeinsamen Ausfuhrregelung[379] einen Grundsatz der freien Ausfuhr in Drittstaaten. Nicht nur der Umfang dieser außenwirtschaftsbezogenen Vorschriften des EU-Rechts, sondern auch die Tatsache, dass es sich hierbei um ein Rechtsgebiet

---

377 Ausführlich hierzu *Streinz*, Europarecht, 5. Auflage 2001, Rdnr. 632 ff.
378 Vgl. im Einzelnen *Reuter*, Außenwirtschafts- und Exportkontrollrecht Deutschland/Europäische Union, 1995, S. 76 ff.
379 VO (EWG) 2603/69, ABl. L 324/25.

handelt, das fortlaufend Ergänzung und Modifizierung erfährt, machen es schier unmöglich, hier eine breite Darstellung vorzunehmen. Daher soll das Ineinandergreifen der verschiedenen Regelungsebenen im Anschluss an die Schilderung der Grundzüge des nationalen Außenwirtschaftsrechts (IV.) lediglich anhand des politisch hochsensiblen Bereichs des Handels mit Waffen, Rüstungsgütern sowie solchen Waren, die sowohl zu zivilen als auch militärischen Zwecke nutzbar sind, beispielhaft erläutert werden (V.).

IV. Nationales Außenwirtschaftsrecht

Soweit dem deutschen Gesetzgeber im Rahmen dieser internationalen Vorgaben Regelungskompetenzen verblieben sind, hat er hiervon primär im **Außenwirtschaftsgesetz (AWG)** von 1961 Gebrauch gemacht. Das AWG regelt grundsätzlich den grenzüberschreitenden Handel, soweit innerstaatliche Interessen von ihm betroffen sind. Auf Grund dieses Gesetzes ist die **Außenwirtschaftsverordnung** erlassen worden, die das Ausfuhrgenehmigungsverfahren konkretisiert und in der Anlage Listen der Waren und Staaten enthält, hinsichtlich derer der Handel genehmigungspflichtig ist. Daneben bestehen eigenständige Vorschriften zum Waffenhandel im **Kriegswaffenkontrollgesetz** (vgl. zur verfassungsrechtlichen Erforderlichkeit eines solchen Gesetzes Art. 26 Abs. 2 GG) und zum **Schutz deutschen Kulturgutes gegen Abwanderung**.

347

Die praktisch bedeutsamsten Regelungen enthält das AWG. Nach § 1 Abs. 1 AWG ist der Wirtschaftsverkehr mit fremden Wirtschaftsgebieten grundsätzlich frei. Er unterliegt – vorbehaltlich der bilateralen völkerrechtlichen und europarechtlichen Regelungen – nur den Einschränkungen, die sich aus dem AWG oder der auf ihm beruhenden Rechtsverordnungen ergeben. Dieser Grundsatz offenbart den liberalen und weltoffenen Geist, der dem deutschen Außenwirtschaftsrecht zu Grunde liegt. Den Prinzipien einer exportorientierten Wirtschaft folgend wird der grenzüberschreitende Handel von der staatlichen Aufsicht freigestellt. Die Praxis hat allerdings gezeigt, dass zu viele gegenläufige nationale und internationale Interessen es notwendig werden ließen, von dem Regelungsvorbehalt des § 1 Abs. 1 S. 2 AWG reichlich Gebrauch zu machen. So enthält das AWG zahlreiche Ermächtigungen an die Bundesregierung, im Wege von Verordnungen, allgemeine (§§ 5-7 AWG) oder besondere (§§ 8-21 AWG) Beschränkungen des Außenwirtschaftsverkehrs vorzunehmen. Beispielsweise kann gemäß § 5 AWG der Außenwirtschaftsverkehr zur Erfüllung ratifizierter völkerrechtlicher Verträge reglementiert werden. Des Weiteren können schädigende Einflüsse aus fremden Wirtschaftsgebieten, die negative Folgen für die heimische Wirtschaft begründen, gemäß § 6 AWG abgewendet werden. Solche negativen Folgen sind nach dem Gesetz dann zu befürchten, wenn durch grenzüberschreitende Rechtsgeschäfte inländischer Wettbewerb eingeschränkt, verfälscht oder verhindert wird bzw. der zwischenstaatliche Handel gefährdet wäre. Zweck der Vorschrift ist es, Maßnahmen fremder Länder, wie z.B. Exportsubventionen oder multiple Wechselkurse, abzuwehren.

348-349

Ein weiteres wichtiges Anliegen des AWG ist der Schutz der Sicherheit und der auswärtigen Interessen. Aus diesem Grunde können gemäß § 7 AWG Handlungen im

350

Außenwirtschaftsverkehr beschränkt werden, um die Sicherheit der Bundesrepublik Deutschland zu gewähren, um eine Störung des friedlichen Zusammenlebens der Völker zu vermeiden oder um zu verhindern, dass die auswärtigen Beziehungen der Bundesrepublik Deutschland erheblich gestört werden. Besondere sicherheits- und außenpolitische Gefahren birgt der Handel mit militärischen Gütern. Insofern sieht § 7 Abs. 2 AWG Beschränkungsmöglichkeiten insbesondere in Bezug auf Geschäfte über Waffen, Munition, sonstiges Kriegsgut sowie damit zusammenhängende Güter (Konstruktionszeichnungen, Patente) vor (vgl. dazu unten V.).

351 In diesem Zusammenhang erweist sich die weite Fassung des § 7 AWG als Ermächtigungsgrundlage für diese Normierungen des AWG als problematisch. Im Hinblick auf die vage Formulierung des § 7 Abs. 1 Nr. 2 und 3 wird diese Norm teilweise mit guten Gründen wegen ihrer Unbestimmtheit als verfassungswidrig angesehen. Denn nach der Rechtsprechung des Bundesverfassungsgerichts genügt eine Ermächtigungsgrundlage dann nicht den verfassungsrechtlichen Anforderungen, wenn „nicht mehr vorausgesehen werden kann, in welchen Fällen und mit welcher Tendenz von ihnen Gebrauch gemacht wird"[380]. Diskutiert werden könnte ferner, ob die Norm gegen den Parlamentsvorbehalt verstößt, weil sie u.a. so wesentliche Fragen wie eine „ökonomische" Kriegserklärung (vgl. § 7 Abs. 1 Nr. 2 AWG: „friedliches Zusammenleben der Völker") dem Verordnungsgeber überlässt[381].

Beispiel: Nach der völkerrechtswidrigen Annexion Kuwaits durch den Irak im Jahre 1990 wollte die Bundesregierung verhindern, dass militärische Güter aus Deutschland in den Irak gelangen. Weiter wollte sie durch einen vollständigen Handelsstop politischen Druck ausüben. Das Embargo wurde auf § 7 Abs. 1 Nr. 2 AWG gestützt. Selbst wenn man diese Vorschrift mit dem Bundesverfassungsgericht trotz ihrer Weite und Unbestimmtheit als noch verfassungsgemäß ansieht, ist es fraglich, ob die Tatbestandsvoraussetzungen vorlagen, da ja durch die Annexion Kuwaits „eine Störung des friedlichen Zusammenlebens der Völker" bereits eingetreten war.

352 Von den Instrumentarien des Außenwirtschaftsgesetzes mit seinen **Einfuhr- und Ausfuhrverboten,** dem **Genehmigungsvorbehalt,** den **Kontingentierungsmöglichkeiten** usw. macht die Bundesregierung allerdings nur **selten Gebrauch.** Die staatliche Wirtschaftslenkung bedient sich stattdessen auch im Außenwirtschaftsbereich der eleganteren und leiseren Methode, die beteiligten Wirtschaftsobjekte ohne oder gegebenenfalls mit anderen Druckmitteln zur Einsicht zu bringen. Notwendig erscheinende außenwirtschaftliche Maßnahmen werden in diesen Fällen nicht durch dirigistische Eingriffe mit dem Instrumentarium des Außenwirtschaftsgesetzes, sondern durch (oft nur scheinbar freiwillige) **Selbstbeschränkungsabkommen** durchgesetzt. Vielleicht beruht die Tatsache, dass nur verhältnismäßig wenige Streitkei-

---

380 BVerfGE 1, 14, 60; 19, 354, 361; 58, 283, 291 und st. Rspr.; das BVerfG hat die Vereinbarkeit von § 7 Abs. 1 mit Art. 80 Abs. 1 GG bejaht; ebenso: BVerwG, DVBl. 1992, 1161; die Frage, ob in Fällen „ökonomischer Kriegserklärung" der Parlamentsvorbehalt greift, hat das Gericht indes offen gelassen.
381 Das OLG Düsseldorf (Beschluss vom 8.9.1993, RIW 1993, 1026 f) hat entschieden, dass das vom UN-Sicherheitsrat und von der Europäischen Gemeinschaft gegen Serbien und Montenegro verhängte Wirtschaftsembargo durch § 69 h AWV in wirksamer Weise in nationales deutsches Recht umgesetzt wurde. Leider sind die näheren Ausführungen des Gerichts, insbesondere zur Frage der Verfassungsmäßigkeit des § 7 Abs. 1 AWG, nicht vollständig abgedruckt.

ten über die Auslegung des Außenwirtschaftsgesetzes vor den Gerichten ausgetragen werden, nicht zuletzt auf der Existenz solcher Abkommen.

Beispiel: Im Jahre 1965 traf die Bundesregierung die politische Grundentscheidung, im Interesse des Kohlepreises eine relative Verminderung des Heizölangebots durch freiwillige Maßnahmen der Erdölkonzerne anzustreben. Nachdem die Regierung zunächst mit Einfuhrkontingentierung gedroht hatte, gaben die Mineralölgesellschaften ihren Widerstand auf. Sie versprachen in einer schriftlichen Erklärung, ihr Angebot in der Bundesrepublik auf eine festgelegte Gesamtmenge zu begrenzen. Dieses Heizölselbstbeschränkungsabkommen war bis 1971 wirksam.

V. Der Handel mit Waffen, strategischen Gütern und Dual-Use-Waren als Gegenstand internationaler, europäischer und nationaler Außenwirtschaftsregelungen

Wie bereits angedeutet soll im folgenden kurz das Ineinandergreifen der unterschiedlichen Regelungsebenen anhand des politisch besonders bedeutsamen Bereichs des Handels mit Waffen, Rüstungsgütern sowie Waren, die sowohl zu militärischen als auch zu zivilen Zwecken genutzt werden können, beleuchtet werden.   353

In Bezug auf die internationale Ebene ist zunächst festzustellen, dass **völkergewohnheitsrechtlich** bis heute der Handel mit Kriegswaffen nicht verboten ist. Auch das **Völkervertragsrecht** untersagt nur ausnahmsweise die Lieferung von Kriegsmaterial (z.B. Friedensverträge wie der Vertrag von Versailles, Regionalabkommen, Rüstungshilfeabkommen). Lediglich im Bereich der atomaren, biologischen und chemischen Waffen und im Bereich der Trägerwaffen bestehen entsprechende Beschränkungsverträge. Auch den Vereinten Nationen ist es bislang nicht gelungen, ein internationales Regime zur Kontrolle des Waffenhandels zu vereinbaren. Vielmehr bestehen Verbote der Waffenlieferung lediglich punktuell und zeitlich begrenzt, sofern der Sicherheitsrat **Embargomaßnahmen** wie beispielsweise gegen den Irak verhängt. Große praktische Wirksamkeit haben aber **informelle (Regierungs-)Abkommen** zu besonderen geographischen oder sachlichen Bereichen entfaltet. Hier ist an erster Stelle das **COCOM-Abkommen** der NATO zu nennen, das in der Vergangenheit den Export bestimmter strategischer Güter in die ehemals sozialistischen Länder Osteuropas beschränkte. Als jedoch das Ende der Sowjetunion und des Warschauer Paktes sowie der Golfkrieg Anfang der 90er-Jahre die weltpolitische Lage veränderten, beschlossen die beteiligten Regierungen im November 1993, das ostblockgerichtete COCOM aufzulösen. An die Stelle des COCOM trat das „Wassenaar Arrangement", welches die Kontrolllisten des COCOM fortführt. Um weltweit die Weiterverbreitung und Weiterentwicklung bestimmter Waffen und Technologien zu verhindern, die als besonders verhängnisvoll angesehen werden (z.B. Trägerraketen, Landminen, chemische und biologische Waffen), bestehen neben dem „Wassenaar Arrangement" noch drei weitere Abkommen, an denen die Bundesrepublik ebenfalls beteiligt ist[382].   354

---

382 Näher dazu *Monreal/Runte*, GewArch. 2000, 142 ff.

VII *Wirtschaftsverwaltungsrecht*

355 Auf **europarechtlicher Ebene** ist zu unterscheiden: Rüstungs- und strategische Güter sind von der Kompetenz der EU weitgehend ausgeschlossen. Denn insofern behält **Art. 296 EG** jedem Mitgliedstaat alle Maßnahmen vor, „die seines Erachtens zur Wahrung seiner wesentlichen Sicherheitsinteressen erforderlich sind, soweit sie die Erzeugung von Waffen, Munition und Kriegsmaterial oder den Handel damit betreffen; diese Maßnahmen dürfen auf dem gemeinsamen Markt die Wettbewerbsbedingungen hinsichtlich der nicht eigens für militärische Zwecke bestimmten Waren nicht beeinträchtigen". Welche Waren unter Art. 296 EG fallen, bestimmt sich gemäß Art. 296 Abs. 2 EG nach einer Liste des Rates, die allerdings als lückenhaft bezeichnet werden muss. So sind große Teile der früheren COCOM-Liste ebenso wenig enthalten wie Dual-Use-Waren oder Waren, die zur Reparatur oder Wartung von Listenwaren eingesetzt werden können; auf Waren, die zur Herstellung von Listenwaren eingesetzt werden können, erstreckt sich die Liste nur, wenn die betreffenden Waren hierzu „ausschließlich konstruiert" sind. In diesen nicht von Art. 296 EG erfassten Bereichen gilt vielmehr die oben erläuterte Regelungskompetenz der EU aus Art. 301 EG.

356 In diesem Zusammenhang soll kurz auf die Verordnung über die Kontrolle bei der Ausfuhr bestimmter Güter mit doppeltem Verwendungszweck aus der Gemeinschaft (sog. **Dual-Use-Verordnung**, DUV)[383] eingegangen werden. Bis zum Erlass der DUV war in Bezug auf den Handel mit sowohl zu militärischen als auch zu zivilen Zwecken nutzbaren Gütern eine Zuständigkeit des nationalen Gesetzgebers gegeben. Die bei weitem strengsten Regelungen hatte insofern – nicht zuletzt anlässlich der Erfahrungen mit deutschen „Rüstungs"-Exporten nach Libyen und Irak – die Bundesrepublik Deutschland in den §§ 5 ff AWV getroffen und die Ausfuhr bestimmter Dual-Use-Waren in gewisse Länder einem Genehmigungsvorbehalt unterstellt. Die DUV, die durch einen Beschluss des Rates konkretisiert und ergänzt wird, hat dieses Instrument des Genehmigungsvorbehaltes übernommen und einen warenbezogenen (Art. 3 Abs. 1 DUV) sowie einen verwendungsbezogenen (Art. 4 DUV) Genehmigungstatbestand statuiert. Insgesamt bleibt sie inhaltlich aber hinter der früheren deutschen Rechtslage zurück[384]. Nachdem diese europarechtlichen Vorschriften jedoch keine abschließende Regelung beinhalten, sondern die Mitgliedstaaten zu zusätzlichen nationalen Exportkontrollvorschriften ermächtigen, hat Deutschland an einer strengeren Regelung festgehalten. Insofern ist insbesondere auf die §§ 5, 5c und 5d AWV zu verweisen. Sie betreffen u.a. Waren und Fertigungsunterlagen, die für die Errichtung oder den Betrieb einer Anlage zur ausschließlichen oder teilweisen Herstellung, Modernisierung oder Wartung von Waffen, Munition oder Rüstungsmaterial, zum Einbau in Waffen, Munition oder Rüstungsmaterial oder für die Errichtung, den Betrieb oder zum Einbau in eine Anlage für kerntechnische Zwecke bestimmt sind. Die AWV statuiert auch in diesen Fällen ein Exportgenehmigungserfordernis, sofern ein gelistetes Käufer- oder Bestimmungsland betroffen ist und dem Exporteur der Verwendungszweck bekannt ist[385].

---

383 VO vom 19.12.1994, ABl. EG 1994, Nr. L 367/1; novelliert durch VO vom 30.6.2000, ABl. EG L 159/2000, S. 1; geändert durch VO vom 6.3.2001, ABl. EG Nr. L 65, S. 19.
384 Ausführlich dazu *Jestaedt/v. Behr*, RIW 1995, 715.
385 Näher dazu *Reuter*, Außenwirtschafts- und Exportkontrollrecht Deutschland/Europäische Union, 1995, S. 227 ff.

Literatur

Bogdandy/Makatsch, Kollision, Koexistenz oder Kooperation? – Zum Verhältnis von WTO-Recht und europäischem Außenwirtschaftsrecht in neueren Entscheidungen, EuZW 2000, 261 ff; *Bryde*, Außenwirtschaftsrecht, in: *Achterberg/Püttner/Würtenberger*, Besonderes Verwaltungsrecht, 2. Auflage 2000; *Epping*, Die Außenwirtschaftsfreiheit, 1998; *Gramlich*, Außenwirtschaftsrecht und allgemeines Verwaltungsrecht, JA 1989, 126; *Häde*, Rechtliche Aspekte des Irak-Embargos, BayVBl. 1991, 485; *Heselhaus*, Die Welthandelsorganisation, JA 1999, 76 ff; *Hohmann*, Die WTO-Streitbeilegung in den Jahren 1998-1999, EuZW 2000, 421 ff; *Jansen*, Die neue Welthandelsorganisation (World Trade Organization – WTO), EuZW 1994, 333; *Jestaedt/von Behr*, Die EG-Verordnung zur Harmonisierung der Exportkontrollen von zivil und militärisch verwendbaren Gütern, EuZW 1995, 137; *Langer*, Grundlagen einer internationalen Wirtschaftsverfassung, 1995; *Leier*, Fortentwicklung und weitere Bewährung. Zur derzeitigen Überprüfung des Streitbeilegungsverfahrens in der WTO, EuZW 1999, 204 ff; *Muhler*, Was der Gesetzgeber leider nicht bedacht hat, Grenzen der Förderung im Sinne der §§ 16-20 Kriegswaffenkontrollgesetz, ZRP 1998, 4 ff; *Reimer*, Die Verteilung bei knappen Kontingenten, NJW 1988, 225; *Reuter*, Außenwirtschafts- und Exportkontrollrecht Deutschland/Europäische Union, 1995; *Schroth*, Handbuch zum Außenwirtschaftsverkehr 1994; *Stober*, Besonderes Verwaltungsrecht, 12. Auflage 2001, Abschnitt K; *Stoll*, Die WTO: Neue Welthandelsorganisation, neue Welthandelsordnung, ZaöRV 54, 241; *Weber*, Grundlagen des Außenwirtschaftsrechts, JA 1990, 73.

VIII. Umweltrecht

Von Hans-Wolfgang Arndt

Inhalt

	Rdnr.	Seite
A. Einführung	1	1001
I. Inhalt des Wahlfachs Umweltrecht	1	1001
II. Literaturhinweise	5	1002
B. Allgemeines Umweltrecht	6	1003
I. Rechtsquellen des Umweltrechts	6	1003
1. Öffentliches Umweltrecht	8	1004
2. Privates Umweltrecht	13	1005
3. Umweltstrafrecht	14	1005
4. Europäisches Umweltrecht	15	1005
5. Umweltvölkerrecht	26	1009
II. Umweltschutz im Grundgesetz	30	1011
1. Umweltschutz und Grundrechte	35	1012
2. Umweltschutz und die Kompetenzordnung des Grundgesetzes	36	1015
III. Prinzipien des Umweltrechts	43	1017
1. Verursacherprinzip	46	1017
2. Ursprungsprinzip	47	1018
3. Gemeinlastprinzip	48	1018
4. Vorsorgeprinzip	49	1018
5. Kooperationsprinzip	50	1019
6. Querschnittsprinzip	51	1019
IV. Instrumente des Umweltrechts	52	1019
1. Ordnungsrechtliche Kontrolle	61	1022
a) Erlaubnisfreie Vorhaben	62	1023
b) Erlaubnispflichtige Vorhaben	65	1023
2. Umweltabgaben	79	1027
a) Steuern	83	1028
b) Gebühren	87	1029
c) Beiträge	89	1030
d) Sonderabgaben	90	1031

VIII *Umweltrecht*

V. Haftung für Umweltschäden	95	1033
1. Privatrechtliche Umwelthaftung	97	1033
a) Gefährdungshaftung nach dem UmweltHG	99	1033
b) Deliktshaftung gemäß § 823 BGB	106	1035
c) Nachbarliches Entschädigungsrecht gemäß § 906 Abs. 2 S. 2 BGB und § 14 S. 2 BImSchG	108	1035
d) Besonderheiten der Haftung	110	1035
2. Öffentlich-rechtliche Umwelthaftung	112	1036
a) Haftung für staatliche Umweltbeeinträchtigungen	112	1036
aa) Art. 34 GG/§ 839 BGB	112a	1036
bb) Enteignender und enteignungsgleicher Eingriff	112b	1037
cc) Aufopferung	112c	1038
b) Haftung für Maßnahmen zum Schutz der Umwelt	113	1038
C. Besonderes Umweltrecht	115	1039
I. Immissionsschutzrecht	116	1039
1. Rechtsquellen	116	1039
2. Zweck des Bundes-Immissionsschutzgesetzes	117	1040
3. Die Kontrolle genehmigungsbedürftiger Anlagen	121	1041
a) Das Genehmigungsverfahren	133	1046
b) Rechtsfolgen der Genehmigung	140	1050
c) Nebenbestimmungen	143	1051
d) Zulassung von Anlagenänderungen	144	1051
e) Bestandsschutz, nachträgliche Anordnung, Stilllegung und Untersagung	147	1052
f) Erlöschen und Widerruf der Genehmigung	158	1056
g) Zulassung vorzeitigen Beginns	163	1057
h) Rechtsschutz Dritter	165	1057
i) Das vereinfachte Genehmigungsverfahren	168	1060
4. Die Kontrolle genehmigungsfreier Anlagen	171	1061
5. Verkehrsbezogener Immissionsschutz	182	1065
II. Abfallrecht	183	1066
1. Einleitung	183	1066
2. Rechtsquellen	185	1067
3. Der Abfallbegriff	191	1068
4. Die Entsorgung von Abfällen aus privaten Haushaltungen	193	1069
a) Die Gesetzeslage	193	1069
b) Die Praxis	196	1070
c) Die Ausgestaltung der Überlassungspflichten durch Satzungen der öffentlich-rechtlichen Entsorgungsträger	199	1071
5. Die Entsorgung von Abfällen aus anderen Herkunftsbereichen	203	1073
6. Die Entsorgung von Abfällen durch Dritte gemäß § 16 KrW-/AbfG	206	1075

a) Die Beauftragung Dritter gemäß § 16 Abs. 1 KrW-/AbfG 206 1075
b) Die Übertragung der Entsorgungspflicht gemäß
§ 16 Abs. 2 KrW-/AbfG 207 1075
7. Die Entsorgung von Abfällen durch Verbände 210 1076
8. Die Produktverantwortung der Wirtschaft 213 1076
a) Die Verpackungsverordnung 215 1078
b) Die Altfahrzeugverordnung 224 1080
9. Zum Einfluss des KrW-/AbfG auf die Entsorgungszuständigkeit 226 1081

III. Atom- und Strahlenschutzrecht 231 1083
1. Rechtsquellen – Gesetzgebungs- und Verwaltungskompetenzen 231 1083
2. Zweck des Atomgesetzes 234 1084
3. Der Ausstieg aus der Kernenergie 236 1084
4. Entsorgung 244 1087
5. Atomrechtliche Haftung 248 1089

IV. Naturschutzrecht 250 1089
1. Rechtsquellen 250 1089
2. Zweck des Bundesnaturschutzgesetzes 254 1090
3. Eingriffe in Natur und Landschaft 259 1091
4. Allgemeine Schutz-, Pflege- und Entwicklungsmaßnahmen 270 1095
a) Duldungspflichten 270 1095
b) Unterschutzstellung von Gebieten 271 1096
5. Erholung in Natur und Landschaft 273 1096
a) Betretungsrecht 274 1096
b) Bereitstellung von Grundstücken 277 1097
6. Die Verbandsklage 278 1097

V. Wasserrecht 282 1099
1. Rechtsquellen 282 1099
2. Ziele und Grundsätze des WHG 286 1100
3. Wasserwirtschaftliche Benutzungsordnung 289 1100
4. Schutz der Gewässer 304 1104
5. Gewässerausbau und -unterhaltung 305 1104
6. Abwasserbeseitigung 307 1104

VI. Bodenschutz- und Altlastenrecht 310 1105
1. Das Problem 310 1105
2. Das ordnungsrechtliche Instrumentarium zur Sanierung von Altlasten 313 1106
a) Altlasten und Abfallrecht 315 1107
b) Altlasten im Bundes-Bodenschutzgesetz 321 1109
aa) Überblick 322 1109
bb) Begriffsbestimmungen und Anwendungsbereich des Gesetzes 323 1109

VIII *Umweltrecht*

        cc) Die Pflicht zur Vermeidung bzw. Sanierung von
            Altlasten 325   1110
        dd) Verfassungsrechtliche Begrenzung
            der Zustandshaftung 332   1112
        ee) Die bodenschutzrechtliche Eingriffsermächtigung
            des § 10 BBodSchG 333   1113
        ff) Der Wertausgleich nach § 25 BBodSchG 334   1113
        gg) Kritik am BBodSchG 335   1113

Literatur 1114

A. Einführung

I. Inhalt des Wahlfachs Umweltrecht

Umwelt und Umweltschutz haben in den letzten fünfundzwanzig Jahren immer größere Bedeutung gewonnen. Starke Belastungen der Umwelt bzw. des Naturhaushaltes und dadurch erhöhte Gefahren auch für den Menschen selbst haben einen gesteigerten Handlungsbedarf zum Schutz der Umwelt ausgelöst. Zudem haben Umweltkatastrophen wie z.B. „Tschernobyl", „Exxon Valdez" oder die durch den Golfkrieg ausgelösten Umweltschäden – mit ihren z.T. weltweiten Auswirkungen – ein gesteigertes Umweltbewusstsein in der Bevölkerung hervorgerufen. Die ökologisch katastrophale Situation in den neuen Bundesländern hat sich seit der Wiedervereinigung zwar erheblich verbessert, doch wird es noch geraume Zeit dauern, bis dort das ökologische Niveau der alten Bundesländer erreicht ist.

Eine in den letzten Jahren zu beobachtende Tendenz zu einer Lockerung umweltrechtlicher Vorschriften hat mit dem Regierungsantritt der rot-grünen Koalition im Oktober 1998 vorerst ein Ende gefunden. Gleichwohl tut sich angesichts der schwierigen wirtschaftlichen Lage auch die gegenwärtige Regierung schwer, eine echte Trendwende in der Umweltpolitik herbeizuführen. So musste etwa im Juni 1999 ausgerechnet der grüne Umweltminister *Trittin* auf Weisung des Bundeskanzlers gegen die EU-Altauto-Richtlinie votieren. Auch die zögerliche deutsche Umsetzung der UVP- sowie der IVU-Richtlinie lässt erkennen, dass der Umweltschutz nach wie vor noch nicht zur zentralen Maxime der Politik geworden ist. Immerhin konnte mit der Umsetzung der beiden Richtlinien letztlich doch noch ein wichtiger Meilenstein der Umweltpolitik gesetzt werden Auf der im Sommer 2001 in Bonn abgehaltenen Klimaschutzkonferenz war es schließlich ein maßgebliches Verdienst des deutschen Gastgebers, dass auf internationaler Ebene endlich eine Grundlage für die Ratifizierung des Kyoto-Klimaschutzprotokolls erarbeitet werden konnte. Jedenfalls langfristig scheint sich damit die Erkenntnis durchzusetzen, dass gesamtwirtschaftlich nur bei einer gleichgewichtigen Entwicklung von Wirtschaft und Umweltschutz von Fortschritt gesprochen werden kann (**sustainable development/nachhaltige Entwicklung**)[1]. Der unerwartet deutliche Wahlerfolg der Grünen bei der Bundestagswahl vom 22.09.2002 dürfte nicht zuletzt aus dieser Erkenntnis heraus zu erklären sein. Dass es auf internationalem Parkett nach wie vor schwer fällt, signifikante Akzente für eine zukunftsweisende Umweltpolitik zu setzen und die Nachhaltigkeit insoweit ein konturloses Schlagwort zu bleiben droht, wurde gleichwohl im Sommer 2002 in Johannesburg deutlich. Der dortige Gipfel für nachhaltige Entwicklung hatte sich mit der globalen Bekämpfung von Armut, Umweltzerstörung sowie dem Wohlstandsgefälle zwischen Nord und Süd zwar ehrgeizige Ziele gesetzt, am Ende jedoch außer Absichtserklärungen nur recht dürftige Ergebnisse erzielt.

---

1 Vgl. dazu: *Rat der Sachverständigen für Umweltfragen (SRU)*, Umweltgutachten 1994, S. 45 ff.

VIII *Umweltrecht*

3 Ungeachtet der Mannigfaltigkeit der noch zu bewältigenden Aufgaben im Umweltschutz hat der Staat bereits mit einer Vielzahl von Gesetzen und Verordnungen auf die Herausforderung „Umweltschutz" reagiert[2]. Angesichts dieser Entwicklung kann man das Umweltrecht heute längst als **eigenständige** Materie betrachten. Dabei besteht die Besonderheit dieses Rechtsgebietes darin, dass es sich um eine **Querschnittsmaterie** handelt. Dies bedeutet, dass es bis heute kein umfassend kodifizierendes Umweltschutzgesetz gibt. Die Bewältigung der Aufgabe „Umweltschutz" obliegt vielmehr sowohl öffentlich-rechtlichen, strafrechtlichen als auch privatrechtlichen Normen (vgl. nur das BImSchG, die §§ 324 ff StGB und die §§ 823, 906, 1004 BGB).

4 Bestrebungen, ein einheitliches **Umweltgesetzbuch** zu schaffen[3], sind dagegen auf Grund der damit verbundenen kompetenzrechtlichen Komplikationen vorerst als gescheitert anzusehen.

5 Definieren lässt sich das **Umweltrecht** als die Gesamtheit aller umweltschützenden Normen[4]. Dabei sind unter **Umwelt** die **natürlichen Lebensgrundlagen des Menschen** zu verstehen[5]. Hierunter fallen insbesondere Wasser, Boden, Luft, Tier- und Pflanzenwelt. Damit ist das Ziel des Umweltrechts vorgegeben: Die Erhaltung und Wiederherstellung der natürlichen Lebensgrundlagen des Menschen.

II. Literaturhinweise

Für einen **ersten Überblick** über das Umweltrecht bieten die juristischen Ausbildungszeitschriften **Einführungsaufsätze** an, die allerdings überwiegend älteren Datums sind. Unter diesem Vorbehalt empfehlen sich die Aufsätze von *Sendler*, Grundprobleme des Umweltrechts, JuS 1983, 255 ff und *Hoppe/Beckmann*, Grundfragen des Umweltrechts, JuS 1989, 425 ff. Bereits tiefergehend ist die Aufsatzreihe von *Schmidt/Müller* „Grundfälle zum Umweltrecht" in: JuS 1985, 694 ff, 776 ff, 956 ff, JuS 1986, 127 ff, 206 ff, 284 ff, 454 ff, 619 ff.

Als **weiterführende Literatur** zum Umweltrecht eignen sich eine Reihe von **Lehrbüchern**. Ausführlich sind die Darstellungen von *Kloepfer*, Umweltrecht, Verlag C.H. Beck, 2. Auflage 1998; *ders.*, in: *Achterberg/Püttner/Würtenberger*, Besonderes Verwaltungsrecht, Verlag C.F. Müller, 2. Auflage 2000; *Koch*, Umweltrecht, Verlag Luchterhand 2002; *Sanden*, Umweltrecht, Nomos-Verlag, 1999, *Sparwasser/Engel/Voßkuhle*, Umweltrecht, Verlag C.F. Müller, 5. Auflage 2003 sowie *Wolf*, Umweltrecht, Verlag C.H. Beck, 2002.

---

[2] Allein die Loseblattsammlung von *Kloepfer* umfasst mit ca. 300 Gesetzen und Verordnungen ca. 3600 Seiten.
[3] Siehe dazu: *Kloepfer/Durner*, DVBl. 1997, 1081 ff; *Schmidt*, ZUR 1998, 277 ff.
[4] So *Hoppe/Beckmann/Kauch*, Umweltrecht, 2. Auflage 2000, § 1 Rdnr. 102 ff, auch m.w.N. zu anderen Definitionsansätzen.
[5] Zu dem Problem, wie der Begriff „Umwelt" zu definieren ist, vgl. *Hoppe/Beckmann*, JuS 1989, 426 ff; *Kloepfer*, Umweltrecht, 2. Auflage 1998, S. 17 ff; *Dempfle/Müggenborg*, NuR 1987, 301 ff.

Wesentlich kürzer fallen dagegen die Werke von *Kotulla*, Umweltrecht, Verlag Boorberg 2001; *Peters*, Umweltverwaltungsrecht, Verlag C.F. Müller, 2. Auflage 1996; *Prümm*, Umweltschutzrecht, Verlag A. Metzner, 1989, sowie *Schulte*, Umweltrecht, Verlag C.F. Müller, 1999, aus. Speziell für Studenten ist die fallbezogene „Einführung in das Umweltrecht" von *Schmidt/Müller*, Verlag C.H. Beck, 6. Auflage 2001 sowie der im Frage-Antwort-Stil gehaltene Band von *Storm*, Umweltrecht, Verlag C.H. Beck, 2002, geeignet. Einen Überblick bietet auch *Breuer*, in: *Schmidt-Aßmann*, Besonderes Verwaltungsrecht, Verlag de Gruyter, 12. Auflage 2003, S. 461 ff.

Eine ausgezeichnete Darstellung der europäischen Entwicklungen im Umweltrecht findet sich schließlich bei *Frenz*, Europäisches Umweltrecht, Verlag C.H. Beck, 1997.

Zur weiteren Vertiefung sind dann – neben Zeitschriften wie der NJW, DVBl. oder NVwZ – die speziell auf das Umweltrecht zugeschnittenen Zeitschriften heranzuziehen. Erwähnenswert sind vor allem NuR (Natur und Recht), UPR (Umwelt- und Planungsrecht), EurUm (Europäische Umwelt), NuL (Natur und Landschaft) und ZUR (Zeitschrift für Umweltrecht).

Insbesondere für die mündliche Prüfung im Wahlfach Umweltrecht empfiehlt sich stets auch ein Blick auf die aktuellsten Entwicklungen wie etwa auf die laufenden oder geplanten umweltrechtlichen Gesetzgebungsverfahren. Einen guten Überblick hierzu bietet die Internet-Homepage des Bundesumweltministeriums, abrufbar unter www.bmu.de.

B. Allgemeines Umweltrecht

I. Rechtsquellen des Umweltrechts

Das Umweltrecht umfasst die Gesamtheit aller Normen, die dem Schutz der Umwelt dienen. Umweltrechtsvorschriften finden sich daher in allen herkömmlichen Rechtsbereichen. Unterteilen lässt sich das Umweltrecht deshalb in:
- **Öffentliches Umweltrecht**
- **Privates Umweltrecht**
- **Umweltstrafrecht**
- **Internationales Umweltrecht mit den Untergruppen:**
  Europäisches Umweltrecht und
  Umweltvölkerrecht

Eine strenge Trennung der Rechtsbereiche ist freilich nicht möglich; vielmehr gibt es eine Vielzahl von Überschneidungen.

Beispiel: § 14 BImSchG schließt privatrechtliche Ansprüche aus und beeinflusst damit die zivilrechtliche Rechtslage; eine Strafbarkeit nach § 325 StGB setzt die Verletzung verwaltungsrechtlicher Pflichten voraus (verwaltungsrechtliche Akzessorietät); § 5 Abs. 1 Nr. 1, 2 BImSchG ist ein Schutzgesetz i.S.d. § 823 Abs. 2 BGB.

VIII *Umweltrecht*

1. Öffentliches Umweltrecht

8 Der weitaus größte Teil der Umweltrechtsnormen findet sich im öffentlichen Recht. Hier existieren auf jeder Ebene der Normenhierarchie umweltrelevante Vorschriften.

9 Umweltrechtlich bedeutsam sind zunächst die **Verfassungen** von Bund und Ländern. Hinsichtlich des Themas „Umweltschutz" haben sich die Textaussagen des Grundgesetzes und der Landesverfassungen über Jahrzehnte erheblich unterschieden. Während das Grundgesetz ursprünglich keine ausdrücklichen Bestimmungen über den Umweltschutz vorsah, enthielten die meisten Landesverfassungen bereits umweltspezifische Vorgaben.

Beispiel: Art. 3a bwVerf: Der Staat schützt auch in Verantwortung für die künftigen Generationen die natürlichen Lebensgrundlagen im Rahmen der verfassungsmäßigen Ordnung durch die Gesetzgebung und nach Maßgabe von Gesetz und Recht durch die vollziehende Gewalt und die Rechtsprechung.

Art. 86 bwVerf: Die Landschaft sowie die Denkmale der Kunst, der Geschichte und der Natur genießen öffentlichen Schutz und die Pflege des Staates und der Gemeinden.

10 Am 15.11.1994 wurde dann aber in **Art. 20a GG die Staatszielbestimmung „Umweltschutz"** mit dem folgenden Wortlaut beigefügt: „Der Staat schützt auch in Verantwortung für die künftigen Generationen die natürlichen Lebensgrundlagen im Rahmen der verfassungsmäßigen Ordnung durch die Gesetzgebung und nach Maßgabe von Gesetz und Recht durch die vollziehende Gewalt und die Rechtsprechung".

11 Unter diese weitgefasste Staatszielbestimmung „Umweltschutz" kann letztlich auch der Tierschutz subsumiert werden, sodass auch diesem im Rahmen von Grundrechtseingriffen ein spezifisches Gewicht im Rahmen der Abwägung der kollidierenden Interessen zukommt. Insgesamt gesehen bleibt jedoch die Herleitung einer verfassungsrechtlichen Verankerung des Tierschutzes nach der gegenwärtigen Rechtslage insoweit eine Hilfskonstruktion, als Art. 20a GG mit dem Begriff der natürlichen Lebensgrundlagen lediglich auf die kollektive Dimension des Tierschutzes, nicht aber auf den Schutz des einzelnen Tieres zugeschnitten ist[6]. Die Tierschützer forderten daher bereits seit langem die ausdrückliche Aufnahme des Tierschutzes in die Verfassung. Dieser Forderung wurde nun dadurch Rechnung getragen, dass Art. 20a GG im Juli 2002 um die drei Worte „und die Tiere" ergänzt und der Tierschutz so als gleichwertiges Staatsziel neben den Umweltschutz gestellt wurde[7].

12 Auf einfachgesetzlicher Ebene verfolgen eine Vielzahl von **Bundes- und Landesgesetzen** umweltpolitische Zielsetzungen. Bedeutsam für das Wahlfach Umweltrecht sind vor allem die Vorschriften des Immissionsschutzrechts[8], des Abfallrechts[9], des

---

6 Vgl. *Sommermann*, in: *v. Münch/Kunig*, GG, Bd. II, 5. Auflage 2001, Art. 20a GG, Rdnr. 21.
7 Dazu *Caspar/Geissen*, NVwZ 2002, 913 ff; *Faber*, UPR 2002, 378 ff.
8 Z.B. das Bundesimmissionsschutzgesetz, die Landesimmissionsschutzgesetze, das Benzinbleigesetz sowie das Fluglärmgesetz.
9 Insbesondere das Kreislaufwirtschafts- und Abfallgesetz des Bundes und die Landesabfallgesetze.

Atom- und Strahlenschutzrechts[10], des Naturschutzrechts[11] sowie des Wasserrechts[12] (siehe dazu die Ausführungen unter B.). Daneben können auch Regelungen des Baurechts, des Straßenrechts und des Steuerrechts einen umweltrechtlichen Bezug haben. Unter dem Rang des einfachen Gesetzes sind schließlich **Bundes-** und **Landesrechtsverordnungen** (z.B. die TrinkwasserVO), **Satzungen** und **Verwaltungsvorschriften** (z.B. die TA Luft) zu beachten. Typische Ausprägungen des Umweltrechts wie **Umweltpläne**[13] oder **Umweltstandards**[14] können keiner bestimmten Rechtsquelle zugeordnet werden; sie werden in verschiedenen Rechtsformen erlassen.

2. Privates Umweltrecht

Zum privaten Umweltrecht gehört die Gesamtheit aller Normen, die den Schutz der Umwelt bezwecken und dem Privatrecht angehören. Wichtig sind insbesondere die Vorschriften des **privaten Umwelthaftungsrechts**, z.B. das UmweltHG, § 823 Abs. 1 und 2 BGB, § 906 Abs. 2 S. 2 BGB, § 22 WHG. Des Weiteren sind noch **§ 1004 BGB**[15] – er gibt einen Beseitigungs- und Unterlassungsanspruch bei Störungen des Eigentums – sowie die **Landesnachbargesetze** von Bedeutung.

13

3. Umweltstrafrecht

Zum Schutze der Umwelt hat der Gesetzgeber zahlreiche Strafvorschriften geschaffen[16]. 1980 wurden die bedeutendsten im 28. Abschnitt des StGB (Straftaten gegen die Umwelt) zusammengefasst. Außerdem finden sich Strafrechtsnormen nach wie vor im Nebenstrafrecht in Spezialgesetzen[17]. Mit Wirkung vom 1.11.1994 wurde das Umweltstrafrecht novelliert, um die Voraussetzungen für eine wirksame Bekämpfung umweltschädlicher Handlungen mit den Mitteln des Strafrechts zu verbessern[18]. Daneben gibt es noch das Umwelt-Ordnungswidrigkeitenrecht.

14

4. Europäisches Umweltrecht[19]

Ursprünglich sahen die Römischen Verträge von 1957 keine Kompetenz der Europäischen Gemeinschaft für den Umweltschutz vor. Vielmehr lag es in der Hand der Mit-

15

---
10 Vgl. das Atomgesetz und das Strahlenschutzvorsorgegesetz.
11 Insbesondere das Bundesnaturschutzgesetz, die Landesnaturschutzgesetze, das Bundeswaldgesetz sowie die Landeswaldgesetze.
12 Vgl. das Wasserhaushaltsgesetz und die Landeswassergesetze.
13 Dazu näher Rdnr. 54.
14 Vgl. *Hoppe/Beckmann/Kauch*, Umweltrecht, 2. Auflage 2000, § 3.
15 Ausführlich *Olzen*, JURA 1991, 281 ff.
16 Näher zum Umweltstrafrecht *Otto*, JURA 1991, 308 ff und JURA 1995, 134 ff.
17 Vgl. nur § 39 PflSchG, § 17 TierSchG.
18 Zur Novelle: *Breuer*, JZ 1994, 1077 ff; *Otto*, JURA 1995, 134 ff; zu Vollzugsproblemen in diesem Bereich: *Heine*, ZUR 1995, 63 ff.
19 Siehe ausführlich: *Arndt*, Europarecht, 6. Auflage 2003, 214 ff; *Frenz*, Europäisches Umweltrecht, 1997; *Nettesheim*, JURA 1994, 337 ff.

gliedstaaten, ob sie die Umwelt schützen wollten oder nicht. Jedoch wurde schnell deutlich, dass ein Gemeinsamer Markt nicht auf Kosten der Umwelt zu schaffen war. So wurden bald umweltschutzpolitische Maßnahmen zum wesentlichen Bestandteil der Politik der Gemeinschaft. Man stützte sie als Maßnahmen zur Verwirklichung der Ziele des Gemeinsamen Marktes auf Art. 94 EG, teilweise in Verbindung mit Art. 308 EG[20]. Durch die **Einheitliche Europäische Akte** vom 28.2.1986[21] wurden die Art. 130 r-t in den EWG-Vertrag aufgenommen. Durch den Vertrag von **Maastricht** über die **Europäische Union** wurde der EWGV in den EG-Vertrag umbenannt; inhaltlich wurde das Regelungswerk des Vertrages im Bereich des Umweltschutzes aber nicht grundlegend verändert[22]. Im Juni 1997 wurde schließlich der Vertrag von Amsterdam abgeschlossen, welcher zum 1.5.1999 in Kraft getreten ist. Die Art. 130 r-t EG finden sich seitdem – weitgehend inhaltsgleich – in den Art. 174-176 EG wieder. Der EG-Vertrag beinhaltet weiterhin ausdrücklich eine **Zuständigkeit** der Gemeinschaft in Fragen der **Umweltpolitik**.

16 Art. 174 Abs. 1 EG nennt als **Ziele** für die Umweltpolitik:
– Die Umwelt zu erhalten, zu schützen und ihre Qualität zu verbessern,
– zum Schutz der menschlichen Gesundheit beizutragen,
– eine umsichtige und rationelle Verwendung der natürlichen Ressourcen zu Gewähr leisten,
– die Förderung von Maßnahmen auf internationaler Ebene zur Bewältigung regionaler oder globaler Umweltprobleme.

17 Art. 174 Abs. 2 S. 2 EG enthält drei **Grundprinzipien**: Das **Vorsorge- und Vorbeugeprinzip** soll bereits im Vorfeld das Entstehen von Umweltbeeinträchtigungen verhindern. Entstehen Umweltschäden dennoch, sollen sie nach dem **Verursacherprinzip** behoben werden. Das **Ursprungsprinzip** schließlich besagt, dass Umweltbeeinträchtigungen mit Vorrang an ihrer Quelle zu bekämpfen sind. Daneben enthält Art. 6 EG das sog. **Querschnittsprinzip**, wonach die Erfordernisse des Umweltschutzes auch bei der Festlegung und Durchführung anderer Gemeinschaftspolitiken einbezogen werden müssen.

18 Diese EG-Kompetenz schließt ein Tätigwerden der einzelnen Mitgliedstaaten auf dem Feld des Umweltschutzes nicht aus. Entgegen sonstigen abschließenden Regelungen des EG-Vertrages, die den Mitgliedstaaten jede Kompetenz zum Erlass weiterer Regelungen nehmen, bestimmt Art. 176 EG, dass die Mitgliedstaaten jederzeit schärfere Vorschriften erlassen können, da EG-Normen in diesem Bereich nur **Mindeststandards** festlegen. Problematisch ist hierbei die Abgrenzung von Art. 176 EG zu Art. 95 Abs. 4 EG, da beide Normen den Erlass schärferer Bestimmungen als die jeweils beschlossenen gemeinschaftlichen Regelungen zulassen, sich jedoch in den Voraussetzungen hierzu unterscheiden. Dieses Problem hängt eng mit der Abgrenzung der beiden Ermächtigungsgrundlagen des Art. 175 EG und Art. 95 EG zusam-

---

20 So z.B. die Richtlinie über die Umweltverträglichkeitsprüfung bei bestimmten öffentlichen und privaten Projekten, ABl. EG 85/337/EWG vom 27.6.1985, L 175, 40 ff.
21 ABl. EG 1987 L 169, 1 ff. Vgl. *Heinz/Körte*, JA 1991, 41 ff; *Wiegand*, DVBl. 1993, 533 ff.
22 Zu dem Schutz der Umwelt nach Maastricht vgl. *Epiney/Furrer*, EuR 1992, 369 ff.

men. Beim Erlass einer gemeinschaftsrechtlichen Norm, die sowohl dem Umweltschutz als auch der Verwirklichung des Binnenmarktes dienen soll, kommt es nämlich entscheidend auf die **Wahl der richtigen Rechtsgrundlage** an, da die Beteiligungsrechte des Europaparlamentes bei beiden Ermächtigungsgrundlagen unterschiedlich ausgestaltet sind.

In seiner ersten wichtigen Entscheidung zu dieser Problematik („Titandioxid") hat der EuGH entschieden, dass eine Maßnahme, die Unterschiede in den Wettbewerbsbedingungen beseitigen soll, geeignet sei, zur Verwirklichung des Binnenmarktes beizutragen. Eine solche Vorschrift falle deshalb in den Geltungsbereich des Art. 95 EG. Dies gelte auch, wenn die Maßnahme gleichzeitig dem Umweltschutz diene[23]. 19

In den folgenden Entscheidungen[24] hat der EuGH diese Rechtsprechung präzisiert, indem er bei der Frage nach der richtigen Rechtsgrundlage auf den **Hauptzweck** der jeweiligen Maßnahme abgestellt hat. Eine europäische Maßnahme sei auf Art. 175 EG und nicht auf Art. 95 EG zu stützen, wenn der Hauptzweck der Richtlinie im Bereich des Umweltschutzes liege und die Richtlinie nur „nebenbei" eine Harmonisierung der Marktbedingungen innerhalb der Gemeinschaft bewirke[25]. 20

In diesem Zusammenhang drängt sich auch die Frage auf, inwieweit **nationale Alleingänge** auf dem Gebiet des Umweltschutzes zulässig sind, falls man sich auf europäischer Ebene nicht einigen kann. So war es beispielsweise nicht möglich, auf europäischer Ebene den bereits bestehenden gemeinsamen Abgasstandard für Pkw zu verschärfen. Daraufhin führte die Bundesrepublik Deutschland in eigener Regie eine Steuervergünstigung für Fahrzeuge mit Katalysator ein. Sie stützte diese Maßnahme auf Art. 95 Abs. 4 EG. Nach dieser Norm kann ein Mitgliedstaat schärfere Regelungen für sein Gebiet einführen, als es Harmonisierungsmaßnahmen verlangen, wenn dies dem Umweltschutz dient. Da auf diese Weise **Handelshemmnisse** aufgestellt werden – die neuen Normen gelten i.d.R. auch für Importe –, sind an der Einführung solcher Vorschriften die Voraussetzungen zu knüpfen, die zur Rechtfertigung einer Handelsbeschränkung verlangt werden. So könnte die Behinderung des Imports von Autos, die zu viele Schadstoffe ausstoßen, unter dem Gesichtspunkt des Umweltschutzes gerechtfertigt sein, da von Autoabgasen erhebliche Belastungen für Mensch und Umwelt ausgehen. Stellt die Regelung jedoch eine **verschleierte Handelsbeschränkung** dar, scheidet eine Rechtfertigung aus. Entscheidend ist insofern die **Verhältnismäßigkeit** der Maßnahme. Vorliegend war jedoch kein milderes Mittel in Sicht, um den beschriebenen Wirkungen vorzubeugen. Angesichts der heutigen Dimension der Umweltverschmutzung erscheint die Maßnahme durchaus angemessen und verhältnismäßig. Eine verschleierte Handelsbeschränkung liegt somit nicht vor. Insoweit war der deutsche Alleingang bei den Abgasgrenzwerten vertragsgemäß. 21

Die Europäische Gemeinschaft selbst ist auf dem Gebiet des Umweltschutzes durchaus aktiv. Neben einer Reihe von Aktionsprogrammen wurden zur Reduktion von 22

---
23 EuGH, Slg. 1991 I, 2867 ff; dazu: *Breier*, EuZW 1993, 315.
24 Vgl. EuGH, DVBl. 1993, 777 f; DVBl. 1994, 997 ff.
25 Näher zum Verhältnis des Art. 95 EG zu Art. 175 EG *Streinz*, Europarecht, 5. Auflage 2001, Rdnr. 945 ff.

VIII *Umweltrecht*

Umweltbelastungen auf dem Gebiet des Gewässerschutzes, der Kontrolle der Luftverschmutzung, der Lärmbekämpfung sowie des Schutzes vor radioaktiven Gefahren eine Vielzahl von Rechtsakten – vorwiegend Richtlinien – erlassen. Von besonderer Bedeutung ist hier die (1997 novellierte und im August 2001 in nationales Recht überführte) Richtlinie 85/337/EWG des Rates vom 27.6.1985. Hiernach sind bestimmte private und öffentliche Projekte einer **Umweltverträglichkeitsprüfung** zu unterziehen. Im Hinblick auf die Erhaltung der Natur, insbesondere von Fauna und Flora, wurden Rechtsakte zur umweltschonenden Abfallbeseitigung erlassen[26]. Ebenfalls bedeutsam ist die Richtlinie des Rates vom 7.6.1990 über den freien Zugang zu Informationen über die Umwelt[27]; sie normiert ein subjektives Recht auf Zugang zu **Umweltinformationen**[28]. Von den jüngeren umweltrechtlichen Richtlinien ist insbesondere die Richtlinie 96/61/EG über die **integrierte Vermeidung und Verminderung der Umweltverschmutzung** (sog. IVU-Richtlinie) von Bedeutung, die am 30.10.1996 in Kraft getreten ist[29] und ebenfalls im August 2001 in nationales Recht umgesetzt wurde.

23   Neben den Richtlinien ist insbesondere auch die Verordnung (EWG) Nr. 761/2001 des Rates vom 24.4.2001[30] über die freiwillige Beteiligung gewerblicher Unternehmen an einem Gemeinschaftssystem für das Umweltmanagement und die Betriebsprüfung zu nennen, die das sog. gemeinschaftliche **„Öko-Audit-System"** zum Gegenstand hat. Organisationen, d.h. nicht – wie nach der alten Öko-Audit-Verordnung von 1993[31] – ausschließlich Betriebe, sondern auch Dienstleister und Behörden[32] können sich dabei auf freiwilliger Basis einem System anschließen, das die ständige Verbesserung des betrieblichen Umweltschutzes zum Ziel hat. Dies soll nach Einrichtung eines Umweltmanagementsystems durch ein zweigleisiges Verfahren regelmäßig erstellter einerseits interner Umweltbetriebsprüfungen und andererseits der Öffentlichkeit zugänglich gemachter Umwelterklärungen eines unabhängigen, d.h. externen Umweltgutachters erreicht werden[33].

24   Schließlich hat die Gemeinschaft auf internationaler Ebene völkerrechtliche Verträge geschlossen. So hat sie das internationale Übereinkommen zum Schutz von Tieren, Pflanzen sowie von Binnen- und Meeresgewässern ratifiziert. Ferner ist der Rat, gestützt auf Art. 175 EG, dem Wiener Übereinkommen zum Schutze der Ozonschicht[34]

---

26 Siehe hierzu die Zusammenstellung im Fundstellennachweis des geltenden Gemeinschaftsrechts, Bd. 1 Ziff. 15.10.30.20 und 15.10.30.30.
27 ABl. EG 1990 L 158, S. 56; vgl. hierzu auch *Erichsen*, NVwZ 1992, 409 ff.
28 Diese Richtlinie wurde zunächst am 8.6.1994 durch das Umweltinformationsgesetz (UIG) umgesetzt; diese Umsetzung erwies sich jedoch als unzureichend, vgl. EuGH, EuZW 1998, 470; EuGH, EuZW 1999, 763. Das daraufhin überarbeitete UIG wurde am 23.8.2001 neu bekannt gemacht. Am 14.2.2003 ist eine Novelle der Umweltinformationsrichtlinie (EG-Richtlinie 2003/4/EG) in Kraft getreten. Die neue Richtlinie ist von den Mitgliedsstaaten innerhalb von drei Jahren in nationales Recht umzusetzen.
29 Vgl. dazu *Dolde*, NVwZ 1997, 313 ff.
30 ABl. EG 2001 L 114, S. 1.
31 Zur alten Rechtslage *Kothe*, Das neue Umweltauditrecht, 1997.
32 Vgl. *Wolf*, Umweltrecht, 2002, Rdnr. 1487.
33 Ausführlich *Wolf*, Umweltrecht, 2002, Rdnr. 1490 ff.
34 ABl. EG 1986, L 159, S. 31 ff.

Allgemeines Umweltrecht **VIII B**

und dem Montrealer Abkommen über Stoffe, die zu einem Abbau der Ozonschicht führen[35], beigetreten. Aus der jüngsten Vergangenheit ist der Beschluss des Rates zum Abschluss des Donauschutzübereinkommens[36] zu nennen.

Die **Europäische Umweltagentur** (EUA) hat im Dezember 1993 ihre Arbeit aufgenommen. Laut Agenturverordnung[37] ist ihr Ziel der Aufbau eines europäischen Umweltinformations- und Umweltbeobachtungsnetzes. Die Agentur ist damit die Anlaufstelle, wo grenzüberschreitende Umweltverschmutzungen erfasst und europäische Umweltschutzmaßnahmen koordiniert werden. 25

5. Umweltvölkerrecht

Umweltschäden berücksichtigen keine Grenzen. Die Katastrophe von Tschernobyl, die Gefahren der globalen Klimaerwärmung oder die Auswirkungen der brennenden Ölquellen von Kuwait mögen als Beispiel genügen. Das Umweltvölkerrecht ist daher ein Thema von ständig zunehmender Aktualität[38]. Von besonderer Wichtigkeit sind dabei die Rechtsquellen des Völkervertragsrechts und des Völkergewohnheitsrechts. Darüber hinaus spielt auch die Kooperation im Rahmen von internationalen Organisationen für das Umweltvölkerrecht eine Rolle. Den allgemeinen Rechtsgrundsätzen des Völkerrechts kommt dagegen im Umweltvölkerrecht kaum Bedeutung zu. 26

Auf Grund der zunehmenden Bereitschaft der Staatengemeinschaft, auch im internationalen Bereich den Umweltschutz voranzubringen, wurden schon eine Vielzahl **umweltvölkerrechtlicher Verträge** abgeschlossen. Gleichwohl dürfen diese Vereinbarungen in ihrer Bedeutung nicht überschätzt werden, denn oft enthalten sie (wie z.B. die Deklaration von Stockholm aus dem Jahre 1972 oder die Deklaration von Rio aus dem Jahre 1992) nur allgemein gehaltene Absichtserklärungen oder Entschließungen, da die Staaten nur ungern ihre nationalen Souveränitätsrechte preisgeben[39]. Das Völkervertragsrecht lässt sich entsprechend der zu schützenden Umweltmedien bzw. Umweltgüter in verschiedene Bereiche gliedern, von denen die folgenden die wichtigsten sind: 27

(1) Der Schutz der Luft, der Atmosphäre und des Klimas
Erst im Jahre 1979 wurde der Schutz der Luft durch den Abschluss des Übereinkommens über weiträumige grenzüberschreitende Luftverunreinigung in Angriff genommen. Allerdings waren die Verpflichtungen des Vertrages (vgl. insbes. Art. 2 und 6) nur sehr allgemein gehalten und daher auch nur wenig wirksam. Weitaus konkreter sind die Vereinbarungen der Staaten zum Schutze der Ozonschicht durch Abschluss des Wiener Übereinkommens zum Schutze der Ozonschicht vom 22.3.1985 sowie des Montrealer Protokolls vom 16.9.1987 (und seine Ver-

---

35 ABl. EG 1988, L 297, S. 21 ff.
36 ABl. EG 1997, L 342, S. 18; dazu EuGH, EuZW 2001, 208 ff.
37 Verordnung (EWG) Nr. 1210/90 des Rates vom 7.5.1990 zur Errichtung einer Europäischen Umweltagentur und eines Europäischen Umweltüberwachungs- und Informationsnetzes, ABl. EG 1990 L 120/1 ff.
38 Vgl. allgemein hierzu *Randelzhofer*, JURA 1992, 1 ff; *Riedel*, Paradigmenwechsel im internationalen Umweltrecht, in: Recht und Recht – Festschrift für Gerd Roellecke, 1997, S. 345 ff.
39 Zu den Ergebnissen von Rio vgl. *Hohmann*, NVwZ 1993, 311 ff.

VIII *Umweltrecht*

schärfung durch die Konferenzen von London und Kopenhagen). Insbesondere Art. 2 des Montrealer Protokolls enthält eine genaue Verpflichtung zur Verringerung des FCKW-Verbrauchs, eine völkerrechtlich bindende Vereinbarung ist auch die 1992 in Rio unterzeichnete Konvention über die Klimaänderung. Zum Schutze des Weltklimas einigten sich am 11.12.1997 in Kyoto 155 Vertragsstaaten auf ein Protokoll zum Klimaschutz. Darin verpflichten sich die Industrieländer, in der Zeit von 2008 bis 2012 die Emissionen von sechs Treibhausgasen um durchschnittlich 5,2% – bezogen auf das Basisjahr 1990 – zu senken. Für die Industriestaaten gelten dabei unterschiedliche Quoten. Mit 8% hat die EU die höchste Verpflichtung übernommen. Ungeachtet zahlreicher Folgekonferenzen zu Kyoto[40] ist das Klimaschutzprotokoll derzeit aber noch nicht in Kraft getreten.

(2) Der Schutz der Meere und der Binnengewässer
Schon in den 50er-Jahren haben die Staaten völkerrechtliche Verträge zum Schutze der Meeresumwelt abgeschlossen. Dabei stand der Schutz vor Verschmutzung der Meere durch Öl sowie der Schutz der lebenden Ressourcen (insbes. wegen der Gefahr der Überfischung) im Vordergrund. Die Verträge über Binnengewässer – die z.T. schon im letzten Jahrhundert abgeschlossen wurden – betreffen vornehmlich die Nutzung der Seen und Flüsse durch die Anliegerstaaten sowie die Gewährleistung der Qualität des Wassers.

(3) Der Schutz von Pflanzen und Tieren
Eine Vielzahl von Abkommen wurden auch zum Schutz von Pflanzen- und Tierarten abgeschlossen, um diese vor der Ausrottung zu bewahren. Besondere Bedeutung haben insoweit das Washingtoner Artenschutzabkommen von 1973 sowie die Konvention zur Erhaltung der Artenvielfalt, die auf der Konferenz von Rio 1992 von mehr als 140 Staaten unterzeichnet wurde.

(4) Der Schutz vor gefährlichen, insbesondere radioaktiven Stoffen
Schließlich kennt das Umweltvölkerrecht Verträge zum Schutz der Menschen vor gefährlichen Stoffen. Eine wirksame Kontrolle gegen den verbotenen Transport von Giftmüll soll die 1989 zwischen 116 Staaten abgeschlossene Konvention über den grenzüberschreitenden Transport gefährlicher Stoffe bieten. Im Bereich der Kernenergie gibt es multilaterale Verträge über die Sicherheitskontrolle, den Strahlenschutz und die zivilrechtliche Haftung sowie – infolge des Reaktorunglücks von Tschernobyl – auch Übereinkommen über die frühzeitige Benachrichtigung und Hilfeleistungen bei nuklearen Unfällen. Ferner wurden 1994 völkerrechtliche Sicherheitsstandards für zivile Kernreaktoren festgelegt.

28   Im Bereich des **Völkergewohnheitsrechts** ist das Prinzip der **beschränkten territorialen Souveränität** und Integrität von überragender Bedeutung[41]. Aus diesem Grundsatz folgt ein für jeden Staat geltendes Verbot, die Umwelt eines anderen Staates ohne einen völkerrechtlichen Rechtfertigungsgrund in erheblichem Umfang zu schädigen. Der Staat, der gegen dieses „Verbot der erheblichen Schädigung der Umwelt" verstößt, ist gegenüber dem geschädigten Staat zur Wiederherstellung und – soweit dies nicht möglich ist – zum Schadensersatz verpflichtet[42]. Praktische Probleme bestehen insbesondere im Bereich der **Kausalität** und der **Zurechenbarkeit**, denn zur Begründung einer Haftung hat der geschädigte Staat – ohne die Möglichkeit einer Beweislastumkehr – den Nachweis der Kausalität des Verhaltens des anderen Staates für den Umweltschaden zu erbringen. Dies ist mitunter schwierig, insbesondere weil

---

40 Dazu *Sach/Reese*, ZUR 2002, 65 ff.
41 Vgl. *Wolfrum*, DVBl. 1984, 493 ff.
42 Vgl. *Gronig*, JZ 1986, 979 ff; *Rest*, NJW 1989, 2153 ff.

zwischen Schadensquelle und Erfolgsort eine größere räumliche Entfernung liegen kann (Problem der **Distanzschäden**), weil der Schaden oft auf verschiedene Ursachen zurückzuführen ist (Problem der **Summationsschäden**) und weil Umweltschäden z.T. erst nach längerer Zeit auftreten (Problem der **Langzeitschäden**).

Schließlich bleibt anzumerken, dass es im Bereich des völkerrechtlichen Umwelt- 29
schutzes keine allzuständige internationale Umweltorganisation gibt, die Aufgabe vielmehr von verschiedenen Institutionen wahrgenommen wird. Die Bedeutung der internationalen Organisationen wird zwar dadurch eingeschränkt, dass diese über keine Kompetenz zum Erlass bindender Völkerrechtsnormen verfügen. Gleichwohl können sie insofern zur Fortentwicklung des Umweltvölkerrechts beitragen, als sie die Zusammenarbeit zwischen den Staaten fördern und bei der Ausarbeitung völkerrechtlicher Verträge mitwirken. Besonderer Erwähnung bedarf das 1972 gegründete **UNEP** (United Nations Environment Programme), das als Unterorganisation der Vereinten Nationen für die Förderung und Koordinierung der internationalen Umweltschutzaktivitäten zuständig ist.

Literatur
Bloy, Umweltstrafrecht: Geschichte – Dogmatik – Zukunftsperspektiven, JuS 1997, 577 ff; *Böhm*, Umsetzungsdefizite und Direktwirkung der IVU- und UVP-Änderungsrichtlinie, ZUR 2002, 6 ff; *Bückmann/Rogall*, Nachhaltigkeit – rechtliche und wirtschaftswissenschaftliche Aspekte, UPR 2001, 121 ff; *Feist*, Von Rio nach Berlin – Die Aktivitäten der Vereinten Nationen auf den Gebieten des Umwelt- und Klimaschutzes, JuS 1997, 490 ff; *Fischer*, Die Einwirkung des europäischen auf das nationale Umweltrecht, JuS 1999, 320 ff; *Fröhling*, Die „PCP"-Entscheidung des EuGH: Gemeinschaftsrecht und „schärferes" nationales Umweltrecht, JuS 1996, 688 ff.

II. Umweltschutz im Grundgesetz

Auf politischer Ebene wurden verschiedene Varianten konzipiert, um den Umwelt- 30
schutz verfassungsrechtlich aufzuwerten. Dabei wurden die Implementierung eines Grundrechts auf intakte Umwelt sowie die Aufnahme einer Staatszielbestimmung diskutiert.

Ein **Grundrecht auf intakte Umwelt**[43] würde nicht nur eine objektive Verpflichtung 31
des Staates zum Schutze der Umwelt statuieren; es würde dem einzelnen ein subjektives Recht auf die generelle Abwehr von Umweltbelastungen geben. Die Wahrnehmung des Umweltschutzes ist aber primär eine Aufgabe des Staates und nicht des Bürgers; ein Umweltgrundrecht ist daher nicht sinnvoll und wird auch überwiegend abgelehnt[44].

Dagegen hat hinsichtlich der Einführung eines „**Staatsziels Umweltschutz**" – auf 32
politischer Ebene – seit Jahren im Grundsatz ein Konsens bestanden[45]. Die Realisie-

---
43 Vgl. hierzu *Karpen*, in: *Thieme*, Umweltschutz im Recht, 1988, S. 9 ff.
44 *Rupp*, DVBl. 1985, 990 ff; vgl. auch *Kloepfer*, DVBl. 1988, 305, 314.
45 Anders dagegen weite Teile der Literatur; vgl. nur *Breuer*, in: *Schmidt-Aßmann*, Besonderes Verwaltungsrecht, 12. Auflage 2003, S. 466 ff.

VIII *Umweltrecht*

rung scheiterte allerdings lange Zeit daran, dass sich die Parteien – für eine Grundgesetzänderung ist nach Art. 79 Abs. 2 GG eine Zweidrittelmehrheit im Bundestag und im Bundesrat erforderlich – nicht einig werden konnten, ob das Staatsziel Umweltschutz unter einen Gesetzesvorbehalt gestellt werden sollte (so die damalige Regierungskoalition) oder nicht (so die SPD). Nachdem man sich auf eine Formulierung geeinigt hatte, wurde zum 15.11.1994 Art. 20a GG mit folgendem Wortlaut eingefügt: „**Der Staat schützt auch in Verantwortung für die künftigen Generationen die natürlichen Lebensgrundlagen (seit 26.07.2002:** *und die Tiere*) **im Rahmen der verfassungsmäßigen Ordnung durch die Gesetzgebung und nach Maßgabe von Gesetz und Recht durch die vollziehende Gewalt und die Rechtsprechung**". An dieser Formulierung fällt auf, dass sich die Verpflichtung zum Umweltschutz primär an den **Gesetzgeber** richtet; Exekutive und Judikative sollen nur nach Maßgabe von Gesetz und Recht an die Staatszielbestimmung gebunden sein.

33 Zur Lösung von rechtlichen Problemen kann eine Staatszielbestimmung Umweltschutz jedoch nur in begrenztem Umfang beitragen. Eine Staatszielbestimmung kann wegen ihres allgemeinen und offenen Inhalts **keine** unmittelbar geltenden **Rechte** und Pflichten des Bürgers begründen. Konkrete Konflikte müssen nach wie vor auf einfachgesetzlicher Ebene gelöst werden. Rechtlich bedeutsam kann eine Staatszielbestimmung Umweltschutz aber bei der **Auslegung** und **Anwendung** des einfachen Rechts werden, insbesondere bei der Konkretisierung von Generalklauseln als wichtiger Abwägungsbelang oder als Direktive im Bereich der Ermessensverwaltung.

34 Aber auch nach der Aufnahme des „Staatsziels Umweltschutz" in Art. 20a GG sind umweltverfassungsrechtliche Fragestellungen weiterhin anhand des „Standardinstrumentariums" des Grundgesetzes zu beurteilen. Dabei sind für das Umweltrecht die Grundrechte und die Kompetenzvorschriften von besonderer Bedeutung.

1. Umweltschutz und Grundrechte

35 Die Grundrechte können in drei verschiedenen umweltrelevanten Funktionen Maßstab für das Handeln des Staates sein[46]:
 – Grundrechte als **Abwehrrechte** des Einzelnen, wenn der Staat **umweltschützende** Maßnahmen vornimmt a),
 – Grundrechte als **Abwehrrechte**, wenn der Staat **umweltbelastende** Maßnahmen vornimmt oder zulässt b),
 – Grundrechte als **Schutzpflichten**, damit der Staat **umweltschützende** Maßnahmen ergreift c).

35a a) Handelt der Staat **zum Schutz der Umwelt**, so wird dadurch nicht selten die Rechtsstellung des Einzelnen betroffen. Wirkt sich die hoheitliche Maßnahme im Schutzbereich eines Grundrechts aus – häufig werden die Grundrechte aus Art. 14, Art. 12, Art. 2 Abs. 1, Art. 3 GG einschlägig sein –, so muss dieser Eingriff verfassungsrechtlich gerechtfertigt werden können. Dabei ist das Staatsziel Umweltschutz

---

46 Vgl. auch *Ketteler/Kippels*, Umweltrecht, 1988, S. 12 ff.

in Art. 20a GG als abwägungsrelevanter Belang in die Prüfung der Verhältnismäßigkeit einzustellen.

Beispiel: Der Bundestag verabschiedet ein Gesetz, nach dem es künftig verboten ist, in Spraydosen Fluorchlorkohlenwasserstoffe (FCKW) zu verwenden. Der Spraydosenhersteller S sieht sich in seinen Grundrechten aus Art. 12 Abs. 1 GG und 14 Abs. 1 GG verletzt.

Das Verkaufsverbot lässt sich als Eingriff in den Schutzbereich der Berufsfreiheit in Form einer Berufsausübungsregel qualifizieren[47]: Es wird die Art und Weise der Berufsbetätigung festgelegt; nicht hingegen, ob S in einem bestimmten Beruf verbleiben darf. Eine Berufsausübungsregel muss nach der Rechtsprechung des Bundesverfassungsgerichts durch vernünftige Erwägungen des Gemeinwohls legitimiert sein. Ein solches Gemeinwohlinteresse liegt hier in der Verhinderung gravierender Umweltschäden, die ihrerseits zu Gesundheitsschäden führen können. Art. 12 Abs. 1 GG ist damit nicht verletzt. Auch liegt kein Verstoß gegen Art. 14 GG vor. Zwar ist Art. 14 Abs. 1 GG neben Art. 12 GG anwendbar[48] und das Verbot begründet auch einen Eingriff in den Schutzbereich der Eigentumsfreiheit: S kann sein Eigentum an den Produktionsanlagen nicht nach seinem Belieben nutzen. Bei dem Verbot handelt es sich aber um eine – gemessen an Art. 20a GG – verhältnismäßige Inhalts- und Schrankenbestimmung gemäß Art. 14 Abs. 1 S. 2 GG.

b) Nimmt der Staat selbst **umweltbelastende** Maßnahmen vor oder lässt er umweltbelastendes Verhalten Privater zu, kann sich auch dies im Grundrechtsbereich auswirken. Ist der Eingriff verfassungsrechtlich nicht zu rechtfertigen, steht dem Einzelnen ein Abwehranspruch zu. Bei dieser Konstellation werden im Regelfall Art. 2 Abs. 2 GG und Art. 14 GG[49] einschlägig sein. 35b

Beispiel: Eine Gemeinde betreibt hoheitlich eine Kläranlage, die zu starken Geruchsbelästigungen in der Nachbarschaft führt. Bei unerträglichen Belastungen können die Nachbarn eine Verletzung des Art. 2 Abs. 2 GG geltend machen.

Problematisch ist, ob dem Bürger aus den Grundrechten auch ein einklagbares **Recht auf intakte Umwelt** zustehen kann.

Beispiel: Ein Bürger begehrt vom Staat Maßnahmen zur Reinhaltung der Nordsee zum Schutze der Robben.

Ein solches Recht ließe sich allenfalls aus Art. 2 Abs. 2 GG oder aus Art. 2 Abs. 1 GG ableiten[50]. De lege lata lässt sich ein solches allgemeines Recht auf Abwehr von Umweltbeeinträchtigungen aber nicht begründen; denn beide Grundrechte fordern jeweils eine individualisierbare Betroffenheit[51].

Damit gilt: der Einzelne kann umweltbelastende Maßnahmen nur dann abwehren, wenn er in **eigenen Rechten** verletzt ist. Dies können sowohl einfachgesetzliche

---

47 Allgemein zu den Schranken des Art. 12 GG: *Jarass/Pieroth*, GG, 6. Auflage 2002, Art. 12 GG Rdnr. 17 ff.
48 Einen Vorrang des Art. 12 GG vor Art. 14 GG könnte man dann annehmen, wenn man – wie zum Teil das BVerfG – darauf abstellt, dass hier der „Erwerb" und nicht das „Erworbene" im Vordergrund stehe; vgl. hierzu *Arndt/Rudolf*, Öffentliches Recht, 14. Auflage 2003, S. 131; *Arndt*, JuS 1987, L 60 ff.
49 Für Art. 14 GG hat das BVerwG (BVerwGE 50, 282, 287 f) bei bloß mittelbaren Eingriffen darauf abgestellt, ob das Eigentum schwer und unerträglich betroffen ist.
50 Vgl. *Lücke*, DÖV 1976, 289 ff; *Senning*, BayVBl. 1979, 491 ff; siehe dazu auch *Schmidt/Müller*, JuS 1985, 776 f.
51 Ebenso *Kloepfer*, JURA 1993, 583 ff.

VIII *Umweltrecht*

Normen[52] als auch Grundrechte sein. Verwirklicht wird dieses Prinzip durch das Rechtsschutzsystem der VwGO: Eine Anfechtungs- oder Verpflichtungsklage ist gemäß § 42 Abs. 2 VwGO[53] nur zulässig, falls eine Verletzung eigener Rechte möglich erscheint[54]. Die Klage ist nur dann begründet, wenn der Kläger in seinen Rechten verletzt ist (§ 113 Abs. 1 S. 1 VwGO). Hierbei gilt für die Falllösung, dass stets zunächst auf einfachgesetzliche Normen (z.B. das BImSchG) abgestellt werden muss, bevor auf die Grundrechte zurückgegriffen wird.

35c c) Umweltbedeutsam können schließlich auch **grundrechtliche Schutzpflichten**, insbesondere aus Art. 2 Abs. 2 und Art. 14 GG, werden[55]. Nach ständiger Rechtsprechung des Bundesverfassungsgerichts[56] verbürgen Grundrechte nicht nur Abwehrrechte; sie haben auch eine objektiv-rechtliche Dimension. Eine Ausprägung hiervon ist die Verpflichtung des Staates, sich schützend und fördernd vor die Grundrechte der Staatsbürger zu stellen und sie vor rechtswidrigen Beeinträchtigungen Dritter zu bewahren. Trägt er dieser Schutzpflicht nicht Rechnung, kommt eine Grundrechtsverletzung in Betracht.

Im Bereich des Umweltrechts bedeutet dies – soweit Umweltschäden Auswirkungen auf individuelle Grundrechte haben – eine Verpflichtung des Staates zur Vornahme umweltschützender Maßnahmen.

Beispiel: Aus Art. 2 Abs. 2 GG folgt eine Verpflichtung des Staates zum Schutz vor Gefahren, die bei einer Lagerung chemischer Waffen entstehen[57].

Zu beachten ist aber, dass dem Staat bei der Erfüllung seiner Schutzpflicht ein großer Handlungs- und Gestaltungsspielraum eröffnet ist. Eine Nachprüfung seitens der Gerichte ist damit – angesichts des Gewaltenteilungsprinzips – nur beschränkt möglich. Das Bundesverfassungsgericht nimmt eine Grundrechtsverletzung daher nur bei einer **evidenten Verletzung** der Schutzpflicht an[58]. Vielfach ist der Gesetzgeber einer bestehenden Schutzpflicht durch eine Ausgestaltung des Genehmigungsverfahrens nachgekommen.

Beispiel: Angesichts der großen Gefahren, die bei einer wirtschaftlichen Nutzung der Atomenergie bestehen, obliegt dem Staat aus Art. 2 Abs. 2 GG eine Schutzpflicht für Leben und Gesundheit der Bevölkerung. Diese konnte der Staat dadurch erfüllen, dass er die Genehmigung von Atomkraftwerken von materiell-rechtlichen und **verfahrensrechtlichen Voraussetzungen** (z.B. Öffentlichkeitsbeteiligung) abhängig macht[59].

---

52 Zu beachten ist, dass Gesetze dem Betroffenen nur dann einen Anspruch geben, wenn sie **individualschützend** sind.
53 Für die Leistungsklage gilt § 42 Abs. 2 VwGO analog.
54 Eine Ausnahme vom Erfordernis der individuellen Betroffenheit stellt die umweltrechtliche (altruistische) Verbandsklage dar, vgl. unten Rdnr. 278 ff.
55 Einführend *Pieroth/Schlink*, Staatsrecht II – Grundrechte, 19. Auflage 2003, Rdnr. 88 ff; *Kopp*, NJW 1994, 1753 ff; vgl. auch Fallbeispiel bei *Fischer*, JuS 1998, L 77 ff.
56 BVerfGE 39, 1 ff; 46, 160 ff; 49, 89 ff.
57 BVerfGE 77, 170 ff.
58 BVerfG, NJW 1983, 2931 ff.
59 BVerfGE 53, 30 ff; s. dazu *Prümm*, Umweltschutzrecht, 1989, S. 110 ff.

2. Umweltschutz und die Kompetenzordnung des Grundgesetzes

Die **Gesetzgebungskompetenzen** finden sich in den Art. 70 ff GG. Eine Folge des Umweltrechts als Querschnittsmaterie ist, dass sich die Gesetzgebung auf viele verschiedene Kompetenzvorschriften stützt. Damit bestehen sowohl Bundes- als auch Landeszuständigkeiten. Das Schwergewicht in der Umweltgesetzgebung liegt gleichwohl beim **Bund**.

36

Die wichtigsten **Bundeszuständigkeiten**[60] begründen
- im Bereich der **ausschließlichen Gesetzgebung** Art. 73 Nr. 6 GG (z.B. LuftVG),
- im Bereich der **konkurrierenden Gesetzgebung** Art. 74 Abs. 1 Nr. 1 (z.B. Umweltstrafrecht), Nr. 11 (z.B. ChemikalienG), Nr. 11a (z.B. AtG), Nr. 18, Nr. 20, Nr. 22, Nr. 23 und insbesondere Nr. 24 GG (z.B. KrW-/AbfG, BImSchG),
- im Bereich der **Rahmengesetzgebung** Art. 75 Abs. 1 Nr. 3, Nr. 4 GG (z.B. WHG).

37

Damit besteht eine **Kompetenz der Länder**
- im Bereich der **konkurrierenden Gesetzgebung** (Art. 72, 74 GG), **soweit** der Bund nicht tätig geworden ist (z.B. gibt es bei Art. 74 Abs. 1 Nr. 24 GG neben einem Kreislaufwirtschafts- und Abfallgesetz des Bundes auch Abfallgesetze der Länder, die vom Bundesrecht nicht erfasste Fragen – wie Zuständigkeiten – regeln),
- im Bereich der **Rahmengesetzgebung**, aber innerhalb des vom Bundesgesetz gesteckten Rahmens (z.B. die Landeswassergesetze),
- in den **nicht vom Grundgesetz aufgeführten Sachgebieten** (z.B. im Polizeirecht).

38

Auf dem Gebiet der **Verwaltungskompetenzen** sind vor allem die Art. 83 ff GG maßgebend. Während **Landesgesetze** gemäß Art. 30 GG immer durch die Länder ausgeführt werden, gilt für den Vollzug der **Bundesgesetze**: Die Länder führen gemäß Art. 83 GG die Bundesgesetze als eigene Angelegenheit aus (z.B. das BImSchG oder das BSeuchG), soweit nicht das Grundgesetz eine Bundesauftragsverwaltung (Art. 85 GG) oder eine bundeseigene Verwaltung (Art. 86, 87 GG) vorsieht oder zulässt.

39

Bundeseigene Verwaltung in Form einer selbstständigen Bundesoberbehörde nach Art. 87 Abs. 3 GG wird beispielsweise durch das Umweltbundesamt ausgeübt, Bundesauftragsverwaltung ist im Bereich des Umweltrechts in Art. 87d Abs. 2 GG (Luftverkehrsverwaltung) und in Art. 87c GG (Kernenergie) zugelassen. Die Luftverkehrsverwaltung wird zwar gemäß Art. 87d Abs. 1 GG grundsätzlich in bundeseigener Verwaltung geführt; durch ein Bundesgesetz kann aber eine Auftragsverwaltung angeordnet werden (§ 87d Abs. 2 GG). Davon wurde in § 31 Abs. 2 LuftVG Gebrauch gemacht. Die Kernenergieverwaltung nach Art. 87c GG ist gleichfalls als fakultative Auftragsverwaltung ausgestaltet. Kompetenzkonflikte haben sich insbesondere bei Art. 87c GG ergeben.

40

---

60 Ungeschriebene Gesetzgebungskompetenzen sollen außer Betracht bleiben.

Beispiel[61]: Der Landesumweltminister versagt die zur Errichtung und Inbetriebnahme eines Kernkraftwerkes beantragten Teilgenehmigungen. Daraufhin weist der Bundesminister für Umwelt, Naturschutz und Reaktorsicherheit nach mehreren Briefwechseln den Landesminister an, die Genehmigungen zu erteilen. Das Land hält die Weisung für rechtswidrig und ruft das Bundesverfassungsgericht an (Bund-Länder-Streitigkeit gemäß Art. 93 Abs. 1 Nr. 3 GG, §§ 13 Nr. 7, 68 ff BVerfGG).
Hier liegt Bundesauftragsverwaltung vor (Art. 87c GG i.V.m. § 24 Abs. 1 S. 1 AtG, Art. 85 GG). Die Verwaltung wird demnach – unentziehbar – vom Land wahrgenommen (sog. **Wahrnehmungskompetenz**), und auch die Sachentscheidungen trifft grundsätzlich das Land (sog. **Sachkompetenz**). Da sich die Aufsicht des Bundes jedoch auf Gesetz- und auch Zweckmäßigkeit erstreckt (Art. 85 Abs. 4 GG), der **Bund** also ein **Weisungsrecht** hat (Art. 85 Abs. 3 GG), kann er die **Sachkompetenz an sich ziehen**. Steht dem Land die Sachkompetenz damit nicht mehr zu, kann es auch nicht mehr geltend machen, dass eine Weisung des Bundes rechtswidrig sei. Das **Land** kann daher **nur rügen**, dass die **Voraussetzungen** zum Erlass einer Weisung nach **Art. 85 Abs. 3 GG nicht vorliegen**.

41 Hier war die Weisung **formell rechtmäßig**: Der Bundesumweltminister war nach Art. 85 Abs. 3 S. 1 GG zuständig; eine Gelegenheit zur Stellungnahme, die dem Land nach der Rechtsprechung des Bundesverfassungsgerichts im Hinblick auf die bundesstaatliche Pflicht zur Rücksichtnahme gewährt werden muss, wurde ihm gegeben. In **materieller Hinsicht** verlangt das Bundesverfassungsgericht aus Art. 85 Abs. 3 GG i.V.m. dem Prinzip des Föderalismus, dass die Weisung des Bundesministers einen **grundsätzlich zulässigen Inhalt** hat, **klar** und **bestimmt** sowie **nicht missbräuchlich** ist. Da die Weisung diesen Anforderungen genügt, war das Verhalten des Bundesumweltministers rechtmäßig.

42 Das Verhältnis zwischen Wahrnehmungs- und Sachkompetenz im Rahmen des Art. 85 GG wurde erneut im **Atomkonsens-Urteil** des BVerfG relevant[62]. In dem vom Land Hessen angestrengten Bund-Länder-Streit hatte das BVerfG zu der Frage Stellung zu nehmen, ob der Bund dadurch die Rechte des Landes verletzt habe, dass das Bundesumweltministerium in einer Erklärung zum Atomkonsens[63] den weiteren Gang des Genehmigungsverfahrens von dem Kernkraftwerk Biblis A vorgezeichnet habe, ohne dabei das Land Hessen einzuschalten. Insofern war zu entscheiden, ob in einer informalen Absprache, wie sie der Atomkonsens darstellt, ein der Wahrnehmungskompetenz zuzuordnendes Auftreten „nach außen" gesehen werden kann. Die Senatsmehrheit im BVerfG verneinte dies unter Zugrundelegung einer formalistischen Betrachtungsweise, da keine gesetzesvollziehende rechtsverbindliche Entscheidung (wie z.B. der Erlass eines Verwaltungsaktes) oder zumindest ein einer verbindlichen Entscheidung gleichkommendes Verhalten vorliege. Demgegenüber räumte die abweichende Meinung der Bundesverfassungsrichter *Di Fabio* und *Mellinghoff* dem Atomkonsens einen deutlich höheren Stellenwert ein und sah die Wahrnehmungskompetenz der Länder als verletzt an. Ebenfalls abweichend war das Votum der beiden Richter zu der Frage, ob der Bund durch die unterlassene Einbeziehung des Landes Hessen gegen seine Pflicht zu bundesfreundlichem Verhalten

---

61 Nach BVerfG, DVBl. 1990, 763; s. auch BVerfG, DVBl. 1991, 534 ff.
62 BVerfG, BayVBl. 2002, 459 m. Anm. *Fischer*, BayVBl. 2002, 463.
63 Näher zum Atomkonsens siehe unten Rdnr. 241 ff.

verstoßen habe. Während die Senatsmehrheit eine Pflichtverletzung seitens der Bundesregierung verneinte, nahmen die Bundesverfassungsrichter *Di Fabio* und *Mellinghoff* einen Verstoß gegen den Grundsatz des bundesfreundlichen Verhaltens an, weil die Bundesregierung die Hessische Landesregierung nicht angemessen und rechtzeitig über das Vorhaben informiert und der Landesregierung keine Gelegenheit zur Stellungnahme gegeben habe.

Literatur

Uhle, Das Staatsziel „Umweltschutz" und das Sozialstaatsprinzip im verfassungsrechtlichen Vergleich, JuS 1996, 96 ff.

III. Prinzipien des Umweltrechts

Das Umweltrecht wird geprägt durch eine Anzahl stets wiederkehrender **Prinzipien**[64]. Das bedeutet: Regelungen des Umweltrechts lassen sich häufig auf ein bestimmtes Prinzip zurückführen; das Prinzip selbst hat den Zweck, die umweltrechtlichen Zielsetzungen zu realisieren. **43**

Dabei ist jedoch folgendes zu beachten: Die juristische Aussagekraft der Prinzipien ist nur sehr beschränkt. Entscheidend für die Falllösung bleibt stets das Gesetz. Das „dahinterstehende" Prinzip hilft lediglich, den Telos einer Norm zu erfassen. Auch darf die Systematisierung nach Prinzipien keineswegs allein als wegweisend verstanden werden. Bei vielen Rechtsfragen, z.B. der Altlastenproblematik, ist bis heute ungeklärt, nach welchem Prinzip sie zu lösen sind; zudem lassen sich viele Rechtsnormen des Umweltrechts überhaupt keinem bestimmten Prinzip zuordnen. **44**

Für das Umweltrecht sind insbesondere von Bedeutung: **45**
– das **Verursacherprinzip**,
– das **Ursprungsprinzip**,
– das **Gemeinlastprinzip**,
– das **Vorsorgeprinzip**,
– das **Kooperationsprinzip**,
– das **Querschnittsprinzip**.

1. Verursacherprinzip

Das Verursacherprinzip[65] besagt, dass derjenige für eine Umweltbelastung **verantwortlich** ist, der sie **verursacht** hat; der Verursacher trägt die Kosten zur Beseitigung oder zum Ausgleich der Umweltbeeinträchtigungen. Das Verursacherprinzip findet sich z.B. im Umwelthaftungsrecht (§ 1 UmweltHG, § 823 BGB, § 22 WHG). **46**

---

64 Ausführlich und mit umfassenden Nachweisen *Kloepfer*, Umweltrecht, 2. Auflage 1998, S. 161 ff; *Sparwasser/Engel/Voßkuhle,* Umweltrecht, 5. Auflage 2003, 2/8 ff.
65 S. hierzu *Schmidt/Müller*, JuS 1985, 694 ff; *Sendler*, JuS 1983, 255 ff.

2. Ursprungsprinzip

47 Da Art. 174 Abs. 2 S. 2 EG das Ursprungsprinzip getrennt vom Verursacherprinzip aufführt, muss es inhaltlich etwas anderes besagen als dieses. Worin exakt dieser Unterschied besteht, ist umstritten. Teilweise wird in der Literatur vertreten, das Ursprungsprinzip ermögliche in Ergänzung zum Verursacherprinzip lediglich, gegen eine Ausbreitung oder Verlagerung von Umweltbeeinträchtigungen vorzugehen[66]. Demgegenüber wird zu Recht geltend gemacht, dass die Bekämpfung von Umweltgefahren am Ursprung bereits begrifflich nicht identisch mit der Bekämpfung beim Verursacher ist, da letzterer auch nur ein Glied in einer Kausalitätskette darstellen kann, während unter dem Ursprung der Letztverantwortliche i.S. der Quelle der Beeinträchtigung zu verstehen ist[67]. Hat eine Umweltbeeinträchtigung mehrere Verursacher, hat ihre Bekämpfung mithin – gleiche Effektivität vorausgesetzt – primär beim Letztverantwortlichen anzusetzen.

3. Gemeinlastprinzip

48 Den Gegensatz zum Verursacherprinzip stellt das Gemeinlastprinzip[68] dar: Nicht der Verursacher, sondern die **Allgemeinheit** ist für eine Umweltbelastung verantwortlich; d.h., die Kosten zur Verhinderung, zur Beseitigung oder zum Ausgleich von Umweltstörungen werden der Allgemeinheit aufgebürdet. Da jedoch im Regelfall eine Inanspruchnahme des Verursachers gerechter ist, sollte das Gemeinlastprinzip nur **subsidiär** zur Anwendung kommen. Nur wenn die Umweltbelastungen keinem Verursacher zugerechnet werden können oder eine Inanspruchnahme des Verursachers scheitert bzw. nicht praktikabel ist, sollten die Kosten der Beseitigung der Umweltstörung auf die Allgemeinheit umgelegt werden[69]. Dies wird z.B. bei der Luftverschmutzung deutlich: Da sie oft keinem bestimmten Verursacher zugerechnet werden kann, sind die Folgen von der Allgemeinheit zu tragen.

4. Vorsorgeprinzip

49 Nach dem Vorsorgeprinzip[70] soll durch geeignete **Präventivmaßnahmen** gesichert werden, dass Umweltbelastungen erst gar nicht entstehen können bzw. möglichst gering gehalten werden. Eine normative Ausprägung dieses Prinzips findet sich in § 5 Abs. 1 Nr. 2 BImSchG. Eine Genehmigung nach § 6 BImSchG wird dem Anlagenbetreiber nur erteilt, wenn er geeignete Vorsorgemaßnahmen gegen schädliche Umwelteinwirkungen getroffen hat. Ein Ausdruck des Vorsorgeprinzips ist ferner das Gesetz über die Umweltverträglichkeitsprüfung (UVPG)[71].

---

66 Vgl. *Schröder*, NVwZ 1996, 835.
67 Vgl. *Frenz*, Europäisches Umweltrecht, 1997, Rdnr. 150 m.w.N.
68 Näher *Ewringmann*, in, *Kimminich*: Handwörterbuch des Umweltrechts, Bd. I, 2. Auflage 1994, Sp. 844 ff.
69 *Murswiek*, NVwZ 1996, 225 f, sieht diese Subsidiarität sogar als verfassungsrechtlich zwingend an.
70 Vgl. statt vieler *Prümm*, Umweltschutzrecht, 1989, S. 65 ff.
71 Vgl. unten Rdnr. 74 ff.

5. Kooperationsprinzip

Das Kooperationsprinzip[72] verlangt ein möglichst enges **Zusammenwirken** von Staat und Bürgern bzw. Anlagenbetreibern bei umweltbedeutsamen Entscheidungen. Die Mitwirkung der Betroffenen im **Entscheidungsprozess** soll ermöglichen, dass den Belangen des Umweltschutzes in effektiver Weise Rechnung getragen wird. Eine Konkretisierung des Kooperationsprinzips stellt die Öffentlichkeitsbeteiligung in Planungs- oder Genehmigungsverfahren dar, so z.B. in § 10 BImSchG.

50

6. Querschnittsprinzip

Das Querschnittsprinzip besagt, dass die Erfordernisse des Umweltschutzes auch bei der Festlegung und Durchführung der in Art. 3 EG genannten Gemeinschaftspolitiken und -maßnahmen – so etwa auch bei der Vergabe öffentlicher Aufträge[73] – berücksichtigt werden muss, mithin eine umfassende Maxime des gesamten Handelns der Gemeinschaft darstellt. Dass hiermit nicht nur ein unverbindlicher Programmsatz vorgegeben werden soll, wird spätestens seit dem Amsterdamer Vertrag deutlich, welcher die ursprünglich in Art. 130r Abs. 2 S. 3 EG a.F. beheimatete Querschnittsklausel in Art. 6 EG n.F. und damit in den zentralen ersten Teil des EG-Vertrages überführte, um so nochmals deren Bedeutung zu unterstreichen.

51

Literatur
Falke, Aktuelles zum Vorsorgeprinzip und anderen programmatischen Orientierungen im europäischen Umweltrecht, ZUR 2000, 265 ff; *Fleury*, Das Vorsorgeprinzip im Umweltrecht, 1995; *Frenz*, Europäisches Umweltrecht, 1997; *ders.*, Das Verursacherprinzip im deutschen Recht, 1997; *Rengeling*, Das Kooperationsprinzip im Umweltrecht, 1988; *Schneider*, Altlastensanierung zwischen Verursacher- und Gemeinlastprinzip, 1989.

IV. Instrumente des Umweltrechts

Die Instrumente des Umweltrechts dienen der **Durchsetzung der umweltrechtlichen Zielsetzungen**. Der öffentlichen Hand stehen hierfür prinzipiell alle Formen staatlichen Handelns zur Verfügung[74]. Im Vordergrund stehen hier die Instrumente der **ordnungsrechtlichen Kontrolle** und die **Umweltabgaben**. Daneben kennt das Umweltrecht – außer den typischen staatlichen Handlungsformen (wie z.B. öffentlich-rechtliche Verträge) – eine Reihe speziell umweltbezogener Instrumente.

52

---

72 S. hierzu *Müggenborg*, NVwZ 1990, 909 ff; umfassend *Rengeling*, Das Kooperationsprinzip im Umweltrecht, 1988; *ders.*, in: *Kimminich*, Handwörterbuch des Umweltrechts, Bd. I, 2. Auflage 1994, Sp. 1284 ff.
73 Vgl. dazu EuGH, EuZW 2002, 628 – „Concordia Bus Finland"; dazu *Bungenberg*, NVwZ 2003, 314 ff.
74 Verzichtet werden soll hier auf die Unterscheidung zwischen Instrumenten der direkten und indirekten Verhaltenssteuerung; vgl. nur *Sparwasser/Engel/Voßkuhle*, Umweltrecht, 5. Auflage 2003, 2/57 ff.

VIII *Umweltrecht*

53 Zu erwähnen ist zunächst die **Bestellung eines Betriebsbeauftragten**[75], so z.B. in § 53 BImSchG, § 54 KrW-/AbfG und § 21a WHG. Aufgabe des Betriebsbeauftragten ist es, zu beraten und die Einhaltung der Vorschriften zu überwachen[76].

54 Ein wichtiges Element der Umweltvorsorge sind die **Umweltpläne**[77]. Hier hat der Staat die Möglichkeit, vorsorgend auf die Ausgestaltung der Umwelt einzuwirken, um Umweltschäden gar nicht erst entstehen zu lassen. Die Umweltplanung unterteilt sich in Gesamt- und Fachplanung. Bei der **Gesamtplanung** werden die Gesamtverhältnisse eines bestimmten Raumes **fachübergreifend** geregelt. Auf der Ebene des Bundes enthalten das Raumordnungsgesetz, insbesondere § 2 Abs. 1 Nr. 8 ROG, und das Bundesraumordnungsprogramm von 1975 umweltrelevante Vorgaben. Auf Landesebene müssen Landesraumordnungsprogramme[78] und Regionalpläne unterschieden werden, während im Bereich der Gemeinden **Flächennutzungspläne und Bebauungspläne** (vgl. insbesondere § 1a BauGB) für den Umweltschutz bedeutsam sind.

55 Im Gegensatz zu den Gesamtplänen beschränken sich die **Fachpläne** inhaltlich auf einzelne Themenkomplexe. So gibt es u.a. für
- das Medium Luft die Ausweisung von Smoggebieten[79] gemäß § 49 Abs. 2 BImSchG und Luftreinhalte- sowie Aktionspläne gemäß § 47 BImSchG[80],
- für das Medium Wasser in § 36 WHG wasserwirtschaftliche Rahmenpläne und in § 36b WHG Bewirtschaftungspläne,
- für die Landschaft in § 15 BNatSchG Landschaftsprogramme und Landschaftsrahmenpläne und in § 16 BNatSchG Landschaftspläne,
- für die Umweltschutzaufgabe „Entsorgung" Abfallwirtschaftspläne gemäß § 29 KrW-/AbfG und in § 18a Abs. 3 WHG Pläne zur Abwasserbeseitigung.

56 Umweltrechtlich bedeutsam ist ferner das **informale Verwaltungshandeln**[81]. Zum informalen Verwaltungshandeln gehören – als besondere Ausprägung des Kooperationsprinzips – die **Selbstbeschränkungsabkommen**[82] einzelner gewerblicher Unternehmen oder ganzer Wirtschaftszweige. Hier erklären sich Wirtschaftssubjekte zu einem bestimmten Verhalten bereit, ohne dazu rechtlich verpflichtet zu sein, z.B. um eine bevorstehende normative Regelung abzuwehren.

---

75 Näher *Peters*, Umweltverwaltungsrecht, 2. Auflage 1996, S. 58 f; *Keune*, in: *Kimminich*, Handwörterbuch des Umweltrechts, Bd. I, 2. Auflage 1994, Sp. 287 ff.
76 Vgl. § 54 BImSchG, § 55 KrW-/AbfG.
77 Ausführlich und mit umfassenden Nachweisen *Kloepfer*, Umweltrecht, 2. Auflage 1998, S. 197 ff.
78 Die Terminologie ist nicht einheitlich, z.T. wurden die Programme auch Landesentwicklungsprogramm, Landesraumordnungsplan oder Landesentwicklungsplan genannt.
79 Zu dem Problem, ob die Ausweisung von Schutzgebieten Plancharakter hat, s. *Hoppe/Beckmann/Kauch*, Umweltrecht, 2. Auflage 2000, § 7 Rdnr. 106 ff.
80 Ausführlich dazu *Jarass*, NVwZ 2003, 261 ff.
81 Ausführlich *Bohne*, VerwArch Bd. 75 (1984), 343 ff; *Schulte*, DVBl. 1988, 512 ff; *Hennecke*, NuR 1991, 267 ff; allgemein zu dieser Handlungsform *Maurer*, Allgem. VerwaltungsR, 14. Auflage 2002, § 15 Rdnr. 14 ff.
82 S. *Hoppe/Beckmann/Kauch*, Umweltrecht, 2. Auflage 2000, § 9 Rdnr. 107 ff; zu den Absprachen im Umweltrecht s. auch *Scherer*, DÖV 1991, 1 ff.

Allgemeines Umweltrecht **VIII B**

Beispiel: Freiwillige Selbstverpflichtung des Verbandes der Automobilindustrie e.V. und anderer Wirtschaftsverbände zur umweltgerechten Altautoverwertung im Rahmen des KrW-/AbfG vom 21.2.1996; Zusage der Getränkeindustrie an den zuständigen Bundesminister, eine Verwendung von Mehrwegverpackungen (Pfandflaschen) zu fördern. Mangels Erfolg dieses Abkommens hatte der Gesetzgeber auf der Grundlage des § 14 Abs. 2 S. 3 AbfG durch eine Rechtsverordnung (sog. PET-Verordnung) ein Pfand- und Rücknahmesystem errichtet. Die PET-Verordnung ist mittlerweile in der Verpackungsverordnung aufgegangen, welche nach dem nunmehr geltenden, strengeren § 24 Abs. 1 KrW-/AbfG verschärft werden kann.

Des Weiteren lassen sich auch **Warnungen** des Staates vor Umweltgefahren dem Bereich des informalen Handelns zuordnen. Hier stellen sich zahlreiche Rechtsprobleme, insbesondere ob eine Warnung dem Gesetzesvorbehalt unterfällt und welche Anforderungen an eine Rechtsgrundlage zu stellen sind[83]. 57

Beispiel: Warnung der Verbraucher durch die Landesregierung vor verdorbenen Teigwaren[84]; Warnung der Verbraucher durch das Umweltbundesamt vor der Verwendung von Toilettensteinen[85].

Zu den Instrumenten des Umweltrechts gehört ferner die **staatliche Eigenvornahme**[86], d.h. die Vornahme umweltschützender Maßnahmen durch den Staat selbst. 58

Beispiel: Abfallentsorgung durch die Stadt- und Landkreise (so z.B. § 6 bwAbfG); Endlagerung radioaktiver Abfälle durch das Bundesamt für Strahlenschutz (§ 23 Abs. 1 Nr. 2 AtG).

Ein weiteres Instrument des Umweltschutzes stellt das Umwelt-Audit dar, bei dem auf die freiwillige Kooperation von Unternehmen auf Grund betriebswirtschaftlicher Anreize gesetzt wird. Seit dem 11.4.1995 gilt die EU-Verordnung über die freiwillige Beteiligung gewerblicher Unternehmen an einem Gemeinschaftssystem für das Umweltmanagement und die Umweltbetriebsprüfung. 59

Eine umweltpolitische Alternative stellt das – in der Bundesrepublik bislang noch nicht eingeführte – **Zertifikatsmodell**[87] dar. Inhalt dieses Modells ist, dass für eine Region ein bestimmter Höchstwert an zulässigen Emissionen festgesetzt wird, der dann auf Emissionslizenzen (Zertifikate) verteilt wird. Emittenten können diese Zertifikate käuflich erwerben und im vorgegebenen Rahmen ihre Anlage betreiben. Ein solches Zertifikatsmodell kann unter Umständen zu wenig umweltgerechten Ergebnissen führen. 60

Beispiel: Im Klimaschutzprotokoll von Kyoto haben sich die Industrieländer im Dezember 1997 verpflichtet, die Emissionen von sechs Treibhausgasen künftig zu senken. Das Protokoll enthält insoweit allerdings ein „Schlupfloch". Auf Drängen der USA wurde ein Handel mit Emissionsrechten erlaubt[88]. Dieser Handel mit Verschmutzungsrechten könnte dazu führen, dass die Industriestaaten ihre Reduktionsverpflichtungen ausschließlich durch Handel erfül-

---

83 Weiterführend BVerfG, NJW 1989, 3269 ff und BVerwG, NJW 1989, 2272 ff; dazu *Meyer*, JuS 1990, 630 ff; *Kloepfer*, JURA 1993, 583 ff; *Böhm*, JA 1997, 794 ff.
84 OLG Stuttgart, NJW 1990, 2690 ff.
85 S. dazu die instruktive Falllösung von *Pinger*, JuS 1988, 53 ff.
86 *Kloepfer*, Umweltrecht, 2. Auflage 1998, S. 367 ff.
87 *Sparwasser/Engel/Voßkuhle,* Umweltrecht, 5. Auflage 2003, 2/121 ff; *Cansier*, in: Handwörterbuch des Umweltrechts, Bd. II, 2. Auflage 1994, Sp. 2541 ff; *Kloepfer*, JURA 1993, 583 ff.
88 Vgl. dazu: Klimaschutz durch Emissionshandel – Achte Osnabrücker Gespräche zum deutschen und europäischen Umweltrecht vom 26./27. April 2001, ZUR 2001, 353 ff.

VIII *Umweltrecht*

len, z.B. indem sie Verschmutzungsrechte von den deindustrialisierten Nachfolgerepubliken der ehemaligen Sowjetunion erwerben, sodass schlimmstenfalls überhaupt keine Reduktion der realen Emissionen erfolgt[89]. Bei der im November 2000 in Den Haag abgehaltenen internationalen Klimaschutzkonferenz scheiterte die erhoffte Verständigung der Umweltschützer auf eine deutliche Senkung des Kohlendioxidausstoßes vor allem am Widerstand der USA, Japans sowie der OPEC-Staaten. Während der amerikanische Präsident *Bush* einen Beitritt der USA zum Kyoto-Protokoll noch grundsätzlicher ablehnt als sein Vorgänger *Clinton*, gelang es im Juli 2001, wenigstens Japan, Kanada und Russland für einen Beitritt zu gewinnen. Mit diesem Verhandlungserfolg, welcher auf einer weiteren internationalen Klimaschutzkonferenz in Bonn erzielt wurde, ist es gelungen, auch ohne eine Beteiligung der USA ein In-Kraft-Treten des Kyoto-Protokolls zu ermöglichen. Der Erfolg von Bonn ist allerdings um den Preis erkauft, dass vielen der bereits in Den Haag erhobenen Forderungen, wie insbesondere einer größeren Anrechnungsmöglichkeit von Waldflächen, nachgegeben werden musste, sodass der erzielte Kompromiss als bloßes „Kyoto-light" kritisiert wurde. Die konkrete Ausgestaltung des Klimakompromisses blieb der Nachfolgekonferenz in Marrakesch vorbehalten, auf welcher im November 2001 ein konkretes Entscheidungspaket zur Umsetzung des Kyoto-Protokolls verabschiedet wurde[90].

Im Frühjahr 2002 erfolgte dann eine Ratifizierung des Kyoto-Protokolls durch die EU und auch die Bundesrepublik Deutschland. In der Zwischenzeit wurde im Rahmen der Europäischen Gemeinschaft auch mit Vorarbeiten zur Umsetzung des Kyoto-Protokolls begonnen. Zu diesem Zweck hat die EG-Kommission im Oktober 2001 einen Richtlinienvorschlag über ein System für den Handel mit Treibhausgasemissionsberechtigungen in der Gemeinschaft vorgelegt[91]. Die Besonderheit des Entwurfs ist insbesondere darin zu sehen, dass er sich zunächst auf Kohlendioxid-Emissionen beschränkt und dass das im Kyoto-Protokoll vorgesehene „emissions trading" zwischen den Staaten auf die Ebene der Unternehmen verlagert werden soll.

Ungeachtet der Zähigkeit, mit welcher der internationale Klimaschutz voranschreitet und ungeachtet der in Bonn und Marrakesch vereinbarten Zugeständnisse an nationale Eigeninteressen dürfte entscheidend sein, dass mit dem in Bonn erzielten Kompromiss ein Zeichen gesetzt wurde, welches einen breiten internationalen Konsens bezüglich der Notwendigkeit einer Verbesserung des Klimaschutzes signalisiert. Auch auf die USA dürfte angesichts dieser neugewonnenen weltweiten Solidarität der Druck wachsen, sich langfristig doch noch dem Kyoto-Protokoll anzuschließen.

1. Ordnungsrechtliche Kontrolle

61 Die ordnungsrechtliche Kontrolle ist nach wie vor das wichtigste Instrument des Staates bei der Durchsetzung des Umweltrechts. Zu unterscheiden ist zwischen erlaubnisfreien und erlaubnispflichtigen Vorhaben.

---

89 Politisch dürfte ein solches Nullsummenspiel allerdings nicht durchsetzbar sein, da mittlerweile eine nahezu weltweite Sensibilisierung der Öffentlichkeit für den Klimaschutz festgestellt werden kann, vgl. *Graichen/Harders*, ZUR 2002, 78 ff.
90 Näher dazu *Sach/Reese*, ZUR 2002, 69 f.
91 KOM 2001/0581 endg., ABl. EG Nr. C 075/E/33.

a) Erlaubnisfreie Vorhaben

Bei Betätigungen, welche die Umwelt nur gering belasten, wäre eine vorherige Erlaubnispflicht unverhältnismäßig. Hier genügt eine weniger einschneidende Kontrolle.

Beispiel: Einer Genehmigung nach dem BImSchG bedürfen nur solche Anlagen, von denen erhebliche Umwelteinwirkungen auf die Nachbarschaft ausgehen.

Bei den erlaubnisfreien Betätigungen kann der Staat zur Kontrolle eine **Anmelde-** und **Anzeigepflicht** einführen.

Beispiel: Eine Anmeldepflicht besteht nach § 4 ChemG. Eine Anzeigepflicht für die Stilllegung einer Deponie regelt § 36 KrW-/AbfG.

Erlaubnisfreie Betätigungen können ferner durch Ordnungsverfügungen überwacht werden. Falls gegen umweltrelevante Normen verstoßen wird, kann die Verwaltung (repressiv) einschreiten und die Einhaltung der Vorschriften verlangen.

Beispiel: Gegenüber nach dem BImSchG genehmigungsfreien Anlagen kann die zuständige Behörde mittels einer Anordnung (§ 24 BImSchG) oder einer Untersagung (§ 25 BImSchG) einschreiten.

b) Erlaubnispflichtige Vorhaben

Rechtlich bedeutsamer ist die Kontrolle erlaubnispflichtiger Vorhaben[92]. Dabei kann die Erlaubnispflicht vom Gesetzgeber auf verschiedene Weise ausgestaltet sein. Zum einen gibt es **präventive Verbote mit Erlaubnisvorbehalt**[93] (Kontrollerlaubnis). Hier wird ein an sich erlaubtes Verhalten präventiv einem Verbot unterstellt, um vorweg prüfen zu können, ob die Betätigung dem materiellen Recht entspricht. Das Verbot hat also nur den Zweck, die Durchführung eines Verfahrens zu gewährleisten. Erfüllt der Anspruchsteller die Voraussetzungen der Genehmigungsnorm, hat er einen Anspruch auf Erteilung der Erlaubnis[94]. Einen anderen Zweck verfolgen dagegen die **repressiven Verbote mit Befreiungsvorbehalt**[95] (Ausnahmebewilligungen). Hier wird ein bestimmtes Verhalten grundsätzlich verboten, z.B. wegen einer zu starken Belastung der Umwelt. Die Behörde kann aber in eng begrenzten Ausnahmefällen eine Erlaubnis erteilen.

Häufig ergibt sich die Situation, dass die Behörde zur Erteilung der Erlaubnis grundsätzlich bereit ist, aber – wegen noch bestehender Hindernisse – nicht uneingeschränkt. Dann können der Erlaubnis **Nebenbestimmungen** beigefügt werden[96]. Rechtsgrundlage hierfür ist die allgemeine Regelung des § 36 VwVfG, soweit sich nicht eine Spezialregelung im Umweltrecht findet (wie z.B. § 32 KrW-/AbfG und § 12 BImSchG, die Bedingungen und Auflagen zulassen).

---

92 Vgl. *Wahl*, in: Handwörterbuch des Umweltrechts, Bd. I, 2. Auflage 1994, Sp. 528 ff.
93 Allgemein hierzu *Maurer*, Allgem. VerwaltungsR, 14. Auflage 2002, § 9 Rdnr. 51 ff.
94 Vgl. z.B. § 6 BImSchG.
95 Allgemein hierzu *Maurer*, Allgem. VerwaltungsR, 14. Auflage 2002, § 9 Rdnr. 55.
96 Vgl. *Rengeling*, in: Handwörterbuch des Umweltrechts, Bd. II, 2. Auflage 1994, Sp. 1466 ff.

VIII *Umweltrecht*

67 Vor Erlass einer umfassenden Erlaubnis ergeht oft ein Vorbescheid oder eine Teilgenehmigung. Mit dem **Vorbescheid**[97] (z.B. § 9 BImSchG) wird über **einzelne Genehmigungsvoraussetzungen** eines Projekts abschließend und verbindlich entschieden. Der Vorbescheid ist ein **Verwaltungsakt**, sodass bereits einzelne rechtliche Voraussetzungen der Genehmigung bestandskräftig werden können. Bedeutung gewinnt der Vorbescheid vor allem bei der Genehmigung von Großprojekten. Angesichts umfangreicher Genehmigungsverfahren ist es – schon aus Kostengründen – von Vorteil, einzelne Fragen der Genehmigung vorab klären zu lassen.

Beispiel[98]: Der Kunststoffhersteller K benötigt für die Errichtung einer Großanlage eine Genehmigung nach § 4 BImSchG i.V.m. § 2 Abs. 1 S. 1 lit. a 4. BImSchVO i.V.m. Anhang 4. BImSchVO Nr. 4.1. Er beantragt einen Vorbescheid bezüglich der Zulässigkeit des Standorts und bekommt ihn auch erteilt. Als er die Genehmigung begehrt, wird sie ihm mit der Begründung verwehrt, an diesem Standort sei die Anlage nicht genehmigungsfähig; ein Vorbescheid sei nicht bindend.

68 Da der Vorbescheid ein Verwaltungsakt ist, ist die Behörde grundsätzlich an ihre Entscheidung gebunden[99]. Die Behörde kann jedoch die Wirksamkeit des Vorbescheides durch eine Aufhebung beseitigen. War der Vorbescheid rechtmäßig, kommt nur ein Widerruf gemäß § 21 BImSchG in Frage; war der Vorbescheid rechtswidrig, kann er unter den weniger strengen Voraussetzungen des § 48 VwVfG zurückgenommen werden. Allerdings wird es ebenfalls als zulässig angesehen, die Rücknahme analog auf § 21 BImSchG zu stützen[100].

69 Auch die **Teilgenehmigung**[101] bezweckt eine sinnvolle Aufgliederung des Genehmigungsverfahrens. Der Unterschied zum Vorbescheid besteht darin, dass die Teilgenehmigung ein abschließender Bescheid ist, beschränkt auf einen **Teil** des Vorhabens. Umweltrechtliche Teilgenehmigungen finden sich beispielsweise in § 8 BImSchG.

70 Für das **Genehmigungsverfahren** gelten im Grundsatz die allgemeinen Regeln des Verwaltungsverfahrens und damit auch die prinzipielle Nichtförmlichkeit des Verfahrens (§ 10 VwVfG). Für die Genehmigung umweltrelevanter Anlagen wird aber häufig die Durchführung eines Planfeststellungsverfahrens und/oder einer Umweltverträglichkeitsprüfung angeordnet. Beiden Verfahrenstypen ist gemein, dass unter Mitwirkung privater und öffentlicher Instanzen eine umfassende Bewertung des Vorhabens durchgeführt wird.

71 Die Durchführung eines **Planfeststellungsverfahrens**[102] hat der Gesetzgeber beispielsweise in § 9b AtG für die Endlagerung nuklearer Abfälle oder in § 31 Abs. 2

---

97 Allgemein hierzu *Badura*, in: *Erichsen* (Hrsg.), Allgem. VerwaltungsR, 12. Auflage 2002, § 38 Rdnr. 25 ff.
98 Beispiel nach BayVBl. 1986, 158, 188 ff.
99 Zu der ähnlichen Konstellation im Baurecht vgl. BVerwG, JZ 1990, 291 ff; anders insoweit § 38 Abs. 3 VwVfG.
100 *Jarass*, BImSchG, 5. Auflage 2002, § 21 Rdnr. 6 m.w.N.
101 Allgemein hierzu *Badura*, in: *Erichsen* (Hrsg.), Allgem. VerwaltungsR, 12. Auflage 2002, § 38 Rdnr. 25 ff.
102 Vgl. *Wahl*, in: Handwörterbuch des Umweltrechts, Bd. II, 2. Auflage 1994, Sp. 1624 ff; *Kloepfer*, Umweltrecht, 2. Auflage 1998, S. 234 ff; *Sparwasser/Engel/Voßkuhle*, Umweltrecht, 5. Auflage 2003, 4/102 ff.

Allgemeines Umweltrecht **VIII B**

KrW-/AbfG für die Errichtung von Abfalldeponien angeordnet. Der Ablauf des Planfeststellungsverfahrens richtet sich nach den Vorschriften der §§ 72 ff VwVfG, soweit sich nicht in den Umweltgesetzen Spezialregelungen finden.

Das Planfeststellungsverfahren wird gemäß § 73 Abs. 1 VwVfG mit der Einreichung des Plans durch den Träger des Vorhabens eingeleitet. Dann erfolgt eine Beteiligung der betroffenen Behörden (§§ 73 Abs. 2 VwVfG) und der Bürger (§ 73 Abs. 3 VwVfG). Schließlich findet ein umfassender Erörterungstermin statt (§ 73 Abs. 6 VwVfG) und das Verfahren wird durch den Planfeststellungsbeschluss (§ 74 Abs. 1 VwVfG) beendet. **72**

Bedeutsam sind **Rechtswirkungen** der Planfeststellung: Nach § 75 Abs. 1 VwVfG regelt der Planfeststellungsbeschluss **alle öffentlich-rechtlichen Beziehungen** zwischen dem Vorhabensträger und den Betroffenen **abschließend**; für privatrechtliche Rechtswirkungen gilt § 75 Abs. 2 VwVfG. Damit braucht der Träger des Vorhabens auch keine weiteren behördlichen Entscheidungen einzuholen. Das Planfeststellungsverfahren hat eine **umfassende Konzentrations- und Gestaltungswirkung**[103]. **73**

Besonderheiten gelten für das umweltrelevante Verwaltungsverfahren auch insofern, als nach Einführung des Gesetzes über die Umweltverträglichkeitsprüfung (UVPG) in bestimmten Fällen eine **Umweltverträglichkeitsprüfung** durchzuführen ist[104]. **Zweck** des UVPG ist – als Ausprägung des Vorsorgeprinzips – die Herstellung einer möglichst effektiven **Umweltvorsorge**. Das bedeutet: Vorhaben sollen **frühzeitig** und **umfassend** auf ihre Umweltverträglichkeit überprüft werden[105]. Das Erfordernis der Frühzeitigkeit wird dadurch verwirklicht, dass die UVP bei der Vorhabenszulassung durchgeführt wird. Eine umfassende Überprüfung bedeutet, dass die UVP medienübergreifend ist; d.h., es sollen alle Auswirkungen auf Menschen, Tiere, Pflanzen, Boden, Wasser, Klima und Landschaft und die zwischen ihnen bestehenden Wechselwirkungen sowie die Auswirkungen auf Kultur- und sonstige Sachgüter erfasst werden (§ 1 Nr. 1, § 2 Abs. 1 UVPG). **74**

Der Anwendungsbereich der Umweltverträglichkeitsprüfung wurde durch die Umsetzung der UVP-Richtlinie im Jahre 2001 erheblich ausgeweitet. Im Einzelnen ist die UVP vom Gesetzgeber damit wie folgt ausgestaltet worden[106]: **75**

– Eine UVP ist nur bei der **Zulassung** umweltbedeutsamer Vorhaben vorzunehmen. Für nachträgliche Maßnahmen ist das UVPG daher kein Maßstab. Zudem gilt das UVPG – abschließend – nur für solche Vorhaben, die in Anlage 1 zu § 3 Abs. 1 UVPG genannt sind; Einzelheiten zur UVP-Pflicht im konkreten Fall sind dann in den §§ 3a – 3f UVPG geregelt. Gemäß § 3 Abs. 1 S. 2 UVPG wird die Bundesregierung allerdings ermächtigt, durch Rechtsverordnung mit Zustimmung des Bundesrates auch bestimmte weitere Vorhaben i.S. des § 3

---

103 *Sparwasser/Engel/Voßkuhle*, Umweltrecht, 5. Auflage 2003, 4/158 ff.
104 Ergänzt wird das UVPG durch die Landesgesetze über die Umweltverträglichkeitsprüfung; diese gelten für die der Gesetzgebungskompetenz der Länder unterliegenden umweltrelevanten Vorhaben.
105 *Soell/Dirnberger*, NVwZ 1990, 705 ff.
106 Vertiefend hierzu *Enders/Krings*, DVBl. 2001, 1242 ff; *Feldmann*, DVBl. 2001, 588 ff; *Koch/Siebel-Huffmann*, NVwZ 2001, 1081 ff; vgl. zur bisherigen Rechtslage auch *Weber/Hellmann*, NJW 1990, 1625 ff; *Schink/Erbguth*, DVBl. 1991, 414 ff und *Jarass*, NuR 1991, 201 ff.

VIII *Umweltrecht*

Abs. 1 Nr. 1 und 2 UVPG dem Erfordernis einer Umweltverträglichkeitsprüfung zu unterwerfen.

– Gemäß § 4 UVPG findet das UVPG nur Anwendung, soweit nicht schon in einem Fachgesetz eine „strengere" inhaltliche Bewertung der Umweltverträglichkeit enthalten ist (**Subsidiarität des UVPG**). Bestimmt das Fachgesetz einen mindestens gleichwertigen Standard, so richtet sich die UVP inhaltlich nur nach diesem Gesetz. Das UVPG will also lediglich einen Mindeststandard garantieren[107].

– Zu beachten ist ferner, dass die UVP kein eigenständiges Verwaltungsverfahren darstellt. Die UVP ist vielmehr **unselbstständiger Teil des Genehmigungsverfahrens** (§ 2 Abs. 1 S. 1 UVPG). So kann eine UVP z.B. im Bebauungsplanverfahren durchzuführen sein. In diesem Fall wird den verfahrensrechtlichen Anforderungen der UVP durch die §§ 2-4a BauGB Rechnung getragen, sodass die Verfahrensschritte zur Aufstellung eines Bebauungsplanes dem BauGB entnommen werden können.

– Der **Ablauf** der UVP ist in den §§ 5ff. UVPG geregelt: Zunächst legen nach § 5 UVPG der Vorhabensträger und die zuständige Behörde den Untersuchungsrahmen fest (sog. „scoping")[108]. Nachdem der Träger des Vorhabens seine Unterlagen über die Umweltauswirkungen vorgelegt hat (§ 6 UVPG), holt die Behörde die Stellungnahmen anderer Behörden ein (§ 7 UVPG). Dann erfolgt die Öffentlichkeitsbeteiligung (§ 9 UVPG). Gerade letztere hat durch die jüngste Gesetzesnovellierung eine weit reichende Änderung erfahren. So sind künftig nicht mehr lediglich die von einem Vorhaben Betroffenen über die Zulässigkeitsentscheidung zu informieren, sondern ist diese vielmehr in entsprechender Anwendung des § 74 Abs. 5 S. 2 VwVfG öffentlich bekanntzumachen (vgl. § 9 Abs. 2 UVPG). Darüber sind im UVPG mit §§ 9a und 9b UVPG jetzt erstmals auch Regelungen über die grenzüberschreitende Öffentlichkeitsbeteiligung enthalten. Hat die Behörde schließlich Kenntnis der erforderlichen Unterlagen und Stellungnahmen erlangt, stellt sie die Umweltauswirkungen zusammenfassend dar (§ 11 UVPG) und bewertet sie (§ 12 UVPG). Die Bewertung wird dann bei der Entscheidung über die Zulassung berücksichtigt[109].

76   Rechtsprobleme in Bezug auf das UVPG können in verschiedener Weise auftreten[110].

Beispiel[111]**:** Im Genehmigungsverfahren einer Anlage führt die zuständige Behörde – obwohl das UVPG dies verlangt hätte – keine UVP durch und genehmigt die Anlage. Im Klagewege wendet sich ein Nachbar gegen die Genehmigung.

77   Das Unterlassen der UVP stellt einen Rechtsfehler dar. Fraglich ist nur, ob der Fehler materiell-rechtlicher oder/und verfahrensrechtlicher Art ist. Hier gilt, dass das UVPG in den §§ 5-9 Verfahrensvorschriften enthält. Ein Verstoß hiergegen ist als formeller Fehler anzusehen. Jedoch stellt das UVPG auch inhaltliche Anforderungen, nämlich gemäß § 2 Abs. 1 UVPG die Ermittlung und Bewertung der Umweltauswirkungen. Werden diese Vorgaben nicht eingehalten, so liegt insoweit auch ein materiell-rechtlicher Fehler vor[112]. Fehlt eine UVP gänzlich, ist dies daher formell und materiell fehlerhaft.

---

107   *Peters*, Umweltverwaltungsrecht, 2. Auflage 1996, S. 15.
108   Vgl. hierzu *Nisipeanu*, NVwZ 1993, 319 ff.
109   Zur Bewertung vgl. *Beckmann*, DVBl. 1993, 1335 ff.
110   Vgl. *Weber/Hellmann*, NJW 1990, 1625 ff.
111   Zu dem Themenkomplex „Rechtsschutz bei der UVP", siehe *Beckmann*, DVBl. 1991, 358 ff; *ders.*, NVwZ 1991, 427 ff.
112   So die h.M., s. nur *Lange*, DÖV 1992, 780 f; a.A. *Schmidt-Preuß*, DVBl. 1995, 485 ff.

Rügen kann ein Nachbar die Rechtsverletzung indessen nur, soweit ihm ein subjektives Recht zusteht, d.h. falls die verletzten Vorschriften des UVPG auch seinen Schutz bezwecken[113]. Nach Ansicht des Bayerischen Verwaltungsgerichtshofs[114] begründet allerdings die schlichte Behauptung eines Nachbarn, dass eine gebotene UVP nicht durchgeführt worden sei, noch keine Klagebefugnis. Insbesondere verleihe das UVPG keine selbstständige, über § 42 Abs. 2 VwGO hinausgehende Klagebefugnis.

2. Umweltabgaben

Der Begriff der Umweltabgaben steht für alle öffentlich-rechtlichen Abgaben, die einen Bezug zum Umweltschutz aufweisen. Die Erhebung solcher Umweltabgaben zur Verhinderung umweltgefährdenden Verhaltens tritt in der öffentlichen Diskussion immer mehr in den Vordergrund. Die ungezählten Vorschläge zu Umweltabgaben reichen von einzelnen Abgaben zur Abfallvermeidung, zum Naturschutz, zum Gewässerschutz, zur Luftreinhaltung und zur Lärmbekämpfung bis hin zu umfassenden „Ökosteuer-Reformen"[115]. Ihre Begründung findet die Erhebung von Umweltabgaben in der ökonomischen Theorie: Danach entsprechen Umweltabgaben im Gegensatz zum ordnungsrechtlichen Instrumentarium dem marktwirtschaftlichen Prinzip. Sie belegen bislang kostenlose Umweltgüter mit einem Preis und führen so zu einer Internalisierung der sozialen (externen) Kosten der Umweltnutzung, d.h., die Kosten der Umweltschäden werden auf den Verursacher rückverlagert. Gleichzeitig entsteht ein Anreiz zu umweltverträglicheren Verhaltensweisen; finanzielle Vorteile gegenüber umweltbewussten Wirtschaftssubjekten, die durch die Nichtvornahme von Vermeidungsmaßnahmen entstehen, werden abgeschöpft. Weiterhin wird dem Adressaten die Wahlfreiheit gegeben, die ökonomisch effizientesten Vermeidungsmaßnahmen zuerst umzusetzen. Darüber hinaus sollen Umweltabgaben dynamischer wirken als ordnungsrechtliche Vorgaben, weil sie nicht auf einen bestimmten Umweltstandard fixiert sind und so zusätzliche Vermeidungsstrategien herbeiführen.

Die praktische Umsetzung dieser Vorstellungen stößt indessen auf erhebliche Nachteile und Schwierigkeiten: Die Bestimmung des richtigen Abgabensatzes und die Wahl der Bemessungsgrundlage (Abgabenhöhe) sind mangels Quantifizierbarkeit der Umweltschäden und mangels Vorhersehbarkeit der Verhaltensstruktur der Wirtschaftssubjekte nicht möglich. Höchst problematisch bleibt auch die Bestimmbarkeit der Verursacher bei multikausalen Umweltbelastungen. Zusätzlich ist auf die für jede Abgabenlenkung typische Wirkungsunschärfe[116] hinsichtlich des Eintritts des Len-

---

113 Da das UVPG Ausdruck des Vorsorgeprinzips ist, kann man schon deshalb am Individualschutz des UVPG zweifeln; vgl. *Beckmann*, DVBl. 1991, 358 f.
114 BayVGH, NVwZ 1993, 906 ff; a.A. noch *Kern*, DÖV 1989, 932 ff. Vgl. ausführlich zum Rechtsschutz Drittbetroffener bei der UVP *Beckmann*, DVBl. 1991, 358 ff.
115 Zu den Vorschlägen *Gosch*, StuW 1990, 205 f; *Arndt*, Rechtsfragen einer deutschen CO_2-Energiesteuer, 1995; *Jenzen*, Energiesteuern im nationalen und internationalen Recht, 1998. Bemerkenswert ist der eigene Abschnitt „Umweltabgaben" im Umweltgesetzbuch-Entwurf der Sachverständigenkommission, s. *Kloepfer/Durner*, DVBl. 1997, 1081 ff.
116 Dies wirft die Frage nach der Geeignetheit auf; so auch *Kloepfer*, Umweltrecht, 2. Auflage 1998, S. 327. Der Geeignetheit bzw. der Zwecktauglichkeit ist allerdings bereits Genüge getan, wenn die

VIII *Umweltrecht*

kungsziels und hinsichtlich der zeitlichen Verzögerung zwischen Einsatz und Erfolg von Umweltabgaben hinzuweisen. Deshalb sind Umweltabgaben zur raschen Bewältigung dringender Gefahrenlagen und zur Vermeidung irreversibler Entwicklungen ungeeignet[117].

81 Sinnvoll sind Umweltabgaben daher nur in einem **Instrumentenverbund** zusammen mit ordnungsrechtlichen Regelungen, wie dies in dem zusammenwirkenden Abwasserabgabengesetz und Wasserhaushaltsgesetz verwirklicht wurde. Aber auch im Instrumentenverbund gilt grundsätzlich: Je größer die Regelungsdichte, je höher das Anspruchsniveau, je kürzer die Vollzugsfristen und je enger die Beurteilungs- und Ermessensspielräume ausgestaltet sind, desto geringer ist der Beitrag, den die Abgabe wirtschaftlich und ökologisch leisten kann[118].

82 Den Umweltabgaben liegt die allgemeine abgabenrechtliche **Einteilung** in **Steuern, Gebühren, Beiträge** und **Sonderabgaben** zu Grunde. Bei der juristischen Beurteilung von Umweltabgaben handelt es sich überwiegend um die finanzverfassungsrechtliche Abgrenzungsproblematik der einzelnen Abgabenarten untereinander und um die Grenzen des Abgabenerfindungsrechts[119]. Darüber hinaus wird die Zulässigkeit von Umweltabgaben aber auch auf europarechtlicher Ebene verstärkt diskutiert[120].

a) Steuern

83 **Unter Steuern versteht man Geldleistungen, die keine Gegenleistung für eine besondere Leistung darstellen und die vom öffentlichen Gemeinwesen allen auferlegt werden, bei denen ein entsprechender Tatbestand zutrifft.** Dass Steuern zu umfangreichen und weit reichenden Lenkungszwecken eingesetzt werden können, folgt bereits aus § 3 Abs. 1 2. HS AO, wonach die Erzielung von Einnahmen Nebenzweck sein kann. Verfassungsrechtliche Bedenken sind erst dann zu erheben, wenn der Fiskalzweck nicht einmal mehr als Nebenzweck gegeben ist (Verbot der Erdrosselungssteuer)[121]. Deshalb hat das Bundesverfassungsgericht innerhalb des materiellen Verfassungsrechts dem Steuergesetzgeber einen sehr weiten Entscheidungs- und Ermessensspielraum eingeräumt. Solange die äußersten Grenzen, insbesondere Art. 3, 12 und 14 GG, nicht überschritten werden, ist es unwahrscheinlich, dass das

---

Prognose des Gesetzgebers bei der Beurteilung wirtschaftspolitischer Zusammenhänge, welche dem Gesetzeserlass vorauszugehen hat, sachgerecht und vertretbar war, selbst wenn sie sich später als Fehlprognose erweist; vgl. BVerfGE 30, 250, 263 m.w.N.; 36, 66, 71; *Kloepfer*, JURA 1993, 583, 588.

117 Zu den Vor- und Nachteilen vgl. *Oldiges*, Abgabenrechtliche Verhaltenssteuerung im Umweltrecht, 2000; *Kirchhof*, Umweltschutz im Abgaben- und Steuerrecht, 1993; *Sparwasser/Engel/Voßkuhle*, Umweltrecht, 5. Auflage 2003, 2/134 ff; *Franke*, StuW 1990, 217 ff.
118 BMF, Abgaben zur Förderung des Umweltschutzes, (Arbeitspapier) 1989, S. 3.
119 Dazu *Arndt*, in: *Harms* (Hrsg.), Konturen eines Energiemarktes, 1989, S. 127 ff; *ders.*, BB 1992, Beilage 8 zu Heft 13; *Heun*, DVBl. 1990, 666 ff; *Gosch*, StuW 1990, 201 ff; *Hendler*, AöR 105 (1990), 577 ff, 595 ff; *Schmidt*, NVwZ 1991, 36 ff.
120 Vgl. dazu *Seidel*, NVwZ 1993, 105 ff; *Hilf*, NVwZ 1992, 105 ff; *Müller*, Möglichkeiten und Grenzen der indirekten Verhaltenssteuerung durch Abgaben im Umweltrecht, 1994.
121 BVerfGE 16, 147, 161; 38, 61, 81.

Bundesverfassungsgericht aus materiellen Erwägungen eine ökologisch begründete Steuer zu Fall bringen wird[122].

In formeller Hinsicht ist bei der Erfindung von Lenkungssteuern umstritten, ob diese neben der in Art. 105 GG geregelten Steuererhebungskompetenz noch eines zusätzlichen Sachkompetenztitels in Art. 73 ff bedarf. Das BVerfG hat diese Frage verneint, da das Grundgesetz „die Steuer- und die Sachgesetzgebungskompetenz als jeweils eigenständige Regelungsbereiche" trenne und auch die Lenkungssteuer auf Grund des auch bei dieser verbleibenden Finanzierungszwecks der Regelungskompetenz des Steuergesetzgebers überantworte[123]. **84**

Bisher wurden zur Förderung umweltpolitischer Ziele im Steuerrecht hauptsächlich Steuervergünstigungen (Verschonungssubventionen) gewährt[124]. Die rot-grüne Regierungskoalition hat nunmehr jedoch den Einstieg in die ökologische Steuer- und Abgabenreform, die eine Energiesteuer und eine Senkung der gesetzlichen Sozialabgaben zum Inhalt hat, vollzogen. Das am 1.4.1999 in Kraft getretene Gesetz sieht eine Besteuerung von Strom, Heizöl, Gas und Kraftstoffen vor. Hierfür wurde die Mineralölsteuer für Kraftstoffe sukzessive um jeweils 6 Pfennig pro Jahr erhöht und eine Stromsteuer von 2 Pfennig pro kWh eingeführt. Die Steuer für Heizöl wurde um 4 Pfennig pro Liter und für Gas um 0,32 Pfennig pro kWh angehoben. Soweit Heizöl und Gas zur Stromerzeugung eingesetzt werden, sind diese von der Primärenergiesteuer ausgenommen, sodass bei Strom regelmäßig eine Endenergiebesteuerung erfolgt. **85**

Steuerpolitisch problematisch ist bei „Ökosteuern", dass sie zu sinkenden Einnahmen führen, wenn sie ihren Lenkungszweck erfüllen. Für den Staat ist jedoch eine stetige Steueraufkommensentwicklung unverzichtbar. Selbst wenn sich das Steueraufkommen durch immer höhere Steuersätze und weitere „umweltschädliche" Steuertatbestände insgesamt aufkommensneutral gestalten ließe, wäre ein derartiges Steuersystem letztlich unbeständig und somit untauglich, den Staat mit stetiger Finanzkraft auszustatten[125]. Überdies wären sowohl der Gesetzgeber als auch die Finanzverwaltung durch den permanenten Anpassungsdruck überfordert. **86**

b) Gebühren

Gebühren sind öffentlich-rechtliche Geldleistungen, die wegen individuell zurechenbaren, öffentlichen Leistungen dem Gebührenschuldner auferlegt werden und dazu bestimmt sind, in Anknüpfung an diese Leistung deren Kosten ganz oder teilweise zu decken. Das Gegenleistungsverhältnis ist zugleich wesentliche Zulässigkeitsvoraussetzung für die Gebühr und Abgrenzungskriterium zur Steuer. Daneben sind nach einem Grundsatzurteil des Bundesverfassungsgerichts aber auch **87**

---

122 Vgl. *Arndt*, WiVerw 1990, 14 ff; *Seidel*, NVwZ 1993, 105 ff; *Arndt*, Rechtsfragen einer deutschen CO$_2$-Energiesteuer, 1995, 130 ff.
123 Vgl. BVerfG, NJW 1998, 2341, 2342.
124 Vgl. nur §§ 3b, d KraftStG, § 2 Abs. 1, 4 MinöStG, bis 1990 § 7d EStG und § 82a EStDV.
125 Hierzu und zu weiteren Problemen einer Ökologisierung des deutschen Steuerrechts *Tipke/Lang*, Steuerrecht, 17. Auflage 2002, § 8 Rdnr. 111 ff m.w.N.

lenkende Gebühren grundsätzlich anzuerkennen[126]. Die klassischen Verwaltungs- und Benutzungsgebühren sind als Umweltlenkungsinstrumente nur von untergeordneter Bedeutung. **Verwaltungsgebühren** werden für die Vornahme von Amtshandlungen oder sonstigen Tätigkeiten der Verwaltung erhoben. Da aber selbst lenkende Verwaltungsgebühren lediglich an eine einmalige Amtshandlung anknüpfen, sind sie als Maßnahmen zur Schonung der Umwelt kaum wirksam. **Benutzungsgebühren** werden für die Inanspruchnahme öffentlicher Einrichtungen erhoben. Ihre umweltbezogene Bedeutung liegt im Bereich der kommunalen Abfall- und Abwasserbeseitigung, wobei hier die Kostendeckung der benutzten Einrichtung im Vordergrund steht. Umweltlenkenden Charakter erhalten die Benutzungsgebühren etwa durch Gebührenprogression statt der noch anzutreffenden degressiven Tarife für Wasser-Großverbraucher, durch Starkverschmutzerzuschläge o. Ä..[127]. Als dritter Gebührentyp wird im Schrifttum die **Verleihungsgebühr** bzw. Konzessionsabgabe genannt[128]. Sie wird für die Einräumung eines Rechts erhoben, das einen wirtschaftlichen Vorteil begründet. Der Verleihungsgebühr wird eine besondere Bedeutung als Umweltabgabe beigemessen, denn bereits durch die Rechtsverleihung, der ein gesetzliches Verbot vorausgeht, kann der Gesetzgeber lenkend eingreifen.

88 Aus verfassungsrechtlicher Sicht erweist sich auch die Möglichkeit der Gestaltung der **Gebührenhöhe** als nicht unproblematisch. Mit der grundsätzlichen Anerkennung (umwelt-) lenkender Verwaltungs- und Benutzungsgebühren verlieren das sonst für die Gebührenbemessung herangezogene Äquivalenz- und das Kostendeckungsprinzip an Aussagekraft, weil die Gebührenhöhe nicht mehr durch die Kosten der öffentlichen Leistung begrenzt wird. Dadurch verschwimmt die Abgrenzung zur Steuer. An die Stelle des Äquivalenz- und Kostendeckungsprinzips tritt der – konturenärmere – Gleichheitssatz und der Grundsatz der Verhältnismäßigkeit[129]. Die Gefahr der Steuerähnlichkeit solcher Gebühren ist nicht zu übersehen, vermag aber bei der Verwaltungs- und Benutzungsgebühr durch eben jene Verfassungsgrundsätze noch im Zaum gehalten zu werden. Bei der Verleihungsgebühr hingegen greift dieser Maßstab mangels staatlicher Kosten nicht; die Abgrenzung zur Steuer ist nicht mehr möglich[130].

c) Beiträge

89 Beiträge stehen in naher Artverwandtschaft zu den Gebühren. Lediglich das Merkmal der „tatsächlichen Inanspruchnahme" des gewährten Vorteils, das nur bei Gebüh-

---

126 BVerfGE 50, 217, 226; i.Ü. auch h.M., vgl. *Kloepfer*, AöR 97 (1972), 232, 246 f.
127 Dazu *Messerschmidt*, Umweltabgaben als Rechtsproblem, 1986, S. 42 m.w.N.; *Hendler*, VBlBW 1991, 124 ff.
128 Z.B. *F. Kirchhof*, DVBl. 1987, 555 ff; *Pietzcker*, DVBl. 1987, 777 ff m.w.N.; *Sacksofsky*, Umweltschutz durch nicht-steuerliche Abgaben, 2000, S. 95 ff.
129 BVerfGE 50, 217, 227.
130 Das BVerfG hat sich dagegen in seiner richtungsweisenden Entscheidung zum baden-württembergischen Wasserpfennig für die grundsätzliche Zulässigkeit von Verleihungsabgaben ausgesprochen, vgl. BVerfGE 93, 319 ff; näher zum Problem der finanzverfassungsrechtlichen Zulässigkeit von Umweltabgaben *Sacksofsky*, Umweltschutz durch nicht-steuerliche Abgaben, 2000, S. 50 ff; *Meyer*, NVwZ 2000, 1000 ff.

ren, nicht aber bei Beiträgen vorliegen muss, unterscheidet sie voneinander. Auf die Behandlung von Beiträgen kann mangels praktischer Relevanz im Umweltbereich verzichtet werden.

d) Sonderabgaben

Sonderabgaben sind Geldleistungen, die bestimmten Wirtschaftsgruppen im Hinblick auf vorgegebene besondere wirtschaftliche Zusammenhänge gesetzlich auferlegt werden[131]. Sonderabgaben werden ebenfalls wie Steuern weitgehend gegenleistungslos geschuldet. Damit steht jede Sonderabgabe zwangsläufig in Konkurrenz zur Steuer. **Wegen der drohenden Aushöhlung der ausgewogenen Finanzverfassung, die sich ausschließlich auf Steuern bezieht, müssen Sonderabgaben gegenüber den Steuern die seltene Ausnahme sein und sind selbst dann nur unter strengen Voraussetzungen zulässig**[132]. 90

Das Bundesverfassungsgericht unterscheidet im Wesentlichen **Sonderabgaben mit Finanzierungsfunktion** und solche mit **Antriebs-** bzw. **Lenkungsfunktion**. Sonderabgaben mit Finanzierungsfunktion, zu denen auch die sog. Ausgleichs-Finanzierungsabgaben gehören, dürfen nur erhoben werden, wenn sie sich auf einen **besonderen Zurechnungsgrund** stützen lassen. Dieser liegt nur dann vor, wenn es sich bei den Abgabepflichtigen um eine **homogene Gruppe** handelt, die in einer **besonderen Sachnähe** zu dem mit der Abgabenerhebung verfolgten Zweck steht, und der Zweck auf Grund der Sachnähe in die Sach- bzw. **Gruppenverantwortung** der belasteten Gruppe fällt. 91

Gerade bei Umweltsonderabgaben wird vielfach das Kriterium der Gruppenverantwortung durch das Verursacherprinzip ausgefüllt[133]. Die Verursacher stehen in einer besonderen Sachnähe zu dem Zweck der Abgabe, die für die ihnen zurechenbare Beeinträchtigung öffentlicher Belange erhoben wird. Auf Grund der Verursacherschaft (Sachnähe) soll Gruppenverantwortung erwachsen[134]. Schließlich muss das Abgabenaufkommen **gruppennützig**, d.h. im Interesse der Gruppe verwendet werden[135]. Damit erweist sich die Gruppennützigkeit als das größte Zulässigkeitsproblem von Umweltsonderabgaben, denn oftmals profitiert von der Verwendung des Abgabeaufkommens nicht nur die belastete Gruppe, sondern ebenso sehr die Allgemeinheit. 92

Für **reine** Lenkungsabgaben und Ausgleichsabgaben eigener Art, die **keinen** Finanzierungszweck verfolgen, sind die Maßstäbe der Sachnähe mit der daraus entspringenden Gruppenverantwortung sowie der gruppennützigen Verwendung dagegen 93

---

131 BVerfGE 55, 274, 297; 92, 91 ff. Zu Sonderabgaben s. auch *Osterloh*, JuS 1982, 421 ff. *Schaefer*, Der verfassungsrechtliche Steuerbegriff, 1997, 107 ff.
132 BVerfGE 55, 274, 308; 82, 159, 181.
133 Vgl. zu einer Zurechnung von Verantwortung nach dem Verursacherprinzip auch – außerhalb des Abgabenrechts – die so genannte Produktverantwortung der Wirtschaft, dazu unten, Rdnr. 213 ff.
134 Vgl. *Messerschmidt*, DVBl. 1987, 930 f; *Kirchhof*, in: Handbuch des Staatsrechts, Bd. IV, 2. Auflage 1999, § 88 Rdnr. 251 ff.
135 Dazu näher BVerfGE 55, 274, 297 ff; 67, 256, 274 ff; 82, 159, 179 ff.

nicht anzulegen¹³⁶. Der Regelungszweck dieser Abgabenkategorie ist dann erreicht, wenn das Abgabenaufkommen infolge eines entsprechenden (umweltschonenden) Verhaltens der Abgabepflichtigen gegen Null tendiert. Da aber Ausgleichs- oder Lenkungsabgaben nur höchst selten in reiner Form vorkommen, diese Abgaben vielmehr in der Regel einen Mischcharakter – Ausgleich, Lenkung und Finanzierung – aufweisen, sind auch diese meist als Sonderabgaben zu qualifizieren, welche den strengeren Kriterien entsprechen müssen¹³⁷.

94 Als Beispiel für umweltrechtliche Sonderabgaben können die Abwasserabgabe für die Einleitung von Abwässern in Gewässer¹³⁸ und die Naturschutzausgleichsabgaben in einigen Bundesländern aufgeführt werden. Naturschutzausgleichsabgaben werden bei nicht ausgleichbaren Eingriffen in die Natur erhoben¹³⁹. In Hessen und Baden-Württemberg gibt es ferner den sog. „Wasserpfennig", eine Abgabe für die Benutzung von Grundwasser. Das Bundesverfassungsgericht hat den „Wasserpfennig" für verfassungsgemäß gehalten¹⁴⁰. Dabei hat es – erstaunlicherweise – keine ausdrückliche Qualifikation dieser Abgabe vorgenommen. Das Gericht sieht Wassernutzungsentgelte als gegenleistungsabhängig an und sagt lediglich, dass der ihnen zugrunde liegende Vorteilsausgleichsgedanke auch der herkömmlichen Rechtfertigung der Gebühr entspreche. Soweit es um die Abgrenzung der Umweltabgaben geht, hat die Entscheidung mehr Verwirrung als Klarheit geschaffen. Für die Frage der Kompetenzgrundlage und des Abgabenerfindungsrechts aber ist es – wie eingangs ausgeführt – unabdingbar, eine Umweltabgabe entweder als Steuer, als Gebühr oder als Sonderabgabe zutreffend einzuordnen.

Literatur
Böhm, Die Wirksamkeit von Umweltlenkungsabgaben am Beispiel des AbwAG, 1990; *Enders/Krings*, Zur Änderung des Gesetzes über die Umweltverträglichkeitsprüfung durch das Artikelgesetz zur Umsetzung der UVP-Änderungsrichtlinie, DVBl. 2001, 1242 ff; *Kothe*, Das neue Umweltauditrecht, 1997; *Müller*, Möglichkeiten und Grenzen der indirekten Verhaltenssteuerung durch Abgaben im Umweltrecht 1994; *Schierbaum/Nahrmann*, AuB 18 (1997), 36 ff; *Schink*, Die Umweltverträglichkeitsprüfung: offene Konzeptfragen, DVBl. 2001, 321 ff.

---

136 BVerfGE 57, 139, 167; 67, 256, 277. Der Grund für die weit weniger strengen Voraussetzungen liegt darin, dass bei den Lenkungsabgaben nicht die Finanzierung einer besonderen Aufgabe Anlass ihrer Einführung ist und daher die Finanzverfassung kaum bedroht wird.
137 Vgl. dazu BVerfGE 67, 256, 278; *Arndt*, Steuern, 1983, S. 41 ff; *Henseler*, NVwZ 1985, 398 ff; *Schaefer*, Der verfassungsrechtliche Steuerbegriff, 1997, 118 ff.
138 S. Abwasserabgabengesetz (AbwAG) i.d.F. der Bekanntmachung vom 3.11.1994, vgl. *Gaweh*, ZUR 1993, 159 ff.
139 Siehe dazu § 8 Abs. 9 BNatSchG, insbesondere in Baden-Württemberg: § 11 Abs. 3, 5, 6 bw-NatSchG; vgl. dazu *Schaefer*, Der verfassungsrechtliche Steuerbegriff, 1997, 131 ff.
140 BVerfGE 93, 319 ff; vgl. dazu *Schaefer*, Der verfassungsrechtliche Steuerbegriff, 1997, 115 ff; *Raber*, NVwZ 1997, 219 ff.

V. Haftung für Umweltschäden

Beeinträchtigt ein Privater oder die öffentliche Hand die Umwelt, so kommt eine 95
Haftung des Schädigers für die entstandenen Schäden in Betracht. Hierfür stellt die
Rechtsordnung dem Geschädigten eine Reihe von Haftungsnormen zur Verfügung.
Die Gesamtheit aller umweltbedeutsamen Haftungsnormen bildet das Umwelthaftungsrecht.

Unterschieden wird zwischen der **privatrechtlichen Umwelthaftung** (Ansprüche 96
gegen Private) und der **öffentlich-rechtlichen Umwelthaftung** (Ansprüche gegen
den hoheitlich handelnden Staat). Zu beachten ist aber, dass der Einzelne niemals Ersatz für die Zerstörung der Umwelt **als solcher** verlangen kann; es muss stets ein **individuelles**, ihm zustehendes **Recht** verletzt sein[141]. Nur dann liegt ein im Wege der
Umwelthaftung ersatzfähiger Schaden vor.

1. Privatrechtliche Umwelthaftung

Privatrechtliche Haftungsnormen auf Ersatz von Umweltschäden finden sich verstreut im Zivilrecht, insbesondere in dem am 1.1.1991 in Kraft getretenen Umwelthaftungsgesetz (UmweltHG). Die „alten" Regelungen bleiben dennoch wichtig, denn 97
sie sind **neben** dem UmweltHG anwendbar (§ 18 Abs. 1 UmweltHG) und konstituieren zum Teil sogar weitergehende Ansprüche als das UmweltHG (z.B. Schmerzensgeld nach § 847 BGB).

Für die **privatrechtliche Umwelthaftung** sind insbesondere relevant[142]: 98
- die **Gefährdungshaftung nach dem UmweltHG (a)**,
- die **Deliktshaftung gemäß § 823 BGB (b)**,
- das **nachbarliche Entschädigungsrecht gemäß § 906 Abs. 2 S. 2 BGB, § 14 S. 2 BImSchG (c)**.

a) Gefährdungshaftung nach dem UmweltHG[143]

Gemäß § 1 UmweltHG haftet der Inhaber einer Anlage für durch Umwelteinwirkungen hervorgerufene Verletzungen an Leben, Körper und Gesundheit oder Beschädigungen von Sachen auf Schadensersatz. 99

Es fallen folgende Besonderheiten auf: § 1 UmweltHG ordnet eine **Gefährdungshaftung** an, die als **Anlagenhaftung** ausgestaltet ist. Die Anlagenhaftung zeichnet 100
sich dadurch aus, dass die Haftung an eine Anlage als einen gegenständlich umgrenz-

---

141 *Baumann*, JuS 1989, 433 ff; *Taupitz*, UTR 1995, 227 ff.
142 Weitere wichtige Anspruchsgrundlagen sind § 22 WHG, § 25-26 AtG, § 1-3 HPflG, § 1 ProdHaftG, § 114 BBergG, § 32 GenTG.
143 Siehe genauer neben den einschlägigen Kommentaren: *Diederichsen/Wagner*, VersR 1993, 641 ff; *Landsberg/Lülling*, DB 1990, 2205 ff; *Wagner*, JZ 1991, 175 ff; *Hager*, NJW 1991, 134 ff; *Feldmann*, UPR 1991, 45 ff; *Reuter*, BB 1991, 145 ff; *Taupitz*, JURA 1992, 113 ff; *Feldhaus*, UPR 1992, 1 ff.

VIII *Umweltrecht*

ten Risikobereich anknüpft[144]. Die in Betracht kommenden Anlagen sind **abschließend** im Anhang zu § 1 UmweltHG aufgeführt. Des Weiteren setzt die Haftung nach § 1 UmweltHG voraus, dass die Schäden auf **Umwelteinwirkungen** beruhen. In § 3 Abs. 1 UmweltHG ist dieses Merkmal erläutert: Eine Umwelteinwirkung liegt vor, wenn der Schaden durch Stoffe, Erschütterungen etc. verursacht wird, die sich in Boden, Luft oder Wasser ausgebreitet haben. Schließlich tritt die Haftung nur bei Verletzung eines bestimmten **Rechtsguts** (Leben, Körper, Gesundheit, Sache) ein. Reine Vermögensschäden werden also nicht ersetzt[145].

Beispiel: An den Rebstöcken eines Winzers traten erhebliche Frostschäden auf. Grund dafür war ein Kaltluftsee, der durch Ablagerungen von Bauschutt am unteren Rand des Weinberges entstanden war. Der Winzer verlangt vom verantwortlichen Bauunternehmer Ersatz seiner Schäden aus § 1 UmweltHG[146].

101 Zwar wurde hier ein Rechtsgut des Klägers verletzt. Ein Anspruch aus § 1 UmweltHG scheitert jedoch aus zwei Gründen: Bei der Bauschuttdeponie handelt es sich nicht um eine im Anhang zu § 1 UmweltHG aufgeführte Anlage. Auch liegt keine Umwelteinwirkung i.S.d. § 3 Abs. 1 UmweltHG vor: Hier haben sich keine Stoffe in der Luft ausgebreitet, da keine Substanzen aus der Deponie in die Umwelt ausgetreten sind und sich dort verteilt haben.

102 Trotz seiner Entscheidung für eine Gefährdungshaftung sieht das UmweltHG in bestimmten Fällen einen **Haftungsausschluss** vor. Gemäß § 4 UmweltHG ist die Ersatzpflicht ausgeschlossen, wenn ein Schaden durch höhere Gewalt verursacht wurde[147]. § 5 UmweltHG statuiert einen Haftungsausschluss für unwesentliche oder zumutbare Beeinträchtigungen von Sachen.

103 Von der Wirtschaft wurde des Weiteren ein völliger Ausschluss der **Gefährdungshaftung** für den **störungsfreien Normalbetrieb** und für Schäden aus Entwicklungsrisiken gefordert. Dem ist der Gesetzgeber – als Konsequenz aus der Entscheidung für eine Gefährdungshaftung – nicht gefolgt; er hat für beide Fälle eine Haftung vorgesehen. Insoweit bringt das UmweltHG also eine sehr weitgehende Reform: Eine Schadensersatzpflicht bei Normalbetrieb bedeutet, dass ein Anlagenbetreiber selbst dann haftet, wenn seine Anlage genehmigt wurde, er sich im Rahmen der Zulassung hält und der Betriebsvorgang störungsfrei abläuft.

104 Ein wesentlicher Punkt der Reform des Umwelthaftungsrechts ist die **Ursachenvermutung** nach §§ 6, 7 UmweltHG. Häufig lässt sich nicht mit Gewissheit feststellen, dass eine bestimmte Anlage für einen eingetretenen Schaden ursächlich ist, obwohl hierfür eine Vermutung spricht. In diesem Fall wird gemäß § 6 Abs. 1 UmweltHG die Kausalität vermutet, wenn die in Rede stehende Anlage geeignet war, den Schaden zu verursachen. Allerdings wird die Vermutung in bestimmten Fällen ausgeschlossen,

---

144 Anders § 22 Abs. 1 WHG, der für eine Haftung ein gefährliches menschliches Verhalten voraussetzt.
145 Anders z.B. § 22 WHG.
146 Beispiel nach dem Urteil des BGH, NJW 1991, 1671 ff.
147 Ebenso § 22 Abs. 2 S. 2 WHG, § 1 Abs. 2 S. 1 HPflG.

so in § 6 Abs. 2 UmweltHG (Normalbetrieb) und in § 7 UmweltHG (Alternativursache).

Der besseren Durchsetzung der Schadensersatzansprüche dienen ferner die **Auskunftsansprüche** in den §§ 8, 9 UmweltHG: Der Geschädigte kann von dem Inhaber der als Verursacher in Betracht kommenden Anlage und der zuständigen Behörde die Informationen verlangen, die er zur Feststellung seines Anspruchs benötigt.

b) Deliktshaftung gemäß § 823 BGB

Schadensersatz über **§ 823 Abs. 1 BGB** kann der Geschädigte nur erhalten, wenn der Anspruchsgegner **nachweisbar** ein Rechtsgut des Geschädigten in rechtswidriger und schuldhafter Weise verletzt hat.

Ein Anspruch aus **§ 823 Abs. 2 BGB** ist dann begründet, wenn ein Schutzgesetz verletzt wurde; d.h. eine Norm, die nach Inhalt und Zweck zumindest auch dem Schutz von Individualinteressen dient. Als solche Schutzgesetze sind im Umweltbereich z.B. §§ 3, 8 TrinkwasserVO und § 5 Abs. 1 Nr. 1, 2 BImSchG anerkannt.

c) Nachbarliches Entschädigungsrecht gemäß § 906 Abs. 2 S. 2 BGB und § 14 S. 2 BImSchG

§ 906 BGB liegt der Gedanke zu Grunde, dass jeder Grundstückseigentümer aus dem nachbarlichen Lebensverhältnis heraus bestimmte Störungen hinnehmen muss. Während er gemäß § 906 Abs. 1 BGB unwesentliche Einwirkungen entschädigungslos hinzunehmen hat, kann er in den Fällen des § 906 Abs. 2 BGB – die Einwirkung ist wesentlich, aber ortsüblich und nicht durch wirtschaftlich zumutbare Maßnahmen abwendbar – eine Entschädigung verlangen (§ 906 Abs. 2 S. 2 BGB). Darüber hinaus hat der Bundesgerichtshof in einer Reihe von Entscheidungen den Anwendungsbereich des **§ 906 Abs. 2 S. 2 BGB** ausgedehnt und ihn damit quasi zu einer verschuldensunabhängigen Schadensersatznorm im Nachbarrecht gemacht[148].

§ 14 S. 2 BImSchG behandelt die Sondersituation, dass die emittierende Anlage behördlich genehmigt wurde. Ist die Genehmigung unanfechtbar, kann der beeinträchtigte Nachbar nach § 14 S. 1 BImSchG keine Stilllegung der Anlage verlangen, sondern nur noch die Errichtung schützender Vorkehrungen, ersatzweise Entschädigung. **§ 14 BImSchG wandelt also Abwehransprüche nach § 1004 BGB in Entschädigungsansprüche um**.

d) Besonderheiten der Haftung

Der Geschädigte wird bei Ansprüchen im Umwelthaftungsrecht häufig nicht **nachweisen** können, dass ein Verhalten des Anspruchsgegners **kausal** für den Schaden

---

148 Der BGH verzichtet auf das Merkmal der Ortsüblichkeit, erstreckt die Haftung auf rechtswidrige und andere als die in § 906 BGB genannten Immissionen, zudem gewährt der BGH quasi Schadensersatz statt Entschädigung.

VIII Umweltrecht

war. In den Fällen von § 823, § 906 Abs. 2 S. 2 BGB, § 14 S. 2 BImSchG, § 22 WHG trägt der Geschädigte die Beweislast. Allerdings hat der Bundesgerichtshof[149] hier in einzelnen Fällen **Beweiserleichterungen** zu Gunsten des Geschädigten zugelassen. Für Ansprüche nach dem UmweltHG hilft dem Geschädigten nun die **Ursachenvermutung** des § 6 UmweltHG. Besondere Nachweisprobleme ergeben sich bei den **Distanzschäden** (zwischen Emissionsquelle und Verletzungsort liegt eine größere Entfernung) und den **Summationsschäden** (der Schaden ist auf eine Vielzahl von Ursachen zurückzuführen). Diese Situation findet sich beispielsweise bei der privatrechtlichen Haftung für Waldschäden[150].

111 Problematisch kann ferner sein, inwiefern **behördliche Betriebszulassungen** einen Anspruch ausschließen[151]. Für einige Haftungsnormen ist dies im Gesetz geregelt, so z.B. in § 22 Abs. 3 S. 1, § 11 Abs. 1 WHG, § 14 S. 2 BImSchG. Das UmweltHG konstituiert eine Haftung auch für Normalbetrieb; eine behördliche Genehmigung lässt die Haftung also unberührt. Insbesondere gibt eine Betriebsgenehmigung dem Betreiber kein Recht, Leib oder Leben der Anwohner zu verletzen. Die Genehmigung entbindet den Betreiber einer Anlage nicht von der Verantwortung, auch über die behördlichen Auflagen hinaus gefahrenabwehrend tätig zu werden, wenn dies im konkreten Einzelfall für den Schutz der Rechtsgüter Dritter erkennbar geboten ist[152].

2. Öffentlich-rechtliche Umwelthaftung

a) Haftung für staatliche Umweltbeeinträchtigungen

112 Führt ein staatliches Handeln (Tun oder Unterlassen) zu einer Beeinträchtigung der Umwelt, so kann der Einzelne – soweit er einen Schaden erleidet – vom Staat Ersatz verlangen.

Anspruchsgrundlagen der **öffentlich-rechtlichen** Umwelthaftung sind insbesondere:
- Art. 34 GG/§ 839 BGB (aa)
- enteignender und enteignungsgleicher Eingriff (bb)
- Aufopferung (cc).

aa) Art. 34 GG/§ 839 BGB

112a Ein Amtshaftungsanpruch nach Art. 34 GG/§ 839 BGB setzt voraus, dass ein Beamter in Ausübung eines öffentlichen Amtes eine ihm **gegenüber einem Dritten obliegende Amtspflicht verletzt hat**. Bedeutung findet der Anspruch häufig in Zusammenhang mit der **Altlastenproblematik**.

Beispiel[153]: Eine Gemeinde wies ein ehemaliges Ziegeleigelände im Bebauungsplan als Wohngebiet aus; dabei waren sich die Gemeinderatsmitglieder der Tatsache bewusst, dass

---

149 Vgl. nur BGHZ 92, 143 ff – Kupolofen –; s. dazu *Hager*, JURA 1991, 303 ff.
150 Vgl. *Steffen*, NJW 1990, 1817 ff; *Baumann*, JuS 1989, 433 ff; *Kloepfer*, Umweltrecht, 2. Auflage 1998, S. 409 f, 430 f.
151 S. nur *Baumann*, JuS 1989, 433 ff.
152 Vgl. BGH BB 1986, 2368 ff.
153 Fall nach BGH, NJW 1989, 976 ff; s. auch BGH, NJW 1990, 1038 ff; BGH, NJW 1990, 381 ff.

durch die Altlast Gefahren für die Wohnbevölkerung entstehen können, beschlossen aber dennoch den Bebauungsplan. Tatsächlich traten aus dem kontaminierten Boden gesundheitsschädliche Gase aus. Der Käufer eines mit einem Wohnhaus bebauten Grundstückes will seinen Schaden ersetzt verlangen, da das Gelände nicht bewohnbar ist.

Da Ansprüche aus § 39 BauGB, der nur den Ersatz des Vertrauensschadens im Hinblick auf einen rechtsverbindlichen Bebauungsplan regelt, und aus **enteignungsgleichem Eingriff**, weil nicht in eine bestehende Eigentumsposition eingegriffen wird, ausscheiden, bleibt lediglich ein **Amtshaftungsanspruch**. Die Gemeinderatsmitglieder sind Beamte i.S.v. Art. 34 GG/§ 839 BGB[154]. Sie haben ihre Amtspflicht verletzt, da der Bebauungsplan nicht den Vorgaben des § 1 Abs. 5 Nr. 1 BauGB (allgemeine Anforderungen an gesunde Wohnverhältnisse und die Sicherheit der Wohnbevölkerung) entspricht. Problematisch ist die von § 839 BGB vorausgesetzte **Drittbezogenheit** der Amtspflicht. Der Bebauungsplan ist gemäß § 10 BauGB eine Satzung und damit eine Rechtsnorm. Im Regelfall ist der Erlass einer Rechtsnorm allgemein- und nicht drittbezogen; für normatives Unrecht besteht grundsätzlich keine Haftung[155]. Hier hat der Bundesgerichtshof[156] jedoch für den Fall eine Ausnahme zugelassen, dass beim Erlass eines Bebauungsplanes „in qualifizierter und zugleich individualisierter Weise auf schutzwürdige Interessen eines erkennbar abgegrenzten Kreises Dritter Rücksicht zu nehmen ist", also bei einer **konkreten Planbetroffenheit**. Zu diesem Kreis zählt auch der Käufer, da sein Grundstück innerhalb des Bebauungsplans liegt und auf seine Interessen Rücksicht zu nehmen war.

bb) Enteignender und enteignungsgleicher Eingriff

Nach der Naßauskiesungsentscheidung des Bundesverfassungsgerichts[157] ist der Fortbestand der Rechtsfiguren des enteignenden und des enteignungsgleichen Eingriffs angezweifelt worden[158], inzwischen jedoch allgemein anerkannt[159]. Als Rechtsgrundlage ist nicht mehr Art. 14 Abs. 3 GG, sondern Gewohnheitsrecht bzw. der Aufopferungsgedanke der §§ 74, 75 der Einleitung des Preußischen Allgemeinen Landrechts von 1794 (EALR) anzusehen[160].

112b

Von einem **enteignenden Eingriff** spricht man, wenn die Eigentumsverletzung eine unbeabsichtigte, unvorhergesehene und zumeist atypische Nebenfolge eines rechtmäßigen Handelns des Staates ist. Der **enteignungsgleiche Eingriff** stellt einen **nicht** zielgerichteten, unmittelbaren hoheitlichen Eingriff in das Eigentum dar, der rechtswidrig ist.

Beispiel: Eine Gemeinde betreibt hoheitlich eine Mülldeponie. Die hiervon angelockten Krähen zerstören die Saat auf den Feldern des benachbarten Hofes. Der Bundesgerichtshof[161] hat hier eine Haftung aus enteignendem Eingriff angenommen.

---

154 Vgl. etwa *Wieland*, in: *Dreier*, Grundgesetz, Bd. I 1998, Art. 34, Rdnr. 26 m.w.N.
155 Vgl. nur *Dohnold*, DÖV 1991, 152 ff; *Detterbeck*, JA 1991, 7 ff.
156 BGH, NJW 1989, 976 ff.
157 BVerfGE 58, 300 ff.
158 So z.B. *Scholz*, NVwZ 1982, 337 ff und *Battis*, JA 1983, 404 ff.
159 BGHZ 90, 17 ff; BGHZ 91, 20 ff; vgl. hierzu auch *Papier*, JuS 1989, 630 ff.
160 BGHZ 90, 17, 29 ff; 100, 136, 145 ff; 102, 350, 357; vgl. auch *Schoch*, JURA 1989, 529 ff.
161 BGH, NJW 1980, 770 f.

cc) Aufopferung

112c Rechtsgrundlage des Aufopferungsanspruchs ist der in den §§ 74, 75 EALR zu Grunde gelegte Aufopferungsgedanke[162]. Er gewährt Entschädigung bei einem hoheitlichen Eingriff in die nichtvermögenswerten Rechte Leben, Gesundheit, körperliche Unversehrtheit und Freiheit, der für den Betroffenen ein Sonderopfer darstellt.

Beispiel: Eine durch einen hoheitlich betriebenen Friedhof hervorgerufene Verunreinigung des Grundwassers verursacht Gesundheitsschäden in der Bevölkerung.

b) Haftung für Maßnahmen zum Schutz der Umwelt

113 Vor allem das Naturschutzrecht enthält Regelungen, die – wie z.B. § 47 Abs. 2 bwNatSchG – eine Entschädigung für den Fall gewähren, dass jemand durch eine staatliche Maßnahme zum Schutz der Umwelt in seinen Rechten, insbesondere seinem Nutzungsrecht aus Art. 14 GG, betroffen wird.

Beispiel: Durch eine gemeindliche Naturschutzverordnung wird die Nutzung bestimmter ökologisch wertvoller Grundstücke zu Freizeitzwecken (wie z.B. Camping) untersagt.

114 Für die Geltendmachung des Entschädigungsanspruchs ist der **Verwaltungsrechtsweg** eröffnet. Es greift dabei weder die den Rechtsweg zu den ordentlichen Gerichten begründende Sonderzuweisung nach Art. 14 Abs. 3 S. 4 GG ein, da derartige Umweltschutzmaßnahmen mangels Entzugs des Eigentums keine Enteignung, sondern lediglich eine Inhalts- und Schrankenbestimmung des Eigentums darstellen[163]; noch ist der ordentliche Rechtsweg gemäß § 40 Abs. 2 S. 1 VwGO unter dem Gesichtspunkt der Aufopferung gegeben, weil ein Rückgriff auf den ungeschriebenen (Gewohnheits-)Rechtsgrundsatz der Aufopferung nicht in Betracht kommt, wenn – wie z.B. in § 47 Abs. 2 bwNatSchG – eine spezialgerichtliche Entschädigungsregelung vorhanden ist, sodass die Rechtswegszuweisungsvorschrift des § 40 Abs. 2 S. 1 VwGO nicht anwendbar ist[164].

Literatur

Braun, Keine Entschädigung für Waldsterben, AgrarR 2001, 45 ff; *Godt*, Das neue Weißbuch zur Umwelthaftung, ZUR 2001, 188 ff; *Köckerbauer/Büllersbach*, Der öffentlich-rechtliche Unterlassungsanspruch, JuS 1991, 373 ff; *Marburger*, Grundsatzfragen des Haftungsrechts unter dem Einfluss der gesetzlichen Regelungen zur Produzentenhaftung und zur Umwelthaftung, AcP 192 (1992), 1 ff; *Rüfner*, Keine Haftung der öffentlichen Hand für Waldschäden, JURA 1989, 134 ff; *Schmidt*, Haftung für Umweltschäden, DÖV 1991, 878 ff.

---

162 Vgl. *Maurer*, Allgem. VerwaltungsR, 14. Auflage 2002, § 28 Rdnr. 1.
163 BVerwG, DVBl. 1993, 1141, 1142; vgl. hierzu auch *Rinne*, DVBl. 1994, 23 ff.
164 BVerwG, DVBl. 1993, 1141, 1143.

C. Besonderes Umweltrecht

Das Besondere Umweltrecht ist bislang ebenso vielgestaltig kodifiziert wie das Allgemeine. Bestrebungen zur Schaffung eines Umweltgesetzbuches (UGB), das auch die wesentlichen Teilgebiete des Besonderen Umweltrechts beinhalten sollte, waren bisher stets zum Scheitern verurteilt. Zwar liegt bereits seit geraumer Zeit ein Entwurf der Professorenkommission[165] sowie der einen Allgemeinen und einen Besonderen Teil umfassende Entwurf eines UGB durch eine Sachverständigenkommission vor[166], dessen erster Teil ursprünglich bereits Ende 1999 verabschiedet werden sollte. Dieses Vorhaben konnte jedoch auf Grund der Schwierigkeiten bei der Kompetenzabgrenzung zwischen Bund und Ländern bisher nicht realisiert werden[167]. Ob aus dem Kodifikationsentwurf jemals ein vom Gesetzgeber erlassenes Umweltgesetzbuch wird, bleibt damit fraglich. Einstweilen wurde immerhin ein zur Umsetzung der IVU- bzw. UVP-Richtlinie ausgearbeitetes Artikelgesetz verabschiedet, welches Ausstrahlungen auf die verschiedensten Teilgebiete des Besonderen Umweltrechts entfaltet. Das Besondere Umweltrecht ist damit nach wie vor über eine Vielzahl von Rechtsquellen verstreut. Im folgenden werden – entsprechend den Bedürfnissen der Studenten – das Immissionsschutzrecht und das Abfallrecht ausführlich behandelt, während das Atom- und Strahlenschutzrecht, das Naturschutzrecht und das Wasserrecht nur in seinen Grundzügen dargestellt werden.

115

I. Immissionsschutzrecht

1. Rechtsquellen

Die wichtigste Rechtsquelle des deutschen Immissionsschutzrechts ist das **Bundes-Immissionsschutzgesetz** (BImSchG). Die Gesetzgebungskompetenz des Bundes ergab sich dabei aus Art. 74 Nr. 24 GG a.F. (Luftreinhaltung, Lärmbekämpfung), Art. 73 Nr. 6 GG (Immissionen durch Bundeseisenbahn- und Luftverkehr), Art. 74 Nr. 21-23 GG a.F. (Immissionen durch Schifffahrt, Straßenverkehr, Schienenbahnen usw.) und Art. 74 Nr. 11 GG a.F. (sonstige Immissionen). Zum BImSchG sind bereits zahlreiche Durchführungsverordnungen ergangen[168]. Außerdem gibt es einige spezielle Immissionsschutzgesetze, wie z.B. das Fluglärmgesetz und das Benzinbleigesetz. Darüber hinaus finden sich immissionsschutzrechtliche Regelungen in einer Reihe weiterer Gesetze, z.B. in § 9 Abs. 2 LuftVG, § 2 Abs. 1 Nr. 5 BNatSchG und § 10 Abs. 4 S. 2 Nr. 4 KrW-/AbfG. Für die Praxis äußerst relevant sind ferner die einschlägigen Verwaltungsvorschriften, insbesondere die TA Luft und die TA Lärm[169].

116

---

165 Vgl. *Kloepfer*, DVBl. 1991, 339 ff; DVBl. 1994, 305 ff.
166 S. dazu *Kloepfer/Durner*, DVBl. 1997, 1082 ff.
167 Zu dessen geplanten Inhalten: *Schmidt*, ZUR 1998, 277 ff.
168 Vgl. dazu die Aufzählung und die Fundstellennachweise bei *Kloepfer*, Umweltrecht, 2. Auflage 1998, S. 919 ff.
169 Vgl. dazu unten Rdnr. 127.

VIII *Umweltrecht*

Das Bundes-Immissionsschutzgesetz lässt dem Landesrecht wenig Raum. Die **Landes**-Immissionsschutzgesetze können sich daher nur mit **nicht anlagenbezogenen** Immissionen wie Hundegebell etc. befassen. Außerdem besteht eine Zuständigkeit der Länder, wenn sie durch das BImSchG zum Erlass von Rechtsverordnungen ermächtigt werden. Schließlich bestehen auf der Ebene des Europarechts eine Reihe immissionsschutzrechtlicher Normen, sowohl was die Luftreinhaltung anbelangt als auch hinsichtlich der Lärmbekämpfung[170].

2. Zweck des Bundes-Immissionsschutzgesetzes

117 Einen Überblick über die Zielsetzung des Gesetzes gibt § 1 BImSchG. Danach soll das Gesetz
   – Menschen, Tiere und Pflanzen, den Boden, das Wasser, die Atmosphäre sowie Kultur- und sonstige Sachgüter
   – vor schädlichen Umwelteinwirkungen – und bei genehmigungsbedürftigen Anlagen des Weiteren vor Gefahren, erheblichen Nachteilen und Belästigungen – schützen und
   – dem Entstehen schädlicher Umwelteinwirkungen vorbeugen.

118 Gemäß dem mit dem Umsetzungsgesetz zur IVU-Richtlinie neu eingefügten § 1 Abs. 2 BImSchG dient das Gesetz, soweit es sich um genehmigungsbedürftige Anlagen handelt, ferner auch der integrierten Vermeidung und Verminderung schädlicher Umwelteinwirkungen durch Emissionen in Luft, Wasser und Boden unter Einbeziehung der Abfallwirtschaft.

119 Das BImSchG gliedert sich in sieben Teile:
   (1) Der erste Teil beinhaltet allgemeine Vorschriften zum Zweck des Gesetzes (§ 1), zu dessen Geltungsbereich (§ 2)[171] und zu wichtigen Begriffsbestimmungen (§ 3).
   (2) Im zweiten Teil (§§ 4-31a) wird die Errichtung und der Betrieb von **Anlagen** geregelt (anlagenbezogener Immissionsschutz), wobei das Gesetz zwischen **genehmigungsbedürftigen** Anlagen (§§ 4-21) und **nicht genehmigungsbedürftigen** Anlagen (§§ 22-25) unterscheidet. Die §§ 26-31a schließlich enthalten Vorschriften zur Ermittlung von Emissionen und Immissionen. **Emissionen** sind nach § 3 Abs. 3 BImSchG die von einer Anlage ausgehenden Luftverunreinigungen, Geräusche, Erschütterungen, Licht, Wärme, Strahlen und ähnliche Erscheinungen. Demgegenüber handelt es sich bei **Immissionen** im Sinne des § 3 Abs. 2 BImSchG um die auf Menschen, Tiere, Pflanzen etc. **einwirkenden** Luftverunreinigungen, Geräusche, Erschütterungen etc.
   (3) Der dritte Teil des BImSchG behandelt in §§ 32-37 die **Beschaffenheit** von Anlagen, Stoffen, Erzeugnissen, Brenn- und Treibstoffen (**produktbezogener** Immissionsschutz).
   (4) Der vierte Teil (§§ 38-43) betrifft die Beschaffenheit und den Betrieb von Fahrzeugen, sowie den Bau und die Änderung von Straßen- und Schienenwegen (**verkehrsbezogener** Immissionsschutz).

---

170 Vgl. die Übersicht bei *Peters*, Umweltverwaltungsrecht, 2. Auflage 1996, S. 119 f.
171 Das BImSchG gilt nicht für Flugplätze sowie für Anlagen und radioaktive Stoffe, die dem AtG unterliegen.

(5) Im fünften Teil (§§ 44-47a) geht es um die Überwachung der Luftverunreinigung und um Luftreinhaltepläne bzw. Lärmminderungspläne (**gebietsbezogener** Immissionsschutz).
(6) Der sechste Teil (§§ 48-62) beinhaltet **gemeinsame Vorschriften**, u.a. in § 48 BImSchG eine Ermächtigung der Bundesregierung zum Erlass allgemeiner Verwaltungsvorschriften, z.B. hinsichtlich von Emissions- und Immissionswerten sowie dem Verfahren zur Ermittlung von Emissionen und Immissionen. So erging beispielsweise auf Grund dieser Ermächtigungsgrundlage die **TA Luft**.
(7) Der siebte Teil (§§ 66-74) schließlich enthält Schlussvorschriften – z.B. zur Fortgeltung von früherem Recht – sowie Übergangsbestimmungen.

Das Kernstück des BImSchG bildet der **anlagenbezogene** Immissionsschutz. Im Zentrum der folgenden Darstellung stehen deshalb die §§ 4-25 BImSchG, die die **Errichtung und den Betrieb von Anlagen** (§ 2 Abs. 1 Nr. 1 i.V.m. § 3 Abs. 5 BImSchG) regeln. Praktisch betroffen sind davon vor allem **gewerbliche Anlagen**. Die Rechtstechnik des zweiten Teils des BImSchG ist derjenigen der Gewerbeordnung (GewO)[172] vergleichbar. Für **bestimmte**, enumerativ genannte **Anlagen**, die besonders umweltgefährdend sind, statuiert das Gesetz ein **Verbot mit Erlaubnisvorbehalt** (genehmigungsbedürftige Anlagen gemäß §§ 4-21 BImSchG). Im Unterschied zur GewO wird bei der Entscheidung über die Genehmigung nicht auf die Person des Betreibers, sondern auf die Anlage und deren immissionsschutzrechtliche Gefährlichkeit abgestellt. Daher hat ein Wechsel in der Person des Betreibers grundsätzlich keinen Einfluss auf die Genehmigung. Für die übrigen relevanten Anlagen enthalten die §§ 22-25 BImSchG eine grundsätzliche Erlaubnis mit Verbotsvorbehalt. 120

3. Die Kontrolle genehmigungsbedürftiger Anlagen

Die **genehmigungsbedürftigen** Anlagen sind in der **vierten Bundesimmissionsschutzverordnung** (4. BImSchVO), die auf Grund der Ermächtigung des § 4 Abs. 1 S. 3 BImSchG ergangen ist, abschließend aufgezählt. § 2 Abs. 1 Nr. 1 der 4. BImSchVO regelt, für welche Anlagen ein förmliches Genehmigungsverfahren nach § 10 BImSchG durchzuführen ist, während § 2 Abs. 1 Nr. 2 der 4. BImSchVO bestimmt, welche Anlagen im vereinfachten Verfahren nach § 19 BImSchG genehmigt werden können. Allerdings ist auf Antrag des Trägers eines Vorhabens nach § 19 Abs. 3 BImSchG zwingend ein förmliches Verfahren durchzuführen, das im Gegensatz zum vereinfachten Verfahren zwar langwieriger sein mag, aber dafür z.B. den Vorteil des Schutzes des § 14 BImSchG gewährt. 121

Beispiel: Schweinemäster S will eine neue Mastanlage errichten. Für eine Mastanlage mit mindestens 2000 Schweinen braucht er gemäß § 2 Abs. 1 Nr. 1a (i.V.m. Spalte 1 Nr. 7.1.g des Anhangs) der 4. BImSchVO eine Genehmigung im förmlichen Verfahren nach § 10 BImSchG. Dagegen ist eine Anlage mit weniger als 2000 Schweinen genehmigungsfrei.

---

172 Dazu *Arndt*, Wirtschaftsverwaltungsrecht, in diesem Band, Rdnr. 240.

122 Ortsfeste Abfallentsorgungsanlagen bedürfen gemäß § 4 Abs. 1 S. 1 a.E. BImSchG und § 31 Abs. 1 KrW-/AbfG einer immissionsschutzrechtlichen und nicht – wie vor 1993 – einer abfallrechtlichen Genehmigung. In § 4 Abs. 1 S. 3, 2. HS BImSchG hat der Gesetzgeber andererseits nunmehr die Möglichkeit geschaffen, bestimmte Anlagen, für die eine sog. Bauartzulassung nach § 33 BImSchG vorliegt, per Rechtsverordnung von der Genehmigungspflicht auszunehmen.

123 Technischen oder wirtschaftlichen Neuerungen kann jederzeit durch Änderung der Verordnung Rechnung getragen werden. Für welche Anlagen das BImSchG gilt, regelt § 3 Abs. 5 BImSchG. Probleme ergeben sich beim **Anlagenbegriff** bei der Frage, **was** alles **zur genehmigungspflichtigen Anlage zählt**. Zum Teil wird als Anlage i.S.d. BImSchG nur die betreffende **gefährliche Einrichtung** angesehen[173]. Andere wollen die **gesamte Betriebsstätte** in den Anlagenbegriff einbeziehen[174]. Die Beantwortung der Frage kann zum einen über die **Genehmigungsbedürftigkeit** der Anlage, zum anderen über die Reichweite der Konzentrationswirkung der Genehmigung nach § 13 BImSchG[175] und schließlich über das Erfordernis einer selbstständigen Genehmigung oder einer Änderungsgenehmigung gemäß § 16 BImSchG[176] entscheiden. Dieser Streit hat allerdings durch die Neufassung der 4. BImSchVO an Bedeutung verloren. So sind gemäß **§ 1 Abs. 3 der 4. BImSchVO** mehrere Anlagen derselben Art, die in einem engen räumlichen und technischen Zusammenhang stehen, als **gemeinsame** Anlage anzusehen und genehmigungspflichtig, wenn sie zusammen die Grenze, bei der die Genehmigungspflicht beginnt (z.B. bei einer Schweinemastanlage 2000 Schweine), erreichen oder überschreiten. Ferner ist gemäß **§ 1 Abs. 5 der 4. BImSchVO** eine Genehmigung für die **gesamte** Anlage erforderlich, wenn eine bislang **nicht** genehmigungspflichtige Anlage erweitert und dabei die Grenze zur Genehmigungspflicht überschritten wird. Ferner bedarf es gemäß § 2 Abs. 1 Nr. 1b und § 1 Abs. 4 der 4. BImSchVO nur einer Genehmigung, wenn zum Zeitpunkt der Genehmigung zu einer Anlage Teile oder Nebeneinrichtungen gehören, die an sich gesondert genehmigungsbedürftig wären[177].

124 Die materiellen **Genehmigungsvoraussetzungen** für die genehmigungsbedürftigen Anlagen folgen aus **§ 6 Abs. 1 BImSchG**. Sind dessen Voraussetzungen erfüllt, muss die Genehmigung erteilt werden, d.h., der Antragsteller hat hier einen durchsetzbaren Anspruch auf Genehmigungserteilung. Nach § 6 Abs. 1 Nr. 1 BImSchG ist **erste Voraussetzung die Erfüllung der in § 5 BImSchG geregelten Betreiberpflichten**. Diese Grundpflichten sind durch unbestimmte Rechtsbegriffe umschrieben, die nach

---

[173] Vgl. etwa BVerwGE 50, 49, 52: Anlage zum Brennen von Ziegeleierzeugnissen sei nur der Brennofen; BVerwGE 55, 250 ff: bei einem Kohlekraftwerk sei allein auf die Feuerungsanlage abzustellen.
[174] *Jarass*, JuS 1984, 351 ff.
[175] Zur Konzentrationswirkung vgl. unten Rdnr. 140.
[176] Vgl. unten Rdnr. 144 ff.
[177] Auch nach der Neuregelung der 4. BImSchVO bestünden sonst Lücken im immissionsschutzrechtlichen Schutz, vor allem, wenn eine genehmigungsbedürftige Anlage später um einen Bestandteil erweitert wird, der für sich betrachtet nicht genehmigungspflichtig wäre. Im Übrigen scheint auch der VGH BW (NVwZ 1989, 276) von einem weiten Anlagenbegriff auszugehen, wenn er dem Betrieb einer Deponieanlage auch noch deren Zu- und Abgangsverkehr zurechnet.

den Rechtsprechungsgrundsätzen der uneingeschränkten verwaltungsgerichtlichen Nachprüfung unterliegen.

§ 5 BImSchG unterscheidet zwischen vier Grundpflichten: **125**

(1) Es dürfen **keine schädlichen Umwelteinwirkungen** verursacht werden (**Schutz- und Abwehrpflicht**). Schädliche Umwelteinwirkungen sind in § 3 Abs. 1 und 2 BImSchG definiert. Die Abgrenzung zwischen Gefahren, Nachteilen und Belästigungen i.S.d. § 5 Abs. 1 Nr. 1 BImSchG ist mitunter schwierig; vom Schutzzweck des BImSchG her werden aber alle nachteiligen Immissionen erfasst, sofern sie hinreichend wahrscheinlich und erheblich sind[178]. Wann **hinreichende Wahrscheinlichkeit** in diesem Sinne vorliegt, hängt von der Bedeutung des geschützten Rechtsgutes ab: Je bedeutender das betroffene Rechtsgut, desto geringere Anforderungen sind an den Grad der Wahrscheinlichkeit zu stellen; je unbedeutender das Rechtsgut, desto höher muss die Wahrscheinlichkeit der Gefahr sein. Nach h.M. ist das Gebot, keine schädlichen Umwelteinwirkungen zu verursachen, **nachbarschützend**[179] „Nachbarn" im Sinne des Immissionsschutzrechts sind diejenigen Personen, die sich regelmäßig im „Einwirkungsbereich" der emittierenden Anlage aufhalten oder Nutzungsrechte an dort gelegenen Grundstücken besitzen[180]. Wegen des drittschützenden Charakters der Norm sind daher die „Nachbarn" bei einer Anfechtungsklage gegen die Anlagengenehmigung klagebefugt i.S.d. § 42 Abs. 2 VwGO. **125a**

(2) Es muss **Vorsorge gegen schädliche Umwelteinwirkungen** getroffen werden (**Vorsorgepflicht**). Diese Pflicht bezieht sich nicht auf die Verhütung drohender Schäden, da dies bereits von der Schutz- und Abwehrpflicht erfasst ist. Nach einer Ansicht soll diese Pflicht **generelle Sicherheitszonen unterhalb der Gefahrschwelle** schaffen, um der Verbesserung der allgemeinen Immissionssituation zu dienen, z.B. im Hinblick auf den Ferntransport von Luftschadstoffen[181]. Nach einer anderen Meinung soll die Pflicht der **Erhaltung von Freiräumen dienen**, um z.B. die Ansiedlung anderer Industriebetriebe noch zu ermöglichen[182]. Vom Schutzzweck des BImSchG her bietet es sich an, **beide** Funktionen aus dem Vorsorgegrundsatz abzuleiten[183]. Die Vorsorgepflicht hat keinen drittschützenden Charakter[184], sondern dient ausschließlich dem allgemeinen Zweck des Umweltschutzes. **125b**

---

178 So auch *Jarass*, JuS 1984, 351, 353; bei § 5 Abs. 1 Nr. 1 BImSchG ist die Unterscheidung nicht bedeutsam, wesentlich ist sie dagegen bei § 25 BImSchG.
179 Vgl. BVerwGE 65, 313, 320.
180 BVerwG, NJW 1983, 1507 ff.
181 *Schmidt/Müller*, JuS 1985, 956, 959 m.w.N.
182 *Martens*, DVBl. 1981, 597, 602; *Sellner*, NJW 1980, 1255, 1257.
183 So wohl auch BVerwGE 65, 313, 320; BVerwG, UPR 1995, 196, 197; ferner *Jarass*, JuS 1984, 351, 353; *Sendler*, UPR 1983, 33, 43.
184 Vgl. BVerwGE 65, 313, 320; *Sparwasser/Engel/Voßkuhle*, Umweltrecht, 5. Auflage 2003, 10/159 m.w.N.

125c (3) Es sollen **Abfälle vermieden** oder, wenn sie anfallen, **wieder verwertet** oder – sofern sie nicht verwertbar sind – **schadlos beseitigt** werden (**Entsorgungsgrundsatz**).

125d (4) Es soll **Energie sparsam und effizient verwendet** werden.

126 Die immissionsschutzrechtlichen Pflichten des Betreibers enden nicht mit der Einstellung des Betriebes der Anlage. Gemäß § 5 Abs. 3 BImSchG hat er sicherzustellen, dass auch danach von der Anlage oder dem Anlagengrundstück keine schädlichen Umwelteinwirkungen oder sonstige Gefahren, erhebliche Nachteile oder Belästigungen hervorgerufen werden können und dass vorhandene Reststoffe ordnungsgemäß und schadlos verwertet oder beseitigt werden[185].

127 Die in § 5 BImSchG enthaltenen **unbestimmten Rechtsbegriffe** sind gemäß § 7 BImSchG durch Rechtsverordnung näher zu konkretisieren. Die Rechtsverordnung darf hinsichtlich einzelner technischer Anforderungen gemäß § 7 Abs. 5 BImSchG auf Verwaltungsvorschriften verweisen. Die beiden in der Praxis mit Abstand wichtigsten Verwaltungsvorschriften auf dem Gebiet des Umweltschutzrechts sind die „Technische Anleitung zur Reinhaltung der Luft" („**TA Luft**")[186] und die „Technische Anleitung zum Schutz gegen Lärm" („**TA Lärm**")[187]. Diese Verwaltungsvorschriften haben rechtlich gesehen an sich nur verwaltungsinterne Bedeutung. Allerdings haben sie in der Praxis eine nicht unerhebliche Außenwirkung dadurch erlangt, dass sie von der Judikatur als „antizipierte Sachverständigengutachten" angesehen und bei der Auslegung des § 5 BImSchG herangezogen worden sind[188]. Eine im Vordringen befindliche Auffassung versteht sie zudem nicht mehr nur als „antizipierte Sachverständigengutachten", sondern als „normkonkretisierende Verwaltungsvorschriften"[189]. Der Europäische Gerichtshof hat indes festgestellt, dass für die Umsetzung von EG-Richtlinien[190] die Festlegung von Schadstoffgrenzwerten in einer bloßen Verwaltungsvorschrift wie der TA Luft nicht ausreiche; erforderlich sei vielmehr eine Rechtsnorm[191]. Mittlerweile hat die Bundesregierung die Konsequenzen aus ihrer Verurteilung durch den Europäischen Gerichtshof gezogen und ihre Umsetzungspflicht durch den Erlass der 22. BImSchVO[192] erfüllt, in der Grenzwerte für den Gehalt von Blei, Schwebestaub, Schwefel- und Stickstoffdioxid in der Luft festgelegt werden[193].

---

185 Vgl. *Hansmann*, NVwZ 1993, 921 ff; *Peters*, NVwZ 1994, 879 f.
186 Vom 27.2.1986, GMBl. I S. 95, ber. S. 202.
187 Vom 16.7.1968, Bundesanzeiger Nr. 137 (Beilage).
188 BVerwG, ZUR 2002, 109; BVerwGE 55, 250 ff; vgl. auch *Jarass*, NJW 1987, 1225 ff.
189 OVG NW, NVwZ 1988, 173 ff; ebenso *Hoppe/Beckmann/Kauch*, Umweltrecht, 2. Auflage 2000, § 95 Rdnr. 17; noch nicht eindeutig BVerwG, NVwZ 1988, 825 f.
190 Es handelt sich dabei um die Richtlinie 80/779/EWG des Rates vom 15.7.1980 über Grenzwerte und Leitwerte der *Luft*qualität für *Schwefeldioxid* und *Schwebestaub* (ABl. EG 1980, L 229, S. 30) sowie die Richtlinie 82/884/EWG des Rates vom 3.12.1982 betreffend einen Grenzwert für den *Blei*gehalt in der *Luft* (ABl. EG 1982, L 378, S. 15).
191 EuGH, EuZW 1991, 440, 442.
192 Vgl. UPR 1993, 182 f.
193 Darüber hinaus hat die Bundesregierung inzwischen eine Reihe weiterer Rechtsverordnungen erlassen, die jeweils einzelne Teilbereiche der Luftschadstoff- und Lärmproblematik betreffen. So be-

Von besonderer Wichtigkeit sind ferner die StörfallVO und die Großfeuerungsanla- **128**
genVO. Die **StörfallVO**[194] betrifft grundsätzlich alle i.S.d. BImSchG genehmigungsbedürftigen Anlagen, bei denen bestimmte störfallrelevante Stoffe (z.B. Dioxin) vorhanden sind oder entstehen können. Den Anlagenbetreibern werden u.a. Pflichten zur
Verhinderung von Störfällen, zur Begrenzung von Störfallauswirkungen, zur Erstellung einer Sicherheitsanalyse sowie bestimmte Meldepflichten auferlegt.

Die **GroßfeuerungsanlagenVO**[195] gilt für Feuerungsanlagen mit einer Wärmeleis- **129**
tung von mindestens 50 MW. Für Neuanlagen werden Emissionsgrenzwerte festgesetzt, für Altanlagen enthält sie ein Sanierungskonzept, das spezielle Anforderungen
und Übergangsfristen für sanierungsbedürftige Altanlagen vorsieht, z.B. zur emissi-
onsbegrenzenden Nachrüstung von Rauchgasentschwefelungsanlagen. Das Sanierungskonzept ist für **kleinere**, nicht der GroßfeuerungsanlagenVO unterliegende Altanlagen durch ein ähnliches, in der TA Luft enthaltenes Konzept ergänzt worden. Da
die GroßfeuerungsanlagenVO nur das Vorsorgegebot konkretisiert, ist sie wie jenes
nicht nachbarschützend[196].

Eine **weitere Genehmigungsvoraussetzung** für eine genehmigungsbedürftige An- **130**
lage stellt nach § 6 Abs. 1 **Nr. 2** BImSchG die **Vereinbarkeit** mit anderen **öffentlich-
rechtlichen Vorschriften**[197] und Belangen des Arbeitsschutzes dar. Die immissionsschutzrechtliche Genehmigung wird also nur erteilt, wenn die Anlage auch den baurechtlichen, raumordnungsrechtlichen und naturschutzrechtlichen Vorschriften entspricht (sog. **Konzentrationswirkung des § 13 BImSchG**).

Beispiel: Die immissionsschutzrechtliche Genehmigung verdrängt vor allem die sonst notwendige baurechtliche Genehmigung. Nach der Rechtsprechung sind genehmigungspflichtige
Anlagen nur in solchen Gebieten zulässig, die durch einen Bebauungsplan als Industriegebiet
(§ 9 BauNVO) ausgewiesen worden sind[198].

Durch § 6 Abs. 2 BImSchG soll die Genehmigungspraxis erleichtert werden, indem **131**
für sog. Mehrzweck- oder Vielstoffanlagen auf Antrag auch Genehmigungen für unterschiedliche Betriebsweisen bzw. unterschiedliche Einsatzstoffe erteilt werden
können, wenn für alle Betriebsweisen und Stoffe die Voraussetzungen des § 6 Abs. 1
BImSchG erfüllt sind[199].

---

fasst sich die 16. BImSchVO mit dem **Verkehrslärm** (vgl. *Hendlmeier*, NuR 1992, 463 ff), die 18.
BImSchVO mit dem von **Sportanlagen** ausgehenden Lärm (vgl. *Ketteler*, BauR 1992, 453 ff).
Demgegenüber stellt die 17. BImSchVO u.a. auch Grenzwerte für die Emission von Schadstoffen in
die Luft durch **Abfallverbrennungsanlagen** auf (vgl. *Führ*, NWVBl. 1992, 121 ff). Die 19.
BImSchVO verbietet grundsätzlich die Beimengung von **Chlor-** und **Brom**verbindungen in Kraftstoffen; die 20. und 21. BImSchVO begrenzen die zulässigen **Kohlenwasserstoff**emissionen beim
Umfüllen, Lagern oder Betanken mit Ottokraftstoffen.
194 Vgl. *Hansmann*, NVwZ 1991, 1138 ff.
195 S. nur *Donner*, NuR 1989, 72 ff.
196 A.A. *Sparwasser/Engel/Voßkuhle*, Umweltrecht, 5. Auflage 2003, 10/194.
197 Dazu zählt auch das UVPG.
198 BVerwG, NJW 1975, 460.
199 Beachte aber dazu § 12 Abs. 2b BImSchG, wonach der Antragsteller bei der Verwendung neuer
Stoffe innerhalb der genehmigten Betriebsweise durch eine Auflage zu einer entsprechenden Meldung an die Behörde verpflichtet werden soll.

132 Besonderheiten gelten für die Genehmigung von Anlagen auf dem Gebiet der ehemaligen DDR[200]. Für Altanlagen auf dem Gebiet der ehemaligen DDR, d.h. solche, mit deren Errichtung vor dem 1.7.1990 begonnen wurde, ist überhaupt keine immissionsschutzrechtliche Genehmigung erforderlich; nach § 67a Abs. 1 BImSchG besteht lediglich eine Anzeigepflicht.

a) Das Genehmigungsverfahren

133 Der Verfahrensablauf für die förmliche Genehmigung einer Anlage richtet sich grundsätzlich nach § 10 BImSchG i.V.m. der 9. VO zur Durchführung des BImSchG. Außerdem gibt es noch ein vereinfachtes Verfahren nach § 19 BImSchG für bestimmte, in § 2 Abs. 1 Nr. 2 der 4. BImSchVO aufgezählte immissionsschutzrechtlich weniger gefährliche Vorhaben. Behandelt werden in dem Verfahren nach § 10 BImSchG alle öffentlich-rechtlichen Aspekte der Anlage sowie privatrechtliche Bedenken, die nicht auf besonderen Titeln beruhen, also die auf §§ 823, 858, 862, 869, 906, 907, 1004 BGB gestützten Ansprüche[201].

134 **Acht Verfahrensabschnitte** müssen unterschieden werden:

134a (1) Die Genehmigungserteilung setzt einen **schriftlichen Antrag** voraus. Diesem Antrag sind die erforderlichen technischen Unterlagen beizufügen (§ 10 Abs. 1 und 2 BImSchG). In der Praxis müssen schon erhebliche Investitionssummen für die Herstellung dieser Unterlagen aufgebracht werden.

134b (2) Die zuständige Behörde **macht** das Vorhaben im Amtsblatt und in den örtlichen Tageszeitungen **öffentlich bekannt**. Dabei weist sie darauf hin, dass Einwendungen gegen dieses Vorhaben bis zwei Wochen nach Ablauf der Auslegungsfrist geltend gemacht werden können (§ 10 Abs. 3 und 4 BImSchG).

134c (3) Nach der Bekanntmachung werden der Antrag und die Unterlagen für einen Monat **öffentlich ausgelegt** (§ 10 Abs. 3 S. 2 BImSchG). Bis zwei Wochen nach Ablauf der Auslegungsfrist können schriftlich Einwendungen gegen das Vorhaben erhoben werden. Diese Befugnis steht jedermann zu, sie ist nicht auf die möglicherweise Betroffenen i.S.d. § 42 Abs. 2 VwGO begrenzt. Der Grund dafür liegt in dem öffentlichen Interesse an einer gründlichen Sachverhaltsermittlung. Werden Einwendungen nicht innerhalb der Frist vorgebracht, so sind sie gemäß § 10 Abs. 3 BImSchG **ausgeschlossen**. Dies bedeutet zum einen, dass die Betroffenen keinen Anspruch darauf haben, mit ihren nicht rechtzeitigen Einwendungen am anschließenden Erörterungstermin teilzunehmen (**formelle Präklusion**). Zum anderen leitet die herrschende

---

200 Gemäß § 67a Abs. 2 BImSchG darf einer genehmigungsbedürftigen Anlage die Genehmigung (oder Änderungsgenehmigung) trotz der Überschreitung eines Immissionswertes durch die vorhandenen Immissionen (Vorbelastung) nicht versagt werden, wenn die Zusatzbelastung gering und in den nächsten fünf Jahren mit einer deutlichen Reduktion der Immissionsbelastung zu rechnen ist oder wenn im Zusammenhang mit dem Vorhaben Altanlagen stillgelegt oder verbessert werden und auf diese Weise eine Immissionsverminderung herbeigeführt wird, die mindestens doppelt so groß ist wie die Zusatzbelastung durch das Vorhaben (vgl. Hansmann, NVwZ 1991, 316, 317).
201 *Jarass*, JuS 1984, 351, 353.

Meinung[202] aus § 10 Abs. 3 S. 3 BImSchG auch ab, dass derjenige, der es versäumt hat, seine Einwendungen zu erheben, seine **Rechte nicht** mehr **durch Widerspruch und Klage** geltend machen kann (**materielle Präklusion**). Dieser weit reichende Einwendungsausschluss ist im Hinblick auf Art. 19 Abs. 4 GG nicht unbedenklich, weil der Rechtsschutz abgeschnitten wird, bevor die rechtsverletzende Verwaltungsentscheidung ergangen ist[203]. Diesen Bedenken folgt die herrschende Meinung[204] aber nicht, da der Rechtsschutz nicht unzumutbar erschwert werde; es liege in der Hand des Betroffenen, seine Rechte durch Erhebung von Einwendungen zu wahren. Materielle Präklusion ist aber nur dort zuzulassen, wo das Verwaltungsverfahren ordnungsgemäß durchgeführt wurde. Der formelle und materielle Einwendungsausschluss entbindet die Genehmigungsbehörde im Übrigen nicht von der Verpflichtung, Bedenken aus nicht rechtzeitigen Einwendungen, soweit sie bedeutsam sind, von Amts wegen in die Prüfung der Genehmigungsvoraussetzungen einzubeziehen.

(4) Nach § 10 Abs. 5 BImSchG ist auch eine **Behördenbeteiligung** vorgesehen. Die Genehmigungsbehörde hat die Stellungnahme derjenigen anderen Behörden einzuholen, deren Aufgabenbereich durch das beantragte Vorhaben berührt wird. Gemäß dem im Zuge der Umsetzung der IVU-Richtlinie neu eingefügten § 10 Abs. 5 S. 2 trifft die Genehmigungsbehörde eine Pflicht zur umfassenden Koordinierung der von einem Vorhaben betroffenen sonstigen Zulassungsverfahren, welche nach anderen Gesetzen vorgesehen sind.

134d

(5) Nach Ablauf der Einwendungsfrist findet ein **Erörterungstermin** statt (§ 10 Abs. 6 BImSchG). In diesem Termin werden alle fristgerecht erhobenen Einwendungen mit der Genehmigungsbehörde besprochen. Wer seine Einwendungen nicht rechtzeitig geltend macht, hat sich seiner Rechte begeben und muss die Anlage hinnehmen. Etwas anderes gilt nur für Einwendungen, die auf besonderen privatrechtlichen Titeln beruhen. Wenn z.B. ein Unternehmer sich gegenüber einem Anlieger vertraglich verpflichtet hat, eine Anlage nicht zu bauen, so kann der Anlieger diesen Anspruch jederzeit vor dem Zivilgericht einklagen (§ 10 Abs. 6 S. 2 BImSchG). Solche besonderen privatrechtlichen Einwendungen haben mit der öffentlich-rechtlichen Genehmigung nichts zu tun, sonst würde sich die Behörde Befugnisse anmaßen, die den Zivilgerichten vorbehalten sind. Das gilt jedoch nicht für sog. **liquide Einwendungen**, d.h. Ansprüche, die vom Antragsgegner nicht bestritten werden oder über die rechtskräftig entschieden worden ist.

134e

(6) Gemäß § 3 Abs. 1 S. 1 UVPG ist bei bestimmten, in der Anlage zu § 3 UVPG genannten Anlagen eine **Umweltverträglichkeitsprüfung** durchzuführen[205]. Dies betrifft vor allem die Errichtung einer nach §§ 4, 10 BImSchG genehmigungspflichtigen Anlage sowie die (eine Änderungsgenehmigung nach § 16 BImSchG erfor-

134f

---

202 BVerwGE 60, 297, 301 ff; *Ipsen*, DVBl. 1980, 146 ff.
203 In diesem Sinne etwa *Jarass*, BImSchG, 5. Auflage 2002, § 10 Rdnr. 91; *Papier*, NJW 1980, 313, 318 ff; *Wolfrum*, DÖV 1979, 497 ff. Vgl. auch BVerwG, UPR 1987, 112 ff.
204 Vgl. *Schmidt/Müller*, JuS 1985, 956, 957; BVerwGE 60, 297, 301 ff; zur vergleichbaren Präklusionsvorschrift des § 3 Abs. 1 AtomAnlVO hat BVerfGE 61, 82, 110 ff die Vereinbarkeit mit Art. 19 Abs. 4 GG bejaht; s. hierzu auch *Ronellenfitsch*, JuS 1983, 594, 596.
205 Zur UVP vgl. oben Rdnr. 74 ff.

VIII *Umweltrecht*

dernde) wesentliche Änderung der Lage, der Beschaffenheit oder des Betriebes einer derartigen Anlage.

134g (7) Wenn das Vorhaben dem BImSchG sowie allen sonstigen öffentlich-rechtlichen Vorschriften entspricht, wird die **Genehmigung** erteilt[206].

134h (8) In diesem Fall wird ein **schriftlicher Genehmigungsbescheid** erlassen, der dem Antragsteller und allen, die Einwände gegen das Vorhaben erhoben haben, zugestellt wird (§ 10 Abs. 7 BImSchG). Bei einer Vielzahl von Einwendungen (Größenordnung: 300)[207] kann die Zustellung durch **öffentliche Bekanntmachung** ersetzt werden (§ 10 Abs. 8 BImSchG).

135 In der Praxis verläuft das Genehmigungsverfahren beim Bau größerer Industrieanlagen meist etwas anders. Es werden häufig **Teilgenehmigungen** (§ 8 BImSchG) bzw. es wird ein für zwei bis Vierjahre geltender **Vorbescheid** (§ 9 BImSchG) erteilt. Sowohl für den Vorbescheid als auch für die **erste** Teilgenehmigung gilt, dass sie nur nach Durchführung einer **Umweltverträglichkeitsprüfung** erteilt werden (§ 13 UVPG).

136 Die **Teilgenehmigung** lässt die Aufgliederung der geplanten Anlage in **Genehmigungsabschnitte** zu; der von der Teilgenehmigung erfasste Teil kann ausgeführt werden. Zwar erfasst die Teilgenehmigung nur einen Abschnitt des geplanten Vorhabens, z.B. Aushubarbeiten, Rohbauerrichtungen usw.; jedoch erfordert ihre Erteilung nach § 8 BImSchG ein **vorläufiges Urteil über die Genehmigungsfähigkeit** der gesamten Anlage; nur so rechtfertigt sich die Teilgenehmigung im Hinblick auf die zum Teil gewaltigen Investitionen. Allerdings stellt **eine** Teilgenehmigung nie die alleinige Rechtsgrundlage für den Betrieb einer Anlage dar. Früher war heftig umstritten, inwieweit das vorläufige positive Gesamturteil **Bindungswirkung** für die Behörde bei den **weiteren Teilgenehmigungen** hat. Die damals h.M. bejahte dies, wenngleich mit der Einschränkung, dass die Bindungswirkung entfallen kann, wenn sich die Sach- oder Rechtslage derart verändert hat, dass eine neue abweichende Beurteilung erforderlich ist[208]. Diese Auffassung liegt auch der Neufassung von § 8 S. 2 BImSchG zu Grunde. Danach besteht zwar grundsätzlich eine Bindungswirkung hinsichtlich der vorläufigen Gesamtbeurteilung, die jedoch entfällt, wenn eine Änderung der Sach- oder Rechtslage oder Einzelprüfungen im Rahmen späterer Teilgenehmigungen zu einer abweichenden Bewertung führen[209].

137 Einwendungen Dritter sind gemäß § 11 BImSchG gegen jede Teilgenehmigung zu erheben; bei Anfechtung einer Teilgenehmigung können nicht Einwendungen geltend gemacht werden, die sich gegen frühere bestandskräftige Teilgenehmigungen wenden (materielle Präklusion).

---

206 Wird die Erteilung der Genehmigung abgelehnt, kann der Antragsteller nach Durchführung des Widerspruchsverfahrens Klage erheben. Insoweit ist der 1996 eingeführte § 14a BImSchG von Bedeutung, der eine vereinfachte Klageerhebung ermöglicht.
207 Vgl. *Jarass*, BImSchG, 5. Auflage 2002, § 10 Rdnr. 122.
208 Vgl. *Jarass*, JuS 1984, 351, 354 m.w.N. sowie zur atomrechtlichen Teilgenehmigung das Wyhl-Urteil: BVerwGE 72, 300 ff.
209 Vgl. OVG NW, NWVBl. 1990, 92; *Jarass*, BImSchG, 5. Auflage 2002, § 8 Rdnr. 26 ff.

Der **Vorbescheid** nach § 9 BImSchG enthält eine Entscheidung über eine **einzelne** **138**
Genehmigungsvoraussetzung; mit ihm wird ein Ausschnitt aus dem gesamten Genehmigungstatbestand mit Feststellungswirkung erledigt. Der Vorbescheid stellt keine Genehmigung dar, sondern eine **Auskunftserteilung mit Feststellungswirkung**[210]. Er erlaubt, im Gegensatz zur Teilgenehmigung, **kein Tätigwerden**. Auch der Vorbescheid darf nur erteilt werden, wenn ein vorläufiges Gesamturteil mit hinreichender Sicherheit die Genehmigungsfähigkeit der Anlage ergibt. Hier stellt sich gleichfalls das Problem der Bindungswirkung für die Genehmigungsbehörde. **Bindungswirkung** besteht zunächst unbestritten bezüglich der Genehmigungsvoraussetzung, hinsichtlich derer der Vorbescheid ergangen ist. Über § 13 BImSchG erstreckt sich die Bindungswirkung ferner auf die Entscheidungen nicht immissionsschutzrechtlicher Art, soweit darüber eine Vorabentscheidung zu treffen war. Fraglich ist dagegen, inwieweit auch eine **Bindungswirkung hinsichtlich des vorläufigen positiven Gesamturteils über die Genehmigungsfähigkeit der Gesamtanlage besteht**. Von der h.M.[211] wird die umfassende Bindung im Hinblick auf das Investitionsinteresse des Antragstellers und das öffentliche Interesse an der Sicherung einer rationellen Verfahrensgestaltung bejaht. Der Vorbescheid enthalte die konkludente Zusage, dass sich die Behörde an die positive Beurteilung der Gesamtanlage halten werde, wenn sich keine neuen Erkenntnisse ergäben. Nach anderer Ansicht soll der Vorbescheid über die definitive Feststellung hinaus keine Bindungswirkung für das Gesamtvorhaben äußern[212]. Im Gegensatz zur Teilgenehmigung äußere der Vorbescheid keine so weit reichenden Folgewirkungen, weil er nicht Grundlage eines Tätigwerdens sein kann. Die letztgenannte Ansicht verkennt dabei jedoch, dass der Vorbescheid eine konkludente Zusage des Inhalts enthält, dass sich die Genehmigungsbehörde bei der Endprüfung der Anlage grundsätzlich bei gleich bleibender Sach- und Rechtslage an die bei der Vorprüfung erzielte Beurteilung halten werde[213]. Daran kann auch das Argument nichts ändern, der Vorbescheid habe keine so weit reichende Folgewirkung, weil er nicht Grundlage eines Tätigwerdens sein könne. Wer dies vertritt, müsste konsequenterweise dem Vorbescheid die Bindungswirkung auch hinsichtlich der Entscheidung über die einzelne Genehmigungsvoraussetzung absprechen, weil der Vorbescheid schon in diesem Fall kein Tätigwerden erlaubt. Daher ist der herrschenden Meinung zuzustimmen: Das vorläufige positive Gesamturteil über die Genehmigungsfähigkeit der Gesamtanlage gehört zum Regelungsinhalt des Vorbescheids.

Hinsichtlich der Einwendungen Dritter gilt wie bei der Teilgenehmigung § 11 BIm- **139**
SchG. Außerdem gelten die Abs. 1-8 des § 10 BImSchG für die Erteilung eines Vorbescheides nach § 10 Abs. 9 BImSchG analog. Eine Beseitigung der Bindungswirkung von Teilgenehmigung und Vorbescheid ist nur durch die Rücknahme des Bescheides gemäß § 48 VwVfG[214] oder durch Widerruf nach § 21 BImSchG möglich.

---

210 BVerwG, NVwZ 1985, 341, 342; *Schmidt/Müller*, JuS 1985, 956, 960.
211 OVG NW, NWVBl. 1990, 93 ff; *Jarass*, BImSchG, 5. Auflage 2002, § 9 Rdnr. 17; *Selmer/Schulze-Osterloh*, JuS 1981, 395.
212 *Schmidt/Müller*, JuS 1985, 956, 960 m.w.N.
213 *Selmer/Schulze-Osterloh*, JuS 1981, 393, 395, 399 m.w.N.
214 Vgl. zur Anwendbarkeit von § 48 VwVfG oben Rdnr. 68 und unten Rdnr. 162.

b) Rechtsfolgen der Genehmigung

140 Die immissionsschutzrechtliche Genehmigung ersetzt zunächst alle anderen für die Anlage erforderlichen öffentlich-rechtlichen Genehmigungen (§ 13 BImSchG). Sie stellt in öffentlich-rechtlicher Hinsicht umfassend die Zulässigkeit des Projekts fest (**Konzentrationswirkung**)[215]. Ausgenommen von der Konzentrationswirkung sind gemäß § 13 BImSchG Planfeststellungen, die Zulassung bergrechtlicher Betriebspläne sowie Entscheidungen auf Grund atom- oder wasserrechtlicher Vorschriften. Nicht erfasst sind ferner behördliche Zustimmungen. Hinsichtlich des hiervon praktisch wichtigsten Falles des gemeindlichen Einvernehmens gemäß § 36 BauGB ist in § 36 Abs. 1 S. 2 BauGB das Erfordernis des gemeindlichen Einvernehmens auch für das immissionsschutzrechtliche Genehmigungsverfahren gesetzlich geregelt[216]. Ohne das Einvernehmen kann eine immissionsschutzrechtliche Genehmigung nicht erteilt werden. Wird trotz der Konzentrationswirkung des § 13 BImSchG eine überflüssige Genehmigung nach anderen Normen erteilt, so ist diese zusätzliche Genehmigung rechtswidrig[217].

141 Über die **öffentlich-rechtliche Konzentrationswirkung** hinaus erzielt der Betreiber einer genehmigten Anlage auch eine Sicherung seiner **zivilrechtlichen Rechtsposition**[218]. § 14 BImSchG schirmt genehmigte Industrieanlagen gegen zivilrechtliche Ansprüche von Nachbarn ab, die wegen Immissionsbelästigung auf Einstellung des Betriebes klagen.

Beispiel: Eine genehmigte Anlage zur Stahlerzeugung hat ihren Betrieb aufgenommen. Bauer B, dem ein großer Teil der Grundstücke in der Nähe gehört, hatte, da er Teile davon sehr günstig an das Unternehmen verkaufen konnte, keine Einwendungen gegen die Anlage im Genehmigungsverfahren vorgebracht. Obgleich das Werk dem neuesten technischen Standard entspricht, sinkt die Milcherzeugung auf Grund von Geräusch- und Geruchsbelästigungen. B verlangt gemäß § 1004 Abs. 1 BGB die Stilllegung der Fabrik.

142 Die Durchsetzung dieses zivilrechtlichen Anspruchs aus § 1004 Abs. 1 BGB wird durch § 1004 Abs. 2 BGB i.V.m. § 14 BImSchG verhindert. Wenn die Genehmigung erteilt ist, kann auf Grund zivilrechtlicher Ansprüche nicht mehr auf Betriebseinstellung geklagt werden, da die Nachbarn insoweit gemäß § 14 BImSchG zur Duldung verpflichtet sind. Sie können nur verbesserte technische Schutzvorkehrungen verlangen oder gemäß § 14 S. 2 BImSchG einen auf Geld gerichteten (verschuldensunabhängigen) Schadensersatzanspruch geltend machen.

---

215 Ausführlich dazu *Fluck*, NVwZ 1992, 114 ff.
216 Vor der Einfügung des § 36 Abs. 1 S. 2 BBauG (heute § 36 Abs. 1 S. 2 BauGB) hatte das BVerwG das gemeindliche Einvernehmen als durch § 13 BImSchG ersetzt angesehen, BVerwG, NJW 1978, 64; vgl. zur heutigen Rechtslage z.B. *Jäde*, UPR 2001, 10 ff.
217 So auch *Schmidt/Müller*, JuS 1985, 956, 960.
218 Vgl. *Hagen*, NVwZ 1991, 817 ff; *Peine*, NJW 1990, 2442 ff.

c) Nebenbestimmungen

Gemäß § 12 BImSchG können Genehmigungen und Teilgenehmigungen mit Nebenbestimmungen versehen werden[219]. Zur Sicherstellung der Genehmigungsvoraussetzungen sind Auflagen und Bedingungen zulässig. Ferner sind Befristungen und – bei Testanlagen – Widerrufsvorbehalte möglich. Ob § 12 BImSchG auch auf Vorbescheide anwendbar ist bzw. ob diese überhaupt mit Nebenbestimmungen versehen werden können, ist umstritten. Nach wohl h.M. sind Nebenbestimmungen auch bei Vorbescheiden zulässig, jedoch nicht auf Grundlage von § 12 BImSchG, sondern von § 36 VwVfG[220]. Nach § 12 Abs. 2a BImSchG kann unter bestimmten Voraussetzungen die Genehmigung mit dem Vorbehalt nachträglicher Auflagen erteilt werden. Damit wird der Praxis Rechnung getragen, nach der Unterlagen teilweise häufig erst nach Erteilung der Genehmigung vorzulegen sind.

143

d) Zulassung von Anlagenänderungen

Zur Beschleunigung und Vereinfachung des Genehmigungsverfahrens bei Anlagenänderungen wurden 1996 die §§ 15, 16 BImSchG neu gefasst[221]. Nach § 16 Abs. 1 BImSchG bedarf die wesentliche Änderung der Lage, der Beschaffenheit oder des Betriebes einer genehmigungsbedürftigen Anlage der Genehmigung, der sog. **Änderungsgenehmigung**. Nach der **Legaldefinition** des § 16 Abs. 1 BImSchG ist eine Änderung dann **wesentlich**, wenn durch sie nachteilige Auswirkungen hervorgerufen werden und diese für die Prüfung nach § 6 Abs. 1 Nr. 1 BImSchG erheblich sein können. In § 16 Abs. 1 S. 2 BImSchG wird nochmals klargestellt, dass eine Genehmigung dann nicht erforderlich ist, wenn durch die Änderung hervorgerufene nachteilige Auswirkungen offensichtlich gering sind und die Erfüllung der sich aus § 6 Abs. 1 Nr. 1 BImSchG ergebenden Anforderungen sichergestellt ist. Ferner bedarf es nach § 16 Abs. 5 BImSchG einer Genehmigung nicht, wenn eine genehmigte Anlage oder Teile einer genehmigten Anlage im Rahmen der erteilten Genehmigung ersetzt oder ausgetauscht werden sollen.

144

Die Möglichkeit der **fakultativen Durchführung des Genehmigungsverfahrens** wird dem Betreiber einer Anlage in § 16 Abs. 4 BImSchG eröffnet. Dies kann u.a. aus Gründen der Investitionssicherheit sinnvoll sein. Grundsätzlich findet hier das vereinfachte Genehmigungsverfahren Anwendung (§ 16 Abs. 4 S. 2, 1. HS BImSchG), allerdings kann sich der Betreiber auch für das förmliche Genehmigungsverfahren nach § 10 BImSchG entscheiden (§ 16 Abs. 4 S. 2, 2. HS i.V.m. § 19 Abs. 3 BImSchG).

145

Für solche Änderungen, die **keine wesentlichen Änderungen** i.S.d. § 16 Abs. 1 S. 1 BImSchG darstellen, ist ein **Anzeigeverfahren** nach § 15 Abs. 1 BImSchG durchzu-

146

---

219 Ausführlich dazu *Fluck*, DVBl. 1992, 862 ff.
220 *Jarass*, BImSchG, 5. Auflage 2002, § 9 Rdnr. 10 mit ausführlichen Hinweisen zum Streitstand.
221 S. Gesetz zur Beschleunigung und Vereinfachung immissionsschutzrechtlicher Genehmigungsverfahren vom 9.10.1996, BGBl. I, S. 1498; vgl. dazu *Hansmann*, NJW 1997, 105, 107 ff; *Schäfer*, NVwZ 1997, 526, 527.

führen, wenn sich die Änderung auf in § 1 BImSchG genannte Schutzgüter auswirken kann und wenn kein fakultatives Genehmigungsverfahren nach § 16 Abs. 4 BImSchG beantragt wurde. Der Betreiber einer Anlage hat hierzu der Behörde die geplante Änderung mindestens einen Monat bevor mit ihr begonnen werden soll unter Beifügung der zur Prüfung erforderlichen Unterlagen anzuzeigen (§ 15 Abs. 1 BImSchG). Die Behörde ist nach § 15 Abs. 2 BImSchG im Gegenzug dazu verpflichtet, unverzüglich, spätestens aber innerhalb eines Monats nach Eingang der erforderlichen Unterlagen, zu prüfen, ob die Änderung einer Genehmigung bedarf. Äußert sich die Behörde innerhalb dieser Frist nicht, so darf der Betreiber mit der Durchführung der Änderungsmaßnahme beginnen.

e) Bestandsschutz, nachträgliche Anordnung, Stilllegung und Untersagung

147 Wie sich bereits an der Regelung des § 14 BImSchG gezeigt hat, genießt die **genehmigte** Anlage **erhöhten Bestandsschutz**[222]. Diese privilegierte Rechtsposition ist wegen des vorangegangenen Genehmigungsverfahrens gerechtfertigt. **Grenzen des Bestandsschutzes** ergeben sich aus § 17 und § 20 BImSchG. Nach § 17 Abs. 1 BImSchG kann auch nach Erteilung der Genehmigung sowie nach einer nach § 15 Abs. 1 BImSchG angezeigten Änderung die Verpflichtung auferlegt werden, Schutzmaßnahmen durchzuführen, wenn die Allgemeinheit oder die Nachbarschaft nicht ausreichend vor Beeinträchtigungen geschützt ist[223]. Voraussetzung dafür ist ein Verstoß gegen § 5 BImSchG bzw. eine auf Grund von § 7 BImSchG erlassene Rechtsverordnung. Ein solcher Verstoß kann Folge geänderter tatsächlicher oder rechtlicher Umstände oder auch der Veränderung des Umweltbewusstseins sein. Es liegt im Ermessen der zuständigen Behörde, ob sie derartige nachträgliche Anordnungen trifft. Im Rahmen des § 17 Abs. 1 S. 2 BImSchG „soll" sie Anordnungen treffen; das Absehen von Anordnungen ist hier die Ausnahme. § 17 Abs. 1 S. 2 BImSchG hat, wie bereits der Wortlaut nahe legt, nachbarschützenden Charakter[224]. Der Nachbar hat in diesem Fall einen gerichtlich durchsetzbaren Anspruch auf fehlerfreie Ermessensausübung. Ob darüber hinaus im Hinblick auf die „Sollregelung" des § 17 Abs. 1 S. 2 BImSchG sogar ein Anspruch auf Erlass konkreter Maßnahmen besteht[225], erscheint zweifelhaft, da dann weder hinsichtlich des „Ob" noch des „Wie" behördlichen Einschreitens Ermessen bleibt.

148 Die nachträgliche Anordnung von Schutzmaßnahmen steht unter dem **Vorbehalt** des § 17 Abs. 2 BImSchG. In ihrer ursprünglichen Fassung erlaubte diese Vorschrift nachträgliche Anordnungen nur dann, wenn die verlangten Maßnahmen für Betrieb und Betreiber **wirtschaftlich vertretbar** waren. Dieses Erfordernis hatte dazu geführt, dass von der Anordnungsbefugnis nur in relativ **geringem** Umfang Gebrauch gemacht wurde. Deshalb wurde § 17 Abs. 2 BImSchG durch Gesetz vom 4.10.1985

---

222 Zum Bestandsschutz bei Gewerbebetrieben vgl. *Kosmider*, JuS 1986, 274, 277. Generell zum Bestandsschutz *Friauf*, WiVerw 1986, 87, 97 ff; *Schenke*, NuR 1989, 8 ff.
223 Vgl. *Fluck*, UPR 1992, 326 ff.
224 In diesem Sinne auch *Schmidt/Müller*, JuS 1986, 127 f; *Kloepfer*, Umweltrecht, 2. Auflage 1998, § 14 Rdnr. 116.
225 So aber *Schmidt/Müller*, JuS 1986, 127 f.

neu geregelt. Nunmehr sollen **nachträgliche Anordnungen** nur noch unter dem **Vorbehalt** des verfassungsrechtlich verankerten **Grundsatzes der Verhältnismäßigkeit** stehen. Diese Regelung ist an sich **überflüssig**, da der Grundsatz der Verhältnismäßigkeit bei Ermessensentscheidungen, wie sie § 17 Abs. 1 BImSchG darstellt, immer zu beachten ist. § 17 Abs. 2 BImSchG n.F. stellt daher lediglich eine **deklaratorische** Regelung dar; sie gibt zugleich Interpretationshilfen für die Anwendung des Grundsatzes der Verhältnismäßigkeit, insbesondere für die Angemessenheit der Maßnahme. Dabei muss der investive und betriebliche Aufwand, der erforderlich ist, um die gesetzlichen Betreiberpflichten zu erfüllen, dem angestrebten Erfolg gegenübergestellt werden[226]. Aufseiten des Aufwands sind die Kosten und die übrigen Produktionsbedingungen (z.B. Standort, Kapazitätsauslastung, Nutzungsdauer, technische Besonderheiten) einzubeziehen. Auf der Seite des angestrebten Erfolgs ist zwischen den Fällen des § 5 Abs. 1 Nr. 1 und 2 BImSchG zu unterscheiden. Bei Anordnungen wegen eines Verstoßes gegen § 5 Abs. 1 Nr. 1 BImSchG muss hinsichtlich der anzuordnenden Maßnahme nach der Schwere der Beeinträchtigung im Einzelfall differenziert werden. Je schwerwiegender Schadensart bzw. Schadensausmaß sein können, desto höhere Aufwendungen sind angemessen. Werden Menschen oder bedeutende Sachwerte oder Bestandteile des Naturhaushalts von erheblicher ökologischer Bedeutung gefährdet, können unter dem Gesichtspunkt der Verhältnismäßigkeit hohe Anforderungen gestellt werden. Diese Überlegungen liegen § 17 Abs. 2 S. 1 letzter HS BImSchG zu Grunde. Soweit es um **Vorsorgeanordnungen** geht, müssen vor allem auch die langfristigen und auf Grund eingeschränkter wissenschaftlicher Erkenntnisse noch nicht sicher zu beurteilenden Auswirkungen sowie ein mögliches Zusammenwirken unterschiedlicher Gefährdungspotenziale in die Abwägung einbezogen werden.

Das Anforderungsniveau „Stand der Technik"[227] gilt bei Neuanlagen uneingeschränkt. Bei **Altanlagen** hingegen **können** im Hinblick auf erhöhte Kosten für Nachrüstungen und auf eine Begrenztheit der Amortisationszeit für Investitionskosten gewisse Abschläge berechtigt sein. Die nachträglichen Anordnungen können nämlich nicht nur hinsichtlich Anlagen getroffen werden, die nach In-Kraft-Treten des BImSchG genehmigt wurden. Gemäß **§ 67 Abs. 1 BImSchG** gilt § 17 BImSchG auch für Altanlagen, die nach §§ 16, 25 GewO a.F. genehmigt wurden. Bei Altanlagen ist eine nachträgliche Anordnung selbst bei besonders aufwändigen Maßnahmen nicht unverhältnismäßig, wenn die Altanlage **erheblich mehr** Emissionen verursacht als vergleichbare neue Anlagen, die dem Stand der Technik entsprechen. Gegebenenfalls muss dem Betreiber eine die Höhe des Aufwandes berücksichtigende Frist eingeräumt werden.

Ergeben die angestellten Erwägungen die **Unverhältnismäßigkeit** einer nachträglichen Anordnung, soll gemäß § 17 Abs. 2 S. 2 BImSchG die Behörde die Genehmigung zum Betrieb der Anlage unter den Voraussetzungen des § 21 Abs. 1 Nr. 3-5 BImSchG **widerrufen**.

---

226 Hierzu und zum Weiteren vgl. BT-Drucks. 10/1862, S. 11 und *Schmidt/Müller*, JuS 1986, 127 f.
227 Vgl. zur Definition § 3 Abs. 6 BImSchG.

VIII *Umweltrecht*

151 Bei Altanlagen ist allerdings der sog. **immissionsschutzrechtliche Bestandsschutz** zu beachten, der seine verfassungsrechtliche Grundlage in Art. 14 GG hat. So wie ein legal geschaffenes Bauwerk weiter benutzt werden darf, selbst wenn es neueren baurechtlichen Vorschriften nicht entspricht (sog. „baurechtlicher Bestandsschutz"), gilt dies nach der Rechtsprechung des Bundesverwaltungsgerichts[228] für bestimmte Altanlagen auch gegenüber neueren immissionsschutzrechtlichen Vorschriften.

152 Es handelt sich dabei um solche Altanlagen, die nach früherem Recht – §§ 16, 25 GewO a.F. – **nicht** genehmigungsbedürftig waren, nach dem BImSchG aber der Genehmigung bedürften, also um die von **§ 67 Abs. 2 BImSchG** erfassten Anlagen. Der Bestandsschutz knüpft dabei nicht an eine Genehmigung an, da diese weder vorhanden ist, noch eine durch Art. 14 GG geschützte Eigentumsposition darstellen würde[229]. Die Bestandsschutz genießende Rechtsposition ist vielmehr die auf der Basis der erlaubten Betätigung erworbene privatrechtliche **Vermögensposition**[230]. Die Bestandsschutz genießende Rechtsposition dient also der Sicherung des durch die Eigentumsausübung Geschaffenen[231]. Wenn von der den Bestandsschutz genießenden Anlage Nachteile und Belästigungen für die Nachbarschaft und die Allgemeinheit ausgehen, verstößt der Betreiber der Anlage damit gleichwohl nicht unmittelbar gegen die Betreiberpflichten des § 5 Abs. 1 BImSchG. Die Angrenzer müssen sich vielmehr in diesem Fall zunächst mit den Belästigungen abfinden, da der **Bestandsschutz die Situation des lästigen Grundstücks und seiner Umgebung prägt**. Diese Situationsgebundenheit führt dazu, dass es sich grundsätzlich **nicht um erhebliche** Beeinträchtigungen i.S.d. § 5 Abs. 1 Nr. 1 BImSchG handelt[232]. Der Bestandsschutz bedeutet aber nicht, dass Altanlagen auch in Zukunft uneingeschränkt emittieren dürfen. Denn der eigentumsrechtliche Bestandsschutz findet seine Grenzen in Art. 14 Abs. 1 und 2 GG. **Ausdruck der Sozialpflichtigkeit ist § 17 Abs. 5 BImSchG**; danach gelten die Abs. 1 bis 4a des § 17 BImSchG entsprechend für die Anlagen, die **immissionsschutzrechtlichen Bestandsschutz** genießen. Daher sind auch bei solchen Anlagen **nachträgliche Anordnungen** erlaubt, und zwar immer dann, wenn Maßnahmen gegenüber genehmigungsbedürftigen Betrieben zulässig wären. Im Ergebnis sind damit nachträgliche Anordnungen bei Neuanlagen, bei Altanlagen i.S.d. § 67 Abs. 1 BImSchG und selbst bei solchen i.S.d. § 67 Abs. 2 BImSchG zulässig[233]. Insoweit bringt der immissionsschutzrechtliche Bestandsschutz dem Betreiber einer Altanlage i.S.d. § 67 Abs. 2 BImSchG keine Vorteile.

153 Als weitere Komponente enthält der Bestandsschutz jedoch auch das Recht auf **Instandhaltung** bzw. **Wiederaufbau** einer Anlage, selbst wenn diese Maßnahmen nach dem geltenden BImSchG nicht genehmigungsfähig wären. Allerdings dürfen diese Maßnahmen zu keiner Erweiterung oder Funktionsänderung der Anlage führen. Außerdem muss die Identität der Anlage gewahrt bleiben.

---

228 BVerwGE 49, 365 ff; 50, 49 ff; 67, 93 ff.
229 Eine Genehmigung ist nur dann Eigentum i.S.d. Art. 14 GG, wenn sie sich als Äquivalent eigener Leistung darstellt, BVerfGE 18, 392, 397; 24, 220, 226.
230 So auch *Schmidt/Müller*, JuS 1986, 127, 129.
231 BVerwGE 50, 49, 57.
232 BVerwGE 50, 49, 55.
233 So auch *Friauf*, WiVerw 1986, 87, 105 ff.

Beispiel: Bei einer seit 70 Jahren betriebenen Ziegelei ist der alte Brennofen unbrauchbar geworden. Er soll deshalb durch einen modernen Ofen ersetzt werden, der zugleich die Kapazität verdoppelt. Die nach §§ 4, 16 BImSchG erforderliche (Änderungs-)Genehmigung wird verweigert, weil sich das Gebiet um die Ziegelei in den letzten Jahren zu einem Wohngebiet entwickelt hat. Das Bundesverwaltungsgericht hat einen Anspruch auf Genehmigung mit der Begründung abgelehnt, ein Bestandsschutz komme nur in Betracht, wenn es um die Erhaltung des alten Ofens oder um eine zwingend erforderliche Maßnahme zur Erhaltung der Ziegelei gehe. Dies sei aber bei einer Kapazitätsverdoppelung nicht der Fall[234].

Erfüllt der Betreiber einer genehmigungsbedürftigen Anlage eine vollziehbare nachträgliche Anordnung i.S.d. § 17 BImSchG, die die Beschaffenheit oder den Betrieb der Anlage betrifft, **nicht**, so kann die Behörde bis zur Erfüllung der Anordnung den Betrieb der Anlage ganz oder teilweise **untersagen** (§ 20 Abs. 1 BImSchG). Das gleiche gilt, wenn einer Auflage oder einer abschließend bestimmten Pflicht aus einer Rechtsverordnung gemäß § 7 BImSchG nicht nachgekommen wird.

154

Wenn eine Anlage **ohne**[235] die erforderliche Genehmigung betrieben wird (**formelle Illegalität**), so soll – und regelmäßig wird dies auch der Fall sein – eine **Stilllegungsverfügung** ergehen (§ 20 Abs. 2 S. 1 BImSchG)[236]. Formelle Illegalität liegt nach der Rechtsprechung des Bundesverwaltungsgerichts[237] bereits vor, wenn die Anlage auf eine bestimmte Art genutzt wird, ohne dass für diese Nutzungsart im Genehmigungsbescheid ausdrücklich Regelungen getroffen wurden. Aus dem Sinn und Zweck des Verbotes mit Erlaubnisvorbehalt folgert das Bundesverwaltungsgericht, dass alles verboten ist, was in der Genehmigung nicht ausdrücklich erlaubt wurde.

155

Beispiel: Die A-GmbH betreibt eine genehmigte Anlage zur Aufbereitung von Altölen. Später stellt sich heraus, dass die A-GmbH in ihrer Anlage auch Altöle verarbeitet hat, die polychlorierte Biphenyle (PCB) enthielten. PCB ist höchst gesundheitsgefährdend, bei seiner Verbrennung kann u.a. Dioxin entstehen. Deshalb können beim Betrieb einer Anlage, die auch PCB-haltige Altöle aufbereitet, in anderer Weise schädliche Umwelteinwirkungen hervorgerufen werden als durch eine Anlage, die nur herkömmliche Altöle verwendet. Somit war es immissionsschutzrechtlich erheblich, ob Altöle mit oder ohne PCB aufbereitet werden sollten; der Einsatz von PCB-haltigen Altölen hätte daher ausdrücklich genehmigt werden müssen.

Eine **Beseitigung** darf nur angeordnet werden, wenn die Anlage nicht genehmigungsfähig ist und der geringere Eingriff der Stilllegung nicht genügt, um den schädlichen Umwelteinwirkungen, die von der Anlage ausgehen, wirksam zu begegnen (§ 20 Abs. 2 S. 2 BImSchG). Schließlich kann die Behörde auch bei **Unzuverlässigkeit** des Betreibers oder des Betriebsleiters den Betrieb der Anlage **untersagen** (§ 20 Abs. 3 BImSchG). Der Begriff der Unzuverlässigkeit bezieht sich hier nur auf die Einhaltung von Rechtsvorschriften zum Schutz vor schädlichen Umwelteinwirkungen, ist also **enger als in § 35 GewO**. § 20 BImSchG kommt nachbarschützende

156

---

234 BVerwGE 50, 49 ff.
235 Demgegenüber ist § 20 Abs. 2 S. 1 BImSchG nach Ansicht des BVerwG nicht anwendbar, wenn zwar eine Genehmigung erteilt wurde, diese aber wegen eines Rechtsbehelfs eines Dritten nicht vollziehbar ist, vgl. NVwZ 1992, 570.
236 Vgl. hierzu *Vallendar*, UPR 1991, 91 ff.
237 BVerwG, NVwZ 1990, 963 ff.

VIII *Umweltrecht*

Wirkung zu. Die Nachbarn haben einen Anspruch auf fehlerfreie Ermessensausübung[238].

157 Bei den Verfügungen nach § 20 BImSchG handelt es sich um sog. **Dauer-Verwaltungsakte**, sodass bei einer Anfechtungsklage der Zeitpunkt der letzten mündlichen gerichtlichen Verhandlung (und nicht der letzten Behördenentscheidung) maßgeblich ist. Dies hat u.a. zur Folge, dass beispielsweise eine Stilllegungsverfügung für eine formell illegale Anlage rechtswidrig wird, sobald die Anlage genehmigt wird[239].

f) Erlöschen und Widerruf der Genehmigung

158 Das BImSchG regelt zwei Fälle des Verlustes der Genehmigung. Zum einen kann die Genehmigung gemäß § 18 Abs. 1 BImSchG durch Zeitablauf **erlöschen**, wenn nicht innerhalb einer durch die Genehmigungsbehörde gesetzten Frist mit der Errichtung bzw. dem Betrieb der Anlage begonnen wird oder wenn die Anlage länger als drei Jahre nicht betrieben wurde. Außerdem erlischt die Genehmigung nach § 18 Abs. 2 BImSchG, falls die Genehmigungsbedürftigkeit für eine derartige Anlage durch Rechtsänderung entfällt.

159 Zum anderen kann die **rechtmäßige** Genehmigung unter den Voraussetzungen des § 21 BImSchG **widerrufen** werden. § 21 BImSchG ist lex specialis zu § 49 VwVfG. Die Genehmigung kann ganz oder teilweise, aber nur mit Wirkung für die Zukunft (ex nunc) widerrufen werden. Widerrufsgründe können ein **Widerrufsvorbehalt**, die **Nichterfüllung** einer **Auflage, nachträglich eingetretene Tatsachen**, auf Grund derer die Behörde berechtigt wäre, die Genehmigung nicht zu erteilen, eine **nachträgliche Rechtsänderung**, die ebenfalls die Behörde berechtigen würde, eine Genehmigung zu verweigern, falls der Anlagenbetreiber von der ihm bereits erteilten Genehmigung noch keinen Gebrauch gemacht hat, sowie die **Abwehr von schweren Nachteilen** für das Gemeinwohl sein.

160 Erfolgt ein Widerruf der Genehmigung, hat der Anlagenbetreiber einen Anspruch auf **Entschädigung** unter den Voraussetzungen von § 21 Abs. 4 BImSchG. Zu entschädigen ist der Vermögensnachteil, den der Betreiber erleidet, weil er auf den Bestand der Genehmigung in schutzwürdiger Weise vertraut hat. Das Interesse am Bestand der Genehmigung bildet damit gleichzeitig die Obergrenze des Entschädigungsanspruches. § 21 Abs. 4 BImSchG gilt gemäß § 17 Abs. 2 S. 2 BImSchG entsprechend, wenn eine Genehmigung deshalb widerrufen wird, weil von einer nachträglichen Anordnung wegen Unverhältnismäßigkeit abgesehen werden musste.

---

238 *Jarass*, JuS 1984, 351, 356; *Schmidt/Müller*, JuS 1986, 127, 129. Ob der Nachbarschutz unmittelbar aus § 20 BImSchG oder aber aus den dem § 20 BImSchG zugrunde liegenden Schutznormen, insbes. § 5 BImSchG, abzuleiten ist, kann dabei offen bleiben.
239 Wie hier *Hansmann*, in: *Landmann/Rohmer*, Umweltrecht, § 20 BImSchG, Rdnr. 85. *Ule/Laubinger*, BImSchG, § 20 Anm. D 22 m.w.N.; die von *Feldhaus*, Immissionsschutzrecht, § 20 BImSchG, Anm. 8, und *Jarass*, BImSchG, 5. Auflage 2002, § 20 Rdnr. 18, 37, vertretene Gegenauffassung beruht auf einer zu pauschalisierenden Übertragung der vom BVerwG in E 65, 1, 2 ff zu § 35 GewO entwickelten Grundsätze, wobei übersehen wird, dass in § 20 BImSchG eine dem § 35 Abs. 6 GewO entsprechende Vorschrift fehlt.

Andererseits ist § 21 Abs. 4 BImSchG gemäß Abs. 7 **nicht** anwendbar, wenn die Ge- 161
nehmigung auf Grund des Widerspruchs oder der Anfechtungsklage eines Dritten
(z.B. Nachbarn) aufgehoben wird. § 21 Abs. 7 BImSchG ist insoweit lex specialis zu
§ 50 VwVfG. Für Streitigkeiten über die (Höhe der) Entschädigung ist nach § 21
Abs. 6 BImSchG der **ordentliche** Rechtsweg gegeben.

§ 21 BImSchG ist auf **rechtmäßige** Genehmigungen zugeschnitten. **Rechtswidrige** 162
Genehmigungen können unter den weniger strengen Voraussetzungen von **§ 48
VwVfG** zurückgenommen werden. Allerdings soll es im letzteren Falle ebenso zulässig sein, die Rücknahme auf § 21 BImSchG zu stützen[240].

g) Zulassung vorzeitigen Beginns

Gemäß § 8a Abs. 1 BImSchG kann die Genehmigungsbehörde auf Antrag zulassen, 163
dass bereits vor Erteilung der Genehmigung mit der Errichtung einer Anlage, einschließlich der Maßnahmen, die zur Prüfung der Betriebstüchtigkeit der Anlage erforderlich sind, begonnen werden kann (**Zulassung vorzeitigen Beginns**)[241]. Voraussetzungen hierfür sind nach § 8a Abs. 1 BImSchG, dass mit einer Entscheidung zu
Gunsten des Antragstellers zu rechnen ist, dass ein öffentliches Interesse oder ein berechtigtes Interesse des Antragstellers am vorzeitigen Beginn besteht und dass der
Antragsteller sich darüber hinaus verpflichtet, alle bis zur Entscheidung durch die Errichtung der Anlage verursachten Schäden zu ersetzen und, wenn das Vorhaben nicht
genehmigt wird, den früheren Zustand wiederherzustellen.

Dabei ist zu beachten, dass sich die Zulassung des vorzeitigen Beginns bei Neuanla- 164
gen nur auf die Errichtung der Anlage, nicht aber auf den vorzeitigen Betriebsbeginn,
bezieht. Die vorzeitige Aufnahme des Betriebes bleibt nach § 8a Abs. 3 BImSchG
auf das Änderungsgenehmigungsverfahren beschränkt[242]. Darüber hinaus ist zu beachten, dass die Zulassung vorzeitigen Beginns gemäß § 8a Abs. 2 BImSchG unter
dem Vorbehalt des jederzeitigen Widerrufs steht.

h) Rechtsschutz Dritter

Gerade im Immissionsschutzrecht ist es häufig der Fall, dass sich Dritte, vor allem 165
die **Nachbarn**, durch die Genehmigung einer Anlage beeinträchtigt fühlen[243]. Der
Begriff des Nachbarn ist im Immissionsschutzrecht in einem weiten Sinn zu verstehen: Nachbarn sind alle Personen, die sich regelmäßig **im „Einwirkungsbereich"
der emittierenden Anlage aufhalten oder Nutzungsrechte an dort gelegenen
Grundstücken haben**[244]. Nachbarn i.S.d. BImSchG können also durchaus etliche

---

240 *Jarass*, BImSchG, 5. Auflage 2002, § 21 Rdnr. 6, 39 ff m.w.N.
241 Näher hierzu *Ochtendung*, Die Zulassung des vorzeitigen Beginns im Umweltrecht, 1998.
242 Vor In-Kraft-Treten des am 15.10.1996 eingefügten § 8a BImSchG begrenzte der nun aufgehobene
§ 15a BImSchG die Zulassung vorzeitigen Beginns generell auf das Änderungsgenehmigungsverfahren.
243 Ausführlich zum Rechtsschutz des Nachbarn gegen Umweltbeeinträchtigungen *Giehl*, JURA 1989,
628 ff.
244 BVerwG, NJW 1983, 1507.

Kilometer von der Anlage entfernt leben, vorausgesetzt, dass sie von den Emissionen der Anlage noch betroffen werden. Maßgeblich ist somit für den immissionsschutzrechtlichen Nachbarbegriff, dass eine engere räumliche und zeitliche Beziehung zu den schädlichen Umwelteinwirkungen besteht. Regelmäßig im Einwirkungsbereich einer emittierenden Anlage halten sich daher nicht nur die **Eigentümer** von dort gelegenen Grundstücken auf, sondern auch **Mieter** sowie Arbeitnehmer und Auszubildende, deren Arbeits- bzw. Ausbildungsplatz sich dort befindet, sodass auch sie Nachbarn i.S.d. Immissionsschutzrechts sind[245]. Ihre Anfechtungsklage ist zulässig, wenn sie geltend machen können, in ihren Rechten verletzt zu sein (§ 42 Abs. 2 VwGO). Popularklagen und damit auch die sog. altruistischen Verbandsklagen, mit denen ein Verband nicht eigene Rechte, sondern nur die seiner Mitglieder geltend macht, sind – anders als im Naturschutzrecht (§ 61 BNatSchG) – mangels Klagebefugnis unzulässig[246]. Die Klage ist begründet, wenn die Genehmigung rechtswidrig ist und der Kläger dadurch in seinen Rechten verletzt wird (§ 113 Abs. 1 S. 1 VwGO). Eine Anfechtungsklage hat also nur Erfolgsaussichten, wenn die Verletzung von Rechtsvorschriften gerügt wird, die zumindest auch den Schutz des Klägers bezwecken und nicht allein den Allgemeininteressen zu dienen bestimmt sind. Für den Studenten reicht es im Regelfall aus, dass er die **Frage, ob eine öffentlich-rechtliche Norm dem Kläger ein subjektives öffentliches Recht gibt**, erkennt und seine Entscheidung vertretbar begründet. Hinweise auf immissionsschutzrechtliche Normen mit nachbarschützendem Charakter wurden im vorstehenden Text bereits weitgehend gegeben. Neben diesen kommen auch drittschützende Rechtsnormen aus anderen Rechtsgebieten in Betracht, die wegen § 6 Abs. 1 Nr. 2 BImSchG bei der immissionsschutzrechtlichen Genehmigung zu berücksichtigen sind, insbesondere aus dem Bau-, Straßen- und Naturschutzrecht. Wichtig für den Studenten ist, dass er zunächst nach solchen einfach-gesetzlichen Abwehransprüchen sucht, bevor er auf die Frage eingeht, inwieweit sich Abwehransprüche auch aus den Grundrechten ergeben können.

166 Ein Abwehranspruch gegen schädliche Umwelteinwirkungen aus einem **Grundrecht auf Umweltschutz** besteht – zumindest bislang – nicht, da das Grundgesetz in Art. 20a GG nur eine Staatszielbestimmung, nicht aber ein Grundrecht auf Schaffung und Erhaltung einer sauberen und gesunden Umwelt enthält[247]. Schutz vor Beeinträchtigungen der Umwelt gewähren in gewissem Maße Art. 2 Abs. 1 und 2 GG. Art. 2 Abs. 1 GG gibt jedoch keinen schrankenlosen Abwehranspruch gegen Immissionen, sondern fordert als Voraussetzung eine **individualisierbare besondere Betroffenheit**. Diese liegt bei Umweltveränderungen in der Regel nicht vor, da diese den einzelnen Bürger nicht speziell, sondern nur als Mitglied der Allgemeinheit

---

245 Vgl. *Hoppe/Beckmann/Kauch*, Umweltrecht, 2. Auflage 2001, § 21 Rdnr. 31 m.w.N.; anders dagegen der **bau**rechtliche Nachbarbegriff, dort werden grundsätzlich nur die dinglich Berechtigten (Eigentümer, Nießbraucher usw.) als Nachbarn angesehen, vgl. *Dürr*, Baurecht, 10. Auflage 2001, Rdnr. 255 ff.
246 Vgl. zur Verbandsklage ausführlich unten Rdnr. 276; vgl. dazu auch *Skouris*, JuS 1982, 100; *Sparwasser/Engel/Voßkuhle,* Umweltrecht, 5. Auflage 2003, 5/24 ff.
247 Zur Diskussion um die Einführung eines solchen Grundrechts siehe *Maus*, JA 1979, 287; vgl. auch *Rauschning*, DÖV 1986, 489.

treffen[248]. Nur in dem Fall, in dem der Bürger als individualisierbarer Grundrechtsträger in besonderem Umfang von den Immissionen betroffen wird, räumt ihm Art. 2 Abs. 1 GG einen Abwehranspruch und damit die Klagebefugnis ein. Regelmäßig wird sich in Fällen dieser Art aber der Abwehranspruch bereits aus den nachbarschützenden Normen des Immissionsschutzrechts ergeben. Nur dann, wenn die Immissionen über den Bereich der Nachbarschaft hinaus zu weit reichenden Beeinträchtigungen der allgemeinen Handlungsfreiheit führen, bleibt Platz für einen Rückgriff auf Art. 2 Abs. 1 GG. Außerdem kann ein Abwehranspruch aus Art. 2 Abs. 2 GG gegeben sein. Diese Bestimmung räumt aber ebenfalls **kein allgemeines Recht auf Abwehr von Umweltveränderungen** ein, sondern gewährt nur für den Fall einen Abwehranspruch, in dem es durch die Umweltveränderungen zu körperlichen Eingriffen oder diesen gleichsetzbaren nicht-körperlichen Einwirkungen kommt[249]. Der Anspruch auf Abwehr von Immissionen greift zudem nur dann ein, wenn das BImSchG keinen speziellen Abwehranspruch enthält.

Besondere Probleme ergeben sich, wenn ein Dritter durch eine von einem öffentlich-rechtlichen Gemeinwesen (Bund, Länder, Gemeinden) betriebene Anlage, z.B. eine gemeindliche Abfallverwertungsanlage, gestört wird. Hier stellt sich das Problem des „**hoheitlichen Störers**"[250]. Nach herrschender Meinung ist der störende Hoheitsträger (hier die Gemeinde, deren Abfallverwertungsanlage zu viel Ruß emittiert) zwar materiell ordnungspflichtig, d.h., er muss sich an die einschlägigen Rechtsvorschriften des Umweltrechts halten, nicht aber formell ordnungspflichtig, d.h., die Immissionsschutzbehörde hat nicht die Kompetenz, gegenüber der Gemeinde als einem anderen Hoheitsträger einzuschreiten[251]. Daher kann der betroffene Nachbar nicht eine Verpflichtungsklage gegen die Immissionsschutzbehörde auf Erlass einer (nachträglichen) Anordnung an die Gemeinde gemäß § 17 BImSchG oder einer Maßnahme nach § 20 BImSchG erheben. Gleichwohl besteht für ihn – schon in Anbetracht von Art. 19 Abs. 4 GG – eine Möglichkeit des Rechtsschutzes: Er kann nämlich eine **Unterlassungsklage unmittelbar gegen den hoheitlichen Störer** erheben, gestützt auf den sog. allgemeinen **öffentlich-rechtlichen Unterlassungsanspruch**.

167

Beispiel: A wohnt unmittelbar neben einer Kirche. Der Glockenschlag verkündet in viertelstündlichem Abstand die Uhrzeit. Zu den Gottesdienstzeiten (viermal wöchentlich) werden jeweils zehn Minuten lang mehrere Glocken geläutet. A fühlt sich durch das Glockengeläut in seiner Ruhe gestört; ganz besonders geht ihm das frühmorgendliche Angelus-Läuten auf die Nerven, welches im Sommer um 6.00 h morgens, im Winter um 7.00 h morgens werktäglich jeweils eine Minute lang erfolgt.
An sich bestünde ein Anspruch des Nachbarn zumindest auf fehlerfreie Ermessensausübung. Hier stellt sich jedoch das besondere Problem des „hoheitlichen Störers". Als hoheitlich ist grundsätzlich auch das Handeln von Kirchengemeinden anzusehen, allerdings nur insoweit, wie sich ihre Handlungen „als typische Lebensäußerung der öffentlichrechtlichen Körperschaft Kirche" darstellen[252]. Damit unterfällt im Beispielsfall das sakrale Glockengeläut zum

---
248 BVerwG, JuS 1978, 626.
249 Siehe dazu *Schmidt/Müller*, JuS 1985, 776, 777; auch BVerfG, NJW 1981, 1655 f.
250 Grundsätzlich dazu *Schenke*, Polizei- und Ordnungsrecht, 2. Auflage 2003, Rdnr. 233 f.
251 Vgl. OVG NW, NJW 1984, 1984.
252 Vgl. BVerwG NJW 1994, 956.

Angelus bzw. zu den Gottesdiensten dem hoheitlichen Wirkungskreis der Kirchen, während der Glockenschlag zur Zeitangabe allein dem privatrechtlichen Bereich zuzuordnen ist. Fraglich ist nun, ob A unmittelbar von dem hoheitlichen Störer die Einhaltung des (nachbarschützenden) § 22 Abs. 1 S. 1 Nr. 1, S. 2 BImSchG verlangen kann. Das Bundesverwaltungsgericht lehnt einen Unterlassungsanspruch des Gestörten (Nachbarn) gegen den hoheitlichen Störer ab, da die §§ 22 ff BImSchG **nur** die Rechtsbeziehungen zwischen Anlagenbetreiber und Behörde einerseits oder zwischen Behörde und Nachbarn andererseits regeln[253]. § 22 BImSchG betrifft also gerade nicht unmittelbar das Verhältnis Störer-Gestörter. Deswegen scheidet eine analoge Anwendung ebenso aus, die zudem noch ein Analogiebedürfnis voraussetzt, das indes nicht besteht, wenn sich die „Lücke" auf andere Weise füllen lässt. Das Bundesverwaltungsgericht hält es für unbestritten, dass der Bürger einen Anspruch auf Unterlassung von Immissionen gegen einen hoheitlichen Störer hat. Dessen Rechtsgrundlage lässt das Gericht allerdings offen; in Betracht zieht es eine Analogie zu den §§ 1004, 906 BGB und die Grundrechte der Art. 2 Abs. 2 und 14 Abs. 1 GG. Einfacher hätte sich dieses – richtige – Ergebnis mit dem sog. **allgemeinen öffentlich-rechtlichen Unterlassungsanspruch** begründen lassen[254], der eng mit dem Folgenbeseitigungsanspruch verwandt ist und wie jener seine Rechtsgrundlage in der subjektiven Rechtsqualität der Freiheitsgrundrechte hat[255]. Aus dem Wesen der Freiheitsgrundrechte als subjektive Rechte folgt, dass der Bürger von der öffentlichen Gewalt verlangen kann, dass diese jede rechtswidrige Verletzung seiner Rechte unterlässt[256]. Der allgemeine öffentlich-rechtliche Unterlassungsanspruch ist begründet, wenn ein hoheitlicher Eingriff in ein subjektives Recht bevorsteht, der (mangels Duldungspflicht) rechtswidrig ist. Eine **Duldungspflicht** kann sich insbesondere aus § 906 BGB analog ergeben: Danach sind unwesentliche sowie u.U. sogar wesentliche, aber ortsübliche Immissionen zu dulden. Im christlich geprägten deutschen bzw. westeuropäischen Kulturkreis stellt sowohl das Angelusläuten wie auch das Läuten zu den Gottesdienstzeiten eine seit Jahrhunderten tradierte Artikulation der kirchlichen Präsenz in der Gesellschaft dar. „Eine solche sich im Rahmen des Herkömmlichen haltende kirchliche Lebensäußerung ist vom verfassungsrechtlich garantierten Selbstbestimmungsrecht der Kirche gedeckt und stellt zugleich einen vom Schutz des Art. 4 Abs. 2 GG erfassten Akt freier Religionsausübung dar"[257] und ist daher von A zu dulden.

i) Das vereinfachte Genehmigungsverfahren

168 Soweit Anlagen der Genehmigung bedürfen, wird diese **grundsätzlich** in dem **förmlichen Verfahren** nach § 10 BImSchG erteilt. § 19 BImSchG ermächtigt die Bundesregierung jedoch, durch Rechtsverordnung eine **Genehmigung im vereinfachten Verfahren** zuzulassen. § 2 Abs. 1 Nr. 2 der 4. BImSchVO regelt, für welche Anlagen eine solche Genehmigung im vereinfachten Verfahren vorgesehen ist. Es handelt sich

---

253 BVerwGE 79, 254, 256f. Diesen bereits in seiner ersten Kirchenglocken-Entscheidung (BVerwGE 68, 62) entwickelten Standpunkt hat das BVerwG in einer neueren Entscheidung (DVBl. 1992, 1234) zumindest für das Glockengeläut von Kirchturmuhren modifiziert. Danach kann der Staat Anordnungen gegenüber der Kirche, die gemäß Art. 140 GG i.V.m. Art. 137 Abs. 3 WRV mit Hoheitsgewalt ausgestattet ist, gleichwohl Anordnungen nach §§ 24, 22 Abs. 1 BImSchG treffen, sofern der Kernbereich religiöser Betätigung nicht betroffen wird. Insbesondere sind solche Anordnungen bei profanen, nichtsakralen Tätigkeiten der Kirche wie dem Stundenläuten möglich.
254 Wie hier *Schenke*, Polizei- und Ordnungsrecht, 2. Auflage 2003, Rdnr. 235; vgl. auch VGH BW, NVwZ 1986, 62, 63.
255 Vgl. VGH BW, NJW 1986, 340 sowie *Schenke*, JuS 1989, 557, 558.
256 *Ossenbühl*, Staatshaftungsrecht, 5. Auflage 1998, S. 298 f.
257 Vgl. BVerwGE 68, 62, 67 f.

um Anlagen, bei denen mit Rücksicht auf ihre verminderte Umweltgefährdung auf das formelle Genehmigungsverfahren verzichtet wird.

Beispiel: Anlagen zur Herstellung von Sauerkraut, Schokolade, Milchpulver und ähnlichem, Schießstände für Handfeuerwaffen, Autowaschstraßen etc.

Im vereinfachten Genehmigungsverfahren **entfällt** die **öffentliche Auslegung**, die **Bekanntmachung** und die **Erörterung des Vorhabens**. Gleichfalls entfällt der **Ausschluss privatrechtlicher Abwehrrechte**. Eine solche Genehmigung bietet also dem Antragsteller nicht den gleichen Schutz wie eine Genehmigung im Verfahren nach § 10 BImSchG. Die Rechte der Nachbarn entsprechend § 14 BImSchG zu beschränken ist nur dann gerechtfertigt, wenn diese Gelegenheit hatten, ihre Einwendungen gegen die Anlage in einem förmlichen Verfahren geltend zu machen. **Teilgenehmigung** und **Vorbescheid** sind nunmehr entgegen der früheren Fassung des § 19 Abs. 2 BImSchG auch im vereinfachten Genehmigungsverfahren **zulässig**. Sie entfalten jedoch keine so weitgehende Wirkung wie im förmlichen Genehmigungsverfahren, weil § 11 BImSchG im vereinfachten Verfahren nicht gilt.

169

Allerdings eröffnet § 19 Abs. 3 BImSchG die Möglichkeit, dass statt des vereinfachten Verfahrens zwingend ein förmliches Genehmigungsverfahren nach § 10 BImSchG durchgeführt wird, wenn der **Träger des Vorhabens** dies beantragt. Ein solches Vorgehen kann für den Anlagenbetreiber unter Umständen vorteilhaft sein, weil ihm eine nach dem förmlichen Verfahren erteilte Genehmigung ein erhöhtes Maß an Investitionsschutz bietet[258].

170

4. Die Kontrolle genehmigungsfreier Anlagen

Die weitaus **meisten Betriebe** in der Bundesrepublik rufen nicht in einem solchen Maße schädliche Umwelteinwirkungen hervor, dass sie einer vorherigen Prüfung in einem Genehmigungsverfahren bedürften. Alle Betriebe, die in der Verordnung über genehmigungsbedürftige Anlagen (4. BImSchVO) **nicht** aufgezählt sind, können daher **ohne vorbeugende immissionsschutzrechtliche Kontrolle** errichtet und betrieben werden; für sie gelten die §§ 22-25 BImSchG.

171

Wesentlich für die Anwendung dieser Normen ist, dass der Betrieb unter den **Anlagenbegriff** des § 3 Abs. 5 BImSchG fällt. Dies wirft bei Produktionsstätten zur Erzeugung von Gütern oder bei Vertriebsstätten im Regelfall keine Probleme auf. Schwierigkeiten ergeben sich dagegen insbesondere, soweit es sich um „**verhaltensbedingte Immissionen**" handelt, wenn also eine „sonstige ortsfeste Einrichtung" i.S.d. § 3 Abs. 5 BImSchG vorhanden ist, die Immissionen aber auf ein Verhalten der Benutzer zurückzuführen sind. Beispiele hierfür sind etwa der gewerbliche Betrieb eines Tennisplatzes, eines Freizeitcenters oder eines Fußballplatzes[259]. Zum einen

172

---

258 *Sellner*, NVwZ 1991, 305, 309 f.
259 Gerade die von Sportanlagen ausgehenden Immissionen haben die Rspr. immer wieder beschäftigt. Besonders problematisch sind dabei die Immissionen, die von einer hoheitlich betriebenen Sportanlage herrühren. Hier besteht das Problem des „hoheitlichen Störers"; der durch die Immissionen gestörte Nachbar kann eine Unterlassungsklage unmittelbar gegen den hoheitlichen Störer erheben, ge-

VIII *Umweltrecht*

ließe sich hier vertreten, die Umweltbelastungen gingen nicht von der Anlage als solcher, sondern von den Anlagenbenutzern aus[260]. Daher müsse allein gegen diese oder den Anlagenbetreiber[261] als Störer auf Grund des allgemeinen Polizei- und Ordnungsrechts vorgegangen werden.

173 Dieser Überlegung ließe sich entgegenhalten, dass allgemein auch solche Immissionen unter das BImSchG fallen, die in **innerem Zusammenhang** mit der Anlage stehen[262]. Als weitere Lösungsmöglichkeit kommt der Aspekt in Betracht, dass es sich beim Immissionsschutzrecht um „**technisches Recht**" handelt, d.h. Recht, das hinsichtlich seiner Anwendung Immissionen als Folge technischer Vorgänge voraussetzt[263]. Dann würde sicherlich der Einsatz einer Ballwurfmaschine auf dem Tennisplatz diesen zu einer Anlage i.S.d. BImSchG machen. Wenig Aufschluss gibt dieses Abgrenzungskriterium aber hinsichtlich eines einfachen Tennisplatzes oder eines Fußballstadions. Soll hier allein der Umstand, dass die Pflege der Anlage mithilfe technischer Mittel erfolgt, diese zu einer Anlage i.S.d. § 3 Abs. 5 BImSchG machen[264], obwohl doch die Immission ihre Ursache hauptsächlich im menschlichen Verhalten hat? Schließlich lässt sich noch als dritte Problemlösung die Erwägung anstellen, dass es für den von den Immissionen Betroffenen **unerheblich** ist, ob die **Anlage als solche** oder erst die **Benutzung der Anlage durch Dritte** zu den Immissionen führt. Für ihn ist allein bedeutsam, dass eine Anlage besteht, von der Immissionen ausgehen. Berücksichtigt man den **Schutzzweck** des BImSchG, so spricht einiges für diese Lösung[265]. Konsequenterweise muss man dann in Übereinstimmung mit dem Bundesverwaltungsgericht die §§ 22-25 BImSchG auch auf solche Anlagen anwenden, die gerade dazu bestimmt sind, Immissionen zu bewirken, wie z.B. Kirchenglocken oder Feueralarmsirenen[266].

174 Liegt eine Anlage i.S.d. BImSchG vor, so bestehen für die Errichtung und den Betrieb dieser genehmigungsfreien Anlage bestimmte **Pflichten**, da auch dieser Betriebe die Nachbarschaft oder die Allgemeinheit erheblich beeinträchtigen kann. § 22 Abs. 1 BImSchG nennt deshalb für die Errichtung und den Betrieb nicht genehmigungsbedürftiger Anlagen **drei Grundpflichten**:

(1) **Schädliche Umwelteinwirkungen sind zu verhindern**, soweit dies nach dem Stand der Technik möglich ist.

---

stützt auf den allgemeinen öffentlich-rechtlichen Unterlassungsanspruch (vgl. dazu aus der Rspr. BVerwGE 81, 197; NVwZ 1991, 884; VGH BW, NVwZ 1992, 389). Der Unterlassungsanspruch setzt die Rechtswidrigkeit der Immissionen voraus. In Bezug auf Sportlärm ist insoweit die 18. BImSchVO (**SportanlagenlärmschutzVO**) maßgeblich, die die einzuhaltenden Lärmgrenzwerte festlegt.

260 In diesem Sinne VG Münster, NVwZ 1982, 327 hinsichtlich eines Kinderspielplatzes.
261 Ob man den Betreiber der Anlage als Zweckveranlasser bezeichnen kann, muss man wohl bezweifeln, *Schenke*, Polizei- und Ordnungsrecht, 2. Auflage 2003, Rdnr. 246 f; das ändert jedoch nichts daran, dass er eine Ursache i.S.d. Polizeirechts für die Störung gesetzt hat.
262 *Schmidt/Müller*, JuS 1986, 127, 130.
263 *Horn*, UPR 1983, 215, 217 f; *Schmidt/Müller*, JuS 1986, 127, 130 m.w.N.
264 So etwa *Schmidt/Müller*, JuS 1986, 127, 130.
265 Im Ergebnis ebenso *Jarass*, BImSchG, 5. Auflage 2002, § 22 Rdnr. 6.
266 BVerwGE 68, 62; 79, 254; a.A. *Sparwasser/Engel/Voßkuhle*, Umweltrecht, 5. Auflage 2003, 10/130.

(2) Nach dem Stand der Technik **unvermeidbare** schädliche **Umwelteinwirkungen** müssen **auf ein Mindestmaß beschränkt sein**.

(3) Die bei dem Betrieb der Anlage entstehenden **Abfälle** müssen **ordnungsgemäß beseitigt** werden.

Die drei Grundpflichten sollen bei gewerblichen Anlagen jegliche Art von schädlichen Umwelteinwirkungen beschränken oder verhindern, während bei **nicht gewerblichen** Anlagen gemäß § 22 Abs. 1 S. 3 BImSchG lediglich schädliche Umwelteinwirkungen durch Luftverunreinigungen und Geräusche vermieden werden sollen. Letzteres gilt entsprechend für hoheitliche Anlagen[267]. § 22 Abs. 2 BImSchG stellt darüber hinaus klar, dass andere öffentlich-rechtliche Vorschriften, die weitergehende Anforderungen als Abs. 1 stellen, durch § 22 Abs. 1 BImSchG nicht verdrängt werden. Solche weitergehenden Vorschriften finden sich z.B. in der BauNVO oder dem Landesimmissionsschutzrecht[268]. **175**

Die Betreiberpflichten nach § 22 Abs. 1 BImSchG sind **nicht** mit den Pflichten des § 5 BImSchG identisch, sondern bleiben hinter diesen zurück, da § 22 Abs. 1 BImSchG im Gegensatz zu § 5 BImSchG nicht unter dem Gesichtspunkt des Vorsorgeprinzips zu verstehen ist, sondern allein auf die Abwehr von Gefahren zugeschnitten ist[269]. Die genannten allgemeinen Anforderungen sind konkretisierungsbedürftig. Die **Konkretisierung** geschieht entweder durch **Rechtsverordnung** nach **§ 23 BImSchG**[270] oder durch eine **behördliche Anordnung** im Einzelfall gemäß **§ 24 BImSchG**. Bei Verordnungen, die auf Grund von § 23 BImSchG ergehen, ist neben den allgemeinen Zulässigkeitsvoraussetzungen für Rechtsverordnungen i.S.d. Art. 80 Abs. 1 S. 3 GG zu beachten, dass sie das von § 22 BImSchG geforderte Schutzniveau nicht unterlaufen. So erklärte das Bundesverwaltungsgericht die bayerische Biergartenverordnung a.F. für nichtig, da diese bestimmte Arten von Lärm wie z.B. Musikdarbietungen vor 22.00 Uhr generell zuließ, ohne eine Einzelfallprüfung für besondere Fälle vorzusehen[271]. Unter Berücksichtigung der Vorgaben des § 22 BImSchG hielt sich die Verordnung damit nicht mehr im Rahmen der Ermächtigung des § 23 Abs. 2 BImSchG; die von der bayerischen Staatsregierung im Herbst 1999 erlassene neue BiergartenVO trägt diesem Gesichtspunkt Rechnung, indem nunmehr ein Einschreiten zur Vermeidung schädlicher Umwelteinwirkungen im Einzelfall vorgesehen ist[272]. **176**

---

267 Vgl. BVerwGE 79, 254 (Feueralarmsirenen).
268 Die Landesimmissionsschutzgesetze regeln solche Immissionen, die **nicht** vom BImSchG erfasst werden. Dies können beispielsweise menschliche oder tierische Geräusche (Stimmen, Hundegebell) sein oder Immissionen durch Einrichtungen, die keine Anlage i.S.d. § 3 Abs. 5 BImSchG darstellen.
269 Vgl. *Sparwasser/Engel/Voßkuhle*, Umweltrecht, 5. Auflage 2003, 10/262 ff; BayVGH, DÖV 1987, 498 f.
270 Vgl. die 1. BImSchVO (Kleinfeuerungsanlagen), 2. BImSchVO (leichtflüchtige Halogenkohlenwasserstoffe), 7. BImSchVO (Auswurfbegrenzung von Holzstaub), 8. BImSchVO (Rasenmäherlärm), 18. BImSchVO (Sportanlagenlärmschutz), 20. und 21. BImSchVO (Kohlenwasserstoffemissionen durch Ottokraftstoffe); weitere Nachweise bei *Jarass*, BImSchG, 5. Auflage 2002, § 23 Rdnr. 9.
271 Vgl. BVerwG, NVwZ 1999, 651.
272 Näher zur bayerischen Biergartenverordnung *Jahn*, JA 1999, 837 ff.

VIII *Umweltrecht*

177 Nach § 24 BImSchG liegt es im Ermessen der Behörde, ob und welche Maßnahmen sie anordnet. Über diese Ermessensnorm ist auch hinsichtlich der Anordnungen für nicht genehmigungsbedürftige Anlagen der **Verhältnismäßigkeitsgrundsatz** zu beachten. § 24 BImSchG hat **nachbarschützende Funktion**[273], wie sich aus § 22 Abs. 1 Nr. 1 und 2 BImSchG unter Bezugnahme auf den Begriff „schädliche Umwelteinwirkungen" ergibt. Denn dieser Begriff begründet, wie seine Legaldefinition in § 3 Abs. 1 BImSchG zeigt, Nachbarschutz bei sämtlichen Vorschriften, in denen er erscheint[274]. Wie der Begriff der „schädlichen Umwelteinwirkungen" konkret auszulegen ist, hängt allerdings stark von den Umständen des Einzelfalls, namentlich von der Sozialadäquanz bestimmter Immissionen, ab[275]. Der von einem Kindergarten ausgehende Lärm ist daher z.B. im Grundsatz anders zu beurteilen als die von einer Industrieanlage ausgehenden Geräusche.

178 Der Nachbarschutz erschöpft sich auch regelmäßig darin, dem Nachbarn einen Anspruch auf fehlerfreie Ermessensbetätigung zuzubilligen.

Beispiel: K betreibt in einem Wohnviertel, für das es jedoch keinen Bebauungsplan gibt, eine Autoreparaturwerkstatt. Die von der Werkstatt ausgehenden Lärmbelästigungen liegen deutlich über den in der TA-Lärm festgesetzten Werten. Kann Nachbar N wegen eines Verstoßes gegen das BImSchG von der zuständigen Behörde verlangen, dass sie gegen K einschreitet?
Die Autowerkstatt stellt keine genehmigungsbedürftige Anlage dar, weil sie in der 4. BImSchVO nicht aufgeführt ist. In Betracht kommt daher nur ein Verstoß gegen § 22 Abs. 1 S. 1 BImSchG. K verletzt diese Vorschrift, weil er seine Anlage nicht so betreibt, dass vermeidbare schädliche Umwelteinwirkungen verhindert werden. Daher kann die zuständige Behörde gemäß § 24 BImSchG gegenüber K Anordnungen treffen. Nachbar N kann aber ein konkretes Einschreiten von der Behörde trotz des nachbarschützenden Charakters von § 24 i.V.m. § 22 Abs. 1 BImSchG nicht verlangen, da sich sein Anspruch grundsätzlich auf eine fehlerfreie Ermessensausübung durch die Behörde beschränkt. Für diesen Anspruch ist es unerheblich, dass er nur Mieter und nicht Eigentümer des Hauses ist.

179 Fraglich ist, ob der Anspruch des Nachbarn auf ermessensfehlerfreie Entscheidung verletzt ist, wenn die Behörde den Nachbarn darauf **verweist**, seine **Rechte** aus §§ 906, 1004 BGB im **Zivilrechtsweg** geltend zu machen. Die herrschende Meinung[276] verneint einen Ermessensfehler, wenn der Nachbar die Möglichkeit hat, Unterlassungsansprüche gegen den Störer unmittelbar durchzusetzen. Die Grenze einer derartigen Verweisungsmöglichkeit soll dort sein, wo der Schutz individueller Güter auch im öffentlichen Interesse geboten ist[277]. Wird eine Anordnung gemäß § 24 BImSchG nicht befolgt, so kann gemäß § 25 Abs. 1 BImSchG eine Betriebsuntersagung erfolgen.

180 **Verfassungsrechtlich nicht unbedenklich** ist § 25 Abs. 2 BImSchG. Werden die Gesundheit oder erhebliche Sachwerte konkret gefährdet, dann soll der Betrieb der Anlage ganz oder teilweise untersagt werden. Eine Entschädigung sieht § 25 Abs. 2

---

273 *Schmidt/Müller*, JuS 1986, 127, 130; *Sparwasser/Engel/Voßkuhle*, Umweltrecht, 5. Auflage 2003, 5/7 sowie 10/402.
274 OVG Lüneburg, GewArch. 1979, 345.
275 Vgl. dazu OLG Köln, NJW 1998, 763.
276 BVerwG, DVBl. 1969, 586; OVG Lüneburg, DVBl. 1976, 719.
277 *Schmidt/Müller*, JuS 1986, 127, 130.

BImSchG nicht vor. § 21 Abs. 4 BImSchG statuiert eine **Entschädigungspflicht nur für den Fall des Widerrufs** einer erteilten **Anlagengenehmigung**. Gegen diese unterschiedliche Behandlung lässt sich im Regelfall nichts einwenden, da erst durch das Genehmigungsverfahren eine besondere, schutzwürdige Vertrauensposition geschaffen wird.

Beispiel: G betreibt seit Jahrzehnten im Außengebiet seiner Heimatstadt eine Schweinemästerei. Im Laufe der Jahre rückt die Bebauung bis in die unmittelbare Nähe seines Betriebes heran. Auf wiederholte Beschwerden der Nachbarn wird sein Betrieb gemäß § 25 Abs. 2 BImSchG verboten, weil „die Nachbarschaft nicht auf andere Weise ausreichend geschützt werden kann".

Dieser berühmte „**Schweinemäster**"-**Fall** ist heute anders zu lösen, als es früher das OVG Nordrhein-Westfalen[278] mit der polizeirechtlichen Figur der „latenten Gefahr" getan hat. Die Voraussetzungen des **§ 25 Abs. 2 BImSchG** liegen vor. Diese Norm gewährt – anders als § 21 Abs. 4 BImSchG bei einer genehmigten Anlage – **keinen Entschädigungsanspruch**. In der Literatur wird jedoch die Frage heftig diskutiert, ob der Gesichtspunkt des **Vertrauensschutzes** (analoge Anwendung des § 21 Abs. 4 BImSchG) im Einzelfall zu einer **Entschädigungsregelung** führen kann, wenn der Schweinemäster darauf vertrauen durfte, nicht ohne Entschädigung seinen Betrieb aufgeben zu müssen[279].

181

5. Verkehrsbezogener Immissionsschutz

Der verkehrsbezogene Immissionsschutz wird in den §§ 38 ff BImSchG behandelt. Zunächst regeln die §§ 38, 39 BImSchG die emissionsspezifischen Anforderungen an Kraftfahrzeuge, bevor dann § 40 BImSchG unter bestimmten Voraussetzungen der zuständigen Straßenverkehrbehörde die Anordnung von Beschränkungen des Kraftfahrzeugverkehrs aufgibt. Die §§ 41 ff BImSchG regeln schließlich den Bereich des Lärmschutzes. So sind nach § 41 Abs. 1 BImSchG Straßen und Schienenwege so zu errichten, dass durch sie keine vermeidbaren schädlichen Umwelteinwirkungen durch Verkehrsgeräusche hervorgerufen werden; diese Vorschrift ist drittschützend[280]. Konsequenterweise billigt § 42 BImSchG den von Verkehrslärm i.S. des § 41 BImSchG betroffenen Eigentümern einer baulichen Anlage einen Entschädigungsanspruch gegenüber dem Bauträger der Straße bzw. des Schienenwegs zu, soweit die in der auf Grund von § 43 Abs. 1 Nr. 1 BImSchG ergangenen Verkehrslärmschutzverordnung (16. BImSchV)[281] festgelegten Immissionsgrenzwerte überschritten werden.

182

---

278 OVGE 11, 250 ff.
279 *Sendler*, WiVerw, 1977, 94; *Schenke*, DVBl. 1976, 740; *ders.*, Polizei- und Ordnungsrecht, 2. Auflage 2003, Rdnr. 250. Vgl. zu den Rechtsschutzmöglichkeiten eines Gewerbetreibenden gegen heranrückende (Wohn-)Bebauung: *Friauf*, WiVerw 1986, 87, 108 ff; sowie OVG NW, DÖV 1988, 386, wonach der Schweinemäster ein Abwehrrecht aus dem in § 35 Abs. 2 BauGB enthaltenen Gebot der Rücksichtnahme gegen die heranrückende (Wohn-)Bebauung haben soll.
280 Vgl. *Sparwasser/Engel/Voßkuhle,* Umweltrecht, 5. Auflage 2003, 10/287.
281 Diese wird ergänzt durch die 24. BImSchV vom 4.2.1997, vgl. BGBl. I 1997, 172.

Literatur

Sparwasser/Engel/Voßkuhle, Umweltrecht, 5. Auflage 2003, Kapitel 10; *Kahl/Voßkuhle*, Grundkurs Umweltrecht, 2. Auflage 1998, Kapitel 8; *Jarass*, Bundes-Immissionsschutzgesetz, 4. Auflage 1999; *Klaus/Röthel*, Konvergenz oder Divergenz öffentlichrechtlichen und privatrechtlichen Immissionsschutzes? – zur Problematik des Lärmschutzes bei nicht genehmigungsbedürftigen Anlagen i.S. von §§ 22 ff BImSchG, DVBl. 1996, 1171 ff; *Millgramm*, Bestandsschutz, Vertrauensschutz und Duldung im Bereich des BImSchG, NuR 1999, 608 ff; *Moormann*, Die Änderung des Bundes-Immissionsschutzgesetzes durch das Gesetz zur Beschleunigung und Vereinfachung immissionsschutzrechtlicher Genehmigungsverfahren, UPR 1996, 408 ff.

II. Abfallrecht

1. Einleitung

183 Von Beginn an wurde in Deutschland die Abfallentsorgung, ausgehend von der städtischen Müllabfuhr, als Teil **kommunaler Daseinsvorsorge** verstanden. Sie wurde von den Kommunen als Pflichtaufgabe wahrgenommen. Diese Vorstellung hatte in § 3 Abfallgesetz von 1986 ihren Niederschlag gefunden. Er wies die Entsorgungsaufgabe den nach Landesrecht zuständigen Körperschaften des öffentlichen Rechts zu, zugleich koppelte er sie mit einer **Überlassungspflicht** des Abfallbesitzers. Diese herkömmliche Sicht, wonach die Wirtschaft produziert und die anfallenden Abfälle der öffentlichen Hand zur Beseitigung übergeben werden, hat das **Kreislaufwirtschafts- und Abfallgesetz** (KrW-/AbfG), das am 7.10.1996 vollständig in Kraft getreten ist, bewusst **aufgegeben**, da sie sich nicht mit dem Verursacherprinzip vereinbaren lässt.

184 Zu dem „Markenzeichen"[282] dieses Gesetzes gehört eine **neue Aufgabenverteilung** zwischen öffentlichen und privaten Entsorgungsträgern. Es entspricht der Vorstellung des Gesetzes, dass die Pflichtenkreise im Entsorgungsbereich vorrangig den **Erzeugern** von Abfall zugeordnet werden. Die **Verlagerung der Entsorgungspflicht** von der öffentlichen Hand auf die Privatwirtschaft wurde für die Länder mit der Möglichkeit verbunden, an Stelle der Erzeuger deren Selbstverwaltungskörperschaften oder Verbände in Anspruch zu nehmen. Diese neue Sichtweise hat im Kreislaufwirtschafts- und Abfallgesetz folgendermaßen ihren Niederschlag gefunden: Nach § 5 Abs. 2 und § 11 Abs. 1 KrW-/AbfG sind Erzeuger und Besitzer zur Verwertung und Beseitigung ihrer Abfälle verpflichtet. Sie haben ihre Pflichten **grundsätzlich selbst** zu erfüllen, können jedoch zu deren Erfüllung auch **Dritte** (§§ 16 ff KrW-/AbfG) einschalten. Inwieweit die öffentlich-rechtlichen Entsorgungsträger an der Erfassung und Entsorgung von Abfällen mitwirken, folgt aus den §§ 13, 15 KrW-/AbfG.

---

282 *Petersen/Rid*, NJW 1995, 7 ff, 13.

2. Rechtsquellen

Das Grundgesetz verleiht dem **Bund** in Art. 74 Nr. 24 GG das Recht zur konkurrierenden Gesetzgebung auf dem Gebiet der Abfallbeseitigung. Diese Ermächtigung hat der Bund in zulässiger Weise zum Erlass des Kreislaufwirtschafts- und Abfallgesetzes (KrW-/AbfG) genutzt[283]. Dieses Gesetz hat 1996 das bis dahin geltende Abfallgesetz von 1986 abgelöst.

185

Das KrW-/AbfG enthält eine Reihe von Vorschriften, mit denen die **Länder** zu einem Tätigwerden oder zur Ausfüllung bestimmter Lücken verpflichtet werden.
Beispiel: § 19 Abs. 5 KrW-/AbfG verpflichtet die Länder, normative Anforderungen an die Abfallwirtschaftskonzepte zu stellen. Die Länder werden gemäß § 20 Abs. 3 KrW-/AbfG die Anforderungen an die Abfallbilanzen zu regeln haben.

186

Zu diesem Zweck haben die **Länder** Landesabfallgesetze erlassen[284]. Darüber hinaus können sich die Landesabfallgesetze mit solchen abfallrechtlichen Problemen befassen, die im KrW-/AbfG oder sonst bundesrechtlich nicht geregelt sind, da die bundesrechtlichen Normen keine abschließende Kodifikation des gesamten Abfallrechts enthalten.

187

Bundes- und Landesabfallrecht werden dann auf kommunaler Ebene durch Abfallwirtschaftssatzungen konkretisiert. Nicht immer einfach ist die Frage zu beurteilen, wie weit die kommunalen Kompetenzen im Bereich des Abfallrechts reichen. So ging es in einem Aufsehen erregenden Verfahren um die Befugnis von **Gemeinden**, Steuern auf die Verwendung von Einwegverpackungen und Einweggeschirr bei dem Verkauf von Speisen und Getränken zum Verzehr an Ort und Stelle zu erheben. Nachdem das Bundesverwaltungsgericht den Gemeinden noch das Recht zur Erhebung einer solchen Verpackungssteuer zugebilligt hatte[285], wurde den Kommunen diese Befugnis durch die Entscheidung des Bundesverfassungsgerichts genommen[286].

188

Im Einzelnen begründet das Bundesverfassungsgericht seine Ansicht wie folgt: Erstens handele es sich bei der Verpackungssteuer um eine Steuer. Dem stehe nicht entgegen, dass der Hauptzweck der Steuererhebung auf die Abfallvermeidung gerichtet sei; nur wenn die Erhebung nach Ausgestaltung, Gewicht und Auswirkung einem unmittelbar sachregelnden abfallrechtlichen Handlungsgebot oder -verbot gleichkomme – was bei der Verpackungssteuer jedoch nicht der Fall sei – könne das Vorliegen einer Steuer verneint werden. Zweitens könnten sich die Gemeinden im Grundsatz auf die ausschließliche Gesetzgebungskompetenz des Art. 105 Abs. 2a GG berufen, die im konkreten Fall von den Ländern auf die Kommunen delegiert worden

189

---

283 Vgl. BVerfG, NJW 1998, 2341 ff; h.M. statt aller: *Ossenbühl*, DVBl. 1996, 19 f, 20; a.A. *Bogler*, DB 1996, 1505 f, die Art. 74 Nr. 24 GG nicht als geeignete Ermächtigungsgrundlage für das KrW-/AbfG gelten lässt und so schließlich zu seiner Verfassungswidrigkeit kommt. Art. 74 Nr. 24 GG solle nur zu Gesetzen über die Abfall**beseitigung** ermächtigen, daher sei auch schon das Abfall**vermeidung**sgesetz von 1986 verfassungswidrig gewesen.
284 Die Landesabfallgesetze sind abgedruckt in *Fluck/Brandner/Dieckmann*, Kreislaufwirtschafts-, Abfall- und Bodenschutzrecht.
285 BVerwGE 96, 272.
286 BVerfG, NJW 1998, 2341; dazu *Fischer*, JuS 1998, 1096.

war: Die Verpackungssteuer sei ihrer Art nach eine örtliche Verbrauchsteuer, denn es werde der Verbrauch bzw. die Verwendung von Einwegverpackungen belastet und an den Verzehr an Ort und Stelle angeknüpft; auch sei die Verpackungssteuer nicht mit einer bundesgesetzlich geregelten Steuer – insbesondere nicht der Umsatzsteuer – gleichartig. Drittens sei für die Einführung der Verpackungssteuer neben der Besteuerungskompetenz aus Art. 105 Abs. 2a GG keine zusätzliche Sachkompetenz aus den Art. 70 ff GG erforderlich (was im Fall der Verpackungssteuer zu einer Verneinung der gemeindlichen Zuständigkeit geführt hätte, da der Bund auf der Grundlage des Art. 74 Abs. 1 Nr. 24 GG eine weitgehend abschließende Regelung des Abfallrechts vorgenommen hat). Obwohl den Gemeinden danach im Grundsatz eine Zuständigkeit zur Erhebung der Verpackungssteuer zustünde, verneint das Bundesverfassungsgericht eine entsprechende Befugnis dann doch. Aus dem Gebot der bundesstaatlichen Rücksichtnahme und dem Rechtsstaatsprinzip leitet es eine Schranke für die Kompetenzausübung durch die Gemeinde ab: Sie dürfe auf Grund ihrer Steuerkompetenz nur insoweit lenkend in den Kompetenzbereich des Sachgesetzgebers übergreifen, als die Lenkung weder der Gesamtkonzeption der sachlichen Regelung noch konkreten Einzelregelungen zuwiderlaufe. Eine solche Widerspruchsfreiheit vermisst das Bundesverfassungsgericht jedoch, wenn Kommunen Verpackungssteuern erheben. Denn das Bundesabfallrecht – so das Bundesverfassungsgericht – basiere auf dem Kooperationsprinzip; hiermit sei die steuerliche Lenkung, die von der Verpackungssteuer ausgehe, nicht zu vereinbaren. Auf dieser Grundlage kommt das Gericht dann im Ergebnis zur Verfassungswidrigkeit der kommunalen Verpackungssteuer. Anzumerken bleibt, dass das Bundesverfassungsgericht in seinem Urteil einen sehr strengen Maßstab anlegt. Es nimmt einen Widerspruch zwischen der kommunalen Verpackungssteuer und dem Bundesabfallrecht an, obwohl beide Regelungen das gleiche Ziel – die Vermeidung von Abfall – verfolgen.

190 Schließlich bestehen auf dem Gebiet des Abfallrechts noch eine Reihe **europa-** und **völkerrechtlicher** Regelungen[287]. Hier sind insbesondere die Richtlinie des Rates 91/156/EWG zur Änderung der Richtlinie 75/442/EWG über Abfälle zu nennen[288]. Den dort niedergelegten **europäischen Abfallbegriff** hat das KrW-/AbfG übernommen. Ein bedeutsames völkerrechtliches Abkommen auf dem Gebiet des Abfalls ist das Basler Übereinkommen über die Kontrolle der grenzüberschreitenden Verbringung gefährlicher Abfälle und ihrer Entsorgung vom 30.9.1994. Seit dem 6.5.1994 bestimmen sich die Anforderungen an die Verbringung von Abfällen in der, in die und aus der EU nach der VO 295/93[289].

3. Der Abfallbegriff

191 Der Einstieg in das Abfallrecht erfolgt über den Abfallbegriff des § 3 Abs. 1 KrW-/AbfG: „Abfälle ... sind alle beweglichen Sachen, die unter die in Anhang I aufge-

---

287 Vgl. *Hoppe/Beckmann/Kauch*, Umweltrecht, 2. Auflage 2000, § 29 Rdnr. 19.
288 ABl. EG 1991 L 78, S. 32.
289 ABl. EG 1993 L Nr. 30, 1; dazu *Schröder*, NVwZ 1996, 833 ff.

führten Gruppen fallen und deren sich ihr Besitzer entledigt, entledigen will oder entledigen muss". Die erforderliche Zugehörigkeit zu Anhang I beschränkt den Anwendungsbereich des Abfallrechts nicht, solange jede Sache zumindest unter die Auffanggruppe Q 16 subsumiert werden kann, die „Stoffe und Produkte aller Art, die nicht schon einer der oben erwähnten Gruppen angehören", enthält. Dabei fällt auf, dass der Abfallbegriff des KrW-/AbfG auch die **Entledigung** als solche berücksichtigt, während das Abfallgesetz von 1986 lediglich bewegliche Sachen, deren sich ihr Besitzer **entledigen wollte** oder **entledigen musste**, umfasste. Die Erweiterung des subjektiven Abfallbegriffs dient der Nachweiserleichterung. Unter dem AbfG von 1986 bereitete es der zuständigen Behörde oft (vergebliche) Mühe, darzulegen, dass es sich bei einer bestimmten Sache um Abfall handelte. Wenn die Sache nicht aus Gründen des Allgemeinwohls entledigt werden musste oder der Besitzer nicht ausdrücklich kundtat, dass er sich der Sache entledigen wollte, war es kaum möglich, die Sache dem Abfallregime zu unterstellen.

Das KrW-/AbfG unterscheidet zwischen **Abfällen zur Verwertung** und **Abfällen zur Beseitigung**. Eine Verwertung liegt vor, wenn Abfälle in irgendeiner Form genutzt werden und der Hauptzweck der Nutzung darin besteht, Rohstoffe zu substituieren. Die Abfallbeseitigung umfasst alle Maßnahmen, die darauf gerichtet sind, den Abfall auf Dauer vom Kreislaufwirtschaftsverkehr unter Beseitigung seines Schadstoffpotenzials auszuschließen. Nach § 5 Abs. 2 S. 2 KrW-/AbfG hat die Abfallverwertung grundsätzlich Vorrang vor der Abfallbeseitigung. **Vorrangigstes Ziel** ist freilich die gänzliche **Vermeidung von Abfall**, welche gemäß § 4 Abs. 1 KrW-/AbfG in erster Linie durch die Verminderung ihrer Menge und Schädlichkeit, in zweiter Linie durch ihre stoffliche Verwertung oder ihre Nutzung zur Gewinnung von Energie erfolgen soll. **192**

4. Die Entsorgung von Abfällen aus privaten Haushaltungen

a) Die Gesetzeslage

Gemäß § 13 Abs. 1 S. 1 KrW-/AbfG ist der Verursacher von Abfällen aus Privathaushaltungen – soweit er zu einer Verwertung nicht in der Lage ist oder diese nicht beabsichtigt – abweichend von § 5 Abs. 2 und § 11 Abs. 1 KrW-/AbfG verpflichtet, diese den nach Landesrecht zur Entsorgung verpflichteten juristischen Personen zu überlassen. Der Verursacher von Abfällen aus privaten Haushaltungen **darf**[290] demnach nur dann selbst entsorgen, wenn er zu einer Verwertung in der Lage ist und diese auch beabsichtigt. Er hat daher die Möglichkeit, entweder die angefallenen Abfälle selbst zu verwerten oder sie dem öffentlich-rechtlichen Entsorgungsträger bzw. einem von ihm beauftragten Dritten zu überlassen. **Der Verursacher von Haushaltsabfällen ist somit nicht beseitigungspflichtig und auch nicht beseitigungsberechtigt.** **193**

---

[290] Hier wird deutlich, wie schwierig es nach dem KrW-/AbfG ist, zwischen einem Entsorgungsrecht und einer Entsorgungspflicht zu unterscheiden. Grundsätzlich ist der Verursacher von Haushaltsabfällen zwar verwertungs**pflichtig** nach § 5 Abs. 2 S. 2, er **darf** aber nur dann verwerten, wenn er dazu nach den Regeln des KrW-/AbfG in der Lage ist und eine Verwertung auch beabsichtigt.

194 Es ist streitig, unter welchen Voraussetzungen der Verursacher von Abfällen zu einer **Verwertung in der Lage** ist. Problematisch ist insbesondere der Fall, dass der Verursacher einen **Dritten mit der Verwertung seiner Abfälle gemäß § 16 Abs. 1 KrW-/AbfG beauftragt**[291]. Versteht man die Verwertung i.S.d. § 13 Abs. 1 KrW-/AbfG als Verwertungs**vorgang**, so ist nur derjenige zu einer Verwertung in der Lage, der **selbst** verwertet. Kommt es aber auf das Verwertungs**ergebnis** an, müsste es genügen, wenn andere die Verwertung durchführen. Der Wortlaut ist offen. Ein systematischer Vergleich mit **§ 13 Abs. 3 KrW-/AbfG** ist dagegen ergiebiger. Diese Vorschrift zählt enumerativ konkrete Fälle einer Verwertung durch Dritte auf, die **ausdrücklich** zu einer Aufhebung der Überlassungspflicht führen. Daraus folgt im Umkehrschluss, dass grundsätzlich eine Verwertung durch Dritte nicht zu einer Aufhebung der Überlassungspflicht führt[292]. Schließlich kann ein Dritter nur dann mit der Abfallverwertung beauftragt werden, wenn der Beauftragende selbst entsorgungsverantwortlich ist. In dem Moment aber, in dem der Abfallverursacher nicht selbst zu einer Verwertung in der Lage ist und einen Dritten erst damit beauftragen muss, wird gemäß § 13 Abs. 1 S. 1 KrW-/AbfG die **Verwertungspflicht durch die Überlassungspflicht** ersetzt.

195 Als **Ergebnis** kann somit festgehalten werden, dass der Verursacher von Haushaltsabfällen grundsätzlich seine Abfälle dem öffentlich-rechtlichen Entsorgungsträger zu überlassen hat, es sei denn, es handelt sich um Abfälle, die er selbst mit eigenen Mitteln verwerten kann und dies auch zu tun beabsichtigt[293]. Eine gemeinschaftliche Verwertung, etwa durch das Betreiben eines gemeinschaftlichen Komposthaufens einer Hausgemeinschaft, ist ebenfalls möglich.

b) Die Praxis

196 Fraglich ist, wie dieses theoretische **Ergebnis in die Praxis** umzusetzen ist. Wie kann beispielsweise festgestellt werden, ob tatsächlich eine Verwertungsabsicht besteht? Und wer muss dies nachweisen? Bedeutung kommt in diesem Zusammenhang der **Nachweislast** zu. Von ihr kann es abhängen, ob – wie bisher – der öffentlich-rechtliche Entsorgungsträger grundsätzlich entsorgungspflichtig ist oder ob der Verursacher von Haushaltsabfällen seine Abfälle nunmehr selbst entsorgen darf. Plastisch lässt sich diese Problematik an dem so genannten **Bioabfallentsorgungssystem** darstellen. Viele öffentlich-rechtlichen Entsorgungsträger haben in ihrem Bezirk eine so genannte „Biotonne" eingeführt, in der organische (Küchen-)Abfälle gesammelt werden sollen[294]. Die Art und Weise der Einführung kann unterschiedlich erfolgen, je nachdem, wer das Merkmal (nicht) „zu einer Verwertung in der Lage" sein bzw. die (fehlende) Verwertungsabsicht nachzuweisen hat. Es besteht die Möglichkeit, dass der öffentlich-rechtliche Entsorgungsträger den Verursacher grundsätzlich zum Benutzen der Biotonne verpflichten darf und nur dann ausnahmsweise eine Befreiung gewähren muss, wenn der Verursacher darlegt, dass er selbst eine Verwertung beab-

---

291 Dazu VGH BW, NVwZ 1998, 1200 ff m.w.N. zur Literatur.
292 In diesem Sinne etwa *Versteyl/Wendenburg*, NVwZ 1996, 945 m.w.N.
293 Vgl. auch OVG Münster, NVwZ 1999, 91 f.
294 Dies entspricht auch dem Trennungsgebot des § 5 Abs. 2 S. 3 KrW-/AbfG.

sichtigt und zu dieser in der Lage ist. Auf der anderen Seite ist aber auch denkbar, dass der öffentlich-rechtliche Entsorgungsträger erst dann, wenn er dargelegt hat, dass der Verursacher zu einer Verwertung entweder nicht in der Lage ist oder diese nicht beabsichtigt, den Verursacher zum Benutzen der Biotonne verpflichten darf.

Im Rahmen einer **Zweckentscheidung** stehen sich zwei Tendenzen gegenüber. Auf der einen Seite legen **entsorgungssicherheitliche und hygienische Bedenken**, die durch eine Abfallverwertung durch den Verursacher von Haushaltsabfällen hervorgerufen werden, eine grundsätzliche Entsorgung durch den öffentlich-rechtlichen Entsorgungsträger nahe[295]. Auf der anderen Seite steht das **Verursacherprinzip** mit den darin enthaltenen Bestrebungen, den Verursacher zu einer selbstverantwortlichen Entsorgung zu verpflichten. Stellt man diesen Gesichtspunkt in den Vordergrund, kann eine Überlassungspflicht nur bestehen, wenn dem Verursacher nachgewiesen werden kann, dass er zu einer Verwertung nicht in der Lage ist bzw. diese nicht beabsichtigt. **197**

Beide Richtungen verfolgen elementare Prinzipien, die dem KrW-/AbfG innewohnen und die daher auch in die Entscheidung, wer letztendlich nachweispflichtig ist, einfließen müssen. Die sicherheitlichen Bedenken würden stärker berücksichtigt werden, wenn die Eigenverwertung nur nach einem umfassenden Entsorgungsnachweis auf Grund einer Ausnahmegenehmigung gestattet werden würde. Das Verursacherprinzip würde damit allerdings auf die bloße Tatsache reduziert werden, dass eine Eigenverwertung grundsätzlich nicht ausgeschlossen ist. Räumt man hingegen dem Verursacherprinzip einen größeren Stellenwert ein, kann den sicherheitlichen Bedenken lediglich mit den **einzelnen** gesetzlich geregelten **Überwachungsmöglichkeiten** begegnet werden. So können z.B. nach § 7 KrW-/AbfG Rechtsverordnungen erlassen werden, die die Anforderungen an die gesetzliche Verwertung konkretisieren, wobei § 7 Abs. 3 KrW-/AbfG die Bundesregierung ermächtigt, Rechtsverordnungen zu erlassen, durch die die Einhaltung der so konkretisierten Anforderungen jeweils überprüft werden kann. Zusätzlich müssen Eigentümer und Besitzer nach § 14 KrW-/AbfG das Betreten ihrer Grundstücke zum Zwecke der Überprüfung, ob die Verwertungsanforderungen eingehalten werden, dulden. Diese gesetzlichen Überprüfungsmöglichkeiten stellen einen angemessenen Kompromiss zwischen den Belangen der Entsorgungssicherheit und denen des Verursacherprinzips dar. Vor allem findet dadurch der Grundsatz der Entsorgungssicherheit unter gleichzeitiger **Stärkung des Verursacherprinzips** ausreichende Berücksichtigung. **198**

c) Die Ausgestaltung der Überlassungspflichten durch Satzungen der öffentlich-rechtlichen Entsorgungsträger

Fraglich ist, inwieweit der öffentlich-rechtliche Entsorgungsträger die einzelnen Überlassungsmodalitäten satzungsmäßig festlegen darf. Da das Abfallrecht grundsätzlich der konkurrierenden Gesetzgebung (Art. 74 Nr. 24 i.V.m. Art. 72 GG) unterliegt, ist eine landes- oder kommunalrechtliche Regelung nur insoweit möglich, als **199**

---

[295] *Queitsch*, StuG 1995, 55 ff, 61; *ders.*, KrW-/AbfG, 2. Auflage 1999, S. 154.

VIII *Umweltrecht*

der **Bund nicht** von seiner Gesetzgebungskompetenz **Gebrauch** gemacht hat. Bundesrechtliche Vorgaben für die Ausgestaltung der Überlassungspflicht könnten sich aus den §§ 13, 14, 5, 7 KrW-/AbfG ergeben.

200 § 13 KrW-/AbfG legt abschließend fest, unter welchen Voraussetzungen eine Überlassung an den öffentlich-rechtlichen Entsorgungsträger zu erfolgen hat. Regelungen zur Ausgestaltung der Überlassungspflicht enthält § 13 KrW-/AbfG dagegen nicht. § 14 KrW-/AbfG sieht lediglich vor, dass die Aufstellung von Behältnissen, die zur Erfassung der überlassungspflichtigen Abfälle notwendig sind, auf den jeweiligen Grundstücken zu dulden ist und auch das Betreten zum Zwecke des Abholens oder der Überwachung nicht untersagt werden darf. Eine Beschränkung der freien Gestaltung der Überlassungspflicht erfolgt durch die **Trennpflicht** gemäß **§ 5 Abs. 2 S. 4 KrW-/AbfG**. Dadurch, dass § 5 Abs. 2 S. 4 KrW-/AbfG eine getrennte Lagerung von Abfällen zur Verwertung vorsieht, wird der öffentlich-rechtliche Entsorgungsträger gezwungen, Abfälle zur Verwertung so weit wie möglich getrennt einzusammeln.

201 Eine **Sperrwirkung** für landesrechtliche Regelungen resultiert aber aus der Ermächtigungsgrundlage des **§ 7 KrW-/AbfG**. § 7 KrW-/AbfG ermächtigt die Bundesregierung unter anderem zu Rechtsverordnungen, die Anforderungen an die Art und Weise der Abfallüberlassung festlegen (vgl. insbesondere § 7 Abs. 1 Nr. 3 KrW-/AbfG: Anforderungen an das Bereitstellen, Überlassen, Sammeln und Einsammeln von Abfällen durch Hol- und Bringsysteme). Mittels dieser Ermächtigungsnorm ist eine abschließende bundesrechtliche Regelung getroffen, die landesrechtliche Vorschriften in diesem Bereich ausschließt. Es ist aber anerkannt, dass **bereits erlassene** landesrechtliche Regelungen solange Gültigkeit besitzen, bis entsprechende Rechtsverordnungen erlassen worden sind[296]. Allein die Verabschiedung einer bundesgesetzlichen Ermächtigung führt nicht zu deren Rechtsunwirksamkeit.

202 Unter dem Abfallgesetz von 1986 bestand Streit darüber, ob lediglich ein **Holsystem** oder auch ein **Bringsystem** eingeführt werden darf[297]. Dieser Streit hat sich jedoch mit Einführung des KrW-/AbfG erledigt. Das Gesetz enthält nunmehr selbst in § 7 Abs. 1 Nr. 3 KrW-/AbfG die Möglichkeit zur Einführung eines Bringsystems[298]. Einigkeit besteht darüber, dass die jeweiligen Systeme dem Grundsatz der Verhältnismäßigkeit entsprechen müssen[299]. So darf der nächst gelegene Sammelplatz nicht zu weit entfernt liegen. Der VGH Mannheim hat eine Entfernung von 2 km noch für zulässig erachtet, was das BVerwG aber als äußerste Grenze der Verhältnismäßigkeit ansieht[300]. Die Bringpflicht[301] muss so ausgestaltet sein, dass das angestrebte Ziel ei-

---

296 Dies folgt aus Art. 72 GG selbst, der lediglich das Rangverhältnis **für die Zukunft** und nicht das Verhältnis zwischen bereits erlassenen Gesetzen regelt; *Herrfahrdt*, in: Bonner Kommentar, Art. 72 Rdnr. 1. Das Verhältnis zwischen bereits erlassenen Regelungen bestimmt sich nach Art. 31 GG: Bundesrecht bricht Landesrecht; s.a. *Ossenbühl*, DVBl. 1996, 19 ff.
297 S. dazu ausführlich *Deubert*, Kommunale Kompetenzen im Bereich der Abfallwirtschaft, S. 128 ff.
298 S. dazu *Fritsch*, Kreislaufwirtschafts- und Abfallrecht, Rdnr. 317 f.
299 *Fritsch*, Kreislaufwirtschafts- und Abfallrecht, Rdnr. 317; vgl. auch BVerwG, NuR 1996, 196.
300 BVerwG, NuR 1996, 196.
301 Das Entsprechende muss auch für das Holsystem gelten.

ner sinnvollen Verwertung nicht in Frage gestellt wird. Den Überlassungspflichtigen dürfen beispielsweise nicht Tätigkeiten abverlangt werden, die diesen so lästig sind (beispielsweise umfassende Sortierpflichten, unbequeme Öffnungs- bzw. Einwurfzeiten), dass sie versucht sind, den Abfall illegal zu beseitigen, etwa durch Beseitigung in die so genannte Restmülltonne oder auf „dem freien Feld"[302].

5. Die Entsorgung von Abfällen aus anderen Herkunftsbereichen

Handelt es sich nicht um Abfälle aus privaten Haushaltungen, sondern um Abfälle aus anderen Herkunftsbereichen, kommt die „Schaltstelle" des § 13 Abs. 1 S. 2 KrW-/AbfG zum Zuge. Die anderen Herkunftsbereiche sind z.B. Gewerbebetriebe und Büros, bei denen produktspezifischer Abfall vornehmlich als hausmüllähnlicher Gewerbe- und Büroabfall anfällt[303]. Auch für Abfälle aus anderen Herkunftsbereichen differenziert das KrW-/AbfG zwischen Abfällen zur Verwertung und Abfällen zur Beseitigung. **203**

Für **Abfälle zur Verwertung** kennt § 13 Abs. 1 S. 2 KrW-/AbfG keine Überlassungspflicht an den öffentlich-rechtlichen Entsorgungsträger. Damit kommt die Grundpflicht des § 5 Abs. 2 KrW-/AbfG in vollem Umfang zum Tragen, sodass der Besitzer bzw. Erzeuger von Abfällen zur Verwertung für diese selbst verwertungspflichtig ist und von einem Verwertungsmonopol der gewerblichen Wirtschaft gesprochen werden kann[304]. Im Unterschied zur Verwertung von Abfällen aus privaten Haushaltungen hat der Gesetzgeber hier kein Recht, sondern vielmehr eine Pflicht zur Selbstentsorgung statuiert. Es besteht freilich wiederum die Übertragungsmöglichkeit nach § 13 Abs. 2 KrW-/AbfG[305]. **204**

Für **Abfälle zur Beseitigung** enthält § 13 Abs. 1 S. 2 KrW-/AbfG eine differenzierte Regelung: Im Grundsatz sind die Besitzer bzw. Erzeuger von Abfällen zur Beseitigung verpflichtet, diese dem öffentlich-rechtlichen Entsorgungsträger zu überlassen. Eine Überlassungspflicht besteht nur dann nicht, soweit die Besitzer bzw. Erzeuger ihre Abfälle in eigenen Anlagen beseitigen **und** keine überwiegenden öffentlichen Interessen eine Überlassung erfordern[306]. Das bedeutet: Immer dann, wenn ein überwiegendes öffentliches Interesse vorliegt oder wenn keine Beseitigung in einer eigenen Anlage erfolgt, greift die Überlassungspflicht an den öffentlich-rechtlichen Entsorgungsträger ein[307]. Dies hat zur Folge, dass ein überwiegendes öffentliches Inter- **205**

---

302 BVerwG, NuR 1996, 196; VGH BW, VBl. BW 1995, 474.
303 Zum Begriff des hausmüllähnlichen Gewerbeabfalls, siehe Ziff. 5.2.2. der TA Siedlungsabfall.
304 *Krahnefeld*, NuR 1996, 269, 272.
305 Das bedeutet: Um seine Verwertungspflichten zu erfüllen, kann ein Gewerbebetrieb seine Pflichten gem. § 16 Abs. 2 KrW-/AbfG auf einen Dritten, gem. § 17 Abs. 3 KrW-/AbfG auf einen Verband oder gem. § 18 Abs. 2 KrW-/AbfG auf die Einrichtung einer Selbstverwaltungskörperschaft übertragen.
306 Oder es kommt wiederum § 13 Abs. 2 KrW-/AbfG i.V.m. § 16 Abs. 2, § 17 Abs. 3 oder § 18 Abs. 2 KrW-/AbfG zur Anwendung.
307 *Kunig*, in: Kunig/Paetow/Versteyl, KrW-/AbfG, § 13 Rdnr. 24; *Weidemann*, in: Jarass/Ruchay/Weidemann, KrW-/AbfG, § 13 Rdnr. 81.

VIII *Umweltrecht*

esse geeignet ist, die Befugnis der Nutzung einer eigenen Beseitigungsanlage auszuschließen[308]. Im Übrigen gilt, dass § 13 Abs. 1 S. 2 KrW-/AbfG ein Recht, aber keine Pflicht des Abfallbesitzers bzw. -erzeugers zur Selbstentsorgung begründet[309]. Wie bei § 13 Abs. 1 S. 1 KrW-/AbfG bestehen auch bei § 13 Abs. 1 S. 2 KrW-/AbfG eine Reihe von Auslegungsschwierigkeiten:

205a (1) Problematisch ist zunächst die Bestimmung, was unter *überwiegenden öffentlichen Interessen* zu verstehen ist. Ein überwiegendes öffentliches Interesse wird man zunächst dann annehmen müssen, wenn eine gemeinwohlverträgliche Abfallbeseitigung nicht gesichert ist (vgl. § 10 Abs. 4 KrW-/AbfG) bzw. die Gefahren bei einer Eigenentsorgung nicht beherrschbar erscheinen[310]. Daneben kann ein überwiegendes öffentliches Interesse auch in der Erhaltung der bereits vorhandenen (öffentlichen) Entsorgungsstrukturen gesehen werden[311], wobei wirtschaftliche Auslastungsprobleme als solche nicht genügen dürften; vielmehr muss der Fortbestand bestimmter kommunaler Abfallentsorgungseinrichtungen schlechthin in Frage gestellt sein[312]. Umstritten ist, ob man auch das Kriterium der Entsorgungsnähe als „überwiegendes öffentliches Interesse" ansehen kann[313].

205b (2) Weiterhin wirft die Auslegung des Begriffs der *„eigenen Anlage"* Schwierigkeiten auf[314]. Hier werden eine Reihe verschiedener Ansichten vertreten: Nach der engen Auffassung, die auf den Wortlaut des § 13 Abs. 1 S. 2 KrW-/AbfG verweisen kann, werden nur Anlagen erfasst, die im Alleineigentum bzw. in der ausschließlichen Verfügungsgewalt des Beseitigungspflichtigen stehen[315]. Die weite Auslegung, die auf eine Stärkung der privaten Verantwortung abzielt, deren Vereinbarkeit mit dem Wortlaut aber zumindest fraglich ist, lässt es genügen, dass dem Abfallerzeuger bzw. -besitzer an der betreffenden Anlage besondere Nutzungsbefugnisse zur eigenen Beseitigung der Abfälle zustehen; wobei es als unerheblich angesehen wird, ob sich die Nutzungsbefugnisse aus einer vertraglichen, dinglichen oder gesellschaftlichen Rechtsposition ergeben[316]. Zwischen diesen beiden extremen Ansätzen stehen eine Reihe vermittelnder Ansichten[317].

205c (3) Schließlich ist bei einer Auslegung des § 13 Abs. 1 S. 2 KrW-/AbfG problematisch, ob die Überlassungspflicht von Abfällen zur Beseitigung auch dann entfällt, wenn ein *Dritter i.S.v.*

---

308 *Schink*, ZG 1996, 97, 118.
309 *Weidemann*, in: *Jarass/Ruchay/Weidemann*, KrW-/AbfG, § 13 Rdnr. 77.
310 Dazu *Queitsch*, UPR 1995, 412, 416; *Schink*, DÖV 1995, 881, 883 f; *Arndt/Walter*, WiVerw 1997, 183, 219.
311 *Queitsch*, UPR 1995, 412, 416; *Schink*, DÖV 1995, 881, 884; ausführlich *Arndt*, Kreislaufwirtschaft und kommunale Entsorgung, 1996, S. 52 ff; *Arndt/Walter*, WiVerw 1997, 183, 221.
312 Vgl. *Weidemann*, in: *Jarass/Ruchay/Weidemann*, KrW-/AbfG, § 13 Rdnr. 81.
313 So *Arndt*, Kreislaufwirtschaft und kommunale Entsorgung, S. 47 ff und *Arndt/Walter*, WiVerw 1997, 183, 219 f; a.A. *Schink*, ZG 1996, 97, 115.
314 Ausführlich hierzu *Bönning*, UPR 1998, 371 ff.
315 *Queitsch* UPR 1995, 412, 416.
316 *Bartram/Schade*, UPR 1995, 253; *Arndt/Walter*, WiVerw 1997, 183, 216, sofern bestimmte Voraussetzungen erfüllt werden.
317 *Schink*, DÖV 1995, 881, 883, stellt darauf ab, ob der Beseitigungspflichtige über eine Zulassung für eine Abfallentsorgungsanlage verfügt. Nach *Jungnickel/Bree*, UPR 1996, 297, liegt eine eigene Anlage vor, wenn der Beseitigungspflichtige Betreiber der Anlage ist und in dieser Eigenschaft Adressat von anlagenbezogenen bzw. betreiberbezogenen Verwaltungsakten sein kann. *Schmidt-Preuß*, in: *Schuppert*, Jenseits von Privatisierung und „schlankem" Staat, 1999, S. 195, 217, fordert eine „verlässliche wirtschaftliche Verfügungsbefugnis". *Weidemann*, in: *Jarass/Ruchay/Weidemann*, KrW-/AbfG, § 13 Rdnr. 82 ff, fragt nach einem engen räumlichen und betrieblichen Zusammenhang zwischen der den Abfall erzeugenden Anlage und der Beseitigungsanlage.

§ *16 Abs. 1 KrW-/AbfG* mit der Erfüllung der Beseitigungspflicht beauftragt wird. Dies ist mit der h.M. zu verneinen[318]. Denn mit dem Wortlaut des § 13 Abs. 1 S. 2 KrW-/AbfG lässt sich eine solche Ansicht nur schwerlich vereinbaren: Eine Ausnahme von der Überlassungspflicht sieht § 13 Abs. 1 S. 2 KrW-/AbfG ausdrücklich nur für den Fall vor, dass eine eigene Anlage vorhanden ist und keine überwiegenden öffentlichen Interessen bestehen; unter den Begriff „eigene Anlage" lässt sich die Drittbeauftragung nach § 16 Abs. 1 KrW-/AbfG aber nicht fassen. Neben dem Wortlaut sprechen zudem auch systematische Gesichtspunkte (abschließende Regelung im Hinblick auf die Fremdentsorgung in § 13 Abs. 2 KrW-/AbfG) sowie teleologische Erwägungen (Interesse der Entsorgungssicherheit) dagegen, eine Beauftragung Dritter im Rahmen des § 13 Abs. 1 S. 2 KrW-/AbfG zuzulassen.

6. Die Entsorgung von Abfällen durch Dritte gemäß § 16 KrW-/AbfG

a) Die Beauftragung Dritter gemäß § 16 Abs. 1 KrW-/AbfG

Gemäß § 16 Abs. 1 KrW-/AbfG können die Entsorgungspflichtigen Dritte mit der Erfüllung ihrer Verwertungs- und Beseitigungsaufgaben betrauen. Werden Dritte nach § 16 Abs. 1 KrW-/AbfG mit der Entsorgung beauftragt, obliegt ihnen nur die **technische Durchführung**. Der Auftraggeber selbst ist weiterhin zur Entsorgung verpflichtet und trägt auch die Verantwortung für ihre gesetzeskonforme Durchführung (§ 16 Abs. 1 S. 2 KrW-/AbfG). Die beauftragten Dritten müssen über die **erforderliche Zuverlässigkeit** verfügen (§ 16 Abs. 1 S. 3 KrW-/AbfG).

206

b) Die Übertragung der Entsorgungspflicht gemäß § 16 Abs. 2 KrW-/AbfG

Nach § 16 Abs. 2 KrW-/AbfG kann die **Entsorgungspflicht als solche** auf einen Dritten übertragen werden. Der Übertragungsakt erfolgt durch die zuständige Abfallbehörde. Welche dies ist, bestimmt das jeweilige Landesrecht. Dieser **Vorgang der Pflichtenübertragung** beginnt damit, dass ein Dritter, der Interesse an der Übernahme der Entsorgungsverantwortung hat, einen entsprechenden **Antrag** bei der zuständigen Behörde einreicht[319]. Dem Antrag ist ein Abfallwirtschaftskonzept entsprechend § 16 Abs. 3 S. 2 KrW-/AbfG beizulegen. Zusätzlich hat der Entsorgungsverantwortliche, dessen Pflichten übertragen werden sollen, dem Vorgang zuzustimmen.

207

Sollen die Entsorgungspflichten von Verbänden oder von Einrichtungen der Selbstverwaltungskörperschaften der Wirtschaft übertragen werden, ist zusätzlich die Zustimmung des öffentlich-rechtlichen Entsorgungsträgers, in dessen Gebiet die Ab-

208

---

318 *Arndt*, Kreislaufwirtschaft und kommunale Entsorgung, S. 38 f; *Arndt/Walter*, WiVerw 1997, 183, 210; *Queitsch*, UPR 1995, 412, 416; BayObLG, NVwZ 1998, 1220, 1220 f.
319 Nach *Fritsch*, Kreislaufwirtschafts- und Abfallrecht, Rdnr. 287, soll jeder, der ein Interesse daran hat, den Antrag einreichen können. Dem ist jedoch nicht zuzustimmen: Während der ursprünglich Verpflichtete dem Antrag sowieso zuzustimmen hat und dadurch auf alle Fälle an der Übertragung zu beteiligen ist, würde für den Dritten, falls ein anderer den Antrag einreicht, keine weitere Mitwirkungsmöglichkeit bestehen. Seine Rechte müssen daher durch sein (ausschließliches) Antragsrecht gewahrt werden. A.A. auch *Schink*, DÖV 1995, 881, 885, wonach der Dritte, der öffentlich-rechtliche Entsorgungsträger und die in §§ 17, 18 KrW-/AbfG genannten Entsorgungsträger antragsberechtigt sein sollen.

VIII *Umweltrecht*

fälle angefallen sind, erforderlich (§ 16 Abs. 2 S. 2 KrW-/AbfG). Diese Vorschrift eröffnet den bis dahin entsorgungspflichtigen Kommunen die Möglichkeit, ihre Interessen zu wahren. Sie verkörpert den **Kompromiss** zwischen der ehemaligen Bundesregierung, die ein primär-privates Entsorgungssystem favorisierte, und dem Bundesrat, der die Interessen der Kommunen zu wahren suchte.

209 Streitig ist, ob eine Zustimmungs**pflicht** des öffentlich-rechtlichen Entsorgungsträgers besteht, wenn bei dem Antragsteller alle Voraussetzungen, die ein Dritter erfüllen muss, vorliegen. Falls keine kommunalen Interessen der Übertragung entgegenstehen, muss man wohl eine Ermessensreduzierung auf Null annehmen und eine Zustimmungspflicht bejahen[320]. Der Dritte hat in diesen Fällen einen Anspruch auf Zustimmung aus seinen Rechten aus Art. 12, 14 oder 3 GG.

7. Die Entsorgung von Abfällen durch Verbände

210 Nach § 17 KrW-/AbfG können sich Verursacher von Abfällen aus gewerblichen sowie sonstigen wirtschaftlichen Unternehmen oder öffentlichen Einrichtungen zu **Verbänden zwecks gemeinschaftlicher Entsorgung zusammenschließen.** Hinter dieser Vorschrift steht das **Verursacherprinzip.** Falls die Verursacher von gewerblichen Abfällen nicht in der Lage sind, selbst zu entsorgen, soll ihnen die Möglichkeit dazu in Form einer „Selbstorganisation"[321] gegeben werden.

211 Gemäß §§ 17 Abs. 1 und 18 Abs. 1 KrW-/AbfG können Verbände und Einrichtungen der Selbstverwaltungskörperschaften der Wirtschaft mit der **Erfüllung der Entsorgungspflichten** ihrer Mitglieder **betraut** werden. Bei einer Beauftragung nach § 16 Abs. 1 KrW-/AbfG obliegt ihnen lediglich die tatsächliche Durchführung. Sie entsorgen demnach ebenfalls als so genannte **„technische Erfüllungsgehilfen".**

212 Wird ihnen die **Entsorgungspflicht** nach § 17 Abs. 3-6 und § 18 Abs. 2 KrW-/AbfG **übertragen,** liegt eine **Beleihung** vor. Die Verbände und Einrichtungen der Selbstverwaltungskörperschaften der Wirtschaft sind beleihungsfähig. Die Abfallentsorgung durch den Verursacher ist eine staatliche Aufgabe. Gemäß §§ 17 Abs. 3-6 und 18 Abs. 2 KrW-/AbfG werden die Verursacher zur eigenverantwortlichen Entsorgung mit entsprechenden Hoheitsbefugnissen verpflichtet. Damit enthalten §§ 17 Abs. 3-6 und 18 Abs. 2 KrW-/AbfG **Beleihungskompetenzen.**

8. Die Produktverantwortung der Wirtschaft

213 Im Gegensatz zum AbfG von 1986 – das die Produktverantwortung der Wirtschaft lediglich in § 14 regelte – enthält das KrW-/AbfG in den §§ 22-26 hierüber einen eigenen Abschnitt. Bereits hieran wird deutlich, dass das KrW-/AbfG der Wirtschaft ver-

---

[320] *Schink,* ZG 1996, 97, 122; *ders.,* DÖV 1995, 881, 885. Die Zustimmung kann auch davon abhängig gemacht werden, ob Anlagen oder Anlagenteile des öffentlich-rechtlichen Entsorgungsträgers übernommen werden.
[321] Begründung des Umweltausschusses zu seinem Gesetzesvorschlag, BT-Drucks. 12/7284, S. 18.

stärkt abfallrechtliche Pflichten auferlegen will. In § 22 KrW-/AbfG wird zunächst festgelegt, dass im Grundsatz alle an der Herstellung und dem Vertrieb eines Produktes beteiligten Personen die abfallrechtliche Verantwortung für ihr Erzeugnis zu übernehmen haben. Dies bedeutet, dass die Wirtschaft ihre Erzeugnisse so zu gestalten hat, dass die umweltverträgliche Verwertung und Beseitigung der nach dem Produktgebrauch entstandenen Abfälle sichergestellt ist. Dies gilt insbesondere für die Herstellung von langlebigen, mehrfach verwendbaren und stofflich verwertbaren Produkten. Soweit § 22 KrW-/AbfG für die Grenzen der Produktverantwortung auf den Grundsatz der Verhältnismäßigkeit und auf Art. 28 ff EG Bezug nimmt, hat die Vorschrift allein deklaratorischen Charakter. Weitaus wichtiger ist § 22 Abs. 4 KrW-/AbfG, der die Grundsatznorm des § 22 KrW-/AbfG unter einen **Verordnungsvorbehalt** stellt. Dies bedeutet, dass die Vorgaben des § 22 KrW-/AbfG rechtlich **nicht unmittelbar** erzwingbar sind[322], sondern erst noch einer konkreten Ausgestaltung durch den Verordnungsgeber bedürfen.

Konkrete rechtliche Verpflichtungen ergeben sich daher erst mit dem Erlass von – die Norm des § 22 KrW-/AbfG ausgestaltenden – Rechtsverordnungen, die die Bundesregierung auf der Grundlage der §§ 23, 24 KrW-/AbfG erlassen kann. § 23 KrW-/AbfG ermächtigt die Bundesregierung zum Erlass von Rechtsverordnungen darüber, dass bestimmte Erzeugnisse nur in bestimmter Beschaffenheit, für bestimmte Verwendungen, in bestimmter Art und Weise oder überhaupt nicht in den Verkehr gebracht werden dürfen (§ 23 Nrn. 1-3 KrW-/AbfG); des Weiteren sieht § 23 KrW-/AbfG in den Nrn. 4-7 den Erlass von Rechtsverordnungen über Hinweis- und Kennzeichnungspflichten für bestimmte Produkte vor. § 24 KrW-/AbfG ermächtigt zum Erlass von Rechtsverordnungen über den **Produktkreislauf**. In diesen Rechtsverordnungen kann vor allem festgelegt werden, dass Hersteller und Vertreiber ihre Produkte zurückzunehmen und die Rückgabe durch geeignete Systeme (wie z.B. Pfandsysteme) sicherzustellen haben (§ 24 Abs. 1 KrW-/AbfG). Hat die Wirtschaft ihre Produkte zurückgenommen, greifen gemäß § 26 KrW-/AbfG die Grundpflichten der §§ 5, 11 KrW-/AbfG mit einer Verwertungs- bzw. Beseitigungspflicht ein. Beispiele, in denen die Produktverantwortung der Wirtschaft bereits durch eine Rechtsverordnung konkretisiert wurde, sind der Verpackungsbereich, die Automobilbranche sowie die Entsorgung von Altbatterien[323].

214

---

322 *Petersen/Rid*, NJW 1995, 7, 10; *Weidemann*, NVwZ 1995, 631, 634.
323 Im Dezember 1997 hat das Bundeskabinett die vom Bundesrat im Oktober 1997 gebilligte „Batterieverordnung" verabschiedet. Sie verpflichtet den Handel, gebrauchte Batterien vom Verbraucher unentgeltlich zurückzunehmen und zu verwerten bzw. im Falle der Nichtverwertbarkeit zu beseitigen. Im Zuge der Umsetzung der EG-Richtlinie 98/101/EG, nach welcher keine Batterien mit über 0,0005 Gewichtsprozent Quecksilber verkauft werden dürfen, ist die Batterieverordnung bereits im Juni 2001 novelliert worden; näher hiezu wie auch zu den anderen zur Produktverantwortung erlassenen Verordnungen *Rummler*, ZUR 2001, 308 ff.

VIII *Umweltrecht*

a) Die Verpackungsverordnung

215 Noch auf der Grundlage des § 14 AbfG erließ die Bundesregierung am 12.6.1991 die Verordnung über die Vermeidung von Verpackungsabfällen (VerpVO)[324]. Zweck der Verordnung ist es, alle Arten von Verpackungen, deren Menge die Abfallentsorgung maßgeblich belastet, aus der Abfallentsorgung herauszunehmen und in einen Recycling-Kreislauf einzugliedern. Hierbei wird zwischen Transport-, Verkaufs- und Umverpackungen unterschieden (vgl. § 3 Abs. 1 Nrn. 2-4 VerpVO).

216 Zum 1.4.1992 trat u.a. § 5 VerpVO in Kraft, der die **Rücknahmepflicht** für **Umverpackungen** regelt. Gemäß Abs. 1 dieser Vorschrift sind die Hersteller von Umverpackungen und Händler, die Waren in Umverpackungen anbieten, verpflichtet, die Umverpackungen zu entfernen oder dem Endverbraucher in ihrem Ladengeschäft Gelegenheit zum Entfernen und zur kostenlosen Rückgabe der Umverpackung zu geben. Ziel der Vorschrift ist es, durch die Belastung der Industrie und des Handels mit einer Rücknahmepflicht Druck auszuüben, um eine weitgehende Abschaffung der Umverpackungen oder zumindest eine Reduktion ihrer Menge zu erreichen. Der erforderliche Druck auf Handel und Industrie sollte durch den umweltbewussten Endverbraucher ausgeübt werden, der die erheblichen Mengen an Umverpackungen im Ladengeschäft zurücklässt. Ein Erfolg hat sich bisher jedoch nur bedingt eingestellt. Zum einen sind viele Verbraucher nicht bereit, die eingekauften Waren bereits an der Kasse von den Umverpackungen zu trennen. Dem leistet der Handel dadurch Vorschub, dass er Sammelbehälter für Umverpackungen rechtswidriger Weise nicht, in zu kleiner Ausführung oder an nicht sofort erkennbarer Stelle platziert.

217 Der eigentliche Kern der VerpVO, die **Rücknahmepflicht** für **Verkaufsverpackungen**, trat zum 1.1.1993 in Kraft. Gemäß § 6 Abs. 1 VerpVO ist der Handel verpflichtet, vom Endverbraucher gebrauchte Verkaufsverpackungen im Laden oder in unmittelbarer Nähe kostenlos zurückzunehmen; nach Abs. 2 müssen Hersteller und Vertreiber der Verpackungen diese vom Handel und der Industrie ihrerseits zurücknehmen und einer erneuten Verwendung oder einer stofflichen Verwertung außerhalb der öffentlichen Abfallentsorgung zuführen. Zum einen sollen dadurch Handel und Industrie angehalten werden, möglichst wenig Verpackungen zu produzieren bzw. zu vertreiben. Zum anderen sollen Verkaufsverpackungen zumindest aus umweltfreundlichem und recycelbarem Material bestehen.

218 Von besonderer Bedeutung ist § 6 Abs. 3 VerpVO, nach dem sich Handel und Industrie ihrer **Verpflichtung** gemäß § 6 Abs. 1 VerpVO (Rücknahmepflicht für Verkaufsverpackungen) **entledigen** können, wenn sie sich an einem System beteiligen, das flächendeckend im Einzugsgebiet ihrer Ware eine regelmäßige Abholung gebrauchter Verkaufsverpackungen beim Endverbraucher oder in der Nähe des Endverbrauchers in ausreichender Weise gewährleistet und bestimmte Anforderungen erfüllt. Der Aufbau eines derartigen funktionstüchtigen Systems wird durch die jeweils zuständige oberste Landesbehörde durch Allgemeinverfügung festgestellt. Hierdurch

---

[324] BGBl. I 1991, S. 1234 ff, geändert durch Verordnung vom 26.10.1993 (BGBl. I, S. 1782). Eine weitere Novelle ist am 28.8.1998 in Kraft getreten (BGBl. II, S. 2379); dazu *Koch*, NVwZ 1998, 1155 ff.

entfällt die Rücknahmepflicht. Handel und Industrie haben von dieser Möglichkeit des § 6 Abs. 3 VerpVO Gebrauch gemacht und gründeten das „**Duale System Deutschland GmbH**" (DSD). Dieses Unternehmen, welches seit 1997 als Aktiengesellschaft betrieben wird, koordiniert das Einsammeln, Recyceln und Verwerten der Verpackungen. Hierzu beauftragt das DSD Unternehmen, die beim Endverbraucher die – getrennt überlassenen – Verpackungen einsammeln und an Recycling- und Verwertungsunternehmen weitergeben. Um die getrennte Sammlung von Verpackungen beim Endverbraucher sicherzustellen, werden diesem sog. „gelbe Säcke", „gelbe Tonnen" oder mit anderen Bezeichnungen versehene Wertstoffsäcke bzw. -tonnen zur Verfügung gestellt[325]. Dort hinein soll der Verbraucher alle Verpackungen werfen, die mit einem sog. „Grünen Punkt" gekennzeichnet sind. Der „Grüne Punkt" ist ein Warenzeichen des DSD, das dieses an den Handel und die Industrie gegen Zahlung von Gebühren lizensiert. Hierdurch wird das DSD finanziert, das aus den Lizenzeinnahmen wiederum die Sammel- bzw. Recycling- und Entsorgungsunternehmen bezahlt. Handel und Industrie legen die Kosten für den „Grünen Punkt" letztlich auf die Produktpreise um, sodass am Ende der Verbraucher das Recyceln der Verpackungen finanziert.

Das Duale System hatte erhebliche Anlaufschwierigkeiten. Die Endverbraucher sammelten z.B. wesentlich mehr Verpackungen, als durch das DSD letztendlich einem Recycling-Kreislauf bzw. einer -Verwertung zugeführt werden konnten. In manchen Städten führte dies – absurderweise – dazu, dass Verbraucher Verpackungen von Abfall trennten, Abfall und Verpackungen auch getrennt gesammelt wurden, letztendlich jedoch auf derselben Deponie oder in der derselben Müllverbrennungsanlage landeten. Ungeachtet dieser Anlaufschwierigkeiten hat das Bundesverfassungsgericht die Probleme des DSD jedenfalls nicht als so schwerwiegend erachtet, dass sie es erfordern würden, die VerpVO im Rahmen eines einstweiligen Anordnungsverfahrens, das von einem kunststoffverpackungsherstellenden Unternehmen angestrengt worden war, zu stoppen[326]. Vielmehr hat das Gericht betont, an dem mit der Beschränkung auf die stoffliche Verwertung verbundenen Verbot der Verbrennung von Kunststoffverpackungen und dem zur Sicherung der umweltschonenden, stofflichen Verwertung praktizierten dualen Entsorgungssystem bestehe ein erhebliches öffentliches Interesse[327]. **219**

Aber auch wenn das Duale System seine Probleme in den Griff bekommt, kann es auf Dauer nur funktionieren, wenn es vom Verbraucher akzeptiert wird und dieser Verpackungen auch getrennt sammelt. Eine Rechtspflicht dazu besteht für den Verbraucher bislang indes nicht[328]. **Die VerpVO richtet sich nur an Handel und Industrie**. Ih- **220**

---

325 Vgl. hierzu *Versteyl*, NVwZ 1991, 848, 851.
326 Da es sich um ein Verfahren nach § 32 BVerfGG handelte, wurde keine Entscheidung über die Verfassungsmäßigkeit der VerpVO getroffen. Diese bleibt einem Hauptsacheverfahren vorbehalten, vgl. BVerfG, NVwZ 1994, 261, 262.
327 BVerfG, NVwZ 1994, 261, 262. Demgegenüber hat das BVerfG die wirtschaftlichen Belastungen für Hersteller von Verpackungen, insbesondere den von jenen behaupteten faktischen Zwang zum Beitritt zum DSD, nicht als gravierend genug angesehen, um die beantragte einstweilige Anordnung zu erlassen.
328 Vgl. *Arndt/Köhler*, NJW 1993, 1945 ff.

nen obliegt es sicherzustellen, dass Verpackungen einem Recycling-Kreislauf bzw. einer Verwertung zugeführt werden[329]. Wie sie den Verbraucher in dieses System einbeziehen, bleibt ihnen überlassen.

221 Auf Grund der marktbeherrschenden Stellung des Dualen Systems als bundesweit einziges System zur Rücknahme und Entsorgung von Verkaufsverpackungen ist sein Fortbestand in der derzeitigen Form allerdings aus kartellrechtlichen Gründen problematisch[330]. Sollte es dem DSD nicht gelingen, das Vorliegen der – strengen – Voraussetzungen des § 7 GWB für eine Freistellung als Kartell darzutun, hat das Bundeskartellamt bereits angekündigt, die Arbeit des DSD in der derzeitigen Form ab 2006 zu unterbinden[331].

222 Neben § 6 VerpVO ist im Rahmen der Produktverantwortung im Verpackungsbereich insbesondere § 8 VerpVO zu nennen, auf dessen Grundlage zum 1.1.2003 die viel diskutierte Pfanderhebungspflicht für bestimmte Getränkeverpackungen in Kraft getreten ist (sog. „Dosenpfand")[332].

223 Was die Pflichten der öffentlichen Hand anbetrifft, so ist diese im Grundsatz nach § 15 Abs. 1 KrW-/AbfG verpflichtet, die in ihrem Gebiet angefallenen Abfälle zu entsorgen. § 15 Abs. 3 KrW-/AbfG eröffnet den öffentlich-rechtlichen Entsorgungsträgern jedoch die Möglichkeit, Abfälle, für die eine Rücknahmeverpflichtung der Wirtschaft angeordnet wurde, von der **allgemeinen Abfallentsorgung auszuschließen**. Damit kann eine Kommune durch eine Änderung ihrer Abfallwirtschaftssatzung auch die Einsammlung von Verpackungsabfall ablehnen.

b) Die Altfahrzeugverordnung

224 Auch in der Automobilindustrie wurde die Produktverantwortung der Wirtschaft bereits verwirklicht. Dies geschah zunächst durch die „freiwillige Selbstverpflichtung zur umweltgerechten Altautoverwertung (Pkw) im Rahmen des Kreislaufwirtschaftsgesetzes" der Autoindustrie vom 21.2.1996, welche am 4.7.1997 durch den Erlass einer (nationalen) Altautoverordnung eine Ergänzung fand, indem flankierend zur Rücknahmepflicht der Industrie eine Rückgabepflicht des Verbrauchers festgesetzt wurde[333].

225 Drei Jahre nach dieser nationalen Regelung folgte die **europäische Altfahrzeug-Richtlinie**[334], welche am 18.9.2000 von Rat und Europäischem Parlament auf der Grundlage des Art. 175 EG verabschiedet wurde. Diese Richtlinie statuiert Pflichten insbesondere zur Abfallvermeidung, Rücknahme, Wiederverwertung und Information. Da zur Umsetzung dieser Richtlinie in nationales Recht die freiwillige Selbst-

---

329 Vgl. auch die Begründung der Bundesregierung bei *Strecker/Berndt*, VerpVO, 1992, 2.1.
330 Näher dazu *Baars*, NVwZ 2000, 45 f.
331 Vgl. Handelsblatt vom 26.8.2002, S. 13.
332 Näher dazu *Arndt*, Wirtschaftsverwaltungsrecht, in diesem Band, Rdnr. 175 ff; *Arndt/Fischer*, BB 2001, 1909 ff.
333 Näher dazu etwa *Giesberts/Hilf*, NVwZ 1998, 1158 f; *Kopp*, NJW 1997, 3292 f.
334 Abgedruckt in ABl. EG Nr. L 269, S. 34 ff.

verpflichtung der Industrie nicht ausreichte, erließ der Gesetzgeber mit Gesetz vom 21.6.2002 ein Artikelgesetz, das Gesetz über die Entsorgung von Altfahrzeugen (Altfahrzeug-Gesetz)[335], welches neben der Rücknahmepflicht für Altautos auch das Verbot bestimmter Schwermetalle bei der Produktion vorsieht, wodurch ein zusätzlicher Innovationsschub bei den Verwertungs- und Recyclingverfahren ausgelöst werden soll. Die bisherige AltautoV von 1997 wurde zu diesem Zweck entsprechend den Vorgaben der Richtlinie geändert und in Altfahrzeug-Verordnung umbenannt.

9. Zum Einfluss des KrW-/AbfG auf die Entsorgungszuständigkeit

Das KrW-/AbfG verändert das Abfallrecht nicht so radikal, wie dies zunächst befürchtet wurde. Eine Eigenverwertung von **Abfällen aus Privathaushaltungen** beispielsweise ist – wie bereits unter dem AbfG von 1986 – hauptsächlich nur in Form der Eigenkompostierung möglich. Abfälle zur Beseitigung aus Privathaushaltungen werden weiterhin über die so genannte „Restmülltonne" entsorgt. Allerdings kann der Verursacher gleichzeitig mehreren Entsorgungssystemen angeschlossen werden. Nach Einführung des „Grünen Punktes" haben die Verbraucher bewiesen, dass sie grundsätzlich abfalltrennungsfreundlich sind und dabei ein großes Engagement entwickeln können. Allerdings darf von ihnen nicht zu viel erwartet werden, da sonst Trennungsfreudigkeit in Desinteresse und Trennungsmüdigkeit[336] umschlagen könnte. Um dem vorzubeugen, ist es zwingend erforderlich, dass öffentlich-rechtliche und private Entsorgungsträger – beispielsweise dadurch, dass sie gemeinsame Sammelsysteme einrichten und nachträglich interne Trennungen durchführen – **kooperieren**.

Mit Spannung dürfen weitere **Rechtsverordnungen zur Produktverantwortung** nach §§ 23 ff KrW-/AbfG erwartet werden. Es ist zwar nicht damit zu rechnen, dass jede dieser Verordnungen ähnliche Auswirkungen auf das Abfallverhalten der Industrie und der Bevölkerung zeitigt, wie die Verpackungsverordnung. Grundsätzlich sind Rechtsverordnungen aber wirksame Instrumente zur Abfallreduzierung. Produzenten, die Abfälle zurücknehmen und entsorgen müssen, werden alles daransetzen, ihre Produktionsweise so zu verändern, dass der Entsorgungsprozess verkürzt wird. Bevor Rechtsverordnungen erlassen werden, wird die Industrie bemüht sein, diesen durch Selbstbeschränkungsabkommen der Regierung zuvorzukommen. Die Industrie hat ein durchaus verständliches Interesse an solchen Abkommen, da in ihnen gewöhnlich weniger einschneidende Regelungen enthalten sind als in den geplanten Rechtsverordnungen. Zudem fördert ein „freiwilliges" Abkommen zum Umweltschutz im weiteren Sinne das Image des betroffenen Industriezweigs.

---

335 Dazu *Fischer*, NVwZ 2003, 321 ff.
336 Laut einer repräsentativen Bevölkerungsumfrage im Juli/August 1996 erklärten sich knapp ein Viertel der Bundesbürger (24%) mit der Mülltrennung in ihrer Gemeinde überfordert, obwohl sie prinzipiell zu einer Trennung bereit sind und sich auch entsprechende Mühe geben; vgl. Institut für Demoskopie Allensbach, Typologie der Abfallsortierer, Ergebnisse einer repräsentativen Bevölkerungsumfrage Juli/August 1996, im Auftrag der Duales System Deutschland GmbH.

228 Hinsichtlich der **Industrieabfälle** bringt das KrW-/AbfG weitergehende Veränderungen. Die industriellen Abfallverursacher sind gemäß § 5 Abs. 2 S. 1, § 13 Abs. 1 S. 2 KrW-/AbfG verpflichtet, ihre Abfälle zu verwerten. Sie können selbst verwerten oder die Verwertung gegen Entgelt durch entsprechende Verwertungsunternehmen durchführen lassen. Seit In-Kraft-Treten des KrW-/AbfG können Industrieabfälle ebenfalls in eigenen Anlagen beseitigt werden, aber es können auch Dritte oder private Entsorgungsträger damit beauftragt werden. Es bleibt abzuwarten, inwieweit die Möglichkeit des § 17 KrW-/AbfG, Industrieverbände zur Abfallentsorgung zu bilden, wahrgenommen wird. Ob sich die Übertragung der Entsorgungspflichten auf private Entsorgungsträger durchsetzen wird, ist eher skeptisch zu beurteilen. Die private Entsorgungswirtschaft wird durch den mit der Beleihung verbundenen Eintritt in die Pflichtenstellung eines Staatsorgans eher abgeschreckt.

229 Das **Trennungsgebot** gemäß § 5 Abs. 2 S. 4 KrW-/AbfG erstreckt sich auf Abfälle aus allen Herkunftsbereichen. Vor allem Unternehmen haben ihre Mitarbeiter anzuhalten, dass die anfallenden Abfälle getrennt in den entsprechend bereitgestellten Behältern gesammelt werden. Dies erfordert einerseits eine straffe, kostenintensive Organisation mit umfassenden internen Kontrollen. Auf der anderen Seite ist der Unternehmer auf die Bereitschaft seiner Mitarbeiter angewiesen. Eine Studie hat gezeigt, dass die Bereitschaft zum Sammeln und Trennen latent vorhanden ist[337], allerdings muss die Belegschaft – beispielsweise durch vorherige umfassende Information und Beteiligung an der Entscheidung, ob und wie getrennt werden soll – entsprechend motiviert werden[338].

230 Bei den **Kommunen** bzw. **öffentlich-rechtlichen Entsorgungsträgern** bestanden die größten Befürchtungen, dass das KrW-/AbfG den lukrativen Teil des Entsorgungsgeschäfts einem privaten Entsorgungsmarkt zuführt. Hauptsächlich sind es **zwei** Bereiche, bei denen dem öffentlich-rechtlichen Entsorgungsträger Abfallströme entzogen werden können: Im Rahmen der **eigenen Beseitigung durch die abfallproduzierende Industrie** und durch die Umsetzung der **Produktverantwortung**. Zumindest im ersten Fall besteht aber ein Einfluss des öffentlich-rechtlichen Entsorgungsträgers, weil er bestimmen kann, bei Vorhandensein welcher „öffentlichen Interessen" eine Überlassung der Abfälle zur Beseitigung an ihn zu erfolgen hat. Zu diesen „öffentlichen Interessen" zählt auch das Bedürfnis nach Auslastung der kommunalen Entsorgungsanlagen. Über die Produktverantwortung können hingegen dem öffentlich-rechtlichen Entsorgungsträger Abfallströme auch ohne seine Einflussnahme entzogen werden. Fraglich ist lediglich, wann die entsprechenden Verordnungen erlassen werden.

Literatur

Dieckmann, Die Abgrenzung zwischen Abfallbeseitigung und Abfallverwertung, ZUR 2000, 70 ff; *Düwel*, Übungsklausur Öffentliches Recht – Ausschlachten von Altautos und das Ab-

---

337 *Stoltenberg/Thomas*, Entsorga-Magazin 5/96, S. 35, 37.
338 *Stoltenberg/Thomas*, Entsorga-Magazin 5/96, S. 37. Ohne diese Motivationsmotoren wird das mangelnde Engagement der Belegschaft folgendermaßen begründet: Der Mehraufwand würde nicht belohnt; als Fachkraft sei sie nicht zuständig, zu viel Stress usw.

fallrecht, JURA 2000, 92 ff; *Fischer,* Strategien im Kreislaufwirtschafts- und Abfallrecht unter besonderer Berücksichtigung der Produktverantwortung der Wirtschaft 2001; *Fluck,* Das Kooperationsprinzip im Kreislaufwirtschafts- und Abfallrecht, UPR 2000, 281 ff; *Fritsch,* Das neue Kreislaufwirtschafts- und Abfallrecht, 1996; *Lersner,* Die abfallrechtliche Produktverantwortung, ZUR 2000, 105 ff; *Reese,* Das Kooperationsprinzip im Abfallrecht, ZUR 2001, 14 ff; *ders.,* Entwicklungslinien des Abfallrechts, ZUR 2000, 57 ff; *Rummler,* Weiterentwicklung der abfallrechtlichen Produktverantwortung, ZUR 2001, 308 ff; *Sensburg,* Der praktische Fall – Die überflüssigen Abfalltonnen, VR 2001, 171 ff; *Versteyl/Wendenburg,* Änderungen des Abfallrechts: Aktuelles zum Kreislaufwirtschafts- und Abfallgesetz sowie dem untergesetzlichen Regelwerk, NVwZ 1996, 937 ff.

III. Atom- und Strahlenschutzrecht

1. Rechtsquellen – Gesetzgebungs- und Verwaltungskompetenzen

Nach Art. 74 Abs. 1 Nr. 11a GG hat der Bund die konkurrierende Gesetzgebungszuständigkeit für die Erzeugung und Nutzung der Kernenergie zu friedlichen Zwecken, die Errichtung und den Betrieb von Anlagen, die diesen Zwecken dienen, den Schutz gegen Gefahren, die beim Freiwerden von Kernenergie oder durch ionisierende Strahlen entstehen, und die Beseitigung radioaktiver Stoffe. Durch die Einfügung des Art. 74 Nr. 11a GG a.F. im Jahre 1959 hat sich das Grundgesetz grundsätzlich für die Zulässigkeit einer friedlichen Nutzung der Kernenergie ausgesprochen. 231

Auf Grund von Art. 74 Abs. 1 Nr. 11a GG a.F. hat der Bund das **Atomgesetz** und das **Strahlenschutzvorsorgegesetz**[339] erlassen. Die Auswirkungen des Reaktorunfalls von Tschernobyl hatten gezeigt, dass die damaligen Regelungen nur unzureichende administrative Regelungen für den Fall eines kerntechnischen Unfalles mit Auswirkungen auf die Bundesrepublik enthielten. Das Strahlenschutzvorsorgegesetz enthält Zuständigkeitsregelungen für die Durchführung und Bewertung von Messungen sowie Anordnungen für Beschränkungen und Verbote beim Verkauf von Lebensmitteln und sonstigen Stoffen. 232

Für die **Verwaltungskompetenz** ist **Art. 87c GG** bedeutsam, wonach Gesetze, die auf Grund des Art. 74 Abs. 1 Nr. 11a GG ergehen, bestimmen können, dass sie von den Ländern im Auftrage des Bundes ausgeführt werden. In § 24 AtG ist **Bundesauftragsverwaltung** für die wesentlichen Verwaltungsaufgaben im Genehmigungsverfahren angeordnet worden. Das bedeutet gemäß Art. 85 GG, dass der Bund nicht nur die Rechtmäßigkeit, sondern auch die Zweckmäßigkeit der Ausführung des Atomgesetzes überprüfen kann. Damit verbunden ist ein umfassendes **Weisungsrecht** gegenüber den ausführenden Ländern[340]. 233

---

339 Gesetz zum vorsorgenden Schutz der Bevölkerung gegen Strahlenbelastung vom 19.12.1986, zuletzt geändert durch Gesetz vom 24.6.1994 (BGBl. I, S. 1416).
340 Vgl. oben Rdnr. 40.

VIII *Umweltrecht*

2. Zweck des Atomgesetzes

234 Während das Atomgesetz in seiner bisherigen Fassung dazu diente, „die Erforschung, die Entwicklung und die Nutzung der Kernenergie zu friedlichen Zwecken zu **fördern**", hat das am 26.4.2002 in Kraft getretene Gesetz zum Ausstieg aus der Kernenergie eine grundlegende Umkehr der gesetzlichen Zielrichtung herbeigeführt. So dient das Atomgesetz gemäß § 1 Nr. 1 n.F. dazu, „die Nutzung der Kernenergie zur gewerblichen Erzeugung von Elektrizität geordnet zu **beenden** und bis zum Zeitpunkt der Beendigung den geordneten Betrieb sicherzustellen." Weitere Zwecke des Atomgesetzes sind darüber hinaus,

Nr. 2 Leben, Gesundheit und Sachgüter vor den Gefahren der Kernenergie und der schädlichen Wirkung ionisierender Strahlen zu schützen und durch Kernenergie oder ionisierende Strahlen verursachte Schäden auszugleichen,

Nr. 3 zu verhindern, dass durch Anwendung oder Freiwerden der Kernenergie die innere oder äußere Sicherheit der Bundesrepublik Deutschland gefährdet wird,

Nr. 4 die Erfüllung internationaler Verpflichtungen der Bundesrepublik Deutschland auf dem Gebiet der Kernenergie und des Strahlenschutzes zu Gewähr leisten.

235 Kernpunkt des Atomgesetzes sind die Überwachungsvorschriften der §§ 3-21b. Sie umfassen die atomrelevanten Tätigkeiten wie Ein- und Ausfuhr, Beförderung, Verwahrung und Aufbewahrung von Kernbrennstoffen, die Voraussetzungen für die Genehmigung von Anlagen sowie die Verwertung radioaktiver Reststoffe und Beseitigung radioaktiver Abfälle. Daneben enthält das Atomgesetz Regelungen zur Behördenzuständigkeit (§§ 22-24a), Haftungs- (§§ 25-40) und Bußgeldvorschriften (§§ 46, 49).

3. Der Ausstieg aus der Kernenergie

236 Kaum eine andere Frage hat die Bevölkerung der Bundesrepublik in den vergangenen zwanzig Jahren so sehr gespalten wie diejenige nach weiterem Ausbau oder Ausstieg aus der Kernenergie. Die Stichworte Kalkar, Wackersdorf und Gorleben mögen insoweit genügen. Während in den 70er- und frühen 80er-Jahren nur eine kleine Minderheit für den Ausstieg aus der Kernenergie plädierte, wuchs im Zuge der Reaktorkatastrophe von Tschernobyl bei einer immer breiteren Bevölkerungsgruppe die Skepsis bezüglich den von Atomkraftwerken ausgehenden Gefahren.

237 Da in der Bundesrepublik auch unter der christlich-liberalen Koalition schon lange kein neuer Reaktor mehr in Betrieb genommen wurde, ist es nicht verwunderlich, dass sich atomrechtliche Auseinandersetzungen schon seit langem ganz überwiegend entweder mit Fragen der Stilllegung von Kernkraftwerken[341] oder mit der rechtlichen Problematik des Ausstiegs aus der Kernenergie[342] befassen. Die **Stilllegung**, der sichere Einschluss sowie der Abbau nuklearer Anlagen richtet sich nach § 7 Abs. 3 AtG. Umstritten ist dabei vor allem, ob eine nicht nur vorübergehende Stilllegung

---
341 Statt aller: *Kurz*, Stilllegung und Beseitigung nuklearer Anlagen, Köln 1994.
342 Statt aller: *Borgmann*, Rechtliche Möglichkeiten und Grenzen des Ausstiegs aus der Kernenergie, Berlin 1994.

zwingend eine Genehmigung erfordert, ob eine Pflicht zur Beantragung einer **Einschlussgenehmigung** besteht und ob der **Abbau** vom Schutzzweck des Atomgesetzes zwingend geboten sein kann. Da die Atomverwaltung hinsichtlich der Kernkraftwerke im Grundsatz durch die Bundesländer vorgenommen wird, ermöglichte es der sog. ausstiegsorientierte Gesetzesvollzug einzelnen kernkraftausstiegsorientierten Bundesländern schon seit längerer Zeit, eigene Schritte zu unternehmen, um diesem Ziel auf ihrem Territorium näher zu kommen. Konflikte mit der damaligen Bundesregierung, welche die friedliche Nutzung der Kernenergie im Grundsatz befürwortete, waren damit vorprogrammiert. Mit dem Regierungsantritt der rot-grünen Bundesregierung im Herbst 1998 erfolgte schließlich ein grundlegender Paradigmenwechsel dergestalt, dass in der Koalitionsvereinbarung ein genereller Ausstieg aus der Nutzung der Kernenergie beschlossen wurde.

Zu diesem Zweck vereinbarte die Bundesregierung mit Vertretern der Energieversorgungsunternehmen am 4.6.2000 einen Kompromiss mit dem Inhalt, die künftige Nutzung der vorhandenen Kernkraftwerke zu befristen[343]. Danach wird für jede Anlage die Strommenge festgelegt, welche sie ab dem 1.1.2000 noch maximal erzeugen darf (Reststrommenge). Diese errechnet sich auf Grund von zwei Komponenten: Zum einen wird von einer Regellaufzeit von 32 Jahren pro Anlage ausgegangen, für welche dann die ab dem 1.1.2000 noch übrig bleibende Restlaufzeit ermittelt wird. Zum anderen wird eine jahresbezogene Referenzmenge zu Grunde gelegt, die für jedes Kraftwerk als Durchschnitt der fünf höchsten Jahresproduktionen zwischen 1990 und 1999 errechnet wird. **238**

Sowohl die Energieversorgungsunternehmen als auch die Bundesregierung gehen davon aus, dass die Umsetzung dieses Atomkonsenses zu keinen Entschädigungsansprüchen zwischen den Beteiligten führt. Fraglich ist indessen die Rechtsnatur der zwischen den EVU und der Bundesregierung erzielten Konsensvereinbarung. Ein öffentlich-rechtlicher Vertrag i.S.d. §§ 54 ff BVwVfG scheitert daran, dass der Atomkonsens die Einleitung eines Gesetzgebungsverfahrens und mithin nicht verwaltungs-, sondern verfassungsrechtlichen Inhalts ist. Ein Vertrag sui generis kommt ebenfalls nicht in Betracht, da die Gesetzgebung Sache des Bundestages ist und somit ein auf Erlass eines bestimmten Gesetzes gerichtetes, bindendes Versprechen der Bundesregierung eine unzulässige Umgehung des Gesetzgebungsverfahrens darstellen würde. Der Atomkonsens dürfte mithin als ein bloßes „gentlemen's agreement" zu qualifizieren sein, aus welchem rechtliche Ansprüche der Beteiligten nicht hergeleitet werden können[344]; dies dürfte aus den oben genannten Gründen auch nach der endgültigen Unterzeichnung der Vereinbarung durch Bundesregierung und Energiekonzerne gelten, welche schließlich am 11.6.2001 erfolgte. **239**

Auf Grund der fehlenden Bindungswirkung des Atomkonsenses ist daher ungeachtet des Umstandes, dass die Industrie bei der Unterzeichnung vom Nichtbestehen von Entschädigungsansprüchen ausging, zu prüfen, ob die gesetzliche Festlegung von **240**

---

343 Ausführlich hierzu *Wagner*, NVwZ 2001, 1089 ff; im Internet kann der Atomkonsens unter www.bmu.de/atomkraft abgerufen werden.
344 Vgl. *Schorkopf*, NVwZ 2000, 1111 ff; in diesem Sinne auch BVerfG, BayVBl. 2002, 463.

VIII *Umweltrecht*

Restlaufzeiten nicht als verfassungswidrige Legalenteignung zu qualifizieren ist. Ein solches Ergebnis wird von Teilen der Literatur bejaht[345]. Angesichts der nicht unerheblichen Restlaufzeiten bzw. des Alters, welches die Anlagen nach Erreichen der Restlaufzeiten erreicht haben werden, könnte man die Annahme einer Enteignung auch verneinen und von einer bloßen Inhalts- und Schrankenbestimmung i.S. des Art. 14 Abs. 1 S. 2 GG ausgehen[346]. Bejaht man dagegen das Vorliegen einer Enteignung, kommt man um das Verdikt der Verfassungswidrigkeit insoweit nicht herum, als ein wirksamer Verzicht auf eine Entschädigung nicht stattgefunden hat und somit ein Verstoß gegen die Junktimklausel des Art. 14 Abs. 3 GG vorliegt. Weniger überzeugen kann dagegen das Argument, dass die Befristung der Restlaufzeiten nicht mit den für eine Legalenteignung erforderlichen besonders gewichtigen Gemeinwohlbelangen gerechtfertigt werden könnte[347]. Seit der Reaktorkatastrophe von Tschernobyl hat sich im öffentlichen Bewusstsein vielmehr eine immer deutlichere Skepsis gegenüber der Kalkulierbarkeit der Risiken der Kernenergie entwickelt, welche gerade auch nach den jüngsten terroristischen Anschlägen nochmals zugenommen hat. Wenn sich der Gesetzgeber derart weit verbreitete Bedenken der Bevölkerung zu Eigen macht, kann daher das Vorliegen wichtiger Gemeinwohlgründe für einen Ausstieg aus der Kernenergie durchaus bejaht werden. Allerdings lässt sich dem wiederum entgegenhalten, dass die Kernkraft aus internationaler Perspektive gegenwärtig wieder an Bedeutung gewinnt; so hat etwa das finnische Parlament im Mai 2002 den Wiedereinstieg in die Kernenergie mit knapper Mehrheit beschlossen.

241 Am 5.9.2001 beschloss der Bundestag schließlich auf der Grundlage des Atomkonsenses das Gesetz zum Ausstieg aus der Kernenergie. § 7 AtG, welcher bisher die Voraussetzungen für eine atomrechtliche Genehmigung festgelegt hatte, wurde dahingehend geändert, dass Genehmigungen für die Errichtung und den Betrieb neuer Anlagen zur Spaltung von Kernbrennstoffen zur gewerblichen Erzeugung von Elektrizität sowie von Anlagen zur Aufarbeitung bestrahlter Kernbrennstoffe nicht mehr erteilt werden. Für die bereits bestehenden Anlagen, deren Betriebsberechtigung nach Erreichen einer bestimmten Elektrizitätsproduktion, die einer Regellaufzeit von 32 Jahren pro Kraftwerk entspricht, sukzessive erlischt, soll für die verbleibende Laufzeit durch die Pflicht zur periodischen Sicherheitsüberprüfung gemäß § 19a Abs. 1 AtG ein hohes Schutzniveau gewährleistet werden.

242 Das aus der Novellierung des AtG resultierende, bereits von der rot-grünen Koalitionsvereinbarung vorgezeichnete „Ausstiegs- und Stilllegungsszenario" ist allerdings vor dem Hintergrund der Umweltschutzkonferenz in Kyoto 1997 nicht unproblematisch. Auf der Konferenz wurden konkrete Verpflichtungen der Industriestaaten zum Klimaschutz festzugeschrieben, wobei die Kernenergie eine herausragende Rolle spielt. Allein die 19 Kernkraftwerke in Deutschland vermeiden jährlich 150 Mio. Tonnen Kohlendioxid, die bei der Verbrennung fossiler Energieträger entstehen würden. Die in Kyoto eingegangene Verpflichtung zur Reduzierung von Treibhausgasen

---

345 *Wagner*, NVwZ 2001, 1089 ff.
346 In diesem Sinne etwa *Jankowski*, in: *Koch*, Umweltrecht, 2002, § 10 Rdnr. 29 ff m.w.N.
347 So aber *Wagner*, NVwZ 2001, 1096 f.

wird von den westlichen Industriestaaten nur erfüllt werden können, wenn neben weiteren Energieeinsparmaßnahmen ein **„Energiemix"** fossiler, atomarer und regenerativer Energien angestrebt wird. Da regenerative Energien nicht ausreichen, fossile mit Sicherheit das Klima gefährden und atomare technisch zwar beherrschbaren Sicherheits- und Entsorgungsrisiken ausgesetzt sind, spricht vieles für einen solchen Energiemix. In diese Richtung zielte auch der Entschließungsantrag der Fraktionen CDU/CSU und F.D.P. im Bundestag[348], in welchem die damalige Bundesregierung aufgefordert wurde, die Maßnahmen ihres nationalen Klimaschutzprogramms fortzuführen; und zwar durch „die Energieeinsparung und Verbesserung der Energieeffizienz in allen Sektoren – schwerpunktmäßig im Wirtschafts-, Verkehrs- und Gebäudebereich –, den Ausbau der Nutzung der erneuerbaren Energien und der Kraft-Wärme-Kopplung sowie die Beibehaltung der Nutzung der Kernenergie."

Indessen beschränkt sich auch die Energiepolitik der rot-grünen Bundesregierung keineswegs auf den Ausstieg aus der Kernenergie. Im Gegenteil stellt auch und gerade die Förderung regenerativer Energien sowie der Stromerzeugung aus Kraft-Wärme-Kopplung ein zentrales Anliegen des Bundesumweltministeriums dar. So trat am 29.3.2000 das **Erneuerbare-Energien-Gesetz (EEG)** in Kraft, welches als Nachfolgeregelung des Stromeinspeisungsgesetzes von 1990 die Aufgabe verfolgt, den Ausbau erneuerbarer Energien durch eine Abnahme- und Vergütungspflicht der Netzbetreiber zu begünstigen. Nachdem die Kommission diese Begünstigung nach anfänglichen beihilferechtlichen Bedenken ohne Abstriche akzeptiert hat und auch der EuGH im Fall „PreussenElektra/Schleswag" die Subventionierung der erneuerbaren Energien durch Abnahme- und Vergütungspflichten nicht unter das allgemeine Beihilfeverbot des Art. 87 EG subsumiert hat[349], kann das EEG einen erheblichen Beitrag etwa zur Weiterentwicklung der Windenergiegewinnung mittels derzeit in Planung befindlicher Offshore-Windparks an Nord- und Ostsee leisten[350]. Am 18.5.2000 trat schließlich auch das **Kraft-Wärme-Kopplungsgesetz (KWKG)** in Kraft, welches – ähnlich wie das EEG – auch die Stromerzeugung aus Kraft-Wärme-Kopplung durch eine Abnahme- und Vergütungspflicht von KWK-Strom begünstigt[351].

243

4. Entsorgung

Mit der Entsorgung radioaktiver Abfälle befasst sich § 9a AtG. Nach dieser Vorschrift muss derjenige, der Kernanlagen betreibt oder außerhalb solcher Anlagen mit radioaktiven Stoffen umgeht, für eine ordnungsgemäße Entsorgung der anfallenden radioaktiven Reststoffe und der aus- oder abgebauten radioaktiven Anlagenteile sorgen. Diese Entsorgungspflicht beinhaltet entweder die schadlose **Verwertung** oder die geordnete Beseitigung (direkte **Endlagerung**). Beide Alternativen stehen – im

244

---

348 Siehe Entschließungsantrag vom 13.1.1998, BT-Drucks. 13/9600.
349 Vgl. EuGH DVBl. 2001, 633.
350 Eingehend zum EEG *Niedersberg*, NVwZ 2001, 21 ff; *Bürger/Senger*, UPR 2000, 215 ff.
351 Dazu *Herrmann*, RdE 2000, 184 ff.

VIII *Umweltrecht*

Gegensatz zum früheren Vorrang der Verwertung – nunmehr als (vorläufig) gleichberechtigt nebeneinander. Nach der Novellierung des § 9a AtG ist die Verwertung allerdings zeitlich befristet:

245 Nach langwierigen Verhandlungen hat die Bundesregierung mit den Energieversorgungsunternehmen (EVU) im Atomkonsens vereinbart, dass die Entsorgung radioaktiver Abfälle ab dem 1.7.2005 auf die direkte Endlagerung beschränkt wird. Bis zu diesem Zeitpunkt sind Transporte zur Wiederaufarbeitung zulässig; diese erfolgt derzeit mangels einer eigenen deutschen Wiederaufarbeitungsanlage im französischen La Hague sowie im britischen Sellafield.

246 Die Entsorgungsalternative Wiederaufbereitung ist mit dem Nachteil verbunden, dass wiederaufgearbeitete Brennstäbe erheblich teurer sind als Brennstäbe aus Natururan. Zudem wird bei der Wiederaufarbeitung das hochgiftige Plutonium nicht vollständig, sondern nur teilweise entsorgt. Gerade hierin lag auch die Problematik des zunächst von der Bundesregierung anvisierten sofortigen Ausstiegs aus der Wiederaufarbeitung: Zwar enthalten die Verträge der deutschen Stromunternehmen mit den ausländischen Wiederaufarbeitungsfirmen sogenannte „force majeure"-Klauseln, welche die deutschen Unternehmen zur vorzeitigen und entschädigungslosen Kündigung berechtigen, doch verpflichtete sich die Bundesregierung 1991 gegenüber Frankreich und Großbritannien dazu, der Wiederaufarbeitung kein rechtliches oder verwaltungsmäßiges Hindernis entgegenzusetzen[352]. Auch wenn diese Problematik mit der Vereinbarung einer Übergangsfrist von fünf Jahren nunmehr entschärft ist, sind damit noch längst nicht alle mit der direkten Endlagerung verbundenen Probleme aus der Welt geschafft: Zum einen stellt sich angesichts der heftigen Ausschreitungen, welche bereits die zur bloßen Zwischenlagerung von abgebrannten Brennstäben ins niedersächsische Gorleben durchgeführten CASTOR-Transporte begleitet haben, die Frage nach der gesellschaftlichen Akzeptanz der Endlagerung; zum anderen existiert derzeit auch noch gar keine Endlagerstätte für radioaktiven Abfall. Die diesbezüglich in Angriff genommene Erkundung des Salzstockes in Gorleben wird erst einmal bis zur Klärung konzeptioneller und sicherheitstechnischer Fragen für mindestens drei Jahre unterbrochen. Für leicht-radioaktive Abfälle kommt als Endlager der in der Nähe von Salzgitter liegende Schacht Konrad in Betracht[353].

247 Um die geordnete Beseitigung nuklearer Abfälle sicherzustellen, besteht gemäß § 9a Abs. 2 AtG eine Pflicht für **Besitzer** radioaktiver Abfälle, solche Abfälle bei Anlagen nach § 9a Abs. 3 AtG abzuliefern. Mit der Novellierung des Atomgesetzes wurde diese Pflicht dahingehend verschärft, dass die Betreiber einer Anlage zur Spaltung von Kernbrennstoffen zur gewerblichen Erzeugung von Elektrizität dafür Sorge tragen müssen, dass ein Zwischenlager entweder innerhalb des abgeschlossenen Geländes der Anlage oder aber gemäß § 6 Abs. 1 AtG jedenfalls in deren Nähe errichtet wird, damit die Risiken des Entsorgungsprozesses vermindert werden. § 9a Abs. 3 AtG verpflichtet weiterhin auch die **Länder**, für die **Zwischenlagerung** von in ihrem

---
352 Der Umfang der aus dieser Verpflichtung resultierenden völkerrechtlichen Bindung ist allerdings umstritten, vgl. *Kadelbach*, ZUR 1999, 257 ff.
353 Näher zum Ganzen *Jankowski*, in: *Koch*, Umweltrecht, 2002, § 10 Rdnr. 60 ff.

Gebiet anfallenden radioaktiven Abfällen Landessammelstellen einzurichten, während der **Bund** nach dieser Vorschrift Anlagen zur Sicherstellung und zur **Endlagerung** des Abfalls zu schaffen hat, für deren Errichtung und Betrieb nach § 23 AtG das Bundesamt für Strahlenschutz zuständig ist. Gemäß § 9a Abs. 3 AtG n.F. können Bund und Länder diese Pflicht allerdings auch auf Dritte übertragen, wenn diese Gewähr für die ordnungsgemäße Erfüllung der übertragenen Aufgaben bieten. Für die Errichtung und den späteren Betrieb von Anlagen im Sinne des § 9a Abs. 3 AtG werden von den Ablieferungspflichtigen gemäß § 21a und b AtG Gebühren und Beiträge erhoben.

5. Atomrechtliche Haftung

Die atomrechtliche Haftung ist in den §§ 25 ff AtG und dem Pariser Atomhaftungsübereinkommen geregelt. Danach ist die Haftung des Anlageninhabers für Personen- und Sachschäden summenmäßig unbegrenzt und verschuldensunabhängig. Die Vorsorge für die Erfüllung seiner gesetzlichen Schadensersatzverpflichtung (Deckungsvorsorge) muss der Inhaber der Anlage nachweisen. Bei Kernkraftwerken beträgt diese Vorsorge nach der im Sommer 2001 ebenfalls geänderten Deckungsvorsorge-Verordnung nunmehr 2,5 Mrd. Euro gegenüber der – gemessen am vorstellbaren Ausmaß eines Schadensfalls – geradezu lächerlichen Summe von 500 Mio. DM pro Schadensfall, wie sie in der bisherigen Deckungsvorsorge-Verordnung als Deckung vorgesehen war. Die Deckungssumme ist durch Haftpflichtversicherungen nachzuweisen. Für darüber hinausgehende Schäden bis zu 1 Mrd. DM übernehmen der Bund und das Sitzland gemeinsam die Freistellung des Anlageninhabers.

248

Die §§ 38-40 AtG regeln den Opferschutz für grenzüberschreitende nukleare Schäden. Nach dem Reaktorunglück von Tschernobyl hat der Bund wegen haftungsrechtlicher Schwierigkeiten durch „Billigkeitsrichtlinien" Entschädigungsansprüchen Rechnung getragen[354].

249

Literatur
Koch, Neue Energiepolitik und Ausstieg aus der Kernenergie, NVwZ 2000, 1 ff; *König*, Genehmigungsverfahren für Zwischenlager in Deutschland, atw 2001, 172 ff; *Klöck*, Der Atomausstieg im Konsens – ein Paradefall des umweltrechtlichen Kooperationsprinzips?, NuR 2001, 1 ff; *Kruis*, Der gesetzliche Ausstieg aus der Atomwirtschaft und das Gemeinwohl, DVBl. 2000, 441 ff.

IV. Naturschutzrecht

1. Rechtsquellen

Nach Art. 75 Abs. 1 Nr. 3 GG hat der Bund das Recht, Rahmenvorschriften für den Naturschutz und die Landschaftspflege zu erlassen. Der **Bund** hat diese Rahmenge-

250

---
354 Dazu *Pelzer*, NJW 1986, 1664 ff.

VIII *Umweltrecht*

setzgebungskompetenz zum Erlass des Bundesnaturschutzgesetzes genutzt. Das BNatSchG enthält nach § 11 zum einen Bestimmungen, die vom Landesgesetzgeber umzusetzen sind, und zum anderen Normen, die unmittelbar, d.h. für jedermann, gelten. Mit Gesetz vom 25.3.2002 wurde das BNatSchG grundlegend novelliert, wodurch sich insbesondere auch **eine komplett neue Paragraphenzählung** ergeben hat.

251 Außer der **Pflicht** zur Umsetzung der nicht unmittelbar geltenden Bestimmungen des BNatSchG verlieh bereits das alte Gesetz den Ländern das **Recht**, weitergehende Vorschriften zu erlassen. Alle **Länder** der alten Bundesrepublik haben zu diesem Zweck Landesnaturschutzgesetze geschaffen[355]. Das Bundesnaturschutzgesetz und die Landesnaturschutzgesetze bilden den Kernbereich des Naturschutzrechts, das **Naturschutzrecht im engeren Sinne**.

252 Naturschutzrelevante Regelungen finden sich außerdem in einer Reihe weiterer Gesetze wie z.B. dem Bundeswaldgesetz. Als **Naturschutzrecht im weiteren Sinne** kann daher das Forst-, das Pflanzenschutz-, das Tierschutz-, das Jagd- und das Fischereirecht bezeichnet werden. Zu nennen ist in diesem Zusammenhang aber auch das BauGB, nach dessen § 1 Abs. 5 S. 2 Nr. 7, § 1a bei der Aufstellung von Bauleitplänen die Belange des Naturschutzes und der Landschaftspflege stets zu berücksichtigen sind. Demgemäß regelt § 21 Abs. 1 S. 1 BNatSchG nunmehr, dass bei Eingriffen in Natur und Landschaft, die im Zusammenhang mit der Aufstellung von Bauleitplänen zu erwarten sind, bereits bei der Abwägung nach § 1 BauGB, d.h. auf der Planungsebene, unter entsprechender Anwendung der naturschutzrechtlichen Vorschriften (§ 19 Abs. 2 S. 1, Abs. 4 BNatSchG) über die Belange des Naturschutzes und der Landschaftspflege zu entscheiden ist[356].

253 Auf Verordnungsebene ist die **Bundesartenschutzverordnung** von naturschutzrechtlicher Bedeutung. Auch im Bereich des Europarechts und des Völkerrechts wurden viele naturschützende Regelungen geschaffen. Auf europarechtlicher Ebene ist hier beispielsweise die sog. **Fauna-Flora-Habitat-Richtlinie** vom 21.5.1992 (kurz: FFH-Richtlinie)[357] zu erwähnen; das bekannteste völkerrechtliche Übereinkommen ist das „Washingtoner Artenschutzübereinkommen"[358].

2. Zweck des Bundesnaturschutzgesetzes

254 § 1 BNatSchG nennt als Zielvorgabe, die Natur und Landschaft im besiedelten und unbesiedelten Bereich so zu schützen, zu pflegen und zu entwickeln, dass die Leistungsfähigkeit des Naturhaushalts, die Regenerationsfähigkeit und nachhaltige Nut-

---

355 Vgl. für Baden-Württemberg: bwNatSchG i.d.F. vom 29.3.1995 (GBl. S. 386).
356 S. dazu auch unten Rdnr. 263; ausführlich zum Verhältnis von Bau- und Naturschutzrecht *Blume*, NVwZ 1993, 941 ff.
357 Richtlinie 92/43/EWG vom 21.5.1992, ABl. Nr. L 206/7. Der Umsetzung der Richtlinie dienen die neu geschaffenen §§ 19a-19f BNatSchG, die durch Gesetz vom 30.4.1998, BGBl. I, S. 823, eingefügt wurden.
358 Ratifiziert durch Gesetz vom 22.5.1975, BGBl. II, S. 773.

zungsfähigkeit der Naturgüter, die Pflanzen- und Tierwelt sowie die Vielfalt, Eigenart und Schönheit von Natur und Landschaft als Lebensgrundlagen des Menschen und als Voraussetzung für seine Erholung in Natur und Landschaft auf Dauer gesichert sind.

Für diese Ziele geht es nicht nur darum, die freie Natur oder einen von Menschenhand unbeeinflussten Bereich zu schützen, vielmehr liegen die Schwerpunkte des Naturschutzes heute im besiedelten und durch menschlichen Einfluss veränderten Bereich. 255

Beispiel: K hat in seinem Garten einen Teich angelegt, in dem sich nach und nach eine Kolonie Frösche niedergelassen hat, deren nächtliche Konzerte die Nachbarn stören. Sie verlangen die Beseitigung des Teichs. Der Bundesgerichtshof hat einen solchen Anspruch wegen § 20f Abs. 1 Nr. 1 BNatSchG a.F. (entspricht dem neuen § 42 Abs. 1 Nr. 1 BNatSchG) verneint, weil das Naturschutzrecht auch **künstlich geschaffene Biotope** schütze[359].

Die Ziele des Naturschutzes und der Landschaftspflege sind nach Maßgabe der in § 2 BNatSchG genannten Grundsätze zu verwirklichen. Diese Grundsätze, die sich auf den Naturhaushalt, einzelne Naturgüter, die Erholungsfunktion der Landschaft sowie auf die historischen Kulturlandschaften beziehen, sind nach § 11 S. 1 BNatSchG auch für die Landesgesetzgeber verbindlich. 256

§ 3 BNatSchG verpflichtet die Länder nunmehr darüber hinaus zur Schaffung eines Biotopverbundes, welcher mindestens 10% der jeweiligen Landesfläche umfassen und länderübergreifend sein soll. 257

Nach diesen allgemeinen Vorschriften enthält das BNatSchG in den sechs folgenden Abschnitten Regelungen zu den wichtigsten Bereichen des Naturschutzes. Es sind dies Landschaftsplanung (§§ 12-17), allgemeiner Schutz von Natur und Landschaft (§§ 18-21), Schutz, Pflege und Entwicklung bestimmter Teile von Natur und Landschaft (§§ 22-38), Schutz und Pflege wild lebender Tier- und Pflanzenarten (§§ 39-55), Erholung in Natur und Landschaft (§§ 56, 57) sowie die Mitwirkung von Vereinen (§§ 58-61). Es folgen in den Abschnitten 8-10 ergänzende Vorschriften (§§ 62-64), Bußgeld- und Strafvorschriften (§§ 65-68) sowie Übergangsbestimmungen (§§ 69-71). 258

3. Eingriffe in Natur und Landschaft

Die Vorschriften zum Schutz vor natur- und landschaftsschädigenden Eingriffen sind ein „Kernstück des modernen Naturschutzrechts"[360]. Bundesrechtlich ist der Schutz vor Eingriffen in Natur und Landschaft in § 18 BNatSchG geregelt, der allerdings „nur" eine durch die Landesgesetzgebung auszufüllende Rahmenbestimmung 259

---

[359] BGH, UPR 1993, 97, 98. In einem solchen Fall kann aber unter ganz engen Voraussetzungen eine Befreiung vom Verbot des § 42 Abs. 1 Nr. 1 BNatSchG nach § 62 BNatSchG (entspricht § 31 BNatSchG a.F.) in Betracht kommen; vgl. BGH, UPR 1993, 99.
[360] Vgl. *Gassner*, NuR 1988, 67, 68.

VIII *Umweltrecht*

darstellt³⁶¹. Unmittelbare Rechte und Pflichten des Bürgers ergeben sich daher allein aus dem zur Umsetzung von § 18 BNatSchG (ehemals § 8 BNatSchG) ergangenen Landesrecht. Jedoch wird jenes stark durch die Legaldefinition des Eingriffes in § 18 Abs. 1 BNatSchG sowie die Rechtsfolgenregelungen in § 19 Abs. 1-3 BNatSchG geprägt.

260 **Eingriffe** in Natur und Landschaft sind gemäß § 18 Abs. 1 BNatSchG Veränderungen der Gestalt oder Nutzung von Grundflächen oder Veränderungen des mit der belebten Bodenschicht in Verbindung stehenden Grundwasserspiegels, die die Leistungsfähigkeit des Naturhaushaltes oder das Landschaftsbild erheblich oder nachhaltig beeinträchtigen können. Die Länder sind nach § 18 Abs. 4 BNatSchG ermächtigt, mittels sog. Positiv- und Negativlisten festzulegen, welche konkreten Veränderungen der Gestalt und Nutzung von Grundflächen (positiv) als Eingriff zu betrachten sind und welche Veränderungen (negativ) nicht als Eingriff angesehen werden sollen. Negativlisten gibt es nur in Nordrhein-Westfalen und Hamburg, dagegen haben fast alle Länder Positivlisten erlassen.

261 Demgemäß sind grundsätzlich folgende Veränderungen der Gestalt oder Nutzung von Grundflächen als Eingriff zu qualifizieren: Straßen- und Wegebau, bauliche Anlagen im Außenbereich, Planfeststellungsverfahren, Masten und Freileitungen, Entwässerung von Feuchtgebieten, Abbau von Bodenschätzen, Aufforstungen usw³⁶².

262 Eine eigene Negativbestimmung des Eingriffs enthält das BNatSchG in § 18 Abs. 2 S. 1, wonach die land-, forst- und fischereiwirtschaftliche Bodennutzung nicht als Eingriff anzusehen ist, soweit dabei die Ziele und Regeln und Grundsätze des Naturschutzes und der Landschaftspflege berücksichtigt werden. Welches diese Grundsätze sind, ergibt sich aus § 18 Abs. 2 S. 2 BNatSchG, welcher durch den Verweis auf die Anforderungen des § 5 Abs. 4 bis 6 BNatSchG, auf das Recht der Land-, Forst und Fischereiwirtschaft sowie auf § 17 Abs. 2 BBodSchG anders als die Vorgängerregelung des § 8 Abs. 7 BNatSchG a.F. klare Anforderungen für „gute fachliche Praxis" der Landwirtschaft vorgibt.

263 So enthält § 5 Abs. 4 BNatSchG etwa die Verpflichtung zum grundwasserschonenden Einsatz und zur Dokumentation der Verwendung von Düngemitteln, zur naturgemäßen Bewirtschaftung von Waldflächen unter der Vermeidung von Kahlschlägen u.v.m. Der zu § 8 Abs. 7 BNatSchG a.F. bestehende Streit, wann konkret von einer ordnungsgemäßen Landwirtschaft i.S. dieser Vorschrift ausgegangen werden könne, ist damit durch die Novellierung des Bundesnaturschutzgesetzes als weitgehend entschärft anzusehen³⁶³. Unhaltbar ist unter der neuen Gesetzeslage jedenfalls die von der h.M. zum alten Recht vertretene Auffassung, dass eine ordnungsgemäße Land-

---

361 Für Baden-Württemberg: §§ 10 ff bwNatSchG; ausführlich zu landesrechtlicher Umsetzung: *Bender/Sparwasser/Engel*, Umweltrecht, 4. Auflage 2000, 5/137 ff.
362 Weitere Beispiele bei *Schmidt*, NVwZ 1993, 539, 540.
363 Kritisch zur neuen Regelung indessen *Weins*, ZUR 2001, 247 ff, welcher die im neuen BNatSchG genannten Eckpunkte für immer noch nicht hinreichend erachtet, den Begriff der „guten fachlichen Praxis" adäquat zu konkretisieren.

wirtschaft lediglich eine **ökonomisch richtige** Bewirtschaftung voraussetze[364]. Vor diesem Hintergrund erscheint es nur folgerichtig, bereits den Anwendungsbereich des Landwirtschaftsprivilegs auf die bereits **bestehende** landwirtschaftliche **Bodennutzung** zu beschränken, während die erstmalige Aufnahme der Nutzung oder ein Wechsel in der Nutzungsart als Eingriff anzusehen sind[365]. Für diese Auffassung spricht auch insbesondere der Umstand, dass § 18 Abs. 3 BNatSchG die **Wiederaufnahme** einer zeitlich unterbrochenen landwirtschaftlichen Bewirtschaftung gesondert aufführt und unter bestimmten Voraussetzungen von der Eingriffsqualifikation ausnimmt.

Als Reaktion auf einen Eingriff hält § 19 BNatSchG verschiedene Rechtsfolgen bereit: **264**

Grundsätzlich trifft den **Verursacher** eines Eingriffs gemäß § 19 Abs. 1 S. 1, 1. HS BNatSchG die Pflicht, vermeidbare Beeinträchtigungen von Natur und Landschaft zu unterlassen (**Vermeidungspflicht**). Als „vermeidbare Beeinträchtigung" ist dabei nicht alles zu betrachten, was überhaupt unterlassen werden kann, sondern lediglich diejenige Beeinträchtigung, für die es eine umweltschonendere Alternative gibt[366]. Kann die Beeinträchtigung nicht vermieden werden, so muss der Verursacher diese nach § 19 Abs. 2 S. 1 BNatSchG durch Maßnahmen des Naturschutzes und der Landschaftspflege ausgleichen oder in sonstiger Weise kompensieren, soweit es zur Verwirklichung der Ziele des Naturschutzes und der Landschaftspflege erforderlich ist. Während unter **Ausgleich** nach der Legaldefinition des § 19 Abs. 2 S. 2 BNatSchG die landschaftsgerechte Wiederherstellung des Landschaftsbildes zu verstehen ist, ist eine Beeinträchtigung **in sonstiger Weise kompensiert**, wenn für die Beeinträchtigung ein gleichwertiger Ersatz geschaffen wird (z.B. Rekultivierungen).

Ist die Beeinträchtigung unvermeidbar und ein Ausgleich (an Ort und Stelle des Eingriffes oder in seiner Nähe) nicht möglich, muss der Eingriff gemäß § 19 Abs. 3 BNatSchG untersagt werden, falls den Belangen des Naturschutzes bei einer **Abwägung** mit den Interessen des Eingreifenden der Vorzug gebührt (**Unterlassungspflicht**). **265**

Überwiegen andererseits bei einer unvermeidbaren und nicht ausgleichbaren Beeinträchtigung die Interessen des Eingreifenden – wie dies oft bei Großprojekten, z.B. Autobahnen, Flughäfen oder Kanälen, angenommen wird –, ist der Eingriff zulässig, doch können die Landesnaturschutzgesetze gemäß § 19 Abs. 4 BNatSchG den Ein- **266**

---

364 Vgl. *Fischer-Hüftle*, BayVBl. 1987, 614 ff m.w.N.; BayVGH, BayVBl. 1985, 208, 209; angesichts des Schutzzweckes des BNatSchG und des gerade bei einer ausschließlich ökonomisch orientierten Landwirtschaft auftretenden hohen Einsatzes von Maschinen und Chemikalien sprach demgegenüber bereits früher vieles dafür, als ordnungsgemäße Landwirtschaft im Sinne des Naturschutzrechts nur eine Form der Bewirtschaftung anzusehen, die auch ökologisch vertretbar ist; eine ausführliche Darstellung der Umweltproblematik der Landbewirtschaftung bieten *Bender/Sparwasser/ Engel*, Umweltrecht, 4. Auflage 2000, 5/83 ff. Für eine restriktivere Anwendung von § 8 Abs. 7 BNatSchG a.F. sprachen sich auch das OVG Koblenz (NuR 1992, 97) und der HessVGH (NuR 1992, 86) aus.
365 So HessVGH, NuR 1992, 86.
366 *Gellermann*, in: *Landmann/Rohmer*, Umweltrecht, § 19 BNatSchG, Rdnr. 4.

VIII *Umweltrecht*

greifer zu Ersatzmaßnahmen verpflichten (**Ersatzpflicht**). Vorrangig hat dieser Ersatz in natura zu erfolgen; subsidiär kommt als Ersatzmaßnahme die Zahlung eines Geldbetrages in Betracht. Zu diesem Zweck erheben fast alle Länder sog. naturschutzrechtliche Ausgleichsabgaben[367]. Allerdings ist nach der Novellierung des Bundesnaturschutzgesetzes ein Eingriff, welcher die Zerstörung des Lebensraumes von besonders geschützten Tier- und Pflanzenarten zur Folge hat, nur noch dann zulässig, wenn er „aus zwingenden Gründen des überwiegenden öffentlichen Interesses gerechtfertigt ist" (vgl. § 19 Abs. 3 S. 2 BNatSchG).

267   Jedoch ist zu beachten, dass die Vermeidungs-, Ausgleichs-, Ersatz- oder Unterlassungspflichten nur bei solchen Eingriffen in Natur und Landschaft bestehen, für die in **anderen Rechtsvorschriften** eine behördliche Bewilligung, Erlaubnis, Genehmigung oder Zustimmung, ein Planfeststellungsverfahren oder zumindest eine Anzeige an eine Behörde vorgeschrieben ist (z.B. Vorhaben, für die eine baurechtliche oder immissionsschutzrechtliche Genehmigung erforderlich ist, § 20 Abs. 1 BNatSchG)[368].

268   Daraus folgt, dass **kein** eigenes naturschutzrechtliches Genehmigungsverfahren zu absolvieren ist; vielmehr beeinflusst und ergänzt das Naturschutzrecht die Anforderungen der Fachgesetze, die die Zulassungsfähigkeit des Vorhabens, das einen Eingriff in Natur und Landschaft bedeutet, regeln („Huckepackverfahren"). Deshalb fällt die Entscheidung über die Zulassung des in Natur und Landschaft eingreifenden Vorhabens allein in die Zuständigkeit der jeweiligen **Fachbehörde**, z.B. der immissionsschutzrechtlichen Genehmigungsbehörde. Diese spricht zudem gemäß § 20 Abs. 2 BNatSchG aus, welche konkrete Pflicht (Vermeidung, Ausgleich, Ersatz oder Unterlassen) den Eingreifenden trifft.

Beispiel: A plant den Bau einer Windkraftanlage im Außenbereich: Auf einer Hochfläche der Schwäbischen Alb sollen zu diesem Zweck vier große Windräder mit einer Nabenhöhe von 63 m errichtet werden, welche weithin sichtbar sind.

Die Bauvoranfrage des A bezüglich der Vereinbarkeit des Vorhabens mit § 35 BauGB wird von der zuständigen Baurechtsbehörde negativ beschieden. Das Bauvorhaben ist zwar nach § 35 Abs. 1 Nr. 6 privilegiert, kann aber ungeachtet dieser Privilegierung nicht genehmigt werden, wenn ihm die von § 35 Abs. 3 Nr. 5 BauGB genannten öffentlichen Belange des Naturschutzes und der Landschaftspflege entgegenstehen. Dies ist der Fall, da vier in exponierter Position errichtete und daher weithin sichtbare Windräder eine besonders nachhaltige Beeinträchtigung der Landschaft darstellen. Diese Beeinträchtigung ist im Falle einer Genehmigung der Anlage auch weder vermeidbar, noch ausgleichbar. Gemäß § 11 Abs. 3 S. 1 bwNatSchG, bei dessen Auslegung § 19 Abs. 3 BNatSchG zu berücksichtigen ist, kann ein weder vermeidbarer, noch ausgleichbarer Eingriff dennoch zugelassen werden, wenn überwiegende öffentliche Belange dies erfordern. Anders als im Rahmen des § 35 BauGB ist die Entscheidung nach § 8 Abs. 3 BNatSchG (entspricht dem heutigen § 19 Abs. 3 BNatSchG) nach Auffassung des VGH Mannheim „eine ‚echte', spezifisch naturschutzrechtliche Abwägung, die den allgemeinen Grundsätzen behördlicher Abwägungsentscheidungen unterliegt und insoweit nur eingeschränkt gerichtlicher Kontrolle zugänglich ist. […]. Um Widersprüchlichkeiten bei der Anwendung der §§ 8 III BNatSchG, 11 I Nr. 3, III BadWürttNatSchG einerseits und § 35 I

---

367 Vgl. dazu in Baden-Württemberg: § 11 Abs. 3, 5, 6 bwNatSchG.
368 Für Eingriffe **durch** Behörden gilt diese Voraussetzung gemäß § 8 Abs. 6 BNatSchG nicht.

und III BauGB andererseits zu verhindern, muss das Ergebnis der behördlichen Abwägung im Rahmen der naturschutzrechtlichen Eingriffsregelung auch für die nachvollziehende Abwägung bei der Subsumtion unter die Rechtsbegriffe des § 35 I und III BauGB verbindlich sein."[369]

Ungeachtet der grundsätzlichen Beibehaltung des „Huckepackverfahrens" durch das neue Recht sieht § 20 Abs. 2 BNatSchG nunmehr in seinem zweiten Halbsatz aber auch die Möglichkeit einer eigenen Entscheidung der Naturschutzbehörden vor. Grundsätzlich müssen sich die jeweiligen Fachbehörden jedoch bei ihrer Entscheidung nach wie vor lediglich mit den Naturschutzbehörden „ins Benehmen setzen", d.h. jene lediglich zurate ziehen, soweit nicht ausnahmsweise gesetzlich eine weitreichendere Form der Beteiligung vorgeschrieben ist. Allerdings müssen Entscheidungen **auf Grund** eines Bebauungsplanes nicht einmal „im Benehmen" mit den Naturschutzbehörden getroffen werden, weil sie schon bei der **Erstellung des Bebauungsplanes** gemäß § 4 Abs. 1 BauGB mitgewirkt haben (§ 21 Abs. 1 BNatSchG). In diesem Verfahrensstadium spielt sich das Gros der naturschutzrechtlichen Eingriffsregelungen ab: Durch § 21 Abs. 1 BNatSchG werden die Eingriffsregelungen aus dem Genehmigungsverfahren für das in Natur und Landschaft eingreifende Vorhaben in die Planungsphase vorgezogen, d.h., § 21 Abs. 1 BNatSchG verlagert die Vermeidung von Natureingriffen sowie die Kompensation von Eingriffen durch Ausgleichs- und Ersatzmaßnahmen von der Genehmigungs- auf die Planungsebene. Dadurch wird auf dem Gebiet des Baurechts das Huckepackverfahren abgelöst und der Naturschutz in die Zuständigkeit der für die Aufstellung der Bauleitpläne nach § 2 Abs. 1 BauGB verantwortlichen Gemeinden gelegt, ohne dass damit eine Reduzierung der ökologischen Standards verbunden sein soll[370]. Nach § 21 Abs. 2 BNatSchG findet in den Fällen des § 30 BauGB (Vorhaben in Gebieten mit **Bebauungsplänen**) und des § 33 BauGB (Vorhaben während der Planaufstellung) die naturschutzrechtliche Eingriffsregelung des § 18 BNatSchG keine Anwendung. Das gleiche gilt für Vorhaben **im unbeplanten Innenbereich** (§ 34 BauGB), während § 18 BNatSchG auf Vorhaben im **Außenbereich** (§ 35 BauGB) uneingeschränkt anwendbar ist[371].

269

4. Allgemeine Schutz-, Pflege- und Entwicklungsmaßnahmen

a) Duldungspflichten

Die Rahmenvorschrift des § 9 Abs. 1 BNatSchG ermächtigt die Länder zu bestimmen, dass Eigentümer und Nutzungsberechtigte von Grundflächen Maßnahmen des Naturschutzes und der Landschaftspflege zu dulden haben, soweit dadurch die Nutzung der Grundflächen nicht unzumutbar beeinträchtigt wird. Somit kann von einem Eigentümer oder Nutzungsberechtigten nach § 9 Abs. 1 BNatSchG kein positives Tun verlangt werden, sondern lediglich ein Dulden, d.h., er darf das Tun eines ande-

270

---

369 Vgl. VGH BW, NVwZ 2000, 1063, 1064; vgl. zur Zulässigkeit von Windparks auch *Mock*, NVwZ 1999, 937 ff; *Tigges/Berghaus/Niederberg*, NVwZ 1999, 1317 ff.
370 Vgl. *Blume*, NVwZ 1993, 941 f.
371 *Runkel*, UPR 1993, 203, 207.

ren nicht abwehren oder behindern, z.B. Säuberungs- und Mäharbeiten, Pflanzung von Bäumen und Sträuchern, Errichtung von Lehrpfaden, Hinweistafeln, Vogelnistkästen usw. Allerdings sind die Länder gemäß § 9 Abs. 2 BNatSchG berechtigt, weitergehende Vorschriften zu erlassen.

b) Unterschutzstellung von Gebieten

271 Gemäß §§ 22 ff BNatSchG können Teile von Natur und Landschaft einem besonderen gebietsbezogenen Naturschutz unterstellt werden. Die dem Gesetzgeber hierbei zur Verfügung stehenden Instrumente sind mannigfaltig und umfassen die Festsetzung von Naturschutzgebieten (§ 23 BNatSchG), Nationalparks (§ 24 BNatSchG), Biosphärenreservaten (§ 25 BNatSchG), Landschaftsschutzgebieten (§ 26 BNatSchG), Naturparks (§ 27 BNatSchG), Naturdenkmalen (§ 28 BNatSchG), geschützten Landschaftsbestandteilen (§ 29 BNatSchG), gesetzlich geschützten Biotopen (§ 30 BNatSchG) sowie die Unterschutzstellung von Gewässern und Uferzonen (§ 31 BNatSchG).

272 In Umsetzung der Fauna-Flora-Habitat-Richtlinie wurde das BNatSchG um die §§ 32 ff ergänzt, welche nach ihrer in § 32 manifestierten Zielsetzung „dem Aufbau und dem Schutz des Europäischen ökologischen Netzes ‚Natura 2000', insbesondere dem Schutz der Gebiete von gemeinschaftlicher Bedeutung und der europäischen Vogelschutzgebiete zu dienen bestimmt sind"[372]. Die Auswahl und Meldung der zu schützenden Gebiete obliegt nach § 33 Abs. 1 BNatSchG den Ländern, welche dabei im Benehmen mit dem Bundesministerium für Umwelt handeln, welches die FFH-Gebiete an die Kommission meldet (§ 33 Abs. 1 S. 3 BNatSchG)[373].

5. Erholung in Natur und Landschaft

273 Trotz der damit verbundenen, nicht unerheblichen Umweltbelastungen räumt der Gesetzgeber der Erholung in Natur und Landschaft einen besonderen Stellenwert ein. In Bayern und Baden-Württemberg gewährt das Landesrecht ausdrücklich einen unter dem Vorbehalt der Gemeinverträglichkeit stehenden Anspruch auf Erholung in der freien Natur[374]. Das BNatSchG widmet der Erholung in Natur und Landschaft mit den §§ 56 und 57 einen eigenen Abschnitt.

a) Betretungsrecht

274 Nach der Rahmenvorschrift des § 56 Abs. 1 BNatSchG gestatten die Länder das Betreten der Flur auf Straßen und Wegen sowie auf ungenutzten Grundflächen zum Zweck der Erholung auf eigene Gefahr. Insbesondere können sie aus wichtigen Gründen das Betretungsrecht einschränken. Das Betretungsrecht haben die Eigentü-

---

372 Ausführlich dazu *Maaß/Schütte*, in: *Koch*, Umweltrecht, 2002, § 7 Rdnr. 68 ff.
373 Eingehend zum gebietsbezogenen Umweltschutz *Sanden*, Umweltrecht, 1. Auflage 1999, S. 269 ff.
374 Art. 142 Abs. 3 bayVerf, Art. 21 bayNatSchG; §§ 35, 36 bwNatSchG.

mer der betroffenen Straßen, Wege oder Grundflächen zu dulden. Ein Anspruch auf Entschädigung besteht nicht, da es sich bei dieser Duldungspflicht lediglich um einen Ausdruck der Sozialbindung des Eigentums handelt. Unter Straßen und Wegen sind nicht nur die öffentlichen zu verstehen, an denen ohnehin ein Betretungsrecht kraft ihrer Widmung besteht, sondern auch die beschränkt öffentlichen und die privaten.

Nach einigen Landesgesetzen können die Eigentümer allerdings durch deutlich sichtbare Absperrungen den Zutritt für die Allgemeinheit verwehren[375]. Solche privaten Sperren bedürfen indes zumindest der Genehmigung der Naturschutzbehörden, falls sie nicht schon nach anderen Vorschriften, beispielsweise den Landesbauordnungen, genehmigungspflichtig sind. 275

Das Betretungsrecht steht, auch wo es nicht landesgesetzlich geregelt ist, unter dem Vorbehalt der Gemeinverträglichkeit, wozu insbesondere das Gebot der Rücksichtnahme zählt. Das Betretungsrecht umfasst neben dem eigentlichen Betreten zudem das Rasten und Lagern sowie das Mitführen oder Benutzen von Fahrrädern, Kinderwagen, Rollstühlen, Schlitten oder Skiern. Stets muss das Betreten jedoch gerade zum Zweck der Erholung erfolgen; es besteht daher kein Betretungsrecht für die Durchführung von Rallyes und anderen Rennen bzw. Wettbewerben oder für das Anlegen einer Skipiste[376]. Das Betreten des Waldes ist speziell geregelt in § 14 BWaldG[377]. 276

b) Bereitstellung von Grundstücken

Nach § 57 Abs. 1 BNatSchG, einer der **unmittelbar** geltenden Vorschriften des BNatSchG, hat der Bund ihm gehörende, geeignete Grundstücke für die Erholung der Bevölkerung bereitzustellen; Länder und Gemeinden sollen gemäß § 57 Abs. 2 BNatSchG entsprechende Vorschriften bezüglich der ihnen gehörenden Grundstücke erlassen. Dies sind vor allem Ufergrundstücke, Grundstücke mit schönen Landschaftsbestandteilen sowie Grundstücke, die den Zugang zu ansonsten unzugänglichen Wäldern, Seen oder Stränden ermöglichen. 277

6. Die Verbandsklage

Während § 29 BNatSchG a.F. anerkannten, rechtsfähigen Vereinen lediglich ein Mitwirkungsrecht bei bestimmten naturschutzrechtlich relevanten Vorhaben einräumte[378], gewährt das neue BNatSchG in der Fassung vom 25.3.2002 mit **§ 61 BNatSchG** den in §§ 59, 60 BNatSchG bezeichneten Vereinen nun ein echtes Klagerecht im Sinne einer **altruistischen Verbandsklage**, bei welcher der Verband nicht eigene Rechte, sondern Rechte der Allgemeinheit geltend macht. Eine solche Klagemög- 278

---

375 Vgl. für Baden-Württemberg: § 39 Abs. 1 bwNatSchG.
376 Weitere Beispiele aus der Rspr. bei *Schmidt*, NVwZ 1993, 543.
377 Vgl. dazu BVerfG, NJW 1989, 2525 sowie zum Reiten in freier Landschaft, vgl. BVerwG, NVwZ 1991, 472; 1992, 1095; und *Schmidt*, NVwZ 1991, 31, 35 m.w.N.
378 *Kunig*, JURA 1996, 493 ff.

VIII *Umweltrecht*

lichkeit war von den Umweltverbänden bereits seit langem erfolglos gefordert worden, nachdem die Mehrzahl der Länder den Vereinen bereits bisher – allerdings unter engen Voraussetzungen – ein altruistisches Verbandsklagerecht eingeräumt hatte[379].

279 Die zulässigen Klagegegenstände der Verbandsklage auf Bundesebene werden in § 61 Abs. 1 BNatSchG abschließend aufgezählt. Demnach können Vereine gemäß § 61 Abs. 1 Nr. 1 BNatSchG zum einen Befreiungen von Verboten bzw. Geboten bezüglich der Unterschutzstellung bestimmter Gebiete, zum anderen die in § 61 Abs. 1 Nr. 2 BNatSchG bezeichneten Planfeststellungen bzw. Plangenehmigungen nach Maßgabe der VwGO gerichtlich angreifen. Weitere Voraussetzungen zur Zulässigkeit einer Klage nach § 61 BNatSchG finden sich in den Absätzen 2-5; demgemäß ist für die Klagebefugnis eines Vereins insbesondere erforderlich, dass der angegriffene Rechtsakt den satzungsgemäßen Aufgabenbereich des insoweit gemäß §§ 59, 60 BNatSchG anerkannten Vereins berührt (vgl. § 61 Abs. 2 Nr. 2 BNatSchG) sowie dass dem klagenden Verein bezüglich des angegriffenen Rechtsakts bestimmte Beteiligungsrechte nach Maßgabe des § 61 Abs. 2 Nr. 3 BNatSchG zugestanden haben.

280 Neben der altruistischen Verbandsklage können Vereine aber auch jenseits der Voraussetzungen des § 61 BNatSchG eine Verbandsklage erheben, sofern sie nicht nur i.S. des § 61 Abs. 2 Nr. 3 BNatSchG am Verfahren beteiligt waren, sondern darüber hinaus gerade eine **Verletzung ihrer Beteiligungsrechte** und damit eine Betroffenheit in **eigenen Rechten** geltend machen können. Wird ein anerkannter Verband demnach unter Verletzung seines Mitwirkungsrechts an einem bestimmten Vorhaben nicht beteiligt, kann er sein Recht, sich zu diesem Vorhaben zu äußern sowie Einsicht nehmen zu dürfen, mittels einer Leistungsklage durchsetzen[380] oder auch eine unter Verletzung seiner Beteiligungsrechte ergangene Entscheidung mit der Anfechtungsklage angreifen[381].

281 Dies war im Hinblick auf § 29 BNatSchG a.F. auch schon unter der alten Rechtslage möglich, doch ist insoweit zu beachten, dass sich der Rechtsschutz der Verbände bei der eigennützigen Verbandsklage allein auf die **Rüge formellen Rechts** beschränkt. Diese kann nach der Rechtsprechung des Bundesverwaltungsgerichts allerdings durchaus die gerichtliche Aufhebung einer Entscheidung (z.B. eines Planfeststellungsbeschlusses) zur Folge haben[382]. Dagegen ist es den Verbänden im Rahmen der eigennützigen Verbandsklage im Gegensatz zu § 61 BNatSchG verwehrt, sich auf eine Verletzung materiellen Naturschutzrechts zu berufen, da es ihnen insoweit an der Klagebefugnis gemäß § 42 Abs. 2 VwGO fehlt.

---

379 Ein solches Verbandsklagerecht auf Landesebene besteht bereits in Berlin, Brandenburg, Bremen, Hamburg, Hessen, Niedersachsen, Rheinland-Pfalz, dem Saarland, Sachsen, Sachsen-Anhalt, Schleswig-Holstein und Thüringen.
380 Vgl. *Battis/Weber*, JuS 1992, 1012, 1015 f.
381 Vgl. BVerwG, NVwZ 1991, 161, 164.
382 BVerwG, NVwZ 1991, 161, 164; dazu *Battis/Weber*, JuS 1992, 1012, 1016 und *Schmidt*, NVwZ 1993, 539, 544 jeweils m.w.N.

Literatur

Apfelbacher/Adenauer/Iven, Das zweite Gesetz zur Änderung des BNatSchG, NuR 1999, 63 ff; *Fisahn*, Defizite bei der Umsetzung der FFH-RL durch das BNatSchG, ZUR 2001, 252 ff; *Fischer-Hüftle*, Zur Umsetzung der FFH-Richtlinie in das Bundes- und Landesnaturschutzrecht, ZUR 1999, 66 ff; *Franke*, Die naturschutzrechtliche Eingriffsregelung, DVP 2000, 95 ff; *Gellermann*, Das modernisierte Naturschutzrecht, NVwZ 2002, 1025 ff; *Heyen*, 40 Klausuren aus dem Verwaltungsrecht, 7. Auflage 2002, Fall 37; *Niederstadt*, Die Umsetzung der FFH-Richtlinie durch das Zweite Gesetz zur Änderung des BNatSchG, NuR 1998, 515 ff; *Stemmler*, Bau- und planungsrechtliche Aspekte der Umsetzung der Fauna-Flora-Habitat-Richtlinie durch das neue Bundesnaturschutzgesetz, BBauBl. 1998, 13 ff; *Stich*, Das neue Bundesnaturschutzgesetz, UPR 2002, 161 ff.

V. Wasserrecht

1. Rechtsquellen

Unter Wasserrecht versteht man die Gesamtheit der Rechtsnormen, die den Zustand der Gewässer und ihre Nutzung regeln. Dabei untergliedert man das Wasserrecht in das Gewässerschutzrecht und in das Wasserwegerecht. Die folgende Darstellung bezieht sich allein auf das umweltrechtlich bedeutsame Gewässerschutzrecht. **282**

Die wichtigste Rechtsquelle für das Gewässerschutzrecht stellt das **Wasserhaushaltsgesetz (WHG)** dar, das vom Bundesgesetzgeber als Rahmengesetz mit weitgehenden Vollregelungen auf Grund der Gesetzgebungskompetenz des Art. 75 Nr. 4 GG a.F. erlassen wurde[383]. Das WHG statuiert eine wasserrechtliche Benutzungsordnung, regelt die Abwasserbeseitigung und beinhaltet einige umweltrechtliche Instrumente der Planung[384]. Von den Landesgesetzgebern wurde dieses Rahmengesetz durch die **Landeswassergesetze (LWG)** ausgefüllt; zwar gingen die Länder anfangs – ähnlich dem Polizeirecht – von einem einheitlichen Musterentwurf aus, doch ist von dieser Einheitlichkeit wegen mannigfaltiger Umgestaltungen wenig übrig geblieben. **283**

Ferner sind wasserrechtlich das **Abwasserabgabengesetz (AbwAG)** und die **Landesabwasserabgabengesetze** von Bedeutung[385]. Hinzu kommen auf kommunaler Ebene **kommunale Satzungen** als Rechtsquellen, die hauptsächlich die Trinkwasserversorgung zum Gegenstand haben. Auf **EU-Ebene** treten zahlreiche Gewässer-Richtlinien hinzu, die u.a. an bestimmte Gewässernutzungen Qualitätsanforderungen stellen[386]. Durch die jüngst in Kraft getretene EU-Wasserrahmenrichtlinie soll sichergestellt werden, dass grenzüberschreitende Gewässer sowie deren Einzugsgebiete künftig von den Anrainerstaaten gemeinsam bewirtschaftet werden. Das Ziel der **284**

---

383 Eingehend zu den durch die Neuformulierung der Art. 72, 75 GG aufgeworfenen kompetenzrechtlichen Problemen bei der letzten Novellierung des WHG *Reichert*, NVwZ 1998, 17 ff.
384 Z.B. Aufstellung von wasserwirtschaftlichen Rahmen- und Bewirtschaftungsplänen: §§ 36, 36b WHG; Festsetzung von Wasserschutzgebieten: § 19 WHG.
385 Umfassend hierzu *Nisipeanu*, Abwasserabgabenrecht, 1997.
386 Z.B. Trinkwasser-Richtlinie 80/778/EWG vom 15.7.1980, ABl. Nr. L 229/11, geändert durch Richtlinie 91/692/EWG vom 23.12.1991, ABl. Nr. L 377/48; eingehend dazu *Breuer*, DVBl. 1997, 1211 ff.

VIII *Umweltrecht*

Richtlinie ist, bis 2015 in allen Gebieten der EU eine gute Qualität der Gewässer zu erziele. Dabei soll sich die Gewässerbewertung künftig nicht mehr wie bisher an der Schadstoffbelastung, sondern vielmehr an der Wasserökologie, also der in einem Gewässer vorkommenden Flora und Fauna orientieren[387].

285 Neben diesen europarechtlichen Regelungen gibt es auch auf **zwischenstaatlicher Ebene** Vereinbarungen, wie z.B. die Helsinki-Konvention zum Schutz der Ostsee von 1974, die am 9. April 1992 novelliert worden ist.

2. Ziele und Grundsätze des WHG

286 Gemäß dem in § 1a Abs. 1 WHG enthaltenen sog. **Bewirtschaftungsgebot** sind die Gewässer als Bestandteil des Naturhaushalts und als Lebensraum für Tiere und Pflanzen zu sichern; sie sind so zu bewirtschaften, dass
– sie dem Wohl der Allgemeinheit und im Einklang mit ihm auch dem Nutzen des Einzelnen dienen und
– vermeidbare Beeinträchtigungen ihrer ökologischen Funktionen unterbleiben (Ausdruck des Vorsorgeprinzips).

Dieses Gebot richtet sich an die **Behörden** und gibt diesen eine Ermessensrichtlinie. Konkrete Bewirtschaftungsziele finden sich in §§ 25a ff WHG (für oberirdische Gewässer) und in §§ 33a ff WHG (für das Grundwasser).

287 Nach § 1a Abs. 2 WHG ist jedermann verpflichtet, bei gewässerwirksamen Maßnahmen die nach den Umständen **erforderliche Sorgfalt** anzuwenden, um eine Verunreinigung des Wassers oder eine sonstige nachteilige Veränderung seiner Eigenschaften zu verhüten, um eine mit Rücksicht auf den Wasserhaushalt gebotene sparsame Verwendung des Wassers zu erzielen, um die Leistungsfähigkeit des Wasserhaushaltes zu erhalten und um eine Vergrößerung und Beschleunigung des Wasserabflusses zu vermeiden. Dieses sich an **jedermann** richtende Sorgfaltsgebot kann mit ordnungsrechtlichen Mitteln durchgesetzt werden.

288 Abs. 1 und Abs. 2 des § 1a WHG ist gemeinsam, dass sie Programmcharakter haben und so **nicht unmittelbar drittschützend** sind[388]. Allerdings soll sich nach der Rechtsprechung des Bundesverwaltungsgerichts ein Drittschutz ausnahmsweise aus dem Gebot der Rücksichtnahme ergeben[389].

3. Wasserwirtschaftliche Benutzungsordnung

289 Gemäß dem durch das 7. Änderungsgesetz zum WHG im Juni 2002 neu eingefügten § 1a Abs. 3 WHG sind die Landesgesetzgeber dazu verpflichtet, dafür zu sorgen, dass sich die öffentliche Wasserversorgung an dem Grundsatz der Ortsnähe orien-

---
387 Ausführlich zur neuen Wasserrahmenrichtlinie *Caspar*, DÖV 2001, 529 ff.
388 Für alle: *Sparwasser/Engel/Voßkuhle*, Umweltrecht, 5. Auflage 2003, 8/147 f.
389 Vgl. BVerwGE 78, 40.

tiert. Gemäß § 42 Abs. 1 WHG sind demnach bis zum 31.12.2003 Bestimmungen in das jeweilige Landesrecht aufzunehmen, denen zufolge eine Wasserversorgung aus entfernteren Ressourcen immer dann vermieden wird, wenn ein Rückgriff auf eine ortsnahe Versorgung möglich ist und nicht gewichtigen Gemeinwohlbelangen zuwiderläuft[390].

Gemäß § 1a Abs. 4 WHG berechtigt das Grundeigentum weder zu einer Gewässerbenutzung, die nach dem WHG oder den Landeswassergesetzen einer Erlaubnis oder einer Bewilligung bedarf, noch zum Ausbau eines oberirdischen Gewässers. Damit statuiert das WHG eine vom Grundeigentum losgelöste Benutzungsordnung. Das Bundesverfassungsgericht bestätigte diese Konzeption in seinem Nassauskiesungs-Beschluss, in dem es am Beispiel des Grundwassers darlegte, dass § 1a Abs. 4 WHG (ehemals § 1a Abs. 3 WHG) wegen der lebenswichtigen Bedeutung des Grundwassers eine Inhaltsbestimmung des Eigentums i.S.d. Art. 14 Abs. 2 S. 2 GG darstellt[391]. Folglich hat die Möglichkeit zur Benutzung eines Gewässers ihren Grund nicht in privaten Rechten, wie z.B. dem Eigentum, sondern in der Zuteilung öffentlich-rechtlicher Befugnisse gemäß §§ 2 Abs. 1, 6 Abs. 1 WHG. Die §§ 2 Abs. 1, 6 Abs. 1 WHG statuieren für die Gewässerbenutzung ein **repressives Verbot mit Befreiungsvorbehalt**. 290

Bei der rechtlichen Überprüfung einer Maßnahme mit Gewässerbezug stellt sich zunächst die Frage, ob die betreffende Maßnahme überhaupt dem repressiven Verbot mit Befreiungsvorbehalt unterliegt, d.h. ob sie überhaupt genehmigungsbedürftig i.S.d. § 2 Abs. 1 WHG ist. Dann erst stellt sich die Frage nach der Genehmigungsfähigkeit. 291

Genehmigungsbedürftig i.S.d. § 2 Abs. 1 WHG ist die Benutzung eines Gewässers, soweit sich aus dem WHG oder den Landeswassergesetzen nichts anderes ergibt. 292

Was ein **Gewässer** i.S.d. WHG ist, ergibt sich aus § 1 Abs. 1 WHG, welcher zwischen drei Gewässerarten unterscheidet: 293
– Nach der Legaldefinition des § 1 Abs. 1 Nr. 1 WHG sind **oberirdische Gewässer** das ständig oder zeitweilig in Betten fließende oder stehende oder aus Quellen wild abfließende Wasser. Nicht hierzu zählen Gewässer von wasserwirtschaftlich untergeordneter Bedeutung, die die Länder durch die Landeswassergesetze gemäß § 1 Abs. 2 S. 1 WHG von den Bestimmungen des WHG ausgenommen haben[392].
– Gemäß § 1 Abs. 1 Nr. 1a WHG besteht das **Küstengewässer** aus dem Meer zwischen der Küstenlinie bei mittlerem Hochwasser oder der seewärtigen Begrenzung der oberirdischen Gewässer und der seewärtigen Begrenzung des Küstenmeeres.
– Als dritte Gewässerart nennt § 1 Abs. 1 Nr. 2 WHG das **Grundwasser**. Hierunter versteht man das gesamte unterirdische Wasser. Ein weitergehendes Zutagetreten des Wassers ohne Verlust des natürlichen Zusammenhangs (wie z.B. Druckwasser

---

390 Näher dazu *Kotulla*, NVwZ 2002, 1410 f.
391 BVerfGE 58, 300.
392 In Baden-Württemberg: § 1 Abs. 2 bwWG: kleine Fischteiche, Feuerlöschteiche.

VIII *Umweltrecht*

auf Wiesen) mit dem unterirdischen Wasser hebt die Gewässereigenschaft als Grundwasser nicht auf.

294 Die Benutzungstatbestände[393] sind in § 3 WHG legaldefiniert. Dabei ist zwischen **echter** und **unechter Benutzung** eines Gewässers zu unterscheiden. Eine **echte Benutzung** liegt vor, wenn eine der in § 3 Abs. 1 WHG aufgezählten Handlungsalternativen gegeben ist. Diesen Handlungsalternativen ist gemeinsam, dass sie auf eine unmittelbare, finale Inanspruchnahme eines Gewässers gerichtet sind. Als **unechte Benutzung** werden bezeichnet das Aufstauen, Absenken oder Umleiten von Grundwasser durch Anlagen, die hierzu bestimmt und geeignet sind (§ 3 Abs. 2 Nr. 1 WHG) und solche Maßnahmen, die geeignet sind, dauernd oder in einem nicht nur unerheblichen Ausmaß schädliche Veränderungen der physikalischen, chemischen oder biologischen Beschaffenheit des Wassers herbeizuführen (§ 3 Abs. 2 Nr. 2 WHG). Beide Alternativen des § 3 Abs. 2 WHG wirken sich im Gegensatz zu § 3 Abs. 1 WHG lediglich mittelbar auf das Gewässer aus. § 3 Abs. 2 Nr. 2 WHG hat die Funktion eines Auffangtatbestandes.

295 Keine Benutzung eines Gewässers stellen gemäß § 3 Abs. 3 WHG Ausbau- bzw. Unterhaltungsmaßnahmen ohne Einsatz chemischer Mittel dar. Folglich bedarf es für diese keiner Genehmigung i.S.d. §§ 2 Abs. 1, 6 Abs. 1 WHG, wohl aber für den Ausbau eines Planfeststellungsverfahrens i.S.d. § 31 WHG. Landesrechtlich wurden weitere Benutzungstatbestände eingeführt[394].

296 Gemäß § 2 Abs. 1 WHG ist die Benutzung eines Gewässers nur genehmigungsbedürftig, **soweit sich aus dem WHG und den Landeswassergesetzen nichts anderes ergibt**. Im WHG sind im Wesentlichen folgende gestattungsfreie Gewässernutzungen vorgesehen:
– Gewässernutzungen auf Grund alter Rechte und Befugnisse (§§ 15-17 WHG),
– Gemeingebrauch (§ 23 WHG), wie z.B. Baden, Viehtränken,
– (ein nur unter bestimmten Voraussetzungen geltender) Eigentümer- und Anliegergebrauch (§ 24 WHG),
– Benutzung zu Fischereizwecken (§ 25 WHG),
– bestimmte Benutzungen des Grund- und Küstengewässers (§§ 32a, 33 WHG).

297 Handelt es sich bei einer Maßnahme um die Benutzung eines Gewässers, die nicht gestattungsfrei ist, so bedarf diese gemäß § 2 Abs. 1 WHG der **Erlaubnis (§ 7 WHG)** oder der **Bewilligung (§ 8 WHG)**. Das WHG unterscheidet somit zwischen zwei Gestattungstypen. Beiden gemeinsam ist der Charakter eines begünstigenden Verwaltungsaktes als auch ihre dingliche Wirkung (§§ 7 Abs. 2, 8 Abs. 6 WHG). Grundsätzlich unterscheiden sie sich auch nicht in Art und Umfang der genehmigten Gewässerbenutzung. Eine Ausnahme hierzu bildet § 8 Abs. 2 S. 2 WHG, wonach für bestimmte besonders risikoreiche Benutzungen die Erteilung einer Bewilligung ausgeschlossen ist.

---

393 Ausführlich: *Decker*, JA 1996, 797 ff.
394 Z.B. § 13 bwWG.

Die Erlaubnis nach § 7 WHG stellt den **Regelfall** einer wasserrechtlichen Genehmigung dar[395] und gewährt die widerrufliche Befugnis, ein Gewässer zu einem bestimmten Zweck in einer nach Art und Maß bestimmten Weise zu benutzen. Die Erlaubnis kann befristet werden. 298

Die Bewilligung (§ 8 WHG) als **Ausnahmefall** einer wasserrechtlichen Genehmigung gewährt das Recht, ein Gewässer in einer nach Art und Maß bestimmten Weise zwingend befristet zu benutzen. Im Gegensatz zur Erlaubnis gibt die Bewilligung ein grundsätzlich unwiderrufliches subjektiv-öffentliches Recht auf eine Gewässernutzung, also eine weitaus stärkere Rechtsposition (§§ 5, 12 WHG). Gegenüber privaten Dritten folgt ein erhöhter Schutz durch den Ausschluss gesetzlicher Ansprüche auf Beseitigung einer Störung, Unterlassung der Benutzung, Herstellung von Schutzeinrichtungen oder Schadensersatz (§ 11 Abs. 1 S. 1 WHG). Dieser gestärkten Rechtsposition entspricht ein formalisiertes Genehmigungsverfahren nach § 9 WHG. 299

Landesrechtlich existiert zumeist neben Erlaubnis und Bewilligung eine „Mischform": die **gehobene Erlaubnis**, die sachlich eine Erlaubnis i.S.d. § 7 WHG darstellt, aber im Verhältnis zu Dritten einen stärkeren Schutz als die Erlaubnis gewährt[396]. 300

Ob die Benutzung eines Gewässers **genehmigungsfähig** ist, richtet sich sowohl für die Erlaubnis als auch für die Bewilligung zunächst nach **§ 6 WHG**: Danach ist die Erlaubnis und die Bewilligung zu versagen, soweit von der beabsichtigten Benutzung eine Beeinträchtigung des Wohls der Allgemeinheit, insbesondere eine Gefährdung der öffentlichen Wasserversorgung, zu erwarten ist, die nicht durch Auflagen oder durch Maßnahmen einer Körperschaft des öffentlichen Rechts verhindert oder ausgeglichen werden kann. Dabei ist der Begriff „Wohl der Allgemeinheit" nicht nur wasserbezogen zu verstehen, seine Grenze findet der unbestimmte Rechtsbegriff dort, wo eine besondere behördliche Zuständigkeit und ein besonderes Verfahren vorgesehen sind[397]. Weitere Versagungsgründe folgen u.a. aus § 7a Abs. 1, § 18a Abs. 1, § 26, § 34 WHG. 301

Eine Bewilligung darf nach § 8 Abs. 2 S. 1 WHG nur erteilt werden, wenn: 302
– dem Unternehmer die Durchführung seines Vorhabens ohne eine gesicherte Rechtsstellung nicht zugemutet werden kann und
– die Benutzung einem bestimmten Zweck dient, der nach einem bestimmten Plan verfolgt wird.

Insbesondere in der ersten Voraussetzung schlägt sich der Zweck der Bewilligung, Investitionsschutz zu bieten, nieder. Ferner sind bei der Bewilligung §§ 8 Abs. 3 und 4 WHG zu berücksichtigen. Liegen keine Versagungsgründe für eine Erlaubnis bzw. Bewilligung vor, dann eröffnet sich für die Behörden als Rechtsfolge das sog. **Be-** 303

---

395 arg. e § 8 Abs. 2 WHG: „... nur ..."
396 *Knopp*, in: *Sieder/Zeitler/Dahme*, WHG, § 7 Rdnr. 7.
397 Vgl. *Gieseke/Wiedemann/Czychowski*, WHG, 6. Auflage 1992, § 6 Rdnr. 21; BVerwGE 81, 347; VGH BW, NuR 1994, 139; a.A. hingegen: *Schmidt/Müller*, JuS 1986; 210 ff; *Keppeler*, NVwZ 1992, 137 ff.

wirtschaftungsermessen: Die Erteilung einer Genehmigung steht im Ermessen der Behörde. Gemäß § 37 Abs. 2 Nr. 1 WHG sind Erlaubnisse und Bewilligungen in das **Wasserbuch** einzutragen.

4. Schutz der Gewässer

304 Zum Schutz der Gewässer stellt das WHG eine Reihe von Instrumenten zur Verfügung. Hervorzuheben ist dabei insbesondere die Ausweisung von **Wasserschutzgebieten** nach § 19 WHG, was regelmäßig durch den Erlass von Rechtsverordnungen erfolgt[398]; weitere Instrumente sind die wasserwirtschaftlichen Maßnahmeprogramme nach § 36 WHG, welche mit dem 7. Änderungsgesetz zum WHG an die Stelle des bisherigen Planungsinstrumentariums getreten sind. Streitig ist, ob diese Maßnahmeprogramme lediglich Verwaltungsinterna darstellen oder aber als Rechtssätze mit Außenwirkungen zu ergehen haben: Im Hinblick auf eine möglichst effektive Zweckerreichung dürfte hier eher der letztgenannten Auffassung zu folgen sein[399]. Ferner dienen Entledigungsverbote (§§ 26 Abs. 1, 34 Abs. 1 WHG) und Regelungen bezüglich der (Ab)Lagerung von Stoffen (§§ 26 Abs. 2, 34 Abs. 2 WHG) der Reinhaltung der Gewässer.

5. Gewässerausbau und -unterhaltung

305 Der **Gewässerausbau** ist nach § 31 Abs. 2 WHG die Herstellung, Beseitigung oder wesentliche Umgestaltung eines Gewässers oder seiner Ufer. Für die Abgrenzung von Ausbau und Benutzung ist maßgebend, ob die dauerhafte Schaffung eines neuen Zustandes (Ausbau) oder ein vorübergehender Eingriff (Benutzung) in das Gewässer das Ziel ist. Für den Gewässerausbau bedarf es der vorherigen Durchführung eines Planfeststellungsverfahrens (§ 31 Abs. 2 WHG).

306 Die **Gewässerunterhaltung** umfasst nach § 28 Abs. 1 S. 1 WHG die Erhaltung eines ordungsgemäßen Zustandes für den Wasserabfluss und an schiffbaren Gewässern auch die Erhaltung der Schiffbarkeit. Die Unterhaltsverpflichtung ergibt sich aus § 29 WHG.

6. Abwasserbeseitigung

307 Unter Abwasser versteht man – ausgehend von § 2 Abs. 1 AbwAG – das durch häuslichen, gewerblichen, landwirtschaftlichen oder sonstigen Gebrauch in seinen Eigenschaften veränderte und das bei Trockenwetter damit zusammen abfließende Wasser (Schmutzwasser) sowie das von Niederschlägen aus dem Bereich von bebauten oder befestigten Flächen abfließende und gesammelte Wasser (Niederschlagswasser). Dabei zählen aus Anlagen zum Behandeln, Lagern und Ablagern von Abfällen austre-

---
398 Vgl. § 110 bwWG.
399 In diesem Sinne *Kotulla*, NVwZ 2002, 1415 ff m.w.N. zum Meinungsstand.

tende und gesammelte Flüssigkeiten zum Schmutzwasser. Nach § 18a Abs. 1 S. 3 WHG ist die Abwasserbeseitigung das Sammeln, Fortleiten, Behandeln, Einleiten, Versickern, Verregnen und Verrieseln von Abwasser sowie das Entwässern von Klärschlamm in Zusammenhang mit der Abwasserbeseitigung.

Die Abwasserbeseitigung ist nach § 18a Abs. 1 WHG so zu organisieren, dass sie das Wohl der Allgemeinheit nicht beeinträchtigt. Nach § 18a Abs. 2 WHG trifft die Abwasserbeseitigungspflicht grundsätzlich öffentlich-rechtliche Körperschaften. Die LWG haben zumeist die Gemeinden hierzu verpflichtet. Allerdings können sich die zur Abwasserbeseitigung Verpflichteten gemäß § 18a Abs. 2 S. 3 WHG zur Erfüllung ihrer Pflichten Dritter bedienen. Dabei ist die Rechtsqualität des Übertragungsakts umstritten: Die Auffassung eines Teils der Literatur, welche insoweit von einer Beleihung ausgeht[400], wird mit guten Gründen abgelehnt, da eine Beleihung die Schaffung eines neuen Hoheitsträgers bedeuten und damit der von § 18a WHG angestrebten Marktöffnung widersprechen würde[401]. **308**

Gemäß § 18a Abs. 3 WHG sind von den Ländern Abwasserbeseitigungspläne zu erstellen. Für das Einleiten von Abwasser sind schließlich die Anforderungen des § 7a WHG zu beachten. **309**

Literatur

Caspar, Die EU-Wasserrahmenrichtlinie: Neue Herausforderungen an einen europäischen Gewässerschutz, DÖV 2001, 529 ff; *Karstens*, Die Rechtsprechung zum Wasserrecht, ZUR 2000, 226 ff; *Kotulla*, Das Wasserhaushaltsgesetz und dessen 7. Änderungsgesetz, NVwZ 2003, 1409 ff; *Peters*, Wasserwirtschaftliches Planungsrecht, VR 2000, 152 ff; *Ruchay*, Die Wasserrahmenrichtlinie der EG und ihre Konsequenzen für das deutsche Wasserrecht, ZUR 2001, 115 ff; *Queitsch*, Organisationsformen der kommunalen Abwasserbeseitigung, UPR 2000, 247 ff.

VI. Bodenschutz- und Altlastenrecht

1. Das Problem

Das Bodenschutzrecht beschäftigt sich zunächst mit der wichtigen umweltpolitischen Aufgabe der **Altlastensanierung**[402]. Unter Altlasten versteht man „Schadstoffanreicherungen in **Boden** und **Grundwasser**, die auf umweltgefährdende Nachwirkungen der industriellen Produktion und Nachwirkungen aus den beiden Weltkriegen zurückgehen"[403] und von Schadstoffablagerungen in den der Ernährungskette dienenden Pflanzen bis hin zur Grundwasservergiftung reichen. Bei der Beseitigung dieser Bodenbelastungen geht es mithin um **Vergangenheitsbewältigung**. **310**

---

400 Vgl. etwa *Küffner*, DB 1999, 406 ff; *Wien*, DStZ 1999, 640 ff.
401 So etwa *Wellmann*, UTA 1998, 242 ff; *Schulz*, ZfW 1998, 277 ff.
402 Vgl. dazu *Schmidt/Müller*, JuS 1986, 284 ff; *Breuer*, JuS 1986, 359 ff; *ders.*, NVwZ 1987, 751 ff; *Staupl*, DVBl. 1988, 606 ff; *Pape*, NJW 1994, 409 ff.
403 Eine gesetzliche Fixierung dieses Begriffes gibt es nicht. Die obige Definition stammt aus einem Runderlass des Ministers für Ernährung, Landwirtschaft und Forsten des Landes Nordrhein-Westfalen vom 26.3.1980, nwMinBl. 1980, 769; vgl. aber auch die Legaldefinition in § 22 bwAbfG und § 2 BodSchG.

VIII *Umweltrecht*

311 Bei der **juristischen** Bewältigung dieses – ganz überwiegend durch **gewerbliche** Anlagen geschaffenen – Problems ist für das alte Bundesgebiet ein **zeitlicher Einschnitt** zu berücksichtigen; zugleich sind **politische** und **normative** Erwägungen streng auseinanderzuhalten. **Zeitlich** ist das In-Kraft-Treten der alten Fassung des Abfallgesetzes vom 11.6.1972 zu beachten; danach galt das AbfG in der Fassung vom 27.8.1986. Seit dem 6.10.1996 gilt das KrW-/AbfG in der Fassung vom 27.9.1994. Dieses Gesetz enthält ein durchaus taugliches Instrumentarium, **künftige** Altlasten zu verhindern und solche, die seit 1972 entstanden sind, zu beseitigen. Fraglich ist nur – und dies steht im Mittelpunkt der Altlastenproblematik –, ob dieses Gesetz oder die Vorschriften des allgemeinen Polizei- und Ordnungsrechts der zuständigen Behörde auch die Anordnungsbefugnis geben, Altlasten zu beseitigen, die **vor** 1972 entstanden sind.

312 Diese Fragestellung leitet über in seit Jahren heftig diskutierte politische Erwägungen. Die in der politischen Diskussion vielfältig ge- und mißbrauchten Schlagworte vom „Verursacher"- bzw. „Gemeinlastprinzip" beim Umweltschutz sind **juristisch** nur **beschränkt** aussagekräftig. Das Polizei- und Ordnungsrecht nimmt – ebenso wie das KrW-/AbfG – den **Verursacher** der Schäden in die Pflicht. Bei Schadstoffen indes, die, einer Zeitbombe gleich, vor Jahrzehnten abgelagert wurden, greift das **Verursacherprinzip** nur bedingt: Die Verursacher sind nach so langer Zeit nicht bekannt, können nicht namhaft gemacht werden, sind inzwischen in Konkurs gegangen oder müssten Konkurs anmelden, würden sie voll in die Pflicht genommen. Neben das Verursacherprinzip tritt deshalb das **Gemeinlastprinzip**, das davon ausgeht, dass die vordringliche Aufgabe der Altlastensanierung als allgemeine Staatsaufgabe über **Gemeinlasten**, d.h. vor allem über **Steuern** und andere Abgaben zu finanzieren ist. Wann der Verursacher und wann die Allgemeinheit für die Schadensbeseitigung aufzukommen hat, ist indes – anders als es in der öffentlichen Diskussion oftmals den Anschein hat – weniger eine politische als eine **juristische**, de lege lata zu entscheidende Frage. So besteht Einigkeit darüber, dass eine Finanzierung der Altlastensanierung beim Verursacherprinzip anzusetzen hat, das Gemeinlastprinzip mithin **subsidiär** ist[404]. Wegen dieser Subsidiarität ist vor einer Belastung der Allgemeinheit zunächst stets die Möglichkeit eines Einschreitens der zuständigen Behörden auf Grund abfall-, wasser- oder ordnungsrechtlicher Bestimmungen gegen den Verursacher in Betracht zu ziehen.

2. Das ordnungsrechtliche Instrumentarium zur Sanierung von Altlasten

313 Während sich das ordnungsrechtliche Instrumentarium zur Sanierung von Altlasten in früheren Jahren fast ausschließlich auf das Polizei- und Ordnungsrecht beschränkte, wird dieses heute in vielen Fällen durch das speziellere Bundes-Bodenschutzgesetz (BBodSchG) verdrängt. Dieses wiederum findet gemäß § 3 Abs. 1 BBodSchG immer dann keine Anwendung, wenn bestimmte – abschließend aufge-

---

404 Vgl. etwa *Sparwasser/Engel/Voßkuhle*, Umweltrecht, 5. Auflage 2003, 2/37.

führte – andere Gesetze wie insbesondere das KrW-/AbfG sowie das WHG spezielle Regelungen zum Bodenschutz enthalten.

Da die Anforderungen des WHG bzw. der landesgesetzlichen Wassergesetze[405] für Gewässer tangierende Ablagerungen (§ 26 Abs. 2, § 34 Abs. 2 WHG) in ihrer Zielrichtung und Struktur den entsprechenden Normen des KrW-/AbfG ähneln, kann das Wasserrecht in den folgenden Ausführungen außer Betracht bleiben. Diese beschränken sich damit auf das **KrW-/AbfG (a)** sowie das **Bundes-Bodenschutzgesetz (b)**.   **314**

a) Altlasten und Abfallrecht

Dem **Abfallrecht** kommt in Bezug auf Altlasten deshalb Bedeutung zu, weil es sich bei der weitaus überwiegenden Anzahl der Altlasten um alte Abfallablagerungen, um stillgelegte Deponien oder um solche handelt, die noch betrieben werden, den Anforderungen an eine umweltgerechte Abfallentsorgung jedoch nicht genügen. Insoweit ist die Subsidiaritätsklausel des § 3 Abs. 1 BBodSchG zu beachten, welche den Anwendungsbereich des KrW-/AbfG eröffnet.   **315**

Abfälle, die nicht verwertet werden, sind nach § 10 Abs. 1 KrW-/AbfG dauerhaft von der Kreislaufwirtschaft auszuschließen und zur Wahrung des Wohls der Allgemeinheit zu beseitigen. Nach § 10 Abs. 4 KrW-/AbfG sind sie so zu beseitigen, dass das Wohl der Allgemeinheit nicht beeinträchtigt wird, insbesondere die in § 10 Abs. 4 Nrn. 1-6 KrW-/AbfG näher bezeichneten Schutzgüter nicht gefährdet werden. Der **sachliche Anwendungsbereich** erstreckt sich mithin nur auf **Abfälle**. Abfälle sind gemäß § 3 Abs. 1 S. 1 KrW-/AbfG „bewegliche Sachen, die unter die in Anhang I aufgeführten Gruppen fallen und deren sich ihr Besitzer entledigt, entledigen will oder entledigen muss". Problematisch bei dieser Definition ist vor allem das Merkmal der „beweglichen Sache". Abfallstoffe, die mit dem Boden fest verbunden sind, sind gemäß § 94 BGB als wesentliche Bestandteile eines Grundstücks **unbewegliche Sachen**. Schadstoffe beispielsweise, die sich mit dem Boden verbunden haben, fallen damit ebenso aus dem Anwendungsbereich des KrW-/AbfG heraus wie solche, die mit weiteren Erdschichten bedeckt und bewachsen sind. Dioxin-verseuchtes Erdreich wird zu Abfall i.S.d. KrW-/AbfG erst dann, wenn der kontaminierte Boden abgetragen und sicher verpackt ist. Für die Altlastenproblematik bedeutet dieser Befund, dass ein nicht unbeträchtlicher Teil aller Altlasten – seien sie nun vor oder nach 1972 angefallen – dem **Anwendungsbereich** des KrW-/AbfG **nicht unterfällt**.   **316**

Nach § 27 Abs. 1 KrW-/AbfG dürfen Abfälle nur in zugelassenen **Abfallbeseitigungsanlagen** abgelagert werden. Bei Verstößen gegen diese Norm können die nach Landesrecht zuständigen Stellen von dem **Verursacher** eine **Entfernung der Abfälle** und eine Beseitigung in einer dafür zugelassenen Anlage verlangen[406]. Fraglich ist, ob auf der Grundlage des § 27 Abs. 1 KrW-/AbfG in Verbindung mit dem jewei-   **317**

---

405 Zum Wassergesetz von Baden-Württemberg vgl. *Kohl*, JuS 1992, 864 ff.
406 Zum entsprechenden § 4 Abs. 1 AbfG: BVerwGE 66, 298 ff, als Ermächtigungsgrundlage für die Entfernungs- und Beseitigungspflicht kommt entweder die polizeiliche Generalklausel oder eine Spezialbestimmung eines LAbfG (z.B. § 20 Abs. 1, 2 bwLAbfG) in Betracht.

ligen Landesrecht von dem Verursacher auch die Beseitigung solcher Ablagerungen verlangt werden kann, die bei In-Kraft-Treten der alten Fassung des AbfG von 1972 bereits bestanden. Das ist nur dann der Fall, wenn es sich um Ablagerungen handelt, die auch vor In-Kraft-Treten der alten Fassung des AbfG von 1972 **illegal** waren. In diesem Fall wird die bereits früher nach allgemeinem Ordnungsrecht oder WHG bestehende Verpflichtung zur Beseitigung durch § 27 Abs. 1 KrW-/AbfG auf eine andere rechtliche Grundlage gestellt[407]. Nach über 30 Jahren Zeitablauf dürfte es allerdings oftmals aussichtslos sein, den Verursacher noch zu ermitteln. Wenn die Ablagerung hingegen nach früherem Recht legal war, greift § 27 Abs. 1 KrW-/AbfG **nicht**. Wer von seinen legalen Befugnissen Gebrauch machte oder sogar eine gewerbepolizeiliche Genehmigung eingeholt hatte, kann polizeilich höchstens als Nichtstörer in die Pflicht genommen werden, wenn sich im Nachhinein die Umweltschädlichkeit seiner Handlung herausstellt[408]. Eine Verhaltensverantwortlichkeit dürfte insbesondere dann zweifelhaft sein, wenn die Gefährlichkeit der Anlage nach dem wissenschaftlich-technischen Kenntnisstand der Fünfziger- und Sechzigerjahre nicht erkennbar war. Wenn das Verhalten die damalige Gefahrengrenze nicht überschritten hat, ist es nicht unbedenklich, viele Jahre später dem Verursacher dieses als Gefahrverursachung anzurechnen[409]. Demnach ist als **Handlungsstörer** nur derjenige verantwortlich, der die Gefahr unmittelbar verursacht hat. Auch die unmittelbare Verursachung des **Abfallerzeugers** scheidet dann aus, wenn er einem Deponieinhaber die Abfälle zur ordnungsgemäßen Beseitigung übergeben hat.

318 Aussichtsreicher ist ein Vorgehen gegen ältere Abfallentsorgungsanlagen, die modernen Anforderungen nicht mehr genügen, wenn die Maßnahmen auf § 35 Abs. 1 KrW-/AbfG gestützt werden. Nach dieser Vorschrift können für solche **Altanlagen** nachträgliche **Auflagen**, Bedingungen und Befristungen angeordnet werden. Falls dennoch erhebliche Beeinträchtigungen des Wohls der Allgemeinheit nicht verhindert werden können, kann der weitere Betrieb solcher Anlagen auch gemäß § 35 Abs. 1 S. 2 KrW-/AbfG **untersagt** werden.

319 Der **speziellen Altlastenproblematik**, d.h. solche Altlasten, die bereits **vor** 1972 (oder dem 1.7.1990 in den neuen Bundesländern) entstanden sind, wird indes auch § 35 KrW-/AbfG **nicht gerecht**, da diese Vorschrift nur solche Anlagen betrifft, die bei In-Kraft-Treten der jeweiligen Fassung des AbfG bzw. KrW-/AbfG legal betrieben wurden. Ebensowenig ist § 36 Abs. 2 KrW-/AbfG in der Lage, in solchen Fällen Abhilfe zu leisten. Zwar kann nach dieser Vorschrift der Inhaber einer Abfallbeseitigungsanlage verpflichtet werden, auf seine Kosten das Gelände, das für die Abfallbeseitigung verwandt worden ist, zu rekultivieren. Sinn und Zweck dieser **Rekultivierungspflicht** ist eine umfassende Gesamtsanierung. § 36 Abs. 2 KrW-/AbfG trifft in-

---

407 So bereits zu § 4 Abs. 1 AbfG i.d.F. vom 27.8.1986; zutr. *Schink*, DVBl. 1985, 1149 ff.
408 Im Grundsatz unstreitig, statt aller *Schink*, DVBl. 1985, 1149 ff; *Papier*, DVBl. 1985, 873 ff, nach dem nur der Umfang der Legalisierungswirkung gewerberechtlicher Genehmigungen fraglich ist.
409 Ob man auf diese Fallsituation wirklich die Rechtsprechung des Bundesverfassungsgerichts zur „echten Rückwirkung" übertragen kann – so *Papier*, DVBl. 1985, 873, 877 Fn. 27 –, scheint fraglich; mit dem Gegenargument, neuere wissenschaftliche Erkenntnisse über die Gefährlichkeit fallen in die **Risikosphäre des Verursachers**, beschäftigt er sich nicht.

des nur auf solche Anlagen zu, deren Stilllegung „beabsichtigt" (§ 36 Abs. 1 KrW-/ AbfG) ist. Nach allgemeiner Auffassung ist er deshalb nur anzuwenden bei **nach** In-Kraft-Treten der alten Fassung des AbfG von 1972 stillgelegten Anlagen.

Dieser kurze Überblick hat gezeigt, dass das KrW-/AbfG der Altlastenproblematik nur zum Teil gerecht wird. Vor allem wegen seines beschränkten zeitlichen Geltungsrahmens und der Nichtanwendbarkeit auf mit gefährlichen Stoffen unlösbar verbundene Erdreiche können erforderliche Sanierungsmaßnahmen **nur bedingt auf abfallrechtliche Normen gestützt** werden. 320

b) Altlasten im Bundes-Bodenschutzgesetz

Die zentralen Regelungen zur Bekämpfung von Altlasten, aber auch darüber hinausgehende Regeln zur präventiven Vermeidung künftiger Bodenbelastungen finden sich in den Bodenschutzgesetzen der Länder, sowie im Bundes-Bodenschutzgesetz (BBodSchG), welches am 1.3.1999 in Kraft getreten ist[410]. 321

aa) Überblick

Während der erste Teil des BBodSchG (§§ 1-3) – wie in modernen Umweltschutzgesetzen üblich – Zweck und Grundsätze des Gesetzes, Begriffsbestimmungen und den Anwendungsbereich regelt, enthält der zweite Teil (§§ 4-10) die zur Boden- und **Altlastensanierung** sowie zur Vorsorge vor weiteren Beeinträchtigungen zu erfüllenden Anforderungen. Hier finden sich auch die Regelungen zur Ermittlung und Bewertung von Gefahren als auch zu den wesentlichen Pflichten (z.B. § 4) und ihrer Durchsetzung (§§ 9, 10). Der dritte Teil des Gesetzes enthält die den zweiten Teil ergänzenden Vorschriften für **Altlasten**[411]. Im vierten Teil ist die landwirtschaftliche Bodennutzung geregelt (§ 17). Im fünften Teil finden sich schließlich Schlussvorschriften. 322

bb) Begriffsbestimmungen und Anwendungsbereich des Gesetzes

Unter dem Boden wird allgemein die oberste, als Lebensgrundlage für Menschen, Pflanzen und Tiere dienende Schicht der Erdoberfläche verstanden, deren Beschaffenheit eine entscheidende Rolle für das Klima, den Wasserhaushalt, und die Artenvielfalt zukommt[412]. Für den Menschen stellt der Boden darüber hinaus die Grundlage für Siedlung und Erholung, für Landwirtschaft und Rohstoffgewinnung dar (vgl. zu den einzelnen Bodenfunktionen § 2 Abs. 2 BBodSchG. Mit dem Begriff der schädlichen Bodenveränderungen erfasst § 2 Abs. 3 BBodSchG Beeinträchtigungen der Bodenfunktionen, die geeignet sind, Gefahren, erhebliche Nachteile oder erhebliche Belästigungen für den Einzelnen oder die Allgemeinheit herbeizuführen. Hierbei kann zwischen stofflichen und nichtstofflichen Bodenveränderungen einerseits, 323

---

410 Zur – nicht unstreitigen – Frage der Gesetzgebungskompetenz für ein solches Gesetz s. nur *Brand*, DÖV 1996, 675 ff und *v. Buch*, NVwZ 1998, 822 f.
411 Vgl. hierzu *Kobes*, NVwZ 2000, 261 ff.
412 Vgl. *Sparwasser/Engel/Voßkuhle*, Umweltrecht, 5. Auflage 2003, 9/1.

sowie innerhalb der letztgenannten zwischen Flächenverbrauch, Erosion und Verdichtung unterschieden werden[413].

324 Gemäß § 3 BBodSchG ist das BBodSchG im Fall des Vorliegens schädlicher Bodenveränderungen und Altlasten immer dann anwendbar, wenn die enumerativ aufgeführten Gesetzeswerke wie insbesondere das KrW-/AbfG sowie das BImSchG diesbezüglich keine Spezialregelungen enthalten. § 3 Abs. 2 BBodSchG enthält schließlich einen sachlichen Anwendungsausschluss für Anlagen, Tätigkeiten, Geräte oder Vorrichtungen, Kernbrennstoffe und sonstige radioaktive Stoffe, soweit Rechtsvorschriften den Schutz vor den Gefahren der Kernenergie und der Wirkung ionisierender Strahlung regeln. Ausgeschlossen ist gemäß § 3 Abs. 2 S. 2 BBodSchG ferner das Aufspüren und Beseitigen von Kampfmitteln.

cc) Die Pflicht zur Vermeidung bzw. Sanierung von Altlasten

325 Zentrales Anliegen des BBodSchG ist die Sanierung bestehender sowie die Vermeidung künftiger Altlasten. Unter Altlasten sind nach der Legaldefinition des § 2 Abs. 5 BBodSchG Altablagerungen sowie Altstandorte zu verstehen. Altlastenverdächtige Flächen sind zunächst durch die zuständigen Landesbehörden zu erfassen, zu untersuchen und zu bewerten (§§ 9, 11). Neben Überwachungspflichten der Behörden bestehen nach § 15 BBodSchG aber auch Eigenkontrollpflichten der Verantwortlichen. Darüber hinaus besteht gemäß § 7 BBodSchG eine **Vorsorgepflicht** der dort bezeichneten Personen, welche qualitativ weit über die allgemeine polizeirechtliche Gefahrenabwehrpflicht hinausreicht. Diese Vorverlagerung der Gefahrenschwelle soll bewirken, dass auch Langfristschädigungen des Bodens möglichst frühzeitig und effektiv entgegengewirkt werden kann. Ferner wird gemäß § 13 BBodSchG von Sanierungspflichtigen die Vorlage eines Sanierungsplanes, der u.a. eine Zusammenfassung der Gefährdungsabschätzung enthalten soll, verlangt. Wird dieser Sanierungsplan für verbindlich erklärt, so kommt ihm eine Konzentrationswirkung zu. Daneben ist in § 14 (subsidiär) eine behördliche Sanierungsplanung vorgesehen. Schließlich sind die von Sanierungsmaßnahmen Betroffenen frühzeitig über Einzelheiten der vorgesehenen Sanierung zu informieren (§ 12).

326 Die wichtigste Vorschrift zur Altlastenbekämpfung findet sich indessen in § 4 BBodSchG, welcher in Abs. 1 zunächst eine **Vermeidungspflicht** dergestalt enthält, dass jeder, der auf den Boden einwirkt, dafür Sorge zu tragen hat, dass keine schädlichen Bodenveränderungen hervorgerufen werden. Abgesehen davon, dass § 4 Abs. 1 BBodSchG insgesamt etwas weiter gefasst ist als die in § 7 statuierte Vorsorgepflicht, bleibt die Abgrenzung zwischen den beiden Bestimmungen in vielen Fällen völlig unklar; in der Literatur ist die Systematik der bodenrechtlichen Ordnungspflichten denn auch zum Teil auf heftige Kritik gestoßen („Flickschusterwerk"[414]).

327 Besser gelungen ist die in § 4 Abs. 2 BBodSchG geregelte **Zustandsverantwortlichkeit** des Eigentümers bzw. Besitzers eines Grundstücks, welche zum Einschreiten ge-

---

413 Vgl. *Sparwasser/Engel/Voßkuhle*, Umweltrecht, 5. Auflage 2003, 9/7.
414 Vgl. *Giesberts*, in: *Fluck*, Kreislaufwirtschafts-, Abfall- und Bodenschutzrecht, § 4 BBodSchG, Rdnr. 93.

gen eine drohende schädliche Bodenveränderung verpflichtet. Kommt insoweit eine Verpflichtung sowohl des Eigentümers, als auch des Besitzers in Betracht, so liegt die Auswahl des Adressaten einer behördlichen Maßnahme im pflichtgemäßen Ermessen der Behörde.

In § 4 Abs. 3 wird schließlich eine **Sanierungspflicht** für bereits bestehende schädliche Bodenveränderungen statuiert. Die Adressaten dieser Sanierungspflicht ergeben sich abschließend aus dem Gesetz[415]. Ob eine Sanierungspflicht dann im konkreten Fall tatsächlich besteht, ist aus einer umfassenden Bewertung der in § 9 Abs. 1 S. 3 BBodSchG aufgeführten Indikatoren zu ermitteln[416]. Demnach sind für die konkrete Feststellung der Sanierungsbedürftigkeit insbesondere Art und Konzentration der Schadstoffe, die Möglichkeit ihrer Ausbreitung in der Umwelt und ihrer Aufnahme durch Menschen, Tiere und Pflanzen sowie die Nutzung des Grundstücks nach § 4 Abs. 4 BBodSchG zu berücksichtigen. Hierbei schafft die auf Grund von § 8 BBodSchG erlassene BBodSchV eine wichtige Orientierungshilfe, obgleich das Erreichen der darin aufgeführten Richtwerte nicht von einer sorgfältigen Einzelfallbewertung entbindet[417].

328

Nach Ansicht des BVerwG hat der Bundesgesetzgeber mit Erlass des BBodSchG die ordnungsrechtliche Verantwortlichkeit für schädliche Bodenveränderungen oder Altlasten abschließend geregelt; frühere landesrechtliche Haftungsregeln seien durch § 4 Abs. 3 BBodSchG verdrängt[418]. Dagegen nimmt ein Teil der Literatur eine Sperrwirkung des § 4 Abs. 3 BBodSchG nur insoweit an, als es um das „Ob" der Inanspruchnahme des Gesamtrechtsnachfolgers geht; zeitliche oder gegenständliche Haftungsbeschränkungen sollen sich demgegenüber auch weiterhin aus landesrechtlichen Bestimmungen ergeben können[419]. Schließlich ist streitig, ob § 4 Abs. 3 S. 1 Alt. 2 BBodSchG auch die Fälle einer vor dem 1.3.1999 eingetretenen Gesamtrechtsnachfolge in die Verhaltenspflicht erfassen will oder aber diese Fälle nach allgemeinen polizeirechtlichen Grundsätzen zu beurteilen sind. Geht man davon aus, dass § 4 Abs. 3 S. 1 Alt. 2 BBodSchG auch in solchen Altfällen eine Haftung des Gesamtrechtsnachfolgers statuieren will, stellt sich insbesondere die Frage nach der verfassungsrechtlichen Zulässigkeit einer derartigen Rückwirkung[420].

329

§ 4 Abs. 6 BBodSchG statuiert eine Haftung des früheren Eigentümers, wenn er sein Eigentum nach dem 1.3.1999 übertragen hat und die schädliche Bodenveränderung oder Altlast hierbei kannte oder kennen musste. Eine bedeutsame Ausnahme von dieser Haftung besteht gemäß § 4 Abs. 6 S. 2 BBodSchG für den Fall, dass der frühere Eigentümer seinerseits beim Erwerb des kontaminierten Grundstücks gutgläubig

330

---

415 Vgl. etwa *Herrmann*, in: *Koch*, Umweltrecht, 2002, § 8 Rdnr. 44 ff.
416 Zur Frage, inwieweit innerhalb dieser Bewertung ein Rekurs auf landesrechtliche Bestimmungen möglich bleibt, OVG Lüneburg, NVwZ 2000, 1194 ff.
417 Vgl. *Sparwasser/Engel/Voßkuhle*, Umweltrecht, 5. Auflage 2003, 9/137 f.
418 Vgl. BVerwG NVwZ 2000, 1179 ff, 1181; dazu *Bickel*, NVwZ 2000, 1133 ff.
419 Vgl. *Nolte*, NVwZ 2000, 1137.
420 Vgl. dazu VGH BW, NVwZ 2000, 1199 ff sowie die Besprechung von *Nolte*, NVwZ 2000, 1135 ff.

vom Nichtvorhandensein von Altlasten ausgegangen war[421]. War der frühere Erwerber des Grundstücks hingegen i.S. des § 4 Abs. 6 S. 2 BBodSchG bösgläubig, so stellt sich im Erbfall die Frage, ob sich die Bösgläubigkeit des Erblassers auf die Rechtsstellung des Erben dergestalt auswirkt, dass der Erbe – unabhängig von seinem eigenen Kenntnisstand – selbst wie ein Bösgläubiger zu behandeln ist. Eine solche „Vererblichkeit" der Bösgläubigkeit i.S. des § 4 Abs. 6 S. 2 BBodSchG ist indessen abzulehnen: Zwar können im Wege der Erbfolge auch öffentlich-rechtliche Pflichten übertragen werden, doch begründet die Bösgläubigkeit des Erblassers als solche noch keine Pflicht – eine solche entsteht gemäß § 4 Abs. 6 S. 1 BBodSchG vielmehr erst bei einer **rechtsgeschäftlichen** Veräußerung des Grundstücks. Dies entspricht nicht nur dem ausdrücklichen Wortlaut der Vorschrift, sondern auch deren Sinn und Zweck, eine „Flucht aus dem Eigentum" zu verhindern[422]. Erfolgt der Eigentumsübergang nicht durch ein Verkehrsgeschäft, sondern durch die Universalsukzession des § 1922 BGB, geht die Bösgläubigkeit mithin nicht automatisch auf den Erben über, sondern muss in dessen Person positiv festgestellt werden[423].

331 Auch nach dem In-Kraft-Treten des BBodSchG bleiben landesrechtliche Regelungen jedenfalls insoweit anwendbar, als das BBodSchG gerade keine Regelungen trifft; dies gilt insbesondere für die Auswahl unter mehreren bodenschutzrechtlich Verantwortlichen, welche sich nach den Grundsätzen des allgemeinen Polizeirechts richtet, sodass der Behörde insoweit ein Auswahlermessen zusteht[424]. Für den Kostenausgleich zwischen mehreren Verpflichteten erklärt § 24 Abs. 2 BBodSchG den bürgerlich-rechtlichen Gesamtschuldnerregress nach § 426 Abs. 1 S. 2 BGB für anwendbar, wobei sich die Haftungsanteile danach richten, inwieweit jeder Verantwortliche zur Entstehung der Gefahr bzw. der Verursachung des Schadens beigetragen hat (§ 24 Abs. 2 S. 2, 2. HS BBodSchG)[425].

dd) Verfassungsrechtliche Begrenzung der Zustandshaftung

332 Auch nach Erlass des BBodSchG stellt sich die bereits aus dem Polizeirecht bekannte Frage nach den verfassungsrechtlichen Grenzen der Zustandshaftung. Zwar schließen nachträgliche wissenschaftliche Erkenntnisse ebenso wenig die Zustandshaftung aus wie frühere behördliche Duldungen oder Gestattungen. Entscheidend ist zunächst allein die Tatsache, dass von einer Sache unmittelbar Gefahren für die öffentliche Sicherheit ausgehen. Eine **unbegrenzte Zustandshaftung** kann jedoch auch dann, wenn von einem Grundstück konkrete Gefahren für Leben und Gesundheit ausgehen, zu **unzumutbaren Ergebnissen** führen. Soll beispielsweise derjenige, der ein mit einer unbekannten und von ihm nicht verursachten Altlast belastetes Grundstück erworben und darauf ein Einfamilienhaus errichtet hat, im Wege der Zustandshaftung zu einer Sanierung herangezogen werden können? Über das **Ergebnis** einer **Begren-**

---

421 Hierzu umfassend: *Müggenborg*, NVwZ 2000, 50 ff.
422 Vgl. *Droese*, UPR 1999, 86.
423 Vgl. *Kohls*, ZUR 2001, 183 ff m.w.N. zum Streitstand.
424 Vgl. *Sparwasser/Engel/Voßkuhle*, Umweltrecht, 5. Auflage 2003, 9/235 ff.
425 Ausführlich *Sparwasser/Engel/Voßkuhle*, Umweltrecht, 5. Auflage 2003, 9/250 ff sowie *Fluck/Kirsch*, UPR 2001, 253 ff jeweils m.w.N.

zung der Zustandshaftung besteht nahezu Einigkeit[426], wenngleich die **Begründung** durchaus differiert. Das BVerfG leitet eine Begrenzung der Zustandshaftung insbesondere aus einer restriktiven, an Art. 14 GG orientierten verfassungskonformen Auslegung der Zustandshaftung sowie dem Grundsatz der Verhältnismäßigkeit her[427].

ee) Die bodenschutzrechtliche Eingriffsermächtigung des § 10 BBodSchG

Durch die Generalklausel des § 10 Abs. 1 BBodSchG wird schließlich die zuständige Behörde ermächtigt, die sich aus den §§ 4 ff BBodSchG abstrakt ergebenden Pflichten in Einzelfallanordnungen umzusetzen. Beachte: Soweit der Anwendungsbereich des § 10 BBodSchG reicht, finden die Eingriffsermächtigungen in den Polizeigesetzen der Länder keine Anwendung.

333

ff) Der Wertausgleich nach § 25 BBodSchG

Erst im Vermittlungsausschuss haben sich Bundestag und Bundesrat über eine Regelung zum Wertausgleich geeinigt (§ 25 BBodSchG). Hiernach soll der Eigentümer eines Grundstücks einen von der zuständigen Behörde festzusetzenden Wertausgleich in Höhe der maßnahmebedingten Wertsteigerung an den öffentlichen Kostenträger leisten, soweit die nach dem Gesetz notwendige Sanierung des Grundstücks auf Kosten der öffentlichen Hand durchgeführt wurde und sich der Verkehrswert des Grundstücks dadurch wesentlich erhöht hat. Die Erhöhung des Verkehrswerts ergibt sich aus dem Unterschied zwischen dem Verkehrswert vor Durchführung (Anfangswert) und dem Verkehrswert nach Durchführung (Endwert) der Grundstückssanierung. Im Einzelfall kann von der Erhebung des Ausgleichsbetrags abgesehen werden, wenn dies im öffentlichen Interesse oder zur Vermeidung unbilliger Härten geboten ist[428].

334

gg) Kritik am BBodSchG

Am BBodSchG ist viel Kritik geübt worden[429]. So ist die Regelung des § 17 BBodSchG, derzufolge der Vorsorgepflicht bei landwirtschaftlicher Bodennutzung bei Beachtung der guten fachlichen Praxis genügt sei, umstritten[430]. Hier sei speziell zur Altlastenregelung nur Folgendes kritisch angemerkt: Vom Anwendungsbereich des Gesetzes ist nach § 3 Abs. 2 S. 3 BBodSchG das Aufsuchen, Bergen, Befördern, Lagern, Behandeln und Vernichten von Kampfmitteln ausgenommen, sodass der Bereich der „militärischen Altlasten" in diesem Gesetz nicht mitgeregelt wird. Gerade hier wäre aber die Normierung einer Pflicht zur Sanierung erforderlich, bedenkt man, wie zahlreich solche militärischen Altlasten sind.

335

---

426 Vgl. etwa Vgl. *Schenke*, Polizei- und Ordnungsrecht, 2. Auflage 2003, Rdnr. 271 ff m.w.N.
427 Vgl. BVerfGE 102, 1 ff.
428 Ausführlich zum Ganzen *Albrecht*, NVwZ 2001, 1120 ff.
429 Vgl. nur *Peine*, UPR 1997, 53 ff.
430 S. wib, Heft 10, 10.6.1997.

VIII Umweltrecht

Literatur
Becker, Überblick über die öffentlich-rechtlichen und privatrechtlichen Folgen des Verkaufs und Kaufs eines kontaminierten Grundstücks unter dem neuen Bundes-Bodenschutzgesetz (BBodSchG), DVBl. 2000, 595 ff; *Kobes*, Das Bundes-Bodenschutzgesetz, NVwZ 1998, 786 ff; *Knoche*, Altlasten und Haftung 2001; *Knopp*, Bundes-Bodenschutzgesetz und erste Rechtsprechung, DÖV 2001, 441 ff; *Müggenborg*, Grundfragen des Bodenschutz- und Altlastenrechts nach dem neuen Bundes-Bodenschutzgesetz, SächsVBl. 2000, 77 ff; *Peters*, Strukturen des neuen Bodenschutzrechts, VBlBW 1999, 83 ff; *Schlemminger/Friedrich*, Die bodenschutzrechtliche Verantwortlichkeit des Alteigentümers, NJW 2002, 2133 ff; *Schwartmann*, Das neue Bundes-Bodenschutzgesetz: Altlastenrisiko, Konzernhaftung und Gesamtschuldnerausgleich, DStR 1999, 324 ff.

Stichwortverzeichnis

Die römischen Ziffern bezeichnen die Teile, die arabischen Zahlen beziehen sich auf die Randnummern. Die Fundstellen innerhalb eines Teiles sind durch Komma, diejenigen verschiedener Teile durch Strichpunkt (**III** 16, 47; **V** 28, 107) getrennt.

Abbruchverfügung IV 332
Abfall VIII
- aus anderen Herkunftsbereichen **VIII** 203 ff
- aus privaten Haushaltungen **VIII** 193 ff
- Begriff **VIII** 191

Abgaben
- Beiträge im Umweltrecht **VIII** 89
- Gebühren im Umweltrecht **VIII** 87 f
- im Wirtschaftsverwaltungsrecht **VII** 216 ff
- Steuern im Umweltrecht **VIII** 83 ff

Abgeordneter III 2, 87, 129
Abgleich von Daten II 129
Abgrenzungssatzung IV 213
Abordnung III 24, 33, 120, 150, 162
Abschleppen eines PKW II 111 ff, 207, 295, 309
Absolutismus II 2
Abstandsfläche IV 292, 386
Abstimmungsgebot
- interkommunales **IV** 37; **VI** 37
- kommunales **I** 72
- Raumordnungsrecht **VI** 60

Abstufung V 53; s. auch Straße
Abwägung, planerische IV 38 ff, 54 ff
- Abwägungsbelange **IV** 47, 54
- Abwägungsgebot **IV** 54, 172
- Abwägungsgrundsätze **IV** 56 f
- Abwägungsmängel **IV** 30, 59 ff, 122
- Fehlerfolgen **IV** 62, 122
- nachvollziehende **IV** 224a

Abwägungsgebot
- Raumordnung und Landesplanung **VI** 13
- Straßenplanung **V** 58 ff

Abwasserbeseitigung VIII 307ff.

Abweichung
- von allg. Regeln der Technik **IV** 287
- als Sammeltatbestand **IV** 313

Adäquanztheorie II 154
Agrarmarkt VII 226, 42
Aids II 134
Alimentation III 19, 102 ff
Alkoholverzehr auf öffentlichen Straßen V 113
Allgemeine Geschäftsbedingungen I 159
Allgemeine Handlungsfreiheit VII 89 ff
Allgemeine Haushaltsgrundsätze I 315
Allgemeiner öffentlich-rechtlicher Unterlassungsanspruch II 148
Allgemeinpolitisches Mandat I 59
Allgemeinverfügung V 34
Altautoverordnung VIII 224 f
Altersgrenzen III 62, 73, 113
Altlasten II 174
- Amtshaftung **IV** 137
- Bebauungsplan **IV** 82
- Flächennutzungsplan **IV** 78
- im Abfallrecht **VIII** 315 ff
- im Bundes-Bodenschutzgesetz **VIII** 321 ff
- im Polizeirecht **II** 177 f

Amt
- Begriff **III** 9 f
- Funktion, Zweck **III** 10, 20
- im funktionellen Sinne **III** 9 f, 114, 118, 120 f
- im Kommunalrecht **I** 420
- im statusrechtlichen Sinne **III** 9 f, 120, 121, 128
- öffentliches **III** 2, 21, 128
- Übertragung **III** 110, 120, 121
- Zugang **III** 64 ff, 91 ff

Ämterpatronage III 66, 158

1115

Stichwortverzeichnis

Amtsbezeichnung III 20, 101, 136
Amtsethos III 20
Amtshaftung
– Beschränkung durch Satzung **I** 157
– Gemeindevertretung **I** 219
– im Baurecht **IV** 136 f, 395, 400, 405
– im Beamtenrecht **III** 101, 136
– im Polizeirecht **II** 110, 114, 116, 295, 348
– im Umweltrecht **VIII** 112a
– Straßenverkehrssicherungspflicht **V** 101
Amtshilfe II 129, 218
Amtsrecht III 8
Amtsverschwiegenheit I 207, 219; **III** 24, 35
Amtswahrnehmungspflicht III 8, 9, 26, 44, 51, 115
Anbaubeschränkungen V 34, 143; s. auch Straße
Anbauverbote V 34, 143; s. auch Straße
Androhung
– Anfechtung der Androhung **II** 289
– von polizeilichen Verwaltungsakten **II** 266
– von Zwangsmitteln **II** 266, 287 ff
Anfechtung
– des Verkehrszeichens **V** 176
– der WE im Beamtenrecht **III** 78
– der Widmungszustimmung **V** 31
Anfechtungsklage II 264, 289; **III** 95, 119, 147 ff; **V** 176
Anforderungen, nachträgliche IV 339
Angestellte
– als Lehrer **III** 97, 152
– Recht der Angestellten **III** 3, 12 f, 22 ff
– und Streikrecht **III** 47
– und Verfassungstreue **III** 25, 38
Anhörung II 271, 334,
– des Personalrats **III** 142, 144
Anhörungsverfahren IV 67
Anlage, bauliche IV 175, 289
Anliegernutzung V 120-129, 138 f; s. auch Straßennutzung
Annexkompetenz II 17
Anordnung III 22, 24, 26, 50, 115, 148
Anpassungsgebot IV 62
Anpassungspflicht VI 61
Anpflanzung V 143
Anscheinsgefahr II 57 ff, 163 ff
Anscheinsstörer II 163 ff, 352
– Zurechnungskriterien **II** 163

Anschluss- und Benutzungszwang I 170
– Ausnahmen **I** 174
– Friedhofsbenutzung **I** 176
– Haftung **I** 175
– rechtliche Ausgestaltung **I** 175
– verfassungsrechtliche Probleme **I** 178
– Voraussetzungen **I** 171
Anspruch
– auf Besoldung **III** 19, 46, 102 f
– auf Einstellung **III** 87 ff, 112
– auf Tätigwerden der kom. Aufsicht **I** 371
– grundrechtlicher Anspruch des Beamten **III** 16 f
Anspruch auf polizeiliches Handeln II 75
– bei Erlaubnis und Dispens **II** 312
– formelles subjektives öffentliches Recht **II** 75
– materielles subjektives öffentliches Recht **II** 75
Anspruchsposition, eigentumsrechtlich verfestigte IV 237
Anstellung III 61, 71, 74, 108
Anstellungstheorie I 390
Anzeigeverfahren
– Bauleitplanung **IV** 69
– Bauordnungsrecht **IV** 177 f, 192, 304, 336
Äquivalenztheorie II 154
Arbeiter
– Recht der **III** 3, 22, 27, 47
Arbeitsmarktabgabe III 14
Arbeitszeit III 24, 116 f
Artenschutz VIII
Arzneimittelaufsicht I 114
Atomrecht VIII 232 ff
Aufenthaltsverbot II 93
Aufgaben
– der Polizei **II** 20
– Rückübertragung von Aufgaben auf Gemeinden **I** 381
– Übertragung staatlicher Aufgaben an Landkreise **I** 382
– Weisungsaufgaben **I** 110
Aufgabenallzuständigkeit I 61
Aufgabennorm II 20
Auflage II 313
– Schutzauflagen in der Straßenplanung **V** 84-88, 151-154
Auflagenvorbehalt II 313
Auflösung einer Versammlung II 136 f
Aufopferung II 347, 350 f

Stichwortverzeichnis

Aufsicht über Gemeinden
- Allgemeines **I** 351
- Ersatzvornahme **I** 358
- Fachaufsicht **I** 352
- Gesetzmäßigkeit der Verwaltung **I** 351
- höhere Gemeindeverbände **I** 428
- Rechtsaufsicht **I** 352
- Rechtsschutz der Gemeinde gegen Aufsichtsmaßnahmen **I** 365 ff
- Sonderaufsicht **I** 352
- Staatlicher Kommissar **I** 359
- über Gemeindesatzung **I** 81
- Wirtschaftlichkeits- und Organisationsprüfung **I** 348

Aufsichtsbehörden I 355
- Beanstandungspflicht **I** 357
- Beanstandungsrecht **I** 357
- gegenüber der Gemeinde **I** 370a
- Informationsrecht **I** 362, 356

Aufsichtspflichtiger II 170
Aufstieg III 59
Aufstufung V 42; s. auch Straße
Auftragsverwaltung I 108
- Aufgaben des übertragenen Wirtungskreises **I** 108
- Bundesauftragsverwaltung **I** 109

Aufwandsentschädigung I 202
Ausbauplanung V 60; s. auch Straßenplanung
Ausbildungskosten III 104
Ausgleichsanspruch zwischen Störern II 184 ff
Aushändigung
- der Ernennungsurkunde **III** 76 ff, 80, 89

Auskunftsanspruch II 91, 121, 131
Auskunftsverweigerungsrecht II 121
Ausländer I 181
Auslagenersatz I 202
Auslegungsverfahren IV 68
Ausnahme IV 199, 204 ff 220, 311, 377
- Anbauverbot **V** 141, 157
- von Laufbahnvorschriften **III** 63
- von Zielen der Raumordnung **VI** 53

Aussagepflicht II 91, 121
Ausschuss
- beratender **I** 194
- beschließender **I** 194

Außenbereich IV 222
- Außenbereichsvorhaben **IV** 222 ff
- Außenbereichssatzung **IV** 236
- Belange, öffentliche **IV** 225

- Darstellungsprivileg **IV** 226
- Planungserfordernis **IV** 229
- Planungsvorbehalt **IV** 226
- Raumordnungsklausel **IV** 225a

Außenrecht III 6, 8, 47 ff
Außenwirkung III 147, 150
Außenwirtschaftsgesetz VII 347 ff
Außenwirtschaftsrecht VII 4c, 327 ff
Ausstieg aus der Kernenergie VII 65, **VIII** 236 ff
Austauschmittel II 205
Auswahlermessen II 67, 73, 182 ff; **III** 65, 91 f
Auswahl von Beamten III 65, 68 ff, 72, 91 ff, 143
Autonomie I 73 ff
Autowrack V 118

Bahnreform III 5, 120
Bananenmarkordnung VII 328
Bauabnahme IV 326
Bauantrag IV 318, 318a
Bauaufsicht IV 24, 179, 191 ff, 298 ff
- Abbruchverfügung **IV** 328
- Anspruch auf Einschreiten **IV** 337, 355, 356
- Anpassung von Altanlagen **IV** 339
- Baueinstellung **IV** 328
- Bauüberwachung **IV** 326
- Bauzustandsbesichtigung **IV** 326
- Eingriffsbefugnisse **IV** 327 ff
- Haftung **IV** 394 ff
- präventive **IV** 299 ff
- Rechtsschutz **IV** 344 ff
- repressive **IV** 327 ff

Bauaufsichtsbehörde IV 340 ff
Bauaufsichtliche Zulässigkeitskontrolle IV 299 ff
- Anzeigeverfahren **IV** 304
- Genehmigungsfreistellung **IV** 305
- Genehmigungsfreie Vorhaben **IV** 303, 306, 336, 354
- Kenntnisgabeverfahren **IV** 304
- Vereinfachtes Verfahren **IV** 351

Bauausführung IV 291
Baubestimmungen, technische IV 288
Bauerwartungsland IV 79
Baugesetzbuch (BauGB) IV 17
Baufreigabe IV 320
Baufreigabebescheid IV 307a, 321
Baufreiheit IV 161 ff, 166 ff, 191 ff, 285
Baugebot IV 90, 97

Stichwortverzeichnis

Baugenehmigung IV 299, 307 ff
- Bestandskraft **IV** 335
- feststellender Teil **IV** 307a
- Geltungsdauer **IV** 322
- Nebenbestimmung **IV** 316
- Präklusionswirkung **IV** 309
- Rechtsnachfolge **IV** 322
- Rücknahme **IV** 308
- Teilbaugenehmigung **IV** 321
- Typengenehmigung **IV** 321
- Unbedenklichkeitsbescheinigung **IV** 307a
- verfügbarer Teil **IV** 307a
- Widerruf **IV** 308

Baugenehmigungsverfahren IV 318 ff
- Beteiligung von Nachbarn **IV** 318b
- fachbehördliche Mitwirkung **IV** 318a
- Genehmigungsfiktion **IV** 301, 318
- Konkurrenz paralleler Anlagegenehmigungen **IV** 319a
- Konzentrationswirkung **IV** 318a
- Materielle Rechtmäßigkeitsfiktion **IV** 302
- Privatisierung **IV** 302
- vereinfachtes **IV** 301, 307, 351
- Vorprüfungskompetenz **IV** 319
- Zuständigkeitskonkurrenz **IV** 314

Baugestaltungsrecht IV 295
Baugesuch, Zurückstellung IV 239 ff
Baulandsachen, Gerichte für IV 267, 270, 279
Baulandumlegung IV 269
Baulast IV 315 ff
Bauleitplanung IV 22 ff
- Anpassung an Landesplanung **VI** 59 ff
- Bürgerbeteiligung **IV** 67 f
- gemeindliche **IV** 24 ff
- Geschichte **IV** 22 f
- Grundsätze der **IV** 45
- Haftung **IV** 135 ff
- konsensuale **IV** 93 ff
- Rechtsschutz **IV** 106 ff
- Sicherung der **IV** 239 ff
- Träger öffentlicher Belange **IV** 66
- Verfahren **IV** 63 ff
- Verfahrensprivatisierung **IV** 67
- Ziele der **IV** 46

Baumassenzahl IV 84
Baunutzungsverordnung (BauNVO) IV 19

Bauordnungsrecht IV 11, 283 ff
- ästhetische Belange **IV** 295 f
- Bauaufsicht s. dort
- Baufreiheit s. dort
- formelles **IV** 298 ff
- Gefahrenabwehr **IV** 290 f
- Haftung **IV** 394 ff
- materielles **IV** 289 ff
- ökologische Belange **IV** 297
- Rechtsquellen **IV** 286 ff
- Rechtsschutz **IV** 344 ff
- soziale Belange **IV** 297

Bauordnungsrechtliche Generalklausel
- formelle **IV** 298, 327
- materielle **IV** 290, 327

Bauplanungsverträge IV 30
Bauprodukt IV 292
Bauproduktenrichtlinie IV 291
Baurecht auf Zeit IV 81a, 316
Bau- und Raumordnungsgesetz (BauROG) IV 18
Bauliche Anlage IV 175
Bauschein IV 321
Bausperre, faktische IV 190, 249, 396
Baustoff-Fall II 267
Bauüberwachung IV 326
Bauvorbescheid IV 241, 323 ff
Bauvorhaben IV 12, 175
- begünstigte **IV** 232 ff
- genehmigungsfreie **IV** 303, 306, 336, 354
- privilegierte **IV** 223
- sonstige **IV** 224

Bauweise IV 84
Bauwich IV 292
Bauzustandsbesichtigung IV 326
Beachtensregeln IV 44
Beamtenrecht III 11 ff, 24, 48 f
Beamtenverhältnis
- Arten **III** 60 ff, 71
- Beendigung **III** 20, 58, 60, 112 f
- Begründung **III** 58, 71 ff, 153
- besonderes Gewaltverhältnis **III** 28
- Erhaltung **III** 98 ff
- Umwandlung **III** 61, 74, 87, 106 f
- und Grundrecht **III** 28 ff
- Veränderung **III** 107 ff

Beamter
- Arbeitsmarktbeitrag **III** 14
- auf Lebenszeit/Zeit **III** 61, 90, 113
- auf Probe **III** 61, 107 f, 112, 131, 144

1118

- auf Widerruf **III** 60, 112
- Begriff **III** 128
- kommunaler Wahlbeamter **III** 61, 102
- politischer **III** 21, 67, 113, 158
- Spitzenposition (auf Zeit) **III** 14, 21, 155
- Teilzeit-Beamter **III** 14, 15, 97, 159 f

Beanstandungsrecht I 357
Bebauungsgenehmigung IV 323
Bebauungsplan IV 80 ff
- Anzeige **IV** 69
- Begründung **IV** 89
- Beitrittsbeschluss **IV** 72
- Genehmigung **IV** 69
- qualifizierter **IV** 194
- Rechtsnatur **IV** 69
- Rechtsschutz **IV** 109 ff
- Rechtswirkungen **IV** 80, 90
- Textbebauungsplan **IV** 87
- vorhabenbezogener **IV** 103, 194
- vorzeitiger **IV** 63
- zweigeteilter **IV** 82

Bedarfsplanung V 60; s. auch Straßenplanung
Bedarfszuweisungen I 257
Bedingung II 313
Befähigung III 59, 68, 73, 91 f
Beförderung III 62, 68, 70, 74 f, 96, 110, 119 f, 152 f
Befristung II 313; **VIII** 143, 318
Befreiung IV 199, 204 ff, 220, 311, 378
Befugnis
- außerhalb der Gefahrenabwehr **II** 216 ff
- bei Verfolgung von Ordnungswidrigkeiten **II** 237 ff
- bei Verfolgung von Straftaten **II** 221 ff
- bei Vollzugshilfe **II** 217 ff
- der Polizei **II** 20 ff
- verfassungsrechtliche Begrenzung **II** 200 ff

Behördenleitervorbehalt II 124
Beigeordnete I 233
Beihilfe III 20, 100
Beirat I 198
Beiträge I 82, 168, 247, 403, 413, 428
Beitritt der DDR III 11, 38 f, 81, 100
Belästigungen II 51
Belange
- der Bauleitplanung **IV** 54 f
- öffentliche **IV** 218, 225

Beleihung VII 230, 233 ff
Beleuchtung V 96; s. auch Straße

Benachrichtigungspflichten II 123f.
Benutzungszwang; s. Anschluss- und Benutzungszwang **I** 174
Berechtigtes Interesse, s. Rechtsschutzbedürfnis
Bereitschaftspolizei II 252
Berichtspflichten II 124, 259
Berufsbeamtentum III 11 ff, 29, 32, 38
Berufsfreiheit VII 51 ff, 96, 127 ff, 236, **VIII** 35a
Berufsverbot III 37 ff, 157, 262
Berücksichtigungsgebot IV 44
Beschlagnahme
- nach OWiG **II** 238
- nach Polizeirecht **II** 109 ff
- nach StPO **II** 223

Beschuldigter II 85 f
Beschwerde III 52, 146
Besitzdiener II 181
Besitzer II 110, 181
Besoldung III 19 ff, 46, 100, 102 ff
Besonderes Gewaltverhältnis III 28
Bestandsgarantie I 132
- absolute **I** 132
- relative **I** 132

Bestandskraft IV 116, 338
Bestandsschutz IV 145, 233, 237, 241, 307a, 324, 331, 338
Bestenauslese III 91 f, 158
Bestimmtheit
- von Polizeiverordnungen **II** 327
- von Verwaltungsakten **II** 275

Bestimmtheitsgrundsatz III 53, 56 ff, 78
Beteiligung
- der Gewerkschaften **III** 33
- des Personalrats **III** 142

Beteiligungsgesellschaft I 292
Betreten von Wohnungen II 105 ff
Betriebsbeauftragter VIII 53
Betriebssatzung I 82, 289
Betteln auf öffentlichen Straßen V 113
Beurteilungsspielraum III 92, 113
Beurteilung von Beamten III 65, 122, 150
Bewährung III 59, 61, 107 f, 152
Bewerber
- für ein Amt **III** 68 ff, 91 ff, 125, 154
- sog. andere Bewerber **III** 59, 63, 73, 79, 152

Bewirtschaftung eines Gemeindehaushaltes I 335
Bewohnerparkrechte V 126

Bezirk I 375, 386, 424
Bezirksausschuss I 425
Bezirksverfassung I 237 ff
Bezirksverwaltungen I 237
Bild- und Tonaufnahme II 38, 119 ff
Bindungswirkung in der Raumordnung VI 41 ff
Binnenmarkt VII 34
Bodenordnung IV 269 ff
Bodenrente IV 251
Bodenschutzklausel IV 46
Bodenwertminderung IV 144, 148 ff, 150
Bote II 115
Bringsystem VIII 297
Broken windows II 69
Bruttobetrieb I 290
Bundesbaugesetz (BauG) IV 17, 23
Bundesbodenschutzgesetz II 176-178, 184, 186, 188
Bundespersonalausschuss III 63
Bürgerantrag I 163
Bürgerbegehren I 164
Bürgerentscheid I 51, 163, 164
Bürgermeister I 224 ff, 235
Bürgerrecht I 134
Bürgschaft s. Gemeindevertretung **I** 188 ff
Bürgerversammlung I 51
Bummelstreik III 44
Bundesamt für Verfassungsschutz II 247 f
Bundesanstalt für Güterfernverkehr II 249
Bundesauftragsverwaltung V 11
Bundesbeamtenrecht
- Struktur **III** 52 f
Bundesfernstraßen V 6
Bundesgrenzschutz II 246
Bundeskriminalamt II 242, 244 f
Bundesnachrichtendienst II 243
Bundespolizeibehörden II 242 ff
Bundesraumordnungsgesetz I 23
Bundesraumordnungsprogramm VI 15
Bundesraumplanung VI 6
Bundestagspräsident II 249
Bundeswegeplanung VI 60

Charta von Athen IV 22

Darstellungen im Flächennutzungsplan IV 76, 226a
Darstellungsprivileg IV 226

Daseinsfürsorge I 140
Daseinsvorsorge I 140, 157, 177, 246; **VII** 13, 92, 115
Datenauskunft II 131-133
Datenberichtigung II 131-133
Datenerhebung II 121 ff
- allgemeine Grundsätze **II** 121
- besondere Mittel **II** 123
- durch Befragung **II** 121
- durch offene Bild- und Tonaufzeichnungen **II** 122
- heimliche **II** 123 ff
- Rechtsnatur **II** 123
Datenlöschung II 131-133
Datennutzung II 127
Datenschutz II 119 ff
Datenspeicherung II 127
Datensperre II 131-133
Datenübermittlung II 129
Datenveränderung II 127
Datenverarbeitung II 119 ff
Datenvorsorge II 122
Dauerurlaub III 106
Deliktshaftung VIII 106 f
Demokratie – Kommunale I 49 ff, 209
Depotsammelstellen (Kommunal) V 131
Dereliktion II 179 f
Deutsche Gemeindeordnung (DGO) I 30
Deutsches Institut für Urbanistik (Difu) I 39
Dezentralisation I 351
Dienst
- nach Vorschrift **III** 44
- öffentlicher **III** 3, 4, 11
- und Treueverhältnis **III** 10 f, 19, 32, 64
Dienstaufsicht I 406; **II** 259 ff; **III** 146
Dienstbefreiung III 106
Dienstbehörde
- oberste **III** 114
Dienstbezüge III 85, 102, 104, 117, 127
Dienstherr III 3, 5, 121
Dienstherrenfähigkeit III 71
Dienstherrenwechsel III 121
Dienstleistung III 3, 11, 114 ff
Dienstleistungsfreiheit VII 104, 109 f, 308
Dienstliche Beurteilung III 65, 122, 150 f
Dienstordnungsangestellte III 22
Dienstpflicht III 8, 26, 33, 114 f, 133
Dienstposten
- allgemein **III** 8 f
- Besetzung **III** 118 f

- höherwertiger **III** 62, 65, 110, 119
- Frauen-Quotierung **III** 69
- Übertragung **III** 119
- und Amt **III** 8, 110
- Veränderung **III** 150

Dienstrecht III 8
Dienstrechtsreform III 155 ff
Dienstunfall III 101
Dienstunfähigkeit III 107, 113
Dienstverfehlung III 23, 127 ff
Dienstverweigerung III 45 f
Dienstvorgesetzer III 8
Diskontpolitik VII 162
Dispens II 311 ff; **IV** 311; s. auch Befreiung
- Begriff **II** 311
- Nebenbestimmungen **II** 313
- stiller (versteckter) **IV** 311, 379
- Vertrag **IV** 209

Distanzschäden VIII 28, 110
Disziplinarmaßnahmen III 129 ff
Disziplinarverfahren III 23, 111, 117, 129 ff, 144
Doppelstörer II 144, 180, 183
Dotation I 257
Duales System Deutschland (DSD) VIII 218 ff
„**Dualistische Konstruktion**" der öffentlichen Straßen **V** 25
Dual-Use-Waren VII 356
Duldungsverfügung II 181
Durchsuchung
- nach OWiG **II** 238
- nach StPO **II** 223
- von Personen nach Polizeirecht **II** 100 ff
- von Sachen nach Polizeirecht **II** 104
- von Wohnungen n. Polizeirecht **II** 105 ff

EG-Ausländer I 181
Ehrenamtliche Tätigkeiten I 179
Ehrenbeamter III 61
Ehrenbürgerrecht I 138
Eigenbedarfsdeckung von Gemeinden I 278
Eigenbetrieb I 289; **III** 5; **VII** 113
Eigengesellschaft I 292; **III** 5
Eigenhaftung der Bediensteten I 158
Eigentumsgarantie VII 61 ff, 143; **VIII** 35
Eingriffsregelung, naturschutzrechtliche IV 51, 77, 82, 214, 221, 230, 232, 236
Eignung III 68 f, 91 f, 107 f, 122, 154

Eilversammlung II 138 f
Eilzuständigkeit I 235
Eingriff
- in Natur und Landschaft **VIII** 259 ff
- polizeilicher **II** 20 ff

Eingriffsregelung, naturschutzrechtliche s. Naturschutzrechtliche Eingriffsregelung
Einheimischenvertrag IV 97
Einheit der Verwaltung I 387
Einheitssystem II 11, 251 f
Einigungsstelle III 141, 145
Einigungsvertrag III 154
Einkaufszentrum IV 37a, 86
Einkommensteuer I 255
Einstellung III 71 ff, 82, 85, 153
- Anspruch auf **III** 87 ff
- Voraussetzungen **III** 71 ff

Einstellungsverfügung, bauaufsichtsrechtliche IV 331
Einvernehmen der Gemeinde IV 179, 182 f, 185, 190, 201, 221, 318, 345
- Haftung **IV** 399 ff

Einverständnis III 77 f
Einweggeschirr V 115
Einwohner I 149
Einziehung
- von Sachen **II** 117 f
- von Straßen **V** 37-39

Endlagerung VIII 244 f
Energieversorgung I 59; **V** 119
Enteignender Eingriff I 178; **VII** 77 ff; **VIII** 112b
Enteignung im Baurecht IV 142, 277 ff; s. auch Straßenplanung
- durch Betriebsuntersagung **II** 161 f
- durch Vernichtung/Einziehung gefährlicher Sachen **II** 118
- enteignender Eingriff **I** 178
- enteignungsgleicher Eingriff **I** 178
- Entschädigung **IV** 141 f, 280 ff
- Verfahren **IV** 279

Enteignungsgleicher Eingriff VII 77 ff; **VIII** 112b
- Bauleitplanung **IV** 138
- Bauordnungsrecht **IV** 396, 402, 405
- faktische Bausperre **IV** 249 f

Entfernung
- aus dem Dienst **III** 112

Entlassung III 58, 84, 108, 112, 121, 129, 144, 145

1121

Stichwortverzeichnis

Entlastung I 349
Entpolizeilichung II 10, 253
Entschädigung
– enteignungsgleicher Eingriff s. dort
– faktische Bausperre **IV** 249 f
– Planungsschäden **IV** 105, 140 ff
Entschädigungsanspruch
– aus Straßenunterbrechung **V** 127, 129
– aus Verkehrsimmissionen **V** 155-158
– bei „Anscheinsgefahr" **II** 165, 167, 340, 344 f, 352
– bei Verbot Immissionen verursachender Betriebe **II** 161 f
– des Nichtstörers **II** 81, 344 ff
– des Nothelfers **II** 353
– des Störers **II** 339 ff
– gem. Art. 14 Abs. 3 GG **II** 161 f, 339 f, 347 f
– Höhe **II** 162, 344 ff
– mitwirkendes Verschulden **II** 343, 349
– Umfang **II** 348
– wegen Aufopferung **II** 343, 347 ff
– wegen enteignungsgleichen Eingriffs **II** 343, 350
Entschließungsermessen II 67, 69 ff
Entwicklungsachsen VI 55
Entwicklungsgebot IV 63, 121; **VI** 32
Entwicklungshilfe
– als kommunale Aufgabe **I** 59
Entwicklungsmängel IV 121
Entwicklungsmaßnahmen, städtebauliche IV 10
Entwicklungssatzung IV 213
Erforderlichkeit
– der Grundrechtsbegrenzung **III** 30 f
Ergänzendes Verfahren IV 113, 124, 134; **V** 83
Ergänzungssatzung IV 213
Erhaltungssatzung IV 295
Erkennungsdienstliche Maßnahmen
– nach Polizeirecht **II** 85 ff
– nach StPO **II** 86 ff, 223
Erlass III 50
Erlaubnis II 141, 311 ff
– Begriff **II** 311
– Nebenbestimmungen **II** 313
– Teilerlaubnis **II** 313
– Vorbescheid **II** 313
Erlaubnis mit Verbotsvorbehalt II 311
Erlaubnisvorbehalt s. Verbot

Erledigung polizeilicher Maßnahmen II 234, 264, 284
Ermessen II 67 ff; **III** 60, 87, 91 ff, 118
– Anspruch auf ermessensfehlerfreie Entscheidung **II** 74 f, 312; **III** 91
– Auswahlermessen **II** 67, 73, 182 ff; **III** 65, 91 f
– bei Dispenserteilung **II** 312
– bei Erlaubniserteilung **II** 312
– bei Genehmigung von Polizeiverordnungen **II** 326
– bei Polizeiverordnungen **II** 328, 330
– Entschließungsermessen **II** 67 ff, 69 ff
– Ermessensfehler **II** 68 ff, 328
– Ermessensschrumpfung auf Null **II** 70 ff, 75, 312; **III** 94
– im Ordnungswidrigkeitenrecht **II** 237
– Selbstbindung **II** 215
– Zweistufigkeit **II** 67
Ermittlung von Grundstückswerten
– Anspruch auf **III** 87 ff, 156
– sog. Rauberennung **III** 121
Ermittlungshilfe II 217
Ernennung III 62, 71, 74 ff, 84 f, 107, 121, 153
Ernennungsähnlicher Vorgang III 110
Ersatzansprüche des Polizeiträgers II 354 ff
– bei Ersatzvornahme **II** 354 ff
– bei unmittelbarem Zwang **II** 357
– bei unmittelbarer Ausführung **II** 358 ff
– gegen den Nichtstörer **II** 362
Ersatzmittel s. Austauschmittel
Ersatzvornahme I 358; **II** 294 f
– Androhung **II** 287
– Begriff **II** 294
– Festsetzung der **II** 294
– Kostenersatzanspruch gegen den Störer **II** 354 ff
– Rechtsnatur **II** 294 f
– Rechtsschutz **II** 294
Ersatz- und Erweiterungsbauen IV 234
Ersatzvornahme, kommunalaufsichtliche IV 187
Ersatzzwangshaft II 297
Erschließung IV 271 ff
– Erschließungsbeitrag **I** 76; **IV** 273
– Erschlieungslast **IV** 271
– Erschließungspflicht **IV** 271
– Erschließungsvertrag **IV** 274

1122

Stichwortverzeichnis

Ersetzungsbefugnis, bauaufsichtsrechtliche **IV** 187, 188
Erstattung **III** 85, 104, 139
Erstattungsanspruch
– öffentlichrechtlicher **II** 356; **III** 85, 104, 139
Erstplanungspflicht **VI** 48
Erweiterungsbau **IV** 234
Europäische Umweltagentur **VIII** 25
Europäische Währungsunion **VII** 166 ff
Europäisches Polizeiamt **II** 262c
Europäische Zentralbank **VII** 166 ff
Europol **II** 262c

Fachaufsicht
– Kommunalrecht **I** 361 ff
– Landesplanungsrecht **VI** 32
– Polizeirecht **II** 261 ff
Fachplanung(en) **VI** 3, 57 f
– privilegierte **I** 24
Factory-Outlet-Center **I** 72; **IV** 37a, **VI** 70a
Fahndung **II** 125, 235, 262b
Faktische Indienststellung **V** 31; s. auch Straße
Faktisches Dienstverhältnis **III** 84
Fauna-Flora-Habitat-Richtlinie **IV** 50
Fehlalarm **II** 38
Fehlerhafte Auskunft des Bürgermeisters **I** 226
Fehlerhafter Verwaltungsakt s. auch Rücknahme, Nichtigkeit
– Folgen **III** 73, 84 f
Fehlerheilung
– Behebung s. Ergänzendes Verfahren
Ferienausschuss **I** 79
Fernbleiben vom Dienst **III** 46, 117, 127
– Fernstraßenbaugesetz **V** 60
Fesselung **II** 226
Feststellungsklage **II** 294; **III** 94 ff; **VI** 94
Feuerwehr **I** 165
Finalprogramm bei Bauleitplanung **IV** 40
Finanzausgleich **I** 19, 149, 246, 258
Finanzausschuss **I** 195
Finanzhilfe **I** 20
Finanzhoheit **I** 65
Finanzierung der gemeindlichen Aufgaben **I** 245
– Beiträge **I** 247
– Finanzierung übertragener Aufgaben **I** 114

– Gebühren **I** 247
– Kreditaufnahmen **I** 263
– privatrechtliche Erträge und Entgelte **I** 248
– Steuern **I** 249
Finanzierung der Kreisaufgaben **I** 403
– Kreisumlage **I** 403
– Kreiswirtschaft **I** 404
Finanzkontrolle der Gemeinden **I** 344
– Entlastung **I** 349
– Jahresrechnung (Rechnungslegung) **I** 345
– Rechnungsprüfung **I** 346
Finanzplanung, mittelfristige **I** 328
Finanzpolitik **VII** 146 ff
Finanzzuweisung **I** 256
– zweckgebundene **I** 98, 259
Flachglas-Urteil **IV** 31
Flächennutzungsplan **IV** 75 ff
– Bindungswirkung **IV** 79
– Erläuterungsbericht **IV** 78
– Genehmigung **IV** 69
– Rechtsnatur **IV** 79
– Rechtsschutz **IV** 107 f
– Regionaler **VI** 24
Flucht in die Öffentlichkeit **III** 35, 146
Folgekostenvertrag **IV** 98, 275
Folgenbeseitigungsanspruch **I** 367; **II** 79 f, 88 f, 110, 130 ff, 148, 198 f, 203, 235, 264, 284, 310. 348; **III** 150
Folter **II** 299
Forensen **I** 136, 149
Formstrenge **III** 53, 58, 71 f, 78
Fortsetzungsfeststellungsklage **II** 98
– bei erledigtem Verwaltungsakt **II** 264
Fraktion **I** 197
Frauenförderung **III** 69, 153
Freiheitliche demokratische Grundordnung **III** 24 f, 32, 37 ff
Freiheitsentziehung s. Ingewahrsamnahme
Freiheitsgrundrechte **II** 209 ff
– mit Ausgestaltungsvorbehalt **II** 213
– mit Eingriffsvorbehalt **II** 209 ff
– mit Regelungsvorbehalt **II** 213
– mit Schrankenvorbehalt **II** 213
– nicht ausdrücklich einschränkbare **II** 210, 212
Freistellung
– vom Dienst **III** 106, 141
– von Personalratsmitgliedern **III** 141

1123

Stichwortverzeichnis

Freistellungsregelung IV 305, 336
Freizügigkeit II 93, 209; **VII** 106
Fremdvornahme II 294
Friedhofsbenutzung I 176
Fristsetzung II 287 ff
– Führungsfunktion auf Zeit **III** 21, 155 ff
Fürsorgepflicht des Dienstherrn III 19, 57, 98 ff, 105, 110, 118, 138 f
Funktionalreform I 120
Funktionsfähigkeit des öffentlichen Dienstes **III** 30, 36
Funktionstheorie I 390
Funktionsvorbehalt III 11, 72
Fußgängerbereiche V 47-49, 51; s. auch Straße
Fußgängerzone V 47-49, 51; s. auch Straße

Gebietscharakter IV 375
Gebietsentwicklungsplan VI 26
Gebietshoheit I 121
Gebietskörperschaft I 54 ff
– juristische Person des öffentlichen Rechts **I** 56
– ursprüngliche **I** 55
Gebietsreform, kommunale I 128
Gebietsverträglichkeit IV 196, 376
Gebühr I 168, 247, 403
Gebühren I 169
Geeignetheit
– des Mittels **II** 202 f
– für ein Amt **III** 68, 92
Gefahr II 46 ff
– Abgrenzung von Nachteilen und Belästigungen **II** 51
– abstrakte **II** 47, 327a
– Anscheinsgefahr **II** 57 f
– Begriff **II** 46
– dringende **II** 55
– erhebliche **II** 55
– Gefahrerforschungseingriff **II** 60, 61 ff
– Gefahrenverdacht **II** 59 f
– Gefahrvorsorgemaßnahmen **II** 19, 49, 81
– gemeine **II** 55
– in Verzug **II** 55, 108, 252, 255
– konkrete **II** 46 f, 81, 100, 327a
– präventive Abwehr **II** 65
– Prognoseurteil **II** 54
– Putativgefahr **II** 57
– repressive Abwehr **II** 65
– Schaden **II** 50 ff

– Scheingefahr **II** 57, 61
– unmittelbare **II** 55
Gefahrenabwehr
– in den einzelnen Bundesländern **II** 250 ff
– Polizeibefugnisse **II** 20 ff
– Straßenverkehr **V** 8
– Versammlungswesen **II** 135 ff
Gefahrenverdacht II 59 ff, 169
Gefahr(en)vorsorge II 19, 49, 81
Gefahrerforschungseingriff II 61 ff
Gegenstromprinzip VI 60
Geheimhaltungspflicht III 35, 123
Gehorsamspflicht III 8, 26, 114 f
Geldpolitik VII 46, 144 ff, 159 ff
Geldschöpfung VII 160
Geliehenes Organ I 232
Gemeinde
– Allgemeine Grundlagen **I** 43
– Angelegenheiten der örtlichen Gemeinschaft **I** 58
– Arten **I** 118
– Ausländer **I** 181
– Beiträge **I** 168
– Bestandsgarantie **I** 132
– Demokratie **I** 49 ff
– Effektivität der Aufgabenwahrnehmung **I** 125
– Gebietsänderung **I** 131
– Gebühren **I** 168
– Grundrechtsfähigkeit **I** 92
– Gründung **I** 57
– in der Landesplanung **VI** 26, 59 ff
– konkrete Verbandskompetenz **I** 58
– Leistungsfähigkeit **I** 125
– militärische Angelegenheiten **I** 59
– wirtschaftliche Betätigung **I** 264
Gemeindeangehörige I 133
Gemeindedirektor I 224 ff
Gemeindeeinwohner I 63, 152, 287
Gemeindelasten I 136, 165
Gemeindenachbarklage IV 37b, 107, 111
Gemeinderat I 171, 183, 187, 188, 201
Gemeindesatzung
– Anwendungsbereich **I** 82
– Aufsicht **I** 81
– Aufsichtsbehörde **I** 88
– Bewehrung **I** 83
– Gerichtliche Kontrolle **I** 84
– Kontrolle durch Verwaltung **I** 87
– Rang **I** 77

Stichwortverzeichnis

- Rechtsgrundlage **I** 74 ff
- Verfahren **I** 79

Gemeindeverband I 376
Gemeindeverfassung I 30, 51
Gemeindevermögen I 340
Gemeindevertretung I 188 ff
- Akteneinsichtsrecht **I** 201
- Amtszeit **I** 189
- Auflösung **I** 189
- Ausschüsse **I** 194
- Beirat **I** 198
- Beschlussfähigkeit **I** 216
- Einberufung **I** 210
- Fraktion **I** 197
- Haftung **I** 219
- Hausrecht **I** 215
- Kontrollbefugnis **I** 218
- Öffentlichkeit **I** 212
- Rechtsstellung **I** 190
- Rechtsstellung der Mitglieder **I** 199
- Sitzungsordnung **I** 215
- Zuständigkeit **I** 191

Gemeindevorstand I 223
- kollegial **I** 234
- monokratisch, s. Gemeindevorsteher **I** 224

Gemeindevorsteher I 224
- Beigeordnete **I** 233
- Rechtsstellung **I** 225
- Zuständigkeit **I** 226

Gemeindewirtschaft I 245
Gemeindliche Planungshoheit V 84, 174
Gemeindliche Satzungen s. Straßennutzung
Gemeindliche Selbstverwaltung im Straßenwesen V 11, 12
Gemeingebrauch I 139, 156; **V** 29, 110 f, 168-170; s. auch Straßennutzung
Gemeinlastprinzip VIII 45, 48 ff, 312
Gemeinsamer Markt VII 33
Gemeinschaftsaufgaben I 115
Gemeinschaftsrechtsgüterschutz II 30, 35 ff
Gemengelage, städtebauliche IV 57, 216
Genehmigung
- der Haushaltssatzung **I** 330
- einer Gemeindesatzung **I** 81
- Legalisierungswirkung einer behördlichen Genehmigung **II** 175
- Rechtsnatur (im Kommunalrecht) **I** 364

Genehmigungsfreistellung IV 242

Genehmigungvorbehalt, städtebaulicher IV 191 ff
Generalklausel
- Beamtenpflichten **III** 114, 133 f
- Bedeutung bei der Durchsetzung gesetzlicher Verpflichtungen **II** 35 f
- polizei- und ordnungsbehördliche **II** 25 ff
- Tatbestandsvoraussetzungen **II** 25 ff
- Verhältnis zu Spezialermächtigungen **II** 21 ff

Genetischer Finderabdruck II 85
Genormanalyse II 85
Gerichte für Baulandsachen IV 282 ff
Gerichtliche Entscheidung, Antrag auf IV 267, 282
Geringster Eingriff II 204 ff
Gesamtgemeinde I 419
Gesamtplan I 323
Gesamtschuldner II 184 ff, 361
Geschäftsführung ohne Auftrag
- Anspruch des Nothelfers **II** 353
- Anspruch zwischen verschiedenen Polizeiträgern **II** 356
- keine Rechtsgrundlage für Kostenersatzansprüche der öffentlichen Hand **II** 356

Geschäftsordnung I 194, 210
Geschichte des Kommunalrechts I 431
Geschossflächenzahl IV 84
Geschwindigkeitsbeschränkte Zone V 50
Gesetzgebungskompetenz
- im Baurecht **IV** 14
- für Polizei- und Ordnungsrecht **II** 16 ff
- für Raumordnungsrecht **VI** 5, 6
- für Straßenrecht **V** 6, 7
- für Umweltrecht **VIII** 36 ff
- für Wirtschaftsverwaltungsrecht **VII** 218

Gestaltungssatzung IV 295
Gestapo II 7
Gesunderhaltungspflicht III 114
Gewalt, tatsächliche II 171, 181
Gewerbe
- Begriff des **VII** 239
- Messen, Ausstellungen, Märkte **VII** 293 ff
- Personalkonzession **VII** 279 ff
- Reise- **VII** 288 ff
- stehendes **VII** 258 ff
- -untersagung **VII** 260 ff

Gewerbeordnung VII 4b, 237
Gewerbesteuer I 252

1125

Gewerkschaftliche Betätigung **III** 36, 66
Gewinne **I** 248; **VII** 114, 239 f, 245 f, 253
Gleichheitsgrundrecht **II** 215; **VII** 85 ff
Goldener Zügel **I** 98
Gremien, kollegiale **I** 236
Grenzabstand **IV** 292
Grenzregelung **IV** 270
Großdemonstration **II** 140
Grundflächenzahl **IV** 84
Grundfreiheiten **VII** 98 ff
Grundrechte als Schranken polizeilichen Handelns **II** 208 ff
Grundrechtliche Schutzpflichten **VIII** 35c
Grundrechtsfähigkeit von Gemeinden **I** 92
Grundrechtsgleiches Recht **III** 17
Grundsätze
– der Raumordnung **VI** 11 ff
– hergebrachte des Berufsbeamtentums **III** 13 ff, 18 ff, 29, 38, 42
Grundsteuer **I** 251
Grundstückswerte **IV** 280
Grundverhältnis **III** 56, 149

Haftung
– Beamtenrecht **III** 16, 20, 86, 101, 127, 135 ff
Haftung, baurechtliche
– Bauaufsicht **IV** 394 ff
– Bauleitplanung **IV** 135 ff
– gemeindliches Einvernehmen **IV** 190, 399 ff
– Planvollzug **IV** 404 ff
Handlungsfähigkeit **II** 146, 271
Handlungsstörer s. Verhaltensstörer
Hand- und Spanndienste **I** 165
Handwerksbetrieb **VII** 326
Handwerksmäßigkeit **VII** 316, 326
Handwerksrecht **VII** 4b, 297, 303 ff
Hauptsatzung **I** 193, 239
Hauptverwaltungsbeamter **I** 187, 192
Hausbesetzung **II** 31, 75
Haushaltsgrundsätze der Gemeinden **I** 332
Haushaltsmaximen **I** 332
Haushaltsplan der Gemeinden **I** 316
– Einzelplan **I** 320
– Finanzierungsübersicht **I** 323
– Finanzplan **I** 327
– Gesamtplan **I** 323

– Haushaltsquerschnitt **I** 323
– Haushaltsstelle **I** 320
– Stellenplan **I** 326
– Vermögenshaushalt **I** 317
– Verpflichtungsermächtigungen **I** 324
– Verwaltungshaushalt **I** 317
– Vorbericht **I** 322
Haushaltsquerschnitt **I** 323
Haushaltsrecht **I** 312, 332
Haushaltssatzung der Gemeinden **I** 329
Haushaltswirtschaft der Gemeinden **I** 245, 316 ff
Hausrecht **I** 143, 215
Hausverbot **I** 160; **II** 37, 220
Heilung **II** 271; **III** 78, 79
– von Fehlern der Bauleitplanung s. Ergänzen des Verfahrens
Heranrückende Nachbarbebauung **IV** 359
Hilfeleistung
– unterlassene **II** 34, 353
Hilfsbeamte der Staatsanwaltschaft **II** 224
Hochschulinstitute für Kommunalwissenschaften **I** 41
Hochschullehrer **III** 13, 20
Höherer Gemeindeverband **I** 423
– Aufsicht **I** 428
– Finanzierung **I** 428
– freiwillige Selbstverwaltungsaufgaben **I** 426
– Gebiet **I** 428
– Organe **I** 425
– pflichtige Selbstverwaltungsaufgaben **I** 426
Hoheitsrechtliche Befugnisse als Beamtenvorbehalt **III** 12
Hoheitsträger als Polizeipflichtige **II** 147 ff
Holsystem **VIII** 202
Homosexualität **II** 44

Identitätsfeststellung
– nach Polizeirecht **II** 81 ff
– nach StPO **II** 223
IKPO II 262b
Illegalität
– formelle **VII** 285, 321
Immissionen **VIII** 116 ff
Immissionsschutz im Baurecht **IV** 57

Stichwortverzeichnis

Indienstnahme
- von Privaten **VII** 230 f

Indienststellung
- faktische I. von Straßen **V** 35

Individualrechtsgüterschutz II 30 ff

Informales Verwaltungshandeln s. informelles Verwaltungshandeln

Informationelle Selbstbestimmung II 119 ff

Informationsverarbeitung II 119 ff

Informelles Verwaltungshandeln II 337

Ingewahrsamnahme II 95 ff
- Entscheidung durch Richter **II** 98 ff
- Form nach Polizeirecht **II** 98 ff
- nach StPO **II** 223
- und Verbringungsgewahrsam **II** 96
- Voraussetzungen nach Polizeirecht **II** 96 f

Inländerdiskriminierung VII 98, 312

Innenbereich IV 212 ff
- Abgrenzungssatzung **IV** 213
- Belange, öffentliche **IV** 218
- Innenbereichsvorhaben **IV** 215 ff
- Planungserfordernis **IV** 317

Innenrecht III 6, 8, 48 ff

Innenstadtverkehr V 162

Innerdienstlicher Rechtsakt II 267; **III** 149

INPOL II 129

Institution Berufsbeamtentum III 16, 32

Institutionslehre I 117

Institutionelle Garantie III 13

Interessen
- öffentliche **II** 33

Interpol II 262b

Investitionen I 318

Investitionsprogramm I 328

Jährlichkeit des Haushaltsplans I 333
Jahreswirtschaftsbericht VII 152
Jugendpflege I 426
Junktim-Klausel VII 72
Juristische Personen d. öffentlichen Rechts s. Hoheitsträger als Rechtspflichtige
- als Dienstherren **III** 3 ff, 71

Justizbehörde II 228

Kassenanordnung I 342
Kassenwesen der Gemeinde I 341

Kenntnisgabeverfahren IV 304
Kennzeichnung II 127
Kindergartengesetz I 107
Klage
- aus dem Beamtenverhältnis **III** 147 ff
- Mieter/Pächter im Straßenrecht **V** 78

Klarstellungssatzung IV 213
Klassifikation V 32, 42-45; s. auch Straße
Klimaschutz VIII 27
Koalitionsfreiheit III 36, 66; **VII** 12, 80 ff
Kodifikationsprinzip
- in OWiG **II** 238
- in StPO **II** 19, 84, 225, 227

Kommissar, staatlicher I 359
Kommunalabgabengesetz I 249
Kommunale Arbeitsgemeinschaft I 409
Kommunale Gemeinschaftsstelle für Verwaltungsvereinfachung (KGSt) I 38
Kommunale Selbstverwaltung
- Art. 28 Abs. 2 GG **I** 9
- Eingriffsgrenzen **I** 13
- Europa **I** 11
- gesetzliche Grundlagen **I** 7
- historische Entwicklung **I** 9
- im Straßenwesen **V** 11, 12
- in der Raumplanung **VI** 26, 59 ff
- Kernbereich **I** 13, 10
- Landesverfassung **I** 25
- neuere Entwicklung **I** 12

Kommunale Verfassungsbeschwerde
- Bundesverfassungsgericht **I** 14 f
- Landesverfassungsgericht **I** 27

Kommunale Verpackungssteuer VIII 188 f

Kommunale Wirtschaftsförderung I 310
Kommunaler Spitzenverband I 429
Kommunales Haushaltsrecht I 312
Kommunales Verfassungsrecht I 184
Kommunalisierung staatlicher Aufgaben I 388
Kommunalpolitik I 49
Kommunalrecht
- Begriff **I** 1
- Bundesrecht **I** 16
- Finanzhilfen **I** 20
- Steuern **I** 19

Kommunalverband
- Gesamtgemeinde **I** 419
- höherer Gemeindeverband **I** 423
- Stadt-Umland-Verbände **I** 422

1127

Stichwortverzeichnis

Kommunalverfassungsbeschwerde s. auch kommunale Verfassungsbeschwerde **VI** 92
Kommunalverfassungsstreitigkeit; s. Organstreitigkeit **I** 242
Kommunalverwaltung I 22 ff
- privilegierte Fachplanung **I** 24

Kommunalwissenschaften I 33 ff
Kommunalwissenschaftliches Dokumentationszentrum (KDZ) I 40
Kommunikative Nutzungsformen der Straße V 130-136; s. auch Straßennutzung
Kondominium, staatlich und kommunal I 115, 364; **IV** 36
Konfliktbewältigung, Gebot der IV 56
Konfliktschlichtungsprogramm IV 361
Konkurrentenklage
- im Beamtenrecht **III** 94 ff, 119
- im Kommunalrecht **I** 296

Konkurrenz paralleler Anlagegenehmigungen IV 319a
Kontaminierung s. Bundesbodenschutzgesetz
Kontrahierungszwang VII 92
Kontrollerlaubnis IV 192
Konzentrationswirkung V 74; **VII** 283, 290; **VIII** 123, 130, 140 f, 325
Konzentrationszone IV 76a
Konzessionsabgaben I 248
Kooperation im kommunalen Bereich I 407
- kommunale Arbeitsgemeinschaft **I** 409
- öffentlich-rechtliche Vereinbarung **I** 415
- öffentlich-rechtliche Zusammenarbeit **I** 408
- Privatrechtliche Formen kommunaler Zusammenarbeit **I** 418

Koordinationsrechtlicher Verwaltungsvertrag I 409
Kooperationsprinzip VIII 45 ff, 189
Körperschaft, kommunale I 1
Kostendeckungsprinzip I 149
Kostenersatzanspruch
- bei Abschleppen von KFZ **II** 114 f, 175, 356
- bei Gefahrenerforschungseingriff **II** 359
- bei Sicherstellung **II** 114
- gegen den Anscheinsstörer **II** 165, 339, 345, 359

- gegen den Störer aus Institut der öffentlich-rechtlichen Erstattung **II** 356, 358 Fn. 1096
- gegen den Störer aus öffentlich-rechtlicher Geschäftsführung ohne Auftrag **II** 186, 356, 358 Fn. 1096
- gegen den Störer bei Anwendung unmittelbaren Zwangs **II** 357
- gegen Störer b. Ersatzvornahme **II** 354 ff
- gegen den Störer bei unmittelbarer Ausführung bzw. Sofortvollzug **II** 358 ff
- gegen Nichtstörer **II** 362
- im Wege des Rückgriffs **II** 361 f

Kostenerstattung s. Kostenersatzanspruch
Kraftfahrt-Bundesamt II 249
Kreditaufnahme I 263
Kreditermächtigung von Gemeinden I 338
Kreis s. Landkreis **I** 373
Kreisausschuss I 398
Kreiseinwohner
- auch Kreisangehörige **I** 393

Kreisfreie Gemeinden I 113, 355
Kreisfreie Stadt I 118
Kreisgebiet I 391
Kreishaushaltssatzung I 403
Kreispolizeibehörde I 401
Kreistag I 384, 395
- Kreisvertreter **I** 396

Kreisumlage I 258, 403
Kreisverfassung I 394
- Konferenz der Gemeindevorsteher **I** 402
- Kreisausschuss **I** 398
- Kreisvorsteher **I** 399

Kreisverwaltung
- Doppelfunktion **I** 386
- Einheit der Verwaltung **I** 387
- Haftung **I** 390
- Landrat **I** 388
- Landratsamt **I** 389
- Organleihe **I** 389

Kreisvorsteher I 384, 399
Kreiswirtschaft I 404
Kreuzberg-Erkenntnis IV 13
Kreuzbergurteil II 5
Kreuze am Straßenrand V 113
Kriegsschäden II 175
Kriminalität, grenzüberschreitende **II** 81, 262b
Kündigung III 22, 24, 144, 145
Kunst im Straßenraum V 135

Landesplanerischer Einspruch VI 83
**Landesplanerische Untersagung
 VI** 82 f
Landesplanung IV 34
– Abwägung in der **VI** 32
– Begriff der **VI** 5
– Fachaufsicht in der **VI** 3, 34-58
– Landesplanungsbehörden **VI** 33 f
– Pläne der **VI** 6, 15
– Programme der **VI** 6, 15
– Rechtsaufsicht in der **VI** 32
– Regionalplanung **VI** 26 ff
Landespolizeiordnung II 2
Landesverband I 424
Landkreis I 373
– Aufgaben **I** 378
– Aufsicht **I** 405
– freiwillige Selbstverwaltungsaufgaben
 I 382
– Kreiseinwohner **I** 393
– Kreisgebiet **I** 391
– Kreistag **I** 384, 395
– Kreisverfassung **I** 394
– Kreisvertreter **I** 396
– Kreisverwaltung **I** 386
– Kreisvorsteher **I** 384
– pflichtige Selbstverwaltungsaufgaben **I**
 382
– Selbstverwaltung **I** 378
– Übergang von gemeindlichen Aufgaben
 I 380
– Wesen und Rechtsstellung der Land-
 kreise **I** 376
– Zuständigkeitsbereich **I** 379
Landrat I 388
Landratsamt I 389
Landschaften I 424
Lärmschutz s. Straßenimmissionen
Latenter Störer
– Polizeirecht **II** 161 f, 172
Latente Störung/Gefahr II 56
Laufbahn III 19, 59 ff, 65, 121,
 152
Lauschangriff II 23, 106, 124 f, 248
– als Vorfeldermittlung **II** 124
– Begriff **II** 106, 124a
– Datenverarbeitung **II** 124
– Rechtfertigung über Nothilfevorschrif-
 ten **II** 23
Legalitätsprinzip II 222
Lehrereinstellung III 59 f, 97

Leistung III 64, 68, 91 f, 122, 158
Leistungsfähigkeit der Gemeinden I 24,
 97
Leistungsgewährung I 146
Leistungsklage
– als Rechtsschutz gegen Realakte **II** 335
– als Rechtsschutz gegen Ersatzvornahme
 II 294
– zur Durchsetzung von Folgenbeseiti-
 gungsansprüchen **II** 80, 89
Leistungsprinzip III 19, 64 ff, 158
Leistungszulagen III 158
Liberalismus VII 9 ff, 29, 38
Linienentscheidung V 62; s. auch Straßen-
 planung
Löschung von Daten II 131-133
Love-Parade II 135

Mäßigungspflicht III 34, 114, 134
Magistrat I 234
Marktordnung VII 40 ff, 94 f, 221
**Maßnahmegesetz zum Baugesetzbuch
 (BauGB-MaßnG) IV** 18
Maßnahmengesetze V 65
**Mediation im Planaufstellungsverfahren
 IV** 67
Mehrarbeit III 116
Meinungsfreiheit III 34 f
Merkantilismus VII 6 ff
Mieter IV 362; **VIII** 165
Militärischer Abschirmdienst II 243
Mindestreservepolitik VII 161, 164, 170
Mitberatungsrecht I 51, 134
Mitbestimmung III 143
Mitteilungspflicht I 401
Mittelbare Staatsverwaltung I 4, 47,
 111
Mitwirkendes Verschulden II 343, 349
**Mitwirkung des Staates in kommunalen
 Angelegenheiten I** 364, 369
Mitwirkungsrechte I 369
Mitwirkungsverbot I 219
Möblierung von öffentlichen Straßen V
 113
Monopolbetrieb I 295
Monopolstellung der Gemeinde I 159
Moral II 40
Musterbauordnung (MBO) IV 14, 21,
 286
**Musterentwurf eines einheitlichen
 Polizeigesetzes II** 16

Nachbargemeinde IV 111
Nachbarklage IV 350
Nachbarrecht V 141-158; s. auch Straße
Nachbarschutz IV 347 ff
- Außenbereich **IV** 383
- bauordnungsrechtlicher **IV** 386
- Dogmatik **IV** 360 ff
- grundrechtlicher **IV** 384 f
- Immissionsschutzrecht **IV** 392 f
- immissionsschutzrechtlicher **VIII** 165
- Innenbereich **IV** 381 f
- Nachbarklage **IV** 348 ff
- Planungsbereich **IV** 373 ff
- privatrechtlicher **IV** 387 ff
- Rücksichtnahmegebot **IV** 363 ff
- Schutznormen **IV** 372 ff
- Sport- und Freizeitanlagen **IV** 392 f
- vorläufiger Rechtsschutz **IV** 358 ff

Nachhaltigkeit IV 46
Nachschieben von Gründen II 272
Nachtragshaushalt I 334
Namensgebung für öffentliche Straßen V 32a
Naturschutzrecht VIII 250 ff
Naturschutzverbände V 80
Nebenbestimmungen
- Polizeirecht **II** 313
- Wirtschaftsverwaltungsrecht **VII** 282
- Umweltrecht **VIII** 66, 143

Nebentätigkeit III 14, 24, 27, 33, 126, 161
Negativattest IV 253, 254
Nettobetrieb I 290
Neugliederungsgesetz I 130
Neutralitätspflicht III 19, 38, 45
Nichtakt III 71, 74 f, 77 f, 84
Nichtigkeit III 73, 74, 77, 79, 84, 96
Nichtstörer s. Notstand, polizeilicher
Nichtwirtschaftliche Betätigung von Gemeinden s. wirtschaftliche Betätigung von Gemeinden **I** 264
Nichtwirtschaftliche Unternehmen von Gemeinden
- Organisationsformen **I** 303
- Zulässigkeitsvoraussetzungen **I** 300

Niederlassungsfreiheit VII 107 ff
Normenkontrolle, verwaltungsgerichtliche
- Raumordnungs- und Landesplanungsrecht **VI** 93

Nothilfe II 23
Nothilfeorganisationen I 165

Notrecht, ungeschriebenes II 24, 303
Notstand, allgemeiner II 302
Notstand, polizeilicher II 190 ff
- Einschreiten bei öffentlicher Versammlung **II** 196
- Tatbestandsvoraussetzungen **II** 191 ff
- Umfang der Inanspruchnahme **II** 197 ff
- und Polizeiverordnung **II** 197
- „unechter" **II** 193

Notwehr II 23, 302
Notzuständigkeit der Polizei II 255
Nutzungsänderung IV 175, 233
Nutzungsfestsetzung IV 156 ff
Nutzungsminderung IV 148 ff, 156 ff
Nutzungsverbot IV 331
Nutzungsstatut V 173; s. auch Straßennutzung

Obdachlosigkeit II 21, 43, 116, 193, 197 ff
Oberkreisdirektor I 399
Observation II 77, 123
- grenzüberschreitende **II** 262d

Offene Marktpolitik VII 162 ff
Öffentliche Einrichtung I 139
- Anspruch auf Benutzung **I** 149
- Benutzungsgebühr **I** 156
- Benutzungsverhältnis **I** 154
- Entstehung **I** 142
- Grenzen des Benutzungsanspruchs **I** 155
- Haftung **I** 157
- Hausverbot **I** 161
- Organisationsform **I** 143

Öffentliche Ordnung II 39 ff
- Begriff **II** 40
- Grundrechte ohne Gesetzesvorbehalt **II** 42, 212
- Homosexualität **II** 44
- Obdachlosigkeit **II** 43, 193, 198 f
- Prostitution **II** 44
- Selbstmord **II** 43
- verfassungsrechtliche Bedenken **II** 42

Öffentlicher Dienst
- Angehörige **III** 1, 3, 4

Öffentlicher Sachstatus V 24 f; s. auch Straße
Öffentliche Sicherheit II 30 ff
- Begriff **II** 30
- Gemeinschaftsrechtsgüter **II** 30, 35 ff
- Individualrechtsgüterschutz **II** 31 ff
- und öffentliche Interessen **II** 33
- Schutz der Rechtsordnung **II** 35

- Schutz staatlicher Organe und Einrichtungen **II** 37 f
- Subsidiaritätsprinzip **II** 31

Öffentliches Unternehmen VII 112ff.
Öffentlich-rechtliche Vereinbarung I 415
Öffentlich-rechtliche Verträge II 336
Öko-Audit-System VIII 23
Öko-Steuer VIII 79
Ökologie I 34
Örtliche Verbrauchs- und Aufwandssteuern I 254
Örtliche Verkehrsunternehmen I 281
Optimierung V 72
Optimierungsgebot IV 44
Opportunitätsprinzip s. auch Ermessen
- bei Gefahrenabwehr **II** 66
- bei Verfolgung von Ordnungswidrigkeiten **II** 237

Ordnungsbehörden II 10, 253 ff
Ordnungsrecht II 13
Ordnungswidrigkeitenverfolgung durch Polizei
- Opportunitätsprinzip **II** 237
- polizeiliche Befugnisse **II** 238 ff
- Rechtsschutz **II** 238 ff
- Verwarnung **II** 240

Organe der EU VII 223 ff
- Kommission **VII** 226 f
- Rat **VII** 224

Organisation gemeindeeigener Unternehmen
- öffentlich-rechtlich **I** 289
- privatrechtlich **I** 292

Organisationsgewalt III 6 f, 53, 72, 92 f
Organisationshoheit der Gemeinden I 17, 89 ff
Organisationsmangel I 157
Organisationsprüfung I 348
Organisationsverschulden I 158
Organleihe I 117, 389; **III** 8
Organstreitigkeiten I 242
- Beteiligtenfähigkeit **I** 243
- Klagebefugnis **I** 244

Organwalterleihe I 117
Ortschaften I 122
Ortschaftsverfassung I 237 ff
Ortschaftsverwaltung I 237
Ortsdurchfahrt V 2, 18, 44
Ortsfremde I 63
Outlet-Center I 72

Parteien I 151, 188; **III** 34, 66
Peepshow II 45
Personalakten III 24, 122, 123 ff
- Berichtigung der **III** 124

Personalausschuss III 63, 79, 146, 152 f
Personalbefragung II 121
Personalgewalt III 6, 7, 11, 15, 87, 93
Personalhoheit I 64
Personallenkung III 7, 122
Personalrat III 63, 140 ff
Personalvertretung III 140 ff
Personalverwaltung III 7, 30, 118, 143
Petitionsrecht I 163; **III** 146
Pflegepflicht III 330 ff
Pflichtaufgaben der Gemeinde I 101
Pflichtaufgaben zur Erfüllung nach Weisung I 110
Pflichten
- außerdienstliche **III** 25, 134
- der Angestellten **III** 25
- der Beamten **III** 56, 114 ff, 133 f
- innerdienstliche **III** 25, 115
- Verletzung von **III** 129 ff

Planaufstellung IV 63 ff
Planaufstellungsbeschluss IV 64
Pläne der Landesplanung VI 20, 21
Planerhaltung IV 116
Planersatz IV 171, 212
Planfeststellung
- abschnittsweise **V** 73
- Planfeststellungsbeschluss **V** 74
- Planfeststellungsverfahren **V** 65 ff; **VIII** 70 ff, 261, 295, 305

Plangenehmigung
- Raumordnungsgesetz **VI** 5
- Regionalplan **VI** 31
- Straßenbau **V** 93

Plangewährleistung IV 145, 164 f
Plangewährleistungsanspruch VII 64
Plankonformität IV 194, 198
Planmäßigkeitsprinzip IV 172, 200, 236
Planrechtfertigung IV 53
- im Straßenbau **V** 69

Planreife IV 198, 200
Planstelle III 72, 120
Planung s. auch Straßenplanung
- Bundesraumordnungsprogramm **VI** 15
- Bundesraumplanung **VI** 5
- eigenverantwortliche der Gemeinden **I** 67

Planungsabrede IV 26 ff

Stichwortverzeichnis

Planungserfordernis IV 217, 229, 373
Planungsermessen IV 41; V 68
Planungshoheit
– kommunale I 67 ff; IV 24 f, 43, 180
Planungsleitsatz IV 44; V 70; s. auch Straßenplanung
Planungsmängel IV 114 ff
– Abwägungsmängel IV 59 ff, 112
– ergänzendes Verfahren IV 113, 123 f 134
– Heilung IV 117, 124
– Planergänzung IV 123
– Unbeachtlichkeit IV 113, 117, 118 ff, 126 ff
– Verwerfungskompetenz IV 125, 129 ff
Planungsschadensrecht IV 140 ff
– Baufreiheit IV 161 ff
– Bodenwertminderung IV 148 ff
– Eigentumsgarantie IV 166 ff
– Entschädigungsanspruch IV 160
– Entschädigungstatbestände IV 147 ff
– Plangewährleistung IV 145, 164 f
Planungsvereinfachung VI 65
Plan-UVP IV 49b
Planvorbehalt IV 76a, 226
Planzeichenverordnung IV 20
Platzverweisung II 92 ff, 137, 142, 284
Politische Beamte III 21, 67, 113, 156 ff
Polizei
– geschichtliche Entwicklung II 2 ff
– im formellen Sinn II 12
– im institutionellen Sinn II 9, 10 ff
– im materiellen Sinn II 2 ff
– im organisatorischen Sinn II 9, 10 ff
– verschiedene Ansätze zur Bestimmung II 1
Polizeibehörden II 10 f, 241 ff
– allgemeine II 241
– besondere II 241
– Bundespolizeibehörden II 242 ff
– Einheitssystem II 11, 251 f
– Entpolizeilichung II 10
– instanzielle Zuständigkeit II 260 ff
– Landespolizeibehörden II 250 ff
– örtliche Zuständigkeit II 258 f
– sachliche Zuständigkeit II 257
– Sonderpolizeibehörden II 241
– Trennungssystem II 10, 253 ff
Polizeigewalt II 2

Polizeipflicht s. auch Störer
– bei fehlender zivilrechtlicher Befugnis II 181
– juristische Personen des öffentlichen Rechts II 146 ff
– nichtrechtsfähige privatrechtliche Vereinigungen II 146
– Rechtsnachfolge II 187 ff
Polizeistaat II 2
Polizei- und Ordnungsrecht
– Begriff II 13
– formelles II 241 ff
– Gesetzgebungskompetenz II 16 ff
– Gliederung II 14 f
– materielles II 20 ff
Polizeiverfügung s. Verwaltungsakt, polizeilicher und ordnungsbehördlicher II 263
Polizeiverordnung
– Begriff II 314 ff
– Bestimmtheit II 327, s. auch Bestimmtheit von Verwaltungsakten II 275
– Erstreckung auf Nichtstörer II 329
– formelle Rechtmäßigkeit II 323 ff
– Geltungsdauer II 331
– Genehmigungs- bzw. Vorlagepflicht II 326
– materielle Rechtmäßigkeit II 327 ff
– Prüfungsschema II 322 ff
– Rechtsschutz II 319
– Verstoß gegen Zuständigkeit II 323
Polizeivollzugsdienst s. Vollzugspolizei
Popularklage I 84
Positive Forderungsverletzung I 158
Positivpflichten IV 159 ff
Postreform III 5, 120
Präklusion II 283, 289, 313 Fn. 963; V 67, 74, 91
– im Baugenehmigungsverfahren IV 309
– im Planaufstellungsverfahren IV 68, 70
Praktische Konkordanz III 29
Preisvorschrift VII 93
Preußische Städteordnung I 431
Preußisches Polizeiverwaltungsgesetz II 7
Prioritätsgrundsatz (bei konkurrierender Planung) I 70
Privates Umweltrecht VIII 6
Privatisierung der Autobahnnebenbetriebe V 4

1132

Privatisierung III 5, 120
- Formelle Privatisierung kommunaler Tätigkeit **I** 307
- Materielle Privatisierung kommunaler Tätigkeit **I** 309

Privatfinanzierung von Straßen V 4
Privatfinanzierung des Straßenbaus V 110a
Privatpolizei/private Sicherheitsdienste II 241 Fn. 757
Privatstraße V 30
Probezeit III 61, 106 f, 144
Problembewältigung V 72; s. auch Straßenplanung
Prognoseurteil II 54; **III** 92
Programme der Landesplanung VI 23, 24
Prostitution II 44
Prozesshandlungen der Polizei II 234
Prozesskostenhilfe III 99
Prüfungsakten III 125, 144
Prüfungsrecht
- des Bürgermeisters **I** 211

Prüfungsschema
- bei Disziplinarentscheidungen **III** 133
- bei Klagen aus dem Beamtenverhältnis **III** 151
- bei polizeilichen und ordnungsbehördlichen Verordnungen **II** 322 ff
- bei polizeilichen und ordnungsbehördlichen Verwaltungsakten **II** 269 ff

Prüfungswesen s. kommunales Haushaltsrecht **I** 312
Pütter, J.S. II 3
Putativgefahr II 57

Radikale im öffentlichen Dienst III 37, 39 ff
Räum- und Streupflicht V 96; s. auch Straße
Räumungsgebot IV 331
Rahmenbefehl II 275
Rangherabsetzung III 111, 129
Rastede-Entscheidungen I 380
Rasterfahndung II 49, 129
Rauchverbot
- in Diensträumen **III** 98

Raumordnung IV 34
- Erfordernisse der **VI** 14
- Begriff der **VI** 3
- Sonstige Erfordernisse der **VI** 14
- und Bauleitplanung **VI** 59 ff
- Grundsätze **VI** 12, 41-44
- Kommunalrecht **I** 23
- Raumordnungsbehörden **VI** 33
- Ziele der **IV** 225a; **VI** 15-17

Raumordnungsklausel IV 225a; **VI** 52, 72
Raumordnungsverfahren VI 78 ff
- bei Straßenplanung **V** 61
- Rechtswirkungen **VI** 81

Raumplanerisches Verfahren s. Raumordnungsverfahren
Raumplanung
- Begriff der **VI** 3
- Rechtsschutz in der **VI** 88 ff

Razzia II 81, 100
Realakte II 77, 123, 235, 266, 294, 298 Fn. 912, 332 ff
- Begriff **II** 332
- Rechtmäßigkeit **II** 333 ff
- Rechtsschutz **II** 335

Realsteuer I 250 ff
Rechnungshof I 348
Rechnungslegung I 345
Rechnungsprüfung I 346
Rechnungsprüfungsamt I 347
Rechnungsprüfungsausschuss I 195, 347
Recht s. auch Anspruch
- öffentliches **II** 75
- subjektives **II** 75
- am eingerichteten und ausgeübten Gewerbebetrieb **VII** 63, 127

Rechtfertigungsgründe
- allgemeine **II** 23, 302

Rechtliches Gehör III 56 ff
Rechtsakte der EU VII 227 ff
- Richtlinie **VII** 229
- Verordnung **VII** 2228

Rechtsaufsicht
- Aufsichtsbehörden **I** 355
- Aufsichtsmaßnahmen **I** 357
- Kommunalrecht **I** 130, 131, 140, 352 ff, 360 ff, 405, 414, 428
- in der Landesplanung **VI** 32
- Informationsrecht der Aufsichtsbehörde **I** 356
- über kommunale Straßenbaulastträger **V** 15

Rechtsbegriff, unbestimmter
- Beamtenrecht **III** 92
- Polizeirecht **II** 28

Rechtsnachfolge
- im Bauordnungsrecht **IV** 322, 329
- in polizeiliche Pflichten **II 187 ff**

Rechtsschutz
- der Gemeinde gegen Aufsichtsmaßnahmen im eigenen Wirkungskreis **I** 366
- der Gemeinde gegen Aufsichtsmaßnahmen im übertragenen Wirkungskreis **I** 367
- gegen innerdienstliche Weisung **II** 267; **III** 147 ff
- gegen Nebenbestimmungen **II** 313 Fn. 964
- gegen polizeiliche Gefahrenabwehrmaßnahmen **II** 228
- gegen polizeiliche Ordnungswidrigkeitenverfolgung **II** 238 ff
- gegen polizeiliche Realakte **II** 335
- gegen polizeiliche Strafverfolgungsmaßnahmen **II** 228 ff
- gegen polizeiliche Verwaltungsakte **II** 264
- gegen Polizeiverordnungen **II** 319
- gegen Straßenplanung **V** 76
- gegen unmittelbare Ausführung **II** 307
- gegen Verwarnung **II** 240, 266
- gegen Vollstreckungsmaßnahmen **II** 288 f, 307
- im Beamtenrecht **III** 140 ff, 146 ff, 162
- in der Raumplanung **VI** 86 ff
- Vorverfahren **I** 370

Rechtsschutzbedürfnis II 264
Rechtsweg II 228 ff
Rederecht I 200
Referendare III 60, 73, 104
Regelanfrage beim Verfassungsschutz III 40
Regeln der Technik, allgemein anerkannte IV 287
Regiebetrieb I 290; **VII** 113, 115 f
Regionale Planungsgemeinschaft VI 27
Regionale Planungsversammlung VI 27
Regionalplanung VI 26 ff
Regionaler Flächennutzungsplan VI 24
Regress III 137 f, 143
Reichspolizeiordnungen II 2
Reisekosten III 24, 100
Remonstration III 26, 51, 115
Rentenversicherung III 102, 105
Richtervorbehalt II 98 f, 105, 108, 124 f
- bei Durchsuchung **II** 105, 108
- bei Ingewahrsamnahme **II** 98 f
- beim Großen Lauschangriff **II** 124a

Richtlinie III 50, 143; **VII** 229

Risiko
- erhöhtes Risiko **II** 168 f
- Risikoabsprache s. Planungsabsprache, -abrede
- Risikoprinzip **II** 168
- Risikosphäre **II** 168, 175
- toleriertes Risiko **II** 156

Rückforderung
- von Ausbildungskosten **III** 104
- von Leistungen **III** 85, 104

Rückgriffsansprüche II 361 ff
Rücklagen I 315

Rücknahme
- einer Ernennung **III** 73, 74, 80 ff, 96

Rücksichtnahmegebot, Gebot der IV 56, 197, 215, 219, 227, 366 ff, 391 f
Rügepflicht I 229

Ruhestand
- einstweiliger **III** 67, 113, 162
- Eintritt/Versetzung in den **III** 112 f, 161

Ruinengrundstück s. Kriegsschäden
Rundschreiben III 50

Sammelnachweis I 321
Samtgemeinde I 420
Sanierungsmaßnahmen, städtebauliche IV 10

Satzung
- Sondernutzungssatzung **V** 18, 116

Satzungsbefugnis der Gemeinden I 31
Satzungsgewalt I 73 ff
Schadensersatz III 95, 101, 110, 127
Schadensgeneigte Veranstaltung I 155
Schädlichkeitsgrenze II 70
Schausteller I 152
Scheingefahr II 57
Scheinstörer II 163
Schengener Durchführungsübereinkommen II 81, 262d
Schifffahrtspolizei II 249
Schlüsselzuweisung I 257
Schlusspunkttheorie IV 320
Schmerzensgeld III 101

Schranken
- immanente **II** 212

Schuldverhältnis (verwaltungsrechtliches) I 160

Schulpflicht I 181
Schusswaffengebrauch
- als Anwendung unmittelbaren Zwangs **II** 298
- im Rahmen der Strafverfolgung **II** 222, 226

Schutzgewährleistung
- polizeiliche **II** 218

Schutzgewahrsam II 95
Schutznormtheorie IV 361 f
Schutzpflicht d. Dienstherrn III 99, 101
Schutzpflichten, grundrechtliche II 23, 75
Schutzpolizei II 251, 254
Schutzzweck III 53, 56
Schwarzbau IV 305, 331, 332, 354
- Folgenbeseitigung **IV** 333

Schweinemästerfall II 56, 161 f, 172, 342; **IV** 359
Schwerpunkttheorie II 232
Selbstbeschränkungsabkommen VII 174 ff, 352, **VIII** 56, 227
Selbstbindung der Verwaltung II 72, 215
Selbsteintrittsrecht I 362; **II** 262
Selbstmord II 34, 43, 95
Selbstverwaltung
- der Wirtschaft **VII** 236
- gesetzliche Grundlage **I** 7
- s. kommunale Selbstverwaltung **I** 9

Selbstverwaltungsaufgaben, freiwillige I 97
- Grenzen **I** 97

Selbstverwaltungsaufgaben, pflichtige
- gesetzliche Grundlage **I** 104
- Kommunalaufsicht **I** 103
- weisungsfrei **I** 101

Selbstverwaltungsgarantie I 44 ff
Selbstverwaltungsrecht
- Einschränkungen **I** 62 f

Selbstvornahme II 294
Senate der Gemeinde I 194
Sicherheitsbehörden II 10, 254
Sicherheitsdienst s. Privatpolizei
Sicherstellung II 109 ff
Sitte II 40
Sofortvollzug II 111, 304, s. auch unmittelbare Ausführung
- Begriff **II** 304
- Kostenersatzanspruch **II** 358 ff
- Rechtsschutz **II** 307

Sonderaufsicht I 352, 367, 405

Sonderkasse I 343
Sondernutzung V 2, 18, 113-119, 138, 168-170, 179; s. auch Straßennutzung
Sondernutzungssatzung V 18, 116; s. auch Straßennutzung
Sonderordnungsbehörden II 241
Sonderpolizeibehörden II 241
Sonderrechtsstatus III 28 f, 32, 34
Sozialinadäquanz II 155 f
Sparkasse I 99, 284, 291
Sparsamkeit I 61, 305, 332
Speicherung von Daten II 127
Sperrgrundstück V 79
Sperrung von Daten II 131-133
Spezialermächtigungen
- in allgemeinen Polizei- und Ordnungsgesetzen **II** 76 ff

Spontanversammlung II 138 f
Sport- und Freizeitanlagen IV 85, 392 f
Staatliche Mitwirkung an gemeindlichen Entscheidungen I 364
Staatliches Monopol VII 138 ff
Staatsaufsicht s. Aufsicht über Gemeinden **I** 351
Staatsanwaltschaft
- Rechtsschutz gegen staatsanwaltschaftliche Maßnahmen **II** 228
- Weisungsbefugnis gegenüber Polizei und Hilfsbeamten der Staatsanwaltschaft **II** 222, 224

Staatshaftung I 78; **III** 86, 136
Staatsziel Umweltschutz VIII 10 f, 32 ff, 35a, 166
Stabilitätsgesetz VII 19, 147 ff
Stadtbezirk I 237
Stadtgeographie I 34
Stadtplanung I 34
Stadt-Umland-Verband I 422
Stadtvorstand I 238
Städtebauliche Kontrolle IV 177 ff, 191 ff, 298 ff
- präventive **IV** 177 f, 299 ff
- repressive **IV** 177, 327 ff

Städtebauliche Nutzung
- Bebaubarkeit von Grundstücken **IV** 171 ff
- Genehmigungsvorbehalt **IV** 191 ff
- Planersatz **IV** 171, 212
- Planmäßigkeit **IV** 172, 200, 236

Städtebaulicher Ordnungsvorbehalt IV 169

Städtebaulicher Vertrag IV 94 ff
- Einheimischenvertrag **IV** 97
- Erschließungsvertrag **IV** 274
- Folgekostenvertrag **IV** 98, 275
- Landabgabevertrag **IV** 97
- Planzielvertrag **IV** 97
- Schranken **IV** 99
- Übernahmevertrag **IV** 96

Städtebaurecht IV 4 ff
- allgemeines **IV** 6
- besonderes **IV** 9
- Gesetzgebungskompetenz **IV** 14
- Rechtsquellen **IV** 17 ff
- Zulässigkeit von Bauvorhaben **IV** 194 ff, 212 ff, 222 ff

Städtebauförderungsgesetz (StBFG) IV 17

Standardmaßnahmen, polizeiliche
- Rechtsnatur **II** 77

Standortplanung IV 36
Standortvorsorgeplanung VI 56 ff
Standsicherheit IV 291
Stasi-Kontakte III 81, 154
Stellenausschreibung III 70, 72
Stellenbesetzung III 94 ff
Stellenplan I 317; **III** 72
Stellplatzpflicht IV 293
- Ablösung **IV** 294

Steuerfindungsrecht I 249
Steuerhoheit I 249
Steuer I 167, 249
- Einkommensteuer **I** 255
- örtliche Verbrauchs- und Aufwandssteuern **I** 254
- Realsteuer **I** 250

Stiftung I 291

Störer
- als Zweckveranlasser **II** 157 ff
- Anscheinsstörer **II** 163 ff, 352
- auch Schuldunfähige **II** 146
- Ausgleichsanspruch zwischen Störern **II** 184
- Auswahl zwischen mehreren Störern **II** 183
- Bedeutung **II** 143
- durch Unterlassen **II** 152 f
- Eingrenzung durch Übermaßverbot **II** 173
- einheitlicher Störerbegriff **II** 165, 344 f
- in Betracht kommende Personen **II** 146 ff
- der Gestörte **II** 153
- der Inhaber des Gegenmittels **II** 153
- „latenter" **II** 56, 161 f; **IV** 359
- Prüfung **II** 278
- Rechtsnachfolge **II** 187 ff
- Störerbegriff **II** 154 ff
- Verhaltensstörer **II** 144, 152 ff, 180
- Zusatzverantwortlichkeit **II** 170
- Zustandsstörer **II** 144, 171 ff, 214

Störung
- Begriff **II** 65
- latente **II** 56

Strafverfolgung durch Polizei II 221 ff
- abschließende Regelung der polizeilichen Befugnisse in StPO **II** 19, 84, 225
- Abgrenzung von Gefahrenabwehrmaßnahmen **II** 65, 221, 229 ff
- als Polizei im formellen Sinn **II** 12
- Anrufung des Richters in direkter oder analoger Anwendung des § 98 Abs. 2 S. 2 StPO **II** 234
- Befugnisse nach der StPO **II** 222 ff
- Legalitätsprinzip **II** 66, 222
- Rechtsschutz gegen Strafverfolgungsmaßnahmen nach § 23 EGGVG **II** 228 ff
- Strafverfolgungsvorsorge **II** 19, 119, 227

Straße
- Abstufung **V** 42
- Anbauverbote, Anbaubeschränkungen **V** 46, 143
- Anliefernutzung, s. Straßennutzung
- Anpflanzung **V** 143
- Aufstufung **V** 42
- Beleuchtung **V** 96
- Bundesfernstraßen **V** 6
- Einziehung **V** 37-39
- Faktische Indienststellung **V** 35
- Fußgängerbereiche, Fußgängerzonen **V** 47 ff, 51
- Gemeingebrauch s. Straßennutzung
- Klassifikation **V** 32, 42-45
- Nachbarrecht **V** 141-158
- Öffentlicher Sachstatus **V** 24, 25
- Ortsdurchfahrt **V** 2, 18, 45
- Planung s. Straßenplanung
- Räum- und Streupflicht **V** 96
- Sondernutzung s. Straßennutzung
- Tatsächlich öffentliche Straße **V** 30, 54
- Teileinziehung **V** 40 f
- Umstufung **V** 42-46, 51, 55
- Verkehrsbedeutung **V** 42

- Verkehrsberuhigter Bereich **V** 50
- Verkehrsimmissionen **V** 148-154
- Verkehrssicherungsanspruch **V** 97, 104
- Verkehrssicherungspflicht **V** 99-103
- Verkehrsübergabe **V** 35
- Widmung s. Straßenwidmung
- Winterdienst **V** 96

Straßenaufsicht V 15, 98

Straßenbaubehörden V 13

Straßenbaulast
- Allgemein **V** 96-98
- Externe Straßenbaulast **V** 11
- Finanzielle Straßenbaulast **V** 11
- Straßenbaulastträger **V** 14

Straßenimmissionen
- Allgemein **V** 145 ff
- Abwehr- und Unterlassungsansprüche **V** 148 ff
- Altstraßen **V** 153, 156
- Ausgleichs- und Entschädigungsansprüche **V** 155 ff
- immissionsmindernde Maßnahmen **V** 84, 151 ff
- Lärmvorsorge **V** 84 f, 152
- Schadstoffimmissionen **V** 154
- Verkehrslärmschutzverordnung **V** 84, 152; **VIII** 182

Straßennutzung
- Anliegernutzung **V** 120-129, 138 f
- gemeindliche Satzungen **V** 116
- Gemeingebrauch **V** 29, 110 f, 168-170, 178
- kommunikative Nutzungsformen **V** 130-136
- Nutzungsstatus **V** 173
- Sondernutzung **V** 2, 18, 113-119, 138, 168-170, 179
- Sondernutzungssatzung **V** 18, 116
- Versammlungen **V** 136

Straßenplanung
- abschnittsweise Planfeststellung **V** 73
- Abwägungsgebot **V** 71, 83
- Ausbauplanung **V** 60
- Bebauungsplan **V** 89
- Bedarfsplanung **V** 60
- Enteignung **V** 75
- Linienentscheidung **V** 62
- Planfeststellungsverfahren **V** 64 ff
- Planrechtfertigung **V** 69
- Planungsermessen **V** 68
- Planungsleitsatz **V** 70
- Präklusion **V** 65, 74, 91
- Problembewältigung **V** 72
- Raumordnungsverfahren **V** 62; **VI** 64 ff
- Rechtsgrundlagen **V** 65
- Rechtsschutz **V** 76 ff
- Schutzauflagen **V** 84-88, 151-154
- Umweltverträglichkeitsprüfung **V** 61 f
- Vorrang der Fachplanung **V** 92
- Wirkungen des Planfeststellungsbeschlusses **V** 74 f

Straßenrecht
- Bundesrecht **V** 6
- Eigenart **V** 5
- Gesetzgebung **V** 6 f
- im Grundgesetz **V** 5, 6, 17
- Landesrecht **V** 7
- Verhältnis zum Straßenverkehrsrecht **V** 9, 159-179
- Vorbehalt des Straßenrechts **V** 164, 166, 177

Straßenverkehrsbehörden V 16

Straßenverkehrsrecht
- Eigenart **V** 5
- Gesetzgebung **V** 8
- städtebauliche Zielsetzung **V** 8
- Straßenverkehrsbehörden **V** 16
- Verhältnis zum Straßenrecht **V** 9, 159-179
- Verkehrsstatut **V** 171
- Vorrang des Straßenverkehrsrechts **V** 165, 167-170

Straßenwerbung V 9, 131, 134, 136, 143

Straßenwidmung
- Fiktion der Widmung **V** 34, 90
- Klassifikation **V** 32, 42-45
- nachträgliche Widmungsbeschränkung **V** 40, 48
- Rechtsnatur **V** 34
- ursprüngliche Widmungsbeschränkung **V** 32, 48
- Widmung **V** 26, 28-36
- Widmungsbeschränkung **V** 32, 40, 48
- Widmungsfehler **V** 31

Streik III 19, 23, 42 ff

Streikarbeit
- von Beamten **III** 45

Streikrecht III 42 ff, 47

Strohmann VII 265

Strom- und Schifffahrtspolizei II 249

Subsidiaritätsprinzip I 379; **II** 31, 71, 199

Subsidien I 259

1137

Stichwortverzeichnis

Subvention VII 180 ff, 331 f, 334
- Begriff der **VII** 180 f
- im Europarecht **VII** 193 ff
- im Verfassungs- und Verwaltungsrecht **VII** 182 ff

Summationsschäden VIII 28, 110

TA Lärm VIII 116, 127
TA Luft VIII 12, 116, 119
Tagesordnung I 211, 227
Tankstellenfall II 162
Tankwagen II 175, 341
Tarifverträge III 22 ff, 54 f
Tatsächlich öffentliche Straße **V** 30, 54; s. auch Straße
Teileinziehung V 40; s. auch Straße
Teilgenehmigung VIII 40, 67, 69, 135 ff, 169
Teilungsgenehmigung IV 252 ff
Teilungskauf IV 254
Teilzeitarbeit III 14 f, 62, 159 f
Telekommunikationslinien in öffentlichen Straßen V 119a
Textbebauungsplan IV 87
Theorie des „modifizierten Privateigentums" V 25
Thüringer Landesverwaltungsordnung II 7
Todesschuss II 222, 300 ff
Träger öffentlicher Belange IV 66
Trennungssystem II 10, 253 ff
Treu und Glauben III 56

U-Bahnbau V 129
Übergangsgeld III 105
Übermaßverbot II 173, 200 ff; **III** 56
- Bedeutung für Auswahlermessen **II** 183
- Bedeutung für polizeiliche Verursachung **II** 173, 214
- Bedeutung für Verwaltungsvollstreckung **II** 292, 299
- bei Inanspruchnahme des Nichtstörers **II** 197
- Bestandteile des Übermaßverbots **II** 201 ff
- Rechtsgrundlage **II** 200
- und Gefahrerforschungseingriff **II** 61
- und Rückgriff auf allgemeine Rechtfertigungsgründe **II** 302
- und Wesensgehaltsgarantie **II** 211
Übernahme eines Beamten III 121

Übertragener Wirkungskreis I 113
Umdeutung II 274
Umgehung (von Zuwendungsbestimmungen) I 248
Umsetzung
- eines Beamten **III** 118 f, 127, 150
Umstufung s. Straße
Umwandlung des Beamtenverhältnisses III 61, 74, 87, 106 f
Umwelteinwirkungen, schädliche IV 227
Umwelthaftungsgesetz VIII 99 ff
Umweltgesetzbuch VIII 4, 115
Umweltinformationen VIII 22, 25
Umweltplanung VIII 12, 54 f
Umweltrecht
- europäisches **VIII** 15 ff
- öffentliches **VIII** 8 ff
- privates **VIII** 13
- Umweltstrafrecht **VIII** 14
Umweltschutz s. auch Naturschutzrechtliche Eingriffsregelung
- als Begründung von Widmungsbeschränkungen **V** 173
- als kommunale Aufgabe **I** 59
- im Straßenbau **V** 71, 96, 115, 148 ff
- in der Landesplanung **VI** 3, 84
- Verpflichtung des Straßenbaulastträgers **V** 96
- Verkehrsberuhigung **V** 47 ff
Umweltschutz im Baurecht IV 48 ff, 51 f, 77, 82 f
Umweltverträglichkeitsprüfung (UVP) IV 49 ff, 119; **VIII** 22, 49, 70, 74, 134 f
- bei Straßenplanung **V** 61, 71
- im Raumordnungsverfahren **VI** 79
Umwidmungsverbot IV 46
Umzugskosten III 24, 49, 100
Unabhängige Stelle III 63
Unbeteiligte II 350 ff
Unmittelbare Ausführung II 111, 113, 304 ff
- Begriff **II** 304
- Kostenersatzanspruch **II** 358 ff
- Rechtsschutz **II** 307, 334
Unmittelbarer Zwang
- Androhung **II** 266, 287 ff
- Begriff **II** 298
- im Rahmen der Vollzugshilfe **II** 217, 219 f, 298
- im Wege der unmittelbaren Ausführung bzw. des Sofortvollzugs **II** 304 ff

- Kostenersatzanspruch gegen Störer **II** 357
- Rechtsnatur **II** 298
- Rechtsschutz **II** 298 Fn. 912
- Regelungsbefugnis des Landesgesetzgebers im Rahmen der Strafverfolgung **II** 225 ff
- unter Rückgriff auf allgemeine Rechtfertigungsgründe **II** 302
- zur Durchsetzung der Vorladung **II** 91
- zur Herbeiführung einer Aussage **II** 91

Unmöglichkeit III 26, 46
Unterlassene Hilfeleistung II 353
Unterlassungsanspruch II 148
- gegenüber Verkehrsimmissionen **V** 148

Unterrichtungspflicht s. Benachrichtigungspflichten
Unterrichtungsrecht I 356, 362
Untersuchung von Personen
- nach OWiG **II** 238
- nach Polizeirecht **II** 103
- nach StPO **II** 223

Unvereinbarkeitsregelungen I 204
Unvermögen III 26, 46
Unwürdigkeit III 73, 82
Urlaub III 106, 117, 161
Urproduktion
- Betrieb einer Gemeinde **I** 275

Ursprungsprinzip VIII 17, 47

Veränderungssperre IV 239 ff, 324
- Geltungsdauer **IV** 247 ff

Veranlasser II 156
Verantwortlicher II 143 ff
Verbandsgemeinde I 420
Verbandsklage V 80; **VIII** 165, 278 ff
Verbandskompetenz I 211
- abstrakte **I** 57
- konkrete **I** 58

Verbandssatzung I 413
Verbeamtung III 12, 152
Verbot der Führung der Dienstgeschäfte III 84
Verbot mit Erlaubnisvorbehalt
- im Polizeirecht **II** 311 ff

Verbringungsgewahrsam II 94, 96
Verbundenheit
- örtliche **I** 125

Verdachtsstörer II 169
Verdachtsunabhängigkeitskontrollen II 81

Verdeckter Ermittler II 125
- öffentlich-rechtliche s. Vertrag

Vereinigungs- und Koalitionsfreiheit III 33, 61; **VII** 80 ff
Verfahrensfehler II 271
Verfahrensprivatisierung
- Baugenehmigungsverfahren **IV** 302
- Bauleitplanungsverfahren **IV** 67

Verfassungsauftrag III 11 ff
Verfassungsbeschwerde, kommunale I 14, 27, 131
Verfassungsfeindliche Partei III 39 ff
Verfassungskonforme Auslegung II 214; **III** 27, 34
Verfassungsrecht, kommunales I 184, 237
Verfassungsschutz III 40
Verfassungstreue
- bei Angestellten **III** 25, 38
- bei Beamten **III** 19, 37 ff, 73

Vergabe öffentlicher Aufträge VII 205 ff
Vergnügungssteuer I 254
Vergütung I 156; **III** 19, 23, 53 f, 102, 126
Verhältnis VersammlungsG zum allgemeinen Polizeirecht II 137
Verhältnismäßigkeit s. auch Übermaßverbot **II** 207 ff
- Gebot der V. im Arbeitskampfrecht **III** 45
- Grundsatz der V. **VII** 48 ff
- im engeren Sinne **II** 207

Verhaltensstörer II 144, 152 ff, 180
Verjährung der polizeirechtlichen Verantwortlichkeit II 181
Verkehrsbedeutung s. Straße
Verkehrsberuhigter Bereich V 50
Verkehrsberuhigter Geschäftsbereich V 50
Verkehrsbetrieb I 99, 140
- kommunaler **I** 275

Verkehrsimmissionen s. Straße, Straßenimmissionen
Verkehrsregelungspflicht V 100
Verkehrssicherheit baulicher Anlagen IV 291
Verkehrssicherungsanspruch V 97, 104; s. auch Straße
Verkehrssicherungspflicht I 157; **V** 99-103; s. auch Straße
- auf Spielplätzen **I** 158

Verkehrsübergabe V 35; s. auch Straße

1139

Verkehrsüberwachung durch Private V 16
Verkehrs- und Versorgungsbetriebe (der Gemeinden) III 4
Verkehrswegeplanungsbeschleunigungsgesetz V 65
Verkehrswert von Grundstücken IV 261
Verkehrszeichen II 112, 268, 286, 309; V 175
Verlorene Zuschüsse VII 181
Vermögenserträge I 248
Vermögenshaushalt I 317
Vernichtung von Sachen II 117 f
Verordnung
– polizei- und ordnungsbehördliche II 314 ff
Verpackungsverordnung VIII 56, 215, 227
Verpflichtungsklage
– Beamtenrecht III 94 f, 151
– Polizeirecht II 206
Verrechtlichung III 10
Verrichtungsgehilfe II 170
Versammlung
– Anmeldung II 138 ff
– Auflage II 136, 142
– Auflösung II 137; III 115
– auf öffentlichen Straßen V 136
– Begriff der Versammlung II 135, V 136
– Eilversammlung II 138
– immanente Schranken II 212
– nichtöffentliche Versammlung II 135, 210
– öffentliche Versammlung II 135, 210
– Spontanversammlung II 138
– Verbot aus nicht spezifisch versammlungspolizeilichen Gründen II 141 f
– Verbot nach Generalklausel II 210
– Verbot nach Versammlungs G II 136 ff, 210
– Verhältnis VersammlungsG zu Straßenverkehrs- und Straßenrecht II 141
Verschuldung
– der Gemeinden I 246
Versetzung III 24, 33, 121, 127, 150
Versicherungsleistungen III 23, 105
Versorgung der Beamten III 19 f, 102
Versorgungsbetriebe I 275
Versorgungsunternehmen I 281
Verteidigungswesen I 59

Vertrag, öffentlichrechtlicher I 409; II 336
Vertrag, städtebaulicher IV 275
Vertragsfreiheit VII 89 ff
Vertrauensschutz III 14, 118
Vertrauensverhältnisse II 124
Verunreinigung von Straßen V 9
Verunstaltungsverbot IV 295 f
Verursacherprinzip VIII 17, 45 ff, 184, 197
Verursachung, polizeirechtliche II 154 ff
– Adäquanztheorie II 154
– Äquivalenztheorie II 154
– rechtswidrige II 155 f
– sozialadäquate II 155 f
– unmittelbare II 155 ff
Verwahrung
– öffentlichrechtliche II 110
Verwaltungsakt
– als Allgemeinverfügung V 34, 175
– im Beamtenrecht III 74, 150 f
Verwaltungsakt, polizeilicher und ordnungsbehördlicher II 263 ff
– Begriff II 265 ff
– Begründung II 271 f
– Bekanntgabe II 271
– Bestimmtheit II 275
– Bewehrung mit Strafe oder Geldbuße II 310
– Erledigung II 264, 284
– Form II 271
– formelle Bestandskraft II 283
– formelle Rechtmäßigkeit II 270 ff
– materielle Rechtmäßigkeit II 275 ff
– Polizeiverfügung (selbstständige und unselbstständige) II 263 Fn. 822
– Prüfungsschema II 269 ff
– Rechtsschutz II 264
– Standardmaßnahmen II 77
– Verstoß gegen Zuständigkeit II 257 ff
– Vollstreckung II 281 ff
– Zwangsmittel zur Durchsetzung II 294 ff
Verwaltungsausschuss I 238, 425
Verwaltungsgebühr I 114, 169
Verwaltungsgemeinschaft I 420; III 4
Verwaltungshaushalt I 317
Verwaltungshelfer VII 235
Verwaltungskompetenz
– im Umweltrecht VIII 231

- im Wirtschaftsverwaltungsrecht **VII** 218 ff
Verwaltungspolizei II 11, 251
Verwaltungsprivatrecht I 154; **VII** 130
Verwaltungsstellen I 241
Verwaltungsvorschrift III 50 f, 53, 100
Verwaltungswissenschaften I 41
Verwaltungszwang VII 276
Verwarnung II 240, 266
Verweisung
- dynamische **II** 325; **III** 24 f
- statische **II** 325

Verwerfungskompetenz bei Planungsmängeln IV 125, 129 ff
Verwertung
- rechtswidrig erlangter Daten **II** 130
- sichergestellter Sachen **II** 177 f

Verwertung sichergestellter Sachen II 117 f
Verwirkung III 56
Videoaufnahme s. auch Bild- und Tonaufnahme **II** 122 f
V-Leute II 125
Völkergewohnheitsrecht VIII 26 f
Vogelschutzrichtlinie IV 50
Volksfest I 152
Volksgesundheit I 170
Volkspolizei II 8
Volkspolizeigesetz II 8
Volkszählungsurteil II 119
Vollstreckung, polizeiliche
- Androhung von Zwangsmitteln **II** 266, 287
- bei Fehlen zivilrechtlicher Befugnis **II** 181
- Ersatzvornahme **II** 294 f
- Fristsetzung **II** 287, 291
- Rechtsschutz **II** 283, 288 f, 294, 298 Fn. 912, 307
- unmittelbarer Zwang **II** 298 ff
- unmittelbarer Zwang im Wege der Vollzugshilfe **II** 217, 219 f
- von Strafverfolgungsmaßnahmen **II** 222, 226
- Zwangsgeld **II** 296 ff

Vollzugshilfe II 217 ff, 222, 255
- Begriff **II** 217 f
- in Verbindung mit Hausverbot **II** 37
- Rechtsschutz **II** 220
- Voraussetzungen **II** 219

Vollzugspolizei II 11, 251

Vorabgenehmigung IV 198, 380
Vorbericht I 322
Vorbescheid VIII 67 ff, 135, 138 f
Vorermittlungen III 124, 133
Vorführung II 91
Vorgesetzter III 8, 115
Vorhaben- und Erschließungsplan IV 100 ff
Vorkaufsrecht IV 257 ff
- Abwendungsrecht **IV** 265, 268
- preislimitiertes **IV** 261
- Rechtsschutz **IV** 267 f

Vorladung II 90 f
Vorranggebiet VI 56
Vorrangstandort I 70
Vorsorgeprinzip VIII 74, 125b, 129

Waffengebrauch II 222, 226, 298 ff
Wahlbeamter, kommunaler I 233; **III** 61, 87, 102
Wahrheitspflicht III 114
Wappen und Fahnen der Gemeinde I 364
Warenverkehrsfreiheit, VII 177
Warnungen, behördliche II 332
Wasserrecht VIII 282 ff
Wasserschutzgebiet VIII 304
Wasserschutzpolizei II 251, 254
Wasserversorgung I 170
Wasserwirtschaftliche Benutzung VIII 289 ff
Wegeherr V 25
Wehrerfassung I 109
Weilheimer Modell IV 97
Weisungen
- der Aufsichtsbehörden **II** 261 f
- der Staatsanwaltschaft **II** 222
- im Beamtenrecht **III** 22, 26, 51, 115, 148
- innerdienstliche **II** 267; **III** 51, 115, 148

Welthandelsorganisation VII 334 ff
Werbung s. Straßenwerbung
Werksausschuss I 195
Werksleitung I 289
Wertermittlungsverordnung (WertV) IV 20
Wertvorstellungen II 39 ff
Wesensgehaltsgarantie
- absolute **II** 211 ff; **III** 30
- relative **II** 211 ff; **III** 30

Widerrufsvorbehalt II 313
Widerspruch III 95, 117, 148, 150
Widmung I 142 s. auch Straßenwidmung

Stichwortverzeichnis

Widmungsbeschränkung s. Straßenwidmung
Wiederaufarbeitung radioaktiver Abfälle VIII 244 ff
Willkürverbot I 94, 178
Windhundverfahren I 260
Windkraftanlagen IV 76a, 86
Winterdienst V 96; s. auch Straße
Wirtschaftliche Betätigung von Gemeinden I 264
– Abgrenzung zwischen wirtschaftlicher und nichtwirtschaftlicher Tätigkeit **I** 268
– Abgrenzungsprobleme **I** 273
– Eigenbedarfsdeckung von Gemeinden **I** 278
– Leistungsfähigkeit **I** 266
– Rechtsschutz **I** 293
Wirtschaftliche Unternehmen der Gemeinden
– Organisationsformen **I** 289
– Zulässigkeitsvoraussetzungen **I** 283
Wirtschaftlichkeitsprinzip I 305
– -Kontrolle **I** 306
Wirtschaftsförderung
– kommunale **I** 310 ff
Wirtschaftsverfassung VII
– der Bundesrepublik Deutschland **VII** 26 ff
– der Europäischen Gemeinschaft **VII** 32 ff
Wohlfahrtspflege II 2 ff, 9, 50
Wohnungsschutz II 105 ff
Wohnungsvermittlung I 287

Zentrale Orte I 63
Zentralörtliches Gliederungsprinzip I 149
Zentralörtliches System VI 55
Zero tolerance II 69
Zertifikationsmodell VIII 60
Zeugnisverweigerungsrecht s. Auskunftsverweigerungsrecht
Zielabweichungsverfahren VI 53
Ziele der Raumordnung und Landesplanung
– Allgemein **VI** 12 ff, 41 ff
– Anpassungsgebot **VI** 62
– Durchsetzung **VI** 59 ff
– Erstplanungspflicht **VI** 63
– im Baurecht **VI** 59 ff
– Rechtsnatur **VI** 89
– Rechtsschutz **VI** 90 ff
– und Selbstverwaltungsgarantie **VI** 59 ff
Zitiergebot II 209 f
Zölle VII 331 ff.
Zulagen III 24, 54, 103
Zulassung I 143
Zumutbarkeit
– Beamtenrecht **III** 26, 44 ff, 46
Zurückbehaltungsrecht II 115 f
Zurückstellung von Baugesuchen IV 239, 243 ff
Zurückstellungsanweisung VI 69
Zurückstufung bei Beamten III 111, 129
Zuschläge III 24
Zusicherung/Zusage III 21, 87 ff, 118, 153
Zuständigkeiten
– außerordentliche **II** 252, 255
– instantielle **II** 258 ff
– örtliche **II** 261 f
– sachliche **II** 257
Zustandsstörer II 171 ff
Zustimmung III 72, 76 ff
Zuweisung III 54, 120
Zuwendung III 54, 103
Zwangseingemeindung I 132
Zwangsgeld II 296 f
Zwangsmitgliedschaft VII 81, 236
Zwangsmittel II 281 ff
Zwangspensionierung III 113
Zwangsteilzeit III 97, 160
Zweckmäßigkeitsaufsicht I 361
Zweckveranlasser II 141, 157 ff
Zweckverband I 408, 410
– Aufgaben **I** 413
– Einwirkungsmöglichkeit der Bürger **I** 414
– Entstehung **I** 412
– gesetzlicher Zweckverband **I** 411
– Organe **I** 414
– Primärmitglied **I** 412
– Sekundärmitglied **I** 412
– Staatsaufsicht **I** 414
Zweckzuweisung I 98, 114
– Subsidien **I** 259
Zweistufenlehre I 143

JURATHEK Studium
Strafrecht, Öffentliches Recht und Grundlagenfächer

Küper
Strafrecht Besonderer Teil
Definitionen mit Erläuterungen
Von Prof. Dr. Wilfried Küper,
Heidelberg. 5., neu bearbeitete
Auflage. 2002. XV, 502 S. € 22,–
ISBN 3-8114-0816-X

Ebel/Thielmann
Rechtsgeschichte
Von der Römischen Antike
bis zur Neuzeit
Von Prof. Dr. Friedrich Ebel, Berlin
und Prof. Dr. Georg Thielmann,
Berlin.
3., neu bearbeitete Auflage. 2003.
XXV, 519 Seiten. € 26,–
3-8114-1199-3

Pawlowski
Einführung in die Juristische Methodenlehre
Ein Studienbuch zu den Grundlagenfächern Rechtsphilosophie und Rechtssoziologie
Von Prof. Dr. Hans-Martin
Pawlowski, Mannheim.
2., neu bearbeitete Auflage. 2000.
XV, 217 S. € 22,50
ISBN 3-8114-2243-X

Doehring
Allgemeine Staatslehre
Eine systematische Darstellung
Von Prof. Dr. Dr. h.c. Karl Doehring,
Heidelberg. 2., neu bearbeitete
Auflage. 2000. XIII, 256 S. € 18,40
ISBN 3-8114-2053-4

Katz
Staatsrecht
Grundkurs im öffentlichen Recht
Von Prof. Dr. Alfred Katz, Stuttgart/
Ludwigsburg. 15., neu bearbeitete
Auflage. 2002. XIX, 420 S. € 21,–
ISBN 3-8114-0811-9

Gersdorf
Verfassungsprozeßrecht und Verfassungsmäßigkeitsprüfung
Von Prof. Dr. Hubertus Gersdorf,
Rostock. 2000. XI, 83 S. € 14,30
ISBN 3-8114-2212-X

Gersdorf
Grundversorgung im Öffentlichen Recht: Verwaltungsprozessrecht
Von Prof. Dr. Hubertus Gersdorf,
Rostock. 2., neu bearbeitete Auflage.
2003. XIII, 160 S. € 13,–
ISBN 3-8114-1818-1

Bull
Allgemeines Verwaltungsrecht
Ein Lehrbuch
Von Prof. Dr. Hans Peter Bull,
Hamburg. 6., neu bearbeitete
Auflage. 2000.
XXX, 481 S. € 27,60
ISBN 3-8114-2049-6

Steiner (Hrsg.)
Besonderes Verwaltungsrecht
Ein Lehrbuch
Von Prof. Dr. Udo Steiner, Regensburg (Hrsg.). Bearbeitet von Prof.
Dr. Hans-Wolfgang Arndt, Mannheim; Dr. Klaus Köpp, Bonn; Prof.
Dr. Martin Oldiges, Leipzig; Prof. Dr.
Wolf-Rüdiger Schenke, Mannheim;
Prof. Dr. Otfried Seewald, Passau
und Prof. Dr. Udo Steiner,
Regensburg.
7., neu bearbeitete Auflage. 2003.
XX, 1142 S. € 42,–
ISBN 3-8114-1829-7

Würtenberger/Heckmann/Riggert
Polizeirecht in Baden-Württemberg
Von Prof. Dr. Thomas Würtenberger,
Freiburg, Prof. Dr. Dirk Heckmann,
Passau und Dr. Rainer Riggert,
Achern. 5., völlig neu bearbeitete
und erweiterte Auflage. 2002.
XXVI, 433 S. € 24,–
ISBN 3-8114-2343-6

Kirchhof
Grundriß des Steuer- und Abgabenrechts
Von Prof. Dr. Ferdinand Kirchhof,
Tübingen. 2., neu bearbeitete
Auflage. 2001. X, 133 S. € 16,–
ISBN 3-8114-5042-5

Hüthig GmbH & Co. KG, Im Weiher 10, 69121 Heidelberg
Bestell-Tel. 06221/489-555, Fax 06221/489-450
www.cfmueller-campus.de

Die aktuellen Neuauflagen:
Textbuch Deutsches Recht

**Staats- und Verwaltungsrecht
Bundesrepublik Deutschland**
Mit Stichwortverzeichnis und alphabetischem Schnellregister.
Zusammengestellt von Prof. Dr. Paul Kirchhof, Heidelberg.
36., neu bearbeitete Auflage.
2003. ca. 500 Seiten. € 13,50
ISBN 3-8114-1903-X

**Staats- und Verwaltungsrecht
Baden-Württemberg**
Mit Stichwortverzeichnis und alphabetischem Schnellregister
Zusammengestellt von Prof. Dr. Paul Kirchhof, Heidelberg.
25., neu bearbeitete Auflage.
2003. V, 658 Seiten. € 16,50
ISBN 3-8114-1901-3

**Staats- und Verwaltungsrecht
Freistaat Bayern**
Mit Stichwortverzeichnis und alphabetischem Schnellregister
Zusammengestellt von Prof. Dr. Hartmut Bauer, Dresden, und Prof. Dr. Reiner Schmidt, Augsburg.
10., neu bearbeitete Auflage.
2003. VII, 741 Seiten. € 18,50
ISBN 3-8114-1905-6

**Staats- und Verwaltungsrecht
Mecklenburg-Vorpommern**
Mit Stichwortverzeichnis und alphabetischem Schnellregister
Zusammengestellt von Prof. Dr. Hubertus Gersdorf, Rostock.
2., neu bearbeitete Auflage. 2003.
VII, 651 Seiten. € 13,50
ISBN 3-8114-1674-X

**Staats- und Verwaltungsrecht
Niedersachsen**
Mit Stichwortverzeichnis und alphabetischem Schnellregister
Zusammengestellt von Prof. Dr. Jörn Ipsen, Osnabrück, und Prof. Dr. Jörg-Detlef Kühne, Hannover.
3., neu bearbeitete Auflage. 2002.
VII, 362 Seiten. € 13,–
ISBN 3-8114-0817-8

**Staats- und Verwaltungsrecht
Nordrhein-Westfalen**
Mit Stichwortverzeichnis und alphabetischem Schnellregister
Zusammengestellt von Prof. Dr. Hans-Uwe Erichsen, Münster.
20., neu bearbeitete Auflage.
2003. V, 658 Seiten. € 19,50
ISBN 3-8114-1906-4

**Staats- und Verwaltungsrecht
Freistaat Sachsen**
Mit Stichwortverzeichnis und alphabetischem Schnellregister
Zusammengestellt von Prof. Dr. Christoph Degenhart, Leipzig und Siegfried Reich, Bautzen.
5., neu bearbeitete Auflage. 2003.
IX, 569 Seiten. € 13,50
ISBN 3-8114-1904-8

**Staats- und Verwaltungsrecht
Freistaat Thüringen**
Mit Stichwortverzeichnis und alphabetischem Schnellregister
Zusammengestellt von Stefan Kaufmann, Erfurt.
2002. VIII, 636 Seiten. € 16,–
ISBN 3-8114-0776-7

Polizeirecht des Bundes mit zwischen- und überstaatlichen Rechtsquellen
Interpol, Schengen, Europol, Bilaterale Verträge, Internationale Rechtshilfe in Strafsachen
Von Dr. Manfred Baldus, Hamburg.
2., neu bearbeitete und erweiterte Auflage. 2000.
XIV, 345 Seiten. € 19,40
ISBN 3-8114-2046-1

Öffentliches Wirtschaftsrecht
Mit Stichwortverzeichnis und alphabetischem Schnellregister
Zusammengestellt von Dr. Utz Schliesky, Kiel/Altenholz.
2002. XV, 696 Seiten. € 12,50
ISBN 3-8114-0824-0

Haushaltsrecht
Vorschriftensammlung
Zusammengestellt von Dr. Johannes Schuy, Berlin.
19., neu bearbeitete Auflage. 2002
V, 342 Seiten. € 17,–
ISBN 3-8114-1912-9

Hüthig GmbH & Co. KG, Im Weiher 10, 69121 Heidelberg
Bestell-Tel. 06221/489-555, Fax 06221/489-450
www.cfmueller-campus.de

www.cfmueller-verlag.de